제23판

신행정법특강

홍정선

박영사

머 리 말

[1] 제23판에서는 수리를 요하는 신고, 처분의 신청 후 근거 법령이 개정된 경우의 법 적용, 개인 정보 보호 원칙, 정보주체의 권리, 전자적 공개, 시정명령의 상대방, 심판청구서의 제출, 행정절차상 요건심리, 재심, 국무총리 소속 행정청의 법적 성격, 지방의회의 교섭단체 등 여러 부분에서 기존 내용을 수정하거나 보완하였고, 새로운 내용을 추가하기도 하였다.

[2] 지난해에도 정부조직법, 지방행정제재·부과금의 징수 등에 관한 법률, 개인정보 보호법, 행정심판법, 지방자치법, 국가공무원법, 강원특별자치도 설치 등에 관한 특별법, 지방자치분권 및 지역균형발전에 관한 특별법, 행정규제기본법, 부담금관리 기본법, 문화유산의 보존 및 활용에 관한 법률 등 많은 법률의 개정이 있었다. 이러한 상황도 반영하였다.

[3] 지난해 가을까지 선고된 대법원과 헌법재판소의 주요 판례도 반영하였다. 같은 취지의 판례는 새로운 판례로 대체하려고 하였다.

[4] PART 4 기출 국가시험 사례문제와 답안작성요령 부분에서 2023년까지 출제된 변호사시험, 입법고시, 법원행정고등고시, 5급공채, 종래의 사법시험 등의 기출 국가시험 문제를 해설하였다. 행정기본법 제정 전에 출제되었던 문제들의 해설도 행정기본법의 내용에 맞추어 수정하였다.

[5] 끝으로, 이 책을 출간해주신 박영사 안종만 회장님, 조성호 이사님, 편집 등을 맡아준 이승현 차장님에게 감사한다. 제23판을 발간하게 된 것도 독자들의 끊임없는 큰 호응이 있었기에 가능하다고 믿는다. 독자들의 건승을 기원하면서 …

2024년 1월 1일
우거에서
홍 정 선 씀

Contents

차 례

PART 1 행정법총론(일반행정법)

제 4 장   행정의 행위형식

제 5 장　행정절차법·행정정보

제 6 장　행정의 실효성확보

PART 2 **행정쟁송법**

SECTION 01 행정기본법·행정심판법

제 3 장　행정심판법상 행정심판

SECTION 02　행정소송법

제 1 장　일반론

제 2 장　항고소송

SECTION 02　지방자치법

제 1 장　일반론

SECTION 03　공무원법

제 1 장　공무원법관계의 변동

제 2 장　공무원법관계의 내용

SECTION 04   경 찰 법

SECTION 05   공적 시설법

제 1 장   공 물 법

SECTION 06　기　　타

제 1 장　공용부담법

제 3 장   기타

* **PART 4** 차례는 별책에 있습니다.

1. 이 책에서 법령의 인용시 한글의 약어로 표기한다.
2. 이 책에서 아래에 없는 법령은 원래의 명칭으로 표기한다.
3. 법령의 내용은 2024년 1월 1일을 기준으로 한다.

약어	법령명	약어	법령명
가스법	도시가스사업법	기본법	행정기본법
감염법	감염병의 예방 및 관리에 관한 법률	농재법	농어업재해대책법
감사법	감사원법	도개법	도시개발법
개제법	개발제한구역의 지정 및 관리에 관한 특별조치법	도교법	도로교통법
		도주법	도시 및 주거환경정비법
경공법	경찰공무원법	독점법	독점규제 및 공정거래에 관한 법률
경응법	경찰직무 응원법	등기법	부동산등기법
경직법	경찰관 직무집행법	디자인법	디자인보호법
경찰법	국가경찰과 자치경찰의 조직 및 운영에 관한 법률	문보법	문화유산의 보존 및 활용에 관한 법률
		물가법	물가안정에 관한 법률
공개법	공공기관의 정보공개에 관한 법률	민소법	민사소송법
공노법	공무원의 노동조합 설립 및 운영 등에 관한 법률	민원법	민원 처리에 관한 법률
		법조법	법원조직법
공선법	공직선거법	보조법	보조금 관리에 관한 법률
공수법	공유수면 관리 및 매립에 관한 법률	부공법	부동산 가격공시에 관한 법률
공위법	공중위생관리법	부담법	부담금관리 기본법
공재법	공유재산 및 물품 관리법	부신법	부동산 거래신고 등에 관한 법률
공포법	법령 등 공포에 관한 법률	분쟁법	환경분쟁 조정법
교공법	교육공무원법	비송법	비송사건절차법
교육법	교육기본법	사방법	사방사업법
국공법	국가공무원법	사학법	사립학교법
국군법	국군조직법	산림법	산림보호법
국배법	국가배상법	생활법	국민기초생활 보장법
국세법	국세기본법	서특법	서울특별시 행정특례에 관한 법률
국재법	국유재산법	석유법	석유 및 석유대체연료 사업법
국정법	국가재정법	선관법	선거관리위원회법
국징법	국세징수법	소방법	소방기본법
국토법	국토기본법	수산법	수산업법
규제법	행정규제기본법	식품법	식품위생법

연금법	공무원연금법	지징법	지방세징수법
외토법	외국인토지법	질서법	질서위반행위규제법
운수법	여객자동차 운수사업법	토상법	공익사업을 위한 토지 등의 취득 및 보상에 관한 법률
원손법	원자력 손해배상법		
윤리법	공직자윤리법	토용법	국토의 계획 및 이용에 관한 법률
인감법	인감증명법	행소법	행정소송법
자손법	자동차손해배상 보장법	행심법	행정심판법
자재법	자연재해대책법	행집법	행정대집행법
전정법	전자정부법	헌재법	헌법재판소법
절차법	행정절차법	형소법	형사소송법
정보법	개인정보 보호법	환기법	환경정책기본법
정조법	정부조직법	환수법	개발이익 환수에 관한 법률
정촉법	정보통신망 이용촉진 및 정보보호 등에 관한 법률	회책법	회계관계직원 등의 책임에 관한 법률
		舊법안	행정절차법(案)(1987년)
제국법	제주특별자치도 설치 및 국제자유도시 조성을 위한 특별법		
		감사정	지방자치단체에 대한 행정감사규정
조사법	행정조사기본법	고충정	공무원고충처리규정
조처법	조세범 처벌절차법	공보수	공무원보수규정
주민법	주민등록법	공징령	공무원 징계령
주소법	주민소환에 관한 법률	임탁정	행정권한의 위임 및 위탁에 관한 규정
주조법	주민조례발안에 관한 법률	지보수	지방공무원 보수규정
지공법	지방공무원법	지자령	지방자치법 시행령
지기법	지방세기본법	지징정	지방공무원 징계 및 소청 규정
지육법	지방교육자치에 관한 법률	출입법	출입국관리법
지자법	지방자치법	행심령	행정심판법 시행령
지정법	지방재정법	행운정	행정업무의 운영 및 혁신에 관한 규정

PART 1

행정법총론
(일반행정법)

Administrative LAW

제1장 행정법의 의의

행정법이란 「행정에 특유한 국내법으로서 공법」을 말한다. 바꾸어 말하면 행정법은 국내법 중 행정에 관한 법이면서 동시에 공법인 법을 말한다.

제1항 행정에 관한 법으로서 행정법

Ⅰ. 행정의 개념

행정법은 행정(행정권의 조직과 작용)에 관한 법이다. 형식적 관점에서 행정이란 행정부에 속하는 기관에 의해 이루어지는 모든 작용을 말한다. 실질적 관점에서 행정은 소극적으로는 「입법도 사법도 아닌 국가작용」 또는 「입법도 사법도 통치작용도 아닌 국가작용」으로 정의하기도 하고(소극설), 적극적으로는 ① 국가의 목표와 법질서의 달성을 위한 국가의 활동, ② 법률의 범위 안에서 그리고 법률의 토대 위에서의 사회형성, ③ 법 아래서 법의 규제를 받으면서 현실적·구체적으로 국가목적의 적극적 실현을 위하여 행하여지는 전체로서 통일성을 가진 계속적인 형성적 국가활동 등으로 정의하기도 한다(①②③을 적극설이라 한다).

Ⅱ. 행정의 종류

1. 공법상 행정·사법상 행정(법형식에 따른 분류)

(1) 공법상 행정　　공법상 행정은 공행정 또는 고권행정으로 불리기도 한다. 공법상 행정은 공법(행정법)에 따라 이루어지는 행정을 의미하며, 국가와 사인 간의 관계에서 국가의 우월적 지위를 주요 특징으로 한다. 공법상 행정은 다시 권력행정과 비권력행정(단순고권행정)으로 구분된다. 권력행정은 행정행위 또는 행정강제 등의 형식으로 개인의 자유와 재산을 침해하거나 구속하는 것을 주된 내용으로 하는 행정이다(예: 과세처분·경찰처분·입영처분). 권력행정에는 엄격한 법적 기속이 따르며, 행정법의 특징이 가장 강하게 나타난다. 비권력행정은 강제 없이 수행되는 공법상 행정을 의미한다. 말하자면 공법에 근거하는 행정작용이라는 점에서는 권력행정의 경우와 같으나, 그 수단이 비권력적이라는 점에서 권력행정과 다르고, 그것이 공법작용인 점에서 사법작용과 다르다(예: 강제접종 대신 접종의 권고, 도로의 건설과 유지, 지도와 계몽, 경고, 감정, 영조물의 경영).

(2) 사법상 행정　　사법상 행정은 넓은 의미의 국고행정을 의미한다. 사법상 행정은 사법에 따라 이루어지는 행정이며, 그것은 국가와 사인 간의 관계가 대등한 것이 특징적이다. 종래

에 사법적으로 작용하는 국가를 국고(Fiskus)라 불렀다. 현재 국고란 ① 사법관계의 한 당사자로서 국가라는 의미와 ② 국가재산의 관리자로서 그 속성에 따라 개별 행정분야별 권리주체로서의 의미_(예: 조세국고·관세국고·산림국고)를 갖는다.

2. 침해행정·급부행정(수단에 따른 분류)

(1) 침해행정　　침해행정이란 공익을 위해 개인의 자유와 재산의 영역을 침해하는 모든 행정을 말한다_(예: 세금 등 공과금부과·징수처분, 교통통제 등 경찰처분, 행정강제처분). 침해행정에는 법률의 우위의 원칙과 법률의 유보의 원칙이 적용된다.

(2) 급부행정　　급부행정이란 개인의 권리영역을 확대·안정시키는 행정을 말한다. 즉 개인의 생활조건을 보장하고 향상시키는 행정이다. 이것은 일면 개개시민의 급부를 보장하고, 타면 전체로서의 개인에게 일반적 생활배려(Daseinsvorsorge)를 행하는 작용이다. 급부행정도 침해행정과 같이 법률의 우위하에 놓이나, 법률유보가 적용되는가에 관해서는 다툼이 있다. 급부행정은 대체로 공법적으로 이루어지나 부분적으로는 사법적으로 이루어질 수도 있다.

3. 질서행정·급부행정(목표에 따른 분류)

(1) 질서행정　　질서행정이란 공적 안전과 공적 질서에 적합하지 아니한 상황이나 위험 또는 교란을 예방하고 제거하는 것을 목표로 하는 행정을 말한다_(예: 교통경찰행정). 질서행정에는 일반적으로 침해적인 수단_(예: 운전면허취소, 각종 허가제)이 활용된다. 침해적 성질로 인하여 질서행정은 공법적 수단 중에서 명령·강제의 방식이 활용되는 공법상 행정이며, 사법적 수단과는 거리가 멀다. 질서행정은 법률유보의 원칙이 기본적으로 적용되는 영역이다.

(2) 급부행정

1) 급부행정의 의의　　급부행정이란 시민의 생활조건을 보장하고 개선하는 행정을 말한다_(예: 장학지원행정, 사회부조행정). 급부란 행정의 목표로서의 급부_(실질적 의미)와 행정의 수단으로서의 급부_(도구적 의미)의 2중의 의미를 갖는다. 침해행정과 대비되는 급부행정은 수단으로서의 급부행정이고, 질서행정과 대비되는 급부행정은 목표로서의 급부행정이다. 질서행정의 경우와 달리 목적으로서의 급부행정의 수단은 기본적으로 명령·강제와 거리가 멀다. 급부행정은 공법적인 방식 외에 사법적인 방식으로도 이루어지기도 하는바, 권력행정과 달리 경우에 따라 공법적 수단과 사법적 수단 사이에서 수단선택의 자유가 있기도 하다.

2) 급부행정의 종류　　급부행정은 ① 사무의 내용에 따라 배려행정_(공동체구성원을 위한 각종 시설의 설치에 관한 행정)·사회행정_(개인으로서 공동체구성원의 삶의 보장에 관한 행정, 내용으로 사회보험·공공부조·사회서비스가 있다)·촉진행정_(개인적인 삶의 영역에서 구조개선에 관한 행정, 조성행정으로 불리기도 한다), ② 급부의 종류에 따라 금전의 급부_(예: 대부)·물건의 급부_(예: 의약품제공)·서비스제공_(예: 직장소개)·기타의 급부, ③ 급부의 수령자에 따라 일반공중에의 자동적인 급부_(예: 자유사용의 도로)와 특정의 수령자에 개별적으로 보장되는 타율적 급부_(예: 금전급부), ④ 법률의 구속성에 따라 법률상의 급부와 법률로부터 자유로운 급부, 그리고 ⑤ 법형식에 따라 공법상의 급부와 사법상의 급부로 구분된다.

(3) 급부행정의 기본원칙   급부행정의 기본원칙으로 사회국가원칙·보충성의 원칙·법률적합성의 원칙·평등원칙·비례원칙·부당결부금지의 원칙·신뢰보호의 원칙이 언급되고 있는데, 아래에서는 사회국가원칙과 보충성의 원칙에 관해서 보기로 한다(다른 원칙들은 질서행정의 기본원칙 이기도 한데, 뒤에서 살피기로 한다).

1) 사회국가원칙

(가) 의   의   사회국가원칙은 내용상 국가와 여타 공행정주체가 사회적 정의라는 의미에서의 사회질서의 형성을 위한 권한과 의무를 갖는다는 것을 말한다. 사회적 정의란 공동체의 모든 구성원에게 인간다운 삶이 보장되고, 특히 경제적·문화적 수요의 충족이 상당한 수준으로 보장되는 것을 말한다.

(나) 법적 성격   헌법형성의 기본결단으로서 사회국가원칙은 실정법의 인식근거가 된다. 그러나 이 원칙으로부터 국민이 국가에 대하여 직접적인 청구권을 갖는 것은 아니다. 이의 적용을 위해서는 법규로서 구체화를 요한다. 그 임무는 원칙적으로 입법자에게 놓인다.

2) 보충성의 원칙

(가) 의   의   보충성의 원칙(Subsidiaritätsprinzip)이란 국가와 여타의 공행정주체는 원칙적으로 사인이나 사적 조직 또는 하위의 공행정주체의 임무를 대신하여 수행할 수 없고, 다만 공동체의 전원이나 일부에 대한 중대한 불이익의 방지를 위해 불가피한 경우에만 대신 수행할 수 있음을 의미한다. 공행정은 사회적인 힘이 스스로 임무를 수행할 수 없는 경우에 활동하여야 한다는 일반원칙으로 표현되기도 한다.

(나) 법적 성격   논자에 따라 보충성의 원칙은 법원칙으로서 직접 적용되는 헌법원칙이라고도 하고, 해석기준이라고도 하며, 헌법적 의미를 부인하기도 한다. 하여튼 보충성의 원칙은 '공행정은 사회적인 힘이 스스로 임무를 수행할 수 없는 경우에 활동하여야 한다'는 일반원칙으로서의 의미를 갖는 것이고, 그 때문에 보충성의 원칙은 어느 정도 법적 규율의 근거가 되기도 한다.

Ⅲ. 통치행위

1. 통치행위의 개념

통치행위란 국가행위 중에서 고도의 정치성을 갖기 때문에 사법심사가 제한되는 행위를 말한다. 통치행위는 국가행위에 대한 사법심사의 문제와 관련하여 나타난 개념이다. 통치행위는 법치주의 내지 개인의 권리보호제도의 발전을 전제로 한다. 왜냐하면 통치행위를 논하는 이유는 통치행위도 법치주의의 적용하에 있다는 점, 통치행위로 인한 개인의 권익침해도 기본적으로는 보호받아야 한다는 점 등을 분명히 하는 데 있기 때문이다.

2. 외국의 통치행위

(1) 미   국   미국에서는 전쟁, 국가의 승인, 조약의 해석 등의 문제를 둘러싸고 통치행위가 정치문제(Political Question)라는 이름으로 인정되어 오고 있다. 권력분립주의가 그 인정근거인 것으로 보인다(권력분 립설).

(2) 영   국   영국에서는 「국왕은 제소되지 아니한다」는 원칙하에 국가의 승인, 선전 포고, 강화, 조약체결 등과 의회해산, 수상임명, 정부해산, 은사권의 행사 등은 사법심사에서 제외되고 있다. 이러한 행위들은 국사행위(Acts of State) 또는 대권행위(Prerogative) 등으로 불리며 이론과 판례상으로 승인되고 있다$\binom{\text{대권행}}{\text{위설}}$.

(3) 프 랑 스   프랑스는 구주대륙에서 통치행위론의 탄생지로서 통치행위의 인정근거는 법정책적 견지에서 행정재판소의 사법적 자제에서 구하고 있다$\binom{\text{사법자}}{\text{제설}}$. 프랑스에서는 재판으로부터 자유로운 의회행위$\binom{\text{예: 정부의 불신임, 의}}{\text{회소집, 의원의 징계}}$와 행정재판으로부터 제외되는 정부행위$\binom{\text{예: 의회의 해산, 계엄}}{\text{의 선포, 군사, 외교}}$ $\binom{\text{등의}}{\text{행위}}$가 판례상 인정되어 왔다. 그러나 오늘날에는 정부의 국제관계사항 및 의회관계행위와 전쟁만이 국사원의 통제로부터 제외되고 있다.

(4) 독   일   독일에서는 제 2 차 세계대전까지는 열기주의를 택한 관계로 통치행위의 문제가 없었다. 한편 그 후에는 행정소송에 관해 개괄주의를 채택하고 있음에도 불구하고 재판으로부터 자유로운 고권행위(gerichtsfreie Hoheitsakte)의 문제가 제기되고 있다. 학설상 대립이 있으나 프랑스의 이론과 판례에 따라 통치행위의 관념을 인정하려는 방향이 다수의 견해와 판례의 입장인 것으로 보인다$\binom{\text{예: 연방하원에 의한 연방수상의 선출, 연방수상의 정치지도기준의 설정, 의회에 의한 예산법률}}{\text{을 통한 예산의 확정, 연방대통령의 법률안의 서명·공포, 연방수상의 연방장관의 임명·해임}}$.

(5) 일   본   제 2 차 세계대전 전까지 일본은 행정소송사항과 관련하여 열기주의를 채택하면서 고도의 정치적인 사항은 소송의 대상으로 하지 않았기 때문에 통치행위의 관념이 문제되지 않았다. 그러나 제 2 차 세계대전 후에는 개괄주의를 채택하였으므로 사정이 변하게 되었다. 학설은 나뉘나 통치행위의 관념을 인정하는 것이 지배적이고, 판례 또한 통치행위의 관념을 인정하고 있다.

3. 통치행위의 인정 여부와 근거

(1) 학   설   다수의 학자들은 통치행위의 관념을 인정하고 있다. 긍정설로 권력분립설·자유재량행위설·사법자제설·독자성설이 제시되고 있다. 부정설도 언급된다.

1) 긍 정 설

(개) 권력분립설   권력분립원리상 사법권에는 내재적인 한계가 있다는 견해로서 내재적 한계설로 불리기도 한다. 말하자면 정치적으로 중요한 문제를 정치적으로 책임지지 않는 법원이 심사함은 부당함을 근거로 일정작용에 대한 판단권은 법원이 아니라 정치부문에 맡겨진 것이라고 보는 입장이다. 미국$\binom{\text{Luther vs.}}{\text{Boden 사건}}$과 일본의 판례의 입장이다. 이 견해에 대해서는 사법권에 내재적인 한계가 있는 것인지 명백하지 않다는 것과 결과적으로 사법부의 기능을 축소하게 되어 국민의 권리구제가 미흡해진다는 비판이 가해진다.

(내) 자유재량행위설   통치행위는 행정행위이기는 하나 자유재량행위인 까닭에 사법심사의 대상이 되지 않는다는 견해이다. 이 견해에 대해서는 통치행위의 문제는 사법심사의 대상의 문제인데 이를 사법심사의 범위의 문제인 재량문제로 파악한 것은 잘못이고 개념상 통치행위와 자유재량행위는 구별되며, 행정소송은 개괄주의를 취하고 있다는 비판이 가해진다.

(다) 사법자제설　　이론상 통치행위에도 사법권이 미치나, 사법의 정치화를 막기 위하여 정치문제에 대하여는 사법이 자제하는 것이 좋다는 입장이다. 미국 판례의 지배적인 견해이다 $\binom{\text{Marbury vs.}}{\text{Madison 사건}}$. 이 견해에 대해서는 사법의 과도한 자제는 결코 기본권의 수호인 법원이 취해야 할 바람직한 태도가 아니라는 비판이 가해진다. 헌법재판소의 입장이기도 하다$\binom{\text{판}}{\text{례}}$.

> 판례　　헌법과 법률이 정한 절차를 거친 파병결정에 대한 사법심사의 가부
>
> $\binom{\text{이라크 파병}}{\text{사건에서}}$ 일반사병 이라크파병결정은 **그 성격상 국방 및 외교에 관련된 고도의 정치적 결단을 요하는 문제로서, 헌법과 법률이 정한 절차를 지켜 이루어진 것임이 명백하므로, 대통령과 국회의 판단은 존중되어야 하고 헌법재판소가 사법적 기준만으로 이를 심판하는 것은 자제되어야 한다.** 이에 대하여는 설혹 사법적 심사의 회피로 자의적 결정이 방치될 수도 있다는 우려가 있을 수 있으나 그러한 대통령과 국회의 판단은 궁극적으로는 선거를 통해 국민에 의한 평가와 심판을 받게 될 것이다$\binom{\text{헌재 2004. 4. 29.}}{\text{2003헌마814}}$.

(라) 독자성설　　통치행위는 국가지도적인 최상위의 행위로서 본래적으로 사법권의 판단에 적합한 사항이 아닌 독자적인 정치행위라는 입장이다. 이 때문에 통치행위가 위헌 또는 위법하여도 사법심사에서 제외된다는 것이다. 그러나 이 견해에 대해서는 독자적인 정치행위라는 의미와 사법심사의 배제가 언제나 결합될 수 있는 것은 아니라는 비판이 가해진다.

2) 부 정 설　　헌법이 법치주의를 택하고 있고 사법심사에서 개괄주의를 택하고 있는 관계상 사인의 권리를 침해하는 모든 국가작용은 사법심사의 대상이 된다는 입장이다$\binom{\text{홍준}}{\text{형}}$. 부정설은 통치행위의 인정을 사법권의 포기로 이해한다.

3) 제한적 긍정설　　통치행위는 정책적 관점에서 다만 국가의 존립에 극도의 혼란을 초래할 수도 있는 정치적 사안들의 경우에 정책적 관점에서 예외적으로 인정될 수밖에 없다는 견해이다$\binom{\text{정책}}{\text{설}}$.

(2) 판　　례

1) 대 법 원　　대법원은 5·18내란사건에서 '계엄선포의 요건 구비 여부나 선포의 당·부당'에 대한 판단$\binom{\text{대판 1997. 4. 17. 96}}{\text{도3376 전원합의체}}$, 대북무단송금사건에서 '남북정상회담개최'에 대한 판단$\binom{\text{대판 2004.}}{\text{3. 26.}}$ $\binom{\text{2003도}}{\text{7878}}$ 등$\binom{\text{판}}{\text{례}}$을 통치행위로 보고 사법심사의 배제를 긍정하고 있다.

> 판례　　고도의 정치성을 띤 국가행위인 이른바 '통치행위'가 사법심사의 대상이 되는지 여부
>
> $\binom{\text{이른바 유신헌법 하인 1974년 8월에 유죄의 선고}}{\text{를 받은 자가 2010년에 재심을 청구한 사건에서}}$ 합헌성과 합법성의 판단은 본질적으로 사법의 권능에 속하는 것이다. 다만 고도의 정치성을 띤 국가행위에 대하여는 이른바 통치행위라 하여 법원 스스로 사법심사권의 행사를 억제하여 그 심사대상에서 제외하는 영역이 있을 수 있다. 그러나 이와 같이 통치행위의 개념을 인정한다고 하더라도 과도한 사법심사의 자제가 기본권을 보장하고 법치주의 이념을 구현하여야 할 법원의 책무를 태만히 하거나 포기하는 것이 되지 않도록 그 인정을 지극히 신중하게 하여야 한다$\binom{\text{대판 2010. 12. 16.}}{\text{2010도5986 전원합의체}}$.

2) 헌법재판소   헌법재판소는 금융실명거래및비밀보장에관한긴급재정경제명령의 발령을 통치행위로 보았다[판례 1]. 또한 사면과[판례 2] 이라크파병결정[판례 3]도 통치행위로 보았다.

> [판례 1] 긴급재정경제명령의 통치행위성 여부
> (금융실명거래를 위한 긴급재정경제명령사건에서) 대통령의 긴급재정경제명령은 국가긴급권의 일종으로서 고도의 정치적 결단에 의하여 발동되는 행위이고 그 결단을 존중하여야 할 필요성이 있는 행위라는 의미에서 이른바 통치행위에 속한다고 할 수 있다(헌재 1996. 2. 29, 93헌마186).

> [판례 2] 사면의 통치행위성 여부
> (징역형의 집행정지와 벌금형을 받은 자에 대한 징역형의 특별사면 후에 이루어진 벌금형의 집행을 다툰 사건에서) **사면**은 형의 선고의 효력 또는 공소권을 상실시키거나, 형의 집행을 면제시키는 **국가원수의 고유한 권한**을 의미하며, 사법부의 판단을 변경하는 제도로서 **권력분립의 원리에 대한 예외**가 된다(헌재 2000. 6. 1, 97헌바74).

> [판례 3] 파병결정의 통치행위성 여부
> (이라크 파병사건에서) 외국에의 국군의 파견결정은 파견군인의 생명과 신체의 안전뿐만 아니라 국제사회에서의 우리나라의 지위와 역할, 동맹국과의 관계, 국가안보문제 등 궁극적으로 국민 내지 국익에 영향을 미치는 복잡하고도 중요한 문제로서 국내 및 국제정치관계 등 제반상황을 고려하여 미래를 예측하고 목표를 설정하는 등 **고도의 정치적 결단**이 요구되는 사안이다. 따라서 … 우리 헌법도 그 권한을 국민으로부터 직접 선출되고 국민에게 직접 책임을 지는 대통령에게 부여하고 그 권한행사에 신중을 기하도록 하기 위해 국회로 하여금 파병에 대한 동의여부를 결정할 수 있도록 하고 있는바, **현행 헌법이 채택하고 있는 대의민주제 통치구조하에서 대의기관인 대통령과 국회의 그와 같은 고도의 정치적 결단은 가급적 존중되어야 한다**(헌재 2004. 4. 29, 2003헌마814).

(3) 사 견   헌법이 실질적 법치주의를 지향하고 있다는 점, 행정소송법이 개괄주의를 채택하고 있는 점, 부정설은 개인의 권익보호에 기여한다는 점 등을 고려할 때 논리상으로는 부정설이 타당하다(헌법 제27조 제 1 항의 재판청구권과 헌법 제107조 제 2 항에 따른 법원의 명령·규칙·처분심사권 등에 근거한 헌법이론상 또는 헌법해석상의 관점). 그러나 실질적 법치주의나 개괄주의도 국가의 존립을 전제로 하는 것임을 고려할 때, 제한적 긍정설인 정책설이 합리적이다. 이러한 시각에서 볼 때, 대북송금사건에서 통치행위를 인정함에 있어서 지극히 신중하여야 한다는 대법원의 판시는 본서의 입장과 같은 것으로 보인다.

4. 통치행위의 예

정부의 행위로서 ① 외교행위·전쟁·사면(저자는 이 책 제18판부터 견해를 변경하여 사면 중 특별사면의 취소와 철회를 행정처분으로 본다)·영전수여 등 국가원수의 지위에서 행하는 일정 국가작용, ② 국무총리임명 등 조직법상 행위, ③ 법률안거부, 국민투표회부, 비상계엄의 선포, 긴급명령, 긴급재정·경제명령 등 일련의 행위는 통치행위에 해당한다. 한편, 국회의 행위로서 국무총리·국무위원해임의 건의, 국회의원의 징계(이와 달리 지방의회의원의 징계는 행정행위에 해당하며 사법심사가 전면적으로 이루어진다), 국회의 조직행위 등도 성질상 통치행위에 해당한다.

5. 통치행위의 한계

(1) 헌법원리적 한계   ① 통치행위는 그 목적에 구속된다. 합목적성의 구속은 합목적적인 수단을 선택할 것을 요구하고, 일반 공공의 의사와 역사에 구속될 것을 요구한다(목적에 의한 구속). ② 통치행위가 재판으로부터 자유롭다고 하여도 그것이 법이나 법률로부터 완전히 자유로운 것을 의미하는 것은 아니다. 통치행위는 헌법형성의 기본결단에 구속되고, 아울러 법치국가의 원리인 정의의 원칙에 합당하여야 한다(헌법에 구속). ③ 이러한 구속에 반하면 극단의 경우에 저항권(헌법전문)의 문제가 발생할 수 있다.

(2) 통치행위의 개념상 한계

(가) 정치적 법률분쟁   정치적 문제에는 진정한 의미의 정치적 분쟁과 정치적 법률분쟁이 있는데, 진정한 의미의 정치적 분쟁은 법원의 위헌심사에서 제외될 것이지만 정치적 법률분쟁은 법원의 심사대상이 되어야 한다. 헌법재판소도 행정수도이전사건에서 "법률의 위헌 여부가 헌법재판의 대상으로 된 경우, 당해 법률이 정치적인 문제를 포함한다는 이유만으로 사법심사의 대상에서 제외되지 않는다(헌재 2004. 10. 21, 2004헌마554·566(병합))"고 하여 동일한 태도를 취하고 있다.

(나) 통치행위에 부수하는 행위   예컨대 대통령의 계엄선포행위 후 계엄법에 따라 이루어지는 처분들은 계엄법 등 관련법령이 정하는 바에 따라야 한다. 계엄법 등 관련법령에 따른 처분들은 통치행위가 아니며 사법심사의 대상이 된다. 판례의 입장도 같다(판례). 이러한 통치행위에 부수하는 행위는 통치행위와 구별되어야 한다. 한편, 통치행위에 부수하는 행위가 위법하다면, 그러한 행위는 행정소송의 대상이 될 수도 있고, 국가배상책임을 발생시킬 수도 있다.

> **판례**   남북정상회담개최와 대북송금행위등이 사법심사의 대상이 되는지 여부
> (대북 무단송금사건에서) **남북정상회담의 개최**는 고도의 정치적 성격을 지니고 있는 행위라 할 것이므로 특별한 사정이 없는 한 그 **당부를 심판하는 것은 사법권의 내재적·본질적 한계를 넘어서는 것이 되어 적절하지 못하지만**, 남북정상회담의 개최과정에서 재정경제부장관에게 신고하지 아니하거나 통일부장관의 협력사업 승인을 얻지 아니한 채 **북한측에 사업권의 대가 명목으로 송금한 행위 자체**는 헌법상 법치국가의 원리와 법 앞에 평등원칙 등에 비추어 볼 때 **사법심사의 대상이 된다**(대판 2004. 3. 26, 2003도7878).

(3) 통치행위의 요건상 한계   고도의 정치성을 띠는 행위일지라도 헌법과 법률이 정한 요건을 명백히 결하거나(판례1) 기본권침해와 직접 관련되는 경우에는(판례 2, 3, 4) 사법심사 또는 헌법소원의 대상이 되어야 한다. 헌법과 법률이 정하는 요건을 명백히 결한 고도의 정치적 행위(예: 헌법과 법률이 정하는 요건을 명백히 결한 대통령의 비상계엄선포행위)를 통치행위라 부를 것인지의 여부는 표현상의 문제이다.

> **판례 1**   비상계엄의 선포와 확대행위가 예외적으로 사법심사의 대상이 되는 경우
> (5·18내란사건에서) 대통령의 비상계엄의 선포나 확대행위는 고도의 정치적·군사적 성격을 지니고 있는 행위라 할 것이므로, 그것이 누구에게도 일견하여 **헌법이나 법률에 위반되는 것으로서 명백하게 인정**

될 수 있는 등 특별한 사정이 있는 경우라면 몰라도, 그러하지 아니한 이상 그 계엄선포의 요건 구비 여부나 선포의 당·부당을 판단할 권한이 사법부에는 없다고 할 것이나, **비상계엄의 선포나 확대가 국헌문란의 목적을 달성하기 위하여 행하여진 경우에는 법원은 그 자체가 범죄행위에 해당하는지의 여부에 관하여 심사할 수 있다**$\binom{\text{대판 1997. 4. 17. 96}}{\text{도3376 전원합의체}}$.

[판례 2] 긴급재정경제명령의 발령이 예외적으로 헌법재판소의 심판대상이 되는 경우
$\binom{\text{금융실명거래를 위한 긴}}{\text{급재정경제명령사건에서}}$ 통치행위를 포함하여 모든 국가작용은 국민의 기본권적 가치를 실현하기 위한 수단이라는 한계를 반드시 지켜야 하는 것이고, 헌법재판소는 헌법의 수호와 국민의 기본권 보장을 사명으로 하는 국가기관이므로 **비록 고도의 정치적 결단에 의하여 행해지는 국가작용이라고 할지라도 그것이 국민의 기본권 침해와 직접 관련되는 경우에는 당연히 헌법재판소의 심판대상이 된다**$\binom{\text{헌재 1996. 2. 29.}}{\text{93헌마186}}$.

[판례 3] 신행정수도의 건설(이전)이 고도의 정치적인 문제로서 사법심사의 대상인지 여부
$\binom{\text{행정수도이}}{\text{전사건에서}}$ 신행정수도건설이나 수도이전의 문제가 정치적 성격을 가지고 있는 것은 인정할 수 있지만, 그 자체로 고도의 정치적 결단을 요하여 사법심사의 대상으로 하기에는 부적절한 문제라고까지는 할 수 없다. … 이 사건 법률의 위헌여부를 판단하기 위한 선결문제로서 **신행정수도건설이나 수도이전의 문제를 국민투표에 붙일지 여부에 관한 대통령의 의사결정**이 사법심사의 대상이 될 경우 위 의사결정은 고도의 정치적 결단을 요하는 문제여서 사법심사를 자제함이 바람직하다고는 할 수 있고, 이에 따라 그 의사결정에 관련된 흠을 들어 위헌성이 주장되는 법률에 대한 사법심사 또한 자제함이 바람직하다고는 할 수 있다. 그러나 대통령의 위 의사결정이 국민의 **기본권침해와 직접 관련되는 경우에는 헌법재판소의 심판대상이 될 수 있고**, 이에 따라 위 **의사결정과 관련된 법률도 헌법재판소의 심판대상이 될 수 있다**. … **대통령의 의사결정이 국민의 국민투표권을 침해한다면**, 가사 위 의사결정이 **고도의 정치적 결단을 요하는 행위라고 하더라도** 이는 국민의 기본권침해와 직접 관련되는 것으로서 **헌법재판소의 심판대상이** 될 수 있고, 따라서 이 사건 법률의 위헌성이 대통령의 의사결정과 관련하여 문제되는 경우라도 헌법소원의 대상이 될 수 있다$\binom{\text{헌재 2004. 10. 21.}}{\text{2004헌마554·566(병합)}}$.

[판례 4] 개성공단 전면중단 조치와 법치주의
(2016. 1. 6. 북한이 4차 핵실험을 단행하고 같은 해 2. 7. 장거리 미사일을 발사하자, 피청구인 대통령은 2016. 2. 8.경 피청구인 통일부 장관에게 개성공단 철수 대책 마련을 지시하고, 2016. 2. 10. 국가안전보장회의 상임위원회의 협의 등의 거쳐 개성공단의 운영을 즉시 전면중단하기로 결정한 개성공단 전면 중단 조치에 관한 위헌소원 사건에서) 국가비상사태에 대응하여 발동되는 긴급명령이나 비상계엄 등의 국가긴급권도 발동 요건과 절차가 헌법에 엄격하게 정해져 있고, 국민의 기본권 제한은 헌법 제37조 제 2 항에 따라 법률로써 하여야 하므로, 대통령의 정치적 결단에 따른 조치라도 국민의 기본권 제한과 관련된 경우에는 반드시 헌법과 법률에 근거를 두어야 하고, 그 근거가 없을 경우 위헌적 조치로 보아야 한다$\binom{\text{헌재 2022. 1. 27.}}{\text{2016헌마364}}$.

6. 권리보호

(1) 국가배상 판례의 표현대로 '누구에게도 일견하여 헌법이나 법률에 위반되는 것으로서 명백하게 인정될 수 있는 등 특별한 사정이 있는 경우$\binom{\text{대판 1997. 4. 17. 96도}}{\text{3376. 5·18내란사건}}$' 또는 '국민의 기본권 침해와 직접 관련되는 경우$\binom{\text{헌재 1996. 2. 29.}}{\text{93헌마186}}$'에는 국가배상법상 요건을 충족한다면 제한적으로 국가배상청구가 가능하다.

(2) 손실보상   통치행위로 인해 국민에게 특별한 희생이 가하여지는 경우 평등의 원칙에 비추어 손실보상이 주어져야 한다는 견해$\binom{박균}{성}$가 있다. 논리적으로 보면, 손실보상청구권의 성립요건을 구비하는 경우에는 손실보상을 인정할 것이다. 그러나 재산권에 대한 공용침해가 있다고 하더라도 통치행위에 따른 손실에 대한 보상규정이 일반적으로 마련되어 있지 아니하기에 손실보상은 현실적으로는 어려울 것이다$\binom{김용}{섭}$.

(3) 헌법소원   통치행위에 대한 통상적인 사법심사는 어렵다고 하더라도 당해 행위가 국민의 기본권침해와 직접 관련된 행위인 경우에는 헌법소원의 대상이 된다.

제 2 항 공법으로서 행정법

Ⅰ. 공법과 사법의 구별필요성

1. 절차법상 구별필요성

행정청의 처분 등의 절차는 행정절차법이 정하는 바에 따라야 한다. 처분 등의 절차에는 행정청의 자치가 허용되지 아니한다. 사적 영역은 행정절차법의 적용대상이 아니라, 사적 자치가 적용된다.

2. 실체법상 구별필요성

① 사인 간의 법률관계는 사적 자치를 중심으로 하는 사법원리가 적용되지만$\binom{판}{례}$, 행정주체와 사인 간의 법관계는 공익실현을 중심으로 하는 공법원리가 적용되고, ② 법인의 법형식에는 공법인과 사법인의 구분이 있고, ③ 법관계의 상대방이 의무를 불이행하는 경우, 사인은 자력강제를 할 수 없으나, 행정청은 자력강제를 할 수 있으며, ④ 사인의 불법행위에 대한 배상책임은 사법에 의하지만, 공무원의 직무상 불법행위에 대한 배상책임은 국가배상법에 의한다.

> [판례] 사적 자치의 원칙의 의의
> $\binom{구 \ 신탁법 \ 제31조 \ 제 1 \ 항}{위헌소원심판에서}$ 사적자치원칙이란 인간의 자기결정 및 자기책임원칙에서 유래된 기본원칙으로서, 계약의 자유·소유권의 자유·결사의 자유·유언의 자유 및 영업의 자유를 그 구성요소로 하고 있다$\binom{헌재 \ 2018. \ 3. \ 29,}{2016헌바468}$.

3. 소송법상 구별필요성

사인 간의 법적 분쟁에 있어서 사법적 구제는 민사소송법에 의하지만, 행정주체와 사인 간의 법적 분쟁에 있어서 사법적 구제는 일반적으로 행정소송법에 의한다. 따라서 관할법원의 결정 등을 위해 양자의 구별이 필요하다.

Ⅱ. 공법과 사법의 구별기준

1. 학 설

공법과 사법의 구별기준에 관한 전통적 견해로 이익설·성질설·구주체설이 있다. 오늘날에는 신주체설이 유력하게 주장되고 있다. 구별부인설도 있다.

(1) 이 익 설 　　공익의 실현에 봉사하는 법이 공법이고, 사익의 실현에 봉사하는 법이 사법이라는 견해이다. 이익설에 대해서는 공익이 사익으로부터 완전하게 분리되지 아니하여 공익개념이 불분명하다는 점, 공익과 사익은 상호의존적이라는 점, 모든 법규는 궁극적으로 공익에 봉사하는 것이라는 점이 문제점으로 지적된다.

(2) 성 질 설 　　상·하질서관계$\binom{불평등}{관계}$를 규율하는 법이 공법이고, 대등질서관계$\binom{평등}{관계}$를 규율하는 법이 사법이라는 견해이다. 성질설에 대해서는 사법에도 상하관계를 규율하는 경우가 있다는 점$\binom{예:}{친권}$, 대등한 관계도 공법적 규율의 대상이 되는 경우가 있다는 점$\binom{예: 공법}{상 계약}$, 이 견해로는 급부행정에서의 법률관계를 설명하기 곤란하다는 점 등이 문제점으로 지적된다. 성질설은 복종설·종속설·권력설·잉여가치설이라고도 한다.

(3) 구주체설 　　국가나 국가기관이 법률관계의 일방당사자인 경우를 규율하는 법이 공법이고, 사인 간의 관계를 규율하는 법이 사법이라는 견해이다. 구주체설에 대해서는 국고로서의 국가행위는 사법의 적용을 받고 있다는 점, 사인도 경우에 따라서는 공법의 적용을 받는 경우가 있다$\binom{예: 공권을 위}{탁받은 사인}$는 점이 문제점으로 지적되고 있다.

(4) 신주체설(귀속설) 　　신주체설은 권리와 의무가 귀속되는 주체의 상이성에 따라, 사법은 모든 자연인과 법인$\binom{공법인}{포함}$이 권리와 의무의 귀속주체가 될 수 있는 법을 말하고, 공법은 오로지 공권력주체만이 권리와 의무의 귀속주체가 될 수 있는 법을 말하는바 공법은 공권력주체와 그 기관의 직무법이라는 견해이다. Wolff가 주장한 신주체설$\binom{형식적}{귀속설}$이 현재 독일의 지배적인 견해인 것으로 보인다. 신주체설은 귀속설·특별법설·수정주체설로도 불린다. 그러나 신주체설에 대해서는 ① 법규를 단지 특정법영역$\binom{공법 또}{는 사법}$에 귀속시키지만, 개별적인 사건에 어떠한 법규범이 적용되어야 하는가에 대한 문제에는 분명한 답을 주지 못한다는 점, ② 특별법 또는 특별한 법적 근거가 없는 국가활동$\binom{특히 급부}{행정영역}$을 부인하는 결과를 초래할 수 있다는 점, ③ 실질적인 내용에 관한 설명은 없다는 점 등이 문제점으로 지적되고 있다.

(5) 구별부인설 　　법실증주의에 입각한 Wien학파는 법의 형식·구조에 따라 법을 공법과 사법으로 구분하는 것은 법학적 방법론으로 가능하나, 양자는 모두 본질적으로 동일한 것이기 때문에 구별할 필요가 없다고 하여 양자의 구별을 부인한다.

(6) 종합설(사견)

1) 귀속의 문제 　　현재로서 그 어느 견해도 만족할 만한 것이 아니다. 일반적 견해는 상기의 여러 기준을 모두 고려하는 입장이다. 특정 법규범이 공법과 사법 중 어디에 속하는가는 통

상 문제되지 아니한다. 오히려 구체적인 경우가 어떤 규범, 어떤 영역에 놓이는가가 문제된다. 따라서 공법과 사법의 구분은 실제상 성질의 문제라기보다 귀속의 문제가 된다.

2) 법관계 3분 기준   특정의 법적 문제에 있어서 그에 적용될 법규범이 없거나, 공법과 사법이 모두 있는 경우에는 앞에서 본 여러 견해들을 종합적으로 고려하여 기본적으로는 행정의 목표·목적에 따라 결정되어야 한다(예: 경찰차량의 자동차사고도 운행목적에 비추어 공적 임무(예: 순찰)의 수행중 발생한 것이면 공법적인 것이고, 국고사무의 수행중 발생한 것이면 사법적인 것이다). 대체로 말해 ① 법률관계의 일방당사자가 행정청이면서 행정청에게 우월적 지위를 인정하고 있거나 또는 우월적 지위를 인정하지 않는다고 하여도 공익실현을 직접적인 목적으로 하고 있는 경우에는 공법관계로 볼 수 있다. ② 물론 법규에서 행정상 강제집행, 행정벌, 손실보상이나 국가배상, 행정상 쟁송제도가 규정되어 있다면, 그것은 공법이 적용되는 관계로 보아도 무방할 것이다.

2. 판   례

판례도 사건과 마찬가지로 종합적으로 판단(판례)하는 입장이다.

[판례]   행정소송과 민사소송의 구분
(국유 광업권의 매매계약체결행위에 관한 분쟁에서) 행정청의 행위가 행정소송의 대상인가 민사소송의 대상이 되는가의 구별의 표준은 그 행위의 내용과 방법 및 분쟁이 일어났을 때에 그 해결에 관한 특별규정이 있느냐 없느냐 하는 점 등을 고려하여 결정한다(대판 1961. 10. 5, 4292행상125).

[공법관계로 본 판례 모음]

[판례 1]   수도법에 의한 수도료의 부과징수와 그에 따른 수도료 납부관계
(대전시의 대한민국에 대한 수도료부과처분이 무효라는 뜻에서 제기된 채무부존재확인의 소에서) 수도법에 의하여 지방자치단체인 수도사업자가 그 수돗물의 공급을 받은 자에 대하여 하는 수도료의 부과징수와 이에 따른 수도료의 납부관계는 **공법상의 권리의무관계**라 할 것이므로 이에 관한 소송은 행정소송절차에 의하여야 하고, 민사소송절차에 의할 수 없다(대판 1977. 2. 22, 76다2517).

[판례 2]   국유재산법상의 국유재산무단사용 변상금의 부과처분
(서울특별시 영등포구청장의 원고에 대한 국유재산사용변상금의 부과처분을 다툰 사건에서) **국유재산법 제51조 제 1 항은** 국유재산의 무단점유자에 대하여는 대부 또는 사용, 수익허가 등을 받은 경우에 납부하여야 할 대부료 또는 사용료 상당액 외에도 그 징벌적 의미에서 **국가측이 일방적으로 그 2할 상당액을 추가하여 변상금을 징수토록 하고 있으며** 동조 제 2 항은 변상금의 체납시 국세징수법에 의하여 강제징수토록 하고 있는 점 등에 비추어 보면 **국유재산의 관리청이 그 무단점유자에 대하여 하는 변상금부과처분은 순전히 사경제 주체로서 행하는 사법상의 법률행위라 할 수 없고 이는 관리청이 공권력을 가진 우월적 지위에서 행한 것으로서 행정소송의 대상**이 되는 행정처분이라고 보아야 한다(대판 1988. 2. 23, 87누1046·1047; 대판 2014. 9. 4, 2013다3576).

[판례 3]   국가나 지방자치단체에서 근무하는 청원경찰의 근무관계
(수원시가 소속 청원경찰인 원고에 대하여 내린 파면처분을 다툰 사건에서) 국가나 지방자치단체에 근무하는 청원경찰은 국가공무원법이나 지방공무원법상의 공무원은 아니지만, 다른 청원경찰과는 달리 그 **임용권자가 행정기관의 장이고**, 국

가나 지방자치단체로부터 보수를 받으며, 산업재해보상보험법이나 근로기준법이 아닌 **공무원연금법에 따른 재해보상과 퇴직급여를 지급받고, 직무상의 불법행위에 대하여도** 민법이 아닌 **국가배상법이 적용되는** 등의 특질이 있으며 그외 임용자격, 직무, 복무의무 내용 등을 종합하여 볼 때, 그 근무관계를 사법상의 고용계약관계로 보기는 어려우므로 **그에 대한 징계처분의 시정을 구하는 소는 행정소송의 대상이지** 민사소송의 대상이 아니다$\binom{\text{대판 1993. 7. 13.}}{\text{92다47564}}$.

판례 4 │ 행정재산의 사용·수익에 대한 허가의 성질 및 허가 신청을 거부한 행위가 항고소송의 대상인 행정처분인지 여부

$\binom{\text{원고가 태안군수를 상대로 공유재산대부}}{\text{신청반려처분무효확인을 구한 사건에서}}$ **공유재산의 관리청이 행정재산의 사용·수익에 대한 허가는** 순전히 사경제주체로서 행하는 사법상의 행위가 아니라 관리청이 공권력을 가진 우월적 지위에서 행하는 **행정처분으로서** 특정인에게 행정재산을 사용할 수 있는 권리를 설정하여 주는 **강학상 특허에** 해당하고, 이러한 행정재산의 사용·수익허가처분의 성질에 비추어 국민에게는 행정재산의 사용·수익허가를 신청할 법규상 또는 조리상의 권리가 있다고 할 것이므로 공유재산의 관리청이 이러한 신청을 거부한 행위 역시 행정처분에 해당한다고 할 것이다$\binom{\text{대판 1998. 2. 27.}}{\text{97누1105}}$.

판례 5 │ 조세채무관계

$\binom{\text{대한민국을 피고로}}{\text{한 배당이의사건에서}}$ 조세채무는 법률의 규정에 의하여 정해지는 법정채무로서 당사자가 그 내용 등을 임의로 정할 수 없고, 조세채무관계는 공법상의 법률관계이고 그에 관한 쟁송은 원칙적으로 행정사건으로서 행정소송법의 적용을 받는다$\binom{\text{대판 2007. 12. 14.}}{\text{2005다11848}}$.

판례 6 │ 도시 및 주거환경정비법상 관리처분계획안에 대한 조합 총회결의의 효력을 다투는 소송의 성질

$\binom{\text{원고가 재건축정비사업조합을 상대로 총}}{\text{회결의무효확인을 구한 민사소송에서}}$ **관리처분계획은** 재건축조합이 조합원의 분양신청 현황을 기초로 관리처분계획안을 마련하여 그에 대한 **조합 총회결의와** 토지 등 소유자의 공람절차를 거친 후 관할 행정청의 인가·고시를 통해 비로소 그 **효력이 발생하게 되므로,** 관리처분계획안에 대한 **조합 총회결의는 관리처분계획이라는 행정처분에 이르는 절차적 요건 중** 하나로, 그것이 위법하여 효력이 없다면 관리처분계획은 하자가 있는 것으로 된다. 따라서 행정주체인 재건축조합을 상대로 **관리처분계획안에 대한 조합 총회결의의 효력 등을 다투는 소송은** 행정처분에 이르는 절차적 요건의 존부나 효력 유무에 관한 소송으로서 그 소송결과에 따라 행정처분의 위법 여부에 직접 영향을 미치는 공법상 법률관계에 관한 것이므로, 이는 **행정소송법상의 당사자소송에 해당한다**$\binom{\text{대판 2009. 9. 17, 2007}}{\text{다2428 전원합의체}}$.

[사법관계로 본 판례 모음]

판례 1 │ 국가배상법상 손해배상책임의 성질

$\binom{\text{울산시공무원의 분묘발굴행위를 이}}{\text{유로 손해배상을 청구한 사건에서}}$ 공무원의 직무상 불법행위로 손해를 받은 국민이 국가 또는 공공단체에 배상을 청구하는 경우 국가 또는 공공단체에 대하여 그의 불법행위를 이유로 손해배상을 구함은 국가배상법이 정한 바에 따른다 하여도 이 역시 **민사상의 손해배상책임을 특별법인 국가배상법이 정한 데 불과하다**$\binom{\text{대판 1972. 10. 10.}}{\text{69다701}}$.

판례 2 구 예산회계법에 의한 입찰보증금의 국고귀속조치

(조달청장의 합자회사 동양전화통신공사에 대한 입찰참가자격정지를 명한 처분을 다툰 사건에서) 예산회계법에 따라 체결되는 계약은 사법상의 계약이라고 할 것이고 **동법 제70조의5의 입찰보증금은** 낙찰자의 계약체결의무이행의 확보를 목적으로 하여 그 불이행시에 이를 국고에 귀속시켜 국가의 손해를 전보하는 **사법상의 손해배상예정으로서의 성질을 갖는 것이라고 할 것이므로 입찰보증금의 국고귀속조치는** 국가가 사법상의 재산권의 주체로서 행위하는 것이지 공권력을 행사하는 것이거나 공권력작용과 일체성을 가진 것이 아니라 할 것이므로 이에 관한 분쟁은 **행정소송이 아닌 민사소송의 대상**이 될 수밖에 없다고 할 것이다(대판 1983. 12. 27, 81누366).

판례 3 공무원및사립학교교직원의료보험관리공단 직원의 근무관계

(공무원및사립학교교직원의료보험관리공단의 원고에 대한 5급임용처분취소처분을 다툰 사건에서) 공무원및사립학교교직원의료보험법 등 관계법령의 규정내용에 비추어 보면, 공무원및사립학교교직원의료보험관리공단 직원의 근무관계는 공법관계가 아니라 사법관계이다(대판 1993. 11. 23. 93누15212).

판례 4 잡종재산인 국유림의 대부 및 대부료의 납입고지

(원주영림서 수원관리소장의 원고 자유개발(주)에 대한 국유림대부료부과처분을 다툰 사건에서) **잡종재산인 국유림을 대부하는 행위**는 국가가 사경제주체로서 상대방과 대등한 위치에서 행하는 **사법상의 법률행위라 할 것이고**, 행정청이 공권력의 주체로서 행하는 공법상의 행위라 할 수 없으며, 이 대부계약의 취소사유나 대부료의 산정방법 등을 법정하고(산림법 제78조; 동시행령 제62조), 또 대부료의 징수에 관하여 국세징수법 중 체납처분에 관한 규정을 준용하는 규정(국유재산법 제25조 제3항, 제38조)들이 있다고 하더라도 위 규정들은 국유재산관리상의 공정과 편의를 꾀하기 위한 규정들에 불과하여 위 규정들로 인하여 잡종재산인 국유림 대부행위의 본질이 사법상의 법률행위에서 공법상의 행위로 변화되는 것은 아니라 할 것이므로, **잡종재산인 국유림에 관한 대부료의 납입고지 역시 사법상의 이행청구에 해당한다**고 할 것이어서 행정소송의 대상으로 되지 아니한다(대판 1993. 12. 21. 93누13735).

판례 5 개발부담금부과처분의 직권취소를 이유로 한 부당이득반환청구

(서울특별시 마포구의 원고 서울특별시 도시개발공사(지방공기업법에 의하여 서울특별시의 전액출자로 설립된 지방공사)에 대한 개발부담금부과처분의 위법을 이유로 부당이득의 반환을 청구한 소송에서) 개발부담금 부과처분이 취소된 경우, 그 과오납금에 대한 부당이득반환청구권은 개발부담금 부과처분의 취소로 개발부담금 채무가 소멸한 때에 확정된다. … **개발부담금 부과처분이 취소된 이상** 그 후의 부당이득으로서의 **과오납금반환에 관한 법률관계는 단순한 민사관계에 불과**한 것이고, 행정소송절차에 따라야 하는 관계로 볼 수 없다(대판 1995. 12. 22. 94다51253).

판례 6 종합유선방송위원회 직원의 근무관계

(종합유선방송위원회 소속 직원이 해고무효확인을 구한 사건에서) 구 종합유선방송법상의 종합유선방송위원회는 그 설치의 법적 근거, 법에 의하여 부여된 직무, 위원의 임명절차 등을 종합하여 볼 때 국가기관이고, 그 사무국 직원들의 근로관계는 사법상의 계약관계이므로, 사무국 직원들은 국가를 상대로 민사소송으로 그 계약에 따른 임금과 퇴직금의 지급을 청구할 수 있다(대판 2001. 12. 24. 2001다54038).

Ⅲ. 공법과 사법의 관계

공법과 사법은 상호 별개의 것이 아니다. 양자는 상호영향하에 있다. 먼저, 공법은 사법에 상당한 영향을 미친다. 즉 ① 행정기관이 사법으로 행정사무를 수행하면, 행정사법이 적용된다. 그리고 ② 기본권은 간접적인 제3자효를 갖는다. 뿐만 아니라 ③ 공법이 사법에 직접 영향을 미치기도 한다. 말하자면 ⓐ 공법이 사권형성적 효과를 규정하기도 하고$\binom{\text{예: 토지수용으로}}{\text{인한 소유권의 취득}}$, ⓑ 공법규정이 사법규범의 구성요건요소가 되기도 하며$\binom{\text{예: 혼}}{\text{인 신고}}$, ⓒ 공법이 사법의 효과를 제한하기도 하고 $\binom{\text{예: 부관에 의한}}{\text{영업행위의 제한}}$, ⓓ 공법이 사법을 보완하기도 한다$\binom{\text{예: 건축법에 의}}{\text{한 상린관계 보완}}$. 그리고 ⓔ 공법관계에 적용될 공법의 흠결시에 사법규정이 적용되기도 한다.

제 2 장   행정법의 법원

제 1 절   법원(法源)의 관념

제1항   법원의 개념

Ⅰ. 법원의 의의

행정법의 법원이란 행정권이 준수해야 할 행정법의 인식근거를 말한다(좁은 의미의 법원). 외부법(외부적 구속효를 갖는 법, 협의의 법규)만을 행정법원의 법원으로 보는 견해(법규설·협의설)와 외부법 외에 내부법(행정사무 처리기준)까지 법원으로 보는 견해(행정기준설·광의설)가 나뉘고 있다. 우리나라의 경우는 독일이나 일본과 달리 행정기준설이 다수설로 인식되고 있다. 행정기준설에 의하면 행정규칙은 외부적 법규는 아니지만 행정법의 법원에 속한다고 하게 된다.

Ⅱ. 법원의 특징

행정법은 직업의 자유, 국방의 의무와 납세의무 등 국민의 국가에 대한 권리와 의무에 관한 사항을 주요 규율대상으로 한다. 국민들의 안정된 생활을 보장하기 위해서는 국민의 국가에 대한 권리와 의무의 내용을 명백히 할 필요가 있다. 이 때문에 행정법은 문자로 기록된 성문법을 원칙으로 한다. 이를 성문법주의라 한다.

제2항   법원의 종류

Ⅰ. 성문법원

[참고]   행정기본법 제 2 조 제 1 호에서 국내법상 성문법의 유형을 대부분 볼 수 있다.

행정기본법 제 2 조(정의) 이 법에서 사용하는 용어의 뜻은 다음과 같다.

1. "법령등"이란 다음 각 목의 것을 말한다.

가. 법령: 다음의 어느 하나에 해당하는 것

1) 법률 및 대통령령·총리령·부령

2) 국회규칙·대법원규칙·헌법재판소규칙·중앙선거관리위원회규칙 및 감사원규칙

3) 1) 또는 2)의 위임을 받아 중앙행정기관(정부조직법 및 그 밖의 법률에 따라 설치된 중앙행정기관을 말한다. 이하 같다)의 장이 정한 훈령·예규 및 고시 등 행정규칙

나. 자치법규: 지방자치단체의 조례 및 규칙

1. 헌 법

헌법은 국가의 기본법인 까닭에 행정에 타당한 일체의 헌법규정은 행정에 직접 적용된다는 점에서 행정법의 법원이다. 특히 헌법의 일부조항들은 행정작용에 기준을 제시하는 중요한 법원으로 기능하기도 한다(예: 헌법 제11조의 평등원칙, 제37조 제2항의 비례원칙). 헌법은 다른 어떠한 국내법보다 우위에 놓인다. 헌법상 가치결단과 기본원칙들은 입법자에 의해 법률의 형식으로 구체화된다. 이 때문에 헌법과의 관계에서 행정법을 「구체화된 헌법으로서의 행정법」으로 표현하기도 한다.

2. 법 률

(1) 의 의 법률이란 국회가 헌법이 정한 입법절차에 따라 정하는 법 또는 법률이라는 명칭을 가진 법을 말한다. 법률에는 ① 행정기본법, 행정절차법과 같이 경찰행정 등을 포함하여 모든 행정영역을 적용대상으로 하는 법률과 ② 건축법, 도로교통법, 식품위생법 등과 같이 특정 행정영역을 적용대상으로 하는 법률이 있다.

(2) 행정기본법 형식적 의미의 법률인 행정기본법은 행정 전반에 적용되는 기본법이자 일반법이다. 행정기본법은 행정법의 총칙, 국민의 권익보호법, 적극적 행정법령 집행의 근거법, 재판규범, 입법자의 부담완화법의 성격을 갖는다.

3. 법규명령과 행정규칙(행정입법)

행정기관에 의해 정립되는 법을 행정입법이라 부른다. 여기에는 법률 등의 위임에 의하여 정해지는 법규명령과 상급행정기관이 직권으로 소속행정기관 등에 대하여 가하는 규율인 행정규칙이 있다. 행정규칙은 법규(국민의 권리와 의무를 규율하고 국가와 국민을 구속한다는 의미에서의 법규)도 아니고 법원도 아니라는 견해도 있으나(장태주, 박균성), 다수 견해는 행정규칙이 법규는 아니지만 법원으로 본다. 물론 행정규칙이 수범자(행정부 내부)에게는 구속적이므로, 그러한 범위 내에서 행정규칙이 법원이라는 점에 대해서는 다툼이 없다. 행정규칙을 내부법이라 부르기도 한다.

4. 자치법규

자치법규란 국가에 의해 설립된 공법인이 법률상 부여된 자치권의 범위 안에서 제정한 것으로서 그 구성원들에게 효력을 갖는 법규를 말한다. 예컨대 지방자치법상 지방의회가 정하는 조례, 지방자치단체의 장이 정하는 규칙, 지방교육자치에 관한 법률상 교육감이 정하는 교육규칙이 있다.

5. 행정주체 간의 합의

지방자치단체 간의 협약, 지방자치단체조합의 규약 등 일정 행정주체 간의 합의는 당사자 간의 약속이지만 관련 주민에게는 객관적인 법으로서 기능할 수도 있다.

[참고] 행정기본법 제2조 제1호는 ① 법률 및 대통령령·총리령·부령, ② 국회규칙·대법원규칙·헌법재판소규칙·중앙선거관리위원회규칙 및 감사원규칙, ③ 앞의 ① 또는 ②의 위임을 받아 중앙행정기

관$\left(\begin{smallmatrix}\text{「정부조직법」 및 그 밖의 법률에 따}\\\text{라 설치된 중앙행정기관을 말한다}\end{smallmatrix}\right)$의 장이 정한 훈령·예규 및 고시 등 행정규칙, 자치법규$\left(\begin{smallmatrix}\text{지방자치단체}\\\text{의 조례 및 규칙}\end{smallmatrix}\right)$를 합하여 법령등이라 부른다. 법령등에는 성문법의 종류가 거의 망라적으로 포함되어 있다.

Ⅱ. 국 제 법

국제법은 원래 국제관계에 관한 법이지 국가 내에서 행정주체와 국민 개인 간에 적용되는 법이 아니다. 그러나 일부의 국제법은 직접 국민에게 영향을 미치는 경우도 있다. 이와 관련하여 헌법은 제 6 조에서 "헌법에 의하여 체결·공포된 조약과 일반적으로 승인된 국제법규는 국내법과 같은 효력을 가진다"고 하여 일정 국제법을 국내법으로 수용하고 있다$\left(\begin{smallmatrix}\text{판}\\\text{례}\end{smallmatrix}\right)$.

> [판례] '1994년 관세 및 무역에 관한 일반협정'(General Agreement on Tariffs and Trade 1994)이나 '정부조달에 관한 협정'(Agreement on Government Procurement)에 위반되는 경우 조례의 효력
> $\left(\begin{smallmatrix}\text{전라북도교육감이 전라북도의회를 상대로 한 전}\\\text{라북도학교급식조례재의결무효확인사건에서}\end{smallmatrix}\right)$ '1994년 관세 및 무역에 관한 일반협정'$\left(\begin{smallmatrix}\text{General Agreement on Tariffs and}\\\text{Trade 1994, 이하 "GATT"라 한다}\end{smallmatrix}\right)$은 1994. 12. 16. 국회의 동의를 얻어 같은 달 23. 대통령의 비준을 거쳐 같은 달 30. 공포되고 1995. 1. 1. 시행된 조약인 '세계무역기구(WTO) 설립을 위한 마라케쉬협정'$\left(\begin{smallmatrix}\text{Agreement}\\\text{Establishing the WTO}\end{smallmatrix}\right)$$\left(\begin{smallmatrix}\text{조약}\\\text{1265호}\end{smallmatrix}\right)$의 부속 협정$\left(\begin{smallmatrix}\text{다자간}\\\text{무역협정}\end{smallmatrix}\right)$이고, **'정부조달에 관한 협정'**$\left(\begin{smallmatrix}\text{Agreement on Government}\\\text{Procurement, 이하 "AGP"라 한다}\end{smallmatrix}\right)$은 1994. 12. 16. **국회의 동의를 얻어 1997. 1. 3. 공포시행된 조약**$\left(\begin{smallmatrix}\text{조약 1363호, 복수}\\\text{국가간 무역협정}\end{smallmatrix}\right)$**으로서 각 헌법 제 6 조 제 1 항에 의하여 국내법령과 동일한 효력을 가지므로 지방자치단체가 제정한 조례가 GATT나 AGP에 위반되는 경우에는 그 효력이 없다**$\left(\begin{smallmatrix}\text{대판 2005. 9. 9.}\\\text{2004추10}\end{smallmatrix}\right)$.

Ⅲ. 불문법원

1. 관 습 법

(1) 의   의   일반적으로 일정사실이 장기간 반복되고 아울러 그것이 민중의 법적 확신을 가질 때 이를 관습법이라고 부른다. 관행이 없어지거나 내용이 관행에 반하는 성문법이 나타나면 관습법은 소멸된다. 관습법은 사실인 관습과 구분되어야 한다.

(2) 법원성(인정가능성)   법치행정의 문제와 관련하여 한때 부정적인 입장도 있었다$\left(\begin{smallmatrix}\text{부정}\\\text{설}\end{smallmatrix}\right)$. 현실적으로 고찰할 때 관습법은 실제상 사법적인 승인을 통해 인정된다고 하여 관습법을 판례법으로 새기면서 관습법을 부인하는 입장도 있다. 그러나 법적 안정성의 관점에서 공법의 영역에서도 관습법을 법원으로 보는 것이 우리 학자들의 일치된 입장이다$\left(\begin{smallmatrix}\text{긍정}\\\text{설}\end{smallmatrix}\right)$.

(3) 성   립   통설과 판례에 의하면, 관습법은 객관적 요소로서 장기적이고 일반적인 관행·관습이 있고, 주관적 요소로서 민중의 법적 확신이 있는 경우에 인정된다$\left(\begin{smallmatrix}\text{법적 확신설 ·}\\\text{법력내재설}\end{smallmatrix}\right)$ $\left(\begin{smallmatrix}\text{대판 2005. 7. 21. 2002다1178 전원}\\\text{합의체; 헌재 2004. 9. 23. 2000헌라2}\end{smallmatrix}\right)$. 그러나 이러한 객관적 요소와 주관적 요소 외에 형식적 요소로서 관습을 법으로 인정하는 국가의 승인도 있어야 관습법이 인정된다는 견해도 있다$\left(\begin{smallmatrix}\text{승인}\\\text{설}\end{smallmatrix}\right)$. 관습법은 생성된 것이지 의도된 것은 아니므로 관습법의 성립에 국가의 승인은 요구되지 아니한다고 볼 것

이므로, 법적 확신설이 타당하다. 다만, 관습법은 내용상 충분히 명확하여야 한다.

(4) 소　　멸　　사회의 거듭된 관행으로 생성된 사회생활규범이 관습법으로 승인되었다고 하더라도 사회 구성원들이 그러한 관행의 법적 구속력에 대하여 확신을 갖지 않게 되었다거나, 사회를 지배하는 기본적 이념이나 사회질서의 변화로 인하여 그러한 관습법을 적용하여야 할 시점에 있어서의 전체 법질서에 부합하지 않게 되었다면, 그러한 관습법은 법적 규범으로서의 효력이 부정될 수밖에 없다(대판 2005. 7. 21,2002 다1178 전원합의체). 성문법의 제정으로 관습법은 폐지 또는 변경될 수 있다.

(5) 인정범위(효력)　　법률의 유보의 원리상 그 효과가 침해적인 관습법은 인정하기 곤란하다. 관습법은 성문법의 결여시에 성문법을 보충하는 범위에서 효력을 갖는다. 판례의 입장도 같다(대판 1983. 6. 14, 80다3231). 한편 성문법이 관습법에 성문법의 개폐적 효력을 부여할 수도 있다(국세법 제18조 제3항 참조). 물론 헌법에 반하는 관습법은 인정될 수 없다(대판 2003. 7. 24, 2001다48781 전원합의체; 대판 2005. 7. 21, 2002다1178 전원합의체).

(6) 종　　류　　행정법의 영역에서 관습법으로 행정선례법과 민중적 관습법이 있다. 행정선례법은 행정사무처리상의 관행이 법적 성격을 갖게 되는 경우를 말한다. 실정법(절차법 제4조; 국세법 제18조 제3항)은 행정선례법의 존재를 명문으로 인정하고 있다. 한편 민중적 관습법은 민중들 사이의 관행이 법적 성격을 갖게 된 경우를 말한다. 그 예가 많지 않다. 예로서 입어권(수산법 제2조 제9호, 제48조), 하천용수에 관한 관습법을 들 수 있다.

2. 판　　례

(1) 판례의 법원성　　완전한 법전화의 불가능으로 인해 야기되는 법질서상의 모순은 판결을 통해 해결될 수밖에 없다. 동일한 원칙이 영속적으로 판례에서 나타날 때, 민중은 법적 확신을 갖게 될 것인데(관습법의 경우에는 동일행위가 장기간 계속됨을 요하나, 판례의 경우에는 동일행위가 반드시 장기간 계속됨을 요하는것은 아니다), 이러한 판례를 법원으로 볼 것인가에 대해서는 견해가 갈린다. 선례구속의 원칙이 엄격하게 적용되는 영미법계에서 판례가 법원이 됨은 당연하나, 대륙법계국가의 경우는 사정이 다르다.

(2) 대법원판례의 법원성　　대법원판례가 법원이라는 규정은 없다. 논리상 개별사건설(개별사건에만 구속력을 갖는다는 견해)과 사실상 구속력설(형식적으로는 구속력이 없으나, 사실상 구속력을 갖는다는 견해)도 있을 수 있다. 그러나 행정권이 법률의 해석과 적용에 있어서 원칙적으로 대법원의 판례에 따르지 아니할 수 없다는 점, 종전에 대법원에서 판시한 헌법·법률·명령 또는 규칙의 해석적용에 관한 의견을 변경할 필요가 있음을 인정하는 경우에는 대법원 전원합의체에서 심판하여야 한다(법조법 제7조 제1항 제3호)는 점, 소액사건심판절차에서는 판례위반을 상고 또는 재항고사유로 하고 있다(소액사건심판법 제3조 제2호)는 점을 고려할 때, 부분적이긴 하지만, 대법원의 판례는 사실상은 물론 실정법상으로도 법원의 성격을 갖는다(제한적 긍정설).

(3) 헌법재판소결정례의 법원성　　헌법재판소의 위헌결정은 법원으로서의 성격을 갖는다. 왜냐하면 위헌으로 결정된 법률 또는 법률조항은 효력을 상실하고 아울러 위헌결정은 법원 기타 국가기관이나 지방자치단체를 기속하기 때문이다(헌재법 제47조 제1항·제2항).

3. 조   리

종래에는 성문법과 관습법이 없는 경우에 조리가 보충적으로 적용된다고 하였고, 조리는 헌법에 뿌리를 둔 법의 일반원칙으로 이해하였다. 일반원칙으로 행정의 자기구속의 원칙, 비례원칙, 신뢰보호의 원칙, 부당결부금지의 원칙 등을 논급하였다. 그런데 이러한 원칙들은 2021. 3. 23. 시행에 들어간 행정기본법에 반영되었다.

제 2 절 행정기본법상 법 원칙

행정기본법은 행정의 법 원칙이라는 제목 하에 모든 행정에 적용되는 법원칙으로 법치행정의 원칙, 평등의 원칙, 비례의 원칙, 성실의무 및 권한남용금지의 원칙, 신뢰보호의 원칙과 실권의 원칙, 부당결부금지의 원칙을 규정하고 있다.

제1항 법치행정의 원칙

Ⅰ. 일 반 론

1. 의   의

넓은 의미의 법치행정이란 「행정은 법률의 범위 내에서 이루어져야 하며, 만약 법률에 어긋나는 행정으로 인해 사인이 피해를 입게 되면, 그 사인은 법원에 의해 구제를 받을 수 있어야 한다.」는 것을 말하며, 좁은 의미의 법치행정이란 「행정은 법률의 범위 내에서 이루어져야 한다.」는 것을 말한다. 「행정은 법률의 범위 내에서 이루어져야 한다.」는 것은 행정은 법률에 반할 수 없다는 것과 행정은 법률의 근거를 필요로 한다는 것을 의미한다.

2. 일반법과 개별법(특별법)

행정기본법 제 8 조는 법치행정의 원칙이라는 명칭 하에 "행정작용은 법률에 위반되어서는 아니 되며, 국민의 권리를 제한하거나 의무를 부과하는 경우와 그 밖에 국민생활에 중요한 영향을 미치는 경우에는 법률에 근거하여야 한다."라고 하여 좁은 의미의 법치행정의 원칙을 규정하고 있다. 내용상으로 보면, 행정기본법 제 8 조 전단은 법률의 우위의 원칙, 후단은 법률의 유보의 원칙을 규정하고 있다. 행정기본법 제 8 조는 일반법(일반조항)이다. 따라서 개별 법률에 특별규정이 없다고 하여도 행정기본법 제 8 조는 행정에 당연히 적용된다.

Ⅱ. 법률의 우위의 원칙

1. 의 의

법률의 우위의 원칙이란 "행정작용은 법률에 위반되어서는 아니 된다"는 원칙을 말한다(기본법 제8조 전단). 바꾸어 말하면 "국가의 행정은 합헌적 절차에 따라 제정된 법률에 위반되어서는 아니 된다"는 것을 의미한다. 법률에는 헌법, 국회제정의 형식적 의미의 법률, 법률의 위임에 따른 법규명령 등이 포함된다. 법률의 우위의 원칙은 소극적으로 행정이 법규에 위반되어서는 안 된다는 의미에서 소극적 의미의 법률적합성의 원칙이라고도 한다.

2. 적용범위

법률의 우위의 원칙은 행정의 모든 영역에 적용된다. 수익적 행위인가, 침익적 행위인가를 가리지 않는다. 조직상의 행위인가도 가리지 않는다. 법률의 우위의 원칙은 공법형식의 국가작용뿐만 아니라 사법형식으로 이루어지는 국가작용에도 적용된다.

3. 위반의 효과

법률의 우위의 원칙에 반하는 행정작용의 효과는 한마디로 말할 수는 없다. ① 헌법과 법률에 반하는 행정입법은 달리 정함이 없는 한 무효이고, ② 행정행위는 하자의 중대성과 명백성 여하에 따라 취소 또는 무효의 대상이 되며, ③ 공법상 계약은 특별한 경우에 무효가 될 것이고, 기타의 경우에는 유효 또는 해제될 수 있을 것이며, ④ 그 밖의 행위의 경우에는 무효가 된다. 그리고 ⑤ 위반행위로 개인에게 손해가 발생한다면 국가는 배상책임을 지게 된다.

Ⅲ. 법률의 유보의 원칙

1. 의 의

법률의 유보의 원칙이란 "행정작용은 … 국민의 권리를 제한하거나 의무를 부과하는 경우와 그 밖에 국민생활에 중요한 영향을 미치는 경우에는 법률에 근거하여야 한다"는 원칙을 말한다(기본법 제8조 후단). 바꾸어 말하면 「국가의 행정은 법적 근거를 갖고서 이루어져야 한다」는 것을 말한다(판례 1). 법률의 우위의 원칙은 소극적으로 기존법률의 침해를 금지하는 것이지만, 법률유보의 원칙은 적극적으로 행정기관이 일정한 행위를 할 수 있도록 하게 하는 법적 근거의 문제이기에(판례 2) 적극적 의미의 법률적합성의 원칙이라고 한다.

> **판례 1** 법치주의와 법률유보원칙의 관계
> (공공기관의 운영에 관한 법률 제39조 제2항 등 위헌소원사건, 별칭 공공기관에 의한 입찰참가자격 제한 제도 위헌소원사건에서) 헌법은 법치주의를 그 기본원리의 하나로 하고 있고, 법치주의는 법률유보원칙, 즉 행정작용에는 국회가 제정한 형식적 법률의 근거가 요청된다는 원칙을 그 핵심적 내용으로 하고 있다(헌재 2017. 8. 31, 2015헌바388).

판례 2   법률유보의 원칙에 있어서 법률의 의의

(2018. 3. 고등학교에 입학한 신입생부터 적용되는 교육과정('2015 개정 교육과정')에 의한 일반선택, 진로선택 과목을 이수한 사람에게 최대 2점의 가산점을 부여하는 교과이수 가산점 제도가 포함된 2022학년도 서울대학교 신입학생 정시모집 안내의 위헌확인을 구한 심판 사건, 별칭 서울대학교 정시모집 교과이수 가산점 사건에서) 국민의 기본권은 헌법 제37조 제 2 항에 의하여 국가안전보장, 질서유지 또는 공공복리를 위하여 필요한 경우에 한하여 이를 제한할 수 있으나, 그 제한은 원칙적으로 법률로써만 가능하다. 이러한 법률유보원칙은 '법률에 의한' 규율만을 뜻하는 것이 아니라 '법률에 근거한' 규율을 요청하는 것이다(헌재 2022. 3. 31. 2021헌마1230).

2. 이론적 근거

행정기본법 제 8 조가 규정하는 법률의 유보의 원칙은 헌법상 기본원리인 민주주의원리(국회가 국가공동체의 본질적인 결단을 하여야 한다)·법치국가원리(국가와 시민간의 법관계는 일반적인 법률을 통해 규율되어야 한다)·기본권보장원리(개인의 자유와 권리는 오로지 법률의 근거 위에서만 제한이 가능하다)에서 나온다.

3. 적용범위

(1) 규정 내용   행정기본법 제 8 조는 법률의 유보의 원칙이 ① 국민의 권리를 제한하는 경우(예: 영업정지처분·운전면허정지처분), ② 국민에게 의무를 부과하는 경우(예: 철거명령·과태료부과처분), ③ 그 밖에 국민생활에 중요한 영향을 미치는 경우에 적용됨을 규정하고 있다.

(2) 국민생활에 중요한 영향을 미치는 경우   국민생활에 중요한 영향을 미치는 경우에 법률의 근거가 필요하다는 것은 행정기본법이 중요사항유보설을 받아들인 것으로 이해된다.

1) 중요사항유보설의 의의   중요사항유보설은 기본적인 규범영역에서 모든 중요한 결정은 적어도 입법자 스스로가 법률로 정하여야 한다는 독일의 연방헌법재판소의 판례를 기초로 한다. 본질유보설 또는 본질성설이라고도 한다.

2) 중요성의 판단   중요사항유보설에서 중요성의 판단은 고정적인 것이 아니라 개인과 공공에 대하여 얼마나 의미 있고, 중대하고, 기본적이고, 결정적인가에 따라 정해질 유동적인 것이다(판례). 어떤 사항이 개인과 공중에 중요하면 할수록 입법자는 보다 고도로 정밀하게, 그리고 엄격하게 규정을 정립해야 한다.

판례   법률유보의 원칙의 적용 사항

(외부세무조정 강제제도에 관한 시행령 무효 사건에서) 어떠한 사안이 국회가 형식적 법률로 스스로 규정하여야 하는 본질적 사항에 해당될 것인지 여부는, 구체적 사례에서 관련된 이익 내지 가치의 중요성, 규제 또는 침해의 정도와 방법 등을 고려하여 개별적으로 결정하여야 할 것이지만, 규율대상이 국민의 기본권 및 기본적 의무와 관련한 중요성을 가질수록 그리고 그에 관한 공개적 토론의 필요성 또는 상충하는 이익 사이의 조정 필요성이 클수록, 그것이 국회의 법률에 의해 직접 규율될 필요성은 더 증대된다고 보아야 한다(대판 2015. 8. 20. 2012두23808 전원합의체).

3) 의회유보설　　　　중요사항유보설은 2중의 의미 내지 2단계로 구성된다. 1단계는 법률의 유보, 즉 중요사항은 입법사항(형식적 의미의 법률로 정할 사항)이 된다는 의미이고, 2단계는 법률의 유보를 전제로 위임입법과의 관계에서 보다 중요한 사항은 입법자가 위임입법에 위임할 수 없고 반드시 입법자 스스로 정해야 한다는 의미이다. 이러한 2단계에서의 문제, 즉 위임금지를 통해 강화된 법률유보를 의회유보라고 부른다. 의회유보는 민주주의원리로부터 나오며, 의회유보는 권력분립원리에 의해 제한된다. 행정부나 사법부의 본질적인 권한에 대해서는 의회유보가 미치지 아니한다. 헌법재판소도 이러한 입장을 취한다(판례 1, 2, 3, 4). 대법원도 같아 보인다(판례 5). 입법자가 형식적 법률로 스스로 규율하여야 하는 사항이 어떤 것인가는 일률적으로 획정할 수 없고, 구체적 사례에서 관련된 이익 내지 가치의 중요성, 규제 내지 침해의 정도와 방법 등을 고려하여 개별적으로 결정할 수 있을 뿐이나, 적어도 헌법상 보장된 국민의 자유나 권리를 제한할 때에는 그 제한의 본질적인 사항에 관한 한 입법자가 법률로써 스스로 규율하여야 한다(헌재 2021. 9. 30, 2018헌바456).

[판례 1]　　의회유보의 원칙

(개발제한구역의 지정 및 관리에 관한 특별조치법 제30조의2 제 1 항 등 위헌소원 사건에서) 오늘날의 법률유보원칙은 단순히 행정작용이 법률에 근거를 두기만 하면 충분한 것이 아니라, 국가공동체와 그 구성원에게 기본적이고도 중요한 의미를 가지는 영역, 특히 국민의 기본권 실현에 관련된 영역에 있어서는 행정에 맡길 것이 아니라 국민의 대표자인 입법자 스스로 그 본질적 사항에 대하여 결정하여야 한다는 요구, 즉 의회유보원칙까지 내포하는 것으로 이해되고 있다. 따라서 적어도 헌법상 보장된 국민의 자유나 권리를 제한할 때에는 그 제한의 본질적인 사항에 관한 한 입법자가 법률로써 스스로 규율하여야 한다(헌재 2023. 2. 23, 2019헌바550).

[판례 2]　　텔레비전방송수신료의 결정이 의회유보 사항인가의 여부

(텔레비전방송수신료의 금액에 대하여 국회가 스스로 결정하거나 결정에 관여함이 없이 한국방송공사로 하여금 결정하도록 한 한국방송공사법 제36조 제 1 항이 법률유보원칙에 위반되는지 여부 등을 다툰 구 한국방송공사법 제35조 등 위헌소원사건, 즉 제 1 차 KBS수신료사건에서) 텔레비전방송수신료는 대다수 국민의 재산권 보장의 측면이나 한국방송공사에게 보장된 방송자유의 측면에서 국민의 기본권실현에 관련된 영역에 속하고, 수신료금액의 결정은 납부의무자의 범위 등과 함께 수신료에 관한 본질적인 중요한 사항이므로 국회가 스스로 행하여야 하는 사항에 속하는 것임에도 불구하고 한국방송공사법 제36조 제 1 항에서 국회의 결정이나 관여를 배제한 채 한국방송공사로 하여금 수신료금액을 결정해서 문화관광부장관의 승인을 얻도록 한 것은 법률유보원칙에 위반된다(헌재 1999. 5. 27, 98헌바70).

[판례 3]　　법률유보의 원칙이 자치법에도 적용되는지 여부

(자본시장과 금융투자업에 관한 법률 제390조 제 2 항 제 2 호 위헌소원심판에서) 법률유보원칙은 자치적인 사항에 대하여도 적용되어야 한다. 즉, 자치적인 사항이라고 하더라도 그것이 국민의 권리 의무에 관련되는 사항일 경우에는, 적어도 국민의 권리와 의무의 형성에 관한 사항을 비롯하여 국가의 통치조직과 작용에 관한 기본적이고 본질적인 사항은 반드시 국회가 정하여야 한다는 법률유보(의회유보)의 원칙을 지켜야 할 것이다(헌재 2021. 5. 27, 2019헌바332).

[판례 4] 토지등소유자가 도시환경정비사업을 시행하는 경우, 사업시행인가 신청시 필요한 토지
등소유자의 동의요건은 의회유보사항인가의 여부
(도시환경정비사업의 시행자인 토지등소유자가 사업시행인가를 신청하기 전에 얻어야 하는 토지등소유자의 동의요건을 토지등소유자가 자치적으로 정하여 운영하는 규약에 정하도록 한 구 '도시 및 주거환경정비법' 제28조 제 5 항 본문의 "사업시행자" 부분 중 제 8 조 제 3 항에 따라 도시환경정비사업을 토지등소유자가 시행하는 경우에 "정관등이 정하는 바에 따라" 하도록 한 부분을 다툰 헌법소원사건에서) 토지등소유자가 도시환경정비사업을 시행하는 경우 사업시행인가 신청시 필요한 토지등소유자의 동의는 개발사업의 주체 및 정비구역 내 토지등소유자를 상대로 수용권을 행사하고 각종 행정처분을 발할 수 있는 행정주체로서의 지위를 가지는 사업시행자를 지정하는 문제로서 그 동의요건을 정하는 것은 토지등소유자의 재산권에 중대한 영향을 미치고, 이해관계인 사이의 충돌을 조정하는 중요한 역할을 담당한다. 그렇다면 사업시행인가 신청시 요구되는 토지등소유자의 동의정족수를 정하는 것은 국민의 권리와 의무의 형성에 관한 기본적이고 본질적인 사항으로 법률유보 내지 의회유보의 원칙이 지켜져야 할 영역이다. 사업시행인가 신청에 필요한 동의정족수를 자치규약에 정하도록 한 이 사건 동의요건조항은 법률유보 내지 의회유보원칙에 위배된다(헌재 2012. 4. 24. 2010헌바1).

[판례 5] 지방의회에 유급보좌인력을 두는 것이 적법한지 여부
(피고(부산광역시 의회)가 2012. 3. 5.에 한 '2012년도 부산광역시 일반회계예산 중 상임(특별)위원회 운영 기간제근로자(이하 '이 사건 근로자') 등 보수'에 관하여 한 재의결이 지방재정법 등에 반하여 효력이 없는지 여부를 안전행정부장관이 다툰 예산안재의결무효확인의소에서) 지방의회의원에 대하여 유급보좌인력을 두는 것은 지방의회의원의 신분·지위 및 그 처우에 관한 현행 법령상의 제도에 중대한 변경을 초래하는 것으로서, 이는 개별 지방의회의 조례로써 규정할 사항이 아니라 국회의 법률로써 규정하여야 할 입법사항이다(국회의원의 입법활동을 지원하기 위한 보좌직원으로서의 보좌관도 국회의원수당 등에 관한 법률 제 9 조에서 규정하고 있다)(대판 2013. 1. 16. 2012추84).

4. 위반의 효과

법률유보의 원칙에 반하는 행정작용은 무효 또는 취소할 수 있는 행위가 된다. 만약 그러한 행위로 사인이 피해를 입게 되면, 사인은 국가를 상대로 손해배상을 청구할 수도 있다.

5. 행정규제기본법

(1) 성 격 행정규제기본법은 행정규제에 관한 기본법이다(규제법 제 3 조). 행정규제기본법은 법령등(법률·대통령령·총리령·부령과 그 위임을 받는 고시)이나 조례·규칙에 규칙으로 국가나 지방자치단체가 특정한 행정목적을 실현하기 위하여 국민(국내법을 적용받는 외국인을 포함한다)의 권리를 제한하거나 의무를 부과하는 것을 행정규제라 부른다(규제법 제 2 조 제 1 항 제 1 호, 제 2 호). 행정규제기본법은 행정규제의 영역에서 행정기본법을 보다 구체화한 법률이다.

(2) 규제 법정주의 ① 규제는 법률에 근거하여야 하며, 그 내용은 알기 쉬운 용어로 구체적이고 명확하게 규정되어야 한다(규제법 제 4 조 제 1 항). ② 규제는 법률에 직접 규정하되, 규제의 세부적인 내용은 법률 또는 상위법령에서 구체적으로 범위를 정하여 위임한 바에 따라 대통령령·총리령·부령 또는 조례·규칙으로 정할 수 있다. 다만, 법령에서 전문적·기술적 사항이나 경미한 사항으로서 업무의 성질상 위임이 불가피한 사항에 관하여 구체적으로 범위를 정하여 위임한 경

우에는 고시 등으로 정할 수 있다$\binom{규제법 제}{4 조 제 2 항}$. ③ 행정기관은 법률에 근거하지 아니한 규제로 국민의 권리를 제한하거나 의무를 부과할 수 없다$\binom{규제법 제}{4 조 제 3 항}$.

> [참고] 행정유보
>
> 행정권에 유보된 결정영역이라는 의미로 행정유보라는 용어가 사용되기도 한다. 이 개념의 학문상 가치에 대해서 논란이 있으나, 행정유보$\binom{행정의}{유보}$는 3가지 권한영역, 즉 ① 규범집행적인 개별행위의 발령은 행정권의 핵심적 기능영역이라는 점, ② 판단여지 또는 재량권의 행사는 사법심사로부터 배제된다는 점, ③ 행정권이 규범심사권을 갖는지의 여부와 관련하여 논의된다. 행정권이 독자적 규범제정권을 갖는가의 여부는 행정유보론의 직접적인 관심대상으로 보이지 아니한다.

제 2 항　평등의 원칙

Ⅰ. 관　　념

1. 의　　의

평등의 원칙이란 "행정청은 합리적 이유 없이 국민을 차별해서는 아니 된다"는 원칙을 말한다$\binom{기본법}{제 9 조}$. 행정기본법상 평등의 원칙은 헌법 제11조가 규정하는 평등권·평등원칙이 행정의 영역에서 구체화된 것이다. 행정청은 행정법령을 집행함에 있어 행정기본법 제 9 조의 평등의 원칙을 처분 등의 직접적인 근거로 활용하여야 한다.

2. 일반법으로서 행정기본법 제 9 조

행정기본법 제 9 조는 일반법이다. 개별 법률에 평등원칙에 관한 특별규정이 있다면, 그 특별규정이 적용된다. 개별 법률에 특별규정이 없다면, 행정기본법 제 9 조가 적용된다. 행정청은 개별 법률의 집행에 평등의 원칙을 준수하여야 한다.

Ⅱ. 내　　용

1. 적용범위

행정기본법 제 9 조의 평등의 원칙은 모든 행정에 적용된다. 침익적 행정과 수익적 행정, 질서행정과 급부행정, 침해행정과 급부행정 등 모든 행정에 적용된다. 행정기본법 제 9 조의 평등의 원칙의 수범자는 행정청이다. 이와 달리 헌법 제11조가 정하는 평등의 원칙은 헌법적 지위를 갖는바, 입법자도 평등의 원칙에 반하는 입법을 할 수 없다$\binom{헌재 1991. 5.}{13, 89헌가97}$.

2. 합리적 차별

행정기본법 제 9 조는 합리적 이유 없이 국민을 차별하는 것만을 금지한다$\binom{판}{례}$. 행정기본법 제 9 조의 반대해석상 합리적 이유 있는 차별은 허용된다$\binom{헌재 2023. 2. 23.}{2019헌마1157}$. 상대적 평등$\binom{합리적 이}{유의 유무}$의 판단기준으로 자의금지, 형평, 합리성 등이 활용되고 있다.

> [판례] 평등원칙 위반 여부 판단방법
> $\binom{\text{국가배상법 제 2 조 제 1 항}}{\text{관련 위헌소원심판에서}}$ 평등원칙은 입법자에게 본질적으로 같은 것을 자의적으로 다르게, 본질적으로 다른 것을 자의적으로 같게 취급하는 것을 금하고 있다. 그러므로 비교 대상을 이루는 두 개의 사실관계 사이에 서로 상이한 취급을 정당화할 수 있을 정도의 차이가 없음에도 불구하고 두 사실관계를 서로 다르게 취급한다면, 입법자는 이로써 평등권을 침해한 것으로 볼 수 있다. 그러나 서로 비교될 수 있는 두 사실관계가 모든 관점에서 완전히 동일한 것이 아니라 단지 일정 요소에 있어서만 동일한 경우에 비교되는 두 사실관계를 법적으로 동일한 것으로 볼 것인지 아니면 다른 것으로 볼 것인지를 판단하기 위하여 어떠한 요소가 결정적인 기준이 되는가가 문제된다. 두 개의 사실관계가 본질적으로 동일한가의 판단은 일반적으로 당해 법률조항의 의미와 목적에 달려 있다$\binom{\text{헌재 2021. 7. 15.}}{\text{2020헌바1}}$.

3. 위반의 효과

평등의 원칙에 반하는 행정작용은 무효 또는 취소할 수 있는 행위가 된다. 만약 그러한 행위로 사인이 피해를 입게 되면, 사인은 국가를 상대로 손해배상을 청구할 수도 있다.

Ⅲ. 행정의 자기구속의 원칙

1. 의　　의

학설과 판례$\binom{\text{대판 2009. 12. 24, 2009두7967; 대판 2014. 11. 27, 2013두}}{\text{18964; 헌재 1990. 9. 3, 90헌마13; 헌재 2001. 5. 31, 99헌마413}}$는 행정기본법 제정 전부터 평등원칙의 구체화로서 행정의 자기구속의 원칙을 구성하였다. 행정의 자기구속의 원칙이란 행정청은 동일한 사안에 대하여는 동일한 결정을 하여야 한다는 원칙을 말한다. 달리 말하면, 행정청은 스스로 정하여 시행하고 있는 기준을 지켜야 하며, 합리적인 이유 없이 그 기준을 이탈하여서는 안 되는데, 강학상 이를 행정의 자기구속의 원칙이라 부른다.

[예] 식품위생법령상 단란주점영업자가 19세 미만의 청소년에게 술을 팔면 허가권자인 시장·군수·구청장은 6월 이내의 기간을 정하여 영업정지처분을 할 수 있는데, 강남구청장은 단란주점영업자가 처음으로 청소년에게 술을 팔다 적발되면 1개월의 영업정지처분을 할 것을 정해놓았다고 하자. 그런데 강남구에 소재하는 A단란주점이 2월 5일에 처음으로 청소년에 술을 팔다가 적발되어 강남구청장으로부터 영업정지 1개월의 행정처분을 받았는데, 규모와 시설이 유사한 B단란주점이 또한 처음으로 3월 10일에 청소년에 술을 팔다가 적발되었다면 강남구청장은 특별한 사정이 없는 한 자신이 정해놓은 기준에 구속을 받아서 B단란주점에 대하여도 영업정지 1개월의 행정처분을 하여야 한다.

2. 인정근거

학설은 신뢰보호의 원칙을 근거로 본 견해도 있었으나, 오늘날 학설은 평등의 원칙을 근거로 행정의 자기구속의 원칙을 인정한다. 헌법재판소는 행정의 자기구속의 원칙을 명시적으로 인정할 뿐만 아니라 그 논거로 신뢰보호의 원칙과 평등원칙을 제시한다[판례1]. 대법원도 평등의 원칙이나 신뢰보호의 원칙을 근거로 행정의 자기구속의 원칙을 인정한다($판례\atop2$).

> **판례 1** 행정의 자기구속의 원칙의 인정근거로서 평등원칙 등
> ($전라남도교육위원회의\ 1990학년도인사원칙(중등)이\ 헌법상\ 허용되지\ 않는\ 법령의\ 소급적용에\atop의하여\ 청구인의\ 기득권을\ 침해한\ 것임을\ 이유로\ 헌법소원이\ 제기된\ 담양고교교사\ 전보사건에서$) 행정규칙이 법령의 규정에 의하여 행정관청에 법령의 구체적 내용을 보충할 권한을 부여한 경우, 또는 재량권행사의 준칙인 규칙이 그 정한 바에 따라 되풀이 시행되어 행정관행이 이룩되게 되면, 평등의 원칙이나 신뢰보호의 원칙에 따라 행정기관은 그 상대방에 대한 관계에서 그 규칙에 따라야 할 자기구속을 당하게 되고, 그러한 경우에는 대외적인 구속력을 가지게 된다 할 것이다($헌재\ 1990.\ 9.\ 3,\ 90헌마13;\atop헌재\ 2001.\ 5.\ 31,\ 99헌마413$).

> **판례 2** 행정의 자기구속의 원칙의 인정근거로서 평등원칙 등
> ($주식회사\ 서희건설이\ 공정거래위원회를\ 피고\atop로\ 제소한\ 과징금감경결정취소청구소송에서$) 구 '부당한 공동행위 자진신고자 등에 대한 시정조치 등 감면제도 운영고시'($2009.\ 5.\ 19.\ 공정거래위원회\ 고시\atop제2009-9호로\ 개정되기\ 전의\ 것$) 제16조 제1항, 제2항은 그 형식 및 내용에 비추어 재량권 행사의 기준으로 마련된 **행정청 내부의 사무처리준칙** 즉 **재량준칙**이라 할 것이고, 구 '독점규제 및 공정거래에 관한 법률 시행령' 제35조 제1항 제4호에 의한 추가감면 신청 시 그에 필요한 기준을 정하는 것은 행정청의 재량에 속하므로 그 기준이 객관적으로 보아 합리적이 아니라든가 타당하지 아니하여 재량권을 남용한 것이라고 인정되지 않는 이상 행정청의 의사는 가능한 한 존중되어야 한다. 이러한 재량준칙은 **일반적으로 행정조직 내부에서만 효력**을 가질 뿐 대외적인 구속력을 갖는 것은 아니므로 행정처분이 이를 위반하였다고 하여 그러한 사정만으로 곧바로 위법하게 되는 것은 아니고, 다만 그 **재량준칙이 정한 바에 따라 되풀이 시행되어 행정관행이 이루어지게 되면 평등의 원칙이나 신뢰보호의 원칙에 따라 행정기관은 상대방에 대한 관계에서 그 규칙에 따라야 할 자기구속**을 받게 되므로, 이러한 경우에는 특별한 사정이 없는 한 그에 반하는 처분은 평등의 원칙이나 신뢰보호의 원칙에 어긋나 재량권을 일탈·남용한 위법한 처분이 된다($대판\ 2013.\ 11.\ 14,\atop2011두28783$).

3. 적용영역

(1) 일 반 론 행정의 자기구속은 수익적인 행위에서 평등의 보장을 위해 발전된 것이지만, 침익적 행위의 경우에도 적용이 배제될 이유는 없다. 또한 그것은 재량행위와 판단여지가 주어지는 경우에 의미를 갖는다. 기속행위에서는 행정청에 아무런 선택의 자유도 없기 때문에 자기구속의 문제가 없다.

(2) 행정규칙과 행정의 자기구속의 원칙 행정규칙의 외부적 구속효를 부인하는 일반적 견해에 의하면, 행정청은 국민에 대하여 행정규칙에 따라 처분할 법적 구속을 받지 않는다. 그러나 행정청이 재량영역에서 통일적이고도 동등한 재량행사를 확보하기 위해 행정규칙인 재량권행사의 준칙($재량\atop준칙$)을 정립하여 시행하는 경우에는 행정의 자기구속의 원칙에 의하여 동종사안에 대하여 동일한 처분을 하여야 하는 구속을 받는다. 즉 자기구속의 원칙에 의하여 행정규칙은 간접적 대외적 구속력을 갖게 된다는 것이 통설적 견해이다. 따라서 행정처분이 행정규칙에 반하는 경우 처분의 상대방은 비록 처분이 행정규칙위반임을 주장하지 못하더라도, 처분이 행정의 자기구속의 원칙에 위반하여 위법임을 주장할 수 있게 된다.

4. 요 건

① 행정의 자기구속은 법적으로 비교할 수 있는 생활관계에서 문제된다.

② 행정청이 창조한 법적 상황과 결정이 의미와 목적에 있어서 동일하여야 한다.

③ 행정의 자기구속은 처분청에만 적용된다. 기존의 법적 상황의 창출에 관여하지 아니한 행정청은 행정의 자기구속과 거리가 멀다.

④ ⓐ 행정의 자기구속의 원칙은 논리상 선례($^{명시적인}_{행정관행}$)가 있는 경우라야 인정할 수 있다는 견해가 다수설이다. ⓑ 그러나 행정의 자기구속의 법리를 처음 적용하는 경우에도 '행정규칙을 선취된($^{미리}_{정해진}$) 행정관행'으로 보아 행정의 자기구속원칙을 인정함이 타당하다. ⓒ 다만 대법원은 "행정청 내부의 사무처리준칙에 해당하는 이 사건 지침이 그 정한 바에 따라 되풀이 시행되어 행정관행이 이루어졌다고 인정할 만한 자료"가 없다는 이유로 자기구속원칙을 부정한 것으로 보아 명시적인 관행이 필요하다는 입장인 것 같다($^{대판\ 2009.\ 12.\ 24.}_{2009두7967}$).

⑤ 행정의 자기구속은 근거되는 행정관행이 적법한 경우에만 적용된다. 위법($^{불}_{법}$)행위에 대한 행정의 자기구속의 요구는 행정의 법률적합성의 원칙에 반하기 때문이다($^{판}_{례}$). 다만, 위법한 행정선례에 대하여 국민의 신뢰가 형성되어 있다면 신뢰보호의 원칙이 성립될 가능성은 있다.

> **[판례]** 위법한 행정처분에 대한 행정청의 자기구속 적용 여부
> ($^{원고가\ 광주광역시\ 서구청장을\ 상대로\ 조합설}_{립추진위원회승인처분취소를\ 구한\ 사건에서}$) 평등의 원칙은 본질적으로 같은 것을 자의적으로 다르게 취급함을 금지하는 것이고, 위법한 행정처분이 수차례에 걸쳐 반복적으로 행하여졌다 하더라도 그러한 처분이 위법한 것인 때에는 행정청에 대하여 자기구속력을 갖게 된다고 할 수 없다
> ($^{대판\ 2009.\ 6.\ 25.}_{2008두13132}$).

5. 한 계

기존의 관행과 다른 새로운 결정이 종래의 결정의 반복으로 인한 법적 안정성의 이익을 능가하며, 그 새로운 행정결정이 모든 새로운 결정에 동등하게 적용될 것이 예정된 경우에는 종래의 행정관행으로부터의 이탈은 적법하다.

6. 원칙위반의 효과와 권리구제

행정의 자기구속의 원칙에 반하는 처분 등은 위헌·위법을 면할 수 없다. 행정의 자기구속의 원칙에 반하는 행정행위는 항고소송의 대상이 되며, 경우에 따라서는 국가의 손해배상책임을 발생시킨다.

[기출사례] 제 3 회 변호사시험(2014년) 문제·답안작성요령 ☞ PART 4 [1-1]

제3항 비례의 원칙

Ⅰ. 관 념

1. 의 의

비례원칙이란 "행정작용은 ① 행정목적을 달성하는 데 유효하고 적절하여야 하고, ② 행정 목적을 달성하는 데 필요한 최소한도에 그쳐야 하고, ③ 행정작용으로 인한 국민의 이익 침해가 그 행정작용이 의도하는 공익보다 크지 아니하여야 한다."는 원칙을 말한다(기본법제10조). 비례원칙은 행정의 목적과 그 목적을 실현하기 위한 수단의 관계에서 적절한 비례관계가 있어야 한다는 원칙 이다. 비례원칙은 "대포로 참새를 쏘아서는 아니 된다"는 법언으로 표현되기도 한다.

2. 일반법으로서 행정기본법 제10조

행정기본법 제10조는 일반법이다. 개별 법률에 비례의 원칙에 관한 특별규정이 있다면, 그 특별규정이 적용된다. 개별 법률에 특별규정이 없다면, 행정기본법 제10조가 적용된다. 행정청 은 개별 법률의 집행에 비례의 원칙을 준수하여야 한다.

Ⅱ. 내용(광의의 비례원칙)

행정기본법상 비례의 원칙은 적합성의 원칙, 필요성의 원칙, 상당성의 원칙으로 구성된다. 세 가지의 원칙을 합하여 광의의 비례원칙이라 하고, 상당성의 원칙을 협의의 비례원칙이라 한다.

1. 적합성의 원칙

행정기본법 제10조 제1호는 행정작용은 "행정목적을 달성하는 데 유효하고 적절할 것"을 규 정하고 있다. "행정목적을 달성하는 데 유효하고 적절할 것"이란 「행정목적의 달성에 법적으로나 사실상으로 유용한 수단만이 채택되어야 한다」는 것을 의미한다. 이를 적합성의 원칙이라 부른다.

2. 필요성의 원칙

행정기본법 제10조 제2호는 행정작용은 "행정목적을 달성하는 데 필요한 최소한도에 그칠 것"을 규정하고 있다. "행정목적을 달성하는 데 필요한 최소한도에 그칠 것"이란 「적합한 수단 중 에서 개인이나 공중에 최소한의 침해를 가져오는 수단만이 채택되어야 한다」는 것을 의미한다. 이를 최소침해의 원칙이라 부른다. 필요성의 원칙 또는 최소수단의 원칙이라고도 한다.

3. 상당성의 원칙

행정기본법 제10조 제3호는 "행정작용으로 인한 국민의 이익 침해가 그 행정작용이 의도하 는 공익보다 크지 아니할 것"을 규정하고 있다. "행정작용으로 인한 국민의 이익 침해가 그 행정 작용이 의도하는 공익보다 크지 아니할 것"이란 「적용하고자 하는 수단으로부터 나오는 침해가 목적하는 효과를 능가하여서는 아니 된다는 것을 의미한다. 이를 상당성의 원칙이라 부른다. 협의의 비례원칙 또는 협의의 과잉금지의 원칙으로 부르기도 한다. 상당성의 원칙은 제3자효 있는 행위에도 적용된다. 상당성의 원칙을 적용한 판례도 적지 않다.

4. 3원칙의 상호관계

적합성의 원칙, 필요성의 원칙, 그리고 좁은 의미의 비례원칙은 단계구조를 이룬다. 즉 많은 적합한 수단 중에서도 필요한 수단만이, 필요한 수단 중에서도 상당성 있는 수단만이 선택되어야 한다.

Ⅲ. 적 용

1. 적용 범위

행정기본법 제10조는 비례원칙이 적용되는 행정영역에 아무런 제한을 두고 있지 않다. 비례원칙은 예외 없이 행정의 모든 영역에 적용된다. 침해행정인가 급부행정인가를 가리지 아니한다. 수익적 행위인가, 침익적 행위인가를 가리지 않는다.

2. 구체적인 적용

① 비례원칙 위반의 재량권 행사는 재량권 남용에 해당하고, ② 비례원칙에 위반되는 부관은 위법한 부관이 된다. 그리고 ③ 행정행위의 직권취소나 철회도 공익상의 요구보다 사인의 불이익이 더 큰 경우, 그러한 직권취소나 철회는 위법하며, ④ 관련 이해관계자의 이해관계를 정당하게 형량하지 않으면 형량하자가 있는 행정계획이 되고, ⑤ 비례원칙에 위반된 행정지도는 하자 있는 지도가 되며, ⑥ 행정강제의 경우에도 비례원칙이 준수되어야 한다. ⑦ 비례원칙에 반하는 공무원의 직무집행은 위법한 직무집행이 된다.

3. 원칙위반의 효과와 권리구제

비례원칙에 반하는 명령·처분 등은 위헌·위법을 면할 수 없다. 비례원칙위반의 행정행위는 항고소송의 대상이 되며, 경우에 따라서는 국가의 손해배상책임을 발생시킨다.

[기출사례] 제 3 회 변호사시험(2014년) 문제·답안작성요령 ☞ PART 4 [1–1]
[기출사례] 제60회 5급공채(2016년) 문제·답안작성요령 ☞ PART 4 [1–20]

[참고] 과소보호금지의 원칙
국가는 기본권보호를 위해 적절하고 효율적인 최소한의 보호조치를 취하여야 한다는 원칙, 즉 과소보호금지의 원칙이 비례원칙의 한 형태로 시인되고 있다. 전통적인 비례원칙($^{광의의}_{비례원칙}$)은 국가권한행사의 과잉에 관련한 원칙으로 이해되는데 반해 과소보호금지의 원칙은 국가의 사인에 대한 보호의무의 이행과 관련하여 국가권한행사의 과소에 관한 원칙으로 이해되고 있다. ② 헌법재판소는 명시적으로 과소보호금지의 원칙을 인정하고 있다($^{판}_{례}$).③ 국가권한행사 과소에는 입법권행사의 과소뿐만 아니라 행정권행사

의 과소도 있다. 입법권행사의 과소는 진정입법부작위와 부진정입법부작위의 경우에 발생할 수 있다. 행정권행사의 과소($\binom{부작}{위}$)는 실제상 행정개입청구권과 국가배상책임의 문제를 야기할 수 있다.

> 판례 국가의 보호의무의 불이행에 대한 심사기준으로서 과소보호금지원칙
>
> ($\binom{미국산\ 쇠고기\ 및\ 쇠고기\ 제품\ 수입위생조}{건위헌확인을\ 구한\ 미국산\ 쇠고기사건에서}$) 국가가 국민의 생명·신체의 안전에 대한 보호의무를 다하지 않았는지 여부를 헌법재판소가 심사할 때에는 국가가 이를 보호하기 위하여 적어도 적절하고 효율적인 최소한의 보호조치를 취하였는가 하는 이른바 '과소보호금지원칙'의 위반 여부를 기준으로 삼아, 국민의 생명·신체의 안전을 보호하기 위한 조치가 필요한 상황인데도 국가가 아무런 보호조치를 취하지 않았든지 아니면 취한 조치가 법익을 보호하기에 전적으로 부적합하거나 매우 불충분한 것임이 명백한 경우에 한하여 국가의 보호의무의 위반을 확인하여야 한다($\binom{헌재\ 2008.\ 12.\ 26,\ 2008헌마}{419\cdot423\cdot436(병합)\ 전원재판부}$).

제 4 항 성실의무 및 권한남용금지의 원칙

Ⅰ. 성실의무의 원칙

1. 의   의

성실의무의 원칙이란 "행정청은 법령등에 따른 의무를 성실히 수행하여야 한다."는 원칙을 말한다($\binom{기본법\ 제11}{조\ 제 1 항}$). 예를 들어, 민원인이 건축허가를 신청하면, 군수는 아무런 까닭 없이 허가절차를 지연시켜서는 아니 되고, 성의를 다하여 법령이 정하는 허가절차를 진행시켜야 한다. 행정청은 국민을 위해 존재하고, 행정청의 인적 구성요소인 공무원은 국민에 대한 봉사자인 까닭에 행정청은 자신의 양심과 인격을 바탕으로 성의를 다하여 법령이 정하는 대로 행정사무를 수행하여야 하는바, 여기에 성실의무의 원칙이 인정되는 이유가 있다.

2. 일반법으로서 행정기본법 제11조 제 1 항

행정기본법 제11조 제 1 항은 일반법이다. 개별 법률에 성실의무의 원칙에 관한 특별규정이 있다면, 그 특별규정이 적용된다. 개별 법률에 특별규정이 없다면, 행정기본법 제11조 제 1 항이 적용된다. 행정청은 개별 법률의 집행에 성실의무의 원칙을 준수하여야 한다.

3. 적용범위

행정기본법 제11조 제 1 항의 성실의무의 원칙은 모든 행정에 적용된다. 침익적 행정과 수익적 행정, 질서행정과 급부행정, 침해행정과 급부행정 등 모든 행정에 적용된다.

4. 내   용

성실이라는 용어는 불확정개념으로 그 의미내용이 명백하지 않다. 학설과 판례에 의해 그 의미가 구체화되어야 할 개념이다. 사회의 변화와 더불어 성실의무의 내용에 새로운 사항들이 늘

어날 것이다. 학설상 성실의무의 내용으로 ① 전후 모순되는 절차의 금지, ② 법규 남용의 금지, ③ 행정청의 사인에 대한 보호의무$\binom{\text{예: 특별한 부담이 없이도 가능한 경우라면, 행정청은 사인에}}{\text{게 권리의 내용과 행사가능성을 일깨워 줄 의무를 부담한다}}$, ④ 행정청의 불성실로 인해 사인의 법적 지위가 악화되는 것의 금지$\binom{\text{예: 특별한 이유 없이 허가를 지연시킴으로 인해}}{\text{신청인이 불이익을 받는 것은 금지되어야 한다}}$ 등이 논급되고 있다

5. 원칙위반의 효과

성실의무의 원칙에 반하는 행정작용은 무효 또는 취소할 수 있는 행위가 된다. 만약 그러한 행위로 사인이 피해를 입게 되면, 사인은 국가를 상대로 손해배상을 청구할 수도 있다.

Ⅱ. 권한남용금지의 원칙

1. 의   의

권한남용금지의 원칙이란 "행정청은 행정권한을 남용하거나 그 권한의 범위를 넘어서는 아니 된다."는 원칙을 말한다$\binom{\text{기본법 제11}}{\text{조 제 2 항}}$. 예를 들어, A가 필요한 요건을 모두 갖추어 건축허가를 신청하였음에도, B시장이 허가 시 민원이 야기될 우려가 있다고 하면서 허가를 거부하면, B시장은 자신에게 주어진 권한을 남용한 것이 된다. 이와 같이 행정청은 자신에게 부여된 권한을 그 권한이 부여된 목적에 어긋나게 행사하여서도 아니 되고 주어진 권한을 넘어서서 행사하여서도 아니 된다는 원칙을 권한남용금지의 원칙이라 한다.

2. 일반법으로서 행정기본법 제11조 제 2 항

① 행정기본법 제11조 제 2 항이 규정하는 권한남용금지의 원칙은 행정의 법 원칙으로서, 일반적 규정이다. ② 행정기본법 제21조는 "행정청은 재량이 있는 처분을 할 때에는 관련 이익을 정당하게 형량하여야 하며, 그 재량권의 범위를 넘어서는 아니 된다."고 하여 재량권의 남용과 일탈을 금지하고 있다. 행정기본법 제21조는 재량권과 관련하여 행정기본법 제11조 제 2 항에 대한 특별규정이다. ③ 개별 법률에 권한남용금지의 원칙에 관한 규정이 없다고 하여도, 개별 법률의 집행에 권한남용금지의 원칙은 준수되어야 한다. 한편, 판례는 행정기본법 제정이전부터 권한남용금지의 원칙을 인정하였다$\binom{\text{판}}{\text{례}}$.

[판례] 권한남용의 세무조사
$\binom{\text{(서초세무서 대화정밀화학}}{\text{(주) 세무조사 사건에서}}$ 이 사건 세무조사는 외관상으로는 세무조사의 형식을 취하고 있으나 그 실질은 세무공무원이 개인적 이익을 위하여 그 권한을 남용한 전형적 사례에 해당하고 그 위법의 정도가 매우 중대하다. 결국 이 사건 세무조사는 위법하므로 그에 근거하여 수집된 과세자료를 기초로 이루어진 이 사건 처분 역시 위법하다$\binom{\text{대판 2016. 12. 15.}}{\text{2016두47659}}$.

3. 남용금지의 대상으로서 행정권한

조직의 단일체가 갖는 사무의 범위 내지 그 사무수행에 필요한 각종의 권능과 의무의 총체를 권한이라 한다. 행정권한이란 행정청이 국가나 지방자치단체를 위하여, 그리고 국가나 지방자치단체의 행위로써 유효하게 사무를 처리할 수 있는 능력 또는 사무의 범위를 말한다.

4. 내　　용

① 행정권한의 남용이란 행정권한이 법령상 주어진 권한의 범위 내에서$\binom{\text{이 점에서 권한}}{\text{의 일탈이 아니다}}$ 행사되었으나$\binom{\text{이 점에서 권한의}}{\text{불행사가 아니다}}$ 잘못된 방향으로 사고되어 권한행사가 이루어지는 경우를 말한다$\binom{\text{예: 평등의 원}}{\text{칙에 반하는 권}}$한행사, 비례의 원칙에 반하는 권한행사, 비이성적인 동기에 기인한 권한행사$)$. ② 행정권한의 일탈이란 법령상 주어진 권한의 한계를 벗어난 행정권한의 행사를 말한다$\binom{\text{예: 법령에서 정한 액수 이상의 과징금을 부과하거나, 또는 법령이 허용한 수단이 아닌 수단(예:}}{\text{법령은 과태료부과만을 예정하고 있으나 행정청이 영업허가를 취소한 경우)을 도입하는 경우}}$.

5. 적용범위

행정기본법 제11조 제2항의 권한남용금지의 원칙은 모든 행정에 적용된다. 말하자면 침익적 행정과 수익적 행정, 질서행정과 급부행정, 침해행정과 급부행정 등 모든 행정에 적용된다.

6. 원칙위반의 효과

권한남용금지의 원칙에 반하는 행정작용은 무효 또는 취소할 수 있는 행위가 된다. 만약 그러한 행위로 사인이 피해를 입게 되면, 사인은 국가를 상대로 손해배상을 청구할 수도 있다.

제5항　신뢰보호의 원칙과 실권의 원칙

Ⅰ. 신뢰보호의 원칙

1. 의　　의

신뢰보호의 원칙이란 "행정청은 공익 또는 제3자의 이익을 현저히 해칠 우려가 있는 경우를 제외하고는 행정에 대한 국민의 정당하고 합리적인 신뢰를 보호하여야 한다."는 원칙을 말한다$\binom{\text{기본법 제12}}{\text{조 제1항}}$. 달리 말하면 행정청의 어떠한 행위의 존속이나 정당성을 사인이 신뢰한 경우, 보호할 가치 있는 사인의 신뢰는 보호되어야 한다는 원칙을 말한다.

[예] A가 운전면허정지처분의 사유가 되는 도로교통법 위반행위를 범하였고, 경찰관이 이를 단속하였음에도 불구하고 관할 지방경찰청장이 아무런 조치를 취하지 아니하다가 5년이 지나가는 시점에 와서 운전면허취소처분을 한다면, 그러한 처분은 신뢰보호의 원칙에 반하는 것이 된다. 왜냐하면 도로교통법 위반행위가 있은 지 5년 동안 관할 지방경찰청장이 아무런 조치도 하지 아니하였다면, A는 관할지방경찰청장이 아무런 조치를 취하지 아니한다는 믿음을 가지게 되었고, A는 그러한 믿음을 바탕으로 자신의 생활을 영위한다고 볼 것이고, 그러한 믿음을 바탕으로 한 A의 평화로운 생활은 보호되어야 하기 때문이다.

2. 일반법과 개별법(특별법)

① 행정기본법 제12조 제 1 항이 규정하는 신뢰보호의 원칙은 행정의 법 원칙으로서, 일반적 규정이다. 개별 법률에 신뢰보호의 원칙에 관한 규정이 없다고 하여도, 행정청은 개별 법률의 집행에 신뢰보호의 원칙을 준수하여야 한다. ② 대법원은 행정기본법 제정 전부터 신뢰보호의의 원칙을 인정하였다(대판 2013. 4. 26, 2011다14428). 한편, 행정기본법상 신뢰보호의 원칙은 행정의 법원칙으로 규정되고 있지만, 신뢰보호의 원칙은 입법(법률의 제정·개정)에도 적용되는 헌법적 지위의 법원칙이기도 하다.

> [판례] 신뢰보호의 원칙과 입법
> (매립대상 건설폐기물 절단을 위한 임시보관장소 수집·운반행위를 금지하는 건설폐기물의 재활용촉진에 관한 법률 제13조의2 제 2 항 제 2 호 위헌확인심판에서) 신뢰보호원칙이란 법률을 제정하거나 개정할 때 기존 법질서에 대한 당사자의 신뢰가 합리적이고 정당한 반면, 법률의 제정이나 개정으로 야기되는 당사자의 손해가 극심하여 새로운 입법으로 달성하고자 하는 공익이 당사자의 신뢰파괴를 정당화할 수 없는 경우 그러한 입법은 허용될 수 없다는 원칙으로서, 헌법상 법치국가원리에 기초하고 있다. 신뢰보호원칙의 위배 여부를 판단함에 있어서는, 한편으로는 침해받은 신뢰이익의 보호가치, 침해의 중한 정도, 신뢰침해의 방법 등과 다른 한편으로는 새로운 입법을 통해 실현하고자 하는 공익적 목적을 종합적으로 비교·형량하여야 한다(헌재 2021. 7. 15, 2019헌마406).

3. 인정배경

신뢰보호의 원칙은 행정조직이 너무 방대할 뿐만 아니라 행정의 작용영역도 아주 다양하며, 특히 행정법규의 내용을 사인이 알기가 매우 어려워 사인은 행정청이 제시하는 법령의 해석 등을 준수할 수밖에 없어서 사인이 행정청의 언동에 의존하는 경향이 강하다고 할 수 있는바, 이와 관련하여 사인의 믿음을 어떻게 보호할 것인가의 문제를 그 배경으로 해왔다.

4. 적용영역

신뢰보호의 원칙은 특히 수익적 행위의 취소와 철회, 확약, 행정계획의 변경, 개정법규명령의 적용 등과 관련하여 그 적용 여부가 빈번히 문제되고 있다.

(1) 수익적 행정행위의 직권취소와 철회의 제한   개인의 신뢰보호를 위하여 수익적 행정행위의 직권취소나 철회가 제한될 수 있다(학설·판례).

(2) 확   약   확약으로 인한 신뢰 역시 보호되어야 한다(학설). 따라서 행정청이 확약에 반하는 처분을 한 경우에는 상대방은 신뢰보호원칙의 위반을 주장할 수 있다(판례).

> [판례] 대통령의 삼청교육피해자에 대한 담화 발표에 따른 후속조치 불이행과 신뢰보호의 원칙
> (삼청교육피해자가 대한민국을 상대로 손해배상을 청구한 삼청교육 대통령담화사건에서) 대통령이 담화를 발표하고 이에 따라 국방부장관이 삼청교육 관련 피해자들에게 그 피해를 보상하겠다고 공고하고 피해신고까지 받은 것은, 대통령이 정부의 수반인 지위에서 피해자들인 국민에 대하여 향후 입법조치 등을 통하여 그 피해를 보상해 주겠다

고 구체적 사안에 관하여 종국적으로 약속한 것으로서, 거기에 채무의 승인이나 시효이익의 포기와 같은 사법상의 효과는 없더라도, 그 상대방은 약속이 이행될 것에 대한 강한 신뢰를 가지게 되고, 이러한 신뢰는 단순한 사실상의 기대를 넘어 법적으로 보호받아야 할 이익이라고 보아야 하므로, 국가로서는 정당한 이유 없이 이 신뢰를 깨뜨려서는 아니되는바, 국가가 그 약속을 어기고 후속조치를 취하지 아니함으로써 위 담화 및 피해신고 공고에 따라 피해신고를 마친 피해자의 신뢰를 깨뜨린 경우, 그 신뢰의 상실에 따르는 손해를 배상할 의무가 있고, 이러한 손해에는 정신적 손해도 포함된다(대판 2001. 7. 10, 98다38364).

(3) 행정계획의 변경   행정계획의 존속을 사인이 신뢰하였음에도 행정청이 사후에 그 계획을 변경 또는 폐지하는 경우, 그 사인의 보호는 원칙적으로 부정되지만, 예외적으로 공익보다 사익이 큰 경우에는 인정될 수 있다.

(4) 개정법규명령의 적용   개정된 법규명령을 개정 전의 법률관계에 적용하는 것은 법규명령의 소급적용의 문제가 된다. 진정소급(이미 종료한 법률관계나 사실관계에 법령 및 행정행위의 효력이 미치는 것)은 원칙적으로 금지되나 부진정소급(이미 종료하지 않고 아직 진행중인 법률관계 및 사실관계에 법령 및 행정행위의 효력이 미치는 것)은 원칙적으로 인정되고 있다(대판 2006. 11. 16, 2003 두12899 전원합의체).

5. 적용요건

행정기본법 제12조 제 1 항 제 1 문은 신뢰보호원칙의 소극적 요건, 행정기본법 제12조 제 1 항 제 2 문은 신회보호원칙의 적극적 요건을 규정하고 있다. 행정기본법 제정 전 학설과 판례가 제시하였던 신뢰보호원칙의 적용요건은 행정기본법 제12조 제 1 항의 해석에도 활용될 수 있다.

> **판례** 신뢰보호원칙의 적용(성립)요건
> (주식회사 비에스디앤씨가 부산광역시해운대교육지원청 교육장의 교육환경평가승인 반려처분에 대하여 취소를 구한 사건에서) 일반적으로 행정청의 행위에 대하여 신뢰보호원칙이 적용되기 위해서는, ① 행정청이 개인에 대하여 신뢰의 대상이 되는 공적인 견해표명을 하여야 하고, ② 행정청의 견해표명이 정당하다고 신뢰한 데에 대하여 그 개인에게 귀책사유가 없어야 하며, ③ 그 개인이 그 견해표명을 신뢰하고 이에 상응하는 어떠한 행위를 하였어야 하고, ④ 행정청이 그 견해표명에 반하는 처분을 함으로써 견해표명을 신뢰한 개인의 이익이 침해되는 결과가 초래되어야 하며, ⑤ 그 견해표명에 따른 행정처분을 할 경우 이로 인하여 공익 또는 제 3 자의 정당한 이익을 현저히 해할 우려가 있는 경우가 아니어야 한다(대판 2020. 4. 29, 2019두52799).

(1) 소극적 요건(기본법 제12조 제 1 항 제 1 문)   공익 또는 제 3 자의 이익을 현저히 해칠 우려가 있는 경우에는 신뢰보호의 원칙은 적용되지 않는다. 공익 또는 제 3 자의 이익을 「현저히 해칠 우려」란 공익 또는 제 3 자의 이익을 해칠 가능성이 뚜렷한 경우를 의미한다. 공익 또는 제 3 자의 이익을 침해할 우려가 없거나 있다고 하여도 현저히 해칠 우려가 있는 경우가 아니라면 신뢰보호의 원칙은 적용될 수 있다.

(2) 적극적 요건$\binom{\text{기본법 제12조}}{\text{제 1 항 제 2 문}}$

1) 행정청의 선행조치　　사인의 신뢰가 형성될 수 있는 대상인 행정청의 선행조치가 있어야 한다. 판례에서 '공적인 견해의 표명'이라 하는 것은 행정청의 선행조치로 이해된다.

　　㈎ 행정청의 의미　　판례는 "행정청이 공적 견해를 표명하였는지를 판단할 때는 반드시 행정조직상의 형식적인 권한분장에 구애될 것은 아니고, 담당자의 조직상 지위와 임무, 발언 등 언동을 하게 된 구체적인 경위와 그에 대한 상대방의 신뢰가능성에 비추어 실질적으로 판단하여야 한다$\binom{\text{대판 2017. 4. 7.}}{\text{2014두1925}}$"고 하여 행정청의 의미를 행정조직법상의 의미가 아니라 기능적으로 파악하고 있으며, 학설도 같은 입장을 취한다.

　　㈏ 선행조치의 의미　　선행조치에는 법령·행정계획·행정행위$\binom{\text{확약}}{\text{포함}}$·행정지도 등이 포함된다. 선행조치는 적극적 행위인가 소극적 행위인가를 가리지 않으며$\binom{\text{판례}}{1}$, 명시적 행위인가 묵시적 행위인가도 가리지 않는다$\binom{\text{판례}}{2}$. 행정행위의 경우에는 적법한 것인가 위법한 것인가도 가리지 않지만 무효행위는 신뢰의 대상이 되지 아니한다. 그런데 판례는 선행조치를 지나치게 엄격하게 본다는 비판도 있다$\binom{\text{김남}}{\text{진}}$. 국민의 권리보호의 관점에서 판례가 '공적인 견해의 표명'의 인정범위를 확대하는 것이 바람직하다.

[판례 1]　　4년간 면허세 미부과와 국세기본법 제18조 제 2 항$\binom{\text{조세행정의 관행이 일반적으로 납세자에게 받아}}{\text{들여진 후에는 그것에 위반하여 과세할 수 없음}\atop\text{을 규정}}$의 비과세관행

$\binom{\text{서울특별시 용산구청장의 원고 (주)국보에 대한 면허세}}{\text{부과처분을 다툰 용산구 보세운송면허세사건에서}}$ 국세기본법 제18조 제 2 항의 규정은 납세자의 권리보호와 과세관청에 대한 납세자의 신뢰보호에 그 목적이 있는 것이므로 이 사건 **용산구청장의 보세운송면허세의 부과근거이던 지방세법시행령**이 1973. 10. 1. 제정되어 1977. 9. 20.에 폐지될 때까지 **4년 동안 그 면허세를 부과할 수 있는 정을 알면서도** 피고가 수출확대라는 **공익상 필요**에서 한 건도 이를 부과한 일이 없었다면 납세자인 원고는 그것을 믿을 수밖에 없고 그로써 **비과세의 관행**이 이루어졌다고 보아도 무방하다$\binom{\text{대판 1980. 6. 10,}}{\text{80누6 전원합의체}}$.

[판례 2]　　묵시적 표시의 존부의 판단기준

$\binom{\text{피고 동작세무서장이 탤런트 채시라의 광고모델전속계약금을 사업소득으로 보아 종합소득세의 과}}{\text{표에 포함하여 종합소득세를 부과하자 종합소득세부과처분의 취소를 구한 채시라모델료사건에서}}$ 국세기본법 제18조 제 3 항에서 말하는 **비과세관행**이 성립하려면 상당한 기간에 걸쳐 과세를 하지 아니한 객관적 사실이 존재할 뿐만 아니라 과세관청 자신이 그 사항에 관하여 과세할 수 있음을 알면서도 어떤 특별한 사정 때문에 과세하지 않는다는 의사가 있어야 하며 위와 같은 **공적 견해나 의사는 명시적 또는 묵시적으로 표시되어야 하지만, 묵시적 표시가 있다고 하기 위하여는 단순한 과세 누락과는 달리 과세관청이 상당기간 불과세 상태에 대하여 과세하지 않겠다는 의사표시를 한 것으로 볼 수 있는 사정이 있어야 하고**, 이 경우 특히 **과세관청의 의사표시가 일반론적인 견해표명에 불과한 경우에는 위 원칙의 적용을 부정하여야 한다**$\binom{\text{대판 2001. 4. 24,}}{\text{2000두5203}}$.

[공적 견해표명을 인정한 판례]

판례 1 폐기물관리법상의 사업계획서 적정통보 후 불허가처분의 하자

(대구시 동구청장의 원고에 대한 폐기물처리업허가)
(신청불허가처분을 다툰 대구동구청폐기물사건에서) **폐기물처리업에 대하여** 사전에 관할 관청으로부터 **적정통보를** 받고 막대한 비용을 들여 허가요건을 갖춘 다음 허가신청을 하였음에도 다수 청소업자의 난립으로 안정적이고 효율적인 청소업무의 수행에 지장이 있다는 이유로 한 **불허가처분은 신뢰보호의 원칙 및 비례의 원칙에 반하는 것으로서 재량권을 남용한 위법한 처분이다**(대판 1998. 5. 8.)(98두4061).

판례 2 사업토지에 대한 완충녹지지정해제와 환매약속 후 토지소유자의 완충녹지지정해제거부처분의 위법성

(원고가 안산시장을 상대로 도시계획시설변경)
(입안의 제안거부처분등취소를 구한 사건에서) 시의 도시계획과장과 도시계획국장이 도시계획사업의 준공과 **동시에 사업부지에 편입한 토지에 대한 완충녹지 지정을 해제함과** 아울러 당초의 **토지소유자들에게 환매하겠다는 약속을 했음에도**, 이를 믿고 토지를 협의매매한 토지소유자의 **완충녹지지정해제신청을 거부한 것은**, 행정상 **신뢰보호의 원칙을 위반하거나 재량권을 일탈·남용한 위법한 처분이다**(대판 2008. 10. 9.)(2008두6127).

[공적 견해표명을 부정한 판례]

판례 1 폐기물처리업 사업계획에 대하여 적정통보를 한 것만으로 그 사업부지 토지에 대한 국토이용계획변경신청을 승인하여 주겠다는 취지의 공적인 견해표명을 한 것인지의 여부

(진안군수의 국토이용계획변경승인)
(거부처분의 취소를 구한 사건에서) **폐기물관리법령에** 의한 **폐기물처리업 사업계획에 대한 적정통보와 국토이용관리법령에 의한 국토이용계획변경은 각기 그 제도적 취지와 결정단계에서 고려해야 할 사항들이 다르므로**, 피고가 위와 같이 **폐기물처리업 사업계획에 대하여 적정통보를 한 것만으로 그 사업부지 토지에 대한 국토이용계획변경신청을 승인하여 주겠다는 취지의 공적인 견해표명을 한 것으로 볼 수 없고**, 그럼에도 불구하고 원고가 그 승인을 받을 것으로 신뢰하였다면 원고에게 귀책사유가 있다 할 것이므로, 이 사건 처분이 신뢰보호의 원칙에 위배된다고 할 수 없다(대판 2005. 4. 28.)(2004두8828).

판례 2 서울지방병무청 총무과 민원팀장의 민원봉사차원의 상담이 공적인 견해표명이 될 수 있는지 여부

(원고가 서울지방병무청장 병역의)
(무부과처분취소를 구한 사건에서) 병무청 담당부서의 담당공무원에게 공적 견해의 표명을 구하는 정식의 서면질의 등을 하지 아니한 채 … 서울지방병무청 총무과 민원팀장에 불과한 지○○가 이와 같은 법령의 내용을 숙지하지 못한 상태에서 **원고측의 상담에 응하여 민원봉사차원에서 위와 같이 안내하였다고 하여 그것이 피고의 공적인 견해표명이라고 하기 어렵고**, 원고측이 더 나아가 담당부서의 담당공무원에게 공적 견해의 표명을 구하는 정식의 서면질의 등을 하지 아니한 채 지○○의 안내만을 신뢰한 것에는 **원고측에 귀책사유도 있어 신뢰보호의 원칙이 적용되지 아니한다고 판단하였다**(대판 2003. 12. 26,)(2003두1875).

판례 3　행정청이 민원예비심사로 관련부서 의견으로 '저촉사항 없음'이라고 기재한 것을 공적인 견해표명으로 볼 수 있는지 여부

(여주축산업협동조합이 여주군수를 상대로 개발부담금부과처분취소를 구한 사건에서) 원고가 이 사건 개발사업 시행 전에 피고에게 이 사건 토지 지상에 **예식장, 대형할인매장 및 자율식당을 건축하는 것이 관계 법령상 가능한지 여부를 질의하는 민원예비심사를 의뢰하여 피고로부터 그 결과를 통보받았는데**, 그 통보서에 첨부된 관련부서 협의결과에 따르면 지적민원과 의견으로 **개발이익환수에 관한 법률에 '저촉사항 없음'이라고 기재되어 있는 사실은 인정되나**, ① 위 **민원예비심사 결과 통보**는 원고가 피고에게 이 사건 개발사업에 대한 개발부담금 부과 여부에 대하여 특정하여 질의를 하고 이에 대해 피고가 개발부담금 부과대상이 아니라는 취지를 명시적으로 밝힌 것이 아닌 점, ② 위 통보서에는 참고사항으로 "본 예비심사는 현행 법령과 관련부서 협의결과에 의한 것으로 **차후 관계 법령과 조례제정, 사업계획의 구체화 등으로 인하여 변동될 수 있다**"고 기재되어 있는 점 등에 비추어 볼 때, 위와 같은 사정만으로 **피고가 원고에게 신뢰의 대상이 되는 공적인 견해표명을 한 것이라고는 보기 어렵다**(대판 2006. 6. 9, 2004두46).

　　2) 보호가치 있는 사인의 신뢰　　행정청의 선행조치에 대한 사인의 신뢰는 보호할 만한 것이어야 한다. 사인의 신뢰란 선행조치의 존속이나 정당성에 대한 신뢰를 의미한다. 그리고 그 신뢰가 보호할 만한 것인가는 정당한 이익형량에 의한다. 사후에 선행조치가 변경될 것을 사인이 예상하였거나 중대한 과실로 알지 못한 경우 또는 사인의 사위나 사실은폐 등이 있는 경우에는 보호가치 있는 신뢰라고 보기 어렵다(판례1, 2). 한편 법령의 개정에 대한 보호가치 있는 신뢰와 관련하여 헌법재판소는 법령개정의 예측성과 유인된 신뢰라는 2가지 기준을 제시하기도 한다(판례3)

판례 1　당사자의 사실은폐나 기타 사위의 방법에 의한 신청행위가 있는 경우, 신뢰이익 원용의 가부

(서울특별시 중구청장의 (주)신한은행에 대한 옥외광고물 설치허가취소 처분 및 철거대집행계고처분을 다툰 신한은행 옥외광고물설치사건에서) 행정처분에 하자가 있음을 이유로 처분청(서울시중구청장)이 이를 취소하는 경우에도 그 처분이 국민에게 권리나 이익을 부여하는 수익적 처분인 때에는 그 처분을 취소하여야 할 공익상의 필요와 그 취소로 인하여 당사자가 입게 될 불이익을 비교교량한 후 공익상의 필요가 당사자가 입을 불이익을 정당화할 만큼 강한 경우에 한하여 취소할 수 있는 것이지만, 그 처분의 하자가 당사자(신한은행)의 사실은폐나 기타 사위의 방법에 의한 신청행위에 기인한 것이라면 당사자는 그 **처분에 의한 이익이 위법하게 취득되었음을 알아 그 취소가능성도 예상하고 있었다고 할 것이므로**, 그 자신이 위 처분에 관한 **신뢰이익을 원용할 수 없음은 물론** 행정청이 이를 고려하지 아니하였다고 하여도 재량권의 남용이 되지 아니한다(대판 1996. 10. 25, 95누14190).

판례 2　신뢰보호의 원칙의 요건인 행정청의 공적 견해표명이 있었는지 여부의 판단 기준 및 개인의 귀책사유의 의미

(원고가 법무부장관을 상대로 국적이탈 신고서반려처분취소를 구한 사건에서) 행정청의 행위에 대하여 신뢰보호의 원칙이 적용되기 위하여는, … 행정청의 견해표명이 정당하다고 신뢰한 데 대하여 그 개인에게 귀책사유가 없어야 하며, … 그 **개인의 귀책사유라 함은 행정청의 견해표명의 하자가 상대방 등 관계자의 사실은폐나 기타 사위의 방법에 의한 신청행위 등 부정행위에 기인한 것이거나** 그러한 부정행위가 없더라도 하자가 있음을 알

았거나 중대한 과실로 알지 못한 경우 등을 의미한다고 해석함이 상당하고, 귀책사유의 유무는 상대방과 그로부터 신청행위를 위임받은 수임인 등 관계자 모두를 기준으로 판단하여야 한다. … **행정청이 대외적으로 공신력 있는 주민등록표상 국적이탈을 이유로 원고의 주민등록을 말소한 행위는 원고에게 간접적으로 국적이탈이 법령에 따라 이미 처리되었다는 견해를 표명한 것**이라고 보아야 하고, 나아가 행정청의 주민등록말소는 주민등록등·초본에 공시되어 대내·외적으로 행정행위의 적법한 존재를 추단하는 중요한 근거가 되는 점에 비추어 원고가 위와 같은 주민등록말소를 통하여 자신의 **국적이탈이 적법하게 처리된 것으로 신뢰한 것에 대하여 귀책사유가 있다고 할 수 없는바**, 따라서 원고는 위와 같은 신뢰를 바탕으로 만 18세가 되기까지 별도로 국적이탈신고 절차를 취하지 아니하였던 것이므로, 피고가 원고의 이러한 신뢰에 반하여 **원고의 국적이탈신고를 반려한 이 사건 처분은 신뢰보호의 원칙에 반하여** 원고가 만 18세 이전에 국적이탈신고를 할 수 있었던 기회를 박탈한 것으로서 위법하다$\binom{\text{대판 2008. 1. 17.}}{\text{2006두10931}}$.

[판례 3] 법령에 대한 개인의 보호가치 있는 신뢰이익으로서 유인된 신뢰의 행사 여부

$\binom{\text{의무사관후보생의 병적에서 제적된 자가 법률개정으로 인하여 징집면제}}{\text{연령이 31세에서 36세로 상향된 점의 위헌성을 다툰 위헌소원사건에서}}$ 개인의 신뢰이익에 대한 보호가치는 ① 법령에 따른 개인의 행위가 국가에 의하여 일정방향으로 **유인된 신뢰의 행사인지**, ② 아니면 단지 **법률이 부여한 기회를 활용한 것으로서 원칙적으로 사적 위험부담의 범위에 속하는 것인지** 여부에 따라 달라진다. 만일 **법률에 따른 개인의 행위가 단지 법률이 반사적으로 부여하는 기회의 활용을 넘어서 국가에 의하여 일정 방향으로 유인된 것이라면 특별히 보호가치가 있는 신뢰이익이 인정될 수 있고**, 원칙적으로 개인의 신뢰보호가 국가의 법률개정이익에 우선된다고 볼 여지가 있다. 그런데, 이 사건 법률조항의 경우 국가가 입법을 통하여 개인의 행위를 일정방향으로 유도하였다고 볼 수는 없고, 따라서 청구인의 징집면제연령에 관한 기대 또는 신뢰는 단지 법률이 부여한 기회를 활용한 것으로서 원칙적으로 사적 위험부담의 범위에 속하는 것이다$\binom{\text{헌재 2002. 11. 28.}}{\text{2002헌바45}}$.

---

3) **신뢰에 기한 사인의 처리** 행정청의 선행조치를 믿은 것만으로는 부족하다. 그것을 믿고 사인이 어떠한 처리$\binom{\text{예: 이주, 특}}{\text{정사업착수}}$를 하여야 한다. 신뢰보호원칙은 행정청의 행위의 존속을 목적으로 하는 것이 아니라 행정청의 조치를 믿고 따른 사인을 보호하기 위한 것이다$\binom{\text{예: 사인이 과세관}}{\text{청의 비과세를 신뢰}}$하고 조세로 납부할 금전을 다른 용도로 소비한 경우나, 운전면허취소처분사유에 해당함에도 운전면허$\big)$ 정지처분을 받고 정지기간 도과 후 운전한 경우에는 그 금전의 소비나 운전은 사인의 처리로 볼 것이다$\big)$.

4) **인과관계** 사인의 신뢰와 처리 사이에 상당인과관계가 있어야 한다. 사인의 처리가 행정청의 선행조치에 대한 신뢰에 근거한 것이라야 하고, 만약 다른 사정에 근거한 것이라면 보호받을 수가 없다. 왜냐하면 신뢰와 처리 사이에 인과관계가 없다면, 그러한 처분은 우연일 뿐이고 보호받아야 할 특별한 이유는 없기 때문이다.

5) **선행조치에 반하는 후행 처분** 선행조치에 반하는 행정청의 처분이 있는 경우에 비로소 사인의 신뢰는 현실적으로 배반되고, 아울러 사인의 법생활의 안정도 구체적으로 침해된다.

6. 적용한계

(1) **법치행정의 원칙과의 관계** 행정기본법 제12조 제 1 항이 정하는 신뢰보호의 원칙은 법치국가원리의 한 내용인 법적 안정성을 위한 것이지만, 경우에 따라서는 행정기본법

제 8 조가 정하는 법치국가원리의 또 하나의 내용인 법치행정의 원칙과 충돌될 수 있다. 적법한 행위에 대한 신뢰보호의 경우는 문제가 없지만, 위법한 행위에 대한 신뢰보호의 경우는 문제이다. 이와 관련하여 학설로 ① 법치행정의 원칙의 우위설, ② 양자의 동위설이 언급될 수 있으나, 양 원칙이 동위의 법원칙이라는 견해가 지배적이다. 신뢰보호의 원칙의 개념을 인정한다는 자체가 이미 법률적합성의 원칙의 절대적 우위의 배제를 전제로 한다. 동위설의 입장에서 볼 때, 양자의 충돌의 경우에는 공익과 사익의 정당한 비교형량에 의해 문제를 해결할 수밖에 없다. 공익이 보다 강하게 요구된다면, 신뢰보호의 원칙은 후퇴할 수밖에 없다. 판례도 동위설의 입장에서 이익형량을 통해 신뢰보호원칙의 적용 여부를 결정한다(판례 1, 2).

[판례 1] 사인의 신뢰에 반하는 처분이 위법한 처분이 되기 위한 요건

(대순진리회 토지형 질변경불허사건에서) 비록 지방자치단체장(충주 시장)이 당해 토지형질변경허가를 하였다가 이를 취소·철회하는 것은 아니라 하더라도 지방자치단체장이 토지형질변경이 가능하다는 공적 견해표명을 함으로써 이를 신뢰하게 된 당해 종교법인(대순진 리회)에 대하여는 그 신뢰를 보호하여야 한다는 점에서 형질변경허가 후 이를 취소·철회하는 경우를 유추·준용하여 그 형질변경허가의 취소·철회에 상당하는 당해 처분으로써 지방자치단체장이 달성하려는 공익, 즉 **당해 토지에 대하여 그 형질변경을 불허하고 이를 우량농지로 보전하려는 공익과 위 형질변경이 가능하리라고 믿은 종교법인이 입게 될 불이익을 상호 비교교량하여 만약 전자가 후자보다 더 큰 것이 아니라면** 당해 처분은 비례의 원칙에 위반되는 것으로 재량권을 남용한 위법한 처분이라고 봄이 상당하다(대판 1997. 9. 12, 96누18380).

[판례 2] 변리사 제 1 차 시험을 절대평가제에서 상대평가제로 환원하는 내용의 변리사법 시행령 개정조항을 즉시 시행하도록 정한 부칙 부분이 신뢰보호원칙에 반하는지 여부

(변리사차시험상대 평가제 환원사건에서) **제 1 차 시험을 '절대평가제'에서 '상대평가제'로 환원하는 내용의** 2002. 3. 25. 대통령령 제17551호로 개정된 **변리사법 시행령**(이하 '개정 시 행령'이라 한다)의 입법예고와 개정·공포 및 그에 따른 시험 공고 등에 관한 일련의 사실관계에 비추어 보면, 합리적이고 정당한 신뢰에 기하여 절대평가제가 요구하는 합격기준에 맞추어 시험준비를 한 수험생들은 **제 1 차 시험 실시를 불과 2개월밖에 남겨놓지 않은 시점에서 개정 시행령의 즉시 시행으로 합격기준이 변경됨으로 인하여** 시험준비에 막대한 차질을 입게 되어 위 **신뢰가 크게 손상되었고**, 특히 절대평가제에 의한 합격기준인 매 과목 40점 및 전과목 평균 60점 이상을 득점하고도 불합격처분을 받은 수험생들의 신뢰이익은 그 침해된 정도가 극심하며, 그 반면 **개정 시행령에 의하여 상대평가제를 도입함으로써 거둘 수 있는 공익적 목적은 개정 시행령을 즉시 시행하여 바로 임박해 있는 2002년의 변리사 제 1 차 시험에 적용하면서까지 이를 실현하여야 할 합리적인 이유가 있다고 보기 어려우므로, … 개정 시행령 부칙 중 제 4 조 제 1 항을 즉시 2002년의 변리사 제 1 차 시험에 대하여 시행하도록 그 시행시기를 정한 부분은 헌법에 위반되어 무효이다**(대판 2006. 11. 16, 2003 두12899 전원합의체).

(2) 사정변경 　행정청이 상대방에게 장차 어떤 처분을 하겠다고 확약 또는 공적인 의사 표명을 하였다고 하더라도, 상대방으로 하여금 언제까지 처분의 발령을 신청하도록 유효기간을 두었는데도 그 기간 내에 상대방의 신청이 없었다거나 확약 또는 공적인 의사표명이 있은 후

에 사실적·법률적 상태가 변경되었다면, 그와 같은 확약 또는 공적인 의사표명은 행정청의 별다른 의사표시를 기다리지 않고 실효된다(대판 1996. 8. 20, 95누10877; 헌재 2014. 4. 24, 2010헌마747)(판례).

> **판례**   사후 사정변경 시, 이미 표명한 공적 견해에 반하는 처분의 적법 여부
> (원고들이 관리처분계획인가 처분의 취소를 구한 사건에서) 신뢰보호의 원칙은 행정청이 공적인 견해를 표명할 당시의 사정이 그대로 유지됨을 전제로 적용되는 것이 원칙이므로, 사후에 그와 같은 사정이 변경된 경우에는 그 공적 견해가 더 이상 개인에게 신뢰의 대상이 된다고 보기 어려운 만큼, 특별한 사정이 없는 한 행정청이 그 견해표명에 반하는 처분을 하더라도 신뢰보호의 원칙에 위반된다고 할 수 없다(대판 2020. 6. 25, 2018두34732).

7. 원칙위반의 효과와 권리보호

신뢰보호의 원칙에 반하는(판례 1) 행정작용은 위법한 것이 된다. 신뢰보호의 원칙에 반하는 행정입법이나 공법상 계약은 무효로 볼 것이지만, 동 원칙에 반하는 행정행위의 경우에는 하자의 중대명백성에 따라 무효 또는 취소할 수 있는 행위가 된다(중대명백설). 한편, 신뢰보호의 원칙에 위반되는 공무원의 행위로 인해 피해를 입은 사인은 국가배상법이 정하는 바에 따라 손해배상을 청구할 수도 있다(판례 2).

> **판례 1**   신뢰보호의 원칙 위반 여부의 판단방법
> (연금액을 한시적으로 동결하도록 한 공무원연금법 부칙 제 5 조의 위헌확인을 구한 헌법소원심판사건에서) 신뢰보호원칙의 위반 여부는 한편으로는 침해받은 신뢰이익의 보호가치, 침해의 중한 정도, 신뢰침해의 방법 등과 다른 한편으로는 새 입법을 통해 실현코자 하는 공익목적을 종합적으로 비교형량하여 판단하여야 한다(헌재 2017. 11. 30, 2016헌마101).

> **판례 2**   공무원의 허위의 확인행위로 아파트입주권을 매입한 경우, 확인행위와 손해 사이의 인과관계 인정 여부
> (소방도로개설을 위해 서울특별시가 철거한 무허가건물의 매수인이 시영아파트입주권을 받지 못하자 손해배상을 청구한 서울 시영아파트 입주권사건에서) 서울특별시 소속 건설담당직원이 무허가건물이 철거되면 그 소유자에게 시영아파트입주권이 부여될 것이라고 허위의 확인을 하여 주었기 때문에 그 소유자와의 사이에 처음부터 그 이행이 불가능한 아파트입주권 매매계약을 체결하여 매매대금을 지급한 경우, 매수인이 입은 손해는 그 아파트입주권 매매계약이 유효한 것으로 믿고서 출연한 매매대금으로서 이는 매수인이 시영아파트입주권을 취득하지 못함으로 인하여 발생한 것이 아니라 공무원의 허위의 확인행위로 인하여 발생된 것으로 보아야 하므로, 서울특별시 영등포구 공무원의 허위 확인행위와 매수인의 손해발생 사이에는 상당인과관계가 있다(대판 1996. 11. 29, 95다21709).

[기출사례] 제53회 사법시험(2011년) 문제·답안작성요령 ☞ PART 4 [1-2]

[기출사례] 제60회 5급공채(2016년) 문제·답안작성요령 ☞ PART 4 [1-20]

[기출사례] 제59회 사법시험(2017년) 문제·답안작성요령 ☞ PART 4 [1-3]

[기출사례] 제34회 입법고시(2018년) 문제·답안작성요령 ☞ PART 4 [1-4]

Ⅱ. 실권의 원칙

1. 의   의

실권의 원칙이란 "행정청은 권한 행사의 기회가 있음에도 불구하고 장기간 권한을 행사하지 아니하여 국민이 그 권한이 행사되지 아니할 것으로 믿을 만한 정당한 사유가 있는 경우에는 그 권한을 행사해서는 아니 된다."는 원칙을 말한다(기본법 제12조 제2항 본문). 그러나 "공익 또는 제3자의 이익을 현저히 해칠 우려가 있는 경우"에는 실권의 원칙이 인정되지 아니한다(기본법 제12조 제2항 단서).

2. 성   질

실권의 원칙은 신뢰보호의 원칙의 파생원칙이라 할 수 있으나(판례), 행정기본법 제12조 제1항의 신뢰보호의 원칙과 제2항의 실권의 법리는 적용요건에 차이가 있다.

> **판례** 실권 또는 실효의 법리의 의의
> (주식회사 고려노벨화약이 특수법인(공법인) 총포, 화약안전기술협회를 피고로 하여 채무부존재확인을 구한 사건에서) 실권 또는 실효의 법리는 신의성실의 원칙에서 파생한 법원칙으로서, 본래 권리행사의 기회가 있는데도 불구하고 권리자가 장기간에 걸쳐 권리를 행사하지 않았기 때문에 의무자인 상대방이 이미 그의 권리를 행사하지 않을 것으로 믿을 만한 정당한 사유가 있게 됨으로써 새삼스럽게 권리를 행사하는 것이 신의성실의 원칙에 위반되는 결과가 될 때 권리행사를 허용하지 않는 것이다(대판 2021. 12. 30. 2018다241458).

3. 일반법과 개별법(특별법)

행정기본법 제12조 제2항이 규정하는 실권의 원칙은 행정의 법 원칙으로서, 일반적 규정이다. 행정기본법 제23조(제척기간)가 적용되는 경우, 행정기본법 제12조(신뢰보호의 원칙) 제2항의 적용은 배제된다는 범위에서 행정기본법 제23조는 행정기본법 제12조 제2항의 관계에서 특별법의 성격을 갖는다. 개별 법률에 실권의 원칙에 관한 규정이 없다고 하여도, 행정청은 개별 법률의 집행에 실권의 원칙을 준수하여야 한다.

4. 적용요건

(1) 권한행사의 기회가 있을 것   행정청의 권한행사의 기회가 있어야 한다. 기회가 있었는지 여부는 담당 공무원의 주관적인 판단이 아니라 객관적으로 판단되어야 한다.

(2) 장기간 권한의 불행사가 있을 것   행정청이 장기간 권한을 행사하지 아니하여야 한다. 장기간의 의미를 일자 수로 정할 수는 없다. 권한을 행사함에 충분한 기간이 경과하였다면, 장기간 권한을 행사하지 아니한 것으로 볼 수 있을 것이다. 만약 제척기간 규정이 적용되는 사안에서는 실권의 원칙이 적용되는 것이 아니라 제척기간이 적용된다.

(3) 권한의 불행사에 대한 국민의 신뢰가 있을 것   국민이 행정청이 그 권한을 행사하지 아니할 것으로 믿을 만한 정당한 사유가 있어야 한다. 권한을 행사하지 아니할 것으로 믿을

만한 정당한 사유는 행정청이 그러한 사정을 제공한 것으로 볼 수 있는 경우에 인정하기가 용이할 것이다. 실권의 원칙은 행정청에 대한 신뢰의 보호를 위한 원칙이기 때문이다.

(4) 공익 등을 해칠 우려가 없을 것　　　공익 또는 제3자의 이익을 현저히 해칠 우려가 없어야 한다(기본법 제12조 제2항). 공익 또는 제3자의 이익을 「현저히 해칠 우려」란 공익 또는 제3자의 이익을 해칠 가능성이 뚜렷한 경우를 의미한다. 공익 또는 제3자의 이익을 침해할 우려가 없거나, 있다고 하여도 현저히 해칠 우려가 있는 경우가 아니라면 실권의 원칙은 적용될 수 있다.

5. 효　　과

실권의 원칙의 적용요건이 구비되면, 행정청은 그 권한을 행사할 수 없다. 행사할 수 없는 권한에는 취소권·정지권·철회권 등이 포함된다

6. 위　　반

(1) 위　　법　　　실권의 원칙에 위반하는 행정작용은 위법한 것이 된다. 실권의 원칙에 반하는 행정작용은 경우에 따라 무효 또는 취소의 대상이 된다(판례).

> **판례**　실효의 법리를 위반한 처분의 효력
> (주식회사 고려노벨화약이 특수법인 총포, 화약안전기술협회를 피고로 하여 채무부존재확인을 구한 사건에서) 어떤 행정처분이 실효의 법리를 위반하여 위법한 것이라고 하더라도, 이러한 하자의 존부는 개별·구체적인 사정을 심리한 후에야 판단할 수 있는 사항이어서 객관적으로 명백한 것이라고 할 수 없으므로, 이는 행정처분의 취소사유에 해당할 뿐 당연무효사유는 아니다(대판 2021. 12. 30. 2018다241458).

(2) 손해배상　　　실효의 원칙에 반하는 행정작용으로 손해를 입은 자는 국가배상법이 정하는 바에 따라 국가나 지방자치단체를 상대로 손해배상을 청구할 수 있다.

(3) 행정상 쟁송　　　실효의 원칙에 반하는 위법한 처분의 당사자는 행정기본법 제36조(처분에 대한 이의신청)가 정하는 바에 따라 이의신청을 할 수 있다. 뿐만 아니라 행정기본법 제37조(처분의 재심사)가 정하는 바에 따라 처분의 재심사를 신청을 할 수 있다. 뿐만 아니라 실효의 원칙에 반하는 위법한 처분의 당사자나 이해관계 있는 제3자는 행정심판법이 정하는 바에 따라 행정심판을 제기할 수 있고, 또한 행정소송법이 정하는 바에 따라 행정소송을 제기할 수 있다.

제6항　부당결부금지의 원칙

1. 의　　의

부당결부금지의 원칙이란 "행정청은 행정작용을 할 때 상대방에게 해당 행정작용과 실질적인 관련이 없는 의무를 부과해서는 아니 된다."는 원칙을 말한다(기본법 제13조). 달리 말하면, 행정청이 사인에게 처분을 하면서 그 사인에게 처분의 대가를 부담하도록 하는 경우, 그 처분과 사인이 부담하

는 대가$\binom{\text{반대}}{\text{급부}}$는 부당한 내적인 관련을 가져서는 아니 되고 또한 부당하게 상호결부 되어서도 아니 된다는 원칙을 말한다$\binom{\text{예: 건축행정청이 건축허가신청인에게 건축허가를 함에 있어 그 건축허가신청인의 부동산을 건축행정청}}{\text{에게 매각할 것을 허가발령의 조건으로 한다면, 그 허가는 부당결부금지의 원칙에 위반하는 것이 된다}}$.

2. 일반법과 개별법(특별법)

행정기본법 제13조가 규정하는 부당결부금지의 원칙은 행정의 법 원칙으로서, 일반적 규정이다. 개별 법률에 부당결부금지의 원칙에 관한 규정이 없다고 하여도, 행정청은 개별 법률의 집행에 부당결부금지의 원칙을 준수하여야 한다. 한편, 판례도 행정기본법의 제정 전에 이미 부당결부금지의 원칙을 인정하였다$\binom{\text{대판 2009. 2. 12.}}{\text{2005다65500}}$.

3. 적용범위

행정기본법 제13조의 부당결부금지의 원칙은 모든 행정에 적용된다. 말하자면 침익적 행정과 수익적 행정, 질서행정과 급부행정, 침해행정과 급부행정 등 모든 행정에 적용된다. 행정실무상으로 부당결부금지의 원칙은 행정행위의 부관$\binom{\text{예: 건축허가를 하면서 다른 토지의 기}}{\text{부채납을 부관으로 부담하게 하는 경우}}$, 공법상 계약$\binom{\text{예: 주차장}}{\text{시설의무}}$ $\binom{\text{의 면제와 천만원의 납부의무를 내용}}{\text{으로 공법상 계약을 체결하는 경우}}$, 또는 행정의 실효성 확보수단$\binom{\text{예: 사업에 관한}}{\text{허가등의 제한}}$과 관련하여 문제되고 있다

4. 요　건

부당결부금지의 원칙이 적용되기 위해서는 ① 행정청의 행정작용이 있어야 하고, ② 그 행정작용은 상대방에 부과하는 반대급부와 결부되어야 하고, ③ 그 행정작용과 사인의 급부 사이에 실질적인 관련성이 없어야, 즉 부당한 내적 관련이 있어야 한다. 부당한 내적 관련 유무에 대한 판단기준으로 인과관계에 있어서의 관련성$\binom{\text{원인적}}{\text{관련성}}$과 목적에 있어서 관련성$\binom{\text{목적적}}{\text{관련성}}$을 볼 수 있다 $\binom{\text{류지}}{\text{태}}$. 원인적 관련성이란 행정작용과 사인의 급부 사이에는 직접적인 인과관계가 있을 때 정당한 내적 관계가 존재함을 의미하고, 목적적 관련성이란 행정작용을 함에 있어 근거법률 및 해당 행정분야의 내용에 따라 허용되는 특정목적만을 수행하여야 함을 말한다$\binom{\text{류지태 ·}}{\text{박종수}}$. 예를 들어 수익적 행정작용과 침익적 부관의 관계에서 수익적 행정작용의 수권규범인 법률의 해석을 통해 수권의 목적을 도출하고 그러한 목적이 부관의 부가의 한계로 작용한다는 것이다$\binom{\text{예를 들어 유흥주점영업허가}}{\text{의 수권규범인 식품위생법의}}$ $\binom{\text{해석을 통해 영업의 질서유지라는 목적을 찾을 수 있고 따라서 이와 관련 없는 도로의}}{\text{질서유지를 위한 부관의 부가는 목적적 관련성이 없어 부당결부금지원칙에 위반된다}}$.

5. 위　반

(1) 무효와 취소　부당결부금지의 원칙에 반하는 행정작용은 위법한 행정작용이 된다. 위법의 효과는 행정작용의 유형에 따라 다르다. ① 부당결부금지의 원칙에 반하는 행정입법은 무효이다. ② 부당결부금지의 원칙에 반하는 행정행위는 하자의 중대성과 명백성 여하에 따라 하자가 중대하고 명백하면 무효, 중대하지만 명백하지 않거나 명백하지만 중대하지 않으면 취소의 대상이 된다.

(2) 손해배상청구　부당결부금지의 원칙에 반하는 행정작용으로 손해를 입은 자는 국가배상법이 정하는 바에 따라 국가나 지방자치단체를 상대로 손해배상을 청구할 수 있다.

(3) 이의신청과 처분의 재심사 　① 부당결부금지의 원칙에 반하는 위법한 처분의 당사자는 행정기본법 제36조$\binom{\text{처분에 대}}{\text{한 이의신청}}$가 정하는 바에 따라 이의신청을 할 수 있다. ② 뿐만 아니라 행정기본법 제37조$\binom{\text{처분의}}{\text{재심사}}$가 정하는 바에 따라 처분의 재심사를 신청할 수 있다.

(4) 행정심판과 행정소송 　① 부당결부금지의 원칙에 반하는 위법한 처분의 당사자나 이해관계 있는 제 3 자는 행정심판법이 정하는 바에 따라 행정심판을 제기할 수 있고, 또한 행정소송법이 정하는 바에 따라 행정소송을 제기할 수도 있다

[기출사례] 제 8 회 변호사시험(2019년) 문제·답안작성요령 ☞ PART 4 [1–11]

제 3 절 　법원의 효력

Ⅰ. 시간적 효력

1. 효력의 발생

(1) 공　포　　공포란 확정된 법령의 시행을 위해 국민·주민에게 알리는 것을 말한다. 헌법개정·법률·조약·대통령령·총리령 및 부령의 공포는 관보에 게재함으로써 한다$\binom{\text{공포법 제11}}{\text{조 제 1 항}}$. 국회의장이 법률을 공포하는 경우$\binom{\text{헌법 제53}}{\text{조 제 6 항}}$에는 서울특별시에서 발행되는 둘 이상의 일간신문에 게재함으로써 한다$\binom{\text{공포법 제11}}{\text{조 제 2 항}}$. 제 1 항에 따른 관보는 종이로 발행되는 관보$\binom{\text{이하 "종이관}}{\text{보"라 한다}}$와 전자적인 형태로 발행되는 관보$\binom{\text{이하 "전자관}}{\text{보"라 한다}}$로 운영한다$\binom{\text{공포법 제11}}{\text{조 제 3 항}}$. 관보의 내용 해석 및 적용 시기 등에 대하여 종이관보와 전자관보는 동일한 효력을 가진다$\binom{\text{공포법 제11}}{\text{조 제 4 항}}$. 한편, 조례와 규칙의 공포는 해당 지방자치단체의 공보에 게재하는 방법으로 한다. 다만, 지방자치법 제32조 제 6 항 후단에 따라 지방의회의 의장이 조례를 공포하는 경우에는 공보나 일간신문에 게재하거나 게시판에 게시한다$\binom{\text{지자법 제33}}{\text{조 제 1 항}}$. 제 1 항에 따른 공보는 종이로 발행되는 공보$\binom{\text{이하 이 조에서}}{\text{"종이공보"라 한다}}$ 또는 전자적인 형태로 발행되는 공보$\binom{\text{이하 이 조에서}}{\text{"전자공보"라 한다}}$로 운영한다$\binom{\text{지자법 제33}}{\text{조 제 2 항}}$. 교육규칙의 공포는 시·도의 공보 또는 일간신문에 게재하거나 시·도 교육청의 게시판에 게시함과 동시에 해당 교육청의 인터넷 홈페이지에 게시하는 방법으로 한다$\binom{\text{지육령 제 3}}{\text{조 제 4 항}}$.

(2) 시 행 일　　법원의 효력의 발생시점, 즉 법령의 시행일은 법령을 공포한 날일 수도 있고, 공포한 날 이후의 날일 수도 있다. 법령등$\binom{\text{훈령·예규·고시·지침 등을}}{\text{포함한다. 이하 이 조에서 같다}}$의 시행일을 정하거나 계산할 때에는 다음 각 호$\binom{\text{1. 법령등을 공포한 날부터 시행하는 경우에는 공포한 날을 시행일로 한다. 2. 법령등을 공포한 날부터 일정}}{\text{기간이 경과한 날부터 시행하는 경우 법령등을 공포한 날을 첫날에 산입하지 아니한다. 3. 법령등을 공포한}}$
날부터 일정 기간이 경과한 날부터 시행하는 경우 그 기간의 말
일이 토요일 또는 공휴일인 때에는 그 말일로 기간이 만료한다$\binom{\text{기본법}}{\text{제 7 조}}$.

2. 불소급의 원칙

(1) 진정소급의 원칙적 금지　　　새로운 법령등은 … 그 법령등의 효력 발생 전에 완성되

거나 종결된 사실관계 또는 법률관계에 대해서는 적용되지 아니한다(기본법제14조). 즉, 진정소급이 배제된다.

(2) 진정소급의 예외적 허용   새로운 법령등은 「법령등에 특별한 규정이 있는 경우를 제외하고는」 그 법령등의 효력 발생 전에 완성되거나 종결된 사실관계 또는 법률관계에 대해서는 적용되지 아니한다(기본법제14조). 즉 특별한 규정이 있는 경우에는 진정소급이 허용된다(판례1, 2).

판례 1 법률의 진정소급의 예외적 허용의 예
(친일반민족행위자 갑이 1911. 6. 30. 및 1917. 10. 13. 사정받아 취득한 토지에 대하여 친일반민족행위자재산조사위원회가 친일재산국가귀속결정을 하자 원고가 제기한 친일재산국가귀속결정취소소송에서) 구 '친일반민족행위자 재산의 국가귀속에 관한 특별법'(2011. 5. 19. 법률 제10646호로 개정되기 전의 것) 제 3 조 제 1 항 본문(이하 '귀속조항'이라 한다)은 진정소급입법에 해당하지만 진정소급입법이라 하더라도 예외적으로 국민이 소급입법을 예상할 수 있었거나 신뢰보호의 요청에 우선하는 심히 중대한 공익상의 사유가 소급입법을 정당화하는 경우 등에는 허용될 수 있다 할 것인데, 친일재산의 소급적 박탈은 일반적으로 소급입법을 예상할 수 있었던 예외적인 사안이고, 진정소급입법을 통해 침해되는 법적 신뢰는 심각하다고 볼 수 없는 데 반해 이를 통해 달성되는 공익적 중대성은 압도적이라고 할 수 있으므로 진정소급입법이 허용되는 경우에 해당한다. 따라서 귀속조항이 진정소급입법이라는 이유만으로 헌법 제13조 제 2 항에 위배된다고 할 수 없다(대판 2012. 2. 23, 2010두17557).

판례 2 수익적 법률의 소급 적용의 가부
(공중보건의사에게 공무원 지위를 부여하는 규정의 시행일을 1992. 6. 1.로 정함으로써 1992. 5. 31. 이전에 공중보건의사 복무를 마친 사람에게는 그 규정의 적용을 배제하여 공무원 지위를 부여하지 않은 구 농어촌 등 보건의료를 위한 특별조치법 부칙 제 1 조 위헌제청사건에서) 유리한 신법의 소급 적용 여부는 권리를 제한하거나 의무를 부과하는 경우와는 달리 입법자에게 보다 광범위한 입법형성권이 인정되므로, 입법자는 그 입법목적, 사회실정이나 국민의 법감정, 법률의 개정이유나 경위 등을 참작하여 유리한 신법의 소급 적용 여부를 결정할 수 있다(헌재 2014. 5. 29, 2012헌가4).

---

(3) 부진정소급의 허용과 금지   ① 행정기본법 제14조 제 1 항은 부진정소급에 관해서는 규정하는 바가 없다. 이 부분에 관해서는 학설과 판례가 보충하여야 한다. 학설과 판례는 부진정소급을 원칙적으로 인정한다. ② 예외적으로 공익과 사익을 형량하여 사익이 우월한 경우에는 부진정 소급이 제한된다는 것이 판례의 입장이다(대판 2014. 4. 24, 2013두26552; 헌재 2017. 7. 27, 2015헌바240).

[기출사례] 제 8 회 변호사시험(2019년) 문제·답안작성요령 ☞ PART 4 [1-11]

3. 효력의 소멸

한시법에서 종기의 도래(한시법의 경우에는 그 유효기간이 경과한 후에 경과 전의 위법행위를 벌할 수 있는가의 문제가 있다), 신법에 의한 명시적 폐지(신법은 동위 또는 상위법이어야 한다)(대판 1994. 3. 11, 93누19719), 신·구법의 내용상 충돌(묵시적 폐지에 해당한다), 상위법의 소멸(예: 수권법의 소멸로 위임명령은 소멸된다), 규율 사실관계의 영속적 종결(묵시적 폐지에 해당한다), 위헌결정(헌재법 제47조 제 2 항)으로 효력은 소멸한다.

Ⅱ. 기   타

1. 지역적 효력범위

행정법규는 그 법규의 제정권자의 권한이 미치는 지역적 범위 내에서만 효력을 갖는다. 예컨대 대통령령·부령은 전국에 미치고, 조례는 해당 지방자치단체의 관할구역에 미친다. 여기서 지역이란 영토뿐만 아니라 영해와 영공까지도 포함하는 개념이다. 다만 국제법상 외교 특권$\binom{외교}{관\ 특}$$\binom{권,\ 치}{외법권}$이 미치는 구역$\binom{예:\ 외}{국공관}$에는 미치지 않는다. 국가의 법령이 국내의 일부 지역에만 적용되는 경우도 있다$\binom{예:\ 제주특별자치도\ 설치\ 및\ 국}{제자유도시\ 조성을\ 위한\ 특별법}$.

2. 인적 효력범위

속지주의원칙에 의거하여 행정법규는 당해 지역 안에 있는 자(者)에게 적용된다. 자연인·법인, 내국인·외국인을 불문한다. 그러나 외교 특권$\binom{외교관\ 특권,}{치외법권}$을 가진 자는 우리 행정법의 적용을 받지 아니한다. 국내에 주둔하는 외국군대의 구성원의 경우에는 협정체결을 통해 특별한 지위가 부여되기도 한다. 한편 일반 외국인에게는 경우에 따라 상호주의와 같은 특별한 규율이 가해지기도 한다$\binom{예:\ 국배법\ 제7조,}{부신법\ 제7조\ 참조}$. 외국거주 한국인에게도 우리의 법의 효력은 당연히 미친다.

제 4 절   법원의 흠결과 보충(행정법관계와 사법의 적용)

공법적 성질을 갖는 구체적 법률관계에서 성문의 공법도 없고 관습법도 없는 경우에 어떠한 법이 적용될 것인가의 문제가 있다. 이것이 바로 행정법원의 흠결과 보충의 문제이다. 행정법의 흠결의 보충은 공·사법의 2원적 법체계를 가진 국가에서 문제된다. 이러한 문제의 해결책으로 행정법관계에서 사법의 적용문제가 다루어지고 있다. 또한 공법규정의 유추적용이 행정법의 흠결의 보충의 방법으로 검토되기도 한다.

Ⅰ. 사법적용의 가능성

1. 학   설

(1) 개   관   공법규정이 흠결된 경우, 사법규정의 적용이 가능하다는 견해(부정설)는 보이지 아니한다$\binom{20세기\ 초\ 독일에}{이\ 견해가\ 있었다}$. 오늘날에는 사법규정의 적용이 가능하다는 견해(긍정설)만이 보인다. 긍정설도 과거에는 아래의 그림에서 보는 바와 같이 다양하였으나, 오늘날에는 개괄적 구별설이 일반적인 견해로 보인다.

(2) 개괄적 구별설　　　개괄적 구별설은 「사법규정은 대체로 일반법원리적 규정·법기술적 규정·이해조절적 규정 등으로 이루어져 있고, 여기서 일반법원리적 규정이나 법기술적 규정에 해당하는 조항은 권력관계와 비권력관계 모두에 적용되며, 다만 이해조절적인 규정은 비권력관계에서 유추적용이 가능한 경우도 있다」는 견해이다.

사법규정의 유형	행정상 법률관계의 종류		
	권력관계	공법상 비권력관계	사법관계(국고관계)
일반법원리적 규정	적용	적용	적용
법기술적 규정	적용	적용	적용
이해조절적 규정		유추적용	적용

(3) 사　　　견　　　명문으로 사법규정의 적용을 예정해 두고 있는 경우에는 특별한 문제가 없다$\binom{\text{국배법 제8조}}{\text{국세법 제4조}}$. 명문의 규정이 없는 경우에는 사법이 전면적으로 그대로 적용될 수는 없다. 이러한 경우에는 원칙적으로 개괄적 구별설에 따라 판단하는 것이 합리적이다. 판례도 같은 입장이다$\binom{\text{대판 1961. 10. 5.}}{\text{4292행상6}}$.

2. 적용가능한 사법규정

(1) 권력관계　　　자연인 및 법인의 관념, 권리능력과 행위능력의 관념, 주소·물건의 관념, 법률행위·의사표시·대리·무효·취소·조건·기한 등의 관념, 시효제도·사무관리·부당이득·불법행위 등의 일반법원리적 규정·법기술적 규정은 권력관계에서도 적용된다고 하는 것이 일반적인 경향이다. 한편, 이해조절적 규정은 원칙적으로 권력관계에는 적용되지 않는다고 함이 일반적이나, 예외적으로는 성질에 반하지 않는 한 적용될 수도 있을 것이다$\binom{\text{개별적 구별설,}}{\text{개별적 판단설}}$.

[참고] 종래에는 사법상 신의성실의 원칙과 권리남용금지의 원칙, 기간의 계산에 관한 규정도 권력관계에 적용이 가능한 것으로 보았으나, 이제 이러한 사항들은 행정기본법에 규정되고 있다.

(2) 비권력관계　　　일방적인 관계가 아닌 비권력관계는 기본적으로 사법관계와 상이한 것은 아니기 때문에 특별한 공법적 제한$\binom{\text{예: 국배법 제5조,}}{\text{우편법 제38조}}$이 가해지지 않는 한 사법규정이 전반적으로 유추적용될 수 있다고 본다.

3. 국고관계와 사법규정의 적용

행정상 법률관계 중 사법이 지배하는 법률관계인 국고관계에 사법이 적용되는 것은 개념상 당연하고$\binom{\text{대판 1961. 10. 5,}}{\text{4292행상6}}$ 특별히 언급할 필요가 없을 것이다. 그렇지만 경우에 따라서는 실정법이 사법관계$\binom{\text{국고}}{\text{관계}}$에 특별한 제한을 가하는 경우도 있고, 이때에는 그에 따라야 한다. 한편 국고관계를 좁은 의미의 국고관계와 행정사법관계로 나눌 때, 행정사법의 경우에는 좁은 의미의 국고관계에 비해 공법적 기속$\binom{\text{예: 평등원칙·비례원칙·}}{\text{신뢰보호원칙 등의 적용}}$이 보다 강하게 가해진다.

Ⅱ. 공법규정의 적용

1. 헌법상 원칙의 적용

행정법은 구체화된 헌법인 까닭에 적용할 행정법규의 결여시에는 무엇보다도 헌법상의 기본원칙, 헌법상 최상위의 가치가 중요한 의미를 가진다. 이러한 것으로 법적 안정성, 신뢰보호, 법적 명확성, 기본권의 보호, 효과적인 권리보호의 방법 등을 들 수 있다.

2. 공법규정의 유추해석

유추해석은 법원의 존부에 관한 개념이 아니라 법원의 해석에 관련된 개념이지만, 공법규정의 유추해석이 공법규정의 흠결을 보완하는 방법일 수 있다$\binom{\text{판례}}{\text{1, 2}}$.

> [판례 1]   하천법상의 손실보상에 관한 규정의 유추적용 여부
> $\binom{\text{일제 때 제외지가 된 한강인도교부근}}{\text{에 위치한 토지의 손실보상사건에서}}$ 하천법 제2조 제1항 제2호, 제3조에 의하면 제외지는 하천구역에 속하는 토지로서 법률의 규정에 의하여 당연히 그 소유권이 국가에 귀속된다고 할 것인바 한편 동법에서는 위 법의 시행으로 인하여 **국유화가 된 제외지의 소유자에 대하여 그 손실을 보상한다는 직접적인 보상규정을 둔 바가 없으나 동법 제74조의 손실보상요건에 관한 규정은** 보상사유를 제한적으로 열거한 것이라기보다는 **예시적으로 열거하고 있으므로** 국유로 된 제외지의 소유자에 대하여는 **위 법조를 유추적용하여 관리청은 그 손실을 보상하여야** 한다$\binom{\text{대판 1987. 7. 21,}}{\text{84누126}}$.

> [판례 2]   수산업법상 손실보상에 관한 규정의 유추적용 여부
> $\binom{\text{원고들의 대한민국에 대한}}{\text{손해배상청구소송에서}}$ 사업시행자가 손실보상의무를 이행하지 아니한 채 공유수면에서 허가어업을 영위하던 어민들에게 피해를 입힐 수 있는 **공유수면매립공사를 시행함으로써 어민들이 더 이상 허가어업을 영위하지 못하는 손해를 입게 된 경우에는,** 어업허가가 취소 또는 정지되는 등의 처분을 받았을 때 손실을 입은 자에 대하여 보상의무를 규정하고 있는 **수산업법 제81조 제1항을 유추적용하여 그 손해를 배상하여야 할 것이고,** 이 경우 그 손해액은 공유수면매립사업의 시행일을 기준으로 삼아 산정하여야 한다$\binom{\text{대판 2004. 12. 23,}}{\text{2002다73821}}$.

3. 공·사법규정의 유추적용 순서

행정법의 흠결의 경우, 우선 헌법과 관련 있는 공법규정의 유추적용이 가능하면 이를 먼저 적용하고, 이것이 여의치 아니하면 사법규정의 적용을 검토하여야 할 것이다$\binom{\text{김남진,}}{\text{김해룡}}$.

제 3 장 행정법관계

제 1 절 행정법관계의 관념

Ⅰ. 행정법관계의 의의

1. 행정법관계의 개념

행정주체가 일방당사자인 법관계를 행정상 법률관계라 부른다. 행정상 법률관계에서는 사법이 지배하는 경우도 있고, 공법이 지배하는 경우도 있다. 전자를 통상 국고관계라 부르고, 후자를 행정법관계 또는 공법관계라 부른다. 후자에 관한 연구가 행정법론의 중심이 된다.

2. 행정법관계의 특질

행정법관계는 사법관계에 비하여 ① 행정의사의 법률적합성$\left(\begin{smallmatrix}\text{행정의 법률적}\\\text{합성의 원칙}\end{smallmatrix}\right)\left(\begin{smallmatrix}\text{PART 1 제 2 장}\\\text{제 2 절에서 다룬다}\end{smallmatrix}\right)$, ② 행정의사의 우월적 지위$\left(\begin{smallmatrix}\text{내용상 구속력, 공정력, 구성요건적 효력, 존속력(형식적}\\\text{존속력, 실질적 존속력), 강제력(제재력, 자력집행력)}\end{smallmatrix}\right)\left(\begin{smallmatrix}\text{PART 1 제 4 장 제 3 절}\\\text{제 5 항에서 다룬다}\end{smallmatrix}\right)$, ③ 공권과 공의무의 상대성$\left(\begin{smallmatrix}\text{PART 1 제 3 장 제}\\\text{2 절에서 다룬다}\end{smallmatrix}\right)$, ④ 국가책임의 특수성$\left(\begin{smallmatrix}\text{행정상 손실보상,}\\\text{행정상 손해배상}\end{smallmatrix}\right)\left(\begin{smallmatrix}\text{PART 1 제 7 장}\\\text{에서 다룬다}\end{smallmatrix}\right)$, ⑤ 행정쟁송상 특수성$\left(\begin{smallmatrix}\text{행정심판,}\\\text{행정소송}\end{smallmatrix}\right)\left(\begin{smallmatrix}\text{PART 2에}\\\text{서 다룬다}\end{smallmatrix}\right)$을 특질로 갖는다. 이러한 특질에 대한 연구가 행정법학의 중심을 이룬다.

Ⅱ. 행정법관계의 당사자

1. 행정의 주체

(1) 의 의

국민주권의 민주국가에서는 국민이 권리·의무의 귀속주체이다. 그러나 법기술상으로는 법인격이 주어진 공동체 자체$\left(\begin{smallmatrix}\text{국가 또는 법인}\\\text{격을 갖는 단체}\end{smallmatrix}\right)$나 공권이 주어진 개인이 행정의 주체가 된다. 그런데 행정주체는 법인이므로 행정주체가 현실적으로 공행정임무를 수행하기 위해서는 행정주체를 위한 행정기관을 필요로 한다. 따라서 행정주체란 행정기관의 행위에 따른 행정법상의 권리·의무의 귀속주체를 말한다. 행정주체로는 국가, 지방자치단체, 공법상 법인$\left(\begin{smallmatrix}\text{공법상 사단(공공조합)·공법상 권}\\\text{리능력 있는 영조물(영조물법인)}\end{smallmatrix}\right)\left(\begin{smallmatrix}\text{판}\\\text{례}\end{smallmatrix}\right)$, 그리고 공무수탁사인이 있다.

> **판례** 도시 및 주거환경정비법상 주택재건축정비사업조합의 성격
> $\left(\begin{smallmatrix}\text{재건축조합을 피고로 관리처분계획안수립결}\\\text{의 무효확인을 민사소송으로 구한 사건에서}\end{smallmatrix}\right)$ 도시 및 주거환경정비법에 따른 주택재건축정비사업조합은 관할 행정청의 감독 아래 위 법상의 주택재건축사업을 시행하는 공법인$\left(\begin{smallmatrix}\text{동법}\\\text{제18조}\end{smallmatrix}\right)$으로서, 그 목적 범위 내에서 법령이 정하는 바에 따라 일정한 행정작용을 행하는 **행정주체**의 지위를 갖는다$\left(\begin{smallmatrix}\text{대판 2009. 10. 15,}\\\text{2008다93001}\end{smallmatrix}\right)$.

(2) 공무수탁사인

1) 공무수탁사인의 의의

(가) 개 념　　공무수탁사인이란 국가나 지방자치단체로부터 공법상 권한을 부여받아 자기이름으로 공적사무를 독립하여 공법적으로 수행하는 사인을 말한다. 공무수탁사인은 수탁사인 또는 국가적 공권이 부여된 사인이라고도 한다(예: 사인의 배나 항공기에서 선장 또는 기장이 경찰사무를 수행하는 경우(사법경찰관리의 직무를 수행할 자와 그 직무범위에 관한 법률 제 7 조), 건축사가 건축공사에 관한 조사, 검사 및 확인 업무를 행하는 경우(건축법 제27조), 사인이 공공사업의 시행자로서 다른 사인의 토지를 수용하는 경우(토상법 제19조)). 사무처리의 능률성과 전문성 등을 확보하고 정부의 비용부담을 줄이는 방안으로 국가사무의 민간위탁이 증가하면서 그 예가 늘어나고 있다(판례).

> **[판례]** 국가사무의 수행주체로서 사인의 가능성
> (공증인법 제10조 제 2 항 등의 위헌확인을 구한 심판사건에서) 공공주체가 자신의 임무를 수행함에 있어서 모든 임무를 자신이 직접 수행하여야 할 의무를 지는 것은 아니므로, 국가의 임무를 국가기관이 직접 수행할 수도 있고 임무의 기능을 민간부문으로 하여금 수행하게 할 수도 있다. 여기서 국가가 자신의 임무를 그 스스로 수행할 것인지 아니면 그 임무의 기능을 민간부문으로 하여금 수행하게 할 것인지 하는 문제는 입법자가 당해 사무의 성격과 수행방식의 효율성 정도 및 비용, 공무원 수의 증가 또는 정부부문의 비대화 문제, 시장여건의 성숙도, 민영화에 대한 사회적·정치적 합의 등을 종합적으로 고려하여 판단해야할 사항으로서 그 판단에 관하여는 입법자에게 광범위한 입법재량 내지 형성의 자유가 인정된다(헌재 2022. 11. 24. 2019헌마572).

(나) 구별개념　　① 사법상 계약에 의하여 단순히 경영위탁을 받은 사인은 공무수탁사인이 아니다(예: 경찰과의 계약에 의해 주차위반차량을 견인하는 민간사업자, 쓰레기수거인은 위탁계약의 범위 안에서 독립적으로 활동하지만, 차량의 견인이나 쓰레기수거는 공법적인 것이 아니고 행정사법적 또는 사법적인 것이다. 만약 견인업자나 쓰레기수거인에게 행정권한이 부여되어 있다면 공무수탁사인이 된다.). 또한 ② 행정의 보조자(예: 사고 현장에서 경찰의 부탁에 의해 경찰을 돕는 자)는 행정주체를 위해 단순히 도구로서 비독립적으로 활동하므로 공무수탁사인이 아니다. ③ 제한된 공법상 근무관계에 있는 자(예: 국립대학 시간강사)도 독립적으로 행위하지만 공적인 권한이 주어진 것이 아니므로 행정의 주체는 아니다. ④ 공적 의무가 부과된 사인(예: 석유 및 석유대체연료 사업법 제17조 제 1 항의 석유정제업자 등의 석유비축의무)은 고권적인 권한을 행사하는 것이 아니므로 공무수탁사인이 아니다. 이를 공무수탁사인으로 보는 견해도 있다(김남진, 류지태).

(다) 관련문제　　소득세법 제127조, 제128조에 의한 소득세의 원천징수의무자가 공무수탁사인인가에 대하여 ① 원천징수의무자의 소득세원천징수는 사인에 의한 고권행사로 보아야 한다는 긍정설, ② 원천징수의무자는 법률에 의하여 행정임무수행의 의무가 부여될 뿐 공법상 권한이 부여된 것은 아니라는 부정설의 대립이 있다. ③ 원천징수의무자는 공적 의무만 부여된 사인으로 볼 것인바, 부정설이 타당하다. ④ 판례는 소득세원천징수의무자를 공무수탁사인이 아니라 행정의 보조인 또는 공적 의무가 부과된 사인으로 보고 있으므로 부정설을 취한다고 평가되고 있다(판례).

┌─────────────┐
│ 판례 │ 소득세원천징수행위가 행정처분에 해당하는가의 여부
└─────────────┘
(서울지방국세청장의 기타소득세등부)
과세처분의 무효확인을 구한 사건에서 **원천징수하는 소득세에 있어서는 납세의무자의 신고나 과세관청의 부**
과결정이 없이 법령이 정하는 바에 따라 그 세액이 자동적으로 확정되고, 원천징수의무자는 소득세법
제142조 및 제143조의 규정에 의하여 이와 같이 자동적으로 확정되는 세액을 수급자로부터 징수
하여 **과세관청에 납부하여야 할 의무를 부담하고 있으므로,** 원천징수의무자가 비록 과세관청과 같
은 행정청이더라도 그의 원천징수행위는 법령에서 규정된 징수 및 납부의무를 이행하기 위한 것에
불과한 것이지, 공권력의 행사로서의 행정처분을 한 경우에 해당되지 아니한다(대판 1990. 3. 23,)
89누4789

2) 제도의 취지   공무수탁사인이라는 제도는 행정의 분산을 도모하고, 사인이 갖는 독
창성·전문지식·재정수단 등을 활용하여 행정의 효율을 증대하고자 하는 데 있다. 그러나 수탁
사인의 제도는 공행정임무를 사인에게 맡김으로써 나타날지도 모를 폐해를 어떻게 방지할 것인
가라는 문제점도 갖는다. 이 때문에 수탁사인에 대한 감독이 중요하다.

3) 법적 근거   공무수탁사인제도는 공권의 행사가 사인에게 이전되는 제도이므로, 법적
근거를 필요로 한다. ① 공무수탁사인에 관한 일반적인 근거로는 정부조직법 제 6 조 제 3 항(행정기관)
은 법령으
로 정하는 바에 따라 그 소관사무 중 조사·검사·검정·관리 업무 등 국민의 권리·의무와 직접 관계), 지방자치법 제117조 제 3 항
되지 아니하는 사무를 지방자치단체가 아닌 법인·단체 또는 그 기관이나 개인에게 위탁할 수 있다
(지방자치단체의 장은 조례나 규칙으로 정하는 바에 따라 그 권한에 속하는 사무 중 조사·검사·검정·관리업무)을 볼 수 있고, ② 개별
등 주민의 권리·의무와 직접 관련되지 아니하는 사무를 법인·단체 또는 그 기관이나 개인에게 위탁할 수 있다
적인 근거로 여객자동차 운수사업법 제76조 제 1 항(국토교통부장관 또는 시·도지사는 이 법에 따른 권한의 일부를 대통령)
령으로 정하는 바에 따라 조합·연합회·공제조합, 한국교통안전공단법
에 따른 한국교통안전공단, 자동차손해배상진흥원 또는), 항공보안법 제22조 제 1 항(기장이나 기장으로부터 권한을 위임받은 승무원)
대통령령으로 정하는 전문 검사기관에 위탁할 수 있다   (이하 "기장등"이라 한다) 또는 승객의 항공기
탑승 관련 업무를 지원하는 항공운송사업자 소속 직원 중 기장의 지원요청을 받은 사람은 항공기의 보안을 해치는 행위, 인명이나 재산에 위해를)
주는 행위, 항공기 내의 질서를 어지럽히거나 규율을 위반하는 행위를 하려는 사람에 대하여 그 행위를 저지하기 위한 필요한 조치를 할 수 있다),
선원법 제23조 제 2 항(선장은 제 1 항에 따른 물건에 대하여 보)과 제 3 항(선장은 해원이나 그 밖에 선박에 있는 사람이 인명이나)
관·폐기 등 필요한 조치를 할 수 있다   선박에 위해를 줄 우려가 있는 행위를 하려고 할 때에는
그 위해를 방지하는 데 필), 그리고 개념에서 언급한 사법경찰관리의 직무를 수행할 자와 그 직무범위에 관
요한 조치를 할 수 있다
한 법률 제 7 조, 건축법 제27조, 공익사업을 위한 토지 등의 취득 및 보상에 관한 법률 제19조 등을
볼 수 있다.

4) 공무수탁사인의 행정주체성

㈎ 학   설   ① 부정설은 공무수탁사인은 권한의 범위 내에서 행정기관이지만 권한의
행사로 인한 효과가 그 자에게 귀속되지 않으므로 행정주체는 아니라고 한다(김도창·). ② 긍정설은
변재옥
기능적으로 보아 공무수탁사인은 국가의 권한행사를 행하는 자이므로 전래적 행정주체에 해당한
다고 본다(지배적 견해: 김).
남진, 정하중 등

㈏ 사   견   공무수탁사인이 행정주체에 해당하는지의 문제는 행정주체의 개념문제
와 관련한다. 행정법상 법인격자만을 행정주체로 본다면 부정설이 타당하고, 행정주체의 권한행
사라는 기능면을 중시하면 긍정설이 타당하다. 긍정설은 공무수탁사인이 행정주체에 해당하는지
의 여부를 당해 사인이 권리능력의 주체로서 자기책임하에 공권력을 행사하는지 아니면 국가 또
는 공공단체의 수족(기)으로서 활동하는 것인지의 관점에서 판단한다(김남).
관   진

5) 위탁의 대상

(가) 학 설 위탁의 대상($^{본}_{질}$)과 관련하여 공무수탁의 본질을 ①「사인에게 배제된 국가의 사무를 사인에게 위탁하는 것」이라는 임무설과 ②「국가의 특별한 권능을 사인에게 위탁하는 것」이라는 법적지위설, 그리고 ③ 양자를 결합하여「국가사무를 사법상 법주체에게 공법의 형식으로 수행하도록 위탁하는 것」이라는 병합설로 나뉜다.

(나) 사 견 임무설은 임무영역은 내용상 정의될 수 없다는 점에 문제가 있고, 법적지위설에는 국가적 기능이 고려되지 않는다는 점에 문제가 있다. 공무수탁제도는 국가나 지방자치단체의 사무를 사인이 수행하는 방식이므로, 개념의 정의가 어렵다고 하여도 국가나 지방자치단체의 사무($^{임무}_{의 면}$)를 도외시 할 수 없다는 점과 사인이 공법적 수단으로 수행한다는 점을 고려할 때, 병합설이 타당하다($^{참고: 초판부터 취해온 법적지위설의}_{입장을 제12판부터 병합설로 바꾼다}$).

6) 공무수탁사인의 법률관계
공무수탁사인의 지위에 관해 규율하는 일반법은 없다. 공무수탁사인의 일반적인 지위는 학설과 판례가 정리하여야 한다.

(가) 공무수탁사인과 국가와의 관계 ① 위탁자인 국가 또는 지방자치단체와 공무수탁사인의 관계는 공법상 위임관계에 해당한다. ② 공행정임무수행을 위하여 공권을 부여받은 사인은 관계법령에 따라 자신의 책임하에 의사결정을 하게 된다. 공무수탁사인은 수탁사무의 수행권 외에 위탁자에 대하여 비용청구권을 가지며, 경영의무를 진다. ③ 공무수탁사인은 당연히 위임자인 국가 또는 지방자치단체의 감독하에 놓인다. 국가의 감독은 행정기관에 대한 감독의 경우와 마찬가지로 수탁사무수행의 합목적성이나 적법성에 미친다.

(나) 공무수탁사인과 국민과의 관계

(a) 공무수탁사인의 권리와 의무 공무수탁사인은 공적인 임무를 수행할 권리를 가진다. 즉 자신의 권한의 범위 안에서 행정행위를 발령할 수도 있고, 수수료를 징수할 수도 있고, 강제징수권이나 재산권을 수용할 수 있는 특권이 부여되기도 하며, 기타 공법상의 행위를 할 수도 있다. 그러나 공무수탁사인은 사업수행의무를 부담하기에 사업수행을 임의로 중단할 수 없고, 사업을 수행함에 있어 성문법과 행정법의 일반원칙을 준수하여야 한다.

(b) 권리구제

가) 행정쟁송 공무수탁사인은 행정소송법 제 2 조 제 2 항($^{행심법 제 2 조 제 4 호;}_{절차법 제 2 조 제 1 호}$)의 행정청이다. 따라서 공무수탁사인의 위법한 행정처분으로 권리를 침해당한 사인은 공무수탁사인을 피청구인이나 피고로 하여 행정심판이나 항고소송을 제기할 수 있다($^{행심법 제17조 제 1 항;}_{행소법 제13조 제 1 항}$). 그리고 공법상 계약의 형식으로 이루어진 행정작용의 경우 국민은 행정소송법 제39조에 따라 공무수탁사인을 피고로 당사자소송을 제기할 수 있다.

나) 손해배상 2009. 10. 21. 개정된 국가배상법은 공무를 위탁받은 사인도 공무원임을 명시적으로 규정하고 있으므로($^{국배법 제 2}_{조 제 1 항}$), 공무수탁사인의 위법한 직무집행의 경우에도 국가 등이 배상책임을 부담한다. 개정된 국가배상법하에서도 공무수탁사인은 여전히 손해배상책임

의 주체라고 하는 견해($^{박균}_{성}$)는 개정 국가배상법 제 2 조에 충실치 못하다.

　　다) 손실보상　　공익사업을 위한 토지 등의 취득 및 보상에 관한 법률($^{토상}_{법}$) 제61조가 "공익사업에 필요한 토지등의 취득 또는 사용으로 인하여 토지소유자나 관계인이 입은 손실은 사업시행자가 보상하여야 한다"고 규정하고 있으므로 공무수탁사인이 토상법상 사업시행자에 해당하는 경우에는 사업시행자로서 손실보상책임을 부담하지만, 동법상 사업시행자에 해당하지 않는다면 사업시행자인 국가 등이 손실보상책임을 부담하여야 할 것이다.

　　7) 공무수탁사인의 지위의 종료　　공무수탁사인의 공적 지위는 사망·파산·기간경과·유죄선고 등 일정한 사실의 발생 또는 공무수탁사인에 대한 공권부여의 근거인 법률이나 행정행위의 폐지 등으로 인하여 종료된다.

　　(3) 권한행사상 법원칙　　행정청은 권한을 행사할 때, 부여된 권한을 남용하거나 일탈하여서는 아니 된다. 부여된 권한을 남용하거나 일탈하여 이루어진 행정청의 행위는 무효 또는 취소의 대상이 된다. 참고로, 행정기본법은 행정청의 성실의무 및 권한남용금지의 원칙을 규정하고 있다($^{기본법}_{제11조}$).

2. 행정의 상대방(객체)

　　(1) 의　　의　　행정의 상대방이란 행정주체에 의한 행정권행사의 대상이 되는 자를 말한다. 행정객체라고도 부른다. 행정의 상대방으로는 지방자치단체 등 공법상 법인과 사인이 있다. 지방자치단체는 구성원에 대한 관계에서 행정주체의 입장에 서지만, 국가 또는 광역지방자치단체와의 법률관계에서는 행정의 상대방의 지위에 놓이기도 한다. 그 밖의 공법상 사단이나 공법상 영조물 또는 공법상 재단도 국가나 지방자치단체와의 관계에서 행정의 상대방의 지위에 놓인다. 참고로, 상대방이 허가 등을 받지 못하도록 하는 것은 기본권 제한에 해당하는바, 그러한 사유, 즉 결격사유는 헌법 제37조 제 2 항에 근거하여 법률로 정하여야 한다. 현재로서 이에 관한 일반법은 없다. 행정기본법 제16조는 결격사유에 관해 규정하고 있다.

　　(2) 상대방 자격의 제한　　자격이나 신분 등을 취득 또는 부여할 수 없거나 인가, 허가, 지정, 승인, 영업등록, 신고 수리 등($^{이하 "인허}_{가"라 한다}$)을 필요로 하는 영업 또는 사업 등을 할 수 없는 사유($^{이하 "결격사}_{유"라 한다}$)는 법률로 정한다($^{기본법 제16}_{조 제 1 항}$). 결격사유를 규정할 때에는 다음 각 호($^{1. 규정의 필요성이 분명}_{할 것, 2. 필요한 항목만}$ $^{최소한으로 규정할 것, 3. 대상이 되는 자격, 신분, 영업 또는 사업 등}_{과 실질적인 관련이 있을 것, 4. 유사한 다른 제도와 균형을 이룰 것}$)의 기준에 따른다($^{기본법 제16}_{조 제 2 항}$).

Ⅲ. 행정법관계의 종류

　　행정법관계는 ① 행정법관계의 발생원인을 기준으로 법률에 의한 행정법관계·행정행위에 의한 행정법관계·공법상 계약에 의한 행정법관계로, ② 행정법관계의 대상을 기준으로 재산관련행정법관계($^{예: 조}_{세부과}$)·인적관련행정법관계($^{예: 병}_{역복무}$)·행위관련행정법관계($^{예: 경}_{찰처분}$)·영조물이용관련행정법관계($^{예: 국립도}_{서관이용}$)로, ③ 행정법관계의 지속성을 기준으로 일회적 행정법관계와 계속적 행정법관계로, ④ 행정법관계에서 행위의 성질을 기준으로 권력관계와 비권력관계(예: 서울특별시장과 서울특별시의 장애인복지시설 관리와 운영의 위·수탁계약을 체결한 A 복지법인의 관계, 서울특별시 A자치구와 B자치구의 도로관리비용분담 계약)로, ⑤ 행정법관계의 주체를 기준으로 ⓐ 행정주체와 사인 간의 관계, ⓑ 행정주체 간의 관계, ⓒ 행정주체와 행정기관구성자(공무원) 간의 관계, ⓓ 행정주체를 구성하는 행정기관 상호간의 관계로 구분된다.

1. 행정작용법관계

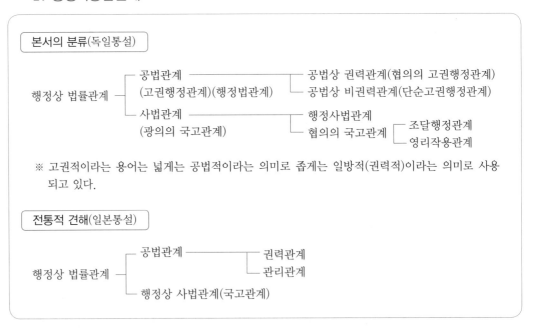

(1) 권력관계   권력관계란 행정주체가 우월한 지위에서 일방적으로 행정법관계를 형성·변경·소멸시키는 관계를 말한다. 권력관계는 본래적 의미의 행정법관계 또는 좁은 의미의 고권관계라고 부르기도 한다. 종래의 이론은 권력관계를 다시 일반권력관계와 특별권력관계로 구분하였다. 전자는 국가와 국민 간에 당연히 성립하는 관계이나 후자는 특별한 목적을 위해 특별한 법적 원인에 근거하여 성립하는 관계로서 법치주의의 적용이 배제됨을 특색으로 한다고 하였다. 후자는 오늘날에 있어서 많은 비판과 변화를 경험하고 있다.

(2) 소위 관리관계와 비권력행정법관계

1) 개   념   ① 종래의 통설은 행정주체가 공권력의 주체로서가 아니라 도로 등의 공물이나 공기업을 관리하는 주체로서 사인과 맺는 비강제적 관계를 관리관계라 하고 이를 공법관계의 하나로 보았다. 그리고 관리관계는 본질적으로 사법관계이므로 공공의 이익과 관련되는 한도 내에서 특별한 공법적 규율을 받게 되고 그 밖에는 사법에 의해 규율된다고 하였다. ② 저자는 종래의 통설이 관리관계를 공법관계로 분류하면서 그 본질을 사법관계라 하는 것은 논리적 모순이며, 공법상 권력관계에 대비되는 개념으로 관리관계 대신에 '공법상 비권력관계' 또는 '단순

고권행정관계'를 사용하는 것이 논리적이라 지적해 왔다(동지:
류지태).

2) 권력관계·국고관계와의 차이 ① 공법상 권력관계에는 행정주체에게 법률상 우월한 지위를 인정하기 위한 공정력·확정력·강제력 등이 인정되나 공법상 비권력관계에는 이러한 효력이 인정되지 않는다. 또한 양자 모두 법률우위의 원칙에 의한 제한을 받게 되나, 법률유보의 원칙에 의한 제한 가능성은 공법상 권력관계가 더 크다. ② 사법관계와 공법상 비권력관계는 비권력관계라는 점에서 동일하나, 공법상 비권력관계는 공익실현을 위하여 공법적 규율이 가해진다는 점에서 차이가 있다.

(3) 국고관계(행정상 사법관계) 국고관계는 행정상 법률관계의 한 종류이나 행정법관계(공법
관계)는 아니다. 다만 행정법관계의 의의를 명백히 한다는 의미로 여기에서 언급한다. 국고관계는 국가 또는 공공단체 등의 행정주체가 우월적인 지위에서가 아니라 재산권의 주체로서 사인과 맺는 법률관계를 말한다(예: 물건의 매매계약, 도
급계약, 국유임야의 매각). 한편 몇몇 법률은 공정성·공익성 등과 관련하여 사법행위에 특별한 제한, 즉 계약의 방법·내용 등에 관해 제한을 가하는 경우도 있으나(예: 국가를
당사자로 하
는 계약에 관한 법률 제 7 조; 지방자치단체
를 당사자로 하는 계약에 관한 법률 제 9 조), 그렇다고 이러한 행위가 공법적인 것으로 변질되는 것은 아니다.

2. **특별행정법관계**(소위 특별권력관계)

(1) 종래의 특별권력관계론

1) 종래의 특별권력관계론의 의의 종래에는 특별한 공행정목적을 위해 특별한 법률상의 원인에 근거하여 성립되는 관계로서 권력주체가 구체적인 법률의 근거 없이도 특정 신분자를 포괄적으로 지배하는 권한을 가지고, 그 신분자는 이에 복종하는 관계(예: 병사
의 법관계)를 특별권력관계라 불렀다. 특별권력관계론은 19세기 후반 독일에서 절대군주정이 붕괴되고 외견적 입헌군주정체가 나타나면서 생겨난 이론이다. 법치주의가 요구되던 시기에 재판소로부터 자유로운 군주의 행정영역을 확보하기 위한 이론이었다.

2) 특별권력관계의 성립과 소멸 ① 일반권력관계는 국민 또는 주민이기에 당연히 성립하는 관계이나 특별권력관계는 직접 법률의 규정(예: 징소집해당자의 입대, 감염병환자
의 강제입원, 수형자의 교도소에의 수감)이나 당사자의 동의(공무원임명, 국공립학교에의 입학. 다만 초등학교에의 입학의 경우, 이것이 의무적
동의에 의한 것인가 아니면 법률의 규정에 의한 것인가에 관해서는 논란이 있었다)에 의해 성립한다고 설명되었다. ② 특별권력관계는 목적의 달성(예: 국공립
학교의 졸업), 탈퇴, 일방적 배제(예: 국공립
학교의 퇴학) 등의 사유로 소멸된다고 설명되었다.

3) 특별권력관계의 종류 특별권력관계의 종류로 종래 통설은 공법상 근무관계(예: 공
무원
근무
관계), 영조물의 이용관계(예: 국공립학
교 재학관계), 특별감독관계(예: 국가와 공공
단체의 관계), 공법상 사단관계(예: 공공조합과
조합원 간의 관계)의 4가지를 언급하여 왔다.

4) 특별권력관계의 내용

(개) 포괄적 명령권·징계권 ① 포괄적 명령권이란 특별권력관계가 성립된 이상 특별권력의 주체가 개별적인 법률의 근거 없이도 상대방(특별권력관계
에 들어온 자)에 대해 필요한 조치를 명할 수 있는 권한을 의미하였다. 그리고 포괄적 명령권은 추상적인 규칙의 형식, 즉 행정규칙의 형식이나

개별구체적인 하명(_령^처)의 형식으로 행사된다고 하였다. ② 징계권이란 특별권력관계가 성립된 이상 개별적인 법률의 근거 없이도 특별권력관계에 있어서 질서유지나 의무이행을 위해 일정한 제재나 강제를 행할 수 있는 권한을 의미하였다.

(나) 기본권의 제한　　특별권력관계에 놓인 자에 대해서는 기본권이 효력을 갖지 아니하는 바, 특별권력관계에 놓인 자에 대해서는 법률의 근거 없이도 기본권의 제한이 가능하였다.

(다) 사법심사의 제한　　특별권력관계에 놓인 자에 대해서는 사법심사도 당연히 배제되었다. 특별권력관계에서의 행위에 대해서는 사법적으로 다툴 수 있는 방법이 없었다.

(2) 독일의 상황변화　　특별권력관계론의 본고장인 독일에서는 제 2 차 세계대전까지의 전통적 특별권력관계론의 단계와 제 2 차 세계대전 후부터 수형자사건판결 전까지 특별권력관계론의 수정단계를 거쳐 수형자사건의 판결(^{BVerfGE 33, 1: 수형자의 기본권 역시 오로지 법률에}_{의하거나 또는 법률에 근거하여서만 제한될 수 있다})을 기점으로 오늘에 이르기까지 특별권력관계론의 부정단계로 변화하였다. 오늘날의 독일의 이론의 경향은 ① 소위 특별권력관계에도 법률유보는 적용되며, ② 기본권행사의 제한도 오로지 법률로 또는 법률에 근거하여서만 가능하고, ③ 집행부는 고유한 법정립권한을 갖지 못하며, ④ 특별권력관계 내부에서의 처분도 권력복종자의 권리를 침해하는 것이라면 권리보호가 가능하다고 본다.

(3) 종래의 특별권력관계론의 재검토

1) 학　　설

(가) 형식적 부정설　　실질적 법치국가에서 법치주의의 적용을 받지 않는 권력인 특별권력은 인정될 수 없다고 하여 특별권력관계의 존재를 부정하고 일반권력관계로 보는 견해이다. 다만, 이 견해도 실정법상 특별규정을 두고 있거나 법령해석상 특수성을 인정할 필요성이 있다는 점을 부정하지는 않는다.

(나) 실질적 부정설　　종래에 특별권력관계로 이해되어 온 여러 법관계가 결코 일반권력관계나 비권력관계와 상이한 고유한 법관계가 아니라는 전제하에, 종래의 각종 특별권력관계를 개별적으로 분석하여 그 관계를 일반권력관계(^{예: 재소자관계에도 법치주의가 적용된다}_{고 보아 일반권력관계로 환원시키는 경우})나 비권력관계(^{예: 공무원의 근}_{로관계나 국공립}^{학교 재학관계를 근로계약이나}_{재학계약으로 환원시키는 경우})로 분해·해체함으로써 특별권력관계론을 실질적으로 부정하는 견해이다.

(다) 제한적 긍정설　　기본권의 무제한적인 제약을 긍정하려는 특별권력관계의 개념은 부정하지만, 특별한 행정목적을 위한 특별권력관계의 개념은 인정하려는 견해이다. 즉, 특별권력관계에서도 원칙적으로 법률유보, 법률우위, 사법심사 등 법치주의가 적용되는 것으로 보면서도 일정한 범위에서 일반조항 및 포괄적 위임에 의한 기본권제한, 완화된 사법심사 등을 허용하자는 견해이다.

2) 판　　례　　판례는 전통적 특별권력관계론을 인정하지 아니한다. 판례가 사용하는 특별권력관계는 전통적 의미의 특별권력관계가 아니라 특별행정법관계를 말하는 것이다. 따라서 '서울교육대학장이 학생을 퇴학처분한 사건'처럼 특별행정법관계에서의 행위도 행정소송법상 처분개념에 해당하면 항고소송의 대상이 된다(_례^판).

서울교육대학 학장의 퇴학처분이 행정처분에 해당하는가의 여부

$\binom{\text{서울교육대학장의 소속학생에 대한 퇴학}}{\text{처분을 다툰 서울교육대생 징계사건에서}}$ 행정소송의 대상이 되는 행정처분이란 행정청이 행하는 구체적 사실에 관한 법집행으로서의 공권력의 행사 또는 그 거부와 그 밖에 이에 준하는 행정작용을 말하는 것인바, 서울교육대학 학장이 국립 서울교육대학 학생에 대한 퇴학처분은, 국가가 설립·경영하는 교육기관인 동 대학의 교무를 통할하고 학생을 지도하는 지위에 있는 학장이 교육목적실현과 학교의 내부질서유지를 위해 학칙 위반자인 **재학생에 대한 구체적 법집행으로서 국가공권력의 하나인 징계권을 발동**하여 학생으로서의 **신분을 일방적으로 박탈**하는 국가의 교육행정에 관한 **의사를 외부에 표시한 것이므로**, 행정처분임이 명백하다$\binom{\text{대판 1991. 11. 22, 91누2144;}}{\text{대판 1995. 6. 9, 94누10870}}$.

[참고판례] 사법인인 학교법인과 학생의 재학관계의 법적 성격

$\binom{\text{사립중학교 유도부 학생이 학교법인 동성학원을 피고로 하}}{\text{여 훈련 중에 입은 사고로 인한 손해배상을 구한 사건에서}}$ 사법인인 학교법인과 학생의 재학관계는 사법상 계약에 따른 법률관계에 해당한다. 지방자치단체가 학교법인이 설립한 사립중학교에 의무교육대상자에 대한 교육을 위탁한 때에 그 학교법인과 해당 사립중학교에 재학 중인 학생의 재학관계도 기본적으로 마찬가지이다$\binom{\text{대판 2018. 12. 28,}}{\text{2016다33196}}$.

3) 사　　　견　　① 실질적 법치주의를 지향하는 헌법체계하에서 법으로부터 자유로운 영역인 종래의 특별권력관계론을 인정할 수는 없다. 몇몇 실정법이 특수한 생활관계를 전제로 하는 법률관계를 규정하고 있다고 하여 실정법에 근거 없는 경우까지 확대하여 법치주의를 배제하는 특수한 영역을 설정할 수는 없다. 특수한 생활관계도 법에서 인정될 때, 그리고 실정법에서 인정되는 범위 안에서만 비로소 의미를 갖는다고 새기는 것이 헌법의 취지에 부합된다. ② 다만, 종래의 특별권력관계가 법관계로 환원되어야 한다고 하여도 그 관계에는 일반적인 행정법관계와는 다른 특성$\binom{\text{예: 비교적}}{\text{넓은 재량성}}$이 있는 것이므로, 이를 특별행정법관계$\binom{\text{특별법관계, 행정법상 특}}{\text{별관계, 특수신분관계}}$로 표현하는 것이 바람직하다. 실제상 오늘날의 입법현실에 있어서 특별권력관계론은 그 의미가 많이 상실되어 가고 있다. 왜냐하면 종래에 특별권력관계로 다루어져 온 영역들이 대부분 법률로써 규율되고 있기 때문이다$\binom{\text{예: 공무원의 경우 국가공무원법 또는 지방공무원법, 수형자의 경우}}{\text{형의 집행 및 수용자의 처우에 관한 법률, 군인의 경우 군인사법}}$.

(4) 특별행정법관계와 법치주의

1) 법률유보와 기본권　　특별행정법관계의 성립 및 특별행정법관계에서의 기본권의 제한도 일반행정법관계의 경우와 마찬가지로 법률의 근거를 요한다. 판례의 입장도 같다$\binom{\text{판례}}{1\cdot2}$.

특별행정법관계와 법치주의 관계

$\binom{\text{사관생도인 원고가 4회에 걸쳐 학교 밖에서 음주행위를 하였다는 이유로 퇴학처분을 당하}}{\text{자 육군3사관학교장을 피고로 퇴학처분의 취소를 구한 사관생도의 학교 밖 음주 사건에서}}$ 사관생도는 군 장교를 배출하기 위하여 국가가 모든 재정을 부담하는 특수교육기관인 육군3사관학교의 구성원으로서, 학교에 입학한 날에 육군 사관생도의 병적에 편입하고 준사관에 준하는 대우를 받는 특수한 신분관계에 있다$\binom{\text{육군3사관학교 설치}}{\text{법 시행령 제 3 조}}$. 따라서 그 존립 목적을 달성하기 위하여 필요한 한도 내에서 일반 국민보다 상대적으로 기본권이 더 제한될 수 있으나, 그러한 경우에도 법률유보원칙, 과잉금지원칙 등 기본권 제한의 헌법상 원칙들을 지켜야 한다$\binom{\text{대판 2018. 8. 30, 2016두60591; 대판}}{\text{2018. 3. 22, 2012두26401 전원합의체}}$.

> 판례 2   수형자나 피보호감호자를 수용함에 있어서 피구금자의 신체활동과 관련된 자유에 대하여 가하는 제한의 허용범위
>
> (원고가 청송 제2보호감호소에서 보호감호수감 중 받은 불법행위를 이유로 국가배상을 청구한 사건에서) **법률의 구체적 위임에 의하지 아니한 행형법시행령이나 계호근무준칙 등의 규정은 … 그 자체로써 수형자 또는 피보호감호자의 권리 내지 자유를 제한하는 근거가 되거나 그 제한조치의 위법 여부를 판단하는 법적 기준이 될 수는 없다**(대판 2003. 7. 25, 2001다60392).

2) 사법심사   특별권력관계를 부인하는 이상 특별행정법관계에서의 행위의 사법심사가능성은 일반행정법관계의 경우와 다를 바 없다(전면적 사법심사). 특별행정법관계에서의 행위도 행정소송법상 처분개념에 해당하면 항고소송의 대상이 된다는 것이 일반적 견해이자 판례의 입장이다. 일반적 견해와 판례의 입장에 서면서 특별행정법관계에서의 특수성은 본안에서 재량과 판단여지 등의 문제로 해결하는 것이 합리적이다(정하중. 장태주).

제 2 절   행정법관계의 내용

행정법관계의 내용은 행정법관계에서 권리와 의무를 의미한다. 여기에는 ① 국가(지방자치단체 포함)가 사인에 대하여 갖는 권리(국가적 공권)와 의무(국가적 의무), ② 사인이 국가(지방자치단체 포함)에 갖는 권리(개인적 공권)와 의무(개인적 공의무)가 있다. 이하에서는 ②를 중심으로 살펴보기로 한다.

제1항   개인적 공권

Ⅰ. 개인적 공권의 개념

1. 개인적 공권의 의의

개인적 공권이란 개인이 공법상 자기의 고유한 이익을 추구하기 위해 국가 등 행정주체에 대하여 일정한 행위를 요구할 수 있도록 개인에게 주어진 법적인 힘을 말한다. 개인적 공권은 주관적 공권으로 불리기도 한다.

2. 법률상 이익과의 관계

행정심판법 제13조와 행정소송법 제12조 등은 심판청구인적격 및 원고적격과 관련하여 법률상 이익이라는 용어를 사용하고 있다. 법률상 이익(엄밀히는 법률상 이익 중에서도 공법영역에서의 법률상 이익)과 개인적 공권이 동일한 개념인지의 여부가 문제된다. 다수설은 동일한 것으로 보지만, 종래의 전통적 견해와 판례는 개인적 공권과 법률상 이익을 다른 것으로 보았으며, 법률상 이익은 권리와 법률상 보호이익을 합한 개념으로 보았다. 양 견해의 차이는 법률상 보호이익의 의미와 관련된다.

[참고] 권리에는 공법상 권리와 사법상 권리가 있고$\binom{권리=공}{권+사권}$, 행정심판법과 행정소송법상 용어로서 법률상 이익에는 공법영역에서의 법률상 이익과 사법영역에서의 법률상 이익이 있으므로$\binom{법률상\ 이익=공법영역에}{서의\ 법률상\ 이익+사법영역에서의\ 법}$, 권리에 대비되는 개념은 법률상 이익이고, 개인적 공권에 대비되는 개념은 공법영역에서의 법률상 이익으로 보는 것이 논리적이다. 하여간 이 책에서 개인적 공권과 대비되어 「법률상 이익」이라는 용어가 사용되는 경우에는 「공법영역에서의 법률상 이익」과 같은 의미로 이해할 필요가 있다.

(1) 학   설   개인적 공권과 법률상 보호이익은 상이하다는 ① 구별긍정설$\binom{김도창,}{이상규}$은 종래와 같은 의미의 권리$\binom{예:\ 봉급}{청구권}$는 아니지만 그렇다고 단순한 반사적 이익이라고만 할 수도 없는 이익, 말하자면 행정쟁송을 통해 구제되어야 할 이익이라는 의미로 법상 '보호이익'이라는 개념을 사용하고 있다. ② 구별부정설$\binom{김동희,\ 박균}{성,\ 류지태}$은 권리라는 것이 본래 법의 보호를 받는 이익을 의미하며 그러한 의미에서 반사적 이익과 구분되므로, 개인적 공권과 법률상 보호이익은 다만 표현의 차이에 불과하다는 입장이다.

(2) 판   례   판례는 구별긍정설을 취하는 것으로 보인다$\binom{판}{례}$.

[판례] 선박운항사업 면허처분에 대하여 기존업자가 처분의 취소를 구할 법률상 이익이 있는가의 여부

$\binom{목포지방해운국장의\ 합자회사\ 대흥상사에\ 대한}{선박운항사업허가를\ 경쟁업자가\ 다툰\ 사건에서}$ 행정소송에서 소송의 원고는 행정처분에 의하여 직접 권리를 침해당한 자임을 보통으로 하나 **직접 권리의 침해를 받은 자가 아닐지라도** 소송을 제기할 **법률상의 이익을 가진 자**는 그 행정처분의 효력을 다툴 수 있다고 해석되는바, 해상운송사업법 제4조 제1호에서 당해 사업의 개시로 인하여 당해 항로에서 전공급수송력이 전수송수요량에 대하여 현저하게 공급과잉이 되지 아니하도록 규정하여 허가의 요건으로 하고 있는 것은 주로 해상운송의 질서를 유지하고 해상운송사업의 건전한 발전을 도모하여 **공공의 복리를 증진함을 목적**으로 하고 있으며 동시에 한편으로는 업자 간의 경쟁으로 인하여 경영의 불합리를 방지하는 것이 공공의 복리를 위하여 필요하므로 허가조건을 제한하여 기존업자의 경영의 합리화를 보호하자는 데도 목적이 있다. 이러한 **기존업자의 이익은 단순한 사실상의 이익이 아니고 법에 의하여 보호되는 이익이라고 해석**된다. 본건에 있어 원고에게 본건 행정처분취소를 구할 법률상의 이익이 있다$\binom{대판\ 1969.\ 12.}{30,\ 69누106;}$ $\binom{대판\ 1974.\ 4.\ 9.}{73누173}$.

---

(3) 사   견   1951년에 제정된 구 행정소송법에는 원고적격에 관한 규정이 없었다. 판례는 ① 권리$\binom{전통적\ 의미의\ 권}{리,\ 협의의\ 권리}$가 침해된 자가 원고적격을 갖는 것으로 보았고, 1970년대 전후에는 권리 외에도 ② 법률상 보호되는 이익이 침해되는 자도 원고적격을 갖는 것으로 판시하였다. 그 후 1984년 12월 15일에 개정되고 1985년 10월 1일 발효된 행정소송법부터는 제12조에서 원고적격에 관한 규정을 두면서 종래의 ① 권리$\binom{전통적\ 의}{미의\ 권리}$와 ② 법률상 보호되는 이익을 합한 개념으로 ③ 법률상 이익$\binom{확대된\ 권리개념,}{광의의\ 권리}$이라는 용어를 사용하였다. 역사적으로 본다면, 권리가 침해된 자가 원고적격을 갖다가 그 후에 권리가 침해된 자 외에 법률상 보호되는 이익이 침해된 자도 원고적격을 갖게 되었고, 현행법은 양자를 입법화한 것이다. 그러나 이론상 권리와 법률상 보호이익과 법

률상 이익은 성질에 차이가 없다. 따라서 권리개념$\binom{특히 개인적}{공권개념}$의 확대라는 역사적 과정을 고려한다면, 양자를 구분하여 전통적 의미의 권리를 협의의 권리로, 전통적 의미의 권리와 법률상 보호이익의 관념을 합하여 확대된 권리개념 내지 광의의 권리개념으로 파악이 가능하고$\binom{역사적}{개념}$, 논리적으로 본다면 권리라는 것이 법의 보호를 받는 이익을 의미하며 그러한 의미에서 반사적 이익과 구분되므로, 개인적 공권개념과 법률상 이익개념과 법률상 보호이익의 개념은 내용상 동일하다$\binom{논리적}{개념}$. 실정법의 해석은 논리적 개념에 따라야 한다.

3. 반사적 이익

행정법규 중 공익실현만을 목적으로 하는 법규에 의해서도 개인은 간접적으로 사실상 이익을 누리게 되는 경우가 있다. 여기서 그러한 사실상 이익을 반사적 이익이라 한다. 반사적 이익의 침해는 행정소송으로 다툴 수 없다.

Ⅱ. 개인적 공권의 종류

개인적 공권은 ① 그 법적 지위에 따라 헌법에서 바로 나오는 구체적 권리인 기본권으로 보호되는 개인적 공권$\binom{예: 접견권, 헌법}{상 국민투표권}$과 그러하지 않은 개인적 공권$\binom{예: 지방자치법}{상 주민투표권}$, ② 행정청이 개인에 대해 특정의 행위를 하도록 의무지워진 개인적 공권인 실질적 개인적 공권과 무하자재량행사청구권과 같이 행정청이 행위를 하도록 의무지워져 있으나 그 내용이 특정되지 아니한 개인적 공권인 형식적 개인적 공권, ③ 봉급청구권·부당이득반환청구권·공물이용권 등과 같은 실체법상의 공권인 실체적 개인적 공권과 실체적 공권을 실효성 있게 하기 위한 절차법상의 공권$\binom{예: 청문권,}{서류열람권}$인 절차적 개인적 공권으로 구분할 수 있다.

Ⅲ. 개인적 공권의 성립

개인적 공권은 자연권으로서 헌법에서 직접 인정되는 것$\binom{예: 구속된 피고인,}{피의자의 접견권}$도 있고, 법률이나 대통령령$\binom{대판 2007. 12. 13.}{2006두19068}$ 등 법령의 규정에 의해 성립되는 것도 있고$\binom{판}{례}$, 집행행위$\binom{행정행위나}{공법상 계약}$에 의해 성립되는 것도 있다.

1. 개인적 공권의 성립근거로서 법률

법률에 의한 행정의 원리상 개인적 공권성립의 근거로서 중심적인 것은 법률이다. 법률에 의한 개인적 공권 성립 여부의 판단기준은 3요소론을 중심으로 논의되어 왔다.

3요소란 ① 공법상 법규가 국가 또는 그 밖의 행정주체에 행위의무를 부과할 것$\binom{강제}{규범}$, ② 관련 법규가 오로지 공익의 실현을 목표로 하는 것이 아니라 적어도 개인의 이익의 만족에도 기여토록 정해진 것일 것$\binom{사익}{보호}$, ③ 개인이 규범상 보호되는 이익을 법규상의 의무자에게 실현시킬 수 있는 법적인 힘이 개인에게 부여될 것$\binom{강제적 실현,}{소구관철력}$을 의미한다. 오늘날의 이론은 일반적으로 강제규범성과 사익보호성의 존재의 2요소론을 취한다.

(피고 안양시장이 피고보조참가인 주식회사 한국토지신탁의)
(건축주변경신고를 수리하자 원고가 취소를 구한 사건에서) 구 건축법 시행규칙 제11조의 규정은 단순히 행정관청의 사무집행의 편의를 위한 것에 지나지 아니한 것이 아니라, 허가대상 건축물의 양수인에게 건축주의 명의변경을 신고할 수 있는 공법상의 권리를 인정하고 있다(대판 2014. 10. 15. 2014두37658).

(1) 행정청의 의무의 존재(강제규범성)   공법상 강행법규가 행정주체에게 일정한 요건이 충족되면 일정한 행위를 하도록 의무를 부과하고 있는 경우, 「행정청의 의무의 존재」라는 개인적 공권 성립의 제 1 요소는 구비된다. 이러한 의무에 대응하여 사인은 일정한 권리를 가지게 되는 것이다. 행정청의 의무에는 작위·부작위·수인·급부 의무가 모두 포함될 수 있다. 그리고 과거에는 그 의무가 기속행위인 경우에만 인정되었으나, 오늘날에는 재량행위에도 인정된다(과거 법규상 요건이 충족되는 경우에도 그 행위 여부가 재량이라면 ― 법규가 '~을 할 수 있다'고 규정하고 있기에 ― 행정주체에게는 의무가 없어 개인적 공권은 성립되지 않는다고 보았지만, 오늘날에는 요건이 충족되는 경우 재량행위에도 무하자재량행사청구권·행정개입청구권 등의 개인적 공권이 성립될 수 있다고 본다). 즉 법규상 요건이 충족된 경우 기속행위의 경우 특정행위의 발령이 의무이지만(예: 기속행위인 일반건축물의 건축허가의 경우, 허가행위 그 자체가 의무적이다), 재량행위의 경우에는 특정행위의 발령이 아니라 하자 없는 재량행사가 의무가 된다(예: 재량행위인 위락용 건축물의 건축허가의 경우는 허가행위 그 자체가 의무적이 아니라 하자 없는 결정이 의무적이다).

(2) 사익보호목적의 존재(사익보호성)

1) 의   의   개인적 공권성립의 제 2 요소는 관련법규가 사익보호를 목적으로 하여야 한다는 점이다. 법규가 특정인의 이익을 보호하는 경우는 물론이고 공공의 복지와 더불어 특정인의 이익의 보호를 목적으로 하는 경우에도 사익보호목적은 존재하는 것이 된다.

2) 판단기준

㈎ 학   설   사익보호목적(법률상 이익)의 존부의 판단은 ① 당해 처분의 근거되는 법률의 규정과 취지(목적)만을 고려해야 한다는 견해(실체법적 근거법령과 절차법적 근거 법령으로 구분하기도 한다(박정훈)), ② 처분의 근거되는 법률의 규정과 취지 외에 관련 법률의 규정과 취지도 고려하여야 한다는 견해, ③ 처분의 근거되는 법률의 규정과 취지 외에 관련 법률의 규정과 취지, 그리고 기본권규정도 고려하여야 한다는 견해(바꾸어 말하면, 헌법규정에서 바로 나오는 구체적인 권리는 아니지만, 법률에서 구체화된 권리로서 인정할 것인가의 여부의 판단에 있어서 기본권에 대한 고려를 통해 권리성을 인정할 수도 있다는 견해. 예컨대, 설령 국민기초생활 보장법이 권리성을 명시적으로 규정하고 있지 아니한다고 하여도 헌법 제34조 제 1 항·제 5 항을 고려하면서 국민기초생활 보장법에 근거하여 무의탁노인의 기초생활수급권을 인정할 수 있다는 논리)로 구분할 수 있다. ③이 일반적인 견해로 보인다.

㈏ 판   례   판례는 ① "법률상의 이익이란 당해 처분의 근거법률에 의하여 직접 보호되는 구체적인 이익을 말한다"고 하여 기본적으로 당해 처분의 근거되는 법률만을 고려하지만, ② 근년에는 근거법률 외에 관련법률까지 고려한다. 그러나 ③ 헌법상의 기본권이나 기본원리는 법률상 이익의 해석에서 일반적으로 고려하지 않는다. 다만, 기본권을 개인적 공권으로 인정하거나 고려하는 판례도 보인다. 또한 ④ 거부처분취소소송이나 부작위위법확인소송에서 신청권과 관련하여 조리(행정법의 일반원칙)를 활용하기도 한다.

㈐ 사   견   처분의 근거되는 법률의 규정과 취지 외에 관련 법률의 규정과 취지, 그리고 기본권까지 고려하는 견해가 타당하다고 본다.

(3) 소구가능성의 존재 　① 전통적 이론은 개인적 공권성립의 제 3 요소로 개인이 법적으로 인정되는 이익을 행정주체에 대해 소송으로 요구할 수 있는 법적인 힘이 있을 것을 요구한다. ② 오늘날 다수설은 제 3 의 요건을 불요한 것으로 본다(2요소론). 왜냐하면 재판청구권은 헌법상 일반적으로 보장되는 것이므로, 이를 또 하나의 요건으로 볼 필요는 없다는 것이다. 그러나 독일처럼 다양한 소송유형이 인정되고 있지 아니한 우리 행정소송법상 여전히 성립요건으로서 의미가 있다는 견해도 있다(류지태, 박윤흔).

2. 개인적 공권의 성립근거로서 헌법

헌법상의 기본권은 언제나 국민에게 구체적이고도 현실적인 권리(개인적 공권)를 부여하지는 않는다(판례 1, 2, 3, 4). 따라서 헌법상의 기본권이 개인적 공권의 성립에 어떤 기능을 하는지가 문제된다.

> **판례 1**　평등의 원칙의 권리성
> ('국가정보원 계약직직원규정' 제20조 제 2 호 및 '국가정보원직원법 시행령 등 개정 관련 후속처리지침'에서는 원고들이 근무한 전산사식 분야의 근무상한연령을 만 43세로 정하거나 만 45세까지 연장할 수 있도록 정하였는데, 원고들이 위 각 규정은 합리적인 이유 없는 성별 차별로서 무효라고 주장하면서 공무원지위확인을 구한 사건에서) 헌법 제11조 제 1 항은 "모든 국민은 법 앞에 평등하다. 누구든지 성별·종교 또는 사회적 신분에 의하여 정치적·경제적·사회적·문화적 생활의 모든 영역에 있어서 차별을 받지 아니한다."라고 규정하고 있다. 평등의 원칙은 국민의 기본권 보장에 관한 **헌법의 최고원리**로서 국가가 입법을 하거나 법을 해석 및 집행함에 있어 따라야 할 기준인 동시에, 국가에 대하여 합리적 이유 없이 불평등한 대우를 하지 말 것과 평등한 대우를 요구할 수 있는 **국민의 권리**이다(대판 2019. 10. 31, 2013두20011).

> **판례 2**　공무원연금 수급권의 권리성
> (다른 법령에 의하여 같은 종류의 급여를 받는 경우 공무원연금법상 급여에서 그 상당 금액을 공제하여 지급하도록 규정한 구 공무원연금법 제33조 제 1 항 위헌소원사건에서) 공무원연금 수급권과 같은 사회보장수급권은 '모든 국민은 인간다운 생활을 할 권리를 가지고, 국가는 사회보장·사회복지의 증진에 노력할 의무를 진다'고 규정한 헌법 제34조 제 1 항 및 제 2 항으로부터 도출되는 사회적 기본권 중의 하나로서, 이는 국가에 대하여 적극적으로 급부를 요구하는 것이므로 헌법규정만으로는 이를 실현할 수 없어 법률에 의한 형성이 필요하고, 그 구체적인 내용 즉 수급요건, 수급권자의 범위 및 급여금액 등은 **법률에 의하여 비로소 확정**된다(헌재 2013. 9. 26, 2011헌바272).

> **판례 3**　헌법상 인간다운 생활을 할 권리에 주택특별공급의 권리가 포함되는지 여부
> (주택공급에 관한 규칙 제47조 제 1 항 등 위헌소원 사건에서) 헌법 제34조 제 1 항이 보장하는 인간다운 생활을 할 권리는 인간의 존엄에 상응하는 최소한의 물질적인 생활의 유지에 필요한 급부를 요구할 수 있는 권리를 의미하는바, 이전기관 종사자들에게 주택특별공급 기회를 부여하는 것은 국가에 대하여 최소한의 물질적 생활을 요구할 수 있는 인간다운 생활을 할 권리의 향유와 관련되어 있다고 할 수 없으므로 주택특별공급 폐지 조항이 인간다운 생활을 할 권리를 침해할 가능성은 인정되지 않는다(헌재 2023. 5. 25, 2021헌마993).

> **판례 4**　알 권리의 성질
> (독점규제 및 공정거래에 관한 법률 제52조의2 제 2 문 등 위헌소원심판 사건에서) 알 권리는 일반적으로 접근할 수 있는 정보원으로부터 자유롭게

정보를 수령·수집하거나, 국가기관 등에 대하여 정보의 공개를 청구할 수 있는 권리를 말한다. 알 권리는 표현의 자유와 표리일체의 관계에 있으며, 자유권적 성질과 청구권적 성질을 겸유한다. 자유권적 성질은 일반적으로 정보에 접근하고 수집·처리함에 있어서 국가권력의 방해를 받지 아니한다는 것을 말하며, 청구권적 성질은 의사형성이나 여론형성에 필요한 정보를 적극적으로 수집할 권리 등을 의미한다(헌재 2023. 7. 20, 2019헌바417).

(1) 보충적 근거규정으로서 기본권 규정　　　공권은 우선 개별법규범에서 인정근거를 찾아야 하고, 그로부터 개인적 공권이 도출될 수 없을 경우에 실효적인 권리구제를 위해 헌법의 기본권규정이 개인적 공권성립의 보충적인 근거규정이 될 수 있다는 것이 일반적인 입장이다(류지태·박종수·김남진·김연태·박균성·김성수). 판례도 유사한 입장이다(판례 1, 2).

> [판례 1]　알 권리의 법적 근거
> (신문의 편집인·발행인 또는 그 종사자, 방송사의 편집책임자, 그 기관장 또는 종사자, 그 밖의 출판물의 저작자와 발행인으로 하여금 아동보호사건에 관련된 '아동학대행위자'를 특정하여 파악할 수 있는 인적 사항이나 사진 등을 신문 등 출판물에 싣거나 방송매체를 통하여 방송할 수 없게 금지하는 '아동학대범죄의 처벌 등에 관한 특례법'(2014. 1. 28. 법률 제12341호로 제정된 것) 제35조 제 2 항 중 '아동학대행위자'에 관한 부분의 위헌 여부를 쟁점으로 한 위헌제청사건, 별칭 아동학대행위자의 식별정보 보도금지 사건에서) 알 권리는 국민이 일반적으로 접근할 수 있는 정보원으로부터 자유롭게 정보를 수령·수집하거나 의사형성이나 여론형성에 필요한 정보를 적극적으로 수집하고 수집에 대한 방해의 제거를 국가기관 등에 청구할 수 있는 권리로서 헌법 제21조에 의하여 직접 보장되는 기본권으로, 신문, 방송 등은 국민이 일반적으로 접근할 수 있는 정보원에 해당한다(헌재 2022. 10. 27, 2021헌가4).

> [판례 2]　기본권인 경쟁의 자유가 법률상 이익인지의 여부
> (국세청장은 특별소비세법시행령 제37조 제 3 항, 주세법시행령 제62조 제 4 항과 위 규정들에 근거한 국세청고시 제1997－2호(1997. 2. 5.)에 의하여 특별소비세법 및 주세법 관련규정상 납세증명표지의 첨부와 동일한 효력이 인정되는 납세병마개의 제조자로 A회사와 B회사만을 지정하였다. 이에 따라 지정을 받지 못한 다른 병마개 제조업자들이나 청구인과 같이 병마개 제조업을 개시하려는 신규업체들은 기업의 활동을 크게 제한받게 되었다. 이에 청구인이 특정업체를 납세병마개 제조자로 지정토록 규정하고 있는 특별소비세법시행령 제37조 제 3 항, 주세법시행령 제62조 제 4 항 및 국세청고시 제1997－2호의 위헌확인을 구한 납세병마개 제조자 지정사건에서) 국세청장의 지정행위의 근거규범인 이 사건 조항들이 단지 공익만을 추구할 뿐 청구인 개인의 이익을 보호하려는 것이 아니라는 이유로 청구인에게 취소소송을 제기할 법률상 이익을 부정한다고 하더라도, 국세청장의 지정행위는 행정청이 병마개 제조업자들 사이에 특혜에 따른 차별을 통하여 사경제 주체 간의 경쟁조건에 영향을 미치고 이로써 기업의 경쟁의 자유를 제한하는 것임이 명백한 경우에는 국세청장의 지정행위로 말미암아 기업의 경쟁의 자유를 제한받게 된 자들은 적어도 보충적으로 기본권에 의한 보호가 필요하다. 따라서 일반법규에서 경쟁자를 보호하는 규정을 별도로 두고 있지 않은 경우에도 기본권인 경쟁의 자유가 바로 행정청의 지정행위의 취소를 구할 법률상의 이익이 된다(헌재 1998. 4. 30, 97헌마141).

(2) 침익적 처분과 자유권적 기본권　　　자유권적 기본권은 자유의 방어라는 소극적인 면에서는 헌법상 바로 구체적인 권리성(기본적 권리)이 인정된다(보다 많은 연구시설의 제공 등을 구하는 적극적인 면에서는 구체적인 권리성이 인정되기 어렵다). 따라서 자유권적 기본권의 영역에서 이루어진 침익적 처분(예: 운전면허취소, 과세처분)의 상대방이 그 침익적 처분의 제거를 목적으로 하는 경우(예를 들어 운전면허취소의 취소를 구하거나 과세처분의 취소를 구하는 소송을 제기하려는 경우)에는 개별법률규정을 검

토함이 없이도 헌법상 자유권적 기본권의 침해를 이유로 취소소송 등을 제기할 수 있다(이를 직접상대방이론(침익적 처분의 상대방은 자유권(기본권)침해가 인정되어 항상 권리침해가 인정된다는 이론) 또는 수범자이론이라고 한다)(김동희, 박정훈, 정하중). 판례도 유사한 입장이다(판례).

> **판례** │ 수익처분과 침익처분의 상대방이 취소를 구할 법률상 이익이 있는지 여부
> (국립공원관리공단 이사장을 피고로 한 유람선선착선 장부잔교설치공원사업시행허가처분취소소송에서) **행정처분에 있어서 불이익처분의 상대방은** 직접 **개인적 이익의 침해를 받은 자로서 원고적격이 인정**되지만 수익처분의 상대방은 그의 권리나 법률상 보호되는 이익이 침해되었다고 볼 수 없으므로 달리 특별한 사정이 없는 한 취소를 구할 이익이 없다고 할 것이다(대판 1995. 8. 22. 94누8129).

Ⅳ. 개인의 지위강화

1. 제3자의 보호

제3자의 개인적 공권성립의 인정문제는 특히 제3자효 있는 행정행위와 관련된다. 처분의 상대방이 아닌 제3자에게 개인적 공권이 성립한다면 항고소송과 관련하여서는 제3자에게 원고적격이 인정되는 것이 된다.

(1) 제3자의 개인적 공권성립 가능성   통설과 판례는 행정소송법이 원고적격자를 "법률상 이익이 있는 자"라고만 규정하고 있으므로(행소법 제12조), 처분의 직접상대방이 아니더라도 처분의 근거법률에 의하여 보호되는 법률상 이익이 있는 경우에는 원고적격이 인정될 수 있다고 한다(대판 2006.7. 28, 2004두6716). 따라서 제3자의 개인적 공권성립 인정에 있어서도 적용되는 법규범이 제3자의 이익의 보호도 목표로 하고 있는가가 결정적인 기준이 된다. 판례는 제3자의 보호와 관련하여 경쟁자소송(경업자소송), 경원자소송, 이웃소송(인인소송)을 인정하고 있다.

(2) 경쟁자소송   경쟁자소송이란 서로 경쟁관계에 있는 자들 사이에서 특정인에게 주어지는 수익적 행위가 제3자에게는 법률상 불이익을 초래하는 경우에 그 제3자가 자기의 법률상 이익의 침해를 다투는 소송을 말한다(기존업자가 신규업자에게 행해진 특허나 허가처분을 다툴 수 있는가, 또는 경쟁관계에 있는 기존업자들 사이에서 특정의 업자에게 행해진 특허나 허가처분을 다툴 수 있는가를 논의의 중심으로 한다).

(3) 경원자소송   경원자소송은 면허나 인·허가 등의 수익적 행정처분을 신청한 수인이 서로 경쟁관계에 있어서 일방에 대한 면허나 인·허가 등의 행정처분이 타방에 대한 불면허·불인가·불허가 등으로 귀결될 수밖에 없는 경우(경원관계)에 불허가 등으로 인한 자기의 법률상의 이익의 침해를 다투는 소송을 말한다.

(4) 이웃소송(인인소송)   이웃소송은 이웃하는 자들 사이에서 특정인에게 주어지는 수익적 행위가 타인에게는 법률상 불이익을 초래하는 경우에 그 타인이 자기의 법률상 이익의 침해를 다투는 소송을 말한다. 인인소송(隣人訴訟)이라고도 한다.

2. 법률상 이익의 확대

종전에는 단순히 반사적 이익으로 이해되었으나, 최근에는 관련법규가 사익보호도 목적으로 한다고 보아 법률상 이익으로 이해되는 몇 가지 경우를 보기로 한다.

(1) 공물의 일반사용으로 인한 이익   공물인 도로의 일반사용이 권리로서 인정된다고 보기는 어려울지라도 합리적인 이유 없이 도로의 사용이 배제되면, 사인은 그 배제를 구할 수 있는 권리를 갖는다. 도로의 인접주민은 다른 일반인보다 인접공물의 일반사용에 있어 특별한 이해관계를 가지는 경우가 있고, 그러한 의미에서 다른 사람에게 인정되지 아니하는 이른바 고양된 일반사용권이 보장될 수 있다(대판 2006. 12. 22, 2004다68311·68328).

(2) 제 3 자에 대한 규제권 발동으로 인한 이익   제 3 자효 있는 행위의 경우에 상대방에 대한 규제로 인해 이익을 받는 제 3 자의 이익(예: 공해배출업소에 대한 공해배출 규제로 인해 이웃주민이 받는 이익)은 종래 단순히 반사적인 이익으로 보았으나, 오늘날에는 법적인 이익으로 이해하는 데 별 다툼이 없다.

(3) 생존권적 기본권의 구체화   국민기초생활 보장법상 생계급여를 필요로 하는 자가 국가로부터 받는 생계급여는 단순한 반사적 이익만은 아니고 권리로서의 이익이라는 인식이 확대되고 있다. 말하자면 그 자는 권리로서 생계급여청구권을 갖는다는 것이 일반적인 인식이다.

(4) 경찰허가로 인한 이익   경찰허가로 인해 받는 이익은 반사적 이익이지만, 관련법률의 취지를 고려할 때 권리로서의 이익으로 이해되어야 할 경우가 있을 수 있다.

3. 행정절차상 개인의 참여권

행정과정상 개인이 행정청의 의사형성에 참여한다는 것은 행정의 민주화의 요청에 적합할 뿐만 아니라 개인의 권리침해를 사전에 예방한다는 점에서도 의미를 갖는다. 사인이 행정절차에 참가하여 자신의 의견이나 자료를 제출할 수 있음이 법으로 보호될 때, 이러한 이익을 행정절차상 개인의 참여권이라 부른다. 행정절차법상 개인의 참여방식으로는 청문·공청회·의견제출제도가 있다. 행정청이 당사자에게 의무를 부과하거나 권익을 제한하는 처분을 할 때 청문을 실시하거나 공청회를 실시하는 경우 외에는 당사자등에게 의견제출의 기회를 주어야 한다(절차법 제22조 제 3 항).

4. 무하자재량행사청구권(재량행위와 개인적 공권)(독자들은 본서의 재량행위 개념을 숙지한 후 이 부분을 읽을 것을 권한다. 개인적 공권의 확대라는 관점에서 논리체계성을 유지하기 위해 무하자재량행사청구권을 이 부분에서 서술하지만, 재량행위에 대한 개인의 권리구제와 사법심사의 확대라는 관점에서 이해할 필요도 있다는 점을 부기해 둔다)

(1) 의   의

1) 형식적 권리로 이해하는 견해   요건이 구비되는 경우에 일정한 행위의 발령이 법규상 행정청의 재량에 놓이고, 그 행위의 발령으로 사인에게 이익을 가져오는 경우, 사인이 누리는 이익은 법률상 이익(권리)이다. 이와 관련하여 ① 행정청이 정당한 재량행사를 하여 일정한 행위의 발령을 거부하면, 사인은 이익이 침해되었다고 하여도 이를 다툴 수 없다. 왜냐하면 처분이 적법하기 때문이다. 그러나 ② 행정청이 재량행사를 위법하게 하여 일정한 행위의 발령을 거부하

면, 사인은 침해된 이익의 회복을 위하여 위법한 재량행사를 탓하면서 거부처분을 다툴 수 있다. 형식적 권리로 이해하는 견해는 ②의 경우를 대상으로 하여 「일정한 행위의 발령이 법규상 행정청의 재량이며, 그 결정이 사인의 이익보호와 관련된다면, 그 사인은 행정청에 대하여 하자 없는 재량행사를 청구할 수 있는 권리를 가진다」고 하고, 이러한 권리를 무하자재량행사청구권이라 부른다.

> [참고] 형식적 권리로 이해하는 견해는 독일의 일반적 견해이다. 본서의 견해이기도 하다. 이 견해에 의할 때, 무하자재량행사청구권은 재량행위에서 인정되는 개인적 공권의 일반적 특성을 말하는 개념이며, 기속행위에서 인정되는 개인적 공권의 일반적 특성을 말하는 특정행위청구권과 대비되는 개념이다.

	기속행위+개인적 공권	재량행위+개인적 공권
요건구비의 허가신청 개인적 공권의 내용상 특성	필요적 허가(건축법 제11 조 제 1 항) 특정행위청구권	재량적 허가(건축법 제11 조 제 4 항) 무하자재량행사청구권
개인적 공권의 예 허가거부시 침해되는 권리 허가거부시 위법사유	건축허가청구권 건축의 권리 기속위반	건축허가청구권 건축의 권리 재량하자

2) 실질적 권리로 이해하는 견해

(가) 절차적(형식적) 공권으로 이해하는 견해　　　이 견해는 무하자재량행사청구권을 "종국처분의 형성과정에 있어서 재량권의 법적 한계를 준수하면서 특정한 처분이 아니라 어떠한 처분을 할 것을 구하는 제한적 공권"이라 정의한다(김동희).

(나) 광의와 협의로 나누어 이해하는 견해　　　이 견해는 무하자재량행사청구권을 개인이 행정청에 대하여 재량권의 하자 없는 행사를 청구할 수 있는 공법상의 형식적 권리인 광의의 무하자재량행사청구권과 행정청이 결정재량권을 갖지 못하고 선택재량권만을 가지고 있는 경우에 있어서의 하자 없는 재량행사청구권인 협의의 무하자재량행사청구권으로 구분하고, 무하자재량행사청구권을 후자의 문제로 국한하여 이 경우 원고적격을 가져다 주는 독립적인 법률상 이익에 해당하는 것으로 본다(예를 들어 수인이 택시 면허를 신청한 경우 행정청이 1인을 선택해야만 하는 상황에서 면허신청자는 자기에게 면허를 부여해달라고 청구할 권리는 없지만, 누구에겐가는 면허를 부여할 의무가 있음을 전제로 선택을 청구할 수 있는 적극적인 공권이라고 본다(김남진)).

(다) 비실체적 의미의 형식적 권리로 이해하는 견해　　　무하자재량행사청구권은 당사자가 신청한 특정한 처분이나 공권력행사가 아니라 재량권행사시에 고려되어야 하는 요소를 포함시키는 등의 법적 한계를 준수하는 재량권행사를 청구하는 형식적 권리라는 견해이다(류지태, 김성수). 이 견해는 실체적인 권리침해를 주장하기 어려운 경우에는 이를 주장할 실익이 있으며, 이 권리는 청구권의 전제조건이 충족된 당사자에게만 인정되므로 민중소송화 되지도 않는다고 한다.

3) 개념 자체를 부정하는 견해

이 견해는 재량하자로 권리침해가 있는 경우 실체와 관련시켜 권리침해를 인정하면 되는 것이지 실체법적 권리와 무관한 형식적 권리를 인정한다면 남소와 민중소송화의 우려가 있다는 견해로 무하자재량행사청구권의 개념을 인정할 필요가 없다고 주장한다. 이 견해는 실질적 권리로 이해하는 견해에 대하여 비판적이며, 형식적 권리로 이해하는 견해와는 무관하다.

4) 사 견   20세기 전반까지 재량행위에 개인적 공권$\binom{법률상}{이익}$이 인정되지 아니하다가 20세기 중반 이후에 이르러 재량행위에도 개인적 공권$\binom{법률상}{이익}$이 인정될 수 있지만, 재량행사에 하자가 있는 경우에만 다툴 수 있다는 점이 시인되면서 무하자재량행사청구권의 개념이 성립되었다는 점을 고려하여, 본서는 형식적 권리로 이해한다. 바꾸어 말하면, 무하자재량행사청구권은 「재량행위에 인정되는 개인적 공권$\binom{법률상}{이익}$의 성질이 기속행위에 인정되는 개인적 공권$\binom{법률상}{이익}$의 성질과 다르다」는 것을 뜻하는 개념으로 이해한다.

(2) 무하자재량행사청구권의 성질$\binom{독자적\ 권리\ 여부.}{소권과의\ 관계}$

1) 무하자재량행사청구권을 형식적 권리로 이해하는 견해   이 견해는, 무하자재량행사청구권은 개인적 공권으로 분류되지만, 독립성이 없는 형식적인 권리이므로 취소소송의 제소요건의 하나인 원고적격을 가져다주는 권리는 아니라고 본다. 즉 독자성을 부정한다. 다만, 재량이 0으로 수축되는 경우에는 무하자재량행사청구권은 형식적인 권리에서 실질적인 권리로 변하게 된다고 한다.

2) 무하자재량행사청구권을 실질적 권리로 이해하는 견해   이 부류에 속하는 견해들은 무하자재량행사청구권이 원고적격을 가져다 주는 권리로 보면서 무하자재량행사청구권의 인정은 원고적격이 확대되는 결과를 가져다 준다고 한다. 독자성을 긍정한다.

3) 판례$\binom{K검사임용}{거부사건}$를 보는 시각

(가) 독자성 긍정설   다수설인 독자성 긍정설은 검사임용거부처분취소사건$\binom{판례}{1}$에서 대법원이 검사임용이 임용권자의 재량이라고 하더라도 임용권자에게는 재량권 일탈·남용이 없는 처분을 할 의무가 있고 이에 대응해 재량권 일탈·남용이 없는 적법한 처분을 요구할 권리가 있다고 판시한 것을 무하자재량행사청구권을 인정한 것으로 평가한다.

(나) 사 견   대법원은 검사임용거부처분취소청구사건에서 원고가 응답신청권을 갖기 때문에 원고적격을 갖는다고 하였다. 여기서 원고의 응답신청권은 단순한 응답신청권이 아니라 검사임용청구와 관련된 응답청구인 것이고, 그러한 응답권은 헌법·국가공무원법·검찰청법 등에서 나오는 공무담임권$\binom{여기에는\ 시험응시를\ 접수할\ 수\ 있는\ 권리,\ 응시할\ 수\ 있는\ 권리,\ 합격\ 후\ 공무원으로\ 임}{용될\ 수\ 있는\ 권리,\ 불합격시\ 불합격사유에\ 대한\ 응답을\ 받을\ 수\ 있는\ 권리\ 등이\ 포함된다}$의$\binom{판례}{2}$ 한 부분임을 고려할 때, 동 판결이 실체와 무관하게 무하자재량행사청구권을 독립적인 권리로 인정하였다는 주장은 정당하지 않다$\binom{독자성\ 부정설}{에서의\ 평석}$.

─────────────────

[판례 1] 검사 임용신청자에게 임용 여부에 대하여 재량행사의 하자 없는 응답을 받을 응답신청권이 있는가의 여부 및 응답신청권에 기하여 제기한 항고소송의 적법 여부

$\binom{검사임용이\ 거부된\ 사법연수원수료자\ K씨}{가\ 그\ 처분을\ 다툰\ K검사임용거부사건에서}$ 검사의 임용에 있어서 임용권자가 임용 여부에 관하여 어떠한 내용의 응답을 할 것인지는 임용권자의 자유재량에 속하므로 일단 임용거부라는 응답을 한 이상 설

사 그 응답내용이 부당하다고 하여도 사법심사의 대상으로 삼을 수 없는 것이 원칙이나, 적어도 **재량권의 한계일탈이나 남용이 없는 위법하지 않은 응답을 할 의무가 임용권자에게 있고 이에 대응하여 임용 신청자로서도 재량권의 한계일탈이나 남용이 없는 적법한 응답을 요구할 권리가 있다고 할 것이며, 이러한 응답신청권에 기하여 재량권남용의 위법한 거부처분에 대하여는 항고소송으로서 그 취소를 구할 수 있다고 보아야 하므로** 임용신청자가 임용거부처분이 재량권을 남용한 위법한 처분이라고 주장하면서 그 취소를 구하는 경우에는 법원은 재량권남용 여부를 심리하여 본안에 관한 판단으로서 청구의 인용 여부를 가려야 한다(대판 1991. 2. 12,
90누5825).

[참고]　공무원임용행위는 재량행위이다. 임용을 신청한 사인 A가 임용권자의 하자있는 행위로 공무원 임용이 거부되었다고 하자. A가 거부처분의 취소를 구하는 소송을 제기한다면, ① A는 공무담임권의 위법한 침해를 다투는 것인가, 아니면 ② 공무원임용과 무관하게 다만 하자 없는 재량결정을 받을 이익의 침해를 다투는 것인가? 독자성 긍정설은 ②의 입장이다. 독자성 부정설은 ①의 입장이다. 소송의 실제상 ②를 다툰다는 것은 예상하기 어렵다.

─────────────
　판례 2　공무담임권의 보호범위
─────────────
(지방자치법 제87조 제1항 중 "지방자치단체의 장의 계속
재임은 3기에 한한다"는 부분에 대한 위헌확인사건에서) 헌법 제25조는 "모든 국민은 법률이 정하는 바에 의하여 공무담임권을 가진다"고 하여 공무담임권을 기본권으로 보장하고 있다. **공무담임권이란 입법부, 집행부, 사법부는 물론 지방자치단체 등 국가, 공공단체의 구성원으로서 그 직무를 담당할 수 있는 권리를 말한다.** 여기서 **직무를 담당한다는 것**은 모든 국민이 현실적으로 그 직무를 담당할 수 있다고 하는 의미가 아니라 국민이 공무담임에 관한 자의적이지 않고 평등한 기회를 보장받음을 의미하는바, **공무담임권의 보호영역에는 공직취임의 기회의 자의적인 배제뿐 아니라, 공무원 신분의 부당한 박탈까지 포함되는 것이다.** 공무담임권은 선거직공무원을 비롯한 모든 국가기관의 공직에 취임할 수 있는 권리이므로 여러 가지 선거에 입후보해서 당선될 수 있는 피선거권을 포함하는 개념이다(헌재 2006. 2. 23, 2005헌마403; 헌재 2005. 12. 22,
2004헌마947; 헌재 1997. 3. 27, 96헌바86).

4) 사　　견　　실질적 권리로 이해하는 견해가 타당하기 위해서는 「무하자재량행사청구권에서 말하는 재량행사 그 자체가 가져오는 법률상 이익의 내용」이 「재량행사의 대상이 되는 행위가 가져오는 법률상 이익의 내용」과 무관함을 논증하여야 한다. 현재로서 그러한 논증은 보이지 아니한다. 무하자재량행사청구권의 개념은 재량행위에 인정되는 개인적 공권(법률상
이익)의 특징을 표현하는 개념이지 그 자체가 원고적격을 가져다주는 법률상 이익 그 자체는 아니다. 무하자재량행사청구권을 형식적 권리로 이해하는 견해가 타당하다.

[참고]　독자성 긍정설은 예를 들어, 재량행위인 건축법 제11조 제4항의 숙박시설건축허가 여부를 결정함에 있어 재량권을 일탈·남용하여 거부처분을 한 경우 신청인은 실제적인 권리인 '숙박시설의 건축허가를 받을 권리 내지 이익'을 침해받았는지와는 상관없이 하자 없는 재량행사청구권(숙박시설의 건축허가
여부와 무관하게 단순
히 하자 없는 재량의 행사
를 청구할 수 있는 권리)이 침해되었다는 이유로 건축허가거부처분을 다툴 수 있다는 것이지만, 실체적인 권리와 독립된 무하자재량행사청구권이라는 독자적이고 개별구체적인 권리라는 것은 인정할 수 없으며, 따라서 재량행사에 하자가 있으면 재량처분이 위법하여 실체적인 권리가 침해되었다는 것을 이유로 재량처분을 행정소송의 대상으로 다투면 된다.

한편, 재량하자$\binom{\text{재량권 일}}{\text{탈·남용}}$는 본안요건에서 위법성의 문제로 심사된다.

[참고] A가 도로에서 꽃의 판매를 위한 가판대의 설치를 위해 법정의 요건을 구비하여 도로점용허가를 신청하였으나 허가청으로부터 거부처분을 받은 경우, A는 취소소송의 본안판단의 전제요건으로서의 소권$\binom{\text{당사자}}{\text{적격}}$을 무하자재량행사청구권의 침해가 아니라 도로점용의 자유·권리, 직업의 자유 등의 침해를 이유로 갖게 된다. 재량하자$\binom{\text{거부처분의 위법사유인}}{\text{재량권의 일탈이나 남용}}$는 다만 본안판단의 단계에서 청구이유 내지 위법의 문제로 검토의 대상이 될 뿐이다. 말하자면 A가 추구하고자 하는 목적은 기본권인 도로점용의 자유의 실현이고, 무하자재량행사 그 자체는 의사결정방법의 문제이다. 따라서 취소소송상 침해되는 권리$\binom{\text{원고}}{\text{적격}}$의 문제로는 당연히 기본권이 관련되어야 하고, 무하자재량행사는 다만 판단의 정당성과 관련하여 위법성$\binom{\text{본안}}{\text{판단}}$의 문제로 검토될 수밖에 없다.

(3) 청구권의 성립요건$\binom{\text{① 독자성 긍정설은 아래의 두 요건을 무하자재량행사청구권이라는 특정한 권리의 성립요건으로 보}}{\text{지만, ② 독자성 부정설로서 형식적 권리설에 따르면 특정한 권리의 성립요건이 아니라 재량행위에}}$
서 개인적 공권이 성립되기 위한 요건으로 보게 된다 재량행위의 영역에서 권리가 인정되기 위해서는 ① 그 전제로서 무하자재량행사의무가 존재하여야 하고$\binom{\text{행정청의 의무의}}{\text{존재, 강제규범성}}$, ② 관련법규범이 공익뿐만 아니라 관련사인의 이익을 보호하도록 의도하고 있어야 한다$\binom{\text{사익보호목적의}}{\text{존재, 사익 보호성}}$. 특정인의 사익침해와 관계없이 모든 재량행사에 적용되는 일반적인 무하자재량행사청구권은 인정되지 아니한다.

(4) 영으로의 재량수축

1) 의   의   예외적인 경우에는 재량행위임에도 불구하고 행정청이 자유영역을 갖지 못하고 하나의 결정만을 하여야 하는 경우가 나타난다. 즉, 예외적인 경우에는 하나의 특정한 결정만이 무하자재량행사가 되는데, 이러한 경우를 영(또는 1)으로의 재량수축 또는 재량감소라고 한다$\binom{\text{0이란 재량영역이 없다는 의미이고, 1이란}}{\text{적법한 행위는 한 가지뿐이라는 의미이다}}$. 영으로의 재량수축은 경찰영역$\binom{\text{위험방}}{\text{지영역}}$에서 기본권의 보호를 위해 빈번히 문제된다$\binom{\text{예: 폭약공장이 인근주민의 생명(헌법 제10조)을 위협하면, 인근주민은 권한행정청}}{\text{에 대하여 관련법령에 따라 필요한 부담을 발령할 것을 구하는 청구권을 갖는다}}$.

2) 성   질   영으로의 재량수축의 경우에 행정청은 특정한 행위만을 하여야 하므로, 그것은 기속행위와 같은 결과가 된다. 만약 이 경우의 재량이 특정인의 법률상 이익과 관련되면, 그 특정인은 특정한 결정을 청구할 수 있는 권리를 가진다. 영으로 재량이 수축되는 경우에 무하자재량행사청구권은 특정행위청구권으로 변하며, 내용상 형식적인 권리에서 실질적인 권리로 변하게 된다.

3) 판단기준   영으로의 재량수축은 행정청에 재량행사의 여지, 즉 선택의 여지가 전혀 없는 경우에 나타난다. 선택가능성의 유무는 사실상황에 대한 합리적·객관적인 평가와 보호받아야 할 사익의 성질을 고려하여 판단되어야 한다$\binom{\text{판}}{\text{례}}$.

[판례] 단속경찰관의 주취운전자에 대한 권한 불행사가 직무상 위법행위에 해당하는지 여부
$\binom{\text{교통사고 피해자들에게 손해를 배상해 준 제일화재해상보험(주)가 주취운전을 방치한 단속경찰}}{\text{관의 위법행위와 상법상의 보험자 대위의 법리에 따라 대한민국에게 구상금을 청구한 사건에서}}$ 경찰관의 주취운전자에 대한 권한 행사가 관계 법률의 규정 형식상 **경찰관의 재량에 맡겨져 있다고 하더라도**, 그러한 권한을 행사하지 아니한 것이 **구체적인 상황하에서 현저하게 합리성을 잃어 사회적 타당성이 없는 경우**에는 경찰관의 직무상 의무를 위배한 것으로서 **위법**하게 된다$\binom{\text{대판 1998. 5. 8,}}{\text{97다54482}}$.

4) 소권($\substack{당사자 \\ 적격}$)과의 관계　　통상의 무하자재량행사청구권은 형식적 권리로서 소권과 거리가 멀다. 그러나 재량이 영으로 수축되는 경우에는 무하자재량행사청구권은 특정행위청구권으로 변한다. 특정행위청구권으로서 무하자재량행사청구권은 실질적인 권리이므로, 영으로의 재량수축의 경우에 무하자재량행사청구권은 소권($\substack{원고 \\ 적격}$)을 가져다주는 권리가 된다. 이러한 경우에도 재량하자 그 자체는 본안판단($\substack{위법 \\ 성}$)의 문제가 된다.

5. 행정개입청구권

(1) 의　　의　　행정개입청구권이란 광의로는 사인이 자기의 이익을 위해 행정청에 대하여 자기 또는 제 3 자에게 행정권을 발동해줄 것을 청구할 수 있는 권리를 말하고($\substack{광의의 행정 \\ 개입청구권}$), 협의로는 사인이 자기의 이익을 위해 행정청에 대하여 제 3 자에게 행정권을 발동할 것을 청구하는 권리를 의미한다($\substack{협의의 행정 \\ 개입청구권}$). 자기에게 행정권의 발동을 청구할 수 있는 권리를 행정행위발급청구권이라 부르기도 한다.

(2) 논의의 배경　　종전에는 행정권의 발동 여부는 행정청의 자유판단에 맡겨진 것으로 보았으나, 오늘날에는 행정권의 발동 여부가 오로지 행정권의 자유로운 판단에만 놓이는 것은 아니라는 인식이 확대되고 있다. 이에 따라 기속행위는 물론이고 재량행위의 경우에도 재량이 영으로 축소되는 경우에는 사인의 이익을 위해 행정권의 발동이 의무적이라는 인식이 대두하게 되었고, 이러한 인식하에 행정개입청구권의 개념이 나타나게 되었다.

(3) 인정 여부

1) 학　　설

(개) 부 정 설　　제 3 자와의 관계에서 청구인의 권익을 구제하기 위한 효과적인 쟁송수단이 없으며, 청구인과 제 3 자와의 관계는 사인간의 관계로 행정청의 불개입으로 인한 청구인의 손해는 반사적 손해에 불과하기에 그러한 공권은 성립될 수 없다는 견해이다.

(내) 긍 정 설　　행정권을 발동하지 않음으로 인해 제 3 자가 받는 불이익에는 법적으로 보호되는 이익이라고 보여지는 경우가 있고, 효과적인 쟁송수단으로 의무이행소송의 성립을 인정하고, 생명·신체·재산에 대한 급박한 위험이 존재한다면 사인에게 이러한 권리를 인정하여 행정청으로 하여금 개입의무를 지게 함으로써 실효적인 권리구제가 가능하다는 점을 이유로 긍정하는 견해이다($\substack{일반적 \\ 견해}$).

2) 판　　례　　행정개입청구권을 인정하는 판례는 보이지 아니한다. 학설은 ① 공사중지명령 이후 그 원인 사유가 해소된 후 원고에게 공사중지명령의 해제를 요구할 조리상의 권리를 인정한 판결을 행정개입청구권의 법리를 인정한 것으로 평가하기도 하고($\substack{판례 \\ 1}$)($\substack{청주시 연탄공장사건판결(대 \\ 판 1975. 5. 13, 73누96·97)}$에서 명시적으로 원고에게 행정개입청구권이 있음이 적시되고 있는 것은 아니지만, 제 3 자의 법률상의 이익이 표현되고 있는 점에 비추어 해석상 판례가 행정개입청구권을 긍정하고 있다는 추론도 가능하다고 본다), ② 삼광화학이 진해시장을 상대로 제 3 자 소유의 주택에 대한 건축허가 등의 취소를 구한 사건에서 제 3 자에 대한 공권의 성립을 부정한 판결($\substack{판례 \\ 2}$)과, 건축법상 일조권 침해를 이유로 제 3 자에 대한 시정명

령의 발동을 청구하였으나 행정청의 시정명령에 대한 작위의무를 부정한 헌법소원사건($^{판례}_{3}$)을 행정개입청구권을 부정한 예로 보기도 한다.

판례 1 **광의의 행정개입청구권을 인정한 사례**
($^{영광아스콘주식회사가 포천시장의 공사}_{중지명령처분의 취소를 구한 사건에서}$) 지방자치단체장이 공장시설을 신축하는 회사에 대하여 사업승인 내지 건축허가 당시 부가하였던 조건에 따른 이행을 하고 이를 증명하는 서류를 제출할 때까지 **신축공사를 중지하라는 공사중지명령에 있어서는** 그 명령의 내용 자체로 또는 그 성질상으로 명령 이후에 그 원인사유가 해소되는 경우에는 잠정적으로 내린 당해 **공사중지명령의 해제를 요구할 수 있는 권리를** 위 명령의 상대방에게 인정하고 있다고 할 것이므로, 위 회사에게는 조리상으로 그 해제를 **요구할 수 있는 권리가 인정된다고 할 것이다**($^{대판 2007. 5. 11, 2007두1811;}_{대판 1997. 12. 26, 96누17745}$).

판례 2 **제 3 자 소유의 건축물에 대한 철거명령을 요구할 수 있는 법규상 또는 조리상 권리가 있는지 여부**
($^{삼광화학이 진해시장을 상대로 제 3 자 소유의 주택에 대한 건축}_{허가 등의 취소를 구한 삼광화학 공동주택허가취소신청사건에서}$) **구 건축법**($^{1999. 2. 8. 법률 제5895}_{호로 개정되기 전의 것}$) **및 기타 관계 법령에** 국민이 행정청에 대하여 제 3 자에 대한 건축허가의 취소나 준공검사의 취소 또는 제 3 자 소유의 건축물에 대한 철거 등의 조치를 요구할 수 있다는 취지의 규정이 없고, 같은 법 제69조 제 1 항 및 제70조 제 1 항은 각 조항 소정의 사유가 있는 경우에 시장·군수·구청장에게 건축허가 등을 취소하거나 건축물의 철거 등 필요한 조치를 명할 수 있는 권한 내지 권능을 부여한 것에 불과할 뿐, 시장·군수·구청장에게 그러한 의무가 있음을 규정한 것은 아니므로 위 조항들도 그 근거 규정이 될 수 없으며, 그 밖에 조리상 이러한 권리가 인정된다고 볼 수도 없다($^{대판 1999. 12. 7,}_{97누17568}$)($^{이 판결에서는 재}_{량권의 0으로의}$ $^{수축에 관한 검토가 없었}_{다는 비판도 있다(김중권)}$).

판례 3 **피청구인(대전광역시 서구청장)에게 건축법에 위반한 건축물에 대하여 시정명령을 해야 하는 작위의무가 인정되는지 여부**
($^{청구인의 주거지와 건축선을 경계로 하여 인접하고 있는 건축물이 건축법을 위반하여 청구인의 일조권을 침해하고 있으므로, 피청구인}_{(대전광역시 서구청장)에게 건축물에 대하여 건축법 제79조, 제80조에 근거한 시정명령을 하여 줄 것을 청구하였으나, 피청구인이 시}$ $^{정명령을 하지 아니하자, 이와 같은 시정명령불행사가 청구인의 헌법상 평등권, 환경권, 행복}_{추구권을 침해한다고 주장하며 피청구인의 시정명령불행사위헌확인을 구한 헌법소원사건에서}$) **건축법 제79조는 시정명령에** 대하여 규정하고 있으나, 동법이나 동법 시행령 어디에서도 일반국민에게 그러한 시정명령을 신청할 권리를 부여하고 있지 않을 뿐만 아니라, 피청구인에게 건축법 위반이라고 인정되는 건축물의 건축주 등에 대하여 시정명령을 할 것인지와, 구체적인 시정명령의 내용을 무엇으로 할 것인지에 대하여 결정할 재량권을 주고 있으며, 달리 이 사건에서 **시정명령을 해야 할 법적 의무가 인정된다고 볼 수 없다**($^{헌재 2010. 4. 20,}_{2010헌마189}$).

---

3) 사   견   사인의 행정에 대한 의존도가 점증하는 현대국가에서 행정권의 부작위는 경우에 따라 사인에 대하여 중대한 침해를 가져올 수 있다. 이러한 경우 행정청에 대하여 권력발동을 요구할 수 있는 제도를 갖는다는 것은 분명 의미 있는 일이다. 그러나 문제는 이러한 권리를 인정한다고 할 때에 행정소송법상 그것을 실현할 수 있는 수단을 어떻게 확보할 것인가이다. 이 점은 상기의 긍정설이 주장하는 바를 따르면 될 것이다.

(4) 법적 성질　　행정개입청구권이 개인적 공권이다. 행정개입청구권은 형식적 공권이 아니라 특정의 실체적인 사항을 내용으로 갖기 때문에 실체법상 권리라고 보는 것이 타당하다.

(5) 성립요건　　행정개입청구권도 공권의 일종이므로 공권의 성립요건을 갖추어야 한다. 말하자면 ① 법규가 행정청에게 공권력을 발동하여 개입을 할 의무를 지우고 있어야 한다. 행정청에 재량이 부여된 경우, 행정권은 반드시 공권력을 발동해야 할 의무를 부담하지 않는다. 그러나 재량이 부여된 경우라도 재량이 0으로 수축되는 경우에는 공권력을 발동해야 할 의무가 발생한다.

> [참고]　행정기관의 개입의무의 존부는 개별·구체적으로 판단되어야 하지만, 일반적으로 중요한 법익에 대한 현저한 위험의 존재, 개인의 생명·건강에 대한 위험, 중요한 물건에 대한 직접적인 위험이 있는 경우에 존재하는 것으로 본다(홍준형). 그러나 사인의 중요한 법익이 타인에 의해 침해되고 있는 경우라고 하더라도 민사법원에의 제소등을 통해 구제받을 수 있는 경우에는 행정권의 발동은 부인된다(보충성의 원칙)(김남진, 류지태).

② 행정기관에게 개입의무가 성립한다고 하더라도 관련 법규가 오로지 공익실현만을 목적으로 하는 것이 아니고 개인의 이익보호도 목적으로 하고 있는 경우라야 행정개입청구권이 성립한다.

(6) 적용영역　　① 행정개입청구권은 독일의 경우 위험방지분야와 관련하여 논의되고 있다. 우리의 경우에는 행정의 전영역과 관련하여 논의되는 것으로 보인다. 한편 ② 행정개입청구권은 독일의 경우 대체로 영으로의 재량수축과 관련하여 논의되고 있는 것이지만, 우리의 경우에 긍정론자는 기속행위인가 재량행위인가를 불문하고 행정개입청구권을 논의하고 있다. 본서도 같은 입장이다.

(7) 권리의 실현　　① 행정개입청구권을 가진 사인은 먼저 행정청에 행정권발동을 청구할 것이다. 이 경우 사인의 신청에 대해 행정청이 거부하거나 부작위하면 의무이행심판을 제기할 것이다. ② 그럼에도 행정청이 거부·방치하면 그 사인은 취소소송·부작위위법확인소송을 제기할 수 있고, 여기에서 사인이 승소하면 간접강제제도에 의해 권리를 실현할 수 있게 된다. ③ 그러나 바람직한 방법은 무명항고소송의 한 종류로 의무이행소송을 인정하여 그에 따라 행정개입청구권을 실현시키는 방법이다. 그리고, ④ 행정청에게 행정개입의 의무가 발생하였음에도 당해 행정기관이 의무를 해태함으로 인해 사인에게 손해가 발생한 경우 손해의 배상을 청구할 수 있다(^판_례).

──────────

　판례　　경찰관직무집행법 제5조(위험발생의 방지)와 경찰의 개입의무
(경찰관이 경찰관직무집행법 제5조에 규정된 위험발생방지조치를 취하지 아니하였음을 이유로 손해배상을 청구한 사건에서) 경찰관직무집행법 제5조는 경찰관은 인명 또는 신체에 위해를 미치거나 재산에 중대한 손해를 끼칠 우려가 있는 위험한 사태가 있을 때에는 그 각호의 조치를 취할 수 있다고 규정하여 형식상 경찰관에게 재량에 의한 직무수행권한을 부여한

것처럼 되어 있으나, 경찰관에게 그러한 권한을 부여한 취지와 목적에 비추어 볼 때 구체적인 사정에 따라 **경찰관이 그 권한을 행사하여 필요한 조치를 취하지 아니하는 것이 현저하게 불합리하다고 인정되는 경우에는 그러한 권한의 불행사는 직무상의 의무를 위반한 것이 되어 위법하게 된다**(대판 1998. 8. 25, 98다16890).

[기출사례] 제29회 입법고시(2013년) 문제·답안작성요령 ☞ PART 4 [2-47]

[기출사례] 제36회 입법고시(2020년) 문제·답안작성요령 ☞ PART 4 [1-4a]

제 2 항 공 의 무

Ⅰ. 공의무의 개념과 종류

공의무란 공권에 대응하는 개념으로서 타인의 이익을 위해 의무자의 의사에 가해진 공법상의 구속을 의미한다. 하나의 법관계에서 공권과 공의무는 언제나 대칭적인 관계에 놓이는 것만은 아니다(예: 납세자는 구체적인 납세의무에 상응하는 특정의 권리를 갖는 것이 아니다). 한편, 공의무는 ① 주체에 따라 행정주체가 지는 의무(예: 봉급지급의무, 배상금지급의무)·개인이 지는 개인적 공의무(예: 구체적인 납세의무, 수수료납부의무), ② 내용에 따라 작위의무(예: 건축허가발령의무)·부작위의무(예: 사익을 위한 경찰처분의 불발령의무)·수인의무(예: 감염병 예방 강제접종의 수인의무)·급부의무(예: 납세의무), ③ 근거에 따라 법규에 의해 발생하는 의무(예: 도로교통 법규준수의무)·행정행위에 근거한 의무(예: 과세처분에 따른 구체적인 납세의무) 등으로 나눌 수 있다.

[참고] 행정기본법은 수수료와 사용료에 관한 일반적 규정을 두고 있다.
□ 행정기본법 제35조(수수료 및 사용료) ① 행정청은 특정인을 위한 행정서비스를 제공받는 자에게 법령으로 정하는 바에 따라 수수료를 받을 수 있다.
② 행정청은 공공시설 및 재산 등의 이용 또는 사용에 대하여 사전에 공개된 금액이나 기준에 따라 사용료를 받을 수 있다.
③ 제 1 항 및 제 2 항에도 불구하고 지방자치단체의 경우에는 「지방자치법」에 따른다.

Ⅱ. 공의무의 특색

공의무는 공법상 계약과 같이 의무자의 의사에 따라 발생하기도 하나, 법령 또는 법령에 근거한 행정행위에 의해 발생함이 일반적이다. 특히 개인적 공의무의 경우에는 ① 포기와 이전이 제한되기도 하고(예: 병역복무의무), ② 의무의 불이행시에는 행정상 강제수단이 가해지기도 하며, ③ 의무의 위반시에는 행정벌이 가해지기도 한다.

제3항 공권·공의무의 승계

Ⅰ. 의   의

행정법관계에 있어서도 특정 권리주체의 공권과 공의무가 다른 특정 권리주체에게 승계되는 가의 여부와 승계조건이 문제된다. 공행정주체의 권리와 의무의 승계문제와 사인의 권리와 의무의 승계문제로 구분하여 살펴볼 필요가 있다.

Ⅱ. 행정주체의 승계

행정주체의 변경에는 반드시 법률상의 근거를 필요로 한다$\binom{지자법 제8}{조 제1항}$. 따라서 승계문제는 법률의 규정에 따라야 한다. 행정주체의 권리와 의무는 명시적인 규정 없이는 원칙적으로 이전되지 아니한다. 다만 지방자치단체 등 공법상 법인이 소멸되거나 합병되는 경우는 예외가 된다. 이러한 경우에는 행정주체의 권리와 의무는 독자성을 상실하고, 새로이 그 기능을 수행할 행정주체에게 이전된다. 새로이 그 기능을 수행할 행정주체가 없다면, 그 법인을 설립한 국가나 지방자치단체에 이전된다고 볼 것이다. 이것은 포괄승계뿐만 아니라 양도와 같은 개별승계의 경우에도 마찬가지이다.

Ⅲ. 사인의 승계

1. 실정법의 태도

개인적 공권과 공의무의 승계에 관한 단일의 일반법은 없다. 다만 행정절차법은 제10조에서 지위의 승계에 관한 조항을 두고 있다. 한편 개별법령에서 규정내용은 다양하다. 즉, 개별적인 권리의 양도를 금지하는 경우$\binom{예: 국배법}{제4조}$, 법령상 당연히 승계가 되는 경우$\binom{예: 체육시설의 설치·이}{용에 관한 법률 제27조}$, 개별적인 권리를 양수·상속받은 자가 신고하여야 하는 경우$\binom{예: 도로법}{제106조}$, 합병에 의한 일반승계가 행정청의 승인을 요건으로 하는 경우$\binom{예: 전기통신사업}{법 제18조 제1항}$, 합병에 의한 일반승계가 양수자의 신고를 요건으로 하는 경우$\binom{예: 식품법}{제39조}$ 등이 있다.

2. 명문의 규정이 없는 경우

공법상 권리와 의무의 이전은 ① 권리와 의무가 이전에 적합하여야 하고(이전가능성), ② 이전을 실현시킬 수 있는 사유(이전사유)가 있어야 가능하다.

(1) 이전가능성$\binom{일신전속}{성 여부}$ 개별 법률상 명시적 규정이 없다면, 이전가능성은 권리나 의무의 성질·내용을 고려하면서 개별적으로 판단되어야 한다. 관련규정의 목적 등에 비추어 그 권리나 의무의 존속이나 수행에 당사자의 인적 성격 내지 능력이 본질적이어서 타인에의 이전이 배제되는 것으로 판단되는 경우에는 일신전속적으로 볼 것이다. 그것은 문제되는 법적 지위의 재산가치성에 의존하는 것이 아니다$\binom{예: 무허가건물의 철거의무는 인적 특성이 본질}{적인 것이 아니므로 일신전속적인 것이 아니다}$. 반대로 재산법상 청구권도 비대체적인 성질을 가질 수 있고, 따라서 승계대상이 아닐 수 있다. 공법상 의무도 대체가 가능한

것이면 승계가 가능한 것으로 보기도 한다.

(2) 이전사유   개별법령에서 정함이 있으면 그에 의한다. 대체로 말해 사법상의 매매·채무인수·상속 등은 이전이나 승계의 사유가 된다(판례 1, 2).

> [판례 1] 회사합병 시 공법상 관계의 승계 여부
> (에스케이브로드밴드 주식회사 등이 공정거래위원회의 시정명령등에 대하여 취소를 구한 사건에서) 회사합병이 있는 경우에는 피합병회사의 권리·의무는 사법상의 관계 혹은 공법상의 관계를 불문하고 그 성질상 이전이 허용되지 않는 것을 제외하고는 모두 합병으로 인하여 존속한 회사에 승계되는 것으로 보아야 한다(대판 2022. 5. 12, 2022두31433).
>
> [판례 2] 산림을 무단형질변경한 자가 사망한 경우, 당해 토지의 소유권 또는 점유권을 승계한 상속인이 그 복구의무를 부담하는지 여부
> (산림법령상 채석허가를 받은 자가 사망한 경우, 상속인이 그 지위를 승계하는지 여부 등을 쟁점으로 한 형질변경복구명령의 취소를 구한 사건에서) 구 산림법(2001. 5. 24. 법률 제6477호로 개정되기 전의 것) 제90조 제11항, 제12항이 산림의 형질변경허가를 받지 아니하거나 신고를 하지 아니하고 산림을 형질변경한 자에 대하여 원상회복에 필요한 조치를 명할 수 있고, 원상회복명령을 받은 자가 이를 이행하지 아니한 때에는 행정대집행법을 준용하여 원상회복을 할 수 있도록 규정하고 있는 점에 비추어, **원상회복명령에 따른 복구의무는 타인이 대신하여 행할 수 있는 의무로서 일신전속적인 성질을 가진 것으로 보기 어려운 점, 산림법 제4조가 법에 의하여 행한 처분·신청·신고 기타의 행위는 토지소유자 및 점유자의 승계인 등에 대하여도 그 효력이 있다고 규정하고 있는 것은 산림의 보호·육성을 통하여 국토의 보전 등을 도모하려는 법의 목적을 감안하여 법에 의한 처분 등으로 인한 권리와 아울러 그 의무까지 승계시키려는 취지인 점 등에 비추어 보면, 산림을 무단형질변경한 자가 사망한 경우 당해 토지의 소유권 또는 점유권을 승계한 상속인은 그 복구의무를 부담한다고 봄이 상당하고, 따라서 관할 행정청은 그 상속인에 대하여 복구명령을 할 수 있다고 보아야 할 것이다**(대판 2005. 8. 19, 2003두9817·9824(병합)).

제 3 절   행정법관계의 발생과 소멸

Ⅰ. 일 반 론

1. 행정법상 법률요건

일정한 요건(법률요건)이 충족되면 일정한 효과(법적효과)가 주어지는 것은 모든 법률관계에 있어 기본적인 것이며, 행정법관계에서도 다를 바 없다. 행정법관계의 발생·변경·소멸 등 행정법상의 효과를 가져오는 원인이 되는 사실을 행정법상 법률요건이라 부르고 행정법상 법률요건을 이루는 개개의 사실을 행정법상 법률사실이라 부른다. 행정법상 법률요건은 하나의 법률사실로 이루어지는 경우(예: 이행·포기·실효·시효로 인한 행정법관계의 종료)도 있으나 여러 개의 법률사실로 이루어지는 경우(예: 운전면허신청과 허가 등의 수익적 행정행위나 공법상 계약)가 일반적이다.

2. 행정법관계의 원인

(1) 발생원인　　행정법관계의 발생사유인 법률요건·법률사실을 일일이 열거하는 것은 용이하지 않다. 행정법관계의 발생원인으로서 보다 중요한 것은 행정주체에 의한 공법행위(예: 행정입법, 행정계획, 행정행위, 행정법상 계약)이고, 사인의 공법행위 또한 한 부분을 구성한다. 사건(예: 시효)도 행정법관계의 발생원인이 된다.

(2) 소멸원인　　행정법관계는 여러 사유로 종료한다. 급부를 내용으로 하는 법률관계는 이행에 의해 종료한다. 상계 또한 행정법관계의 소멸사유이다. 권리의 포기와 소멸시효의 완성, 그리고 신의성실의 원칙으로부터 나오는 실효도 행정법관계의 소멸사유이다. 기간의 경과(예: 해제조건의 성취, 종기의 도래 또는 정해진 기간 내에 허가에서 정해진 행위의 불이행으로 허가의 효력소멸), 대상의 소멸(예: 화재로 인한 건축물의 소실로 건축허가의 효력소멸), 사망(예: 사망으로 운전면허의 효력소멸)으로 행정법관계는 또한 소멸한다.

Ⅱ. 공법상 사건

1. 의　　의

공법상 사건이란 행정법상 법적 효과를 가져오는 행정법상 법률사실 중 사람이나 행정주체의 정신작용을 요소로 하지 않는 법률사실을 의미한다. 이것은 정신작용을 요소로 하는 사인의 공법행위나 행정주체의 행정행위 등의 법률사실(이를 용태라 한다)과 구별된다. 공법상 사건의 예로 시간의 경과(예: 기간, 시효, 제척기간)를 들 수 있다.

2. 종　　류

(1) 기　　간

1) 의　　의　　기간이란 일정시점에서 다른 시점까지의 시간적 간격을 말한다. 따라서 기간개념에는 시간적 간격의 출발점인 기산점과 종료점인 만료점이 기본구성요소가 된다. 행정법상 기간은 2가지의 의미를 갖는다. 하나는 기간경과 그 자체가 행정법관계의 당사자의 의사여하에 관계없이 행정법관계에 변경을 가져오는 경우이다(예: 시효와 제척기간). 또 하나는 기간이 행정법관계의 당사자의 의사표시의 한 부분으로서 나타나는 경우이다(예: 기한부 행정행위).

2) 계　　산　　① 행정에 관한 기간의 계산에 관하여는 행정기본법 또는 다른 법령등에 특별한 규정이 있는 경우를 제외하고는 「민법」을 준용한다(기본법 제6조 제1항). ② 법령등 또는 처분에서 국민의 권익을 제한하거나 의무를 부과하는 경우 권익이 제한되거나 의무가 지속되는 기간의 계산은 다음 각 호(1. 기간을 일, 주, 월 또는 연으로 정한 경우에는 기간의 첫날을 산입한다. 2. 기간의 말일이 토요일 또는 공휴일인 경우에도 기간은 그 날로 만료한다)의 기준에 따른다. 다만, 다음 각 호의 기준에 따르는 것이 국민에게 불리한 경우에는 그러하지 아니하다(기본법 제6조 제2항).

(2) 시　　효　　시효란 일정한 사실관계가 일정기간 계속되면, 그 사실관계가 진실한 법률관계에 부합하는가를 묻지 않고 그 사실관계를 진실한 법률관계로 보는 것을 말한다. 시효제도는 법생활의 안정, 사실관계의 조사에 따르는 법원의 부담 경감, 권리 위에 잠자는 자는 구태

여 보호할 필요가 없다는 점 등을 근거로 한다. 시효는 일반법원리적인 것이다(판례 1). 시효에는 취득시효(무권리자라도 일정한 사실상태가 계속 되는 경우에 권리를 취득하는 제도)와 소멸시효(권리자가 권리를 행사할 수 있음에도 이를 행사하지 않는 사실상태가 일정기간 계속되면 그 권리가 소멸되는 제도)가 있다. 판례는 소멸시효 항변은 당사자의 주장이 있어야만 법원의 판단대상이 된다는 입장이다(판례 2). 공법상 금전채권의 소멸시효 기간을 정하는 이유는 사법관계와 마찬가지로 공법관계에서도 법률관계를 오래도록 미확정인 채로 방치하여 두는 것이 타당하지 않기 때문이다(헌재 2021. 4. 29., 2019헌바412).

[판례 1] 채무자가 소멸시효의 완성을 주장하는 것이 신의성실의 원칙에 반하여 권리남용으로서 허용될 수 없는 경우

(한센병을 앓은 적이 있는 갑 등이 국가가 한센병 환자의 치료 및 격리수용을 위하여 운영·통제해 온 국립 소록도병원 등에 입원해 있다 가 위 병원 등에 소속된 의사 등으로부터 정관절제수술 또는 임신중절수술을 받았음을 이유로 국가를 상대로 손해배상을 구한 사건에서) 소멸시효를 이유로 한 항변권의 행사도 민법의 대원칙인 신의성실의 원칙과 권리남용금지의 원칙의 지배를 받는 것이어서, 채무자가 시효완성 전에 채권자의 권리행사나 시효중단을 불가능 또는 현저히 곤란하게 하였거나, 그러한 조치가 불필요하다고 믿게 하는 행동을 하였거나, 객관적으로 채권자가 권리를 행사할 수 없는 장애사유가 있었거나, 또는 일단 시효완성 후에 채무자가 시효를 원용하지 아니할 것 같은 태도를 보여 권리자로 하여금 그와 같이 신뢰하게 하였거나, 채권자 보호의 필요성이 크고 같은 조건의 다른 채권자가 채무의 변제를 수령하는 등의 사정이 있어 채무이행의 거절을 인정함이 현저히 부당하거나 불공평하게 되는 등의 특별한 사정이 있는 경우에는 채무자가 소멸시효의 완성을 주장하는 것이 신의성실의 원칙에 반하여 권리남용으로서 허용될 수 없다(대판 2017. 2. 15., 2014다230535).

[판례 2] 소멸시효 항변은 당사자의 주장이 있어야만 법원의 판단대상이 되는지 여부

(부동산잔잔대금등을 청 구한 민사사건에서) 민사소송절차에서 변론주의 원칙은 권리의 발생·변경·소멸이라는 법률효과 판단의 요건이 되는 주요사실에 관한 주장·증명에 적용된다. 따라서 권리를 소멸시키는 소멸시효 항변은 변론주의 원칙에 따라 당사자의 주장이 있어야만 법원의 판단대상이 된다(대판 2017. 3. 22., 2016다258124).

[참고조문]

국가재정법 제96조(금전채권·채무의 소멸시효) ① 금전의 급부를 목적으로 하는 국가의 권리로서 시효에 관하여 다른 법률에 규정이 없는 것은 5년 동안 행사하지 아니하면 시효로 인하여 소멸한다(판례 1, 2).

② 국가에 대한 권리로서 금전의 급부를 목적으로 하는 것도 또한 제 1 항과 같다.

③ 금전의 급부를 목적으로 하는 국가의 권리의 경우 소멸시효의 중단·정지 그 밖의 사항에 관하여 다른 법률의 규정이 없는 때에는 「민법」의 규정을 적용한다. 국가에 대한 권리로서 금전의 급부를 목적으로 하는 것도 또한 같다.

④ 법령의 규정에 따라 국가가 행하는 납입의 고지는 시효중단의 효력이 있다.

[판례 1] 국가채무의 단기소멸시효 필요성

(국가에 대한 금전채권의 소멸시효를 5년으로 제한하는 국 가재정법 제96조 제 1 항 등의 위헌 여부를 다툰 사건에서) 국가의 재정은 세입·세출계획인 예산을 통하여 이루어지고 예산은 회계연도단위로 편성되어 시행된다. 따라서 국가가 금전채권을 가지거나 금전채무를 부담하고 오랜 세월이 지난 뒤에도 언제든지 채권자가 채권을 행사할 수 있다면 국가의 채

권채무관계가 상당한 기간 확정되지 못하게 되고 결국 예산수립 시 예측가능성이 떨어짐으로써 국가재정의 안정적이고 효율적인 운용이 어려워진다. 따라서 국가채무에 대하여 단기소멸시효를 두는 것은 국가의 채권, 채무관계를 조기에 확정하고 예산 수립의 불안정성을 제거하여 국가재정을 합리적으로 운용하기 위한 것이다($\binom{헌재\ 2018.\ 2.\ 22.}{2016헌바470}$).

> [판례 2] **지방재정법 제82조(금전채권과 채무의 소멸시효)의 의의**
> ($\binom{행정청이\ 화물자동차\ 유가보조금을\ 부정하게\ 교부받은\ 운송사업자등으로부터\ 부정수급액을\ 반환받을\ 권리에\ 대해\ 지}{방재정법\ 제82조\ 제1항의\ 5년\ 소멸시효가\ 적용되는지\ 여부\ 및\ 적용된다면\ 그\ 기산점이\ 언제인지가\ 문제된\ 사건에서}$) 지방재정법
> 제82조는 금전 지급의 발생원인이 무엇이든지 위와 같은 권리에 대해서는 다른 법률에 이보다 짧은 기간의 소멸시효의 규정이 있는 경우 외에는 소멸시효기간을 5년으로 정한 것이다($\binom{대판\ 2019.\ 10.\ 17.}{2019두33897}$).

(3) 제척기간　제척기간이란 법률이 예정하고 있는 권리의 존속기간을 의미한다($\binom{예:\ 행정소}{송법상\ 제}$ $\binom{소기}{간}$). 제척기간은 기간의 경과로 권리의 소멸효과가 발생한다는 점에서는 소멸시효와 동일하나($\binom{판}{례}$), 소급효가 없고 시효에서 보는 중단제도가 없다는 점에서 구별된다. 제척기간 제도는 법률관계의 신속한 확정을 목적으로 한다. 행정기본법은 제재처분의 제척기관에 관한 규정을 두고 있다($\binom{기본법}{제23조}$). 그밖에 제척기간의 예로 행정심판 제기기간($\binom{행심법}{제27조}$), 행정소송 제소기간($\binom{행소법}{제20조}$), 공익사업을 위한 사업인정의 실효기간($\binom{토상법}{제23조}$), 국세 부과의 제척기간($\binom{국세법\ 제}{26조의2}$) 등을 볼 수 있다.

> [판례] **사회보장수급권 행사기간의 성격**
> ($\binom{육아휴직기간이\ 종료된\ 때부터\ 12개월\ 이내에\ 신청하도록\ 한\ 고용보험법\ 제70조\ 제2항이}{강행규정인지,\ 훈시규정인지\ 여부를\ 쟁점으로\ 한\ 육아휴직급여부지급등처분취소의\ 소에서}$) 육아휴직급여 청구권 등 사회보장수급권의 경우에도 관계 법령에서 달리 규정하지 않은 이상, 수급권자의 관할 행정청에 대한 **추상적 권리의 행사**($\binom{급여\ 지}{급\ 신청}$)에 관한 기간은 **제척기간**으로, 관할 행정청의 지급결정이 있은 후 수급권자의 **구체적 권리의 행사**($\binom{청구,\ 당사}{자소송\ 제기}$)에 관한 기간은 소멸시효로 이해하는 것이 자연스럽다($\binom{대판\ 2021.}{3.\ 18.\ 2018}$ 두47264 전원합의체).

Ⅲ. 공법상 사무관리·부당이득

1. 공법상 사무관리

(1) 사무관리의 의의　사무관리란 법률상 의무 없이 타인을 위하여 사무를 관리하는 행위를 말한다($\binom{민법}{제734조}$). 법이 사무관리제도를 두는 것은 의무 없이 임의로 한 행위일지라도 그것이 본인에 이익이 되는 행위라면 그것을 시인하여 본인과 관리자 상호간의 이해를 조절하는 것이 보다 합리적이라 보았기 때문이다. 사무관리의 유형은 ① 행정주체의 다른 행정주체를 위한 사무관리, ② 행정주체의 사인을 위한 사무관리, ③ 사인의 행정주체를 위한 사무관리, ④ 사인의 다른 사인을 위한 사무관리로 구분된다. 공법상 사무를 수행하는 범위 안에서 ①·②·③은 공법상 사무관리의 문제가 되며, ④는 원칙적으로 사법상 사무관리의 문제이다.

(2) 행정법상 사무관리의 인정 여부　　　사무관리의 법제도가 공법에서도 존재한다는 것은 원칙적으로 시인되고 있다(判例). 공법상 사무관리의 예로 ① 국가의 특별감독 밑에 있는 사업에 대하여 감독권의 작용으로서 강제적으로 관리하는 경우, ② 재해시에 행하는 구호, ③ 시·군에서 행하는 행려병자·사자의 관리, ④ 그리고 개인이 행하는 것으로 비상재해시 임의적인 행정사무의 일부의 관리 등이 언급된다.

[판례]　사인(私人)이 의무 없이 국가의 사무를 처리한 경우 사무관리의 성립요건

(주원환경 주식회사가 대한민국을 상대로 용역비를 구한 사건에서) 사무관리가 성립하기 위하여는 우선 **그 사무가 타인의 사무이고 타인을 위하여 사무를 처리하는 의사.** 즉 관리의 사실상의 이익을 타인에게 귀속시키려는 의사가 있어야 하며, 나아가 그 사무의 처리가 본인에게 불리하거나 본인의 의사에 반한다는 것이 명백하지 아니할 것을 요한다. 다만 **타인의 사무가 국가의 사무인 경우,** 원칙적으로 사인이 법령상의 근거 없이 국가의 사무를 수행할 수 없다는 점을 고려하면, 사인이 처리한 국가의 사무가 사인이 국가를 대신하여 처리할 수 있는 성질의 것으로서, 사무 처리의 긴급성 등 국가의 사무에 대한 사인의 개입이 정당화 되는 경우에 한하여 사무관리가 성립하고, 사인은 그 범위 내에서 국가에 대하여 국가의 사무를 처리하면서 지출된 필요비 내지 유익비의 상환을 청구할 수 있다(대판 2014. 12. 11, 2012다15602).

---

(3) 적용법규　　　공법상 사무관리에 관한 일반법은 없다. 따라서 특별규정이 없는 한 법의 일반원리라 할 민법상 사무관리에 관한 규정(민법 제734조 내지 제740조)을 유추적용하여 관리자와 피관리자 사이의 이해가 조절되어야 할 것이다.

2. 공법상 부당이득

(1) 부당이득의 의의　　　부당이득이란 법률상 원인 없이 타인의 재산 또는 노무로 인하여 이익을 얻고 이로 인하여 타인에게 손해를 가하는 것(예: 무자격자의 연금수령, 무효인 과세처분에 따른 세금징수)을 말한다. 그 이익은 반환되어야 한다(민법 제741조). 부당이득의 법리는 형평의 이념에 입각한 것이다.

(2) 적용법규　　　공법상 부당이득에 관한 일반법은 없다. 따라서 특별규정이 없는 한 법의 일반원리라 할 민법상 부당이득에 관한 규정(민법 제741조 내지 제749조)이 유추적용되어야 할 것이다. 공법상 부당이득에 관한 특별규정도 적지 않다(예: 국세법 제51조 내지 제54조; 관세법 제22조 제 3 항; 우편법 제25조).

(3) 부당이득반환청구권의 성질

1) 학　　설　　　학설은 공권설과 사권설로 나뉜다.

(개) 공 권 설　　　동 청구권의 발생원인이 공법상의 것이므로 동 청구권은 공권이라는 견해이다. 공권설에 따르면 동 청구권에 관한 분쟁은 행정소송법상 당사자소송에 의하게 된다.

(내) 사 권 설　　　동 청구권은 순수 경제적인 관점에서 이해조절을 위한 것이고, 또한 동 부당이득의 문제가 행정행위에 의해 생긴 경우에도 그 행정행위가 무효이거나 취소된 때 발생하는 것이므로 부당이득의 문제가 생긴 때에는 이미 법률상의 원인은 없는 것이고, 또한 부당이득은

오로지 경제적 이해조정의 견지에서 인정되므로 사법상의 것과 구별할 필요가 없으므로 동 청구권은 사권이라는 견해이다. 사권설에 따르면 동 청구권에 관한 분쟁은 민사소송에 의한다.

　　2) 판　　례　　판례는 조세부과처분의 무효를 이유로 한 세금반환청구소송(대결 1991. 2. 6. 90프2)과 개발부담금부과처분의 직권취소를 이유로 한 부담금반환청구소송(대판 1995. 12. 22. 94다51253)은 당사자소송이 아닌 민사소송절차에 따라야 한다고 하여 사권설을 취한다.

　　3) 사　　견　　공법상의 부당이득반환청구권은 공법상 원인에 의해 발생된 것이고, 행정소송법 제3조 제2호(당사자소송: 행정청의 처분등을 원인으로 하는 법률관계에 관한 소송 그 밖에 공법상의 법률관계에 관한 소송으로서 그 법률관계의 한쪽 당사자를 피고로 하는 소송)의 입법취지에 비추어 볼 때 공법상의 부당이득반환청구권을 공권으로 보고 이에 관한 소송은 공법상 당사자소송에 의하여야 한다고 보는 것이 타당하다.

　　(4) 부당이득의 유형　　부당이득에는 행정주체의 부당이득과 사인의 부당이득이 있다.

[행정주체의 부당이득의 예]　① 행정행위에 근거하여 행정주체에 이득이 생겼으나, 그 후 그 행정행위가 무효임이 판명되거나(판례) 하자를 이유로 취소되어 기존의 이득의 근거가 없어지는 경우. 후자의 경우 취소되기 전까지는 부당이득이 되지 아니하며, 또한 형식적 존속력이 생겨나면 반환청구는 불가능해진다. 다만 형식적 존속력이 생겨난 후라도 처분청에 의한 직권취소가 있게 되면 반환청구는 가능하다. ② 국가가 사유지를 무단 사용하는 경우.

〔판례〕 당연무효인 변상금부과처분에 의하여 납부하거나 징수당한 오납금의 법적 성질 및 이 오납금에 대한 부당이득반환청구권의 소멸시효 기산점

(원고의 서울특별시에 대한 부당이득금반환청구소송에서) 변상금부과처분이 당연무효인 경우에 이 변상금부과처분에 의하여 납부자가 납부하거나 징수당한 오납금은 지방자치단체가 법률상 원인 없이 취득한 부당이득에 해당하고, 이러한 오납금에 대한 납부자의 부당이득반환청구권은 처음부터 법률상 원인이 없이 납부 또는 징수된 것이므로 납부 또는 징수시에 발생하여 확정되며, 그 때부터 소멸시효가 진행한다(대판 2005. 1. 27. 2004다50143).

[사인의 부당이득의 예]　① 사인의 이득이 행정행위에 근거하였으나 그 행정행위가 무효 또는 취소되는 경우. ② 사인이 국유지를 무단사용하는 경우.

[기출사례] 제7회 변호사시험(2018년) 문제·답안작성요령 ☞ PART 4 [1-5]

[기출사례] 제57회 사법시험(2015년) 문제·답안작성요령 ☞ PART 4 [2-52]

[기출사례] 제57회 5급공채(2013년) 문제·답안작성요령 ☞ PART 4 [2-53]

Ⅳ. 사인의 공법행위

1. 일 반 론

(1) 사인의 공법행위의 관념

　　1) 사인의 공법행위의 의의　　일반적으로 사인의 공법행위란 공법관계에서 사인이 공법적 효과의 발생을 목적으로 하는 행위를 의미한다.

2) 사인의 공법행위의 특색　　① 사인의 공법행위나 행정행위 모두 공법적 효과의 발생을 목적으로 하는 점은 동일하다. 그러나 사인의 공법행위의 경우에는 행정행위가 갖는 내용상 구속력·공정력·구성요건적 효력·존속력·집행력 등과 같은 우월적인 효력을 갖지 못한다. ② 사인이 행위의 주체이고, 성질도 비권력적이라는 점은 사법행위와 사인의 공법행위의 공통점이다. 그러나 사법행위는 당사자 간에 이해조절을 목적으로 하는 것이나 사인의 공법행위는 행정목적($^{공}_{익}$)의 실현을 목표로 하는 점에서 다르다. 이 때문에 사인의 공법행위에 적용될 법원리는 사법행위와 다를 수밖에 없다.

(2) 사인의 공법행위의 일반법　　현재로서 사인의 공법행위에 관한 전반적인 사항을 규율하는 일반법은 없다. 다만, 자체완성적 공법행위($^{자족적}_{공법행위}$)로서 신고와 관련하여 행정절차법에, 그리고 민원의 처리와 관련하여 민원 처리에 관한 법률에 몇 개의 원칙적인 규정이 있다.

(3) 사인의 공법행위의 유형

1) 자체완성적 공법행위　　사인의 어떠한 행위가 그 행위 자체만으로 일정한 법적 효과를 가져올 때, 이를 자체완성적 공법행위라 한다($^{예: 선거시 투표, 혼인·}_{이혼·출생·사망의 신고}$). 자기완결적 공법행위, 자족적 공법행위 등으로 부르기도 한다. 자체완성적 공법행위로서 신고가 있으면 형식적 요건에 하자가 없는 한 신고의 도달로서 신고의 효력이 발생한다($^{대판 1998. 4. 24,}_{97도3121}$). 자체완성적 공법행위인 신고의 수리행위는 항고소송의 대상이 되는 행정처분이 아니다.

2) 행정요건적 공법행위　　사인의 어떠한 행위가 행정청이 발령하는 특정행위의 전제요건인 경우, 그 사인의 행위를 행정요건적 공법행위라 한다($^{예: 특허·허가의 신청, 입대지원,}_{청원·소청, 행정심판의 제기}$). 행정요건적 공법행위를 행정행위 등의 동기 또는 요건적 행위, 행위요건적 공법행위 등으로 부르기도 한다. 행정절차법은 행정요건적 공법행위로서의 신청과 관련하여 문서에 의한 신청($^{제17조}_{제 1 항}$), 편람비치($^{제17조}_{제 3 항}$), 의무적 접수($^{제17조}_{제 4 항}$), 보완요구($^{제17조}_{제 5 항}$) 등을 규정하고 있다.

(4) 사인의 공법행위의 적용법규　　사인의 공법행위에 관한 일반법은 없다. 따라서 특별규정이 없는 경우, 사법규정의 유추적용 등에 관한 검토가 필요하다.

1) 의사능력·행위능력　　의사능력 없는 자의 행위는 무효로 볼 것이다. 그러나 행위능력의 경우, 명문의 규정이 있는 경우도 있으나($^{예: 우편법 제10조;}_{도교법 제82조}$) 명문의 규정이 없다면 재산상의 행위에 관한 한 민법규정이 유추적용된다는 것이 일반적인 견해이다.

[참고조문] 우편법 제10조(제한능력자의 행위에 관한 의제)　우편물의 발송·수취나 그 밖에 우편 이용에 관하여 제한능력자가 우편관서에 대하여 행한 행위는 능력자가 행한 것으로 본다.
도로교통법 제82조(운전면허의 결격사유)　① 다음 각 호의 어느 하나에 해당하는 사람은 운전면허를 받을 수 없다.
1. 18세 미만(원동기장치자전거의 경우에는 16세 미만)인 사람

2) 대　　리　　대리에 관한 일반적 규정으로 행정절차법 제12조가 있다. 행정절차법 제12조가 적용되지 아니하는 영역에서 대리가 인정될 것인가의 여부와 관련하여 볼 때, 일신전속

적인 행위는 대리가 허용될 수 없지만, 그렇지 않은 행위는 대리에 관한 민법규정이 유추적용될 수 있다고 볼 것이다$\binom{일반적}{견해}$. 대리를 금지하는 법률도 볼 수 있다$\binom{예: 병역법}{제87조 제1항}$.

3) 행위의 형식　　요식행위의 경우$\binom{예: 행심법}{제28조}$에는 그에 따라야 한다. 행정절차법은 행정청에 대하여 어떠한 처분을 구하는 신청은 원칙적으로 문서로 하도록 규정하고 있다$\binom{절차법 제17조}{제1항 본문}$.

4) 효력발생시기　　특별규정이 없는 한 도달주의가 적용되어야 한다. 도달의 입증책임은 발신인이 부담한다. 실정법은 발신인의 이익을 위하여 발신주의를 택하기도 한다$\binom{국세법}{제5조의2}$.

5) 의사표시　　일반적인 규정은 없다. 특별규정이 없는 한 민법규정이 유추적용된다고 볼 것이다. 일반적 견해도 같은 입장이다. 성질상 적용이 불가능한 경우도 있다. 판례는 "공법행위인 영업재개신고에 민법 제107조의 비진의의사표시의 법리는 적용되지 아니한다$\binom{대판 1978. 7. 25.}{76누276}$"고 하였으며 "일반적으로 국가 또는 지방자치단체의 공무원이 사직의 의사를 표시하여 의원면직처분을 하는 경우에 그 사직의 의사표시는 그 법률관계의 특수성에 비추어 객관적으로 표시된 바를 존중하여야 할 것이다$\binom{대판 1986. 8. 19.}{86누81}$"라고 하여 원칙적으로 표시주의를 취하고 있다.

6) 보완·변경·철회　　보완·변경·철회에 관한 일반적 규정으로 행정절차법 제17조 제8항이 있다. 이 조항이 적용되지 아니하는 영역에서 보완·변경·철회가 인정될 것인가의 여부와 관련하여 볼 때, 명문으로 금지되거나 성질상 불가능한 경우$\binom{예: 각종 선거}{시 투표행위}$가 아닌 한 사인의 공법행위는 그에 의거한 행정행위가 성립할 때까지 자유로이 보완·변경·철회를 할 수 있다고 볼 것이다$\binom{판례}{1, 2}$.

> [판례 1]　공무원의 사직의 의사표시의 철회·취소의 시기
> $\binom{1980년의 공직자숙정계획의 일환으로 일괄사표의 제출과 선별수리의 형식에 의해 의원면직된}{원고가 임용권자인 피고(인천광역시 중구청장)를 상대로 면직무효확인등을 구한 사건에서}$ 인천 중구청 공무원이 한 사
> 직 의사표시의 철회나 취소는 그에 터잡은 인천 중구청장의 의원면직처분이 있을 때까지 할 수 있는
> 것이고, 일단 면직처분이 있고 난 이후에는 철회나 취소할 여지가 없다$\binom{대판 2001. 8. 24.}{99두9971}$.

> [판례 2]　사인의 공법행위의 철회·보정의 가능성
> $\binom{경기도 성남시장을 피고로 한 도시계획시설사업시}{행자지정및실시계획인가취소처분취소소송에서}$ 사인의 공법상 행위는 명문으로 금지되거나 성질상 불가능
> 한 경우가 아닌 한 그에 따른 행정행위가 행하여질 때까지 자유로이 철회하거나 보정할 수 있다
> $\binom{대판 2014. 7. 10.}{2013두7025}$.

7) 부　　관　　사법의 경우와 달리 행정법관계의 명확성, 신속한 확정의 요청상 명문의 규정이 없는 한 사인의 공법행위에는 부관을 붙일 수 없다. 일반적 견해의 입장이기도 하다. 다만, 판례는 조건부 사인의 공법행위도 유효하다는 태도이다$\binom{대판 1994. 1. 11.}{93누10057}$.

(5) 사인의 공법행위의 효과

1) 처리의무(일반적 효과)　　처리의무에 관한 일반적 규정으로 행정절차법 제19조 등이 있다. 이 조문은 처리기간 내의 처리의무$\binom{절차법 제19}{조 제4항}$, 처리기간의 연장$\binom{절차법 제19}{조 제2항}$ 등을 규정하고 있

다. 이러한 조항이 적용되지 아니하는 영역에서도 적법한 사인의 공법행위가 있으면, 행정청은 처리의무를 부담한다고 볼 것이다. 개별 법령에 정함이 있다면 그에 의할 것이다.

2) 처리의무의 불이행과 권리보호　　처리기간이 경과하면 경우에 따라 거부처분으로 간주되기도 하고$\binom{구\ 국세법\ 제65조}{제5항,\ 제81조}$, 인용처분으로 간주되기도 한다$\binom{구\ 주민법\ 제17}{조의3\ 제5항}$. 행정청이 정당한 처리기간 내에 처리하지 아니하였을 때에는 신청인은 해당 행정청 또는 그 감독 행정청에 신속한 처리를 요청할 수 있다$\binom{절차법\ 제19}{조\ 제4항}$.

(6) 사인의 공법행위의 하자

1) 자체완성적 공법행위　　예컨대, 수리를 요하지 아니하는 신고의 경우, 신고에 하자가 있다면 보정되기까지는 신고의 효과가 발생하지 아니한다. 보정되기 전에 영업한다면, 그것은 무신고영업으로서 불법영업이 된다.

2) 행정요건적 공법행위　　행정요건적 사인의 공법행위에서 행정행위의 발령을 구하는 사인의 신청·신고·동의 등을 함에 있어 의사와 표시에 불일치가 있는 경우, 하자 있는 사인의 공법행위에 따른 행정행위는 어떠한 영향을 받는지가 문제된다.

(가) 제 1 설　　① 사인의 공법행위가 행정행위의 발령의 단순한 동기에 불과한 경우에 사인의 공법행위의 흠결은 행정행위의 효력에 영향을 미치지 않는다. ② 문제는 사인의 공법행위가 행정행위의 발령의 필수적인 전제요건인 경우인데, 이때 사인의 공법행위의 무효 또는 적법한 철회는 그에 따른 행정행위를 무효로 만든다고 한다. 그러나 사인의 공법행위에 단순한 위법사유가 있을 때에는 행정행위는 원칙적으로 유효라고 한다$\binom{김동희,}{류지태}$.

(나) 제 2 설　　① 원칙상 취소할 수 있는 행정행위라고 보는 견해이다. 만일 사인의 공법행위가 행정행위의 효력을 좌우하는 것이 된다면 사인이 행정행위를 형성하는 것이 되어 행정청의 일방적 행위로서의 행정행위의 속성에 합치되지 않는다는 점과 행정쟁송제도가 잘 정비되어 있는 오늘날 취소의 원칙이 사인의 권리구제에 큰 지장을 주지 않으며 법적 안정성에도 도움을 준다는 것을 그 논거로 하고 있다. ② 다만, 법이 개별적으로 상대방의 동의를 행정행위의 효력 발생요건으로 정하고 있는 경우$\binom{공무원의}{임명\ 등}$에 그에 동의하지 않은 경우, 행정행위가 공문서의 교부를 통하여 행해지는데 상대방이 그의 수령을 거부하는 경우, '신청을 요하는 행정행위'에 있어 신청의 결여가 명백한 경우에는 예외로서 무효로 본다$\binom{김남진·}{김연태}$.

(다) 판　례　　대법원의 일반적인 입장은 없고, 사안별로 해결하고 있다. 즉 강박에 의한 의사표시에 이르지 않은 경우는 행정행위의 효력에 영향이 없지만$\left[\substack{판례\\1}\right]$, 공포심에 따른 사직서의 교부로 이루어진 면직처분은 위법하고$\left[\substack{판례\\2}\right]$, 사인의 동의가 처분청의 기망과 강박에 따른 것이라는 이유로 취소된 경우 그에 따른 골재채취허가취소처분은 위법하다고 한다$\left[\substack{판례\\3}\right]$.

판례 1　공무원이 감사기관이나 상급관청 등의 강박에 의하여 사직서를 제출한 경우, 그 강박의 정도와 당해 사직서에 터잡은 면직처분의 효력

(원고가 익산시장을 상대로 한 의 원면직처분취소를 구한 사건에서) 사직서의 제출이 감사기관이나 상급관청 등의 **강박에 의한 경우에는 그 정도가 의사결정의 자유를 박탈할 정도에 이른 것이라면 그 의사표시가 무효로 될 것이고** 그렇지 않고 **의사결정의 자유를 제한하는 정도에 그친 경우라면 그 성질에 반하지 아니하는 한 의사표시에 관한 민법 제110조의 규정을 준용하여 그 효력을 따져보아야 할 것이나**, 감사담당 직원이 당해 공무원에 대한 비리를 조사하는 과정에서 사직하지 아니하면 징계파면이 될 것이고 또한 그렇게 되면 퇴직금 지급상의 불이익을 당하게 될 것이라는 등의 **강경한 태도를 취하였다고 할지라도 그 취지가 단지 비리에 따른 객관적 상황을 고지하면서 사직을 권고·종용한 것에 지나지 않고 위 공무원이 그 비리로 인하여 징계파면이 될 경우 퇴직금 지급상의 불이익을 당하게 될 것 등 여러 사정을 고려하여 사직서를 제출한 경우라면 그 의사결정이 의원면직처분의 효력에 영향을 미칠 하자가 있었다고는 볼 수 없다**(대판 1997. 12. 12. 97누13962).

판례 2　공포심에 따른 사직서교부에 따른 면직처분의 위법성

(원고가 서울특별시장을 상대로 면직처분취소를 구한 사건에서) 조사기관에 소환당하여 구타당하리라는 **공포심에서 조사관의 요구를 거절치 못하고 작성교부한 사직서이라면 이를 본인의 진정한 의사에 의하여 작성한 것이라 할 수 없으므로 그 사직원에 따른 면직처분은 위법이다**(대판 1968. 3. 19. 67누164).

판례 3　허가취소처분에 대한 사인의 동의가 처분청의 기망과 강박에 따른 것인 경우, 허가취소처분의 위법 여부

(골재채취허가취소처 분을 다툰 사건에서) 처분청인 피고가 당초의 골재채취허가를 취소한 것이 오로지 피고 자신이 골재의 채취와 반출에 대한 감독을 할 수 없다는 내부적사정에 따른 것이라면, 골재채취허가를 취소할 만한 정당한 사유가 될 수 없고, 상대방인 원고가 **이 사건 골재채취허가취소처분에 대하여 한 동의가 피고측의 기망과 강박에 의한 의사표시라는 이유로 적법하게 취소되었다면, 위 동의는 처음부터 무효인 것이 되므로 이 사건 골재채취허가취소처분은 위법한 것이다**(대판 1990. 2. 23. 89누7061).

　　(라) 사　　견　　① 사인의 신청이 없거나 사인의 신청이 적법하게 철회되었음에도 불구하고 발령된 행정행위는 무효이다. ② 사인의 공법행위의 흠결이 명백하고 중대한 경우 그에 따른 행정행위는 무효이고, 그러하지 아니한 흠결의 경우에는 취소할 수 있는 행위로 볼 것이다.

[기출사례] 제56회 5급공채(일반행정)(2012년) 문제·답안작성요령 ☞ PART 4 [1–6]

2. 민　　원

(1) 민원의 의의

1) 민원의 유형　　민원에 관한 일반법인 민원 처리에 관한 법률은 민원을 일반민원과 고충민원으로 구분하고, 일반민원은 다시 법정민원·질의민원·건의민원·기타민원으로 구분하고 있다(민원법 제 2 조 제 1 호). 이 법률에서 말하는 일반민원 중 특히 법정민원은 학문상 사인의 공법행위에 해당하며, 이러한 행위에는 행정절차법도 적용된다고 볼 것이다.

2) 법정민원　　이 법률에서 법정민원이란 "법령·훈령·예규·고시·자치법규 등$\left(\begin{smallmatrix}\text{이하 "관계}\\ \text{법령등"이}\\ \text{라 한}\end{smallmatrix}\right)$에서 정한 일정 요건에 따라 인가·허가·승인·특허·면허 등을 신청하거나 장부·대장 등에 등록·등재를 신청 또는 신고하거나 특정한 사실 또는 법률관계에 관한 확인 또는 증명을 신청하는 민원"을 말한다$\left(\begin{smallmatrix}\text{민원법 제2조}\\ \text{제1호 가목 1)}\end{smallmatrix}\right)$.

(2) 민원의 신청과 접수

1) 민원의 신청　　민원의 신청은 문서$\left(\begin{smallmatrix}\text{「전자정부법」 제2조 제7호에 따른}\\ \text{전자문서를 포함한다. 이하 같다}\end{smallmatrix}\right)$로 하여야 한다. 다만, 기타민원은 구술(口述) 또는 전화로 할 수 있다$\left(\begin{smallmatrix}\text{민원법}\\ \text{제8조}\end{smallmatrix}\right)$.

2) 민원의 접수 등　　행정기관의 장은 민원의 신청을 받았을 때에는 다른 법령에 특별한 규정이 있는 경우를 제외하고는 그 접수를 보류하거나 거부할 수 없으며, 접수된 민원문서를 부당하게 되돌려 보내서는 아니 된다$\left(\begin{smallmatrix}\text{민원법 제9}\\ \text{조 제1항}\end{smallmatrix}\right)$. 행정기관의 장은 민원을 접수·처리할 때에 민원인에게 관계법령등에서 정한 구비서류 외의 서류를 추가로 요구하여서는 아니 된다$\left(\begin{smallmatrix}\text{민원법 제10}\\ \text{조 제1항}\end{smallmatrix}\right)$.

3) 민원문서의 이송　　행정기관의 장은 접수한 민원이 다른 행정기관의 소관인 경우에는 접수된 민원문서를 지체 없이 소관 기관에 이송하여야 한다$\left(\begin{smallmatrix}\text{민원법 제16}\\ \text{조 제1항}\end{smallmatrix}\right)$.

(3) 처리결과의 통지

1) 문서로 통지　　행정기관의 장은 접수된 민원에 대한 처리를 완료한 때에는 그 결과를 민원인에게 문서로 통지하여야 한다. 다만, 기타민원의 경우와 통지에 신속을 요하거나 민원인이 요청하는 등 대통령령으로 정하는 경우에는 구술 또는 전화로 통지할 수 있다$\left(\begin{smallmatrix}\text{민원법 제27}\\ \text{조 제1항}\end{smallmatrix}\right)$.

2) 거부이유와 구제절차의 통지　　행정기관의 장은 제1항에 따라 민원의 처리결과를 통지할 때에 민원의 내용을 거부하는 경우에는 거부 이유와 구제절차를 함께 통지하여야 한다$\left(\begin{smallmatrix}\text{민원법 제27}\\ \text{조 제2항}\end{smallmatrix}\right)$.

(4) 법정민원의 특례

1) 사전심사의 청구 등　　민원인은 법정민원 중 신청에 경제적으로 많은 비용이 수반되는 민원 등 대통령령으로 정하는 민원에 대하여는 행정기관의 장에게 정식으로 민원을 신청하기 전에 미리 약식의 사전심사를 청구할 수 있다$\left(\begin{smallmatrix}\text{민원법 제30}\\ \text{조 제1항}\end{smallmatrix}\right)$. 행정기관의 장은 제1항에 따라 사전심사가 청구된 법정민원이 다른 행정기관의 장과의 협의를 거쳐야 하는 사항인 경우에는 미리 그 행정기관의 장과 협의하여야 한다$\left(\begin{smallmatrix}\text{민원법 제30}\\ \text{조 제2항}\end{smallmatrix}\right)$.

2) 복합민원의 처리　　행정기관의 장은 복합민원을 처리할 주무부서를 지정하고 그 부서로 하여금 관계 기관·부서 간의 협조를 통하여 민원을 한꺼번에 처리하게 할 수 있다$\left(\begin{smallmatrix}\text{민원법}\\ \text{제31조}\end{smallmatrix}\right)$. "복합민원"이란 하나의 민원 목적을 실현하기 위하여 관계법령등에 따라 여러 관계 기관$\left(\begin{smallmatrix}\text{민원과 관련된}\\ \text{단체·협회 등}\\ \text{을 포함한다.}\\ \text{이하 같다}\end{smallmatrix}\right)$ 또는 관계 부서의 인가·허가·승인·추천·협의 또는 확인 등을 거쳐 처리되는 법정민원을 말한다$\left(\begin{smallmatrix}\text{민원법 제2}\\ \text{조 제5호}\end{smallmatrix}\right)$.

3) 민원 1회방문 처리제　　행정기관의 장은 복합민원을 처리할 때에 그 행정기관의 내부에서 할 수 있는 자료의 확인, 관계 기관·부서와의 협조 등에 따른 모든 절차를 담당 직원이 직

접 진행하도록 하는 민원 1회방문 처리제를 확립함으로써 불필요한 사유로 민원인이 행정기관을 다시 방문하지 아니하도록 하여야 한다(민원법 제32조 제 1 항). 행정기관의 장은 제 1 항에 따른 민원 1회방문 처리에 관한 안내와 상담의 편의를 제공하기 위하여 민원 1회방문 상담창구를 설치하여야 한다(민원법 제32조 제 2 항).

4) 행정쟁송

(개) 이의신청　　　법정민원에 대한 행정기관의 장의 거부처분에 불복하는 민원인은 그 거부처분을 받은 날부터 60일 이내에 그 행정기관의 장에게 문서로 이의신청을 할 수 있다(민원법 제35조 제 1 항). 행정기관의 장은 이의신청을 받은 날부터 10일 이내에 그 이의신청에 대하여 인용 여부를 결정하고 그 결과를 민원인에게 지체 없이 문서로 통지하여야 한다. 다만, 부득이한 사유로 정하여진 기간 이내에 인용 여부를 결정할 수 없을 때에는 그 기간의 만료일 다음 날부터 기산(起算)하여 10일 이내의 범위에서 연장할 수 있으며, 연장 사유를 민원인에게 통지하여야 한다(민원법 제35조 제 2 항).

(내) 행정심판과 행정소송　　　민원인은 제 1 항에 따른 이의신청 여부와 관계없이 「행정심판법」에 따른 행정심판 또는 「행정소송법」에 따른 행정소송을 제기할 수 있다(민원법 제35조 제 3 항).

3. 사인의 공법행위로서 신고

(1) 신고의 관념

1) 신고의 개념　　　신고의 개념을 정의하는 일반법은 없다. 일반적으로 사인의 공법행위로서 신고란 「사인이 공법적 효과의 발생을 목적으로 행정주체에 대하여 일정한 사실을 알리는 행위」로 이해된다. 사인의 공법행위로서 신고에는 행정청의 수리를 요하지 않는 신고(자체완성적 공법행위로서 신고, 자기완결적 신고)와 행정청의 수리를 요하는 신고(행정요건적 공법행위로서 신고)가 있다. 단순한 사실로서의 신고는 여기서 말하는 법적 행위로서 신고에 해당하지 아니한다(판례 1, 2).

> 광의의 신고=수리를 요하지 않는 신고(본래적 의미의 신고, 협의의 신고)+수리를 요하는 신고(등록)

판례 1　신고사항이 아닌 신고를 수리한 경우, 그 수리가 취소소송의 대상이 되는가의 여부
(안산시장이 상록수현대2차아파트 단지 내 복리시설(주민운동시설)인 테니스장을 배드민턴장으로 용도변경한다는 신고를 수리한다는 통보에 대해 일부의 주민이 용도변경허가처분의 취소를 구한 안산시 상록수현대2차아파트 테니스장 용도변경사건에서) 공동주택 입주민의 옥외운동시설인 테니스장을 배드민턴장으로 변경하고 그 변동사실을 신고하여 관할시장(안산시장)이 그 신고를 수리한 경우, 그 용도변경은 **주택건설촉진법상 신고를 요하는 입주자 공유인 복리시설의 용도변경에 해당하지 아니하므로 그 변동사실은 신고할 사항이 아니고 관할시장이 그 신고를 수리하였다 하더라도 그 수리는 공동주택 입주민의 구체적인 권리의무에 아무런 변동을 초래하지 않는다**는 이유로 항고소송의 대상이 되는 행정처분이 되지 아니한다(대판 2000. 12. 22, 99두455).

판례 2　비신고대상에 대한 수리거부의 처분성 여부
(원고(대한불교조계종 향림사)가 피고 화순군수의 납골시설등설치신고반려처분의 취소를 구한 사건에서) 재단법인이 아닌 종교단체가 설치하고자 하는 납골탑에는

관리사무실, 유족편의시설, 화장한 유골을 뿌릴 수 있는 시설, 그 밖에 필요한 시설물과 주차장을 마련하여야 하나, 위와 같은 시설들은 신고한 납골탑을 실제로 설치·관리함에 있어 마련해야 하는 시설에 불과한 것으로서 이에 관한 사항이 납골탑 설치신고의 신고대상이 되는 것으로 볼 아무런 근거가 없으므로, 종교단체가 납골탑 설치신고를 함에 있어 위와 같은 시설 등에 관한 사항을 신고한 데 대하여 행정청이 그 신고를 일괄 반려하였다고 하더라도 그 반려처분 중 위와 같은 시설 등에 관한 신고를 반려한 부분은 항고소송의 대상이 되는 행정처분이라고 할 수 없다$\binom{\text{대판 2005.}}{\text{2. 25, 2004두4031}}$.

2) 구　별　① 수리를 요하지 않는 신고와 수리를 요하는 신고는 그 효과$\binom{\text{위법한 신고}}{\text{의 경우 포함}}$, 신고에 대한 신고필증의 의미, 신고수리의 의미, 신고수리의 거부처분의 성질 등을 달리한다. ② 행정기본법은 양자의 구분을 법률의 규정을 기준으로 구분한다$\binom{\text{기본법}}{\text{제34조}}$. 법률에 신고의 수리가 필요하다고 명시되어 있는 경우의 신고는 수리를 요하는 신고이고, 법률에 신고의 수리가 필요하다고 명시되어 있지 않는 경우의 신고는 수리를 요하지 않는 신고이다. 법률에 신고의 수리가 필요하다고 명시되어 있다고 하여도 그 수리가 행정기관의 내부 업무 처리 절차로서 수리를 규정한 것이라면, 그러한 신고의 수리는 수리를 요하지 않는 신고이다$\binom{\text{판}}{\text{례}}$.

> [판례] 혼인신고를 하였으나 이중호적에 등재된 경우의 혼인성립의 효력 유무
> $\binom{\text{이혼 및 위자료를}}{\text{구하는 소송에서}}$ 혼인은 호적법에 따라 호적공무원이 그 신고를 수리함으로써 유효하게 성립되는 것이며 호적부에의 기재는 그 유효요건이 아니어서 호적에 적법하게 기재되는 여부는 혼인성립의 효과에 영향을 미치는 것은 아니므로 부부가 일단 혼인신고를 하였다면 그 혼인관계는 성립된 것이고 그 호적의 기재가 무효한 이중호적에 의하였다 하여 그 효력이 좌우되는 것은 아니다 $\binom{\text{대판 1991. 12. 10.}}{\text{91므344}}$.

[참고] 판례에서 「신고를 수리함으로써 유효하게 성립되는 것」이라 한 표현은 적절하지 않다. 「신고가 도달함으로써 유효하게 성립되는 것」이라는 표현을 사용하는 것이 옳았다고 본다. 왜냐하면 신고를 수리하여야만 혼인관계가 성립한다고 하면, 혼인의 성립 여부는 공무원의 손에 의존되는 것인데, 이것은 헌법이 보장하는 국민의 혼인의 자유를 부정하는 것이 되기 때문이다. 그리고 만약 공무원이 상당기간 수리하지 아니하였다고 하여, 그동안 혼인은 성립되지 않는다고 할 수는 없기 때문이다. 이 판결은 행정기본법이 발효하기 전의 것이다.

3) 영업양도 등으로 인한 지위승계신고의 문제

㈎ 지위승계신고에서 신고·수리의 법적 성격

(a) 신고의 법적 성격　관련법령에서 특정 영업을 하기 위해서는 행정청의 허가를 받아야 함을 규정하면서, 이를 양도하는 경우 양수인은 신고할 것을 규정하는 경우, 이러한 신고의 성격이 문제된다. 이러한 경우에도 행정기본법 제34조가 정하는 바에 따라 판단할 것이다.

(b) 신고수리의 법적 성격　판례는 행정청의 지위승계신고수리의 성격을 신규허가가 '사업을 할 수 있는 권리를 설정해 주는 행위'인 것과 마찬가지로 보면서, 구체적으로는 '양도인

의 영업허가취소'와 '양수인의 권리설정행위'로 본다. 따라서 지위승계신고수리를 양수인에 대한 실질적인 허가처분으로 보고 있다$^{(판}_{례)}$. 판례의 견해는 타당하다.

> **판례** 관광진흥법 제8조 제4항의 지위승계신고 수리의 성질
>
> $\binom{피고(부천시 원미구청장)가 피고보조참가인(옹진플레이도시)에게 내준 유원시}{설업허가처분 등에 대하여 원고(주식회사 타이거월드)가 취소를 구한 사건에서}$ 구 관광진흥법$\binom{2010. 3. 31. 법률 제10219}{호로 개정되기 전의 것}$ 제8조 제4항에 의한 지위승계신고를 수리하는 허가관청의 행위는 단순히 양도·양수인 사이에 이미 발생한 사법상의 사업양도의 법률효과에 의하여 양수인이 그 영업을 승계하였다는 사실의 신고를 접수하는 행위에 그치는 것이 아니라, 영업허가자의 변경이라는 법률효과를 발생시키는 행위라고 할 것이다$\binom{대판 2012. 12. 13,}{2011두29144}$.

[참고판례] $\binom{영업권의 양도를}{구한 민사사건에서}$ 관할관청이 양수인의 영업자 지위승계신고를 수리하면 양도인의 기존 영업수행권은 취소되고 양수인에게 새로운 영업수행권이 설정되는 '공중위생영업자 지위 변경'의 공법상 법률효과가 발생한다$\binom{대판 2022. 1. 27,}{2018다259565}$.

[평석] 공중위생관리법상 공중위생영업의 신고 및 폐업신고를 수리를 요하지 않는 신고로 보면, 양수인의 영업자 지위승계신고도 수리를 요하지 않는 신고로 볼 것이며, 따라서 양수인의 적법한 영업자 지위승계신고가 관할관청에 도달하면 영업자 지위승계의 효과가 발생하는 것이지 관할관청의 수리가 있어야 영업자 지위승계의 효과가 발생하는 것으로 볼 것은 아니다.

[기출사례] 제57회 사법시험(2015년) 문제·답안작성요령 ☞ PART 4 [1-7]

(나) 지위승계신고에서 신고수리시 행정절차법의 적용 여부

(a) 신고수리의 성질　　　수리를 요하지 않는 신고에서 수리는 사실적인 행위에 불과하지만, 수리를 요하는 신고에서의 수리는 행정행위의 성질(처분성)을 갖는다$^{(판}_{례)}$.

> **판례** 구 관광진흥법 제8조 제4항의 지위승계신고의 처분성
>
> $\binom{피고(부천시 원미구청장)가 피고보조참가인(옹진플레이도시)에게 내준 유원시}{설업허가처분 등에 대하여 원고(주식회사 타이거월드)가 취소를 구한 사건에서}$ 구 체육시설의 설치·이용에 관한 법률 제20조, 제27조의 각 규정 등에 의하면 체육시설업자로부터 영업을 양수하거나 문화체육관광부령으로 정하는 체육시설업의 시설 기준에 따른 필수시설을 인수한 자가 관계 행정청에 이를 신고하여 행정청이 수리하는 경우에는 종전 체육시설업자는 적법한 신고를 마친 체육시설업자의 지위를 부인당할 불안정한 상태에 놓이게 되므로, 그로 하여금 이러한 수리행위의 적법성을 다투어 법적 불안을 해소할 수 있도록 하는 것이 법치행정의 원리에 맞는다$\binom{대판 2012. 12. 13,}{2011두29144}$.

(b) 행정절차법의 적용 여부　　　수리를 요하지 않는 신고의 수리는 사실행위이므로 행정절차법의 적용이 없다. 그러나 수리를 요하는 신고에서의 수리는 행정행위(처분)의 성질을 가지므로 행정절차법이 적용된다. 따라서 수리를 요하는 신고를 수리하는 것은 양도인에게는 침익적, 양수인에게는 수익적인 복효적인 성격을 가지는 처분이다. 따라서 이러한 신고의 수리는 양도인

에게는 침익적 처분에 해당하므로 수리처분 전에 행정절차법상의 일정한 절차를 거쳐야 한다(판례).

> **판례** 행정청이 구 식품위생법상의 영업자지위승계신고수리처분을 하는 경우, 종전의 영업자에게 행정절차법 소정의 행정절차를 실시하여야 하는지 여부
> (대전광역시 동구청장의 유흥주점영업자지위승계신고수리처분의 취소를 구한 사건에서) 구 식품위생법(2002. 1. 26. 법률 제6627호로 개정되기 전의 것) 제25조 제 2 항, 제 3 항의 각 규정에 의하면, **지방세법에 의한 압류재산 매각절차에 따라 영업시설의 전부를 인수함으로써 그 영업자의 지위를 승계한 자가 관계 행정청에 이를 신고하여 행정청이 이를 수리하는 경우**에는 종전의 영업자에 대한 영업허가 등은 그 효력을 잃는다 할 것인데, 위 규정들을 종합하면 위 행정청이 구 식품위생법 규정에 의하여 **영업자지위승계신고를 수리하는 처분은 종전의 영업자의 권익을 제한하는 처분**이라 할 것이고 따라서 종전의 영업자는 그 처분에 대하여 직접 그 상대가 되는 자에 해당한다고 봄이 상당하므로, 행정청으로서는 위 신고를 수리하는 처분을 함에 있어서 행정절차법 규정 소정의 당사자에 해당하는 **종전의 영업자에 대하여 위 규정 소정의 행정절차를 실시하고 처분을 하여야 한다**(대판 2003. 2. 14, 2001두7015).

(다) 영업의 사실상 양수인이 승계신고 전에 행정청의 양도인에 대한 종전허가취소를 다툴 원고적격이 있는지 여부

(a) 문제상황 양도인과 양수인간에 사업양도를 위한 사법상 계약이 이루어졌다고 하여도 지위승계신고가 되기 전이면 허가를 받은 자는 여전히 양도인이므로, 행정청의 허가취소처분의 상대방은 양도인이다(대판 1993. 6. 8, 91누11544). 양도계약이 있은 후 지위승계신고 전에 행정청이 양도인을 상대로 허가를 취소하였다면, 양수인이 양도인에 대한 허가취소처분을 다툴 원고적격이 있는지가 문제된다. 왜냐하면 양도인 명의의 허가의 효력유지가 자신이 지위승계신고를 함에 있어 전제조건이 되기 때문이다.

(b) 판 례 판례는 당해 영업처분이 대물적 처분이면서 법령에 의한 영업의 승계나 명의(주체)변경제도가 허용되는 경우 사실상의 양수인의 원고적격을 긍정하고 있다. 판례의 입장은 타당하다(박해식)(판례).

> **판례** 양도인에 대한 채석허가 취소처분에 대하여 수허가자의 지위를 양수한 양수인에게 그 취소처분의 취소를 구할 원고적격이 있는지 여부
> (대진산업개발(주)가 통영시장을 상대로 채석허가취소처분취소를 구한 사건에서) **채석허가가 대물적 허가의 성질을 아울러 가지고 있고 수허가자의 지위가 사실상 양도·양수되는 점을 고려하여** 수허가자의 지위를 사실상 양수한 양수인의 이익을 보호하고자 하는 데 있는 것으로 해석되므로, 수허가자의 지위를 양수받아 **명의변경신고를 할 수 있는 양수인의 지위**는 단순한 반사적 이익이나 사실상의 이익이 아니라 산림법령에 의하여 보호되는 직접적이고 구체적인 이익으로서 **법률상 이익이라고 할 것이고**, 채석허가가 유효하게 존속하고 **있다는 것이 양수인의 명의변경신고의 전제가 된다는** 의미에서 관할 행정청이 **양도인에 대하여 채석허가를 취소하는 처분을 하였다면** 이는 양수인의 지위에 대한 직접적 침해가 된다고 할 것이므로 양수인은 채석허가를 취소하는 처분의 취소를 구할 **법률상 이익을 가진다**(대판 2003. 7. 11, 2001두6289).

(라) **지위승계신고수리처분 무효확인소송의 협의의 소의 이익**　　① 사업양도·양수에 따른 지위승계신고수리는 유효한 기본행위의 존재를 전제로 하는 수동적인 행위로서 그 대상인 기본행위의 존재와 불가분의 관련성을 가진다. 따라서 수리의 대상인 기본행위가 존재하지 아니하거나 무효인 때에는 설사 수리를 하였다고 하더라도 그 수리는 유효한 대상이 없는 것으로서 당연히 무효로 보는 것이 학설과 판례($^{대판\ 2005.\ 12.\ 23,}_{2005두3554}$)의 입장이다. ② 또한 판례는 기본행위인 사업의 양도·양수계약의 무효를 이유로 영업자지위승계신고수리처분에 대한 무효확인소송을 제기하더라도 해당 소송은 협의의 소익이 있다고 본다($^{판}_{례}$).

> ［판례］ 사업의 양도행위가 무효인 경우, 사업양도·양수에 따른 허가관청의 지위승계신고수리처분의 무효확인을 구할 법률상 이익이 있는지 여부
>
> ($^{화성시장의\ 채석허가수허가자변경}_{신고수리처분의\ 취소청구소송에서}$) 사업양도·양수에 따른 허가관청의 지위승계신고의 수리는 적법한 사업의 양도·양수가 있었음을 전제로 하는 것이므로 그 **수리대상인 사업양도·양수가 존재하지 아니하거나 무효인 때에는 수리를 하였다 하더라도 그 수리는 유효한 대상이 없는 것으로서 당연히 무효라 할 것이고, 사업의 양도행위가 무효라고 주장하는 양도자는 민사쟁송으로 양도·양수행위의 무효를 구함이 없이 막바로 허가관청을 상대로 하여 행정소송으로 위 신고수리처분의 무효확인을 구할 법률상 이익이 있다고 할 것이다.** 그러므로 이 사건 신고수리처분이 무효인지의 여부는 그 기본행위인 이 사건 양도·양수계약이 무효인지의 여부에 의하여 결정되는 것이므로 먼저 이 사건 양도·양수계약의 효력이 심리되고 판단되어야 할 것이다($^{대판\ 2005.\ 12.\ 23,}_{2005두3554}$).

(마) **위법의 승계**($^{제재사유}_{의\ 승계}$)　　영업양도의 경우, 양도인의 위법행위를 근거로 양수인에게 제재처분을 할 수 있는가, 달리 말하면 양도인의 지위 승계에 관한 명문규정은 있으나, 제재사유의 승계에 관한 명문의 규정이 없는 경우, 지위 승계규정이 양도인에 대한 제재사유의 승계에 관한 근거가 될 수 있는가의 여부가 문제된다. 양자를 모두 규정하는 법률도 있다($^{예:\ 식품법\ 제39조,\ 제78조,}_{석유법\ 제7조,\ 제8조}$)($^{판}_{례}$).

> ［판례］ 제재적 처분을 받은 자의 지위 및 처분 효과의 승계
>
> ($^{원고\ 주식회사\ 킹콩이\ 피고\ 인천광역시\ 서구청}_{장의\ 사업정지처분의\ 취소를\ 구한\ 사건에서}$) 「석유 및 석유대체연료 사업법」($^{이하\ '법'이}_{라고\ 한다}$) 제10조 제5항에 의하여 석유판매업자의 지위 승계 및 처분 효과의 승계에 관하여 준용되는 법 제8조는 "제7조에 따라 석유정제업자의 지위가 승계되면 종전의 석유정제업자에 대한 제13조 제1항에 따른 사업정지처분($^{제14조에\ 따라\ 사업정지를\ 갈음하여}_{부과하는\ 과징금부과처분을\ 포함한다}$)의 효과는 새로운 석유정제업자에게 승계되며, 처분의 절차가 진행 중일 때에는 새로운 석유정제업자에 대하여 그 절차를 계속 진행할 수 있다. 다만, 새로운 석유정제업자($^{상속으로\ 승계받}_{은\ 자는\ 제외한다}$)가 석유정제업을 승계할 때에 그 처분이나 위반의 사실을 알지 못하였음을 증명하는 경우에는 그러하지 아니하다."라고 규정하고 있다($^{이하\ '이\ 사건\ 승계}_{조항'이라고\ 한다}$). 이러한 제재사유 및 처분절차의 **승계조항을 둔 취지**는 제재적 처분 면탈을 위하여 석유정제업자 지위승계가 악용되는 것을 방지하기 위한 것이고, 승계인에게 위와 같은 선의에 대한 증명책임을 지운 취지 역시 마찬가지로 볼 수 있다. 즉 법 제8조 본문 규정에 의해 사업정지처분의 효과는 새로운 석유

정제업자에게 승계되는 것이 원칙이고 **단서 규정은 새로운 석유정제업자가 그 선의를 증명한 경우에만 예외적으로 적용될 수 있을 뿐이다.** 따라서 승계인의 종전 처분 또는 위반 사실에 관한 선의를 인정함에 있어서는 신중하여야 한다$\binom{대판\ 2017.\ 9.\ 7,}{2017두41085}$.

　　(a) 학　　설　　위법의 승계 여부와 관련하여 긍정설$\binom{제재사유는\ 승계되는\ 양도인의\ 법적\ 지위에\ 포함된}{다.\ 제재사유\ 승계를\ 부정하면\ 영업양도가\ 제재처분}$의 회피수단으로 악용될 수 있다는 견해$)$, 부정설$\binom{양도인의\ 법령\ 위반이라는\ 제재사유는\ 인적\ 사유이므로\ 명문규정\ 없이\ 양수인에게\ 이전될\ 수\ 없다.\ 양도인의}{위법행위로\ 인한\ 제재는\ 행위책임에\ 속하는\ 것이므로\ 명문규정\ 없이\ 양수인에게\ 승계되지\ 아니한다는\ 견해}$과 절충설$\binom{허가의\ 이전가능성과\ 제재의\ 이전가능성은\ 별개이므로,\ 제재사유가\ 설비\ 등\ 물적\ 사정에\ 관계되면}{양수인에게\ 승계되나,\ 제재사유가\ 부정영업\ 등\ 인적\ 사유인\ 경우에는\ 승계되지\ 아니한다는\ 견해}$로 나뉜다.

　　(b) 판　　례　　판례는 당시 통보업이었던 공중위생관리법상 이용업자의 위법행위와 관련하여, 대물적 영업양도의 경우, 명시적인 규정이 없는 경우에도 양도 전에 존재하는 영업정지 사유를 이유로 양수인에 대하여 영업정지처분을 할 수 있다고 하였다$\binom{대판\ 2001.\ 6.\ 29,}{2001두1611}$. 만약 승계되지 아니한다면, 위법행위를 한 자는 영업양도를 함으로써 자유롭게 되는 문제점이 생겨난다. 당시 등록업이었던 석유판매업 양도의 경우도 같았다$\binom{대판\ 2003.\ 10.\ 23,}{2003두8005}$.

　　[기출사례] 제35회 입법고시(2019년) 문제·답안작성요령 ☞ PART 4 [1-8]

　　(2) 법적 근거　　일반법인 행정기본법은 수리 여부에 따른 신고의 효과에 관한 규정을 두고 있고$\binom{기본법}{제34조}$, 행정절차법은 수리를 요하지 않는 신고의 요건 등을 규정하고 있다$\binom{절차법}{제40조}$, 행정기본법·행정절차법 그리고 개별 법률에 규정이 없는 사항에 관해서는 학설과 판례가 정하는 바에 의할 수밖에 없다.

　　(3) 신고의 종류

　　1) 수리를 요하지 않는 신고　　행정청에 대하여 일정한 사항을 통지하고 도달함으로써 효과가 발생하는 신고를 말한다$\binom{예:\ 수영장업}{신고,\ 혼인신고}$. 자체완성적 사인의 공법행위 또는 자기완결적 사인의 공법행위라고도 한다. 수리를 요하지 않는 신고는 신고 그 자체로써 아무런 법적 효과도 수반하지 아니하는 통보$\binom{예:\ 구\ 공중위생관}{리법\ 제\ 3\ 조\ 제\ 2\ 항}$와 구별된다. 이러한 신고에는 형식적 심사도 요구되지 아니하나, 후술하는 수리를 요하는 신고는 수리를 위해 형식적 심사가 필요하다.

　　[참고]　① 수리를 요하지 않는 신고에 형식적 심사권이 부여된다는 견해도 있다. 그러나 형식적 심사일지라도 심사가 가해지는 신고를 자기완결적이라 부르는 것은 이해하기 어렵다. ② 수리를 요하지 아니하는 신고 외에 수리를 요하는 신고까지 신고의 개념에 포함시키는 것은 정당하지 않다는 주장도 있다. 이러한 주장은 전자에는 사인의 의사가, 후자에는 국가의 의사가 주도적이라는 점에 근거한 것으로 보인다. 그러나 후자에 나타나는 심사는 형식적 심사이므로 후자에도 사인의 의사가 오히려 실제적이다. 따라서 신고를 양자를 포함하는 개념으로 구성하는 것이 보다 논리적이다.

　　[참고]　수리를 요하지 않는 신고도 구체적인 내용이 동일한 것은 아니다. 예컨대, 체육시설의 설치·이용에 관한 법률상 신고 체육시설업의 신고는 도달로써 그 효과가 발생한다는 점 외에는 특별한 법적 제한이 따르지 아니하는 신고라는 점에서 수리를 요하지 않는 신고의 기본적인 형태에 해당한다. 그러나 잡지 등 정기간행물의 진흥에 관한 법률상 정기간행물의 발행신고는 규정형식상 기본적 형태의 신고에 해당하지만, 이 법률이 신고취소 등을 규정함으로 인하여 체육법상 신고 체육시설업의 신고보다 절차적

으로 보다 강한 보호가 이루어지고 있고, 집회 및 시위에 관한 법률상 집회신고는 기본적 형태의 신고에 해당하지만, 이 법률이 집회 및 시위의 금지 및 제한 통고의 제도 등을 규정함으로 인하여 이 법률상 신고제는 허가제에 접근한다. 다만 이 책에서는 체육시설의 설치·이용에 관한 법률상 신고 체육시설업의 신고를 「수리를 요하지 않는 신고」의 모델로 활용하기로 한다.

2) 수리를 요하는 신고　　행정청에 대하여 일정한 사항을 통지하고 행정청이 이를 수리함으로써 법적 효과가 발생하는 신고를 말한다$\binom{\text{예: 수산법 제48}}{\text{조의 어업신고}}\binom{\text{판례}}{1, 2}$. 수리란 사인이 알린 일정한 사실을 행정청이 유효한 행위로서 받아들이는 것을 말한다. 이러한 수리는 준법률행위적 행정행위의 하나로서 행정소송법상 처분개념에 해당한다. 실정법은 등록이라는 용어를 사용하기도 한다$\binom{\text{예: 신문 등의 진흥에 관한 법률 제 9 조 제 1 항, 옥외광고}}{\text{물 등의 관리와 옥외광고산업 진흥에 관한 법률 제11조 참조}}\binom{\text{판례}}{3, 4}$. 한편, 행정기본법 제정 전, 건축신고의 성질을 둘러싸고 판례의 견해에 변경이 있었다$\binom{\text{판례}}{5}$.

> **[판례 1]** 수산업법 제44조의 어업의 신고가 수리를 요하는 신고인지의 여부
> $\binom{\text{농어촌진흥공사의 홍보지구 농업종합개발사업의 공사시행으로 인해 물권적인 관행어업권 또는}}{\text{신고어업권이 침해되었음을 이유로 원고들이 손해배상을 구한 홍보지구농업종합개발사건에서}}$ 어업의 신고에 관하여 유효기간을 설정하면서 그 기산점을 '수리한 날'로 규정하고, 나아가 필요한 경우에는 그 유효기간을 설정하면서 그 기산점을 '수리한 날'로 규정하고, 나아가 필요한 경우에는 그 유효기간을 단축할 수 있도록까지 하고 있는 수산업법 제44조 제 2 항의 규정 취지 및 어업의 신고를 한 자가 공익상 필요에 의하여 한 행정청의 조치에 위반한 경우에 어업의 신고를 수리한 때에 교부한 어업신고필증을 회수하도록 하고 있는 구 수산업법시행령$\binom{\text{1996. 12. 31. 대통령령 제}}{\text{15241호로 개정되기 전의 것}}$ 제33조 제 1 항의 규정 취지에 비추어 보면, 수산업법 제44조 소정의 어업의 신고는 행정청$\binom{\text{농어촌진}}{\text{흥공사}}$의 수리에 의하여 비로소 그 효과가 발생하는 이른바 '수리를 요하는 신고'라고 할 것이다$\binom{\text{대판 2000. 5. 26.}}{\text{99다37382}}$.

> **[판례 2]** 악취방지법상의 악취배출시설 설치·운영신고가 수리를 요하는 신고에 해당하는지 여부
> $\binom{\text{안양시장의 악취배출시설설치신고반려}}{\text{처분 등에 대하여 취소를 구한 사건에서}}$ 악취방지법상의 악취배출시설 설치·운영신고는 수리를 요하는 신고이다$\binom{\text{대판 2022. 9. 7.}}{\text{2020두40327}}$.

> **[판례 3]** 유통산업발전법상 대규모점포개설등록의 성질
> $\binom{\text{롯데쇼핑 등이 동대문구청장의 의무휴업일지정처분의 취}}{\text{소를 구한 동대문구청 롯데쇼핑 의무휴업일 지정사건에서}}$ 유통산업발전법상 대규모 점포의 개설 등록은 이른바 '수리를 요하는 신고'로서 행정처분에 해당한다$\binom{\text{대판 2015. 11. 19.}}{\text{2015두295 전원합의체}}$.

> **[판례 4]** 정당등록신청 수리의 성질
> $\binom{\text{중앙선거관리위원회 위원장을 피}}{\text{고로 제기한 선거무효의 소에서}}$ 정당법 제 4 조 제 1 항은 "정당은 중앙당이 중앙선거관리위원회에 등록함으로써 성립한다."라고 규정하여 정당설립의 요건으로 정당등록을 들고 있다. 정당법은 이러한 정당등록의 요건으로 시·도당 수 및 시·도당의 당원 수$\binom{\text{제 4 조 제 2 항,}}{\text{제17조, 제18조}}$, 등록신청서의 기재사항$\binom{\text{제12조}}{\text{제 1 항, 제 2 항}}$, 유사명칭 등의 사용금지$\binom{\text{제41}}{\text{조}}$ 등을 규정하고 있고, 정당등록신청을 받은 관할 선거관리위원회는 형식적 요건을 구비하는 한 이를 거부하지 못한다$\binom{\text{제15}}{\text{조}}$. 정당법에 따라 중앙선거관리위원회에 등록된 정당은 그 결사가 정당임을 법적으로 확인받게 된다. 이와 같은 정당등록에 관한 규정에 의하면 피고는 정당이 정당법에 정한 형식적 요건을 구비한 경우 등록을 수리하여야 하고, 정당법에 명시된 요건이 아닌 다른 사유로 정당등록신청을 거부하는 등으로 정당설립의 자유를 제한할 수 없다$\binom{\text{대판 2021. 12.}}{\text{30, 2020수5011}}$.

[기출사례] 제59회 사법시험(2017년) 문제·답안작성요령 ☞ PART 4 [1-10]

판례 5   인·허가의제 효과를 수반하는 건축신고의 성질

(원고의 건축신고에 대해 피고 용인시 기흥구청장이 건축신고
불가를 통보하자 다툰 건축(신축)신고불가처분취소소송에서) 인·허가의제 효과를 수반하는 건축신고는 일반적인 건축신고와는 달리, 특별한 사정이 없는 한 행정청이 그 실체적 요건에 관한 심사를 한 후 수리하여야 하는 이른바 '수리를 요하는 신고'로 보는 것이 옳다 (대판 2011. 1. 20, 2010두14954 전원합의체).

[참고] 종전의 판례는 건축신고를 수리를 요하지 아니하는 신고로 보았다 [판례 a, b]. 그러나 판례는 근년에 [판례 c]를 통해 입장을 변경하였다. [판례 c]에서 수리를 요하는 신고라는 표현을 볼 수 없지만 건축신고 반려행위는 항고소송의 대상이 된다고 하였고, 항고소송의 대상이 된다는 것이 수리(처분)를 요한다는 것을 전제로 하는 것이므로 [판례 c]는 건축신고를 수리를 요하는 신고로 보았다고 할 것이다. 그리고 주된 논거로 신고인의 법적 지위의 보호를 활용하였다. 한편, 그 후 위의 「대판 2011. 1. 20, 2010두 14954」에서는 건축허가의 의제의 효과를 주된 논거로 활용하면서, 명시적으로 건축신고를 수리를 요하는 신고로 표현하고 있음이 특징적이다. 건축법상 건축신고는 과거부터 허가를 의제하는 형식으로 규정되고 있음을 유의할 필요가 있다.

판례 a   **대판 1995. 3. 14, 94누9962(담장설치신고서 반려처분 취소소송 — 담장 설치신고 관련사건)**
건축법상 신고사항에 관하여는 건축을 하고자 하는 자가 적법한 요건을 갖춘 신고만 하면 건축을 할 수 있고, 행정청의 수리처분 등 별단의 조처를 기다릴 필요가 없는 것이고, 더욱이 이 사건에서와 같이 높이 2미터 미만의 담장설치공사는 건축법이나 도시계획법 등 관계법령의 규정상 어떠한 허가나 신고없이 가능한 행위이다.

판례 b   **대판 1999. 10. 22, 98두18435(증축신고수리처분 취소소송 — 차고증축 신고 관련사건)**
구 건축법 제 9 조 제 1 항에 의하여 신고를 함으로써 건축허가를 받은 것으로 간주되는 경우에는 건축을 하고자 하는 자가 적법한 요건을 갖춘 신고만 하면 행정청의 수리행위 등 별다른 조치를 기다릴 필요 없이 건축을 할 수 있는 것인바, 위와 같은 차고의 증축은 건축법 제 9 조 제 1 항에 규정된 신고사항에 해당하여 건축주인 참가인이 건축법에 의한 신고를 한 이상 참가인은 피고의 수리 여부에 관계없이 이 사건 토지 상에 차고를 증축할 수 있다.

판례 c   **대판 2010. 11. 18, 2008두167 전원합의체(건축신고불허(또는 반려)처분 취소소송 —단독주택건축신고 관련사건)**
행정청은 건축신고로써 건축허가가 의제되는 건축물의 경우에도 그 신고 없이 건축이 개시될 경우 건축주 등에 대하여 공사 중지·철거·사용금지 등의 시정명령을 할 수 있고 (구 건축법 제69조 제1항), 그 시정명령을 받고 이행하지 아니한 건축물에 대하여는 당해 건축물을 사용하여 행할 다른 법령에 의한 영업 기타 행위의 허가를 하지 아니하도록 요청할 수 있으며 (구 건축법 제69조 제2항), 그 요청을 받은 자는 특별한 이유가 없는 한 이에 응하여야 하고 (구 건축법 제69조 제3항), 나아가 행정청은 그 시정명령의 이행을 하지 아니한 건축주 등에 대하여는 이행강제금을 부과할 수 있으며 (구 건축법 제69조의2 제1항 제1호), 또한 건축신고를 하지 아니한 자는 200만 원 이하의 벌금에 처해질 수 있다 (구 건축법 제80조 제1호, 제9조). 이와 같이 건축주 등으로서는 신고제하에서도 건축신고가 반려될 경우 당해 건축물의 건축을 개시하면 시정명령, 이행강제금, 벌금의 대상이 되거나 당해 건축물을 사용하여 행할 행위의 허가가 거부될 우려가 있어 불안정한 지위에 놓이게 된다. 따라서 건축신고 반려행위가 이루어진 단계에서 당사자로 하여금 반려행위의 적법성을 다투어 그 법적 불안을 해소한 다음 건축행위에 나아가도록 함으로써 장차 있을지도 모르는 위험에서 미리 벗어날 수 있도록 길을 열어 주고,

위법한 건축물의 양산과 그 철거를 둘러싼 분쟁을 조기에 근본적으로 해결할 수 있게 하는 것이 법치행정의 원리에 부합한다. 그러므로 이 사건 건축신고 반려행위는 항고소송의 대상이 된다.

[기출사례] 제54회 사법시험(2012년) 문제 · 답안작성요령 ☞ PART 4 [1-9]

3) 허가와 구별　　헌법 제21조가 언론 · 출판에 대한 허가나 검열을 금지하고 있으므로 수리를 요하는 신고에서의 수리는 허가제에서 허가와 구별되어야 한다. 따라서 신문 등의 진흥에 관한 법률(구 정기간행물의 등록등에관한법률)상 등록을 변형된 허가제, 즉, 허가제의 일종으로 보고 실질적 심사가 요구된다는 견해(김종권)는 타당하지 않으며, 등록은 수리를 요하는 신고로 보아야 한다. 결국 수리의 경우에는 요건에 대한 형식적 심사만을 거치지만, 허가의 경우에는 형식적 심사 외에 실질적 심사(예: 안정성 심사 또는 공익성 심사)도 거쳐야 한다(판례 1, 2, 3, 4).

[판례 1]　**건축주명의변경신고에 관한 건축법시행규칙 제 3 조의2의 규정의 법적 성질 및 규정취지와 행정청의 수리의무**

(원고가 부산직할시장의 건축주명의변경 신고수리거부처분취소를 구한 사건에서) **건축주명의변경신고에 관한 건축법시행규칙 제 3 조의2의 규정은 단순히 행정관청의 사무집행의 편의를 위한 것에 지나지 않는 것이 아니라, 허가대상건축물의 양수인에게 건축주의 명의변경을 신고할 수 있는 공법상의 권리를 인정함과 아울러 행정관청에게는 그 신고를 수리할 의무를 지게 한 것으로 봄이 상당하므로, 허가대상건축물의 양수인이 위 규칙에 규정되어 있는 형식적 요건을 갖추어 시장, 군수에게 적법하게 건축주의 명의변경을 신고한 때에는 시장, 군수는 그 신고를 수리하여야지 실체적인 이유를 내세워 그 신고의 수리를 거부할 수는 없다**(대판 1992. 3. 31, 91누4911).

[판례 2]　**구 정기간행물의등록등에관한법률상의 등록의 심사 정도**

(정기간행물의등록등에관한법률 제 7 조 제 1 항 등의 위헌소원사건에서) 정기간행물의등록등에관한법률 제 7 조 제 1 항은 …, **등록제를 규정하여 정기간행물의 발행요건에 관하여 실질적 심사가 아니라 단지 형식적 심사에 그치도록 하고 있으므로, 입법목적의 달성을 위하여 필요최소한 범위에서 언론 · 출판의 자유를 제한하는 것으로서 헌법 제37조 제 2 항의 과잉금지원칙에 위반된다고 볼 수 없다**(헌재 1997. 8. 21, 93헌바51).

[판례 3]　**시장 · 군수 또는 구청장의 주민등록전입신고 수리 여부에 관한 심사의 범위와 대상**

(원고가 서울특별시 서초구 양재 제 2 동장의 주민 등록전입신고수리거부처분취소를 구한 사건에서) **전입신고자가 거주의 목적 이외에 다른 이해관계에 관한 의도를 가지고 있는지 여부, 무허가건축물의 관리, 전입신고를 수리함으로써 당해 지방자치단체에 미치는 영향 등과 같은 사유는 주민등록법이 아닌 다른 법률에 의하여 규율되어야 할 것이고, 주민등록전입신고의 수리 여부를 심사하는 단계에서는 고려 대상이 될 수 없다. 그러므로 주민등록의 대상이 되는 실질적 의미에서의 거주지인지 여부를 심사하기 위하여 주민등록법의 입법 목적과 주민등록의 법률상 효과 이외에 지방자치법 및 지방자치의 이념까지도 고려하여야 한다고 판시하였던 대법원 2002. 7. 9. 선고 2002두1748 판결은 이 판결의 견해에 배치되는 범위 내에서 변경하기로 한다**(대판 2009. 6. 18, 2008두10997).

판례 4 인터넷컴퓨터게임시설제공업의 등록의 심사방식

(게임산업진흥에 관한 법률이 개정되어 인터넷컴퓨터게임시설제공업에 대한 등록제가 시행되기 이전부터 학교보건법상의 학교환경위생 정화구역중 상대정화구역 안에서 인터넷컴퓨터게임시설제공업인 PC방 영업을 영위해 왔던 청구인들이 관할구청장에게 인터넷컴퓨터게임시설제공업의 등록신청을 하였으나, 그 영업장소가 학교보건법상의 정화구역 내 금지행위 및 시설에 해당한다는 이유로 거부되자 관할구청장을 상대로 거부처분의 취소를 구하는 소를 제기하는 한편, 인터넷컴퓨터게임시설제공업의 등록제를 규정한 게임산업진흥법 제26조 제 2 항이 헌법에 위반된다며 제기한 헌법소원심판사건에서) **이 사건 법률조항은 PC방의 사행장소화방지에 이바지하는 동시에 통계를 통한 정책자료의 활용, 행정대상의 실태파악을 통한 효율적인 집행을 위한 것으로 그 목적의 정당성이 수긍되고, 이 사건 법률조항이 인터넷컴퓨터게임시설제공업자에게 등록 의무를 부과한 것은 '게임산업진흥에 관한 법률'의 입법목적을 달성하기 위한 여러 방법 중 하나로서 적절하며, 허가제가 아닌 등록제로 규정하여 인터넷컴퓨터게임시설제공업의 시설기준에 관하여 단지 형식적 심사에 그치도록 함으로써 그 규제 수단도 최소한에 그치고 있고, PC방 영업을 영위하고자 하는 자가 이 사건 법률조항에 의한 의무를 이행하기 위하여 번잡한 준비나 설비를 하여야 할 의무를 부담하는 것도 아니어서 법익의 균형을 상실하고 있지도 아니하므로, 이 사건 법률조항은 과잉금지의 원칙에 위배하여 인터넷컴퓨터게임시설제공업자의 직업결정의 자유를 침해하는 것이 아니다**(헌재 2009. 9. 24, 2009헌바28 전원재판부).

(4) 신고의 요건

1) 수리를 요하지 않는 신고　① 행정절차법은 수리를 요하지 않는 신고로서 의무적인 신고의 요건으로 3가지 사항(1. 신고서의 기재사항에 흠이 없을 것, 2. 필요한 구비서류가 첨부되어 있을 것, 3. 그 밖에 법령등에 규정된 형식상의 요건에 적합할 것)을 규정하고 있다(절차법 제40조 제 2 항). ② 행정청은 제 2 항 각 호의 요건을 갖추지 못한 신고서가 제출된 경우에는 지체 없이 상당한 기간을 정하여 신고인에게 보완을 요구하여야 한다(절차법 제40조 제 3 항). ③ 행정청은 신고인이 제 3 항에 따른 기간 내에 보완을 하지 아니하였을 때에는 그 이유를 구체적으로 밝혀 해당 신고서를 되돌려 보내야 한다(절차법 제40조 제 4 항). ④ 개별 법령에 정함이 있다면, 그 규정도 따라야 한다.

2) 수리를 요하는 신고　개별 법령에 정하는 요건을 구비하여야 한다. 개별 법령에 정함이 없다면, 수리를 요하지 않는 신고에 적용되는 행정절차법 규정을 – 성질이 허락하는 범위 안에서 – 유추적용할 수 있을 것이다.

(5) 신고의 수리

1) 의무적 수리　신고의 수리는 수리를 요하지 않는 신고의 경우에는 문제되지 아니하고, 수리를 요하는 신고에만 문제된다. 후자의 경우, 법령이 정한 요건을 구비한 적법한 신고가 있으면 행정청은 의무적으로 수리하여야 한다. 법령에 없는 사유를 내세워 수리를 거부할 수는 없다. 물론 부적법한 신고의 경우에는 당연히 수리를 거부하여야 한다. 만약 부적법한 신고를 수리한다면, 그것은 하자 있는 행정행위가 된다.

2) 신고필증　행정실무상으로는 신고를 필한 경우에 신고인에게 신고필증을 교부한다. ① 수리를 요하지 않는 신고에서 신고필증은 다만 사인이 일정한 사실을 행정기관에 알렸다는 사실을 사실로서 확인해 주는 의미만을 가질 뿐이다(판례 1). 수리를 요하지 않는 신고에서 신고를 수리한 것을 말소하는 것도 사실로서의 행위일 뿐이므로, 소의 대상이 되지 아니한다(판례 2). ② 수리를 요하는 신고의 경우, 수리행위에 신고필증의 교부가 필수적인 것은 아니다(판례 3). 그러나 그러

한 신고필증은 사인의 신고를 수리하였음을 공적으로 증명하는 의미를 갖는 행위$\binom{준법률행위적 행정}{행위로서 공증행위}$라는 점에서 법적인 성격을 갖는다.

판례 1 ┃ 자체완성적 공법행위에 대한 신고필증의 의미

[1] $\binom{의원개설신고에 대한 행정청의 수리가 없는 상태에서}{이루어진 의료행위를 의료법위반으로 기소한 사건에서}$ 의료법 제30조 제3항에 의하면 **의원, 치과의원, 한의원 또는 조산소의 개설은 단순한 신고사항으로만 규정하고 있고 또 그 신고의 수리 여부를 심사, 결정할 수 있게 하는 별다른 규정도 두고 있지 아니하므로** 의원의 개설신고를 받은 행정관청으로서는 별다른 심사, 결정 없이 그 신고를 당연히 수리하여야 한다. … 의료법시행규칙 제22조 제3항에 의하면 의원개설 신고서를 수리한 행정관청이 소정의 신고필증을 교부하도록 되어 있다 하여도 이는 신고사실의 확인행위로서 신고필증을 교부하도록 규정한 것에 불과하고 **그와 같은 신고필증의 교부가 없다 하여 개설신고의 효력을 부정할 수 없다** 할 것이다$\binom{대판 1985. 4. 23.,}{84도2953}$.

[2] $\binom{전라북도 고창군과 부안군 사이의 해상경계의 확정을 주요}{쟁점으로 한 고창군과 부안군 간의 권한쟁의 심판사건에서}$ 제1 쟁송해역에서의 공유수면 점용·사용 허가는 산업통상자원부장관이 발전소의 위치를 피청구인의 관할구역으로 보아 이 사건 사업실시계획을 승인함에 따라 그 법적 효과가 발생한 것이고$\binom{전원개발촉진법 제5조 제1항,}{제6조 제1항 제5호 참조}$, (주)한국해상풍력이 이 사건 사업실시계획의 실행을 위해 피청구인에게 공유수면 점용·사용 신고를 한 것은 이 사건 사업실시계획 승인 절차에서 이미 점용·사용 허가가 의제된 공유수면의 점용·사용을 위해 형식적으로 해당 관리청에 그에 관한 신고를 한 것이므로, 피청구인의 이 사건 신고수리는 형식적 요건을 갖춘 신고인지 여부만 확인하는 사실행위에 불과하다$\binom{헌재 2019. 4. 11.,}{2016헌라8}$.

판례 2 ┃ 부가가치세법상 사업등록의 직권말소의 의미

$\binom{부가가치세법상 과세관청의 사업자}{등록 직권말소행위를 다툰 사건에서}$ **부가가치세법상의 사업자등록은** 과세관청으로 하여금 부가가치세의 납세의무자를 파악하고 그 과세자료를 확보케 하려는 데 입법취지가 있는 것으로서, 이는 단순한 사업사실의 신고로서 사업자가 소관 세무서장에서 **소정의 사업자등록신청서를 제출함으로써 성립되는 것이고, 사업자등록증의 교부는** 이와 같은 **등록사실을 증명하는 증서의 교부행위에 불과한 것**이며, 부가가치세법 제5조 제5항에 의하면 사업자가 폐업하거나 또는 신규로 사업을 개시하고자 하여 사업개시일 전에 등록한 후 사실상 사업을 개시하지 아니하게 되는 때에는 과세관청이 직권으로 이를 말소하도록 하고 있는데, **사업자등록의 말소 또한 폐업사실의 기재일 뿐 그에 의하여 사업자로서의 지위에 변동을 가져오는 것이 아니라는 점에서** 과세관청의 사업자등록 직권말소행위는 불복의 대상이 되는 **행정처분으로 볼 수가 없다**$\binom{대판 2000. 12. 22.,}{99두6903}$.

판례 3 ┃ 납골당설치 신고의 성질과 신고필증의 의미

$\binom{대한예수교장로회금광교회가 파주시장으로부터 받은 납골당설치 신고수리처분}{에 대하여 이웃 주민이 제기한 납골당설치신고수리처분이행통지취소소송에서}$ 구 장사 등에 관한 법률$\binom{2007. 5. 25. 법률 제}{8489호로 전부 개정}$ $\binom{되기 전의 것, 이하}{'구 장사법'이라 한다}$ 제14조 제1항등을 종합하면, 납골당설치 신고는 이른바 '수리를 요하는 신고'라 할 것이므로, 납골당설치 신고가 구 장사법 관련 규정의 모든 요건에 맞는 신고라 하더라도 신고인은 곧바로 납골당을 설치할 수는 없고, 이에 대한 행정청의 수리처분이 있어야만 신고한 대로 납골당을 설치할 수 있다. 한편 수리란 신고를 유효한 것으로 판단하고 법령에 의하여 처리할 의사로 이를 수령하는 수동적 행위이므로 수리행위에 신고필증 교부 등 행위가 꼭 필요한 것은 아니다$\binom{대판 2011. 9. 8.,}{2009두6766}$.

(6) 신고의 효과

1) 적법한 신고의 효과

(가) 도달주의와 수리　　① 수리는 수리를 요하지 않는 신고 중 의무적 신고의 경우, 요건을 갖춘 경우에는 신고서가 접수기관에 도달된 때에 신고의 의무가 이행된 것으로 본다(절차법 제40조 제 2 항)(판례1). 행정절차법은 도달주의를 채택하고 있다. 행정절차법의 이 규정은 수리를 요하지 않는 신고 중에서 임의적인 성질을 갖는 신고의 경우에도 유추적용할 것이다. ② 수리를 요하는 신고의 경우에는 행정청이 수리함으로써 비로소 신고의 효과가 발생한다(판례2).

> **판례 1**　수리를 요하지 않는 신고에 있어 적법한 신고가 있는 경우 법령이 정하지 아니한 사유를 들어 신고수리를 거부할 수 있는지의 여부
>
> (서울특별시 동작구청장이 관악현대아파트 201동 입주자대표회의의 대문설치신고서의 수리를 거부한 행위와 동 아파트 후문에 설치된 대문에 대한 대집행계고처분을 다툰 동작구 관악현대아파트 대문설치신고사건에서) 주택건설촉진법 제38조 제 2 항 단서, 공동주택관리령 제 6 조 제 1 항 및 제 2 항, 공동주택관리규칙 제 4 조 및 제 4 조의2의 각 규정들에 의하면, 서울시 관악현대APT 201동 입주자대표회의(공동주택 및 부대시설·복리시설의 소유자·입주자·사용자 및 관리주체)가 **건설부령이 정하는 경미한 사항으로서 신고대상인 건축물의 건축행위를 하고자 할 경우에는 그 관계 법령에 정해진 적법한 요건을 갖춘 신고만을 하면 그와 같은 건축행위를 할 수 있고, 행정청의 수리처분 등 별단의 조처를 기다릴 필요가 없다고 할 것이며,** 또한 이와 같은 신고를 받은 행정청으로서는 그 신고가 같은 법 및 그 시행령 등 관계 법령에 신고만으로 건축할 수 있는 경우에 해당하는 여부 및 그 구비서류 등이 갖추어져 있는지 여부 등을 심사하여 그것이 법규정에 부합하는 이상 이를 수리하여야 하고, 같은 법 규정에 정하지 아니한 사유를 심사하여 이를 이유로 신고수리를 거부할 수는 없다(대판 1999. 4. 27, 97누6780).

> **판례 2**　주민등록 신고의 효력 발생시기
>
> (배당이의의 민사사건에서) **주민등록은** 단순히 주민의 거주관계를 파악하고 인구의 동태를 명확히 하는 것 외에도 **주민등록에 따라 공법관계상의 여러 가지 법률상 효과가 나타나게 되는 것으로서, 주민등록의 신고는** 행정청에 도달하기만 하면 신고로서의 효력이 발생하는 것이 아니라 행정청이 **수리한 경우에 비로소 신고의 효력이 발생한다** 할 것이다(대판 2009. 1. 30, 2006다17850).

[평석]　주민등록신고의 이중적 성격

(1) 주민등록을 위한 신고(주민법 제16조)와 주민의 신고에 따라(주민법 제 8 조) 주민등록표를 작성함으로써(주민법 제 7 조) 이루어지는 주민등록은 각각 독립된 별개의 행위로 보아야 한다. 말하자면 주민등록법상 주민등록의 신고는 ① 주민 지위의 발생을 가져오는 행위의 면(전입신고를 생각하라)과 ② 발생된 주민의 지위에서 주민의 권리행사(지방선거참여를 생각하라)를 위한 요건인 주민등록의 한 부분 절차로서의 면을 갖는다. ①의 면에서 신고는 수리를 요하지 않는 사인의 공법행위이지만, ②의 면에서 신고는 수리를 요하는 사인의 공법행위에 해당한다.

(2) 판례가 "주민등록의 신고는 행정청에 도달하기만 하면 신고로서의 효력이 발생하는 것이 아니라 행정청이 수리한 경우에 비로소 신고의 효력이 발생한다(대판 2009. 1. 30, 2006다17850)"라고 한 것이 주민등록법상 주민등록의 신고의 이중적 성격을 부인하는 입장에서 나온 것이라면 동의하기 어렵다.

(내) **다른 법률상 요건도 충족하여야 하는지 여부**　　근거법률이 규정하는 신고의 요건만 구비하면 적법한 것인지, 아니면 다른 법률에서 정하는 요건까지 구비하여야 적법한 것인지의 여부가 문제될 수 있다(예: 당구장업은 체육시설의 설치·이용에 관한 법률에서 정하는 요건만 구비하면 되는 것인지 아니면 건축법이 정하는 건축허가 요건까지 구비하여야 하는 것인지 문제된다). 판례는 타법상의 요건을 충족시키지 못하는 한 적법한 신고를 할 수 없다고 하였다(판례1, 2).

> [판례 1]　체육시설의 설치·이용에 관한 법률에 따른 당구장업의 신고요건을 갖춘 자는 학교보건법 소정의 별도 요건을 충족하지 아니하고도 적법한 신고를 할 수 있는지 여부
>
> (원고가 성동구청장의 체육시설업신고 거부처분의 취소를 구한 사건에서) 학교보건법과 체육시설의 설치·이용에 관한 법률은 그 입법목적, 규정사항, 적용범위 등을 서로 달리 하고 있어서 당구장의 설치에 관하여 체육시설의설치·이용에관한법률이 학교보건법에 우선하여 배타적으로 적용되는 관계에 있다고는 해석되지 아니하므로 **체육시설의설치·이용에관한법률에 따른 당구장업의 신고요건을 갖춘 자라 할지라도 학교보건법 제5조 소정의 학교환경 위생정화구역 내에서는 같은 법 제6조에 의한 별도 요건을 충족하지 아니하는 한 적법한 신고를 할 수 없다고 보아야 한다**(대판 1991. 7. 12, 90누8350).

> [판례 2]　입법 목적 등을 달리하는 법률들이 일정한 행위에 관한 요건을 각기 정하고 있는 경우, 그 행위에 관하여 각 법률의 규정에 따른 인·허가를 받아야 하는지 여부
>
> (납골당설치신고에 대하여 농업진흥구역의 농지를 납골당 진입도로 부지로 사용시에는 농지법 제34조 및 동법 시행령 제34조 규정에 의거 농업진흥구역 안에서 할 수 있는 행위에 저촉된다는 것 등을 이유로 한 납골당설치신고불가처분의 취소를 구한 사건에서) 입법목적 등을 달리하는 법률들이 일정한 행위에 관한 요건을 각기 정하고 있는 경우 어느 법률이 다른 법률에 우선하여 배타적으로 적용된다고 풀이되지 아니하는 한 그 행위에 관하여 각 법률의 규정에 따른 인·허가를 받아야 한다. 다만 이러한 경우 그 중 하나의 인·허가에 관한 관계 법령 등에서 다른 법령상의 인·허가에 관한 규정을 원용하고 있는 경우나 그 행위가 다른 법령에 의하여 절대적으로 금지되고 있어 그것이 객관적으로 불가능한 것이 명백한 경우 등에는 그러한 요건을 고려하여 인·허가 여부를 결정할 수 있다(대판 2010. 9. 9, 2008두22631).

2) 부적법한 신고의 효과

(가) **문제상황**　　부적법한 신고에는 신고행위의 하자가 중대하고 명백한 경우와[판례] 신고행위의 하자가 중대하지만 명백하지 아니하거나 중대하지 않지만 명백한 경우가 있다. 전자는 무효인 신고이고, 무효인 신고의 경우에는 신고의 효과를 전혀 갖지 아니한다. 부적법한 신고 중 검토를 요하는 것은 무효에 이르지 않는 하자 있는 신고의 경우이다.

> [판례]　사인의 공법행위로서 신고의 무효사유의 판단기준 등
>
> (경기도를 피고로 한 부당 이득금반환청구소송에서) **신고행위의 하자가 중대하고 명백하여 당연무효**에 해당하는지에 대하여는 신고행위의 근거가 되는 법규의 목적, 의미, 기능 및 하자 있는 신고행위에 대한 법적 구제수단 등을 목적론적으로 고찰함과 동시에 신고행위에 이르게 된 구체적 사정을 개별적으로 파악하여 합리적으로 판단하여야 한다(대판 2014. 4. 10, 2011다15476).

(H) **수리를 요하지 않는 신고**　　부적법한 신고가 있었다면 행정청이 수리하였다고 하여도 신고의 효과가 발생하지 아니한다. 요건미비의 부적법한 신고를 하고 신고영업을 영위한다면, 그러한 영업은 무신고영업으로서 불법영업에 해당하게 된다(판례). 이러한 불법영업에 대해서는 취소처분이 아니라 영업장폐쇄조치로 위법상태를 제거할 수 있다.

(H) **수리를 요하는 신고**　　요건미비의 부적법한 신고가 있었음에도 불구하고 행정청이 이를 수리하였다면, 그 수리행위는 하자 있는 수리행위가 된다. 수리행위가 무효인 경우에는 신고의 효과가 발생하지 아니하지만, 취소할 수 있는 행위의 경우에는 신고의 효과가 발생한다. 따라서 수리행위가 무효인 경우에 이루어지는 신고업의 영업행위는 무신고영업으로서 불법영업에 해당하지만, 수리행위가 취소할 수 있는 행위인 경우에 이루어지는 신고업의 영업행위는 수리가 취소되기까지는 불법영업이 아니다. 후자의 경우에는 수리행위를 취소함으로써 신고인의 신고영업을 막을 수 있다.

> [**판례**]　수리를 요하지 않는 신고(당구장업신고)의 경우, 부적법한 신고 후의 영업행위와 적법한 신고에 대한 수리가 거부된 후의 영업행위가 무신고영업행위가 되는지의 여부
> (당구장업의 부적법 신고로 인해 체육시설의설치·이용에관한법률위반으로 기소된 숭실대앞 당구장사건에서) 체육시설의설치·이용에관한법률 제10조, 제11조, 제22조, 같은법시행규칙 제 8 조 및 제25조의 각 규정에 의하면, 체육시설업은 등록체육시설업과 신고체육시설업으로 나누어지고, 당구장업과 같은 신고체육시설업을 하고자 하는 자는 체육시설업의 종류별로 같은법시행규칙이 정하는 해당 시설을 갖추어 **소정의 양식에 따라 신고서를 제출하는** 방식으로 시·도지사에 신고하도록 규정하고 있으므로, **소정의 시설을 갖추지 못한 체육시설업의 신고는 부적법한 것으로 그 수리가 거부될 수밖에 없고 그러한 상태에서 신고체육시설업의 영업행위를 계속하는 것은 무신고영업행위에 해당할 것이지만**, 이에 반하여 적법한 요건을 갖춘 신고의 경우에는 행정청의 수리처분 등 별단의 조처를 기다릴 필요 없이 그 접수시에 신고로서의 효력이 발생하는 것이므로 그 수리가 거부되었다고 하여 무신고영업이 되는 것은 아니다(대판 1998. 4. 24, 97도3121).

(7) 수리의 거부(거부행위의 처분성)

1) 수리를 요하지 않는 신고

(개) **처분성 부정설**　　수리를 요하지 않는 신고의 경우에는 사인의 신고 그 자체로서 법적 절차가 완료되어 행정청의 처분이 개입할 여지가 없으므로 그 거부행위는 행정소송법상 처분에 해당하지 않는다(판례1). 만약 수리를 요하지 않는 신고의 경우에 행정청이 접수를 거부하였다고 하여도, 접수의 거부는 법적 의미를 갖지 아니한다. 왜냐하면 도달 그 자체로서 법적 효과는 발생하기 때문이다.

(내) **처분성 긍정설**　　수리를 요하지 않는 신고라고 하더라도 수리의 거부는 잠정적인 금지를 종국화시킨다는 의미에서 일종의 금지하명이라고 보아 수리거부에 대한 처분성을 긍정하여야 한다는 주장도 있다(김중권).

(다) **판 례** 판례는 처분성 부정설의 입장을 취한다(판례 2). 판례는 한 때 체육시설의 설치·이용에 관한 법률상 신고체육시설업인 볼링장업(볼링장업은 2006년 2월 국회에서 체육시설의 설치·이용에 관한 법률의 개정 시 신고체육시설업에서 삭제되었다)의 수리거부에 처분성을 인정한 바 있었으나(대판 1996. 2. 27, 94누6062), 저자는 볼링장업은 동법상 등록체육시설업이 아니라 신고체육시설업이므로 이 판례는 잘못된 것이라 평석한 바 있다(법률신문 96. 7. 15). 94누6062 판결 이후 신고체육시설업의 수리거부에 처분성을 인정한 판례는 찾아보기 어렵다.

(라) **사 견** 처분성 부정설이 타당하다(참고로, 혼인신고요건을 구비하여 적법한 혼인신고를 하였으나, 행정청이 수리(접수)를 거부하였다고 하여도, 혼인신고서가 관할행정청에 도달하면 그때로부터 혼인신고의 효과는 발생한다. 만약 혼인의 성립 여부에 관해 분쟁이 생긴다면 분쟁당사자는 혼인신고수리거부처분취소소송이 아니라 민사법원에 혼인관계존부확인을 구하는 소를 제기하면 된다).

[판례 1] 구 체육시설의설치·이용에관한법률상 착공계획서 수리거부의 처분성

(경기도지사가 원고의 골프장착공계획서 제출을 수리한다고 통보하자, 골프장사업부지 인근 차산리 마을 주민들(피고보조참가인)이 수리처분의 취소와 원고에 대한 사업계획승인처분의 무효확인을 구하는 행정심판을 제기하였고, 피고(문화관광부장관)는 수리처분을 취소하고 사업계획승인처분의 무효확인청구를 기각하는 일부 인용재결을 하자 이를 다툰 재결취소소송에서) 구 체육시설의설치·이용에관한법률시행령(1994. 6. 17. 대통령령 제14284호로 전문 개정되어, 2000. 1. 28. 대통령령 제16701호로 개정되기 전의 것) 제16조 제 1 항은, 구 체육시설의설치·이용에관한법률 제16조의 규정에 의한 사업시설의 설치공사의 착수기한은 사업계획의 승인을 얻은 날부터 1년 이내로 하되, 1년의 범위 내에서 연기할 수 있다고 규정하고 있고, 그 제 2 항은, 사업계획의 승인을 얻은 자가 사업시설의 설치공사에 착수하고자 할 때에는 그 공사에 착수하기 30일 전까지 착공계획서를 제출하여야 한다고 규정하고 있는바, 법 제16조, 제34조, 법시행령 제16조의 규정을 종합하여 볼 때, **사업계획의 승인을 얻은 자는 규정된 기한 내에 사업시설의 착공계획서를 제출하고 그 수리 여부에 상관없이 설치공사에 착수하면 되는 것**이지, 착공계획서가 수리되어야만 비로소 공사에 착수할 수 있다거나 그 밖에 착공계획서 제출 및 수리로 인하여 원고에게 어떠한 권리를 설정하거나 의무를 부담케 하는 법률효과가 발생하는 것이 아니므로 **시·도지사가 원고의 착공계획서를 수리하고 이를 통보한 행위는 원고의 착공계획서 제출사실을 확인하는 행정행위에 불과하고 그를 항고소송이나 행정심판의 대상이 되는 행정처분으로 볼 수 없다**(대판 2001. 5. 29, 99두10292).

[판례 2] 수리를 요하지 않는 신고(수산업법상의 수산제조업신고)의 신고효력 발생시기

(새만금간척종합개발사업의 시행으로 피해를 입었다고 주장하는 원고들이 보상금을 청구한 사건에서) 구 수산업법(1995. 12. 30. 법률 제5131호로 개정되기 전의 것) 등의 각 규정에도 **수산제조업의 신고를 하고자 하는 자**는 그 규칙에서 정한 양식에 따른 수산제조업 신고서에 주요 기기의 명칭·수량 및 능력에 관한 서류, 제조공정에 관한 **서류를 첨부하여 시장·군수·구청장에게 제출하면 되고**, 시장·군수·구청장에게 수산제조업 신고에 대한 실질적인 검토를 허용하고 있다고 볼 만한 규정을 두고 있지 아니하고 있으므로, 수산제조업의 신고를 하고자 하는 자가 그 신고서를 구비서류까지 첨부하여 제출한 경우 시장·군수·구청장으로서는 형식적 요건에 하자가 없는 한 수리하여야 할 것이고, 나아가 관할 관청에 신고업의 **신고서가 제출되었다면** 담당공무원이 법령에 규정되지 아니한 다른 사유를 들어 그 신고를 수리하지 아니하고 반려하였다고 하더라도, 그 신고서가 **제출된 때에 신고가 있었다고 볼 것이다**(대판 1999. 12. 24, 98다57419·57426).

---

2) 수리를 요하는 신고 수리를 요하는 신고의 경우에 있어서도 신고 그 자체는 행정청의 처분이 아니다. 다만, 이러한 경우에도 신고의 수리 또는 신고수리의 거부는 행정소송법상 처분개념에 해당한다. 따라서 위법한 거부처분을 항고소송으로 다툴 수 있다. 예컨대, 근년의 판례

와 같이 건축신고를 수리를 요하는 신고로 보면, 건축신고 수리거부처분이나 착공신고수리거부 처분 역시 처분성을 갖는다고 볼 것이다[판례 1]. 한편, 수리를 요하는 신고에서 법령이 정한 요건을 구비한 적법한 신고가 있으면, 행정청은 의무적으로 수리하여야 한다. 법령에 없는 사유를 내세 워 수리를 거부할 수 없다[판례 2]. 그런데 판례는 중대한 공익상의 필요를 신고수리 거부의 사유로 본다[판례 3].

판례 1 　착공신고 반려행위의 처분성
(피고 인천광역시 부평구청장의 착공신고서처 리불가처분에 대하여 취소를 구한 사건에서) 건축주 등으로서는 착공신고가 반려될 경우, 건축법에 따라 당 해 건축물의 착공을 개시하면 시정명령, 이행강제금, 벌금의 대상이 되거나 당해 건축물을 사용 하여 행할 행위의 허가가 거부될 우려가 있어 불안정한 지위에 놓이게 된다. 따라서 착공신고 반 려행위가 이루어진 단계에서 당사자로 하여금 반려행위의 적법성을 다투어 법적 불안을 해소한 다음 건축행위에 나아가도록 함으로써 장차 있을지도 모르는 위험에서 미리 벗어날 수 있도록 길 을 열어 주고, 위법한 건축물의 양산과 철거를 둘러싼 분쟁을 조기에 근본적으로 해결할 수 있게 하는 것이 법치행정의 원리에 부합한다. 그러므로 행정청의 착공신고 반려행위는 항고소송의 대 상이 된다고 보는 것이 옳다(대판 2011. 6. 10, 2010두7321).

[참고조문] 구 건축법(2008. 3. 21. 법률 제8974호로 전부 개정되기 전의 것) 제16조(착공신고등)　① 제 8 조·제 9 조 또는 제15조 제 1 항의 규정에 의하여 허가를 받거나 신고를 한 건축물의 공사를 착수하 고자 하는 건축주는 국토교통부령이 정하는 바에 의하여 허가권자에게 그 공사계획을 신고하여야 한다. …

판례 2 　법령에서 정한 사유 외의 다른 사유를 들어 신고 수리를 거부할 수 있는지 여부
(샘물개발을 위해 피고(태안군수)로부터 샘물 개발 가허가를 받은 원고(유한회사 태정)가 환경영향조사를 실시하기 위해 임시도로 개설 목적 으로 구 산지관리법 제15조의2에 따른 산지일시사용신고를 하였으나 피고가 '사전 주민 설명과 민원 해소라는 가허가 조건이 이행되지 않았 다'는 등의 이유로 수리 불가 통지 를 하자 이의 취소를 구한 사건에서) 산지일시사용신고의 법적 성격 및 산지일시사용신고에 관한 구 산지관 리법 제15조의2 제 4 항 내지 제 6 항, 산지관리법 시행령 제18조의3 제 4 항, [별표 3의3] 규정의 형식과 내용 등에 비추어 보면, 산지일시사용신고를 받은 군수 등은 신고서 또는 첨부서류에 흠 이 있거나 거짓 또는 그 밖의 부정한 방법으로 신고를 한 것이 아닌 한, 그 신고내용이 법령에서 정하고 있는 신고의 기준, 조건, 대상시설, 행위의 범위, 설치지역 및 설치조건 등을 충족하는 경 우에는 그 신고를 수리하여야 하고, 법령에서 정한 사유 외의 다른 사유를 들어 신고 수리를 거부 할 수는 없다(대판 2022. 11. 30, 2022두50588).

판례 3 　중대한 공익상 필요를 이유로 건축신고 수리를 거부할 수 있는지 여부
(인근주민의 통행로로 사용되고 있는 私소유 토지(사실상 도로)에 건 축행위를 할 수 있는지가 다투어진 건축신고반려처분취소소송에서) 건축허가권자는 건축신고가 건축법, 국토의 계 획 및 이용에 관한 법률 등 관계법령에서 정하는 명시적인 제한에 배치되지 않는 경우에도 건축 을 허용하지 않아야 할 중대한 공익상 필요가 있는 경우에는 건축신고의 수리를 거부할 수 있다 (대판 2019. 10. 31, 2017두74320).

[평석] 당초 피고는 '해당 토지가 건축법상 도로에 해당하여 건축을 허용할 수 없다'는 이유로 건 축신고수리 거부처분을 하였다. 제 1 심이 관련법령의 규정 및 법리에 의하면 해당 토지가 건축법

상 도로에 해당하지 않는다는 이유로 거부처분을 취소하는 판결($\frac{=원고}{청구인용}$)을 선고하자, 피고는 항소하여 '이 사건 토지는 1975년 분필된 후로 인근 주민들의 통행에 제공된 사실상의 도로인데, 원고가 이 사건 토지에 주택을 건축하여 인근 주민들의 통행을 막는 것은 사회공동체와 인근 주민들의 이익에 반하므로 원고의 주택 건축은 허용되어서는 안 되며, 따라서 이 사건 처분은 공익에 부합하는 적법한 처분이라고 보아야 하고, 원고의 건축신고나 이 사건 행정소송 제기는 권리남용이라고 보아야 한다'는 주장을 추가하였다. 원심은, 피고가 원심에서 추가한 주장을 단순히 소권남용을 주장하는 본안전 항변이라고 단정하여 본안전 항변이 이유 없다고 배척하였고, 본안에서 추가된 처분사유의 당부에 관해서는 판단하지 않았다.

대법원은, 피고가 원심에서 추가한 주장은 소송법상 허용되는 '처분사유의 추가'에 해당하며 실체적으로도 정당하다고 보아 원심이 처분사유 추가·변경의 허용기준 및 중대한 공익상의 필요에 관한 법리를 오해하여 필요한 심리를 다하지 않은 잘못이 있다고 판단하여 파기환송하였다(같은 날 같은 취지로 대판 2019. 10. 31, 2018두45954가 동시에 선고되었음).

(8) 신고의 의제　　　건축법 제11조 제5항 제2호에 의하면, 건축법 제11조 제1항에 따라 허가를 받은 자는 제83조의 신고를 한 것으로 본다. 이와 같이 특정의 처분이 있으면 다른 행위에 요구되는 신고가 있는 것으로 보는 것을 신고의 의제라 부른다. 신고의 의제는 사인에 의한 공법행위가 있었던 것은 아니지만, 있었던 것과 같은 효과를 부여하는 제도이다. 신고가 의제되는 경우와 사인에 의한 공법행위로서 신고는 그 효과에 있어서 차이가 없다고 볼 것이다. 신고의 의제도 넓은 의미에서 신고의 한 종류로 볼 수도 있을 것이다.

[참고조문]
건축법 제11조(건축허가)　⑤ 제1항에 따른 건축허가를 받으면 다음 각 호의 허가 등을 받거나 신고를 한 것으로 … 본다.
2. 제83조에 따른 공작물의 축조신고
제83조(옹벽 등의 공작물에의 준용)　① 대지를 조성하기 위한 옹벽, 굴뚝, 광고탑, 고가수조(高架水槽), 지하 대피호, 그 밖에 이와 유사한 것으로서 대통령령으로 정하는 공작물을 축조하려는 자는 대통령령으로 정하는 바에 따라 특별자치시장·특별자치도지사 또는 시장·군수·구청장에게 신고하여야 한다.

제 4 장 행정의 행위형식

제 1 절 행정입법

1. 행정입법의 의의

행정입법이란 일반적으로 국가 등의 행정주체가 일반적·추상적인 규범을 정립하는 작용 또는 그에 따라 정립된 규범을 의미한다. 행정입법은 학문상의 용어이다. 행정입법은 위임입법·종속입법·준입법 등으로 불린다. 행정입법에는 국가행정권에 의한 입법과 지방자치단체에 의한 입법이 있다. 전통적 견해는 국가행정권에 의한 입법을 다시 법규의 성질을 갖는 법규명령과 법규의 성질을 갖지 않는 행정규칙으로 구분한다. 자치입법은 다시 조례와 규칙, 교육규칙으로 구분된다.

2. 행정입법의 종류

(1) 전통적 견해　　전통적 견해는 「법령상의 수권에 근거하여 행정권이 정립하는 규범으로서 국민과의 관계에서 일반구속적인 규범」을 법규명령이라 하고, 「행정조직 내부 또는 특별한 공법상의 법률관계 내부에서 그 조직과 활동을 규율하는 일반추상적인 명령으로서 법규적 성질을 갖지 않는 것」을 행정규칙이라 정의하고 있다.

(2) 사　　견　　전통적 견해는 양자의 구별기준으로 법규성의 유무를 활용한다. 그러나 법령상 수권 없이 발령되는 고시에 규정된 수익적 사항 중에 법규적 성질을 갖는 것도 있을 수 있다는 입장을 취하게 되면, 법규성의 유무의 판단 자체가 불명확하다는 문제점을 갖는다. 양자의 구분은 국가의 최고규범인 헌법의 관점에서 권력분립원리·법률유보원리, 그리고 헌법상 법률유보사항 등의 종합적인 고려하에서 이루어져야 한다. 본서는 ① 헌법제정권력자가 제 1 차적으로 국회에 부여한 입법권한을 국회가 다시 행정권에 위임하고, 그 수권에 근거하여 행정권이 제정한 입법을 대상으로 법규명령의 개념을 정립하고, ② 행정권이 헌법제정권력자로부터 부여받은 고유한 권능에 근거하여 제정한 입법을 대상으로 행정규칙의 개념을 정립하여 양자를 구분하는 방법을 취한다. 이것이 헌법에 적합한 접근방법일 것이다.

	법규명령(위임명령·집행명령)	행정규칙
성 격	타율적 행정입법	자율적 행정입법
제정근거	법령상의 수권(위임)	행정권의 고유한 권능
규정사항	법률유보사항(입법사항)과 비유보사항	비유보사항
효과의 성질	외부적 구속효 (예외) 내부적 구속효(규정내용의 성질상)	내부적 구속효 (예외) 외부적 구속효* (예: 수익적 사항의 법률보충규칙)(사견)
법 형 식	(원칙) 헌법 제75조, 제95조 등 헌법이 예정한 대통령령·총리령·부령 형식 (예외) 행정기본법 제2조 제1호 가목 3), 행정규제기본법 제4조 제2항 단서에 근거한 훈령 등의 형식	(원칙) 행정업무의 운영 및 혁신에 관한 규정이 예정한 고시·훈령 등의 형식 (예외) 대통령령·총리령·부령 형식

*부분은 다만 본서가 주장하는 내용이다.

3. 행정입법(위임입법)의 필요성

현대국가의 사회적 기능 증대와 사회현상의 복잡화에 따라 국민의 권리·의무에 관한 사항이라 하여 모두 입법부에서 제정한 법률만으로 정할 수는 없어 불가피하게 예외적으로 하위법령에 위임하는 것이 허용된다$\binom{\text{헌재 2020. 6. 25,}}{\text{2018헌바278}}$.

[제34회 입법고시(2018년)]

행정입법의 필요성을 설명하고, 국회에 의한 통제를 논하시오.

4. 행정의 입법활동과 행정법제의 개선

(1) 행정의 입법활동　　　국가나 지방자치단체가 법령등을 제정·개정·폐지하고자 하거나 그와 관련된 활동$\binom{\text{법률안의 국회 제출과 조례안의 지방의회 제출을 포}}{\text{함하며, 이하 이 장에서 "행정의 입법활동"이라 한다}}$을 할 때에는 헌법과 상위 법령을 위반해서는 아니 되며, 헌법과 법령등에서 정한 절차를 준수하여야 한다$\binom{\text{기본법}}{\text{제38조}}$.

(2) 행정법제의 개선　　　정부는 권한 있는 기관에 의하여 위헌으로 결정되어 법령이 헌법에 위반되거나 법률에 위반되는 것이 명백한 경우 등 대통령령으로 정하는 경우에는 해당 법령을 개선하여야 한다$\binom{\text{기본법 제39}}{\text{조 제1항}}$.

(3) 법령 분석　　　정부는 행정 분야의 법제도 개선 및 일관된 법 적용 기준 마련 등을 위하여 필요한 경우 대통령령으로 정하는 바에 따라 관계 기관 협의 및 관계 전문가 의견 수렴을 거쳐 개선조치를 할 수 있으며, 이를 위하여 현행 법령에 관한 분석을 실시할 수 있다$\binom{\text{기본법 제39}}{\text{조 제2항}}$.

(4) 법령해석　　　누구든지 법령등의 내용에 의문이 있으면 법령을 소관하는 중앙행정기관의 장$\binom{\text{이하 "법령소관}}{\text{기관"이라 한다}}$과 자치법규를 소관하는 지방자치단체의 장에게 법령해석을 요청할 수 있다$\binom{\text{기본법 제}}{\text{40조 제3항}}$.

제1항 법규명령

Ⅰ. 법규명령의 관념

1. 법규명령의 개념

(1) 전통적 견해   법규명령이란 법령상의 수권에 근거하여 행정권이 정립하는 규범으로서 국민과의 관계에서 일반구속적인 규범을 의미한다. 전통적 견해는 「법령의 근거($^{수권}_{성}$)」와 「법규성($^{국민관계에}_{서의 구속성}$)」을 법규명령개념의 필수요소로 본다. 전통적 견해에 따르면, 법령의 위임에 근거하여 제정되었으나 법규성을 갖지 아니하는 것은 법규명령에 해당하지 아니한다.

법규명령 개념요소에 대한 전통적 견해와 본서의 비교

법령의 근거	법 규 성	전통적 견해	본서의 견해
유	유	법규명령	법규명령(원칙)
유	무	(논급 없음)	법규명령(예외)(예: 대통령령인 직제)

(2) 수권여부기준설($^{사}_{견}$)   법규명령이란 법령상의 수권에 근거하여 행정권이 정립하는 규범으로서 국민과의 관계에서 통상적으로 법규성을 갖는 행정입법을 말한다. 이러한 본서의 입장은 헌법상 권력분립원리·법률유보원리를 바탕으로 하여 「법령의 근거($^{수권}_{성}$)」는 법규명령개념의 필수요소이지만, 「법규성」은 통상적으로 요구되는 요소일뿐 필수요소는 아니라는 입장이다. 따라서 본서의 입장에서는 직제를 법규명령의 일종으로 본다. 일설은 법규명령을 "위임에 의하여 또는 법령을 시행하기 위하여 제정된 것"으로 이해하는 입장도 있다($^{김남}_{진}$). 그러나 집행명령의 제정권한은 바로 헌법에 의해 직접 행정권에 수권되고 있기 때문에($^{집행명령으로서 대통령령은 헌법 제75조에 의해,}_{총리령·부령으로서의 집행명령은 헌법 제95조에}$ $^{의해 직접 수}_{권되고 있다}$), 전체로서 법규명령($^{위임명령+}_{집행명령}$)은 모두 법령($^{헌법을 포함하는}_{광의의 법령}$)의 수권에 의해 행정권이 정립하는 법규라 정의할 수 있다.

2. 법규명령의 법형식

법규명령은 「법령의 수권 등」을 개념요소로 하여 내용적으로 파악된 개념으로 이해할 것이지, 법형식으로 파악된 개념으로 이해할 것은 아니다. 법령의 위임에 근거하지 아니한 시행령·시행규칙 등은 법규명령이 아니고 행정규칙일 뿐이다. 법규명령은 기본적으로 대통령령·총리령·부령의 형식으로 나타나지만, 고시·훈령의 형식으로 나타나기도 한다.

3. 법규명령의 성질

① 법규명령은 법규이므로 이에 위반하는 행위는 위법행위가 된다[$^{판례}_{1}$]. 규정내용의 성질상 법규명령이 행정 내부적으로만 구속력을 가지는 경우에는 국민과의 관계에서 위법의 문제가 제기되지 아니할 수 있다[$^{판례}_{2}$]. ② 법규명령의 성질은 입법이지만, 행정의 행위형식의 하나이다. 법

규명령의 제도가 있음으로 하여 행정권은 법률을 적용·집행함에 있어서 다수의 사건과 다수인이 관련되는 사건을 통일적으로 규율할 수 있게 된다.

> **[판례 1]** 시외버스운송사업의 사업계획변경 기준 등에 관한 구 여객자동차 운수사업법 시행규칙 제31조 제2항 제1호 등의 법적 성질
>
> (경상남도지사의 경남버스주식회사등에 대한 시외버스운송사업계획 / 변경인가처분을 대우여객자동차주식회사가 취소를 구한 소송에서) 구 여객자동차 운수사업법 시행규칙 제31조 제2항 제1호, 제2호, 제6호는 구 여객자동차 운수사업법 제11조 제4항의 위임에 따라 시외버스운송사업의 사업계획변경에 관한 절차, 인가기준 등을 구체적으로 규정한 것으로서, 대외적인 구속력이 있는 법규명령이라고 할 것이고, 그것을 행정청 내부의 사무처리준칙을 규정한 행정규칙에 불과하다고 할 수는 없다. 따라서 원심이 인정하는 바와 같이 피고가 이 사건 시외버스운송사업계획변경인가처분을 함에 있어서 이 사건 각 규정에서 정한 절차나 인가기준 등을 위배하였다면, 이 사건 처분은 위법함을 면하지 못한다고 할 것이다(원심이 들고 있는 대법원 1995. 10. 17. 선고 94누 / 14148 전원합의체 판결은 제재적 행정처분의 기준 / 에 관한 것으로서 이 사건과는 사안을 달리하 / 여 원용하기에 적절하지 아니함을 지적해 둔다)(대판 2006. 6. 27, / 2003두4355).

> **[판례 2]** 공익사업법 제68조 제3항에 근거한 동법 시행규칙 제22조의 성질
>
> (피고(한국토지주택공사)는 국민임대주택단지를 조성하기 위하여 원고 등에게서 협의취득을 위한 보상액을 산정하면서 공익사업을 위한 / 토지 등의 취득 및 보상에 관한 법률 시행규칙 제22조에 따라 평가하지 않고 구 토지보상평가지침에 따라 평가하였고, 원고가 평가에 문 / 제있음을 이유로 손해배상을 구한 사건에서) 공익사업을 위한 토지 등의 취득 및 보상에 관한 법률(이하 '공익사업 / 법'이라 한다) 제68조 제3항은 협의취득의 보상액 산정에 관한 구체적 기준을 시행규칙에 위임하고 있고, 위임 범위 내에서 **공익사업을 위한 토지 등의 취득 및 보상에 관한 법률 시행규칙 제22조**는 토지에 건축물 등이 있는 경우에는 건축물 등이 없는 상태를 상정하여 토지를 평가하도록 규정하고 있는데, 이는 비록 **행정규칙의 형식이나 공익사업법의 내용이 될 사항을 구체적으로 정하여 내용을 보충하는 기능을 갖는 것이므로, 공익사업법 규정과 결합하여 대외적인 구속력을 가진다**(대판 2012. 3. 29, / 2011다104253).

[평석] 판례가 법률, 대통령령, 총리령 또는 부령의 위임을 받아 고시 등으로 일정 사항을 규정하는 경우, 그러한 고시 등을 행정규칙으로 부르면서 그러한 고시 등은 위임의 근거법령과 결합하여 법규명령이 된다고 하거나 대외적인 구속력을 갖는다고 판시한 경우는 적지 아니하다. 그러나 이 판례는 법률의 위임에 따라 부령으로 일정 사항을 규정하는 경우, 그러한 부령을 근거 법률과 결합하여 법규명령이 된다고 하는바, 전자의 일반적인 경우와 다르다. 법률의 위임에 따라 부령으로 일정 사항을 규정하면, 그러한 부령은 바로 법규명령이 되는 것이지, 근거 법률 규정과 결합하여 대외적인 구속력을 갖는다고 하는 이 판례의 태도는 이해하기 어렵다.

4. 처분적 법규명령과 집행적 법규명령

(1) 처분적 법규명령   처분적 법규명령이란 대통령령·총리령·부령 등의 법규명령의 형식을 취하지만, 실질적으로는 행정행위의 개념징표인 관련자의 개별성과 규율사건의 구체성을 가짐으로써 행정행위의 성질을 갖는 법규명령을 말한다(예: 대판 1996. 9. 20, 95누8003에 / 서 다투어진 두밀분교설치폐지 조례). 처분적 법규명령은 행정소송법상 처분성을 갖는바, 항고소송의 대상이 된다.

(2) 집행적 법규명령   넓게 보면, 법규명령은 상위법령의 집행을 위한 것이므로 모든 법규명령이 집행적 법규명령이라 할 수 있다. 그러나 학설은 집행적 법규명령을 집행행위의 매개

없이 직접 국민의 권리와 의무를 규율하는 일반적·추상적 규율로서의 법규명령으로 이해하기도 한다($\binom{정하}{중}$)(예: 식품위생법 제44조 제 1 항[식품접객영업자 등 대통령령으로 정하는 영업자와 그 종업원은 영업의 위생관리와 질서유지, 국민의 보건위생 증진을 위하여 영업의 종류에 따라 다음 각 호에 해당하는 사항을 지켜야 한다]과 식품위생법 시행령 제29조[법 제44조 제 1 항 각 호 외의 부분에서 대통령령으로 정하는 영업자"란 다음 각 호의 영업자를 말한다. (예시) 7. 제21조 제 8 호의 식품접객업자]에 근거한 식품위생법 시행규칙 제57조[법 제44조 제 1 항에 따라 식품접객영업자 등이 지켜야 할 준수사항. (예시) 7 - 다. 업소 안에서는 도박이나 그 밖의 사행행위 또는 풍기문란행위를 방지하여야 하며, 배달판매 등의 영업행위 중 종업원의 이러한 행위를 조장하거나 묵인하여서는 아니 된다]). 집행적 법규명령은 법규명령의 전형적인 형태의 하나이다.

(3) 양자의 차이   처분적 법규명령과 집행적 법규명령 모두 집행행위의 매개 없이 직접 국민의 권리와 의무를 규율한다($\binom{직접}{성}$). 그러나 처분적 법규명령은 행정행위의 개념징표인 개별·구체성을 갖지만, 집행적 법규명령은 일반·추상성을 갖는다. 따라서 처분적 법규명령은 항고소송의 대상이 되지만, 집행적 법규명령은 항고소송의 대상이 되지 아니한다. 집행적 법규명령이라도 그 내용이 직접 기본권을 침해하는 조항은 헌법소원의 대상이 될 수 있을 것이다.

Ⅱ. 실정법상 문제점

1. 총리령과 부령의 효력상 우열

총리령과 부령 사이의 효력상 우열에 관해 견해의 대립이 있다. ① 총리령이 우월하다는 견해는 국무총리가 행정각부에 대해 통할권을 갖고 있음을 근거로 삼는다. ② 효력이 같다는 견해는 총리령은 국무총리가 행정각부의 장과 동일한 지위에서, 즉 중앙행정관청의 지위에서 소관사무에 관해 발하는 것임을 근거로 삼는다. ③ 헌법상 국무총리의 임무는 대통령의 명을 받아 행정각부를 통할하는 것이므로, 이러한 사무를 수행하는 한 총리령은 부령에 우월하다고 볼 것이다.

2. 국무총리직속기관의 법규명령

헌법은 부령의 발령권자를 행정각부의 장으로 규정하고 있다. 따라서 행정각부의 장에 해당하지 않는 국무총리소속의 식품의약품안전처장은 부령을 발할 수 없다. 이러한 경우는 총리령으로 발할 수밖에 없다.

3. 규정사항

헌법상 대통령령·총리령·부령 모두 법률에서 직접 위임받은 사항을 규정할 수 있는데($\binom{헌법}{제75}$ $\binom{조·제}{95조}$), 이들 법규명령은 규정내용에 차이가 없는가의 문제가 있다. 생각건대 기본권과 관련하여 보다 중요한 사항은 대통령령으로 정하도록 하는 위임의 기준을 설정할 필요가 있다. 법률이 대통령령으로 규정하도록 되어 있는 사항을 부령으로 정한다면 그 부령은 무효가 된다($\binom{판}{례}$).

판례   대통령령으로 정할 사항을 부령으로 정한 경우 그 효력

($\binom{화해계약등을 다}{툰 민사사건에서}$) 행정각부 장관이 부령으로 제정할 수 있는 범위는 법률 또는 대통령령이 위임한 사항이나 또는 법률 또는 대통령령을 실시하기 위하여 필요한 사항에 한정되므로 법률 또는 대통령령으로 규정할 사항은 부령으로 규정하였다고 하면 그 부령은 무효임을 면치 못한다($\binom{대판 1962. 1. 25,}{61다9}$).

4. 감사원규칙의 성격

감사원법 제52조는 "감사원은 감사에 관한 절차, 감사원의 내부 규율과 감사사무 처리에 관한 규칙을 제정할 수 있다"고 규정하고 있다. 감사원규칙의 성질문제와 관련하여 법규명령(전통적 견해가 보는 법규명령의 개념)으로 보는 견해와 행정규칙으로 보는 견해로 나뉘고 있다.

(1) 법규명령으로 보는 견해 　① 헌법은 일정한 법형식의 행정입법을 인정하고 있으나, 이는 예시적 규정으로서 그 이외의 법형식을 법률에 의하여 인정하는 것을 막는 뜻으로 해석할 것은 아니고, ② 법률의 위임에 의하여 또는 법률을 시행하기 위하여 실질적으로 법규적 내용을 정립하는 것은 국회입법의 원칙에 어긋나는 것으로 볼 수 없다는 것을 논거로 한다.

(2) 행정규칙으로 보는 견해 　① 행정입법이 입헌주의에 대한 중대한 예외이기 때문에 이를 엄격하게 통제하지 않으면 걷잡을 수 없는 결과가 될 것이라는 점, ② 고도의 경성헌법 아래서 헌법상의 국회입법원칙에 대한 예외로서의 입법형식은 헌법 스스로 명문으로 인정하는 경우에 한하며, ③ 법률은 입법내용상의 구체적·한정적인 위임을 할 수 있어도 입법형식 그 자체를 창설하지 못한다는 점을 논거로 한다.

(3) 사　　견 　행정규칙으로 보는 견해가 지적하는 비판 ①은 실제상 예상하기 어렵고, 감사원규칙은 여전히 입법권의 행사를 통한 국회의 통제하에 있다는 점을 고려할 때 ②·③도 특별한 의미를 갖기 어렵다. 법규명령설의 논거가 보다 설득력을 갖는다.

[참고] 동일한 문제가 공정거래위원회규칙(독점규제 및 공정거래에 관한 법률 제71조 제 2 항)·금융위원회규칙(금융위원회의 설치 등에 관한 법률 제39조 제 1 항)·금융통화위원회규정(한국은행법 제30조)·방송통신위원회규칙(방송법 제31조 제 3 항)·중앙노동위원회규칙(노동위원회법 제25조)의 경우에도 발생한다.

Ⅲ. 법규명령의 근거와 한계

1. 위임명령의 근거와 한계

(1) 위임명령의 근거

1) 근거법령의 존재 　위임명령은 헌법 제75조와 헌법 제95조에 따라 법률이나 상위명령에 개별적인 수권규범이 있는 경우에만 가능하다. 판례는 경우에 따라 예시적 위임을 인정하기도 한다[판례1]. 법령의 위임이 없음에도 법령에 규정된 사항을 부령에서 규정하면, 그것은 행정규칙에 해당할 수 있으나, 법규명령은 아니다[판례2].

[판례 1] 　모법에 명시적 위임 규정이 없더라도 침익적 시행령이 적법한 경우
[1] (강남세무서장을 피고로 씨제이씨지브이 주식회사가 제기한 법인세징수처분취소소송에서) 법률의 시행령은 법률에 의한 위임이 없으면 개인의 권리·의무에 관한 내용을 변경·보충하거나 법률에 규정되지 아니한 새로운 내용을 정할 수는 없지만, 시행령의 내용이 모법의 입법 취지와 관련 조항 전체를 유기적·체계적으로 살펴보아 모법의 해석상 가능한 것을 명시한 것에 지나지 아니하거나 모법 조항의 취지에 근거하여 이를 구체화하기

위한 것인 때에는 모법의 규율 범위를 벗어난 것으로 볼 수 없으므로, 모법에 이에 관하여 직접 위임하는 규정을 두지 않았다고 하더라도 이를 무효라고 볼 수 없다(대판 2016. 12. 1,/2014두8650).
[2] (대전광역시 교육감을 피고로 중학교입학자격검/정고시응시제한처분의 취소를 구한 사건에서) 위의 [1]의 법리는 지방자치단체의 교육감이 제정하는 교육규칙과 모법인 상위 법령의 관계에서도 마찬가지이다(대판 2014. 8. 20,/2012두19526).

> 판례 2 법령의 위임이 없음에도 법령에 규정된 처분 요건에 해당하는 사항을 부령에서 변경하여 규정한 경우, 부령 규정의 법적 성격 및 처분의 적법 여부를 판단하는 기준
>
> (주식회사 한진중공업이 한국토지주택공사를 피고/로 하여 제기한 부정당업자제재처분취소소송에서) 법령의 위임이 없음에도 법령에 규정된 처분 요건에 해당하는 사항을 부령에서 변경하여 규정한 경우에는 그 부령의 규정은 행정청 내부의 사무처리 기준 등을 정한 것으로서 행정조직 내에서 적용되는 행정명령의 성격을 지닐 뿐 국민에 대한 대외적 구속력은 없다고 보아야 한다. 따라서 어떤 행정처분이 그와 같이 법규성이 없는 시행규칙 등의 규정에 위배된다고 하더라도 그 이유만으로 처분이 위법하게 되는 것은 아니라 할 것이고, 또 그 규칙 등에서 정한 요건에 부합한다고 하여 반드시 그 처분이 적법한 것이라고 할 수도 없다. 이 경우 처분의 적법 여부는 그러한 규칙 등에서 정한 요건에 합치하는지 여부가 아니라 일반 국민에 대하여 구속력을 가지는 법률 등 법규성이 있는 관계 법령의 규정을 기준으로 판단하여야 한다(대판 2013. 9. 12,/2011두10584).

2) 근거법령의 적법성   법규명령의 근거를 제공하는 수권법률 등은 법규명령의 제정시점에 유효한 것이어야 한다. 수권의 근거가 없이 발령된 법규명령이 사후적인 법률로 치유될 수 없다. 그러나 판례는 위임의 근거가 없어 무효였던 법규명령이 사후적인 법률에 의해 유효가 될 수 있다고 한다(판례). 수권법률이 사후적으로 개정되거나 폐지되면, 그에 따른 법규명령도 효력을 상실한다. 물론 개정된 수권의 근거가 여전히 종전의 법규명령과 관련된다면, 효력은 지속된다.

> 판례 법개정으로 위임 근거 유무에 변동이 있는 법규명령의 유효 여부 판단기준
>
> (경상북도지사가 경상북도의회의 증언·감정등에 관한/조례안에 대한 재의결의 무효확인을 구한 사건에서) 일반적으로 법률의 위임에 의하여 효력을 갖는 법규명령의 경우, **구법에 위임의 근거가 없어 무효였더라도 사후에 법개정으로 위임의 근거가 부여되면 그 때부터는 유효한 법규명령**이 되나, 반대로 구법의 위임에 의한 유효한 법규명령이 법개정으로 위임의 근거가 없어지게 되면 그 때부터 무효인 법규명령이 되므로, 어떤 법령의 위임 근거 유무에 따른 유효 여부를 심사하려면 법개정의 전·후에 걸쳐 모두 심사하여야만 그 법규명령의 시기에 따른 유효·무효를 판단할 수 있다(대판 1995. 6. 30,/93추83).

3) 근거법령의 명시   법령의 위임관계는 하위법령의 개별조항에서 위임의 근거가 되는 상위법령의 해당 조항을 구체적으로 명시하는 것이 바람직하다. 판례는 이를 구체적으로 명시하는 것을 요구하지는 아니한다(대판 1999. 12. 24,/99두5658).

(2) 위임명령의 한계

1) 포괄적 위임의 금지

㈎ 의　　의　　헌법 제75조는 "대통령은 법률에서 구체적으로 범위를 정하여 위임받은 사항과 법률을 집행하기 위하여 필요한 사항에 관하여 대통령령을 발할 수 있다"고 규정하고 있다$\left(\begin{smallmatrix}판례\\1\end{smallmatrix}\right)$. 이 규정은 위임명령에 규정될 사항을 위임함에 있어서는 구체적으로 범위를 정하여 위임하여야 하고, 포괄적으로 위임해서는 안 된다는 것을 의미한다. 이를 포괄적 위임의 금지라 한다. 포괄적 위임은 국회입법권의 포기를 의미한다$\left(\begin{smallmatrix}판례\\2\end{smallmatrix}\right)$. 포괄적 위임 금지의 원칙은 대법원규칙에도 마찬가지로 적용된다$\left(\begin{smallmatrix}판례\\3\end{smallmatrix}\right)$.

> **[판례 1]**　헌법 제75조의 의의
> $\left(\begin{smallmatrix}대도시권 광역교통관리에 관한 특별법 제11\\조의3 제1항 제1호 등 위헌소원사건에서\end{smallmatrix}\right)$ 헌법은 제75조에서 "대통령은 법률에서 구체적으로 범위를 정하여 위임받은 사항 …에 관하여 대통령령을 발할 수 있다"고 규정함으로써 **위임입법의 근거**를 마련함과 동시에, 입법상 위임은 '구체적으로 범위를 정하여' 하도록 함으로써 **그 한계를 제시**하고 있다. 즉, 헌법 제75조는 법률이 대통령령에 입법사항의 규정을 위임할 경우에는 법률에 미리 대통령령으로 규정될 내용 및 범위의 기본사항을 구체적으로 규정하여 둠으로써 행정권에 의한 자의적인 법률의 해석과 집행을 방지하고 의회입법과 법치주의의 원칙을 달성하고자 하는 것이다$\left(\begin{smallmatrix}헌재 2013. 10. 24,\\2012헌바368\end{smallmatrix}\right)$.

> **[판례 2]**　포괄적 위임입법 금지의 취지
> $\left(\begin{smallmatrix}구 소득세법 제19조 제1항 제12호[제19조(사업소득) ① 사업소득은 당해 연도에 발생한 다음 각\\호의 소득으로 한다. 12. 대통령령이 정하는 부동산매매업에서 발생하는 소득] 위헌소원사건에서\end{smallmatrix}\right)$ 법률의 위임은 반드시 구체적이고 개별적으로 한정된 사항에 대하여 행하여져야 한다. 그렇지 아니하고 일반적이고 포괄적인 위임을 한다면 이는 사실상 입법권을 백지위임하는 것이나 다름없어 의회입법의 원칙이나 법치주의를 부인하는 것이 되고 행정권의 부당한 자의와 기본권행사에 대한 무제한적 침해를 초래할 위험이 있기 때문이다$\left(\begin{smallmatrix}헌재 2013. 6. 27,\\2012헌마386\end{smallmatrix}\right)$.

> **[판례 3]**　구체적 위임의 법리가 대법원규칙에도 적용되는지 여부
> $\left(\begin{smallmatrix}법원조직법 제28조 제2호의\\위헌확인을 구한 심판사건에서\end{smallmatrix}\right)$ 헌법 제75조는 "대통령령은 법률에서 구체적인 범위를 정하여 위임받은 사항과 법률을 집행하기 위하여 필요한 사항에 관하여 대통령령을 발할 수 있다."라고 규정하여 위임입법의 근거와 아울러 그 범위와 한계를 제시하고 있다. 헌법 제75조에 근거한 포괄위임금지 원칙은 법률에 이미 대통령령 등 하위법규에 규정될 내용 및 범위의 기본사항이 구체적으로 규정되어 있어서 누구라도 당해 법률로부터 하위법규에 규정될 내용의 대강을 예측할 수 있어야 함을 의미하므로, 하위법규가 대법원규칙인 경우에도 수권법률에서 이 원칙을 준수하여야 하는 것은 마찬가지이다$\left(\begin{smallmatrix}헌재 2022. 6. 30, 2019\\헌바347, 420(병합)\end{smallmatrix}\right)$.

㈏ '구체적으로 범위를 정하여'의 의미　　판례는 헌법 제75조의 '법률에서 구체적으로 범위를 정하여'의 의미를 법률에 이미 대통령령으로 규정될 내용 및 범위의 기본사항이 구체적이고 명확하게 규정되어 있어서 누구라도 당해 법률 그 자체로부터 대통령령에 규정될 내용의 대강을 예측할 수 있어야 한다는 것으로 이해한다$\left(\begin{smallmatrix}헌재 2021. 4. 29, 2017헌가25;\\대판 2022. 4. 14, 2020추5169\end{smallmatrix}\right)$. 또한 판례는 경우에 따라 예시적 위임도 인정한다$\left(\begin{smallmatrix}판\\례\end{smallmatrix}\right)$.

[판례] **형벌법규에서 예시적 위임의 가부**

(어선의 소유자인 피고인이 어선검사증서에 기재된 총톤수(9.77t)가 약 2t 정도 증가되도록 선체 상부구조물을 증설하였음에도 임시검사를 받지 아니하고 어선을 항행 또는 조업에 사용하였다고 하여 구 어선법 위반으로 기소된 형사사건에서) 어선의 효율적인 관리와 안전성 확보라는 구 어선법의 목적을 달성하기 위해서는 어선의 종류와 규모 등에 따라 구체적인 검사의 필요성과 대상 등을 다르게 정할 필요가 있고 그에 따라서 어선검사증서에 기재할 내용이 정해질 것이므로, 어선검사증서에 기재할 사항을 법률에 자세히 정하기는 어려워 보인다. 법 제21조 제 1 항은 어선의 검사에 관한 구체적인 사항을 해양수산부령인 구 어선법 시행규칙에 위임하고 있고, 법 제27조 제 1 항 제 1 호에서 정기검사에 합격된 경우 어선검사증서에 기재할 사항에 관하여 괄호 표시를 하고 그 안에 '어선의 종류·명칭·최대승선인원·제한기압 및 만재흘수선의 위치 등'이라고 정하여 그 대상을 예시하는 형식으로 규정하고 있다. 따라서 법 제21조 제 1 항은 정기검사에 합격된 경우 어선검사증서에 기재할 사항을 해양수산부령에 위임하고 있고, 그 구체적인 위임의 범위를 법 제27조 제 1 항 제 1 호에서 예시적으로 규정하였다고 볼 수 있다. 따라서 법 제21조 제 1 항, 제27조 제 1 항 제 1 호는 어선검사증서에 기재할 사항에 관하여 해양수산부령에 위임할 사항의 내용과 범위를 구체적으로 특정하였고, 이로부터 하위법령인 해양수산부령에 규정될 사항이 어떤 것인지 대체적으로 예측할 수 있다고 보인다(대판 2018. 6. 28, 2017도13426).

  (다) 예측가능성 유무의 판단   판례는 "예측가능성의 유무는 당해 위임조항 하나만을 가지고 판단할 것이 아니라 그 위임조항이 속한 법률의 전반적인 체계와 취지 및 목적, 당해 위임조항의 규정형식과 내용 및 관련 법규를 유기적·체계적으로 종합하여 판단하여야 하며, 나아가 각 규제 대상의 성질에 따라 구체적·개별적으로 검토함을 요한다"는 입장이다(대판 2015. 1. 15, 2013두 14238; 헌재 2022. 6. 30, 2019헌바347, 420(병합)). 위임의 구체성·명확성의 요구 정도는 그 규율대상의 종류와 성격에 따라 다를 것이다(판례 1, 2, 3). 한편, 법원의 명확성과 법원의 일반·추상성은 상호 배치되는 것으로 볼 것은 아니다(판례 4).

[판례 1] **헌법 제75조에서 규정된 '구체성·명확성'의 정도**

(방송통신위원회가 지원금 상한액에 대한 기준 및 한도를 정하여 고시하도록 하고, 이동통신사업자가 방송통신위원회가 정하여 고시한 상한액을 초과한 지원금을 지급할 수 없도록 하며, 대리점 및 판매점은 이동통신사업자가 위 상한액의 범위 내에서 정하여 공시한 지원금의 100분의 15의 범위 내에서만 이용자에게 지원금을 추가로 지급할 수 있도록 정하고 있는 지원금 상한 조항이 포괄위임금지원칙에 위배되는지 여부를 쟁점으로 '이동통신단말장치 유통구조 개선에 관한 법률 제 4 조 제 1 항 등'의 위헌확인을 구한 이동통신단말장치 지원금 상한제에 관한 사건에서) 헌법 제75조에서 말하는 위임의 구체성, 명확성의 요구 정도는 각종 법률이 규제하고자 하는 대상의 종류와 성질에 따라 달라지는데, 특히 규율대상이 지극히 다양하거나 수시로 변화하는 성질의 것일 때에는 위임의 구체성·명확성의 요건이 완화된다(헌재 2017. 5. 25, 2014헌마844).

[판례 2] **위임의 구체성·명확성의 정도**

(청구인이 등록한 상표에 대하여 특허심판원에서 저명한 타인의 성명을 승낙 없이 사용한 상표로서 구 상표법 제 7 조 제 1 항 제 4 호에 해당한다는 이유로 상표의 등록무효심결을 내리자, 청구인이 등록무효심결의 취소소송을 제기하고 그 소송 계속 중 공공의 질서 또는 선량한 풍속을 문란하게 할 염려가 있는 상표는 등록을 받을 수 없다고 규정한 구 상표법 제 7 조 제 1 항 제 4 호가 명확성원칙에 위반된다는 이유로 헌법소원심판을 청구한 상표등록 무효조항에 관한 위헌소원사건에서) 명확성원칙은 모든 법률에 같은 수준으로 요구되는 것은 아니고 개개의 법률이나 법조항의 성격에 따라 요구되는 정도에 차이가 있을 수 있으며 각각의 구성요건의 특수성과 법률이 제정된 배경이나 상황에 따라 달라질 수 있다. 명확성원칙을 어느 경우에나 일률적으로 엄격히 관철하도록 요구하는 것은 입법

기술상 불가능하거나 현저히 곤란하다. 따라서 법률에 어느 정도 보편적이거나 일반적 개념의 용어를 사용하는 것은 불가피하고, **당해 법률이 제정된 목적과 다른 규범과의 연관성을 고려하여 합리적인 해석이 가능한지 여부에 따라** 명확성을 갖추었는지 여부가 가려져야 한다. 한편 법률 규정에 그 뜻이 분명하지 아니하고 여러 가지 해석이 가능한 표현이 포함되어 있다 하더라도, **법관의 보충적인 가치판단을 통해서** 그 뜻을 확인할 수 있고 그러한 보충적 해석이 해석자의 개인적인 취향에 따라 좌우될 가능성이 없다면 명확성원칙에 반한다고 할 수 없다$\binom{\text{헌재 2014. 3. 27,}}{\text{2012헌바55}}$.

[판례 3] 구 토용법 제95조 제1항등의 포괄위임금지원칙 위반 여부

$\binom{\text{공공필요성이 없는 사업(골프장시설)을 위해 민간기업에게 토지수용권을 부여하고 있는 '국토의 계획 및 이용에 관}}{\text{한 법률' 제95조 제1항 등이 헌법 제23조 제3항, 제37조 제2항 등에 위반된다는 이유로 제기한 위헌소원사건에서}}$ 그 자체로 공공필요성이 인정되는 교통시설이나 수도·전기·가스공급설비 등 국토계획법상의 다른 기반시설과는 달리, 기반시설로서의 체육시설의 종류와 범위를 대통령령에 위임하기 위해서는, 체육시설 중 공공필요성이 인정되는 범위로 한정해 두어야 한다. 그러나 이 사건 정의조항은 **체육시설의 구체적인 내용을 아무런 제한 없이 대통령령에 위임하고 있으므로, 기반시설로서의 체육시설의 구체적인 범위를 결정하는 일을 전적으로 행정부에게 일임한 결과**가 되어 버렸고, 이로 인해 시행령에서 공공필요성을 인정하기 곤란한 일부 골프장과 같은 시설까지도 체육시설의 종류에 속하는 것으로 규정되는 경우에는 그러한 시설을 설치하기 위해서까지 수용권이 과잉행사될 우려가 발생하게 된다. 그렇다면, 이 사건 정의조항은 개별 체육시설의 성격과 공익성을 고려하지 않은 채 구체적인 범위를 한정하지 않고 포괄적으로 대통령령에 입법을 위임하고 있으므로 헌법상 위임입법의 한계를 일탈하여 포괄위임금지원칙에 위배된다$\binom{\text{헌재 2011. 6. 30,}}{\text{2008헌바166}}$.

[판례 4] 법원의 명확성과 법원의 일반·추상성과의 관계

$\binom{\text{서울주택도시공사가 서울특별시 강남구청장의 폐기물}}{\text{처리시설설치비용부담금처분의 취소를 구한 사건에서}}$ 조세나 부담금의 부과요건과 징수절차를 법률로 규정하였다고 하더라도 그 규정 내용이 지나치게 추상적이고 불명확하면 부과관청의 자의적인 해석과 집행을 초래할 염려가 있으므로 법률 또는 그 위임에 따른 명령·규칙의 규정은 일의적이고 명확해야 한다. 그러나 법률규정은 일반성, 추상성을 가지는 것이어서 법관의 법 보충작용으로서의 해석을 통하여 그 의미가 구체화되고 명확해질 수 있으므로, 조세나 부담금에 관한 규정이 관련 법령의 입법 취지와 전체적 체계 및 내용 등에 비추어 그 의미가 분명해질 수 있다면 이러한 경우에도 명확성을 결여하였다고 하여 위헌이라고 할 수는 없다$\binom{\text{대판 2017. 10. 12,}}{\text{2015두60105}}$.

　　㈃ **총리령·부령과 구체적 위임**　　　총리령과 부령을 규정하는 헌법 제95조는 헌법 제75조와 달리 포괄적 위임의 금지에 관한 표현을 두고 있지 않다. 그렇지만 헌법 제95조 역시 포괄적 위임의 금지의 원리의 적용하에 있다고 보아야 한다$\binom{\text{판}}{\text{례}}$. 왜냐하면 명확성의 원칙은 모든 법규범, 즉 법률이나 대통령령 외에 부령 등에도 당연히 적용되는 원칙으로 볼 것이기 때문이다.

[판례] 포괄위임금지원칙과 부령

$\binom{\text{공증인법 제10조 제2항 등의}}{\text{위헌확인을 구한 심판사건에서}}$ 헌법 제95조는 부령에의 위임근거를 마련하면서 '구체적으로 범위를 정하여'라는 문구를 사용하고 있지는 않지만, 법률의 위임에 의한 대통령령에 가해지는 헌법상의 제

한은 당연히 법률의 위임에 의한 부령의 경우에도 적용된다. 따라서 법률로 부령에 위임을 하는 경우라도 적어도 법률의 규정에 의하여 부령으로 규정될 내용 및 범위의 기본사항을 구체적으로 규정함으로써 누구라도 당해 법률로부터 부령에 규정될 내용의 대강을 예측할 수 있도록 하여야 한다. 예측가능성의 유무는 관련 법 조항 전체를 유기적·체계적으로 종합 판단하여야 하며, 각 대상법률의 성질에 따라 구체적·개별적으로 검토하여야 한다(헌재 2022. 11. 24, 2019헌마572).

㈐ 조례와 공법상 단체의 정관의 경우　　조례의 경우에는 포괄적 위임도 가능하다(판례 1). 그리고 공법상 단체의 정관에 자치법적 사항을 위임하는 경우에도 포괄적 위임은 가능하다(판례 2).

> 판례 1　조례에 대한 법률의 위임의 정도
> (부천시담배자동판매기설치금지조례 제4조 등의 위헌확인을 구한 부천시담배자판기사건에서) 조례의 제정권자인 지방의회는 선거를 통해서 그 지역적인 민주적 정당성을 지니고 있는 주민의 대표기관이고 헌법이 지방자치단체에 포괄적인 자치권을 보장하고 있는 취지로 볼 때, 조례에 대한 법률의 위임은 법규명령에 대한 법률의 위임과 같이 반드시 구체적으로 범위를 정하여 할 필요가 없으며 포괄적인 것으로 족하다(헌재 1995. 4. 20, 92헌마264·279).

> 판례 2　법률이 공법적 단체등의 정관에 자치법적 사항을 위임한 경우, 포괄위임입법금지 원칙의 적용 여부 등
> [1] (창원시장의 건축허가신청불허가처분의 취소를 구한 사건에서) 법률이 공법적 단체(예: 도시 및 주거환경정비상 주택재개발조합) 등의 정관에 자치법적 사항을 위임한 경우에는 헌법 제75조가 정하는 포괄적인 위임입법의 금지는 원칙적으로 적용되지 않는다고 봄이 상당하고, 그렇다 하더라도 그 사항이 국민의 권리·의무에 관련되는 것일 경우에는 적어도 국민의 권리·의무에 관한 기본적이고 본질적인 사항은 국회가 정하여야 한다(대판 2007. 10. 12, 2006두14476).
> [2] (자본시장과 금융투자업에 관한 법률 제390조 제2항 제2호 위헌소원심판에서) 법률이 정관에 자치법적 사항을 위임한 경우에는 헌법 제75조, 제95조가 정하는 포괄위임금지는 원칙적으로 적용되지 않는다고 봄이 상당하다. 포괄위임금지는 법규적 효력을 가지는 행정입법의 제정을 그 주된 대상으로 하고, 이는 자의적인 제정으로 국민들의 자유와 권리를 침해할 수 있는 가능성을 방지하고자 엄격한 헌법적 기속을 받게 하는 것이다. 따라서 법률이 행정부에 속하지 않는 공법적 기관의 정관에 특정 사항을 정할 수 있다고 위임하는 경우에는 자치입법에 해당되는 영역으로 보아 자치적으로 정하도록 하는 것이 바람직하다(헌재 2021. 5. 27, 2019헌바332).

[기출사례] 제39회 입법고시(2023년) 문제·답안작성요령 ☞ PART 4 [1-10a]

　2) 국회전속적 입법사항의 위임금지(국회전속적인 사항 규율금지)　　① 헌법이 어떠한 사항을 법률로써 정하게 한 경우, 그 사항은 반드시 국회가 정해야 하며 이를 행정부에서 정하도록 위임할 수는 없다. 위임이 금지되는 예로 국적취득의 요건, 행정조직법정주의, 조세법률주의 등이 있다. 물론 이러한 경우에 모든 것을 반드시 법률로 정하라는 의미는 아니다. 일정범위에서 구체적으로 범위를 정하면 위임이 가능하다(판례). ② 또한 법률의 유보에서 본 바와 같이 국민의 권리와 의무의 형

성에 관한 사항과 국가의 통치조직과 작용에 관한 본질적인 사항은 반드시 국회가 정하여야 한다 $\binom{\text{헌재 2001. 4. 26. 2000헌마122;}}{\text{헌재 1998. 5. 28. 96헌가1}}$는 의회유보의 원칙에 따르면 의회유보사항의 위임은 허용되지 않는다.

> **판례** 입법사항을 총리령이나 부령에 위임할 수 있는지 여부
> (공중위생법시행규칙 [별표 3] 중 2의 나.의 (2)의 (다)목이 선량한 풍속의 유지 및 국민의 건강증진을 위하여 터키탕(증기탕) 업소 안에 이성의 입욕보조자를 둘 수 없도록 규정하고 있는 것은 터키탕 영업에 종사하는 자들의 재산권이나 직업의 자유를 본질적으로 침해한 것이라는 이유로 구 공중위생법시행규칙(보건복지부령) [별표 3] 위생접객업자 및 위생관련 영업자의 준수사항(제15조 관련)의 위헌확인을 구한 대구 크리스탈관광호텔 터키탕사건(청구기각)에서) 헌법 제75조는 대통령에 대한 입법권한의 위임에 관한 규정이지만, 국무총리나 행정각부의 장으로 하여금 법률의 위임에 따라 총리령 또는 부령을 발할 수 있도록 하고 있는 헌법 제95조의 취지에 비추어 볼 때, 입법자는 법률에서 구체적으로 범위를 정하기만 한다면 대통령령뿐만 아니라 부령에 입법사항을 위임할 수도 있다$\binom{\text{헌재 1998. 2. 27.}}{\text{97헌마64}}$.

3) 전면적 재위임 금지 위임된 입법권의 전면적인 재위임은 입법권을 위임한 법률 그 자체의 내용을 임의로 변경하는 결과를 가져오는 것이 되므로 허용되지 않는다. 다만, 특정사항으로 범위를 정하여 재위임하는 것은 가능하다$\binom{\text{판}}{\text{례}}$.

> **판례** 위임입법과 재위임의 한계
> (군위축산업협동조합이 군위군수의 건축 불허가처분의 취소를 구한 사건에서) 법률에서 위임받은 사항을 전혀 규정하지 않고 재위임하는 것은 복위임금지 원칙에 반할 뿐 아니라 위임명령의 제정 형식에 관한 수권법의 내용을 변경하는 것이 되므로 허용되지 않으나 **위임받은 사항에 관하여 대강을 정하고 그 중의 특정사항을 범위를 정하여 하위법령에 다시 위임하는 경우에는 재위임이 허용**된다. 이러한 법리는 조례가 지방자치법 제22조 단서에 따라 주민의 권리제한 또는 의무부과에 관한 사항을 법률로부터 위임받은 후, 이를 다시 지방자치단체장이 정하는 '규칙'이나 '고시' 등에 재위임하는 경우에도 마찬가지이다$\binom{\text{대판 2015. 1. 15.}}{\text{2013두14238}}$.

4) 처벌규정의 위임금지$\binom{\text{형벌규정}}{\text{규율금지}}$ 헌법상 죄형법정주의의 원칙으로 인해 벌칙을 명령으로 규정하도록 일반적으로 위임할 수는 없다. 그러나 근거된 법이 ① 구성요건의 구체적인 기준을 설정하고, 그 범위 내에서 세부적인 사항을 정하도록 하거나, ② 형벌의 종류와 상한을 정하고, 그 범위 내에서 구체적인 것을 명령으로 정하게 하는 것은 허용된다. 이것은 통설과 판례의 입장이기도 하다$\binom{\text{판례}}{\text{1, 2}}$.

> **판례 1** 처벌법규 위임의 가부
> (식품위생법 제4조 제6호 등 위헌소원 사건에서) 헌법은 제12조 제1항 후문과 제13조 제1항 전단에서 죄형법정주의원칙을 천명하고 있는데, 현대국가의 사회적 기능 증대와 사회현상의 복잡화에 비추어 볼 때 형벌법규를 모두 입법부에서 제정한 법률만으로 정할 수는 없으므로 이를 행정부에 위임하는 것도 허용된다$\binom{\text{헌재 2022. 9. 29.}}{\text{2018헌바356}}$.

판례 2 처벌법규에 있어서 위임의 한계
(국가공무원인 국·공립학교 교원으로 초등학교, 중학교에 교원으로 재직 중이던 청구인들이 2010. 5. 6. 국가공무원에 대한 정당법 및 국가공무원법의 정당가입 금지조항과 정치행위 규제조항에 위반하여 민주노동당에 당원으로 가입하여 정치자금을 제공하였다는 등의 공소사실로 기소된 후 정당법 제22조 제1항 제1호 등 위헌소원심판을 청구한 공무원의 정당가입 등 금지 사건에서) 법률에 의한 처벌법규의 위임은 죄형법정주의와 적법절차, 기본권보장 우위 사상에 비추어 바람직하지 못한 일이므로, 처벌법규의 위임은 첫째, 특히 긴급한 필요가 있거나 **미리 법률로써 자세히 정할 수 없는 부득이한 사정이 있는 경우에** 한정되어야 하고, 둘째, 이러한 경우일지라도 **법률에서 범죄의 구성요건은 처벌 대상인 행위가 어떠한 것일 거라고 이를 예측할 수 있을 정도로 구체적으로 정하고**, 셋째, **형벌의 종류 및 그 상한과 폭을 명백히** 규정하여야 한다(헌재 2014. 3. 27., 2011헌바42).

5) 수임형식의 특정(특정된 형식으로 규율) 수권법률이 위임입법을 규정하는 경우에는 위임입법의 형식을 명시하여야 한다. 왜냐하면 수권법률이 단순히 권한기관만을 규정한다고 할 때, 그 법의 형식이 부령인지, 일반처분인지, 고시인지는 의문이기 때문이다.

6) 위임의 한계 준수여부의 판단 방법 "특정 사안과 관련하여 법률에서 하위 법령에 위임을 한 경우 하위 법령이 위임의 한계를 준수하고 있는지 여부를 판단할 때는 법률 규정의 입법 목적과 규정 내용, 규정의 체계, 다른 규정과의 관계 등을 종합적으로 살펴보아야 한다. 위임 규정 자체에서 그 의미 내용을 정확하게 알 수 있는 용어를 사용하여 위임의 한계를 분명히 하고 있는데도 그 문언적 의미의 한계를 벗어났는지, 또한 수권 규정에서 사용하고 있는 용어의 의미를 넘어 그 범위를 확장하거나 축소하여서 위임 내용을 구체화하는 단계를 벗어나 새로운 입법을 하였는지 등도 아울러 고려되어야 한다(대판 2022. 7. 14., 2022두37141). "

2. 집행명령의 근거와 한계

(1) 집행명령의 근거 위임명령의 법적 근거는 헌법 제75조, 제95조에 따른 법령이지만, 집행명령의 법적 근거는 바로 헌법 제75조, 제95조이다. 집행명령은 위임명령과 달리 헌법 제75조와 제95조에 근거하여 상위법률 등의 수권이 없이도 직권으로 발령될 수 있다.

(2) 집행명령의 한계 집행명령은 집행에 필요한 세칙을 정하는 범위 내에서만 가능하고, 새로운 국민의 권리·의무를 정할 수 없다(판례). 실제 입법에서는 "본법의 시행에 필요한 사항은 대통령령으로 정한다" 등으로 표현된다. 이러한 표현이 없어도 집행명령은 발령될 수 있다.

판례 구 사법시험령의 법적 성질(=집행명령)
(원고가 법무부장관을 상대로 사법시험 제2차시험 불합격처분취소를 구한 사건에서) **구 사법시험령**(2001. 3. 31. 대통령령 제17181호로 폐지되기 전의 것, 이하 "사법시험령"이라 한다)은 위 법원조직법, 검찰청법, 변호사법 등에서 정한 바에 따라 판사, 검사로 임용되거나 변호사 자격을 부여하기 위한 전제로서 사법연수원에 입소할 자를 선발하기 위한 **사법시험의 시행에 대한 구체적인 방법과 절차에 대하여 규정하고 있을 뿐**이다. 결국, 변호사의 자격과 판사, 검사 등의 임용의 전제가 되는 '사법시험의 합격'이라는 직업선택의 자유와 공무담임권의 기본적인 제한요건은 국회에서 제정한 법률인 변호사법, 법원조직법, 검찰청법 등에서 규정되어 있는 것이고, **사법시험령**은 단지 위 법률들이 규

정한 사법시험의 시행과 절차 등에 관한 세부사항을 구체화하고 국가공무원법상 사법연수생이라는 별정직 공무원의 임용절차를 집행하기 위한 집행명령의 일종이라고 할 것이다. 또한, **사법시험령 제15조 제2항**은 사법시험의 제2차시험의 합격결정에 있어서는 매과목 4할 이상 득점한 자 중에서 합격자를 결정한다는 취지의 **과락제도를 규정하고 있는바,** 이는 그 규정내용에서 알 수 있다시피 **사법시험 제2차시험의 합격자를 결정하는 방법**을 규정하고 있을 뿐이어서 사법시험의 실시를 집행하기 위한 시행과 절차에 관한 것이지, **새로운 법률사항을 정한 것이라고 보기 어렵다**$\binom{\text{대판 2007. 1. 11,}}{\text{2004두10432}}$.

Ⅳ. 법규명령의 적법요건 · 하자 · 소멸

1. 적법요건

법규명령은 정당한 권한을 가진 기관이 권한 내의 사항에 관해 법정절차$\binom{\text{국민의 권리·의무 또는 일상}}{\text{생활과 밀접한 관련이 있는 법}}$

령 등을 제정·개정 또는 폐지하고자 할 때에는 국무회의심의 또는 법제처심사에 앞서서 당해입법안을 마련한 행정청은 행정절차법 제41조 내지 제45조가 정하는 입법예고절차를 거쳐야 한다)에 따라 제정하고, 문서로 제정하되 법조문 형식에 의하고$\binom{\text{구 사무관리규정시행}}{\text{규칙 제3조 제1호}}$, 아울러 법령 등 공포에 관한 법률이 정하는 바에 따라 공포되고 시행기일이 도래함으로써 효력을 발생한다. 그러나 행정규제기본법 제4조 제2항에 따른 고시형식의 법규명령의 적법요건은 행정 효율과 협업 촉진에 관한 규정이 정하는 바에 의한다.

2. 하 자

(1) 위법의 사유 　　법규명령$\binom{\text{주체·내용·형식·}}{\text{절차·통지의 요건}}$의 적법요건에 흠이 있으면 위법한 것이 된다. 법규명령의 근거법률에 대한 위반 여부의 판단은 종합적으로 이루어져야 한다$\binom{\text{판}}{\text{례}}$.

> [판례]　하위법령에 규정된 내용이 법률상 근거가 있는지 여부를 판단하는 방법
> $\binom{\text{한국수력원자력 주식회사가 입찰담합을 이유로 입찰참가자격을 1년 6개월간(2017. 10. 9.부터 2019. 2. 3.까지) 제한하는 처분}}{\text{을 하자 청구인이 이를 다툰 구 국가를 당사자로 하는 계약에 관한 법률 시행령 제76조 제8항 단서 등 위헌확인심판 사건에서}}$ 하위법령에 규정된 내용이 법률상 근거가 있는지 여부를 판단함에 있어서는, 당해 특정 법령조항 하나만 가지고 판단할 것이 아니라 관련 법령조항 전체를 유기적·체계적으로 고려하여 종합적으로 판단하여야 한다. 수권법령조항 자체가 위임하는 사항과 그 범위를 명확히 규정하고 있지 않다고 하더라도 관련 법규의 전반적 체계와 관련 규정에 비추어 위임받은 내용과 범위의 한계를 객관적으로 확인할 수 있다면 그 범위 안에서 규정된 하위법령 조항은 위임입법의 한계를 벗어난 것이 아니다$\binom{\text{헌재 2023. 7. 20,}}{\text{2017헌마1376}}$.

(2) 위법의 효과 　　① 위법한 법규명령은 행정행위와는 달리 무효가 된다$\binom{\text{대판 2008. 11. 20,}}{\text{2007두8287 전원}}$합의체)$\binom{\text{판}}{\text{례}}$. 왜냐하면 법률에서 특별히 규정하는 바가 없음에도 불구하고 위법한 국가작용에 적법한 행위의 경우와 같은 효력을 인정할 수는 없기 때문이다. ② 반면 일설$\binom{\text{박균}}{\text{성}}$은 위법한 법규명령도 폐지되거나 취소되기 전에는 특별한 규정이 없는 한 잠정적으로 효력을 유지한다고 본다. ③ 그러나 일정한 법적 행위가 성립·효력요건을 충족하지 못하는 경우 법적 효력을 인정하지 않는 것이 원칙이므로 위법한 법규명령은 무효라고 보는 것이 타당하다$\binom{\text{일반적 견}}{\text{해·판례}}$.

(주식회사 케이알티씨가 한국철도시설공단을 피고로 하여 입찰참가자격제한처분의 취소를 구한 사건에서) 공공기관의 운영에 관한 법률 제39조 제3항에서 부령에 위임한 것은 '입찰참가자격의 제한기준 등에 관하여 필요한 사항'일 뿐이고, 이는 그 규정의 문언상 입찰참가자격을 제한하면서 그 기간의 정도와 가중·감경 등에 관한 사항을 의미하는 것이지 처분대상까지 위임한 것이라고 볼 수는 없다. 따라서 이 사건 규칙 조항에서 위와 같이 처분대상을 확대하여 정한 것은 상위법령의 위임 없이 규정한 것이므로 이는 위임입법의 한계를 벗어난 것으로서 그 대외적 효력을 인정할 수 없다. 이러한 법리는 구 공기업·준정부기관 계약사무규칙 제2조 제5항이 "공기업·준정부기관의 계약에 관하여 계약사무규칙에 규정되지 아니한 사항에 관하여는 국가를 당사자로 한 계약에 관한 법령을 준용한다."고 규정하고 있다고 하여 달리 볼 수 없다(대판 2017. 6. 15, 2016두52378).

(3) 하자있는 법규명령에 따른 행정행위의 효과   하자 있는 법규명령에 따른 행정행위는 내용상 중대한 하자를 갖는다. 따라서 근거된 법규명령의 하자가 외관상 명백하다면 그러한 행정행위는 무효가 되고, 외관상 명백하지 않다면 취소할 수 있는 행위가 된다.

(4) 위임의 근거규정의 사후보완   판례는 "일반적으로 법률의 위임에 따라 효력을 갖는 법규명령의 경우에 위임의 근거가 없어 무효였더라도 나중에 법 개정으로 위임의 근거가 부여되면 그때부터는 유효한 법규명령으로 볼 수 있다"고 한다(대판 2017. 4. 20, 2015두45700 전원합의체).

3. 소 멸

법규명령은 폐지의 의사표시 또는 일정사실의 발생으로 소멸된다. 후자의 경우를 실효라고 한다. 실효사유로는 내용상 충돌되는 상위 또는 동위의 법령의 제정으로 인한 소멸, 법정부관의 성취, 근거법령의 소멸이 있다(판례 1, 2).

(택지초과소유부담금을 납부한 원고가 헌법재판소에 의한 구 택지소유상한에관한법률의 위헌결정 후 행정법원에서 부과처분의 취소판결을 받은 후 그 부담금을 대한민국에 부당이득금으로 반환청구한 사건에서) 법규명령의 위임근거가 되는 법률에 대하여 위헌결정이 선고되면 그 위임에 근거하여 제정된 법규명령도 원칙적으로 효력을 상실한다(대판 2001. 6. 12, 2000다18547; 대판 1998. 4. 10, 96다52359).

(상무렌트카합자회사가 제주도지사의 영업소설치신고수리처분을 다툰 사건에서) 상위법령의 시행에 필요한 세부적 사항을 정하기 위하여 행정관청이 일반적 직권에 의하여 제정하는 이른바 집행명령은 근거법령인 상위법령이 폐지되면 특별한 규정이 없는 이상 실효되는 것이나, 상위법령이 개정됨에 그친 경우에는 개정법령과 성질상 모순, 저촉되지 아니하고 개정된 상위법령의 시행에 필요한 사항을 규정하고 있는 이상 그 집행명령은 상위법령의 개정에도 불구하고 당연히 실효되지 아니하고 개정법령의 시행을 위한 집행명령이 제정, 발효될 때까지는 여전히 그 효력을 유지한다(대판 1989. 9. 12, 88누6962).

Ⅴ. 법규명령의 통제

1. 행정내부적 통제

(1) 절차상 통제　　행정절차법상 법령 등을 제정·개정·폐지하고자 하는 경우에 입법예고제가 도입되어 있다(절차법 제41조 제1항). 그리고 입법예고시 입법안에 대한 의결제출 등의 제도도 함께 규정되어 있다. 이 외에도 국무회의의 심의(헌법 제89조 제3호), 법제처에 의한 심사(정조법 제23조 ① 국무회의에 상정될 법령안·조약안과 총리령안 및 부령안의 심사와 그 밖에 법제에 관한 사무를 전문적으로 관장하기 위하여 국무총리 소속으로 법제처를 둔다) 등의 절차상 통제장치가 있다.

(2) 감독권에 의한 통제

1) 감독청의 개·폐명령　　상급행정관청은 감독권의 행사로써 하급행정청에 법규명령의 기준·내용에 관하여 지시하거나, 하급행정청이 제정한 법규명령 등의 개·폐의 명령을 발할 수 있다. 보다 직접적으로는 상위법령의 제정이나 개정으로 하위법규명령의 효력을 소멸시킬 수 있다.

2) 행정심판위원회의 행정심판　　행정심판의 경우도 감독권에 의한 통제로 볼 수 있고, 특히 행정심판법 제59조(① 중앙행정심판위원회는 심판청구를 심리·재결할 때에 처분 또는 부작위의 근거가 되는 명령 등(대통령령·총리령·부령·훈령·예규·고시·조례·규칙 등을 말한다)이 법령에 근거가 없거나 상위 법령에 위배되거나 국민에게 과도한 부담을 주는 등 크게 불합리하면 관계 행정기관에 그 명령 등의 개정·폐지 등 적절한 시정조치를 요청할 수 있다. 이 경우 중앙행정심판위원회는 시정 조치를 요청한 사실을 법제처장에게 통보하여야 한다. ② 제1항에 따른 요청을 받은 관계 행정기관은 정당한 사유가 없으면 이에 따라야 한다)는 중앙행정심판위원회에 법령등의 개선에 관한 강력한 통제권을 부여하고 있다.

> [참고]　행정심판위원회가 법령의 위헌·위법을 심사할 수 있는지가 문제된다. ① 위원회는 법률에 대한 위헌심사권은 없으나 명령에 대한 위헌·위법심사권은 있다는 견해(박균성)와 ② 위원회는 명령에 대한 위헌·위법심사권은 없고, 처분 또는 부작위의 법령적합성만을 심사할 뿐이라는 견해가 대립한다. ③ 위원회가 명령에 대한 위헌·위법을 심사할 수 있다는 명문의 규정이 없고, 행정심판법 제3조가 행정심판의 대상을 '처분 또는 부작위'에 한정하고 있고, 동법 제59조가 중앙행정심판위원회의 명령 등에 대한 적절한 시정조치를 요청할 수 있음을 규정하고 있다는 점을 고려할 때 부정함이 타당하다.

3) 국민권익위원회의 권고　　국민권익위원회는 법률·대통령령·총리령·부령 및 그 위임에 따른 훈령·예규·고시·공고와 조례·규칙의 부패유발요인을 분석·검토하여 그 법령 등의 소관 기관의 장에게 그 개선을 위하여 필요한 사항을 권고할 수 있다(부패방지 및 국민권익위원회의 설치와 운영에 관한 법률 제28조 제1항).

(3) 공무원·행정기관의 법령심사권　　법규명령의 위법이 명백하면 공무원이나 행정기관은 법규명령의 적용을 중지하고 감독기관에 문제해결을 위한 절차를 밟아야 할 것이다.

2. 국회에 의한 통제

(1) 직접적 통제　　법규명령에 대한 국회의 직접적 통제방법은 동의권유보(법규명령의 성립과 효력발생에 국회의 동의를 요하도록 하는 통제방법)·적극적 결의(이미 효력이 발생된 법규명령의 효력을 유지하는데 국회의 동의를 요하도록 하는 통제방법)·소극적 결의(이미 효력이 발생된 법규명령의 효력을 소멸시키는 국회의 결의를 인정하는 통제방법)·제출절차 등이 있다. 현행법상 국회에 의한 직접적 통제방법으로는 법률대위명령인 긴급명령이나 긴급재정·경제명령에 대한 적극적 결의인 승인제도가 있고(헌법 제76조 제3항·제4항), 법률종속명령인 대통령령 등의 경우에는 제출절차가 도입되어 있다(국회법 제98조의2(대통령령 등의 제출 등) ① 중앙행정기관의 장은 법률에서 위임한 사항이나 법률을 집행하기 위하여 필요한 사항을 규정한 대통령령·총리령·부령·훈령·예규·고시 등이 제정·개정 또는 폐지되었을 때에는 10일 이내에 이를 국회 소관 상임위원회에 제출하여야 한다. 다만, 대통령령의 경우에는 입법예고를 할 때(입법예고를 생략하는 경우에는 법제처장에게 심사를 요청할 때를 말

한다)에도 그 입법예고안을 10일 이내에 제출하여야 한다. ② 중앙행정기관의 장은 제 1 항의 기간 이내에 제출하지 못한 경우에는 그 이유를 소관 상임위원회에 통지하여야 한다. ③ 상임위원회는 위원회 또는 상설소위원회를 정기적으로 개회하여 그 소관 중앙행정기관이 제출한 대통령령·총리령 및 부령(이하 이 조에서 "대통령령등"이라 한다)의 법률 위반 여부 등을 검토하여야 한다. ④ 상임위원회는 제 3 항에 따른 검토 결과 대통령령 또는 총리령이 법률의 취지 또는 내용에 합치되지 아니한다고 판단되는 경우에는 검토의 경과와 처리 의견 등을 기재한 검토결과보고서를 의장에게 제출하여야 한다. ⑤ 의장은 제 4 항에 따라 제출된 검토결과보고서를 본회의에 보고하고, 국회는 본회의의 의결로 이를 처리하고 정부에 송부한다. ⑥ 정부는 제 5 항에 따라 송부받은 검토결과에 대한 처리 여부를 검토하고 그 처리결과(송부받은 검토결과에 따르지 못하는 경우 그 사유를 포함한다)를 국회에 제출하여야 한다. ⑦ 상임위원회는 제 3 항에 따른 검토 결과 부령이 법률의 취지 또는 내용에 합치되지 아니한다고 판단되는 경우에는 소관 중앙행정기관의 장에게 그 내용을 통보할 수 있다. ⑧ 제 7 항에 따라 검토내용을 통보받은 중앙행정기관의 장은 통보받은 내용에 대한 처리 계획과 그 결과를 지체 없이 소관 상임위원회에 보고하여야 한다. ⑨ 전문위원은 제 3 항에 따른 대통령령등을 검토하여 그 결과를 해당 위원회 위원에게 제공한다.).

(2) 간접적 통제   국무위원 등에 대한 해임건의권$\binom{헌법}{제63조}$, 국정감사·조사제도 등에 의한 통제가 있다$\binom{헌법}{제61조}$.

3. 법원에 의한 통제

(1) 일반적인 법규명령

1) 항고소송   ① 항고소송의 대상인 처분의 성립요건 중 구체적(추상적) 사실은 상대적인 개념이며, 행정입법도 법률의 시행을 위한 것으로 행정소송법 제 2 조 제 1 항 제 1 호의 '법집행'에 해당하기에$\binom{이 견해는 동법 제 2 조 제 1 항 제 1 호의 '법집행'에서 '법'의 범위를 법률에 한}{정한다. 따라서 법규명령도 법(법률)의 집행행위가 될 수 있다고 보는 것이다}$ 항고소송의 대상이 된다고 보는 견해$\binom{박정}{훈}$도 있다. ② 사실 행정입법은 법집행의 성질도 갖는다. 그러나 법규명령은 그 적용이 시간적·장소적으로 제한 없이 적용되기 때문에 '구체적' 적용이 아니라 '추상적' 적용이라는 점에서 항고소송의 대상인 처분은 아니라 할 것이다. 일반적인 견해와 판례의 입장이기도 하다$\binom{판}{례}$.

> **판례** 일반적, 추상적인 법령이나 규칙이 취소소송의 대상이 될 수 있는지 여부
> $\binom{자동차관리법시행규칙}{의 취소를 구한 사건에서}$ 행정청의 위법한 처분 등의 취소 또는 변경을 구하는 취소소송의 대상이 될 수 있는 것은 구체적인 권리의무에 관한 분쟁이어야 하고 **일반적, 추상적인 법령이나 규칙 등은 그 자체로서 국민의 구체적인 권리의무에 직접적 변동을 초래케 하는 것이 아니므로 그 대상이 될 수 없다**
> $\binom{대판 1992. 3. 10,}{91누12639}$.

2) 구체적 규범통제$\binom{일반적인 법규}{명령의 경우}$

(개) 구체적 규범통제의 의의   ① 구체적 규범통제란 구체적인 처분에 대한 다툼에 있어서 법규명령의 위헌·위법 여부가 재판의 전제가 되는 경우에 한하여 선결문제로서 법규명령의 위헌·위법 여부를 다투는 것을 의미한다. 헌법은 구체적 규범통제만을 규정하고 있다$\binom{헌법 제107}{조 제 2 항}$. ② 재판의 전제가 된다는 것은 특정의 사건을 재판할 때에 그 사건에 적용되는 명령·규칙의 위헌·위법 여부가 문제됨을 뜻한다. 재판의 전제성은 법령을 무효화함으로써 판결주문이 달라지거나 주요한 판결이유가 달라질 가능성이 있어야 함을 의미한다.

(내) 구체적 규범통제의 주체   구체적 규범통제의 주체는 각급법원이다. 집행을 요하는 명령·규칙의 경우, 명령·규칙이 민사사건의 전제로서 문제된다면 지방법원에서부터, 행정사건의 전제로서 문제된다면 행정법원에서부터 다투어지게 될 것이다. 대법원은 최종적으로 심사할 권한을 갖는다.

㈐ **구체적 규범통제의 대상**　　구체적 규범통제의 대상은 명령과 규칙이다. 명령이란 행정입법으로서 법규명령을 말한다. 행정부가 국회의 동의 없이 외국과 체결하는 행정협정은 여기의 명령에 해당한다. 규칙이란 국회규칙·대법원규칙·헌법재판소규칙·중앙선거관리위원회규칙을 의미한다. 지방자치단체의 조례와 규칙도 포함된다. 행정입법의 하나로서 내부적 효력만을 갖는 행정규칙은 해당하지 않는다.

㈑ **구체적 규범통제의 효력**

(a) **적용거부**　　행정소송법 제 6 조가 대법원의 명령·규칙의 위헌·위법성 판단을 공고하도록 하는 것은 일반적 효력을 전제로 한 것이라는 점을 근거로 명령이 위법하다는 판결이 있으면 당해 법령은 일반적으로 무효가 된다는 견해가 있으나, 구체적 규범통제는 명령·규칙 또는 처분이 헌법이나 법률에 위반되는 여부가 재판의 전제가 된 경우에만 가능하기 때문에 심사권은 개별적 사건에 있어서의 적용거부만을 그 내용으로 하는 것이며, 명령·규칙을 무효로 하는 것이 아니라는 견해가 일반적이다. 왜냐하면 법원은 구체적인 사건의 심사를 목적으로 하는 것이지 법령의 심사를 목적으로 하는 것이 아니므로, 명령과 규칙을 무효로 하는 것은 법원의 법규적용의 한계를 일탈하는 것이기 때문이다.

(b) **무효 판시**　　대법원은 구체적 규범통제를 행하면서 법규명령의 특정조항이 위헌·위법인 경우 무효라고 판시하고 있다. 그러나 무효라고 확정적으로 판단된 경우에도 당해 규정은 당해 사건에서 적용이 배제될 뿐이고, 법령개정절차에 의해 폐지되지 않는 한 이 규정은 형식적으로는 여전히 유효하게 남아 있게 된다.

(c) **관보게재**　　행정소송법은 행정소송에 대한 대법원판결에 의하여 명령·규칙이 헌법 또는 법률에 위반된다는 것이 확정된 경우에는 대법원은 지체 없이 그 사유를 행정안전부장관에게 통보하여야 하며, 통보를 받은 행정안전부장관은 지체 없이 이를 관보에 게재할 것을 규정하고 있다($\frac{행소법}{제6조}$).

㈒ **위헌·위법의 법규명령에 근거한 행정행위의 효력**　　위헌·위법의 법규명령에 근거한 행정행위는 하자 있는 것이 된다. 그 하자의 효과는 중대명백설에 따라 판단하여야 한다. 원칙적으로 법규명령이 위헌·위법으로 선언되기 전에는 하자가 명백하지 아니하므로(판례) 그러한 법규명령에 근거한 행정행위에 대해서는 취소가 선언되어야 한다. 다만 예외적으로 위헌·위법으로 선언된 법규명령에 따른 처분이나 위헌·위법으로 선언되기 전이라도 위헌·위법이 명백한 경우 또는 법규명령이 아닌 행정규칙에 근거한 침익적 행정행위에 대해서는 무효가 선언되어야 한다.

[**판례**]　구 청소년보호법 시행령 조항에 따른 청소년유해매체물 결정·고시처분이 무효인지 여부

(원고가 정보통신윤리위원회 등을 상대로 청소년유해매체물결정및고시처분무효확인을 구한 사건에서) 구 청소년보호법($\frac{2001.\ 5.\ 24.\ 법률\ 제6479}{호로\ 개정되기\ 전의\ 것}$) 제10조 제 3 항의 위임에 따라 같은법시행령($\frac{2001.\ 8.\ 25.\ 대통령령\ 제}{17344호로\ 개정되기\ 전의\ 것}$) 제 7 조와 [별표 1]의 제 2 호 (다)목은 '동성애를 조장하

는 것'을 청소년유해매체물 개별 심의기준의 하나로 규정하고 있는바, 현재까지 위 시행령 규정에 관하여 이를 위헌이거나 위법하여 무효라고 선언한 대법원의 판결이 선고된 바는 없는 점, … 이 사건 청소년유해매체물 결정 및 고시처분 당시 위 **시행령의 규정이 헌법이나 모법에 위반되는 것인지 여부가 해석상** 다툼의 여지가 없을 정도로 객관적으로 명백하였다고 단정할 수 없고, 따라서 **위 시행령의 규정에 따른 위 처분의 하자가 객관적으로 명백하다고 볼 수 없다**(대판 2007. 6. 14, 2004두619).

(2) 처분적 법규명령에 대한 항고소송　　① 위헌·위법의 처분적 법규명령이 직접 개인의 권리를 침해하는 경우에는 처분의 항고소송에 준하여 다툴 수 있다(대판 1953. 8. 19, 53누37)(판례 1). 다만, 법원에서 항고소송을 인정하지 아니한다면, 후술하는 바와 같이 헌법재판소법 제68조 제 1 항에 의한 권리구제형 헌법소원을 제기할 수도 있을 것이다(김연태, 류지태). 헌법소원의 요건을 엄격히 보아 부정하는 반대 입장도 있다(김중권). ② 법규명령은 무효 또는 유효가 문제될 뿐, 취소할 수 있는 법규명령이란 있을 수 없다는 견해도 있다. 그러나 법규명령 중 처분성을 갖는 법규명령만은 행정소송법이 취소소송의 대상으로 규정하였다고 보는 것이 타당하다(김동희, 박균성, 류지태)(판례 2).

판례 1 　이른바 처분적 조례의 처분성

(경기도 가평군 가평읍 상색초등학교 두밀분교의 폐지 등을 내용으로 하여 피고 경기도 의회가 의결한 경기도립학교설치조례 중 개정조례의 무효확인을 구한 두밀분교 폐지조례사건에서) 조례가 집행행위의 개입 없이도 그 자체로서 직접 국민의 구체적인 권리의무나 법적 이익에 영향을 미치는 등의 법률상 효과를 발생하는 경우 그 조례는 항고소송의 대상이 되는 행정처분에 해당한다(대판 1996. 9. 20, 95누8003).

판례 2 　보건복지부 고시인 약제급여·비급여목록 및 급여상한금액표의 처분성

(원고인 한미약품이 보건복지부 고시인 약제급여·비급여목록 및 급여상한금액표의 취소를 구한 한미약품사건에서) **어떠한 고시가** 일반적·추상적 성격을 가질 때에는 법규명령 또는 행정규칙에 해당할 것이지만, **다른 집행행위의 매개 없이 그 자체로서 직접 국민의 구체적인 권리의무나 법률관계를 규율하는 성격을 가질 때에는 행정처분에 해당한다고 할 것이다.** … ① 약제급여·비급여목록 및 급여상한금액표(보건복지부 고시 제2002-46호로 개정된 것, 이하 "이 사건 고시"라 한다)는 특정 제약회사의 특정 약제에 대하여 국민건강보험가입자 또는 국민건강보험공단이 지급하여야 하거나 요양기관이 상환받을 수 있는 약제비용의 구체적 한도액을 **특정하여 설정하고 있는 점,** ② 약제의 지급과 비용의 청구행위가 있기만 하면 달리 **행정청의 특별한 집행행위의 개입 없이** 이 사건 고시가 적용되는 점, ③ 특정 약제의 상한금액의 변동은 곧바로 국민건강보험가입자 또는 국민건강보험공단이 지급하여야 하거나 요양기관이 상환받을 수 있는 약제비용을 변동시킬 수 있다는 점 등에 비추어 보면, **이 사건 고시는 다른 집행행위의 매개 없이 그 자체로서 국민건강보험가입자, 국민건강보험공단, 요양기관 등의 법률관계를 직접 규율하는 성격을 가진다고 할 것이므로,** 항고소송의 대상이 되는 행정처분에 해당한다(대판 2006. 9. 22, 2005두2506).

---

(3) 법규명령의 입법부작위

1) 부작위위법확인소송　　① 행정소송법 제36조의 부작위위법확인소송은 신청한 처분의 부작위를 다투는 소송일 뿐, 행정입법의 부작위를 다투는 소송은 아니다. 따라서 현행 행정소송

법상 행정입법의 부작위를 행정소송으로 다툴 수는 없다[판례]. 한편, ② 처분적 법규명령에 대하여 무효확인소송이 인정되는 논거와 동일한 논리체계상 처분적 법규명령의 입법부작위의 경우에는 부작위위법확인소송의 제기가 가능하다고 본다.

> **판례** 법령의 제정 여부 등이 부작위위법확인소송의 대상이 될 수 있는지 여부
>
> (피고인 대통령이 특정다목적댐법 제42조에 따라 동법 제41조에 정한 손실보상금청구절차 및 방법 등에 관한 필요한 사항을 대통령령으로 정하지 아니한 행정입법부작위처분은 위법임을 확인하는 판결을 구한 **특정다목적댐법시행령 미제정사건에서**) **행정소송**은 구체적 사건에 대한 법률상 분쟁을 법에 의하여 해결함으로써 법적 안정을 기하자는 것이므로 **부작위위법확인소송의 대상이 될 수 있는 것은 구체적 권리의무에 관한 분쟁이어야 하고 추상적인 법령에 관하여 제정의 여부 등은** 그 자체로서 국민의 구체적인 권리의무에 직접적 변동을 초래하는 것이 아니어서 **행정소송의 대상이 될 수 없으므로 이 사건 소는 부적법하다**(대판 1992. 5. 8, 91누11261).

2) 입법부작위로 인한 손해의 배상청구　　판례는 "구 군법무관임용법 제5조 제3항과 군법무관임용 등에 관한 법률 제6조가 군법무관의 보수의 구체적 내용을 시행령에 위임했음에도 불구하고 행정부가 정당한 이유 없이 시행령을 제정하지 않은 것은 군법무관의 보수청구권을 침해하는 불법행위에 해당한다"고 하였다(대판 2007. 11. 29, 2006다3561).

4. 헌법재판소에 의한 통제

(1) 법규명령에 대한 헌법소원

1) 문제상황　　헌법 제107조 제2항은 "명령·규칙 또는 처분이 헌법이나 법률에 위반되는 여부가 재판의 전제가 된 경우에는 대법원은 이를 최종적으로 심사할 권한을 가진다"고 규정하고 있는바, 법문상으로는 대법원이 명령·규칙·처분의 최종적인 심사기관인 것으로 보인다. 그러나 헌법소원사건에 대한 심판권과 관련하여 헌법재판소가 명령·규칙심사권을 갖는가의 여부가 문제된다.

[참고] 권리구제형 헌법소원의 요건(헌재법 제68조 제1항, 제69조, 제25조, 제70조)

권리구제형 헌법소원심판을 청구하기 위해서는 아래의 실체적 요건과 형식적 요건을 모두 구비하여야 한다.

(1) 실체적 요건

① 공권력의 행사 또 불행사가 있어야 한다.

② 헌법상 보장된 기본권 침해주장이 있어야 한다.

③ 청구인 능력이 있어야 한다.

④ 청구인 적격이 있어야 한다(기본권 침해의 자기관련성·현재성·직접성).

⑤ 다른 법률에 구제절차가 있으면 그 절차를 거친 후이어야 한다(보충성).

⑥ 권리보호의 필요성이 있어야 한다.

(2) 형식적 요건

① 청구기간을 준수하여야 한다.

② 변호사를 대리인으로 선임하여야 한다(변호사 강제주의).

2) 헌법재판소의 태도(긍정설)   헌법재판소는 법무사법시행규칙에 대한 헌법소원의 결정례$\left(\substack{\text{헌재 1990. 10. 15,} \\ \text{89헌마178}}\right)$에서 ① 헌법재판소법 제68조 제 1 항은 법원의 재판을 제외한 모든 공권력의 행사·불행사에 대하여 헌법소원을 인정하고 있다는 점과 ② 재판의 전제가 된 경우가 아닌 법규명령이 국민의 기본권을 직접 침해하고 있는 경우, 그에 대한 헌법소원이 인정되어야 한다는 전제하에 대법원규칙인 구 법무사법시행규칙 제 3 조 제 1 항이 헌법상의 평등권과 국민의 직업선택의 자유를 침해하는 위헌·무효의 규정이라고 결정한 바 있다$\left(\substack{\text{판례} \\ 1}\right)$. 행정입법도 권리구제형 헌법소원$\left(\substack{\text{헌재법 제68} \\ \text{조 제 1 항}}\right)$의 대상이 된다$\left(\substack{\text{판례} \\ 2, 3, 4}\right)$.

[판례 1]   사법부에서 제정한 규칙의 헌법소원의 대상 여부

$\left(\substack{\text{구 법무사법시행규칙 제 3 조 제 1 항(법원행정처장은 법무사를 보충할 필요가 있다고 인정되는} \\ \text{경우에는 대법원장의 승인을 얻어 법무사시험을 실시할 수 있다)에 대한 헌법소원사건에서}}\right)$ 헌법 제107조 제 2 항이 규정한 명령·규칙에 대한 대법원의 최종심사권이란 구체적인 소송사건에서 명령·규칙의 위헌 여부가 재판의 전제가 되었을 경우 법률의 경우와는 달리 헌법재판소에 제청할 것 없이 대법원이 최종적으로 심사할 수 있다는 의미이며, 명령·규칙 그 자체에 의하여 직접 기본권이 침해되었음을 이유로 하여 헌법소원심판을 청구하는 것은 위 헌법규정과는 아무런 상관이 없는 문제이다. **따라서 입법부·행정부·사법부에서 제정한 규칙이 별도의 집행행위를 기다리지 않고 직접 기본권을 침해하는 것일 때에는 모두 헌법소원심판의 대상이 될 수 있는 것이다.** … **법령 자체에 의한 직접적인 기본권침해 여부가 문제되었을 경우 그 법령의 효력을 직접 다투는 것을 소송물로 하여 일반 법원에 구제를 구할 수 있는 절차는 존재하지 아니하므로** 이 사건에서는 **다른 구제절차를 거칠 것 없이 바로 헌법소원심판을 청구할 수 있는 것이다**$\left(\substack{\text{헌재 1990. 10. 15, 89헌마178; 헌} \\ \text{재 2000. 7. 20, 99헌마455 참조}}\right)$.

[판례 2]   행정입법이 헌법소원심판청구의 대상이 되는지 여부

$\left(\substack{\text{정신성적 장애인을 치료감호시설에 수용하는 기간은 15년을 초과할 수 없다고 규정한 구 치료감호} \\ \text{법 제16조 제 2 항 제 1 호 등이 신체의 자유를 침해하는지 여부 등을 쟁점으로 한 위헌소원사건에서}}\right)$ 헌법재판소법 제68조 제 2 항의 헌법소원심판청구는 법률이 헌법에 위반되는지 여부가 재판의 전제가 되는 때에 당사자가 위헌제청신청을 하였음에도 불구하고 법원이 이를 배척하였을 경우에 법원의 제청에 갈음하여 당사자가 직접 헌법재판소에 헌법소원의 형태로써 심판청구를 하는 것이므로, 그 심판의 대상은 재판의 전제가 되는 형식적 의미의 법률 및 그와 동일한 효력을 가진 명령이고 대통령령, 부령, 규칙 또는 조례 등을 대상으로 한 헌법재판소법 제68조 제 2 항의 헌법소원심판청구는 부적법하다$\left(\substack{\text{헌재 2017. 4. 27,} \\ \text{2016헌바452}}\right)$.

[판례 3]   보건복지부장관이 고시한 "94년 생계보호기준"의 헌법소원 대상성

$\left(\substack{\text{생활보호법령에 근거하여 보건복지부장관이 고시한 생활보호} \\ \text{사업지침상의 "94년 생계보호기준"에 대한 헌법소원사건에서}}\right)$ 이 사건 생계보호기준은 생활보호법 제 5 조 제 2 항의 위임에 따라 보건복지부장관이 보호의 종류별로 정한 보호의 기준으로서 일단 보호대상자로 지정이 되면 그 구분$\left(\substack{\text{거택보호대상자, 시설보호} \\ \text{대상자 및 자활보호대상자}}\right)$에 따른 각 그 보호기준에 따라 일정한 생계보호를 받게 된다는 점에서 **직접 대외적 효력을 가지며**, 공무원의 생계보호급여 지급이라는 집행행위는 위 생계보호기준에 따른 단순한 사실적 집행행위에 불과하므로, **위 생계보호기준은 그 지급대상자인 청구인들에 대하여 직접적인 효력을 갖는 규정이다.** … 이 사건 심판의 대상은 보건복지부장관 또는 그 산하 행정기관의 어떤 구체적인 보호급여처분$\left(\substack{\text{생계보호} \\ \text{급여처분}}\right)$ 그 자체가 아니고 **보건복지부장관이 법령의 위임에 따라 정한 그 보호급여**$\left(\substack{\text{생계보} \\ \text{호급여}}\right)$**의 기준으로서, 현행 행정소송법상 이를 다툴 방법이 있다고 볼 수 없으**

므로 이 사건은 다른 법적 구제수단이 없는 경우에 해당하여 **보충성 요건을 갖춘 것**이라 볼 수 있다$\binom{\text{헌재 1997. 5. 29,}}{\text{94헌마33}}$.

판례 4 법령보충규칙의 헌법소원의 대상 여부

$\binom{\text{위헌법률심판제청신청에 관한 결정이 제청신청일로부터 3개월여가 지나도록 내려지지 아니하자, 위헌법률심판제청신청사건의 처리기한}}{\text{을 접수일로부터 180일 이내로 규정한 위헌법률심판제청사건의 처리에 관한 예규 제 7 조 제 5 항이 청구인의 신속한 재판을 받을 권리}}$ $\binom{}{\text{를 침해한다며 제기}}$ 한 헌법소원사건에서) 행정규칙이 법령의 규정에 의하여 행정관청에 법령의 구체적인 내용을 보충할 권한을 부여한 경우 또는 재량권행사의 준칙인 행정규칙이 그 정한 바에 따라 되풀이 시행되어 행정관행이 성립되어 평등원칙이나 신뢰보호의 원칙에 따라 행정기관이 그 상대방에 대한 관계에서 그 규칙에 따라야 할 자기구속을 당하게 되는 경우에는 대외적인 구속력을 갖게 되어 헌법소원의 대상이 될 수도 있다$\binom{\text{헌재 2013. 5. 30,}}{\text{2012헌마255}}$.

---

3) 대법원의 태도(부정설) 상기의 헌법재판소의 결정에 대하여 대법원은 ① 헌법 제107조 제 2 항이 명시적으로 명령·규칙에 대한 최종적인 심사권을 대법원에 부여하고 있다는 점, ② 침해의 직접성의 결여, ③ 보충성의 요건이 결여되었다는 점$\binom{\text{대법원은 심사대상이 명령·규칙이면 헌법재판소는}}{\text{심판할 가능성 자체가 없는데 왜 행정소송의 제기가}}$ $\binom{\text{헌법소원에의 우회적인 절차}}{\text{가 되는지 알 수 없다고 하였다}}$, ④ 법원과 헌법재판소 사이의 관할에 혼란을 가져온다는 점 등을 논거로 부정적인 입장을 표명한 바 있었다$\binom{\text{법원행정처 헌법재판연구반. 명령·규}}{\text{칙의 위헌심사권에 관한 연구보고서}}$.

4) 학 설 다수의 학자들은 헌법재판소의 입장을 지지한 바 있다. 사실 대법원의 논거 중 특히 ② 침해의 직접성의 결여와 ③ 보충성의 요건의 결여가 문제이다. 생각건대 법무사시험미실시가 바로 응시예정자의 응시권의 침해라는 점에서 ②의 비판은 적절하지 아니하며, 다투는 내용이 법원행정처장의 법무사시험의 불실시라는 부작위가 아니라 법원행정처장으로 하여금 그 재량에 따라 법무사시험을 실시하지 아니해도 괜찮다고 규정한 구 법무사법시행규칙 제 3 조 제 1 항의 위헌성인바, 이러한 소송물이 일반법원에서 구제받을 수 있는 절차는 존재하지 아니한다는 점에서 ③의 비판도 적절하지 않다. 헌법소원의 대상이 된다는 헌법재판소의 견해가 보다 설득력을 갖는다.

(2) 법규명령 입법부작위에 대한 헌법소원 입법의 부작위에는 진정 입법부작위와 부진정 입법부작위가 있다$\binom{\text{판례}}{\text{1}}$. 진정 입법부작위의 경우, 즉 법령이 명시적으로 행정입법을 위임하고 있음에도 행정부가 행정입법을 부작위하는 경우, 그 부작위가 기본권을 중대하게 침해하는 것이라면 경우에 따라 헌법재판소는 그러한 행정입법의 부작위가 위법함을 심판할 수도 있다. 행정입법의 부작위에 대한 헌법소원이 인정되기 위하여는 ① 행정청에게 헌법에서 유래하는 행정입법의 작위의무가 있어야 하고$\binom{\text{헌재 2005. 12. 22,}}{\text{2004헌마66}}$, ② 상당한 기간이 경과하였음에도 불구하고, ③ 행정입법의 제정$\binom{\text{개}}{\text{정}}$권이 행사되지 않아야 한다$\binom{\text{헌재 2002. 7. 18,}}{\text{2000헌마707}}$. 행정입법을 하여야 할 작위의무가 인정되기 위해서는 행정입법의 제정이 법률의 집행에 필수불가결한 것이어야 한다. 따라서 하위 행정입법의 제정 없이 상위 법령의 규정만으로도 집행이 이루어질 수 있는 경우라면 하위 행정입법을 제정하여야 할 작위의무는 인정되지 않는다$\binom{\text{헌재 2005. 12. 22, 2004헌마66;}}{\text{헌재 2013. 5. 30, 2011헌마198}}$. 헌법재판소가 행정입

법의 부작위에 대하여 위헌이라고 결정한 예로 치과전문의자격시험불실시위헌확인사건을 볼 수 있다[판례2].

판례 1   입법부작위의 유형
([한약[생약]제제 등의 품목허가·신고에 관한 규정 제24조 제 1 항 제 4 호 위헌확인 등을 구한 사건에서) 넓은 의미의 입법부작위에는, 입법자에게 입법의무가 있는 어떤 사항에 관하여 전혀 입법을 하지 아니함으로써 입법행위의 흠결이 있는 경우와 입법자가 어떤 사항에 관하여 입법은 하였으나 그 입법의 내용·범위·절차 등이 당해 사항을 불완전, 불충분 또는 불공정하게 규율함으로써 입법행위에 결함이 있는 경우가 있는데, 일반적으로 전자를 진정입법부작위, 후자를 부진정입법부작위라고 부른다(헌재 2018. 5. 31, 2015헌마1181; 헌재 2012. 2. 23, 2010헌마300; 헌재 2001. 6. 28, 2000헌마735).

판례 2   진정입법부작위가 위헌으로 확인된 치과전문의자격시험사건
(피청구인인 보건복지부장관이 구 의료법 등 관련법령에 따라 치과전문의자격시험제도를 실시할 수 있는 절차를 마련하지 아니한 것은 치과의사 면허를 받은 청구인들의 헌법상 보장된 행복추구권, 평등권, 직업의 자유, 학문의 자유, 재산권 및 보건권을 침해하는 것이라 주장하면서 입법부작위의 위헌확인을 구한 치과전문의자격시험사건에서) ① 치과의사로서 전문의가 되고자 하는 자는 대통령령이 정하는 수련을 거쳐 보건복지부장관의 자격인정을 받아야 하고(의료법 제55조 제 1 항) 전문의의 자격인정 및 전문과목에 관하여 필요한 사항은 대통령령으로 정하는바(동조 제3항), 위 대통령령인 규정' 제 2 조의2 제 2 호(개정 1995. 1. 28)는 치과전문의 전문과목을 "구강악안면외과·치과보철과·치과교정과·소아치과·치주과·치과보존과·구강내과·구강악안면방사선과·구강병리과 및 예방치과"로 정하고, 제17조(개정 1994. 12. 23)에서는 전문의자격의 인정에 관하여 "일정한 수련과정을 이수한 자로서 전문의자격시험에 합격"할 것을 요구하고 있는데도, **'시행규칙'이 위 규정에 따른 개정입법 및 새로운 입법을 하지 않고 있는 것은 진정입법부작위에 해당한다.** ② 피청구인 보건복지부장관에 대한 청구 중 위 시행규칙에 대한 입법부작위 부분은 다른 구제절차가 없는 경우에 해당한다. ③ 행정권이 법률의 시행에 필요한 행정입법을 하지 아니하는 경우에는 행정권에 의하여 입법권이 침해되는 결과가 되기 때문이다. 따라서 보건복지부장관에게는 헌법에서 유래하는 행정입법의 작위의무가 있다. ④ **청구인들은 시행규칙의 미비로 청구인들은 일반치과의로서 존재할 수밖에 없다. 따라서 이로 말미암아 청구인들은 직업으로서 치과전문의를 선택하고 이를 수행할 자유**(직업의 자유)**를 침해당하고 있다. 또한 치과전문의자격시험의 실시를 위한 제도가 미비한 탓에 치과전문의자격을 획득할 수 없었고 이로 인하여 형벌의 위험을 감수하지 않고는 전문과목을 표시할 수 없게 되었으므로**(의료법 제55조 제 2 항, 제69조 참조) **행복추구권을 침해받고 있고**, 이 점에서 전공의수련과정을 거치지 않은 일반 치과의사나 전문의시험이 실시되는 다른 의료분야의 전문의에 비하여 불합리한 차별을 받고 있다(헌재 1998. 7. 16, 96헌마246).

5. 국민에 의한 통제

국민에 의한 법규명령의 통제수단에는 현재로서 간접적인 것밖에 없다. 여론·자문·청원·압력단체의 활동 등을 들 수 있다. 국민에 의한 통제와 관련하여 특히 의미를 갖는 것은 행정상 입법예고제(절차법 제41조 제 1 항)이다. 국민의 지위강화와 관련하여 이 제도의 활용은 큰 의미를 갖는다.

Ⅵ. 법규명령의 개정과 신뢰보호

1. 법규명령의 개정과 구법의 적용가능성

사인의 구법에 대한 신뢰보호의 요구가 개정법령을 적용해야 할 공익상 요구보다 중하다고 인정되는 예외적인 경우에는 구법의 적용가능성이 존재한다[판례 1, 2, 3].

> 판례 1 의무사관후보생의 병적에서 제적된 자에게 적용될 징병검사·현역병입영 등의 의무를 면제받는 연령에 관한 관계 법령의 규정이 개정된 경우 제적된 자에게 적용될 법령
>
> (의사자격미취득 서울대의대생이 서울지방병무청장의 병역처분취소
> 처분및신체검사통지처분을 다툰 서울대의대생 병역처분사건에서) **의무사관후보생의 병적에서 제적된 자가 몇 세부터 징병검사·현역병입영 등의 의무를 면제받는가 하는 점에 관한 관계 법령의 규정이 개정되어 온 경우, 새로이 개정된 법령의 경과규정에서 달리 정함이 없는 한 위 병적에서 제적될 당시에 시행되는 개정 법령과 그에서 정한 기준에 의하는 것이 원칙이고, 그러한 개정 법령의 적용과 관련하여서는 개정 전 법령의 존속에 대한 국민의 신뢰가 개정 법령의 적용에 관한 공익상의 요구보다 더 보호가치가 있다고 인정되는 경우에 그러한 국민의 신뢰보호를 위하여 그 적용이 제한될 수 있는 여지가 있을 따름이다**(대판 2002. 6. 25, 2001두5125).

> 판례 2 밴형화물자동차정원을 6인에서 3인으로 변경한 규정이 종전에 6인승을 인정받은 자의 직업의 자유를 침해하는지의 여부
>
> (밴형화물자동차의 구조를 정원 3인으로 하도록 한 화물자동차운수사업법시행규칙 제3조 후단 제2호(정원제한조항)와, 밴형화물자동차가 승객과 화물을 동시에 운송할 경우 승객(화주) 1인당 화물중량 40kg 이상이거나 화물용적 80,000cm³ 이상일 것으로 한 화물자동차운수사업법 제2조 제3호 후문 및 동법시행규칙 제3조의2 제1항·제2항(화물제한조항)이 신뢰보호원칙에 위배하여 종전에 인정된 6인승 밴형화물자동차운송사업자의 직업수행의 자유를 침해하는지 여부를 다툰 사건에서) **이 사건 조항으로 인하여 6인승 밴형화물자동차 운송업종사자가 정원제한조항이 있기 전의 종전 법에 대하여 지녔던 신뢰의 훼손은, 그들이 종전에 누렸던 콜밴 영업에 대한 제한 정도를 볼 때 심각하고 중대한 것이다. 입법자가 애초에 6인승 밴형화물자동차 등록제를 실시하면서 승차정원의 3인 제한이나 승객이 동반하는 화물에 대한 제한규정을 두지 않았던 이상, 그러한 종전 법규정을 믿고 적법하게 등록을 마쳐 영업을 해 온 6인승 밴형화물자동차 운송업종사자에게 뒤늦게 그러한 중대한 제한을 부과하는 것은 이들의 법적 신뢰를 침해하는 것이다.** 그렇다면 결국 이 사건 조항이 추구하는 운송질서 확립이라는 공익과 동 청구인들의 종전 법에 대한 신뢰 및 이 사건 조항으로 인해 초래되는 영업상 제한의 정도를 비교형량할 때, **이 사건 조항은 정원제한조항 제정 전에 등록한 청구인들의 법적 신뢰를 과도하게 침해하므로, 이들에게 대하여 적용되는 한 신뢰보호의 원칙에 위반되는 것이다**(헌재 2004. 12. 16, 2003헌마226).

> 판례 3 한약사 국가시험의 응시자격을 '필수 한약관련 과목과 학점을 이수하고 대학을 졸업한 자'에서 '한약학과를 졸업한 자'로 변경한 개정 약사법령을 개정 이전에 이미 한약자원학과에 입학하여 대학에 재학 중인 자에게도 적용토록 한 개정 시행령 부칙의 위법 여부
>
> (한약사국가시험 응시
> 자격 제한사건에서) **개정 전 약사법 제3조의2 제2항의 위임에 따라 같은 법 시행령**(1994. 7. 7 - 1997. 3. 6) **제3조의2에서 한약사 국가시험의 응시자격을 '필수 한약관련 과목과 학점을 이수하고 대학을 졸업한 자'로 규정하던 것을, 개정 시행령**(1997. 3. 6. - 2006. 3. 29) **제3조의2에서 '한약학과를 졸업한 자'로 응시자격을 변경하면서, 개정 시행령 부칙이 한약사 국가시험의 응시자격에 관하여 1996학년도 이전에 대학에**

입학하여 개정 시행령 시행 당시 대학에 재학중인 자에게는 개정 전의 시행령 제 3 조의2를 적용하게 하면서도 1997학년도에 대학에 입학하여 개정 시행령 시행 당시 대학에 재학중인 자에게는 개정 시행령 제 3 조의2를 적용하게 하는 것은 헌법상 신뢰보호의 원칙과 평등의 원칙에 위배되어 허용될 수 없다(대판 2007. 10. 29., 2005두4649).

2. 법규명령의 개정과 보상청구

법규명령의 변경으로 재산상의 손실을 입게 되면 관계자는 보상청구권을 갖는가? 독일의 지배적인 견해는 그러한 손실은 일반 국민들에게 발생하는 희생일 뿐 특별희생은 아니라는 관점에서 그러한 종류의 일반적인 보상청구권을 부인한다. 다만 법률에서 보상에 관해 예정하고 있거나, 국가배상법상 책임요건이 구비되면 가능하다.

제 2 항 행정규칙

Ⅰ. 행정규칙의 관념

1. 행정규칙의 개념

행정규칙개념요소에 대한 전통적 견해와 본서의 비교

법령의 근거	법 규 성	전통적 견해	본서의 견해
언급 없음	무	행정규칙	행정규칙(원칙)
무	유	존재부인	행정규칙(예외)(예: 수익적 행정규칙)

(1) 전통적 견해　　　전통적인 견해에 따르면 행정규칙이란 행정조직내부 또는 특별한 공법상의 법률관계 내부에서 그 조직과 활동을 규율하는 일반·추상적인 명령으로서 법규적 성질(외부법으로서의 효력, 대 국민에 대한 구속력)을 갖지 않는 것을 말한다. 일반·추상적인 명령인 점에서 법규명령과 같으나 외부적 구속효의 의미에서 법규적 성질을 갖지 아니하는 점에서 법규명령과 다르다. 행정규칙은 행정명령이라고도 한다.

(2) 수권여부기준설(사견)　　　행정규칙이란 「행정조직내부에서 상급행정기관이 행정권에 내재하는 고유한 권능에 근거하여 하급행정기관에 대하여 행정의 조직이나 활동을 보다 자세히 규율하기 위하여 발하는 일반·추상적인 명령」을 말한다. 이 견해는 헌법상 권력분립원리·법률유보원리를 바탕으로 하여 「비법규성」을 행정규칙개념의 필수요소가 아니라 통상적인 요소로 본다. 따라서 행정청도 법령의 수권 없이 수익적인 영역에서 예외적으로 국민을 구속할 수 있는 행정규칙을 제정할 수 있다고 본다. 이 견해는 행정규칙의 제정권능을 「행정권에 내재하는 고유한 권능」으로 이해한다. 달리 말하면, 행정규칙의 발령권한은 행정권의 사무집행권에 근거하는 것으로 이해한다.

2. 행정규칙의 법형식

행정규칙의 형식

법령의 수권의 유무	본　서	판　례
수권 없이 발령되는 대통령령·총리령·부령	행정규칙	행정규칙$\left(\substack{판례\\1}\right)$
수권하에 발령되는 제재적 행정처분기준을 정하는 부령	법규명령	행정규칙
수권 없이 발령되는 고시·훈령	행정규칙	행정규칙$\left(\substack{판례\\2}\right)$
수권하에 발령되는 사무처리 기준을 정하는 고시·훈령	법규명령	행정규칙$\left(\substack{판례\\3}\right)$

　　행정규칙은「행정권의 고유한 권능·행정조직 내부에서의 조직과 활동 등」을 개념요소로 하여 내용적으로 파악된 개념이지, 법형식에 의해 파악된 개념은 아니다. 따라서 법령에 근거하여 제정되는 훈령 등은 법규명령이지 행정규칙으로 볼 것은 아니다. 행정규칙도 그 형식과 관련하여 법령의 수권 없이 발령되는「대통령령·총리령·부령형식의 행정규칙」과「고시·훈령형식의 행정규칙」으로 구분될 수 있다. 그러나 행정규칙은 고시·훈령형식의 행정규칙이 원칙적이다.

> **판례 1**　　부령 중 법률상 위임의 근거가 없는 조항의 성질
>
> [1] $\left(\substack{원고 주식회사 한진중공업이 한국토지주택공사를 피고\\로 하여 부정당업자제재처분의 취소를 구한 사건에서}\right)$ 법령에서 행정처분의 요건 중 일부 사항을 부령으로 정할 것을 위임한 데 따라 시행규칙 등 부령에서 이를 정한 경우에 그 부령의 규정은 국민에 대해서도 구속력이 있는 법규명령에 해당한다고 할 것이지만, 법령의 위임이 없음에도 법령에 규정된 처분 요건에 해당하는 사항을 부령에서 변경하여 규정한 경우에는 그 부령의 규정은 행정청 내부의 사무처리 기준 등을 정한 것으로서 행정조직 내에서 적용되는 행정명령의 성격을 지닐 뿐 국민에 대한 대외적 구속력은 없다고 보아야 한다$\left(\substack{대판 2013. 9. 12.,\\2011두10584}\right)$.
>
> [2] $\left(\substack{서울서부지방검찰청검사장의 사건기록\\등사불허가처분의 취소를 구한 사건에서}\right)$ **검찰보존사무규칙이 검찰청법 제11조에 기하여 제정된 법무부령이기는 하지만**, 그 사실만으로 같은 규칙 내의 모든 규정이 법규적 효력을 가지는 것은 아니다. 기록의 열람·등사의 제한을 정하고 있는 같은 규칙 제22조는 **법률상의 위임근거가 없어 행정기관 내부의 사무처리준칙으로서 행정규칙에 불과**하다$\left(\substack{대판 2006. 5. 25.,\\2006두3049}\right)$.
>
> **판례 2**　　'2013년도 교원자격검정 실무편람'의 성질(행정규칙)
>
> $\left(\substack{정교사1급자격증발급신청거부처분의 취소\\를 구한 교원자격검정 실무편람사건에서}\right)$ 구 교육과학기술부가 교원자격검정 관련 업무의 시행을 위하여 만든 '2013년도 교원자격검정 실무편람'에는 중등학교 정교사$\left(\substack{1\\급}\right)$ 자격기준과 관련하여 "현직교원만 취득 가능$\left(\substack{기간제\\불가}\right)$"이라고 기재되어 있으나$\left(\substack{이하 '이 사건 규\\정'이라고 한다}\right)$, 이는 법령의 위임 없이 교원자격검정 업무와 직접적인 관련이 없는 사항인 '정교사$\left(\substack{1\\급}\right)$ 자격기준'을 제한하고 있다. 나아가 이 사건 규정은 행정청 내의 사무처리준칙으로서 행정조직 내부지침의 성격을 지닐 뿐 대외적인 구속력을 가진다고 볼 수 없다$\left(\substack{대판 2018. 6. 15.,\\2015두40248}\right)$.
>
> **판례 3**　　시행령에 따른 장관의 훈령인 '세부적인 검토기준'의 법적 성질
>
> $\left(\substack{개발행위허가운영지침에서 정한 진입도로 요건을 갖추지 못하였다는 등의 이유로 건축\\허가신청을 불허가한 처분의 위법 여부가 문제된 건축허가신청불허가처분취소소송에서}\right)$ 국토계획법 시행령 제56조 제 1 항 [별표 1의2] '개발행위허가기준'은 국토계획법 제58조 제 3 항의 위임에 따라 제정된 대외적으로

구속력 있는 법규명령에 해당한다. 그러나 국토계획법 시행령 제56조 제 4 항은 국토교통부장관이 제 1 항의 개발행위허가기준에 대한 '세부적인 검토기준'을 정할 수 있다고 규정하였을 뿐이므로, 그에 따라 국토교통부장관이 국토교통부 훈령으로 정한 '개발행위허가운영지침'은 국토계획법 시행령 제56조 제 4 항에 따라 정한 개발행위허가기준에 대한 세부적인 검토기준으로, 상급행정기관인 국토교통부장관이 소속 공무원이나 하급행정기관에 대하여 개발행위허가업무와 관련하여 국토계획법령에 규정된 개발행위허가기준의 해석·적용에 관한 세부 기준을 정하여 둔 행정규칙에 불과하여 대외적 구속력이 없다. 따라서 행정처분이 위 지침에 따라 이루어졌다고 하더라도, 해당 처분이 적법한지는 국토계획법령에서 정한 개발행위허가기준과 비례·평등원칙과 같은 법의 일반원칙에 적합한지 여부에 따라 판단해야 한다(대판 2023. 2. 2, 2020두43722).

3. 행정규칙의 종류

(1) 내용에 따른 분류

1) 조직규칙·근무규칙　　　조직규칙은 행정의 내부조직·질서·권한·절차를 규율하는 규칙을 말하고, 근무규칙은 하급기관이나 기관구성자인 공무원의 근무에 관한 규칙을 말한다(판례).

> ┌─판례─┐ **구 채증활동규칙의 성격**
> (채증활동규칙 및 경찰의 집회 참가자에 대한 촬영행위 위헌확인 사건에서) 이 사건 채증규칙(2012. 9. 26, 경찰청예규 제472호)은 법률로부터 구체적인 위임을 받아 제정한 것이 아니며, 집회·시위 현장에서 불법행위의 증거자료를 확보하기 위해 행정조직의 내부에서 상급행정기관이 하급행정기관에 대하여 발령한 내부기준으로 행정규칙이다(헌재 2018. 8. 30, 2014헌마843).

2) 법률해석(규범해석)규칙　　　법률의 통일적·단일적인 적용을 위한 법규범의 해석과 적용에 관한 규칙이다. 해석준칙이라고도 한다.

3) 재량지도규칙　　　적법·타당한 재량행사를 확보하기 위해 어떠한 방식으로 재량을 행사할 것인가를 정하는 규칙이다. 재량준칙이라고도 한다.

4) 법률대위규칙·법령보충규칙

(개) 법률대위규칙　　　행정규칙으로서 법률대위규칙이란 법률이 필요한 영역이지만 법률이 없는 경우에 이를 대신하는 고시·훈령(행정규칙) 등을 말한다. 외부적 구속효를 갖는 법률대위규칙을 인정할 것인가의 여부에 관해 견해는 나뉜다. 본서는 수익적인 법률대위규칙은 인정될 필요가 있다는 입장이다. 실제상 법률대위규칙은 확정예산은 있으나, 관련 법률이 없는 경우에 보조금의 기준을 정하는 행정규칙과 관련하여 논의되고 있다.

(내) 법률보충규칙　　　행정규칙으로서 법률보충규칙이란 법률의 내용이 일반적이어서 보충 내지 구체화의 과정이 필요하기 때문에 이를 보충하거나 구체화하는 고시·훈령(행정규칙)을 말한다. 규범구체화(행정)규칙은 법률보충규칙의 하나이다.

[참고] 용례상 법률보충규칙은 ① 법률의 위임 없이 제정된 것과 ② 법률의 위임에 따라 제정된 것으로 구분할 수 있다. ①은 전형적인 행정규칙으로서 법률보충규칙이며, ②는 법규명령에 해당한다(본서의 입장). 판례는 ②가 외부적 구속효를 갖는 법규명령일 수도 있고, 행정 내부적 구속효를 갖는 행정규칙일 수도 있다는 입장이다.

[참고] 규범구체화 행정규칙

(1) 규범구체화 행정규칙이란 입법기관이 대상의 전문성을 이유로 세부사항을 행정기관에게 권한을 위임한 경우 행정기관이 당해 규범을 구체화하는 내용의 행정규칙을 말한다.

(2) 행정규칙은 법규가 아니라는 것이 일반적인 견해이지만, 독일연방행정재판소는 뷜(Wyhl)판결(1985. 12. 19)에서 '대기나 수면에 대한 방사성 물질의 유출시 방사성 물질의 유출에 대한 일반적인 평가 원칙'이라는 지침(행정규칙)을 규범구체화 행정규칙으로 보고 이러한 규범은 법원을 구속하는 직접적인 외부효가 있음을 인정하였다.

(3) 우리의 경우, 규범구체화 행정규칙의 인정 여부에 관해 학설은 나뉘고 있다. 일설은 국세청훈령인 재산제세사무처리규정이 법규성을 갖는다고 한 판례(대판 1987. 9. 29. 86누484)와 국무총리훈령인 개별토지가격합동조사지침이 법규성을 갖는다고 한 판례(대판 1994. 2. 8. 93누111)를 규범구체화 행정규칙의 시각에서 이해하기도 하나(김남진), 다수설은 법률보충규칙에 관한 판례일 뿐이라 한다.

(4) 규범구체화 행정규칙이라는 개념을 받아들인다면 법규성있는 행정규칙을 인정하게 되어 법규명령과 행정규칙의 기본적인 구별이 무시된다는 점(김남진·김연태), 그리고 이러한 유형의 행정규칙은 행정기관이 갖는 과학기술적인 전문지식 등의 사정을 고려하여 인정되는 것이므로 이를 일반적으로 확대할 수는 없다는 점(류지태·박종수)에서 이를 부정함이 타당하다(다수설).

(2) 형식에 따른 분류

1) 고시형식의 행정규칙   행정규칙으로서 고시란 행정기관이 고시라는 명칭 하에 법령이 정하는 바에 따라 일정한 사항을 불특정다수의 일반인에게 알리는 행위(구 사무관리규정 제7조 제3호; 동 시행규칙 제3조 제3호)로서 법규의 성질을 갖지 아니하는 행정입법을 말한다.

[참고] 실정법상 "고시" 용어의 사용례

실정법상 고시라는 용어는 다양하게 사용되고 있다. ① 행정입법의 의미로 사용되는 경우, ② 행정행위의 의미로 사용되는 경우(예: 도로법 제25조의 도로구역 결정의 고시), ③ 행정행위 적법요건의 의미로 사용되는 경우(예: 공익사업을 위한 토지 등의 취득 및 보상에 관한 법률 제22조의 사업인정의 고시), ④ 사실행위의 의미로 사용되는 경우(예: 국적법 제17조의 귀화의 고시)로 나눌 수 있다. ①의 경우는 법규명령으로서의 고시(예: PART 1 제4장 제1절 제3항 I. 2. (2)의 판례를 보라)와 행정규칙으로서의 고시(예: PART 1 제4장 제1절 제2항 I. 2.의 판례를 보라)로 구분할 수 있다.

> 판례   사회적 거리두기 행정명령 연장 및 변경 고시의 법적 성격(처분)
>
> (청구인이 부산광역시 고시 제2021-4호 코로나19 확산 예방 및 차단을 위한 사회적 거리두기 행정명령 연장 및 변경 고시(1. ④ 종교활동)가 자신들의 종교의 자유 및 평등권을 침해한다고 주장하면서 청구한 심판사건에서) 이 사건 고시는, 피청구인이 구 감염병의 예방 및 관리에 관한 법률 제49조 제1항 제2호 등에 근거하여 부산시 내 종교시설의 책임자·종사자 및 이용자에게 2021. 1. 4. 0시부터 2021. 1. 17. 24시까지 2주라는 '특정기간' 내에 '대면예배라는 구체적 행위'를 직접 금지하는 것으로, 장래의 불특정하고 추상적이며 반복되는 사항을 규율하는 것이라기보다는 시간적·공간적으로 특정된 사안을 규율하는 것이다. 더욱이 구 감염병예방법 제49조 제1항은 하위 법령에의 위임 형식을 취하고 있는 것이

아니라, 질병관리청장, 시장 등 방역당국이 집합제한 등의 특정한 감염병 예방 '조치'를 취하도록 규정하고 있어 **문언상으로도 방역당국의 구체적 '처분'이 예정**되어 있다. 대법원$\binom{\text{대법원 2022. 10. 27.자}}{\text{2022두48646 판결}}$도 이 사건 고시와 동일한 규정 형식을 가진 서울특별시장의 대면예배 제한 고시$\binom{\text{서울특별시고시}}{\text{제2021-414호}}$가 항고소송의 대상인 행정처분에 해당함을 전제로 판단한 바 있다$\binom{\text{헌재 2023. 6. 29.}}{\text{2021헌마63}}$.

2) 훈령형식의 행정규칙 훈령은 다시 협의의 훈령·지시·예규·일일명령으로 세분된다. 훈령이란 상급관청이 하급관청에 대하여 장기간에 걸쳐 그 권한의 행사를 일반적으로 지시하기 위하여 발하는 명령을 말하고, 지시란 상급기관이 직권 또는 하급기관의 문의에 의하여 하급기관에 개별적·구체적으로 발하는 명령을 말한다. 예규란 행정사무의 통일을 기하기 위하여 반복적 행정사무의 처리기준을 제시하는 법규문서 외의 문서를 말하고, 일일명령이란 당직·출장·시간외근무·휴가 등 일일업무에 관한 명령을 말한다. 그러나 그 내용이 일반추상적인 규율이 아닌 것은 행정규칙이 아니다.

Ⅱ. 행정규칙의 법적 성질

[참고] 법규의 개념
협의로 보는 입장에 따르면 법규는 국가와 시민과의 관련성$\binom{\text{외부적}}{\text{효력}}$ 속에서만 법규개념을 이해하기에 행정주체 내부관계는 법규개념에서 제외되고 따라서 행정규칙을 법규로 보지 않는다. 그러나 광의로 보는 견해에 따르면 법규의 수범자의 범위를 한정하지 않으며 국가와 시민과의 관계에 관한 규율 외에도 국가$\binom{\text{행정}}{\text{주체}}$ 내부의 관계도 그 구성원의 권리나 의무와 관련된다면 이를 법규개념에 포함하기 때문에 행정규칙도 법규로서의 성질을 갖게 된다. 우리 다수 견해는 협의설에 따르는 것으로 보인다$\binom{\text{류지태·}}{\text{박종수}}$.

1. 행정규칙의 법규성

(1) 학 설

1) 법 규 설 이 견해는 행정부도 민주적 정당성을 갖는 국가기관으로서 고유의 법정립 권한을 가지므로, 일정한 행정규칙은 법규명령과 마찬가지로 외부적 구속효를 갖는 법규라고 한다. 이 견해는 행정권에 고유한 입법권이 있다는 전제에 서지만, 3권분립원칙을 헌법의 기본원칙이라고 하면 그에 대한 예외는 헌법이 명시적으로 허용하는 경우에만 가능하다는 비판이 있다$\binom{\text{김동}}{\text{희}}$.

2) 비법규설 행정규칙은 국민에 대한 직접적·외부적 효력이 없기에 법규가 아니라는 견해로 다수견해이다. 이 견해에 따르면 행정규칙이 국민에게 미치는 구속력은 직접적·외부적 효력이 아니라 행정의 자기구속원칙$\binom{\text{평등}}{\text{원칙}}$을 매개로 하는 간접적 구속력에 불과하다고 본다$\binom{\text{행정규칙}}{\text{—특히}}$ 재량준칙 — 이 행정의 자기구속원칙(평등원칙)을 매개로 간접적으로 외부효를 가지는 것을 준법규설(준법규성)이라고도 하는데 이는 비법규설의 일종으로 볼 것이다$\Big)$.

(2) 판 례 ① 판례는 행정규칙의 외부법으로서의 법규성을 부인한다$\binom{\text{판}}{\text{례}}$. 행정규제기본법 제 4 조 제 2 항에 따른 고시$\binom{\text{법률보}}{\text{충규칙}}$가 아닌 통상의 고시에 판례가 외부법으로서의 법규성을 인정하는 경우는 극히 예외적으로 발견될 뿐이다$\binom{\text{대판 1984. 9. 11.}}{\text{82누166}}$. ② 헌법재판소는 평등원칙에 근거한 행정의 자기구속의 법리에 의거하여 대외적 구속력을 인정한다$\binom{\text{헌재 2001. 5. 31.}}{\text{99헌마413}}$. ③ 헌법재

판소나 대법원은 모두 행정규제기본법 제4조 제2항 단서에 따른 고시의 법규성을 인정한다. 그러나 이러한 고시는 법령에 의한 위임이 있는 것이므로 행정규칙이 아니라 법규명령으로 보아야 한다.

> **[판례] 행정규칙의 성질**
> (안산시장이 채취한 시료를 전문연구기관인 경기도보건환경연구원에 의뢰하여 법령에 정량적으로 규정되어 있는 환경오염물질의 배출허)
> (용기준을 초과한다는 검사결과를 회신받아 원고 주식회사 엠엔씨텍에 제재처분으로서 조업정지처분을 하자 이의 취소를 구한 사건에서)
> 수질오염물질을 측정함에 있어 시료채취의 방법, 오염물질 측정의 방법 등을 정한 이 사건 고시
> (수질오염공정시험기준(2019. 12. 24. 국립환경)
> (과학원고시 제2019-63호로 개정되기 전의 것))는 그 형식 및 내용에 비추어 행정기관 내부의 사무처리준칙에
> 불과하므로 일반 국민이나 법원을 구속하는 대외적 구속력은 없다(대판 2022. 9. 16.)
> (2021두58912).

(3) 사 견　　　행정규칙의 법적 성격은 모든 행정규칙에 대하여 일률적으로 말할 것이 아니며, 행정규칙의 유형별로 법규성을 갖는 것도 있고 갖지 못하는 것도 있다(유형설). 생각건대 행정규칙은 대외적 구속력을 갖지 아니하는 것이 원칙이지만, 수익적 행정행위의 근거가 되는 고시는 경우에 따라서 예외적으로 법규성을 가진다고 볼 필요가 있을 것이다.

2. 행정규칙의 법원성

행정규칙이 법원인가의 문제는 용어상의 문제이다. 법원개념을 일반적 구속력을 갖는 법규(외부법)로 새기는 협의설의 입장에서는, 행정규칙은 법규가 아니고 따라서 법원도 아니다. 왜냐하면 그것은 사인도 법원도 구속하는 것이 아니기 때문이다. 판례도 일반적인 행정규칙에 대해서는 이러한 입장을 취한다(대판 1990. 2. 27.)(88재누55). 만약 법원을 행정권의 행위기준으로 새기는 광의설의 입장에서는 행정규칙은 법원이 된다.

Ⅲ. 행정규칙의 근거와 한계

1. 근 거

행정규칙은 국민의 법적 지위에 직접 영향을 미치는 것이 아니고, 하급기관의 권한행사를 지휘하는 것이므로 상급기관이 갖는 포괄적인 감독권에 근거하여 발할 수 있다. 행정규칙의 발령을 위한 수권은 집행권에 내재한다. 즉, 사무집행권으로부터 나오는 지시권에 근거한다. 따라서 행정규칙의 발령에는 개별적인 근거법은 필요 없고 일반적인 조직규범으로 족하다(통설). 이 때문에 행정규칙의 발령을 규율하는 법률은 일반적으로 직무범위에 관한 조직규범이지 수권규범으로 보기 어렵다.

2. 한 계

행정규칙의 제정은 법률이나 상위규칙, 비례원칙 등 행정법의 일반원칙에 반하지 않는 범위 내에서, 그리고 목적상 필요한 범위 내에서만 가능하다(판례). 국민의 권리·의무에 관한 사항을 새로이 규정할 수 없음은 물론이다.

Ⅳ. 행정규칙의 적법요건·하자·소멸

1. **적법요건**(성립·발효요건)

행정규칙은 ① 권한 있는 기관이 제정하여야 하고, ② 그 내용이 법규나 상위규칙에 반하지 않고, 실현불가능하지 않고, 명확하여야 하며, ③ 소정의 절차와 형식이 있으면 그것을 갖추어야 적법한 것이 된다. 개별법령상의 수권을 요하는 것은 아니다. 그리고 행정규칙은 적당한 방법으로 통보되고 도달하면 효력을 갖는다. 반드시 국민에게 공포되어야만 하는 것은 아니다(대판 1990. 5. 22, 90누639). 다만, 행정절차법 제20조의 처분기준은 공표하여야 한다.

2. **하자**(흠)

적법요건을 갖춘 행정규칙은 적법한 행위로서 효력을 발생하게 된다. 그러나 적법요건을 모두 구비한 것이 아닌 행정규칙은 하자 있는 것이 된다. 하자 있는 행정규칙은 효력을 발생하지 못한다. 행정행위의 경우에는 하자의 효과로서 무효와 취소의 경우가 있으나, 행정규칙의 경우에는 무효의 경우만 있을 뿐이다(판례).

3. 소　멸

유효하게 성립된 행정규칙도 폐지, 종기의 도래, 해제조건의 성취, 내용이 상이한 상위 또는 동위의 행정규칙의 제정 등의 사유로 인해 효력이 소멸된다.

V. 행정규칙의 효과

1. 내부적 효과

행정규칙은 발령기관의 권한이 미치는 범위 내에서 행정조직 내부의 상대방을 직접 구속한 다(대판 1998. 6. 9, 97누19915). 행정규칙에 반하는 행위를 한 자에게는 징계책임 또는 징계벌이 가해질 수 있다 (대판 2001. 8. 24, 2000두7704). 내부적 구속력 역시 일종의 법적인 구속력이다(판례). 행정내부적인 규율로서의 행정 규칙은 사인에게 권리와 의무를 발생시키지는 아니한다.

> [판례] 처분의 근거나 법적인 효과가 행정규칙에 규정되어 있는 경우, 그 처분이 항고소송의 대상이 되는 행정처분에 해당하기 위한 요건
> (징계사유가 있으나 표창을 받은 공적이 있음을 이유로 피고 함양군수로부터 불문경고의 제재를 받은 원고가 그 제재를 다툰 **함양군불문경고사건**에서) 항고소송의 대상이 되는 행정처분이라 함 은 원칙적으로 행정청의 공법상 행위로서 특정 사항에 대하여 법규에 의한 권리의 설정 또는 의 무의 부담을 명하거나 기타 법률상 효과를 발생하게 하는 등으로 일반 국민의 권리 의무에 직접 영향을 미치는 행위를 가리키는 것이지만, **어떠한 처분의 근거나 법적인 효과가 행정규칙에 규정되 어 있다고 하더라도, 그 처분이 행정규칙의 내부적 구속력에 의하여** 상대방에게 권리의 설정 또는 의무의 부담을 명하거나 기타 법적인 효과를 발생하게 하는 등으로 그 **상대방의 권리 의무에 직접 영향을 미치는 행위라면**, 이 경우에도 항고소송의 대상이 되는 **행정처분에 해당한다. 행정규칙에 의 한 '불문경고조치'가 비록 법률상의 징계처분은 아니지만 위 처분을 받지 아니하였다면 차후 다른 징 계처분이나 경고를 받게 될 경우 징계감경사유로 사용될 수 있었던 표창공적의 사용가능성을 소멸시 키는 효과와 1년 동안 인사기록카드에 등재됨으로써 그 동안은 장관표창이나 도지사표창 대상자에서 제외시키는 효과 등이 있다는 이유로 항고소송의 대상이 되는 행정처분에 해당한다**(대판 2002. 7. 26, 2001두3532).

2. 외부적 효과

(1) 직접적·외부적 구속효　　행정규칙은 직접적인 외부적 효과를 갖지 아니한다. 행정 규칙은 행정조직내부의 규율일 뿐 사인의 권리·의무를 규정하지 못하고, 법원도 구속하지 못한 다. 판례의 기본적인 입장이다(판례 1). 행정규칙은 법규가 아니므로 행정규칙위반은 위법이 아니다 (판례 2). 따라서 사인에 대해 행정기관이 행정규칙에 반하여 불이익처분을 하여도 사인은 행정규칙 위반을 이유로 다툴 수 없다. 아울러 행정규칙에 따른 행정처분은 적법성의 추정도 받지 아니한다(대판 1990. 12. 11, 90누1243).

> [판례 1] 행정규칙의 외부적 구속효의 유무
> (병무청장이 법무부장관에게 '가수 유승준이 공연을 위하여 국외여행허가를 받고 출국한 후 미국 시민권을 취득함으로써 사실상 병역의 무를 면탈하였으므로 재외동포 자격으로 재입국하고자 하는 경우 국내에서 취업, 가수활동 등 영리활동을 할 수 없도록 하고, 불가능할

경우 입국 자체를 금지해 달라'고 요청함에 따라 법무부장관이 유승준의 입국을 금지하는 결정을 하고, 그 정보를 내부전산망인 '출입국관리정보시스템'에 입력하였으나, 유승준에게는 통보하지 않은 상태에서 재외공관장이 아무런 재량을 행사하지 않고 사증발급 거부처분하자 유승준이 사증발급거부처분의 취소를 구한 가수 유승준 사건에서) 상급행정기관이 소속 공무원이나 하급행정기관에 대하여 업무처리지침이나 법령의 해석·적용 기준을 정해 주는 '행정규칙'은 일반적으로 행정조직 내부에서만 효력을 가질 뿐 대외적으로 국민이나 법원을 구속하는 효력이 없다$\binom{\text{대판 2019. 7. 11,}}{2017두38874}$.

[판례 2] **행정규칙위반이 바로 위법이 되는지의 여부**

$\binom{\text{종합부동산세부과처분등}}{\text{의 취소를 구한 사건에서}}$ 법령에서 행정처분의 요건 중 일부 사항을 부령으로 정할 것을 위임한 데 따라 시행규칙 등 부령에서 이를 정한 경우에 그 부령의 규정은 국민에 대해서도 구속력이 있는 법규명령에 해당한다고 할 것이지만, **법령의 위임이 없음에도 법령에 규정된 처분 요건에 해당하는 사항을 부령에서 변경하여 규정한 경우**에는 그 부령의 규정은 행정청 내부의 사무처리 기준 등을 정한 것으로서 행정조직 내에서 적용되는 **행정명령의 성격을 지닐 뿐 국민에 대한 대외적 구속력은 없**다고 보아야 한다. 따라서 어떤 행정처분이 그와 같이 **법규성이 없는 시행규칙 등의 규정에 위배된다고 하더라도** 그 이유만으로 처분이 위법하게 되는 것은 아니라 할 것이고, 또 그 규칙 등에서 **정한 요건에 부합한다고 하여** 반드시 그 처분이 적법한 것이라고 할 수도 없다. 이 경우 처분의 적법 여부는 그러한 규칙 등에서 정한 요건에 합치하는지 여부가 아니라 **일반 국민에 대하여 구속력을 가지는 법률 등 법규성이 있는 관계 법령의 규정을 기준으로 판단**하여야 한다$\binom{\text{대판 2015. 6. 23,}}{2012두2986}$.

(2) 간접적·외부적 구속효　　　주로 재량준칙과 관련하여 논의되는 것이지만, 행정의 실제상 평등의 원칙$\binom{\text{행정의 자기}}{\text{구속원칙}}$에 의거하여 행정규칙은 상황에 변동이 없는 한 영속적으로 누구에게나 동등하게 적용되어야 한다. 이 때문에 행정규칙은 외부적으로 간접적 구속효를 갖는다. 이것은 헌법재판소와 대법원의 입장이기도 하다. 요컨대 재량준칙은 그 자체가 외부법은 아니지만, 행정의 자기구속의 법리, 평등의 원칙, 신뢰보호의 원칙 등에 의해 외부법에 접근하게 된다$\binom{\text{판}}{\text{례}}$.

[판례] **행정의 자기구속의 원칙**$\binom{\text{행정규칙의 간접적}}{\text{구속효의 근거}}$

$\binom{\text{대한전선 주식회사가 한국전력공사를 피고}}{\text{로 한 부정당업자제재처분취소소송에서}}$ 재량준칙이 정한 바에 따라 되풀이 시행되어 행정관행이 이루어지게 되면 평등의 원칙이나 신뢰보호의 원칙에 따라 행정청은 상대방에 대한 관계에서 그 규칙에 따라야 할 자기구속을 받게 되므로, 이러한 경우에는 특별한 사정이 없는 한 그에 반하는 처분은 평등의 원칙이나 신뢰보호의 원칙에 어긋나 재량권을 일탈·남용한 위법한 처분이 된다$\binom{\text{대판 2014. 11. 27,}}{2013두18964}$.

Ⅵ. 행정규칙의 통제

1. 행정내부적 통제

① 행정규칙에 대한 행정내부적 통제도 법규명령의 경우와 마찬가지로 절차상의 통제, 감독청에 의한 통제, 공무원·행정기관의 행정규칙심사, 국민권익위원회의 권고 등을 생각할 수 있다. ② 행정규칙에 대한 행정내부적 통제수단은 다른 수단에 비해 그 효과가 직접적이라는 점에서 의의가 크다. ③ 법규명령의 경우와 마찬가지로 행정심판법은 중앙행정심판위원회로 하여금

법령등의 개선에 관한 통제권을 부여하고 있다(행심법 제59조).

2. 국회에 의한 통제

행정규칙에 대한 국회의 통제방식도 법규명령의 경우와 유사하다. 즉 직접적 통제방식으로 제출절차가 인정되고 있다(국회법 제98조의2 ① 중앙행정기관의 장은 법률에서 위임한 사항이나 법률을 집행하기 위하여 필요한 사항을 규정한 대통령령·총리령·부령·훈령·예규·고시 등이 제정·개정 또는 폐지되었을 때에는 10일 이내에 이를 국회 소관 상임위원회에 제출하여야 한다. 다만, 대통령령의 경우에는 입법예고를 할 때(입법예고를 생략하는 경우에는 법제처장에게 심사를 요청할 때를 말한다)에도 그 입법예고안을 10일 이내에 제출하여야 한다). 현행법상 간접적 통제방식으로 국회의 국정감사·국정조사에 의한 통제를 들 수 있다.

3. 법원에 의한 통제

판례는 행정규칙은 항고소송의 대상인 처분이 아닐 뿐만 아니라, 법규가 아니어서 법원을 구속하는 재판기준이 되지 않는다고 본다(판례). 그러나 행정규칙은 내부법으로서 공무원에게는 구속력을 가지는바, 공무원이 취소소송 등을 제기하는 경우에는 행정규칙이 재판기준이 될 수 있다.

> **[판례]** 행정규칙에 반하는 처분의 위법 여부 판단 방법
> (안산시장이 채취한 시료를 전문연구기관인 경기도보건환경연구원에 의뢰하여 법령에 정량적으로 규정되어 있는 환경오염물질의 배출허용기준을 초과한다는 검사결과를 회신받아 원고 주식회사 엠엔씨텍에 제재처분으로서 조업정지처분을 하자 이의 취소를 구한 사건에서) 시료채취의 방법 등이 이 사건 (행정규칙인) 고시에서 정한 절차에 위반된다고 하여 그러한 사정만으로 곧바로 그에 기초하여 내려진 행정처분이 위법하다고 볼 수는 없고, 관계 법령의 규정 내용과 취지 등에 비추어 그 절차상 하자가 채취된 시료를 객관적인 자료로 활용할 수 없을 정도로 중대한지에 따라 판단되어야 한다. 다만 이때에도 시료의 채취와 보존, 검사방법의 적법성 또는 적절성이 담보되어 시료를 객관적인 자료로 활용할 수 있고 그에 따른 실험결과를 믿을 수 있다는 사정은 행정청이 그 증명책임을 부담하는 것이 원칙이다(대판 2022. 9. 16, 2021두58912).

4. 헌법재판소에 의한 통제

행정규칙이 기본권을 침해하고 아울러 다른 방법으로는 이러한 침해를 다툴 수가 없어서 결과적으로 권리보호가 불가능하다면, 헌법소원의 방식으로 이를 다툴 수 있다(헌법 제111조 제 1 항; 헌재법 제68조 제 1 항)(판례). 행정규칙이 외부적인 효력을 갖는 경우에는 헌법소원의 인정이 용이할 것이나, 외부적 효력을 갖지 않는 경우는 헌법소원을 인정하기가 비교적 어려울 것이다.

> **[판례]** 행정규칙에 대한 헌법소원의 가부
> (1) (사회복무요원의 정치적 목적을 지닌 행위를 금지하는 병역법 제33조 제 2 항 본문 제 2 호 등이 청구인의 기본권을 침해한다고 주장하면서 제기한 헌법소원심판 사건에서) 행정규칙은 원칙적으로 헌법소원의 대상이 될 수 없으나, 예외적으로 법령의 규정에 의하여 행정관청에 법령의 구체적 내용을 보충할 권한을 부여한 경우나, 재량권행사의 준칙으로서 그 정한 바에 따라 되풀이 시행되어 행정관행이 형성됨으로써 평등의 원칙이나 신뢰보호의 원칙에 따라 행정기관이 그 상대방에 대한 관계에서 그 규칙에 따라야 할 자기구속을 당하게 되는 경우에는 헌법소원의 대상이 될 수 있다(헌재 2021. 11. 25, 2019헌마534).

(2) ^{(외국인산업기술연수생의 보호 및 관리에 관한 지침(노동부 예규) 제 4)}_(조, 제 8 조 제 1 항 및 제17조의 위헌확인을 구한 헌법소원사건에서) **노동부 예규는,** 연수생의 적용범위, 연수생의 지위, 연수계약, 연수생의 보호, 안전보건관리, 산업재해보상의 지원, 연수생 교육, 노동관서장의 지도감독과 그에 따른 제재 등을 정하고 있는 **행정규칙이므로 원칙적으로 헌법소원의 대상이 되는 '공권력의 행사'에 해당하지 않는다.** 다만 행정규칙이 재량권행사의 준칙으로서 그 정한 바에 따라 되풀이 시행되어 행정관행을 이루게 되어 **평등의 원칙이나 신뢰보호의 원칙에 따라** 행정기관이 그 상대방에 대한 관계에서 그 규칙에 따라야 할 **자기구속을 당하게 되는 경우에는** 대외적인 구속력을 갖게 되어 **헌법소원의 대상이 된다. …** 이에 따라 **위 예규를 준수하여야 할 지방노동관서의 장은,** 사업주가 제 8 조 제 1 항의 사항을 준수하도록 행정지도를 하고, 만일 이러한 행정지도에 위반하는 경우에는 연수추천단체에 필요한 조치를 요구하며, 사업주가 계속 이를 위반한 때에는 특별감독을 실시하여 제 8 조 제 1 항의 위반사항에 대하여 관계법령에 따라 조치하여야 하는 반면, 사업주가 제 8 조 제 1 항에 규정되지 않은 사항을 위반한다 하더라도 행정지도, 연수추천단체에 대한 요구 및 관계법령에 따른 조치 중 어느 것도 하지 않게 되는바, 지방노동관서의 장은 평등 및 신뢰의 원칙상 모든 **사업주에 대하여 이러한 행정관행을 반복할 수밖에 없으므로, 결국 위 예규는 대외적 구속력을 가진 공권력의 행사가 된다**^(헌재 2007. 8. 30,)_(2004헌마670).

5. 국민에 의한 통제

국민에 의한 통제의 방식으로는 여론·자문·청원·압력단체의 활동 등을 들 수 있다. 그러나 이러한 통제는 그 효과가 간접적이라는 데에 한계를 갖는다. 그럼에도 국민주권 내지 주민참정이라는 원리에 입각하여 국민(^주_민)에 의한 통제방식은 강조되고 존중되어야 한다.

제 3 항 입법형식과 규율사항의 불일치(형식과 실질의 불일치)

입법의 실제상 법규명령형식(^{대통령령·총}_{리령·부령})으로 규정하여야 할 사항(^{법규명}_{령사항})을 행정규칙형식(^{고시·}_{훈령})으로 규정하거나, 행정규칙형식(^{고시·}_{훈령})으로 규정하여야 할 사항(^{행정규}_{칙사항})을 법규명령형식(^{대통령령·총}_{리령·부령})으로 규정하는 경우가 나타난다. 전자를 행정규칙형식의 법규명령, 후자를 법규명령형식의 행정규칙이라 부르는데, 그 성질을 둘러싸고 논란이 있다. 나누어서 보기로 한다.

Ⅰ. 행정규칙형식의 법규명령^(고시·훈령의 형식)_(과 법규명령사항)^(고시·훈령 형)_(식의 법규명령)^(법령보)_(충규칙)

법규명령사항과 법형식

규정사항	법령근거	법 형 식	성 질
법규명령사항	무	고시·훈령	행정규칙(판례·학설·사견)
법규명령사항	유	고시·훈령	법규명령[판례·학설(반대론 있었음)·사견]

* 법규명령사항을, 전통적인 행정규칙 개념을 취하는 입장에서는 「국민의 자유와 권리의 제한에 관한 사항」으로, 수권여부 등을 기준으로 행정규칙의 개념을 취하는 본서의 입장에서는 「헌법과 법률에서 법률로 정하도록 규정하는 사항」으로 이해한다.

1. 의 의

행정규칙형식의 법규명령이란 법률등이 대통령령·총리령·부령 등에 위임하여 법규명령형식으로 규정하여야 할 사항(법규명령사항)을 법률등이 훈령·예규 및 고시 등에 위임하여 행정규칙형식으로 규정한 행정입법을 말한다. 이러한 행정규칙을 고시(훈령)형식의 법규명령 또는 법률보충규칙으로 부르기도 한다.

2. 법적 근거

(1) 헌 법 헌법에는 행정규칙형식의 법규명령에 관한 규정이 없다. 이 때문에 행정규칙형식의 법규명령이 헌법상 인정될 수 있는가의 문제가 있다. 헌법재판소는 행정기본법 제정 전부터 긍정적인 견해를 취해오고 있다(판례).

〔판례〕 헌법이 위임입법의 형식을 제한하고 있는지 여부(행정규칙형식의 법규명령의 가능성)
(청소년 보호법 제58조 제3호 등 위헌확인 위헌제청심판에서) 오늘날 의회의 입법독점주의에서 입법중심주의로 전환하여 일정한 범위 안에서 행정입법을 허용하게 된 동기는 사회적 변화에 대응한 입법수요의 급증과 종래의 형식적 권력분립주의로는 현대사회에 대응할 수 없다는 기능적 권력분립론에 있다. 이러한 사정을 고려하면 헌법 제40조·제75조·제95조의 의미는, 국회가 입법으로 행정기관에 구체적인 범위를 정하여 위임한 사항에 관하여는 당해 행정기관이 법 정립의 권한을 갖게 되고, 이때 입법자는 그 규율의 형식도 선택할 수 있다는 것으로 이해할 수 있다. 따라서 헌법이 인정하고 있는 위임입법의 형식은 예시적인 것으로 보아야 하고, 법률이 일정한 사항을 행정규칙에 위임하더라도 그 행정규칙은 위임된 사항만을 규율할 수 있으므로 국회입법의 원칙과 상치되지 아니한다(헌재 2021. 6. 24, 2018헌가2).

(2) 법 률

㈎ 행정기본법 행정기본법 제2조 제1호 가목 3)은 행정규칙형식의 법규명령을 행정기본법에서 적용되는 법령등의 한 종류로 규정하고 있다. 따라서 행정기본법 제2조 제1호 가목 3)은 행정규칙형식의 법규명령을 일반적인 법형식의 한 종류로 규정하고 있는 셈이다.

■ 행정기본법 제2조(정의) 이 법에서 사용하는 용어의 뜻은 다음과 같다.
1. "법령등"이란 다음 각 목의 것을 말한다.
가. 법령: 다음의 어느 하나에 해당하는 것
1) 법률 및 대통령령·총리령·부령
2) 국회규칙·대법원규칙·헌법재판소규칙·중앙선거관리위원회규칙 및 감사원규칙
3) 1) 또는 2)의 위임을 받아 중앙행정기관(「정부조직법」 및 그 밖의 법률에 따라 설치된 중앙행정기관을 말한다. 이하 같다)**의 장이 정한 훈령·예규 및 고시 등 행정규칙**
나. 자치법규: 지방자치단체의 조례 및 규칙

㈏ 행정규제기본법 행정규제기본법 제4조 제2항은 행정규제의 영역에서 행정규칙형식의 법규명령을 규정하고 있다. 행정규제의 영역에는 행정규제기본법 제4조 제2항 단서가

있다. 행정기본법과의 관계에서 행정규제기본법은 특별법이므로, 행정규제의 영역에서 행정규칙 형식의 법규명령을 제정·개정하고자 할 때에는 행정규제기본법 제 4 조 제 2 항을 따라야 한다(판례).

■ **행정규제기본법 제 4 조(규제 법정주의)** ② 규제는 법률에 직접 규정하되, 규제의 세부적인 내용은 법률 또는 상위법령(上位法令)에서 구체적으로 범위를 정하여 위임한 바에 따라 대통령령·총리령·부령 또는 조례·규칙으로 정할 수 있다. 다만, **법령에서 전문적·기술적 사항이나 경미한 사항으로서 업무의 성질상 위임이 불가피한 사항에 관하여 구체적으로 범위를 정하여 위임한 경우에는 고시 등으로 정할 수 있다.**

┌─ 판례 ─┐ 규제를 내용으로 하는 행정규칙형식의 법규명령의 가능성
(축산물 위생관리법 제45조 제 4 항 제 1 호 등 위헌소원사건, 별칭 '식품의약품안전처고시 위반자에 대한 처벌규정 등' 사건에서) 법률이 일정한 사항을 행정규칙에 위임하더라도 그 행정규칙은 위임된 사항만을 규율할 수 있으므로, 국회입법의 원칙과 상치되지 아니한다. 행정규칙은 법규명령과 같은 엄격한 제정 및 개정절차를 필요로 하지 아니하므로, 기본권을 제한하는 내용의 입법을 위임할 때에는 법규명령에 위임하는 것이 원칙이고, 고시와 같은 형식으로 입법위임을 할 때에는 법령이 전문적·기술적 사항이나 경미한 사항으로서 업무의 성질상 위임이 불가피한 사항에 한정된다(헌재 2017. 9. 28, 2016헌바140).

3. 법적 성질

행정기본법 제 2 조 제 1 호가 정하는 법령등은 행정기관뿐만 아니라 국민에게도 구속력을 갖는 규범인바, 그 법령등의 부분인 행정기본법 제 2 조 제 1 호 가목 3)이 정하는 훈령·예규 및 고시 등 행정규칙은 당연히 행정기관뿐만 아니라 국민에게 구속력을 갖는 법규범이다.

[종래 판례가 외부적 구속효를 인정한 훈령·예규 및 고시 등 행정규칙의 예]
(1) 정보통신망 이용촉진 및 정보보호 등에 관한 법률 제42조에 근거한 「청소년유해매체물의 표시방법」(정보통신부고시, 현재는 방송통신위원회고시)(현재 2004. 1. 29, 2001헌마894).
(2) 조세특례제한법에 따른 「한국표준산업분류」(통계청고시)(현재 2014. 7. 24, 2013헌바183)
(3) 품질경영 및 공산품안전관리법 시행규칙에 따른 「안전·품질표시대상공산품의 안전기준」(국가기술표준원고시)(현재 2015. 3. 26, 2014헌마372)
(4) 금융위원회의 설치 등에 관한 법률 제60조의 위임에 따라 금융위원회가 고시한 '금융기관 검사 및 제재에 관한 규정' 제18조 제 1 항(대판 2019. 5. 30, 2018두52204).
(5) 장기요양급여 제공기준 및 급여비용 산정방법 등에 관한 고시(2015. 12. 24, 보건복지부고시 제2015-223호)(현재 2019. 11. 28, 2017헌마791).
(6) 구 국민건강보험법 제41조 제 2 항, 구 국민건강보험 요양급여의 기준에 관한 규칙 제 5 조 제 1 항 [별표 1] 제 1 호 (마)목, 제 2 항의 위임에 따라 보건복지부장관이 정하여 고시한 '요양급여의 적용기준 및 방법에 관한 세부사항'(2008. 1. 24, 보건복지부 고시 제2008-5호) Ⅰ. '일반사항' 중 '요양기관의 시설·인력 및 장비 등의 공동 이용 시 요양급여비용 청구에 관한 사항' 부분(대판 2021. 1. 14, 2020두38171).

[참고] 행정기본법 제정 전 상황
(1) 학 설 행정규칙형식의 법규명령의 성질과 관련하여 학설은 법규명령설(상위법령의 위임이 있고 상위법령을 보충·구체화하는 기능이 있는 고시·훈령은 대외적으로 구속력 있는 법규명령의 성질을 가진다는 견해로 헌법 제75조·제95조의 법규명령의 형식은 예시적이라는 점을 근거로 하였다), 행정규칙설(헌법이 제75조·제95조가 규정하는 법규명령의 형식은 대통령령·총리령·부령 등으로 한정적으로 열거되어 있으므로 이러한 형식이 아닌 고시·훈령 등은 행정규칙이라는 견해), 규범구체화 행정규칙설(대외적인 법적 구속력은 인정되지만 행정규칙의 형식을 취하고 있으므로, 통상의 행정규칙과는 달리 상위규

범을 구체화하는 규범구체화 행정규칙으로 보자는 견해), 위헌무효설(우리 헌법 제75조, 제95조상 법규명령은 한정적인 것이므로 행정규칙형식의 법규명령은 허용되지 않아 위헌·무효라는 견해) 등이 있었다.

(2) 판 례   대법원은 '소득세법시행령에 근거한 국세청훈령인 재산제세사무처리규정'의 법규성을 인정한 이래(대판 1987. 9. 29, 86누484). 행정규칙형식의 법규명령에 대해 그 성질을 법규명령으로 보면서 대외적 효력을 인정하여 왔다. 헌법재판소도 공무원임용령 제35조의2등에 대한 헌법소원에서 공무원임용령의 위임에 따른 총무처 예규인 "대우공무원및필수실무요원의선발·지정등운영지침"이 상위법령과 결합하여 대외적인 구속력을 갖는 법규명령으로서 기능한다고 한 이래(헌재 1992. 6. 26, 91헌마25) 행정규칙형식의 법규명령에 대해 그 성질을 법규명령으로 보면서 대외적 효력을 인정하여 왔다.

4. 요건과 한계

행정기본법 제2조 제1호 가목 3)이 규정하는 행정규칙형식의 법규명령도 법규명령에 해당하므로, 헌법 제75조, 제95조의 취지와 행정규제기본법 제4조 제2항의 제한 등을 따라야 한다(판례 1, 2, 3).

> 판례 1   행정규칙형식의 법규명령의 요건
> (외국인근로자의 고용 등에 관한 법률 제25조 제1항 등 위헌확인 사건인 외국인근로자 사업장 변경 제한 사건에서) 고용노동부의 고시와 같은 형식으로 입법위임을 할 때에는 적어도 행정규제기본법 제4조 제2항 단서에서 정한 바와 같이 법령이 전문적·기술적 사항이나 경미한 사항으로서 업무의 성질상 위임이 불가피한 사항에 한정된다 할 것이고, 그러한 사항이라 하더라도 포괄위임금지의 원칙상 법률의 위임은 반드시 구체적으로 한정된 사항에 대하여 행하여져야 한다(헌재 2021. 12. 23, 2020헌마395).

> 판례 2   고시가 근거된 법령의 위임 범위를 벗어난 것인지를 판단하는 방법
> (원고가 하나카드 주식회사를 피고로 제기한 마일리지청구를 구한 민사소송에서) 특정 고시가 위임의 한계를 준수하고 있는지를 판단할 때에는, 당해 법률 규정의 입법 목적과 규정 내용, 규정의 체계, 다른 규정과의 관계 등을 종합적으로 살펴야 하고, 법률의 위임 규정 자체가 의미 내용을 정확하게 알 수 있는 용어를 사용하여 위임의 한계를 분명히 하고 있는데도 고시에서 문언적 의미의 한계를 벗어났다든지, 위임 규정에서 사용하고 있는 용어의 의미를 넘어 범위를 확장하거나 축소함으로써 위임 내용을 구체화하는 단계를 벗어나 새로운 입법을 한 것으로 평가할 수 있다면, 이는 위임의 한계를 일탈한 것으로서 허용되지 아니한다(대판 2019. 5. 30, 2016다276177).

> 판례 3   고시가 위임의 한계를 벗어난 경우 법규명령의 효력이 인정되는지 여부
> (남양유업(주)가 과태료처분결정에 대한 재항고를 구한 사건에서) 구 농수산물품질관리법령의 관련 규정에 따라 국내 가공품의 원산지표시에 관한 세부적인 사항을 정하고 있는 구 농수산물품질관리법 시행규칙(2001. 6. 30. 농림부령 제1389호로 개정되기 전의 것) 제24조 제6항은 "가공품의 원산지표시에 있어서 그 표시의 위치, 글자의 크기·색도 등 표시방법에 관하여 필요한 사항은 농림부장관 또는 해양수산부장관이 정하여 고시한다"고 정하고 있는바, 이는 원산지표시의 위치, 글자의 크기·색도 등과 같은 표시방법에 관한 기술적이고 세부적인 사항만을 정하도록 위임한 것일 뿐, 원산지표시 방법에 관한 기술적인 사항이 아닌 원산지표시를 하여야 할 대상을 정하도록 위임한 것은 아니라고 해석되고, 그렇다면 농산물원산지 표시요령(1999. 12. 9. 농림부고시 제1999-82호) 제4조 제2항이 "가공품의 원료로 가공품이 사용될 경우 원산지표시는 원료로 사용된 가공품의 원료 농산물의 원산지를 표시하여야 한다"고 규정하고 있더라도 이는 원산지표시 방법에 관한 기술적인 사항이 아닌 원산지표시를 하여야 할 대상에 관한 것이어서 구 농수산물품질관리법 시행규

칙에 의해 고시로써 정하도록 위임된 사항에 해당한다고 할 수 없어 법규명령으로서의 대외적 구속력을 가질 수 없다($\binom{대결\ 2006.\ 4.\ 28.}{2003마715}$).

[기출사례] 제54회 행정고시(2010년) 문제·답안작성요령 ☞ PART 4 [1-12]

[기출사례] 제 4 회 변호사시험(2015년) 문제·답안작성요령 ☞ PART 4 [1-13]

[기출사례] 제 8 회 변호사시험(2019년) 문제·답안작성요령 ☞ PART 4 [1-11]

[기출사례] 제11회 변호사시험(2022년) 문제·답안작성요령 ☞PART 4 [1-11a]

[기출사례] 제67회 5급공채(2023년) 문제·답안작성요령 ☞ PART 4 [1-38a]

Ⅱ. 법규명령형식의 행정규칙($\binom{대통령령·총리령·부령}{의\ 형식과\ 행정규칙사항}$)

행정규칙사항과 법형식

규정사항	법령근거	법 형 식	성 질
행정규칙사항	무	대통령령·총리령·부령	행정규칙(판례·학설·사견)
행정규칙사항	유	대통령령(제재적 처분기준)	법규명령[판례·학설(반대론 있음)·사견]
행정규칙사항	유	총리령	법규명령(사견)
행정규칙사항	유	부령(제재적 처분기준)	행정규칙[판례·학설(반대론 있음)], 법규명령 (사견)

* 행정규칙사항이란 행정권의 조직과 작용에 관한 행정조직 내부의 규율사항으로서 법률유보사항이 아닌 사항을 말한다.

1. 문제상황

행정사무처리기준 등과 같은 행정내부적 사항은 고시·훈령의 형식으로 규정되는 것이 정당하다. 만약 그러한 사항이 대통령령·총리령·부령의 형식으로 규정되면, 그러한 규정은 법규명령인가 아니면 행정규칙인가의 문제가 발생한다. 행정의 실제상 특히 영업허가의 취소 또는 정지처분에 관한 기준과 같은 제재적 행정처분기준의 성질이 문제되고 있다. 이러한 처분기준은 재량권남용 여부의 판단기준과 협의의 소의 이익의 문제 등과 관련한다.

[참고] 판례는 제재적 처분기준이 아닌 사무처리기준을 정하는 부령($\binom{토상법}{시행규칙}$)의 규정을 행정규칙의 형식이라 부른 경우도 있으나($\binom{대판\ 2012.\ 3.\ 29.}{2011다104253}$), 주류적인 태도는 부령으로 정한 제재적 처분기준을 법규명령형식의 행정규칙으로 표현하고 있다. 물론 인·허가의 요건을 부령에서 정하는 경우는 법규명령형식의 행정규칙이 아니라 단순히 법규명령으로 표현한다($\binom{대판\ 2006.\ 6.\ 27.}{2003두4355}$). 따라서 인·허가의 요건을 부령에서 정하는 경우까지 법규명령형식의 행정규칙으로 부르는 것은 바람직하지 않다.

2. 학 설

(1) 법규명령설($\binom{형식}{설}$)   ① 고유한 행정규칙사항이나 법규명령사항은 존재하지 아니한다는 점, ② 법형식($\binom{규정}{형식}$)은 중시되어야 한다는 점, ③ 대부분의 제재적 처분기준에는 개별적 처분기

준 이외에 사정에 따라 제재의 정도를 가감할 수 있는 가중·감경조항$\binom{일반적}{처분기준}$이 있어 제재적인 처분을 기계적으로만 처리하는 것이 아니라 사정에 따라 탄력적으로 적용할 수 있다는 점, 그리고 ④ 법적 안정성은 확보되어야 한다는 점, ⑤ 법규명령은 행정규칙과 달리 국무회의의 심의와 법제처의 심사 및 공포를 거치므로 제정절차상 차이가 있다는 점 등을 전제로 국민의 자유·재산에 관련이 없는 사항이라도 헌법 제75조, 제95조에 따라 대통령령·총리령·부령의 형식으로 규정되면 국민과 법원을 구속하게 된다는 견해이다$\binom{김동희, 박균}{성. 정하중}$.

(2) 행정규칙설$\binom{실질}{설}$ ① 법규명령으로 보면 재량통제의 범위가 축소된다는 점, ② 법규명령으로 보면 입법의 과잉현상의 확대에 기여한다는 점, ③ 행정규칙으로 보면 행정의 실제상 구체적 타당성과 탄력성의 확보가 용이하다는 점, 그리고 ④ 행정규칙사항을 대통령령·총리령·부령으로 정한다고 하여도 그 성질$\binom{비법}{규성}$은 변하는 것이 아니라는 점 등을 근거로 행정규칙사항을 대통령령·총리령·부령으로 정한다고 하여도 그것이 국민이나 법원을 구속하는 것은 아니라는 견해이다$\binom{류지}{태}$.

(3) 수권여부기준설   법령의 수권에 근거한 대통령령·총리령·부령사항은 법규명령이고, 법률의 수권이 없이 제정된 대통령령·총리령·부령사항은 행정규칙이라는 견해이다. 이 견해는 헌법상 권력분립원리·법률유보원리를 바탕으로 한다.

3. 판   례

(1) 현   황   ① 판례는 종래부터 부령$\binom{시행}{규칙}$으로 정한 행정처분의 기준을 행정규칙으로 판시하였다$\binom{판례}{1, 2, 3, 4}$. 환경영향평가대행업무정지처분취소를 구한 사건의 별개의견으로 상위법령의 위임에 따라 제재적 처분기준을 정한 부령인 시행규칙을 법규명령으로 보아야 한다는 입장이 제시된 바 있다$\binom{판례}{5}$. 그러나 ② 대통령령$\binom{시행}{령}$으로 정한 행정처분의 기준은 법규명령으로 보면서 영업정지기간을 일률적으로 규정하는 형식을 취하고 있기 때문에 재량의 여지가 없다고 하였다$\binom{판례}{6}$. 다만, 한 판결에서 구 청소년보호법시행령상의 위반행위의 종별에 따른 과징금 처분기준$\binom{구\ 청소년보호법시행령의\ 과징금\ 처분기준은\ "법\ 제24조\ 제\ 1\ 항의\ 규정에\ 의}{한\ 청소년고용금지의무를\ 위반한\ 때:\ 과징금\ 800만원"이라고\ 규정하고\ 있었다}$을 '같은 위반행위라 하더라도 모법의 위임규정의 내용과 취지 및 헌법상의 과잉금지의 원칙과 평등의 원칙 등 여러 요소를 종합적으로 고려하여 과징금의 액수를 정하여야 할 것'이라는 이유로 법규명령으로 보면서도 그 기준은 처분의 최고한도액이 된다고 보았다$\binom{판례}{7}$.

[판례 1]   부령 형식의 제재적 행정처분기준의 성질
$\binom{주식회사\ 씨앤에스가\ 근로복지공단의\ 설치비지원}{결정취소처분등에\ 대하여\ 취소를\ 구한\ 사건에서}$ 제재적 행정처분의 기준이 부령 형식으로 규정되어 있더라도 그것은 행정청 내부의 사무처리준칙을 규정한 것에 지나지 않아 대외적으로 국민이나 법원을 기속하는 효력이 없다$\binom{대판\ 2019.\ 9.\ 26,}{2017두48406}$.

[판례 2]   식품위생법 시행규칙상 행정처분기준의 성질(행정규칙)
$\binom{가평군수를\ 피고로\ 한\ 일반음식}{점영업소폐쇄처분취소소송에서}$ 구 식품위생법 시행규칙$\binom{2013.\ 3.\ 23.\ 총리령\ 제1010호}{로\ 개정되기\ 전의\ 것,\ 이하\ 같다}$ 제89조에서 [별표 23]

으로 구 식품위생법$\binom{2013.\ 3.\ 23.\ 법률\ 제11690호로}{개정되기\ 전의\ 것,\ 이하\ 같다}$ 제75조에 따른 행정처분의 기준을 정하였다 하더라도, 이는 **행정기관 내부의 사무처리준칙을 규정한 것에 불과한 것으로서** 보건복지부장관이 관계행정기관 및 직원에 대하여 직무권한행사의 지침을 정하여 주기 위하여 발한 **행정명령**의 성질을 가지는 것이지 같은 법 제75조 제1항의 규정에 의하여 보장된 재량권을 기속하는 것이라고 할 수 없고, 대외적으로 국민이나 법원을 기속하는 힘이 있는 것은 아니다$\binom{대판\ 2014.\ 6.\ 12,}{2014두2157}$.

[판례 3] 부령형식의 입찰참가자격 제한기준의 성질(행정규칙)
$\binom{대한전선\ 주식회사가\ 한국전력공사를\ 피고}{로\ 한\ 부정당업자제재처분취소소송에서}$ 공공기관의 운영에 관한 법률 제39조 제2항, 제3항에 따라 입찰참가자격 제한기준을 정하고 있는 구 **공기업·준정부기관 계약사무규칙**$\binom{2013.\ 11.\ 18.\ 기획재정부령}{제375호로\ 개정되기\ 전의\ 것}$ 제15조 제2항, 국가를 당사자로 하는 계약에 관한 법률 시행규칙 제76조 제1항 [별표 2], 제3항 등은 비록 부령의 형식으로 되어 있으나 규정의 성질과 내용이 공기업·준정부기관$\binom{이하\ '행정청'}{이라\ 한다}$이 행하는 입찰참가자격 제한처분에 관한 행정청 내부의 재량준칙을 정한 것에 지나지 아니하여 대외적으로 국민이나 법원을 기속하는 효력이 없다$\binom{대판\ 2014.\ 11.\ 27,}{2013두18964}$.

[판례 4] 부령형식의 제재적 행정처분기준 위반행위의 위법 여부
$\binom{강원도\ 철원군수를\ 피고로\ 한\ 입찰}{참가자격제한처분취소소송에서}$ 제재적 행정처분의 기준이 부령 형식으로 규정되어 있더라도 그것은 행정청 내부의 사무처리준칙을 규정한 것에 지나지 않아 대외적으로 국민이나 법원을 기속하는 효력이 없다. 따라서 그 처분의 적법 여부는 처분기준만이 아니라 관계 법령의 규정 내용과 취지에 따라 판단하여야 한다. 그러므로 처분기준에 부합한다 하여 곧바로 처분이 적법한 것이라고 할 수는 없지만, 처분기준이 그 자체로 헌법 또는 법률에 합치되지 않거나 그 기준을 적용한 결과가 처분사유인 위반행위의 내용 및 관계 법령의 규정과 취지에 비추어 현저히 부당하다고 인정할 만한 합리적인 이유가 없는 한, 섣불리 그 기준에 따른 처분이 재량권의 범위를 일탈하였다거나 재량권을 남용한 것으로 판단해서는 안 된다$\binom{대판\ 2018.\ 5.\ 15,\ 2016두57984;}{대판\ 2007.\ 9.\ 20,\ 2007두6946}$.

[판례 5] 구 환경영향평가법시행규칙상 제재적 처분기준의 법적 성질$\binom{별개}{의견}$
$\binom{주식회사\ 유신코퍼레이션이\ 경인지방환경청장의\ 환}{경영향평가대행업영업정지처분취소를\ 구한\ 사건에서}$ **상위법령의 위임에 따라 제재적 처분기준을 정한 부령인 시행규칙은 헌법 제95조에서 규정하고 있는 위임명령에 해당하고**, 그 내용도 실질적으로 국민의 권리의무에 직접 영향을 미치는 사항에 관한 것이므로, 단순히 행정기관 내부의 사무처리준칙에 지나지 않는 것이 아니라 **대외적으로 국민이나 법원을 구속하는 법규명령에 해당한다고 보아야 한다** $\binom{대판\ 2006.\ 6.\ 22,\ 2003}{두1684의\ 별개의견}$.

[판례 6] 구 주택건설촉진법시행령(대통령령)으로 정한 영업정지처분기준의 법규성 인정 여부
$\binom{서울특별시\ 노원구청장이\ 하자보수의\ 지체를\ 이유로\ 금융종합건설(주)}{한\ 주택건설사업영업정지처분을\ 다툰\ 금융종합건설\ 영업정지사건에서}$ 당해 처분의 기준이 된 **주택건설촉진법시행령 제10조의3 제1항 [별표 1]은** 주택건설촉진법 제7조 제2항의 위임규정에 터잡은 **규정형식상 대통령령이므로** 그 성질이 부령인 시행규칙이나 또는 지방자치단체의 규칙과 같이 통상적으로 행정조직 내부에 있어서의 행정명령에 지나지 않는 것이 아니라 대외적으로 국민이나 법원을 구속하는 힘이 있는 **법규명령에 해당**한다. 따라서 이 사건 처분이 재량행위인지 여부를 결정함에 있어서는, 먼저 그 근거가 된 시행령 제10조의3의 규정과 같은 조 제1항 [별표 1]의 규정형식이나 체재 또는 문언을 살펴야 하는바, **이들 규정들은 영업의 정지처분에 관한 기준을 개개의 사유별로 그에 따른 영업정지기간을 일률적으로 확정하여 규정하는 형식을 취하고 있고** 다만 영업정지 사유가

경합되거나($\binom{시행령 제10조의}{3 제 2 항 제 2 호}$) 사업실적미달로 인하여 영업정지처분사유에 해당하게 된 경우($\binom{같은 조}{제 3 항}$)에 한하여 예외적으로 그 정지기간 결정에 재량의 여지를 두고 있을 뿐이므로, **이 사건의 경우와 같이 등록을 마친 주택건설사업자가 "법 제38조 제14항의 규정에 의한 하자보수를 정당한 사유 없이 사용검사권자가 지정한 날까지 이행하지 아니하거나 지체한 때"에는 관할 관청으로서는 위 [별표 1]의 제 2 호 (타)목 (1)의 규정에 의하여 3개월간의 영업정지처분을 하여야 할 뿐 달리 그 정지기간에 관하여 재량의 여지가 없다고 할 것이다**($\binom{대판 1997. 12. 26,}{97누15418}$).

[판례 7] 청소년보호법시행령으로 정한 위반행위의종별에따른과징금처분기준상의 과징금 액수의 법적 성격

($\binom{미성년자를 고용하여 영업에 종사하게 한 군산시의 유흥주점업자(상호: 안개하우스)인 원고에 대}{한 피고 청소년보호위원회의 과징금부과처분을 다툰 유흥주점 안개하우스 과징금부과사건에서}$) **구 청소년보호법 제49조 제 1 항·제 2 항에 따른 같은법시행령 제40조 [별표 6]의 위반행위의종별에따른과징금처분기준은 법규명령이기는 하나** 모법의 위임규정의 내용과 취지 및 헌법상의 과잉금지의 원칙과 평등의 원칙 등에 비추어 같은 유형의 위반행위라 하더라도 그 규모나 기간·사회적 비난 정도·위반행위로 인하여 다른 법률에 의하여 처벌받은 다른 사정·행위자의 개인적 사정 및 위반행위로 얻은 불법이익의 규모 등 여러 요소를 종합적으로 고려하여 사안에 따라 적정한 과징금의 액수를 정하여야 할 것이므로 그 수액은 **정액이 아니라 최고한도액이다**($\binom{대판 2001. 3. 9,}{99두5207}$).

---

(2) 평 가   ① 판례는 대통령령으로 정하는 경우와 부령으로 정하는 경우를 구분하여 법규성의 유무를 달리하는 논거를 밝히고 있지 않다. 문제는 과연 어떠한 사항이 행정내부적인 사항인가라는 점이다. 판례는 부령에서 규정된 제재적 행정처분의 기준을 단순히 사무처리기준이라 하지만, 그것은 오히려 기본권 제한에 관련하는 사항으로 보는 것이 합당할 것이다. 대통령령의 경우와 부령의 경우를 구별하는 태도는 일관성이 결여되어 있어서 정당하지 않다.

② 처분기준을 법규명령으로 보면서 최고한도액으로 보는 판례의 태도는 처분기준을 탄력적으로 운용하여 행정의 타당성을 확보하고 아울러 국민의 권익을 보다 보호하려는 것으로 보인다. 그러나 법규명령인 대통령령에서 명시적·단정적으로 규정된 사항을 단순한 기준으로 판단한 것은 법령의 해석이 아니라 새로운 입법에 해당한다. 따라서 판례의 태도는 정당하지 않으며 그러한 대통령령을 개정하여 처분기준으로 전환하는 것이 바른 길일 것이다.

4. 사 견

(1) 수권여부기준설   규정의 성질문제는 법규명령과 행정규칙의 개념에 비추어 판단하여야 한다. 법규명령을 타율적 입법으로서 법령의 수권에 근거하여 제정되는 명령으로 이해하는 본서의 입장에서는 행정사무처리기준 등과 같은 행정내부적인 사항($\binom{행정규}{칙사항}$)일지라도 법령의 위임을 받아 대통령령·총리령·부령으로 제정되었다면 법규명령으로, 법령의 위임이 없이 제정되었다면 행정규칙으로 본다. 수권여부기준설이 타당하다. 이에 대해서는 수권 여부는 일반국민이 알 수 없는 내부사정이라는 비판도 있다($\binom{류지}{태}$). 그러나 일반 국민이 잘 알 수 없다는 것이 법규명령일 수 없다는 논거가 될 수 있는지는 의문이다. 왜냐하면 법규명령이라 하여 반드시 외부적 구속효를

갖는 것도 아니고, 행정규칙이라 하여 반드시 외부적 구속효가 없다고 말하기도 어렵기 때문이다.

　　(2) 실제상 차이점　　　　차이점을 아래의 표로 보기로 한다.

이유제시의 대상
[법규명령설] 법률 외에 처분기준(시행규칙)이 처분이유로 제시되어야 한다.
[행정규칙설] 법률 외에 처분기준(시행규칙)이 처분이유로 제시될 필요 없다.
위반시 위법 여부
[법규명령설] ① 부령상 처분기준을 기속규정으로 보는 경우, 처분기준 위반은 위법 　　　　　② 부령상 처분기준을 재량규정으로 보는 경우, 처분기준 위반은 재량하자의 유무에 따라 　　　　　위법 여부 결정 [행정규칙설] 근거 법률에 비추어 재량하자의 유무에 따라 위법 여부 결정
권리보호의 필요 요부
[법규명령설] 처분기준(시행규칙) 위반 그 자체만으로 권리보호의 필요는 원칙적으로 존재한다. [행정규칙설] 처분기준(시행규칙) 위반 그 자체만으로 권리보호의 필요가 존재한다고 말하기 곤란하다.

　　[기출사례] 제 3 회 변호사시험(2014년) 문제·답안작성요령 ☞ PART 4 [1-14]

제 2 절　행정계획

I. 행정계획의 관념

1. 행정계획의 개념

　　(1) 전통적 견해　　　　전통적 견해는 행정계획을 「행정주체가 일정한 행정활동을 위한 목표를 설정하고, 상호관련성 있는 행정수단의 조정과 종합화의 과정을 통하여, 그 목표로 정한 장래의 시점에 있어서의 보다 좋은 질서를 실현할 것을 목적으로 하는 활동기준 또는 그 설정행위」로 정의한다.

　　(2) 판　　례　　　　판례는 "행정계획은 특정한 행정목표를 달성하기 위하여 행정에 관한 전문적·기술적 판단을 기초로 관련되는 행정수단을 종합·조정함으로써 장래의 일정한 시점에 일정한 질서를 실현하기 위하여 설정한 활동기준이나 그 설정행위를 말한다(대판 2021. 7. 29.
2021두33593)"고 정의한다.

　　(3) 사　　견　　　　미래와 관련된 체계적인 결단의 과정으로 이해되는 계획(Planung)과 그 과정의 산물로서 이해되는 구체적인 계획(Plan)은 구분할 필요가 있다. 전통적 견해와 판례가 취하는 행정계획의 개념은 그 범위가 제한적이다. 본서는 행정계획을 「주어진 상황에서 최선의 방법으로 특정 공행정목적의 달성을 실현하기 위해 미래에 있게 될 행위들에 대한 체계적인 사전준비과정(Planung) 또는 그 과정을 거쳐 나타나는 산물로서 행정활동의 기준(Plan)」으로 정의한다.

2. 행정계획(Planung)의 기능

전통적 견해는 행정계획의 기능으로 ① 목표설정기능, ② 행정수단의 종합화기능, ③ 행정과 국민 간의 매개적 기능을 든다. 이러한 입장은 행정계획의 개념과 기능을 동일시하는 것으로 보인다. 사견으로는 ① 정보기능, ② 조정기능, ③ 통합기능, ④ 촉진기능, ⑤ 통제기능, ⑥ 지도기능을 행정계획의 기능으로 본다.

3. 행정계획(Plan)의 법적 성질

(1) 학   설   행정계획(Plan)의 법적 성질과 관련하여 종래 입법행위설·행정행위설·혼합행위설(규범의 요소와 개별행위의 요소의 양면을 갖는다는 견해)·독자성설(규범도 행정행위도 아니라는 견해) 등이 주장되었으나, 더 이상 주장되고 있지 않다. 현재는 계획의 법적 성질은 계획마다 개별적으로 검토되어야 한다는 개별검토설(복수성질설)만이 지지되고 있다.

(2) 판   례   헌법재판소는 "일반적으로 국민적 구속력을 갖는 행정계획은 행정행위에 해당되지만, 구속력을 갖지 않고 행정기관 내부의 행동지침에 지나지 않는 행정계획은 행정행위가 될 수 없다"고 하는바(헌재 2014. 3. 27. 2011헌마291), 개별검토설의 입장을 취한다고 볼 것이다. 대법원도 마찬가지이다(후술하는 법원에 의한 통제 부분 참조).

(3) 사   견   행정계획의 법적 성질은 독일의 경우 건설계획을 중심으로 오랫동안 다루어져 온 문제이다. 종래 주장되었던 여러 견해도 도시계획의 성질에 관한 것이라 하여도 과언이 아니다. 계획은 종류와 내용이 매우 다양하고 상이한바, 모든 종류의 계획에 적합한 하나의 법적 성격을 부여한다는 것은 불가능하다. 구체적인 계획은 법규범으로 나타날 수도 있고, 행정행위로 나타날 수도 있고, 또는 단순한 사실행위로 나타날 수도 있는 것이므로 계획의 법적 성질은 계획마다 개별적으로 검토되어야 한다. 통설인 개별검토설(복수성질설)이 타당하다.

4. 행정계획(Plan)의 종류

(1) 종류의 개관   행정계획은 계획기간에 따라 단기계획·중기계획·장기계획, 계획대상지역에 따라 전국계획·지방계획·구역계획, 계획의 소극성과 적극성에 따라 적응계획·개발계획, 계획의 구체화에 따라 목표계획·프로그램계획·처분계획, 계획대상의 범위에 따라 전체계획과 부문계획, 생활영역에 따라 경제계획·사회계획·교육문화계획·시설계획, 계획의 기준성에 따라 상위계획·하위계획으로 구분할 수 있다(판례). 법리상 중요한 구분은 자료제공적 계획·영향적 계획·규범적 계획의 구분이다.

─────────────

판례   4대강 살리기 마스터플랜의 법적 성질

('4대강 살리기 마스터플랜'에 따른 '한강 살리기 사업' 구간 인근에 거주하는 주민들이 각 공구별 사업실시계획승인처분에 대하여 효력정지를 신청한 사건에서) 국토해양부, 환경부, 문화체육관광부, 농림수산부, 식품부가 합동으로 2009. 6. 8. 발표한 '4대강 살리기 마스터플랜' 등은 4대강 정비사업과 주변 지역의 관련 사업을 체계적으로 추진하기 위하여 수립한 종합계획이자 '4대강 살리기

사업'의 기본방향을 제시하는 계획으로서, 행정기관 내부에서 사업의 기본방향을 제시하는 것일 뿐, 국민의 권리 · 의무에 직접 영향을 미치는 것이 아니어서 행정처분에 해당하지 않는다$\binom{\text{대결 2011. 4. 21. 2010}}{\text{무111 전원합의체}}$.

(2) 자료제공적 계획 · 영향적 계획 · 규범적 계획

1) 의   의   이것은 계획의 효력에 따른 구분이다. ① 자료제공적 계획이란 단순히 자료나 정보를 제공하고 청사진만을 제시하는 계획으로 아무런 법적 효과도 갖지 않는 계획을 말한다. 이 계획은 미래행위의 가능성만을 제시한다. 이를 비구속적 계획 또는 정보제공적 계획이라고도 한다. ② 영향적 계획이란 명령이나 강제가 아니라 신용의 보증, 세제상의 혜택 등 재정수단을 통해 그 실현을 확보하려는 계획을 말한다. 이를 반구속적 계획 또는 유도적 계획이라고도 한다. ③ 규범적 계획이란 법률 · 명령 · 행정행위 등 규범적인 명령이나 강제를 통해 목표의 달성을 확보하려는 계획이다. 이를 구속적 계획 또는 명령적 계획이라고도 한다.

2) 구분의 의미   이러한 구분은 사인의 계획과정에의 참여와 권리보호의 문제와 관련하여 의미를 갖는다. 그러나 이러한 구분방식을 과대평가할 수만은 없다. 왜냐하면 이러한 구분이 행정상의 강제를 강조하는 것이지만, 한편으로는 경제적 · 재정적 이익을 부여하는 영향적 계획도 개인에 따라서는 규범적 계획만큼이나 강력하게 영향을 끼칠 수 있기 때문이다. 법적 관점에서 구속적 계획은 일반구속적 계획$\binom{\text{예: 도}}{\text{시계획}}$과 행정조직내부구속적 계획$\binom{\text{예: 예}}{\text{산계획}}$으로 재구분할 수 있다.

Ⅱ. 행정계획의 절차

1. 법적 근거

① 행정계획의 절차상 통제에 관한 일반법은 현재로서는 없다. 1987년의 행정절차법(안)은 행정계획의 확정절차에 관해 일반적인 규정을 두고 있었다. 현행 행정절차법에는 아무런 규정도 없다. ② 한편 국토의 계획 및 이용에 관한 법률 등 행정계획절차에 관한 사항을 규정하는 개별법은 많이 나타난다. ③ 행정계획에 관한 일반법을 마련하여 행정계획을 통일적으로 규율하는 것이 바람직하다.

2. 절차의 유형

(1) 관계행정기관 간의 조정   현행의 개별법상 계획과정에서 행정부 내부적으로 거쳐야 하는 절차의 예로 다음을 볼 수 있다. 즉 ① 관계기관의 장과의 협의를 하게 하는 경우$\binom{\text{예: 국}}{\text{토법 제}}{\text{9조}}{\text{제3항}}$, ② 관계기관의 장의 의견을 듣도록 하는 경우$\binom{\text{예: 토용법 제}}{\text{24조 제5항}}$, ③ 상급행정청의 협의를 거치도록 하는 경우$\binom{\text{예: 토용법 제22}}{\text{조의2 제1항}}$, ④ 관련심의회의 심의를 거치게 하는 경우$\binom{\text{예: 대외경제장관}}{\text{회의규정 제2조}}$, ⑤ 국무회의의 심의를 거치게 하는 경우$\binom{\text{예: 헌법 제89조 제1호 ·}}{\text{제4호 · 제6호 · 제13호}}$, ⑥ 지방의회의 의견을 듣도록 하는 경우$\binom{\text{예: 토용법 제}}{\text{28조 제5항}}$ 등이 있다.

(2) 주민·이해관계인의 참여　　　개별법상 계획과정에서 외부적으로 거쳐야 할 절차의 예로 다음을 볼 수 있다. 즉, 주민 및 관계 전문가 등으로부터 의견을 듣기 위한 공청회(토용법 제14조), 주민과 이해관계자의 권한행정청에 대한 도시·군관리계획의 입안의 제안(토용법 제26조) 등이 있다(판례).

> [판례]　구 국토의 계획 및 이용에 관한 법률에서 관할 행정청이 도시관리계획을 입안할 때 도시관리계획안의 내용을 주민에게 공고·열람하도록 한 취지
> (경기도지사를 피고, 양주시장을 피고보조참가인으로 한 도시관리계획결정처분취소소송에서) 법령이 관할 행정청으로 하여금 도시관리계획을 입안할 때 해당 도시관리계획안의 내용을 주민에게 공고·열람하도록 한 것은 다수 이해관계자의 이익을 합리적으로 조정하여 국민의 권리에 대한 부당한 침해를 방지하고 행정의 민주화와 신뢰를 확보하기 위하여 국민의 의사를 그 과정에 반영시키는 데 그 취지가 있다(대판 2015. 1. 29, 2012두11164).

3. 절차의 의미

이러한 제도들은 행정부 스스로의 자율적인 활동을 통해 계획의 합리성을 보장함으로써 행정의 자기통제를 도모하는 데 의미가 있다. 그러나 이러한 제도들이 국민 개개인의 권익보장에 만전을 기할 수 있을지는 의문이다. 왜냐하면 자율적인 통제는 국민 개개인의 권익보다 전체로서의 계획의 합리성·효율성제고에 더 관심을 갖기 때문이다.

4. 이익형량(형량명령)

행정청은 행정청이 수립하는 계획 중 국민의 권리의무에 직접 영향을 미치는 계획을 수립하거나 변경·폐지할 때에는 관련된 여러 이익을 정당하게 형량하여야 한다(절차법 제40조의4). 이를 형량명령이라 한다. 그렇다고 국민의 권리의무에 간접적 영향을 미치는 계획을 수립하거나 변경·폐지할 때에는 관련된 여러 이익을 정당하게 형량할 필요가 없다는 것은 아닐 것이다.

Ⅲ. 행정계획의 효과

1. 효력발생요건으로서 고시·공람

개인의 자유와 권리에 직접 관련하는 계획은 법규형식에 의한 것이 아니어도 국민들에게 알려져야만 효력을 발생한다(판례). 법규형식의 계획은 법령 등 공포에 관한 법률이 정한 형식을 갖추어 공포되어야 하고, 특별히 정함이 없으면 공포일로부터 20일이 지나야 효력이 발생한다(공포법 제13조).

> [판례]　관보에 게재하여 고시하지 아니한 도시계획결정 등 처분의 효력
> (중앙토지수용위원회의 원고에 대한 토지수용재결처분을 다툰 사건에서) 구 도시계획법 제7조가 도시계획결정 등 처분의 고시를 도시계획구역, 도시계획결정 등의 효력발생요건으로 규정하였다고 볼 것이어서 건설부장관 또는 그의 권한의 일부를 위임받은 서울특별시장, 도지사 등 지방장관이 기안, 결재 등의 과정을 거쳐 정당하게 도시계획결정 등의 처분을 하였다고 하더라도 이를 관보에 게재하여 고시하지 아니한 이상 대외적으로는 아무런 효력도 발생하지 아니한다(대판 1985. 12. 10, 85누186).

2. 구속효(효력의 내용)

행정계획의 효과는 계획마다 상이하다. 일반적으로 검토를 요하는 것은 구속효의 문제이다. 구속효가 ① 국가에 대한 것인가(예: 정부의 기본운영계획. 국토법상 국토종합계획.), ② 일반국민에 대한 것인가(예: 토용법상 도 시·군관리계획)를 별문제로 한다면, 규범적 계획이 구속효를 가짐은 물론이다. 다만 반구속적 계획의 경우에도 규범적 계획에 준하여 취급해야 할 필요도 있다. 이러한 문제는 계획보장청구권과 관련된다. 한편 행정의 영속성·통일성, 사인의 신뢰확보와 관련하여 모든 계획은 강도에는 차이가 있을 것이나 사실상의 구속효를 갖는다.

3. 집 중 효

(1) 의   의

1) 개   념   ① 계획법의 일종인 택지개발촉진법 제11조에서 보는 바와 같이, 계획확정이 일반법규에 규정되어 있는 승인 또는 허가 등을 대체시키는 효과를 집중효라 부른다. ② 유사한 것으로 인·허가의제제도를 볼 수 있다. 인·허가의제제도란 근거법상의 주된 인가, 허가, 특허 등을 받으면 그 행위에 필요한 다른 법률상의 인가, 허가 등을 받은 것으로 간주하는 제도를 말한다.

> [참고조문] 택지개발촉진법 제11조(다른 법률과의 관계)   ① 시행자가 실시계획을 작성하거나 승인을 받았을 때에는 다음 각 호의 결정·인가·허가·협의·동의·면허·승인·처분·해제·명령 또는 지정(이하 "인. 허가등"이 라 한다)을 받은 것으로 보며, 지정권자가 실시계획을 작성하거나 승인한 것을 고시하였을 때에는 관계 법률에 따른 인·허가등의 고시 또는 공고가 있은 것으로 본다.

2) 인·허가의제와 비교   ① 집중효는 계획확정에 부여되는 특유한 효과이지만 인·허가의제는 행정계획뿐 아니라 인가·허가 등의 일반 행정행위에도 인정된다는 점에서(정태용. 김동희), 집중효는 이해관계인의 집중적인 참여하에 내려지는 결정에 부여되는 효력이지만 인·허가의제는 이해관계인의 집중적 참여가 결여되어 있다는 점(우리 법제상 인정된 인·허가의제제도에는 독일의 집 중효에만 인정되는 계획확정절차가 존재할 수 없다)에서 양자는 구별된다는 견해(김재 광)가 있지만, ② 두 제도의 본질이 절차간소화와 사업의 신속한 진행을 위한 것이며, 법령에 근거하여 행정관청의 권한이 통합된다는 점에서 볼 때 양자 간에 본질적인 차이가 있다고 보기 어렵다(김향 기).

(2) 법적 근거
집중효제도는 행정기관의 권한에 변경을 가져온다. 따라서 행정조직법정주의의 원리에 비추어 집중효는 개별법률에서 명시적으로 규정되는 경우에만 인정될 수 있다. 집중효가 발생하는 행위도 법률에서 명시적으로 규정된 것에 한정된다.

(3) 기   능
집중효는 ① 절차간소화를 통해 사업자의 부담해소 및 절차촉진에 기여하며, ② 다수의 인·허가부서를 통합하는 효과를 가져오고, ③ 인·허가에 필요한 구비서류의 감소효과를 가져온다(김재 광).

(4) 집중효의 정도(계획확정기관의 심사정도)
계획을 확정하는 행정청(계획확 정기관)은 계획확

정시 집중효의 대상이 되는 인·허가행위의 요건$\binom{\text{원래 인·허가행정청이 심사}}{\text{해야 하는 실체·절차적 요건}}$에 구속되는지 그리고 어디까지 구속되는지 그 정도 내지 범위가 문제된다.

1) 학 설

(개) 관할집중설$\binom{\text{형식적}}{\text{집중설}}$ 집중효는 계획을 확정하는 행정청에 의해 대체되는 행정청의 관할만이 병합된다는 것이다. 즉 대체행정청의 인·허가 등의 심사권한을 계획확정기관에 이관하는 것을 의미하는 데 그친다고 한다. 따라서 계획확정기관은 대체행정청이 준수해야 하는 절차적·실체적 요건을 모두 준수해야 한다는 견해이다.

(나) 제한적 절차집중설 법치행정에 비추어 계획확정기관도 실체적 요건은 존중해야 하지만, 절차요건은 생략될 수 있다고 본다. 다만, 이해관계 있는 제3자의 권익보호를 위한 절차는 집중되지 않는다$\binom{\text{박}}{\text{윤흔}}$고 하거나, 집중효의 대상이 되는 인·허가의 모든 절차를 거칠 필요는 없지만 통합적인 절차를 거쳐야 한다$\binom{\text{박}}{\text{균성}}$고 하여 제한적인 범위에서 절차집중을 인정하는 견해이다.

(다) 절차집중설 계획확정기관은 대체행정청이 준수해야 하는 절차적 요건을 준수하지 않아도 되지만, 실체적 요건에 대해서는 대체행정청과 같이 기속된다는 견해이다$\binom{\text{강현호,}}{\text{김재광}}$.

(라) 제한적 실체집중설 집중효는 절차의 집중 및 실체의 집중 모두를 의미하지만, 대체행정청이 준수해야 하는 실체적 요건들 중 일부가 계획확정기관에게는 완화된다는 견해이다. 따라서 계획확정기관은 집중효의 대상이 되는 인·허가 등의 절차적 요건에 구속되지 않으며, 실체적 요건에도 엄격하게 기속되지 않는다.

(마) 실체집중설$\binom{\text{비제한적}}{\text{실체집중설}}$ 계획확정기관은 집중효의 대상이 되는 인·허가 등의 실체적 요건과 절차적 요건을 모두 고려함이 없이 독자적으로 판단할 수 있다는 견해이다.

2) 판 례 판례는 ① 의제되는 법률에 규정된 이해관계인의 의견청취절차를 생략할 수 있다고 하여 절차집중을 인정하고 있으나$\binom{\text{판례}}{1}$, ② 의제되는 법률에 규정된 인·허가의 요건불비를 이유로 주된 인·허가신청을 거부할 수 있다고 하고 있어 실체집중은 부정하는 것으로 보인다$\binom{\text{판례}}{2}$.

[판례 1] 건설부장관이 관계기관의 장과의 협의를 거쳐 주택건설사업계획 승인을 한 경우 별도로 도시계획법 소정의 중앙도시계획위원회의 의결이나 주민의 의견청취 등 절차가 필요한지 여부

$\binom{\text{학교법인 영광학원이 건설부장관이 대한주택공사에 내준}}{\text{주택건설사업계획승인처분에 대한 취소를 구한 사건에서}}$ **구 도시계획법 제12조 제1항, 제16조의2 제2항 등에 의하면 도시계획을 결정하거나 변경함에 있어서는 건설부장관이 관계지방의회의 의견을 들은 후 중앙도시계획위원회의 의결을 거쳐야 하고,** 시장 또는 군수가 도시계획을 입안하고자 하는 때에는 **주민들의 의견을 청취하여야 하나,** 구 주택건설촉진법 제33조 제1항·제4항·제6항에 의하면 건설부장관이 주택건설사업계획을 승인하고자 하는 경우에 그 사업계획에 제4항 각호의 1에 해당하는 사항이 포함되어 있는 때에는 관계기관의 장과 협의하여야 하고, **사업주체가 제1항에 의하여 사업계획의 승인을 얻은 때에는 도시계획법 제12조에 의한 도시계획의 결정 등을 받은 것으로 보는바,** 위 각 규정의 내용과 촉진법의 목적 및 기본원칙$\binom{\text{제1,}}{\text{2조}}$에 비추어 보면 건설부장관이 촉진법

제33조에 따라 관계기관의 장과의 협의를 거쳐 **사업계획승인을 한 이상** 같은조 제 4 항의 허가, 인가, 결정, 승인 등이 있는 것으로 볼 것이고, 그 절차와 별도로 도시계획법 제12조 등 소정의 **중앙도시계획위원회의 의결이나 주민의 의견청취 등 절차를 거칠 필요는 없는 것이다**$\left(\substack{\text{대판 1992. 11. 10.,}\\ \text{92누1162}}\right)$.

판례 2   채광계획인가로 공유수면 점용허가가 의제될 경우, 공유수면 점용불허사유로써 채광계획을 인가하지 아니할 수 있는지 여부

$\left(\substack{\text{원고의 채광계획인가신청에 대하여 충남도지사가 인천지방해양수산청장과 공유수면점용허가의 가능 여부를 협의하였}\\ \text{으나, 인천지방지방해양수산청장의 공유수면점용허가가 불가하다는 회신에 따라 채광계획인가신청을 거부한 사안에서}}\right)$ 구 광업법 $\left(\substack{\text{1999. 2. 8. 법률 제5893}\\ \text{호로 개정되기 전의 것}}\right)$ 제47조의2 제 5 호에 의하여 **채광계획인가를 받으면 공유수면 점용허가를 받은 것으로 의제되고,** 이 공유수면 점용허가는 공유수면 관리청이 공공 위해의 예방 경감과 공공 복리의 증진에 기여함에 적당하다고 인정하는 경우에 그 자유재량에 의하여 허가의 여부를 결정하여야 할 것이므로, **공유수면 점용허가를 필요로 하는 채광계획 인가신청에 대하여도, 공유수면 관리청이 재량적 판단에 의하여 공유수면 점용을 허가 여부를 결정할 수 있고, 그 결과 공유수면 점용을 허용하지 않기로 결정하였다면, 채광계획 인가관청은 이를 사유로 하여 채광계획을 인가하지 아니할 수 있는 것이다**$\left(\substack{\text{대판 2002. 10. 11.,}\\ \text{2001두151}}\right)$.

3) 사   견   집중효제도의 기능 내지 취지에 비추어 계획확정기관은 하나의 계획확정절차를 제한적으로 거치면 되지만 행정조직법정주의의 원칙상 실체법에는 기속된다는 제한적 절차집중설이 타당하다.

(5) 관계기관과의 협력   행정계획이 결정되면 다른 인·허가 등 행위가 행하여진 것으로 의제되는 경우에 행정계획을 결정하는 행정청은 미리 의제되는 행위의 관계기관의 장과 협의를 하도록 규정하고 있다$\left(\substack{\text{택지개발촉진법}\\ \text{제11조 제 2 항}}\right)$. 이는 행정계획을 결정하는 행정청이 의제되는 인·허가의 요건을 심사할 수 있도록 하는 목적을 가지고 있다.

Ⅳ. 행정계획의 통제

1. 행정내부적 통제

(1) 절차상 통제   계획은 단계적·절차적 성격을 갖고 발전해 나아가는 output 지향적이므로, 행정계획이 직접 국민 개개인의 권익을 침해할 단계가 되면, 그 계획을 취소하기는 어렵다. 이 때문에 계획의 책정과정에서 행정내부적으로 계획에 요구되는 제반요청을 포괄적으로 수용하여 구체적 계획이 합법성·합목적성·합리성을 확보하도록 하는 것이 중요하다.

(2) 감독권에 의한 통제   상급행정청은 하급행정청에 대해 지휘·감독권을 가지므로 경우에 따라서는 상급행정청이 행정계획의 기준·내용 등을 하급행정청에 지시하거나, 기존의 행정계획의 취소·변경을 명할 수 있다.

(3) 공무원·행정기관에 의한 심사   행정계획에 대한 행정내부적 통제방식의 하나로 공무원·행정기관에 의한 통제가 있다. 이 경우에도 법규명령에서 지적한 바와 동일한 지적이 가능하다.

(4) 중앙행정심판위원회에 의한 통제 　　　처분성을 갖는 행정계획은 행정심판을 통해 통제를 받을 수 있다. 특히 중앙행정심판위원회는 심판청구를 심리·재결할 때에 처분 또는 부작위의 근거가 되는 명령 등(대통령령·총리령·부령·훈령·예규·고시·조례·규칙 등을 말한다. 이하 같다)이 법령에 근거가 없거나 상위 법령에 위배되거나 국민에게 과도한 부담을 주는 등 크게 불합리하면 관계 행정기관에 그 명령 등의 개정·폐지 등 적절한 시정조치를 요청할 수 있고(행심법 제59조 제 1 항), 제 1 항에 따른 요청을 받은 관계 행정기관은 정당한 사유가 없으면 이에 따라야 하는데(행심법 제59조 제 2 항) 그 명령 등이 행정계획을 내용으로 하는 경우도 마찬가지이다.

2. 국회에 의한 통제

(1) 직접적 통제 　　　예산계획을 제외한다면, 행정계획의 성립·발효에 국회가 직접 통제를 가할 수 있음을 규정하는 명시적 규정을 찾아 보기 어렵다.

(2) 간접적 통제 　　　국회가 행정부에 대하여 가지는 국정감시권의 발동으로써 행정계획에 통제를 가할 수 있다. 그러나 이러한 수단은 그 효과가 통상 간접적이고 사후적이라는 데 한계가 있다. 이러한 간접적 통제의 실효성을 높이기 위해 중요한 행정계획이 확정되면 이를 국회에 제출케 하는 제도를 일반적으로 도입할 필요가 있다(예: 국토법 제24조).

3. 법원에 의한 통제

(1) 사법심사가능성(처분성)

1) 학　　　설　　　적극설이 지배적인 견해로 보인다. 물론 적극설은 모든 행정계획이 아니라 처분성이 있는 행정계획에 한정된 논의이다.

2) 판　　　례　　　판례는 도시계획결정(현행 도시·군관리계획결정), 관리처분계획 등에 대하여 적극설을 취한다.

[처분성을 인정한 판례]

[1] (건설부장관의 도시계획변경처분을 다툰 사건에서) 도시계획법 제12조 소정의 **도시계획결정이 고시되면** 도시계획구역안의 토지나 건물 소유자의 토지형질변경, 건축물의 신축, 개축 또는 증축 등 권리행사가 일정한 제한을 받게 되는바 이런 점에서 볼 때 고시된 도시계획결정은 **특정 개인의 권리 내지 법률상의 이익을 개별적이고 구체적으로 규제하는 효과**를 가져오게 하는 행정청의 처분이라 할 것이고, 이는 행정소송의 대상이 된다(대판 1982. 3. 9. 80누105).

[2] (건설부장관의 택지개발예정지구지정처분을 다툰 사건에서) 택지개발촉진법 제 3 조에 의한 건설부장관의 **택지개발예정지구의 지정**과 같은 법 제 8 조에 의한 건설부장관의 택지개발사업시행자에 대한 **택지개발계획의 승인**은 그 처분의 고시에 의하여 개발할 토지의 위치, 면적, 권리내용 등이 특정되어 그 후 사업시행자에게 택지개발사업을 실시할 수 있는 권한이 설정되고, 나아가 일정한 절차를 거칠 것을 조건으로 하여 일정한 내용의 수용권이 주어지며 고시된 바에 따라 **특정 개인의 권리나 법률상 이익이 개별적이고 구체적으로 규제**받게 되므로 건설부장관의 위 각 처분은 행정처분의 성격을 갖는다(대판 1992. 8. 14. 91누11582).

[처분성을 부인한 판례]

[1] (국토해양부장관이 2011. 5. 13. 발표한 '한국토지주택공사 이전방안'이 전북혁신도시 사업지구 내 주거용 택지를 분양받았거나, 전북 혁신도시상가조합의 조합원이자 대표자로서 각 소속 조합이 위 사업지구 내 근린생활 시설용지를 분양받았거나, 또는 위 사업지구 내에 있는 기존 소유 토지를 협의매도한 후 나머지 토지(인접토지)를 소유하고 있는 청구인들의 평등권, 재산권 등을 침해한 다고 주장하면서 헌법소원심판을 청구한 국토해양부장관이 언론을 통해 발표한 '한국토지주택공사 이전방안'에 관한 사건에서) '공공기 관 지방이전에 따른 혁신도시 건설 및 지원에 관한 특별법'에 따르면, 지방이전계획을 수립하는 주체는 이전공공기관의 장이고(제4조 제1항), 그 제출받은 계획을 검토·조정하여 국토해양부장관에게 제출하는 주체 는 소관 행정기관의 장이며(제4조 제3항, 제4항), 그에 따라 지역발전위원회의 심의를 거친 후 승인하는 주체가 국토해양부장관일 뿐이다. 따라서 피청구인이 발표한 이 사건 이전방안은 한국토지주택공사와 각 광역 시·도, 관련 행정부처 사이의 의견 조율 과정에서 행정청으로서의 내부 의사를 밝힌 행정계획안 정도에 불과하고, 법적 구속력을 가진 행정행위라고 보기는 어렵다. … 이 사건 이전방안은 행정청의 기본방침 을 밝히는 비구속적 행정계획안에 불과하여 직접 국민의 권리의무에 영향을 미치지 아니하므로 헌법재 판소법 제68조 제 1 항의 공권력의 행사에 해당한다 할 수 없다(헌재 2014. 3. 27. 2011헌마291).

[2] (통영시장의 (주)보성주택에 대한 민영주택 사업계획승인신청반려처분을 다툰 사건에서) **구 도시계획법령상 도시기본계획**은 도시의 기본적인 공간구조와 장기발전방향을 제시하는 종합계획으로서 그 계획에는 토지이용계획, 환경계획, 공원녹지계획 등 장래 의 도시개발의 일반적인 방향이 제시되지만, 그 계획은 **도시계획입안의 지침이 되는 것에 불과**하여 일반 **국민에 대한 직접적인 구속력은 없는 것이다**(대판 2002. 10. 11. 2000두8226).

[3] (국토해양부장관과 서울지방국토관리청장을 피 고로 한 하천공사시행계획취소청구소송에서) 국토해양부, 환경부, 문화체육부, 농림산식품부가 합동으로 2009. 6. 8. 발표한 '4대강 살리기 마스터플랜'(이 '이 사건 정부기 본계획'이라고 한다) 등 4대강 정비사업과 그 주변 지역의 관 련 사업을 체계적으로 추진하기 위하여 수립한 종합계획이자 '4대강 살리기 사업'(그 중 한강 부분을 '이 사건 사업'이라고 한다)의 기본방향을 제시하는 계획으로서, 이는 행정기관 내부에서 사업의 기본방향을 제시하는 것일 뿐, 국민 의 권리·의무에 직접 영향을 미치는 것은 아니라고 할 것이어서 행정처분에 해당하지 아니한다(대판 2015. 12. 10. 2011두32515).

3) 사 견   적극설이 타당하다. 모든 행정계획이 사법심사의 대상일 수는 없지만, 처 분성을 갖는 행정계획(예: 토용법 제30조의 도시·군관리계획결정)은 개인의 법률상 이익을 침해하는 경우에 사법심사의 대 상이 될 수 있다.

(2) 형성의 자유(계획재량)   행정계획에 대한 사법심사의 경우, 계획의 근거가 된 계획 법률이 재판의 기준이 된다. 그런데 계획법률은 통상의 법률과는 다른 속성을 갖는바, 여기에 사 법심사의 곤란성이 나타난다.

1) 계획법의 구조   통상의 법률은 「어떠한 요건사실이 발생하면 어떠한 효과가 주어진 다(if…, then…)」는 가언명제형식에 기한 조건프로그램이지만, 계획법률은 「어떠한 목적을 위하여 어떠 한 행위를 한다(in order to …)」는 목적 – 수단형식에 기한 목적프로그램이다. 계획법률이 갖는 이러한 구조상의 특성이 계획재량이라는 문제를 가져온다.

2) 계획재량(형량 명령)

(가) 의 의   계획법률은 추상적인 목표를 제시하나, 그 구체적인 계획의 내용에 관해 서는 자세히 언급하지 않음이 일반적이다. 이 때문에 행정주체는 계획법률에 근거한 구체적인 계 획을 책정하는 과정에서 광범위한 형성의 자유를 갖는다(판례). 형성의 자유를 계획재량이라 부르기 도 한다. 즉 행정계획상 목표의 구체화·수단의 선택은 충분한 정보와 자료를 바탕으로 전문적인

예측에 기해 행정주체의 고유한 판단에 따라 이루어지는바, 이것이 행정주체의 형성의 자유이다.

판례 노외주차장 설치계획의 입안·결정의 성질(형성의 자유)

(서울특별시 중구청장이 다가구·다세대주택이 밀집해 있는 지역에서 주택 25개동을 수용·철거하고 그 자리에 독립건물 형태의 공영주차장을 설치하겠다는 내용의 도시·군계획시설결정 및 실시계획인가처분을 하자, 자신들이 거주하는 주택이 수용·철거될 위기에 처한 주민들이 취소소송을 제기한 서울시 중구청 공영주차장 사건에서) 국토의 계획 및 이용에 관한 법률과 주차장법 등의 관련 규정을 종합하면, 행정주체는 주차행정상의 목표달성을 위하여 기반시설인 노외주차장 설치를 위한 도시·군관리계획(이하 '주차장설치계획'이라고 한다)을 입안·결정할 때 그 전문적·기술적·정책적 판단에 따라 그 필요성과 구체적인 내용을 결정할 수 있는 비교적 폭넓은 형성의 재량을 가지며, 도시·군관리계획에는 장기성·종합성이 요구되므로 노외주차장을 설치하고자 하는 해당 지역의 설치계획 입안·결정 당시의 주차수요와 장래의 주차수요, 해당 지역의 토지이용현황, 노외주차장 이용자의 보행 거리와 보행자를 위한 도로상황 등을 종합적으로 고려하여 노외주차장을 설치할 필요성이 있는지를 판단할 수 있다(대판 2018. 6. 28, 2018두35490·2018두35506(병합)).

(나) 계획재량행위와 전통적인 재량행위와의 구별

(a) 학 설 계획재량행위(이하 계획재량)와 전통적인 재량행위(이하 재량행위)가 성질상 동일한 것인지 아니면 상이한 것인지에 관해 견해가 나뉜다.

① 질적차이긍정설 질적차이긍정설은 재량행위는 요건과 효과 부분으로 구성된 조건프로그램(조건규범구조)이나 계획재량은 목적과 수단의 형식인 목적프로그램(목적규범구조)으로 규범구조가 다르며, 계획재량에는 (재량행위를 통제하는 비례원칙과는 다른) 형량명령이라는 특유한 하자론이 적용된다고 본다.

② 질적차이부정설 질적차이부정설은 규범구조상의 차이는 입법자가 행정기관에 수권하는 목적에 따라 재량의 범위와 내용이 결정하는 것이기에 양자가 본질적인 차이가 있는 것은 아니며, 계획재량에서의 형량명령은 그 실질적 내용이 협의의 비례원칙(상당성의 원칙)에 해당하는 것이지 계획재량에만 특유한 것이 아니므로 재량의 범위에서 양적으로만 차이가 있다고 본다(류지태·박종수).

③ 사 견 질적이라는 개념도 상대적인 개념이므로 양자의 견해에 본질적인 차이가 있다고 보기는 어렵다.

(b) 차 이 점 계획재량과 재량행위는 본질적인 차이는 없지만, 다음의 몇 가지 다른 점이 있다. 즉, ① 규범구조상 계획재량은 목적프로그램에서 문제되나, 재량행위는 조건프로그램에서 문제된다. ② 판단의 대상이 계획재량은 새로운 질서의 형성에 관한 것이나, 재량행위는 기존의 구체적인 생활관계에 대한 것이다. ③ 판단의 자유의 범위가 계획재량의 경우에는 상대적으로 넓으나, 재량행위는 상대적으로 좁다. ④ 통제에 관해서 보면 계획재량의 경우에는 절차적 통제가 중심이나, 재량행위의 경우에는 절차적 통제 외에 실체적 통제도 중요한 문제가 된다.

(다) 계획재량의 통제

(a) 계획재량의 한계 계획재량의 경우, 형성의 자유가 인정되는 범위 내에서 사법심사는 배제된다. 그렇다고 계획재량에는 아무런 제한이 없다는 것은 아니다. ① 계획상의 목표는 법질서에 부합하여야 하고, ② 수단은 목표실현에 적합하고, 필요하고 또한 비례적이어야 하고, ③

형량명령을 준수하여야, 즉 전체로서 계획관련자 모두의 이익$\binom{\text{공익상호간, 사익상호간}}{\text{및 공익과 사익상호간}}$을 정당하게 형량하여야 한다. ④ 그리고 법에서 정한 절차가 있다면 그 절차를 준수하여야 한다.

　(b) 형량명령·형량하자　　형량명령의 준수는 내용적으로 비교형량하여야 할 관련이익$\binom{\text{관련공익}}{\text{과 사익}}$의 조사, 관련이익의 중요도에 따른 평가, 협의의 비교형량의 3단계에 걸쳐 행해진다$\binom{\text{김동}}{\text{희}}$. 만일 이러한 형량명령에 위반한다면 해당 행정계획은 위법$\binom{\text{형량}}{\text{하자}}$한 것이 된다. 형량하자의 경우로는 ① 형량이 전혀 없던 경우$\binom{\text{형량의}}{\text{해태}}$, ② 형량에서 반드시 고려되어야 할 특정이익이 고려되지 않은 경우$\binom{\text{형량의}}{\text{흠결}}$, ③ 관련된 공익 또는 사익의 의미$\binom{\text{가치·}}{\text{내용}}$를 잘못 평가한 경우, ④ 공익과 사익 사이의 조정이 객관적으로 보아 비례원칙을 위반한 것으로 판단되는 경우$\binom{\text{오형}}{\text{량}}$를 들 수 있다. 판례의 입장도 같다$\binom{\text{대판 2021. 7. 29.}}{\text{2021두33593}}$.

4. 국민에 의한 통제

　(1) 계획과정에 국민의 참여　　현재로서 공청회$\binom{\text{예: 토용법}}{\text{제14조}}$나 예고제도$\binom{\text{예: 절차법 제46}}{\text{조의 행정예고}}$ 등을 통한 간접적인 참여제도는 있으나 국민이 직접 계획의 입안에 참여하는 제도는 보이지 않는다. 국민이 참여할 수 있는 경우도 없다. 행정기관에 입안을 제안하는 제도는 발견된다$\binom{\text{토용법}}{\text{제26조}}$. 개별법령상 이해관계인의 참여를 규정하는 경우가 있는데, 이때 그러한 절차를 위반한 행정행위는 위법하게 된다$\binom{\text{판}}{\text{례}}$.

> **판례**　도시계획안의 공고 및 공람절차에 하자가 있는 도시계획결정의 위법 여부
> $\binom{\text{군산시장의 도시계획변경(재정비)결}}{\text{정 중 일부의 취소를 구한 사건에서}}$ 구 도시계획법 제16조의2 제 2 항과 같은법시행령 제14조의2 제 6 항 내지 제 8 항의 규정을 종합하여 보면 도시계획의 입안에 있어 해당 도시계획안의 내용을 공고 및 공람하게 한 것은 다수 이해관계자의 이익을 합리적으로 조정하여 국민의 권리자유에 대한 부당한 침해를 방지하고 행정의 민주화와 신뢰를 확보하기 위하여 국민의 의사를 그 과정에 반영시키는데 있는 것이므로 이러한 공고 및 공람 절차에 하자가 있는 군산시장의 도시계획결정은 위법하다$\binom{\text{대판 2000. 3. 23.}}{\text{98두2768}}$.

　(2) 계획의 보장

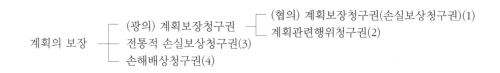

[참고]　계획보장청구권이라는 용어를 ① 광의설$\binom{\text{다수}}{\text{설}}$은 계획존속청구권·계획준수청구권·경과조치청구권$\binom{\text{경과규율청구권·}}{\text{적응지원청구권}}$·손해전보청구권을 모두 포함하는 상위개념$\binom{\text{행정계획의 폐지나 변경 등의 경우에 당사자가 주}}{\text{장할 수 있는 다양한 청구권과 보장수단을 포괄하는 개념}}$으로 사용한다$\binom{\text{김동희, 박균성,}}{\text{류지태, 정하중}}$. ② 그러나 본서는 위의 표에서 보는 바와 같이 계획보장청구권의 개념을 광의와 협의로 구분하고 있다.

1) 협의의 계획보장청구권으로서 손실보상청구권

(가) 의 의　　책정되어 시행중인 구체적 행정계획을 폐지하거나 변경하는 경우, 이로 인해 손실을 입은 개인이 계획 주체에 대해 그 손실의 보상을 청구할 수 있는 권리를 협의의 계획보장청구권으로서 손실보상청구권이라 한다.

(나) 법적 근거　　손실보상청구권을 일반적으로 인정하고 있는 법률은 없다. 다만, 1987년의 행정절차법(안)에는 규정이 있었다. 명령적 계획($^{구속적}_{계획}$)의 경우에는 협의의 계획보장청구권으로서 손실보상청구권이 널리 인정될 필요가 있다. 영향적 계획($^{반구속}_{적 계획}$)은 경우에 따라 인정될 필요가 있을 것이다.

> [참고조문] 구 행정절차법(안) 제58조　행정계획의 확정·변경 또는 실효로 인하여 국민의 재산상의 손실이 있을 때에는 법률이 정하는 바에 의하여 손실보상 기타 필요한 구제조치를 하여야 한다.

(다) 성립요건　　손실보상청구권이 성립되기 위해서는 ① 선행계획이 있을 것, ② 외부적 효과를 갖는 계획의 범위 안에서 계획수범자의 재산상의 처분이 있을 것, ③ 계획의 변경이나 폐지가 있을 것, ④ 계획수범자의 재산상의 피해가 있을 것, ⑤ 계획의 변경이나 폐지와 손해 사이에 인과관계가 있을 것, ⑥ 계획수행수단이 계획수범자의 재산상의 처분을 강제하였거나 처분에 결정적인 사유일 것이 요구된다.

(라) 효 과　　손실보상청구권이 성립되면, 피해자는 계획주체에 대하여 계획의 변경이나 폐지로 인해 입은 피해의 보상을 청구할 수 있다. 보상청구권의 범위는 계획의 변경이나 폐지와 상당인과관계가 있는 피해에 미친다. 적법한 계획의 변경이나 폐지로 인해 성립되는 손실보상청구권은 당사자소송을 통해 행사할 수 있다.

2) 계획관련행위청구권

> [참고] 일반적인 견해는 계획보장청구권에서 계획청구권과 계획변경청구권을 제외한다. 따라서 계획존속청구권, 계획준수청구권, 경과조치청구권을 계획관련행위청구권의 내용으로 본다.

(가) 계획청구권　　사인이 행정주체에 대하여 일정영역에서 계획과정으로 나아갈 것을 요구할 수 있는 권리를 말한다. 하지만 계획화의 과정은 공익의 실현을 위한 것이지 특정인의 이익을 보호하기 위한 것이 아니므로 계획청구권이 인정되기는 어렵다.

(나) 계획존속청구권　　① 행정계획의 변경이나 폐지시에 계획의 존속을 청구할 수 있는 사인의 권리를 말한다. 그러나 이러한 권리는 일반적으로 인정하기 어렵다. 왜냐하면 사인의 신뢰보호도 중요하지만 행정계획의 변경 내지 폐지가 갖는 공익적 측면이 개인의 사익보다 일반적으로 더욱 중요하며, 사인에게 계획의 존속청구를 인정한다는 것은 계획의 본질인 가변성과 합치되지 않기 때문이다. ② 다만 ⓐ 관련법령에서 특정한 사인의 이익을 보호하기 위한 특별규정을 두고 있는 경우, ⓑ 그리고 행정청이 행정계획을 법률($^{법규}_{명령}$)의 형식으로 수립한 후 소급($^{특히 부진}_{정소급}$)하여 변경하려는 경우 또는 행정계획을 행정행위의 형식으로 수립한 후 이를 취소·철회하려는 경

우, 기존의 행정계획$\binom{\text{법령이나 행정행위의 형식으}}{\text{로 수립된 기존의 행정계획}}$의 존속에 대한 사인의 신뢰가 공적인 이해관계보다 우월하다면 예외적인 계획존속청구권이 성립될 수 있다.

     (다) 계획준수청구권$\binom{\text{계획집행}}{\text{청구권}}$　기존계획과 상이한 방향으로 계획이 집행되는 경우에 기존의 계획을 따를 것을 요구할 수 있는 권리를 계획준수청구권이라 하고, 책정만 하고 집행하지 않는 계획을 집행할 것을 요구할 수 있는 권리를 계획집행청구권이라 한다. 계획준수청구권과 계획집행청구권을 합하여 $\binom{\text{광의}}{\text{의}}$ 계획준수청구권이라 부른다. 이러한 청구권도 행정청의 집행의무와 사익보호성이 긍정되는 경우에만 인정될 수 있기에 일반적인 형태로 인정되지는 않는다.

     (라) 경과조치청구권$\binom{\text{경과규율청구권·}}{\text{적응지원청구권}}$　이는 계획의 존속을 신뢰하여 조치를 취한 자가 행정계획의 변경 또는 폐지로 입게 될 불이익을 방지하기 위해서 행정청에 대하여 경과조치$\binom{\text{예: 기간의}}{\text{연장, 보조금}}$$\binom{\text{의}}{\text{지급}}$를 청구할 수 있는 권리를 말한다. 경과규율이나 적응지원을 통해 점차적으로 새로운 상황에 접근할 수 있도록 함으로써 관계자의 이익을 고려할 수 있도록 하기 위한 것이다. 이러한 청구권 역시 법령에 근거가 없는 한 일반적으로 인정될 수는 없다. 다만 개별법령에서 사인을 보호하는 특별규정을 두고 있다면 예외적으로 그러한 권리를 인정할 수 있을 것이다.

     (마) 계획변경청구권　기존계획의 변경을 청구할 수 있는 권리를 말한다. 사인이 적법한 계획의 변경을 구할 수 있는 권리를 갖는다는 것은 인정되기 어렵다. 사인에게 계획변경청구권이 인정되지 않는다는 것이 판례의 일관된 입장이기도 하다[판례1]. 다만, 진안군수가 주식회사 진도의 국토이용계획변경승인신청을 거부한 사건에서 행정청의 계획변경신청거부가 실질적으로 처분$\binom{\text{대상판결에서는}}{\text{폐기물처리업허가}}$의 거부가 되는 경우 사인에게 계획변경신청권을 예외적으로 인정하였다[판례2].

판례 1　지역주민의 도시계획시설결정변경신청에 대한 거부통지가 항고소송의 대상이 되는 행정처분인지 여부

$\binom{\text{도시계획에서 제외하여 달라는 내용의 원고의 도시계획시}}{\text{설결정 변경신청에 대한 피고의 거부처분을 다툰 사건에서}}$ 도시계획법 제12조 제 1 항에 의하면 도시계획 및 그 변경은 건설부장관$\binom{\text{이 사건의 경우는 그 권한}}{\text{이 피고에게 위임되었다}}$이 직권 또는 같은 법 제11조의 규정에 의한 도시계획입안자$\binom{\text{시장,}}{\text{군수}}$의 신청에 의하여 소정절차를 거쳐 결정하도록 규정되어 있을 뿐, **도시계획법상 주민이 도시계획 및 그 변경에 대하여 어떤 신청을 할 수 있음에 관한 규정이 없을 뿐만 아니라** 도시계획과 같이 장기성·종합성이 요구되는 행정계획에 있어서는 그 계획이 일단 확정된 후에 어떤 사정의 변동이 있다고 하여 **지역주민에게 일일이 그 계획의 변경을 청구할 권리를 인정해 줄 수도 없는 이치이**므로 피고가 원고의 도시계획시설 변경신청을 불허한 행위는 항고소송의 대상이 되는 행정처분이라고 볼 수 없다$\binom{\text{대판 1984. 10. 23. 84누227; 대판 1994. 1. 28. 93누22029; 대판 1994. 12. 9.}}{\text{94누8433; 대판 1995. 4. 28. 95누627; 대판 2003. 9. 23. 2001두10936}}$.

판례 2　국토이용계획변경신청을 거부하였을 때 실질적으로 폐기물처리업허가신청을 불허하는 결과가 되는 예외적인 경우 계획변경신청권의 인정 여부

$\binom{\text{진안군수의 (주)진도에 대한 국토이용}}{\text{계획변경승인거부처분을 다툰 사건에서}}$$\binom{\text{구 폐기물}}{\text{관리법상}}$ 폐기물처리사업계획의 적정통보를 받은 자는 장래 일정한 기간 내에 관계 법령이 규정하는 시설 등을 갖추어 폐기물처리업허가신청을 할 수 있는 법률상 지위에 있다고 할 것인바, 피고$\binom{\text{진안}}{\text{군수}}$로부터 폐기물처리사업계획의 적정통보를 받은 원고가 폐기

물처리업허가를 받기 위하여는 이 사건 부동산에 대한 용도지역을 '농림지역 또는 준농림지역'에서 '준도시지역$\binom{시설용}{지지구}$'으로 변경하는 국토이용계획변경이 선행되어야 하고, **원고의 위 계획변경신청을 피고가 거부한다면 이는 실질적으로 원고에 대한 폐기물처리업허가신청을 불허하는 결과가 되**므로, **원고는 위 국토이용계획변경의 입안 및 결정권자인 피고에 대하여 그 계획변경을 신청할 법규상 또는 조리상 권리를 가진다고 할 것이다**$\binom{대판\ 2003.\ 9.\ 23,}{2001두10936}$.

3) 전통적 손실보상청구권　　　전통적 의미의 손실보상청구권이란 계획의 수립, 시행으로 인하여 국민의 재산이 수용 또는 사용되거나 재산권 행사가 제한될 경우$\binom{예컨대\ 도시·군관리계획으로}{인한\ 토지이용권의\ 제한\ 등}$, 그로 인한 손실의 보상을 청구할 수 있는 권리를 말한다. 이와 관련하여서는 제 7 장 국가책임법 중 손실보상 부분에서 상론한다.

4) 손해배상청구권　　　행정계획의 수립·책정과정에서 공무원의 직무상 불법행위가 개입되었다면 손해배상청구도 가능할 것이다.

5) 헌법소원　　　경우에 따라 행정계획도 헌법소원의 대상이 될 수 있다$\binom{판}{례}$.

판례　행정계획이 헌법소원의 대상이 되는지 여부

(피청구인 교육부장관은 2012. 3. 8. 국공립대학의 총장직선제 개선 여부를 재정지원 평가요소로 반영하도록 하는 내용의 '2012년도 대학교육역량강화사업 기본계획'(이하 '2012년도 기본계획'이라 한다)을 발표하였다. 이에 따르면, 국공립대학의 경우 '총장직선제 개선'과 '기성회회계제도 개선 및 운영 선진화'를 각 5%씩 평가 요소로 반영하도록 하였다. 청구인들이 피청구인의 2012년도 기본계획과 2012년도 이 사건 사업 대상에서 이 사건 대학들을 제외한 조치 및 2013년도 기본계획이 청구인들의 대학의 자율 등을 침해한다고 주장하면서 2012년도 대학교육역량강화사업 기본계획 취소 등을 구한 헌법소원심판사건, 별칭 총장직선제 개선 대학에 대한 재정지원 사건에서) 행정계획이 헌법소원의 대상이 되는 공권력의 행사에 해당하는지 여부는 해당 계획의 구체적 성격을 고려하여 개별적으로 판단하여야 한다. **국민의 권리와 의무를 발생시키거나 변경하는 행정계획**은 공권력의 행사로 볼 수 있지만, 직접 구속력을 갖지 않고 사실상 **준비행위나 사전안내 또는 행정기관 내부 지침에 지나지 않는 행정계획**은 원칙적으로 헌법소원의 대상이 되는 공권력의 행사라 할 수 없다. 구속력 없는 행정계획안이나 행정지침이라도 국민의 기본권에 직접적으로 영향을 끼치고 법령의 뒷받침에 의하여 그대로 실시될 것이 틀림없을 것으로 예상되는 때에도 예외적으로 헌법소원의 대상이 된다$\binom{헌재\ 2016.\ 10.\ 27,}{2013헌마576}$.

제 3 절 행정행위

제 1 항 행정행위의 관념

Ⅰ. 행정행위의 개념

1. 학문상 용어로서 행정행위개념

행정의 행위형식의 한 유형으로서 행정행위란 실정법상의 용어가 아니라 학문상의 용어이다. 실정법상으로는 허가·인가·면허·특허·확인·면제 등의 용어가 사용된다. 이러한 용어들은 어느 범위에서 공통의 성질을 갖는바, 학문상 이들을 포괄하는 개념으로 사용하는 것이 바로 행정행위 이다. 행정행위의 개념은 최광의·광의·협의·최협의로 구분되지만, 오늘날 일반적으로 최협의의 개념으로 이해되고 있다. 본서도 최협의의 개념을 취한다. 최협의의 행정행위란 「행정청이 법 아래서 구체적 사실에 대한 법집행으로서 행하는 권력적 단독행위로서 공법행위」를 말한다.

2. 실정법상 용어로서 처분개념

행정행위와 유사한 개념으로 실정법상으로는 처분(處分)이라는 용어가 사용되고 있다. 즉, 행정기본법 제 2 조 제 4 호는 「"처분"이란 행정청이 구체적 사실에 관하여 행하는 법 집행으로서 공권력의 행사 또는 그 거부와 그 밖에 이에 준하는 행정작용을 말한다.」고 규정하고 있다. 행정 절차법(제2조 제2호)·행정심판법(제2조 제1호)·행정소송법(제2조 제1 항 제1호)도 유사한 개념 규정을 갖고 있다. 강학상 개념인 행정행위 개념의 요소와 실정법상 개념인 행정기본법상 처분 개념의 요소를 비교하면 다음과 같다.

행정행위 개념 (강학상 개념)	행정기본법상 처분 개념 (실정법상 개념)	비 교
행정청이 법 아래서	행정청이	의미가 같다
구체적 사실에 대한	구체적 사실에 관하여	의미가 같다
법집행으로서 행하는	행하는 법집행으로서	의미가 같다
권력적 단독행위로서 공법행위	공권력의 행사 또는 그 거부와 그밖에 이에 준하는 행정작용	처분의 의미가 행정행위개념보다 넓다 의미가 같다는 견해도 있다

3. 학문상 행정행위개념과 실정법상 처분개념의 비교

(1) 개념의 광협   행정소송법의 문면상 '그 밖에 이에 준하는 행정작용'이라는 표현으로 인해, 그리고 권력적 단독행위가 아니라 '공권력 행사'라는 표현으로 인해, 행정소송법상 처분 개념은 실체법상 행정행위개념보다 그 의미가 넓다. 다만, '그 밖에 이에 준하는 행정작용'이 무엇을 뜻하는지는 분명하지 않다.

(2) 행정소송법상 항고소송과 처분개념　　　취소소송의 본질을 위법성의 소급적 제거로, 무효등확인소송의 본질을 법적 행위의 효력의 유무 등의 확인으로, 부작위위법확인소송에서 문제되는 부작위를 취소소송의 대상인 처분에 대한 부작위로 이해하는 한, 행정소송법상 처분개념 중 '행정청이 행하는 구체적 사실에 관한 법집행으로서의 공권력의 행사 또는 그 거부'의 부분은 실제상 실체법상 행정행위의 개념과 별 차이가 없다.

4. 형식적 행정행위의 문제

(1) 의　　　의　　　형식적 행정행위란 행정기관 내지 그에 준하는 자의 행위가 법적 행위로서 공권력행사의 실체는 가지고 있지 않으나, 행정목적실현을 위하여 국민의 권리·이익에 계속적으로 사실상의 지배력을 미치는 경우에 국민의 실효적인 권익구제라는 관점에서 그러한 행위를 쟁송법상의 '처분'으로 파악함으로써 그에 대한 항고소송의 제기를 가능하게 하기 위한 형식적·기술적 의미의 행정행위를 말한다. 즉, 형식적 행정행위란 실체법상 행정행위는 아니지만 취소소송의 대상으로 삼고자 하는 행위를 말한다$\binom{\text{쟁송법상 처분=실체법상 행정행}}{\text{위+형식적 행정행위로 보는 입장}}$. 형식적 행정행위개념을 주장하는 견해는 그 예로서 사회보장부분에서 급부결정·보조금지급결정·행정지도·공공시설$\binom{\text{육교·쓰레}}{\text{기소각장}}$의 설치행위 등을 든다.

(2) 형식적 행정행위의 인정 여부

1) 학　　　설　　　① 긍정하는 견해는 국민의 권리구제를 위한 현실적 필요성 때문에 비권력적인 행정작용도 처분개념에 포함함이 타당하고, 현행 행정심판법과 행정소송법이 처분의 개념에 '그 밖에 이에 준하는 행정작용'을 포함하고 있는 것은 현행법이 형식적 행정행위개념을 수용하고 있다고 볼 수 있다는 점을 근거로 한다$\binom{\text{김동희,}}{\text{박균성}}$. ② 부정하는 견해는 취소소송은 행정행위의 공정력을 깨뜨리기 위한 형성소송이므로 취소소송의 대상은 공정력을 가진 행정행위에 한정해야 하고 비권력적 사실행위 등은 취소소송이 아니라 당사자소송이나 무명항고소송을 활용해야 한다는 점을 근거로 한다$\binom{\text{김남진·김연태·류지태·박종수,}}{\text{박윤흔·정형근·김성수,정하중}}$.

2) 판　　　례　　　판례는 형식적 행정행위를 인정할 것인지에 대한 명시적인 입장은 없지만, 형식적 행정행위 긍정설이 대표적으로 주장하는 비권력적인 사실행위 등에 대해 처분성을 부정하고 있어 소극적인 입장으로 보인다.

3) 사　　　견　　　현행 행정소송법상 취소소송을 위법성의 소급적인 제거를 본질로 하는 제도로 이해하는 한, 위법성의 제거와 무관한 형식적 행정행위를 취소소송의 대상으로서 인정할 수는 없다. 형식적 행정행위개념을 설정하는 것은 항고소송대상의 범위확대를 위한 것이지만 과연 그렇게 할 필요가 있는지는 의문이다. 왜냐하면 연혁적으로 보아 행정행위개념이 사인의 권리보호 내지 항고소송의 대상문제와 관련하여 구성된 것은 사실이나, 그렇다고 오로지 권리구제에만 초점을 두어 내용상의 실질이 상이한 여러 행정의 행위형식$\binom{\text{법적 행위와 사실행위, 권}}{\text{력적 행위와 비권력적 행위}}$을 묶어 하나의 새로운 개념으로 구성하는 것은 비논리적이기 때문이다.

5. 행정행위의 개념징표

(1) 행정청의 행위   행정행위는 행정청의 행위이다. ① 행정조직법상 행정청이란 행정주체의 의사를 외부적으로 결정·표시할 수 있는 권한을 가진 기관을 말한다(조직법상 개념). ② 행정절차법은 행정청을 「행정에 관한 의사를 결정하여 표시하는 국가 또는 지방자치단체의 기관 기타 법령 또는 자치법규에 의하여 행정권한을 가지고 있거나 위임 또는 위탁받은 공공단체나 그 기관 또는 사인」으로 정의하고 있다(절차법 제2 조 제1 호). 행정절차법상 행정청 개념은 기능에 초점을 둔 개념으로서 행정조직법상 행정청 개념을 포함하는 넓은 개념이다(기능적 개념). ③ 행정행위의 개념징표로서 행정청 개념은 기능적 개념으로 이해되어야 한다.

(2) 공법상의 행위   행정행위는 공법상의 행위이다. 공법상의 행위란 그 효과가 공법적이라는 것이 아니라, 행위의 근거가 공법적이라는 것이다.

(3) 구체적 사실에 대한 행위   행정행위는 규범정립행위가 아니라 구체적 사실에 대한 법집행작용이다. 구체적 사실의 여부는 관련자가 개별적인가 일반적인가와, 규율대상이 구체적인가 추상적인가에 따라 판단된다. 개별적인 것과 일반적인 것의 구별은 처분의 발령시점에 수명자의 범위가 객관적으로 확정되는가의 여부 또는 수명자의 범위가 폐쇄적인지 아니면 개방적인지의 여부에 따라 이루어진다. 그리고 구체적이란 1회적인 것을 의미하고, 추상적이란 무제한적인 것을 말한다. 따라서 관련자의 개별성·일반성과 사건의 구체성·추상성의 결합은 4가지의 형태를 갖는다.

(규율사건)

(관련자의 범위)	구체적	추상적
개별적	① 행정행위	③ 행정행위
일반적	② 행정행위(일반처분)	④ 법규범

[해설] ①의 경우가 가장 기본적인 형태의 행정행위에 해당한다(예: A는 양도세 100만원을 납부하라). ②의 경우를 일반처분이라 부른다. 일반처분 역시 행정행위의 일종이다. ③의 경우 역시 행정행위에 해당한다고 본다(예: A는 도로가 빙판이 될 때마다 도로에 모래를 뿌려라). 이 경우는 개별·구체적인 규율이 관계자에게 반복되는 형태이므로, 개별·구체적인 규율의 특별한 경우에 해당한다. ④의 경우는 입법에 해당한다(예: 운전면허 없이 운전을 하지 말라).

(4) 법집행행위로서 권력적 단독행위   행정행위는 권력적 작용이므로 비권력적 작용과도 구분된다. 행정행위는 행정청이 법률에 정한 바에 따라 일방적으로 국민의 권리·의무 기타 법적 지위를 구체적으로 결정하는 행위, 즉 공법상 일방적인 행위이다. 일방적인 행위인 한 상대방의 협력이 요구되어도 행정행위이다. 행정행위는 단독행위이므로 공법상 계약 및 공법상 합동행위와 구분된다.

(5) 법적 행위   행정행위는 사실행위가 아니고 법적 행위이다. 법적 행위란 외부적으로 직접적인 법효과를 의도하는 의사표시를 뜻한다(자세한 내용은 취소소송의 대상적격을 참조하라).

6. 현대적 형태의 행정행위 등

(1) 자동적으로 결정되는 행정행위(행정의 자 동화작용)

1) 의   의   빈번히 반복되는 행정행위가 자동장치에 의해 이루어지는 경우, 그러한 행정행위를 자동적으로 결정되는 행정행위라 부른다(예: 교통신호, 학생의 학교 배정, 주민세부과 결정 등).

2) 성   질   자동적으로 결정되는 행위도 행정행위의 개념(행정청이 법 아래서 구체적 사실에 대 한 법집행으로서 행하는 권력적 단독행 위로서의 공법행위)에 해당하므로 행정행위의 성질을 갖는다.

3) 허용범위   자동적으로 결정되는 행정행위는 기속행위와 친하다. 재량행위의 경우에도 정형화 내지 구체화가 용이한 경우에는 역시 자동적으로 결정되는 행정행위가 가능할 것이다.

4) 적법요건   자동적으로 결정되는 행정행위의 경우에는 서명날인의 생략, 부호의 사용 등 행정행위의 적법요건에 변형 내지 완화가 다소 이루어지기도 한다.

5) 하   자   자동적으로 결정되는 행정행위의 하자도 일반적인 행정행위의 경우와 마찬가지로 중대명백설에 따라 판단하여야 한다.

6) 권리보호   자동적으로 결정되는 행정행위로 인한 침해에 대한 권리보호도 일반적인 행정행위의 경우와 다를 바 없다.

(2) 전자행정행위

1) 의   의   전자행정행위란 전자문서에 의한 행정행위를 말한다. '전자문서'란 컴퓨터 등 정보처리능력을 가진 장치에 의하여 전자적인 형태로 작성되어 송신·수신 또는 저장된 정보를 말한다(절차법 제2 조 제8호). 전자행정행위는 2002년 말에 개정된 행정절차법에 도입되었다. 전자행정행위의 도입은 당사자의 동의를 전제로 전자문서(예: 이 메일)의 교부를 통하여 행정청과 시민 사이에서 쌍방소통을 가져오게 되었다. 전자문서의 교부는 문서의 교부와 동일한 법적 효과를 갖는다.

2) 특   징

(가) 처분의 신청   행정절차법 제17조 제1항(행정청에 처분을 구하는 신청은 문서로 하여야 한다. 다만, 다 른 법령등에 특별한 규정이 있는 경우와 행정청이 미리 다른 방 법을 정하여 공시한 경우에는 그러하지 아니하다)에 따라 처분을 신청할 때 전자문서로 하는 경우에는 행정청의 컴퓨터 등에 입력된 때에 신청한 것으로 본다(절차법 제17 조 제2항).

(나) 기명날인   전자행정행위에는 기명날인이 생략될 수 있다. 그러나 발령청의 이름은 명기되어야 한다.

(다) 송달과 효력발생   전자행정행위도 처분의 상대방에게 통지되어야 한다. 정보통신망을 이용한 송달은 송달받을 자가 동의하는 경우에만 한다. 이 경우 송달받을 자는 송달받을 전자우편주소 등을 지정하여야 한다(절차법 제14 조 제3항). 제14조 제3항에 따라 정보통신망을 이용하여 전자문서로 송달하는 경우에는 송달받을 자가 지정한 컴퓨터 등에 입력된 때에 도달된 것으로 본다(절차법 제15 조 제2항).

(라) 인터넷 게시   행정청은 신청에 필요한 구비서류, 접수기관, 처리기간 그 밖에 필요한 사항을 게시(인터넷 등을 통한 게시를 포함한다)하거나 이에 대한 편람을 갖추어 두고 누구나 열람할 수 있도록 하여야 한다(절차법 제17 조 제3항).

3) 자동적으로 결정되는 행정행위와 구분 ① 전자행정행위는 교부형식이 정해져 있다. 전자행정행위는 문서나 구두가 아니라 이메일 등의 전자방식으로 송달이 이루어진다. 그러나 자동화된 시설의 도움으로 발해지는 행정행위는 전통적인 방식인 교부(통지)로 송달이 이루어진다. ② 전자행정행위의 내용은 기술적으로가 아니라 행정청을 통하여 전통적인 방식으로 정해진다. 그러나 자동화된 시설의 도움으로 발해지는 행정행위의 내용은 기술적으로 정해진다.

(3) 자동적 처분(완전히 자동화된 시 스템에 의한 처분)

1) 의 의 행정청은 법령으로 정하는 바에 따라 완전히 자동화된 시스템(인공지능 기술 을 적용한 시스 템을 포함한다)으로 처분을 할 수 있다. 다만, 처분에 재량이 있는 경우는 그러하지 아니하다(기본법 제20조). 자동적 처분은 사람인 행위자(공무 원)의 인식(의사 적용) 없이 완전히 자동화된 시스템으로 발급되는 처분으로 이해된다. 자동적 처분 개념은 행정기본법에 처음으로 도입되었다.

2) 자동적으로 결정되는 행정행위와 비교 자동적으로 결정되는 처분은 처분의 내용이 자동적으로 결정될 뿐, 상대방 등에 대한 처분의 통지는 행정청(공무 원)에 의해 이루어지는 처분을 말한다. 달리 말하면, 자동적으로 결정되는 처분은 행위자(행정청, 공무원.)의 인식(의사 적용)을 최종적인 바탕으로 하여 발급되는 처분이다(예: 스스로 학습능력을 가진 AI가 도로에서 교통경찰을 대신하여 운전자에게 직접 차량이동명령, 주정차금 지명령 등을 하게 되면, 그러한 행위는 완전히 자동화된 시스템에 의한 처분, 즉 자동적 처분에 해당한다).

3) 특 징 ① 자동적 처분이 행정에 활용되기 위해서는 법률의 근거가 필요하다. ② 「완전히 자동화된 시스템」의 의미는 행정기본법상 정해진 바가 없다. 과학기술은 계속하여 발전·진보하는 것이므로, 「완전히 자동화된 시스템」의 의미는 과학기술의 변화에 따라 변할 것이다. ③ 자동적 처분은 모든 행정작용이 아니라 처분만을 대상으로 한다. ④ 자동적 처분은 기속행위를 대상으로 한다. 재량처분은 자동적 처분으로 발급될 수 없다.

(4) 일반처분

1) 의 의 일반처분이란 관련자의 범위는 일반적(인적 범위 의 불특정)이나 규율하는 대상은 구체적인(시간, 공간 등의 관점에서 한정) 행정의 행위형식을 말한다. 따라서 특정사건을 대상으로 한다는 점에서 입법과 구분된다.

2) 법적 성질 입법행위로 보는 견해, 집행행위와 입법행위의 중간영역으로 보는 견해(김도 창) 등이 있지만, 통설은 행정행위의 한 유형으로 본다. 따라서 일반처분으로 법률상 이익이 침해된 자는 항고소송을 제기할 수 있다(판 례).

[**판례**] **횡단보도설치행위의 처분성**

(A법인이 광주광역시 경찰청장(피고)의 횡단보도설치의 취소를 구한 사건에서) 도로교통법 제10조 제 1 항은 지방경찰청은 도로를 횡단하는 보행자의 안전을 위하여 행정자치부령이 정하는 기준에 의하여 횡단보도를 설치할 수 있다고 규정하고, 제10조 제 2 항은 보행자는 지하도·육교 그 밖의 횡단시설이나 횡단보도가 설치되어 있는 도로에서는 그 곳으로 횡단하여야 한다고 규정하며, 제24조 제 1 항은 모든 차의 운전자는 보행자가 횡단보도를 통행하고 있는 때에는 그 횡단보도 앞에서 일시 정지하여 보행자의 횡단을 방해하거나 위험을 주어서

는 아니된다고… 규정하는 도로교통법의 취지에 비추어 볼 때, **지방경찰청장이 횡단보도를 설치하여 보행자의 통행방법 등을 규제하는 것은, 행정청이 특정사항에 대하여 의무의 부담을 명하는 행위이고 이는 국민의 권리의무에 직접 관계가 있는 행위로서 행정처분이라고 보아야 할 것이다**(대판 2000. 10. 27, 98두8964).

3) 종 류

(가) 인적 일반처분　　인적 일반처분이란 행정행위의 발령당시에는 인적 범위가 특정되어 있지 않으나, 구체적인 경우에 있어서 일반적인 징표(예: 주택소유자·임차인·교 통참여자·공공시설이용자)를 근거로 하여 특정되어질 수 있는 인적 범위를 대상으로 하는 행위(예: A단체 주도의 반 정부시위 금지처분)를 말한다.

(나) 물적 일반처분　　물적 일반처분이란 물건의 성질이나 상태를 규율하는 처분을 말한다(예: 도로에 대한 공용지정행위(도로법 제25조 ① 도로관리청은 도로 노선의 지정·변경 또는 폐지의 고시가 있으면 지체 없이 해당 도로의 도로구역을 결정·변경 또는 폐지하여야 한다)). 이는 물건을 향한 처분이므로 인적 범위를 특정할 수 없다는 점에서 일반처분의 성질을 가진다(류지태· 박종수). 그리고 물적 일반처분이 물건의 성질이나 상태를 규율대상으로 한다고 할지라도 해당 물건의 소유자나 점유자의 권리의무에 영향을 미치기 때문에(만일 도로법 제25조에 따라 사인의 토지가 도로구역으로 결정되면 그는 토지소유권의 행사에 제한을 받게 되거나 소유권을 잃게 될 수도 있다) 소유자 등은 물적 일반처분을 항고소송 등으로 다툴 수 있다.

(다) 이용규율의 일반처분　　이용규율의 일반처분이란 영조물 기타 공공시설의 이용에 관한 규율(예: 교통표지판에 의한 교통제한표시, 일방 통행구역표시, 박물관·도서관의 이용규율)을 내용으로 하는 행위를 말한다. 이를 인적 일반처분이나 물적 일반처분으로 보는 견해도 있다.

4) 일반처분에 대한 취소판결의 대세효　　일반처분의 수명자인 일부의 자가 취소소송을 제기하여 취소판결을 받은 경우 소송을 제기하지 않은 일반 제3자가 당해 취소판결을 원용할 수 있는지에 관해 부정하는 견해(상대적 효력설)와 긍정하는 견해(절대적 효력설)의 대립이 있는데, 행정법관계의 획일적인 규율의 요청, 법률상태 변동의 명확화 요청 등을 근거로 소송에 참가하지 않은 일반 제3자에게도 형성력이 미친다는 절대적 효력설(김동희, 김철용· 박윤흔, 정형근)이 일반적이며, 타당하다.

Ⅱ. 행정행위의 종류

1. 종류의 개관

행정행위는 ① 발령주체에 따라 국가에 의한 행정행위·지방자치단체에 의한 행정행위·수탁사인에 의한 행정행위, ② 법률효과의 발생원인에 따라 법률행위적 행정행위·준법률행위적 행정행위, ③ 상대방의 협력이 필요한가에 따라 일방적 행위·협력을 요하는 행위, ④ 규율의 대상에 따라 대인적 행위·대물적 행위(판례)·혼합적 행위, ⑤ 행정행위의 성립에 일정한 형식을 요하는가의 여부에 따라 요식행위·불요식행위, ⑥ 행정행위의 효과의 시간적 지속성에 따라 1회적 행위·계속효 있는 행위, ⑦ 행정행위의 효력발생에 상대방의 수령이 요건이 되는가에 따라 수령을 요하는 행위·수령을 요하지 않는 행위 등으로 구분할 수 있다.

> **판례** │ 국민건강보험법상 요양기관에 대한 업무정지처분의 성질
>
> (보건복지부장관의 업무정지
> 처분의 취소를 구한 사건에서) 요양기관이 속임수나 그 밖의 부당한 방법으로 보험자에게 요양급여비용을 부담하게 한 때에 구 국민건강보험법 제85조 제 1 항 제 1 호에 의해 받게 되는 요양기관 업무정지처분은 의료인 개인의 자격에 대한 제재가 아니라 요양기관의 업무 자체에 대한 것으로서 **대물적 처분**의 성격을 갖는다. 따라서 속임수나 그 밖의 부당한 방법으로 보험자에게 요양급여비용을 부담하게 한 요양기관이 폐업한 때에는 그 요양기관은 업무를 할 수 없는 상태일 뿐만 아니라 그 처분대상도 없어졌으므로 그 요양기관 및 폐업 후 그 요양기관의 개설자가 새로 개설한 요양기관에 대하여 업무정지처분을 할 수는 없다(대판 2022. 1. 27, 2020두39365).

2. 수익적 행위·침익적 행위·복효적 행위(법적 효과의 성질에 따른 구분)

(1) 의   의   행정행위는 효과에 따라 수익적 행위(권리·이익의 부여를 내용으로 하는 행위)·침익적 행위(법적 불이익의 부여를 내용으로 하는 행위)·복효적 행위(수익적인 것과 침익적인 것을 함께 부여하는 행위)로 구분된다. 복효적 행위는 이중효과적 행정행위라고도 한다. 복효적 행위도 이중의 효과가 동일인에게 귀속하는 경우를 혼효적 행위(이중의 효과가 동일인에게 귀속하는 경우)와 제 3 자효 있는 행정행위(이중의 효과가 상이한 자에게 분리 귀속하는 경우)로 구분할 수 있다.

(2) 구분의 실익

	수익적 행위	침익적 행위
법률의 유보	비교적 엄격하지 않다	비교적 엄격하다
절 차	비교적 엄격하지 않다	비교적 엄격하다
신 청	비교적 신청을 전제로 한다	신청과 무관하다
부 관	비교적 친하다	비교적 거리가 멀다
취소·철회	용이하지 않다	비교적 용이하다
강제집행	친하지 않다	비교적 친하다

(3) 제 3 자효 있는 행정행위

1) 의의·문제상황   ① 제 3 자효 있는 행위는 판례상 건축법이나 환경법상 이웃소송(인인소송), 여객자동차 운수사업법상 경업자소송에서 찾아 볼 수 있다. 여기서 제 3 자효란 직접적으로 제 3 자에게 법률상 이익의 효과를 가져오는 경우를 말하고, 간접적으로 제 3 자에게 사실상 영향을 가져오는 것은 이에 해당하지 아니한다(예: 정부가 보험회사의 보험료의 인상을 승인한 경우, 이로 인한 고객의 피해는 간접적이다). ② 수익적인 효과와 침익적인 효과가 상이한 자에게 분리되는 행정행위인 제 3 자효 있는 행정행위는 복수의 이해관계자를 갖는다는 점, 사익과 공익의 조화뿐만 아니라 사익과 사익의 조화도 중요한 문제가 된다는 점을 특징으로 갖는다.

2) 행정실체법상 특징   제 3 자의 권익보호를 위해 제 3 자효 있는 행위와 관련하여 ① 제 3 자의 공권이 성립하기도 하고(예: 주거지역에서 연탄공장설립을 허가하는 경우, 이웃주민에게 인정되는 환경권), ② 행정개입청구권(예: 폐기물을 무단으로 폐기하는 업자로 인해 고통을 받는 이웃주민이 환경행정청에 폐기물제거를 명할 것을 구하는 권리)의 인정이 일반적으로 주장되기도 하고, ③ 제 3 자의 권리보호를 위해 경우에 따라 제 3 자효 있는 행정행위의 취소나 철회가 제한되기도 한다.

3) 행정절차상 특징　　　제3자의 권익보호를 위해 제3자효 있는 행위와 관련하여 ① 제3자에게 사전절차로서 의견제출의 기회가 보장되고(절차법 제2조 제7호, 제21조, 제27조 참조.), ② 행정청이 인·허가처분을 함에 있어서 제3자인 이웃주민의 동의가 요구되기도 한다.

4) 행정심판절차상 특징　　　제3자의 권익보호를 위해 제3자효 있는 행위와 관련하여 제3자는 ① 심판청구인적격을 가지며(행심법 제13조), ② 이해관계 있는 행정심판에 참여할 수 있으며 (행심법 제20조), ③ 제3자도 행정심판청구기간의 제한의 적용을 받지만 처분이 있은 날과 관련해 특별한 사정이 없는 한 정당한 사유에 해당하는 것으로 보아야 하며(행심법 제27조 제3항), ④ 집행정지를 신청할 수 있고(행심법 제30조 제2항), ⑤ 불복고지의 신청권도 갖는다(행심법 제58조 제2항).

5) 행정소송절차상 특징　　　제3자의 권익보호를 위해 제3자효 있는 행위와 관련하여 제3자는 ① 원고적격을 가지며(행소법 제12조), ② 이해관계 있는 행정소송에 참가할 수 있으며(행소법 제16조 제1항·제3항), ③ 제3자도 행정소송제기기간의 제한을 받지만 처분이 있은 날과 관련해 특별한 사정이 없는 한 정당한 사유에 해당하는 것으로 보아야 하며(행소법 제20조 제2항), ④ 제소시에는 집행정지결정을 신청할 수 있으며(행소법 제23조 제2항), ⑤ 재심청구권도 갖는다(행소법 제31조 제1항). 그리고 ⑥ 처분등을 취소하는 확정판결은 제3자에 대하여도 효력이 있다(행소법 제29조 제1항).

3. 부분승인·예비결정·가행정행위(의사결정단계에 따른 구분)

(1) 부분승인(부분허가)

1) 의　　의　　　부분승인이란 단계화된 행정절차에서 사인이 원하는 특정부분에 대해서만 승인하는 행위를 말한다(예: 하나의 대단위사업을 위한 건축허가·시설허가·영업허가 신청의 경우에 우선 건축이나 시설의 설치만을 허가하는 경우, 원자력안전법 제10조 제4항의 경우, 주택법 제49조 제4항의 건축물의 동별 사용허가의 경우)(판례). 부분승인은 절차의 경제에도 기여할 뿐만 아니라 사업자의 투자위험을 축소시키는 측면에서도 인정할 실익이 있다.

[참고조문] 원자력안전법 제10조(건설허가)　③ 위원회는 발전용원자로 및 관계시설을 건설하려는 자가 건설허가신청 전에 부지에 관한 사전 승인을 신청하면 이를 검토한 후에 승인할 수 있다.
④ 제3항에 따라 부지에 관한 승인을 받은 자는 총리령으로 정하는 범위에서 공사를 할 수 있다.

[판례]　**원자력법상의 부지사전승인처분의 법적 성질**
(한국전력공사(피고보조참가인)가 영광원자력발전소 5·6호기 건설사업을 시행하기 위하여 그 건설허가를 받기에 앞서 과학기술처 장관(피고)으로부터 부지사전승인처분을 받은 데 대하여 인근의 주민(원고)이 부지사전승인처분의 취소를 구한 **영광 원자력발전소부지 사전승인 사건**에서) 원자로시설부지사전승인처분의 근거 법률인 구 원자력법(1996. 12. 30. 법률 제5233호로 개정되어 1997. 7. 1.부터 시행되기 전의 것) 제11조 제3항에 근거한 **원자로 및 관계 시설의 부지사전승인처분**은 원자로 등의 건설허가 전에 그 원자로 등 건설예정지로 계획중인 부지가 원자력법의 관계 규정에 비추어 적법성을 구비한 것인지 여부를 심사하여 행하는 **사전적 부분 건설허가처분의 성격**을 가지고 있다. … **원자로 및 관계 시설의 부지사전승인처분은 그 자체로서 건설부지를 확정하고 사전공사를 허용하는 법률효과를 지닌 독립한 행정처분이기는 하지만,** 건설허가 전에 신청자의 편의를 위하여 미리 그 건설허가의 일부 요건을 심사하여 행하는 사전적 부분 건설허가처분의 성격을 갖고 있는 것이어서 **나중에 건설허가처분이 있게 되**

면 그 건설허가처분에 흡수되어 독립된 존재가치를 상실함으로써 그 건설허가처분만이 쟁송의 대상이 되는 것이므로, 부지사전승인처분의 취소를 구하는 소는 소의 이익을 잃게 되고, 따라서 **부지사전승인처분의 위법성은** 나중에 내려진 **건설허가처분의 취소를 구하는 소송에서 이를 다투면 된다** $\binom{\text{대판 1998. 9. 4.}}{\text{97누19588}}$.

[참고] 원자력안전법상의 부지사전승인처분의 법적 성격에 대하여는 견해가 일치되지 않는다. 학설은 일반적으로 원자력안전법 제10조 제3항의 성격을 예비결정으로, 제4항의 성격을 부분승인의 예로 든다. 이와 관련하여 ① 현행 원자력안전법상 부지사전승인은 예비결정과 부분허가의 성질을 아울러 갖는다는 견해도 있고$\binom{\text{박균}}{\text{성}}$, ② 원자력안전법 제10조 제3항을 부분허가로 보는 견해$\binom{\text{류지}}{\text{태}}$도 있다. 본서는 ①의 견해를 취한다.

[평석] 위의 판례는 부지사전승인처분의 위법성은 나중에 내려진 건설허가처분취소청구소송에서 다투면 된다고 하였는데, 이러한 대상판결의 입장은 단계화된 행정결정절차의 취지에도 어긋나며, 또한 '나중에 건설허가처분이 있게 되면 부지사전승인처분은 소의 이익을 잃는다'고 하였는데 소의 이익$\binom{\text{권리보호}}{\text{필요성}}$과 관련해서도 만일 부지사전승인처분의 위법성이 조기에 결정된다면 사업자측은 더 이상 투자하지 않을 것이고 원고측도 헛된 노력이나 비용을 들이지 않아도 되는 만큼 다툴 수 있는 기회를 일찍 주는 것은 원고측에나 피고측$\binom{\text{피고의 보조}}{\text{참가인 포함}}$에나 다 같이 이로운 것이므로 권리보호필요성이 있다고 보아야 한다$\binom{\text{김남}}{\text{진}}$는 비판이 가해질 수 있다.

2) 성 질   부분승인은 결정의 대상이 되는 계획의 중간단계에 대하여 이루어지는 결정이나, 그 단계 자체에 대하여는 완결적인 행정행위의 성격을 갖는다.

3) 법적 근거   부분허가권은 허가권한에 포함되는 것이므로 허가에 대한 권한을 가진 행정청은 부분허가에 대한 별도의 법적 근거가 없이도 부분허가를 할 수 있다.

4) 효 과   부분승인을 받은 자는 승인을 받은 범위 안에서 승인을 받은 행위를 할 수 있다. 그리고 부분승인은 그 자체로 완결적인 성격을 가지므로 행정청은 나머지 부분에 대한 결정에서 부분승인한 내용과 상충되는 결정을 할 수 없다.

5) 권리보호

(가) 부분승인의 발령·불발령에 대한 권리보호   부분승인$\binom{\text{부분}}{\text{허가}}$도 행정쟁송법상 처분개념에 해당한다. 따라서 부분승인의 발령이나 불발령으로 인하여 법률상 이익이 위법하게 침해된 자는 최종적 허가$\binom{\text{그 부분승인의 대상이 아닌 나}}{\text{머지 부분에 대한 승인(허가)}}$를 기다릴 필요 없이 바로 발령된 부분승인이나 불발령된 부분승인을 대상으로 행정쟁송을 제기할 수 있다.

(나) 부분승인 후 종국결정의 불발령에 대한 권리보호   부분승인 후 최종허가를 불발령하는 경우에는 이론상 의무이행소송을 통하여 구제받을 수 있으나 의무이행소송은 현행법상 허용되지 않으므로 의무이행심판이나 부작위위법확인소송을 제기하여 다툴 수 있다. 또한 최종적 허가의 거부처분에 대하여도 의무이행심판이나 거부처분의 취소소송을 통하여 권리구제를 받을 수 있다.

(2) 예비결정(사전결정)

1) 의　　의　　① 예비결정이란 종국적인 행정행위를 하기에 앞서 종국적인 행정행위에 요구되는 여러 요건 중 개개의 요건들에 대해 사전적으로 심사하여 내린 결정을 말한다(예: 건축법 제10조 제1항, 원자력안전법 제10조 제3항, 폐기물관리법 제25조 제2항). ② 예비결정은 단계화된 행정절차에 있어서, 종국적인 결정의 유보하에 이루어지는 행위이다. 따라서 예비결정은 신청자인 사인에게 어떠한 종국적인 행위를 허용하는 것은 아니라는 점에서 부분승인과 구별된다. 부분승인은 전체 프로젝트 중의 한 부분에 대한 것이고, 예비결정은 특정의 처분에 대한 것인 점에서 양자는 다르다. ③ 종국적인 결정에 대한 관계에서 예비결정은 종국적인 결정의 일부요건에 대한 결정이긴 하나 그 자체가 완결적 결정이라는 점에서, 종국적인 결정에 대한 약속에 불과한 확약과 구별된다.

[참고조문]　건축법 제10조(건축 관련 입지와 규모의 사전결정) ① 제11조에 따른 건축허가 대상 건축물을 건축하려는 자는 건축허가를 신청하기 전에 허가권자에게 그 건축물의 건축에 관한 다음 각 호의 사항에 대한 사전결정을 신청할 수 있다.
1. 해당 대지에 건축하는 것이 이 법이나 관계 법령에서 허용되는지 여부
2. 이 법 또는 관계 법령에 따른 건축기준 및 건축제한, 그 완화에 관한 사항 등을 고려하여 해당 대지에 건축 가능한 건축물의 규모
3. 건축허가를 받기 위하여 신청자가 고려하여야 할 사항
⑥ 제4항에 따른 사전결정 통지를 받은 경우에는 다음 각 호의 허가를 받거나 신고 또는 협의를 한 것으로 본다. (각호생략)
⑨ 사전결정신청자는 제4항에 따른 사전결정을 통지받은 날부터 2년 이내에 제11조에 따른 건축허가를 신청하여야 하며, 이 기간에 건축허가를 신청하지 아니하면 사전결정의 효력이 상실된다.

2) 성　　질　　예비결정은 그 결정에서 정해진 부분에만 제한적인 효력을 갖지만, 그 자체가 하나의 완결된 행정행위이다. 예비결정 역시 행정행위의 개념(행정청이 법 아래서 구체적 사실에 대한 법집행으로서 행하는 권력적 단독행위로서 공법행위)에 해당하기 때문이다. 판례도 예비결정의 성격을 갖는 폐기물관리법상의 사업계획서부적정통보에 대하여 "부적정통보는 허가신청 자체를 제한하는 등 개인의 법률상 이익을 개별적이고 구체적으로 규제하고 있어 행정처분에 해당한다"고 결정한 바 있다(대판 1998. 4. 28, 97누21086).

3) 법적 근거　　예비결정은 법령에 규정이 있거나 법적 근거가 없더라도 신청인에게 행정행위의 한 부분이 독립적으로 다루어지는 것에 대한 정당한 이익이 있는 경우에 가능하다.

4) 효　　과　　예비결정은 개별 요건에 대해서는 완결적인 행위이기 때문에 합리적 사유 없이 본결정에서 예비결정의 내용과 상충되는 결정을 할 수 없다. 판례도 폐기물관리법상의 사업계획에 대한 적정통보가 있는 경우 폐기물사업의 허가 단계에서는 나머지 허가요건만을 심사하면 족하다고 한다(대판 1998. 4. 28, 97누21086). 예비결정이 발령된 후 기초된 사실상황이나 법적 상황이 변경되어도, 예비결정은 효과가 있고, 철회의 법리에 따라 폐지될 수 있을 뿐이다.

5) 권리보호

㈎ 예비결정의 발령·불발령에 대한 권리보호　　예비결정도 행정쟁송법상 처분개념에 해당한다. 예비결정의 발령이나 불발령으로 인하여 법률상 이익이 침해된 자는 예비결정의 발령

에 대하여는 취소쟁송을, 불발령에 대하여는 현행법상 의무이행소송이 인정되지 않으므로 부작위의 경우에는 의무이행심판·부작위위법확인소송, 거부의 경우에는 의무이행심판·거부처분취소소송에 의하여 구제를 받을 수 있다.

(나) 예비결정 후 종국결정의 불발령에 대한 권리보호　　　예비결정 후 종국결정의 불발령에 대하여, 예비결정을 받은 사인이 신뢰보호의 원칙의 요건을 충족하는 경우에는 예비결정에 반하는 종국결정에 대하여 신뢰보호원칙위반을 주장할 수 있는 가능성이 있다.

[기출사례] 제 2 회 변호사시험(2013년) 문제·답안작성요령 ☞ PART 4 [2-24]
[기출사례] 제34회 입법고시(2018년) 문제·답안작성요령 ☞ PART 4 [1-15]

(3) 가행정행위(잠정적 행정행위)

1) 의의·특징　　　① 가행정행위란 사실관계와 법률관계가 확정되기 전이지만, 잠정적 규율의 필요성으로 인해 사실관계와 법률관계의 계속적 심사를 유보한 상태에서 행정법관계의 권리·의무를 잠정적으로 규율하는 행위를 말한다(예: 국가공무원법 제73조의3 제 1 항 제 3 호에 의거하여 징계의결이 요구중인 자에게 잠정적으로 직위를 해제하는 경우, 먹는물관리법 제10조의 샘물개발의 가허가). ② 가행정행위는 ⓐ 사실관계(법률관계)의 미확정성, ⓑ 효과의 잠정성, ⓒ 종국결정에 의한 대체성을 특징으로 한다. 가행정행위는 법적 상태에 대한 자세한 심사에 많은 시간이 필요하거나 사실관계가 최종적으로 명료하게 되지 아니하여 종국적인 규율을 할 수 없는 경우에 활용된다.

2) 구　별　　　가행정행위는 하나의 결정으로 이를 집행할 수 있다는 점에서 약속에 불과하여 집행할 수 없는 확약과 구별되며, 또한 효과의 잠정성과 종국적인 결정에 의한 대체성을 전제로 하고 법률관계 전체를 대상으로 한다는 점에서 그 자체로는 완결된 결정이며 법률관계 일부를 대상으로 하는 예비결정(사전결정)이나 부분승인(부분허가)과 구별된다.

3) 성　질　　　법적 성질에 대해 특수한 행정의 행위형식이라는 견해(김남진)와 행정행위라는 견해가 대립한다. 효력발생이 잠정적이라는 사실은 조건이나 기한부 행정행위가 있음을 고려할 때 행정행위의 개념성립에는 장애가 되지 않으며, 잠정적이라 하더라도 그 범위에서는 종국적인 규율이기에 행정행위설이 타당하다(다수설).

4) 법적 근거　　　명시적 규정이 없는 경우 가행정행위가 가능한지에 관해 ① 명시적 규정이 없더라도 행정청이 본처분의 권한이 있으면 가행정행위를 발령할 수 있다는 견해와 ② 법률유보의 일반적 원리에 따라 침익적인 영역에서는 법률의 근거가 필요하다는 견해가 대립하나, ①설이 다수설이며, 타당하다.

5) 효　과　　　종국적인 행정행위가 있게 되면 가행정행위는 종국적 행정행위로 대체되고 효력을 상실한다. 따라서 가행정행위의 잠정성과 종국결정으로의 대체성으로 인해 신뢰보호의 문제가 발생하지 않는다.

6) 권리보호

(가) 가행정행위의 발령·불발령에 대한 권리보호　　　① 가행정행위의 불발령이나 거부의

경우$\binom{\text{수익적}}{\text{인 경우}}$에 사인은 의무이행심판, 거부처분취소소송, 부작위위법확인소송을 제기할 수 있고, 가행정행위의 발령$\binom{\text{침익적}}{\text{인 경우}}$으로 법률상 이익을 침해받은 자는 행정심판이나 행정소송을 제기할 수 있다. ② 가행정행위에 대한 취소소송 중 종국결정이 발령되면 가행정행위는 효력이 상실되므로 취소소송은 소의 이익이 없고, 종국결정에 대한 소송으로 소변경을 하여야 한다$\binom{\text{행소법 제22조의 처분변}}{\text{경으로 인한 소의 변경}}$.

(나) 수익적 종국결정의 불발령에 대한 권리보호   가행정행위 발령 후 상당한 기간 내에 수익적인 종국결정을 발령하지 않는 경우에는 사인은 의무이행심판이나 부작위위법확인소송을 제기할 수 있다.

(다) 종국결정 발령 후 가행정행위를 다툴 수 있는지 여부   판례는 한 사건에서 종국결정이 발령되면, 잠정적 처분의 성격을 갖는 가행정행위는 종국결정에 흡수되어 소멸되는바, 가행정행위는 다툴 수 없다고 하였다$\binom{\text{대판 2015. 2.}}{\text{12, 2013두987}}$. 그러나 판례는 그 후 유사한 사건에서 각각의 처분에 대하여 함께 또는 별도로 불복할 수 있다고 하였다$\binom{\text{대판 2018. 7. 20,}}{\text{2017두30788}}$.

제 2 항　불확정개념, 기속행위·재량행위

	불확정법개념	행정재량개념
반대개념	불확정(법)개념 – 확정(법)개념	재량행정 – 기속행정
법률상 문제의 소재	원칙: 구성요건의 문제 예외: 법효과의 문제	언제나 법효과의 문제
존재형식	다의적 내용으로 표현	"할 수 있다." "하여도 좋다" 등으로 표현
존재영역	공법 및 사법에 공통	원칙: 공행정영역 예외: 사적 영역
정당한 해석의 수	원칙: 하나의 정당한 해석 예외: 복수해석가능	원칙: 다수의 정당한 해석가능 예외: 하나의 해석만 가능(영으로 재량수축)
사법심사	원칙: 전면적인 심사가능 예외: 법적으로 심사가능하나 행정권의 의 　　　사의 존중(판단여지)	원칙: 심사불가(재량영역) 예외: 심사가능(재량권 일탈 또는 남용의 경우)

Ⅰ. 불확정개념과 판단여지(요건면에서 행정의 자유와 구속)

1. 불확정개념의 의의

불확정개념이란 공공의 복지·공적 질서·위험 등의 용어와 같이, 그 의미내용이 일의적인 것이 아니라 다의적인 것이어서 진정한 의미내용이 구체적 상황에 따라 판단되는 개념을 말한다. 불확정개념이 도입될 수밖에 없는 이유는 ① 모든 경우를 구체적으로 나열하는 것이 불가능한바 추상적으로 규정할 수밖에 없고, ② 정치·기술·도덕 등의 변화에도 불구하고 법은 영속성을 가져야 하고, ③ 법률의 경우 국회통과를 위해 정치과정상 타협으로서 애매모호한 표현을 사용하기도 하기 때문이다$\binom{\text{판}}{\text{례}}$. 불확정개념은 불확정법개념 또는 불확정법률개념이라고도 한다.

> **판례**   명확성의 원칙과 불확정개념
>
> (서울특별시 서초구청장의 도로점용허가처분에 대하여 서초구 주민들이 주민소송을 제기한 사건에서) 법치국가 원리의 한 표현인 명확성원칙은 모든 기본권제한 입법에 대하여 요구되나, 명확성원칙을 산술적으로 엄격히 관철하도록 요구하는 것은 입법기술상 불가능하거나 현저히 곤란하므로 입법기술상 추상적인 일반조항과 불확정개념의 사용은 불가피하다. 따라서 법문언에 어느 정도의 모호함이 내포되어 있다 하더라도 법관의 보충적인 가치판단을 통해서 법문언의 의미내용을 확인할 수 있고 그러한 보충적 해석이 해석자의 개인적인 취향에 따라 좌우될 가능성이 없다면 명확성원칙에 반한다고 할 수 없다(대판 2019. 10. 17. 2018두104).

2. 불확정개념의 종류

종래 불확정개념에는 경험적 개념(예: 주간·야간·쓰레기·음료수·차량)과 규범적 개념(예: 공공복지·공익·신뢰성·필요성·공적 안전·공적질서)의 두 종류가 있다고 설명되었다. 그러나 양자의 구분이 반드시 가능한지는 의문이다(예: 질병·문화재). 불확정개념을 경험적 개념과 규범적 개념으로 구분하였던 취지는 사법심사대상의 폭을 넓히기 위한 것이었다. 말하자면 규범적 개념의 경우에는 사법심사가 비교적 어려울지라도 경험적 개념의 경우는 사법심사의 대상이 되어야 함을 주장하기 위한 데 있었다.

3. 불확정개념과 사법심사

불확정개념의 해석·적용은 특정한 사실관계가 요건에 해당하는가 여부에 대한 인식의 문제로서 법적 문제이기 때문에 원칙적으로 사법심사의 대상이 되어야 한다[판례]. 왜냐하면 입법자가 불확정개념을 사용하여 구성요건을 정하였을 때, 구체적 상황하에서 그 의미는 다의적인 것이 아니라 하나의 정당한 의미만이 있을 뿐이기 때문이다. 그러나 구체적인 경우에 무엇이 하나의 정당한 해석인가와 관련하여 어려운 문제가 생긴다. 왜냐하면 동일한 불확정개념을 적용함에 있어서 법을 적용하는 기관마다 다른 결정을 할 수도 있기 때문이다. 여기서 행정기관에 대해 불확정개념의 해석·적용시 어느 정도 자유로운 판단의 여지를 인정할 것인가의 문제가 나타난다.

> **판례**   국적법상 국적회복 불허가 사유로서 "품행이 단정하지 못한 자"의 의미
>
> (원고가 법무부장관의 국적회복불허처분의 취소를 구한 사건에서) 국적법 제 9 조 제 1 항은 "대한민국 국민이었던 외국인은 법무부장관의 국적회복허가를 받아 대한민국 국적을 취득할 수 있다."라고 규정하고 있고, 같은 조 제 2 항은 "법무부장관은 각호의 어느 하나에 해당하는 자에게는 국적회복을 허가하지 아니한다."라고 규정하면서 제 2 호에서 그중 하나로 "품행이 단정하지 못한 자"를 들고 있다. 여기에서 "품행이 단정하지 못한 자"란 '국적회복 신청자를 다시 대한민국의 구성원으로 받아들이는 데 지장이 없을 정도의 품성과 행실을 갖추지 못한 자'를 의미하고, 이는 국적회복 신청자의 성별, 나이, 가족, 직업, 경력, 범죄전력 등 여러 사정을 종합적으로 고려하여 판단하여야 할 것이다. 특히 범죄전력과 관련하여서는 단순히 범죄를 저지른 사실의 유무뿐만 아니라 범행의 내용, 처벌의 정도, 범죄 당시 및 범죄 후의 사정, 범죄일로부터 처분할 때까지의 기간 등 여러 사정을 종합적으로 고려하여야 한다.… **품행이 단정하지 못한지는 행정청에 재량이 인정되는 영역이라고 볼 수는 없**…다(대판 2017. 12. 22. 2017두59420).

4. 판단여지

(1) 의   의   불확정개념과 관련하여 사법심사가 곤란한 행정청의 평가영역·결정영역을 말한다. 따라서 법원은 행정청이 그 영역의 한계를 준수하였는가의 여부만을 심사해야 한다고 한다(행정청에게 판단여지가 인정될 수 있다는 견해가 판단여지설이다).

(2) 논   거   판단여지설은 ① 불확정개념은 행정기관에 따라 상이한 평가가 가능하다는 점, ② 규범논리적 근거에서 하나의 정당한 결정만이 있는 것은 아니라는 점, ③ 행정청이 더욱 많은 전문지식 및 경험을 보유하며, 구체적인 행정문제에 보다 접근되어 있다는 점, ④ 어떠한 결정은 대체할 수 없다는 점, ⑤ 고유한 국가권력으로서 행정권에도 사법에 대응하여 고유한 책임영역이 주어져야 한다는 점을 논거로 한다.

(3) 판단여지의 인정 여부

1) 학   설   학설은 판단여지의 인정여부를 재량과의 비교 하에 검토한다. ① 긍정설은 판단여지는 법률요건에 대한 인식의 문제이지만 재량은 법률효과 선택의 문제라는 점, 양자는 그 인정근거와 내용 등을 달리하는 점에서 구별하는 것이 타당하다고 한다(김남진·김연태, 박균성, 정하중). ② 부정설은 재량과 판단여지는 모두 법원에 의한 사법심사의 배제라는 측면에서 동일하고, 재량은 법규의 효과에만 국한되지 아니하므로 이를 구별할 실익이 없다고 한다(김동희, 류지태, 한견우).

2) 판   례   판례는 판단여지 인정설이 판단여지의 적용영역으로 보는 시험평가유사 결정, 독립위원회의 결정 등을 재량의 문제로 보고 있다(판례 1, 2, 3, 4, 5).

판례 1   **불확정개념의 해석**(판단여지인가 재량인가)
(영광군수가 발령한 건축허가신청반려 처분에 대하여 취소를 구한 사건에서) 국토의 계획 및 이용에 관한 법률이 정한 용도지역 안에서의 건축허가는 건축법 제11조 제 1 항에 의한 건축허가와 국토계획법 제56조 제 1 항의 개발행위허가의 성질을 아울러 갖는 것으로 보아야 할 것인데, 개발행위허가는 허가기준 및 금지요건이 **불확정개념으로 규정된 부분이 많아 그 요건에 해당하는지 여부는 행정청의 재량판단의 영역에 속한다**(대판 2017. 3. 15, 2016두55490).

판례 2   **개발제한구역에서 자동차용 액화석유가스충전사업허가의 성질**
(부산광역시 해운대구청장을 피고로 한 개발제한구역내액화 석유가스충전소사업자지정신청서반려처분등취소소송에서) 개발제한구역법 및 액화석유가스법 등의 관련 법규에 의하면 개발제한구역에서의 자동차용 액화석유가스충전사업허가는 그 **기준 내지 요건이 불확정개념**으로 규정되어 있으므로 그 허가 여부를 판단함에 있어서 행정청에게 재량권이 부여되어 있다고 보아야 한다(대판 2016. 1. 28, 2015두52432).

판례 3   **요건 부분의 불확정개념에 대한 판단의 성질**
(1) (완주군수의 가축분뇨배출시설변경허가 신청불허가처분의 취소를 구한 사건에서) '환경오염 발생 우려'와 같이 장래에 발생할 불확실한 상황과 파급효과에 대한 예측이 필요한 요건에 관한 허가권자의 재량적 판단은 그 내용이 현저히 합리성을 잃었다거나 상반되는 이익이나 가치를 대비해 볼 때 형평이나 비례의 원칙에 뚜렷하게 배치되는 등의 사정이 없는 한 폭넓게 존중하여야 한다(대판 2021. 6. 30, 2021두35681).
(2) (개발행위허가운영지침에서 정한 진입도로 요건을 갖추지 못하였다는 등의 이유로 건축 허가신청을 불허가한 처분의 위법 여부가 문제된 건축허가신청불허가처분취소소송에서) 국토계획법 제56조 제 1 항에

따른 개발행위허가요건에 해당하는지 여부는 행정청의 재량판단의 영역에 속하므로, 그에 대한 사법심사는 행정청의 공익판단에 관한 재량의 여지를 감안하여 원칙적으로 재량권의 일탈이나 남용이 있는지 여부만을 대상으로 하고, 사실오인과 비례·평등의 원칙 위반 여부 등이 그 판단 기준이 된다(대판 2023. 2. 2.
2020두43722).

[판례 4] 농지법상 농지전용허가의 성질
(칠곡군수의 건축허가신청불허가
처분의 취소를 구한 사건에서) 국토의 계획 및 이용에 관한 법률 제56조에 따른 개발행위허가와 농지법 제34조에 따른 농지전용허가·협의는 금지요건·허가기준 등이 불확정개념으로 규정된 부분이 많아 그 요건·기준에 부합하는지의 판단에 관하여 행정청에 재량권이 부여되어 있으므로, 그 요건에 해당하는지 여부는 행정청의 재량판단의 영역에 속한다(대판 2017. 10. 12.
2017두48956).

[판례 5] 공무원의 임용을 위한 면접전형에 대한 면접위원의 판단의 재량행위성
(안양시 사회복지 9급직의 채용을 위해 실시한 '2005년도 제1회 안양시 지방공무원특별임용시험'의 제1차 필기시험 및 제2차 서류전형
에 모두 합격하였으나 제3차 면접시험 결과 최종합격자 13인에 들어가지 못하는 불합격처분을 받은 원고가 피고인 안양시인사위원회
위원장을 상대로 제기한 지방직특별
임용시험불합격처분취소청구소송에서) **공무원 임용을 위한 면접전형에서 임용신청자의 능력이나 적격성 등에 관한 판단**은 면접위원의 고도의 교양과 학식, 경험에 기초한 자율적 판단에 의존하는 것으로서 오로지 **면접위원의 자유재량에 속하고**, 그와 같은 판단이 현저하게 재량권을 일탈·남용하지 않은 한 이를 위법하다고 할 수 없다(대판 2008. 12. 24.
2008두8970).

3) 사 견 전문적인 공행정의 수행과 관련하여 개념파악이나 이해에 미묘한 차이가 나타날 수 있고, 그 미묘한 차이가 판단여지임을 고려할 때, 판단여지설과 판단여지의 개념은 인정할 필요가 있다. 그리고 법치국가원리상 규범의 구성요건은 객관적인 것으로서 요건충족의 판단은 예견 가능한 것이어야 하므로 요건부분에 재량을 부여할 수는 없기에 구별하는 견해가 타당하다. 다만 권력분립원리와 기본권은 충분한 사법적 보호를 요구한다는 점, 그리고 법의 적용에 대한 최종결정권은 원칙적으로 법원이 가져야 한다는 점 등을 고려할 때 판단여지는 제한된 범위에서만 인정되어야 한다(판례). 판단여지의 광범위한 인정은 법의 불안정성을 가져올 것이다. 판단여지는 사법심사에서의 문제이지 행정심판에서는 문제되지 않는다.

[판례] 행정청의 전문적·기술적 판단에 대한 법원의 존중
(1) (안산시장이 채취한 시료를 전문연구기관인 경기도보건환경연구원에 의뢰하여 법령에 정량적으로 규정되어 있는 환경오염물질의 배출허
용기준을 초과한다는 검사결과를 회신받아 원고 주식회사 엠엔씨텍에 제재처분으로서 조업정지처분을 하자 이의 취소를 구한 사건에서) 행정청이 관계 법령이 정하는 바에 따라 고도의 전문적이고 기술적인 사항에 관하여 전문적인 판단을 하였다면, 판단의 기초가 된 사실인정에 중대한 오류가 있거나 판단이 객관적으로 불합리하거나 부당하다는 등의 특별한 사정이 없는 한 존중되어야 한다. 환경오염물질의 배출허용기준이 법령에 정량적으로 규정되어 있는 경우 행정청이 채취한 시료를 전문연구기관에 의뢰하여 배출허용기준을 초과한다는 검사결과를 회신받아 제재처분을 한 경우, 이 역시 고도의 전문적이고 기술적인 사항에 관한 판단으로서 그 전제가 되는 실험결과의 신빙성을 의심할 만한 사정이 없는 한 존중되어야 함은 물론이다(대판 2022. 9. 16.
2021두58912).

(2) (주식회사 삼표산업이 풍납토성 보존을 위한 / 사업인정의 취소를 구한 **풍납토성** 사건에서) 행정청이 문화재의 역사적·예술적·학술적 또는 경관적 가치와 원형의 보존이라는 목표를 추구하기 위하여 문화재보호법 등 관계 법령이 정하는 바에 따라 내린 전문적·기술적 판단은 특별히 다른 사정이 없는 한 이를 최대한 존중할 필요가 있다(대판 2019. 2. 28, 2017두71031; 대판 2000. 10. 27, 99두264).

(4) 적용영역 독일의 판례상 인정된 판단여지로는 ① 시험평가결정(예: 고등학교졸업시험, 사법시험·의사시험 등 국가시험), ② 학교영역에서 시험유사의 결정(예: 유급결정·특별 교육필요성심사결정), ③ 공무원법상 평가(예: 상관에 의한 부하공무원의 근무평가, 시보공무원평가, 공무원임용시 적성·능력의 평가), ④ 전문가와 이익대표자로 구성되는 독립의 위원회의 결정(예: 인사평가위원회의 평가, 독립의 전문감정위원회에 의한 건축사자격평가, 청소년 유해도서의 해당 여부의 평가, 보호대상문화재의 해당 여부의 평가), ⑤ 특히 환경법과 경제법영역에서 미래의 사실관계에 대한 고려 하에서의 예측적 결정과 위험의 평가(예: 예측적 결정의 경우로서 택시업지원자의 기능능력과 택시신규허가를 통한 공공의 교통상의 이익의 침해에 대한 평가, 위험의 평가의 경우로 원자력작업장운영시의 위험에 대한 사전대비의 평가), ⑥ 특히 행정정책적인 종류의 불확정개념과 관련한 결정(예: 공무원의 전보를 위해 근무상의 필요성을 평가하기 위한 기준으로서의 행정청의 인사계획) 등을 볼 수 있다. 앞의 ①·②·③은 비대체적 결정의 영역에서, ④는 구속적 가치의 평가영역에서, ⑤는 예측적 결정의 영역에서, ⑥은 행정정책적(행성적) 결정의 영역에서 인정되는 판단여지로 분류하기도 한다.

(5) 판단여지의 한계 판단여지가 존재하는 경우에도 ① 판단기관이 적법하게 구성되었는가, ② 절차규정이 준수되었는가, ③ 정당한 사실관계에서 출발하였는가, ④ 행정법의 일반원칙, 즉 일반적으로 승인된 평가의 척도(예: 평등원칙)가 침해되지 않았는가의 여부는 사법심사의 대상이 된다는 것이 판단여지설의 내용이기도 하다.

[기출사례] 제60회 5급공채(2016년) 문제·답안작성요령 ☞ PART 4 [3-13]

Ⅱ. 기속행위와 재량행위(효과면에서 행정의 자유와 구속)

1. 기속행위와 재량행위의 개념

(1) 기속행위 기속행위란 법규상 구성요건에서 정한 요건이 충족되면 행정청이 반드시 어떠한 행위를 발하거나 발하지 말아야 하는 행정행위를 말한다(판례).

[판례] 음주측정거부를 이유로 운전면허취소를 함에 있어서 행정청이 그 취소 여부를 선택할 수 있는 재량의 여지가 있는지 여부

(서울특별시 지방경찰청장의 자동차운전 / 면허취소처분의 취소를 구한 사건에서) 도로교통법 제78조 제1항 단서 제8호의 규정에 의하면, 술에 취한 상태에 있다고 인정할 만한 상당한 이유가 있음에도 불구하고 경찰공무원의 측정에 응하지 아니한 때에는 필요적으로 운전면허를 취소하도록 되어 있어 처분청이 그 취소 여부를 선택할 수 있는 **재량의 여지가 없음이** 그 **법문상 명백**하므로, 위 법조의 요건에 해당하였음을 이유로 한 운전면허취소처분에 있어서 재량권의 일탈 또는 남용의 문제는 생길 수 없다(대판 2004. 11. 12, 2003두12042).

(2) 재량행위

1) 의   의   행정법규는 법규상 구성요건에서 정한 전제요건이 충족될 때 행정청이 선택할 수 있는 법효과를 다수 설정하고 있는 경우도 적지 않다. 이때 특정효과의 선택·결정권은 행정청에 부여된 것이 된다. 여기서 행정청에 수권된, 그리고 합목적성의 고려하에 이루어지는 선택과 결정의 자유가 재량($^{행위재량·}_{행정재량}$)이고, 재량에 따른 행위가 재량행위이다($^{판}_{례}$).

> [판례] 요건 미비로 한 거부처분에서 재량권 일탈·남용을 다툴 수 있는지 여부
> ($^{귀화불허가결정의 취}_{소를 구한 사건에서}$) 귀화신청인이 국적법 제 5 조 각 호에서 정한 귀화요건을 갖추지 못한 경우 피고는 귀화 허부에 관한 재량권을 행사할 여지없이 귀화불허처분을 하여야 하므로, 원심이 원고가 귀화요건을 갖추지 못하였다고 보면서도 피고의 재량권 일탈·남용 여부에 관하여 나아가 판단한 것은 적절하지 아니하다($^{대판 2018. 12. 13.}_{2016두31616}$).

2) 재량의 유형   재량은 법상 수권의 내용에 따라 행정청이 어떠한 처분을 할 것인가 아니할 것인가의 재량, 즉 결정재량과 법상 허용된 많은 가능한 처분 중에서 어떠한 처분을 할 것인가의 재량, 즉 선택재량의 2가지가 있으며, 양자가 결합하기도 한다.

3) 의무에 합당한 재량   재량행사는 행정의 고유영역에 속한다. 그렇다고 재량행사가 행정청의 임의나 자의를 의미하는 것은 아니다. 그것은 입법의 취지·목적·성질과 헌법질서의 구속하에, 그리고 당해 처분에 관련된 본질적인 관심사에 대한 고려하에 행사되어야 한다. 따라서 재량은 언제나 의무에 합당한 재량을 뜻한다($^{대판 2006. 9. 28.}_{2004두5317}$). 의무에 합당한 재량은 법에 구속된 재량이라고도 한다. 순수한 의미의 자유재량은 법치국가에서 있을 수 없다($^{판}_{례}$). 재량행사가 만약 의무에 합당한 것이 아니라면 재량하자가 있는 것이 된다. 행정기본법은 의무에 합당한 재량행사를 "행정청은 재량이 있는 처분을 할 때에는 관련 이익을 정당하게 형량하여야 하며, 그 재량권의 범위를 넘어서는 아니 된다"로 규정하고 있다($^{기본법}_{제21조}$).

> [판례] 재량권 행사의 한계
> ($^{서울대학교 총장의 1989학년도 외교관자녀 등의 편·입학을 위한 특별전형}_{에서의 합격처분을 다툰 1989년 서울대 외교관자녀우대 특별전형사건에서}$) **자유재량에 있어서도 그 범위의 넓고 좁은** 차이는 있더라도 **법령의 규정뿐만 아니라 관습법 또는 일반적 조리에 의한 일정한 한계가 있는 것으로서 위 한계를 벗어난 재량권의 행사는 위법**하다고 하지 않을 수 없으므로, 서울대학교 총장인 피고가 해외근무자들의 자녀를 대상으로 한 교육법시행령 제71조의2 제 4 항 소정의 특별전형에서 외교관, 공무원의 자녀에 대하여만 획일적으로 과목별실제 취득점수에 20%의 가산점을 부여하여 합격 사정을 함으로써 실제 취득점수에 의하면 충분히 합격할 수 있는 원고들에 대하여 불합격처분을 하였다면 위법하다($^{대판 1990. 8. 28.}_{89누8255}$).

4) 기속재량과 자유재량   종래 판례는 재량행위를 다시 기속재량행위($^{법규재}_{량행위}$)와 자유재량행위($^{공익재}_{량행위}$)로 나누었다. 기속재량이란 무엇이 법인가의 재량이고, 자유재량은 무엇이 공익에 적

합한가의 재량이라고 하였다. 이러한 구분에 변화가 나타났다(판례 1). 그러나 기속재량과 자유재량의 구분이 반드시 명백한 것은 아니라는 점, 판례가 지적하는 바와 같이 재량권의 남용이나 재량권의 일탈의 경우에는 기속재량이거나 자유재량이거나를 불문하고 사법심사의 대상이 된다는 점(판례 2), 기속재량이나 자유재량 모두 법에 기속된다는 점을 고려할 때, 양자의 구분은 필요한 것이 아니다(김남진). 요즈음 판례는 기속재량행위와 자유재량행위의 구분을 하지 않는 것으로 보인다.

> **판례 1** 기속행위 내지 기속재량행위와 재량행위 내지 자유재량행위의 구분 기준
> (광주광역시 남구청장의 원고에 대한 건축 물용도변경허가거부처분을 다툰 사건에서) 행정행위가 그 재량성의 유무 및 범위와 관련하여 이른바 기속행위 내지 기속재량행위와 재량행위 내지 자유재량행위로 구분된다고 할 때, 그 구분은 당해 행위의 근거가 된 법규의 체제·형식과 그 문언, 당해 행위가 속하는 행정 분야의 주된 목적과 특성, 당해 행위 자체의 개별적 성질과 유형 등을 모두 고려하여 판단하여야 한다(대판 2001. 2. 9. 98두17593).

> **판례 2** 기속재량이든 자유재량이든 모두 사법심사의 대상이 된다고 본 사례
> (충청북도지사의 원고에 대한 운전면허취소처분을 다툰 사건에서) 행정청의 재량권은 복지행정의 확대 등 행정행위의 복잡 다기화에 따라 그 영역이 날로 넓어지는 추세에 있고 한편 국민의 권익을 아울러 보장하여야 하는 행정목적과 행정행위의 특성에 따라 재량권을 부여한 내재적 목적에 반하여 명백히 다른 목적을 위하여 행정처분을 하는 것과 같은 재량권의 남용이나 재량권의 행사가 그 법적 한계를 벗어나는 경우와 같은 재량권의 일탈은 그 재량권이 기속재량이거나 자유재량이거나를 막론하고 사법심사의 대상이 된다고 풀이하여야 할 것이다(대판 1984. 1. 31. 83누451).

2. 기속행위와 재량행위의 구별필요성

(1) 행정소송상 이유   행정소송법은 재량권일탈·재량권남용의 처분등을 취소소송의 대상으로 규정하고 있는바(행소법 제27조), 이것은 재량권일탈·재량권남용에 이르지 아니한 재량위반의 처분등은 취소소송의 대상이 아님을 뜻한다. 기속위반의 처분등은 취소소송의 대상이 된다는 점을 볼 때, 사법심사의 대상이 되는 기속행위와 대상이 되지 아니하는 재량행위의 구분이 필요하다. 요컨대 사법심사의 대상에서 제외되는 재량행위의 의의와 한계를 명백히 하기 위해 재량행위와 기속행위의 구분이 필요하다. 따라서 기속행위와 재량행위는 사법심사에 있어서 심사방식을 달리하게 된다(판례 1, 2).

> **판례 1** 기속행위와 재량행위의 사법심사 방법의 차이
> [1] (부산광역시 해운대구청장을 피고로 한 개발제한구역내액화 석유가스충전소사업자지정신청서반려처분등취소소송에서) 행정행위를 기속행위와 재량행위로 구분하는 경우 양자에 대한 사법심사는, 전자의 경우 그 법규에 대한 원칙적인 기속성으로 인하여 법원이 사실인정과 관련 법규의 해석·적용을 통하여 일정한 결론을 도출한 후 그 결론에 비추어 행정청이 한 판단의 적법 여부를 독자의 입장에서 판정하는 방식에 의하게 되나, 후자의 경우 행정청의 재량에 기한 공익판단의 여지를 감안하여 법원은 독자의 결론을 도출함이 없이 해당 행위에 재량권의 일탈.남용이 있는지 여부만을 심사하게 되고, 이러한 재량권의 일탈·남용 여부에 대한 심사는

사실오인, 비례·평등의 원칙 위배 등을 그 판단 대상으로 한다(대판 2016. 1. 28, 2015두52432; 대판 2017. 3. 15, 2016두55490).

[2] (원고 하이스종합건설 주식회사가 피고 천안시장이 아이피씨개발 주식회사를 사업대상자로 선정한 처분의 취소를 구한 사건에서) 법원은 해당 심사기준의 해석에 관한 독자적인 결론을 도출하지 않은 채로 그 기준에 대한 행정청의 해석이 객관적인 합리성을 결여하여 재량권을 일탈·남용하였는지 여부만을 심사하여야 하고, 행정청의 심사기준에 대한 법원의 독자적인 해석을 근거로 그에 관한 행정청의 판단이 위법하다고 쉽사리 단정하여서는 아니 된다(대판 2019. 1. 10, 2017두43319).

[기출사례] 제 6 회 변호사시험(2017년) 문제·답안작성요령 ☞ PART 4 [2 - 19]

[판례 2] 재량권을 일탈한 과징금 납부명령에 대하여 법원이 적정한 처분의 정도를 판단하여 그 초과되는 부분만 취소할 수 있는지 여부

(원고 서울특별시의사회가 진단서 등 의료기관 증명서의 발급수수료를 2배 수준으로 인상하기로 의결하고 이를 소속 회원들로 하여금 시행토록 하자, 피고인 공정거래위원회가 독점규제 및 공정거래에 관한 법령에 따라 원고에게 3억 500만원의 과징금 납부명령을 하였고, 이에 대하여 원고가 시정명령등취소소송을 제기하였으며, 원심은 피고가 재량권을 일탈·남용한 위법이 있다고 판단하면서 적정한 과징금은 1억 100만원이라고 보아 이를 초과하는 부분만 취소하는 판결을 하였고, 이에 피고가 상고한 사건에서) 처분을 할 것인지 여부와 처분의 정도에 관하여 재량이 인정되는 과징금 납부명령에 대하여 그 명령이 재량권을 일탈하였을 경우 법원으로서는 재량권의 일탈 여부만 판단할 수 있을 뿐이지 재량권의 범위 내에서 어느 정도가 적정한 것인지에 관하여는 판단할 수 없어 그 전부를 취소할 수밖에 없고, 법원이 적정하다고 인정되는 부분을 초과한 부분만 취소할 수는 없다(대판 2009. 6. 23, 2007두18062).

(2) 부관의 가능성   행정청은 처분에 재량이 있는 경우에는 부관(조건, 기한, 부담, 철회권의 유보 등을 말한다. 이하 같다)을 붙일 수 있다(기본법 제17조 제1항). ② 행정청은 처분에 재량이 없는 경우에는 법률에 근거가 있는 경우에 부관을 붙일 수 있다(기본법 제17조 제2항). 이와 관련하여 행정기본법 제정 전에 기속행위에는 부관을 붙일 수 없으나 재량행위에는 부관을 붙일 수 있기 때문에 양자는 구분할 필요가 있다는 견해도 있었다. 그러나 부관이 법상의 전제요건을 충족시키게 될 때에는 기속행위에도 부관을 붙일 수 있고(요건충족적 부관), 반대로 재량행위에도 성질상 부관을 붙일 수 없는 경우도 있다. 부관의 가능성은 입법의 목적·취지·내용 등을 고려하여 정할 문제이지, 행위의 재량성유무와 반드시 직결된 것이라 보기는 어렵다.

(3) 기   타   ① 개인적 공권이 재량행위에서도 인정될 수 있다는 점을 고려한다면, 개인적 공권의 인정 여부와 관련하여 재량행위와 기속행위를 구별할 이유는 없으며, ② 재량행위나 기속행위 모두 취소·철회가 가능하므로 불가변력과 관련하여 재량행위와 기속행위를 구별할 이유도 없다. ③ 판결에 의하여 취소되는 처분이 당사자의 신청을 거부하는 것을 내용으로 하는 경우에는 그 처분을 행한 행정청은 판결의 취지에 따라 다시 이전의 신청에 대한 처분을 하여야 하는 기속력을 받게 된다(행소법 제30조 제2항)는 점은 양자에 동일하므로, 취소판결의 기속력의 내용과 관련하여 재량행위와 기속행위를 구별할 이유도 없으며, ④ 위법 여부를 본안심리의 대상으로 하는 것도 양자 간에 동일하므로 본안심리와 관련하여 재량행위와 기속행위를 구별할 이유도 없다.

3. 기속행위와 재량행위의 구별기준

	(본서의 입장과 오늘날의 판례)	(전통적 견해와 종래의 판례)
구분개념	기속행위	기속행위 기속재량행위
	재량행위	자유재량행위

(1) 학　　설

1) 요건재량설　　재량이 행정행위의 요건에 대한 사실인정과 인정사실의 요건해당 여부에 관한 판단이지, 행정행위의 효과설정에 있는 것은 아니라는 것을 전제로 하여 ① 요건이 공백규정이거나 종국목적$\binom{예: 공익}{상 필요}$만을 두고 있는 경우는 자유재량에 속하고, ② 중간목적$\binom{예: 위생}{상 필요}$을 두고 있는 경우에는 기속재량행위라고 한다. 이 견해에 대해서는 ⓐ 법률문제인 요건인정을 재량문제로 오인하였고, ⓑ 중간목적과 종국목적의 구분이 불분명하고, ⓒ 법률효과실현 자체가 재량의 대상임을 간과하고 있다는 비판이 가해진다.

2) 효과재량설　　재량은 행정행위의 요건인정이 아니라 법률효과의 선택에 있다는 것을 전제로 하여 ① 침익적 행위는 기속행위$\binom{기속재}{량행위}$이고, ② 수익적 행위는 법규상 또는 해석상 특별한 기속이 없는 한 재량행위$\binom{자유재}{량행위}$이며, ③ 국민의 권리·의무와 관련 없는 행위도 재량행위$\binom{자유재}{량행위}$라고 한다. 이 견해에 대해서는 ⓐ 급부행정의 영역에서 법률요건해당을 인정한 뒤에도 자유재량이라는 이유로 불행위의 자유를 행정청에 주는 것은 문제이고, ⓑ 정치적·행정적 책임이 수반되는 정책재량 또는 전문적 지식을 요하는 기속재량에 속하는 사항은 비록 불이익처분이라고 하여도 사법심사의 대상으로 하기 어렵다는 점을 등한시하며, ⓒ 법규정을 무시한다는 비판이 가해지고 있다. 행위재량설이라고도 한다.

3) 판단여지설　　판단여지와 재량이 모두 법원의 통제가 미치지 않는다는 점에서는 동일하므로 구별할 실익이 없음을 논거로 한다. 그러나 양자가 모두 법원의 통제하에 놓이지 않는다고 하여도 재량은 선택의 문제를 대상으로 하고, 판단여지는 인식의 문제를 대상으로 하는바, 양자는 성질이 다른 것이므로, 행정법학의 논리체계상 양자는 구별되어야 한다$\binom{김남}{진}$. 불확정개념은 요건부분의 문제로서 효과부분의 문제인 재량개념과 구분되어야 한다는 저자의 입장에서 판단여지설은 기속행위와 재량행위의 구별기준이 될 수 없음은 물론이다.

4) 종　합　설　　재량은 법적 요건이 아니라 법적 효과와 관련된다는 전제하에 기속행위와 재량행위의 구분은 법령의 규정방식, 그 취지·목적, 행정행위의 성질 등을 함께 고려하여 구체적 사안마다 개별적으로 판단하여야 한다는 견해이다$\binom{박윤흔·}{정하중}$.

(2) 판　　례

① 판례는 관련법령에 대한 종합적인 판단을 전제로 하여 재량행위와 기속행위를 구분하여야 한다는 것을 기본적인 기준으로 하면서$\binom{종합설에}{해당한다}\binom{판례}{1}$, ② 특정인에게 권리나 이익을 부여하는 이른바 수익적 행정처분은 법령에 특별한 규정이 없는 한 재량행위라고 하

여$\left(\begin{smallmatrix}\text{대판 2014. 5. 16.}\\\text{2014두274}\end{smallmatrix}\right)$ 효과재량설을 보충적인 기준으로 활용한다$\left[\begin{smallmatrix}\text{판례}\\2\end{smallmatrix}\right]$. 그러나 판례는 왜 수익적인 행위는 재량행위이어야 하는가에 관해 언급하는 바가 없다. 여기에 판례의 문제점이 있다. 아울러 ③ 판례는 경우에 따라 공익성을 구별기준으로 들기도 한다$\left[\begin{smallmatrix}\text{판례}\\3\end{smallmatrix}\right]$.

> **판례 1**   기속행위와 재량행위의 구별방법
>
> (국민건강보험공단이 원고 사무장 병원의 개설명의인에 대하여 요양급여비용 징수 처분을 하자 이에 취소를 구한 사건에서) 어느 행정행위가 기속행위인지 재량행위인지는 당해 처분의 근거가 되는 규정의 체재·형식과 그 문언, 당해 행위가 속하는 행정 분야의 주된 목적과 특성, 당해 행위 자체의 개별적 성질과 유형 등을 모두 고려하여 개별적으로 판단하여야 한다 $\left(\begin{smallmatrix}\text{대판 2020. 6. 4.}\\\text{2015두39996}\end{smallmatrix}\right)$.

> **판례 2**   야생동·식물보호법 제16조 제3항에 의한 용도변경승인 행위 등의 성질
>
> (곰의 웅지를 추출하여 비누, 화장품 등의 재료로 사용할 목적으로 곰의 용도를 '사육곰'에서 '식·가공품 및 약용 재료'로 변경하겠다는 내용의 국제적멸종위기종의 용도변경 승인신청을 피고인 한강유역환경청장이 거부하자 다툰 사육곰 용도변경신청거부사건에서) 야생동·식물보호법 제16조 제3항과 같은 법 시행규칙 제22조 제1항의 체제 또는 문언을 살펴보면 원칙적으로 국제적멸종위기종 및 그 가공품의 수입 또는 반입 목적 외의 용도로의 사용을 금지하면서 용도변경이 불가피한 경우로서 환경부장관의 용도변경승인을 받은 경우에 한하여 용도변경을 허용하도록 하고 있으므로, 위 법 제16조 제3항에 의한 **용도변경승인은 특정인에게만 용도 외의 사용을 허용해주는 권리나 이익을 부여하는 이른바 수익적 행정행위로서 법령에 특별한 규정이 없는 한 재량행위**이고, 위 법 제16조 제3항이 용도변경이 불가피한 경우에만 용도변경을 할 수 있도록 제한하는 규정을 두면서도 시행규칙 제22조에서 용도변경 신청을 할 수 있는 경우에 대하여만 확정적 규정을 두고 있을 뿐 용도변경이 불가피한 경우에 대하여는 아무런 규정을 두지 아니하여 용도변경 승인을 할 수 있는 용도변경의 불가피성에 대한 판단에 있어 재량의 여지를 남겨 두고 있는 이상, 용도변경을 승인하기 위한 요건으로서의 용도변경의 불가피성에 관한 판단에 필요한 기준을 정하는 것도 역시 행정청의 재량에 속하는 것이므로, 그 설정된 기준이 객관적으로 합리적이 아니라거나 타당하지 않다고 볼 만한 다른 특별한 사정이 없는 이상 행정청의 의사는 가능한 한 존중되어야 한다 $\left(\begin{smallmatrix}\text{대판 2011. 1. 27.}\\\text{2010두23033}\end{smallmatrix}\right)$.

> **판례 3**   구 자동차운수사업법 제4조에 의한 마을버스운송사업면허 허용 여부가 공익과 합목적성을 이유로 재량행위라고 본 사례
>
> (서울특별시 강남구청장의 원고인 진아교통(주) 등에 대한 자동차운송사업한정면허처분을 다툰 사건에서) 구 자동차운수사업법의 관련 규정에 의하면 **마을버스운송사업면허의 허용 여부**는 사업구역의 교통수요, 노선결정, 운송업체의 수송능력, 공급능력 등에 관하여 기술적·전문적인 판단을 요하는 분야로서 **이에 관한 행정처분은 운수행정을 통한 공익실현과 아울러 합목적성을 추구하기 위하여 보다 구체적 타당성에 적합한 기준에 의하여야 할 것이므로 그 범위 내에서는 법령이 특별히 규정한 바가 없으면 행정청의 재량에 속하는 것이라고 보아야 할 것이다** $\left(\begin{smallmatrix}\text{대판 2001. 1. 19. 99두3812;}\\\text{대판 2002. 6. 28. 2001두10028}\end{smallmatrix}\right)$.

[판례가 기속행위로 판단한 경우]

① 허가에 해당하는 구 식품위생법상 대중음식점영업허가$\left(\begin{smallmatrix}\text{대판 1993. 5. 27.}\\\text{93누2216}\end{smallmatrix}\right)$와 일반주점영업허가 $\left(\begin{smallmatrix}\text{대판 2000. 3. 24.}\\\text{97누12532}\end{smallmatrix}\right)$, 구 공중위생법상 위생접객업허가$\left(\begin{smallmatrix}\text{대판 1995. 7. 28.}\\\text{94누13497}\end{smallmatrix}\right)$, 건축법상 일반건축물의 건축허가 $\left(\begin{smallmatrix}\text{대판 2006. 11. 9. 2006두1227;}\\\text{대판1995. 12. 12. 95누9051}\end{smallmatrix}\right)$, 구 식품위생법상 광천음료수제조업허가$\left(\begin{smallmatrix}\text{대판 1993. 2. 12.}\\\text{92누5959}\end{smallmatrix}\right)$, 건축법상 용도

변경허가$\binom{대판\ 2014.\ 8.\ 28.}{2012두8274}$.

② 인가에 해당하는 학교법인이사취임승인처분$\binom{대판\ 1992.\ 9.\ 22.}{92누5461}$.

③ 관광사업 양도·양수에 의한 지위승계신고수리$\binom{대판\ 2007.\ 6.\ 29.}{2006두4097}$.

④ 국가공무원법상 복직명령$\binom{대판\ 2014.\ 6.\ 12.}{2012두4852}$.

[판례가 재량행위로 판단한 경우]

① 특허에 해당하는 귀화허가$\binom{대판\ 2010.\ 10.\ 28.}{2010두6496}$, 여객자동차운송사업의 한정면허$\binom{대판\ 2020.\ 6.\ 11.}{2020두34384}$. 개인택시운송사업면허$\binom{대판\ 2007.\ 3.\ 15.}{2006두15783}$, 구 자동차운수사업법에 의한 자동차운송사업면허$\binom{대판\ 1999.\ 10.}{12,\ 99두6026;}$ 대판 1990. 7. 13, 90누2918), 구 자동차운수사업법에 의한 마을버스운송사업면허$\binom{대판\ 2001.\ 1.\ 19,}{99두3812}$, 구 토지수용법상 사업인정$\binom{대판\ 1992.\ 11.\ 13,}{92누596}$, 여객자동차운송사업휴업허가$\binom{대판\ 2018.\ 2.\ 28,}{2017두51501}$. 구 공유수면매립법상 공유수면매립면허$\binom{대판\ 1989.\ 9.\ 12,}{88누9206}$, 출입국관리법상 체류자격 변경허가$\binom{대판\ 2016.\ 7.\ 14,}{2015두48846}$. 공유수면 관리 및 매립에 관한 법률상 공유수면의 점용·사용허가$\binom{대판\ 2017.\ 4.\ 28,}{2017두30139}$, 출입국관리법상 난민인정불허결정처분$\binom{대판\ 2017.\ 3.\ 15,}{2013두16333}$, 도로점용허가$\binom{대판\ 2019.\ 1.\ 17,\ 2016두}{56721,\ 2016두56738(병합)}$.

② 인가에 해당하는 민법상 비영리법인설립허가$\binom{대판\ 1996.\ 9.\ 10,}{95누18437}$, 구 주택건설촉진법상 주택조합설립인가$\binom{대판\ 1995.\ 12.\ 12,}{94누12302}$, 구 자동차관리법상 시·도지사 등의 조합설립인가처분$\binom{대판\ 2015.\ 5.\ 29,}{2013두635}$, 출입국관리법상 체류자격 변경허가$\binom{대판\ 2016.\ 7.\ 14,}{2015두48846}$, 사립학교법 제20조의2가 정한 임원취임승인 취소처분$\binom{대판\ 2017.\ 12.\ 28,}{2015두56540}$.

③ 허가에 해당하는 주택건설사업계획의 승인$\binom{대판\ 2007.\ 5.\ 10,}{2005두13315}$, 구 도시계획법상의 개발제한구역 내의 건축허가$\binom{대판\ 2004.\ 3.\ 25,}{2003두12837}$와 건축물의 용도변경허가$\binom{대판\ 2001.\ 2.\ 9,}{98두17593}$, 산림법 부칙 제9조 제1항·제2항에 의한 형질변경허가 등 산림의 용도변경에 필요한 처분$\binom{대판\ 1998.\ 9.\ 25,}{97누19564}$, 총포도검화약류단속법상 총포 등 소지허가$\binom{대판\ 1993.\ 5.\ 14,}{92도2179}$, 구 관광진흥법상 관광지조성사업시행 허가처분$\binom{대판\ 2001.\ 7.\ 27,}{99두8589}$, 자연공원법상 공원사업시행 허가처분$\binom{대판\ 2001.\ 7.\ 27,}{99두5092}$, 음주운전을 이유로 한 운전면허취소처분$\binom{대판\ 2018.\ 2.\ 28,}{2017두67476}$. 가축분뇨법에 따른 처리방법 변경허가$\binom{대판\ 2021.\ 6.\ 30,}{2021두35681}$, 폐기물관리법상 폐기물처리사업계획서의 적합 여부를 판단행위$\binom{대판\ 2023.\ 7.\ 27,}{2023두35661}$.

④ 판단여지에 해당하는 구 지가공시및토지등의평가에관한법률시행령상 감정평가사시험의 합격기준선택$\binom{대판\ 1996.\ 9.\ 20,}{96누6882}$, 구 사법시험령상 사법시험문제출제행위$\binom{대판\ 2001.\ 4.\ 10,}{99다33960}$.

⑤ 행정계획에 해당하는 구 도시계획법상 도시계획결정$\binom{대판\ 1996.\ 11.\ 29,}{96누8567}$, 구 자연공원법상 자연공원사업시행허가$\binom{대판\ 2001.\ 7.\ 27,}{99두5092}$.

⑥ 표시광고법상 공표명령$\binom{대판\ 2014.\ 12.\ 24,}{2012두26708}$.

⑦ 공정거래위원회의 공정거래법 위반행위자에 대한 과징금 부과처분$\binom{대판\ 2018.\ 4.\ 24,}{2016두40207}$.

⑧ 재외동포에 대한 사증발급$\binom{대판\ 2019.\ 7.\ 11,}{2017두38874}$.

⑨ 법무부장관의 공증인 인가·임명행위$\binom{대판\ 2019.\ 12.\ 13,}{2018두41907}$.

⑩ 군인사법상 현역복무 부적합 전역처분$\binom{대판\ 2019.\ 12.\ 27,}{2019두37073}$.

(3) 사견$\binom{종합설과\ 기본권기준설,}{기본권까지\ 고려하는\ 종합설}$

1) 판단기준 법문의 표현이 분명한 경우에는 문제가 없다$\binom{판}{례}$. 문제는 법문의 표현이 불분명한 경우이다. 이러한 경우에는 종합설에 따를 것이지만, 종합설에 따른다고 하여도 양자의 구

분이 용이하지 아니한 한계적인 경우에는 헌법상 최상위의 조항인 헌법 제10조와 제37조 제 2 항 및 행정행위의 내용·성질에서 그 기준을 찾아야 한다. 즉 '기본권의 최대한 보장'이라는 헌법상 명령과 행정행위의 '공익성'을 재량행위와 기속행위의 구분기준으로 하여야 한다($\frac{기본권}{기준설}$). 기본권의 보장이 보다 강하게 요청되는 경우에는 사인의 기본권실현에 유리하게 판단하고, 공익실현이 보다 강하게 요청되는 경우에는 공익실현에 유익하도록 판단하여야 한다고 본다. 요컨대 법문의 표현상 기속행위와 재량행위의 구분이 불명확한 경우에는 종합설에 따라 판단하되, 그럼에도 양자의 구분이 불명확한 경우에는 종합설의 한 부분으로서 기본권기준설을 활용하면 될 것이다.

> **판례** 기속행위·재량행위 구분기준으로서 법령상 문언
>
> (1) ($\frac{거제1구역\ 주택재개발정비사업조합이\ 부산광역시\ 연제}{구청장의\ 기타부담금부과처분의\ 취소를\ 구한\ 사건에서}$) 학교용지법 제 5 조 제 4 항은 "시·도지사는 다음 각 호의 어느 하나에 해당하는 경우에는 부담금을 면제할 수 있다. 다만 제 1 호·제 3 호 및 제 4 호의 경우에는 부담금을 면제하여야 한다."라고 규정하면서 제 2 호에서 '최근 3년 이상 취학 인구가 지속적으로 감소하여 학교 신설의 수요가 없는 지역에서 개발사업을 시행하는 경우'를 들고 있다. 이와 같이 위 규정 제 1 호, 제 3 호, 제 4 호에 따른 학교용지부담금 면제는 기속행위인 반면, 제 2 호에 따라 학교용지부담금을 면제할 것인지 여부를 결정하는 데에는 행정청의 재량이 인정된다($\frac{대판\ 2022.\ 12.\ 29.}{2020두49041}$).
>
> (2) ($\frac{에스케이브로드밴드\ 주식회사\ 등이\ 공정거래위원}{회의\ 시정명령등에\ 대하여\ 취소를\ 구한\ 사건에서}$) 공정거래법 제24조는 '공정거래위원회는 제23조 제 1 항 또는 제 2 항, 제23조의2 또는 제23조의3을 위반하는 행위가 있을 때에는 해당 사업자에 대하여 해당 불공정거래행위의 중지 및 재발방지를 위한 조치, 해당 보복조치의 중지, 계약조항의 삭제, 시정명령을 받은 사실의 공표 기타 시정을 위한 필요한 조치를 명할 수 있다.'고 규정하고 있고, 대리점법 제23조는 "공정거래위원회는 제 6 조부터 제12조까지를 위반하는 행위가 있을 때에는 해당 사업자에 대하여 해당 행위의 중지, 시정명령을 받은 사실의 공표, 그 밖에 위반행위의 시정에 필요한 조치를 명할 수 있다."라고 규정하고 있다. 이러한 문언 내용에 비추어 보면, 피고는 공정거래법 제23조 제 1 항 또는 제 2 항, 제23조의2 또는 제23조의3, 대리점법 제 6 조부터 제12조를 위반한 사업자에 대하여 그 위반행위를 시정하기 위하여 필요하다고 인정되는 제반 조치를 할 수 있고, 이러한 시정의 필요성 및 시정에 필요한 조치의 내용에 관하여는 피고에게 그 판단에 관한 재량이 인정된다($\frac{대판\ 2022.\ 5.\ 12.}{2022두31433}$).

  2) 구체적 적용   ① 유흥주점영업의 허가의 경우에는 기본권($\frac{직업선택}{의\ 자유}$)이 보다 중요하므로 요건이 구비된 허가신청에 대해 반드시 허가하는 것이 기본권의 최대한의 보장에 부합하는 것인바, 기속행위로 보아야 한다. 판례($\frac{대판\ 2000.\ 3.\ 24.}{97누12532}$)의 입장도 같다. 한편, ② 여객자동차운송사업의 면허($\frac{특}{허}$)의 경우에는 공익실현이 보다 중요하므로 행정청이 공익실현을 위해 합리적이고도 자유로운 판단을 할 수 있어야 하는바, 재량행위로 보아야 한다. 판례($\frac{대판\ 1999.\ 10.\ 12.}{99두6026}$)의 입장도 같다. 그러나 ③ 준법률행위적 행정행위의 경우에는 성질상 기속행위로 볼 것이다. 다만, ④ 복합민원의 경우에는 관련 법령을 모두 고려하여야 한다($\frac{판}{례}$).

판례 복합민원에 있어서 필요한 인·허가를 일괄하여 신청하지 아니하고 그 중 어느 하나의 인·허가만을 신청한 경우, 근거 법령이 아닌 다른 관계 법령을 고려하여 그 인·허가 여부를 결정할 수 있는지 여부

(강화군수의 원고에 대한 농지전)
(용불허가처분을 다툰 사건에서) **하나의 민원 목적을 실현하기 위하여 관계 법령 등에 의하여 다수 관계기관의 허가·인가·승인·추천·협의·확인 등의 인·허가를 받아야 하는 복합민원에 있어서 필요한 인·허가를 일괄하여 신청하지 아니하고 그 중 어느 하나의 인·허가만을 신청한 경우에도 그 근거법령에서 다른 법령상의 인·허가에 관한 규정을 원용하고 있거나 그 대상행위가 다른 법령에 의하여 절대적으로 금지되고 있어 그 실현이 객관적으로 불가능한 것이 명백한 경우에는 이를 고려하여 그 인·허가 여부를 결정할 수 있다**(대판 2000. 3. 24,)(98두8766).

[참고] 홍강훈 교수는 "법문상의 표현이 분명한 경우는 문언상 표현에 따르고, 법문상의 표현이 불분명한 경우에는 원칙적으로 독일의 Soll 규정과 같이 보아서 전형적인 상황에서는 기속행위로 보고, 오직 비전형적 상황에서만 재량행위로 보는 것이 바람직하다"는 견해(기속행위원칙 및)(형량결과 명확성설)를 제시하고 있다. 경청할만한 견해이다.

3) 중대한 공익상 필요   판례는 "건축허가권자는 건축허가신청이 건축법 등 관계 법규에서 정하는 어떠한 제한에 배치되지 않는 이상 당연히 같은 법조에서 정하는 건축허가를 하여야 하고, 중대한 공익상의 필요가 없는데도 관계 법령에서 정하는 제한사유 이외의 사유를 들어 요건을 갖춘 자에 대한 허가를 거부할 수는 없다"고 한다(대판 2009. 9. 24, 2009두8946; 대판 2017. 5. 30,)(2017두34087; 대판 2019. 10. 31, 2017두74320 등). 기본권기준설의 입장에서 보면, 판례는 「일반적으로는 기본권의 보장이 강하게 요청되는 행위(기속)(행위)일지라도 특별한 상황에서는 공익실현이 더 절실히 요구되는 경우(재량)(행위)가 있을 수 있다」는 견해를 취한다고 본다. 특별한 상황의 설정은 예외적이어야 한다. 그렇지 않다면 기본권의 보장은 상대화될 수 있다.

4. 재량하자

(1) 재량하자의 의의   재량하자라 함은 재량권이 주어진 목적과 한계를 벗어나서 행사된 경우를 의미한다. 목적과 한계 내의 것인 한 재량행위에 당·부당의 문제는 생길지언정 위법의 문제는 생기지 않는다. 재량의 행사가 목적과 한계를 벗어나면 재량하자가 있는 것이 되고 위법한 것이 되어 사법심사의 대상이 됨은 실정법(행소법)(제27조)·이론·판례(판)(례)가 모두 인정하고 있다.

판례 재량행위에 대한 사법심사 방법
(피고 경상남도지사가 피고소송참가인들에 대하여 서울남부터미널과 용원시외버스센터를 왕래하는 시외버스 노선 일부에 관하여 마산남)
(부시외버스터미널을 경유하도록 운행경로를 변경하는 내용의 개선명령을 하자, 마산고속버스터미널과 서울 사이를 고속버스로 운행하)
(던 주식회사 동양고속 등의 원고가 위 개선)
(명령의 무효확인 및 취소를 구한 사건에서) 재량행위에 대한 사법심사는 행정청의 재량에 기초한 공익 판단의 여지를 감안하여 법원이 독자적인 결론을 내리지 않고 해당 처분에 재량권 일탈·남용이 있는지 여부만을 심사하게 되고, 사실오인과 비례·평등의 원칙 위반 여부 등이 그 판단기준이 된다.

행정청이 행정행위를 함에 있어 이익형량을 전혀 하지 아니하거나 이익형량의 고려대상에 마땅히 포함시켜야 할 사항을 누락한 경우 또는 이익형량을 하였으나 정당성·객관성이 결여된 경우 그 행정행위는 재량권을 일탈·남용하여 위법하다고 할 수 있다. 이러한 재량권 일탈·남용에 관해서는 그 행정행위의 효력을 다투는 사람이 증명책임을 진다($\frac{대판 2022. 9. 7.}{2021두39096}$).

1) 재량권의 남용   행정청은 재량이 있는 처분을 할 때에는 관련 이익을 정당하게 형량하여야 …한다($\frac{기본법}{제21조}$). 관련 이익을 정당하게 형량하지 아니하는 것을 재량권의 남용이라 한다. 「관련 이익을 정당하게 형량한다」는 것은 재량처분이 입법의 취지·목적·성질과 헌법질서의 구속 하에, 그리고 당해 처분에 관련된 본질적인 관심사에 대한 고려 하에 이루어져야 하고, 또한 상충되는 여러 관련 이익을 조화롭게 통합하고, 같은 방향의 효과는 더 높이는 것이어야 함을 의미한다. 재량권의 남용의 사유로 평등위반의 재량행사, 비례원칙위반의 재량행사, 비이성적인 형량에 따른 재량행사를 들 수 있다($\frac{대판 2016. 7. 14.}{2015두48846}$).

2) 재량권의 일탈   행정청은 재량이 있는 처분을 할 때에는 … 그 재량권의 범위를 넘어서는 아니 된다($\frac{기본법}{제21조}$). 법령상 주어진 재량권의 범위를 넘어서는 것을 재량권의 일탈이라 한다. 재량권의 일탈은 재량에는 일정한 범위가 있음을 전제로 한다(예: 법령에서 정한 액수 이상의 과태료 부과, 법령은 과태료 부과만을 예정하고 있으나 행정청이 영업허가를 취소하는 경우).

3) 재량권의 불행사   재량권의 불행사란 행정청이 자신에게 부여된 재량권을 고려가능한 모든 관점을 고려하여 행사한 것이 아닌 경우를 말한다. 재량권의 불행사에는 ① 재량권을 전혀 행사하지 아니하는 경우(판례), 예컨대 행정청이 재량행위를 기속행위로 오해한 경우, 또는 행정규칙에 구속되는 것으로 오해한 경우와 ② 재량권을 충분히 행사하지 아니한 경우가 있다. 재량권불행사의 행위가 하자 있는 행위가 되는 것은 재량권의 충분한 행사 그 자체는 행정청의 의무이기 때문이다. 재량권의 불행사는 재량결여 또는 재량권미달이라고도 한다. 재량권의 불행사를 재량권의 남용의 한 종류로 보기도 한다.

[판례]   처분의 취소사유로서 재량권의 불행사

(병무청장이 법무부장관에게 '가수 유승준이 공연을 위하여 국외여행허가를 받고 출국한 후 미국 시민권을 취득함으로써 사실상 병역의 무를 면탈하였으므로 재외동포 자격으로 재입국하고자 하는 경우 국내에서 취업, 가수활동 등 영리활동을 할 수 없도록 하고, 불가능할 경우 입국 자체를 금지해 달라'고 요청함에 따라 법무부장관이 유승준의 입국을 금지하는 결정을 하고, 그 정보를 내부전산망인 '출입국관리정보시스템'에 입력하였으나, 유승준에게는 통보하지 않은 상태에서 재외공관장이 아무런 재량을 행사하지 않고 사증발급 거부처분하자 유승준이 사증발급거부처분의 취소를 구한 가수 유승준 사건에서) 처분의 근거 법령이 행정청에 처분의 요건과 효과 판단에 일정한 재량을 부여하였는데도, 행정청이 자신에게 재량권이 없다고 오인한 나머지 처분으로 달성하려는 공익과 그로써 처분상대방이 입게 되는 불이익의 내용과 정도를 전혀 비교형량 하지 않은 채 처분을 하였다면, 이는 재량권 불행사로서 그 자체로 재량권 일탈·남용으로 해당 처분을 취소하여야 할 위법사유가 된다($\frac{대판 2019. 7. 11.}{2017두38874}$).

[기출사례] 제34회 입법고시(2018년) 문제·답안작성요령 ☞ PART 4 [1-16]

(2) 재량하자 유무의 판단 방법, 주장·증명책임   재량하자 유무의 판단은 관련 법령의 규정의 목적과 취지, 관련자들의 이익, 행정의 법 원칙 등을 고려하면서 이루어져야 하며, 재량하자가 있다는 주장·증명은 처분의 효력을 다투는 자가 부담한다(판례).

[판례] 재량권 일탈·남용 여부 판단 방법

(울산광역시장이 환경의 훼손이나 오염을 발생시킬 우려가 있다는 점을 사유로 산업단지개발계획변경신청거부처분을 하자 원고 주식회사 코엔텍이 제기한 취소소송에서) 환경의 훼손이나 오염을 발생시킬 우려가 있다는 점을 처분사유로 하는 산업단지개발계획 변경신청 거부처분과 관련하여 재량권의 일탈·남용 여부를 심사할 때에는 산업입지법의 입법 취지와 목적, 인근 주민들의 토지이용실태와 생활환경 등 구체적 지역 상황, 환경권의 보호에 관한 각종 규정의 입법 취지 및 상반되는 이익을 가진 이해관계자들 사이의 권익 균형 등을 종합하여 신중하게 판단하여야 한다. 그리고 '환경오염 발생 우려'와 같이 장래에 발생할 불확실한 상황과 파급효과에 대한 예측이 필요한 요건에 관한 행정청의 재량적 판단은 그 내용이 현저히 합리성을 결여하였다거나 상반되는 이익이나 가치를 대비해 볼 때 형평이나 비례의 원칙에 뚜렷하게 배치되는 등의 사정이 없는 한 폭넓게 존중하여야 한다. 또한 처분이 재량권을 일탈·남용하였다는 사정은 그 처분의 효력을 다투는 자가 주장·증명하여야 한다(대판 2021. 7. 29.
2021두33593).

[기출사례] 제63회 5급공채(2019년) 문제·답안작성요령 ☞ PART 4 [2–54]

5. 통 제

(1) 행정내부적 통제   재량행위에 대한 행정내부적 통제수단으로는 절차상의 통제, 감독청에 의한 통제, 행정심판에 의한 통제(행심법 제1조)가 있다. 특히 행정심판제도의 적정한 운용은 기속행위뿐만 아니라 재량행위에서도 중요하다.

(2) 행정외부적 통제   재량행위에 대한 행정외부적 통제수단으로 국회에 의한 통제(직접적 수단은 없다. 간접적 수단에는 법적 방법으로 입법을 통해 국회가 재량권의 근거를 부여하거나 제한하는 경우를 볼 수 있고, 정치적 방법으로 각종의 국정감시권의 발동을 볼 수 있다), 법원에 의한 통제(행소법 제27조: 행정청의 재량에 속하는 처분이라도 재량권이 한계를 넘거나 그 남용이 있는 때에는 법원은 이를 취소할 수 있다), 헌법재판소에 의한 통제(헌법소원: 헌법 제111조 제1항, 헌재법 제68조 제1항), 국민에 의한 통제(예: 여론·자문·청원·압력단체의 활동)를 볼 수 있다.

제 3 항   행정행위의 내용

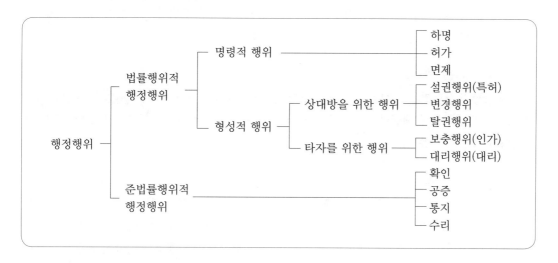

제 1 목   법률행위적 행정행위

제 1   명령적 행위

명령적 행위란 사인의 자유를 제한하거나 그 제한을 해제하는 행위를 말한다. 명령적 행위는 하명·허가·면제로 구분된다. 명령적 행위에 위반하면 강제집행이 따르거나 행정벌이 가해지는 것이 일반적이다. 위반행위가 반사회적인 것이 아닌 한 명령적 행위의 위반이 무효사유는 아니다.

> 자유의 제한과 해제의 형태(강 → 약)
>
> 절대적 금지$\binom{예: 인}{신매매}$ → 억제적 금지$\binom{예: 아편}{사용금지}$와 해제$\binom{예외적 승인·}{예외적 허가}$ → 예방적 금지$\binom{예: 무면허}{운전금지}$와 해제$\binom{허}{가}$
> → 등록$\binom{예: 정기간}{행물등록}\binom{신고+}{수리}$ → 수리를 요하지 않는 신고$\binom{예: 혼}{인신고}$ → 자유$\binom{예: 담}{장설치}$

Ⅰ. 하   명

1. 의의·종류

하명(Befehl)이란 작위·부작위·급부·수인 의무를 명하는 행정행위를 말한다. 하명은 법령에 근거하여 이루어지는 행정행위의 일종으로 이해되지만, 법령 자체에서 직접 하명의 효과를 가져오는 경우도 있다. 전자를 행정행위로서의 하명, 후자를 법규하명이라 한다.

2. 법적 근거

하명은 개인의 자유를 제한하여 의무를 부과시키는 침익적 행위이므로 헌법 제37조 제 2 항에 근거하여 반드시 법령의 근거를 필요로 한다(법률의유보).

3. 상대방과 대상

① 하명의 상대방은 특정인인 경우가 일반적이나 불특정다수인인 경우(예: 심야통행금지)도 있다. 후자의 경우는 일반처분에 해당한다. ② 하명의 대상은 사실행위인 경우(예: 불법광고물의 철거)가 일반적이나 법률행위인 경우(예: 영업양도)도 있다.

4. 효과와 위반의 효과

① 하명은 그 내용에 따라 작위·부작위·수인·급부 등의 의무를 발생시킨다. ② 대인적 하명은 그 상대방에게만 효과가 발생하나, 대물적 하명의 경우에는 그 상대방의 지위를 승계하는 자에게도 미친다. ③ 하명에 의거하여 성립된 의무가 불이행되면 행정상 강제집행이 가해지고, 의무를 위반하면 행정벌이 가해지는 것이 일반적이다. ④ 하명에 위반하여 법률행위가 행해지는 경우, 그것이 반드시 무효가 되는 것은 아니다. 법률이 무효로 규정할 수도 있다.

5. 위법하명에 대한 구제

위법한 하명으로 권리(법률상이익)가 침해된 자는 취소소송이나 무효등확인소송 등 항고소송을 제기하거나 손해배상청구소송의 제기를 통해 위법상태를 제거하거나 손해를 배상받을 수 있다.

[기출사례] 제10회 변호사시험(2021년) 문제·답안작성요령 ☞ PART 4 [3–18a]

Ⅱ. 허　　가

1. 허가의 의의

허가란 법령에 의해 개인의 자유가 제한되고 있는 경우에 그 제한을 해제하여 자유를 적법하게 행사할 수 있도록 회복하여 주는 행정행위를 말한다(예: 단란주점영업허가·운전면허). 허가는 상대적 금지의 경우에만 가능하고, 절대적 금지의 경우에는 인정되지 않는다. 허가는 위험의 방지를 목적으로 금지하였던 바를 해제하는 행위이다(예방적금지해제). 따라서 허가는 경찰허가로 불리기도 한다(대판 1963. 8. 22.63누97). 여기서 말하는 허가는 학문상 용어이므로 특정한 행위가 허가인지의 여부는 법령상 표현에 관계 없이 관계법령의 규정내용과 규정취지에 비추어 판단하여야 한다.

2. 허가의 법적 근거

(1) 법령의 개정과 근거법　　허가의 신청 후, 그러나 행정처분 전에 법령의 개정으로 허가기준에 변경이 있게 되면, 허가는 원칙적으로 개정법령에 따라야 한다. 판례의 입장도 같다 [판례 1, 2]. 그러나 허가신청 후 상당한 기간이 경과하도록 신청에 대한 처분이 이루어지지 아니하고

있는 동안에 법령이 개정되었다면, 행정청은 신청인이 신법에 따른 보완을 할 수 있는 기회를 부여하여야 할 것이다.

> **판례 1**   허가신청 후 허가기준이 변경된 경우, 허가처분의 근거법령
> (원고인 건설회사가 종전 국토이용관리법 시행 당시 주택건설사업계획 승인신청을 하였는데, 그 후 국토의 계획 및 이용에 관한 법률의 시행으로 국토이용관리법이 폐지됨에 따라 서산시장이 신법에 의하여 위 신청을 반려하자 원고가 제기한 주택건설사업계획승인신청반려처분취소청구소송에서) **허가 등의 행정처분은 원칙적으로 처분시의 법령과 허가기준에 의하여 처리되어야 하고 허가신청 당시의 기준에 따라야 하는 것은 아니며, 비록 허가신청 후 허가기준이 변경되었다 하더라도 그 허가관청이 허가신청을 수리하고도 정당한 이유 없이 그 처리를 늦추어 그 사이에 허가기준이 변경된 것이 아닌 이상 변경된 허가기준에 따라서 처분을 하여야 한다**(대판 2006. 8. 25. 2004두2974).

> **판례 2**   산림법 개정 전 채석허가신청과 적용법령
> (의무이행재결 후 허가기준이 변경되자 변경된 기준에 따라 행한 개발행위불허가처분의 취소를 구한 사건에서) 채석허가기준에 관한 관계 법령의 규정이 개정된 경우, 새로이 개정된 **법령의 경과규정에서 달리 정함이 없는 한 처분 당시에 시행되는 개정 법령과 그에서 정한 기준에 의하여 채석허가 여부를 결정하는 것이 원칙**이고, 그러한 개정 법령의 적용과 관련하여서는 개정 전 법령의 존속에 대한 국민의 신뢰가 개정 법령의 적용에 관한 공익상의 요구보다 더 보호가치가 있다고 인정되는 경우에 그러한 국민의 신뢰를 보호하기 위하여 그 적용이 제한될 수 있는 여지가 있을 따름이다(대판 2005. 7. 29. 2003두3550).

(2) 행정권에 의한 허가요건의 추가   허가의 구체적인 요건은 법률에서 규정되어야 한다(판례). 허가요건의 추가는 바로 기본권의 제한(제한의 신설, 제한의 강화 등)에 해당하기 때문이다. 따라서 법률의 근거 없이 행정권이 독자적으로 허가요건을 추가한다면, 그것은 헌법 제37조 제 2 항의 위반이 된다.

> **판례**   시의 예규로써 양곡가공시설물 설치장소에 대한 거리제한을 할 수 있는지 여부
> (피고(서울특별시장)의 피고보조참가인에 대한 제분업시설의 이설승인처분을 취소한 처분을 다시 취소하는 처분을 한바, 경쟁업자인 원고가 이의 취소를 구한 사건에서) 영업의 자유는 헌법상 국민에게 보장된 자유의 범위 내에 포함되는 것이어서 질서유지와 공공복리를 위하여 필요한 경우에 한하여 법률로써 영업의 자유를 예외적으로 제한할 수 있음에 불과한 것이라고 할 것인바, 양곡관리법등 관계 법령에 논지주장과 같은 사유로서 양곡가공시설물 설치장소에 대한 거리를 제한할 수 있는 규정을 한 조문이 없으므로 그 제한거리를 규정한 서울특별시의 예규가 헌법상 보장된 영업의 자유를 제한할 수도 없을 것이다(대판 1981. 1. 27. 79누433).

(3) 허가의 거부   판례는 건축법상 일반건축물의 건축허가의 거부의 경우에는 명문의 근거를 요한다고 하면서(판례1), 산림법상 산림훼손허가신청의 경우에는 명문의 근거를 반드시 요하는 것은 아니라 하였다(판례2). 판례의 입장은 일반건축물의 건축허가를 기속행위로 보지만(대판 2003. 4. 25. 2002두3201), 산림훼손허가를 재량행위로 본 데 기인한 것이라 하겠다. 판례의 입장은 타당하다.

[판례 1] 건축허가권자가 관계 법규에서 정하는 제한사유 이외의 사유를 들어 그 허가신청을 거부할 수 있는지 여부

(건축관계 법규가 정하는 사유 이외의 사유인 인근주민과 의 합의가 없다는 이유로 건축허가를 반려한 사건에서) 건축법 제 5 조 제 1 항 소정의 건축허가권자는 건축물이 건축법, 도시계획법 등의 관계법규에서 정하는 어떠한 제한에도 배치되지 않는 이상 당연히 같은 법 소정의 건축허가를 하여야 하고 위 **관계법규에서 정하는 제한사유 이외의 사유를 들어 바로 그 허가신청을 거부할 수 없고**, 여기서 관계법규란 건축물에 대한 건축허가의 제한에 관하여 직접 규정하고 있는 법규만을 말하고 건축허가에 따라 건축된 건축물 내의 시설의 운영이나 용도에 따른 건축물의 사용에 대하여 제한을 가하는 법규를 말하는 것은 아니라 할 것이다(대판 1992. 6. 9, 91누11766; 대판 2009. 9. 24,2009두8946).

[판례 2] 산림훼손 금지 또는 제한 지역에 해당하지 않더라도 중대한 공익상 필요가 인정되는 경우, 법규상 명문의 근거가 없어도 산림훼손허가신청을 거부할 수 있는지 여부

(순창군수가 공익상의 필요로 법규에 규정이 없는 사유로 허가신청을 반려한 사건에서) 산림훼손은 국토 및 자연의 유지와 수질 등 환경의 보전에 직접적으로 영향을 미치는 행위이므로 법령이 규정하는 산림훼손 금지 또는 제한 지역에 해당하는 경우는 물론 금지 또는 제한 지역에 해당하지 않더라도 허가관청은 산림훼손허가신청 대상토지의 현상과 위치 및 주위의 상황 등을 고려하여 국토 및 자연의 유지와 환경의 보전 등 **중대한 공익상 필요가 있다고 인정될 때에는** 허가를 거부할 수 있고, 그 경우 **법규에 명문의 근거가 없더라도 거부처분을 할 수 있는 것이며**, 이는 산림훼손기간을 연장하는 경우에도 마찬가지라고 할 것이다 (대판 1997. 8. 29, 96누15213; 대판 2002. 10. 25, 2002두6651; 대판 2003. 3. 28, 2002두12113).

[평석] 일설은 허가청이 명문의 근거가 없이도 산림형질변경허가신청을 거부할 수 있다고 한 판례(대판 2003. 3. 28, 2002두12113)를 비롯하여 허가신청에 있어 공익을 이유로 행정청이 거부처분하는 것을 인정한 다수의 판례(대판 1999. 4. 23, 97누14378 등)를 법치행정의 원리에 반하는 것으로 본다. 즉 근거법령에 개괄조항으로서 '공익상의 이유' 또는 공익 관련 규정이 없는 경우에도 허가신청에 대해 공익상의 이유로 행정청이 거부처분하는 것은 법령에 없는 또 하나의 허가 요건을 행정청이 임의로 설정하는 것으로서 법치행정의 원리에 반한다는 것이다(김성수). 이러한 태도에 따르면 재량권을 인정하는 명시적인 입법적 조치(예: 건축법 제 11조 제 4 항)가 필요하다고 본다. 또한 사정판결을 그 대안으로 제시하기도 한다(김남진). 생각건대 이러한 주장은 산림형질변경허가 등을 기속행위로 본 데 기인하는 것으로 보인다. 그러나 산림형질변경허가는 무절제한 산림벌채로 인한 각종 위험의 방지를 위해 개인의 자유를 제한하였다가 해제하는 의미, 즉 일반적 금지해제의 성질도 갖지만, 또 한편으로는 산림의 효과적인 보호육성이라는 공익적 의미도 갖는바, 전체로서 산림형질변경허가는 재량행위로 볼 것이다. 요컨대 판례가 ① 산림형질변경허가를 기속행위로 보면서 임의로 공익을 허가요건의 하나로 추가하였다면 법치행정의 원리에 반하지만, ② 산림형질변경허가를 재량행위로 보면서 효과선택에 있어서 재량행사의 기준으로 공익을 활용하였다면 별 문제가 없을 것이다. 저자는 판례가 ②의 입장을 따른 것으로 보고 있다. 참고로, '허가는 언제나 기속행위이다'라고 단언할 수는 없다. 산림형질변경허가와 같이 복합목적을 지닌 허가는 재량행위일 수 있다.

[기출사례] 제56회 5급공채(2012년) 문제 · 답안작성요령 ☞ PART 4 [1-17]

[기출사례] 제54회 사법시험(2012년) 문제 · 답안작성요령 ☞ PART 4 [1-18]

[기출사례] 제62회 5급공채(2018년) 문제 · 답안작성요령 ☞ PART 4 [1-19]

3. 허가의 종류

허가는 ① 행정영역에 따라 경찰허가·재정허가·군정허가, ② 허가의 대상에 따라 대인적 허가$\binom{\text{허가요건이 특정인의 능력·기}}{\text{술 같은 주관적인 사항인 경우}}\binom{\text{예: 운}}{\text{전면허}}$·대물적 허가$\binom{\text{허가요건이 객관}}{\text{적·물적인 경우}}\binom{\text{예: 건}}{\text{축허가}}\binom{\text{판례}}{1}$·혼합적 허가$\binom{\text{예: 유흥주점}}{\text{영업허가}}$로 구분된다. ②의 구분은 허가대상의 양도성과 관련하여 의미를 갖는다. 원칙적으로 말해 대인적 허가의 경우는 양도성이 부인되고, 대물적 허가의 경우에는 인정되나, 혼합적 허가의 경우에는 한마디로 말할 수 없다. 판례상 양도성이 인정된 경우도 있고$\binom{\text{판례}}{2, 3}$, 양도성이 부인된 경우도 있다$\binom{\text{판례}}{4}$.

> **판례 1** 건축허가의 성질
> $\binom{\text{건축주가 토지 소유자로부터 토지사용승낙서를 받아 토지 위에 건축물을 건축하는 대물적 건축허가를 받았으나, 착공에 앞서 건축주의 귀}}{\text{책사유로 해당 토지를 사용할 권리를 상실하자 토지 소유자가 건축허가의 철회를 신청하였으나, 의정부시장이 이를 거부하자 그 거부처분}}$ $\binom{\text{의 취소를 구한 의정부시 건}}{\text{축허가철회신청 거부사건에서}}$ 건축허가는 **대물적 성질**을 갖는 것이어서 행정청으로서는 그 허가를 할 때에 건축주 또는 토지 소유자가 누구인지 등 인적 요소에 관하여는 형식적 심사만 한다$\binom{\text{대판 2017. 3. 15,}}{\text{2014두41190}}$.

> **판례 2** 학원의설립·운영에관한법률 제5조 제2항에 의한 학원의 설립인가의 성질과 학원의 수인가자 지위(인가)양도의 허용 여부
> $\binom{\text{사인들 간에 자동차학원인가에 관하여 설립자 명의}}{\text{를 변경하는 인가명의변경절차를 구하는 소송에서}}$ 학원의설립운영에관한법률 제5조 제2항에 의한 **자동차학원의 설립인가는 강학상의 이른바 허가에 해당하는 것**으로서 그 인가를 받은 자에게 특별한 권리를 부여하는 것은 아니고 일반적인 금지를 특정한 경우에 해제하여 학원을 설립할 수 있는 자유를 회복시켜 주는 것에 불과한 것이기는 하지만 위 법률 제5조 제2항 후단의 규정에 근거한 같은 법시행령 제10조 제1항은 설립자의 변경을 변경인가사항으로 규정하고 있어 학원의 **수인가자의 지위**$\binom{\text{이른바}}{\text{인가권}}$**의 양도는 허용**된다$\binom{\text{대판 1992. 4. 14,}}{\text{91다39986}}$.

> **판례 3** 다방영업허가양도의 허용 여부
> $\binom{\text{다방임대를 둘러싸고 배임죄의}}{\text{성립 여부를 다툰 형사사건에서}}$ 다방영업 허가는 행정처분이고 그 성질은 새로운 권리의 설정이 아니고 일반적 금지에 대한 해제이므로 그 허가를 받은 자는 그 금지의 해제에 따른 반사적 이익을 받게 된다는 점은 소론과 같으나, … 당시 다방영업 허가는 수적으로 제한되어 있어 새로운 허가를 받는 것은 어려운 실정이고 다만 기존 영업허가 명의자로부터 이를 양수한 자가 당사자 간의 양도 양수 계약서를 첨부하여 허가명의 변경신청을 하면 관할 허가관청은 이를 받아들여 양수인 명의로 영업허가명의를 변경해 주고 있으며 이와 같은 방법으로 **다방영업 허가를 사실상 양도하는 사례가 허다하여 다방영업허가는 거래의 대상으로서 재산적 가치가 있음이 인정된다**$\binom{\text{대판 1981. 8. 20,}}{\text{80도1176}}$.

> **판례 4** 공중목욕장업법 제4조 제1항에 따른 공중목욕장의 영업허가양도의 허용 여부
> $\binom{\text{공중목욕탕 영업허가의 양도계약}}{\text{의 유효성을 쟁점으로 한 사건에서}}$ 영업허가의 이전성이 있다고 하더라도 영업의 시설이나 영업상의 이익 등이 이전될 뿐, 질서허가로서 영업의 자유를 회복시켜 주는 것에 불과한 허가권 자체가 이전된다고는 할 수 없으며, **양수인으로서는 공중목욕장업법 제4조 제1항에 따른 영업허가를 새로이 받아야 하는 것**으로서 그 절차에 양도인의 동의를 필요로 하는 것은 아니라고 할 것이다$\binom{\text{대판 1981. 1. 13,}}{\text{80다1126}}$.

4. 허가의 성질

(1) 행정행위 하명과 달리 허가는 행정행위로서의 허가만이 있고 법규허가는 없다.

왜냐하면 법규상 허가를 둘 바에야 처음부터 금지를 하지 않으면 되기 때문이다.

   (2) 재량행위 · 기속행위   법문상 그 성질이 불분명한 경우, ① 효과재량설의 입장에서 보면, 허가는 재량행위이나 허가의 취소는 기속행위라 할 것이다. 또한 ② 전통적 견해는 허가는 특별히 권리를 설정하여 주는 것이 아니라 위험방지의 목적을 위해서 제한되었던 자유를 회복시켜 주는 것이므로, 법령에 특별한 규정이 없는 한 기속행위의 성질을 갖는다고 한다. 그러나 ③ 기본권의 최대한의 보장과 공익의 실현이라는 헌법상 명령을 기준으로 하여 판단하여야 할 것인 바, 기본권의 최대한 보장이 보다 중요한 경우라면 그리고 요건을 구비하였다면, 허가는 기속행위로, 허가의 철회는 재량행위로 보아야 할 것이고, 공익의 실현이 보다 중요한 경우라면 재량행위로 보아야 할 것이다(기본권／기준설). 한편, ④ 기본권의 최대한 보장이라는 시각에서 요건을 구비한 허가를 기속행위로 본다고 하여도, 그것은 근거법상 허가요건이 공익(안전보장·／질서유지 등)을 충분히 고려한 경우를 전제로 할 때 가능하다. 따라서 허가요건이 공익에 대한 고려가 미흡할 때에는 재량행위로 보아야 할 경우도 있을 것이다. 이러한 취지의 판례도 보인다(판례／1, 2, 3). 그러나 허가요건이 공익에 대한 고려가 미흡하다는 것은 극히 제한적으로 새겨야 한다. 그렇지 않다면, 기본권은 상대화될 것이다.

> **판례 1**　**일반건축물 건축허가의 성질**
> (구 주차장법 제19조의4 제 1 항 단서 및 구 주차장법 시행령 제12조 제 1 항 제 3 호가 일정한 경우 주차수요를 유발하는 시설 부설주차장의 용도변경을 허용하면서 그에 관하여 조례에 위임하지 않고 있음에도, 순천시 주차장 조례 제13조 제 2 항이 당해 시설물이 소멸될 때까지 부설주차장의 용도를 변경할 수 없도록 규정한 사안에서) 건축허가권자는 건축허가신청이 건축법 등 관계 법령에서 정하는 어떠한 제한에 배치되지 않는 이상 같은 법령에서 정하는 건축허가를 하여야 하고, 중대한 공익상의 필요가 없음에도 불구하고 요건을 갖춘 자에 대한 허가를 관계 법령에서 정하는 제한사유 이외의 사유를 들어 거부할 수는 없다(대판 2012. 11. 22. 2010／두19270 전원합의체).

> **판례 2**　**대기환경보전법상 배출시설설치허가의 성질**
> (이천에너지 주식회사가 경기도지사를 피고로／한 대기배출시설설치불허가처분등취소소송에서) 환경부장관은 **배출시설 설치허가** 신청이 구 대기환경보전법 제23조 제 5 항에서 정한 허가 기준에 부합하고 구 대기환경보전법 제23조 제 6 항, 같은 법 시행령 제12조에서 정한 허가제한사유에 해당하지 아니하는 한 원칙적으로 허가를 하여야 한다. 다만 배출시설의 설치는 국민건강이나 환경의 보전에 직접적으로 영향을 미치는 행위라는 점과 대기오염으로 인한 국민건강이나 환경에 관한 위해를 예방하고 대기환경을 적정하고 지속가능하게 관리·보전하여 모든 국민이 건강하고 쾌적한 환경에서 생활할 수 있게 하려는 구 대기환경보전법의 목적(제 1／조) 등을 고려하면, 환경부장관은 **같은 법 시행령 제12조 각 호에서 정한 사유에 준하는 사유**로서 환경 기준의 유지가 곤란하거나 주민의 건강·재산, 동식물의 생육에 심각한 위해를 끼칠 우려가 있다고 인정되는 등 **중대한 공익상의 필요가 있을 때**에는 허가를 거부할 수 있다고 보는 것이 타당하다(대판 2013. 5. 9.／2012두22799).

> **판례 3**　**건축허가행위의 성질**
> (원고가 제 2 종 근린생활시설(자동차수리점) 건축허가를 자동차관련시설(정비공장)로 변경하는 내용의 건축허가사항 변경허가신청을 하였고, 이에 대하여 피고 서울특별시 강남구청장이 설계변경불허가처분을 하자 그 취소를 구한 사건에서) 건축허가권자는 건축허가신청이 건축법 등 관계 법령에서 정하는 어떠한 제한에 배치되지 않는 이상 같은 법령에서 정하는 건축허가를 하여야 하고, 중대한 공익상의 필요가 없음에도 불구하고 요건

을 갖춘 자에 대한 허가를 관계 법령에서 정하는 제한사유 이외의 사유를 들어 거부할 수는 없다$\binom{대판\ 2016.\ 8.\ 24,}{2016두35762}$.

[평석] 허가는 기속행위와 결합될 뿐이므로 법치주의를 형해화할 수 있는바, 사정판결이 필요하다는 지적도 있다. 그러나 허가가 반드시 기속행위와 결합되어야 하는 사유는 찾아보기 어렵다. 입법자의 의사에 따라서는 허가가 재량행위와 결합할 수도 있다.

(3) 명령적 행위·형성적 행위

1) 명령적 행위설　　전통적 견해와 판례는 허가를 예방적 금지를 해제하여 자연적 자유를 회복시켜 줄 뿐, 특별한 법적 힘을 새로이 부여하는 것은 아니라는 점에서 명령적 행위로 본다.

2) 양면성설(병존설)　　근래의 다수 견해는 허가를 명령적 행위의 성격과 형성적 행위의 성격을 동시에 갖는 것으로 이해한다$\binom{김동희,\ 김남진·김연}{태,\ 박윤흔,\ 홍준형}$.

3) 형성적 행위설　　허가는 형성적 행위이지, 명령적 행위는 아니라는 견해이다$\binom{이원우,}{최영규}$. 명령이란 통상 명령과 금지만을 의미하고 금지의 해제는 명령적 행위로 볼 수 없다는 점, 형성적이라는 용어는 새로운 권리설정행위에 한정되지 않는다는 것을 이유로 한다. 독일에서는 허가를 형성적 행위로 이해하고 있다.

4) 사　　견　　명령적 행위설은 허가의 한 면만을 관찰한 것이어서 미흡하다. 금지를 명령으로 새기면, 금지의 해제도 명령의 일종으로 보아야 할 것인데, 형성적 행위설은 양자를 달리 새긴다는 점에서 동의하기 어렵다. 허가는 명령적 행위와 형성적 행위의 양면을 갖는다고 볼 것이다$\binom{예:\ 단란주점영업허가의\ 경우,\ 금지의\ 해제라는\ 소극적인\ 관점에서\ 보면\ 단란주점영업허가는\ 명령적이나,\ 단란}{주점영업을\ 경영할\ 수\ 있는\ 법적\ 지위가\ 창설된다는\ 적극적\ 관점에서\ 보면\ 단란주점영업허가는\ 형성적이다}$.

5. 허가의 요건

개별법령이 규정하는 허가요건의 구체적인 내용은 상이하지만 일반적으로 허가의 실질적 요건은 무위험성$\binom{예:\ 자동차운행허가는\ 자동차의\ 안전성확보를\ 전제로\ 하고,}{주유소설치허가는\ 화재로부터\ 안전성확보를\ 전제로\ 한다}$·신뢰성$\binom{예:\ 전과의\ 경력이\ 있는\ 자들에}{게\ 각종\ 허가에\ 제한이\ 따른다}$·전문성$\binom{예:\ 자동차운전면허에\ 시험이\ 따르고,\ 식품위생법상\ 각종\ 영}{업허가에\ 조리사\ 등\ 전문성을\ 구비한\ 자의\ 확보를\ 요구한다}$을 내용으로 한다. 허가는 수익적 행위로서 통상 상대방의 신청을 전제로 하나, 보행자전용도로에 차마통행금지를 해제하는 경우$\binom{도교법\ 제28조}{제\ 2항\ 단서}$와 같이 신청이 없는 경우에도 발해질 수 있다. 한편, 허가의 형식적 요건으로서 결격사유가 있는 자에 대한 허가는 허용되지 아니하며, 만약 그러한 자에 대하여 허가가 이루어진다면, 그러한 허가는 하자가 중대하고 명백하여 무효로 볼 것이다.

6. 허가의 효과

(1) 법률상 이익·반사적 이익　　① 전통적으로 허가의 효과는 반사적 이익으로 이해되어 왔다. 예컨대 단란주점영업허가를 받은 자는 단란주점영업을 통하여 사실상의 독점적인 이익을 얻는다고 하여도 그것은 권리가 아니라 반사적 이익이라 하였다. 이러한 전통적인 견해는 허가가 가져오는 법관계의 일부만을 고려한 것이지 전부를 고려한 것은 아니다. ② 허가로 인한 이

익은 2가지 방향에서 검토를 요한다(이원론). ⓐ 먼저, 허가로 인해 피허가자는 자유를 회복하게 된다. 이것은 제한된 기본권의 회복을 의미한다. 기본권의 회복은 헌법이 보장하는 이익의 회복이므로, 그것은 당연히 법적 이익에 해당한다. 따라서 요건을 구비한 허가신청에 대한 거부는 법률상 이익에 대한 위법한 침해가 되는바, 취소소송의 대상이 된다(판례). ⓑ 한편, 허가는 금지를 해제하여 피허가자로 하여금 어떠한 행위를 할 수 있는 가능성을 부여할 뿐, 그 행위와 관련된 이익을 법적으로 보장하는 것은 아니다. 허가로 인해 경영상 얻은 이익이 있다면 반사적 이익일 뿐이다. 그러나 입법 여하에 따라서는 예외적으로 허가의 이익이 법률상 이익일 수도 있다(대판 2006. 7. 28. 2004두6716).

> **판례** 관계법령에 대중음식점영업허가제한의 근거가 없음에도 허가를 거부한 처분의 위법성
> (도봉구청장의 원고에 대한 대중음식점 영업허가거부처분을 다룬 사건에서) 구 식품위생법상의 **대중음식점영업허가**는 그 성질상 일반적 금지에 대한 해제에 불과하므로 허가권자는 허가신청이 법에서 정한 요건을 구비한 때에는 이를 반드시 허가하여야 할 것이고, 관계법규에서 정하는 제한사유 이외의 사유를 들어 그 허가신청을 거부할 수는 없다 할 것이다. … 식품위생법 제24조 제 1 항 제 4 호는 공익상 허가를 제한할 필요가 있다고 인정되어 보건사회부장관이 지정하는 영업 또는 품목에 해당하는 때에는 그 허가를 할 수 없도록 규정하고 있으나 보건사회부장관이 위 허가제한대상으로서 대중음식점영업을 지정하고 있지는 아니하며 달리 **관계법령의 규정에 의하여 위 허가를 제한할 근거가 없는 이상**, 도시계획법상 개발제한구역 지정목적을 감안한다 하더라도 **이 사건 거부처분은 위 관계법령의 규정취지에 반하여 위법**하다고 하지 않을 수 없다(대판 1993. 5. 27. 93누2216).

(2) 타법상의 제한 허가는 허가의 근거법상의 금지를 해제하는 효과만 있을 뿐 타법에 의한 금지까지 해제하는 효과가 있는 것은 아니다(판례). 예를 들어 공무원인 자가 음식점영업허가를 받는다고 하더라도 이는 식품위생법상의 금지를 해제할 뿐 공무원법상의 영리업무금지까지 해제하여 주는 것은 아니다. 그러나 집중효나 인·허가의 의제가 적용되는 경우는 예외가 된다.

> **판례** 개발제한구역에 속하는 하천구역에 관하여 내수면어업개발법에 의한 어업면허를 얻은 경우 그 구역 내의 토석 등 채취를 위하여 도시계획법에 의한 허가도 받아야 하는지 여부
> (부산시장의 원고에 대한 토사채취허가신청서반려처분에 대하여 무효확인등을 청구한 사건에서) 내수면어업개발법과 도시계획법은 그 입법목적과 규정대상 등을 달리하여 토석채취에 관한 허가사항에 있어서 상호 모순, 저촉되는 것은 아니고, 어느 법이 다른법에 대하여 우선적 효력을 가진다고 해석할 수는 없으므로 개발제한구역으로 지정된 하천구역에 관하여 내수면어업개발촉진법에 의한 어업면허를 받아 같은 법 제14조 제 1 항 제 2 호에 의하여 하천법 제25조에 의한 토석, 사력 등의 채취허가를 취득한 것으로 되었더라도 이를 채취하기 위하여서는 다시 도시계획법의 규정에 의한 허가를 받아야 한다(대판 1989. 9. 12. 88누6856; 대판 1991. 4. 12. 91도218).

(3) 무허가행위 허가를 요하는 행위임에도 무허가로 행위하면 일반적으로 행정상 강제 또는 행정벌이 가해진다. 법률의 특별한 규정에 의하여 무허가행위의 효력을 무효로 하는 경

우도 있다.

(4) 허가와 사권의 설정 여부$\binom{\text{허가의 사}}{\text{법상 효력}}$　　건축허가가 건축물을 신축한 자가 아니라 타인의 명의로 된 경우 건물 소유권의 취득관계에 관해 판례는 "건축허가는 행정관청이 건축행정상 목적을 수행하기 위하여 수허가자에게 일반적으로 행정관청의 허가 없이는 건축행위를 하여서는 안 된다는 상대적 금지를 관계 법규에 적합한 일정한 경우에 해제하여 줌으로써 일정한 건축행위를 하여도 좋다는 자유를 회복시켜 주는 행정처분일 뿐 수허가자에게 어떤 새로운 권리나 능력을 부여하는 것이 아니고, 건축허가서는 허가된 건물에 관한 실체적 권리의 득실변경의 공시방법이 아니며 추정력도 없으므로 건축허가서에 건축주로 기재된 자가 건물의 소유권을 취득하는 것은 아니므로, 자기 비용과 노력으로 건물을 신축한 자는 그 건축허가가 타인의 명의로 된 여부에 관계없이 그 소유권을 원시취득한다$\binom{\text{대판 2002. 4. 26,}}{\text{2000다16350}}$"고 하고, 또한 건축중인 건물의 소유자와 건축허가의 건축주가 반드시 일치하여야 하는 것도 아니라 한다$\binom{\text{대판 2009. 3. 12,}}{\text{2006다28454}}$.

7. 허가의 변동

(1) 허가의 갱신(기간연장)　　허가의 기간에 제한이 있는 경우에 종전 허가의 효력을 지속시키기 위하여는 허가의 갱신이 필요하다$\binom{\text{예: 총포·도검·화약류 등의 안전관리에 관한 법률 제16조(총포 소지허가의}}{\text{갱신) ① 제12조에 따라 총포의 소지허가를 받은 자는 허가를 받은 날부터 3년}}$ $\left(\text{마다 이를 갱}\atop\text{신하여야 한다.}\right)$. 허가의 갱신은 종전의 허가의 효력을 지속시키는 것이지, 그것과 무관한 새로운 행위가 아니다$\left[\text{판례}\atop 1\right]$.

① 허가의 갱신은 기한의 도래 전에 이루어져야 함이 원칙이다. 기한의 도래 전에 갱신이 이루어지면, 갱신 전후의 행위는 하나의 행위가 된다. 기한의 도래 후에 갱신신청을 하였고, 갱신이 이루어지면, 갱신 전후의 행위는 별개의 행위로 볼 것이다. 말하자면 종전의 허가가 기한의 도래로 실효한 후에 이루어진 신청에 따른 허가는 갱신허가가 아니고 별개의 새로운 행위이다$\left[\text{판례}\atop 2\right]$.

② 기한의 도래 전에 갱신신청을 하였으나, 도래 후에 갱신이 이루어진 경우에도 특별한 사정이 없는 한 기한의 도래 전에 이루어진 것과 동일하게 볼 것이다.

③ 기한도래 전에 갱신신청하였으나 기한도래 후에 갱신이 거부된 경우 종래 허가의 효력과 관련하여 종기의 도래로 당연히 소멸한다는 견해$\binom{\text{이상}}{\text{규}}$, 갱신의 거부는 장래를 향해서만 허가의 효력을 소멸시킨다는 견해$\binom{\text{류지태·}}{\text{박윤흔}}$, 신의칙에 비추어 개별적으로 판단해야 한다는 견해$\binom{\text{김남진·}}{\text{김연태}}$가 대립된다. 생각건대 경우에 따라 종기의 도래로 당연히 소멸한다고 보아야 할 때도 있고, 상대방의 보호를 위해 거부처분시에 소멸한다고 보아야 할 때도 있을 것이므로 신의칙에 비추어 개별적으로 판단하여야 한다는 견해가 타당하다.

④ 허가처분에 기간이 정해진 경우 허가는 기간의 경과로 인해 효력이 소멸함이 원칙이다. 그러나 그 기간이 그 허가 사업의 성질상 부당히 짧은 경우에는 그 허가 자체의 존속기간이 아니라 허가조건의 존속기간으로 보는 것이 판례의 입장이다. 다만, 허가조건의 존속기간으로 보아 허가기간이 연장되기 위해서는 허가만료 전에 당사자의 허가기간 연장신청이 있어야 한다고 본다$\left[\text{판례}\atop 3\right]$.

판례 1 │ 유료 직업소개사업의 허가갱신 후에 갱신 전의 법위반을 이유로 허가취소를 할 수 있는 지 여부

(서울특별시장의 원고에 대한 유료 직업 소개사업허가취소처분을 다툰 사건에서) 유료직업소개사업의 허가갱신은 허가취득자에게 종전의 지위를 계속 유지시키는 효과를 갖는 것에 불과하고 갱신 후에는 갱신 전의 법위반 사항을 불문에 붙이는 효과를 발생하는 것이 아니므로 일단 **갱신이 있은 후에도 갱신 전의 법위반 사실을 근거로 허가를 취소할 수 있다**(대판 1982. 7. 27, 81누174; 대판 1984. 9. 11, 83누658).

판례 2 │ 종전 허가의 유효기간이 지난 후에 한 기간연장 신청의 성격

(서울특별시 영등포구청장의 대영광고(주)에 대한 옥외광고물표시허가연장거부처분을 다툰 대영광고 허가기간 연장거부사건에서) 종전의 허가가 기한의 도래로 실효한 이상 원고(대영광고(주))가 **종전 허가의 유효기간이 지나서** 신청한 이 사건 옥외광고물표시허가기간연장신청은 그에 대한 종전의 허가처분을 전제로 하여 단순히 그 유효기간을 연장하여 주는 행정처분을 구하는 것이라기보다는 **종전의 허가처분과는 별도의 새로운 허가를 내용으로 하는 행정처분을 구하는 것이라고 보아야 할 것**이어서, 이러한 경우 허가권자(서울시 영등포구청장)는 이를 새로운 허가신청으로 보아 법의 관계 규정에 의하여 허가요건의 적합 여부를 새로이 판단하여 그 허가 여부를 결정하여야 할 것이다(대판 1995. 11. 10, 94누11866).

판례 3 │ 허가 자체의 존속기간과 허가 조건의 존속기간의 구별

(사업기간을 1995. 11. 23.부터 1996. 11. 22.까지로 한 보전임지전용허가에서 사업기간이 경과하도록 동 허가에 대한 기한연장신청을 하지 아니한 경우, 동 허가의 효력을 쟁점으로 한 보전임지전용허가취소처분 무효확인청구소송에서) **일반적으로** 행정처분에 효력기간이 정하여져 있는 경우에는 그 기간의 경과로 그 행정처분의 효력은 상실되고, 다만 허가에 붙은 기한이 그 허가된 사업의 성질상 부당하게 짧은 경우에는 이를 그 허가 자체의 존속기간이 아니라 그 허가조건의 존속기간으로 보아 그 기한이 도래함으로써 그 조건의 개정을 고려한다는 뜻으로 해석할 수는 있지만, 그와 같은 경우라 하더라도 그 허가기간이 연장되기 위하여는 그 종기가 도래하기 전에 그 허가기간의 연장에 관한 신청이 있어야 하며, 만일 그러한 연장신청이 없는 상태에서 허가기간이 만료하였다면 그 허가의 효력은 상실된다(대판 2007. 10. 11, 2005두12404).

(2) 허가의 소멸   ① 철회사유가 발생하면 허가는 철회될 수 있다. 다만 철회함에 있어서는 철회의 법적 근거·사유 등을 명확히 하여야 한다. 가분성 또는 특정성이 있는 처분의 경우에는 허가의 일부철회도 가능하다(대판 1995. 11. 16, 95누8850). ② 대인적 허가의 경우, 사망은 허가의 효과의 소멸을 가져온다. 대물적 허가의 경우, 허가대상의 멸실은 허가의 효과의 소멸을 가져온다. 대물적 허가의 경우, 허가받은 자의 변경이 허가의 효과에 당연히 영향을 미친다고 보기 어렵다.

[기출사례] 제37회 입법고시(2021년) 문제 · 답안작성요령 ☞ PART 4 [1-22a]

(3) 허가영업의 양도와 제재의 승계   개별법령에 명시적인 규정이 없다면, 허가영업 양도 후 영업양도 전에 있었던 양도인의 법위반행위를 이유로 양수인에 대해 제재처분을 발령할 수 있는지가 문제된다.

[참고] 제재의 승계(영업자의 지위승계)문제는 양도인이 허가영업을 하는 경우에만 적용되는 것은 아니며, 신고영

업이나 강학상 특허영업을 하는 경우에도 동일한 법리가 적용된다. 다만 허가영업이 대표적인 예가 될 수 있는바 여기에서 일괄하여 서술한다.

1) 학   설   논리상 ① 당해 허가영업의 성질이 대물적 허가인지 대인적 허가인지로 나누어 대물적 허가인 경우에는 제재사유가 승계되지만 대인적 허가인 경우에는 승계되지 않는다는 견해, ② 허가의 이전이 가능한지의 여부와 행정제재사유의 이전이 가능한지는 별개의 문제라는 전제하에, 제재사유(제재처분이 부과된 원인)가 물적 사정에 관련되는 경우에는 그 사유가 양수인에게 승계되는 것으로 보아야 하나, 양도인의 자격상실이나 부정영업 등 인적인 사유인 경우에는 원칙적으로 그 사유가 승계되지 않는다는 견해, ③ 양도인의 법위반행위로 인해 발령된 제재처분의 성질이 대물적 처분인지 대인적 처분인지로 나누어 전자는 승계되나 후자는 승계되지 않는다는 견해가 주장 가능하다.

2) 판   례   판례는 ①설의 입장에서 석유판매업허가를 대물적 허가로 보아 양수인의 석유판매업허가를 취소한 예(판례1)와 ③설의 입장에서 공중위생영업정지처분이 대물적 처분임을 근거로 양수인의 영업을 정지한 예(판례2)가 있다.

판례 1   석유판매업이 양도된 경우, 양도인의 귀책사유로 양수인에게 제재를 가할 수 있는지 여부
(부정 휘발유의 판매를 이유로 한 전라북도지사의 원고에 대한 석유판매업허가취소처분을 다툰 사건에서) 구 석유사업법 제12조 3항, 제 9 조 1항, 제12조 4항 등을 종합하면 **석유판매업(주유소)허가는 소위 대물적 허가의 성질을 갖는 것이어서** 그 사업의 양도도 가능하고 이 경우 양수인은 양도인의 지위를 승계하게 됨에 따라 **양도인의 위 허가에 따른 권리의무가 양수인에게 이전되는 것이므로** 만약 양도인에게 그 허가를 취소할 위법사유가 있다면 허가관청은 이를 이유로 양수인에게 응분의 제재조치를 취할 수 있다 할 것이고, 양수인이 그 양수 후 허가관청으로부터 석유판매업허가를 다시 받았다 하더라도 이는 석유판매업의 양수도를 전제로 한 것이어서 이로써 양도인의 지위승계가 부정되는 것은 아니므로 **양도인의 귀책사유는 양수인에게 그 효력이 미친다**(대판 1986. 7. 22. 86누203).

판례 2   영업을 정지할 위법사유가 있는 경우, 영업이 양도·양수되었다 하더라도 양수인에 대하여 영업정지처분을 할 수 있는지 여부
(원고가 서초구청장을 상대로 영업정지처분취소를 구한 사건에서) **영업정지나 영업장폐쇄명령 모두 대물적 처분**으로 보아야 할 이치이다. 아울러, 법 제 3 조 제 1 항에서 보건복지부장관은 공중위생영업자로 하여금 일정한 시설 및 설비를 갖추고 이를 유지·관리하게 할 수 있으며, 제 2 항에서 공중위생영업자가 영업소를 개설한 후 시장 등에게 영업소개설사실을 통보하도록 규정하는 외에 공중위생영업에 대한 어떠한 제한규정도 두고 있지 아니한 것은 **공중위생영업의 양도가 가능함을 전제로 한 것이라 할 것이므로**, 양수인이 그 양수 후 행정청에 새로운 영업소개설통보를 하였다 하더라도, 그로 인하여 영업양도·양수로 영업소에 관한 권리의무가 양수인에게 이전하는 법률효과까지 부정되는 것은 아니라 할 것인바, 만일 **어떠한 공중위생영업에 대하여 그 영업을 정지할 위법사유가 있다면,** 관할 행정청은 그 **영업이 양도·양수되었다 하더라도 그 업소의 양수인에 대하여 영업정지처분을 할 수 있다고 봄이 상당하다**(대판 2001. 6. 29. 2001두1611).

3) 사　　견　　허가제도의 취지는 확보되어야 한다는 점에서 볼 때, 제재사유가 물적인 경우와 제재처분의 성질이 물적인 경우 모두 승계된다고 볼 것이다. 승계로 인해 양수인이 입는 피해는 양수인과 양도인 사이에서 해결되어야 할 것이다.

8. 인허가의제

(1) 인허가의제의 관념

1) 인허가의제의 의의　　"인허가의제"란 하나의 인허가(이하 "주된 인허가"라 한다)를 받으면 그와 관련된 여러 인허가(이하 "관련 인허가"라 한다)를 받은 것으로 보는 것을 말한다(기본법 제24조 제1항). 예를 들어 건축법 제11조 제5항 제9호는「건축법 제11조 제1항에 따른 건축허가를 받으면, 도로법 제61조에 따른 도로의 점용 허가를 받은 것으로 본다」고 규정하고 있는데, 이와 같이 특정한 허가(예: 건축허가. 주된 인허가)를 받으면 다른 특정한 허가(예: 도로점용허가. 관련 인허가)도 받은 것으로 보는 것을 허가의 의제라 한다. 이러한 의제는 인가 등의 경우에도 활용되기 때문에 인허가의제라는 용어가 널리 사용되고 있다.

2) 인허가의제의 취지　　하나의 사업을 위해 여러 종류의 인·허가를 받아야 하는 경우, 모든 인·허가절차를 거치게 되면 많은 시간과 비용이 소요되는 등 민원인에게 큰 불편이 따르게 되는데, 이를 시정하여 민원인에게 편의를 제공하고자 하는 것이 인허가의제를 두는 취지이다(판례).

> 판례　인허가의제 제도의 의미
>
> (원고인 주식회사 리사이클링테크가 재해 방지 조치를 이행하지 않음을 이유로 산지전용허가권자이자 사업계획승인권자인 피고 괴산군수가 의제된 산지전용허가를 취소하고 그에 뒤이어 사업계획승인도 취소하자 이의 취소를 구한 리사이클링테크 사건에서) 중소기업창업법 제35조 제1항의 인허가의제 조항은 창업자가 신속하게 공장을 설립하여 사업을 개시할 수 있도록 창구를 단일화하여 의제되는 인허가를 일괄 처리하는 데 그 입법취지가 있다(대판 2018. 7. 12, 2017두48734).

(2) 인허가의제의 법적 근거

1) 인허가의제 법정주의　　행정기본법은 인허가의제 법정주의를 취하고 있다(기본법 제24조 제1항). 즉, "인허가의제"란 하나의 인허가(이하 "주된 인허가"라 한다)를 받으면 법률로 정하는 바에 따라 그와 관련된 여러 인허가(이하 "관련 인허가"라 한다)를 받은 것으로 보는 것인바, 인허가의제는 법률의 근거가 있는 경우에 인정된다(판례).

> 판례　인허가의제에 법적 근거를 요하는지 여부
>
> (안양시장의 악취배출시설설치신고반려 처분 등에 대하여 취소를 구한 사건에서) 인·허가의제 제도는 관련 인·허가 행정청의 권한을 제한하거나 박탈하는 효과를 가진다는 점에서 법률 또는 법률의 위임에 따른 법규명령의 근거가 있어야 한다(대판 2022. 9. 7, 2020두40327).

2) 일　반　법　　인허가의제를 규정하는 개별 법률을 집행할 때에 행정청이 따라야 하는

절차에 관한 일반조항으로 행정기본법 제24조, 인허가의제의 효과에 관한 일반조항으로 행정기본법 제25조, 인허가의제의 사후관리 등에 관한 일반조항으로 행정기본법 제26조가 있다.

(3) 인허가의제의 절차

1) 관련인허가 신청서류 동시제출주의　　인허가의제를 받으려면 주된 인허가를 신청할 때 관련 인허가에 필요한 서류를 함께 제출하여야 한다. 다만, 불가피한 사유로 함께 제출할 수 없는 경우에는 주된 인허가 행정청이 별도로 정하는 기한까지 제출할 수 있다(기본법 제24조 제 2 항).

2) 관련 인허가 행정청과 협의

(가) 필요적 협의　　주된 인허가 행정청은 주된 인허가를 하기 전에 관련 인허가에 관하여 미리 관련 인허가 행정청과 협의하여야 한다(기본법 제24조 제 3 항). 협의는 반드시 거쳐야 하는 필요적 절차이다.

(나) 협의의 한계　　제 3 항에 따라 협의를 요청받은 관련 인허가 행정청은 해당 법령을 위반하여 협의에 응해서는 아니 된다. 다만, 관련 인허가에 필요한 심의, 의견 청취 등 절차에 관하여는 법률에 인허가의제 시에도 해당 절차를 거친다는 명시적인 규정이 있는 경우에만 이를 거친다(기본법 제24조 제 5 항).

3) 관련 인허가 행정청의 의견제출　　관련 인허가 행정청은 제 3 항에 따른 협의를 요청받으면 그 요청을 받은 날부터 20일 이내(제 5 항 단서에 따른 절차에 걸리는 기간은 제외한다)에 의견을 제출하여야 한다. 이 경우 전단에서 정한 기간(민원 처리 관련 법령에 따라 의견을 제출하여야 하는 기간을 연장한 경우에는 그 연장한 기간을 말한다) 내에 협의 여부에 관하여 의견을 제출하지 아니하면 협의가 된 것으로 본다(기본법 제24조 제 4 항).

(4) 인허가의제의 요건 심사

1) 실체적 요건　　행정기본법에는 관련 인허가 요건의 심사에 관해 명시적으로서 언급하는 바가 없다. 인허가의제 제도의 취지에 비추어 보면, 주된 인허가 행정청이 관련 인허가에 대한 권한행정청으로 볼 것이므로, 주된 인허가 행정청이 관련 인허가 요건을 심사할 수밖에 없는 셈이다(판례).

> **판례**　　관련인허가의 요건미비 시 주된 인허가를 거부할 수 있는지 여부
> (창원시 마산회원구청장을 피고로 건축신고불수리처분의 취소를 구한 사건에서) 일정한 건축물에 관한 건축신고는 건축법 제14조 제 2 항, 제11조 제 5 항 제 3 호의 인허가의제로 인해 건축법상 건축신고와 「국토의 계획 및 이용에 관한 법률」(이하 '국토계획법'이라고 한다)상 개발행위허가의 성질을 아울러 갖게 되므로, 국토계획법상의 개발행위허가를 받은 것으로 의제되는 건축신고가 국토계획법령이 정하는 개발행위허가기준을 갖추지 못한 경우 행정청으로서는 이를 이유로 그 수리를 거부할 수 있다(대판 2021. 4. 29, 2020두55695).

2) 절차적 요건　　① 절차의 간소화 등을 내용으로 하는 인허가의제 제도의 취지에 비추어, 주된 인허가 행정청은 관련 인허가의 절차적 요건을 준수하여야 하는 것은 아니다. ② 그럼에도 개별 법률에서 인허가의제 시 관련 인허가에 필요한 심의, 의견 청취 등 절차를 거친다는

명시적인 규정이 있는 경우는 이를 거쳐야 한다(기본법 제24조 제5항 단서). 이를 규정한 개별 법률도 있다.

[기출사례] 제65회 5급공채(2021년) 문제·답안작성요령 ☞ PART 4 [1-19a]

(5) 인허가의제의 효과

1) 효과의 발생시점　　주된 인허가를 받았을 때 관련 인허가를 받은 것으로 본다(기본법 제25조 제1항). 즉, 주된 인허가의 효력발생시점과 관련 인허가의 효력발생시점은 같다. 종전 판례의 견해도 이와 같았다(대판 2018. 10. 25., 2018두43095).

2) 인허가가 의제되는 사항　　인허가가 의제되는 사항은 행정기본법 제24조 제3항·제4항에 따라 협의가 된 사항에 한한다(기본법 제25조 제1항). 협의가 누락되거나 단계적인 협의가 가능한 사항은 인허가가 의제되지 아니한다. 종전 판례의 견해도 이와 같다.

3) 효과가 미치는 범위　　인허가의제의 효과는 주된 인허가의 해당 법률에 규정된 관련 인허가에 한정된다(기본법 제25조 제2항). 따라서 인허가의제가 있는 경우, 관련 인허가 효과가 미치는 범위에 대한 판단은 주된 인허가의 해당 법률을 기준으로 하여야 한다. 따라서 관련 인허가의 근거 법률에 규정된 권리제한이나 의무부과에 관한 사항은 의제된 인허가에 적용되지 않는다. 개별 법률에 명시적 규정이 있으면, 그 명시적 규정에 의할 것이다.

(6) 의제된 행위의 취소·철회와 불복쟁송

1) 의제된 행위의 성질　　인·허가의제에서 의제된 행위는 법률에 의해 바로 발령된 행위이다. 학문상 행정행위란 행정청이 발령하는 행위이므로, 의제된 행위는 학문상 행정행위에 해당하지 아니한다. 따라서 의제된 행위를 행정행위와 동일시 할 수는 없다. 그러나 내용상 행정행위와 동일시 할 수 있는바, 원칙적으로 행정행위의 법리가 적용되는 것으로 볼 것이다.

2) 인·허가의제에서 위법 유형과 효과　　① 주된 인·허가가 위법·무효이면, 의제되는 행정행위도 무효이다. 의제되는 행위는 주된 행위에 의존하기 때문이다. ② 주된 인·허가가 위법하나 취소할 수 있는 행위라면, 주된 행위가 취소나 철회되기 전까지 의제된 행위는 유효하다. ③ 주된 인·허가가 적법한 행위라도, 의제된 행위가 위법하다면 취소 또는 무효의 문제가 발생한다.

3) 의제된 행위의 취소·철회　　의제된 행위는 그 자체가 독립된 행위이므로 의제된 행위는 취소나 철회될 수 있다(대판 2018. 11. 29., 2016두38792). 의제된 행위는 법률의 규정에 의한 것이므로 그 행위를 취소나 철회할 수 있는 권한행정청은 의제된 행위의 본래의 권한행정청으로 본다. 주된 행위(인·허가)의 권한행정청은 주된 행위를 취소·철회할 수 있을 뿐이다.

4) 의제된 행위와 불복쟁송　　의제된 행위로 법률상 이익이 침해된 자는 의제된 행위에 대한 본래의 권한행정청을 피고로 행정쟁송법이 정하는 바에 따라 다툴 수 있다(판례 1). 특수한 경우로, 판례는 행정청이 주된 인·허가를 불허하는 처분을 하면서, 주된 인·허가 사유와 의제되는 인·허가의 사유를 함께 제시한 경우에는, 주된 인·허가를 거부한 처분을 대상으로 쟁송을 제기하여야 하는 견해를 취한다(판례 2).

[판례 1] 의제된 인·허가가 주택건설사업계획 승인처분과 별도로 항고소송의 대상이 되는 처분에 해당하는지 여부

(거제시장의 임대주택건설사업계획 / 승인처분의 취소를 구한 사건에서) 주택건설사업계획 승인처분에 따라 의제된 인허가가 위법함을 다투고자 하는 이해관계인은, 주택건설사업계획 승인처분의 취소를 구할 것이 아니라 의제된 인허가의 취소를 구하여야 하며, 의제된 인허가는 주택건설사업계획 승인처분과 별도로 항고소송의 대상이 되는 처분에 해당한다(대판 2018. 11. 29, / 2016두38792).

[판례 2] 인·허가 의제시의 쟁송의 대상

(서산시장의 건축허가신청서반 / 려처분의 취소를 구한 사건에서) 구 건축법(1999. 2. 8. 법률 제5895 / 호로 개정되기 전의 것) 제 8 조 제 1 항·제 3 항·제 5 항에 의하면, 건축허가를 받은 경우에는 구 도시계획법(2000. 1. 28. 법률 제6243호 / 로 전문 개정되기 전의 것) 제 4 조에 의한 토지의 형질변경허가나 농지법 제36조에 의한 농지전용허가 등을 받은 것으로 보며, 한편 건축허가권자가 건축허가를 하고자 하는 경우 당해 용도·규모 또는 형태의 건축물을 그 건축하고자 하는 대지에 건축하는 것이 건축법 관련 규정이나 같은 도시계획법 제 4 조, 농지법 제36조 등 관계 법령의 규정에 적합한지의 여부를 검토하여야 하는 것일 뿐, **건축불허가처분을 하면서 그 처분사유로 건축불허가 사유뿐만 아니라 형질변경불허가 사유나 농지전용불허가 사유를 들고 있다고 하여** 그 건축불허가처분 외에 별개로 형질변경불허가처분이나 농지전용불허가처분이 존재하는 것이 아니므로, 그 건축불허가처분을 받은 사람은 그 건축불허가처분에 관한 쟁송에서 건축법상의 건축불허가 사유뿐만 아니라 같은 도시계획법상의 형질변경불허가 사유나 농지법상의 농지전용불허가 사유에 관하여도 다툴 수 있는 것이지, **그 건축불허가처분에 관한 쟁송과는 별개로 형질변경불허가처분이나 농지전용불허가처분에 관한 쟁송을 제기하여 이를 다투어야 하는 것은 아니며,** 그러한 쟁송을 제기하지 아니하였어도 형질변경불허가 사유나 농지전용불허가 사유에 관하여 불가쟁력이 생기지 아니한다(대판 2001. 1. 16, / 99두10988).

[참고] 선승인후협의제

선승인후협의제란 인·허가와 관련있는 행정기관 간에 협의가 모두 완료되기 전이라도 일정한 경우(공익상 / 긴급한 필 / 요성 등) 인·허가에 대한 협의를 완료할 것을 조건으로 각종의 사업시행승인이나 시행인가를 할 수 있는 제도를 말한다. 이는 관계행정기관 간에 협의가 완료되기 전이라도 후속절차를 진행할 수 있다는 점에서 사업절차가 간소화되는 효과가 있다. 다만, 협의가 완료되지 않은 경우에도 인·허가가 의제된다는 점에서 명문의 근거가 필요하다(박균 / 성). 주한미군 공여구역주변지역 등 지원 특별법 제29조(인·허가 / 등의 의제) 참조.

[기출사례] 제65회 5급공채(2021년) 문제·답안작성요령 ☞ PART 4 [1-19b]

(7) 기   타

1) 사후관리   인허가의제의 경우 관련 인허가 행정청은 관련 인허가를 직접 한 것으로 보아 관계 법령에 따른 관리·감독 등 필요한 조치를 하여야 한다(기본법 제26 / 조 제 1 항). 사후관리란 관계 법령에 따른 관리·감독 등 필요한 조치를 하는 것을 말하고, 관계 법령이란 기본적으로 관련 인허가에 관련된 법령을 말한다.

2) 주된 인허가 변경의 경우   주된 인허가가 있은 후 이를 변경하는 경우에는 제24조·

제25조 및 이 조 제 1 항을 준용한다$\binom{\text{기본법 제26}}{\text{조 제 2 항}}$. 주된 인허가 변경도 「변경대상이 된 주된 인허가의 발급을 위해 거쳤던 절차」와 동일하게 하여야 하고, 아울러 관련 인허가 변경 절차도 「변경대상이 된 관련 인허가의 발급 시에 거쳤던 절차」와 동일하여야 한다.

9. 유사제도와의 비교

(1) 예외적 승인과 비교

1) 의　　의　　예외적 승인$\binom{\text{예외적}}{\text{허가}}$은 사회적으로 유해하거나 바람직하지 않은 행위에 대한 억제적인 금지를 예외적으로 해제하는 것을 말한다$\binom{\text{예: 치료목적의}}{\text{아편사용허가}}$. 즉 예외적 승인은 일반적으로 금지를 예정하면서 예외적으로 금지를 해제하는 경우를 말한다. 이에 반해 허가는 일반적으로 해제가 예정되어 있는 경우의 금지를 해제하는 것, 즉 예방적 금지해제를 의미한다. 예외적 승인은 사회적으로 유해한 행위 또는 바람직하지 않은 행위를 대상으로 하고, 허가는 위험방지를 대상으로 한다. 따라서 양자 간에 제도의 취지에 차이가 난다. 다만 금지의 해제라는 점에서는 양자 간에 차이가 없다. 따라서 예외적 승인을 상대적 금지해제인 허가의 한 유형으로 볼 수도 있다.

2) 예　　예외적 승인의 예로 마약류 관리에 관한 법률 제 3 조 제 7 호$\binom{\text{제 3 조(일반 행위의 금지) 누구든}}{\text{지 다음 각 호의 어느 하나에 해}}$ 당하는 행위를 하여서는 아니 된다. 7. 대마를 수출입·제조·매매하거나 매매를 알선하는 행위. 다만, 공무상 마약류를 취급하는 공무원 또는 마약류취급학술연구자가 대통령령으로 정하는 바에 따라 식품의약품안전처장의 승인을 받은 경우는 제외한다), 자연공원법 제23조 제 2 항, 개발제한구역의 지정 및 관리에 관한 특별조치법 제12조 제 1 항 등을 볼 수 있다.

3) 재 량 성　　허가는 일반적으로 기속행위의 성격을 갖지만, 예외적 허가$\binom{\text{예외적}}{\text{승인}}$는 공익목적이 강하므로 일반적으로 재량행위의 성질을 갖는다$\binom{\text{판}}{\text{례}}$.

> **[판례]**　개발제한구역 내에서의 건축물의 건축 등에 대한 예외적 허가의 법적 성질 및 그에 관한 사법심사의 기준
> $\binom{\text{제 6 관구사령부 장교복지회가 광명시장의 형}}{\text{질변경허가반려처분의 취소를 구한 사건에서}}$ 구 도시계획법령의 관련규정을 종합하면, 개발제한구역 내에서는 구역 지정의 목적상 건축물의 건축, 공작물의 설치, 토지의 형질변경 등의 행위는 원칙적으로 금지되고, 다만 구체적인 경우에 위와 같은 구역 지정의 목적에 위배되지 아니할 경우 예외적으로 허가에 의하여 그러한 행위를 할 수 있게 되며, 한편 **개발제한구역 내에서의 건축물의 건축 등에 대한 예외적 허가는 그 상대방에게 수익적인 것으로서 재량행위에 속하는 것이라고 할 것이므로** 그에 관한 행정청의 판단이 사실오인, 비례·평등의 원칙 위배, 목적위반 등에 해당하지 아니하는 이상 재량권의 일탈·남용에 해당한다고 할 수 없다$\binom{\text{대판 2004. 7. 22.}}{\text{2003두7606}}$.

[기출사례] 제55회 사법시험(2013년) 문제·답안작성요령 ☞ PART 4 [1-21]
[기출사례] 제30회 입법고시(2014년) 문제·답안작성요령 ☞ PART 4 [1-22]

(2) 신고·등록과 비교

① 수리를 요하지 않는 신고는 사인의 신고행위 그 자체만으로 금지가 해제된다. ② 수리를

요하는 신고는 행정청의 수리행위가 있어야만 금지가 해제된다. 수리를 요하는 신고는 등록이라 불리기도 한다. 수리($\frac{등}{록}$) 요건 구비 여부에 대한 행정청의 심사는 형식적 심사이다[판례 1]. ③ 허가 요건 여부에 대한 행정청의 심사는 실질적 심사이다[판례 2].

> **판례 1** 적법한 건축주 명의변경 신고에 대하여 행정관청이 실체적인 이유를 내세워 신고 수리를 거부할 수 있는지 여부
> (피고 안양시장이 피고보조참가인 주식회사 한국토지신탁의 건축주변경신고를 수리하자 원고가 취소를 구한 사건에서) 허가대상 건축물의 양수인이 구 건축법 시행규칙에 규정되어 있는 형식적 요건을 갖추어 시장·군수 등 행정관청에 적법하게 건축주의 명의변경을 신고한 때에는 행정관청은 그 신고를 수리하여야지 실체적인 이유를 내세워 신고의 수리를 거부할 수는 없다(대판 2014. 10. 15, 2014두37658).

> **판례 2** 신고와 허가의 구분(노동조합 설립신고의 성질)
> (청구인인 전국공무원노동조합이 제출한 노동조합 설립신고서를 고용노동부장관이 '공무원의 노동조합 설립 및 운영에 관한 법률' 제2조, 제6조, '노동조합 및 노동관계조정법' 제2조 제4호에 위반된다고 하여 이를 반려하는 처분을 하자, 청구인들이 위헌확인을 구한 전국공무원노동조합 노동조합 설립신고사건에서) 헌법 제21조 제2항 후단의 결사의 자유에 대한 '허가제'란 행정권이 주체가 되어 예방적 조치로서 단체의 설립 여부를 사전에 심사하여 일반적인 단체 결성의 금지를 특정한 경우에 한하여 해제함으로써 단체를 설립할 수 있게 하는 제도, 즉 사전 허가를 받지 아니한 단체 결성을 금지하는 제도를 말한다. 그런데 노동조합은 국가와 사용자에 대항하여 근로자들이 스스로의 생존을 지키기 위해 자주적으로 단결한 조직이므로 노동조합의 자주성 확보는 노동조합의 본질적 요소로서 그 설립 시부터 갖춰질 것이 요구되는바, 이 사건 규정은 노동조합 설립과 관련하여 노동조합법상의 요건 충족 여부를 사전에 심사하도록 하는 구조를 취하고 있으나, 이 경우 노동조합법상 요구되는 요건만 충족되면 그 설립이 자유롭다는 점에서 노동조합 설립신고와 이에 대한 심사는 일반적인 금지를 특정한 경우에 해제하는 허가와는 개념적으로 구분되고, 더욱이 행정관청의 설립신고서 수리 여부에 대한 결정은 재량 사항이 아니라 의무 사항으로 그 요건 충족이 확인되면 설립신고서를 수리하고 그 신고증을 교부하여야 한다는 점에서 단체의 설립 여부 자체를 사전에 심사하여 특정한 경우에 한해서만 그 설립을 허용하는 '허가'와는 다르다고 할 것이므로 이 사건 규정의 노동조합 설립신고서 반려제도가 헌법 제21조 제2항 후단에서 금지하는 결사에 대한 허가제라고 볼 수 없다(헌재 2012. 3. 29, 2011헌바53).

(3) 특허와 비교

항 목	허 가	특 허
제도의 예	단란주점영업허가	버스운송사업면허
제도의 목적	경찰목적	복리목적
행위의 성질	기속행위의 성격이 강함 명령적 행위(전통적 견해)	재량행위의 성격이 강함 형성적 행위
행위의 요건	비교적 확정적	비교적 불확정적
행위의 효과	자유의 회복 – 법률상 이익	자유의 회복 – 법률상 이익
	경영상 이익 – 반사적 이익	경영상 이익 – 법률상 이익
국가의 감독	소극적	적극적

(4) 인가와 비교

항 목	허 가	인 가
체계상 위치	명령적 행위	형성적 행위
행위의 방향성	상대방을 위한 행위	타자를 위한 행위
행위의 성격	처벌요건	효력요건
행위의 대상	사실행위+법적 행위	법률행위
신청의 유무	신청 없이도 가능	언제나 신청을 전제
행위의 효과	기본권(자유)의 회복	법적 행위의 효력 완성

Ⅲ. 면 제

면제란 작위의무·수인의무·급부의무를 특정한 경우에 해제하여 주는 행위를 말한다. 의무해제라는 점에서 면제는 허가와 같은 것이나, 허가는 그 대상이 부작위의무라는 점이 다를 뿐이다. 한편 작위의무나 지급의무의 이행을 연기하거나 유예하는 것에 대하여, ① 그것은 의무 그 자체를 소멸시키는 것은 아니며, 오직 의무의 일부를 변경하는 데 그치는 것이므로 하명의 변경에 해당한다는 견해(이상규)와 ② 면제의 일종으로 보아야 한다는 견해(김남진·서원우)의 대립이 있다. 연기나 유예를 이행시기나 이행의무의 변경으로 보면 전자의 견해가, 의무의 일시해제라고 보면 후자의 견해가 타당할 것이다. 결국 이 문제는 관심방향의 문제이다.

제2 형성적 행위

Ⅰ. 상대방을 위한 행위(특허)

1. 설권행위(광의의 특허)

통설은 특정인에 대하여 새로운 권리·능력 또는 포괄적인 법률관계를 설정하는 행정행위를 설권행위라 부른다. 강학상 이를 넓은 의미의 특허라 부른다.

(1) 권리설정행위(협의의 특허)

1) 의 의 권리설정행위란 특정인에게 특정한 권리를 설정하는 행위를 말한다. 좁은 의미의 특허라고도 한다. 실정법상으로 면허·허가 등으로 불린다. 권리설정행위는 설권행위의 기본적인 유형이다. 권리설정행위에는 특허된 권리의 내용이 공권의 성질을 갖는 것(예: 특허기업의 특허, 공물사용권의 특허)도 있고, 사권의 성질을 띠는 것(예: 광업법 제10조의 광업권, 수산업법 제16조의 어업권)(판례)도 있다.

판례 **광업권의 의의와 성질**
광업권이란 등록을 한 일정한 토지의 구역(광구)에서 등록을 한 광물과 이와 같은 광상(鑛床)에 묻혀 있는 다른 광물을 탐사하고, 채굴하여 취득하는 권리를 말한다(광업법 제3조 제3호 내지 제3호의3). 광업권은 국가가 일정한 미채굴 광물의 채굴·취득을 위하여 부여하는 권리로서, 토지소유권과 분리된 독자적 권리이다. 이와 같이 우리 법제는 광물을 토지소유권의 대상으로 보지 않고 국가의 특허에 의해 부여되는 광업권에 근거하여 배타적으로 채굴할 수 있는 대상으로 보는 이른바 '광업권주의'를 취하고 있다(헌재 2014. 2. 27, 2010헌바483 참조). 광업권은 등록을 한 일정한 토지의 구역(광구)에서 등록된 광물을 지중으로부터 독점적이고도 배타적으로 채굴·취득할 수 있는 권리로서 물권적 권리이다(헌재 2015. 7. 30, 2014헌바151).

[판례가 특허로 본 행위]

보세구역의 설영특허(대판 1989. 5. 9, 88누4188), 공유수면매립면허(대판 1989. 9. 2, 88누9206), 공유수면점·사용허가(대판 2017 4. 28, 2017두30139), 여객자동차운수사업법상 개인택시운송사업면허(대판 2010. 1. 28, 2009두19137), 도시 및 주거환경정비법상 재개발조합설립인가처분(대판 2010. 1. 28, 2009두4845), 수도권대기환경특별법상 대기오염물질 총량관리사업장 설치의 허가 또는 변경허가(대판 2013. 5. 9, 2012두22799), 출입국관리법상 체류자격 변경허가(대판 2016. 7. 14, 2015두48846), 공익사업을 위한 토지 등의 취득 및 보상에 관한 법률상 국토교통부장관의 사업인정(대판 2018. 7. 26, 2017두33978), 도시 및 주거환경정비법상 사업인정(대판 2018. 7. 26, 2017두33978), 하천점용허가(대판 2018. 12. 27, 2014두11601), 도로점용허가(대판 2019. 1. 17, 2016두56721, 2016두56738(병합)), 어업면허(헌재 2019. 7. 25, 2017헌바133), 법무부장관의 공증인 인가·임명행위(대판 2019. 12. 13, 2018두41907).

2) 성 질 특허는 협력을 요하는 행정행위(쌍방적 행정행위)이다(일반적 견해). 명문의 규정이 없는 한, 판례는 효과재량설에 따라 특허를 재량행위로 본다(판례). 일반적 견해도 재량행위로 본다. 효과재량설의 문제점(수익적인 것은 왜 재량적이어야 하는가에 대한 해명이 없다는 점 등)은 바로 일반적 견해와 판례의 문제점이 된다. 생각건대 권리 설정 여부에 대한 판단에는 공익적 요소의 고려가 보다 중요하므로 명문의 규정이 없는 한 특허는 재량행위로 볼 것이지만, 해석상 공익적 요소보다 사인 보호의 필요가 큰 경우에는 기속행위로 볼 수 있을 것이다(헌재 2014. 2. 27, 2010헌바483에서 협의의 특허에 해당하는 광업권의 허가는 기속행위로 적시되었다).

> 판례 보세구역 설영특허의 법적 성질과 그 특허부여 및 특허기간갱신에 관한 행정청의 재량 여부
> (부산세관장의 원고에 대한 보세장치장설영특허갱신 불허가처분을 다툰 부산세관 보세장치장사건에서) 관세법 제78조 소정의 **보세구역의 설영특허**는 보세구역의 설치, 경영에 관한 권리를 설정하는 **이른바 공기업의 특허로서 그 특허의 부여 여부는 행정청의 자유재량**에 속하며, 특허기간이 만료된 때에 특허는 당연히 실효되는 것이어서 특허기간의 갱신은 실질적으로 권리의 설정과 같으므로 그 갱신 여부도 특허관청의 자유재량에 속한다(대판 1989. 5. 9, 88누4188; 대판 1992. 4. 28, 91누10220; 대판 1992. 4. 28, 91누13526).

3) 출원·형식·상대방 ① 허가는 신청이 없는 경우에도 발해질 수 있지만(예: 군작전지역에서 일방적 통행금지해제처분), 행정행위로서 특허는 언제나 출원을 전제로 한다. 물론 법규에 의한 특허에는 출원이 요구되지 아니한다. ② 행정행위로서의 특허 외에 법규에 의한 특허도 있다(예: 법률의 규정에 의한 각종 공사·공단의 설립). ③ 허가는 불특정다수인을 상대로 행하여질 수 있지만(예: 일반처분), 행정행위로서의 특허는 언제나 특정인을 상대방으로 한다.

4) 효　　과　　　특허로 인한 이익은 2가지 방향에서 검토를 요한다(이원론).

(개) 제한된 자유의 회복　　　경우에 따라 특허의 상대방은 자유를 회복하게 된다. 이것은 제한된 기본권의 회복을 의미한다. 기본권의 회복은 헌법에서 보장하는 이익의 회복이므로, 그것은 당연히 법률상 이익에 해당한다. 따라서 요건을 구비한 특허신청에 대한 거부는 법률상 이익의 침해가 되는바, 취소소송의 대상이 된다. 다만 특허가 재량행위인 경우에는 무하자재량행사청구권이 문제된다.

(내) 새로운 법적 지위의 창설　　　특허는 새로운 법적인 힘(지위)을 발생시키는 것을 본질적인 내용으로 한다. 따라서 특허행정청이 경쟁자인 제 3 자에게 위법하게 특허를 하면, 같은 종류의 특허를 이전에 받은 경쟁자는 이를 다툴 수 있다. 또한 제 3 자가 특허된 권리를 침해하면 배상문제를 야기한다(판례).

> 판례　하천점용허가권의 침해의 구제
> (원고가 포천시 소재 토지에서 수력발전용 댐을 설치하고 포천시장으로부터 한탄강 하천수 사용허가(구 하천법상 '유수 사용' 목적의 하천점용허가)를 받아 하천수를 사용하여 소수력발전사업을 영위하던 중, 피고(한국수자원공사)가 댐건설사업 시행을 위해 위 토지 등을 수용하면서 원고의 발전설비와 영업손실에 대해서만 보상하고, 원고의 '하천수 사용권'에 대해서는 별도로 보상하지 아니하자 그 보상을 구한 보상금증액청구사건에서) 하천의 점용허가를 받은 사람은 그 하천부지를 권원 없이 점유·사용하는 자에 대하여 직접 부당이득의 반환 등을 구할 수도 있다(대판2018. 12. 27, 2014두11601).

5) 협의의 특허와 인가의 비교　　　양자는 성질상 법적 행위·법률행위적 행정행위·형성적 행위이고, 절차상 신청을 전제로 하며, 처분의 형식에 의하고, 행위의 유효요건이라는 점에서 동일하다. 그러나 협의의 특허는 직접 상대방을 위한 행위이지만 인가는 타자를 위한 행위이고, 협의의 특허는 상대방에게 권리를 발생시키지만 인가는 사인이 의욕하는 법적 효과를 완성시켜 준다는 점에서 차이를 갖는다.

6) 허가와 비교　　　기술한 허가 부분을 보라.

(2) 능력설정행위·포괄적 법률관계설정행위　　　① 현재로서 권리능력이나 행위능력이 법률에 직접 근거하지 않고 행정행위에 근거하여 주어지는 예는 흔하지 않다(판례1). ② 포괄적 법률관계설정행위란 법률관계를 포괄적으로 설정하는 행정행위를 말한다(예: 귀화허가, 공무원임명행위)(판례2).

> 판례 1　도시및주거환경정비법상 조합설립인가처분의 성질
> (도시및주거환경정비법위반으로 기소된 형사사건에서) 구 도시정비법 제18조에 의하면 토지등소유자로 구성되어 정비사업을 시행하려는 **조합**은 제13조 내지 제17조를 비롯한 관계 법령에서 정한 요건과 절차를 갖추어 **조합설립인가처분을 받은 후에 등기함으로써 성립**하며, 그때 비로소 관할 행정청의 감독 아래 정비구역 안에서 정비사업을 시행하는 행정주체로서의 지위가 인정된다. 여기서 행정청의 조합설립인가처분은 **조합에 정비사업을 시행할 수 있는 권한을 갖는 행정주체(공법인)로서의 지위를 부여하는 일종의 설권적 처분**의 성격을 가진다(대법원 2009. 9. 24. 선고 2008다60568 판결, 대법원 2010. 1. 28. 선고 2009두4845 판결 등 참조). 따라서 토지등소유자로 구성되

는 조합이 그 설립과정에서 조합설립인가처분을 받지 아니하였거나 설령 이를 받았다 하더라도 처음부터 조합설립인가처분으로서 효력이 없는 경우에는, 구 도시정비법 제13조에 의하여 정비사업을 시행할 수 있는 권한을 가지는 행정주체인 공법인으로서의 조합이 성립되었다 할 수 없고, 또한 이러한 조합의 조합장, 이사, 감사로 선임된 자 역시 구 도시정비법에서 정한 조합의 임원이라 할 수 없다(대판 2014. 5. 22, 2012 도7190 전원합의체).

> **판례 2** 귀화허가의 법적 성격
> (외국인의 귀화 허가 요건의 하나인 '품행이 단정할 것'을 규정한 국적법 제5조 제3호에 대하여 위헌확인을 구한 네팔인 귀화허가 신청사건에서, 신청인에게는 불법체류, 범죄경력이 있었다) 국적은 국민의 자격을 결정 짓는 것이고, 이를 취득한 사람은 주권자가 되는 동시에 국가의 속인적 통치권의 대상이 되므로, 귀화허가는 외국인에게 대한민국 국적을 부여함으로써 국민으로서의 **법적 지위를 포괄적으로 설정하는 행위**이며, 귀화허가의 근거규정의 형식과 문언, 귀화허가의 내용과 특성 등을 고려해 보면, 법무부장관은 귀화신청인이 귀화요건을 갖추었다 하더라도 귀화를 허가할 것인지 여부에 관하여 **재량권**을 가진다(헌재 2016. 7. 28, 2014헌바421).

2. 변경행위 · 탈권행위

① 변경행위란 광의의 특허에 의해 발생된 효력을 일부 변경하는 행위(예: 광업허가 내용 중 광구의 변경 · 여객자동차운송사업면허구역의 변경)를 말한다. ② 탈권행위란 광의의 특허에 의해 발생된 효력을 소멸케 하는 행위(예: 광업허가의 취소 · 여객자동차운송사업면허의 취소)를 말한다.

Ⅱ. 타자를 위한 행위

1. 인가(보충행위)

(1) 의   의   행정청이 타자의 법률행위를 동의로써 보충하여 그 행위의 효력을 완성시켜 주는 행정행위를 인가라 한다(판례 1). 인가는 공익과 관련 있는 행위에 행정주체의 간섭을 허용함으로써 그 행위의 효력발생을 행정주체의 의사에 종속시키는 제도이다. 인가제도는 사법상의 후견제도에 비유될 수 있다. 인가는 효력요건인 점에서 허가와 다르다(판례 2).

> **판례 1** 매립준공인가의 법적 성질
> (전라남도지사의 원고에 대한 부관부 준공인가를 다툰 사건에서) 매립준공인가는 매립면허에 대한 단순한 확인행위가 아니며, **인가는 당사자의 법률적 행위를 보충하여 그 법률적 효력을 완성시키는 행정주체의 보충적 의사표시이다** (대판 1975. 8. 29, 75누23; 대판 1995. 5. 16, 95누4810 전원합의체; 대판 2000. 9. 5, 99두1854).

> **판례 2** 면허관청의 인가를 받지 않은 공유수면매립면허로 인한 권리의무양도약정의 효력 유무
> (충청남도지사의 공유수면매립면허 등 허가처분을 원고가 다툰 사건에서) 공유수면매립법 제20조 제1항 및 같은법시행령 제29조 제1항 등 관계법령의 규정내용과 공유수면매립의 성질 등에 비추어 볼 때, 공유수면매립의 면허로 인한 권리의무의 양도 · 양수에 있어서의 면허관청의 인가는 효력요건으로서, 위 각 규정은 강행규정이라고 할 것인바, 위 면허의 공동명의자 사이의 면허로 인한 권리의무양도약정은 면허관청의 인가를 받지 않은 이상 법률상 아무런 효력도 발생할 수 없다(대판 1991. 6. 25, 90누5184).

[인가의 예] 사립대학의 설립인가$\binom{\text{고등교육법}}{\text{제 4 조 제 2 항}}$ · 재단법인의 정관변경허가$\binom{\text{민법 제45}}{\text{조 제 3 항}}$ · 토지거래계약허가$\binom{\text{부신법 제11}}{\text{조 제 1 항}}$, 학교법인의 임원에 대한 감독청의 취임승인처분$\binom{\text{사학법 제20}}{\text{조 제 2 항}}\binom{\text{판}}{\text{례}}$ · 도시 및 주거환경정비법에 기초하여 주택재개발정비사업조합이 수립한 사업시행계획에 대한 관할 행정청의 인가$\binom{\text{대판 2021. 2. 10,}}{\text{2020두48031}}$.

판례 학교법인의 이사장·이사·감사 등 임원의 취임승인행위의 법적 성질

$\binom{\text{교육인적자원부장관을 피고로 하여 학교법인}}{\text{임원취임 승인취소처분등을 다툰 사건에서}}$ 사립학교법 제20조 제 1 항, 제 2 항은 학교법인의 이사장·이사·감사 등의 임원은 이사회의 선임을 거쳐 관할청의 승인을 받아 취임하도록 규정하고 있는바, 관할청의 임원취임승인행위는 학교법인의 임원선임행위의 법률상 효력을 완성케 하는 보충적 법률행위라 할 것이다$\binom{\text{대판 2007. 12. 27,}}{\text{2005두9651}}$.

(2) 성질·형식·대상 ① 인가행위의 기속성 여부는 근거법령의 법문에 따라 판단하여야 한다. 만약 법령에 특별한 규정이 없다면 인가의 대상이 공익적 견지에서 판단을 요하는 것인지 아니면 사익의 보호를 위한 것인지의 여부 등을 고려하여 판단하여야 한다$\binom{\text{판}}{\text{례}}$. ② 인가는 언제나 처분의 형식으로 행한다. 법령에 의한 일반적인 인가는 없다. ③ 인가의 대상은 언제나 법률행위이며 사실행위는 아니다. 이 점은 허가와 다르다. 인가대상인 법률행위에는 공법상의 행위도 있고$\binom{\text{예: 공공단체의}}{\text{정관변경인가}}$, 사법상 행위도 있다$\binom{\text{예: 비영리법}}{\text{인설립인가}}$.

판례 재단법인의 임원취임에 대한 주무관청의 승인(인가)행위의 성질

$\binom{\text{보건복지부장관이 법인임원취임승인신청거부처분에 대하여}}{\text{원고인 재단법인 예수병원유지재단이 취소를 구한 사건에서}}$ 재단법인의 임원취임이 사법인인 재단법인의 정관에 근거한다 할지라도 이에 대한 행정청의 승인$\binom{\text{인}}{\text{가}}$행위는 법인에 대한 주무관청의 감독권에 연유하는 이상 그 **인가행위 또는 인가거부행위는 공법상의 행정처분**으로서, 그 임원취임을 인가 또는 거부할 것인지 여부는 주무관청의 권한에 속하는 사항이라고 할 것이고, 재단법인의 임원취임승인 신청에 대하여 주무관청이 이에 기속되어 이를 **당연히 승인**$\binom{\text{인}}{\text{가}}$**하여야 하는 것은 아니다**$\binom{\text{대판 2000. 1. 28,}}{\text{98두16996}}$.

(3) 신청과 효력 ① 인가는 언제나 신청$\binom{\text{출}}{\text{원}}$을 전제로 한다. 인가는 보충적 행위이므로 법령에 명문의 규정이 없는 한 적극적으로 신청사항을 수정할 수는 없다. ② 인가에 의해 기본적인 법률행위는 효과를 발생한다$\binom{\text{대판 1985. 3. 26,}}{\text{84누181}}$. 그 효과는 사법적인 것도 있고$\binom{\text{예: 특허기업}}{\text{의 요금인가}}$, 공법적인 것도 있다$\binom{\text{예: 지방재정법 제11조에 따른}}{\text{지방자치단체의 기채의 인가}}$. 인가를 받아야 하는 행위임에도 인가를 받지 않고 한 행위는 무효가 됨이 원칙이다.

(4) 기본행위와 인가행위의 관계 이해의 편의를 위해 도해하기로 한다.

기 본 행 위	인가행위	효 과	비 고
적법	적법	적법 · 유효한 유인가행위	전형적인 유인가행위
적법	위법 · 무효	무인가행위	새로운 적법 인가 필요
적법	위법 · 취소	인가 취소 시까지 유인가행위	취소 후에는 무인가행위
적법 · 사후 실효	적법	인가 효력 상실	전제로서 유인가행위 부존재
위법(하자)	적법	인가 효력 발생하지 아니함	인가의 기본행위 치유 불가$\binom{\text{판}}{\text{례}}$
위법(하자)	위법	인가 효력 발생하지 아니함	예상하기 어려움

> [판례] 하자 있는 기본행위를 인가한 경우 기본행위의 효력
> (문화체육부장관의 법인정관변경허가처분에 대하여 원고인)
> (한국예수교전도관부흥협회가 무효확인을 구한 사건에서) 인가는 기본행위인 재단법인(한국천부교 전)의 정관변경
> (도관 유지재단)
> 에 대한 법률상의 효력을 완성시키는 보충행위로서, 그 기본이 되는 **정관변경결의에 하자가 있을**
> **때에는 그에 대한 문화체육부장관의 인가가 있었다 하여도 기본행위인 정관변경 결의가 유효한 것으**
> **로 될 수 없다**(대판 1996. 5. 16, 95누4810 전원합).
> (의체; 대판 1980. 5. 27, 79누196)

(5) 인가의 하자에 대한 쟁송방법

1) 기본행위−하자 없음, 인가행위−하자 있음   이러한 경우에는 인가처분의 무효나 취소를 구할 수 있다는 것이 일반적이다.

2) 기본행위−하자 있음, 인가행위−하자 없음   이러한 경우에는 기본행위의 하자를 이유로 인가처분의 취소 또는 무효확인을 구할 협의의 소익이 있는지가 문제된다.

(개) 부 정 설   기본행위에 하자가 있더라도 원칙적으로 기본행위의 하자가 민사판결에 의하여 확정되어야만 비로소 보충행위인 인가처분의 취소 또는 무효확인을 구할 수 있으며 바로 기본행위의 하자를 이유로 인가처분의 취소 또는 무효확인을 소구할 협의의 소익은 없다는 것이 다수견해이며, 판례의 일관된 입장이다(판례). 이는 기본행위의 하자를 이유로 취소소송 등을 제
(1, 2)
기하는 것을 차단함으로써 동일사안을 이중으로 심리해야 하는 법원의 부담을 덜고 민사소송(경우에)
(따라서는)
(당사자소송)으로 집중시키는 데 있다고 한다(김종).
(보)

> [판례 1] 기본행위에 하자가 있으나 보충행위(인가)에 고유한 하자가 없는 경우, 기본행위의 하자
> 를 이유로 보충행위(인가)를 다툴 수 있는지 여부
> (주택재개발정비사업조합의 최초 사업시행계획이 폐지인가를 받아 실효된 후 최초 사업시행계획에 따른 분양신청절차에서 분양신청을
> 하지 않아 조합원자격을 상실한 현금청산대상자들 중 일부가 참여한 총회에서 새로운 사업시행계획이 수립되고 인가를 받자 주택재개발
> 사업구역 내 부동산 소유자들이 사
> 업시행계획의 취소를 구한 사건에서) 기본행위인 사업시행계획에는 하자가 없는데 보충행위인 인가처분에
> 고유한 하자가 있다면 그 인가처분의 무효확인이나 취소를 구하여야 할 것이지만, 인가처분에는
> 고유한 하자가 없는데 사업시행계획에 하자가 있다면 사업시행계획의 무효확인이나 취소를 구하
> 여야 할 것이지 사업시행계획의 무효를 주장하면서 곧바로 그에 대한 인가처분의 무효확인이나
> 취소를 구하여서는 아니 된다(대판 2021. 2. 10,).
> (2020두48031)

> [판례 2] 재단법인의 정관변경 결의의 하자를 이유로 정관변경 인가처분의 취소 또는 무효확인
> 을 소구할 수 있는지 여부
> (문화체육부장관의 법인정관변경허가처분에 대하여 원고인)
> (한국예수교전도관부흥협회가 무효확인을 구한 사건에서) **기본행위인 정관변경 결의가 적법 유효하고 보충행위인**
> **인가처분 자체에만 하자가 있다면 그 인가처분의 무효나 취소를 주장할 수 있지만, 인가처분에 하자**
> **가 없다면 기본행위에 하자가 있다 하더라도 따로 그 기본행위의 하자를 다투는 것은 별론으로 하**
> **고 기본행위의 무효를 내세워 바로 그에 대한 행정청의 인가처분의 취소 또는 무효확인을 소구할 법**
> **률상의 이익이 없다**(대판 1996. 5. 16, 95).
> (누4810 전원합의체)

(나) 긍 정 설   인가처분취소소송 등의 협의의 소익을 부정한다면 분쟁해결의 일회성의 원칙에 반하고 판결간의 저촉이 문제될 수 있으며, 수리(특허 영업자지위/승계신고수리)와 인가처분 사이의 실질적 차이가 없고(판례는 양도계약(기본행위)의 무효를 확인함이 없이도 사업자지위승계신고수리처분/무효확인소송을 청구할 협의의 소익이 있다고 보았다(대판 2005. 12. 23, 2005두3554)), 불성립·무효인 기본행위에 대하여 인가가 이루어진 경우 인가처분에 요구되는 필요한 검토가 행정청에 의해 이루어지지 않았음을 의미하기에 인가처분의 위법을 다툴 협의의 소익을 인정해야 한다는 견해가 있다(박해식,/이상규).

(다) 사   견   행정법원이 인가처분취소소송 등에서 민사소송사항을 심리하기는 어렵다고 보아야 하며, 심리할 수 있다고 하더라도 행정법원의 판결(기본행위의 하자는 본안이 아/니라 이유에서의 판단이므로)과 민사법원의 판결간에 저촉이 생길 수 있고, 영업양도·양수에 따른 영업자지위승계신고의 수리와 인가는 그 본질을 달리한다고 보아야 하기에 부정설이 타당하다.

[참고] 재건축조합설립인가의 법적 성질

① 학설은 재건축조합설립행위는 기본행위로, 재건축조합 설립인가는 이를 보충하는 행위(인/가)로 보는 견해(인가/설)와 재건축조합설립행위는 재건축조합 설립인가(특/허)를 받기 위한 요건으로 보는 입장으로 조합설립인가는 행정주체인 도시 및 주거환경정비법상의 주택재건축정비사업조합(재건축/조합)을 만드는 행위로 보는 견해(특허/설)가 대립된다. ② 과거 판례는 "재건축조합설립인가는 불량·노후한 주택의 소유자들이 재건축을 위하여 한 재건축조합설립행위를 보충하여 그 법률상 효력을 완성시키는 보충행위(대판 2000. 9. 5,/99두1854)" 라고 하여 인가설을 취하였다. 그러나 최근 아래의 판례에서 특허설로 입장을 바꾼 것으로 보인다(판/례). 도시 및 주거환경정비법상 재건축조합설립의 인가는「법인격을 갖는 조합」을 설립하려는 조합원들에게 국가가 후견적으로 관여하는 의미가 없는 것은 아니지만,「법인격을 갖는 조합의 설립」이라는 효과를 가져오는 것이 보다 중요한 효과라고 본다면, 도시 및 주거환경정비법상 재건축조합설립인가를 특허로 본 판례의 태도는 타당한 것으로 보인다.

판례   재건축조합설립인가의 법적 성질

(원고가 주택재건축정비사업조합을 상대로/재건축결의부존재확인을 구한 사건에서) **재건축조합은** 관할 행정청의 감독 아래 정비구역 안에서 도시정비법상의 '주택재건축사업'을 시행하는 목적 범위 내에서 **법령이 정하는 바에 따라 일정한 행정작용을 행하는 행정주체로서의 지위를 갖는다.** 행정청이 도시정비법 등 관련 법령에 근거하여 행하는 **조합설립인가처분은** 단순히 사인들의 조합설립행위에 대한 보충행위로서의 성질을 갖는 것에 그치는 것이 아니라 법령상 요건을 갖출 경우 **도시정비법상 주택재건축사업을 시행할 수 있는 권한을 갖는 행정주체(공법/인)로서의** 지위를 부여하는 일종의 설권적 처분의 성격을 갖는다고 보아야 한다. 그리고 그와 같이 보는 이상 조합설립결의는 조합설립인가처분이라는 행정처분을 하는 데 필요한 요건 중 하나에 불과한 것이어서, 조합설립결의에 하자가 있다면 그 하자를 이유로 직접 항고소송의 방법으로 조합설립인가처분의 취소 또는 무효확인을 구하여야 하고, 이와는 별도로 조합설립결의 부분만을 따로 떼어내어 그 효력 유무를 다투는 확인의 소를 제기하는 것은 원고의 권리 또는 법률상의 지위에 현존하는 불안·위험을 제거하는 데에 가장 유효·적절한 수단이라 할 수 없어 특별한 사정이 없는 한 확인의 이익은 인정되지 아니한다(대판 2009. 9. 24,/2008다60568).

2. 대   리

공법상 대리도 그 의미는 사법의 경우와 같다. 다만 대리의 원인이 공법적이라는 점에서 다를 뿐이다. 즉 공법상 대리란 공법상 행정주체가 제 3 자가 할 행위를 대신하여 행한 경우에 그 효과를 직접 제 3 자에게 귀속하게 하는 제도를 말한다. 공법상 대리행위는 통상 ① 감독적인 입장에서(예: 공법인의 임원임명), ② 협의불성립시 조정적 입장에서(예: 토상법 제34조 제 1 항에 따른 토지수용위원회의 재결), ③ 개인보호의 입장에서(예: 死者의 유류품처분), ④ 국가자산의 행정목적달성을 위해(예: 체납처분상 공매처분) 이루어진다.

제 2 목 준법률행위적 행정행위

준법률행위적 행정행위란 행정청의 의사표시가 아니라, 행정청의 의사표시 이외의 정신작용(판단 내지 인식)의 표시에 대해 법률에서 일정한 법적 효과를 부여한 결과 행정행위가 되는 행위를 말한다. 준법률행위적 행정행위에서 주어지는 법적 효과는 행정청의 의사표시에 따른 것이 아니고, 법률의 규정에 의한 것이다. 따라서 법률행위적 행정행위에 관한 모든 일반원리가 준법률행위적 행정행위에 적용될 수 있는 것은 아니다. 준법률행위적 행정행위는 확인·공증·통지·수리의 4 가지로 구분된다.

[참고] 행정행위를 법률행위적 행정행위와 준법률행위적 행정행위로 준별하는 것은 민법상의 분류를 기초로 하여 일본에서 발전된 이론을 차용한 것이다. 이에 대하여 행정행위는 행정청의 자유로운 의사에 따라 법을 집행하는 것이 아니라, 법에 기속되어 입법자의 객관화된 의사를 실현시키는 것이므로 준별론은 지양되어야 한다는 비판론도 있다(김남진, 김성수, 김중권, 정하중). 비판론은 타당하나, 아직까지 준별론을 대체할 만한 논리는 보이지 아니한다.

Ⅰ. 확   인

1. 의   의

확인행위란 특정의 사실 또는 법률관계의 존재 여부에 관해 의문이 있거나 다툼이 있는 경우에 공권적으로 판단하여 이것을 확정하는 행위를 말한다[판례 1, 2]. 실정법상으로는 재결·재정·특허 등 여러 가지 용어가 사용되고 있다. 확인행위는 기존의 사실(예: 발명특허) 또는 법률관계(예: 무효등확인심판재결)의 존재 여부를 판단하는 것일 뿐, 새로운 법관계를 창설하는 것은 아니다. 확인행위는 준사법적 행위, 법선언행위라고도 한다.

[판례 1] 친일반민족행위자재산조사위원회의 친일재산 국가귀속결정의 법적 성격

(원고가 친일반민족행위자재산조사위원회의 친일재산국가귀속처분취소를 다툰 사건에서) 친일반민족행위자 재산의 국가귀속에 관한 특별법(이하 "특별법"이라 한다) 제 3 조 제 1 항 본문은 **"친일반민족행위자의 재산**(이하 "친일재산"이라 한다)**은 그 취득·증여 등 원인행위시에 이를 국가의 소유로 한다"**고 규정하고 있을 뿐, 친일반민족행위자재산조사위원회(이하 "위원회"라 한다)의 결정이 있어야만 국가귀속의 효력이 발생한다고 규정하고 있지 아니하다. … 특별법 제 2 조 제 2 호에 정한

친일재산은 위원회가 국가귀속결정을 하여야 비로소 국가의 소유로 되는 것이 아니라 특별법의 시행에 따라 그 취득·증여 등 원인행위시에 소급하여 당연히 국가의 소유로 되는 것이고, 위원회의 국가귀속결정은 당해 재산이 친일재산에 해당한다는 사실을 확인하는 이른바 준법률행위적 행정행위의 성격을 가지는 것이다$\left(\substack{\text{대판 2008. 11. 13,}\\\text{2008두13491}}\right)$.

> [판례 2] 국방전력발전업무훈령에 따른 연구개발확인서 발급 및 그 거부의 법적 성질
> $\left(\substack{\text{이텍산업 주식회사가 대한민국을 상대로 연구개}\\\text{발확인서발급절차의 이행을 구한 민사사건에서}}\right)$ 국방전력발전업무훈령 제113조의5 제 1 항에 의한 연구개발확인서 발급은 개발업체가 '업체투자연구개발' 방식 또는 '정부·업체공동투자연구개발' 방식으로 전력지원체계 연구 개발사업을 성공적으로 수행하여 군사용 적합판정을 받고 국방규격이 제·개정된 경우에 사업관리기관이 개발업체에게 해당 품목의 양산과 관련하여 경쟁입찰에 부치지 않고 수의 계약의 방식으로 국방조달계약을 체결할 수 있는 지위$\left(\substack{\text{경쟁입찰의}\\\text{예외사유}}\right)$가 있음을 인정해 주는 '확인적 행정행위'로서 공권력의 행사인 '처분'에 해당하고, 연구개발확인서 발급 거부는 신청에 따른 처분 발급을 거부하는 '거부처분'에 해당한다$\left(\substack{\text{대판 2020. 1. 16,}\\\text{2019다264700}}\right)$.

2. 성 질

확인행위는 판단작용으로서 객관적 진실에 따라 결정되므로 성질상 기속행위이다.

3. 종 류

확인행위는 ① 행정의 영역에 따라 조직법상 확인행위$\left(\substack{\text{예: 당선}\\\text{인 결정}}\right)$, 복리법상 확인행위$\left(\substack{\text{예: 교과}\\\text{서검인정}}\right)$, 재정법상 확인행위$\left(\substack{\text{예: 소득금}\\\text{액의 결정}}\right)$, 군정법상 확인행위, ② 대상에 따라 사실에 관한 확인행위$\left(\substack{\text{예: 소득세부}\\\text{과를 위한 소}\\\text{득액의}\\\text{결정}}\right)$, 법관계에 의한 확인행위$\left(\substack{\text{예: 무효등확}\\\text{인심판의 재결}}\right)$ 등으로 구분된다.

4. 형 식

확인은 언제나 처분의 형식으로 행한다. 법령에 의한 일반적인 확인은 없다. 확인은 행정절차법상 처분에 해당하므로 요식행위임이 원칙이다$\left(\substack{\text{절차법 제24}\\\text{조 제 1 항}}\right)$.

5. 효 과

① 확인행위의 효과는 개별법률이 정하는 바에 따라 다르다$\left(\substack{\text{대판 1992. 4. 10,}\\\text{91누5358}}\right)$. 예컨대 발명특허의 경우와 같이 확인행위에 형성적 효과가 부여되는 경우도 있으나, 그것은 법률의 규정에 의한 것이지, 확인행위 그 자체에 의한 것은 아니다. ② 확인행위로 확정된 사실 또는 법관계는 권한 있는 기관에 의해 부인되지 않는 한 누구도 그것을 임의로 변경할 수 없는 힘, 즉 존속력을 갖는다. 이것은 모든 확인행위에 공통된 효력이다. ③ 확인의 효과는 확인의 대상의 존재시기에 소급한다.

Ⅱ. 공 증

1. 의 의

(1) 개 념   공증행위란 특정의 사실 또는 법관계의 존재 여부를 공적으로 증명하는

행위이다$\binom{\text{헌재 2022. 11. 24.,}}{\text{2019헌마572}}$. 공증행위는 효과의사의 표시도 아니고 어떠한 사항에 대한 확정적인 판단의 표시도 아니다. 그것은 다만 어떠한 사실 또는 법관계가 진실이라고 인식하여 그것을 공적으로 증명하는 행위일 뿐이다. 그것이 진실이 아닐 수도 있다. 이 때문에 공증행위는 반증에 의해 번복될 수도 있다.

(2) 공증행위의 예　　　각종 공부$\binom{\text{예: 부동산등기}}{\text{부·건축물대장}}$에의 등재, 각종 증명서$\binom{\text{예: 당선증서·합}}{\text{격증서·졸업증서}}$, 각종 허가증·여권·영수증 등의 발행에서 볼 수 있다$\binom{\text{판}}{\text{례}}$. 이러한 행위는 본래 사실행위에 그치는 것이나 법률이 그에 일정한 법률효과, 즉 공적 증거력을 부여하는 경우에 한하여 준법률행위적 행정행위로의 법적 성격을 가지는 것이다.

> **판례**　의료유사업자 자격증 갱신발급행위의 성질
> $\binom{\text{의료유사업자증취소처분}}{\text{의 취소를 구한 사건에서}}$ 의료법 부칙 제 7 조, 제59조$\binom{\text{1975. 12. 31. 법률 제}}{\text{2862호로 개정전의 것}}$, 동법시행규칙 제59조 및 1973. 11. 9.자 보건사회부 공고 58호에 의거한 **서울특별시장 또는 도지사의 의료유사업자 자격증 갱신발급행위**는 유사의료업자의 자격을 부여 내지 확인하는 것이 아니라 **특정한 사실 또는 법률관계의 존부를 공적으로 증명하는 소위 공증행위에 속하는 행정행위라 할 것이다**$\binom{\text{대판 1977. 5. 24.,}}{\text{76누295}}$.

(3) 확인과의 구별　　　확인은 특정한 법률사실이나 법률관계에 관한 의문 또는 분쟁을 전제로 함에 대해 공증은 의문이나 분쟁이 없음을 전제로 한다는 견해가 다수이나, 그러한 구별이 불가능하다는 견해$\binom{\text{김남진·}}{\text{김연태}}$도 있다.

2. 성　　질

(1) 행정행위성 인정 여부　　　① 공증의 공통된 효과는 공적 증거력의 부여인데 공적 증거력이 공증의 취소를 기다림이 없이 반증에 의하여 변경가능한 것이라면, 이는 공증의 공정력을 부정하는 것이고 공정력은 행정행위의 중요한 특성을 이룬다고 보기 때문에 공증에 대해 행정행위로서의 의문이 있다는 견해$\binom{\text{김남진·}}{\text{김연태}}$도 있다. ② 그러나 다수설은 하자 있는 공증도 직권취소나 쟁송취소되기 전까지는 효력을 유지하고 있기에 행정행위성을 인정한다.

(2) 준법률행위적 행정행위　　　준법률행위적 행정행위로서 공증이란 법적 효과를 가져오는 행위만을 말한다. 공권력 행사에 해당한다고 하여도 법적 효과를 가져오지 아니하는 사실로서의 행위는 준법률행위적 행정행위로서 공증에 해당하지 아니한다.

(3) 기속행위·요식행위 여부　　　공증행위 역시 관련법규의 내용상 명백한 것이 아닌 한 성질상 기속행위로 보아야 한다. 그리고 공증행위는 행정절차법상 처분에 해당하므로 요식행위임이 원칙이다$\binom{\text{절차법 제24}}{\text{조 제1항}}$.

3. 각종 공부에의 등재행위의 성질

(1) 문제상황　　　준법률행위적 행정행위로서 공증행위는 실체적 권리관계에 변동을 가져

오는, 즉 법적 효과를 가져오는 행위만을 말하지만, 각종 공적 장부에 대해서 공신력이 인정되지 않고, 또한 공부에의 등재행위나 변경행위에 있어서 담당 공무원들의 실질적 심사권도 인정되고 있지 않는 등의 특수한 사정이 있는 상황하에서 과연 공적장부에의 등재(변경)행위가 항고소송의 대상이 되는 처분인지가 문제된다.

(2) 판   례   공적장부에의 등재행위의 성질에 대한 판례는 아래와 같이 변하고 있다. ① 종래 대법원은 처분이 아니라고 하였다[판례1]. ② 그 후 헌법재판소가 지목등록변경신청거부행위를 항고소송의 대상인 거부처분으로 판단하자[판례2] 대법원도 지목변경신청거부처분을 항고소송의 대상인 거부처분으로 보았다[판례3]. ③ 그 후 대법원은 건축물대장 용도변경신청거부를 항고소송의 대상인 거부처분으로 보았으며[판례4], 건축물대장 작성신청거부도 항고소송의 대상인 처분으로 보았다[판례5]. 실체적 권리관계에 영향을 미치지 아니하는 사항은 처분으로 보지 아니하였다[판례6]. ④ 무허가건물등재대장 삭제행위는 항고소송의 대상인 처분이 아니라 하였다[판례7]. ⑤ 그 후 지적공부 소관청이 토지대장 직권말소행위도 처분으로 보았다[판례8].

[판례 1] 자동차운전면허대장상의 등재행위가 행정처분인지 여부 및 운전경력증명서에 한 등재의 말소를 구하는 소의 적법성 여부

(원고의 운전경력증명서상의 기록삭제신청에 대한 서울특별시 남부경찰서장의 거부처분을 다툰 사건에서) **자동차운전면허대장상 일정한 사항의 등재행위는 운전면허 행정사무 집행의 편의와 사실증명의 자료로 삼기 위한 것일 뿐 그 등재행위로 인하여 당해 운전면허 취득자에게 새로이 어떠한 권리가 부여되거나 변동 또는 상실되는 효력이 발생하는 것은 아니므로** 이는 행정소송의 대상이 되는 독립한 행정처분으로 볼 수 없고, 운전경력증명서상의 기재행위 역시 당해 운전면허취득자에 대한 자동차운전면허대장상의 기재사항을 옮겨 적는 것에 불과할 뿐이므로 운전경력증명서에 한 등재의 말소를 구하는 소는 부적법하다 할 것이다(대판 1991. 9. 24, 91누1400).

[판례 2] 지적등록사항 정정신청을 반려한 행위가 헌법소원의 대상인 공권력의 행사에 해당하는지 여부

(지적공부상의 지목을 "전"에서 "대"로 정정하여 달라는 청구인의 신청을 반려한 피청구인(강서구청장)의 처분의 취소를 구한 사건에서) 지적법 제38조 제 2 항에 의하면 … 피청구인의 반려행위는 지적관리업무를 담당하고 있는 행정청의 지위에서 청구인의 등록사항 정정신청을 확정적으로 거부하는 의사를 밝힌 것으로서 공권력의 행사인 거부처분이라 할 것이므로 헌법재판소법 제68조 제 1 항 소정의 "공권력의 행사"에 해당한다(헌재 1999. 6. 24, 97헌마315).

[판례 3] 지적공부 소관청의 지목변경신청 반려행위가 항고소송의 대상이 되는 행정처분에 해당하는지 여부

(경기도지사의 지목변경신청반려처분을 다툰 경기도토지대장사건에서) 구 지적법 제20조, 제38조 제 2 항의 규정은 토지소유자에게 지목변경신청권과 지목정정신청권을 부여한 것이고, 한편 **지목은 토지에 대한 공법상의 규제, 개발부담금의 부과대상, 지방세의 과세대상, 공시지가의 산정, 손실보상가액의 산정 등 토지행정의 기초로서 공법상의 법률관계에 영향을 미치고, 토지소유자는 지목을 토대로 토지의 사용·수익·처분에 일정한 제한을 받게 되는 점 등을 고려하면, 지목은 토지소유권을 제대로 행사하기 위한 전제요건으로서 토지소유자의 실체적 권리관계에 밀접하게 관련되어 있으므로 지적공부 소관청의 지목변경신청 반려**

행위는 국민의 권리관계에 영향을 미치는 것으로서 항고소송의 대상이 되는 행정처분에 해당한다 $\binom{\text{대판 2004. 4. 22, 2003}}{\text{두9015 전원합의체}}$.

판례 4 **행정청이 건축물대장의 용도변경신청을 거부한 행위가 행정처분에 해당하는지 여부**
$\binom{\text{부산광역시 사하구청장을 피고로 한 건축}}{\text{물표시변경신청불가처분취소청구소송에서}}$ 구 건축법$\binom{\text{2005. 11. 8. 법률 제7696}}{\text{호로 개정되기 전의 것}}$ 제14조 제 4 항의 규정은 건축물의 소유자에게 건축물대장의 용도변경신청권을 부여한 것이고, 한편 건축물의 용도는 토지의 지목에 대응하는 것으로서 건물의 이용에 대한 공법상의 규제, 건축법상의 시정명령, 지방세 등의 과세대상 등 공법상 법률관계에 영향을 미치고, 건물소유자는 용도를 토대로 건물의 사용 · 수익 · 처분에 일정한 영향을 받게 된다. 이러한 점 등을 고려해 보면, 건축물대장의 용도는 건축물의 소유권을 제대로 행사하기 위한 전제요건으로서 건축물 소유자의 실체적 권리관계에 밀접하게 관련되어 있으므로, 건축물대장 소관청의 용도변경신청 거부행위는 국민의 권리관계에 영향을 미치는 것으로서 항고소송의 대상이 되는 행정처분에 해당한다$\binom{\text{대판 2009. 1. 30,}}{\text{2007두7277}}$.

판례 5 **건축물대장작성신청반려행위의 처분성**
$\binom{\text{경상남도 김해시장을 피고로 한 건축물대}}{\text{장기재신청서반려처분취소청구소송에서}}$ 구 건축법 및 구 건축물대장의 기재 및 관리 등에 관한 규칙의 관련 규정에 의하면, 구 건축법 제18조의 규정에 의한 사용승인$\binom{\text{다른 법령에 의하여 사용승인으로 의제}}{\text{되는 준공검사 · 시공인가 등을 포함한다}}$을 신청하는 자 또는 구 건축법 제18조의 규정에 의한 사용승인을 얻어야 하는 자 외의 자는 건축물대장의 작성신청권을 가지고 있고, 한편 건축물대장은 건축물에 대한 공법상의 규제, 지방세의 과세대상, 손실보상가액의 산정등 건축행정의 기초자료로서 공법상의 법률관계에 영향을 미칠뿐만 아니라, 건축물에 관한 소유권보존등기 또는 소유권이전등기를 신청하려면 이를 등기소에 제출하여야 하는 점 등을 종합해보면, 건축물대장의 작성은 건축물의 소유권을 제대로 행사하기 위한 전제요건으로서 건축물 소유자의 실체적 권리관계에 밀접하게 관련되어 있으므로 건축물대장 소관청의 작성신청반려행위는 국민의 권리관계에 영향을 미치는 것으로서 항고소송의 대상이 되는 행정처분에 해당한다$\binom{\text{대판 2009. 2. 12,}}{\text{2007두17359}}$.

판례 6 **토지대장상의 소유자명의변경신청 거부행위의 처분 해당 여부**
$\binom{\text{원고인 등기부상 소유자가 토지대장에의 소유자 기재가 잘못되었다는 이유로 토지대장 정정신}}{\text{청을 하였으나 피고인 성남시 분당구청장이 거부하자 다툰 토지대장정정불가처분취소소송에서}}$ 토지대장에 기재된 일정한 사항을 변경하는 행위는, 그것이 지목의 변경이나 정정 등과 같이 토지소유권 행사의 전제요건으로서 토지소유자의 실체적 권리관계에 영향을 미치는 사항에 관한 것이 아닌 한 행정사무집행의 편의와 사실증명의 자료로 삼기 위한 것일 뿐이어서, 그 소유자 명의가 변경된다고 하여도 이로 인하여 당해 토지에 대한 실체상의 권리관계에 변동을 가져올 수 없고 토지 소유권이 지적공부의 기재만에 의하여 증명되는 것도 아니다. 따라서 소관청이 토지대장상의 소유자명의변경신청을 거부한 행위는 이를 항고소송의 대상이 되는 행정처분이라고 할 수 없다$\binom{\text{대판 2012. 1. 12,}}{\text{2010두12354}}$.

판례 7 **무허가건물등재대장삭제처분의 처분성**
$\binom{\text{서울특별시 마포구청장을 피고로 한 기존무}}{\text{허가건물대장등재삭제처분취소청구소송에서}}$ 무허가건물관리대장은, 행정관청이 지방자치단체의 조례 등에 근거하여 무허가건물정비에 관한 행정상 사무처리의 편의와 사실증명의 자료로 삼기 위하여 작성, 비치하는 대장으로서 무허가건물을 무허가건물관리대장에 등재하거나 등재된 내용을 변경 또는 삭제하는 행위로 인하여 당해 무허가 건물에 대한 실체상의 권리관계에 변동을 가져오는 것이 아니고, 무허가건물의 건축시기, 용도, 면적 등이 무허가건물관리대장의 기재에 의해서만 증명되는 것도 아니

므로, 관할관청이 무허가건물의 무허가건물관리대장 등재 요건에 관한 오류를 바로잡으면서 **당해 무허가건물을 무허가건물관리대장에서 삭제하는 행위는 다른 특별한 사정이 없는 한 항고소송의 대상이 되는 행정처분이 아니다.** … 당해 무허가건물이 기준일 이전부터 협의계약체결일 또는 수용재결일까지 무허가건물관리대장에 등재되어 있기만 하면 등재 무허가건물 소유자로서 분양아파트 입주권을 부여받을 수 있고, 그 이후에도 계속하여 무허가건물관리대장에 등재되어 있을 것을 요구하고 있지 아니하므로, 이 사건 무허가건물이 지장물 이전 및 철거와 관련한 협의계약을 체결할 당시까지 무허가건물관리대장에 등재되어 있었다가 그 이후 무허가건물관리대장에서 삭제되었다고 하여 위 이주대책에서 정한 원고의 법률상 지위에 어떠한 영향을 미친다고 볼 수 없다(대판 2009. 3. 12, 2008두11525).

[판례 8] 지적공부 소관청이 토지대장을 직권으로 말소한 행위가 항고소송의 대상이 되는 행정처분에 해당하는지 여부

(남양주시 풍양출장소장을 피고로 한 토지대장말소처분취소소송에서) **토지대장은 토지에 대한 공법상의 규제, 개발부담금의 부과대상, 지방세의 과세대상, 공시지가의 산정, 손실보상가액의 산정 등 토지행정의 기초자료로서 공법상의 법률관계에 영향을 미칠 뿐만 아니라,** 토지에 관한 소유권보존등기 또는 소유권이전등기를 신청하려면 이를 등기소에 제출해야 하는 점 등을 종합해 보면, 토지대장은 토지의 소유권을 제대로 행사하기 위한 전제요건으로서 토지 소유자의 실체적 권리관계에 밀접하게 관련되어 있으므로, 이러한 토지대장을 직권으로 말소한 행위는 국민의 권리관계에 영향을 미치는 것으로서 항고소송의 대상이 되는 행정처분에 해당한다(대판 2013. 10. 24, 2011두13286).

(3) 사　　견　　각종 공부에의 등재행위는 행정소송법이 정하는 공권력 행사 등에 해당하지만, 그 등재행위 자체로서 법률관계를 직접 변동시키는 것으로 보기는 어렵다. 말하자면 취소소송을 형성소송으로 이해하는 한, 각종 공부에의 모든 등재행위를 다투기는 어렵다. 다만 등재행위 자체로서 법률관계를 직접 변동시키는 경우에는 예외적으로 항고소송의 대상이 되는 처분으로 볼 것이다.

4. 효　　과

① 공증행위는 권리설정요건(예: 광업원부에 등록)일 때도 있고, 권리행사요건(예: 선거인명부에 등록)일 때도 있으나, 개개 공증행위의 효과는 개별법규정에 따라 정해진다. ② 반증이 없는 한 공적 증거력을 가짐은 모든 공증행위에 공통하는 효과이다.

Ⅲ. 통　　지

1. 의　　의

통지행위란 특정인 또는 불특정다수인에게 어떠한 사실을 알리는 행위를 말한다. 그러나 준법률행위적 행정행위로서 통지란 법적 효과를 가져오는 행위만을 말한다. 통지행위는 의사의 표시가 아니다. 그것은 어떠한 사실에 대한 관념이나 희망 또는 의견을 표명하는 것일 뿐이다.

2. 구별개념

① 단순한 사실행위로서의 통지행위(예: 당연퇴/직의 통보)는 법적 효과가 따르지 아니하므로 준법률행위적 행정행위로서 통지행위와 구분된다. ② 통지행위는 독립된 행위이기 때문에 행정행위의 적법요건으로서의 통지와도 구별된다.

3. 법적 성질

① 통지행위의 기속성 여부는 관련법령을 보고 판단할 문제이다. ② 통지행위는 행정절차법상 처분에 해당하므로 요식행위임이 원칙이다(절차법 제24/조 제1항). ③ 준법률행위적 행정행위로서의 통지도 행정심판법과 행정소송법상 처분에 해당하므로 통지행위에 하자가 있다면 그 하자를 이유로 취소나 무효확인을 구하는 행정쟁송이 가능하다.

[준법률행위적 행정행위로서의 통지행위로 본 판례]

판례 1   대집행절차인 계고와 대집행영장발부통보

(피고(서울특별시 중구청장)가 원고(사단법인 한국청년회의소)에 대하여 한 옥외광고물철거대집행영장발부통보처분을 다툰 한국청년회의소 옥외광고물철거사건에서) **선행처분인 계고처분이 하자가 있는** 위법한 처분이라면, 비록 그 하자가 중대하고도 명백한 것이 아니어서 당연무효의 처분이라고 볼 수 없고, 행정소송으로 효력이 다투어지지도 아니하여 이미 불가쟁력이 생겼으며, 서울시 중구청장의 후행처분인 **대집행영장발부통보처분** 자체에는 아무런 하자가 없다고 하더라도, 후행처분인 대집행영장발부통보처분의 취소를 청구하는 소송에서 청구원인으로 선행처분인 계고처분이 위법한 것이기 때문에 그 계고처분을 전제로 행하여진 대집행영장발부통보처분도 위법한 것이라는 주장을 할 수 있다(대판 1996. 2. 9./95누12507).

판례 2   국세징수법 제21조, 제22조의 가산금과 중가산금의 납부독촉

(강서세무서장의 원고들에 대한 토지초과이득세부과처분등을 다툰 사건에서) 국세징수법 제21조, 제22조가 규정하는 가산금과 중가산금은 국세가 납부기한까지 납부되지 않은 경우 미납분에 관한 지연이자의 의미로 부과되는 부대세의 일종으로서, 과세권자의 확정절차 없이 국세를 납부기한까지 납부하지 아니하면 같은 법 제21조, 제22조의 규정에 의하여 당연히 발생하고 그 액수도 확정되는 것이며, 그에 관한 징수절차를 개시하려면 독촉장에 의하여 그 납부를 독촉함으로써 가능한 것이므로, **그 강서세무서장의 납부독촉이 부당하거나 절차에 하자가 있는 경우에는 그 징수처분에 대하여 취소소송에 의한 불복이 가능할 것이**다(대판 2000. 9. 22./2000두2013).

판례 3   대학교원의 임용권자가 임용기간이 만료된 조교수에 대하여 재임용을 거부하는 취지로 한 임용기간만료의 통지가 행정소송의 대상이 되는 처분에 해당하는지 여부

(서울대학교 총장의 교수재임용거부처분에 대하여 원고가 취소를 구한 미술대 김민수교수 재임용거부사건에서) **기간제로 임용되어 임용기간이 만료된 국·공립대학의 조교수**는 교원으로서의 능력과 자질에 관하여 합리적인 기준에 의한 공정한 심사를 받아 위 기준에 부합되면 특별한 사정이 없는 한 재임용되리라는 기대를 가지고 재임용 여부에 관하여 **합리적인 기준에 의한 공정한 심사를 요구할 법규상 또는 조리상 신청권을 가진다고 할 것이니, 임용권자가 임용기간이 만료된 조교수에 대하여 재임용을 거부하는 취지로 한 임용기간만료의 통지는 위와 같은 대학교**

원의 법률관계에 영향을 주는 것으로서 행정소송의 대상이 되는 처분에 해당한다$\binom{\text{대판 2004. 4. 22, 2000}}{\text{두7735 전원합의체}}$.

[참고] 대법원은 이 판결을 통해 "기간을 정하여 임용된 대학교원이 그 임용기간의 만료에 따른 재임용의 기대권을 가진다고 할 수 없고, 임용권자가 인사위원회의 심의결정에 따라 교원을 재임용하지 않기로 하는 결정을 하고 이를 통지하였다고 하더라도 이를 행정소송의 대상이 되는 행정처분이라고 할 수 없다"고 판시한 종전의 입장$\binom{\text{대판 1997. 6. 27,}}{\text{96누4305}}$을 변경하였다.

[사실행위로서의 통지행위로 본 판례]

판례 1 국가공무원법 제74조의 정년에 달한 공무원에게 발하는 정년퇴직발령
$\binom{\text{영주지방철도청장의 원고에 대한}}{\text{정년퇴직발령통지를 다툰 사건에서}}$ 국가공무원법 제74조에 의하면 **공무원이 소정의 정년에 달하면** 그 사실에 대한 효과로서 **공무담임권이 소멸되어 당연히 퇴직**되고 따로 그에 대한 행정처분이 행하여져야 비로소 퇴직되는 것은 아니라 할 것이며 피고$\binom{\text{영주지방}}{\text{철도청장}}$의 원고에 대한 **정년퇴직발령은 정년퇴직 사실을 알리는 이른바 관념의 통지에 불과**하므로 행정소송의 대상이 되지 아니한다$\binom{\text{대판 1983. 2. 8.}}{\text{81누263}}$.

판례 2 국가공무원법 제69조의 당연퇴직사유에 해당함을 알리는 인사발령
$\binom{\text{원고의 당연퇴직의 인사}}{\text{발령을 다툰 사건에서}}$ 국가공무원법 제69조에 의하면 공무원이 제33조 각호의 1에 해당할 때에는 당연히 퇴직한다고 규정하고 있으므로, **국가공무원법상 당연퇴직은 결격사유가 있을 때 법률상 당연히 퇴직하는 것**이지, 공무원관계를 소멸시키기 위한 별도의 행정처분을 요하는 것이 아니며, 충남 당진교육청교육장의 **당연퇴직의 인사발령은** 법률상 당연히 발생하는 **퇴직사유를 공적으로 확인하여 알려 주는 이른바 관념의 통지에 불과**하고 공무원의 신분을 상실시키는 새로운 형성적 행위가 아니므로 행정소송의 대상이 되는 독립한 행정처분이라고 할 수 없다$\binom{\text{대판 1995. 11. 14,}}{\text{95누2036}}$.

4. 종 류

통지행위의 예로는 대집행의 계고, 납세의 독촉 등을 들 수 있다. 내용상 대집행의 계고는 작위하명의 성질을 가질 수 있고, 납세독촉은 급부하명의 성질을 가지는 것으로 볼 수 있다$\binom{\text{홍준}}{\text{형}}$.

5. 효 과

통지행위에 어떠한 효과가 주어지는가는 개별법규가 정한 바에 따른다. 예컨대 납세의 독촉이 있음에도 납세자가 체납하면 체납처분이 가능하게 되는 것과 같다.

Ⅳ. 수 리

1. 의 의

수리행위란 행정청이 사인의 행위를 유효한 행위로 받아들이는 인식의 표시행위를 말한다. 수리행위는 하나의 의사작용인 까닭에 단순한 사실로서의 도달과 다르다.

2. 성 질

법이 정한 특별한 사정이 없는 한 소정의 형식적 요건을 갖춘 신고는 수리되어야 한다. 따라

서 수리는 기속행위의 성질을 갖는다. 여기서 수리는 준법률행위적 행정행위로서의 수리를 말하는 바, 자체완성적 사인의 공법행위에서 말하는 수리는 여기의 수리에 해당하지 아니한다$\binom{예:\ 당구장}{업신고수리}$.

3. 종류(예)

수리행위의 예로 각종의 원서 · 신청서 · 신고서 · 청구서 등을 받아들이는 경우를 볼 수 있다.

4. 효　　과

수리행위에 대해 어떠한 효과가 주어지는가는 개별법규가 정한 바에 따른다. 경우에 따라서는 법관계를 완성시키기도 하며, 수리가 있기 전까지는 일정행위가 금해지기도 한다.

제 4 항　행정행위의 적법요건(성립 · 발효요건)

행정행위의 적법요건은 주체 · 내용 · 형식 · 절차 · 표시 요건으로 구성된다. 판례는 행정행위의 내부적 성립요건과 외부적 성립이라는 개념을 사용하지만$\binom{판}{례}$, 양자는 합하여 행정행위의 적법요건이 된다.

> **판례**　처분의 존재가 인정되기 위한 요건
> $\binom{대한민국을\ 피고로\ 보훈급여지급정}{지처분등무효확인을\ 구한\ 사건에서}$ 일반적으로 처분이 주체 · 내용 · 절차와 형식의 요건을 모두 갖추고 외부에 표시된 경우에는 처분의 존재가 인정된다. 행정의사가 외부에 표시되어 행정청이 자유롭게 취소 · 철회할 수 없는 구속을 받게 되는 시점에 처분이 성립하고, 그 성립 여부는 행정청이 행정의사를 공식적인 방법으로 외부에 표시하였는지를 기준으로 판단해야 한다$\binom{대판\ 2021.\ 12.}{16,\ 2019두45944}$.

Ⅰ. 주체요건

① 행정행위는 권한을 가진 기관이 권한의 범위 내에서 정상적인 의사작용에 기한 것이어야 한다. 권한을 가진 자와 그 범위는 조직법상 정한 바에 따른다. 권한이 위임된 경우에는 수임자가 권한을 행사한다. 다만 내부위임의 경우에는 위임자가 권한을 가진 기관이다$\binom{판례}{1}$. ② 권한을 가진 기관이 합의제기관인 경우에는 구성원이 적법한 소집절차 · 의결절차에 따라 의사결정을 할 수 있는 지위에 있어야 한다$\binom{판례}{2}$. 한편 명문의 규정으로 금하는 바가 없다면 경우에 따라서는 기관의 구성에 공무원 아닌 자도 참여시킬 수 있다$\binom{판례}{3}$. ③ 권한의 행사는 정상적인 의사작용에 기한 것이어야 한다. 따라서 행정기관구성자는 의사능력과 행위능력을 가져야 한다.

> **판례 1**　행정권한을 내부적으로 위임받은 수임기관의 권한 행사방법
> $\binom{대구시장의\ 원고에\ 대한\ 영업}{허가취소처분을\ 다툰\ 사건에서}$ 행정처분의 권한을 내부적으로 위임받은 수임기관이 그 권한을 행사함에 있어서는 행정처분의 내부적 성립과정은 스스로 결정하여 행하고 그 외부적 성립요건인 **상대방에의 표시만 위임기관의 명의**로 하면 된다$\binom{대판\ 1984.\ 12.\ 11,}{80누344}$.

판례 2 의결기관이 위법하게 구성된 경우, 그 기관의 의결의 위법 여부

(전라남도지사의 폐기물처리시설설치승인 처분에 대한 무효확인 등을 구한 사건에서) 구 폐기물처리시설 설치촉진 및 주변지역지원 등에 관한 법률상 입지선정위원회는 폐기물처리시설의 입지를 선정하는 의결기관이고, 입지선정위원회의 구성방법에 관하여 일정 수 이상의 주민대표 등을 참여시키도록 한 것은 폐기물처리시설 입지선정 절차에 있어 주민의 참여를 보장함으로써 주민들의 이익과 의사를 대변하도록 하여 주민의 권리에 대한 부당한 침해를 방지하고 행정의 민주화와 신뢰를 확보하는 데 그 취지가 있는 것이므로, 주민대표나 주민대표 추천에 의한 전문가의 참여 없이 의결이 이루어지는 등 **입지선정위원회의 구성방법이나 절차가 위법한 경우에는 그 하자 있는 입지선정위원회의 의결에 터잡아 이루어진 폐기물처리시설 입지결정처분도 위법**하게 된다(대판 2007. 4. 12, 2006두20150).

판례 3 공무원 아닌 자가 포함된 개인택시면허심사회의를 구성하여 그 심사회의로 하여금 면허신청자의 자격 등을 심사하게 한 경우 개인택시면허처분의 효력

(개인택시면허 우선순위에 관한 교통부장관의 시달이 자동차운수사업법 시행규칙 제15조 제 1 항 규정에 반한다고 하여 다툰 사건에서) **행정청은 일반적으로 어떤 행정처분을 함에 앞서 법령 또는 재량에 의하여 그 사전심사를 위한 심의기구를 구성하여 이를 위임할 수 있는 것이므로** 피고가 개인택시를 면허함에 있어서 개인택시면허심사회의를 구성하여 그 심사회의로 하여금 면허신청자의 자격 등을 심사하도록 하고 그 심사위원 중에 공무원 아닌 사람이 포함되어 있다고 하여 심사절차나 그 심사위원에 관하여 특별규정이 없는 이상 이를 무효라고 할 이유가 없다(대판 1985. 11. 12, 85누394).

[기출사례] 제56회 사법시험(2014년) 문제·답안작성요령 ☞ PART 4 [3-1]

Ⅱ. 내용요건

1. 적 법

행정행위는 법률의 우위의 원칙상 모든 법률 및 행정법의 일반원칙에 반하지 않아야 한다. 기본권을 침해하는 것이어서도 아니 된다. 법률의 유보의 원칙과 관련하여 침익적 행위의 발령에는 법적 근거를 요한다(대판 1991. 10. 11, 91누7835). 복효적 행위의 경우에도 마찬가지이다. 재량행위인 경우에는 재량하자가 없어야 한다. 뿐만 아니라, 재량행위의 경우, 공표된 처분기준과 상이한 결정은 행정의 자기구속의 원칙에 위반되는 위법한 행위가 될 수 있다.

[기출사례] 제36회 입법고시(2020년) 문제·답안작성요령 ☞ PART 4 [1-4a]

2. 가 능

행정행위는 사실상으로나 법률상으로 실현이 가능한 것이어야 한다(대판 1972. 9. 26, 72다1070)(판례). 불가능은 ① 누구라도 명령되는 처분을 수행할 수 없는 객관적 불가능과 ② 처분의 상대방이 명령되는 처분을 수행할 수 없는 주관적 불가능으로 구분된다. 객관적 불가능의 행위는 그 효과가 무효이다. 그러나 주관적 불가능의 행위는 위법하지만 효과는 반드시 무효라고 말하기 어렵다.

판례 법률상 실현불능한 사항을 내용으로 하는 처분의 효력

$\binom{\text{납세자 아닌 제 3 자의 재산을 대상으로 한 서울특별}}{\text{시장의 체납압류처분의 취소(무효)를 구한 사건에서}}$ 과세관청이 납세자에 대한 체납처분으로서 제 3 자의 소유물건을 압류하고 공매하더라도 그 처분으로 인하여 제 3 자가 소유권을 상실하는 것이 아니고, 체납처분으로서 압류의 요건을 규정하는 국세징수법 제24조 각 항의 규정을 보면 어느 경우에나 압류의 대상을 납세자의 재산에 국한하고 있으므로, **납세자가 아닌 제 3 자의 재산을 대상으로 한 압류처분은 그 처분의 내용이 법률상 실현될 수 없는 것이어서 당연무효이다**$\binom{\text{대판 2006. 4. 13.}}{\text{2005두15151}}$.

3. 명 확

행정행위는 일반·추상적인 법률을 특정인을 상대로 구체적으로 정하는 것이기 때문에, 그 행정행위의 내용은 당연히 명확하여야 한다. 행정행위의 명확성은 행정행위 그 자체로부터 발령 행정청·상대방·처분내용 등을 인식할 수 있어야 함을 의미한다. 명확성의 정도는 처분의 상대방이 처분행정청 등의 특별한 도움이 없이도 규율내용을 인식할 수 있는 것이어야 한다. 특히 침익적 행위의 경우에는 목표·목적도 충분히 기술되어야 한다. 명확성의 요구가 침해되면, 위법한 행위가 된다$\binom{\text{대판 2007. 1. 12.}}{\text{2004두7146}}$.

Ⅲ. 형식요건

① 행정청이 처분을 할 때에는 다른 법령등에 특별한 규정이 있는 경우를 제외하고는 문서로 하여야 하며$\binom{\text{판례}}{1}$, 다음 각 호$\binom{\text{1. 당사자등의 동의가 있는 경우, 2. 당}}{\text{사자가 전자문서로 처분을 신청한 경우}}$의 어느 하나에 해당하는 경우에는 전자문서로 할 수 있다$\binom{\text{절차법 제24}}{\text{조 제1항}}$. ② 제1항에도 불구하고 공공의 안전 또는 복리를 위하여 긴급히 처분을 할 필요가 있거나 사안이 경미한 경우에는 말, 전화, 휴대전화를 이용한 문자 전송, 팩스 또는 전자우편 등 문서가 아닌 방법으로 처분을 할 수 있다. 이 경우 당사자가 요청하면 지체 없이 처분에 관한 문서를 주어야 한다$\binom{\text{절차법 제24}}{\text{조 제2항}}$. ③ 처분을 하는 문서에는 그 처분 행정청과 담당자의 소속·성명 및 연락처$\binom{\text{전화번호, 팩스번호, 전}}{\text{자우편주소 등을 말한다}}$를 적어야 한다$\binom{\text{절차법 제24}}{\text{조 제3항}}$. 처분행정청을 기재하지 아니한 하자는 중대하고 명백한 하자에 해당하는바, 그러한 처분은 무효로 볼 것이다$\binom{\text{판례}}{2}$. ③ 문서형식은 행정행위의 내용의 불명확성을 방지하는 데 기여한다$\binom{\text{판례}}{3}$.

판례 1 문서주의의 의의

$\binom{\text{국외국으로 송환될 경우 여성 할례를 당하게 될 위험을 이유로 난민}}{\text{신청을 하였으나 불인정처분을 받은 자가 그 취소를 구한 사건에서}}$ 출입국관리법이 난민 인정 거부 사유를 서면으로 통지하도록 규정한 것은 행정청으로 하여금 **난민 요건에 관한 신중한 조사와 판단을 거쳐 정당한 처분**을 하도록 하고, 처분의 상대방에게 **처분 근거를 제시하여 이에 대한 불복신청에 편의를 제공**하며, 나아가 이에 대한 **사법심사의 심리범위를 명확**하게 하여 **이해관계인의 신뢰를 보호하고 절차적 권리를 보장**하기 위한 것이다$\binom{\text{대판 2017. 12. 5.}}{\text{2016두42913}}$.

[판례 2] 행정절차법 제24조 위반행위의 효력(무효)

[1] (소방시설설치유지 및 안전관리에 관한 법률 제9조에 의거하여 소방시설 불량사항을 시정보완하라는 명령서를 시흥소방서의 담당 소방공무원이 피고인을 방문하여 구두로 고지하였으나, 피고인이 이에 응하지 아니하자 기소된 **시흥소방서 구두시정명령사건**에서) 행정절차법 제24조는 행정의 공정성·투명성 및 신뢰성을 확보하고 국민의 권익을 보호하기 위한 것이므로 위 규정에 위반하여 행하여진 행정청의 처분은 그 하자가 중대하고 명백하여 원칙적으로 무효이다(대판 2011. 11. 10, 2011도11109).

[2] (병무청장이 법무부장관에게 '가수 유승준이 공연을 위하여 국외여행허가를 받고 출국한 후 미국 시민권을 취득함으로써 사실상 병역의무를 면탈하였으므로 재외동포 자격으로 재입국하고자 하는 경우 국내에서 취업, 가수활동 등 영리활동을 할 수 없도록 하고, 불가능할 경우 입국 자체를 금지해 달라'고 요청함에 따라 법무부장관이 유승준의 입국을 금지하는 결정을 하고, 그 정보를 내부전산망인 '출입국관리정보시스템'에 입력하였으나, 유승준에게는 통보하지 않은 상태에서 재외공관장이 아무런 재량을 행사하지 않고 사증발급 거부처분하자 유승준이 사증발급거부처분의 취소를 구한 **가수 유승준** 사건에서) 행정절차에 관한 일반법인 행정절차법 제24조 제1항은 처분내용의 명확성을 확보하고 처분의 존부에 관한 다툼을 방지하여 처분상대방의 권익을 보호하기 위한 것이므로, 이를 위반한 처분은 하자가 중대·명백하여 무효이다(대판 2019. 7. 11, 2017두38874).

[판례 3] 문서로 처분을 한 경우, 처분 내용의 확정방법

(원고 에코환경기술 주식회사가 피고 울산광역시장의 산업단지개발계획변경신청거부처분의 취소를 구한 사건에서) 행정청이 문서에 의하여 처분을 한 경우 처분서의 문언이 불분명하다는 등의 특별한 사정이 없는 한, 문언에 따라 어떤 처분을 하였는지를 확정하여야 한다. 처분서의 문언만으로도 행정청이 어떤 처분을 하였는지가 분명한데도 처분 경위나 처분 이후의 상대방의 태도 등 다른 사정을 고려하여 처분서의 문언과는 달리 다른 처분까지 포함되어 있는 것으로 확대해석해서는 안 된다(대판 2017. 8. 29, 2016두44186).

Ⅳ. 절차요건

1. 이유제시(이유명시·이유부기·이유강제)

행정청은 처분을 할 때에는 당사자에게 그 근거와 이유를 제시하여야 한다. 다만 ① 신청내용을 모두 그대로 인정하는 처분인 경우, ② 단순·반복적인 처분 또는 경미한 처분으로서 당사자가 그 이유를 명백히 알 수 있는 경우, ③ 긴급히 처분을 할 필요가 있는 경우에는 그러하지 않다(절차법 제23조 제1항). 그러나 행정청은 ②와 ③의 경우에 처분 후 당사자가 요청하는 경우에는 그 근거와 이유를 제시하여야 한다(절차법 제23조 제2항).

2. 협력절차

(1) 의 의   행정행위의 성립에 일정한 절차(예: 신청, 청문, 타기관의 협력, 평가절차)가 법상 요구되면, 그러한 절차를 거쳐야 한다. 그러한 절차가 요구되는 취지는 일반적으로 상대방의 이익보호(대판 1985. 10. 8, 84누251), 절차의 공정성의 확보, 적정한 결론의 탐구 등에 있다.

(2) 협력절차의 불이행   법상 요구되는 절차를 거치지 아니한 행정행위는 하자 있는 것이 된다. 그 효과는 취소할 수 있는 행위가 됨이 원칙이다(대판 2000. 10. 13, 99두653). 다만 하자가 중대하고 명백하다면 무효가 될 것이다. 절차상 하자가 있는 경우, 당연무효가 아닌 한 그 취소의 주장에는 기간상 제한(행소법 제20조의 출소기간을 보라)을 받는다(대판 1990. 1. 23, 87누947).

(3) 협력절차의 불복   협력기관의 협력행위의 위법을 이유로 다투고자 하는 경우, 협력기관이 아니라 처분청이 피고 또는 피청구인이 된다.

(한국전력공사가 부산광역시 연제구청장의 / 건축불허가처분의 취소를 구한 사건에서) 건축허가권자가 건축불허가처분을 하면서 그 처분사유로 건축불허가 사유뿐만 아니라 구 소방법 제8조 제1항에 따른 소방서장의 건축부동의 사유를 들고 있다고 하여 그 건축불허가처분 외에 별개로 건축부동의처분이 존재하는 것이 아니므로, 그 건축불허가처분을 받은 사람은 그 건축불허가처분에 관한 쟁송에서 건축법상의 건축불허가 사유뿐만 아니라 소방서장의 부동의 사유에 관하여도 다툴 수 있다(대판 2004. 10. 15, 2003두6573).

3. 처분의 사전통지

행정청은 당사자에게 의무를 과하거나 권익을 제한하는 처분을 하는 경우에는 미리 ① 처분의 제목, ② 당사자의 성명 또는 명칭과 주소, ③ 처분하려는 원인이 되는 사실과 처분의 내용 및 법적 근거, ④ 앞의 ③에 대하여 의견을 제출할 수 있다는 뜻과 의견을 제출하지 아니하는 경우의 처리방법, ⑤ 의견제출기관의 명칭과 주소, ⑥ 의견제출기한, ⑦ 그 밖에 필요한 사항을 당사자 등에게 통지하여야 한다(절차법 제21조 제1항). 다만, 의견제출기한은 의견제출에 필요한 기간을 10일 이상으로 고려하여 정하여야 한다(절차법 제21조 제3항). 사전통지가 배제되는 예외의 경우도 있다(절차법 제21조 제4항).

4. 의견청취

① 다른 법령등에서 청문을 하도록 규정하고 있는 경우, 행정청이 필요하다고 인정하는 경우, 그리고 다음 각 목(가. 인허가 등의 취소, 나. 신분·자격의 박탈, 다. 법인이나 조합 등의 설립허가의 취소)의 처분 시 제21조 제1항 제6호에 따른 의견제출기한 내에 당사자등의 신청이 있는 경우에는 처분을 할 때 청문을 한다(절차법 제22조 제1항). ② 다른 법령등에서 공청회를 개최하도록 규정하고 있는 경우, 해당 처분의 영향이 광범위하여 널리 의견을 수렴할 필요가 있다고 행정청이 인정하는 경우, 국민생활에 큰 영향을 미치는 처분으로서 대통령령으로 정하는 처분에 대하여 대통령령으로 정하는 수 이상의 당사자 등이 공청회 개최를 요구하는 경우에는 행정청이 처분을 할 때 공청회를 개최한다(절차법 제22조 제2항). 그러나 ③ 행정청이 당사자에게 의무를 부과하거나 권익을 제한하는 처분을 할 때 청문을 실시하거나 공청회를 개최하는 경우 외에는 당사자등에게 의견제출의 기회를 주어야 한다(절차법 제22조 제3항). 의견청취가 배제되는 예외의 경우도 있다(절차법 제22조 제4항). 행정청은 처분을 할 때 당사자등이 제출한 의견이 상당한 이유가 있다고 인정하는 경우에는 이를 반영하여야 한다(절차법 제27조의2 제1항).

V. 표시(송달·통지)요건

1. 의   의

표시는 행정행위의 효력요건이자[판례] 동시에 행정행위의 존재의 전제요건이다. 표시는 권한을 가진 기관이 하여야 한다. 하나의 행정행위에 다수인이 관련한다면, 각자가 통지를 받아야 하는바, 그 효력발생의 시점은 상이할 수 있다. 표시된 이후에는 임의적으로 취소·변경할 수 없다.

판례 상대방 있는 행정처분의 효력발생요건으로서 고지

(공무원연금공단을 피고로 장해등급 결정처분의 취소를 구한 사건에서) 상대방 있는 행정처분은 특별한 규정이 없는 한 의사표시에 관한 일반법리에 따라 상대방에게 고지되어야 효력이 발생하고, 상대방 있는 행정처분이 상대방에게 고지되지 아니한 경우에는 상대방이 다른 경로를 통해 행정처분의 내용을 알게 되었다고 하더라도 행정처분의 효력이 발생한다고 볼 수 없다(대판 2019. 8. 9. 2019두38656).

---

2. 송달의 방법

(1) 송달이 가능한 경우 ① 송달은 우편, 교부 또는 정보통신망 이용 등의 방법으로 하되, 송달받을 자(대표자 또는 대리인을 포함한다)의 주소·거소(居所)·영업소·사무소 또는 전자우편주소(이하 "주소 등"이라 한다)로 한다. 다만, 송달받을 자가 동의하는 경우에는 그를 만나는 장소에서 송달할 수 있다(절차법 제14조 제1항)(판례). ② 교부에 의한 송달은 수령확인서를 받고 문서를 교부함으로써 하며, 송달하는 장소에서 송달받을 자를 만나지 못한 경우에는 그 사무원·피용자(被傭者) 또는 동거인으로서 사리를 분별할 지능이 있는 사람(이하에서 "사무원등"이라 한다)에게 문서를 교부할 수 있다. 다만, 문서를 송달받을 자 또는 그 사무원등이 정당한 사유 없이 송달받기를 거부하는 때에는 그 사실을 수령확인서에 적고, 문서를 송달할 장소에 놓아둘 수 있다(절차법 제14조 제2항). ③ 정보통신망을 이용한 송달은 송달받을 자가 동의하는 경우에만 한다. 이 경우 송달받을 자는 송달받을 전자우편주소 등을 지정하여야 한다(절차법 제14조 제3항).

판례 납세고지서 송달에 있어서 반드시 현실적인 수령행위를 전제로 하는지 여부 및 납세자가 과세처분의 내용을 이미 알고 있는 경우에도 납세고지서 송달이 필요한지 여부

(영동세무서장의 동해산업(주)에 대한 부가가치세부과처분의 취소를 구한 사건에서) 납세고지서의 교부송달 및 우편송달에 있어서는 반드시 납세의무자 또는 그와 일정한 관계에 있는 사람의 현실적인 수령행위를 전제로 하고 있다고 보아야 하며, 납세자가 과세처분의 내용을 이미 알고 있는 경우에도 납세고지서의 송달이 불필요하다고 할 수는 없다(대판 2004. 4. 9. 2003두13908).

---

(2) 송달이 불가능한 경우 다음 각 호(1. 송달받을 자의 주소등을 통상적인 방법으로 확인할 수 없는 경우, 2. 송달이 불가능한 경우)의 어느 하나에 해당하는 경우에는 송달받을 자가 알기 쉽도록 관보, 공보, 게시판, 일간신문 중 하나 이상에 공고하고 인터넷에도 공고하여야 한다(절차법 제14조 제4항). 이를 공시송달이라 부르기도 한다. 제4항에 따른 공고를 할 때에는 민감정보 및 고유식별정보 등 송달받을 자의 개인정보를 「개인정보 보호법」에 따라 보호하여야 한다(절차법 제14조 제5항).

3. 도달주의

(1) 도달주의의 원칙 송달은 다른 법령등에 특별한 규정(예: 발신주의를 규정하는 국세기본법 제5조의2)이 있는 경

우를 제외하고는 해당문서가 송달받을 자에게 도달됨으로써 그 효력이 발생한다($\binom{절차법 제15}{조 제 1 항}$). 여기서 도달이란 현실적으로 상대방이 행정행위를 수령하여 알 수 있어야 함을 뜻하는 것은 아니고 상대방이 지료할 수 있는 상태에 두는 것을 말한다($\binom{대판 1989. 9. 26.}{89누4963}$). 제14조 제 3 항에 따라 정보통신망을 이용하여 전자문서로 송달하는 경우에는 송달받을 자가 지정한 컴퓨터 등에 입력된 때에 도달된 것으로 본다($\binom{절차법 제15}{조 제 2 항}$). 송달의 경우에는 적법한 송달이 있어야 도달의 효과가 생긴다($\binom{대판 1988. 3. 22.}{87누986}$). 판례는 "내용증명우편이나 등기우편과는 달리, 보통우편의 방법으로 발송되었다는 사실만으로는 그 우편물이 상당기간 내에 도달하였다고 추정할 수 없고 송달의 효력을 주장하는 측에서 증거에 의하여 도달사실을 입증하여야 한다($\binom{대판 2009. 12. 10,}{2007두20140}$)"는 입장이다. 따라서 우편송달은 입증과 관련하여 등기우편에 의할 필요가 있다($\binom{판례}{1}$). 만약 상대방이 부당하게 등기취급 우편물의 수취를 거부한다면, 도달이 있는 것으로 보아야 할 경우도 있을 것이다($\binom{판례}{2}$).

[판례 1] 우편물이 등기취급의 방법으로 발송된 경우 수취인에게 배달되었다고 볼 것인지 여부
($\binom{해고무효확인등을}{구한 민사사건에서}$) 우편물이 등기취급의 방법으로 발송된 경우에는 반송되는 등의 특별한 사정이 없는 한 그 무렵 수취인에게 배달되었다고 보아야 한다($\binom{대판 2007. 12. 27,}{2007다51758}$).

[판례 2] 상대방이 부당하게 등기취급 우편물의 수취를 거부한 경우, 도달 여부
($\binom{호원초등학교주변지구 주택재개발정비사}{업조합을 피고로 한 손실보상금소송에서}$) 상대방이 부당하게 등기취급 우편물의 수취를 거부함으로써 그 우편물의 내용을 알 수 있는 객관적 상태의 형성을 방해한 경우 그러한 상태가 형성되지 아니하였다는 사정만으로 발송인의 의사표시의 효력을 부정하는 것은 신의성실의 원칙에 반하므로 허용되지 아니한다. 이러한 경우에는 부당한 수취 거부가 없었더라면 상대방이 우편물의 내용을 알 수 있는 객관적 상태에 놓일 수 있었던 때, 즉 수취 거부 시에 의사표시의 효력이 생긴 것으로 보아야 한다. 여기서 우편물의 수취 거부가 신의성실의 원칙에 반하는지 여부는 발송인과 상대방과의 관계, 우편물의 발송 전에 발송인과 상대방 사이에 그 우편물의 내용과 관련된 법률관계나 의사교환이 있었는지, 상대방이 발송인에 의한 우편물의 발송을 예상할 수 있었는지 등 여러 사정을 종합하여 판단하여야 한다. 이때 우편물의 수취를 거부한 것에 정당한 사유가 있는지에 관해서는 수취 거부를 한 상대방이 이를 증명할 책임이 있다($\binom{대판 2020. 8. 20,}{2019두34630}$).

    (2) 행정절차법상 공고의 경우   행정절차법 제14조 제 4 항의 경우에는 다른 법령등에 특별한 규정이 있는 경우를 제외하고는 공고일부터 14일이 지난 때에 그 효력이 발생한다($\binom{절차법}{제15조\ 제 3 항\ 본문}$). 당사자가 공고의 내용을 반드시 알아야만 하는 것은 아니다($\binom{대판 2001. 7. 27,}{99두9490}$). 다만, 긴급히 시행하여야 할 특별한 사유가 있어 효력 발생 시기를 달리 정하여 공고한 경우에는 그에 따른다($\binom{절차법}{제15조\ 제 3 항\ 단서}$).

    (3) 행정업무의 운영 및 혁신에 관한 규정상 고시·공고의 경우   공고문서는 그 문서에서 효력발생 시기를 구체적으로 밝히고 있지 않으면 그 고시 또는 공고 등이 있은 날부터 5일이 경과한 때에 효력이 발생한다($\binom{행운정 제 6}{조\ 제 3 항}$). 예를 들어 2024. 6. 8. 고시하였다면, 2024. 6. 14.에 효력을 발생한다($\binom{대판 2013. 3. 28,}{2012다57231 참조}$).

4. 송달하자의 치유

송달의 적법성에 문제가 있으면, 송달하자의 치유가 문제된다. 이러한 경우에는 수령권자가 송달내용을 확인하고 수령하는 시점에 송달이 있고, 송달하자는 치유된다고 볼 것이다.

Ⅵ. 전자문서의 특례

행정업무의 전자적 처리를 위한 기본원칙, 절차 및 추진방법 등을 규정함으로써 전자정부를 효율적으로 구현하고, 행정의 생산성, 투명성 및 민주성을 높여 국민의 삶의 질을 향상시키는 것을 목적으로 전자정부법이 제정되어 있다. 이 법률에서 규정된 특례를 보기로 한다.

1. 전자문서형식의 원칙

행정기관등의 문서는 전자문서를 기본으로 하여 작성, 발송, 접수, 보관, 보존 및 활용되어야 한다. 다만, 업무의 성격상 또는 그 밖의 특별한 사정이 있는 경우에는 그러하지 아니하다$\binom{전자}{정부}$법 제25조 제1항 $\Big)$.

2. 전자문서의 성립·효력

행정기관등이 작성하는 전자문서는 그 문서에 대하여 결재$\binom{국회규칙, 대법원규칙, 헌법재판소규칙, 중앙선}{거관리위원회규칙 및 대통령령으로 정하는 전자}$적인 수단에 의한 결재를 말한다$\Big)$를 받음으로써 성립한다$\binom{전자정부법}{제26조 제1항}$. 이 법에 따른 전자문서 및 전자화문서는 다른 법률에 특별한 규정이 있는 경우를 제외하고는 종이문서와 동일한 효력을 갖는다$\binom{전자정부법}{제26조 제3항}$.

3. 전자문서의 발송시기·도달시기

행정기관등이 송신한 전자문서는 수신자가 지정한 정보시스템 등에 입력된 때에 그 수신자에게 도달된 것으로 본다. 다만, 지정한 정보시스템 등이 없는 경우에는 수신자가 관리하는 정보시스템 등에 입력된 때에 그 수신자에게 도달된 것으로 본다$\binom{전자정부법}{제28조 제2항}$.

4. 행정전자서명의 인증

행정기관이 작성하는 전자문서에는 행정전자서명을 사용한다. 다만, 행정기관은 「전자문서 및 전자거래 기본법」 제2조 제5호에 따른 전자거래를 효율적으로 운영하기 위하여 전자서명을 사용할 수 있다$\binom{전자정부법}{제29조 제1항}$. 중앙사무관장기관의 장은 행정전자서명에 대한 인증업무를 수행한다$\binom{전자정부법}{제29조 제2항}$.

제5항 행정행위의 효력

Ⅰ. 효력의 개념

1. 효력의 의의

행정행위는 적법요건을 갖추면 효력을 발생한다. 여기서 효력이란 넓게는 ① 행정행위가 법

적으로 존재한다는 것, ② 행정행위는 관계자에 대하여 구속적이라는 것, ③ 행정행위는 계속적
으로 법적 의미를 갖는다는 것을 의미하며, 좁게는 ②를 의미한다. 우리의 경우 행정행위의 효력
이란 일반적으로 ②의 의미로 사용되고 있다. 논자에 따라서는 행정행위의 법적 존재를 외부적
효력, 법적 구속력을 내부적 효력으로 표현하기도 한다.

2. 효력의 종류

견 해	효력의 종류
전통적 견해	구속력 · 공정력 · 확정력 · 집행력
본서의 입장	내용적 구속력 · 공정력 · 구성요건적 효력 · 존속력 · 강제력

공정력과 구성요건적 효력의 차이

	공 정 력	구성요건적 효력
구속력의 성질	절차상 구속력	내용상 구속력
인정근거	법적 안정설(행정정책설 · 국가권위설)	기관상호간 권한존중과 권력분립원리
효력의 인적 범위	상대방과 이해관계 있는 제 3 자	다른 행정청과 법원

3. 효력의 발생 · 소멸

행정행위는 적법성의 요건에 명백하고 중대한 하자가 없는 한, 원칙적으로 외부에 표시함으
로써 효력을 발생한다. 적법성에 의심이 있어도 행정행위는 효력을 발생한다. 행정행위는 스스로
소멸되는 것이 아닌 한, 권한을 가진 기관에 의해 폐지됨으로써 효력을 상실한다. 행정행위는 행
정심판절차상 또는 행정소송절차상 집행정지결정으로 정지된다.

Ⅱ. 내용상 구속력

1. 의의와 성질

행정행위는 적법요건을 갖추면 행정청이 표시한 의사의 내용에 따라($^{법률행위적}_{행정행위}$) 또는 법령이
정하는 바에 따라($^{준법률행위}_{적 행정행위}$) 일정한 법적 효과를 발생시키고 당사자를 구속하는 힘을 갖는바, 이
힘을 내용상 구속력($^{좁은 의미}_{의 구속력}$)이라 부른다. 내용상 구속력은 통상 행정행위의 성립 · 발효와 동시에
발생하고 취소나 철회가 있기까지 지속한다. 처분청도 그 행위를 취소하거나 철회하지 않는 한
행위의 내용에 구속된다. 행정행위의 발령은 일방적인 것이나, 내용상의 구속력은 쌍방적이다.

2. 내   용

내용상 구속력은 모든 행정행위에서 당연히 인정되는 실체법상의 효력이다. 그 구체적인 내
용은 바로 행정행위의 내용문제이다. 명령적 행위의 경우에는 의무이행이 문제되고, 형성적 행위
의 경우에는 권리 · 의무의 형성이 문제된다.

Ⅲ. 공 정 력

1. 의 의

(1) 전통적 견해　　　전통적 견해와 판례에 따르면, 행정행위는 그것이 당연무효가 아닌 한 권한을 가진 기관에 의해 취소될 때까지 행위의 상대방이나 제 3 자가 그 효력을 부인할 수 없는 일종의 구속력을 발생시키는바, 이러한 구속력을 공정력이라 부른다(판례 1). 전통적인 견해와 판례(판례 2)는 공정력이 행위의 상대방은 물론 다른 행정청과 법원에도 발생하는 것으로 본다.

[판례 1]　단순 위법한 처분의 공정력
(저작인격권침해정지를 구한 민사사건에서) 행정처분이 아무리 위법하다고 하여도 그 하자가 중대하고 명백하여 당연 무효라고 보아야 할 사유가 있는 경우를 제외하고는 아무도 그 하자를 이유로 무단히 그 효과를 부정하지 못한다(대판 2013. 4. 26, 2010다79923).

[판례 2]　행정행위의 공정력의 효력범위
(위법한 토지구획정리사업시행으로 인해 피해를 입은 자가 손해배상을 청구한 사건에서) 토지구획정리사업시행자가 사실상 도로의 기타 소유자에 대하여 환지도 지정하지 아니하고 청산금도 지급하지 아니하기로 하는 처분은 하나의 공정력 있는 행정처분의 성질을 지닌 것이므로 이것이 적법한 행정소송의 절차에 의하여 취소되지 아니하는 한 이 처분은 법원을 기속한다(대판 1975. 5. 27, 74다347).

---

(2) 사 견　　　공정력은 행위의 상대방과 이해관계인에게만 미치고, 다른 행정청이나 법원에 대해서는 공정력이 아니라 구성요건적 효력이 문제된다(이것이 오늘날 다수견해로 보인다). 왜냐하면 공정력은 「위법은 무효로 만든다」는 일반법원칙의 경우와 달리 행정법관계의 안정의 확보를 목적으로 단순위법의 행정행위는 원칙적으로 유효한 것으로 하자는 사고에 근거하는 것이고, 공정력의 인정으로 인해 피해를 입는 억울한 자로 하여금 행정소송상 다툴 수 있게 하는 방법이 취소소송의 제도임을 고려할 때, 취소소송으로 다툴 수 없는 자(다른 행정청과 법원)는 공정력의 개념과 무관하기 때문이다.

2. 인정 근거

(1) 실정법상 근거

㈎ 일반법으로서 행정기본법 제15조　　　행정기본법은 제15조는 "처분은 권한이 있는 기관이 취소 또는 철회하거나 기간의 경과 등으로 소멸되기 전까지는 유효한 것으로 통용된다. 다만, 무효인 처분은 처음부터 그 효력이 발생하지 아니한다"라고 규정하고 있다. 무효가 아닌 행위에는 적법한 행위와 단순 위법행위(취소의 대상이 되는 행위)가 있다. 적법한 행위가 유효한 것으로 통용되는 것은 당연한 것이므로, 행정기본법 제15조는 단순 위법행위가 공정력을 갖는다는 것에 특별한 의미를 둔 것으로 볼 것이다. 행정기본법은 제15조는 공정력에 관한 일반규정(일반법)이다.

㈏ 간접규정　　　위법한 행정처분의 취소에 관해 규정하는 행정심판법(제5조, 제13조), 행정소송법(제12조, 제35조, 제36조)의 규정, 직권취소제도는 공정력이 인정됨을 전제로 하는 규정들이다.

(2) 이론적 근거   행정기본법이 제정되기 전 학설상 공정력을 인정하여야 하는 근거로 자기확인설, 적법성·유효성추정설, 취소소송의 배타적 관할의 반사적 효과설, 국가권위설, 법적 안정설($\binom{행정정}{책설}$) 등이 주장되었다. 오늘날의 민주헌법국가에서는 행정권에게 선험적인 우월적 지위를 인정하는 관권중심의 사고를 인정할 수 없다는 점, 국가공동체의 원활한 운용은 장해를 받아서는 아니 된다는 점, 국가공동체의 원활한 운용은 국민 개개인의 법생활에 안정을 가져다 준다는 점 등을 고려할 때 행정기본법 제15조는 법적 안정설($\binom{행정정책설·}{국가권위설}$)을 논거로 한다고 보겠다.

3. 한   계

① 무효인 처분은 처음부터 그 효력이 발생하지 아니한다($\binom{기본법 제}{15조 단서}$). 말하자면 하자가 중대하고 명백하여 무효인 행정행위의 경우에는 공정력이 인정되지 아니한다. 공정력은 부당한 행위 또는 단순위법의 행정행위의 경우에만 인정된다. ② 공정력은 행정행위에서의 문제이지 사법행위나 사실행위에서의 문제는 아니다. ③ 공정력은 비권력적 공법작용에도 적용이 되지 아니한다.

4. 입증책임(증명책임)

과거에는 ① 공정력을 적법성의 추정으로 보아 원고측에 입증책임($\binom{증명}{책임}$)이 있다는 원고책임설, ② 법치행정의 원리상 행정행위의 적법성은 행정청이 담보하여야 하므로 행정청이 입증책임($\binom{증명}{책임}$)을 부담하여야 한다는 피고책임설이 주장되었다. ③ 현재는 공정력과 입증책임($\binom{증명}{책임}$)과는 무관하고, 입증책임($\binom{증명}{책임}$)분배의 원리에 따른다는 입증책임($\binom{증명}{책임}$)무관설이 통설이다. 판례의 입장도 같다. 공정력은 사실상의 통용력에 불과하므로 통설이 타당하다.

5. 선결문제

우리의 전통적 견해는 선결문제를 공정력과 관련하여 다룬다. 그러나 본서에서는 구성요건적 효력의 문제로 다룬다. 왜냐하면 ① 기술한 대로 공정력은 행위의 상대방이나 이해관계인에 관련된 것이지 다른 행정청이나 법원에 관련된 개념은 아니기 때문이다. 그리고 ② 선결문제는 절차상 힘의 문제라기보다 행정행위의 내용에 관련된 문제로 보는 것이 합리적이기 때문이다.

6. 공정력 개념의 의미 약화(?)

"절차법적 의미를 가지는 공정력은 실질적 존속력($\binom{불가}{변력}$)에서 충분히 보장될 수 있다는 점에서 별도로 논할 실익이 없다"는 지적도 있다($\binom{정남}{철}$). 이러한 지적은 실질적 존속력의 의미를 넓게 보는 입장에서 이해될 수 있을 것인데. 우리의 일반적 견해는 실질적 존속력의 의미를 좁게 보고 있다.

Ⅳ. 구성요건적 효력

1. 의   의

구성요건적 효력이란 유효한 행정행위가 존재하면 다른 행정기관과 법원은 자신들의 결정에 있어 그 행정행위의 존재와 효과를 인정해야 하고 또한 그 내용에 구속되는 효력을 말한다.

2. 성   질

구성요건적 효력도 행정행위의 내용과 관련된 효력의 일종이다. 내용적 구속력이 당해 행위 그 자체의 내용상의 문제인 데 반해, 구성요건적 효력은 A행위와 B행위와의 관계에서 A행위가 B행위의 구성요건요소가 되는 경우의 효력을 의미한다. 구성요건적 효력은 행정행위를 스스로 폐지할 수 없는 다른 행정청·법원과 관련하여 의미를 갖는다.

3. 근   거

① 다른 행정청에 구성요건적 효력이 미치는 것은 각 행정기관의 상호간의 권한존중과 권한의 불가침이 요구되기 때문이다(예를 들어 법무부장관이 갑에게 단순위법사유 있는 귀화허가를 하였다고 하더라도, 산업통상자원부장관은 법무부장관의 위법하지만 효력 있는 귀화허가처분의 효력을 부정할 수 없다. 따라서 갑에 대한 귀화허가는 효력(구성요건적 효력을 포함하여)이 있기 때문에 산업통상자원부장관은 갑이 한국인이 아니어서 광업권설정허가신청 자격이 없다고 할 수 없다). ② 법원에 구성요건적 효력이 미치는 것은 헌법상의 권력분립원리에서 나온다. 즉 행정행위의 존재와 내용을 법원이 존중하는 것이 권력분립원리에 합당하기 때문이다. 그러나 헌법에 근거하여 법원은 권력통제기능도 갖는바, 재판의 직접적인 대상이 되는 범위 안에서 행정행위는 법원에 대해 구성요건적 효력을 갖지 못한다.

4. 선결문제

(1) 의   의   선결문제란 특정사건($^A_{사건}$)에 대한 재판절차에서 본안을 판단하기 위해서는 본안판단에 앞서서 특정한 행정행위($^B_{행위}$)의 효력 유무·존재 여부 또는 위법 여부가 먼저 해결($^선_결$)되어야 하는 경우도 있다. 여기서 본안에 앞서서 먼저 해결되어야 하는 특정한 행정행위($^B_{행위}$)의 효력 유무·존재 여부 또는 위법 여부의 문제를 선결문제라 한다. '특정사건($^A_{사건}$)'이란 민사사건 및 형사사건을 의미하며 행정사건(특히 항고소송의 경우)의 경우는 문제되지 않는다. 그것은 원래 행정법원의 관할사항이기 때문이다. 그리고 '효력 유무'란 유효·무효·실효를 말하고, '존재 여부'란 존재·부존재를 말한다. 그런데 선결문제를 규정하는 행정소송법 제11조 제 1 항은 선결문제의 일부에 관해서만 규정하고 있는바 나머지 사항은 학설과 판례에서 해결하여야 한다.

선결문제의 유형

구 분	선결문제유형	본안의 예(판례)	선결문제의 내용
민사사건	무효유효 여부	부당이득반환청구	과세처분의 무효 여부
	위법적법 여부	국가배상청구	허가취소처분의 위법 여부
형사사건	무효유효 여부	무면허운전자 처벌	운전면허의 무효 여부
	위법적법 여부	시정명령위반 처벌	시정명령의 위법 여부

[참고] 위의 표에서 민사사건의 예로 공법상 부당이득반환청구와 국가배상청구를 든 것은 판례의 입장에 따른 것이다. 선결문제의 논리는 학설의 입장에 따라 공법상 부당이득반환청구와 국가배상청구를 행정사건으로 보아도 민사사건으로 보는 경우와 논리가 동일하다. 말하자면 행정법원에 처분등의 무효를 이유로 부당이득반환청구소송이 제기된 경우, 행정법원은 선결문제의 유효·무효 여부를 판단할 수 있다. 그러나 무효에 이르지 아니한 위법한 처분(취소할 수 있는 행위)을 직권으로 취소하고 부당이득의 반환을 명할

수 없다. 왜냐하면 당사자의 다툼이 없음에도 불구하고 법원은 직권으로 무효에 이르지 아니한 위법한 처분(취소할 수 있는 행위)을 취소할 수는 없기 때문이다. 원고가 무효에 이르지 아니한 위법한 처분을 사유로 부당이득반환을 청구하려고 하면, 원고는 취소소송과 아울러 부당이득반환청구소송을 병합하여 제기하면 된다(행소법 제10조 참조). 참고로, 부당이득반환청구는 법률상 원인 없는 이익의 반환을 청구하는 것이고, 무효에 이르지 아니한 위법한 처분으로 인한 이득은 그 처분이 취소되지 아니하는 한 법률상 원인이 없는 부당이득은 아니다. 다만, 행정법원에 처분등의 위법을 이유로 국가배상청구소송이 제기된 경우, 행정법원은 선결문제의 위법 여부를 판단할 수 있다.

(2) 민사사건의 경우

1) 행정행위의 효력 유무가 쟁점인 경우　　① 예컨대 과세처분의 무효를 이유로 하는 부당이득반환청구소송의 경우와 같이 선결문제가 행정행위의 효력 유무인 경우, 당해 행정행위가 당연무효이면 민사법원은 행정행위가 무효임을 전제로 본안을 인용할 수 있다는 것이 판례(판례 1)와 학설 및 실정법(행소법 제11조 제1항)의 입장이다. 왜냐하면 무효인 행정행위는 구성요건적 효력이 없기 때문이다. 행정소송법 제11조 제1항은 "처분등의 효력 유무 또는 존재 여부가 민사소송의 선결문제로 되어 당해 민사소송의 수소법원이 이를 심리·판단하는 경우에는 제17조, 제25조, 제26조 및 제33조의 규정을 준용한다"고 규정한다. ② 그러나 행정행위의 하자가 단순위법인 경우 민사법원은 당해 행정행위가 효력있음은 판단할 수 있으나, 행정행위의 구성요건적 효력으로 인해 그 행정행위의 효력을 부정할 수는 없다. 따라서 행정행위가 단순위법하여 여전히 효력이 있다면 법률상 원인이 없는 것이 아니기에 당사자의 부당이득반환청구는 기각될 것이다. 판례의 입장도 같다(판례 2).

> 판례 1 　부동산명도소송에서 행정처분의 당연 무효 여부가 선결문제인 경우, 민사법원의 판단가능성
>
> (도시환경정비사업의 관리처분계획 인가의 고시가 있은 후 그 시행자인 조합이 종전 토지 또는 건축물의 소유자 등 권리자에게 소유 또는 점유하고 있는 부동산의 인도를 청구하자 그 권리자가 조합설립결의와 관리처분계획에 대한 결의에 중대하고 명백한 하자가 있어 그 각 결의가 무효이므로 위 청구에 응할 수 없다고 주장한 사건에서) 민사소송에 있어서 어느 행정처분의 당연무효 여부가 선결문제로 되는 때에는 이를 판단하여 당연무효임을 전제로 판결할 수 있고 반드시 행정소송 등의 절차에 의하여 그 취소나 무효확인을 받아야 하는 것은 아니다(대판 2010. 4. 8, 2009다90092).

> 판례 2 　과오납금 부당이득반환청구소송에서 조세처분의 취소 여부가 선결문제인 경우 민사법원의 판단
>
> (원고가 대한민국에 대하여 이미 납부한 증여세액 상당금원의 반환을 부당이득금으로 청구한 사건에서) **조세의 과오납이 부당이득이 되기 위하여는** 납세 또는 조세의 징수가 실체법적으로나 절차법적으로 전혀 법률상의 근거가 없거나 **과세처분의 하자가 중대하고 명백하여 당연무효이어야 하고, 과세처분의 하자가 단지 취소할 수 있는 정도에 불과할 때에는 과세관청이 이를 스스로 취소하거나 항고소송절차에 의하여 취소되지 않는 한** 그로 인한 **조세의 납부가 부당이득이 된다고 할 수 없다**(대판 1994. 11. 11, 94다28000; 대판 2001. 1. 16, 98다58511).

2) 행정행위의 위법 여부가 쟁점인 경우　　예컨대 사인이 공무원의 위법한 처분으로 손해를 입었다고 하면서 국가배상청구소송을 제기한 경우와 같이, 선결문제가 행정행위의 위법 여부

인 경우, 민사법원이 선결문제인 행정행위의 위법 여부를 판단할 수 있는가에 관해 견해가 나뉘고 있다. ① 소극설은 공정력은 적법성의 추정이므로 행정행위가 취소되지 않는 한 공정력(구성요건/적 효력)으로 인해 다른 국가기관은 위법성을 판단하지 못하며, 행정소송법 제11조 제 1 항은 민사법원에 대한 처분의 효력 유무 또는 존재 여부만을 선결문제심판권으로 규정한다고 제한적으로 해석되며, 행정사건의 심판권은 행정법원이 배타적으로 관할함으로 인해 민사법원은 행정행위의 위법성에 대한 판단권이 없음을 논거로 한다. ② 적극설은 공정력(구성요건/적 효력)은 적법성추정이 아니라 법적 안정성 때문에 인정되는 통용력에 불과하므로 당해 처분의 위법·적법과는 무관하며, 행정소송법 제11조 제 1 항은 선결문제심판권에 대한 예시적 규정에 불과하며, 민사법원이 위법성을 확인해도 행정행위의 효력을 부정하는 것이 아니므로 구성요건적 효력(공정/력)에 저촉되지 않음을 논거로 한다. ③ 판례는 다수견해인 적극설과 입장을 같이 한다(판례/1, 2). ④ 다수설인 적극설이 타당하다고 본다.

> 판례 1 손해배상청구소송에서 철거처분의 위법 여부가 선결문제인 경우 민사법원의 판단
> (건물철거가 불법행위임을 전제로 서울/특별시에 손해배상을 청구한 사건에서) 위법한 행정대집행이 완료되면 그 처분의 무효확인 또는 취소를 구할 소의 이익은 없다 하더라도, 미리 그 **행정처분의 취소판결이 있어야만, 그 행정처분의 위법임을 이유로 한 손해배상청구를 할 수 있는 것은 아니다**(대판 1972. 4. 28,/72다337).

> 판례 2 손해배상청구소송에서 토지구획정리사업의 위법 여부가 선결문제인 경우 민사법원의 판단
> (위법한 토지구획정리사업시행으로 인해 피/해를 입은 자가 손해배상을 청구한 사건에서) 토지구획정리사업시행자가 사실상 도로의 기타 소유자에 대하여 환지도 지정하지 아니하고 청산금도 지급하지 아니하기로 하는 처분은 하나의 공정력 있는 행정처분의 성질을 지닌 것이므로 이것이 적법한 행정소송의 절차에 의하여 취소되지 아니하는 한 이 처분은 법원을 기속한다 할 것이므로 법원이 그 행정처분의 내용과는 달리 청산금이나 손실보상금을 지급하라고 명할 수 없고, 다만 위와 같이 환지도 지정하지 아니하고 청산금지급처분도 하지 아니한 채 환지처분의 확정처분까지 거쳐 그 소유권을 상실시켰다면 사업시행자는 그 한도에서 토지구획정리사업을 위법하게 시행하였다고 보아 그 도로의 소유자에 대하여 불법행위의 책임을 면할 길이 없는 것이다(대판 1975. 5. 27,/74다347).

[기출사례] 제29회 입법고시(2013년) 문제·답안작성요령 ☞ PART 4 [2–47]
[기출사례] 제57회 사법시험(2015년) 문제·답안작성요령 ☞ PART 4 [2–52]
[기출사례] 제57회 5급공채(2013년) 문제·답안작성요령 ☞ PART 4 [2–53]
[기출사례] 제58회 사법시험(2016년) 문제·답안작성요령 ☞ PART 4 [3–17]

(3) 형사사건의 경우

1) 행정행위의 효력 유무가 쟁점인 경우　① 행정행위가 무효라면 무효인 행정행위는 구성요건적 효력이 없으므로 형사법원은 무효임을 전제로 본안판단을 할 수 있다는 것이 판례(판례/1)의 입장이며 타당하다. 그러나 ② 행정행위가 단순위법인 경우에는 형사법원은 당해 행정행

위의 구성요건적 효력으로 인해 그 효력을 부인할 수 없다$\left(\substack{판례 \\ 2, 3}\right)$. 한편, 형사소송절차에서 처분이 취소되어야 범죄가 성립되는 경우$\left(\substack{예를 들어 무 \\ 면허운전죄}\right)$와 형사소송절차에서 처분이 취소되어야 범죄가 불성립되는 경우$\left(\substack{예를 들어 \\ 체납범}\right)$를 나누어 후자의 경우 침익적인 원처분$\left(\substack{체납범의 경 \\ 우 과세처분}\right)$을 형사법원이 취소할 수 있다고 하면 당사자는 범죄가 불성립하게 되므로 피고인의 인권보장을 근거로 행정행위의 효력을 부정할 수 있다는 견해도 있다$\left(\substack{박균 \\ 성}\right)$.

판례 1   당연무효인 시정명령을 위반한 자의 범죄성립 여부에 대한 형사법원의 판단 가부

$\left(\substack{시흥소방서 구두 \\ 시정명령사건에서}\right)$ 당연무효인 위 시정보완명령에 따른 피고인의 의무위반이 생기지 아니하는 이상 피고인에게 위 시정보완명령에 위반하였음을 이유로 같은 법 제48조의2 제 1 호에 따른 행정형벌을 부과할 수 없다$\left(\substack{대판 2011. 11. 10. \\ 2011도11109}\right)$.

판례 2   무면허운전죄로 처벌하기 위해 연령미달결격자에게 교부된 운전면허의 효력을 형사법원이 부정할 수 있는지 여부

$\left(\substack{무면허운전을 이유 \\ 로 기소된 사건에서}\right)$ 연령미달의 결격자인 피고인이 소외인의 이름으로 운전면허시험에 응시, 합격하여 교부받은 운전면허는 당연무효가 아니고 도로교통법 제65조 제 3 호의 사유에 해당함에 불과하여 취소되지 않는 한 유효하므로 피고인의 운전행위는 무면허 운전에 해당하지 아니한다 $\left(\substack{대판 1982. 6. 8. \\ 80도2646}\right)$.

판례 3   하자 있는 수입면허를 받고 물품을 통관한 자를 관세법상 무면허수입죄로 처벌하기 위해 하자 있는 면허의 효력을 형사법원이 부정할 수 있는지 여부

$\left(\substack{생사의 무면허수입으로 인해 특정범죄가중처벌등 \\ 에관한법률위반(무면허수입)으로 기소된 사건에서}\right)$ 물품을 수입하고자 하는 자가 일단 세관장에게 수입신고를 하여 그 면허를 받고 물품을 통관한 경우에는, 세관장의 수입면허가 중대하고도 명백한 하자가 있는 행정행위이어서 당연무효가 아닌 한 관세법 제181조 소정의 무면허수입죄가 성립될 수 없다 $\left(\substack{대판 1989. 3. 28. \\ 89도149}\right)$.

---

2) 행정행위의 위법 여부가 쟁점인 경우   ① 소극설은 공정력은 적법성의 추정이므로 행정행위가 취소되지 않는 한 공정력$\left(\substack{구성요건 \\ 적 효력}\right)$으로 인해 다른 국가기관은 구속되며, 행정소송법 제11조 제 1 항은 민사법원에 대한 처분의 효력 유무 또는 존재 여부만을 선결문제심판권으로 규정한다고 제한적으로 해석되며, 행정사건의 심판권은 행정법원이 배타적 관할함으로 인해 형사법원은 행정행위의 위법성에 대한 판단권이 없음을 논거로 한다. ② 적극설은 공정력$\left(\substack{구성요건 \\ 적 효력}\right)$은 적법성추정이 아니라 법적 안정성 때문에 인정되는 통용력에 불과하며 구성요건적 효력은 권력분립의 원리상 인정되는 효력이므로 당해 처분의 위법·적법과는 무관하며, 행정소송법 제11조 제 1 항은 선결문제심판권에 대한 예시적 규정에 불과하고, 형사법원이 위법성을 확인해도 행정행위의 효력을 부정하는 것이 아니므로 구성요건적 효력$\left(\substack{공정 \\ 력}\right)$에 저촉되지 않으며, 쟁송기간을 놓쳐 취소소송의 기회를 상실한 국민에게도 형사소송 단계에서 다시 이를 다툴 수 있는 기회를 부여함으로써 방어권 보장에 만전을 기할 수 있음$\left(\substack{박정 \\ 훈}\right)$을 논거로 한다. ③ 판례는 다수견해인 적극설과 입장을 같이 한다$\left(\substack{판 \\ 례}\right)$. ④ 다수설인 적극설이 타당하다고 본다.

> **판례** 위법한 명령($^{행정}_{행위}$)을 따르지 아니한 자의 범죄성립 여부
>
> [1] ($^{피고인 갑 주식회사의 대표이사 피고인 을이 개발제한구역 내에 무단으로 고철을 쌓아 놓은 행위 등에 대하여 관할관청으로부터 원}_{상복구를 명하는 시정명령을 받고도 이행하지 아니하였다고 하여 개발제한구역의 지정 및 관리에 관한 특별조치법(이하 '개발제한}$ $^{구역법'이라 한다) 위반}_{으로 기소된 사건에서}$) 개발제한구역의 지정 및 관리에 관한 특별조치법($^{이하 '개발제한구}_{역법'이라 한다}$) 제30조 제 1 항에 의하여 행정청으로부터 시정명령을 받은 자가 이를 위반한 경우, 그로 인하여 개발제한구역법 제32조 제 2 호에 정한 처벌을 하기 위하여는 시정명령이 적법한 것이라야 하고, 시정명령이 당연무효가 아니더라도 위법한 것으로 인정되는 한 개발제한구역법 제32조 제 2 호 위반죄가 성립될 수 없다($^{대판 2017. 9. 21,}_{2017도7321}$).
>
> [2] ($^{주택법위반이 문제}_{된 형사사건에서}$) 구 주택법($^{2008. 2. 29. 법률 제8863호로 개정}_{되기 전의 것, 이하 '법'이라 한다}$) 제91조에 의하여 행정청으로부터 시정명령을 받은 자가 이에 위반한 경우 이로 인하여 법 제98조 제11호에 정한 처벌을 하기 위해서는 그 시정명령이 적법한 것이라야 하고, 그 **시정명령이 위법한 것으로 인정되는 한 법 제98조 제11호 위반죄가 성립될 수 없다**($^{대판 2009. 6. 25,}_{2006도824}$).
>
> [3] ($^{개발제한구역 안에 건축되어 있던 비닐하우스를 매수한 자에게 구청장이 이를 철거하여 토}_{지를 원상회복하라는 시정조치를 따르지 아니한 자를 도시계획법위반죄로 기소한 사건에서}$) 구 도시계획법에 정한 처분이나 조치명령을 받은 자가 이에 위반한 경우 이로 인하여 **동법 제92조에 정한 처벌을 하기 위하여는 그 처분이나 조치명령이 적법한 것이라야 하고, 그 처분이 당연무효가 아니라 하더라도 그것이 위법한 처분으로 인정되는 한 동법 제92조 위반죄가 성립될 수 없다고 할 것이다**($^{대판 2004. 5. 14, 2001도2841;}_{대판 1992. 8. 18, 90도1709}$).

[기출사례] 제 5 회 변호사시험(2016년) 문제·답안작성요령 ☞ PART 4 [1−23]

[기출사례] 제65회 5급공채(2021년) 문제·답안작성요령 ☞ PART 4 [1−23a]

Ⅴ. 존 속 력

행정행위는 확정판결과 달리 영속적·종국적으로 관계당사자를 구속하는 것은 아니다. 그러나 행정행위가 발해지면 그 행위를 근거로 하여 많은 법률관계가 형성되기도 하는바, 그 행위의 자유로운 취소·변경은 바람직한 것이 아니다. 이 때문에 일단 발해진 행정행위를 존속시키기 위한 제도로서 존속력의 문제가 나타난다.

1. 형식적 존속력(불가쟁력)

(1) 의 의 행정행위의 상대방등은 일정한 사유가 존재하면 그 행정행위의 효력을 쟁송절차에서 다툴 수 없게 되는바, 이러한 행정행위의 효력을 형식적 존속력 또는 불가쟁력이라 한다($^{판}_{례}$).

> **판례** 행정행위의 존속력의 의미
>
> ($^{서울특별시 서초구청장의 도로점용허가처분에 대}_{하여 서초구 주민들이 주민소송을 제기한 사건에서}$) 행정처분이 불복기간의 경과로 인하여 확정될 경우 그 확정력은, 처분으로 인하여 법률상 이익을 침해받은 자가 해당 처분이나 재결의 효력을 더 이상 다툴 수 없다는 의미일 뿐, 더 나아가 판결에 있어서와 같은 기판력이 인정되는 것은 아니어서 그 처분의 기초가 된 사실관계나 법률적 판단이 확정되고 당사자들이나 법원이 이에 기속되어 모순되는 주장이나 판단을 할 수 없게 되는 것은 아니다($^{대판 2019. 10. 17,}_{2018두104}$).

(2) 사　　유　　불가쟁력이 발생하는 사유로 쟁송기간의 경과, 법적 구제수단의 포기, 판결을 통한 행정행위의 확정 등을 들 수 있다.

(3) 성　　질　　형식적 존속력이 생긴 행정행위에 대한 행정쟁송은 부적법한 것으로 각하된다. 무효의 행정행위에 대해서는 형식적 존속력이 문제되지 아니한다. 형식적 존속력은 더 이상 법적 분쟁을 허용치 않음으로써 법적 평화를 확보하기 위한 것이다. 형식적 존속력은 위법한 사실관계를 적법한 것으로 만드는 효력은 아니다(판례).

> [판례]　행정처분이나 행정심판재결이 불복기간의 경과로 확정된 경우 확정력의 의미
> (서울특별시 서초구청장의 도로점용허가처분에 대하여 서초구 주민들이 주민소송을 제기한 사건에서) 행정처분이 불복기간의 경과로 인하여 확정될 경우 그 확정력은, 처분으로 인하여 법률상 이익을 침해받은 자가 해당 처분이나 재결의 효력을 더 이상 다툴 수 없다는 의미일 뿐, 더 나아가 판결에 있어서와 같은 기판력이 인정되는 것은 아니어서 그 처분의 기초가 된 사실관계나 법률적 판단이 확정되고 당사자들이나 법원이 이에 기속되어 모순되는 주장이나 판단을 할 수 없게 되는 것은 아니다(대판 2019. 10. 17, 2018두104).

(4) 하자의 승계　　취소할 수 있는 행위에 불가쟁력이 발생하면, 그 행위를 선행행위로 하는 후행행위에 하자가 승계되는지의 여부가 문제된다.

(5) 직권취소와 철회, 재심사의 신청　　행정행위가 형식적 존속력(불가쟁력)을 발생한 후일지라도 ① 상대방은 행정기본법 제37조가 정하는 바에 따라 행정청에 처분의 재심사를 신청할 수 있다. ② 행정청은 그 행정행위가 위법한 경우에는 행정기본법 제18조에 따라 취소, 적법한 경우에는 행정기본법 제19조에 따라 철회할 수 있다.

(6) 불가쟁력과 국가배상청구소송　　예컨대 위법한 과세처분에 불가쟁력이 발생한 후에 처분의 상대방인 납세자가 정당한 세액을 초과한 금액을 국가배상청구소송을 통해 배상을 받을 수 있을 것인가의 여부가 문제된다. 이는 선결문제의 한 경우인데, 불가쟁력은 행정행위의 효력을 다툴 수 없다는 것이며 위법성을 다툴 수 없다는 것이 아니므로 불가쟁력이 발생한 행정행위로 손해를 입은 국민은 국가배상청구를 할 수 있다는 것이 다수설과 판례(대판 1979. 4. 10, 79다262)의 입장이다.

2. 실질적 존속력(불가변력)

(1) 의　　의　　① 행정의 법률적합성의 원칙상 행정행위에 원시적인 흠이나 후발적 사유가 있으면, 이를 취소 또는 변경하는 것이 원칙이다. 그러나 일부의 행정행위는 처분청도 스스로 당해 행위의 내용에 구속되어 직권으로 취소·변경할 수 없다. 행정행위가 갖는 이러한 힘을 실질적 존속력 또는 불가변력이라 한다(협의의 불가변력). 한편, ② 행정행위의 폐지·변경에는 특별한 제한이 따른다는 의미에서의 구속력을 광의의 불가변력이라 부르는 경우도 있다. ③ 우리의 경우, 일반적인 견해와 판례는 불가변력을 협의로 이해하고 있다(판례). 본서도 불가변력을 협의의 의미로 사용한다.

> **판례** 행정행위의 불가변력의 의미
>
> (인천세무서장의 한국암면공업(주)에 대한 직물류세부과처분을 다툰 사건에서) 국민의 권리와 이익을 옹호하고 법적 안정을 도모하기 위하여 특정한 행위에 대하여는 행정청이라 하여도 이것을 자유로이 취소, 변경 및 철회할 수 없다는 **행정행위의 불가변력은 당해 행정행위에 대하여서만 인정되는 것**이고, 동종의 행정행위라 하더라도 그 대상을 달리할 때에는 이를 인정할 수 없다(대판 1974. 12. 10, 73누129).

(2) 성 질   판결이 형식적 확정력을 갖게 되면 그 판결은 후행재판절차에서 내용상 구속력을 갖게 되어 후행법원도 그 행위를 변경할 수 없는 힘이 생긴다. 이 힘을 쟁송법상 실질적 확정력이라 부른다. 한편 행정행위에는 이러한 의미의 실질적 확정력은 없다. 왜냐하면 법치행정의 원리 내지 합리적인 행정의 필요상 행정행위의 변경가능성은 시인될 수밖에 없기 때문이다. 그러나 법적 안정성의 견지에서 일부의 행정행위에는 판결의 실질적 확정력에 유사한 효력을 인정해야 하는 경우도 있다. 그런데 이러한 효력의 성질은 판결의 실질적 확정력과는 다르기 때문에 실질적 존속력이라 부르는 것이다.

(3) 사 유   실질적 존속력은 모든 행정행위에 공통하는 효력이 아니고 예외적으로 특별한 경우에만 인정된다(대판 1974. 12. 10, 73누129). 이와 관련하여 논의되는 것들을 살펴보면, ① 실질적 존속력이 행정심판의 재결 같은 준사법적 행위에 발생한다는 점에 이론이 없다. ② 일부의 견해(이상규·한견우)는 수익적 행정행위의 취소·철회가 제한되는 경우를 실질적 존속력이 발생하는 경우로 보기도 하지만, 이는 당해 행정행위의 성질에서 비롯된 것이 아니라 당사자나 이해관계인의 신뢰보호의 필요에서 비롯된 것이므로 실질적 존속력의 경우로 보기 어렵다(박윤흔·류지태). ③ 법률이 일정한 행위에 대해 확정판결(토상법 제86조 제1항)과 같은 효력을 부여하는 경우에 실질적 존속력을 능가하는 실질적 확정력이 발생한다. 하지만, 이것은 행정행위의 효력이 아니라 법률이 인정하는 효력이다. ④ 일부 견해는 공공복리의 요청이 중대한 행위(예: 사정판결이 예상되는 경우)의 경우에 실질적 존속력을 인정한다. 하지만 이것은 행정행위 자체에 의한 것이라기보다는 개별적인 행위가 구체적인 경우에 있어서 공공복리와 비교형량을 통해 그 취소권이 제한되는 경우로 보아야 한다(김남진).

(4) 위반의 효과   실질적 존속력이 있는 행정행위를 취소하거나 철회하면, 그것은 위법한 것이 된다.

(5) 쟁송취소, 재심사의 신청   행정행위가 실질적 존속력(불가변력)을 발생한 경우라도 ① 상대방은 행정심판법 제36조의 이의신청이나 제37조의 처분의 재심사를 신청할 수 있고, 행정심판법상 행정심판이나 행정소송법상 항고소송을 제기할 수 있다. 한편, ② 실질적 존속력의 개념(협의의 개념)에 비추어 행정청은 불가변력이 발생한 행정행위를 철회하기 어렵다.

3. 형식적 존속력과 실질적 존속력의 관계

형식적 존속력은 행위의 상대방·이해관계자에 대한 구속력을, 실질적 존속력은 처분청 등 행정기관에 대한 구속력을 관심사로 하는바, 양자는 관심방향이 다르다. 또한 형식적 존속력이 절차법적 효력인 데 반해, 실질적 존속력은 실체법적 효력이라 할 수 있다. 따라서 ① 제소기간이 경과하여 형식적 존속력이 생긴 행위일지라도 실질적 존속력이 없는 한 권한행정청은 그 행위를 취소·변경할 수 있고, ② 실질적 존속력이 있는 행위일지라도 쟁송수단이 허용되는 한 제소기간이 경과하기 전이라면 상대방등은 다툴 수 있다.

4. 사후변경과 존속력

행정행위의 사후변경이 있는 경우, 종전의 행위가 가지는 존속력은 계속 유지되는가에 문제에 대하여 판례는 존속력을 부정하고, 종전의 행위에 포함된 사항에 대해서도 다툴 수 있다고 한다.

Ⅵ. 강 제 력

1. 집 행 력

(1) 의   의   행정행위로 명령되거나 금지된 의무를 불이행하는 경우 행정청이 법원의 원조를 받음이 없이 스스로 직접 의무의 내용을 실현할 수 있는 행정행위의 효력을 집행력이라 부른다. 집행력은 의무가 부과되는 명령적 행위에서 문제되며, 의무부과와 관계 없는 형성적 행위에서는 문제되지 아니한다. 형성적 행위는 그 자체로 법적 효과가 완성되는 것으로서 집행이 필요 없기 때문이다.

(2) 성   질   집행력이 행정행위가 갖는 고유한 효력인가의 여부와 관련하여 과거에 직권집행설과 법규설로 견해가 나뉘었다.

1) 직권집행설   의무를 부과하는 법령은 동시에 당연히 의무이행을 강제할 수 있는 권한을 포함하므로 별도의 법규가 필요 없다는 견해이다. 강제는 행정행위에 내재적인 것이어서 법적 근거 없이도 행정행위의 본질상 당연한 것이라는 입장이다.

2) 법 규 설   강제가 사법권에 고유한 것임을 전제로 행정청의 집행력은 별도의 특정법률에서 집행력을 인정하였기 때문에 인정된다는 견해이다. 법규효력설이라고도 한다.

3) 사   견   의무를 부과하는 법령은 당연히 집행할 수 있는 권능($\frac{권}{한}$)을 포함한다고 볼 수 없기에 법률유보의 원칙상 법규설이 타당하다($\frac{통}{설}$).

2. 제 재 력

행정행위에 의해 부과된 의무를 위반하면 행정벌이 부과되기도 한다. 이것 역시 넓은 의미에서 강제력의 한 부분이다. 물론 이러한 강제에는 법률상 근거를 요한다. 집행력의 경우와 같이 이러한 제재력이 행정행위에 내재하는 것이라고 할 수는 없다. 제재력을 행정행위에 고유한 효력의 한 종류로 보기에는 어려움이 있다.

제 6 항 행정행위의 하자

Ⅰ. 일 반 론

1. 행정행위의 하자의 의의

(1) 개 념   행정행위의 하자란 행정행위에 흠결이 있음을 의미한다. 현재로서 행정행위의 하자 내지 하자 있는 행정행위에 관한 일반법은 없다. 행정행위의 하자론은 이론에 의해 정리되고 있다.

(2) 하자(흠결)의 유형   흠결의 유형에는 위법과 부당이 있다. 위법은 법을 위반한 경우를 말하고, 부당은 법을 위반한 것은 아니지만 재량행사가 비합목적적인 경우를 말한다. 위법한 행정행위와 부당한 행정행위를 합하여 하자 있는 행정행위라 부른다. 위법한 행정행위는 행정소송절차와 행정심판절차에서 다툴 수 있으나, 부당한 행정행위는 행정심판절차에서만 다툴 수 있다. 양자 모두 직권취소의 대상이 됨은 물론이다.

(3) 오기 등과 구별   단순한 오기나 계산의 착오 등은 하자로 보지 아니한다. 행정청은 처분에 오기·오산 또는 그 밖에 이에 준하는 명백한 잘못이 있을 때에는 직권으로 또는 신청에 따라 지체 없이 정정하고 그 사실을 당사자에게 통지하여야 한다($\binom{절차법}{제25조}$).

2. 행정행위의 하자론의 의미

행정행위의 하자론은 법치행정의 실현, 행정의 능률, 사인의 신뢰보호의 조화를 위한 논리이다.

(1) 법효과의 발생·불발생   ① 적법하고도 합목적적인 행위는 법이 예정한 원래의 효과를 갖지만, ② 흠결이 있는 행위는 법이 예정한 원래의 효과를 갖지 못하는 것이 법치국가의 원리에 부합한다. 위법한 입법이나 계약이 무효인 것은 그러한 까닭이다.

(2) 위법의 흠결에 대한 입법자의 결단   입법자는 위법의 흠결이 있는 행위의 경우에 일단은 유효한 행위로 하고 추후에 권한 있는 기관의 유권적인 해석을 통하여 그 행위가 위법함을 확인하고, 그 효과를 제거할 수 있도록 정할 수도 있다. 행정행위가 바로 이러한 경우에 해당한다. 물론 이러한 경우에도 ① 어떠한 전제조건하에, ② 어떠한 기간 내에, ③ 어떠한 기관이 위법의 확인을 행할 것인가는 역시 입법자가 정할 사항이다.

(3) 부당의 흠결에 대한 입법자의 결단   입법자는 적법하지만 부당의 흠결이 있는 행위의 경우, 행정청이 정당한 행위로 나아갈 수 있는 길을 열어 주거나 사인이 부당한 행위를 다툴 수 있는 길을 열어줄 수도 있다. 행정행위가 바로 이러한 경우에 해당한다.

3. 하자유무 판단의 기준 시점과 적용 법령

(1) 기준 시점   행정행위가 적법한 것인가 또는 위법한 것인가의 여부는 원칙적으로 행정결정이 최종적으로 이루어지는 시점의 법적 상황에 따라 판단한다. 말하자면 행정행위의 발령시점이 하자의 유무에 대한 판단의 기준시점이 된다.

(2) 적용 법령　　처분 전후에 법령등의 개정이 있는 경우, 어떠한 법률을 적용할 것인지가 문제된다. 경우를 나누어서 본다.

1) 일반적 경우　　처분 당시의 법령등에 따른다.

2) 신청에 따른 처분　　당사자의 신청에 따른 처분은 법령등에 특별한 규정이 있거나 처분 당시의 법령등을 적용하기 곤란한 특별한 사정이 있는 경우를 제외하고는 처분 당시의 법령등에 따른다($^{기본법 \ 제14}_{조 \ 제 2 항}$). 신청 후 근거 법령이 개정된 경우, 개정 전 법령의 존속에 대한 국민의 신뢰가 개정 법령의 적용에 관한 공익상의 요구보다 더 보호가치가 있다면, 특별한 사정이 있는 것으로 볼 수 있을 것이다($^{판례}_{1}$). 처리지연으로 개정 법령을 적용하였다면, 그에 따른 따른 처분은 위법할 수 있다($^{판례}_{2}$).

> [판례 1]　**개정법령의 적용과 신뢰보호**
> (개발행위허가운영지침에서 정한 진입도로 요건을 갖추지 못하였다는 등의 이유로 건축허가신청을 불허가한 처분의 위법 여부가 문제된 건축허가신청불허가처분취소소송에서) 행정처분은 그 근거 법령이 개정된 경우에도 경과 규정에서 달리 정함이 없는 한 처분 당시 시행되는 개정 법령과 거기에서 정한 기준에 의하는 것이 원칙이고, 개정 법령의 적용과 관련하여 개정 전 법령의 존속에 대한 국민의 신뢰가 개정 법령의 적용에 관한 공익상의 요구보다 더 보호가치가 있다고 인정되는 경우에 국민의 신뢰를 보호하기 위하여 개정 법령의 적용이 제한될 수 있는 여지가 있다($^{대판 2023. 2. 2,}_{2020두43722}$).

> [판례 2]　**처리지연으로 인한 개정법령 적용의 위법성**
> (개발행위허가운영지침에서 정한 진입도로 요건을 갖추지 못하였다는 등의 이유로 건축허가신청을 불허가한 처분의 위법 여부가 문제된 건축허가신청불허가처분취소소송에서) 행정청이 신청을 수리하고도 정당한 이유 없이 처리를 지연하여 그 사이에 법령 및 보상 기준이 변경된 경우에는 그 변경된 법령 및 보상 기준에 따라서 한 처분은 위법하고, '정당한 이유 없이 처리를 지연하였는지'는 법정 처리기간이나 통상적인 처리기간을 기초로 당해 처분이 지연되게 된 구체적인 경위나 사정을 중심으로 살펴 판단하되, 개정 전 법령의 적용을 회피하려는 행정청의 동기나 의도가 있었는지, 처분지연을 쉽게 피할 가능성이 있었는지 등도 아울러 고려할 수 있다($^{대판 2023. 2. 2,}_{2020두43722}$).

[기출사례] 제41회 법원행정고등고시(2023년) 문제·답안작성요령 ☞ PART 4 [3-28]

3) 제재처분의 경우

(가) 행위 시 법령등의 적용　　법령등을 위반한 행위의 성립과 이에 대한 제재처분은 법령등에 특별한 규정이 있는 경우를 제외하고는 법령등을 위반한 행위 당시의 법령등에 따른다($^{기본법 \ 제14조}_{제 3 항 \ 본문}$).

(나) 감경등의 법령 변경의 경우　　법령등을 위반한 행위 후 법령등의 변경에 의하여 그 행위가 법령등을 위반한 행위에 해당하지 아니하거나 제재처분 기준이 가벼워진 경우로서 해당 법령등에 특별한 규정이 없는 경우에는 변경된 법령등을 적용한다($^{기본법 \ 제14조}_{제 3 항 \ 단서}$).

> [판례] 처분의 신청 후 법령이 개정된 경우에 적용할 법령
> (이택산업 주식회사가 대한민국을 상대로 연구개) 새로 개정된 법령의 경과규정에서 달리 정함이 없는 한, 처분 발확인서발급절차의 이행을 구한 민사사건에서) 당시에 시행되는 개정 법령과 그에서 정한 기준에 의하여 신청에 따른 처분의 발급 여부를 결정하는 것이 원칙이고, 그러한 개정 법령의 적용과 관련하여서는 개정 전 법령의 존속에 대한 국민의 신뢰가 개정 법령의 적용에 관한 공익상의 요구보다 더 보호가치가 있다고 인정되는 경우에 그러한 국민의 신뢰를 보호하기 위하여 그 적용이 제한될 수 있는 여지가 있을 따름이다(대판 2020. 1. 16, 2019다264700).

4. 하자의 효과

우리의 이론과 판례는 하자 있는 행정행위의 법적 효과의 체계를 행정행위의 부존재, 무효인 행정행위, 취소할 수 있는 행정행위로 구분하고 있다.

Ⅱ. 행정행위의 부존재

1. 의   의

외관상 명백히 행정청의 행위로 볼 수 없는 행위들은 단순히 흠 있는 행위라고 말하기보다 오히려 행정행위가 존재하지 않는다고 하고, 이를 행정행위의 부존재라 불러왔다. 판례도 행정처분은 주체·내용·형식·절차·표시 요건을 모두 갖춘 경우에 존재한다고 하고 있다(판례). 따라서 ① 명백히 행정기관이 아닌 사인의 행위, ② 행정기관의 행위일지라도 행정권발동으로 볼 수 없는 행위, ③ 행정기관의 내부 의사결정만 있었을 뿐 외부로 표시되지 아니하여 행정행위로서 성립하지 못한 행위, ④ 해제조건의 성취, 기한의 도래, 취소·철회 등에 의해 소멸된 경우는 행정행위가 부존재하는 예이다.

> [판례] 행정처분의 성립요건 및 처분의 외부적 성립 여부를 판단하는 기준
> (원고가 피고 담양군수의「담양군 메타세쿼이어길 주변을 유원지로 조성하는) 일반적으로 행정처분이 주체·내용·절차 사업의 사업시행자 지정처분 및 실시계획 인가처분」의 취소를 구한 사건에서) 와 형식이라는 내부적 성립요건과 외부에 대한 표시라는 외부적 성립요건을 모두 갖춘 경우에는 행정처분이 존재한다고 할 수 있다. 행정처분의 외부적 성립은 행정의사가 외부에 표시되어 행정청이 자유롭게 취소·철회할 수 없는 구속을 받게 되는 시점을 확정하는 의미를 가지므로, 어떠한 처분의 외부적 성립 여부는 행정청에 의해 행정의사가 공식적인 방법으로 외부에 표시되었는지를 기준으로 판단하여야 한다(대판 2017. 7. 11, 2016두35120).

2. 개념의 실익

(1) 부존재확인심판·확인소송의 제도   행정행위의 부존재의 경우에는 행정행위가 존재하지 아니하므로, 논리상 그것은 행정쟁송의 대상이 될 수 없다. 그러나 현실적으로는 부존재하는 행위를 근거로 행정청이 자력집행을 할 수도 있는 것이므로, 이렇게 되면 행위의 상대방은

불리한 입장에 놓이게 된다. 따라서 상대방의 지위를 보호하기 위하여 부존재를 다투는 쟁송은 인정될 수밖에 없다. 이리하여 행정심판법과 행정소송법은 종래 이론과 판례상 인정되어 오던 행정행위부존재확인심판 및 소송을 명문으로 인정하고 있다(행심법 제5조 제2호; 행소법 제4조 제2호).

(2) 무효와의 구별　　　행정심판법과 행정소송법은 부존재의 경우에도 무효의 경우와 마찬가지로 쟁송가능성을 인정하고 있고, 그것도 동일조문에서 규정하고 있으므로 쟁송가능성과 관련하여 부존재와 무효의 구별을 논하는 실익은 미약하므로 구별을 부정하는 견해도 있다. 그러나 행정소송법상 무효행위는 무효등확인소송 외에 취소소송(무효선언을 구하는 의미의 취소소송)의 형식으로 소송제기가 가능하나, 부존재는 부존재확인소송 외에 취소소송으로는 제기할 수 없는 점에서 양자의 구별은 다소 의미를 가지므로 구별을 긍정하여야 한다.

3. 효　　과

행정행위가 부존재하는 경우에는 아무런 법적 효과도 발생하지 아니한다. 다만 그러한 행위들이 문제될 때에는 문제되는 범위 안에서 부존재확인이나 폐지 등이 가능하다. 다만 폐지된다고 하여도 그것은 법적 외관을 폐기하는 것에 불과하다.

Ⅲ. 행정행위의 무효와 취소의 구별

1. 이론상 구별필요성

법의 세계에서 위법한 행위는 무효인 것이 당연하다. 그러나 행정행위의 경우에는 상대방이 원칙적으로 사인인 국민 또는 주민이고 동시에 다수인이므로, 행정행위의 하자의 효과는 공적 거래의 안전 내지 상대방의 신뢰보호를 고려하여 정하지 않을 수 없다. 이 때문에 하자 있는 행정행위는 원칙적으로 취소할 수 있는 것으로 하고, 다만 보충적으로 무효가 되게 할 필요가 있다.

2. 실제상 구별필요성

(1) 불가쟁력 등　　　취소할 수 있는 행위에는 기간의 경과 등으로 불가쟁력(형식적 존속력) 등 행정행위의 효력이 발생하지만, 무효인 행위에는 효력이 발생하지 아니한다[판례].

[판례]　무효인 행정행위의 불가쟁력

(삼척세무서장의 원고에 대한 부가 가치세부과처분을 다툰 사건에서) 토지수용에 관한 중앙 또는 지방토지수용위원회의 수용재결이 그 성질에 있어 구체적으로 일정한 법률효과의 발생을 목적으로 하는 점에서 일반의 행정처분과 전혀 다를 바 없으므로, **수용재결처분이 무효인 경우에는 그 재결 자체에 대한 무효확인을 소구할 수 있다고** 보아야 할 것이다. 만약 소정의 기간 내에 이의신청을 하지 않았다 하여 그 무효를 소구하거나 주장할 수 없다고 한다면 무효인 수용재결에 대하여 특별히 하자의 치유를 인정하여 이를 유효한 것으로 보게 되는 결과가 되고 피수용자는 권리구제를 받을 수 있는 길이 막히게 되어 매우 부당하다고 아니할 수 없다(대판 1987. 6. 9. 87누219).

(2) 하자의 승계　　취소할 수 있는 행위는 선·후행행위가 하나의 효과를 목적으로 하는 경우에만 선행행위의 하자가 후행행위에 승계되지만, 무효인 행위에는 하나의 효과를 목적으로 하지 아니하는 경우에도 승계된다.

(3) 하자의 치유　　취소할 수 있는 행위에는 하자의 치유가 인정되지만, 무효인 행위에는 하자의 치유가 인정되지 아니한다($^{다수}_{설}$). 한편, 무효와 취소의 구별의 상대화를 이유로 하는 반대설도 있다($^{김철}_{용}$).

(4) 하자의 전환　　취소할 수 있는 행위에는 하자의 전환이 인정되지 아니하지만($^{전통적}_{견해}$), 무효인 행위에는 인정된다($^{종래}_{다수설}$). 취소할 수 있는 행위에도 하자의 전환이 인정되어야 한다는 견해도 있다($^{김남}_{진}$).

(5) 소송형태　　행정소송법상 취소할 수 있는 행위는 취소소송의 대상이 되고, 무효인 행위는 무효확인소송의 대상이 된다. 그러나 판례는 무효인 행위를 '행정처분의 당연무효를 선언하는 의미에서 그 취소를 구하는 형식($^{취소소송}_{의 형식}$)'으로 제기할 수 있다고 하며, 이러한 경우에는 전치절차와 그 제소기간의 준수 등 취소소송의 제소요건을 갖추어야 한다는 입장이다($^{대판\ 1987.\ 6.\ 9.,}_{87누219}$).

(6) 선결문제　　행정사건을 선결문제로 하는 민사소송이나 형사소송에서 법원은 「취소할 수 있는 행위」의 효력을 부인할 수는 없지만, 「무효인 행위의 효력」을 확인할 수는 있다.

(7) 사정판결　　취소할 수 있는 행위에 대해서는 사정판결을 할 수 있으나, 무효인 행위에 대해서는 사정판결을 할 수 없다는 것이 전통적 견해와 판례의 입장이다. 무효인 행위에 대해서도 공익의 관점에서 사정판결을 할 수 있다는 견해도 있다($^{김남}_{진}$). 사정재결의 경우도 같다.

(8) 공무방해　　취소할 수 있는 행위에 대항하는 사인의 행위는 공무집행방해죄를 구성하지만, 무효행위의 경우에는 공무집행방해죄를 구성하지 아니한다.

3. 구별의 기준

(1) 학　　설　　무효와 취소의 구분기준으로 중대설·명백설·중대명백설·객관적 명백설·명백성보충요건설·구체적 가치형량설 등을 볼 수 있다.

1) 중 대 설　　중대설은 하자의 중대성을 기준으로 하는 견해로서 행정행위의 요건을 정한 법규들 간의 가치의 차이를 인정하여 능력규정이나 강행규정을 위반하면 하자가 중대하다고 보아 무효이고, 명령규정이나 비강행규정 위반시는 취소사유가 된다는 견해이다($^{김동}_{희}$). 이를 개념론적 견해라고 부르기도 한다($^{김남진·}_{김연태}$).

2) 중대명백설　　하자의 중대성과 명백성을 모두 기준으로 하는 견해로서 통설이다. 무효의 범위를 가장 좁게 본다.

3) 조사의무설($^{객관적}_{명백설}$)　　기본적으로는 중대명백설의 입장에 서지만, 하자의 명백성을 완화하여 일반 국민에게 명백한 경우뿐만 아니라 관계 공무원이 조사해 보았더라면 명백한 경우도 명백한 것으로 보아 무효사유를 넓히려는 견해이다.

4) **명백성보충요건설**   행정행위의 무효의 기준으로 중대성요건만을 요구하여 중대한 하자를 가진 처분을 무효로 보지만, 제 3 자나 공공의 신뢰보호의 필요가 있는 경우에는 보충적으로 명백성요건을 요구하는 견해(대판 1995. 7. 11, 94누4615 전원합의체(난지도 휀스공사사건)의 소수의견)이다.

5) **구체적 가치형량설**   다양한 이해관계를 갖는 행정행위에 대하여 무효사유와 취소사유를 구분하는 일반적 기준을 정립하는 것에 의문을 가지며 구체적인 사안마다 권리구제의 요청과 행정의 법적 안정성의 요청 및 제 3 자의 이익 등을 구체적이고 개별적으로 이익형량하여 무효인지 취소할 수 있는 행정행위인지 여부를 결정해야 한다는 견해(박균성)이다.

(2) **판   례**   ① 대법원은 하자있는 행정처분이 당연무효이기 위해서는 그 하자가 적법요건의 중대한 위반이며 일반인의 관점에서도 외관상 명백한 것이어야 하며, 그러하지 아니한 경우(중대하지만 명백하지 않거나 명백하지만 중대하지 않은 경우)에는 취소사유에 불과하다고 하여 중대명백설을 취한다(대판 2019. 5. 16, 2018두34848). 그러나 대법원의 소수견해는 명백성보충요건설을 취한 바도 있다[판례 1]. ② 헌법재판소는 원칙적으로 중대명백설의 입장이나, 행정처분의 효력이 쟁송기간 경과 후에도 존속중이며 행정처분을 무효로 하더라도 법적 안정성을 크게 해치지 않는 반면에 그 하자가 중대하여 그 구제가 필요한 경우에는 중대한 하자만으로 무효가 된다는 예외적인 입장[판례 2]도 있다.

[판례 1]   구 건설업법 제50조 제 2 항 제 3 호 소정의 영업정지 등 처분권한을 위임받은 시·도지사가 이를 구청장 등에게 재위임할 수 있는지 여부[1], 이른바 기관위임사무를 지방자치단체의 조례에 의하여 재위임할 수 있는지 여부[2], 하자 있는 행정처분이 당연무효인지를 판별하는 기준[3], 무효인 조례에 근거한 행정처분이 당연무효인지 여부[4]

(건설부장관으로부터 서울특별시장에게 위임된 건설업영업정지처분권(기관위임사무)을 영등포구청장에게 서울특별시행정권한위임조례로 위임하여 구청장이 덕명건설에게 건설업영업정지처분을 한 바 이를 덕명건설이 무효확인을 청구한 난지도 휀스공사사건에서)

[1] 구 건설업법(1994. 1. 7. 법률 제4724호로 개정되기 전의 것) 제57조 제 1 항, … 처분권한은 서울특별시장·직할시장 또는 도지사에게 위임되었을 뿐 시·도지사가 이를 구청장·시장·군수에게 재위임할 수 있는 근거규정은 없으나, **(구)정부조직법 제 5 조 제 1 항**과 이에 기한 **행정권한의위임및위탁에관한규정 제 4 조에 재위임에 관한 일반적인 근거규정이 있으므로 시·도지사는** 그 재위임에 관한 일반적인 규정에 따라 위임받은 위 처분권한을 **구청장 등에게 재위임할 수 있다.**

[2] 가'항의 **영업정지 등 처분에 관한 사무는 국가사무로서** 지방자치단체의 장에게 위임된 이른바 **기관위임사무에 해당하므로** 시·도지사가 지방자치단체의 **조례에 의하여 이를 구청장 등에게 재위임할 수는 없고,** 행정권한의위임및위탁에관한규정 제 4 조에 의하여 위임기관의 장의 승인을 얻은 후 지방자치단체의 장이 제정한 **규칙이 정하는 바에 따라 재위임하는 것만이 가능**하다.

[3] [다수의견]   하자 있는 **행정처분이 당연무효가 되기 위하여는** 그 하자가 법규의 중요한 부분을 위반한 **중대한 것으로서 객관적으로 명백한 것이어야** 하며 하자가 중대하고 명백한 것인지 여부를 판별함에 있어서는 그 법규의 목적, 의미, 기능 등을 목적론적으로 고찰함과 동시에 구체적 사안 자체의 특수성에 관하여도 합리적으로 고찰함을 요한다.

[반대의견]   행정행위의 무효사유를 판단하는 기준으로서의 **명백성**은 행정처분의 법적 안정성 확

보를 통하여 행정의 원활한 수행을 도모하는 한편 그 행정처분을 유효한 것으로 믿은 **제 3 자나 공공의 신뢰를 보호하여야 할 필요가 있는 경우에 보충적으로 요구되는 것으로서**, 그와 같은 필요가 없거나 하자가 워낙 중대하여 그와 같은 필요에 비하여 **처분 상대방의 권익을 구제하고 위법한 결과를 시정할 필요가 훨씬 더 큰 경우라면** 그 하자가 명백하지 않더라도 그와 같이 **중대한 하자를 가진 행정처분은 당연무효**라고 보아야 한다.

[4] [**다수의견**]　조례 제정권의 범위를 벗어나 국가사무를 대상으로 한 **무효인 서울특별시행정권한위임조례의 규정에 근거하여 구청장이 건설업영업정지처분을 한 경우**, 그 처분은 결과적으로 적법한 위임 없이 권한 없는 자에 의하여 행하여진 것과 마찬가지가 되어 **그 하자가 중대하나**, 지방자치단체의 사무에 관한 조례와 규칙은 조례가 보다 상위규범이라고 할 수 있고, 또한 헌법 제 107조 제 2 항의 "규칙"에는 지방자치단체의 조례와 규칙이 모두 포함되는 등 이른바 규칙의 개념이 경우에 따라 상이하게 해석되는 점 등에 비추어 보면 위 처분의 위임 과정의 하자가 **객관적으로 명백한 것이라고 할 수 없으므로 이로 인한 하자는 결국 당연무효사유는 아니라고 봄이 상당**하다.

[**반대의견**]　구청장의 **건설업영업정지처분**은 그 상대방으로 하여금 적극적으로 어떠한 행위를 할 수 있도록 금지를 해제하거나 권능을 부여하는 것이 아니라 소극적으로 허가된 행위를 할 수 없도록 금지 내지 정지함에 그치고 있어 그 처분의 존재를 신뢰하는 **제 3 자의 보호나 행정법 질서에 대한 공공의 신뢰를 고려할 필요가 크지 않다는 점**, 처분권한의 위임에 관한 조례가 무효이어서 결국 **처분청에게 권한이 없다는 것은 극히 중대한 하자에 해당**하는 것으로 보아야 할 것이라는 점, 그리고 다수의견에 의하면 위 영업정지처분과 유사하게 규칙으로 정하여야 할 것을 조례로 정하였거나 상위규범에 위반하여 무효인 법령에 기하여 행정처분이 행하여진 경우에 그 처분이 무효로 판단될 가능성은 거의 없게 되는데, 지방자치의 전면적인 실시와 행정권한의 하향분산화 추세에 따라 앞으로 위와 같은 성격의 하자를 가지는 행정처분이 늘어날 것으로 예상되는 상황에서 이에 대한 법원의 태도를 엄정하게 유지함으로써 행정의 법 적합성과 국민의 권리구제 실현을 도모하여야 할 현실적인 필요성도 적지 않다는 점 등을 종합적으로 고려할 때, 위 영업정지처분은 그 처분의 성질이나 **하자의 중대성에 비추어 그 하자가 외관상 명백하지 않더라도 당연무효**라고 보아야 한다(대판 1995. 7. 11, 94누4615 전원합의체).

> 판례 2　헌법재판소의 행정처분의 무효판단 기준

(구 국세기본법 제42조 제 1 항 단서에 대한 헌법소원사건에서) **판례나 통설은 행정처분이 당연무효인가의 여부는 그 행정처분의 하자가 중대하고 명백한가의 여부에 따라 결정된다고 보고 있지만** 행정처분의 근거가 되는 법규범이 상위법규범에 위반되어 무효인가 하는 점은 그것이 헌법재판소 또는 대법원에 의하여 유권적으로 확정되기 전에는 어느 누구에게도 명백한 것이라고 할 수 없기 때문에 **원칙적으로 당연무효사유에는 해당할 수 없게 되는 것이다.** 그러나 행정처분 자체의 효력이 쟁송기간 경과 후에도 존속중인 경우, 특히 그 처분이 위헌법률에 근거하여 내려진 것이고 그 행정처분의 목적달성을 위하여서는 후행 (後行) 행정처분이 필요한데 후행행정처분은 아직 이루어지지 않은 경우, 그 **행정처분을 무효로 하더라도 법적 안정성을 크게 해치지 않는 반면에 그 하자가 중대하여 그 구제가 필요한 경우에 대하여서는 그 예외를 인정하여 이를 당연무효사유로 보아서 쟁송기간 경과 후에라도 무효확인을 구할 수 있는 것이라고 봐야 할 것이다.** 학설상으로도 중대명백설 외에 중대한 하자가 있기만 하면 그것이 명백하지 않더라도 무효라고 하는 중대설도 주장되고 있고, 대법원의 판례로도 반드시 하자가 중대명백한 경우에만 행정처분의 무효가 인정된다고는 속단할 수 없기 때문이다(헌재 1994. 6. 30, 92헌바23).

(3) 결   론   ① 중대설은 법규들 간의 가치의 차이를 구분한다는 것은 불가능하다는 비판이 있고, 명백성보충요건설은 무효의 범위가 넓어 법적 안정성이라는 면에서 문제가 있고, 구체적 가치형량설은 무효사유와 취소사유를 구분하는 객관적인 기준이 될 수 없다는 문제점을 갖는다. ② 행정행위가 위법함에도 법적 안정성을 근거로 일단 유효성을 인정하지만, 행정행위의 하자가 중대하고도 명백한 경우에도 그 행위의 효력을 인정하는 것은 법률적합성의 원칙에 반하므로 이 경우 효력을 부정해야 한다는 점에서 중대명백설이 타당하다(법률적합성과 법
적 안정성의 조화).

4. 중대명백설

(1) 중대명백설의 성격   이 견해는 법적 안정성의 원칙과 실질적 정의의 원칙의 조화에 그 근거를 두고 있다. 말하자면 중대명백설은 한편으로는 쟁송기간이 경과하면 하자에도 불구하고 행정행위의 존속이 정당화되고 더 이상 하자를 다툴 수 없도록 함으로써 법적 안정성의 원칙을 확보하고, 또 한편으로는, 하자가 중대하고 명백한 행정행위의 경우에는 무효로 함으로써 실질적 정의의 원칙을 확보하는바, 법적 안정성의 원칙과 정의의 원칙의 조화를 내용으로 한다.

(2) 중대명백설의 내용   하자가 중대하고 동시에 명백한 행정행위는 무효가 되고, 하자가 중대하지만 명백하지 않거나(판
례), 명백하지만 중대하지 않은 행위는 행정청이나 법원에 의한 취소의 대상이 된다. 다만 부당한 행위는 행정청에 의한 취소의 대상이 될 뿐이다(행심법
제 1 조).

> 판례   세관출장소장에 의한 과세처분의 효과(취소)
> (원고들이 군산세관 익산출장소장의 관
세부과처분의 취소를 구한 사건에서) 적법한 권한 위임 없이 세관출장소장에 의하여 행하여진 관세부과처분이 그 하자가 중대하기는 하지만 (관련법
령상) 객관적으로 명백하다고 할 수 없어 당연무효는 아니다(대판 2004. 11. 26,.
2003두2403).

(3) 중대·명백의 의미   ① 하자가 중대하다는 것은 행정행위의 적법요건의 면에서 하자가 중대하다는 의미로써 법규의 중요한 부분을 위반하는 경우를 말한다(대판 2012. 12. 13, 2010
두20782·20799(병합))〔판례
1〕. ② 명백하다는 것은 행정행위의 자체에 하자 있음이 일반인의 관점에서 외관상 명백하다는 것을 의미한다〔판례
2, 3〕. 그리고 그 명백성은 주의 깊은 평균인이 즉시 인식할 수 있는 정도임을 의미하는 것이라 본다. 그러나 이러한 방식의 의미파악도 추상적인 것일 뿐이고, 결국은 법률의 목적·의미·기능, 당해 행정행위가 주어지는 구체적 상황의 분석 등 여러 종류의 관련 있는 사항을 합리적으로 고찰함으로써 판단할 수밖에 없다(대판 1995. 7. 11, 94누4615 전원합의체(난지도휀스)
공사사건); 대판 2016. 12. 29, 2014두2980·2997).

> 판례 1   도시계획시설사업에 관한 실시계획의 인가 요건을 갖추지 못한 인가처분의 경우, 그 하자가 중대한지 여부(하자의 중대성)
> (제주특별자치도 지방토지수용위원회 등을 피고
로 하여 토지수용재결처분취소등을 구한 사건에서) 구 국토의 계획 및 이용에 관한 법률 제88조 제 2 항, 제95조, 제96조의 규정 내용에다가 도시계획시설사업은 도시 형성이나 주민 생활에 필수적인 기반시

설 중 도시관리계획으로 체계적인 배치가 결정된 시설을 설치하는 사업으로서 공공복리와 밀접한 관련이 있는 점, 도시계획시설사업에 관한 실시계획의 인가처분은 특정 도시계획시설사업을 현실적으로 실현하기 위한 것으로서 사업에 필요한 토지 등의 수용 및 사용권 부여의 요건이 되는 점 등을 종합하면, **실시계획의 인가 요건을 갖추지 못한 인가처분은** 공공성을 가지는 도시계획시설사업의 시행을 위하여 필요한 수용 등의 특별한 권한을 부여하는 데 정당성을 갖추지 못한 것으로서 **법규의 중요한 부분을 위반한 중대한 하자가 있다**(대판 2015. 3. 20, 2011두3746).

> [판례 2] 행정처분의 하자의 명백성의 의미
> (경상남도지사의 A에 대한 한약업사 시험합격 처분에 대하여 원고가 취소를 구한 사건에서) 행정처분에 사실관계를 오인한 하자가 있는 경우 그 하자가 중대하다고 하더라도 객관적으로 명백하지 않다면 그 처분을 당연무효라고 할 수 없는바, **하자가 명백하다고 하기 위하여는 그 사실관계오인의 근거가 된 자료가 외형상 상태성을 결여하거나 또는 객관적으로 그 성립이나 내용의 진정을 인정할 수 없는 것임이 명백한 경우라야 할 것이고** 사실관계의 자료를 정확히 조사하여야 비로소 그 하자유무가 밝혀질 수 있는 경우라면 이러한 하자는 외관상 명백하다고 할 수는 없을 것이다(대판 1992. 4. 28, 91누6863; 대판 2001. 6. 29, 2000다17339).

> [판례 3] 법률규정 적용에 있어 하자의 명백성 여부
> (피고 서울특별시 동작구청장이 2006년경 원고에 대하여 건물 철거를 명하는 시정명령을 하였으나, 2008년 – 2010년 기간 중 그 시정명령의 이행을 요구하지 않다가, 2011년경 비로소 시정명령의 이행 기회를 제공한 후 2008년 – 2011년의 4년분 이행강제금을 한꺼번에 부과하자 원고가 이행강제금부과처분무효확인 등을 구한 사건에서) 행정청이 어느 법률관계나 사실관계에 대하여 어느 법률의 규정을 적용하여 행정처분을 한 경우에 그 법률관계나 사실관계에 대하여는 그 법률의 규정을 적용할 수 없다는 법리가 명백히 밝혀지지 아니하여 그 해석에 다툼의 여지가 있는 때에는 행정청이 이를 잘못 해석하여 행정처분을 하였더라도 이는 그 처분 요건사실을 오인한 것에 불과하여 그 하자가 명백하다고 할 수 없지만, 법령 규정의 문언상 처분 요건의 의미가 분명함에도 행정청이 합리적인 근거 없이 그 의미를 잘못 해석한 결과, 처분 요건이 충족되지 아니한 상태에서 해당 처분을 한 경우에는 법리가 명백히 밝혀지지 아니하여 그 해석에 다툼의 여지가 있다고 볼 수는 없다(대판 2016. 7. 14, 2015두46598).

(4) 중대명백설의 문제점　　　　중대명백설도 하자의 중대성과 명백성, 그리고 부당성을 명백하게 구분하지는 못한다. 중대명백설이 판결로써 확정되기 전까지 분쟁당사자의 판단에 의문 없는 기준이 될 수는 없다. 이 때문에 무효와 취소의 구별의 상대화론이 주장될 여지가 있다.

[기출사례] 제56회 5급공채(2012년) 문제·답안작성요령 ☞ PART 4 [1–36]

[기출사례] 제57회 5급공채(2013년) 문제·답안작성요령 ☞ PART 4 [2–53]

[기출사례] 제56회 사법시험(2014년) 문제·답안작성요령 ☞ PART 4 [3–1]

[기출사례] 제 6 회 변호사시험(2017년) 문제·답안작성요령 ☞ PART 4 [3 – 7]

5. 위헌법률에 근거한 행정처분

(1) 의　　의　　　　법률이 위헌으로 결정된 후 그 법률에 근거하여 발령되는 행정처분은 헌법재판소법 제47조 제 1 항에 비추어 판결의 기속력에 반하므로 하자가 중대하고 명백하여 당연무효가 된다. 그러나 행정처분이 있은 후 그 처분의 근거된 법률이 위헌으로 결정되면, 그 처분이 하

자 있는 행위임은 분명하지만 그 하자가 무효사유인지 아니면 취소사유인지의 여부는 문제이다.

(2) 위헌결정에 따른 법률의 효력

1) 소급효 인정 여부   헌법재판소법 제47조 제 2 항 본문은 "위헌으로 결정된 법률 또는 법률의 조항은 그 결정이 있는 날부터 효력을 상실한다"고 규정하고 있다. 본 조항에 소급효가 인정되는가의 여부와 관련하여 ① 헌법재판소의 위헌결정은 확인적인 것이라는 전제하에 위헌결정은 법률을 소급적으로 무효화한다는 견해와 ② 헌법재판소의 위헌결정은 창설적인 것이라는 전제하에 위헌결정은 법률을 다만 장래적으로 무효화한다는 견해가 있다. ①은 정의의 실현, ②는 법적 안정성에 중점을 둔다. 헌법재판소는 그 선택을 입법정책의 문제로 본다(헌재 2013. 6. 27, 2010헌마535).

2) 소급효 인정범위

(가) 헌법재판소   헌법재판소는 헌법재판소법 제47조 제 2 항에 따라 원칙적으로 위헌결정은 장래효이지만, 위헌결정의 형태가 다양할 수밖에 없는 위헌결정의 특수성 때문에 예외적으로 위헌결정에 부분적인 소급효를 인정할 수 있다고 한다(판례). 즉, 헌법재판소는 위헌결정의 소급효가 당해사건, 병행사건에 대해서만 미칠 수 있다고 보면서 일반사건의 경우 원칙적으로 소급효를 부정하지만, 구체적 타당성의 요청이 현저한 반면에 법적 안정성을 침해할 우려가 없고 소급효의 부인이 오히려 헌법적 이념에 심히 배치되는 때'에는 예외적으로 소급효를 인정하고 있다.

> [판례] 헌법재판소의 위헌결정의 효력이 미치는 범위 및 법적 안정성의 유지나 당사자의 신뢰보호를 위하여 불가피한 경우 위헌결정의 소급효를 제한할 수 있는지 여부
> (사립학교 교직원연금공단을 피고로 한 부당이득반환청구소송에서) 헌법재판소의 위헌결정의 효력은 위헌제청을 한 '당해사건', 위헌결정이 있기 전에 이와 동종의 위헌 여부에 관하여 헌법재판소에 위헌여부심판제청을 하였거나 법원에 위헌여부심판제청신청을 한 '동종사건'과 따로 위헌제청신청은 아니하였지만 당해 법률 또는 법률 조항이 재판의 전제가 되어 법원에 계속 중인 '병행사건'뿐만 아니라, 위헌결정 이후 같은 이유로 제소된 '일반사건'에도 미친다. 하지만 위헌결정의 효력이 미치는 범위가 무한정일 수는 없고, 다른 법리에 의하여 그 소급효를 제한하는 것까지 부정되는 것은 아니며, 법적 안정성의 유지나 당사자의 신뢰보호를 위하여 불가피한 경우에 위헌결정의 소급효를 제한하는 것은 오히려 법치주의의 원칙상 요청된다(대판 2017. 3. 9, 2015다233982).

(나) 대 법 원   ① 대법원은 헌법재판소의 위헌결정의 효력은 위헌제청을 한 당해사건은 물론 위헌제청신청은 아니하였지만 당해 법률 또는 법률의 조항이 재판의 전제가 되어 법원에 계속 중인 사건(병행사건)뿐만 아니라 위헌결정 이후에 같은 이유로 제소된 일반사건에도 미친다고 본다(대판 1993. 2. 26, 92누12247). ② 즉 대법원은 당해 사건, 병행 사건뿐 아니라 위헌결정 이후에 이를 이유로 제소된 일반사건에 대해서도 위헌결정의 소급효가 원칙적으로 미친다고 본다. 다만, ⓐ 당해 처분에 이미 형식적 존속력(불가쟁력)이 발생하였거나(판례 1), ⓑ 법적 안정성과 신뢰보호의 요청이 현저한 경우에는 소급효를 제한하고 있다(판례 2).

> **판례 1** 제소기간이 도과한 행정처분에 위헌결정의 소급효가 미치는지 여부
>
> (신용보증기금이 마포세무서장을 상대로 / 압류처분등무효확인을 구한 사건에서) 위헌결정의 소급효가 인정된다고 하여 위헌인 법률에 근거한 행정처분이 당연무효가 된다고는 할 수 없고 오히려 이미 **취소소송의 제기기간을 경과하여 확정력이 발생한 행정처분에는 위헌결정의 소급효가 미치지 않는다**고 보아야 할 것이다($\frac{대판 1994. 10. 28,}{92누9463}$).

> **판례 2** 헌법재판소의 위헌결정의 소급효가 제한되는 경우
>
> (원고가 서울특별시 난지하수처리사업소장을 / 상대로 호봉부여처분취소 등을 구한 사건에서) 위헌결정의 효력은 그 미치는 범위가 무한정일 수는 없고 다른 법리에 의하여 그 소급효를 제한하는 것까지 부정되는 것은 아니라 할 것이며, **법적 안정성의 유지나 당사자의 신뢰보호를 위하여 불가피한 경우에 위헌결정의 소급효를 제한하는 것은** 오히려 법치주의의 원칙상 요청되는 바라 할 것이다($\frac{대판 2005. 11. 10,}{2005두5628}$).

(3) 위헌법률에 근거한 행정처분의 효력

1) 대법원의 입장　　대법원은 "일반적으로 법률이 헌법에 위배된다는 사정은 헌법재판소의 위헌결정이 있기 전에는 객관적으로 명백한 것이라고 할 수 없어 헌법재판소의 위헌결정 전에 행정처분의 근거가 되는 해당 법률이 헌법에 위배된다는 사유는 특별한 사정이 없는 한 그 행정처분 취소소송의 전제가 될 수 있을 뿐 당연무효사유는 아니라"고 한다($\frac{대판 2013. 6. 13,}{2011두19994}$).

2) 헌법재판소의 입장

(가) 원칙적으로 취소　　헌법재판소 역시 "행정처분의 근거법률이 헌법에 위반된다는 사정은 헌법재판소의 위헌 결정이 있기 전에는 객관적으로 명백한 것이라고 할 수는 없으므로 특별한 사정이 없는 한 그러한 하자는 행정처분의 취소사유에 해당할 뿐 당연무효사유는 아니다($\frac{헌재 2021. 9. 30,}{2019헌바149}$)"라고 한다.

(나) 예외적으로 무효　　"행정처분의 집행이 이미 종료되었고 그것이 번복될 경우 법적 안정성을 크게 해치게 되는 경우에는 후에 행정처분의 근거가 된 법규가 헌법재판소에서 위헌으로 선고된다고 하더라도 그 행정처분이 당연무효가 되지는 않음이 원칙이라고 할 것이나, 행정처분 자체의 효력이 쟁송기간경과 후에도 존속중인 경우, 특히 그 처분이 위헌법률에 근거하여 내려진 것이고 그 행정처분의 목적달성을 위하여서는 후행 행정처분이 필요한데 후행 행정처분은 아직 이루어지지 않은 경우와 같이 그 행정처분을 무효로 하더라도 법적 안정성을 크게 해치지 않는 반면에 그 하자가 중대하여 그 구제가 필요한 경우에 대하여서는 그 예외를 인정하여 이를 당연무효사유로 보아서 쟁송기간 경과 후라도 무효확인을 구할 수 있는 것이라고 봐야 할 것이다($\frac{헌재 1994. 6. 30,}{92헌바23}$)"라고 한다(헌법재판소는 결정이유에서, 압류무효확인소송에서 청구인이 무효확인을 구하는 행정처분의 진행정도는, 마포세무서장의 압류만 있는 상태이고 그 처분의 만족을 위한 환가 및 청산이라는 행정처분은 아직 집행되지 않고 있는 경우이므로 이 사건은 위 예외에 해당되는 사례로 볼 여지가 있다고 하였다).

[참고] 헌재 1994. 6. 30, 92헌바23의 판시이유를 일반화하게 되면, 성실납세자와 위헌결정이 나기까지 세금을 미납한 자 사이에 불균형이 발생한다. 그 시정방안으로 원행정처분에 대한 헌법소원을 예외적으로 인정하자는 견해($\frac{정하}{중}$), 국가배상책임을 인정하자는 견해($\frac{윤진}{수}$), 독일처럼 행정청의 재심사와 직권취소

를 인정하자는 견해($^{납복}_{현}$)가 제시된다. 생각건대 성실납세자에 대한 과세처분은 원행정처분이 아니고, 행정절차법상 행정청의 재심사제도도 규정된 바 없다. 실정법상 국가배상책임으로 해결하는 것이 논리적이다. 그러나 과세관청에 고의나 과실을 인정하기는 용이하지 아니할 것이다. 결국 권리구제를 가능하게 하는 입법을 마련하는 것이 가장 실효적일 것이다.

[기출사례] 제 7 회 변호사시험(2018년) 문제 · 답안작성요령 ☞ PART 4 [1–25]

(4) 행정처분의 집행($^{위헌인~법률에~근거}_{한~처분의~집행력}$)

1) 학   설   위헌 법률에 근거한 처분의 집행력의 인정여부와 관련하여 학설상으로는 ① 위법성의 승계의 문제로 보는 견해($^{판례의}_{소수견해}$)와 ② 위헌적인 법적용의 집행배제의 문제로 보는 견해로 나뉜다. 후자의 경우에도 ⓐ 헌법재판소법 제47조 제 2 항($^{위헌으로~결정된~법률~또는~법률의~조항은}_{그~결정이~있는~날부터~효력을~상실한다}$)의 해석상 "이미 확정된 재판이나 처분은 위헌결정에 영향을 받지 아니하되, 그러한 확정된 재판이나 처분에 의한 집행은 더 이상 허용되지 않으며, 또한 위헌법률의 소급무효로 인한 부당이득 반환청구권도 허용되지 않는다"는 취지로 이해하는 견해($^{수정해석에~의}_{한~집행배제론}$)와 ⓑ 헌법재판소법 제47조 제 1 항의 기속력은 소위 "결정준수의무"를 본질로 하고 있고, 이에 따라 국가기관은 위헌결정된 법률을 사안에 적용하거나 이를 집행하여서는 아니 되는 기속력을 받는다는 견해($^{결정준수의무에~기}_{초한~집행배제론}$)로 나뉜다.

2) 판   례   대법원은 행정처분이 있은 후에 집행단계에서 그 처분의 근거된 법률이 위헌으로 결정되는 경우 그 처분의 집행이나 집행력을 유지하기 위한 행위($^{예:~구~택지소유상한에~관한~법}_{률~전부에~대한~위헌결정~이전}$에 택지초과소유부담금 부과처분과 압류처분 및 이에 기한 압류등기가 이루어지고 위의 각 처분이 확정된 경우. 그 위헌결정 이후에 이루어질 후속 체납처분절차)는 위헌결정의 기속력에 위반되어 허용되지 않는다고 한다($^{판}_{례}$).

> 판례 과세처분 이후 조세 부과의 근거가 되었던 법률규정에 대하여 위헌결정이 내려진 경우, 그 조세채권의 집행을 위한 체납처분의 효력
>
> (주식회사 경성의 체납국세에 관하여, 과세관청이 그 회사 최대주주와 생계를 함께 하는 직계비속 을을 구 국세기본법(1998. 12. 28. 법률 제5579호로 개정되기 전의 것)제39조 제 1 항 제 2 호 (다)목의 제 2 차 납세의무자로 보아 을에게 과세처분을 하고 처분이 확정되었는데, 이후 위 규정에 대해 헌법재판소의 위헌결정이 있었으나 과세관청이 조세채권의 집행을 위해 을의 예금채권에 압류처분을 하자 을이 무효확인을 구한 주식회사 경성 과점주주 압류사건에서) 구 헌법재판소법($^{2011.~4.~5.}_{법률~제10546}$호로 개정되기 전의 것) 제47조 제 1 항은 "법률의 위헌결정은 법원 기타 국가기관 및 지방자치단체를 기속한다"고 규정하고 있는데, 이러한 위헌결정의 기속력과 헌법을 최고규범으로 하는 법질서의 체계적 요청에 비추어 **국가기관 및 지방자치단체는 위헌으로 선언된 법률규정에 근거하여 새로운 행정처분을 할 수 없음은 물론이고, 위헌결정 전에 이미 형성된 법률관계에 기한 후속처분이라도 그것이 새로운 위헌적 법률관계를 생성 · 확대하는 경우라면 이를 허용할 수 없다.** 따라서 조세 부과의 근거가 되었던 법률규정이 위헌으로 선언된 경우, 비록 그에 기한 과세처분이 위헌결정 전에 이루어졌고, 과세처분에 대한 제소기간이 이미 경과하여 조세채권이 확정되었으며, 조세채권의 집행을 위한 체납처분의 근거규정 자체에 대하여는 따로 위헌결정이 내려진 바 없다고 하더라도, 위와 같은 위헌결정 이후에 조세채권의 집행을 위한 새로운 체납처분에 착수하거나 이를 속행하는 것은 더 이상 허용되지 않고, 나아가 이러한 위헌결정의 효력에 위배하여 이루어진 체납처분은 그 사유만으로 하자가 중대하고 객관적으로 명백하여 당연무효라고 보아야 한다($^{대판~2012.~2.~16.~2010}_{두10907~전원합의체}$).

Ⅳ. 무효인 행정행위

1. 무효행위의 의의

행정행위의 적법요건에 중대하고도 명백한 하자가 있기 때문에 외관상 행정행위가 존재함에도 불구하고 행정행위로서 갖는 효과를 전혀 갖지 못하는 행정행위를 무효인 행정행위라 부른다(통설). 무효인 행정행위는 행위의 외관이 존재한다는 점에서 부존재와 구별되며, 처음부터 효력이 없다는 점에서 취소되기 전까지는 효력을 가지는 취소와 구별된다. 그리고 일단 유효하게 성립하였다가 일정한 사유의 발생으로 효력이 소멸되는 실효와도 구별된다.

2. 무효사유

법률이 일정사유가 존재하면 무효라고 규정하고 있는 경우, 그 사유가 무효사유임은 물론이다. 명시적인 규정이 없다고 하여도 하자가 중대하고 명백하면 무효사유가 된다.

(1) 주체상 무효원인

1) 정당한 기관구성자가 아닌 자의 행위   적법하게 선임되지 않은 공무원, 결격사유 있는 공무원, 공무원임명이 취소된 공무원, 임기가 만료되거나 사직한 공무원의 행위는 무효이다(다만, 선의의 상대방보호를 위해 유효한 행위로 보아야 할 때도 있다(사실상 공무원)). 그리고 합의제기관의 경우 결격사유 있는 자가 구성원으로 참여하여 의결한 회의나 의결정족수가 미달된 회의에서 결정된 행위는 무효이다.

2) 무권한의 행위   명백한 사항적·지역적·인적인 무권한의 행위는 무효이다. 명백히 대리권 없는 자의 행위도 무효이다. 다만 적법한 위임에 따르지 않은 행위는 무권한의 행위이지만, 무효일 수도 단순위법사유일 수도 있다.

3) 의사무능력자·제한능력자의 행위   의사무능력이나 제한능력인 공무원이 한 행위는 무효이다.

(2) 내용상 무효원인   행정행위의 내용이 사실상·법률상 실현불가능한 경우나 불명확한 경우, 법적 근거가 명백히 결여된 침익적 행정행위는 무효가 된다.

(3) 형식상 무효원인   법령이 문서형식을 요함에도 불구하고 문서형식을 결한 경우나, 행정기관의 서명이나 날인을 요함에도 이를 결한 행정행위는 무효이다.

(4) 절차상 무효원인   법령상 요구되는 사인의 신청 또는 동의를 결한 경우, 이해관계인의 보호를 위해 법령상 요구되는 공고·통지절차를 결여한 경우는 무효이다. 그러나 다른 행정기관과의 협력(협의)을 결한 경우와 청문 또는 의견진술의 기회를 주지 않은 경우는 무효라는 견해도 있고 단순위법사유라는 견해도 있다.

3. 무효의 효과

무효인 처분은 처음부터 그 효력이 발생하지 아니한다(기본법 제15조 단서). 즉 무효인 행정행위는 처음부터 아무런 효력(권리·의무)도 발생하지 아니한다. 누구도 무효인 행위를 준수할 의무가 없다.

4. 무효의 주장방법

무효행위는 누구나 주장할 수 있는 것이지만, 당사자 사이에 분쟁이 있으면 이를 사법적으로 해결하는 방법이 필요하다. 현행법상 인정되고 있는 무효주장방법으로는 무효확인심판·무효확인소송의 방식이 있다. 그리고 무효인 행위는 그 행위와 관련 있는 다른 행위에 관한 소송에서 선결문제로서 다툴 수도 있다(예: 과세처분의 무효를 원인으로 하는 부당이득반환청구소송에서 부당이득 여부에 대한 판단의 선결문제로서 과세처분의 무효를 다투는 경우). 그리고 판례는 무효선언을 구하는 의미의 취소소송의 형식으로 무효를 주장하는 것도 인정한다(판례1). 이 경우에는 본래의 취소소송의 경우와 같이 제소기간의 제한 등이 적용된다는 것이 판례의 태도이다(판례2).

> [판례 1] 무효선언을 구하는 의미의 취소소송
> (동대문세무서장의 부동산매각처분의 취소를 구한 사건에서) 행정처분이 무효인 경우 민사상의 구제방법으로 충분하다 하여 행정처분의 무효확인을 구하는 의미에서 그 취소를 구할 소의 이익이 없다고는 할 수 없다(대판 1966. 9. 6, 66누81).
>
> [판례 2] 당연무효를 선언하는 의미에서의 취소소송에서 취소소송의 제소요건 구비 여부
> (삼척세무서장의 부가가치세부과처분의 취소를 구한 사건에서) 행정처분의 당연무효를 선언하는 의미에서 그 취소를 구하는 행정소송을 제기하는 경우에는 **전치절차와 그 제소기간의 준수 등 취소소송의 제소요건을 갖추어야 한다**(대판 1987. 6. 9, 87누219; 대판 1993. 3. 12, 92누11039).

5. 일부무효

행정행위의 일부가 무효이면 그 부분만이 무효이고, 나머지 부분은 유효한 행위로 존재한다. 그러나 그 무효부분이 중요한 것이어서 행정청이 그것 없이는 행정행위를 발령하지 않았으리라 판단되는 경우에 한하여 그 행정행위는 전체가 무효로 된다. 무효부분이 중요하다는 것은 행정행위가 분리될 수 없다는 것을 의미한다. 행정행위가 분리될 수 없다는 것은 남는 부분이 더 이상 독립적인 의미를 갖지 아니하거나, 남는 부분이 무효부분으로 인하여 의미를 달리하게 되거나, 남는 부분만으로는 행정행위의 목적을 달성할 수 없는 경우 등을 의미한다.

6. 기   타

① 사정재결·사정판결이 취소할 수 있는 행정행위에 적용됨은 의문이 없으나, 무효의 행정행위에도 적용되는가에 관해서는 견해가 갈린다. 전술한 바와 같이 일설은 공익의 관점에서 긍정하나(김남진), 다수설과 판례는 법률적합성의 관점에서 부정한다. ② 무효의 행위에는 전환이 인정된다. ③ 행정처분의 근거법률이 행정처분 후에 위헌으로 선언되면, 그 하자는 원칙적으로 취소사유가 된다(대판 1994. 10. 28, 92누9463; 헌재 1994. 6. 30, 92헌바23). 행정처분의 근거가 된 조례가 처분 후에 무효로 선언되는 경우에도 유사하다(대판 1995. 7. 11, 94누4615 전원합의체).

Ⅴ. 행정행위의 하자의 승계

1. 의   의

둘 이상의 행정행위가 연속적으로 행해지는 경우, 선행행위에 하자가 있으면 후행행위 자체에 하자가 없어도 선행행위의 하자를 이유로 후행행위를 다툴 수 있는가의 문제가 하자의 승계의 문제이다. 다툴 수 있다면 승계된다고 하고, 다툴 수 없다고 하면 승계되지 아니한다고 표현한다. 후행행위의 하자를 이유로 선행행위를 다투는 것은 하자의 승계문제가 아닐 뿐더러, 인정될 수도 없다(판례).

> **판례** 대집행에 위법이 있다는 사유로 그 선행절차인 계고처분이 부적법한 것으로 되는지 여부
> (남제주군수로부터 무허가 건축물에 대한 철거대집행사무에 대한 권한을 위임받은 대정읍장이 계고처분 및 대집행절차를 실행하여 이를 원고가 다툰 사건에서) 계고처분의 후속절차인 대집행에 위법이 있다고 하더라도, 그와 같은 후속절차에 위법성이 있다는 점을 들어 선행절차인 계고처분이 부적법하다는 사유로 삼을 수는 없다(대판 1997. 2. 14. 96누15428).

2. 하자의 승계의 논의의 전제

하자의 승계에 관한 논의가 특별히 문제되는 경우는 ① 선행행위와 후행행위가 모두 항고소송의 대상이 되는 행정처분이라야 하며, ② 선행행위는 당연무효가 아닌 취소사유인 하자가 존재해야 한다. 왜냐하면, 선행행위가 무효인 경우에는 당사자는 선행행위의 무효를 언제나 주장할 수 있고 또한 선행행위의 무효는 당연히 후행 행정행위에 승계되기 때문에 하자의 승계를 논의할 의미가 크지는 않기 때문이다. ③ 그리고 선행행위에는 하자가 존재하여 위법하나 후행행위에는 하자가 없어 적법하여야 한다. 후행행위에 하자가 있다면 이를 근거로 후행행위를 다투면 되므로 하자의 승계를 논의할 실익이 없게 된다. ④ 끝으로 선행행위의 하자를 제소기간 내에 다투지 않아 선행행위에 불가쟁력이 발생한 경우에 하자의 승계가 문제된다.

3. 하자의 승계의 인정범위

(1) 학   설

1) 하자의 승계론(전통적 견해)   행정행위의 하자의 문제는 행정행위마다 독립적으로 판단되어야 한다는 전제하에, 선행행위와 후행행위가 상호 관련성이 있을지라도 별개의 목적으로 행하여지는 경우에는 선행행위의 단순위법의 취소사유는 후행행위에 승계되지 않는다고 한다. 그러나 선행행위와 후행행위가 일련의 절차를 구성하면서 하나의 효과를 목적으로 하는 경우에는 예외적으로 선행행위의 위법성이 후행행위에 승계된다고 한다.

2) 구속력설

(개) 의   의   행정행위의 하자의 승계문제를 행정행위의 효력 중에서 불가쟁력이 발생한 선행행위의 후행행위에 대한 구속력(규준력)의 문제로 다룬다. 즉 구속력이란 선행행정행위의 내용과 효과가 후행행정행위를 구속함으로써 상대방(관계인, 법원)은 후행행위를 다툼에 있어 선행행위의

내용과 대립되는 주장이나 판단을 할 수 없게 하는 효과를 말한다. 즉 이러한 구속력이 미치는 범위에서 후행행위를 다툼에 있어서 선행행위의 효과와 다른 주장을 할 수 없게 된다고 한다(선행행위의 위법을 후행행위를 다투며 주장할 수 없게 된다).

(나) 근 거 구속력에 대한 직접적인 근거는 없으나, 행정쟁송제기기간에 관한 규정(행심법 제27조; 행소법 제20조)이 간접적인 근거를 제공한다. 왜냐하면 선행행위로 불가쟁력이 발생하였는데 후행행위의 단계에 이르러 선행행위의 하자를 이유로 후행행위를 다툴 수 있게 되면 불가쟁력을 인정하는 제도적 취지가 무의미해지기 때문이다.

(다) 한 계 구속력설은 판결의 실질적 확정력(기판력)과 마찬가지로 구속력이 미치는 한계를 설정하고 있다. 즉, ① 구속력은 선후의 행위가 규율대상 내지 법적 효과가 일치하는 범위에서만 미치며(객관적 한계(내용적·사물적 한계)), ② 구속력은 처분청과 처분의 직접상대방(이해관계 있는 제3자도 포함) 및 법원에도 미치며(주관적 한계(대인적 한계)), ③ 선행행정행위의 발령시에 기초가 된 사실적·법적 상황의 동일성이 유지되는 한도 내까지 미친다(시간적 한계). 그러나 ④ 객관적·주관적·시간적 한계 내에서 선행행정행위의 후행행정행위에 대한 구속력이 인정됨으로 인해 개인의 권리보호가 부당하게 축소될 수 있기 때문에 관련자에게 예측불가능하거나 수인불가능한 경우에는 구속력이 차단된다(추가적 요건). 따라서 이 경우에는 후행행위의 위법을 다투면서 선행행위의 위법을 주장할 수 있게 된다.

(2) 판 례

1) 하나의 법률 효과를 목적으로 하는 경우 판례는 2개 이상의 행정처분이 연속적으로 행하여지는 경우 선행처분과 후행처분이 서로 결합하여 1개의 법률효과를 완성하는 때에는 선행처분에 하자가 있으면 그 하자는 후행처분에 승계되므로 선행처분에 불가쟁력이 생겨 그 효력을 다툴 수 없게 되더라도 선행처분의 하자를 이유로 후행처분의 효력을 다툴 수 있다고 한다(판례).

> **판례** 1개의 법률효과를 완성하는 때의 하자의 승계
> (원고 빅토리아호텔 주식회사가 피고 고흥군수의 군계획시설사업분할실시계획인가처분의 취소를 구한 사건에서) 2개 이상의 행정처분이 연속적 또는 단계적으로 이루어지는 경우 선행처분과 후행처분이 서로 합하여 **1개의 법률효과를 완성하는 때**에는 선행처분에 하자가 있으면 그 하자는 후행처분에 승계된다. 이러한 경우에는 선행처분에 불가쟁력이 생겨 그 효력을 다툴 수 없게 되더라도 선행처분의 하자를 이유로 후행처분의 효력을 다툴 수 있다. 그러나 선행처분과 후행처분이 서로 독립하여 **별개의 법률효과를 발생시키는 경우**에는 선행처분에 불가쟁력이 생겨 그 효력을 다툴 수 없게 되면 선행처분의 하자가 **당연무효인 경우를 제외하고는** 특별한 사정이 없는 한 선행처분의 하자를 이유로 후행처분의 효력을 다툴 수 없는 것이 원칙이다(대판 2017. 7. 18. 2016두49938).

2) 별개의 법률 효과를 목적으로 하는 경우

(가) 원 칙 판례는 선행처분과 후행처분이 서로 독립하여 별개의 법률효과를 목적으로 하는 때에는 선행처분에 불가쟁력이 생겨 그 효력을 다툴 수 없게 된 경우에는 선행처분의 하자가 중대하고 명백하여 당연무효인 경우를 제외하고는 선행처분의 하자를 이유로 후행처분의

효력을 다툴 수 없다고 하여 전통적 견해와 원칙적으로 동일한 입장을 취한다[판례1, 2]. 선행처분이 무효인 경우에는 선행처분의 하자는 당연히 승계된다[판례3, 4].

판례 1 당연무효인 도시계획시설사업 시행자 지정 처분을 선행절차로 한 실시계획 인가처분의 효력

(원고가 피고 담양군수의「담양군 메타세쿼이어길 주변을 유원지로 조성하는 사업의 사업시행자 지정처분 및 실시계획 인가처분」의 취소를 구한 사건에서) 선행처분과 후행처분이 서로 독립하여 **별개의 법률효과를 목적으로 하는 때에도 선행처분이 당연무효이면 선행처분의 하자를 이유로 후행처분의 효력을 다툴 수 있다. 도시계획시설사업의 시행자가 작성한 실시계획을 인가하는 처분**은 도시계획시설사업 시행자에게 도시계획시설사업의 공사를 허가하고 수용권을 부여하는 처분으로서 선행처분인 **도시계획시설사업 시행자 지정 처분**이 처분 요건을 충족하지 못하여 당연무효인 경우에는 사업시행자 지정 처분이 유효함을 전제로 이루어진 후행처분인 실시계획 인가처분도 무효라고 보아야 한다(대판 2017. 7. 11, 2016두35120).

판례 2 도시관리계획의 결정 및 고시 — 수용재결의 관계에서 선행행위의 하자가 후행행위에 미치는지 여부

(현진예건 주식회사가 울산광역시 남구청장으로부터 주택건설사업계획승인 — 도시계획시설사업 실시계획인가고시처분 등을 받게 되자, 건축예정지의 토지소유자들이 도시계획시설사업실시계획인가고시처분취소를 제기하고, 민간기업을 도시계획시설 사업시행자로 지정할 수 있도록 한 근거조항에 대하여 위헌법률심판제청을 신청하였으나 기각되자 제기한 헌법소원사건에서) 도시관리계획의 결정 및 고시, 사업시행자지정고시, 사업실시계획인가고시, 수용재결 등의 단계로 진행되는 도시계획시설사업의 경우 그 각각의 처분은 이전의 처분을 전제로 한 것이기는 하나, 단계적으로 별개의 법률효과가 발생되는 독립한 행정처분이어서 이미 불가쟁력이 발생한 선행처분에 하자가 있다고 하더라도 그것이 당연무효의 사유가 아닌 한 후행처분에 승계되는 것은 아니다(헌재 2010. 12. 28, 2009헌바429).

판례 3 선행행위의 부존재·무효인 경우 후행행위에의 승계 여부

(인천남구청의 원고(유원유치원 원장)에 대한 대집행계고처분의 취소를 구한 유원유치원 행정대집행사건에서) 행정기관의 권한에는 사무의 성질 및 내용에 따르는 제약이 있고, 지역적·대인적으로 한계가 있으므로 이러한 권한의 범위를 넘어서는 권한유월의 행위는 무권한 행위로서 원칙적으로 무효이고, 선행행위가 부존재하거나 무효인 경우에는 그 하자는 당연히 후행행위에 승계되어 후행행위도 무효로 된다. 그런데 구 주택건설촉진법 제38조 제2항은 공동주택 및 부대시설·복리시설의 소유자·입주자·사용자 등은 부대시설 등에 대하여 도지사의 허가를 받지 않고 사업계획에 따른 용도 이외의 용도에 사용하는 행위 등을 금지하고(관련법령에 의해 구청장에게 재위임되었다), 그 위반행위에 대하여 위 구 주택건설촉진법 제52조의2 제1호에서 1천만원 이하의 벌금에 처하도록 하는 벌칙규정만을 두고 있을 뿐, 건축법 제69조 등과 같은 **부작위의무 위반행위에 대하여 대체적 작위의무로 전환하는 규정을 두고 있지 아니하므로 위 금지규정으로부터 그 위반결과의 시정을 명하는 원상복구명령을 할 수 있는 권한이 도출되는 것은 아니다. 결국 행정청의 원고에 대한 원상복구명령은 권한 없는 자의 처분으로 무효라고 할 것이고, 위 원상복구명령이 당연무효인 이상 후행처분인 계고처분의 효력에 당연히 영향을 미쳐 그 계고처분 역시 무효로 된다**(대판 1996. 6. 28, 96누4374).

판례 4 적법한 건축물에 대한 철거명령의 효력과 후행행위인 건축물철거대집행계고처분의 효력

(동작구 관악현대아파트 대문설치신고사건에서) 적법한 건축물에 대한 철거명령은 그 하자가 중대하고 명백하여 당연무효라고 할 것이고, 그 후행행위인 건축물철거 대집행계고처분 역시 당연무효라고 할 것이다(대판 1999. 4. 27, 97누6780).

(나) 예외(수인성의 원칙의 적용)   판례는 쟁송기간이 도과한 개별공시지가결정의 위법을 이유로 그에 기초하여 부과된 양도소득세부과처분의 취소를 구한 판결에서 선행행위와 후행행위가 별개의 법률효과를 목적으로 하는 경우에도 수인성의 원칙(입법작용이나 행정작용은 그 효과를 사인이 수인할 수 있는 것이어야 한다는 원칙)을 이유로 하자의 승계를 예외적으로 인정하였다([판례 1]의 사안에서 하자의 승계를 부정한다면 토지소유자는 항상 개별공시지가를 주시해야 하고 잘못된 경우 시정절차를 통해 시정을 요구해야 하므로 이는 당사자에게 부당하게 높은 주의의 무를 지우는 것이고 따라서 수인성의 원칙을 근거로 하자의 승계를 인정한 것이다). 그 후에도 표준지공시지가결정의 위법이 수용재결에 승계될 것인지가 문제된 사안에서도 양자는 별개의 법률효과를 목적으로 하지만 수인성의 원칙을 이유로 하자의 승계를 긍정하였다([판례 2]에서는 표준지공시지가는 토지의 소유자나 기타 이해관계인에게 개별적으로 고지하는 것이 아니라 공시하도록 되어 있고, 표준지공시지가가 공시될 당시 표준지의 인근 토지를 함께 공시하는 것이 아니어서 보상금 산정의 기준이 되는 표준지가 어느 토지인지를 알 수 없다는 점 등을 근거로 수인성의 원칙상 하자의 승계를 인정하였다). 판례의 이러한 태도는 계속되고 있다(판례 3).

> [판례 1] 과세처분 등의 취소를 구하는 행정소송에서 선행처분인 개별공시지가결정의 위법을 독립된 위법사유로 주장할 수 있는지 여부
>
> (원고가 이천세무서장을 상대로 양도소득세등부과처분취소를 구한 사건에서) **선행처분과 후행처분이 서로 독립하여 별개의 효과를 목적으로 하는 경우에도 선행처분의 불가쟁력이나 구속력이 그로 인하여 불이익을 입게 되는 자에게 수인한도를 넘는 가혹함을 가져오며, 그 결과가 당사자에게 예측가능한 것이 아닌 경우에는 국민의 재판받을 권리를 보장하고 있는 헌법의 이념에 비추어 선행처분의 후행처분에 대한 구속력은 인정될 수 없다.** … **개별공시지가결정은 이를 기초로 한 과세처분 등과는 별개의 독립된 처분으로서 서로 독립하여 별개의 법률효과를 목적으로 하는 것이나,** … 더욱이 장차 어떠한 과세처분 등 구체적인 불이익이 현실적으로 나타나게 되었을 경우에 비로소 권리구제의 길을 찾는 것이 우리 국민의 권리의식임을 감안하여 볼 때 **토지소유자 등으로 하여금** 결정된 개별공시지가를 기초로 하여 장차 과세처분 등이 이루어질 것에 대비하여 항상 토지의 가격을 주시하고 개별공시지가결정이 잘못된 경우 정해진 시정절차를 통하여 이를 시정하도록 요구하는 것은 **부당하게 높은 주의의무를 지우는 것이라고 아니할 수 없고,** … 개별공시지가결정에 위법이 있는 경우에는 그 자체를 행정소송의 대상이 되는 행정처분으로 보아 그 위법 여부를 다툴 수 있음은 물론, **이를 기초로 한 과세처분 등 행정처분의 취소를 구하는 행정소송에서도 선행처분인 개별공시지가결정의 위법을 독립된 위법사유로 주장할 수 있다**(대판 1994. 1. 25, 93누8542).

> [판례 2] 수용보상금의 증액을 구하는 소송에서 수용대상 토지 가격 산정의 기초가 된 비교표준지공시지가결정의 위법을 독립한 사유로 주장할 수 있는지 여부
>
> (원고와 화성시 간에 토지보상금액이 문제된 사건에서) **표준지공시지가결정은 이를 기초로 한 수용재결 등과는 별개의 독립된 처분으로서 서로 독립하여 별개의 법률효과를 목적으로 하는 것이나,** … **표준지공시지가가 공시될 당시 보상금 산정의 기준이 되는 표준지의 인근 토지를 함께 공시하는 것이 아니어서 인근 토지 소유자는 보상금 산정의 기준이 되는 표준지가 어느 토지인지를 알 수 없으므로**(더욱이 표준지공시지가가 공시된 이후 자기 토지가 수용되리라는 것을 알 수도 없다) **인근 토지 소유자가 표준지의 공시지가가 확정되기 전에 이를 다투는 것은 불가능하다.** 더욱이 장차 어떠한 수용재결 등 구체적인 불이익이 현실적으로 나타나게 되었을 경우에 비로소 권리구제의 길을 찾는 것이 우리 국민의 권리의식임을 감안하여 볼 때 **인근 토지소유자 등으로 하여금** 결정된 표준지공시지가를 기초로 하여 장차 토지보상 등이 이루어질 것에 대비하여 항상 토지의 가격을 주시하고 표준지공시지가결정이 잘못된 경우 정해진 시정절차를 통하여 이를 시정하도록 요구하

는 것은 부당하게 높은 주의의무를 지우는 것이라 아니할 수 없고, 위법한 표준지공시지가결정에 대하여 그 정해진 시정절차를 통하여 시정하도록 요구하지 아니하였다는 이유로 위법한 표준지공시지가를 기초로 한 수용재결 등 후행 행정처분에서 표준지공시지가결정의 위법을 주장할 수 없도록 하는 것은 수인한도를 넘는 불이익을 강요하는 것으로서 국민의 재산권과 재판받을 권리를 보장한 헌법의 이념에도 부합하는 것이 아니라고 할 것이다. 따라서 표준지공시지가결정에 위법이 있는 경우에는 그 자체를 행정소송의 대상이 되는 행정처분으로 보아 그 위법 여부를 다툴 수 있음은 물론, 수용보상금의 증액을 구하는 소송에서도 선행처분으로서 그 수용대상 토지 가격 산정의 기초가 된 비교표준지공시지가결정의 위법을 독립된 사유로 주장할 수 있다(대판 2008. 8. 21, 2007두13845).

판례 3 행정행위의 하자의 승계와 수인성의 원칙

[1] (갑을 친일반민족행위자로 결정한 친일반민족행위진상규명위원회(이하 '진상규명위원회'라 한다)의 최종발표(선행처분)에 따라 의정부지방보훈지청장이 독립유공자 예우에 관한 법률(이하 '독립유공자법'이라 한다) 적용 대상자로 보상금 등의 예우를 받던 갑의 유가족 을에 대하여 독립유공자법 적용배제자 결정(후행처분)을 하자 원고가 다툰 의정부보훈지청장 독립유공자법적용배제사건에서) 진상규명위원회가 갑의 친일반민족행위자 결정 사실을 통지하지 않아 원고가 후행처분이 있기 전까지 선행처분의 사실을 알지 못하였고, 후행처분인 의정부지방보훈지청장의 독립유공자법 적용배제결정이 자신의 법률상 지위에 직접적인 영향을 미치는 행정처분이라고 생각했을 뿐, 통지를 받지도 않은 진상규명위원회의 친일반민족행위자 결정처분이 자신의 법률상 지위에 영향을 주는 독립된 행정처분이라고 생각하기는 쉽지 않았을 것으로 보여, 원고가 이 선행처분에 대하여 일제강점하 반민족행위 진상규명에 관한 특별법에 의한 이의신청절차를 밟거나 후행처분에 대한 것과 별개로 행정심판이나 행정소송을 제기하지 않았다고 하여 **선행처분의 하자를 이유로 후행처분의 효력을 다툴 수 없게 하는 것은 원고에게 수인한도를 넘는 불이익을 주고 그 결과가 을에게 예측가능한 것이라고 할 수 없어 선행처분의 후행처분에 대한 구속력을 인정할 수 없으므로 선행처분의 위법을 이유로 후행처분의 효력을 다툴 수 있다** (대판 2013. 3. 14, 2012두6964).

[2] (군포시장의 중개사무소 개설등록 취소처분의 취소를 구한 사건에서) 2개 이상의 행정처분이 연속적 또는 단계적으로 이루어지는 경우, 선행처분과 후행처분이 서로 독립하여 별개의 법률효과를 발생시키는 경우에는 선행처분에 불가쟁력이 생겨 그 효력을 다툴 수 없게 되면 선행처분의 하자가 중대하고 명백하여 선행처분이 당연무효인 경우를 제외하고는 특별한 사정이 없는 한 선행처분의 하자를 이유로 후행처분의 효력을 다툴 수 없는 것이 원칙이다. 다만 그 경우에도 선행처분의 불가쟁력이나 구속력이 그로 인하여 불이익을 입게 되는 자에게 수인한도를 넘는 가혹함을 가져오고, 그 결과가 당사자에게 예측가능한 것이 아니라면, 국민의 재판받을 권리를 보장하고 있는 헌법의 이념에 비추어 선행처분의 후행처분에 대한 구속력을 인정할 수 없다(대판 2019. 1. 31, 2017두40372).

(3) 사 견

1) 구속력설 비판 ① 행정행위의 하자의 승계문제와 행정행위의 선행행위의 후행행위에 대한 구속력의 문제의 상호관계에 대한 분명한 해명 없이 행정행위의 하자의 승계문제를 행정행위의 선행행위의 후행행위에 대한 구속력의 문제로 대체하는 것은 위험한 논리이다. 왜냐하면 선행행위의 후행행위에 대한 구속력의 문제는 하자의 승계문제가 해결된 뒤에 발생하는 문제로 보이기 때문이다(김철용). ② 구속력설에서 말하는 구속력의 범위를 분명하게 확정하는 것도 용이한

일이 아니다. ③ 또한 판결의 기판력(법원이 일정한 형식절차를 거쳐 실체법적 하자를 / 검토한 후에 발생하는 판결의 내용상 효력의 문제)과 행정행위의 구속력 (구속력의 기본전제는 형식적 존속력인 불가쟁력의 발생인데 이는 행정행위의 적법성이 검토되어 확정되는 경우라기보 / 다는 쟁송제기기간 내에 쟁송을 제기하지 못하였거나 심판을 제기하지 못해 그 효력이 형식적으로 확정되는 경우이므로)을 동일선상에서 유추적용함은 문제라는 비판(류지 / 태)도 있다.

2) 사견(하자의 승계론)　　전통적 견해와 판례가 취하는 하자의 승계론이 타당하다. 판례가 하자의 승계론을 취하면서 예외의 경우로 수인성의 원칙을 활용한 데 대하여, 일부 견해는 구속력설에서 주장하는 구속력의 한계를 판례가 받아들인 것이라고 주장하기도 한다(김남진, / 정하중). 만약 이 견해가 수인성의 원칙을 구속력이론을 구성하는 고유한 논리의 일부로 보았다면, 그것은 잘못이다. 왜냐하면 수인성의 원칙은 행정법의 일반원칙의 하나로서 어떠한 행정영역에도 적용될 수 있는 원칙이기 때문이다. 말하자면 하자의 승계론(전통적 / 견해)에 의한다고 하여도 수인성의 원칙은 적용될 수 있기 때문이다.

> [참고]　대법원 판례도 기본적으로는 선후의 행위가 하나의 법률효과를 목적으로 하는지를 기준으로 하며, 일부 판결이 수인성의 원칙을 인정한다고 하더라도 이는 하자의 승계론이 '하나의 법률효과를 목적으로 하는지'라는 형식적 기준으로 하자의 승계 여부를 판단하고 있기 때문에 발생하는 개별·구체적인 경우의 불합리성을 제거하기 위한 것이므로, 전체적으로 본다면 수인성의 원칙을 인정한 판결과 하자의 승계론이 서로 모순되는 것이라고 보기는 어렵다는 견해(류지태· / 박종수)도 본서와 논지에는 차이가 있으나 결론은 같다.

[승계를 인정한 판례 모음]
대집행절차상 계고처분과 대집행영장발부통보처분(대판 1996. 2. 9. / 95누12507), 독촉과 가산금·중가산금징수처분(대판 1986. 10. 28. / 86누147), 한지의사시험자격인정과 한지의사면허처분(대판 1975. 12. 9. / 75누123), 개별공시지가결정과 과세처분(대판 1994. 1. 25. / 93누8542), 표준공시지가결정과 수용재결(대판 2008. 8. 21. / 2007두13845)(개별공시지가결정과 과세처분, / 표준지공시지가결정과 수용재결 / 은 별개의 법률효과를 목적으로 하지만 수인성 / 의 원칙을 근거로 하자승계를 인정한 판결이다).

[승계를 부인한 판례 모음]
소득금액변동통지와 납세고지(대판 2012. 1. 26. / 2009두14439), 보충역편입처분과 공익근무요원소집처분(대판 / 2002. 12. 10. / 2001두 / 5422), 사업인정과 수용재결처분(대판 2019. 6. 13. 2018두42641; 대판 2000. 10. 13. 2000두 / 5142; 대판 1990. 1. 23. 87누947; 대판 1987. 9. 8. 87누395), 건물철거명령과 대집행계고처분(대판 1998. 9. 8. / 97누20502), 택지개발예정지구지정과 택지개발계획승인처분(대판 1996. 3. 22. / 95누10075), 택지개발계획의 승인과 수용재결처분(대판 2000. 10. 13. / 99두653), 토지등급의 설정 또는 수정처분과 과세처분(대판 1995. 3. 28. / 93누23565), 수강거부처분과 수료처분(대판 1994. 12. 23. / 94누477), 재개발사업시행인가처분과 토지수용재결처분, 도시계획사업의 실시계획인가고시와 수용재결처분(대판 1991. 11. 26. / 90누9971), 액화석유가스판매사업허가와 사업개시신고반려처분(대판 1991. 4. 23. / 90누8756), 도시계획결정과 수용재결(대판 1990. 1. 23. / 87누947), 경찰관직위해제처분과 면직처분(대판 1984. 9. 11. / 84누191), 과세처분과 체납처분(대판 1977. 7. / 12. 76누51), 표준지공시지가결정과 개별공시지가결정(대판 1995. 3. 28. / 94누12920), 공인중개사업무정지처분과 업무정지기간 중의 중개업무를 사유로 한 중개사무소의 개설등록취소처분(대판 2019. 1. 31. / 2017두40372).

[기출사례] 제27회 입법고시(2011년) 문제·답안작성요령 ☞ PART 4 [1–26]

[기출사례] 제56회 5급공채(2012년) 문제·답안작성요령 ☞ PART 4 [1–27]

VI. 하자 있는 행정행위의 치유와 전환

1. 하자 있는 행정행위의 치유

(1) 의   의   행정행위가 발령 당시에 위법한 것이라고 하여도 사후에 흠결을 보완하게 되면, 적법한 행위로 취급하는 것을 하자 있는 행정행위의 치유라 부른다. 하자 있는 행위의 치유는 보완적인 것이므로, 그 자체를 하나의 독립적인 행정행위로 보기는 어렵다.

(2) 인정 여부   ① 행정의 능률성의 확보 등을 이유로 광범위하게 허용된다는 긍정설, 국민의 방어권보장을 침해하지 않는 범위 안에서 제한적으로만 허용된다는 제한적 긍정설, 행정결정의 신중성 확보와 자의배제 등을 이유로 행정절차를 강조하여 하자의 치유가 원칙적으로 허용되지 아니한다는 부정설이 있다. ② 판례는 하자 있는 행정행위의 치유는 원칙적으로 허용될 수 없는 것이지만, 예외적으로 국민의 권리나 이익을 침해하지 않는 범위에서 인정하고 있어 제한적 긍정설의 입장이다(판례). ③ 개인의 권리구제와 행정의 효율성을 고려할 때 제한적 긍정설(통설)이 타당하다.

> [판례] 하자 있는 행정행위의 치유의 인정 여부
> (부산광역시 사하구청장을 피고로 조합설립무효확인등을 구한 소송에서) 하자 있는 행정행위의 치유는 행정행위의 성질이나 법치주의 관점에서 볼 때 원칙적으로 허용될 수 없는 것이고, 예외적으로 행정행위의 무용한 반복을 피하고 당사자의 법적 안정성을 위해 이를 허용하는 때에도 국민의 권리나 이익을 침해하지 아니하는 범위에서 구체적 사정에 따라 합목적적으로 인정하여야 할 것이다(대판 2014. 2. 27, 2011두11570).

(3) 법적 근거   하자의 치유의 법리가 민법상으로는 명문화되어 있다(민법 제143조 내지 제146조의 취소할 수 있는 법률행위의 추인). 그러나 행정법상으로는 통칙적 규정이 없다. 전통적 견해와 판례는 하자의 치유를 인정한다. 하자의 치유를 부정할 이유는 없다. 입법론상 행정절차법에 명문의 규정을 두는 것이 요청된다(홍준형).

(4) 사   유   치유의 사유로 ① 요건의 사후보완(예: 요식행위의 형식의 보완, 필요적 협력절차의 결여시의 추인, 필요한 신청서의 사후제출이나 보완, 필요한 이유의 사후제시)[판례 1, 2], ② 행정행위의 취소가 불가능하거나 불필요한 경우(장기간의 방치로 인해 법률관계가 확정되거나 취소를 불허하는 공공복리상의 필요가 생긴 경우)를 들기도 한다. 그러나 ①만이 엄밀한 의미의 치유의 사유이며, ②는 행정행위의 취소의 제한사유로 보는 것이 타당하다(다수설).

판례 1 하자의 치유의 예

(법인세등부과처분 취소를 구한 소에서) 과세관청이 과세처분에 앞서 납세자에게 보낸 세무조사결과통지 등에 납세고지서의 필요적 기재사항이 제대로 기재되어 있어 납세의무자가 그 처분에 대한 불복 여부의 결정 및 불복 신청에 전혀 지장을 받지 않았음이 명백하다면, 이로써 납세고지서의 하자가 보완되거나 치유될 수 있다(대판 2020. 10. 29. 2017두51174).

판례 2 행정청이 식품위생법상의 청문서 도달기간을 다소 어겼지만 영업자가 이의하지 아니한 채 출석, 진술하여 방어의 기회를 충분히 가진 경우 하자의 치유 여부

(상주시장의 원고에 대한 영업 허가취소처분을 다툰 소송에서) 행정청이 식품위생법상의 청문절차를 이행함에 있어 소정의 청문서 도달기간을 지키지 아니하였다면 이는 청문의 절차적 요건을 준수하지 아니한 것이므로 이를 바탕으로 한 행정처분은 일단 위법하다고 보아야 할 것이지만 이러한 청문제도의 취지는 처분으로 말미암아 불이익을 받게 될 영업자에게 미리 변명과 유리한 자료를 제출할 기회를 부여함으로써 부당한 권리침해를 예방하려는 데에 있는 것임을 고려하여 볼 때, 가령 **행정청이 청문서 도달기간을 다소 어겼다 하더라도 영업자가 이에 대하여 이의하지 아니한 채 스스로 청문일에 출석하여 그 의견을 진술하고 변명하는 등 방어의 기회를 충분히 가졌다면 청문서 도달기간을 준수하지 아니한 하자는 치유되었다고 봄이 상당하다**(대판 1992. 10. 23. 92누2844).

(5) 적용범위

1) 무효인 행정행위의 치유 여부 전통적 견해와 판례는 행정행위의 하자의 치유는 취소할 수 있는 행정행위에만 인정한다(판례 1, 2). 무효는 언제나 무효이므로 무효행위에 치유를 인정하기는 곤란하므로 전통적 견해와 판례의 입장은 타당하다.

판례 1 당연무효인 국가공무원 임용행위의 치유 여부

(임용결격사유가 있었던 공무원이 퇴직급 여부지급처분의 취소를 구한 사건에서) 원고가 국가공무원으로 임용된 뒤 명예퇴직하였으나 임용 전에 당시 국가공무원법상의 임용결격사유가 있었으면 국가가 과실에 의하여 이를 밝혀내지 못하였다고 하더라도 그 **임용행위는 당연무효이고 그 하자가 치유되는 것은 아니어서** 퇴직급여청구신청을 반려하는 처분은 적법하다(대판 1996. 4. 12. 95누18857).

판례 2 무효행위에서 절차상 하자를 추후에 갖춘 경우의 의미

(국방부장관을 피고로 한 국방·군사시설사업실 시계획승인고시처분무효확인및취소소송에서) 절차상 또는 형식상 하자로 인하여 무효인 행정처분이 있은 후 행정청이 관계 법령에서 정한 절차 또는 형식을 갖추어 다시 동일한 행정처분을 하였다면 당해 행정처분은 종전의 무효인 행정처분과 관계없이 새로운 행정처분이라고 보아야 한다(대판 2014. 3. 13. 2012두1006).

2) 내용상 하자의 치유 여부 요건의 사후보완의 경우 형식과 절차상의 하자 외에 실체법상의 하자도 사후보완의 대상에 포함되는가가 문제되는데, 유력설(홍준형)과 판례는 행정처분의 내용상의 하자에 대해서는 하자의 치유를 인정하지 아니한다(판례). 내용상의 하자까지 포함하는 내용포함설(박균성)은 법률적합성과의 조화를 깨뜨리는 것이므로 유력설과 판례의 태도는 타당하다.

판례 행정행위의 내용상 하자의 치유인정 여부

(피고(경상북도지사)의 참가인회사(아진여객자동차(주))에 대한 사업계획변경인가처분)에 대하여 원고(중앙고속운수(주))가 취소를 구한 아진·중앙운수 노선변경사건에서 행정행위의 성질이나 법치주의의 관점에서 볼 때 하자 있는 행정행위의 치유는 원칙적으로 허용될 수 없을 뿐만 아니라 이를 허용하는 경우에도 국민의 권리와 이익을 침해하지 않는 범위에서 구체적 사정에 따라 합목적적으로 가려야 할 것인바, 이 사건 처분(사업계획변경인가처분)에 관한 하자가 행정처분의 내용에 관한 것이고 새로운 노선면허가 이 사건 소제기 이후에 이루어진 사정 등에 비추어 하자의 치유를 인정치 않은 원심의 판단은 정당하고, 거기에 소론이 지적하는 바와 같은 법리오해의 위법이 있다 할 수 없다(대판 1991. 5. 28, 90누1359).

(6) 효 과 치유의 효과는 소급적이다. 처음부터 적법한 행위와 같은 효과를 가진다. 치유가 허용되지 않은 행위의 경우에는 새로운 행위를 발령함으로써 치유의 효과를 거둘 수 있을 뿐이다.

(7) 한 계

1) 실체적 한계 행정행위의 성질이나 법치주의의 관점에서 볼 때 하자 있는 행정행위의 치유는 원칙적으로 허용될 수 없을 뿐만 아니라 이를 허용하는 경우에도 국민의 권리와 이익을 침해하지 않는 범위에서 구체적 사정에 따라 합목적적으로 가려야 할 것이다.

2) 시간적 한계

(가) 견해의 대립 ① 쟁송제기 이후에 하자의 치유를 인정하면 당사자의 법적 안정성과 예측가능성을 침해하는 것이며(하명호), (특히 절차나 형식상의 하자의 경우) 행정의 공정성확보와 당사자에게 불복 여부 결정 및 불복신청에 편의를 줄 수 있도록 하자의 치유는 쟁송제기 이전에 있어야 한다는 견해(쟁송제기이전시설)와 ② 쟁송제기 이후에 하자의 치유를 인정해도 처분의 상대방의 권리구제에 장애를 초래하지 않는 경우가 있을 수 있고 또한 소송경제를 고려하여야 하며, 치유는 예외적인 경우에만 인정됨을 근거로 쟁송제기 이후에도 치유가 가능하다는 견해(쟁송종결시설)가 대립된다.

(나) 판 례 판례는 '치유를 허용하려면 늦어도 처분에 대한 불복 여부의 결정 및 불복신청에 편의를 줄 수 있는 상당한 기간 내에 하여야 한다고 할 것'이라고 하고 있어 행정쟁송제기 이전까지만 가능하다는 입장이다(판례 1, 2).

(다) 사 견 행정능률이나 소송경제도 중요한 법가치이며 당사자의 시간과 노력을 절감하는 효과도 있는바 소송절차 종결 전까지 하자의 치유를 인정하는 것이 바람직하다(김남진·김연태).

판례 1 과세표준, 세율 등이 누락된 납세고지서에 의한 과세처분의 하자의 치유시기

(이리세무서장의 동우산업(주)에 대한 법인세등부과처분을 다툰 사건에서) 과세처분시 납세고지서에 과세표준, 세율, 세액의 산출근거 등이 누락된 경우에는 늦어도 과세처분에 대한 불복 여부의 결정 및 불복신청에 편의를 줄 수 있는 상당한 기간 내에 보정행위를 하여야 그 하자가 치유된다 할 것이므로, 과세처분이 있은 지 4년이 지나서 그 취소소송이 제기된 때에 보정된 납세고지서를 송달하였다는 사실이나 오랜 기간(4년)의 경과로써 과세처분의 하자가 치유되었다고 볼 수는 없다(대판 1983. 7. 26, 82누420).

> **판례 2**　세액산출근거가 누락된 납세고지서에 의한 과세처분의 하자의 치유시기
> (도봉구청장의 원고에 대한 재 / 산세부과처분을 다툰 사건에서) 세액산출근거가 누락된 납세고지서에 의한 **과세처분의 하자의 치유를 허용**
> **하려면 늦어도 과세처분에 대한 불복 여부의 결정 및 불복신청에 편의를 줄 수 있는 상당한 기간 내에**
> **하여야 한다고 할 것이므로** 위 과세처분에 대한 전심절차가 모두 끝나고 상고심의 계류중에 세액산출
> 근거의 통지가 있었다고 하여 이로써 위 과세처분의 **하자가 치유되었다고는 볼 수 없다**(대판 1984. 4. 10, / 83누393).

[기출사례] 제 3 회 변호사시험(2014년) 문제·답안작성요령 ☞ PART 4 [1-31]

2. 하자 있는 행정행위의 전환

(1) 의　　의　　하자 있는 행정행위가 다른 행정행위의 적법요건을 갖춘 경우, 다른 행정행위의 효력발생을 인정하는 것을 하자 있는 행정행위의 전환이라 한다(예: 위법의 징계면직처분을 / 적법의 직권면직처분으로). 행정행위의 정정은 원래 의도한 내용을 사후적으로 명백히 하는 것이고, 행정행위의 치유는 하자의 사후적인 제거를 위한 것이나, 전환은 새로운 행위를 가져온다는 점에 차이가 있다.

(2) 취　　지　　하자의 전환은 하자의 치유와 마찬가지로 국민의 법생활의 안정과 신뢰보호를 위한 것이다(대판 1983. 7. 26, / 82누420). 불필요한 행정행위의 반복을 방지하기 위한 것이기도 하다.

(3) 성　　질　　① 행정행위의 전환의 성질과 관련하여, 그것이 행정행위라는 견해(행정행 / 위설), 법률에 의하여 나타나는 행위라는 견해(법규 / 법설) 등이 있다. 전환에는 행정청의 의지적인 작용이 필요하다는 점, 그리고 독일과 달리 행정절차법에 전환에 관한 규정이 없다는 점에 비추어 행정행위설이 타당하다. 따라서 전환에 문제가 있다면, 행정쟁송으로 다툴 수 있다(판 / 례). ② 행정청 외에 법원도 행정소송절차에서 행정행위의 전환에 권한을 갖는가의 문제가 있다. 일부 견해는 처분청 외에 법원도 하자 있는 행위의 전환에 긍정적이다. 그러나 법원이 전환을 통해 새로운 행정행위를 발령할 수 있다면, 그것은 권력분립원칙에 반하는 것이 될 것이므로 부정하는 것이 타당하다.

> **판례**　사망한 귀속재산 수불하자에 대하여 한 불하처분의 취소처분을 그 상속인에게 송달한 효력
> (서울남산세무서장의 불하처분취소 / (매매계약처분취소)를 다툰 소송에서) 귀속재산을 불하받은 자가 사망한 후에 그 수불하자에 대하여 한 그
> 불하처분은 **사망자에 대한 행정처분이므로 무효이지만** 그 취소처분을 수불하자의 상속인에게 송달
> 한 때에는 그 송달시에 그 상속인에 대하여 다시 그 불하처분을 취소한다는 **새로운 행정처분을 한**
> **것이라고 할 것이다**(대판 1969. 1. 21, / 68누190).

(4) 법적 근거　　하자의 전환의 법리가 민법상으로는 명문화되어 있다(민법 제138조의 무효 / 인 법률행위의 전환). 그러나 행정법상으로는 통칙적 규정이 없다. 전통적 견해와 판례는 하자 있는 행정행위의 전환을 인정한다. 하자의 전환을 부정할 이유는 없다. 하자의 치유의 경우와 마찬가지로 입법론상 행정절차법에 명문의 규정을 두는 것이 바람직하다.

(5) 적용영역　　① 전통적 견해는 행정행위의 전환은 무효인 행위에만 인정되며, 취소사유 있는 행정행위의 경우 하자가 치유될 가능성이 있으므로 행위의 효력이 불완전하나마 존재

하고 있는 동안은 당사자가 의욕한 바가 아닌 다른 행위로 전환되어서는 아니 된다고 본다. ② 그러나 행정의 법적 안정성과 행정의 무용한 반복을 피하기 위해 전환은 취소할 수 있는 행위인가, 무효인 행위인가의 구분 없이 모두 인정될 수 있다는 견해(김남진)도 있다. ③ 취소사유 있는 행정행위의 전환을 인정하는 것이 당사자에게도 유리한 경우(예: 위법의 징계면직을 적법의 직권면직으로 전환)가 있을 수 있으며, 행정청이 취소사유 있는 행정행위에 대해 다른 행정행위로 전환하고자 하는 의사가 있다면 여기에는 취소사유인 행정행위에 대한 직권취소의 의사를 포함(직권취소되면 결국 무효인 행위가 되기에)하고 있다고 봐야 하므로 부정할 실익이 없어 취소사유 있는 행정행위에도 전환을 인정하는 것이 타당하다.

(6) 적극적 요건　　①전환 전의 행정행위가 위법하여야 한다. 다만, 하자 있는 행정행위의 전환을 무효인 행정행위에 대해서만 인정할 것인지, 취소사유 있는 행정행위에도 인정할 것인지는 학설의 대립이 있다. ② 전환 후의 행위의 적법요건이 존재하여야 한다. ③ 전환 전의 행위와 전환 후의 행위는 목적·효과, 절차와 형식이 동일하여야 한다. ④ 전환을 위해서는 관계자에게 청문(전환의사에 관한 청문)의 기회를 부여하는 것이 필요하다.

(7) 소극적 요건　　① 전환이 행정청의 의사에 반하지 않아야 한다. ② 전환이 관계자에게 불이익하지 않아야 한다. 불이익이란 상대방이나 제3자에게 부담을 보다 강화하거나 수익을 축소하는 법효과를 의미한다.

(8) 효　　과　　① 하자 있는 행정행위의 전환은 새로운 행위를 가져온다. 새로운 행위의 효력은 하자 있는 행정행위의 발령시점에 발생한다. 행정행위의 전환은 관계자에게 불이익한 경우에는 인정되지 아니하므로 새로운 행위의 효력발생을 소급적으로 보아도 문제되지 아니한다. ② 행정행위의 전환이 있는 경우, 전환 전·후의 행위는 일련의 절차(단계적인 절차)를 구성하는 것이 아니므로, 하자의 승계가 인정되지 아니한다. ③ 소송계속중에 행정행위의 전환이 이루어진다면, 처분변경으로 인한 소의 변경(행소법 제22조 제1항)이 가능하다.

제7항　행정행위의 폐지

Ⅰ. 행정행위의 직권취소

1. 직권취소의 관념

(1) 의　　의　　행정청은 위법 또는 부당한 처분의 전부나 일부를 소급하여 또는 장래를 향하여 취소할 수 있는바(기본법 제18조 제1항), 이를 행정행위의 직권취소라 한다. 달리 말하면, 일단 유효하게 발령된 행정행위를 처분청이나 감독청이 그 행위에 위법 또는 부당한 하자가 있음을 이유로 하여 직권으로 그 효력을 소멸시키는 새로운 행정행위를 말한다. 취소는 유효하게 성립한 행위의 효과를 사후에 소멸시키는 점에서 처음부터 효력이 없는 무효행위임을 선언하는 행위와 구별되고, 성립에 흠이 있는 행위의 효과를 소멸시킨다는 점에서 사후의 새로운 사정을 이유로 효력을 소멸시키는 철회와 구별된다[판례].

판례   행정행위의 취소사유와 철회사유의 구별기준

(국민은행과 사단법인 대한기독상이군인의집 성화 원 사이의 소유권이전등기말소 등에 관한 소송에서) **행정행위의 취소는 일단 유효하게 성립한 행정행위를 그 행위에 위법 또는 부당한 하자가 있음을 이유로 소급하여 그 효력을 소멸시키는 별도의 행정처분이고, 행정행위의 철회는 적법요건을 구비하여 완전히 효력을 발하고 있는 행정행위를 사후적으로 그 행위의 효력의 전부 또는 일부를 장래에 향해 소멸시키는 행정처분이므로, 행정행위의 취소사유는 행정행위의 성립 당시에 존재하였던 하자를 말하고, 철회사유는 행정행위가 성립된 이후에 새로이 발생한 것으로서 행정행위의 효력을 존속시킬 수 없는 사유를 말한다**(대판 2003. 5. 30, 2003다6422; 대판 2006. 5. 11, 2003다37969).

직권취소와 쟁송취소의 비교

	직권취소	쟁송취소
주 목 적	행정목적실현(공익우선)	권리구제(사익우선)
권한기관	행정청(처분청+감독청)	행정청(처분청+감독청+제 3 기관)·법원
대 상	수익적 행위+침익적 행위	침익적 행위+제 3 자효 있는 행위
주된 사유	공익침해+권익침해	권익침해
법적 근거	일반법(행정기본법) 有 개별법 有	일반법(행정심판법＋행정소송법) 有 개별법 有
절차의 엄격성	비교적 엄격하지 않다	비교적 엄격하다
절차의 개시	행정청 스스로의 판단	상대방등의 쟁송제기
기간제한	기간상 제한 無	기간상 제한 有
취소내용	적극적 변경도 가능	소극적 변경만 가능(전통적 견해)
효 과	소급+불소급	소급원칙

(2) 법적 근거   행정행위의 직권취소에 관한 일반법으로 행정기본법 제18조가 있다. 직권취소를 규정하는 개별 법률도 적지 않다(예: 도교 법 제93조). 행정기본법에 규정되지 아니한 사항에 대해서는 학설과 판례에 의해 정해질 수밖에 없다.

2. 직권취소의 취소권자

직권취소의 취소권자는 행정청이다(기본법 제18 조 제 1 항). 행정청은 처분청을 의미한다. 행정기본법이 처분청을 직권취소권자로 규정한 것은 처분권한 속에는 위법한 처분을 바로잡는 권한까지 포함된 것으로 보았기 때문이다. 행정기본법이 제정되기 전에도 학설과 판례는「처분청은 직권취소를 할 수 있다」고 보았다(대판 2014. 7. 10, 2013두7025).

[참고] 행정조직법상 감독청의 취소권

국가행정조직 내부에서는 감독청이 감독수단으로서 행하는 직권취소에 관한 일반법으로는 정부조직법 제11조 제 2 항, 제18조 제 2 항, 제26조 제 2 항이 있고, 국가가 지방자치단체에 대하여 행하는 감독수단으로서 직권취소에 관한 일반법으로는 지방자치법 제188조 제 1 항 등이 있다.

3. 직권취소의 사유와 범위

(1) 사   유   직권취소의 사유는 처분의 위법 또는 부당이다$\binom{기본법 제18}{조 제1항}$. 여기서 위법은 무효원인이 아닌 하자, 즉 단순위법을 말한다. 무효원인 아닌 하자란 중대하나 명백하지 않은 하자 또는 명백하나 중대하지 않은 하자를 말한다. 소송의 진행 중이라도 취소할 수 있다$\binom{판}{례}$.

> 판례   취소소송계속과 직권취소가능성
> $\binom{부산광역시 부산진구청장의 변상금}{부과처분의 취소를 구한 사건에서}$ 변상금 부과처분에 대한 취소소송이 진행중이라도 그 부과권자로서는 위법한 처분을 스스로 취소하고 그 하자를 보완하여 다시 적법한 부과처분을 할 수도 있다 $\binom{대판 2006. 2. 10.}{2003두5686}$.

(2) 범   위   직권취소는 처분의 전부$\binom{전부}{취소}$를 대상으로 할 수도 있고, 처분의 일부$\binom{일부}{취소}$를 대상으로 할 수도 있다$\binom{기본법 제18}{조 제1항}\binom{판}{례}$.

> 판례   과징금 납부명령 일부취소의 가부
> $\binom{주식회사 에땅이 공정거래위원회를 피고로 하}{여 시정명령등처분의 취소를 구한 사건에서}$ 공정거래위원회가 위반행위에 대한 과징금을 부과하면서 여러 개의 위반행위에 대하여 외형상 하나의 과징금 납부명령을 하였으나 여러 개의 위반행위 중 일부의 위반행위에 대한 과징금 부과만이 위법하고 소송상 그 일부의 위반행위를 기초로 한 과징금액을 산정할 수 있는 자료가 있는 경우에는, 하나의 과징금 납부명령일지라도 그 일부의 위반행위에 대한 과징금액에 해당하는 부분만을 취소하여야 한다$\binom{대판 2021. 9. 30.}{2020두48857}$.

4. 직권취소의 자유와 제한

(1) 침익적 행위의 직권취소의 자유   행정기본법은 위법·침익적 행위의 직권취소를 제한하는 바가 없다. 이것은 위법·침익적인 행위는 형식적 존속력이 생겨난 후에도 의무에 합당한 재량에 따라 행정청에 의해 취소될 수 있음을 의미한다. 그 효과는 소급적일 수도 있고 장래적일 수도 있다. 위법한 침익적 행위의 직권취소는 오히려 행정청의 의무라 할 수 있다.

(2) 수익적 행위의 직권취소의 제한

1) 사익·공익 비교형량의 원칙   행정청은 제1항에 따라 당사자에게 권리나 이익을 부여하는 처분을 취소하려는 경우에는 취소로 인하여 **당사자가 입게 될 불이익을 취소로 달성되는 공익과 비교·형량**하여야 한다$\binom{기본법 제18조}{제2항 본문}$. 비교·형량의 결과 당사자의 불이익이 보다 크다면 직권취소를 할 수 없다. 대체로 말해 직권취소의 제한은 주로 수익적 행위의 직권취소의 경우에 문제될 것이다. 왜냐하면 수익적 행위의 직권취소는 처분의 상대방에게 침익을 가져오기 때문이다. 한편, 판례는 「수익적 행정처분의 직권취소·철회 제한의 법리는 쟁송취소의 경우에는 적용되지 않는다」는 견해를 취한다$\binom{판}{례}$.

> **판례** 수익적 행정처분 취소에 관한 법리가 쟁송취소에 적용되는지 여부
> (서울특별시 서초구청장의 도로점용허가처분에 대하여 서초구 주민들이 주민소송을 제기한 사건에서) 수익적 행정처분에 대한 취소권 등의 행사는 기득권의 침해를 정당화할 만한 중대한 공익상의 필요 또는 제 3 자의 이익보호의 필요가 있는 때에 한하여 허용될 수 있다는 법리(대법원 1991. 5. 14. 선고 90누9780 판결 등 참조)는, 처분청이 수익적 행정처분을 직권으로 취소·철회하는 경우에 적용되는 법리일 뿐 쟁송취소의 경우에는 적용되지 않는다(대판 2019. 10. 17, 2018두104).

2) 논　　거　　직권취소의 제한이 인정되는 논거는 상충되는 2가지 원칙, 즉 ① 행정의 법률적합성의 원칙(적법상태의 회복을 위한 위법행위의 폐지의 요구), ② 법적 안정성 또는 신뢰보호원칙(행정청발령의 행정행위의 존속에 대한 신뢰의 내용으로서 위법행위도 유지될 것을 요구)의 조화에 있다.

3) 예외로서 사익·공익의 비교형량의 불필요　　거짓이나 그 밖의 부정한 방법으로 처분을 받은 경우[판례1] 또는 당사자가 처분의 위법성을 알고 있었거나[판례2] 중대한 과실로 알지 못한 경우에는 직권취소를 할 수 있다(기본법 제18조 제2항 단서). 즉 이러한 경우에는 직권취소에 제한을 받지 아니한다.

> **판례 1** 허위의 고교졸업증명서를 제출한 자에 대한 하사관 및 준사관 임용취소처분의 적법성
> (국방부장관의 원고에 대한 공군하사관 및 준사관임용처분을 취소하는 처분을 다툰 사건에서) 중퇴자인 자의 허위의 고등학교 졸업증명서를 제출하는 **사위의 방법**에 의한 하사관 지원의 하자를 이유로 하사관 임용일로부터 33년이 경과한 후에 행정청이 행한 하사관 및 준사관 임용취소처분이 적법하다(대판 2002. 2. 5, 2001두5286).

> **판례 2** LPG판매업허가처분의 하자가 당사자의 사실은폐나 기타 사위의 방법에 의한 신청행위에 기인한 경우 그 취소에 있어 당사자에 의한 신뢰이익의 원용 여부
> (미금시장의 원고에 대한 액화석유가스판매사업허가취소처분을 다툰 미금시 LPG판매업허가취소사건에서) 그 처분의 하자가 당사자의 사실은폐나 기타 사위의 방법에 의한 신청행위에 기인한 것이라면 당사자는 그 처분에 의한 이익이 위법하게 취득되었음을 **알아 그 취소가능성도 예상**하고 있었다고 할 것이므로 그 자신이 위 처분에 관한 신뢰의 이익을 원용할 수 없음은 물론 행정청이 이를 고려하지 아니하였다고 하여도 재량권의 남용이 되지 않는다(대판 1991. 4. 12, 90누9520; 대판 2008. 11. 13, 2008두8628).

(3) 취소기간의 제한　　위법하나 수익적인 행위에서 직권취소가 가능한 경우라 할지라도 관계자의 신뢰보호를 위해 관계자가 부당한 방법으로 행정행위를 발령받은 것이 아닌 한 직권취소는 일정기간 내에만 가능한 것으로 할 필요가 있다. 1987년의 행정절차법(안)은 안 날로부터 1년, 있은 날로부터 2년으로 규정하고 있었으나, 현행 행정기본법이나 행정절차법에는 이러한 규정이 없다. 입법론상 행정기본법에 명문의 규정을 두는 것이 바람직하다. 다만, 위법하나 수익적 행위의 직권취소의 경우, 행정기본법 제12조 제 2 항 본문의 실권의 법리에 따라 취소기간은 제한을 받을 수 있다.

5. 직권취소의 절차

(1) 행정절차법의 적용　　직권취소처분도 행정처분이므로 행정절차법에서 정하는 일반적인 절차규정을 따르면 된다. 물론 개별법령에서 구체적인 절차를 규정하고 있으면, 그것도 따라야 한다($\binom{대판\ 1990.\ 11.\ 9,}{90누4129}$).

(2) 증명책임　　"종전 행정처분에 하자가 있음을 전제로 직권으로 이를 취소하는 (경우)… 하자나 취소해야 할 필요성에 관한 증명책임은 기존 이익과 권리를 침해하는 처분을 한 행정청에 있다"는 것이 판례의 견해이다($\binom{대판\ 2017.\ 6.\ 15,}{2014두46843}$).

6. 직권취소의 효과

(1) 소급효의 원칙　　행정청은 위법 또는 부당한 처분의 전부나 일부를 소급하여 취소할 수 있음이 원칙이다($\binom{기본법\ 제18조}{제1항\ 본문}$). 왜냐하면 직권취소는 적법요건에 하자 있음을 이유로 행정행위의 효력을 부인하는 것이기 때문이다.

(2) 장래효의 보충적용　　당사자의 신뢰를 보호할 가치가 있는 등 정당한 사유가 있는 경우에는 장래를 향하여 취소할 수 있다($\binom{기본법\ 제18조}{제1항\ 단서}$). 쟁송취소는 소급이 원칙이다($\binom{판}{례}$).

> **판례**　판결로 취소된 행정처분의 소급효
> ($\binom{대림산업\ 주식회사가\ 공정거래위원회를\ 피고}{로\ 한\ 시정명령및과징금납부명령취소소송에서}$) 행정청으로부터 행정처분을 받았으나 나중에 그 행정처분이 행정쟁송절차에서 취소되었다면, 그 행정처분은 처분 시에 소급하여 효력을 잃게 된다($\binom{대판\ 2019.\ 7.\ 25,}{2017두55077}$).

(3) 반환청구권(원상회복)　　하자 있는 행위가 취소되면, 처분청은 그 행위와 관련하여 지급한 금전·문서 기타 물건의 반환을 청구할 수 있다. 왜냐하면 취소로써 금전·문서 기타 물건을 취득할 법적 근거는 상실되는 것이고, 이로써 그것은 부당이득을 구성하기 때문이다.

(4) 신뢰보호　　수익적 행위의 직권취소의 경우, 상대방의 신뢰가 취소에 따른 공익과 형량하여 보호할 필요가 있는 경우에는 그 상대방은 행정행위의 존속에 대한 신뢰를 바탕으로 하여 재산상의 손실보상을 구할 수도 있다. 그러나 손실보상은 행정행위의 존속에 대하여 상대방이 갖는 이익을 한도로 하여야 한다. 독일행정절차법은 이를 명문으로 규정하고 있다. 1987년의 행정절차법(안)도 이에 관해 규정하고 있었으나, 현행 행정절차법에는 이에 관한 규정이 없다.

7. 하자 있는 직권취소의 취소

(1) 직권취소의 하자가 중대·명백한 경우　　취소처분 자체에 중대하고 명백한 하자가 있으면 그 취소는 당연무효이므로 취소의 상대방이 취소처분에 대해 무효선언으로서의 취소나 무효확인을 구할 수 있고 처분청도 직권으로 무효를 확인할 수 있다.

(2) 직권취소의 하자가 단순위법한 경우　　처분의 상대방이 행정쟁송절차에 의해 취소처분을 다툴 수 있다. 문제는 처분청이 직권취소한 행위를 다시 직권으로 취소할 수 있는가의 여

부이다. 이에 관해 학설은 나뉜다.

1) 학   설

(개) 적 극 설   법원의 판결에 의한 취소는 그 대상이 원처분이건 취소처분이건 가리지 아니한다는 점에 비추어 직권취소처분의 취소도 긍정되어야 하며, 직권취소처분도 행정행위의 한 종류로서의 성질을 가지고 있으므로 행정행위의 하자론의 일반원칙에 따라 직권취소의 취소도 긍정되어야 한다는 견해($^{류지태,}_{박균성}$)이다.

(내) 소 극 설   명문의 규정이 없는 한, 취소처분으로 원처분의 효력은 상실되므로 취소처분의 취소를 통해 원처분의 회복은 불가하다는 견해($^{김성}_{수}$)이다. 즉, 직권취소가 비록 위법하다고 할지라도 유효하다면 그에 따라 원행정행위의 효력은 확정적으로 상실되는 것이고 효력을 상실한 행정행위는 소생시킬 수 없으므로 원행정행위와 동일한 새로운 행정행위를 행할 수밖에 없다고 한다.

(대) 절 충 설   당해 행정행위의 성질, 새로운 이해관계인의 등장 여부, 신뢰보호, 법적 안정성, 행정의 능률을 종합적으로 고려하여 판단하여야 한다는 견해($^{김연}_{태}$)이다.

2) 판   례   판례의 입장에 대해 ① 주류적인 태도는 소극설이나 일부판례는 적극설이라는 견해($^{류지}_{태}$), ② 일정하지 않으며, 적극설에 가깝다는 견해($^{홍준형, 김남}_{진·김연태}$), ③ 소극설이라는 견해($^{김성}_{수}$)로 나누어진다. ④ 판례는 침익적 처분의 직권취소의 취소($^{예: 과세처분취}_{소의 직권취소}$)의 경우는 소극적 입장을$\binom{판례}{1, 2}$, 수익적 처분 직권취소의 취소($^{예: 이사취임승인}_{취소의 직권취소}$)는 적극적 입장을 취한다$\binom{판례}{3}$. 다만, 후자의 경우도 하자 있는 직권취소를 취소하여 원처분이 소생됨으로써 새로운 제 3 자의 권익이 침해되는 경우에는 이를 부정한다$\binom{판례}{4}$.

판례 1   과세처분의 취소처분에 대한 직권취소가 가능한지 여부

($^{의정부세무서장의 원고에 대한 물}_{품과세부활처분을 다툰 사건에서}$) 행정행위($^{과세}_{처분}$)의 취소처분의 위법이 중대하고 명백하여 당연무효이거나, 그 취소처분에 대하여 소원 또는 행정소송으로 다툴 수 있는 명문의 규정이 있는 경우는 별론, 행정행위의 취소처분의 취소에 의하여 **이미 효력을 상실한 행정행위를 소생시킬 수 없고**, 그러기 위하여는 **원 행정행위와 동일내용의 행정행위를 다시 행할 수밖에 없다**($^{대판 1979. 5. 8,}_{77누61}$).

판례 2   과세처분의 취소처분에 대한 직권취소로 원부과처분이 소생되는지 여부

($^{북부산세무서장의 원고에 대한}_{상속세부과처분을 다툰 사건에서}$) 국세기본법 제26조 9호는 부과의 취소를 국세납부의무 소멸사유의 하나로 들고 있으나, 그 부과의 취소에 하자가 있는 경우의 부과의 취소의 취소에 대하여는 법률이 명문으로 그 취소요건이나 그에 대한 불복절차에 대하여 따로 규정을 둔 바도 없으므로, 설사 부과의 취소에 위법사유가 있다고 하더라도 당연무효가 아닌 한 일단 유효하게 성립하여 부과처분을 확정적으로 상실시키는 것이므로, **과세관청**($^{북부산}_{세무서장}$)**은 상속세부과의 취소를 다시 취소함으로써 원부과처분을 소생시킬 수는 없고** 납세의무자에게 종전의 과세대상에 대한 납부의무를 지우려면 다시 법률에서 정한 부과절차에 좇아 **동일한 내용의 새로운 처분을 하는 수밖에 없다**($^{대판 1995. 3. 10,}_{94누7027}$).

> **판례 3** 이사취임승인취소처분을 직권취소한 경우 이사의 지위
> (원고(의료법인 한미병원)가 피고 보건복지부장관의 법인임원취임승인신청거부처분을 다툰 사건에서) 행정처분이 취소되면 그 소급효에 의하여 처음부터 그 처분이 없었던 것과 같은 효과를 발생하게 되는바, 행정청이 의료법인의 **이사에 대한 이사취임승인취소처분**(제1처분)을 직권으로 취소(제2처분)한 경우에는 그로 인하여 **이사가 소급하여 이사로서의 지위를 회복**하게 되고, 그 결과 위 제 1 처분과 제 2 처분 사이에 법원에 의하여 선임 결정된 임시이사들의 지위는 법원의 해임결정이 없더라도 당연히 소멸된다(대판 1997. 1. 21, 96누3401).

> **판례 4** 광업권 취소처분 후 광업권 설정의 선출원이 있는 경우 취소처분 취소의 효력
> (상공부장관의 광업권취소처분및광업권출원불허가처분의 취소청구 사건에서) 피고가 … **일단취소처분을 한 후에 새로운 이해관계인이 생기기 전에 취소처분을 취소하여 그 광업권의 회복을 시켰다면 모르되** 피고가 본건취소처분을 한 후에 원고가 1966. 1. 19에 본건 광구에 대하여 선출원을 적법히 함으로써 이해관계인이 생긴 이 사건에 있어서, 피고가 1966. 8. 24자로 1965. 12. 30자의 취소처분을 취소하여, 위 안○○ 명의의 광업권을 복구시키는 조처는, 원고의 선출원 권리를 침해하는 위법한 처분이라고 하지 않을 수 없다(대판 1967. 10. 23, 67누126).

3) 사 견 소급설에 서면 원처분의 회복은 불가능한바 위법의 시정을 위해서는 원처분과 동일한 새로운 처분을 발령하여야 하는데 이는 위법한 취소처분의 하자를 소급적으로 시정하는 근원적인 방법이 아니기에 적극설이 타당하다. 절충설은 다양한 사항을 고려하여야 한다는 것은 논리상 타당할 수 있으나, 실제상 논자에 따라 가치판단을 달리할 수 있으므로 자의적으로 운용될 수 있다는 점에서 문제점이 있다.

8. 복효적 행위의 취소

(1) 혼효적 행위와 직권취소 침익과 수익이 동일인에게 귀속하는 혼효적 행위의 경우에는 전체로서 수익적 행위의 취소의 원리에 따르면 된다. 물론 신뢰보호원칙으로부터 나오는 제약이 따른다. 이러한 경우 개인의 이익과 공익 사이의 형량이 문제된다.

(2) 제 3 자효 있는 행위와 직권취소

1) 특 징 침익과 수익이 상이한 자에게 귀속되는 제 3 자효 있는 행위의 경우에는 직권취소시 제 3 자의 이익도 고려하여야 한다. 즉 직권취소가 제 3 자에게 침익적인 경우에는 제 3 자의 이익을 고려할 때 직권취소가 자유로울 수 없는 제한이 따른다. 그러나 직권취소가 제 3 자에게 수익적인 경우에는 직권취소의 상대방의 보호와 직권취소로 달성하려는 공익이 중요한 고려요소이지 제 3 자의 이익고려는 중요한 고려요소가 아니어서 직권취소가 비교적 용이할 수 있다.

2) 제 3 자의 직권취소청구권 판례는 취소의 사유가 존재한다고 하여도 사인인 제 3 자는 권한행정청에 대하여 원칙적으로 직권취소청구권을 갖는다고 보기 어렵다고 본다(판례). 예외적으로 관련법령이 사익보호성을 규정하고 있다면 사정이 다를 것이다.

| 판례 | 직권취소사유의 존재와 취소청구권의 존부 |

(강화군수의 태궁임업(주)에 대한 복구준공통보에 대하여 산림소유자인 원고가 취소를 구한 사건에서) 산림법령에는 채석허가처분을 한 처분청이 산림을 복구한 자에 대하여 복구설계서승인 및 복구준공통보(이하 '복구준공통보 등'이라 한다)를 한 경우 그 취소신청과 관련하여 아무런 규정을 두고 있지 않고, 원래 행정처분을 한 처분청은 그 처분에 하자가 있는 경우에는 원칙적으로 별도의 법적 근거가 없더라도 스스로 이를 직권으로 취소할 수 있지만, 그와 같이 직권취소를 할 수 있다는 사정만으로 이해관계인에게 처분청에 대하여 그 취소를 요구할 신청권이 부여된 것으로 볼 수는 없다(대판 2006. 6. 30, 2004두701).

3) 제 3 자의 쟁송제기　　제 3 자가 취소심판이나 취소소송을 제기하는 경우에는 직권취소의 원리가 아니라 행정심판절차나 행정소송절차의 원리에 따라야 한다. 즉, 행정행위를 통해 자신의 권리가 침해된 자는 행정행위를 다툴 수 있고, 이러한 경우에는 처분의 상대방의 보호는 중요한 것이 아니다. 왜냐하면 수익자인 상대방은 제 3 자의 쟁송가능성을 고려하여야 하고, 또한 제 3 자의 권리보호는 상대방보호의 관점에서 침해될 수 없기 때문이다.

Ⅱ. 행정행위의 철회

1. 철회의 관념

(1) 의　　의　　행정청은 적법한 처분에 일정한 사유가 있는 경우에는 그 처분의 전부 또는 일부를 장래를 향하여 철회할 수 있는바(기본법 제19조 제 1 항), 이를 행정행위의의 철회라 한다. 달리 말하면, 적법요건을 구비하여 효력을 발하고 있는 행정행위를 사후적으로 발생한 사유에 의해 그 행위의 효력의 전부 또는 일부를 장래에 향해 소멸시키는 원행정행위와 독립된 별개의 의사표시를 말한다(예: 음주운전으로 인한 자동차운전면허의 취소처분, 변태영업을 한 유흥음식점에 대한 허가의 취소처분)(대판 2018. 6. 28, 2015두58195).

(2) 기　　능　　행정행위는 발령 당시의 사실관계와 법관계를 기초로 발령된다. 그런데 행정행위의 발령에 근거되었던 사실관계나 법관계가 고정적인 것만은 아니고 변화하는 경우도 적지 않다. 이때 기존의 행정행위의 내용을 변화된 상황에 맞게 시정한다는 것은 공익실현을 목적으로 하는 합리적인 공행정작용에 불가피하다. 이러한 수단이 바로 행정행위의 철회제도이다.

(3) 법적 근거　　행정행위의 철회에 관한 일반법으로 행정기본법 제19조가 있다. 철회를 규정하는 개별 법률도 적지 않다(예: 도교법 제93조). 행정기본법에 규정되지 아니한 사항에 대해서는 학설과 판례에 의해 정해질 수밖에 없다.

2. 철회권자

철회권자는 행정청이다(기본법 제19조 제 1 항). 행정청은 처분청을 의미한다. 행정기본법이 처분청을 철회권자로 규정한 것은 처분권한에는 기존의 처분을 변화하는 환경에 적합하도록 조정할 수 있는 권한도 포함되어 있다고 보았기 때문이다. 한편, 감독청은 철회권을 갖지 못한다. 왜냐하면 철회도 하나의 독립된 새로운 행정행위인데 감독청이 철회한다면, 이는 감독청이 합리적인 이유 없이 처분청의 권한을 침해하는 결과가 되고, 이러한 결과는 처분청을 둔 행정조직의 목적에 반하기 때문이다.

3. 철회의 사유와 범위

(1) 사　　유　　철회의 사유에는 ① 법률에서 정한 철회 사유에 해당하게 된 경우, ② 법령등의 변경이나 사정변경으로 처분을 더 이상 존속시킬 필요가 없게 된 경우(판례1), ③ 중대한 공익을 위하여 필요한 경우(판례2)가 있다(기본법 제19조 제1항). 한편, 철회권의 유보의 부관(기본법 제17조 제1항)이 붙어 있는 경우도 철회할 수 있다. 철회라는 용어가 명시되고 있지 않아도 해석상 철회의 의미가 분명하다면, 철회권유보의 의사표시는 있다고 볼 것이다(대판 2003. 5. 30, 2003다6422).

판례 1　사실관계의 변화를 철회사유로 본 판례

(철도청장의 원고에 대한 철도용지 사용허가철회처분을 다툰 사건에서) 하자 없는 건축허가도 사정의 변경으로 건축허가의 존속이 공익에 적합하지 않게 되었을 때에는 이를 철회할 수 있다. 건축허가에 허가 당시는 하자가 없었고 본법에 의해 취소권(철회권)의 유보가 되어 있는 경우가 아니라 하더라도, 사정의 변천에 따라 허가를 존속하는 것이 공익에 적합하지 아니할 때에는 이를 취소(철회)할 수 있으므로, 철도용지에 대해 대지사용허가와 그 위에 건축을 하는 내용의 건축허가를 한 후 철도용지를 부두용지로 사용하기 위해 대지사용허가를 취소하여 그 취소로 건축주가 건축허가를 받은 대지 위에 건축을 할 권원이 없게 되었고 더욱이 건축으로 말미암아 대지의 공공적 이용에 중대한 지장이 있음이 명백한 때에는 건축허가를 취소(철회)할 수 있다(대판 1964. 11. 10, 64누33).

판례 2　중대한 공익상 필요를 철회사유로 본 판례

(서울지방병무청장의 원고에 대한 특례보충역편입취소처분을 다툰 사건에서) 국비유학생으로 선발되어 지방병무청장에 의해 학술특기자로 특례보충역에 편입된 후 유학사유로 국외여행허가를 받아 출국한 후 그 여행허가기간이 만료되어 국외체재기간연장신청을 하였으나 그 신청이 불허되었음에도 귀국치 아니하다 2차에 걸친 귀국최고 및 기한연장 후에서야 귀국한 경우, 이와 같은 귀국지연이라는 사유는 구 병역법(1989. 12. 30. 법률 제4156호로 개정되기 전의 것)상 특례보충역편입제한사유로만 규정되어 있지만 이는 그 성질상 단순히 특례보충역편입시 갖추어야 할 요건에 그치는 것이 아니라 특례보충역에 편입된 후에도 병역의무를 마칠 때까지 계속해서 갖추어야 할 소극적 요건이라고 봄이 상당하므로, 특례보충역편입처분 후 그와 같은 귀국지연이라는 사유가 발생한 경우에는 이러한 사정은 그 편입처분을 취소할 수 있는 사정변경 또는 중대한 공익상의 필요가 발생한 것으로 볼 수 있어 처분청으로서는 그 취소에 관한 별도의 법적 근거가 없이도 이를 취소할 수 있다고 하여야 한다(대판 1995. 2. 28, 94누7713).

[기출사례] 제5회 변호사시험(2016년) 문제·답안작성요령 ☞ PART 4 [2-17]

(2) 범　　위　　철회는 부담부 골재채취허가처분 전부를 취소하는 경우와 같이 처분의 전부를 대상으로 할 수도 있고(전부철회), 부담부 골재채취허가처분 중 부담 부분만 취소하는 경우와 같이 처분의 일부를 대상으로 할 수도 있다(일부철회)(기본법 제19조 제1항 본문). 일부철회가 가능하다면 비례원칙상 전부철회가 아닌 일부철회를 하여야 한다.

4. 철회의 제한

(1) 의   의   행정청은 제 1 항에 따라 처분을 철회하려는 경우에는 철회로 인하여 당사자가 입게 될 불이익을 철회로 달성되는 공익과 비교·형량하여야 한다(기본법 제19조 제 2 항 본문). 비교·형량의 결과 당사자의 불이익이 보다 크다면 철회를 할 수 없다, 말하자면 경우에 따라서는 처분의 상대방의 보호를 위해 처분청이 철회를 할 수 없는 제한을 받는다. 행정기본법은 취소의 제한의 경우와 달리 철회의 제한을 수익적 행위인가 침익적 행위인가를 구분하여 규정하고 있지 않다. 그러나 철회의 제한은 주로 수익적 행위의 경우에 문제될 것이다. 왜냐하면 수익적 행위의 철회는 처분의 상대방에게 침익을 가져오기 때문이다.

(2) 철회기간의 제한   ① 일반적인 규정은 없지만 상대방의 보호를 위해 위법·수익적인 행위의 직권취소의 경우와 같이 적법·수익적인 행위의 철회도 일정기간 내에만 가능한 것으로 보아야 한다. ② 개별법규에서 규정하는 바가 있다면, 그에 따라야 한다. 입법론상 행정기본법에 명문의 규정을 두는 것이 바람직하다. 다만, 수익적 행위의 철회의 경우, 행정기본법 제12조 제 2 항 본문의 실권의 법리에 따라 철회기간은 제한을 받을 수 있다.

5. 철회의 절차

① 철회절차에 관한 명문의 규정이 없다면, 원행정행위의 발령절차와 동일한 절차에 따르면 된다. 실정법은 상대방보호와 철회권의 적정한 행사를 위해 일정한 절차를 규정하기도 한다(예: 식품법 제81조). ② 철회는 그 자체가 원행정행위와는 독립된 행위이므로, 역시 행정절차법의 적용을 받는다. 따라서 철회의 경우에도 원칙적으로 당사자에게 그 근거와 이유를 제시하여야 한다(절차법 제23조).

6. 철회의 효과(장래효)

행정청은 적법한 … 그 처분의 전부 또는 일부를 장래를 향하여 철회할 수 있다(기본법 제19조 제 1 항). 말하자면 행정행위의 철회의 효과는 장래적이다. 철회의 대상인 행위는 처음부터 적법한 행위였기 때문이다. 개별 법률에서 철회에 소급효를 인정한다면, 그것은 예외적인 것이 된다.

(1) 반환청구권   행정행위가 철회되면 상대방이나 처분청은 원행정행위와 관련하여 지급한 물건의 반환을 청구할 수 있다. 왜냐하면 행정청이나 상대방은 철회로 인하여 그 물건을 취득할 수 있는 법적 근거를 상실하기 때문이다.

(2) 보   상   수익적 행정행위의 철회로 인해 상대방이 재산상의 특별한 손해를 입게 되면, 상대방에게 귀책사유가 없는 한 행정청은 그 손실을 보상해주는 것이 정당하다. 이에 관한 일반법은 없다. 1987년의 행정절차법(안)은 취소의 경우를 준용하고 있었다. 그러나 현재로서는 몇몇 단행법에서 그 예를 볼 수 있다(예: 공수법 제57조 제 1 항 제 2 호, 도로법 제97조 제 2 항, 제99조 제 1 항, 수산법 제88조 제 1 항 제 1 호, 하천법 제77조 제 1 항).

7. 하자 있는 철회의 취소

① 철회처분에 중대하고 명백한 하자가 있는 경우, 그 철회처분은 당연히 무효가 된다. 상대

방은 무효선언으로서의 취소나 무효확인을 구할 수 있다. ② 철회처분에 단순위법의 하자가 있는 경우, 그 철회처분의 직권취소가 가능한가의 문제가 있다. 하자 있는 직권취소의 경우와 동일하다.

8. 복효적 행위의 철회

① 침익과 수익이 동일인에게 귀속하는 혼효적 행위의 경우에는 전체로서 수익적 행위의 철회의 원리에 따르면 된다. 이러한 경우에도 신뢰보호원칙으로부터 나오는 제약이 가해진다. 그러나 이러한 경우, 이익의 형량에는 개인의 이익과 공익 사이의 형량이 문제된다. 한편, ② 침익과 수익이 상이한 자에게 분리되는 제3자효 있는 행위의 경우에도 전체로서 수익적 행위의 철회의 원리에 따라야 할 것이다. 이러한 경우에도 신뢰보호원칙으로부터 나오는 제약이 가해진다. 그러나 이러한 경우, 혼효적 행위의 경우와 달리 개인의 이익과 공익 사이의 형량뿐만 아니라 침익적인 효과를 받는 제3자의 이익도 고려되어야 한다. 따라서 처분의 상대방의 신뢰보호는 제한을 받게 된다.

제8항   행정행위의 변경과 실효

Ⅰ. 행정행위의 변경

1. 의   의

행정행위의 변경이라 행정행위의 내용의 일부 또는 전부를 다른 내용으로 변경하는 것을 말한다(예: 현역병의 병역처분을 받은 병역의무자에게 질병 또는 심신장애나 그 치유 등의 사유가 발생한 경우에 병역법 제65조 등이 정하는 바에 따라 병역면제처분으로 변경하는 경우).

2. 적법요건

행정행위의 변경에 요구되는 적법요건(주체·내용·형식·절차 및 표시의 요건)은 변경 전의 행위에 적용되었던 적법요건과 다를 바 없다.

3. 변경의 효과

선행처분의 내용 중 일부만을 소폭 변경하는 후행처분이 있는 경우 선행처분도 후행처분에 의하여 변경되지 아니한 범위 내에서 존속하고, 후행처분은 선행처분의 내용 중 일부를 변경하는 범위 내에서 효력을 가지지만, 선행처분의 주요 부분을 실질적으로 변경하는 내용으로 후행처분을 한 경우에는 선행처분은 특별한 사정이 없는 한 그 효력을 상실한다(대판 2022. 7. 28, 2021두60748).

[기출사례] 제40회 법원행정고등고시(2022년) 문제·답안작성요령 ☞ PART 4 [1-33a]

Ⅱ. 행정행위의 실효

1. 실효의 의의

행정행위의 실효란 적법한 행정행위의 효력이 행정청의 의사와 관계없이 일정한 사실의 발생에 의해 장래를 향하여 당연히 소멸되는 것을 말한다. 행정행위의 실효는 일단 발생된 효력이 소멸된다는 점에서 행정행위의 무효와 구별되고, 효력의 소멸이 행정청의 의사와 무관하다는 점에서 행정행위의 취소·철회와 구분된다.

2. 실효의 사유

(1) 대상의 소멸　　　행정행위는 행위의 대상이 되는 사람의 사망, 목적물의 소멸로 인해 당연히 효력을 상실한다. 대상이 소멸하는 특별한 경우로, 허가를 받아 운영하던 영업을 자진폐업한 경우에도 그 허가의 효력은 당연히 실효된다$\left(\begin{smallmatrix}판례\\1\end{smallmatrix}\right)$. 판례는 영업허가에서 물적 시설의 철거를 실효의 사유로 본다$\left(\begin{smallmatrix}판례\\2\end{smallmatrix}\right)$.

> **판례 1**　폐업의 효과
> (1) (서울특별시 강동구청장의 화랑산업(주)에 대한 예식장영업허가신청반려처분을 다툰 사건에서) 종전의 결혼예식장 영업을 자진폐업한 이상 위 예식장영업허가는 자동적으로 소멸하고 위 건물 중 일부에 대하여 다시 예식장영업허가 신청을 하였다 하더라도 이는 전혀 새로운 영업허가의 신청임이 명백하므로 일단 소멸한 종전의 영업허가권이 당연히 되살아난다고 할 수는 없다(대판 1985. 7. 9, 83누412).
> (2) (보건복지부장관의 업무정지처분에 대하여 취소를 구한 사건에서) 요양기관이 속임수나 그 밖의 부당한 방법으로 보험자에게 요양급여비용을 부담하게 한 때에 국민건강보험법 제98조 제 1 항 제 1 호에 의해 받게 되는 요양기관 업무정지처분은 의료인 개인의 자격에 대한 제재가 아니라 요양기관의 업무 자체에 대한 것으로서 대물적 처분의 성격을 갖는다. 따라서 속임수나 그 밖의 부당한 방법으로 보험자에게 요양급여비용을 부담하게 한 요양기관이 폐업한 때에는 그 요양기관은 업무를 할 수 없는 상태일 뿐만 아니라 그 처분대상도 없어졌으므로 그 요양기관 및 폐업 후 그 요양기관의 개설자가 새로 개설한 요양기관에 대하여 업무정지처분을 할 수는 없다(대판 2022. 4. 28, 2022두30546).

> **판례 2**　유기장의 영업허가를 받은 자가 영업장소를 명도하고 유기시설을 모두 매각함으로써 유기장업을 폐업한 경우 그 영업허가취소처분의 취소를 구할 소의 이익 유무
> (서울특별시 중구청장의 원고에 대한 전자오락실영업허가취소처분을 다툰 사건에서) 구 유기장법(1981. 4. 13. 법률 제3441호로 개정되기 전의 것)상 유기장의 영업허가는 대물적 허가로서 영업장소의 소재지와 유기시설 등이 영업허가의 요소를 이루는 것이므로, 영업장소에 설치되어 있던 유기시설이 모두 철거되어 허가를 받은 영업상의 기능을 더 이상 수행할 수 없게 된 경우에는, 이미 당초의 영업허가는 **허가의 대상이 멸실된 경우**와 마찬가지로 **그 효력이 당연히 소멸**되는 것이고, 또 유기장의 영업허가는 신청에 의하여 행하여지는 처분으로서 **허가를 받은 자가 영업을 폐업할 경우에는 그 효력이 당연히 소멸**되는 것이니, **이와 같은 경우 허가행정청의 허가취소처분은 허가가 실효되었음을 확인하는 것**에 지나지 않는다고 보아야 할 것이므로, 유기장의 영업허가를 받은 자가 영업장소를 명도하고 유기시설을 모두 철거하여 매각함으로써 유기장업을 폐업하였다면 영업허가취소처분의 취소를 청구할 소의 이익이 없는 것이라고 볼 수 있다(대판 1990. 7. 13, 90누2284).

---

(2) 부관의 성취　　　해제조건부행위에 있어서 조건의 성취, 종기부행정행위에 있어서 종기의 도래는 행정행위의 효력의 소멸을 가져온다.

(3) 목적의 달성　　　작위하명의 경우, 작위의무를 이행하는 경우와 같이 행정행위는 목적달성($\begin{smallmatrix}내용\\실현\end{smallmatrix}$)이 이루어짐으로써 효력이 소멸한다.

(4) 새로운 법규의 제정·개정   특정한 행정행위와 상충되는 내용을 가진 법령이 제정·개정되면서 그 특정한 행위의 효력을 부인하는 규정을 둔다면, 동 법령의 효력발생과 더불어 기존의 특정한 행정행위는 효력이 소멸된다.

3. 실효의 효과

행정행위의 실효의 사유가 발생하면, 별도의 의사표시 없이 그때부터 장래에 향하여 효력이 소멸된다. 일단 실효된 행위는 다시 되살아날 수 없다. 실효의 여부에 관해 분쟁이 생기면, 실효확인의 소의 제기를 통해 해결할 수 있다.

제 9 항   행정행위의 부관

Ⅰ. 부관의 관념

1. 부관의 개념

(1) 협 의 설   종래의 전통적 견해는 행정행위의 부관을 「행정행위의 효과를 제한하기 위하여 주된 의사표시에 부가된 종된 의사표시」로 정의하였다. 협의설은 의사표시를 개념요소로 하는바, 준법률행위적 행정행위에는 부관을 붙일 수 없게 되며, 부관 중 자체 독립성을 가진 부담이 부관개념에 포섭되기 어렵다.

(2) 광 의 설   오늘날에는 「행정행위의 효과를 제한하기 위하여 행정행위의 주된 내용에 부가하는 부대적 규율」, 「행정행위의 효과를 제한 또는 보충하기 위하여 행정기관에 의하여 주된 행정행위에 부가된 종된 규율」, 「행정행위의 효과를 제한하거나 특별한 의무를 부과하거나 요건을 보충하기 위하여 주된 행위에 붙여진 종된 규율」 등으로 정의되고 있다$\binom{최근의}{다수설}$.

(3) 사   견   광의설을 취하면, 협의설이 갖는 문제점이 해결된다. 본서는 광의설의 입장을 취하면서 부관을 「행정행위의 효력범위를 보다 자세히 정하기 위하여 주된 행정행위에 부가된 규율」로 정의한다. 행정행위의 효과를 제한하거나 보충하거나 또는 특별한 의무를 과한다는 것은 결국 행정행위의 효력범위를 보다 자세히 정하는 것을 의미하기 때문이다.

2. 구별개념

(1) 내용상 제한   부관은 행정행위의 내용상의 제한은 아니다. 행정행위의 부관은 행정행위의 주된 규율에 대한 부가적인 규율이다. 따라서 주된 규율내용을 직접 제한하는 규율은 부관이 아니다.

(2) 법정부관   법규에서 직접 행정행위의 효력범위를 자세히 정하고 있는 경우$\binom{예: 광업}{법 제28조}$를 행정행위의 부관의 경우와 구분하여 법정부관이라 부른다. 법정부관은 법령의 한 부분을 구성한다. 법정부관의 통제는 법규명령$\binom{법}{률}$의 통제문제가 된다.

3. 부관의 법적 성질

(1) 행정행위 여부　부관은 행정행위의 한 부분이다. 부관은 독립의 행정행위가 아니고, 주된 행위의 한 부분이다. 예외적으로 부담은 독립적인 행위로 본다.

(2) 부관의 부종성　부관은 주된 행정행위와의 관계에서 종적인 지위를 가진다(부종성). 형식적으로 보면 부관은 주된 행정행위를 전제로 한다. 주된 행위에 종속된다는 것이 부관의 본질적인 특징이다. 주된 행정행위가 소멸되면, 부관도 소멸된다. 내용적으로 보면 부관의 내용은 주된 행정행위와 실질적 관련성을 갖는 범위 안에서 허용된다$\binom{\text{류지태·}}{\text{박종수}}$.

4. 부관의 필요성과 문제점

(1) 필요성(순기능)　행정사무는 다양하기 때문에, 전형적인 상황에 맞추어 정해진 단순한 행정행위는 공익의 필요에 충분히 대처할 수 없다. 이 때문에 행정청이 상황의 특성에 보다 적합한 행정행위를 할 수 있도록 하여 주는 것이 바로 행정행위의 부관이다. 행정행위의 부관은 행정의 합리성·신축성·탄력성·경제성의 보장에 그 의미를 갖는다.

(2) 문제점(역기능)　부관을 남용하거나 과중한 부담을 활용하는 경우에는 부관이 오히려 국민의 권익에 장애가 될 수 있다. 따라서 부관의 남용에 대한 적절한 실체적·절차적 통제책의 마련이 중요한 문제이다.

5. 부관을 붙이는 방법

판례는 "부담은 행정청이 행정처분을 하면서 일방적으로 부가할 수도 있지만 부담을 부가하기 이전에 상대방과 협의하여 부담의 내용을 협약의 형식으로 미리 정한 다음 행정처분을 하면서 이를 부가할 수도 있다$\binom{\text{대판 2009. 2. 12,}}{\text{2005다65500}}$"고 한다.

Ⅱ. 부관의 종류

행정기본법은 부관의 종류로 조건, 기한, 부담, 철회권의 유보를 예시하고 있다$\binom{\text{기본법 제17}}{\text{조 제 1 항}}$.

1. 조　　건

① 조건이란 행정행위의 효력의 발생·소멸을 장래에 발생 여부가 객관적으로 불확실한 사실에 의존시키는 부관을 말한다. 불확실한 사실의 발생 여하가 상대방의 의사에 의존하는 경우의 조건을 부진정조건이라 부르기도 한다. ② 조건에는 정지조건과 해제조건이 있다. 정지조건$\binom{\text{예: 주차장의}}{\text{확보를 조건}}$으로 한 여객자동차운수사업면허$\big)$이란 조건의 성취로 행정행위의 효력이 발생하는 조건을 말하며, 해제조건$\binom{\text{예: 상수원보호구}}{\text{역으로 지정되면}}$내수면어업허가가소멸될 것을 조건으로 하는 경우$\big)$이란 조건의 성취로 발령된 행정행위의 효력이 소멸되는 경우의 조건을 말한다.

2. 기　　한

① 기한이란 행정행위의 효력의 발생·소멸을 장래에 발생 여부가 확실한 사실에 종속시키는 부관을 말한다. ② 기한에는 시기$\binom{\text{예: 도로점용허가의 효력발}}{\text{생을 특정일자로 정하는 경우}}$와 종기$\binom{\text{예: 3년을 기간으로}}{\text{영업허가하는 경우}}$, 확정기한과 불

확정기한이 있다.

3. 철회권(취소권)의 유보

철회권의 유보란 일정요건하에서 행정행위를 철회하여 행정행위의 효력을 소멸케 할 수 있음을 정하는 부관을 말한다. 용례상 취소권의 유보라 부르기도 한다.

4. 부 담

(1) 의 의 부담이란 수익적 행정행위에 부가된 부관으로서 상대방에게 작위·부작위·수인·급부의무를 명하는 것을 말한다(예: 도로점용허가시 도로점용료납부명령, 단란주점영업허가시 각종 행위제한 등). 법령상 조건으로 불리기도 한다.

(2) 부담과 조건 ① 부담부행위는 부담의 이행 여부를 불문하고 효력이 발생하지만 정지조건부 행정행위는 조건이 성취되어야 효력이 발생하고, 부담의 불이행에는 강제이행의 문제가 따르지만 정지조건에는 별도의 강제이행의 문제가 따르지 아니한다. 양자의 구분에는 행정청의 객관적인 의사가 중요하다. 처분에 표현된 용어가 중요한 것은 아니다. 그 의사가 불분명하면, 최소침해의 원칙상 상대방에게 유리하도록 부담으로 볼 것이다(통설)(대판 2008. 11. 27. 2007두24289). ② 부담부 행정행위는 부담을 불이행하더라도 별도로 철회를 하지 않는 한 당연히 효력이 소멸하지는 않지만, 해제조건부 행정행위는 조건의 성취로 행정행위의 효력이 당연히 소멸된다.

(3) 성 질 조건·기한과 달리 부담은 행정행위의 효과의 발생 또는 소멸과 직결된 것이 아니다. 즉, 부담의 불이행이 있다고 하여 당연히 효력의 소멸을 가져오는 것은 아니다. 따라서 부담은 주된 행정행위의 일부가 아니라 그 자체로 독립한 행정행위이기에 항고소송 및 강제집행의 대상이 된다. 다만, 부담이 주된 행위와 관련되어 있고 부담의 존재와 부담의 이행이 주된 행위의 유효성에 의존한다는 점, 즉 종속적인 점에서만 부담이 부관이라는 것이다.

(4) 부담의 불이행 부담의 불이행은 행정강제의 사유가 되기도 하고, 행정행위의 철회의 사유가 되기도 한다(대판 1989. 10. 24. 89누2431). 그리고 후행행위의 발령의 거부사유가 되기도 한다(대판 1985. 2. 8. 83누625).

5. 부담유보

행정기본법은 부관의 종류로 부담유보를 명시하지 아니하나, 행정기본법 제17조 제 1 항이 부관의 종류를 예시하고 있고, 부담유보는 부관의 개념 속에 들어오는바, 부관의 일종으로 볼 것이다.

① 부담유보란 사후적으로 부담을 설정·변경·보완할 수 있는 권리를 미리 유보해 두는 경우의 부관을 말한다. 부담유보의 사후적인 행사는 새로운 행정행위를 뜻한다. ② 부담유보는 철회권의 유보와 같이 보호가치 있는 사인의 신뢰의 성립을 배제하는 기능을 한다(류지태·박종수). ③ 부담유보의 구조는 철회권의 유보와 유사하다. 미래를 향하여 이루어지는 주된 행위에 대한 제한이라는 점도 유사하다. 그러나 철회권의 유보는 효력의 전부 또는 일부의 소멸을 가져오지만, 부담유보는 행정행위의 효력의 소멸과는 무관하며, 다만 효과에 수정만 가져온다.

6. 수정부담

(1) 의   의   수정부담이란 행정행위에 부가하여 새로운 의무를 부과하는 것이 아니라 사인이 신청한 내용과 다르게 전부 또는 부분적으로 허가·승인하는 경우를 말한다. 수정부담은 통상의 부담과 같이 부가적인 급부의무를 가져오는 것이 아니고 고유한 처분($^{수정}_{부담}$)에 의해 행정행위의 내용을 질적으로 변경하는 것, 즉 수정하는 것이므로 수정부담이라 부른다($^{예: 기와지붕을}_{갖는 건축허가신}$ 청에 대해 콘크리트지붕을 가진 건축허가가 난 경우).

(2) 성   질   행정기본법은 수정부담을 규정하는 바가 없다. 수정부담은 신청한 수익을 거부하고 다른 내용의 처분을 하는 것을 뜻하는바, 신청한 처분의 내용상의 제한 또는 변경이므로 부담이라는 표현은 적합하지 않다. 요컨대 부관으로서의 수정부담이 있는 것이 아니고, 주된 행위로서 수정된 처분만이 있을 뿐이다. 따라서 수정부담은 부관이 아니라 하나의 새로운 행정행위로 본다.

7. 법률효과의 일부배제

(1) 의   의   법률효과의 일부배제란 법률이 예정하고 있는 행정행위의 효과의 일부를 행정청이 배제하는 부관을 말한다[$^{판}_{례}$]. 한편, 택시의 격일제운행 또는 3부제운행($^{여객자동차 운수}_{사업법 제 4 조}$ $^{제 3 항}_{참조}$) 등을 법률효과의 일부배제의 예로 들기도 하나, 이것은 부작위부담으로 볼 것이다. 개념상 행정행위의 부관으로서의 법률효과의 일부배제는 행정기관의 행위에 의한 것이므로, 법률이 직접 효과를 한정하고 있는 경우에는 여기서 말하는 법률효과의 일부배제에 해당하지 아니한다.

> [판례] 공유수면매립준공인가처분 중 매립지 일부에 대하여 한 국가 및 지방자치단체에의 귀속처분만이 독립하여 행정소송 대상이 될 수 있는지 여부
> (서울지방국토관리청장의 (주)한독에 대한 일부토지 국가귀속의 부관부 공유수면매립공사준공인가처분을 다툰 사건에서) 행정행위의 부관은 부담의 경우를 제외하고는 독립하여 행정소송의 대상이 될 수 없는 것이다(대원 1991. 12. 13. 선고,90누8503 판결 참조). 기록에 의하면, 원심은 피고가 1989. 6. 30. 원고에 대하여 한 공유수면매립준공인가 중 판시 토지를 국가 또는 인천직할시 소유로 귀속하는 처분에 대하여 이를 위법하다는 이유로 위 준공인가처분 중 판시 토지에 대한 귀속처분만의 취소를 구하는 원고의 이 사건 소를 각하하였는바, **피고가 그 토지에 대하여 한 국가 또는 인천직할시 귀속처분은 매립준공인가를 함에 있어서 매립의 면허를 받은 자의 매립지에 대한 소유권취득을 규정한 공유수면매립법 제14조의 효과 일부를 배제하는 부관을 붙인 것으로 볼 것이고,** 이러한 행정행위의 부관에 대하여는 위 법리와 같이 **독립하여 행정소송의 대상으로 삼을 수 없는 것**이다(대판 1993. 10. 8, 93누2032).

[참고조문]

공유수면 관리 및 매립에 관한 법률 제29조(매립면허의 부관) 매립면허관청은 매립면허를 할 때에 제31조 각 호에 해당하는 자의 보호 또는 공익을 위하여 필요한 사항과 그 밖에 대통령령으로 정하는 사항에 대하여 부관을 붙일 수 있다.

제46조(매립지의 소유권 취득 등) ① 매립면허취득자가 제45조 제 2 항에 따른 준공검사확인증을 받은 경우 국가, 지방자치단체 또는 매립면허취득자는 다음 각 호의 구분에 따라 매립지의 소유권을 취득한다.

1. 대통령령으로 정하는 공용 또는 공공용으로 사용하기 위하여 필요한 매립지: 국가 또는 지방자치단체

2. 매립된 바닷가에 상당하는 면적(매립된 바닷가 중 매립공사로 새로 설치된 공용시설 또는 공공시설 용지에 포함된 바닷가의 면적은 제외한다)의 매립지: 국가. 이 경우 국가가 소유권을 취득하는 매립지의 위치는 매립면허취득자가 정한 매립지가 아닌 곳으로 한다.

3. 제 1 호와 제 2 호에 따라 국가나 지방자치단체가 소유권을 취득한 매립지를 제외한 매립지 중 해당 매립공사에 든 총사업비(조사비, 설계비, 순공사비, 보상비 등 대통령령으로 정하는 비용을 합산한 금액으로 한다)에 상당하는 매립지: 매립면허취득자

공유수면 관리 및 매립에 관한 법률 시행령 제37조(매립면허의 부관) 법 제29조에서 "대통령령으로 정하는 사항"이란 다음 각 호의 사항을 말한다.

2. 법 제46조 제 1 항 제 1 호 및 제 2 호에 따른 공용 또는 공공용으로 사용하기 위하여 필요한 매립지의 국가 또는 지방자치단체에의 귀속 및 매립된 바닷가에 상당하는 면적의 국가 귀속에 관한 사항

제51조(매립지의 소유권취득 및 총사업비) ① 법 제46조 제 1 항 제 1 호에서 "대통령령으로 정하는 공용 또는 공공용으로 사용하기 위하여 필요한 매립지"란 도로·호안(기슭·둑 침식 방지시설)·안벽(부두벽)·소형선 부두·방파제·배수시설·공원이나 그 밖에 법령에 따라 공용 또는 공공용으로 필요한 매립지를 말한다. 이 경우 국가의 시설로서 필요한 매립지는 국가에 귀속하고, 지방자치단체의 시설로서 필요한 매립지는 지방자치단체에 귀속한다.

(2) 부관으로서의 인정가능성   법률효과의 일부배제를 행정행위의 부관으로 보는 데 소극적인 입장도 없는 것은 아니지만, 전통적인 견해와 판례($^{대판 1993. 10. 8,}_{93누2032}$)는 법률효과의 일부배제를 부관의 하나로 든다. 생각건대 법률이 예정하고 있는 법적 효과를 당해 법률 자체가 동시에 행정행위로서 그 효과에 제약을 가할 수 있는 근거를 마련하고 있다면 부관의 한 종류로서 법률효과의 일부배제를 시인할 수밖에 없다. 물론 법률이 예정하는 법적 효과를 행정행위로써 일부 제한하기 위해서는 반드시 법률에 근거가 있어야 한다($^{법률}_{유보}$).

[참고] 행정기본법 제17조 제 1 항은 부관의 종류를 예시하고 있다.
□ 행정기본법 제17조(부관) ① 행정청은 처분에 재량이 있는 경우에는 부관($^{조건, 기한, 부담, 철회권의 유보}_{등을 말한다. 이하 이 조에서 같다}$)을 붙일 수 있다.
② 행정청은 처분에 재량이 없는 경우에는 법률에 근거가 있는 경우에 부관을 붙일 수 있다.

Ⅲ. 부관의 적법요건

1. 부관의 법적 근거

① 행정행위의 부관에 관한 일반법으로 행정기본법 제17조가 있다. 행정행위의 부관을 규정하는 개별 법률도 적지 않다($^{예: 식품법 제}_{37조 제 2 항}$). 개별 법률에 규정이 없다고 하여도 행정청은 일반법인 행정기본법 제17조가 정하는 바에 따라 부관을 붙일 수 있다. ② 행정기본법 제17조는 처분에 붙이는 부관에 관한 규정이다. 행정기본법 제17조는 수익적 처분과 침익적 처분을 구분하지 않는다. 따라서 침익적 처분에도 부관($^{조건이}_{나 기한}$)을 붙일 수 있다.

2. 부관을 붙일 수 있는 경우(가능성)

(1) 재량행위의 경우 행정청은 처분에 재량이 있는 경우에는 부관을 붙일 수 있다(기본법 제17조 제1항). 재량행위의 경우에도 성질상 부관을 붙일 수 없는 경우(예: 외국인 A를 한국인으로 귀화허가하면서, '만약 국법을 위반하면 귀화허가를 취소한다'라는 조건을 붙일 수는 없다)도 있다고 볼 것이다. 행정기본법이 제정되기 전에도 판례는 개별 법률에 명문의 규정이 없다고 하여도 법률행위적 행정행위 중 재량행위에만 부관을 붙일 수 있고, 기속행위·기속재량행위에는 붙일 수 없다고 하였다(대판 2007. 7. 12, 2007두6663).

(2) 기속행위의 경우 행정청은 처분에 재량이 없는 경우에는 법률에 근거가 있는 경우에 부관을 붙일 수 있다(기본법 제17조 제2항).

[참고] 행정기본법 제정 전에 「법률에 명시적 규정이 없다고 하여도, 기속행위의 경우에 부관이 법상의 전제요건을 충족시키게 될 때(예: 허가에 5가지 서류가 필요하지만, 4가지 서류만 제출한 경우, 나머지 1가지 서류를 제출할 것을 조건으로 허가하는 경우)에는 부관을 붙일 수 있다고 보아야 한다」는 견해가 있었고, 이러한 견해는 요건구비 후 재신청을 하도록 하는 것보다 부담부 내지 조건부로 행정행위를 발령받는 것이 당사자에게 더 유익하다는 점(비례원칙)을 논거로 하였다. 그러나 행정기본법상으로는 이를 인정하기 어렵다.

3. 부관의 실체적 요건

행정기본법은 부관의 실체법상 요건으로 다음의 3가지를 규정하고 있다(기본법 제17조 제4항). 행정기본법 제정 전까지 이러한 요건은 학문상 부관의 한계로 다루었다.

(1) 목적상 요건 부관은 해당 처분의 목적에 위배되지 아니하여야 한다(기본법 제17조 제4항 제1호). 예컨대 숙박용 건축물의 건축허가를 하면서, '주거용으로만 사용하여야 한다'는 조건을 붙이면, 이러한 조건은 목적상 한계에 반하는 것이 된다(판례).

> 판례 기선선망어업의 허가를 하면서 부속선을 사용할 수 없도록 제한한 부관의 위법성
> (경남도지사가 기선선망어업면허에 부가한 부속선사용금지조건 변경신청거부를 다툰 사건에서) 수산업법 제15조에 의하여 어업의 면허 또는 허가에 붙이는 부관은 그 성질상 허가된 어업의 본질적 효력을 해하지 않는 한도의 것이어야 하고 허가된 어업의 내용 또는 효력 등에 대하여는 행정청이 임의로 제한 또는 조건을 붙일 수 없다고 보아야 할 것이며 수산업법시행령 제14조의4 제3항의 규정내용은 기선선망어업에는 그 어선규모의 대소를 가리지 않고 등선과 운반선을 갖출 수 있고, 또 갖추어야 하는 것이라고 해석되므로 **기선선망어업의 허가를 하면서 운반선, 등선 등 부속선을 사용할 수 없도록 제한한 부관은 그 어업허가의 목적달성을 사실상 어렵게 하여 그 본질적 효력을 해하는 것일 뿐만 아니라 위 시행령의 규정에도 어긋나는 것이며, 더욱이 어업 조정이나 기타 공익상 필요하다고 인정되는 사정이 없는 이상 위법한 것이다**(대판 1990. 4. 27, 89누6808).

(2) 실질적 관련성 요건

(개) 의 의 부관은 해당 처분과 실질적인 관련이 있어야 한다(기본법 제17조 제4항 제2호). 예컨대, 식품위생법에 따라 단란주점영업을 허가하면서 "고객용 주차장으로 100평 이상을 마련할 것"이라는 부관을 붙일 수는 없다. 왜냐하면 단란주점영업의 허가와 주차장의 마련은 사항적으로 상호

관련성이 없기 때문이다. 물론 식품위생법에 주차장설치에 관한 규정이 있거나, 아니면 주차장법이 정하는 바에 따라 주차장을 마련하라고 처분하는 것은 가능하다.

> [참고] 행정행위의 성질에 비추어 부관을 붙이는 것이 곤란한 경우, 예컨대 다중이 모이는 단란주점의 성격에 비추어 어느 정도의 소음이 발생한다는 것은 불가피하기 때문에 단란주점영업허가를 하면서 '일체의 소음을 발생시켜서는 아니 된다'라는 조건을 붙인다면, 이러한 조건도 실질적 관련성 요건을 구비하지 못한 것으로 볼 것이다.

(나) **회피수단으로서 사법상 계약의 가능성**　　　행정기본법 제정 전 판례는 행정처분과 부관 사이에 실제적 관련성이 없어 부관을 붙일 수 없는 경우, 이를 회피하기 위한 수단으로 사법상 계약을 체결하는 형식을 취하는 것은 허용되지 아니한다고 하였다[판례].

> [판례]　행정처분과 실제적 관련성이 없어 부관으로 붙일 수 없는 부담을 사법상 계약의 형식으로 행정처분의 상대방에게 부과할 수 있는지 여부
> (충청남도지사로부터 골프장사업승인을 받은 7개 업체(피고 포함)가 일률적으로 원고에게 거액의 협력기금을 증여하기로 약정하였고, 이에 기하여 피고에게 약정금의 이행을 구한 사건에서) 이 사건 증여계약은 이 사건 골프장사업계획승인이 확정적으로 취소되는 것을 묵시적 해제조건으로 한 계약이라는 것이므로 그 증여계약의 효력은 위 골프장사업승인의 효력 유지와 직결된다 할 것이다. … 공무원이 인·허가 등 수익적 행정처분을 하면서 상대방에게 그 처분과 관련하여 이른바 부관으로서 부담을 붙일 수 있다 하더라도, 그러한 부담은 법치주의와 사유재산 존중, 조세법률주의 등 헌법의 기본원리에 비추어 비례의 원칙이나 부당결부의 원칙에 위반되지 않아야만 적법한 것인바, 행정처분과 부관 사이에 실제적 관련성이 있다고 볼 수 없는 경우 공무원이 위와 같은 공법상의 제한을 회피할 목적으로 행정처분의 상대방과 사이에 사법상 계약을 체결하는 형식을 취하였다면 이는 법치행정의 원리에 반하는 것으로서 위법하다(대판 2009. 12. 10, 2007다63966).

(3) **비례원칙 요건**　　　부관은 해당 처분의 목적을 달성하기 위하여 필요한 최소한의 범위 내에서 이루어져야 한다(기본법 제17조 제4항 제3호). 즉, 부관을 붙일 때에는 비례원칙을 준수하여야 한다.

(4) **행정행위로서 구비해야할 요건**　　　부관은 행정행위의 한 구성부분이므로, 주된 행위와 마찬가지로 행정행위로서의 적법요건을 구비하여야 한다. 먼저 ① 부관은 법령에 적합하여야 한다. 법령에서 부관을 붙이는 것을 금지한다면, 재량행위의 경우일지라도 당연히 부관을 붙일 수 없다 ② 부관은 사실상으로나 법상으로 가능한 것이어야 하며[판례], ③ 부관의 내용은 명확하여야 하며, ④ 부관은 행정기본법의 법원칙도 준수하여야 한다. ⑤ 행정기본법에 규정하는 바는 없지만, 행정행위의 성질에 비추어 부관을 붙이는 것이 허용되지 아니하는 경우도 있다(예 : 귀화허가는 신분을 설정하는 행정행위이므로 법적 안정성의 원칙에 비추어 조건이 가해질 수 없다. 개명허가의 경우에도 기한을 설정할 수 없음은 자명하다).

> [판례]　부관의 한계로서 불가능
> (롯데쇼핑 주식회사가 울산광역시 남구청장을 피고로 건축허가신청불허가처분의 취소를 구한 사건에서) 행정청이 객관적으로 처분상대방이 이행할 가능성이 없는

조건을 붙여 행정처분을 하는 것은 법치행정의 원칙상 허용될 수 없으므로, 건축행정청은 신청인의 건축계획상 하나의 대지로 삼으려고 하는 '하나 이상의 필지의 일부'가 관계법령상 토지분할이 가능한 경우인지를 심사하여 토지분할이 관계법령상 제한에 해당되어 명백히 불가능하다고 판단되는 경우에는 토지분할 조건부 건축허가를 거부하여야 한다(대판 2018. 6. 28, 2015두47737).

[기출사례] 제60회 5급공채(2016년) 문제·답안작성요령 ☞ PART 4 [1-20]

[기출사례] 제 5 회 변호사시험(2016년) 문제·답안작성요령 ☞ PART 4 [2-17]

[기출사례] 제64회 5급공채(2020년) 문제·답안작성요령 ☞ PART 4 [1-33]

4. 사후부관

(1) 의　　의　　행정행위를 발령한 후에 새로이 부관을 붙이거나 변경을 할 수 있는가의 여부가 사후부관의 문제이다. 예컨대 2030년 5월 2일 허가처분을 한 후, 2030년 6월 5일에 부관을 붙일 수 있는가의 문제인 사후부관의 문제는 부관의 시간적 한계의 문제이다.

(2) 가능한 경우　　행정청은 부관을 붙일 수 있는 처분이 ① 법률에 근거가 있는 경우(예: 도교법 제80조 제 4 항), ② 당사자의 동의가 있는 경우, ③ 사정이 변경되어 부관을 새로 붙이거나 종전의 부관을 변경하지 아니하면 해당 처분의 목적을 달성할 수 없다고 인정되는 경우에는 그 처분을 한 후에도 부관을 새로 붙이거나 종전의 부관을 변경할 수 있다(기본법 제17조 제 3 항 제 3 호).

[참고]　행정기본법에서 사후부관에 관한 규정을 두기 전까지 사후부관의 가능성에 관하여 학설은 나뉘었고, 판례는 법률에 명문의 규정이 있거나 변경이 유보되어 있는 경우, 상대방의 동의가 있는 경우처럼 사후부관의 부가에 정당한 사유가 있는 경우(이러한 사후부관을 '부진정 사후부관'이라 할 수 있다)뿐만 아니라 그러한 정당한 사유가 없는 경우라도 '사정변경'이 있다면 '목적달성에 필요한 범위 내'에서 사후부관의 가능성을 인정하고 있다(사후부관의 부가에 정당한 사유가 없는 경우에도 사후부관의 부가가 가능하다는 점에서 이러한 사후부관은 '진정사후부관'이라 할 수 있다)고 하였다(대판 1997. 5. 30, 97누2627; 대판 2016. 11. 24, 2016두45028).

Ⅳ. 위법부관과 직권폐지

1. 위법부관의 유형

부관의 적법성(부관의 가능성과 한계)의 범위를 벗어난 부관은 위법한 것이 된다. 행정행위의 하자론의 일반원리에 따라 중대하고 명백한 하자를 가진 부관은 무효가 되고(예: 명백히 발생할 수 없는 사건을 정지조건으로 부가한 경우)(판례1) 단순위법의 하자를 가진 부관(예: 주된 행위와 목적적 관련성이 없는 부담을 부가한 경우)은 취소할 수 있는 행위가 된다. 부관의 위법 여부는 처분 당시의 법령을 기준으로 한다(판례2).

판례 1　부관을 붙일 수 없는 행위에 붙인 부관의 효력
(대구직할시 교육위원회 교육감의 학교법인 계성교육재단에 대한 이사장취임승인신청서반려처분의 취소를 구한 **계성교육재단사건에서**) 이사회소집승인에 있어서의 일시, 장소의 지정

을 가리켜 소집승인 행위의 부관으로 본다 하더라도, 일반적으로 기속행위나 기속적 재량행위에는 부관을 붙일 수 없는 것이고, 위 이사회소집승인 행위가 기속행위 내지 기속적 재량행위에 해당함은 위에서 설시한 바에 비추어 분명하므로, 여기에는 부관을 붙이지 못한다 할 것이며, 가사 부관을 붙였다 하더라도 이는 무효의 것으로서 당초부터 부관이 붙지 아니한 소집승인 행위가 있었던 것으로 보아야 할 것이다(대판 1988. 4. 27, 87누1106; 대판 2004. 3. 25, 2003두12837; 대판 1995. 6. 13, 94다56883; 대판 1990. 10. 16, 90누2253).

판례 2 부관의 위법성 판단 기준시점

(한국도로공사와 A주식회사 간에 약정금이 문제된 사건에서) 행정청이 수익적 행정처분을 하면서 부가한 부담의 위법 여부는 처분 당시 법령을 기준으로 판단하여야 하고, 부담이 처분 당시 법령을 기준으로 적법하다면 처분 후 부담의 전제가 된 주된 행정처분의 근거 법령이 개정됨으로써 **행정청이 더 이상 부관을 붙일 수 없게 되었다 하더라도 곧바로 위법하게 되거나 그 효력이 소멸하게 되는 것은 아니다.** 따라서 행정처분의 상대방이 수익적 행정처분을 얻기 위하여 행정청과 사이에 행정처분에 부가할 부담에 관한 협약을 체결하고 행정청이 수익적 행정처분을 하면서 협약상의 의무를 부담으로 부가하였으나 부담의 전제가 된 주된 행정처분의 근거 법령이 개정됨으로써 행정청이 더 이상 부관을 붙일 수 없게 된 경우에도 곧바로 협약의 효력이 소멸하는 것은 아니다(대판 2009. 2. 12, 2005다65500).

2. 위법부관의 직권폐지

(1) 무효의 하자를 가진 부관과 무효선언   처분청이 무효의 하자를 가진 부관에 대하여 무효선언을 하는 경우, 부관만을 무효로 선언할 것인지 아니면, 부관부 행위 전체를 무효로 선언하여야 할 것인지 문제된다. 무효인 부관이 기본행위의 효력에 미치는 영향을 고려하여 ① 부관의 무효는 주된 행위에 아무런 영향을 미치지 아니하므로 전체로서는 부관없는 단순행정행위가 되므로 부관만을 무효로 선언하여야 한다는 견해, ② 부관의 무효는 부관부 행정행위 전체를 무효로 가져오므로 부관부 행정행위 전부를 무효로 선언하여야 한다는 견해, ③ 부관의 무효는 원칙적으로 주된 행위에 아무런 영향을 미치지 아니하므로 부관만을 무효로 선언하여야 하나, 예외적으로 부관이 없었다면 주된 행위를 하지 않았을 것이라 인정되는 경우에는 부관부 행정행위 전체가 무효로 되므로 부관부 행정행위 전체를 무효로 선언하여야 한다는 견해가 있을 수 있다. ③설이 합리적이다.

(2) 취소의 하자를 가진 부관과 직권취소   처분청이 취소의 하자를 가진 부관에 대하여 직권취소를 하는 경우에도 부관만을 직권취소할 것인지 아니면, 부관부 행위 전체를 직권취소할 것인지 문제된다. 무효의 하자를 가진 부관에 대한 무효선언의 경우와 동일한 논리구조를 따르면 될 것이다.

(3) 직권폐지의 불이행과 쟁송취소   처분청이 하자 있는 부관부 행정행위에 대하여 무효선언이나 직권취소를 통해 하자를 제거하지 아니하면, 법률상 이익을 가진 자는 행정쟁송을 통해 다툴 수 있다.

V. 위법한 부관에 대한 쟁송

부관에 대한 행정쟁송은 사인이 수익적 행정행위를 발급받을 때 그 효과를 제한하는 기한, 조건 등이 부가되거나 당사자에게 의무를 과하는 부담이 부가되는 경우 상대방은 침익적인 부관이 부가되지 않는 수익적인 주된 행정행위의 발급만을 원할 것이다. 이 때문에 사인이 침익적인 부관만을 취소쟁송으로 다툴 수 있는지($\binom{\text{독립쟁송}}{\text{가능성}}$), 다툴 수 있다면 어떠한 쟁송형태로 하여야 하는지($\binom{\text{쟁송}}{\text{형태}}$), 그리고 법원이 부관의 위법성을 인정한다면 부관만을 독립하여 취소하는 판결을 할 수 있는지($\binom{\text{독립취소}}{\text{가능성}}$)가 문제된다. 만일 부관부 행정행위 전체가 취소된다면 이미 발급받은 수익적인 행정행위도 소멸되므로 당사자에게는 더욱 침익적일 수 있기 때문이다.

1. 부관의 독립쟁송가능성

(1) 학   설

1) 부담과 기타 부관을 구분하는 견해($\binom{\text{부관의 종류에 따}}{\text{라 구분하는 견해}}$)   부관 중 부담은 그 자체가 독립된 행정행위이므로 독립하여 쟁송의 대상이 되지만, 그 이외의 부관은 그 자체가 독립된 행정행위가 아니므로 행정쟁송의 대상이 될 수 없고 부관부 행정행위 전체를 소의 대상으로 하여야 한다는 견해($\binom{\text{성, 변재옥, 이상규}}{\text{강구철, 김동희, 박균}}$)이다.

2) 모든 부관이 독립쟁송가능하다는 견해   부관이란 본래 본체인 행정행위에 부가시킨 것이므로 '분리될 수 없는 부관'이란 존재하지 않으며, '처분의 일부취소'가 가능한 만큼 소의 이익이 있는 한 부담이든 조건이든 가리지 않고 모든 부관에 대하여 독립하여 행정쟁송을 제기하는 것이 가능하다는 입장($\binom{\text{김남}}{\text{진}}$)이다.

3) 분리가능성을 기준으로 하는 견해   부관의 독립쟁송가능성 여부의 문제는 법원에 의한 부관의 독자적인 취소가능성 문제의 전제조건으로서의 성격을 갖는다고 볼 수 있으므로, 부관만의 독립취소가 법원에 의하여 인정될 정도의 독자성($\binom{\text{주된 행위와의}}{\text{분리가능성}}$)을 갖는 부관이라면 그 처분성 인정 여부와 무관하게 행정쟁송을 통하여 독자적으로 다툴 수 있다고 한다($\binom{\text{류지}}{\text{태}}$). 이 견해는 분리가능성의 판단기준으로 부관이 없어도 주된 행정행위가 적법하게 존속할 수 있을 것과 부관이 없어도 주된 행정행위가 달성하려는 일정한 정도의 공익에 장애가 발생하지 않을 것을 들고 있다.

(2) 판   례   부담의 경우에는 '다른 부관과는 달리 행정행위의 불가분적인 요소가 아니고 그 존속이 본체인 행정행위의 존재를 전제로 하는 것일 뿐'이므로 부담만은 독립하여 다툴 수 있다는 입장이다($\binom{\text{판례}}{\text{1, 2, 3, 4}}$).

판례 1   어업면허 유효기간의 독립쟁송가능성 여부

($\binom{\text{전라남도지사가 원고들에게 허가한 살포식 어업면허처분 중}}{\text{그 면허의 유효기간을 1년으로 정한 부분을 다툰 사건에서}}$) 어업면허처분을 함에 있어 그 면허의 유효기간을 1년으로 정한 경우, 위 **면허의 유효기간**은 행정청이 위 어업면허처분의 효력을 제한하기 위한 행정행위의 부관이라 할 것이고 이러한 행정행위의 부관은 **독립하여 행정소송의 대상이 될 수 없는 것이**므로 위 어업면허처분 중 그 면허유효기간만의 취소를 구하는 청구는 허용될 수 없다($\binom{\text{대판 1986. 8. 19,}}{\text{86누202}}$).

판례 2 │ 부관 중 부담이 독립하여 행정쟁송의 대상이 될 수 있는가의 여부

(울산지방해운항만청장이 공유수면매립면허를 받은 원고에 발령한 수토대금부과처분의 취소를 구한 사건에서) 행정행위의 부관은 행정행위의 일반적인 효력이나 효과를 제한하기 위하여 의사표시의 주된 내용에 부가되는 종된 의사표시이지 그 자체로서 직접 법적 효과를 발생하는 독립된 처분이 아니므로 현행 행정쟁송제도 아래서는 부관 그 자체만을 독립된 쟁송의 대상으로 할 수 없는 것이 원칙이나 **행정행위의 부관 중에서도 행정행위에 부수하여 그 행정행위의 상대방에게 일정한 의무를 부과하는 행정청의 의사표시인 부담의 경우에는 다른 부관과는 달리 행정행위의 불가분적인 요소가 아니고 그 존속이 본체인 행정행위의 존재를 전제로 하는 것일 뿐이므로 부담 그 자체로서 행정쟁송의 대상이 될 수 있다**($\binom{대판 1992. 1. 21,}{91누1264}$).

판례 3 │ 법률효과의 일부배제 부관의 독립쟁송가능성 여부

(부산지방해운항만청장이 원고에 대하여 한 공유수면매립준공인가면적 중 일정 구역을 국유로 한다는 처분을 다툰 사건에서) **행정행위의 부관은 부담의 경우를 제외하고는 독립하여 행정소송의 대상이 될 수 없는 것인바**, 행정청이 한 공유수면매립준공인가 중 매립지 일부에 대하여 한 국가귀속처분은 매립준공인가를 함에 있어서 매립의 면허를 받은 자의 매립지에 대한 소유권취득을 규정한 공유수면매립법 제14조의 효과 일부를 배제하는 부관을 붙인 것이므로 이러한 행정행위의 부관에 대하여는 독립하여 행정소송의 대상으로 삼을 수 없다($\binom{대판 1991. 12. 13, 90누8503;}{대판 1993. 10. 8, 93누2032}$).

판례 4 │ 기부채납된 행정재산에 대한 무상사용기간의 독립쟁송가능성 여부

(서울대공원관리사업소장이 원고 한덕개발(주)에 대하여 한 서울랜드 2차시설물에 대한 무상사용허가처분 중 원고가 신청한 무상사용기간 40년 가운데 20년을 초과하는 나머지 신청 부분에 대한 거부처분을 다툰 사건에서) 행정행위의 부관은 부담인 경우를 제외하고는 독립하여 행정소송의 대상이 될 수 없는바, 기부채납받은 행정재산에 대한 사용·수익허가에서 **공유재산의 관리청이 정한 사용·수익허가의 기간은** 그 허가의 효력을 제한하기 위한 행정행위의 부관으로서 이러한 사용·수익허가의 기간에 대해서는 **독립하여 행정소송을 제기할 수 없다**($\binom{대판 2001. 6. 15,}{99두509}$).

(3) 검　　토　　① 부담과 기타 부관을 구분하는 견해는 부담인지 여부가 중요한 것이 아니라, 본체인 행정행위로부터 독립된 처분이냐가 중요하다는 점에서 문제가 있다. ② 모든 부관이 독립쟁송가능하다는 견해에 대해서는 이 견해가 말하는 「소의 이익」을 법률상 보호이익으로 이해하는 한 원고적격의 관점과 독립쟁송가능성의 문제를 혼동하여 부관과 주된 행정행위 간의 객관적인 고찰을 소홀히 한다는 비판($\binom{류지태 ·}{박종수}$)이 있다. ③ 생각건대 부관의 독립쟁송가능성을 처분성의 문제가 아니라 법원에 의한 부관의 독자적인 취소가능성의 전제조건의 문제로 파악하고, 처분성은 부관에 대한 쟁송형태의 문제로 파악하는 분리가능성을 기준으로 하는 견해가 논리적이고 합목적적일 뿐만 아니라 사인의 권리보호에도 적합하다고 본다.

(4) 부관별 검토($\binom{분리가능성을 기준}{으로 하는 견해}$)

1) 조건·기한　　침익적 부분의 독립쟁송의 문제는 조건과 부담의 대립적인 구분방식이 아니라, '부관이 폐지될 때에 남는 부분만으로 행정행위가 여전히 존속할 수 있는가'의 방식에 따라 주된 행위로부터 침익적인 부관의 분리가능성을 판단하는 것이 합리적이며, 따라서 조건·기한도 경우에 따라 독립쟁송의 대상이 될 수 있다고 본다.

2) 부담·부담유보   부담과 부담유보는 주된 행위의 구성부분이 아니라, 독립된 행정행위이다. 따라서 부담유보는 독립하여 다툴 수 있을 뿐만 아니라 제 3 자에 의해 독립적으로 강제될 수 있다. 그러나 주된 행위로부터 일반적으로 독립성이 강한 부담도 구체적인 상황에 따라서는 주된 행위로부터 분리가 불가능한 경우가 있을 수 있다고 볼 것이다.

3) 철회권의 유보·법률효과의 일부배제   철회권의 유보나 법률효과의 일부배제의 경우에는 조건·기한의 경우에 준해서 판단하면 될 것이다.

[제38회 입법고시(2022년)]
[제 3 문] 행정행위에 부가된 위법한 부관에 대한 독립쟁송 가능성을 검토하시오.

2. 부관에 대한 쟁송형태

부관에 대한 소송형태로는 ① 행정행위의 일부만을 취소소송의 대상으로 하는 소송인 진정일부취소소송(형식상으로나 내용상으로도 부관만의 취소를 구하는 소송이다), ② 형식상 부관부 행위 전체를 소송의 대상으로 하면서 내용상 일부, 즉 부관만의 취소를 구하는 소송인 부진정일부취소소송, ③ 형식상으로나 내용상으로 부관부 행정행위의 전체의 취소를 구하거나, 부관의 변경(적극적 변경)을 구하는 소송이 있을 수 있다.

[참고 1] 행정소송법은 부진정일부취소소송의 내용과 형식을 명시적으로 규정하는 바가 없다. 학설은 ① 독립성이 있는 부담을 대상으로 부담의 취소를 구하는 소송을 진정일부취소소송, ② 부담 이외의 부관만의 취소를 구하는 경우, 부관부행정행위를 취소소송의 대상으로 하면서 부관만의 취소를 구하는 소송을 부진정일부취소소송으로 부르는 것으로 보인다. 아래에서 그 예를 보기로 한다.

〈진정일부취소소송의 예〉
[청구취지] 「"갑에게… 도로점용을 허가한다. 단 점용료로 1,000만원을 납부할 것"이라는 처분 중 '단 점용료로 100만원을 납부할 것'이라는 부분을 취소한다」라는 판결을 구함.
[청구이유] 점용료 1,000만원은 점용대가로서 지나친바 위법하므로 점용료 부분(부관으로 부담 부분)은 취소되어야 한다.

〈부진정일부취소소송의 예〉
[청구취지] 「"갑에게… 도로점용을 허가한다. 단 점용기간은 2017. 1. 1.부터 1개월로 한다"라는 처분을 취소한다」라는 판결을 구함
[청구이유] 점용기간 1개월로는 점용목적을 달성할 수 없는바, 점용기간 부분(부관부분)이 위법하므로 점용기간 부분(부관으로서 기한 부분)은 취소되어야 한다.

[참고 2] 부관에 대한 쟁송형태의 문제는 의무화소송을 규정하는 독일행정법원법에서 보다 실제적인 의미를 갖는다. 예컨대 침익적 부관이 붙은 수익적 행정행위를 발급한 경우, 침익적 부관 부분만의 취소를 구하는 취소소송을 제기할 것인지, 아니면 부관이 없는 행정행위의 발급을 구하는 의무화소송을 제기할 것인지가 문제된다. 침익적 부관의 제거가 제소의 목적이라 할 것이므로 취소소송으로 다투게 된다고 한다. 그러나 우리의 경우에는 의무화소송이 인정되고 있지 아니하므로 취소소송의 구체적 적용형태를 둘러싸고 부진정일부취소소송 등 아카데믹한 논쟁이 이루어지고 있다.

(1) 학 설

1) 부담과 기타 부관을 구분하는 견해   이 견해는 부담만은 진정일부취소소송이 가능하지만, 부담 이외의 부관은 부관부 행정행위를 취소소송의 대상으로 하되 부관만의 일부취소를 구하여야 한다.

2) 모든 부관이 독립쟁송가능하다는 견해   소의 이익이 있는 한 모든 부관이 취소소송의 대상이 될 수 있고, 부관에 대한 쟁송은 성질상 모두 부진정일부취소소송의 형태를 취할 수밖에 없다고 한다.

3) 분리가능성을 기준으로 하는 견해   이 견해는 ① 주된 행정행위로부터 분리가능성이 없는 것은 부관만의 독립쟁송가능성이 부인되어 전체 행정행위를 대상으로 쟁송을 제기해야 하고, ② 분리가능성이 인정되는 부관은 둘로 나누어 ⓐ 처분성을 갖는 것은 당해 부관만을 직접적인 대상으로 하여 취소쟁송을 제기할 수 있고($\binom{진정일부}{취소소송}$), ⓑ 처분성이 인정되지 않는 부관의 경우에는 부관부 행정행위 전체를 대상으로 소송을 제기하고 이 가운데 부관만의 취소를 구하는 형태($\binom{부진정일부}{취소소송}$)를 취하여야 한다고 한다.

(2) 판 례

1) 내 용   부담의 경우에는 진정일부취소소송을 인정하지만, 기타의 부관에 대해서는 진정일부소송도 인정하지 아니하고 부진정일부소송도 인정하지 아니한다. 판례는 위법한 부담 이외의 부관으로 인해 권리를 침해받은 자는 부관부 행정행위 전체의 취소를 청구하든지 ($\binom{판례}{1}$), 아니면 행정청에 부관이 없는 처분으로의 변경을 청구한 다음 그것이 거부된 경우에 거부처분취소소송을 제기하여야 한다는 입장이다($\binom{판례}{2}$).

| 판례 1 | 도로점용기간의 위법한 단축에 대해서도 도로점용허가처분 전체의 취소를 구해야 한다는 사례

$\binom{부산직할시장의 원고 대현실업(주)에 대}{한 도로점용허가처분을 다툰 사건에서}$ 원고가 신축한 상가 등 시설물을 부산직할시에 기부채납함에 있어 그 무상사용을 위한 도로점용 기간은 원고의 총공사비와 시 징수조례에 의한 점용료가 같아지는 때까지로 정하여 줄 것을 전제조건으로 하고 원고의 위 조건에 대하여 시는 아무런 이의 없이 수락하고 위 상가 등 건물을 기부채납받아 그 소유권을 취득하였다면 시가 원고에 대하여 위 상가 등의 사용을 위한 도로점용 허가를 함에 있어서는 그 점용기간을 수락한 조건대로 해야 할 것임에도 합리적인 근거없이 단축한 것은 위법한 처분이라 할 것이며 가사 원고가 위 상가를 타에 임대하여 보증금 및 임료수입을 얻는다 하여 위 무상점용 기간을 단축할 사유가 될 수 없다. … 원심판결$\binom{피고(부산직할시장)가 1983. 3. 3. 원고에 대하여 한 부산 서면 지하도 상가부분 4,603.65}{평방미터(1,392.59평) 및 부대시설부분에 관한 도로점용허가처분은 이를 취소한다}$은 적법하다$\binom{대판 1985. 7. 9,}{84누604}$.

| 판례 2 | 기선선망어업의 허가를 하면서 부속선을 사용할 수 없도록 제한한 위법한 부관에 대해서는 부속선을 사용할 수 있도록 어업허가사항변경신청을 한 후 그 불허가처분을 다투어야 한다는 사례

$\binom{경상남도지사의 원고에 대한 어업허가사}{항변경신청불허가처분을 다툰 사건에서}$ 원고는 피고$\binom{경상남}{도지사}$로부터 허가받은 내용에 따라 조업을 해오다가 원고소유의 제38 청룡호$\binom{기존허}{가어선}$와 제 3 대운호를 제 1 대영호$\binom{기존허}{가어선}$의 등선으로, 제22 대원호, 제 3 선

경호 및 한진호를 제 1 대영호의 운반선으로 각 사용할 수 있도록 하여 선박의 척수를 변경(본선 2척을 1척으로 줄이는 대신 등선 2척과 운반선 3척을 추가하는 내용임)하여 달라는 어업허가사항변경신청을 하였는데, 피고는 관련 규정에 따라 수산자원보호 및 다른 어업과 어업조정을 위하여 앞서 한 제한조건을 변경할 수 없다는 사유로 위 신청을 불허가하였다. 이에 원고가 어업허가사항변경신청불허가처분을 다투었다. 원심은 불허가처분이 위법하다고 판시하였다. 불허가처분이 위법하다고 본 원심의 조치는 정당하다(대판 1990. 4. 27. 89누6808).

2) 비   판   ① 부진정일부취소소송을 인정하지 아니하는 판례의 태도는 부관의 위법으로 인해 처분이 취소되었으나, 부관부 행위보다 불리한 새로운 처분이 발령될 수도 있다는 점에서 원고의 보호에 미흡할 수 있고, 또한 원고가 원하는 효과를 판결로서 바로 부여할 수 없다는 점에서 원고의 권리보호가 우회적이라는 문제점을 갖는다. 원고가 원하는 수익적 행정행위까지 취소하게 되는 결과를 가져와 원고의 권리구제에 전혀 도움이 되지 아니한다는 지적도 있다. 한편, ② 부진정일부취소소송을 인정하게 되면 그 청구취지와 주문(예: 피고가 2017. 10. 10. 갑에 대하여 한 도로점용허가 중 기한의 부분은 이를 취소한다)은 진정일부취소소송의 청구취지와 주문(예: 피고가 2017. 10. 10. 갑에 대하여 한 건축허가 중 기부채납 부분은 이를 취소한다)과 동일한 것이 되는데, 이러한 현상은 현행 행정소송법하에서는 인정될 수 없다고 하면서 판례의 태도를 지지하는 입장도 있다.

(3) 검   토   분리가 불가능하다면 부관부 행정행위 전체를 소의 대상으로 하여야 할 것이지만, 분리가 가능하다면 주된 행정행위와 분리한 후 남는 부관이 독립의 행정행위로서 계속 존재할 때 이러한 부관은 진정일부취소소송이 가능하며, 분리한 후 남는 부관이 독립의 행정행위로서 계속 존재하기 곤란한 경우, 이러한 부관은 부진정일부취소소송이 가능하다고 본다.

3. 부관의 독립취소가능성

원고가 부관만의 취소를 구하는 경우에 법원이 심리를 통하여 부관이 위법하다고 판단할 때 부관만을 독립하여 취소할 수 있는가의 여부가 문제된다.

(1) 학   설

1) 재량행위와 기속행위를 구분하는 견해(법구속성 정도를 기준으로 하는 견해)   ① 부관의 독립취소가능성의 문제를 검토함에 있어 당해 부관이 부담인지 또는 그 이외의 다른 부관인지는 결정적 의미를 갖지 못하는데 그 이유는 독립취소가능성의 문제는 어느 경우에나 부관만의 취소소송은 일단 적법한 것으로 인정된 후 본안에서의 이유유무의 문제이기 때문이라고 하면서 독립취소가능성의 문제는 기본적으로 당해 부관과 본체인 행정행위와의 관련성에 따라 결정되는 것으로 본체인 행정행위가 기속행위인지 재량행위인지에 따라 그 내용을 달리한다고 한다(김동희, 박균성). 즉 ② "부관의 종류를 불문하고 부관을 부가하지 않고는 행정청이 당해 행정행위를 하지 않았을 것이라 판단되는 경우에는 부관만의 취소는 인정되지 아니한다. 그리고 기속행위의 경우, 행정청이 임의로 부관을 붙일 수 없으므로 부관만의 취소는 가능하지만, 요건충족적 부관의 경우에는 부관만의 취소가 인정될 수 없다. 그리고 재량행위의 경우, 부관이 행정행위의 본질적 요소이어서 그 부관 없이는

당해 행위를 하지 않았을 것으로 판단되는 경우에는 부관의 취소는 인정되지 아니한다. 왜냐하면 그러한 부관이 없이는 행정청이 발하지 않았을 처분을 법원이 행정청에 강요하는 결과가 되기 때문이다"라고 주장한다. 그러나 ③ 위법하게 침해된 사인의 권리는 회복되어야 하고, 또한 부관의 취소 후에 남는 부분이 행정청의 의사에 반하는 것이라면 행정청은 행정행위의 철회·직권취소 또는 부관의 새로운 발령을 통해 대응할 수 있으므로, 부관의 독립취소가 재량행위라고 해서 문제되지는 않는다.

  2) 중요성을 기준으로 하는 견해   법원은 위법한 부관이 주된 행정행위의 중요한 요소가 되지 않은 경우에는 부관만을 일부취소할 수 있지만, 부관이 주된 행정행위의 중요한 요소가 되는 경우$\binom{부관\ 없이는\ 행정청이\ 주된\ 행}{정행위를\ 발하지\ 않았을\ 정도}$에는 부관부행정행위 전체를 취소해야 한다는 견해이다$\binom{이일}{세}$.

  3) 부관의 위법성을 기준으로 하는 견해   부관에 하자가 있다면 법원은 부관부분만을 취소할 수 있다는 입장이다. 즉, 이 견해는 소송물이론에 따른 견해로 "부관에 위법성이 존재하면 부관만을 취소할 수 있다. 취소소송의 소송물은 부관 자체의 위법성이기 때문이다$\binom{류지태,}{정하중}$"라고 한다. 따라서 이러한 부관의 취소가 존재하게 되면 행정행위의 일부취소 또는 변경의 결과가 발생하게 되므로 이에 따라 주된 행정행위에 대한 효력이 문제된다고 한다.

  > [참고] 일부견해$\binom{김남진\cdot}{김연태}$는 분리가능성을 독립취소가능성의 기준으로 사용하기도 하는데, 분리가능성은 독립쟁송가능성$\binom{독립취소가능성의}{전제조건으로서}$의 기준으로 봄이 일반적 입장이다$\binom{김철용,\ 정하중,}{류지태,\ 신봉기}$.

  (2) 판   례   판례는 부진정일부취소소송의 형태를 인정하지 않는 결과 독립쟁송이 가능한 부담만 독립하여 취소될 수 있고, 그 이외의 부관은 독립하여 취소의 대상이 되지 않는다는 입장이다$\binom{대판 1992. 1. 21. 91누1264; 대판 1991. 12. 13.}{90누8503; 대판 1994. 1. 25. 93누13537}$. 따라서 부담 이외의 부관은 부관만의 취소가 인정되지 않기에 위법한 부관이 행정행위의 중요부분이면 전부취소의 판결을 하고, 그렇지 않다면 기각판결을 한다.

  (3) 검   토   부관의 독립취소가능성은 법원이 당사자의 주장에 대한 본안판단을 통해 이유유무를 검토하는 것이라고 할 때, 당사자의 주장은 위법한 침익적인 부관만을 취소해달라는 것이므로 부관에 위법성이 존재하는 한 부관만의 독립취소가 가능하다는 견해가 합목적적이다. 다른 견해들은 모두 독립취소의 범위를 좁히고 있다는 점에서 한계를 가진다.

4. 쟁송취소와 집행정지

  부관에 대한 취소소송이 제기된 경우 집행정지를 신청하면 집행이 정지되는 효력이 당해 침익적 부관의 내용에만 미친다는 견해$\binom{박균}{성}$와 부관과 주된 행정행위의 관련성을 이유로 주된 수익적 행정행위에도 미친다는 견해$\binom{류지}{태}$로 나누어진다. 법률관계의 안정 등을 고려할 때 집행정지의 효력이 수익적 효과에도 미친다고 볼 것이다.

5. 쟁송취소와 제 3 자효 있는 경우

제 3 자효 있는 행정행위의 부관은 이따금 제 3 자의 보호에 기여한다$\binom{예: 유흥주점허가시 제 3 자를 위}{한 소음방지의무를 부과하는 경우}$. 제 3 자의 보호에 위반하거나 미흡한 부관이 있는 경우에 이해관계 있는 제 3 자는 행정쟁송을 통해 자기의 권리를 주장할 수 있다.

Ⅵ. 하자 있는 부관의 이행으로 이루어진 사법행위의 효력

1. 문제상황

부관부 행정행위의 경우에 부관$\binom{특히}{부담}$의 이행으로 사법상 행위$\binom{특히 증}{여계약}$가 이루어지기도 하는데 그 부관에 하자가 있다면 부관의 하자와 그 이행으로 이루어진 사법상 행위는 어떤 관계가 있는지가 문제된다$\binom{예: 위법한 기부채납(국가 외의 자가 재산의 소유권을 무상으로 국가에 이전하여 국가가}{이를 취득하는 것)의 부담이 부가된 허가를 받은 후 기부채납행위(증여계약)를 하는 경우}$. 전술한 예에서 기부채납행위$\binom{증여}{계약}$의 중요부분에 착오가 있다면 상대방은 민법 제109조 제 1 항에 따라 이를 취소할 수 있는데, 이 증여계약은 부담의 내용인 기부채납의무의 이행행위로 이루어져 부담과 증여계약은 일정한 관련성을 가진다. 따라서 기부채납부담이 위법하나 효력이 있다면 원인행위인 부담을 그대로 둔 채 그로 인해 이루어진 증여계약만을 따로 중요부분의 착오를 이유로 취소할 수 있는지가 문제되는 것이다.

2. 학 설

(1) 부관구속설　　　이 견해는 부관의 이행으로 이루어진 사법상 행위의 효력은 부관에 구속을 받는다는 입장이다. 기부채납의 중요부분의 착오 여부의 판단은 민법적인 기준에 의하지만 그 취소 여부는 행정법적 기준, 즉 부관의 효력 여부에 의존하여 결정되어야 한다고 주장하면서 기부채납에 중요부분의 착오가 인정되더라도 그 원인행위인 부관이 무효이거나 취소·철회되지 않는 한, 부관인 부담은 행정행위의 공정력에 의해 그 효력을 유지하고 있으므로 기부채납의 중요부분의 착오를 이유로 이를 취소할 수 없다고 한다$\binom{송영}{천}$.

(2) 부관비구속설　　　이 견해는 부관의 이행으로 이루어진 사법상 행위의 효력은 부관과 무관하게 독자적으로 판단되어야 한다는 입장이다. 기부채납의 중요부분의 착오성이 인정된다면 기부채납부담의 효력유지 여하와는 무관하게$\binom{즉 행정행위의 공}{정력과 무관하게}$ 기부채납의 취소가 인정될 수 있다고 본다. 따라서 기부채납이 취소되더라도 행정행위인 부담의 효력은 당연히 상실되는 것이 아니므로, 당사자가 기부채납부관의 위법성을 취소소송을 통해 다툴 수 있는 가능성이 여전히 남는다고 한다$\binom{류지}{태}$.

(3) 절 충 설　　　이 견해는 부관을 무효인 경우와 취소할 수 있는 경우로 구분하여 살핀다. 이 견해는 부관이 무효인 경우는 부관비구속설에 접근하고, 부관이 취소할 수 있는 경우는 부관구속설에 접근한다. 말하자면 이 견해는 기부채납부담이 무효이면 원칙적으로 기부채납에 중요부분의 착오를 인정할 수 있어 기부채납의 취소가 가능하고, 기부채납부담이 단순위법사유인 경우에는 상대방은 항구적으로 기부채납의무를 부담하기 때문에 설사 그 위법성을 모르고 기

부채납을 이행하였다고 하더라도 그러한 사정은 중요부분의 착오가 될 수 없어 기부채납을 취소할 수 없다고 한다($\frac{박정}{훈}$).

3. 판 례

판례는 기부채납부관이 유효한 경우에는 부관에 구속되지만($\frac{증여계약}{취소불가}$), 무효이거나 취소된 경우에는 부관에 구속되지 않는다($\frac{증여계약}{취소가능}$)고 한 바 있다($\frac{판례}{1}$). 그 후에 판례는 부관과 그 이행행위로 이루어진 법률행위를 별개의 것으로 판단하여 부관에 구속되지 않는다($\frac{증여계약}{취소가능}$)고 하였다($\frac{판례}{2}$).

> [판례 1] 기부채납의 부관이 당연무효이거나 취소되지 않은 상태에서 증여계약의 중요부분에 착오가 있음을 이유로 증여계약을 취소할 수 있는지 여부
> ($\frac{원고가 서울특별시 영등포구를 상대로}{소유권이전등기말소를 청구한 사건에서}$) 토지소유자가 토지형질변경행위허가에 붙은 기부채납의 부관에 따라 토지를 국가나 지방자치단체에 기부채납($\frac{증}{여}$)한 경우, **기부채납의 부관이 당연무효이거나 취소되지 아니한 이상 토지소유자는 위 부관으로 인하여 증여계약의 중요부분에 착오가 있음을 이유로 증여계약을 취소할 수 없다**($\frac{대판 1999. 5. 25,}{98다53134}$).

> [판례 2] 행정처분에 붙인 부담인 부관이 무효인 경우, 그 부담의 이행으로 한 사법상 법률행위도 당연히 무효가 되는지 여부
> ($\frac{주택건설사업계획승인에 붙여진 부담에 따른 매매계약을 체결하고 대금을}{완납한 후, 부담이 무효임을 이유로 채무부존재확인을 구한 민사사건에서}$) 행정처분에 부담인 부관을 붙인 경우 부관의 무효화에 의하여 본체인 행정처분 자체의 효력에도 영향이 있게 될 수는 있지만, 그 처분을 받은 사람이 부담의 이행으로 사법상 매매 등의 법률행위를 한 경우에는 그 부관은 특별한 사정이 없는 한 법률행위를 하게 된 동기 내지 연유로 작용하였을 뿐이므로 이는 법률행위의 취소사유가 될 수 있음은 별론으로 하고 그 법률행위 자체를 당연히 무효화하는 것은 아니며, 행정처분에 붙은 부담인 부관이 제소기간의 도과로 확정되어 이미 불가쟁력이 생겼다면 그 하자가 중대하고 명백하여 당연 무효로 보아야 할 경우 이외에는 누구나 그 효력을 부인할 수 없을 것이지만, 그 **부담의 이행으로서 하게 된 사법상 매매 등의 법률행위는 그 부담을 붙인 행정처분과는 어디까지나 별개의 법률행위이므로 그 부담의 불가쟁력의 문제와는 별도로 그 법률행위가 사회질서 위반이나 강행규정에 위반되는지 여부 등을 따져보아 그 법률행위의 유효 여부를 판단하여야 한다**($\frac{대판 2009. 6. 25,}{2006다18174}$).

4. 사 견

① 기부행위의 중요부분에 착오가 인정되어도 원인행위인 부관이 취소·철회되지 않는 한 기부행위만을 취소할 수 없다고 하는 것은 민법적 기준($\frac{중요부분에 착오가 있는 경우}{에 취소가 가능하다는 기준}$)과 거리가 먼 해석이라는 점에서 부관구속설은 문제점을 갖는다. ② 기부채납부 행정행위에서 기부채납은 공법행위인 기부채납부 행정행위의 이행행위로서 이루어지는 것인 점에서 기부채납부 행정행위와 무관하게 기부채납의 취소가 가능하다는 부관비구속설은 논리적으로 철저하지 못하다. ③ 부관구속설과 부관비구속설의 문제점을 해소하고 있는 절충설이 보다 타당하다.

[기출사례] 제61회 5급공채(일반행정)(2017년) 문제·답안작성요령 ☞ PART 4 [1-32]

제10항 확   약

Ⅰ. 확약의 의의

1. 확약의 개념

법령등에서 당사자가 신청할 수 있는 처분을 규정하고 있는 경우, 행정청은 당사자의 신청에 따라 장래에 어떤 처분을 하거나 하지 아니할 것을 내용으로 하는 의사표시를 할 수 있는바(절차법 제40조의2 제1항), 행정절차법은 그 의사표시를 확약이라 부른다.

2. 종래 강학상 개념

종래 강학상으로는 행정주체가 사인에 대하여 장차 일정한 행정작용을 행하거나 행하지 않겠다고 하는 것을 내용으로 하는 공법상 일방적인 자기구속의 의사표시를 확언이라 하고, 확언의 대상이 특정 행정행위의 발령이나 불발령에 관한 것인 경우를 확약(넓은 의미의 확약개념)이라 불러왔다. 확언이나 확약은 행정청의 자기구속의 의사를 요소로 한다는 점이 특징적이다. 자기구속의 의사표시는 일방적인 것이며, 합의에 의한 것이 아니다. 상대방의 신청에 의한 것이라고 하여도 확언이나 확약 그 자체는 행정청의 일방적인 행위로 이해하였다.

3. 개념의 입법화

1987년에 입법예고가 되었던 행정절차법(안) 제25조는 확약에 관해 규정하고 있었다. 입법화는 되지 못하였다. 확언이나 확약의 법리는 이론과 판례에 맡겨져 있었다. 2022년 개정 행정절차법은 모든 처분이 아니라 당사자가 신청할 수 있는 처분만을 대상으로 하여 확약의 개념을 입법화 하였다(좁은 의미의 확약개념).

4. 구별개념

① 확약은 구체적인 처분에 대한 구속적인 의사표시라는 점에서 특정의 사실·법적 상태에 대한 행정청의 단순한 고지와 구분된다. ② 확약은 그 자체가 일방적인 행위이므로 복수당사자의 의사의 합치인 공법상 계약과 구분된다. ③ 확약은 사인에 대한 행위이므로 행정내부적 작용과는 구분된다. ④ 확약은 법적인 행위이므로 행정지도와 같은 사실행위와도 구별된다. ⑤ 확약은 행정행위의 발령을 목적으로 하는 점에서 그 자체는 완결적인 행정행위인 예비결정 및 부분허가와 다르다.

Ⅱ. 확약의 법적 성질

1. 행정행위

(1) 학   설   확약이 공법상의 의사표시이긴 하지만, 그 자체가 행정행위인가에 관해서는 견해가 갈린다. ① 다수설은 확약으로 행정기관은 장래의 일정한 의무를 부담하며 그에 따

라 상대방은 행정기관에 대해 확약내용의 이행을 청구할 권리가 인정된다는 점에서 행정행위라고 본다(김동희, 류지태). 그러나 ② 행정청이 어떤 행정행위에 대한 확약을 한 경우 그에 관한 종국적인 규율은 약속된 행정행위를 통해서 행해지는 것이지 확약 그 자체에 의한 것이 아니므로 확약을 행정법상 독자적 행위형식으로 보는 견해도 있다(김남진, 정하중).

　(2) 판　　례　　판례는 확약을 행정처분이 아니라 한 경우도 있고[판례 1], 행정처분이라 한 경우도 있다[판례 2]. 한편, 판례는 확약의 취소행위는 처분으로 본다[판례 3].

판례 1　어업권면허처분에 선행하는 우선순위결정의 성질

(외연도 어촌계 우선 순위결정사건에서) 충남지사의 대천시 어촌계에 대한 어업권면허에 선행하는 우선순위결정은 행정청이 우선권자로 결정된 자의 신청이 있으면 어업권면허처분을 하겠다는 것을 약속하는 행위로서 강학상 확약에 불과하고 행정처분은 아니다(대판 1995. 1. 20, 94누6529)(이 판례상 우선순위결정은 면허의 예비결정으로서 다단계행 정행위이므로 처분성이 인정되었어야 한다는 지적도 있다)(김남 진).

판례 2　사업시행자를 지정하기 위한 전 단계에서 공모제안을 받아 일정한 심사를 거쳐 우선협 상대상자를 선정하는 행위와 이미 선정된 우선협상대상자를 그 지위에서 배제하는 행위의 성질

(주식회사 녹색친환경에너지가 광주광역시장을 피고 로 제기한 우선협상대상자지위배제처분취소의 소에서) 공유재산 및 물품관리법(이하 '공유재산 법'이라 한다) 제 2 조 제 1 호, 제 7 조 제 1 항, 제20조 제 1 항, 제 2 항 제 2 호의 내용과 체계에 관련 법리를 종합하면, 지방자치단체의 장이 공유재산법에 근거하여 기부채납 및 사용·수익허가 방식으로 민간투자사업을 추진하는 과정에서 사업시행자를 지정하기 위한 전 단계에서 공모제안을 받아 일정한 심사를 거쳐 우선협상대상자를 선정하는 행위와 이미 선정된 우선협상대상자를 그 지위에서 배제하는 행위는 민간투자사업의 세부내용에 관한 협상을 거쳐 공유재산법에 따른 공유재산의 사용·수익허가를 우선적으로 부여받을 수 있는 지위를 설정하거나 또는 이미 설정한 지위를 박탈하는 조치이므로 모두 항고소송의 대상이 되는 행정처분으로 보아야 한다(대판 2020. 4. 29, 2017두31064).

판례 3　자동차운송사업 양도양수인가신청에 대하여 행정청이 내인가를 한후 그 본인가신청이 있음에도 내인가를 취소한 경우, 내인가취소의 성질

(정원운수주식회사가 서울특별시장을 피고로 제기 한 자동차운수사업양도인가거부처분취소의 소에서) 자동차운송사업양도양수계약에 기한 양도양수인가신청에 대하여 피고 시장이 내인가를 한 후 위 내인가에 기한 본인가신청이 있었으나 자동차운송사업 양도양수인가신청서가 합의에 의한 정당한 신청서라고 할 수 없다는 이유로 위 내인가를 취소한 경우, 위 내인가의 법적 성질이 행정행위의 일종으로 볼 수 있든 아니든 그것이 행정청의 상대방에 대한 의사표시임이 분명하고, 피고가 위 내인가를 취소함으로써 다시 본인가에 대하여 따로이 인가 여부의 처분을 한다는 사정이 보이지 않는다면 위 내인가취소를 인가신청을 거부하는 처분으로 보아야 할 것이다(대판 1991. 6. 28, 90누4402).

[참고판례] 어업면허의 우선순위의 의의

(수산업법 제13조 제 1 항 위헌소원 사건에서) 면허의 우선순위란 동일한 수면에서 어업면허를 받고자 하는 자가 경합할 때 누구에게 면허를 해주어야 하는가를 결정해주는 기준이다. 수산업법은 먼저 출원한 사람에게 우선권을 인정하는 선원주의를 채택하지 아니하고, 법정요건을 구비한 자에게 우선순위를 인정하는 제도를 채택하고 있다. 수산업법(제9조, 제13조)은 어업인의 자격과 경험, 지역과의 연관성 등의 요건을 구비한 어업인(어업을 경영하는 자와 어업종사자)에게

어업면허에 관한 우선순위를 부여하면서도, 다른 한편으로 마을어업, 협동양식어업 등에 대해서는 어촌계, 영어조합법인, 지구별수산업협동조합에만 배타적으로 면허하도록 규정하고 있다(헌재 2019. 7. 25, 2017헌바133).

2. 재량행위

재량행위 여부가 법령에서 명시되고 있는 경우가 아니라면, 행정청이 확약을 할 것인가, 아니할 것인가의 판단은 행정청의 재량에 따른다. 확약의 대상에는 재량행정뿐만 아니라 기속행정도 포함된다.

Ⅲ. 법적 근거

좁은 의미의 확약에 관한 일반법으로 행정절차법 제40조의2가 있다.

[참고] 확언 등의 법적 근거

(1) 학   설   행정주체가 사인에 대하여 장차 일정한 행정작용을 행하거나 행하지 않겠다고 하는 것을 내용으로 하는 공법상 일방적인 자기구속의 의사표시 중 행정절차법 제40조의2에서 규정되지 아니한 부분에 대해서도 일반적인 법제도로서 인정될 수 있을 것인가의 문제가 있다. 부정하는 견해는 보이지 아니한다. 긍정하는 견해도 ① 종전의 독일의 판례처럼 신의칙 내지 신뢰보호를 근거로 하는 견해(신뢰보호설), ② 종래 다수설은 본 처분의 권한에는 확약의 대상이 되는 본행정행위를 확약할 수 있는 권한까지 포함된다는 것을 근거로 하는 견해(본처분권한내재설)(김동희, 박균성, 류지태, 정하중), ③ 확약을 통해서 본행정행위에 대해 국민이 갖는 예견가능성은 헌법상 보호되는 것이라는 점을 논거로 하는 견해를 볼 수 있다.

(2) 사   견   확언이나 광의의 확약으로 인해 국민이 갖는 이익(예지이익·대처이익)은 법적으로 보호받아야 할 가치가 있는 이익이라 판단되는바, 명문의 규정이 없어도 확언이나 광의의 확약의 제도는 인정할 필요가 있다. 다만 그 근거는 긍정설 중 ②설이 논리적이고 타당하다. 인정하는 경우, 좁은 의미의 확약의 법리를 유추적용할 수 있을 것이다.

Ⅳ. 확약의 요건·한계

1. 권한·형식

① 유효한 확약은 권한을 가진 행정청에 의해서만, 그리고 권한의 범위 내에서만 발해질 수 있다. ② 확약은 문서로 하여야 한다(절차법 제40조의2 제 2 항).

2. 절차요건

① 확약은 당사자의 신청을 전제로 한다(절차법 제40조의2 제 1 항). 당사자의 신청 없이 이루어지는 행정청의 일방구속적인 약속은 행정절차법 제40조의2의 적용대상이 아니다. ② 행정청은 다른 행정청과의 협의 등의 절차를 거쳐야 하는 처분에 대하여 확약을 하려는 경우에는 확약을 하기 전에 그 절차를 거쳐야 한다(절차법 제40조의2 제 3 항). 그렇지 않다면 확약은 절차회피의 수단으로 남용될 수 있다.

3. 내용요건

① 확약은 법령등에서 당사자가 신청할 수 있는 처분을 대상으로 한다(절차법 제40조의2 제 1 항). 당자사에

게 신청권이 인정되지 아니하는 처분은 확약의 대상이 아니다. ② 확약의 내용은 법의 일반원칙에 부합하여야 한다. ③ 확약은 추후 행정행위의 규율내용과 범위에서 일치되어야 한다.

4. 한 계

① 본처분의 요건사실이 완성된 후에도 확약을 할 수 있을 것인가가 문제되나, 확약의 취지가 개인의 이익(예지이익·대처이익)의 보호에 있으므로 긍정적으로 볼 것이다(다수설)(예: 일정 금액의 과세처분의 확약). 본처분을 하여야 한다는 반대견해(박윤흔)도 있다. ② 확약은 재량행위뿐만 아니라 기속행위에도 가능하다. 논리적으로만 보면 기속행위는 본처분이 반드시 발해져야 하는 것이므로 확약이 의미 없다고할 수도 있다. 그러나 기속행위에 있어서도 예지이익과 대처이익이 있기 때문에 기속위반이 없는한 확약의 의미는 있다.

Ⅴ. 확약의 효과

1. 효력의 발생

확약도 상대방에 통지되어야 효력을 발생한다. 확약도 행정행위의 일종이므로, 단순위법의확약도 효력을 가진다. 또한 그것은 하자의 치유의 대상이 된다.

2. 구 속 효

통상의 행정행위만큼 광범위한 것은 아니나 확약도 구속효를 갖는다. 적법한 확약이 성립하면, 행정청은 상대방에 대해 확약한 행위를 이행하여야 할 의무를 부담하고, 상대방은 당해 행정청에 대해 그 이행을 청구할 수 있다.

3. 실효 · 철회 · 취소(구속력의 배제)

① 행정청은. 확약을 한 후에 확약의 내용을 이행할 수 없을 정도로 법령등이나 사정이 변경된경우(대판 1996. 8. 20, 95누10877. 현진종합건설(주) 사건) 또는 확약이 위법한 경우에는 확약에 기속되지 아니한다(절차법 제40조의2 제1항). ②또한 행정청은 위법한 행정행위를 취소하거나(기본법 제18조) 적법한 행정행위를 철회할 수 있는 것(기본법 제19조)과 동일한 요건 하에서 확약을 취소 또는 철회함으로써 확약의 구속성을 사후적으로 제거할 수도있다.

Ⅵ. 하 자

행정행위의 성격을 인정하는 다수설에 따른다면, 확약에 중대하고 명백한 하자가 있다면, 그러한 확언이나 확약은 무효가 된다. 단순위법의 하자가 있다면 취소할 수 있는 행위가 된다. 이 경우 취소의 제한에 대한 일반원리(기본법 제18조)가 적용된다.

Ⅶ. 권리보호

1. 행정쟁송

확약을 행정행위로 보는 다수설에 따르면 확약은 항고소송의 대상인 처분이다. 다만 판례는 확약의 처분성을 인정하지 아니한다. 물론 수익적 행정행위의 발령을 확약한 후 사인이 이를 신청하자 거부한 경우에는 의무이행심판이나 거부처분취소소송 등을 제기할 수 있을 것이다.

2. 손해전보

확약 또는 확약한 후 그 불이행이 국가배상법 제 2 조 제 1 항이 정하는 요건을 충족하면 상대방은 손해배상을 청구할 수 있다. 만약 확약을 한 사항의 불이행이 적법하지만 상대방에게 특별한 희생을 가져온다면 상대방은 손실보상도 청구할 수 있을 것이다.

[기출사례] 제66회 5급공채(행정)(2022년) 문제·답안작성요령 ☞PART 4 [1-33b]

제 4 절   공법상 계약

Ⅰ. 공법상 계약의 의의

1. 개념의 정의

공법상 계약이란 행정청이 행정목적을 달성하기 위하여 체결하는 공법상 법률관계에 관한 계약을 말한다(기본법 제27조 제1항). 달리 말하면, 공법의 영역에서 법관계를 발생·변경·폐지시키는 대등한 복수당사자의 반대방향의 의사의 합치 또는 공법상 효과의 발생을 목적으로 하는 대등한 당사자의 의사의 합치에 의해 성립되는 공법행위로 정의할 수 있다(대판 2023. 6. 29. 2021다250025).

2. 구별개념

① 사법상 계약은 사법의 영역에서 이루어지는 계약을 말하나, 공법상 계약은 공법의 영역에서 이루어지는 계약을 말한다. 그것은 공법상 효과, 즉 공법상 권리·의무의 발생·변경·소멸을 목적으로 한다(판례1). ② 행정행위나 공법상 계약 모두 개별·구체적인 법적 행위라는 점에서는 동일하다. 그러나 행정행위는 일방적인 행위임에 반하여 공법상 계약은 쌍방행위인 점에서 양자는 구분된다(동의를 요하는 행정행위에서 사인의 의사는 적법요건이며, 사인의 의사가 결여된 경우에는 위법하고 취소가 가능하다. 이에 비해 공법상 계약에서 사인의 의사는 계약의 성립요건이며, 사인의 의사가 결여된 경우에는 계약이 없는 것이 된다)(판례2). ③ 공법상 합동행위나 공법상 계약 모두 다수의사의 합치에 의해 성립한다는 점에서는 동일하나, 그 의사의 방향이 전자는 같은 방향이나 후자는 반대방향인 점에서 구분된다.

판례 1   공법상 계약과 사법상 계약의 구분 방법

(甲 주식회사 등으로 구성된 컨소시엄과 한국에너지기술평가원은 산업기술혁신 촉진법 제11조 제4항에 따라 산업기술개발사업에 관한 협약을 체결하고, 위 협약에 따라 정부출연금이 지급되었는데, 한국에너지기술평가원이 甲 회사가 외부인력에 대한 인건비를 위 협약에 위반하여 집행하였다며 甲 회사에 정산금 납부통보를 하자, 甲 회사는 한국에너지기술평가원 등을 상대로 정산금 반환채무가 존재하지 아니한다는 확인을 구하는 소를 민사소송으로 제기한 사건에서) 어떠한 계약이 공법상 계약에 해당하는지는 계약이 공행정 활동의 수행 과정에서 체결된 것인지, 계약이 관계 법령에서 규정하고 있는 공법상 의무 등의 이행을 위해 체결된 것인지, 계약 체결에 계약 당사자의 이익만이 아니라 공공의 이익 또한 고려된 것인지 또는 계약 체결의 효과가 공공의 이익에도 미치는지, 관계 법령에서의 규정 내지 그 해석 등을 통해 공공의 이익을 이유로 한 계약의 변경이 가능한지, 계약이 당사자들에게 부여한 권리와 의무 및 그 밖의 계약 내용 등을 종합적으로 고려하여 판단하여야 한다$\binom{\text{대판 2023. 6. 29.}}{\text{2021다250025}}$.

판례 2   행정처분과 공법상 계약의 구분방법

(중소기업기술정보진흥원장이 원고인 주식회사 더존넥스트와 중소기업 정보화지원사업 지원대상인 사업의 지원에 관한 협약을 체결하였는데, 협약이 원고에 책임이 있는 사업실패로 해지되었다는 이유로 협약에서 정한 대로 지급받은 정부지원금을 반환할 것을 통보하자 원고가 정보화지원사업참여제한처분무효확인을 구한 사건에서) 행정청이 자신과 상대방 사이의 법률관계를 일방적인 의사표시로 종료시켰다고 하더라도 곧바로 그 의사표시가 행정청으로서 공권력을 행사하여 행하는 행정처분이라고 단정할 수는 없고, 관계 법령이 상대방의 법률관계에 관하여 구체적으로 어떻게 규정하고 있는지에 따라 그 의사표시가 항고소송의 대상이 되는 행정처분에 해당하는 것인지 아니면 공법상 계약관계의 일방 당사자로서 대등한 지위에서 행하는 의사표시인지 여부를 개별적으로 판단하여야 한다$\binom{\text{대판 2015. 8. 27.}}{\text{2015두41449}}$.

[참고] 대법원은 공법상 계약에 근거한 의사표시라고 하여 항상 그것이 대등한 당사자 지위에서 행해지는 것은 아니며, 개별 행정작용마다 관련법령이 당해 행정주체와 사인간의 관계를 어떻게 규정하고 있는지를 행위형식이나 외관이 아니라 당해 행위의 실질을 기준으로 개별적으로 검토하여야 한다는 입장이다$\binom{\text{대판 2016. 11. 24.}}{\text{2016두45028 참조}}$. 이것은 공법상 계약에 근거한 의사표시의 성질은 다양할 수 있음을 의미한다.

3. 행정법상 계약과 행정계약

넓은 의미에서 공법상 계약에는 국제법상 권리주체 간의 계약, 헌법기관 간의 계약, 그리고 행정법상 계약이 포함된다. 그러나 일반적으로 행정법상 계약만을 공법상 계약이라 부른다. 이를 좁은 의미의 공법상 계약이라 부르기도 한다. 행정주체가 일방당사자인 공법상 계약과 사법상 계약의 상위개념으로 행정계약이라는 표현이 사용되기도 한다.

Ⅱ. 공법상 계약과 법치행정

1. 일반법(적용법규)

행정기본법 제27조는 공법상 계약에 관한 일반법이다. 특별법이 있으면, 특별법이 행정기본법에 우선하여 적용된다. 특별법이나 행정기본법에 규정이 없는 사항에 대해서는 성질이 허락하는 범위 안에서 민법이 유추 적용될 수 있을 것이다.

2. 행정의 법률적합성의 원칙과의 관계

(1) 법률의 우위의 원칙과의 관계   공법상 계약에도 법률의 우위의 원칙은 적용된다. 즉, 행정청은 법령등을 위반하지 아니하는 범위에서 행정목적을 달성하기 위하여 필요한 경우에는 공법상 법률관계에 관한 계약$\binom{이하\ "공법상}{계약"이라\ 한다}$을 체결할 수 있다$\binom{기본법\ 제27조}{제\ 1\ 항\ 본문}$. 강행법규에 반하는 공법상 계약은 위법한 것이 된다.

(2) 법률의 유보의 원칙과의 관계   행정기본법 제27조가 공법상 계약에 관해 일반적인 근거법이므로, 공법상 계약에 법률유보의 원칙이 적용되고 있는 셈이다.

3. 공법상 계약의 특성

① 공법상 계약에 법률의 우위의 원칙이 적용되는 결과 국유재산법 제29조에서 보는 바와 같이 공법상 계약 체결의 자유와 형성의 자유가 법률에 의해 제한되기도 한다. 사적 자치의 원칙을 따르는 사법상 계약과 다른 점이다. ② 행정청은 공법상 계약의 상대방을 선정하고 계약 내용을 정할 때 공법상 계약의 공공성과 제 3 자의 이해관계를 고려하여야 한다$\binom{기본법\ 제27}{조\ 제\ 2\ 항}$. ③ 공법상 계약의 권리 · 의무는 공권 · 공의무가 된다. 공권 · 공의무는 사법상 계약의 내용인 사권 · 사의무에 비해 대체성이 없고 포기가 제한되는 경우가 많다.

Ⅲ. 공법상 계약의 종류

1. 성질에 따른 구분

공법상 계약은 성질에 따라 대등계약과 종속계약으로 구분된다. 대등계약은 공법의 영역에서 계약의 대상과 관련하여 일방이 타방에 우월한 지위에 있지 않은 자 간의 계약을 말하고, 종속계약은 공행정주체와 사인 간의 계약을 말하는데, 종속계약은 경우에 따라 행정행위 대신에 체결될 수도 있다.

2. 주체에 따른 구분

공법상 계약은 주체에 따라 행정주체 간의 공법상 계약, 행정주체와 사인 간의 공법상 계약$\binom{판례}{1,\ 2,\ 3,\ 4}$, 사인 상호간의 공법상 계약이 있다. ① 행정주체 간의 공법상 계약은 국가와 공공단체 또는 공공단체 상호간에 특정의 행정사무의 처리를 합의하는 경우를 말한다. 예로서 공공단체 상호간의 사무의 위탁, 공공시설의 관리$\binom{예:\ 도로법}{제24조}$, 경비분담협의$\binom{예:\ 도로법}{제85조\ 제\ 2\ 항}$의 경우를 볼 수 있고, ② 행정주체와 사인 간의 공법상 계약의 예로 임의적 공용부담$\binom{공공용도로}{의\ 기부채납}$ · 보조금$\binom{장}{금}$지원계약 · 행정사무위탁 · 특별행정법관계설정합의$\binom{지원}{입대}$ · 공익사업을 위한 토지 등의 취득 및 보상에 관한 법률상 협의의 경우가 있고, ③ 사인 상호간의 공법상 계약은 국가로부터 공권을 위탁받은 사인과 타사인 간의 계약을 말한다$\binom{예:\ 사업시행자로서의\ 사인과\ 토지}{소유자\ 간의\ 토지수용에\ 관한\ 합의}$.

[판례 1] 지방전문직공무원 채용계약 해지 의사표시의 성격 및 이에 대하여 당사자소송으로 무효확인을 청구할 수 있는지 여부

(서울대공전술연구소 연구원 채용계약해지사건에서) 현행 실정법이 **지방전문직공무원 채용계약 해지의 의사표시**를 일반공무원에 대한 징계처분과는 달리 항고소송의 대상이 되는 처분 등의 성격을 가진 것으로 인정하지 아니하고, 지방전문직공무원규정 제 7 조 각호의 1에 해당하는 사유가 있을 때 지방자치단체가 채용계약 관계의 한쪽 당사자로서 **대등한 지위에서 행하는 의사표시로 취급하고 있는 것으로 이해되므로**, 지방전문직공무원 채용계약 해지의 의사표시에 대하여는 대등한 당사자 간의 소송형식인 **공법상 당사자소송으로 그 의사표시의 무효확인을 청구할 수 있다**(대판 1993. 9. 14, 92누4611).

[판례 2] 공중보건의사 채용계약의 법적 성질과 채용계약 해지에 관한 쟁송방법

(전라북도지사의 원고에 대한 공중보건의사전문직공무원채용계약해지처분의 취소를 구한 공중보건의사 전문직공무원 채용계약해지사건에서) 관계 법령의 규정내용에 미루어 보면 현행 실정법이 **전문직공무원인 공중보건의사의 채용계약 해지의 의사표시**는 일반공무원에 대한 징계처분과는 달라서 항고소송의 대상이 되는 처분 등의 성격을 가진 것으로 인정되지 아니하고, 일정한 사유가 있을 때에 관할 도지사가 채용계약 관계의 한쪽 당사자로서 **대등한 지위에서 행하는 의사표시로 취급하고 있는 것으로 이해되므로**, 공중보건의사 채용계약 해지의 의사표시에 대하여는 대등한 당사자 간의 소송형식인 **공법상의 당사자소송으로 그 의사표시의 무효확인을 청구할 수 있는 것이지**, 이를 항고소송의 대상이 되는 행정처분이라는 전제하에서 그 취소를 구하는 항고소송을 제기할 수는 없다(대판 1996. 5. 31, 95누10617).

[판례 3] 광주광역시문화예술회관장의 단원위촉이 협력을 요하는 행정행위인지 공법상 계약인지 여부

(광주광역시문화예술회관장의 원고에 대한 합창단재위촉거부처분의 취소를 구한 광주광역시 시립합창단원 재위촉거부사건에서) 단원의 지위가 지방공무원과 유사한 면이 있으나, 한편 단원의 위촉기간이 정하여져 있고 재위촉이 보장되지 아니하며, 단원에 대하여는 지방공무원의 보수에 관한 규정을 준용하는 이외에는 지방공무원법 기타 관계 법령상의 지방공무원의 자격, 임용, 복무, 신분보장, 권익의 보장, 징계 기타 불이익처분에 대한 행정심판 등의 불복절차에 관한 규정이 준용되지도 아니하는 점 등을 종합하여 보면, **광주광역시문화예술회관장의 단원위촉은 광주광역시문화예술회관장이 행정청으로서 공권력을 행사하여 행하는 행정처분이 아니라 공법상의 근무관계의 설정을 목적으로 하여 광주광역시와 단원이 되고자 하는 자 사이에 대등한 지위에서 의사가 합치되어 성립하는 공법상 근로계약에 해당한다고 보아야 할 것이므로**, 광주광역시립합창단원으로서 위촉기간이 만료되는 자들의 재위촉 신청에 대하여 광주광역시문화예술회관장이 실기와 근무성적에 대한 평정을 실시하여 **재위촉을 하지 아니한 것을 항고소송의 대상이 되는 불합격처분이라고 할 수는 없다**(대판 2001. 12. 11, 2001두7794).

[판례 4] 중소기업 기술혁신 촉진법상 중소기업 정보화지원사업의 지원에 관한 협약의 성질

(중소기업기술정보진흥원장이 원고인 주식회사 더존넥스트와 중소기업 정보화지원사업 지원대상인 사업의 지원에 관한 협약을 체결하였는데, 협약이 원고에 책임이 있는 사업실패로 해지되었다는 이유로 협약에서 정한 대로 지급받은 정부지원금을 반환할 것을 통보하자 원고가 정보화지원사업참여제한처분무효확인을 구한 사건에서) 중소기업 정보화지원사업에 따른 지원금 출연을 위하여 중소기업청장이 체결하는 협약은 공법상 대등한 당사자 사이의 의사표시의 합치로 성립하는 공법상 계약에 해당하는 점, 구 중소기업 기술혁신 촉진법(2010. 3. 31. 법률 제10220호로 개정되기 전의 것) 제32조 제 1 항은 제10조가 정한 기술혁신사업과 제11조가 정한 산학협력 지원사업에 관하여 출연한 사업비의 환수에 적용될 수 있을

뿐 이와 근거 규정을 달리하는 중소기업 정보화지원사업에 관하여 출연한 지원금에 대하여는 적용될 수 없고 달리 지원금 환수에 관한 구체적인 법령상 근거가 없는 점 등을 종합하면, 협약의 해지 및 그에 따른 환수통보는 공법상 계약에 따라 행정청이 대등한 당사자의 지위에서 하는 의사표시로 보아야 하고, 이를 행정청이 우월한 지위에서 행하는 공권력의 행사로서 행정처분에 해당한다고 볼 수는 없다(대판 2015. 8. 27. 2015두41449).

Ⅳ. 공법상 계약의 적법요건

1. 주체요건

공법상 계약의 한쪽 당사자는 행정청이다(기본법 제27조 제1항). 논리적으로 보면, 공법상 계약의 한쪽 당사자는 권리주체이어야 하는바, 국가나 지방자치단체 등이 당사자가 되어야 한다. 그러나 현실적으로는 행정청이 계약당사자의 기능을 수행하는바, 행정기본법은 행정청을 공법상 계약의 당사자로 하였다. 물론 공법상 계약을 체결하고자 하는 행정청은 계약대상에 대해 정당한 권한을 가져야 한다. 그리고 행정청을 위해 행위하는 공무원은 정상적인 의사능력을 가져야 한다.

2. 내용요건

① 공법상 계약의 내용은 법령등을 위반하지 않아야 한다(기본법 제27조 제1항). ② 공법상 법률관계에 관한 것이어야 한다(기본법 제27조 제1항). ③ 사인의 급부와 행정청의 급부가 부당하게 결부되어서는 아니 된다(기본법 제13조). ④ 공법상 계약의 내용은 당사자 사이에 합의에 의해 정해지기도 하나, 행정주체가 일방적으로 내용을 정하고 상대방은 체결 여부만을 선택해야 하는 경우도 있다. ⑤ 행정청은 공법상 계약의 상대방을 선정하고 계약 내용을 정할 때 공법상 계약의 공공성과 제3자의 이해관계를 고려하여야 한다(기본법 제27조 제2항). 공법상 계약도 공익실현을 목적으로 하는 공행정의 한 부분이기 때문이다.

3. 형식요건

(1) 문서형식　　공법상 계약의 체결은 계약의 목적 및 내용을 명확하게 적은 계약서(문서)로 하여야 한다(기본법 제27조 제1항). 문서형식은 계약내용을 명확히 하고, 추후에 분쟁이 발생한 경우에 분쟁해결에 기여한다.

(2) 제3자 권리침해의 경우　　① 제3자의 권리를 침해하는 공법상 계약의 경우에는 관련된 제3자의 서면상의 동의를 얻어야 한다. 왜냐하면 누구도 제3자에게 부담을 가져오는 계약을 임의로 체결할 수는 없기 때문이다. ② 뿐만 아니라 행정행위의 발령을 내용으로 하는 계약을 체결하는 경우, 그 행정행위가 제3자의 권리를 침해하는 것이라면, 그러한 행정행위의 적법요건이 구비되어야 계약이 가능하다.

(3) 다른 행정청의 동의　　공법상 계약이 「발령에 다른 행정청의 동의가 요구되는 행정행위를 대체하는 것」이라면, 공법상 계약의 체결에도 그 다른 행정청의 동의가 필요하다.

4. 절차요건

공법상 계약의 절차에 관한 일반법은 없다. 특별규정이 없는 한, 의사표시와 계약에 관한 일반원칙을 따르게 된다. 경우에 따라서는 공법상 계약의 성립에 감독청의 승인·인가 등을 받게 할 수도 있다.

Ⅴ. 공법상 계약의 변경·해지·해제, 이행·강제집행

1. 변경·해지·해제

(1) 변　　경　　행정기본법에는 이에 관한 규정이 없다. 행정청 또는 계약 상대방은 공법상 계약이 체결된 후 중대한 사정이 변경되어 계속하여 계약 내용을 이행하는 것이 신의성실의 원칙에 반하는 경우에는 계약 내용의 변경을 요구할 수 있을 것이다.

(2) 해　　지　　계약의 효과를 장래적으로 제거하는 것을 해지라 한다. 행정기본법에는 이에 관한 규정이 없다. 행정청은 ① 공법상계약 내용의 실현이 불가능하거나 변경 시 계약당사자 어느 한쪽에게 매우 불공정할 경우, ② 공법상 계약을 이행하면 공공복리에 중대한 영향을 미칠 것이 명백한 경우에는 공법상 계약을 해지할 수 있어야 할 것이다.

(3) 해　　제　　계약의 효과를 소급적으로 제거하는 것을 해제라 한다. 공법상 계약의 해제에 관한 일반법은 없다. 사법상 해제에는 ① 계약 당사자가 약정한 사유가 발생한 경우에 당사자 일방의 의사표시로 이루어지는 해제인 약정해제와 ② 법률에서 정한 사유인 이행지체($\substack{\text{민법 제} \\ \text{544조}}$) 또는 이행불능($\substack{\text{민법 제} \\ \text{546조}}$) 등의 경우에 당사자 일방의 의사표시로 이루어지는 해제인 법정해제가 있다. 해제에 관한 사법규정은 공법상 계약에도 적용될 수 있을 것이다.

2. 이행과 강제집행

계약당사자는 계약내용에 따라 이행의무를 진다. 특별규정이 없는 한, 이행·불이행에 관해서는 민법규정을 유추적용할 것이다. 당사자가 계약상의 의무를 이행하지 아니하면 상대방은 법원의 판결을 받아 이행을 강제할 수 있다. 설령 행정청이 행정행위를 발하였더라면 강제집행할 수 있었을지라도 계약의 형식으로 한 이상 법원의 판결 없이는 강제집행할 수 없다. 다만 예외적으로 명문의 규정이 있다면, 행정청이 판결 없이 강제집행을 할 수 있다.

Ⅵ. 하자와 권리보호

1. 하　　자

(1) 하자의 효과　　위법한 공법상 계약에 관한 일반적인 규정은 없다. 명문의 규정이 없는 한, 중대한 하자 있는 공법상 계약은 행정행위와 달리 공정력이 인정되지 아니하므로 무효로 볼 것이다. 경미한 의사표시상의 하자의 경우에는 무효 외에 착오·사기·강박 등의 의사표시상의 하자를 이유로 한 취소도 가능하다는 견해($\substack{\text{류지} \\ \text{태}}$)도 있다. 이 견해는 공법상 계약 중 취소할 수

있는 하자로는 의사표시상의 하자를 들고 있다. 의사표시의 하자의 경우에는 별도의 규정이 없는 한 민법상의 계약에 관한 규정이 적용되기 때문이라고 한다.

(2) 무효의 효과　　무효인 공법상 계약으로부터는 아무런 법적 효과도 발생하지 아니한다. 누구도 그 계약의 이행을 주장할 수 없다. 만약 무효인 공법상 계약에 기하여 급부를 제공하였다면, 공법상 부당이득반환청구권의 법리에 따라 급부의 반환을 요구할 수 있다

(3) 일부무효　　민법상 계약의 일부무효의 경우($^{민법 제}_{137조}$)와 마찬가지로 공법상 계약의 일부분이 무효일 때에는 그 전부를 무효로 한다. 다만, 그 무효 부분이 없더라도 공법상 계약을 체결하였을 것이라고 인정되는 경우에는 나머지 부분은 무효로 하지 아니한다고 볼 것이다.

(4) 유동적 무효　　제3자의 권리를 침해하는 공법상 계약의 경우에 제3자의 동의가 없이 체결된 계약은 제3자의 문서에 의한 동의가 있기까지, 그리고 다른 행정청의 동의 또는 합의를 요하는 공법상 계약의 경우에 다른 행정청의 동의 또는 합의가 없이 체결된 계약은 다른 행정청의 동의 또는 합의가 있기까지는 유동적 무효의 상태에 있다고 볼 것이다.

(5) 무효인 계약에 근거한 행정행위　　무효인 계약에 근거하여 행정청이 행정행위를 발령하였다면, 그러한 행정행위는 하자 있는 행정행위가 된다고 볼 것이다. 그러한 행정행위의 효과는 중대명백설에 따라 판단하면 된다.

2. 권리보호(당사자소송)

공법상 계약에 관한 분쟁은 행정소송법 제3조 제2호가 정하는 실질적 당사자소송의 대상이 된다. 공법상 계약에 관한 것인 한, 그것이 계약이행의 문제인가 또는 계약상 손해배상의 청구인가를 가리지 않는다. 판례의 견해는 다소 차이가 있다($^{판}_{례}$).

> 판례 공법상 계약의 이행을 청구하는 소송의 성질
> (甲 주식회사 등으로 구성된 컨소시엄과 한국에너지기술평가원은 산업기술혁신 촉진법 제11조 제4항에 따라 산업기술개발사업에 관한 협약을 체결하고, 위 협약에 따라 정부출연금이 지급되었는데, 한국에너지기술평가원이 甲 회사가 외부인력에 대한 인건비를 위 협약에 위반하여 집행하였다며 甲 회사에 정산금 납부통보를 하자, 甲 회사는 한국에너지기술평가원 등을 상대로 정산금 반환채무가 존재하지 아니한다는 확인을 구하는 소를 민사소송으로 제기한 사건에서) 공법상 계약의 한쪽 당사자가 다른 당사자를 상대로 그 이행을 청구하는 소송 또는 이행의무의 존부에 관한 확인을 구하는 소송은 공법상 법률관계에 관한 분쟁이므로 분쟁의 실질이 공법상 권리·의무의 존부·범위에 관한 다툼이 아니라 손해배상액의 구체적인 산정방법·금액에 국한되는 등의 특별한 사정이 없는 한 공법상 당사자소송으로 제기하여야 한다($^{대판 2023. 6. 29.}_{2021다250025}$).

[기출사례] 제31회 입법고시(2015년) 문제·답안작성요령 ☞ PART 4 [1-34]

제 5 절 단순고권행정(비권력행정)

Ⅰ. 관 념

단순고권행정이란 공법의 영역에서 이루어지는 행위형식으로서, 행정입법·행정행위·공법상 계약 등 권력적인 형식 이외의 행위형식을 말한다. 고권적이란 공법상의 작용을 뜻하는바 사법형식과 구별하는 징표이고, 단순이란 행정권의 작용이 비권력적임을 뜻한다. 단순고권행정은 권력적인 행정작용도 아니고 사법적 행정작용에 속하지 아니하는 여러 상이한 행위유형의 집합을 지칭한다. 요컨대 단순고권행정은 공법상 비권력행정을 총칭한다. 단순고권행정은 강제 없이도 일정한 공행정의 목적을 잘 실현할 수 있는 경우(예: 경찰의 명령·
강제보다 경고), 성질상 명령·강제가 부적합한 경우(예: 도로의 건설·유
지, 직업교육의 실시)에 활용된다.

[참고] ① 단순고권행정과 관리관계는 구별되어야 한다. 단순고권행정은 독일에서 온 개념이고, 관리관계는 일본에서 온 개념이다. 관리관계의 내용이 본질적으로 사법과 다르지 않다고 하면서 관리관계를 공법관계의 한 부분으로 파악하는 것은 논리체계적이지 아니하다.
② 공법상 계약의 경우에는 법률에서 정한 요건에 하자가 있어도 합의된 효과가 발생할 수 있으므로, 오늘날에 있어서 공법상 계약은 단순고권행정에서 제외되고 있다.

Ⅱ. 사실행위

사실행위에는 행정법상 지식의 표시, 비명령적 영향력행사, 순수사실행위가 있다. 특히 비명령적 영향력행사와 관련하여서는 비정식적 행정작용과 공적 경고가 특히 문제되고 있다. 공적 경고를 포함하여 사실행위 전반에 관해서는 제 6 절과 제 7 절에서 살펴보기로 한다.

Ⅲ. 비정식적 행정작용

진부한 종래의 사실행위론 내지 단순고권행정론은 행정법학상 그다지 큰 관심을 끌지 못하였다. 그러나 오늘날에 있어서 사실행위론 내지 단순고권행정론은 시각을 달리하여 비정식적 행정작용의 문제로서 관심의 대상이 되고 있다. 비정식적 행정작용의 문제는 행정의 실제를 규명하려는 학문적 노력의 일환이라 할 수 있다.

1. 의 의

행정입법·공법상 계약·행정행위 등과 같이 절차·형식·효과 등이 법에 규정되어 행정법학상 확고한 지위를 가지고 있는 행정의 일련의 행위형식을 정식적 행정작용이라 하고, 이와 달리 법적 성격이나 법적 효과 등이 파악되고 있지 않으면서 행정실제에서 많이 활용되고 있는 일련의 행정작용들을 비정식적 행정작용(비공식 행정작용.
비정형적 행정작용)이라 부른다. 비정식적 행정작용에는 모든 사실행위와 정식적 작용에 속하지 아니하는 그리고 법적으로 불완전하게 규율되는 작용을 포함한다. 비

정식적 행정작용의 예로 협상·조정·협동·타협·화해 등이 언급된다. 비정식적 행정작용은 법적
으로 구속력이 없으므로, 사실행위로 분류된다.

2. 종   류

① 일방적인 비정식적 행정작용인 경고·권고·정보제공과 합의에 따른 비정식적 작용$\binom{\text{협의의}}{\text{의미}}$
인 협상으로 구분하기도 하고, ② ⓐ 규범집행형 협의$\binom{\text{법령에 따른 규범의 집행을 피하거나 집행을 준비하기 위한 당}}{\text{사자 간의 합의. 예: 행정결정 전 행정절차과정에서 행정기관}}$
$\binom{\text{과 사전 절}}{\text{충하는 경우}}$, ⓑ 규범대체형 협의$\binom{\text{합의에 의해 목적을 달성하고 규범을 발령하지 않는 경우. 예: 환경관련규제}}{\text{법령을 제정하기 전에 제품생산자가 환경친화적 제품사용을 협약하는 것}}$, ⓒ 혼합형
협의$\binom{\text{규범대체형과 규범집행형}}{\text{의 성질을 다 가지는 것}}\binom{\text{(류지}}{\text{태)}}$로 구분하기도 한다.

3. 의미(순기능·역기능)

비정식적 행정작용은 순기능과 역기능을 동시에 갖는다. 순기능으로는 ① 법적 불안정성의
제거, ② 행정의 능률성과 탄력성의 제고 등이 지적되고, 역기능으로는 ① 법규범적인 규율의 완
화로 인한 법치국가적 요구의 후퇴, ② 제3자의 지위약화의 초래, ③ 행정에 대한 효과적인 통
제의 곤란 등이 지적되고 있다.

4. 허 용 성

비정식적 행정작용은 실제상 권력적·구속적인 것이 아니므로, 행정의 전영역에서 이루어질
수 있다. 왜냐하면 우리의 실정법은 행정의 행위형식의 유형을 정형화해 두고 있지 아니할 뿐만
아니라, 행정의 행위형식은 급변하는 행정환경과 주권자인 국민의 의식에 적합하게 개발·선택되
어야 하고, 또한 비정식적 행정작용이 국민의 기본권에 대한 직접적인 침해를 가져오는 것은 아
니라고 보기 때문이다. 비정식적 행정작용이 원칙적으로 허용된다는 점에 대해서는 다툼이 없다.

5. 한   계

비정식적 행정작용이 허용될 수 있다고 하여 무제한 허용될 수 있는 것은 아니다. 비정식적
행정작용도 법치국가에서의 작용이므로 법치국가의 일반법원칙의 범위 내에서만 가능하다. 말하
자면 조직법상 주어진 권한의 범위 안에서, 평등원칙·비례원칙·부당결부금지의 원칙 등 행정법
의 일반원칙의 범위 내에서 이루어져야 한다. 만약 실정법규가 있다면 그에 따라야 함은 당연하
다. 특히 협상 등이 갖는 사실상의 구속력으로 인해 제3자의 참가권과 청문권이 사후의 행정절
차에서 공허한 것이 되지 않도록 하여야 한다.

6. 효   과

비정식적 행정작용을 비권력적·비구속적인 작용으로 이해하는 한 그것이 법적 구속력을 갖
지 아니함은 당연하다. 사인은 행정청에 대하여 타협내용에 대한 이행청구권을 갖는 것도 아니
고, 행정청의 타협내용의 불이행에 대한 손해배상청구권을 갖는 것도 아니다. 그러나 강력한 행
정력을 갖는 공행정주체의 지위를 고려한다면, 비정식적 행정작용은 적지 않은 경우에 사실상 구

속력을 가질 것이다. 한계를 벗어난 비정식적 행정작용(예: 위법)은 국가배상책임의 원인이 된다.

7. 연구과제

비정식적 행정작용도 행정실제에 있어서 사실상의 구속력을 가지고 활용되고 있음을 고려할 때, 이에 대한 법적 대응이 필요하다. 예컨대, 비구속적인 작용이라 하더라도 사실상의 구속력 때문에 개인이 공행정주체의 행위를 따랐으나 피해를 입었다면, 이에 대한 구제책을 모색할 필요가 있다.

제6절   공법상 사실행위(사실행위론 Ⅰ)

Ⅰ. 공법상 사실행위의 개념

공법상 사실행위란 일정한 법적 효과의 발생을 목적으로 하는 것이 아니라 교량의 건설, 도로의 청소 등에서 보는 바와 같이 직접 어떠한 사실상의 효과·결과의 실현을 목적으로 하는 행정작용을 말한다. 공법상 사실행위에서는 의사표시가 아니라 사실로서의 어떤 상태의 실현이 사고의 중심에 놓인다. 공법상 사실행위는 아무런 직접적인 법효과도 갖는 것이 아니기 때문에 법적 행위보다 관심의 대상에서 먼 것은 사실이다. 그렇다고 그것이 법적으로 무의미한 것은 아니다. 왜냐하면 공법상 사실행위도 법질서에 부합해야 하고, 만약 그것이 위법한 경우에는 행정소송을 통한 제거 내지 손해배상청구권의 문제를 발생시키기 때문이다. 특히 권리구제문제와 관련하여 사실행위론은 의미를 갖는다.

Ⅱ. 공법상 사실행위의 종류

1. 행정법상 지식의 표시·비명령적 영향력행사·순수 사실행위

① 행정법상 지식의 표시란 행정법의 영역에서 물적 상황이나 법적 상황에 대한 단순한 지식의 표명으로서 직접적인 구속효를 갖지 아니하는 것을 말한다(예: 불복고지, 감정평가상 입장표명, 조사보고, 통지). 지식의 표시는 규율내용을 갖지 아니하므로 단순고권행정에 속하며, 행정행위가 아니다. 행정법상 지식의 의사표시는 사실행위의 일종이다. ② 비명령적 영향력행사란 명령적인 성격을 갖지 아니하고 이루어지는 조정적인 영향력행사를 말한다(예: 경고, 위협, 직접적인 법적 의무 내용을 갖지 아니하는 비정식적 조정). 행정법상 비명령적 영향력행사도 사실행위의 일종이다. 비명령적 영향력행사와 관련하여서는 비정식적 행정작용과 공적 경고가 특히 문제되고 있다. ③ 순수 사실행위란 공법의 영역에서 고유한 규율내용 없이 이루어지는 순수히 사실적인 행정작용을 말한다. 사실행위는 다시 조직행위(예: 문서관리, 도로·교통시설·운동장의 건설)·단순급부보장행위(예: 금전의 지급, 임의적 예방접종, 공적 시설경영)·사실적 집행행위(예: 담장설치, 총기사용.)로 구분된다. 사실행위가 위법하게 사인의 권리를 침해하면, 그 사인은 결과제거청구권 또는 손해배상청구권을 갖게 된다.

2. 기　　타

이 밖에 사실행위는 내부적 사실행위$\binom{\text{예: 공문}}{\text{서정리}}$·외부적 사실행위$\binom{\text{예: 쓰레기수}}{\text{거·도로건설}}$, 정신적 사실행위$\binom{\text{예: 행정지}}{\text{도·통지·보고}}$·물리적 사실행위$\binom{\text{예: 도}}{\text{로청소}}$, 독립적 사실행위$\binom{\text{예: 행정지}}{\text{도·축사·조사}}$·집행적 사실행위$\binom{\text{예: 압류를 위한 실}}{\text{력행사, 경찰관의}}$$\binom{}{\text{무기}}$, 권력적 사실행위$\binom{\text{예: 무기사용 등 공적 안전과}}{\text{질서의 유지를 위한 실력행사}}$·비권력적 사실행위$\binom{\text{예: 행정지}}{\text{도·축사·표창}}$로 구분할 수도 있다.

Ⅲ. 공법상 사실행위와 법치행정

1. 법적 근거

공법상 사실행위도 법률의 우위의 원칙과 법률의 유보의 원칙하에 놓인다. 공법상 사실행위가 조직규범의 범위 내에서 이루어져야 함에는 의문이 없다. 그러나 적어도 개인의 신체·자유·재산에 직접 침해를 야기할 수 있는 사실행위는 작용법상의 근거도 가져야 한다($\binom{\text{중요사항}}{\text{유보설}}$). 이러한 범위를 제외한다면, 공법상 사실행위에는 법적 기속이 완화된다.

2. 법적 한계

공법상 사실행위는 ① 조직법상 주어진 권한의 범위 내에서, ② 목적의 범위 내에서, ③ 공익원칙·평등원칙·신뢰보호원칙 등 행정법의 일반원칙에 따라서 행해져야 한다. ④ 개별법규가 있다면, 그에 따라야 한다. 이에 위반하면 위법한 행위가 된다. 위법한 사실행위는 손해배상청구·결과제거청구 등의 문제를 가져온다.

Ⅳ. 공법상 사실행위와 권리보호

1. 행정쟁송

(1) 권력적 사실행위

1) 의　　의　　권력적 사실행위는 행정청이 특정의 행정목적을 달성하기 위하여 국민의 신체·재산 등에 직접 물리력을 행사하여 행정상 필요한 상태를 실현하는 행위를 의미한다. 권력적 사실행위의 예로는 감염병환자의 격리, 대집행의 실시 등을 들 수 있다.

2) 문제상황　　권력적 사실행위는 권리구제와 관련하여 처분성을 인정할 수 있는지, 권리보호의 필요 등의 문제를 야기한다.

3) 항고소송의 대상적격 인정 여부

(가) 학설의 태도　　① 일반적 견해는 권력적 사실행위는 사실행위로의 측면과 수인하명의 요소가 결합된 합성적 행위로, 수인하명의 요소에 의하여 처분성을 인정할 수 있다고 한다. 그리고 수인하명의 제거의 목적이 취소소송의 대상이 되는 부분이라고 설명된다. 따라서 경찰의 미행행위와 같이 수인의무를 수반하지 않는 권력적 사실행위는 처분성을 갖지 못하는 결과가 된다. 다만, 권력적 사실행위가 처분개념의 요소 중 공권력의 행사에 해당되는지, 기타 이에 준하는 작용에 해당되는지에 대해서는 대립이 있다. ② 처분성을 부정하는 견해는 사실행위는 법적

효과의 제거의 대상이 될 수 없고, 합성행위설도 통지의 결여를 정당화할 수 없고, 수인의무가 발생하려면 상대방이 인식하여야 하는데 대부분의 권력적 사실행위는 인식이 결여되어 있음을 논거로 한다($^{김용}_{섭}$).

(나) 판례의 태도　　① 대법원은 명시적 태도를 보이고 있지는 않으나, 권력적 사실행위로 보이는 단수조치를 처분에 해당하는 것으로 판시하였다($^{대판\ 1985.\ 12.\ 24,}_{84누598}$). 한편, ② 헌법재판소는 "수형자의 서신을 교도소장이 검열하는 행위는 이른바 권력적 사실행위로서 행정심판이나 행정소송의 대상이 되는 행정처분으로 볼 수 있다"고 하여 명시적으로 권력적 사실행위의 처분성을 인정하고 있다($^{헌재\ 1999.\ 8.\ 27,\ 96헌마398;}_{헌재\ 2011.\ 6.\ 30,\ 2009헌마406}$).

4) 권리보호의 필요　　① 권력적 사실행위는 대부분 비교적 단시간에 집행이 완료되어 그 이후에는 권리보호의 필요가 없는 것이 되어 부적법각하될 가능성이 많다. 따라서 권력적 사실행위에 대한 효과적인 권리구제를 위해서는 집행정지의 필요성이 있다. 그러나 예외적으로 물건의 영치, 전염병환자의 격리 등 계속적인 성격을 갖는 권력적 사실행위는 본안판결의 대상이 되어 위법성 여부의 판단이 가능할 것이다. 한편, ② 행정청이 국민의 신체나 재산에 대하여 침해적인 권력적 사실행위를 할 우려가 있는 경우에 그 침해를 사전에 예방하기 위한 소송으로 예방적 부작위소송을 인정할 필요성이 있다는 견해도 있다.

(2) 비권력적 사실행위　　행정지도와 같은 비권력적 사실행위의 경우에는 법적 행위의 요소를 찾아 보기 어려우므로, 행정심판이나 행정소송의 대상이 되지 아니한다.

2. 결과제거청구권

위법한 공법상 사실행위로 인해 위법한 사실상태가 야기된 경우, 가능하고 수인할 수 있음을 전제로 행정청은 그 위법한 상태를 제거하고 적법한 상태를 회복할 의무를 부담하고, 침해받은 사인은 적법한 상태로의 원상회복을 위한 결과제거청구권을 갖는다. 소송상 결과제거청구권은 당사자소송형식에 의해 주장될 수 있다.

3. 손해배상

위법한 행정상 사실행위로 인해 사인이 손해를 입게 되면, 피해자는 그 사실행위가 사법적 사실행위인 경우에는 민사법($^{민법\ 제}_{750조\ 등}$)에 따라, 공법적 사실행위인 경우에는 국가배상법에 따라 손해배상을 청구할 수 있다. 그러나 판례는 후자를 민사사건으로 다루고 있다.

4. 손실보상

적법한 공법상 사실행위로 사인이 손실을 입게 되면, 그 사인은 그 손실이 특별한 희생에 해당하는 경우에 손실보상을 청구할 수 있다. 다만 보상에 관한 명문의 규정이 없는 경우에도 손실보상을 청구할 수 있다고 볼 것이다($^{간접효력}_{규정설}$).

5. 기   타

위법한 행정상 사실행위를 행한 공무원에 대한 형사책임·징계책임의 추궁, 감독청의 직무상 감독작용, 관계자의 청원 등도 간접적이긴 하나 피해자의 권리보호에 기여할 수 있다. 헌법소원 역시 권리구제의 중요한 수단이 된다(판례).

> ┌──판례──┐ 서울대학교가 "94학년도 대학입학고사주요요강"을 제정하여 발표한 것에 대하여 제기된 헌법소원심판청구의 적법 여부(공권력행사 해당 여부) 및 보충성
> (1994학년도서울대신입생선발입시안에대한헌법소원으로 다툰 1994년 서울대 입학고사요강사건에서) 국립대학인 **서울대학교의 "94학년도 대학입학고사주요요강"은 사실상의 준비행위 내지 사전안내로서 행정쟁송의 대상이 될 수 있는 행정처분이나 공권력의 행사는 될 수 없지만** 그 내용이 국민의 기본권에 직접 영향을 끼치는 내용이고 앞으로 법령의 뒷받침에 의하여 그대로 실시될 것이 틀림없을 것으로 예상되어 그로 인하여 직접적으로 기본권침해를 받게 되는 사람에게는 사실상의 규범작용으로 인한 위험성이 이미 현실적으로 발생하였다고 보아야 할 것이므로 이는 **헌법재판소법 제68조 제 1 항 소정의 공권력의 행사에 해당된다고 할 것이며,** 이 경우 헌법소원 외에 달리 구제방법이 없다(헌재 1992. 10. 1., 92헌마68·76).

Ⅴ. 공법상 사실행위로서 공적 경고

1. 의   의

(1) 개   념   공적 경고의 확립된 개념은 없다. 그것은 특정 공산품이나 농산품의 유해성·유용성과 관련하여 사인에 발해지는 행정청의 설명·성명·공고·고시 등으로 이해되고 있다. 즉, 행정기관이 국민에게 일정한 행위를 할 것을 명령하지 않고, 단지 간접적으로 요구하거나 권하는 것을 말한다. 공적 경고는 행정상 경고라고 부를 수 있다. 공적 경고는 권익을 직접 제한하는 것은 아니어서 법적 구속이 미약하지만 그 효과는 결코 미약하지 않다. 만약 특정 상품에 대한 공적 경고가 발해지고 사인이 그것을 진지하게 받아들이게 되면, 그 상품은 더 이상 판매되기 어렵다. 그것은 판매금지와 유사한 사실상의 효과를 가져온다. 또한, 유사한 상품에도 영향을 미치게 된다.

(2) 사인·공무원에 대한 경고   개인에 대한 경고란 사인 또는 공무원이 위법 또는 부당한 행위를 하였음을 이유로 사인 또는 공무원에게 과해지는 주의 조치를 말한다. 사인 또는 공무원에 대한 경고는 사인 또는 공무원 개인에 대한 것인 점에서 널리 공공을 대상으로 하는 공적 경고와 구별된다. 사인 또는 공무원에 대한 경고는 사안에 따라 처분성을 갖기도 하고(대판 2013. 12. 26, 2011두4930; 대판 2021. 2. 10, 2020두47564) 처분성을 갖지 않기도 한다(대판 2005. 2. 17, 2003두10312; 대판 2004. 4. 23, 2003두13687).

2. 법적 성격

공적 경고가 오로지 사실행위의 개념 속에 들어오는 것인지의 여부, 공적 경고가 행정법상 행정청의 고유한 행위형식인지의 여부는 불분명하다. 공적 경고의 종류와 효과는 매우 상이하므로,

현재로서 공적 경고를 개념상 명백하게 파악하는 것은 어려울 뿐만 아니라 그에 관한 법적 효과를 정립하는 것도 가능하지 않다(독일연방행정재판소는 '국가권위의 활용과 목적성'을 경고의 개념요소로 파악하는 것으로 보인다. BVerwGE 87, 37). 현재로서 공적 경고는 사실행위의 특별한 경우로 이해되고 있을 뿐이다. 그러나 경고와 특정물품의 권고에 대해 행정소송법 제2조 제1항 제1호의 '그 밖에 이에 준하는 행정작용'에 포함시켜 처분성을 긍정하자는 견해도 있다(김남진). 또한 형식적 행정행위를 인정하는 전제하에 처분성을 긍정하는 견해도 있다.

3. 법적 근거

공적 경고는 중대한 공익을 위한 것이며, 직업선택의 자유도 일정한 제약을 전제로 하는 것이므로 원칙적으로 공적 경고가 직업선택의 자유에 대한 본질적 침해로 보기는 어려우며, 또한 공적 경고는 특정인의 이익을 직접 침해하는 것을 목적으로 하는 것이 아니므로 조직법상 권한에 관한 규정만으로도 가능하다고 볼 것이다. 그러나 개인의 이해와 직결된 경고(예: 특정 회사의 제품의 음용에 대한 경고)는 경찰상 임무규정(직무규정)만으로는 부족하고 경찰상 침해를 가능하게 하는 권한규정이 필요하다고 볼 것이다.

4. 적법요건

공적 경고의 대상은 조직규범(임무규범)에서 규정하는 권한행정청의 임무범위 내에 들어오는 것이어야 한다. 공적 경고는 공공의 안녕과 질서를 위한 것으로서 법령의 범위 내에서 이루어져야 한다. 공적 경고는 내용상 정당성을 가져야 한다. 그것은 사후심사가 가능하고, 절차상 하자가 없고, 또한 자의가 없어야 한다. 그리고 공적 경고가 기본권침해를 가져오는 경우에는 권한규범의 근거가 있어야 한다.

제 7 절   행정지도(사실행위론 Ⅱ)

Ⅰ. 행정지도의 관념

1. 행정지도의 개념

행정지도란 「행정기관이 그 소관 사무의 범위에서 일정한 행정목적을 실현하기 위하여 특정인에게 일정한 행위를 하거나 하지 아니하도록 지도, 권고, 조언 등을 하는 행정작용」을 말한다(절차법 제2조 제3호). 개별법령상으로는 지도(사행행위 등 규제 및 처벌 특례법 제19조 제1항)·권고(주택법 제53조 제1항) 등으로 불리기도 한다. 행정지도는 비정식적 행정작용의 일종이다.

2. 행정지도의 성질

① 행정지도는 국민의 임의적인 협력을 전제로 하는 비권력적 행위이다. ② 행정지도는 일

정한 법적 효과의 발생을 목적으로 하는 의사표시가 아니다. 그것은 단지 상대방의 임의적인 협력을 통해 사실상의 효과를 기대하는 사실행위일 뿐이다. 이러한 점에서 행정행위·공법상 계약 등의 법적 행위와 구분된다.

3. 행정지도의 유용성과 문제점

(1) 행정지도의 유용성(순기능)　　　행정지도가 법치국가에서 활용되는 이유는 현대국가에서 확대되는 행정기능의 효율성확보에 있다. 즉 행정지도가 행정주체에 대해서는 법적 근거가 없는 경우에 행정의 편의와 탄력성을 제고하고, 행정의 상대방에 대해서는 합의에 유사한 의미를 갖게 함으로써 분쟁을 미연에 방지하고 행정에 적극적인 협력을 가능하게 하는 의미를 갖는다.

(2) 문제점(역기능)　　　한편, 행정지도는 사실상의 강제성을 통한 법치주의의 붕괴, 한계와 책임소재의 불분명으로 인한 책임행정의 이탈, 행정상 구제수단의 결여 내지 행정구제의 기회 상실 등의 문제점을 갖는다. 그러나 행정지도가 행정의 행위형식의 하나로서 광범위하게 도입되고 있는 것이 현실인 이상, 그에 대한 장점을 살려 나아가면서, 그에 대한 단점을 줄여 나아가는 데 관심을 모아야 한다.

Ⅱ. 행정지도의 종류

1. 법규상 지도·비법규상 지도

법규상 지도란 법규에 근거하여 이루어지는 행정지도를 말한다. 법규상 지도에는 ① 특정의 행정지도 자체가 법규에 근거되어 있는 경우도 있고(예: 직업안정법 제 3 조 제 1 항 제 3 호, 제14조, 사행행위 등 규제 및 처벌 특례법 제19조 제 1 항), ② 특별한 근거규정은 없으나 어떠한 처분권이 주어진 경우, 그 처분권을 배경으로 하는 지도도 있다. 비법규상 지도란 법규에 근거하지 않고 이루어지는 행정지도를 말한다. 비법규상 지도도 조직규범이 정한 업무의 범위 내에서만 이루어진다고 볼 것이므로, 엄밀하게 말하자면 비법규상 지도라는 것도 넓은 의미에서 법규상 지도의 일종이다.

2. 규제적 지도·조정적 지도·조성적 지도

① 규제적 지도란 일정한 행위의 억제를 내용으로 하는 행정지도를 말한다(예: 독점규제 및 공정거래에 관한 법률 제88조 제 1 항의 시정권고). ② 조정적 지도란 이해관계자 사이의 분쟁이나 지나친 경쟁의 조정을 내용으로 하는 행정지도를 말한다(예: 남녀고용평등과 일·가정 양립 지원에 관한 법률 제24조 제 2 항의 분쟁해결지원으로서 조언·지도·권고). ③ 조성적 지도란 보다 발전된 사회질서 내지 생활환경의 형성을 내용으로 하는 행정지도를 말한다(예: 농촌진흥법 제 2 조 제 3 호의 각종의 지도).

3. 행정주체·행정기관에 대한 지도와 사인에 대한 지도

① 행정주체에 대한 지도란 국가가 지방자치단체에 대하여 또는 광역지방자치단체가 기초지방자치단체에 대하여 행하는 지도(예: 지자법 제184조 제 1 항)를 말하고, 행정기관에 대한 지도란 상급기관이 하급기관에 대하여 행하는 지도(예: 국세청장의 지방국세청장에 대한 지도)를 말한다. ② 사인에 대한 지도란 사인을 상대방으로

하는 지도를 말한다. 행정절차법은 행정지도의 상대방으로 특정인이라는 표현을 사용하고 있다.

Ⅲ. 행정지도의 법적 근거와 한계

1. 법적 근거(행정지도와 법률유보)

(1) 실 정 법   행정지도에 법적 근거가 요구되는가의 여부에 관한 일반법은 없다. 행정절차법은 행정지도에 적용되는 일반원칙과 행정지도의 방법을 규정하고 있을 뿐이다(절차법 제48조 이하). 물론, 개별법령에서 행정지도의 근거에 관한 규정이 발견된다.

(2) 학   설   개별법에 근거가 없는 경우와 관련하여 ① 행정지도는 비권력적 작용이며, 상대방의 임의적 동의를 본질로 하므로 침익적이기 어렵기 때문에 법적 근거가 필요 없다는 것이 일반적인 견해이다. ② 조성적 행정지도는 법률상 근거가 필요하지 않으나 규제적 행정지도는 근거를 요한다는 견해(김반진), 그리고 ③ 행정지도가 사실상 강제력을 갖는 경우에는 법률의 근거가 있어야 한다는 견해(박균성)도 있다.

(3) 사   견   행정지도는 상대방의 임의적 협력을 전제로 하는 것이므로 그의 준수 여부는 상대방이 임의적으로 결정한다고 보아야 한다. 따라서 법적 근거를 요하지 않는다. 규제적 행정지도라는 것도 지도의 내용이 규제적이라는 것이지 행정지도의 효과가 규제적이라는 것은 아니므로 규제적 지도에도 법률상 명시적 근거를 요한다고 볼 것은 아니다.

2. 행정지도의 한계

(1) 법령상 한계   ① 행정지도는 행정조직법상 한계를 갖는다. 행정기관은 조직법상 주어진 권한 내에서만 행정지도를 할 수 있다. 이를 위반하면 위법한 행정지도가 된다. ② 조직법상 한계 외에 개별법령에서 정하는 행정지도에 관한 작용법상 규정을 준수하여야 한다.

(2) 행정법의 일반원칙에 따른 한계   행정지도 역시 행정작용의 하나이므로, 행정지도는 개별법령상 명시적 규정의 유무를 불문하고 행정법의 일반원칙을 준수하여야 한다. 행정절차법은 비례원칙의 준수를 규정하고 있다(절차법 제48조 제1항 제1문).

(3) 비권력성에 따른 한계   행정지도는 비권력적 사실행위이므로, 행정지도에는 강제가 따라서는 아니 된다. 행정절차법은 행정지도의 비강제성의 원칙을 명시적으로 규정하고 있다. 즉, 행정기관은 행정지도의 상대방의 의사에 반하여 부당하게 강요하여서는 아니 되며(절차법 제48조 제1항 제2문), 행정지도의 상대방이 행정지도에 따르지 아니하였다는 것을 이유로 불이익한 조치를 하여서는 아니 된다(절차법 제48조 제2항)고 하여 임의성의 원칙과 불이익조치금지원칙을 규정한다. 불이익조치를 허용하지 아니하는 것은, 불이익조치가 결과적으로는 행정지도에 강제성을 부여하는 것이 되는바, 이것은 행정지도의 임의성의 원칙에 반하는 것이 되기 때문이다(임의성의 사후적 확보).

3. 위법지도와 위법성조각

위법한 행정지도에 따른 사인의 행위의 위법 여부가 문제된다. 생각건대 행정지도는 강제가 아니라 상대방의 임의적인 협력을 기대하는 것이므로, 행정지도에 따른 행위는 상대방의 자의에 의한 행위라고 볼 수밖에 없다. 따라서 위법한 행정지도에 따라 행한 사인의 행위는 법령에 명시적으로 정함이 없는 한 위법성이 조각된다고 할 수 없다$\binom{판}{례}$.

> ┌─────┐
> │ 판례 │   토지거래계약신고에 관한 행정관청의 위법한 관행에 따라 토지의 매매가격을 허위로
> └─────┘
> 신고한 행위는 정당한 행위라고 볼 수 없다는 사례
> $\binom{피고가\ 토지거래계약의\ 허위신고로\ 국토}{이용관리법위반으로\ 기소된\ 사건에서}$ 행정관청이 토지거래계약신고에 관하여 공시된 기준지가를 기준으로 매매가격을 신고하도록 행정지도하여 왔고 그 기준가격 이상으로 매매가격을 신고한 경우에는 거래신고서를 접수하지 않고 반려하는 것이 관행화되어 있다 하더라도 이는 법에 어긋나는 관행이라 할 것이므로 그와 같은 **위법한 관행에 따라 허위신고행위에 이르렀다고 하여 그 범법행위가 사회상규에 위배되지 않는 정당한 행위라고는 볼 수 없다**$\binom{대판\ 1992.\ 4.\ 24,\ 91도1609;\ 대판}{1994.\ 6.\ 14,\ 93도3247\cdot973\cdot118(병합)}$.

Ⅳ. 행정지도의 방식

① 행정지도를 하는 자는 그 상대방에게 그 행정지도의 취지 및 내용과 신분을 밝혀야 한다$\binom{절차법\ 제49}{조\ 제1항}$. 이러한 행정지도실명제는 행정지도를 행하는 자와 지도의 내용을 분명히 함으로써 위법하거나 과도한 행정지도로부터 상대방에게 가져다 줄 수 있는 불이익을 방지하고자 함에 그 목적이 있다. ② 행정지도는 반드시 문서로 하여야 하는 것은 아니다. 행정지도는 구술로도 이루어질 수 있다. 그러나 내용의 명확성을 위해 행정지도가 말로 이루어지는 경우에 상대방이 제1항의 사항을 적은 서면의 교부를 요구하면 그 행정지도를 행하는 자는 직무 수행에 특별한 지장이 없으면 이를 교부하여야 한다$\binom{절차법\ 제49}{조\ 제2항}$. ③ 행정지도의 상대방은 해당 행정지도의 방식·내용 등에 관하여 행정기관에 의견제출을 할 수 있다$\binom{절차법}{제50조}$. ④ 행정기관이 같은 행정목적을 실현하기 위하여 많은 상대방에게 행정지도를 하려는 경우에는 특별한 사정이 없으면 행정지도에 공통적인 내용이 되는 사항을 공표하여야 한다$\binom{절차법}{제51조}$.

Ⅴ. 행정지도의 효과

1. 사실상의 효과

사실행위는 법적 효과의 발생을 목적으로 하는 의사표시가 아니므로, 사실행위로부터 아무런 법적 효과도 발생하지 않는다$\binom{대판\ 1999.\ 8.\ 24,\ 99두592;}{대판\ 1991.\ 12.\ 13.\ 91누1776}$.

2. 개별법에 따른 절차상 효과

개별 법률에서 행정지도에 절차상 법적 효과를 부여하는 경우는 있다$\binom{예:\ 대\cdot중소기업\ 상생협력\ 촉진}{에\ 관한\ 법률\ 제33조(사업조정에}$
$_{관한\ 권고\ 및\ 명령)}$ ④ 중소벤처기업부장관은 제3항에 따른 공표 후에도 정당한 사유 없이 권고사항을 이행하지 아니하는 경
우에는 해당 대기업등에 그 이행을 명할 수 있다. 다만, 제2항에 따른 권고의 내용이 사업이양인 경우에는 그러하지 아니하다.

3. 행정지도 효과의 제고

행정지도의 효과를 제고하기 위하여 이익의 제공$\binom{예: 자금의 융자, 교부}{지원금지급, 정보제공}$이 따르기도 한다. 그러나 이러한 수단은 행정지도에 부수하는 것이지 그 자체가 행정지도의 내용이나 효과를 구성하는 것은 아니다$\binom{실효성확}{보수단}$.

Ⅵ. 행정지도와 권리보호

1. 행정소송

① 행정지도는 법적 효과를 갖지 아니하는 비권력적 사실행위에 불과하다. 비권력 행위라는 점에서 행정지도는 공권력행사를 개념요소로 하는 행정소송법상 처분개념에 해당하지 아니하고, 아울러 사실행위라는 점에서 법적 행위를 대상으로 하는 항고소송의 대상이 되지 아니한다. 다수설과 판례도 같은 입장이다$\binom{판}{례}$. ② 일부 견해$\binom{박균}{성}$는 사실상의 강제력을 가지는 행정지도는 행정소송법 제 2 조 제 1 항 제 1 호의 '그 밖에 이에 준하는 행정작용'으로 보고 항고소송의 대상적격을 인정하자고 한다. 그러나 ③ 사실상의 강제성과 계속성을 가진다고 하더라도 역시 행정지도는 법적인 행위가 아니므로 취소소송 등으로 소급적 취소가 불가능하기 때문에 항고소송의 대상이 되지 않는다는 다수설의 입장이 타당하다.

> [판례] 세무당국의 주류 거래 중지요청행위가 항고소송의 대상이 될 수 있는지 여부
$\binom{호정상사(주)가 영동포세무서장의 주}{류출고정지처분취소를 구한 사건에서}$ 항고소송의 대상이 되는 행정처분은 행정청의 공법상의 행위로서 이로 인하여 상대방 또는 기타 관계자들의 법률상의 지위에 직접적으로 법률적인 변동을 일으키는 행위를 가리켜 말하는 것이라고 할 것인바, 이 사건에 있어서 원심이 확정한 사실에 의하면, **피고가 1979. 5. 14 소외 조선맥주주식회사 대표이사 박경복에게 원고와의 주류거래를, 일정한 기간 동안 중지하여 줄 것을 요청하였다는 것이니,** 그렇다면 **이는 권고 내지 협조를 요청하는 이른바 권고적인 성격의 행위라고밖에 볼 수 없다고 할 것이요,** 그것만으로 곧 소외 조선맥주주식회사나, 원고의 법률상의 지위에 직접적인 법률상의 변동을 가져오는 **행정처분이라고는 볼 수 없다고 할 것이어서** 이는 적법한 행정소송의 대상이 될 수 없다$\binom{대판 1980. 10. 27.}{80누395}$.

[기출사례] 제62회 5급공채(2018년) 문제·답안작성요령 ☞ PART 4 [1-35]

2. 손해배상

행정지도를 따름으로 인해 피해를 입은 자는 국가배상법이 제 2 조 제 1 항 제 1 문이 정하는 바에 따라 손해의 배상을 청구할 수 있다$\binom{판례}{1}$. 손해배상청구권의 성립요건과 관련하여 특히 문제되는 것은 위법성 요건과 행정지도와 손해발생 사이의 상당인과관계의 존재 여부이다. ① 행정지도에서 상대방의 동의는 손해발생의 가능성을 예측하면서도 위법한 행정지도에 따른 것이므로 「동의는 불법행위성립을 조각시킨다」는 논리에 따라 손해배상청구가 인정되지 않는다는 견해

(류지
태)도 있으나, 행정지도에 동의한 것은 불법행위성립에 관한 것이 아니라는 점을 고려할 때 통상의 한계를 넘어 국민의 권익을 침해하는 경우 그러한 행정지도는 위법하다고 보아야 한다(한견우,
박균성). ② 일반적으로 임의적인 의사에 따라 행정지도를 따른 것이므로 인과관계가 존재한다고 보기는 어렵다. 그러나 사실상 강제에 의한 경우, 즉 제반사정을 고려할 때 국민이 행정지도를 따를 수밖에 없는 불가피한 경우에는 인과관계가 존재한다고 보아 국가의 배상책임을 인정하여야 할 것이다(판례
2, 3).

[판례 1] 국가배상법이 정한 배상청구의 요건인 '공무원의 직무'의 범위

(서울시 서초구 양재동 속칭 잔디마을의 주택개량 및 취락구조개선을
위한 도시계획사업으로 피해를 입은 원고의 손해배상청구소송에서) 국가배상법이 정한 배상청구의 요건인 공무원의 직무'에는 **권력적 작용만이 아니라 행정지도와 같은 비권력적 작용도 포함되며** 단지 행정주체가 **사경제주체로서 하는 활동만 제외되는 것이고**(대법원 1994. 9. 30. 선고
94다11767 판결 등 참조), 기록에 의하여 살펴보면, 피고 및 그 산하의 강남구청은 이 사건 도시계획사업의 주무관청으로서 그 사업을 적극적으로 대행·지원하여 왔고 이 사건 공탁도 행정지도의 일환으로 직무수행으로서 행하였다고 할 것이므로, 비권력적 작용인 공탁으로 인한 피고의 손해배상책임은 성립할 수 없다는 상고이유의 주장은 이유가 없다(대판 1998. 7. 10.
96다38971).

[판례 2] 정부의 주식매각 종용행위가 강박행위에 해당한다고 하여 행정지도로서 위법성이 조각된다는 정부의 주장을 배척한 사례

(재무부 이재국장의 권유에 따라 피고(제일은행)
에게 매도한 주식의 인도를 청구한 소송에서) 주식매각의 종용이 정당한 법률적 근거 없이 자의적으로 주주에게 제재를 가하는 것이라면 이 점에서 벌써 행정지도의 영역을 벗어난 것이라고 보아야 할 것이고 만일 이러한 행위도 행정지도에 해당된다고 한다면 이는 행정지도라는 미명하에 법치주의의 원칙을 파괴하는 것이라고 하지 않을 수 없으며, 더구나 그 주주가 주식매각의 종용을 거부한다는 의사를 명백하게 표시하였음에도 불구하고, 집요하게 위협적인 언동을 함으로써 그 매각을 강요하였다면 이는 위법한 강박행위에 해당한다고 하지 않을 수 없다(대판 1994. 12. 13.
93다49482).

[판례 3] 행정지도의 한계를 일탈한 경우 행정주체의 손해배상책임

(원고가 인천광역시 강화군을 상대로 양식장시설공사
중단이 위법함을 이유로 손해배상을 청구한 사건에서) 피고가 1995. 1. 3. 이전에 원고에 대하여 **행한 행정지도는** 원고의 임의적 협력을 얻어 행정목적을 달성하려고 하는 **비권력적 작용으로서 강제성을 띤 것이 아니지만**, 1995. 1. 3. 행한 행정지도는 그에 따를 의사가 없는 원고에게 **이를 부당하게 강요하는 것으로서 행정지도의 한계를 일탈한 위법한 행정지도에 해당하여 불법행위를 구성하므로**, 피고는 1995. 1. 3.부터 원고가 피고로부터 "원고의 어업권은 유효하고 향후 어장시설공사를 재개할 수 있으나 어업권 및 시설에 대한 보상은 할 수 없다"는 취지의 통보를 받은 1998. 4. 30.까지 원고가 실질적으로 어업권을 행사할 수 없게 됨에 따라 입은 **손해를 배상할 책임이 있다**(대판 2008. 9. 25.
2006다18228).

3. 손실보상

행정지도는 권력적 행위가 아니고 비권력적 행위에 불과하다. 따라서 ① 적법한 권력적 행정작용을 전제로 하는 손실보상이 상대방의 임의적인 협력을 전제로 하는 행정지도로 인하여 발

생하는 피해에 대해서 주어질 수 없다는 견해($\frac{류지}{태}$)도 있다. 그러나 ② 사실상의 강제로 인하여 특별한 희생이 있고, 그 희생이 행정지도와 인과관계를 갖는 경우에는 예외적으로 손실보상이 가능하다고 본다($\frac{특정 농산품을 재배할 것을 권고한 후 소비자의 수요감퇴}{로 그 농산품의 가격이 폭락하여 막대한 손해를 본 경우}$)($\frac{간접효력}{규정설}$). 그리고 행정지도가 상대방의 신뢰에 위배하여 불측의 손실을 발생시키는 경우에는 신뢰보호의 원칙에 따른 손실보상을 요구할 수 있다는 견해($\frac{정하}{중}$)도 있다.

4. 헌법소원

행정지도는 요건을 충족하는 경우에 헌법소원의 대상이 될 수 있다($\frac{판}{례}$).

> **판례** 헌법소원의 대상이 되는 행정지도의 예
>
> [1] ($\frac{투기과열지구 내 보유하고 있는 시가 15억 원 이상 초고가 아파트를 담보로 은행으로부터 새로운 초고가 아파트를 구입하기 위한}{주택담보대출을 받으려고 하였으나, 2019. 12. 16. 관계부처 합동(기획재정부, 국토교통부, 금융위원회, 국세청)으로 발표한 '주택}{시장 안정화 방안'으로 인해 계획이 무산된 청구인이 심판을 청구}$) 행정지도는 원칙적으로 대외적 구속력이 없는 행정상의 사실행위로서 고권적 작용에 해당하지 아니한다. 그러나 행정지도라 하더라도 상대방의 자유나 권리를 제한하는 효과를 갖는 등 규제적 성격을 가지고 그 상대방에 대하여 사실상의 강제력을 미치는 경우에는 헌법소원의 대상이 되는 공권력의 행사라고 봄이 상당하다($\frac{현재 2023. 3. 23,}{2019헌마1399}$).
>
> [2] ($\frac{교육인적자원부장관의 경북대학교총장 등에 대한 학칙시정요구가 헌법상 보장된 청구인(교수)의 학문의 자유와 대학의 자율성 보장}{에 따른 권리로서 교수회의 성격을 자율적으로 결정할 권리 등을 침해하였다며 헌법소원으로 그 위헌확인을 구한 교육인적자원부장}{관 학칙 시정}{요구사건에서}$) 교육인적자원부장관의 대학총장들에 대한 이 사건 학칙시정요구는 고등교육법 제 6 조 제 2 항, 동법시행령 제 4 조 제 3 항에 따른 것으로서 그 **법적 성격**은 대학총장의 임의적인 협력을 통하여 사실상의 효과를 발생시키는 **행정지도의 일종이지만, 그에 따르지 않을 경우 일정한 불이익 조치를 예정하고 있어 사실상 상대방에게 그에 따를 의무를 부과하는 것과 다를 바 없으므로 단순한 행정지도로서의 한계를 넘어 규제적·구속적 성격을 상당히 강하게 갖는 것으로서 헌법소원의 대상이 되는 공권력의 행사라고 볼 수 있다**($\frac{현재 2003. 6. 26, 2002헌}{마337, 2003헌마7·8(병합)}$).

제 8 절   사법형식의 행정작용

넓은 의미의 국고작용 ─┬─ 협의의 국고작용 ─┬─ 조달행정(고객으로서 국가)
　　　　　　　　　　　　│　　　　　　　　　　└─ 영리활동(기업으로서 국가)
　　　　　　　　　　　　└─ 행정사법작용(공적 사무의 수행자로서 국가)

I. 사법형식의 행정작용의 관념

1. 사법형식의 행정작용의 개념

공행정주체는 사법관계의 한 당사자로서 법률관계를 맺을 수 있다. 이때의 법관계는 사법관계가 된다. 공행정주체의 사법작용을 광의의 국고행정이라 부르기도 한다. 국고라는 용어는 ① 권력적으로 행위하는 국가 옆에 존재하는 독립의 법인으로서 국가, ② 사법주체로서 국가, ③ 재산권주체로서 국가, ④ 경제활동에의 참여자로서 국가의 의미로 사용되었거나 사용되고 있다. 광의의 국고행정작용은 다시 행정사법작용과 협의의 국고작용으로 구분되고[판례], 후자는 다시 조달작용과 영리활동으로 구분된다.

> **[판례]** **국가의 사경제주체성**
> (국가 및 지방자치단체(이하 '국가 등'이라 한다)의 점유를 달리 정하지 아니하고 사인의 점유와 동일하게 자주점유로 추정하도록 한 민법 (1958. 2. 22. 법률 제471호로 제정된 것) 제197조 제 1 항 중 '소유의 의사로' 부분(이하 '추정조항'이라 한다)이 소유자의 재산권을 침해하는지 여부 등을 쟁점으로 한 민법 제197조 제 1 항 등 위헌소원 사건에서) 국가가 언제나 공권력의 주체로서 우월적 지위에서 국민에 대하여 일방적으로 명령, 강제하는 행위만을 하는 것은 아니고, 공적 임무를 적정하게 수행하기 위하여 필요한 물품 등을 사인과의 계약을 통해 조달하거나 일정한 영리활동을 하는 등 사경제주체로서 행위를 하는 경우도 많다(헌재 2020. 4. 23, 2018헌바350).

2. 사법형식의 행정작용의 한계

사법적 행정작용 역시 행정청이 갖는 권한의 범위 내에서만 가능하다. 그리고 헌법 제10조는 국민의 기본권보장을 국가의무로 규정하면서, 그 국가의무가 공법의 영역과 관련된 것인지 아니면 사법의 영역과 관련된 것인지를 구분하고 있지 않다. 따라서 헌법 제10조는 공법영역뿐만 아니라 사법의 영역에서도 적용된다.

Ⅱ. 행정사법작용

[참고 1] 행정사법의 개념은 [행정상 법률관계=공법관계(권력관계+비권력관계)+사법관계(협의의 국고관계+행정사법관계)]로 이해하는 독일행정법론의 산물이다. [행정상 법률관계=공법관계(권력관계+관리관계)+사법관계(국고관계)]로 이해하는 우리의 전통적 견해(일본의 통설)와는 거리가 먼 개념이다. 구태여 말한다면 우리의 전통적 견해가 보는 관리관계의 일부와 사법관계의 일부가 행정사법관계에 해당한다고 볼 수 있다. 한편, 우리의 일부 학자들은 행정사법개념을 독자적으로 설정하여 이론화하는 것으로 보인다. 본서의 논리는 독일의 통설에 따른 것이다.

[참고 2] 본문에서 보는 바와 같이 본서는 조달작용이나 영리활동에도 경우에 따라 공법적 제약이 가해져야 한다는 입장이다. 그러나 일설은 조달작용이나 영리활동의 경우, 공법적 제약이 가해져야 하는 부분을 추출하여 행정사법작용의 개념에 포함시킨다. 공법적 제약 여부에 초점을 맞춘다면, 이러한 견해는 타당하다고 볼 수 있다. 그러나 행정사법의 개념이 「사법형식」에 의한 공적 목적의 「직접적 수행」이라는 관점에서 형성된 것이고, 또한 그렇게 이해하는 한, 공적 목적의 「간접적 수행」인 조달작용이나 영리작용 중 공법적 제약이 가해져야 할 부분을 추출하여 행정사법에 포함시키는 것은 타당하지 않다.

1. 행정사법작용의 개념

공행정주체가 공적 임무를 사법형식으로 수행하는 행정작용을 행정사법작용이라 한다. 행정사법작용은 공적 목적의 달성을 직접적인 목적으로 한다는 점에서 공적 목적의 달성을 간접적인 목적으로 하는 조달작용·영리활동과 구별된다. 직접적이든 간접적이든 불문하고 공적 목적을 위한다는 점에서, 그리고 범위의 광협에 차이가 있다고 하여도 공법적 제약이 가해진다는 점에서 행정사법작용과 조달작용·영리활동은 동일하다.

2. 행정사법개념의 특징

행정사법은 ① 주로 복리행정분야에서 ② 사법형식으로 공적 임무를 수행하여, ③ 공법적 규율이 가해짐을 특징으로 갖는다. 행정사법의 법적 파악은 공법형식에 따른 공적 임무수행과 사법형식에 따른 사적 임무수행의 도식이 붕괴됨을 의미하는 것이 된다. 행정사법은 공법과 사법 외의 제3의 법영역을 의미하는 것이 아니다. 행정사법의 개념은 행정에 공법규범뿐만 아니라 사법규범도 적용되지만, 사법규범으로 직접 공적 목적을 수행하는 행정의 경우에 사법규범은 공법규정에 의해 보충·수정된다는 것을 의미하는 개념이다.

3. 행정사법인정의 전제

행정사법의 인정은 국가사무에는 공적인 것과 비공적인 것의 구분이 있음을, 그리고 행정권은 사법형식으로도 국가임무를 수행할 수 있음을 전제로 한다. 즉, 행정청은 공법상 행위형식과 사법상 행위형식 사이에서 선택의 자유를 갖는다는 것을 의미한다. 이러한 상황에 적합한 행정이 급부행정이다.

4. 행정사법작용의 예

행정사법은 생활배려를 내용으로 하는 사법형식의 급부행정영역에서 적용된다(예: 주택건설·위생시설·폐수처리·오물처리·수돗물공급·국공영극장·국공영스포츠시설 등의 운영). 행정사법은 경제촉진을 목적으로 하는 사법형식의 교부지원제도(예: 보조금 지원)에도 적용된다. 독일의 경우, 행정사법이 법률에서 인정되는 것은 아니고 판례와 학설상 발전된 것이지만, 오늘날에는 국가가 공적인 사무를 사법상으로 조직한 회사를 통해 수행하는 경우에도 적용된다.

5. 행정사법작용의 특징(사법으로의 도피의 방지)

행정사법작용에는 완전한 의미의 사적 자치가 그대로 적용되는 것이 아니다. 거기에는 헌법 제10조에 근거하여 기본권 구속이 따른다. 행정사법작용에 대한 공법적 구속으로는 ① 개별법규상의 제한(예: 우편법 제10조의 제한능력자의 행위를 능력자의 행위로 의제, 제24조의 체납요금 등의 강제징수, 제38조 제1항의 손해배상범위의 제한 등), ② 권한규범에 의한 제한, ③ 기본권 특히 평등권이나 자유권에의 구속, ④ 비례원칙·부당결부금지의 원칙·신뢰보호원칙에 따른 제한, ⑤ 경제성·합목적성의 제한이 가해진다. 또한 ⑥ 공행정기관은 경영의무를 지며 경영포기 내지 중단이 부인된다(공행정계속성의 원칙).

6. 행정사법작용의 증가요인과 문제점

공법영역에 속한다고 보여지는 공행정임무의 수행을 위하여 사법형식을 활용하는 것이 증가할 것으로 보이는데, 그 이유는 국가가 사법상의 주체로서 보다 많은 자유를 원하기 때문이다. 즉 사법상 주체($^{국}_{고}$)로서의 국가는 고권주체로서의 국가보다 더 많은 자유를 갖게 되기 때문이다. 이것은 사법으로의 도피, 고권으로부터의 도피 또는 법률 앞에서의 도피를 가져올 가능성을 초래한다. 이 때문에 행정사법에서 공법적 제한은 중요한 문제가 될 수밖에 없다.

7. 행정사법작용의 성질과 관할법원

특별규정이 없는 한, 공법적인 제약에도 불구하고 전체로서 법관계는 사법적인 성질을 갖는 바, 행정사법작용에 대한 분쟁은 민사법원의 관할사항이다($^{민사소}_{송설}$). 종전의 판례를 보면 우리의 대법원도 동일한 입장을 취하는 것으로 보인다($^{판}_{례}$). 이것은 공법상의 제약이 사법적인 수단으로 실현되어야 함을 뜻한다. 결국 행정사법은 사적 자치가 아니라 공적 임무의 보장이라는 점에서 내재적인 제약이 주어지는 것이 된다.

┌─────┐
│ 판례 │ 전화가입계약의 해지가 항고소송의 대상이 되는 행정처분인지 여부
└─────┘
($^{서울용산전화국장의\ 진원기업(주)에\ 대}_{한\ 전화가입계약의\ 해지를\ 다툰\ 사건에서}$) **전화가입계약은 전화가입희망자의 가입청약과 이에 대한 전화관서의 승낙에 의하여 성립하는 영조물 이용의 계약관계로서** 비록 그것이 공중통신역무의 제공이라는 이용관계의 특수성 때문에 그 이용조건 및 방법, 이용의 제한, 이용관계의 종료원인 등에 관하여 여러 가지 법적 규제가 있기는 하나 그 성질은 **사법상의 계약관계에 불과하다고 할 것이므로,** 피고($^{서울}_{용산}$ $^{전화}_{국장}$)가 (구)전기통신법시행령 제59조에 의하여 전화가입계약을 해지하였다 하여도 이는 사법상의 계약의 해지와 성질상 다른 바가 없다 할 것이고 이를 항고소송의 대상이 되는 행정처분으로 볼 수 없다($^{대판\ 1982.\ 12.\ 28,}_{82누441}$)($^{[참고]\ 이\ 판결은\ 전화이용관계의\ 당사자가\ 민간-국가이던\ 시기의\ 것이고,}_{지금은\ 전화이용관계의\ 당사자가\ 민간-민간임을\ 상기할\ 필요가\ 있다}$).

Ⅲ. 조달행정(협의의 국고 1)

1. 조달행정의 의의

조달행정이란 행정청이 공적 임무의 수행에 전제가 되는 것을 확보하기 위한 행정작용을 말한다. 조달행정은 사법상 조성행위로 불리기도 한다. 조달행정을 국고적이라 하는 것은 조달행정이 사법적으로 이루어지는 것을 의미한다. 따라서 조달행정에 관한 법적 분쟁은 원칙적으로 민사법원의 관할사항이다($^{판례}_{1,\ 2}$).

┌───────┐
│ 판례 1 │ 국가를 당사자로 하는 계약에 관한 법률에 따라 국가가 당사자가 되는 이른바 공공계약
└───────┘
의 성질
($^{대한민국을\ 상대로\ 매매대금}_{의\ 반환을\ 구한\ 민사소송에서}$) 국가를 당사자로 하는 계약에 관한 법률에 따라 국가가 당사자가 되는 이른바 공공계약은 사경제 주체로서 상대방과 대등한 위치에서 체결하는 사법상 계약으로서 본질적인 내용은 사인 간의 계약과 다를 바가 없으므로, 그에 관한 법령에 특별한 정함이 있는 경우를 제외하고는 사적 자치와 계약자유의 원칙 등 사법의 원리가 그대로 적용된다($^{대판\ 2020.\ 5.\ 14,}_{2018다298409}$).

> **판례 2** 구 국가를 당사자로 하는 계약에 관한 법률상의 요건과 절차를 거치지 않고 체결한 국가와 사인 간의 사법상 계약의 효력(=무효)
>
> (씨제이대한통운 주식회사가 대한민국을 피고로 하여 제기한 부당이득금반환소송에서) 구 국가를 당사자로 하는 계약에 관한 법률(2012. 12. 18. 법률 제11547호로 개정되기 전의 것, 이하 '국가계약법'이라 한다) 제11조 제 1 항은 "각 중앙관서의 장 또는 계약담당공무원은 계약을 체결하고자 할 때에는 계약의 목적·계약금액·이행기간·계약보증금·위험부담·지체상금 기타 필요한 사항을 명백히 기재한 계약서를 작성하여야 한다. 다만 대통령령이 정하는 경우에는 이의 작성을 생략할 수 있다."고 규정하고, 같은 조 제 2 항은 "제 1 항의 규정에 의하여 계약서를 작성하는 경우에는 그 담당공무원과 계약상대자가 계약서에 기명·날인 또는 서명함으로써 계약이 확정된다."고 규정하고 있다. 국가계약법의 이러한 규정 내용과 국가가 일방당사자가 되어 체결하는 계약의 내용을 명확히 하고 국가가 사인과 계약을 체결할 때 적법한 절차에 따를 것을 담보하려는 규정의 취지 등에 비추어 보면, **국가가 사인과 계약을 체결할 때에는 국가계약법령에 따른 계약서를 따로 작성하는 등 그 요건과 절차를 이행하여야 할 것**이고, 설령 국가와 사인 사이에 계약이 체결되었더라도 이러한 법령상 요건과 절차를 거치지 아니한 계약은 그 효력이 없다고 할 것이다(대판 2015. 1. 15. 2013다215133).

2. 행정사법작용과 구분

조달행정은 공적 목적을 간접적으로 수행한다는 점에서 공적 목적을 직접적으로 수행하는 행정사법작용과 구별된다. 그러나 조달행정도 후술하는 바와 같이 공공적 성격을 강하게 가지며, 아울러 공법적 기속이 가해져야 한다고 볼 때, 행정사법작용과 조달행정의 구분은 그만큼 완화된다.

3. 공법적 제한

① 물자의 조달 등에 법적 제한이 요구되면, 그러한 제한을 따라야 한다. 말하자면 구매에 관련된 절차·종류·방법 등에 공법상의 제한이 있는 경우에는 구매 자체의 법적 성질 여하를 불문하고 그러한 제한을 준수하여야 한다. 이러한 범위에서 국가의 계약의 자유는 제한된다. ② 조달작용이 사법작용이라 할지라도 기본권 특히 평등권에 구속되어야 한다(박정훈). 조달작용도 내용에 따라서는 공적 기속이 강조되어야 하는 경우도 적지 않다. 예컨대 국군의 새로운 무기체계에 관한 대단위조달작용은 국방·과학기술발전·일자리확보·군수산업촉진 등의 효과와 직접 관련을 맺는바, 이러한 효과들은 바로 공적인 것이라 할 것이고, 따라서 무기체계의 조달을 단순히 사법이 적용되는 조달작용이라고만 할 수는 없다. 오히려 그것은 기본권 외에 국가의 정책목표에도 강하게 구속되어야 한다고, 즉 공적 기속을 강하게 받아야 한다고 볼 것이다.

[기출사례] 제65회 5급공채(2021년) 문제·답안작성요령 ☞ PART 4 [1-35a]

4. 위법한 계약의 효과

조달행정을 위한 계약이 위법한 경우, 반드시 무효가 된다고 말하기 어렵다. 위법의 정도가 계약의 공공성과 공정성을 현저하게 해치는 경우일 때, 또는 이와 유사한 경우에 무효 사유가 된다고 볼 것이다(판례).

[판례] 지방자치단체를 당사자로 하는 계약에 관한 법률 및 그 시행령이나 세부심사기준에 어긋나게 적격심사를 한 경우, 낙찰자 결정이나 이에 따른 계약이 무효가 되는지 여부

(광주광역시가 실시한 용역 입찰에 유한회사 신성산업개발이 참여하여 6순위 적격심사대상자로 선정되었는데, 광주광역시가 선순위 적격심사대상자에 대한 적격심사 도중 적격심사에 적용되는 실적인정범위가 과도하다며 입찰을 취소하고 실적인정범위를 완화한 새로운 입찰을 공고한 다음 주식회사 주식회사 거평엔지니어링을 낙찰자로 결정하여 용역계약을 체결하자, 유한회사 신성산업개발이 종전 입찰의 취소에 대한 무효 확인, 새로운 입찰공고 및 이에 따른 낙찰자 결정과 계약체결에 대한 무효 확인을 구한 사건에서) 계약 담당 공무원이 입찰절차에서 「지방자치단체를 당사자로 하는 계약에 관한 법률」 및 그 시행령이나 세부심사기준에 어긋나게 적격심사를 하였다고 하더라도 그 사유만으로 당연히 낙찰자 결정이나 그에 따른 계약이 무효가 되는 것은 아니고, 이를 위반한 하자가 **입찰절차의 공공성과 공정성이 현저히 침해될 정도로 중대할 뿐 아니라 상대방도 이러한 사정을 알았거나 알 수 있었을 경우 또는 누가 보더라도 낙찰자 결정 및 계약체결이 선량한 풍속 기타 사회질서에 반하는 행위에 의하여 이루어진 것임이 분명한 경우** 등 이를 무효로 하지 않으면 그 절차에 관하여 규정한 위 법률의 취지를 몰각하는 결과가 되는 특별한 사정이 있는 경우에 한하여 무효가 된다(대판 2022. 6. 30, 2022다209383).

Ⅳ. 영리활동(협의의 국고 2)

1. 영리활동의 의의

영리활동이란 국가가 공행정목적의 직접적인 수행과는 관계 없이 수익의 확보를 위해 행하는 활동을 말한다. 일반재산의 관리도 이에 해당한다(대판 1969. 12. 26, 69누134). 영리활동은 이익획득을 직접적인 목적으로 하므로 공적 목적의 수행을 직접적인 목적으로 하는 행정사법과 구별되고, 이익획득과 무관한 조달행정과 구별된다.

2. 공법적 제한(사경쟁자의 보호)

① 국가의 영리활동과 관련하여서는 먼저 국가의 영리활동이 헌법상 허용되는가의 문제가 있다. 공적 사무의 수행에 문제를 야기하지 아니하는 범위 안에서 제한적으로 긍정하는 것이 일반적인 견해이다. ② 국가의 영리활동시에 사인인 경쟁자에게 아무런 법상의 금지조치가 가해지지 않는다고 하여도 사경쟁자는 사실상 불이익을 받기 쉽다(우체국예금·보험에 관한 법률에 따른 체신관서의 예금·보험사업은 국가의 신용·시설·인력을 기초로 하는 것으로서, 민간금융기관과 경쟁을 가져오며, 공정한 경쟁을 기대하기 곤란한 면도 갖는다). 말하자면 공적 기업에 의해 사인은 사실상 기본권을 침해당하게 된다. 이러한 경우에 사경쟁자에게 보호가 주어져야 한다는 것은 분명하나, 어떠한 보호수단이 주어져야 하는가는 앞으로의 연구과제이다.

제 5 장 행정절차법 · 행정정보

제 1 절 행정절차 일반론

Ⅰ. 행정절차의 관념

1. 행정절차의 개념

① 이론상 행정절차는 광의로는 행정과정상 행정기관이 거쳐야 하는 일체의 준비 · 계획 · 결정 · 공고의 절차를 말한다. 입법절차 · 사법절차에 대응하는 개념이다. 여기에는 모든 사전절차와 사후절차가 포함된다. 협의의 행정절차란 행정의사결정에 관한 제 1 차적 결정과정인 절차를 말한다. ② 행정절차법은 「처분 · 신고 · 행정상 입법예고 · 행정예고 · 행정지도」의 절차를 규율의 대상으로 하고 있다.

2. 행정절차의 의미

행정절차는 ① 국가권력의 행사인 행정과정에 국민이 참여한다는 국민주권 실현의 의미, ② 국민참여를 통한 행정의 민주화의 의미, ③ 법적 분쟁을 미연에 방지할 수 있는 기회를 제공한다는 사전적 권리구제제도로서의 의미, ④ 이해대립하는 자들간의 이해의 조정 · 조절을 통한 국민적 합의 형성의 기능, ⑤ 앞의 의미가 어우러짐으로써 전체로서 행정의 능률성이 확보되는 의미를 갖는다.

3. 행정절차의 법적 근거

(1) 헌 법 헌법 제12조 제 1 항과 제 3 항은 형사사건의 적법절차에 관해 규정하고 있고, 행정절차에 관해서는 특별히 규정하는 바는 없지만 헌법의 동 규정은 행정절차에도 적용된다(판례 1, 2).

판례 1 헌법상 적법절차의 의의

(일제강점하 반민족행위 진상규명에 관한 특별법 부칙 제 2 조 본문 위헌소원사건, 즉 구법조항에 따라 친일반민족행위로 결정한 경우를 개정조항에 따라 결정한 것으로 보는 부칙 위헌소원 사건에서) 적법절차의 원칙(due process of law)은 공권력에 의한 국민의 생명 · 자유 · 재산의 침해는 반드시 합리적이고 정당한 법률에 의거해서 정당한 절차를 밟은 경우에만 유효하다는 원리로서, 그 의미는 누구든지 합리적이고 정당한 법률의 근거가 있고 적법한 절차에 의하지 아니하고는 체포 · 구속 · 압수 · 수색을 당하지 아니함은 물론, 형사처벌 및 행정벌과 보안처분, 강제노역 등을 받지 아니한다고 이해되는

바, 이는 형사절차상의 제한된 범위 내에서만 적용되는 것이 아니라 국가작용으로서 기본권 제한과 관련되든 아니든 모든 입법작용 및 행정작용에도 광범위하게 적용된다고 해석하여야 한다$\binom{헌재 2018.\ 4.\ 26,}{2016헌바453}$.

판례 2   헌법상 적법절차원칙의 내용
$\binom{구 도시정비법 제 4 조의3 제 4 항 제 3 호}{를 대상으로 한 헌법소원심판사건에서}$ 헌법 제12조 제 1 항이 천명하고 있는 적법절차 원칙은 형사소송절차에 국한되지 않고 모든 국가작용 전반에 대하여 적용된다고 할 것이나, 이 원칙이 구체적으로 어떠한 절차를 어느 정도로 요구하는지 일률적으로 정하기 어렵고, 이는 규율되는 사항의 성질, 관련 당사자의 사익, 절차의 이행으로 제고될 가치, 국가작용의 효율성, 절차에 소요되는 비용, 불복의 기회 등 다양한 요소들을 형량하여 개별적으로 판단할 수밖에 없다$\binom{헌재 2023 .6. 29,}{2020헌바63}$.

(2) 법   률   ① 행정절차에 관한 일반법으로 행정절차법이 있다. 한편, 민원과 관련된 일반법으로 민원 처리에 관한 법률이 있다. ② 행정절차에 관한 개별규정$\binom{특별}{규정}$을 두는 법률도 적지 않다. 예컨대 개별법률에서 진술기회부여$\binom{국공법}{제13조}$·청문$\binom{식품법}{제81조}$·의견청취$\binom{토용법 제28}{조 제 1 항}$·계고$\binom{행집법}{제 3 조}$·경고$\binom{경직법}{제 5 조}$·협의$\binom{토상법}{제26조}$·통보$\binom{공무원 재해보상법}{제57조 제 1 항}$ 등을 볼 수 있다. ③ 일반법으로서 행정절차법, 민원에 관한 일반법으로서 민원 처리에 관한 법률, 그리고 개별법률이 있다.

Ⅱ. 행정절차법

1. 행정절차법의 성격

(1) 일 반 법   ① 행정절차에 관한 공통적인 사항을 규정하는 행정절차법은 행정절차에 관한 일반법이다. 개별법률에 특별한 규정이 없는 한, 행정절차에 관해서는 당연히 행정절차법이 적용된다. 행정절차법은 공법상 행정작용에 관한 일반법이며, 사법작용과는 무관하다. 한편, ② 행정절차법은 「절차법」이지만, 그렇다고 절차적 규정만을 갖는 것은 아니고 실체적 규정$\binom{예: 제 4 조}{의 신뢰보호}$$\binom{의}{원칙}$도 갖는다.

(2) 적용범위

1) 적용영역   ① 행정절차법이 행정절차에 관한 일반법이지만, 모든 행정작용에 적용되는 것은 아니다. 그것은 「처분, 신고, 확약, 위반사실 등의 공표, 행정계획, 행정상 입법예고, 행정예고 및 행정지도」의 절차에 관하여 다른 법률에 특별한 규정이 없는 경우에 적용된다$\binom{절차}{법 제 3}$$\binom{조}{제 1 항}$. 이 중에서도 처분절차가 행정절차법의 중심을 이룬다. 행정절차법은 공법상 계약이나 행정계획절차와는 관련이 없다. ② 행정절차법은 지방자치단체에도 적용된다$\binom{절차법 제 2}{조 제 1 호}$. ③ 소위 다수인이 관련하는 행정절차인 대량절차는 행정절차법상 특별한 절차유형이 아니다. 그러나 대량절차의 편의를 위해 행정절차법은 선정대표자제도$\binom{절차법}{제11조}$와 대표자에 대한 송달$\binom{절차법 제14}{조 제 1 항}$ 등을 규정하고 있다. ④ 다단계행정절차도 행정절차법상 특별한 절차유형이 아니다. 그러나 부분승인 및 예비결정의 제도와 관련하는 다단계행정절차의 원활한 진행을 위하여 행정절차법은 이에 관한 하나의 규정$\binom{절차법}{제18조}$을 두고 있다.

2) 적용배제사항 처분, 신고, 행정상 입법예고, 행정예고 및 행정지도의 절차에 관한 사항도 국회 또는 지방의회의 의결을 거치거나 동의 또는 승인을 받아 행하는 사항 등 일정한 사항의 경우에는 행정절차법의 적용이 배제된다(절차법 제3 조 제2항). 적용배제는 제한적으로 새겨야 한다 (판례 1, 2, 3.). 행정절차법 제3 조 제2 항에 따라 행정절차법상 의견청취절차가 생략되는 경우일지라도 관련 개별법률에서 의견청취절차를 규정하고 있다면, 그에 따라야 한다(예: 행정절차법 제3조 제2항 제9호 에 따른 행정절차법 시행령 제2조 제6 호는「독점규제 및 공정거래에 관한 법률」…에 따라 공정거래위원회의 의결·결정을 거쳐 행하는 사항에 대하여 행정절차법의 적용을 배제 하고 있으나, 독점규제 및 공정거래에 관한 법률 제93조 제1 항(공정거래위원회는 이 법에 위반되는 사항에 대하여 시정조치를 명하거나 과징금 을 부과하기 전에 당사자 또는 이해관계인에게 의견을 진술할 기회를 주어 야 한다)에 따라 공정거래위원회는 상대방에게 의견진술기회를 주어야 한다)(판례 4). 행정절차법상 적용배제사유가 광범위 하다는 견해도 있다.

[판례 1] **과세처분에 헌법상 적법절차의 원칙이 적용되는지 여부**
(강남세무서장의 증여세부 과처분을 다툰 사건에서) 헌법상 적법절차의 원칙은 형사소송절차뿐만 아니라 국민에게 부담을 주는 행정작용에서도 준수되어야 하므로, 그 기본 정신은 과세처분에 대해서도 그대로 관철되어야 한다. **행정처분에 처분의 이유를 제시하도록 한 행정절차법이 과세처분에 직접 적용되지는 않지만**(행정 절차 법 제3조 제2항 제9호, 행정 절차법 시행령 제2조 제5호), **그 기본 원리가 과세처분의 장면이라고 하여 본질적으로 달라져서는 안 되는 것이고 이를 완화하여 적용할 하등의 이유도 없다**(대판 2012. 10. 18, 2010 두12347 전원합의체).

[판례 2] **공무원 인사관계 법령에 의한 처분 중 행정절차법의 적용이 배제되는 범위**
(대통령기록물 관리에 관한 법률에서 5년 임기의 별정직 공무원으로 규정한 대통령기록관장으로 임용된 원고가 직권면직을 당하자 안전행정부장관을 피고로 제기한 직권면직처분취소소송에서) 행정절차법령 규정들의 내용 을 행정의 공정성, 투명성 및 신뢰성을 확보하고 국민의 권익을 보호함을 목적으로 하는 행정절차 법의 입법목적에 비추어 보면, **공무원 인사관계 법령에 의한 처분에 관한 사항이라 하더라도 그 전부에 대하여 행정절차법의 적용이 배제되는 것이 아니라, 성질상 행정절차를 거치기 곤란하거나 불필요하다 고 인정되는 처분이나 행정절차에 준하는 절차를 거치도록 하고 있는 처분의 경우에만 행정절차법의 적 용이 배제되는 것으로 보아야 하고**, 이러한 법리는 '공무원 인사관계 법령에 의한 처분'에 해당하는 별정직 공무원에 대한 직권면직 처분의 경우에도 마찬가지로 적용된다고 할 것이다(대판 2013. 1. 16, 2011두30687).

[판례 3] **행정절차법 적용배제대상으로서 '외국인의 출입국에 관한 사항'의 의미**
(가수 유승준 사건에서) 행정절차법 제3 조 제2 항 제9 호, 행정절차법 시행령 제2 조 제2 호 등 관련 규정들 의 내용을 행정의 공정성, 투명성, 신뢰성을 확보하고 처분상대방의 권익보호를 목적으로 하는 행정절차법의 입법 목적에 비추어 보면, 행정절차법의 적용이 제외되는 '외국인의 출입국에 관한 사항'이란 해당 행정작용의 성질상 행정절차를 거치기 곤란하거나 거칠 필요가 없다고 인정되는 사항이나 행정절차에 준하는 절차를 거친 사항으로서 행정절차법 시행령으로 정하는 사항만을 가 리킨다고 보아야 한다. '외국인의 출입국에 관한 사항'이라고 하여 행정절차를 거칠 필요가 당연 히 부정되는 것은 아니다(대판 2019. 7. 11, 2017두38874).

[판례 4] **공정거래위원회의 시정조치 및 과징금납부명령에 행정절차법 소정의 의견청취절차 생략사 유가 존재하는 경우, 공정거래위원회가 행정절차법을 적용하여 의견청취절차를 생략할 수 있는지 여부**
(공정거래위원회의 (주)포스틸에 대한 시정명령등의 취소를 구한 사건에서) 행정절차법 제3 조 제2 항, 같은법시행령 제2 조 제6 호에 의하면 공정거래위원회의 의결·결정을 거쳐 행하는 사항에는 행정절차법의 적용이 제외되게 되어 있으

므로, 설사 공정거래위원회의 시정조치 및 과징금납부명령에 행정절차법 소정의 의견청취절차 생략사유가 존재한다고 하더라도, 공정거래위원회는 행정절차법을 적용하여 의견청취절차를 생략할 수는 없다(대판 2001. 5. 8. / 2000두10212).

[기출사례] 제35회 입법고시(2019년) 문제 · 답안작성요령 ☞ PART 4 [1-8]

2. 행정절차법상 법 원칙

(1) 신의성실의 원칙   행정청은 직무를 수행할 때 신의(信義)에 따라 성실히 하여야 한다(절차법 제4 / 조 제1항). 신의성실의 원칙이 행정기본법에서는 성실의무의 원칙으로 규정되고 있다(기본법 / 제11 / 조 제1항). 신의성실(성실 / 의무)의 원칙은 법원리적인 것이므로 행정기본법에 규정하는 것이 바람직하다. 행정절차법의 규정에 손질을 가할 필요가 있다.

(2) 신뢰보호의 원칙   행정청은 법령등의 해석 또는 행정청의 관행이 일반적으로 국민들에게 받아들여졌을 때에는 공익 또는 제3자의 정당한 이익을 현저히 해칠 우려가 있는 경우를 제외하고는 새로운 해석 또는 관행에 따라 소급하여 불리하게 처리하여서는 아니 된다(절차 / 법 / 제4조 / 제2항). 신뢰보호의 원칙은 행정기본법에서도 규정되고 있다(기본법 제12 / 조 제1항). 신뢰보호의 원칙은 법원리적인 것이므로 행정기본법에 규정하는 것이 바람직하다. 행정절차법의 규정에 손질을 가할 필요가 있다.

(3) 투명성의 원칙   행정청이 행하는 행정작용은 그 내용이 구체적이고 명확하여야 한다(절차법 제5 / 조 제1항). 행정작용의 근거가 되는 법령등의 내용이 명확하지 아니한 경우 상대방은 해당 행정청에 그 해석을 요청할 수 있으며, 해당 행정청은 특별한 사유가 없으면 그 요청에 따라야 한다(절차법 제5 / 조 제2항). 행정청은 상대방에게 행정작용과 관련된 정보를 충분히 제공하여야 한다(절차법 제5 / 조 제3항).

3. 비용부담

행정절차에 드는 비용은 행정청이 부담한다(절차법 제 / 54조 본문). 다만, 당사자 등이 자기를 위하여 스스로 지출한 비용은 그러하지 아니하다(절차법 제 / 54조 단서). 법률의 근거 없이는 어떠한 비용도 징수할 수 없다. 한편, 행정청은 행정절차의 진행에 필요한 참고인이나 감정인 등에게 예산의 범위에서 여비와 일당을 지급할 수 있다(절차법 제55 / 조 제1항).

4. 행정절차법에 대한 비판과 입법론

(1) 총칙부분   ① 행정절차법에는 행정계획의 확정절차, 공법상 계약절차, 행정조사절차, 행정집행절차에 관한 언급이 없다. 이러한 절차부분에 대한 입법적 보완이 필요하다. ② 대리인은 변호사로 한정되어야 한다는 견해도 있으나, 행정업무의 대량성, 민주시민의식의 성숙 등에 비추어 합리성이 없는 견해이다.

(2) 처분절차부분   ① 행정절차법에는 확약, 행정처분의 취소와 철회의 제한, 그리고

재심사에 관한 부분이 없다. 이에 대한 규정도 앞으로 포함되어야 한다. ② 당사자 등의 신청에 의한 청문의 가능성이 제한적이라는 것$\left(\substack{\text{절차법 제22조}\\\text{제 1 항 제 3 호}}\right)$도 문제이다. 이것은 당사자의 신청에 의한 청문을 인정하는 경우에 과다한 청문신청으로 행정의 효율성이 저하될 것으로 우려한 데 기인한 것으로 보인다. 그러나 당사자의 참여권보장을 통한 행정과정의 민주화라는 관점에서 적절한 제약을 가하면서 당사자 등의 신청에 의한 청문의 가능성을 열어 두는 것이 필요하다. ③ 행정절차법은 문서열람청구권을 청문절차에만 인정하고 있는데$\left(\substack{\text{절차법 제37}\\\text{조 제 1 항}}\right)$, 이를 공청회와 의견제출절차에도 확대하는 것이 바람직하다.

(3) 기　　타　　① 행정상 입법의 경우, 입법안의 취지, 주요 내용 또는 전문을 공고할 수 있도록 하고 있으나$\left(\substack{\text{절차법 제42}\\\text{조 제 1 항}}\right)$, 제도의 취지를 확보하기 위해 가능한 한 전문을 공고하는 것을 원칙으로 하는 것이 바람직하다. ② 행정지도의 법적 성격이 사실행위임에 비추어 위법한 행정지도에 대한 효과적인 권리보호수단의 마련도 필요하다.

제 2 절　행정절차의 종류

I. 처분절차

1. 처분의 신청

(1) 문서주의　　행정절차법상 처분이란 "행정청이 행하는 구체적 사실에 관한 법 집행으로서의 공권력의 행사 또는 그 거부와 그 밖에 이에 준하는 행정작용"을 말한다$\left(\substack{\text{절차법 제 2}\\\text{조 제 2 호}}\right)$. 행정청에 대하여 처분을 구하는 신청은 문서로 하여야 한다$\left(\substack{\text{절차법 제17조}\\\text{제 1 항 본문}}\right)$. 다만, 다른 법령등에 특별한 규정이 있는 경우와 행정청이 미리 다른 방법을 정하여 공시한 경우에는 그러하지 아니하다$\left(\substack{\text{절차}\\\text{법 제}\\\text{17조}\\\text{제 1 항 단서}}\right)$. 제 1 항에 따라 처분을 신청할 때 전자문서로 하는 경우에는 행정청의 컴퓨터 등에 입력된 때에 신청한 것으로 본다$\left(\substack{\text{절차법 제17}\\\text{조 제 2 항}}\right)$. 행정청은 신청에 필요한 구비서류, 접수기관, 처리기간, 그 밖에 필요한 사항을 게시$\left(\substack{\text{인터넷 등을 통한}\\\text{게시를 포함한다}}\right)$하거나 이에 대한 편람을 갖추어 두고 누구나 열람할 수 있도록 하여야 한다$\left(\substack{\text{절차법 제17}\\\text{조 제 3 항}}\right)$.

(2) 의무적 접수　　행정청은 신청을 받았을 때에는 다른 법령등에 특별한 규정이 있는 경우를 제외하고는 그 접수를 보류 또는 거부하거나 부당하게 되돌려 보내서는 아니 되며, 신청을 접수한 경우에는 신청인에게 접수증을 주어야 한다$\left(\substack{\text{절차법 제17조}\\\text{제 4 항 본문}}\right)$. 그리고 행정청은 다수의 행정청이 관여하는 처분을 구하는 신청을 접수한 경우에는 관계 행정청과의 신속한 협조를 통하여 그 처분이 지연되지 아니하도록 하여야 한다$\left(\substack{\text{절차법}\\\text{제18조}}\right)$.

(3) 신청의 보완 등　　행정청은 신청에 구비서류의 미비 등 흠이 있는 경우에는 보완에 필요한 상당한 기간을 정하여 지체 없이 신청인에게 보완을 요구하여야 한다$\left(\substack{\text{절차법 제17}\\\text{조 제 5 항}}\right)\left(\substack{\text{판례}\\\text{1}}\right)$. 행정

청은 신청인이 제 5 항에 따른 기간 내에 보완을 하지 아니하였을 때에는 그 이유를 구체적으로 밝혀 접수된 신청을 되돌려 보낼 수 있다$\binom{\text{절차법 제17}}{\text{조 제 6 항}}\binom{\text{판례}}{2}$. 신청인은 처분이 있기 전에는 그 신청의 내용을 보완·변경하거나 취하할 수 있다$\binom{\text{절차법 제17조}}{\text{제 8 항 본문}}$. 다만, 다른 법령등에 특별한 규정이 있거나 그 신청의 성질상 보완·변경하거나 취하할 수 없는 경우에는 그러하지 아니하다$\binom{\text{절차법 제17조}}{\text{제 8 항 단서}}$.

> **판례 1**   행정절차법 제17조 제 5 항(행정청은 신청에 구비서류의 미비 등 흠이 있는 경우에는 보완에 필요한 상당한 기간을 정하여 지체 없이 신청인에게 보완을 요구하여야 한다)의 취지
> $\binom{\text{주식회사 푸드원이 음성군수의 폐기물처리사업}}{\text{계획부적합통보처분의 취소를 구한 사건에서}}$ 행정절차법 제17조가 '구비서류의 미비 등 흠의 보완'과 '신청 내용의 보완'을 분명하게 구분하고 있는 점에 비추어 보면, 행정절차법 제17조 제 5 항은 신청인이 신청할 때 관계 법령에서 필수적으로 첨부하여 제출하도록 규정한 서류를 첨부하지 않은 경우와 같이 쉽게 보완이 가능한 사항을 누락하는 등의 흠이 있을 때 행정청이 곧바로 거부처분을 하는 것보다는 신청인에게 보완할 기회를 주도록 함으로써 행정의 공정성·투명성 및 신뢰성을 확보하고 국민의 권익을 보호하려는 행정절차법의 입법 목적을 달성하고자 함이지, 행정청으로 하여금 신청에 대하여 거부처분을 하기 전에 반드시 신청인에게 신청의 내용이나 처분의 실체적 발급요건에 관한 사항까지 보완할 기회를 부여하여야 할 의무를 정한 것은 아니라고 보아야 한다$\binom{\text{대판 2020. 7. 23.}}{\text{2020두36007}}$.

> **판례 2**   신청인의 신청서 내용에 대한 검토의 요청에 대해서도 행정절차법 소정의 절차가 적용되는지 여부
> $\binom{\text{한국수자원공사가 의왕시장의 개발제한구역}}{\text{훼손부담금부과처분의 취소를 구한 사건에서}}$ 구 행정절차법 제17조 제 3 항 본문은 "행정청은 신청이 있는 때에는 다른 법령등에 특별한 규정이 있는 경우를 제외하고는 그 접수를 보류 또는 거부하거나 부당하게 되돌려 보내서는 아니 되며, 신청을 접수한 경우에는 신청인에게 접수증을 교부하여야 한다"고 규정하고 있는바, 여기에서의 신청인의 행정청에 대한 신청의 의사표시는 명시적이고 확정적인 것이어야 한다고 할 것이므로 신청인이 신청에 앞서 행정청의 허가업무 담당자에게 신청서의 내용에 대한 검토를 요청한 것만으로는 **다른 특별한 사정이 없는 한 명시적이고 확정적인 신청의 의사표시가 있었다고 하기 어렵다**$\binom{\text{대판 2004. 9. 24.}}{\text{2003두13236}}$.

2. 처리기간의 설정·공표

(1) 처리기간의 설정과 연장   행정청은 신청인의 편의를 위하여 처분의 처리기간을 종류별로 미리 정하여 공표하여야 한다$\binom{\text{절차법 제19}}{\text{조 제 1 항}}$. 제 1 항에 따른 처리기간에 산입하지 아니하는 기간에 관하여는 대통령령으로 정한다$\binom{\text{절차법 제19}}{\text{조 제 5 항}}$. 한편, 행정청은 부득이한 사유로 제 1 항에 따른 처리기간 내에 처분을 처리하기 곤란한 경우에는 해당 처분의 처리기간의 범위에서 한 번만 그 기간을 연장할 수 있다$\binom{\text{절차법 제19}}{\text{조 제 2 항}}$. 행정청은 제 2 항에 따라 처리기간을 연장할 때에는 처리기간의 연장 사유와 처리 예정 기한을 지체 없이 신청인에게 통지하여야 한다$\binom{\text{절차법 제19}}{\text{조 제 3 항}}$. 판례는 행정절차법상 처리기간규정을 훈시규정으로 본다$\binom{\text{판}}{\text{례}}$.

판례 행정절차법이나 민원 처리에 관한 법률상 처분·민원의 처리기간에 관한 규정의 성질

(법무법인 서산의 인가공증인인가신청에 대하여 법무부장관이 반려처분을 하자 그 취소를 구한 사건에서) 처분이나 민원의 처리기간을 정하는 것은 신청에 따른 사무를 가능한 한 조속히 처리하도록 하기 위한 것이다. 처리기간에 관한 규정은 훈시규정에 불과할 뿐 강행규정이라고 볼 수 없다. 행정청이 처리기간이 지나 처분을 하였더라도 이를 처분을 취소할 절차상 하자로 볼 수 없다. 민원처리법 시행령 제23조에 따른 민원처리진행상황 통지도 민원인의 편의를 위한 부가적인 제도일 뿐, 그 통지를 하지 않았더라도 이를 처분을 취소할 절차상 하자로 볼 수 없다(대판 2019. 12. 13, 2018두41907).

(2) 처리기간의 경과

(개) 위법 여부　　　처리기간에 관한 규정은 일반적으로 훈시적 규정으로 볼 것이다. 따라서 처리기간 내에 처리하지 못하고, 처리기간 경과 후에 처리한 경우, 그러한 처리를 위법하다고 말하기 어렵다(판례). 그러나 개별 법령에서 달리 규정할 수도 있을 것이다.

판례 행정절차법이나 민원 처리에 관한 법률상 처분·민원의 처리기간에 관한 규정이 강행규정인지 여부

(법무법인 서산이 법무부장관을 피고로 제기한 인가공증인인가신청반려처분취소청구의소에서) 처분이나 민원의 처리기간을 정하는 것은 신청에 따른 사무를 가능한 한 조속히 처리하도록 하기 위한 것이다. 처리기간에 관한 규정은 훈시규정에 불과할 뿐 강행규정이라고 볼 수 없다. 행정청이 처리기간이 지나 처분을 하였더라도 이를 처분을 취소할 절차상 하자로 볼 수 없다. 민원처리법 시행령 제23조에 따른 민원처리진행상황 통지도 민원인의 편의를 위한 부가적인 제도일 뿐, 그 통지를 하지 않았더라도 이를 처분을 취소할 절차상 하자로 볼 수 없다(대판 2019. 12. 13, 2018두41907).

(내) 신속처리요구권　　　행정청이 정당한 처리기간 내에 처리하지 아니하였을 때에는 신청인은 해당 행정청 또는 그 감독 행정청에 신속한 처리를 요청할 수 있다(절차법 제19조 제4항). 본 조항에 의한 신청인의 신속처리요청은 신청인의 권익보호를 위한 것인바, 신청인은 본 조항에 근거하여 절차적 권리로서 신속처리요구권을 갖는다.

3. 처분기준의 설정·공표

(1) 공표의 원칙　　　행정청은 필요한 처분기준을 해당 처분의 성질에 비추어 되도록 구체적으로 정하여 공표하여야 한다(절차법 제20조 제1항 제1문)(판례1). 처분기준을 변경하는 경우에도 또한 같다(절차법 제20조 제1항 제2문). 「행정기본법」제24조에 따른 인허가의제의 경우 관련 인허가 행정청은 관련 인허가의 처분기준을 주된 인허가 행정청에 제출하여야 하고, 주된 인허가 행정청은 제출받은 관련 인허가의 처분기준을 통합하여 공표하여야 한다(절차법 제20조 제2항 제1문). 처분기준을 변경하는 경우에도 또한 같다(절차법 제20조 제2항 제2문). 설정·공표의 대상이 되는 처분은 신청에 의한 처분뿐만 아니라 직권에 따른 처분도 포함한다(오준근). 그러나 제1항에 따른 처분기준을 공표하는 것이 해당 처분

의 성질상 현저히 곤란하거나 공공의 안전 또는 복리를 현저히 해치는 것으로 인정될 만한 상당한 이유가 있는 경우에는 처분기준을 공표하지 아니할 수 있다$\binom{절차법 제20}{조 제 3 항}$. 처분기준의 공표는 재량행위와 관련하여 의미를 갖는다$\binom{재량}{준칙}$. 그러나 비공표의 사유는 행정의 투명성의 원리에 비추어 제한적으로 해석되어야 한다$\binom{판례}{2}$.

> **판례 1** 행정절차법 제20조 제1항에서 행정청으로 하여금 처분기준을 구체적으로 정하여 공표할 의무를 부과한 취지
> $\binom{법무법인 서산의 인가공증인인가신청에 대하여 법무부장관}{이 반려처분을 하자 그 취소를 구한 \mathbf{법무법인 서산} 사건에서}$ 행정청으로 하여금 처분기준을 구체적으로 정하여 공표하도록 한 것은 해당 처분이 가급적 미리 공표된 기준에 따라 이루어질 수 있도록 함으로써 해당 처분의 상대방으로 하여금 결과에 대한 예측가능성을 높이고 이를 통하여 행정의 공정성, 투명성, 신뢰성을 확보하며 행정청의 자의적인 권한행사를 방지하기 위한 것이다$\binom{대판 2019. 12. 13.}{2018두41907}$.
>
> **판례 2** 행정절차법 제20조 제2항에서 처분기준 사전공표 의무의 예외를 정한 취지
> $\binom{법무법인 서산의 인가공증인인가신청에 대하여 법무부장관}{이 반려처분을 하자 그 취소를 구한 \mathbf{법무법인 서산} 사건에서}$ 처분의 성질상 처분기준을 미리 공표하는 경우 행정목적을 달성할 수 없게 되거나 행정청에 일정한 범위 내에서 재량권을 부여함으로써 구체적인 사안에서 개별적인 사정을 고려하여 탄력적으로 처분이 이루어지도록 하는 것이 오히려 공공의 안전 또는 복리에 더 적합한 경우도 있다. 그러한 경우에는 행정절차법 제20조 제2항에 따라 처분기준을 따로 공표하지 않거나 개략적으로만 공표할 수도 있다$\binom{대판 2019. 12. 13.}{2018두41907}$.

(2) 해석 · 설명요구권　　당사자등은 공표된 처분기준이 명확하지 아니한 경우 해당 행정청에 그 해석 또는 설명을 요청할 수 있다$\binom{절차법 제20조}{제 4 항 제 1 문}$. 이 경우 해당 행정청은 특별한 사정이 없으면 그 요청에 따라야 한다$\binom{절차법 제20조}{제 4 항 제 2 문}$. 본 조항에 의한 신청인의 해석요구 · 설명요구는 신청인의 권익보호를 위한 것인바, 신청인은 본 조항에 근거하여 절차적 권리로서 해석요구권 · 설명요구권을 갖는다. 행정청이 해석 · 설명요청에 응한 경우 행정청의 해석 · 설명은 행정청의 선행조치로 기능할 수 있고 그 후 행정청이 행한 답변과 다른 처분을 한 경우 사인은 신뢰보호원칙에 위반됨을 주장할 수 있다. 그러나 행정청이 해석 · 설명요구에 상당한 기간 동안 불응한다면, 그것은 위법한 부작위가 될 수 있다.

(3) 공표의무위반의 효과　　① 처분기준을 설정하여 공표하여야 함에도 이를 행하지 않은 경우, 처분기준의 설정 · 공표가 의무규정으로 되어 있으므로 독자적인 행정행위의 위법사유가 된다고 보아야 한다. 처분기준을 설정 · 공표하여야 할 경우와 하지 않아도 되는 경우의 구분이 불분명하고, 처분기준이 설정되지 않았다고 하여 처분을 할 수 없는 것도 아니므로 처분의 효력에 영향이 없다는 견해$\binom{박윤}{흔}$도 있다. ② 행정청이 설정 · 공표된 처분기준과 다른 기준으로 처분을 하였다면, 처분기준이 법규명령인지 행정규칙인지, 행정법의 일반원칙에 위반되는지에 따라 위법 여부를 판단하게 될 것이다. 판례는 처분기준을 행정규칙으로 보면서, 그 위반을 위법으로 보지 않는다$\binom{판}{례}$.

판례 행정절차법 제20조 제1항의 처분기준의 성질과 위반의 효과

(주식회사 한중네트웍이 문화체육관광부장관을 피고로 중국전담여행사지정 취소처분의 취소를 구한 사건에서) 행정청이 행정절차법 제20조 제1항에 따라 정하여 공표한 처분기준은, 그것이 해당 처분의 근거 법령에서 구체적 위임을 받아 제정·공포되었다는 특별한 사정이 없는 한, 원칙적으로 대외적 구속력이 없는 행정규칙에 해당하는 것으로 보아야 한다. 행정청이 행정절차법 제20조 제1항의 처분기준 사전공표 의무를 위반하여 미리 공표하지 아니한 기준을 적용하여 처분을 하였다고 하더라도, 그러한 사정만으로 곧바로 해당 처분에 취소사유에 이를 정도의 흠이 존재한다고 볼 수는 없다. 다만 해당 처분에 적용한 기준이 상위법령의 규정이나 신뢰보호의 원칙 등과 같은 법의 일반원칙을 위반하였거나 객관적으로 합리성이 없다고 볼 수 있는 구체적인 사정이 있다면 해당 처분은 위법하다고 평가할 수 있다(대판 2020. 12. 24. 2018두45633).

4. 처분의 사전통지와 의견청취

행정청은 당사자에게 의무를 부과하거나 권익을 제한하는 처분을 하는 경우에는 미리 일정한 사항을 당사자등에게 통지하여야 한다(절차법 제21조 제1항). 그리고 경우에 따라 행정청은 청문·공청회·의견제출 등의 의견청취절차를 거쳐야 한다(절차법 제22조). 판례는 이에 위반하면 위법한 것으로 본다.

5. 처분의 발령

(1) 처분의 방식으로서 문서주의   행정청이 처분을 할 때에는 다른 법령등에 특별한 규정이 있는 경우를 제외하고는 문서로 하여야 하며, 다음 각 호(1. 당사자등의 동의가 있는 경우 2. 당사자가 전자문서로 처분을 신청한 경우)의 어느 하나에 해당하는 경우에는 전자문서로 할 수 있다(절차법 제24조 제1항). 제1항에도 불구하고 공공의 안전 또는 복리를 위하여 긴급히 처분을 할 필요가 있거나 사안이 경미한 경우에는 말, 전화, 휴대전화를 이용한 문자 전송, 팩스 또는 전자우편 등 문서가 아닌 방법으로 처분을 할 수 있다. 이 경우 당사자가 요청하면 지체 없이 처분에 관한 문서를 주어야 한다(절차법 제24조 제2항).

(2) 처분의 이유제시

1) 관   념

(개) 개   념   행정청은 처분을 할 때에는 원칙적으로 당사자에게 그 근거와 이유를 제시하여야 하는바(절차법 제23조 제1항 본문), 이를 처분의 이유제시라 부른다. 이유제시는 침익적 행위는 물론 수익적 행위와 복효적 행위의 경우에도 요구된다. 이유제시는 이유명시·이유부기·이유강제 등으로 불리기도 한다. 한편, 행정절차법은 근거와 이유를 구별하여 사용하고 있으나, 양자를 엄격히 구별할 필요는 없어 보인다. 근거에는 사실상의 근거와 법상의 근거가 포함된다. 이유제시의 요구는 법치국가의 행정절차의 본질적 요청이다. 이유제시는 국가에 대한 처분에도 적용된다(대판 2023. 9. 21. 2023두39724).

(내) 기   능   이유제시의 요구는 ① 본질적 기능으로 행정청 스스로에 의한 통제를 가능하게 하고, ② 자기통제는 정당한 결론의 도출을 가능하게 하고, ③ 정당한 결정은 개인의 권리보호에 기여한다(판례).

> [판례] 이유제시를 요구하는 취지
> (폐기물 중간처분업체인 신대한정유산업 주식회사가 소각시설을 허가받은 내용과 달리 설치하거나 증설한 후 허가받은 처분능력의 100분의 30을 초과하여 폐기물을 과다소각하였다는 이유로 한강유역환경청장으로부터 과징금 부과처분을 받자 위 회사가 이를 취소해 달라고 제기한 소송에서 한강유역환경청장이 위 회사는 변경허가를 받지 않은 채 소각시설을 무단 증설하여 과다소각하였으므로 구 폐기물관리법 시행규칙 제29조 제 1 항 제 2 호 (마)목 등 위반에 해당한다고 주장하자 위 회사가 이는 허용되지 않는 처분사유의 추가·변경에 해당한다고 주장하였고, 대법원은 한강유역환경청장의 위 주장은 소송에서 새로운 처분사유를 추가로 주장한 것이 아니라, 처분서에 다소 불명확하게 기재하였던 '당초 처분사유'를 좀 더 구체적으로 설명한 것이라고 한 사례에서) 행정절차법 제23조 제 1 항은 행정청이 처분을 하는 때에는 당사자에게 그 근거와 이유를 제시하도록 규정하고 있다. 이는 행정청의 자의적 결정을 배제하고 당사자로 하여금 권리구제절차에서 적절히 대처할 수 있도록 하는 데 그 취지가 있다(대판 2020. 6. 11, 2019두49359).

(다) 생략사유   ① 신청 내용을 모두 그대로 인정하는 처분인 경우, ② 단순·반복적인 처분 또는 경미한 처분으로서 당사자가 그 이유를 명백히 알 수 있는 경우, ③ 긴급히 처분을 할 필요가 있는 경우에는 이유제시가 요구되지 아니한다(절차법 제23조 제 1 항). 그러나 ②와 ③의 경우에 처분 후 당사자가 요청하는 경우에는 그 근거와 이유를 제시하여야 한다(절차법 제23조 제 2 항).

(라) 성질(적법요건)   판례는 종래부터 행정행위의 이유제시를 행정행위의 적법요건으로 본다(판례). 이유제시의 결여는 위법을 가져온다. 이유제시를 요구하는 것은 처분의 상대방의 권익 보호뿐만 아니라 처분의 정당성의 근거를 제시하기 위한 것인바, 판례의 태도는 정당하다.

> [판례] 세액산출근거 등의 통지에 관한 규정의 성질 및 규정위반의 효력
> (서부세무서장의 원고에 대한 종합소득세부과처분을 다툰 사건에서) **과세표준과 세율, 세액, 세액산출근거 등의 필요한 사항을 납세자에게 서면으로 통지하도록 한 세법상의 제규정들**은 단순히 세무행정의 편의를 위한 훈시규정이 아니라 조세행정에 있어 자의를 배제하고 신중하고 합리적인 처분을 행하게 함으로써 공정을 기함과 동시에 납세의무자에게 부과처분의 내용을 상세히 알려서 불복 여부의 결정과 불복신청에 편의를 제공하려는 데서 나온 **강행규정**으로서 **납세고지서에 그와 같은 기재가 누락되면 그 과세처분 자체가 위법한 처분이 되어 취소의 대상**이 된다(대판 1985. 5. 28, 84누289; 대판 1990. 9. 11, 90누1786).

2) 법적 근거   ① 행정절차법 제23조가 행정행위의 이유제시에 관한 일반적인 규정이다. ② 민원과 관련하여서는 민원 처리에 관한 법률 제27조 제 2 항(행정기관의 장은 제 1 항에 따라 민원의 처리결과를 통지할 때에 민원의 내용을 거부하는 경우에는 거부이유와 구제절차를 함께 통지하여야 한다)이 일반적인 규정이다. 민원과 관련하는 한 특별법으로서 민원 처리에 관한 법률이 적용되고, 일반법으로서 행정절차법이 보충적으로 적용된다. ③ 단행법률에서도 이유제시에 관한 규정을 두는 경우도 있다(예: 국공법 제75조). ④ 행정절차법이 제정되기 이전에도 판례는 허가의 취소처분에 개별법상 명문의 규정이 없어도 행정청에게 이유제시를 요구한 바 있다(대판 1990. 9. 11, 90누1786; 대판 1987. 5. 26, 86누788).

3) 요   건

(가) 정   도   이유제시의 정도는 처분사유를 이해할 수 있을 정도로 구체적이어야 한다. 이유제시에 있어서는 행정청이 자기의 결정에 고려하였던 사실상·법률상의 근거를 알려야 한다. 사실상 근거에는 행정청이 확정하여 행정행위의 결정에 근거로 삼은 사실관계가 포함되며,

법률상 근거에는 해석·포섭·형량 및 절차법상 형량이 포함된다. 재량결정에 있어서의 이유제시에는 행정청이 자기의 재량행사에서 기준으로 하였던 관점을 또한 알려야 할 것이다[판례1]. 다만, 당사자가 신청한 허가를 거부하는 처분을 하면서 당사자가 그 근거를 알 수 있는 정도로 이유를 제시한 경우에는 처분의 근거와 이유를 구체적으로 명시하지 않았더라도 그 처분이 위법하다고 볼 수는 없다[판례2].

[판례 1] 주류도매업면허의 취소처분에 그 대상이 된 위반사실을 특정하지 아니하여 위법하다고 본 사례

(남양주세무서장의 원고(유한회사 미금상사)에 대한 일반주류도매업면허취소처분을 다툰 사건에서) **면허의 취소처분에는 그 근거가 되는 법령이나 취소권 유보의 부관 등을 명시하여야 함은 물론 처분을 받은 자가 어떠한 위반사실에 대하여 당해 처분이 있었는지를 알 수 있을 정도로 사실을 적시할 것을 요하며, 이와 같은 취소처분의 근거와 위반사실의 적시를 빠뜨린 하자는 피처분자가 처분 당시 그 취지를 알고 있었다거나 그 후 알게 되었다 하여도 치유될 수 없다고 할 것인바,** 세무서장인 피고가 주류도매업자인 원고에 대하여 한 이 사건 일반주류도매업면허취소통지에 `상기 주류도매장은 무면허 주류 판매업자에게 주류를 판매하여 주세법 제11조 및 국세법사무처리규정 제26조에 의거 지정조건위반으로 주류판매면허를 취소합니다`라고만 되어 있어서 **원고의 영업기간과 거래상대방 등에 비추어 원고가 어떠한 거래행위로 인하여 이 사건 처분을 받았는지 알 수 없게 되어 있다면 이 사건 면허취소처분은 위법**하다(대판 1990. 9. 11, 90누1786).

[판례 2] 이유제시의무 위반 여부 판단방법

(폐기물 중간처분업체인 신대한정유산업 주식회사가 소각시설을 허가받은 내용과 달리 설치하거나 증설한 후 허가받은 처분능력의 100분의 30을 초과하여 폐기물을 과다소각하였다는 이유로 한강유역환경청장으로부터 과징금 부과처분을 받자 위 회사가 이를 취소해 달라고 제기한 소송에서 한강유역환경청장이 위 회사는 변경허가를 받지 않은 채 소각시설을 무단 증설하여 과다소각하였으므로 구 폐기물관리법 시행규칙 제29조 제 1 항 제 2 호 (마)목 등 위반에 해당한다고 주장하자 위 회사가 이는 허용되지 않는 처분사유의 추가·변경에 해당한다고 주장하였고, 대법원은 한강유역환경청장의 위 주장은 소송에서 새로운 처분사유를 추가로 주장한 것이 아니라, 처분서에 다소 불명확하게 기재하였던 '당초 처분사유를 좀 더 구체적으로 설명한 것'이라고 한 사례에서) 처분서에 기재된 내용과 관계 법령 및 당해 처분에 이르기까지의 전체적인 과정 등을 종합적으로 고려하여, 처분 당시 당사자가 어떠한 근거와 이유로 처분이 이루어진 것인지를 충분히 알 수 있어서 그에 불복하여 권리구제절차로 나아가는 데에 별다른 지장이 없었던 것으로 인정되는 경우에는 처분서에 처분의 근거와 이유가 구체적으로 명시되지 않았다고 하더라도 이유제시의무를 위반하여 처분을 취소하여야 할 위법사유라고는 볼 수 없다(대판 2020. 6. 11, 2019두49359).

(나) 방　　식　　행정절차법상 처분의 방식은 동법 제24조 제 1 항의 규정에 의하여 원칙적으로 문서로 하게 되어 있고, 민원 처리에 관한 법률에서도 처리결과의 통지는 원칙적으로 문서로 하게 되어 있는바(민원법 제27조 제 1 항), 그 이유제시도 당해 문서로 하여야 한다.

(다) 기준시점　　이유제시는 원칙적으로 처분이 이루어지는 시점에 이루어져야 한다. 처분시에 이유제시가 없거나 미비하다면, 그러한 처분은 하자 있는 것으로서 위법한 것이 된다.

4) 효　　과

(가) 결여의 효과　　① 이유제시가 요구됨에도 불구하고 이유의 기재가 전혀 없거나 중요 사항의 기재가 결여되어 그 하자가 중대하다면 무효사유가 될 것이고, 중대하지 않다면 취소사유

가 될 것이며, 또한 이유기재의 불충분은 취소사유로 볼 것이다. 그러나 판례는 납세고지서에 세액산출근거의 기재가 누락된 과세처분은 위법한 처분으로 취소대상이 된다고 한다$\binom{판}{례}$. ② 이유제시와 관련된 하자에는 이유제시 그 자체가 없는 경우$\binom{형식적\ 관점}{에서의\ 하자}$와 이유제시가 있으나 제시된 이유가 정당하지 아니한 경우$\binom{실질적\ 관점}{에서의\ 하자}$가 있다$\binom{류지}{태}$. 전자가 여기서의 문제이고, 후자는 행정소송법상 처분사유의 사후변경의 문제와 관련한다.

[판례]   납세의무자가 부과된 세금을 자진납부하였다고 하여 세액산출근거가 누락된 납세고지서에 의한 부과처분의 하자가 치유되는지 여부

(인천세무서장의 원고(삼양베이커탱크 터미널(주)) 에 대한 법인세등 부과처분을 다툰 사건에서) **세액산출근거가 기재되지 아니한 납세고지서에 의한 부과처분은 강행법규에 위반하여 취소대상이 된다 할 것이므로** 이와 같은 하자는 납세의무자가 전심절차에서 이를 주장하지 아니하였거나, 그 후 부과된 세금을 자진납부하였다거나, 또는 조세채권의 소멸시효 기간이 만료되었다 하여 치유되는 것이라고는 할 수 없다$\binom{대판\ 1985.\ 4.\ 9,\ 84누431;\ 대판\ 2000.\ 10.\ 13,}{99두2239;\ 대판\ 2002.\ 11.\ 13,\ 2001두1543}$.

(나) 하자의 치유

(a) 적용 범위   전통적 견해와 판례$\binom{대판\ 1989.\ 12.\ 12.}{88누8869}$는 하자의 치유는 취소할 수 있는 행위에만 인정되며, 무효인 행위는 언제나 무효이어서 종국적 성질을 가지므로 치유가 인정되지 않는다고 한다.

(b) 치유의 한계

(i) 실체적 한계   하자의 치유는 법치주의의 관점에서 보아 원칙적으로는 허용될 수 없지만, 국민의 권리와 이익을 침해하지 않는 범위에서 예외적으로 인정되어야 한다$\binom{제한적\ 긍정설,}{통설·판례}$.

(ii) 시간적 한계   ① 학설은 쟁송제기 이전시설과 쟁송제기 이후에도 가능할 것이라는 입장$\binom{쟁송종}{결시설}$이 대립된다. ② 판례는 행정쟁송제기 이전까지만 가능하다는 입장이다. ③ 쟁송제기 이후에 하자의 치유를 인정해도 처분의 상대방의 권리구제에 장애를 초래하지 않는 경우가 있을 수 있고 또한 소송경제를 고려하여야 하며, 치유는 예외적인 경우에만 인정되기에 쟁송제기 이후에도 치유가 가능하다는 견해가 타당하다.

(다) 판결의 기속력과 동일한 처분   이유제시에 하자가 있다고 하더라도 기속력은 판결에 적시된 절차 내지 형식의 위법사유에 한정되는 것이므로 그 하자를 보완하여 종전의 처분과 동일한 내용의 처분을 한다고 하더라도 판결의 기속력에 위반되는 것은 아니다$\binom{대판\ 1987.\ 2.\ 10,}{86누91}$.

[기출사례] 제56회 5급공채(2012년) 문제·답안작성요령 ☞ PART 4 [1-36]

(3) 불복고지   행정청이 처분을 하는 때에는 당사자에게 그 처분에 관하여 행정심판 및 행정소송을 제기할 수 있는지 여부, 기타 불복을 할 수 있는지 여부, 청구절차 및 청구기간 기타 필요한 사항을 알려야 한다$\binom{절차법}{제26조}$.

(4) 처분의 정정   행정청은 처분에 오기, 오산 또는 그 밖에 이에 준하는 명백한 잘못이 있을 때에는 직권으로 또는 신청에 따라 지체 없이 정정하고 그 사실을 당사자에게 통지하여야 한다(절차법 제25조). 오기·오산 기타 이에 준하는 명백한 잘못은 처분의 하자의 문제가 아니다.

Ⅱ. 신고절차

행정기본법은 수리 여부에 따른 신고의 효력에 관한 일반적 규정을 두고 있는바(기본법 제34조), 신고절차도 수리가 필요한 신고의 절차와 수리가 필요하지 아니한 신고의 절차로 구분할 수 있다.

1. 수리가 필요한 신고의 절차

수리가 필요한 신고의 절차에 관한 일반법은 보이지 아니한다. 개별 법률에 특별한 규정이 있으면 그 규정에 의할 것이다. 만약 특별한 규정이 없다면, 수리가 필요하지 아니한 신고의 절차를 유추적용할 수 있을 것이다.

2. 수리가 필요하지 아니한 신고의 절차

(1) 적용법령   행정절차법은 법령등에서 행정청에 대하여 일정한 사항을 통지함으로써 의무가 끝나는 신고, 즉 수리를 요하지 아니하는 신고 중 의무적 신고의 요건 등에 관한 일반적 규정을 두고 있다(절차법 제40조).

(2) 신고의 요건   이러한 의무적 신고는 ① 신고서의 기재상에 흠이 없어야 하고, ② 필요한 구비서류가 첨부되어야 하며, ③ 그 밖에 법령등에서 규정된 형식상의 요건에 적합하여야 한다(절차법 제40조 제 2 항).

(3) 신고의 보완   행정청은 제 2 항 각호의 요건을 갖추지 못한 신고서가 제출된 경우에는 지체 없이 상당한 기간을 정하여 신고인에게 보완을 요구하여야 한다(절차법 제40조 제 3 항). 행정청은 신고인이 제 3 항에 따른 기간 내에 보완을 하지 아니하였을 때에는 그 이유를 구체적으로 밝혀 해당 신고서를 되돌려 보내야 한다(절차법 제40조 제 4 항).

(4) 신고의 효과   법령등에서 행정청에 일정한 사항을 통지함으로써 의무가 끝나는 신고가 상기의 요건을 갖춘 경우에는 신고서가 접수기관에 도달된 때에 신고 의무가 이행된 것으로 본다(절차법 제40조 제 2 항). 발신주의가 아니라 도달주의가 채택되고 있다.

(5) 편   람   법령등에서 행정청에 일정한 사항을 통지함으로써 의무가 끝나는 신고를 규정하고 있는 경우 신고를 관장하는 행정청은 신고에 필요한 구비서류, 접수기관 그 밖에 법령등에 따른 신고에 필요한 사항을 게시(인터넷 등을 통한 게시를 포함한다)하거나 이에 대한 편람(便覽)을 갖추어 두고 누구나 열람할 수 있도록 하여야 한다(절차법 제40조 제 1 항).

Ⅲ. 행정상 입법예고절차

1. 입법예고의 원칙

법령등을 제정·개정 또는 폐지($^{이하 \ "입법"}_{이라 \ 한다}$)하려는 경우에는 해당 입법안을 마련한 행정청은 이를 예고하여야 한다. 다만, 다음 각 호($^{1. \ 신속한 \ 국민의 \ 권리 \ 보호 \ 또는 \ 예측 \ 곤란한 \ 특별한 \ 사정의 \ 발생 \ 등으로 \ 입법이 \ 긴급}_{을 \ 요하는 \ 경우, \ 2. \ 상위 \ 법령등의 \ 단순한 \ 집행을 \ 위한 \ 경우, \ 3. \ 입법내용이 \ 국민의 \ 권}^{리·의무 \ 또는 \ 일상생활과 \ 관련이 \ 없는 \ 경우, \ 4. \ 단순한 \ 표현·자구를 \ 변경하는 \ 경우 \ 등 \ 입법내용의 \ 성질상 \ 예고의}_{필요가 \ 없거나 \ 곤란하다고 \ 판단되는 \ 경우, \ 5. \ 예고함이 \ 공공의 \ 안전 \ 또는 \ 복리를 \ 현저히 \ 해칠 \ 우려가 \ 있는 \ 경우}$)의 어느 하나에 해당하는 경우에는 예고를 하지 아니할 수 있다($^{절차법 \ 제41}_{조 \ 제1항}$).

2. 입법예고의 방법

행정청은 입법안의 취지, 주요 내용 또는 전문($^{全}_{文}$)을 다음 각 호($^{1. \ 법령의 \ 입법안을 \ 입법예고하는 \ 경우: \ 관}_{보 \ 및 \ 법제처장이 \ 구축·제공하는 \ 정보시스}^{템을 \ 통한 \ 공고. \ 2. \ 자치법규의 \ 입법안}_{을 \ 입법예고하는 \ 경우: \ 공보를 \ 통한 \ 공고}$)의 구분에 따른 방법으로 공고하여야 하며, 추가로 인터넷, 신문 또는 방송 등을 통하여 공고할 수 있다($^{절차법 \ 제42}_{조 \ 제1항}$). 입법예고기간은 예고할 때 정하되, 특별한 사정이 없으면 40일($^{자치법규}_{는 \ 20일}$) 이상으로 한다($^{절차법}_{제43조}$).

3. 입법안에 대한 의견

(1) 의견의 제출   누구든지 예고된 입법안에 대하여 의견을 제출할 수 있다($^{절차법 \ 제44}_{조 \ 제1항}$). 행정청은 의견접수기관, 의견제출기관, 그 밖에 필요한 사항을 해당 입법안을 예고할 때 함께 공고하여야 한다($^{절차법 \ 제44}_{조 \ 제2항}$). 행정청은 입법안에 관하여 공청회를 개최할 수 있다($^{절차법 \ 제45}_{조 \ 제1항}$).

(2) 의견의 반영   행정청은 해당 입법안에 대한 의견이 제출된 경우 특별한 사유가 없으면 이를 존중하여 처리하여야 한다($^{절차법 \ 제44}_{조 \ 제3항}$). 행정청은 의견을 제출한 자에게 그 제출된 의견의 처리결과를 통지하여야 한다($^{절차법 \ 제44}_{조 \ 제4항}$).

Ⅳ. 행정예고절차

1. 행정예고의 원칙

행정청은 정책, 제도 및 계획($^{이하 \ "정책}_{등"이라 \ 한다}$)을 수립·시행하거나 변경하려는 경우에는 이를 예고하여야 한다. 다만, 다음 각 호($^{1. \ 신속하게 \ 국민의 \ 권리를 \ 보호하여야 \ 하거나 \ 예측이 \ 어려운 \ 특별한 \ 사정이 \ 발생하는 \ 등 \ 긴급한 \ 사유로 \ 예고}_{가 \ 현저히 \ 곤란한 \ 경우, \ 2. \ 법령등의 \ 단순한 \ 집행을 \ 위한 \ 경우, \ 3. \ 정책등의 \ 내용이 \ 국민의 \ 권리·의무 \ 또는 \ 일상}^{생활과 \ 관련이 \ 없는 \ 경우, \ 4. \ 정책등의 \ 예고가 \ 공공}_{의 \ 안전 \ 또는 \ 복리를 \ 현저히 \ 해칠 \ 우려가 \ 상당한 \ 경우}$)의 어느 하나에 해당하는 경우에는 예고를 하지 아니할 수 있다($^{절차법 \ 제}_{46조 \ 제1항}$). 제1항에도 불구하고 법령등의 입법을 포함하는 행정예고는 입법예고로 갈음할 수 있다($^{절차법 \ 제}_{46조 \ 제2항}$). 행정예고기간은 예고 내용의 성격 등을 고려하여 정하되, 특별한 사정이 없으면 20일 이상으로 한다($^{절차법 \ 제}_{46조 \ 제3항}$). 제3항에도 불구하고 행정목적을 달성하기 위하여 긴급한 필요가 있는 경우에는 행정예고기간을 단축할 수 있다. 이 경우 단축된 행정예고기간은 10일 이상으로 한다($^{절차법 \ 제}_{46조 \ 제4항}$).

2. 행정예고의 방법

행정청은 정책등안의 취지, 주요 내용 등을 관보·공보나 인터넷·신문·방송 등을 통하여 공고하여야 한다($^{절차법 \ 제47}_{조 \ 제1항}$). 행정예고의 방법, 의견제출 및 처리, 공청회 및 온라인공청회에 관하여는

제38조, 제38조의2, 제38조의3, 제39조, 제39조의2, 제39조의3, 제42조$\binom{제1항\cdot제2항\ 및}{제4항은\ 제외한다}$, 제44조 제 1 항부터 제 3 항까지 및 제45조 제 1 항을 준용한다. 이 경우 "입법안"은 "정책등안"으로, "입법예고"는 "행정예고"로, "처분을 할 때"는 "정책등을 수립·시행하거나 변경할 때"로 본다$\binom{절차법\ 제47}{조\ 제2항}$.

Ⅴ. 행정지도절차

행정지도란 행정기관이 그 소관 사무의 범위에서 일정한 행정목적을 실현하기 위하여 특정인에게 일정한 행위를 하거나 하지 아니하도록 지도, 권고, 조언 등을 하는 행정작용을 말한다$\binom{절차법\ 제2}{조\ 제3호}$. 구체적인 내용에 관해서는 기술한 행정지도를 보라.

Ⅵ. 특별절차

행정절차에는 일반법인 행정절차법에서 규정하는 일반적인 절차 외에 개별법률에서 규정하는 특별한 절차도 있다. 특별한 절차의 예로 공공기관의 정보공개에 관한 법률에서 규정하는 정보공개절차, 민원 처리에 관한 법률에서 규정하는 민원처리절차, 부패방지 및 국민권익위원회의 설치와 운영에 관한 법률에서 규정하는 고충민원처리절차와 행정규제기본법에서 규정하는 행정규제심사절차 등이 있다.

제 3 절　행정절차의 기본요소

Ⅰ. 절차의 주체

1. 행 정 청

(1) 의　　의　　행정청이란 "행정에 관한 의사를 결정하여 표시하는 국가 또는 지방자치단체의 기관, 그 밖에 법령 또는 자치법규$\binom{이하\ "법령등"}{이라\ 한다}$에 따라 행정권한을 가지고 있거나 위임 또는 위탁받은 공공단체 또는 그 기관이나 사인"을 의미한다$\binom{절차법\ 제2}{조\ 제1호}$. 행정절차법은 행정청이 절차상 참가능력이 있음을 규정하고 있지는 않다. 그러나 행정절차법의 이러한 태도는 행정청이 참가능력이 있음을 전제로 한다. 적정한 행정절차의 운용을 위하여 행정청을 위해 행위하는 공무수행자는 중립성을 지켜야 한다$\binom{절차법\ 제28조\ 제3}{항,\ 제39조\ 제1항}$. 제척사유가 있는 자는 절차진행에서 배제되어야 한다$\binom{절차법}{제29조}$.

(2) 관할의 이송　　행정청이 그 관할에 속하지 아니하는 사안을 접수하였거나 이송받은 경우에는 지체 없이 이를 관할 행정청에 이송하여야 하고, 그 사실을 신청인에게 통지하여야 한다$\binom{절차법\ 제6조}{제1항\ 제1문}$. 행정청이 접수하거나 이송받은 후 관할이 변경된 경우에도 또한 같다$\binom{절차법\ 제6조}{제1항\ 제2문}$.

(3) 관할의 결정　　행정청의 관할이 분명하지 아니한 경우$\binom{권한의}{충돌}$에는 해당 행정청을 공통으로 감독하는 상급행정청이 그 관할을 결정하며, 공통으로 감독하는 상급 행정청이 없는 경우

에는 각 상급 행정청이 협의하여 그 관할을 결정한다(절차법 제6/조 제2항).

2. 당사자등

(1) 당사자등의 의의   당사자등이란 행정청의 처분에 대하여 직접 그 상대가 되는 당사자와 행정청이 직권으로 또는 신청에 따라 행정절차에 참여하게 한 이해관계인을 말한다(절차법 제2/조 제4호). 즉 행정절차법상 당사자등은 처분의 상대방인 당사자와 행정절차에 참여하는 이해관계인을 말한다. 절차에 참여할 수 있는 이해관계인으로는 제3자효 있는 처분의 경우에 처분의 상대방이 아닌 처분의 신청인, 법령에 의해 처분에 관하여 이의나 의사를 표명할 수 있는 자 등이 있다.

(2) 당사자등의 자격   행정절차에 있어서 당사자등이 될 수 있는 자로는 ① 자연인, ② 법인 또는 법인 아닌 사단이나 재단(법인/등), ③ 그 밖에 다른 법령등에 따라 권리·의무의 주체가 될 수 있는 자가 있다(절차법/제9조). 물론 그들이 절차에 참여하기 위해서는 절차상 행위능력을 가져야 한다. 행위능력이 미비된 자를 위해 대리인제도가 도입되어 있다(절차법/제12조). 아울러 모든 당사자등도 대리인에 의해 대리될 수 있다(절차법/제12조).

(3) 당사자등의 지위승계   ① 당사자등이 사망하였을 때의 상속인과 다른 법령등에 따라 당사자등의 권리 또는 이익을 승계한 자는 당사자등의 지위를 승계한다(절차법 제10/조 제1항). ② 당사자등인 법인등이 합병하였을 때에는 합병 후 존속하는 법인등이나 합병 후 새로 설립된 법인등이 당사자등의 지위를 승계한다(절차법 제10/조 제2항). ③ 처분에 관한 권리 또는 이익을 사실상 양수한 자는 행정청의 승인을 받아 당사자등의 지위를 승계할 수 있다(절차법 제10/조 제4항). 한편 앞의 ①과 ②의 경우에는 당사자등의 지위를 승계한 자는 행정청에 그 사실을 통지하여야 하며(절차법 제10/조 제3항), 제3항에 따른 통지가 있을 때까지 사망자 또는 합병 전의 법인등에 대하여 행정청이 한 통지는 제1항 또는 제2항에 따라 당사자등의 지위를 승계한 자에게도 효력이 있다(절차법 제10/조 제5항).

(4) 대 표 자

1) 대표자의 선정·변경 등   ① 다수의 당사자등이 공동으로 행정절차에 관한 행위를 할 때에는 대표자를 선정할 수 있다(절차법 제11/조 제1항). ② 행정청은 제1항에 따라 당사자등이 대표자를 선정하지 아니하거나 대표자가 지나치게 많아 행정절차가 지연될 우려가 있는 경우에는 그 이유를 들어 상당한 기간 내에 3인 이내의 대표자를 선정할 것을 요청할 수 있다(절차법 제11조/제2항 제1문). 이 경우 당사자등이 그 요청에 따르지 아니하였을 때에는 행정청이 직접 대표자를 선정할 수 있다(절차법/제11조/제2항/제2문). ③ 당사자등은 대표자를 변경하거나 해임할 수 있다(절차법 제11/조 제3항). ④ 당사자등이 대표자를 선정·변경·해임하였을 때에는 지체 없이 그 사실을 행정청에 통지하여야 한다(절차법/제13조).

2) 대표자의 권한 등   ① 대표자는 각자 그를 대표자로 선정한 당사자등을 위하여 행정절차에 관한 모든 행위를 할 수 있다(절차법 제11조/제4항 제1문). 다만, 행정절차를 끝맺는 행위에 대하여는 당사자등의 동의를 받아야 한다(절차법 제11조/제4항 제2문). ② 대표자가 있는 경우에는 당사자등은 그 대표자를 통하여서만 행정절차에 관한 행위를 할 수 있다(절차법 제11/조 제5항). ③ 다수의 대표자가 있는 경우 그중 1인에 대한 행정청의 행위는 모든 당사자등에게 효력이 있다. 다만, 행정청의 통지는 대표자 모두에

게 하여야 그 효력이 있다(절차법 제11조 제6항).

(5) 대 리 인

1) 대리인의 선임·변경 등 당사자등은 다음 각 호(1. 당사자등의 배우자, 직계 존속·비속 또는 형제 자매, 2. 당사자등이 법인등인 경우 그 임원 또는 직원, 3. 변호사, 4. 행정청 또는 청문 주재자(청문의 경우만 해당한다)의 허가를 받은 자, 5. 법령등에 따라 해당 사안에 대하여 대리인이 될 수 있는 자)의 어느 하나에 해당하는 자를 대리인으로 선임할 수 있다(절차법 제12조 제1항). 대리인에 관하여는 제11조 제3항·제4항 및 제6항을 준용한다(절차법 제12조 제2항). 당사자등이 대표자 또는 대리인을 선정하거나 선임하였을 때에는 지체 없이 그 사실을 행정청에 통지하여야 한다. 대표자 또는 대리인을 변경하거나 해임하였을 때에도 또한 같다(절차법 제13조 제1항).

2) 대리인의 권한 등 ① 대리인은 각자 그를 대리인으로 선정한 당사자등을 위하여 행정절차에 관한 모든 행위를 할 수 있다(절차법 제12조 제2항, 제11조 제4항 제1문). 다만, 행정절차를 끝맺는 행위에 대하여는 당사자등의 동의를 받아야 한다(절차법 제12조 제2항, 제11조 제4항 제2문). ② 다수의 대리인이 있는 경우 그 중 1인에 대한 행정청의 행위는 모든 당사자등에게 효력이 있다. 다만, 행정청의 통지는 대리인 모두에게 하여야 그 효력이 있다(절차법 제12조 제2항, 제11조 제6항).

Ⅱ. 절차의 경과

1. 절차의 개시

행정절차는 행정청의 직권이나 사인의 신청에 의해 개시된다. 재량행위의 경우에 직권에 의한 절차의 개시 여부는 행정청이 임의나 자의가 아닌 의무에 합당한 재량에 따라 판단하여야 한다. 직권에 의한 개시는 경찰행정·경제지도행정·공과행정 등과 많은 관련을 가지고, 신청에 의한 개시는 사인의 행위에 행정청의 허가·특허 등이 요구되는 경우와 관련을 가진다.

2. 절차의 진행

(1) 직권주의 행정청은 사실관계를 직권으로 조사한다. 행정청은 당사자가 제출한 증거나 당사자의 증거신청에 구속되지 아니한다. 당사자에게 유익한 증거까지도 고려하여야 한다. 직권탐지주의가 적용되어도 당사자는 실제상 입증책임(증명책임)을 부담한다. 한편, 당사자가 명백한 실수나 무지로 인하여 잘못을 저지르는 경우에 행정청은 잘못을 시정토록 촉구하여야 한다. 그리고 당사자등에게 행정절차상 권리와 의무에 대해서도 주의를 환기시켜 주어야 한다. 왜냐하면 민주국가의 공무원은 사인에 대하여 일반적인 보호의무를 부담한다고 볼 것이기 때문이다.

(2) 타행정청의 협력 행정절차에 다른 행정청의 협력이 요구되는 경우도 있다. 이러한 경우에 협력을 구하는 행정청은 협력을 제공하는 행정청의 행위에 구속되는가의 문제가 있다. 다단계행정행위와 같이 그 협력이 법령상 동의나 합의로 규정된 경우에는 구속되지만, 단순한 의견표명이나 협의에 불과한 경우에는 구속되지 아니한다. 한편, 협력행위는 외부효를 갖지 아니하기 때문에 행정행위는 아니다. 물론 행정청은 다수의 행정청이 관여하는 처분을 구하는 신청을 접수한 경우에는 관계 행정청과의 신속한 협조를 통하여 그 처분이 지연되지 아니하도록 하여야 한다(절차법 제18조).

(3) 행정응원

1) 행정응원의 요청　　행정청은 행정의 원활한 수행을 위하여 서로 협조하여야 한다$\binom{절차법}{제7조}$. 행정청은 법령등의 이유로 독자적인 직무수행이 어려운 경우 등 행정절차법 제 8 조 제 1 항 각 호$\binom{1.\ 법령등의\ 이유로\ 독자적인\ 직무\ 수행이\ 어려운\ 경우,\ 2.\ 인원·장비의\ 부족\ 등\ 사실상의\ 이유로\ 독자적인\ 직무\ 수행이\ 어}{려운\ 경우,\ 3.\ 다른\ 행정청에\ 소속되어\ 있는\ 전문기관의\ 협조가\ 필요한\ 경우,\ 4.\ 다른\ 행정청이\ 관리하고\ 있는\ 문서(전자문}$
서를 포함한다)·통계 등 행정자료가 직무 수행을 위하여 필요한 경우, 5. $\binom{}{다른\ 행정청의\ 응원을\ 받아\ 처리하는\ 것이\ 보다\ 능률적이고\ 경제적인\ 경우}$의 어느 하나에 해당하는 경우에는 다른 행정청에 행정응원을 요청할 수 있다$\binom{절차법\ 제8}{조\ 제1항}$. 행정응원은 해당 직무를 직접 응원할 수 있는 행정청에 요청하여야 한다$\binom{절차법\ 제8}{조\ 제3항}$.

2) 행정응원의 거부　　제 1 항에 따라 행정응원을 요청받은 행정청은 다음 각 호$\binom{1.\ 다른\ 행}{정청이\ 보}$
다 능률적이거나 경제적으로 응원할 수 있는 명백한 이유가 있는 경우, 2. 행정응원으로 $\binom{}{인하여\ 고유의\ 직무\ 수행이\ 현저히\ 지장받을\ 것으로\ 인정되는\ 명백한\ 이유가\ 있는\ 경우}$의 어느 하나에 해당하는 경우에는 응원을 거부할 수 있다$\binom{절차법\ 제8}{조\ 제2항}$. 행정응원을 요청받은 행정청은 응원을 거부하는 경우 그 사유를 응원을 요청한 행정청에 통지하여야 한다$\binom{절차법\ 제8}{조\ 제4항}$.

3) 응원직원의 감독·비용　　행정응원을 위하여 파견된 직원은 응원을 요청한 행정청의 지휘·감독을 받는다$\binom{절차법\ 제8조}{제5항\ 본문}$. 다만, 해당 직원의 복무에 관하여 다른 법령등에 특별한 규정이 있는 경우에는 그에 따른다$\binom{절차법\ 제8조}{제5항\ 단서}$. 행정응원에 드는 비용은 응원을 요청한 행정청이 부담하며, 그 부담금액 및 부담방법은 응원을 요청한 행정청과 응원을 하는 행정청이 협의하여 결정한다$\binom{절차법\ 제8}{조\ 제6항}$.

3. 절차의 종료

절차의 종료로서 결정의 내용은 충분히 명확하여야 하고, 결정을 문서로 하면 권한행정청의 기명·날인이 있어야 하고, 동시에 그 결정에 근거가 된 정당한 이유를 제시하여야 한다$\binom{절차법}{제23조}$. 권리구제방법도 고지되어야 한다$\binom{절차법}{제26조}$. 그리고 결정은 적법하게 송달되어야 한다$\binom{절차법\ 제14}{조,\ 제15조}$. 물론 처분기준은 미리 공표하여야 한다$\binom{절차법\ 제20}{조\ 제1항}$.

제 4 절　당사자등의 권리

당사자등은 대표자선정권$\binom{절차법\ 제11}{조\ 제1항}$과 대리인선임권$\binom{절차법\ 제12}{조\ 제1항}$ 외에도 사전통지를 받을 권리$\binom{절차법\ 제21}{조\ 제1항}$, 의견제출권$\binom{절차법\ 제27}{조\ 제1항}$, 청문권$\binom{절차법\ 제31}{조\ 제2항}$, 문서열람·복사청구권$\binom{절차법\ 제37}{조\ 제1항}$, 비밀유지청구권$\binom{절차법\ 제37}{조\ 제6항}$, 공청회참여권$\binom{절차법}{제38조}$ 등을 갖는다. 이러한 권리들은 행정절차에의 참여를 전제로 한다. 행정절차법상 당사자등의 절차에의 참가방식은 의견제출·청문·공청회의 3가지가 가장 대표적이다. 행정절차법은 이 3가지 절차를 의견청취라 부른다$\binom{절차법}{제22조}$. 의견청취제도 중에서 청문이나 공청회의 개최는 법문상 비교적 제한적이다. 일반적으로 적용되는 것은 약식절차라 할 당사자등의 의견제출제도이다.

Ⅰ. 사전통지를 받을 권리(처분의 사전통지제도)

1. 의 의

행정청은 당사자에게 의무를 부과하거나 권익을 제한하는 처분을 하는 경우에는 미리 다음 각 호(1. 처분의 제목, 2. 당사자의 성명 또는 명칭과 주소, 3. 처분하려는 원인이 되는 사실과 처분의 내용 및 법적 근거, 4. 제3호에 대하여 의견을 제출할 수 있다는 뜻과 의견을 제출하지 아니하는 경우의 처리방법, 5. 의견제출기관의 명칭과 주소, 6. 의견제출기한, 7. 그 밖에 필요한 사항)의 사항을 당사자등에게 통지하여야 한다(절차법 제21조 제1항).

2. 성 질

사전통지를 받는 것은 절차적 권리로서 개인적 공권에 속한다. 예외적인 사유에 해당하지 않는 한 사전통지는 의무적이다. 이에 위반하면 위법을 구성한다. 판례는 행정절차상 권리는 자체가 독립적으로 의미를 가지는 것이라기보다는 행정의 공정성과 적정성을 보장하는 공법적 수단으로서의 의미가 크다는 견해를 취한다(판례).

> **[판례]** 행정절차상 주민의 참여권의 성질
> (피고 전라남도 보성군이 관련 법령에서 요구하는 입지선정위원회와 주민지원협의체의 구성, 폐기물처리시설 주변영향지역 결정·고시 등 이 사건 폐기물 매립장 설치과정에서 준수해야 할 행정절차를 밟지 않아 주변영향지역 주민인 원고 등의 행정절차 참여권을 침해하였고, 이 사건 폐기물 매립장을 부실하게 운영하여 원고 등의 쾌적한 환경에서 생활할 권리를 침해하는 불법행위로 원고 등에게 정신적 손해를 입혔다는 이유로 피고에게 위자료를 청구한 민사사건에서) 국가나 지방자치단체가 공익사업을 시행하는 과정에서 해당 사업부지 인근 주민들은 의견제출을 통한 행정절차 참여 등 법령에서 정하는 **절차적 권리**를 행사하여 환경권이나 재산권 등 사적 이익을 보호할 기회를 가질 수 있다. 그러나 법령에서 주민들의 행정절차 참여에 관하여 정하는 것은 어디까지나 주민들에게 자신의 의사와 이익을 반영할 기회를 보장하고 행정의 공정성, 투명성과 신뢰성을 확보하며 국민의 권익을 보호하기 위한 것일 뿐, **행정절차에 참여할 권리 그 자체가 사적 권리로서의 성질을 가지는 것은 아니다.** 이와 같이 행정절차는 그 자체가 독립적으로 의미를 가지는 것이라기보다는 행정의 공정성과 적정성을 보장하는 공법적 수단으로서의 의미가 크므로, 관련 행정처분의 성립이나 무효·취소 여부 등을 따지지 않은 채 주민들이 일시적으로 행정절차에 참여할 권리를 침해받았다는 사정만으로 곧바로 국가나 지방자치단체가 주민들에게 정신적 손해에 대한 배상의무를 부담한다고 단정할 수 없다(대판 2021. 7. 29, 2015다221668).

3. 거부처분의 사전통지

행정절차법 제21조 제1항은 당사자에게 의무를 부과하거나 권익을 제한하는 처분을 하는 경우 당사자등에게 일정한 사항을 사전통지하도록 한다. 사전통지의 적용 범위와 관련해 거부처분이 '당사자에게 의무를 부과하거나 권익을 제한하는 것'인지가 문제된다.

(1) 학 설

1) 부 정 설   처분의 사전통지는 법문상 의무부과와 권익을 제한하는 경우에만 적용되므로 수익적인 행위나 수익적 행위의 거부의 경우에는 적용이 없고, 신청의 결과에 따라 아직 당사자에게 권익이 부여되지 아니하였으므로 직접 당사자의 권익을 제한하는 처분에 해당하지 않으며, 거부처분의 경우 신청과정에서 행정청과 협의를 계속하고 있는 상태이므로 사전통지를 요

하지 않는다고 한다.

2) 긍 정 설　　　신청에 대한 거부처분은 당사자의 권익을 제한하는 처분에 해당하며, 당사자가 신청을 한 경우 신청에 따라 긍정적인 처분이 이루어질 것을 기대하고 거부처분을 기대하지는 아니하고 있으므로 거부처분의 경우에도 사전통지가 필요하다고 한다(오준).

(2) 판　　례　　　거부처분은 아직 당사자에게 권익이 부과되지 않았으므로 행정절차법 제21조 제 1 항에서 말하는 권익을 제한하는 처분에 해당하지 않아 처분의 사전통지의 대상이 아니라고 본다(판례).

> **판례**　수익적 행위의 거부처분이 '당사자의 권익을 제한하는 처분'에 해당하는지 여부
> (재임용거부처분을 다툰 인천 대학 교원재임용 거부사건에서) **신청에 따른 처분이 이루어지지 아니한 경우에는 아직 당사자에게 권익이 부과되지 아니하였으므로** 특별한 사정이 없는 한 신청에 대한 거부처분이라고 하더라도 직접 당사자의 권익을 제한하는 것은 아니어서 신청에 대한 거부처분을 행정절차법 제21조 제 1 항에서 말하는 **당사자의 권익을 제한하는 처분'에 해당한다고 할 수 없는 것이어서 처분의 사전통지대상이 된다고 할 수 없다**(대판 2003. 11. 28, 2003두674).

(3) 사　　견　　　거부처분은 당사자의 권익을 직접 제한하거나 의무를 부과하는 처분으로 볼 수 없어 사전통지의 대상이 되지 않는다는 입장이 타당하다. 그러나 거부처분도 권익에 대한 간접적 제한으로 보아 사전통지의 범위를 확대할 필요는 있다.

[기출사례] 제57회 5급공채(2013년) 문제 · 답안작성요령 ☞ PART 4 [1-37]

[기출사례] 제 2 회 변호사시험(2013년) 문제 · 답안작성요령 ☞ PART 4 [1-38]

[기출사례] 제67회 5급공채(2023년) 문제 · 답안작성요령 ☞ PART 4 [1-38a]

4. 통지의 상대방

처분의 사전통지는 당사자등을 상대방으로 한다(절차법 제21조 제 1 항), 행정절차법상 "당사자등"이란 다음 각 목(가. 행정청의 처분에 대하여 직접 그 상대가 되는 당사자, 나. 행정청이 직권으로 또는 신청에 따라 행정절차에 참여하게 한 이해관계인)의 자를 말한다(절차법 제 2 조 제 4 호), 따라서 행정청이 직권으로 또는 신청에 따라 행정절차에 참여하게 한 이해관계인이 나타나기 전까지 처분의 사전통지는 행정청의 처분에 대하여 직접 그 상대가 되는 당사자를 말한다(대판 2012. 12. 13, 2011두29144; 대판 2003. 2. 14, 2001두7015). 직접 그 상대가 되는 자가 아닌 자는 통지의 상대방이 아니다(대판 2015. 11. 19, 2015두295 전원합의체). 국가도 상대방이 될 수 있다(대판 2023. 9. 21, 2023두39724).

5. 의견제출기한

행정청이 당사자에게 의무를 부과하거나 권익을 제한하는 처분을 하고자 하여 미리 당사자등에게 통지하는 경우, 그 의견제출기한은 의견제출에 필요한 기간을 10일 이상으로 고려하여 정하여야 한다(절차법 제21조 제 3 항). 상당한 기간이란 불확정개념이다. 상당한 기간의 여부는 사회적인 통념에 따라 판단할 수밖에 없다.

6. 사전통지의 생략

(1) 생략의 사유 다음 각 호(1. 공공의 안전 또는 복리를 위하여 긴급히 처분을 할 필요가 있는 경우. 2. 법령등에서 요구된 자격이 없거나 없어지게 되면 반드시 일정한 처분을 하여야 하는 경우에 그 자격이 없거나 없어지게 된 사실이 법원의 재판 등에 의하여 객관적으로 증명된 경우. 3. 해당 처분)(판례)의 성질상 의견청취가 현저히 곤란하거나 명백히 불필요하다고 인정될 만한 상당한 이유가 있는 경우)의 어느 하나에 해당하는 경우에는 제 1 항에 따른 통지를 하지 아니할 수 있다(절차법 제21조 제4항). 사전통지제도가 개인의 권익보호를 위한 것임을 고려할 때, 사전통지가 생략되는 경우는 제한적으로 적용되어야 한다. 특히 제 1 호와 제 3 호의 불확정개념(즉, 안전·복리·긴급, 현저히 곤란·명백히 불필요·상당한 이유)의 해석·적용에는 판단여지의 인정이 억제되어야 한다. 처분의 전제가 되는 사실이 법원의 재판 등에 의하여 객관적으로 증명된 경우 등 제 4 항에 따른 사전 통지를 하지 아니할 수 있는 구체적인 사항은 대통령령으로 정한다(절차법 제21조 제5항).

[참고조문] 행정절차법 시행령 제13조(처분의 사전 통지 생략사유) 법 제21조 제 4 항 및 제 5 항에 따라 사전 통지를 하지 아니할 수 있는 경우는 다음 각 호의 어느 하나에 해당하는 경우로 한다.

1. 급박한 위해의 방지 및 제거 등 공공의 안전 또는 복리를 위하여 긴급한 처분이 필요한 경우
2. 법원의 재판 또는 준사법적 절차를 거치는 행정기관의 결정 등에 따라 처분의 전제가 되는 사실이 객관적으로 증명되어 처분에 따른 의견청취가 불필요하다고 인정되는 경우
3. 의견청취의 기회를 줌으로써 처분의 내용이 미리 알려져 현저히 공익을 해치는 행위를 유발할 우려가 예상되는 등 해당 처분의 성질상 의견청취가 현저하게 곤란한 경우
4. 법령 또는 자치법규(이하 "법령등"이라 한다)에서 준수하여야 할 기술적 기준이 명확하게 규정되고, 그 기준에 현저히 미치지 못하는 사실을 이유로 처분을 하려는 경우로서 그 사실이 실험, 계측, 그 밖에 객관적인 방법에 의하여 명확히 입증된 경우
5. 법령등에서 일정한 요건에 해당하는 자에 대하여 점용료·사용료 등 금전급부를 명하는 경우 법령등에서 규정하는 요건에 해당함이 명백하고, 행정청의 금액산정에 재량의 여지가 없거나 요율이 명확하게 정하여져 있는 경우 등 해당 처분의 성질상 의견청취가 명백히 불필요하다고 인정될 만한 상당한 이유가 있는 경우

[판례] 국가공무원법상 직위해제처분에 처분의 사전통지 및 의견청취 등에 관한 행정절차법 규정이 적용되는지 여부(소극) (고용노동부장관을 피고로 한 직위해제처분취소소송에서) 국가공무원법 제75조 및 제76조 제 1 항에서 처분사유 설명서를 반드시 교부하도록 하여 해당 공무원에게 방어의 준비 및 불복의 기회를 보장하고 임용권자의 판단에 신중함과 합리성을 담보하게 하고 있고, 직위해제처분을 받은 공무원은 사후적으로 소청이나 행정소송을 통하여 충분한 의견진술 및 자료제출의 기회를 보장하고 있다. … 그렇다면 국가공무원법상 직위해제처분은 구 행정절차법 제 3 조 제 2 항 제 9 호, 동법 시행령 제 2 조 제 3 호에 의하여 당해 행정작용의 성질상 행정절차를 거치기 곤란하거나 불필요하다고 인정되는 사항 또는 행정절차에 준하는 절차를 거친 사항에 해당하므로, 처분의 사전통지 및 의견청취 등에 관한 행정절차법의 규정이 별도로 적용되지 아니한다고 봄이 상당하다(대판 2014. 5. 16, 2012두26180).

[기출사례] 제57회 5급공채(2013년) 문제·답안작성요령 ☞ PART 4 [1–37]

(2) 통지하지 아니한 사유의 통지   제 4 항에 따라 사전 통지를 하지 아니하는 경우 행정청은 처분을 할 때 당사자등에게 통지를 하지 아니한 사유를 알려야 한다. 다만, 신속한 처분이 필요한 경우에는 처분 후 그 사유를 알릴 수 있다(절차법 제21
조 제 6 항). 제 6 항에 따라 당사자등에게 알리는 경우에는 제24조(처분의
방식)를 준용한다(절차법 제21
조 제 7 항).

7. 사전통지의 결여

행정청이 침해적 행정행위를 함에 있어서 당사자에게 사전통지를 하지 아니하였다면, 의견제출의 기회를 주지 아니하여도 되는 예외적인 경우에 해당하지 않는 한, 그 행정행위는 위법한 것이 된다(판
례).

> **판례** 사전통지 없이 이루어진 침익적 처분의 위법 여부
> (성남시분당구청장의 원고에 대한 건축공
사중지명령처분의 취소를 구한 사건에서) 행정절차법 제21조 제 1 항·제 4 항, 제22조 제 1 항 내지 제 4 항에 의하면, 행정청이 당사자에게 의무를 과하거나 권익을 제한하는 처분을 하는 경우에는 미리 처분하고자 하는 원인이 되는 사실 … 등을 당사자 등에게 통지하여야 하고, 다른 법령등에서 필요적으로 청문을 실시하거나 공청회를 개최하도록 규정하고 있지 아니한 경우에도 당사자등에게 의견제출의 기회를 주어야 하되, "당해 처분의 성질상 의견청취가 현저히 곤란하거나 명백히 불필요하다고 인정될 만한 상당한 이유가 있는 경우" 등에는 처분의 사전통지나 의견청취를 하지 아니할 수 있도록 규정하고 있으므로, 행정청이 **침해적 행정처분을 함에 있어서** 당사자에게 위와 같은 **사전통지를 하거나 의견제출의 기회를 주지 아니하였다면** 사전통지를 하지 않거나 의견제출의 기회를 주지 아니하여도 되는 **예외적인 경우에 해당하지 아니하는 한 그 처분은 위법**하여 취소를 면할 수 없다(대판 2004. 5. 28, 2004두1254; 대판 2016. 10. 27,
2016두41811; 대판 2020. 7. 23, 2017두66602).

[기출사례] 제 3 회 변호사시험(2014년) 문제·답안작성요령 ☞ PART 4 [1–39]

[기출사례] 제65회 5급공채(2021년) 문제·답안작성요령 ☞ PART 4 [1–40a]

행정절차법상 의견청취제도(청문·공청회·의견제출)의 비교

	청 문	공 청 회	의견제출
의견청취의 목적	처분의 상대방등 보호	의견수렴	행정작용과 상대방 등 보호
의견청취의 대상	처분	행정작용(처분)	행정작용(처분)
의견표현의 주체	당사자등	당사자등과 일반인	당사자등
의견청취의 경우	① 법령에서 정하였거나 ② 행정청이 인정하는 경우	① 법령에서 정하였거나 ② 행정청이 인정하는 경우	침익적 처분(단, 청문이나 공청회가 없는 경우)
의견표현의 방식	(구술)·의견서제출	발표(구술)	서면·컴퓨터통신·구술
절차진행의 형식	청문 주재자의 엄정진행	공청회주재자에 의한 진행	특별한 절차진행형식 없음

Ⅱ. 의견제출권(의견제출제도)(약식청문)

1. 의견제출의 의의

의견제출이란 행정청이 어떠한 행정작용을 하기 전에 당사자등이 의견을 제시하는 절차로서 청문이나 공청회에 해당하지 아니하는 절차를 말한다($\binom{절차법 제2}{조 제7호}$). 판례는 의견제출의 기회를 주어야 하는 당사자는 '행정청의 처분에 대하여 직접 그 상대가 되는 당사자'를 의미한다고 한다($\binom{대판 2014.}{10. 27. 2012두7745}$). 의견제출제도는 국가에 대한 처분에도 적용된다($\binom{대판 2023. 9. 21.}{2023두39724}$).

2. 의견제출 기회부여

(1) 의무적 의견제출 기회부여

1) 의 의   행정청이 당사자에게 의무를 부과하거나 권익을 제한하는 처분을 하는 경우에는 당사자등에게 처분하려는 원인이 되는 사실과 처분의 내용 및 법적 근거 등에 대하여 사전통지를 하면서 의견을 제출할 수 있다는 뜻을 알려야 한다($\binom{절차법 제21조 제1항}{제3호·제4호}$). 행정청이 당사자에게 의무를 부과하거나 권익을 제한하는 처분을 할 때 제1항(청문) 또는 제2항(공청회)의 경우 외에는 당사자등에게 의견제출의 기회를 주어야 한다($\binom{절차법 제22}{조 제3항}$)$\binom{판례}{1}$. 판례는 법령상 확정된 의무의 부과의 경우에는 의견제출의 기회를 부여하지 않아도 된다는 입장이다$\binom{판례}{2}$.

2) 절차의 생략   다음 각 호(1. 공공의 안전 또는 복리를 위하여 긴급히 처분을 할 필요가 있는 경우, 2. 법령등에서 요구된 자격이 없거나 없어지게 되면 반드시 일정한 처분을 하여야 하는 경우로 그 자격이 없거나 없어지게 된 사실이 법원의 재판 등에 의하여 객관적으로 증명된 경우, 3. 해당 처분의 성질상 의견청취가 현저히 곤란하거나 명백히 불필요하다고 인정될 만한 상당한 이유가 있는 경우)의 어느 하나에 해당하는 경우에는 제1항에 따른 통지를 하지 아니할 수 있다($\binom{절차법 제22}{조 제4항}$).

3) 적용범위   행정청의 의무적 의견제출 기회부여는 의무를 부과하거나 권익을 제한하는 경우에만 적용되고, 수익적 행위나 수익적 행위의 거부의 경우에는 적용이 없다. 일반처분의 경우에도 적용이 없다.

(2) 임의적 의견제출 기회부여 등   ① 행정청은 의무적으로 의견제출의 기회를 부여하여야 하는 경우가 아닐지라도 당사자등에게 의견제출의 기회를 부여할 수도 있다. ② 상대방 등은 행정청에 대하여 특정한 처분의 발령과 관련하여 자발적으로 의견을 제출할 수도 있다.

3. 의견제출의 성질

① 의견제출제도는 당사자등의 이익을 보호하는 데 그 취지가 있는바, 의견제출을 할 수 있는 것은 절차적 권리로서 당사자의 개인적 공권으로 보호된다. 의견제출권은 개인적 공권이지만 당사자에 의해 포기될 수 있다($\binom{절차법 제22}{조 제4항}$). 당사자등에 의한 의견제출이 포기되면 행정청에 의한 의견청취는 당연히 생략된다. ② 의견제출절차는 후술하는 청문절차에 비교할 때, 약식절차의 성격을 갖는다. 판례는 행정절차상 권리는 자체가 독립적으로 의미를 가지는 것이라기보다는 행정의 공정성과 적정성을 보장하는 공법적 수단으로서의 의미가 크다는 견해를 취한다($\binom{대판 2021. 7. 29.}{2015다221668}$).

판례 1 유원시설업 양도시, 양도인에 대한 의견제출절차의 필요 여부

(피고 부천시 원미구청장이 피고보조참가인 웅진플레이도시에게 내준 유원시설 업허가처분 등에 대하여 원고 주식회사 타이거월드가 취소를 구한 사건에서) 관광진흥법 제 8 조 제 2 항, 제 4 항, 체육시설법 제27조 제 2 항, 제20조의 각 규정에 의하면, 공매 등의 절차에 따라 문화체육관광부령으로 정하는 주요한 유원시설업 시설의 전부 또는 체육시설업의 시설 기준에 따른 필수시설을 인수함으로써 그 유원시설업자 또는 체육시설업자의 지위를 승계한 자가 관계 행정청에 이를 신고하여 행정청이 이를 수리하는 경우에는 종전의 유원시설업자에 대한 허가는 그 효력을 잃고, 종전의 체육시설업자는 적법한 신고를 마친 체육시설업자로서의 지위를 부인당할 불안정한 상태에 놓이게 된다. 따라서 행정청이 관광진흥법 또는 체육시설법의 규정에 의하여 유원시설업자 또는 체육시설업자 지위승계신고를 수리하는 처분은 종전의 유원시설업자 또는 체육시설업자의 권익을 제한하는 처분이라 할 것이고, 종전의 유원시설업자 또는 체육시설업자는 그 처분에 대하여 직접 그 상대가 되는 자에 해당한다고 봄이 상당하므로, 행정청으로서는 그 신고를 수리하는 처분을 함에 있어서 행정절차법 규정 소정의 당사자에 해당하는 종전의 유원시설업자 또는 체육시설업자에 대하여 위 규정 소정의 행정절차를 실시하고 처분을 하여야 한다(대판 2012. 12. 13, 2011두29144).

판례 2 법령에 의해 당연히 퇴직연금 환수금액이 결정되는 경우 당사자에게 의견진술의 기회를 주어야 하는지 여부

(공무원연금관리공단의 원고에 대한 퇴직급여 환수금반납고지처분등의 취소를 구한 사건에서) 공무원연금관리공단의 퇴직연금의 환수결정은 당사자에게 의무를 과하는 처분이기는 하나, 관련 법령에 따라 당연히 환수금액이 정하여지는 것이므로, 퇴직연금의 환수결정에 앞서 당사자에게 의견진술의 기회를 주지 아니하여도 행정절차법 제22조 제 3 항이나 신의칙에 어긋나지 아니한다(대판 2000. 11. 28, 99두5443).

4. 의견제출의 방법

① 당사자등은 처분 전에 그 처분의 관할 행정청에 서면이나 말로 또는 정보통신망을 이용하여 의견제출을 할 수 있다(절차법 제27조 제 1 항). ② 당사자등은 제 1 항에 따라 의견제출을 하는 경우 그 주장을 입증하기 위한 증거자료 등을 첨부할 수 있다(절차법 제27조 제 2 항). 증거자료에는 특별한 제한이 없다. 한편, ③ 행정청이 당사자등에게 의견제출의 기회를 주어야 하는 경우에는 미리 시간·장소 기타 관련사항을 당사자등에게 알려야 할 것이다. 그리고 그러한 사항은 당사자등이 수인할 수 있는 정도이어야 한다.

5. 의견제출의 효과

(1) 제출의견의 반영　　행정청은 처분을 할 때에 당사자등이 제출한 의견이 상당한 이유가 있다고 인정하는 경우에는 이를 반영하여야 한다(절차법 제27조의2 제 1 항).

(2) 미반영시 이유의 통지　　행정청은 당사자등이 제출한 의견을 반영하지 아니하고 처분을 한 경우 당사자등이 처분이 있음을 안 날부터 90일 이내에 그 이유의 설명을 요청하면 서면으로 그 이유를 알려야 한다. 다만, 당사자등이 동의하면 말, 정보통신망 또는 그 밖의 방법으로 알릴 수 있다(절차법 제27조의2 제 2 항).

(3) 의견 미제출의 경우   당사자등이 정당한 이유 없이 의견제출기한까지 의견제출을 하지 아니한 경우에는 의견이 없는 것으로 본다(절차법 제27 조 제4항).

6. 의견제출절차의 위반

행정청이 침해적 행정처분을 함에 있어서 당사자에게 위와 같은 사전통지를 하거나 의견제출의 기회를 주지 아니하였다면 사전통지를 하지 않거나 의견제출의 기회를 주지 아니하여도 되는 예외적인 경우에 해당하지 아니하는 한 그 처분은 위법하여 취소를 면할 수 없다(대판 2016. 10. 27., 2016두41811).

[기출사례] 제3회 변호사시험(2014년) 문제·답안작성요령 ☞ PART 4 [1-39]

[기출사례] 제5회 변호사시험(2016년) 문제·답안작성요령 ☞ PART 4 [1-23]

[기출사례] 제59회 5급공채(2015년) 문제·답안작성요령 ☞ PART 4 [1-29]

[기출사례] 제64회 5급공채(2020년) 문제·답안작성요령 ☞ PART 4 [1-41]

[기출사례] 제65회 5급공채(2021년) 문제·답안작성요령 ☞ PART 4 [1-40a]

[기출사례] 제10회 변호사시험(2021년) 문제·답안작성요령 ☞ PART 4 [1-41a]

Ⅲ. 청문권(청문제도)

1. 청문의 관념

(1) 청문의 의의   ① 이론상 청문은 행정절차의 참가자가 자기자신을 표현할 수 있는 기회로 정의되기도 하고(협의의 청문개념), 무릇 국가기관의 행위에 영향을 받거나 불이익을 받게 될 자가 자신의 의견을 밝히거나 자신을 방어할 수 있는 기회로 이해되기도 한다(광의의 청문개념). ② 행정절차법은 청문을 "행정청이 어떠한 처분을 하기 전에 당사자등의 의견을 직접 듣고 증거를 조사하는 절차"로 정의하고 있다(절차법 제2조 제5호).

(2) 청문권의 성질   청문권은 개인적 공권이다. 그러나 그것이 특정한 행위를 요구할 수 있는 권리는 아니다. 청문권은 자신의 권리의 방어에 봉사하는 참가자가 갖는 이익이다. 그렇지만 청문권은 포기될 수 있는 권리이다(절차법 제22 조 제4항). 왜냐하면 청문권이 공익을 능가하는 것이라고는 보기 어렵기 때문이다. 그러나 청문절차제도 그 자체는 법치국가의 행정절차에서 포기할 수 없는 부분이다. 청문권의 보장은 당사자에게 예상 외의 결정을 방지하고, 당사자에게 절차의 종결 전에 자신의 관점에서 결정에 중요한 사실관계 등을 제출할 수 있는 기회를 확보해 주기 위한 것이다(판례). 판례는 행정절차상 권리는 자체가 독립적으로 의미를 가지는 것이라기보다는 행정의 공정성과 적정성을 보장하는 공법적 수단으로서의 의미가 크다는 견해를 취한다(대판 2021. 7. 29., 2015다221668). 청문제도는 국가에 대한 처분에도 적용된다(대판 2023. 9. 21., 2023두39724).

┌─────┐
│ 판례 │ 청문제도의 취지
└─────┘
(피고 포항시장이 원고에 대하여 음주운전을 이유로 개인택시운전면허취소처분을 하고, 그 취소처분을 이유로 개인택시운송사업면   **행**
허취소처분을 하자, 이에 원고가 개인택시운송사업면허취소를 다툰 **포항시 주취개인택시운전자 개인택시운송사업면허소사건에서**)

정절차법 제22조 제 1 항 제 1 호의 청문제도는 행정처분의 사유에 대하여 당사자에게 변명과 유리한 자료를 제출할 기회를 부여함으로써 위법사유의 시정가능성을 고려하고, 처분의 신중과 적정을 기하려는 데 그 취지가 있다(대판 2017. 4. 7, 2016두63224).

(3) 청문의 종류

1) 이론상 종류　　　이론상 청문은 ① 절차의 엄격성과 관련하여 이해관계 있는 자가 적당한 방법으로 의견을 제출하는 약식청문과 청문주재관의 주재 아래 주장을 하고, 반박을 하며, 증거를 제출하는 정식청문으로 구분된다. ② 그 밖에 청문은 공개청문과 비공개청문, 진술형 청문과 사실심형 청문으로 구분되기도 한다.

2) 행정절차법상 종류　　　행정절차법은 정식청문을 청문이라 하고, 약식청문은 의견제출이라 부른다. 이하에서 청문이란 정식청문을 말한다. 행정절차법은 비공개청문을 원칙으로 한다(절차법 제30조). 행정절차법상 분명하지 아니하나, 사실심형의 청문으로의 운용도 가능하다.

2. 청문의 실시

(1) 청문실시의 경우

행정청이 처분을 할 때 다음 각 호(1. 다른 법령등에서 청문을 하도록 규정하고 있는 경우, 2. 행정청이 필요하다고 인정하는 경우, 3. 다음 각목[가. 인·허가 등의 취소, 나. 신분·자격의 박탈, 다. 법인이나 조합 등의 설립허가의 취소]의 처분을 하는 경우)의 어느 하나에 해당하는 경우에는 청문을 한다(절차법 제22조 제 1 항). 행정절차법은 청문실시의 여부를 개별법률 및 행정청의 판단에 맡기고 있다.

[기출사례] 제35회 입법고시(2019년) 문제·답안작성요령 ☞ PART [1-53]

(2) 청문배제의 경우

1) 행정절차법상 배제사유　　　청문실시의 사유가 있다고 하여도 ① 공공의 안전 또는 복리를 위하여 긴급히 처분을 할 필요가 있는 경우(예: 목전에 급박한 재해발생의 방지를 위해 특정 위험시설에 대하여 가동중지명령을 내리는 경우, 부패식품판매로 인해 벌금을 부과받은 자에 대한 영업정지처분), ② 법령등에서 요구된 자격이 없거나 없어지게 되면 반드시 일정한 처분을 하여야 하는 경우에 그 자격이 없거나 없어지게 된 사실이 법원의 재판 등에 의하여 객관적으로 증명된 경우(예: 도시가스사업법 제43조의4(청문)에 따라 동법 제 9 조(허가의 취소)에 의한 도시가스사업허가의 취소에는 청문이 필요하지만, 허가 후에 동법 제 4 조(결격사유) 제 3 호에 따라 도시가스사업의 허가를 받을 수 없는 자인 "동법에 위반하여 금고 이상의 실형의 선고를 받고 그 집행이 종료(집행이 종료된 것으로 보는 경우를 포함한다)되거나 집행이 면제된 날부터 2년이 경과되지 아니한 자"에 해당하게 된 자에 대하여 동법 제 9 조 제 4 호에 따라 허가를 취소하는 경우), ③ 해당 처분의 성질상 의견청취가 현저히 곤란하거나 명백히 불필요하다고 인정될 만한 상당한 이유가 있는 경우(예: 도피의 우려가 있는 자에 대한 여권반납명령)(판례 1, 2), ④ 당사자가 의견진술의 기회를 포기한다는 뜻을 명백히 표시한 경우에는 청문을 실시하지 아니할 수 있다(절차법 제22조 제 4 항).

판례 1　　청문절차 불필요 또는 의견진술기회 포기 유무의 판단방법
(피고 포항시장이 원고에 대하여 음주운전을 이유로 개인택시운전면허취소처분을 하고, 그 취소처분을 이유로 개인택시운송사업면허취소처분을 하자, 이에 원고가 개인택시운송사업면허취소를 다툰 포항시 주최개인택시운전자 개인택시운송사업면허취소사건에서) 행정절차법 제22조 제 4 항, 제21조 제 4 항 제 3 호에 의하면, "해당 처분의 성질상 의견청취가 현저히 곤란하거나 명백히 불필요하다고 인정될 만한 상당한 이유가 있는 경우"나 "당사자가 의견진

술의 기회를 포기한다는 뜻을 명백히 표시한 경우"에는 청문 등 의견청취를 하지 아니할 수 있는데, 여기에서 '의견청취가 현저히 곤란하거나 명백히 불필요하다고 인정될 만한 상당한 이유가 있는 경우'에 해당하는지는 **해당 행정처분의 성질에 비추어 판단**하여야 하며, 처분상대방이 이미 행정청에게 위반사실을 시인하였다거나 처분의 사전통지 이전에 의견을 진술할 기회가 있었다는 사정을 고려하여 판단할 것은 아니다(대판 2017. 4. 7.
2016두63224).

[판례 2] 행정처분의 상대방이 청문일시에 불출석한 경우가 청문의 실시의 예외사유에 해당하는지 여부

(종로구청장의 원고에 대한 유기장 영업)
(허가취소처분의 취소를 구한 사건에서) 행정절차법 제21조 제4항 제3호는 침해적 행정처분을 할 경우 청문을 실시하지 않을 수 있는 사유로서 "당해 처분의 성질상 의견청취가 현저히 곤란하거나 명백히 불필요하다고 인정될 만한 상당한 이유가 있는 경우"를 규정하고 있으나, 여기에서 말하는 **의견청취가 현저히 곤란하거나 명백히 불필요하다고 인정될 만한 상당한 이유가 있는지 여부**는 당해 행정처분의 성질에 비추어 판단하여야 하는 것이지, 청문통지서의 반송 여부, 청문통지의 방법 등에 의하여 판단할 것은 아니며, 또한 행정처분의 상대방이 통지된 청문일시에 불출석하였다는 이유만으로 행정청이 관계 법령상 그 실시가 요구되는 청문을 실시하지 아니한 채 침해적 행정처분을 할 수는 없을 것이므로, 행정처분의 상대방에 대한 **청문통지서가 반송되었다거나, 행정처분의 상대방이 청문일시에 불출석하였다는 이유로 청문을 실시하지 아니하고 한 침해적 행정처분은 위법**하다(대판 2001. 4. 13.
2000두3337).

2) 협약에 의한 배제 가능성　　행정청이 사인과 협약으로 법령상 요구되는 청문을 배제할 수 있는지가 문제된다.

(개) 학　　설　　① 행정절차는 실체적인 권리관계에 영향을 미치지 아니하는 한 생략될 수 있으며, 강제적인 방법이 동원되지 않는 이상 청문을 배제하는 협의는 가능한 것으로 당사자들은 합의에 의한 청문의 배제에 구속된다는 긍정설과 ② 청문은 헌법상의 적법절차를 행정에 구현한 것이고, 청문절차를 통하여 행정청이 적정한 판단을 할 수 있도록 하는 기회를 마련하며 동시에 이해관계인의 참여에 의한 민주적인 정당성을 확보하기 위한 것이므로 청문은 협약으로 배제할 수 없다는 부정설로 나뉜다.

(내) 판　　례　　판례는 주식회사 대경마이월드가 안산시장을 상대로 유희시설조성사업협약해지 등을 구한 사건에서 당사자 간에 협약이 있었다고 하더라도 청문의 실시에 관한 규정의 적용이 배제된다거나 청문을 실시하지 않아도 되는 예외적인 경우(절차법 제22
조 제4항)에 해당한다고 볼 수 없다고 하였다(판
례).

[판례] 사인과의 협약으로 법령상 요구되는 청문을 배제할 수 있는지 여부

(주식회사 대경마이월드가 안산시장의 유희시설조성사업협)
(약해지및사업시행자지정거부처분의 취소를 구한 사건에서) 행정청이 당사자와 사이에 도시계획사업의 시행과 관련한 협약을 체결하면서 관계 법령 및 행정절차법에 규정된 청문의 실시 등 의견청취절차를 배제하는 조항을 두었다고 하더라도, 국민의 행정참여를 도모함으로써 행정의 공정성·투명성 및 신뢰성을 확보하고 국민의 권익을 보호한다는 행정절차법의 목적 및 청문제도의 취지 등에 비추어

볼 때, 위와 같은 협약의 체결로 청문의 실시에 관한 규정의 적용을 배제할 수 있다고 볼 만한 법령상의 규정이 없는 한, 이러한 협약이 체결되었다고 하여 청문의 실시에 관한 규정의 적용이 배제된다거나 청문을 실시하지 않아도 되는 예외적인 경우에 해당한다고 할 수 없다(대판 2004. 7. 8, 2002두8350).

(대) 사　　견　　청문절차는 공법적인 성질을 가진 것으로 강제적인 것이므로 협약으로 배제할 수 없고, 행정처분을 하면서 계약을 체결하여 행정절차법상의 청문 등을 배제할 수 있도록 한다면 행정청은 자신의 우월한 지위를 이용하여 상대방의 의사에 반하여 여러 절차를 배제하는 내용의 계약을 강제함으로써 행정절차법의 취지를 잠탈할 우려가 있는바 협약으로 청문을 배제할 수 없다는 부정설이 타당하다.

(3) 청문의 통지　　행정청은 청문을 하려면 청문이 시작되는 날부터 10일 전까지 제 1 항 각 호(1. 처분의 제목, 2. 당사자의 성명 또는 명칭과 주소, 3. 처분하려는 원인이 되는 사실과 처분의 내용 및 법적 근거, 4. 제 3 호에 대하여 의견을 제출할 수 있다는 뜻과 의견을 제출하지 아니하는 경우의 처리방법, 5. 의견제출기관의 명칭과 주소, 6. 의견제출기한, 7. 그 밖에 필요한 사항)의 사항을 당사자등에게 통지하여야 한다. 이 경우 제 1 항 제 4 호부터 제 6 호까지의 사항은 청문 주재자의 소속·직위 및 성명, 청문의 일시 및 장소, 청문에 응하지 아니하는 경우의 처리방법 등 청문에 필요한 사항으로 갈음한다(절차법 제21조 제 2 항).

(4) 청문의 공개　　청문은 당사자가 공개를 신청하거나 청문 주재자가 필요하다고 인정하는 경우 공개할 수 있다. 다만, 공익 또는 제 3 자의 정당한 이익을 현저히 해칠 우려가 있는 경우에는 공개하여서는 아니 된다(절차법 제30조). 청문의 공개는 청문의 신뢰성 제고에 기여한다.

3. 청문의 주재자와 참가자

(1) 청문 주재자의 선정·신분　　행정청은 소속 직원 또는 대통령령으로 정하는 자격을 가진 사람 중에서 청문 주재자를 공정하게 선정하여야 한다(절차법 제28조 제 1 항). 행정청은 다음 각 호(1. 다수 국민의 이해가 상충되는 처분, 2. 다수 국민에게 불편이나 부담을 주는 처분, 3. 그 밖에 전문적이고 공정한 청문을 위하여 행정청이 청문 주재자를 2명 이상으로 선정할 필요가 있다고 인정하는 처분)의 어느 하나에 해당하는 처분을 하려는 경우에는 청문 주재자를 2명 이상으로 선정할 수 있다. 이 경우 선정된 청문 주재자 중 1명이 청문 주재자를 대표한다(절차법 제28조 제 2 항). 공정한 청문 주재자의 선정은 청문이 공정하게 이루어지기 위한 첫 걸음이다. 청문 주재자는 독립하여 공정하게 직무를 수행하며(절차법 제28조 제 4 항 제 1 문), 그 직무수행을 이유로 본인의 의사에 반하여 신분상 어떠한 불이익도 받지 아니한다(절차법 제28조 제 4 항 제 2 문). 여기서 청문 주재자의 직무란 행정절차법에서 규정되고 있는 청문의 진행(절차법 제31조)·증거조사(절차법 제33조) 등 각종의 직무를 말한다. 제 1 항 또는 제 2 항에 따라 대통령령으로 정하는 자 중에서 선정된 청문 주재자는 형법이나 그 밖의 다른 법률에 따른 벌칙을 적용할 때에는 공무원으로 본다(절차법 제28조 제 5 항).

(2) 청문 주재자의 제척·기피·회피

1) 제　　척　　청문 주재자가 다음 각 호(1. 자신이 당사자등이거나 당사자등과 「민법」 제777조 각 호의 어느 하나에 해당하는 친족관계에 있거나 있었던 경우, 2. 자신이 해당 처분과 관련하여 증언이나 감정(鑑定)을 한 경우, 3. 자신이 해당 처분의 당사자등의 대리인으로 관여하거나 관여하였던 경우, 4. 자신이 해당 처분업무를 직접 처리하거나 처리하였던 경우, 5. 자신이 해당 처분업무를 처리하는 부서에 근무하는 경우. 이 경우 부서의 구체적인 범위는 대통령령으로 정한다)의 어느 하나에 해당하는 경우에는 청문을 주재할 수 없다(절차법 제29조 제 1 항). 제척사유가 있는 자는

본 조항에 의하여 당연히 청문 주재자에서 배제된다.

2) 기 피 청문 주재자에게 공정한 청문 진행을 할 수 없는 사정이 있는 경우 당사자등은 행정청에 기피신청을 할 수 있다($\binom{절차법\ 제29조}{제2항\ 제1문}$). 이 경우 행정청은 청문을 정지하고 그 신청이 이유가 있다고 인정할 때에는 해당 청문 주재자를 지체 없이 교체하여야 한다($\binom{절차법\ 제29조}{제2항\ 제2문}$). 기피는 제척과 달리 자동적으로가 아니라 행정청이 기피신청에 이유가 있다고 인정하여야 청문주재로부터 배척된다.

3) 회 피 청문 주재자는 제척 또는 기피의 사유에 해당하는 경우에는 행정청의 승인을 받아 스스로 청문의 주재를 회피할 수 있다($\binom{절차법\ 제29}{조\ 제3항}$). 회피는 청문 주재자 스스로가 이의를 제기하는 것인 점에서 상대방등이 제기하는 기피와 구별된다. 그러나 회피 역시 청문 주재자의 의사표시로 인해 자동적으로 청문주재에서 벗어나는 것이 아니다. 행정청의 승인이 있어야 청문의 주재에서 벗어나게 된다.

(3) 청문 주재자에 자료통지 행정청은 청문이 시작되는 날부터 7일 전까지 청문 주재자에게 청문과 관련한 필요한 자료를 미리 통지하여야 한다($\binom{절차법\ 제28}{조\ 제3항}$).

(4) 청문참가자 청문에 주체적으로 참가하는 자는 당사자등이다($\binom{절차법\ 제2조\ 제5}{호,\ 제21조\ 제2항}$). 당사자등이란 '행정청의 처분에 대하여 직접 그 상대가 되는 당사자와 행정청이 직권으로 또는 신청에 따라 행정절차에 참여하게 한 이해관계인'을 말한다($\binom{절차법\ 제2}{조\ 제4호}$). 당사자인 처분의 상대방은 처분의 신청인이 일반적이다. 그러나 제3자효 있는 행위의 경우에는 신청인과 처분의 상대방이 다를 수도 있다. 이러한 경우에도 처분의 상대방이 당사자이다.

4. 청문의 진행절차

(1) 청문의 진행방법

1) 설명·의견진술 ① 청문 주재자가 청문을 시작할 때에는 먼저 예정된 처분의 내용, 그 원인이 되는 사실 및 법적 근거 등을 설명하여야 한다($\binom{절차법\ 제31}{조\ 제1항}$). ② 당사자등은 의견을 진술하고 증거를 제출할 수 있으며, 참고인이나 감정인 등에 대하여 질문할 수 있다($\binom{절차법\ 제31}{조\ 제2항}$). 당사자등이 의견서를 제출한 경우에는 그 내용을 출석하여 진술한 것으로 본다($\binom{절차법\ 제31}{조\ 제3항}$).

2) 청문의 계속·병합·분리 ① 청문을 계속할 경우에는 행정청은 당사자등에게 다음 청문의 일시 및 장소를 서면으로 통지하여야 하며, 당사자등이 동의하는 경우에는 전자문서로 통지할 수 있다($\binom{절차법\ 제31조}{제5항\ 본문}$). 다만, 청문에 출석한 당사자등에게는 그 청문일에 청문 주재자가 말로 통지할 수 있다($\binom{절차법\ 제31조}{제5항\ 단서}$). ② 행정청은 직권으로 또는 당사자의 신청에 따라 여러 개의 사안을 병합하거나 분리하여 청문을 할 수 있다($\binom{절차법}{제32조}$).

3) 질서유지 등 청문 주재자는 청문의 신속한 진행과 질서유지를 위하여 필요한 조치를 할 수 있다($\binom{절차법\ 제31}{조\ 제4항}$). 필요한 조치로는 질서문란자에 대한 협조요청, 실내에서의 청문회의 경우에는 질서문란자에 대한 퇴거요구, 발언자의 발언중단, 청문회의 일시정지나 중단 등이 있다.

(2) 증거조사

1) 직권조사   청문 주재자는 직권으로 또는 당사자의 신청에 따라 필요한 조사를 할 수 있으며, 당사자등이 주장하지 아니한 사실에 대하여도 조사할 수 있다$\binom{\text{절차법 제33}}{\text{조 제 1 항}}$. 조사의 범위와 대상은 청문 주재자가 의무에 합당한 재량에 따라 정할 사항이다.

2) 조사방법   증거조사는 다음 각 호$\binom{\text{1. 문서·장부·물건 등 증거자료의 수집, 2. 참고인·감정인 등}}{\text{에 대한 질문, 3. 검증 또는 감정·평가, 4. 그 밖에 필요한 조사}}$의 어느 하나에 해당하는 방법으로 한다$\binom{\text{절차법 제33}}{\text{조 제 2 항}}$. 증거조사의 방법에는 원칙적으로 제한이 없다. 한편 청문 주재자는 필요하다고 인정할 때에는 관계 행정청에 필요한 문서의 제출 또는 의견의 진술을 요구할 수 있다. 이 경우 관계 행정청은 직무 수행에 특별한 지장이 없으면 그 요구에 따라야 한다$\binom{\text{절차법 제33}}{\text{조 제 3 항}}$.

(3) 청문조서   청문이 이루어지면 조서를 작성할 필요가 있는바, 청문 주재자는 다음 각 호$\binom{\text{1. 제목, 2. 청문 주재자의 소속, 성명 등 인적사항, 3. 당사자등의 주소, 성명 또는 명칭 및 출석 여부, 4. 청문의 일시 및 장소, 5. 당}}{\text{사자등의 진술의 요지 및 제출된 증거, 6. 청문의 공개 여부 및 공개하거나 제30조 단서에 따라 공개하지 아니한 이유, 7. 증거조사를}}$$\binom{\text{한 경우에는 그 요지 및 첨부된}}{\text{증거, 8. 그 밖에 필요한 사항}}$의 사항이 적힌 청문조서를 작성하여야 한다$\binom{\text{절차법 제34}}{\text{조 제 1 항}}$. 당사자등은 청문조서의 내용을 열람·확인할 수 있으며, 이의가 있을 때에는 그 정정을 요구할 수 있다$\binom{\text{절차법 제34}}{\text{조 제 2 항}}$.

(4) 청문의 종결

1) 청문종결의 사유   ① 청문 주재자는 해당 사안에 대하여 당사자등의 의견진술, 증거조사가 충분히 이루어졌다고 인정하는 경우에는 청문을 마칠 수 있다$\binom{\text{절차법 제35}}{\text{조 제 1 항}}$. ② 청문 주재자는 당사자등의 전부 또는 일부가 정당한 사유 없이 청문기일에 출석하지 아니하거나 제31조 제 3 항에 따른 의견서를 제출하지 아니한 경우에는 이들에게 다시 의견진술 및 증거제출의 기회를 주지 아니하고 청문을 마칠 수 있다$\binom{\text{절차법 제35}}{\text{조 제 2 항}}$. ③ 청문 주재자는 당사자등의 전부 또는 일부가 정당한 사유로 청문기일에 출석하지 못하거나 제31조 제 3 항에 따른 의견서를 제출하지 못한 경우에는 10일 이상의 기간을 정하여 이들에게 의견진술 및 증거제출을 요구하여야 하며, 해당 기간이 지났을 때에 청문을 마칠 수 있다$\binom{\text{절차법 제35}}{\text{조 제 3 항}}$.

2) 청문종결 후 조치   ① 청문 주재자는 청문을 마쳤을 때에는 청문조서, 청문 주재자의 의견서, 그 밖의 관계 서류 등을 행정청에 지체 없이 제출하여야 한다$\binom{\text{절차법 제35}}{\text{조 제 4 항}}$. ② 행정청은 청문을 거쳤을 때에는 신속히 처분하여 해당 처분이 지연되지 아니하도록 하여야 한다$\binom{\text{절차법 제22}}{\text{조 제 5 항}}$. 한편 ③ 행정청은 처분 후 1년 이내에 당사자등이 요청하는 경우에는 청문을 위하여 제출받은 서류나 그 밖의 물건을 반환하여야 한다$\binom{\text{절차법 제22}}{\text{조 제 6 항}}$.

3) 청문결과의 반영   행정청은 처분을 할 때에 제35조 제 4 항에 따라 받은 청문조서, 청문 주재자의 의견서 그 밖의 관계 서류 등을 충분히 검토하고 상당한 이유가 있다고 인정하는 경우에는 청문결과를 반영하여야 한다$\binom{\text{절차법 제}}{\text{35조의2}}$. 청문에서 나타난 결과를 반영하는 것은 필요하지만, 청문절차에서 나타난 사인의 의견에 행정청이 구속되지는 않는다[판례]. 왜냐하면 만약 관계 행정청이 사인의 의견에 구속된다고 하면, 행정작용은 행정청에 의한 것이 아니라 사인에 의한 것이 될 것이기 때문이다. 사인의 정당한 의견을 무시한 관계 행정청의 결정은 사실오인 또는 재량

하자 등으로 인해 위법한 것이 될 것이다.

> 판례 광업용 토지수용을 위한 사업인정 여부를 결정함에 있어 처분청이 그 의견에 기속되어야 하는지 여부
> (광업용 토지수용의 사업 인정처분취소소송에서) 광업법 제88조 제2항에서 처분청이 같은 법조 제1항의 규정에 의하여 광업용 토지수용을 위한 사업인정을 하고자 할 때에 토지소유자와 토지에 관한 권리를 가진 자의 의견을 들어야 한다고 한 것은 그 사업인정 여부를 결정함에 있어서 소유자나 기타 권리자가 의견을 반영할 기회를 주어 이를 참작하도록 하고자 하는 데 있을 뿐, 처분청이 그 의견에 기속되는 것은 아니다(대판 1995. 12. 22. 95누30).

(5) 청문의 재개　　행정청은 청문을 마친 후 처분을 할 때까지 새로운 사정이 발견되어 청문을 재개할 필요가 있다고 인정할 때에는 제35조 제4항에 따라 받은 청문조서 등을 되돌려 보내고 청문의 재개를 명할 수 있다. 이 경우 제31조 제5항(청문을 계속할 경우에는 행정청은 당사자등에게 다음 청문의 일시 및 장소를 서면으로 통지하여야 하며, 당사자등이 동의하는 경우에는 전자문서로 통지할 수 있다. 다만, 청문에 출석한 당사자등에게는 그 청문일에 청문 주재자가 말로 통지할 수 있다)을 준용한다(절차법 제36조). 절차의 재개는 청문절차에만 규정이 있고 공청회절차에는 규정이 없다.

5. 문서열람·복사청구권과 비밀유지청구권

(1) 문서열람·복사청구권의 의의　　당사자등은 의견제출의 경우에는 처분의 사전 통지가 있는 날부터 의견제출기한까지, 청문의 경우에는 청문의 통지가 있는 날부터 청문이 끝날 때까지 행정청에 해당 사안의 조사결과에 관한 문서와 그 밖에 해당 처분과 관련되는 문서의 열람 또는 복사를 요청할 수 있는바(절차법 제37조 제1항 제1문), 이것이 문서열람청구권과 문서복사청구권이다. 당사자등의 문서열람·복사청구권은 절차상 권리로서 개인적 공권의 성질을 갖는다. 행정절차법에 따른 문서 열람·복사청구권은 청문의 통지시점부터 청문의 종결시점까지 인정된다. 한편, 당사자등은 청문의 통지를 불문하고 공공기관의 정보공개에 관한 법률에 의하여 정보공개를 청구할 수 있다. 동 법률은 모든 국민에게 적용되는 법률이므로 행정절차법상 당사자등에도 당연히 적용되기 때문이다.

(2) 문서열람·복사청구권의 성격　　① 문서열람권은 청문절차와 밀접한 관련을 갖는다. 당사자등은 문서열람을 통해 결정에 중요한 사실관계를 알게 되면, 청문절차에서 효과적으로 대응할 수 있기 때문이다. 문서열람권은 무기대등의 원칙 및 행정절차의 공개성의 원칙에 비추어 포기될 수 없다. ② 당사자등의 문서열람·복사청구권은 단순히 열람과 복사 그 자체를 위한 권리는 아니다. 법령규정상 요구되지는 않지만, 문서열람·복사청구권은 열람이나 복사에 대한 정당한 이익이 있는 경우에 인정된다.

(3) 문서열람·복사청구권의 제한　　문서열람·복사청구권은 다른 법령(예: 공공기관의 정보공개에 관한 법률)에 의하여 공개가 제한되는 경우에만 제한을 받는다(절차법 제37조 제1항 제2문). 행정청은 다른 법령에 따라 공개

가 제한됨을 이유로 열람 또는 복사의 요청을 거부하는 경우에는 그 이유를 소명하여야 한다(절차법 제37조 제 3 항).

(4) 문서열람·복사청구권의 대상·장소 등　　문서열람·복사청구권의 대상은 해당 사안의 조사결과에 관한 문서 그 밖에 해당 처분과 관련되는 일체의 문서이나(절차법 제37조 제 1 항 제 1 문), 문서의 구체적인 범위는 대통령령으로 정한다(절차법 제37조 제 4 항). 한편, 행정청은 제 1 항의 열람 또는 복사의 요청에 따르는 경우 그 일시 및 장소를 지정할 수 있다(절차법 제37조 제 2 항). 그 장소는 대체로 당해 구체적인 행정절차가 진행되는 행정관서가 될 것이다. 그리고 행정청은 제 1 항에 따른 복사에 드는 비용을 복사를 요청한 자에게 부담시킬 수 있다(절차법 제37조 제 5 항). 이에 대해서 복사비용 과다문제를 해결하기 위해 정액제를 주장하기도 한다.

(5) 비밀유지청구권

1) 비밀유지의무　　누구든지 의견제출 또는 청문을 통하여 알게 된 사생활이나 경영상 또는 거래상의 비밀을 정당한 이유 없이 누설하거나 다른 목적으로 사용하여서는 아니 된다(절차법 제37조 제 6 항). 보호대상이 사생활 또는 경영상이나 거래상의 비밀에 한정되어 있으므로, 행정절차법상 보호되는 사인의 정보의 범위가 개인정보 보호법에 의해 보호되는 정보의 범위보다 좁다. 보호대상이 보호할 가치가 있는 일체의 인적 관련정보로 확대되어야 한다. 한편, 비밀유지의무를 위반한 경우에 관한 규정이 행정절차법에는 없다. 따라서 보호의무를 위반한 자에 대해서는 형법이나 개인정보 보호법 등이 정하는 바에 따라 벌칙이 가해질 수밖에 없다.

2) 비밀유지청구권　　이 조항은 관계자에게 비밀유지의무를 부과하지만, 동시에 이 조항은 관계자의 사적인 이익의 보장을 위한 규정으로 해석된다. 따라서 이 조항이 명시적으로 사인에게 행정청에 대하여 비밀유지의 청구를 구할 수 있는 권리를 표현하고 있지 않다고 하여도, 당사자는 이 조항에 근거하여 행정청에 비밀유지청구권을 갖는다. 한편, 행정청의 비밀유지의무는 공개에 대한 당사자의 동의가 있거나, 법령상 근거가 있거나 또는 명백히 요구되는 공공의 우월한 이익의 보호를 위해 공개하는 것이 불가피한 경우에는 소멸된다.

6. 청문절차의 위반

(1) 법령상 요구되는 청문절차결여　　법령상 요구되는 청문절차를 결여한 채 발해진 행정행위는 하자 있는 행정행위가 되고, 따라서 그것은 위법한 행위가 된다. 판례의 입장이기도 하다(대판 1992. 2. 11, 91누11575). 그렇다고 그것이 반드시 무효가 된다고는 할 수 없다(판례). 경우에 따라서는 하자의 치유가 인정될 수도 있다(대판 1992. 10. 23, 92누2844).

┌─────┐
│ 판례 │ 청문절차 결여의 효과
└─────┘
(피고 포항시장이 원고에 대하여 음주운전을 이유로 개인택시운전면허취소처분을 하고, 그 취소처분을 이유로 개인택시운송사업면허취소처분을 하자, 이에 원고가 개인택시운송사업면허취소를 다툰 포항시 주취개인택시운전자 개인택시운송사업면허취소사건에서) 행정청이 특히 침해적 행정처분을 할 때 그 처분의 근거 법령 등에서 청문을 실시하도록 규정하고 있다면, 행정절차법 등 관련 법령상 청문을 실시하지 않아도 되는 예외적인 경우에 해당하지 않는

한, 반드시 청문을 실시하여야 하며, 그러한 절차를 결여한 처분은 위법한 처분으로서 **취소사유에** 해당한다(대판 2017. 4. 7.,).
(2016두63224)

(2) 훈령상 요구되는 청문절차결여   법령상 근거 없이 훈령$\binom{행정}{규칙}$상으로만 청문절차가 요구될 때 이를 결여한 경우에 위법하다고 판시한 예외가 없었던 것은 아니지만(판례1), 그 이후 위법하지 않다는 것이 판례의 일관된 입장이었다(판례2).

판례 1   행정규칙에 규정된 청문절차를 거치지 아니한 건축사 사무소등록 취소처분의 위법여부

(위법건물의 건축을 이유로 한 서울특별시장의 원고에 대한 건축사사 무소등록취소처분의 취소를 구한 K건축사사무소 등록취소사건에서) 건축사사무소의등록취소및폐쇄처분에관한규정(1979. 9. 6. 건설)(부 훈령 제447호)에서 관계 행정청이 건축사사무소의 등록취소처분을 함에 있어 당해 건축사들을 사전에 청문토록 한 취지는 위 행정처분으로 인하여 건축사사무소의 기존권리가 부당하게 침해받지 아니하도록 등록취소사유에 대하여 당해 건축사에게 변명과 유리한 자료를 제출할 기회를 부여하여 위법사유의 사정가능성을 감안하고 처분의 신중성과 적정성을 기하려 함에 있다 할 것이므로 설사 **건축사법 제28조 소정의 등록취소 등 사유가 분명히 존재하는 경우라 하더라도** 당해 건축사가 정당한 이유 없이 청문에 응하지 아니한 경우가 아닌 한 청문절차를 거치지 아니하고 한 건축사사무소 등록취소처분은 위법하다(대판 1984. 9. 11.,).
(82누166)

판례 2   훈령에 따른 행정절차운영지침 소정의 청문절차를 거치지 않고 한 행정처분의 효력

(재단법인 대한예수교 장로회 경북노회 유지재단이 대구시장을 상대로 자신들 소유의 건물을 시지정문화재로 결정한 점에 대해 다투며 훈령 위반을 근거로 제시한 사건에서) 국민의권익보호를위한행정절차에관한훈령(1989. 11. 17. 국무)(총리훈령 제235호)은 상급행정기관이 하급행정기관에 대하여 발하는 일반적인 행정명령으로서 행정기관 내부에서만 구속력이 있을 뿐 대외적인 구속력을 가지는 것이 아니다 …. 문화재보호법과 대구직할시문화재보호조례에 의하면 시지정문화재는 시장이 문화재위원회의 자문을 받아 지정한다고만 규정되어 있을 뿐 그 지정에 있어서 문화재의 소유자나 기타 이해관계인의 신청이 필요하다는 규정이나 소유자 기타 이해관계인의 의견을 들어야 한다는 행정절차의 규정은 없고, 비록 **국민의권익보호를위한행정절차에관한훈령에 따라** 1990. 3. 1.**부터 시행된 행정절차운영지침에 의하면** 행정청이 공권력을 행사하여 국민의 구체적인 권리 또는 의무에 직접적인 변동을 초래하게 하는 행정처분을 하고자 할 때에는 미리 당사자에게 행정처분을 하고자 하는 원인이 되는 사실을 통지하여 그에 대한 의견을 청취한 다음 이유를 명시하여 행정처분을 하여야 한다고 규정되어 있으나 이는 **대외적 구속력을 가지는 것이 아니므로, 시장이 건조물 소유자의 신청이 없는 상태에서 소유자의 의견을 듣지 아니하고 건조물을 문화재로 지정하였다고 하여 위법한 것이라고 할 수 없다**(대판 1994. 8. 9.,).
(94누3414)

(3) 개별법령상 청문절차의 요구가 없는 경우   현행 행정절차법은 제22조 제 3 항에서 "행정청이 당사자에게 의무를 부과하거나 권익을 제한하는 처분을 할 때에 제 1 항($\frac{청}{문}$) 또는 제 2 항($\frac{공청}{회}$)의 경우 외에는 당사자등에게 의견제출의 기회를 주어야 한다"고 규정하고 있다. 따

라서 침익적 행위의 발령에 청문절차를 거쳐야 한다는 명시적 규정이 개별법령에 없다고 하더라도 당연히 의견제출절차(약식의 청문절차)는 거쳐야 한다.

Ⅳ. 공청회참여권(공청회제도)

1. 관   념

① 공청회란 "행정청이 공개적인 토론을 통하여 어떠한 행정작용에 대하여 당사자등, 전문지식과 경험을 가진 사람, 그 밖의 일반인으로부터 의견을 널리 수렴하는 절차"를 말한다(절차법 제2조 제6호). ② 공청회는 사인의 권리보호를 위한 의미도 갖고, 합리적인 행정을 위한 의견수렴 의미도 갖는다. 행정의 실제상 의견수렴의 의미가 권리보호의 의미보다 크다고 하겠다.

2. 공청회의 개최

(1) 공청회 개최의 여부   행정청이 처분을 할 때 다음 각 호(1. 다른 법령등에서 공청회를 개최하도록 규정하고 있는 경우, 2. 해당 처분의 영향이 광범위하여 널리 의견을 수렴할 필요가 있다고 행정청이 인정하는 경우, 3. 국민생활에 큰 영향을 미치는 처분으로서 대통령령으로 정하는 처분에 대하여 대통령령으로 정하는 수 이상의 당사자등이 공청회 개최를 요구하는 경우)의 어느 하나에 해당하는 경우에는 공청회를 개최한다(절차법 제22조 제2항)(판례). 사인의 신청에 의한 공청회에 관해서는 행정절차법상 규정하는 바가 없다. 그러나 일정한 사유(청문이 배제되는 사유와 같다)가 있는 경우에는 공청회를 개최하지 아니할 수 있다(절차법 제22조 제4항).

> 판례   묘지공원과 화장장의 후보지를 선정하는 과정에서 추모공원건립추진협의회가 후보지 주민들의 의견을 청취하기 위하여 그 명의로 개최한 공청회는 행정절차법에서 정한 절차를 준수하여야 하는지 여부
> (원지동 추모 공원사건에서) 묘지공원과 화장장의 후보지를 선정하는 과정에서 서울특별시, 비영리법인, 일반 기업 등이 공동발족한 협의체인 추모공원건립추진협의회가 후보지 주민들의 의견을 청취하기 위하여 그 명의로 개최한 공청회는 행정청이 도시계획시설결정을 하면서 개최한 공청회가 아니므로, 위 공청회의 개최에 관하여 행정절차법에서 정한 절차를 준수하여야 하는 것은 아니다. 공청회 개최과정에서 피고가 이 사건 협의회의 구성원으로서 행정적인 업무지원을 하였다 하여 달리 볼 것은 아니다(대판 2007. 4. 12. 2005두1893).

(2) 공청회 개최의 알림   행정청은 공청회를 개최하려는 경우에는 공청회 개최 14일 전까지 다음 각 호(1. 제목, 2. 일시 및 장소, 3. 주요 내용, 4. 발표자에 관한 사항, 5. 발표신청 방법 및 신청기한, 6. 정보통신망을 통한 의견제출, 7. 그 밖에 공청회 개최에 필요한 사항)의 사항을 당사자등에게 통지하고, 관보, 공보, 인터넷 홈페이지 또는 일간신문 등에 공고하는 등의 방법으로 널리 알려야 한다. 다만, 공청회 개최를 알린 후 예정대로 개최하지 못하여 새로 일시 및 장소 등을 정한 경우에는 공청회 개최 7일 전까지 알려야 한다(절차법 제38조).

(3) 전자공청회   행정청은 제38조에 따른 공청회와 병행하여서만 정보통신망을 이용한 공청회(전자공청회)를 실시할 수 있다(절차법 제38조의2 제1항). 전자공청회를 실시하는 경우에는 누구든지 정보통

신망을 이용하여 의견을 제출하거나 제출된 의견 등에 대한 토론에 참여할 수 있다$\binom{절차법 제38}{조의2 제 3 항}$.

3. 공청회의 재개최

행정청은 공청회를 마친 후 처분을 할 때까지 새로운 사정이 발견되어 공청회를 다시 개최할 필요가 있다고 인정할 때에는 공청회를 다시 개최할 수 있다$\binom{절차법 제}{39조의3}$.

4. 공청회의 주재자 및 발표자

(1) 주 재 자　　행정청은 해당 공청회의 사안과 관련된 분야에 전문적 지식이 있거나 그 분야에 종사한 경험이 있는 사람으로서 대통령령으로 정하는 자격을 가진 사람 중에서 공청회의 주재자를 선정한다$\binom{절차법 제38}{조의3 제 1 항}$.

(2) 발 표 자　　공청회의 발표자는 발표를 신청한 사람 중에서 행정청이 선정한다. 다만, 발표를 신청한 사람이 없거나 공청회의 공정성을 확보하기 위하여 필요하다고 인정하는 경우에는 다음 각호$\binom{1.\ 해당\ 공청회의\ 사안과\ 관련된\ 당사자등,\ 2.\ 해당\ 공청회의\ 사안과\ 관련된\ 분야에\ 전문}{적\ 지식이\ 있는\ 사람,\ 3.\ 해당\ 공청회의\ 사안과\ 관련된\ 분야에\ 종사한\ 경험이\ 있는\ 사람}$의 사람 중에서 지명하거나 위촉할 수 있다$\binom{절차법 제38}{조의3 제 2 항}$.

5. 공청회의 진행

(1) 발표내용　　발표자는 공청회의 내용과 직접 관련된 사항에 대하여만 발표하여야 한다$\binom{절차법 제39}{조 제 2 항}$. 공청회의 주재자는 공청회의 원활한 진행을 위하여 발표 내용을 제한할 수 있다$\binom{절차법 제39조}{제 1 항 제 2 문}$.

(2) 질의·답변　　공청회의 주재자는 발표자의 발표가 끝난 후에는 발표자 상호간에 질의 및 답변을 할 수 있도록 하여야 하며, 방청인에게도 의견을 제시할 기회를 주어야 한다$\binom{절차법}{제39조 제 3 항}$.

(3) 질서유지　　공청회의 주재자는 공청회를 공정하게 진행하여야 하며, 공청회의 원활한 진행을 위하여 발표내용을 제한할 수 있고, 질서유지를 위하여 발언 중지 및 퇴장 명령 등 행정안전부장관이 정하는 필요한 조치를 할 수 있다$\binom{절차법 제39}{조 제 1 항}$.

6. 공청회의 사후조치

① 행정청은 공청회를 거쳤을 때에는 신속히 처분하여 해당 처분이 지연되지 아니하도록 하여야 한다$\binom{절차법 제22}{조 제 5 항}$. 그리고 ② 행정청은 처분을 할 때에 공청회, 온라인공청회 및 정보통신망 등을 통하여 제시된 사실 및 의견이 상당한 이유가 있다고 인정하는 경우에는 이를 반영하여야 한다$\binom{절차법 제}{39조의2}$. 한편 ③ 행정청은 처분 후 1년 이내에 당사자등이 요청하는 경우에는 공청회를 위하여 제출받은 서류나 그 밖의 물건을 반환하여야 한다$\binom{절차법 제22}{조 제 6 항}$.

제 5 절   행정절차의 하자

Ⅰ. 절차상 하자의 관념

1. 절차상 하자의 의의

행정입법·행정행위 등 행정청에 의한 모든 공법적 작용은 적법요건을 갖추어야 적법한 것이 된다. 적법요건에 절차요건이 포함됨은 물론이다. 여기서 행정청에 의한 각종의 공법적 작용에 절차요건상 흠이 있을 때, 이를 절차상 하자라 부른다.

2. 절차상 하자의 특성

행정절차는 그 자체가 목적은 아니다. 행정절차는 행정결정의 법률적합성·합목적성의 보장을 확보하고 행정절차에 관계하는 자들의 권리를 보장·실현하는 것을 가능하게 하는 데 의미를 갖는다. 이 때문에 행정절차상의 하자에 행정실체법상의 하자와 동일한 의미를 부여하기는 곤란하다. 행정절차상의 하자에 대하여 어떠한 효과를 부여할 것인가는 입법자가 정할 사항이 된다. 입법자가 이를 정함에 있어서는 물론 헌법원칙에 따라야 한다.

3. 절차상 하자의 사유

절차상 하자의 유형으로 법령상 요구되는 상대방의 협력이나 관계 행정청의 협력의 결여, 필요적인 처분의 사전통지나 의견청취절차의 결여, 이유제시의 결여, 송달방법의 하자 등을 볼 수 있다. 말하자면 개별법률 또는 행정절차법에서 행정절차상 요구되는 각종 절차의 결여가 절차상 하자에 해당한다.

Ⅱ. 절차상 하자의 효과

1. 명문규정이 있는 경우

(1) 일반적 규정   현재로서 우리나라의 경우에 일반법은 없다. 입법례($^{예: 독일 행}_{정절차법}$)에 따라서는 절차상 하자의 효과에 관해 일반적인 규정을 두기도 한다.

(2) 개별규정   개별법률에 따라서는 "소청사건을 심사할 때 소청인 등에게 진술의 기회를 주지 아니한 결정은 무효로 한다"($^{국공법 제13조 제 2 항;}_{지공법 제18조 제 2 항}$)와 같이 명문의 규정을 두기도 한다. 입법의 실제상으로는 명문의 규정을 두고 있지 않은 경우가 일반적이다.

2. 명문규정이 없는 경우

(1) 절차상 하자의 독자적 위법성 여부

1) 문제상황   행정행위가 재량행위라면 행정절차의 하자는 위법하다. 그러나 그 행정행위가 기속행위라면 행정절차를 거치지 아니한 경우라고 하여도 그 내용은 행정절차를 거친 경우

와 동일한 것일 수 있기 때문에 특히 기속행위와 관련하여 절차상의 하자가 독립한 위법사유인지가 문제된다.

　　2) 학　　설　　① 소극설은 절차규정은 적정한 행정결정의 확보를 위한 수단에 불과하다는 점, 절차위반을 이유로 다시 처분한다고 하여도 전과 동일한 내용의 처분을 하는 경우에는 행정경제 및 소송경제에 반한다는 점을 근거로 한다. ② 적극설은 적정한 절차는 적정한 결정의 전제가 된다는 점, 다시 처분한다고 할 때 반드시 동일한 결론에 도달한다는 보장이 없다는 점을 근거로 한다(다수
설). ③ 절충설은 기속행위와 재량행위를 나누어 재량행위는 절차의 하자가 존재할 때 위법해지지만, 기속행위는 내용상 하자가 존재하지 않는 한 절차상 하자만으로 행정행위가 위법해지지 않는다고 본다(김동희, 행정
법 I, 411쪽). 기속행위의 경우 법원이 절차상 하자를 이유로 취소하더라도 행정청은 절차상 하자를 보완하여 동일한 내용으로 다시 처분을 할 수 있으므로 행정능률에 반한다는 점을 근거로 한다.

　　3) 판　　례　　대법원은 적극설의 입장을 취하고 있다. 말하자면 법령상 요구되는 청문절차의 결여를 위법사유로 보고 있다(판
례). 다만 과거에 예외가 없었던 것은 아니나(대판 1984. 9. 11, 82
누166, K건축사사무
소 등록
취소사건) 법령상 근거 없이 단순히 훈령상 요구되는 청문절차를 결여한 것은 위법사유로 보지 아니한다(대판 1994. 8. 9, 94누3414;
대판 1994. 3. 22, 93누18969). 한편, 행정절차법에서 정한 처분 절차를 준수하였는지는 본안에서 처분이 적법한가를 판단하는 단계에서 고려할 요소이지, 소송요건 심사단계에서 고려할 요소가 아니다(대판 2019. 6. 27,
2018두49130).

> ┌───────┐
> │ 판례 │ 절차상 하자의 효과
> └───────┘
> (전라북도전주교육지원청교육장의 감사결과
통보처분에 대하여 취소를 구한 사건에서) 행정청이 처분절차에서 관계 법령의 절차 규정을 위반하여 절차적 정당성이 상실된 경우에는 해당 처분은 위법하고 원칙적으로 취소하여야 한다. 다만 처분상대방이나 관계인의 의견진술권이나 방어권 행사에 실질적으로 지장이 초래되었다고 볼 수 없는 특별한 사정이 있는 경우에는, 절차 규정 위반으로 인하여 처분절차의 절차적 정당성이 상실되었다고 볼 수 없으므로 해당 처분을 취소할 것은 아니다(대판 2021. 1. 28,
2019두55392).

　　4) 사　　견　　행정의 법률적합성원칙에 따라 행정작용은 실체상뿐만 아니라 절차상으로도 적법하여야 하며, 절차적 요건의 실효성을 확보해야 된다는 점, 취소소송 등의 기속력이 절차의 위법을 이유로 하는 경우에 준용된다는 점(행소법 제30
조 제 3 항) 등에 비추어 적극설이 타당하다.

　　(2) 위법성의 정도　　절차상 하자가 위법사유를 구성한다고 하여도, 그것이 무효사유인지 아니면 취소사유인지의 여부는 한마디로 단언할 수 없다. 이것은 중대명백설에 따라 판단하여야 한다. 즉 그 하자가 중대하고 동시에 명백하다면 무효사유가 된다. 이와 달리 절차를 지나치게 강조하여 무효사유일 뿐이라는 견해(김향
기)는 타당하지 않다.

　　[기출사례] 제56회 5급공채(2012년) 문제·답안작성요령 ☞ PART 4 [1-36]
　　[기출사례] 제57회 5급공채(2013년) 문제·답안작성요령 ☞ PART 4 [1-37]

[기출사례] 제 2 회 변호사시험(2013년) 문제·답안작성요령 ☞ PART 4 [1-38]

[기출사례] 제56회 사법시험(2014년) 문제·답안작성요령 ☞ PART 4 [1-48]

[기출사례] 제62회 5급공채(2018년) 문제·답안작성요령 ☞ PART 4 [1-40]

Ⅲ. 절차상 하자의 치유

1. 치유의 의의

절차상 하자의 치유란 행정행위가 발령 당시에 적법요건의 하나인 절차요건에 흠결이 있는 경우에 그 흠결을 사후에 보완하면, 적법한 행위로 취급하는 것을 말한다. 절차상 하자의 치유는 행정의 법률적합성과 국민의 법생활의 안정과 신뢰보호의 조화를 위한 것이다(대판 1983. 7. 26, 82누420; 대판 1991. 5. 28, 90누1359). 아울러 불필요한 행정행위의 반복을 방지하기 위한 것이기도 하다. 다수설과 판례에 따르면, 행정행위의 치유는 취소할 수 있는 행위에서 문제되며, 무효의 경우에는 문제되지 아니한다.

2. 인정 여부

(1) 학　　설　　민법상으로는 하자의 치유의 법리가 명문화되어 있으나(민법 제143조 내지 제146조), 행정법상으로는 통칙적 규정이 없다. 해석상 ① 행정의 능률성의 확보 등을 이유로 광범위하게 허용된다는 긍정설, ② 국민의 방어권보장을 침해하지 않는 범위 안에서 제한적으로만 허용된다는 제한적 긍정설, ③ 행정결정의 신중성 확보와 자의배제 등을 이유로 행정절차를 강조하여 하자의 치유가 원칙적으로 허용되지 아니한다는 부정설(이상규)이 있을 수 있다. 제한적 긍정설이 통설이다.

(2) 판　　례　　판례는 하자 있는 행정행위의 치유는 원칙적으로 허용될 수 없는 것이지만, 예외적으로 국민의 권리나 이익을 침해하지 않는 범위에서만 인정하고 있어 제한적 긍정설의 입장이다(대판 2002. 7. 9. 2001두10684).

(3) 사　　견　　개인의 권리구제와 행정의 효율성을 고려할 때 제한적 긍정설이 타당하다.

3. 치유시기

① 학설은 쟁송제기 이전시설과 쟁송제기 이후에도 가능하다는 입장(쟁송종결시설)이 대립된다. ② 판례는 행정쟁송제기 이전까지만 가능하다는 입장이다. ③ 쟁송제기 이후에 하자의 치유를 인정해도 처분의 상대방의 권리구제에 장애를 초래하지 않는 경우가 있을 수 있고 또한 소송경제를 고려하여야 하며, 치유는 예외적인 경우에만 인정되기에 쟁송제기 이후에도 치유가 가능하다는 견해가 타당하다.

4. 효　　과

행정행위의 절차상 하자의 치유를 인정하게 되면, 하자의 치유로 인해 절차상 위법은 제거되고, 행정행위는 적법한 것으로 간주된다. 치유의 효과는 소급적이기 때문이다. 처음부터 적법한 행위와 같은 효과를 가진다.

Ⅳ. 취소판결의 기속력

행정절차의 하자를 이유로 취소판결이 선고된 후, 처분청이 종전의 처분과 동일한 내용의 처분을 하여도 판결의 취지에 따라 위법 사유를 보완한 것이면 취소판결의 기속력에 반하는 것이 아니다. 왜냐하면 기속력은 판결에 적시된 절차 내지 형식의 위법사유에 한정되는 것이므로 위법사유를 보완한 처분은 당초처분과는 별개의 처분이므로 기속력에 반하지 않기 때문이다(판례).

> [판례] 절차상의 하자를 이유로 과세처분을 취소하는 판결이 확정된 경우, 그 위법사유를 보완하여 새로운 부과처분을 하는 것과 확정판결의 기판력의 저촉 여부
>
> (서귀포시장의 (주)국제상사에 대한 취득세부과처분의 취소를 구한 사건에서) 과세의 **절차 내지 형식에 위법이 있어 과세처분을 취소하는 판결이 확정되었을 때는** 그 확정판결의 기판력은 거기에 적시된 절차 내지 형식의 위법사유에 한하여 미치는 것이므로 과세관청은 그 **위법사유를 보완하여 다시 새로운 과세처분을 할 수 있고** 그 새로운 과세처분은 확정판결에 의하여 취소된 종전의 과세처분과는 별개의 처분이라 할 것이어서 확정판결의 기판력에 저촉되는 것이 아니다(대판 1987. 2. 10. 86누91).

제 6 절   행정정보

제 1 항   개인정보자기결정권(정보상 자기결정권)

Ⅰ. 개인정보자기결정권의 관념

1. 의   의

개인은 누구나 자신에 관한 정보를 관리하고, 통제하며, 외부로 표현함에 있어 스스로 결정할 수 있는 권리를 가진다고 볼 때, 이러한 권리를 개인정보자기결정권, 자기정보결정권(정보상 자기결정권)이라 한다(판례). 헌법재판소는 "개인정보자기결정권은 자신에 관한 정보가 언제 누구에게 어느 범위까지 알려지고 또 이용되도록 할 것인지를 그 정보주체가 스스로 결정할 수 있는 권리이다. 즉 정보주체가 개인정보의 공개와 이용에 관하여 스스로 결정할 권리를 말한다(헌재 2017. 7. 27. 2015헌마1094.)"고 정의하였고, 대법원은 개인정보자기결정권을 「자신에 관한 정보가 언제 누구에게 어느 범위까지 알려지고 또 이용되도록 할 것인지를 그 정보주체가 스스로 결정할 수 있는 권리」로 정의한다(대판 2016. 8. 17. 2014다235080). 정보상 자기결정권이라는 표현은 독일의 연방헌법재판소판결(BVerfGE 65, 1ff.)에서 유래한다.

판례 　개인정보자기결정권의 의의

(알 권리(정보공개청구권)의 침해를 이유로 변호사시험 성적 공개를 금지
한 변호사시험법 제18조 제 1 항 본문에 대한 위헌확인을 구한 사건에서) 개인정보자기결정권은 자신에 관한 정보가 언제 누구에게 어느 범위까지 알려지고 이용되도록 할 것인지를 그 정보주체가 스스로 결정할 수 있는 권리이다. 즉 정보주체가 개인정보의 공개와 이용에 관하여 스스로 결정할 권리로서, 이러한 개인정보자기결정권은 정보화사회로의 진입 및 현대의 정보통신기술의 발달로 인하여 개인의 정보가 정보주체의 의사와는 무관하게 이용 또는 공개되는 것을 방지함으로써 궁극적으로 **개인의 결정의 자유를 보호하고, 나아가 자유민주체제의 근간이 총체적으로 훼손될 가능성을 차단하기 위하여 필요한 최소한의 헌법적 보장장치로 등장하게 되었다**(헌재 2015. 6. 25,／2011헌마769).

2. 법적 근거

(1) 헌　　법　　개인정보자기결정권의 헌법적 근거로 사생활의 비밀과 자유를 보장하는 헌법 제17조가 있다. 동 조항은 개개인에게 인적 자료의 사용과 교부에 관해 스스로 결정할 수 있는 권리까지 보장하는 규정이다. 헌법재판소는 "개인정보자기결정권은 헌법 제10조 제 1 문에서 도출되는 일반적 인격권 및 헌법 제17조의 사생활의 비밀과 자유에 의하여 보장된다"는 견해를 취한다(헌재 2021. 6. 24,／2018헌가2).

(2) 법　　률　　① 일반법으로 개인정보 보호법이 있다. 즉, 개인정보 보호에 관하여는 다른 법률에 특별한 규정이 있는 경우를 제외하고는 이 법에서 정하는 바에 따른다(정보법／제 6 조)(판／례). 이 법률은 개인정보의 처리 및 보호에 관한 사항을 정함으로써 개인의 자유와 권리를 보호하고, 나아가 개인의 존엄과 가치를 구현함을 목적으로 한다(정보법／제 1 조). ② 이 밖에 개인정보 보호에 관한 개별 법률로 전자정부법·정보통신망 이용촉진 및 정보보호 등에 관한 법률·교육기본법(제23조／의3)·국가공무원법(제19조／의3)·형법·통신비밀보호법·통계법·가족관계의 등록 등에 관한 법률 등이 있다. 행정절차법도 비밀누설금지·목적 외 사용금지 등을 규정하고 있다(절차법 제37／조 제 6 항). 이하에서 개인정보 보호법의 내용을 보기로 한다.

판례 　공공기관이 보유·관리하고 있는 개인정보의 공개에 관하여 구 공공기관의 정보공개에 관한 법률 제 9 조 제 1 항 제 6 호가 적용되는지 여부

(서울지방변호사회가 피고 법무부장관을 상대로 '제 3 회 변호사시험 합격자 명단'의 정보공개를 청구하자, 피고가 2014. 4. 25. 변호사시험 합격자 명단은 구 정보공개법 제 9 조 제 1 항 제 6 호 소정의 '공개될 경우 개인의 사생활의 비밀 또는 자유를 침해할 우려가 있다고 인정되는 정보'에 해당한다는 이유로 한 비공개결정을 다툰 사건에서) 구 「공공기관의 정보공개에 관한 법률」(2020. 12. 22. 법률 제17690호로 개정되／기 전의 것, 이하 '구 정보공개법'이라 한다)과 「개인정보 보호법」의 각 입법목적과 규정 내용, 구 정보공개법 제 9 조 제 1 항 제 6 호의 문언과 취지 등에 비추어 보면, 구 정보공개법 제 9 조 제 1 항 제 6 호는 공공기관이 보유·관리하고 있는 개인정보의 공개 과정에서의 개인정보를 보호하기 위한 규정으로서 「개인정보 보호법」 제 6 조에서 말하는 '개인정보 보호에 관하여 다른 법률에 특별한 규정이 있는 경우'에 해당한다. 따라서 공공기관이 보유·관리하고 있는 개인정보의 공개에 관하여는 구 정보공개법 제 9 조 제 1 항 제 6 호가 「개인정보 보호법」에 우선하여 적용된다(대판 2021. 11. 11,／2015두53770).

3. 개인정보 보호 원칙

(1) 개인정보 수집상 원칙　　개인정보처리자는 개인정보의 처리 목적을 명확하게 하여야 하고 그 목적에 필요한 범위에서 최소한의 개인정보만을 적법하고 정당하게 수집하여야 한다$\binom{정보법}{제3조 제1항}$. 개인정보처리자는 다음 각 호$\binom{\text{1. 정보주체의 동의를 받은 경우, 2. 법률에 특별한 규정이 있거나 법령상 의무}}{\text{를 준수하기 위하여 불가피한 경우, 3. 공공기관이 법령 등에서 정하는 소관 업}}$무의 수행을 위하여 불가피한 경우, 4. 정보주체와 체결한 계약을 이행하거나 계약을 체결하는 과정에서 정보주체의 요청에 따른 조치를 이행하기 위하여 필요한 경우, 5. 명백히 정보주체 또는 제3자의 급박한 생명, 신체, 재산의 이익을 위하여 필요하다고 인정되는 경우, 6. 개인정보처리자의 정당한 이익을 달성하기 위하여 필요한 경우로서 명백하게 정보주체의 권리보다 우선하는 경우. 이 경우 개인정보처리자의 정당한 이익과 상당한 관련이 있고 합리적인 범위를 초과하지 아니하는 경우에 한한다. 7. 공중위생 등 공공의 안전과 안녕을 위하여 긴급히 필요한 경우의 어느 하나에 해당하는 경우에는 개인정보를 수집할 수 있으며 그 수집 목적의 범위에서 이용할 수 있다$\binom{정보법 제15}{조 제1항}$. 개인정보처리자는 제15조 제1항 각 호의 어느 하나에 해당하여 개인정보를 수집하는 경우에는 그 목적에 필요한 최소한의 개인정보를 수집하여야 한다. 이 경우 최소한의 개인정보 수집이라는 입증책임은 개인정보처리자가 부담한다$\binom{정보법 제16}{조 제1항}$.

(2) 개인정보 처리상 원칙　　개인정보처리자는 개인정보의 처리 목적에 필요한 범위에서 적합하게 개인정보를 처리하여야 하며, 그 목적 외의 용도로 활용하여서는 아니 된다$\binom{정보법 제3}{조 제2항}$. 개인정보처리자는 개인정보의 처리 목적에 필요한 범위에서 개인정보의 정확성, 완전성 및 최신성이 보장되도록 하여야 한다$\binom{정보법 제3}{조 제3항}$. 개인정보처리자는 개인정보를 익명 또는 가명으로 처리하여도 개인정보 수집목적을 달성할 수 있는 경우 익명처리가 가능한 경우에는 익명에 의하여, 익명처리로 목적을 달성할 수 없는 경우에는 가명에 의하여 처리될 수 있도록 하여야 한다$\binom{정보법 제3}{조 제7항}$.

(3) 개인정보 관리상 원칙　　개인정보처리자는 개인정보의 처리 방법 및 종류 등에 따라 정보주체의 권리가 침해받을 가능성과 그 위험 정도를 고려하여 개인정보를 안전하게 관리하여야 한다$\binom{정보법 제3}{조 제4항}$.

(4) 정보주체 권리보장의 원칙　　개인정보처리자는 제30조에 따른 개인정보 처리방침 등 개인정보의 처리에 관한 사항을 공개하여야 하며, 열람청구권 등 정보주체의 권리를 보장하여야 한다$\binom{정보법 제3}{조 제5항}$. 개인정보처리자는 정보주체의 사생활 침해를 최소화하는 방법으로 개인정보를 처리하여야 한다$\binom{정보법 제3}{조 제6항}$.

4. 개인정보 보호위원회

(1) 설치·지위　　개인정보 보호에 관한 사무를 독립적으로 수행하기 위하여 국무총리 소속으로 개인정보 보호위원회$\binom{이하 "보호위}{원회"라 한다}$를 둔다$\binom{정보법 제7}{조 제1항}$. 보호위원회는 「정부조직법」 제2조에 따른 중앙행정기관으로 본다. 다만, 다음 각 호$\binom{\text{1. 제7조의8 제3호 및 제4호의 사무, 2. 제7조의9}}{\text{제1항의 심의·의결 사항 중 제1호에 해당하는 사항}}$의 사항에 대하여는 「정부조직법」 제18조를 적용하지 아니한다$\binom{정보법 제7}{조 제2항}$.

(2) 소관사무　　보호위원회는 다음 각 호$\binom{\text{1. 개인정보의 보호와 관련된 법령의 개선에 관한 사항, 2. 개인정보}}{\text{보호와 관련된 정책·제도·계획 수립·집행에 관한 사항, 3. 정보주}}$체의 권리침해에 대한 조사 및 이에 따른 처분에 관한 사항, 4. 개인정보의 처리와 관련한 고충처리·권리구제 및 개인정보에 관한 분쟁의 조정, 5. 개인정보 보호를 위한 국제기구 및 외국의 개인정보 보호기구와의 교류·협력, 6. 개인정보 보호에 관한 법령·정책·제도·실태 등의 조사·연구, 교육 및 홍보에 관한 사항, 7. 개인정보 보호에 관한 기술개발의 지원·보급 및 전문인력의 양성에 관한 사항, 8. 이 법 및 다른 법령에 따라 보호위원회의 사무로 규정된 사항의 소관 사무를 수행한다$\binom{정보법 제}{7조의8}$.

Ⅱ. 보호대상 개인정보

1. 보호대상 개인정보의 주체(보호대상자)

개인정보 보호법상 "개인정보"란 「살아 있는 개인」에 관한 정보를 말한다($\frac{정보법\ 제\ 2}{조\ 제\ 1\ 호}$). 따라서 사자(死者)나 법인은 보호대상정보의 주체가 아니다. 요컨대 사자나 법인의 정보는 개인정보 보호법의 보호대상이 아니다. 개인정보 보호법은 처리되는 정보에 의하여 알아볼 수 있는 사람으로서 그 정보의 주체가 되는 사람을 "정보주체"라 부른다($\frac{정보법}{제\ 2\ 조\ 제\ 3\ 호}$).

2. 보호대상 개인정보의 처리자(개인정보처리자)

개인정보 보호법상 개인정보처리자란 업무를 목적으로 개인정보파일을 운용하기 위하여 스스로 또는 다른 사람을 통하여 개인정보를 처리하는 공공기관($\substack{국회,\ 법원,\ 헌법재판소,\ 중앙선거관리위원회의\ 행\\정사무를\ 처리하는\ 기관,\ 중앙행정기관(대통령\ 소\\속\ 기관과\ 국무총리\ 소속\ 기관을\ 포함한다)\ 및\ 그\ 소속\ 기관,\ 지방자\\치단체,\ 그\ 밖의\ 국가기관\ 및\ 공공단체\ 중\ 대통령령으로\ 정하는\ 기관}$), 법인, 단체 및 개인 등을 말한다($\frac{정보법\ 제\ 2}{조\ 제\ 5\ 호}$). 과거의 「공공기관의 개인정보보호에 관한 법률」에서는 공공기관에 의해 처리되는 정보만을 보호하였으나, 현행 개인정보 보호법은 공공기관에 의해 처리되는 정보뿐만 아니라 사인(민간)에 의해 처리되는 정보까지 보호대상으로 하고 있는 것이 특징적이다.

[참고] 개인정보처리자에 공공기관과 사인(민간)이 있음으로 인해 개인정보 보호법상 나타날 수 있는 법관계는 아래와 같이 다양하다.
(1) 개인정보처리자와 정보보호대상자 간의 법률관계
　　1) 공공기관인 개인정보처리자와 정보보호대상자 사이($\substack{공법\\관계}$)
　　2) 사인인 개인정보처리자와 정보보호대상자 사이($\substack{사법\\관계}$)
(2) 감독기관으로서 국가(행정안전부장관)와 개인정보처리자 간의 법률관계
　　1) 행정안전부장관과 공공기관인 개인정보처리자 사이($\substack{공법\\관계}$)
　　2) 행정안전부장관과 사인인 개인정보처리자 사이($\substack{공법\\관계}$)

3. 보호대상 개인정보의 의미

개인정보 보호법상 "개인정보"란 살아 있는 개인에 관한 정보로서 다음 각 목($\substack{가.\ 성명,\ 주민등록번\\호\ 및\ 영상\ 등을\ 통하}$여 개인을 알아볼 수 있는 정보. 나. 해당 정보만으로는 특정 개인을 알아볼 수 없더라도 다른 정보와 쉽게 결합하여 알아볼 수 있는 정보. 이 경우 쉽게 결합할 수 있는지 여부는 다른 정보의 입수 가능성 등 개인을 알아보는 데 소요되는 시간, 비용, 기술 등을 합리적으로 고려하여야 한다. 다. 가목 또는 나목을 제 1 호의2에 따라 가명처리함으로써 원래의 상태로 복원하기 위한 추가 정보의 사용·결합 없이는 특정 개인을 알아볼 수 없는 정보(이하 "가명정보"라 한다))의 어느 하나에 해당하는 정보를 말한다($\frac{정보법}{제\ 2\ 조\ 제\ 1\ 호}$). 정보에는 생년월일·연령·가족관계등록부의 등록기준지·가족상황·교육수준·직업·종교·취미·지문[$\substack{판례\\1}$]·사진·수입·재산·보험·납세상황·차량·은행거래 등을 포함한다고 본다. 이러한 정보의 작성 등이 수기에 의한 것인지, 아니면 컴퓨터에 의한 것인지 등은 문제되지 아니한다. 정보의 특수성은 요구되지 아니한다. 일반적으로 접근할 수 있는 정보도 당연히 보호의 대상이 된다[$\substack{판\\례}$]. 요컨대 개인정보자기결정권의 보호대상이 되는 개인정보는 개인의 신체, 신념, 사회적 지위, 신분 등과 같이 개인의 인격주체성을 특징짓는 사항으로서 그 개인의 동일성을 식별할 수 있게 하는 일체의 정보라고 할 수 있다($\substack{헌재\ 2021.\ 6.\ 24.\\2018헌가2}$). 반드시 개인의 내밀한

영역이나 사사(私事)의 영역에 속하는 정보에 국한되지 않고 공적 생활에서 형성되었거나 이미 공개된 개인정보까지 포함된다($^{\text{헌재 2022. 3. 31.}}_{\text{2019헌바520}}$).

판례 개인정보자기결정권의 보호대상인 개인정보

($^{\text{채증활동규칙 및 경찰의 집회 참가자}}_{\text{에 대한 촬영행위 위헌확인 사건에서}}$) 개인정보자기결정권의 보호대상이 되는 개인정보는 개인의 신체, 신념, 사회적 지위, 신분 등과 같이 개인이 인격주체성을 특징짓는 사항으로서 개인의 동일성을 식별할 수 있게 하는 일체의 정보라고 할 수 있고, 반드시 개인의 내밀한 영역이나 사사(私事)의 영역에 속하는 정보에 국한되지 않고 공적 생활에서 형성되었거나 이미 공개된 정보까지 포함한다. 또한 이러한 개인정보를 대상으로 한 조사·수집·보관·처리·이용 등의 행위는 원칙적으로 개인정보자기결정권에 대한 제한에 해당한다($^{\text{헌재 2018. 8. 30.}}_{\text{2014헌마843}}$).

Ⅲ. 개인정보의 처리

개인정보 보호법에서 "처리"란 개인정보의 수집, 생성, 연계, 연동, 기록, 저장, 보유, 가공, 편집, 검색, 출력, 정정(訂正), 복구, 이용, 제공, 공개, 파기(破棄), 그 밖에 이와 유사한 행위를 말한다($^{\text{정보법}}_{\text{제 2 조 제 2 호}}$). 개인정보를 대상으로 한 조사·수집·보관·처리·이용 등의 행위는 모두 원칙적으로 개인정보자기결정권에 대한 제한에 해당한다($^{\text{헌재 2021. 6. 24.}}_{\text{2018헌가2}}$)($^{\text{판}}_{\text{례}}$)

[판례] 지문수집이 정보상 자기결정의 제한에 해당하는지의 여부

($^{\text{구 주민등록법 제17조의}}_{\text{8 등 위헌확인사건에서}}$) 개인의 고유성, 동일성을 나타내는 지문은 그 정보주체를 타인으로부터 식별 가능하게 하는 개인정보이므로, 시장·군수 또는 구청장이 개인의 지문정보를 수집하고, 경찰청장이 이를 보관·전산화하여 범죄수사목적에 이용하는 것은 모두 개인정보자기결정권을 제한하는 것이라고 할 수 있다($^{\text{헌재 2005. 5. 26, 99헌마}}_{\text{513, 2004헌마190(병합)}}$).

---

1. 개인정보의 수집, 이용, 제공 등

개인정보 보호법은 이와 관련하여 개인정보의 수집·이용($^{\text{정보법}}_{\text{제15조}}$), 개인정보의 수집 제한($^{\text{정보법}}_{\text{제16조}}$), 개인정보의 제공($^{\text{정보법}}_{\text{제17조}}$), 개인정보의 목적 외 이용·제공 제한($^{\text{정보법}}_{\text{제18조}}$), 개인정보를 제공받은 자의 이용제공 제한($^{\text{정보법}}_{\text{제19조}}$), 정보주체 이외로부터 수집한 개인정보의 수집 출처 등 통지($^{\text{정보법}}_{\text{제20조}}$), 개인정보의 파기($^{\text{정보법}}_{\text{제21조}}$) 등을 규정하고 있다.

2. 개인정보의 처리 제한

(1) 일 반 론   개인정보 보호법은 이와 관련하여 민감정보의 처리 제한($^{\text{정보법}}_{\text{제23조}}$), 고유식별정보의 처리 제한($^{\text{정보법}}_{\text{제24조}}$), 주민등록번호 처리의 제한($^{\text{정보법}}_{\text{제24조의2}}$), 고정형 영상정보처리기기의 설치·운영 제한($^{\text{정보법}}_{\text{제25조}}$), 이동형 영상정보처리기기의 운영 제한($^{\text{정보법}}_{\text{제25조의2}}$), 업무위탁에 따른 개인정보의 처리 제한($^{\text{정보법}}_{\text{제26조}}$), 영업양도 등에 따른 개인정보의 이전 제한($^{\text{정보법}}_{\text{제27조}}$) 등을 규정하고 있다. 개인정보를

대상으로 한 조사·수집·보관·처리·이용 등의 행위는 모두 원칙적으로 개인정보자기결정권에 대한 제한에 해당된다(헌재 2022. 3. 31. 2019헌바520).

(2) 고정형 영상정보처리기기의 설치·운영 제한

1) 개　　념　　고정형 영상정보처리기기란 일정한 공간에 설치되어 지속적 또는 주기적으로 사람 또는 사물의 영상 등을 촬영하거나 이를 유·무선망을 통하여 전송하는 장치로서 대통령령으로 정하는 장치를 말한다(정보법 제 2 조 제 7 호).

2) 공개된 장소에 설치·운영　　누구든지 다음 각 호(1. 법령에서 구체적으로 허용하고 있는 경우, 2. 범죄의 예방 및 수사를 위하여 필요한 경우, 3. 시설의 안전 및 관리, 화재 예방을 위하여 정당한 권한을 가진 자가 설치·운영하는 경우, 4. 교통단속을 위하여 정당한 권한을 가진 자가 설치·운영하는 경우, 5. 교통정보의 수집·분석 및 제공을 위하여 정당한 권한을 가진 자가 설치·운영하는 경우, 6. 촬영된 영상정보를 저장하지 아니하는 경우로서 대통령령으로 정하는 경우)의 경우를 제외하고는 공개된 장소에 고정형 영상정보처리기기를 설치·운영하여서는 아니 된다(정보법 제25 조 제 1 항).

3) 불특정 다수가 이용하는 장소에서의 설치·운영　　누구든지 불특정 다수가 이용하는 목욕실, 화장실, 발한실(發汗室), 탈의실 등 개인의 사생활을 현저히 침해할 우려가 있는 장소의 내부를 볼 수 있도록 고정형 영상정보처리기기를 설치·운영하여서는 아니 된다. 다만, 교도소, 정신보건 시설 등 법령에 근거하여 사람을 구금하거나 보호하는 시설로서 대통령령으로 정하는 시설에 대하여는 그러하지 아니하다(정보법 제25 조 제 2 항).

4) 고정형 영상정보처리기기운영자의 의무　　고정형 영상정보처리기기운영자는 안내판 설치의무(정보법 제25 조 제 4 항), 목적에 반하는 행위 금지의무(정보법 제25 조 제 5 항), 분실 등으로부터 안전확보의무(정보법 제25 조 제 6 항), 운영·관리 방침 마련의무(정보법 제25 조 제 7 항)를 부담한다.

(3) 이동형 영상정보처리기기

1) 의　　의　　"이동형 영상정보처리기기"란 사람이 신체에 착용 또는 휴대하거나 이동 가능한 물체에 부착 또는 거치(据置)하여 사람 또는 사물의 영상 등을 촬영하거나 이를 유·무선망을 통하여 전송하는 장치로서 대통령령으로 정하는 장치를 말한다(정보법 제 2 조 제7의2호).

2) 공개된 장소에서 촬영　　업무를 목적으로 이동형 영상정보처리기기를 운영하려는 자는 다음 각 호(1. 제15조 제 1 항 각 호의 어느 하나에 해당하는 경우, 2. 촬영 사실을 명확히 표시하여 정보주체가 촬영 사실을 알 수 있도록 하였음에도 불구하고 촬영 거부 의사를 밝히지 아니한 경우. 이 경우 정보주체의 권리를 부당하게 침해할 우려가 없고 합리적인 범위를 초과하지 아니하는 경우로 한정한다. 3. 그 밖에 제 1 호 및 제 2 호에 준하는 경우로서 대통령령으로 정하는 경우)의 경우를 제외하고는 공개된 장소에서 이동형 영상정보처리기기로 사람 또는 그 사람과 관련된 사물의 영상(개인정보에 해당하는 경우로 한정한다. 이하 같다)을 촬영하여서는 아니 된다(정보법 제25 조의2 제 1 항).

3) 불특정 다수가 이용하는 장소에서 촬영　　누구든지 불특정 다수가 이용하는 목욕실, 화장실, 발한실, 탈의실 등 개인의 사생활을 현저히 침해할 우려가 있는 장소의 내부를 볼 수 있는 곳에서 이동형 영상정보처리기기로 사람 또는 그 사람과 관련된 사물의 영상을 촬영하여서는 아니 된다. 다만, 인명의 구조·구급 등을 위하여 필요한 경우로서 대통령령으로 정하는 경우에는 그러하지 아니하다(정보법 제25 조의2 제 2 항).

4) 이동형 영상정보처리기기운영자의 의무　　이동형 영상정보처리기기운영자는 촬영 사

실을 표시하고 알려야 할 의무$\binom{\text{정보법 제25}}{\text{조의2 제 3 항}}$, 분실 등으로부터 안전확보의무$\binom{\text{정보법 제25조 제 6 항,}}{\text{정보법 제25조의2 제 4 항}}$, 운영·관리 방침 마련의무$\binom{\text{정보법 제25조 제 7 항,}}{\text{정보법 제25조의2 제 4 항}}$를 부담한다.

3. 동의를 받는 방법

개인정보 보호법은 개인정보처리자가 정보주체로부터 동의를 받는 방법과 관련하여 사항별 구분 동의$\binom{\text{정보법 제22}}{\text{조 제 1 항}}$, 서면에 의한 동의$\binom{\text{정보법 제22}}{\text{조 제 2 항}}$, 동의 요부의 구분$\binom{\text{정보법 제22}}{\text{조 제 3 항}}$, 만 14세 미만 아동$\binom{\text{정보법 제22}}{\text{조 제 6 항}}$ 등을 규정하고 있다$\binom{\text{판}}{\text{례}}$.

[판례] 개인정보처리자의 개인정보 수집·이용 등에 공개된 것과 공개되지 아니한 것에 차이가 있는지 여부

$\binom{\text{법과대학 교수인 원고가 주식회사 로앤비 등이 공개된 개인정보를 수집하여 제 3 자에게}}{\text{제공한 행위에 대하여 개인정보자기결정권의 침해를 이유로 위자료를 구한 민사사건에서}}$ 개인정보 보호법은 개인정보처리자의 개인정보 수집·이용$\binom{\text{제15}}{\text{조}}$과 제 3 자 제공$\binom{\text{제17}}{\text{조}}$에 원칙적으로 정보주체의 동의가 필요하다고 규정하면서도, 그 대상이 되는 개인정보를 공개된 것과 공개되지 아니한 것으로 나누어 달리 규율하고 있지는 아니하다$\binom{\text{대판 2016. 8. 17.}}{\text{2014다235080}}$.

---

4. 가명정보의 처리

(1) 의 의 개인정보처리자는 통계작성, 과학적 연구, 공익적 기록보존 등을 위하여 정보주체의 동의 없이 가명정보$\binom{\text{개인정보의 일부를 삭제하거나 일부 또는 전부를 대체하는 등의 방법}}{\text{으로 추가 정보가 없이는 특정 개인을 알아볼 수 없도록 처리된 정보}}$를 처리할 수 있다$\binom{\text{정보법 제28}}{\text{조의2 제 1 항}}$. 누구든지 특정 개인을 알아보기 위한 목적으로 가명정보를 처리해서는 아니 된다$\binom{\text{정보법 제28}}{\text{조의5 제 1 항}}$.

(2) 익명정보

(가) 익명정보의 우선 개인정보처리자는 개인정보를 익명 또는 가명으로 처리하여도 개인정보 수집목적을 달성할 수 있는 경우 익명처리가 가능한 경우에는 익명에 의하여, 익명처리로 목적을 달성할 수 없는 경우에는 가명에 의하여 처리될 수 있도록 하여야 한다$\binom{\text{정보법 제3}}{\text{조 제 7 항}}$. 익명정보란 복원이 불가할 정도로 처리되어 더 이상 특정 개인을 알아볼 수 없는 정보, 가명정보란 다른 정보를 사용하면 특정 개인을 알아볼 수 있는 정보를 말한다.

(나) 개인정보 보호법의 적용배제 개인정보 보호법은 시간·비용·기술 등을 합리적으로 고려할 때 다른 정보를 사용하여도 더 이상 개인을 알아볼 수 없는 정보에는 적용하지 아니한다$\binom{\text{정보법 제}}{\text{58조의2}}$. 따라서 익명정보는 개인정보 보호법의 적용을 받지 아니한다.

Ⅳ. 정보주체의 권리

1. 권리의 유형

정보주체는 자신의 개인정보 처리와 관련하여 다음 각 호의 권리, 즉 ① 개인정보의 처리에

관한 정보를 제공받을 권리, ② 개인정보의 처리에 관한 동의 여부, 동의 범위 등을 선택하고 결정할 권리, ③ 개인정보의 처리 여부를 확인하고 개인정보에 대한 열람$\binom{\text{사본의 발급을 포}}{\text{함한다. 이하 같다}}$ 및 전송을 요구할 권리, ④ 개인정보의 처리 정지, 정정·삭제 및 파기를 요구할 권리, ⑤ 개인정보의 처리로 인하여 발생한 피해를 신속하고 공정한 절차에 따라 구제받을 권리, ⑥ 완전히 자동화된 개인정보 처리에 따른 결정을 거부하거나 그에 대한 설명 등을 요구할 권리를 가진다$\binom{\text{정보법}}{\text{제 4 조}}$.

(1) 열람청구권

(가) 의　의　개인정보처리자가 처리하는 자신의 개인정보에 대한 열람을 해당 개인정보처리자에게 요구할 수 있다$\binom{\text{정보법 제35}}{\text{조 제 1 항}}$. 공공기관에 대한 열람청구권은 개인적 공권으로 보장된다. 제 1 항에도 불구하고 정보주체가 자신의 개인정보에 대한 열람을 공공기관에 요구하고자 할 때에는 공공기관에 직접 열람을 요구하거나 대통령령으로 정하는 바에 따라 보호위원회를 통하여 열람을 요구할 수 있다$\binom{\text{정보법 제35}}{\text{조 제 2 항}}$.

(나) 개인정보처리자의 조치　개인정보처리자는 제 1 항 및 제 2 항에 따른 열람을 요구받았을 때에는 대통령령으로 정하는 기간 내에 정보주체가 해당 개인정보를 열람할 수 있도록 하여야 한다. 이 경우 해당 기간 내에 열람할 수 없는 정당한 사유가 있을 때에는 정보주체에게 그 사유를 알리고 열람을 연기할 수 있으며, 그 사유가 소멸하면 지체 없이 열람하게 하여야 한다$\binom{\text{정보법 제35}}{\text{조 제 3 항}}$.

(다) 열람의 제한　개인정보처리자는 다음 각 호$\left(\substack{\text{1. 법률에 따라 열람이 금지되거나 제한되는 경우, 2. 다른} \\ \text{사람의 생명·신체를 해할 우려가 있거나 다른 사람의 재산}}\right)$ 과 그 밖의 이익을 부당하게 침해할 우려가 있는 경우, 3. 공공기관이 다음 각 목(가. 조세의 부과·징수 또는 환급에 관한 업무, 나. 「초·중등교육법」 및 「고등교육법」에 따른 각급 학교, 「평생교육법」에 따른 평생교육시설, 그 밖의 다른 법률에 따라 설치된 고등교육기관에서의 성적 평가 또는 입학자 선발에 관한 업무, 다. 학력·기능 및 채용에 관한 시험, 자격 심사에 관한 업무, 라. 보상금·급부금 산정 등에 대하여 진행 중인 평가 또는 판단에 관한 업무, 마. 다른 법률에 따라 진행 중인 감사 및 조사에 관한 업무)의 어느 하나에 해당하는 업무를 수행할 때 중대한 지장을 초래하는 경우)의 어느 하나에 해당하는 경우에는 정보주체에게 그 사유를 알리고 열람을 제한하거나 거절할 수 있다$\binom{\text{정보법 제35}}{\text{조 제 4 항}}$.

(2) 전송요구권

(가) 의　의　정보주체는 개인정보 처리 능력 등을 고려하여 대통령령으로 정하는 기준에 해당하는 개인정보처리자에 대하여 다음 각 호(1. 정보주체가 전송을 요구하는 개인정보가 정보주체 본인에 관한 개인정보로서 다음 각 목(가. 제15조 제 1 항 제 1 호, 제23조 제 1 항 제 1 호 또는 제24조 제 1 항 제 1 호에 따른 동의를 받아 처리되는 개인정보, 나. 제15조 제 1 항 제 4 호에 따라 체결한 계약을 이행하거나 계약을 체결하는 과정에서 정보주체의 요청에 따른 조치를 이행하기 위하여 처리되는 개인정보, 다. 제15조 제 1 항 제 2 호·제 3 호, 제23조 제 1 항 제 2 호 또는 제24조 제 1 항 제 2 호에 따라 처리되는 개인정보 중 정보주체의 이익이나 공익적 목적을 위하여 관계 중앙행정기관의 장의 요청에 따라 보호위원회가 심의·의결하여 전송 요구의 대상으로 지정한 개인정보)의 어느 하나에 해당하는 정보일 것, 2. 전송을 요구하는 개인정보가 개인정보처리자가 수집한 개인정보를 기초로 분석·가공하여 별도로 생성한 정보가 아닐 것, 3. 전송을 요구하는 개인정보가 컴퓨터 등 정보처리장치로 처리되는 개인정보일 것)의 요건을 모두 충족하는 개인정보를 자신에게로 전송할 것을 요구할 수 있다$\binom{\text{정보법 제35}}{\text{조의2 제 1 항}}$.

(나) 전송의무, 요구의 철회　① 개인정보처리자는 제 1 항 및 제 2 항에 따른 전송 요구를 받은 경우에는 시간, 비용, 기술적으로 허용되는 합리적인 범위에서 해당 정보를 컴퓨터 등 정보처리장치로 처리 가능한 형태로 전송하여야 한다$\binom{\text{정보법 제35}}{\text{조의2 제 3 항}}$. ② 정보주체는 제 1 항 및 제 2 항에 따른 전송 요구를 철회할 수 있다$\binom{\text{정보법 제35}}{\text{조의2 제 5 항}}$.

(3) 정정·삭제청구권

(가) 의 의 제35조에 따라 자신의 개인정보를 열람한 정보주체는 개인정보처리자에게 그 개인정보의 정정 또는 삭제를 요구할 수 있다. 다만, 다른 법령에서 그 개인정보가 수집 대상으로 명시되어 있는 경우에는 그 삭제를 요구할 수 없다$\binom{\text{정보법 제36}}{\text{조 제 1 항}}$.

(나) 개인정보처리자의 조치 개인정보처리자는 제 1 항에 따른 정보주체의 요구를 받았을 때에는 개인정보의 정정 또는 삭제에 관하여 다른 법령에 특별한 절차가 규정되어 있는 경우를 제외하고는 지체 없이 그 개인정보를 조사하여 정보주체의 요구에 따라 정정·삭제 등 필요한 조치를 한 후 그 결과를 정보주체에게 알려야 한다$\binom{\text{정보법 제36}}{\text{조 제 2 항}}$. 개인정보처리자가 제 2 항에 따라 개인정보를 삭제할 때에는 복구 또는 재생되지 아니하도록 조치하여야 한다$\binom{\text{정보법 제36}}{\text{조 제 3 항}}$. 개인정보처리자는 정보주체의 요구가 제 1 항 단서에 해당될 때에는 지체 없이 그 내용을 정보주체에게 알려야 한다$\binom{\text{정보법 제36}}{\text{조 제 4 항}}$. 개인정보처리자는 제 2 항에 따른 조사를 할 때 필요하면 해당 정보주체에게 정정·삭제 요구사항의 확인에 필요한 증거자료를 제출하게 할 수 있다$\binom{\text{정보법 제36}}{\text{조 제 5 항}}$.

(4) 처리정지요구권

(가) 의 의 정보주체는 개인정보처리자에 대하여 자신의 개인정보 처리의 정지를 요구하거나 개인정보 처리에 대한 동의를 철회할 수 있다. 이 경우 공공기관에 대해서는 제32조에 따라 등록 대상이 되는 개인정보파일 중 자신의 개인정보에 대한 처리의 정지를 요구하거나 개인정보 처리에 대한 동의를 철회할 수 있다$\binom{\text{정보법 제37}}{\text{조 제 1 항}}$.

(나) 개인정보처리자의 조치 개인정보처리자는 제 1 항에 따른 처리정지 요구를 받았을 때에는 지체 없이 정보주체의 요구에 따라 개인정보 처리의 전부를 정지하거나 일부를 정지하여야 한다. 다만, 다음 각 호$\binom{\text{1. 법률에 특별한 규정이 있거나 법령상 의무를 준수하기 위하여 불가피한 경우, 2. 다른 사람의 생명·}}{\text{신체를 해할 우려가 있거나 다른 사람의 재산과 그 밖의 이익을 부당하게 침해할 우려가 있는 경우, 3.}}$ 공공기관이 개인정보를 처리하지 아니하면 다른 법률에서 정하는 소관 업무를 수행할 수 없는 경우, 4. 개인정보를 처리하지 아니하면 정보주 체와 약정한 서비스를 제공하지 못하는 등 계약의 이행이 곤란한 경우로서 정보주체가 그 계약의 해지 의사를 명확하게 밝히지 아니한 경우$\big)$의 어느 하나에 해당하는 경우에는 정보주체의 처리정지 요구를 거절할 수 있다$\binom{\text{정보법 제37}}{\text{조 제 2 항}}$. 개인정보처리자는 정보주체가 제 1 항에 따라 동의를 철회한 때에는 지체 없이 수집된 개인정보를 복구·재생할 수 없도록 파기하는 등 필요한 조치를 하여야 한다. 다만, 제 2 항 각 호의 어느 하나에 해당하는 경우에는 동의 철회에 따른 조치를 하지 아니할 수 있다$\binom{\text{정보법 제37}}{\text{조 제 3 항}}$. 개인정보처리자는 제 2 항 단서에 따라 처리정지 요구를 거절하거나 제 3 항 단서에 따라 동의 철회에 따른 조치를 하지 아니하였을 때에는 정보주체에게 지체 없이 그 사유를 알려야 한다$\binom{\text{정보법 제37}}{\text{조 제 4 항}}$.

(5) 자동화된 결정에 대한 정보주체의 권리

1) 자동화된 결정 거부권 정보주체는 완전히 자동화된 시스템$\binom{\text{인공지능 기술을 적용}}{\text{한 시스템을 포함한다}}$으로 개인정보를 처리하여 이루어지는 결정$\binom{\text{행정기본법 제20조에 따른 행정청의 자동적 처분은}}{\text{제외하며, 이하 이 조에서 "자동화된 결정"이라 한다}}$이 자신의 권리 또는 의무에 중대한 영향을 미치는 경우에는 해당 개인정보처리자에 대하여 해당 결정을 거부할 수 있는 권리를 가진다. 다만, 자동화된 결정이 제15조 제 1 항 제 1 호·제 2 호 및 제 4 호에 따라 이루어지는 경우에는 그러하지 아니하다$\binom{\text{정보법 제37}}{\text{조의2 제 1 항}}$.

2) 자동화 결정에 대한 설명 요구권　　정보주체는 개인정보처리자가 자동화된 결정을 한 경우에는 그 결정에 대하여 설명 등을 요구할 수 있다(정보법 제37조의2 제 2 항).

(6) 개인정보 유출 통지를 받을 권리　　개인정보처리자는 개인정보가 분실 · 도난 · 유출(이하 이 조에서 "유출등"이라 한다)되었음을 알게 되었을 때에는 지체 없이 해당 정보주체에게 다음 각 호(1. 유출등이 된 개인정보의 항목, 2. 유출등이 된 시점과 그 경위, 3. 유출등으로 인하여 발생할 수 있는 피해를 최소화하기 위하여 정보주체가 할 수 있는 방법 등에 관한 정보, 4. 개인정보처리자의 대응조치 및 피해 구제절차, 5. 정보주체에게 피해가 발생한 경우 신고 등을 접수할 수 있는 담당부서 및 연락처)의 사항을 알려야 한다. 다만, 정보주체의 연락처를 알 수 없는 경우 등 정당한 사유가 있는 경우에는 대통령령으로 정하는 바에 따라 통지를 갈음하는 조치를 취할 수 있다(정보법 제34조 제 1 항). 개인정보처리자는 개인정보가 유출등이 된 경우 그 피해를 최소화하기 위한 대책을 마련하고 필요한 조치를 하여야 한다(정보법 제34조 제 2 항).

2. 권리행사의 방법 및 절차

(1) 대리인에 의한 권리행사　　정보주체는 제35조에 따른 열람, 제35조의2에 따른 전송, 제36조에 따른 정정 · 삭제, 제37조에 따른 처리정지 및 동의 철회, 제37조의2에 따른 거부 · 설명 등의 요구(이하 "열람등요구"라 한다)를 문서 등 대통령령으로 정하는 방법 · 절차에 따라 대리인에게 하게 할 수 있다(정보법 제38조 제 1 항).

(2) 만 14세 미만 아동의 경우　　만 14세 미만 아동의 법정대리인은 개인정보처리자에게 그 아동의 개인정보 열람등요구를 할 수 있다(정보법 제38조 제 2 항).

(3) 수수료와 우송료　　개인정보처리자는 열람등요구를 하는 자에게 대통령령으로 정하는 바에 따라 수수료와 우송료(사본의 우송을 청구하는 경우에 한한다)를 청구할 수 있다. 다만, 제35조의2 제 2 항에 따른 전송 요구의 경우에는 전송을 위해 추가로 필요한 설비 등을 함께 고려하여 수수료를 산정할 수 있다(정보법 제38조 제 3 항).

Ⅴ. 권리보호

1. 손해배상(국가배상)

(1) 의　　의　　정보주체는 개인정보처리자가 이 법을 위반한 행위로 손해를 입으면 개인정보처리자에게 손해배상을 청구할 수 있다. 이 경우 그 개인정보처리자는 고의 또는 과실이 없음을 입증하지 아니하면 책임을 면할 수 없다(정보법 제39조 제 1 항).

(2) 개인정보 분실 등의 특칙　　① 개인정보처리자의 고의 또는 중대한 과실로 인하여 개인정보가 분실 · 도난 · 유출 · 위조 · 변조 또는 훼손된 경우로서 정보주체에게 손해가 발생한 때에는 법원은 그 손해액의 3배를 넘지 아니하는 범위에서 손해배상액을 정할 수 있다. 다만, 개인정보처리자가 고의 또는 중대한 과실이 없음을 증명한 경우에는 그러하지 아니하다(정보법 제39조 제 3 항). 한편, ② 제39조 제 1 항에도 불구하고 정보주체는 개인정보처리자의 고의 또는 과실로 인하여 개인정보가 분실 · 도난 · 유출 · 위조 · 변조 또는 훼손된 경우에는 300만원 이하의 범위에서 상당한

금액을 손해액으로 하여 배상을 청구할 수 있다. 이 경우 해당 개인정보처리자는 고의 또는 과실이 없음을 입증하지 아니하면 책임을 면할 수 없다$\binom{\text{정보법 제39조}}{\text{의2 제 1 항}}$.

(3) 요　　건　　개인정보처리자가 국가·지방자치단체인 경우와 관련하는 한, 개인정보보호법 제39조·제39조의2는 국가배상법에 대한 특칙이 된다. 본조에 따른 배상책임의 요건은 국가배상법 제 2 조에 따른 요건과 특별히 다른 바는 없다. 다만, 국가배상법상 배상책임의 경우, 불법행위자의 고의·과실에 대한 입증책임이 원고에게 있으나, 개인정보 보호법 제39조·제39조의2는 입증책임이 정보주체가 아니라 개인정보처리자에게 있고, 아울러 개인정보처리자의 손해 배상책임의 경감에 관한 사항도 규정하고 있음이 특징적이다.

2. 분쟁조정

(1) 의　　의　　분쟁조정이란 소송절차에 앞서서 개인정보와 관련한 분쟁을 조정하는 절차를 말한다. 분쟁조정절차는 필요적 전치절차가 아니다. 분쟁조정을 원하는 자가 제기하는 임의적 전치절차이다.

(2) 행정심판과의 관계　　개인정보처리자가 국가·지방자치단체이고 분쟁조정사항이 행정심판의 대상에 해당하면, 정보주체는 분쟁조정 대신 행정심판법에 따라 행정심판을 제기할 수도 있을 것이다. 이하에서는 분쟁조정에 관해서 보기로 한다.

(3) 개인정보 분쟁조정위원회　　개인정보에 관한 분쟁의 조정(調停)을 위하여 개인정보 분쟁조정위원회$\binom{\text{이하 "분쟁조정}}{\text{위원회"라 한다}}$를 둔다$\binom{\text{정보법 제40}}{\text{조 제 1 항}}$. 분쟁조정위원회는 위원장 1명을 포함한 20명 이내의 위원으로 구성하며, 위원은 당연직위원과 위촉위원으로 구성한다$\binom{\text{정보법 제40}}{\text{조 제 2 항}}$. 분쟁조정위원회는 분쟁조정 업무를 효율적으로 수행하기 위하여 필요하면 대통령령으로 정하는 바에 따라 조정사건의 분야별로 5명 이내의 위원으로 구성되는 조정부를 둘 수 있다. 이 경우 조정부가 분쟁조정위원회에서 위임받아 의결한 사항은 분쟁조정위원회에서 의결한 것으로 본다$\binom{\text{정보법 제40}}{\text{조 제 6 항}}$.

(4) 집단분쟁조정　　국가 및 지방자치단체, 개인정보 보호단체 및 기관, 정보주체, 개인정보처리자는 정보주체의 피해 또는 권리침해가 다수의 정보주체에게 같거나 비슷한 유형으로 발생하는 경우로서 대통령령으로 정하는 사건에 대하여는 분쟁조정위원회에 일괄적인 분쟁조정$\binom{\text{이하 "집단분쟁}}{\text{조정"이라 한다}}$을 의뢰 또는 신청할 수 있다$\binom{\text{정보법 제49}}{\text{조 제 1 항}}$.

3. 행정소송

(1) 행정소송　　개인정보처리자가 국가·지방자치단체인 경우, 정보주체는 행정소송법이 정하는 바에 따라 따라 국가·지방자치단체의 처분을 다투는 행정소송을 제기할 수도 있다. 이 경우의 행정소송은 주관적 소송의 형태가 된다.

(2) 단체소송　　개인정보 보호법은 개인정보 단체소송을 규정하고 있다. 단체소송의 피고인 개인정보처리자에는 국가·지방자치단체와 기타 공공단체, 그리고 사인, 즉 모든 개인정보처리자가 포함된다. 개인정보 단체소송은 「정보처리자의 권리침해 행위의 금지·중지를 구하는

소송」인데, 이러한 소송유형은 행정소송법상 규정된 바 없다. 개인정보처리자가 국가·지방자치단체와 기타 공공단체인 경우에 개인정보 단체소송은 공법적 성격의 분쟁임에도 민사법원의 관할에 놓인다는 점이 특징적이다.

4. 개인정보 단체소송

(1) 의   의   개인정보 단체소송이란 일정한 단체가 자신의 고유한 권리침해나 구성원의 권리침해를 다투는 것이 아니라 일반적인 정보주체의 권리침해를 다투는 소송을 말한다(단체소송의 기본개념에 관해 이 책의 PART 2 행정쟁송법, SECTION 02 행정소송법, 제 2 장 항고소송, 제 1 절 취소소송, 제 2 항 본안판단의 전제요건, 제4 당사자와 참가인, Ⅱ. 원고적격, 2. 법률상 이익의 주체, (7) 단체를 보라). 개인정보 단체소송은 객관적 소송의 성격을 갖는다.

(2) 원   고   이에 관해서는 개인정보 보호법 제51조에 규정되고 있다.

[참고] 개인정보 보호법 제51조(단체소송의 대상 등) 다음 각 호의 어느 하나에 해당하는 단체는 개인정보처리자가 제49조에 따른 집단분쟁조정을 거부하거나 집단분쟁조정의 결과를 수락하지 아니한 경우에는 법원에 권리침해 행위의 금지·중지를 구하는 소송(이하 "단체소송"이라 한다)을 제기할 수 있다.
1. 「소비자기본법」 제29조에 따라 공정거래위원회에 등록한 소비자단체로서 다음 각 목의 요건을 모두 갖춘 단체
  가. 정관에 따라 상시적으로 정보주체의 권익증진을 주된 목적으로 하는 단체일 것
  나. 단체의 정회원수가 1천명 이상일 것
  다. 「소비자기본법」 제29조에 따른 등록 후 3년이 경과하였을 것
2. 「비영리민간단체 지원법」 제 2 조에 따른 비영리민간단체로서 다음 각 목의 요건을 모두 갖춘 단체
  가. 법률상 또는 사실상 동일한 침해를 입은 100명 이상의 정보주체로부터 단체소송의 제기를 요청받을 것
  나. 정관에 개인정보 보호를 단체의 목적으로 명시한 후 최근 3년 이상 이를 위한 활동실적이 있을 것
  다. 단체의 상시 구성원수가 5천명 이상일 것
  라. 중앙행정기관에 등록되어 있을 것

단체소송의 원고는 변호사를 소송대리인으로 선임하여야 한다(정보법 제53조).

(3) 관할법원(전속관할)   단체소송의 소는 피고의 주된 사무소 또는 영업소가 있는 곳, 주된 사무소나 영업소가 없는 경우에는 주된 업무담당자의 주소가 있는 곳의 지방법원 본원 합의부의 관할에 전속한다(정보법 제52조 제 1 항). 제 1 항을 외국사업자에 적용하는 경우 대한민국에 있는 이들의 주된 사무소·영업소 또는 업무담당자의 주소에 따라 정한다(정보법 제52조 제 2 항).

(4) 소송허가

(개) 소송허가신청   단체소송을 제기하는 단체는 소장과 함께 다음 각 호(1. 원고 및 그 소송대리인, 2. 피고, 3. 정보주체의 침해된 권리의 내용)의 사항을 기재한 소송허가신청서를 법원에 제출하여야 한다(정보법 제54조 제 1 항). 제 1 항에 따른 소송허가신청서에는 다음 각 호(1. 소제기단체가 제51조 각 호의 어느 하나에 해당하는 요건을 갖추고 있음을 소명하는 자료, 2. 개인정보처리자가 조정을 거부하였거나 조정결과를 수락하지 아니하였음을 증명하는 서류)의 자료를 첨부하여야 한다(정보법 제54조 제 2 항).

(내) 소송허가결정 등   법원은 다음 각 호(1. 개인정보처리자가 분쟁조정위원회의 조정을 거부하거나 조정결과를 수락하지 아니하였을 것, 2. 제54조에 따른 소송허가신청서의 기

$\binom{\text{재사항에 흠}}{\text{결이 없을 것}}$의 요건을 모두 갖춘 경우에 한하여 결정으로 단체소송을 허가한다$\binom{\text{정보법 제55}}{\text{조 제 1 항}}$. 단체소송을 허가하거나 불허가하는 결정에 대하여는 즉시항고할 수 있다$\binom{\text{정보법 제55}}{\text{조 제 2 항}}$.

(5) 확정판결의 효력   원고의 청구를 기각하는 판결이 확정된 경우 이와 동일한 사안에 관하여는 제51조에 따른 다른 단체는 단체소송을 제기할 수 없다. 다만, 다음 각 호$\binom{\text{1. 판결이 확}}{\text{정된 후 그 사}}$ 안과 관련하여 국가·지방자치단체 또는 국가·지방자치단체가 설립한 기관에 의하여)의 어느 하나에 해당하는 경우에는 그러하지 아니하다$\binom{\text{정보법}}{\text{제56조}}$.

(6) 적용법률   단체소송에 관하여 이 법에 특별한 규정이 없는 경우에는 「민사소송법」을 적용한다$\binom{\text{정보법 제57}}{\text{조 제 1 항}}$. 제55조에 따른 단체소송의 허가결정이 있는 경우에는 「민사집행법」제 4 편에 따른 보전처분을 할 수 있다$\binom{\text{정보법 제57}}{\text{조 제 2 항}}$. 단체소송의 절차에 관하여 필요한 사항은 대법원규칙으로 정한다$\binom{\text{정보법 제57}}{\text{조 제 3 항}}$.

제 2 항   정보공개청구권

Ⅰ. 정보공개청구권의 관념

1. 의   의

정보공개청구권이란 사인이 공공기관에 대하여 정보를 제공해 줄 것을 요구할 수 있는 개인적 공권을 말한다. 정보공개청구권은 자기와 직접적인 이해관계 있는 특정한 사안에 관한 '개별적' 정보공개청구권$\binom{\text{예: 행정절차법상 정보공개청구}}{\text{권으로서 문서열람·복사청구권}}$과 자기와 직접적인 이해관계가 없는 '일반적' 정보공개청구권으로 구분될 수 있다. 공공기관의 정보공개에 관한 법률의 정보공개청구권은 양자를 포함하는 개념이다$\left[\begin{smallmatrix}\text{판례}\\1\end{smallmatrix}\right]$. 말하자면 동 법률은 특정인의 특정사안에 대한 이해관련성의 유무를 불문하고 정보에 대한 이익 그 자체를 권리로서 보장하고 있다$\binom{\text{공개법 제 5}}{\text{조 제 1 항}}\left[\begin{smallmatrix}\text{판례}\\2\end{smallmatrix}\right]$.

판례 1   일반적 정보공개청구권

$\binom{\text{외무부장관이 원고(민주사회를 위한 변호사모임)에 대한 정보}}{\text{공개거부처분의 취소를 구한 광주항쟁 정보공개거부사건에서}}$ **국민의 알 권리, 특히 국가정보에의 접근의 권리는 우리 헌법상 기본적으로 표현의 자유와 관련하여 인정되는 것**으로 그 권리의 내용에는 일반 국민 누구나 국가에 대하여 보유·관리하고 있는 정보의 공개를 청구할 수 있는 이른바 **일반적인 정보공개청구권이 포함**되고, 이 청구권은 공공기관의정보공개에관한법률이 1998. 1. 1. 시행되기 전에는 구 사무관리규정$\binom{\text{1997. 10. 21. 대통령령 제}}{\text{15498호로 개정되기 전의 것}}$ 제33조 제 2 항과 행정정보공개운영지침$\binom{\text{1994. 3. 2. 국무총}}{\text{리 훈령 제288호}}$에서 구체화되어 있었다$\binom{\text{대판 1999. 9. 21,}}{\text{97누5114}}$.

판례 2   정보공개청구권자의 권리구제 가능성이 공개 여부 결정에 영향을 미치는지 여부

$\binom{\text{원고가 피고 부산지방검찰청검사장의 불기소사건}}{\text{기록등열람등사불허가처분의 취소를 구한 사건에서}}$ 정보공개법은 국민의 알권리를 보장하고 국정에 대한 국민의 참여와 국정 운영의 투명성을 확보함을 목적으로 하고$\binom{\text{제1}}{\text{조}}$, 공공기관이 보유·관리하는 정보는 국민의 알권리 보장 등을 위하여 적극적으로 공개하여야 한다는 정보공개의 원칙을 선언하고 있으며$\binom{\text{제3}}{\text{조}}$, 모든 국민은 정보의 공개를 청구할 권리를 가진다고 하면서$\binom{\text{제 5 조}}{\text{제 1 항}}$ 비공개대상정보

에 해당하지 않는 한 공공기관이 보유·관리하는 정보는 공개 대상이 된다고 규정하고 있을 뿐$\binom{\text{제 9조}}{\text{제 1 항}}$ 정보공개 청구권자가 공개를 청구하는 정보와 어떤 관련성을 가질 것을 요구하거나 정보공개 청구의 목적에 특별한 제한을 두고 있지 아니하므로 정보공개 청구권자의 권리구제 가능성 등은 정보의 공개 여부 결정에 아무런 영향을 미치지 못한다$\binom{\text{대판 2017. 9. 7.,}}{\text{2017두44558}}$.

2. 법적 근거

(1) 헌   법   정보공개청구권의 헌법상 근거조항에 관해서는 견해가 갈린다. 일설은 행복추구권$\binom{\text{헌법}}{\text{제10조}}$에서, 일설은 표현의 자유$\binom{\text{헌법 제21}}{\text{조 제 1 항}}$에서 찾기도 한다. 판례는 후자의 견해를 취한다$\binom{\text{판}}{\text{례}}$. 정보공개청구권은 헌법적 지위의 권리이다. 사인의 정보공개청구권은 알 권리의 실현에 기여한다. 알 권리는 참정권의 전제가 된다.

> [판례] 알권리(정보공개청구권)의 헌법적 근거
>
> [1] $\binom{\text{알 권리(정보공개청구권)의 침해를 이유로 변호사시험 성적 공개를 금지}}{\text{한 변호사시험법 제18조 제 1 항 본문에 대한 위헌확인을 구한 사건에서}}$ 정부나 공공기관이 보유하고 있는 정보에 대하여 정당한 이해관계가 있는 자가 그 공개를 요구할 수 있는 권리는 알 권리로서 이러한 알 권리는 헌법 제21조에 의하여 직접 보장된다. 어떤 문제가 있을 때 그에 관련된 정보에 대한 공개청구권은 알 권리의 당연한 내용이 된다$\binom{\text{헌재 2015. 6. 25.,}}{\text{2011헌마769}}$.
>
> [2] $\binom{\text{서울중앙지방검찰청 검사장을 피고로 한 검}}{\text{찰 수사기록 비공개결정 취소청구 사건에서}}$ 국민 알 권리, 특히 공공기관이 보유·관리하는 정보에 접근할 권리는 우리 헌법상 기본권인 표현의 자유와 관련하여 인정되는 것이다$\binom{\text{대판 2014. 12. 24.,}}{\text{2014두9349}}$.

(2) 법   률   다른 법률에 특별한 규정이 있는 경우$\binom{\text{판}}{\text{례}}$를 제외하고는 공공기관의 정보공개에 관한 법률이 일반법으로서 적용된다$\binom{\text{공개법 제 4}}{\text{조 제 1 항}}$. 다만, 국가안전보장에 관련되는 정보 및 보안업무를 관장하는 기관에서 국가안전보장과 관련된 정보분석을 목적으로 수집하거나 작성한 정보에 대해서는 이 법을 적용하지 아니한다$\binom{\text{공개법 제 4 조}}{\text{제 3 항 본문}}$. 그리고 교육관련기관의 정보공개에 관한 일반법으로 교육관련기관의 정보공개에 관한 특례법이 있으며, 정보의 공개 등에 관하여 동법에서 규정하지 아니한 사항에 대하여는 「공공기관의 정보공개에 관한 법률」을 적용한다$\binom{\text{교육관련기관}}{\text{의 정보공개}}$$\binom{}{\text{에 관한 특례}}$$\binom{}{\text{법 제 4 조}}$. 한편, 정보공개청구권과 관련된 규정을 갖는 개별법률도 없지 않다$\binom{\text{예: 민원 처리에 관한 법}}{\text{률 제13조의 민원편람의}}$$\binom{\text{비치, 제36조의 민원처리기준의 통합고시, 행정절차법 제19조의 처리기간의}}{\text{설정·공표, 제20조의 처분기준의 설정·공표, 제23조의 처분의 이유 제시}}$.

> [판례] 정보공개법상 "다른 법률에 특별한 규정이 있는 경우"에서 다른 법률의 의미
>
> [1] $\binom{\text{갑이 재판기록 일부의 정보공개를 청구한 데 대하여 서울행정법원장이 민사소송법 제162조를 이유로 소송기록의 정}}{\text{보를 비공개한다는 결정을 전자문서로 통지하자 갑이 서울행정법원장을 피고로 한 정보공개거부처분취소소송에서}}$ 구 공공기관의 정보공개에 관한 법률$\binom{\text{이하 '정보공개}}{\text{법'이라 한다}}$ '정보공개에 관하여 다른 법률에 특별한 규정이 있는 경우'에 해당한다고 하여 정보공개법의 적용을 배제하기 위해서는, 특별한 규정이 '법률'이어야 하고, 내용이 정보공개의 대상 및 범위, 정보공개의 절차, 비공개대상정보 등에 관하여 정보공개법과 달리 규정하고 있는 것이어야 한다$\binom{\text{대판 2014. 4. 10.,}}{\text{2012두17384}}$.

[2] $\binom{\text{대전지방검찰청 검사장을 피고로 한}}{\text{정보공개청구기각처분 취소소송에서}}$ 형사소송법 제59조의2의 내용·취지 등을 고려하면, 형사소송법 제59조의2는 형사재판확정기록의 공개 여부나 공개 범위, 불복절차 등에 대하여 정보공개법과 달리 규정하고 있는 것으로 정보공개법 제 4 조 제 1 항에서 정한 '정보의 공개에 관하여 다른 법률에 특별한 규정이 있는 경우'에 해당한다고 볼 수 있다. 따라서 형사재판확정기록의 공개에 관하여는 정보공개법에 의한 공개청구가 허용되지 아니한다$\binom{\text{대판 2016. 12. 15,}}{\text{2013두20882}}$.

(3) 조 례 공공기관의 정보공개에 관한 법률은 "지방자치단체는 그 소관 사무에 관하여 법령의 범위에서 정보공개에 관한 조례를 정할 수 있다$\binom{\text{공개법 제 4}}{\text{조 제 2 항}}$"고 규정하여 지방자치단체의 정보공개조례의 법적 근거를 명시적으로 마련하고 있다$\binom{\text{판}}{\text{례}}$. 따라서 지방자치단체의 주민은 조례에 근거하여 정보공개청구권을 가질 수도 있다. 본 조항에 의한 정보공개대상에는 침익적인 사항도 포함된다. 한편, 동법이 제정되기 이전에도 판례는 법률의 위임이 없이도 지방자치단체가 비침익적인 내용의 정보공개조례를 제정할 수 있다고 하였다.

[**판례**] 법률의 위임 없이 제정된 정보공개조례의 위법 여부

$\binom{\text{청주시장(원고)이 청주시의회(피고)의 행정정보공개조례}}{\text{(안)의 재의결의 효력을 다툰 청주시 정보공개조례사건에서}}$ **지방자치단체는 그 내용이 주민의 권리의 제한 또는 의무의 부과에 관한 사항이거나 벌칙에 관한 사항이 아닌 한 법률의 위임이 없더라도 조례를 제정할 수 있다** 할 것인데 청주시의회에서 의결한 청주시행정정보공개조례안은 행정에 대한 주민의 알 권리의 실현을 그 근본내용으로 하면서도 이로 인한 개인의 권익침해 가능성을 배제하고 있으므로 이를 들어 주민의 권리를 제한하거나 의무를 부과하는 조례라고는 단정할 수 없고 따라서 그 제정에 있어서 반드시 법률의 개별적 위임이 따로 필요한 것은 아니다$\binom{\text{대판 1992. 6. 23,}}{\text{92추17}}$.

---

3. 정보공개의 필요성과 문제점

(1) 필 요 성 정보의 공개는 ① 국가의 사정이나 지역의 사정을 국민이나 주민이 알 수 있도록 하며, 이로 인해 ② 국민이나 주민이 행정의사의 결정과정에 효과적으로 참여할 수 있게 되며, ③ 아울러 행정서비스의 효율성을 보다 제고할 수 있는 효과를 가져온다. 정보공개는 행정의 비밀주의에 대한 견제를 통해 행정권한의 남용을 방지하고 정치 및 행정의 공공성을 확보하는 데 기여하는 의미도 갖는다.

(2) 문 제 점 정보공개제도와 관련하여 ① 과도한 정보공개는 오히려 국가기밀이나 개인정보에 대한 침해가능성을 갖는다는 점, ② 행정의 부담이 과중할 수 있다는 점$\binom{\text{대판 1997. 5. 23, 96}}{\text{누2439: 사생활침해내}}$ $\binom{\text{용의 정보를 포함하여 9,029매의 과다}}{\text{한 정보공개청구의 거부는 적법하다}}$, ③ 기업비밀이 악용될 수 있다는 점, ④ 부실정보·조작정보로 인한 정보질서의 혼란이 가능하다는 점, ⑤ 정보무능력자에 대해 정보능력자의 우위로 불평등을 초래할 수 있다는 점 등이 문제점으로 지적되기도 한다.

4. 정보공개의 원칙

공공기관이 보유 · 관리하는 정보는 국민의 알권리 보장 등을 위하여 이 법에서 정하는 바에 따라 적극적으로 공개하여야 한다(공개법 제3조). 다만, 공공기관은 국가안전보장 · 국방 · 통일 · 외교관계 등에 관한 사항으로서 공개될 경우 국가의 중대한 이익을 현저히 해칠 우려가 있다고 인정되는 정보 등은 공개하지 아니할 수 있다(공개법 제7조 제1항 단서, 제9조 제1항). 공공기관의 정보공개에 관한 법률이 정부의 정보공개의무를 일반적으로 부과하고 있다고 단언하기는 어렵다(판례).

> [판례]   대한민국과 중국 사이에 체결된 합의서의 합의내용을 정부가 공개할 의무를 부담하는
> 지 여부
> (일정한 시기부터 한국의 민간기업이 자유롭게 수입할 수 있다고 한 중
> 국과의 마늘교역에 관한 합의내용의 공개와 관련하여 다툰 사건에서) 알 권리에서 파생되는 정부의 공개의무는 특
> 별한 사정이 없는 한 국민의 적극적인 정보수집행위, 특히 특정의 정보에 대한 공개청구가 있는
> 경우에야 비로소 존재하므로, **정보공개청구가 없었던 경우 대한민국과 중화인민공화국이**
> **2000. 7. 31. 체결한 양국 간 마늘교역에 관한 합의서 및 그 부속서 중 '2003. 1. 1.부터 한국의 민간기**
> **업이 자유롭게 마늘을 수입할 수 있다'는 부분을 사전에 마늘재배농가들에게 공개할 정부의 의무는 인**
> **정되지 아니한다**(헌재 2004. 12. 16, 2002헌마579).

5. 정보공개청구의 제한사유로서 권리남용

판례는 "국민의 정보공개청구는 정보공개법 제9조에 정한 비공개 대상정보에 해당하지 아니하는 한 원칙적으로 폭넓게 허용되어야 하지만, 실제로는 해당 정보를 취득 또는 활용할 의사가 전혀 없이 정보공개 제도를 이용하여 사회통념상 용인될 수 없는 부당한 이득을 얻으려 하거나, 오로지 공공기관의 담당공무원을 괴롭힐 목적으로 정보공개청구를 하는 경우처럼 권리의 남용에 해당하는 것이 명백한 경우에는 정보공개청구권의 행사를 허용하지 아니하는 것이 옳다"는 입장이다(대판 2014. 12. 24, 2014두9349).

6. 개인정보자기결정권의 보호와 개인정보공개의 관계

"정보주체의 동의 없이 개인정보를 공개함으로써 침해되는 인격적 법익과 정보주체의 동의 없이 자유롭게 개인정보를 공개하는 표현행위로써 보호받을 수 있는 법적 이익이 하나의 법률관계를 둘러싸고 충돌하는 경우에는, 개인이 공적인 존재인지 여부, 개인정보의 공공성과 공익성, 개인정보 수집의 목적 · 절차 · 이용형태의 상당성, 개인정보 이용의 필요성, 개인정보 이용으로 인해 침해되는 이익의 성질과 내용 등 여러 사정을 종합적으로 고려하여, 개인정보에 관한 인격권 보호에 의하여 얻을 수 있는 이익(비공개 이익)과 표현행위에 의하여 얻을 수 있는 이익(공개 이익)을 구체적으로 비교 형량하여, 어느 쪽 이익이 더 우월한 것으로 평가할 수 있는지에 따라 그 행위의 최종적인 위법성 여부를 판단하여야 한다"(대판 2014. 7. 24, 2012다49933).

7. 정보공개심의회와 정보공개위원회

(1) 정보공개심의회 　　　국가기관, 지방자치단체, 「공공기관의 운영에 관한 법률」 제5조에 따른 공기업 및 준정부기관, 「지방공기업법」에 따른 지방공사 및 지방공단(이하 "국가기관 등"이라 한다)은 제11조에 따른 정보공개 여부 등을 심의하기 위하여 정보공개심의회(이하 "심의 회"라 한다)를 설치·운영한다. 이 경우 국가기관등의 규모와 업무성격, 지리적 여건, 청구인의 편의 등을 고려하여 소속 상급기관(지방공사·지방공단의 경우에는 해당 지방공 사·지방공단을 설립한 지방자치단체를 말한다)에서 협의를 거쳐 심의회를 통합하여 설치·운영할 수 있다(공개법 제12 조 제1항).

(2) 정보공개위원회 　　　다음 각 호(1. 정보공개에 관한 정책 수립 및 제도 개선에 관한 사항, 2. 정보공개에 관한 기준 수립에 관한 사항, 3. 제12조에 따른 심의회 심의결과의 조사·분 석 및 심의기준 개선 관련 의견제시에 관한 사항, 4. 제24조 제2항 및 제3항에 따른 공공기관의 정보공개 운영실태 평가 및 그 결과 처리에 관 한 사항, 5. 정보공개와 관련된 불합리한 제도·법령 및 그 운영에 대한 조사 및 개선권고에 관한 사항, 6. 그 밖에 정보공개에 관하여 대통령령 으로 정하 는 사항)의 사항을 심의·조정하기 위하여 행정안전부장관 소속으로 정보공개위원회(이하 "위원 회"라 한다)를 둔다(공개법 제22조).

Ⅱ. 정보공개청구권의 주체·대상

1. 정보공개청구권자

모든 국민은 정보의 공개를 청구할 권리를 가진다(공개법 제5 조 제1항)(판례 1). 여기에서 말하는 국민에는 자연인은 물론 법인, 권리능력 없는 사단·재단도 포함되고, 법인, 권리능력 없는 사단·재단 등의 경우에는 설립목적을 불문한다(다수 설). 따라서 시민단체 등에 의한 행정감시목적의 정보공개청구도 가능하다(판례 2). 외국인의 정보공개 청구에 관하여는 대통령령으로 정한다(공개법 제5 조 제2항).

> [판례 1] 정보공개청구권 거부와 법률상 이익 침해의 관계
> (12. 12사태 및 5. 18 광주민주화운동관련 A가 서울지검장을 상 대로 제기한 정보공개청구를 인용한 원심판결을 다툰 사건에서) **정보공개청구권은 법률상 보호되는 구체적 권리이므 로 청구인이 공공기관에 대하여 정보공개를 청구하였다가 거부처분을 받은 것 자체가 법률상 이익의 침해에 해당한다고 할 것이고**(대판 2003. 12. 12, 2003두8050), 거부처분을 받은 것 이외에 추가로 어떤 법률상 이익 을 가질 것을 요구하는 것은 아니다(대판 2004. 9. 23, 2003두1370).

> [판례 2] 정보공개청구권의 주체
> (충주환경운동연합이 충주시장을 상대로 한 행 사관련지출자료 등의 정보공개청구사건에서) 공공기관의정보공개에관한법률 제6조 제1항은 "모든 국민은 정보의 공개를 청구할 권리를 가진다"고 규정하고 있는데, 여기에서 말하는 국민에는 자연인은 물론 법인, 권리능력 없는 사단·재단도 포함되고, 법인, 권리능력 없는 사단·재단 등의 경우에 는 설립목적을 불문한다(대판 2003. 12. 12, 2003두8050).

2. 정보공개기관(공공기관)

(1) 의　　의　　　정보공개청구권의 행사의 대상이 되는 정보는 공공기관이 보유·관리하는 정보이므로(공개법 제9 조 제1항), 정보공개청구권행사의 상대방이 되는 기관, 즉 정보공개기관은 공공기관이다. 여기서 "공공기관"이라 함은 국가기관, 지방자치단체, 「공공기관의 운영에 관한 법률」

제 2 조에 따른 공공기관, 그 밖에 대통령령으로 정하는 기관을 말한다$\binom{\text{공개법 제 2}}{\text{조 제 3 호}}$. 국가기관에는 당연히 정부 외에 국회와 법원 등 모든 국가기관이 포함된다.

(2) 공공기관의 범위　　　공공기관의 정보공개에 관한 법률 제 2 조 제 3 호 마목에서 "그 밖에 대통령령이 정하는 기관"이라 함은 다음 각 호$\binom{\text{1. 「유아교육법」, 「초 · 중등교육법」, 「고등교육법」에 따른 각급 학}}{\text{교 또는 그 밖의 다른 법률에 따라 설치된 학교. 2. 삭제. 3. 「지방}}$ 자치단체 출자 · 출연 기관의 운영에 관한 법률」 제 2 조 제 1 항에 따른 출자기관 및 출연기관. 4. 특별법에 따라 설립된 특수법인. 5. 「사회복지사 업법」 제42조 제 1 항에 따라 국가나 지방자치단체로부터 보조금을 받는 사회복지법인과 사회복지사업을 하는 비영리법인. 6. 제 5 호 외에 「보조 금 관리에 관한 법률」 제 9 조 또는 「지방재정법」 제17조 제 1 항 각 호 외의 부분 단서에 따라 국가나 지방자치단체로부터 연 간 5천만원 이상의 보조금을 받는 기관 또는 단체. 다만, 정보공개 대상 정보는 해당 연도에 보조를 받은 사업으로 한정한다의 기관을 말 한다$\binom{\text{공개법 시행}}{\text{령 제 2 조}}\binom{\text{판례}}{\text{1, 2, 3}}$.

판례 1　　KBS가 정보공개기관에 해당하는지 여부

(한국방송공사(KBS)가 황우석 교수의 논문조작 사건에 관한 사실관계의 진실 여부를 밝히기 위하여 제작한 '추적 60분' 가제 "새튼은 특 허를 노렸나"인 방송용 60분 분량의 편집원본 테이프 1개에 대하여 정보공개청구를 하였으나, 한국방송공사가 정보공개청구접수를 받 은 날로부터 20일 이내에 공개 여부결정을 하지 않아 비공개결정으로 보고 원고가 정보 공개거부처분의 취소를 구한 KBS추적60분(새튼은 특허를 노렸나) 정보공개거부사건에서) 어느 법인이 공공기관의 정보공개 에 관한 법률 제 2 조 제 3 호, 같은 법 시행령 제 2 조 제 4 호에 따라 정보를 공개할 의무가 있는 '특별법에 의하여 설립된 특수법인'에 해당하는지 여부는, 국민의 알 권리를 보장하고 국정에 대 한 국민의 참여와 국정운영의 투명성을 확보하고자 하는 위 법의 입법 목적을 염두에 두고, 해당 법인에게 부여된 업무가 국가행정업무이거나 이에 해당하지 않더라도 그 업무 수행으로써 추구하 는 이익이 해당 법인 내부의 이익에 그치지 않고 공동체 전체의 이익에 해당하는 공익적 성격을 갖는지 여부를 중심으로 개별적으로 판단하되, 해당 법인의 설립근거가 되는 법률이 법인의 조직 구성과 활동에 대한 행정적 관리 · 감독 등에서 민법이나 상법 등에 의하여 설립된 일반 법인과 달 리 규율한 취지, 국가나 지방자치단체의 해당 법인에 대한 재정적 지원 · 보조의 유무와 그 정도, 해당 법인의 공공적 업무와 관련하여 국가기관 · 지방자치단체 등 다른 공공기관에 대한 정보공개 청구와는 별도로 해당 법인에 대하여 직접 정보공개청구를 구할 필요성이 있는지 여부 등을 종합 적으로 고려하여야 한다. 방송법이라는 특별법에 의하여 설립 운영되는 한국방송공사(KBS)는 공 공기관의 정보공개에 관한 법률 시행령 제 2 조 제 4 호의 '특별법에 의하여 설립된 특수법인'으로 서 정보공개의무가 있는 공공기관의 정보공개에 관한 법률 제 2 조 제 3 호의 '공공기관'에 해당한 다$\binom{\text{대판 2010. 12. 23,}}{\text{2008두13101}}$.

판례 2　　사립대학교가 정보공개기관에 해당하는지 여부

(계명대학교 총장을 피고로 한 정보 공개거부처분취소청구소송에서) 정보공개 의무기관을 정하는 것은 입법자의 입법형성권에 속하고, 이에 따라 입법자는 구 공공기관의 정보공개에 관한 법률 제 2 조 제 3 호에서 정보공개 의무기관을 공 공기관으로 정하였는바, **공공기관은 국가기관에 한정되는 것이 아니라 지방자치단체, 정부투자기관, 그 밖에 공동체 전체의 이익에 중요한 역할이나 기능을 수행하는 기관도 포함되는 것**으로 해석되고, 여기에 정보공개의 목적, 교육의 공공성 및 공 · 사립학교의 동질성, 사립대학교에 대한 국가의 재 정지원 및 보조 등 여러 사정을 고려해 보면, **사립대학교에 대한 국비 지원이 한정적 · 일시적 · 국부 적이라는 점을 고려하더라도,** 같은 법 시행령 제 2 조 제 1 호가 정보공개의무를 지는 공공기관의 하나로 사립대학교를 들고 있는 것이 모법인 구 공공기관의 정보공개에 관한 법률의 위임 범위를 벗어났다거나 사립대학교가 국비의 지원을 받는 범위 내에서만 공공기관의 성격을 가진다고 볼 수 없다$\binom{\text{대판 2006. 8. 24,}}{\text{2004두2783}}$.

> **판례 3** '한국증권업협회'가 정보공개기관에 해당하는지 여부
> (전국민주금융노동조합 등이 한국증권업협회를 피고로 한 정보비공개결정취소청구소송에서) '한국증권업협회'는 증권회사 상호간의 업무질서를 유지하고 유가증권의 공정한 매매거래 및 투자자보호를 위하여 일정 규모 이상인 증권회사 등으로 구성된 회원조직으로서, 증권거래법 또는 그 법에 의한 명령에 대하여 특별한 규정이 있는 것을 제외하고는 민법 중 사단법인에 관한 규정을 준용받는 점, 그 업무가 국가기관 등에 준할 정도로 공동체 전체의 이익에 중요한 역할이나 기능에 해당하는 공공성을 갖는다고 볼 수 없는 점 등에 비추어, 공공기관의 정보공개에 관한 법률 시행령 제 2 조 제 4 호의 '특별법에 의하여 설립된 특수법인'에 해당한다고 보기 어렵다(대판 2010. 4. 29, 2008두5643).

3. 공개대상정보와 비공개대상정보

(1) 공개대상정보　　정보공개청구권의 행사의 대상이 되는 정보는 공공기관이 보유·관리하는 정보를 말한다(공개법 제9 조 제1 항). 정보란 '공공기관이 직무상 작성 또는 취득하여 관리하고 있는 문서(전자문서 포함)·도면·사진·필름·테이프·슬라이드 및 그 밖에 이에 준하는 매체 등에 기록된 사항'을 말한다(공개법 제2 조 제1 호)(판례1). 정보의 개념은 내용보다 문서·도면 등 형식에 초점을 두고 규정되어 있다. 사본도 공개대상정보에 해당한다(판례2). 이미 공개되어 있다고 하여도 공개대상에 해당할 수 있다(판례3).

> **판례 1**　공공기관의 정보공개에 관한 법률상 정보의 의미
> (제이유네트워크 주식회사가 국가정보원장을 을 피고로 한 정보공개거부처분취소소송에서) 공공기관의 정보공개에 관한 법률에서 말하는 공개대상 정보는 정보 그 자체가 아닌 정보공개법 제 2 조 제 1 호에서 예시하고 있는 매체 등에 기록된 사항을 의미한다(대판 2013. 1. 24, 2010두18918).

> **판례 2**　정보공개청구의 대상이 되는 정보에 해당하는 문서가 원본이어야 하는지 여부
> (서울서부지방검찰청검사장의 사건기록등 사불허가처분의 취소를 구한 사건에서) 공공기관의 정보공개에 관한 법률상 공개청구의 대상이 되는 정보란 공공기관이 직무상 작성 또는 취득하여 현재 보유·관리하고 있는 문서에 한정되는 것이기는 하나, **그 문서가 반드시 원본일 필요는 없다**(대판 2006. 5. 25, 2006두3049).

> **판례 3**　공개청구 대상정보가 이미 공개되어 있는 경우, 공개대상 여부
> (KBS추적60분(새튼은 특허를 노렸나) 정보공개거부사건에서) 국민의 정보공개청구권은 법률상 보호되는 구체적인 권리이므로, 공공기관에 대하여 정보의 공개를 청구하였다가 공개거부처분을 받은 청구인은 행정소송을 통하여 그 공개거부처분의 취소를 구할 법률상의 이익이 있고, **공개청구의 대상이 되는 정보가 이미 다른 사람에게 공개되어 널리 알려져 있다거나 인터넷 등을 통하여 공개되어 인터넷검색 등을 통하여 쉽게 알 수 있다는 사정만으로는 소의 이익이 없다거나 비공개결정이 정당화될 수 없다**(대판 2010. 12. 23, 2008두13101).

(2) 비공개대상정보　　다음 각호의 어느 하나에 해당하는 정보에 대하여는 이를 공개하지 아니할 수 있다(공개법 제9 조 제1 항 단서).

1. 다른 법률 또는 법률에서 위임한 명령(국회규칙 · 대법원규칙 · 헌법재판소규칙 · 중앙선거관리위원회규칙 · 대통령령 및 조례에 한정한다)에 따라 비밀이나 비공개 사항으로 규정된 정보[1, 2, 3]

2. 국가안전보장 · 국방 · 통일 · 외교관계 등에 관한 사항으로서 공개될 경우 국가의 중대한 이익을 현저히 해칠 우려가 있다고 인정되는 정보[4]

3. 공개될 경우 국민의 생명 · 신체 및 재산의 보호에 현저한 지장을 초래할 우려가 있다고 인정되는 정보

4. 진행 중인 재판에 관련된 정보[5, 6]와 범죄의 예방, 수사, 공소의 제기 및 유지, 형의 집행, 교정, 보안처분에 관한 사항으로서 공개될 경우 그 직무수행을 현저히 곤란하게 하거나 형사 피고인의 공정한 재판을 받을 권리를 침해한다고 인정할 만한 상당한 이유가 있는 정보

5. 감사 · 감독 · 검사 · 시험 · 규제 · 입찰계약 · 기술개발 · 인사관리에 관한 사항이나 의사결정 과정 또는 내부검토 과정에 있는 사항 등으로서 공개될 경우 업무의 공정한 수행이나 연구 · 개발에 현저한 지장을 초래한다고 인정할 만한 상당한 이유가 있는 정보[7, 8, 9, 10]. 다만, 의사결정 과정 또는 내부검토 과정을 이유로 비공개할 경우에는 제13조 제 5 항에 따라 통지를 할 때 의사결정 과정 또는 내부검토 과정의 단계 및 종료 예정일을 함께 안내하여야 하며, 의사결정 과정 및 내부검토 과정이 종료되면 제10조에 따른 청구인에게 이를 통지하여야 한다.

6. 해당 정보에 포함되어 있는 이름 · 주민등록번호 등 「개인정보 보호법」 제 2 조 제 1 호에 따른 개인정보로서 공개될 경우 개인의 사생활의 비밀 또는 자유를 침해할 우려가 있다고 인정되는 정보. 다만, 다음 각 목에 열거한 사항은 제외한다[11, 12].

가. 법령에서 정하는 바에 따라 열람할 수 있는 정보

나. 공공기관이 공표를 목적으로 작성하거나 취득한 정보로서 사생활의 비밀 또는 자유를 부당하게 침해하지 않는 정보

다. 공공기관이 작성하거나 취득한 정보로서 공개하는 것이 공익이나 개인의 권리 구제를 위하여 필요하다고 인정되는 정보

라. 직무를 수행한 공무원의 성명 · 직위

마. 공개하는 것이 공익을 위하여 필요한 경우로서 법령에 따라 국가 또는 지방자치단체가 업무의 일부를 위탁 또는 위촉한 개인의 성명 · 직업

7. 법인 · 단체 또는 개인(이하 "법인 등"이라 한다)의 경영상 · 영업상 비밀에 관한 사항으로서 공개될 경우 법인등의 정당한 이익을 현저히 해칠 우려가 있다고 인정되는 정보. 다만, 각 목에 열거한 정보는 제외한다[13].

가. 사업활동에 의하여 발생하는 위해로부터 사람의 생명 · 신체 또는 건강을 보호하기 위하여 공개할 필요가 있는 정보

나. 위법 · 부당한 사업활동으로부터 국민의 재산 또는 생활을 보호하기 위하여 공개할 필요가 있는 정보

8. 공개될 경우 부동산 투기·매점매석 등으로 특정인에게 이익 또는 불이익을 줄 우려가 있다고 인정되는 정보

판례 1   정보공개법 제9조 제1항 제1호의 '다른 법률 또는 법률에 의한 명령'의 의미

[1] (원고가 경기고등학교장에게 자녀의 퇴학 관련 서류의 공개를 청구하였으나, 거부하자 이를 다툰 사건에서) 공공기관의 정보공개에 관한 법률 제9조 제1항 본문은 "공공기관이 보유관리하는 정보는 공개대상이 된다"고 규정하면서 그 단서 제1호에서는 "다른 법률 또는 법률이 위임한 명령(국회규칙·대법원규칙·중앙선거관리위원회규칙·대통령령 및 조례에 한한다)에 의하여 비밀 또는 비공개 사항으로 규정된 정보"는 이를 공개하지 아니할 수 있다고 규정하고 있는바, 그 입법 취지는 비밀 또는 비공개 사항으로 다른 법률 등에 규정되어 있는 경우는 이를 존중함으로써 법률 간의 마찰을 피하기 위한 것이고, 여기에서 **'법률에 의한 명령'은 정보의 공개에 관하여 법률의 구체적인 위임 아래 제정된 법규명령**(위임명령)을 의미한다(대판 2010. 6. 10, 2010두2913).

[2] **학교폭력법 제21조 제1항, 제2항은** 학교폭력의 예방 및 대책과 관련한 업무를 수행하거나 수행하였던 자가 그 직무로 인하여 알게 된 비밀 또는 피해학생 및 가해학생과 관련된 자료의 누설을 금지하되 그 **구체적인 비밀의 범위는 대통령령으로 정하도록 위임하고 있고,** 이에 따라 학교폭력법 시행령 제17조는 그 비밀의 범위를 "1. 학교폭력 가해학생과 피해학생 개인 및 가족의 성명, 주민등록번호 및 주소 등 개인정보에 관한 사항, 2. 학교폭력 가해학생과 피해학생에 대한 심의·의결과 관련된 개인별 발언 내용, 3. 그 밖에 외부로 누설될 경우 분쟁당사자 간에 논란을 일으킬 우려가 명백한 사항"으로 열거하고 있으며, … 자치위원회가 피해학생의 보호를 위한 조치, 가해학생에 대한 조치, 학교폭력과 관련된 분쟁의 조정 등에 관하여 심의한 결과를 기재한 회의록은 정보공개법 제9조 제1항 제1호의 '다른 법률 또는 법률이 위임한 명령에 의하여 비밀 또는 비공개 사항으로 규정된 정보'에 해당한다고 보아야 할 것이다(대판 2010. 6. 10, 2010두2913).

판례 2   정보공개법 제9조 제1항 제1호의 '법률이 위임한 명령'의 의미

(경기도 교육감의 정보비공개결정에 대한 취소청구소송에서) 공공기관의 정보공개에 관한 법률 제9조 제1항 제1호에서 '법률이 위임한 명령'에 의하여 비밀 또는 비공개 사항으로 규정된 정보는 공개하지 아니할 수 있다고 할 때의 **'법률이 위임한 명령'은 정보의 공개에 관하여 법률의 구체적인 위임 아래 제정된 법규명령**(위임명령)을 의미한다. 교육공무원법 제13조, 제14조의 위임에 따라 제정된 교육공무원승진규정은 정보공개에 관한 사항에 관하여 구체적인 법률의 위임에 따라 제정된 명령이라고 할 수 없고, 따라서 교육공무원승진규정 제26조에서 근무성적평정의 결과를 공개하지 아니한다고 규정하고 있다고 하더라도 위 교육공무원승진규정은 공공기관의 정보공개에 관한 법률 제9조 제1항 제1호에서 말하는 법률이 위임한 명령에 해당하지 아니하므로 위 규정을 근거로 정보공개청구를 거부하는 것은 잘못이다(대판 2006. 10. 26, 2006두11910).

판례 3   정보공개법 제9조 제1항 제1호의 '법률이 위임한 명령'의 의미

[1] (한국형 다목적 헬기도입사업에 대한 피고 감사원의 감사결과보고서의 정보공개청구에 대한 피고 감사원의 거부처분의 취소를 구한 사건에서) 국방부의 한국형 다목적 헬기(KMH) 도입사업에 대한 감사원장의 감사결과보고서가 군사 2급비밀에 해당하는 이상 공공기관의 정보공개에 관한 법률 제9조 제1항 제1호에 의하여 공개하지 아니할 수 있다(대판 2006. 11. 10, 2006두9351).

[2] (이혼소송 중인 국가정보원 직원 갑의 배우자 을이 국가정보원장에게 '국가정보원에서 갑에게 지급하는 현금급여 및 월수당' 등 정보의 공개를 청구하였으나, 국가정보원장이 위 정보는 공공기관의 정보공개에 관한 법률 등에 따라 비공개대상정보에 해당한다는 이유로 공개를 거부하자 을이 제기한 정보비공개결정처분취소소송에서) 국가정보원법 제12조가 국회에 대한 관계에서조차 국가정보원 예산 내역의 공개를 제한하고 있는 것은, 정보활동의 비밀보장을 위한 것으로서, 그 밖의 관계에서도 국

가정보원의 예산내역을 비공개 사항으로 한다는 것을 전제로 하고 있다고 볼 수 있고, 예산집행내역의 공개는 예산내역의 공개와 다를 바 없어, 비공개 사항으로 되어 있는 '예산내역'에는 예산집행내역도 포함된다고 보아야 하며, 국가정보원이 그 직원에게 지급하는 현금급여 및 월초수당에 관한 정보는 국가정보원 예산집행내역의 일부를 구성하는 것이므로, 위 현금급여 및 월초수당에 관한 정보는 국가정보원법 제12조에 의하여 비공개 사항으로 규정된 정보로서 공공기관의 정보공개에 관한 법률 제 9 조 제 1 항 제 1 호의 비공개대상정보인 '다른 법률에 의하여 비공개 사항으로 규정된 정보'에 해당한다고 보아야 하고, 위 현금급여 및 월초수당이 근로의 대가로서의 성격을 가진다거나 정보공개청구인이 해당 직원의 배우자라고 하여 달리 볼 것은 아니다(대판 2010. 12. 23, 2010두14800).

판례 4   보안관찰법 소정의 보안관찰 관련 통계자료가 정보공개법 제 7 조(현행 제 9 조) 제 1 항 제 2 호, 제 3 호 소정의 비공개대상정보에 해당하는지 여부
(원고가 법무부장관의 보안관찰관련 통계자료의 비공개결정거부처분을 다툰 사건에서) 보안관찰처분을 규정한 보안관찰법에 대하여 헌법재판소도 이미 그 합헌성을 인정한 바 있고, **보안관찰법 소정의 보안관찰 관련 통계자료는** 우리나라 53개 지방검찰청 및 지청관할지역에서 매월 보고된 보안관찰처분에 관한 각종 자료로서, 보안관찰처분대상자 또는 피보안관찰자들의 매월별 규모, 그 처분시기, 지역별 분포에 대한 전국적 현황과 추이를 한눈에 파악할 수 있는 구체적이고 광범위한 자료에 해당하므로 '통계자료'라고 하여도 그 함의(含意)를 통하여 나타내는 의미가 있음이 분명하여 가치중립적일 수는 없고, 그 통계자료의 분석에 의하여 대남공작활동이 유리한 지역으로 보안관찰처분대상자가 많은 지역을 선택하는 등으로 위 정보가 북한정보기관에 의한 간첩의 파견, 포섭, 선전선동을 위한 교두보의 확보 등 북한의 대남전략에 있어 매우 유용한 자료로 악용될 우려가 없다고 할 수 없으므로, 위 정보는 공공기관의정보공개에관한법률 제 7 조 제 1 항 제 2 호 소정의 공개될 경우 국가안전보장 · 국방 · 통일 · 외교관계 등 국가의 중대한 이익을 해할 우려가 있는 정보, 또는 제 3 호 소정의 공개될 경우 국민의 생명 · 신체 및 재산의 보호 기타 공공의 안전과 이익을 현저히 해할 우려가 있다고 인정되는 정보에 해당한다(대판 2004. 3. 18, 2001두8254).

판례 5   비공개대상정보로서 외교관계에 관한 사항
(외무부장관을 피고로 일본군위안부 피해자 문제에 관한 한 · 일 간의 합의와 관련된 협상 내용의 정보공개를 구한 정보비공개 처분취소소송에서) 2015 .12. 28 일본군위안부 피해자 합의와 관련된 협의가 비공개로 진행되었고, 대한민국과 일본 모두 그 협의 관련 문서를 비공개문서로 분류하여 취급하고 있는데, 우리나라가 그 협의 내용을 일방적으로 공개할 경우 우리나라와 일본 사이에 쌓아온 외교적 신뢰관계에 심각한 타격이 있을 수 있는 점, 이에 따라 향후 일본은 물론 다른 나라와 협상을 진행하는 데에도 큰 어려움이 발생할 수 있는 점, 12 · 28 일본군위안부 피해자 합의에 사용된 표현이 다소 추상적이고 모호하기는 하나, 이는 협상 과정에서 양국이 나름의 숙고와 조율을 거쳐 채택된 표현으로서 그 정확한 의미에 대한 해석이 요구된다기보다 오히려 표현된 대로 이해하는 것이 적절한 점 등을 종합하여, 위 합의를 위한 협상 과정에서 일본군과 관헌에 의한 위안부 '강제연행'의 존부 및 사실인정문제에 대해 협의한 정보를 공개하지 않은 처분이 적법하다(대판 2023. 6. 1, 2019두41324).

판례 6   정보공개법 제 9 조 제 1 항 제 4 호에 규정된 '진행중인 재판에 관련된 정보'의 의미
[1] (경제개혁연대가 금융위원회위원장과 금융감독원장에게 론스타관련 정보의 공개를 청구하였으나 거부당하자 제기한 **론스타정보공개거부사건에서**) 위 규정이 정한 '**진행중인 재판에 관련된**

정보'에 해당한다는 사유로 정보공개를 거부하기 위하여는 반드시 그 정보가 진행중인 재판의 소송기록 그 자체에 포함된 내용의 정보일 필요는 없으나, 재판에 관련된 일체의 정보가 그에 해당하는 것은 아니고 **진행중인 재판의 심리 또는 재판결과에 구체적으로 영향을 미칠 위험이 있는 정보에 한정된다**$\binom{대판\ 2011.\ 11.\ 24,}{2009두19021}$.

[2] $\binom{원고가\ 피고\ 부산지방검찰청검사장의\ 불기소사건}{기록등열람등사불허가처분의\ 취소를\ 구한\ 사건에서}$ 정보공개법 제 9 조 제 1 항 제 4 호는 '수사에 관한 사항으로서 공개될 경우 그 직무수행을 현저히 곤란하게 한다고 인정할 만한 상당한 이유가 있는 정보'를 비공개대상정보의 하나로 규정하고 있다. 그 취지는 수사의 방법 및 절차 등이 공개되어 수사기관의 직무수행에 현저한 곤란을 초래할 위험을 막고자 하는 것으로서, 수사기록 중의 의견서, 보고문서, 메모, 법률검토, 내사자료 등$\binom{이하\ '의견서\ 등'}{이라고\ 한다}$이 이에 해당한다고 할 수 있으나$\binom{헌법재}{판소}$ 1997. 11. 27. 선고 94헌마60 전원재판부 결정, 대법원 2003. 12. 26. 선고 2002두1342 판결 등 참조), 공개청구대상인 정보가 의견서 등에 해당한다고 하여 곧바로 정보공개법 제 9 조 제 1 항 제 4 호에 규정된 비공개대상정보라고 볼 것은 아니고, 의견서 등의 실질적인 내용을 구체적으로 살펴 수사의 방법 및 절차 등이 공개됨으로써 수사기관의 직무수행을 현저히 곤란하게 한다고 인정할 만한 상당한 이유가 있어야만 위 비공개대상정보에 해당한다$\binom{대판\ 2017.\ 9.\ 7,}{2017두44558}$.

판례 7   정보공개법 제 9 조 제 1 항 제 4 호의 의미

$\binom{미래에셋대우\ 주식회사가\ 금융감독원장을}{피고로\ 한\ 정보공개거부처분취소소송에서}$ 정보공개법의 입법 목적, 정보공개의 원칙, 위 비공개대상정보의 규정 형식과 취지 등을 고려하면, 법원 이외의 공공기관이 정보공개법 제 9 조 제 1 항 제 4 호가 정한 '진행 중인 재판에 관련된 정보'에 해당한다는 사유로 정보공개를 거부하기 위하여는 반드시 그 정보가 진행 중인 재판의 소송기록 그 자체에 포함된 내용의 정보일 필요는 없으나, 재판에 관련된 일체의 정보가 그에 해당하는 것은 아니고 진행 중인 재판의 심리 또는 재판결과에 구체적으로 영향을 미칠 위험이 있는 정보에 한정된다고 봄이 상당하다$\binom{대판\ 2018.\ 9.\ 28,}{2017두69892}$.

판례 8   정보공개법 제 9 조 제 1 항 제 5 호의 의미

$\binom{미래에셋대우\ 주식회사가\ 금융감독원장을}{피고로\ 한\ 정보공개거부처분취소소송에서}$ 정보공개법 제 9 조 제 1 항 제 5 호가 비공개 대상 정보로서 규정하고 있는 '공개될 경우 업무의 공정한 수행에 현저한 지장을 초래한다고 인정할 만한 상당한 이유가 있는 정보'라 함은, 정보공개법 제 1 조의 정보공개제도의 목적과 정보공개법 제 9 조 제 1 항 제 5 호의 규정에 의한 비공개 대상 정보의 입법 취지에 비추어 볼 때, 공개될 경우 업무의 공정한 수행이 객관적으로 현저하게 지장을 받을 것이라는 고도의 개연성이 존재하는 경우를 말한다. 이러한 경우에 해당하는지 여부는 비공개에 의하여 보호되는 업무수행의 공정성 등의 이익과 공개에 의하여 보호되는 국민의 알권리 보장과 국정에 대한 국민의 참여 및 국정운영 투명성 확보 등의 이익을 비교·교량하여 구체적인 사안에 따라 신중하게 판단하여야 한다$\binom{대판\ 2018.\ 9.\ 28,}{2017두69892}$.

판례 9   이른바 론스타 관련정보가 정보공개법 제 9 조 제 1 항 제 5 호의 비공개대상정보에 해당 여부

$\binom{경제개혁연대\ 등이\ 금융위원회위원장\ 등을\ 피고}{로\ 제기한\ 정보공개거부처분\ 취소청구소송에서}$ ① 원심판시 제 3 정보의 내용, 원고들의 정보공개청구 경위, 피고들이 론스타에 대한 위 주식초과보유 승인 처분의 직권취소 여부를 재검토할 경우 그 대상인 사실관계 등에 비추어 '론스타에 대한 위 주식초과보유 승인 처분의 직권취소'에 관한 업무나 향후 '론스타에 대한 외환은행 주식의 초과보유에 대한 반기별 적격성 심사 업무'의 공정한 수행에 현저한 지장이 초래될 것으로는 보기 어려울 뿐만 아니라, ② 원심판시 제 3 정보를 공개하는 것

이 금융위원회 등의 업무수행에 관한 국민의 알권리를 실현시키고 금융위원회 등의 **업무수행의 공정성과 투명성을 확보하는 데에 기여할 것**으로 보이므로, 원심판시 제 3 정보는 정보공개법 제 9 조 제 1 항 제 5 호 소정의 비공개대상정보에 해당한다고 볼 수 없다($\substack{\text{대판 2011. 11. 24,} \\ \text{2009두19021}}$).

판례 10   정보공개법 제 9 조 제 1 항 제 5 호 중 '시험'에 관한 부분이 청구인의 알 권리를 침해하는지 여부

($\substack{\text{한의사 국가시험 불합격자가 그 시험의 문제지와 정답지 및 청구인의 답안} \\ \text{지 사본의 공개를 청구하였으나 거부당하자 제기한 헌법소원심판사건에서}}$) 시험의 관리에 있어서 가장 중요한 것은 정확성과 공정성이므로, 이를 위하여 시험문제와 정답, 채점기준 등 **시험의 정확성과 공정성에 영향을 줄 수 있는 모든 정보는 사전에 엄격하게 비밀로 유지되어야** 할 뿐만 아니라, 공공기관에서 시행하는 대부분의 시험들은 평가대상이 되는 지식의 범위가 한정되어 있고 그 시행도 주기적으로 반복되므로 이미 시행된 시험에 관한 정보라 할지라도 이를 **제한없이 공개할 경우에는 중요한 영역의 출제가 어려워지는 등 시험의 공정한 관리 및 시행에 영향을 줄 수밖에 없다**고 할 것이므로, 이 사건 법률조항이 시험문제와 정답을 공개하지 아니할 수 있도록 한 것이 과잉금지원칙에 위반하여 알권리를 침해한다고 볼 수 없다($\substack{\text{헌재 2011. 3. 31,} \\ \text{2010헌바291}}$).

판례 11   의사결정과정에 제공된 회의관련자료나 의사결정과정이 기록된 회의록 등이 정보공개법 제 7 조($\substack{\text{현행} \\ \text{제 9 조}}$) 제 1 항 제 5 호 소정의 '의사결정과정에 있는 사항'에 준하는 사항으로서 비공개대상정보에 해당되는지 여부

($\substack{\text{노씨 등이 경기도 고양교육청 교육장을 상대로 학교환경위} \\ \text{생정화위원회의 회의록 등의 정보공개를 청구한 사건에서}}$) 공공기관의정보공개에관한법률상 비공개대상정보의 입법 취지에 비추어 살펴보면, 같은 법 **제 7 조 제 1 항 제 5 호**에서의 '**감사·감독·검사·시험·규제·입찰계약·기술개발·인사관리·의사결정과정 또는 내부검토과정에 있는 사항**'은 비공개대상정보를 예시적으로 열거한 것이라고 할 것이므로 의사결정과정에 제공된 회의관련자료나 의사결정과정이 기록된 회의록 등은 의사가 결정되거나 의사가 집행된 경우에는 더 이상 의사결정과정에 있는 사항 그 자체라고는 할 수 없으나, 의사결정과정에 있는 사항에 준하는 사항으로서 **비공개대상정보에 포함될 수 있다.** … 학교환경위생구역 내 금지행위($\substack{\text{숙박} \\ \text{시설}}$) 해제결정에 관한 학교환경위생정화위원회의 회의록에 기재된 발언내용에 대한 해당 발언자의 인적사항 부분에 관한 정보는 공공기관의정보공개에관한법률 제 7 조 제 1 항 제 5 호 소정의 비공개대상에 해당한다($\substack{\text{대판 2003. 8. 22,} \\ \text{2002두12946}}$).

판례 12   정보공개법 제 9 조 제 1 항 제 6 호 본문의 비공개대상정보

($\substack{\text{원고가 피고 부산지방검찰청검사장의 불기소사건} \\ \text{기록등열람등사불허가처분의 취소를 구한 사건에서}}$) 공공기관의 정보공개에 관한 법률 제 9 조 제 1 항 제 6 호 본문은 "해당 정보에 포함되어 있는 성명·주민등록번호 등 개인에 관한 사항으로서 공개될 경우 사생활의 비밀 또는 자유를 침해할 우려가 있다고 인정되는 정보"를 비공개대상정보의 하나로 규정하고 있다. 여기에서 말하는 비공개대상정보에는 성명·주민등록번호 등 '개인식별정보'뿐만 아니라 그 외에 정보의 내용에 따라 '개인에 관한 사항의 공개로 인하여 개인의 내밀한 내용의 비밀 등이 알려지게 되고, 그 결과 인격적·정신적 내면생활에 지장을 초래하거나 자유로운 사생활을 영위할 수 없게 될 위험성이 있는 정보'도 포함된다. 따라서 불기소처분 기록이나 내사기록 중 피의자신문조서 등 조서에 기재된 피의자 등의 인적사항 이외의 진술내용 역시 개인의 사생활의 비밀 또는 자유를 침해할 우려가 인정되는 경우에는 위 비공개대상정보에 해당한다($\substack{\text{대판 2017. 9. 7,} \\ \text{2017두44558}}$).

판례 13 정보공개법 제 9 조 제 1 항 제 6 호 단서 다목 해당 여부의 판단방법

[1] (서울지방변호사회가 피고 법무부장관을 상대로 '제 3 회 변호사시험 합격자 명단'의 정보공개를 청구하자, 피고가 2014. 4. 25. 변호사시험 합격자 명단은 구 정보공개법 제 9 조 제 1 항 제 6 호 소정의 '공개될 경우 개인의 사생활의 비밀 또는 자유를 침해할 우려가 있다고 인정되는 정보'에 해당한다는 이유로 한 비공개결정을 다툰 사건에서) 구 정보공개법 제 9 조 제 1 항 제 6 호 단서 다목에서 말하는 '공개하는 것이 공익을 위하여 필요하다고 인정되는 정보'에 해당하는지 여부는 비공개로 보호되는 개인의 사생활 보호 등의 이익과 공개될 경우의 국정운영 투명성 확보 등 공익을 비교·교량하여 구체적 사안에 따라 신중히 판단하여야 한다(대판 2021. 11. 11, 2015두53770).

[2] (칠곡군수의 원고에 대한 행정정보비공개결정처분의 취소를 구한 칠곡군 업무추진비 비공개사건에서) 지방자치단체의 업무추진비 세부항목별 집행내역 및 그에 관한 증빙서류에 포함된 개인에 관한 정보는 '공개하는 것이 공익을 위하여 필요하다고 인정되는 정보'에 해당하지 아니한다(대판 2003. 3. 11, 2001두6425).

판례 14 정보공개법 제 9 조 제 1 항 제 7 호의 의의

(원고가 전남 신안군 암태면 수곡리 구간 도로 지상의 '100MW 육상풍력발전단지 지중케이블 설치 공사' 시행자가 피고로부터 위 공사 관련 도로점용허가를 받으면서 피고 신안군수에게 제출하였던 확약서에 관한 정보공개를 청구하였으나 거부당하자 정보공개거부처분의 취소를 구한 사건에서) 정보공개법의 입법 목적 등을 고려하여 보면, 정보공개법 제 9 조 제 1 항 제 7 호에서 정한 '법인 등의 경영상·영업상 비밀'은 '타인에게 알려지지 아니함이 유리한 사업활동에 관한 일체의 정보' 또는 '사업활동에 관한 일체의 비밀사항'을 뜻하고, 그 공개 여부는 공개를 거부할 만한 정당한 이익이 있는지 여부에 따라 결정해야 한다. 그러한 정당한 이익이 있는지 여부는 정보공개법의 입법 취지에 비추어 엄격하게 판단해야 한다(대판 2020. 5. 14, 2020두31408, 2020두31415(병합)).

[기출사례] 제55회 5급공채(2011년) 문제·답안작성요령 ☞ PART 4 [1-42]

[기출사례] 제59회 5급공채(2015년) 문제·답안작성요령 ☞ PART 4 [1-43]

[공개와 관련된 입증책임에 관한 판례 모음]

판례 1 비공개사유의 입증책임

(민주사회를위한변호사모임이 법무부장관에게 사면심의에 관한 국무회의안건자료의 공개를 청구한 사건에서) 공공기관의정보공개에관한법률 제 7 조 제 1 항 각호에서 정하고 있는 비공개사유에 해당하지 않는 한 이를 공개하여야 할 것이고, 만일 이를 거부하는 경우라 할지라도 대상이 된 정보의 내용을 구체적으로 확인·검토하여 어느 부분이 어떠한 법익 또는 기본권과 충돌되어 같은 법 제 7 조 제 1 항 몇 호에서 정하고 있는 비공개사유에 해당하는지를 주장·입증하여야만 할 것이며, 그에 이르지 아니한 채 개괄적인 사유만을 들어 공개를 거부하는 것은 허용되지 아니한다(대판 2003. 12. 11, 2001두8827).

판례 2 정보의 미보유·관리에 관한 입증책임

(교육과학기술부장관이 2002년도 및 2003년도 학업성취도평가에 관한 정보의 공개청구를 거부하자 원고들이 제기한 정보공개거부처분취소청구소송에서) 정보공개제도는 공공기관이 보유·관리하는 정보를 그 상태대로 공개하는 제도로서 **공개를 구하는 정보를 공공기관이 보유·관리하고 있을 상당한 개연성이 있다는 점에 대하여는 원칙적으로 공개청구자에게 입증책임이 있지만,** 공개를 구하는 정보를 공공기관이 한때 보유·관리하였으나 후에 그 정보가 담긴 문서 등이 폐기되어 존재하지 않게 된 것이라면 **그 정보를 더 이상 보유·관리하고 있지 아니하다는 점에 대한 입증책임은 공공기관에게 있다**(대판 2010. 2. 25, 2007두9877).

4. 부분공개와 전자적 공개

(1) 부분공개제도　　　공개 청구한 정보가 제 9 조 제 1 항 각호의 어느 하나에 해당하는 부분과 공개가 가능한 부분이 혼합되어 있는 경우로서 공개 청구의 취지에 어긋나지 아니하는 범위에서 두 부분을 분리할 수 있는 경우에는 제 9 조 제 1 항 각 호의 어느 하나에 해당하는 부분을 제외하고 공개하여야 한다($^{공개법}_{제14조}$)($^{판}_{례}$).

판례　부분공개가 가능한 경우

($^{광주교도소장을 피고로 한 정보}_{공개거부처분취소청구소송에서}$) 법원이 행정기관의 정보공개거부처분의 위법 여부를 심리한 결과 공개를 거부한 정보에 비공개사유에 해당하는 부분과 그렇지 않은 부분이 혼합되어 있고, 공개청구의 취지에 어긋나지 않는 범위 안에서 두 부분을 분리할 수 있음을 인정할 수 있을 때에는 공개가 가능한 정보에 국한하여 일부취소를 명할 수 있다. 이러한 정보의 부분 공개가 허용되는 경우란 그 정보의 공개방법 및 절차에 비추어 당해 정보에서 비공개대상정보에 관련된 기술 등을 제외 혹은 삭제하고 나머지 정보만을 공개하는 것이 가능하고 나머지 부분의 정보만으로도 공개의 가치가 있는 경우를 의미한다($^{대판\ 2009.\ 12.\ 10,}_{2009두12785}$).

---

(2) 전자적 공개　　　공공기관은 전자적 형태로 보유·관리하는 정보에 대하여 청구인이 전자적 형태로 공개하여 줄 것을 요청하는 경우에는 그 정보의 성질상 현저히 곤란한 경우를 제외하고는 청구인의 요청에 따라야 한다($^{공개법\ 제15}_{조\ 제1\ 항}$). 공공기관은 전자적 형태로 보유·관리하지 아니하는 정보에 대하여 청구인이 전자적 형태로 공개하여 줄 것을 요청한 경우에는 정상적인 업무수행에 현저한 지장을 초래하거나 그 정보의 성질이 훼손될 우려가 없으면 그 정보를 전자적 형태로 변환하여 공개할 수 있다($^{공개법\ 제15}_{조\ 제2\ 항}$).

Ⅲ. 정보공개청구의 절차

1. 정보공개의 청구

정보의 공개를 청구하는 자는 해당 정보를 보유하거나 관리하고 있는 공공기관에 다음 각 호($^{1.\ 청구인의\ 성명·생년월일·주소\ 및\ 연락처(전화번호·전자우편주소\ 등을\ 말한다.\ 이하\ 이\ 조에서\ 같다).\ 다만,\ 청구인이\ 법인\ 또는\ 단체인\ 경우}_{에는\ 그\ 명칭,\ 대표자의\ 성명,\ 사업자등록번호\ 또는\ 이에\ 준하는\ 번호,\ 주된\ 사무소의\ 소재지\ 및\ 연락처를\ 말한다.\ 2.\ 청구인의\ 주민등록번호(본인임을\ 확인하고\ 공개\ 여부를\ 결정할\ 필요가\ 있는\ 정보를\ 청구하는\ 경우로\ 한정한다).\ 3.공개를\ 청구하는\ 정보의\ 내용\ 및\ 공개방법}$)의 사항을 적은 정보공개 청구서를 제출하거나 말로써 정보의 공개를 청구할 수 있다($^{공개법\ 제10}_{조\ 제1\ 항}$)($^{판례}_{1,\ 2}$).

판례 1　공공기관의 정보공개에 관한 법률에 따른 정보공개청구시 요구되는 대상정보 특정의 정도

($^{대한주택공사를 피고로 한 정보비}_{공개결정처분취소청구사건에서}$) 공공기관의 정보공개에 관한 법률 제10조 제 1 항 제 2 호는 정보의 공개를 청구하는 자는 정보공개청구서에 '공개를 청구하는 정보의 내용' 등을 기재할 것을 규정하고 있는바, 청구대상정보를 기재함에 있어서는 사회일반인의 관점에서 청구대상정보의 내용과 범위를 확정할 수 있을 정도로 특정함을 요한다($^{대판\ 2007.\ 6.\ 1,}_{2007두2555}$).

판례 2 공공기관의 정보공개에 관한 법률상 입증책임
(제이유네트워크 주식회사가 국가정보원장을
피고로 한 정보공개거부처분취소소송에서) 공개청구자는 그가 공개를 구하는 정보를 공공기관이 보유·관리하고 있을 상당한 개연성이 있다는 점에 대하여 입증할 책임이 있으나, 공개를 구하는 정보를 공공기관이 한때 보유·관리하였으나 후에 그 정보가 담긴 문서들이 폐기되어 존재하지 않게 된 것이라면 그 정보를 더 이상 보유·관리하고 있지 않다는 점에 대한 증명책임은 공공기관에 있다 (대판 2013. 1. 24. 2010두18918).

2. 공개 여부의 결정

공공기관은 제10조에 따라 정보공개의 청구를 받으면 그 청구를 받은 날부터 10일 이내에 공개 여부를 결정하여야 한다(공개법 제11조 제1항). 공공기관은 공개 청구된 공개대상정보의 전부 또는 일부가 제3자와 관련이 있다고 인정할 때에는 그 사실을 제3자에게 지체 없이 통지하여야 하며, 필요한 경우에는 그의 의견을 들을 수 있다(공개법 제11조 제3항).

3. 결정의 통지

(1) 공개 일시 및 장소의 통지 공공기관은 제11조에 따라 정보의 공개를 결정한 경우에는 공개의 일시 및 장소 등을 분명히 밝혀 청구인에게 통지하여야 한다(공개법 제13조 제1항).

(2) 사본 또는 복제물의 교부 공공기관은 청구인이 사본 또는 복제물의 교부를 원하는 경우에는 이를 교부하여야 한다(공개법 제13조 제2항).

(3) 대상 정보가 과다한 경우 공공기관은 공개 대상 정보의 양이 너무 많아 정상적인 업무수행에 현저한 지장을 초래할 우려가 있는 경우에는 해당 정보를 일정 기간별로 나누어 제공하거나 사본·복제물의 교부 또는 열람과 병행하여 제공할 수 있다(공개법 제13조 제3항)(판례).

판례 공공기관이 공개청구의 대상이 된 정보를 청구인이 신청한 공개방법 이외의 방법으로 공개하기로 하는 결정을 한 경우, 정보공개방법에 관한 부분에 대하여 일부 거부처분을 한 것인지 여부
(원고가 남양주시 자동차관리과에서 근무하던 중 피고(남양주시장)에게 지출결의서 및 증빙서류(신용카드 사본 등)와 기록물관리대장 등을 전자파일의 형태로 정보통신망을 통하여 송신하는 방법으로 공개할 것을 청구하였으나, 피고가 원고에게 남양주시 자동차관리과 사무실에 직접 방문하여 이 사건 정보를 수령하라는 내용의 이 사건 통보를 하자 원고가 정보공개거부처분의 취소를 구한 남양주시 자동차관련 정보공개청구사건에서) 공공기관이 공개청구의 대상이 된 정보를 공개는 하되, 청구인이 신청한 공개방법 이외의 방법으로 공개하기로 하는 결정을 하였다면, 이는 정보공개청구 중 정보공개방법에 관한 부분에 대하여 일부 거부처분을 한 것으로 보아야 하고, 청구인은 그에 대하여 항고소송으로 다툴 수 있다(대판 2016. 11. 10. 2016두44674).

[기출사례] 제59회 5급공채(2015년) 문제·답안작성요령 ☞ PART 4 [1-44]

(4) 사본 또는 복제물의 공개 공공기관은 제1항에 따라 정보를 공개하는 경우에 그 정보의 원본이 더럽혀지거나 파손될 우려가 있거나 그 밖에 상당한 이유가 있다고 인정할 때에는 그 정보의 사본·복제물을 공개할 수 있다(공개법 제13조 제4항).

(5) 비공개 결정의 통지　　　공공기관은 제11조에 따라 정보의 비공개 결정을 한 경우에는 그 사실을 청구인에게 지체 없이 문서로 통지하여야 한다. 이 경우 제 9 조 제 1 항 각 호 중 어느 규정에 해당하는 비공개 대상 정보인지를 포함한 비공개 이유와 불복의 방법 및 절차를 구체적으로 밝혀야 한다(공개법 제13조 제 5 항)(판례).

> 판례　비공개사유에 해당하는지를 주장·증명하지 아니한 채, 개괄적인 사유만을 들어 공개를 거부할 수 있는지 여부
> (에스케이텔레콤 주식회사 등이 미래창조과학부장관을 피고로 한 정보공개거부처분취소소송에서) 국민으로부터 보유·관리하는 정보에 대한 공개를 요구받은 공공기관으로서는, 정보공개법 제 9 조 제 1 항 각호에서 정하고 있는 비공개사유에 해당하지 않는 한 이를 공개하여야 한다. 이를 거부하는 경우라 할지라도, 대상이 된 정보의 내용을 구체적으로 확인·검토하여, 어느 부분이 어떠한 법익 또는 기본권과 충돌되어 정보공개법 제 9 조 제 1 항 몇 호에서 정하고 있는 비공개사유에 해당하는지를 주장·증명하여야만 하고, 그에 이르지 아니한 채 개괄적인 사유만을 들어 공개를 거부하는 것은 허용되지 아니한다(대판 2018. 4. 12, 2014두5477).

Ⅳ. 권리보호

1. 정보공개청구자의 권리보호

정보공개의 청구에 대하여 공개가 거부되거나, 무응답하거나 불충분하게 공개가 행하여진 경우, 정보공개법은 이의신청, 행정심판, 행정소송의 권리구제수단을 마련하고 있다.

(1) 이의신청(공개법 제18조)　　　① 청구인이 정보공개와 관련한 공공기관의 결정에 대하여 불복이 있거나 정보공개 청구 후 20일이 경과하도록 정보공개 결정이 없는 때에는 공공기관으로부터 정보공개 여부의 결정 통지를 받은 날 또는 정보공개 청구 후 20일이 경과한 날부터 30일 이내에 해당 공공기관에 문서로 이의신청을 할 수 있다(공개법 제18조 제 1 항). ② 공공기관은 이의신청을 받은 날부터 7일 이내에 그 이의신청에 대하여 결정하고 그 결과를 청구인에게 지체 없이 문서로 통지하여야 한다(공개법 제18조 제 3 항 본문). ③ 공공기관은 이의신청을 각하(却下) 또는 기각(棄却)하는 결정을 한 경우에는 청구인에게 행정심판 또는 행정소송을(판례) 제기할 수 있다는 사실을 제 3 항에 따른 결과 통지와 함께 알려야 한다(공개법 제18조 제 4 항).

> 판례　정보공개 청구인이 이의신청을 거쳐 행정소송을 제기하는 경우, 제소기간
> (원고가 피고 한국토지주택공사로부터 정보공개청구에 대한 비공개 결정을 받은 후 이의신청을 하였으나 이의신청을 각하하는 결정을 통지받고 비공개 결정의 취소를 구하는 소를 제기하였는데, 위 소 제기 시점이 이의신청을 각하하는 결정을 받은 날부터 90일(제소기간)을 도과하지 않았으나 비공개 결정을 받은 날부터는 90일을 도과한 사안에서) 관련 법령의 규정 내용과 그 취지 등을 종합하여 보면, 청구인이 공공기관의 비공개 결정 등에 대한 이의신청을 하여 공공기관으로부터 이의신청에 대한 결과를 통지받은 후 취소소송을 제기하는 경우 그 제소기간은 이의신청에 대한 결과를 통지받은 날부터 기산한다고 봄이 타당하다(대판 2023. 7. 27, 2022두52980).

(2) 행정심판$\binom{\text{공개법}}{\text{제19조}}$ ① 청구인이 정보공개와 관련한 공공기관의 결정에 대하여 불복이 있거나 정보공개 청구 후 20일이 경과하도록 정보공개 결정이 없는 때에는 「행정심판법」에서 정하는 바에 따라 행정심판을 청구할 수 있다. 이 경우 국가기관 및 지방자치단체 외의 공공기관의 결정에 대한 감독행정기관은 관계 중앙행정기관의 장 또는 지방자치단체의 장으로 한다$\binom{\text{공개법 제19조}}{\text{제1항}}$. ② 청구인은 제18조에 따른 이의신청 절차를 거치지 아니하고 행정심판을 청구할 수 있다$\binom{\text{공개법 제19}}{\text{조 제2항}}$.

(3) 행정소송$\binom{\text{공개법}}{\text{제20조}}$

1) 대상적격　정보공개청구에 대한 거부도 공권력행사의 거부이기에 항고소송의 대상이 되는 거부처분이다. 판례는 거부처분이 항고소송의 대상이 되기 위해서는 신청인에게 법규상 또는 조리상 신청권이 있어야 한다는 입장이고, 이를 지지하는 견해도 있다. 그러나 신청권은 원고적격의 문제로 보아야 한다. 판례의 입장을 따른다고 하여도 문제는 없다. 왜냐하면 정보공개법 제5조 제1항이 정보공개청구권을 명시적으로 인정하고 있어 신청인에게는 법규상 신청권이 인정되기 때문이다.

2) 원고적격　청구인이 정보공개와 관련한 공공기관의 결정에 대하여 불복이 있거나 정보공개 청구 후 20일이 경과하도록 정보공개 결정이 없는 때에는 「행정소송법」에서 정하는 바에 따라 행정소송을 제기할 수 있다$\binom{\text{공개법 제20}}{\text{조 제1항}}$. 동법 제5조 제1항이 모든 국민의 정보공개청구권을 명시적으로 규정하고 있기 때문에 정보공개의 거부나 부작위로 인해 불이익을 받는 자의 원고적격을 인정함에 어려움은 없다. 판례의 입장도 같다$\binom{\text{판례}}{1,\,2}$.

[판례 1]　정보공개청구권의 성질
$\binom{\text{견책의 징계처분을 받은 원고가 2020. 11. 18. 징계처분의 취소 등을 구하는 소를 제기하였고, 2020. 12. 31. 피고에게 징계위원들의 성}}{\text{명과 직위에 대한 정보공개청구를 하였다. 피고는 2021. 1. 12. 공개거부처분을 하였고, 법원은 2021. 9. 9. 원고의 청구를 모두 기각하는}}$
판결을 하였다. 그후 원고가 정보비
공개결정의 취소를 구한 사건에서) 국민의 정보공개청구권은 법률상 보호되는 구체적인 권리이므로, 공공기관에 대하여 정보공개를 청구하였다가 공개거부처분을 받은 청구인은 행정소송을 통해 공개거부처분의 취소를 구할 법률상 이익이 인정되고, 그 밖에 추가로 어떤 이익이 있어야 하는 것은 아니다. 비록 징계처분 취소사건에서 원고의 청구를 기각하는 판결이 확정되었다고 하더라도 이러한 사정만으로 이 사건 처분의 취소를 구할 이익이 없어지지 않는다. 피고가 원고의 정보공개청구를 거부한 이상 원고로서는 여전히 정보공개거부처분의 취소를 구할 법률상 이익이 있다$\binom{\text{대판 2022. 5. 26,}}{\text{2022두33439}}$.

[판례 2]　정보공개청구의 거부와 법률상 이익
$\binom{\text{충주환경운동연합이 충주시장을 상대로 한 행}}{\text{사관련지출자료 등의 정보공개청구사건에서}}$) 정보공개청구권은 법률상 보호되는 구체적인 권리이므로 청구인이 공공기관에 대하여 **정보공개를 청구하였다가 거부처분을 받은 것 자체가 법률상 이익의 침해에 해당한다**$\binom{\text{대판 2003. 12. 12,}}{\text{2003두8050}}$.

3) 소의 이익　정보공개거부처분의 취소를 구하는 소송 중에 증거로 제출된 청구정보를

법원을 통하여 교부 송달받게 되어 정보를 공개하는 결과가 되어도 이는 정보공개법에 의한 공개라 볼 수 없으므로 소의 이익은 소멸되지 않는다(판례). 정보공개청구에 대하여 정보공개거부처분후 대상 정보의 폐기 등으로 공공기관이 그 정보를 보유·관리하지 않게 된 경우에는 소의 이익이 없으므로 각하판결을 내려야 한다. 판례도 공개청구 대상정보인 공안사범사후관리지침'이 공개거부처분 후 폐기된 사건에서 특별한 사정이 없는 한 거부처분의 취소를 구할 법률상 이익이 없다고 한다(대판 2003. 4. 25, 2000두7087).

> 판례   우회적 방법에 의한 공개가 정보공개법상 공개에 해당하는지 여부
> (대전지방검찰청 검사장의 정보공개 거부처분의 취소를 구한 사건에서) 청구인이 정보공개거부처분의 취소를 구하는 소송에서 공공기관이 청구정보를 증거 등으로 법원에 제출하여 법원을 통하여 그 사본을 청구인에게 교부 또는 송달되게 하여 결과적으로 청구인에게 정보를 공개하는 셈이 되었다고 하더라도, 이러한 우회적인 방법은 정보공개법이 예정하고 있지 아니한 방법으로서 정보공개법에 의한 공개라고 볼 수는 없으므로, 당해 정보의 비공개결정의 취소를 구할 소의 이익은 소멸되지 않는다(대판 2016. 12. 15, 2012 두11409·11416(병합)).

(4) 국가배상   정보공개청구에 대하여 공공기관이 공개법에 위반하여 정보공개를 거부한 경우, 청구인은 국가배상을 청구할 수 있다. 그러나 만약 청구인이 당해 정보의 직접적인 이해당사자가 아니라면 국민으로서 가지는 알권리의 침해만을 이유로 국가배상을 청구하여 승소한다는 것은 예상하기 어렵다.

[기출사례] 제55회 5급공채(2011년) 문제·답안작성요령 ☞ PART 4 [1-45]

2. 제 3 자의 권리보호

(1) 행정절차상 권리보호

1) 제 3 자에의 통지와 의견청취   공공기관은 공개 청구된 공개 대상 정보의 전부 또는 일부가 제 3 자와 관련이 있다고 인정할 때에는 그 사실을 제 3 자에게 지체 없이 통지하여야 하며, 필요한 경우에는 그의 의견을 들을 수 있다(공개법 제11 조 제3항).

2) 제 3 자의 비공개요청과 공개결정   ① 제11조 제 3 항에 따라 공개 청구된 사실을 통지받은 제 3 자는 그 통지를 받은 날부터 3일 이내에 해당 공공기관에 대하여 자신과 관련된 정보를 공개하지 아니할 것을 요청할 수 있다(공개법 제21 조 제1항). ② 제 1 항에 따른 비공개 요청에도 불구하고 공공기관이 공개 결정을 할 때에는 공개 결정 이유와 공개 실시일을 분명히 밝혀 지체 없이 문서로 통지하여야 한다(공개법 제21조 제 2 항 제 1 문). ③ 공공기관은 제 2 항에 따른 공개 결정일과 공개 실시일 사이에 최소한 30일의 간격을 두어야 한다(공개법 제21 조 제 3 항).

(2) 행정쟁송상 권리보호   제 1 항에 따른 비공개 요청에도 불구하고 공공기관이 공개 결정을 할 때에는, 제 3 자는 해당 공공기관에 문서로 이의신청을 하거나 행정심판 또는 행정소송을 제기할 수 있다. 이 경우 이의신청은 통지를 받은 날부터 7일 이내에 하여야 한다(공개법 제21조 제 2 항 제 2 문).

1) 대상적격   제3자는 공공기관의 공개결정을 대상으로 행정소송을 제기할 것이다($^{김동희,}_{박균성,}$$_{정하중}$). 제3자의 '비공개신청에 대한 거부처분'의 취소를 구하는 소송으로 볼 여지도 있다.

2) 청구인적격·원고적격   제3자의 청구인적격·원고적격은 공공기관의 정보공개에 관한 법률 제21조 제2항에 의하여 명시적으로 규정되고 있다.

3) 집행정지   일단 정보가 공개되면 소송은 실익이 없으므로 제3자는 소송의 제기와 동시에 집행정지를 신청하여야 할 것이다($^{공개법 제21조 제3항은 정보공개 결정일과 공개 실시}_{일의 사이에 최소한 30일의 간격을 두도록 규정한다}$). 그러나 집행정지의 인용결정이 불분명한바 입법론상으로 행정소송법상 집행부정지의 원칙의 예외로서 정보공개법에 집행정지원칙의 규정을 두는 것이 바람직하다는 견해($^{김동}_{희}$)가 유력하다.

(3) 국가배상   공공기관이 공개법에 위반하여 비공개대상정보임에도 제3자의 정보를 공개하면 당해 정보의 주체인 제3자는 국가배상을 청구할 수 있다.

(4) 예방적 소송   현행법상 제3자의 비공개요청에 대한 공개 결정일과 공개 실시일 사이에는 최소한 30일의 간격을 두어야 하나($^{공개법 제21}_{조 제3항}$) 우리 대법원이 집행정지의 요건을 엄격하게 해석하고 있어($^{예를 들어 회복하기 어려운 손해를 금전보상이}_{불가능하거나 현저히 곤란한 손해로 한정함}$) 집행정지결정 여부가 불확실하므로 권리구제가 실효적이지 않을 수 있다. 따라서 제3자가 예방적 부작위소송($^{확인}_{소송}$)을 제기하는 것을 생각할 수 있으나 현행법상 이러한 무명항고소송은 인정되지 않고, 판례도 부정적이다.

3. 공무원의 보호(공무원의 비밀엄수의무와의 관계)

공무원은 재직중은 물론 퇴직 후에도 직무상 알게 된 비밀을 엄수하여야 한다($^{국공법}_{제60조}$). 여기서 말하는 직무상 알게 된 비밀이란 직무수행상 알게 된 일체의 비밀을 뜻하는 것으로 이해된다. 그리고 그 비밀의 누설은 형벌($^{형법}_{제127조}$) 또는 징계의 원인($^{국공법 제78조}_{제1항 제1호}$)이 된다[$^{판례}_{1}$]. 따라서 정보공개를 청구한 경우 공무원의 비밀엄수의무와 국민의 알 권리 사이에 충돌이 생길 수 있어 양자의 조화가 문제된다. 하지만 이러한 문제는 공공기관의 정보공개에 관한 법률의 제정으로 제도적으로 해결되었다. 즉 동법에 따른 공개의 경우에는 공무원법상 비밀엄수의무의 적용이 배제된다($^{대판 1998.}_{7. 24.}$ $^{96다}_{42789}$)[$^{판례}_{2}$].

[판례 1] 국가기관이 일반 국민의 알 권리와 무관하게 개인의 정보를 수집한 경우 대상자가 공적 인물이라는 이유만으로 면책될 수 있는지 여부

($^{보안사 민간인}_{사찰사건에서}$) 공적 인물에 대하여는 사생활의 비밀과 자유가 일정한 범위 내에서 제한되어 그 사생활의 공개가 면책되는 경우도 있을 수 있으나, 이는 공적 인물은 통상인에 비하여 일반 국민의 알 권리의 대상이 되고 그 공개가 공공의 이익이 된다는 데 근거한 것이므로, 일반 국민의 알 권리와는 무관하게 국가기관이 평소의 동향을 감시할 목적으로 개인의 정보를 비밀리에 수집한 경우에는 그 대상자가 공적 인물이라는 이유만으로 국군보안사의 민간인사찰이 면책될 수 없다($^{대판 1998. 7. 24.}_{96다42789}$).

판례 2 수사기관의 피의사실 공표행위가 위법성을 조각하기 위한 요건 및 판단 기준

$\binom{\text{피의사실의 공표로 인한 명예훼손을 이유}}{\text{로 국가에 손해배상을 청구한 사건에서}}$ 일반 국민들은 사회에서 발생하는 제반 범죄에 관한 알권리를 가지고 있고 수사기관이 피의사실에 관하여 발표를 하는 것은 국민들의 이러한 권리를 충족하기 위한 방법의 일환이라 할 것이나, 헌법 제27조 제 4 항$\binom{\text{형사피고인에 대한}}{\text{무죄추정의 원칙}}$, 형법 제126조$\binom{\text{피의사실의}}{\text{공판청구 전 공표}}$, 형사소송법 제198조$\binom{\text{비밀}}{\text{엄수}}$에 비추어… 수사기관의 도박채무공갈단원이라는 피의사실 공표행위가 위법성을 조각하는지의 여부를 판단함에 있어서는 공표 목적의 공익성과 공표 내용의 공공성, 공표의 필요성, 공표된 피의사실의 객관성 및 정확성, 공표의 절차와 형식, 그 표현 방법, 피의사실의 공표로 인하여 생기는 피침해이익의 성질, 내용 등을 종합적으로 참작하여야 한다$\binom{\text{대판}}{\text{2001. 11. 30. 2000다68474}}$.

제6장　행정의 실효성확보

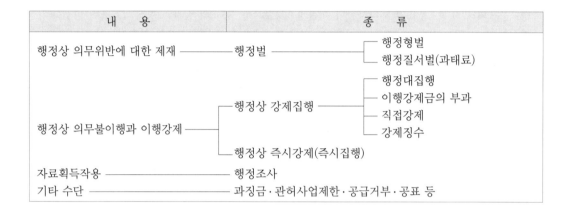

내　용		종　류
행정상 의무위반에 대한 제재 ─────── 행정벌 ───────		┌ 행정형벌 └ 행정질서벌(과태료)
행정상 의무불이행과 이행강제 ───────┬─── 행정상 강제집행 ───────		┌ 행정대집행 ├ 이행강제금의 부과 ├ 직접강제 └ 강제징수
└─── 행정상 즉시강제(즉시집행)		
자료획득작용 ─────────────── 행정조사		
기타 수단 ─────────────── 과징금·관허사업제한·공급거부·공표 등		

제1절　행　정　벌

Ⅰ. 행정벌의 관념

1. 행정벌의 개념

(1) 행정벌의 정의　　　행정벌이란 행정의 상대방이 행정법상 의무를 위반한 경우에 국가 또는 지방자치단체가 행정의 상대방에 과하는 행정법상의 제재로서의 처벌을 말한다. 행정벌은 간접적으로 의무이행을 확보하는 수단으로서 행정법규의 실효성확보에 그 의미를 갖는다.

(2) 구별개념　　　① 행정벌은 과거의 의무위반에 대한 제재를 목적으로 하는 점에서 단순히 자료획득을 위한 행정조사와 목적을 달리한다. 또한 ② 행정벌은 과거의 의무위반에 대한 제재로서 처벌을 내용으로 하나, 행정상 강제집행은 불이행한 의무를 실현시키는 것을 내용으로 한다.

2. 행정벌의 성질

(1) 행정벌과 형사벌

1) 구별기준　　　행정형벌과 형사벌의 구별을 부정하는 견해가 형법학자 중에 있으나, 양자를 상대적으로 구별하는 것이 행정법학자들의 일반적 견해이다. 긍정설에도 ① 피침해이익의

성질을 기준으로 형사범은 법익침해의 위법행위이고, 행정범은 행정의무위반행위라는 견해, ② 피침해규범의 성질을 기준으로 형사범은 모두 문화규범위반행위($^{자연}_{범}$)이고, 행정범은 문화와 관계없는 규범위반행위($^{법정}_{범}$)라는 견해, ③ 생활질서의 차이를 기준으로 국가적·사회적 생활질서상 기본적인 생활질서에 반하는 것이 형사범, 파생적인 생활질서에 반하는 것이 행정범이라는 견해도 있으나, ④ 윤리를 기준으로 하여 형사범은 반윤리적인 것이나, 행정범은 비교적 반윤리적 요소가 적다는 견해, 즉 양자의 구별이 상대적·유동적이라는 견해가 널리 주장되고 있다. ④설이 비교적 타당하다($^{김반}_{진}$).

2) 구별의 의미　　　행정벌과 형사벌이 구별된다면, ① 행정벌에 타당한 총칙의 확보와 ② 하나의 행위가 행정벌과 형사벌 양자에 해당하게 되는 경우에 법조경합이 문제된다.

(2) 행정벌과 징계벌　　　행정벌은 일반행정법관계에서 의무위반자에 가해지는 제재를 말하나, 징계벌은 특별행정법관계에서 내부질서유지를 위해 질서문란자에 가해지는 제재를 말한다. 양자는 목적을 달리하므로 하나의 행위가 동시에 양자의 대상이 될 수 있다.

(3) 행정벌과 강제금(집행벌)　　　행정벌은 과거의 의무위반에 가해지는 제재이나 강제금은 장래에 의무의 이행을 강제하기 위하여 가해지는 제재이다.

3. 행정벌의 종류

행정벌은 위반한 의무의 종류에 따라 질서벌·공기업벌·경제행정벌·재정벌·군정벌 등으로 나눌 수 있다. 한편, 처벌의 내용에 따라 행정형벌과 행정질서벌($^{과태}_{료}$)로 나누어진다. 행정형벌이란 형법에 규정되어 있는 형벌($^{예: 사형·징역·금}_{고·벌금·구류·과료}$)이 가해지는 행정벌을 의미하고, 원칙적으로 형법총칙과 형사소송법이 적용되며, 행정질서벌이란 일반사회의 법익에 직접 영향을 미치지는 않으나 행정상 질서에 장해를 야기할 우려가 있는 의무위반($^{예: 각종의 등록·신}_{고의무불이행의 경우}$)에 대해 과태료가 가해지는 제재를 말한다. 헌법재판소는 행정형벌과 행정질서벌의 구별을 입법재량으로 본다($^{판}_{례}$).

┌─판례─┐ 입법상 행정형벌과 행정질서벌 중 입법자의 선택의 자유(입법재량)
($\frac{건강기능식품에 관한 법률 제44조 제 1 호(다음 각 호의 어느 하나에 해당하는 자는 5년 이하의 징역 또는 5천만 원 이하의 벌금에 처한)}{다. 이 경우 징역과 벌금을 병과할 수 있다. 1. 제 6 조 제 2 항에 따른 영업신고를 하지 아니하고 영업을 한 자) 등 위헌소원사건에서}$)
어떤 행정법규 위반행위에 대하여 이를 단지 간접적으로 행정상의 질서에 장해를 줄 위험성이 있음에 불과한 경우($^{단순한 의무태만}_{내지 의무위반}$)로 보아 행정질서벌인 과태료를 과할 것인가, 아니면 직접적으로 행정목적과 공익을 침해한 행위로 보아 행정형벌을 과할 것인가, 그리고 행정형벌을 과할 경우 그 법정형의 종류와 형량을 어떻게 정할 것인가는, 당해 위반행위가 위의 어느 경우에 해당하는가에 대한 법적 판단을 그르친 것이 아닌 한 그 처벌내용은 기본적으로 입법자가 제반 사정을 고려하여 결정할 입법재량에 속하는 문제이다($^{헌재 2018. 8. 30,}_{2017헌바368}$).

Ⅱ. 행정형벌

1. 행정형벌의 의의

행정형벌이란 행정법상 의무를 위반한 자에게 형법에 규정되어 있는 형벌이 가해지는 것을 말한다(예: 식품법
제93조). 행정형벌에 관한 일반법이 없기 때문에 형법총칙의 적용 여부가 문제되고, 또한 과형절차상 특례의 인정 여부가 문제된다.

2. 행정형벌의 법적 근거

죄형법정주의의 원칙상 행정형벌에 법률의 근거를 요한다. 현재 행정형벌에 관한 일반법은 없고 다만 단행법률에서 개별적으로 규정되고 있다. 헌법상의 위임입법의 법리에 따라 법규명령으로 행정형벌을 규정할 수도 있다. 한편, 판례상 지방자치단체가 행정형벌(특히
벌금형)의 부과대상자가 된 경우도 있다(판
례).

> **판례** 지방자치단체가 양벌규정에 의한 처벌대상이 되는 법인에 해당하는지 여부
> (부산광역시를 피고로 한 자동
차관리법위반의 형사사건에서) 국가가 본래 그의 사무의 일부를 지방자치단체의 장에게 위임하여 그 사무를 처리하게 하는 기관위임사무의 경우에는 지방자치단체는 국가기관의 일부로 볼 수 있고, 이러한 경우에 지방자치단체인 피고인을 양벌규정에 의한 처벌대상이 되는 법인에 해당하는 것으로 보아 처벌할 수는 없다. 그러나 **지방자치단체가 그 고유의 자치사무를 처리하는 경우에 지방자치단체는 국가기관의 일부가 아니라 국가기관과는 별도의 독립한 공법인으로서 양벌규정에 의한 처벌대상이 되는 법인에 해당한다**(대판 2009. 6. 11,
2008도6530).

3. 행정형벌과 형법총칙

(1) 원 칙 "본법 총칙은 타법령에 정한 죄에 적용한다"는 형법 제8조 본문에 따라 형법총칙은 행정형벌에도 적용된다. 왜냐하면 여기서 '타법령'이란 형법 이외에 처벌을 내용으로 갖는 모든 법령을 의미하는 것으로 보아야 하기 때문이다. 따라서 책임주의에 따라 행정형벌도 원칙적으로 고의가 있어야 처벌할 수 있다.

(2) 예 외 "단, 그 법령에 특별한 규정이 있는 때에는 예외로 한다"는 형법 제8조 단서에 따라 행정형벌의 경우에 형법총칙의 적용이 배제될 수도 있다. 그런데 문제는 단서상「특별한 규정이 무엇을 뜻하는가?」라는 점이다. 특별한 규정에 명문의 규정이 포함됨은 당연하나, 그 밖에 해석을 통한 조리상의 특수성도 포함될 것인가에 관해서는 견해가 갈린다. 생각건대 죄형법정주의의 엄격한 적용, 기본권보장의 내실화의 관점에서 사인의 책임을 축소하는 방향으로 조리상의 특수성을 '특별한 규정'에 포함되는 것으로 새기는 것이 바람직하다. 이것은 일반적 견해의 입장이기도 하다.

4. 행정형벌의 과형절차

(1) 원 칙   행정형벌의 일반적인 과형절차는 형벌과 마찬가지로 형사소송법에 의하는 것이 원칙적이다. 경우에 따라서는 특별절차로서 통고처분절차 등이 활용되기도 한다.

(2) 특별절차

1) 통고처분

㈎ 통고처분의 의의   통고처분이란 일반형사소송절차에 앞선 절차로서 일정한 위법행위의 범법자에게 형벌 대신 범칙금을 납부토록 명하고, 범칙자가 그 범칙금을 납부하면 처벌이 종료되는 과형절차를 말한다. 통고처분은 조세범$\binom{조처법}{제15조}$·관세범$\binom{관세법}{제311조}$·출입국사범$\binom{출입법}{제102조}$·교통사범$\binom{도교법}{제163조}$의 경우에 적용되고 있다.

㈏ 통고처분의 성질   "통고처분은 법원에 의하여 자유형 또는 재산형에 처하는 형사절차에 갈음하여 과세관청이 조세범칙자에 대하여 금전적 제재를 통고하고 이를 이행한 조세범칙자에 대하여는 고발하지 아니하고 조세범칙사건을 신속·간이하게 처리하는 절차로서, 형사절차의 사전절차로서의 성격을 가진다$\binom{대판\ 2016.\ 9.\ 28.}{2014도10748}$."

㈐ 통고처분의 합헌성   헌법재판소는 통고처분을 합헌으로 선언하였다$\binom{판례}{1,\ 2}$.

판례 1   행정심판이나 행정소송의 대상에서 통고처분을 제외하는 관세법 제38조 제 3 항 제 2 호의 합헌성

$\binom{서울세관장의\ 확인\ 없이\ 관세감면물품을\ 무단양도하였다는\ 이유로\ 관세법에\ 따라\ 통고처분을\ 받은\ 청구인이\ 통고처분을\ 행정심판이나}{행정소송의\ 대상에서\ 제외하고\ 있는\ 관세법\ 제38조\ 제\ 3\ 항\ 제\ 2\ 호가\ 재판청구권을\ 침해하였거나\ 적법절차에\ 위배되어\ 위헌인지\ 여부}$를 다툰 헌법소원사건에서 통고처분은 상대방의 임의의 승복을 그 발효요건으로 하기 때문에 그 자체만으로는 통고이행을 강제하거나 상대방에게 아무런 권리의무를 형성하지 않으므로 행정심판이나 행정소송의 대상으로서의 처분성을 부여할 수 없고, **통고처분에 대하여 이의가 있으면 통고내용을 이행하지 않음으로써 고발되어 형사재판절차에서 통고처분의 위법·부당함을 얼마든지 다툴 수 있기 때문에** 관세법 제38조 제 3 항 제 2 호가 법관에 의한 **재판을 받을 권리를 침해한다든가 적법절차의 원칙에 저촉된다고 볼 수 없다**$\binom{헌재\ 1998.\ 5.\ 28.}{96헌바4}$.

판례 2   구 도로교통법 제118조의 통고처분의 합헌성

$\binom{민간인이\ 찍은\ 사진을\ 근거로\ 갓길통행을\ 하였다는\ 이유로\ 서울\ 남부경찰서장으로부터\ 범칙금\ 6만원의\ 통고처분을\ 받은\ 청구인이,\ 민간}{인\ 신고만에\ 근거하여\ 이루어지는\ 통고처분에\ 의하여\ 헌법상\ 보장된\ 청구인의\ 평등권\ 등을\ 침해받았다고\ 주장하면서,\ 통고처분\ 및\ 그\ 근}$
$\binom{거법률인\ 도로교통법\ 제117조\ 제3\ 항}{등의\ 위헌확인을\ 구한\ 헌법소원사건에서}$ 통고처분의 이행 여부가 당사자의 임의에 맡겨져 있는 점, 승복하지 않는 당사자에게 법관에 의한 정식재판을 받을 기회가 보장되어 있는 점, 비범죄화 정신에 근접한 통고처분의 제도적 의의 등을 종합할 때, 통고처분 제도의 근거규정인 도로교통법 제118조 본문이 적법절차원칙이나 사법권을 법원에 둔 권력분립원칙에 위배된다거나, 재판청구권을 침해하는 것이라 할 수 없다$\binom{헌재\ 2003.\ 10.\ 30.}{2002헌마275}$.

㈑ 통고처분의 의미   통고처분$\binom{범칙금}{제도}$은 대량의 실정법의 위반사건을 간이·신속하게 처리하는 의미를 갖는다. 통고처분은 법원의 부담을 완화하는 데 기여하고, 전문성을 가진 공무

원에 의해 행정목적을 기술적·효율적으로 달성하는 데 기여하고, 국가수입의 확보에도 기여한다. 뿐만 아니라 통고처분은 일반절차에서 나타나는 범법자의 신용실추와 고통의 장기화를 완화하는 데 기여하기도 한다. 통고처분제도는 전과자의 발생의 방지에 기여한다.

(바) **통고처분의 효과** 범칙자가 범칙금을 납부하면 과형절차는 종료되고, 범칙자는 다시 형사소추되지 아니한다(예: 관세법 제317조, 출입법 제106조, 도교법 제165조 제3항, 조처법 제15조 제3항)(판례). 만약 범칙자가 통고처분의 내용을 이행하지 아니하면 권한행정청(예: 세무서장·세관장)은 고발하여야 한다(조처법 제17조 제2항, 관세법 316조, 출입법 제105조). 이로써 일반형사절차로 넘어가게 된다. 교통사범의 경우에는 권한행정청이 즉결심판을 신청하여야 한다(도교법 제165조 제1항). 통고처분을 할 것인지의 여부는 권한행정청의 재량에 속한다(대판 2007. 5. 11, 2006도1993).

> [판례] **범칙금 제도(통고처분)의 의의**
> (피고인이 음식을 제공받아 편취하였다는 사기 사건에 대하여 경찰서장이 통고처분을 하였고, 위 통고처분에서 정한 범칙금 납부기간이 도과 전 검사가 위 사기 사건에 대하여 공소를 제기한 형사 사건에서) 경범죄 처벌법 제3장의 규정 내용과 통고처분의 입법 취지를 고려하면, 경범죄 처벌법상 범칙금 제도는 범칙행위에 대하여 형사절차에 앞서 경찰서장의 통고처분에 따라 범칙금을 납부할 경우 이를 납부하는 사람에 대하여는 기소를 하지 않는 처벌의 특례를 마련해둔 것으로 법원의 재판절차와는 제도적 취지와 법적 성질에서 차이가 있다. 또한 범칙자가 통고처분을 불이행하였더라도 기소독점주의의 예외를 인정하여 경찰서장의 즉결심판 청구를 통하여 공판절차를 거치지 않고 사건을 간이하고 신속·적정하게 처리함으로써 소송경제를 도모하되, 즉결심판 선고 전까지 범칙금을 납부하면 형사처벌을 면할 수 있도록 함으로써 범칙자에 대하여 형사소추와 형사처벌을 면제받을 기회를 부여하고 있다. 따라서 경찰서장이 범칙행위에 대하여 통고처분을 한 이상, 범칙자의 위와 같은 절차적 지위를 보장하기 위하여 통고처분에서 정한 범칙금 납부기간까지는 원칙적으로 경찰서장은 즉결심판을 청구할 수 없고, 검사도 동일한 범칙행위에 대하여 공소를 제기할 수 없다고 보아야 한다(대판 2020. 4. 29, 2017도13409; 대판 2023. 3. 16, 2023도751).

(사) **통고처분의 불복** 통고처분은 항고소송의 대상이 아니다. 통고처분의 최종적인 당·부당은 형사소송절차에서 판단되고, 소정의 기간 내에 통고처분을 이행하지 아니하면 통고처분은 효력을 상실하기 때문이다. 판례의 태도도 동일하다(대판 1980. 10. 14, 80누380; 대판 1995. 6. 29, 95누4674). 반면 행정기관에 의한 금전부과행위이므로 법정기간 내에 납부하지 않는 것을 해제조건으로 하는 행정행위라는 견해(박균성)도 있다.

2) 즉결심판·보호처분 견해에 따라서는 즉결심판과 보호처분을 특별절차로 들기도 한다. 그러나 즉결심판은 행정범이나 형사범에 모두 적용이 있고, 보호처분은 소년에 적용되는 절차이다. 따라서 양자를 행정형벌에 관한 특별절차로 다루기 곤란한 면도 있다.

Ⅲ. 행정질서벌

1. 행정질서벌의 관념

(1) 의   의   행정질서벌이란 일반사회의 법익에 직접 영향을 미치지는 않으나 행정상의 질서에 장해를 야기할 우려가 있는 의무위반에 대해 과태료가 가해지는 제재를 말한다(예: 식품법 제101조). 행정질서벌이나 행정형벌 모두 행정법규위반의 경우에 과해지는 제재라는 점에서 동일하다. 그러나 전통적 견해에 따르면 행정형벌은 공행정목적을 정면으로 위반한 경우에 과해지는 것이나, 행정질서벌은 단순의무위반으로 공행정질서에 장해를 줄 가능성이 있는 정도의 경미한 범법행위에 과해지는 제재라는 점이 다르다. 한편, 질서위반행위규제법은 질서위반행위를 형식적인 관점에서 "법률(지방자치단체의 조례를 포함한다)상의 의무를 위반하여 과태료를 부과하는 행위(① 대통령령으로 정하는 사법(私法)상·소송법상 의무를 위반하여 과태료를 부과하는 행위와 ② 대통령령으로 정하는 법률의 규정에 따른 징계사유에 해당하여 과태료를 부과하는 행위 제외)"로 정의하고 있다(질서법 제2조 제1호). 질서위반행위규제법에서 말하는 모든 질서위반행위가 행정질서벌에 해당하는 것은 아니고, 다만 행정법의 영역에서 이루어지는 질서위반행위만이 행정질서벌에 해당한다.

(2) 법적 근거   ① 행정질서벌의 총칙(행정질서벌의 성립요건 등에 관한 규정)으로 질서위반행위규제법이 있고(엄밀히 말한다면 질서위반행위규제법은 행정질서벌을 포함한 모든 질서의 일반법이다), 각칙(행정질서벌의 구체적인 종류를 정하는 규정)은 개별 법률에서 규정되고 있다. ② 조례로써 벌칙을 정할 수도 있다. 즉 지방자치단체는 조례로써 조례위반행위에 대하여 1천만원 이하의 과태료를 정할 수 있다(지자법 제34조 제1항). 그리고 공공시설부정사용자등에 대하여 조례로 과태료를 정할 수 있다(지자법 제156조 제2항). 개별법률상 위임이 있으면, 위임의 범위 안에서 조례로 벌칙을 정할 수도 있다. ③ 과태료의 부과·징수, 재판 및 집행 등의 절차에 관한 다른 법률의 규정 중 이 법(질서위반행위규제법)의 규정에 저촉되는 것은 이 법으로 정하는 바에 따른다(질서법 제5조).

(3) 행정질서벌과 행정형벌 중 입법자의 선택문제   어떤 행정법규 위반행위에 대하여 입법자가 행정질서벌인 과태료를 부과할 것인지, 행정형벌을 부과할 것인지, 과태료를 부과하기로 한 경우 그 과태료의 액수를 정하는 것은 입법재량에 속한다(헌재 2017. 5. 25, 2017헌바57).

2. 질서위반행위의 성립 등

(1) 고의·과실, 위법성의 착오   고의 또는 과실이 없는 질서위반행위는 과태료를 부과하지 아니한다(질서법 제7조)[판][예]. 자신의 행위가 위법하지 아니한 것으로 오인하고 행한 질서위반행위는 그 오인에 정당한 이유가 있는 때에 한하여 과태료를 부과하지 아니한다(질서법 제8조).

[판례] 과태료 부과대상 질서위반행위를 한 자가 자신의 책임 없는 사유로 위반행위에 이르렀다고 주장하는 경우, 법원이 취하여야 할 조치

(주거용으로 토지거래허가를 받아 매수한 토지를 허가받은 목적대로 이용하지 않은 채 방치하였다는 이유로 과태료 처분을 받은 자가 토지거래허가를 받은 직후 주거용 건물을 신축하려고 하였으나 허가 당시 도로사용승낙을 해 주었던 인근 토지 소유자가 태도를 바꿔 차량 출입을 방해함으로써 착공에 이르지 못하였을 뿐이므로 자신에게 책임이 없다고 주장한 국토의 계획 및 이용에 관한 법률 위반 이의사건에서) 질서위반행위규제법은 과태료의 부과대상인 질서위반행위에 대하여도 책임주의 원칙을 채택하여 제7조에서 "고의 또는 과실이 없는 질서

위반행위는 과태료를 부과하지 아니한다"고 규정하고 있으므로, 질서위반행위를 한 자가 자신의 책임 없는 사유로 위반행위에 이르렀다고 주장하는 경우 법원으로서는 그 내용을 살펴 행위자에게 고의나 과실이 있는지를 따져보아야 한다(대결 2011. 7. 14, 2011마364).

(2) 책임연령과 심신장애   ① 14세가 되지 아니한 자의 질서위반행위는 과태료를 부과하지 아니한다. 다만, 다른 법률에 특별한 규정이 있는 경우에는 그러하지 아니하다(질서법 제9조). ② 심신(心神)장애로 인하여 행위의 옳고 그름을 판단할 능력이 없거나 그 판단에 따른 행위를 할 능력이 없는 자의 질서위반행위는 과태료를 부과하지 아니한다(질서법 제10조 제1항). 심신장애로 인하여 제1항에 따른 능력이 미약한 자의 질서위반행위는 과태료를 감경한다(질서법 제10조 제2항). ③ 스스로 심신장애 상태를 일으켜 질서위반행위를 한 자에 대하여는 제1항 및 제2항의 규정을 적용하지 아니한다(질서법 제10조 제3항).

(3) 법인의 처리 등   법인의 대표자, 법인 또는 개인의 대리인·사용인 및 그 밖의 종업원이 업무에 관하여 법인 또는 그 개인에게 부과된 법률상의 의무를 위반한 때에는 법인 또는 그 개인에게 과태료를 부과한다(질서법 제11조 제1항).

(4) 다수인의 질서위반행위   2인 이상이 질서위반행위에 가담한 때에는 각자가 질서위반행위를 한 것으로 본다(질서법 제12조 제1항). 신분에 의하여 성립하는 질서위반행위에 신분이 없는 자가 가담한 때에는 신분이 없는 자에 대하여도 질서위반행위가 성립한다(질서법 제12조 제2항). 신분에 의하여 과태료를 감경 또는 가중하거나 과태료에 처하지 아니하는 때에는 그 신분의 효과는 신분이 없는 자에게는 미치지 아니한다(질서법 제12조 제3항).

(5) 과태료의 시효   과태료는 행정청의 과태료 부과처분이나 법원의 과태료 재판이 확정된 후 5년간 징수하지 아니하거나 집행하지 아니하면 시효로 인하여 소멸한다(질서법 제15조 제1항).

3. 과태료의 부과·징수의 절차

(1) 사전통지·의견제출   행정청이 질서위반행위에 대하여 과태료를 부과하고자 하는 때에는 미리 당사자(제11조 제2항에 따른 고용주등을 포함한다)에게 대통령령으로 정하는 사항을 통지하고, 10일 이상의 기간을 정하여 의견을 제출할 기회를 주어야 한다. 이 경우 지정된 기일까지 의견 제출이 없는 경우에는 의견이 없는 것으로 본다(질서법 제16조 제1항). 당사자는 의견 제출 기한 이내에 대통령령으로 정하는 방법에 따라 행정청에 의견을 진술하거나 필요한 자료를 제출할 수 있다(질서법 제16조 제2항). 행정청은 제2항에 따라 당사자가 제출한 의견에 상당한 이유가 있는 경우에는 과태료를 부과하지 아니하거나 통지한 내용을 변경할 수 있다(질서법 제16조 제3항).

(2) 과태료의 부과   행정청은 제16조의 의견 제출 절차를 마친 후에 서면(당사자가 동의하는 경우에는 전자문서를 포함한다)으로 과태료를 부과하여야 한다(질서법 제17조 제1항). 제1항에 따른 서면에는 질서위반행위, 과태료 금액, 그 밖에 대통령령으로 정하는 사항을 명시하여야 한다(질서법 제17조 제2항).

(3) 과태료 부과의 제척기간   행정청은 질서위반행위가 종료된 날$\binom{\text{다수인이 질서위반행위에 가}}{\text{담한 경우에는 최종행위가 종}}$ $\binom{\text{료된 날}}{\text{을 말한다}}$부터 5년이 경과한 경우에는 해당 질서위반행위에 대하여 과태료를 부과할 수 없다$\binom{\text{질서법}}{\text{제19조}}_{\text{제 1 항}}$. 제 1 항에도 불구하고 행정청은 제36조 또는 제44조에 따른 법원의 결정이 있는 경우에는 그 결정이 확정된 날부터 1년이 경과하기 전까지는 과태료를 정정부과 하는 등 해당 결정에 따라 필요한 처분을 할 수 있다$\binom{\text{질서법 제19}}{\text{조 제 2 항}}$.

(4) 이의제기   행정청의 과태료 부과에 불복하는 당사자는 제17조 제 1 항에 따른 과태료 부과 통지를 받은 날부터 60일 이내에 해당 행정청에 서면으로 이의제기를 할 수 있다$\binom{\text{질서법}}{\text{제20조}}_{\text{제 1 항}}$. 제 1 항에 따른 이의제기가 있는 경우에는 행정청의 과태료 부과처분은 그 효력을 상실한다$\binom{\text{질서법 제20}}{\text{조 제 2 항}}$. 당사자는 행정청으로부터 제21조 제 3 항에 따른 통지를 받기 전까지는 행정청에 대하여 서면으로 이의제기를 철회할 수 있다$\binom{\text{질서법 제20}}{\text{조 제 3 항}}$.

(5) 법원에의 통보   제20조 제 1 항에 따른 이의제기를 받은 행정청은 이의제기를 받은 날부터 14일 이내에 이에 대한 의견 및 증빙서류를 첨부하여 관할법원에 통보하여야 한다. 다만, 다음 각 호$\binom{\text{1. 당사자가 이의제기를 철회한 경우. 2. 당사자의 이의제기에}}{\text{이유가 있어 과태료에 처할 필요가 없는 것으로 인정되는 경우}}$의 어느 하나에 해당하는 경우에는 그러하지 아니하다$\binom{\text{질서법 제21}}{\text{조 제 1 항}}$.

4. 질서위반행위의 재판 및 집행

(1) 관할법원   과태료 사건은 다른 법령에 특별한 규정이 있는 경우를 제외하고는 당사자의 주소지의 지방법원 또는 그 지원의 관할로 한다$\binom{\text{질서법}}{\text{제25조}}$. 법원의 관할은 행정청이 제21조 제 1 항 및 제 2 항에 따라 이의제기 사실을 통보한 때를 표준으로 정한다$\binom{\text{질서법}}{\text{제26조}}$.

(2) 심문 등   법원은 심문기일을 열어 당사자의 진술을 들어야 한다$\binom{\text{질서법 제31}}{\text{조 제 1 항}}$. 법원은 검사의 의견을 구하여야 하고, 검사는 심문에 참여하여 의견을 진술하거나 서면으로 의견을 제출하여야 한다$\binom{\text{질서법 제31}}{\text{조 제 2 항}}$. 법원은 당사자 및 검사에게 제 1 항에 따른 심문기일을 통지하여야 한다$\binom{\text{질서법 제31}}{\text{조 제 3 항}}$. 법원은 행정청의 참여가 필요하다고 인정하는 때에는 행정청으로 하여금 심문기일에 출석하여 의견을 진술하게 할 수 있다$\binom{\text{질서법 제32}}{\text{조 제 1 항}}$. 행정청은 법원의 허가를 받아 소속 공무원으로 하여금 심문기일에 출석하여 의견을 진술하게 할 수 있다$\binom{\text{질서법 제32}}{\text{조 제 2 항}}$.

(3) 재판과 항고   판례는 "과태료 재판의 경우 법원으로서는 기록상 현출되어 있는 사항에 관하여 직권으로 증거조사를 하고 이를 기초로 하여 판단할 수 있는 것이나, 그 경우 행정청의 과태료부과처분사유와 기본적 사실관계에 있어서 동일성이 인정되는 한도 내에서만 과태료를 부과할 수 있다"고 한다$\binom{\text{대결 2012. 10. 19.}}{\text{2012마1163}}$. ① 과태료 재판은 이유를 붙인 결정으로써 한다$\binom{\text{질서법}}{\text{제36}}_{\text{조}}_{\text{제 1 항}}$. 결정은 당사자와 검사에게 고지함으로써 효력이 생긴다$\binom{\text{질서법 제37}}{\text{조 제 1 항}}$. 결정의 고지는 법원이 적당하다고 인정하는 방법으로 한다$\binom{\text{질서법 제37조}}{\text{제 2 항 본문}}$. ② 당사자와 검사는 과태료 재판에 대하여 즉시항고를 할 수 있다. 이 경우 항고는 집행정지의 효력이 있다$\binom{\text{질서법 제38}}{\text{조 제 1 항}}$. 항고법원의 과태료 재판에는 이유를 적어야 한다$\binom{\text{질서법}}{\text{제39조}}$.

(4) 과태료 재판의 집행　　과태료 재판은 검사의 명령으로써 집행한다. 이 경우 그 명령은 집행력 있는 집행권원과 동일한 효력이 있다(질서법 제42조 제1항). 과태료 재판의 집행절차는「민사집행법」에 따르거나 국세 또는 지방세 체납처분의 예에 따른다(질서법 제42조 제2항 본문). 검사는 과태료를 최초 부과한 행정청에 대하여 과태료 재판의 집행을 위탁할 수 있고, 위탁을 받은 행정청은 국세 또는 지방세 체납처분의 예에 따라 집행한다(질서법 제43조 제1항). 지방자치단체의 장이 제1항에 따라 집행을 위탁받은 경우에는 그 집행한 금원은 당해 지방자치단체의 수입으로 한다(질서법 제43조 제2항).

(5) 약식재판

법원은 상당하다고 인정하는 때에는 제31조 제1항에 따른 심문 없이 과태료 재판(약식재판)을 할 수 있다(질서법 제44조). 당사자와 검사는 제44조에 따른 약식재판의 고지를 받은 날부터 7일 이내에 이의신청을 할 수 있다(질서법 제45조 제1항). 법원이 이의신청이 적법하다고 인정하는 때에는 약식재판은 그 효력을 잃는다(질서법 제50조 제1항). 제1항의 경우 법원은 제31조 제1항에 따른 심문을 거쳐 다시 재판하여야 한다(질서법 제50조 제2항).

5. 관련문제

(1) 병과(이중처벌)의 가능성

1) 행정형벌과 행정질서벌

(개) 학　　설　　학설은 ① 행정질서벌과 행정형벌은 넓은 의미의 처벌이고, 동일한 위반행위에 대한 행정벌이라는 점에서 병과가 불가능하다는 부정설(김남진·김연태, 박윤흔·정형근, 정하중, 홍준형)과 ② 동일인이라도 그 대상행위가 다른 경우에 양자를 각각 부과하는 것은 그 보호법익과 목적에서 차이를 갖게 되므로 이중처벌에 해당하지 않는다는 긍정설(류지태·박종수)이 있다.

(내) 판　　례　　대법원과 헌법재판소는 행정형벌과 행정질서벌은 모두 행정벌의 일종이지만, 그 목적이나 성질이 다르므로, 행정질서벌인 과태료부과처분 후에 행정형벌을 부과한다고 하여도 일사부재리의 원칙에 반하는 것은 아니라고 한 바 있다(판례1, 2).

〔판례 1〕　과태료의 제재와 형사처벌이 일사부재리의 원칙에 반하는지 여부
(임시운행허가기간이 끝난 뒤에도 자동차등록원부에 등록하지 아니한 채 자동차를 운행한 원고에게 자동차관리법위반으로 부과된 형사처벌을 다툰 사건에서) 행정법상의 **질서벌인 과태료의 부과처분과 형사처벌은 그 성질이나 목적을 달리하는 별개의 것**이므로 행정법상의 질서벌인 과태료를 납부한 후에 형사처벌을 한다고 하여 이를 일사부재리의 원칙에 반하는 것이라고 할 수는 없으며, 자동차의 임시운행허가를 받은 자가 그 허가 목적 및 기간의 범위 안에서 운행하지 아니한 경우에 과태료를 부과하는 것은 당해 자동차가 무등록 자동차인지 여부와는 관계없이, 이미 등록된 자동차의 등록번호표 또는 봉인이 멸실되거나 식별하기 어렵게 되어 임시운행허가를 받은 경우까지를 포함하여, 허가받은 목적과 기간의 범위를 벗어나 운행하는 행위 전반에 대하여 행정질서벌로써 제재를 가하고자 하는 취지라고 해석되므로, 만일 **임시운행허가기간을 넘어 운행한 자가 등록된 차량에 관하여 그러한 행위를 한 경우라면 과태료의 제재만을 받게 되겠지만, 무등록 차량에 관하여 그러한 행위를 한 경우라면 과태료와 별도로 형사처벌의 대상**이 된다(대판 1996. 4. 12, 96도158).

판례 2 무허가건축행위로 구 건축법 제54조 제1항에 의하여 형벌을 받은 자가 그 위법건축물에 대한 시정명령에 위반한 경우 그에 대하여 과태료를 부과할 수 있도록 한 동법 제56조의2 제1항의 규정이 이중처벌금지원칙에 위배되는지 여부

(청구인이 구 도시계획법상 근린생활시설인 의원으로 용도가 지정되어 있는 223평을 허가 없이 사무실로 용도를 변경하여 사용한 탓으로 서울지방법원 서부지원으로부터 구 건축법 제54조 제1항 등에 근거하여 벌금 150만원의 약식명령을 받았고, 또한 서초구청장의 시정조치를 불이행하자 구 건축법 제56조의2 제1항에 근거하여 과태료처분을 받고 과태료부과처분에 대한 이의사건의 재판계속 중 위헌제청신청을 하였으나, 법원이 기각하자 제기한 헌법소원심판청구사건에서) **구 건축법 제54조 제1항에 의한 형사처벌의 대상**이 되는 범죄의 구성요건은 당국의 허가 없이 건축행위 또는 건축물의 용도변경행위를 한 것이고, **동법 제56조의2 제1항에 의한 과태료**는 건축법령에 위반되는 위법건축물에 대한 시정명령을 받고도 건축주 등이 이를 시정하지 아니할 때 과하는 것이므로, **양자는 처벌 내지 제재대상이 되는 기본적 사실관계로서의 행위를 달리하는 것이다.** 그리고, 전자가 무허가건축행위를 한 건축주 등의 행위 자체를 위법한 것으로 보아 처벌하는 것인 데 대하여, 후자는 위법건축물의 방치를 막고자 행정청이 시정조치를 명하였음에도 건축주 등이 이를 이행하지 아니한 경우에 행정명령의 실효성을 확보하기 위하여 제재를 과하는 것이므로 **양자는 그 보호법익과 목적에서도 차이가 있고,** 또한 무허가건축행위에 대한 형사처벌시에 위법건축물에 대한 시정명령의 위반행위까지 평가된다고 할 수 없으므로 시정명령위반행위가 무허가건축행위의 불가벌적 사후행위라고 할 수도 없다. 이러한 점에 비추어 구 건축법 제54조 제1항에 의한 **무허가건축행위에 대한 형사처벌**과 동법 제56조의2 제1항에 의한 **과태료의 부과**는 헌법 제13조 제1항이 금지하는 **이중처벌에 해당한다고 할 수 없다**(헌재 1994. 6. 30, 92헌바38).

[평석]

[판례 1]의 경우　　자동차 미등록 운행 시 벌칙 내용(구 자동차관리법 제71조 제1호, 제4조)은 이 판결 당시 법률과 현행 법률(자동차관리법 제80조 제1항 제5호)의 내용이 동일하다. 그러나 임시운행기간 경과 후 운행의 경우, 당시 법률(구 자동차관리법 제75조 제1항 제3호, 제26조 제3항)은 과태료의 벌칙을 규정하고 있으나, 현행 법률은 벌칙규정을 두고 있지 않다. 당시 법률은 미등록운행금지와 임시운행기간 경과 후 운행금지를 분리 규정하였고, 현행 법률은 미등록운행금지에는 임시운행기간 경과 후 운행금지가 포함되는 것으로 보았다고 하겠다. 임시운행허가기간을 경과한 후의 운행에 대한 제재는 임시운행허가 번호판을 악용하여 임시운행허가기간이 경과한 후에 운행하는 것을 방지하겠다는 의도도 있다고 본다면, 반드시 이중처벌이라 말하기 어렵다. 이러한 관점에서 본다면 A는 이중처벌을 받았다고 보기 어렵다. 그러나 이 사건에서 피고인은 무단으로 자동차를 운행하였다는 것이므로, 논리적으로 보면 현행법의 태도가 바람직하지만, 그렇다고 당시 법률이 위헌이라 단언하기는 어렵다.

[판례 2]의 경우　　이 사건에서 청구인은 무단으로 용도를 변경하였다는 것이므로, 논리상 무단용도변경 금지 위반과 시정명령위반을 합하여 하나의 처벌대상으로 하는 것도 가능하겠지만, 입법자는 현행법에서 양자를 분리 규정한 것으로 볼 것이다.

(다) 사　　견　　① 행정형벌과 행정질서벌의 개념은 법익침해의 강약 등에 따른 처벌의 강약에 차이가 있다. 입법자는 특정 행위의 법익침해의 정도가 강하여 강한 처벌이 필요하면 행정형벌로 규정할 것이고, 미약하다면 행정질서벌로 규정할 것이다. 따라서 특정의 행위는 행정형벌의 대상이 되든지 아니면 행정질서벌의 대상이 되는 것이지, 동시에 행정형벌의 대상이 되면서 행정질서벌의 대상이 될 수는 없다(부정설). 판례의 견해는 다르다(판례). ② 만약 입법자가 하나의 행

위가 갖는 여러 의미를 분리하여 규정한다면 — 그러한 입법은 바람직한 것도 아니고 위헌이라 할 수도 없지만 — 양자의 병과는 가능하다고 볼 것이다(평석).

> **판례** 형벌과 과태료의 병과 가능성
>
> (구 조세범 처벌법 제4조 제3항에 따른 외국항행선박 또는 원양어업선박 외의 용도로 반출한 석유류를 판매한 자에게 판매가액의 3배 이하의 과태료를 부과하도록 정한 구 조세범 처벌법 제4조 제4항 중 '판매'에 관한 부분(이하 '심판대상조항'이라 한다)이 이중처벌금지원칙에 위배되는지 여부 등을 쟁점으로 한 구 조세범 처벌법 제4조 제4항 위헌소원 심판에서) 헌법 제13조 제1항은 "모든 국민은…… 동일한 범죄에 대하여 거듭 처벌받지 아니한다"고 하여 이른바 '이중처벌금지의 원칙'을 규정하고 있는데, 이 원칙은 한번 판결이 확정되면 동일한 사건에 대해서는 다시 심판할 수 없다는 '일사부재리의 원칙'이 국가형벌권의 기속 원리로 헌법상 선언된 것으로서, 여기서 말하는 '처벌'은 원칙적으로 범죄에 대한 국가의 형벌권 실행으로서의 과벌을 의미하는 것이고, 국가가 행하는 일체의 제재나 불이익처분이 모두 그 '처벌'에 포함되는 것은 아니다. 다만 행정질서벌로서의 과태료는 행정상 의무의 위반에 대하여 국가가 일반통치권에 기하여 과하는 제재로서 형벌(특히 행정형벌)과 목적·기능이 중복되는 면이 없지 않으므로, 동일한 행위를 대상으로 하여 형벌을 부과하면서 아울러 행정질서벌로서의 과태료까지 부과하는 경우 이중처벌금지의 기본정신에 배치되어 국가 입법권의 남용으로 인정될 여지는 있다(헌재 2020. 11. 26, 2019헌바12).

2) 징계벌과 행정질서벌　　징계벌과 행정질서벌은 모두 불이익한 처벌이지만, 그 목적이나 성질이 다르다고 볼 것이므로, 징계벌을 부과한 후 행정질서벌을 부과할 수도 있다.

(2) 실효성 제고수단

1) 관허사업의 제한　　① 행정청은 허가·인가·면허·등록 및 갱신(이하 "허가등"이라 한다)을 요하는 사업을 경영하는 자로서 다음 각 호(1. 해당 사업과 관련된 질서위반행위로 부과받은 과태료를 3회 이상 체납하고 있고, 체납발생일부터 각 1년이 경과하였으며, 체납금액의 합계가 500만원 이상인 체납자 중 대통령령으로 정하는 횟수와 금액 이상을 체납한 자. 2. 천재지변이나 그 밖의 중대한 재난 등 대통령령으로 정하는 특별한 사유 없이 과태료를 체납한 자)의 사유에 모두 해당하는 체납자에 대하여는 사업의 정지 또는 허가등의 취소를 할 수 있다(질서법 제52조 제1항). ② 허가등을 요하는 사업의 주무관청이 따로 있는 경우에는 행정청은 당해 주무관청에 대하여 사업의 정지 또는 허가등의 취소를 요구할 수 있다(질서법 제52조 제2항). ③ 행정청은 제1항 또는 제2항에 따라 사업의 정지 또는 허가등을 취소하거나 주무관청에 대하여 그 요구를 한 후 당해 과태료를 징수한 때에는 지체 없이 사업의 정지 또는 허가등의 취소나 그 요구를 철회하여야 한다(질서법 제52조 제3항). ④ 제2항에 따른 행정청의 요구가 있는 때에는 당해 주무관청은 정당한 사유가 없는 한 이에 응하여야 한다(질서법 제52조 제4항).

2) 신용정보의 제공 등　　① 행정청은 과태료 징수 또는 공익목적을 위하여 필요한 경우 「국세징수법」 제7조의2를 준용하여 「신용정보의 이용 및 보호에 관한 법률」 제25조 제2항 제1호에 따른 종합신용정보집중기관의 요청에 따라 체납 또는 결손처분자료를 제공할 수 있다(질서법 제53조 제1항). ② 행정청은 당사자에게 과태료를 납부하지 아니할 경우에는 체납 또는 결손처분자료를 제1항의 신용정보집중기관에게 제공할 수 있음을 미리 알려야 한다(질서법 제53조 제2항). ③ 행정청은 제1항에 따라 체납 또는 결손처분자료를 제공한 경우에는 대통령령으로 정하는 바에 따라 해당

체납자에게 그 제공사실을 통보하여야 한다$\binom{\text{질서법 제53}}{\text{조 제 3 항}}$.

3) 고액·상습체납자에 대한 제재 ① 법원은 검사의 청구에 따라 결정으로 30일의 범위 이내에서 과태료의 납부가 있을 때까지 다음 각호$\binom{\text{1. 과태료를 3회 이상 체납하고 있고, 체납발생일부터 각 1년이 경}}{\text{과하였으며, 체납금액의 합계가 1,000만원 이상인 체납자 중 대통}}$령령으로 정하는 횟수와 금액 이상을 체납한 경우. 2. 과태료 납부능력이 있음에도 불구하고 정당한 사유없이 체납한 경우$)$의 사유에 모두 해당하는 경우 체납자$\binom{\text{법인인 경우에는}}{\text{대표자를 말한다}}$를 감치(監置)에 처할 수 있다$\binom{\text{질서법 제54}}{\text{조 제 1 항}}$. ② 행정청은 과태료 체납자가 제 1 항 각호의 사유에 모두 해당하는 경우에는 관할 지방검찰청 또는 지청의 검사에게 체납자의 감치를 신청할 수 있다$\binom{\text{질서법 제54}}{\text{조 제 2 항}}$. ③ 제 1 항의 결정에 대하여는 즉시항고를 할 수 있다$\binom{\text{질서법 제54}}{\text{조 제 3 항}}$. ④ 제 1 항에 따라 감치에 처하여진 과태료 체납자는 동일한 체납사실로 인하여 재차 감치되지 아니한다$\binom{\text{질서법 제54}}{\text{조 제 4 항}}$.

4) 자동차 관련 과태료 체납자에 대한 자동차 등록번호판의 영치 ① 행정청은 「자동차관리법」 제 2 조 제 1 호에 따른 자동차의 운행·관리 등에 관한 질서위반행위 중 대통령령으로 정하는 질서위반행위로 부과받은 과태료$\binom{\text{이하 "자동차 관}}{\text{련 과태료"라 한다}}$를 납부하지 아니한 자에 대하여 체납된 자동차 관련 과태료와 관계된 그 소유의 자동차의 등록번호판을 영치할 수 있다$\binom{\text{질서법 제55}}{\text{조 제 1 항}}$. ② 자동차 등록업무를 담당하는 주무관청이 아닌 행정청이 제 1 항에 따라 등록번호판을 영치한 경우에는 지체 없이 주무관청에 등록번호판을 영치한 사실을 통지하여야 한다$\binom{\text{질서법 제55}}{\text{조 제 2 항}}$. ③ 자동차 관련 과태료를 납부하지 아니한 자가 체납된 자동차 관련 과태료를 납부한 경우 행정청은 영치한 자동차 등록번호판을 즉시 내주어야 한다$\binom{\text{질서법 제55}}{\text{조 제 3 항}}$.

(3) 행정형벌의 행정질서벌화 ① 행정형벌의 행정질서벌화는 비교적 오래 전부터 주장되어 왔다. 경미한 행정법규위반이 행정형벌로 이어진다면, 그것은 국민을 전과자로 만들 가능성을 갖는다. 따라서 비교적 경미한 행정법규위반에 대해 단기자유형이나 벌금형을 규정하는 경우에는 과태료로 전환하는 것이 필요하다. 실무상으로도 행정형벌의 질서벌화가 계속 추진되고 있다. ② 행정질서벌화의 입법경향이 바람직하다는 것이 다수입장이지만, 그로 인해 책임주의가 배제되고 절차보호가 소홀해진다는 지적도 있다$\binom{\text{김중권,}}{\text{류지태}}$.

[참고] 실정법상 "과태료" 용어의 사용례
　실정법상 과태료라는 용어는 ① 행정질서벌로서의 과태료, ② 민사상 과태료$\binom{\text{예: 민법 제97조;}}{\text{민소법 제311조}}$, ③ 징계벌로서의 과태료$\binom{\text{예: 변호법 제}}{\text{90조 제 4 호}}$, 지방자치법상 과태료$\binom{\text{예: 지자법 제34조 제 1 항·}}{\text{제156조 제 2 항}}$ 등으로 사용되고 있다. 일반적인 경우는 행정질서벌인 과태료이다.

제 2 절   행정상 강제

제1항 일 반 론

1. 행정상 강제의 유형

(1) 유   형   행정청은 행정목적을 달성하기 위하여 필요한 경우에는 법률로 정하는 바에 따라 필요한 최소한의 범위에서 다음 각 호(행정대집행, 이행강제금의 부과, 직접강제, 강제징수, 즉시강제.)의 어느 하나에 해당하는 조치를 할 수 있다(기본법 제30 조 제1항). 행정기본법은 이러한 수단들을 행정상 강제라 부르고 있다(기본법 제 30조 제목).

(2) 행정벌·행정조사와 구별   ① 행정벌은 과거의 의무위반에 대하여 가해지는 제재이나, 행정상 강제는 의무를 현실적으로 실현시키는 것을 목적으로 한다. ② 행정조사는 자료획득을 위한 조사 자체를 목적으로 하나, 행정상 강제는 행정상 의무의 이행을 직접목적으로 한다.

2. 행정상 강제 법정주의

행정기본법 제30조 제 1 항은 "… 법률로 정하는 바에 따라 … 조치(행정상 강제)를 할 수 있다"고 규정하고 있다. 따라서 행정기본법은 행정상 강제는 법률로 정하는 바에 따라야 한다는 행정상 강제 법정주의를 취하고 있다. 행정상 강제 조치에 관하여 행정기본법에서 정한 사항 외에 필요한 사항은 따로 법률로 정한다(기본법 제30 조 제 2 항).

3. 비례원칙

행정기본법 제31조 제 1 항은 ① "행정목적을 달성하기 위하여 필요한 경우"에 ② "필요한 최소한의 범위에서" 조치(행정상 강제)를 할 수 있다고 규정하여 행정상 강제가 이루어질 수 있는 실체적 요건으로서 비례원칙을 규정하고 있다.

4. 특징(사법상 강제집행과 비교)

행정상 강제는 사법상 법률관계에서 강제집행과 달리 자력집행이라는 점을 특색으로 갖는다. 말하자면 사법관계에서는 의무자의 의무의 불이행이 있는 경우에 권리자는 스스로 집행할 수 없고 원칙적으로 사법적 원조, 즉 법원의 판결 및 집행기관에 의한 집행에 의해 권리를 실현하게 된다. 자력구제는 예외적이고 잠정적으로만 가능할 뿐이다. 그러나 행정법상 의무의 불이행의 경우에는 사법적 원조 없이 행정주체가 스스로 고유의 집행기관의 도움을 받아 사인에 대해 강제적으로 권리를 실현할 수 있다. 이를 행정권의 자력강제라 부르기도 한다.

제 2 항 강제집행

Ⅰ. 일 반 론

1. 강제집행의 의의

강제집행이란 행정법상 개별·구체적인 의무의 불이행이 있는 경우에 행정주체가 의무자의 신체 또는 재산에 직접 실력을 가하여 의무자로 하여금 그 의무를 이행하게 하거나 또는 그 의무가 이행된 것과 같은 상태를 실현하는 공행정작용을 말한다. 행정상 강제 중 행정대집행, 이행강제금의 부과, 직접강제, 강제징수가 강제집행에 해당한다. 행정상 강제집행은 언제나 행정법상 개별·구체적인 의무의 불이행을 전제로 한다. 행정상 강제집행은 명령적 행위에서 문제된다. 왜냐하면 형성적 행위나 확인적 행위에서는 법적 효과가 당연히 발생하기 때문이다.

2. 즉시강제와 구별

강제집행과 즉시강제 모두 행정상 강제에 해당한다. 그러나 강제집행은 의무의 존재를 전제로 이의 불이행이 있는 경우에 일정한 절차를 거치면서 실력행사가 이루어지는 것이나, 즉시강제는 구체적인 의무의 불이행이 전제되지 않고 또는 구체적인 의무의 불이행이 있어도 강제집행에 요구되는 절차를 거침이 없이 이루어지는 실력행사인 점에서 양자는 상이하다.

3. 강제집행 수단의 선택

「어떠한 의무의 불이행에 대하여 어떠한 강제집행의 방법이 도입되어야 하는가?」는 불이행된 의무의 성질을 전제로 하여 판단·결정할 문제이다. 의무의 종류에 따른 강제수단을 도해하면 다음과 같다.

종 류	적용가능한 의무	근거법령(적용법령)
행정대집행	대체적 작위의무	개별법률＋행정대집행법＋행정기본법
이행강제금의 부과	대체적 작위의무＋비대체적 작위의무 ＋부작위의무＋수인의무	개별법률＋행정기본법
직접강제	비대체적 작위의무＋부작위의무＋수인의무	개별법률＋행정기본법
강제징수	금전급부의무	개별법률＋국세징수법＋행정기본법

* 직접강제가 비대체적 작위의무(예: 퇴거의무)의 불이행에 적용 가능하지만, 성질상 적용하기 곤란한 경우도 있다 (예: 전문가의 감정의견제출).

Ⅱ. 행정대집행

1. 의   의

(1) 개   념   행정대집행이란 의무자가 행정상 의무(법령등에서 직접 부과하거나 행정청이 법령등에 따라 부과한 의무를 말한다. 이하 이 절에서 같다)로서 타인이 대신하여 행할 수 있는 의무를 이행하지 아니하는 경우 법률로 정하는 다른 수단으로

는 그 이행을 확보하기 곤란하고 그 불이행을 방치하면 공익을 크게 해칠 것으로 인정될 때에 행정청이 의무자가 하여야 할 행위를 스스로 하거나 제3자에게 하게 하고 그 비용을 의무자로부터 징수하는 것을 말한다(기본법 제30조 제1항 제1호). 행정대집행은 언제나 행정법상 개별·구체적인 의무의 불이행을 전제로 한다. 행정대집행은 명령적 행위에서 문제된다. 왜냐하면 형성적 행위나 확인적 행위에서는 법적 효과가 당연히 발생하기 때문이다. 행정대집행을 대집행으로 부르기도 한다(행집법 제2조 이하).

(2) 직접강제와 구별

1) 문제상황　　대집행은 대체적 작위의무의 경우에 문제되고, 직접강제는 대체적이거나 비대체적 작위 뿐만 아니라 수인이나 부작위에도 문제되는바, 대집행과 직접강제의 구분은 대체적 작위의무와 관련하여 문제된다. 대집행에는 자기집행과 타자집행이 있는데, 대집행과 직접강제의 구분은 대집행의 한 형태로서 자기집행과 직접강제의 구별의 문제가 된다.

2) 구분기준　　대집행은 행정청이 의무자에게 부과된 대체적 작위의무를 의무자의 지위에서 행하는 것이고(예: 건물철거), 직접강제는 강제를 통하여 의무자로 하여금 다른 행위, 특히 비대체적 작위·부작위·수인으로 나아가도록 하는 것인 점에서 차이가 난다(예: 시위군중 해산을 위한 물의 살포).

3) 구분의 실익　　① 비례원칙에 따라 대집행으로도 목적달성이 가능하다면 대집행이 적용되어야 하고, 직접강제는 극단적인 경우에만 적용되어야 한다, ② 직접강제의 경우에는 행정청이 비용을 부담하나, 대집행의 경우에는 의무자가 비용을 부담하여야 한다.

2. 법적 근거

① 헌법 제37조 제2항 등에 비추어 대집행에 법률의 근거가 필요하다. ② 행정 전반의 일반법인 행정기본법은 제30조 제1항에서 행정상 강제의 종류로 행정대집행 등을 규정하면서 이러한 수단은 법률로 정하는 바에 따라 발동될 수 있음을 규정하고 있다. ③ 행정대집행에 관한 일반법으로서 행정대집행법이 있다. 특별규정으로 건축법 제85조, 공익사업을 위한 토지 등의 취득 및 보상에 관한 법률 제89조 등을 볼 수 있다. 한편, 행정대집행법에 따른 대집행이 가능함에도 민사소송으로 의무이행을 구할 수 있는지 여부에 관해 판례는 부정적이다[판례].

[판례] 행정청이 행정대집행의 방법으로 건물의 철거 등 대체적 작위의무의 이행을 실현할 수 있는 경우, 민사소송의 방법으로 그 의무의 이행을 구할 수 있는지 여부
(원고인 당진시장이 철거의무를 불이행한 사인을 피고로 하여 민사소송으로 건물퇴거를 구한 사건에서) 관계 법령상 행정대집행의 절차가 인정되어 행정청이 행정대집행의 방법으로 건물의 철거 등 대체적 작위의무의 이행을 실현할 수 있는 경우에는 따로 민사소송의 방법으로 그 의무의 이행을 구할 수 없다(대판 2017. 4. 28, 2016다213916).

3. 대집행의 요건(실체요건)

대집행의 실체적 요건은 행정대집행법 제2조가 정하고 있다. 건물철거의 경우 퇴거를 명하는 집행권원은 필요하지 않다[판례].

> **판례** 건물의 점유자가 철거의무자인 경우 별도로 퇴거를 명하는 집행권원이 필요한지 여부
> (원고인 당진시장이 철거의무를 불이행한 사인을 피고로 하여 민사소송으로 건물퇴거를 구한 사건에서) 행정대집행법에 따른 행정대집행에서 건물의 점유자가 철거의무자일 때에는 건물철거의무에 퇴거의무도 포함되어 있는 것이어서 별도로 퇴거를 명하는 집행권원이 필요하지 않다(대판 2017. 4. 28, 2016다213916).

(1) 공법상 의무의 불이행이 있을 것   ① 대집행은 공법상 의무의 불이행을 대상으로 한다. 따라서 사법상 의무의 불이행은 대집행의 대상이 되지 않으며(대판 1975. 4. 22, 73누215), 대집행의 대상이 되는 공법상 의무는 법령에서 직접 명해지는 경우(예를 들어, 물환경보전법 제15조(배출 등의 금지) ② 제 1 항 제 1 호·제 2 호 또는 제 4 호의 행위로 인하여 공공수역이 오염되거나 오염될 우려가 있는 경우에는 그 행위자, 행위자가 소속된 법인 및 그 행위자의 사업주(이하 "행위자등"이라 한다)는 해당 물질을 제거하는 등 환경부령이 정하는 바에 따라 오염을 방지·제거하기 위한 조치(이하 "방제조치"라 한다)를 하여야 한다)도 있지만, 대부분의 경우 법령에 근거한 행정행위에 의해 명해진다(예를 들어, 옥외광고물 등의 관리와 옥외광고산업 진흥에 관한 법률 제10조(위반 등에 대한 조치) ① 시장 등(제 3 조의2에 따라 시·도지사에게 허가를 받거나 신고한 경우에는 시·도지사를 말한다. 이하 이 조에서 같다)은 광고물등의 허가·신고·금지·제한 등에 관한 제 3 조, 제 3 조의2, 제 4 조, 제 4 조의2, 제 4 조의3, 제 4 조의4 및 제 5 조를 위반하거나 제 9 조에 따른 안전점검에 합격하지 못한 광고물등 또는 제 9 조의2 제 1 항에 따른 안전점검 결과 안전을 저해할 우려가 있다고 판단되는 광고물등에 대하여 다음 각 호(1. 광고물등을 표시하거나 설치한 자, 2. 광고물등을 관리하는 자, 3. 광고주, 4. 옥외광고업사업자, 5. 광고물등의 표시·설치를 승낙한 토지·건물 등의 소유자 또는 관리자)에 해당하는 자(이하 "관리자등"이라 한다)에게 그 광고물등을 제거하거나 그 밖에 필요한 조치를 하도록 명하여야 한다). 공법상 의무를 부과한 행정행위가 반드시 적법하여야 하는 것은 아니다. 물론 무효인 행위로부터 공법상 의무는 발생할 수 없다. ② 공법상 의무의 불이행이 있어야 한다. 대집행절차의 개시 후에 의무의 이행이 있었다면, 대집행은 중지되어야 한다.

(2) 불이행된 의무는 대체적 작위의무일 것

1) 의   의   공법상의 의무는 타인이 대신하여 행할 수 있는 의무, 즉 대체적 작위의무이어야 한다. 의무자만이 이행가능한 전문·기술적인 의무는 대체성이 없다. 비대체적 작위의무나 부작위의무 또는 수인의무의 불이행의 경우에는 대집행이 적용될 수 없다.

2) 토지·건물 인도의무 불이행의 경우

(개) 대집행 불가   행정청이 토지나 건물의 인도의무(인도명령)를 부과한 경우 그 의무부과의 목적은 토지 등의 점유이전이다. 이러한 의무는 대체적 작위의무가 아니어서 대집행은 불가능하다(판례 1). 따라서 토지·건물의 인도의무의 불이행이 있는 경우에는 사정에 따라 경찰관 직무집행법상 위험발생방지조치(동법 제5조) 등이나 형법상 공무집행방해죄의 적용을 통해 의무의 이행을 확보할 수 있을 뿐이다.

(내) 토상법(공익사업을 위한 토지 등의 취득 및 보상에 관한 법률)의 경우   공익사업을 위한 토지 등의 취득 및 보상에 관한 법률 제44조(인도 또는 이전의 대행) ① 특별자치도지사, 시장·군수 또는 구청장은 다음 각 호(1. 토지나 물건을 인도하거나 이전하여야 할 자가 고의나 과실 없이 그 의무를 이행할 수 없을 때, 2. 사업시행자가 과실 없이 토지나 물건을 인도하거나 이전하여야 할 의무가 있는 자를 알 수 없을 때)의 어느 하나에 해당할 때에는 사업시행자의 청구에 의하여 토지나 물건의 인도 또는 이전을 대행하여야 한다), 제89조(대집행) ① 이 법 또는 이 법에 따른 처분으로 인한 의무를 이행하여야 할 자가 그 정하여진 기간 이내에 의무를 이행하지 아니하거나 완료하기 어려운 경우 또는 그로 하여금 그 의무를 이행하게 하는 것이 현저히 공익을 해친다고 인정되는 사유가 있는 경우에는 사업시행자는 시·도지사나 시장·군수 또는 구청장에게 「행정대집행법」에서 정하는 바에 따라 대집행을 신청할 수 있다. 이 경우 신청을 받은 시·도지사나 시장·군수 또는 구청장은 정당한 사유가 없으면 이에 따라야 한다)는 시장 등이 토지나 물건의 인도나 이전을 대행할 수 있음을 규정하는데 물건의 이전의무는 대체적 작위의무로 대집행의 대상이 될 수 있지만, 토지나 건물의 인도의무는 대체적 작위의무가 아님에도 대집행의 대상이 되는지가 문제된다. 이에 관하여

① 토지나 건물의 인도의무는 대체적 작위의무가 아니기에 동 규정을 근거로 대집행할 수 없다는 견해($^{박윤}_{흔}$)와 ② 동 규정을 행정대집행법 제 2 조의 예외로 보고 대집행할 수 있다는 견해($^{류지}_{태}$)가 대립된다. ③ 판례는 부정적인 입장이다($^{판례}_{2, 3}$). ④ 본서는 ①의 입장을 취한다.

　3) 부작위의무 불이행의 경우　　　부작위의무는 철거명령 등을 통해 작위의무로 전환시킨 후에 대집행의 대상이 될 수 있다($^{건축법 제79조;}_{도로법 제96조}$). 작위의무로 전환시킬 수 있는 법적 근거($^{전환}_{규범}$)가 없다면, 법률유보의 원칙상 대집행은 불가능하다($^{판례}_{4}$). 즉 전환규범에 근거한 전환명령이 필요하다.

> [판례 1]　점유자의 퇴거 및 명도의무가 대집행의 대상인지 여부
>
> (서울특별시 관악구청장의 원고에 대한 관악산 소재 매점의 외부판매시설물 및 상품일체에 대한 철거대집행계고처분의 취소를 구한 관악산 매점시설퇴거사건에서) 도시공원시설인 매점의 관리청(서울시 관악구청장)이 그 공동점유자 중의 1인에 대하여 소정의 기간 내에 위 매점으로부터 퇴거하고 이에 부수하여 그 판매 시설물 및 상품을 반출하지 아니할 때에는 이를 **대집행하겠다는 내용의 계고처분은 그 주된 목적이 매점의 원형을 보존하기 위하여 점유자가 설치한 불법 시설물을 철거하고자 하는 것이 아니라, 매점에 대한 점유자의 점유를 배제하고 그 점유이전을 받는 데 있다고 할 것인데, 이러한 의무는 그것을 강제적으로 실현함에 있어 직접적인 실력행사가 필요한 것이지 대체적 작위의무에 해당하는 것은 아니어서 직접강제의 방법에 의하는 것은 별론으로 하고 행정대집행법에 의한 대집행의 대상이 되는 것은 아니다**($^{대판 1998. 10. 23,}_{97누157}$).

> [판례 2]　피수용자의 인도(명도)의무가 대집행의 대상인지의 여부
>
> (구 토지수용법상 피수용자 등이 기업자에 대하여 부담하는 수용대상 토지의 인도의무가 행정대집행에 의한 대집행의 대상이 될 수 있는지 여부 등을 쟁점으로 한 사건에서) 구 토지수용법($^{2002. 2. 4. 법률 제}_{6656호로 제정되어}$ 2003. 1. 1.부터 시행된 공익사업을 위한 토지 등의 취득 및 보상에 관한 법률 부칙 제 2 조에 의하여 폐지된 것) 제63조($^{현행}_{제43조}$)는 …, 제64조($^{현행}_{제44조}$)는 … 규정하고 있으며, 제77조($^{현행}_{제89조}$)는 … 라고 규정하고 있는데, **위 각 규정에서의 '인도'에는 명도도 포함되는 것으로 보아야 하고, 이러한 명도의무는 그것을 강제적으로 실현하면서 직접적인 실력행사가 필요한 것이지 대체적 작위의무라고 볼 수 없으므로 특별한 사정이 없는 한 행정대집행법에 의한 대집행의 대상이 될 수 있는 것이 아니다**($^{대판 2005. 8. 19,}_{2004다2809}$).

> [판례 3]　구 공유재산 및 물품 관리법 제83조가 '대체적 작위의무'가 아닌 의무에 대하여도 대집행을 허용하는 취지인지 여부
>
> (전국공무원노동조합 군지부 폐쇄에 저항한 공무원들을 특수공무집행방해·지방공무원법위반으로 기소한 형사사건에서) 구 공유재산 및 물품 관리법($^{2010. 2. 4. 법률 제10006호로 개}_{정되기 전의 것, 이하 '공유재산법'}$이라 한다) 제83조는 "정당한 사유 없이 공유재산을 점유하거나 이에 시설물을 설치한 때에는 행정대집행법 제 3 조 내지 제 6 조의 규정을 준용하여 철거 그 밖의 필요한 조치를 할 수 있다"라고 정하고 있는데, 위 규정은 대집행에 관한 개별적인 근거 규정을 마련함과 동시에 행정대집행법상의 대집행 요건 및 절차에 관한 일부 규정만을 준용한다는 취지에 그치는 것이고, 그것이 대체적 작위의무에 속하지 아니하여 원칙적으로 대집행의 대상이 될 수 없는 다른 종류의 의무에 대하여서까지 강제집행을 허용하는 취지는 아니다($^{대판 2011. 4. 28,}_{2007도7514}$).

> [판례 4]　부작위의무를 규정한 금지규정에서 작위의무 명령권이 당연히 도출되는지 여부
>
> (인천시 남구청장이 유원유치원에 대해 주변 아파트 조경시설에 무단으로 어린이 놀이시설을 설치한 것을 원상복구할 것을 지시하였고, 원고가 이에 응하지 아니하자 원상복구를 이행하지 않을 때에는 대집행하겠다는 내용의 계고처분을 한 유치원시설물철거대집행계고처분취소를 구한사건에서) **구 주택건설촉진법 제38조 제 2 항은** 공동주택 및 부대시설·복리시설의 소유자·입주

제6장 행정의 실효성확보 **407**

자·사용자 등은 부대시설 등에 대하여 도지사의 허가를 받지 않고 **사업계획에 따른 용도 이외의 용도에 사용하는 행위 등을 금지하고**(구 정부조직법 제5조 제1항, 행정권한의위임및위탁에관한규정 제4조에 따른 인천광역시사무위임규칙에 의하여 위 허가권이 구청장에게 재위임되었다), 그 위반행위에 대하여 위 주택건설촉진법 제52조의2 제1호에서 1천만 원 이하의 벌금에 처하도록 하는 벌칙규정만을 두고 있을 뿐, 구 건축법 제69조(현행법 제79조) 등과 같은 **부작위의무 위반행위에 대하여 대체적 작위의무로 전환하는 규정을 두고 있지 아니하므로 위 금지규정으로부터 그 위반결과의 시정을 명하는 원상복구명령을 할 수 있는 권한이 도출되는 것은 아니다.** 결국 행정청의 **원고에 대한 원상복구명령**은 권한 없는 자의 처분으로 무효라고 할 것이고, 위 원상복구명령이 당연무효인 이상 **후행처분인 계고처분의 효력에 당연히 영향을 미쳐 그 계고처분 역시 무효로 된다**(대판 1996. 6. 28, 96누4374). (평석: 따라서 유원유치원장에 대한 원상복구명령은 권한 없는 자의 처분으로서 무효이므로, 후행처분인 계고처분도 역시 무효이다).

(3) 다른 방법이 없을 것(보충성)　　　대집행이 인정되기 위해서는 불이행된 의무를 다른 수단으로는 이행을 확보하기가 곤란하여야 한다(대판 1989. 7. 11, 88누11193). 다른 수단이란 비례원칙상 의무자에 대한 침해가 대집행보다 경미한 수단을 의미한다. 따라서 직접강제나 행정벌은 이에 해당하기 어렵다. 행정지도 내지 사실상의 권유 등은 다른 수단에 해당한다. 일부 견해(강구철·김남진)는 현재까지 대법원판례에서도 '다른 수단'의 존재를 이유로 하여 대집행을 불허한 경우는 없으며, 따라서 이 '다른 수단으로 그 이행을 확보하기 곤란할 것'이라는 요건은 실제상의 의미는 대집행을 함부로 하여서는 아니 된다는 의미, 즉 대집행을 행함에 있어 행정상의 보충성의 원칙이나 비례의 원칙이 적용되어야 함을 강조한 의미로 해석하여야 한다고 한다.

[참고]　행정기본법 제30조 제1항 본문은 "필요한 최소한의 범위에서 …해당하는 조치를 할 수 있다"고 하여 행정대집행에 비례원칙이 적용됨을 규정하고 있다.

(4) 공익상의 요청이 있을 것　　　의무의 불이행만으로 대집행이 가능한 것은 아니다. 의무의 불이행을 방치하는 것이 심히 공익을 해한다고 인정되는 경우에 비로소 대집행이 허용된다. 「심히」의 판단시기는 계고시가 기준이 된다.

[공익상 요청이 있는 것으로 본 판례 모음]
① 건축 도중 3회에 걸쳐 건축의 중지 및 시공부분의 철거지시를 받았음에도 공사를 강행하여 건축물을 완공한 경우(대판 1980. 9. 24, 80누252), ② 개발제한구역 내의 토지소유자가 부정한 방법으로 증축허가신청을 받고 건물을 증축한 후 관계공무원을 기망하여 준공검사까지 받은 경우(대판 1983. 12. 27, 83누379), ③ 골프연습장을 도시계획법 및 건축법을 위반하여 무허가로 용도 변경하여 설치하고, 개발제한구역 내에 위치하고 있어 합법화될 가능성이 없는 건축물(대판 1995. 6. 29, 94누11354), ④ 원고 소유인 건물의 3층 부분 건평 32.56평방미터에 대한 이벽보강공사 및 지붕보수공사의 대수선신고를 마치고 그 공사를 하면서 허가를 받지 아니하고 위 3층 부분에 이어 건평 63.44평방미터를 증축한 경우(대판 1992. 3. 10, 91누4140), ⑤ 대지의 전면에 설치된 도시계획선을 침범하여 건축함으로써 1, 2층 점포부분을 허가면적보다 각 55평방미터 늘려 시공한 건축물(대판 1992. 8. 14, 92누3885), ⑥ 개발제한구역 내에 허가 없이 묘

지를 설치한 불법형질변경을 한 경우($\frac{대판 1993. 5. 11.}{92누8279}$), ⑦ 사설강습소를 운영하면서 구 건축법 제 5 조에 의한 허가를 받지 아니하고 건물 옥상에 스레트 및 함석브럭 구조로 된 간이건물 153평 방미터를 증축하여 사용한 경우($\frac{대판 1993. 6. 25.}{93누2346}$), ⑧ 소관청의 허가를 받음이 없이 시장건물의 후면 벽과 공터 359평방미터에 인접한 주택의 담장을 벽으로 삼고 철골의 기둥과 천정을 세워 그 위에 스레트 및 천막을 씌워 차양시설로서 건축물을 완성한 경우($\frac{대판 1989. 3. 28.}{87누930}$), ⑨ 공장건물 중 기존 의 1층 181.32m²에 1개층 181.32m²가 기존의 2층 181.32m²에 1개층 60m²가 각 무단 증축되어 있고, 기존 2층의 공장용도 85.32m² 부분이 주택으로 개조된 경우($\frac{대판 1995. 12. 26.}{95누14114}$).

[공익상 요청이 없는 것으로 본 판례 모음]

① 1, 2층에는 각 세입자가 살고 있고 3층에는 원고가 살고 있는 3층 주택에 있어서 1층에는 화장 실과 부엌이 따로 없어 생활에 심한 불편이 있자 건축허가 없이 1층 출입문 옆에 화장실 2.86평 방미터와 아궁이가 있는 창고 9.02평방미터를 설치하고 원고의 가족이 많아 방이 부족하므로 허 가 건물인 옥탑에 덧붙여 13.11평방미터의 주택용 방실 1개를 증축한 경우($\frac{대판 1989. 7. 11.}{88누11193}$), ② 기 존건물의 4층 옥상 뒤편에 허가를 받지 아니하고 세면벽돌조 스라브지붕 주택 55.44평방미터를 증축한 경우($\frac{대판 1990. 1. 23.}{89누6969}$), ③ 주택건물 중 신고 없이 무단 축조한 건물후면부분은 단열재를 보 강하여 외벽을 다시 쌓음으로서 벽체의 두께가 40센티미터 정도 늘어난 부분으로서 바닥 면적이 3.3평방미터에 불과한 경우($\frac{대판 1991. 8. 27.}{91누5136}$), ④ 불법 증축한 건물에 관하여 특정건축물정리에 관한 특별조치법 제 4 조의 절차에 따라 위 건물을 동법 제 3 조 소정의 대상건축물로 신고하여 서울특 별시장이 위 건물을 동법소정의 대상 건물로 판단하여 특정건축물정리심의위원회에 심의를 상정 한 상태라 위 불법증축부분에 대하여서는 위 특별조치법 소정의 절차에 따라 합법화될 가능성이 있는 경우($\frac{대판 1986. 11. 11.}{86누173}$).

(5) 기   타   ① 불가쟁력의 발생은 고려의 대상은 되나 대집행의 요건은 아니다. ② 요건의 판단에서는 판단여지가 문제될 수 있다. ③ 집행정지중에는 집행을 할 수 없다. ④ 요건 이 구비된 후 대집행을 할 것인가의 여부는 행정대집행법 제 2 조의 표현($\frac{할 수}{있다}$)상 재량적이다. 다 만 재량이 영으로 수축되는 경우에는 기속적이다.

[기출사례] 제56회 5급공채(2012년) 문제·답안작성요령 ☞ PART 4 [1–47]
[기출사례] 제58회 사법시험(2016년) 문제·답안작성요령 ☞ PART 4 [3–17]

4. 대집행주체와 대집행행위자

(1) 대집행주체   대집행을 결정하고 이를 실행할 수 있는 권한을 가진 자($\frac{대집행}{주체}$)는 당해 행정청이다($\frac{행집법}{제 2 조}$). 당해 행정청이란 의무를 부과한 행정청을 의미한다. 그것은 국가기관일 수도 있고, 지방자치단체의 기관일 수도 있다. 당해 행정청의 위임이 있으면 다른 행정청도 대집행주 체가 될 수 있다($\frac{판}{례}$).

> **판례** 한국토지주택공사가 법령에 의하여 대집행권한을 위탁받아 공무인 대집행을 실시하는 경우, 그 법적 지위
>
> $\binom{\text{한국토지주택공사가 손}}{\text{해배상을 구한 사건에서}}$ 대한주택공사$\binom{2009. 5. 22. \text{ 법률 제9706호 한국토지주택공사법 부칙}}{\text{제 8 조에 의하여 원고에게 권리·의무가 포괄승계되었다}}$는 구 대한주택공사법$\binom{\text{위 한국토지주택공사법 부칙}}{\text{제 2 조로 폐지, 이하 '법'이라 한다}}$ 제 2 조, 제 5 조에 의하여 정부가 자본금의 전액을 출자하여 설립한 법인이고, 대한주택공사가 택지개발촉진법에 따른 택지개발사업을 수행하는 경우 이러한 사업에 관하여는 법 제 9 조 제 1 항 제 2 호, 제 9 조 제 2 항 제 7 호, 구 대한주택공사법 시행령$\binom{2009. 9. 21.}{\text{대통령령 제}}$ $\binom{21744호 한국토지주택공사법 시행령 부}{\text{칙 제 2 조로 폐지, 이하 '시행령'이라 한다}}$ 제10조 제 1 항 제 2 호, 공익사업을 위한 토지 등의 취득 및 보상에 관한 법률 제89조 제 2 항에 따라 시·도지사나 시장·군수 또는 구청장의 업무에 속하는 대집행권한을 대한주택공사에 위탁하도록 되어 있다. 따라서 대한주택공사는 위 사업을 수행함에 있어 법령에 의하여 대집행권한을 위탁받은 자로서 공무인 대집행을 실시함에 따르는 권리·의무 및 책임이 귀속되는 행정주체의 지위에 있다$\binom{\text{대판 2011. 9. 8,}}{\text{2010다48240}}$.

(2) 대집행행위자   대집행을 현실로 수행하는 자는 반드시 당해 행정청이어야 하는 것은 아니다. 경우에 따라서는 제 3 자가 대집행을 수행할 수도 있다. 전자를 자기집행, 후자를 타자집행이라 부른다. 타자집행의 경우 제 3 자와 행정청 간의 관계에 대해 공익적 요소를 가진 대집행권의 이전을 내용으로 하는 공법상 행정계약 또는 공무수탁사인의 관계에 있는 공법관계로 보는 견해$\binom{\text{한견우,}}{\text{박균성}}$도 있으나 사법상 도급계약으로 보는 다수견해가 타당하다$\binom{\text{류지태, 김성수, 홍준}}{\text{형, 김남진·김연태}}$.

5. 대집행의 절차(절차요건)

(1) 계   고

1) 의   의   대집행요건이 갖추어진 경우, 대집행을 하기 위해서는 먼저 의무의 이행을 독촉하는 뜻의 계고를 하여야 한다$\binom{\text{행집법 제 3}}{\text{조 제 1 항}}$. 다만 비상시 또는 위험이 절박한 경우에 있어서 당해 행위의 급속한 실시를 요하여 계고의 수속을 취할 여유가 없을 때에는 그 수속을 거치지 아니하고 대집행을 할 수 있다$\binom{\text{행집법 제 3 조 제 3 항; 건축법 제85조; 옥외광고물 등의}}{\text{관리와 옥외광고산업 진흥에 관한 법률 제10조의2 제 1 항}}$. 이러한 경우는 행정상 즉시강제의 성격을 갖게 된다.

2) 법적 성질   계고란 준법률행위적 행정행위로서 통지행위에 해당하며$\binom{\text{통}}{\text{설}}$, 행정쟁송의 대상이 된다$\binom{\text{판례}}{1}$. 반복된 계고의 경우에는 1차계고가 처분성을 가진다$\binom{\text{판례}}{2}$.

> **판례 1** 계고처분 자체의 행정소송의 대상성 구비 여부
>
> $\binom{\text{(시장점포의 사용허가취소 및}}{\text{재분배 행위를 다툰 사건에서}}$ 행정대집행법 제 3 조 제 1 항의 계고처분은 그 계고처분 자체만으로서는 행정적 법률효과를 발생하는 것은 아니다. 같은 법 제 3 조 제 2 항의 대집행명령장을 발급하고 **대집행을 하는데 전제가 되는 것이므로 행정처분이라 할 수 있고** 따라서 행정소송의 대상이 될 수 있다$\binom{\text{대판 1962. 10. 18,}}{\text{62누117}}$.

판례 2 위법건축물에 대한 철거명령 및 계고처분에 불응하여 행한 제 2 차, 제 3 차 계고처분이 행정처분인지 여부

(추자면장의 원고에 대한 건축물자진철 거계고처분의 취소를 구한 사건에서) 건물의 소유자에게 위법건축물을 일정기간까지 철거할 것을 명함과 아울러 불이행할 때에는 대집행한다는 내용의 철거대집행 계고처분을 고지한 후에 불응하자 다시 제 2 차, 제 3 차 계고서를 발송하여 일정기간까지의 자진철거를 촉구하고 불이행하면 대집행을 한다는 뜻을 고지하였다면 행정대집행법상의 **건물철거의무는 제 1 차 철거명령 및 계고처분으로서 발생하였고 제 2 차, 제 3 차의 계고처분은 새로운 철거의무를 부과한 것이 아니고 다만 대집행기한 의 연기통지에 불과하므로 행정처분이 아니다**(대판 1994. 10. 28, 94누5144).

3) 요 건

(가) **계고의 내용(특정)** 계고시에 의무의 내용이 특정되어야 한다(판례 1).

(나) **계고의 기간(상당한 기간)** 계고시에 상당한 이행기간을 정하여야 한다. 상당한 기간 이란 사회통념상 이행에 필요한 기간을 의미한다(판례 2). 행정청은 상당한 이행기한을 정함에 있어 의무의 성질·내용 등을 고려하여 사회통념상 해당 의무를 이행하는 데 필요한 기간이 확보되도 록 하여야 한다(행집법 제 3 조 제 1 항 제 2 문).

(다) **계고의 방식(문서)** 계고는 문서로 하여야 한다(행집법 제 3 조 제 1 항). 구두에 의한 계고는 무효 이다.

(라) **의무부과와 계고의 동시발령 가능** 대집행의 요건으로서 작위의무의 부과와 대집 행의 절차인 계고처분은 별개로 독립하여 이루어져야 함이 원칙이지만, 판례는 사정에 따라서 는 양자가 동시에 이루어질 수도 있음을 인정한다(판례 3). 하지만 이러한 판례의 태도에 대해서 는 의무자에게 주어진 추가적인 이행기간을 박탈하게 됨으로써 실질적으로 기한의 이익을 상 실하게 하고 다른 한편 계고의 요건인 '상당한 기간'의 부여에 흠이 있는 것이 될 것이라고 하 여 반대하는 입장도 있다(김남진, 김철용).

판례 1 계고처분시 대집행할 행위의 내용 및 범위가 반드시 계고서에 의해 특정되어야 하는지 여부

(남제주군수의 원고의 무허가건축물에 대한 행 정대집행계고처분의 무효확인을 구한 사건에서) 행정청이 행정대집행법 제 3 조 제 1 항에 의한 대집행계고를 함에 있어서는 의무자가 스스로 이행하지 아니하는 경우에 대집행할 행위의 내용 및 범위가 구체 적으로 특정되어야 하지만, 그 행위의 내용 및 범위는 반드시 대집행계고서에 의하여서만 특정되 어야 하는 것이 아니고 **계고처분 전후에 송달된 문서나 기타 사정을 종합하여 행위의 내용이 특정되 거나 대집행 의무자가 그 이행의무의 범위를 알 수 있으면 족하다**(대판 1997. 2. 14, 96누15428; 대판 1992. 6. 12, 91누13564).

판례 2 상당한 의무이행기간을 부여하지 않은 계고처분 후 대집행영장으로 대집행의 시기를 늦춘 경우 그 계고처분의 적법성

(속초시장의 원고에 대한 건축물무단용도변경원상복구명령계 고처분의 취소를 구한 속초 코리아모텔 행정대집행사건에서) 행정대집행법 제 3 조 제 1 항은 행정청이 의무자에

게 대집행영장으로써 대집행할 시기 등을 통지하기 위하여는 그 전제로서 대집행계고처분을 함에 있어서 의무이행을 할 수 있는 상당한 기간을 부여할 것을 요구하고 있으므로, 행정청인 피고가 의무이행기한이 1988. 5. 24.까지로 된 이 사건 대집행계고서를 5. 19. 원고에게 발송하여 원고가 그 이행종기인 5. 24. 이를 수령하였다면, 설사 피고가 **대집행영장으로써 대집행의 시기를** 1988. 5. 27. 15 : 00로 늦추었더라도 위 대집행계고처분은 **상당한 이행기한을 정하여 한 것이 아니어서** 대집행의 적법절차에 위배한 것으로 **위법한 처분**이라고 할 것이다(대판 1990. 9. 14,/90누2048).

[판례 3] 계고서라는 명칭의 1장의 문서로 한 철거명령 및 계고처분의 적법성

(미금시장의 원고에 대한 건물철거대집/행계고처분의 취소를 구한 사건에서) 계고서라는 명칭의 1장의 문서로서 일정기간 내에 위법건축물의 자진철거를 명함과 동시에 그 소정기한 내에 자진철거를 하지 아니할 때에는 대집행할 뜻을 미리 계고한 경우라도 **건축법에 의한 철거명령과 행정대집행법에 의한 계고처분은 독립하여 있는 것으로서 각 그 요건이 충족되었다고 볼 것이다.** 이 경우, 철거명령에서 주어진 일정기간이 자진철거에 필요한 상당한 기간이라면 그 기간 속에는 계고시에 필요한 '**상당한 이행기간**'도 포함되어 있다고 **보아야 할 것이다**(대판 1992. 4. 12,/91누13564).

[기출사례] 제37회 입법고시(2021년) 문제 · 답안작성요령 ☞ PART 4 [1-47a]

(2) 대집행영장에 의한 통지

1) 의　　의 　의무자가 계고를 받고 그 지정기한까지 그 의무를 이행하지 아니할 때에는 당해 행정청은 대집행영장으로써 대집행을 할 시기, 대집행을 시키기 위하여 파견하는 집행책임자의 성명과 대집행에 요하는 비용의 개산에 의한 견적액을 의무자에게 통지하여야 한다(행집법/제3조/제2항). 그러나 비상시 또는 위험이 절박한 경우에 있어서 당해 행위의 급속한 실시를 요하여 위에서 말한 대집행영장에 의한 통지의 절차를 취할 여유가 없을 때에는 그 수속을 거치지 아니하고 대집행을 할 수 있다(행집법 제3조 제3항; 건축법 제85조; 옥외광고물 등의/관리와 옥외광고산업 진흥에 관한 법률 제10조의2 제1항).

2) 성　　질 　대집행통지는 준법률행위적 행정행위로 이해된다.

3) 시　　차 　명시적인 규정은 없지만, 대집행영장발부통지의 시점과 대집행시점 사이에는 상당한 기간이 주어져야 할 것이다. 그 기간에 대한 판단은 행정청의 재량에 속한다.

(3) 대집행의 실행

1) 실　　행 　의무자가 지정된 기한까지 의무를 이행하지 않으면, 당해 행정청은 스스로 의무자가 해야 할 행위를 하거나 또는 제3자로 하여금 그 행위를 하게 한다. 여기서 스스로 한다고 하는 것은 자기집행으로서 소속공무원으로 하여금 실행하게 하는 것을 의미하고, 제3자로 하여금 하게 한다는 것은 타자집행으로서 도급계약에 의거하여 적당한 제3자로 하여금 행하게 하는 것을 말한다. 실행행위의 성질은 수인하명과 사실행위가 결합된 합성행위로서 권력적 사실행위에 해당한다.

2) 시간상 제한 　행정청(제2조에 따라 대집행을 실행하는 제3/자를 포함한다. 이하 이 조에서 같다)은 해가 뜨기 전이나 해가 진 후에는

대집행을 하여서는 아니 된다. 다만, 다음 각 호(1. 의무자가 동의한 경우, 2. 해가 지기 전에 대집행을 착수한 경우, 3. 해가 뜬 후부터 해가 지기 전까지 대집행을 하는 경우에는 대집행의 목적 달성이 불가능한 경우. 4. 그 밖에 비상시 또는 위험이 절박한 경우)의 어느 하나에 해당하는 경우에는 그러하지 아니하다(행집법 제4 조 제1항).

3) 안전 확보   행정청은 대집행을 할 때 대집행 과정에서의 안전 확보를 위하여 필요하다고 인정하는 경우 현장에 긴급 의료장비나 시설을 갖추는 등 필요한 조치를 하여야 한다(행집법 제4조 제2항).

4) 증표의 휴대   스스로 하든, 제3자로 하여금 행하게 하든 간에 대집행을 하기 위하여 현장에 파견되는 집행책임자는 그가 집행책임자라는 것을 표시한 증표를 휴대하여 대집행시에 이해관계인에게 제시하여야 한다(행집법 제4 조 제3항). 집행책임자가 증표를 제시하면 이해관계자는 강제집행에 대해 수인할 의무를 부담하게 되고, 이에 대항하면 공무집행방해죄를 구성하게 된다.

5) 실력행사   수인의무를 위반하여 의무자가 행하는 저항을 행정청이 실력으로 배제할 수 있는가는 문제이다. 명문으로 긍정하는 독일의 경우와 달리 우리는 명문의 규정을 갖고 있지 않다. 학설은 나뉘고 있다. ① 부정적 견해에 의하면, 대집행은 대체적 작위의무위반에 대한 강제적 실행을 말하는 것이므로 대집행에 실력행사가 당연히 내재하는 것으로 보기 어려워 행정청은 실력을 행사할 수는 없고 그 대상인 의무의 대체적 실행의 한도에 그쳐야 한다고 주장한다. 따라서 의무위반자가 저항하는 경우 직접강제를 하거나 공무집행방해죄의 적용이나 경찰관직무집행법상의 위험발생방지조치 또는 범죄의 예방·제지처럼 경찰권의 발동에 의지할 수밖에 없다고 한다. 판례도 유사한 입장인 것으로 보인다(판례). ② 그러나 부득이한 경우에는 대집행의 실행을 위해 필요한 최소한의 범위 내에서 저항을 배제하는 것은 가능하다고 볼 것이다(박윤흔, 김동희, 류지태). 그래야만 대집행이 의미있게 되기 때문이다.

> [판례] 행정청이 건물철거 대집행 과정에서 부수적으로 건물의 점유자들에 대한 퇴거 조치를 할 수 있는지 여부 및 이 경우 필요하면 경찰의 도움을 받을 수 있는지 여부
> (원고인 당진시장이 철거의무를 불이행한 사인을 피고로 하여 민사소송으로 건물퇴거를 구한 사건에서) 행정청이 행정대집행의 방법으로 건물철거의무의 이행을 실현할 수 있는 경우에는 건물철거 대집행 과정에서 부수적으로 그 건물의 점유자들에 대한 퇴거 조치를 할 수 있는 것이고, 그 점유자들이 적법한 행정대집행을 위력을 행사하여 방해하는 경우 형법상 공무집행방해죄가 성립하므로, 필요한 경우에는 「경찰관 직무집행법」에 근거한 위험발생 방지조치 또는 형법상 공무집행방해죄의 범행방지 내지 현행범체포의 차원에서 경찰의 도움을 받을 수도 있다(대판 2017. 4. 28. 2016다213916).

(4) 비용의 징수   대집행에 요한 비용은 의무자가 부담한다. 당해 행정청은 실제에 요한 비용과 그 납기일을 정하여 의무자에게 문서로써 그 납부를 명하여야 한다(행집법 제5조). 의무자가 그 비용을 납부하지 않으면 당해 행정청은 대집행에 요한 비용을 국세징수법의 예에 의하여 징수할 수 있다(행집법 제6 조 제1항)(판례). 비용납부명령은 급부의무를 부과하는 하명으로서 처분성을 가진다.

> 판례 민사소송절차에서 행정대집행비용을 청구할 수 있는지 여부
>
> (한국토지주택공사가 손해 / 배상을 구한 사건에서) 한국토지주택공사가 택지개발촉진법 및 동법시행령에 의하여 대집행권한을 위탁받아 공무인 대집행을 실시하기 위하여 지출한 비용은 행정대집행법의 절차에 따라 국세징수법의 예에 의하여 징수할 수 있다고 봄이 상당하다. 행정대집행법이 대집행비용의 징수에 관하여 민사소송절차에 의한 소송이 아닌 간이하고 경제적인 특별구제절차를 마련해 놓고 있으므로 민법 제750조에 기한 손해배상으로서 대집행비용의 상환을 구하는 원고의 이 사건 청구는 소의 이익이 없어 부적법하다(대판 2011. 9. 8, / 2010다48240).

6. 대집행에 대한 구제

(1) 행정심판   대집행에 대하여는 행정기본법이 정하는 바에 따라 이의신청을 할 수 있고(기본법 / 제36조), 행정심판법이 정하는 바에 따라 행정심판을 제기할 수도 있다(행집법 / 제7조).

(2) 행정소송

1) 행정심판의 전치   대집행에 대한 행정심판법상 행정심판의 제기는 법원에 대한 출소의 권리를 방해하지 아니한다(행집법 / 제8조). 필요적 심판전치주의를 취하였던 구 행정소송법하에서 판례는 필요적 행정심판전치를 규정한 것으로 보았다(대판 1993. 6. 8, 93누6164; / 대판 1990. 10. 26, 90누5528). 생각건대 행정대집행법 제8조는 출소가능성을 규정한 것이지, 필요적 심판전치를 규정한 것은 아니다. 따라서 대집행에도 행정소송법의 일반원칙인 임의적 심판전치가 적용된다고 보는 것이 타당하다(행소법 제18조 / 제1항 본문).

2) 대집행에 대한 항고소송   여기에서 말하는 대집행은 계고, 대집행영장에 의한 통지, 대집행의 실행을 포함하는 개념이다.

(가) 대집행 실행행위가 종료되기 전단계   당사자는 계고행위와 대집행영장에 의한 통지행위에 대해 대상적격이 인정되므로 취소쟁송 등을 제기할 수 있다. 또한 대집행의 실행행위는 권력적 사실행위로 상대방에 대한 수인의무를 수반하기 때문에 처분성이 인정되며, 실행행위가 종료되지 않은 경우는 통상적으로 권리보호필요성이 인정되므로 소송을 제기할 수 있다. 다만 대집행이 완료되기 전에 집행정지제도를 활용할 필요가 있다.

(나) 대집행 실행행위가 종료된 이후 단계   행정소송은 행정대집행이 완료되면 의미를 갖지 못한다. 이러한 경우는 통상 권리보호의 필요(협의의 소 / 의 이익)가 없기 때문이다(대판 1995. 7. 28, 95누 / 2623; 대판 1971. 4. 20, / 71누 / 22). 이 단계에서는 손해배상 또는 원상회복의 청구가 주장될 수 있을 뿐이다.

3) 입증책임   대집행요건충족의 입증책임은 행정청에 있다(판 / 례).

> 판례 건물철거 대집행계고처분의 요건 및 그 주장·입증책임
>
> (허가 없이 신축·증축한 불법건축물의 원 / 상복구계고처분의 취소를 구한 사건에서) 건축법에 위반하여 건축한 것이어서 철거의무가 있는 건물이라 하더라도 그 철거의무를 대집행하기 위한 계고처분을 하려면 다른 방법으로는 이행의 확보가 어렵고 불이행을 방치함이 심히 공익을 해하는 것으로 인정될 때에 한하여 허용되고 이러한 요건의 **주장·입증책임은 처분 행정청에 있다**(대판 1996. 10. 11, / 96누8086).

4) 하자의 승계 ① 대체적 작위의무의 부과처분과 대집행절차 사이에서는 동일한 목적·효과가 인정되지 아니하므로 부과처분이 당연무효가 아닌 한 하자의 승계가 인정되지 아니한다($^{판례}_1$). ② 대집행의 여러 절차는 단계적인 절차로서 서로 결합하여 하나의 법률효과를 발생시키는 것이므로 선행행위의 하자가 후행행위에 승계된다($^{판례}_2$).

[판례 1] 요건을 구비하지 않은 건물철거명령의 하자가 후행행위인 대집행계고처분에 승계되는지 여부

(마포구청장의 중앙산업(주)에 대한 건물철거 대집행계고처분의 취소를 구한 사건에서) 피고(마포구청장)는 1975. 4. 1.자로 원고에게 대하여 이 사건 건물이 피고가 공사하는 구간에 있는 무허가건물이므로 1975. 4. 15.까지 자진철거하도록 지시함으로써 이 사건의 대집행계고처분에 앞서서 이른바 법률에 의거한 행정청의 명령에 의한 행위를 명하고 있음을 알 수 있다. 그런데 이러한 피고의 명령에 대하여는 원고가 소원이나 소송을 제기하여 그 위법임을 소구한 점에 관하여 아무러한 주장과 입증이 없다. 만일 **이러한 명령에 대하여 소구절차를 거치지 아니하였다면 이미 선행행위가 적법인 것으로 확정되었다** 할 것이요, 따라서 **후행행위인 이 사건 대집행계고처분에서는** 이 사건 건물이 무허가건물이 아닌 **적법인 건축물이라는 주장이나 그러한 사실인정을 하지 못한다 할 것이다**($^{대판 1975. 12. 9, 75누218;}_{대판 1987. 7. 27, 81누293}$).

[판례 2] 계고처분의 위법이 후행처분인 대집행비용납부명령에 승계되는지 여부

(용인군수의 원고에 대한 건물대집행 계고처분의 취소를 구한 사건에서) **대집행의 계고, 대집행영장에 의한 통지, 대집행의 실행, 대집행에 요한 비용의 납부명령 등은 … 서로 결합하여 하나의 법률효과를 발생시키는 것이므로**, 선행처분인 계고처분이 하자가 있는 위법한 처분이라면, 비록 하자가 중대하고도 명백한 것이 아니어서 당연무효의 처분이라고 볼 수 없고 대집행의 실행이 이미 사실행위로서 완료되어 계고처분의 취소를 구할 법률상 이익이 없게 되었으며, 또 대집행비용납부명령 자체에는 아무런 하자가 없다 하더라도, 후행처분인 대집행비용납부명령의 취소를 청구하는 소송에서 청구원인으로 선행처분인 계고처분이 위법한 것이기 때문에 그 계고처분을 전제로 행하여진 대집행비용납부명령도 위법한 것이라는 주장을 할 수 있다($^{대판 1993. 11. 9,}_{93누14271}$).

---

(3) 손해배상 및 결과제거청구 등

1) 손해배상 위법한 대집행을 통해 손해를 입은 자는 국가나 지방자치단체를 상대로 손해배상을 청구할 수 있다. 손해배상청구는 대집행이 종료된 경우에 보다 의미를 갖는다. 손해배상의 청구에 대집행처분의 취소판결이 요구되는 것은 아니므로 국가배상청구소송의 수소법원은 선결문제로서 대집행의 위법을 심리할 수 있다.

2) 결과제거 대집행 후에도 위법상태가 계속된다면 경우에 따라서 피해자는 결과제거의 청구를 주장할 수도 있다.

3) 기 타 ① 위법한 대집행은 감독청에 의한 취소·정지에 의해서 구제를 받을 수도 있다. ② 대집행에 대한 예방적인 구제수단으로 예방적 부작위를 구하는 소송이나 예방적으로 확인을 구하는 소송이 무명항고소송의 하나로 검토될 수 있을 것이다.

(4) 문 제 점 　대체적 작위의무위반의 경우에 대집행이 강제수단이 된다고 하였으나, 위법하게 축조된 초대형건물이나 영세민의 주거용건물의 철거 또는 철거에 고도의 과학기술이 요구되는 경우에 과연 대집행이 타당한 수단인가에 대해서는 의문이 있다.

[기출사례] 제56회 5급공채(2012년) 문제·답안작성요령 ☞ PART 4 [1-46]

Ⅲ. 이행강제금의 부과

1. 관　　념

(1) 의　　의 　이행강제금의 부과란 의무자가 행정상 의무를 이행하지 아니하는 경우 행정청이 적절한 이행기간을 부여하고, 그 기한까지 행정상 의무를 이행하지 아니하면 금전급부 의무를 부과하는 것을 말한다(기본법 제30조 제1항 제2호). 적절한 이행기간이란 불이행된 의무를 이행하는데 필요한 기간을 말하지만, 그 기간의 설정은 사회통념에 따라 이루어질 것이다(헌재 2023. 2. 23., 2019헌바550). 부과된 금전을 이행강제금이라 부른다.

(2) 성　　질

1) 이행강제금과 행정벌 　이행강제금의 부과는 위반행위에 대한 제재로서의 벌금형(형벌)이 아니다. 이행강제금의 부과는 장래에 의무이행의 확보를 위한 강제수단일 뿐이다(판례1). 그것은 행정상 명령의 실현을 위한 집행수단이다. 이행강제금의 부과는 처벌이라는 의미보다 의무의 이행이라는 점에 큰 의미를 갖는 탓으로 일종의 처벌이라 할 과태료와 성질을 달리한다. 따라서 이행강제금은 과태료나 형벌과 병과될 수도 있다(판례2).

판례 1 　이행강제금의 의의
(1) (피고 서울특별시 동작구청장이 2006년경 원고에 대하여 건물 철거를 명하는 시정명령을 하였으나, 2008년~2010년 기간 중 그 시정명령의 이행을 요구하지 않다가, 2011년경 비로소 시정명령의 이행 기회를 제공한 후 2008년~2011년의 4년분 이행강제금을 한꺼번에 부과하자 원고가 이행강제금부과처분무효확인 등을 구한 사건에서) 건축법상 이행강제금은 시정명령의 불이행이라는 과거의 위반행위에 대한 제재가 아니라, 시정명령을 이행하지 않고 있는 건축주등에 대하여 다시 상당한 이행기한을 부여하고 그 기한 안에 시정명령을 이행하지 않으면 이행강제금이 부과된다는 사실을 고지함으로써 의무자에게 심리적 압박을 주어 시정명령에 따른 의무의 이행을 간접적으로 강제하는 행정상의 간접강제 수단에 해당한다(대판 2016. 7. 14., 2015두46598).
(2) (개발제한구역의 지정 및 관리에 관한 특별조치법 제30조의2 제1항 등 위헌소원 사건에서) 이행강제금은 일정한 기한까지 의무를 이행하지 않을 때에는 일정한 금전적 부담을 과할 뜻을 미리 계고함으로써 의무자에게 심리적 압박을 주어 장래에 그 의무를 이행하게 하려는 행정상 간접적인 강제집행 수단의 하나이다(헌재 2023. 2. 23., 2019헌바550).

판례 2 　형사처벌과 이행강제금의 병과가능성
(불법 증축 부분을 원상 복구할 것과 사용승인을 받을 것을 내용으로 하는 시정명령을 이행하지 아니하였으므로 서울시 금천구청장이 이행강제금을 부과하는 처분을 하자 이의 취소를 구하는 소를 제기하고, 그 소송이 계속 중인 상태에서 건축법 제80조 제1항, 제4항에 대하여 위헌법률심판 제청신청을 하였다가 기각되자, 청구한 헌법소원사건에서) 이 사건 법률조항에서 규정하고 있는 이행강제금은 일정한 기한까지 의무를 이행하지 않을 때에는 일정한 금전적 부담을 과할 뜻을 미리 계고함으로써 의무자에게 심리적 압박을 주어 주어 장래에 그 의무를 이행하게 하려는 **행정상 간접적인 강제집행 수단의 하나**

로서 과거의 일정한 **법률위반 행위에 대한 제재로서의 형벌이 아니라 장래의 의무이행의 확보를 위한 강제수단일 뿐**이어서 범죄에 대하여 국가가 형벌권을 실행한다고 하는 과벌에 해당하지 아니하므로 헌법 제13조 제 1 항이 금지하는 **이중처벌금지의 원칙이 적용될 여지가 없을 뿐** 아니라, 건축법 제108조, 제110조에 의한 형사처벌의 대상이 되는 행위와 이 사건 법률조항에 따라 이행강제금이 부과되는 행위는 기초적 사실관계가 동일한 행위가 아니라 할 것이므로 이런 점에서도 이 사건 법률조항이 헌법 제13조 제 1 항의 이중처벌금지의 원칙에 위반되지 아니한다(헌재 2011. 10. 25, 2009헌바140).

2) 강제금과 대집행

(가) 대체적 작위의무위반 위반에 대한 이행강제금부과의 가능 여부　　① 학설은 대체적 작위의무에 대해서는 대집행이 가능하므로 대체적 작위의무에 대해 이행강제금을 인정할 필요가 없다는 부정설과 경우에 따라서는 이행강제금이 대집행보다 의무이행에 더욱 실효적인 수단이 될 수 있으므로 대체적 작위의무에 대해서도 이행강제금의 부과를 인정하는 긍정설(다수설)로 나누어진다. ② 판례는 긍정적이다(판례). ③ 대체적 작위의무 위반이 있음에도 대집행의 실행이 부적절한 경우(예를 들어 대집행을 실행함이 공익침해인 경우)에는 이행강제금제도가 사용될 수 있다는 견해가 타당하다.

(나) 건축법상 대집행과 이행강제금의 관계　　현행 건축법상 위법건축물에 대한 이행강제수단으로 대집행(건축법 제85조)과 이행강제금(건축법 제80조)이 인정되고 있는데, 양 제도는 각각의 장·단점이 있으므로 행정청은 개별사건에 있어서 위반내용, 위반자의 시정의지 등을 감안하여 대집행과 이행강제금을 선택적으로 활용할 수 있으며, 이처럼 그 합리적인 재량에 의해 선택하여 활용하는 이상 중첩적인 제재에 해당한다고 볼 수 없다(헌재 2004. 2. 26, 2001헌바80등, 2002헌바26(병합)).

> **판례**　이행강제금의 대체적 작위의무에의 부과 가능성
> (개발제한구역의지정및관리에관한특별조치법 제11조 제1항 등 위헌소원사건에서) 전통적으로 행정대집행은 대체적 작위의무에 대한 강제집행수단으로, 이행강제금은 부작위의무나 비대체적 작위의무에 대한 강제집행수단으로 이해되어 왔으나, 이는 이행강제금제도의 본질에서 오는 제약은 아니며, 이행강제금은 대체적 작위의무의 위반에 대하여도 부과될 수 있다(헌재 2004. 2. 26, 2001헌바80등, 2002헌바26(병합)).

3) 일신전속성　　판례는 건축법상 이행강제금 납부의무를 일신전속적인 성질의 것으로 본다(대결 2006. 12. 8, 2006마470).

4) 행정행위의 성격　　이행강제금의 부과처분은 행정행위의 성질을 갖는다.

(3) 이행강제금 부과의 의미의 변화　　이행강제금제도는 변화하는 행정환경에 적합한 제도로서 보다 많은 의미를 가지게 된다. 예컨대 대집행이 곤란한 경우(예: 불법건축된 초고층건물의 철거)에 이행강제금제도는 의미를 갖는다. 건축행정의 영역뿐만 아니라 그밖의 행정영역에도 이행강제금제도를 도입하는 것을 고려할 필요가 있다

2. 법적 근거

(1) 부과근거의 법적 근거   이행강제금의 부과는 침익적 행위이므로 헌법 제37조 제 2 항에 근거하여 법률의 근거가 필요하다. 이에 따라 이행강제금 부과의 근거는 개별 법률에서 규정되고 있다(예: 건축법 제80조·농지법 제62조·부동산 실권리자명의 등기에 관한 법률 제 6 조·장사 등에 관한 법률 제43조·독점규제 및 공정거래에 관한 법률 제16조·주차장법 제32조). 이행강제금 부과의 근거가 되는 법률에는 이행강제금에 관한 다음 각 호(1. 부과·징수 주체, 2. 부과 요건, 3. 부과 금액, 4. 부과 금액 산정기준, 5. 연간 부과 횟수나 횟수의 상한)의 사항을 명확하게 규정하여야 한다. 다만, 제 4 호 또는 제 5 호를 규정할 경우 입법목적이나 입법취지를 훼손할 우려가 크다고 인정되는 경우로서 대통령령으로 정하는 경우는 제외한다(기본법 제31조 제 1 항).

(2) 부과절차의 법적 근거   이행강제금의 부과절차 등은 부과의 근거를 규정하는 법률(이행강제금 부과의 근거법률)에 따른다. 이행강제금 부과의 근거법률에 규정이 없는 사항에 대해서는 행정기본법 제31조 제 2 항 이하에 의한다.

3. 부과의 절차

(1) 이행강제금의 가중·감경   행정청은 다음 각 호(1. 의무 불이행의 동기, 목적 및 결과, 2. 의무 불이행의 정도 및 상습성, 3. 그 밖에 행정목적을 달성하는 데 필요하다고 인정되는 사유)의 사항을 고려하여 이행강제금의 부과 금액을 가중하거나 감경할 수 있다(기본법 제31조 제 2 항).

(2) 부과의 절차(계고와 통지)   행정청은 이행강제금을 부과하기 전에 미리 의무자에게 적절한 이행기간을 정하여 그 기한까지 행정상 의무를 이행하지 아니하면 이행강제금을 부과한다는 뜻을 문서로 계고(戒告)하여야 한다(기본법 제31조 제 3 항). 행정청은 의무자가 제 3 항에 따른 계고에서 정한 기한까지 행정상 의무를 이행하지 아니한 경우 이행강제금의 부과 금액·사유·시기를 문서로 명확하게 적어 의무자에게 통지하여야 한다(기본법 제31조 제 4 항).

(3) 반복부과와 부과의 중지   행정청은 의무자가 행정상 의무를 이행할 때까지 이행강제금을 반복하여 부과할 수 있다. 다만, 의무자가 의무를 이행하면 새로운 이행강제금의 부과를 즉시 중지하되, 이미 부과한 이행강제금은 징수하여야 한다(기본법 제31조 제 5 항).

(4) 강제징수   행정청은 이행강제금을 부과받은 자가 납부기한까지 이행강제금을 내지 아니하면 국세 체납처분의 예 또는 「지방행정제재·부과금의 징수 등에 관한 법률」에 따라 징수한다(기본법 제31조 제 6 항).

4. 권리보호

이행강제금부과처분에 불복이 있는 사람은 개별 법률이 정하는 바에 따라 일정한 기간 내에 이의를 제기할 수 있다. 개별 법률에 정함이 없다면, 행정기본법이 정하는 바에 따라 이행강제금 관련 처분에 대한 이의신청을 청구할 수 있고(기본법 제36조) 행정심판법과 행정소송법이 정하는 바에 따라 행정심판이나 행정소송을 제기할 수 있다(판례). 행정기본법상 처분의 재심사는 허용되지 아니한다(기본법 제37조 제 1 항).

> [판례] 농지법상 이행강제금 부과처분에 대한 행정소송의 방식
>
> (원고가 농지처분명령을 받은 후 그 불이행을 이유로 이행강제금 부과처분을 받게 되자 농지처분명령 및 이행강제금 부과처분을 행정소송으로 다툰 사건에서) 농지법은 농지 처분명령에 대한 이행강제금 부과처분에 불복하는 자가 그 처분을 고지받은 날부터 30일 이내에 부과권자에게 이의를 제기할 수 있고, 이의를 받은 부과권자는 지체 없이 관할 법원에 그 사실을 통보하여야 하며, 그 통보를 받은 관할 법원은 비송사건절차법에 따른 과태료 재판에 준하여 재판을 하도록 정하고 있다 (제62조 제 1 항, 제 6 항, 제 7 항). 따라서 농지법 제62조 제 1 항에 따른 이행강제금 부과처분에 불복하는 경우에는 비송사건절차법에 따른 재판절차가 적용되어야 하고, 행정소송법상 항고소송의 대상은 될 수 없다. 농지법 제62조 제 6 항, 제 7 항이 위와 같이 이행강제금 부과처분에 대한 불복절차를 분명하게 규정하고 있으므로, 이와 다른 불복절차를 허용할 수는 없다. 설령 피고가 이행강제금 부과처분을 하면서 재결청에 행정심판을 청구하거나 관할 행정법원에 행정소송을 할 수 있다고 잘못 안내하거나 경기도행정심판위원회가 각하재결이 아닌 기각재결을 하면서 관할 법원에 행정소송을 할 수 있다고 잘못 안내하였다고 하더라도, 그러한 잘못된 안내로 행정법원의 항고소송 재판관할이 생긴다고 볼 수도 없다(대판 2019. 4. 11, 2018두42955).

[참고] 건축법의 경우, 2005년 11월 8일에 개정되기 전까지는 이행강제금에 대한 권리보호절차는 구 건축법 제83조 제 3 항(제82조 제 3 항 내지 제 5 항의 규정은 이행강제금의 징수 및 이의절차에 관하여 이를 준용한다)에서 규정되었다. 준용된 동법 제82조 제 3 항 내지 제 5 항(③ 제 2 항의 규정에 의한 과태료처분에 불복이 있는 자는 그 처분의 고지를 받은 날부터 30일 이내에 해당 부과권자에게 이의를 제기할 수 있다. ④ 제 2 항의 규정에 의한 과태료처분을 받은 자가 제 3 항의 규정에 의하여 이의를 제기한 경우에는 당해 부과권자는 지체없이 관할법원에 그 사실을 통보하여야 하며, 그 통보를 받은 관할법원은 비송사건절차법에 의한 과태료의 재판을 한다. ⑤ 제 3 항의 규정에 의한 기간 내에 이의를 제기하지 아니하고 과태료를 납부하지 아니한 경우에는 국세 또는 지방세체납처분의 예에 의하여 이를 징수한다)에 근거하여 판례는 강제금부과처분이 행정소송의 대상이 되는 처분이 아니라고 보았다(대판 2000. 9. 22, 2000두5722). 그러나 2005년 11월 8일의 건축법 개정시에 구 건축법 제83조 제 6 항은 삭제되었으므로, 이제는 강제금부과처분을 행정소송의 대상이 되는 처분으로 볼 것이다.

Ⅳ. 직접강제

1. 직접강제의 관념

(1) 직접강제의 의의　　　직접강제란 의무자가 행정상 의무를 이행하지 아니하는 경우 행정청이 의무자의 신체나 재산에 실력을 행사하여 그 행정상 의무의 이행이 있었던 것과 같은 상태를 실현하는 것을 말한다(기본법 제30조 제 1 항 제 3 호). 직접강제는 작위의무의 불이행뿐만 아니라 부작위의무나 수인의무의 불이행의 경우에도 활용될 수 있는 수단이다.

(2) 즉시강제·대집행과 구별　　　① 즉시강제는 의무의 불이행을 전제로 하지 아니하나, 직접강제는 의무의 불이행을 전제로 하는 점에서 다르다(전통적 견해). ② 대집행과의 구별에 관해서는 대집행의 의의 부분에서 기술하였다.

2. 직접강제의 법적 근거

(1) 직접강제발동의 근거법률　　　직접강제는 법률의 근거가 있어야 가능하다(기본법 제30조 제 1 항). 그러한 법률로 공중위생관리법(제11조), 도로교통법(제71조 제 2 항), 식품위생법(제79조) 등이 있다.

(2) 직접강제절차의 근거법률 　　　직접강제의 절차 등은 직접강제를 규정하는 법률(직접강제의 근거법률)에 따른다. 직접강제의 근거법률에 규정이 없는 사항에 대해서는 행정기본법 제32조에 의한다.

3. 직접강제의 요건

(1) 실체적 요건 　　　직접강제는 국민의 신체나 재산에 대한 직접적인 침해수단이자 강력한 수단으로서 국민의 기본권을 침해할 가능성을 많이 갖는다. 따라서 직접강제의 남용으로부터 국민의 보호를 위해 직접강제는 행정대집행이나 이행강제금 부과의 방법으로는 행정상 의무 이행을 확보할 수 없거나 그 실현이 불가능한 경우에 실시하여야 하여야 한다(기본법 제32조 제 1 항).

(2) 절차적 요건

1) 증표의 제시 　　　직접강제를 실시하기 위하여 현장에 파견되는 집행책임자는 그가 집행책임자임을 표시하는 증표를 보여 주어야 한다(기본법 제32조 제 2 항).

2) 계고와 통지 　　　행정청은 이행강제금을 부과하기 전에 미리 의무자에게 적절한 이행기간을 정하여 그 기한까지 행정상 의무를 이행하지 아니하면 이행강제금을 부과한다는 뜻을 문서로 계고(戒告)하여야 한다(기본법 제32조 제 3 항, 제31조 제 3 항). 행정청은 의무자가 제 3 항에 따른 계고에서 정한 기한까지 행정상 의무를 이행하지 아니한 경우 이행강제금의 부과 금액·사유·시기를 문서로 명확하게 적어 의무자에게 통지하여야 한다(기본법 제32조 제 3 항, 제31조 제 4 항).

(3) 비례원칙의 적용 　　　직접강제는 필요한 최소한의 범위에서 이루어져야 한다(기본법 제30조 제 1 항 본문). 즉 직접강제의 실시에 비례원칙이 적용된다(판례). 직접강제의 실시에 비례원칙을 규정하는 개별법(예: 위생법 제 79조 제 4 항)도 있다.

[**판례**] 학원의설립·운영에관한법률상 무등록 학원의 설립·운영자에 대하여 관할 행정청이 그 폐쇄를 명할 수 있는지 여부

(원고인 대한예수교장로회 총회신학연구원 이사회가 서울특별시 서부교육청교육장의 무인가교육기관폐쇄명령처분의 무효확인을 구한 사건에서) 학원의설립·운영에관한법률 제 2 조 제 1 호와 제 6 조 및 제19조 등의 관련 규정에 의하면, 같은 법상의 학원을 설립·운영하고자 하는 자는 소정의 시설과 설비를 갖추어 등록을 하여야 하고, 그와 같은 등록절차를 거치지 아니한 경우에는 관할 행정청이 직접 그 무등록 학원의 폐쇄를 위하여 출입제한 시설물의 설치와 같은 조치를 취할 수 있게 되어 있으나, 달리 무등록 학원의 설립·운영자에 대하여 그 폐쇄를 명할 수 있는 것으로는 규정하고 있지 아니하고, 위와 같은 폐쇄조치에 관한 규정이 그와 같은 폐쇄명령의 근거 규정이 된다고 할 수도 없다(대판 2001. 2. 23, 99두6002).

---

4. 권리보호

(1) 행정상 쟁송 　　　직접강제의 발동은 기본적으로 권력적 사실행위이지만, 상대방에게 수인의무를 요구한다는 점에서 법적 행위의 성질도 갖는다(합성행위). 따라서 직접강제의 발동도 행정기본법상 이의신청 또는 행정심판법상 행정심판이나 행정소송법상 행정소송의 대상이 된다. 그러나 직접강제는 통상 신속하게 종료되므로, 권리보호의 이익이 없게 된다. 이 때문에 직접강제

수단을 이의신청이나 행정심판 또는 행정소송의 대상으로 하는 것은 현실적으로 기대하기 어렵다. 예상하기는 어렵지만, 침해가 장기간에 걸치는 직접강제의 경우에는 이의신청이나 행정심판 또는 행정소송을 제기할 수도 있다.

(2) 손해배상 등　　① 위법한 직접강제를 통해 손해를 입은 자는 특별규정이 없는 한 국가배상법이 정하는 바에 따라 국가나 지방자치단체를 상대로 손해배상을 청구할 수 있다. ② 직접강제 후에 만약 위법상태가 계속된다면, 경우에 따라 피해자는 결과제거의 청구를 주장할 수도 있다. ③ 위법한 직접강제에 대항하는 것은 정당방위이며 공무집행방해죄를 구성하지 아니한다. 그리고 ④ 위법한 직접강제를 행한 공무원에게는 형사책임과 징계책임이 추궁될 수도 있다.

V. 강제징수

1. 강제징수의 의의

강제징수란 의무자가 행정상 의무 중 금전급부의무를 이행하지 아니하는 경우 행정청이 의무자의 재산에 실력을 행사하여 그 행정상 의무가 실현된 것과 같은 상태를 실현하는 것을 말한다($\binom{기본법\ 제30조}{제1항\ 제4호}$). 달리 말하면 사인이 국가 또는 지방자치단체 등에 대해 부담하고 있는 공법상 금전급부의무를 불이행한 경우에 행정청이 강제적으로 그 의무가 이행된 것과 같은 상태를 실현하는 작용을 말한다.

2. 강제징수의 법적 근거

강제징수는 법률로 정하는 바에 따라야 한다($\binom{기본법\ 제30}{조\ 제1항}$). 여러 법률이 강제징수와 관련하여 국세징수를 위한 법률인 「국세징수법」을 준용하고 있는 결과, 국세징수법은 공법상 금전급부의무의 강제에 관한 일반법으로 기능하고 있다. 예외적이기는 하지만, 명시적인 규정이 있는 경우에는 사법상 금전채권의 강제징수에도 국세징수법이 적용될 수 있다.

3. 선행절차로서 독촉

(1) 독촉장 발부　　관할 세무서장은 납세자가 국세를 지정납부기한까지 완납하지 아니한 경우 지정납부기한이 지난 후 10일 이내에 체납된 국세에 대한 독촉장을 발급하여야 한다($\binom{판}{례}$). 다만, 제9조에 따라 국세를 납부기한 전에 징수하거나 체납된 국세가 일정한 금액 미만인 경우 등 대통령령으로 정하는 경우에는 독촉장을 발급하지 아니할 수 있다($\binom{국징법\ 제10}{조\ 제1항}$). 관할 세무서장은 제1항 본문에 따라 독촉장을 발급하는 경우 독촉을 하는 날부터 20일 이내의 범위에서 기한을 정하여 발급한다($\binom{국징법\ 제10}{조\ 제2항}$).

(2) 독촉의 성질　　독촉은 준법률행위적 행정행위의 하나인 통지행위에 해당한다. 독촉이나 납부최고는 강제징수를 위한 전제요건이며 또한 그것은 시효중단의 효과를 발생시킨다($\binom{국세법\ 제28}{조\ 제1항}$). 한편, 동일한 내용의 독촉을 반복한 경우, 반복된 독촉은 항고소송의 대상이 되는 처분이 아니다($\binom{대판\ 1999.\ 7.}{13,\ 97누119}$).

판례 │ 국세의 체납의 의의

국세의 체납이라고 함은 납세자가 국세를 납부기한까지 납부하지 아니한 채 납부기한이 도과한 것을 의미하고($^{국세징수법 제3조}_{제1항 참조}$), 세무서장은 국세의 납부기한을 납세·납부 또는 납입의 고지를 하는 날부터 30일 내로 지정할 수 있으므로($^{국세징수법}_{제11조 참조}$), 납부기한은 세무서장이 징수결정에 의하여 국세의 납세·납부 또는 납입을 명하는 납세고지서 또는 납부통지서를 통하여 지정한 국세 납부의 시한을 의미한다고 할 것이고, 납세자가 납부고지서 또는 납부통지서를 받고서도 그 납부고지서 또는 납부통지서에서 정한 납부기한 내에 국세를 납부하지 않은 채 납부기한을 도과한 때($^{납부기한}_{다음날}$)에 당해 납세자가 국세를 체납하였다고 말할 수 있다($^{대판 2001. 10. 30,}_{2001다21120}$).

4. 강제징수의 절차

강제징수는 체납자가 관할 세무서장의 독촉장을 발급받고 지정된 기한까지 국세 또는 체납액을 완납하지 아니한 경우 ① 재산의 압류, ② 압류재산의 매각·추심, ③ 청산의 절차에 따라 이루어진다.

(1) 압 류 관할 세무서장은 다음 각 호($^{1. 납세자가 제10조에 따른 독촉을 받고 독촉장에서 정한 기한까}_{지 국세를 완납하지 아니한 경우, 2. 납세자가 제 9 조 제 2 항에}$ $^{따라 납부고지를 받고 단축된 기한}_{까지 국세를 완납하지 아니한 경우}$)의 어느 하나에 해당하는 경우 납세자의 재산을 압류한다($^{국징법 제31}_{조 제 1 항}$). ① 압류란 의무자의 재산에 대하여 사실상 및 법률상의 처분을 금지하고, 아울러 의무자의 재산을 확보하는 강제적인 보전행위를 말한다. ② 독촉장 발부 없이 한 압류처분은 위법하다($^{대판 1984. 9. 25,}_{84누107}$). 그러나 독촉절차 없이 압류처분을 하였더라도 압류처분을 무효로 되게 하는 중대하고도 명백한 하자가 되지 않는다는 것이 판례이다($^{대판 1988. 6. 28,}_{87누1009}$). ③ 만일, 압류 후 부과처분의 근거법률이 위헌으로 결정된 경우에는 압류를 해제하여야 할 것이다($^{판}_{례}$).

판례 │ 국세징수법 제53조 제 1 항 제 1 호의 '기타의 사유로 압류의 필요가 없게 된 때'에 근거 법령에 대한 위헌결정으로 후속 체납처분을 진행할 수 없는 경우가 포함되는지 여부

($^{원고인 안동김씨안렴사공파변동종중이 서울특별시 강북구}_{청장을 상대로 압류해제신청거부처분취소를 구한 사건에서}$) **구 택지소유상한에관한법률**($^{1998. 9. 19. 법률}_{제5571호로 폐지}$)**에 대한 위헌 결정의 취지에 따라** 체납 부담금에 대한 징수가 불가능하게 되어 **압류처분을 해제함에 있어서는** 국세징수법 제53조 제 1 항을 유추적용하여 압류를 해제하여야 할 것인바, **국세징수법 제53조 제 1 항 제 1 호는** 압류의 필요적 해제사유로 납부, 충당, 공매의 중지, 부과의 취소 기타의 사유로 압류의 필요가 없게 된 때'를 들고 있고, 여기에서의 납부·충당·공매의 중지·부과의 취소는 압류의 필요가 없게 된 때'에 해당하는 사유를 예시적으로 열거한 것이라고 할 것이므로 **기타의 사유'는** 위 법정사유와 같이 납세의무가 소멸되거나 혹은 체납처분을 하여도 체납세액에 충당할 잉여가망이 없게 된 경우는 물론 **과세처분 및 그 체납처분 절차의 근거 법령에 대한 위헌결정으로 후속 체납처분을 진행할 수 없어** 체납세액에 충당할 가망이 없게 되는 등으로 **압류의 근거를 상실하거나 압류를 지속할 필요성이 없게 된 경우도 포함하는** 의미라고 새겨야 한다($^{대판 2002. 7. 12,}_{2002두3317}$).

(2) 매 각 ① 재산은 공매 또는 수의계약으로 매각한다(국징법 제65 조 제 1 항). 매각은 압류재산을 금전으로 환가하는 것을 말한다. 관할 세무서장은 공매를 하려는 경우, 매수대금을 납부하여야 할 기한(이하 "대금납부 기한"이라 한다), 공매재산의 명칭, 소재, 수량, 품질, 공매예정가격, 그 밖의 중요한 사항을 공고하여야 한다(국징법 제72 조 제 1 항). 공매공고 기간은 10일 이상으로 한다. 다만, 그 재산을 보관하는 데에 많은 비용이 들거나 재산의 가액이 현저히 줄어들 우려가 있으면 이를 단축할 수 있다(국징법 제73조). 그리고 공매의 경우, 입찰서 제출과 개찰이 따른다(국징법 제82 조 제 1 항). ② 공매의 법적 성격과 관련하여 이를 사법상의 계약으로 보는 견해도 있지만(이태 로), 판례는 공매(매각하여 소유권을 이전하기로 한 결정) 그 자체를 우월한 공권력의 행사로서 행정소송의 대상이 되는 공법상의 행정처분으로 본다[판례 1]. ③ 판례는 재공매하기로 한 결정(재공매 결정)과 공매계획의 통지(공매 통지)를 항고소송의 대상이 되는 처분이 아니라고 보았었다[판례 2]. 한편, 판례는 공매통지를 공매의 절차적 요건으로 본다. 그리하여 공매통지 없이 또는 적법하지 아니한 공매통지 후 이루어진 공매는 절차상 흠이 있는 위법한 것이 되는바, 공매통지의 하자를 들어 공매처분의 취소를 구할 수 있다고 한다(대판 2008. 11. 20, 2007두18154 전원합 의체; 대판 2011. 3. 24, 2010두25527). 그럼에도 공매통지 자체를 항고소송의 대상으로 삼아 그 취소 등을 구할 수는 없다는 것은 그 후의 판결에도 유지되고 있다[판례 3].

[평석] 대법원이 2007두18154 전원합의체 판결에서 공매통지를 공매의 절차적 요건으로 판시한 것은 공매통지를 항고소송의 대상으로 보지 않던 종래의 입장을 변경하여 공매통지를 준법률행위적 행정행위로서의 통지로 보고 대상적격성도 인정한 판결로 보아야 한다는 지적을 한 바 있다. 그러나 그 후의 2010두25527 판결[판례 3]에서 대법원은 명시적으로 공매통지의 처분성을 부인하고 있다.

[판례 1] 과세관청의 공매처분이 행정처분에 해당하는지의 여부
(한국커피(주)가 마포세무서장의 공매 처분취소처분의 위법을 다툰 사건에서) 과세관청이 체납처분으로서 행하는 **공매는 우월한 공권력의 행사로서 행정소송의 대상이 되는 공법상의 행정처분**이며 공매에 의하여 재산을 매수한 자는 그 공매처분이 취소된 경우에 그 취소처분의 위법을 주장하여 행정소송을 제기할 법률상 이익이 있다(대판 1984. 9. 25, 84누201).

[판례 2] 한국자산공사의 재공매(입찰)결정 및 공매통지가 항고소송의 대상이 되는 행정처분인지 여부
(한국자산관리공사를 피고로 하 는 공매처분 취소청구소송에서) **한국자산공사가** 당해 부동산을 인터넷을 통하여 **재공매(입 찰)하기로 한 결정 자체는 내부적인 의사결정에 불과**하여 항고소송의 대상이 되는 행정처분이라고 볼 수 없고, 또한 한국자산공사가 **공매통지는** 공매의 요건이 아니라 **공매사실 자체를 체납자에게 알려주는 데 불과한 것**으로서, 통지의 상대방의 법적 지위나 권리·의무에 직접 영향을 주는 것이 아니라고 할 것이므로 이것 역시 **행정처분에 해당한다고 할 수 없다**(대판 2007. 7. 27, 2006두8464).

[판례 3] 공매통지의 성격
(강남세무서장을 피고로 한 양 도소득세부과처분취소소송에서) 국세징수법이 압류재산을 공매할 때에 공고와 별도로 체납자 등에게 **공매통지를 하도록 한 이유**는, 체납자 등으로 하여금 공매절차가 유효한 조세부과처분 및 압류처분에 근거하여 적법하게 이루어지는지 여부를 확인하고 이를 다툴 수 있는 기회를 주는 한편, 국세

징수법이 정한 바에 따라 체납세액을 납부하고 공매절차를 중지 또는 취소시켜 소유권 또는 기타의 권리를 보존할 수 있는 기회를 갖도록 함으로써 체납자 등이 감수하여야 하는 **강제적인 재산권 상실에 대응한 절차적인 적법성을 확보하기 위한 것으로 보아야 하고, 따라서 체납자 등에 대한 공 매통지는 국가의 강제력에 의하여 진행되는 공매에서 체납자 등의 권리 내지 재산상의 이익을 보호하기 위하여 법률로 규정한 절차적 요건이라고 보아야 하며, 공매처분을 하면서 체납자 등에게 공매 통지를 하지 않았거나 공매통지를 하였더라도 그것이 적법하지 아니한 경우에는 절차상의 흠이 있어 그 공매처분이 위법하게 되는 것이지만,** 공매통지 자체가 그 상대방인 체납자 등의 법적 지위나 권리·의무에 직접적인 영향을 주는 행정처분에 해당한다고 할 것은 아니므로 다른 특별한 사정이 없는 한 체납자 등은 공매통지의 결여나 위법을 들어 **공매처분의 취소 등을 구할 수 있는 것이지 공 매통지 자체를 항고소송의 대상으로 삼아 그 취소 등을 구할 수는 없다**(대판 2011. 3. 24, 2010두25527).

    (3) 청 산   배분금전은 다음 각 호(1. 압류한 금전, 2. 채권·유가증권·그 밖의 재산권의 압류에 따라 체납자 또는 제3채무자로부터 받은 금전, 3. 압류재산의 매각대금 및 그 매각대금의 예치 이자, 4. 교부청구에 따라 받은 금전)의 금전으로 한다(국징법 제94조). 관할 세무서장은 압류재산과 관계되는 체납액, 교부청구를 받은 체납액·지방세 또는 공과금 등에 배분하고(국징법 제96 조 제1항), 남은 금액이 있는 경우 체납자에게 지급한다(국징법 제96 조 제3항).

    (4) 압류·매각의 유예   ① 관할 세무서장은 체납자가 다음 각 호(1. 국세청장이 성실납세자로 인정하는 기준에 해당하는 경우, 2. 재산의 압류나 압류재산의 매각을 유예함으로써 체납자가 사업을 정상적으로 운영할 수 있게 되어 체납액의 징수가 가능하게 될 것이라고 관할 세무서장이 인정하는 경우)의 어느 하나에 해당하는 경우 체납자의 신청 또는 직권으로 그 체납액에 대하여 강제징수에 따른 재산의 압류 또는 압류재산의 매각을 대통령령으로 정하는 바에 따라 유예할 수 있다(국징법 제105 조 제1항). ② 관할 세무서장은 제1항에 따라 유예를 하는 경우 필요하다고 인정하면 이미 압류한 재산의 압류를 해제할 수 있다(국징법 제105 조 제2항).

5. 행정상 강제징수에 대한 불복

    행정상 강제징수에 대하여 불복이 있을 때에는 개별법령에 특별규정이 없는 한 국세기본법(제55조 이하)·행정심판법·행정소송법이 정한 바에 따라 행정상 쟁송을 제기할 수 있다. 물론 불복을 할 수 있는 자는 강제징수에 대하여 법률상 직접적인 이해관계를 가진 자에 한한다. 강제징수에 하자가 있는 경우, 그 하자가 무효사유인지 아니면 취소사유인지는 중대명백설에 따라 판단할 것이다.

    [국세기본법상 불복절차의 유형]
    1) 국세기본법상 불복절차는 다음과 같이 다양하다. 선택은 불복하는 자의 몫이다.
    ① 이의신청(세무서장·관할 지방국세청장) → 심사청구(국세 청장) → 행정소송
    ② 심사청구(국세 청장) → 행정소송
    ③ 이의신청(세무서장·관할 지방국세청장) → 심판청구(조세심 판원) → 행정소송
    ④ 심판청구(조세심 판원) → 행정소송
    ⑤ 심사청구(감사 원) → 행정소송

제 3 항   즉시강제

Ⅰ. 관   념

1. 의   의

즉시강제란 현재의 급박한 행정상의 장해를 제거하기 위한 경우로서 다음 각 목$\binom{\text{가. 행정청이 미}}{\text{리 행정상 의무}}$ 이행을 명할 시간적 여유가 없는 경우, 나. 그 성질상 행정상 의)의 어느 하나에 해당하는 경우에 행정청이 곧바로 국무의 이행을 명하는 것만으로는 행정목적 달성이 곤란한 경우)의 어느 하나에 해당하는 경우에 행정청이 곧바로 국민의 신체 또는 재산에 실력을 행사하여 행정목적을 달성하는 것을 말한다$\binom{\text{기본법 제30조}}{\text{제 1 항 제 5 호}}$. 즉시강제는 급박한 위험으로부터 개인을 보호하거나, 위험을 방지하고자 하는 데 그 목적이 있다. 따라서 즉시강제는 강제집행에 비하여 예외적 수단의 성격을 갖는다$\binom{\text{헌재 2002. 10.}}{\text{31, 2000헌가12}}$.

2. 행정벌, 직접강제, 행정조사와 구별

(1) 행정벌과 구별   행정벌은 과거의 의무위반에 대하여 가해지는 제재이나, 즉시강제는 행정상 필요한 상태의 실현을 위한 작용이다.

(2) 직접강제와 구별   직접강제는 개별·구체적인 의무부과를 전제로 이의 불이행이 있어야만 실력행사가 가능하지만, 행정상 즉시강제는 개별·구체적인 의무부과행위와 의무의 불이행이 전제되지 않고 이루어지는 실력행사이다$\binom{\text{전통적}}{\text{견해}}$. 본서는 행정상 강제집행과 행정상 즉시강제는 절차상 차이가 있을 뿐이라고 본다. 말하자면 사전절차$\binom{\text{예: 행집법 제 3 조}}{\text{제 3 항의 경우}}$를 거치지 아니하고 이루어지는 행정상 강제가 행정상 즉시강제이고, 사전절차를 거치고 이루어지는 행정상 강제가 행정상 강제집행이라고 본다.

(3) 행정조사와 구별   행정조사는 조사 그 자체를 기본적인 목적으로 하지만, 행정상 즉시강제는 필요한 상태를 현실적으로 실현하는 것을 목적으로 한다. 다만 행정조사의 경우에 강제가 가해지는 경우도 있으나, 이 경우에도 양자는 목적에서 차이를 갖는다.

3. 법적 성질

즉시강제는 구체적인 의무부과행위이자 사실행위로서의 실력행사인 동시에 그 실력행사에 대해 참아야 하는 수인의무도 발생시키는 행위이다. 즉 행정상 즉시강제는 사실행위와 법적 행위가 결합된 합성행위이다. 따라서 즉시강제는 항고소송의 대상이 되는 처분이다.

4. 법적 근거

(1) 즉시강제 발동의 근거법률   즉시강제는 법률의 근거가 있어야 가능하다$\binom{\text{기본법 제30}}{\text{조 제 1 항}}$. 그러한 법률로 경찰관 직무집행법, 마약류관리에 관한 법률$\binom{\text{제47}}{\text{조}}$, 소방기본법$\binom{\text{제25}}{\text{조}}$, 감염병의 예방 및 관리에 관한 법률$\binom{\text{제42}}{\text{조}}$ 등이 있다.

(2) 즉시강제 절차의 근거법률   즉시강제의 절차 등에 관한 일반법으로 행정기본법 제33조가 있다. 즉시강제의 근거법률에 특별한 규정이 있으면 그러한 규정을 따르고, 특별한 규정이 없으면 행정기본법 제33조가 정하는 바에 의한다.

Ⅱ. 요   건

1. 장해제거의 소극목적성

즉시강제는 현재의 급박한 행정상의 장해를 제거하기 위한 것이어야 한다$\binom{\text{기본법 제30조}}{\text{제 1 항 제 5 호}}\binom{\text{장해의}}{\text{현재}}$성 요건). 현 행정상 즉시강제는 급박한 장해의 제거라는 소극목적을 위해 실시될 수 있을 뿐, 적극적으로 어떠한 새로운 질서를 창조하기 위하여 실시될 수는 없다.

2. 제거대상인 장해의 현재성

즉시강제는 현재의 급박한 행정상의 장해를 제거하기 위한 것이어야 한다$\binom{\text{기본법 제30조}}{\text{제 1 항 제 5 호}}\binom{\text{장해의}}{\text{현재}}$성 요건). 현재의 급박한 행정상의 장해란 위험의 현재화가 거의 확실시되는 경우를 뜻한다.

3. 장해제거의 긴급성

즉시강제는 ① 행정청이 미리 행정상 의무 이행을 명할 시간적 여유가 없는 경우, 또는 ② 그 성질상 행정상 의무의 이행을 명하는 것만으로는 행정목적 달성이 곤란한 경우에만 실시될 수 있다$\binom{\text{기본법 제30조}}{\text{제 1 항 제 5 호}}\binom{\text{수단도입의 불}}{\text{가피성 요건}}$).

4. 즉시강제수단 도입의 보충성

직접강제는 국민의 신체나 재산에 대한 직접적인 침해수단이자 강력한 수단으로서 국민의 기본권을 침해할 가능성을 많이 갖는다. 따라서 국민의 보호를 위해 즉시강제는 "다른 수단으로는 행정 목적을 달성할 수 없는 경우에만" 실시할 수 있다$\binom{\text{기본법 제33}}{\text{조 제 1 항}}\binom{\text{수단의 비대}}{\text{체성 요건}}$).

5. 장해제거수단의 비례성

즉시강제는 최소한으로만 실시하여야 한다$\binom{\text{기본법 제33조}}{\text{제 1 항 제 2 문}}$). 즉 즉시강제의 실시에 비례원칙이 적용된다. 즉 즉시강제의 실시에 비례원칙이 적용된다.

Ⅲ. 절   차

1. 증표의 제시와 고지

① 직접강제를 실시하기 위하여 현장에 파견되는 집행책임자는 그가 집행책임자임을 표시하는 증표를 보여 주어야 한다$\binom{\text{기본법 제33조}}{\text{제 2 항 제 1 문}}$). ② 즉시강제를 실시하기 위하여 현장에 파견되는 집행책임자는 즉시강제의 이유와 내용을 고지하여야 한다$\binom{\text{기본법 제33조}}{\text{제 2 항 제 2 문}}$).

2. 영장주의의 적용 여부

헌법은 제12조에서 신체의 구속 등에 영장이 필요함을, 제16조에서 주거의 수색 등의 경우에 영장이 필요함을 규정하고 있다. 그러나 헌법은 행정작용의 경우에는 명시적으로 표현하는 바가 없다. 행정작용의 경우에도 헌법상 영장주의가 적용되는지에 대해 견해가 나뉜다.

(1) 영장필요설   헌법은 형사의 경우와 행정의 경우를 구분하지 않고 영장주의를 규정

하고 있으므로 영장제도는 형사작용인가 행정작용인가를 불문하고 적용되며, 따라서 행정목적을 위한 것이라 하여도 주거의 출입, 신체나 주거의 수색을 위해서는 영장이 필요하다는 견해를 영장필요설이라 한다. 영장필요설은 형사와 행정이 목적에서 차이가 있어도 기본권보장의 취지는 같다는 입장이다.

(2) 영장불요설   헌법상의 영장제도는 형사작용에만 적용되는 것이지 행정작용에는 적용이 없다. 행정상 즉시강제는 행정상 의무를 명할 여유가 없는 급박한 경우의 문제이므로, 이때 영장을 필요로 한다는 것은 헌법이 예상하는 바가 아니라는 견해를 영장불요설이라 한다. 영장불요설은 연혁적으로도 영장주의는 형사사법제도와 관련하여 발전되었다는 점을 이유로 삼는다.

(3) 절 충 설   원칙적으로 영장필요설에 입각하면서도 행정목적의 달성을 위해 불가피하다고 인정할 만한 특별한 사유가 있는 경우에는 사전영장주의의 적용을 받지 않는다는 견해를 절충설이라 한다. 일반적 견해이자 판례의 입장이다(판례 1, 2).

> [판례 1] 구 사회안전법 제11조의 동행보호규정이 사전영장주의를 규정한 헌법에 반하는지 여부
> (사회안전법의 적용을 받은 청구인이 동법의 위헌을 이유로 손해배상을 청구한 사건에서) 사전영장주의는 인신보호를 위한 헌법상의 기속원리이기 때문에 인신의 자유를 제한하는 모든 국가작용의 영역에서 존중되어야 하지만, 헌법 제12조 제3항 단서도 사전영장주의의 예외를 인정하고 있는 것처럼 사전영장주의를 고수하다가는 도저히 행정목적을 달성할 수 없는 지극히 예외적인 경우에는 형사절차에서와 같은 예외가 인정되므로, 구 사회안전법(1989. 6. 16. 법률 제4132호에 의해 '보안관찰법'이란 명칭으로 전문 개정되기 전의 것) 제11조 소정의 동행보호규정은 재범의 위험성이 현저한 자를 상대로 긴급히 보호할 필요가 있는 경우에 한하여 단기간의 동행보호를 허용한 것으로서 그 요건을 엄격히 해석하는 한, 동 규정 자체가 사전영장주의를 규정한 헌법규정에 반한다고 볼 수는 없다(대판 1997. 6. 13. 96다56115).

> [판례 2] 급박한 상황에 대처하기 위한 경우 영장 없는 수거를 인정하는 법률의 적법성
> (불법게임기 폐기명령을 받은 청구인(코리아나 컴퓨터 게임장의 운영자)이 근거법률인 음반·비디오물및게임물에관한법률에 대한 위헌법률심판제청사건에서) 구 음반·비디오물및게임물에관한법률 제24조 제3항 제4호(현행법 제42조 제3항 제3호)는 앞에서 본 바와 같이 급박한 상황에 대처하기 위한 것으로서 그 불가피성과 정당성이 충분히 인정되는 경우이므로, 이 법률조항이 영장 없는 수거를 인정한다고 하더라도 이를 두고 헌법상 영장주의에 위배되는 것으로는 볼 수 없다(헌재 2002. 10. 31. 2000헌가12).

(4) 사   견   ① 논리적으로는 절충설이 타당하다. 그러나 즉시강제가 형사책임의 추궁과 관련을 갖는 것으로서, 침해가 계속되거나 개인의 신체·재산·가택에 중대한 침해를 가할 수도 있는 경우에는 반드시 사후에라도 영장을 요한다(조처법 제9조 제2항 참조). 그러나 ② 행정상 즉시강제수단 중 경찰관 직무집행법상 불심검문·보호조치·위험발생방지 등 표준처분은 영장주의의 예외, 즉 영장 없이 이루어지는 강제처분이다. 왜냐하면 이러한 수단은 공적 안전이나 공적 질서의 유지를 위해 매우 빈번히 도입되는 것으로서 영장주의를 관철시킬 수 없는 것이고, 이 때문에 경찰관 직무집행법은 표준처분이라는 특별구성요건을 둔 것이라고 새기는 것이 합리적이기 때문이다.

Ⅳ. 권리보호

1. 행정상 쟁송

① 즉시강제의 발동은 사실작용이지만, 상대방에게 수인의무를 요구한다는 점에서 법적 행위의 성질도 갖는다. 따라서 즉시강제의 발동도 행정기본법상 이의신청 또는 행정심판법상 행정심판이나 행정소송법상 행정소송의 대상이 된다. 즉시강제가 완성되어버리면 취소나 변경을 구할 협의의 소의 이익(권리보호의 이익)이 없게 된다. 실제상 행정상 쟁송은 행정상 즉시강제가 장기간에 걸쳐 계속되는 경우(예: 강제수용)에만 의미를 갖는다. 한편, 처분의 재심사는 허용되지 아니한다(기본법 제37조 제 1 항).

2. 행정상 손해배상

위법한 즉시강제작용으로 인하여 손해를 입은 자는 국가나 지방자치단체를 상대로 국가배상법이 정한 바에 따라 손해배상을 청구할 수 있다. 행정상 쟁송수단이 제기능을 발휘하지 못하는 경우에 행정상 손해배상은 특히 의미를 갖게 된다.

3. 행정상 손실보상

적법한 즉시강제로 인해 개인이 재산상 손실을 입게 되고 또한 그 손실이 특별한 희생에 해당한다면, 그 개인은 행정상 손실보상을 청구할 수 있다(헌법 제23조 제 3 항). 개별법이 손실보상에 관해 명문으로 규정을 두는 경우도 있다(소방법 제49조의2 제 1 항 제 1 호; 자재법 제68조). 생명·신체에 대한 적법한 침해가 있다면 경우에 따라서는 보상청구권을 가질 수 있다(소방법 제49조의2 제 1 항 제 2 호).

4. 인신보호제도

위법한 즉시강제로 인해 신체의 자유가 제한되었을 경우에는 인신보호제도를 이용할 수 있다. 인신보호제도란 자유로운 의사에 반하여 국가, 지방자치단체, 공법인 또는 개인, 민간단체 등이 운영하는 수용시설(의료시설·복지시설·수용시설·보호시설)에 수용·보호 또는 감금되어 있는 자(형사절차에 따라 체포·구속된자, 수형자 및 「출입국관리법」에 따라 보호된 자는 제외한다)가 인신보호법에 따라 법원에 그 구제를 청구할 수 있는 제도를 말한다. 인신보호제도는 인신보호법에서 규정되고 있다. 인신보호법은 헌법 제12조 제 6 항(누구든지 체포 또는 구속을 당한 경우에는 적부의 심사를 법원에 청구할 권리가 있다)을 근거로 한다. 헌법 제12조 제 6 항에서의 체포와 구속에는 형사절차상 체포와 구속 외에 모든 형태의 공권력에 의한 체포와 구속(예컨대, 부랑인의 보호, 정신의료기관의 수용, 가정폭력 피해자의 보호 등)도 포함한다고 볼 것이기 때문이다. 법원은 구제청구사건을 심리한 결과 그 청구가 이유가 있다고 인정되는 때에는 결정으로 피수용자의 수용을 즉시 해제할 것을 명하여야 한다(인신보호법 제13조 제 1 항).

5. 기   타

① 위법한 즉시강제에 대항하는 것은 정당방위로서 공무집행방해를 구성하는 것이 아니다. ② 처분청이나 감독청에 의한 직권취소·정지는 위법한 즉시강제에 대한 구제책이 된다. 행정의 실제상 직권에 의한 취소·정지가 가장 효과적인 수단의 하나가 될 수 있다. ③ 공무원의 형사책

임과 징계책임의 추구가 가능하다. 직권을 남용하여 위법하게 즉시강제수단을 도입한 공무원은 형법상 공무원의 직무에 관한 죄($\frac{형법}{제123조}$), 또는 경찰관 직무집행법상의 직권남용죄로 처벌될 수 있다. 그리고 공무원법상 징계책임이 부과될 수도 있다. 이러한 책임추구의 제도는 위법한 권한 행사를 예방한다는 측면에서 간접적인 구제방법이 된다. 청원·여론·진정 등도 위법한 즉시강제권의 발동에 대한 구제책이 될 수 있다. ④ 청원이 집단으로 이루어진다면 그것은 매우 효과적인 구제수단의 하나가 될 수 있다.

제 3 절   행정조사

Ⅰ. 행정조사의 관념

1. 행정조사의 의의

(1) 개   념   행정조사란 "행정기관이 정책을 결정하거나 직무를 수행하는 데 필요한 정보나 자료를 수집하기 위하여 현장조사·문서열람·시료채취 등을 하거나 조사대상자에게 보고요구·자료제출요구 및 출석·진술요구를 행하는 활동"을 말한다($\frac{조사법 제 2}{조 제 1 호}$). 여기서 행정기관이란 "법령 및 조례·규칙($\frac{법령}{등}$)에 따라 행정권한이 있는 기관과 그 권한을 위임 또는 위탁받은 법인·단체 또는 그 기관이나 개인"을 말한다($\frac{조사법 제 2}{조 제 2 호}$).

(2) 즉시강제와 구별   행정조사는 적정하고도 효과적인 행정을 위한 준비작용으로서 조사 자체를 목적으로 한다. 따라서 행정상 필요한 상태의 실현을 목적으로 하는 행정상 즉시강제와 구별된다. 행정조사에는 권력적 조사 외에 비권력적 조사도 있다.

		행정조사	행정상 즉시강제
목	적	준비작용으로서 조사 목적	행정상 필요한 상태의 실현
성	질	권력적 작용+비권력적작용(이설 있음)	권력적 작용

(3) 성   질   행정조사의 효과는 사실적이다. 일반적으로 행정조사 그 자체는 법적 효과를 가져오지 아니하므로 사실행위에 해당한다($\frac{예: 여}{론조사}$). 그러나 경우에 따라서는 상대방에게 수인의무를 발생시키기도 한다($\frac{예: 불}{심검문}$). 이러한 경우에는 사실행위와 법적 행위가 결합된 행위($\frac{합성적}{행위}$)가 된다($\frac{판}{례}$).

> **판례** 세무조사결정의 법적 성질
> ($\frac{서대전세무서장의 세무조사결정}{처분의 취소 등을 구한 사건에서}$) 부과처분을 위한 **과세관청의 질문조사권이** 행해지는 **세무조사결정이** 있는 **경우 납세의무자는 세무공무원의 과세자료 수집을 위한 질문에 대답하고 검사를 수인하여야 할 법적**

의무를 부담하게 되는 점, 세무조사는 기본적으로 적정하고 공평한 과세의 실현을 위하여 필요한 최소한의 범위 안에서 행하여져야 하고, 더욱이 동일한 세목 및 과세기간에 대한 재조사는 납세자의 영업의 자유 등 권익을 심각하게 침해할 뿐만 아니라 과세관청에 의한 자의적인 세무조사의 위험마저 있으므로 조세공평의 원칙에 현저히 반하는 예외적인 경우를 제외하고는 금지될 필요가 있는 점, 납세의무자로 하여금 개개의 과태료 처분에 대하여 불복하거나 조사 종료 후의 과세처분에 대하여만 다툴 수 있도록 하는 것보다는 그에 앞서 세무조사결정에 대하여 다툼으로써 분쟁을 조기에 근본적으로 해결할 수 있는 점 등을 종합하면, **세무조사결정은 납세의무자의 권리·의무에 직접 영향을 미치는 공권력의 행사에 따른 행정작용으로써 항고소송의 대상이 된다**(대판 2011. 3. 10, 2009두23617·23624(병합)).

2. 행정조사와 기본권보호

(1) 정보상 자기결정권의 보호　　행정조사는 개념필수적으로 개인의 프라이버시를 침해할 가능성을 갖는다. 이 때문에 개인의 사생활보호, 개인의 정보상 자기결정권의 보호 등이 문제된다. 이와 관련하여 행정조사의 법적 근거가 문제된다(이에 관해 뒤에서 살핀다).

(2) 정보공개 등의 제한　　행정조사의 결과 얻어진 정보·자료는 국민 모두의 정보·자료이기 때문에 개인의 행복추구권·알 권리 등과 관련하여 정보공개의 문제가 나타난다. 그러나 정보공개는 동시에 조사대상자의 기본권의 침해를 가져온다. 이와 관련하여 행정조사기본법은 "다른 법률에 따르지 아니하고는 행정조사의 대상자 또는 행정조사의 내용을 공표하거나 직무상 알게 된 비밀을 누설하여서는 아니 된다(조사법 제4조 제5항)"고 규정하고, 아울러 "행정기관은 행정조사를 통하여 알게 된 정보를 다른 법률에 따라 내부에서 이용하거나 다른 기관에 제공하는 경우를 제외하고는 원래의 조사목적 이외의 용도로 이용하거나 타인에게 제공하여서는 아니 된다(조사법 제4조 제6항)"고 규정하고 있다.

(3) 행정조사의 청구　　경우에 따라서는 사인이 자신의 이익추구를 위해 행정청에 대하여 행정조사를 청구할 수 있는가도 문제된다(행정개입청구권).

3. 행정조사의 종류

행정조사는 조사의 성질에 따라 권력적 행정조사(판례)·비권력적 행정조사, 조사의 방법에 따라 직접조사·간접조사, 조사의 대상에 따라 대인적 조사·대물적 조사·대가택조사, 조사의 영역에 따라 경찰행정상 조사·경제행정상 조사·교육행정상 조사, 조사의 목적의 개별성과 일반성에 따라 개별조사·일반조사로 구분된다.

| 판례 | 세무조사의 의의와 납세자의 수인의무

(조사행위가 '현지확인' 절차에 따른 것이더라도 재조사가 금지되는 세무조사에 해당된다고 본 춘천세무서장 부가가치세및종합소득세부과처분 사건에서) 세무조사는 국가의 과세권을 실현하기 위한 행정조사의 일종으로서 국세의 과세표준과 세액을 결정 또는 경정하기 위하여 질문을 하고 장부·서류 그 밖의 물건을 검사·조사하거나 그 제출을 명하는 일체의 행위를 말하며, 부과처분을

위한 과세관청의 질문조사권이 행하여지는 세무조사의 경우 납세자 또는 그 납세자와 거래가 있다고 인정되는 자 등(이하 '납세자등'이라 한다)은 세무공무원의 과세자료 수집을 위한 질문에 대답하고 검사를 수인하여야 할 법적 의무를 부담한다(대판 2017. 3. 16, 2014두8360).

4. 행정조사의 법적 근거(법률유보)

(1) 이론적 근거   권력적 행정조사는 국민의 신체나 재산에 침해를 가져오는 것이므로 헌법 제37조 제2항에 근거하여 법률의 근거를 요한다. 그러나 비권력적 행정조사는 국민의 신체나 재산에 직접 침해를 가져오는 것이 아니므로 법적 근거를 요하지 아니한다. 따라서 행정작용의 근거규정은 비권력적 행정조사의 권능까지 포함하고 있는 것으로 본다. 물론 행정기관의 비권력적 조사는 조직법상 권한의 범위 내에서만 가능하다.

(2) 실정법상 근거

① 일반법으로 행정조사기본법이 있다(조사법 제3조 제1항). ② 개별법으로 경찰관 직무집행법(예: 동법 제3조 제1항의 불심검문), 소방기본법(예: 동법 제29조 이하의 화재조사), 국세징수법(예: 동법 제27조의 질문·검사), 감염병의 예방 및 관리에 관한 법률(예: 동법 제42조의 조사) 등을 볼 수 있다.

(3) 행정조사기본법의 적용범위   행정조사에 관하여 다른 법률에 특별한 규정이 있는 경우를 제외하고는 행정조사기본법으로 정하는 바에 따른다(조사법 제3조 제1항). 다만 행정조사를 한다는 사실이나 조사내용이 공개될 경우 국가의 존립을 위태롭게 하거나 국가의 중대한 이익을 현저히 해칠 우려가 있는 국가안전보장·통일 및 외교에 관한 사항 등 행정조사기본법 제3조 제2항이 정하는 일정한 사항에 이 법을 적용하지 아니한다(조사법 제3조 제2항). 제2항에도 불구하고 제4조(행정조사의 기본원칙), 제5조(행정조사의 근거) 및 제28조(정보통신수단을 통한 행정조사)는 제2항 각호의 사항에 대하여 적용한다(조사법 제3조 제3항).

Ⅱ. 행정조사의 한계

1. 실체법상 한계

행정조사는 조사목적을 달성하는 데 필요한 최소한의 범위 안에서 실시하여야 하며, 다른 목적 등을 위하여 조사권을 남용하여서는 아니 된다(조사법 제4조 제1항). 말하자면 모든 행정조사는 그 조사의 목적에 필요한 범위 내에서만 가능하다. 위법한 목적을 위한 조사는 불가능하다[판례 1, 2, 3]. 권력적 조사의 경우에는 근거된 법규의 범위 내에서만 가능하다[판례 4]. 비권력적 조사를 포함하여 모든 행정조사는 기본권보장, 보충성의 원칙, 비례원칙 등 행정법의 일반원칙의 범위 내에서만 가능하다.

━━━━━━━━━━

[판례 1]   세무조사의 한계
(서초세무서장을 피고로 한 증 여세등부과처분취소소송에서) 세무조사가 국가의 과세권을 실현하기 위한 행정조사의 일종으로서 과세자료의 수집 또는 신고내용의 정확성 검증 등을 위하여 필요불가결하며, 종국적으로는 조세의 탈

루를 막고 납세자의 성실한 신고를 담보하는 중요한 기능을 수행하더라도 만약 남용이나 오용을 막지 못한다면 납세자의 영업활동 및 사생활의 평온이나 재산권을 침해하고 나아가 과세권의 중립성과 공공성 및 윤리성을 의심받는 결과가 발생할 것이다($^{대판\ 2016.\ 12.\ 15,}_{2016두47659}$).

[판례 2] 세무조사에서 재조사의 제한
($^{조사행위가\ '현지확인'\ 절차에\ 따른\ 것이더라도\ 재조사가\ 금지되는\ 세무조사}_{에\ 해당된다고\ 본\ 춘천세무서장\ 부가가치세및종합소득세부과처분\ 사건에서}$) 같은 세목 및 과세기간에 대한 거듭된 세무조사는 납세자의 영업의 자유나 법적 안정성 등을 심각하게 침해할 뿐만 아니라 세무조사권의 남용으로 이어질 우려가 있으므로 조세공평의 원칙에 현저히 반하는 예외적인 경우를 제외하고는 금지될 필요가 있다($^{대판\ 2017.\ 3.\ 16,}_{2014두8360}$).

[판례 3] 국가기관이 일반 국민의 알 권리와 무관하게 개인의 정보를 수집한 경우 대상자가 공적 인물이라는 이유만으로 면책될 수 있는지 여부
($^{보안사\ 민간인}_{사찰사건에서}$) 구 국군보안사령부가 군과 관련된 첩보 수집, 특정한 군사법원 관할 범죄의 수사 등 법령에 규정된 직무범위를 벗어나 민간인들을 대상으로 평소의 동향을 감시·파악할 목적으로 지속적으로 개인의 집회·결사에 관한 활동이나 사생활에 관한 정보를 미행, 망원 활용, 탐문채집 등의 방법으로 **비밀리에 수집·관리한 경우, 이는 헌법에 의하여 보장된 기본권을 침해한 것으로서 불법행위를 구성한다.** 공적 인물에 대하여는 사생활의 비밀과 자유가 일정한 범위 내에서 제한되어 그 사생활의 공개가 면책되는 경우도 있을 수 있으나, 이는 공적 인물은 통상인에 비하여 일반 국민의 알 권리의 대상이 되고 그 공개가 공공의 이익이 된다는 데 근거한 것이므로, **일반 국민의 알 권리와는 무관하게 국가기관이 평소의 동향을 감시할 목적으로 개인의 정보를 비밀리에 수집한 경우에는 그 대상자가 공적 인물이라는 이유만으로 면책될 수 없다**($^{대판\ 1998.\ 7.\ 24,}_{96다42789}$).

[판례 4] 행정청이 업무지도의 필요성이 있다고 판단하여 노동조합에 대하여 행한 자료제출요구의 타당성 여부
($^{업무방해\ 등을\ 이유}_{로\ 기소된\ 사건에서}$) **노동조합법 제30조, 같은법시행령 제 9 조의2에 의하면** 행정관청은 당해 노동조합에 대하여 진정 등이 있는 경우와 분규가 야기된 경우뿐만 아니라 노동조합의 회계, 경리상태나 **기타 운영에 대하여 지도할 필요가 있는 경우에도** 노동조합의 경리상황 기타 관계 서류를 제출하게 하여 **조사할 수 있도록 규정되어 있으므로** 행정기관이 그와 같은 업무지도의 필요성이 있다고 판단되면 관계 서류 등의 제출을 요구하여 조사할 수 있다고 하여야 할 것이고, 설사 노동조합의 회계, 경리상태나 기타 운영에 대하여 지도할 필요가 있는 경우에 해당되지 않는다고 하더라도 행정관청이 그와 같이 판단하여 조사하기로 한 이상 노동조합은 이에 응할 의무가 있다고 할 것이다($^{대판\ 1992.\ 4.\ 10,}_{91도3044}$).

2. 절차법상 한계

(1) 권력적 조사

1) 영장주의와의 관계 헌법 제12조 제 3 항 및 제16조의 영장주의가 행정조사를 위한 질문·검사·가택출입 등의 경우에도 적용될 것인가는 문제이다. ① 행정상 즉시강제의 경우처럼 영장필요설·영장불요설·절충설이 있는데, 절충설이 지배적인 견해이다. ② 생각건대 행정조사

도 상대방의 신체나 재산에 직접 실력을 가하는 것인 한, 그리고 행정조사의 결과가 형사책임의 추궁과 관련성을 갖는 한 사전영장주의는 원칙적으로 적용되어야 한다. 다만 긴급을 요하는 불가피한 경우에는 그러하지 않다고 보겠다. 다만 이 경우에도 침해가 장기적이면 사후영장이 필요하다. 절충설이 타당하다. ③ 판례의 입장도 같다(판례).

［판례］ 밀수품의 수색을 위한 방안으로서의 영장주의 예외의 인정 여부

(밀수법을 특정범죄가중처벌등에관 한법률위반으로 기소한 사건에서) 세관공무원이 밀수품을 싣고 왔다는 정보에 의하여 정박중인 선박에 대하여 수색을 하려면 선박의 소유자 또는 점유자의 승낙을 얻거나 법관의 압수 수색영장을 발부받거나 또는 **관세법 제212조 제 1 항 후단에 의하여 긴급을 요하는 경우에 한하여 수색압수를 하고 사후에 영장의 교부를 받아야 할 것이다**(대판 1976. 11. 9, 76도2703).

---

2) 증표의 제시　권력적 행정조사의 경우에 국민은 관계 법령에 의거, 작위의무·수인의무를 부담하고 또한 사생활이 침해되는 등 불이익을 받게 되므로, 조사절차상 행정조사를 행하는 공무원이 조사의 권한을 가지고 있음을 명백히 할 필요가 있다. 이를 위해 개별법은 행정조사를 행하는 공무원은 그 권한을 증명하는 증표를 휴대하여 관계자에게 이를 제시하도록 하고 있다(예: 국징법 제38조, 식품법 제22조 제3항). 개별법규가 증표의 제시를 규정하는 한 증표의 제시는 행정조사의 요건을 이루는 것이고, 증표의 제시로 피조사자는 작위·수인의무를 지게 된다.

3) 시간상 한계　영업장에 대한 조사의 경우, 원칙적으로 영업시간 내에 조사가 가능하고, 다만 긴급한 경우에는 예외적으로 영업시간 외에도 가능하다고 볼 것이다.

　(2) 비권력적 조사　개념상 비권력적 행정조사의 경우에는 영장주의에 관한 문제가 생기지 아니한다. 그것은 피조사자에 대해 강제력을 행사하는 것이 아니고 피조사자 측의 임의적인 협력을 전제로 하는 것이기 때문이다. 그렇다고 비권력적 행정조사가 언제나 피조사자 측의 협력을 요하는 것도 아니다. 그러나 증표제시절차는 국민의 신뢰 및 국민의 임의적인 협력을 용이하게 확보한다는 점에서 비권력적 행정조사의 경우에도 도입하는 것이 바람직하다.

Ⅲ. 행정조사의 시행

1. 조사대상자와 조사대상

　(1) 조사대상자　행정기관은 조사목적에 적합하도록 조사대상자를 선정하여 행정조사를 실시하여야 한다(조사법 제4 조 제2항). 조사대상자는 조사원에게 공정한 행정조사를 기대하기 어려운 사정이 있다고 판단되는 경우에는 행정기관의 장에게 당해 조사원의 교체를 신청할 수 있다(조사법 제22 조 제1항).

　(2) 조사대상　행정기관의 장은 행정조사의 목적, 법령준수의 실적, 자율적인 준수를 위한 노력, 규모와 업종 등을 고려하여 명백하고 객관적인 기준에 따라 행정조사의 대상을 선정하여야 한다(조사법 제8 조 제1항). 조사대상자는 조사대상 선정기준에 대한 열람을 행정기관의 장에게 신청할 수 있다(조사법 제8 조 제2항).

2. 조사의 방법

(1) 개   관   ① 행정조사의 일반적인 방법으로 출석·진술 요구$\binom{\text{조사법 제9}}{\text{조 제1항}}$, 보고요구와 자료제출의 요구$\binom{\text{조사법}}{\text{제10조}}$, 현장조사$\binom{\text{조사법}}{\text{제11조}}$, 시료채취$\binom{\text{조사법}}{\text{제12조}}$ 등이 있다. 한편, ② 정보통신수단을 통한 행정조사도 가능하다$\binom{\text{조사법}}{\text{제28조}}$.

(2) 공동조사   행정기관의 장은 다음 각호$\binom{\text{1. 당해 행정기관 내의 2 이상의 부서가 동일하거나 유사한 업무분}}{\text{야에 대하여 동일한 조사대상자에게 행정조사를 실시하는 경우,}}$ ₂. 서로 다른 행정기관이 대통령령으로 정하는 분야에 대 하여 동일한 조사대상자에게 행정조사를 실시하는 경우)의 어느 하나에 해당하는 행정조사를 하는 경우에는 공동조사를 하여야 한다$\binom{\text{조사법 제14}}{\text{조 제1항}}$.

(3) 중복조사의 제한   제 7 조에 따라 정기조사 또는 수시조사를 실시한 행정기관의 장은 동일한 사안에 대하여 동일한 조사대상자를 재조사하여서는 아니 된다. 다만, 당해 행정기관이 이미 조사를 받은 조사대상자에 대하여 위법행위가 의심되는 새로운 증거를 확보한 경우에는 그러하지 아니하다$\binom{\text{조사법 제15}}{\text{조 제1항}}$.

3. 조사의 실시

(1) 법령에 근거한 조사

1) 사전통지와 의견제출   행정조사를 실시하고자 하는 행정기관의 장은 원칙적으로 제 9 조에 따른 출석요구서, 제10조에 따른 보고요구서·자료제출요구서 및 제11조에 따른 현장출입조사서$\binom{\text{출석요}}{\text{구서등}}$를 조사개시 7일 전까지 조사대상자에게 서면으로 통지하여야 한다$\binom{\text{조사법 제17}}{\text{조 제1항}}$. 조사대상자는 제17조에 따른 사전통지의 내용에 대하여 행정기관의 장에게 의견을 제출할 수 있다$\binom{\text{조사법 제21}}{\text{조 제1항}}$. 행정기관의 장은 제 1 항에 따라 조사대상자가 제출한 의견이 상당한 이유가 있다고 인정하는 경우에는 이를 행정조사에 반영하여야 한다$\binom{\text{조사법 제21}}{\text{조 제2항}}$.

2) 제 3 자에 대한 보충조사   행정기관의 장은 조사대상자에 대한 조사만으로는 당해 행정조사의 목적을 달성할 수 없거나 조사대상이 되는 행위에 대한 사실 여부 등을 입증하는 데 과도한 비용 등이 소요되는 경우로서 다음 각호$\binom{\text{1. 다른 법률에서 제3자에 대한 조사를 허용}}{\text{하고 있는 경우, 2. 제3자의 동의가 있는 경우}}$의 어느 하나에 해당하는 경우에는 제 3 자에 대하여 보충조사를 할 수 있다$\binom{\text{조사법 제19}}{\text{조 제1항}}$.

(2) 자발적인 협조에 따른 행정조사   ① 행정기관의 장이 제 5 조 단서에 따라 조사대상자의 자발적인 협조를 얻어 행정조사를 실시하고자 하는 경우 조사대상자는 문서·전화·구두 등의 방법으로 당해 행정조사를 거부할 수 있다$\binom{\text{조사법 제20}}{\text{조 제1항}}$. ② 제 1 항에 따른 행정조사에 대하여 조사대상자가 조사에 응할 것인지에 대한 응답을 하지 아니하는 경우에는 법령등에 특별한 규정이 없는 한 그 조사를 거부한 것으로 본다$\binom{\text{조사법 제20}}{\text{조 제2항}}$.

(3) 조사권 행사의 제한   ① 조사원은 제 9 조부터 제11조까지에 따라 사전에 발송된 사항에 한하여 조사대상자를 조사하되, 사전통지한 사항과 관련된 추가적인 행정조사가 필요할 경우에는 조사대상자에게 추가조사의 필요성과 조사내용 등에 관한 사항을 서면이나 구두로 통보한 후 추가조사를 실시할 수 있다$\binom{\text{조사법 제23}}{\text{조 제1항}}$. ② 조사대상자는 법률·회계 등에 대하여 전문지

식이 있는 관계 전문가로 하여금 행정조사를 받는 과정에 입회하게 하거나 의견을 진술하게 할 수 있다(조사법 제23조 제2항). ③ 조사대상자와 조사원은 조사과정을 방해하지 아니하는 범위 안에서 행정조사의 과정을 녹음하거나 녹화할 수 있다. 이 경우 녹음·녹화의 범위 등은 상호 협의하여 정하여야 한다(조사법 제23조 제3항).

(4) 조사결과의 통지 행정기관의 장은 법령등에 특별한 규정이 있는 경우를 제외하고는 행정조사의 결과를 확정한 날부터 7일 이내에 그 결과를 조사대상자에게 통지하여야 한다(조사법 제24조).

4. 자율관리체제

(1) 자율신고제도 행정기관의 장은 법령등에서 규정하고 있는 조사사항을 조사대상자로 하여금 스스로 신고하도록 하는 제도를 운영할 수 있다(조사법 제25조 제1항). 행정기관의 장은 조사대상자가 제1항에 따라 신고한 내용이 거짓의 신고라고 인정할 만한 근거가 있거나 신고내용을 신뢰할 수 없는 경우를 제외하고는 그 신고내용을 행정조사에 갈음할 수 있다(조사법 제25조 제2항).

(2) 자율관리에 대한 혜택의 부여 행정기관의 장은 제25조에 따라 자율신고를 하는 자와 제26조에 따라 자율관리체제를 구축하고 자율관리체제의 기준을 준수한 자에 대하여는 법령등으로 규정한 바에 따라 행정조사의 감면 또는 행정·세제상의 지원을 하는 등 필요한 혜택을 부여할 수 있다(조사법 제27조).

Ⅳ. 실력행사와 위법조사

1. 행정조사와 실력행사

(1) 권력적 조사

1) 문제상황 행정조사를 위한 임검(현장조사)·장부검사·가택수색 등의 경우에 피조사자측의 거부·방해 등이 있으면, 명시적인 규정이 없음에도 불구하고 행정조사를 행하는 공무원은 피조사자측의 저항을 실력으로 억압하고 강제조사할 수 있는가의 문제가 있다.

2) 학   설 ① 행정조사에서 실력행사가 가능하다고 한다면 즉시강제와 권력적 조사와의 구별이 어려워지며, 피조사자의 거부·방해가 있을 경우 실정법이 직접적 강제수단을 규정하지 않고 영업허가의 철회·벌칙 등의 규정(후술하는 식품법 제97조 제2호 참조)을 마련하고 있다는 점을 논거로 하는 부정설(김동희, 류지태)(다수설)과 ② 권력적 조사의 성격상 권력적 조사의 방해를 배제하는 것은 권력적 조사의 범위 안에 들어온다는 것을 논거로 하는 긍정설로 나뉘고 있다. 긍정설도 제한적으로 긍정하는 입장이다.

3) 사   견 긍정설이 타당하다. 부정설은 법치국가에서 법률적 근거 없는 실력행사는 용인할 수 없다고 하지만, 권력적 조사의 방해를 배제하는 것은 권력적 조사의 범위 안에 들어온다고 보는 것이 오히려 합리적이다. 즉, 권력적 조사의 방해를 배제하는 범위 안에서 실력행사를

할 수 있다고 본다. 물론 명문으로 강제할 수 없음을 규정하고 있는 경우$\binom{예: 경직법 제3조}{제2항 단서 \cdot 제7항}$에는 실력행사를 하여서는 아니 된다.

4) 불이익처분　　개별법률은 피조사자측의 거부·방해가 있는 경우, 처벌이나 불이익처분 등의 제재를 규정하기도 한다$\binom{예: 식품법 제97조(벌칙) 다음 각 호의 어느 하나에 해당하는 자는 3년 이하의 징역 또는 3천만}{원 이하의 벌금에 처한다. 2. 제22조 제1항(제88조에서 준용하는 경우를 포함한다) 또는 제72}$
조 제1항·제2항(제88조에서 준용하는 경우를 포함한다)에 따른 검사·출입·수거·압류·폐기를 거부·방해 또는 기피한 자).

(2) 비권력적 조사　　비권력적 조사의 경우에는 피조사자측의 저항이 있어도, 행정조사를 행하는 공무원은 실력으로 그 저항을 억압할 수 없다.

2. 위법조사의 효과

(1) 문제상황　　행정조사는 필요한 정보나 자료수집을 위한 준비작용으로 조사 그 자체를 목적으로 한다. 따라서 행정조사작용은 행정결정에 선행하는 전제요건이 아님이 일반적이다$\binom{행정절차와}{의 차이점}$. 그러나 행정조사를 하는 과정에서 절차법적 한계를 준수하지 못했거나 비례원칙에 위반되는 위법한 조사가 있었고 그에 근거하여 행정결정이 이루어진 경우 그 행정결정이 위법한지가 문제된다. 다만, 행정조사로 수집된 정보가 정당한 것이 아님에도 그러한 사실에 기초하여 침익적인 행정행위가 발령된다면 이는 위법한 처분이다.

(2) 학　　설　　① 행정조사가 법령에서 특히 행정행위의 전제요건으로 규정하고 있는 경우를 제외하고는 일응 별개의 제도이고 따라서 이 경우 조사의 위법이 바로 행정행위를 위법하게 만들지는 않는다는 견해$\binom{박윤흔 \cdot}{한견우}$, ② 법령에서 행정조사를 행정행위의 전제요건으로 하고 있는 경우 외에는 별개·독자적 제도이지만, 양자는 하나의 과정을 구성하고 있으므로 행정조사에 중대한 위법사유가 있다면 행정행위도 위법하다는 견해$\binom{김동희, 김철용 \cdot}{김남진 \cdot 김연태}$, ③ 행정조사에 의해 수집된 정보가 행정결정을 위한 정보수집을 위한 것이라면 행정조사의 하자는 행정결정의 절차상의 하자라는 견해$\binom{박균}{성}$로 나누어진다.

(3) 판　　례　　판례는 부정한 목적을 위한 조사와 위법한 중복세무조사에 기초하여 이루어진 과세처분은 위법하다고 한 바 있다$\binom{판례}{1, 2}$.

[판례 1]　부정한 목적의 세무조사로 수집된 과세자료를 기초로 한 과세처분의 위법 여부
$\binom{서초세무서장을 피고로 한 증}{여세등부과처분취소소송에서}$ 국세기본법은 제81조의4 제1항에서 "세무공무원은 적정하고 공평한 과세를 실현하기 위하여 필요한 최소한의 범위에서 세무조사를 하여야 하며, 다른 목적 등을 위하여 조사권을 남용해서는 아니 된다."라고 규정하고 있다. 이 조항은 세무조사의 적법 요건으로 객관적 필요성, 최소성, 권한 남용의 금지 등을 규정하고 있는데, 이는 법치국가원리를 조세절차법의 영역에서도 관철하기 위한 것으로서 그 자체로서 구체적인 법규적 효력을 가진다. 따라서 세무조사가 과세자료의 수집 또는 신고내용의 정확성 검증이라는 본연의 목적이 아니라 부정한 목적을 위하여 행하여진 것이라면 이는 세무조사에 중대한 위법사유가 있는 경우에 해당하고 이러한 세무조사에 의하여 수집된 과세자료를 기초로 한 과세처분 역시 위법하다$\binom{대판 2016. 12. 15,}{2016두47659}$.

┌─────────┐
│ 판례 2 │ 위법한 세무조사에 기초한 과세처분의 적법 여부
└─────────┘

$\binom{부가가치세부과처}{분취소소송에서}$ 원심은 그 채용 증거에 의하여, 피고는 1998. 11.경 원고의 부동산 임대사업과 관련한 부가가치세의 탈루 여부에 대하여 세무조사를 벌인 결과, 임대수입을 일부 누락한 사실 등을 밝혀내고 그 세무조사 결과에 따라 같은 해 12.경 부가가치세 증액경정처분을 한 사실, 그런데 서울지방국세청장은 1999. 11.경 원고의 개인제세 전반에 관하여 특별세무조사를 한다는 명목으로 이미 부가가치세 경정조사가 이루어진 과세기간에 대하여 다시 임대수입의 누락 여부, 매입세액의 부당공제 여부 등에 관하여 조사를 하였고, 피고는 그 세무조사 결과에 따라 부가가치세액을 증액하는 이 사건 재경정처분을 한 사실 등을 인정한 다음, 이 사건 부가가치세부과처분은 이미 피고가 1998. 11.경에 한 세무조사(부가가치세 경정조사)와 같은 세목 및 같은 과세기간에 대하여 중복하여 실시한 서울지방국세청장의 위법한 중복조사에 기초하여 이루어진 것이므로 위법하다고 판단하였다. 원심의 이러한 인정과 판단은 정당하다$\binom{대판\ 2006.\ 6.\ 2,}{2004두12070}$.

(4) 사　　견　　권력을 남용하여 조사가 이루어지거나 비권력적 조사에서 실력행사를 통해 조사가 이루어지는 등 중대하게 위법한 행정조사가 있으면, 그러한 위법한 조사로 수집된 정보에 기초하여 내려진 행정결정은 위법하다고 보아야 한다. 행정조사가 반드시 어떠한 행정결정에 필수적으로 요구되는 것은 아니고 단지 예비적인 작용이라 하여도 마찬가지이다. 왜냐하면 국가는 어떠한 경우에도 적법하고 정당한 절차를 거쳐야만 하기 때문이다.

[기출사례] 제56회 사법시험(2014년) 문제·답안작성요령 ☞ PART 4 [1-48]

[기출사례] 제 7 회 변호사시험(2018년) 문제·답안작성요령 ☞ PART 4 [1-49]

[기출사례] 제11회 변호사시험(2022년) 문제·답안작성요령 ☞ PART 4 [1-49a]

Ⅴ. 행정조사에 대한 구제

1. 행정상 쟁송

권력적 조사처분의 취소·변경을 구할 법률상 이익과 권리보호의 필요가 있는 자는 행정상 쟁송을 제기할 수 있다. 권력적 조사가 단기간에 끝나는 경우에는 권리보호의 필요$\binom{협의의\ 소}{의\ 이익}$가 있다고 보기 어려우나, 장기간에 걸치는 경우에는 있다고 볼 것이다. 권력적 사실행위로서 행정조사의 취소·변경을 구한다는 것은 사실행위와 법적 행위의 합성적인 행위로서의 조사행위의 취소·변경을 구함으로써 조사행위에 따르는 수인의무를 제거하는 의미를 갖는다.

2. 행정상 손해배상

위법한 행정조사로 손해를 입은 자는 국가나 지방자치단체에 대해 국가배상법이 정한 바에 따라 손해배상을 청구할 수 있다. 위법한 행정조사의 경우에 행정상 쟁송은 사실상 큰 의미를 갖지 못하나, 행정상 손해배상은 중요한 의미를 갖는다.

3. 행정상 손실보상

적법한 행정조사로 인하여 특별한 희생을 당한 자는 손실보상을 청구할 수 있다. 다만 현재로서는 이에 관한 일반법이 없다. 간혹 개별법규에서 나타나기도 한다$\binom{\text{예: 토상법 제27}}{\text{조 제 4 항 참조}}$.

4. 기   타

청원, 직권에 의한 취소·정지, 공무원의 형사책임·징계책임제도 등은 간접적으로 위법한 행정조사에 대한 구제제도로서의 의미를 갖는다. 무효인 행정조사에 정당방위가 인정된다는 것도 구제제도의 의미를 갖는다.

[기출사례] 제57회 사법시험(2015년) 문제·답안작성요령 ☞ PART 4 [1-50]

제 4 절   기   타

Ⅰ. 금전상 제재

1. 과 징 금

(1) 의   의   과징금이란 법령등에 따른 의무를 위반한 자에 대하여 그 위반행위에 대한 제재로서 부과·징수하는 금전을 말한다$\binom{\text{기본법 제28}}{\text{조 제 1 항}}$. 종래의 판례는 과징금을 "원칙적으로 행정법상의 의무를 위반한 자에 대하여 당해 위반행위로 얻게 된 경제적 이익을 박탈하기 위한 목적으로 부과하는 금전적인 제재"$\binom{\text{대판 2002. 5. 28.}}{\text{2000두6121}}$, 또는 "대체적으로 행정법상의 의무위반행위에 대하여 행정청이 의무위반행위로 인한 불법적인 이익을 박탈하거나, 혹은 당해 법규상의 일정한 행정명령의 이행을 강제하기 위하여 의무자에게 부과·징수하는 금전"$\binom{\text{헌재 2001. 5. 31.}}{\text{99헌가18}}$으로 정의하나, 과징금은 형벌$\binom{처}{벌}$이 아니다$\binom{\text{판례}}{\text{1, 2}}$.

──────────

[판례 1] 부당내부거래에 대한 과징금의 법적 성질

$\binom{\text{SK부당내부거래에 대한 과징금부과의 근거규정인 구 공정거래법}}{\text{제24조의2의 위헌여부의 심판제청사건인 SK 부당내부거래사건에서}}$ 행정권에는 행정목적 실현을 위하여 행정법규 위반자에 대한 제재의 권한도 포함되어 있으므로, '제재를 통한 억지'는 행정규제의 본원적 기능이라 볼 수 있는 것이고, 따라서 어떤 행정제재의 기능이 오로지 제재$\binom{\text{및 이에 결}}{\text{부된 억지}}$에 있다고 하여 이를 헌법 제13조 제 1 항에서 말하는 국가형벌권의 행사로서의 '처벌'에 해당한다고 할 수 없는바, 구 독점규제및공정거래에관한법률 제24조의2에 의한 **부당내부거래에 대한 과징금**은 그 취지와 기능, 부과의 주체와 절차 등을 종합할 때 부당내부거래 억지라는 행정목적을 실현하기 위하여 그 **위반행위에 대하여 제재를 가하는 행정상의 제재금으로서의 기본적 성격에 부당이득환수적 요소도 부가되어 있는 것이라 할 것이고**, 이를 두고 헌법 제13조 제 1 항에서 금지하는 국가형벌권 행사로서의 '처벌'에 해당한다고는 할 수 없다$\binom{\text{헌재 2003. 7. 24.}}{\text{2001헌가25}}$.

판례 2 부당지원행위에 대한 과징금의 성격과 위헌성

(공정거래위원회의 원고에 대한 시 정명령등의 취소를 구한 사건에서) 구 독점규제및공정거래에관한법률 제24조의2의 부당지원행위에 대한 과징금은 부당지원행위 억지라는 행정목적을 실현하기 위한 **행정상 제재금으로서의 기본적 성격에 부당이득환수적 요소도 부가되어 있는 것으로서**, 이중처벌금지원칙에 위반된다거나 무죄추정의 원칙에 위반된다고 할 수 없다(대판 2004. 3. 12,/2001두7220).

(2) 고의·과실의 요부   과징금부과처분은 "행정목적의 달성을 위하여 행정법규 위반이라는 객관적 사실에 착안하여 가하는 제재로서 원칙적으로 위반자의 고의·과실을 요하지 아니하나, 위반자의 의무 해태를 탓할 수 없는 정당한 사유가 있는 등의 특별한 사정이 있는 경우에는 이를 부과할 수 없다"는 것이 판례의 입장이다(대판 2014. 10. 15,/2013두5005).

(3) 과태료와 비교

	과 태 료	과 징 금
성　　질	의무위반에 대한 벌(질서벌)	의무이행확보수단(제재+부당이득환수)
부과주체	(원칙)행정청	행정청
금액책정기준	가벌성정도	의무위반·불이행시 예상수익
불　　복	질서위반행위규제법	행정쟁송법(비송사건절차법 준/용의 경우도 있다)
쟁송제기효과	과태료부과처분 효력상실(질서법 제20/조 제 2 항)	과징금부과처분 효력유지

(4) 법적 근거   행정기본법 제28조 제 1 항은 "행정청은 … 법률로 정하는 바에 따라 … 과징금을 부과할 수 있다"고 하여 과징금법정주의를 규정하고 있다. 과징금법정주의로 인해 법률의 근거 없이 과징금을 부과하면, 그러한 과징금 부과처분은 위법한 처분이다. 과징금의 근거가 되는 법률에는 과징금에 관한 다음 각 호(1. 부과·징수 주체, 2. 부과 사유, 3. 상한액, 4. 가산금을 징수하려는 경우/그 사항, 5. 과징금 또는 가산금 체납 시 강제징수를 하려는 경우 그 사항)의 사항을 명확하게 규정하여야 한다(기본법 제28/조 제 2 항). 과징금을 규정하는 개별 법률로 식품위생법·대기환경보전법 등이 있다.

(5) 납부기한의 연기, 분할 납부, 담보제공   과징금은 한꺼번에 납부하는 것을 원칙으로 한다. 다만, 행정청은 과징금을 부과받은 자가 다음 각 호(1. 재해 등으로 재산에 현저한 손실을 입은 경우, 2./사업 여건의 악화로 사업이 중대한 위기에 처한 경우, 3. 과징금을 한꺼번에 내면 자금 사정에 현저한 어려움이 예상되는 경우, 4. 그 밖에 제 1 호부터 제 3 호까지에 준하는 경우로서 대통령령으로 정하는 사유가 있는 경우)의 어느 하나에 해당하는 사유로 과징금 전액을 한꺼번에 내기 어렵다고 인정될 때에는 그 납부기한을 연기하거나 분할 납부하게 할 수 있으며, 이 경우 필요하다고 인정하면 담보를 제공하게 할 수 있다(기본법/제29조).

(6) 과징금의 유형   과징금은 ① 법령위반행위에 따른 부당이득을 환수하는 성격을 갖거나 부당이득을 환수하는 성격과 행정제재의 성격을 동시에 갖는 과징금(예: 독점규제 및 공정거래에 관한/법률 제 8 조, 제38조 등, 청소년 보호법 제54조, 대기환경보전법/제35조, 물환경보전법 제41조)과(판/례) ② 사업(영/업)의 취소(정/지)에 갈음하거나(예: 관광진흥법 제37조, 여객자동차 운수사업/법 제88조, 대기환경보전법 제37조, 물환경보전/법 제41/조, 제43조) 사업(영/업)의 취소(정/지)와 선택관계에 놓이는 과징금(예: 주차장/법 제24조)으로 구분되기도 한다. 특히 공공성이 강한 사업은 영업의 정지 등의 처분이 있게 되면 일반 대중이 불편을 겪기 때문에 영업정

지 등 처분 대신 과징금부과를 규정하고 있다. 따라서 공익관련성이 낮은 사업에 대한 과징금부과 규정은 위헌이라는 견해(박정훈)가 유력하다.

> [판례] 공정거래법 제22조에 의한 과징금의 성격
> (원고 주식회사 포스코건설이 피고 공정거래위원회의 과징금납부명령의 취소를 구한 사건에서) 공정거래법 제22조에 의한 과징금은 법 위반행위에 따르는 **불법적인 경제적 이익을 박탈**하기 위한 부당이득환수의 성격과 함께 **위법행위에 대한 제재로서의 성격을 가지는 것이다**(대판 2017. 4. 27, 2016두33360).

(7) 권리보호　　과징금의 부과·징수행위 역시 행정쟁송법상 처분에 해당한다. 말하자면 과징금의 부과는 행정기본법상 이의신청 또는 행정심판법상 행정심판이나 행정소송법상 행정소송의 대상이 된다. 행정기본법상 재심사는 배제된다(기본법 제37조 제 1 항).

(8) 형벌과 병과

1) 헌법 제13조 제 1 항 제 2 문의 처벌의 의미　　헌법 제13조 제 1 항은 "모든 국민은 … 동일한 범죄에 대하여 거듭 처벌받지 아니한다"고 규정하고 있다. 처벌의 의미와 관련하여 형식설과 실질설로 나뉜다. 형식설은 형사처벌만 헌법 제13조 제 1 항 제 2 문의 처벌에 해당한다는 견해이다. 이에 의하면 과징금, 과태료, 보안처분, 보호처분, 신상공개처분은 처벌에 해당하지 아니한다. 실질설은 처벌과 다른 법적 형식을 취하고 있다고 하여도 본질적으로 형사처벌에 해당하면, 헌법 제13조 제 1 항 제 2 문의 처벌로 보는 견해이다.

2) 판　　례　　행정벌이나 형사벌과 과징금의 병과를 이중처벌로 보지 아니한다(판례).

> [판례] 부당지원행위를 한 지원주체에 대한 과징금의 법적 성격 및 위헌성
> (부당지원을 이유로 공정거래위원회가 현대자동차(주)에 행한 시정조치및과징금부과처분의 취소를 구한 사건에서) 구 독점규제및공정거래에관한법률 제23조 제 1 항 제 7 호, 같은 법 제24조의2 소정의 부당지원행위를 한 지원주체에 대한 과징금은 그 취지와 기능, 부과의 주체와 절차 등을 종합할 때 부당지원행위의 억지(抑止)라는 행정목적을 실현하기 위한 입법자의 정책적 판단에 기하여 그 위반행위에 대하여 제재를 가하는 행정상의 제재금으로서의 기본적 성격에 부당이득환수적 요소도 부가되어 있는 것이라고 할 것이어서 그것이 헌법 제13조 제 1 항에서 금지하는 국가형벌권 행사로서의 처벌에 해당한다고 할 수 없으므로 **구 독점규제및공정거래에관한법률에서 형사처벌과 아울러 과징금의 부과처분을 할 수 있도록 규정하고 있다 하더라도 이중처벌금지원칙이나 무죄추정원칙에 위반된다거나 사법권이나 재판청구권을 침해한다고 볼 수 없다**(대판 2004. 4. 9, 2001두6197; 대판 2004. 3. 12, 2001두7220).

3) 사　　견　　독일과 같이 명시적 규정이 있는 것(독일기본법 제103조 ③ 누구든지 동일한 행위로 인하여 일반형법에 근거하여 거듭 처벌되지 아니한다)은 아니지만, 헌법 제13조 제 1 항 제 2 문의 처벌은 형사벌만을 의미하는 것으로 볼 것이다(판례). 형사벌과 과징금은 목적을 달리하므로 양자의 병과는 가능하다고 본다.

> **판례** 헌법 제13조 제1항(모든 국민은 … 동일한 범죄에 대하여 거듭 처벌받지 아니한다)의 처벌의 의미
> (근로기준법상 이행강제금을 규정한 근로기준법 제33조 위헌소원사건에서) 헌법 제13조 제1항은 '이중처벌금지원칙'을 규정하고 있다. 이는 한 번 판결이 확정되면 동일한 사건에 대해서는 다시 심판할 수 없다는 '일사부재리원칙'이 국가형벌권의 기속원리로 헌법상 선언된 것으로서, 동일한 범죄행위에 대하여 국가가 형벌권을 거듭 행사할 수 없도록 함으로써 국민의 기본권 특히 **신체의 자유를 보장**하기 위한 것이다. 이러한 점에서 헌법 제13조 제1항에서 말하는 '처벌'은 원칙적으로 **범죄에 대한 국가의 형벌권 실행으로서의 과벌**을 의미하는 것이고, 국가가 행하는 일체의 제재나 불이익처분을 모두 그 '처벌'에 포함시킬 수는 없다(헌재 2014. 5. 29, 2013헌바171).

[기출사례] 제33회 입법고시(2017년) 문제·답안작성요령 ☞ PART 4 [1-51]

2. 가 산 세

(1) 의　　의　　세법은 가산세를 '국세기본법 및 세법에서 규정하는 의무의 성실한 이행을 확보하기 위하여 세법에 따라 산출한 세액에 가산하여 징수하는 금액'이라 정의하고 있다(국세법 제2조 제4호; 지기법 제2조 제1항 제23호). "가산세는 그 형식이 세금이기는 하나, 그 법적 성격은 과세권의 행사 및 조세채권의 실현을 용이하게 하기 위하여 납세자가 정당한 이유 없이 법에 규정된 신고·납세의무 등을 위반한 경우에 법이 정하는 바에 의하여 부과하는 행정상의 제재이다(헌재 2015. 2. 26, 2012헌바355)."

(2) 특　　징　　판례는 "세법상 가산세는 과세권의 행사 및 조세채권의 실현을 용이하게 하기 위하여 납세자가 정당한 이유 없이 법에 규정된 신고·납세의무 등을 위반한 경우에 법이 정하는 바에 의하여 부과하는 행정상의 제재로서 납세자의 고의·과실은 고려되지 아니하는 것이고(대판 2003. 9. 5, 2001두403; 대판 2012. 10. 18, 2010두12347), 법령의 부지 또는 오인은 그 정당한 사유에 해당한다고 볼 수 없으며(대판 2004. 6. 24, 2002두10780), 또한 납세의무자가 세무공무원의 잘못된 설명을 믿고 그 신고납부의무를 이행하지 아니하였다 하더라도 그것이 관계 법령에 어긋나는 것임이 명백한 때에는 그러한 사유만으로는 정당한 사유가 있는 경우에 해당한다고 할 수 없다(대판 2002. 4. 12, 2000두5944)"고 한다. 그리고 의무해태에 정당한 사유가 있으면, 가산세를 부과할 수 없다는 것이 또한 판례의 입장이다(판례).

> **판례** 가산세를 부과할 수 없는 정당한 사유의 의미
> (마포세무서장 등을 피고로 한 부가가치세등부과처분취소소송에서) 단순한 법률의 부지나 오해의 범위를 넘어 세법해석상 의의로 인한 견해의 대립이 있는 등으로 인해 납세의무자가 그 의무를 알지 못하는 것이 무리가 아니었다고 할 수 있어서 그를 정당시할 수 있는 사정이 있을 때 또는 그 의무의 이행을 그 당사자에게 기대하는 것이 무리라고 하는 사정이 있을 때 등 그 의무를 게을리한 점을 탓할 수 없는 정당한 사유가 있는 경우에는 이러한 제재를 과할 수 없다(대판 2021. 1. 14, 2017두41108).

(3) 성   질

1) 행정벌·형사벌과의 차이[판례]   ① 가산세는 행정법상 의무위반의 경우에 가해지는 불이익처분인 점에서, 그리고 행정법상 의무의 이행을 확보한다는 점에서 행정벌과 동일한 점을 가진다. 그러나 가산세는 성질상 처벌은 아니며, 행정법상 납세의무의 성실한 이행을 확보한다는 점에서 과거의 의무위반을 벌하는 행정벌과 다르다(헌재 2013. 8. 29,/2011헌가19). 부과주체도 다르다. 행정형벌의 부과주체는 사법기관이나 가산세의 부과주체는 행정기관이다. ② 가산세는 행정법상 의무위반시에 가해진다는 점에서, 형사상 의무위반에 가해지는 벌금·과료와는 구별된다. 양자 간에는 부과주체에도 차이가 있다.

[판례]   **가산세에 형법총칙 적용 가부**
(구 소득세법 제94조 제 1 항 제 3 호 가목 등의 위헌확인을 구한 대/주주의 상장주식양도에 대한 양도소득세 및 가산세 부과 사건에서) 가산세는 그 본질상 세법상 의무불이행에 대한 행정상의 제재로서의 성격을 지님과 동시에 조세의 형식으로 과징되는 부가세적 성격을 지니기 때문에 형법총칙의 규정이 적용될 수 없고, 따라서 행위자의 고의 또는 과실, 책임능력, 책임조건 등을 고려하지 아니하고 가산세 과세요건의 충족 여부만을 확인하여 조세의 부과절차에 따라 과징하게 된다(헌재 2015. 2. 26,/2012헌바355).

---

2) 행정벌·형사벌과의 병과   동일한 행위에 대하여 행정벌과 가산세의 부과는 양립할 수 있다. 그러나 양자를 병과한다는 것은 실질적으로는 내용상 이중처벌을 뜻하는 것일 수도 있는바, 입법론상 병과는 신중을 기해야 한다.

(4) 법적 근거   법률유보의 원칙상 가산세부과에 법적 근거가 요구된다. 현행법상 가산세부과의 경우로 과세표준확정신고의 불이행·불성실신고(소득세법 제/81조 제 1 항), 확정신고자진납부의 불이행·불성실신고(소득세법 제/81조 제 3 항) 등의 경우가 있다.

(5) 부과·징수와 구제   국세기본법·국세징수법·소득세법이 정한 바에 따른다. 의무자가 의무를 게을리한 점을 비난할 수 없는 정당한 사유가 있는 경우에는 가산세부과가 제한된다[판례/1]. 가산세부과에도 비례원칙이 적용된다[판례/2]. 위법한 가산세부과에 대해서는 당연히 다툴 수 있다.

[판례 1]   **가산세부과의 제한사유로서 정당한 사유**
(원고가 피고 역삼세무서장의 종합소득/세부과처분의 취소를 구한 사건에서) 가산세는 과세권의 행사와 조세채권의 실현을 용이하게 하기 위하여 납세의무자가 법에 규정된 신고, 납세 등 각종 의무를 위반한 경우에 법이 정하는 바에 따라 부과하는 행정적 제재로서, 정당한 사유가 있는 때에는 이를 부과하지 않는다(국세기본법/제48조 제 1 항). 따라서 단순한 법률의 부지나 오해의 범위를 넘어 세법 해석상 견해가 대립하는 등으로 납세의무자가 그 의무를 알지 못한 것에 책임을 귀속시킬 수 없는 합리적인 이유가 있을 때 또는 그 의무의 이행을 당사자에게 기대하기 어려운 사정이 있을 때 등 그 의무를 게을리한 점을 비난할 수 없는 정당한 사유가 있는 경우에는 가산세를 부과할 수 없다(대판 2017. 7. 11,/2017두36885).

판례 2 가산세와 비례원칙

$\binom{\text{구 국세기본법 제47조의2 제 1 항}}{\text{제 2 호 등에 대한 위헌소원에서}}$ 가산세는 납세의무자에게 부여된 협력의무위반에 대한 책임을 묻는 행정적 제재를 조세의 형태로 구성한 것인바, 의무위반에 대한 책임의 추궁에 있어서는 의무위반의 정도와 부과되는 제재 사이에 적정한 비례관계가 유지되어야 하므로, 조세의 형식으로 부과되는 금전적 제재인 가산세 역시 의무위반의 정도에 비례하여 그 세액이 산출되어야 하고, 그렇지 못한 경우에는 비례원칙에 어긋나서 재산권에 대한 부당한 침해가 된다$\binom{\text{헌재 2022. 5.}}{\text{26. 2019헌바7}}$.

3. 납부지연가산세

2018년 12월 7일 국회를 통과한 국세기본법 개정법률은 종래에 납세자가 세법에 따른 납부기한까지 세금을 완납하지 아니한 경우에 납부고지 전에 적용되었던 구 국세기본법상 납부불성실가산세와 납부고지 후에 적용되었던 구 국세징수법상 가산금을 일원화하여 납부지연가산세로 통합하였다$\binom{\text{국세법 제47조}}{\text{의4 제 1 항}}$. 납부지연가산세의 법적 성격은 가산세의 법적 성격과 유사하다.

Ⅱ. 제재처분

1. 의   의

(1) 개   념   제재처분이란 "법령등에 따른 의무를 위반하거나 이행하지 아니하였음을 이유로 당사자에게 의무를 부과하거나 권익을 제한하는 처분"을 제재처분이라 한다$\binom{\text{기본법 제 2 조}}{\text{제 5 호 본문}}$. 행정기본법은 행정상 강제수단을 제재처분에서 제외하고 있다$\binom{\text{기본법 제 2 조}}{\text{제 5 호 단서}}$.

(2) 취   지   제재처분은 행정법상 의무위반자에 대하여 인가·허가 등을 거부·정지·철회 또는 이에 갈음하는 과징금 부과를 통해 위반자에게 불이익을 가하고, 이로써 행정법상 의무의 이행을 간접적으로 확보하기 위한 수단이다.

(3) 특   징   판례는 제재조치는 행정목적의 달성을 위하여 행정법규 위반이라는 객관적 사실에 착안하여 가하는 제재이므로 ① 현실적인 행위자가 아니라도 법령상 책임자로 규정된 자에게 제재적 행정처분이 부과될 수 있고$\binom{\text{대판 2021. 2. 25.}}{\text{2020두51587}}$. ② 처분의 근거 법령에서 달리 규정하거나 또는 위반자에게 의무 위반을 탓할 수 없는 정당한 사유가 있는 경우와 같은 특별한 사정이 없는 한 위반자에게 고의나 과실이 없다고 하더라도 부과할 수 있고$\binom{\text{대판 2020. 6. 25.}}{\text{2019두52980}}$. 또한 ③ 형벌은 목적·대상 등을 달리하기 때문에 제재처분과 병과할 수 있다$\binom{\text{대판 2017. 6. 19.}}{\text{2015두59808}}$고 하였다.

(4) 행정형벌의 병과가능성   양자는 목적을 달리 하는바 병과가 가능하다$\binom{\text{판}}{\text{례}}$.

판례 행정제재와 형정형벌의 병과가능성

$\binom{\text{해양수산부장관으로부터 권한을 위임받은 군산지방해양수산청장의 사업개선명령의 불응으로}}{\text{벌금형을 선고받은 청구인이 그 근거조항인 해운법 제14조 제 1 호 등에 대한 위헌소원에서}}$ 행정제재는 행정목적의 실현을 위하여 행정법규 위반자에 대하여 불이익을 가함으로써 더 이상의 위반이 없도록 유도하는 데에 그 본원적 기능이 있는 것으로 범죄에 대하여 국가가 형벌권을 실행하는 행정형벌과는 구별되

므로 다른 의무이행확보수단과 중복 내지 병렬적으로 입법될 수 있다. 특히 해양여객운송사업은 도서 거주민들의 편의와 복리를 위하여 긴요한 것이면서 동시에 그 운행에 따라서는 위험성과 공익에 해로운 상황이 늘 따르는 영역이므로, 안전한 여객운송서비스의 제공과 도서 거주민의 교통복지 향상을 위하여 행정청이 발한 사업개선명령에 대하여는 더 효율적이고 확실한 제재수단을 통하여 그 이행을 확보할 필요가 있다고 할 것인데, 사업면허나 인가의 취소, 사업정지처분이나 과징금 부과처분 등의 행정제재만으로 그 이행을 담보할 수 있다고 단언하기는 어렵다$\binom{\text{헌재 2022. 3. 31,}}{\text{2019헌바494}}$.

2. 제재처분의 유형

제재처분은 당사자에게 의무를 부과하거나$\binom{\text{예: 과징금 부과로}}{\text{납부의무의 부과}}$, 권익을 제한하는 것$\binom{\text{예: 식품판매업 허}}{\text{가 취소·정지, 운전}}$ $\binom{\text{면허 취소·정지로 영업의 자}}{\text{유 또는 운전의 자유의 제한}}$을 내용으로 한다. 그런데 처분의 내용은 처분의 사유와 직접적인 관련성을 갖는 경우도 있고, 갖지 아니하는 경우도 있다.

(1) 제재처분 내용이 처분 사유와 직접 관련을 갖는 경우

1) 의   의   이러한 경우는 식품위생법상 의무 위반시 동법 제75조에 의한 영업허가의 취소·정지 등의 경우에 보는 바와 같이 제재처분 내용이 의무위반사항과 직접 관련을 갖는 경우를 말한다.

2) 입찰참가자격제한   제재처분 내용이 의무위반사항과 직접 관련을 갖는 경우로 입찰참가자격제한이 빈번히 문제된다.

㈎ 의   의   입찰참가제한$\binom{\text{처}}{\text{분}}$이란 부정당업자$\binom{\text{계약을 이행함에 있어서 부실·조잡 또는}}{\text{부당하게 하거나 부정한 행위를 한 자 등}}$를 국가나 공공기관이 행하는 입찰에 일정기간 참가를 제한하는 처분을 말한다.

㈏ 법적 근거   입찰참가제한처분의 실정법상 근거로 국가를 당사자로 하는 계약에 관한 법률$\binom{\text{국가계}}{\text{약법}}$ 제27조$\binom{\text{부정당업자의 입찰}}{\text{참가자격 제한 등}}$, 지방자치단체를 당사자로 하는 계약에 관한 법률$\binom{\text{지방계}}{\text{약법}}$ 제31조$\binom{\text{부정당업자의 입}}{\text{찰 참가자격 제한}}$, 공공기관의 운영에 관한 법률 제39조$\binom{\text{회계원}}{\text{칙 등}}$를 볼 수 있다.

㈐ 계약에 근거한 경우와 구분   행정의 실제상 입찰참가자격의 제한은 ① 행정법령에 근거하여 나타나는 경우와 ② 계약에 근거한 권리행사로서 나타나는 경우가 있다. 제재적 행정처분으로서 입찰참가자격의 제한은 ①의 경우를 말한다. 양자의 구분이 불분명한 경우는 의사표시의 해석문제가 된다$\binom{\text{대판 2018. 10. 25,}}{\text{2016두33537}}$.

[기출사례] 제35회 입법고시(2019년) 문제·답안작성요령 ☞ PART 4 [1-53]

(2) 제재처분 내용이 처분 사유와 직접 관련을 갖지 않는 경우

1) 의   의   국세징수법 제112조, 지방세징수법 제7조, 지방행정제재·부과금의 징수 등에 관한 법률 제7조의2, 질서위반행위규제법 제52조 등에서 보는 바와 같이 제재처분 내용이 의무위반사항과 직접 관련이 없는 경우를 말한다.

[참고] 국세징수법 제112조(사업에 관한 허가등의 제한) ② 관할 세무서장은 허가등을 받아 사업을 경

영하는 자가 해당 사업과 관련된 소득세, 법인세 및 부가가치세를 3회 이상 체납하고 그 체납된 금액의 합계액이 500만원 이상인 경우 해당 주무관청에 사업의 정지 또는 허가등의 취소를 요구할 수 있다. 다만, 재난, 질병 또는 사업의 현저한 손실, 그 밖에 대통령령으로 정하는 사유가 있는 경우에는 그러하지 아니하다.

③ 관할 세무서장은 제1항 또는 제2항의 요구를 한 후 해당 국세를 징수한 경우 즉시 그 요구를 철회하여야 한다.

④ 해당 주무관청은 제1항 또는 제2항에 따른 관할 세무서장의 요구가 있는 경우 정당한 사유가 없으면 요구에 따라야 하며, 그 조치 결과를 즉시 관할 세무서장에게 알려야 한다.

2) 국세징수법 제112조의 「관할 세무서장의 요청행위」의 성질　　　관할 세무서장의 요청행위에 대하여 다수설은 처분성을 부정한다. 주무관청은 정당한 사유가 없는 한 반드시 따르게 되어 있어 국민에 대한 직접적인 권리제한이 가해지므로 처분성을 긍정하는 견해도 있다($\binom{박균}{성}$). 생각건대 주무관서가 따르는 것은 법률규정에서 나오는 효과이지 요청행위에서 바로 나오는 효과는 아니므로 다수설이 타당하다.

3. 제재처분의 적법요건

(1) 법적 근거　　　제재처분은 권익침해의 효과를 가져 오기 때문에 헌법 제37조 제2항에 비추어 법률의 근거가 필요하다. 제재처분의 근거가 되는 법률에는 제재처분의 주체, 사유, 유형 및 상한을 명확하게 규정하여야 한다. 이 경우 제재처분의 유형 및 상한을 정할 때에는 유사한 위반행위와의 형평성을 고려하여야 한다($\binom{기본법 제22}{조 제1항}$).

(2) 법 적용의 기준시　　　법령등을 위반한 행위의 성립과 이에 대한 제재처분은 법령등에 특별한 규정이 있는 경우를 제외하고는 법령등을 위반한 행위 당시의 법령등에 따른다. 다만, 법령등을 위반한 행위 후 법령등의 변경에 의하여 그 행위가 법령등을 위반한 행위에 해당하지 아니하거나 제재처분 기준이 가벼워진 경우로서 해당 법령등에 특별한 규정이 없는 경우에는 변경된 법령등을 적용한다($\binom{기본법 제14}{조 제3항}$).

(3) 부과대상자　　　판례는 앞에서 언급한 제재조치의 성질을 근거로 행정법규 위반에 대하여 가하는 제재조치는 현실적인 행위자가 아니라도 법령상 책임자로 규정된 자에게 부과될 수 있는 것으로 이해한다($\binom{대판 2021. 2. 25.}{2020두51587}$).

(4) 고의·과실　　　판례는 앞에서 언급한 제재조치의 성질을 근거로 제재조치의 부과는 위반자의 고의·과실이 있어야만 하는 것은 아니나($\binom{대판 2021. 2. 25.}{2020두51587}$), 그렇다고 하여 위반자의 의무해태를 탓할 수 없는 정당한 사유가 있는 경우까지 부과할 수 있는 것은 아니라고 한다($\binom{대판 2020. 6. 25.}{2019두52980}$).

(5) 제척기간의 미경과(소극적 요건)　　　제척기간이 경과하지 않아야 한다. 제척기간이 경과하면 제재처분을 할 수 없다. 제척기간이 경과하지 아니하였다고 하여도 행정기본법 제12조 제2항이 규정하는 실권의 원칙에 반하여 제재처분을 할 수는 없다.

(6) 변경처분　　　판례는 "효력기간이 정해져 있는 제재적 행정처분의 효력이 발생한 이후에도 행정청은 특별한 사정이 없는 한 상대방에 대한 별도의 처분으로써 효력기간의 시기와 종

기를 다시 정할 수 있다. 이는 당초의 제재적 행정처분이 유효함을 전제로 그 구체적인 집행시기만을 변경하는 후속 변경처분이라고 할 것이다. 이러한 후속 변경처분도 특별한 규정이 없는 한 의사표시에 관한 일반법리에 따라 상대방에게 고지되어야 효력이 발생한다"는 견해를 취한다(대판 2022. 2. 11, 2021두40720).

(7) 제재처분의 기준   행정청은 제재처분을 할 때에는 다음 각 호(1. 위반행위의 동기, 목적 및 방법, 2. 위반행위의 결과, 3. 위반행위의 횟수, 4. 그 밖에 제 1 호부터 제 3 호까지에 준하는 사항으로서 대통령령으로 정하는 사항)의 사항을 고려하여야 한다(기본법 제22조 제 2 항). 재량권행사에는 남용이나 일탈이 없어야 한다(판례).

┌─ 판례 ─┐ 제재적 행정처분의 재량권 일탈이나 남용여부를 판단하는 방법

(주식회사 탑플러스교육개발원이 광주지방고용노동청장의 인정취소처분등에 대하여 취소를 구한 사건에서) 제재적 행정처분이 재량권의 범위를 일탈하였거나 남용하였는지는, 처분사유인 위반행위의 내용과 그 위반의 정도, 그 처분에 의하여 달성하려는 공익상의 필요와 개인이 입게 될 불이익 및 이에 따르는 여러 사정 등을 객관적으로 심리하여 공익침해의 정도와 처분으로 인하여 개인이 입게 될 불이익을 비교·교량하여 판단하여야 한다(대판 2022. 4. 14, 2021두60960).

---

4. 제재처분의 제척기간

(1) 원   칙   행정청은 법령등의 위반행위가 종료된 날부터 5년이 지나면 해당 위반행위에 대하여 제재처분(인허가의 정지·취소·철회처분, 등록 말소처분, 영업소 폐쇄처분과 정지처분을 갈음하는 과징금 부과처분을 말한다)을 할 수 없다(기본법 제23조 제 1 항).

[참고] 행정기본법 제정 전부터 행정상 제척기간에는 과태료부과의 제척기간으로 질서위반행위규제법 제19조, 과징금부과의 제척기간으로 독점규제 및 공정거래에 관한 법률 제80조, 부담금 부과의 제척기간으로 도시교통정비 촉진법 제36조를 볼 수 있었다.

(2) 제척기간 적용의 배제   다음 각 호(1. 거짓이나 그 밖의 부정한 방법으로 인허가를 받거나 신고를 한 경우, 2. 당사자가 인허가나 신고의 위법성을 알고 있었거나 중대한 과실로 알지 못한 경우, 3. 정당한 사유 없이 행정청의 조사·출입·검사를 기피·방해·거부하여 제척기간이 지난 경우, 4. 제재처분을 하지 아니하면 국민의 안전·생명 또는 환경을 심각하게 해치거나 해칠 우려가 있는 경우)의 어느 하나에 해당하는 경우에는 제 1 항을 적용하지 아니한다(기본법 제23조 제 2 항).

(3) 새로운 제재처분이 가능한 경우   행정청은 제 1 항에도 불구하고 행정심판의 재결이나 법원의 판결에 따라 제재처분이 취소·철회된 경우에는 재결이나 판결이 확정된 날부터 1년(합의제행정기관은 2년)이 지나기 전까지는 그 취지에 따른 새로운 제재처분을 할 수 있다(기본법 제23조 제 3 항).

(4) 다른 법률과의 관계   다른 법률에서 제 1 항 및 제 3 항의 기간보다 짧거나 긴 기간을 규정하고 있으면 그 법률에서 정하는 바에 따른다(기본법 제23조 제 4 항).

5. 권리보호

① 제재적 행정처분이 위법하면 행정기본법에 따라 이의신청을 할 수 있고, 행정심판법에 따라 행정심판을 제기할 수 있으나, 행정기본법상 처분의 재심사는 허용되지 아니한다(기본법 제37조). ② 행정소송법이 정하는 바에 따라 행정소송을 제기할 수 있다. ③ 국가배상법이 정하는 바에 따라 손해배상을 청구할 수도 있다.

6. 제재처분의 승계

명문의 규정이 없는 경우, 공의무의 승계에 관한 원리에 따라 제재처분은 승계될 수 있다. 제재처분의 사유가 승계될 수 있는 경우에는 제재처분의 효과도 승계될 수 있다.

[기출사례] 제64회 5급공채(2020년) 문제·답안작성요령 ☞ PART 4 [1–52]

7. 본안 확정 후 제재처분에 대한 집행정지결정에 대하여 처분청이 취할 조치

(1) 처분이 적법한 것으로 확정된 경우 　　"제재처분에 대한 행정쟁송절차에서 처분에 대해 집행정지결정이 이루어졌더라도 본안에서 해당 처분이 최종적으로 적법한 것으로 확정되어 집행정지결정이 실효되고 제재처분을 다시 집행할 수 있게 되면, 처분청으로서는 당초 집행정지결정이 없었던 경우와 동등한 수준으로 해당 제재처분이 집행되도록 필요한 조치를 취하여야 한다. 집행정지는 행정쟁송절차에서 실효적 권리구제를 확보하기 위한 잠정적 조치일 뿐이므로, 본안 확정판결로 해당 제재처분이 적법하다는 점이 확인되었다면 제재처분의 상대방이 잠정적 집행정지를 통해 집행정지가 이루어지지 않은 경우와 비교하여 제재를 덜 받게 되는 결과가 초래되도록 해서는 안 된다$\left(\substack{대판\ 2020.\ 9.\ 3.\\ 2020두34070}\right)$."

(2) 처분이 위법한 것으로 확정된 경우 　　"반대로, 처분상대방이 집행정지결정을 받지 못했으나 본안소송에서 해당 제재처분이 위법하다는 것이 확인되어 취소하는 판결이 확정되면, 처분청은 그 제재처분으로 처분상대방에게 초래된 불이익한 결과를 제거하기 위하여 필요한 조치를 취하여야 한다$\left(\substack{대판\ 2020.\ 9.\ 3.\\ 2020두34070}\right)$."

Ⅲ. 공급거부

1. 공급거부의 의의

공급거부란 행정법상 의무의 위반·불이행이 있는 경우에 행정상 일정한 재화나 서비스의 공급을 거부하는 행정작용을 말한다. 공급거부는 의무이행을 위한 직접적인 수단은 아니고 행정법상 의무위반자·불이행자에게 사업이나 생활상의 어려움을 주어 간접적으로 의무이행의 확보를 도모하는 제도이다.

2. 공급거부의 법적 근거

공급거부는 급부행정영역에서 문제된다. 실정법상으로 정당한 이유 없이 공급거부를 할 수 없다는 명문의 규정을 둔 예$\left(\substack{수도법\ 제39\\조\ 제1항}\right)$도 있으나, 명문규정의 유무를 불문하고 공급거부는 법률의 유보의 원칙상 법률의 근거를 필요로 한다. 공급거부에 관한 규정의 예로 구 건축법에 의한 수도의 설치·공급금지$\left(\substack{구\ 건축법\ 제\\69조\ 제2항}\right)$가 있었다.

3. 공급거부의 요건

공급거부의 요건은 개별법률이 정하는 바에 따라 판단하여야 한다. 법률이 정하는 바의 요건에 합당하다고 하여도 공급거부에는 행정법의 일반원칙인 비례원칙이 적용되어야 한다. 뿐만 아니라 당해 법률이 추구하는 목적이 아닌 다른 목적을 위하여 공급거부를 행하는 것(예: 기부채납을 유도려하기 위하여 수돗물의 공급을 거부하는 것)도 배제되어야 한다. 다시 말하면 공급거부되는 재화와 행정법상 의무위반이나 불이행 사이에는 실체적 관련성이 있어야 한다(부당결부금지의 원칙).

4. 공급거부에 대한 구제

1) 공급거부행위에 대한 권리보호   공급거부에 대해서는 공급자가 행정청인지 여부와 거부되는 재화나 서비스의 내용 여하에 따라 행정쟁송 또는 민사소송을 제기할 수 있다. 판례는 구 건축법 제69조 제 2 항에 근거하여 건물의 무단변경을 이유로 한 행정청의 단수조치를 항고소송의 대상이 되는 행정처분으로 보았다(대판 1985. 12. 24, 84누598). 그러나 단수를 제외한 단전기·단전화 등은 공급자가 행정청이 아니어서 항고소송의 대상이 될 수 없다.

2) 공급거부요청행위에 대한 권리보호   구 건축법상의 행정청이 다른 행정청(또는 공급자인 사인)에 대하여 한 단수 등의 공급거부요청행위가 항고소송의 대상인 처분에 해당되는가의 여부였다. ① 일설은 단수 등의 조치를 요청받은 자는 특별한 이유가 없는 한 이에 응하여야 하고 이는 공급자나 특정인의 법률상 지위에 직접적인 변동을 가져오므로 항고소송의 대상인 처분에 해당된다고 하였다(김연태). ② 그러나 판례는 단수의 요청이나 단전화·단전기 요청은 권고적 성격에 불과하여 행정처분이 아니라고 하였다[판례 1]. 그리고 구청장의 공급불가의 회신도 행정처분이 아니라고 하였다[판례 2]. ③ 본서는 다른 행정청(공급자)이 요청행위에 따르는 것은 법률규정에서 나오는 효과이지 요청행위에서 나오는 효과는 아니므로 요청행위는 법적 행위가 아니며 따라서 항고소송의 대상인 처분이 아니라고 보았었다.

[판례 1]   위법건축물에 대한 단전화·단전기 요청이 행정처분에 해당하는지의 여부
(울산시장이 전기·전화의 공급자에게 불법용도변경의 시정명령을 이행하지 아니한 자에 대하여 전기·전화공급을 하지 말아 줄 것을 요청한 행위의 취소를 구한 울산시 단전기·전화요청사건에서) 구 건축법 제69조 제 2 항·제 3 항의 규정에 비추어 보면, 행정청이 위법 건축물에 대한 시정명령을 하고 나서 위반자인 원고가 이를 이행하지 아니하여 전기·전화의 공급자에게 **그 위법 건축물에 대한 전기·전화공급을 하지 말아 줄 것을 요청한 행위는 권고적 성격의 행위에 불과한 것으로서** 전기·전화공급자나 특정인의 법률상 지위에 직접적인 변동을 가져오는 것은 아니므로 이를 항고소송의 대상이 되는 행정처분이라고 볼 수 없다(대판 1996. 3. 22, 96누433).

[판례 2]   한국전력공사의 전기공급 적법 여부의 조회에 대한 관할 구청장의 회신이 행정처분에 해당하는지의 여부
(서울특별시 관악구청장의 한국전력공사(남부지점장)에 대한 전기공급이 불가하다는 회신처분의 취소를 구한 사건에서) 무단 용도변경을 이유로 단전 조치된 건물의 소유자로부터 새로이 전기공급신청을 받은 한국전력공사가 관할 구청장에게 전기공급의 적법 여부를 조

회한 데 대하여, **관할 구청장이 한국전력공사에 대하여 구 건축법 제69조 제 2 항·제 3 항의 규정에 의하여 위 건물에 대한 전기공급이 불가하다는 내용의 회신을 하였다면, 그 회신은 권고적 성격의 행위에 불과한 것으로서** 한국전력공사나 특정인의 법률상 지위에 직접적인 변동을 가져오는 것은 아니므로 항고소송의 대상이 되는 행정처분이라고 볼 수 없다$\binom{\text{대판 1995. 11. 21,}}{\text{95누9099}}$.

Ⅳ. 공 표

1. 공표의 관념

(1) 공표의 의의 행정청은 법령에 따른 의무를 위반한 자의 성명·법인명, 위반사실, 의무 위반을 이유로 한 처분사실 등$\binom{\text{이하 "위반사실}}{\text{등"이라 한다}}$을 법률로 정하는 바에 따라 일반에게 알릴 수 있는바, 행정절차법은 이를 위반사실 등의 공표라 부르고 있다$\binom{\text{이 책에서는 단순히}}{\text{공표로 부르기로 한다}}$. 한편 「행정기관의 명령에 따라 사인이 일정사실을 공표하는 경우$\binom{\text{전자상거래 등에서의 소비자보호}}{\text{에 관한 법률 제32조 제 2 항 제 3 호}}$」는 여기서 말하는 행정기관에 의한 공표와 구별을 요한다.

(2) 공표의 기능 ① 공표제도는 정보화사회에서 여론의 압력을 통해 의무이행의 확보를 도모하려는 의미를 갖는다. 공표제도는 개인의 명예심 내지 수치심을 자극함으로써 개인에게 제재를 가하고 아울러 간접적으로 의무이행을 확보하는 성질을 갖는다$\binom{\text{판}}{\text{례}}$. 공표제도는 신속하고 경비가 저렴하다는 점에서 효용성을 갖는다. 또한 ② 공표제도는 국민의 알 권리의 실현에 기여하는 의미도 갖는다.

[**판례**] 명단공개의 성질(간접적 강제수단)
$\binom{\text{병무청장이 '여호와의 증인' 신도인 원고들을 병역의무 기피자로 판단하여 그 인적사항}}{\text{등을 인터넷 홈페이지에 게시하자 원고들이 인적사항공개처분의 취소를 구한 사건에서}}$ 병역법 제81조의2 등에 따라 병무청장이 하는 병역의무 기피자의 인적사항 등 공개는, 특정인을 병역의무기피자로 판단하여 그 사실을 일반 대중에게 공표함으로써 그의 명예를 훼손하고 그에게 수치심을 느끼게 하여 병역의무 이행을 간접적으로 강제하려는 조치로서 병역법에 근거하여 이루어지는 공권력의 행사에 해당한다$\binom{\text{대판 2019. 6. 27,}}{\text{2018두49130}}$.

---

(3) 공표의 법적 성질 ① 공표는 행정의 실효성확보수단의 하나로서 비권력적 사실행위이다. 그러나 공표의 내용이 그에 따라야만 할 의무를 부과하는 경우처럼 처분의 실질을 담고 있는 경우에는 항고소송의 대상이 될 수 있을 것이다. ② 일설은 「명단공표결정이 의무위반자에게 통지된 후 행하는 명단공표행위는 단순 사실행위이나 의무위반자에게 통지함이 없이 행하는 명단공표행위는 권력적 사실행위에 해당된다」라는 입장$\binom{\text{박균}}{\text{성}}$도 있다.

2. 공표의 법적 근거

(1) 공표법정주의 행정청은 법령에 따른 의무를 위반한 자의 성명·법인명, 위반사실,

의무 위반을 이유로 한 처분사실 등(이하 "위반사실 등"이라 한다)을 법률로 정하는 바에 따라 일반에게 공표할 수 있는바(절차법 제40 조의3 제 1 항), 행정절차법은 공표법정주의를 규정하고 있다. 개별 법률의 근거 없이는 공표할 수 없다.

(2) 개 별 법   공표를 규정하는 개별 법률에 특별히 정함이 없는 사항에 대해서는 행정절차법 제40조의2가 적용된다. 공표를 규정하는 개별 법률은 적지 않다(예: 공직자윤리법 제 8 조의2, 독점규제 및 공정거래에 관한 법률 제14조, 제24조, 제31조, 하도급거래 공정화에 관한 법률 제25조의4, 아동·청소년의 성보호에 관한 법률 제49조, 국세기본법 제85조의5 및 지방세징수법 제11조의 고액·상습체납자 명단공개, 석유 및 석유대체연료 사업법 제14조의2)(판례).

> [판례]   '법위반을 이유로 공정거래위원회로부터 시정명령을 받은 사실의 공표'의 법적 근거
> (공정거래위원회의 원고 한국투자신탁증권(주)에 대한 시정조치명령을 다룬 사건에서) 공정거래위원회는 구 독점규제및공정거래에관한법률(1996. 12. 30. 법률 제5235호로 개정되기 전의 것) 제24조 소정의 '법위반사실의 공표'부분이 위헌결정으로 효력을 상실하였다 하더라도 '기타 시정을 위하여 필요한 조치'로서 '법위반을 이유로 공정거래위원회로부터 시정명령을 받은 사실의 공표'명령을 할 수 있다(대판 2003. 2. 28, 2002두6170).

3. 공표의 절차

(1) 증거 등의 확인   행정청은 위반사실등의 공표를 하기 전에 사실과 다른 공표로 인하여 당사자의 명예·신용 등이 훼손되지 아니하도록 객관적이고 타당한 증거와 근거가 있는지를 확인하여야 한다(절차법 제40 조의3 제 2 항).

(2) 공표대상자의 의견진술   ① 행정청은 위반사실등의 공표를 할 때에는 미리 당사자에게 그 사실을 통지하고 의견제출의 기회를 주어야 한다. 다만, 다음 각 호(1. 공공의 안전 또는 복리를 위하여 긴급히 공표를 할 필요가 있는 경우, 2. 해당 공표의 성질상 의견청취가 현저히 곤란하거나 명백히 불필요하다고 인정될 만한 타당한 이유가 있는 경우, 3. 당사자가 의견진술의 기회를 포기한다는 뜻을 명백히 밝힌 경우)의 어느 하나에 해당하는 경우에는 그러하지 아니하다(절차법 제40 조의3 제3항). ② 제3항에 따라 의견제출의 기회를 받은 당사자는 공표 전에 관할 행정청에 서면이나 말 또는 정보통신망을 이용하여 의견을 제출할 수 있다(절차법 제40 조의3 제 4 항).

(3) 공표의 방법   위반사실등의 공표는 관보, 공보 또는 인터넷 홈페이지 등을 통하여 한다(절차법 제40 조의3 제 6 항).

(4) 공표의 중지   행정청은 위반사실등의 공표를 하기 전에 당사자가 공표와 관련된 의무의 이행, 원상회복, 손해배상 등의 조치를 마친 경우에는 위반사실등의 공표를 하지 아니할 수 있다(절차법 제40 조의3 제 7 항).

4. 공표의 한계

(1) 프라이버시권과 공표청구권(알 권리)의 조화   개인의 인권 내지 사적 비밀의 보호, 법률유보의 원칙 등과 관련하여 명문의 규정이 없이 이루어지는 공표제도의 적법성이 문제된다. 개인의 프라이버시는 원칙적으로 보호되어야 한다. 그러나 의무자의 의무위반이 중대한 경우까지 프라이버시가 보호되어야 한다고 보기는 어렵다. 양자는 조화되어야 한다(판례 1, 2).

판례 1   표현의 자유와 프라이버시권의 충돌시 조정방법
(대한민국과 언론사를 상대로 피의사실(남편청부폭행)의 공
표·방송으로 인한 침해에 대한 손해배상을 구한 사건에서) 민주주의 국가에서는 여론의 자유로운 형성과 전달에 의하여 다수의견을 집약시켜 민주적 정치질서를 생성·유지시켜 나가는 것이므로 표현의 자유, 특히 공익사항에 대한 표현의 자유는 중요한 헌법상의 권리로서 최대한 보장을 받아야 하지만, 그에 못지않게 개인의 명예나 사생활의 자유와 비밀 등 사적 법익도 보호되어야 할 것이므로, 인격권으로서의 개인의 명예의 보호와 표현의 자유의 보장이라는 두 법익이 충돌하였을 때 그 조정을 어떻게 할 것인지는 구체적인 경우에 사회적인 여러 가지 이익을 비교하여 표현의 자유로 얻어지는 이익, 가치와 인격권의 보호에 의하여 달성되는 가치를 형량하여 그 규제의 폭과 방법을 정하여야 한다(대판 1998. 7. 14,
96다17257).

판례 2   청소년의 성보호에 관한 법률 제20조 제 2 항 제 1 호의 위헌 여부
(청소년보호위원회의 인터넷 홈페이지에 6개월간, 정부중앙청사 및 특별시·광역시·도의 본청 게시판에 1개월간 게
시하기로 하는 결정에 대한 신상등공개처분취소청구소송의 수소법원인 서울행정법원이 위헌심판을 제청한 사건에서) **신상공개제도
는 헌법 제13조의 이중처벌금지 원칙에 위배되지 않는다.** 청소년 성매수자의 일반적 인격권과 사생활의 비밀의 자유가 제한되는 정도가 청소년 성보호라는 공익적 요청에 비해 크다고 할 수 없으므로 결국 법 제20조 제 2 항 제 1 호의 신상공개는 해당 범죄인들의 일반적 인격권, 사생활의 비밀의 자유를 과잉금지의 원칙에 위배하여 침해한 것이라 할 수 없다. 신상공개제도로 인하여 기본권 제한상의 차별을 초래하나, **그 입법목적과 이를 달성하려는 수단 간에 비례성을 벗어난 차별이라고 보기 어렵고,** 달리 평등권을 침해한 것이라고 볼 수 없다(헌재 2003. 6. 26,
2002헌가14).

(2) 일반적 정보공개청구권   국민은 공공기관의 정보공개에 관한 법률에 의거하여 공개청구권을 갖는다(공개법
제 5 조). 그러나 동법상 여러 제한규정(예: 공개법 제 9 조 제 1 항
제 4 호·제 6 호·제 7 호 참조)으로 인해 인정범위는 제한된다.

(3) 행정기본법상 행정의 법원칙의 준수   공표는 비례원칙과 부당결부금지의 원칙 등 행정기본법상 행정의 법원칙의 준수 하에 이루어져야 한다. 이에 위반하면 위법한 것이 된다. 공표를 규정하는 법률도 당연히 비례원칙 등에 반하지 않아야 하고, 무죄추정의 원칙에 반하지 않아야 한다.

5. 공표에 대한 구제

(1) 공표의 정정   행정청은 공표된 내용이 사실과 다른 것으로 밝혀지거나 공표에 포함된 처분이 취소된 경우에는 그 내용을 정정하여, 정정한 내용을 지체 없이 해당 공표와 같은 방법으로 공표된 기간 이상 공표하여야 한다. 다만, 당사자가 원하지 아니하면 공표하지 아니할 수 있다(절차법 제40
조의3 제 8 항).

(2) 항고소송가능성(공표의 처
분성 문제)

1) 처분성 긍정설   공표는 비권력적 사실행위로서 공권력행사(또는 공권력행사
에 준하는 행위)도 아니며, 당사자의 권리·의무에 영향을 주지 않기에 항고소송의 대상인 처분이 아니라는 것이 전통적인 견해이다.

2) 처분성 부정설   공표를 권력적 사실행위로 보아 행정소송법상 처분에 해당한다고 보는 견해도 있다(박균성).

3) 처분개념 확장설   공표처럼 항고소송의 대상이 되는 처분으로 보기 어렵지만 사실상 지배력을 미치는 행위(주로 사실행위나 행정지도)에 대한 권리구제 수단으로 처분개념을 확장하여 항고소송의 대상으로 보자는 견해가 있다. 즉, 처분(특히 이에 준하는 행정작용)개념을 확대하여 이러한 행위들을 항고소송의 대상이 되는 처분으로 보자는 견해(김동희), 또는 이러한 행위들을 형식적 행정행위로 인정하자는 견해(행정기관의 행위가 법적 행위로서 공권력행사의 실체는 가지고 있지 않으나. 국민의 권리·이익에 계속적으로 사실상의 지배력을 미치는 경우 국민의 실효적인 권익구제라는 관점에서 당해 행위를 형식적인 의미의 행정행위로 보는 입장)(김향기) 등이 있다.

4) 사   견   명단공표는 순수한 사실행위일 뿐 수인의무를 수반하는 권력적 사실행위로 보기는 어렵고, 사실행위는 취소나 무효의 대상이 아니므로 공표행위를 항고소송의 대상인 처분으로 보는 것은 부당하다. 취소소송의 본질을 형성소송이 아니라 확인소송으로 보는 것도 어렵다. 따라서 공표행위는 항고소송의 대상인 처분이 아니라는 견해가 타당하다.

(3) 손해배상·결과제거청구   ① 공표 자체의 취소는 별다른 의미가 없다. 그러나 공표가 만약 위법한 것이라면(대판 1993. 11. 26, 93다18389; 대판 1998. 5. 22, 97다57689) 손해배상청구의 문제가 발생한다. 공표가 사실행위이지만 국가배상법 제 2 조의 직무행위에 해당함은 물론이다. 다만 판례는 형법 제310조의 명예훼손죄의 위법성조각과 관련하여 국가기관에 의한 공표의 경우에는 언론사에 비해 보다 엄격한 제한을 가하고 있다(판례). ② 한편 공표의 상대방은 결과제거청구권의 한 내용으로서 민법 제764조를 유추적용하여 정정공고를 구할 수도 있다.

판례   행정상 공표의 위법성 조각사유로서 상당한 이유의 판단기준
(대한민국을 상대로 피의사실(위장증여)의 공표로 인한 침해에 대한 손해배상을 구한 사건에서) 국가기관이 행정목적달성을 위하여 언론에 보도자료를 제공하는 등 이른바 행정상 공표의 방법으로 실명을 공개함으로써 타인의 명예를 훼손한 경우, 그 공표된 사람에 관하여 적시된 사실의 내용이 진실이라는 증명이 없더라도 국가기관이 공표 당시 이를 진실이라고 믿었고 또 그렇게 믿을 만한 상당한 이유가 있다면 위법성이 없는 것이고, 이 점은 언론을 포함한 사인에 의한 명예훼손의 경우에서와 마찬가지이다. 상당한 이유의 존부의 판단에 있어서는, 실명공표 자체가 매우 신중하게 이루어져야 한다는 요청에서 비롯되는 무거운 주의의무와 공권력의 광범한 사실조사능력, 공표된 사실이 진실하리라는 점에 대한 국민의 강한 기대와 신뢰, 공무원의 비밀엄수의무와 법령준수의무 등에 비추어, **사인의 행위에 의한 경우보다는 훨씬 더 엄격한 기준이 요구된다 할 것이므로**, 그 사실이 의심의 여지 없이 확실히 진실이라고 믿을 만한 **객관적이고도 타당한 확증과 근거가 있는 경우가 아니라면 그러한 상당한 이유가 있다고 할 수 없다.** 지방국세청 소속 공무원들이 통상적인 조사를 다하여 의심스러운 점을 밝혀 보지 아니한 채 막연한 의구심에 근거하여 원고가 위장증여자로서 국토이용관리법을 위반하였다는 요지의 조사결과를 보고한 것이라면 국세청장이 이에 근거한 보도자료의 내용이 진실하다고 믿은 데에는 상당한 이유가 없다(대판 1993. 11. 26, 93다18389).

---

(4) 기   타   설사 공표행위를 항고소송의 대상인 처분으로 본다고 하더라도 취소소

송은 이미 공표한 사항에 대해서는 실효적인 권리구제 수단이 될 수 없어 입법론상 명단공표를 사전에 금지하는 것을 가능하게 하는 예방적 부작위소송을 마련할 필요가 있다.

(5) 공무원의 형사상 책임   위법·부당한 공표가 있게 되면, 관계 공무원은 경우에 따라 형사상 책임(예: 형법 제126조, 제127조)을 부담하게 된다. 위법성이 조각되는 경우도 있다.

Ⅴ. 시정명령

1. 관   념

(1) 의   의   시정명령이란 행정법령의 위반행위로 초래된 위법상태의 제거 내지 시정을 명하는 행정행위를 말한다. 시정명령은 시정조치라고도 한다(예: 정보법 제64조 제 1 항).

(2) 성   질   시정명령은 작위(예: 건축법 제79조 제 1 항의 건축물의 철거)·부작위(예: 건축법 제79조 제 1 항의 건축물의 사용금지)·급부(예: 가맹사업거래의 공정화에 관한 법률 제33조 제 1 항의 가맹금의 반환) 등을 내용으로 하는 하명에 해당한다.

2. 법적 근거

(1) 일 반 법   시정명령은 상대방에게 작위·부작위·급부 등의 의무를 발생시키므로 헌법 제37조 제 2 항에 비추어 법적 근거를 필요로 한다. 시정명령에 관한 일반법은 없다.

(2) 개 별 법   시정명령을 규정하는 개별 법령은 적지 않다(예: 건축법 제79조 제 1 항, 가맹사업거래의 공정화에 관한 법률 제33조, 가축전염병 예방법 제42조 제 6 항, 감염병의 예방 및 관리에 관한 법률 제58조, 개발제한구역의 지정 및 관리에 관한 특별조치법 제30조, 개인정보 보호법 제64조, 건강기능식품에 관한 법률 제29조).

3. 특징(판례)

(1) 고의·과실의 요부   행정법규 위반에 대하여 가하는 제재조치는 행정목적의 달성을 위하여 행정법규 위반이라는 객관적 사실에 착안하여 가하는 제재이므로, 위반자가 그 의무를 알지 못하는 것이 무리가 아니었다고 할 수 있어 그것을 정당시할 수 있는 사정이 있을 때 또는 의무의 이행을 당사자에게 기대하는 것이 무리라고 하는 사정이 있을 때 등 의무 해태를 탓할 수 없는 정당한 사유가 있는 경우 등의 특별한 사정이 없는 한 위반자에게 고의나 과실이 없다고 하더라도 부과될 수 있다(대판 2012. 6. 28. 2010두24371).

(2) 시정명령의 대상   원고가 주최하는 제품설명회 등에서의 비용지원은 비용지원을 통한 이익제공으로서의 고객유인행위이므로, 원고의 공정거래법 위반행위로 인정된 회식비 등의 지원, 골프·식사비 지원, 학회나 세미나 참가자에 대한 지원 등과 동일한 유형의 행위로서 가까운 장래에 반복될 우려가 있다고 할 것이어서, 피고는 시정명령으로 이러한 유형의 행위의 반복금지까지 명할 수 있다고 봄이 상당하다(대판 2010. 11. 25. 2008두23177).

(3) 위반행위 결과의 부존재와 시정명령   구 '하도급거래 공정화에 관한 법률' 제25조 제 1 항은 공정거래위원회가 같은 법 제13조 등의 규정을 위반한 원사업자에 대하여 하도급대금 등의 지급, 법 위반행위의 중지 기타 '당해 위반행위의 시정'에 필요한 조치를 권고하거나 명할 수 있다고 규정하고 있는데, 위 법이 제13조 등의 위반행위 그 자체에 대하여 과징금을 부과하고

형사처벌을 하도록$\binom{제30조}{제1항}$ 규정하고 있는 것과 별도로 그 위반행위를 이유로 한 시정명령$\binom{제25조의}{3 제1항}$의 불이행에 대하여도 형사처벌을 하도록$\binom{제30조}{제2항 제2호}$ 규정하고 있는 점 및 이익침해적 제재규정의 엄격해석원칙 등에 비추어 볼 때, 비록 위 법 제13조 등의 위반행위가 있었더라도 그 위반행위의 결과가 더 이상 존재하지 않는다면 위 법 제25조 제1항에 의한 시정명령은 할 수 없다고 보아야 한다$\binom{대판 2011. 3. 10,}{2009두1990}$.

(4) 시정명령의 상대방　　건축법 제79조 제1항의 위법상태의 해소를 목적으로 하는 시정명령 제도의 본질상, 시정명령의 이행을 기대할 수 없는 자, 즉 대지 또는 건축물의 위법상태를 시정할 수 있는 법률상 또는 사실상의 지위에 있지 않은 자는 시정명령의 상대방이 될 수 없다고 봄이 타당하다. 시정명령의 이행을 기대할 수 없는 자에 대한 시정명령은 위법상태의 시정이라는 행정목적 달성을 위한 적절한 수단이 될 수 없고, 상대방에게 불가능한 일을 명령하는 결과밖에 되지 아니하기 때문이다$\binom{대판 2022. 10. 14,}{2021두45008}$.

4. 실효성의 확보

(1) 공표 · 통지　　① 시정명령을 받은 사실을 공표 또는 통지토록 하는 경우도 있고$\binom{예:}{가맹}$사업거래의 공정화에 관한 법률 제33조 ③ 공정거래위원회는 제1항에 따라 시정명령을 하는 경우에는$\binom{판}{례}$, ② 관련 행정기관에 가맹본부에게 시정명령을 받았다는 사실을 공표하거나 거래상대방에 대하여 통지할 것을 명할 수 있다 알리는 경우도 있다(예: 개발제한구역의 지정 및 관리에 관한 특별조치법 제30조 ⑥ 국토교통부장관 또는 시 · 도지사가 제2항에 따라 위반행위자등에 대하여 시정명령을 한 경우 이를 해당 시장 · 군수 · 구청장에게 알려야 한다).

> 판례　시정명령을 받은 사실의 공표제도의 목적
> (원고 에스케이해운 주식회사가 주식회사 아상에 526억원의 자금지원을 한 것에 대하여 피고 공정거래위원회가 내린 시정조치의 취소를 구한 사건에서) 독점규제 및 공정거래에 관한 법률 제24조가 시정조치의 하나로서 시정명령을 받은 사실의 공표를 규정하고 있는 목적은 일반 공중이나 관련 사업자들이 법위반 여부에 대한 정보와 인식의 부족으로 피고의 시정조치에도 불구하고, 위법사실의 효과가 지속되고 피해가 계속되는 사례가 발생할 수 있으므로 조속히 법위반에 관한 중요 정보를 공개하는 등의 방법으로 **일반 공중이나 관련 사업자들에게 널리 경고함으로써 계속되는 공공의 손해를 종식시키고 위법행위가 재발하는 것을 방지**하고자 함에 있다$\binom{대판 2006. 5. 12,}{2004두12315}$.

(2) 불이행에 대한 제재　　시정명령을 따르지 않는 경우에는 ① 행정형벌$\binom{개발제한구역의 지정 및 관리에 관한 특별조치법 제31조 제2항}{제2호에 따른 5년 이하의 징역 또는 3천만원 이하의 벌금}$이나 행정질서벌$\binom{개인정보 보호법 제75조}{제13호에 따른 과태료}$이 가해지기도 하고, ② 이행강제금이 부과되기도 하고$\binom{건축법}{제80조}$제1항의 이행강제금, 개발제한구역의 지정 및 관리에 관한 특별조치법 제30조의2에 따른 이행강제금), ③ 제재적 행정처분이 따르기도 한다(가축전염병 예방법 제42조 제7항 제2호에 따른 검역시행장 지정의 취소, 감염병의 예방 및 관리에 관한 법률 제59조 제1항 제4호에 따른 영업정지처분이나 영업소 폐쇄).

5. 구 제

시정명령을 받은 사람은 시정명령의 근거법령에 특별한 규정이 없다면, 행정심판법과 행정소송법이 정하는 바에 따라 시정명령의 취소등을 구할 수 있다.

제 7 장   국가책임법(배상과 보상)

제 1 절   손해배상제도

Ⅰ. 일 반 론

1. 국가배상제도의 의의

국가배상제도란 국가가 자신의 사무수행과 관련하여 위법하게 타인에게 손해를 가한 경우에 국가가 피해자에게 손해를 배상해 주는 제도를 말한다. 국가배상제도는 법치국가에서 기본권을 존중하고 보장하기 위한 것이다. 국가가 공적 임무를 수행하는 과정에서 개인에게 가한 위법한 침해를 방치한다는 것은 국민 개개인의 안정된 생활을 해치는 것이 된다. 따라서 발생된 손해를 국가가 배상하여 피해자를 구제한다는 것은 재산권 등 기본권보장을 내실로 하는 오늘날의 법치국가에서 당연한 것이다.

2. 국가배상제도의 법적 근거

① 헌법 제29조 제 1 항 본문은 "공무원의 직무상 불법행위로 손해를 받은 국민은 법률이 정하는 바에 의하여 국가 또는 공공단체에 정당한 배상을 청구할 수 있다"고 하여 국가배상제도를 헌법상 보장하고 있다. ② 헌법 제29조의 위임에 따라 국가배상법이 제정되어 있다. 국가배상법은 국가나 지방자치단체의 손해배상책임에 관한 일반법이다($\binom{\text{국배법}}{\text{제8조}}$). 특별법으로 ⓐ 배상금액을 정형화 또는 경감하는 경우($\binom{\text{예: 우편}}{\text{법 제38조}}$)($\binom{\text{대판 1977. 2. 8.}}{\text{75다1059}}$), ⓑ 무과실책임을 인정하는 경우($\binom{\text{공무원 재해보상법 제}}{\text{28조; 원손법 제3조}}$) 등이 있다.

3. 국가배상법의 성질

(1) 학   설

1) 공 법 설   ① 공법설은 실정법상 공·사법의 2원적 체계가 있다는 점, 국가배상법은 공법적 원인으로 야기되는 배상문제를 규율하는 법이라는 점, 생명·신체의 침해로 인한 국가배상을 받을 권리는 압류와 양도의 대상이 되지 아니한다는 점($\binom{\text{국배법}}{\text{제4조}}$) 등을 이유로 한다. 다수설이다. 국가배상책임은 손해전보의 의미뿐만 아니라 행정통제의 기능도 갖는다는 점을 공법설의 근거로 제시하는 견해도 있다($\binom{\text{박균}}{\text{성}}$). ② 공법설은 국가배상청구권을 공권으로 보며, 국가배상소송의 형태는 당사자소송, 관할법원은 행정법원으로 보게 된다.

2) 사 법 설   ① 사법설은 국가의 특권적 지위, 즉 국가무책임의 원칙을 포기하고 국가나 지방자치단체 등도 사인과 같은 지위에서 책임을 지겠다는 것이 헌법의 태도이므로, 국가배상책임도 일반불법행위의 한 종류라는 것을 이유로 한다. ② 사법설은 국가배상청구권을 사권으로 보며, 국가배상소송의 형태는 민사소송, 관할법원은 민사법원으로 보게 된다.

    (2) 판 례   판례는 사법설을 취한다$\left(\substack{대판\ 1972.\ 10.\ 10,\\69다701}\right)$. 판례는 국가배상청구권을 사권으로 보며, 국가배상소송의 형태는 민사소송, 관할법원은 민사법원으로 본다.

    (3) 사 견   ① 공법적 원인으로 발생한 법적 효과의 문제는 공법적으로 다루는 것이 논리일관하다는 점, 민법이 보충적으로 적용된다는 것은 공법흠결시 그 흠결의 보충을 위한 불가피한 방법이라는 점, 국가무책임의 포기가 반드시 국가가 사인과 같은 지위에 선다는 것을 뜻하는 것은 아니라는 점, 공·사법의 구별기준으로 귀속설이 논리적이라는 점 등을 고려할 때 공법설이 타당하다. ② 따라서 국가배상청구권은 공권, 국가배상소송의 형태는 당사자소송, 관할법원은 행정법원으로 볼 것이다.

4. 국가배상법상 배상책임의 유형

    국가배상법은 배상책임의 유형으로 ① 공무원의 직무상 불법행위로 인한 배상책임과 ② 영조물의 설치·관리상의 하자로 인한 배상책임의 2가지 유형을 규정하고 있다. 한편, ③ 국가배상법은 국가나 지방자치단체가 사인의 지위에서 행하는 사경제작용으로 인해 야기되는 배상책임에 관해서는 규정하는 바가 없다. 따라서 이러한 부분은 국가배상법 제 8 조에 따라 사법이 정하는 바에 따른다$\left(\substack{대판\ 1999.\ 6.\ 22,\\99다7008}\right)$.

5. 국가배상제도와 외국인

    국가배상법 제 7 조는 "이 법은 외국인이 피해자인 경우에는 해당 국가와 상호 보증이 있을 때에만 적용한다"고 규정하여 상호주의를 택하고 있다. 여기서 상호 보증이란 피해자인 외국인의 본국에서 한국인도 손해배상을 청구할 수 있어야 함을 의미한다. 개별법률에서 따로 특별규정을 두는 경우도 있다$\left(\substack{예:\ 대한민국과아메리카합중국간의상호방위조약제4조에의한시설과구역및\\대한민국에서의합중국군대의지위에관한협정(한미행정협정)\ 제23조\ 제\ 5\ 항}\right)\left(\substack{판\\례}\right)$.

> [**판례**]   개별 법령에 의한 국가배상청구의 상대방
> $\left(\substack{대림기업(주)가\ 미합중국을\ 상\\대로\ 한\ 손해배상청구사건에서}\right)$ **한미행정협정 제23조 5항**은 공무집행중인 미합중국 군대의 구성원이나 고용원의 작위나 부작위 또는 미합중국 군대가 법률상 책임을 지는 기타의 작위나 부작위 또는 사고로서 대한민국 안에서 대한민국 정부 이외의 제 3 자에게 손해를 가한 것으로부터 발생하는 청구권은 **대한민국이 이를 처리하도록 규정**하고 있으므로 위 청구권의 실현을 위한 소송은 **대한민국을 상대로 제기하는 것이 원칙**이다$\left(\substack{대판\ 1997.\ 12.\ 12,\\95다29895}\right)$.

Ⅱ. 위법한 직무집행행위로 인한 배상책임

1. 배상책임의 요건

헌법 제29조 제 1 항에 근거하여 국가배상법 제 2 조는 위법한 직무집행행위로 인한 배상책임을 규정하고 있다. 동조에 규정된 배상책임의 발생요건을 나누어 살펴보기로 한다. 다만 자동차손해배상 보장법의 규정에 의하여 국가나 지방자치단체가 손해배상의 책임이 있는 경우에 관해서는 뒤에서 보기로 한다.

(1) 공 무 원   국가배상법상 공무원이란 행정조직법상 의미의 공무원만을 뜻하는 것이 아니라, 그것을 포함하는 기능적 의미의 공무원에 해당한다. 또한 그것은 최광의의 공무원개념에 해당한다. 이를 분설한다.

1) 국가기관의 구성자   공무원이란 행정부 및 지방자치단체소속의 공무원뿐만 아니라 입법부 및 사법부 소속의 공무원도 포함한다. 입법부소속의 공무원 중 국회의원도 공무원에 해당한다〔판례 1〕. 검사〔판례 2〕와 판사〔판례 3〕, 그리고 헌법재판소의 재판관〔판례 4〕도 포함된다. 공무원은 1인일 수도 있고, 다수인일 수도 있다〔판례 5〕. 공무원은 자연인인 경우가 일반적이나, 기관 그 자체도 공무원의 개념에 포함된다. 해석상 국회 그 자체도 공무원 개념에 포함된다.

〔판례 1〕 **국회의원의 입법행위 또는 입법부작위의 위법성 판단기준**
(1951년 경남 거창군 신원면 일대에서 지리산 공비들이 경찰 등을 습격하여 막대한 피해를 입힌 직후에, 피고 소속 육군 제11사단 9연대 3대대 병력이 1951. 2. 9.부터 1951. 2. 11.까지 그 지역주민 수백 명을 사살한 사건과 관련하여 원고들이 대한민국을 상대로 손해배상을 청구한 거창 주민학살사건에서) 우리 헌법이 채택하고 있는 의회민주주의하에서 국회는 다원적 의견이나 각가지 이익을 반영시킨 토론과정을 거쳐 다수결의 원리에 따라 통일적인 국가의사를 형성하는 역할을 담당하는 국가기관으로서 그 과정에 참여한 국회의원은 입법에 관하여 원칙적으로 국민 전체에 대한 관계에서 정치적 책임을 질 뿐 국민 개개인의 권리에 대응하여 법적 의무를 지는 것은 아니므로, 국회의원의 입법행위는 그 **입법 내용이 헌법의 문언에 명백히 위배됨에도 불구하고 국회가 굳이 당해 입법을 한 것과 같은 특수한 경우**가 아닌 한 국가배상법 제 2 조 제 1 항 소정의 위법행위에 해당한다고 볼 수 없고, 같은 맥락에서 국가가 일정한 사항에 관하여 헌법에 의하여 부과되는 구체적인 입법의무를 부담하고 있음에도 불구하고 그 입법에 필요한 **상당한 기간이 경과하도록 고의 또는 과실로 이러한 입법의무를 이행하지 아니하는 등 극히 예외적인 사정이 인정되는 사안**에 한정하여 국가배상법 소정의 배상책임이 인정될 수 있으며, 위와 같은 구체적인 입법의무 자체가 인정되지 않는 경우에는 애당초 부작위로 인한 불법행위가 성립할 여지가 없다(대판 2008. 5. 29. 2004다33469).

〔판례 2〕 **검사의 직무상 행위의 위법성 판단기준**
(수사의 위법을 이유로 대한민국에 손해배상을 청구한 사건에서) 검사는 피의자가 유죄판결을 받을 가능성이 있는 정도의 혐의를 가지게 된 데에 합리적인 이유가 있다고 판단될 때에는 피의자에 대하여 공소를 제기할 수 있으므로 그 후 형사재판 과정에서 범죄사실의 존재를 증명함에 충분한 증거가 없다는 이유로 무죄판결이 확정되었다고 하더라도 그러한 사정만으로 바로 검사의 구속 및 공소제기가 위법하다고 할 수 없고, 그 구속 및 공소제기에 관한 검사의 판단이 그 당시의 자료에 비추어 경험칙이나 논리칙상 도저히 합리성을 긍정할 수 없는 정도에 이른 경우에만 그 위법성을 인정할 수 있다. … 강도강간의

피해자가 제출한 팬티에 대한 국립과학수사연구소의 유전자검사결과 그 팬티에서 범인으로 지목되어 기소된 원고나 피해자의 남편과 다른 남자의 유전자형이 검출되었다는 감정결과를 검사가 공판과정에서 입수한 경우 그 감정서는 **원고의 무죄를 입증할 수 있는 결정적인 증거에 해당하는데도 검사가 그 감정서를 법원에 제출하지 아니하고 은폐하였다면 검사의 그와 같은 행위는 위법**하므로 국가는 배상책임을 진다($^{대판\ 2002.\ 2.\ 22,}_{2001다23447}$).

[판례 3] **법관의 재판상 직무행위에 대하여 국가배상책임이 인정되기 위한 요건**
($^{긴급조치\ 제9호\ 위반\ 혐의로\ 피고\ 소속\ 수사관들에\ 의해\ 체포되어\ 기소되었고\ 나아가\ 유죄판결을\ 선고받아\ 그\ 판결이\ 확정되어\ 형을}_{복역한\ 피해자들\ 및\ 그\ 가족들이,\ 대통령의\ 긴급조치\ 제9호\ 발령행위\ 또는\ 긴급조치\ 제9호에\ 근거한\ 수사\ 및\ 재판이\ 불법행위에\ 해당}$
$^{한다고\ 주장하면서\ 피고\ 대한민국을\ 상대로\ 국가}_{배상을\ 청구한\ 긴급조치\ 제9호\ 국가배상\ 사건에서}$) 법관의 재판상 직무행위에 대하여 국가배상책임이 인정되려면 해당 법관이 위법 또는 부당한 목적을 가지고 재판을 하는 등 법관이 그에게 부여된 권한의 취지에 명백히 어긋나게 이를 행사하였다고 인정할 만한 특별한 사정이 있어야 한다($^{대판\ 2022.\ 8.\ 30,}_{2018다212610}$).

[판례 4] **헌법재판소 재판관이 청구인의 본안판단을 받을 기회를 상실케 한 경우 국가배상청구권의 성립 여부**
($^{재판상의\ 위법을\ 이유로\ 대한민국}_{에\ 손해배상을\ 청구한\ 사건에서}$) 헌법소원심판을 청구한 자로서는 헌법재판소 재판관이 일자 계산을 정확하게 하여 본안판단을 할 것으로 기대하는 것이 당연하고, 따라서 헌법재판소 재판관의 위법한 직무집행의 결과 **잘못된 각하결정을 함으로써 청구인으로 하여금 본안판단을 받을 기회를 상실하게 한 이상**, 설령 본안판단을 하였더라도 어차피 청구가 기각되었을 것이라는 사정이 있다고 하더라도 잘못된 판단으로 인하여 헌법소원심판 청구인의 위와 같은 합리적인 기대를 침해한 것이고 이러한 기대는 인격적 이익으로서 보호할 가치가 있다고 할 것이므로 **그 침해로 인한 정신상 고통에 대하여는 위자료를 지급할 의무가 있다**($^{대판\ 2003.\ 7.\ 11,}_{99다24218}$).

[판례 5] **일련의 국가작용에 관여한 다수 공무원이 제2조의 공무원에 해당하는지 여부**
($^{긴급조치\ 제9호}_{국가배상\ 사건에서}$) 긴급조치 제9호는 위헌·무효임이 명백하고 긴급조치 제9호 발령으로 인한 국민의 기본권 침해는 그에 따른 강제수사와 공소제기, 유죄판결의 선고를 통하여 현실화되었다. 이러한 경우 긴급조치 제9호의 발령부터 적용·집행에 이르는 일련의 국가작용은, 전체적으로 보아 공무원이 직무를 집행하면서 객관적 주의의무를 소홀히 하여 그 직무행위가 객관적 정당성을 상실한 것으로서 위법하다고 평가되고, 긴급조치 제9호의 적용·집행으로 강제수사를 받거나 유죄판결을 선고받고 복역함으로써 개별 국민이 입은 손해에 대해서는 국가배상책임이 인정될 수 있다($^{대판\ 2022.\ 8.\ 30,}_{2018다212610}$).

2) 사 인 공무수탁사인이 국가배상법상 공무원에 해당하는지에 관해 논란이 있었으나, 최근 국가배상법 개정으로 공무수탁사인이 국가배상법상 공무원에 명시적으로 포함되었다. 사인이라도 공무를 위탁받아 공무를 수행하는 한, 그것이 일시적인 사무일지라도 여기의 공무원에 해당한다($^{국배법\ 제2}_{조\ 제1항}$)($^{판례}_{1,\ 2}$).

[참고] 판례는 종래 집행관을 공무원으로 보았으나($^{대판\ 1966.\ 7.\ 26,}_{66다854}$), 의용소방대원은 공무원으로 보지 않았다($^{대판\ 1978.\ 7.\ 11,}_{78다584}$). 그러나 의용소방대원이 수행하는 기능에 비추어 의용소방대원을 공무원개념에 포함시키는 것이 타당하다.

사인이 사법상 계약에 의하여 공무를 수행하여도 그 공무가 공법작용에 해당하면 공무원에 해당한다. 예를 들면, 차량견인업자가 경찰의 위탁에 의하여 불법주차차량을 견인하는 도중에 견인되는 차량에 피해를 입힌 경우, 사인인 차량견인업자는 국가배상법상 공무원에 해당한다.

> 판례 1 사인이 지방자치단체로부터 공무를 위탁받아 공무에 종사하는 경우 국가배상법상의 '공무원'에 해당하는지의 여부
>
> (서울특별시 강서구로부터 어린이보호업무를 맡은 교통할아버지의 위법행위로 인한 피해를 보상한 동부화재해상보험(주)가 강서구에 구상금을 청구한 교통할아버지사건에서) 구 국가배상법 제 2 조 소정의 **"공무원"이라 함은** 국가공무원법이나 지방공무원법에 의하여 공무원으로서의 신분을 가진 자에 국한하지 않고, **널리 공무를 위탁받아 실질적으로 공무에 종사하고 있는 일체의 자**를 가리키는 것으로서, 공무의 위탁이 일시적이고 한정적인 사항에 관한 활동(어린이보호업무)을 위한 것이어도 달리 볼 것은 아니다. … 지방자치단체가 '교통할아버지 봉사활동 계획'을 수립한 후 관할 동장으로 하여금 '교통할아버지'를 선정하게 하여 어린이 보호, 교통안내, 거리질서 확립 등의 공무를 위탁하여 집행하게 하던 중 '교통할아버지'로 선정된 노인이 위탁받은 업무범위를 넘어 교차로 중앙에서 교통정리를 하다가 교통사고를 발생시킨 경우, 지방자치단체가 국가배상법 제 2 조 소정의 배상책임을 부담한다(대판 2001. 1. 5, 98다39060).

> 판례 2 통장의 전입신고서에의 날인행위가 공무를 위탁받아 수행하는 경우에 해당하는지의 여부
>
> (동아제분(주)가 서울특별시 종로구를 상대로 허위의 전입신고와 주민등록표·인감증명서의 허위 발급으로 인한 피해의 배상을 청구한 사건에서) 서울특별시 종로구 통·반설치 조례 제 4 조, 제 6 조 등에 의하면, 통장은 동장의 추천에 의하여 구청장이 위촉하고, 동장의 감독을 받아 주민의 거주, 이동상황 파악 등의 임무를 수행하도록 규정되어 있고, 주민등록법 제14조와 같은 법 시행령 제 7 조의2 등에 의하면, 주민등록 전입신고를 하여야 할 신고의무자가 전입신고를 할 경우에는 신고서에 관할이장(시에 있어서는 통장)의 확인인을 받아 제출하도록 규정되어 있는 점 등에 비추어 보면, **통장이 전입신고서에 확인인을 찍는 행위는 공무를 위탁받아 실질적으로 공무를 수행하는 것이라고 보아야 하므로, 통장은 그 업무범위 내에서는 국가배상법 제 2 조 소정의 공무원에 해당한다**(대판 1991. 7. 9, 91다5570).

3) 기 타 한미상호방위조약(제4조) 및 그에 근거한 한미행정협정(제23조 제5항)에 의거, 미합중국군대의 구성원·고용원 또는 한국증원부대구성원도 여기의 공무원에 준한다. 한미행정협정의 시행에 관한 민사특별법에 의하면, 미군이 직무수행중에 손해를 가한 때에만 국가배상법의 규정에 의하여 이를 배상토록 규정하고 있다.

(2) 직 무

1) 사법작용(私法作用)의 포함 여부

㈎ 학 설

(a) 협 의 설 국가배상법 제 2 조 제 1 항의 직무는 공법상의 권력작용만을 뜻한다는 견해이다. 지지하는 학자는 없다.

(b) 광 의 설　　국가배상법 제 2 조 제 1 항의 직무는 공법상의 권력작용 외에 국가배상법 제 5 조에서 규정된 것을 제외한 공법상 비권력작용까지 포함한다는 견해이다. 광의설은 사경제작용의 경우는 민법에 의하고, 국가배상법은 공행정작용에 적용할 취지의 법으로 이해하며, 또한 국가배상법이 공법으로 이해된다는 점을 근거로 한다. 다수설이다.

(c) 최광의설　　국가배상법 제 2 조 제 1 항에서 말하는 직무를 공법상의 작용뿐만 아니라 사법상의 작용까지 포함한다는 견해이다. 헌법은 공·사법의 구분 없이 국가의 배상책임을 인정한다는 점, 그리고 국가배상법은 사법이라는 점이 이 견해의 논거이다. 소수설이다.

(나) 판　　례　　광의설을 취하고 있다$\left[\begin{smallmatrix} 판례 \\ 1, 2 \end{smallmatrix}\right]$.

[판례 1]　'공무원의 직무'의 범위
$\left(\begin{smallmatrix} 고성군을\ 상대로\ 한\ 손 \\ 해배상금청구사건에서 \end{smallmatrix}\right)$ 국가배상법이 정한 손해배상청구의 요건인 공무원의 직무'에는 국가나 지방자치단체의 **권력적 작용뿐만 아니라 비권력적 작용도 포함되지만 단순한 사경제의 주체로서 하는 작용은 포함되지 않는다**$\left(\begin{smallmatrix} 대판\ 2004.\ 4.\ 9. \\ 2002다10691 \end{smallmatrix}\right)$.

[판례 2]　국가배상법상 '공무원의 직무'에 사경제주체로서의 작용의 포함 여부
$\left(\begin{smallmatrix} 양도소득세\ 등을\ 감면받지\ 못하게\ 한\ 손 \\ 해의\ 배상을\ 서울시에\ 청구한\ 사건에서 \end{smallmatrix}\right)$ 서울특별시장의 대행자인 도봉구청장이 원고와 사이에 체결한 **도봉차량기지건설사업부지예정토지 매매계약은 공공기관이 사경제주체로서 행한 사법상 매매**이므로, 설령 서울특별시장이나 그 대행자인 도봉구청장에게 원고를 위하여 양도소득세 감면신청을 할 법률상의 의무가 인정되고 이러한 의무를 위반하여 원고에게 손해를 가한 행위가 불법행위를 구성하는 것으로 본다 하더라도, 이에 대하여는 국가배상법을 적용하기는 어렵고 일반 민법의 규정을 적용할 수 있을 뿐이라 할 것이다$\left(\begin{smallmatrix} 대판\ 1999.\ 11.\ 26. \\ 98다47245 \end{smallmatrix}\right)$

(다) 사　　견　　원칙적으로 종래의 광의설이 타당하다. 말하자면 국가배상법 제 5 조와의 관련상 제 2 조의 직무란 국가배상법 제 5 조와 관련된 직무를 제외한 모든 공법상의 행정작용을 의미한다. 그러나 제 2 조의 「직무」와 제 5 조의 영조물의 「설치와 관리」가 경합하는 경우도 있을 수 있다$\left(\begin{smallmatrix} 예컨대,\ 육교의\ 설치를\ 위해\ 설계도를\ 작성한\ 후\ 육교를\ 설치하였으나\ 육교가\ 붕괴된\ 경우,\ 설계도의\ 작성은\ 국가배상법 \\ 제\ 2\ 조\ 제\ 1\ 항의\ 직무에\ 해당하면서,\ 동시에\ 국가배상법\ 제\ 5\ 조의\ 영조물의\ 설치의\ 한\ 부분에\ 해당한다고\ 볼\ 수\ 있다 \end{smallmatrix}\right)$. 따라서 종래의 광의설의 내용을 수정할 필요가 있다.

(라) 분　　석　　① 그 직무란 행정$\left(\begin{smallmatrix} 행정입법 \\ 작용\ 포함 \end{smallmatrix}\right)\left[\begin{smallmatrix} 판례 \\ 1 \end{smallmatrix}\right]$뿐만 아니라 입법$\left(\begin{smallmatrix} 국 \\ 회 \end{smallmatrix}\right)\left[\begin{smallmatrix} 판례 \\ 2 \end{smallmatrix}\right]$ 및 사법$\left(\begin{smallmatrix} 법 \\ 원 \end{smallmatrix}\right)$의 모든 직무를 의미한다. ② 명령적 행위, 형성적 행위, 준법률행위적 행정행위$\left(\begin{smallmatrix} 예:\ 허위의 \\ 증명서발부 \end{smallmatrix}\right)$, 행정지도$\left[\begin{smallmatrix} 판례 \\ 3 \end{smallmatrix}\right]$, 사실행위, 특별행정법관계에서의 행위 등을 가리지 아니한다. ③ 통치행위는 당연무효가 아닌 한 사법통제 밖에 놓이므로 이에 해당하지 않는다. ④ 공법상 계약은 여기서 말하는 비권력작용에 해당하지 아니한다. 공법상 계약으로부터 나오는 의무$\left(\begin{smallmatrix} 직 \\ 무 \end{smallmatrix}\right)$를 위반한 경우에는 국가 또는 지방자치단체는 국가배상법에 따른 책임이 아니라 계약법의 원리에 따른 책임을 부담하여야 한다. 공법의 영역에서 계약법의 원리는 실제상 관련 민법규정의 유추적용으로 이루어질 것이다. ⑤ 사법작용으로 인한 배상책임은 사법상 배상책임문제로 다루는 것이 논리적이다. 판례의 입장도 같다.

판례 1 법률이 시행령에 위임했음에도 시행령을 제정하지 않은 것이 불법행위에 해당하는지 여부

(군법무관이 대한민국을 피고로 보수를 청구한 군법무관 보수청구 사건에서) 입법부가 법률로써 행정부에게 특정한 사항을 위임했음에도 불구하고 행정부가 정당한 이유 없이 이를 이행하지 않는다면 권력분립의 원칙과 법치국가 내지 법치행정의 원칙에 위배되는 것으로서 위법함과 동시에 위헌적인 것이 되는바, 구 군법무관임용법(1967. 3. 3. 법률 제1904호로 개정되어 2000. 12. 26. 법률 제6291호로 전문 개정되기 전의 것, 이하 '구법'이라 한다) 제 5 조 제 3 항과 군법무관임용 등에 관한 법률(2000. 12. 26. 법률 제6291호로 개정된 것, 이하 '신법'이라 한다) 제 6 조가 군법무관의 보수를 법관 및 검사의 예에 준하도록 규정하면서 그 구체적 내용을 시행령에 위임하고 있는 이상, 위 법률의 규정들은 군법무관의 보수의 내용을 법률로써 일차적으로 형성한 것이고, 위 법률들에 의해 상당한 수준의 보수청구권이 인정되는 것이므로, 위 보수청구권은 단순한 기대이익을 넘어서는 것으로서 법률의 규정에 의해 인정된 재산권의 한 내용이 되는 것으로 봄이 상당하고, 따라서 행정부가 정당한 이유 없이 시행령을 제정하지 않은 것은 위 보수청구권을 침해하는 불법행위에 해당된다(대판 2007. 11. 29, 2006다3561; 헌재 2004. 2. 26, 2001헌마718).

판례 2 국회의 입법행위 또는 입법부작위가 국가배상법 제 2 조 제 1 항의 위법행위에 해당하는 경우

(1951년 공비토벌 등을 이유로 국군병력이 작전수행을 하던 중에 거창군 일대의 지역주민이 희생된 이른바 '거창사건'으로 인한 희생자와 그 유족들이 국가를 상대로 제기한 손해배상청구소송, 즉 거창사건 희생자 손해배상청구 사건에서) 우리 헌법이 채택하고 있는 의회민주주의하에서 국회는 다원적 의견이나 각가지 이익을 반영시킨 토론과정을 거쳐 다수결의 원리에 따라 통일적인 국가의사를 형성하는 역할을 담당하는 국가기관으로서 그 과정에 참여한 국회의원은 입법에 관하여 원칙적으로 국민 전체에 대한 관계에서 정치적 책임을 질 뿐 국민 개개인의 권리에 대응하여 법적 의무를 지는 것은 아니므로, 국회의원의 입법행위는 그 입법 내용이 헌법의 문언에 명백히 위배됨에도 불구하고 국회가 굳이 당해 입법을 한 것과 같은 특수한 경우가 아닌 한 국가배상법 제 2 조 제 1 항 소정의 위법행위에 해당한다고 볼 수 없고, 같은 맥락에서 국가가 일정한 사항에 관하여 헌법에 의하여 부과되는 구체적인 입법의무를 부담하고 있음에도 불구하고 그 입법에 필요한 상당한 기간이 경과하도록 고의 또는 과실로 이러한 입법의무를 이행하지 아니하는 등 극히 예외적인 사정이 인정되는 사안에 한정하여 국가배상법 소정의 배상책임이 인정될 수 있으며, 위와 같은 구체적인 입법의무 자체가 인정되지 않는 경우에는 애당초 부작위로 인한 불법행위가 성립할 여지가 없다(대판 2008. 5. 29, 2004다33469).

판례 3 국가배상법상 '공무원의 직무'에 비권력적 작용의 포함 여부

(부적법한 공탁에 기하여 발생한 손해의 배상을 서울시에 청구한 사건에서) 국가배상법이 정한 배상청구의 요건인 '공무원의 직무'에는 권력적 작용만이 아니라 행정지도와 같은 비권력적 작용도 포함되며 단지 행정주체가 사경제주체로서 하는 활동만 제외되는 것이고, 기록에 의하여 살펴보면, 피고 및 그 산하의 강남구청은 이 사건 도시계획사업의 주무관청으로서 그 사업을 적극적으로 대행·지원하여 왔고 **강남구청장의 이 사건 공탁도 행정지도의 일환으로 직무수행으로서 행하였다고 할 것이므로, 비권력적 작용인 공탁으로 인한 피고의 손해배상책임은 성립할 수 없다는 상고이유의 주장은 이유가 없다**(대판 1998. 7. 10, 96다38971).

2) 사익보호성의 필요 여부　　직무를 집행하는 공무원에 대하여는 법규 또는 행정규칙 등에 의하여 여러 가지의 직무상 의무가 부여된다. 그런데 국가 등의 국가배상책임이 인정되려면

공무원에게 부과된 이러한 직무가 과연 부수적으로라도 개개 국민($^{피해}_{자}$)의 이익을 위해 부과된 것이어야만 하는지가 문제된다(공무원에게 부과된 직무상 의무는 개개 국민의 이익 보호를 위한 것, 개개 국민의 이익과는 관계없이 전체로서 공공 일반의 이익을 유지·조장하기 위한 것, 그리고 개개 국민은 물론 전체로서의 국민의 이익과도 관계없이 순전히 행정기관 내부의 질서를 규율하기 위한 것 등이 있다)($^{손지}_{열}$).

㈎ 학 설 ① 직무의 사익보호성은 항고소송의 원고적격문제이므로 국가배상의 경우 적용되지 않으며, 위법한 직무집행으로 개인의 권익이 침해되면 국가 등의 배상책임이 인정되는 것이고 공무원은 개개 국민($^{피해}_{자}$)과의 관계에서 직무상 의무를 부담하지는 않는다는 점을 근거로 사익보호성이 필요 없다는 견해도 있다($^{불요}_{설}$). ② 그러나 최근에는 특히 부작위로 인한 손해배상의 경우와 관련하여 국가의 손해배상책임을 인정하려면 공무원의 직무상 의무의 목적이 전적으로 또는 부수적으로라도 개개 국민의 이익을 위하여 부과된 것으로 인정되는 경우라야 국가배상책임이 긍정된다는 견해가 유력하다($^{필요}_{설}$). 다만, 이 견해도 직무의 사익보호성을 국가배상청구 성립요건 중 어느 요건에 용해시켜 논의할 것인지에 대해 견해가 대립된다. ⓐ 공무원의 직무의무를 규정한 관계법규가 공익뿐 아니라 국민의 이익도 보호하는 경우에만 그 행정권의 작위의무는 법적인 의무가 되고 그 위반이 국가배상법상 위법한 것이 된다고 하여 위법성의 문제로 보는 견해($^{김철용}_{정하중}$), ⓑ 손해란 법익침해에 의한 불이익을 말하며, 공공일반의 이익침해 등은 손해에 포함되지 않는다고 보아 손해의 문제로 보는 견해($^{김남진·김연}_{태, 박균성}$), ⓒ 직무의 문제로 보는 견해로 나누어진다.

㈏ 판 례 ① 대법원은 국가배상법 제 2 조 제 1 항에서 말하는 직무란 사인의 보호를 위한 직무를 뜻하며, 사회 일반의 공익만을 위한 직무는 이에 포함되지 않는다고 한다($^{대판 2011. 9. 8.}_{2011다34521}$). 즉, 공무원에게 일정한 의무를 부과한 규정이 단순히 공공 일반의 이익을 위한 것이거나 행정기관 내부의 질서를 규율하기 위한 것인지 아니면 전적으로 또는 부수적으로 사회구성원 개인의 안전과 이익을 보호하기 위하여 설정된 것인지 여부에 따라 국가 등의 배상책임을 인정한다($^{판례}_{1, 2}$). 이와 같은 법령에 의한 공무원의 직무상 의무가 부수적으로라도 사회구성원 개인의 안전과 이익을 보호하기 위하여 설정된 것인지 여부에 대한 판단 기준에 대해서는 관련 법령 전체의 기본적인 취지·목적과 그 의무를 부과하고 있는 개별 규정의 구체적 목적·내용 및 그 직무의 성질 등 제반 사정을 고려하여 개별적·구체적으로 판단하여야 하는 것으로 판시($^{대판 2000. 6. 9.}_{98다 55949}$)하고 있다. ② 다만, 판례가 직무의 사익보호성의 문제를 위법성의 문제($^{직무상 의무}_{위반의 문제}$)로 보고 있다고 해석하는 견해($^{박균}_{성}$)와 위법성 또는 인과관계의 문제로 본다는 견해($^{정하}_{중}$)도 있지만, 인과관계의 문제로 처리하고 있다고 보아야 한다($^{판례}_{3}$).

판례 1   **직무의 사익보호성을 긍정한 판례**

[1] (어린이가 질식의 위험성이 있는 젤리인 미니컵 젤리를 먹다가 젤리가 목에 걸려 기도를 막는 바람에 호흡이 곤란하게 되어 사망하자 유가족이 손해배상을 청구한 사건에서) 구 식품위생법($^{2005. 1. 27. 법률}_{제7374호로 개정되}$$^{기 전}_{의 것}$)은 제 1 조에서 "이 법은 식품으로 인한 위생상의 위해를 방지하고 식품영양의 질적 향상을 도모함으로써 국민보건의 증진에 이바지함을 목적으로 한다"고 규정하고 있고, 같은 법 제 7 조, 제 9 조, 제10조, 제16조 등에서는 식품의약품안전청장 등으로 하여금 식품 또는 식품첨가물의 제조 등의 방법과 성분, 용기와 포장의 제조 방법과 그 원재료, 표시 등에 대하여 일정한 기준 및

규격 등을 마련하도록 하고, 그와 같은 기준 및 규격 등을 준수하는지 여부를 확인할 필요가 있거나 위생상 위해가 발생할 우려나 국민보건상의 필요가 있을 경우 수입신고시 식품 등을 검사하도록 규정하고 있다. 위와 같은 구 식품위생법의 관련 규정을 종합하여 보면, 같은 법 제7조, 제9조, 제10조, 제16조는 **단순히 국민 전체의 보건을 증진한다고 하는 공공 일반의 이익만을 위한 것이 아니라, 그와 함께 사회구성원 개개인의 건강상의 위해를 방지하는 등의 개별적인 안전과 이익도 도모하기 위하여 설정된 것이라고 할 수 있다**(대판 2010. 9. 9. 2008다77795).

[2] (주차장침수로 피해를 입은 원고가 주차장관리청이 속한 서울특별시 양천구등을 피고로 한 손해배상청구소송에서) 하천법의 관련 규정에 비추어 볼 때, 하천의 유지·관리 및 점용허가 관련 업무를 맡고 있는 지방자치단체 담당공무원의 직무상 의무는 부수적으로라도 사회구성원 개개인의 안전과 이익을 보호하기 위하여 설정된 것이다(대판 2006. 4. 14. 2003다41746).

[3] (기망에 의한 허위내용의 주민등록증발급으로 인해 피해를 입은 원고가 서울시 강남구에 손해배상을 청구한 강남구 허위주민등록증사건에서) 주민등록사무를 담당하는 공무원으로서는 만일 개명과 같은 사유로 **주민등록상의 성명을 정정한 경우**에는 위에서 본 바와 같은 법령의 규정에 따라 반드시 **본적지의 관할관청에 대하여 그 변경사항을 통보**하여 본적지의 호적관서로 하여금 그 정정사항의 **진위를 재확인**할 수 있도록 할 **직무상의 의무**가 있다고 할 것이고, 이러한 직무상 의무는 단순히 공공 일반의 이익을 위한 것이거나 행정기관 내부의 질서를 규율하기 위한 것이 아니고 전적으로 또는 부수적으로 사회구성원 개인의 안전과 이익을 보호하기 위하여 설정된 것이다. … 주민등록사무를 담당하는 공무원이 개명으로 인한 주민등록상 성명정정을 본적지 **관할관청에 통보하지 아니한 직무상 의무위배행위**와 甲과 같은 이름으로 개명허가를 받은 듯이 호적등본을 위조하여 주민등록상 성명을 위법하게 정정한 乙이 甲의 부동산에 관하여 불법적으로 근저당권설정등기를 경료함으로써 甲이 입은 손해 사이에는 **상당인과관계가 있다**(대판 2003. 4. 25. 2001다59842).

[4] (시설이 불량한 선박임에도 선박검사증서를 발급받은 선박의 해상화재사고로 인해 사망한 자의 유족이 국가를 상대로 손해배상을 청구한 유람선 극동호화재사건에서) **공무원에게 부과된 직무상 의무의 내용**이 단순히 공공 일반의 이익을 위한 것이거나 행정기관 내부의 질서를 규율하기 위한 것이 아니고 전적으로 또는 부수적으로 사회구성원 개인의 안전과 이익을 보호하기 위하여 설정된 것이라면, 공무원이 그와 같은 직무상 의무를 위반함으로 인하여 피해자가 입은 손해에 대하여는 상당인과관계가 인정되는 범위 내에서 **국가가 배상책임을 지는 것**이고, 이때 상당인과관계의 유무를 판단함에 있어서는 일반적인 결과발생의 개연성은 물론 직무상 의무를 부과하는 법령 기타 행동규범의 목적이나 가해행위의 태양 및 피해의 정도 등을 종합적으로 고려하여야 할 것이다. … **선박안전법이나 유선및도선업법의 각 규정은 공공의 안전 외에 일반인의 인명과 재화의 안전보장도 그 목적으로 하는 것**이라고 할 것이므로 국가소속 선박검사관이나 시 소속 공무원들이 직무상 의무를 위반하여 시설이 불량한 선박에 대하여 선박중간검사에 합격하였다 하여 **선박검사증서를 발급**하고, 해당 법규에 규정된 조치를 취함이 없이 **계속 운항하게 함으로써 화재사고가 발생**한 것이라면, 화재사고와 공무원들의 직무상 의무위반행위와의 사이에는 **상당인과관계가 있다**(대판 1993. 2. 12. 91다43466).

판례 2 　직무의 사익보호성을 부정한 판례

[1] (노래방영업명의변경신고를 반려한 위법한 조치로 노래방영업을 하지 못하게 되는 손해를 입었다고 주장하는 원고가 대한민국에 손해배상을 청구한 진주시 노래방사건에서) 구 풍속영업의규제에관한법률 제5조에서 다른 법률에 의한 허가·인가·등록 또는 신고대상이 아닌 풍속영업을 영위하고자 하는 자로 하여금 대통령령이 정하는 바에 의하여 경찰서장에게 신고하도록 한 규정의 취지는 선량한 풍속을 해하거나 청소년의 건전한 육성을 저해하는 행위 등을 규제하여 미풍양속의 보존과 청

소년보호에 이바지하려는 데 있는 것이므로($\frac{\text{제}1}{\text{조}}$), **위 법률에서 요구되는 풍속영업의 신고 및 이에 대한 수리행위는 오로지 공공 일반의 이익을 위한 것으로 볼 것이고,** 부수적으로라도 사회구성원의 개인의 안전과 이익 특히 사적인 거래의 안전을 보호하기 위한 것이라고 볼 수는 없다. … 노래연습장의 시설 및 영업 일체를 양수한 후 구 풍속영업의규제에관한법률의 규정에 따라 영업주 명의 변경을 위하여 경찰서장에게 풍속영업변경신고서를 제출하였으나, 위 노래연습장 건물에 이미 속셈학원과 컴퓨터학원이 있다는 것이 발견되어 전(前) 영업주의 풍속영업신고서 수리행위가 잘못된 것으로 밝혀지자 경찰서장이 위 발급신고서를 반려한 경우, 경찰서장이 전 영업주의 영업신고서를 잘못 수리한 행위나 이를 즉시 시정하지 않은 행위와 영업변경신고서가 반려됨으로써 양수인이 입은 영업상 손해 사이에 상당인과관계가 없다($\frac{\text{대판 2001. 4. 13,}}{\text{2000다34891}}$).

[2] ($\frac{\text{부산시 수돗}}{\text{물사건에서}}$) **국가 등에게 일정한 기준에 따라 상수원수의 수질을 유지하여야 할 의무를 부과하고 있는 법령의 규정**은 국민에게 양질의 수돗물이 공급되게 함으로써 국민 일반의 건강을 보호하여 **공공 일반의 전체적인 이익을 도모하기 위한 것이지, 국민 개개인의 안전과 이익을 직접적으로 보호하기 위한 규정이 아니므로,** 국민에게 공급된 수돗물의 상수원의 수질이 수질기준에 미달한 경우가 있고, 이로 말미암아 국민이 법령에 정하여진 수질기준에 미달한 상수원수로 생산된 수돗물을 마심으로써 건강상의 위해 발생에 대한 염려 등에 따른 정신적 고통을 받았다고 하더라도, 이러한 사정만으로는 국가 또는 지방자치단체가 국민에게 손해배상책임을 부담하지 아니한다. 또한 상수원수 2급에 미달하는 상수원수는 고도의 정수처리 후 사용하여야 한다는 환경정책기본법령상의 의무 역시 위에서 본 수질기준 유지의무와 같은 성질의 것이므로, 지방자치단체가 상수원수의 수질기준에 미달하는 하천수를 취수하거나 상수원수 3급 이하의 하천수를 취수하여 고도의 정수처리가 아닌 일반적 정수처리 후 수돗물을 생산·공급하였다고 하더라도, 그렇게 공급된 수돗물이 음용수 기준에 적합하고 몸에 해로운 물질이 포함되어 있지 아니한 이상, 지방자치단체의 위와 같은 수돗물 생산·공급행위가 국민에 대한 불법행위가 되지 아니한다($\frac{\text{대판 2001. 10. 23,}}{\text{99다36280}}$).

[판례 3] 국가배상법상 제 3 자의 손해배상청구권의 성립요건으로서 상당인과관계의 요부

($\frac{\text{(주식회사 솔로몬저축은행, 금융감독원}}{\text{등을 피고로 한 손해배상청구소송에서}}$) 제 3 자에게 손해배상청구권이 인정되기 위하여는 공무원의 직무상 의무 위반행위와 제 3 자의 손해 사이에 상당인과관계가 있어야 하고, 상당인과관계의 유무를 판단할 때 일반적인 결과발생의 개연성은 물론 직무상 의무를 부과한 법령 기타 행동규범의 목적이나 가해행위의 태양 및 피해의 정도 등을 종합적으로 고려하여야 한다. 공무원에게 직무상 의무를 부과한 법령의 목적이 사회 구성원 개인의 이익과 안전을 보호하기 위한 것이 아니고 단순히 공공일반의 이익이나 행정기관 내부의 질서를 규율하기 위한 것이라면, 설령 공무원이 그 직무상 의무를 위반한 것을 계기로 하여 제 3 자가 손해를 입었다고 하더라도 공무원이 직무상 의무를 위반한 행위와 제 3 자가 입은 손해 사이에 상당인과관계가 있다고 할 수 없다($\frac{\text{대판 2020. 7. 9,}}{\text{2016다268848}}$).

(다) 사　　견　　　사익보호성이 필요하다는 다수설과 판례의 태도는 원칙적으로 타당하다. 예컨대 금융기관의 도산의 경우에 예금자가 국가의 금융기관감독에 위법이 있음을 이유로 국가에 손해배상을 구하는 것은 인정하기 어려울 것이다. 다만 법원은 사익보호성의 인정에 인색한 태도를 가져서는 곤란할 것이다. 그리고 국가배상청구 성립요건과 관련해서는 사익보호성을 직무의 문제로 보는 것이 타당하다.

3) 재판작용이 직무에 포함되는지 여부　　　법관도 국가배상법 제 2 조 제 1 항의 공무원에 해당하고, 재판행위도 직무에 해당한다. 하지만 법관의 재판행위의 결과인 확정판결에 대해 국가배상청구를 인정한다는 것은 직접적이지는 않으나 실질적으로 확정판결의 기판력을 부정하는 것(확정판결에 대한 소송이 / 재개되는 결과가 되기에)으로 볼 수도 있기에 재판행위에 대한 국가배상청구가 가능한지가 문제된다.

　　(가) 학　　설　　　① 법관의 재판행위에 대한 국가배상책임의 인정이 확정판결의 효력을 직접 부정하는 것은 아니지만, 국가배상책임을 인정하기 위해서는 판결의 위법성을 인정해야 하므로 확정판결에 대한 국가배상책임의 인정은 기판력을 침해하는 것이 된다는 견해(박균성), ② 법관의 불법행위를 이유로 국가배상책임을 인정하여도 확정판결의 기판력(법적 / 안정성)을 침해하는 것은 아니라는 견해(이일세), ③ 사법행정작용은 일반행정작용과 같이 국가배상책임을 인정하고, 재판작용의 경우는 국가배상책임이 기판력을 침해할 우려가 있으므로 법적 안정성의 요구와 권리구제의 요구를 적정히 조화시켜 제한적으로 국가배상책임을 인정하자는 견해(홍준형)로 나누어진다.

　　(나) 판　　례　　　판례는 법관의 재판작용과 다른 공무원의 직무행위를 구분하지 않고 국가배상책임의 성립을 인정하고 있다(정하중·하명호). 다만, 법관의 재판작용에 대한 국가배상책임은 상당히 제한적으로 인정된다(판례1). 판례는 이러한 제한을 「배상책임의 성립요건이 가중된 것」으로 보지 아니한다(판례2).

> **판례 1**　　**사법보좌관(법관)의 배당표원안 작성에 대한 국가배상책임 성립 여부**
> (사법보좌관이 원고 농업협동조합중앙회와 그 업무수탁기관인 농협은행 주식회사를 동일한 주체로 오인하여 가압류권자인 원고를 / 제외하고 배당표원안을 작성함에 따라 원고가 배당을 받지 못한 금액 상당에 대해 피고 대한민국을 상대로 손해배상을 청구함에서) 법관이 행하는 재판사무의 특수성과 그 재판과정의 잘못에 대하여는 따로 불복절차에 의하여 시정될 수 있는 제도적 장치가 마련되어 있는 점 등에 비추어 보면, 법관의 재판에 법령 규정을 따르지 않은 잘못이 있더라도 이로써 바로 재판상 직무행위가 국가배상법 제 2 조 제 1 항에서 말하는 위법한 행위로 되어 국가의 손해배상책임이 발생하는 것은 아니다. 법관의 재판상 직무행위로 인한 국가배상책임이 인정되려면 법관이 위법하거나 부당한 목적을 가지고 재판을 하였다거나 법이 법관의 직무수행상 준수할 것을 요구하고 있는 기준을 현저하게 위반하는 등 법관이 그에게 부여된 권한의 취지에 명백히 어긋나게 이를 행사하였다고 인정할 만한 특별한 사정이 있어야 한다는 것이 확립된 판례의 입장이다(대판 2023. 6. 1, / 2021다202224).

> **판례 2**　　**국가배상법상 법관의 고의·과실 요건은 가중되는 것인지 여부**
> (국가배상법 제 2 조 제 1 항 본문 중 '고의 또는 과실로 법령을 위반하여' 부분에 '법관의 재판상 직무행위의 경우 당해 법관이 위법 또는 / 부당한 목적을 가지고 재판을 하였다거나 법이 법관의 직무수행상 준수할 것을 요구하고 있는 기준을 현저하게 위반하는 등 법관이 그에 / 게 부여된 권한의 취지에 명백히 어긋나게 이를 행사하였다고 인정할 만한 특별한 사정'의 가중된 요건을 포 / 함시키는 것이 헌법에 위반되는지 여부를 쟁점으로 한 국가배상법 제 2 조 제 1 항 본문 위헌제청 사건에서) 대법원은 위법한 행정처분으로 인한 국가배상책임이 문제된 사안, 검사가 피의자를 구속하여 수사한 후 공소를 제기하였으나 무죄판결이 확정된 경우 국가배상책임의 인정 여부가 문제된 사안, 법관의 오판으로 인한 국가배상책임의 인정 여부가 문제된 사안 등 각각의 사안에서 구체적 판단기준을 제시하고 있는 것이다. 이처럼 제청법원이 위헌 여부를 다투는 내용은 대법원이 법관의 재판상 직무행위로 인한 국가배상책임의 인정 여부가 문제된 사안에서 국가배상책임의 성립요건인 고의 또는 과실 및 법령 위반에 대한 판단기준을 제시한 것일 뿐 이로써 새로운 성립요건이 가중된 것이라고 보기는 어렵다(헌재 2023. 3. 23, / 2022헌가21).

(대) 사　견　　②설이 타당하다. 왜냐하면 국가배상책임의 성립가능성을 인정하더라도 재판의 특수성은 위법성 또는 고의·과실의 판단과정에서 고려될 수 있다는 점, 법관의 독립은 법관의 직무행위에 관한 전면적인 면책을 의미하지 않는다는 점 때문이다.

(3) 집행하면서

1) 의　미　　직무를 '집행하면서'라는 것은 순수하게 집행시만을 뜻하는 것은 아니다. 국민의 입장에서는 공무원이 행하는 행위가 순수한 직무집행행위인가의 여부를 구별하는 것이 용이하지 않고, 통상 공무원이 행하는 행위를 직무집행행위로 보는 것이 일반적이다. 따라서 직무를 집행하면서'(2008. 3. 14.에 개정되기 이전의 국가배상 법에서는 '집행함에 당하여'로 표현되었다)라는 것은 직무집행행위뿐만 아니라 널리 외형상으로 직무집행과 관련 있는 행위를 포함하는 의미로 새겨야 한다(외형설). 외형설은 통설의 입장이자, 판례의 입장이다(판례 1, 2). 특히 판례가 외형설을 따르면서 실질적 직무관련성을 요구하지 않는 것은 직무관련성의 범위를 넓히려는 것으로서 국민의 권리구제의 확대에 기여한다.

> **판례 1** 구 국가배상법 제2조 제1항의 '직무를 집행함에 당하여'의 해석기준
> (총기 오발행위로 피해를 입은 자가 국가를 상대로 손해배상을 청구한 사건에서) 본조 제1항에서 말하는 "직무를 집행함에 당하여"라는 취지는 **공무원의 행위의 외관을 객관적으로 관찰**하여 공무원의 직무행위로 보여질 때에는 비록 그것이 실질적으로 직무행위이거나 아니거나 또는 행위자의 주관적 의사에 관계없이 그 행위는 공무원의 직무집행행위로 볼 것이요 이러한 행위가 실질적으로 공무집행행위가 아니라는 사정을 피해자가 알았다 하더라도 그것을 "직무를 행함에 당하여"라고 단정하는 데 아무런 영향을 미치는 것이 아니다(대판 1966. 6. 28, 66다781; 대판 2001. 1. 5, 98다39060; 대판 1994. 5. 27, 94다6741).

> **판례 2** 인사업무담당 공무원이 다른 공무원의 공무원증 등을 위조한 행위의 직무집행관련성
> (인사담당공무원이 다른 공무원의 공무원증을 위조하여 대출받은 경우, 대출은행인 우리은행이 대한민국을 상대로 손해배상을 청구한 사건에서) 울산세관의 통관지원과에서 인사업무를 담당하면서 울산세관 공무원들의 공무원증 및 재직증명서 발급업무를 하는 **공무원인 K가 울산세관의 다른 공무원의 공무원증 등을 위조하는 행위는** 비록 그것이 실질적으로는 직무행위에 속하지 아니한다 할지라도 적어도 **외관상으로는 공무원증과 재직증명서를 발급하는 행위로서 직무집행으로 보여진다**(대판 2005. 1. 14, 2004다26805).

2) 감독행위　　직무를 「집행하면서」의 판단에 있어서 그 기준이 되는 것은 사인에게 손해를 직접 발생시키는 특정공무원의 특정행위임이 일반적이다. 그러나 경우에 따라서는 그 특정인을 감독하는 자의 감독도 여기의 직무에 해당한다.

3) 일련의 국가작용 전체　　판례는 일련의 국가작용을 전체적으로 보아 '직무를 집행하면서'에 해당하는지 여부를 판단하기도 한다(판례).

> **판례** 일련의 국가작용을 전체적으로 국가배상책임을 인정한 경우
> (긴급조치 제9호 위반으로 면소판결을 받은 원고가 국가배상을 구한 사건에서) 긴급조치 제9호는 위헌·무효임이 명백하고 긴급조치 제9호 발령

으로 인한 국민의 기본권 침해는 그에 따른 강제수사와 공소제기, 유죄판결의 선고를 통하여 현실화되었다. 이러한 경우 긴급조치 제9호의 발령부터 적용·집행에 이르는 일련의 국가작용은 전체적으로 보아 공무원이 직무를 집행하면서 객관적 주의의무를 소홀히 하여 그 직무행위가 객관적 정당성을 상실한 것으로서 위법하다고 평가되고, 긴급조치 제9호의 적용·집행으로 강제수사를 받거나 유죄판결을 선고받고 복역함으로써 개별 국민이 입은 손해에 대해서는 국가배상책임이 인정될 수 있다(대판 2023. 1. 12, 2020다210976).

(4) 고의 또는 과실

1) 의 의　　주관적 구성요소로서 고의란 '누군가 타인에게 위법하게 손해를 가한다는 인식, 인용'을 의미하고, 과실이란 '객관적으로 자신의 행위가 누군가 타인의 법익을 침해한다는 것을 부주의로 예견하지 못하였거나(예견의 무 위반), 손해 방지를 위한 조치가 객관적으로 보아 적절치 못하였거나 불충분한 상태(회피의 무 위반)'를 의미한다(헌재 2021. 7. 15, 2020헌바1). 공무원의 직무집행상 과실이란 공무원이 그 직무를 수행하면서 해당 직무를 담당하는 평균인이 통상 갖추어야 할 주의의무를 게을리한 것을 말한다(대판 2021. 6. 10, 2017다286874).

2) 판단대상　　고의·과실의 유무는 국가가 아니라 당해 공무원을 기준으로 판단한다[판례]. 공무원에게 고의·과실이 없으면 국가는 배상책임이 없다.

> **[판례]** 국가배상법상 공무원 과실의 판단기준
> (주식회사 여양건설(A)이 고층 아파트 신축사업을 계획하고 토지를 매수한 다음 여수시와 협의하여 사업계획 승인신청을 하였고, 수개월에 걸쳐 여수시의 보완 요청에 응하여 사업계획 승인에 필요한 요건을 갖추었는데, 여수시장이 위 사업계획에 관하여 부정적인 의견을 제시한 후, 여수시가 A에게 주변 경관 등을 이유로 사업계획 불승인처분을 하자 A가 손해배상을 구한 사건에서) 보통 **일반의 공무원을 표준**으로 하여 볼 때 위법한 행정처분의 담당 공무원이 **객관적 주의의무를 소홀히** 하고 그로 인해 **행정처분이 객관적 정당성을 잃었다고 볼 수 있는 경우**에 국가배상법 제2조가 정한 국가배상책임이 성립할 수 있다. 이때 객관적 정당성을 잃었는지는 행위의 양태와 목적, 피해자의 관여 여부와 정도, 침해된 이익의 종류와 손해의 정도 등 여러 사정을 종합하여 판단하되, 손해의 전보책임을 국가 또는 지방자치단체가 부담할 만한 실질적 이유가 있는지도 살펴보아야 한다(대판 2021. 6. 30, 2017다249219).

3) 과실개념의 객관화　　과실개념을 객관화하여 국가배상책임의 성립을 용이하게 하려는 시도가 근자의 경향이다. 예컨대 ① 국가배상책임을 자기책임으로 보아야 한다는 전제하에서 국가배상법상 과실개념을 주관적으로 파악하지 않고 국가작용의 하자라는 의미에서 객관적으로 이해하는 견해, ② 일원적 관념으로 위법성과 과실을 통합하여 위법성과 과실 중의 어느 하나가 입증되면 다른 요건은 당연히 인정된다는 견해 등이 주장되고 있다. ③ 과실의 기준은 당해 공무원이 아니라 당해 직무를 담당하는 평균적 공무원을 기준으로 한다는 일반적 견해와 판례의 입장[판례]도 과실개념을 객관적으로 접근하는 입장의 하나라 하겠다.

판례　　국가배상법상 '과실'의 판단기준

(제40회(1998) 사시1차시험 불합격자가
국가를 상대로 한 손해배상청구사건에서) **행정처분의 담당공무원이 보통 일반의 공무원을 표준으로 하여 볼 때 객관적 주의의무를 결하여 그 행정처분이 객관적 정당성을 상실하였다고 인정될 정도에 이른 경우에 비로소 국가배상법 제 2 조 소정의 국가배상책임의 요건을 충족하였다고 봄이 상당하다**(대판 2003. 11. 27, 2001다33789; 대판 2006. 7. 28, 2004다759).

---

4) 입증책임의 완화　　국가배상책임의 성립을 용이하게 하려는 논의는 과실의 객관화의 논의에만 만족하지 않고, 과실의 객관화와 함께 입증책임도 완화되어야 한다는 데 이르고 있다. 즉, 고의·과실의 입증책임은 원고인 피해자에게 있지만, 과실의 객관화 경향에 발맞추어 「일응추정의 법리」에 의하여 입증책임을 완화하여야 한다는 것이다. 이러한 견해는 피해자측이 공무원의 위법한 행위에 의하여 손해가 발생하였음을 입증하면 공무원의 과실을 추정하여 국가가 반대사실을 입증하지 못하는 한 배상책임을 져야 한다는 것이다. 생각건대 피해자를 두텁게 보호하기 위해서는 피해자인 사인이 고의·과실의 개연성을 주장하면, 무과실의 입증책임이 국가측에 옮겨가는 것으로 보는 입증책임의 완화제도의 정착이 필요하다.

5) 가해공무원의 특정불요　　공무원의 과실을 입증함에 있어서 가해공무원의 특정이 필수적인 것은 아니다. 누구의 행위인지가 판명되지 않더라도 손해의 발생상황으로 보아 공무원의 행위에 의한 것이 인정되면 국가는 배상책임을 지게 된다(예: 야간시위중 경찰의 불법집단구타).

6) 구체적 검토

(가) 공무원의 법령해석과 과실　　공무원에게 자신의 직무관련 법령의 해석·적용과 관련하여 과실을 인정할 수 있는가가 문제된다.

(a) 원　칙　　공무원에게는 일반적으로 자신의 사무영역에서의 표준적인 법령에 대한 지식과 학설·판례의 내용을 숙지하고 있어야 할 의무가 있다고 할 수 있다. 따라서 공무원의 법적 지식의 부족이 무과실을 의미하지는 않는다. 판례도 특별한 사정이 없는 한 일반적으로 공무원이 관계법규를 알지 못하거나 필요한 지식을 갖추지 못하고 법규의 해석을 그르쳐 행정처분을 하였다면 그가 법률전문가 아닌 행정직 공무원이라도 과실이 있다고 한다(대판 1981. 8. 25, 80다1598; 대판 2001. 2. 9, 98다52988).

(b) 예　외　　판례는 법령에 대한 해석이 그 문언 자체만으로는 명백하지 아니하여 여러 견해가 있을 수 있는 데다가 이에 대한 선례나 학설, 판례 등도 귀일된 바 없어 의의가 없을 수 없는 경우에 관계 공무원이 그 나름대로 신중을 다하여 합리적인 근거를 찾아 그 중 어느 한 견해를 따라 내린 해석이 후에 대법원이 내린 입장과 같지 않아 결과적으로 잘못된 해석에 돌아가고, 이에 따른 처리가 역시 결과적으로 위법하게 되어 그 법령의 부당집행이라는 결과를 가져오게 되었다고 하더라도 그와 같은 처리방법 이상의 것을 성실한 평균적 공무원에게 기대하기는 어려운 일이고, 따라서 이러한 경우에까지 공무원의 과실을 인정할 수는 없다고 한다(대판 2010. 4. 29, 2009다97925).

(나) 행정규칙에 따른 처분　　행정규칙에 따른 처분의 경우에는 후에 그 처분이 재량권을

일탈한 위법한 처분임이 판명된 경우에도 일반적으로 과실이 있다고 보기 어렵다$\binom{판}{례}$. 다만, 재량준칙이 심히 합리적이지 못한 경우에는 당해 재량준칙을 제정한 공무원의 과실을 인정하여 국가배상책임을 인정하여야 한다는 견해가 있다$\binom{박균}{성}$.

> **판례** 행정규칙의 처분기준에 따른 처분에 대한 과실인정 여부
> (음란행위제공을 이유로 이용업허가취소처분을 받은 자가 행정심판에서 그 취소처분이 취소되자 피고 부천시를 상대로 손해배상을 청구한 사건에서) 영업허가취소처분이 나중에 행정심판에 의하여 재량권을 일탈한 위법한 처분임이 판명되어 취소되었다고 하더라도 그 처분이 당시 시행되던 **공중위생법시행규칙에 정하여진 행정처분의 기준에 따른 것인 이상** 그 영업허가취소처분을 한 행정청 공무원에게 그와 같은 위법한 처분을 한 데 있어 어떤 직무집행상의 **과실이 있다고 할 수는 없다**$\binom{대판\ 1994.\ 11.\ 8,}{94다26141}$.

(다) 사무의 지연처리 "행정청의 처분을 구하는 신청에 대하여 상당한 기간 처분 여부 결정이 지체되었다고 하여 곧바로 공무원의 고의 또는 과실에 의한 불법행위를 구성한다고 단정할 수는 없고, 행정처분의 담당공무원이 보통 일반의 공무원을 표준으로 하여 볼 때 객관적 주의의무를 결하여 처분 여부 결정을 지체함으로써 객관적 정당성을 상실하였다고 인정될 정도에 이른 경우에 비로소 국가배상법 제 2 조가 정한 국가배상책임의 요건을 충족한다고 보아야 한다$\binom{대판\ 2015.\ 11.\ 27,}{2013다6759}$.

(라) 항고소송에서 행정청의 패소 어떠한 행정처분이 뒤에 항고소송에서 취소되었다고 할지라도 그 자체만으로 그 행정처분이 곧바로 공무원의 고의 또는 과실로 인한 불법행위를 구성한다고 단정할 수는 없다$\binom{판}{례}$.

> **판례** 행정처분이 항고소송에서 취소된 경우 과실의 인정 여부
> (산업재해보상보험심사위원회의 위법한 재결로 손해를 입은 근로자가 대한민국을 상대로 손해배상을 청구한 사건에서) 어떠한 행정처분이 후에 항고소송에서 위법한 것으로서 취소되었다고 하더라도 그로써 곧 당해 행정처분이 공무원의 고의 또는 과실에 의한 불법행위를 구성한다고 단정할 수는 없지만, **그 행정처분의 담당공무원이 보통 일반의 공무원을 표준으로 하여 볼 때 객관적 주의의무를 결하여 그 행정처분이 객관적 정당성을 상실하였다고 인정될 정도에 이른 경우**에는 국가배상법 제 2 조 소정의 국가배상책임의 요건을 충족하였다고 보아야 한다. 이때 객관적 정당성을 상실하였는지 여부는 침해행위가 되는 행정처분의 태양과 그 목적, 피해자의 관여 여부 및 관여의 정도, 침해된 이익의 종류와 손해의 정도 등 여러 사정을 종합하여 결정하되 손해의 전보책임을 국가 또는 지방자치단체에게 부담시킬 만한 실질적인 이유가 있는지도 살펴서 판단하여야 하며, 이는 행정청이 재결의 형식으로 처분을 한 경우에도 마찬가지이다$\binom{대판\ 2011.\ 1.\ 27,}{2008다30703}$.

(마) 법률의 위헌선언과 국가배상청구 직무집행의 근거가 된 법률이 사후에 위헌으로 결정·선고된 경우, 공무원에게 과실이 있다고 보기 어렵다$\binom{판}{례}$. 왜냐하면 공무원에게는 법령심사권이 없는바, 명백히 무효인 경우가 아니라면 공무원으로서는 법률을 적용할 수밖에 없기 때문이

다. 상위법령에 반하는 법규명령이나 법률보충규칙에 근거한 처분의 경우도 마찬가지이다.

> **판례** 위헌으로 선언되기 전에 그 법령에 따른 행위가 공무원의 고의 또는 과실에 의한 불법행위에 해당하는지 여부
> _(긴급조치 제9호 국가배상 사건에서) 헌법재판소의 위헌결정으로 소급하여 효력을 상실하였거나 법원에서 위헌·무효로 선언되었다는 사정만으로 형벌에 관한 법령을 제정한 행위나 법령이 위헌으로 선언되기 전에 그 법령에 기초하여 수사를 개시하여 공소를 제기한 수사기관의 직무행위 및 유죄판결을 선고한 법관의 재판상 직무행위가 국가배상법 제 2 조 제 1 항에서 말하는 공무원의 고의 또는 과실에 의한 불법행위에 해당한다고 단정할 수 없다_(대판 2022. 8. 30, 2018다212610).

(5) 법령을 위반(위법성)

1) 손해배상의 성질과 국가배상법상 위법개념 학설은 국가배상법상 위법개념을 손해배상의 성질과 관련하여 검토한다.

(가) 학 설

(a) 결과불법설 손해배상소송이 손해전보를 목적으로 하는 것이라는 전제하에, 국민이 받은 손해_(결과)가 시민법상 원리로부터 수인될 수 있는지를 기준으로 위법성 여부를 판단하는 견해이다.

(b) 상대적 위법성설 행위 자체의 위법·적법뿐만 아니라 피침해이익의 성격과 침해의 정도, 가해행위의 태양 등을 고려하여 위법성 여부를 판단하는 견해이다.

(c) 행위위법설 행위위법설은 엄격한 의미의 법규위반을 위법으로 보는 일원설과 엄격한 의미의 법규위반뿐 아니라 인권존중·권력남용금지·신의성실의 원칙 위반도 위법으로 보는 이원설이 대립되는데, 후자가 다수견해이다.

(d) 직무의무위반설 공무원의 직무의무위반을 위법으로 보는 견해이다. 이 견해는 직무의무를 일반적으로 공적 직무를 수임한 자연인(공무원)의 직무수행과 관련한 여타의 작위 및 부작위의무로 이해한다_(류지태· 박종수).

(나) 판 례 판례의 주류적인 입장은 행위위법설이다. 즉, 시위자들의 화염병으로 인한 약국화재에 대한 국가배상책임이 문제된 사건에서 결과불법설을 명시적으로 배제하고, 행위위법설을 취하고 있다_(판례 1). 특히 행위위법설 중 이원설_(광의설)의 입장으로 평가된다_(판례 2). 다만, 위법한 개간허가취소로 인한 고창군의 손해배상책임이 문제된 사건에서 객관적 정당성을 상실하였는지 여부는 제반 사정을 종합하여 판단하여야 한다고 하여 상대적 위법성설을 취한 것으로 평가되는 판결도 있다_(판례 3).

> **판례 1** 국가배상책임의 성립요건으로서 법령 위반의 의미
> _(시위진압과정에서 시위학생들의 화염병을 모두 막지 못해 일어난 경북대앞 약국화재로 인한 피해의 배상을 청구한 경북대앞 약국 화염병화재사건에서) **국가배상책임**은 공무원의 직무집행이 **법령에 위반한 것임을 요건으로 하는 것으로서, 공무원의 직무집행이 법령이 정한 요건과 절차에 따라**

이루어진 것이라면 특별한 사정이 없는 한 이는 법령에 적합한 것이고 그 과정에서 개인의 권리가 침해되는 일이 생긴다고 하여 그 법령 적합성이 곧바로 부정되는 것은 아니라고 할 것인바, 불법시위를 진압하는 경찰관들의 직무집행이 법령에 위반한 것이라고 하기 위하여는 그 시위진압이 불필요하거나 또는 불법시위의 태양 및 시위 장소의 상황 등에서 예측되는 피해 발생의 구체적 위험성의 내용에 비추어 시위진압의 계속 수행 내지 그 방법 등이 현저히 합리성을 결하여 이를 위법하다고 평가할 수 있는 경우이어야 한다($\binom{\text{대판 1997. 7. 25, 94다2480; 대판}}{\text{2000. 11. 10, 2000다26807·26814}}$).

판례 2 국가배상법 제 2 조의 법령의 의미
($\binom{\text{국가의 의뢰로 도라산역사 내 벽면 및 기둥들에 벽화를 제작·설치하였는데, 국가가 작품 설치일로}}{\text{부터 약 3년 만에 벽화를 철거하여 소각하자 제작자가 손해배상을 청구한 도라산역 벽화 사건에서}}$) 국가배상법 제 2 조 제 1 항의 '법령을 위반하여'라고 함은 엄격하게 형식적 의미의 법령에 명시적으로 공무원의 행위의무가 정하여져 있음에도 이를 위반하는 경우만을 의미하는 것은 아니고, 인권존중·권력남용금지·신의성실과 같이 **공무원으로서 마땅히 지켜야 할 준칙이나 규범을 지키지 아니하고 위반한 경우를** 비롯하여 널리 그 행위가 객관적인 정당성을 결여하고 있는 경우도 포함한다($\binom{\text{대판 2015. 8. 27,}}{\text{2012다204587}}$).

판례 3 국가배상책임의 성립요건으로서 법령 위반의 판단
($\binom{\text{원고가 고창군을 상대로 손}}{\text{해배상을 청구한 사건에서}}$) 행정처분이 객관적 정당성을 상실하였다고 인정될 정도에 이른 경우에 국가배상법 제 2 조 소정의 국가배상책임의 요건을 충족하였다고 봄이 상당할 것이며, 이때에 **객관적 정당성을 상실하였는지 여부는** 피침해이익의 종류 및 성질, 침해행위가 되는 행정처분의 태양 및 그 원인, 행정처분의 발동에 대한 피해자측의 관여의 유무, 정도 및 손해의 정도 등 **제반 사정을 종합하여** … 판단하여야 한다($\binom{\text{대판 2000. 5. 12,}}{\text{99다70600}}$).

(다) 사   견   위법행위의 결과에 대한 손해전보수단인 국가배상은 적법행위의 결과로 발생된 손해에 대한 전보수단인 전통적 의미의 손실보상과 구별되어야 하며($\binom{\text{이상}}{\text{규}}$), 위법이란 법질서에 반한다는 단일한 가치판단으로 보아야 할 것($\binom{\text{김남}}{\text{진}}$)이기에 행위위법설이 타당하다.

2) 법령위반의 의의

(가) 법   령   ① 일원설($\binom{\text{협의}}{\text{설}}$)에서 보면, 법령이란 법률과 명령, 즉 엄격한 의미의 법규를 의미하는바, 여기에는 널리 성문법 외에 불문법과 행정법의 일반원칙도 포함된다. ② 이원설($\binom{\text{광의}}{\text{설}}$)은 엄격한 의미의 법규위반뿐 아니라 인권존중·권력남용금지·신의성실의 원칙도 법령에 포함되는 것으로 본다($\binom{\text{판}}{\text{례}}$). 그러나 이원설이 주장하는 인권존중·권력남용금지·신의성실원칙도 오늘날에는 해석($\binom{\text{예: 인권존중·}}{\text{권력남용금지}}$)상 또는 성문법($\binom{\text{예: 신의성실의 원칙을 규정}}{\text{하는 행정절차법 제 4 조}}$)상 행정법의 일반원칙으로 승인되고 있는바, 일원설과 이원설 사이에 실제상 별다른 차이가 없다.

판례 '법령 위반'의 의미
[1] ($\binom{\text{개발제한구역 내에 있는 이 사건 토지는 이미 그 지상에 건물이 신축되었다가 이축허가를 통해 철거되고 다른 곳에 신축되었는바,}}{\text{관련 법령에 의해 이 사건 토지에는 건축물을 신축할 수 없는 제한이 있었는데, 원고들은 이 사건 토지의 지목이 여전히 대지로 되}}$
$\binom{\text{어 있어 건축물 신축이 가능한 것으로 알고 경매를 통해 이 사건 토지를 매수하였다가 그러한 제한으로 인해 건축물 신축}}{\text{이 가능하지 않게 되자 지방자치단체 지적소관 공무원들이 그 지목을 변경하지 않았음을 이유로 손해배상을 구한 사건에서}}$) '법령을 위반하여'라고 함은 엄격하게 형식적 의미의 법령에 명시적으로 공무원의 작위의무가 정하여져

있음에도 이를 위반하는 경우만을 의미하는 것은 아니고, 인권존중·권력남용금지·신의성실과 같이 공무원으로서 마땅히 지켜야 할 준칙이나 규범을 지키지 아니하고 위반한 경우를 포함하여 널리 그 행위가 객관적인 정당성을 결여하고 있는 경우도 포함한다$\left(\substack{\text{대판 2021. 7. 21,}\\\text{2021두33838}}\right)$.

[2] $\left(\substack{\text{위의 [1]과 동}\\\text{일 사건에서}}\right)$ 국민의 생명·신체·재산 등에 대하여 절박하고 중대한 위험상태가 발생하였거나 발생할 상당한 우려가 있어서 국민의 생명 등을 보호하는 것을 본래적 사명으로 하는 국가가 초법규적·일차적으로 그 위험의 배제에 나서지 아니하면 국민의 생명 등을 보호할 수 없는 경우에는 형식적 의미의 법령에 근거가 없더라도 국가나 관련 공무원에 대하여 그러한 위험을 배제할 작위의무를 인정할 수 있을 것이다. 그러나 그와 같은 절박하고 중대한 위험상태가 발생하였거나 발생할 상당한 우려가 있는 경우가 아닌 한, 원칙적으로 공무원이 관련 법령에서 정하여진 대로 직무를 수행하였다면 그와 같은 공무원의 부작위를 가지고 '고의 또는 과실로 법령을 위반'하였다고 할 수는 없다$\left(\substack{\text{대판 2021. 7. 21,}\\\text{2021두33838}}\right)$.

[3] $\left(\substack{\text{구치소에 수용되었던 원고가 과밀수용되었다는 이유로 국}\\\text{가인 피고를 상대로 국가배상을 청구한 과밀수용 사건에서}}\right)$ 국가배상책임에서 공무원의 가해행위는 법령을 위반한 것이어야 한다. 여기에서 법령 위반이란 엄격한 의미의 법령 위반뿐 아니라 인권존중, 권력남용금지, 신의성실과 같이 공무원으로서 마땅히 지켜야 할 준칙이나 규범을 지키지 않고 위반한 경우를 포함하여 널리 그 행위가 객관적인 정당성을 잃고 있음을 뜻한다. 따라서 수용자를 교정시설에 수용함으로써 인간으로서의 존엄과 가치를 침해하였다면 그 수용행위는 국가배상책임에서 법령을 위반한 가해행위가 될 수 있다$\left(\substack{\text{대판 2022. 7. 14,}\\\text{2020다253287}}\right)$.

[4] $\left(\substack{\text{대한민국을 피고로 손해}\\\text{배상을 구한 사건에서}}\right)$ 헌법상 과잉금지의 원칙 내지 비례의 원칙을 위반하여 국민의 기본권을 침해한 국가작용은 국가배상책임에 있어 법령을 위반한 가해행위가 된다$\left(\substack{\text{대판 2022. 9. 29,}\\\text{2018다224408}}\right)$.

(나) 위   반

(a) 위반의 의의   위반이란 법령에 위배됨을 의미한다.

(b) 위반의 태양   위반의 태양에는 적극적인 작위에 의한 위반과 소극적인 부작위에 의한 위반이 있다$\left(\substack{\text{판례}\\1}\right)$. 물론 부작위의 경우에는 작위의무가 있어야 한다$\left(\substack{\text{판례}\\2, 3, 4}\right)$. 기속행위에는 통상 작위의무가 있지만, 재량행위는 재량이 영으로 수축되는 경우에 작위의무가 있다. 이와 관련하여 명문의 근거가 없는 경우 헌법 및 행정법의 일반원칙$\left(\substack{\text{판례상 조리라}\\\text{불리기도 한다}}\right)$을 근거로 작위의무를 인정할 수 있는지가 문제되는데, ① 법률에 의한 행정의 원칙에 비추어 법률상의 근거를 결하는 작위의무를 인정할 수 없다는 부정설과 ② 법치행정의 목적이 인권보장과 생명·재산보호라는 점에서 공서양속·조리 내지 건전한 사회통념에 근거하여 법적 작위의무를 인정할 수 있다는 긍정설이 대립한다. ③ 판례는 긍정적인 입장을 취한다$\left(\substack{\text{판례}\\5}\right)$. ④ 국가나 공무원의 작위의무는 명문의 법규정뿐만 아니라 각 행정분야에서의 헌법 및 행정법의 일반원칙$\left(\substack{\text{이른바 객관적 법질서,}\\\text{조리 및 인권존중의 원칙}}\right)$으로부터도 도출될 수 있는 것으로 보아야 한다. 따라서 긍정함이 타당하다.

⎾판례 1⏌   공무원의 부작위로 인한 국가배상책임 인정 가부

$\left(\substack{\text{시흥시장의 건축허가신청반려}\\\text{처분의 취소를 구한 사건에서}}\right)$ 공무원의 부작위로 인한 국가배상책임을 인정하기 위해서는 공무원의 작

위로 인한 국가배상책임을 인정하는 경우와 마찬가지로 '공무원이 직무를 집행하면서 고의 또는 과실로 법령을 위반하여 타인에게 손해를 입힌 때'라고 하는 국가배상법 제 2 조 제 1 항의 요건이 충족되어야 할 것이다$\binom{\text{대판 2021. 7. 21.,}}{\text{2021두33838}}$).

판례 2   직무상 의무의 위반으로서 권한의 불행사의 판단기준
$\binom{\text{김제시 농민들의 쌀개방정책에 반대하는 시위 후 도로에 방치된 트랙터로 인해}}{\text{사고를 당한 운전자의 피해배상을 청구한 김제시 쌀시장개방반대시위사건에서}}$) 경찰관직무집행법 제 5 조는 경찰관은 인명 또는 신체에 위해를 미치거나 재산에 중대한 손해를 끼칠 우려가 있는 위험한 사태가 있을 때에는 그 각호의 조치를 취할 수 있다고 규정하여 형식상 경찰관에게 재량에 의한 직무수행권한을 부여한 것처럼 되어 있으나, 경찰관에게 그러한 권한을 부여한 취지와 목적에 비추어 볼 때 구체적인 사정에 따라 **경찰관이 그 권한을 행사하여 필요한 조치를 취하지 아니하는 것이 현저하게 불합리하다고 인정되는 경우에는 그러한 권한의 불행사는** 직무상의 의무를 위반한 것이 되어 **위법**하게 된다. 경찰관$\binom{\text{김제경찰}}{\text{서 과장}}$이 농민들의 시위를 진압하고 시위과정에 도로상에 방치된 트랙터 1대에 대하여 이를 도로 밖으로 옮기거나 후방에 안전표지판을 설치하는 것과 같은 위험발생방지조치를 취하지 아니한 채 그대로 방치하고 철수하여 버린 결과, 야간에 그 도로를 진행하던 운전자가 위 방치된 트랙터를 피하려다가 왼쪽 공터 옆에 옮겨둔 다른 트랙터에 부딪혀 상해를 입은 피해에 대하여 국가는 배상책임을 진다$\binom{\text{대판 1998. 8. 25. 98다16890;}}{\text{대판 2017. 11. 9. 2017다228083}}$).

판례 3   형식적 의미의 법령의 근거가 없음에도 공무원의 부작위가 법령 위반에 해당하는 경우
$\binom{\text{다수의 성폭력범죄로 여러 차례 처벌을 받은 뒤 위치추적 전자장치를 부착하고 보호관찰을 받고 있던 甲이 乙을 강간하였고(이하 '직전}}{\text{범행'이라고 한다), 그로부터 13일 후 丙을 강간하려다 살해하였는데, 丙의 유족들이 경찰관과 보호관찰관의 위법한 직무수행을 이유로}}$
국가를 상대로 손해배상을 구한 사건에서) 국민의 생명·신체·재산 등에 관하여 절박하고 중대한 위험상태가 발생하였거나 발생할 우려가 있어서 국민의 생명·신체·재산 등을 보호하는 것을 본래적 사명으로 하는 국가가 초법규적, 일차적으로 그 위험 배제에 나서지 않으면 국민의 생명·신체·재산 등을 보호할 수 없는 경우에는 형식적 의미의 법령에 근거가 없더라도 국가나 관련 공무원에 대하여 그러한 위험을 배제할 작위의무를 인정할 수 있다. 공무원의 부작위를 이유로 국가배상책임을 인정할 것인지 여부가 문제 되는 경우에 관련 공무원에 대하여 작위의무를 명하는 법령 규정이 없다면 공무원의 부작위로 침해된 국민의 법익 또는 국민에게 발생한 손해가 어느 정도 심각하고 절박한 것인지, 관련 공무원이 그와 같은 결과를 예견하여 결과를 회피하기 위한 조치를 취할 가능성이 있는지 등을 종합적으로 고려하여 판단하여야 한다$\binom{\text{대판 2022. 7. 14.}}{\text{2017다290538}}$).

판례 4   소방공무원이 직무상 의무를 게을리한 경우, 국가배상법 제 2 조 제 1 항에 정한 위법의 요건을 충족하기 위하여 요구되는 의무 위반의 정도
$\binom{\text{주점에서 발생한 화재로 사망한 갑 등의 유족들이 부}}{\text{산광역시 등을 상대로 손해배상을 구한 민사사건에서}}$)(소방시설설치유지 및 안전관리에 관한 법률과 구 다중이용업소의 안전관리에 관한 특별법 관련규정은) 전체로서의 공공 일반의 안전과 이익을 도모하기 위한 것일 뿐만 아니라 나아가 국민 개개인의 안전과 이익을 보장하기 위하여 둔 것이므로, 소방공무원이 구 소방시설법과 다중이용업소법 규정에 정하여진 직무상 의무를 게을리한 경우 **의무 위반이 직무에 충실한 보통 일반의 공무원을 표준으로 객관적 정당성을 상실하였다고 인정될 정도에** 이른 때는 국가배상법 제 2 조 제 1 항에 정한 위법의 요건을 충족하게 된다$\binom{\text{대판 2016. 8. 25.}}{\text{2014다225083}}$).

판례 5   공무원의 부작위로 인한 국가배상책임의 인정 요건
$\binom{\text{시흥시장의 건축허가신청반려}}{\text{처분의 취소를 구한 사건에서}}$) '법령을 위반하여'라고 함은 엄격하게 형식적 의미의 법령에 명시적으로

공무원의 작위의무가 정하여져 있음에도 이를 위반하는 경우만을 의미하는 것은 아니고, 인권존중·권력남용금지·신의성실과 같이 공무원으로서 마땅히 지켜야 할 준칙이나 규범을 지키지 아니하고 위반한 경우를 포함하여 널리 그 행위가 객관적인 정당성을 결여하고 있는 경우도 포함한다. 따라서 국민의 생명·신체·재산 등에 대하여 절박하고 중대한 위험상태가 발생하였거나 발생할 상당한 우려가 있어서 국민의 생명 등을 보호하는 것을 본래적 사명으로 하는 국가가 초법규적·일차적으로 그 위험의 배제에 나서지 아니하면 국민의 생명 등을 보호할 수 없는 경우에는 형식적 의미의 법령에 근거가 없더라도 국가나 관련 공무원에 대하여 그러한 위험을 배제할 작위의무를 인정할 수 있을 것이다(대판 2021. 7. 21, 2021두33838).

(c) 재량행사　　재량남용이나 재량일탈에 이르지 아니한 부당한 재량행사는 여기서 말하는 위반에 해당하지 아니한다.

(d) 통치행위　　통치행위는 당연무효가 아닌 한 재판으로부터 자유로운 행위이므로 법령의 위반과 거리가 멀다.

(e) 수익적 행위　　수익적 행위의 경우에도 위법이 문제될 수 있다(판례).

> 판례　　수익적 행정처분이 신청인에 대한 관계에서 국가배상법상 위법성이 인정되기 위한 요건
> [1] (잘못된 창업승인으로 인하여 지출한 창업비용 등의 배상을 천안시에 청구한 사건에서) 수익적 행정처분은 그 성질상 특별한 사정이 없는 한 그 처분이 이루어지는 것이 신청인의 이익에 부합하고, 이에 대한 법규상의 제한은 공공의 이익을 위한 것이어서 그러한 법규상의 제한 사유가 없는 한 원칙적으로 이를 허용할 것이 요청된다고 할 것이므로, 수익적 행정처분이 신청인에 대한 관계에서 국가배상법 제 2 조 제 1 항의 위법성이 있는 것으로 평가되기 위하여는 당해 행정처분에 관한 법령의 내용, 그 성질과 법률적 효과, 그로 인하여 신청인이 무익한 비용을 지출할 개연성에 관한 구체적 사정 등을 종합적으로 고려하여 **객관적으로 보아 그 행위로 인하여 신청인이 손해를 입게 될 것임이 분명하다고 할 수 있어 신청인을 위하여도 당해 행정처분을 거부할 것이 요구되는 경우이어야 할 것이다**(대판 2001. 5. 29, 99다37047).
> [2] (원고 아시아 주식회사가 피고 지방자치단체인 서울특별시 강남구에 하천부지에 잔디실험연구소를 설치하는 내용이 포함된 사업계회서를 제출하면서 하천점용허가를 신청하여 점용허가를 받은 후 하천부지에 컨테이너를 설치하였는데, 강남구가 하천부지가 개발제한구역에 해당함에도 아시아 주식회사가 개발제한구역의 지정 및 관리에 관한 특별조치법 제12조에서 정한 행위허가를 받지 않은 채 컨테이너를 설치하였다는 이유로 하천점용허가를 취소하자 손해배상을 구한 사건에서) 국가배상법에 따른 손해배상책임을 부담시키기 위한 전제로서, 공무원이 행한 행정처분이 위법하다고 하기 위하여서는 법령을 위반하는 등으로 그 행정처분을 하였음이 인정되어야 하므로, 수익적 행정처분인 허가 등을 신청한 사안에서 그 행정처분을 통하여 달성하고자 하는 신청인의 목적 등을 자세하게 살펴 그 목적 달성에 필요한 안내나 배려 등을 하지 않았다는 사정만으로 직무집행에 있어서 위법한 행위를 한 것이라고 보아서는 아니 된다(대판 2017. 6. 29, 2017두33824).

(f) 입법상 불법·사법상 불법　　입법상 불법(대판 1997. 6. 13, 96다56115)이나 사법상 불법(대판 2001. 10. 12, 2001다47290)의 경우에 위법성을 인정하기는 쉽지 않다.

3) 위법행위의 취소불요(선결문제)　　단순위법행위의 경우에 그 행위가 취소되기 전에도 손해배상을 청구할 수 있는가의 문제가 있다. 전통적 견해는 이러한 문제를 행정행위의 공정력과 관

련하여 검토한다. 현재 다수 견해는 구성요건적 효력의 문제로 다룬다. 어느 입장을 취하든, 취소를 구하지 않고도 손해배상을 청구할 수 있다는 데 학설은 일치하고 있다(단순위법행위가 취소되기 전에는 단순위법을 선결문제로서 수소법원이 심리할 수 있고, 단순위법행위에 대한 취소판결이 있었다면 수소법원은 기판력에 의해 구속된다).

[기출사례] 제64회 5급공채(2020년) 문제·답안작성요령 ☞ PART 4 [1-58]

4) 배상법상 위법개념과 소송법상 위법개념

(가) 동일성 여부　　국가배상법상 배상책임의 성립요건으로서 위법개념과 행정소송법상 취소소송에 있어서의 위법개념의 동일성(질적 통일성) 여부와 관련하여 ① 손해배상제도와 취소소송은 성질이 다른바, 국가배상청구소송과 취소소송에서의 「위법」의 의미와 내용이 다르다는 견해(결과불법설·상대적 위법성설)도 있고, ② 위법의 개념을 다원화하는 것은 혼동을 가져올 우려가 있다고 하여 동일한 것으로 새기는 견해(행위위법설로 연결되지만 광의설과 협의설로 나뉨)도 있다. 하지만 ③ 법질서단일의 원칙상 양자를 동일한 것으로 보아야 한다.

(나) 취소판결의 기판력이 발생한 후의 국가배상청구소송　　① 국가배상청구소송과 취소소송에서의 위법의 의미와 내용이 다르다는 견해에 따르면 취소판결의 기판력은 국가배상청구소송에 영향을 미치지 않는다(기판력 부정설). ② 위법개념을 질적으로 동일한 것으로 새기는 견해도 ⓐ 법령의 범위가 동일하다(양적 동일성)고 보는 견해(협의설)는 취소판결의 기판력은 국가배상책임의 성립에 영향을 미친다고 보지만(기판력 긍정설), ⓑ 국가배상법상 법령의 범위를 취소소송의 경우보다 넓게 이해하는 견해(광의설)는 취소소송에서 청구인용판결의 기판력은 국가배상청구소송에 영향을 미치지만, 청구기각판결의 기판력은 미치지 않는다고 본다(제한적 긍정설). ③ 이상의 논의는 취소소송의 소송물이 처분의 위법 여부임을 전제로 한 것이고, 만일 취소소송의 소송물을 처분의 위법성 일반이 아니라 처분등이 위법하고 또한 그러한 처분등이 자기의 권리를 침해한다는 당사자의 법적 주장으로 보는 견해에 따른다면 위법개념이 동일하다고 하더라도 인용판결의 경우 기판력이 미치지만 기각판결의 경우에는 취소소송의 기판력이 국가배상청구소송에 영향을 주지 않을 수 있다(제한적 긍정설). 판례는 기판력부정설을 취하는 것으로 보인다(판례).

> **판례**　행정처분이 항고소송에서 취소된 경우, 그 기판력으로 곧바로 국가배상책임이 인정되는지 여부
> (제2014학년도 대학수학능력시험 문제의 오류 관련을 이유로 한 국교육과정평가원 등을 상대로 제기한 손해배상청구소송에서) 어떠한 행정처분이 항고소송에서 취소되었다고 할지라도 그 기판력으로 곧바로 국가배상책임이 인정될 수는 없고, '공무원이 직무를 집행하면서 고의 또는 과실로 법령을 위반하여 타인에게 손해를 입힌 때'라고 하는 국가배상법 제2조 제1항의 요건이 충족되어야 한다. 보통 일반의 공무원을 표준으로 공무원이 객관적 주의의무를 소홀히 하고 그로 말미암아 객관적 정당성을 잃었다고 볼 수 있으면 국가배상법 제2조가 정한 국가배상책임이 성립할 수 있다. 객관적 정당성을 잃었는지는 침해행위가 되는 행정처분의 양태와 목적, 피해자의 관여 여부와 정도, 침해된 이익의 종류와 손해의 정도 등 여러 사정을 종합하여 판단하여야 한다(대판 2022. 4. 28, 2017다233061).

[기출사례] 제 7 회 변호사시험(2018년) 문제·답안작성요령 ☞ PART 4 [1~55]

㈐ 국가배상소송의 기판력이 발생한 후의 취소소송   국가배상청구소송의 기판력은 취소소송에 영향을 미치지 아니한다. 왜냐하면 국가배상청구소송은 국가배상청구권의 존부를 소송물로 한 것이지 위법 여부를 소송물로 한 것은 아니기 때문이다. 국가배상소송에 있어서의 위법성의 판단은 판결이유 중의 판단이고, 판결이유 중의 판단에는 기판력이 미치지 않기 때문이다.

5) 판단시점·입증책임   ① 법령위반 여부의 판단시점은 공무원의 가해행위가 이루어지는 행위시가 된다. 국가배상법상 국가의 배상책임은 공무원의 가해행위시의 불법($^{행위}_{불법}$)을 문제삼는 것이지, 행위의 결과의 불법($^{결과}_{불법}$)을 문제삼는 것은 아니기 때문이다. ② 원고가 직무행위의 위법성을 입증해야 하고, 피고는 직무행위의 적법성을 입증할 책임을 부담한다.

(6) 타   인   타인이란 위법한 행위를 한 자나 바로 그 행위에 가담한 자를 제외한 모든 피해자를 말한다. 가해한 공무원과 동일한 행위를 위해 그 행위의 현장에 있다가 피해를 받은 공무원도 타인에 해당한다. 가해자가 국가인 경우에는 지방자치단체, 가해자가 지방자치단체인 경우에는 국가도 타인에 해당한다. 다만 피해자가 군인·군무원 등인 경우에는 뒤에서 보는 바의 특례가 인정되고 있다.

(7) 손   해

1) 손해의 의의   손해란 가해행위로부터 발생한 일체의 손해를 말한다($^{판}_{례}$). 손해는 법익($^{법률상}_{이익}$)침해로서의 불이익을 의미한다. 반사적 이익의 침해는 여기의 손해에 해당하지 아니한다. 적극적 손해인가 또는 소극적 손해인가, 재산상의 손해인가 또는 생명·신체·정신상의 손해인가를 가리지 않는다.

> [판례]   **국가배상법상 손해의 의의**
> [1] ($^{김포시 담당공무원이 법령검토를 미비한 잘못으로 원고들의 건축신고를 수리한 뒤 원고들이 건물 신축을 마치고서 사용승인을 신청하였으나, 행정관청이 뒤늦게 당초의 건축신고가 반려되었어야 함을 발견하고 이를 사유로 사용승인 신청을 수리하지 않는 상태}_{가 장기간 지속되자 원고들이 손해배상을 구한 사건에서}$) 불법행위를 이유로 배상하여야 할 손해는 현실로 입은 확실한 손해에 한하므로, 가해자가 행한 불법행위로 인하여 피해자가 채무를 부담하게 된 경우 피해자가 가해자에게 그 채무액 상당의 손해배상을 구하기 위해서는 채무의 부담이 현실적·확정적이어서 실제로 변제하여야 할 성질의 것이어야 하고, 현실적으로 손해가 발생하였는지 여부는 사회통념에 비추어 객관적이고 합리적으로 판단하여야 한다($^{대판 2020. 10. 15.}_{2017다278446}$).
> [2] ($^{대한민국을 피고로 손해}_{배상을 구한 사건에서}$) 불법행위로 입은 정신적 고통에 대한 위자료 액수에 관하여는 사실심법원이 제반 사정을 참작하여 그 직권에 속하는 재량에 의하여 이를 확정할 수 있다($^{대판 2022. 9. 29,}_{2018다224408}$).

2) 인과관계   가해행위인 직무집행행위와 손해의 발생 사이에는 상당인과관계가 있어야 한다. 인과관계유무의 판단은 관련법령의 내용, 가해행위의 태양, 피해의 상황 등 제반사정을 복합적으로 고려하면서 이루어져야 한다($^{판례}_{1}$). 특히 부작위에 의한 침해로 인한 국가배상청구소송의 경우에도 인과관계는 문제된다. 그 판단 역시 관련법령의 내용, 가해행위의 태양, 피해의 상황 등

제반사정을 복합적으로 고려하면서 이루어져야 한다(판례 2). 한편, 상당인과관계는 이를 주장하는 측에서 증명하여야 하지만, 반드시 의학적·자연과학적으로 명백히 증명되어야 하는 것이 아니며 규범적 관점에서 상당인과관계가 인정되는 경우에는 증명이 된 것으로 보아야 한다(대판 2020. 2. 13, 2017두47885).

판례 1 상당인과관계 유무 판단 기준

(해양수산부 산하 어업관리단의 불법어로행위 특별합동단속 중 갑 등이 승선하고 있던 선박이 단속정의 추적을 피해 도주하는 과정에서 암초와 충돌하였고, 인근에서 갑이 익사한 상태로 발견되었는데, 갑의 유족들이 단속정에 승선하고 있던 감독공무원들의 구조의무 위반 등을 주장하며 국가를 상대로 손해배상을 구한 어업관리단 불법어로행위 특별합동단속 사건에서) 공무원이 그와 같은 직무상 의무를 위반함으로써 피해자가 입은 손해에 대해서는 상당인과관계가 인정되는 범위에서 국가가 배상책임을 진다. 이때 상당인과관계의 유무는 일반적인 결과 발생의 개연성은 물론 직무상 의무를 부과하는 법령을 비롯한 행동규범의 목적, 가해행위의 양태와 피해의 정도 등을 종합적으로 고려하여 판단하여야 한다(대판 2021. 6. 10, 2017다286874).

판례 2 유흥주점의 화재로 여종업원들이 사망한 경우, 공무원의 식품위생법상 직무상 의무위반행위와 사망 사이의 상당인과관계의 존부

(유흥주점에 감금된 채 윤락을 강요받으며 생활하던 여종업원들이 유흥주점에 화재가 났을 때 미처 피신하지 못하고 유독가스에 질식해 사망한 후 유족이 대한민국, 전라북도 그리고 군산시를 피고로 하여 손해배상을 청구한 군산시 개복동 윤락가 화재사건에서) 지방자치단체의 담당 공무원이 위 유흥주점의 용도변경, 무허가 영업 및 시설기준에 위배된 개축에 대하여 시정명령 등 식품위생법상 취하여야 할 조치를 게을리 한 직무상 의무위반행위와 위 종업원들의 사망 사이에 상당인과관계가 존재하지 않는다(대판 2008. 4. 10, 2005다48994).

[기출사례] 제29회 입법고시(2013년) 문제·답안작성요령 ☞ PART 4 [2-38]

[기출사례] 제57회 5급공채(일반행정)(2013년) 문제·답안작성요령 ☞ PART 4 [2-39]

[기출사례] 제4회 변호사시험(2015년) 문제·답안작성요령 ☞ PART 4 [2-40]

[기출사례] 제29회 입법고시(2013년) 문제·답안작성요령 ☞ PART 4 [2-47]

[기출사례] 제58회 사법시험(2016년) 문제·답안작성요령 ☞ PART 4 [3-16]

[기출사례] 제33회 입법고시(2017년) 문제·답안작성요령 ☞ PART 4 [1-54]

2. 배상책임의 내용

(1) 배상기준의 성질

1) 학 설 헌법 제29조 제1항은 정당한 배상을 지급하도록 규정하고 있다. 국가배상법은 생명·신체에 대한 침해와 물건의 멸실·훼손으로 인한 손해에 관해서는 배상금액의 기준을 정해 놓고 있으며(국배법 제3조 제1항 내지 제3항), 그 밖의 손해에 대해서는 불법행위와 상당인과관계가 있는 범위 내의 손해를 기준으로 하고 있다(국배법 제3조 제4항). 여기서 국가배상법상 기준의 성질과 관련하여 법원을 구속한다는 한정액설과 단순한 기준에 불과하다는 기준액설로 나뉘고 있다. 전자는 국가배상법의 기준은 배상범위를 명백히 하여 분쟁의 여지를 제거하는 데 목적이 있다는 점을 논거로 하고, 후자는 국가배상법이 기준이라는 용어를 사용하고 있다는 점, 한정적으로 새긴다면 그것은 헌법의 정당한 보상규정에 위반될 가능성을 갖는다는 점을 논거로 한다. 한정액설을 지지하는 견해도 있으나, 기준액설이 지배적인 견해이다. 기준액설이 타당하다고 본다. 기준액설은 배상액

을 탄력적으로 결정하는 것을 가능하게 한다.

2) 판   례   판례도 기준액설을 취한다(판례).

> 판례   국가배상법 제 3 조 제 1 항과 제 3 항의 성질
>
> (군부대 내의 총기사망사고로 인한 손해배상청구소송에서) 구 국가배상법(1967. 3. 3. 법률 제1899호) 제 3 조 제 1 항과 제 3 항의 **손해배상의 기준은 배상심의회의 배상금지급기준을 정함에 있어서의 하나의 기준을 정한 것**에 지나지 아니하는 것이고 이로써 배상액의 상한을 제한한 것으로 볼 수 없다 할 것이며 따라서 법원이 국가배상법에 의한 손해배상액을 산정함에 있어서 그 기준에 구애되는 것이 아니라 할 것이니 이 규정은 국가 또는 공공단체에 대한 손해배상청구권을 규정한 구 헌법(1962. 12. 26. 개정헌법) 제26조에 위반된다고 볼 수 없다 (대판 1970. 1. 29, 69 다1203 전원합의체).

(2) 이익의 공제   제 2 조 제 1 항을 적용할 때 피해자가 손해를 입은 동시에 이익을 얻은 경우에는 손해배상액에서 그 이익에 상당하는 금액을 **빼야 한다**(국배법 제 3 조의2 제 1 항). 제 3 조 제 1 항의 유족배상과 같은 조 제 2 항의 장해배상 및 장래에 필요한 요양비 등을 한꺼번에 신청하는 경우에는 중간이자를 **빼야 한다**(국배법 제 3 조의2 제 2 항). 제 2 항의 중간이자를 빼는 방식은 대통령령으로 정한다 (국배법 제 3 조의2 제 3 항). 국가배상법 시행령은 호프만방식을 규정하고 있다(국배법 시행령 제 6 조 제 3 항).

(3) 배상청구권의 양도 등 금지   생명·신체의 침해로 인한 국가배상을 받을 권리는 양도하거나 압류하지 못한다(국배법 제 4 조). 이것은 사회보장적 견지에서 피해자 또는 피해자의 유족의 보호를 위한 것이다.

3. 배상청구권의 주체와 시효

(1) 배상청구권자(원칙)   공무원이 그 직무를 집행하면서 고의 또는 과실로 법령을 위반하여 타인에게 손해를 입히면, 손해를 입은 자는 누구나 배상금의 지급을 청구할 수 있다.

(2) 이중배상의 배제(예외)

1) 의   의   ① 국가배상법 제 2 조 제 1 항 단서는 군인·군무원·경찰공무원 등 특별한 신분을 가진 공무원에 대한 이중배상의 가능성을 배제하고 있다. ② 헌법 제29조 제 2 항 및 국가배상법 제 2 조 제 1 항 단서 규정의 취지에 관하여 판례는, 국가 또는 공공단체가 위험한 직무를 수행하는 군인·군무원·경찰공무원 등에 대한 피해보상제도를 운영하여 간편하고 확실한 피해보상을 받을 수 있도록 보장하는 대신에, 그들이 국가 등에 대하여 공무원의 직무상 불법행위로 인한 손해배상을 청구할 수 없도록 함으로써 과도한 재정지출과 피해 군인 사이의 불균형을 방지하고, 가해자인 군인 등과 피해자인 군인 등 사이의 쟁송이 가져올 폐해를 예방하는 데 그 취지가 있다고 한다(대판 2001. 2. 15, 96다42420 전원합의체; 대판 2017. 2. 3, 2015두60075).

2) 적용요건

(가) 적용대상자   이중배상이 배제되는 자는 군인·군무원·경찰공무원 또는 예비군대원

이다. 판례는 전투경찰대설치법에 따른 전투경찰순경은 여기의 경찰공무원으로 보지만(판례 1), 공익근무요원은 이중배상이 배제되는 자에 속하지 않는다고 한다(판례 2). 한편, 군인·군무원·경찰공무원은 헌법상으로도 이중배상배제가 예정되어 있지만(헌법 제29조 제 2 항), 예비군대원은 국가배상법에서 비로소 규정된 자이다. 이와 관련하여 국가배상법이 예비군을 이중배상배제의 대상자로 규정한 것이 위헌이 아닌가의 문제가 있으나, 헌법재판소는 이를 합헌으로 보았다(판례 3). 이중배상배제 그 자체가 헌법위반이라고 보는 본서의 입장에서는 이중배상배제의 예를 확대하는 헌법재판소의 태도는 정당하지 않다고 본다.

> **판례 1** 전투경찰순경이 국가배상법 제 2 조 제 1 항 단서의 '경찰공무원'에 해당하는지의 여부
>
> (파출소 내 권총오발로 사망한 의무전투경찰순경의 유족이 경찰공무원에 대하여 국가배상청구권을 배제하고 있는 헌법 제29조 제 2 항 및 국가배상법 제 2 조 제 1 항 단서 등에 의해 기본권을 침해당하였다고 주장하면서 헌법소원을 제기한 서대문경찰서 서연파출소 권총오발사건에서) 전투경찰순경은 경찰청 산하의 전투경찰대에 소속되어 대간첩작전의 수행 및 치안업무의 보조를 그 임무로 하고 있어서 그 직무수행상의 위험성이 다른 경찰공무원의 경우보다 낮다고 할 수 없을 뿐만 아니라, 전투경찰대설치법 제 4 조가 경찰공무원법의 다수 조항을 준용하고 있는 점 등에 비추어 보면, **국가배상법 제 2 조 제 1 항 단서 중의 '경찰공무원'은 '경찰공무원법상의 경찰공무원'만을 의미한다고 단정하기 어렵고, 널리 경찰업무에 내재된 고도의 위험성을 고려하여 '경찰조직의 구성원을 이루는 공무원'을 특별취급하려는 취지로 파악함이 상당**하므로 **전투경찰순경은 헌법 제29조 제 2 항 및 국가배상법 제 2 조 제 1 항 단서 중의 '경찰공무원'에 해당**한다고 보아야 할 것이다 (헌재 1996. 6. 13. 94헌마118, 93헌바39(병합)).

> **판례 2** 공익근무요원이 국가배상법상의 이중배상이 배제되는 자에 속하는지의 여부
>
> (공익근무요원 등이 대구광역시 동구를 피고로 한 손해배상청구사건에서) **공익근무요원은** 병역법 제 2 조 제 1 항 제 9 호, 제 5 조 제 1 항의 규정에 의하면 국가기관 또는 지방자치단체의 공익목적수행에 필요한 경비·감시·보호 또는 행정업무 등의 지원과 국제협력 또는 예술·체육의 육성을 위하여 소집되어 공익분야에 종사하는 사람으로서 보충역에 편입되어 있는 자이기 때문에, 소집되어 군에 복무하지 않는 한 군인이라고 말할 수 없으므로, 비록 병역법 제75조 제 2 항이 공익근무요원으로 복무중 순직한 사람의 유족에 대하여 국가유공자등예우및지원에관한법률에 따른 보상을 하도록 규정하고 있다고 하여도, 공익근무요원이 국가배상법 제 2 조 제 1 항 단서의 규정에 의하여 **국가배상법상 손해배상청구가 제한되는 군인·군무원·경찰공무원 또는 향토예비군대원에 해당한다고 할 수 없다**(대판 1997. 3. 28. 97다4036).

> **판례 3** 향토예비군대원을 이중배상배제의 대상자로 규정한 국가배상법 제 2 조 제 1 항 단서의 위헌 여부
>
> (향토예비군대원이 동원훈련소집 중 포탄용 폭약폭발사고로 현장에서 사망하자 유족들이 손해배상청구소송을 제기한 후, 향토예비군대원의 국가배상청구권을 제한하는 근거조항인 헌법 제29조 제 2 항 중 '기타 법률이 정하는 자' 부분 및 국가배상법 제 2 조 제 1 항 단서규정 중 '향토예비군대원' 부분에 대한 위헌을 구한 헌법소원심판사건에서) 향토예비군의 직무는 그것이 비록 개별 향토예비군대원이 상시로 수행하여야 하는 것이 아니라 법령에 의하여 동원되거나 소집된 때에 한시적으로 수행하게 되는 것이라 하더라도 그 성질상 고도의 위험성을 내포하는 공공적 성격의 직무이므로, 국가배상법 제 2 조 제 1 항 단서가 그러한 직무에 종사하는 향토예비군대원에 대하여 다른 법령의 규정에 의한 사회보장적 보상제도를 전제로 이중보상으로 인한 일반인들과의 불균형을 제거하고 국가재정

의 지출을 절감하기 위하여 임무수행중 상해를 입거나 사망한 개별 향토예비군대원의 국가배상청구권을 금지하고 있는 데에는 그 목적의 정당성, 수단의 상당성 및 침해의 최소성, 법익의 균형성이 인정되어 기본권제한규정으로서 **헌법상 요청되는 과잉금지의 원칙에 반한다고 할 수 없고, 나아가 그 자체로서 평등의 원리에 반한다거나 향토예비군대원의 재산권의 본질적인 내용을 침해하는 위헌규정이라고 할 수 없다**(헌재 1996. 6. 13.,
94헌바20).

(내) **군인 · 군무원 · 경찰공무원 등이 전투 · 훈련과 관련하는 등으로 손해를 받았을 것**
군인 · 군무원 · 경찰공무원 등이 받은 모든 손해에 대하여 손해배상이 배제되는 것은 아니다. 군인 · 군무원 · 경찰공무원 또는 예비군대원이 전투 · 훈련 등 직무집행과 관련하여 전사 · 순직 또는 공상을 입은 경우의 손해만이 배제된다. 판례는 면책조항(국가배상법(2005. 7. 13. 법률 제7584
호로 개정된 것) 제 2 조 제 1 항 단서)이 종전 면책조항과 마찬가지로 전투 · 훈련 또는 이에 준하는 직무집행뿐만 아니라 일반 직무집행에 관하여도 국가나 지방자치단체의 배상책임을 제한하는 것으로 본다(대판 2011. 3. 10.
2010다85942).

(대) **본인 또는 유족이 다른 법령의 규정에 의하여 보상을 지급받을 수 있을 것**　　본인 또는 유족이 다른 법령의 규정에 의하여 보상을 지급받을 수 있어야[판례
1] 이중배상이 배제되므로, 이들이 다른 법령의 규정에 의하여 재해보상금 · 유족연금 · 상이연금 등의 보상을 지급받을 수 없을 때에는 국가배상법에 따라 배상을 청구할 수 있다[판례
2].

판례 1 　　다른 법령에 의해 보상을 받을 수 있는 경우의 예

[1] (강원동부보훈지청장을 피고로 보훈급여금
지급정지처분등의 취소를 구한 사건에서) 국가배상법 제 2 조 제 1 항 단서는 헌법 제29조 제 2 항에 근거를 둔 규정이고, **보훈보상자법이 정한 보상에 관한 규정은 국가배상법 제 2 조 제 1 항 단서가 정한 '다른 법령'에 해당하므로, 보훈보상자법에서 정한 보훈보상대상자 요건에 해당하여 보상금 등 보훈급여금을 지급받을 수 있는 경우는 보훈보상자법에 따라 '보상을 지급받을 수 있을 때'에 해당한다.** 따라서 군인 · 군무원 · 경찰공무원 또는 향토예비군대원이 전투 · 훈련 등 직무집행과 관련하여 공상을 입는 등의 이유로 보훈보상자법이 정한 보훈보상대상자 요건에 해당하여 보상금 등 보훈급여금을 지급받을 수 있을 때에는 국가배상법 제 2 조 제 1 항 단서에 따라 국가를 상대로 국가배상을 청구할 수 없다고 할 것이다(대판 2017. 2. 3.
2015두60075).

[2] 구 공무원연금법(2018. 3. 20. 법률 제15523호로 전부 개정되기
전의 것, 이하 '구 공무원 연금법'이라고 한다)에 따라 각종 급여를 지급하는 제도는 공무원의 생활안정과 복리향상에 이바지하기 위한 것이라는 점에서 국가배상법 제 2 조 제 1 항 단서에 따라 손해배상금을 지급하는 제도와 그 취지 및 목적을 달리하므로, 원고가 구 공무원연금법의 규정에 따라 공무상 요양비를 지급받는 것은 국가배상법 제 2 조 제 1 항 단서 소정의 "다른 법령의 규정"에 의한 보상을 지급받는 것에 해당하지 않는다(대판 2019. 5. 30.
2017다16174).

판례 2 　　공상을 입은 군인 · 경찰공무원이 별도의 국가보상을 받을 수 없는 경우 국가배상법상 배상청구의 가부

(연병장에서 군용트럭에 의해 오른손에 상해를 입은 정비
병이 대한민국을 상대로 손해배상을 청구한 사건에서) 군인 · 군무원 등 국가배상법 제 2 조 제 1 항에 열거된 자가 전투, 훈련 기타 직무집행과 관련하는 등으로 공상을 입은 경우라고 하더라도 군인연금법

또는 국가유공자예우등에관한법률에 의하여 재해보상금·유족연금·상이연금 등 별도의 보상을 받을 수 없는 경우에는 국가배상법 제 2 조 제 1 항 단서의 적용 대상에서 제외하여야 한다. 군인 또는 경찰공무원으로서 교육훈련 또는 직무 수행중 상이(공무상의 질병 포함)를 입고 전역 또는 퇴직한 자라고 하더라도 **국가유공자예우등에관한법률에 의하여** 국가보훈처장이 실시하는 신체검사에서 **대통령령이 정하는 상이등급에 해당하는 신체의 장애를 입지 않은 것으로 판명되고 또한 군인연금법상의 재해보상 등을 받을 수 있는 장애등급에도 해당하지 않는 것으로 판명된** 자는 위 각 법에 의한 적용 대상에서 제외되고, 따라서 그러한 자는 국가배상법 제 2 조 제 1 항 단서의 적용을 받지 않아 **국가배상을 청구할 수 있다**(대판 1997. 2. 14, 96다28066).

3) 재해보상금 등에 관한 청구권소멸과 이중배상배제의 관계 판례는 "국가배상법 제 2 조 제 1 항 단서 규정은 다른 법령에 보상제도가 규정되어 있고, 그 법령에 규정된 상이등급 또는 장애등급 등의 요건에 해당되어 그 권리가 발생한 이상, 실제로 그 권리를 행사하였는지 또는 그 권리를 행사하고 있는지 여부에 관계없이 적용된다고 보아야 하고, 그 각 법률에 의한 보상금청구권이 시효로 소멸되었다 하여 적용되지 않는다고 할 수는 없다"는 입장이다(대판 2002. 5. 10, 2000다39735).

4) 이중배상배제의 문제점 과거에 이중배상금지제도는 헌법상 근거 없이 국가배상법에서 규정되었으나 1971년 6월 22일 대법원은 이중배상금지를 헌법위반으로 판결하였다(대판 1971. 6. 22, 70다1010 전원합의체). 그 후 소위 유신헌법에서 이중배상금지를 명문화하였고, 이것이 현행헌법까지 그대로 유지되고 있다. 이에 대하여 일설은 "위험성이 높은 직무에 종사하는 자에 대하여는 사회보장적 위험부담으로서의 국가보상제도를 별도로 마련함으로써, 그것과 경합하는 국가배상청구를 배제하려는 취지이다"라고 하여 군인·군무원 등의 이중배상배제를 긍정적으로 보고 있는 듯하다(김도창). 그러나 논리적인 관점에서 보면, 국가배상법에 의한 배상은 '불법에 대한 배상'이며, 다른 법령에 의한 보상은 '국가에 바친 헌신에 대한 보상'이어서 양자는 목적을 달리하므로, 이중배상을 금하는 헌법과 국가배상법의 관련규정은 비합리적인 것으로 생각되므로 삭제가 요구된다. 헌법재판소는 "국가배상법 제 2 조 제 1 항 단서가 헌법상 보장되는 국가배상청구권을 헌법 내재적으로 제한하는 헌법 제29조 제 2 항에 직접근거하고, 실질적으로 내용을 같이한다"는 이유로 합헌을 선언하였다(판례).

[판례] 군인의 국가 등에 대한 손해배상청구권을 제한하고 있는 국가배상법 제 2 조 제 1 항 단서의 위헌 여부

(선임자의 폭행으로 사망한 갑판병의 유족이 국가배상법 제 2 조 제 1 항 단서의 헌법위반을 주장한 해군작전사 병사폭행치사사건에서) 국가배상법 제 2 조 제 1 항 단서는 헌법 제29조 제 1 항에 의하여 보장되는 국가배상청구권을 헌법 내재적으로 제한하는 헌법 제29조 제 2 항에 직접 근거하고, 실질적으로 그 내용을 같이하는 것이므로 헌법에 위반되지 아니한다(헌재 2001. 2. 22, 2000헌바38).

5) 국가 등과 사인의 공동불법행위와 구상권　　국가배상법 제 2 조 제 1 항 단서의 이중배상배제의 규정이 국가와 공동불법행위책임이 있는 일반국민이 피해자인 군인·군무원·경찰공무원 등이나 유족에게 손해배상을 한 경우, 일반국민의 국가에 대한 구상권까지 배제하는 취지인가가 문제된다. ① 종래 대법원은 이중배상의 배제를 이유로 국가와 공동불법행위책임이 있는 자의 국가에 대한 구상권행사를 부인하였다[판례 1]. ② 이에 대하여 헌법재판소는 국가배상법 제 2 조 제 1 항 단서부분은, 공동불법행위자인 일반국민이 군인 등의 피해자에게 공동의 불법행위로 인한 손해를 배상한 다음 다른 공동불법행위자인 군인의 부담부분에 관하여 국가에 대하여 구상권을 행사하는 것을 허용하지 아니한다고 해석하는 한, 헌법에 위반된다고 하여 한정위헌을 선고하였다[판례 2]. ③ 그 후 대법원 전원합의체판결의 다수의견은 민간인이 공동불법행위자로 부담하는 책임은 공동불법행위의 일반적인 경우와 달리 모든 손해에 대한 것이 아니라 귀책비율에 따른 부분으로 한정된다고 하고, 따라서 민간인은 국가에 대해서는 구상을 청구할 수 없다고 하였다[판례 3]. 이러한 입장은 국가배상법 제 2 조 제 1 항 단서의 취지를 살리면서 동시에 공동불법행위자인 민간인의 재산권의 보호를 위한 것으로 이해되는바, 타당한 논리라고 본다.

판례 1　국가와 공동불법행위책임 있는 자의 국가에 대한 구상권 인정 여부

(한국전력공사(원고)와 대한민국(피고)의 과실이 경합하여 발생한 사고인, 육군 제A부대의 조립식철제 막사에 고압전류가 흘러들어 감전사한 사고에서 병사들에게 손해를 배상한 한국전력공사(원고)가 국가에 부담부분 상당액의 구상금을 청구한 육군 제A부대 감전사망사고에서) 헌법 제29조 제 2 항에 근거를 둔 국가배상법 제 2 조 제 1 항 단서의 규정은 군인, 군무원 등 위 규정에 열거된 자에 대하여 재해보상금, 유족연금, 상이연금 등 별도의 보상제도가 마련되어 있는 경우에는 2중배상금지를 위하여 이들의 국가에 대한 국가배상법상 또는 민법상의 손해배상청구권을 배제한 규정이므로, **국가와 공동불법행위책임이 있는 자가 피해자에게 그 배상채무를 변제하였음을 이유로 국가에 대하여 구상권을 행사하는 것도 허용되지 않는다**(대판 1983. 6. 28. 83다카500).

판례 2　국가배상법 제 2 조 제 1 항 단서를 국가와 공동불법행위책임 있는 자의 국가에 대한 구상권을 부정하는 취지로 해석하는 것이 헌법에 위반되는지 여부

(승용차와 공무중인 육군중사 오토바이의 쌍방과실에 의한 사고로 인해 오토바이 뒷좌석에 타고 있다가 상해를 입은 육군중사에게 해동화재해상보험(주)가 승용차소유주에 대한 자동차종합보험 보험자로서 손해배상을 한 후, 국가부담부분 상당의 상환을 구한 육군중사 오토바이충돌 사건에서) 국가배상법 제 2 조 제 1 항 단서 중 군인에 관련되는 부분을, 일반국민이 직무집행중인 군인과의 공동불법행위로 직무집행중인 다른 군인에게 공상을 입혀 그 피해자에게 공동의 불법행위로 인한 손해를 배상한 다음 **공동불법행위자인 군인의 부담부분에 관하여 국가에 대하여 구상권을 행사하는 것을 허용하지 않는다고 해석한다면**, 이는 위 단서 규정의 헌법상 근거규정인 헌법 제29조가 구상권의 행사를 배제하지 아니하는데도 이를 배제하는 것으로 해석하는 것으로서 합리적인 이유 없이 **일반국민을 국가에 대하여 지나치게 차별하는 경우에 해당하므로 헌법 제11조, 제29조에 위반**되며, 또한 국가에 대한 구상권은 헌법 제23조 제 1 항에 의하여 보장되는 재산권이고 위와 같은 해석은 그러한 재산권의 제한에 해당하며 **재산권의 제한은 헌법 제37조 제 2 항에 의한 기본권제한의 한계 내에서만 가능**한데, 위와 같은 해석은 헌법 제37조 제 2 항에 의하여 기본권을 제한할 때 요구되는 **비례의 원칙에 위배하여 일반국민의 재산권을 과잉 제한하는 경우에 해당**하여 헌법 제23조 제 1 항 및 제37조 제 2 항에도 위반된다(헌재 1994. 12. 29. 93헌바21).

판례 3 국가와 공동불법행위책임 있는 민간인의 피해 군인 등에 대한 손해배상의 범위와 민간인이 피해 군인 등에게 자신의 귀책부분을 넘어서 배상한 경우 국가 등에게 구상권을 행사할 수 있는지 여부

(의무경찰대원 오토
바이충돌사건에서) 피해 군인 등은 위 헌법 및 국가배상법 규정에 의하여 국가 등에 대한 배상청구권을 상실한 대신에 자신의 과실 유무나 그 정도와 관계없이 무자력의 위험부담이 없는 확실한 국가보상의 혜택을 받을 수 있는 지위에 있게 되는 특별한 이익을 누리고 있음에 반하여 민간인으로서는 손해 전부를 배상할 의무를 부담하면서도 국가 등에 대한 구상권을 행사할 수 없다고 한다면 부당하게 권리침해를 당하게 되는 결과가 되는 것과 같은 각 당사자의 이해관계의 실질을 고려하여, 위와 같은 경우에는 공동불법행위자 등이 부진정연대채무자로서 각자 피해자의 손해 전부를 배상할 의무를 부담하는 공동불법행위의 일반적인 경우와 달리 예외적으로 **민간인은** 피해 군인 등에 대하여 그 손해 중 국가 등이 민간인에 대한 구상의무를 부담한다면 그 내부적인 관계에서 부담하여야 할 부분을 제외한 나머지 **자신의 부담부분에 한하여 손해배상의무를 부담하고,** 한편 **국가 등에 대하여는 그 귀책부분의 구상을 청구할 수 없다고 해석함이 상당**하다 할 것이고, 이러한 해석이 손해의 공평·타당한 부담을 그 지도원리로 하는 손해배상제도의 이상에도 맞는다 할 것이다(대판 2001. 2. 15, 96
다42420 전원합의체).

[기출사례] 제 8 회 변호사시험(2019년) 문제·답안작성요령 ☞ PART 4 [1–57]

(3) 배상청구권의 시효

1) 소멸시효기간

(가) 국가배상법에는 소멸시효에 관한 규정이 없는바, 국가배상법 제 8 조에 근거하여 민법이 적용된다. 민법 외의 법률이 있다면, 그 법률이 우선 적용된다. 국가배상청구권은 국가나 지방자치단체에 대한 금전채권의 문제인바, 이와 관련하는 민법 외의 법률로 국가재정법·지방재정법이 있다.

- 국가배상법 제 8 조(다른 법률과의 관계) 국가나 지방자치단체의 손해배상 책임에 관하여는 이 법에 규정된 사항 외에는 「민법」에 따른다. 다만, 「민법」 외의 법률에 다른 규정이 있을 때에는 그 규정에 따른다.
- 국가재정법 제96조(금전채권·채무의 소멸시효) ① 금전의 급부를 목적으로 하는 국가의 권리로서 시효에 관하여 다른 법률에 규정이 없는 것은 5년 동안 행사하지 아니하면 시효로 인하여 소멸한다.
- 지방재정법 제82조(금전채권과 채무의 소멸시효) ① 금전의 지급을 목적으로 하는 지방자치단체의 권리는 시효에 관하여 다른 법률에 특별한 규정이 있는 경우를 제외하고는 5년간 행사하지 아니하면 소멸시효가 완성한다.
- 민법 제766조(손해배상청구권의 소멸시효) ① 불법행위로 인한 손해배상의 청구권은 피해자나 그 법정대리인이 그 손해 및 가해자를 안 날로부터 3년간 이를 행사하지 아니하면 시효로 인하여 소멸한다.
  ② 불법행위를 한 날로부터 10년을 경과한 때에도 전항과 같다.

(바) 국가재정법·지방재정법에는 주관적 기산점(손해 및 가해자를 안 날)에 관한 규정이 없으므로 이에 관해서는 민법 제766조 제 1 항이 적용된다. 한편, 국가재정법·지방재정법에는 객관적 기산점(불법행위를 한 날)에 관한 규정이 있으므로 이에 관해서는 국가재정법·지방재정법이 적용된다. 요컨대 국가배상청구권에 대해서는 피해자나 법정대리인이 그 손해와 가해자를 안 날(민법 제166조 제 1 항, 제766조 제 1 항에 따른 주관적 기산점)로부터 3년 또는 불법행위를 한 날(민법 제166조 제 1 항, 제766조 제 2 항에 따른 객관적 기산점)로부터 5년의 소멸시효가 적용됨이 원칙이다(대판 2019. 11. 14. 2018다233686). 국가배상청구권에 관한 3년의 단기시효기간 기산에는 민법 제766조 제 1 항 외에 소멸시효의 기산점에 관한 일반규정인 민법 제166조 제 1 항이 적용된다. 따라서 3년의 단기시효기간은 그 '손해 및 가해자를 안 날'에 더하여 그 '권리를 행사할 수 있는 때'가 도래하여야 비로소 시효가 진행한다(대판 2023. 1. 12. 2021다201184).

2) 단기소멸시효의 합헌성   한편, 헌법재판소는 국가배상청구사건의 소멸시효기간에 민법 제766조를 적용토록 한 것은 위헌이 아니라 한다(헌재 2011. 9. 29. 2010헌바116(2차례에 걸쳐 군복무를 한 것이 국가가 청구인에 대한 병적관리를 잘못하였기 때문임을 이유로 국가를 상대로 손해배상을 청구하는 소송을 제기하면서, 소송 계속중 국가배상법 제 8 조 등에 대하여 위헌심판을 신청한 사건); 헌재 1997. 2. 20. 96헌바24).

3) 시효주장의 제한   신의성실의 원칙에 반하는 소멸시효 완성 항변은 인정되지 아니한다(판례).

판례   신의성실의 원칙과 시효주장의 제한

(A가 논산훈련소에 입소하여 훈련을 받던 중 1965. 9. 4. 22:00경 선임하사의 구타로 사망한 사건에서 중대장이 주도하여 사망원인을 심장마비로 처리하였다가 추후 군의문사진상규명위원회의 조사에서 구타로 사망한 것이 밝혀지자, 2007. 3. 6. A의 유족이 대한민국을 상대로 국가배상청구소송을 제기하였고, 국가는 소멸시효 완성을 주장하였으나, 법원은 원고의 소멸시효 완성 주장이 신의성실의 원칙에 반하여 권리남용에 해당한다는 이유로 위자료와 이에 대한 지연손해금의 지급을 명하는 판결을 선고하였고, 이에 대한 원고의 항소와 상고가 모두 기각되어 위 판결이 그대로 확정되었다. 그 후 대한민국이 그 선임하사를 상대로 구상금을 청구한 선임하사구타병사망사건에서) 공무원의 직무상 불법행위로 손해를 입은 피해자가 국가배상청구를 하였을 때, 비록 그 소멸시효 기간이 경과하였다고 하더라도 국가가 **소멸시효의 완성 전에 피해자의 권리행사나 시효중단을 불가능 또는 현저히 곤란하게 하였거나 객관적으로 피해자가 권리를 행사할 수 없는 장애사유가 있었다는 등의 사정**이 있어 국가에게 채무이행의 거절을 인정하는 것이 현저히 부당하거나 불공평하게 되는 등 특별한 사정이 있는 경우에는, 국가가 소멸시효 완성을 주장하는 것은 신의성실 원칙에 반하여 권리남용으로서 허용될 수 없다(대판 2016. 6. 10. 2015다217843).

---

4. 배상책임자

(1) 국가와 지방자치단체   ① 국가배상법상 배상책임자는 국가나 지방자치단체이다. 헌법은 국가와 공공단체를 배상책임자로 규정하고 있으나, 국가배상법은 공공단체를 지방자치단체로 한정하고 있다. 따라서 지방자치단체를 제외한 공공단체(공법상법인)는 다른 특별규정이 없는 한 민법규정에 의할 수밖에 없다. 공행정작용에 속하는 것이므로 공공단체의 공무수행상의 손해도 국가배상법을 유추적용해야 한다는 견해(박균성)도 있다. ② 국가배상법이 배상주체를 헌법상의 공공단체 대신에 지방자치단체로 규정한 것에 대하여는 ⓐ 그 밖의 공공단체의 배상책임에 대해서 민법에 맡긴 것은 헌법 제29조의 취지에 어긋난다는 견해(위헌설), ⓑ 동 규정이 국가·지방자치단체뿐만 아니라 기타 공공조합·영조물법인 등의 공공단체가 포함되는 예시적인 의미로 확대해석하여

국가배상법을 탄력성 있게 운영하여야 할 것이라는 견해(합헌설)가 있다. 논리적으로는 ⓐ견해가 타당하다. 국가로부터 위탁받은 공행정사무를 수행하는 공법인도 국가배상책임의 주체가 된다(판례).

> [판례] 국가로부터 위탁받은 공행정사무를 수행하는 공법인의 국가배상책임
> (원고가 선고유예 판결의 확정으로 변호사등록이 취소되었다가 선고유예기간이 경과한 후 대한변호사협회에 변호사 등록신청을 하였는데, 협회장 을이 등록심사위원회에 원고에 대한 변호사등록 거부 안건을 회부하여 소정의 심사과정을 거쳐 대한변호사협회가 원고의 변호사등록을 마쳤고, 이에 원고가 대한변호사협회 및 협회장 을을 상대로 변호사 등록거부사유가 없음에도 위법하게 등록심사위원회에 회부되어 변호사등록이 2개월간 지연되었음을 이유로 손해배상을 구한 사건에서) 공법인이 국가로부터 위탁받은 공행정사무를 집행하는 과정에서 공법인의 임직원이나 피용인이 고의 또는 과실로 법령을 위반하여 타인에게 손해를 입힌 경우에는, 공법인은 위탁받은 공행정사무에 관한 행정주체의 지위에서 배상책임을 부담하여야 한다(대판 2021. 1. 28, 2019다260197).

(2) 사무귀속주체와 비용부담자

1) 사무의 귀속주체로서 배상책임자(국배법 제2조 제1항)　　국가배상법 제2조 제1항에서 국가나 지방자치단체가 배상책임을 진다고 하는 것은 당해 사무의 귀속주체에 따라서 국가사무의 경우에는 국가가 배상책임을 지고, 자치사무의 경우에 당해 지방자치단체가 배상책임을 진다는 것을 뜻한다. 따라서 기관위임사무의 경우에는 위임기관이 속한 행정주체가 사무의 귀속주체로서 배상책임을 진다(판례).

> [판례] 지방자치단체장 간의 기관위임의 경우 사무귀속의 주체로서의 손배배상책임의 주체
> (노면이 결빙된 상태에서 아스팔트가 파헤쳐진 부분에 빠졌다가 나오면서 발생한 자동차충돌로 발생한 사고에서 사상자에게 손해를 배상한 자가 도로의 관리자에게 구상금을 청구한 사건에서) 지방자치단체장 간(서울시장과 용산구청장)의 기관위임의 경우에 위임받은 하위 지방자치단체장(용산구청장)은 상위 지방자치단체 산하 행정기관의 지위에서 그 사무를 처리하는 것이므로 사무귀속의 주체가 달라진다고 할 수 없고, 따라서 하위 지방자치단체장을 보조하는 **하위 지방자치단체 소속 공무원이 위임사무처리에 있어 고의 또는 과실로 타인에게 손해를 가하였더라도 상위 지방자치단체는 여전히 그 사무귀속 주체로서 손해배상책임을 진다**(대판 1996. 11. 8, 96다21331).

---

2) 비용부담자로서 배상책임자(국배법 제6조 제1항)　　국가배상법은 국가배상책임자를 제2조 제1항과 제5조 제1항의 배상책임자(사무귀속주체, 영조물의 관리주체)외에 제6조 제1항에서 별도로 비용부담자로서 배상책임자를 규정하고 있다. 즉 국가 또는 지방자치단체가 제5조(제2조)에 의한 손해배상의 책임을 지는 경우 '공무원의 선임·감독자 또는 영조물의 설치·관리를 맡은 자'와 '공무원의 봉급·급여 기타의 비용을 부담하는 자 또는 영조물의 설치·관리의 비용을 부담하는 자'가 동일하지 아니한 경우에는 피해자는 어느 쪽에 대하여도 선택적으로 손해배상을 청구할 수 있도록 규정하고 있다. 자세한 내용은 후술한다.

3) 내부적 구상문제(종국적 배상책임자)(국배법 제6조 제2항)　　국가배상법 제6조 제2항은 "제1항의 경우에 손해를 배상한 자는 내부관계에서 그 손해를 배상할 책임이 있는 자에게 구상할 수 있다"고 규정한다. 국가배상법 제6조 제1항은 비용부담자의 피해자인 국민에 대한 외부적인 배상의무

를 규정하고 있으며, 제 2 항은 공무원의 선임·감독 또는 영조물의 설치·관리를 맡은 자에 대한 비용부담자의 내부적인 구상권을 정하는 규정이다. 자세한 내용은 후술한다.

5. 배상책임의 성질

(1) 학   설

1) 자기책임설   국민개인의 법률관계의 상대방은 항상 국가이고, 개인과 공무원 간에는 법률관계가 성립되지 않으며 공무원은 국가업무의 집행자로 외부에 나타나므로 그에 따른 법적 효과는 적법하든 위법하든 모두 국가에게 귀속되는 까닭에 국가나 지방자치단체가 부담하는 배상책임은 바로 그들 자신의 책임이라는 견해이다($^{류지}_{태}$). 그 논거로 ① 국가배상법 제 2 조가 "국가나 지방자치단체는 … 배상하여야 한다"라고 규정하고 있다는 점, ② 국가배상법 제 2 조의 고의·과실을 국가 등의 귀책사유가 될 수 있는 공무운영상의 흠의 발생이라는 객관적 사정으로 보아 공무원이 무과실이어도 국가배상책임을 인정할 수 있게 된다는 점, ③ 국가 등의 공무원에 대한 구상권의 인정문제는 정책적 측면에서 인정되는 것이므로 이를 이유로 배상책임의 성질을 논하는 것은 옳지 않다는 점이 제시되고 있다($^{대위책임설의}_{비판에 대해}$).

> [참고] 자기책임설에도 기관이론에 입각한 자기책임설($^{공무원의 직무상 불법행위는 국가기관의 불법행위이므로 국가}_{가 책임을 진다는 이론. 경과실에 의한 행위는 기관행위이고,}^{고의·중대한 과실에 의한 행위는 기관행위가 아니지}_{만 직무행위로서 외형을 갖기 때문에 기관행위로 본다}$)과 위험책임설적 자기책임설($^{국가는 위법행사의 가능성이 있는 권한을}_{공무원에게 부여하였으므로 그 위법행사에}^{대한 책임까지 부담}_{하여야 한다는 이론}$)이 있다.

2) 대위책임설   국가는 불법을 행할 수 없으며 불법을 행한 공무원만이 책임을 져야 한다는 국가무책임사상에서 유래하며, 위법한 공무원의 행위는 국가나 지방자치단체의 행위로 볼 수 없고, 따라서 배상책임은 공무원 자신이 부담해야 할 것이지만 피해자의 보호 등을 위해 국가가 공무원에 대신하여 부담하는 책임이 바로 국가배상책임이라는 견해($^{박윤}_{흔}$)이다. 그 논거로 ① 국가가 공무원을 대신하여 배상하였으므로 국가는 공무원에게 구상할 수 있게 된다는 점($^{국배}_{법}$$^{제 2 조}_{제 2 항}$), ② 또한 공무원이 불법행위로 인한 손해배상책임요건을 구비해야 하므로 당연히 공무원의 과실책임주의가 요구된다는 점, 그리고 ③ 배상능력이 충분한 국가 등을 배상책임자로 하는 것이 피해자에게 유리하다는 점이 제시되고 있다.

3) 중 간 설   공무원의 위법행위가 고의·중과실에 기한 경우는 국가기관으로서의 행위로 볼 수 없고 또한 이때 국가는 공무원에게 구상할 수 있으므로($^{국배법 제 2}_{조 제 2 항}$) 국가의 배상책임은 대위책임이나, 경과실에 의한 경우는 국가기관으로서의 행위로 보아야 하며 또한 국가의 공무원에 대한 구상권이 부정되기에 경과실로 인한 국가의 책임은 자기책임이라고 보는 견해($^{이상}_{규}$)이다.

4) 절 충 설   공무원의 행위가 경과실에 기한 경우에는 국가기관의 행위로 볼 수 있어 국가의 자기책임이지만, 고의·중과실에 따른 행위는 국가기관의 행위로 볼 수 없어 공무원만이 배상책임을 지고 국가는 책임이 없지만 그 행위가 직무로서 외형을 갖춘 경우에는 피해자와의 관계에서 국가도 일종의 자기책임으로서 배상책임을 진다는 견해($^{김동}_{희}$)이다. 절충설을 자기책임설의

일종으로 분류하는 견해도 있다($^{박균}_{성}$).

(2) 판　례　　① 군용버스가 군용지프차를 추돌하여 지프차에 탑승했던 피해자가 군용버스운전자에게 손해배상을 청구한 사건에서 판례의 다수의견($^{판}_{례}$)은 절충설을 취하고 있다는 것이 다수학자들의 평가이다. ② 이에 반해 판례는 기관이론에 입각한 자기책임설을 따른 것이라는 입장($^{박균}_{성}$)도 있고, 중간설을 취한다고 보는 입장($^{김남진·}_{김연태}$)도 있다. ③ 생각건대 판례는 공무원의 위법행위가 고의 또는 중과실에 의한 것인 때에 국가책임은 대위책임과 자기책임의 양면성을 갖지만, 경과실에 의한 것인 때에는 국가에 구상권이 부인된다는 것을 이유로 국가책임을 자기책임으로 보는 입장을 취한다고 볼 것이다.

> [판례] 공무원의 대외적 배상책임 인정 여부와 근거
>
> (공무중의 군용버스가 철길건널목 부근에서 신호대기중이던 같은 부대 소속 군용지프차의 뒷부분을 들이받고, 그 충격으로 지프차가 서행하던 붕고트럭 뒷부분을 들이받은 후 때마침 그 곳을 운행중이던 열차와 다시 충돌하게 하였고, 이로 인해 지프차에 타고 있던 장교가 즉사하였고, 이에 그 장교의 유족이 군용버스운전자를 상대로 손해배상을 청구한 공군버스 지프추돌사건에서) **[다수의견]** 국가배상법의 입법취지는 공무원의 직무상 위법행위로 타인에게 손해를 끼친 경우에는 변제자력이 충분한 국가 등에게 선임감독상 과실 여부에 불구하고 손해배상책임을 부담시켜 국민의 재산권을 보장하되, 공무원이 직무를 수행함에 있어 **경과실로 타인에게 손해를 입힌 경우에는 그 직무수행상 통상 예기할 수 없는 흠이 있는 것에 불과**하므로 이러한 공무원의 행위는 여전히 국가 등의 기관의 행위로 보아 그로 인하여 발생한 손해에 대한 배상책임도 전적으로 국가 등에만 귀속시키고 공무원 개인에게는 그로 인한 책임을 부담시키지 아니하여 공무원의 공무집행의 안정성을 확보하고, 반면에 공무원의 **위법행위가 고의·중과실에 기한 경우에는** 비록 그 행위가 그의 직무와 관련된 것이라고 하더라도 위와 같은 행위는 그 본질에 있어서 기관행위로서의 품격을 상실하여 국가 등에게 그 책임을 귀속시킬 수 없으므로 공무원 개인에게 불법행위로 인한 손해배상책임을 부담시키되, 다만 이러한 경우에도 그 행위의 외관을 객관적으로 관찰하여 공무원의 직무집행으로 보여질 때에는 피해자인 국민을 두텁게 보호하기 위하여 국가 등이 공무원 개인과 중첩적으로 배상책임을 부담하되 국가 등이 배상책임을 지는 경우에는 공무원 개인에게 구상할 수 있도록 함으로써 궁극적으로 그 책임이 공무원 개인에게 귀속되도록 하려는 것이라고 봄이 합당할 것이다($^{대판 1996. 2. 15, 95}_{다38677 전원합의체}$).

[별개의견] 국가배상법 제 2 조 제 2 항의 입법취지가 공무원의 직무집행의 안정성 내지 효율성의 확보에 있음은 의문이 없는 바이나, 위 법 조항은 어디까지나 국가 등과 공무원 사이의 대내적 구상관계만을 규정함으로써, 즉 경과실의 경우에는 공무원에 대한 구상책임을 면제하는 것만으로써 공무집행의 안정성을 확보하려는 것이고, 대외적 관계 즉 피해자($^{국}_{민}$)와 불법행위자($^{공무}_{원}$) 본인 사이의 책임관계를 규율하는 취지로 볼 수는 없다. 그것은 국가배상법의 목적이 그 제 1 조가 밝히고 있는 바와 같이 국가 등의 손해배상책임과 그 배상절차 즉 국가 등과 피해자인 국민 간의 관계를 규정함에 있고 가해자인 공무원과 피해자인 국민 간의 관계를 규정함에 있는 것이 아닌 점에 비추어 보아도 명백하다.

[반대의견] 헌법 제29조 제 1 항 및 국가배상법 제 2 조 제 1 항의 규정이 공무원의 직무상 불법행위에 대하여 자기의 행위에 대한 책임에서와 같이 국가 또는 공공단체의 무조건적인 배상책임을 규정한 것은, 오로지 변제자력이 충분한 국가 또는 공공단체로 하여금 배상하게 함으로써 피

해자 구제에 만전을 기한다는 것에 그치는 것이 아니라, 더 나아가 국민 전체에 대한 봉사자인 공무원들로 하여금 보다 적극적이고 능동적으로 공무를 수행하게 하기 위하여 공무원 개인의 배상책임을 면제한다는 것에 초점이 있는 것으로 보아야 한다.

(3) 사   견   ① 기관이론에 입각한 자기책임설은 공무원의 고의·중과실에 의한 행위가 직무행위로서의 외형을 갖춘다고 하지만, 그러한 해석은 논리필연적인 것이 아니고 입법례에 따라 달라질 수 있는 정책적인 것에 불과하며, ② 대위책임설에 대해서는 독일과 달리 우리나라의 경우에는 '공무원에 대신하여'라는 문구가 없다는 점, 국가면책사상은 철저히 포기되어야 한다는 점, 그리고 공무원의 무과실을 이유로 국가가 면책될 수 있는 가능성을 갖는다는 점을 문제점으로 지적할 수 있다. ③ 중간설에 대해서는 고의·중과실의 경우 대위책임설에 가해지는 문제점이 그대로 가해질 수 있다. ④ 절충설에 대해서도 고의·중과실의 경우, 중간설에 대한 지적과 유사한 지적이 가능하다. ⑤ 생각건대 국가가 공무원에게 직무권한의 행사를 하게 한 것에는 공무원의 위법한 권한행사의 가능성까지 고려한 것으로 보아야 한다. 따라서 공무원의 불법행위에 대한 국가의 배상책임은 이러한 위험한 환경을 마련한 국가의 자기책임으로 볼 것이다(견해변경).

[기출사례] 제58회 사법시험(2016년) 문제·답안작성요령 ☞ PART 4 [3-16]

6. 선택적 청구

피해자는 반드시 국가나 지방자치단체에 손해배상을 청구하여야 하는가 아니면 피해자의 선택에 따라 가해행위를 한 공무원에게 손해배상을 청구할 수도 있는가의 문제가 선택적 청구의 문제이다.

(1) 학   설

1) 자기책임설의 입장   논리적으로 보면 국가배상책임은 공무원의 행위에 대한 책임이 아니라 국가 스스로의 행위에 대한 책임이며, 공무원의 불법행위에 대한 개인책임은 국가책임과는 별개의 책임이기에 양 책임은 양립할 수 있다고 본다. 따라서 피해자는 가해공무원에게 손해배상을 청구할 수 있다고 본다.

2) 대위책임설의 입장   논리적으로 보면 대위책임설은 국가배상책임을 공무원의 고의·과실로 인한 책임으로 보기 때문에 공무원의 대외적 배상책임을 부정한다.

3) 중간설의 입장   공무원의 고의·중과실·경과실을 구별하지 않고 국가 등이 배상책임을 지고 있기에 공무원은 대외적으로 배상책임을 지지 않는다고 한다.

4) 절충설의 입장   경과실의 경우에는 국가나 지방자치단체에 대해서만, 고의·중과실의 경우에는 공무원만 배상책임을 지지만, 후자의 경우 그 행위가 직무로서 외형을 갖춘 경우에는 피해자와의 관계에서 국가도 배상책임을 지기 때문에 이 경우 피해자는 공무원과 국가에 대해 선택적으로 청구할 수 있다.

(2) 판　례　　판례는 전원합의체판결을 통하여 고의나 중대한 과실이 있는 경우에는 선택적 청구가 가능하지만, 경과실이 있는 경우에는 선택적 청구를 할 수 없다고 입장을 변경하였다(공군버스 지프추돌사건).

(3) 사　　견　　국가책임의 본질을 위험책임설적 자기책임으로 보는 본서의 입장에서는 전원합의체판결의 반대의견이나 반대보충의견처럼 피해자의 선택적인 청구는 불가하다고 본다. 말하자면 국가나 지방자치단체에 대해서만 배상의 청구가 가능하다고 본다. 선택적 청구의 배제는 피해자에게는 담보력이 충분한 자에 의한 배상의 보장을, 가해자인 공무원에게는 피해자로부터 직접적인 배상청구를 피함으로써 공무집행에 전념하게 하는 효과를 가져다 준다.

7. 가해공무원의 책임

(1) 책임의 유형　　국가 또는 공공단체가 배상책임을 지는 경우, 공무원 자신의 책임은 면제되지 아니한다(헌법 제29조 제1항 단서). 판례는 "면제되지 아니하는 공무원 개인의 책임에는 민사상·형사상의 책임이나 국가 등의 기관내부에서의 징계책임 등 모든 법률상의 책임이 포함된다고 할 것이고, 여기에서 특별히 민사상의 불법행위의 책임이 당연히 제외된다고 보아야 할 아무런 근거가 없다"는 입장이다(공군버스 지프추돌사건)(판례).

> **판례**　국가 등이 배상책임을 지는 경우 공무원의 책임의 면제 여부
> (공군버스 지프추돌사건에서) [다수의견] 헌법 제29조 제1항 단서는 공무원이 한 직무상 불법행위로 인하여 국가 등이 배상책임을 진다고 할지라도 그 때문에 공무원 자신의 민·형사책임이나 징계책임이 면제되지 아니한다는 원칙을 규정한 것이나 그 조항 자체로 공무원 개인의 구체적인 손해배상책임의 범위까지 규정한 것으로 보기는 어렵다(대판 1996. 2. 15, 95다38677 전원합의체).

(2) 가해공무원의 대외적 배상책임　　① 전술한 바처럼 국가배상책임의 성질은 공무원의 피해자에 대한 배상책임과 논리적으로 관련되어 있지만, 공무원의 직무상 불법행위로 야기된 배상의 부담을 어떻게 규정·분산시키는가의 문제는 국가배상책임의 본질과는 관계없이 입법정책적인 문제라는 견해(김남진·김연태, 류지태, 정하중)도 있다. 이러한 입장에서 보면 학설은 긍정설(헌법 제29조 제1항 단서는 공무원 자신의 책임은 면제되지 않는다고 규정하는바, 여기서 면제되지 않는 책임은 공무원의 민·형사상 책임을 포함하고, 손해배상은 가해공무원에 대한 경고 및 제재의 기능을 가지므로 공무원 개인의 직권남용과 위법행위를 방지할 수 있고 선택적 청구가 가능함으로써 피해자의 권리구제에도 만전을 기할 수 있음을 논거로 한다)(김남진·김연태)과 부정설(헌법 제29조 제1항 후단의 면제되지 않는 공무원의 책임은 공무원의 외부적 책임을 의미하는 것이 아니라 내부적 구상책임, 징계책임 내지 형사상의 책임을 의미하는 것이고, 공무원의 위법행위방지기능은 구상권과 징계책임을 통해 충분히 담보되며, 경제적 부담능력 있는 국가가 손해배상책임을 부담하면 피해자 구제에도 문제가 없고, 배상책임에 대한 두려움으로 공무원의 직무집행을 위축시킴으로써 결과적으로 국민 전체에 대한 불이익을 가져온다는 점을 논거로 한다)(정하중)로 나눌 수 있을 것이다. ② 판례는 공무원에게 고의 또는 중과실이 있는 때에만 공무원 개인도 피해자에 대하여 민사상 손해배상책임을 지고, 경과실만 있는 때에는 책임을 지지 아니한다는 입장이다. ③ 본서는 자기책임설의 입장에서 피해자에 대한 민사상 손해배상책임을 부인하는 입장을 취한다. 한편, 경과실만 있음에도 가해공무원이 피해를 배상하였다면, 국가에 대하여 구상권을 취득한다(판례).

> **판례** 공무원의 직무수행 중 불법행위로 인한 피해에 대하여 경과실이 있는 공무원이 피해자에게 손해를 배상한 다음 국가에 대하여 구상권을 행사할 수 있는지 여부
>
> (경과실인 공무원의 국가에 대한 구상금 청구사건에서) 공무원이 직무수행 중 불법행위로 타인에게 손해를 입힌 경우에 국가 등이 국가배상책임을 부담하는 외에 공무원 개인도 고의 또는 중과실이 있는 경우에는 불법행위로 인한 손해배상책임을 진다고 할 것이지만, 공무원에게 경과실이 있을 뿐인 경우에는 공무원 개인은 손해배상책임을 부담하지 아니한다고 할 것이다. 이처럼 **경과실이 있는 공무원이 피해자에 대하여 손해배상책임을 부담하지 아니함에도 피해자에게 손해를 배상하였다면 그것은 채무자 아닌 사람이 타인의 채무를 변제한 경우에 해당하고, 이는 민법 제469조의 '제 3 자의 변제' 또는 민법 제744조의 '도의관념에 적합한 비채변제'에 해당하여** 피해자는 공무원에 대하여 이를 반환할 의무가 없고, 그에 따라 피해자의 국가에 대한 손해배상청구권이 소멸하여 국가는 자신의 출연 없이 그 채무를 면하게 되므로, **피해자에게 손해를 직접 배상한 경과실이 있는 공무원은 특별한 사정이 없는 한 국가에 대하여 국가의 피해자에 대한 손해배상책임의 범위 내에서 공무원이 변제한 금액에 관하여 구상권을 취득한다고 봄이 타당하다**(대판 2014. 8. 20, 2012다54478).

[기출사례] 제58회 사법시험(2016년) 문제·답안작성요령 ☞ PART 4 [3-16]

(3) 가해공무원의 내부적 구상책임 제 1 항 본문의 경우에 공무원에게 고의 또는 중대한 과실이[판례1] 있으면 국가나 지방자치단체는 그 공무원에게 구상할 수 있다(국배법 제2조 제2항). 구상권은 일종의 부당이득반환청구권이다. 국가의 구상권 행사범위에는 제한이 따른다[판례2]. 다만 국가배상법이 경과실의 경우, 구상권을 인정치 않는 것은 공무원으로 하여금 공무에만 전념케 하기 위한 입법정책적 고려의 결과이다[판례3]. 하여튼 국가책임원칙과 공무원 개인의 구상의무의 인정은 효과적인 국가작용의 요구, 공무수행자의 개인적인 책임, 그리고 소속공직자에 대한 국가의 배려의무의 타협의 결과이다.

> **판례 1** 국가배상법 제 2 조 제 1 항의 중과실의 의의
>
> (원고가 선고유예 판결의 확정으로 변호사등록이 취소되었다가 선고유예기간이 경과한 후 대한변호사협회에 변호사 등록신청을 하였는데, 협회장 을이 등록심사위원회에 원고에 대한 변호사 등록 거부 안건을 회부하여 소정의 심사과정을 거쳐 대한변호사협회가 원고의 변호사등록을 마쳤고, 이에 원고가 대한변호사협회 및 협회장 을을 상대로 변호사 등록거부사유가 없음에 위법하게 등록심사위원회에 회부되어 변호사등록이 2개월간 지연되었음을 이유로 손해배상을 구한 사건에서) 공무원의 중과실이란 공무원에게 통상 요구되는 정도의 상당한 주의를 하지 않더라도 약간의 주의를 한다면 손쉽게 위법·유해한 결과를 예견할 수 있는 경우임에도 만연히 이를 간과한 경우와 같이, 거의 고의에 가까운 현저한 주의를 결여한 상태를 의미한다(대판 2021. 1. 28, 2019다260197).

> **판례 2** 구상권 행사의 한도
>
> (선임하사구타병 사사망사건에서) 국가나 지방자치단체는 해당 공무원의 직무내용, 불법행위의 상황과 손해발생에 대한 해당 공무원의 기여 정도, 평소 근무태도, 불법행위의 예방이나 손실 분산에 관한 국가 또는 지방자치단체의 배려의 정도 등 제반 사정을 참작하여 손해의 공평한 분담이라는 견지에서 신의칙상 상당하다고 인정되는 한도 내에서 구상권을 행사할 수 있다(대판 2016. 6. 10, 2015다217843).

판례 3 국가배상법상 공무원에게 경과실만 있는 경우 책임을 면제하는 취지

(갑 등이 세월호 진상규명 등을 촉구하는 기자회견을 한 후 청와대에 서명지 박스를 전달하기 위한 행진을 시도하였으나 관할 경찰서장인 을 등이 해산명령과 통행차단 조치를 하였고, 이에 원고들이 손해배상을 구한 사건에서) 규정의 입법 취지는 공무원의 직무상 위법행위로 타인에게 손해를 끼친 경우에는 변제자력이 충분한 국가 등에 선임감독상 과실 여부에 불구하고 손해배상책임을 부담시켜 국민의 재산권을 보장하되, 공무원이 직무를 수행함에 있어 경과실로 타인에게 손해를 입힌 경우에는 그로 인하여 발생한 손해에 대하여 공무원 개인에게는 배상책임을 부담시키지 아니하여 공무원의 공무집행의 안정성을 확보하려는 데에 있기 때문이다(대판 2021. 11. 11, 2018다288631).

[기출사례] 제64회 5급공채(2020년) 문제·답안작성요령 ☞ PART 4 [1-58]

[기출문제] 제39회 입법고시(2023년) 주관식

공무원이 직무를 수행하면서 고의 또는 과실로 법령을 위반하여 타인에게 손해를 입힌 경우 해당 공무원 개인이 국가 또는 지방자치단체 및 피해자에게 지는 책임을 설명하시오.

8. 국가와 지방자치단체의 자동차손해배상책임

(1) 입법상황(법적 근거)　　국가배상법은 "국가나 지방자치단체는 … 자동차손해배상 보장법에 따라 손해배상의 책임이 있을 때에는 이 법에 따라 그 손해를 배상하여야 한다 …(국배법 제2조 제1항 본문 후단)"고 규정하고 있고, 자동차손해배상 보장법은 "자기를 위하여 자동차를 운행하는 자는 그 운행으로 인하여 다른 사람을 사망하게 하거나 부상하게 한 경우에는 그 손해를 배상할 책임을 진다(동법 제3조)"고 규정하고 있다. 국가배상법 제2조 제1항과 국가배상법 제8조(국가나 지방자치단체의 손해배상책임에 관하여는 이 법에 규정된 사항 외에는 「민법」에 따른다. 다만, 「민법」 외의 법률에 다른 규정이 있을 때에는 그 규정에 따른다)의 규정을 종합해 보면, 공무원의 차량사고로 인한 국가배상과 관련하여서는 국가 등이 자동차손해배상 보장법상의 책임성립요건을 갖추면, 손해배상책임의 범위와 절차는 국가배상법이 정한 바에 의하여 배상책임을 진다고 해석된다. 공무원의 차량사고로 인한 국가배상의 경우 자동차손해배상 보장법상의 책임성립요건은 후술하는 바와 같이 국가 등의 "운행자성"만 인정되면 되므로, 일반적인 국가배상책임의 성립보다 용이하고, 그 배상책임의 내용은 국가배상법에 의하므로 자동차사고로 인한 피해자의 구제에 있어서 더 효과적이다.

(2) 자동차손해배상 보장법에 의한 국가배상책임의 성립요건

1) 규정내용　　공무원의 차량사고로 인한 손해발생의 경우 국가 등이 자동차손해배상 보장법상의 책임성립요건을 갖추면, 국가배상법에 의하여 손해배상책임을 진다. 즉 책임성립요건은 자동차손해배상 보장법이 우선 적용된다. 따라서 자동차손해배상 보장법 제3조에 의한 책임성립요건으로서의 국가 등의 '운행자성'이 인정되어야 한다.

2) 국가 또는 지방자치단체의 '운행자성'

㈎ 운행자성의 요소　　자동차손해배상 보장법상의 책임은 '자기를 위하여 자동차를 운행하는 자'(운행자성)에게 성립된다. 따라서, 국가 또는 지방자치단체가 자동차손해배상 보장법상의 운

행자성을 갖추어야 한다. 운행자는 자동차보유자($\substack{\text{자동차의 소유자나 자동차를 사용할 권리가 있는 자로서} \\ \text{자기를 위하여 자동차를 운행하는 자. 동법 제 2 조 제 3 호.}}$)와 구별된다. 무단운전자, 절도운전자도 운행자에 포함되므로 운행자가 자동차보유자보다 넓은 개념이다. 한편, 운행자는 운전자($\substack{\text{타인을 위하여 자동차를 운전하거나} \\ \text{운전을 보조하는 일에 종사하는 자}}$)와도 구별된다. 따라서 운전자는 운행자와는 달리 피해자에 대한 관계에서 민법상의 책임은 별론, 적어도 자동차손해배상 보장법상 책임은 지지 않는다. 운행자성은 '운행이익'($\substack{\text{운행으로부터} \\ \text{나오는 이익}}$)과 '운행지배'($\substack{\text{자동차의 운행과 관련하여 현실적으} \\ \text{로 자동차를 관리운행할 수 있는 것}}$)를 요건으로 한다($\substack{\text{대판 2009. 10. 15,} \\ \text{2009다42703 · 42710}}$).

(나) 국가 또는 지방자치단체의 운행자성의 구체적 판단

(a) 공무원이 공무를 위해 관용차를 운행한 경우　　공무원이 관용차를 공무를 위해 운행한 경우, 국가 등이 운행자로서 국가배상법 제 2 조 제 1 항 본문 후단의 손해배상책임을 진다 [$\substack{\text{판례} \\ 1}$]. 그러나 관용차를 무단으로 사용한 경우라 할지라도 국가 등에게 운행지배나 운행이익을 인정할 사정이 있는 경우는 국가 등이 운행자의 손해배상책임을 지게 된다[$\substack{\text{판례} \\ 2}$].

[판례 1]　공무원이 직무집행을 위하여 공용차를 운행하는 경우, 공무원의 운행자성 인정 여부

($\substack{\text{제주도가 설립한 제주영지학교의 교장이 공무를 위해 제주도의 관용차를 타고 가다가 마주오던 소형버스와 충돌} \\ \text{함으로써 발생한 상해사고와 관련하여 한국자동차보험(주)가 제주도를 상대로 제기한 채무부존재확인소송에서}}$) **공무원이 그 직무를 집행하기 위하여 국가 또는 지방자치단체 소유의 관용차($\substack{\text{공용} \\ \text{차}}$)를 운행하는 경우, 그 자동차에 대한 운행지배나 운행이익은 그 공무원이 소속한 국가 또는 지방자치단체에 귀속된다고 할 것이고** 그 공무원 자신이 개인적으로 그 자동차에 대한 운행지배나 운행이익을 가지는 것이라고는 볼 수 없으므로, **그 공무원이 자기를 위하여 공용차를 운행하는 자로서 같은 법조 소정의 손해배상책임의 주체가 될 수는 없다**($\substack{\text{대판 1994. 12. 27, 94다31860;} \\ \text{대판 1992. 2. 25, 91다12356}}$).

[판례 2]　무단으로 관용차를 사용한 경우, 국가 등의 자배법상의 책임 인정 여부

($\substack{\text{충남농수산통계사무소 소속 공무원이 공휴일에 개인적으로 공부하던 7급공채시험공부를} \\ \text{하기 위해 출장소에 보관된 오토바이를 타고 집에 가던 중 난 사고의 손해배상청구사건에서}}$) **국가소속 공무원이 관리권자의 허락을 받지 아니한 채 국가소유의 오토바이를 무단으로 사용하다가 교통사고가 발생한 경우**에 있어서 국가가 그 오토바이와 시동열쇠를 무단운전이 가능한 상태로 잘못 보관하였고 위 공무원으로서도 국가와의 고용관계에 비추어 위 오토바이를 잠시 운전하다가 본래의 위치에 갖다 놓았을 것이 예상되는 한편 피해자들로 위 무단운전의 점을 알지 못하고 또한 알 수도 없었던 일반 제 3 자인 점에 비추어 보면 **국가가 위 공무원의 무단운전에도 불구하고 위 오토바이에 대한 객관적 · 외형적인 운행지배 및 운행이익을 계속 가지고 있었다고 봄이 상당하다**($\substack{\text{대판 1988. 1. 19,} \\ \text{87다카2202}}$).

(b) 공무원이 공무수행을 위하여 자신 소유의 자동차를 이용한 경우　　공무원이 직무수행을 위하여 자기 소유의 자동차를 운행하다가 사고가 난 경우, 국가 또는 지방자치단체의 운행자성을 부인하는 것이 판례이다. 따라서 이 경우 공무원이 자동차손해배상 보장법상의 책임을 지게 된다. 그러나 이 경우에 외형이론상 국가나 지방자치단체에 배상책임을 인정하는 것이 타당하다. 다만, 이 경우 국가 등은 운행자책임($\substack{\text{국배법 제 2 조} \\ \text{제 1 항 본문 후단}}$)이 부정된다고 하더라도 국가배상책임성립요건을 갖춘다면 국가배상책임($\substack{\text{국배법 제 2 조} \\ \text{제 1 항 본문 전단}}$)은 성립될 수 있다[$\substack{\text{판} \\ \text{례}}$].

> **판례** 공무원이 자기 소유의 오토바이를 직무수행과 관련하여 운행하다 사고가 난 경우 국가의 책임

(육군 중사 소외 정씨가 그의 개인소유의 오토바이를 운전하여 다음날부터 훈련실시예정인 지역을 사전정찰차 살피고 오던 중 일어난 사고로 인해 피고(대한민국)의 책임이 문제된 사건에서) 피고가 위 정○○의 오토바이 운행에 관하여 어떤 지시나 관리를 하는 등 그 운행을 지배하였다거나 그로 인한 운행이익을 향유하였다는 점을 인정할 만한 아무런 증거가 없으므로 **피고가 자동차손해배상보장법 소정의 운행자의 지위에 있다 할 수 없다.** 따라서 이 사건 사고로 인하여 피고에게 민법 제756조 소정의 사용자책임이나 자동차손해배상보장법 소정의 운행자 책임이 있음을 전제로 원심판결에 소론과 같은 위법이 있다는 논지는 이유 없다 … 위 정○○이 자신의 개인소유 오토바이 뒷좌석에 위 유영관을 태우고 다음날부터 실시예정인 전 제대 동시 야간 훈련 및 독수리 훈련에 대비하여 사전정찰차 훈련지역 일대를 살피고 귀대하던 중 이 사건 사고가 일어났다면, 위 정○○이 **비록 개인소유의 오토바이를 운전하였다 하더라도 실질적, 객관적으로 위 정○○의 운전행위는 그에게 부여된 훈련지역의 사전정찰임무를 수행하기 위한 직무와 밀접한 관련이 있다고 보아야 할 것이다.** 따라서 위 정○○의 위 오토바이의 운전행위가 공무집행행위에 해당하지 아니한다고 본 원심의 조치는 국가배상법 제2조 소정의 "공무원이 그 직무를 집행함에 당하여"의 해석에 관한 법리를 오해한 위법이 있다(대판 1994. 5. 27. 94다6741).

3) 기타의 요건　　자동차손해배상 보장법상의 손해배상책임은 인적 손해에 한하여 손해를 전보하는 것이므로, 자동차 사고로 인적 손해가 발생하여야 하고, 자동차손해배상 보장법상의 면책요건이 없어야 한다(예: 고의나 자살행위로 인한 부상이 아닐 것 등. 동법 제3조 참조).

(3) 공무원의 책임

1) 국가 등의 자동차손해배상 보장법상의 책임이 인정되는 경우　　국가나 지방자치단체의 '운행자성'이 인정되는 경우에는, 공무원에게 자동차손해배상 보장법상의 책임은 발생할 여지가 없게 된다. 그리고 그 배상책임의 내용은 국가배상법에 의하므로, 공무원의 대외적 책임도 국가배상법의 이론이 그대로 적용된다. 따라서 판례에 의하면 고의 또는 중과실이 있는 경우에 민사상 책임을 지게 될 것이다.

2) 국가 등의 자동차손해배상 보장법상의 책임이 부정되는 경우　　판례에 의하면 일반적으로 직무상의 불법행위로 인한 공무원의 대외적 책임이 공무원의 고의 또는 중과실의 경우에만 인정되지만, 공무원의 운행자성이 인정되어 자동차손해배상 보장법의 책임이 성립되는 경우에는 민법과 국가배상법의 규정과 해석에 따르지 않는다. 즉, 그 사고가 자동차를 운전한 공무원의 경과실에 의한 것인지 중과실 또는 고의에 의한 것인지를 가리지 않고 자동차손해배상 보장법상의 손해배상책임을 부담한다고 한다[판례].

> **판례**   공무원이 직무상 자기 소유의 자동차를 운전하다가 사고를 일으킨 경우, 공무원 개인의 손해배상책임의 유무
>
> (공무수행중인 피고의 졸음운전으로 전복사고가 발생하여 운전석 옆좌석에 탑승한 자가 사망하고 이에 유족이 손해배상을 청구한 사건에서) 자동차손해배상보장법의 입법취지에 비추어 볼 때, 같은 법 제 3 조는 자동차의 운행이 **사적인 용무를 위한 것이든 국가 등의 공무를 위한 것이든 구별하지 아니하고** 민법이나 국가배상법에 우선하여 적용된다고 보아야 한다. 따라서, 일반적으로 공무원의 공무집행상의 위법행위로 인한 공무원 개인 책임의 내용과 범위는 민법과 국가배상법의 규정과 해석에 따라 정하여질 것이지만, 자동차의 운행으로 말미암아 다른 사람을 **사망하게 하거나 부상하게** 함으로써 발생한 손해에 대한 공무원의 손해배상책임의 내용과 범위는 이와는 달리 자동차손해배상보장법이 정하는 바에 의할 것이므로, 공무원이 직무상 자동차를 운전하다가 사고를 일으켜 다른 사람에게 손해를 입힌 경우에는 그 사고가 자동차를 운전한 **공무원의 경과실에 의한 것인지 중과실 또는 고의에 의한 것인지를 가리지 않고,** 그 공무원이 자동차손해배상보장법 제 3 조 소정의 '**자기를 위하여 자동차를 운행하는 자**'에 해당하는 한 자동차손해배상보장법상의 **손해배상책임을 부담한다** (대판 1996. 3. 8, 94다23876).

(4) **자동차손해배상 보장법에 의하여 성립된 책임의 범위와 절차**   국가나 지방자치단체는 자동차손해배상 보장법에 따라 손해배상책임이 있을 때에는 국가배상법에 따라 그 손해를 배상하여야 한다 (국배법 제 2 조 제 1 항 후문). 배상책임의 성립요건은 자동차손해배상 보장법에 의하면서 배상책임의 범위와 절차를 국가배상법에 의하게 한 것은 배상책임의 범위와 절차에 특례를 인정한 셈이다. 배상책임의 내용은 국가배상법에 의하므로 이 경우에도 이중배상금지규정의 적용이 있다.

(5) **국가배상법 제 5 조와의 관계**   자동차도 국가배상법 제 5 조의 공물에 해당한다. 따라서 자동차사고의 경우에는 제 2 조와 제 5 조와의 경합이 문제된다. 생각건대 자동차사고와 관련하는 한, 국가배상법 제 2 조 제 1 항 본문 후단이 자동차손해배상 보장법의 특례로 규정되고 있으므로, 국가배상법 제 5 조의 적용은 없다고 볼 것이다.

Ⅲ. 영조물의 하자로 인한 배상책임

1. 배상책임의 요건

영조물의 하자로 인한 배상책임은 헌법에서 규정하는 바가 없다. 그러나 입법자는 헌법 제 29조 제 1 항의 취지를 고려하여 국가배상법에서 영조물의 하자로 인한 배상책임에 관해 규정하고 있다 (국배법 제 5 조). 국가배상법 제 5 조에서 정한 배상책임의 발생요건을 나누어 살펴보기로 한다.

(1) **도로 그 밖의 공공의 영조물**

1) **영조물의 의의**   국가배상법 제 5 조 제 1 항은 도로·하천을 공공의 영조물의 일종으로 규정하고 있다. 그런데 행정법학에서 도로·하천은 일반적으로 영조물(공적 목적을 위한 인적·물적 종합시설)이 아니라 공물(공적 목적에 제공된 물건 등)로 이해되고 있으므로, 국가배상법 제 5 조 제 1 항에서 말하는 영조물이란 학문상의 공물을 뜻하는 것으로 보아야 할 것이다 (판례 1, 2).

판례 1 국가배상법 제5조 제1항 소정의 '공공의 영조물'의 의미

(사단법인 한국사회체육진흥회 산하 한국모터스포츠연맹이 안산시 소유의 종합운동장 예정부지에 서 자동차경주를 강행하다가 발생한 사고의 당사자가 안산시를 상대로 손해배상을 청구한 사건에서) 국가배상법 제5조 제1항 소정의 "공공의 영조물"이라 함은 국가 또는 지방자치단체에 의하여 특정 공공의 목적에 공여된 유체물 내지 물적 설비를 지칭하며, 특정 공공의 목적에 공여된 물이라 함은 일반공중의 자유로운 사용에 직접적으로 제공되는 공공용물에 한하지 아니하고, 행정주체 자신의 사용에 제공되는 공용물도 포함하며 국가 또는 지방자치단체가 소유권, 임차권 그 밖의 권한에 기하여 관리하고 있는 경우뿐만 아니라 사실상의 관리를 하고 있는 경우도 포함한다(대판 1995. 1. 24, 94다45302).

판례 2 국가의 사경제적 작용인 철도운행사업의 경우, 철도시설물의 설치 및 관리상의 하자로 인한 손해배상청구에 있어서 국가배상법 제5조의 적용 여부

(수원역 대합실과 승강장의 설치·관리상의 하자로 인 한 손해배상을 청구한 수원역 통일호 열차사건에서) 국가 또는 지방자치단체라 할지라도 공권력의 행사가 아니고 단순한 사경제의 주체로 활동하였을 경우에는 그 손해배상책임에 국가배상법이 적용될 수 없고 민법상의 사용자책임 등이 인정되는 것이고 **국가의 철도운행사업은 국가가 공권력의 행사로서 하는 것이 아니고 사경제적 작용이라 할 것이므로,** 이로 인한 사고에 공무원이 간여하였다고 하더라도 국가배상법을 적용할 것이 아니고 일반 민법의 규정에 따라야 하나 ⋯ **공공의 영조물인 철도시설물의 설치 또는 관리의 하자로 인한 불법행위를 원인으로 하여 국가에 대하여 손해배상청구를 하는 경우에는 국가배상법이 적용**된다(대판 1999. 6. 22, 99다7008).

2) 공물의 종류 공물에는 자연공물·인공공물, 동산·부동산이 있고 동물도 포함되며, 아울러 사소유물이라도 공물인 한 여기의 공물에 해당한다. 공물에 공용물과 공공용물이 포함된다. 그러나 공물이 아닌 것(일반재산)은 비록 국가나 지방자치단체의 소유물일지라도 여기서 말하는 공물에 해당하지 않는다.

(2) 설치나 관리에 하자

1) 설치·관리의 의의 설치란 영조물(공물)의 설계에서 건조까지를 말하고, 관리란 영조물의 건조 후의 유지·수선을 의미한다.

2) 하자의 의의

(개) 학 설 하자의 의미와 관련하여 학설은 주관설·객관설·절충설·안전의무위반설로 나뉘고 있다.

(a) 주 관 설 제5조의 표현에 비추어 하자를 공물주체가 관리의무, 즉 관리자의 설치·관리상의 주관적 귀책사유로 인한 하자 발생으로 이해하는 견해이다. 배상책임의 성립 여부가 관리자의 주의의무위반 여부에 의존되는바, 피해자의 구제에 만전을 기하기 어렵다. 주의의무를 객관화시키게 되면 객관설과 실질적 차이는 좁혀지게 된다.

(b) 객 관 설 하자를 공물 자체가 항상 갖추어야 할 객관적인 안정성의 결여로 이해하는 견해이다. 즉 일반적인 사용법에 따른 것임에도 위험발생의 가능성이 존재함을 의미한다는 견해이다. 객관설은 관리자의 고의·과실을 문제삼지 않는다.

(c) 절 충 설   영조물 자체의 하자뿐만 아니라 관리자의 안전관리의무위반이라는 주관적 요소도 부가하여 하자의 의미가 이해되어야 한다는 견해이다. 즉, 관리자의 주의의무위반에 기인하든 물적 결함에 기인하든 모두 하자에 해당한다는 견해이다(류지태·박종수 교수는 절충설을 관리자의 안전확보의무위반과 물적 결함이 동시에 구비되는 경우에 배상책임을 물을 수 있다는 견해로 이해하는 것으로 보인다).

(d) 안전의무위반설   행정주체가 물건을 공용개시를 통해 일반의 사용에 제공·노출시킨 경우는 타인에게 위험이 발생하지 않도록 안전조치를 취할 법적 의무를 부담하는데, 「영조물의 설치나 관리에 하자」란 관리주체의 이러한 안전의무위반을 의미하며, 행정주체와 개인 간의 관계에서 공무원은 권리·의무의 귀속주체로 나타날 수 없으므로 공무원의 주관적 요소는 고려되지 않는다. 이 견해에 의하면, 국가배상법이 '영조물의 하자'로 표기하지 않고 '영조물의 설치나 관리에 하자'라고 표기하고 있으므로 '물적상태책임'이 아니라 '행위책임'이며, 국가배상법 제 5 조가 제 2 조와는 달리 고의 또는 과실을 요건으로 하고 있지 않으므로 과실책임으로 볼 수도 없으므로, 영조물의 설치나 관리에 하자의 책임은 「행위책임」이자 「위법·무과실 책임」이라 한다(정하중, 김남진).

(ㄴ) 판   례   판례는 '영조물의 설치 또는 관리의 하자'를 기본적으로 「영조물이 그 용도에 따라 통상 갖추어야 할 안전성을 갖추지 못한 상태」로 이해하여 객관설을 취하면서 동시에 안전성의 구비여부의 판단기준으로 여러 제약을 가하고 있으므로(판례 1, 2), 판례의 태도는 수정(변형)된 객관설이라 부를 것이다(행정구제법, 사법연수원). 한편, 일부 판결(판례 1)은 판단기준으로 방호조치의무의 이행여부라는 표현을 활용하는 탓으로 주관설(김동희) 또는 안전의무위반설(정하중, 김남진)을 취하고 있다고 해석할 요지도 있다.

판례 1   국가배상법 제 5 조 제 1 항 소정의 '영조물의 설치 또는 관리의 하자'의 의미
(실제 도로상황에 맞지 않는 잘못된 보조표지로 피해를 입은 원고가 제주특별자치도를 상대로 손해배상을 청구한 사건에서) 국가배상법 제 5 조 제 1 항에 규정된 '영조물 설치·관리상의 하자'는 공공의 목적에 공여된 영조물이 그 용도에 따라 통상 갖추어야 할 안전성을 갖추지 못한 상태에 있음을 말한다. 그리고 위와 같은 안전성의 구비 여부는 영조물의 설치자 또는 관리자가 그 영조물의 위험성에 비례하여 사회통념상 일반적으로 요구되는 정도의 방호조치의무를 다하였는지를 기준으로 판단하여야 하고, 아울러 그 설치자 또는 관리자의 재정적·인적·물적 제약 등도 고려하여야 한다. 따라서 영조물이 그 설치 및 관리에 있어 완전무결한 상태를 유지할 정도의 고도의 안전성을 갖추지 아니하였다고 하여 하자가 있다고 단정할 수는 없고, 영조물 이용자의 상식적이고 질서 있는 이용 방법을 기대한 상대적인 안전성을 갖추는 것으로 족하다(대판 2022. 7. 28. 2022다225910).

판례 2   '영조물의 설치 또는 관리의 하자'의 의미
(원고들의 대한민국에 대한 손해배상 청구사건인 매향리 사격장사건에서) 국가배상법 제 5 조 제 1 항에 정하여진 **'영조물의 설치 또는 관리의 하자'** 함은 공공의 목적에 공여된 **영조물**이 그 용도에 따라 갖추어야 할 안전성을 갖추지 못한 상태에 있음을 말하고, 여기서 안전성을 갖추지 못한 상태, 즉 **타인에게 위해를 끼칠 위험성이 있는 상태**라 함은 당해 영조물을 구성하는 물적 시설 그 자체에 있는 물리적·외형적 흠결이나 불비로 인하여

그 이용자에게 위해를 끼칠 위험성이 있는 경우뿐만 아니라 그 영조물이 공공의 목적에 이용됨에 있어 그 이용상태 및 정도가 일정한 한도를 초과하여 제3자에게 사회통념상 참을 수 없는 피해를 입히는 경우까지 포함된다고 보아야 할 것이고, 사회통념상 참을 수 있는 피해인지의 여부는 그 영조물의 공공성, 피해의 내용과 정도, 이를 방지하기 위하여 노력한 정도 등을 종합적으로 고려하여 판단하여야 한다(대판 2004. 3. 12, 2002다14242; 대판 2005. 1. 27, 2003다49566; 대판 2010. 11. 25, 2007다20112; 대판 2010. 11. 25, 2007다74560).

(다) 사 견 생각건대 규정의 표현방식으로는 주관설에 입각한 것으로 보이나 제2조와의 관계상 객관설을 취할 때 국가의 무과실책임이 인정될 것인바 객관설이 타당하다. 객관설이 전통적 견해의 입장이다. 이때 하자의 유무의 판단은 객관적이고도 종합적으로 이루어져야 한다(대판 1998. 2. 13, 97다49800; 대판 2001. 7. 27, 2000다56822). 객관설이 말하는 객관적 안전성은 자연과학적 관점에서 본 절대적 안전성을 뜻하는 것이 아니라 사회통념의 관점에서 본 안전성을 뜻한다.

3) 무과실책임 본조상의 국가책임은 무과실책임이다. 말하자면 국가나 지방자치단체가 공물을 설치·관리함에 있어 고의·과실이 없었음에도 하자가 발생하였다면, 즉 공물 자체에 객관적 안전성이 결여되었다면 국가나 지방자치단체는 배상책임을 부담한다.

4) 입증책임 하자의 유무에 관한 입증책임은 엄격하게 새길 것이 아니다. 일반시민의 입장에서 공물의 안전도에 관한 전문적 지식을 갖는다는 것은 통상 기대하기 어렵기 때문이다. 따라서 피해자가 하자의 개연성만 주장하면 하자가 추정되는 것으로 보는 제도의 정착이 필요하다.

5) 불가항력·예산부족 등과 면책사유 ① 객관적 안전성을 갖춘 이상 불가항력에 의한 가해행위는 면책이 된다(판례 1, 2). 불가능에 대해서는 책임을 추궁할 수 없기 때문이다. 판례도 영조물의 기능상 결함으로 인한 손해발생의 예견가능성과 회피가능성이 없는 경우는 영조물의 설치·관리상의 하자를 인정할 수 없다(대판 2007. 9. 21, 2005다65678)고 한다. 그러나 당초 불가항력으로 손해가 발생하였어도 영조물의 설치·관리에 하자로 피해가 악화되었다면 그 범위 내에서는 국가가 책임을 져야 한다. ② 예산의 부족은 배상액의 산정에 참작사유는 될지언정 안전성 판단에 결정적인 사유는 될 수 없다(판례 3).

판례 1 50년 빈도의 최대강우량을 불가항력에 기인한 것으로 볼 수 있는지 여부

(제방도로가 집중호우로 인하여 불어난 강물의 수압을 견디지 못하고 유실되면서 그 곳을 걸어가던 A가 강물에 휩쓸려 익사하여 유족이 손해배상을 청구한 청원군 제방도로 유실사건에서) 집중호우로 제방도로가 유실되면서 그 곳을 걸어가던 보행자가 강물에 휩쓸려 익사한 경우, 사고 당일의 집중호우가 50년 빈도의 최대강우량에 해당한다는 사실만으로 **불가항력에 기인한 것으로 볼 수 없다**(대판 2000. 5. 26, 99다53247).

판례 2 집중호우로 산비탈이 무너져 내려 발생한 교통사고에 대해 천재지변을 이유로 배상책임의 면책을 인정할 수 있는지 여부

(집중호우로 산비탈이 무너져 내려 피해를 입은 진흥여객 (주)가 대한민국을 상대로 손해배상을 청구한 사건에서) 비가 많이 올 때 등에 대비하여 깎아 내린 산비탈부분

이 무너지지 않도록 배수로를 제대로 설치하고 격자블럭 등의 견고한 보호시설을 갖추어야 됨에도 불구하고, 이를 게을리한 잘못으로 산비탈부분이 1991. 7. 25. 내린 약 308.5mm의 **집중호우에 견디지 못하고 도로 위로 무너져 내려 차량의 통행을 방해함으로써 일어난 사고는 피고**(대한 민국)**의 도로의 설치 또는 관리상의 하자로 인하여 일어난 것**이라고 보아야 한다. … 매년 비가 많이 오는 장마철을 겪고 있는 우리나라와 같은 기후의 여건하에서 위와 같은 집중호우가 내렸다고 하여 **전혀 예측할 수 없는 천재지변이라고 보기는 어렵다**(대판 1993. 6. 8, 93다11678).

판례 3 영조물의 하자에 대한 판단기준

(폭우로 인한 산사태로 병사가 무너지면서 병사 안에서 자고 있던 사병이 압 사하고, 이에 그 유족이 손해배상을 청구한 **사병내무반 붕괴압사사건**에서) 영조물 설치의 「하자」라 함은 영조물의 축조에 불완전한 점이 있어 이 때문에 영조물 자체가 통상 갖추어야 할 완전성을 갖추지 못한 상태에 있음을 말한다고 할 것인바 그 「하자」 유무는 객관적 견지에서 본 안전성의 문제이고 그 설치자의 재정사정이나 영조물의 사용목적에 의한 사정은 안전성을 요구하는데 대한 정도 문제로서 **참작사유에는 해당할지언정 안전성을 결정지을 절대적 요건에는 해당하지 아니한다 할 것이다**(대판 1967. 2. 21, 66다1723).

6) 하천범람에서 영조물(하천)의 설치나 관리에 하자

(가) 학 설 ①설(계획홍수량을 기준으로 하는 견해)은 하천의 경우 강수량의 정확한 예측이 어렵고 제방의 축조에 막대한 비용이 소요되기에 하천과 같은 자연공물의 경우에는 국가재정·긴급성의 정도 등에 따라 연차적으로 그 안정성을 높여가는 특징이 있는바, 하천이 범람하여 수재가 발생할 때마다 그 손해 전부에 대하여 국가가 책임을 질 수는 없다고 한다. 그리하여 파제형 수해(제방파괴로 인한 수해)의 경우에는 국가 등의 배상책임이 인정되지만, 일제형 수해(하천범람으로 인한 수해)의 경우에는 계획홍수량(계획고 수량)(홍수시에 하천의 제방이 붕괴되지 아니하고 유지될 수 있도록 계획된 최대유량)을 기준으로 판단하는 입장이다. ②설(객관설을 기준으로 하는 견해)은 일제형 수해에 있어서 계획홍수량이라는 것도 객관설이 보는 통상적 안정성의 문제로 볼 수 있는바, 하천의 경우가 다른 공물과 다르다고 할 특별한 이유가 없다는 입장이다.

(나) 판 례 판례는 삼성천 범람사건과 중랑천 범람사건에서 계획홍수량 등을 충족하고 있다면 하천의 설치·관리에 하자가 없다는 입장이다(판례).

판례 관리청이 하천법 등 관련 규정에 의해 책정한 하천정비기본계획 등에 따라 개수를 완료한 하천이 위 기본계획 등에서 정한 계획홍수량 등을 충족하여 관리되고 있는 경우, 그 안전성을 인정할 수 있는지 여부

(홍수로 안양천 수계의 삼성천 유역에 내린 집중호우로 피해를 입은 원고들이 안양시 등을 피고로 한 손해배상청구소송을 제기한 **삼성천 범람사건**에서) 관리청이 하천법 등 관련 규정에 의해 책정한 하천정비기본계획 등에 따라 개수를 완료한 하천 또는 아직 개수 중이라 하더라도 개수를 완료한 부분에 있어서는, 위 **하천정비기본계획 등에서 정한 계획홍수량 및 계획홍수위를 충족하여 하천이 관리되고 있다면** 당초부터 계획홍수량 및 계획홍수위를 잘못 책정하였다거나 그 후 이를 시급히 변경해야 할 사정이 생겼음에도 불구하고 이를 해태하였다는 등의 특별한 사정이 없는 한, 그 하천은 용도에 따라 통상 갖추어야 할 안전성을 갖추고 있다고 봄이 상당하다(대판 2007. 9. 21, 2005다65678).

⒟ 사 견 하천의 경우도 영조물의 하자에 관한 일반적인 기준인 객관설에 따라 통상 갖추어야 할 안전성의 결여를 기준으로 판단하고, 예견불가능하거나 회피불가능한 경우는 불가항력으로 국가 등을 면책시키면 될 것이지 하자의 기준을 하천과 다른 영조물 간에 별도로 인정할 필요는 없을 것이다(②설). 왜냐하면 제방시설의 불충분은 국가정책선택의 문제이므로 이를 법적인 문제로 보기 어렵기 때문이다(류지태·박종수).

⑶ 타인에게 손해를 발생 타인과 손해의 개념은 국가배상법 제 2 조의 경우와 같다.

⑷ 인과관계 설치·관리의 하자와 손해 간에 상당인과관계가 있어야 한다. 설치·관리의 하자가 손해의 발생이나 확대와 상당인과관계가 있는 한 자연현상이나 제 3 자 또는 피해자 자신의 행위가 손해의 원인으로서 가세되더라도 국가 등의 배상책임은 성립된다.

⑸ 제 2 조와 경합 공물의 설치·관리상의 하자와 공무원의 위법한 직무집행행위가 경합하는 경우에는 피해자는 국가배상법 제 2 조나 제 5 조 그 어느 규정에 의해서도 배상을 청구할 수 있다. 다만, 입증책임과 관련하여 제 5 조를 주장하는 것이 보다 용이할 것이다. 제 5 조는 제 2 조와의 관계에서 보충적 지위에 있으므로 경합을 부정해야 한다는 견해도 있다.

2. 배상책임의 내용

배상액, 배상청구권의 양도, 배상청구권의 주체와 시효 등은 제 2 조의 경우와 같다.

[기출사례] 제63회 5급공채(2019년) 문제·답안작성요령 ☞ PART 4 [1-56]

3. 배상책임자

⑴ 국가와 지방자치단체 제 2 조에서 기술한 바와 같다.

⑵ 영조물의 원래의 관리주체(사무의 귀속주체)와 비용부담자

1) 영조물의 관리주체로서 배상책임자(국배법 제5조 제1항) 제 2 조와 같이 국가사무는 국가가, 자치사무는 당해 지방자치단체가 배상책임을 진다. 따라서 기관위임사무의 경우에는 위임기관이 속한 행정주체가 영조물의 관리주체로서 배상책임을 진다(판례).

〔판례〕 국가로부터 기관위임받은 경우 영조물의 설치 및 보존의 하자로 인한 손해배상책임의 주체

(서울특별시가 설치한 강서 운전면허 시험장에서 기능시험을 위한 운전중 발생한 사고의 피해자가 손해배상을 청구한 사건에서) 자동차운전면허시험 관리업무는 국가행정사무이고 지방자치단체의 장인 서울특별시장은 국가로부터 그 관리업무를 기관위임받아 국가행정기관의 지위에서 그 업무를 집행하므로, **국가는 면허시험장의 설치 및 보존의 하자로 인한 손해배상책임을 부담**한다(대판 1991. 12. 24, 91다34097).

---

2) 비용부담자로서 배상책임자(국배법 제6조 제1항)

㈎ 규정내용 국가배상법은 국가배상책임자를 제 2 조 제 1 항과 제 5 조 제 1 항의 배상

책임자(사무귀속주체, 영
조물의 관리주체) 외에 제 6 조 제 1 항에서 별도로 비용부담자로서 배상책임자를 규정하고 있다. 즉 국가 또는 지방자치단체가 제 5 조(제 2
조)에 의한 손해배상의 책임을 지는 경우 '공무원의 선임·감독자 또는 영조물의 설치·관리를 맡은 자'와 '공무원의 봉급·급여 기타의 비용을 부담하는 자 또는 영조물의 설치·관리의 비용을 부담하는 자'가 동일하지 아니한 경우에는 피해자는 어느 쪽에 대하여도 선택적으로 손해배상을 청구할 수 있도록 규정하고 있다. 이와 같이 관리주체(사무귀
속주체)와 함께 비용부담주체도 손해배상책임을 지도록 한 것은 피해자 구제의 실효성에 있다. 즉, 손해배상청구의 피고를 잘못 선택함으로 인한 불이익을 피해자가 부담하지 않도록 하기 위한 것이다.

(나) 국가배상법 제 6 조 제 1 항의 특징   위임사무를 처리하는 과정에서 사무귀속주체(관리
주체)가 국가배상법 제 2 조 제 1 항(제 5 조
제 1 항)의 배상책임을 부담하는 경우 비용을 부담하는 자도 배상책임을 부담하게 되어 배상책임자의 범위의 확대를 가져온다.

(다) 국가배상법 제 6 조 제 1 항의 분석

(a) 공무원의 선임·감독 또는 영조물의 설치·관리를 맡은 자와 공무원의 봉급·급여 등 비용 또는 영조물의 설치·관리 비용을 부담하는 자   학설과 판례는 '공무원의 선임·감독 또는 영조물의 설치·관리를 맡은 자'를 사무귀속주체 또는 영조물의 관리주체(위임사무에서 위임
청이 속한 행정주체)로 해석한다. 그리고 '공무원의 봉급·급여 기타의 비용 또는 영조물의 설치·관리의 비용을 부담하는 자'를 사무 또는 영조물의 비용부담자(위임사무에서 수임청이 속한 행정주체＝위임사무
를 현실적으로 처리하는 행정기관이 속한 행정주체)로 해석한다.

(b) 동일하지 아니하면   동일하지 아니한 경우란 지방자치단체가 광역자치단체나 국가로부터의 위임사무를 처리하는 경우를 말한다. 물론 지방자치단체의 자치사무를 국가기관이 위임받아 처리하는 경우도 포함된다.

[참고] 단체위임사무와 관리주체(사무귀속주체)
지방자치단체가 처리하는 위임사무에는 단체위임사무와 기관위임사무가 있다. 기관위임사무는 국가배상법 제 6 조 제 1 항이 적용되지만, 단체위임사무는 학설의 대립이 있다. ① 일설(박균
성)은 단체위임사무는 지방자치단체의 사무이므로 단체위임사무의 사무귀속주체(관리
주체)는 지방자치단체라고 한다. 즉 단체위임의 경우 사무귀속주체(관리
주체)로서의 지위가 수임자치단체에게 이전된다고 본다(이 견해에 따르면 단체위임사무의 경우
국가배상법 제 6 조는 문제될 여지가 없다). ② 그러나 단체위임사무는 수임 지방자치단체가 수행할 뿐 그 사무의 효과의 귀속주체는 여전히 국가(광역자
치단체)이고, 단체위임사무도 여전히 국가(광역자
치단체)가 합법성 및 합목적성까지 감독하는 점을 보면 단체위임의 경우에도 사무귀속주체(관리
주체)로서의 지위는 수임자치단체에게 이전되지 않는다고 보는 것이 타당하다(이 견해에 따르면 단체위임사무의 경우에도 기관위
임사무와 마찬가지로 국가배상법 제 6 조가 문제된다).

(c) 비용의 범위   '봉급·급여 그 밖의 비용부담자'란 봉급·급여를 부담하거나, 봉급·급여 이외의 사무집행에 소요되는 비용을 부담하거나, 또는 봉급·급여뿐만 아니라 사무집행에 소요되는 비용까지 부담하는 자(행정
주체)를 포함한다(판
례). 그리고 '영조물의 설치·관리 비용을 부담하는 자'란 영조물의 설치·관리에 현실적으로 비용을 부담하는 자(행정
주체)를 말한다.

> [판례] 국가배상법 제6조 제1항의 '공무원의 봉급·급여 기타의 비용을 부담하는 자'의 의미
> (자동차운송사업면허조건의 위반(차량지입)을 이유로 한 천안시장의 자동차운송사업면허의 일부취소와 지입
> 차량에 관한 개별운송사업면허처분으로 인해 입은 손해의 배상을 청구한 천안시 진성운수 감차처분사건에서) 국가배상법 제6조
> 제1항 소정의 공무원의 봉급, 급여 기타의 비용'이란 공무원의 인건비만을 가리키는 것이 아니라
> 당해 사무에 필요한 일체의 경비를 의미한다(대판 1994. 12. 9,/94다38137).

(d) 비용을 부담하는 자

(i) 학　　설　　① 국가배상법 제6조 제1항의 비용부담자란 비용의 실질적·궁극적
부담자를 의미한다는 실질적 비용부담자설, ② 비용부담자란 단순히 대외적으로 비용을 부담하
는 자를 의미한다는 형식적 비용부담자설, ③ 비용부담자란 피해자의 그릇된 피고선택의 위험성
의 배제를 위해 실질적 비용부담자와 형식적 비용부담자를 포함한다는 병합설(다수설)이 있다.

(ii) 비용부담자의 의미에 관한 판례　　판례는 국가배상법 제6조 제1항의 비용부담자
를 여의도광장질주사건[판례1]에서는 실질적 비용부담자로(관리청의 비용부담/규정이 있는 경우), 천안시진성운송사건
[판례2]에서는 형식적 비용부담자로 보고 있어 병합설을 취하는 것으로 보인다(강구철, 김연/태, 홍준형).

> [판례 1] 국가배상법 제6조 제1항의 비용부담자의 의미(실질적 비용부담)
> (여의도광장 차/량질주사건에서) 여의도광장의 관리청이 **본래 서울특별시장이라 하더라도** 그 관리사무의 일부가 **영등
> 포구청장에게 위임되었다면**, 그 위임된 관리사무에 관한 한 여의도광장의 관리청은 영등포구청장
> 이 되고, **같은 법 제56조에 의하면** 도로에 관한 비용은 건설부장관이 관리하는 도로 이외의 도로
> 에 관한 것은 관리청이 속하는 지방자치단체의 부담으로 하도록 되어 있어 **여의도광장의 관리비용
> 부담자**는 그 위임된 관리사무에 관한 한 관리를 위임받은 **영등포구청장이 속한 영등포구가 되므로,**
> **영등포구**는 여의도광장에서 차량진입으로 일어난 인신사고에 관하여 **국가배상법 제6조 소정의 비
> 용부담자로서의 손해배상책임이 있다**(대판 1995. 2. 24,/94다57671).

> [판례 2] 국가배상법 제6조 제1항의 비용부담자의 의미(형식적 비용부담)
> (천안시 진성운수/감차처분사건에서) 구 지방자치법 제131조에서는 지방자치단체는 그 자치사업수행에 필요한 경비와
> 위임된 사무로서 부담된 경비를 지출할 의무를 진다. 단 국가행정사무 및 자치단체사무를 위임할
> 때에는 반드시 그 경비는 이를 위임한 국가 또는 자치단체에서 부담하여야 한다'고 규정하고 있고
> (현행 지방자치법 제158/조도 동일한 내용임), 구 지방재정법 제18조 제2항에는 국가가 스스로 행하여야 할 사무를 지방자
> 치단체 또는 그 기관에 위임하여 수행하는 경우에 소요되는 경비는 국가가 그 전부를 지방자치단
> 체에 교부하여야 한다'고 규정하고 있으므로(현행 지방재정법 제21/조 제2항도 동일함), **지방자치단체의 장이 기관위임된 국
> 가행정사무를 처리하는 경우** 그에 소요되는 **경비의 실질적·궁극적 부담자는 국가라고 하더라도 당
> 해 지방자치단체**는 국가로부터 내부적으로 **교부된 금원으로 그 사무에 필요한 경비를 대외적으로 지
> 출하는 자이므로, 이러한 경우 지방자치단체**는 국가배상법 제6조 제1항 소정의 **비용부담자로서
> 공무원의 불법행위로 인한 위 법에 의한 손해를 배상할 책임이 있다.** … 감차처분 및 개별운송사업
> 면허처분에 관련된 사무가 천안시장에게 재위임된 국가행정사무이어서 위 법 제2조에 의한 공
> 무원의 선임, 감독자로서의 손해배상책임은 국가에 있다고 하더라도, 위 사무에 소요되는 경비는

피고 시가 지출하였을 것이므로, 천안시장이 위 사무를 처리함에 있어서 원고의 주장과 같은 불법행위를 저질렀다면, 천안시는 위 법 제 6 조 제 1 항 소정의 비용부담자로서 이로 인한 손해를 배상할 책임이 있다(대판 1994. 12. 9,/94다38137).

(iii) 사   견   지방공무원의 봉급·급여는 특별회계가 아니라 일반회계에서 나오며, 국가의 지방교부세 또는 특별시·광역시의 재정조정교부금은 일반회계의 내용이 되고, 형식적 비용부담과 실질적 비용부담의 구분은 곤란하며, 피해자인 국민은 비용출처에 관해 통상 잘 알기 어렵고, 피해자의 권리구제의 측면을 고려할 때 실질적 비용부담자인가 또는 형식적 비용부담자인가를 구분하지 않고 모두 배상책임을 부담한다고 볼 것이다(병합/설).

㈃ 선택적 청구   피해자는 공무원의 선임·감독(영조물의/설치·관리)을 맡은 자와 공무원의 봉급·급여, 그 밖의 비용(영조물의 설/치·관리 비용)을 부담하는 자 중에서 선택하여 국가배상을 청구할 수 있다.

3) 내부적 구상문제(종국적 배/상책임자)(국배법/제6조 제2항)   국가배상법 제 6 조 제 2 항은 "제 1 항의 경우에 손해를 배상한 자는 내부관계에서 그 손해를 배상할 책임이 있는 자에게 구상할 수 있다"고 규정한다. 국가배상법 제 6 조 제 1 항이 비용부담자의 피해자인 국민에 대한 외부적인 배상의무를 규정하고 있으므로, 제 2 항은 공무원의 선임·감독 또는 영조물의 설치·관리를 맡은 자에 대한 비용부담자의 내부적인 구상권을 정하는 규정이다. 제 2 항과 관련하여 공무원의 선임·감독 또는 영조물의 설치·관리를 맡은 자와 비용부담자 사이에서 누가 종국적인 비용부담자인가에 관해 견해가 나뉘고 있다.

㈎ **학   설**

(a) 사무귀속자설(관리자부담설,/관리자책임설)   사무를 관리하는 자(예: 시장·군/수,구청장)가 속하는 행정주체가 최종적인 책임을 부담한다는 견해이다. 사무가 특정 행정주체에 귀속된다고 하는 것은 그 사무와 관련된 모든 권리·의무·책임이 그 주체에 속한다는 것을 뜻하는바, 명시적인 특별규정이 없는 한, 손해배상을 포함하여 사무수행에 따르는 모든 비용을 사무의 귀속주체가 최종적으로 부담하여야 한다는 것을 논거로 한다. 우리의 통설로서 책임의 원리를 강조한다. 사무귀속자설은 관리자부담설 또는 관리자책임설이라고도 한다. 관리자와 사무의 귀속주체는 동일한 개념이 아니므로 사무귀속자설이라는 용어를 사용하는 것이 바람직하다.

(b) 비용부담자설   사무 또는 영조물의 관리비용에는 손해배상금도 포함된다는 전제하에 당해 사무의 비용을 부담하는 자가 최종적인 책임자라는 견해이다. 관리자와 비용부담자가 상이한 경우를 전제로 하고 이 견해를 따르게 되면, 실질적 비용부담자가 최종적 비용부담자라 하게 된다. 책임자경합시 비용부담의 비율에 따른 배상액분배가 용이하다는 것을 근거로 한다. 일본의 통설이다.

(c) 기여도설(병존/설)   손해발생에 기여한 정도에 따라 최종적인 비용부담자가 정해져야 한다는 견해이다. 기여자가 수인인 경우에는 각자의 책임이 병존하므로 기여도에 따라 분담하여

최종적으로 비용을 부담하여야 한다는 입장이다.

　　(나) 판　　례　　　종국적 배상책임자에 관한 대법원의 입장은 불분명하다. 기여도설을 취한 것으로 보이는 판례$\binom{판례}{1}$도 있지만, 사무귀속자설을 취했다고 볼 수 있는 판례$\binom{판례}{2}$도 있다.

> ┌ 판례 1 ┐ 국가배상법 제 6 조 소정의 사무귀속자와 비용부담자로서의 지위가 두 행정주체 모두에 중첩된 경우, 내부적 부담 부분의 결정 기준
>
> (피고(대한민국) 산하 이리지방국토관리청이 일반국도 13호선을 포장하는 공사를 완공한 후 광주광역시(원고)에 인계하는 과정에서 소외 임씨가 도로상의 폐아스콘더미에 부딪혀 사망한 후 대한민국과 광주광역시 간에 구상금이 문제된 광주광역시 폐아스콘사건에서) **원래 광역시가 점유·관리하던 일반국도 중 일부 구간의 포장공사를 국가가 대행하여 광역시에 도로의 관리를 이관하기 전에 교통사고가 발생한 경우,** 광역시는 그 도로의 점유자 및 관리자, 도로법 제56조, 제55조, 도로법시행령 제30조에 의한 도로관리비용 등의 부담자로서의 책임이 있고, 국가는 그 도로의 점유자 및 관리자, 관리사무귀속자, 포장공사비용 부담자로서의 책임이 있다고 할 것이며, 이와 같이 광역시와 국가 모두가 도로의 점유자 및 관리자, 비용부담자로서의 책임을 중첩적으로 지는 경우에는, **광역시와 국가 모두가 국가배상법 제 6 조 제 2 항 소정의 궁극적으로 손해를 배상할 책임이 있는 자라고 할 것이고, 결국 광역시와 국가의 내부적인 부담 부분은, 그 도로의 인계·인수 경위, 사고의 발생 경위, 광역시와 국가의 그 도로에 관한 분담비용 등 제반 사정을 종합하여 결정함이 상당**하다($\binom{대판 1998. 7. 10,}{96다42819}$).

> ┌ 판례 2 ┐ 지방자치단체장이 경찰서장에게 교통신호기 설치·관리권한을 위임한 후 교통신호기고장으로 교통사고가 발생한 경우 종국적인 손해배상책임자
>
> (교통신호기 설치·관리권한을 안산시장(원고)이 피고(대한민국) 산하 경기도 지방경찰청 소속 안산경찰서장에게 위임한 후 안산시장이 A 등에게 손해를 배상한 후 안산시장과 대한민국 간에 구상금이 문제된 사건에서) **국가배상법 제 6 조**에서 공무원의 선임·감독자 또는 영조물의 설치·관리를 맡은 자와 비용부담자가 다를 경우 비용부담자도 배상책임을 지도록 하고 **내부관계에서 구상할 수 있도록 규정한 취지는,** 배상책임자가 불분명하여 피해자가 과연 누구를 손해배상청구의 상대방으로 할 것인지를 알 수 없는 경우에 비용부담자도 배상책임을 지는 것으로 함으로써 **피해자의 상대방 선택의 부담을 완화하여 피해구제를 용이하게 하고, 그 내부관계에서는 실질적인 책임이 있는 자가 최종적으로 책임을 지게 하려는 데 있는 것으로 풀이되는바,** 원심이 확정한 바와 같이 이 사건 교통신호기의 관리사무는 원고가 안산경찰서장에게 그 권한을 기관위임한 사무로서 피고 소속 경찰공무원들은 원고의 사무를 처리하는 지위에 있으므로, 원고가 그 사무에 관하여 선임·감독자에 해당하고, 그 교통신호기 시설은 지방자치법 제132조 단서의 규정에 따라 원고의 비용으로 설치·관리되고 있으므로, 그 신호기의 설치, 관리의 비용을 실질적으로 부담하는 비용부담자의 지위도 아울러 지니고 있는 반면, 피고는 단지 그 소속 경찰공무원에게 봉급만을 지급하고 있을 뿐이므로, **원고**$\binom{안산}{시장}$**와 피고**$\binom{대한}{민국}$ **사이에서 이 사건 손해배상의 궁극적인 책임은 전적으로 원고에게 있다고 봄이 상당하다**($\binom{대판 2001. 9. 25,}{2001다41865}$).

　　(다) 사　　견　　　자기의 사무가 아님에도 불구하고 단순히 비용만 부담한 자가 최종적으로 비용을 부담한다는 것은 「사무에는 비용이 따른다」는 원리에 반한다는 점, 기관위임사무나 단체위임사무 모두 그 사무처리의 효과는 위임자가 속한 행정주체에 귀속한다는 점, 기관위임이나 단체위임이 이루어지지 않았다면 수임자치단체에게 책임문제가 발생하지 아니하였을 것이라는

점 등을 고려할 때, 사무귀속자설이 타당하다.

[기출사례] 제63회 5급공채(2019년) 문제·답안작성요령 ☞ PART 4 [1-56]

4. 원인책임자에 대한 구상

국가나 지방자치단체가 손해를 배상한 경우, 손해의 원인에 대하여 책임을 질 자가 따로 있으면 국가나 지방자치단체는 그 자에게 구상할 수 있다$\binom{국배법 제5}{조 제2항}\binom{판}{례}$. 여기서 원인에 대하여 책임을 질 자에는 영조물의 설치·관리를 담당한 기업이 해당될 수 있다.

> 판례 국가의 무과실의 경우, 국가배상법상 구상권의 범위
>
> $\binom{한동건설 등이 시공한 김포 – 김포IC간 도로를 기존 4차로에서 8차로로 확·포장하는 공사에서 침수사고가 발생하자, 피해자가 손해배}{상을 구한 소송에서 법원은 수인의 피고에게 배상금을 지급하라는 내용의 판결을 하였다. 이에 피고들이 항소하였으나 국가가 무책임으로 면책되자 시공사인 한동건설이 상고한 한동건설사건에서}$ 원고가 영조물 설치·관리상의 하자로 인하여 손해를 배상한 경우, 손해의 원인에 대하여 책임을 질 자가 따로 있으면 그 자에게 구상할 수 있는바$\binom{국가배상법}{제5조 제2항}$, 만약 이 사건 침수사고 발생에 관하여 원고의 과실이 없고 **피고 등이 전적으로 책임을 져야 하는 경우라면 원고의 배상액 전액을 피고 등에게 구상할 수 있다**$\binom{대판 2012. 3. 15,}{2011다52727}$.

Ⅳ. 배상금청구절차

1. **행정절차**(임의적 결정전치)

(1) 임의적 결정전치의 관념

1) 임의적 결정전치의 의의 국가배상법에 따른 손해배상의 소송은 배상심의회에 배상신청을 하지 아니하고도 제기할 수 있다$\binom{국배법}{제9조}$. 말하자면 국가배상법은 임의적 결정전치를 택하고 있다. 2000년까지의 구 국가배상법은 필요적 결정전치주의를 택하였다.

2) 임의적 결정전치제도의 성격 행정절차로서 결정전치제도는 행정소송법상 행정심판전치제도와 성격을 달리한다. 결정전치제도는 처분을 다투는 것도 아니고, 행정청의 반성을 촉구하는 것도 아니며, 행정청의 전문지식을 활용하는 것도 아니다. 결정전치제도의 효율적인 운영은 경제적이고도 신속한 배상금지급, 합리적인 처리, 법원의 업무경감 등의 의미를 가진다.

(2) 배상심의회

1) 종   류 국가나 지방자치단체에 대한 배상신청사건을 심의하기 위하여 법무부에 본부심의회를 둔다$\binom{국배법 제10조}{제1항 본문}$. 다만, 군인이나 군무원이 타인에게 입힌 손해에 대한 배상신청사건을 심의하기 위하여 국방부에 특별심의회를 둔다$\binom{국배법 제10조}{제1항 단서}$. 본부심의회와 특별심의회는 대통령령으로 정하는 바에 따라 지구심의회를 둔다$\binom{국배법 제10}{조 제2항}$. 배상심의회는 합의제행정청의 성격을 갖는다. 본부심의회와 특별심의회와 지구심의회는 법무부장관의 지휘를 받아야 한다$\binom{국배법 제10}{조 제3항}$. 각 심의회에는 위원장을 두며, 위원장은 심의회의 업무를 총괄하고 심의회를 대표한다$\binom{국배법 제10}{조 제4항}$.

2) 권   한 ① 본부심의회와 특별심의회는 국가배상법 제13조 제6항에 따라 지구심

의회로부터 송부받은 사건, 국가배상법 제15조의2에 따른 재심신청사건, 그 밖에 법령에 따라 그 소관에 속하는 사항을 심의처리한다(국배법 제11조 제1항). 한편 ② 각 지구심의회는 그 관할에 속하는 국가 또는 지방자치단체에 대한 배상신청사건을 심의처리한다(국배법 제11조 제2항).

(3) 배상신청　　　　배상금을 지급받으려는 자는 그 주소지·소재지 또는 배상원인 발생지를 관할하는 지구심의회에 배상신청을 하여야 한다(국배법 제12조 제1항). 손해배상의 원인을 발생하게 한 공무원의 소속 기관의 장은 피해자나 유족을 위하여 제1항의 배상신청을 권장하여야 한다(국배법 제12조 제2항). 심의회의 위원장은 배상신청이 부적법하지만 보정할 수 있다고 인정하는 경우에는 상당한 기간을 정하여 보정을 요구하여야 한다(국배법 제12조 제3항). 제3항에 따른 보정을 하였을 때에는 처음부터 적법한 배상신청을 한 것으로 본다(국배법 제12조 제4항). 제3항에 따른 보정기간은 제13조 제1항에 따른 배상결정 기간에 산입하지 아니한다(국배법 제12조 제5항).

(4) 심의와 결정　　　　국가배상법은 배상금의 심의 및 결정과 관련하여 4주일의 결정기간의 제한(국배법 제13조 제1항), 지구심의회의 결정에 따른 사전지급제도(국배법 제13조 제2항·제3항), 위원장의 직권에 따른 사전지급제도(국배법 제13조 제4항), 배상금결정기준(국배법 제13조 제5항), 본부심의회에 송부(국배법 제13조 제6항), 신청의 각하(국배법 제13조 제8항), 결정서의 송달(국배법 제14조 제1항·제2항), 신청인의 동의와 배상금지급신청(국배법 제15조 제1항·제3항), 재심(국배법 제15조의2 제1항·제2항·제3항), 환송(국배법 제15조의2 제4항·제5항) 등에 관해 규정하고 있다. 구 국가배상법 제16조는 위헌으로 선언된 바 있다(헌재 1995. 5. 25, 91헌가7).

2. 사법절차

(1) 행정소송과 민사소송　　　　① 손해배상청구의 절차는 국가배상법을 공법으로 보는 한 행정소송법상 당사자소송절차에 따라야 한다. 그러나 판례는 민사사건으로 다룬다. 한편 ② 처분의 취소를 구하는 소송을 제기하면서 손해배상의 청구를 병합하여 제기하는 것도 가능하다(행소법 제10조 제1항 제1호·제2항).

(2) 가집행선고　　　　헌법재판소는 소송촉진 등에 관한 특례법 제6조 제1항 중 "국가를 상대로 하는 재산권의 청구에 관하여 가집행선고를 할 수 없다"는 부분이 재산권보장과 신속한 재판을 받을 권리의 보장에 있어서 소송당사자를 차별하여 합리적 이유 없이 국가를 우대하고 있다고 하여, 동 부분을 평등의 원칙에 위반된다고 결정하였다(헌재 1989. 1. 25, 88헌가7). 그 후 동법상 가집행선고에 관한 조항은 삭제되었다.

제 2 절 손실보상제도

Ⅰ. 일 반 론

1. 손실보상제도의 관념

(1) 손실보상제도의 의의　　행정상 손실보상제도란 국가나 지방자치단체가 공공의 필요에 응하기 위한 적법한 공권력행사로 인해 사인의 재산권에 특별한 희생을 가한 경우에 재산권 보장과 공적 부담 앞의 평등이라는 견지에서 그 사인에게 조절적인 보상을 해 주는 제도를 말한다[판례 1, 2, 3]. 손실보상제도는 행정상 손해배상제도·사법상 손해배상제도·형사보상청구제도와 구별된다.

> **판례 1**　재산권의「내용과 한계」와「수용」의 구별의 예
>
> (도시 및 주거환경정비법 제65조 제 2 항(시장·군수 또는 주택공사 등이 아닌 사업시행자가 정비사업의 시행으로 새로이 설치한 정비기반시설은 그 시설을 관리할 국가 또는 지방자치단체에 무상으로 귀속되고, 정비사업의 시행으로 인하여 용도가 폐지되는 국가 또는 지방자치단체 소유의 정비기반시설은 그가 새로이 설치한 정비기반시설의 설치비용에 상당하는 범위 안에서 사업시행자에게 무상으로 양도된다) 등 위헌소원사건에서) **도시정비법 제65조 제 2 항 전단은 재산권의 법률적 수용이라는 법적 외관을 가지고 있으나** 그 실질은 정비기반시설의 설치와 그 비용부담자 등에 관하여 규율하는 것으로, 그 규율형식의 면에서 정비사업의 시행으로 새로이 설치된 정비기반시설과 그 부지를 '개별적이고 구체적으로' 박탈하려는 데 본질이 있는 것이 아니라, 해당 **정비기반시설과 그 부지의 소유관계를 '일반적이고 추상적으로' 규율하고자 한 것이고, 그 규율목적의 면에서도** 사업시행자의 정비기반시설에 대한 재산권을 박탈·제한함에 본질이 있는 것이 아니라, 사업지구 안의 정비기반시설의 소유관계를 정함으로써 사업시행자의 지위를 장래를 향하여 획일적으로 확정하고자 하는 것이므로, **재산권의 내용과 한계를 정한 것으로 이해함이 타당**하다. 따라서 도시정비법 제65조 제 2 항 전단에 따른 정비기반시설의 소유권 귀속은 헌법 제23조 제 3 항의 수용에 해당하지 않고, 이 사건 법률조항이 그에 대한 보상의 의미를 가지는 것도 아니므로, 그 위헌 여부에 관하여 정당한 보상의 원칙에 위배되는지는 문제되지 않는다(헌재 2013. 10. 24. 2011헌바355).

> **판례 2**　도로법 제 3 조의 성격(재산권의 내용과 제한)
>
> (도로법 제 3 조(도로를 구성하는 부지, 옹벽, 그 밖의 물건에 대하여는 사권(私權)을 행사할 수 없다. 다만, 소유권을 이전하거나 저당권을 설정하는 것은 그러하지 아니하다) 위헌소원사건에서) 심판대상조항은 도로관리청이 도로법 또는 구 도시계획법 등 근거 법률이 정하는 절차에 따라 개설한 도로의 경우 토지의 소유권 등 **사법상 권원을 취득하였는지를 불문하고 소유자의 도로부지 인도청구 등을 불허**하여 도로개설행위에 의하여 제한된 재산권의 상태를 유지하는 규정이다. 따라서 심판대상조항은 이미 형성된 구체적인 재산권을 공익을 위하여 개별적·구체적으로 박탈하거나 제한하는 것으로서 보상을 요하는 헌법 제23조 제 3 항의 수용·사용 또는 제한을 규정한 것이라고 할 수는 없고, 헌법 제23조 제 1 항 및 제 2 항에 따라 도로부지 등에 관한 재산권의 내용과 한계를 규정한 것이라고 보아야 한다(헌재 2013. 10. 24. 2012헌바376).

> **판례 3**　도시 및 주거환경정비법 제81조 제 1 항의 성격(재산권의 형성과 사회적 제약)
>
> (관리처분계획인가의 고시가 있으면 별도의 영업손실보상 없이 재건축사업구역 내 임차권자의 사용·수익을 중지시키는 도시 및 주거환경정비법 제81조 제 1 항 위헌제청 사건에서) 심판대상조항은 관리처분계획

인가 고시가 있은 때로부터 준공인가 후 이전고시가 있는 날까지 임차권자의 사용·수익을 중지시키고 있을 뿐 임차권자의 임차권을 박탈하는 규정이 아니다. 심판대상조항은 재산권적 법질서를 재건축사업의 관리처분계획인가에 따라 새로이 부각된 공익에 적합하도록 장래를 향하여 획일적으로 확정하려는 것으로, 입법자가 재산권의 내용을 형성하고 사회적 제약을 구체화한 것이다 $\binom{\text{헌재 2020. 4. 23,}}{\text{2018헌가17}}$.

1) 행정상 손해배상제도　　행정상 손해배상은 위법한 행정작용으로 발생한 행정결과의 시정을 위한 것이나, 행정상 손실보상은 적법한 작용으로 발생한 행정결과의 조절에 관한 것인 점에서 양자 간에 차이가 있다.

2) 사법상 손해배상제도　　사법상 손해배상은 위법한 사법작용에 관한 문제이나, 행정상 손실보상은 공공필요에 의하여 공법적 근거하에 행해지는 공권력행사로 인해 야기되는 결과의 조절작용이다. 요컨대 손실보상제도는 공법에 특유한 제도이다.

3) 형사보상청구제도　　헌법이 제29조에서 국가배상청구권을 규정하는 외에 제28조에서 형사보상청구권을 별도로 규정하고 있는 점을 보면, 헌법은 형사보상청구권을 일종의 손실보상청구권$\binom{\text{희생보상}}{\text{청구권}}$으로 예상하고 있는 것으로 보인다.

(2) **손실보상제도의 취지**　　재산권보장의 참뜻은 재산권자의 재산권의 존속을 보호하는 것이지만, 수용제도를 통하여 존속보장은 재산권가치보장으로 변하게 된다. 존속보장이 가치보장으로 바뀐다고 하여도 존속보장의 참뜻이 퇴색되어서는 아니 된다. 이것은 수용보상이 단순한 객관적 가치의 보상에 그쳐서는 아니 되고 생활보상까지 고려하여야 함을 의미한다.

(3) **손실보상청구권의 성질**

1) 학　　설　　학설은 공권설과 사권설로 나뉜다. 공권설은 손실보상의 원인행위가 공법적인 것이므로, 그 효과로서 손실보상 역시 공법적으로 보아야 한다는 견해이다. 이에 따르면 손실보상에 관한 소송은 행정소송$\binom{\text{당사자}}{\text{소송}}$의 문제가 된다. 사권설은 손실보상의 원인은 공법적이나 그 효과로서의 손실보상은 사법적인 것이라는 견해이다. 이에 따르면 손실보상에 관한 소송은 민사소송의 문제가 된다.

2) 판　　례

(개) **일반적인 경우**　　① 종래의 판례는 손실보상의 원인이 공법적이라도 손실의 내용이 사권이라면, 손실보상은 사법적인 것이라 하였다$\binom{\text{판례}}{1}$. 공용침해의 대상이 일반적으로 사권이라고 볼 때, 이러한 판례는 원칙적으로 사권설을 취하면서 손실보상을 민사소송의 대상으로 보았다. ② 2006년 5월 대법원 전원합의체 판결은 하천법상의 손실보상청구를 공법상 권리로 보아 행정소송법상 당사자소송의 대상이 된다고 판시하며 이전의 하천법상 부칙과 이에 따른 특별조치법에 의한 손실보상청구를 민사소송으로 다루던 판례를 변경하였다$\binom{\text{대판 2006. 5. 18,}}{\text{2004다6207 전원합의체}}$. ③ 근년의 판례는 손실보상청구권이 재산상 가해진 공법상 특별한 희생에 대한 것임을 이유로 공법상 권리로 본다$\binom{\text{판례}}{2, 3}$.

(나) 보상금증감소송의 경우   공익사업을 위한 토지 등의 취득 및 보상에 관한 법률상 보상금증감소송은 형식적 당사자소송으로 볼 것이다($\binom{\text{다수설,}}{\text{판례}}$).

판례 1 구 수산업법상 손실보상청구권의 법적 성질 및 행사방법

($\binom{\text{농어촌진흥공사의 간척사업으로 인해 어업의 허가를 받은 자가 더 이}}{\text{상 허가어업에 종사하지 못하여 입게 된 손실보상을 청구한 사건에서}}$) 구 수 산 업 법 ($\binom{\text{1995. 12. 30. 법률 제5131}}{\text{호로 개정되기 전의 것}}$) 제 8 1 조 제 1 항 제 1 호는 법 제34조 제 1 호 내지 제 5 호와 제35조 제 8 호($\binom{\text{제34조 제 1 항 제 1 호 내지 제}}{\text{5 호에 해당하는 경우에 한한다}}$)의 규정에 해당되는 사유로 인하여 허가어업을 제한하는 등의 처분을 받았거나 어업면허 유효기간의 연장이 허가되지 아니함으로써 손실을 입은 자는 행정관청에 대하여 보상을 청구할 수 있다고 규정하고 있는바, **이러한 어업면허에 대한 처분 등이 행정처분에 해당된다 하여도 이로 인한 손실은 사법상의 권리인 어업권에 대한 손실을 본질적 내용으로 하고 있는 것으로서 그 보상청구권은 공법상의 권리가 아니라 사법상의 권리이고,** 따라서 같은 법 제81조 제 1 항 제 1 호 소정의 요건에 해당한다고 하여 보상을 청구하려는 자는 행정관청이 그 보상청구를 거부하거나 보상금액을 결정한 경우라도 이에 대한 행정소송을 제기할 것이 아니라 면허어업에 대한 처분을 한 행정관청($\binom{\text{또는 그 처분을}}{\text{요청한 행정관청}}$)이 속한 권리 주체인 지방자치단체($\binom{\text{또는}}{\text{국가}}$)를 상대로 민사소송으로 직접 손실보상금지급청구를 하여야 하고, 이러한 법리는 농어촌진흥공사가 농업을 목적으로 하는 매립 또는 간척사업을 시행함으로 인하여 같은 법 제41조의 규정에 의한 어업의 허가를 받은 자가 더 이상 허가어업에 종사하지 못하여 입게 된 손실보상청구에도 같이 보아야 한다($\binom{\text{대판 1998. 2. 27, 97다46450; 대판 1996. 7. 26, 94누13848;}}{\text{대판 2000. 5. 26, 99다37382; 대판 1998. 1. 20, 95다29161}}$).

판례 2 공익사업을 위한 토지 등의 취득 및 보상에 관한 법률 제79조 제 2 항 등에 따른 사업폐지 등에 대한 보상청구권에 관한 쟁송형태

($\binom{\text{도시개발법에 따라 천안시 일대에서 도시개발사업을 추진하다가 위 사업구역과 상당 부분 중첩되는 구역이 이 사건 공익사업인 천안신}}{\text{월 국민임대주택단지 예정지구로 지정·고시됨으로써 위 도시개발사업을 폐지할 수밖에 없게 되었고, 그에 따라 원고(디에스디삼호 주}}$ $\binom{\text{식회사)가 한국토지주택공사를 상대로 도시개발사업을 추진하기 위하여 지출한 비용}}{\text{에 대한 보상을 공익사업법 시행규칙 제57조에 기하여 손실보상금을 청구한 사건에서}}$) 구 공익사업을 위한 토지 등의 취득 및 보상에 관한 법률($\binom{\text{2007. 10. 17. 법률 제8665호로 개정되기}}{\text{전의 것, 이하 '구 공익사업법'이라고 한다}}$) 제79조 제 2 항은 "기타 공익사업의 시행으로 인하여 발생하는 손실의 보상 등에 대하여는 건설교통부령이 정하는 기준에 의한다"고 규정하고 있고, 그 위임에 따라 공익사업을 위한 토지 등의 취득 및 보상에 관한 법률 시행규칙($\binom{\text{이하 '공}}{\text{익사업}}$ $\binom{\text{법 시행규칙'}}{\text{이라고 한다}}$) 제57조는 '사업폐지 등에 대한 보상'이라는 제목 아래 "공익사업의 시행으로 인하여 건축물의 건축을 위한 건축허가 등 관계 법령에 의한 절차를 진행 중이던 사업 등이 폐지·변경 또는 중지되는 경우 그 사업 등에 소요된 법정수수료 그 밖의 비용 등의 손실에 대하여는 이를 보상하여야 한다"고 규정하고 있다. 위 **규정들에 따른 사업폐지 등에 대한 보상청구권은 공익사업의 시행 등 적법한 공권력의 행사에 의한 재산상의 특별한 희생에 대하여 전체적인 공평부담의 견지에서 공익사업의 주체가 그 손해를 보상하여 주는 손실보상의 일종으로 공법상의 권리임이 분명하므로 그에 관한 쟁송은 민사소송이 아닌 행정소송절차에 의하여야 할 것이다**($\binom{\text{대판 2012. 10. 11,}}{\text{2010다23210}}$).

판례 3 공공사업의 시행에 따른 손실보상청구권의 성질과 관할법원

($\binom{\text{한국철도시설공단을 상대로}}{\text{보상금을 청구한 사건에서}}$) 공공사업의 시행에 따른 손실보상청구권은 적법한 공익사업에 따라 필연적으로 발생하는 손실에 대한 보상을 구하는 권리로서 국가배상법에 따른 손해배상청구권이나 민법상 채무불이행 또는 불법행위로 인한 손해배상청구권 등과 같은 사법상의 권리와는 그 성질을 달리하는 것으로, 그에 관한 쟁송은 민사소송이 아니라 행정소송법 제 3 조 제 2 호에서 정하고 있는 공법상 당사자소송 절차에 의하여야 한다($\binom{\text{대판 2019. 11. 28,}}{\text{2018두227}}$).

3) 사 견   손실보상제도는 공법상 특유한 제도이고, 손실보상청구권의 발생이 공법 적인 것인 만큼, 그리고 현행 행정소송법이 행정청의 처분등을 원인으로 하는 법률관계 기타 공법상 법률관계에 관한 소송을 행정소송의 한 종류로 규정하고 있는 만큼($^{행소법 제 3}_{조 제 2 호}$), 손실보상청구권을 공권으로 보는 것이 타당하다.

2. 손실보상제도의 근거

(1) 이론적 근거   손실보상제도의 이론적 근거로 자연권으로서 기득권의 불가침을 전제로 공적 목적을 위한 침해에 보상이 주어져야 한다는 기득권설, 보상은 국가가 은혜적으로 주는 것이라는 은혜설, 실정법상 공용징수제도를 일반화하여 이론화한 공용징수설, 그리고 특별희생설($^{희생}_{사상}$)이 소개되고 있다. 특별희생설이 우리의 통설·판례의 입장이다($^{판}_{례}$).

[참고] 희생사상이 공공복지와 개인의 권리 사이의 충돌해결을 위한 특별한 형식으로서 명문으로 처음 규정된 것이 프로이센일반란트법이다. 이러한 사상은 그 후 바이마르헌법 제153조, 독일기본법 제14조에 계승되고 있다. 이러한 사상은 우리의 경우 학설상 특별희생설로 불리고 있다.

[판례] 손실보상제도의 근거
($^{압해 농업협동조합이 전라남도를 피}_{고로 한 손실보상금등 청구소송에서}$) 손실보상은 공공사업의 시행과 같이 적법한 공권력의 행사로 가하여진 재산상의 특별한 희생에 대하여 전체적인 공평부담의 견지에서 인정되는 것이다($^{대판 2013. 6. 14,}_{2010다9658}$).

(2) 실정법적 근거

1) 헌법 제23조 제 3 항과 불가분조항   헌법은 제23조 제 3 항에서 "공공필요에 의한 재산권의 수용·사용 또는 제한 및 그에 대한 보상은 법률로써 하되, 정당한 보상을 지급하여야 한다"고 규정하고 있다. 헌법 제23조 제 3 항은 불가분조항으로 이해된다($^{판}_{례}$). 불가분조항이란 내용상 분리할 수 없는 사항을 함께 규정하여야 한다는 조항을 말한다. 말하자면 헌법 제23조 제 3 항은 수용규율과 보상규율이 하나의 동일한 법률에서 규정될 것을 요구한다고 해석되는바, 동 조항은 불가분조항으로 이해된다. 따라서 보상규정을 두지 아니하거나 불충분한 보상규정을 두는 수용법률은 헌법위반이 된다. 독일기본법 제14조 제 3 항은 수용을 규정하는 법률은 동시에 보상의 종류와 범위까지 규정토록 하고 있으나, 우리 헌법 제23조 제 3 항은 수용규정과 보상규정이 별개의 법률에서 규정될 수도 있다고 새길 여지가 있으므로 우리 헌법 제23조 제 3 항은 불가분조항이 아니라는 시각도 있을 수 있다.

[판례] 헌법 제23조 제 3 항의 성질
($^{공시지가에 의하여 보상액을 산정하도록 되어 있는 구 토지수용법 제46조 제 2 항과 구 지가공시및토지등의평가에관한법}_{률 제10조 제 1 항 제 1 호가 헌법 제23조 제 3 항에 위반되는지 여부를 쟁점으로 한 토지수용재결처분취소청구소송에서}$) 헌 법 제 23조 제 3 항의 규정은 보상청구권의 근거에 관하여서 뿐만 아니라 보상의 기준과 방법에 관하여서도 법률의 규정에 유보하고 있는 것으로 보아야 하고, 위 구 토지수용법과 지가공시법의 규정들은 바로 헌법에서 유보하고 있는 그 법률의 규정들로 보아야 할 것이다($^{대판 1993. 7. 13,}_{93누2131}$).

2) 손실보상청구권의 근거로서 법률   공익사업에 필요한 토지 등(1. 토지 및 이에 관한 소유권 외의 권리, 2. 토지와 함께 공익사업을 위하여 필요한 입목, 건물 그 밖에 토지에 정착된 물건 및 이에 관한 소유권 외의 권리, 3. 광업권·어업권 또는 물의 사용에 관한 권리, 4. 토지에 속한 흙·돌·모래 또는 자갈에 관한 권리, 토상법 제 3 조, 제 2 조 제 1 호)의 수용 및 사용과 그 손실보상에 관한 일반법으로 공익사업을 위한 토지 등의 취득 및 보상에 관한 법률(이하 "토상법"으로 부르기로 한다. 공토법 또는 보상법으로 부르는 학자도 있다)이 있다. '토상법'은 공용제한과 그 보상에 관해서는 특별히 규정하는 바는 없다. 한편, 그 밖의 단행법률에서도 손실보상에 관한 규정이 발견된다(예: 도로법 제98조, 제99조, 하천법 제76조, 제77조, 수산법 제88조, 소방법 제49조의2 등).

Ⅱ. 손실보상청구권의 성립요건

헌법이 예정하는 손실보상청구권의 요건으로 공공필요, 재산권, 침해와 특별한 희생(이 부분은 해석상 도출된다), 보상규정에 대한 검토가 필요하다.

1. 공공필요

(1) 의   의   손실보상청구권이 주어지는 침해는 공공필요를 위한 것이어야 한다. '공공의 필요'란 일정한 공익사업을 시행하거나 공공복리를 달성하기 위해 재산권의 제한이 불가피한 경우를 말한다(판례 1). 따라서 도로·항만건설 등(판례 2) 반드시 일정한 사업만을 의미하는 것이 아니라 넓게 새겨야 하며, 무릇 일반 공익을 위한 것이면 공공필요에 해당하는 것으로 보아야 한다.

(2) 수용주체로서 사인과 공공필요   특정 사기업이 생활배려영역에서 복리적인 기능을 수행한다면, 그 사기업을 위해서도 법률 또는 법률에 근거한 처분으로 수용이 이루어질 수 있다(예: 사기업인 원자력발전소가 전기공급을 위한 경우)(판례 3).

(3) 공공필요의 판단기준   구체적인 경우에 공공필요의 여부는 공권적 침해로 얻게 되는 공익과 재산권보장이라는 사익간의 이익형량을 통해서 판단되어야 하는 것이다. 이익형량의 기준으로는 비례원칙은 물론 보충성의 원칙, 평등의 원칙 등이 적용될 것이다(석종현). 그러나 판례는 워커힐사건에서 외국인을 대상으로 하는 워커힐관광 및 서비스 제공사업을 공익사업으로 인정한 바 있는데(판례 4), 판례의 태도를 긍정적으로 평가하기 어렵다(김남진).

[판례 1] 헌법 제23조 제 3 항의 공공필요성의 의의

(행정기관이 개발촉진지구 지역개발사업으로 실시계획을 승인하고 이를 고시하기만 하면 고급골프장 사업과 같이 공익성이 낮은 사업에 대해서까지도 시행자인 민간개발자에게 수용권한을 부여하는 구 지역균형개발법 제19조 제 1 항의 '시행자' 부분 중 '제16조 제 1 항 제 4 호 등의 위헌 여부를 다룬 위헌소원사건에서) 헌법재판소는 헌법 제23조 제 3 항에서 규정하고 있는 '공공필요'의 의미를 "국민의 재산권을 그 의사에 반하여 **강제적으로라도 취득해야 할 공익적 필요성**"으로 해석하여 왔다(헌재 1995. 2. 23, 92헌바14; 헌재 2011. 4. 28, 2010헌바114 등 참조). 오늘날 공익사업의 범위가 확대되는 경향에 대응하여 '공공필요'의 요건 중 공익성은 추상적인 공익 일반 또는 국가의 이익 이상의 중대한 공익을 요구하므로 **기본권 일반의 제한사유인 '공공복리'보다 좁게 보는 것이 타당**하며, 공익성의 정도를 판단함에 있어서는 공용수용을 허용하고 있는 개별법의 입법목적, 사업내용, 사업이 입법목적에 이바지 하는 정도는 물론, 특히 그 사업이 대중을 상대로 하는 영업인 경우에는 그 사업 시설에 대한 대중의 이용·접근 가능성도 아울러 고려하여야 한다(헌재 2014. 10. 30, 2011헌바172).

판례 2 │ 도시계획시설과 공공필요

(공공필요성이 없는 사업(골프장시설)을 위해 민간기업에게 토지수용권을 부여하고 있는 '국토의 계획 및 이용에 관한 법률' 제95조 제1항 등이 헌법 제23조 제3항, 제37조 제2항 등에 위반된다는 이유로 제기한 위헌소원사건에서) **국토의 계획 및 이용에 관한 법률에서 규정하는 도시계획시설사업은** 도로·철도·항만·공항·주차장 등 교통시설, 수도·전기·가스공급설비 등 공급시설과 같은 도시계획시설을 설치·정비 또는 개량하여 공공복리를 증진시키고 국민의 삶의 질을 향상시키는 것을 목적으로 하고 있으므로, 도시계획시설사업은 **그 자체로 공공필요성의 요건이 충족된다**(헌재 2011. 6. 30. 2008헌바166).

판례 3 │ 산업입지 및 개발에 관한 법률 제22조 제1항의 사업시행자 부분 중 제16조 제1항 제3호에 관한 부분(민간기업을 수용의 주체로 규정한 부분)이 헌법 제23조 제3항에 위반되는지 여부

(A전자(주)의 요청에 따라 충청남도는 A전자를 사업시행자로 하여 B토지를 산업단지로 지정·고시하였다. 그 후 몇몇 절차가 있은 후 충청남도지방토지수용위원회는 B토지 및 그 지상물에 대하여 수용재결하였다. 이에 대하여 청구인들은 대전지방법원에 충청남도지방토지수용위원회를 상대로 수용처분의 취소를 구하는 소를 제기하였고, 소송계속 중 산업입지법 제11조 제1항 등이 헌법 제23조 제3항, 제37조 제2항 등에 위반되고, 산업입지법 제2조 제6호 자목이 명확성의 원칙에 반한다는 이유로 위헌법률심판제청신청을 하였으나 기각되어 헌법소원심판을 청구한 사건에서) **헌법 제23조 제3항은** 정당한 보상을 전제로 하여 재산권의 수용 등에 관한 가능성을 규정하고 있지만, **재산권 수용의 주체를 한정하지 않고 있다. 위 헌법조항의 핵심은 당해 수용이 공공필요에 부합하는가, 정당한 보상이 지급되고 있는가 여부 등에 있는 것이지**, 그 수용의 주체가 국가인지 민간기업인지 여부에 달려 있다고 볼 수 없다. 또한 국가 등의 공적 기관이 직접 수용의 주체가 되는 것이든 그러한 공적기관의 최종적인 허부판단과 승인결정하에 민간기업이 수용의 주체가 되는 것이든, 양자 사이에 공공필요에 대한 판단과 수용의 범위에 있어서 본질적인 차이를 가져올 것으로 보이지 않는다. 따라서 위 수용 등의 주체를 국가 등의 공적 기관에 한정하여 해석할 이유가 없다(헌재 2009. 9. 24, 2007 헌바114 전원재판부).

판례 4 │ 공익사업의 판단과 공공필요

(워커힐사건에서) **워커힐관광, 서비스 제공사업을** 한국전쟁에서 전사한 고 워커 장군을 추모하고 외국인을 대상으로 하여 교통부 소관사업으로 행하기로 하는 정부방침 아래 교통부 장관이 **토지수용법 제3조 제1항 제3호 소정의 문화시설에 해당하는 공익사업으로 인정하고** 스스로 기업자가 되어 본건 토지수용의 재결신청을 하여 중앙토지수용위원회의 재결을 얻어 **보상금을 지급한 사실을 인정하였음은 정당하고,** 사실관계가 이렇다면 본건 수용재결은 적법유효한 것이다(대판 1971. 10. 22. 71다1716).

2. 재 산 권

손실보상청구권을 발생시키는 침해는 재산권에 대한 것이어야 한다(생명·신체에 대한 침해는 또 다른 문제가 된다). 재산권의 종류는 물권인가 채권인가를 가리지 않고(대판 1989. 6. 13, 88누5495), 공법상의 권리인가 사법상의 권리인가도 가리지 않는다(판례). 재산적 가치 있는 모든 공권과 사권이 침해의 대상이 될 수 있다. 다만 여기서 '가치 있는'이라는 의미는 현재 가치가 있는 것을 의미하며, 영업기회나 이득가능성은 이에 포함되지 아니한다.

판례　헌법상 보장되는 재산권의 의의

[1] (『국세기본법 제27조(국세징수권의 소멸시효) ① 국세의 징수를 목적으로 하는 국가의 권리는 이를 행사할 수 있는 때부터 다음 각 호의 구분에 따른 기간 동안 행사하지 아니하면 소멸시효가 완성된다. 1. 5억 원 이상의 국세: 10년」위헌제청 사건에서) 헌법이 보장하고 있는 재산권은 경제적 가치가 있는 모든 공법상·사법상의 권리를 뜻한다(헌재 1992. 6. 26. 90헌바26 참조). 이러한 재산권의 범위에는 동산·부동산에 대한 모든 종류의 물권은 물론, 재산가치 있는 모든 사법상의 채권과 특별법상의 권리 및 재산가치 있는 공법상의 권리 등이 포함되나, 단순한 기대이익·반사적 이익 또는 경제적인 기회 등은 재산권에 속하지 않는다(헌재 2023. 6. 29. 2019헌가27).

[2] (전주시장은 2020. 11. 30. 0시, 군산시장은 2020. 11. 28. 0시, 익산시장은 2020. 11. 30. 0시부터 코로나바이러스감염증-19(이하 '코로나19'라 한다)의 예방을 위하여 '감염병의 예방 및 관리에 관한 법률' 제49조 제 1 항 제 2 호에 근거하여 관내 식당의 영업시간을 제한하였는데, 청구인들은 위와 같은 집합제한 조치로 인하여 재산권을 제한받았음에도 '감염병의 예방 및 관리에 관한 법률'에 그 보상규정을 두지 않은 입법부작위가 헌법에 위반된다고 주장하면서 2020. 12. 16. 제기한 헌법소원심판 사건에서) 헌법 제23조에서 보장하는 재산권은 사적 유용성 및 그에 대한 원칙적 처분권을 내포하는 재산가치 있는 구체적 권리이므로, 구체적인 권리가 아닌 단순한 이익이나 재화의 획득에 관한 기회 또는 기업활동의 사실적·법적 여건 등은 재산권보장의 대상에 포함되지 아니한다(헌재 1996. 8. 29. 95헌바36; 헌재 1997. 11. 27. 97헌바10 참조). 감염병예방법 제49조 제 1 항 제 2 호에 근거한 집합제한 조치로 인하여 청구인들의 일반음식점 영업이 제한되어 영업이익이 감소되었다 하더라도, 청구인들이 소유하는 영업 시설·장비 등에 대한 구체적인 사용·수익 및 처분권한을 제한받는 것은 아니므로, 보상규정의 부재가 청구인들의 재산권을 제한한다고 볼 수 없다(헌재 2023. 6. 29. 2020헌마1669).

[3] (기존 한정면허 사업자를 개정법에 따른 일반면허 사업자로 의제하는 해운법 부칙 제 3 조의 위헌 여부를 다툰 사건에서) 재산권 보장에 의하여 보호되는 재산권은 사적 유용성 및 그에 대한 원칙적 처분권을 내포하는 재산가치가 있는 구체적 권리를 의미한다(헌재 2018. 2. 22. 2015헌마552).

3. 침　　해

(1) 침해의 유형　　침해란 재산권을 박탈하는 '수용', 일시사용을 의미하는 '사용', 개인의 사용·수익을 한정하는 '제한' 등을 말한다. 넓은 의미로 수용은 수용·사용·제한을 모두 내포하는 개념이다. 넓은 의미의 수용은 공용침해라고도 한다. 재산의 파기처분 역시 침해의 한 종류가 될 수 있다(독일기본법 제14조 제 3 항은 우리 헌법과 달리 수용만을 규정하고 있다. 일설은 이러한 차이를 주요하게 생각하고(정하중), 일설은 이론전개를 달리하여야 할 만한 결정적인 차이로 보지 아니한다(김연태, 한수웅). 독일기본법상 수용은 현재 사용과 제한을 포함하는 의미로 이해되는바, 후자가 타당하다).

(2) 침해의 방식　　침해의 방식에는 법률에 의한 직접적인 침해와 법률에 근거하여 이루어지는 행정작용에 의거한 침해의 경우가 있다. 전자는 법률수용, 후자는 행정수용이라 불린다. 법률수용은 법률 그 자체의 효력발생과 더불어 직접, 그리고 집행행위 없이 사인의 개별·구체적인 권리를 침해하는 것을 말한다(판례). 법률수용의 경우에 법률은 처분법률의 성질을 갖는다. 처분법률은 형식상으로는 입법이나 내용상으로는 행정작용의 성질을 갖는다. 개인의 권리보호와 관련하여 법률수용은 예외적으로만 허용된다. 왜냐하면 행정소송상 행정수용의 경우에 권리보호가 보다 용이하기 때문이다. 행정수용은 법률의 수권에 근거하여 개인의 구체적인 재산권을 박탈하는 것을 말한다. 행정수용이 일반적인 현상이다. 법률수용이나 행정수용이나 모두 근거되는 법률은 국회제정의 형식적 의미의 법률을 의미한다.

> [판례] 법률수용의 예
>
> (당시 하천법에 의하여 자신의 토지가 하천부지에 편입되고, 그 토지에 대하여 대한민국 명의의 소유권보존등기가 이루어진 후, 그 소유권보존등기가 원인무효라고 주장하며, 그 토지에 관하여 청구인으로의 진정명의 회복을 위한 소유권이전등기 절차의 이행을 구하는 소를 제기하고, 그 소송 계속중 하천을 국유로 한 구 하천법 제3조(하천은 이를 국유로 한다)가 헌법 제11조 제1항, 제23조, 제37조 제2항에 위반된다며 위헌제청신청을 하였으나 기각되자, 제기한 헌법소원심판사건에서) 이 사건 토지는 제방부지와 제외지로서 공부상 소유자가 복구되지 않은 상태에서 1971년 하천법의 시행으로 일제히 국유로 귀속된 것으로서, 이는 **하천관리라는 공익 목적을 위하여 국민의 특정 재산권을 직접 법률에 의하여 강제적으로 국가가 취득한 것**이므로, 헌법 제23조 제3항에 규정된 재산권의 "수용"에 해당된다(헌재 2010. 2. 25, 2008헌바6 전원재판부).

  (3) **침해의 적법성·의도성 등**　헌법 제23조 제3항에 따라 보상이 주어지는 침해는 적법한 것이어야 한다. 위법한 침해의 경우에는 손실보상청구권의 확장의 문제가 된다(독일에서는 수용유사침해보상청구권의 문제로 다룬다). 또한 침해는 의도된 것이어야 한다. 의도되지 아니한 침해의 보상은 손실보상청구권의 또 다른 확장의 문제가 된다(독일에서는 수용적 침해보상청구권의 문제로 다룬다). 한편, 침해는 현실적이어야 한다(판례).

> [판례] 손실보상청구권이 인정되기 위해서는 매립면허고시 후 매립공사가 실행되어 관행어업권자에게 실질적이고 현실적인 피해가 발생해야 하는지 여부
>
> (구 공유수면매립법상 간척사업의 시행으로 인하여 관행어업권이 상실되었음을 이유로 한 손실보상재결신청기각결정취소등을 구한 소송에서) 공유수면 매립면허의 고시가 있다고 하여 반드시 그 사업이 시행되고 그로 인하여 손실이 발생한다고 할 수 없으므로, 매립면허 고시 이후 매립공사가 실행되어 관행어업권자에게 실질적이고 현실적인 피해가 발생한 경우에만 공유수면매립법에서 정하는 손실보상청구권이 발생하였다고 할 것이다(대판 2010. 12. 9, 2007두6571).

4. 특별한 희생

  (1) **특별한 희생(Aufopfer)**(수용과 재산권의 내용·한계의 구분)**에 관한 학설**

  1) **개별행위설**　고권주체의 개별행위로 특정인의 권리가 침해되었는가의 여부와, 이것이 공공의 복지를 위한 희생인지 여부에 따라 구분한다. 이 견해에 따르면 동일한 상황하에 있는 모든 사람이 동일한 방식으로 침해된다면 특별희생은 존재하지 않는다. 형식적 기준설(형식설, 형식적 표준설)이라고도 한다.

  2) **특별희생설(Sonderopfertheorie)**　독일의 연방통상재판소에 의해 개별행위설을 대체하여 발전된 이론으로, 개인에 요구된 특별한 희생 여부를 결정적인 구분기준으로 한다. 즉 관계된 개인이나 집단을 다른 개인이나 집단과 비교할 때 그들을 불평등하게 다루고, 또한 그들에게 수인을 요구할 수 없는 희생을 공익을 위해 강제하게 되는 경우 특별한 희생을 인정한다.

  3) **중 대 설**　독일의 연방행정재판소가 기본적으로 취하는 이론으로 침해의 중대성과 범위를 구분기준으로 한다. 침해의 중대성과 범위에 비추어 사인이 수인할 수 없는 경우에만 보상이 주어진다는 것이다.

4) 기 타 그 밖에 ① 침해되는 재산상의 권리가 보호할 가치가 있는 것인가를 기준으로 하는 보호가치설, ② 침해가 수인할 수 있는 것인가를 기준으로 하는 수인설(수인한 도설), ③ 개인이 갖는 재산권의 사적 이용가능성이 제한될 때, 즉 사소유자의 경제적 형성의 자유가 침해될 때 보상이 주어진다는 사적 이용설, ④ 재산권의 실질적 내용이 박탈되어 재산의 본질적인 경제적 기능이 침해받았는가의 여부를 기준으로 하는 실체감소설, ⑤ 침해가 당해 재산권에 대해 인정되어온 목적에 위배되는가의 여부를 기준으로 하는 목적위배설, ⑥ 재산권(주로 토지)이 소재하는 위치와 상황에 따른 사회적 제약을 기준으로 보상 여부를 정하는 상황구속성의 이론 등이 있다.

(2) 사견(절충설) 일반적 견해는 여러 견해를 종합하여 특별한 희생 여부를 판단하지만(특별희생설과 중대설·목적위배설·상황 구속성이론을 결합하는 것이 대표적이다), 실제상 그 판단은 용이하지 않다. 예컨대 구 도시계획법상 개발제한구역지정으로 인한 부담에 대하여 대법원은 특별한 희생이 아니라 합리적 제한(사회적 제약)에 해당한다고 보았으나(대결 1990. 5. 8, 89부2; 대판 1995. 4. 28, 95누627)(판례), 헌법재판소는 나대지인 경우와 토지를 더 이상 종래의 목적으로 사용하는 것이 불가능하거나 현저히 곤란하게 되어버린 경우에는 사회적 제약의 한계를 넘는 것으로 보았다(헌재 1998. 12. 24, 89헌마 214, 90헌바16, 97헌바7).

[판례] 사회적 제약에 들어오는 재산권행사의 의의와 예
(계사 건축허가 기준을 정한 금산군 조례가 상위법령인 가축분뇨법의 위임한계를 벗어났는지 여부를 다툰 건축복합민원허가신청서불허가처분취소소송에서) 공익목적을 위한 토지이용·개발의 제한은, 그로 인해 토지를 종래의 목적으로 사용할 수 없거나 더 이상 법적으로 허용된 토지이용방법이 없기 때문에 실질적으로 토지의 사용·수익이 불가능한 경우가 아닌 한, 원칙적으로 토지소유자가 수인해야 하는 재산권 행사의 사회적 제약에 해당한다. …. 이 사건 조례 조항으로 인해 금산군 관내 일정한 범위의 지역에서 가축사육이 제한된다고 하더라도, 그로써 기존 축사에서의 가축사육이 곧바로 금지되는 것은 아니다. 피고가 기존 축사의 이전을 명령하는 경우에는 1년 이상의 유예기간을 주어야 하고 정당한 보상을 하므로(가축분뇨의 관리 및 이용에 관한 법률 제8조 제4항) 이 사건 조례 조항이 기존 축사에서의 가축사육 영업권을 침해한다고 보기도 어렵다. 이 사건 조례 조항으로 인해 신규 가축사육이 제한된다고 하더라도, 해당 토지를 종래의 목적으로 사용할 수 있다면 그 토지소유자의 재산권을 침해하는 것으로 볼 수는 없다(대판 2019. 1. 31, 2018두43996).

[참고] 경계이론과 분리이론
(1) 경계이론 재산권의 내용과 공용침해는 별개의 제도가 아니고, 양자 간에는 정도의 차이가 있을 뿐이며, 내용규정의 경계를 벗어나면 보상의무가 있는 공용침해로 전환된다는 이론을 말한다. 즉, 사회적 제약을 벗어나는 재산권규제는 보상규정의 유무를 불문하고 보상이 따라야 한다는 논리이다. 사회적 제약을 벗어나는 침해에 의한 희생이 특별한 희생에 해당한다. 경계이론은 수용유사침해론으로 연결된다. 경계이론은 독일의 통상재판소와 우리의 대법원이 취하는 입장이다.
(2) 분리이론 입법자의 의사에 따라 공용침해(수용·사용·제한)와 재산권의 내용·한계의 설정이 분리된다는 이론을 말한다. 입법자가 공용침해를 규정한 것이 아니라 재산권의 내용을 규정하는 경우라 할지라도 그 규정이 비례원칙에 반하여 일정한 한계를 벗어나 기본권을 침해하면 구제되어야 하되, 다만 보상의 문제를 가져오는 것이 아니라, 위헌성의 제거에 초점을 두는 견해이다. 분리이론에 따르면, 재산권의

내용규정은 "입법자가 장래에 있어서 재산권자의 권리와 의무를 일반적·추상적 형식으로 확정하는 것"으로, 공용침해는 "국가가 구체적인 공적 과제의 이행을 위하여 이미 형성된 구체적인 재산권적 지위를 전면적 또는 부분적으로 박탈하는 것"으로 정의한다. 분리이론은 독일의 헌법재판소와 우리의 헌법재판소가 취하는 입장이다(판례 1, 2, 3, 4, 5).

판례 1 재산권의 사회적 제약의 한계와 보상

(구 도시계획법 부칙 제10조 제3항(이 법 시행당시 종전의 규정에 의하여 도시계획시설결정이 고시된 도시계획시설에 대하여 그 결정의 실효에 관한 결정·고시일의 기산일은 제41조의 규정에 불구하고 2000년 7월 1일로 본다) 등 위헌소원사건에서) **토지를 종래의 목적으로도 사용할 수 없거나** 더 이상 법적으로 허용된 토지이용방법이 없어서 **실질적으로 사용·수익을 할 수 없는 경우에 해당하지 않는 제약은 토지소유자가 수인하여야 하는 사회적 제약의 범주 내에 있는 것**이고, 그러하지 아니한 제약은 손실을 완화하는 보상적 조치가 있어야 비로소 허용되는 범주 내에 있다(헌재 2005. 9. 29, 2002헌바84등).

판례 2 헌법 제23조 제1항의 재산권의 내용·한계, 수용·사용·제한의 구분

(도축장 사용정지·제한명령에 대하여 보상금을 지급하는 가축전염병 예방법 제48조 제1항 제5호를 개정 법률 공포 후 6개월이 지난 날부터 적용하도록 한 가축전염병 예방법 부칙 제2조 제3항의 위헌을 헌법소원으로 다툰 도축장 소유자에게 지급하는 보상금에 관한 부칙 사건에서) 도축장 사용정지·제한명령의 목적은 가축전염병의 발생과 확산을 막기 위한 것이고, 그러한 명령이 내려지면 국가가 도축장 영업권을 강제로 취득하는 것이 아니라 일정기간 동안 도축장을 사용하지 못하게 하는 것에 불과하다. 그러한 목적과 재산권 제한형태에 비추어 볼 때, **도축장 사용정지·제한명령은** 공익목적을 위하여 이미 형성된 구체적 재산권을 박탈하거나 제한하는 헌법 제23조 제3항의 수용·사용 또는 제한에 해당하는 것이 아니라 **헌법 제23조 제1항의 재산권의 내용과 한계에 해당한다.** 따라서 보상금은 도축장 사용정지·제한명령으로 인한 경제적인 부담을 완화하고 그러한 명령의 준수를 유도하기 위하여 지급하는 시혜적인 입법조치에 해당한다(헌재 2015. 10. 21, 2012헌바367).

판례 3 역사문화미관지구 건축제한에 대한 무보상의 위헌 여부

(구 국토의 계획 및 이용에 관한 법률 제37조 제1항 제2호 및 해당 지구 내 재산권제한에 관하여 규정하고 있는 제76조 제2항이, 역사문화미관지구 내 토지소유자들에게 일정한 건축제한을 부과하면서 아무런 보상조치를 마련하지 않고 있어 토지소유자들의 재산권을 침해한다는 것 등을 주장하면서 청구한 헌법소원심판사건에서) 이 사건 법률조항들로 인하여 역사문화미관지구 내 토지소유자들에게 부과되는 재산권의 제한 정도는 사회적 제약 범위를 넘지 않는 것으로서, 비례의 원칙에 반하지 아니한다(헌재 2012. 7. 26, 2009헌바328).

판례 4 손실보상의 배제를 규정한 수산업법 제81조 제1항 단서의 위헌 여부

(해상사격장이 설치된 후 인근 해역에서 어업허가를 받아 어업에 종사하거나 선적증서를 발급받아 어선을 소유하고 있는 어민들이, 국방과학연구소가 적절한 손실보상 없이 해상시험사격을 하면서 사격장 인근 해역의 출입을 통제하여 어업을 제한하는 불법행위를 하였다는 이유로 위 연구소와 국가를 상대로 소 제기일부터 역산하여 3년 이내에 발생한 손해배상을 구한 사건에서) 수산업법 제34조 제1항, 제2항, 제81조 제1항 제1호 등 관련 규정의 문언·체제·취지 등…을 종합하면, 이 사건 단서 조항에서 허가·신고 어업에 대하여 '국방상 필요하다고 인정하여 국방부장관으로부터 요청이 있을 때'(제3호)에는 '공익사업을 위한 토지 등의 취득 및 보상에 관한 법률 제4조의 공익사업상 필요한 때'(제5호)와 달리 손실보상 없이 이를 제한할 수 있도록 정한 것이 재산권자가 수인하여야 하는 **사회적 제약의 한계**를 넘어 가혹한 부담을 발생시키는 등 비례의 원칙을 위반하였다고 보기 어려우므로 이 사건 단서 조항이 헌법에 위반된다고 볼 수 없다(대판 2016. 5. 12, 2013다62261).

판례 5 │ 건축법 제81조(건축물 등의 사용·수익의 중지 및 철거 등) 제1항(① 종전의 토지 또는 건축물의 소유자·지상권자·전세권자·임차권자 등 권리자는 제78조 제4항에 따른 관리처분계획인가의 고시가 있은 때에는 제86조에 따른 이전고시가 있는 날까지 종전의 토지 또는 건축물을 사용하거나 수익할 수 없다)의 성질(사회적 제약의 구체화)

(부동산의 사용·수익이 정지됨에도 별도의 영업손실보상에 관한 규정을 두지 않은 입법부작위로 인하여 자신들의 재산권이 침해되었다고 주장하며 입법부작위 위헌확인을 구한 헌법소원심판 사건에서) 심판대상조항은 관리처분계획인가 고시가 있은 때로부터 준공인가 후 이전고시가 있는 날까지 종전 토지 또는 건축물의 소유자에게 그 토지 또는 건축물의 사용·수익을 중지시키고 있을 뿐 소유자의 소유권을 박탈하는 규정이 아니다. 심판대상조항은 재산권적 법질서를 재건축사업의 관리처분계획인가에 따라 새로이 부각된 공익에 적합하도록 장래를 향하여 획일적으로 확정하려는 것으로, 입법자가 재산권의 내용을 형성하고 사회적 제약을 구체화한 것이다(헌재 2020. 9. 24, 2018헌마1163).

[대법원과 헌법재판소의 입장의 차이]

(1) 사인의 구체적인 권리보호를 주된 목적으로 하는 대법원의 논리는 개발제한구역지정으로 인한 피해가 특별한 희생에 해당되어 보상이 주어져야 하는 것인가 또는 그러한 피해가 특별한 희생에 해당하는가의 여부에 초점이 맞추어져 있고, 헌법질서의 수호를 주된 목적으로 하는 헌법재판소의 논리는 사회적 제약의 범위를 넘는 가혹한 부담이 발생하는 예외적인 경우에 보상규정을 두지 않은 것이 헌법에 반하는가의 여부에 초점이 맞추어져 있다. 대법원의 논리는 경계이론으로 연결되고, 헌법재판소의 논리는 분리이론으로 연결된다.

(2) 사회적 제약을 벗어나는 침해의 경우, 경계이론에 따르면 보상이 주어져야 하고, 분리이론에 따르면 침해행위의 폐지가 문제될 뿐 보상은 문제되지 아니한다. 경계이론은 가치의 보장에 중점을 두고, 분리이론은 위헌적인 침해의 억제(존속의 보장)에 중점을 두고 있다. 본서는 경계이론의 관점에서 접근한다.

5. 보상규정

(1) 보상규정이 있는 경우　헌법 제23조 제3항은 "공공필요에 의한 재산권의 수용·사용 또는 제한 및 그에 대한 보상은 법률로써 하되 정당한 보상을 지급하여야 한다"고 규정하고 있으므로, 헌법이 예정하고 있는 형태의 손실보상은 공용침해를 규정하는 법률에서 보상까지 규정하는 것이다. 현행법상 이러한 유형의 법률은 적지 않다(예: 토상법 제40조, 도로법 제99조, 하천법 제76조).

(2) 보상규정이 없는 경우　재산권의 수용·사용 또는 제한에 관해서는 법률로써 규정하면서 그에 대한 보상은 법률에서 규정되고 있지 아니한 경우에 이루어지는 재산권의 수용·사용 또는 제한으로 인하여 발생한 손실의 보상은 헌법 제23조 제3항이 예정하고 있지 않다. 이러한 경우는 제도의 보완이 필요한 부분이다. 이에 관해서는 '제3절 Ⅰ. 재산권침해에 대한 손실보상청구권의 확장'에서 특별한 희생에 대한 보상제도의 보완의 문제로서 살핀다.

[참고] 수용의 근거법령에 보상규정을 두지 아니하였던 탓으로 발생한 재산권침해문제를 사후의 보상법률의 제정을 통해 해결한 경우도 있었다(예: 사설철도주식회사주식소유자에 대한보상에관한법률(2008년 폐지)).

[기출사례] 제9회 변호사시험(2020년) 문제·답안작성요령 ☞ PART 4 [1-63]

Ⅲ. 손실보상의 내용과 지급상 원칙

1. 정당한 보상의 원칙

(1) 법률에 의한 정당한 보상   헌법 제23조 제3항은 재산권의 수용·사용·제한 및 보상은 법률로써 하되, 정당한 보상을 지급할 것을 규정하고 있다. 여기서 정당한 보상의 의미와 관련하여 완전보상설과 상당보상설의 대립이 있다.

1) 완전보상설   손실보상이 재산권보장, 부담의 공평, 상실된 가치의 보전이라는 관점에서 인정된다고 보아 보상은 완전보상이어야 한다는 견해이다. 대법원의 입장이기도 하다 $\binom{대판\ 2001.9.25.}{2000두2426}$. 헌법재판소도 같은 입장이다$\binom{판}{례}$. 완전보상의 의미도 객관적 교환가치만을 의미하는가, 아니면 부대적 손실도 포함하는가에 관해 견해는 갈리고 있다. 완전보상설은 미국 헌법수정 제5조의 정당한 보상의 해석을 중심으로 미국에서 발전된 것으로 이해되고 있다.

> 판례   헌법 제23조 제3항의 "정당한 보상"의 의미와 범위
>
> (당시 하천법에 의하여 자신의 토지가 하천부지에 편입되고, 그 토지에 대하여 대한민국 명의의 소유권보존등기가 이루어진 후, 그 소유권보존등기가 원인무효라고 주장하며, 그 토지에 관하여 청구인으로의 진정명의 회복을 위한 소유권이전등기 절차의 이행을 구하는 소를 제기하고, 그 소송 계속중 하천을 국유로 한 하천법 제3조가 헌법 제11조 제1항, 제23조, 제37조 제2항에 위반된다며 위헌제청신청을 하였으나 기각되자 제기한 헌법소원심판사건에서) 헌법 제23조 제3항에 규정된 **"정당한 보상"이란** 원칙적으로 수용되는 재산의 객관적인 재산가치를 완전하게 보상하여야 한다는 이른바 **"완전보상"을 뜻하는데,** 토지의 경우에는 그 특성상 인근 유사토지의 거래가격을 기준으로 하여 그 가격형성에 미치는 제 요소를 종합적으로 고려한 합리적 조정을 거쳐서 객관적인 가치를 평가할 수밖에 없다$\binom{헌재\ 2010.2.25.}{2008헌바6\ 전원재판부}$.

2) 상당보상설   재산권의 사회적 제약 내지 사회적 구속성, 재산권의 공공복리적합의무의 관점에서 공·사익을 형량하여 보상내용이 결정되어야 한다는 견해이다. 이 견해는 완전보상을 원칙으로 하되 합리적인 이유가 있는 경우에는 완전보상을 하회할 수도 있다는 입장이다. 상당보상설은 독일기본법 제14조 제3항이 "보상은 공공 및 관계자의 이해를 공정히 고려하여 결정하여야 한다"고 규정하고 있는 것과 궤를 같이하는 것으로 보인다.

3) 절 충 설   학자에 따라서는 정당한 보상이 상황에 따라 완전보상 또는 상당보상일 수 있다는 견해를 언급하기도 한다.

4) 사   견   사회국가원리 또한 우리 헌법이 지향하는 이념의 하나임을 고려할 때, 상당보상설이 타당하다. 한편, 우리 헌법은 평시보상과 전시보상을 구분함이 없이 하나의 보상조항만을 두고 있는 관계상 사변중의 전시징발에 대하여 완전보상설을 적용하는 일이 생길 수 있으므로, "독일의 기본법처럼 우리 헌법상으로도 평시보상과 전시보상을 분리하는 것이 헌법정책적으로 옳다고 본다"는 지적이 있다. 헌법상 정당한 보상을 완전보상으로 새기는 입장에서는 이러한 지적이 타당할 것이나, 상당보상으로 새기는 본서의 입장에서는 평시보상과 전시보상의 구분이 헌법상 특별히 문제되지는 않는다고 본다.

(2) 공익사업을 위한 토지 등의 취득 및 보상에 관한 법률의 경우

1) 시가보상의 원칙　　보상액의 산정은 협의에 의한 경우에는 협의성립 당시의 가격을, 재결에 의한 경우에는 수용 또는 사용의 재결 당시의 가격을 기준으로 한다(토상법 제67조 제1항). 동법은 이 조항에 의해 보상액산정의 기준이 되는 시점을 가격시점이라 부른다(토상법 제2조 제6호).

2) 보상액의 산정방법

(가) 수용하는 토지　　협의나 재결에 의하여 취득하는 토지에 대하여는 「부동산 가격공시에 관한 법률」에 따른 공시지가를 기준으로 하여 보상하되, 그 공시기준일부터 가격시점까지의 관계 법령에 따른 그 토지의 이용계획, 해당 공익사업으로 인한 지가의 영향을 받지 아니하는 지역의 대통령령으로 정하는 지가변동률, 생산자물가상승률(「한국은행법」 제86조에 따라 한국은행이 조사·발표하는 생산자물가지수에 따라 산정된 비율을 말한다)과 그 밖에 그 토지의 위치·형상·환경·이용상황 등을 고려하여 평가한 적정가격으로 보상하여야 한다(토상법 제70조 제1항). 공시지가제도는 합헌으로 선고된 바 있다(판례).

(나) 사용하는 토지　　협의 또는 재결에 의하여 사용하는 토지에 대하여는 그 토지와 인근 유사토지의 지료(地料), 임대료, 사용방법, 사용기간 및 그 토지의 가격 등을 고려하여 평가한 적정가격으로 보상하여야 한다(토상법 제71조 제1항).

(다) 제한되는 토지　　헌법 제23조 제3항은 제한의 경우에도 보상이 가능함을 예정하고 있으나, 현행 토상법'에는 공용제한의 보상에 관한 규정이 없다. 공용제한의 경우에 보상이 특히 문제되는 것은 개발제한구역의 지정 및 관리에 관한 특별조치법상 개발제한구역의 경우이다. 한편 개별 법률상 공용제한보상이 인정되는 경우도 있다(도로법 제97조 제2항; 화재예방, 소방시설 설치·유지 및 안전관리에 관한 법률 제6조; 문보법 제46조; 철도안전법 제46조).

[**판례**]　공익사업을 위한 토지수용의 경우 '부동산 가격공시 및 감정평가에 관한 법률'이 정한 공시지가를 기준으로 보상하도록 하는 구 공익사업법 제70조 제1항의 위헌 여부

(한국토지공사가 국방·군사시설사업을 위해 중앙토지수용위원회의 수용재결을 받아 토지를 수용하였는데, 그 보상금이 청구인(양돈장을 운영하던 축산농민)이 토지를 매수한 금액보다 많이 적은 이유 등으로 제기한 토상법 제70조 제1항 등 위헌소원사건에서) 헌법 제23조 제3항이 규정하는 정당한 보상이란 원칙적으로 피수용 재산의 객관적 재산 가치를 완전하게 보상하는 완전보상을 의미하는데, 이 사건 토지보상조항이 '부동산 가격공시 및 감정평가에 관한 법률'에 의한 **공시지가를 기준으로 토지수용으로 인한 손실보상액을 산정하되, 개발이익을 배제하고 공시기준일부터 재결 시까지의 시점보정을 인근 토지의 가격변동률과 생산자물가상승률에 의하도록 한 것은 공시 기준일의 표준지의 객관적 가치를 정당하게 반영하는 것이고 표준지의 선정과 시점보정의 방법이 적정하므로, 이 사건 토지보상조항은 헌법 제23조 제3항이 규정한 정당보상의 원칙에 위배되지 않는다**(헌재 2013. 12. 26, 2011헌바162; 헌재 1995. 4. 20, 93헌바20).

---

2. 대물적 보상과 생활보상

(1) 대인적 보상　　주관적 가치란 시장에서의 객관적인 교환가치가 아니라 피수용자 스스로가 평가하는 주관적 가치를 의미한다. 이러한 보상을 대인적 보상이라 부른다. 오늘날 대인적 보상을 취하는 입법례는 찾아볼 수 없다. 공익사업을 위한 토지 등의 취득 및 보상에 관한 법

률도 "토지에 대한 보상액은 가격시점에서의 현실적인 이용상황과 일반적인 이용방법에 의한 객관적 상황을 고려하여 산정하되, 일시적인 이용상황과 토지소유자나 관계인이 갖는 주관적 가치 및 특별한 용도에 사용할 것을 전제로 한 경우 등은 고려하지 아니한다"고 하여 주관적 가치의 보상을 배제하고 있다$\left(\substack{토상법\ 제70\\조\ 제2항}\right)$.

(2) 대물적 보상

1) 의   의   대인적 보상은 보상액산정에 기준이 없을 뿐더러 보상금액이 통상 고액이 된다. 이것은 공공사업의 시행에 장해가 있음을 의미하게 된다. 그리하여 20세기 초부터 시장에서의 객관적인 교환가치를 보상액으로 하는 것이 나타났다. 이것을 소위 대물적 보상 또는 재산권보상이라 부른다. 대물적 보상의 원칙을 취하는 것이 일반적인 입법례이며, 우리나라도 이를 취하고 있다. 공익사업을 위한 토지 등의 취득 및 보상에 관한 법률이 시가보상의 원칙을 취하고 있다는 것은 바로 대물적 보상의 원칙을 채택하고 있음을 반증하는 것이기도 하다.

2) 공익사업을 위한 토지 등의 취득 및 보상에 관한 법률상 보상내용   ① 토지와 관련하여 수용하는 토지의 보상$\left(\substack{토상법\ 제70\\조\ 제1항}\right)$, 사용하는 토지의 보상$\left(\substack{토상법\ 제71\\조\ 제1항}\right)$은 규정하고 있으나, 제한하는 토지의 보상은 규정하고 있지 않다. 동법 시행규칙에 공법상 제한을 받는 토지의 평가에 관한 규정이 있을 뿐이다. 간접효력규정설에 따라 손실보상청구권을 인정할 수 있다고 본다. 손실보상청구권을 인정하는 개별법은 볼 수 있다$\left(\substack{예:\ 도로법\ 제99조,\\철도안전법\ 제46조}\right)$. ② 물건과 관련하여 "건축물·입목·공작물과 그 밖에 토지에 정착한 물건$\left(\substack{이하\ "건축물\\등"이라\ 한다}\right)$에 대하여는 이전에 필요한 비용$\left(\substack{이하\ "이전\\비"라\ 한다}\right)$으로 보상하여야 한다. 다만, 다음 각 호$\left(\substack{1.\ 건축물등을\ 이전하기\ 어렵거나\ 그\ 이전으로\ 인하여\ 건축물등을\ 종래의\ 목적대로\ 사용할\ 수\ 없게\\된\ 경우,\ 2.\ 건축물등의\ 이전비가\ 그\ 물건의\ 가격을\ 넘는\ 경우,\ 3.\ 사업시행자가\ 공익사업에\ 직접\ 사\\용할\ 목적으로\\취득하는\ 경우}\right)$의 어느 하나에 해당하는 경우에는 해당 물건의 가격으로 보상하여야 한다$\left(\substack{토상법\ 제75조\\조\ 제1항}\right)$"고 규정하고 있다. ③ 권리와 관련하여 "광업권·어업권·양식업권 및 물$\left(\substack{용수시설을\\포함한다}\right)$ 등의 사용에 관한 권리에 대하여는 투자비용, 예상 수익 및 거래가격 등을 고려하여 평가한 적정가격으로 보상하여야 한다$\left(\substack{토상법\ 제76조\\조\ 제1항}\right)$"고 규정하고 있다.

3) 개발이익·개발손실과 대물적 보상

(가) 문제상황   공익사업의 시행으로 지가가 상승하여 발생하는 이익을 개발이익이라 하고, 공익사업의 시행으로 지가가 하락하여 발생하는 손실을 개발손실이라 한다. 공익사업을 위한 토지 등의 취득 및 보상에 관한 법률 제67조 제2항은 "보상액을 산정할 경우에 해당 공익사업으로 인하여 토지등의 가격이 변동되었을 때에는 이를 고려하지 아니한다"라고 하여 개발이익·개발손실은 보상액의 산정에 고려사항이 아니라고 규정하고 있는데, 이 조항이 객관적 교환가치$\left(\substack{대물적\\보상}\right)$의 보상에 반하는 것이 아닌가의 여부가 논란되고 있다.

(나) 학   설

(a) 위헌론(대물적 보상 긍정론)   한 사건에서$\left(\substack{헌재\ 2009.\ 9.\ 24,\ 2008\\헌바112\ 전원재판부}\right)$ 청구인은 ① 재산권의 수용에 대하여 정당한 보상이 이루어지려면 그 보상액이 인근지역에서 동등한 토지를 대체 취득할 수 있는 수준이어야 한다는 점, ② 사업지구 내 토지의 소유자로부터는 지가상승의 이익을 박탈

하여 사업시행자로 하여금 이를 취득하게 하고, 인접지역 토지의 소유자들은 지가상승의 이익을 그대로 누릴 수 있게 하는 것은 헌법상의 재산권 보장에 반하고, 사업지구 내 토지의 소유자를 사업시행자 및 인접지역 토지의 소유자와 합리적 이유 없이 차별하는 것임을 이유로 토상법 제67조 제 2 항은 위헌이라 주장하였다.

(b) 합헌론(대물적 보상 부정론)   헌법재판소는 위의 사건에서 ① 개발이익은 피수용자인 토지소유자의 노력이나 자본에 의하여 발생한 것이 아니라는 점, ② 개발이익은 공공사업의 시행에 의하여 비로소 발생하는 것이므로, 그것이 피수용 토지가 수용 당시 갖는 객관적 가치에 포함된다고 볼 수 없다는 점 등을 이유로, 개발이익은 그 성질상 완전보상의 범위에 포함되는 피수용자의 손실이라고 볼 수 없고, 이러한 개발이익을 배제하고 손실보상액을 산정하여도 헌법이 규정한 정당보상의 원리에 어긋나는 것은 아니라 하였다.

(c) 사   견   합헌론의 논지가 정당하다. 다만 위헌론이 제기하는 문제점인 인접지역 토지의 소유자들이 누리게 되는 지가상승의 이익에 대한 개선방안은 마련되어야 할 것이다.

⒟ 개발이익의 범위   공익사업을 위한 토지 등의 취득 및 보상에 관한 법률 제67조 제 2 항은 "보상액을 산정할 경우에 해당 공익사업으로 인하여 토지등의 가격이 변동되었을 때에는 이를 고려하지 아니한다"고 규정하는바, 해당 공익사업으로 인한 이익은 개발이익으로서 보상이 배제된다. 따라서 보상금은 해당 공익사업 이전 상태를 기준으로 책정되어야 한다.

4) 부수적 손실과 대물적 보상   공용수용으로 목적물의 소유권 이전이라는 직접적인 효과가 발생할 뿐만 아니라 그 밖에도 잔여지의 가치하락, 영업상의 필요한 물건의 이전비나 입목이나 건축물 등의 이전비의 발생, 영업장의 폐쇄로 인한 근로자의 임금의 손실 등이 부수적으로 발생할 수 있다. 이러한 부수적 손실은 대물적 보상의 대상이 된다고 볼 것이다. 공익사업을 위한 토지 등의 취득 및 보상에 관한 법률도 부수적 손실을 보상의 대상으로 하고 있다.

(3) 생활보상

1) 배   경   일정한 경우 수용목적물의 객관적 교환가치의 보상($\substack{재산권\\보상}$)이 아니라, 그 외에도 수용이전의 생활관계회복을 위한 보상을 강구해야 하는 경우가 있다($\substack{예컨대, 대단위 댐의 건설로\\수몰되는 벽지의 농민들은 수}$ 용보상금만으로는 수용 전의 상태와 같 은 삶을 유지할 수 없게 되는 경우가 있다). 이러한 경우 이주대책과 생계지원대책 등도 마련해 주어야 하는데 여기서 생활보상의 개념이 나타난다.

2) 개   념

⒟ 광 의 설   생활보상을 수용 전의 생활상태의 회복을 구하는 보상, 즉 대물적 보상과 정신적 손실에 대한 보상을 제외한 생활배려차원의 보상을 의미한다고 본다.

⒟ 협 의 설   생활보상을 손실보상 중 구체적·개별적으로 특정할 수 있는 유형·무형의 재산이나 재산적 이익을 제외하고 현재 당해 지역에서 누리고 있는 생활이익의 상실로서 재산권 보상으로 메워지지 아니한 손실에 대한 보상으로 정의한다. 이러한 입장에서는 생활보상이라 하지 않고, 재산권보상에 대응되는 개념으로서 생활권보상이라 부르기도 한다($\substack{김철\\용}$).

㈐ 사 견 　광의로 보는 입장과 협의로 보는 입장이 어떤 본질적 사항에 대해 견해를 달리하는 것은 아니고, 다만 일부의 보상항목을 재산권보상으로 보는지 또는 생활보상으로 보는지 하는 점에서 차이가 있을 뿐이다. 결국 생활보상을 협의로 보는 입장은 실비변상적 보상$\binom{\text{예를 들}}{\text{어 이전}}$료·이식료에 대한 보상처럼 재산권의 상실·$\binom{}{\text{이전에 따라 비용의 지출을 필요로 하는 보상}}$과 일실손실보상$\binom{\text{전업기간 또는 휴업기간중에 사업경영으}}{\text{로 얻을 수 있는 기대이익에 대한 보상}}$을 재산권보상으로 보지만, 광의로 보는 입장은 생활보상으로 본다. 간접보상은 대물적 보상의 의미만 있는 것은 아니고 생활보상의 의미도 가지며, 이주관련보상$\binom{\text{이주대책, 이주대책}}{\text{비, 주거대책비 등}}$은$\binom{\text{판}}{\text{례}}$ 생활보상으로 보아야 할 것인바 광의로 보는 입장이 타당하다$\binom{\text{다수}}{\text{설}}$.

> **판례**　주거이전비 보상의 성격
> $\binom{\text{원고가 공익사업을 위한 토지 등의 취득 및 보상에 관한 법률 제78조(이주대책의 수립 등)를}}{\text{근거로 미아뉴타운지구제12구역주택재개발정비사업조합에 주거이전비등을 청구한 사건에서}}$ 주거이전비$\binom{\text{주거이전에}}{\text{필요한 비용}}$는 당해 공익사업시행지구 안에 거주하는 세입자들의 조기이주를 장려하여 **사업추진을 원활하게 하려는 정책적인 목적과 주거이전으로 인하여 특별한 어려움을 겪게 될 세입자들을 대상으로 하는 사회보장적인 차원에서 지급하는 성격의 것**이다. 이사비$\binom{\text{가재도구 등 동산의 운반}}{\text{에 필요한 비용을 말한다}}$제도의 취지는 공익사업의 추진을 원활하게 함과 아울러 주거를 이전하게 되는 거주자들을 보호하기 위한 것이다$\binom{\text{대판 2010. 11. 11,}}{\text{2010두5332}}$.

3) 법적 근거(특히 헌법적 근거)

㈎ 학 설 　① 헌법 제23조 제 3 항의 보상을 완전보상으로 이해하면서 완전보상이란 수용 등이 이루어지기 전 상태와 유사한 생활상태를 실현할 수 있도록 하는 보상이므로, 생활보상도 헌법 제23조 제 3 항의 완전보상에 포함될 수 있다는 견해$\binom{\text{헌법}}{\text{제23조설}}$, ② 헌법 제23조 제 3 항은 재산권 보상을 염두에 둔 규정으로 제한적으로 이해되어야 하며, 재산권 보상으로 메워지지 않는 내용의 보장은 헌법 제34조에 의하여 해결되어야 한다고 하면서, 생활보상은 헌법 제34조의 사회보장수단으로서의 성격을 가진다는 견해$\binom{\text{헌법}}{\text{제34조설}}$$\binom{\text{류지태·박종}}{\text{수, 김철용}}$, ③ 생활보상을 헌법 제23조 제 3 항의 공적부담의 평등에 근거한 보상이라는 성격과 헌법 제34조의 생존배려에 근거한 보상이라는 성격이 결합된 것으로 보는 견해$\binom{\text{헌법 제23조·}}{\text{제34조 결합설}}\binom{\text{다수}}{\text{설}}$가 대립된다.

㈏ 판 례

(a) 대 법 원 　① 대법원은 생활보상의 성격인 생활대책을 헌법 제23조 제 3 항의 보상으로 본 경우도$\binom{\text{헌법 제23조}}{\text{설의 입장}}$ 있고$\binom{\text{판례}}{1}$, 생활보상의 성격인 이주대책을 인간다운 생활을 보장하기 위한 것으로 본 경우도 있다$\binom{\text{헌법 제34조}}{\text{설의 입장}}\binom{\text{판례}}{2}$.

> **판례 1**　생활보상의 헌법적 근거로서 헌법 제23조 제 3 항
> $\binom{\text{에스에이치공사를 피고로 상가용지공급}}{\text{대상자적격처분취소등을 구한 소송에서}}$ 이러한 **생활대책** 역시 "공공필요에 의한 재산권의 수용·사용 또는 제한 및 그에 대한 보상은 법률로써 하되, 정당한 보상을 지급하여야 한다"고 규정하고 있는 헌법 제23조 제 3 항에 따른 **정당한 보상에 포함되는 것**으로 보아야 한다$\binom{\text{대판 2011. 10. 13,}}{\text{2008두17905}}$.

판례 2   생활보상(이주대책)의 헌법적 근거로서 헌법 제34조 제1항

(피고 목포시장의 분양행위에 대하여 무효확인을 구한 소송에서) 공익사업법에 의한 이주대책은 공익사업의 시행에 필요한 토지 등을 제공함으로 인하여 생활의 근거를 상실하게 되는 이주대책대상자들을 위하여 사업시행자가 '기본적인 생활시설이 포함된' 택지를 조성하거나 그 지상에 주택을 건설하여 이주대책대상자들에게 이를 '그 투입비용 원가만의 부담 하에' 개별 공급하는 것으로서, 그 **본래의 취지가 이주대책대상자들에 대하여 종전의 생활상태를 원상으로 회복시키면서 동시에 인간다운 생활을 보장하여 주기 위한 이른바 생활보상의 일환으로 국가의 적극적이고 정책적인 배려에 의하여 마련된 제도이다** (대판 2011. 2. 24, 2010다43498).

(b) 헌법재판소   헌법재판소는 생활보상의 성격인 이주대책에 대해 헌법 제23조 제3항의 보상이 아니라는 결정을 하였다(헌법 제34조설의 입장으로 해석될 수 있다)[판례].

판례   생활대책의 성질

(공익사업을 위한 토지 등의 취득 및 보상에 관한 법률 제78조 제6항(공익사업의 시행으로 인하여 영위하던 농업·어업을 계속할 수 없게 되어 다른 지역으로 이주하는 농민·어민이 받을 보상금이 없거나 그 총액이 국토해양부령으로 정하는 금액에 미치지 못하는 경우에는 그 금액 또는 그 차액을 보상하여야 한다)의 위헌확인을 구한 헌법소원사건에서) **생활대책은 정당한 보상에 포함되는 것이라기보다는 정당한 보상에 부가하여 이주자들에게 종전의 생활상태를 회복시키기 위한 생활보상의 일환으로서 국가의 정책적인 배려에 의하여 마련된 제도**이다. 그러므로 생활보상의 한 형태로서 청구인들이 주장하는 바와 같은 **생활대책을 실시할 것인지 여부는 입법자의 입법정책적 재량의 영역에 속한다고 볼 것이다** (헌재 2013. 7. 25, 2012헌바71).

(다) 사   견   생활보상은 헌법 제23조 제3항의 공적부담의 평등이라는 성격 외에 생존배려의 성격을 가지는바 헌법 제23조설은 타당하지 않고, 헌법 제34조설에 따르면 손실보상에는 헌법 제23조에 의한 것과 헌법 제34조에 의한 것이 있어 행정상 손실보상의 체계가 이원화된다는 문제가 있다. 따라서 헌법 제23조·제34조 결합설이 타당하다.

4) 성   질   ① 생활보상은 단순히 재산권의 보장에만 머무르는 것이 아니다. 그것은 삶의 기반을 확보하는 문제인 까닭에 생존권적 기본권의 문제이기도 하다. 따라서 생활보상은 사회복지국가원리에 바탕을 두는 제도로서의 성질을 갖는다[판례]. 한편 ② 생활보상은 보상기준이 설정되어 있으므로 대인적 보상에 비하여는 객관성이 강하다는 점, 대물적 보상에 비하여는 보상의 범위가 확대된다는 점이 특징적이다. ③ 특히 광의의 생활보상개념에 입각하게 되면, 생활보상은 수용 전 상태로의 회복이라는 의미에서 원상회복의 의미를 갖는다.

5) 내   용   ① 생활보상을 광의로 이해하는 입장은 생활보상의 내용으로 ⓐ 주거의 총체가치의 보상(시장가치를 초과하여 주거용으로 현실적으로 얻고 있는 총체가치를 보상하는 것), ⓑ 영업상 손실의 보상, ⓒ 이전료보상, ⓓ 소수잔존자보상(생활보상으로 보는 견해, 재산권 보상으로 보는 견해, 직접적인 수용목적물이나 당사자가 아니므로 간접보상으로 보아야 한다는 견해로 나누어진다)을 든다. ② 생활보상의 개념을 협의로 이해하는 입장은 그 내용으로 생활비보상(공공사업으로 농·어업을 못하게 되는 경우 이농비·이어비의 보상)·주거대책비보상(일시적인 거주를 위한 주

거대책
보상)을 드는 견해도 있고, 생활보상금(토상법 제78조 제1항의 이주 정착금, 같은 조 제5항의 가재도구 등 운반비용보상, 국민주택기금우선지원 등)과 피보상자의 생활재건조치(이주대책, 고용, 직업훈련실시 등)를 드는 견해도 있다.

[참고] 간접보상(간접손실보상, 사업손실보상)

(1) 의　　의　　공공사업의 시행 또는 완성 후의 시설이 간접적으로 사업지범위 밖에 위치한 타인의 토지 등의 재산에 손실을 가하는 경우의 보상을 말한다(박윤흔·정형근·류지태·박종수).

(2) 성　　질　　간접보상을 생활보상의 한 내용으로 보는 견해(김남진·김연태)와 재산권보상의 하나로 보는 견해(류지태·박종수, 박균성), 그리고 재산권보상 및 생활보상과 구별되는 확장된 보상 개념으로 보는 견해(박윤흔·정형근, 김철용, 김동희)로 나누어진다.

(3) 유　　형　　물리적·기술적 손실(공사중의 소음·진동 또는 완성 시설로 인한 일조나 전파 장애)과 경제적·사회적 손실(댐건설로 주민이 이전함으로 생기는 지역경제의 영향이나 어업권의 소멸로 어업활동이 쇠퇴하게 됨으로써 생기는 경제활동의 영향 등)을 포함한다.

(4) 실정법　　공익사업을 위한 토지 등의 취득 및 보상에 관한 법률은 잔여지의 손실과 공사비 보상(토상법 제73조 제1항), 잔여지 등의 매수 및 수용 청구(토상법 제74조 제1항), 잔여지 등을 제외한 토지에 대한 공사비 보상(토상법 제79조 제1항), 공익사업 시행 지역 밖에 있는 토지등에 대한 보상(토상법 제79조 제2항), 잔여 건축물의 손실에 대한 보상 등(토상법 제75조 조의2 제1항), 영업·농업의 손실과 휴직·실직에 대한 보상(토상법 제77조 제3항) 등을 규정하고 있다.

(5) 명문의 규정이 없는 경우의 보상　　판례는 간접손실에 대한 보상에 관한 명문의 규정이 없더라도 ① 공공사업의 시행으로 인하여 그러한 손실이 발생하리라는 것을 쉽게 예견할 수 있고, ② 그 손실의 범위도 구체적으로 이를 특정할 수 있는 경우라면 관련규정을 유추적용하여 보상할 수 있다고 본다(판례).

┌─────┐
│ 판례 │ 법률상 명문의 보상 규정이 없는 경우 관련 보상 규정의 유추적용 가능성
└─────┘
(건물신축허가를 받아 공사도급계약을 체결한 후 신축 부지에 공사를 위한 가시설물 등을 설치하였으나 이후 행정청의 개발계획변경결정과 공공사업의 시행으로 신축 부지의 일부가 도로로 협의취득되자 손실보상을 청구한 사건에서) **행정주체의 행정행위를 신뢰하여 그에 따라 재산출연이나 비용지출 등의 행위를 한 자가 그 후에 공공필요에 의하여 수립된 적법한 행정계획으로 인하여 재산권행사가 제한되고 이로 인한 공공사업의 시행 결과 공공사업시행지구 밖에서 발생한 간접손실에 관하여 그 피해자와 사업시행자 사이에 협의가 이루어지지 아니하고, 그 보상에 관한 명문의 근거 법령이 없는 경우라고 하더라도, 헌법 제23조 제3항 및 구 토지수용법 등의 개별 법률의 규정, 구 공공용지의취득및손실보상에관한특례법 제3조 제1항 및 같은법시행규칙 제23조의2 내지 7 등의 규정 취지에 비추어 보면, 공공사업의 시행으로 인하여 그러한 손실이 발생하리라는 것을 쉽게 예견할 수 있고, 그 손실의 범위도 구체적으로 이를 특정할 수 있는 경우에는 그 손실의 보상에 관하여 구 공공용지의취득및손실보상에관한특례법시행규칙의 관련 규정 등을 유추적용할 수 있다**(대판 2004. 9. 23, 2004다25581).

3. 손실보상의 지급상 원칙

(1) 사업시행자보상의 원칙　　보상금청구권자는 헌법 제23조 제3항에 의해 보호되는 법적 지위를 가지는 자로서 수용을 통해 재산권이 침해된 토지소유자 기타 이해관계인이다. 보상 의무자는 수용을 통해 직접 수익한 자이다. 수익자와 침해자가 상이하다면 침해자는 보상의무자가 아니다. 실정법은 사업시행자 보상책임을 선언하고 있다(토상법 제61조).

(2) 현금보상의 원칙　　손실보상은 현금으로 지급함이 원칙이다(토상법 제63조 제1항). 예외적으로는 현물보상으로서 대토보상(해당 공익사업으로 조성된 토지로 보상하는 방법)이 이루어지기도 하고(토상법 제63조 제1항 단서), 환지의 제공이

나 건축시설물로 보상이 이루어지기도 하고$\binom{\text{도시 및 주거환경정}}{\text{비법 제86조 제 1 항}}$, 일정한 경우에는 채권으로 보상될 수도 있다$\binom{\text{토상법 제63}}{\text{조 제 7 항}}$. 증권보상이 이루어지는 경우도 있다$\binom{\text{징발법 제22}}{\text{조의2 제 1 항}}$. 다만, 일종의 후불이라 할 채권보상의 경우에는 액면가액이 아니라 실질가액이 반영되어야만 헌법이 보장하는 정당한 보상에 해당할 것이다.

[참고] 채권보상과 관련하여서는 그것이 합헌이라는 주장과 위헌이라는 주장이 대립하고 있다. 합헌론은 채권보상이 보상대상자인 부재부동산소유자에게 자산증식수단으로서의 토지에 대한 통상적인 수익을 보장해 주는 것이므로 헌법위반이 아니라 하고, 위헌론은 부재부동산소유자의 토지와 비업무용토지와 다른 토지를 구분하는 것은 평등원칙에 어긋나므로 위헌이라 한다. 합헌론이 타당하다.

(3) 개인별 보상의 원칙(개별급의 원칙)　　손실보상은 토지소유자나 관계인에게 개인별로 하여야 함이 원칙이다$\binom{\text{토상법 제}}{\text{64조 본문}}$. 다만 개인별로 보상액을 산정할 수 없을 때에는 예외로 한다$\binom{\text{토상법 제}}{\text{64조 단서}}$. 여기서 개인별이란 수용 또는 사용의 대상이 되는 물건별로 하는 것이 아니라 토지소유자나 관계인에게 개인별로 하는 것을 뜻한다$\binom{\text{판}}{\text{례}}$.

> [판례] 개인별 보상의 원칙과 예외 및 개인별 보상에 따른 불복방법
> $\binom{\text{포항장포택지개발사업에서 토지를 수용당한 진미식품}}{\text{이 손실보상을 다툰 토지수용재결취소청구사건에서}}$ 토지수용법 제45조 제 2 항은 수용 또는 사용함으로 인한 보상은 피보상자의 개인별로 산정할 수 없을 때를 제외하고는 피보상자에게 개인별로 하여야 한다고 규정하고 있으므로, **보상은 수용 또는 사용의 대상이 되는 물건별로 하는 것이 아니라 피보상자 개인별로 행하여지는 것**이라고 할 것이어서 피보상자는 수용 대상물건 중 전부 또는 일부에 관하여 불복이 있는 경우 그 불복의 사유를 주장하여 행정소송을 제기할 수 있다$\binom{\text{대판 2000. 1. 28, 97누11720; 대판 1995. 9.}}{\text{15, 93누20627; 대판 1994. 8. 26, 94누2718}}$.

(4) 사전보상의 원칙(선급의 원칙)　　사업시행자는 해당 공익사업을 위한 「공사에 착수하기 이전에」 토지소유자와 관계인에게 보상액 전액을 지급하여야 한다$\binom{\text{토상법 제}}{\text{62조 본문}}$. 사전보상은 선급이라고도 한다. 그러나 제38조에 따른 천재지변 시의 토지 사용과 제39조에 따른 시급한 토지 사용의 경우 또는 토지소유자 및 관계인의 승낙이 있는 경우에는 그러하지 아니하다$\binom{\text{토상법 제}}{\text{62조 단서}}$. 후급의 경우에 이자와 물가변동에 따르는 불이익은 보상책임자가 부담하여야 한다$\binom{\text{대판 1991. 12. 24,}}{\text{91누308; 대판}}$ $\binom{\text{1992. 1. 17.}}{\text{91누1127}}$.

(5) 일시급의 원칙　　손실보상은 일시급으로 함이 원칙이다. 분할급이 이루어지는 경우에 이자와 물가변동에 따르는 불이익은 역시 보상책임자가 부담하여야 한다$\binom{\text{징발법 제22}}{\text{조의2 제 2 항}}$.

Ⅳ. 손실보상의 절차·권리보호

1. 공익사업을 위한 토지 등의 취득 및 보상에 관한 법률의 경우

[참고] 임의적 협의절차와 강제적 협의절차

[1] 공익사업을 위한 토지 등의 취득 및 보상에 관한 법률은 사인의 재산권을 강제취득하는 공용수용절

차의 핵심절차인 사업인정 이전에 사업시행자가 토지소유자·관계인 사이의 협의를 통해 토지등을 취득하거나 사용할 수 있음을 규정하고 있다(토상법 제14조 이하). 이러한 임의적 협의절차와 관련하여 토지조서와 물건조서를 작성하여 서명 또는 날인(토상법 제14조 제1항), 공익사업의 개요, 토지조서 및 물건조서의 내용과 보상의 시기·방법 및 절차 등이 포함된 보상계획의 공고·통지와 열람(토상법 제15조), 협의(토상법 제16조), 계약의 체결(토상법 제17조)을 규정하고 있다.

[2] 임의적 협의절차와 사인의 재산권을 강제취득하는 공용수용절차의 핵심절차인 사업인정 후에 이루어지는 협의절차(토상법 제26조)는 상이한 절차이다. 임의적 협의절차의 내용인 토지조서와 물건조서의 작성과 보상계획의 공고·통지와 열람은 사업인정 이후의 절차에도 준용되고 있다(토상법 제26조).

(1) 협　　의　　사업시행자는 토지등에 대한 보상에 관하여 토지소유자 및 관계인과 성실하게 협의하여야 … 한다(토상법 제26조 제1항 제2문. 제16조, 제26조 제2항 단서)(판례). 협의가 성립되었을 때에는 사업시행자는 … 관할 토지수용위원회에 협의 성립의 확인을 신청할 수 있다(토상법 제29조 제1항). 제29조 제1항 및 제3항에 따른 확인은 이 법에 따른 재결로 보며, 사업시행자, 토지소유자 및 관계인은 그 확인된 협의의 성립이나 내용을 다툴 수 없다(토상법 제29조 제4항).

판례 **공익사업을 위한 토지 등의 취득 및 보상에 관한 법률상 보상합의의 성질**

(한국수자원공사가 한국전력공사를 피고로 한 부당이득반환청구소송에서) 공익사업을 위한 토지 등의 취득 및 보상에 관한 법률에 의한 **보상합의는 공공기관이 사경제주체로서 행하는 사법상 계약의 실질**을 가지는 것으로서, 당사자 간의 합의로 같은 법 소정의 손실보상의 기준에 의하지 아니한 손실보상금을 정할 수 있으며, 이와 같이 같은 법이 정하는 기준에 따르지 아니하고 손실보상액에 관한 합의를 하였다고 하더라도 그 합의가 착오 등을 이유로 적법하게 취소되지 않는 한 유효하다. 따라서 공익사업법에 의한 보상을 하면서 손실보상금에 관한 당사자 간의 합의가 성립하면 그 합의 내용대로 구속력이 있고, 손실보상금에 관한 합의 내용이 공익사업법에서 정하는 손실보상 기준에 맞지 않는다고 하더라도 합의가 적법하게 취소되는 등의 특별한 사정이 없는 한 추가로 공익사업법상 기준에 따른 손실보상금 청구를 할 수는 없다(대판 2013. 8. 22, 2012다3517).

---

(2) 재결(수용재결)　　제26조에 따른 협의가 성립되지 아니하거나(판례) 협의를 할 수 없을 때(제26조 제2항 단서에 따른 협의의 요구가 없을 때를 포함한다)에는 사업시행자는 사업인정고시가 된 날부터 1년 이내에 대통령령으로 정하는 바에 따라 관할 토지수용위원회에 재결을 신청할 수 있다(토상법 제28조 제1항). 재결신청에 따라 내려지는 최초의 재결을 수용재결이라 한다. 한편, 피수용자는 이를 신청할 수 없다.

판례 **재결신청을 청구할 수 있는 사유인 '협의가 성립하지 아니한 때'의 의미**

(도로건설 사업구역에 포함된 토지의 소유자가 토지상의 지장물에 대하여 재결신청을 청구하였으나, 그 중 일부에 대해서는 사업시행자가 손실보상대상에 해당하지 않아 재결신청대상이 아니라는 이유로 수용재결 신청을 거부하면서 보상협의를 하지 아니하자 원고가 피고 대한민국을 상대로 보상제외 처분취소등을 구한 사건에서) 공익사업을 위한 토지 등의 취득 및 보상에 관한 법률(이하 '공익사업법'이라 한다) 제28조 제1항의 '협의가 성립되지 아니한 때'에는 사업시행자가 토지소유자 등과 공익사업법 제26조에서 정한 협의절차를 거쳤으나 보상액 등에 관하여 협의가 성립하지 아니한 경우는 물론 토지소유자 등이 손실보상대상에 해당한다고 주장하며 보상을 요구하는데도 사업시행자가 손실보상대상

에 해당하지 아니한다며 보상대상에서 이를 제외한 채 협의를 하지 않아 결국 협의가 성립하지 않은 경우도 포함된다고 보아야 한다(대판 2011. 7. 14, 2011두2309).

(3) 이의신청(이의재결)

1) 이의신청의 의의　　　중앙토지수용위원회의 제34조에 따른 재결에 이의가 있는 자는 중앙토지수용위원회에 이의를 신청할 수 있다(토상법 제83조 제 1 항)〔판례〕. 지방토지수용위원회의 제34조에 따른 재결에 이의가 있는 자는 해당 지방토지수용위원회를 거쳐 중앙토지수용위원회에 이의를 신청할 수 있다(토상법 제83조 제 2 항). 이의신청은 제소를 위한 필요적 절차는 아니다. 이의신청은 행정심판의 일종으로서 복심적 쟁송의 성질을 갖는다. 이의신청절차에는 행정심판법이 준용된다.

> ［판례］ 하나의 재결에서 피보상자별로 여러 보상항목의 손실에 관하여 심리·판단이 이루어졌을 때, 불복할 수 있는 보상항목의 범위
> (한국철도시설공단을 피고로 손실보상금증액등을 구한 사건에서) 하나의 재결에서 피보상자별로 여러 가지의 토지, 물건, 권리 또는 영업(이처럼 손실보상 대상에 해당하는지, 나아가 그 보상금액이 얼마인지를 심리·판단하는 기초 단위를 이하 '보상항목'이라고 한다)의 손실에 관하여 심리·판단이 이루어졌을 때, 피보상자 또는 사업시행자가 반드시 그 재결 전부에 관하여 불복하여야 하는 것은 아니며, 여러 보상항목들 중 일부에 관해서만 불복하는 경우에는 그 부분에 관해서만 개별적으로 불복의 사유를 주장하여 행정소송을 제기할 수 있다. 이러한 보상금 증감 소송에서 법원의 심판범위는 하나의 재결 내에서 소송당사자가 구체적으로 불복신청을 한 보상항목들로 제한된다(대판 2018. 5. 15, 2017두41221).

2) 이의신청의 요건 등　　　① 재결에 이해관계를 갖는 토지소유자 또는 관계인·사업시행자는 신청인이 될 수 있다. ② 이의의 신청은 재결서의 정본을 받은 날부터 30일 이내에 하여야 한다(토상법 제83조 제 3 항). ③ 보상금의 증액에 관한 사항을 포함하여 토상법 제50조가 정하는 재결사항은 모두 이의신청의 대상이 된다. ④ 제83조에 따른 이의의 신청이나 제85조에 따른 행정소송의 제기는 사업의 진행 및 토지의 수용 또는 사용을 정지시키지 아니한다(토상법 제88조).

3) 이의신청의 재결(이의재결)

(개) 이의재결의 유형　　　중앙토지수용위원회는 제83조에 따른 이의신청을 받은 경우 제34조에 따른 재결이 위법하거나 부당하다고 인정할 때에는 그 재결의 전부 또는 일부를 취소하거나 보상액을 변경할 수 있다(토상법 제84조 제 1 항).

(내) 이의재결의 효력　　　제85조 제 1 항에 따른 기간 이내에 소송이 제기되지 아니하거나 그 밖의 사유로 이의신청에 대한 재결이 확정된 때에는 민사소송법상의 확정판결이 있은 것으로 보며, 재결서 정본은 집행력 있는 판결의 정본과 동일한 효력을 가진다(토상법 제86조 제 1 항).

(대) 보상금지급의무　　　토상법 제84조 제 1 항에 따라 보상금이 늘어난 경우 사업시행자는 재결의 취소 또는 변경의 재결서 정본을 받은 날부터 30일 이내에 보상금을 받을 자에게 그 늘어난 보상금을 지급하여야 한다. 다만, 제40조 제 2 항 제 1 호·제 2 호 또는 제 4 호에 해당할

때에는 그 금액을 공탁할 수 있다($^{토상법 제84}_{조 제 2 항}$).

4) 집행부정지　　제83조에 따른 이의의 신청은 사업의 진행 및 토지의 수용 또는 사용을 정지시키지 아니한다($^{토상법}_{제88조}$).

(4) 행정소송

1) 행정소송의 제기　　사업시행자, 토지소유자 또는 관계인은 제34조에 따른 재결에 불복할 때에는 재결서를 받은 날부터 90일 이내에, 이의신청을 거쳤을 때에는 이의신청에 대한 재결서를 받은 날부터 60일 이내에 각각 행정소송을 제기할 수 있다($^{토상법 제85조}_{제 1 항 제 1 문}$). 재결절차는 제소를 위한 필수적인 절차이다($^{판}_{례}$).

[판례]　공익사업으로 인하여 영업을 폐지하거나 휴업하는 자가 토상법상 재결절차를 거치지 않은 채 사업시행자를 상대로 영업손실보상청구소송을 제기할 수 있는지 여부

($^{택지개발사업지구 내 비닐하우스에서 화훼소매업을 하던 갑과 을이 재결절차를 거치지 않고 사업시행자인 한국토지주}_{택공사를 상대로 주된 청구인 영업손실보상금 청구에 생활대책대상자 선정 관련청구소송을 병합하여 제기한 사건에서}$) 구 공익사업법 제26조, 제28조, 제30조, 제34조, 제50조, 제61조, 제83조 내지 제85조의 규정 내용 및 입법 취지 등을 종합하여 보면, 공익사업으로 인하여 영업을 폐지하거나 휴업하는 자가 사업시행자로부터 구 공익사업법 제77조 제 1 항에 따라 영업손실에 대한 보상을 받기 위해서는 구 공익사업법 제34조, 제50조 등에 규정된 재결절차를 거친 다음 그 재결에 대하여 불복이 있는 때에 비로소 구 공익사업법 제83조 내지 제85조에 따라 권리구제를 받을 수 있을 뿐, 이러한 재결절차를 거치지 않은 채 곧바로 사업시행자를 상대로 손실보상을 청구하는 것은 허용되지 않는다 ($^{대판 2011. 9. 29. 2009두10963;}_{대판 2011. 10. 13. 2009다43461}$).

---

2) 소의 대상(원처분중심주의와 재결주의)

㈎ 구 토지수용법과 재결주의　　행정소송과 관련하여 구 토지수용법 제75조의2 제 1 항 본문은 "이의신청의 재결에 대하여 불복이 있을 때에는 재결서가 송달된 날로부터 1월 이내에 행정소송을 제기할 수 있다"고 규정하였고, 판례는 동 조항의 소송이 원처분($^{재결신청에}_{대한 재결}$)이 아니라 재결($^{이의신청에}_{대한 재결}$)을 대상으로 한다고 이해하였다($^{대판 1990. 6. 12.}_{89누8187}$). 말하자면 판례는 구법하에서 이 소송을 원처분중심주의의 예외인 재결주의로 보았다($^{행소법 제}_{19조 단서}$). 그러나 이러한 판례 태도에 대하여 비판적인 학자들도 있었다. 한편, 대법원은 중앙토지수용위원회의 이의신청에 대한 재결이 아닌 중앙토지수용위원회의 수용재결은 행정소송의 대상으로 삼을 수 없다고 하다가($^{대판 1983. 6. 14.}_{81누254}$) 그 후 수용재결 자체가 당연무효라 하여 그 무효확인을 구하는 경우에는 이의재결이 아닌 수용재결도 행정소송의 대상이 된다고 하였다($^{대판 1993. 1. 19. 91}_{누8050 전원합의체}$).

㈏ '토상법'의 경우　　동법 제85조 제 1 항은 원처분($^{제34조의 재결신}_{청에 대한 재결}$)에 대해서도 행정소송을 제기할 수 있음을 명시적으로 규정하고 있으므로, 원처분이 행정소송의 대상이 됨은 분명하다. 문제는 제84조의 이의신청에 대한 재결을 거친 후 행정소송을 제기하는 경우이다. 생각건대 동 조항이 명시적으로 재결주의를 규정하고 있는 것은 아니고, 또한 재결주의가 적용되어야 한다고 볼 만

한 특별한 사정도 보이지 아니한다. 따라서 이의신청에 대한 재결을 거친 후 제기하는 행정소송에
도 원처분중심주의가 적용된다고 볼 것이다. 동 조항은 다만 이의신청의 재결을 거친 후에도 소송
을 제기할 수 있음을 규정하는 조항으로 본다. 따라서 신청에 대한 재결($^{수용}_{재결}$)에 대해 다투어야 하
고, 이의신청에 대한 재결($^{이의}_{재결}$)은 고유한 위법이 있는 경우에 한하여 대상적격을 갖는다($^{판}_{례}$).

> **판례** | 이의신청재결 후 취소소송을 제기하는 경우 피고적격 및 소송대상
> (원고들이 수용재결에 불복하여 중앙토지수용위원회의 이의재결 후 수용재결 자체의 취소를 구하는 항고소송을 제기하였으나 원심법원이
> 이의재결을 한 중앙토지수용위원회만이 피고적격이 있다는 이유로 수용재결을 한 피고 중앙토지수용위원회를 상대로 수용재결의 취소를
> 구하는 부분의 소를 각하하) 공익사업을 위한 토지 등의 취득 및 보상에 관한 법률 제85조 제 1 항 전문의
> 자 원고가 상고한 사건에서
> 문언 내용과 같은 법 제83조, 제85조가 중앙토지수용위원회에 대한 이의신청을 임의적 절차로 규
> 정하고 있는 점, **행정소송법 제19조 단서**가 행정심판에 대한 재결은 재결 자체에 고유한 위법이
> 있음을 이유로 하는 경우에 한하여 취소소송의 대상으로 삼을 수 있도록 규정하고 있는 점 등을
> 종합하여 보면, **수용재결에 불복하여 취소소송을 제기하는 때에는 이의신청을 거친 경우에도 수용재
> 결을 한 중앙토지수용위원회 또는 지방토지수용위원회를 피고로 하여 수용재결의 취소를 구하여야 하
> 고, 다만 이의신청에 대한 재결 자체에 고유한 위법이 있음을 이유로 하는 경우에는 그 이의재결을 한 중
> 앙토지수용위원회를 피고로 하여 이의재결의 취소를 구할 수 있다**($^{대판\ 2010.\ 1.\ 28,}_{2008두1504}$).

[기출사례] 제67회 5급공채(2023년) 문제·답안작성요령 ☞ PART 4 [1-60a]

3) 제소기간 등의 특례　　　제34조에 따른 재결에 불복할 때에는 재결서를 받은 날부터 90
일 이내에, 이의신청을 거쳤을 때에는 이의신청에 대한 재결서를 받은 날부터 60일 이내에 행정
소송을 제기할 수 있다($^{토상법\ 제85조,}_{제\ 1\ 항\ 제\ 1\ 문}$). 행정심판법 제27조($^{행정심판}_{제기기간}$)와 행정소송법 제20조($^{제소}_{기간}$)의 규정
은 적용되지 아니한다는 것이 판례의 입장이다($^{대판\ 1989.\ 3.\ 28,}_{88누5198}$). 그리고 헌법재판소는 구 토지수용
법의 1개월의 단기출소기간이 재판청구권에 관한 헌법위반은 아니라고 하였다($^{판}_{례}$).

> **판례** | 짧은 제소기간을 규정한 구 토지수용법의 위헌 여부
> (한국토지개발공사의 안양·평촌 택지개발사업지구 내의 토지소유자인 원고가 중앙토지수용위원회의 이의신청에 대한 토지수용재결처분
> 취소등 청구소송을 제기하는 한편, 토지수용법 제75조의2(현행 토상법 제85조) 제 1 항 본문이 원고(청구인)의 헌법상 평등권, 재판청구
> 권을 침해하여 위헌임을 이유로 헌법소원을 제) 토지수용법이 행정소송의 제소기간에 관하여 일반법인 행정소
> 기한 안양·평촌 택지개발사업지구사건에서
> 송법을 배제하고 그보다 짧은 제소기간을 규정함으로써 국민이 착오를 일으켜 제소기간을 놓치는
> 사례가 있을 수 있으나, 이러한 사태는 특별법에서 일반법과 다른 규정을 두는 경우에 언제나 발
> 생할 가능성이 있는 것이며, 그 이유만으로 그 규정이 헌법에 위반되는 것으로 볼 수 없다
> ($^{헌재\ 1996.\ 8.\ 29,\ 93}_{헌바63,\ 95헌바8(병합)}$).

4) 집행부정지　　　제85조에 따른 행정소송의 제기는 사업의 진행 및 토지의 수용 또는 사
용을 정지시키지 아니한다($^{토상법}_{제88조}$).

[기출사례] 제59회 5급공채(2015년) 문제·답안작성요령 ☞ PART 4 [1-59]

[기출사례] 제 9 회 변호사시험(2020년) 문제·답안작성요령 ☞ PART 4 [1-60]

(5) 보상금증감소송

1) 의   의   제85조 제 1 항에 따라 제기하려는 행정소송이 보상금의 증감에 관한 소송인 경우 그 소송을 제기하는 자가 토지소유자 또는 관계인일 때에는 사업시행자를, 사업시행자일 때에는 토지소유자 또는 관계인을 각각 피고로 한다$\binom{\text{토상법 제85}}{\text{조 제 2 항}}$. 이처럼 수용재결이나 이의재결 중 보상금에 대한 재결에 불복이 있는 경우 보상금의 증액 또는 감액을 청구하는 소송을 보상금 증감소송이라 한다. 판례는 잔여지 수용청구를 받아들이지 않은 토지수용위원회의 재결에 불복하여 제기하는 소송도 보상금의 증감에 관한 소송에 해당한다고 한다$\binom{\text{판}}{\text{례}}$.

[참고] 공익사업을 위한 토지 등의 취득 및 보상에 관한 법률(토상법)상 소송유형

다툼의 대상	관련법규
[1] 보상금에 관한 소송 　　보상금의 증감에 대한 다툼이 없는 보상청구 　　보상금의 증감을 다투는 보상청구 [2] 보상금 이외의 사항에 관한 소송	 행정소송법 제 3 조 제 2 호의 당사자소송 토상법 제85조 제 2 항이 정하는 행정소송 토상법 제85조 제 1 항이 정하는 행정소송

┌─────┐
│ **판례** │　잔여지 수용청구권의 성질과 쟁송형태
└─────┘
$\binom{\text{피고 한국도로공사의 익산-장수간 고속도로건설공사사업으로}}{\text{인해 토지가 수용된 원고가 잔여지의 매수 등을 구한 사건에서}}$ 구 '공익사업을 위한 토지 등의 취득 및 보상에 관한 법률'$\binom{\text{2007. 10. 17. 법률 제8665}}{\text{호로 개정되기 전의 것}}$ 제74조 제 1 항에 규정되어 있는 잔여지 수용청구권은 손실보상의 일환으로 토지소유자에게 부여되는 권리로서 그 요건을 구비한 때에는 잔여지를 수용하는 토지수용위원회의 재결이 없더라도 그 청구에 의하여 수용의 효과가 발생하는 **형성권적 성질**을 가지므로, 잔여지 수용청구를 받아들이지 않은 토지수용위원회의 재결에 대하여 토지소유자가 불복하여 제기하는 소송은 위 법 제85조 제 2 항에 규정되어 있는 '**보상금의 증감에 관한 소송**'에 해당하여 사업시행자를 피고로 하여야 한다$\binom{\text{대판 2010. 8. 19,}}{\text{2008두822}}$.

2) 법적 성질

(가) 단일소송   '토상법'상 보상금증감소송은 1인의 원고와 1인의 피고를 당사자로 하는 단일소송이다$\binom{\text{구 토지수용법 제75조의2 제 2 항은 "제 1 항의 규정에 의하여 제기하고자 하는 행정소송이 보상금의 증감에 관한 소송인 때}}{\text{에는, 당해 소송을 제기하는 자가 토지소유자 또는 관계인인 경우에는 재결청 외에 기업자를, 기업자인 경우에는 재결청 외}}$
에 토지소유자 또는 관계인을 각각 피고로 한다"고 규정하 $\big)$.
였던 탓으로 과거 판례는 필요적 공동소송으로 보았다

(나) 형식적 당사자소송   '토상법'은 보상금증감소송의 경우에 처분청$\binom{\text{위원}}{\text{회}}$인 토지수용위원회를 피고로 하지 아니하고, 대등한 당사자인 토지소유자 또는 관계인과 사업시행자를 당사자로 하고 있는바, 형식적 관점에서 보상금증감소송은 당사자소송에 속한다$\binom{\text{판례}}{1}$. 그러나 보상금증감소송은 위원회$\binom{\text{처분}}{\text{청}}$의 재결$\binom{\text{처}}{\text{분}}$을 다투는 의미도 갖는 것이므로 실질적 관점에서는 항고소송의 성질도 갖는다$\binom{\text{판례}}{2}$. 따라서 전체로서 보상금증감소송을 형식적 당사자소송이라 부를 수 있다$\binom{\text{구 토지수용법 제}}{\text{75조의2 제 2 항}}$
은 제소자가 토지소유자 또는 관계인인 경우에는 재결청 외에 기업자를, 기업자인 경우에는 재결청 외에 토지소유자 또는 관계인을 $\big)$.
각각 공동피고로 규정하였던 탓으로 일설은 동 소송을 법률이 정한 특수한 소송이라 하였고, 판례는 단순히 당사자소송이라 하였다

판례 1   **구 토지수용법에 따른 보상금증감소송의 소송종류**
(대한주택공사의 서울 번동지구 택지개발사업에서 수용당한 원고가 중앙토지수용위원회와 대
한주택공사를 상대로 토지수용이의재결처분의 취소를 구한 서울 번동지구택지개발사건에서) 토지수용법 제75조의2 제 2
항의 규정은 그 제 1 항에 의하여 이의재결에 대하여 불복하는 행정소송을 제기하는 경우, 이것이
보상금의 증감에 관한 소송인 때에는 이의재결에서 정한 보상금이 증액 변경될 것을 전제로 하여
기업자를 상대로 보상금의 지급을 구하는 **공법상의 당사자소송을 규정한 것으로 볼 것이다**
(대판 1991. 11. 26. 91누285;
대판 2000. 11. 28. 99두3416).

판례 2   **공익사업을 위한 토지 등의 취득 및 보상에 관한 법률 제85조 제 2 항에 따른 보상금의
증액을 구하는 소의 성질**
(공익사업을 위한 토지 등의 취득 및 보상에 관한 법률에 따른 토지소유자 또는 관계인의 사업시행자에 대한 손실보상금 채권에 관하여
압류 및 추심명령이 있는 경우, 채무자인 토지소유자 등이 보상금의 증액을 구하는 소를 제기하고 그 소송을 수행할 당사자적격을 상실
하는지 여부를 쟁점으로 한
손실보상금청구 사건에서) 토지보상법 제85조 제 2 항은 토지소유자 등이 보상금 증액 청구의 소를 제
기할 때에는 사업시행자를 피고로 한다고 규정하고 있다. 위 규정에 따른 보상금 증액 청구의 소
는 토지소유자 등이 사업시행자를 상대로 제기하는 당사자소송의 형식을 취하고 있지만, 토지수
용위원회의 재결 중 보상금 산정에 관한 부분에 불복하여 그 증액을 구하는 소이므로 실질적으로
는 재결을 다투는 항고소송의 성질을 가진다(대판 2022. 11. 24.
2018두67 전원합의체).

(다) **형성소송인지 확인·급부소송인지 여부**   ① ⓐ 재결의 처분성이나 공정력을 강조
하여 보상금증감청구소송의 실질은 재결에서 정한 보상액의 취소·변경을 구하는 것으로 구체적
인 손실보상청구권은 법원이 재결을 취소·변경함으로써 비로소 형성되는 것이라고 보는 견해
(형성소
송설)와, ⓑ 보상금증감청구소송을 법규에 의해 객관적으로 발생하여 확정된 보상금의 지급의무
의 이행 또는 그 확인을 구하는 소송으로 보는 견해(확인·급
부소송설)가 대립된다. ② 현행 공익사업을 위
한 토지 등의 취득 및 보상에 관한 법률 제85조 제 2 항이 위원회를 피고에서 제외하고 있는바 후
자가 타당하다.

3) 보상금증액청구소송의 소송요건 등(보상금증액청구소
송이 일반적이다)

(가) **소의 대상**   토지수용위원회는 보상금증감소송의 피고가 아니다. 따라서 보상금증감
소송은 토지수용위원회의 재결을 직접적인 다툼의 대상으로 하는 소송으로 보기 어렵다. 보상금
증감소송은 토지수용위원회의 보상금에 관한 재결을 전제로 하면서 직접적으로는 보상금의 증감
을 다투는 소송이므로 보상금에 관한 법률관계를 대상으로 한다고 볼 것이다.

(나) **원고적격**   토지소유자와 관계인이다. 토지소유자는 공익사업에 필요한 토지의 소유
자를 말하고, 관계인이란 사업시행자가 취득하거나 사용할 토지에 관하여 지상권·지역권·전세
권·저당권·사용대차 또는 임대차에 따른 권리 또는 그 밖에 토지에 관한 소유권 외의 권리를 가
진 자나 그 토지에 있는 물건에 관하여 소유권이나 그 밖의 권리를 가진 자를 말한다(토상법 제 2
조 참조).
제 3 자인 추심채권자는 원고적격을 갖지 아니하나(판례
1), 손실보상금 채권에 관하여 압류 및 추심
명령이 있는 경우에도 토지소유자는 원고적격을 갖는다는 것이 판례의 견해이다(판례
2).

판례 1 보상금의 증액을 구하는 소에서 제3자인 추심채권자의 원고적격 유무

(공익사업을 위한 토지 등의 취득 및 보상에 관한 법률에 따른 토지소유자 또는 관계인의 사업시행자에 대한 손실보상금 채권에 관하여 압류 및 추심명령이 있는 경우, 채무자인 토지소유자 등이 보상금의 증액을 구하는 소를 제기하고 그 소송을 수행할 당사자적격을 상실하는지 여부를 쟁점으로 한 손실보상금청구 사건에서) 행정소송법 제12조 전문은 "취소소송은 처분 등의 취소를 구할 법률상 이익이 있는 자가 제기할 수 있다."라고 규정하고 있다. 앞서 본 바와 같이 보상금 증액 청구의 소는 항고소송의 성질을 가지므로, 토지소유자 등에 대하여 금전채권을 가지고 있는 제3자는 재결에 대하여 간접적이거나 사실적·경제적 이해관계를 가질 뿐 재결을 다툴 법률상의 이익이 있다고 할 수 없어 직접 또는 토지소유자 등을 대위하여 보상금 증액 청구의 소를 제기할 수 없고, 토지소유자 등의 손실보상금 채권에 관하여 압류 및 추심명령이 있더라도 추심채권자가 재결을 다툴 지위까지 취득하였다고 볼 수는 없다(대판 2022. 11. 24. 2018두67 전원합의체).

판례 2 보상금의 증액을 구하는 소에서 그 손실보상금 채권에 관하여 압류 및 추심명령이 있는 경우, 토지소유자의 원고적격 유무

(공익사업을 위한 토지 등의 취득 및 보상에 관한 법률에 따른 토지소유자 또는 관계인의 사업시행자에 대한 손실보상금 채권에 관하여 압류 및 추심명령이 있는 경우, 채무자인 토지소유자 등이 보상금의 증액을 구하는 소를 제기하고 그 소송을 수행할 당사자적격을 상실하는지 여부를 쟁점으로 한 손실보상금청구 사건에서), 토지소유자 등이 토지보상법 제85조 제 2 항에 따라 보상금 증액 청구의 소를 제기한 경우, 그 손실보상금 채권에 관하여 압류 및 추심명령이 있다고 하더라도 추심채권자가 그 절차에 참여할 자격을 취득하는 것은 아니므로, 보상금 증액 청구의 소를 제기한 토지소유자 등의 지위에 영향을 미친다고 볼 수 없다. 따라서 보상금 증액 청구의 소의 청구채권에 관하여 압류 및 추심명령이 있다고 하더라도 토지소유 등이 그 소송을 수행할 당사자적격을 상실한다고 볼 것은 아니다(대판 2022. 11. 24. 2018두67 전원합의체).

(다) 피고적격 행정소송법 제39조가 "당사자소송은 국가·공공단체 그 밖의 권리주체를 피고로 한다"고 규정하고 있지만, 토상법 제85조 제 2 항은 보상금증액청구소송에서의 피고를 '사업시행자'로 하고 있다. 사업시행자란 재결에 의하여 토지의 소유권 등의 권리를 취득하고 그로 인하여 토지소유자 또는 관계인이 입은 손실을 보상하여야 할 의무를 지는 권리·의무의 주체인 국가·지방자치단체 등을 의미하는 것이므로 행정청은 피고가 아니다(대판 1993. 5. 25. 92누15772)(판례).

판례 보상금증감소송의 소송당사자에서 재결청을 제외한 취지

(보상금증감의 소에서 당사자적격을 규정하고 있는 구 공익사업을 위한 토지 등의 취득 및 보상에 관한 법률 제85조 제 2 항 중 '제 1 항의 규정에 따라 제기하고자 하는 행정소송이 보상금의 증감에 관한 소송인 경우 당해 소송을 제기하는 자가 토지소유자인 때에는 사업시행자를 피고로 한다'는 부분에 대한 위헌소원사건에서) 보상금증감소송에서 실질적인 이해관계인은 피수용자와 사업시행자일 뿐 **재결청은 이해관계가 없으므로**, 이 사건 법률조항은 실질적인 당사자들 사이에서만 소송이 이루어지도록 합리적으로 조정하고, 절차의 반복 없이 분쟁을 신속하게 종결하여 소송경제를 도모하며, 항고소송의 형태를 취할 경우 발생할 수 있는 수용처분의 취소로 인한 공익사업절차의 중단을 최소화하기 위하여, **소송당사자에서 재결청을 제외하고** 사업시행자만을 상대로 다투도록 피고적격을 규정한 것이다(헌재 2013. 9. 26. 2012헌바23).

(라) 제소기간 수용재결인 경우는 재결서를 받은 날부터 90일 이내에, 이의재결인 경우는 이의신청에 대한 재결서를 받은 날부터 60일 이내에 소송을 제기할 수 있다(토상법 제85조 제 1 항).

㈑ **입증책임**　　판례는 보상금증액청구의 소송에서 입증책임은 원고에게 있다는 입장이다$\binom{판례}{1, 2}$.

[판례 1]　**손실보상금 증액청구에서의 입증책임**

$\binom{고양능곡지구택}{지개발사건에서}$ 토지수용법 제75조의2 제 2 항 소정의 손실보상금 증액청구의 소에 있어서 그 이의재결에서 정한 손실보상금액보다 **정당한 손실보상금액이 더 많다는 점에 대한 입증책임은 원고에게 있다고 할 것이다**$\binom{대판 1997. 11. 28,}{96누2255}$.

[판례 2]　**보상금증감소송에서 공정한 증거의 확보방법**

$\binom{보상금증감의 소에서 당사자적격을 규정하고 있는 구 공익사업을 위한 토지 등의 취득 및 보상에 관한 법률 제85조 제 2 항 중 '제 1 항}{의 규정에 따라 제기하고자 하는 행정소송이 보상금의 증감에 관한 소송인 경우 당해 소송을 제기하는 자가 토지소유자인 때에는 사업시행자를 피고로 한다'는 부분}$ 에 대한 위헌소원사건에서 통상 수용과 관련된 서류들은 사업시행자를 포함한 재결청에서 보관하고 있으므로, 보상금증감소송에서는 증거의 구조적인 편재(偏在)현상이 나타난다. 그럼에도 **이 사건 법률조항이 재결청을 피고에서 제외한 것은 증거의 구조적 편재를 해소하기 위한 보완수단이 있기 때문이다.** 특히 민사소송법상 문서의 제출명령$\binom{제344}{조}$, '공공기관의 정보공개에 관한 법률'에 따른 정보공개청구나 문서송부 촉탁 등을 통하여 감정과 관련된 증거를 확보할 수 있고, 새로운 감정을 신청하여 정당한 보상금을 산정하도록 할 수도 있다. 또한, 법원을 통하여 사실조회를 하는 방법도 사용할 수 있다$\binom{헌재 2013. 9. 26,}{2012헌바23}$.

[기출사례] 제 9 회 변호사시험(2020년) 문제 · 답안작성요령 ☞ PART 4 [1-60]

[기출사례] 제67회 5급공채(2023년) 문제 · 답안작성요령 ☞ PART 4 [1-60a]

[기출문제] 제41회 법원행정고등고시(2023년) 주관식

토지수용과 관련한 소송 중 보상금증액소송에 관하여 설명하시오.

2. 기타 법률의 경우

① 하천법의 경우는 행정청$\binom{국토교통부장관 또는}{환경부장관, 시 · 도지사}$이 손실을 입은 자와 협의하고$\binom{동법 제76}{조 제 2 항}$, 협의가 성립되지 아니하거나 협의를 할 수 없는 때에는 관할 토지수용위원회의 재결을 신청할 수 있다$\binom{동법 제76}{조 제 3 항}$. 판례는 손실을 받은 자도 재결신청권이 있다는 입장이다$\binom{대판 2002. 2. 5,}{2000다69361}$. 재결에 불복하면 행정소송을 제기할 수 있다$\binom{하천법 제76}{조 제 4 항}\binom{대판 1983. 11. 8, 81누380;}{대판 2003. 4. 25, 2001두1369}$. ② 공유수면 관리 및 매립에 관한 법률의 경우도 하천법의 경우와 유사하다$\binom{동법}{제57조}\binom{대판 1997. 10. 10,}{96다3838}$.

제 3 절 국가책임제도의 보완

국가나 지방자치단체의 공공복지를 위한 작용으로 인해 사인이 당할 수 있는 특별한 희생으로 다음을 볼 수 있다.

① 수용·사용·제한과 보상의 규정이 있는 법률에 따른 특별한 희생$\binom{전통적·전형}{적 손실보상}$

② 수용·사용·제한규정은 있으나 보상규정이 없는 법률에 따른 특별한 희생

③ 수용·사용·제한과 보상의 규정이 있는 법률의 위법한 집행에 따른 특별한 희생

④ 수용·사용·제한과 보상의 규정이 없는 법률에 따른 특별한 희생

⑤ 보상의 규정이 없는 법률에 따른 생명·신체 등에 대한 특별한 희생

제 2 절에서 살펴본 손실보상제도는 ①을 중심으로 한 것일 뿐, ②·③·④에 대한 검토와 아울러 ⑤에 보상의 문제도 검토가 필요하다. ②·③·④는 재산권의 침해와 관련하고, ⑤는 비재산권에 대한 침해와 관련한다. 그밖에 결과제거청구권과 공법상 위험책임도 문제된다.

[참고] 제11판까지 ②·③은 독일의 수용유사침해보상의 법리, ④는 독일의 수용적 침해보상의 법리, ⑤는 독일의 희생보상·희생유사침해보상의 법리를 주제로 하고 활용하는 방식을 채택하였으나, 제12판부터는 이러한 방식을 폐기하였다. 왜냐하면 이제는 우리의 학설과 판례도 많이 축적되었다고 보았기 때문이다.

Ⅰ. 재산권침해에 대한 손실보상청구권의 확장

1. 수용·사용·제한규정은 있으나 보상규정 없는 법률과 손실보상청구권

(1) 의   의   공익을 위한 법률이 재산권의 수용·사용 또는 제한에 관한 규정을 두면서 보상에 관한 규정을 두고 있지 아니하다면, 이러한 법률은 헌법위반의 법률이 된다. 이러한 법률에 따라 특별한 희생으로서 피해가 발생한다면$\binom{예컨대 개발제한구역의 지정 및 관리에 관한 특별조치법상 개발제}{한구역의 지정으로 인한 불이익으로서 공동체를 위해 참아야 할 정}$ $\binom{도를 벗어나는 특별한 희생이 있}{는 경우, 동법상 보상규정이 없다}$, 피해자인 사인에게 손해배상청구권이 발생하는지, 손실보상청구권이 발생하는지의 여부가 문제된다$\binom{독일에서는 수용유사침해보}{상의 법리로 해결하고 있다}$.

(2) 손실보상청구권의 인정 여부$\binom{손실보상청구권의 근거로}{서 헌법 제23조 제 3 항}$ 보상규정이 없는 경우에 손실보상청구권을 갖는가의 여부는 헌법 제23조 제 3 항 등을 근거로 손실보상을 청구할 수 있는가의 문제와 관련된다. 이와 관련하여 헌법 제23조 제 3 항의 성질을 둘러싸고 다양한 견해가 있어 왔다.

1) 학   설

(개) 방침규정설   헌법상 손실보상에 관한 규정은 입법의 방침을 정한 것에 불과한 프로그램규정이다. 따라서 이 견해는 손실보상에 관한 구체적인 사항이 법률로써 정해져야만 사인은 손실보상청구권을 갖게 된다는 견해이다. 입법지침설이라고도 한다.

(내) 직접효력규정설   개인의 손실보상청구권은 헌법규정으로부터 직접 나온다. 즉 헌법 제23조 제 3 항을 국민에 대해 직접적인 효력이 있는 규정으로 보는 견해이다.

㈐ **위헌무효설**　　손실보상청구권은 헌법이 아니라 법률에서 근거되는 것이라는 전제하에 만약 보상규정 없는 수용법률에 의거 수용이 행해진다면 그 법률은 위헌무효의 법률이고, 따라서 수용은 위법한 작용이 되는바, 사인은 손해배상청구권을 갖는다는 견해이다. 위헌설 또는 입법자에 대한 직접효력설이라고도 한다.

㈑ **간접효력규정설**　　공용침해에 따르는 보상규정이 없는 경우에는 헌법 제23조 제 1 항$\binom{재산권}{보장}$ 및 제11조$\binom{평등}{원칙}$에 근거하고, 헌법 제23조 제 3 항 및 관계규정의 유추해석을 통하여 보상을 청구할 수 있다는 견해이다. 간접효력규정설이란 본서가 붙인 이름이다. 간접이란 손실보상청구권이 헌법상 하나의 특정조문$\binom{헌법 제23}{조 제 3 항}$에 근거하는 것이 아니라 여러 조항의 해석의 결과 도출됨을 의미한다. 간접효력규정설은 유추적용설이라 불리기도 한다.

[참고]　간접효력규정설과 유추적용설의 비교

① 간접효력규정설은 법률에 명시적인 보상규정이 없는 경우에 헌법을 근거로 보상을 청구할 수 있다는 논리로서 헌법을 1차적인 관심의 대상으로 한다. 유추적용설은 관련 법률의 유추해석을 통해 보상을 청구할 수 있다는 논리로서 관련 법률을 1차적인 관심의 대상으로 한다. ② 간접효력규정설에 근거하여 개별 사건에서 보상청구권의 존부를 판단할 때, 관련 법령의 유추해석이나 목적론적 해석 또는 역사적 해석 등이 활용될 수 있다. 유추적용설도 「법률에 명시적인 보상규정이 없다고 하여도 헌법상 보상청구권이 인정될 수 있다」는 논리를 전제로 한다고 볼 것이므로 유추적용설은 간접효력규정설의 한 적용형태에 해당한다고 말할 수 있다. ③ 그렇다고 간접효력규정설과 유추적용설은 동일한 것이라 말하기는 어렵다.

2) **판　　례**　　① 대법원은 직접적인 근거규정이 없는 경우에도 경계이론에 입각하여 ⓐ 관련규정의 유추해석이 가능한 경우에는 유추해석을 통해 손실보상을 인정하기도 하며$\binom{판례}{1}$, 관련규정이 없는 경우에도 손실보상을 인정하기도 하지만$\binom{판례}{2}$, ⓑ MBC주식강제증여사건에서 대법원은 보상책임을 부인하였지만, 독일법상 수용유사적 침해보상의 개념을 처음으로 언급하면서 판단을 유보한 것이 눈에 띈다$\binom{판례}{3}$. ② 헌법재판소는 분리이론에 입각하여 진정입법부작위로서의 위헌$\binom{판례}{4}$, 또는 보상입법의무의 부과$\binom{판례}{5}$를 통해 문제를 해결하기도 한다.

[판례 1]　손실보상의 인정근거로서 공법규정의 유추적용 가능성

$\binom{제 1 한강교의 중지도일대의 토지가 용산 방수제공사로 제외지가 되자,}{그 소유권자인 원고가 손실보상금을 청구한 한강중지도제외지사건에서}$ 하천법$\binom{1971. 1. 19. 법률 제}{2292호로 개정된 것}$ 제 2 조 제 1 항 제 2 호, 제 3 조에 의하면 제외지는 하천구역에 속하는 토지로서 법률의 규정에 의하여 당연히 그 소유권이 국가에 귀속된다고 할 것인바 한편 동법에서는 위 법의 시행으로 인하여 국유화가 된 제외지의 소유자에 대하여 그 **손실을 보상한다는 직접적인 보상규정을 둔 바가 없으나 동법 제74조의 손실보상요건에 관한 규정은 보상사유를 제한적으로 열거한 것이라기보다는 예시적으로 열거하고 있으므로** 국유로 된 한강인도교 부근의 제외지의 소유자에 대하여는 **위 법조를 유추적용하여** 관리청은 그 **손실을 보상하여야 한다**$\binom{대판 1987. 7. 21.}{84누126}$.

[판례 2]　법률의 보상 규정 없는 손실보상의 인정여부

$\binom{부산시 토지구획정리사업에서 환지를 받지 못}{한 자가 부산시에 손실보상을 청구한 사건에서}$ 토지구획정리사업으로 말미암아 본건 토지에 대한 환지를 교

부하지 않고 그 소유권을 상실케 한데 대한 본건과 같은 경우에 손실보상을 하여야 한다는 규정이 본법에 없다 할지라도 이는 **법리상 그 손실을 보상하여야 할 것이다**$\binom{대판\ 1972.\ 11.\ 28,}{72다1597}$.

판례 3　사인의 주식의 국가에 대한 강압적 증여가 수용유사적 침해에 해당하는지 여부

$\binom{1980년\ 비상계엄하에서\ 국군보안사령부의\ 정보처장의\ 증여요구에\ 따라\ MBC주식\ 150,000주를\ 국가에\ 넘}{겨주었던\ 고려화재해상보험(주)가\ 증여의\ 무효를\ 이유로\ 주주확인\ 등을\ 구한\ MBC주식강제증여사건에서}$ 원심이 들고 있는 …

수용유사적 침해의 이론은 국가 기타 공권력의 주체가 위법하게 공권력을 행사하여 국민의 재산권을 침해하였고 그 효과가 실제에 있어서 수용과 다름없을 때에는 적법한 수용이 있는 것과 마찬가지로 국민이 그로 인한 손실의 보상을 청구할 수 있다는 내용으로 이해되는데, 과연 우리 법제 하에서 그와 같은 이론을 채택할 수 있는 것인가는 별론으로 하더라도 위에서 본 바에 의하여 이 사건에서 피고 대한민국의 이 사건 주식취득이 그러한 공권력의 행사에 의한 수용유사적 침해에 해당한다고 볼 수는 없다$\binom{대판\ 1993.\ 10.\ 26,}{93다6409}$.

판례 4　헌법상 명시된 입법의무가 있음에도 보상에 관하여 아무런 입법조치가 없는 것이 위헌인지 여부

$\binom{1946년\ 군정법령에\ 의해\ 수용된\ 사설철도회사[조선철도(주)·경남철도(주)·경춘철도(주)]의\ 주식을\ 가진\ 자가\ 그\ 손실보상}{절차를\ 규정하는\ 법률을\ 제정하지\ 아니하는\ 입법부작위의\ 위헌확인\ 등을\ 헌법소원으로\ 다툰\ 사설철도회사\ 수용사건에서}$ 우리 헌법은 제헌 이래 현재까지 일관하여 재산의 수용, 사용 또는 제한에 대한 보상금을 지급하도록 규정하면서 이를 법률이 정하도록 위임함으로써 국가에게 명시적으로 수용 등의 경우 그 보상에 관한 입법의무를 부과하여 왔는바, 해방 후 사설철도회사의 전 재산을 수용하면서 그 보상절차를 규정한 군정법령 제75호에 따른 보상절차가 이루어지지 않은 단계에서 조선철도의통일폐지법률에 의하여 위 군정법령이 폐지됨으로써 **대한민국의 법령에 의한 수용은 있었으나 그에 대한 보상을 실시할 수 있는 절차를 규정하는 법률이 없는 상태가 현재까지 계속되고 있으므로,** 대한민국은 위 군정법령에 근거한 수용에 대하여 보상에 관한 법률을 제정하여야 하는 입법자의 헌법상 명시된 입법의무가 발생하였으며, **위 폐지법률이 시행된 지 30년이 지나도록 입법자가 전혀 아무런 입법조치를 취하지 않고 있는 것은 입법재량의 한계를 넘는 입법의무불이행으로서 보상청구권이 확정된 자의 헌법상 보장된 재산권을 침해하는 것이므로 위헌이다**$\binom{헌재\ 1994.\ 12.\ 29,}{89헌마2}$.

판례 5　구 도시계획법 제21조의 위헌성에 따른 보상입법의 의미와 법적 성격

$\binom{개발제한구역\ 내의\ 무허가\ 건축물에\ 대하여\ 철거대집행계고처분\ 등을\ 받은\ 원고가\ 그\ 처분의\ 취소를\ 청구한\ 행정소송과\ 관련}{하여\ 구(구)도시계획법\ 제21조(개발제한구역)의\ 위헌을\ 헌법소원으로\ 다툰\ 인천\ 서구\ Greenbelt\ 무허가건축물\ 강제철거사건에서}$ 도시계획법 제21조에 규정된 **개발제한구역제도 그 자체는 원칙적으로 합헌적인 규정**인데, 다만 개발제한구역의 지정으로 말미암아 일부 **토지소유자에게 사회적 제약의 범위를 넘는 가혹한 부담이 발생하는 예외적인 경우에 대하여 보상규정을 두지 않은 것에 위헌성이 있는 것**이고, 보상의 구체적 기준과 방법은 헌법재판소가 결정할 성질의 것이 아니라 광범위한 입법형성권을 가진 **입법자가 입법정책적으로 정할 사항**이므로, 입법자가 보상입법을 마련함으로써 위헌적인 상태를 제거할 때까지 위 조항을 형식적으로 존속케 하기 위하여 헌법불합치결정을 하는 것인바, 입법자는 되도록 빠른 시일 내에 보상입법을 하여 위헌적 상태를 제거할 의무가 있고, 행정청은 보상입법이 마련되기 전에는 새로 개발제한구역을 지정하여서는 아니되며, 토지소유자는 보상입법을 기다려 그에 따른 권리행사를 할 수 있을 뿐 개발제한구역의 지정이나 그에 따른 토지재산권의 제한 그 자체의 효력을 다투거나 위 조항에 위반하여 행한 자신들의 행위의 정당성을 주장할 수는 없다$\binom{헌재\ 1998.\ 12.\ 24,\ 89헌마}{214,\ 90헌바16,\ 97헌바7}$.

3) 사　　견　　① 헌법은 침해의 근거와 보상을 법률로 정하도록 하고 있으므로 직접효력규정설은 채택하기 곤란하다. ② 보상규정 없는 법률에 의한 침해의 경우에는 손해배상청구권이 발생한다는 위헌무효설 역시 문제가 있다. 왜냐하면 공공복지를 위한 침해가 보상규정이 없다는 이유만으로 불법행위와 동일하게 다루어진다는 것은 비합리적이고 또한 손해배상청구권의 성립요건 중 과실인정이 어려울 뿐만 아니라 헌법재판소가 개발제한구역제도에 대하여 헌법불합치결정을 내린 경우와 같이 법령이 형식적으로 존재하는 경우에는 위법성을 인정하기도 어렵기 때문이다. ③ 생각건대 보상은 법률로 정하라는 헌법규정도 고려하고, 보상에 관한 법률의 규정유무를 불문하고 공공필요를 위한 침해는 동일하게 다루어져야 한다는 점을 고려한다면, 간접효력규정설이 합리적이다.

(3) 전형적 손실보상청구권과 비교

1) 성립요건　　보상규정이 없다는 의미에서 침해의 위법 부분만 제외하면, 기본적으로 전형적인 손실보상청구권의 요건과 같다.

2) 보상의 내용과 절차　　보상의 내용과 절차도 전형적인 손실보상청구권과 같다.

[기출사례] 제27회 입법고시(2011년) 문제 · 답안작성요령 ☞ PART 4 [1-61]
[기출사례] 제32회 입법고시(2016년) 문제 · 답안작성요령 ☞ PART 4 [1-62]

2. 수용 · 사용 · 제한규정과 보상규정 있는 법률의 위법한 집행과 손실보상청구권

(1) 의　　의　　수용 · 사용 · 제한과 보상을 규정하는 법률이 위법하게 집행되는 경우는 ① 공공복지에 응하기 위한 경우와 ② 그러하지 아니한 경우로 나눌 수 있다. 특별한 희생이 문제되는 것은 ①의 경우이다. 따라서 수용 · 사용 · 제한규정과 보상규정 있는 법률의 위법한 집행과 손실보상청구권의 문제는 ①과 관련한다. 여기서 법률에서 수용 · 사용 · 제한과 보상을 규정하지만 법률이 위법하게 집행되어 특별한 희생으로서 재산상 피해가 발생하는 경우, 피해자인 사인에게 손해배상청구권이 발생하는지, 손실보상청구권이 발생하는지의 여부가 문제된다(독일에서는 수용유사침해보상의 법리로 해결하고 있다).

(2) 손실보상청구권의 인정 여부　　국가배상법상 국가배상청구권은 국가의 불법에 대한 속죄의 대가이지만, 손실보상청구권은 공동체를 위한 사인의 헌신 내지 희생에 대한 대가라는 점을 전제할 때, 법률에서 수용 · 사용 · 제한과 보상을 규정하지만 법률이 위법하게 집행되어 특별한 희생으로서 재산상 피해가 발생하는 경우, 사인의 피해는 공동체를 위한 희생이므로 그에게 손해배상청구권이 아니라 손실보상청구권이 인정되는 것이 타당하다. 판례는 손해배상으로 해결한다(판례).

[판례]　사전보상이 이루어지지 않은 경우, 사업시행자의 보상(배상)책임의 성질 및 보상(배상) 범위

(1) （전통시장 공영주차장 설치사업의 시행인 갑 지방자치단체가 공익사업을 위한 토지 등의 취득 및 보상에 관한 법률(이하 '토지보상법'이라 한다)에 따른 사업인정 절차를 거치지 않고 위 사업부지의 소유자들로부터 토지와 건물을 매수하여 협의취득하였고, 위 토지상의 건물을 임차하여 영업한 을 등이 갑 지방자치단체에 영업손실 보상금을 지급해달라고 요청하였으나, 갑 지방자치단체가 아무런 보상 없이 위 사업을 시행하자, 을 등이 갑 지방자치단체를 상대로 영업손실 보상액 상당의 손해배상금과 정신적 손해에 대한 위자료

지급을 구한 손해 배상청구소송에서) 공익사업의 시행자는 해당 공익사업을 위한 공사에 착수하기 이전에 토지소유자와 관계인에게 보상액 전액을 지급하여야 한다(토지보상법 제62조 본문). 공익사업의 시행자가 토지소유자와 관계인에게 보상액을 지급하지 않고 그 승낙도 받지 않은 채 공사에 착수함으로써 토지소유자와 관계인이 손해를 입은 경우, 토지소유자와 관계인에 대하여 불법행위가 성립할 수 있고, 사업시행자는 그로 인한 손해를 배상할 책임을 진다(대판 2021. 11. 11, 2018다204022).

(2) (동일한 사건에서) 공익사업의 시행자가 사전보상을 하지 않은 채 공사에 착수함으로써 토지소유자와 관계인이 손해를 입은 경우, 토지소유자와 관계인이 입은 손해는 손실보상청구권이 침해된 데에 따른 손해이므로, 사업시행자가 배상해야 할 손해액은 원칙적으로 손실보상금이다. 다만 그 과정에서 토지소유자와 관계인에게 손실보상금에 해당하는 손해 외에 별도의 손해가 발생하였다면, 사업시행자는 그 손해를 배상할 책임이 있으나, 이와 같은 손해배상책임의 발생과 범위는 이를 주장하는 사람에게 증명책임이 있다(대판 2021. 11. 11, 2018다204022).

(3) 전형적 손실보상청구권과 비교

1) 성립요건　　　전형적인 손실보상청구권의 성립요건 중 공공필요, 재산권, 특별한 희생, 보상규정의 요건은 구비되어야 한다. 다만, 침해의 요건이 전형적인 손실배상의 경우에는 적법한 침해이지만, 수용·사용·제한과 보상을 규정하는 법률의 위법한 집행으로 인한 손실보상의 경우의 침해는 수용·사용·제한이 법률이 정하는 바를 따르지 아니하였다는 점에서 위법하다는 것이 다를 뿐이다.

2) 보상의 내용과 절차　　　보상의 내용과 절차는 그 법률이 정하는 바에 따를 것이고, 그것은 전형적인 손실보상청구권의 경우와 같다.

[참고] 독일법상 수용유사침해보상
- 수용유사침해보상이란 국가나 지방자치단체가 공공의 필요에 응하기 위해 법령에 근거하여 공권력행사를 통해 사인의 재산권에 특별한 희생을 가하였으나, 그 근거법령에 보상규정이 없거나 하여 그 공권력행사가 위법한 경우에도 수용침해보상(전통적 손실 보상제도)의 경우와 마찬가지로 재산권 보장과 공적 부담 앞의 평등이라는 견지에서 그 사인에게 조절적인 보상을 해주는 제도를 말한다. 따라서 수용과 수용유사침해의 차이는 침해의 적법성의 유무에 있다.
- 수용유사침해보상은 판례에 의해 독일기본법 제14조 제3항에 따른 수용보상청구권의 유추의 형식으로 발전되었으나, 연방헌법재판소가 독일기본법 제14조 제3항에 따른 수용보상은 적법한 수용, 즉 보상규정을 갖는 수용의 경우에만 적용된다고 판결(후술의 자갈채 취사건 참조)을 한 후 연방통상재판소는 더 이상 독일기본법 제14조 제3항을 유추적용하지 아니하고, 그 대신 관습법적인 프로이센일반란트법 제74조·제75조상의 일반희생원칙을 그 근거로 제시하고 있다.

(4) 사　　견

행위 자체가 공공복리를 위한 경우에는 불법행위가 아니라 수용에 준하여 해결하는 것이 보다 논리적이다. 우리의 경우에는 독일에서 보는 바의 헌법적 관습법으로서 희생사상은 없으므로 독일식의 헌법적 근거를 적용할 수는 없다. 그러나 우리 헌법상 여러 조항(예: 헌법 제11조, 제23조 제1항, 제23조 제3항, 제37조 제1항)의 유기적인 해석을 통해(간접효력 규정설) 손실보상을 인정할 수 있다.

[참고] 자갈채취사건$\left(\substack{\text{Naß auskiesungsbeschluß,}\\ \text{1981. 7. 15. BVerfGE 58, 300}}\right)$

(1) 사건의 개요 과거부터 채취하여 오던 자갈을 계속하여 채취하고자 원고가 당국에 허가를 신청하였으나, 사후에 제정된 수관리법에 의해 허가가 거부되었다. 왜냐하면 자갈채취장은 수원지로부터 가까운 곳에 있었고, 동법은 수원지로부터 가까운 거리 내에서의 자갈채취를 금하였기 때문이다. 원고의 허가발령청구는 행정심판절차에서도 거부되었다. 그러자 원고는 당국에 손실보상을 청구하였으나 역시 거부당하였다. 이에 원고는 소송을 제기하게 되었는바, 제 1 심은 원고의 청구를 정당한 것으로, 제 2 심은 원고의 청구를 이유 없는 것으로 판단하였다. 연방통상재판소는 수관리법이 재산권보장으로부터 나오는 지하수이용에 대하여 보상 없는 배제를 규정하는 위헌법률임을 이유로 기본법 제100조 제 1 항에 의거하여 연방헌법재판소에 이송하였다.

(2) 연방헌법재판소의 판결요지

1) 권한을 가진 행정재판소는 수용적인 처분의 적법성에 관한 분쟁에서, 그 분쟁의 적법성에 관하여 완전한 범위 내에서 심사를 하여야 한다. 여기에는 침해를 근거지우는 법률이 보상의 종류와 범위에 관한 규율을 포함하고 있는지의 여부에 대한 확정도 포함된다.

2) 보상금액에 관한 분쟁에서 관계자에게 법률상의 규정에 상응하는 보상이 주어지는지의 여부에 대한 심사도 통상재판소의 관할에 속한다.

3) 관계자에게 처분으로 수용이 있게 되는 경우에 그 관계자는 법상으로 청구권의 근거가 주어지는 경우에만 보상청구소송을 제기할 수 있다. 만약 그것이 없다면, 그는 권한 있는 재판소에서 침해행위의 폐지를 구하여야 한다$\left(\substack{\text{취소와 손실보상 중 어느 하나에}\\ \text{대한 선택권이 주어지지 않는다}}\right)$.

4) 토지소유권자의 법적 지위를 정할 때에는 기본법 제14조 제 1 항 제 2 문에 따라서 민법과 공법이 동등하게 적용된다.

5) 수관리법이 기능에 적합한 수관리$\left(\substack{\text{특히 공적인}\\ \text{용수공급}}\right)$의 안전을 위하여 지하수를 토지소유권으로부터 분리된 공법상의 이용질서에 두는 것은 기본법과 합치된다.

(3) 판결의 반응 이 판결 후에도 연방통상재판소는 수용유사침해제도를 유지하며, 문헌상의 지배적인 이론의 입장도 마찬가지이다. 연방통상재판소는 ① 연방헌법재판소의 동 판결이 '민사법원은 수용의 법률적합성의 원칙상 명시적인 법률상의 근거가 있는 경우에만 보상토록 판결할 수 있음'을 정한 것으로 전제하고, ② 동 판결은 다만 기본법 제14조 제 3 항에서 말하는 의미의 형식화된 수용개념$\left(\substack{\text{협의의 수}\\ \text{용개념.}\\ \text{사용·수}\\ \text{익은 제외}}\right)$에 근거하여 판시하였다는 것이고, ③ 따라서 수용의 법률적합성의 원칙에 대한 연방헌법재판소의 판시는 위법의 수용유사의 침해에는 적용되지 않는다는 것이다.

(4) 새로운 법적 근거 연방통상재판소는 수용유사침해에 대한 국가의 책임의 근거를 이제는 프로이센일반란트법 제74조와 제75조의 일반적인 희생사상에서 구하고 있다. 기본법 제14조 제 3 항 또는 전체로서 기본법 제14조는 더 이상 제시하지 아니한다. 이러한 태도는 수용이 일반적 희생요건의 한 특별한 경우에 지나지 아니함을 전제로 한다. 연방통상재판소의 태도는 수용유사침해제도가 이제는 도입된 지 오래된 것임을 바탕으로 한다.

3. 수용·사용·제한규정과 보상규정 없는 법률의 집행과 손실보상청구권

(1) 의 의 사인의 재산권의 침해를 직접적으로 의도하는 수용·사용·제한에는 해당하지 아니하지만, 공공복지를 위한 적법한 공권력행사로 인해 사인에게 특별한 희생으로서 재산상 피해가 발생하는 경우$\left(\substack{\text{예컨대 지하철공사를 위해 특정의 도로에 대해 상당한 기간 동안 통행을 금지함으로써 발}\\ \text{생하는 불이익으로서 공동체를 위해 참아야 할 정도를 벗어나는 특별한 희생이 있는 경우}}\right)$, 사인에게 손실보상청구권이 발생하는지의 여부가 문제된다. 발생한다면, 이러한 경우의 손실보상청구권도 헌법 제23조 제 3 항이 예정하지 아니한 비전형적인 손실보상의 문제가 된다$\left(\substack{\text{독일에서는 수용적 침해보}\\ \text{상의 법리로 해결하고 있다}}\right)$.

[참고] 수용·사용·제한의 근거 규정 없이 이루어진 공공목적의 침해에는 ① 특정 법령을 적법하게 집행하면서 나타나는 침해(예: 지하철공사를 위해 특정의 도로에 대해 상당한 기간 동안 통행을 금지함으로써 발생하는 불이익으로서 공동체를 위해 참아야 할 정도를 벗어나는 특별한 희생이 있는 경우)와 ② 관련 법령이 없음에도 나타나는 공공목적의 침해가 있다. 여기에서 논의는 ①의 경우에 관한 것이다. ②의 경우, 판례는 손해배상의 문제로 접근한다(판례).

[판례] 법적 근거 없이 행한 징발과 불법행위

(법률의 근거 없이 공군이 동촌비행장방수로 부지로서 점유한 토지의 소유권자가 그 징발에 대하여 손해배상을 청구한 대구동촌비행장사건에서) 군사상의 긴급한 필요에 의하여 국민의 재산권을 사용 또는 사용하게 되었던 것이라 할지라도 **그 수용 또는 사용이 법률의 근거 없이 이루어진 경우에는 재산권자에 대한 관계에 있어서는 불법행위가 된다.** 우리 나라 헌법이 재산권의 보장을 명시(제헌당시 제15조, 1980. 10. 27. 개정헌법 제22조)하였는 만큼 제헌 후 아직 징발에 관한 법률이 제정되기 전에 6·25 사변이 발발되었고 그로 인한 사실상의 긴급한 필요에 의하여 국민의 재산권을 수용 또는 사용하게 되었던 것이라 할지라도 **그 수용 또는 사용이 법률의 근거 없이 이루어진 것인 경우에는 그것을 재산권자에 대한 관계에 있어서는 불법행위라고 하지 않을 수 없다**(대판 1966. 10. 18, 66다1715).

(2) 손실보상청구권의 인정 여부

1) 학 설 이러한 경우에 사인이 손실보상청구권을 갖는가의 여부는 헌법 제23조 제3항 등을 근거로 손실보상을 청구할 수 있는가의 문제와 관련된다. 이와 관련하여 헌법 제23조 제3항의 성질을 둘러싸고 다양한 견해가 있다.

(가) 입법보상설(보상부정설) 헌법 제23조 제3항의 해석과 관련하여 수용적 침해가 논의되는 상황은 당해 행정작용에 의해 사전에 예정되고 의도된 손해가 발생한 경우가 아니어서 헌법 제23조 제3항이 규정하고 있는 불가분조항원칙이 적용될 수 없는 경우에 해당하므로 헌법 제23조 제3항을 직접적용하거나 유추적용하는 논리는 따를 수 없고 결국 입법적으로 별도의 손실보상 규정을 마련하여야 한다고 주장한다(김철용, 박윤흔, 류지태).

(나) 직접효력규정설 이 견해는 독일의 수용적 침해보상법리가 우리에게 적용될 수 없다는 전제하에 수용적 침해보상이 문제되는 경우도 적법한 공권력 행사에 의해 직접 가해진 손실이므로, 적법한 재산권 침해에 대한 보상의 일반적 근거조항인 헌법 제23조 제3항에 따라 보상을 청구할 수 있다는 견해이다(박균성).

(다) 간접효력규정설 헌법 제23조 제3항은 문면상으로는 의도된 재산권의 제약의 경우에 관한 것이지 의도되지 아니한 재산권의 제약의 경우에 관한 것이 아니다. 그러나 헌법 제11조의 평등의 원리, 제23조 제1항의 재산권보장의 원리, 제37조 제1항의 기본권보장의 원리와 함께 제23조 제3항의 특별희생의 원리를 종합적으로 고려한다면, 의도되지 아니한 재산권의 제약의 경우에도 손실보상을 하여야 한다는 규범적 의미를 찾을 수 있다는 견해이다.

(라) 수용적 침해보상설 우리나라의 경우에도 수용적 침해에 해당하는 재산권침해유형이 적지 않게 발생하고 있고, 손해배상으로 처리하기 어려운 적법한 공권력행사와 예상치 못한 부수적인 결과로 인한 피해에 대하여 적절한 보상입법이 행하여지지 않는 우리 현실을 감안한다

면 수용적 침해보상이론을 원용하여 권리구제의 수요를 충족시키는 것이 타당하다는 견해(홍준형, 김성수, 석종현, 김남진·김연태)이다.

2) 사　견　　간접효력규정설은 종래부터 본서가 주장하는 견해이다. 수용적 침해보상설도 일종의 간접효력규정설에 해당하는 것으로 보인다.

(3) 전형적 손실보상청구권과 비교

1) 성립요건　　침해의 위법 부분과 보상규정 부분만 제외하면, 전형적인 손실보상청구권과 다를 바 없다. 말하자면 전형적인 손실보상청구권의 성립요건 중 공공필요, 재산권, 특별한 희생의 요건은 구비되어야 한다. 다만, 침해의 요건이 전형적인 손실보상의 경우에는 사인의 재산권의 침해를 직접적으로 의도하는 수용·사용·제한을 의미하지만, 여기서는 입법에 의해 직접적으로 의도된 침해가 아니라 의도되지 아니한 침해라는 점에서 다르다.

2) 보상의 내용과 절차　　보상의 내용과 절차는 전형적인 손실보상청구권을 규정하는 법률(예컨대 공익사업을 위한 토지 등의 취득 및 보상에 관한 법률)을 유추하여 정할 것이다. 요컨대 기본적으로 전형적인 손실보상청구권의 경우와 동일하여야 할 것이다.

[참고] 독일법상 수용적 침해보상
- 수용적 침해보상이란 공공복지를 위하여 사인의 재산권에 가해지는 공법상 적법하고도 직접적인 침해로서 의도하지 아니한 피해를 부수적 효과로서 가져오고, 그 피해가 사인에게 특별한 희생을 가져오는 재산권의 침해에 대한 보상을 말한다.
- 수용유사침해보상의 법적 근거와 같다.
- 우리나라에는 독일의 관습법인 희생사상과 같은 관습법이 존재하지 아니한다. 그러나 헌법 제11조의 평등의 원리, 제23조 제 1 항의 재산권보장의 원리, 제37조 제 1 항의 기본권보장의 원리와 함께 제23조 제 3 항의 정당한 보상의 원리를 종합적으로 고려할 때, 의도되지 아니한 재산권의 제약의 경우에도 손실보상을 하여야 한다는 규범적 의미를 찾을 수 있다(간접효력 규정설).

Ⅱ. 비재산권침해에 대한 보상청구권

1. 의　　의

공공복지를 위한 적법한 공권력행사로 인해 사인의 비재산적 법익에 특별한 희생을 가져오는 경우이나(예컨대 해변에서 위험방지를 위한 경찰관의 도움요청에 응하다가 해일로 인해 실종된 사인의 경우. 경범죄 처벌법 제 3 조 제 1 항 제29호는 공무원 원조불응에 대하여 10만원 이하의 벌금, 구류 또는 과료의 형을 규정하고 있다), 보상을 규정하는 법률이 없을 때, 사인에게 보상청구권이 발생하는지의 여부가 문제된다(독일에서는 희생보상청구권의 법리로 해결하고 있다). 긍정하는 경우, 이러한 보상청구권은 헌법이 예정하지 아니한 보상 문제가 된다. 이러한 보상청구권을 이하에서 비재산권침해보상청구권이라 부르기로 한다.

2. 입법상황(법적 근거)

헌법은 비재산권침해보상청구권을 규정하는 바가 없다. 비재산권침해보상청구권을 규정하는 일반법도 없다. 현재로서는 개별 법률로 소방기본법(제49조의2 제 1 항제 2 호)·산림보호법(제44조)·감염병의 예방 및 관리에 관한 법률($^{제71}_{조}$)($^{판례}_{1}$) 등에서 비재산권침해보상청구권을 볼 수 있다. 의사상자에 대한 보상제도는 비재산권침해보상제도와 격을 달리한다($^{판례}_{2}$).

> **판례 1** **감염병예방법상 예방접종 피해보상책임의 성질**
> (보건소에서 폐렴구균 예방접종을 받은 후 다음 날 좌측안면에 마비증상이 발생한 원고가 예방접종 피해신청을 하였으나 피고인 질병관리본부장이 피해보상 기각결정을 하였고, 이에 원고가 이의신청, 행정심판을 거친 후 예방접종피해보상거부처분의 취소를 구한 사건에서) 감염병의 예방 및 관리에 관한 법률($^{이하\ '감염병예}_{방법'이라\ 한다}$) 제71조에 의한 예방접종 피해에 대한 국가의 보상책임은 무과실책임이지만, 질병, 장애 또는 사망($^{이하\ '장애}_{등'이라\ 한다}$)이 예방접종으로 발생하였다는 점이 인정되어야 한다($^{대판\ 2019.\ 4.\ 3,}_{2017두52764}$).

> **판례 2** **의사상자 보상제도의 취지 및 목적**
> (절취한 총기 및 실탄을 이용하여 발생한 사망사고에서 유족이 군부대의 탄약고관리 및 총기관리의 소홀(과실)을 이유로 대한민국에 손해배상을 청구한 사건에서) 의상자 및 의사자의 유족에 대하여 보상금 등을 지급 및 실시하는 제도는 의상자 및 의사자의 유족의 생활안정과 복지향상을 도모한다는 사회보장적 성격을 가질 뿐만 아니라 그들의 국가 및 사회를 위한 공헌이나 희생에 대한 국가적 예우를 시행하는 것으로서 손해를 배상하는 제도와는 그 취지나 목적을 달리 하는 등 손실 또는 손해를 전보하기 위하여 시행하는 제도가 아니라 할 것이므로, 의사상자예우에관한법률에 의해 지급되거나 지급될 보상금, 의료보호, 교육보호 등의 혜택을 국가배상법에 의하여 배상하여야 할 손해액에서 공제할 수는 없다($^{대판\ 2001.\ 2.\ 23,}_{2000다46894}$).

3. 비재산권침해보상청구권의 인정 여부

(1) 학 설

1) 입법보상설   생명·신체에 대한 침해가 있는 경우에 보상이 주어져야 한다는 규정이 없다면, 보상청구는 허용될 수 없다는 견해이다($^{류지태·}_{박종수}$).

2) 간접효력규정설   보상규정이 없다고 하여도 헌법 제23조 제3항을 유추적용하고, 헌법상 기본권보장규정($^{제10조,}_{제12조}$) 및 평등조항($^{제11}_{조}$)을 직접 근거로 하여 보상을 인정하여야 한다는 견해이다($^{박균}_{성}$).

3) 희생침해보상설   독일의 희생보상이론을 원용하면서 ① 정당보상원칙을 규정한 헌법 제23조 제3항을 유추적용하여 희생보상의 근거로 삼아야 한다는 견해($^{석종현·}_{송동수}$), ② 헌법 제23조 제3항의 규정에 의한 손실보상이 법리적 기초를 이루는 특별희생보상의 법리와 헌법상 법치주의, 평등의 원칙으로 보상청구권을 인정하여야 한다는 견해($^{홍준}_{형}$), ③ 헌법 제10조와 제12조, 제37조 제1항과 제2항에 의해 보상청구권을 인정하여야 한다는 견해($^{김남진·}_{김연태}$) 등이 이에 속한다.

(2) 사 견   보상규정이 없다고 하여도 재산권보다 생명, 신체에 대한 기본권이 우월하므로 그에 대한 침해가 있는 경우 당연히 그 희생에 대한 보상청구를 인정하는 것이 정당하며, 그 근거는 헌법상의 특정의 조항이 아니라 여러 기본권 규정 즉 헌법 제10조($^{인간의\ 존엄성,}_{행복추구권}$), 제12조($^{신체의}_{자유}$), 제11조($^{평등}_{조항}$) 그리고 제37조 제1항($^{국민의\ 자유와\ 권리는\ 헌법에\ 열거되}_{지\ 아니한\ 이유로\ 경시되지\ 아니한다}$)에서 간접적으로 도출된다고 본다. 요컨대 간접효력규정설이 타당하다. 희생침해보상설도 일종의 간접효력규정설에 해당하는 것으로 이해될 수 있을 것이다.

4. 성립요건과 보상

(1) 성립요건   손실보상청구권이나 비재산권침해보상청구권은 모두 공공복지를 위한 특별한 희생에 대하여 인정되는 것이므로 침해의 대상만 제외한다면 손실보상청구권의 성립요건을 활용하여 비재산권침해보상청구권의 성립요건으로 공공필요, 비재산권, 침해, 특별한 희생을 들 수 있다.

(2) 보   상   ① 보상의무자는 공권력을 행사한 행정주체이다. ② 보상내용은 비재산적 침해에 따른 재산상 피해이며, 위자료도 포함된다고 볼 것이다.

5. 비재산권침해보상청구권의 확장

(1) 유사비재산권침해보상청구권   공공필요를 위한 공권력행사를 규정하는 법률을 집행하면서 특별한 희생이 발생하였으나, 그 법률의 집행과정에서 그 법률이 정한 절차 등을 위반한 경우에는 위법한 침해가 된다. 비록 위법한 침해가 있었다고 하여도 공공필요를 위한 것이면 적법한 경우와 마찬가지로 비재산권침해보상청구권을 인정하는 것이 타당하다. 이러한 청구권을 유사비재산권침해보상청구권으로 부르기로 한다.

(2) 청구권의 경합   유사비재산권침해보상청구권이 인정되면, 경우에 따라서 국가배상법상 손해배상청구권이 경합적으로 적용될 수도 있을 것이다.

[참고] 독일법상 희생보상청구권
- 희생보상청구권이란 공공복지를 위하여 사인의 비재산적인 법익에 특별한 희생을 가져오는 공법상 직접적인 침해에 대한 보상청구권을 말한다. 수용이나 수용유사침해 또는 수용적 침해로 인한 보상청구권은 오직 재산적 가치 있는 권리나 법적 지위에 대한 침해시의 문제이고, 그 밖에 생명·건강·명예·자유와 같은 법익의 침해의 경우에는 적용되지 않는다.
- 수용유사침해보상의 법적 근거와 같다.
- 우리나라에는 독일의 관습법인 희생사상과 같은 관습법이 존재하지 아니한다. 그러나 재산권보다 생명, 신체에 대한 기본권이 우월하므로 그에 대한 침해가 있는 경우 당연히 그 희생에 대한 보상청구를 인정하는 것이 정당하며, 그 근거는 헌법상의 특정의 조항이 아니라 여러 기본권 규정, 즉 헌법 제10조$\binom{\text{인간의 존엄}}{\text{성. 행복추구권}}$, 제12조$\binom{\text{신체의}}{\text{자유}}$, 제11조$\binom{\text{평등}}{\text{조항}}$ 그리고 제37조 제 1 항$\binom{\text{국민의 자유와 권리는 헌법에 열거되}}{\text{지 아니한 이유로 경시되지 아니한다}}$에서 간접적으로 도출될 수 있다.

Ⅲ. 결과제거청구권

1. 관   념

(1) 의   의   위법한 공법작용으로 인해 자기의 권리가 침해되고 또한 그 위법침해로 인해 야기된 사실상태가 계속되는 경우에 관계자는 행정주체에 대하여 불이익한 결과의 제거를 통해 계속적인 법률상 이익에 대한 침해의 해소를 구할 수 있는 권리를 가지는바, 이러한 권리를 결과제거청구권이라 부른다. 말하자면 위법침해가 동시에 위법한 사실상태를 야기한 경우, 적법한 사실상태의 회복을 구할 수 있는 청구권이 결과제거청구권이다. 이를 행정상의 원상회복 또는 방해배제청구권으로 부르기도 한다.

(2) 사적 발전   법치국가에서 개인의 권리보호의 요구는 ① 개인에 손해를 가한 국가나 기타의 행정주체가 그 개인에 대하여 발생된 손해만을 보상할 것을 뜻하는 것은 아니다. ② 그 손해의 제거는 물론이요, 그 밖에 위법한 침해작용이 없었더라면 그 개인이 처해 있을 상황으로 그 개인의 지위를 회복하여 줄 것을 또한 내용으로 갖는다. 개인은 국가나 지방자치단체의 위법침해를 수인하여야 하며, 다만 손해배상청구권만을 갖는다는 과거의 행정법의 내용이 오늘날 유지될 수는 없다. 결과제거청구권은 제2차 세계대전 후 학문상으로 발전되었고, 그 후 판례상으로 인정되었다.

(3) 성   질

1) 개인적 공권   결과제거청구권은 공법상 특별한 제도로서 고권작용의 영역에서 국가나 그 밖의 행정주체의 작용의 결과와 관련하는 것이고, 사법적으로 작용하는 행정주체의 경우에는 문제되지 아니한다. 후자의 경우에는 민법에 따른 사법상의 방해배제청구권이 문제된다. 우리의 일반적 견해는 결과제거청구권을 공행정작용으로 인한 침해의 경우에 발생하는 공권으로 이해한다. 그러나 일설은 사권의 일종으로 보면서 결과제거청구권이 공권력행사와 관련되는 것만은 아니라는 견해도 있다.

2) 물권적 청구권   결과제거청구권은 물권적 지배권이 침해된 경우에 발생하는 물권적 청구권이라는 견해도 있으나, 결과제거청구권은 물권적 지배권이 아닌 권리, 예컨대 개인의 명예권이 침해되는 경우에도 발생할 수 있다(다수설).

3) 원상회복청구권   ① 결과제거청구권은 손해의 배상청구권도 아니고 손실의 보상청구권도 아니다. 결과제거청구권은 다만 계속되는 위법한 침해의 제거를 통해 원래의 상태로의 회복을 구하는 원상회복청구권일 뿐이다. ② 결과제거청구권은 단순한 방어권(방어청구권)과도 구별된다. 방어권은 교란·침해의 부작위를 요구하지만, 결과제거청구권은 이전의 상태로의 회복을 위한 적극적인 작위를 요구한다. ③ 결과제거청구권은 일종의 보상청구권의 성격을 가지며, 고의·과실과는 무관한 독자적인 국가책임제도의 하나이다.

2. 법적 근거

다수 견해는 헌법상의 법치행정원리(헌법 제107조), 기본권(자유권) 규정(헌법 제10조, 제23조), 민법상 관련규정을 유추적용하고, 행정소송법 제10조의 관련청구의 이송 및 병합에 관한 규정 그리고 제30조의 취소판결의 기속력규정을 소송법적인 근거로 든다.

3. 요   건

개별법률에서 그 요건을 정함이 있는 경우에는 그에 따라야 하나, 그러하지 아니한 경우에는 최소한 다음의 요건을 갖추어야 한다. 즉 ① 공법작용, ② 법률상 이익의 침해, ③ 침해의 계속, ④ 행위의 위법성, ⑤ 지위회복의 가능성·허용성·수인성 등을 구비하여야 한다.

(1) 공법작용

1) 공법작용의 의의   결과제거청구권은 공법작용을 전제로 한다. 원래 결과제거청구권

은 위법한 행정행위를 통해 야기된 결과의 제거와 관련하였으나, 오늘날에는 비권력공법작용 (단순고권작용)의 결과의 제거까지 확대되었다.

2) 부작위의 공법작용   부작위로 인해 결과제거청구권이 성립할 수 있는지에 관해 ① 적법했던 행위가 사후에 기간의 경과, 해제조건의 성취 등으로 위법하게 된 경우, 예를 들면 행정기관이 압류한 물건을 반환하지 않게 되면 부작위가 존재하는 것이 되며, 이때에도 결과제거청구권이 성립할 수 있다는 긍정설(김남진·홍준형)과 ② 결과제거청구권은 적극적인 행위로 인한 개인의 자유권, 즉 소극적 지위의 침해에 대한 반응청구권이기 때문에 부작위는 결과제거청구권을 발생시키지 못한다고 하면서 위의 예에서 위법상태를 발생시킨 것은 압류처분이라는 적극적인 행위라는 부정설(정하중·류지태)이 나뉜다. ③ 긍정설이 흠결없는 재산권보호에 적합하다.

(2) 법률상 이익의 침해(주관적 지위와의 관련성)   ① 그 제거를 구하려고 하는 결과는 결과제거청구권을 행사하려는 개인의 권리와 관련하는 것이어야 한다. 즉 법상으로 보호되는 이익이 침해되어야 한다. 여기서 그 이익은 재산상 가치 있는 권리에만 한정되는 것은 아니고, 그 밖에 명예·직업 등도 포함된다. ② 결과제거청구권은 침해된 법적 지위가 보호할 가치가 있는 경우에만 인정된다. 만약 관계자가 자신의 재산권을 법에 반하는 방식으로 행사하는 경우에는 수용에서와 같이 보호할 가치가 없는 것이 된다.

(3) 침해의 계속   결과제거청구권은 제거하고자 하는 결과가 존재함을 전제요건으로 한다. 만약 불이익을 가져오는 사실상태가 더 이상 존재하지 않는다면, 논리적으로 결과제거청구권은 존재할 수 없다.

(4) 침해의 위법성   결과제거청구권은 위법한 상태의 제거를 내용으로 한다. 그 위법은 처음부터 위법한 것일 수도 있고, 기한의 경과나 조건의 발생 등으로 인해 사후에 생겨난 것일 수도 있다. 단순위법의 행정행위는 그것이 폐지될 때, 비로소 위법이 문제된다. 따라서 행정행위가 존속하여 어떠한 상황의 존속을 정당화하는 한, 결과제거청구권은 인정되지 아니한다.

(5) 결과제거의 가능성·허용성·수인가능성   ① 원상 또는 유사한 상태의 회복이 가능하여야 하고(예: 모욕은 사후적인 행위로 회복이 가능하지 아니하므로, 모욕행위에 대한 결과제거청구는 허용되지 아니한다). ② 법상 허용되어야 하며(예: 건축허가신청이 위법하게 거부되었으나, 그 후 거부사유를 적법하게 하는 법적 상황의 변경이 있는 경우에는 건축허가발령을 요구할 수 없다), ③ 수인이 가능하여야 한다(예: 비례원칙에 어긋나고 부당하게 많은 비용이 요구되는 경우에는 결과제거청구권이 인정되지 아니한다). 이러한 요건이 구비되지 아니하면 손해배상이나 손실보상만이 문제된다.

4. 상대방과 내용

(1) 청구권의 상대방   결과제거청구권은 일반적으로 결과를 야기한 행정주체에 대해 행사된다. 만약 그 행정주체가 사후에 권한을 갖지 못하게 되면, 그 때부터는 결과제거를 위한 필요한 작용에 대해 권한을 갖게 된 행정주체가 청구권행사의 상대방이 된다.

(2) 청구권의 내용과 범위   결과제거청구권은 다만 소극적으로 위법한 공법작용으로 발생한 또는 사후적으로 위법하게 된 상태의 직접적인 제거만을 목적으로 한다. 말하자면 그것은 발생된 손해의 배상이나 보상이 아니라, 단지 행정청의 위법작용으로 인해 개인에게 손해가 되는 변경

된 상태로부터 원래의 상태 또는 그와 유사한 상태로 회복하는 것을 내용으로 한다. 청구권의 내용은 원래 상태에로의 완전한 회복에 미달할 수도 있다(예: 막힌 골목길을 무단으로 공사하여 차도로 연결함으로써 그 골목길의 주민의 권리가 침해를 받는 경우, 결과제거청구권은 복원공사가 아니라 무단으로 연결된 도로의 폐쇄처분을 내용으로 한다). 그리고 결과제거청구권이 원래 상태로의 회복이 아니라 원래와 동등한 가치를 갖는 상태로의 회복을 포함하는가의 여부에 대한 독일의 판례는 입장이 한결같지 않다. 결과제거청구권의 발생을 가져오는 위법한 상황에 청구권자도 책임이 있다면, 청구권의 범위는 감소된다.

(3) 청구권의 경합   결과제거의 방식으로 침해된 손해가 완전히 복구되지 아니하는 경우에는 결과제거청구권 외에 손해배상청구권의 행사 또한 가능하다고 한다.

5. 권리보호

① 학설은 공법상 결과제거청구권에 관한 쟁송은 행정소송의 일종으로서 당사자소송의 성격을 가지므로 행정소송법 제 3 조 제 2 호와 제 4 장의 적용이 있다는 입장이 있다. ② 결과제거청구권을 사권으로 보면 민사소송사항이 된다. ③ 공법상 결과제거청구권의 개념에 비추어 볼 때, ①설이 타당하다.

Ⅳ. 공법상 위험책임

1. 의   의

공법상 위험책임은 행정을 통해 조성된 위험상황으로부터 재해가 발생한 경우 그로 인한 손해를 국가가 배상해야 하는지의 문제를 대상으로 한다.

2. 일반적 제도로서 위험책임

공법상 위험책임의 영역을 ① 일부 견해는 국가배상법상의 '과실'이나 '영조물의 설치·관리에 하자' 인정을 용이하게 함으로써 이를 해결하려 하기도 하고 ② 일부견해는 수용유사침해·희생보상청구권의 법리로 해결하려 하거나 또는 ③ 입법으로 해결하여야 한다는 입장도 있다. ④ 산업화시대는 보다 많은 위험을 동반하며 그러한 위험은 공동체 구성원 모두의 부담으로 하는 것이 공동체의 존속을 위해서도 유익하기 때문에 위험책임제도의 모색이 필요하다. 위험책임제도는 입법적으로 해결함이 가장 효과적인 방법이지만 현재로서는 국가배상법의 확대해석 또는 국가책임제도의 보완론을 통해 위험책임제도의 효과를 실현시킬 수 있는 방향으로 나아가야 할 것이다.

3. 개별적 제도로서 위험책임

우리나라의 법제상 일반적 제도로서 위험책임이 인정되지는 않지만, 개별법상 위험책임을 규정하고 있는 경우가 있다. 예를 들어 소방기본법 제49조의2 제 1 항 제 2 호(소방청장 또는 시·도지사는 다음 각 호(2. 제24조(소방활동 종사 명령) 제 1 항 전단에 따른 소방활동 종사로 인하여 사망하거나 부상을 입은 자)의 어느 하나에 해당하는 자에게 제 3 항의 손실보상심의위원회의 심사·의결에 따라 정당한 보상을 하여야 한다), 원자력 손해배상법 제 3 조 제 1 항 본문(원자로의 운전등으로 인하여 원자력손해가 생겼을 때에는 해당 원자력사업자가 그 손해를 배상할 책임을 진다)을 들 수 있다.

PART 2

행정쟁송법

Administrative LAW

행정기본법 行政基本法·행정심판법 行政審判法

제 1 장   행정기관에 의한 분쟁해결절차

I. 일 반 론

1. 의   의

행정기관에 의한 분쟁해결절차란 행정기관이 행정상 법률관계의 분쟁을 심리·재결하는 행정쟁송절차를 말한다. 이러한 절차는 어느 누구도 자기의 행위의 심판관이 될 수 없다는 자연적 정의의 원칙에 반하는 제도이다. 그렇지만 이러한 절차에 따른 판정에 불복하는 경우에는 행정소송을 제기할 수 있으므로 그 가치를 과소평가할 수만은 없다. 행정기관에 의한 분쟁해결절차는 분쟁해결의 성질을 갖는 광의의 재판의 일종이기는 하나, 그것은 행정절차이며 사법절차는 아니다.

2. 근 거 법

행정기관에 의한 분쟁해결절차를 규정하는 일반법으로서 행정기본법과 행정심판법이 있다. 그밖에 개별법도 적지 않다(예: 도로법 제71조의 이의신청, 지방자치법 제157조의 이의신청, 특허법 제132조의16의 특허심판, 국세기본법 제55조 이하의 불복절차 등).

3. 실정법상 유형

① 행정기본법상 분쟁해결절차로 처분에 대한 이의신청과 처분의 재심사가 있다. 두 경우 모두 처분청에 대하여 제기하는 쟁송절차이다. ② 행정심판법은 분쟁해결절차로 행정심판위원회

에 대하여 제기하는 행정심판을 규정하고 있다. ③ 특별법인 특허법, 해양사고의 조사 및 심판에 관한 법률 등은 특별한 심판($^{특허심판,}_{해난심판}$) 등을 규정하고 있다. ④ 개별 법률에 따라서는 당사자쟁송을 규정하기도 한다. 이를 도해하면 다음과 같다.

[행정기관에 의한 분쟁해결절차의 유형]

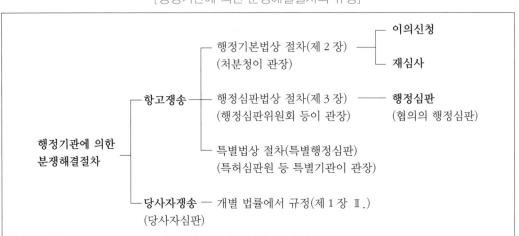

Ⅱ. 당사자심판(재결의 신청)

1. 의　　의

(1) 개　　념　　당사자심판은 토지수용절차상 사업시행자와 피수용자($^{토지소}_{유자 등}$) 사이에 협의가 성립되지 아니하는 경우에 사업시행자가 관할 토지수용위원회에 재결을 신청하는 경우와 같이 행정법관계의 형성·존부에 관한 분쟁이 있을 경우에 일정한 기관에 그에 관한 재결을 구하는 심판을 말한다.

(2) 항고심판과 구별　　항고심판은 운전면허취소처분의 취소를 구하는 것과 같이 기존의 위법·부당한 처분의 시정을 구하는 심판을 말한다. 이에 반해 당사자심판은 공권력행사를 전제로 하지 않고 행정법관계의 형성 또는 존부에 관해 다툼이 있는 경우, 당사자의 신청에 의거하여 권한을 가진 행정기관이 그 법관계에 관해 처음으로 유권적으로 판정하는 심판을 말한다.

2. 성　　질

당사자심판은 성질상 시심적 쟁송이다. 당사자심판을 구하는 절차를 재결신청($^{토상법 제30조 제}_{2항 제1문; 수산}$ $^{법 제91}_{조, 제92조}$)이라 하고, 그 판정을 재결이라 부른다. 실정법상으로는 재결·재정·결정 등의 용어를 사용한다.

3. 법적 근거

당사자심판에 관한 일반적인 근거법은 없다. 다만 단행법률이 몇몇 있을 뿐이다. 재결신청
도 행정기관에 심리·판단의 의무를 부과하는 것이므로 법적 근거를 요한다. 따라서 단행법에 근
거가 없는 한 재결신청은 불가하다.

4. 종　　류

당사자심판에는 법률관계의 존부에 관한 확인적 재결$\binom{예: 수산}{법 제91조}$과 법률관계의 형성에 관한 형
성적 재결$\binom{예: 토상법 제}{34조 제 1 항}$이 있다.

5. 심판기관

심판기관, 즉 재결기관은 일반행정청인 것이 보통이나 공정을 위해 토지수용위원회·농지위
원회·노동위원회처럼 행정위원회가 설치되는 경우도 있고, 일반행정청이 재결기관인 때에도 조
정위원회의 심의를 거치게 하는 경우$\binom{예: 수산법 제91조 제}{2항, 제92조 제 2 항}$가 있다.

6. 심판청구권자 등

심판청구권자나 심판청구기간·심판절차는 각각의 단행법이 정하는 바에 따른다. 개별법에
따르면 재결기간에 제한을 두기도 하고$\binom{예: 토상}{법 제35조}$, 재결에 일정형식$\binom{예: 이}{유제시}$을 요구하기도 한다$\binom{예:}{토상}$
$\binom{법 제34}{조 제 2 항}$. 재결은 신청의 범위 내에서 이루어지며$\binom{예: 토상법 제}{50조 제 2 항}$, 불가변력을 갖는다. 재결에 불복이
있으면 관련법률이 정하는 바에 따라 제 1 차로 이의신청$\binom{예: 토상}{법 제83조}$, 제 2 차로 행정소송의 제기가
가능하기도 하다.

제 2 장 행정기본법상 이의신청·재심사

[참고] 행정기본법상 이의신청과 처분의 재심사를 논술하는 위치와 방식은 다양하다. 행정기본법상 이의신청과 처분의 재심사를 행정행위 부분에서 다루는 견해(김유환, 하명호), 행정심판법상 행정쟁송절차를 행정심판으로 정의하고, 행정기본법상 이의신청과 처분의 재심사를 행정심판의 개념에서 분리하여 다루는 견해(박균성), 행정심판은 행정기관에 의한 심판이라고 하면서 행정기본법상 이의신청과 처분의 재심사를 행정심판의 유사제도로 다루는 견해(석종현·송동수), 행정심판을 광의로는 행정기관에 의한 심판, 협의로는 행정심판법상 행정심판을 의미하고, 행정심판법상 행정심판을 형식적 의미의 행정심판이라 하면서 행정심판법상 행정심판만을 행정심판으로 다루는 견해(김남철) 등이 있다.

제 1 절 이의신청

I. 이의신청의 관념

1. 의 의

(1) 개 념 이의신청이란 행정청의 처분에 이의가 있는 당사자가 처분청에 대하여 처분의 시정을 구하는 절차를 말한다(기본법 제36 조 제1항). 달리 말하면, 위법·부당한 처분으로 법률상 이익이 침해된 자가 처분청에 대하여 그러한 행위의 취소를 구하는 절차(예: 서울지방경찰청장의 운전면허취소로 운전의 권리가 침해된 자가 서울지방경찰청장에게 취소를 구하는 절차)를 말한다. 개별법상 불복신청·재결신청으로 불리기도 한다.

(2) 행정심판법상 행정심판과의 비교 양자는 ① 행정심판법상 행정심판은 헌법상 근거(헌법 제106 조 제3항)를 갖지만, 행정기본법상 이의신청은 그러하지 않다는 점, ② 행정심판에는 사법절차가 준용되지만, 이의신청은 그러하지 않다는 점, ③ 행정심판은 원칙적으로 처분청이 아닌 행정심판위원회가 심판의 주체가 되지만, 이의신청에는 처분청이 심판의 주체가 된다는 점 등에서 차이점을 갖는다. 한편, 양자는 ① 행정기관에 의한 처분의 시정을 위한 절차라는 점, ② 사인(행정심판은 상대방과 이해관계 있는 제3자를 의미하지만, 이의신청은 상대방만 해당한다는 점에서 차이가 있다)의 권리보호(권익구제)를 위한 것이라는 점, ③ 사인의 청구나 신청으로 절차가 개시된다는 점, ④ 심사의 결과에 대하여 불복하는 자는 행정소송으로 다툴 수도 있다는 점 등에서 다를 바가 없다.

2. 법적 근거

(1) 일 반 법   ① 이의신청에 관한 일반법으로 행정기본법 제36조가 있다. 행정기본법 제36조에 규정한 사항 외에 이의신청의 방법 및 절차 등에 관한 사항은 대통령령으로 정한다($_{37조 제 7 항}^{기본법 제}$). ② 개별법으로 도로교통법($_{조}^{제94}$), 주민등록법($_{조}^{제21}$), 공공기관의 정보공개에 관한 법률($_{조}^{제18}$), 민원처리에 관한 법률($_{조}^{제35}$), 지방자치법($_{조}^{제157}$) 등을 볼 수 있다.

(2) 다른 법률과의 관계   다른 법률에서 이의신청과 이에 준하는 절차에 대하여 정하고 있는 경우에도 그 법률에서 규정하지 아니한 사항에 관하여는 이 조에서 정하는 바에 따른다($_{조 제 5 항}^{기본법 제36}$). 이에 준하는 절차란 행정기본법에서 정하는 이의신청절차와 동일한 것은 아니지만 제도의 취지가 행정기본법에서 정하는 이의신청절차에 유사한 절차를 말한다($_{한 이의신청 절차의 경우, 거부된 처분의 성질이 행정절차법상 처분에 해당하지 아}^{예: 민원 처리에 관한 법률 제}$$_{니하는 경우에는, 행정기본법 제36조 제 5 항의 이에 준하는 절차에 해당한다고 본다}^{35조가 정하는 거부처분에 대}$).

Ⅱ. 이의신청의 요건

1. 이의신청의 대상

(1) 범   위   이의신청은 행정심판법 제 3 조에 따라 같은 법에 따른 행정심판의 대상이 되는 처분을 대상으로 한다($_{조 제 1 항}^{기본법 제36}$). 입법자가 행정기본법상 이의신청의 대상을 행정심판법상 행정심판의 대상과 보조를 맞춘 것은 행정기본법상 이의신청제도와 행정심판법상 행정심판제도가 행정기관에 의한 처분의 시정이라는 점에서 취지를 같이 하기 때문일 것이다.

(2) 대상에서 제외되는 사항   ① 행정심판법의 대상이 아닌 처분($_{심법 제 3 조 제 2 항), 행정심판의}^{예: 대통령의 처분 또는 부작위(행}$$_{재결(행심법 제51조), 국세기본법상 국세심판, 세무서장의 통고처분, 가정법원에 불복하여야 하는 가족}$$_{관계의 등록 등에 관한 법률상 가족관계의 등록 등에 관한 시·읍·면장의 처분(기본법 제36조 제 1 항)}$)과 ② 행정기본법 제36조 제 7 항에 규정된 사항($_{한 국가인권위원회의 결정. 3. 「노동위원회법」 제 2 조의2에 따라 노동위원회의 의결을 거쳐 행하는 사항. 4.}^{1. 공무원 인사 관계 법령에 따른 징계 등 처분에 관한 사항, 2. 「국가인권위원회법」 제30조에 따른 진정에 대}$$_{난민인정·귀화·국적회복에 관한 사항, 6. 과태료 부과 및 징수에 관한 사항}^{형사, 행형 및 보안처분 관계 법령에 따라 행하는 사항, 5. 외국인의 출입국·}$)은 이의신청의 대상이 아니다.

2. 당 사 자

(1) 이의신청권자(신청인적격)

㈎ 상 대 방   이의신청은 당사자만 할 수 있다($_{조 제 1 항}^{기본법 제36}$). 당사자란 처분의 상대방을 말한다($_{조 제 2 호}^{기본법 제 2}$). 따라서 행정심판법상 행정심판과 달리 처분의 상대방이 아닌 이해관계 있는 제 3 자는 이의신청을 할 수 없다. 이의신청을 할 수 있는 자를 당사자로 제한하고 이해관계 있는 제 3 자를 배제한 것은 이의신청의 남발을 방지하여 이의신청제도가 보다 용이하게 정착될 수 있도록 하기 위한 것이다. 그러나 이의신청제도가 안착되면, 이해관계 있는 제 3 자도 이의신청을 할 수 있는 방향으로 나아가야 할 것이다. 현재로서 이해관계 있는 제 3 자는 이의신청을 할 수는 없지만, 행정심판법이 정하는 바에 따라 행정심판을 제기할 수는 있다.

㈏ 법률상 이익   행정심판법·행정소송법은 법률상 이익이 침해된 자가 행정심판·행정소송($_{소송}^{항고}$)을 청구할 수 있음을 규정하고 있으나($_{행소법 제12조 등}^{행심법 제13조,}$), 행정기본법은 상대방이 법률상

이익이 침해된 경우에만 이의신청을 할 수 있는지 여부에 관해 언급하는 바가 없다. 행정기본법상 이의신청 절차는 객관적인 법질서의 유지 외에 국민 개개인의 권익보호를 위한 것이고$\binom{기본법}{제 1 조}$, 국민의 권익보호는 궁극적으로 행정쟁송법$\binom{행정심판법}{+\, 행정소송법}$을 통해 이루어진다는 점, 이의신청을 한 경우에도 그 이의신청과 관계없이 행정심판법에 따른 행정심판 또는 행정소송법에 따른 행정소송을 제기할 수 있다는 점$\binom{기본법 제36}{조 제 3 항}$을 고려할 때, 명시적인 표현이 없다고 하여도 이의신청은 법률상 이익이 침해된 경우에 제기할 수 있다고 본다.

(2) 이의신청기관(피신청인)

이의신청은 해당 행정청에 한다$\binom{기본법 제36}{조 제 1 항}$. 해당 행정청이란 이의신청의 대상인 처분을 발급한 처분청을 의미한다. 이의신청은 처분을 한 행정청에 대하여 불복하는 것이므로, 처분을 한 행정청이 아닌 제3의 기관$\binom{재결}{청}$에 불복하는 행정심판 또는 특별행정심판과 구별된다.

3. 이의신청기간

이의신청은 당사자가 처분을 받은 날부터 30일 이내에 하여야 한다$\binom{기본법 제36}{조 제 1 항}$. 처분을 받은 날이란 처분이 상대방에게 도달한 날을 의미한다. 기간을 30일로 한 것은 법적 불안정을 조속히 안정시키기 위한 것이다. 30일은 제척기간이다. 30일이 경과하면 이의신청을 할 수 없다

4. 이의신청사유

행정기본법은 행정청의 처분에 이의가 있는 경우에 제기할 수 있다고 규정할 뿐, 부당한 처분이나 위법한 처분에 대하여 이의를 제기할 수 있다고 규정하는 것은 아니다. 행정심판법상 행정심판은 부당하거나 위법한 처분을 대상으로 하고, 행정소송법상 행정소송은 위법한 처분을 대상으로 하는 점에 비추어 보면, 이의신청의 사유는 넓어 보이기도 한다. 그러나 이의신청을 한 경우에도 그 이의신청과 관계없이 행정심판법에 따른 행정심판 또는 행정소송법에 따른 행정소송을 제기할 수 있다는 점$\binom{기본법 제36}{조 제 3 항}$, 행정실무상 적법하고 정당한 처분에 이의를 신청하는 경우, 해당 행정청이 이를 받아들이기 어려울 것이라는 점 등을 고려하면, 처분에 대한 이의신청의 사유는 처분의 부당 또는 위법이라 하겠다.

5. 이의신청내용

행정기본법은 행정청의 처분에 이의가 있는 경우에 이의신청을 할 수 있다고 규정할 뿐, 이의신청의 내용에 관해서는 규정하는 바가 없다. 당사자가 신청할 수 있는 내용으로는 전부 취소·철회 또는 변경, 일부 취소·철회 또는 변경, 일부 취소와 일부 변경 등 다양하다.

Ⅲ. 심사결과의 통지

1. 통지기간과 방법

① 행정청은 제 1 항에 따른 이의신청을 받으면 그 신청을 받은 날부터 14일 이내에 그 이의

신청에 대한 결과를 신청인에게 통지하여야 한다$\binom{기본법 제36조}{제 2 항 본문}$. 신청에 대한 결과란 신청인의 신청을 전부 또는 일부 받아들이거나 아니면, 신청을 배척하는 내용이 될 것이다. ② 통지는 문서로 함이 원칙이다$\binom{절차법}{제24조}$.

2. 통지기간의 연장

① 부득이한 사유로 14일 이내에 통지할 수 없는 경우에는 그 기간을 만료일 다음 날부터 기산하여 10일의 범위에서 한 차례 연장할 수 있으며, 연장 사유를 신청인에게 통지하여야 한다$\binom{기본법 제36조}{제 2 항 단서}$. ② 부득이한 사유란 천재지변 등 불가항력만을 의미하는 것은 아니다. 부득이한 사유란 정상적인 업무수행을 할 수 없는 상황을 뜻한다. 부득이한 사유의 유무는 건전한 사회관념에 따라 판단되어야 한다. ③ 행정청은 기간을 연장하는 경우, 연장사유를 신청인에게 통지하여야 한다. 통지방법은 앞에서 본 바와 같다.

Ⅳ. 행정심판·행정소송의 관계

1. 임의적 전치절차로서 이의신청

제 1 항에 따라 이의신청을 한 경우에도 그 이의신청과 관계없이 행정심판법에 따른 행정심판 또는 행정소송법에 따른 행정소송을 제기할 수 있다$\binom{기본법 제36}{조 제 3 항}$. 행정기본법상 이의신청은 임의적 절차이다. 이의신청은 「행정심판법」에 따른 행정심판 또는 「행정소송법」에 따른 행정소송을 제기하기 위해서는 반드시 먼저 거쳐야 하는 절차가 아니다. 이것은 행정기본법상 이의신청제도가 행정심판법상 행정심판제도와 결합되어 있는 것도 아니고, 행정소송법상 행정소송제도와 결합되어 있는 것도 아님을 의미한다.

2. 행정심판·행정소송의 제기기간

(1) 이의신청절차를 거친 경우　　이의신청에 대한 결과를 통지받은 후 행정심판 또는 행정소송을 제기하려는 자는 그 결과를 통지받은 날$\binom{제 2 항에 따른 통지기간 내에 결과를 통지받지 못한 경우에는}{같은 항에 따른 통지기간이 만료되는 날의 다음 날을 말한다}$부터 90일 이내에 행정심판 또는 행정소송을 제기할 수 있다$\binom{기본법 제36}{조 제 4 항}$. 이 조항은 "이의신청에 대한 결과를 통지받은 후 행정심판 또는 행정소송을 제기하려는 경우"에 적용되는 것이므로, 이의신청·행정심판청구·행정소송 제기가 동시에 이루어지거나 이의신청에 대한 결과를 통지받기 전$\binom{제 2 항에 따른 통지기간 내에 결과를 통지받지 못}{한 경우에는 같은 항에 따른 통지기간이 만료되기 전}$에 이루어지는 경우에는 적용되지 아니한다.

(2) 이의신청절차를 거치지 않은 경우　　행정청의 처분에 이의가 있는 당사자가 해당 행정청에 이의신청을 하지 않고 바로 행정심판을 청구하는 경우에 그 청구기간은 행정심판법이 정하는 기간, 바로 행정소송을 제기하는 경우에 그 제소기간은 행정소송법이 정하는 바에 의한다.

3. 불복의 대상

① 이의신청에 대한 결과가 이의신청인의 신청을 받아들이지 않는 경우라면, 이의신청의 대

상이었던 원처분이 행정심판 또는 행정소송의 대상이 된다(예: 영업정지 3개월 처분에 대하여 취소를 요구하면서 이의신청을 제기하였으나, 처분청이 이의신청을 배척한 경우에는 영업정지 3개월 처분이 행정심판 또는 행정소송의 대상이 된다). ② 이의신청에 대한 결과가 이의신청인의 신청을 일부만 받아들이는 경우라면, 이의신청의 결과로 변경된 처분이 행정심판 또는 행정소송의 대상이 된다(예: 영업정지 3개월 처분에 대하여 취소를 요구하면서 이의신청을 제기하였으나, 처분청이 영업정지 3개월 처분을 영업정지 1개월 처분으로 변경한 경우에는 영업정지 1개월 처분이 행정심판 또는 행정소송의 대상이 된다). 왜냐하면 변경된 처분의 발효로 원처분은 소멸되었기 때문이다.

제 2 절   처분의 재심사

Ⅰ. 재심사의 관념

1. 의   의

처분이 행정심판, 행정소송 및 그 밖의 쟁송을 통하여 다툴 수 없게 된 경우라도(예: 석궁판매업을 하는 A는 2030. 6. 6. 공공의 안녕질서를 해칠 우려가 있다고 믿을 만한 상당한 이유가 있다는 이유로 서울지방경찰청장으로부터 석궁판매업허가처분을 취소하는 통지서를 받았다. A는 2030.12.이 되어 시간이 나자 석궁판매업허가처분의 취소를 다투려고 한다. 그러나 A는 이의신청이나 행정심판법상 행정심판, 행정소송을 제기할 수 없다. 왜냐하면 이의신청은 처분을 받은 날부터 30일 이내에(기본법 제36조 제1항), 행정심판법상 취소심판은 처분이 있음을 알게 된 날부터 90일 이내에(행심법 제27조 제1항), 취소소송은 처분등이 있음을 안 날부터 90일 이내에(행소법 제20조 제1항) 제기해야 하기 때문이다) 일정한 사유가 있다면, 해당 처분을 한 행정청에 처분을 취소·철회하거나 변경하여 줄 것을 신청할 수 있는바, 이를 처분의 재심사라 한다(기본법 제37조 제1항).

2. 취   지

행정심판법상 행정심판을 제기할 수 있는 기간이 경과하거나 행정소송법상 행정소송을 제기할 수 있는 기간이 경과하면, 당사자는 더 이상 다툴 수 없다. 그렇지만 기간의 경과로 처분에 기초가 되었던 사실관계 또는 법률관계가 사회적 관념이나 헌법질서와 충돌하는 경우, 종전의 처분을 유지하는 것은 정의의 관념에 반하므로, 종전의 처분을 취소하거나 철회할 필요가 있다. 처분의 재심사는 바로 이러한 필요에 응하는 제도이다.

3. 법적 근거

행정심판, 행정소송 및 그 밖의 쟁송을 통하여 다툴 수 없게 되었음에도 불구하고 행정청으로 하여금 해당 처분을 다시 재심사토록 한다는 것은 법적 안정성을 침해하는 성격을 갖기 때문에 처분의 재심사를 위해서는 법적 근거가 필요하다. 행정기본법 제37조가 처분의 재심사에 대한 일반조항이다. 행정기본법 제37조에서 규정한 사항 외에 처분의 재심사의 방법 및 절차 등에 관한 사항은 대통령령으로 정한다(기본법 제37조 제7항).

Ⅱ. 재심사의 요건

1. 재심사의 대상

(1) 범   위   처분의 재심사의 대상은 행정심판, 행정소송 및 그 밖의 쟁송을 통하여 다툴 수 없게 된 처분이다($^{기본법 제37}_{조 제1항}$). 행정심판, 행정소송 및 그 밖의 쟁송을 통하여 다툴 수 없게 된 처분이란 불가쟁력($^{형식적}_{존속력}$)이 발생한 처분을 말한다.

(2) 대상에서 제외되는 사항   ① 제재처분 및 행정상 강제는 처분의 재심사의 대상에서 제외된다($^{기본법 제37}_{조 제1항}$). ② 제재처분이나 행정상 강제에 해당하지 않는 처분일지라도 그 처분에 관해 법원의 확정판결이 있다면, 그러한 처분은 재심사의 대상에서 제외된다($^{기본법 제37}_{조 제1항}$). 법원의 확정판결이 있는 처분에 문제가 있다면 소송상 재심절차로 다툴 수 있다. ③ 행정기본법 제37조 제8항의 규정사항($^{1.\ 공무원\ 인사\ 관계\ 법령에\ 따른\ 징계\ 등\ 처분에\ 관한\ 사항,\ 2.\ 「노동위원회법」\ 제2조의2에\ 따라\ 노동위원회의\ 의}_{결을\ 거쳐\ 행하는\ 사항,\ 3.\ 형사,\ 행형\ 및\ 보안처분\ 관계\ 법령에\ 따라\ 행하는\ 사항,\ 4.\ 외국인의\ 출입국·난민인정·}$ $_{귀화·국적회복에\ 관한\ 사항,\ 5.\ 과태료\ 부과\ 및\ 징수에\ 관한\ 사항,\ 6.\ 개별\ 법률에서\ 그\ 적용을\ 배제하고\ 있는\ 사항}$)도 재심사의 대상에서 제외된다.

2. 재심사의 당사자

(1) 신청권자(신청인적격)

(가) 상 대 방   처분의 재심사의 신청은 당사자만 할 수 있고, 제3자는 신청을 할 수 없다. 처분의 재심사의 신청을 할 수 있는 자를 당사자로 제한한 것은 처분의 재심사 신청의 남발을 방지하기 위한 것이다. ② 당사자가 처분의 재심사를 신청할 수 있다는 것은 당사자가 개인적 공권($^{공법상}_{권리}$)으로서 처분의 재심사 신청권을 갖는다는 것을 의미한다.

(나) 법률상 이익   행정심판법·행정소송법은 법률상 이익이 침해된 자가 행정심판·행정소송($^{항고}_{소송}$)을 청구할 수 있음을 규정하고 있으나($^{행심법 제13조,}_{행소법 제12조 등}$), 행정기본법은 상대방이 법률상 이익이 침해된 경우에만 재심사를 신청을 할 수 있는지 여부에 관해 언급하는 바가 없다. 행정기본법상 처분의 재심사 절차는 객관적인 법질서의 유지 외에 국민 개개인의 권익보호를 위한 것이라는 점을 고려할 때, 명시적인 표현이 없다고 하여도 이의신청은 법률상 이익이 침해된 경우에 제기할 수 있다고 본다.

(2) 재심사기관(피신청인)   처분의 재심사 신청기관은 해당 행정청이다. 해당 행정청이란 재심사 신청의 대상인 처분을 발급한 처분청을 의미한다. 처분의 재심사 신청은 처분을 한 행정청에 대하여 불복하는 것이므로, 처분을 한 행정청이 아닌 제3의 기관($^{재결}_{청}$)에 불복하는 행정심판($^{또는\ 특별}_{행정심판}$)과 구별된다.

3. 재심사 신청사유와 제한

(1) 사   유   행정기본법 제37조 제1항은 처분의 재심사 신청의 남용을 방지하기 위하여 처분의 재심사를 신청할 수 있는 사유를 3가지 경우로 제한하고 있다.

(가) 처분의 근거가 된 사실관계 또는 법률관계가 추후에 당사자에게 유리하게 바뀐 경우

사실관계가 추후에 당사자에게 유리하게 바뀐 경우란 처분의 결정에 객관적으로 중요하였던 사실이 없어지거나 새로운 사실$\binom{과학적\ 지}{식\ 포함}$이 추후에 발견되어 관계인에게 유리한 결정을 이끌어 낼 수 있는 경우를 의미한다. 법률관계가 추후에 당사자에게 유리하게 바뀐 경우란 처분의 근거가 되었던 법령이 처분 이후에 폐지되었거나 당사자에게 유리하게 변경된 경우 등을 의미한다.

(나) 당사자에게 유리한 결정을 가져다주었을 새로운 증거가 있는 경우   새로운 증거란 ① 처분의 절차나 쟁송 과정에서 사용할 수 없었던 증거, ② 당사자의 과실 없이 절차진행 당시 제때 습득하지 못하거나 마련할 수 없었던 증거, ③ 당사자의 과실 없이 당사자가 당시에 인지하지 못하고 있었던 증거, ④ 처분 당시 제출되어 있었으나 행정청의 무지, 오판, 불충분한 고려가 있었던 경우 등을 의미한다.

(다)「민사소송법」제451조에 따른 재심사유에 준하는 사유가 발생한 경우 등 대통령령으로 정하는 경우   제3호는 민사소송법 제451조에 따른 재심사유에 준하는 사유와 그 밖에 대통령령으로 정하는 사항을 재심사의 사유로 규정하고 있다.

(2) 제   한

(가) 의   의   제1항에 따른 신청은 해당 처분의 절차, 행정심판, 행정소송 및 그 밖의 쟁송에서 당사자가 중대한 과실 없이 제1항 각 호의 사유를 주장하지 못한 경우에만 할 수 있다$\binom{기본법\ 제37}{조\ 제2항}$. 처분의 재심사는 불가쟁력이 발생한 처분을 대상으로 하는 것이기에 예외적인 구제제도의 성격을 갖는바, 상대방에게 심하게 탓할 수 있는 사정이 있는 경우까지 재심사 신청을 허용하는 것은 법적 평화에 도움이 되지 아니한다는 것이 본조의 취지이다.

(나) 제한사유로서 중대한 과실   행정기본법 제37조 제1항이 정하는 사유가 있다고 하여도, 당사자가 해당 처분의 절차, 행정심판, 행정소송 및 그 밖의 쟁송에서 중대한 과실로 그 사유를 주장하지 않았다면, 당사자는 그 사유를 근거로 처분의 재심사를 청구할 수 없다. 고의로 그 사유를 주장하지 아니한 경우도 마찬가지이다. 따라서 당사자가 처분의 재심사를 신청할 수 있는 것은 해당 처분의 절차, 행정심판, 행정소송 및 그 밖의 쟁송에서 경과실 또는 경과실 없이 그 사유를 주장하지 못한 경우에 한한다.

4. 재심사 신청내용

당사자는「처분을 취소·철회하거나 변경하여 줄 것」을 신청할 수 있다$\binom{기본법\ 제37}{조\ 제1항}$. 취소·철회 또는 변경에는 전부 취소·철회 또는 변경, 일부 취소·철회 또는 변경, 일부 취소와 일부 변경 등 여러 경우가 있을 수 있다.

5. 재심사 신청기간

① 제1항에 따른 신청은 당사자가 제1항 각 호의 사유를 안 날부터 60일 이내에 하여야 한다$\binom{기본법\ 제37조}{제3항\ 본문}$. 다만, 처분이 있은 날부터 5년이 지나면 신청할 수 없다$\binom{기본법\ 제37조}{제3항\ 단서}$. 사유를 안 날이란 사유가 있음을 현실적으로 안 날을 뜻하고, 처분이 있은 날이란 처분이 효력을 발생한 날

을 말한다. ② 60일은 불변기간이다. ③ 상기의 60일과 5년 중 어느 것이라도 먼저 경과하면 재심사의 신청은 불가능하다

Ⅲ. 재심사의 절차

1. 재심사의 신청

행정기본법 제37조 제 1 항에 따라 처분의 재심사를 신청하려는 자는 다음 각 호(1. 신청인의 성명·생년월일·주소(신청인이 법인이나 단체인 경우에는 그 명칭, 주사무소의 소재지와 그 대표자의 성명))의 사항을 적은 문서에 처분의 재심사 신청 사유를 증명하는 서류를 첨부하여 해당 처분을 한 행정청에 제출해야 한다(기본령 제13조 제1항). 제 1 항에 따른 신청을 받은 행정청은 그 신청 내용에 보완이 필요하면 보완해야 할 내용을 명시하고 20일 이내에서 적절한 기간을 정하여 보완을 요청할 수 있다(기본령 제13조 제2항).

2. 재심사(요건심사·본안심사)

재심사과정은 요건심사와 본안심사의 과정을 거친다. 요건심사란 당사자의 신청이 처분의 재심사 신청 요건을 구비하였는지 여부를 심사하는 것을 말한다. 요건에 미비가 있다면, 신청에 대한 거부처분을 한다. 본안심사란 요건에 미비가 없는 경우에 신청 사유의 당부를 심사하는 것을 말한다. 신청사유가 정당하다면 피신청인인 재심사기관은 처분을 취소·철회하거나 변경할 것이고, 정당하지 않다면 거부처분을 한다.

3. 재심사 결과 통지

(1) 결과통지의 기간   ① 제 1 항에 따른 신청을 받은 행정청은 특별한 사정이 없으면 신청을 받은 날부터 90일(합의제행정기관은 180일) 이내에 처분의 재심사 결과(재심사 여부와 처분의 유지·취소·철회·변경 등에 대한 결정을 포함한다)를 신청인에게 통지하여야 한다(기본령 제37조 제 4 항 본문). ② 부득이한 사유로 90일(합의제행정기관은 180일) 이내에 통지할 수 없는 경우에는 그 기간을 만료일 다음 날부터 기산하여 90일(합의제행정기관은 180일)의 범위에서 한 차례 연장할 수 있으며, 연장 사유를 신청인에게 통지하여야 한다(기본법 제37조 제 4 항 단서). ③ 행정청은 행정기본법 제37조 제 4 항 단서에 따라 처분의 재심사 결과의 통지 기간을 연장하려는 경우에는 연장 통지서에 연장 사유와 연장 기간 등을 구체적으로 적어야 한다(기본령 제13조 제 4 항).

(2) 보완요구에 따른 결과 통지 기간   행정청이 신청인에게 신청 내용에 보완을 요청한 경우, 그 보완 기간은 행정기본법 제37조 제 4 항에 따른 재심사 결과 통지 기간에 포함하지 않는다(기본령 제13조 제 3 항).

Ⅳ. 재심사 결과에 대한 불복

1. 처분을 유지하는 결과에 대한 불복

제 4 항에 따른 처분의 재심사 결과 중 처분을 유지하는 결과에 대해서는 행정심판, 행정소

송 및 그 밖의 쟁송수단을 통하여 불복할 수 없다$\binom{\text{기본법 제37}}{\text{조 제5항}}$. 처분을 유지하는 결과란 당사자의 신청이 행정기본법 제37조가 정하는 인용요건을 구비하지 못하였기에 피신청인인 재심사기관이 당사자의 신청을 배척하는 경우를 말한다. 한편, 인용요건을 구비하였지만 피신청인인 재심사기관이 명백히 판단을 잘못하여 처분을 유지하는 결정을 한 경우까지 행정심판이나 행정소송을 통하여 불복할 수 없다는 것은 문제가 있는바, 이러한 경우는 행정심판이나 행정소송을 통하여 다툴 수 있다고 보아야 할 것이다.

2. 처분을 유지하지 아니하는 결과에 대한 불복

처분을 유지하지 않는 재심사 결정은 피신청인인 재심사기관이 상대방의 신청을 받아들이는 결정이다. 명문으로 표현되고 있지 않으나, 신청을 전부 받아들이는 결정은 행정심판, 행정소송 및 그 밖의 쟁송수단을 통하여 불복할 이유가 없다. 일부는 유지하지 않지만 일부는 유지되는 경우, 유지되는 부분이 피신청인인 재심사기관의 명백히 그릇된 판단에 기인한 것이라면 문제가 있다. 유지되는 부분에 대해서는 행정심판이나 행정소송을 통하여 다툴 수 있다고 보아야 할 것이다.

V. 직권취소·철회와의 관계

1. 의   의

행정청의 제18조에 따른 취소와 제19조에 따른 철회는 처분의 재심사에 의하여 영향을 받지 아니한다$\binom{\text{기본법 제37}}{\text{조 제6항}}$. 이것은 제18조에 따른 취소 및 제19조에 따른 철회는 제37조의 처분의 재심사와 별개의 절차임을 의미한다.

[참고] 행정기본법 제18조는 행정청이 직권으로 하는 취소만 규정하고, 행정기본법 제18조는 행정청이 직권으로 하는 철회만을 규정하고 있는데, 행정기본법 제18조를 개정하여 상대방의 신청에 따른 직권취소도 인정하고, 행정기본법 제19조를 개정하여 상대방의 신청에 따른 철회를 인정하면, 처분의 재심사 제도는 두지 않아도 된다는 주장이 가능하다. 이와 관련하여 상대방에게 직권취소신청권, 철회신청권을 부여하는 경우, 처분의 재심사와의 비교에 관해서는 졸저, 행정기본법 해설(2022), 274면 참조.

2. 내   용

㈎ 직권취소·철회의 독자성   행정청은 처분의 재심사 절차와 관계없이 행정기본법 제18조가 정하는 위법 또는 부당한 처분의 취소, 제19조가 정하는 적법한 처분의 철회를 할 수 있다. 즉 상대방의 재심사 신청이 있은 후, 행정청은 재심사 결정과 무관하게 처분을 취소하거나 철회할 수 있다.

㈏ 재심사 신청 후 직권취소·철회   상대방의 재심사 신청이 있은 후, 행정청이 처분을 취소하거나 철회하면, 당사자는 재심사 신청을 철회할 수 있을 것이고, 아니면 행정청이 재심사에 그 처분의 취소나 철회를 반영할 수도 있을 것이다.

제 3 장   행정심판법상 행정심판

제 1 절   일 반 론

제1항   행정심판의 의의

Ⅰ. 행정심판의 관념

1. 행정심판의 개념

(1) 강학상 개념   강학상 넓은 의미($^{광}_{의}$)의 행정심판이란 행정상 법률관계의 분쟁을 행정기관이 심리·재결하는 모든 행정쟁송절차를 말하고, 좁은 의미($^{협}_{의}$)의 행정심판이란 행정심판법에 따른 행정심판을 말한다.

[참고]   행정심판 관련 용어

(1) 실질적 심판·형식적 심판   강학상 넓은 의미의 행정심판은 실질적 심판·형식적 심판으로 구분할 수 있다. 실질적 심판은 실질적 쟁송으로서의 심판을 말하고, 형식적 심판은 형식적 쟁송으로서의 심판, 즉 행정절차로서의 행정심판을 말한다. 한편 학자에 따라서는 실질적 의미의 행정심판을 넓게는 행정청이 일정한 공법적 결정을 함에 있어서 거치는 모든 준사법적 절차로, 좁게는 행정기관이 재결청이 되는 행정쟁송절차로 파악하며, 형식적 의미의 행정심판을 행정심판법의 적용을 받는 행정심판으로 파악하기도 한다($^{김남진}_{김연태}$).

(2) 주관적 심판·객관적 심판   강학상 넓은 의미의 행정심판은 주관적 심판·객관적 심판으로 구분할 수 있다. 주관적 심판이란 행정작용과 관련하여 자기의 권리($^{법률상}_{이익}$)의 보호를 위해 제기하는 심판을 말하고, 객관적 심판이란 공익에 반하는 행정작용의 시정을 구하는 심판을 말하며, 원칙적으로는 주관적 심판의 한 유형이라 할 특수한 심판이란 일반 행정이 아닌 전문적인 지식과 기술을 요하는 특수한 행정작용을 대상으로 하는 심판을 말한다. 주관적 심판은 항고심판과 당사자심판으로, 객관적 심판은 민중심판과 기관심판으로 구분되며, 특수한 심판으로는 특허심판($^{특허법 제132}_{조의2 이하}$)과 해난심판($^{해난법 제31조}_{내지 제77조}$) 등을 들 수 있다. 특수한 심판에는 행정심판법의 적용이 제한된다.

(3) 항고심판·당사자 심판   강학상 넓은 의미의 행정심판은 항고심판과 당사자 심판으로 구분할 수 있다. 항고심판은 운전면허취소처분의 취소를 구하는 것과 같이 기존의 위법·부당한 처분의 시정을 구하는 심판을 말한다. 항고심판은 행정기본법상 이의신청과 재심사, 행정심판법상 행정심판 등으로 구분된다. 당사자심판은 토지수용절차상 사업시행자와 피수용자($^{토지소}_{유자 등}$) 사이에 협의가 성립되지 아니하는 경우에 사업시행자가 관할 토지수용위원회에 재결을 신청하는 경우에 보는 바와 같이 행정법관계의 형성·존부에 관한 분쟁이 있을 경우에 일정한 기관에 그에 관한 재결을 구하는 심판을 말한다. 당사자심판은 개별 법률에 규정이 있는 경우에만 인정된다($^{예: 토상}_{법 제30조}$).

(2) 이 책에서 행정심판의 개념

이 책에서는 행정심판을 좁은 의미로 사용한다. 즉, 행정심판법상 행정심판의 의미로 사용한다.

㈎ 행정심판 개념의 정의　　행정심판법상 행정심판이란 행정청의 위법 또는 부당한 처분이나 부작위로 권리 또는 이익이 침해된 국민이 행정심판위원회에 대해 그 처분의 재심사를 구하고, 이에 대하여 행정심판위원회가 재결을 행하는 절차를 말한다. 행정심판법상 행정심판은 실질적 심판·주관적 심판·항고심판의 성격을 가진다. 행정심판법의 적용을 받는 행정심판을 형식적·제도적 의미의 행정심판이라 부르기도 한다.

㈏ 행정소송과 구분

(a) 공 통 점　　행정심판과 행정소송 모두 원칙적으로 실질적 쟁송으로서 ① 행정청의 처분을 시정하는 절차라는 점($\substack{\text{행정} \\ \text{쟁송}}$), ② 법률상 이익을 가진 자만이 제기할 수 있다는 점($\substack{\text{원고} \\ \text{적격}}$), ③ 당사자의 쟁송제기에 의해 절차가 개시된다는 점($\substack{\text{신청에 의} \\ \text{한 절차개시}}$), ④ 당사자는 대등한 입장에 선다는 점($\substack{\text{대심} \\ \text{주의}}$), ⑤ 행정심판의 경우에는 다소 문제가 있으나, 당사자가 아닌 제3자가 판단한다는 점($\substack{\text{판정} \\ \text{기관}}$), ⑥ 위법한 처분($\substack{\text{행정심판의 경우에는 부} \\ \text{당한 처분도 대상이 된다}}$)이나 부작위를 대상으로 한다는 점($\substack{\text{쟁송의} \\ \text{대상}}$), ⑦ 취소를 구하는 경우, 일정한 기간 내에 제기하여야 한다는 점($\substack{\text{쟁송} \\ \text{기간}}$)이 같고, 이 밖에도 ⑧ 참가인제도, ⑨ 청구(소)의 변경, ⑩ 직권심리($\substack{\text{직권탐} \\ \text{지주의}}$), ⑪ 집행부정지의 원칙, ⑫ 불이익변경금지의 원칙, ⑬ 사정판단($\substack{\text{재결·} \\ \text{판결}}$)이 인정되는 점에서 동일하다.

(b) 차 이 점　　행정심판과 행정소송은 다음의 차이점도 갖는다. 이해의 편의를 위해 차이점을 도표로 비교해 보기로 한다.

	행정심판	행정소송
제도의 본질	행정통제적 성격이 강하다	권리구제적 성격이 강하다
판정기관	행정기관이 판정기관이다	법원이 판정기관이다
판정절차	서면심리주의와 구술심리주의가 병행 적용된다	구두변론주의가 원칙이다
쟁송대상	위법행위 외에 부당행위도 심판의 대상이 된다	위법행위만이 소송의 대상이 된다
적극적 판단	인정된다(의무이행심판)	인정 안 된다(통설)(부작위위법 확인소송 정도로 인정)

(c) 양자의 관련　　행정심판과 행정소송의 관계를 보면, 우리의 구 행정소송법은 원칙적으로 행정심판을 거친 후 행정소송을 제기할 수 있도록 규정하고 있었으며($\substack{\text{구 행정소} \\ \text{법 제18조}}$), 이러한 제도를 필요적 행정심판전치주의라 불렀다. 그러나 현행 법률인 1994년 개정행정소송법은 명문의 규정이 없는 한, 원칙적으로 행정심판을 거치지 않고서도 행정소송을 제기할 수 있도록 하였다($\substack{\text{행소법 제18} \\ \text{조 제1항}}$). 현행법은 임의적 행정심판전치제도를 채택하고 있다.

[기출사례] 제35회 입법고시(2019년) 문제·답안작성요령 ☞ PART 4 [1-53]

2. 행정심판의 의미

(1) 사인의 권리보호(권리보호기능)   행정심판절차에서 분쟁의 대상인 행정결정은 모든 방향에서 심사가 이루어진다. 말하자면 행정소송절차와 달리 행정심판절차에서는 기존의 결정의 적법성 외에 합목적성에 대한 통제까지 이루어진다. 이를 통하여 사인의 권리는 보호를 받게 된다. 또한 행정심판은 행정소송에 비하여 신속하게 이루어지고 비용이 들지 아니하므로 사인의 권리보호에 보다 효과적인 면도 갖는다.

(2) 행정의 자기통제(통제적 기능)   행정심판은 위법 또는 부당한 행위를 피하기 위하여 다투어지는 결정의 적법성·합목적성을 행정청(처분청) 스스로가 다시 한번 심사하는 기회를 의미한다. 따라서 행정심판은 행정권에 의한 행정작용을 행정권 스스로 통제하는 것, 즉 자율적 통제를 의미한다. 이러한 관점에서 행정심판은 행정내부적인 적법성통제·합목적성의 통제를 위한 기회로 이해된다. 행정권의 자율적 통제는 권력분립의 원칙에 바람직한 현상이다. 행정의 자기통제기능은 행정심판제도의 중심적인 기능이다.

(3) 법원의 부담완화(소송경제적 기능)   행정사건에 대하여 바로 법원에 소송을 제기하지 아니하고 그 대신 행정심판을 거칠 수 있도록 하고, 아울러 행정심판을 통해 사인이 만족하게 되면, 법원은 그만큼 소송상 부담을 덜게 된다. 이러한 부담완화는 법원으로 하여금 소송사건에 전념할 수 있게 한다. 특히 법원의 업무가 폭주하고, 국가예산의 한계로 인해 법원조직의 확대가 용이하지 않는 상황에서 행정심판의 소송경제적 기능은 특히 중요한 의미를 갖는다.

Ⅱ. 행정심판의 근거법(헌법·행정심판법)

1. 행정심판의 법적 근거

(1) 헌법상 근거   헌법은 행정심판제도를 배척하는 것이 아니다. 헌법 제107조 제 3 항은 "재판의 전심절차로서 행정심판을 할 수 있다. 행정심판의 절차는 법률로 정하되 사법절차가 준용되어야 한다"고 하여 오히려 행정심판절차의 헌법적인 근거를 마련하고 있다(판례). 행정심판제도가 헌법에서 근거된 이상 그것은 헌법의 정신을 실현하는 데에 적합한 것이어야 한다. 말하자면 행정심판은 사인의 기본권보장과 법치주의의 실현에 기여하여야 한다. 동시에 행정심판은 행정권의 자율성의 확보·존중에 적합한 것이어야 한다. 그래야만 권력분립주의는 의미를 가지게 될 것이다.

[판례] 헌법 제107조 제 3 항의 준용의 의미
(행정심판법 제49조(재결의 기속력 등) 제 1 항 위헌소원에서) 헌법 제107조 제 3 항은 "재판의 전심절차로서 행정심판을 할 수 있다. 행정심판의 절차는 법률로 정하되, 사법절차가 준용되어야 한다."라고 규정하고 있으나, 이는 행정심판제도의 목적이 행정의 자율적 통제기능과 사법 보완적 기능을 통한 국민의 권리구제에 있으므로 행정심판의 심리절차에서도 관계인의 충분한 의견진술 및 자료제출과 당사자의 자유로운 변

론 보장 등과 같은 대심구조적 사법절차가 준용되어야 한다는 취지일 뿐, 사법절차의 심급제에 따른 불복할 권리까지 준용되어야 한다는 취지는 아니다(헌재 2023. 3. 23,
2018헌바385).

(2) 법률상 근거   행정심판에 관한 일반법으로 행정심판법이 있다. 행정심판법은 행정심판위원회 등이 심리·판단하는 행정심판을 규정하고 있다. 개별법에서 특별규정을 두기도 한다(예: 특허법 제132조의16의 특허심판,
국세기본법 제55조 이하의 불복절차 등).

2. 행정심판법의 성격

(1) 일반법으로서 행정심판법   행정심판법 제3조 제1항은 "행정청의 처분 또는 부작위에 대하여는 다른 법률에 특별한 규정이 있는 경우 외에는 이 법에 따라 행정심판을 청구할 수 있다"고 하고, 아울러 동법 제4조 제2항은 "다른 법률에서 특별행정심판이나 이 법에 따른 행정심판 절차에 대한 특례를 정한 경우에도 그 법률에서 규정하지 아니한 사항에 관하여는 이 법에서 정하는 바에 따른다"고 하여 동법이 행정심판에 관한 일반법임을 나타내고 있다(대판 1992.
6. 9, 92누565). 행정심판법은 항고심판을 중심으로 규율하고 있다.

(2) 행정심판법의 특례

(개) 특례법의 제한   사안의 전문성과 특수성을 살리기 위하여 특히 필요한 경우 외에는 이 법에 따른 행정심판을 갈음하는 특별한 행정불복절차(이하 "특별행정
심판"이라 한다)나 이 법에 따른 행정심판 절차에 대한 특례를 다른 법률로 정할 수 없다(행심법 제
4조 제1항). 관계 행정기관의 장이 특별행정심판 또는 이 법에 따른 행정심판 절차에 대한 특례를 신설하거나 변경하는 법령을 제정·개정할 때에는 미리 중앙행정심판위원회와 협의하여야 한다(행심법 제
4조 제3항).

(내) 특별한 행정불복절차   행정심판을 갈음하는 특별한 행정불복절차의 예로 "급여에 관한 결정, 기여금의 징수, 그 밖에 이 법에 따른 급여에 관하여는 「행정심판법」에 따른 행정심판을 청구할 수 없다"는 공무원연금법 제87조 제3항을 볼 수 있다.

(대) 특   례   행정심판법이 아닌 다른 법률에서 나타나는 특별한 규정의 예로 행정심판법에 의한 행정심판절차에 버금가는 특례행정심판절차를 규정하는 경우를 볼 수 있다(예 : 소청제
도·조세심
판·특허
심판 등).

제2항 고지제도

Ⅰ. 고지제도의 관념

1. 고지제도의 의의

행정청이 처분을 할 때에는 처분의 상대방에게 해당 처분에 대하여 행정심판을 청구할 수 있는지 여부와 행정심판을 청구하는 경우의 심판청구 절차 및 심판청구 기간을 알려야 할 뿐만 아니라 이해관계인이 요구하면 해당 처분이 행정심판의 대상이 되는 처분인지 여부와 행정심판의 대상이 되는 경우 소관 위원회 및 심판청구 기간을 지체 없이 알려 주어야 하는바, 이를 고지제도라 한다(행심법 제58조). 고지제도에는 행정청이 반드시 하여야 하는 의무적인 직권고지와 이해관계인의 신청에 의한 고지의 두 종류가 있다. 불복고지라고도 한다.

2. 고지제도의 필요성

고지제도는 행정의 민주화, 행정의 신중·적정·합리화를 도모하기 위한 제도이다. 고지제도는 개인의 권익보호에 기여한다. 행정의 행위형식이 다양하고, 행정조직과 행정구제절차가 복잡한 점을 고려할 때, 고지제도는 의미를 갖는다.

Ⅱ. 고지의 법적 성질

고지는 사실행위이다. 그것은 법적 효과의 발생을 목적으로 하는 행정작용인 준법률행위적 행정행위가 아니다. 따라서 고지 그 자체는 행정쟁송의 대상이 되지 아니한다. 한편 고지제도에 관한 행정심판법의 규정의 성질에 관해서는 훈시규정이라는 견해와 강행규정 또는 의무규정이라는 견해로 나누어진다. 그릇된 고지가 행정행위의 효력에 영향을 미치는 것은 아니나, 그릇된 고지 등에 대해 행정청에게 일정한 절차상의 제재적 효과가 가해지는 점을 고려할 때, 강행규정으로 볼 것이다(다수 설).

Ⅲ. 고지제도의 법적 근거

1. 고지제도의 입법 방식

(1) 외국의 입법례　　불복고지를 규정하는 입법의 형태에는 3가지가 있다. 즉 ① 행정절차법에서 규정하는 방법(예: 오스트리아 행정절차법 제61조, 스위스 행정절차법 제35조), ② 행정심판법에서 규정하는 방법(예: 일본의 행정불복심사법 제57조, 제58조), ③ 행정법원법(행정심판과 관련된 부분)에서 규정하는 방법(예: 독일 행정재판소법 제58조, 제59조)이 그것이다. 논리적으로 본다면 불복고지를 행정처분절차를 규정하는 행정절차법에서 규정하는 것이 합리적이다. 왜냐하면 불복고지가 행정심판이나 행정소송이 아니라 행정처분과 동시에 이루어질 때에 사인의 권리가 용이하게 보장될 수 있기 때문이다.

(2) 우리나라의 입법현황

1) 입법현황　　고지제도는 1985년에 발효된 행정심판법(제42조, 현 행 제58조)과 1998년에 발효된 행정절차법(제26 조) 및 공공기관의 정보공개에 관한 법률(제18조 제4항)에서 규정되어 왔다. 이들 법률의 규정 내용은 상이하다. 그러나 행정절차법을 제정한 이상 고지제도를 여러 법률에 규정을 두기보다는 행정절차법에서 단일의 규정을 두는 것이 입법체계상 바람직하다. 고지제도에 대한 입법상 정리가 필요하다.

2) 비　　판　　① 상기의 세 법률의 관계를 보면 논리상으로는 행정절차법이 일반법이지

만, 내용상으로는 행정심판법이 일반법이다. ② 행정절차법은 행정심판법에 비해 고지의 대상을 포괄적으로 규정하고 있다. ③ 행정절차법은 행정심판법의 경우와 달리 고지의무위반에 대한 제재수단에 관해 규정하는 바가 없다. 그러나 행정심판법상의 고지의무위반에 대한 제재규정은 행정절차법과 공공기관의 정보공개에 관한 법률에도 보충적으로 적용된다고 볼 것이다.

2. 고지제도의 배제

판례에 의하면 개별법이 행정심판법의 적용을 배제하는 탓으로 불복고지제도가 배제되게 되는 경우$\binom{\text{예: 국세법 제}}{56조 제 1 항}$도 나타난다$\binom{\text{판}}{\text{례}}$. 그러나 판례의 해석은 정당하다고 보기 어렵다. 왜냐하면 불복고지제도는 성질상 행정절차법의 규정사항이지 행정심판법상의 규정사항은 아니기 때문이다.

> (판례) 국세청장이 조세범처벌절차법 제16조에 의한 보증금을 교부하지 않기로 하는 처분을 함에 있어서, 상대방에게 행정불복의 방법을 고지할 의무가 있는지 여부
> $\binom{\text{탈세를 제보한 원고가 보상금을 교부하지 아니하기로 한}}{\text{국세청장의 탈세보상금불지급처분의 취소를 구한 사건에서}}$ 국세기본법 제56조 제 1 항은 제55조에 규정하는 처분에 대하여는 행정심판법의 규정을 적용하지 아니한다'고 규정하고 있으므로, **국세청장이 같은 법 제55조에 규정하는** 처분인, 조세범처벌절차법 제16조에 의한 보상금을 교부하지 않기로 하는 **처분을 함에 있어서, 행정심판법 제42조 제 1 항에 따라 그 상대방에게 행정불복의 방법을 고지할 의무는 없다고 할 것이고** 국세기본법 제60조나 같은법시행령 제48조에 의하더라도 국세청장이 위 처분을 함에 있어 상대방에게 불복방법을 통지할 의무가 있는 것으로 해석되지 아니한다$\binom{\text{대판 1992. 3. 31.}}{\text{91누6016}}$.

Ⅳ. 고지의 유형

직권고지와 신청에 의한 고지의 비교

	직권고지$\binom{\text{행심법 제58}}{\text{조 제 1 항}}$	신청에 의한 고지$\binom{\text{행심법 제58}}{\text{조 제 2 항}}$
고지의 주체	행정청(조문)	행정청(조문)
고지의 신청	해당없음	이해관계인(조문)(상대방+제 3 자)
고지의 상대방	상대방(조문)	이해관계인(조문)(상대방+제 3 자)
고지의 대상	구두처분+서면처분(해석)	미고지의 처분(해석)
고지의 내용	청구가능 여부·청구절차·청구기간(조문)	심판대상 여부·소관 위원회·청구기간(조문)
고지의 방법	문서(해석)	적당한 방법(해석) 서면요청시 서면(조문)
고지의 시기	처분과 동시(해석)	신청받고 지체없이(조문)

1. 직권에 의한 고지

행정청이 처분을 할 때에는 처분의 상대방에게 다음 각 호$\binom{\text{1. 해당 처분에 대하여 행정심판을 청구할 수 있는}}{\text{지, 2. 행정심판을 청구하는 경우의 심판청구 절}}$의 사항을 알려야 한다$\binom{\text{행심법 제58}}{\text{조 제 1 항}}$. $\binom{\text{차 및 심판}}{\text{청구 기간}}$

(1) 직권고지의 주체와 상대방   고지의 주체는 행정에 관한 의사를 결정하여 표시하는 국가 또는 지방자치단체의 기관, 그 밖에 법령 또는 자치법규에 따라 행정권한을 가지고 있거나 위탁을 받은 공공단체나 그 기관 또는 사인을 말한다(행심법 제2조 제4호). 고지의 상대방은 해당 처분의 상대방을 의미한다. 제3자효 있는 행위의 경우에는 제3자에게도 고지함이 바람직하다. 제3자는 고지를 신청할 수 있으나, 의무적인 직권고지의 대상자는 아니다.

(2) 직권고지의 대상인 처분   고지의 대상이 되는 처분은 서면에 의한 처분뿐만 아니라, 구두에 의한 처분도 포함된다. 처분은 행정심판법상 행정쟁송의 대상이 될 수 있는 모든 처분뿐만 아니라 특별법상 쟁송대상(예: 각종의 이의신청, 심사청구, 심판청구)까지 포함한다. 고지제도는 행정절차법적인 사항이기 때문이다. 뿐만 아니라 행정심판 역시 넓은 의미에서 행정절차의 한 부분이므로, 재결처분도 고지의 대상인 처분에 포함된다. 신청에 따른 처분이 있는 경우에는 상대방이 다툴 이유가 없기 때문에 고지가 불필요하다.

(3) 직권고지의 내용   고지의 내용으로는 ① 다른 법률에 의한 행정심판까지 포함하여 해당 처분에 대하여 행정심판을 청구할 수 있는지의 여부, 그리고 심판청구가 불필요한 경우에는 (행소법 제18조 제3항) 불필요하다는 사항까지 포함된다. 그리고 행정심판을 청구할 수 있는 경우에는, ② 심판청구 절차 및 ③ 심판청구 기간도 알려야 한다. 「심판청구 절차를 알려야 한다」는 것은 행정심판청구서가 제출되어야 하는 기관이 어떠한 위원회인지를 알려야 한다는 것을 포함한다고 볼 것이다.

(4) 직권고지의 방법·시기   고지의 방법이나 시기에 대해서는 특별히 규정하는 바가 없다. 그러나 문서로 고지하는 것이 바람직하다. 그리고 고지는 처분과 동시에 이루어져야 할 것이다. 상당한 기간 내에 사후고지가 있는 경우에는 불고지의 하자가 치유된다(일반적 견해).

2. 신청에 의한 고지

행정청은 이해관계인이 요구하면 다음 각 호(1. 해당 처분이 행정심판의 대상이 되는 처분인지, 2. 행정심판의 대상이 되는 경우 소관 위원회 및 심판청구 기간)의 사항을 지체 없이 알려 주어야 한다. 이 경우 서면으로 알려 줄 것을 요구받으면 서면으로 알려 주어야 한다(행심법 제58조 제2항).

(1) 고지의 신청권자   이해관계인이 고지신청권자이다. 이해관계인에는 처분의 상대방뿐만 아니라 법률상 이익이 침해된 제3자도 포함된다. 다만 여기서 말하는 처분의 상대방은 제58조 제1항에 비추어 행정청으로부터 고지를 받지 못한 상대방을 의미한다.

(2) 신청고지의 대상인 처분   직권에 의한 고지의 경우와 다를 바 없다.

(3) 신청고지의 내용   고지의 내용은 ① 심판대상 여부, 행정심판의 대상이 되는 경우에는 ② 소관 위원회(행정심판위원회) 및 ③ 심판청구 기간이다. ④ 명시적으로 규정되고 있는 것은 아니지만, 제58조 제1항과의 균형상, 심판청구 절차도 알려야 할 것이다.

(4) 신청고지의 방법·시기   ① 고지의 방법에 대해서는 특별히 정함이 없다. 적당한 방법으로 알려 주면 된다. 그러나 이해관계인이 서면으로 요구한 경우에는 서면으로 알려야만 한

다. 그리고 ② 지체 없이 고지하여야 한다. '지체 없이'란 사회통념상 인정될 수 있는 범위 내에서 신속성이 있어야 함을 의미한다.

V. 고지의무위반의 효과

1. 처분의 위법 여부

고지의무위반이 당해 처분의 효력에 영향을 미치는 것은 아니지만, 행정심판법은 경유절차 및 청구기간과 관련하여 행정청에게 일정한 제약을 가하고 있다. 고지의무위반의 효과는 불고지·오고지라는 의사 그 자체의 흠결에서 나오는 것이 아니라, 행정심판법이 고지제도의 실효성 확보를 위하여 특별히 부여하는 힘이라는 점을 유념하여야 한다. 따라서 불고지나 오고지는 그릇된 것이지만, 그것이 처분을 위법하게 만드는 것은 아니다(판례).

> [판례] 구 자동차운수사업법제31조등의규정에의한사업면허의취소등의처분에관한규칙(교통부령) 제 7 조 제 3 항에 따른 고지의무의 불이행과 면허취소처분의 하자 유무
> (과속으로 중앙선을 침범하여 질주하다가 맞은 편에서 역시 과속으로 오던 승용차를 충격하여 승용차운전자 등을 죽고 다치게 한 시내버스를 운행하는 원고회사에 대한 차량면허취소처분의 취소를 구한 사건에서) **자동차운수사업법 제31조등의규정에의한사업면허의취소등의처분에관한규칙**(교통부령) **제 7 조 제 3 항의 고지절차에 관한 규정은 행정처분의 상대방이 그 처분에 대한 행정심판의 절차를 밟는데 있어 편의를 제공하려는데 있으며 처분청이 위 규정에 따른 고지의무를 이행하지 아니하였다고 하더라도 경우에 따라서는 행정심판의 제기기간이 연장될 수 있는 것에 그치고 이로 인하여 심판의 대상이 되는 행정처분에 어떤 하자가 수반된다고 할 수 없다**(대판 1987. 11. 24. 87누529).

2. 심판청구서 제출기관의 오고지·불고지

행정청이 제58조에 따른 고지를 하지 아니하거나(불고지) 잘못 고지하여(오고지) 청구인이 심판청구서를 다른 행정기관에 제출한 경우에는 그 행정기관은 그 심판청구서를 지체 없이 정당한 권한이 있는 피청구인에게 보내야 한다(행심법 제23조 제 2 항). 제 2 항에 따라 심판청구서를 보낸 행정기관은 지체 없이 그 사실을 청구인에게 알려야 한다(행심법 제23조 제 3 항). 제27조에 따른 심판청구 기간을 계산할 때에는 제 1 항에 따른 피청구인이나 위원회 또는 제 2 항에 따른 행정기관에 심판청구서가 제출되었을 때에 행정심판이 청구된 것으로 본다(행심법 제23조 제 4 항).

3. 심판청구 기간의 오고지·불고지

① 행정청이 심판청구 기간을 제 1 항(행정심판은 처분이 있음을 알게 된 날부터 90일 이내에 청구하여야 한다)에 규정된 기간보다 긴 기간으로 잘못 알린 경우 그 잘못 알린 기간에 심판청구가 있으면 그 행정심판은 제 1 항에 규정된 기간에 청구된 것으로 본다(행심법 제27조 제 5 항). ② 행정청이 심판청구 기간을 알리지 아니한 경우에는 제 3 항(행정심판은 처분이 있었던 날부터 180일이 지나면 청구하지 못한다. 다만, 정당한 사유가 있는 경우에는 그러하지 아니하다)에 규정된 기간에 심판청구를 할 수 있다(행심법 제27조 제 6 항). 판례는 개별법률에서 정한 심판청구 기간이 행정심판법이 정한 심판청구 기간보다 짧은 경우에도

행정청이 그 개별법률상 심판청구 기간을 알려주지 아니하였다면 행정심판법이 정한 심판청구 기간 내에 심판청구가 가능하다는 입장이다(판례). ③ 행정심판법 제27조 제 5 항의 규정은 행정심판 제기에 관하여 적용되는 규정이지, 행정소송 제기에도 당연히 적용되는 규정이라고 할 수는 없다(대판 2001. 5. 8, 2000두6916).

판례 도로관리청이 도로점용료 상당 부당이득금의 징수고지서를 발부하면서 이의제출기간을 고지하지 않은 경우의 이의제출기간

(도로를 무단점용한 원고에 대한 도로 부당이득금부과처분을 다툰 사건에서) 도로점용료 상당 부당이득금의 징수 및 이의절차를 규정한 **지방자치법에서 이의제출기간을 구 행정심판법 제18조**(현행 제27조) **제 3 항 소정기간보다 짧게 정하였다고 하여도** 같은법 제42조 제 1 항 소정의 고지의무에 관하여 달리 정하고 있지 아니한 이상 도로관리청인 피고가 이 사건 도로점용료 상당 부당이득금의 징수고지서를 발부함에 있어서 **원고들에게 이의제출기간 등을 알려주지 아니하였다면 원고들은 지방자치법상의 이의제출기간에 구애됨이 없이 구 행정심판법 제18조 제 6 항·제 3 항의 규정에 의하여 징수고지처분이 있은 날로부터 180일 이내에 이의를 제출할 수 있다고 보아야 할 것이다**(대판 1990. 7. 10, 89누6839).

---

4. 행정심판전치 여부의 오고지

행정소송법은 처분을 행한 행정청이 행정심판을 거칠 필요가 없다고 잘못 알린 때에는 행정심판을 제기함이 없이 행정소송을 제기할 수 있다고 규정한다(행소법 제18조 제 3 항 제 4 호).

[기출사례] 제66회 5급공채(행정)(2022년) 문제·답안작성요령 ☞ PART 4 [2-0]
[기출사례] 제11회 변호사시험(2022년) 문제·답안작성요령 ☞ PART 4 [2-0a]

제 2 절 행정심판의 종류, 심판기관·참가자

제 1 항 행정심판의 종류

행정심판법상 행정심판이란 행정청의 위법 또는 부당한 처분이나 부작위로 권리 또는 이익이 침해된 국민이 행정심판위원회에 대해 그 처분의 재심사를 구하고, 이에 대해 그 행정심판위원회가 재결을 행하는 절차를 말한다. 행정심판법상 행정심판은 실질적 심판·주관적 심판·항고심판의 성격을 가진다. 행정심판법의 적용을 받는 행정심판을 형식적·제도적 의미의 행정심판이라 부르기도 한다.

제1목 취소심판

1. 의   의

취소심판이란 행정청의 위법 또는 부당한 처분을 취소하거나 변경하는 행정심판을 말한다$\left(\substack{\text{행심법 제5}\\\text{조 제1호}}\right)$. 취소심판은 공정력 있는 행위의 효력을 제거하는 것을 주된 목적으로 한다. 취소심판은 행정심판·행정심판법의 중심에 놓인다.

2. 성   질

취소심판은 처분의 취소·변경을 통하여 법률관계의 변경·소멸을 가져오는 형성적 쟁송인가$\left(\substack{\text{형성적}\\\text{쟁송설}}\right)$, 아니면 발령 당시의 처분의 위법성·부당성을 다투는$\left(\substack{\text{확인}\\\text{하는}}\right)$ 쟁송인가$\left(\substack{\text{확인적}\\\text{쟁송설}}\right)$의 문제가 있으나, 유효한 행위의 효력을 제거하는 데 취소심판의 기본적인 의미가 있는바, 통설인 형성적 쟁송설이 타당하다.

3. 특   징

취소심판은 청구기간의 제한$\left(\substack{\text{행심법}\\\text{제27조}}\right)$, 집행부정지의 원칙$\left(\substack{\text{행심법}\\\text{제30조}}\right)$, 사정재결$\left(\substack{\text{행심법}\\\text{제44조}}\right)$ 등을 특징으로 갖는다. 위원회는 취소심판의 청구가 이유가 있다고 인정하면 ① 스스로 처분을 취소 또는 다른 처분으로 변경하거나$\left(\substack{\text{형성}\\\text{재결}}\right)$ ② 처분을 다른 처분으로 변경할 것을 피청구인에게 명한다$\left(\substack{\text{이행}\\\text{재결}}\right)\left(\substack{\text{행심법 제43}\\\text{조 제3항}}\right)$.

제2목 무효등확인심판

1. 의   의

무효등확인심판이란 행정청의 처분의 효력 유무 또는 존재 여부를 확인하는 행정심판을 말한다$\left(\substack{\text{행심법 제5}\\\text{조 제2호}}\right)$. 이것은 구체적인 내용에 따라 다시 유효확인심판·무효확인심판·실효확인심판·존재확인심판·부존재확인심판으로 구분된다.

2. 성   질

무효등확인심판은 처분의 효력 유무 또는 존재 여부를 공권적으로 확인하는 쟁송인가$\left(\substack{\text{확인적}\\\text{쟁송설}}\right)$, 무효와 취소사유의 구분의 상대성을 전제로 하여 행정청이 우월한 지위에서 행한 처분의 효력을 다투는 쟁송인가$\left(\substack{\text{형성적}\\\text{쟁송설}}\right)$, 아니면 실질적으로는 확인적 쟁송이나 형식적으로는 행정청이 우월한 지위에서 행한 처분의 효력 유무 등을 다투는 쟁송인가$\left(\substack{\text{준형성적}\\\text{쟁송설}}\right)$의 문제가 있으나 통설인 준형성적 쟁송설이 타당하다.

3. 특   징

무효등확인심판은 취소심판의 경우와 달리 심판청구 기간의 제한도 없고$\left(\substack{\text{행심법 제27}\\\text{조 제7항}}\right)$ 사정재결이 인정되지 않는다$\left(\substack{\text{통}\\\text{설}}\right)$. 한편 학설상 실효확인심판이 인정되고 있다.

제 3 목 의무이행심판

1. 의 의

의무이행심판이란 당사자의 신청에 대한 행정청의 위법 또는 부당한 거부처분이나 부작위에 대하여 일정한 처분을 하도록 하는 행정심판을 말한다($^{행심법 제5}_{조 제3호}$). 취소심판은 행정청의 적극적인 행위로 인한 침해로부터 권익보호를 목적으로 하는 것이고, 의무이행심판은 행정청의 소극적인 행위로 인한 침해로부터 국민의 권익보호를 목적으로 한다.

2. 성 질

의무이행심판은 행정청으로 하여금 일정한 처분을 할 것을 구하는 심판이므로 이행쟁송의 성질을 갖는다. 그런데 의무이행심판은 현재 법률상 의무 있는 행위가 이루어지고 있지 아니한 경우에 적용될 뿐 장래에 이행하여야 할 법률상 의무 있는 행위의 경우에는 적용되지 아니한다.

3. 특 징

거부처분에 대한 의무이행심판에는 심판청구에 기간상 제한이 따르지만, 부작위에 대한 의무이행심판에는 심판청구에 기간상 제한이 따르지 않는다($^{행심법 제27}_{조 제7항}$). 의무이행심판에는 사정재결의 적용이 있다($^{행심법 제44}_{조 제3항}$).

4. 거부처분에 대한 취소심판의 가능성

① ⓐ 일반적 견해는 행정심판법 제2조 제1호($^{"처분"이란 행정청이 행하는 구체적 사실에 관한 법집행으로서}_{의 공권력의 행사 또는 그 거부, 그 밖에 이에 준하는 행정작용}$을 말)와 제5조 제1호($^{취소심판: 행정청의 위법 또는 부당한}_{처분을 취소하거나 변경하는 행정심판}$)를 근거로 거부처분취소심판의 가능성을 인정하고 있다($^{긍정}_{설}$). ⓑ 2017. 4. 18. 발효된 개정 행정심판법 제49조 제2항은 "재결에 의하여 취소되거나 …(하는) 처분이 당사자의 신청을 거부하는 것을 내용으로 하는 경우에는 그 처분을 한 행정청은 재결의 취지에 따라 다시 이전의 신청에 대한 처분을 하여야 한다"고 규정하고 있는바, 행정심판법 제13조 제1항의 취소심판의 대상인 처분에는 거부처분도 포함된다고 봐야 할 것이다. ② 판례는 '당사자의 신청을 거부하는 처분을 취소하는 재결'을 인정하고 있어 긍정하는 입장이다($^{대판 1988. 12. 13.}_{88누7880}$).

[기출사례] 제62회 5급공채(2018년) 문제·답안작성요령 ☞ PART 4 [2-3]

제 2 항 행정심판기관(행정심판위원회)

Ⅰ. 의 의

1. 개 념

행정심판위원회란 심판청구사항에 대하여 심리한 후, 그 심판청구사건에 대하여 각하나 기각 또는 인용을 결정하는 작용인 재결을 행하는 권한을 가진 기관을 말한다. 행정심판위원회는 합의제행정청의 성격을 갖는다. 말하자면 행정심판위원회는 복수의 위원이 구성되면서 위원의 합의로 의사를 정한다는 점에서 합의제기관이고, 또한 국가의사를 행정심판위원회 스스로 결정하고 외부에 표시하는 권한을 갖는다는 점에서 행정청의 성격을 갖는다.

2. 구법과 비교

2008년 2월 29일에 개정되기 전의 구 행정심판법상 행정심판기관은 심판청구사건에 대하여 심리·의결하는 권한을 가진 행정심판위원회와 행정심판위원회의 심리·의결에 따라 재결만을 행하는 재결청의 2원적 구조였으나, 현행 법률은 재결청 제도를 폐지하고 행정심판위원회가 심리·의결과 재결을 모두 하도록 하는 1원적 구조를 취하고 있다.

Ⅱ. 유 형

1. 해당 행정청 소속 행정심판위원회

다음 각 호(1. 감사원, 국가정보원장, 그 밖에 대통령령으로 정하는 대통령 소속기관의 장, 2. 국회사무총장·법원행정처장·헌법재판소사무처장 및 중앙선거관리위원회사무총장, 3. 국가인권위원회, 그 밖에 지위·성격의 독립성과 특수성 등이 인정되어 대통령령으로 정하는 행정청)의 행정청 또는 그 소속 행정청(행정기관의 계층구조와 관계없이 그 감독을 받거나 위탁을 받은 모든 행정청을 말하되, 위탁을 받은 행정청은 그 위탁받은 사무에 관하여는 위탁한 행정청의 소속 행정청으로 본다)의 처분 또는 부작위에 대한 행정심판의 청구(이하 "심판청구"라 한다)에 대하여는 다음 각 호(이 문단 제1행 이하에서 기술하였음)의 행정청에 두는 행정심판위원회에서 심리·재결한다(행심법 제6조 제1항). 예컨대, 법원행정처장의 처분에 대해서는 법원행정처 소속 행정심판위원회(대법원행정심판위원회)가 행정심판기관이 된다. 그리고 "위탁을 받은 행정청은 그 위탁받은 사무에 관하여는 위탁한 행정청의 소속 행정청으로 본다"는 것은 예컨대, 감사원이 A지방공사에 행정권한을 위탁한 경우에 A지방공사는 감사원장 소속으로 본다는 것인바, 감사원으로부터 위탁받은 권한의 행사로서 이루어진 A지방공사의 처분에 대한 행정심판은 감사원에 두는 행정심판위원회(감사원행정심판위원회)가 행정심판기관이 된다.

2. 중앙행정심판위원회

다음 각 호(1. 제1항에 따른 행정청 외의 국가행정기관의 장 또는 그 소속 행정청, 2. 특별시장·광역시장·특별자치시장·도지사·특별자치도지사(특별시·광역시·특별자치시·도 또는 특별자치도의 교육감을 포함한다. 이하 "시·도지사"라 한다) 또는 특별시·광역시·특별자치시·도·특별자치도(이하 "시·도"라 한다)의 의회(의장, 위원회의 위원장, 사무처장 등 의회소속 모든 행정청을 포함한다), 3. 「지방자치법」에 따른 지방자치단체조합 등 관계법률에 따라 국가·지방자치단체·공공법인 등이 공동으로 설립한 행정청. 다만, 제3항 제3호에 해당하는 행정청은 제외한다)의 행정청의 처분 또는 부작위에 대한 심판청구에 대하여는 「부패방지 및 국민권익위원회의 설치와 운영에 관한 법률」에 따른 국민권익위원회(이하 "국민권익위원회"라 한다)에 두는 중앙행정심판위원회에서 심리·재결한다(행심법 제6조 제2항). 예컨대, 행정안전부장관의 처분이나 서울특별시장의 처분에 대해서는 중앙행정심판위원회가 행정심판기관이 된다.

3. 시·도지사 소속으로 두는 행정심판위원회

다음 각 호의 행정청(1. 시·도 소속 행정청, 2. 시·도의 관할구역에 있는 시·군·자치구의 장, 소속 행정청 또는 시·군·자치구의 의회(의장, 위원회의 위원장, 사무국장, 사무과장 등 의회소속 모든 행정청을 포함한다), 3. 시·도의 관할구역에 있는 둘 이상의 지방자치단체(시·군·자치구를 말한다)·공공법인 등이 공동으로 설립한 행정청)의 처분 또는 부작위에 대한 심판청구에 대하여는 시·도지사 소속으로 두는 행정심판위원회에서 심리·재결한다($^{행심법 제6}_{조 제3항}$). 예컨대, 서울특별시 서대문구청장의 처분에 대해서는 서울특별시장 소속 행정심판위원회($^{서울특별시행}_{정심판위원회}$)가 행정심판기관이 된다.

[참고] 시장·군수·구청장의 처분 또는 부작위가 기관위임사무인 경우에는 별 문제가 없으나, 자치사무인 경우에 시·도지사 소속 행정심판위원회가 행정심판기관이 되는 것은 문제가 된다. 왜냐하면 기초지방자치단체에 대한 광역지방자치단체의 통제는 적법성의 통제에만 미치고 합목적성의 통제에는 미치지 아니하는 것이 지방자치제의 취지인데($^{지자법 제188조}_{제1항 후단}$), 행정심판은 부당한 행위에 대해서도 제기될 수 있기 때문이다. 다시 말하면 기초지방자치단체의 위법하지는 않지만 부당한 행위에 대하여 광역지방자치단체가 통제한다는 것은 기초지방자치단체의 자치행정권의 침해가 된다. 더욱이 위법과 부당의 구분이 용이하지 아니함을 고려할 때, 기초지방자치단체의 사무에 대한 행정심판기관으로 해당 기초지방자치단체에 행정심판위원회를 두는 것이 바람직하다. 다만 개별 기초지방자치단체의 여건이 여의치 않다면 기초지방자치단체와 광역지방자치단체 사이의 합의에 의해 행정심판사무를 광역지방자치단체에 위탁하는 제도를 도입하는 것은 가능할 것이다. 이러한 문제는 광역지방자치단체와 국가 사이에서도 발생한다.

4. 직근 상급행정기관에 두는 행정심판위원회

제 2 항 제 1 호에도 불구하고 대통령령으로 정하는 국가행정기관 소속 특별지방행정기관의 장의 처분 또는 부작위에 대한 심판청구에 대하여는 해당 행정청의 직근 상급행정기관에 두는 행정심판위원회에서 심리·재결한다($^{행심법 제6}_{조 제4항}$).

5. 특별규정

개별 법률에 따라서는 ① 제 3 의 행정기관을 행정심판기관으로 규정하기도 하고($^{예: 국세기본법}_{상 조세심판원,}$ 국가공무원법상 소청심사위원회. 그리고 개발이익환수에 관한 법률 제26조 ② 제 1 항에 따른 행정심판청구에 대하여는 「행정심판법」 제 6 조에도 불구하고 「공익사업을 위한 토지 등의 취득 및 보상에 관한 법률」에 따른 중앙토지수용위원회가 심리·의결하여 재결한다), ② 행정청(a)으로부터 사업시행권을 받은 사인 등(b)이 다른 사인 등(c)에 처분을 한 경우, (c)가 (a)에게 행정심판을 제기할 수 있음을 규정하기도 한다($^{예: 국토의 계획 및 이용에 관한 법률 제134조(행정심판) 이 법에 따}_{른 도시·군계획시설사업 시행자의 처분에 대하여는 「행정심판법」에}$ 따라 행정심판을 제기할 수 있다. 이 경우 행정청이 아닌 시행자의 처분에 대하여는 제86조 제 5 항에 따라 그 시행자를 지정한 자에게 행정심판을 제기하여야 한다). 물론 이러한 경우는 (b)의 처분을 (a)의 처분으로 볼 수도 있으므로($^{행심법 제2}_{조 제4호}$) 특별규정이 아니라 할 수도 있을 것이다.

Ⅲ. 구 성

1. 행정심판위원회

행정심판위원회($^{중앙행정심판위원회는 제외}_{한다. 이하 이 조에서 같다}$)는 위원장 1명을 포함하여 50명 이내의 위원으로 구성한다($^{행심법 제7}_{조 제1항}$). 행정심판위원회의 위원장은 그 행정심판위원회가 소속된 행정청이 되며, 위원장이 없거나 부득이한 사유로 직무를 수행할 수 없거나 위원장이 필요하다고 인정하는 경우에는 다음 각 호(1. 위원장이 사전에 지명한 위원, 2. 제 4 항에 따라 지명된 공무원인 위원(2명 이상인 경우에는 직급 또는 고위공무원단에 속하는 공무원의 직무등급이 높은 위원 순서로, 직급 또는 직무등급도 같은 경우에는 위원 재직기간이 긴 위원 순서로, 재직기간도 같은 경우에는 연장자 순서로 한다))의 순서에 따라 위원이 위원장의 직무를 대행한다($^{행심법 제7}_{조 제2항}$). 제 2 항에도 불구하고 제 6 조 제 3 항에 따라 시·도지사 소속으로 두는 행정심판위원회의 경우에는 해당 지방자치단체의 조례로 정하는 바에 따라 공무원이 아닌 위원을 위원장으로 정할 수 있다. 이 경우 위원장은 비상임으로 한다(행심법 제7/조 제3항).

2. 중앙행정심판위원회

중앙행정심판위원회는 위원장 1명을 포함하여 70명 이내의 위원으로 구성하되, 위원 중 상임위원은 4명 이내로 한다(행심법 제8/조 제1항). 중앙행정심판위원회의 위원장은 국민권익위원회의 부위원장 중 1명이 되며, 위원장이 없거나 부득이한 사유로 직무를 수행할 수 없거나 위원장이 필요하다고 인정하는 경우에는 상임위원(상임으로 재직한 기간이 긴 위원 순서로, 재/직기간이 같은 경우에는 연장자 순서로 한다)이 위원장의 직무를 대행한다(행심법 제8/조 제2항).

Ⅳ. 회 의

1. 행정심판위원회

행정심판위원회의 회의는 위원장과 위원장이 회의마다 지정하는 8명의 위원(그 중 제4항에 따른/위촉위원은 6명 이상으)으로 하되, 제3항에 따라 위원장이 공무/원이 아닌 경우에는 5명 이상으로 한다)으로 구성한다. 다만, 국회규칙, 대법원규칙, 헌법재판소규칙, 중앙선거관리위원회규칙 또는 대통령령(제6조 제3항에 따라 시·도지사 소속으로 두는 행/정심판위원회의 경우에는 해당 지방자치단체의 조례)으로 정하는 바에 따라 위원장과 위원장이 회의마다 지정하는 6명의 위원(그 중 제4항에 따른 위촉위원은 5명 이상으로 하되, 제3항에 따/라 공무원이 아닌 위원이 위원장인 경우에는 4명 이상으로 한다)으로 구성할 수 있다(행심법 제7/조 제5항). 행정심판위원회는 제5항에 따른 구성원 과반수의 출석과 출석위원 과반수의 찬성으로 의결한다(행심법 제7/조 제6항).

2. 중앙행정심판위원회

중앙행정심판위원회의 회의(제6항에 따른 소위/원회 회의는 제외한다)는 위원장, 상임위원 및 위원장이 회의마다 지정하는 비상임위원을 포함하여 총 9명으로 구성한다(행심법 제8/조 제5항). 중앙행정심판위원회는 심판청구사건(이하 "사건"/이라 한다) 중 「도로교통법」에 따른 자동차운전면허 행정처분에 관한 사건(소위원회가 중앙행정심판위원회에/서 심리·의결하도록 결정한 사건/은 제/외한다)을 심리·의결하게 하기 위하여 4명의 위원으로 구성하는 소위원회를 둘 수 있다(행심법 제8/조 제6항). 중앙행정심판위원회 및 소위원회는 각각 제5항 및 제6항에 따른 구성원 과반수의 출석과 출석위원 과반수의 찬성으로 의결한다(행심법 제8/조 제7항).

Ⅴ. 제척·기피·회피

1. 의 의

공정한 심판을 위하여 일정한 사유가 있는 경우에 위원회의 위원이 심리·의결에서 배제되는 제척(除斥)(행심법 제10/조 제1항), 위원에게 공정한 심리·의결을 기대하기 어려운 사정이 있는 경우에 당사자의 신청에 의해 위원장의 결정으로 심리·의결에서 물러나는 기피(忌避)(행심법 제10/조 제2항), 위원회의 회의에 참석하는 위원이 제척사유 또는 기피사유에 해당되는 것을 알게 되었을 때 스스로 그 사건의 심리·의결에서 물러나는 회피(回避)(행심법 제10조/제7항 제1문)가 있다. 사건의 심리·의결에 관한 사무에 관여하는 위원 아닌 직원에게도 제척·기피·회피가 적용된다(행심법 제10/조 제8항).

2. 제척사유

제척사유는 ① 위원 또는 그 배우자나 배우자이었던 사람이 사건의 당사자이거나 사건에 관하여 공동권리자 또는 의무자인 경우, ② 위원이 사건의 당사자와 친족이거나 친족이었던 경우, ③ 위원이 사건에 관하여 증언이나 감정을 한 경우, ④ 위원이 당사자의 대리인으로서 사건에 관여하거나 관여하였던 경우, ⑤ 위원이 사건의 대상이 된 처분 또는 부작위에 관여한 경우이다$\binom{행심법 제10}{조 제 1 항}$.

Ⅵ. 권   한

행정심판위원회는 심판청구사건을 심리·재결하는 기관이므로$\binom{행심법 제 6}{조, 제43조}$, 심판청구사건의 ① 심리권과 ② 재결권이 행정심판위원회의 주된 권한이다. 그리고 행정심판법은 행정심판위원회의 심리·재결이 본래의 의미를 다할 수 있도록 하기 위하여 행정심판위원회에 ③ 증거조사권$\binom{행심법}{제36조}$을 부여하고 있고, 그 밖에 행정심판위원회는 선정대표자 선정권고권$\binom{행심법 제15}{조 제 2 항}$, 청구인지위승계 허가권$\binom{행심법 제16}{조 제 5 항}$, 피청구인경정권$\binom{행심법 제17}{조 제 2 항}$, 대리인선임권$\binom{행심법 제18}{조 제 2 항}$, 이해관계가 있는 제 3 자 또는 행정청에 대한 심판참가허가권 및 요구권$\binom{행심법 제21}{조 제 1 항}$, 청구취지 또는 청구이유변경 불허권$\binom{행심법 제29}{조 제 6 항}$, 집행정지의 결정권과 취소권$\binom{행심법 제30조}{제 2 항·제 4 항}$, 심판청구보정요구권$\binom{행심법 제32}{조 제 1 항}$, 심리권$\binom{행심법}{제40조}$, 관련 심판청구의 병합 심리권과 병합된 관련청구의 분리 심리권$\binom{행심법}{제37조}$, 재결권$\binom{행심법}{제43조}$ 등 여러 종류의 부수적인 권한도 부여하고 있다. 한편, 위원회의 권한 중 일부를 국회규칙, 대법원규칙, 헌법재판소규칙, 중앙선거관리위원회규칙 또는 대통령령이 정하는 바에 따라 위원장에게 위임할 수 있다$\binom{행심법}{제61조}$.

제 3 항   행정심판의 참가자

제 1 목   심판청구인

Ⅰ. 심판청구인의 의의

심판청구인이란 심판청구의 대상이 되는 처분등에 불복하여 심판청구를 제기하는 자를 말한다. 처분의 상대방만을 의미하는 것은 아니다. 제 3 자도 심판청구인이 될 수 있다.

Ⅱ. 심판청구인적격

1. 행정심판법 규정

행정심판을 청구할 수 있는 자는 취소심판의 경우에는 처분의 취소 또는 변경을 구할 법률상 이익이 있는 자이고$\binom{행심법 제13조}{제 1 항 제 1 문}$, 무효등확인심판의 경우에는 처분의 효력 유무 또는 존재 여부의 확인을 구할 법률상의 이익이 있는 자이며$\binom{행심법 제13}{조 제 2 항}$, 의무이행심판의 경우에는 처분을 신청한 자로서 행정청의 거부처분 또는 부작위에 대하여 일정한 처분을 구할 법률상 이익이 있는 자이다 $\binom{\text{행심법 제13}}{\text{조 제 3 항}}$. 다만 취소심판의 경우 처분의 효과가 기간의 경과, 처분의 집행, 그 밖의 사유로 소멸된 뒤에도 그 처분의 취소로 회복되는 법률상의 이익이 있는 자는 행정심판을 제기할 수 있다 $\binom{\text{행심법 제13조}}{\text{제 1 항 제 2 문}}$.

2. 입법상 과오 여부

(1) 과 오 설　　　이 견해는 행정심판법상 '법률상 이익'이라는 표현은 입법상 과오라 한다. 왜냐하면 행정심판의 경우에 위법한 침해뿐만 아니라 부당한 침해에 대해서도 다툴 수 있는데 $\binom{\text{행심법}}{\text{제 1 조}}$, 부당한 행위로는 법률상 이익이 침해될 수 없기 때문이라는 것이다. 따라서 사실상 이익이 침해된 경우에도 심판청구를 할 수 있도록 규정되지 아니한 것은 과오라는 것이다. 이 견해는 행정심판청구인적격과 처분의 위법·부당 여부에 대한 본안심리는 필연적 관계에 있음을 전제로 한다.

(2) 비과오설　　　이 견해는 청구인적격문제는 행정의 적법·타당성의 실효적 보장과 남소방지의 요청 사이의 비교형량에 따라 결정되는 쟁송제기단계의 문제이고, 처분의 위법·부당의 문제는 본안심리의 문제이므로 양자는 필연적인 관계에 있지 않으며, 부당한 처분에 의해서도 권리$\binom{\text{법률상}}{\text{이익}}$가 침해될 수 있음을 논거로 한다.

(3) 사견(입법미비설)　　　법규의 의미는 문리적 해석에서 시작되어야 한다. 과오설이나 비과오설은 이러한 점을 간과하고 있다. 침해란 무릇 불이익을 가져오는 일체의 행위를 말한다. 침해에는 적법한 침해$\binom{\text{예: 토}}{\text{지수용}}$도 있고, 위법한 침해$\binom{\text{예: 위법한}}{\text{철거명령}}$도 있고, 부당한 침해$\binom{\text{예: A와 B는 동일노선을 운}}{\text{행하는 경쟁자이다. 버스증}}$ 차 여부의 결정은 재량행위이다. 행정청이 10대의 버스를 가진 A에게 5대 증차하면서 20대의 버스를 가진 B에게 $\big)$도 있다. 침해는 법 9대를 증차한다면, 그러한 결정은 합리성이 다소 결여되어 부당하다고 할 것이지 위법하다고 단언하기 곤란하다 률상 이익과 관련할 수도 있고$\binom{\text{예: 위법한 영}}{\text{업허가의 취소}}$, 반사적 이익과 관련할 수도 있다$\binom{\text{예: 기존 단란주점영업자의 영}}{\text{업장 바로 옆에 제 3 자에 대하}}$ 여 위법하게 단란주점영업허 가를 신규로 허가하는 경우$\big)$. 따라서 행정심판법이 부당한 행위로도 법률상 이익이 침해될 수 있음을 전제로 하는 것은 결코 입법상 과오로 볼 수는 없다. 다만, 입법정책적으로 볼 때, 행정심판법이 반사적 이익의 침해를 이유로 다툴 수 있는 가능성을 완전히 배제한 듯한 표현을 하고 있는 것은 다소 문제가 된다. 요컨대 행정심판법상 청구인적격에 관한 조항은 입법상 과오가 아니라 내용상 미흡한 조항이라 하겠다.

3. 「법률상 이익이 있는 자」의 의미

법률상 이익이 있는 자의 의미는 항고소송의 경우와 동일하다.

[기출사례] 제30회 입법고시(2014년) 문제·답안작성요령 ☞ PART 4 [2-1]

Ⅲ. 심판청구인지위의 보장

1. 법인이 아닌 사단·재단

법인이 아닌 사단 또는 재단으로서 대표자나 관리인이 정하여져 있는 경우에는 그 사단이나 재단의 이름으로 심판청구를 할 수 있다(행심법 제14조). 이때 대표자 또는 관리인의 자격은 서면으로 소명하여야 한다(행심법 제19조 제 1 항).

2. 선정대표자

(1) 선정과 해임　　여러 명의 청구인이 공동으로 심판청구를 할 때에는 청구인들 중에서 3명 이하의 선정대표자를 선정할 수 있다(행심법 제15조 제 1 항)(판례). 청구인들이 제 1 항에 따라 선정대표자를 선정하지 아니한 경우에 위원회는 필요하다고 인정하면 청구인들에게 선정대표자를 선정할 것을 권고할 수 있다(행심법 제15조 제 2 항). 선정대표자를 선정한 청구인들은 필요하다고 인정하면 선정대표자를 해임하거나 변경할 수 있다. 이 경우 청구인들은 그 사실을 지체 없이 위원회에 서면으로 알려야 한다(행심법 제15조 제 5 항). 선정대표자의 자격은 서면으로 소명하여야 한다(행심법 제19조 제 1 항). 청구인은 선정대표자가 그 자격을 잃으면 그 사실을 서면으로 위원회에 신고하여야 한다. 이 경우 소명 자료를 함께 제출하여야 한다(행심법 제19조 제 2 항).

> [판례] 행정심판절차에서 당사자 아닌 자를 선정대표자로 선정한 행위의 효력 유무
> (한국미디어센터(주)가 서울특별시장을 피청구인으로 하여 제기한 행정심판청구에 대한 재결에 대하여 한국미디어센터(주)의 대표자가 원고가 되어 재결의 취소를 구한 사건에서) 행정심판절차에서 청구인들이 당사자가 아닌 자를 선정대표자로 선정하였더라도 구 행정심판법 제11조에 위반되어 그 선정행위는 그 효력이 없다(대판 1991. 1. 25, 90누7791).

(2) 권　　한　　선정대표자는 다른 청구인들을 위하여 그 사건에 관한 모든 행위를 할 수 있다. 다만, 심판청구를 취하하려면 다른 청구인들의 동의를 받아야 하며, 이 경우 동의받은 사실을 서면으로 소명하여야 한다(행심법 제15조 제 3 항). 선정대표자가 선정되면 다른 청구인들은 그 선정대표자를 통해서만 그 사건에 관한 행위를 할 수 있다(행심법 제15조 제 4 항).

3. 대리인과 국선대리인

(1) 대 리 인　　① 청구인은 법정대리인 외에 다음 각 호(1. 청구인의 배우자, 청구인 또는 배우자의 사촌 이내의 혈족, 2. 청구인이 법인이거나 제14조에 따른 청구인 능력이 있는 법인이 아닌 사단 또는 재단인 경우 그 소속 임직원, 3. 변호사, 4. 다른 법률에 따라 심판청구를 대리할 수 있는 자, 5. 그 밖에 위원회의 허가를 받은 자)의 어느 하나에 해당하는 자를 대리인으로 선임할 수 있다(행심법 제18조 제 1 항). ② 피청구인은 그 소속 직원 또는 제 1 항 제 3 호부터 제 5 호까지의 어느 하나에 해당하는 자를 대리인으로 선임할 수 있다(행심법 제18조 제 2 항).

(2) 국선대리인　　청구인이 경제적 능력으로 인해 대리인을 선임할 수 없는 경우에는 위원회에 국선대리인을 선임하여 줄 것을 신청할 수 있다(행심법 제18조의2 제 1 항). 위원회는 제 1 항의 신청에 따른 국선대리인 선정 여부에 대한 결정을 하고, 지체 없이 청구인에게 그 결과를 통지하여야 한다. 이 경우 위원회는 심판청구가 명백히 부적법하거나 이유 없는 경우 또는 권리의 남용이라고 인정되는 경우에는 국선대리인을 선정하지 아니할 수 있다(행심법 제18조의2 제 2 항).

제2목 심판피청구인

Ⅰ. 피청구인 적격

행정심판은 처분을 한 행정청^(의무이행심판의 경우에는 청
구인의 신청을 받은 행정청)을 피청구인으로 하여 청구하여야 한다. 다만, 심판청구의 대상과 관계되는 권한이 다른 행정청에 승계된 경우에는 권한을 승계한 행정청을 피청구인으로 하여야 한다^(행심법 제17
조 제1항). 여기서 "행정청"이란 행정에 관한 의사를 결정하여 표시하는 국가 또는 지방자치단체의 기관, 그 밖에 법령 또는 자치법규에 따라 행정권한을 가지고 있거나 위탁을 받은 공공단체나 그 기관 또는 사인(私人)을 말한다^(행심법 제2
조 제4호). 한편 피청구인은 권리주체로서 국가 또는 지방자치단체이어야 하지만, 심판절차진행의 편의와 적정한 분쟁해결을 위해 행정청을 피청구인으로 한 것이다. 이러한 제도로 인해 행정청이 피청구인의 지위에 서는 한, 행정청은 어느 정도 권리주체에 유사한 성질을 갖는다.

Ⅱ. 피청구인 경정

1. 피청구인의 잘못 지정으로 인한 경정

청구인이 피청구인을 잘못 지정한 경우에는 위원회는 직권으로 또는 당사자의 신청에 의하여 결정으로써 피청구인을 경정(更正)할 수 있다^(행심법 제17
조 제2항). 위원회는 제2항에 따라 피청구인을 경정하는 결정을 하면 결정서 정본을 당사자^(종전의 피청구인과 새로운 피청구인
을 포함한다. 이하 제6항에서 같다)에게 송달하여야 한다^(행심
법
제17조
제3항). 제2항에 따른 결정이 있으면 종전의 피청구인에 대한 심판청구는 취하되고 종전의 피청구인에 대한 행정심판이 청구된 때에 새로운 피청구인에 대한 행정심판이 청구된 것으로 본다^(행심법 제17
조 제4항). 당사자는 제2항에 따른 위원회의 결정에 대하여 결정서 정본을 받은 날부터 7일 이내에 위원회에 이의신청을 할 수 있다^(행심법 제17
조 제6항).

2. 권한승계로 인한 경정

위원회는 행정심판이 청구된 후에 제1항 단서의 사유가 발생하면 직권으로 또는 당사자의 신청에 의하여 결정으로써 피청구인을 경정한다. 이 경우에는 제3항과 제4항을 준용한다^(행심법 제17
조 제5항). 당사자는 제5항에 따른 위원회의 결정에 대하여 결정서 정본을 받은 날부터 7일 이내에 위원회에 이의신청을 할 수 있다^(행심법 제17
조 제6항).

제3목 이해관계자(참가인)

Ⅰ. 이해관계자(참가인)의 의의

심판결과에 이해관계가 있는 제3자 또는 행정청이 그 사건에 참가하는 것을 심판참가라 하고, 참가하는 자를 참가인이라 한다. 심판참가제도는 이해관계자를 심판절차에 참여시킴으로써 적정하고도 공정한 심리를 도모할 뿐만 아니라 이해관계자의 권익도 보호함을 목적으로 한다. 이해관계자란 행정심판의 재결로 인하여 자기의 법률상 이익이 침해되는 자를 말한다(판례).

판례   보조참가인의 요건

(원고들이 학교법인인 피고가 경영하는 서경대학교 신입생모집요강 중 등록금에 관한 조항이 약관의규제에관한법률이 규정한 약관에 위반됨을 이유로 등록금의 환불을 청구한 서경대학교 등록금환불사건에서) 소송사건에서 당사자의 일방을 보조하기 위하여 보조참가를 하려면 당해 소송의 결과에 대하여 **이해관계가 있어야 할 것인바,** 여기에서 말하는 **이해관계라 함은** 사실상, 경제상 또는 감정상의 이해관계가 아니라 **법률상의 이해관계를 가리킨다**(대판 1997. 12. 26, 96다51714).

Ⅱ. 이해관계자(참가인)의 참가

행정심판의 결과에 이해관계가 있는 제3자나 행정청은 해당 심판청구에 대한 제7조 제6항 또는 제8조 제7항에 따른 위원회나 소위원회의 의결이 있기 전까지 그 사건에 대하여 심판참가를 할 수 있다(행심법 제20조 제1항). 위원회는 필요하다고 인정하면 그 행정심판 결과에 이해관계가 있는 제3자나 행정청에 그 사건 심판에 참가할 것을 요구할 수 있다(행심법 제21조 제1항).

Ⅲ. 이해관계자(참가인)의 지위

참가인은 행정심판 절차에서 당사자가 할 수 있는 심판절차상의 행위를 할 수 있다(행심법 제22조 제1항). 이 법에 따라 당사자가 위원회에 서류를 제출할 때에는 참가인의 수만큼 부본을 제출하여야 하고, 위원회가 당사자에게 통지를 하거나 서류를 송달할 때에는 참가인에게도 통지하거나 송달하여야 한다(행심법 제22조 제2항).

제 3 절   행정심판의 절차

제1항   행정심판의 청구와 가구제

제1목   심판청구의 대상

심판청구의 대상인 처분과 부작위의 개념은 항고소송의 대상의 경우와 동일하다. 처분개념과 부작위개념의 자세한 내용은 항고소송부분을 보라. 다만, 심판청구의 대상과 관련하여 특기할 사항은 ① 대통령의 처분 또는 부작위에 대하여는 다른 법률에서 행정심판을 청구할 수 있도록 정한 경우 외에는 행정심판을 청구할 수 없다(행심법 제3조 제2항)는 점, ② 심판청구에 대한 재결이 있으면 그 재결 및 같은 처분 또는 부작위에 대하여 다시 행정심판을 청구할 수 없다(행심법 제51조)는 점이다(이 경우에 재결 자체에 고유한 위법이 있다면 바로 행정소송을 제기하여야 한다. 행소법 제19조 단서).

제2목 심판청구의 기간

I. 제도의 취지

심판청구의 기간은 취소심판청구와 거부처분에 대한 의무이행심판청구에서 문제된다. 그러나 무효등확인심판청구와 부작위에 대한 의무이행심판청구에는 문제되지 아니한다($\substack{행심법 제27 \\ 조 제 7 항}$). 행정심판청구기간을 법정화한 것은 행정법관계의 신속한 확정을 도모하기 위한 것이다. 말하자면 행정처분을 무제한 또는 장기간 불확정상태에 두는 것은 국가시책에 중대한 영향을 미치게 되므로, 불변기간을 경과하면 동 행정처분을 확정적인 것으로 하여 관계인으로서는 더 이상 다툴 수 없도록 함으로써 행정의 안정을 기하기 위한 것이다($\substack{대판 1955. 1. 12, \\ 4288행상126}$).

II. 행정심판법상 심판청구 기간

1. 처분이 있음을 알게 된 날부터 90일

(1) 원 칙 행정심판은 처분이 있음을 알게 된 날부터 90일 이내에 청구하여야 한다($\substack{행심법 제27 \\ 조 제 1 항}$). 처분이 있음을 안 날이란 유효한 처분이 있음을($\substack{대판 2019. 8. 9. \\ 2019두38656}$), 현실적으로 안 날을 뜻하며[판례 1], 90일은 불변기간이고($\substack{행심법 제27 \\ 조 제 4 항}$), 이 기간의 준수 여부는 행정심판위원회의 직권조사 사항이다. 명문의 규정은 없지만 제3자효 있는 행위의 경우, 제3자가 처분이 있음을 알았다면 90일의 기간제한이 적용된다. 왜냐하면 신의성실의 원칙은 행정심판법에도 적용된다고 보아야 하고, 따라서 제3자가 이웃에 대한 행정행위의 발령을 확실히 알았다면 행정청이 자신에게 공적으로 통지하지 아니하였다는 것을 주장할 수는 없다고 보아야 할 것이기 때문이다[판례 2].

[판례 1] '처분이 있음을 안 날'의 의미
(서울특별시 서초구청장의 원고에 대한 택지초과소유부담금부과처분의 취소를 구한 사건에서) 구 행정심판법 제18조 제1항 소정의 심판청구기간 기산점인 처분이 있음을 안 날'이라 함은 당사자가 통지·공고 기타의 방법에 의하여 **당해 처분이 있었다는 사실을 현실적으로 안 날을 의미**하고, 추상적으로 알 수 있었던 날을 의미하는 것은 아니라 할 것이며, 다만 **처분을 기재한 서류가 당사자의 주소에 송달되는 등으로** 사회통념상 처분이 있음을 **당사자가 알 수 있는 상태에 놓여진 때에는** 반증이 없는 한 그 처분이 있음을 알았다고 추정할 수는 있다($\substack{대판 1995. 11. 24, \\ 95누11535}$).

[판례 2] 행정처분이 있음을 알고도, 행정심판법 제42조 제2항에 의거 행정심판고지신청을 하지 않아서 행정심판기간의 고지를 받지 못한 제3자에게 적용되지 아니하는 구 행정심판법 제18조 제6항이 헌법상의 평등원칙에 위배되는지 여부
(사천시장의 대하콘크리트(주)의 공장설립변경신고수리에 대하여 주민들이 제기한 행정심판절차에서 경상남도지사가 한 공장설립변경신고수리처분의 취소재결을 다툰 대하콘크리트벽돌공장 설립신고사건에서) 구 행정심판법 제18조 제6항은 행정청에게 행정심판 고지의무를 부과하고 있는 행정심판법 제42조의 실효성을 확보하고 국민의 권리구제의 기회를 보장하려는 데에 입법취지가 있으므로, **행정처분이 있음을 알고서도 고지신청을 하지 아니한 제3자에 대하여는 행정청의 고지의무가 없기 때문에** 행정청이 청구기

간 등을 알릴 필요가 없어서 **청구기간의 특례가 인정되지 아니한다.** 그러므로 구 행정심판법 제18조 제 6 항이 처분이 있음을 알았으나, 법 제42조 제 1 항에 의거 행정심판고지를 받지 못한 처분의 상대방에게는 처분이 있은 날로부터 180일 이내의 청구기간을 적용하는데 반해서, 처분이 있음을 알고도 법 제42조 제 2 항에 의거 행정심판고지신청을 하지 아니하여서 행정심판고지를 받지 못한 처분의 제 3 자에게는 처분이 있음을 안 날로부터 60일 이내에 청구기간을 적용하도록 차별취급을 하는 데에는 합리적인 사유가 존재하므로 헌법 제11조 제 1 항상의 평등원칙에 위배되지 아니한다($\binom{\text{헌재 1999. 11. 25.}}{\text{98헌바36}}$).

(2) 예   외

1) 천재지변 등과 청구기간   청구인이 천재지변, 전쟁, 사변(事變), 그 밖의 불가항력으로 인하여 처분이 있음을 알게 된 날부터 90일 이내에 심판청구를 할 수 없었을 때에는 그 사유가 소멸한 날부터 14일 이내에 행정심판을 청구할 수 있다. 다만, 국외에서 행정심판을 청구하는 경우에는 그 기간을 30일로 한다($\binom{\text{행심법 제27}}{\text{조 제 2 항}}$). 14일의 기간은 불변기간으로 한다($\binom{\text{행심법 제27}}{\text{조 제 4 항}}$).

2) 행정청의 오고지와 청구기간   행정청이 심판청구 기간을 처분이 있음을 알게 된 날부터 90일보다 긴 기간으로 잘못 알린 경우, 그 잘못 알린 기간에 심판청구가 있으면 그 행정심판은 90일 내에 청구된 것으로 본다($\binom{\text{행심법 제27}}{\text{조 제 5 항}}$). 행정심판법이 심판청구 기간을 길게 고지하거나 또는 고지하지 않은 경우에 대비하여 규정을 둔 것은 고지제도($\binom{\text{행심법}}{\text{제58조}}$)의 실효성을 확보하고 아울러 고지를 신뢰한 국민을 보호하고자 함에 그 목적이 있다.

2. 처분이 있었던 날부터 180일

(1) 원   칙   행정심판은 처분이 있었던 날부터 180일이 지나면 청구하지 못한다($\binom{\text{행심법}}{\text{제27조}}$ $\binom{\text{제3}}{\text{항}}$). 처분이 있은 날이란 처분이 효력을 발생한 날을 말한다($\binom{\text{판}}{\text{례}}$). 이 조항도 제 3 자효 있는 행위의 경우에는 제 3 자에게도 상대방의 경우와 마찬가지로 적용된다. 180일의 기간을 둔 것은 법적 안정성을 위한 것이다.

[**판례**]   '처분 등이 있음을 안 날'과 '처분 등이 있은 날'의 의미

($\binom{\text{공무원연금공단을 피고로 장해등급}}{\text{결정처분의 취소를 구한 사건에서}}$) 취소소송의 제소기간 기산점으로 행정소송법 제20조 제 1 항이 정한 '처분 등이 있음을 안 날'은 유효한 행정처분이 있음을 안 날을, 같은 조 제 2 항이 정한 '처분 등이 있은 날'은 그 행정처분의 효력이 발생한 날을 각 의미한다. 이러한 법리는 행정심판의 청구기간에 관해서도 마찬가지로 적용된다($\binom{\text{대판 2019. 8. 9.}}{\text{2019두38656}}$).

(2) 예   외

1) 정당한 사유가 있는 경우   정당한 사유가 있는 경우에는 처분이 있었던 날부터 180일이 지나도 청구할 수 있다($\binom{\text{행심법 제27조}}{\text{제 3 항 단서}}$). 정당한 사유란 반드시 천재지변 등 불가항력만을 의미하는

것은 아니다. 그것은 건전한 사회관념에 따라 판단될 성질의 것이다. 제 3 자효 있는 행위의 경우, 제 3 자에게는 행정행위의 통지가 주어지지 아니하므로 이에 해당하는 경우가 적지 않다(판례).

> **판례** 제 3 자의 행정심판청구와 행정심판법 제18조 제 3 항 단서 소정의 "정당한 사유"
> (포천군수의 삼정수력(주)(피고보조참가인)에 대한 하천공작물 설치공사준공인가처분에 대하여 원고가 취소를 구한 사건에서) **행정처분의 상대방이 아닌 제 3 자는** 행정심판법 제18조 제 3 항의 청구기간 내에 심판청구를 제기하지 아니하였다 하더라도 그 심판청구기간 내에 심판청구가 가능하였다는 **특별한 사정이 없는 한 동 조항 단서에서 규정하고 있는 기간을 지키지 못한 정당한 사유가 있는 때에 해당한다**고 보아 심판청구기간의 제한을 받지 않는다고 해석하여야 한다(대판 1988. 9. 27, 88누29; 대판 1991. 5. 28, 90누1359).

2) 행정청의 불고지와 청구기간   행정청이 심판청구 기간을 알리지 아니한 경우에는 처분이 있었던 날부터 180일 내에 심판청구를 할 수 있다(행심법 제27조 제 6 항).

3. 제27조 제 1 항과 제27조 제 3 항과의 관계

처분이 있음을 알게 된 날부터 90일과 처분이 있었던 날부터 180일 중 어느 것이라도 먼저 경과하면 심판제기는 불가능하게 된다.

[기출사례] 제35회 입법고시(2019년) 문제·답안작성요령 ☞ PART 4 [1-53]

4. 심판청구일자

제27조에 따른 심판청구 기간을 계산할 때에는 제 1 항(행정심판을 청구하려는 자는 제28조에 따라 심판청구서를 작성하여 피청구인이나 위원회에 제출하여야 한다. 이 경우 피청구인의 수만큼 심판청구서 부본을 함께 제출하여야 한다)에 따른 피청구인이나 위원회 또는 제 2 항(행정청이 제58조에 따른 고지를 하지 아니하거나 잘못 고지하여 청구인이 심판청구서를 다른 행정기관에 제출한 경우에는 그 행정기관은 그 심판청구서를 지체 없이 정당한 권한이 있는 피청구인에게 보내야 한다)에 따른 행정기관에 심판청구서가 제출되었을 때에 행정심판이 청구된 것으로 본다(행심법 제23조 제 4 항).

Ⅲ. 특별법상 청구기간

개별법에서 행정심판청구기간에 관하여 특례를 두기도 한다. 이러한 특례규정이 행정심판법에 우선함은 물론이다(예: 국공법 제76조 제 1 항, 주민법 제21조)(대판 1983. 4. 26, 83누55).

[참고] 심판청구의 방식 등
- 심판청구의 방식
심판청구는 서면으로 하여야 한다(행심법 제28조 제 1 항). 처분에 대한 심판청구의 경우에는 심판청구서에 다음 각 호(생략)의 사항이 포함되어야 한다(행심법 제28조 제 2 항).
- 심판청구서의 제출
행정심판을 청구하려는 자는 제28조에 따라 심판청구서를 작성하여 피청구인이나 위원회에 제출하여야 한다. 이 경우 피청구인의 수만큼 심판청구서 부본을 함께 제출하여야 한다(행심법 제23조 제 1 항).

• 심판청구의 변경

청구인은 청구의 기초에 변경이 없는 범위에서 청구의 취지나 이유를 변경할 수 있다(행심법 제29조 제1항). 행정심판이 청구된 후에 피청구인이 새로운 처분을 하거나 심판청구의 대상인 처분을 변경한 경우에는 청구인은 새로운 처분이나 변경된 처분에 맞추어 청구의 취지나 이유를 변경할 수 있다(행심법 제29조 제2항). 청구의 변경결정이 있으면 처음 행정심판이 청구되었을 때부터 변경된 청구의 취지나 이유로 행정심판이 청구된 것으로 본다(행심법 제29조 제8항).

• 심판청구의 취하

청구인은 심판청구에 대하여 제7조 제6항 또는 제8조 제7항에 따른 의결이 있을 때까지 서면으로 심판청구를 취하할 수 있다(행심법 제42조 제1항). 참가인은 심판청구에 대하여 제7조 제6항 또는 제8조 제7항에 따른 의결이 있을 때까지 서면으로 참가신청을 취하할 수 있다(행심법 제42조 제2항)

제3목 심판청구서의 제출 등

1. 심판청구서의 제출

(1) 의 의 행정심판을 청구하려는 자는 제28조에 따라 심판청구서를 작성하여 피청구인이나 위원회에 제출하여야 한다. 이 경우 피청구인의 수만큼 심판청구서 부본을 함께 제출하여야 한다(행심법 제23조 제1항).

(2) 다른 행정기관에 제출한 경우 행정청이 제58조에 따른 고지를 하지 아니하거나 잘못 고지하여 청구인이 심판청구서를 다른 행정기관에 제출한 경우에는 그 행정기관은 그 심판청구서를 지체 없이 정당한 권한이 있는 피청구인에게 보내야 한다(행심법 제23조 제2항). 제2항에 따라 심판청구서를 보낸 행정기관은 지체 없이 그 사실을 청구인에게 알려야 한다(행심법 제23조 제2항).

2. 피청구인의 접수와 처리

(1) 의 의 피청구인이 제23조 제1항·제2항 또는 제26조 제1항에 따라 심판청구서를 접수하거나 송부받으면 10일 이내에 심판청구서(제23조 제1항·제2항의 경우만 해당된다)와 답변서를 위원회에 보내야 한다. 다만, 청구인이 심판청구를 취하한 경우에는 그러하지 아니하다(행심법 제24조 제1항). 피청구인이 제1항 본문에 따라 심판청구서를 보낼 때에는 심판청구서에 위원회가 표시되지 아니하였거나 잘못 표시된 경우에도 정당한 권한이 있는 위원회에 보내야 한다(행심법 제24조 제5항).

(2) 심판청구가 명백히 부적법한 경우 제1항에도 불구하고 심판청구가 그 내용이 특정되지 아니하는 등 명백히 부적법하다고 판단되는 경우에 피청구인은 답변서를 위원회에 보내지 아니할 수 있다. 이 경우 심판청구서를 접수하거나 송부받은 날부터 10일 이내에 그 사유를 위원회에 문서로 통보하여야 한다(행심법 제24조 제2항). 제2항에도 불구하고 위원장이 심판청구에 대하여 답변서 제출을 요구하면 피청구인은 위원장으로부터 답변서 제출을 요구받은 날부터 10일 이내에 위원회에 답변서를 제출하여야 한다(행심법 제24조 제3항).

(3) 제3자의 심판청구의 경우 피청구인은 처분의 상대방이 아닌 제3자가 심판청구를 한 경우에는 지체 없이 처분의 상대방에게 그 사실을 알려야 한다. 이 경우 심판청구서 사본

을 함께 송달하여야 한다$\binom{\text{행심법 제24}}{\text{조 제 4 항}}$.

(4) 직권취소　　　제23조 제 1 항·제 2 항 또는 제26조 제 1 항에 따라 심판청구서를 받은 피청구인은 그 심판청구가 이유 있다고 인정하면 심판청구의 취지에 따라 직권으로 처분을 취소·변경하거나 확인을 하거나 신청에 따른 처분$\binom{\text{이하 이 조에서 "직}}{\text{권취소등"이라 한다}}$을 할 수 있다. 이 경우 서면으로 청구인에게 알려야 한다$\binom{\text{행심법 제25}}{\text{조 제 4 항}}$. 피청구인은 제 1 항에 따라 직권취소등을 하였을 때에는 청구인이 심판청구를 취하한 경우가 아니면 제24조 제 1 항 본문에 따라 심판청구서·답변서를 보내거나 같은 조 제 3 항에 따라 답변서를 보낼 때 직권취소등의 사실을 증명하는 서류를 위원회에 함께 제출하여야 한다$\binom{\text{행심법 제25}}{\text{조 제 2 항}}$.

3. 위원회의 접수와 처리

위원회는 제23조 제 1 항에 따라 심판청구서를 받으면 지체 없이 피청구인에게 심판청구서 부본을 보내야 한다$\binom{\text{행심법 제26}}{\text{조 제 1 항}}$. 위원회는 제24조 제 1 항 본문 또는 제 3 항에 따라 피청구인으로부터 답변서가 제출된 경우 답변서 부본을 청구인에게 송달하여야 한다$\binom{\text{행심법 제26}}{\text{조 제 2 항}}$.

제 4 목　가구제(잠정적 권리보호)

1. 집행정지

위원회는 처분, 처분의 집행 또는 절차의 속행 때문에 중대한 손해가 생기는 것을 예방할 필요성이 긴급하다고 인정할 때에는 직권으로 또는 당사자의 신청에 의하여 처분의 효력, 처분의 집행 또는 절차의 속행의 전부 또는 일부의 정지를 결정할 수 있다$\binom{\text{행심법 제30}}{\text{조 제 2 항}}\binom{\text{판}}{\text{례}}$.

> [판례]　행정심판법 제30조에 따른 집행정지결정의 시간적 효력
> $\binom{\text{화물자동차 운수사업법 위반 차량에 대한}}{\text{운행정지 처분 등의 취소를 구한 사건에서}}$ 행정소송법 제23조에 따른 집행정지결정의 시간적 효력 법리는 행정심판위원회가 행정심판법 제30조에 따라 집행정지결정을 한 경우에도 그대로 적용된다. 행정심판위원회가 행정심판 청구 사건의 재결이 있을 때까지 처분의 집행을 정지한다고 결정한 경우에는, 재결서 정본이 청구인에게 송달된 때 재결의 효력이 발생하므로$\binom{\text{행정심판법 제48조}}{\text{제 2 항, 제 1 항 참조}}$ 그때 집행정지결정의 효력이 소멸함과 동시에 처분의 효력이 부활한다$\binom{\text{대판 2022. 2. 11.}}{\text{2021두40720}}$.

2. 임시처분

(1) 의　　　의　　　임시처분이란 처분 또는 부작위가 위법·부당하다고 상당히 의심되는 경우로서 처분 또는 부작위 때문에 당사자가 받을 우려가 있는 중대한 불이익이나 당사자에게 생길 급박한 위험을 막기 위하여 임시지위를 정하여야 할 필요가 있는 경우 행정심판위원회가 발할 수 있는 가구제 수단이다$\binom{\text{행심법 제31}}{\text{조 제 1 항}}$. 가구제제도로서 집행정지는 소극적으로 침익적 처분의 효력을 정지시키는 현상유지적 기능만이 있을 뿐 행정청에게 일정한 처분의무를 지우는 등의 기능은

없기 때문에 집행정지제도는 잠정적 권리구제 수단으로서 한계가 있었다. 따라서 임시처분제도의 도입은 거부처분이나 부작위에 대한 잠정적 권리구제의 제도적인 공백상태를 입법적으로 해소하고 청구인의 권리를 두텁게 보호하려는 데 취지가 있다($\substack{류지태 \cdot \\ 박종수}$).

 (2) 요 건

 1) 적극적 요건

 ㈎ **심판청구의 계속**   명시적 규정은 없지만 집행정지제도가 심판청구의 계속을 요건으로 하고 있는 것을 보면 가구제로서 임시처분도 심판청구의 계속을 요건으로 하고 있다고 보아야 한다($\substack{김동희, 류지\\태 \cdot 박종수}$).

 ㈏ **처분 또는 부작위가 위법·부당하다고 상당히 의심되는 경우일 것**   적극적 처분, 거부처분, 부작위가 모두 포함된다. 그리고 위법·부당의 판단은 본안심리사항이지만 임시처분을 위해서는 위법 또는 부당이 상당히 의심되는 경우라야 한다. 이는 임시처분이 본안판단에 앞서 처분이 있는 것과 같은 상태를 창출할 수 있기에 집행정지보다 더 엄격한 요건을 요하는 것이다($\substack{김동\\희}$).

 ㈐ **당사자에게 생길 중대한 불이익이나 급박한 위험을 방지할 필요가 있을 것**   이 요건은 집행정지의 요건 중 '중대한 손해가 생기는 것을 예방할 필요성이 긴급하다고 인정할 때'와 유사하게 판단하면 될 것이다($\substack{김동희, 류지\\태 \cdot 박종수}$).

 2) 소극적 요건   행정심판법 제31조 제 2 항은 동법 제30조 제 3 항을 준용하는 결과 임시처분도 공공복리에 중대한 영향을 미칠 우려가 있을 때에는 허용되지 아니한다.

 (3) 임시처분의 보충성   임시처분은 집행정지로 목적을 달성할 수 있는 경우에는 허용되지 아니한다($\substack{행심법 제31\\조 제 3 항}$).

 (4) 임시처분의 절차   ① 위원회는 직권으로 또는 당사자의 신청에 의하여 임시처분을 결정할 수 있다($\substack{행심법 제31\\조 제 1 항}$). ② 위원회는 임시처분을 결정한 후에 임시처분이 공공복리에 중대한 영향을 미치는 등의 사유가 있는 경우에는 직권 또는 당사자의 신청에 의하여 이 결정을 취소할 수 있다($\substack{행심법 제31조 제 2\\항, 제30조 제 4 항}$). ③ 위원회의 심리·결정을 기다릴 경우 중대한 손해가 생길 우려가 있다고 인정되면 위원장은 직권으로 위원회의 심리·결정을 갈음하는 결정을 할 수 있다($\substack{행심법 제31조\\제 2 항, 제30조\\제\\6 항}$). ④ 위원회는 임시조치 또는 임시조치의 취소에 관하여 심리·결정하면 지체 없이 당사자에게 결정서 정본을 송달하여야 한다($\substack{행심법 제31조 제 2\\항, 제30조 제 7 항}$).

 [기출사례] 제54회 사법시험(2012년) 문제·답안작성요령 ☞ PART 4 [2-2]
 [기출사례] 제62회 5급공채(2018년) 문제·답안작성요령 ☞ PART 4 [2-3]

제 5 목   전자정보처리조직을 통한 심판청구

 행정심판법에 따른 행정심판 절차를 밟는 자는 심판청구서와 그 밖의 서류를 전자문서화하고 이를 정보통신망을 이용하여 위원회에서 지정·운영하는 전자정보처리조직($\substack{행정심판 절차에 필요한 전\\자문서를 작성·제출·송달}$

할 수 있도록 하는 하드웨어, 소프트웨어, 데이터베이스, 네트워크, 보안 요소 등을 결합하여 구축한 정보처리능력을 갖춘 전자적 장치를 말한다)을 통하여 제출할 수 있다(행심법 제52조 제 1 항).

제2항 행정심판의 심리와 조정

Ⅰ. 심리의 의의

분쟁의 대상이 되고 있는 사실관계와 그에 관한 법률관계를 분명히 하기 위해 당사자나 관계자의 주장이나 반대주장을 듣고, 아울러 그러한 주장을 정당화시켜 주는 각종의 증거·자료를 수집·조사하는 일련의 절차를 심리라고 한다. 심리기일은 위원회가 직권으로 지정한다(행심법 제38조 제 1 항).

Ⅱ. 심리의 내용(요건심리와 본안심리)

1. 요건심리

(1) 의   의   요건심리란 행정심판의 제기요건을 구비하였는가에 관한 심리를 말한다. 위원회는 심판청구가 적법하지 아니하나 보정할 수 있다고 인정하면 기간을 정하여 청구인에게 보정할 것을 요구할 수 있다. 다만, 경미한 사항은 직권으로 보정할 수 있다(행심법 제32조 제 1 항).

(2) 심판청구의 각하   ① 위원회는 청구인이 제 1 항에 따른 보정기간 내에 그 흠을 보정하지 아니한 경우에는 그 심판청구를 각하할 수 있다(행심법 제32조 제 6 항). ② 위원회는 심판청구서에 타인을 비방하거나 모욕하는 내용 등이 기재되어 청구 내용을 특정할 수 없고 그 흠을 보정할 수 없다고 인정되는 경우에는 제32조 제 1 항에 따른 보정요구 없이 그 심판청구를 각하할 수 있다(행심법 제32조의2).

2. 본안심리

본안심리란 요건심리의 결과 행정심판의 제기가 적법하여 행정처분의 위법·부당 여부를 심리하는 것을 말한다. 위원회는 본안심리 후, 청구인의 청구가 정당하다면 인용재결을, 심판청구가 이유 없다면 기각재결을 하게 된다.

Ⅲ. 조   정

① 위원회는 당사자의 권리 및 권한의 범위에서 당사자의 동의를 받아 심판청구의 신속하고 공정한 해결을 위하여 조정을 할 수 있다. 다만, 그 조정이 공공복리에 적합하지 아니하거나 해당 처분의 성질에 반하는 경우에는 그러하지 아니하다(행심법 제43조의2 제 1 항). 조정은 양 당사자 간의 합의가 가능한 사건의 경우 위원회가 개입·조정하는 절차를 통해 갈등을 조기에 해결하기 위한 것이다. ② 조정은 당사자가 합의한 사항을 조정서에 기재한 후 당사자가 서명 또는 날인하고 위원회가 이를 확인함으로써 성립한다(행심법 제43조의2 제 3 항). ③ 제 3 항에 따른 조정에 대하여는 제48조부터 제50조까지, 제50조의2, 제51조의 규정을 준용한다(행심법 제43조의2 제 4 항). 말하자면 재결과 같은 효력을 갖는다. 조정제도는 2017. 10. 31. 개정 행정심판법에 반영되었다.

제 3 항 행정심판의 재결

제 1 목 일 반 론

1. 재결의 의의

재결이란 행정심판의 청구에 대하여 제 6 조에 따른 행정심판위원회가 행하는 판단을 말한다$\binom{행심법 제 2}{조 제 3 호}$. 말하자면 행정심판위원회가 행정심판의 청구에 대하여 심리한 후 그 청구에 대하여 각하·기각·인용 여부 등을 결정하는 것을 말한다. 재결은 행정심판위원회의 의사표시로서 준사법적 행위의 성질을 갖는다.

2. 재결 기간

재결은 제23조에 따라 피청구인 또는 위원회가 심판청구서를 받은 날부터 60일 이내에 하여야 한다. 다만, 부득이한 사정이 있는 경우에는 위원장이 직권으로 30일을 연장할 수 있다$\binom{행심법}{제45조 \atop 제 1 항}$. 위원장은 제 1 항 단서에 따라 재결 기간을 연장할 경우에는 재결 기간이 끝나기 7일 전까지 당사자에게 알려야 한다$\binom{행심법 제45}{조 제 2 항}$.

3. 재결의 방식

재결은 서면으로 한다$\binom{행심법 제46}{조 제 1 항}$. 재결을 서면으로 한 것은 법적 안정성을 위한 것이다. 구두에 의한 재결은 무효이다. 한편, 재결 역시 행정처분의 일종이므로, 재결서에는 행정심판법이 정하는 바에 따라 불복고지에 관한 사항도 기재하여야 한다$\binom{행심법}{제58조}$. 제 1 항에 따른 재결서에는 다음 각 호$\binom{1. \text{사건번호와 사건명}, 2. \text{당사자·대표자 또는 대리인의 이}}{\text{름과 주소}, 3. \text{주문}, 4. \text{청구의 취지}, 5. \text{이유}, 6. \text{재결한 날짜}}$의 사항이 포함되어야 한다$\binom{행심법 제46}{조 제 2 항}$. 재결서에 적는 이유에는 주문 내용이 정당하다는 것을 인정할 수 있는 정도의 판단을 표시하여야 한다$\binom{행심 \atop 법 제}{46조 \atop 제 3 항}$. 이유기재의 미비는 재결처분을 위법한 것으로 만든다. 명문의 규정은 없으나, 이유제시미비의 하자는 행정소송절차의 종결시까지 치유될 수 있다고 본다$\binom{판례는 행정쟁송의 제기 전까지}{만 치유될 수 있는 것으로 본다}$.

4. 재결의 범위

(1) 불고불리의 원칙 위원회는 심판청구의 대상이 되는 처분 또는 부작위 외의 사항에 대하여는 재결하지 못한다$\binom{행심법 제47}{조 제 1 항}$. 이와 같이 불고불리원칙이 적용되는 것은 청구인의 이익을 고려한 것이다.

(2) 불이익변경금지의 원칙

1) 의 의 위원회는 심판청구의 대상이 되는 처분보다 청구인에게 불이익한 재결을 하지 못한다$\binom{행심법 제47}{조 제 2 항}$. 제 3 자가 제기한 심판에서 원처분이 취소되거나, 원처분의 내용을 변경함이 없이 위원회가 이유를 자세히 정하는 것은 불이익변경금지의 원칙의 침해가 아니다.

2) 취 지 불이익변경금지의 원칙은 청구인의 이익을 고려한 결과이다. 말하자면 불이익변경금지의 원칙은 행정심판절차의 의미와 목적이 최소한 사인의 권리구제에 있기 때문이

다. 만약 불이익변경을 허용한다면, 사인의 권리보호의 기회는 확실히 악화될 것이다.

3) 문 제 점   행정심판제도의 목적이 사인의 권리보호에만 있는 것은 아니다. 행정심판제도는 원처분에 대하여 포괄적으로 적법성 및 합목적성에 대한 심사를 함으로써 위법·부당한 행위를 적법·타당한 행위로 바로 잡는 것에도 목적이 있다. 따라서 이와 같은 행정의 자기통제의 시각에서 보면, 청구인에게 불이익한 처분도 가능하여야 할 것이다.

제2목 재결의 종류

Ⅰ. 종류의 개관

1. 본안판단 전제요건 미비의 경우

위원회는 심판청구가 적법하지 아니하면 그 심판청구를 각하(却下)한다($\binom{\text{행심법 제43}}{\text{조 제 1 항}}$). 이를 각하재결이라 한다. 각하재결로 인해 본안판단은 거부된다. 각하재결은 요건재결이라고도 한다.

2. 본안판단 전제요건 구비의 경우

① 위원회는 심판청구가 이유가 없다고 인정하면 그 심판청구를 기각(棄却)한다($\binom{\text{행심법 제43}}{\text{조 제 2 항}}$). 이를 기각재결이라 한다. 기각재결은 행정심판청구의 대상이 된 처분이 적법·타당함을 인정하는 재결이다. 다만 예외로서 심판청구가 이유 있으나 그 청구를 기각하는 사정재결이 있다. ② 위원회가 심판청구에 이유가 있다고 하여 청구를 받아들이는 재결을 인용재결이라 한다.

Ⅱ. 사정재결

1. 의   의

위원회는 심판청구가 이유 있다고 인정하면 인용재결을 하는 것이 원칙이나, 이를 인용하는 것이 공공복리에 크게 위배된다고 인정하면 그 심판청구를 기각하는 재결을 할 수 있다($\binom{\text{행심법 제44조}}{\text{제 1 항 전단}}$). 이 경우의 재결을 사정재결이라 한다.

2. 인정이유

사정재결은 사익의 보호가 결과적으로 공익에 중대한 침해를 가져올 때 이를 시정하여 다수인 또는 국가 전체의 이익을 우선시켜 전체로서 공익보호를 확보하기 위한 것이다. 사정재결은 공익과 사익의 조절제도이다.

3. 위법·부당의 명시

위원회가 사정재결을 하고자 할 때, 위원회는 재결의 주문에서 그 처분 또는 부작위가 위법하거나 부당하다는 것을 구체적으로 밝혀야 한다($\binom{\text{행심법 제44조}}{\text{제 1 항 후단}}$). 왜냐하면 사정재결을 하여도 위법·부당한 것은 여전히 위법·부당한 것이고, 또 한편으로 위법·부당을 위원회가 승인함으로써 후일 청구인이 원처분의 위법·부당을 다시 주장할 필요가 있을 때 재결서면으로 충분한 증거방법이 되는 실익이 있기 때문이다.

4. 구제방법명령·불복

사정재결은 사익보다 공익을 우선시키는 것이지만, 그렇다고 사익이 무시되어도 좋다는 것은 아니다. 이 때문에 위원회는 사정재결을 함에 있어서 청구인에 대하여 상당한 구제방법$\binom{\text{예:}}{\text{손해}\atop\text{배상}}\binom{\text{직접 구}}{\text{제처분}}$을 취하거나, 상당한 구제방법을 취할 것을 피청구인에게 명할 수 있다$\binom{\text{행심법 제44}}{\text{조 제 2 항}}\binom{\text{구제}}{\text{명령}}$. 청구인은 사정재결을 다툴 수도 있다.

5. 사정재결의 적용제한

사정재결은 취소심판·의무이행심판에만 인정되고, 무효등확인심판에는 적용되지 아니한다$\binom{\text{행심법 제44}}{\text{조 제3항}}$. 왜냐하면 무효등확인소송에서 무효와 부존재는 언제나 무효 또는 부존재이고, 유효와 존재의 경우에는 사정재결이 불필요하기 때문이다. 그러나 무효확인심판의 경우에 긍정하는 반대견해도 있다.

6. 비 판 론

논자에 따라서는 사정재결이 ① 권리보호의 관점에서 문제가 있고, ② 독립성 없는 기관에 사정재결권을 부여하는 것은 객관성을 잃을 우려가 있다는 등의 이유로 사정재결제도를 비판적으로 보기도 한다.

Ⅲ. 인용재결

1. 취소재결

위원회는 취소심판의 청구가 이유 있다고 인정하면 처분을 취소 또는 다른 처분으로 변경하거나$\binom{\text{이 경우에는}}{\text{형성재결이다}}$, 처분을 다른 처분으로 변경할 것$\binom{\text{이 경우에는 이}}{\text{행재결이 된다}}$을 피청구인에게 명한다$\binom{\text{행심법 제43}}{\text{조 제 3 항}}$. 따라서 취소심판의 인용재결에는 취소재결·변경재결 이외에도 변경명령재결이 있다. 변경이란 일부취소가 아니라 처분내용의 적극적인 변경을 의미한다. 그리고 취소란 전부취소와 일부취소를 포함한다. 이행명령재결이 인정되는 점에서 이행판결이 인정되지 아니하는 항고소송의 경우와 차이가 있다.

[기출사례] 제35회 입법고시(2019년) 문제·답안작성요령 ☞ PART 4 [1-8]
[기출사례] 제11회 변호사시험(2022년) 문제·답안작성요령 ☞PART 4 [2-4a]

2. 무효등확인재결

위원회는 무효등확인심판의 청구가 이유 있다고 인정하면 처분의 효력 유무 또는 존재 여부를 확인한다$\binom{\text{행심법 제43}}{\text{조 제4항}}$. 따라서 무효등확인재결에는 유효확인재결·무효확인재결·존재확인재결·부존재확인재결이 있다. 통설은 명문의 규정이 없지만 실효확인재결을 인정한다.

3. 의무이행재결

위원회는 의무이행심판의 청구가 이유 있다고 인정하면 지체 없이 신청에 따른 처분을 하거나($^{처분}_{재결}$) 처분을 할 것을 피청구인에게 명한다($^{처분명}_{령재결}$)($^{행심법 제43}_{조 제5항}$). ① 여기서 '신청에 따른 처분이나 처분을 명령하는 재결'이란 기속행위의 경우 청구인의 청구 내용대로의 처분을 하거나($^{특정처}_{분재결}$), 이를 할 것을 명하는 재결($^{특정처분}_{명령재결}$)을 말하며, 재량행위에서 위원회의 재결은 반드시 청구인의 청구 내용대로 처분청으로 하여금 처분을 하라는 의미가 아니라 다시 결정을 하라는 명령재결이 된다($^{재결정명}_{령재결}$)($^{다수}_{설}$). ② 그리고 위원회가 처분재결과 처분명령재결 중 선택할 수 있는지도 문제되는데, ⓐ 법문상 행정심판위원회가 전적으로 선택에 재량을 갖는다는 견해, ⓑ 처분청의 권한존중을 이유로 원칙적으로 처분명령재결을 활용하고 예외적으로 처분재결을 활용해야 한다는 견해($^{행정심판}_{의 실제에}$ $^{서는 처분재결보다는 처분}_{명령재결이 많이 활용된다}$) 등이 있으나, ⓒ 신속한 권리보호의 관점에서 행정심판위원회가 원처분에 대하여 충분한 심사를 할 수 있는 경우에는 처분재결을 활용하고, 그 밖의 경우에는 처분명령재결을 활용하는 것이 바람직하다.

[기출사례] 제55회 5급공채(2011년) 문제·답안작성요령 ☞ PART 4 [2-4]

제3목 재결의 효력

Ⅰ. 효력의 발생

재결은 청구인에게 제1항 전단($^{위원회는 지체 없이 당사자에게}_{재결서의 정본을 송달하여야 한다}$)에 따라 송달되었을 때에 그 효력이 생긴다($^{행심법 제48}_{조 제2항}$). 제기기간이 지난 소원($^{행정}_{심판}$)에 의하여 하자 있는 행정처분을 취소하여도 위법이 아니라는 것이 종래 판례의 태도였다($^{대판 1960. 6. 25,}_{4291행상24}$).

Ⅱ. 효력의 종류

1. 행정행위로서 재결의 효력

재결도 행정행위의 일종으로서 내용상 구속력·공정력·구성요건적 효력·형식적 존속력과 실질적 존속력($^{재심판청구의 금지,}_{행심법 제51조}$) 등의 효력을 갖는다.

2. 형 성 력

형성재결인 취소·변경의 재결은 형성력을 갖는다. 처분시에 소급하여 효력의 소멸·변경을 가져온다. 행정심판법은 위원회가 스스로 취소·변경하거나 처분청에 변경을 명령할 수 있다고 규정하고 있으므로, 위원회 스스로 처분을 취소·변경하면 형성력이 발생한다. 판례의 입장도 같다.

3. 기 속 력

(1) 기속력의 의의   심판청구를 인용하는 위원회의 재결이 피청구인과 그 밖의 관계행정청에 대하여 재결의 취지에 따라야 할 실체법상의 의무를 발생시키는 효력을 말한다$\binom{\text{행심법 제49}}{\text{조 제 1 항}}$. 여기서 기속이란 피청구인인 행정청과 관계행정청이 재결의 취지에 따라야 함을 의미하는데, 재결의 취지에 따른다는 것은 다시 소극적인 면과 적극적인 면에서 재결의 취지에 따라야 함을 의미한다. 그리고 기속력은 인용재결에서의 문제이지, 각하재결이나 기각재결에서는 문제되지 아니한다.

(2) 기속력의 내용

1) 반복금지의무(소극적 의무)   ① 인용재결이 있으면 동일한 상황하에서는 그에 저촉되는 동일한 처분을 반복할 수 없는 의무$\binom{\text{부작위}}{\text{의무}}$가 발생하는데, 이를 반복금지의무라 한다. ② 반복금지의무에 위반하여 동일한 내용의 처분을 다시 한 경우 이러한 처분은 그 하자가 중대명백하여 무효이다.

2) 재처분의무(적극적 의무)

(개) 신청을 거부하는 처분에 대한 취소재결·무효확인재결·부존재확인재결과 재처분의무   재결에 의하여 취소되거나 무효 또는 부존재로 확인되는 처분이 당사자의 신청을 거부하는 것을 내용으로 하는 경우에는 그 처분을 한 행정청은 재결의 취지에 따라 다시 이전의 신청에 대한 처분을 하여야 한다$\binom{\text{행심법 제49}}{\text{조 제 2 항}}$. 따라서 그 처분을 한 행정청은 재처분을 반드시 해야 할 의무$\binom{\text{작위}}{\text{의무}}$와 재처분을 하는 경우 재결의 취지에 따라야 할 의무$\binom{\text{재결의 취지에 위반되는 재처분}}{\text{을 하지 않아야 할 부작위의무}}$를 부담한다. 기속행위의 경우에는 신청된 대로의 처분을, 재량행위의 경우에는 신청에 대한 처분을, 영으로의 재량수축의 경우에는 기속행위와 동일한 처분, 즉 신청한 대로의 처분을 하여야 할 것이다.

[참고] 행정심판법 제49조 제 2 항은 2017. 4. 18. 개정 행정심판법에 신설되었다. 종전에는 거부처분취소심판의 인용재결$\binom{\text{취소}}{\text{재결}}$에 대한 재처분의무의 존부에 관해 학설상 논란이 있었다.

(내) 신청을 거부하거나 방치한 처분에 대한 이행재결과 재처분의무   당사자의 신청을 거부하거나 부작위로 방치한 처분의 이행을 명하는 재결이 있으면 행정청은 지체 없이 이전의 신청에 대하여 재결의 취지에 따라 처분을 하여야 한다$\binom{\text{행심법 제49}}{\text{조 제 3 항}}$. 재처분의무의 의미는 앞에서 본 「당사자 신청을 거부한 처분에 대한 취소재결·무효확인재결·부존재확인재결」의 경우에 처분행정청에 발생하는 재처분의무와 같다.

(대) 취소심판에서 변경명령재결과 재처분의무   취소심판에서 취소재결$\binom{\text{행심법 제49조 제 2 항}}{\text{이 적용되는 경우}}_{\text{외}}^{\text{는 제}}$이나 변경재결이 있는 경우는 재처분의무는 문제되지 않지만, 변경을 명하는 재결이 있는 때에 처분청은 행정심판법 제49조 제 1 항에 따라 당해 처분을 변경해야 할 의무를 부담한다.

(래) 절차하자를 이유로 취소하는 재결에 따른 재처분의무   신청에 따른 처분이 절차의 위법 또는 부당을 이유로 재결로써 취소된 경우에도 제 2 항을 준용한다$\binom{\text{행심법 제49}}{\text{조 제 4 항}}$. 즉, 재결의 취지에 따라 다시 이전의 신청에 대한 처분을 하여야 한다.

3) 결과제거의무　　취소·무효확인재결이 있게 되면 행정청은 위법·부당으로 명시된 처분에 의해 야기된 위법한 상태를 제거하여야 할 의무를 부담한다.

(3) 기속력의 범위　　기속력의 내용에 따른 각 의무의 범위는 기속력의 범위에서 결정된다.

1) 주관적 범위　　기속력은 피청구인과 그 밖의 관계행정청에 대하여 미친다. 여기서 그 밖의 관계 행정청이란 심판의 대상인 처분($^{거부}_{부작위}$) 등과 관련되는 처분이나 부수되는 행위를 할 수 있는 행정청을 총칭하는 것이다.

2) 객관적 범위　　재결의 주문 및 이유에서 판단된 처분 등의 구체적 위법사유에만 미친다.

(가) 절차나 형식의 위법이 있는 경우　　이 경우 재결의 기속력은 재결에 적시된 개개의 위법사유에 미치기 때문에 재결 후 행정청이 재결에 적시된 절차나 형식의 위법사유를 보완한 경우에는 다시 동일한 내용의 처분을 하더라도 기속력에 위반되지 않는다.

(나) 내용상 위법이 있는 경우

(a) 범　　위　　처분사유의 추가·변경과의 관계로 인해 재결의 주문 및 이유에서 판단된 위법사유와 기본적 사실관계가 동일한 사유를 말한다. 따라서 재결에서 판단된 사유와 기본적 사실관계의 동일성이 인정되는 사유에 대해서는 기속력이 미친다[$^{판례}_{1,2}$].

판례 1　재결이 확정된 경우, 처분의 기초가 되는 사실관계나 법률적 판단이 확정되고 당사자들이나 법원이 이에 기속되어 모순되는 주장이나 판단을 할 수 없는지 여부(소극)

($^{유한회사 우진산업사가 완주군의 토석채취허가의 위법}_{을 이유로 손해배상을 구한 완주군 우진산업 사건에서}$) 행정심판의 재결은 피청구인인 행정청을 기속하는 효력을 가지므로 재결청이 취소심판의 청구가 이유 있다고 인정하여 처분청에 처분을 취소할 것을 명하면 처분청으로서는 재결의 취지에 따라 처분을 취소하여야 하지만, 나아가 재결에 판결에서와 같은 기판력이 인정되는 것은 아니어서 재결이 확정된 경우에도 처분의 기초가 된 사실관계나 법률적 판단이 확정되고 당사자들이나 법원이 이에 기속되어 모순되는 주장이나 판단을 할 수 없게 되는 것은 아니다($^{대판 2015. 11. 27,}_{2013다6759}$).

판례 2　재결의 기속력의 범위

($^{유한회사 우진산업사가 완주군의 토석채취허가의 위법}_{을 이유로 손해배상을 구한 완주군 우진산업 사건에서}$) 재결의 기속력은 재결의 주문 및 그 전제가 된 요건사실의 인정과 판단, 즉 처분 등의 구체적 위법사유에 관한 판단에 대하여만 미치고, 종전 처분이 재결에 의하여 취소되었더라도 종전 처분 시와는 다른 사유를 들어 처분을 하는 것은 기속력에 되지 아니한다. 여기서 동일한 사유인지 다른 사유인지는 종전 처분에 관하여 위법한 것으로 재결에서 판단된 사유와 기본적 사실관계에 있어 동일성이 인정되는 사유인지에 따라 판단하여야 한다($^{대판 2015. 11. 27,}_{2013다6759}$).

(b) 기본적 사실관계의 동일성 판단　　판례는 기본적 사실관계의 동일성 유무는 처분사유를 법률적으로 평가하기 이전의 구체적인 사실에 착안하여 그 기초인 사회적 사실관계가 기본

적인 점에서 동일한지 여부에 따라 결정된다고 한다($\binom{대판\ 2004.\ 11.\ 26.,}{2004두4482}$). 구체적인 판단은 시간적·장소적 근접성, 행위 태양·결과 등의 제반사정을 종합적으로 고려해야 한다($\binom{법원실무제}{요.\ 석호철}$).

3) 시간적 범위　　　처분의 위법성 판단 기준시점은 처분시설이 통설·판례의 입장인바 기속력은 처분시까지의 사유를 판단의 대상으로 한다. 따라서 처분시 이후의 새로운 법률관계나 사실관계는 재결의 기속력이 미치지 않는다($\binom{판}{례}$).

> ┌─────┐
> │ **판례** │ **새로운 사유로 거부처분을 할 수 있는 이유**
> └─────┘
> (원고 주식회사 극동토건, 피고 충청북도행정심판위원회, 피고보조참가인으로 주식회사 한마음건설 사이에서 피고의 주택건설사업계획변경승인신청반려처분취소재결의 취소를 구한 사건에서) 당사자의 신청을 받아들이지 않은 거부처분이 재결에서 취소된 경우에 행정청은 종전 거부처분 또는 재결 후에 발생한 새로운 사유를 내세워 다시 거부처분을 할 수 있다. 그 재결의 취지에 따라 이전의 신청에 대하여 다시 어떠한 처분을 하여야 할지는 처분을 할 때의 법령과 사실을 기준으로 판단하여야 하기 때문이다($\binom{대판\ 2017.\ 10.\ 31.,}{2015두45045}$).

(4) 기속력 위반시 효력과 실효성확보

1) 반복금지의무 위반시 효력　　　반복금지의무에 위반하여 동일한 내용의 처분을 다시 한 경우 이러한 처분은 그 하자가 중대명백하여 무효이다.

2) 재처분의무 불이행시 실효성확보

㈎ 위원회의 직접처분($\binom{이행재결의\ 취지에\ 따른}{처분을\ 하지\ 아니한\ 경우}$)($\binom{행심법}{제50조}$)

(a) 의　　의　　　위원회는 피청구인이 제49조 제 3 항에도 불구하고 처분을 하지 아니하는 경우에는 당사자가 신청하면 기간을 정하여 서면으로 시정을 명하고 그 기간에 이행하지 아니하면 직접처분을 할 수 있다. 다만, 그 처분의 성질이나 그 밖의 불가피한 사유로 위원회가 직접처분을 할 수 없는 경우에는 그러하지 아니하다($\binom{행심법\ 제50}{조\ 제1항}$). 직접처분제도는 청구인의 권리를 실질적으로 보호하기 위한 것이다. 행정소송에서는 권력분립원칙상 법원에 의한 직접처분이 허용되지 아니하지만, 행정심판은 행정의 자기통제이므로 행정심판위원회에 의한 직접처분이 가능하다.

(b) 요　　건　　　직접처분은 ① 피청구인이 제49조 제 3 항에도 불구하고 처분을 하지 아니하였을 것, ② 당사자의 신청이 있을 것, ③ 위원회가 기간을 정하여 서면으로 시정을 명하였을 것, ④ 시정명령 기간 내에 시정이 없을 것, ⑤ 직접처분이 불가한 경우가 아닐 것을 요건으로 한다.

(c) 직접처분의 발령　　　직접처분을 위한 요건이 구비되면, 위원회는 스스로 직접처분을 할 수 있다. 위원회의 직접처분은 피청구인인 행정청이 한 처분의 효과를 갖는다. 직접처분에 법률상 이해관계를 가진 제 3 자가 직접처분에 대하여 불복하여 제소하는 경우, 피고는 위원회인가 아니면 피청구인인 행정청인가의 여부가 문제된다. 위원회는 외견상 처분청이며, 피청구인인 행정청은 직접처분의 효과의 귀속주체로서 내용상 처분청에 해당한다고 보아 양자 모두 피고가 될 수 있다고 볼 것이다.

(d) 사후조치　　① 위원회는 제 1 항 본문에 따라 직접처분을 하였을 때에는 그 사실을 해당 행정청에 통보하여야 한다($\substack{\text{행심법 제50조,}\\\text{제 2 항 제 1 문}}$). ② 통보를 받은 행정청은 위원회가 한 처분을 자기가 한 처분으로 보아 관계 법령에 따라 관리·감독 등 필요한 조치를 하여야 한다($\substack{\text{행심법 제50조,}\\\text{제 2 항 제 2 문}}$).

(e) 한　　계　　직접처분에 대해서는 ① 직접처분의 대상이 아닌 처분($\substack{\text{예: 정보공개거부처분취소}\\\text{청구에 대한 이행재결, 과}}$ $\substack{\text{도한 예산이 수반되는}\\\text{이주대책의 수립시행}}$)이 있다는 점, ② 위원회가 직접처분에 대한 전문성을 갖지 못한다는 점, ③ 행정심판위원회가 직접처분을 한 경우 해당 처분에 대하여 행정소송에 피소되어 행정소송의 당사자가 될 수 있어 위원회가 직접처분제도를 기피할 가능성이 있다는 점, ④ 위원회는 원래부터 처분권한이 없어 위원회의 처분에 대하여 처분청이 반발하거나 비협조시 직접처분 이후의 사후관리가 사실상 불가능하다는 점, ⑤ 직접처분의 대상이 지방자치단체의 자치사무인 경우에는 자치권의 침해일 수 있다는 점을 현행 직접처분제도의 한계로 지적하고 있다($\substack{\text{김남}\\\text{철}}$).

(나) 위원회의 간접강제($\substack{\text{배상명령을}\\\text{통한 강제}}$)($\substack{\text{행심법 제}\\\text{50조의2}}$)

(a) 의　　의　　위원회는 피청구인이 제49조 제 2 항($\substack{\text{제49조 제 4 항에서 준용}\\\text{하는 경우를 포함한다}}$) 또는 제 3 항에 따른 처분을 하지 아니하면 청구인의 신청에 의하여 결정으로 상당한 기간을 정하고 피청구인이 그 기간 내에 이행하지 아니하는 경우에는 그 지연기간에 따라 일정한 배상을 하도록 명하거나 즉시 배상을 할 것을 명할 수 있다($\substack{\text{행심법 제50조}\\\text{의2 제 1 항}}$).

(b) 요　　건　　간접강제는 ① 피청구인이 제49조 제 2 항($\substack{\text{제49조 제 4 항에서 준용}\\\text{하는 경우를 포함한다}}$) 또는 제 3 항에 따른 처분을 하지 아니하였을 것, ② 당사자의 신청이 있을 것, ③ 위원회가 기간을 정하여 이행을 명하였을 것, ④ 이행명령 기간 내에 이행이 없을 것, ⑤ 위원회가 결정을 하기 전에 신청 상대방의 의견을 청취할 것을 요건으로 한다.

(c) 간접강제의 결정

i) 결정의 내용과 변경　　① 간접강제를 위한 요건이 구비되면, 위원회는 그 이행기간의 경과시부터 지연기간에 따라 일정한 배상을 하도록 명하거나 즉시 배상을 할 것을 명할 수 있다($\substack{\text{행심법 제50}\\\text{조의2 제 1 항}}$). ② 위원회는 사정의 변경이 있는 경우에는 당사자의 신청에 의하여 제 1 항에 따른 결정의 내용을 변경할 수 있다($\substack{\text{행심법 제50}\\\text{조의2 제 2 항}}$).

ii) 결정의 효력　　제 1 항 또는 제 2 항에 따른 결정의 효력은 피청구인인 행정청이 소속된 국가·지방자치단체 또는 공공단체에 미치며, 결정서 정본은 제 4 항에 따른 소송제기와 관계없이 「민사집행법」에 따른 강제집행에 관하여는 집행권원과 같은 효력을 가진다. 이 경우 집행문은 위원장의 명에 따라 위원회가 소속된 행정청 소속 공무원이 부여한다($\substack{\text{행심법 제50조}\\\text{의2 제 5 항}}$).

(d) 청구인의 불복　　청구인은 제 1 항 또는 제 2 항에 따른 결정에 불복하는 경우 그 결정에 대하여 행정소송을 제기할 수 있다($\substack{\text{행심법 제50조}\\\text{의2 제 4 항}}$).

(다) 재결의 취지에 따르지 않은 재처분에 대한 강제 등　　재결의 취지에 따르지 않고 동일한 사유로 다시 거부처분 등을 한 경우 그러한 거부처분 등은 무효인바, 이 경우에도 행정심판위원회는 직접처분 또는 간접강제를 할 수 있다($\substack{\text{행심법 제50조,}\\\text{제50조의2}}$).

4. 관련문제

(1) 법령 등의 개선 　① 중앙행정심판위원회는 심판청구를 심리·재결할 때에 처분 또는 부작위의 근거가 되는 명령 등$\binom{\text{대통령령·총리령·부령·훈령·예}}{\text{규·고시·조례·규칙 등을 말한다}}$이 법령에 근거가 없거나 상위 법령에 위배되거나 국민에게 과도한 부담을 주는 등 크게 불합리하면 관계 행정기관에 그 명령 등의 개정·폐지 등 적절한 시정조치를 요청할 수 있다. 이 경우 중앙행정심판위원회는 시정조치를 요청한 사실을 법제처장에게 통보하여야 한다$\binom{\text{행심법 제59}}{\text{조 제 1 항}}$. ② 시정조치의 요청을 받은 관계 행정기관은 정당한 사유가 없으면 이에 따라야 한다$\binom{\text{행심법 제59}}{\text{조 제 2 항}}$. 제도의 취지에 비추어 볼 때, 여기서 말하는 '정당한 사유'는 엄격히 새겨야 한다.

(2) 취소·변경의 공고 　법령의 규정에 따라 공고하거나 고시한 처분이 재결로써 취소되거나 변경되면 처분을 한 행정청은 지체 없이 그 처분이 취소 또는 변경되었다는 것을 공고하거나 고시하여야 한다$\binom{\text{행심법 제49}}{\text{조 제 5 항}}$.

(3) 이해관계인에 통지 　법령의 규정에 따라 처분의 상대방 외의 이해관계인에게 통지된 처분이 재결로써 취소되거나 변경되면 처분을 한 행정청은 지체 없이 그 이해관계인에게 그 처분이 취소 또는 변경되었다는 것을 알려야 한다$\binom{\text{행심법 제49}}{\text{조 제 6 항}}$.

[기출사례] 제55회 사법시험(2013년) 문제·답안작성요령 ☞ PART 4 [2-5]
[기출사례] 제56회 사법시험(2014년) 문제·답안작성요령 ☞ PART 4 [2-6]
[기출사례] 제30회 입법고시(2014년) 문제·답안작성요령 ☞ PART 4 [2-49]

제 4 목　재결의 불복

① 재심판청구는 금지된다. 즉 심판청구에 대한 재결이 있으면 그 재결 및 같은 처분 또는 부작위에 대하여 다시 행정심판을 청구할 수 없다$\binom{\text{행심법}}{\text{제51조}}$. 물론 개별법$\binom{\text{예: 국세}}{\text{기본법}}$에 특별규정이 있으면 그에 따라야 한다. 재결에 불복이 있으면 행정소송의 제기로 나아갈 수밖에 없다. ② 입법론으로서는 재심$\binom{\text{재심}}{\text{사}}$제도의 도입이 필요하다고 본다.

행정소송법 行政訴訟法

제1장 일반론

제1절 행정소송의 관념

제1항 행정소송의 의의

1. 행정소송의 개념

행정소송이란 행정법규의 적용과 관련하여 위법하게 권리($\binom{법률상}{이익}$)가 침해된 자가 소송을 제기하고, 법원이 이에 대해 심리·판단을 행하는 정식의 행정쟁송을 말한다. 행정소송은 행정사건에 대해 이루어지는 법원에 의한 정식절차이다. 독립된 행정재판제도를 통한 효과적인 통제 없이는 법치국가의 원칙이 관철될 수 없다는 의미에서 독립된 행정소송제도는 법치국가의 토대이자 완결을 뜻한다.

2. 유사제도와 구별

(1) 행정심판과 구별　　　행정소송은 당사자로부터 독립한 지위에 있는 제3자기관인 법원이 구두변론 등을 거쳐 행하는 정식쟁송절차이다. 따라서 행정청이 자기의 행위를 간략한 절차에 따라 행하는 행정심판 등의 약식쟁송과 구별된다.

(2) 민사소송과 구별　　행정소송은 행정에 관한 공법상의 분쟁, 즉 행정사건을 대상으로 하는 소송을 말한다. 따라서 행정소송은 사법상 권리관계에 관한 소송인 민사소송과 구별된다. 행정소송사항과 민사소송사항의 구별은 공법과 사법의 구별기준에 따라 판단된다. 학설과 판례는 공법과 사법의 구별에 관한 여러 학설과 관련법령의 여러 규정을 종합적으로 해석하는 방식을 취하고 있다. 실제상으로는 행정소송법상 처분개념의 해석을 통해 양자를 구분하게 된다. 한편, 공기업과 그 직원 간의 내부적 법률관계는 사법관계$\binom{예: 대판 2001. 12. 24,}{2001다54038}$로, 그 공기업이 법령에 의하여 위임받아 국가사무를 행함에 있어서 발생하는 대외적 관계는 공법관계에 해당하는 경우가 많다.

(3) 헌법소송과 구별　　행정소송은 헌법소송과 구별된다. 행정소송이나 헌법소송 모두 공법상 소송이지만, 행정소송은 성질상 비헌법적인 공법상의 분쟁을 대상으로 한다. 즉 행정소송은 공법상 분쟁 중에서 헌법소송사항을 제외한 분쟁을 대상으로 한다. 한편, 헌법소송사항은 헌법에서 열거되고 있다$\binom{헌법 제111}{조 제 1 항}$. 다만 헌법소송 중 지방자치단체 상호간의 권한쟁의에 관한 심판은 행정적 성질을 갖지만, 헌법이 이를 헌법소송사항으로 규정하였으므로 행정소송사항에서 제외된다.

3. 행정소송의 기능(목적)

행정소송법은 "행정소송절차를 통하여 행정청의 위법한 처분 그 밖에 공권력의 행사·불행사 등으로 인한 국민의 권리 또는 이익의 침해를 구제하고, 공법상의 권리관계 또는 법적용에 관한 다툼을 적정하게 해결함을 목적으로 한다"고 규정하고 있다$\binom{행소법}{제 1 조}$. 논리적으로 보아 행정소송의 기능으로 권리구제기능$\binom{관련사인}{의 보호}$·행정통제기능$\binom{행정법질}{서의 보호}$·임무경감기능$\binom{행정의 절제와}{효율성확보}$을 들 수 있다. 가장 중심적인 것은 권리구제기능이다. 국내학자들은 행정소송의 기능으로 권리구제기능$\binom{행정구}{제기능}$과 행정통제기능을 드는 것이 일반적이다.

4. 행정소송의 관할법원·본질

행정사건의 최고심은 대법원이다$\binom{헌법 제101}{조 제 1 항}$. 헌법 제102조 제 3 항에 근거한 법원조직법은 "법원은 헌법에 특별한 규정이 있는 경우를 제외하고는 일체의 법률상의 쟁송을 심판한다"고 규정하고 있고$\binom{법조법 제 2}{조 제 1 항}$, 행정소송법은 행정사건의 제 1 심 관할법원을 지방법원에 해당하는 행정법원으로 규정하고 있고$\binom{행소법 제 9}{조 제 1 항}$, 법원조직법은 행정법원에 부를 둔다고 규정하고 있다$\binom{법조법 제40}{조의3 제 1 항}$. 행정사건을 법원관할 하에 둔다는 것은 행정소송을 사법작용으로 보았기 때문일 것이다.

제 2 항　행정소송의 종류

1. 주관적 소송·객관적 소송

주관적 소송이란 개인의 권리$\binom{법률상}{이익}$의 구제를 주된 내용으로 하는 행정소송을 말하고, 객관적 소송이란 개인의 권리·이익이 아니라 행정법규의 적정한 적용의 보장을 주된 내용으로 하는 행정소송을 말한다. 주관적 소송은 다시 항고소송과 당사자소송으로, 객관적 소송은 민중소송과 기관소송으로 구분된다. 행정의 적법성의 보장이 항고소송의 주목적이고, 따라서 항고소송은 객관적 소송이라는 견해도 있다. 그러나 통설이 보는 바와 같이 ① 행정소송제도가 개인의 권리보호와 관련하여 발전되었을 뿐만 아니라 항고소송은 법률상 이익개념을 중심으로 구성되어 있고, ② 행정의 적법성보장 자체가 기본권을 위한 것인 점을 고려한다면 항고소송이 객관적 소송이라는 주장은 동의하기 어렵고 주관적 소송으로 보아야 한다.

2. 형성소송 · 급부소송 · 확인소송

① 형성소송은 다투어지는 행정행위의 취소·변경을 통해 행정법관계의 변경을 가져오는 소송이다(예: 취소송). 형성소송의 인용판결은 형성판결이다. 형성판결은 직접 그리고 절대적으로 법률관계를 설정·변경·폐지하는 효력을 갖는다. 형성판결은 집행에 적합하지 않고, 집행이 필요하지도 않다. ② 급부소송은 일정한 작위·부작위 등 직무행위를 구하는 소송이다. 이행소송이라고도 한다(예: 이행목적의 당사자소송). 급부소송의 인용판결은 급부판결이다. 급부판결은 특정의 급부, 즉 특정의 작위·부작위·수인 등을 명하는 판결이다. 급부판결은 청구권이 원고에게 있다는 확인을 전제로 하는 판결이다. 그러나 현행 행정소송법상 항고소송의 일종으로서 이행소송은 인정되고 있지 않다. 이의 도입을 위한 행정소송법의 개정논의가 진행중에 있다. ③ 확인소송은 법률관계의 존부, 행정행위의 유효·무효 등의 확인을 구하는 소송이다. 확인소송의 인용판결은 확인판결이다. 확인판결은 법적 분쟁을 명료하게, 즉 일정 법관계를 확정하는 판결이다. 확인판결은 법관계의 변경이 아니라 법관계의 증명·확인을 행하는 선언적 판결이다.

3. 행정소송법상 행정소송의 종류

행정소송법은 행정소송의 종류를 항고소송·당사자소송·민중소송·기관소송의 4가지로 규정하고 있다(행소법 제3조).

제 3 항   행정소송법의 문제점과 개정작업

1. 행정소송법의 문제점

현행 행정소송법은 의무이행소송 내지 적극적 형성판결을 규정하고 있지 아니하고(효과적인 권리보호의 미흡), 원고의 행정심판자료의 열람·복사신청권을 인정하고 있지 아니하며(원고의 정보권 미흡), 가처분에 대해서도 특별한 규정을 두고 있지 않다(신속한 권리보호의 미흡)는 등의 문제점도 갖는다.

2. 행정소송법 개정작업

법무부는 행정소송법을 개정하기 위하여 2006년 4월에 행정소송법개정특별분과위원회를 발족시켜 행정소송법 개정안을 마련하였고, 법무부는 동 위원회가 마련한 개정안을 2007년 11월

19일에 국회에 제출하였다(제17대 국회의원의 임기가 2008년 5월 29일로 만료되었으므로 동 개정안은 헌법 제51조의 단서에 따라 자동 폐기되었다). 동 개정안의 특징은 다음과 같다.

(1) 의무이행소송의 도입(안 제4조 제3호 및 제43조부터 제47조까지) ① 허가등 신청에 대한 행정청의 위법한 부작위(不作爲) 또는 거부처분을 다투는 방법으로 현행법상 부작위위법확인소송과 거부처분취소소송이 있으나, 권리구제절차가 불완전하고 우회적이라는 비판이 있어 왔다. ② 이러한 문제를 해소하기 위해 법원의 충분한 심리(審理)를 거쳐 승소하였을 경우 법원의 판결로 원하는 행정처분을 받도록 하는 의무이행소송 제도를 도입함으로써 분쟁을 일회적으로 해결할 수 있을 것으로 기대된다.

(2) 예방적 금지소송의 도입(안 제4조 제4호 및 제48조부터 제50조까지) ① 현행법상으로는 위법한 처분이 행하여질 개연성이 매우 높고 사후의 구제방법으로는 회복하기 어려운 손해가 발생할 것이 예상되더라도 사전에 그 처분을 금지하는 소송을 제기할 수 없어 권익구제절차가 불완전하다는 비판이 있어 왔다. ② 이러한 문제를 해소하기 위해 취소소송으로는 권리구제를 할 수 없는 예외적인 경우 사전에 위법한 처분을 하지 못하도록 하는 예방적 금지소송 제도를 도입함으로써 권리구제의 흠결(欠缺)을 보완할 수 있을 것으로 기대된다. ③ 다만, 예방적 금지소송 제도의 남용을 방지하기 위하여 엄격한 요건을 규정하고 소의 변경을 허가하지 아니하도록 하였다.

(3) 소의 변경 및 이송의 허용범위 확대(현행 제7조 삭제 및 안 제22조) ① 법률 지식이 부족한 일반 국민의 입장에서 볼 때 민사소송과 행정소송을 구분하지 못하거나 적절한 소송방법을 판단하기 어려운 실정이라는 비판이 있어 왔다. ② 이러한 문제를 해소하기 위해 행정소송과 민사소송 사이의 소의 변경이나 이송을 넓게 허용함으로써 국민들이 행정소송을 보다 쉽게 활용할 수 있게 될 것으로 기대된다.

(4) 이해관계자의 소송참여기회 확대(안 제16조) ① 행정처분은 그 성질상 다수의 이해관계자들에게 영향을 미칠 수 있으므로 이해관계가 있는 제3자 및 관계 행정청이 행정소송절차에 참여할 필요가 있다는 점이 지적되어 왔다. ② 이러한 문제를 해소하기 위해 이해관계자에게 소 제기 사실을 통지하고 의견을 제출할 수 있도록 하는 규정을 신설하였다. 이로서 행정소송 절차에 이해관계자의 참여를 제도적으로 보장함으로써 실질적인 분쟁해결에 도움이 될 것으로 기대된다.

(5) 집행정지 요건의 완화(안 제24조 제2항) ① 현행법에서는 '회복할 수 없는 손해를 예방하기 위한 긴급한 필요가 있는 경우'라는 매우 제한적인 범위에서만 집행정지가 가능하여 권익구제에 미흡하다는 비판이 있어 왔다. ② 이러한 문제를 해소하기 위해 집행정지의 요건을 '회복할 수 없는 손해'에서 '중대한 손해'로 완화하였다. 이로써 금전상 손해라도 손해의 정도가 중대한 경우에 집행정지가 가능하게 되어 충실한 권익구제가 이루어질 것으로 기대된다.

(6) 가처분 제도의 도입(안 제26조) ① 현행법에서는 수익적(授益的)인 행정처분을 구하는 신청에 대하여 행정청이 위법한 거부처분을 하더라도 행정소송이 확정될 때까지 임시구제를 받

을 수 없어 권리보호에 문제가 있다고 지적되어 왔다. ② 이러한 문제를 해소하기 위해 임시로 수익적 처분을 받을 수 있는 가처분 제도를 도입하였다. ③ 가처분 제도의 도입으로 인해 기존의 집행정지 제도로는 임시구제가 어려웠던 부분에 대하여 사전구제를 할 수 있게 되어 충실한 권익 구제가 이루어질 것으로 기대된다.

(7) 행정청에 대한 자료제출요구권 신설(안 제28조) ① 행정청이 처분등의 위법성 심리에 필요한 자료를 제출하지 아니할 경우 법원에서 충분한 심리를 하기 어려운 문제가 있다는 비판이 있어 왔다. ② 이러한 문제를 해소하기 위해 해당 행정청 및 관계 행정청은 법령상 또는 사실상 비밀로 하여야 할 자료나 공익을 해할 우려가 있는 자료를 제외하고는 원칙적으로 법원의 자료제출 요구에 응하도록 하였고, 이로써 법원에서 보다 충실한 심리가 이루어질 것으로 기대된다.

(8) 취소판결의 기속력(羈束力)으로써 결과제거의무의 인정(안 제34조 제4항) ① 위법한 행정처분이 판결로 취소되어도 행정청이 그 처분의 집행으로 인한 위법한 결과까지 제거할 의무가 있는지가 분명하지 아니하다는 비판이 있어 왔다. ② 이러한 문제를 해소하기 위해 판결에 의하여 취소된 행정처분의 집행으로 인하여 발생한 결과를 행정청이 제거할 의무에 관하여 '취소판결의 기속력'으로 규정하였다. 이로써 이미 내린 행정처분이 위법하다는 판단을 받았음에도 그 처분으로 인한 결과를 방치함으로써 국민들에게 불이익을 주는 경우를 방지할 수 있을 것으로 기대된다.

(9) 당사자소송에서 가집행선고 제한 규정(현행 제43조 삭제) ① 현행 규정은 국가를 상대로 하는 당사자소송의 경우에는 가집행선고를 할 수 없도록 규정하고 있으나 이는 합리적 이유 없이 일반 사인(私人)에 비하여 국가를 지나치게 우대하는 차별적 조항이라는 비판이 있어 왔다. ② 이러한 문제를 해소하기 위해 국가를 상대로 하는 당사자소송의 경우에는 가집행선고를 할 수 없도록 한 규정을 삭제하였다. 이로써 국민의 권리실현이 신속하게 이루어질 수 있을 것으로 기대된다.

제 2 절 　행정소송의 한계

제 1 항 　문제상황

Ⅰ. 행정소송의 대상

1. 열기주의

열기주의란 행정법원이 관할권을 갖는 경우를 입법자가 명시적으로 나열하는 방식을 말한다. 열기주의에 의하면, 입법자가 명시하지 아니한 사건은 행정법원이 재판권을 갖지 못한다. 열기주의는 1945년까지의 독일의 지배적인 형태이었다.

2. 개괄주의

개괄주의란 행정법원이 기본적으로 모든 행정법상의 분쟁에 대하여 관할권을 갖는 방식을 말한다. 개괄주의는 행정의 효과적인 통제라는 법치국가의 요구에 부응하는 가장 적합한 방식이다. 왜냐하면 개괄주의에 의할 때에 국민들은 행정청의 모든 위법한 공법작용을 행정법원에서 다툴 수 있기 때문이다. 행정소송법은 개괄주의를 채택하고 있다(행소법 제1조, 제4조 제1호, 제19조). 그러나 협소한 처분개념(모든 공권력이 아니라 처분과 재결만을 소의 대상으로 한다)과 제한된 소송형식(사실행위를 다투는 소송형식은 없다)으로 인해 모든 위법한 공법작용에 대하여 권리보호(행정소송)가 이루어지고 있는 것은 아니라는 것이 현행 행정소송법이 갖는 중대한 문제점이다.

Ⅱ. 한계문제의 의미

행정소송에 개괄주의가 적용된다고 하여 모든 행정사건이 행정소송의 대상이 되는 것은 아니다. 행정소송은 행정사건을 판단의 대상으로 하는 것이지만, 행정소송은 사법작용(구체적인 법률상의 분쟁이 있는 경우에 당사자의 소송제기를 전제로 하여 그 사건에 무엇이 법인가를 판단·선언하는 작용)의 일부이므로, 행정소송도 당연히 사법권이 미치는 한계 내에서만 인정될 수 있다. 행정소송에 대한 사법심사의 한계는 ① 사법의 본질에서 나오는 한계와 ② 권력분립원리에서 나오는 한계로 나누어 살펴볼 필요가 있다.

행정소송의 대상과 한계

행정소송의 대상(개괄주의)		법률상 쟁송(법조법 제2조 제1항 제1문) 처분(행소법 제2조 제1항 제1호) 부작위(행소법 제2조 제1항 제2호)
행정소송의 한계	사법본질적 한계	구체적 사건성의 한계 ① 사실행위 ② 추상적 규범통제 ③ 객관적 소송 ④ 반사적 이익
		법적용상의 한계 ① 행정상 방침규정 ② 재량행위·판단여지 ③ 특별권력관계 ④ 통치행위
	권력분립적 한계	의무이행소송·예방적 부작위소송· 작위의무확인소송·적극적 형성판결 등

제 2 항 사법본질적 한계

Ⅰ. 법률상 쟁송의 의의

법원은 헌법에 특별한 규정이 있는 경우를 제외한 일체의 법률상의 쟁송을 심판한다(법조법 제2조 제1항 제1문). 법률상 쟁송이 아니면 행정소송의 대상이 되지 아니한다. 확립된 법률상 쟁송의 개념은 찾아보기 어렵다. 본서는 법률상 쟁송의 개념을 「권리주체 간의 구체적인 법률관계(이와 관련하여 추상적 규범통제와 사실행위가 문제된다)에서 특정인(이와 관련하여 객관적 소송이 문제된다)의 법률상 이익(이와 관련하여 반사적 이익이 문제된다)에 관한 법령(이와 관련하여 방침규정이 문제된다)의 해석·적용(이와 관련하여 소위 법으로부터 자유로운 행위인 재량행위·특별권력관계에서의 행위·통치행위가 문제된다)에 관한 분쟁」으로 정의하기로 한다. 이러한 개념은 ① 권리주체 간의 구체적인 법률관계를 둘러싼 특정인의 법률상 이익에 관한 분쟁의 부분과 ② 법령의 해석·적용의 부분으로 구분할 수 있는바, 전자가 구체적 사건성의 문제이고, 후자가 법적용상의 문제이다. 단순하게 말하면, 법률상 쟁송으로서 행정소송은 구체적 사건성과 법적용상의 분쟁을 개념요소로 한다.

Ⅱ. 구체적 사건성의 한계

구체적 사건성의 한계란 권리주체 간의 법률상 이익에 관한 구체적인 법적 분쟁이 아니면 행정소송의 대상이 되지 않는다는 점에서 나오는 행정소송의 한계를 말한다. 이와 관련하여 다음의 사항들이 행정소송의 한계로서 문제된다.

1. 사실행위

행정소송은 법률적 쟁송의 문제, 즉 공법상 권리·의무관계에 관한 소송이므로, 단순한 사실관계의 존부 등의 문제는 행정소송의 대상이 되지 아니한다(판례). 위법한 공법상 사실행위로 인한 재산상 피해의 배상을 구하는 소송은 가능하지만, 위법한 공법상 사실행위 그 자체의 예방 내지 부작위를 구하는 소송은 인정되고 있지 않다.

> [판례] 국가보훈처장 등이 발행한 책자 등에서 독립운동가 등의 활동상을 잘못 기술하였다는 등의 이유로 그 사실관계의 확인을 구하거나, 국가보훈처장의 서훈추천서의 행사·불행사가 당연무효 또는 위법임의 확인을 구하는 청구가 항고소송의 대상이 되는지 여부
> (국가보훈처장 등을 상대로 청산리전투에 항일무장단체 대한민국회직속 홍범도 연합부대가 참전했었음에도 독립유공자 훈격을 격하 추천한 것은 홍범도 연합부대에게 법익침해 훼손과 국민을 기망·오도한 불법이었음을 확인한다는 등을 구한 독립기념관 전시물사건에서) 피고 국가보훈처장이 발행·보급한 독립운동사, 피고 문교부장관이 저작하여 보급한 국사교과서 등의 각종 책자와 피고 문화부장관이 관리하고 있는 독립기념관에서의 각종 해설문·전시물의 배치 및 전시 등에 있어서, 일제치하에서의 국내외의 각종 독립운동에 참가한 단체와 독립운동가의 활동상을 잘못 기술하거나, 전시·배치함으로써 그 역사적 의의가 그릇 평가되게 하였다는 이유로 그 사실관계의 확인을 구하고, 또 피고 국가보훈처장은 이들 독립운동가들의 활동상황을 잘못 알고 국가보훈상의 서훈추천권을 행사함으로써 서훈추천권의 행사가 적정하지 아니하였다는 이

유로 이러한 서훈추천권의 행사, 불행사가 당연무효임의 확인, 또는 그 부작위가 위법함의 확인을 구하는 청구는 **과거의 역사적 사실관계의 존부나 공법상의 구체적인 법률관계가 아닌 사실관계에 관한 것들을 확인의 대상으로 하는 것이거나 행정청의 단순한 부작위를 대상으로 하는 것으로서 항고소송의 대상이 되지 아니하는 것이다**(대판 1990. 11. 23, 90누3553).

2. 추상적 규범통제

(1) 의　　의　　행정소송은 구체적 사건이라는 법적 분쟁에 대한 행정법령의 해석·적용을 의미하므로, 구체적 사건과 무관하게 추상적 법령의 효력을 다투는 추상적 규범통제는 법률상 쟁송에 해당되지 않는다(판례 1). 헌법은 구체적 규범통제를 규정하고 있으므로(헌법 제107조 제1항·제2항), 구체적 사건에서 처분의 근거법령의 위헌·위법 여부가 재판의 전제가 된 경우에만(판례 2) 법령의 효력·해석에 관하여 다툴 수 있다(구체적 규범통제).

> **판례 1**　일반적, 추상적 법령이 행정소송의 대상이 될 수 있는지 여부
> (원고(에스엠씨 가부시키가이샤)가 피고(기획재정부장관)의 덤핑방지관세부과처분의 취소를 구한 사건에서) 항고소송의 대상이 되는 행정처분은 행정청의 공법상 행위로서 특정 사항에 대하여 법률에 의하여 권리를 설정하고 의무의 부담을 명하거나 그 밖의 법률상 효과를 발생하게 하는 등으로 상대방의 권리의무에 직접 영향을 미치는 행위이어야 하고, 다른 집행행위의 매개 없이 그 자체로 상대방의 구체적인 권리의무나 법률관계에 직접적인 변동을 초래하는 것이 아닌 일반적, 추상적인 법령 등은 그 대상이 될 수 없다(대판 2022. 12. 1, 2019두48905).

> **판례 2**　구체적 규범통제에서 '재판의 전제'의 의미
> (현대엔지니어링 주식회사가 울산광역시 상수도사업본부 동부사업소장을 피고로 급수공사비등부과처분의 취소를 구한 사건에서) 법원이 법률 하위의 법규명령, 규칙, 조례, 행정규칙 등(이하 '규정'이라 한다)이 위헌·위법인지를 심사하려면 그것이 '재판의 전제'가 되어야 한다. 여기에서 '재판의 전제'란 구체적 사건이 법원에 계속 중이어야 하고, 위헌·위법인지가 문제 된 경우에는 규정의 특정 조항이 해당 소송사건의 재판에 적용되는 것이어야 하며, 그 조항이 위헌·위법인지에 따라 그 사건을 담당하는 법원이 다른 판단을 하게 되는 경우를 말한다. 따라서 법원이 구체적 규범통제를 통해 위헌·위법으로 선언할 심판대상은, 해당 규정의 전부가 불가분적으로 결합되어 있어 일부를 무효로 하는 경우 나머지 부분이 유지될 수 없는 결과를 가져오는 특별한 사정이 없는 한, 원칙적으로 해당 규정 중 재판의 전제성이 인정되는 조항에 한정된다(대판 2019. 6. 13, 2017두33985).

(2) 추상적 규범통제 인정 여부　　판례는 부정적이지만, 헌법상 추상적 규범통제가 반드시 배제된다고 보는 것은 문제이다. 생각건대 헌법 제107조 제2항은 다만 구체적 규범통제의 보장만을 규정하고 있을 뿐이고, 추상적 규범통제의 도입 여부는 입법자의 판단에 맡겼다고 볼 것이다. 이러한 시각에서 볼 때, 우리의 입법자는 지방자치법 제192조 제8항 중 "법령에 위반되는 지방의회의 의결사항이 조례안인 경우로서 재의요구지시를 받기 전에 그 조례안을 공포한 경우"에 추상적 규범통제를 도입하였다고 볼 것이다(제192조 제4항의 기관소송도 추상적 규범통제의 성질을 갖는다고 볼 여지가 있다).

[참고조문] 지방자치법 제192조(지방의회 의결의 재의와 제소) ④ 지방자치단체의 장은 제 3 항에 따라 재의결된 사항이 법령에 위반된다고 판단되면 재의결된 날부터 20일 이내에 대법원에 소를 제기할 수 있다. ….

⑧ 제 1 항 또는 제 2 항에 따라 지방의회의 의결이 법령에 위반된다고 판단되어 주무부장관이나 시·도지사로부터 재의요구지시를 받은 해당 지방자치단체의 장이 재의를 요구하지 아니하는 경우$\binom{\text{법령에 위반되}}{\text{는 지방의회}}$의 의결사항이 조례안인 경우로서 재의요구지시를 받기 전에 그 조례안을 공포한 경우를 포함한다)에는 주무부장관이나 시·도지사는 제 1 항 또는 제 2 항에 따른 기간이 지난 날부터 7일 이내에 대법원에 직접 제소 및 집행정지결정을 신청할 수 있다.

3. 객관적 소송

민중소송이나 기관소송 같은 행정의 적법성의 보장을 주된 내용으로 하는 객관적 소송은 개인의 구체적인 권리·의무에 직접 관련되는 것은 아니므로, 법률에 특별한 규정$\binom{\text{행소법}}{\text{제45조}}$이 없는 한 인정되지 아니한다$\binom{\text{객관소송}}{\text{법정주의}}$.

4. 반사적 이익

행정소송은 구체적인 법률관계에서 법률상 이익이 침해된 자가 소송을 제기함으로써 진행되는 절차이므로$\binom{\text{행소법 제12조,}}{\text{제35조, 제36조}}$, 법률상 이익의 침해에 해당하지 않는 반사적 이익의 침해는 행정소송의 대상이 되지 아니한다$\binom{\text{대판 1963. 8. 22,}}{\text{63누97}}$.

Ⅲ. 법적용상의 한계

법적용상의 한계란 행정법령의 적용을 통하여 해결될 수 있는 분쟁이라야 한다는 점에서 나오는 행정소송의 한계를 말한다. 이와 관련하여 다음이 문제된다.

1. 행정상 훈시규정(방침규정)

어떠한 법규가 단순히 행정상의 방침만을 규정하고 있을 뿐일 때에는 그 규정의 준수와 실현을 소송으로써 주장할 수 없다. 훈시규정은 다만 행정청에 행하여진 하나의 기준에 불과한 것이고, 행정청에 의무를 부과하는 것도 아니고 직접 개인의 권리나 이익의 보호를 목적으로 하는 것도 아니기 때문이다. 문제는 어떠한 규정이 훈시규정인가의 여부이다. 이러한 문제의 해석에는 당해 조문의 표현·목적뿐만 아니라, 당해 법률 전체의 목적·구조 등도 고려하여야 한다.

2. 재량행위·판단여지

(1) 재량행위　　① 재량행위는 재량권의 일탈·남용이 없는 한 사법심사의 대상이 되지 않는다는 점에서$\binom{\text{행소법}}{\text{제27조}}\binom{\text{통설의}}{\text{입장}}$, 재량행사에 하자가 없는 한 재량행사의 문제는 행정법령의 적용을 통해서 해결될 분쟁에 해당되지 않는다. 한편 ② 소송법상의 문제로서 재량행위를 다투는 소송이 제기되었을 때, 이를 각하판결과 기각판결 중 어느 판결로 배척할 것인가의 문제가 있다. 재량행위는 소송요건이 결여된 것이라 보면 각하판결을 하여야 할 것이고, 재량행위성의 유무와 재량권 남용·일탈의 문제가 검토된 후라야만 청구의 배척이 가능한 것이라는 실제적 상황에 중점을 둔

다면 기각판결을 해야 할 것이다. 후자가 통설·판례의 입장이다.

(2) 판단여지   예외적으로 행정법령의 요건에 규정된 불확정개념의 해석·적용과 관련하여 행정청의 판단여지가 인정되면 사법심사가 제한되므로 행정법령의 적용을 통하여 해결될 분쟁에 해당되지 않는다.

(3) 계획재량   계획재량의 경우, 행정청에 형성의 자유($^{계획}_{재량}$)가 인정되는 범위 안에서의 행정청의 결정은 사법심사와 거리가 멀다. 그러나 형성의 자유가 인정되는 영역에서도 형량명령을 위반한 형량하자가 있다면, 당연히 사법심사의 대상이 된다. 형량하자에는 형량의 해태, 형량의 흠결, 그릇된 형량이 있다.

3. 소위 특별권력관계에서의 행위

① 종래 특별권력관계의 내부질서유지를 위한 지배 내지 관리행위는 법률적 쟁송이 아니어서 행정소송의 대상이 되지 않는다고 함이 통설이었다. 그 이유는 특별권력관계에서의 행위는 행정행위에 해당하지 않고, 사법권은 일반 시민사회의 법질서의 유지를 목적으로 하는 것이기 때문이라는 것이었다. 그러나 ② 이미 살펴본 대로 법적 통제 밖에 놓이는 특별권력관계라는 것은 인정될 수가 없다. 행정처분의 성질을 갖는 한 소위 특별권력관계에서의 행위도 전면적으로 사법심사의 대상이 된다($^{다수설·}_{판례}$).

4. 통치행위

고도의 정치적 성격을 갖는 일련의 행위는 사법심사로부터 거리가 멀다. 통치행위의 관념을 인정하는 것이 외국의 일반적인 경향이고, 또한 우리의 학설·판례의 경향이다. 다만 통치행위의 범위는 나라에 따라 다소 상이하다. 그러나 오늘날에 있어서는 통치행위의 범위를 좁히는 방향으로 나아가고 있는 것이 이론의 경향이다. 한편, 국회의원의 징계처분은 일종의 통치행위로서 사법심사의 대상이 아니지만($^{헌법 제64}_{조 제3항}$), 지방의회의원의 징계처분($^{지자법 제}_{98조 이하}$)은 행정소송의 대상이 되는 처분에 해당한다.

제 3 항   권력분립적 한계(사법의 적극성)

Ⅰ. 의무이행소송·적극적 형성소송의 인정 여부

1. 문제상황

행정청이 법에서 명령되는 처분을 행하지 않거나 법에 반하는 처분을 한 경우, 법원이 판결로써 행정청에 일정한 처분을 행할 것을 명하거나($^{이행}_{판결}$) 또는 법원이 행정청을 대신하여 판결로써 직접 어떠한 처분을 행할 수 있는가($^{적극적}_{형성판결}$)는 문제가 된다. 왜냐하면 사법작용의 하나인 행정소송을 통하여 법원이 행정청의 권한을 대신 행하는 것이 가능한 것인가의 여부는 권력분립의 원칙과 관련하여 문제가 될 수도 있기 때문이다.

2. 입 법 례

영미의 경우에는 직무집행명령·이행명령 등 행정청에 의무를 부과하는 소송을 인정하고 있고, 독일의 경우에도 의무화소송이 인정되고 있다. 일본은 부작위위법확인소송 외에 의무이행소송도 인정하고 있다.

3. 학설·판례

(1) 학   설

1) 소극설(부정설)   ① 법원은 행정기관 또는 행정감독기관도 아니고, ② 행정소송법 제 3 조와 제 4 조는 행정소송을 제한적으로 열거하고 있고, ③ 행정에 대한 1차적 판단권은 행정기관에 있으므로, 법원은 취소 또는 무효확인판결을 할 수 있을 뿐 이행판결이나 적극적 형성판결은 할 수 없다는 것이 소극설의 입장이다(김남진,류지태). 소극설은 권력분립의 견지에서 사법의 적극성을 부인하는 입장이고, 따라서 소극설의 입장에서는 행정소송법 제 4 조 제 1 호의 변경을 일부취소를 의미하는 것으로 보게 된다.

2) 적극설(긍정설)   ① 행정소송법이 변경이라는 용어를 사용하고 있고, ② 행정소송법 제 3 조와 제 4 조는 행정소송을 예시하고 있다고 볼 것이고, ③ 행정의 적법성 보장과 동시에 개인의 권리보호도 효과적으로 이루어져야 하고, 또한 ④ 급부소송(이행소송)이 사법권에 의한 침해라고 한다면 행정청이 유효하다고 주장하는 처분을 취소하는 그 자체도 일종의 사법권에 의한 침해라고 보아야 할 것이어서 이행소송의 인정이 권력분립원칙에 반하는 것은 아니라는 것이 적극설의 입장이다(변재옥,이상규). 적극설에 따르면 현행 행정소송법 제 4 조 제 1 호의 변경은 일부취소가 아니라 문자 그대로 적극적인 변경을 의미하는 것으로 새기게 된다.

3) 절 충 설   헌법상의 재판을 받을 권리에 비추어 법정항고소송에 의해서는 실효성 있는 권익구제가 기대될 수 없는 경우에 인정될 수 있다는 견해이다. 예컨대 부작위위법확인소송으로 부작위에 대한 실효성 있는 구제가 가능하지 않은 경우에 한하여 예외적으로 인정될 수 있다고 한다. 그리고 그것이 예외적으로 허용되는 경우로 ① 행정청에게 1차적 판단권을 행사하게 할 것도 없을 정도로 처분요건이 일의적으로 정하여져 있고, ② 사전에 구제하지 않으면 회복할 수 없는 손해가 발생할 우려가 있으며, ③ 다른 구제방법이 없는 경우 등을 들고 있다(김동희, 박균성, 박윤흔).

(2) 판   례

판례는 소극설의 입장을 취한다. 즉, 판례는 의무이행소송과 적극적 형성판결을 부인하고[판례 1, 2], 작위의무확인소송도 부인하고[판례 3], 예방적 부작위소송도 부인한다[판례 4, 5].

판례 1   검사에 대한 압수물 환부이행청구소송이 허용되는지 여부

(서울지방검찰청 남부지청 검사의 압수물품에 대한 원고의 환부신청에 대하여 한 피고의 부작위가 위법함을 확인하는 부작위위법확인소송에서) 검사에게 압수물 환부를 이행하라는 청구는 **행정청의 부작위에 대하여 일정한 처분을 하도록 하는 의무이행소송으로 현행 행정소송법상 허용되지 아니한다**(대판 1995. 3. 10, 94누14018).

판례 2   행정소송법상 이행판결이나 형성판결을 구하는 소송이 허용되는지 여부

(진해시장의 의창수산업협동조합 등에 대한 공동어업권면허면적조정
신청서반려처분의 취소를 구한 진해시 의창수산업협동조합사건에서) 현행 행정소송법상 행정청으로 하여금 **일정한 행정처분을 하도록 명하는 이행판결을 구하는 소송**이나 법원으로 하여금 행정청이 일정한 **행정처분을 행한 것과 같은 효과가 있는 행정처분을 직접 행하도록 하는 형성판결을 구하는 소송은 허용되지 아니한다**(대판 1997. 9. 30,\n97누3200).

판례 3   국가보훈처장 등이 발행한 책자 등에서 독립운동가 등의 활동상을 잘못 기술하였다는 등의 이유로 그 사실관계의 확인을 구하거나, 국가보훈처장의 서훈추천서의 행사·불행사가 당연무효 또는 위법임의 확인을 구하는 청구가 항고소송의 대상이 되는지 여부

(독립기념관 전\n시물사건에서) 피고 국가보훈처장 등에게, 독립운동가들에 대한 서훈추천권의 행사가 적정하지 아니하였으니 이를 바로잡아 다시 추천하고, 잘못 기술된 독립운동가의 활동상을 고쳐 독립운동사 등의 책자를 다시 편찬, 보급하고, 독립기념관 전시관의 해설문, 전시물 중 잘못된 부분을 고쳐 다시 전시 및 배치할 의무가 있음의 확인을 구하는 청구는 **작위의무확인소송**으로서 항고소송의 대상이 되지 아니한다(대판 1990. 11. 23,\n90누3553).

판례 4   준공처분을 하여서는 아니 된다는 판결을 구하는 소송의 인정 여부

(원고가 전주시장의 A에 대한 근린생활시설(의원 및 주택)의 건축허가처분의\n취소와 준공처분을 하지 말 것(부작위)을 구한 전주시 근린생활시설사건에서) 건축건물의 준공처분을 하여서는 아니 된다는 내용의 **부작위를 구하는 청구**는 행정소송에서 허용되지 아니하는 것이므로 부적법하다 (대판 1987. 3. 24,\n86누182).

판례 5   보건복지부고시를 적용하여 요양급여비용을 결정하여서는 아니 된다는 판결을 구하는 소송의 인정 여부

(사단법인 대한의사협회 등이 보건복지부장관 등을 피\n고로 한 건강보험요양급여행위등처분취소청구소송에서) 행정소송법상 행정청이 일정한 처분을 하지 못하도록 그 **부작위를 구하는 청구**는 허용되지 않는 부적법한 소송이라 할 것이므로, 피고 국민건강보험공단은 이 사건 고시(건강보험요양급여행위 및\n그 상대가치점수 개정)(보건복지부고시\n제2001-32호)를 적용하여 요양급여비용을 결정하여서는 아니 된다는 내용의 원고들의 위 피고에 대한 이 사건 청구는 부적법하다 할 것이다(대판 2006. 5. 25,\n2003두11988).

(3) 사 견   ① 이행판결은 행정권이 법상 명령되는 바를 따르지 않은 경우에 주어지는 것인 만큼 결코 그것이 행정권의 1차적 판단권을 침해하는 것이라는 논거는 타당하지 않고, ② 권력분립이라는 것도 인권의 보장에 참뜻이 있는 것이지 권력의 분립 그 자체에 참뜻이 있는 것은 아니고, ③ 사법의 적극성이 인정되는 예를 외국에서 볼 수 없는 것도 아니다. 그리고 ④ 행정소송법상 행정소송의 종류를 제한적으로 새겨야 할 필연적인 사유도 없다는 점 등을 고려하여 이행판결 내지 적극적 형성판결 등을 긍정하는 것이 타당하다.

4. 최근 입법동향

정부(법\n무부)는 2007년 11월 19일에 행정소송법개정안을 제출한 바 있었는데(이 개정안은 2008년 5월 29\n일 제17대 국회의원의 임기 종료로 헌법 제51조 단서)\n에 의해 자동 폐기되었다), 그 개정안 제4조 제3호는 의무이행소송(당사자의 신청에 대한 행정청의 위법한 거부처분\n또는 부작위에 대하여 처분을 하도록 하는 소송)을 규정하였다. 뿐만 아니라 정부(법\n무부)가 2013년 3월 20일에 입법예고하였던 행정소송법 전부개

정법률안 제 4 조 제 4 호도 의무이행소송(행정청의 위법한 거부처분이나 부작위에 대하여 처분을 하도록 하는 소송)을 규정하고 있다. 정부가 의무이행소송을 도입하겠다는 것은 고무적이다.

Ⅱ. 예방적 부작위소송(예방적 금지소송)

1. 의 의

예방적 부작위소송이란 위법한 행정작용을 미리 저지할 것을 목적으로 장래에 있을 특정한 행정행위 또는 그 밖의 행위의 발동에 대한 방지를 구하는 소송을 말한다.

2. 인정 여부

(1) 학 설

1) 부정설 행정에 대한 제 1 차적 판단권은 행정청에게 귀속시켜야 하고, 행정소송법은 사인의 수익적 처분 신청에 대한 위법한 부작위에 대한 확인소송만을 인정하고 있으며(행소법 제 2 조 제 1 항 제 2 호), 행정소송법 제 4 조를 제한적 열거규정으로 보아야 한다는 점을 근거로 한다. 오늘날 이 견해를 주장하는 학자는 찾아보기 어렵다.

2) 긍정설 예방적 부작위소송이 인정되어야 실효적인 권리구제가 되는 경우가 있으며, 행정소송법 제 4 조를 예시적 규정임을 근거로 한다(다수설).

3) 제한적 긍정설 법정항고소송으로 실효적인 권리구제가 되지 않는 경우 보충적으로 무명항고소송을 인정하자는 견해로 처분요건이 일의적이며, 미리 구제하지 않으면 회복하기 어려운 손해발생 우려가 있고, 다른 구제수단이 없는 경우라야 예방적 부작위소송이 가능하다고 본다.

(2) 판 례 판례는 「피고에 대하여 이 사건 신축건물의 준공처분을 하여서는 아니 된다는 내용의 부작위를 구하는 원고의 예비적 청구는 행정소송에서 허용되지 아니하는 것이므로 부적법하다(대판 1987. 3. 24. 86누182)」고 하여 부정한다.

(3) 사 견 장래 침익적 처분의 발령이 확실하다면 행정청은 이미 제 1 차적 판단권을 행사하였다고 보아야 할 것이어서 그에 대한 예방적 소송은 행정청의 제 1 차적 판단권 침해가 아니며, 현행법상 항고소송에 침익적 처분에 대한 예방적인 권리구제수단이 인정되지 않는바 이를 긍정함이 타당하다(권력적 사실행위, 환경소송 등의 경우 인정필요성이 크다).

3. 최근 입법동향

정부(법무부)는 2007년 11월 19일에 행정소송법개정안을 제출한 바 있었는데, 그 개정안 제 4 조 제 4 호는 예방적 금지소송(행정청이 장래에 위법한 처분을 할 것이 임박한 경우에 그 처분을 금지하는 소송)을 규정하였는데, 그것은 예방적 부작위소송의 한 형태에 해당한다. 그런데 정부(법무부)가 2013년 3월 20일에 입법예고하였던 행정소송법 전부개정법률안에는 예방적 금지소송이 삭제되었다. 예방적 금지소송의 도입에 대한 정부의 의지가 약화된 것으로 보인다.

제 2 장 항고소송

제 1 절 취소소송

제1항 취소소송의 관념

1. 의 의

취소소송이란 행정청의 위법한 처분등을 취소 또는 변경하는 소송을 말한다($\binom{행소법 제4}{조 제1호}$). 행정행위의 무효선언을 구하는 의미의 취소소송도 판례상 취소소송의 하나로 인정되고 있다. 취소소송은 항고소송의 중심적인 위치에 놓인다.

2. 종 류

취소소송의 대상인 처분등은 처분과 재결을 의미하므로($\binom{행소법 제2조}{제1항 제1호}$), 취소소송으로 다투는 대상과 구하는 판결의 내용에 따라 취소소송은 다시 처분취소소송·처분변경소송·재결취소소송·재결변경소송, 그리고 판례상 인정된 무효선언을 구하는 취소소송으로 구분된다.

3. 성 질

취소소송은 개인의 권익구제를 직접적인 목적으로 하는 주관적 소송이다. 또한 기존처분의 적법 여부를 심사하는 것이므로 복심적 소송이다. 취소소송은 위법처분으로 인해 발생한 위법상태의 제거를 위한 소송형식이고, 취소소송의 판결은 유효한 행위의 효력을 소멸시키는 것이므로 형성소송에 속한다. 이것은 전통적 견해의 입장이자 판례의 입장이다($\binom{판례}{1, 2}$).

[판례 1] 취소소송의 성질
($\binom{원고 주식회사 극동토건, 피고 충청북도행정심판위원회, 피고보조참가인으로 주식회사 한마음}{건설 사이에서 피고의 주택건설사업계획변경승인신청반려처분취소재결의 취소를 구한 사건에서}$) 행정청이 한 처분 등의 취소를 구하는 소송은 처분에 의하여 발생한 위법 상태를 배제하여 원래 상태로 회복시키고 처분으로 침해된 권리나 이익을 구제하고자 하는 것이다. … 해당 처분 등의 취소를 구하는 것보다 실효적이고 직접적인 구제수단이 있음에도 처분 등의 취소를 구하는 것은 특별한 사정이 없는 한 분쟁해결의 유효적절한 수단이라고 할 수 없어 법률상 이익이 있다고 할 수 없다($\binom{대판 2017. 10. 31,}{2015두45045}$).

[판례 2] 이의재결의 취소를 구하던 중 사업시행기간이 경과한 경우, 이의재결의 취소를 구할 소의 이익이 있는지 여부
($\binom{중앙토지수용위원회를 피고로 한 토}{지수용이의재결처분취소청구소송에서}$) 도시계획시설사업의 시행자가 도시계획시설사업의 실시계획에서 정

한 사업시행기간 내에 토지에 대한 수용재결 신청을 하였다면, 그 신청을 기각하는 내용의 이의재결의 취소를 구하던 중 그 사업시행기간이 경과하였다 하더라도, 이의재결이 취소되면 도시계획시설사업 시행자의 신청에 따른 수용재결이 이루어질 수 있어 원상회복이 가능하므로 위 사업시행자로서는 이의재결의 취소를 구할 소의 이익이 있다(대판 2007. 1. 11, 2004두8538).

행정소송법 제29조 제 1 항(처분등을 취소하는 확정판결은 제 3 자에 대하여도 효력이 있다)은 취소소송이 형성소송임을 말해 주는 하나의 실정법상 근거로 볼 수 있다. 한편 취소소송은 행정행위가 발령 당시에 이미 위법하였다는 확인을 구하는 소송이라는 견해(확인소송설)(박정훈)와 형성소송의 성질과 확인소송의 성질을 모두 갖는 소송이라는 견해도 있다(구제소송설).

4. 소 송 물

(1) 법적 분쟁의 동일성   소송의 대상을 소송물이라 한다. 법적 분쟁의 동일성은 소송물의 개념에 따라 정해진다. 즉, 소송물의 개념은 행정소송 해당 여부, 관할법원, 소송의 종류, 소의 병합과 소의 변경, 소송계속의 범위, 그리고 기판력의 범위 및 그에 따른 판결의 기속력의 범위를 정하는 기준이 된다(예: 동일한 소송물에 대한 소송은 이중소송이 된다). 처분이유의 추가·변경이 처분의 동일성의 범위 내에서 인정된다는 것도 소송물과 관련하여 의미를 갖는다.

(2) 소송물의 개념

1) 학   설   행정소송법상 일치된 소송물의 개념은 없다. 학설은 ① 다툼 있는 행정행위 그 자체를 소송물로 보는 견해, ② 행정행위의 위법성 그 자체(행정행위의 위법성 일반)로 보는 견해(김동희, 박윤흔, 김연태, 정하중), ③ 취소소송을 확인소송으로 보면서, 학설·판례가 처분의 위법성 일반'에만 치중하고 전반부의 처분' 부분은 고려대상에서 제외(또는 당초처분 내지 특정처분으로 한정)하고 있음을 지적하며 당초처분 및 이와 동일한 규율인 처분의 위법성 일반'을 소송물로 보는 견해, 즉 취소소송의 소송물은 처분(처분의 동일성은 '규율의 동일성'으로 판단)'과 위법성 일반(이는 ②설과 같다)' 2가지 요소로 구성되며, 소송물의 요소로서 처분'을 당초처분 내지 특정처분을 넘어 이와 동일한 규율인 처분'까지 확장하는 견해(다만, 이 견해는 소송물이라는 하나의 단위를 기판력, 기속력, 처분사유의 추가·변경의 허용범위 모두에 공통된 판단기준으로 삼는다), ④ 처분등이 위법하고 또한 처분등이 자기의 권리를 침해한다는 원고의 법적 주장을 소송물로 보는 견해(홍준형·김남진), ⑤ 처분의 객관적 위법성은 당사자의 법적 주장 자체와는 관계없다는 이유로 처분을 통해 자신의 권리가 침해되었다는 원고의 법적 주장을 소송물로 보는 견해(류지태) 등으로 나뉜다.

2) 판   례   판례는 ②설을 취한다(판례 1, 2, 3).

판례 1   취소소송의 소송물

(서울특별시 서초구청장의 도로점용허가처분에 대하여 서초구 주민들이 주민소송을 제기한 사건에서) 취소소송의 소송물은 '처분의 위법성 일반'이라는 것이 대법원의 확립된 견해이다(대법원 1990. 3. 23. 선고 89누5386 판결, 대법원 1994. 3. 8. 선고 92누1728 판결 등 참조). 취소소송에서 법원은 해당 처분이 헌법, 법률, 그 하위의 법규명령, 법의 일반원칙 등 객관적 법질서를 구성하는 모든 법규범에 위반

되는지 여부를 기준으로 처분의 위법성을 판단하여야 하고, 이는 주민소송에서도 마찬가지이다 $\binom{대판\ 2019.\ 10.\ 17,}{2018두104}$.

> 판례 2   취소소송의 소송물과 확정판결의 기판력
>
> $\binom{주식회사\ 남범주택이\ 속초시장을\ 상대로\ 주택}{건설사업계획승인처분무효를\ 구한\ 사건에서}$ **취소판결의 기판력은 소송물로 된 행정처분의 위법성 존부에 관한 판단 그 자체에만 미치는 것이므로 전소와 후소가 그 소송물을 달리하는 경우에는 전소 확정판결의 기판력이 후소에 미치지 아니하는 것인바**, 원심이 확정한 바에 의하더라도 전 소송은 이 사건에서의 피고 보조참가인이 원고가 되어 피고를 상대로 피고가 1990. 2. 3.에 한 이 사건 변경승인취소처분의 취소를 구하는 소송에서 이 사건에서의 원고가 피고 보조참가인이 되어 원고$\binom{이\ 사건에서}{의\ 피고\ 보조}$ $\binom{참가}{인}$의 청구를 다투는 형식이었는데 반하여, 이 사건 소송은 원고가 피고를 상대로 1988. 9. 6.자 피고의 이 사건 변경승인의 무효확인$\binom{주위적}{으로}$ 또는 취소$\binom{예비적}{으로}$를 구하는 소송에서 피고 보조참가인이 피고를 보조하여 원고의 청구를 다투는 것이어서, **전 소송과 이 사건 소송은 그 청구취지를 달리하는 것이므로 전 소송의 판결의 기판력은 그 소송물이었던 1990. 2. 3.자 변경승인취소처분의 위법성 존부에 관한 판단 그 자체에만 미치는 것이고 그 소송물을 달리하는 이 사건 소에는 미치지 아니한다고 보아야 할 것이다**$\binom{대판\ 1996.\ 4.\ 26,}{95누5820}$.

> 판례 3   과세처분취소소송의 소송물
>
> $\binom{안양세무서장의\ 오성판지(주)에\ 대한\ 법}{인세등부과처분의\ 취소를\ 구한\ 사건에서}$ 원래 과세처분이란 법률에 규정된 과세요건이 충족됨으로써 객관적·추상적으로 성립한 조세채권의 내용을 구체적으로 확인하여 확정하는 절차로서, **과세처분취소소송의 소송물은 그 취소원인이 되는 위법성 일반**이고 그 심판의 대상은 과세처분에 의하여 확인된 조세채무인 과세표준 및 세액의 객관적 존부이다$\binom{대판\ 1990.\ 3.\ 23,}{89누5386}$.

3) 사　견

(개) 비　판　①설은 다툼이 있는 행위 그 자체는 제소의 목적과 거리가 멀고 또한 취소의 대상과 소송물은 구별되어야 하며, ②설에 따르면 원고의 권리를 직접 침해하는 것이 아니라도 처분이 위법하기만 하면 인용될 수 있다는 점, 취소소송은 권리구제를 주된 목적으로 하는 주관적 소송이라는 성격을 고려할 때 문제가 있으며, 취소소송에서 패소한 원고가 국가배상청구소송에서 승소할 가능성이 박탈된다는 점에서 문제가 있다. 하여간 ②설이 우리의 일반적 견해이다. ③설은 기본적으로 ②설과 같은 문제점을 가진다. ⑤설도 소송물에서 위법성을 제외하면 동일한 처분을 근거로 국가배상청구를 함에 있어 취소판결의 기판력을 원용할 수 없게 되는 결과가 된다는 점에서 문제점을 가진다.

(내) 결　론　생각건대 행정소송법 제1조가 규정하는 행정소송의 목적$\binom{권리침해}{의\ 구제}$과 행정소송법 제4조 제1호가 규정하는 취소소송의 의의$\binom{행정청의\ 위법한\ 처분등을}{취소\ 또는\ 변경하는\ 소송}$에 비추어 취소소송의 소송물을 ④설로 새기는 것이 보다 합리적이다. ④설은 처분권주의에 부합하고, 항고소송의 인용판결의 기판력은 국가배상청구소송에 영향을 미치지만, 기각판결의 기판력은 국가배상청구소송에 미치지 않는다는 것을 설명하는 데 적합하다. 다만, 이하에서 소송물과 관련되는 부분을 기술할

때에는 특별한 지적이 없는 한, 독자들의 이해의 편의를 위해 일반적 견해인 ②설의 입장을 전제로 기술한다.

5. 행정소송 상호간의 관계

(1) 취소소송과 무효등확인소송의 관계

1) 병렬관계　　취소소송과 무효확인소송은 보충의 관계에 있는 것이 아니라 서로 병렬관계에 있다. 그러므로 행정청의 처분등에 불복하는 자는 소송요건을 충족하는 한 바라는 목적을 가장 효과적으로 달성할 수 있는 항고소송의 종류를 선택할 수 있다. 또한 취소소송과 무효확인소송을 주위적·예비적으로 병합할 수 있다. 다만 취소소송에 대한 기각판결이 나면 그 판결의 기판력은 후소인 무효등확인소송에도 미친다$\binom{\text{대판 1993. 4. 27.}}{\text{92누9777}}$.

2) 포섭관계(중첩관계)　　소송과 무효확인소송은 종류를 달리하는 별개의 소송이기는 하나 다같이 행정처분 등에 위법한 흠이 있음을 이유로 그 효력의 배제를 구하는 점에서 동일하고, 그 사유도 흠의 정도 등에 따른 상대적 차이가 있음에 불과하기에 이 두 소송은 실제에 있어서 서로 포용성을 가진다.

(개) 무효인 처분을 취소소송으로 다투는 경우　　취소청구에는 엄밀한 의미의 취소 뿐만 아니라 무효를 선언하는 의미의 취소를 구하는 취지가 포함되어 있다고 보아야 한다$\binom{\text{대판}}{\substack{\text{1987. 4. 28.}\\\text{86누}\\\text{887}}}$. 따라서 당사자가 무효인 처분에 대해 취소소송을 제기한다면 법원은 무효를 선언하는 의미의 취소판결$\binom{\text{판례}}{1}$을 하여야 한다$\binom{\text{무효선언을 구하는}}{\text{의미의 취소소송}}$. 물론 이러한 경우에는 취소소송의 요건을 구비하여야 한다$\binom{\text{판례}}{2}$.

(내) 취소할 수 있는 행위를 무효확인소송으로 다투는 경우　　당사자가 처분의 취소는 구하지 않는다고 명백히 하지 않는 이상, 취소소송의 소송요건을 갖추었다면 당사자에게 무효확인이 아니면 취소라도 구하는 것인지를 석명하여 취소소송으로 청구취지를 변경하도록 한 후 취소판결을 하여야 한다. 만약 소변경이 이루어지지 않은 경우에는 행정행위의 공정력 때문에 무효확인판결을 내릴 수 없고, 처분권주의 때문에 취소판결을 내릴 수도 없으므로 청구기각판결이 내려질 것이다. 물론 제소기간 내에 별도의 취소소송의 제기가 가능하다.

| 판례 1 |　당연무효를 선언하는 의미의 취소소송의 판결

$\binom{\text{동작구 관악현대아파트}}{\text{대문설치신고사건에서}}$ 원고의 이 사건 대문설치신고는 형식적 하자가 없는 적법한 요건을 갖춘 신고라고 할 것이어서 피고의 신고증 교부 또는 수리처분 등 별단의 조처를 기다릴 필요가 없이 그 신고의 효력이 발생하였다고 할 것이어서 이 사건 대문은 적법한 것임에도 피고가 원고에 대하여 명**한 이 사건 대문의 철거명령은 그 하자가 중대하고 명백하여 당연무효라고 할 것이고, 그 후행행위인 이 사건 계고처분 역시 당연무효라고 할 것인바,** 이와 같은 취지의 원심 판단$\binom{\text{원심판결주문: 피고가 1996. 1.}}{\text{19.자로 원고에게 한 서울 동작}}$ $\binom{\text{구 상도동 410 현대아파트 후문에 설치된}}{\text{대문에 대한 대집행계고처분을 취소한다}}$은 정당하다$\binom{\text{대판 1999. 4. 27.}}{\text{97누6780}}$.

판례 2 당연무효를 선언하는 의미에서의 취소소송에도 취소소송의 소송요건을 구비해야 하는
지 여부
(소공세무서장의 대성산업(주)에 대한 갑종배
당소득세과세처분의 취소를 구한 사건에서) 행정처분이 위법하다는 이유로 그 취소 또는 변경을 구하는 행
정소송법 제 1 조 전단 소정의 항고소송에 있어서는 같은 법 제 2 조 소정 소원전치주의가 적용되
는 것이므로 행정청인 세무서장의 국세부과처분이 위법 또는 부당하다고 하여 그 취소를 구하는
소송에서는 먼저 당시 시행되던 국세심사청구법에서 규정한 재조사 심사 및 재심사의 불복방법을
거쳐야 하고 **동 과세처분의 당연무효를 선언하는 의미에서의 취소를 구하는 경우**도 그것이 외견상
존재하는 행정처분에 관하여 권한 있는 기관에 의한 **취소를 구하고 있는 점에서 하나의 항고소송인**
이상 위와 같은 전심절차를 거치지 아니하는 한 결국 그 제소요건을 구비하지 못한 부적법한 소이다
(대판 1976. 2. 24, 75누128 전원합) (다수)
(의체; 대판 1984. 5. 29, 84누175) (의견)·

(2) 취소소송과 부작위위법확인소송의 관계   부작위가 처분으로 간주되는 경우 또는
처분이 이루어져 부작위가 해소되면, 부작위위법확인소송을 제기할 수 없고 취소소송을 제기하
여야 한다는 점에서 부작위위법확인소송은 취소소송의 관계에서 보충적이다. 이러한 경우에 부
작위위법확인소송을 제기하면 부적법을 이유로 각하된다.

(3) 취소소송과 당사자소송의 관계   행정행위의 공정력으로 인해 단순위법의 하자 있
는 행정행위는 취소소송 이외의 소송으로 그 효력을 부인할 수 없다(판례). 따라서 파면처분을 받은
공무원은 그 파면처분이 단순위법의 처분이라면 파면처분취소소송을 제기하여야 하고, 당사자소
송으로 공무원지위확인소송을 제기할 수는 없다.

판례 재결을 더 이상 다툴 수 없게 된 경우, 기업자가 이미 보상금을 지급받은 자에 대하여
민사소송으로 부당이득의 반환을 구할 수 있는지 여부
(서울외곽순환선 고속국도 건설공사와 관련하여 한국
도로공사가 지급한 보상금의 반환을 구한 사건에서) 재결에 대하여 불복절차를 취하지 아니함으로써 그 재결
에 대하여 더 이상 다툴 수 없게 된 경우에는 기업자는 그 재결이 당연무효이거나 취소되지 않는
한, 이미 보상금을 지급받은 자에 대하여 민사소송으로 그 보상금을 부당이득이라 하여 반환을
구할 수 없다(대판 2001. 4. 27,)
        (2000다50237).

제 2 항 본안판단의 전제요건(소송요건)

제 1 관 념

1. 의   의

'소 없으면 재판 없다'는 원칙은 취소소송의 경우에도 당연히 적용된다. 취소소송을 제기하
여 법원으로부터 본안에 관한 승소판결을 받기 위해서는 본안판단의 전제요건(소송요건)을 갖추어야
한다. 본안판단의 전제요건으로는 처분등이 존재하고(제2), 관할법원에(제3) 원고가 피고를 상대로

$\binom{제}{4}$ 일정한 기간 내에$\binom{제}{5}$ 소장을 제출하여야 하고, 일정한 경우에는 행정심판전치를 거쳐야 하되 $\binom{제}{6}$ 원고에게는 처분등의 취소 또는 변경을 구할 이익$\binom{권리보호}{의 필요}$이 있어야 하며$\binom{제}{7}$, 아울러 당사자 사이의 소송대상에 대하여 기판력 있는 판결이 없어야 하고 또한 중복제소도 아니어야 한다.

[기출사례] 제29회 입법고시(2013년) 문제 · 답안작성요령 ☞ PART 4 [2–47]

2. 성   질

본안판단의 전제요건의 구비 여부는 법원에 의한 직권심사사항이다$\binom{대판 1955. 1. 12,}{4288행상126}$. 본안판단 의 전제요건이 결여되면, 법원은 소송판결$\binom{각하}{판결}$을 한다. 이로써 소송은 본안심사가 허용되지 아 니하는 것으로서 배척된다. 한편, 허용성의 심사$\binom{본안판단의 전}{제요건의 심사}$와 이유심사$\binom{본안}{심사}$의 구별은 소송법상 오랜 전통이다. 본안판단의 전제요건의 심사를 통하여 법원이 계속중인 절차에 대한 결정의 권한 을 갖는가의 여부를 분명히 하고자 하는 것이 양자를 구별하는 취지이다.

제2 처분등의 존재(대상적격)

Ⅰ. 처분등의 정의

취소소송을 제기하기 위해서는 처분등이 존재하여야 된다. 처분등은 "행정청이 행하는 구체 적 사실에 관한 법집행으로서의 공권력의 행사 또는 그 거부와 그 밖에 이에 준하는 행정작용 $\binom{이를 처분}{이라 한다}$ 및 행정심판에 대한 재결"을 말한다$\binom{행소법 제2조}{제1항 제1호}$. 그러나 행정소송법 제2조 소정의 행정 처분이라고 하더라도 그 처분의 근거법률에서 행정소송 이외의 다른 절차에 의하여 불복할 것을 예정하고 있는 처분은 항고소송의 대상이 될 수 없다$\binom{판례}{1}$. 처분등의 존부 여부는 법원의 직권조 사사항이다$\binom{판례}{2}$.

[판례 1]   검사의 공소가 행정소송의 대상이 되는 처분인지 여부

$\binom{원고가 법무부장관을 상대로 '광주지방검찰청 목포지청 검사가 원고를 사기 등}{으로 기소한 공소내용을 취소한다'는 판결을 구한 공소내용취소청구소송에서}$ 형사소송법에 의하면 검사가 공소를 제 기한 사건은 기본적으로 법원의 심리대상이 되고 피의자 및 피고인은 수사의 적법성 및 공소사실 에 대하여 **형사소송절차를 통하여 불복할 수 있는 절차와 방법이 따로 마련되어 있으므로** 검사의 공 소제기가 적법절차에 의하여 정당하게 이루어진 것이냐의 여부에 관계없이 **검사의 공소에 대하여 는 형사소송절차에 의하여서만 이를 다툴 수 있고 행정소송의 방법으로 공소의 취소를 구할 수는 없** 다$\binom{대판 2000. 3. 28,}{99두11264}$.

[판례 2]   행정소송에 있어서 행정처분의 존부가 직권조사 사항인지 여부

$\binom{원고들이 공무원연금관리공단의 퇴직연금}{지급청구거부처분의 취소를 구한 사건에서}$ 행정소송에서 **쟁송의 대상이 되는 행정처분의 존부는 소송요건으** **로서 직권조사사항**이고, 자백의 대상이 될 수 없는 것이므로, 설사 그 존재를 당사자들이 다투지 아니한다 하더라도 그 존부에 관하여 의심이 있는 경우에는 이를 직권으로 밝혀 보아야 할 것이 고, 사실심에서 변론종결시까지 당사자가 주장하지 않던 직권조사사항에 해당하는 사항을 상고

심에서 비로소 주장하는 경우 그 직권조사사항에 해당하는 사항은 상고심의 심판범위에 해당한다 $\left(\genfrac{}{}{0pt}{}{\text{대판 2004. 12. 24,}}{\text{2003두15195}}\right)$.

Ⅱ. 처분개념의 분석

행정소송법 제2조 제1항 제1호 처분 개념의 구성

□ 행정청이 행하는 구체적 사실에 관한 법집행으로서의 공권력의 행사
□ 행정청이 행하는 구체적 사실에 관한 법집행으로서의 공권력의 행사의 거부
□ 그 밖에 이에 준하는 행정작용

1. 행정청의 공권력 행사와 그 거부

(1) 행 정 청　　행정소송법상 처분은 행정청이 행하는 공권력행사이며, 단순한 사인의 행위는 포함되지 아니한다[판례 1, 2, 3]. 행정청이란 국가 또는 공공단체의 행정에 관한 의사를 결정하고 표시할 수 있는 행정기관을 말한다. ① 단독제기관 외에 합의제기관(예: 방송통신위원회·공정거래위원회·노동위원회·토지수용위원회·교원징계재심위원회)도 포함된다. ② 행정청에는 법령에 의하여 행정권한의 위임 또는 위탁을 받은 행정기관, 공공단체 및 그 기관 또는 사인이 포함된다(행소법 제2조 제2항)(예: 도시개발사업조합·한국농어촌공사·한국토지주택공사·한국자산관리공사·국민건강보험공단·교통안전공단, 별정우체국법상 별정우체국 등. 다만, 이러한 기관이 국가나 지방자치단체로부터 권한을 위임받아 국민·주민에 대하여 권력적 행위를 하는 범위 안에서만 이러한 기관의 내부관계에서의 행위는 민사소송사항이다)[판례 4]. ③ 법원이나 국회의 기관(국회사무총장, 법원행정처장)도 실질적 의미의 행정에 관한 처분을 하는 경우 행정청에 해당한다(예: 소속직원의 임면, 법무사인가). ④ 지방의회도 행정청에 해당한다[판례 5]. 결국 행정소송법상 행정청의 개념은 행정조직법상 의미의 행정청이 아니라 기능적으로 이해되어야 한다[판례 6].

판례 1　군의관의 신체등위 판정의 처분성 인정 여부
(서울지방병무청장이 원고에게 행한 신체등위 1급판정의 취소를 구한 사건에서) **병역법상 신체등위 판정은 행정청이라고 볼 수 없는 군의관이 하도록 되어 있으며, 그 자체만으로 바로 병역법상의 권리의무가 정하여지는 것이 아니라 그에 따라 지방병무청장이 병역처분을 함으로써 비로소 병역의무의 종류가 정하여지는 것이므로** 항고소송의 대상이 되는 행정처분이라 보기 어렵다($\genfrac{}{}{0pt}{}{\text{대판 1993. 8. 27,}}{\text{93누3356}}$).

판례 2　한국전력공사가 정부투자기관회계규정에 의하여 행한 입찰참가자격을 제한하는 내용의 부정당업자제재처분의 법적 성질
(정부투자기관회계규정에 의한 부정당업자제재처분에 대하여 한진종합건설(주)가 정지신청을 하고, 이에 대하여 원심법원이 효력정지결정을 하자, 특별항고인(한국전력공사)이 다시 원심결정의 파기를 신청한 사건에서) 상대방의 권리를 제한하는 행위라 하더라도 행정청 또는 그 소속기관이나 권한을 위임받은 공공단체의 행위가 아닌 한 이를 행정처분이라고 할 수는 없다. … **한국전력공사는** 한국전력공사법의 규정에 의하여 설립된 정부투자법인일 뿐이고 **위 공사를 중앙행정기관으로 규정한 법률을 찾아 볼 수 없으며,** … 위 공사가 행정소송법 소정의 행정청 또는 그 소속기관이거나 이로부터 **위 제재처분의 권한을 위임받았다고 볼 만한 아무런 법적 근거가 없다고 할 것이므로** 위 공사가 정부투자기관 회계규정에 의하

여 행한 입찰참가자격을 제한하는 내용의 **부정당업자제재처분은 행정소송의 대상이 되는 행정처분이 아니라** 단지 상대방을 위 공사가 시행하는 입찰에 참가시키지 않겠다는 뜻의 사법상의 효력을 가지는 통지행위에 불과하다$\binom{\text{대결 1999. 11. 26,}}{\text{99부3}}$.

[판례 3] 한국마사회의 조교사 및 기수 면허 부여 또는 취소가 행정처분인지 여부

$\binom{\text{한국마사회 소속의 원고가 전직 동료기수와 어울리면서 경마고객으로부터 식사 및 술과 안주 등의 향응을 받은 것은 조교사 및 기수로서}}{\text{바람직하지 못한 행동을 한 것이어서 경마시행규정이 정하는 제재사유인 품위를 손상한 경우에 해당한다고 하여 한국마사회가 기수면허}}$ 를 취소하자 이를 다툰 해고 무효등확인청구소송에서 **한국마사회가 조교사 또는 기수의 면허를 부여하거나 취소하는 것은** 경마를 독점적으로 개최할 수 있는 지위에서 우수한 능력을 갖추었다고 인정되는 사람에게 경마에서의 일정한 기능과 역할을 수행할 수 있는 자격을 부여하거나 이를 박탈하는 것에 지나지 아니하므로, 이는 국가 기타 행정기관으로부터 위탁받은 행정권한의 행사가 아니라 **일반 사법상의 법률관계에서 이루어지는 단체 내부에서의 징계 내지 제재처분이다**$\binom{\text{대판 2008. 1. 31,}}{\text{2005두8269}}$.

[판례 4] 권한을 위탁받은 기관과 행정처분

$\binom{\text{주식회사 포스코엔지니어링이 한국철도시설공단을 피고로 부정}}{\text{당업자제재처분 등을 다툰 한국철도시설공단 감점조치 사건에서}}$ 행정소송의 대상이 되는 행정처분은, 행정청 또는 그 소속기관이나 법령에 의하여 행정권한의 위임 또는 위탁을 받은 공공기관이 국민의 권리의무에 관계되는 사항에 관하여 공권력을 발동하여 행하는 공법상의 행위를 말하며, 그것이 상대방의 권리를 제한하는 행위라 하더라도 행정청 또는 그 소속기관이나 권한을 위임받은 공공기관의 행위가 아닌 한 이를 행정처분이라고 할 수 없다$\binom{\text{대판 2014. 12. 24,}}{\text{2010두6700}}$.

[판례 5] 지방의회 의장에 대한 불신임의결이 행정처분의 일종인지 여부

$\binom{\text{광주직할시 서구의회의장이 의장불신}}{\text{임의결의 효력정지를 다툰 사건에서}}$ 지방의회를 대표하고 의사를 정리하며 회의장 내의 질서를 유지하고 의회의 사무를 감독하며 위원회에 출석하여 발언할 수 있는 등의 직무권한을 가지는 지방의회 의장에 대한 불신임의결은 의장으로서의 권한을 박탈하는 **행정처분의 일종으로서 항고소송의 대상이** 된다$\binom{\text{대결 1994. 10. 11, 94주23;}}{\text{대판 1995. 1. 12, 94누2602}}$.

[판례 6] 민간심의기구의 행위를 행정관의 행위로 볼 수 있는 경우

$\left(\begin{array}{l}\text{'의료기기 광고 심의를 받지 않거나 심의받은 내용과 다른 내용의 광고'를 함으로써 의료기기법 제24조 제 2 항 제 6 호를 위반하였다는 이}\\\text{유로 전주시장으로부터 의료기기판매업무정지 3일의 처분을 받은 제청신청인이 위 처분의 취소를 구하는 행정소송을 제기하여 소송계속}\\\text{중 위헌법률심판제청신청을 하였고, 제청법원 전주지방법원이 이를 받아들여 위헌법률심}\\\text{판제청을 한 의료기기법상 의료기기 광고에 대한 사전심의 조항에 관한 위헌제청 사건에서}\end{array}\right)$ 광고의 심의기관이 행정기관인지 여부는 기관의 형식에 의하기보다는 그 실질에 따라 판단되어야 한다. 따라서 검열을 행정기관이 아닌 독립적인 위원회에서 행한다고 하더라도, 행정권이 주체가 되어 검열절차를 형성하고 검열기관의 구성에 지속적인 영향을 미칠 수 있는 경우라면 실질적으로 그 검열기관은 행정기관이라고 보아야 한다. 그렇게 해석하지 아니한다면 검열기관의 구성은 입법기술상의 문제에 지나지 않음에도 불구하고 정부가 행정관청이 아닌 독립된 위원회의 구성을 통하여 사실상 사전검열을 하면서도 헌법상 사전검열금지원칙을 위반하였다는 비난을 면할 수 있는 길을 열어주기 때문이다. 민간심의기구가 심의를 담당하는 경우에도 행정권이 개입하여 그 사전심의에 자율성이 보장되지 않는다면 이 역시 행정기관의 사전검열에 해당하게 된다. 또한 민간심의기구가 사전심의를 담당하고 있고, 현재에는 행정기관이 그 업무에 실질적인 개입을 하고 있지 않더라도 행정기관의 자의에 의해 언제든지 개입할 가능성이 열려 있다면, 개입 가능성의 존재 자체로 민간심의기구는 심의업무에 영향을 받을 수밖에 없을 것이기 때문에, 이 경우 역시 헌법이 금지하는 사전검열이라는 의심을 면하기 어렵다$\binom{\text{헌재 2020. 8. 28, 2017헌}}{\text{가35, 2019헌가23(병합)}}$.

(2) 구체적 사실　　행정소송법상 처분은 구체적 사실에 관한 공권력행사이다. 구체적 사실이란 기본적으로 관련자가 개별적이고 규율대상이 구체적인 것을 의미한다. 일반·추상적 사실에 대한 규율은 입법을 의미한다. 관련자가 일반적이고 규율사건이 구체적인 경우의 규율은 일반처분이라 하고 이것 역시 처분에 해당한다. 처분적 법규명령도 역시 처분의 일종으로 볼 수 있다.

[기출사례] 제 8 회 변호사시험(2019년) 문제·답안작성요령 ☞ PART 4 [1-11]

(3) 법 집 행　　행정소송법상 처분은 법집행으로서의 공권력행사이다. 법집행행위라는 점에서 처분과 판결은 유사한 면을 갖는다(물론 기본성격·판단의 내용·판단기관의 성격·절차·효과 등에서 차이를 갖는다). 그러나 처분은 법집행행위이므로 법정립행위인 입법과는 구별된다.

(4) 공권력 행사　　행정소송법상 처분은 공권력행사이다. 공권력행사의 의미는 분명하지 않지만, 공권력행사란 공법에 근거하여 행정청이 우월한 지위에서 일방적으로 행하는 일체의 행정작용을 의미한다고 말할 수 있다. 따라서 행정청이 행하는 사법작용이나 사인과의 대등한 관계에서 이루어지는 공법상 계약 등은 여기서 말하는 공권력행사에 해당하지 아니한다.

(5) 공권력 행사의 거부

1) 거부처분의 의의　　거부처분이라 함은 국민의 공권력 행사의 신청에 대하여 처분의 발령을 거부하는 행정청의 의사작용을 의미한다. 행정소송법상의 처분개념으로서의 거부란 신청된 행정작용이 행정소송법 제 2 조 제 1 항 제 1 호의 처분에 해당되는 경우의 거부만을 의미한다(대판 2018. 9. 28, 2017두47465).

2) 부작위와의 구별　　거부는 처분의 신청에 대한 거절의 의사표시라는 점에서 처음부터 아무런 의사표시를 하지 않는 부작위와 구별된다. 다만 법령상 일정기간의 경과에 의하여 거부로 간주되는 간주거부(구 공개법 제 20조 제 1 항)와 묵시적 거부는 거부처분에 포함된다. 거부의 의사표시는 행정청이 외부적으로 명백히 표시하는 것이 일반적이겠으나, 신청인에 대해 직접 거부의 의사표시를 하지 아니하더라도 본인이 알았거나 알 수 있었을 때에 거부처분이 있는 것으로 볼 수 있다는 것이 또한 판례의 입장이다(판례).

[판례]　검사 지원자 중 한정된 수의 임용대상자에 대한 임용결정만을 하는 경우 임용대상에서 제외된 자에 대하여 임용거부의 소극적 의사표시를 한 것으로 볼 것인지 여부
(K검사임용거 부사건에서) 검사지원자 중 한정된 수의 임용대상자에 대한 임용결정은 한편으로는 그 임용대상에서 제외한 자에 대한 임용거부 결정이라는 양면성을 지니는 것이므로 **임용대상자에 대한 임용의 의사표시는 동시에 임용대상에서 제외한 자에 대한 임용거부의 의사표시를 포함한 것으로 볼 수 있고**, 이러한 임용거부의 의사표시는 본인에게 직접 고지되지 않았다고 하여도 본인이 이를 알았거나 알 수 있었을 때에 그 효력이 발생한 것으로 보아야 한다(대판 1991. 2. 12, 90누5825).

3) 거부처분의 성립요건

⑦ **판례의 태도**　　　판례는 "국민의 적극적 신청행위에 대하여 행정청이 그 신청에 따른 행위를 하지 않겠다고 거부한 행위가 항고소송의 대상이 되는 행정처분에 해당하기 위해서는, 신청한 행위가 공권력의 행사 또는 이에 준하는 행정작용이어야 하고, 거부행위가 신청인의 법률관계에 어떤 변동을 일으키는 것이어야 하며, 국민에게 행위발동을 요구할 법규상 또는 조리상의 신청권이 있어야 한다"는 입장이다$\binom{대판\ 2017.\ 6.\ 15,}{2013두2945}$ $\binom{판}{례}$. 그리고 "그 거부행위의 처분성을 인정하기 위한 전제요건이 되는 신청권의 존부는 구체적 사건에서 신청인이 누구인가를 고려하지 않고 관계 법규의 해석에 의하여 국민에게 그러한 신청권을 인정하고 있는가를 살펴 추상적으로 결정되는 것이므로, 국민이 어떤 신청을 한 경우에 그 신청의 근거가 된 조항의 해석상 행정발동에 대한 개인의 신청권을 인정하고 있다고 보이면 그 거부행위는 항고소송의 대상이 되는 처분으로 보아야 한다"라는 입장이다$\binom{대판\ 2011.\ 10.\ 13,}{2008두17905}$.

> 판례 　**판례가 조리상 인정한 신청권의 예**
>
> (갑 등이 인터넷 포털사이트 등의 개인정보 유출사고로 자신들의 주민등록번호 등 개인정보가 불법 유출되자 이를 이유로 관할 구청장에게 주민등록번호를 변경해 줄 것을 신청하였으나 구청장이 '주민등록번호가 불법 유출된 경우 주민등록법상 변경이 허용되지 않는다'는 이유로 주민등록번호 변경을 거부하는 취지의 통지를 하자 원)고가 주민등록번호변경신청거부처분의 취소를 구한 사건에서) 주민등록번호가 유출된 경우 그로 인하여 이미 발생하였거나 발생할 수 있는 피해 등을 최소화할 수 있는 충분한 권리구제방법을 찾기 어려운데도 구 주민등록법$\binom{2016.\ 5.\ 29.\ 법률\ 제14191}{호로\ 개정되기\ 전의\ 것}$에서는 주민등록번호 변경에 관한 아무런 규정을 두고 있지 않다. 그런데 주민등록법령상 주민등록번호 변경에 관한 규정이 없다거나 주민등록번호 변경에 따른 사회적 혼란 등을 이유로 위와 같은 불이익을 피해자가 부득이한 것으로 받아들여야 한다고 보는 것은 피해자의 개인정보자기결정권 등 국민의 기본권 보장의 측면에서 타당하지 않다. 주민등록번호를 관리하는 국가로서는 주민등록번호가 유출된 경우 그로 인한 피해가 최소화되도록 제도를 정비하고 보완하여야 할 의무가 있으며, 일률적으로 주민등록번호를 변경할 수 없도록 할 것이 아니라 만약 주민등록번호 변경이 필요한 경우가 있다면 그 변경에 관한 규정을 두어서 이를 허용하여야 한다. 이러한 사정들을 앞서 본 법리에 따라 살펴보면, 피해자의 의사와는 무관하게 주민등록번호가 유출된 경우에는 조리상 주민등록번호의 변경을 요구할 신청권을 인정함이 타당하다$\binom{대판\ 2017.\ 6.\ 15,}{2013두2945}$.

[참고]　2016. 5. 29. 법률 제14191호로 개정된 주민등록법$\binom{시행일자}{2017.\ 5.\ 30.}$은 제 7 조의4$\binom{주민등록번}{호의\ 변경}$, 제 7 조의5$\binom{주민등록번호}{변경위원회}$ 등 규정들을 신설하여 유출된 주민등록번호로 인하여 생명·신체 또는 재산에 위해를 입거나 입을 우려가 있다고 인정되는 사람 등의 일정한 경우에 주민등록번호의 변경을 신청할 수 있도록 허용하고 있다.

[신청권이 있다고 한 판례 모음]

서울교육대학교원의 임용거부시 교육공무원법 제52조에 의한 소청심사청구권$\binom{대판\ 1990.\ 9.\ 25,}{89누4758}$·공공용지의 취득 및 손실보상에 관한 특례법상 이주대책대상자선정거부시 거부처분취소청구권$\binom{대판\ 1994.\ 5.\ 24,\ 92}{다35783\ 전원합의체}$·조리상검사임용신청에 대한 응답요구권$\binom{대판\ 1991.\ 2.\ 12,}{90누5825}$·도시계획시설결정에 이해관계가 있는 주민이 도시시설계획의 입안 내지 변경을 요구할 수 있는 권리$\binom{대판 2015. 3. 26.}{2014두42742}$ · 산업입지 및 개발에 관한 법률상 산업단지개발계획의 변경을 요청할 수 있는 권리$\binom{대판 2017. 8. 29.}{2016두44186}$.

[신청권이 없다고 한 판례 모음]
산림훼손용도변경신청권$\binom{대판 1998. 10. 13.}{97누13764}$ · 도시계획변경청구권$\binom{대판 1994. 1. 28.}{93누22029}$ · 철거민의 시영아파트특별분양신청권$\binom{대판 1993. 5. 11.}{93누2247}$ · 당연퇴직공무원의 복직신청$\binom{대판 2005. 11. 25.}{2004두12421}$ · 산림복구준공통보취소신청$\binom{대판 2006. 6. 30.}{2004두701}$.

(나) 학 설   학설은 ① 부작위의 성립요건$\binom{행소법 제 2 조}{제 1 항 제 2 호}$에 처분의무$\binom{이 경우 상대방에게는 ‘신}{청권’이 주어진다고 본다}$가 요구되는 것처럼 거부처분의 성립에도 처분의무가 요구되며$\binom{이에 대응하여 상대방}{은 ‘신청권’을 가진다}$, 이러한 신청권 있는 자의 신청에 대한 거부라야 항고소송의 대상인 거부처분이 된다는 견해$\binom{대상적}{격설}\binom{박균}{성}$, ② 취소소송의 소송물을 ‘처분의 위법성과 당사자의 권리침해’로 이해하면서 판례의 신청권을 소송요건의 문제가 아니라 본안의 문제$\binom{신청권을 본안에서 심}{리하는 권리로 본다}$로 보는 견해$\binom{본안요}{건설}$, ③ 어떠한 거부행위가 행정소송의 대상이 되는 처분에 해당하는가의 여부는 ‘그 거부된 행위가 행정소송법 제 2 조 제 1 항 제 1 호의 처분에 해당하는가’의 여부에 따라 판단하는 것이 타당하다는 이유로 신청권은 원고적격의 문제로 보아야 한다는 견해$\binom{원고적}{격설}$가 대립된다.

(다) 사 견   신청권을 대상적격으로 처리하는 판례의 입장에는 문제가 있다. ① 어떠한 거부행위가 행정소송의 대상이 되는 처분에 해당하는가의 여부는 「그 거부된 행위가 행정소송법 제 2 조 제 1 항 제 1 호의 처분에 해당하는가」의 여부에 따라 판단하는 것이 논리적이다. 그래야만 행정소송법이 제 2 조 제 1 항 제 1 호에서 처분개념에 관한 정의규정을 두고 있는 취지에 부합할 것이다. ② 대상적격은 객관적 · 외형적으로 판단해야 하고, 신청권의 판단은 객관적 · 외형적 판단을 넘어서 사인의 개별 · 구체적인 상황을 고려해야만 가능하며$\binom{박정}{훈}$, ③ 판례의 입장은 대상적격과 원고적격의 구분을 무시한 것이며 거부처분의 개념을 부당하게 축소한 것이고$\binom{홍준}{형}$, ④ 처분성 판단을 주관적 권리의 존부와 결부시키면 행정청의 동일한 행위가 주관적 권리를 가진 자에게는 처분이 되고 주관적 권리를 가지지 못한 자에게는 처분이 아닌 것이 되어 부당한 결론이 된다는 비판$\binom{김유}{환}$도 있다. 따라서 신청권은 원고적격의 문제로 보아야 한다.

[참고] 거부행위가 항고소송의 대상인 행정처분이 되기 위해서는 신청권이 필요하다는 판시는 현행 행정소송법의 발효일$\binom{1985.}{10. 1}$ 이전의 판례부터 나타난다. 예컨대 대판 1984. 10. 23, 84누227$\binom{국민의 신청에 대한}{행정청의 거부처분}$이 항고소송의 대상이 되는 행정처분이 되기 위하여는, 국민이 행정청에 대하여 그 신청에 따른 행정행위를 해 줄 것을 요구할 수 있는 법규상 또는 조리상의 권리가 있어야 하는바, 도시계획법상 주민이 도시계획 및 그 변경에 대하여 어떤 신청을 할 수 있음에 관한 규정이 없을 뿐만 아니라, 도시계획과 같이 장기성 · 종합성이 요구되는 행정계획에 있어서는 그 계획이 일단 확정된 후에 어떤 사정의 변동이 있다고 하여 지역주민에게 일일이 그 계획의 변경을 청구할 권리를 인정해 줄 수도 없는 이치이므로 도시계획시설변경신청을 불허한 행위는 항고소송의 대상이 되는 행정처분이라고 볼 수 없다$이 대표적이다. 현행 행정소송법과 달리 구 행정소송법에는 처분개념에 대한 정의규정이 없었으므로 신청권이 필요하다는 판례의 태도를 이해할 수도 있으나, 현행법은 처분개념에 대한 정의규정을 두고 있으므로, 1985. 10. 1. 이후부터 법원은 거부처분에 대한 해석을 달리하였어야 했다.

4) 반복된 거부처분   판례는 "수익적 행정처분을 구하는 신청에 대한 거부처분이 있은 후 당사자가 다시 신청을 한 경우에는 신청의 제목 여하에 불구하고 그 내용이 새로운 신청을 하는 취지라면 관할 행정청이 이를 다시 거절하는 것은 새로운 거부처분이라고 보아야 한다. 나아가 어떠한 처분이 수익적 행정처분을 구하는 신청에 대한 거부처분이 아니라고 하더라도, 해당 처분에 대한 이의신청의 내용이 새로운 신청을 하는 취지로 볼 수 있는 경우에는, 그 이의신청에 대한 결정의 통보를 새로운 처분으로 볼 수 있다($\frac{대판\ 2022.\ 3.\ 17.}{2021두53894}$)"는 견해를 취한다.

[기출사례] 제10회 변호사시험(2021년) 문제·답안작성요령 ☞ PART 4 [2-7a]

(6) 법적 행위

[참고] 법적 행위는 행정소송법 제 2 조 제 1 항 제 1 호에서 명시적으로 표현되고 있는 처분개념의 요소가 아니다. 그럼에도 여기서 처분개념요소의 하나로 다루는 것은 판례와 종래의 전통적 견해는 취소소송의 성질과 관련하여 법적 행위의 성격을 처분개념의 본질적 요소의 하나로 보고 있기 때문이다.

1) 취소소송의 본질과 처분개념   취소소송의 본질은 일반적으로 위법성의 소급적 제거에 있는 것으로 이해되고 있다. 사실적인 것은 소급적인 제거가 불가능하지만, 법적 행위에 있는 위법성은 소급적으로 제거할 수 있으므로, 취소소송의 대상이 되는 공권력행사($^{처}_{분}$)는 법적 행위에 한정된다. 법적 행위란 외부적으로 직접적인 법효과를 의도하는 의사표시를 말한다.

㈎ 외부적 행위   ① 법적 행위는 행정조직내부영역을 능가하여 개인에 대해 직접적으로 권리·의무의 발생·변경·소멸 등의 법적 효과를 가져오는 행위를 말한다. 행정조직내부행위($\substack{예:\ 상급관청의\ 지 \\ 시,\ 상관의\ 명령}$)는 법적 행위가 아니다($\frac{대판\ 1977.\ 6.\ 28.}{76누294}$). 다른 행정청의 동의를 얻어 처분을 하는 경우 다른 행정청의 동의는 법적 행위가 아니다$\binom{판}{례}$. ② 그러나 특별행정법관계에서의 행위도 개인의 권리·의무에 직접 관련되는 한 법적 행위가 될 수 있다($\substack{예:\ 소위\ 기본관 \\ 계에서의\ 행위}$). 한편, ③ 상이한 행정주체인 행정청 사이의 행위는 외부적 행위의 성격을 가질 수 있고, 따라서 법적 행위가 될 수 있다($\substack{예:\ 지방자치단체의\ 자치사무에\ 대한\ 감독청의\ 감독 \\ 처분(지자법\ 제169조\ 제\ 1\ 항의\ 시정명령·취소정지)}$).

> 판례 건축허가청이 건축법상 건축불허가 사유 외에 구 소방법 제 8 조 제 1 항에 따른 소방서장의 건축부동의를 사유로 건축불허가처분을 한 경우, 소송의 대상
> ($\substack{부산광역시\ 연제구청장의\ 건축불허 \\ 가처분의\ 취소를\ 구한\ 사건에서}$) **건축허가권자가 건축불허가처분을 하면서** 그 처분사유로 건축불허가 사유뿐만 아니라 구 소방법 제 8 조 1항에 따른 **소방서장의 건축부동의 사유를 들고 있다고 하여** 그 **건축불허가처분 외에 별개로 건축부동의처분이 존재하는 것이 아니므로,** 그 건축불허가처분을 받은 사람은 그 **건축불허가처분에 관한 쟁송에서 건축법상의 건축불허가 사유뿐만 아니라 소방서장의 부동의 사유에 관하여도 다툴 수 있다**($\frac{대판\ 2004.\ 10.\ 15.}{2003두6573}$).

㈏ 직접적인 법적 효과   ① 당해 행위로써 직접 법적 효과($\substack{권리·의무의 \\ 발생·변동}$)를 가져오는 행위를 말한다. 법적 효과 없는 행위는 행정청의 행위일지라도 여기에 해당하지 않는다($\substack{예:\ 행정지도· \\ 도로청소\ 등}$

사실
행위). ② 사실행위도 수인의무를 내포하는 경우($^{예: 강제력}_{리,강제철거}$)에는 그러한 범위 내에서 법적 행위에 해당한다. 그러나 순수한 사실행위는 항고소송의 대상이 되는 처분이 아니다($^{판}_{례}$).

판례 국가보훈처장이 유족에게 한 「망인에 대한 서훈취소 통지」의 성질

($^{국가보훈처장 등을 피고로 한 독립유공자}_{서훈취소처분의 취소를 구한 사건에서}$) 피고 대통령의 망인에 대한 이 사건 서훈취소결정은 헌법과 법률이 정한 절차와 방식에 따른 행위로 적법하고, 이로써 망인이 서훈대상자의 지위에서 제외되는 효과가 확정적으로 발생하였다… 피고 국가보훈처장의 원고에 대한 이 사건 서훈취소통보는 상대방 또는 기타 관계자들의 법률상 지위에 직접적인 법률적 변동을 일으키지 아니하는 행위로 항고소송의 대상이 될 수 없는 사실상의 통지에 해당한다($^{대판 2015. 4. 23.}_{2012두26920}$).

(다) 의사표시 법적 행위는 의사표시에 따라 일정한 효과가 주어지는 행위이다. 의사표시만으로 법적 효과가 발생하기도 하고, 의사표시와 타요소가 결합하여 법적 효과를 발생시키는 경우도 있다. 그리고 법적 행위는 외부에 알려져야만 효력을 발생한다.

2) 판 례 판례는 종래부터 이러한 입장을 견지해 오고 있다($^{판례 1, 2, 3,}_{4, 5, 6, 7, 8}$).

판례 1 항고소송의 대상으로서 처분의 개념

($^{방송통신위원회가 주식회사 제이티비씨에 '해당 방송프로그램의 관계자에 대한 징계'를 명하는 제재조치명령과 구 방송법 제100조 제 4 항}_{에 따라 '고지방송' 내용을 고지하여야 한다는 취지의 고지방송명령을 하자 주식회사 제이티비씨가 제기한 방송심의제재조치취소청구}$)
($^{사건}_{에서}$) 행정청의 어떤 행위가 항고소송의 대상이 될 수 있는지는 추상적·일반적으로 결정할 수 없고, 관련 법령의 내용과 취지, 그 행위의 주체·내용·형식·절차, 그 행위와 상대방 등 이해관계인이 입는 불이익과의 실질적 견련성, 법치행정의 원리, 당해 행위에 관련된 행정청과 이해관계인의 태도 등을 참작하여 구체적·개별적으로 결정하여야 한다. 행정청 내부에서의 행위나 알선, 권유, 사실상의 통지 등과 같이 상대방 또는 기타 관계자들의 법률상 지위에 직접적인 법률적 변동을 일으키지 아니하는 행위는 항고소송의 대상이 아니다($^{대판 2023. 7. 13.}_{2016두34257}$).

판례 2 항고소송의 대상인 처분에 해당하는지 여부의 판단기준

[1] ($^{구 중소기업 기술혁신 촉진법 제31조, 제32조에 따른 중소기업기술정보진흥원장(피고)의 정부출연금 전액환수 및 참여제한에 관한 1}_{차 통지가 이루어진 뒤, 주식회사 삼보 등(원고)들의 이의신청에 따라 재심의를 거쳐 2차 통지가 이루어지자 원고들이 2차 통지의 취}$) ($^{소를 구한}_{사건에서}$) 행정청의 행위가 항고소송의 대상이 될 수 있는지는 추상적·일반적으로 결정할 수 없고, 구체적인 경우에 관련 법령의 내용과 취지, 그 행위의 주체·내용·형식·절차, 그 행위와 상대방 등 이해관계인이 입는 불이익 사이의 실질적 견련성, 법치행정의 원리와 그 행위에 관련된 행정청이나 이해관계인의 태도 등을 고려하여 개별적으로 결정하여야 한다. 행정청의 행위가 '처분'에 해당하는지가 불분명한 경우에는 그에 대한 불복방법 선택에 중대한 이해관계를 가지는 상대방의 인식가능성과 예측가능성을 중요하게 고려하여 규범적으로 판단하여야 한다($^{대판 2022. 7. 28.}_{2021두60748}$).

[2] ($^{당진시장의 지적재조사사업조정금이의신청}_{기각처분에 대하여 취소를 구한 사건에서}$) 행정청의 행위가 '처분'에 해당하는지가 불분명한 경우에는 그에 대한 불복방법 선택에 중대한 이해관계를 가지는 상대방의 인식가능성과 예측가능성을 중요하게 고려하여 규범적으로 판단하여야 한다($^{대판 2022. 3. 17.}_{2021두53894}$).

판례 3 행정규칙에 따라 공무원에게 발급된 행위가 처분인지 여부

($^{21건의 수사사무를 부적정 처리하여 검사로서 직무를 태만히 한 과오가 인정된다는 이}_{유로 검찰총장으로부터 경고처분을 원고인 검사가 경고처분의 취소를 구한 사건에서}$) 어떠한 처분의 근거나 법적인 효

과가 행정규칙에 규정되어 있다고 하더라도, 그 처분이 행정규칙의 내부적 구속력에 의하여 상대방에게 권리의 설정 또는 의무의 부담을 명하거나 기타 법적인 효과를 발생하게 하는 등으로 그 상대방의 권리 의무에 직접 영향을 미치는 행위라면, 이 경우에도 항고소송의 대상이 되는 행정처분에 해당한다고 보아야 한다(대판 2021. 2. 10.
2020두47564).

[판례 4] 공정거래위원회의 고발조치·의결이 항고소송의 대상이 되는 행정처분인지 여부

(사단법인 대한약사회 등이 공정거래위원
회의 시정명령등의 취소를 구한 사건에서) 이른바 **고발은 수사의 단서에 불과할 뿐 그 자체 국민의 권리의무에 어떤 영향을 미치는 것이 아니고**, 특히 독점규제및공정거래에관한법률 제71조는 공정거래위원회의 고발을 위 법률위반죄의 소추요건으로 규정하고 있어 **공정거래위원회의 고발조치는 사직 당국에 대하여 형벌권 행사를 요구하는 행정기관 상호간의 행위에 불과하여 항고소송의 대상이 되는 행 정처분이라 할 수 없으며**, 더욱이 **공정거래위원회의 고발 의결은 행정청 내부의 의사결정에 불과할 뿐 최종적인 처분은 아닌 것이므로 이 역시 항고소송의 대상이 되는 행정처분이 되지 못한다**(대판 1995. 5. 12.
94누13794).

[판례 5] 남녀차별금지및구제에관한법률상 국가인권위원회의 성희롱결정 및 시정조치권고가 행정소송의 대상이 되는 행정처분에 해당하는지 여부

(원고가 국가인권위원회의 성희롱결정
과 시정조치의 권고를 다툰 사건에서) 성희롱행위자로 지목된 사람이 자신의 언동이 성희롱에 해당하지 않는다고 판단하고 있음에도 불구하고 피고가 그 사람의 언동을 성희롱에 해당하는 것으로 결정한다면, 그와 같은 결정에 의하여 그 사람의 명예감정은 물론 그에 대한 사회적 평가인 명예가 손상을 입어 그의 인격권이 직접적으로 침해받게 될 가능성이 매우 크다고 할 것이다. 법 제28조에 의하면, 성희롱결정과 이에 따른 시정조치의 권고는 불가분의 일체로 행하여지는 것인데 **피고의 이러한 결정과 시정조치의 권고는 성희롱행위자로 결정된 자의 인격권에 영향을 미침과 동시에 공공기관의 장 또는 사용자에게 일정한 법률상의 의무를 부담시키는 것이므로 피고의 성희롱결정 및 시정조치권고는 행정처분에 해당한다고 보지 않을 수 없다**(대판 2005. 7. 8.
2005두487).

[판례 6] 과세관청이 사업자등록을 관리하는 과정에서 위장사업자의 사업자명의를 직권으로 실사업자의 명의로 정정하는 행위가 항고소송의 대상이 되는 행정처분인지 여부

(피고 구로세무서장이 원고들 명의의 사업이 사실상 소외인이 운영하는 사업이라는 이유로 사업자등록의
사업자명의를 원고들에서 소외인으로 변경(정정)한 행위를 다툰 사업자등록명의변경처분취소소송에서) 과세관청이 사업자등록을 관리하는 과정에서 위장사업자의 사업자명의를 직권으로 실사업자의 명의로 정정하는 행위 또한 당해 사업사실 중 주체에 관한 정정기재일 뿐 그에 의하여 사업자로서의 지위에 변동을 가져오는 것이 아니므로 항고소송의 대상이 되는 행정처분으로 볼 수 없다(대판 2011. 1. 27.
2008두2200).

[판례 7] 금강유역환경청장의 토지매수신청거부행위의 처분성

(원고가 금강유역환경청장을 상대로 토지
매수신청거부처분취소를 구한 사건에서) 구 금강수계 물관리 및 주민지원 등에 관한 법률(2007. 12. 27. 법률 제
8806호로 개정되기 전의 것, 이하 "법"
이라 한다) 제 8 조 제 1 항, 제 2 항, 구법 시행령(2008. 12. 24. 대통령령 제
21187호로 개정되기 전의 것) 제 9 조 제 1 항 내지 제 3 항은, 금강수계 중 상수원 수질보전을 위하여 필요한 지역의 토지 등을 국가에 매도하고자 하는 자는 유역환경청장 등에게 일정한 서류를 제출하여 매수신청을 하고 유역환경청장 등은 매수우선순위에 따라 그 매수 여부를 결정하여 토지 등의 소유자에게 이를 통보하여야 하며, 그 매수가격은 공익사업을 위한 토지 등의 취득 및 보상에 관한 법률의 예에 의하여 산정하여야 한다고 규정하고 있는바, 앞서 본 법리와 위와 같은 관계규정의 내용 및 **법 제 8 조의 토지 등의 매수제도는 환경침해적인 토지이용을 예방하여 상수원의 수질개선을 도모함과 아울러 상수원지역의 토지이용규제로 인한 토

지 등의 소유자의 재산권 침해에 대해 보상하려는 것을 목적으로 하는 것으로서 **손실보상을 대체하는 성격도 있는 점**, 위 규정에 따른 매수신청에 대하여 유역환경청장 등이 **매수거절의 결정을 할 경우** 토지 등의 소유자로서는 재산권에 대한 제한을 피할 수 없게 되는데, 위 매수거절을 항고소송의 대상이 되는 행정처분으로 보지 않는다면 달리 이에 대하여는 다툴 방법이 없게 되는 점 등에 비추어 보면, 유역환경청장 등의 매수 거부행위는 공권력의 행사 또는 이에 준하는 행정작용으로서 **항고소송의 대상이 되는 행정처분**에 해당한다고 봄이 상당하고, 구체적으로 **원고의 매수신청 인용 여부**에 대하여는 **본안에서 심리 후 판단**하여야 할 사항이다(대판 2009. 9. 10, 2007두20638).

[판례 8] 지적공부 등록사항 정정신청에 대한 반려처분의 처분성

(한국도로공사가 화성시장을 피고로 하여 제기한 지적공부등록사항정정반려처분취소소송에서) 원고가 구 지적법(측량·수로조사 및 지적에 관한 법률에 의하여 2009. 12. 9. 폐지되기 전의 것) 제28조 제1호의 '공공사업 등으로 인하여 학교용지·도로·철도용지·제방·하천·구거·유지·수도용지 등의 지목으로 되는 토지의 경우에는 그 사업시행자가 이 법에 의하여 토지소유자가 하여야 하는 신청을 대위할 수 있다'는 규정에 따라 토지소유자의 같은 법 제24조 제1항에 규정된 지적공부 등록사항 정정신청권을 대위하여 피고에게 한 이 사건 토지면적등록 정정신청을 피고가 반려한 것은 공공사업의 원활한 수행을 위하여 부여된 원고의 위 관계법령상의 권리 또는 이익에 영향을 미치는 공권력의 행사 또는 그 거부에 해당하는 것으로서 항고소송의 대상이 되는 행정처분이다(대판 2011. 8. 25, 2011두3371).

2. 이에 준하는 행정작용

① 실체법적 행정행위 개념설에 따르면 처분과 행정행위개념은 동일하다고 본다. 이 견해는 비권력적 사실행위는 법적 효과의 제거와 무관하다고 보기 때문에 항고소송의 대상이 되지 않는다고 한다. 따라서 '기타 이에 준하는 작용'에 포함될 수 있는 것으로 권력적 사실행위(판례), 일반처분, 처분적 법규명령, 부담 등을 든다. ② 쟁송법적 행정행위 개념설은 행정소송법 제2조 제1항 제1호의 처분을 강학상 행정행위보다 더 광의의 개념으로 본다. 이 견해에 의하면 권력적 사실행위 등은 항고소송의 대상으로 보면서, 비권력적 행정작용도 이에 준하는 작용에 포함시켜 항고소송의 대상으로 본다. 그러나 행정지도와 같은 비권력적인 사실행위는 이에 포함시킬 수 없다.

[판례] 권력적 사실행위와 비권력적 사실행위의 구별

(수형자인 청구인은 허리 통증을 치료하기 위해 외부병원에서 진료를 받았는데, 진료를 마친 후 구치소 환소를 기다리던 중 교도관들로부터 병원 밖 주차장 의자에 앉아 있을 것을 지시받았고, 이에 청구인은 위 지시행위로 인하여 청구인이 수형자라는 사정이 그 의사에 반하여 외부인들에게 노출되었으므로 그로 인하여 헌법상 보장된 인격권 등이 침해되었다며 헌법소원심판을 청구한 사건에서) 행정청의 사실행위는 경고·권고·시사와 같은 정보제공 행위나 단순한 행정지도와 같이 대외적 구속력이 없는 '비권력적 사실행위'와 행정청이 우월적 지위에서 일방적으로 강제하는 '권력적 사실행위'로 나눌 수 있고, 이 중에서 **권력적 사실행위만 헌법소원의 대상이 되는 공권력의 행사에 해당하고 비권력적 사실행위는 공권력의 행사에 해당하지 아니한다.** 그런데 일반적으로 어떤 행정청의 사실행위가 권력적 사실행위인지 또는 비권력적 사실행위인지 여부는, 당해 행정주체와 상대방과의 관계, 그 사실행위에 대한 상대방의 의사·관여정도·태도, 그 사실행위의 목적·경위, 법령에 의한 명령·강제수단의 발동가부 등 그 행위가 행하여질 당시의 구체적 사정을 종합적으로 고려하여 개별적으로 판단하여야 한다(헌재 2012. 10. 25, 2011헌마429).

[기출사례] 제55회 5급공채(2011년) 문제 · 답안작성요령 ☞ PART 4 [2-7]

[기출사례] 제54회 사법시험(2012년) 문제 · 답안작성요령 ☞ PART 4 [2-8]

[기출사례] 제57회 5급공채(2013년) 문제 · 답안작성요령 ☞ PART 4 [2-9]

[기출사례] 제58회 5급공채(2014년) 문제 · 답안작성요령 ☞ PART 4 [2-25]

[기출사례] 제57회 사법시험(2015년) 문제 · 답안작성요령 ☞ PART 4 [1-7]

[기출사례] 제60회 5급공채(2016년) 문제 · 답안작성요령 ☞ PART 4 [2-27]

[기출사례] 제 7 회 변호사시험(2018년) 문제 · 답안작성요령 ☞ PART 4 [2-23]

[처분에 관한 판례 모음]

1. 처분이라 한 판례

(1) 공법인의 내부관계　　농지개량조합 임직원의 근무관계(대판 1998. 10. 9, 97누1198; 대판 1995. 6. 9, 94누10870).

(2) 행정입법　　① **구체적 효과를 발생하는 법령**(두밀분교설치폐지조례)(대판 1996. 9. 20, 95누8003). ② 행정규칙(공무원의 권리침해를 다투는 경우)(대판 2002. 7. 26, 2001두3532).

(3) 행정계획　　구 도시계획법상 도시계획결정(대판 1982. 3. 9, 80누105).

(4) 내부행위 · 중간처분　　① 산업재해보상보험법상 장해보상금 결정의 기준이 되는 장해등급결정(대판 1995. 2. 14, 94누12982; 대판 2002. 4. 26, 2001두8155). ② 근로기준법상 평균임금결정(대판 2002. 10. 25, 2000두9717). ③ 공무원연금법상 재직기간합산처분(대판 1996. 7. 12, 94다52195). ④ **'토상법'상 사업인정**(대판 1992. 11. 13, 92누596). ⑤ **'지가법'상 표준지공시지가**(대판 1994. 3. 8, 93누10828; 대판 1995. 3. 28, 94누12920). ⑥ **'지가법'상 개별공시지가**(대판 1993. 1. 15, 92누12407; 대판 1993. 6. 11, 92누16706).

(5) 부분승인(부분허가)　　**원자력법 제11조 제 3 항 소정의 부지사전승인제도**(대판 1998. 9. 4, 97누19588) (다만, 부지사전승인처분은 그 자체로서 … 독립한 행정처분이지만 나중에 건설허가처분이 있게 되면 그 건설허가처분에 흡수되어 독립된 존재가치를 상실함으로써 그 건설허가처분만이 쟁송의 대상이 되고, 부지사전승인처분의 취소를 구하는 소는 소의 이익을 … 잃게 되고, 따라서 부지사전승인처분의 위법성은 나중에 내려진 건설허가처분의 취소를 구하는 소송에서 이를 다투면 된다).

(6) 공부에 기재행위　　① 건축주명의변경 신고거부처분(대판 1992. 3. 31, 91누4911). ② 1필지의 일부가 소유자가 다르게 되었음을 이유로 하는 토지분할의 신청(대판 1993. 3. 23, 91누8968).

(7) 거부처분　　① 주민등록법상 전입신고 미수리처분(대판 2002. 7. 9, 2002두1748). ② 건축계획심의신청에 대한 반려처분(대판 2007. 10. 11, 2007두1316).

(8) 행정행위의 부관　　**부담**(대판 1994. 1. 25, 93누13537; 대판 1992. 1. 21, 91누1264).

(9) 반복된 행위　　**반복된 거부처분**은 각각 독립의 처분으로서 항고소송의 대상이 된다(대판 2002. 3. 29, 2000두6084; 대판 2001. 12. 24, 2001두7954; 대판 1998. 3. 13, 96누15251).

(10) 특별행정법관계　　서울교육대학장의 학생에 대한 퇴학처분(대판 1991. 11. 22, 91누2144).

(11) 국 · 공유재산　　① 행정재산의 사용허가(대판 2001. 6. 15, 99두509). ② 무단점유자에 대한 변상금부과처분(대판 2014. 7. 16, 2011다76402 전원합의체). ③ 행정재산의 사용 · 수익허가를 받은 자에 대한 사용료 부과처분(대판 2017. 4. 13, 2013다207941).

(12) 시정조치의 권고　　구 남녀차별금지및구제에관한법률 제28조에 따른 국가인권위원회의 성희롱결정과 이에 따른 시정조치의 권고(대판 2005. 7. 8, 2005두487).

(13) 문책경고　　은행법 등에 따른 금융기관의 임원에 대한 금융감독원장의 문책경고(대판 2005. 2. 17, 2003두14765).

(14) 종합유선방송사업승인거부처분   방송법에 따른 방송위원회의 종합유선방송사업승인거부처분$\binom{대판 2005. 1. 14,}{2003두13045}$.

(15) 재산조사개시결정   반민족행위자 재산의 국가귀속에 관한 특별법상 친일반민족행위자 재산조사위원회의 재산조사개시결정$\binom{대판 2009. 10. 15,}{2009두6513}$.

(16) 표준약관 사용권장행위   약관의 규제에 관한 법률$\binom{2010. 3. 22. 법률 제10169호로 개정되기 전}{의 것. 이하 ``구 약관규제법''이라고 한다}$ 제19조의2 제 5 항 · 제 6 항, 제34조 제 2 항 등에 따른 표준약관 사용권장행위$\binom{대판 2010. 10. 14,}{2008두23184}$.

(17) 공정거래위원회의 경고처분   ① 공정거래위원회가 '표시 · 광고의 공정화에 관한 법률'에 위반하여 허위 · 과장의 광고를 하였다는 이유로 한 경고$\binom{헌재 2012. 6. 27,}{2010헌마508}$. ② 구 표시 · 광고의 공정화에 관한 법률 위반을 이유로 한 공정거래위원회의 경고의결$\binom{대판 2013. 12. 26,}{2011두4930}$.

(18) 진실 · 화해를 위한 과거사정리위원회의 진실규명결정   진실 · 화해를 위한 과거사정리기본법이 규정하는 진실규명결정은 국민의 권리의무에 직접적으로 영향을 미치는 행위로서 항고소송의 대상이 되는 행정처분이다$\binom{대판 2013. 1. 16,}{2010두22856}$.

(19) 지적공부 소관청의 토지대장 직권 말소행위$\binom{대판 2013. 10. 24,}{2011두13286}$

(20) 건축법 제29조 제 1 항에서 정한 건축협의의 취소$\binom{대판 2014. 2. 27,}{2012두22980}$.

(21) 공익사업을 위한 토지 등의 취득 및 보상에 관한 법률상의 공익사업시행자가 하는 이주대책 대상자 확인 · 결정$\binom{대판 2014. 2. 27,}{2013두10885}$.

(22) 한국환경산업기술원장의 연구개발 중단 조치 및 연구비 집행중지 조치$\binom{대판 2015. 12. 24,}{2015두264}$

(23) 세무조사상 재조사$\binom{대판 2015. 2. 26,}{2014두12062}$

(24) 교육공무원승진임용제외처분$\binom{대판 2018. 3. 27,}{2015두47492}$

(25) 기반시설부담금 지체가산금 환급신청에 대한 거부통보$\binom{대판 2018. 6. 28,}{2016두50990}$.

(26) 입찰참가자격의 제한   ① 국가를 당사자로 하는 계약에 관한 법률 제27조 제 1 항에 따라 이루어진 조달청장의 계약상대방에 대하여 입찰참가자격 제한 처분$\binom{대판 2017. 12. 28,}{2017두39433}$. ② 공공기관의 운영에 관한 법률 제39조 제 2 항에 따라 이루어진 한국수력원자력 주식회사의 입찰참가자격 제한 처분$\binom{대판 2018. 10. 25,}{2016두33537}$. ③ 조달청장의 나라장터 종합쇼핑몰 거래정지 조치$\binom{대판 2018. 11. 29,}{2015두52395}$.

(27) 여객자동차운수사업법상 개선명령$\binom{헌재 2019. 4. 11,}{2018헌마42}$

(28) 법무사의 사무원 채용승인 신청에 대하여 소속 지방법무사회가 '채용승인을 거부'하는 조치$\binom{대판 2020. 4. 9,}{2015다34444}$.

(29) 공법인인 총포, 화약안전기술협회가 회비납부의무자에게 한 '회비납부통지'$\binom{대판 2021. 12. 30,}{2018다241458}$.

(30) 하도급거래 공정화에 관한 법률 제26조 제 2 항의 **입찰참가자격제한 요청 결정**$\binom{대판 2023. 2. 2,}{2020두48260;\ 대판}$ $\binom{대판}{2023. 4. 27,}{2020두47892}$.

2. 처분이 아니라 한 판례

(1) 공법인의 내부관계   ① 서울특별시지하철공사 임직원에 대한 징계처분$\binom{대판 1989. 9. 12,}{89누2103}$. ② 한국조폐공사의 직원에 대한 징계처분$\binom{대판 1978. 4. 25,}{78다414}$. ③ 공무원및사립학교교직원의료보험관리공단 직원의 근무관계$\binom{대판 1993. 11. 23,}{93누15212}$. ④ 한국마사회의 기수에 대한 징계처분$\binom{대판 2008. 1. 31,}{2005두8269}$.

(2) 행정입법   ① 일반적 · 추상적인 법령 또는 내부적 내규 및 내부적 사업계획$\binom{내신성적 산정}{기준에 관한}$ $\binom{시행}{지침}\binom{대판 1994. 9. 10,}{94두33}$. ② 시행규칙$\binom{부}{령}\binom{대판 1987. 3. 24,}{86누656}$.

(3) **행정계획**   ① **구 도시계획법상 도시기본계획**(대판 2002. 10. 11., 2000두8226). ② 하수도법상 하수도정비기본계획(대판 2002. 5. 17., 2001두10578). ③ 도시개발법 제27조의 환지계획(대판 1999. 8. 20., 97누6889). ④ 국토해양부, 환경부, 문화체육부, 농림수산식품부가 합동으로 2009. 6. 8. 발표한 **'4대강 살리기 마스터플랜'**(이 '이 사건 정부기본계획'이라고 한다)은 4대강 정비사업과 그 주변 지역의 관련 사업을 체계적으로 추진하기 위하여 수립한 종합계획이자 **'4대강 살리기 사업'**(그 중 한강 부분을 '이 사건 사업'이라고 한다)의 기본방향을 제시하는 계획으로서, 이는 행정기관 내부에서 사업의 기본방향을 제시하는 것일 뿐, 국민의 권리·의무에 직접 영향을 미치는 것은 아니라고 할 것이어서 행정처분에 해당하지 아니한다(대판 2015. 12. 10., 2011두32515).

(4) **내부행위·중간처분**   ① 과세표준결정(대판 1996. 9. 24., 95누12842). ② 국가보훈처 보훈심사위원회의 의결(대판 1989. 1. 24., 88누3314). ③ 국가유공자가 부상 여부 및 정도를 판정받기 위하여 하는 신체검사판정(대판 1993. 5. 11., 91누9206). ④ 병역처분의 자료로 군의관이 하는 신체등위판정(대판 1993. 8. 27., 93누3356). ⑤ 독점규제및공정거래에관한법률상 공정거래위원회의 고발조치(대판 1995. 5. 12., 94누13794). ⑥ 감사원법 제32조에 따른 징계요구(대판 2016. 12. 27., 2014두5637).

(5) **내 인 가**   어업권면허에 선행하는 우선순위결정(대판 1995. 1. 20., 94누6529).

(6) **공부의 기재·정정·말소행위**   ① 지적도(대판 2002. 4. 26, 2000두7612; 대판 1990. 5. 8, 90누554), 임야도(대판 1989. 11. 28, 89누3700), 토지대장(대판 1995. 12. 5., 94누4295), 임야대장(대판 1987. 3. 10., 86누672) 등 지적공부. ② 측량성과도(대판 1993. 12. 14., 93누555). ③ 건축물대장(대판 2001. 6. 12, 2000두7777; 대판 1995. 5. 26., 95누3428; 대판 1989. 12. 12, 89누5348). ④ 하천대장(대판 1982. 7. 13., 81누129). ⑤ 공무원연금카드(대판 1980. 2. 12, 79누121). ⑥ 자동차운전면허대장(대판 1991. 9. 24., 91누1400). ⑦ 운전면허 행정처분처리대장(대판 1994. 8. 12, 94누2190). ⑧ 온천관리대장(대판 2000. 9. 8., 98두13072).

(7) **거부처분**   ① 국·공유 잡종재산의 매각·대부·임대기간연장 요청 등 사경제적 행위의 요청에 대한 거부(대판 1998. 9. 22, 98두7602; 대판 1983. 9. 13, 83누240). ② 지적공부 등에의 기재 요구 거부(대판 1995. 12. 5., 94누4295). ③ 건축허가및준공검사취소 등에 대한 거부(대판 1999. 12. 7., 97누17568). ④ 전통사찰의 등록말소신청의 거부(대판 1999. 9. 3. 97누13641). ⑤ 지적공부 등록사항 정정신청 반려처분(대판 2011. 8. 25., 2011두3371).

(8) **행정행위의 부관**   부담을 제외한 부관(대판 2001. 6. 15, 99두509(기간); 대판 1993. 10. 8, 93누2032(법률효과의 일부배제); 대판 1991. 12. 13, 90누8503(법률효과와의 일부 배제)).

(9) **비권력적 행위**   영업시간 준수촉구(대판 1982. 12. 28., 82누366). 공무원에 대한(법정 징계 처분이 아닌) 단순서면경고(대판 1991. 11. 12., 91누2700). **구 건축법 제69조 제 2 항에 따른 단전요청**(대판 1995. 11. 21, 95누9099; 대판 1996. 3. 22, 96누433).

(10) **관념의 통지**   당연퇴직사유에 따른 퇴직발령(대판 1995. 2. 10, 94누148; 대판 1995. 11. 14, 95누2036)(이 경우 공무원지위확인의 당사자소송을 제기할 수 있을 것이다). 국민건강보험공단의 직장가입자 자격상실 및 자격변동 안내(대판 2019. 2. 14., 2016두41729).

(11) **반복된 행위**   ① 행정대집행법상 2차, 3차 계고처분(대판 1994. 10. 28, 94누5144; 대판 1994. 2. 22, 93누21156). ② 국세징수법상 2차 독촉(대판 1999. 7. 13., 97누119).

(12) **통치행위**   대통령의 계엄선포행위(대판 1997. 4. 17, 96도3376; 대판 1982. 9. 14, 82도1847; 대판 1981. 4. 28, 81도874; 대판 1980. 8. 26, 80도1278).

(13) **금융감독위원회의 파산신청**(대판 2006. 7. 28., 2004두13219).

(14) **혁신도시 최종입지 선정행위**   정부의 수도권 소재 공공기관의 지방이전시책을 추진하는 과정에서 도지사가 도 내 특정시를 공공기관이 이전할 혁신도시 최종입지로 선정한 행위는 항고소송의 대상이 되는 행정처분이 아니다(대판 2007. 11. 15., 2007두10198).

(15) **국가인권위원회의 진정 각하 또는 기각결정**(헌재 2008. 11. 27., 2006헌마440).

(16) 각 군 참모총장이 '군인 명예전역수당 지급대상자 결정절차'에서 국방부장관에게 수당지급대상자를 추천하거나 신청자 중 일부를 추천하지 않는 행위(대판 2009. 12. 10., 2009두14231).

(17) 법무법인의 공정증서 작성행위　　행정청이 한 행위가 단지 사인 간 법률관계의 존부를 공적으로 증명하는 공증행위에 불과하여 그 효력을 둘러싼 분쟁의 해결이 사법원리에 맡겨져 있거나 행위의 근거 법률에서 행정소송 이외의 다른 절차에 의하여 불복할 것을 예정하고 있는 경우에는 항고소송의 대상이 될 수 없다$\binom{\text{대판 2012. 6. 14.}}{\text{2010두19720}}$.

(18) 과태료 부과처분　　과태료의 부과 여부 및 그 당부는 최종적으로 질서위반행위규제법에 의한 절차에 의하여 판단되어야 할 것이므로, 과태료 부과처분은 행정청을 피고로 하는 행정소송의 대상이 되는 행정처분이라고 볼 수 없다$\binom{\text{대판 2012. 10. 11.}}{\text{2011두19369}}$.

(19) 민원사무처리법이 규정하는 사전심사결과 통보$\binom{\text{대판 2014. 4. 24.}}{\text{2013두7834}}$.

(20) 검사의 고소인에 대한 고소사건 처분결과통지$\binom{\text{대판 2018. 9. 28.}}{\text{2017두47465}}$.

(21) 방송통신위원회의 고지방송명령$\binom{\text{대판 2023. 7. 13.}}{\text{2016두34257}}$.

[기출사례] 제56회 사법시험(2014년) 문제·답안작성요령 ☞ PART 4 [3-25]

3. 처분변경의 경우

(1) 판　　례　　"기존의 행정처분을 변경하는 내용의 행정처분이 뒤따르는 경우, 후속처분이 종전처분을 완전히 대체하는 것이거나 주요 부분을 실질적으로 변경하는 내용인 경우에는 특별한 사정이 없는 한 종전처분은 효력을 상실하고 후속처분만이 항고소송의 대상이 되지만, 후속처분의 내용이 종전처분의 유효를 전제로 내용 중 일부만을 추가·철회·변경하는 것이고 추가·철회·변경된 부분이 내용과 성질상 나머지 부분과 불가분적인 것이 아닌 경우에는, 후속처분에도 불구하고 종전처분이 여전히 항고소송의 대상이 된다$\binom{\text{대판 2015. 11. 19.}}{\text{2015두295 전원합의체}}$."

[기출사례] 제59회 사법시험(2017년) 문제·답안작성요령 ☞ PART 4 [2-12]

(2) 금전관련처분의 경우

1) 학　　설　　당초처분과 경정처분 중 항고소송의 대상에 관한 학설로 병존설$\binom{\text{두 처분은 독}}{\text{립된 처분으}}$로 별개의 소송$\binom{}{\text{대상이라는 견해}}$·흡수설$\binom{\text{당초처분은 경정처분에 흡수되어 소멸하고 경정처}}{\text{분만이 효력을 가지며 소송의 대상이 된다는 견해}}$·병존적 흡수설$\binom{\text{당초처분의 효력이 그대로 존속하}}{\text{지만 경정처분만이 대상이 된다}}$는 견해$)$·역흡수설$\binom{\text{경정처분은 당초처분에 흡수되어 경정처분에 의하여}}{\text{수정된 당초의 처분이 소송의 대상이 된다는 견해}}$·역흡수병존설$\binom{\text{당초처분과 경정처분은 결합하여 일체로서}}{\text{병존하나, 소송의 대상은 경정처분으로 수정된 당초처분}}$이라는 견해$)$이 있다$\binom{\text{사법연수원, 행정구}}{\text{제법, 2007, 107면}}$.

2) 판　　례　　① 증액경정처분의 경우, 당초처분은 증액결정처분에 흡수되어 독립한 존재가치를 상실하여 당연히 소멸하고, 증액경정처분만이 소송의 대상이 된다$\binom{\text{대판 2004. 2. 13.}}{\text{2002두9971}}$. 그러나 증액경정처분이 제척기간 도과 후에 이루어진 경우에는 증액부분만이 무효로 되고 제척기간 도과 전에 있었던 당초 처분은 유효한 것이므로, 납세의무자로서는 그와 같은 증액경정처분이 있었다는 이유만으로 당초 처분에 의하여 이미 확정되었던 부분에 대하여 다시 위법 여부를 다툴 수는 없다$\binom{\text{대판 2004. 2. 13.}}{\text{2002두9971}}$. ② 감액경정처분의 경우, 당초의 처분 전부를 취소하고 새로이 처분을 한 것이 아니라, 당초처분의 일부 효력을 취소하는 처분으로, 소송의 대상은 경정처분으로 인하

여 감액되고 남아 있는 당초의 처분이다(대판 1991. 9. 13, 91누391: 대판 1986. 7. 8, 84누50). 같은 논리의 판례로 대판 2012. 9. 27, 2011두27247 등을 볼 수 있다(판례).

> [판례] 과징금부과처분 후 이루어진 감액처분의 성질(독립성·처분성)
> (공정거래위원회가 원고 엘엔티렉서스 주식회사 등에게 부당한 공동행위를 이유로 시정명령 및 과징금납부명령을 하였다가 일부 원고에게 과징금부과의 일부를 취소하는 처분을 하자 원고들이 감액된 부분에 대한 취소 등을 구한 사건에서) 과징금 부과처분에 있어 행정청이 납부의무자에 대하여 부과처분을 한 후 그 부과처분의 하자를 이유로 과징금의 액수를 감액하는 경우에 그 감액처분은 감액된 과징금 부분에 관하여만 법적 효과가 미치는 것으로서 당초 부과처분과 별개 독립의 과징금 부과처분이 아니라 그 실질은 당초 부과처분의 변경이고, 그에 의하여 과징금의 일부취소라는 납부의무자에게 유리한 결과를 가져오는 처분이므로 당초 부과처분이 전부 실효되는 것은 아니다. 따라서 그 감액처분에 의하여 감액된 부분에 대한 부과처분 취소청구는 이미 소멸하고 없는 부분에 대한 것으로서 그 소의 이익이 없어 부적법하다(대판 2017. 1. 12, 2015두2352).

4. 교원징계의 경우

사립학교교원이나 국공립학교교원의 경우 모두 원처분중심주의가 적용된다는 것이 판례의 입장이다. 즉, 사립학교교원에 대한 학교법인 등의 징계는 항고소송의 대상인 처분이 아니므로 사립학교교원의 경우에는 교원소청심사위원회의 결정이 원처분으로서 소의 대상이 되고(판례 1, 2), 국공립학교교원의 경우에는 원처분주의에 따라 소청심사결정이 아니라 원처분이 소의 대상이 된다. 물론 소청심사결정에 고유한 위법이 있으면 재심결정이 소의 대상이 된다(판례 3). 사립학교교원은 민사소송에 의한 구제도 가능하다(판례 4).

> [판례 1] 사립학교 교원에 대한 학교법인의 해임처분을 행정소송의 대상이 되는 행정청의 처분으로 볼 수 있는지 여부
> (피고(학교법인 정읍배영학원)의 원고에 대한 해임징계처분과 피고(교육부 교원징계재심위원회)의 원고에 대한 재심청구기각 결정의 취소를 구하는 정읍 배영학원 교원징계사건에서) 사립학교 교원은 학교법인 또는 사립학교 경영자에 의하여 임면되는 것으로서 사립학교 교원과 학교법인의 관계를 공법상의 권력관계라고는 볼 수 없으므로 사립학교 교원에 대한 학교법인의 해임처분을 취소소송의 대상이 되는 행정청의 처분으로 볼 수 없고, 따라서 학교법인을 상대로 한 불복은 **행정소송에 의할 수 없고 민사소송절차에 의할 것이다**(대판 1993. 2. 12, 92누13707).

> [판례 2] 사립학교 교원이 학교법인의 해임처분에 대하여 교원지위향상을위한특별법에 따라 교육부 내의 교원징계재심위원회에 재심청구를 한 경우 재심위원회의 결정이 행정소송의 대상인 행정처분인지 여부
> (정읍 배영학원 교원징계사건에서) 사립학교 교원에 대한 해임처분에 대한 구제방법으로 학교법인을 상대로 한 민사소송 이외 교원지위향상을위한특별법 제 7 조 내지 제10조에 따라 교육부 내에 설치된 교원징계재심위원회에 재심청구를 하고 교원징계재심위원회의 결정에 불복하여 행정소송을 제기하는 방법도 있으나, 이 경우에도 행정소송의 대상이 되는 **행정처분은 교원징계재심위원회의 결정**이지 학

교법인의 해임처분이 행정처분으로 의제되는 것이 아니며 또한 **교원징계재심위원회의 결정을** 이에 대한 행정심판으로서의 **재결에 해당되는 것으로 볼 수는 없다**$\binom{\text{대판 1993. 2. 12,}}{92누13707}$.

[판례 3] 재심결정에 사실오인 또는 재량권남용 일탈의 위법이 있다는 주장이 재심결정 취소사유가 되는지 여부

$\binom{\text{충청남도 교육감의 해임처분에 대한 원고의 재심청구에 대}}{\text{한 교원징계재심위원회의 재심결정의 취소를 구한 사건에서}}$ 국공립학교교원에 대한 징계 등 불리한 처분은 행정처분이므로 국공립학교교원이 징계 등 불리한 처분에 대하여 불복이 있으면 교원징계재심위원회에 재심청구를 하고 위 재심위원회의 재심결정에 불복이 있으면 항고소송으로 이를 다투어야 할 것인데, 이 경우 그 소송의 대상이 되는 처분은 원칙적으로 원처분청의 처분이고, 원처분이 정당한 것으로 인정되어 재심청구를 기각한 **재결에 대한 항고소송은 원처분의 하자를 이유로 주장할 수는 없고 그 재결 자체에 고유한 주체·절차·형식 또는 내용상의 위법이 있는 경우에 한한다고 할 것이므로**, 도교육감의 해임처분의 취소를 구하는 재심청구를 기각한 재심결정에 사실오인의 위법이 있다거나 재량권의 남용 또는 그 범위를 일탈한 것으로서 위법하다는 사유는 재심결정 자체에 고유한 위법을 주장하는 것으로 볼 수 없어 재심결정의 취소사유가 될 수 없다$\binom{\text{대판 1994. 2. 8,}}{93누17874}$.

[판례 4] 징계받은 사립학교교원의 권리구제방법

$\binom{\text{교원지위향상을위한특별법 제9조}}{\text{제1항 등 위헌소원사건에서}}$ 학교법인에 의하여 징계처분 등을 받은 사립학교 교원은 교원지위법에 **따른 재심위원회의 재심절차와 행정소송절차를 밟을 수 있을 뿐만 아니라 종래와 같이 민사소송을 제기하여 권리구제를 받을 수도 있는데**, 이 두 구제절차는 임의적·선택적이다$\binom{\text{헌재 2003. 12. 18,}}{\text{2002헌바14·32(병합)}}$.

5. 내부적·중간적 행위

판례는 내부적·중간적 행위의 처분성 인정 여부는 개별·구체적으로 판단하여야 할 사항으로 본다$\binom{판}{례}$.

[판례] 일련의 행정과정에서 내부적·중간적 행위가 처분성을 갖는 경우

$\binom{\text{원고인 주식회사 녹색친환경에너지가 피고 광주광역시장}}{\text{의 우선협상대상자 지위배제 처분의 취소를 구한 사건에서}}$ 일련의 행정과정$\binom{\text{제안공모 → 제안서 심사 → 우선협상대상자 선정}}{\text{→ 협상 → 실시 협약 체결 및 사업시행자 지정 →}}$실시계획승인 → 시설설치 공사 → 시설 기부채$\binom{\text{우선협상대상자 선정, 공}}{\text{유재산 사용·수익허가}}$를 반드시 처분으로 인정하여야 하는 것은 아니며, 개별 행정작용의 특수성을 고려하여 개별·구체적으로 판단하여야 한다. 내부적·중간적 행위를 최종적 행위와는 별도로 항고소송의 대상으로 삼아 다툴 수 있도록 하려면 한편으로는 분쟁을 조기에 실효적으로 해결하여야 할 필요와 다른 한편으로는 이를 처분이라고 봄으로써 제소기간과 불가쟁력을 통한 법률관계의 조기확정과 행정의 원활한 수행을 보장할 필요가 인정되어야 한다$\binom{\text{대판 2020. 4. 29,}}{\text{2017두31064}}$.

6. 처분인지 여부가 불분명한 경우

행정청의 행위가 '처분'에 해당하는지가 불분명한 경우에는 그에 대한 불복방법 선택에 중대한 이해관계를 가지는 상대방의 인식가능성과 예측가능성을 중요하게 고려하여 규범적으로 판단하여야 한다$\binom{\text{대판 2020. 5. 28,}}{\text{2017두66541}}$.

Ⅲ. 재결과 취소소송

1. 재결의 개념

행정심판법에서 재결이란 "행정심판의 청구에 대하여 행정심판법 제 6 조에 따른 행정심판위원회가 행하는 판단"을 말한다(행심법 제2조 제3호). 행정소송법에서 말하는 재결은 행정심판법이 정하는 절차에 따른 재결만을 뜻하는 것은 아니다. 이 밖에 당사자심판이나 이의신청에 의한 재결도 포함된다.

2. 원처분중심주의

행정소송법상 재결에 대한 취소소송은 재결 자체에 고유한 위법이 있음을 이유로 하는 경우에 한한다(행소법 제19조 단서). 따라서 취소소송은 원칙적으로 원처분을 대상으로 하며, 재결은 예외적으로만 취소소송의 대상이 될 수 있다. 이를 원처분중심주의라 부른다. 원처분주의와 재결주의(재결만이 항고소송의 대상이며, 재결소송에서 재결의 위법뿐 아니라 원처분의 위법도 주장가능하다는 입장) 중 어느 것을 택할 것인가는 입법정책의 문제이다. 법치행정의 원칙과 행정소송의 행정통제적 기능을 강조한다면 원처분주의를 택하게 될 것이다.

3. 재결소송

(1) 재결소송의 의의   재결을 분쟁대상으로 하는 항고소송을 재결소송이라 부른다. 재결소송은 재결 자체에 고유한 위법이 있음을 이유로 하는 경우에 한한다. 재결에 고유한 위법이 없는 한, 원처분을 다투어야 한다. 개별법률이 원처분중심주의의 예외가 되는 재결소송을 규정하기도 한다(후술 참조).

(2) 재결소송의 인정필요성   원처분중심주의의 예외로서 재결소송(재결에 대한 취소소송)을 인정한 것은 원처분을 다툴 필요가 없거나 다툴 수 없는 자도 재결로 인하여 다툴 필요가 생겨날 수 있을 것인데, 이러한 경우에 재결을 다툴 수 없다면 그러한 자들을 위한 권리보호의 길은 막히는 결과가 되기 때문이다(판례). 요컨대 재결로 인하여 비로소 불이익을 받게 되는 경우에 재결소송은 인정된다. 예를 들어, 유해화학물질생산업자의 허가신청에 대해 허가가 거부된 경우에 이웃주민은 그 거부처분을 다툴 필요가 없지만, 거부처분을 받은 생산업자가 거부처분취소재결을 구한 결과 거부처분의 취소가 있게 되면, 이웃주민은 이 단계에서 비로소 다툴 필요성을 갖게 된다.

[판례]   원처분의 상대방이 아닌 제 3 자가 행정심판을 청구하여 재결청이 원처분을 취소하는 형성재결을 한 경우, 위 원처분의 상대방이 할 수 있는 불복방법 및 위 재결의 취소를 구하는 것이 원처분에 없는 재결 고유의 하자를 주장하는 것인지 여부

(보건복지부장관(피고)의 보령제약의 '보령정로환당의정'에 대한 의약품제조품목허가처분에 대해 이미 '동성정로환'에 대하여 의약품제조품목허가를 받아 판매하고 있던 동성제약이 보령제약에 대한 허가처분의 취소를 구하는 행정심판을 제기하여 처분청 겸 재결청인 피고가 보령제약의 의약품제조품목허가처분취소 재결을 하였고, 이에 보령제약이 다툰 보령정로환사건에서) 원처분의 상대방이 아닌 제 3 자가 행정심판을 청구하여 재결청이 원처분을 취소하는 형성재결을 한 경우에 그 원처분의 상대방은 그 **재결에 대하여 항고소송을 제기할 수밖에 없고**, 이 경우 **재결은 원처분과 내용을 달리 하는 것이어서** 재결의 취소를 구하는 것은 원처분에 없는 **재결 고유의 위법을 주장하는 것이 된다**(대판 1998. 4. 24. 97누17131).

(3) 재결소송의 사유　　재결에 대한 취소소송(재결소송)은 재결 자체에 고유한 위법이 있는 경우에 가능하다. 따라서 원처분의 위법을 이유로 재결의 취소를 구할 수는 없다. 여기서 재결 자체의 고유한 위법이란 재결 자체에 주체·절차·형식 그리고 내용상의 위법이 있는 경우를 의미한다. 그리고 재결(심리)의 범위를 벗어난 재결(① 위원회는 심판청구의 대상이 되는 처분 또는 부작위 외의 사항에 대하여는 재결하지 못한다. ② 위원회는 심판청구의 대상이 되는 처분보다 청구인에게 불리한 재결을 하지 못한다)도 재결만의 고유한 하자가 될 수 있다.

　　1) 주체·절차·형식의 위법　　① 권한이 없는 기관이 재결하거나 행정심판위원회의 구성원에 결격자가 있다거나 정족수 흠결 등의 사유가 있는 경우 주체의 위법에 해당한다. ② 절차의 위법은 행정심판법상의 심판절차를 준수하지 않은 경우를 말한다. 그리고 ③ 형식의 위법은 서면에 의하지 아니하고 구두로 한 재결이나 행정심판법 제46조 제 2 항 소정의 주요기재 사항이 누락되거나 이유 기재에 중대한 흠이 있는 경우 등을 말한다.

　　2) 내용의 위법　　내용의 위법은 재결 자체의 고유한 위법에 포함되지 않는다는 견해(서원우, 김학세)도 있으나 내용상의 위법도 포함된다고 보아야 한다(다수견해). 판례도 "행정소송법 제19조에서 말하는 재결 자체에 고유한 위법이란 원처분에는 없고 재결에만 있는 재결청(현행법상으로는 위원회)의 권한 또는 구성의 위법, 재결의 절차나 형식의 위법, 내용의 위법 등을 뜻하고, 그 중 내용의 위법에는 위법·부당하게 인용재결을 한 경우가 해당한다(대판 1997. 9. 12. 96누14661)"고 판시하고 있다.

　　㈎ 각하재결의 경우　　심판청구가 부적법하지 않음에도 실체심리를 하지 아니한 채 각하한 재결에 대하여는 실체심리를 받을 권리를 박탈당한 것이고, 원처분에는 없는 재결에 고유한 하자이므로 재결소송의 대상이 된다 할 것이다(판례).

> **판례**　적법한 행정심판청구를 각하한 재결이 재결 자체에 고유한 위법이 있는 경우에 해당하는지 여부
>
> (속리산 용화지구 BOD사건에서) 행정심판청구가 **부적법하지 않음에도 각하한 재결**은 심판청구인의 실체심리를 받을 **권리를 박탈한 것으로서 원처분에 없는 고유한 하자가 있는 경우에 해당**하고, 따라서 위 재결은 취소소송의 대상이 된다고 할 것이다(대판 2001. 7. 27. 99두2970).

　　㈏ 기각재결의 경우　　원처분을 정당하다 하여 유지하고 심판청구를 기각한 재결에 대하여는 원칙적으로 내용상의 위법을 주장하여 제소할 수 없다. 원처분에 있는 하자와 동일한 하자를 주장하는 것이 될 것이기 때문이다. 그러나 사정재결(행심법 제44조)을 함에 있어서 공공복리에 대한 판단을 잘못한 재결은 재결취소의 대상이 될 수 있다(윤영선).

　　㈐ 인용재결의 경우　　행정심판청구인은 인용재결에 대하여 불복할 이유가 없다. 그러나 인용재결로 말미암아 권리침해 등의 불이익을 받게 되는 제 3 자는 이를 다툴 필요가 있다.

　　(a) 제 3 자효 있는 행정행위에서 인용재결을 제 3 자가 다투는 경우 소송의 성질　　① ⓐ 제 3 자효를 수반하는 행정행위에 있어서 인용재결로 인하여 불이익을 입은 자(제 3 자가 행정심판청구인인 경우의 행정처분 상대

방, 행정처분 상대방이 행정심판청구인인 경우의 제 3 자)는 그 인용재결에 대하여 다툴 필요가 있고, 그 인용재결은 원처분과 내용을 달리하는 것이므로 인용재결의 취소를 주장하는 것은 원처분에는 없는 재결에 고유한 하자를 주장하는 소송이 된다. ⓑ 이에 반해 당해 인용재결은 형식상으로는 재결이나 실질적으로는 제 3 자에게 최초처분의 성질을 갖는 것이라고 보아 제 3 자의 소송을 처분취소소송으로 보는 견해 (김용섭, 박균성)도 있다. ② 판례는 제 3 자가 인용재결을 다투는 소송을 재결취소소송으로 본다 (대판 1997. 12. 23. 96누10911). ③ 인용재결로 인해 제 3 자가 비로소 권익을 침해받았다고 하더라도 원처분은 존재하기에 인용재결에 대한 소송은 재결취소소송으로 보는 것이 타당하다. 한편, 판례는 재결에 따라 이루어진 후속처분이 위법하면, 그 후속처분을 다툴 수 있다고 하면서[판례], 동시에 거부처분이 재결에서 취소된 경우 재결에 따른 후속처분이 아니라 그 재결의 취소를 구하는 것은 실효적이고 직접적인 권리구제수단이 될 수 없어 분쟁해결의 유효적절한 수단이라고 할 수 없으므로 법률상 이익이 없다(대판 2017. 10. 31. 2015두45045)고 한다.

> [판례] **거부처분취소재결 후 후속처분이 있는 경우, 소의 대상**
> (원고 주식회사 극동토건, 피고 충청북도행정심판위원회, 피고보조참가인으로 주식회사 한마음건설 사이에서 피고의 주택건설사업계획변경승인신청반려처분취소재결의 취소를 구한 사건에서) 행정청이 재결에 따라 이전의 신청을 받아들이는 후속처분을 하였더라도 후속처분이 위법한 경우에는 재결에 대한 취소소송을 제기하지 않고도 곧바로 후속처분에 대한 항고소송을 제기하여 다툴 수 있다(대판 2017. 10. 31. 2015두45045).

(b) 제기요건 미비의 심판청구에 대하여 부적법한 인용재결이 있는 경우　　행정심판의 제기요건을 결여하였음에도 불구하고 각하하지 아니하고 인용재결을 한 경우는 제 3 자는 인용재결을 다툴 수 있다.

(4) 원처분중심주의의 위반과 기각판결　　재결 자체의 고유한 위법이 없음에도 재결에 대해 취소소송을 제기한 경우의 소송상 처리에 관해서는 학설의 대립이 있다. 행정소송법 제19조 단서를 소극적 소송요건으로 보아 각하판결을 해야 한다는 견해(김용섭)가 있으나 재결 자체의 위법 여부는 본안판단사항이기 때문에 기각판결을 하여야 한다(김향기, 윤영선). 판례도 "재결 자체에 고유한 위법이 없는 경우에는 원처분의 당부와는 상관없이 당해 재결취소소송은 이를 기각하여야 한다(대판 1994. 1. 25. 93누16901)"고 한다.

[기출사례] 제59회 5급공채(2015년) 문제 · 답안작성요령 ☞ PART 4 [1-59]

(5) 재결이 있는 경우, 소송의 대상
1) 형성재결 · 명령재결
㈎ 형성재결　　형성재결인 취소재결 · 변경재결의 경우, 위원회로부터 재결을 통보받은 처분청이 행하는 재결결과의 통보는 사실행위이지 행정행위가 아니다[판례 1, 2]. 따라서 형성재결 그 자체가 소송의 대상이 된다[판례 3].

[판례 1] 형성적 재결의 결과통보가 항고소송의 대상이 되는 행정처분에 해당하는지 여부

(대하콘크리트벽돌공장 설립신고사건에서) 재결청으로부터 '처분청의 공장설립변경신고수리처분을 취소한다'는 내용의 **형성적 재결을 송부받은 처분청이 당해 처분의 상대방에게 재결결과를 통보**하면서 공장설립변경신고 수리시 발급한 확인서를 반납하도록 요구한 것은 **사실의 통지에 불과**하고 항고소송의 대상이 되는 새로운 행정처분이라고 볼 수 없다(대판 1997. 5. 30. 96누14678).

[판례 2] 원처분에 대한 형성적 취소재결이 확정된 후 처분청이 다시 원처분을 취소한 경우, 위 처분이 항고소송의 대상이 되는 처분인지 여부

(보건복지부장관의 보령제약(주)에 대한 의약품제조품목허가처분에 대하여 동성제약(주)가 제기한 행정심판에서 취소재결이 이루어지자 보령제약이 다툰 보령정로환사건에서) 당해 **의약품제조품목허가처분취소재결은** 보건복지부장관이 재결청의 지위에서 스스로 제약회사에 대한 위 의약품제조품목허가처분을 취소한 이른바 **형성재결임이 명백하므로,** 위 회사에 대한 **의약품제조품목허가처분은 당해 취소재결에 의하여 당연히 취소·소멸되었고,** 그 이후에 다시 위 허가처분을 취소한 당해 처분은 당해 취소재결의 당사자가 아니어서 그 재결이 있었음을 모르고 있는 위 회사에게 위 허가처분이 취소·소멸되었음을 확인하여 알려 주는 의미의 **사실 또는 관념의 통지에 불과할 뿐** 위 허가처분을 취소·소멸시키는 새로운 형성적 행위가 아니므로 항고소송의 대상이 되는 **처분이라고 할 수 없다**(대판 1998. 4. 24. 97누17131).

[판례 3] 형성재결의 경우 소송의 대상

(경북도지사의 (주)가야개발에 대한 체육시설업(회원제골프장사업)사업계획승인을 취소한 문화체육부장관의 재결의 취소를 구한 사건에서) 당해 재결과 같이 그 인용재결청인 문화체육부장관 스스로가 직접 **당해 사업계획승인처분을 취소하는 형성적 재결을 한 경우**에는 그 재결 외에 그에 따른 행정청의 별도의 처분이 있지 않기 때문에 **재결 자체를 쟁송의 대상**으로 할 수밖에 없다(대판 1997. 12. 23. 96누10911).

(나) 명령재결   명령재결인 변경명령재결의 경우 재결이 소의 대상인지 아니면 재결에 따른 처분이 소의 대상인지 여부가 문제된다.

(a) 학   설   ① 명령재결과 그에 따른 처분이 독립된 행정처분이라는 데에 근거하여 명령재결과 그에 따른 처분이 각각 소송의 대상이 된다는 견해(병존설), ② 명령재결에 따른 처분은 행정심판법 제49조에서 규정한 재결의 기속력에 따른 것으로 명령재결이 그대로 존재하는 상태에서 그에 따른 처분만을 위법하다고 할 수 없다는 점을 근거로 명령재결취소가 선행되어야 한다는 견해(재결설), ③ 명령재결이 있다 하더라도 그에 따른 행정청의 처분이 있기 전까지는 구체적·현실적으로 권리이익이 침해되었다 볼 수 없으므로 재결에 따른 행정청의 처분만이 소송의 대상이 될 수 있다는 견해(처분설)로 나누어진다.

(b) 판   례   판례는 양자 모두 소의 대상일 수 있다는 입장이다(판례)(대상판결은 취소명령재결이 있는 경우지만 현행 행정심판법(제43조 제 3 항)은 취소명령재결규정이 없다. 하지만 판례의 입장은 의무이행심판에서 처분명령재결을 제 3 자가 다투는 경우(위원회의 허가명령재결에 따라 행정청이 허가처분을 하는 경우)에도 적용될 수 있다).

> 판례 재결에 따른 처분청의 취소처분이 위법한 경우 이를 항고소송으로 다툴 수 있는지 여부
>
> (주식회사 장흥주택이 속초시장의 주택건설사업계획변경승인취소처분취소를 구한 사건에서) 행정심판법 제37조 제 1 항의 규정에 의하면 재결은 피청구인인 행정청을 기속하는 효력을 가지므로 재결청이 취소심판의 청구가 이유 있다고 인정하여 처분청에게 처분을 취소할 것을 명하면 처분청으로서는 그 재결의 취지에 따라 처분을 취소하여야 하는 것이지만, 그렇다고 하여 그 재결의 취지에 따른 취소처분이 위법할 경우 그 취소처분의 상대방이 이를 항고소송으로 다툴 수 없는 것은 아니다. 또 위와 같은 **취소처분의 상대방이 재결 자체의 효력을 다투는 별소를 제기하였고 그 소송에서 판결이 확정되지 아니하였다 하여 재결의 취지에 따른 취소처분의 취소를 구하는 항고소송사건을 심리하는 법원으로서는 그 청구의 당부를 판단할 수 없는 것이라고 할 수도 없다**(대판 1993. 9. 28, 92누15093).
>
> [참고] 이 판례는 취소명령재결이 인정되던 시기에 나온 것이지만, 이 논리는 현행법상 변경명령재결과 그에 따른 변경처분의 경우에도 적용될 수 있을 것이다.

(c) 사 견 명령재결이 있다 하더라도 그에 따른 행정청의 처분이 있기 전까지는 권리침해는 잠재적 가능성만이 있을 뿐이므로 명령재결은 항고소송의 대상이 될 수 없고, 그에 따른 행정청의 처분만이 쟁송의 대상이 될 수 있다는 견해(처분설)(윤영선, 김용섭)가 타당하다.

2) 일부인용·수정재결(변경재결, 변경명령재결)

㈎ 일부인용·수정재결 일부인용재결(일부취소재결)(예: 공무원에 대한 3월의 정직처분이 소청절차에서 1월의 정직처분으로 감경된 경우)이나 수정재결(예: 공무원에 대한 3월의 정직처분이 소청절차에서 감봉처분으로 감경된 경우)이 있는 경우 당사자가 일부인용재결이나 수정재결 후에도 여전히 해당 처분에 불복하려 한다면 어느 행위를 소송의 대상으로 해야 하는지가 문제된다.

(a) 학 설 ① 일부인용재결과 수정재결을 구별하지 않고 원처분주의 원칙상 재결 자체의 고유한 위법이 없는 이상 재결은 소의 대상이 되지 않고 재결로 인해 일부 취소되고 남은 원처분이나 수정(변경)된 원처분이 소송의 대상이 된다는 견해(법원실무제요, 행정재판실무편람(Ⅱ), 행정구제법(사법연수원))와 ② 일부인용재결의 경우는 남은 원처분이 소송의 대상이나, 수정재결의 경우는 수정재결에 따른 처분은 원처분과 질적으로 다른 처분이어서 수정재결로 원처분은 취소되어 버리기에 위원회를 상대로 재결을 취소해야 한다는 견해가 대립된다.

(b) 판 례 판례는 일부인용의 경우 명시적인 판결은 없으나, 수정재결과 관련해 원처분청을 피고로 재결에 의해 수정된 원처분의 취소를 구하는 방식을 취해야지 위원회를 피고로 수정재결의 취소를 구해서는 아니 된다는 입장이다(대판 1993. 8. 24, 93누5673).

(c) 사 견 행정소송법 제19조 단서는 재결 자체의 고유한 위법이 없는 한 원처분을 소송의 대상으로 해야 한다고 규정하며, 일부인용과 수정재결을 구분하는 견해는 예를 들어 국가공무원법상 정직 3월의 징계를 정직 1월로 감경하는 재결인 경우 원처분청을 피고로 정직 1월처분의 취소를 구하여야 하지만, 정직 3월의 징계를 감봉으로 감경하는 경우에는 소청심사위원회를 피고로 재결의 취소를 구해야 하기에 일관성이 결여된 것(김석우)이다. 따라서 일부인용재결과

수정재결을 구별하지 않는 ①설이 타당하다.

    (나) 변경처분과 변경된 원처분 중 소송의 대상   취소심판청구에 대해 위원회의 변경명령재결이 있은 후 피청구인인 행정청이 변경처분을 한 경우, 변경처분과 변경된 원처분$\binom{\text{변경된 내용}}{\text{의 당초처분}}$ 중 어느 행위가 항고소송의 대상인지가 문제된다.

    (a) 학   설   변경된 원처분과 변경처분은 독립된 처분으로 모두 소송의 대상이라는 견해, 원처분은 변경처분에 흡수되어 변경처분만이 소의 대상이 된다는 견해, 변경처분은 원처분에 흡수되어 변경된 원처분만이 소의 대상이라는 견해 등이 대립된다.

    (b) 판   례   과징금부과처분을 한 후 공정거래위원회가 스스로 감액처분$\binom{\text{일부}}{\text{취소}}$을 한 경우 항고소송의 대상은 감액처분 후 남은 원처분이라고 하며$\left[\substack{\text{판례} \\ 1}\right]$, 행정심판위원회의 변경명령재결에 따라 처분청이 변경처분을 한 경우에도 소송의 대상은 변경처분이 아니라 변경된 내용의 원처분$\binom{\text{당초}}{\text{처분}}$이라고 한다$\left[\substack{\text{판례} \\ 2}\right]$.

    (c) 사   견   변경처분은 원처분을 변경하는 행위이며 독립한 처분으로 볼 수 없어 변경된 내용의 원처분이 소송의 대상이라는 견해가 타당하다.

[판례 1] 행정청이 과징금 부과처분을 하였다가 감액처분을 한 것에 대하여 그 감액처분으로도 아직 취소되지 않고 남아 있는 부분이 위법하다고 하여 다투는 경우 항고소송의 대상
$\binom{\text{원고가 공정거래위원회를 상대로 과징금}}{\text{납부명령무효확인등을 구한 사건에서}}$ 과징금 부과처분에서 행정청이 납부의무자에 대하여 부과처분을 한 후 그 부과처분의 하자를 이유로 과징금의 액수를 감액하는 경우에 그 **감액처분은** 감액된 과징금 부분에 관하여만 법적 효과가 미치는 것으로서 **처음의 부과처분과 별개 독립의 과징금 부과처분이 아니라 그 실질은 당초 부과처분의 변경이고,** 그에 의하여 과징금의 일부취소라는 납부의무자에게 유리한 결과를 가져오는 처분이므로 처음의 부과처분이 전부 실효되는 것은 아니며, **그 감액처분으로도 아직 취소되지 않고 남아 있는 부분이 위법하다고 하여 다투는 경우 항고소송의 대상은 처음의 부과처분 중 감액처분에 의하여 취소되지 않고 남은 부분이고 감액처분이 항고소송의 대상이 되는 것은 아니다**$\binom{\text{대판 2008. 2. 15.}}{\text{2006두3957}}$.

[판례 2] 행정청이 식품위생법령에 따라 영업자에게 행정제재처분을 한 후 당초 처분을 영업자에게 유리하게 변경하는 처분을 한 경우, 취소소송의 대상 및 제소기간 판단 기준이 되는 처분
$\binom{\text{전주시 완산구청장의 원처분인 3월의 영업정지처분을 과징금부과처분으로 변경}}{\text{한 행정심판의 재결을 다툰 식품위생법위반과징금부과처분취소청구소송에서}}$ 행정청이 식품위생법령에 따라 영업자에게 행정제재처분을 한 후 그 처분을 영업자에게 유리하게 변경하는 처분을 한 경우, 변경처분에 의하여 당초 처분은 소멸하는 것이 아니고 당초부터 유리하게 변경된 내용의 처분으로 존재하는 것이므로, **변경처분에 의하여 유리하게 변경된 내용의 행정제재가 위법하다 하여 그 취소를 구하는 경우 그 취소소송의 대상은 변경된 내용의 당초 처분이지 변경처분은 아니고, 제소기간의 준수 여부도 변경처분이 아닌 변경된 내용의 당초 처분을 기준으로 판단하여야 한다**$\binom{\text{대판 2007. 4. 27.}}{\text{2004두9302}}$.

    [기출사례] 제6회 변호사시험(2017년) 문제·답안작성요령 ☞ PART 4 [2-19]

    [기출사례] 제64회 5급공채(2020년) 문제·답안작성요령 ☞ PART 4 [2-15]

4. 원처분중심주의의 예외

아래에서 보는 바와 같이 개별 법률에서 원처분주의를 배제하고, 재결주의를 규정하는 경우도 있다. 이러한 경우에 당사자는 재결에 대한 취소소송에서 재결의 고유한 위법 외에 원처분의 위법도 주장할 수는 있다(대판 1991. 2. 12, 90누288). 물론, 원처분이 무효인 경우 그 효력은 처음부터 당연히 발생하지 않는 것이어서 행정심판 절차를 거칠 필요도 없으므로 개별 법률이 재결주의를 취하고 있는 경우라도 재결을 거칠 필요 없이 원처분 무효확인의 소를 제기할 수 있다(대판 1993. 1. 19, 91누8050 전원합의체).

(1) 감사원의 재심의판정 감사원의 변상판정처분에 대하여서는 행정소송을 제기할 수 없고, 재결에 해당하는 재심의판정에 대하여서만 감사원을 피고로 하여 행정소송을 제기할 수 있다(대판 1984. 4. 10, 84누91).

[참고조문]
감사원법 제36조(재심의 청구) ① 제31조에 따른 변상판정에 대하여 위법 또는 부당하다고 인정하는 본인, 소속장관, 감독기관의 장 또는 해당 기관의 장은 변상판정서가 도달한 날부터 3개월 이내에 감사원에 재심의를 청구할 수 있다.
제40조(재심의의 효력) ② 감사원의 재심의 판결에 대하여는 감사원을 당사자로 하여 행정소송을 제기할 수 있다. 다만, 그 효력을 정지하는 가처분결정은 할 수 없다.

(2) 중앙노동위원회의 재심판정 중앙노동위원회의 재심처분(노동위원회법 제26조 제1항)도 재결주의의 예에 해당한다(판례).

> **판례** 지방노동위원회의 중재회부결정에 대한 불복방법
> (부산지방노동위원회 위원장이 한 원고(메리놀병원 노동조합)와 메리놀병원 사이의 노동쟁의중재회부결정에 대하여 원고가 취소를 구한 사건에서) 노동위원회법 제19조의2 제1항의 규정은 행정처분의 성질을 가지는 지방노동위원회의 처분에 대하여 중앙노동위원장을 상대로 행정소송을 제기할 경우의 전치요건에 관한 규정이라 할 것이므로 당사자가 지방노동위원회에 재심을 신청하고 중앙노동위원회의 재심판정서 송달일로부터 15일 이내에 중앙노동위원장을 피고로 하여 재심판정취소의 소를 제기하여야 할 것이다(대판 1995. 9. 15, 95누6724).

(3) 특허심판원의 심결 특허출원에 대한 심사관의 거절사정에 대하여 행정소송을 제기할 수 없고, 특허심판원에 심판청구를 한 후 그 심결을 소송대상으로 하여 특허법원에 심결취소를 구하는 소를 제기하여야 한다(특허법 제186조, 제189조, 그리고 실용신안법 제33조; 디자인보호법 제166조; 상표법 제162조 등 참조).

(4) 중앙토지수용위원회의 이의재결 공익사업을 위한 토지 등의 취득 및 보상에 관한 법률은 재결에 대한 행정소송과 관련하여 "사업시행자·토지소유자 또는 관계인은 제34조에 따른 재결에 불복할 때에는 재결서를 받은 날부터 90일 이내에, 이의신청을 거쳤을 때에는 이의신청에 대한 재결서를 받은 날부터 60일 이내에 각각 행정소송을 제기할 수 있다(토상법 제85조 제1항 제1문)"고 규정하고 있다. '토상법' 제34조의 규정에 의한 재결에 대하여 불복하는 행정소송은 원처분에 대한 행정소송임이 명백하지만, 중앙토지수용위원회의 이의재결을 거친 후 행정소송을 제기하는

경우에는 소의 대상과 관련하여 구 토지수용법의 경우와 같은 논쟁의 여지가 있다. 생각건대 '토상법' 제85조 제1항 제1문이 명시적으로 재결소송을 규정하고 있는 것은 아니라는 점, 재결소송은 예외적인 것이므로 제한적으로 새겨야 한다는 점을 고려할 때, 중앙토지수용위원회의 이의재결에 대하여 불복하는 경우에도 원처분주의가 적용된다고 볼 것이다. 물론 이의재결에 고유한 위법이 있다면 이의재결을 다툴 수도 있다(행소법 제19조 단서). 판례의 입장도 같다(대판 2010. 1. 28, 2008두1504).

[기출사례] 제53회 사법시험(2011년) 문제·답안작성요령 ☞ PART 4 [2-10]

[기출사례] 제57회 5급공채(2013년) 문제·답안작성요령 ☞ PART 4 [2-11]

[기출사례] 제55회 사법시험(2013년) 문제·답안작성요령 ☞ PART 4 [2-13]

[기출사례] 제3회 변호사시험(2014년) 문제·답안작성요령 ☞ PART 4 [2-14]

[기출사례] 제5회 변호사시험(2016년) 문제·답안작성요령 ☞ PART 4 [2-17]

Ⅳ. 처분등의 존재의 의미 (이 부분은 저자만 주장하고 있다. 독자들은 참고로만 읽어두기 바란다)

1. 의 의

취소소송은 인용판결시에 법률관계의 변동을 가져오는 소송형식이다(형성소송). 이것은 취소소송의 제기를 위해서는 소송의 대상이 되는 처분등이 존재하여야 함을 의미한다. ① 처분등이 부존재하거나 무효이면, 취소소송의 대상이 아니다. 그것은 무효등확인소송의 대상일 뿐이다. 따라서 만약 부존재나 무효를 다투는 취소소송이 제기되면 각하될 수밖에 없다. 다만, 판례상 무효선언을 구하는 의미의 취소소송의 제기는 인정되고 있다. 그리고 ② 부작위 역시 처분이 존재하는 것은 아니므로 취소소송의 대상이 될 수 없다. 다만 거부처분으로 볼 수 있는 부작위는 취소소송의 대상이 될 수 있다. ③ 행정처분이 취소되면 그 처분은 효력을 상실하여 더 이상 존재하지 않으며, 존재하지 않는 행정처분을 대상으로 한 취소소송은 부적법하다(대판 2023. 4. 27, 2018두62928). ④ 취소소송에 있어서 처분의 존부는 법원의 직권조사사항이다(판례1, 2, 3).

> 판례 1 취소소송의 제소요건으로서 처분의 존재
> (유한회사 한림해운이 인천해양경찰서장을 피고로 제기한 도선사업면허변경처분취소의 소에서) 행정처분을 다툴 소의 이익은 개별·구체적 사정을 고려하여 판단하여야 한다. 행정처분의 무효확인 또는 취소를 구하는 소가 제소 당시에는 소의 이익이 있어 적법하였더라도, 소송 계속 중 처분청이 다툼의 대상이 되는 행정처분을 직권으로 취소하면 그 처분은 효력을 상실하여 더 이상 존재하지 않는 것이므로, 존재하지 않는 처분을 대상으로 한 항고소송은 원칙적으로 소의 이익이 소멸하여 부적법하다고 보아야 한다(대판 2020. 4. 9, 2019두49953).

> 판례 2 행정처분의 성립·발효요건(적법요건)과 내부적 결정
> (기한후 신고에 대한 결정의 존재 여부를 쟁점으로 하여 양도소득세등무효확인을 구한 사건에서) 과세관청이 납세의무자의 기한후 신고에 대하여 내부적인 결정을 하였다 하더라도 이를 납세의무자에게 공식적인 방법으로 통지하지 않은 경우에는 기한후 신고에 대한 결정이 외부적으로 성립하였다고 볼 수 없으므로, 항고소송의 대상이 되는 처분이 존재한다고 할 수 없다(대판 2020. 2. 27, 2016두60898).

[평석] 과세관청이 납세의무자의 기한후 신고에 대하여 내부적인 결정만 한 채 납세의무자에게 공식적인 방법으로 통지를 하지 않은 경우, 과세관청이 법원에 제출한 답변서 또는 준비서면에서 내부적 결정사실을 밝혔다거나 납세의무자의 가산세감면 신청에 대하여 가산세 부과가 적법하다는 내용의 통지를 하였더라도, 기한후 신고에 대한 결정의 통지로 볼 수 없어서 항고소송의 대상이 되는 처분이 존재한다고 보기 어렵다는 취지의 판결이다.

[판례 3] 행정소송에 있어서 행정처분의 존부가 직권조사사항인지 여부
(서울시 도봉세무서장의 원고에 대한 상속세부과처분의 취소를 구한 사건에서) 행정소송에서 쟁송의 대상이 되는 행정처분의 존부는 소송요건으로서 직권조사사항이고, 자백의 대상이 될 수 없는 것이므로, 설사 그 존재를 당사자들이 다투지 아니한다 하더라도 그 존부에 관하여 의심이 있는 경우에는 이를 직권으로 밝혀 보아야 한다(대판 2001. 11. 9, 98두892; 대판 1992. 1. 21, 91누1684).

[참고] 취소소송을 형성소송이 아니라 확인소송으로 본다면, 처분의 존재 여부는 특별히 문제되지 아니할 것이다. 왜냐하면 소멸한 처분에 대한 취소소송은 소멸한 처분이 위법하였음의 확인을, 존재하는 처분에 대한 취소소송은 존재하는 처분이 위법함의 확인을 구하는 소송으로 이해될 것이기 때문이다.

2. 처분등의 소멸

(1) 문제상황   논리적으로 본다면, 처분이 기간경과 등으로 소멸되면, 취소소송을 제기할 수 없다(판례). 그러나 처분등이 소멸된 뒤에도 침해된 권리를 다툴 필요성은 존재하는 경우가 있다.

(예) 건축사업무정지처분의 기간이 경과하면 동 처분은 소멸한다. 그러나 업무정지처분을 받은 건축사는 정지기간이 경과한 후에도 추후에 발생할 수 있는 불이익의 방지를 위해 소급적으로 다툴 필요가 있다.

또한 취소소송의 제기 후에 처분이 소멸되는 경우에도 마찬가지로 다툴 필요성이 존재하는 경우가 있다(예: 소송계속중에 업무 정지기간이 경과한 경우). 처분의 소멸사유에는 법적인 것(예: 직권취소·철회· 해제조건의 성취)과 사실적인 것(예: 시간의 경과· 규율대상의 소멸)이 있다. 그러나 임의적으로 이행하였거나 강제적으로 집행된 처분이라도 집행의 유지를 위한 법적 근거가 있는 한, 행정행위는 소멸되는 것이 아니다. 그러나 집행이 더 이상 소급적으로 소멸될 수 없고, 따라서 집행결과제거청구권이 없는 경우에 행정행위의 집행은 그 행정행위의 소멸을 가져온다(예: 과세처분에 따라 세금을 납부한 경우. 쟁송제기기간이 경과되지 아니하였다면, 과세처분은 소멸된 것이 아니어서 납세자는 행정소송법 제12조 제 1 문에 따라 본래적 의미의 취소소송을 제기할 수 있으나, 쟁송제기기간이 경과하면 과세처분은 소멸한다).

[판례] 소송계속 중 직권취소가 있는 경우, 소의 이익(권리보호의 필요)의 존부
(피고 인천해양경찰서장이 경쟁사인 세종해운 주식회사에 내준 도선사업면 허변경처분에 대하여 원고인 유한회사 한림해운이 취소를 구한 사건에서) 행정처분의 무효확인 또는 취소를 구하는 소가 제소 당시에는 소의 이익이 있어 적법하였더라도, 소송 계속 중 처분청이 다툼의 대상이 되는 행정처분을 직권으로 취소하면 그 처분은 효력을 상실하여 더 이상 존재하지 않는 것이므로, 존재하지 않는 그 처분을 대상으로 한 항고소송은 원칙적으로 소의 이익이 소멸하여 부적법하다고 보아야 한다. … 처분청의 직권취소에도 불구하고 완전한 원상회복이 이루어지지 않아 무효확인 또는 취소로써 회복할 수 있는 다른 권리나 이익이 남아 있거나 또는 동일한 소송 당사자 사이

에서 그 행정처분과 동일한 사유로 위법한 처분이 반복될 위험성이 있어 행정처분의 위법성 확인 내지 불분명한 법률문제에 대한 해명이 필요한 경우 행정의 적법성 확보와 그에 대한 사법통제, 국민의 권리구제의 확대 등의 측면에서 예외적으로 그 처분의 취소를 구할 소의 이익을 인정할 수 있다(대판 2020. 4. 9., 2019두49953).

(2) 해결방식(확인소송과 취소소송)　　　이러한 문제를 해결하는 방식에는 2가지가 있을 수 있다. ① 소멸한 처분등이 사인의 권리를 침해하는 위법한 처분이었다는 것을 확인하는 방식(확인소송의 방식)과 ② 소멸한 처분등을 존재하는 처분등으로 간주하여 처분등을 취소하는 방식(취소소송의 방식)이 그것이다. ② 의 경우도 성질상은 ①의 의미, 즉 확인소송의 의미를 갖는다. 왜냐하면 이미 소멸된 처분은 취소시킬 수가 없고, 취소라는 표현을 사용하여도 그것은 소멸된 종전의 행위가 위법함을 확인하는 데 불과하기 때문이다.

(3) 현행법의 태도　　　행정소송법은 "처분등의 집행 그 밖의 사유로 인하여 소멸된 뒤에도 그 처분등의 취소로 인하여 회복되는 법률상 이익이 있는 자의 경우에는 또한 같다(제12조 제2문)"고 하여 처분등의 소멸의 경우에도 취소소송의 제기(원고 적격)를 인정하고 있는바(일반적 견해는 행정소송법 제12조 제2문을 권리보호의 필요의 문제로 본다), ②의 방식을 취하고 있다.

[참고] 독일은 확인소송의 일종인 계속적 확인소송의 방식을 취한다. 제소 후에 행정행위가 소멸하는 경우에 관해서는 행정재판소법에 명시적인 규정(VwGO 제113조 제1항 제4문)이 있으나, 행정행위가 소멸한 후에 제소하는 경우에 관해서는 명시적인 규정이 없다. 그러나 판례는 동 규정을 유추적용하여 후자의 경우에도 제소를 인정한다(BVerwGE 12, 87, 90; 26, 161, 165; 49, 36).

한편, 처분등의 소멸 후에 취소소송을 제기할 수 있다고 하여도, 이러한 소송은 「처분의 존재」의 요건을 제외하고는 취소소송의 제기에 요구되는 모든 요건을 구비하여야 한다. 그리고 이러한 소송은 처분의 위법성을 다툰다는 점에서 처분등의 존부 그 자체를 다투는 소송(처분존재확인소송·처분부존재확인소송)과 구별된다.

제 3 관할법원

Ⅰ. 행정법원

1. 삼 심 제

행정소송법에서 정한 행정사건과 다른 법률에 따라 행정법원의 권한에 속하는 사건은 행정법원(합의부·단독판사)이 1심으로 심판한다(법조법 제40조의4)(판례 1, 2). 행정법원의 재판에 대하여는 고등법원에 항소할 수 있고(법조법 제28조), 고등법원의 재판에 대하여는 대법원에 상고할 수 있다(법조법 제14조). 현재 행정법원은 서울에만 설치되어 있고, 지방은 지방법원 본원이 1심이다.

판례 1 행정소송법상 당사자소송과 행정법원의 전속관할

(재건축조합을 피고로 관리처분계획안수립결의무효확인을 민사소송으로 구한 사건에서) 도시 및 주거환경정비법상의 주택재건축정비사업조합을 상대로 관리처분계획안과 사업시행계획안에 대한 총회결의의 무효확인을 구하는 소를 **민사소송**으로 제기한 이 사건의 제 1 심 **전속관할법원**은 서울행정법원이라 할 것인바, 그럼에도 제 1 심과 원심은 이 사건 소가 서울중앙지방법원에 제기됨으로써 전속관할을 위반하였음에도 이를 간과한 채 민사소송으로 보고서 본안판단으로 나아갔으니, 이러한 제 1 심과 원심의 판단에는 행정소송법상 당사자소송에 관한 법리를 오해하여 전속관할에 관한 규정을 위반한 위법이 있다(대판 2009. 10. 15, 2008다93001).

[참고] 개별법률에서 2심제를 규정하는 경우도 있다. 예컨대 ① 독점규제 및 공정거래에 관한 법률 제55조와 약관의 규제에 관한 법률 제30조의2는 서울고등법원을 전속관할법원으로, ② 보안관찰법 제23조는 서울고등법원을 관할법원으로 규정하고 있다.

판례 2 관할(사물관할과 심급관할)의 의의

(법원조직법 제28조 제 2 호의 위헌확인을 구한 심판사건에서) 법원의 관할 가운데 제 1 심 법원 간의 심판권 분배에 관한 사물관할과 상소절차에 관한 심급관할이 있다 … 심급관할은 상소제도상 나타나는 것으로서, 당사자가 하급심 법원의 재판에 불복을 신청할 경우에 심판할 상급심 법원을 정하는 관할을 말한다. 이는 법원 간의 심판의 순서와 상하관계를 정하는 것이며 직분관할의 성격을 지닌다(헌재 2022. 6. 30, 2019헌바347, 420(병합)).

2. 토지관할

취소소송의 제 1 심 관할법원은 피고의 소재지를 관할하는 행정법원으로 한다(행소법 제9조 제 1 항). 제 1 항에도 불구하고 다음 각 호(1. 중앙행정기관, 중앙행정기관의 부속기관과 합의제행정기관 또는 그 장, 2. 국가의 사무를 위임 또는 위탁받은 공공단체 또는 그 장)의 어느 하나에 해당하는 피고에 대하여 취소소송을 제기하는 경우에는 대법원소재지를 관할하는 행정법원에 제기할 수 있다(행소법 제9조 제2항)(보통재판적). 한편, 토지의 수용 기타 부동산 또는 특정의 장소에 관계되는 처분등에 대한 취소소송은 그 부동산 또는 장소의 소재지를 관할하는 행정법원에 이를 제기할 수 있다(행소법 제9조 제3항)(특별재판적). 토지관할은 전속관할이 아니다. 따라서 합의관할(민소법 제29조) · 변론관할(민소법 제30조) 등이 적용될 수도 있다.

3. 행정법원의 설치 · 조직

행정법원이 설치되지 않은 지역에 있어서 행정법원의 권한에 속하는 사건은 행정법원이 설치될 때까지 해당 지방법원본원이 관할한다(법조법 부칙 제 2 조). 행정법원에는 부를 두며(법조법 제40조의3 제 1 항), 행정법원의 심판권은 판사 3인으로 구성된 합의부에서 이를 행한다(법조법 제 7 조 제 3 항 본문). 다만 행정법원에 있어서 단독판사가 심판할 것으로 행정법원 합의부가 결정한 사건의 심판권은 단독판사가 행사한다(법조법 제 7 조 제 3 항 단서). 단독부는 판례가 비교적 많으면서도 경미한 사건(예: 운전면허사건)을 담당한다.

Ⅱ. 관할이송

1. 관할권이 없는 행정법원에 취소소송을 제기한 경우

관할권이 없는 법원에 소송이 제기된 경우, 다른 모든 소송요건을 갖추고 있는 한 각하할 것이 아니라 결정으로 관할법원에 소송을 이송하여야 한다$\binom{\text{행정소송법 제 8 조 제 2 항:}}{\text{민소법 제34조 제 1 항}}\binom{\text{판}}{\text{례}}$. 이와 같은 관할이송은 원고의 고의 또는 중대한 과실 없이 행정소송이 심급을 달리하는 법원$\binom{\text{예: 지방법원·}}{\text{고등법원}}$에 잘못 제기된 경우에도 적용된다$\binom{\text{행정소법}}{\text{제 7 조}}$. 관할이송의 경우, 소제기의 효력발생시기에 관해 ① 판례가 '이송된 때'라고 한 경우도 있었으나$\binom{\text{대판 1969. 3. 18.}}{\text{64누51}}$, ② 행정소송법 제 8 조 제 2 항$\binom{\text{행정소송에 관하여 이 법에 특별한}}{\text{규정이 없는 사항에 대하여는 법원조}}$직법과 민사소송법 및 민사집행법의 규정을 준용한다$\bigr)$, 민사소송법 제40조 제 1 항$\binom{\text{이송결정이 확정된 때에는 소송은 처음부}}{\text{터 이송받은 법원에 계속된 것으로 본다}}$, 그리고 원고의 보호 등에 비추어 이송한 법원에 소가 제기된 때를 기준으로 하여야 할 것이다$\binom{\text{대판 2007. 11. 30.}}{\text{2007다54610 참조}}$.

> [판례] 소송당사자에게 관할위반을 이유로 하는 이송신청권이 있는지 여부
> $\binom{\text{대여장비 및 미납시청료반}}{\text{환을 구한 민사사건에서}}$ 수소법원의 재판관할권 유무는 법원의 직권조사사항으로서 법원이 그 관할에 속하지 아니함을 인정한 때에는 민사소송법 제34조 제 1 항에 의하여 직권으로 이송결정을 하는 것이고, 소송당사자에게 관할위반을 이유로 하는 이송신청권이 있는 것은 아니다. 따라서 당사자가 관할위반을 이유로 한 이송신청을 한 경우에도 이는 단지 법원의 직권발동을 촉구하는 의미밖에 없다$\binom{\text{대결 2018. 1. 19.}}{\text{2017마1332}}$.

2. 항고소송을 민사소송으로 제기한 경우

행정소송$\binom{\text{항고}}{\text{소송}}$을 민사소송으로 잘못 제기한 경우, 판례는 수소법원이 그 행정소송에 관한 관할권도 동시에 갖고 있다면 「수소법원은 원고로 하여금 항고소송으로 소변경을 하도록 하여 심리·판단하여야 한다」는 것을 원칙으로 하고 있다$\binom{\text{판}}{\text{례}}$. 실무상으로는 접수단계에서 관할법원에 제소하도록 권유하거나 행정사건으로 접수토록 하는 것이 바람직할 것이다.

> [판례] 행정소송으로 제기하여야 할 사건을 민사소송으로 잘못 제기한 경우, 수소법원의 조치
> $\left(\begin{array}{l}\text{甲 주식회사 등으로 구성된 컨소시엄과 한국에너지기술평가원은 산업기술혁신 촉진법 제11조 제 4 항에 따라 산업기술개발사업에 관한}\\ \text{협약을 체결하고, 위 협약에 따라 정부출연금이 지급되었는데, 한국에너지기술평가원이 甲 회사가 외부인력에 대한 인건비를 위 협약}\\ \text{에 위반하여 집행하였다며 甲 회사에 정산금 납부통보를 하자, 甲 회사는 한국에너지기술평가원 등을}\end{array}\right)$ 원고가 고의 또는 중대상대로 정산금 반환채무가 존재하지 아니한다는 확인을 구하는 소를 민사소송으로 제기한 사건에서 원고가 고의 또는 중대한 과실 없이 행정소송으로 제기하여야 할 사건을 민사소송으로 잘못 제기한 경우, 수소법원으로서는 만약 그 행정소송에 대한 관할도 동시에 가지고 있다면 이를 행정소송으로 심리·판단하여야 하고, 그 행정소송에 대한 관할을 가지고 있지 아니하다면 관할법원에 이송하여야 한다$\binom{\text{대판}}{\text{2023. 6. 29. 2021다250025}}$.

Ⅲ. 관련청구소송의 이송 및 병합

1. 제도의 취지

관련청구소송의 이송 및 병합은 상호관련성이 있는 여러 청구를 하나의 절차에서 심판함으로써 심리의 중복, 재판상 모순을 방지하고 아울러 신속하게 재판을 진행시키기 위한 제도이다$\left(\begin{smallmatrix}행소법\\제10조\end{smallmatrix}\right)$.

2. 관련청구소송의 의의

행정소송법은 ① 당해 처분등과 관련되는 손해배상·부당이득반환$\left(\begin{smallmatrix}판례\\1\end{smallmatrix}\right)$·원상회복 등 청구소송, ② 당해 처분등과 관련되는 취소소송을 관련청구소송으로 규정하고 있다$\left(\begin{smallmatrix}행소법 제10\\조 제 1 항\end{smallmatrix}\right)$. ①의 경우로는 처분등이 원인이 되어 발생한 손해배상청구소송, 처분등의 취소·변경이 원인이 되어 발생한 손해배상청구소송, 처분등의 취소·변경을 선결문제로 하는 손해배상청구소송 등이 있고 $\left(\begin{smallmatrix}판례\\2\end{smallmatrix}\right)$, ②의 경우로는 원처분에 대한 소송에 병합하여 제기하는 재결의 취소소송, 당해 처분과 함께 하나의 절차를 구성하는 행위의 취소청구소송, 상대방이 제기하는 취소소송 외에 제 3 자가 제기하는 취소소송 등의 경우가 있다.

[판례 1] 취소소송에 부당이득반환청구가 병합된 경우, 부당이득반환청구가 인용되려면 취소판결이 확정되어야 하는지 여부

$\left(\begin{smallmatrix}국민건강보험공단을 피고로 한 보\\험료납부고지처분취소청구소송에서\end{smallmatrix}\right)$ 행정소송법 제10조는 처분의 취소를 구하는 취소소송에 당해 처분과 관련되는 부당이득반환소송을 관련 청구로 병합할 수 있다고 규정하고 있는바, 이 조항을 둔 취지에 비추어 보면, **취소소송에 병합할 수 있는 당해 처분과 관련되는 부당이득반환소송에는 당해 처분의 취소를 선결문제로 하는 부당이득반환청구가 포함되고, 이러한 부당이득반환청구가 인용되기 위해서는 그 소송절차에서 판결에 의해 당해 처분이 취소되면 충분하고 그 처분의 취소가 확정되어야 하는 것은 아니라고 보아야 한다**$\left(\begin{smallmatrix}대판 2009. 4. 9.,\\2008두23153\end{smallmatrix}\right)$.

[판례 2] 손해배상청구 등의 민사소송이 행정소송에 관련청구로 병합되기 위한 요건

$\left(\begin{smallmatrix}중앙토지수용위원회의 성건관광산업(주)에 대한\\토지수용이의재결처분의 취소를 구한 사건에서\end{smallmatrix}\right)$ 행정소송법 제10조 제 1 항 제 1 호는 행정소송에 병합될 수 있는 관련청구에 관하여 '당해 처분 등과 관련되는 손해배상·부당이득반환·원상회복 등의 청구'라고 규정함으로써 그 병합요건으로 본래의 행정소송과의 관련성을 요구하고 있는바, 이는 행정소송에서 계쟁 처분의 효력을 장기간 불확정한 상태에 두는 것은 바람직하지 않다는 관점에서 병합될 수 있는 청구의 범위를 한정함으로써 사건의 심리범위가 확대·복잡화되는 것을 방지하여 그 심판의 신속을 도모하려는 취지라 할 것이므로, 손해배상청구 등의 민사소송이 행정소송에 관련청구로 병합되기 위해서는 **그 청구의 내용 또는 발생원인이 행정소송의 대상인 처분 등과 법률상 또는 사실상 공통되거나, 그 처분의 효력이나 존부 유무가 선결문제로 되는 등의 관계에 있어야 함이 원칙이다**$\left(\begin{smallmatrix}대판 2000. 10. 27.,\\99두561\end{smallmatrix}\right)$.

3. 관련청구소송의 이송

(1) 이송의 의의   사건의 이송이란 어느 법원에 일단 계속된 소송을 그 법원의 재판에 의하여 다른 법원에 이전하는 것을 말한다. 법원 간의 이전이므로 동일 법원 내에서 담당재판부를 달리하는 것은 이송에 속하지 않고 사무분담의 문제이다.

(2) 요   건   관련청구소송의 이송을 위해서는 다음의 요건을 필요로 한다$\binom{\text{행소법 제}10}{\text{조 제}1\text{항}}$. ① 취소소송과 관련청구소송이 각각 다른 법원에 계속되어야 한다. ② 관련청구소송이 계속된 법원이 이송이 상당하다고 인정하여야 한다. ③ 당사자의 신청이 있거나 법원의 직권에 의해 이송결정이 있어야 한다. ④ 이송은 관련청구소송이 취소소송이 계속된 법원으로 이송되는 것이다.

(3) 절차·효과 등   이송에 관한 재판은 민사소송법의 적용$\binom{\text{민소법 제}35\text{조, 제}39\text{조, 제}}{40\text{조; 행소법 제}8\text{조 제}2\text{항}}$을 받는다. 따라서 이송결정 또는 이송신청기각결정에 대하여는 즉시항고할 수 있고$\binom{\text{민소법}}{\text{제}39\text{조}}$, 이송결정이 확정되면 관련청구소송은 처음부터 이송받은 법원에 계속된 것으로 본다$\binom{\text{민소법 제}40}{\text{조 제}1\text{항}}$. 관련청구소송의 이송은 무효등확인소송$\binom{\text{행소법 제}38}{\text{조 제}1\text{항}}$·부작위법확인소송$\binom{\text{행소법 제}38}{\text{조 제}2\text{항}}$·당사자소송$\binom{\text{행소법 제}44}{\text{조 제}2\text{항}}$·기관소송과 민중소송$\binom{\text{행소법 제}46}{\text{조 제}1\text{항}}$에도 적용된다.

4. 관련청구소송의 병합

(1) 관련청구병합의 의의   청구의 병합이란 하나의 소송절차에서 같은 원고가 같은 피고에 대하여 수개의 청구를 하는 경우$\binom{\text{소의 객관}}{\text{적 병합}}$와 소송당사자가 다수가 되는 경우를 말한다$\binom{\text{소의}}{\text{주관}}_{\text{병합}}^{\text{적}}$. 행정소송법 제10조 제 2 항은 "취소소송에는 사실심의 변론종결시까지 관련청구소송을 병합하거나 피고외의 자를 상대로 한 관련청구소송을 취소소송이 계속된 법원에 병합하여 제기할 수 있다"고 규정하고 있어 소의 주관적 병합과 소의 객관적 병합 및 원시적 병합과 추가적 병합을 모두 인정하고 있다. 행정소송법 제10조 제 2 항은 제 3 자에 의한 관련청구소송의 병합은 인정하고 있지 아니하므로 다수의 원고들이 단일 또는 다수의 피고에 대하여 각자의 관련청구소송을 병합하고자 하는 경우에는 처음부터 공동소송인이 될 수밖에 없다$\binom{\text{이상}}{\text{규}}$.

(2) 요   건   ① 관련청구의 병합은 그 청구를 병합할 취소소송을 전제로 하여 그 항고소송에 관련되는 청구를 병합하는 것이므로, 관련청구소송이 병합될 기본인 취소소송이 적법한 것이 아니면 안 된다. 따라서 관련청구를 병합할 취소소송은 그 자체로서 소송요건, 예컨대 출소기간의 준수, 소익 등을 갖춘 적법한 것이어야 한다$\binom{\text{취소소송}}{\text{의 적법성}}$. ② 행정소송법 제10조 제 1 항의 관련청구소송이어야 한다$\binom{\text{관련청}}{\text{구소송}}$. '관련'이란 청구의 내용 또는 원인이 법률상 또는 사실상 공통되는 것이거나, 병합되는 청구가 당해 행정처분으로 인한 것인 경우 또는 당해 행정처분의 취소·변경을 선결문제로 하는 경우를 뜻한다$\binom{\text{이상}}{\text{규}}$. ③ 관련청구의 병합은 사실심변론종결 전에 하여야 한다$\binom{\text{행소법 제}10}{\text{조 제}2\text{항}}\binom{\text{병합의}}{\text{시기}}$. 그러나 사실심변론종결 전이면 원시적 병합이나 추가적 병합이거나 가릴 것 없이 인정된다.

(3) 형   태

1) 객관적 병합과 주관적 병합   원·피고 사이에서 복수청구의 병합을 객관적 병합$\binom{\text{행소}}{\text{법 제}}$ $\binom{\text{10조 제 2}}{\text{항 전단}}\binom{\text{대판 1990. 2. 27.}}{\text{89누3557}}$이라 하고, 피고 외의 자를 상대로 하는 병합을 주관적 병합$\binom{\text{행소법 제10조}}{\text{제 2 항 후단}}$이라 한다. 후자의 경우에도 관련청구소송을 병합하는 경우$\binom{\text{대판 1962. 10. 18.}}{\text{62누52}}$와 공동소송으로서 주관적 병합$\binom{\text{행소법}}{\text{제15조}}$이 있다.

2) 원시적 병합과 추가적 병합   취소소송의 제기시에 병합하여 제기하는 경우를 원시적 병합$\binom{\text{행소법 제10조 제 2}}{\text{항 후단, 제15조}}\binom{\text{대판 1971. 2. 25.}}{\text{70누125 전원합의체}}$이라 하고, 계속중인 취소소송에 사후적으로 병합하는 것을 추가적 병합$\binom{\text{행소법 제10조}}{\text{제 2 항 전단}}$이라 한다.

3) 예비적 청구   주위적 청구$\binom{\text{주된}}{\text{청구}}$가 허용되지 아니하거나 이유 없는 경우를 대비하여 예비적 청구$\binom{\text{보조적}}{\text{청구}}$를 병합하여 제기하는 것도 관련청구소송의 한 특별한 형태에 해당한다 $\binom{\text{대판 1971. 2. 25.}}{\text{70누125 전원합의체}}$. 서로 양립할 수 없는 청구$\binom{\text{예: 무효확인}}{\text{과 취소청구}}$는 주위적·예비적 청구로서만 병합이 가능하다$\left[\substack{\text{판례}\\1}\right]$. 예비적 청구는 심판의 순서에 구속을 받으며$\left[\substack{\text{판례}\\2}\right]$, 예비적 청구가 취소소송이면 취소소송의 소송요건을 구비하여야 한다$\binom{\text{대판 1994. 4. 29.}}{\text{93누12626}}$. 그리고 무효확인과 취소청구 사이에는 선택적 청구로서의 병합이나 단순병합은 허용되지 아니한다$\left[\substack{\text{판례}\\3}\right]$.

[판례 1]   **주위적·예비적 관계의 예**
$\binom{\text{원고가 제주특별자치도보훈청장의 국가유공자요건비해당}}{\text{결정의 취소를 구한 국가유공자 인정 요건에 관한 사건에서}}$ 국가유공자법과 보훈보상자법은 사망 또는 상이의 주된 원인이 된 직무수행 또는 교육훈련이 국가의 수호·안전보장 또는 국민의 생명·재산 보호와 직접적인 관련이 있는지에 따라 국가유공자와 보훈보상대상자를 구분하고 있으므로, 국가유공자 요건 또는 보훈보상대상자 요건에 해당함을 이유로 국가유공자 비해당결정처분과 보훈보상대상자 비해당결정처분의 취소를 청구하는 것은 동시에 인정될 수 없는 양립불가능한 관계에 있다고 보아야 하고, 이러한 두 처분의 취소청구는 원칙적으로 국가유공자 비해당결정처분 취소청구를 주위적 청구로 하는 주위적·예비적 관계에 있다고 보아야 한다$\binom{\text{대판 2016. 7. 27.}}{\text{2015두46994}}$.

[판례 2]   **주위적 청구를 인용한 제 1 심판결에 대하여 피고가 항소한 경우, 예비적 청구도 이심되는지 여부 및 항소심이 제 1 심에서 인용되었던 주위적 청구를 배척할 때에는 다음 순위의 예비적 청구에 관하여 심판을 하여야 하는지 여부**
$\binom{\text{원고의 피고에 대한 근저당권}}{\text{설정등기회복을 구한 사건에서}}$ 청구의 예비적 병합이란 병합된 수개의 청구 중 주위적 청구$\binom{\text{제 1 차}}{\text{청구}}$가 인용되지 않을 것에 대비하여 그 인용을 해제조건으로 예비적 청구$\binom{\text{제 2 차}}{\text{청구}}$에 관하여 심판을 구하는 병합형태로서, 이와 같은 **예비적 병합의 경우에는 원고가 붙인 순위에 따라 심판하여야 하며** 주위적 청구를 배척할 때에는 예비적 청구에 대하여 심판하여야 하나 주위적 청구를 인용할 때에는 다음 순위인 예비적 청구에 대하여 심판할 필요가 없는 것이므로, 주위적 청구를 인용하는 판결은 전부판결로서 이러한 판결에 대하여 피고가 항소하면 제 1 심에서 심판을 받지 않은 다음 순위의 예비적 청구도 모두 이심되고 항소심이 제 1 심에서 인용되었던 **주위적 청구를 배척할 때에는 다음 순위의 예비적 청구에 관하여 심판을 하여야 하는 것이다**$\binom{\text{대판 2000. 11. 16, 98}}{\text{다22253 전원합의체}}$.

판례 3　행정처분에 대한 무효확인과 취소청구의 선택적 병합 또는 단순 병합의 허용 여부
(피고(충청남도 예산군수)가 한 산성지구토지구획정리사업의 환지계획 및 이 환지계획을 근거로 한 환지예정지 지정처분이 무효임을 확인하고 이를 취소하는 판결을 구한 사건에서)　행정처분에 대한 무효확인과 **취소청구는 서로 양립할 수 없는 청구로서 주위적·예비적 청구로서만 병합이 가능하고 선택적 청구로서의 병합이나 단순 병합은 허용되지 아니한다**(대판 1999. 8. 20, 97누6889).

　　(4) 적용법규　　병합된 관련청구소송이 민사사건인 경우, 민사사건에 대한 적용법규가 문제된다. 생각건대 병합심리는 재판상의 편의를 위한 것일 뿐이고, 병합한다고 하여 민사사건이 행정사건으로 성질이 변하는 것은 아니므로 병합된 청구에 대해서는 민사소송법이 적용되어야 할 것이다.

　　　[기출사례] 제57회 사법시험(2015년) 문제·답안작성요령　☞ PART 4 [2-16]
　　　[기출사례] 제29회 입법고시(2013년) 문제·답안작성요령　☞ PART 4 [2-47]

제4　당사자와 참가인

Ⅰ. 당 사 자

　　행정소송에서 당사자가 누구인가는 당사자능력, 당사자적격 등에 관한 문제와 직결되는 중요한 사항이므로, 법원은 직권으로 소송당사자를 확정하여 심리를 진행하여야 한다(판례).

판례　소송상 당사자 확정의 직권주의
(석주화학공업 주식회사가 용산세무서장을 피고로 한 부가가치세부과처분취소소송에서)　소송에서 당사자가 누구인가는 당사자능력, 당사자적격 등에 관한 문제와 직결되는 중요한 사항이므로, 사건을 심리·판단하는 법원으로서는 직권으로 소송당사자가 누구인가를 확정하여 심리를 진행하여야 한다. 그리고 개인이나 법인이 과세처분에 대하여 심판청구 등을 제기하여 전심절차를 진행하던 중 사망하거나 흡수합병되는 등으로 당사자능력이 소멸하였으나, 전심절차에서 이를 알지 못한 채 사망하거나 합병으로 인해 소멸된 당사자를 청구인으로 표시하여 그 청구에 관한 결정이 이루어지고, 상속인이나 합병법인이 위 결정에 불복하여 소를 제기하면서 소장에 착오로 소멸한 당사자를 원고로 기재하였다면, 이러한 경우 실제 소를 제기한 당사자는 상속인이나 합병법인이고 다만 그 표시를 잘못한 것에 불과하므로, 법원으로서는 이를 바로잡기 위한 당사자표시정정신청을 받아들인 후 본안에 관하여 심리·판단하여야 한다(대판 2016. 12. 27, 2016두50440).

1. 당사자의 지위

　　취소소송은 소송의 일종으로서 이해대립하는 원·피고 사이에서 법원이 판결을 하는 정식쟁송이다. 엄밀히 말해 원고는 자기의 권익을 주장하는 자이나 피고는 권익의 주장보다 행정법규의 적법한 집행을 변호하는 자인 점에서, 서로의 권익을 주장하는 민사소송과는 다른 점이 있다.

2. 당사자능력

당사자능력이란 소송상 당사자($_{참가인}^{원고·피고·}$)가 될 수 있는 능력을 말한다. 당사자능력은 소송법 관계의 주체가 될 수 있는 능력을 의미한다. 행정소송상 당사자능력은 민법 등의 법률에 의해 권리능력이 부여된 자($_{법인}^{자연인·}$)에게 인정될 뿐만 아니라 대표자 또는 관리인이 있으면 권리능력 없는 사단이나 재단의 경우에도 인정된다($_{항; 민소법 제52조}^{행소법 제8조 제2}$). 다만 권리능력 없는 사단이나 재단도 구체적인 분쟁사건과 관련하여 개인적 공권을 가져야 한다. 당사자능력을 참가능력이라 부르기도 한다.

3. 당사자적격

당사자적격이란 개별·구체적인 사건에서 원고나 피고로서 소송을 수행하고 본안판결을 받을 수 있는 능력($_{격}^{자}$)을 의미한다. 행정소송상 당사자적격은 일정 행정소송에서 소의 대상인 처분 등의 존재 여부·위법 여부의 확인·확정 등에 대하여 법률상 대립하는 이해관계를 갖는 자에게 인정된다.

Ⅱ. 원고적격(법률상 이익이 있는 자)

1. 원고적격의 의의

원고적격이란 행정소송에서 원고가 될 수 있는 자격을 의미한다. 취소소송은 처분등의 취소를 구할 법률상 이익이 있는 자가 제기할 수 있다($_{조 제 1 문}^{행소법 제12}$)($_{2014두42506}^{대판 2018. 5. 15,}$). 처분등의 효과가 기간의 경과, 처분등의 집행 그 밖의 사유로 인하여 소멸된 뒤에도 그 처분등의 취소로 인하여 회복되는 법률상 이익이 있는 자의 경우에는 또한 같다($_{조 제 2 문}^{행소법 제12}$). 원고적격은 소송요건의 하나이므로 사실심 변론종결시는 물론 상고심에서도 존속하여야 하고 이를 흠결하면 부적법한 소가 된다($_{2004두7924}^{대판 2007. 4. 12,}$). 해당 처분을 다툴 법률상 이익이 있는지 여부는 직권조사사항으로 이에 관한 당사자의 주장은 직권발동을 촉구하는 의미밖에 없으므로, 원심법원이 이에 관하여 판단하지 않았다고 하여 판단유탈의 상고이유로 삼을 수 없다($_{2013두16852}^{대판 2017. 3. 9,}$).

2. 법률상 이익의 주체

(1) 규정의 성격 취소소송은 처분등의 취소를 구할 법률상 이익이 있는 자만이 제기할 수 있다($_{조 제 1 문}^{행소법 제12}$)($_{71누83}^{대판 1971. 10. 11,}$). 법률상 이익이 있는 '자'만이 제기할 수 있다는 것은 취소소송이 주관적 소송임을 의미하고, 민중소송의 배제를 의미한다.

(2) 자연인과 법인 법률상 이익이 있는 '자'에는 권리주체로서 자연인과 법인이 있다. 법인에는 공법인과 사법인이 있고[$_1^{판례}$], 지방자치단체 또한 이에 포함된다. 물론 지방자치단체는 자기의 고유한 권리가 침해되었을 때에만 당사자적격을 갖는다. 이 밖에 법인격 없는 단체도 구체적인 분쟁대상과 관련하여 권리($_{이익}^{법률상}$)를 가질 수 있는 범위 안에서 법률상 이익이 있는 자가 될 수 있다($_{66다2334}^{대판 1967. 1. 31,}$). 법인격 없는 단체는 대표자를 통해 단체의 이름으로 출소할 수 있다

(행소법 제8조 제2) 한편, 경우에 따라서는 국가도 지방자치단체의 장의 자치사무에 관한 처분을 다
항: 민소법 제52조). 한편, 경우에 따라서는 국가도 지방자치단체의 장의 자치사무에 관한 처분을 다
투는 경우에는 원고가 될 수 있으나 기관위임사무의 경우에는 원고적격이 없다(판례 2).

판례 1   교원소청심사위원회 결정처분취소소송에서 대학교총장이 원고적격을 갖는지 여부

(사립대학교 총장이 소속 대학교 교원의 임용권을 위임받아 전임강사 갑에게 재임용기간 경과를 이유로 당연면직 통지를 하였는데, 이에 대하여 교원소청심사위원회가 재임용 거부처분을 취소한다는 결정처분을 한 사안에서, 대학교 총장이 결정처분의 취소를 구하는 행정소송을 제기할 당사자능력 및 당사자적격이 있는지 여부를 쟁점으로 한 아주대학교 의과대학 전임강사 재임용거부사건에서) 원고는 아주대학교 총장으로서 아주대학교 교원의 임용권을 위임받아 피고 보조참가인에 대하여 그 이름으로 재임용기간의 경과를 이유로 당연면직의 통지를 하였고, 그 후 구제특별법이 시행되자 피고 보조참가인은 원고를 피청구인으로 하여 재임용 거부처분 취소 청구를 하여 피고가 위 재임용 거부처분을 취소한다는 이 사건 결정처분을 한 다음 원고에게 이를 통지한 사실을 알 수 있으므로, 이를 앞서 본 법리에 비추어 보면, 원고는 피고를 상대로 이 사건 결정처분의 취소를 구하는 행정소송을 제기할 당사자능력 및 당사자적격이 있다(대판 2011. 6. 24. 2008두9317).

판례 2   국가가 국토이용계획과 관련한 기관위임사무의 처리에 관하여 지방자치단체의 장을 상대로 취소소송을 제기할 수 있는지 여부

(충북대학교 총장이 피고인 충청남도 연기군수에 대하여 용도지역 변경을 위한 국토이용계획 변경 요구에 대하여 피고가 거부한 행위를 원고 대한민국이 재량권의 일탈·남용을 이유로 국토이용계획변경신청거부처분의 취소를 구한 사건에서) 건설교통부장관은 지방자치단체의 장이 기관위임사무인 국토이용계획 사무를 처리함에 있어 자신과 의견이 다를 경우 행정협의조정위원회에 협의·조정 신청을 하여 그 협의·조정 결정에 따라 의견불일치를 해소할 수 있고, 법원에 의한 판결을 받지 않고서도 행정권한의 위임 및 위탁에 관한 규정이나 구 지방자치법에서 정하고 있는 지도·감독을 통하여 직접 지방자치단체의 장의 사무처리에 대하여 시정명령을 발하고 그 사무처리를 취소 또는 정지할 수 있으며, 지방자치단체의 장에게 기간을 정하여 직무이행명령을 하고 지방자치단체의 장이 이를 이행하지 아니할 때에는 직접 필요한 조치를 할 수도 있으므로, 국가가 국토이용계획과 관련한 지방자치단체의 장의 기관위임사무의 처리에 관하여 지방자치단체의 장을 상대로 취소소송을 제기하는 것은 허용되지 않는다(대판 2007. 9. 20. 2005두6935).

[기출사례] 제63회 5급공채(2019년) 문제·답안작성요령 ☞ PART 4 [2-54]

(3) 상대방과 제3자   '자'에는 처분의 상대방뿐만 아니라 법률상 이익이 침해된
제3자도 포함된다(예: 경쟁자소송·경원자)(대판 2015. 12. 10.)(판례)
소송·이웃소송의 경우)(　　2011두32515)(1, 2).

판례 1   불이익처분의 상대방의 원고적격

(교육부장관을 피고로 한 교장)
(임용거부처분무효확인소송에서) 항고소송은 처분 등의 취소 또는 무효확인을 구할 법률상 이익이 있는
자가 제기할 수 있고(행정소송법 제)
(12조, 제35조), 불이익처분의 상대방은 직접 개인적 이익의 침해를 받은 자로서 원고적격이 인정된다(대판 2018. 3. 27. 2015두47492).

판례 2   제3자의 원고적격

(법무사사무원이 비위행위를 범했다는 이유로, 지방법무사회가 법무사사무원 채용승인취소)
(처분을 하자, 해당 사무원이 민사법원에 채용승인취소처분의 무효확인을 청구한 사건에서) 불이익처분의 상대방은 직접
개인적 이익의 침해를 받은 자로서 원고적격이 인정된다. 행정처분의 직접 상대방이 아닌 자라

하더라도 행정처분의 근거 법규 또는 관련 법규에 의하여 개별적·직접적·구체적으로 보호되는 이익이 있는 경우 처분의 취소를 구할 원고적격이 인정된다$\binom{대판\ 2020.\ 4.\ 9.}{2015다34444}$.

(4) 다수인(공동소송)   수인의 청구 또는 수인에 대한 청구가 처분등의 취소청구와 관련되는 청구인 경우에는 그 수인은 공동소송인이 될 수 있다$\binom{행소법}{제15조}$. 공동소송인의 제도는 일종의 주관적 병합의 제도이다. 행정소송법은 공동소송에 대해 그 밖의 특별한 규정을 두고 있지 않다. 따라서 민사소송법의 관련규정이 행정소송법상 공동소송에 준용된다$\binom{민소법\ 제65조\ 등;\ 행}{소법\ 제8조\ 제2항}$.

(5) 국가기관   근래에 판례는 국가기관도 경우에 따라서는 원고적격을 갖는다고 한다$\binom{판}{례}$. 이러한 판례의 태도는 현행법상 단일의 법주체의 기관 사이에 소송이 인정되지 아니한 경우$\binom{예:\ 국립대학법인이나\ 방송법}{인의\ 집행기관과\ 의결기관\ 사이}$, 자신의 권한을 다른 기관의 침해로부터 방어하고, 이를 사법적으로 관철할 수 있는 권한이라는 의미에서「기관권」의 개념을 설정하고, 기관권은 단순한 수행권한이 아니라 독자적인 권한으로서 법률상 이익에 해당한다고 하면서 그러한 단일의 법주체의 기관 사이에도 해석상 행정소송법상 당사자소송이 적용될 수 있을 것이라는 견해$\binom{정해}{영}$와 맥을 같이 하는 것으로 볼 것이다. 법인화되지 않는 국립대학 및 국립대총장은 행정소송의 당사자능력이 인정되지 않는다$\binom{헌재\ 2015.\ 12.\ 23.}{2014헌마1149}$.

> **판례** 행정기관 사이에서 권한의 존부·범위에 관한 분쟁해결의 예외적 방식(항고소송에서 행정기관의 원고적격 인정 여부)
>
> (소방청장이 국민권익위원회의 조치요구의 취소를 구한 소방청장 대 국민권익위 사건에서) **법령이 특정한 행정기관 등으로 하여금 다른 행정기관을 상대로 제재적 조치를 취할 수 있도록 하면서, 그에 따르지 않으면 그 행정기관에 대하여 과태료를 부과하거나 형사처벌을 할 수 있도록 정하는 경우가 있다.** 이러한 경우에는 단순히 국가기관이나 행정기관의 내부적 문제라거나 권한 분장에 관한 분쟁으로만 볼 수 없다. 행정기관의 제재적 조치의 내용에 따라 '구체적 사실에 대한 법집행으로서 공권력의 행사'에 해당할 수 있고, 그러한 조치의 상대방인 행정기관이 입게 될 불이익도 명확하다. 그런데도 그러한 제재적 조치를 기관소송이나 권한쟁의심판을 통하여 다툴 수 없다면, **제재적 조치는 그 성격상 단순히 행정기관 등 내부의 권한 행사에 머무는 것이 아니라** 상대방에 대한 공권력 행사로서 항고소송을 통한 주관적 구제대상이 될 수 있다고 보아야 한다. 기관소송 법정주의를 취하면서 제한적으로만 이를 인정하고 있는 현행 법령의 체계에 비추어 보면, 이 경우 항고소송을 통한 구제의 길을 열어주는 것이 법치국가 원리에도 부합한다. 따라서 이러한 권리구제나 권리보호의 필요성이 인정된다면 예외적으로 그 제재적 조치의 상대방인 행정기관 등에게 항고소송 원고로서의 당사자능력과 원고적격을 인정할 수 있다$\binom{대판\ 2018.\ 8.\ 1.}{2014두35379}$.

(6) 지방자치단체   여기서 지방자치단체의 원고적격의 문제는 지방자치단체가 국가나 광역지방자치단체를 피고로 하여 항고소송을 제기할 수 있는가의 여부를 내용으로 한다$\binom{지방자치단체의\ 내부에}{서\ 한\ 기관이\ 다른\ 기관을\ 상대로\ 다툴\ 수\ 있는가의\ 여부는\ 기관소송의\ 문제가\ 된다}$. 일반적인 경우와 지방자치단체가 행정심판의 피청구인인 경우로

나누어서 보기로 한다.

1) 일반적인 경우   헌법 제117조 제 1 항의 지방자치제도의 헌법적 보장은 그것의 제도적 성격과 무관하게 행정소송절차로 나아갈 수 있는 주관적 권리를 보장한다(판례). 따라서 지방자치단체도 원고적격을 갖는다고 보아야 한다. 요컨대 지방자치단체는 자치행정권을 침해하는 국가 등의 감독처분에 대해 행정소송법이 정하는 바에 따라 행정소송을 제기할 수 있다고 볼 것이다. 물론 위임사무영역에서의 감독처분에 대해서는 원칙적으로 소권을 인정하기 어렵다.

判例   지방자치단체 등이 건축물 소재지 관할 허가권자인 지방자치단체의 장을 상대로 건축협의취소의 취소를 구할 수 있는지 여부(적극)

(서울특별시가 강원도 양양군수를 피고로 하여 제기한 건축협의취소처분취소소송에서) 구 건축법(2011. 5. 30. 법률 제10755호로 개정되기 전의 것) 제29조 제 1 항, 제 2 항, 제11조 제 1 항 등의 규정 내용에 의하면, 건축협의의 실질은 지방자치단체 등에 대한 건축허가와 다르지 않으므로, 지방자치단체 등이 건축물을 건축하려는 경우 등에는 미리 건축물의 소재지를 관할하는 허가권자인 지방자치단체의 장과 건축협의를 하지 않으면, 지방자치단체라 하더라도 건축물을 건축할 수 없다. 그리고 구 지방자치법 등 관련 법령을 살펴보아도 지방자치단체의 장이 다른 지방자치단체를 상대로 한 건축협의 취소에 관하여 다툼이 있는 경우에 법적 분쟁을 실효적으로 해결할 구제수단을 찾기도 어렵다. 따라서 **건축협의 취소는 상대방이 다른 지방자치단체 등 행정주체라 하더라도 '행정청이 행하는 구체적 사실에 관한 법집행으로서의 공권력 행사'**(행정소송법 제 2 조 제 1 항 제 1 호)로서 **처분에 해당한다**고 볼 수 있고, 지방자치단체인 원고가 이를 다툴 실효적 해결 수단이 없는 이상, 원고는 건축물 소재지 관할 허가권자인 지방자치단체의 장을 상대로 항고소송을 통해 건축협의 취소의 취소를 구할 수 있다(대판 2014. 2. 27, 2012두22980).

---

2) 행정심판 피청구인으로서 지방자치단체

(개) 문제상황   자치사무와 위임사무에 관한 단체장의 처분에 대한 행정심판에서 인용재결이 내려진 경우 지방자치단체가 행정소송을 제기할 수 있는지가 문제된다. 왜냐하면 재결도 그 자체의 고유한 위법이 있으면 항고소송의 대상이 되는데(행소법 제19조 단서), 피청구인인 행정청이나 그 소속 행정주체가 인용재결(직접처분)에 대해 행정소송을 제기하는 것을 금지하는 규정은 없는바 해석상 논란의 여지가 있기 때문이다.

(내) 판   례   판례는 인용재결이 있는 경우, 피청구인인 행정청은 재결의 기속력(행심법 제49조 제 1 항)으로 인해 취소소송을 제기할 수 없다(판례)는 입장이다.

判例   행정심판위원회의 인용재결에 대한 처분청의 불복 여부

[1] (중앙토지수용위원회가 인천광역시 남구청장의 개발부담금부과처분을 취소하는 재결을 하자 인천광역시 남구청장이 그 재결의 취소를 구하는 소를 제기하고 아울러 소송 계속 중 행정심판청구를 인용하는 재결이 행정청을 기속하도록 규정한 행정심판법 제49조 제1항이 헌법 제101조 제 1 항, 제107조 제 2 항 및 제3 항에 위배되는지 여부를 다툰 헌법소원사건에서) 이 사건 법률조항은 다층적·다면적으로 설계된 현행 행정심판제도 속에서 각 행정심판기관의 인용재결의 기속력을 인정한 것으로서, 이로 인하여 중앙행정기관이 지방행정기관을 통제하는 상황이 발생한다고 하여 그 자체로 지방자치제도의 본질적 부

분을 훼손하는 정도에 이른다고 보기 어렵다. 그러므로 이 사건 법률조항은 지방자치제도의 본질적 부분을 침해하지 아니한다(헌재 2014. 6. 26,/2013헌바122).

[2] 행정심판청구의 대상이 된 행정청에 대하여 재결에 관한 항쟁수단을 별도로 인정하는 것은 행정상의 통제를 스스로 파기하고, 국민의 신속한 권리구제를 지연시키는 작용을 하게 될 것이다. … 행정심판법 제37조(현행/제49조) 제 1 항에 '재결은 피청구인인 행정청과 그 밖의 관계행정청을 기속한다'고 규정하고 있으므로 이에 따라 **처분행정청은 재결에 기속되어 재결의 취지에 따른 처분의무를 부담하게 되므로 이에 불복하여 항고소송을 제기할 수 없다** 할 것이며, 이 규정이 지방자치의 내재적 제약의 범위를 일탈하여 헌법상의 지방자치의 제도적 보장을 침해하는 것으로 볼 수 없다(대판 1998. 5. 8,/97누15432)(법률신문/1998. 5. 18,).

(다) 사 견 행정심판의 피청구인이 속한 자치단체의 자치사무에 대해 행정심판위원회가 인용재결을 하는 경우 피청구인은 항고소송으로 다툴 수 있어야 한다. 왜냐하면 ① 자치사무는 행정심판위원회가 속하는 법주체의 사무가 아니라 피청구인이 속하는 법주체의 사무인바, 조직의 원리에 비추어 볼 때 피청구인이 행정심판위원회의 재결에 구속되어야 한다는 것은 입법정책적인 것이지 논리필연적인 것이라 할 수는 없고, ② 피청구인이 속하는 지방자치단체는 그 자체가 객관적인 제도라 하여도, 주민과의 관계에서 어느 정도 사인 유사의 독자적·주관적인 지위를 갖기 때문이다. 또한, ③ 당해소송을 기관소송으로 본다면 행정소송법 제45조는 법률의 규정이 있는 경우에만 허용되어 소송이 불가능하겠지만, 지방자치단체장에 대한 재결의 경우에는 별개의 법주체 사이의 문제이므로 그에 대한 불복소송은 기관소송이 아니라 일반적인 항고소송이며, ④ 행정심판법 제49조 제 1 항은 기속력을 규정하고 있으나 행정심판의 피청구인은 행정청으로서의 단체장인 반면 재결에 대해 불복하여 항고소송을 제기하는 것은 지방자치단체이므로 재결의 기속력이 미치지 않는다고 보아야 하고, ⑤ 인용재결은 형식적으로는 직접 상대방이 행정청으로서의 단체장이지만, 실질적으로 지방자치단체가 그 직접 상대방이 되므로 법률상 이익을 가지고 따라서 원고적격이 인정된다고 볼 것이기 때문이다(박정훈).

[기출논술] 제32회 입법고시(2016년) 문제·답안작성요령 ☞ PART 4 [2-20]

(7) 단체(단체소송)

1) 의 의 단체(공법상 단체+/사법상 단체)가 원고로서 다투는 소송에는 ⓐ 단체가 자신의 고유한 권리의 침해를 다투는 소송(예: 사회단체신고의 수리를/거부한 처분을 다투는 경우), ⓑ 단체가 구성원의 권리의 침해를 다투는 소송(예: 환경단체의 구성원이 위법한 환경운동을/하였다고 하여 가해지는 제재를 다투는 경우), ⓒ 일반적 공익(예: 환경보호·자연/보호·기념물보호)의 침해를 다투는 소송을 생각할 수 있다. ① 일설은 ⓐ를 이기적 단체소송, ⓒ를 이타적 단체소송이라 하고, 양자를 합하여 단체소송이라 한다. ② 일설은 ⓑ를 이기적 단체소송, ⓒ를 이타적 단체소송이라 하고 양자를 합하여 단체소송이라 한다. ③ 일설은 ⓑ와 ⓒ를 합하여 진정단체소송이라 하고, ⓐ를 부진정단체소송이라 부르기도 한다. 행정소송에서 단체소송은 주로 이타적 단체소송과 관련한다.

단체와 관련된 소송의 유형과 명칭

ⓐ 단체 자신의 고유한 권리침해를 다투는 소송
ⓑ 단체의 구성원의 권리침해를 다투는 소송
ⓒ 일반적 공익침해를 다투는 소송
[1설] 단체소송=ⓐ(이기적 단체소송)+ⓒ(이타적 단체소송)
[2설] 단체소송=ⓑ(이기적 단체소송)+ⓒ(이타적 단체소송)
[3설] 진정단체소송=ⓑ+ⓒ, 부진정단체소송=ⓐ

---

2) 원고적격　　ⓐ의 경우에는 단체에 원고적격이 일반적으로 인정되지만, ⓑ의 경우에는 지방자치단체가 국가에 의한 주민의 권리침해를 다툴 수 없는 것과 같이 단체는 구성원의 권리침해를 다툴 수 없다. 그러나 구성원의 권리침해가 동시에 단체의 권리침해가 되는 경우에는 다툴 수 있다. ⓒ 이타적 단체소송의 경우에는 단체에 원고적격이 원칙적으로 인정되지 아니한다.

3) 입 법 례　　이타적 단체소송의 예는 독일의 여러 란트의 자연보호법에서 볼 수 있다. 이러한 란트에서는 공인된 자연보호단체가 행정절차에 참여할 수 있고, 개인적인 이해와 관계없이 자연을 침해하는 일정한 행위에 대해 소권(당사자적격)을 갖는다.

4) 인정가능성　　법률이 정한 경우에 법률에 정한 자가 제기할 수 있으므로(행소법 제45조), 이타적 단체소송의 도입가능성은 열려 있다.

5) 개인정보 단체소송　　2011년 9월에 발효된 개인정보 보호법은 정보주체의 권리가 침해된 경우에 소비자단체나 비영리민간단체가 정보주체를 위해 소송을 제기할 수 있는 개인정보 단체소송을 도입하였다(자세한 것은 PART 1 제 5 장 제 6 절 제 1 항 V. 4.를 보라).

6) 집단소송　　독일의 단체소송에 비견되는 것으로 미국의 집단소송(Class action)이 있다. 집단소송이란 조직체가 아니면서 공통의 이해관계를 가진 집단의 1인 또는 수인이 그 집단의 전체를 위하여 제소하거나 제소될 수 있는 소송형태를 의미한다. 집단소송은 주관적 소송과 객관적 소송의 양면을 갖는 것으로 이해되고 있다.

3. 법률상 이익의 의의

(1) 취소소송의 본질(기능)　　법률상 이익은 불확정개념이므로 그 개념을 취소소송의 본질과 관련하여 파악하는 것이 학설이다.

1) 학　　설

(개) 권리구제설　　취소소송의 목적이 위법한 처분으로 인하여 야기된 개인의 권리의 회복에 있다는 전제하에 권리가 침해된 자만이 소송을 제기할 수 있다는 견해이다. 그러나 오늘날 후술하듯이 권리구제설은 법률상 이익설과 동일하게 취급된다.

(내) 법률상(보호)이익설　　위법한 처분으로 인하여 개인의 이익이 침해되는 경우에 관련 있는 이익이 법에 의해 보호되는 것이라면, 그 자는 행정청의 처분을 다툴 수 있다는 견해이다. 이 입장에 따른 보호이익의 범위는 전통적 의미의 권리(예: 광업권)개념의 경우보다 넓다.

(다) **보호가치 있는 이익설**　　법에 의해 보호되는 이익이 아니라고 하여도 그 이익의 실질적인 내용이 재판상 보호할 가치가 있다고 판단되는 경우에는 그러한 이익이 침해된 자도 소송을 제기할 수 있다는 견해이다. 이러한 입장에서는 사실상의 이익의 침해도 다툴 수 있는 경우가 존재하게 된다. 이 견해는 논리상 권리구제를 지나치게 강조하여 법원이 실정법의 해석을 경시할 위험성이 있다.

(라) **적법성보장설**　　원고가 다투는 이익의 성질 여하가 문제가 아니고 당해 처분에 대한 소송에서 행정처분의 시정, 행정청의 적법성의 확보에 가장 이해관계를 가지는 자가 원고적격을 갖는다는 견해이다. 이 견해는 항고소송의 주된 기능이 권리구제에 있음을 간과하고 있다.

2) 사　　견　　행정소송법 제12조를 고려할 때 항고소송의 목적은 법적 이익의 구제이므로 법률상 보호이익설이 타당하다($\binom{통설·}{판례}$). 권리개념을 넓게 새기면, 권리구제설과 법률상 보호이익설에는 별다른 차이가 없다.

(2) 법률상 보호이익과 권리와의 관계　　행정소송법 제12조 제 1 문에서 말하는 법률상 이익의 개념에 대한 학자들의 견해는 통일되어 있지 않다. ① 일부 견해는 법률상 보호이익과 권리를 같은 개념으로 이해하고, 일부 견해는 법률상 보호이익을 권리와 다른 것으로 본다. ② 판례는 "직접 권리의 침해를 받은 자가 아닐지라도 소송을 제기할 법률상의 이익을 가진 자는 그 행정처분의 효력을 다툴 수 있다($\binom{대판 1974. 4. 9.}{73누173}$)"고 하여 법률상 이익의 개념을 광의($\binom{권리+법률}{상 보호이익}$)로 이해하고 있다. ③ 생각건대 상기의 두 견해는 근본적으로 다른 입장이 아니다. 법률상 이익을 권리와 동일시하는 입장은 권리개념을 논리적 관점에서 새기는 것이고, 상이한 것으로 보는 입장은 사적(私的) 이익보호확대라는 사적(史的) 발전과정을 그대로 표현하고 있다는 점에 차이가 있을 뿐이다. 논리성을 중시한다면 전자의 견해가, 역사성을 강조한다면 후자의 견해가 보다 의미를 가질 것이다. 행정소송법의 해석은 논리적으로 접근하여야 한다.

> **[참고]**　전통적 견해[법률상 이익$\binom{광의의}{권리}$=권리$\binom{협의의}{권리}$+법률상 보호이익]는 권리의 의미나 법률상 보호이익의 개념에 대한 분석 없이 단순히 청주시연탄공장사건을 모델로 하여 구성한 개념에 불과하다. 논리적 관점에서 분석한다면 다음의 도식이 성립된다. [법률상 이익$\binom{광의의}{권리}$=권리$\binom{협의의}{권리}$=법률상 보호이익]

4. 법률상 이익의 의미 분석

(1) 의　　의　　법률상 보호되는 이익은 개인적 공권의 성립요건 중 첫 번째 요건인 행정청의 의무의 존재($\binom{강행규}{범성}$)를 전제로 하고, 개인적 공권의 성립요건 중 두 번째 요건인 사익보호성 존부를 중심적인 문제로 한다. 법률상 보호되는 이익의 판단에는 관련법규범이 기준이 된다. 관련보호규범이 개인의 이익보호도 목적으로 한다면, 그 이익은 법률상 보호이익이 된다.

(2) 기준시점　　법률상 이익의 유무 판단의 기준시는 사실심변론종결시를 표준으로 한다($\binom{대판 1969. 10. 23.}{64누172}$). 행정행위의 성립시를 기준으로 하는 것이 아니다. 위법은 사후적인 법의 변경의 결과일 수도 있다.

(3) 판단기준

1) 학 설 　사익보호목적(법률상
이익)의 존부의 판단은 ① 당해 처분의 근거되는 법률의 규정과 취지(목적)만을 고려하여야 한다는 견해(실체법적 근거법령과 절차법적 근거법령 — 절차법적 근거법령
의 예로 환경영향평가법 — 으로 구분하기도 하였다(박정훈)), ② 당해 처분의 근거되는 법률의 규정과 취지 외에 관련 법률의 규정과 취지도 고려하여야 한다는 견해, ③ 당해 처분의 근거되는 법률의 규정과 취지 외에 관련 법률의 규정과 취지, 그리고 기본권규정도 고려하여야 한다는 견해로 구분할 수 있다. ③이 일반적인 견해로 보인다.

2) 판 례 　판례는 ① 종래에 기본적으로 당해 처분의 근거되는 법률만을 고려하였지만(대판 1971. 3. 23. 70누164;
대판 2002. 8. 23. 2002추61), 오늘날에는 근거법률 외에 관련법률까지 고려한다[판례
1]. 그러나 헌법상 기본권이나 기본원리는 법률상 이익의 해석에서 일반적으로 고려하지 않는다. 다만, 기본권을 법률상 이익으로 인정하거나 고려하는 듯한 판례도 발견된다[판례
2, 3]. 또한 ② 거부처분이나 부작위를 다투는 소송에서 신청권과 관련하여 조리(행정법의
일반원리)를 활용하기도 한다[판례
4, 5].

판례 1 　법률상 보호이익의 의의와 존부의 판단방법

(피고 교육부장관이 사학분쟁조정위원회의 심의를 거쳐 상지대학교를 설치·운영하는 학교법인 상지학원의 이사 8인
과 임시이사 1인을 선임한 데 대하여 상지대학교 교수협의회와 총학생회 등이 이사선임처분의 취소를 구한 사건에서) 법률상 보호되는 이익은 **당해 처분의 근거 법규 및 관련 법규에 의하여 보호되는 개별적·직접적·구체적 이익**이 있는 경우를 말하고, 공익보호의 결과로 국민 일반이 공통적으로 가지는 일반적·간접적·추상적 이익과 같이 사실적·경제적 이해관계를 갖는 데 불과한 경우는 여기에 포함되지 아니한다. 또 당해 처분의 근거 법규 및 관련 법규에 의하여 보호되는 법률상 이익은 **당해 처분의 근거 법규의 명문 규정에 의하여 보호받는 법률상 이익**, 당해 처분의 근거 법규에 의하여 보호되지는 아니하나 당해 처분의 행정목적을 달성하기 위한 일련의 단계적인 **관련 처분들의 근거 법규에 의하여 명시적으로 보호받는 법률상 이익**, 당해 처분의 근거 법규 또는 관련 법규에서 명시적으로 당해 이익을 보호하는 **명문의 규정이 없더라도 근거 법규 및 관련 법규의 합리적 해석상** 그 법규에서 행정청을 제약하는 이유가 순수한 공익의 보호만이 아닌 개별적·직접적·구체적 이익을 보호하는 취지가 포함되어 있다고 해석되는 경우까지를 말한다(대판 2015. 7. 23.
2012두19496·19502).

판례 2 　구속된 피고인 또는 피의자의 타인과의 접견권의 성격(기본권성)

(수형자의 친족 이외의 접견은 필요한 용무가 있는 경우에 한한다는 행형법 제18조 제 2 항을 미결수용자에게도 준용하는 같은 법 제62조
는 인간으로서의 존엄과 가치 및 행복추구권을 보장하고 있는 헌법 제10조, 신체의 자유와 행동의 자유를 보장하는 헌법 제12조, 무죄추
정의 원칙을 규정한 헌법 제27조 제 4 항에 위반되므로 위헌
이라고 다툰 위헌심판제청사건인 김근태 접견금지사건에서) 행정처분의 상대방이 아닌 제 3 자도 그 행정처분의 취소에 관하여 법률상 구체적 이익이 있으면 행정소송법 제12조에 의하여 그 처분의 취소를 구하는 행정소송을 제기할 수 있는바, 구속된 피고인은 형사소송법 제89조의 규정에 따라 타인과 접견할 권리를 가지며 행형법 제62조, 제18조 제 1 항의 규정에 의하면 교도소에 미결수용된 자는 소장의 허가를 받아 타인과 접견할 수 있으므로(이와 같은 접견권은 헌법상 기
본권의 범주에 속하는 것이다) 구속된 피고인이 사전에 접견신청한 자와의 접견을 원하지 않는다는 의사표시를 하였다는 등의 특별한 사정이 없는 한 **구속된 피고인은 교도소장의 접견허가거부처분으로 인하여 자신의 접견권이 침해되었음을 주장하여 위 거부처분의 취소를 구할 원고적격을 가진다**(대판 1992. 5. 8.
91부8).

판례 3   법률상 이익으로서 기본권인 경쟁의 자유

(국세청장은 특별소비세법시행령과 이에 근거한 국세청고시에 의하여 납세병마개의 제조자로 두 회사만을 지정
하자, 병마개 제조업을 개시하려는 신규업체인 청구인이 관련규정의 위헌확인을 구한 헌법소원심판사건에서) 설사 국세청장의
지정행위의 근거규범인 이 사건 조항들이 단지 공익만을 추구할 뿐 청구인 개인의 이익을 보호하려는
것이 아니라는 이유로 청구인에게 취소소송을 제기할 법률상 이익을 부정한다고 하더라도, 청구인의
기본권인 경쟁의 자유가 바로 행정청의 지정행위의 취소를 구할 법률상 이익이 된다 할 것이다
(헌재 1998. 4. 30.,
97헌마141).

판례 4   거부처분취소소송에서 신청권의 근거

(원고의 특별채용신청을 경기) 행정청이 국민의 신청에 대하여 한 **거부행위가 항고소송의 대상이 되는 행정**
도교육감이 거부한 사건에서) 행정청이 국민의 신청에 대하여 한 **거부행위가 항고소송의 대상이 되는 행정**
처분에 해당하려면, 행정청의 행위를 요구할 법규상 또는 조리상의 신청권이 그 국민에게 있어야 하
고, 이러한 신청권의 근거 없이 한 국민의 신청을 행정청이 받아들이지 아니한 경우에는 그 거부
로 인하여 신청인의 권리나 법적 이익에 어떤 영향을 주는 것이 아니므로 이를 항고소송의 대상
이 되는 행정처분이라고 할 수 없다(대판 2005. 4. 15.,
2004두11626).

판례 5   부작위위법확인소송에서 신청권의 근거

(삼광화학 공동주택허) 부작위위법확인의 소에 있어 당사자가 **행정청에 대하여 어떠한 행정행위를 하여 줄**
가취소신청사건에서) 부작위위법확인의 소에 있어 당사자가 **행정청에 대하여 어떠한 행정행위를 하여 줄**
것을 요구할 수 있는 법규상 또는 조리상 권리를 갖고 있지 아니한 경우에는 원고적격이 없거나 항고소
송의 대상인 위법한 부작위가 있다고 볼 수 없어 그 부작위위법확인의 소는 부적법하다(대판 1999. 12.
7, 97누17568).

3) 사   견   기본권까지 고려하는 ③의 견해가 타당하다고 본다.

(4) 내   용   판례는 법률상 이익을 당해 처분의 근거 법규 및 관련 법규에 의하여 보
호되는 개별적·직접적·구체적 이익으로 이해하고, 공익보호의 결과로 국민 일반이 공통적으로
가지는 일반적·간접적·추상적 이익은 법률상 이익으로 보지 아니하며(대판 2014. 2. 21.,
2011두29052)(판
례), 또한 간
접적인 사실상의 경제적 이익은 법률상 이익으로 보지 아니한다(대판 2012. 6. 28.,
2010두2005).

판례   생태자연도등급조정처분으로 인한 불이익의 성질(법률상 이익의 해당 여부)

(환경부장관이 생태·자연도 1등급으로 지정되었던 지역을 2등급 또는 3등급으로 변경하는 내용의 생
태·자연도 수정·보완을 고시하자, 인근 주민 갑이 제기한 생태자연도등급조정처분무효확인소송에서) 생태·자연도의 작성 및
등급변경의 근거가 되는 구 자연환경보전법(2011. 7. 28. 법률 제10977
호로 개정되기 전의 것) 제34조 제 1 항 및 그 시행령 제
27조 제 1 항, 제 2 항에 의하면, 생태·자연도는 토지이용 및 개발계획의 수립이나 시행에 활용하
여 자연환경을 체계적으로 보전·관리하기 위한 것일 뿐, 1등급 권역의 인근 주민들이 가지는 생
활상 이익을 직접적이고 구체적으로 보호하기 위한 것이 아님이 명백하고, **1등급 권역의 인근 주**
민들이 가지는 이익은 환경보호라는 공공의 이익이 달성됨에 따라 반사적으로 얻게 되는 이익에 불과
하므로, 인근 주민에 불과한 갑은 생태·자연도 등급권역을 1등급에서 일부는 2등급으로, 일부는
3등급으로 변경한 결정의 무효 확인을 구할 원고적격이 없다(대판 2014. 2. 21.,
2011두29052).

[기출사례] 제 8 회 변호사시험(2019년) 문제·답안작성요령 ☞ PART 4 [1-11]

(5) 거부처분과 법률상 이익

1) 문제상황　　거부처분의 취소를 구하는 경우에도 법률상 이익은 필요하다. 판례는 국민의 적극적 행위신청에 대한 거부가 항고소송의 대상인 처분에 해당하려면 국민에게 그 행위발동을 요구할 법규상 또는 조리상 신청권이 있어야 한다고 하지만, 신청권은 원고적격의 문제로 보아야 한다(원고적격설). 거부처분의 취소를 구하는 소송에서 법률상 이익은 실제상 신청권의 문제가 된다.

2) 신청권의 내용　　신청권에는 2종류, 즉 ① 실체상의 권리의 법적 실현을 위한 절차의 첫 단계로서 인정되는 권리로서 신청권(예: 헌법과 식품위생법에 의해 인정되는 단란주점영업의 자유(권)의 실현을 위한 단란주점영업허가의 신청권. 여기서 요건을 구비하였다면, 허가는 필요적이다)과 ② 실체상의 권리의 법적 실현과 관련이 없이 다만 신청 그 자체를 권리로 관념하는 경우의 신청권(예: 청원의 권리, 도시계획의 책정에 필요한 아이디어제출의 의미에서 도시계획신청권. 여기서 의견반영은 필요적인 것이 아니다)이 있다. ①의 신청권은 실제상으로는 실체적 권리의 한 단면이라 할 수 있다(①의 신청권이 주로 문제되는 경우이다).

[기출사례] 제 5 회 변호사시험(2016년) 문제 · 답안작성요령 ☞ PART 4 [2-17]
[기출사례] 제61회 5급공채(일반행정)(2017년) 문제 · 답안작성요령 ☞ PART 4 [2-18]
[기출사례] 제 2 회 변호사시험(2013년) 문제 · 답안작성요령 ☞ PART 4 [2-24]
[기출사례] 제58회 5급공채(2014년) 문제 · 답안작성요령 ☞ PART 4 [2-25]

5. 원고적격의 확대

(1) 경쟁자소송(경업자소송)

1) 의　　의　　경쟁자소송은 서로 경쟁관계에 있는 자들 사이에서 특정인에게 주어지는 수익적 행위가 타인(제3자)에게는 법률상 불이익을 초래하는 경우에 그 타인(제3자)이 자기의 법률상 이익의 침해를 이유로 수익을 받은 특정인에 대한 행위를 다투는 소송을 말한다(판례1).

2) 적용영역　　일반적 견해는 원칙적으로 기존업자가 허가업을 경영하는 경우에는 자신의 경영상 이익(반사적 이익)의 침해를 이유로 경쟁자소송을 제기할 수 없지만, 특허업을 경영하는 경우에는 자신의 경영상 이익(법률상 이익)의 침해를 이유로 경쟁자소송을 제기할 수 있다고 한다. 일반적 견해는 허가업의 허가는 위험방지를 위한 예방적 금지의 해제 그 자체가 목적으로서 허가업자의 경영상의 이익의 보호와는 무관하나, 특허업의 특허는 사업의 공공성으로 인하여 사업자에게 특별한 의무를 부과하는 한편 독점적 경영권을 경영상 이익으로 보호하는 것이라는 기준에 의한 것이다. 판례도 결론에 있어서는 일반적 견해와 유사하다(판례2, 3).

판례 1　자동차운송사업과 경업자소송

(1) (충북지사가 충북리무진에 노선변경을 인가하자 서울고속이 여객자동차운송사업계획변경인가처분의 취소를 구한 충북리무진사건에서) **면허나 인 · 허가 등의 수익적 행정처분의 근거가 되는 법률이 해당 업자들 사이의 과당경쟁으로 인한 경영의 불합리를 방지하는 것도 그 목적으로 하고 있는 경우, 다른 업자에 대한 면허나 인 · 허가 등의 수익적 행정처분에 대하여 미리 같은 종류의 면허나 인 · 허가 등의 처분을 받아 영업을 하고 있는 기존의 업자는 경업자에 대하여 이루어**

진 면허나 인·허가 등 행정처분의 상대방이 아니라 하더라도 당해 행정처분의 취소를 구할 원고적격이 있다$\binom{\text{대판 2010. 6. 10.}}{\text{2009두10512}}$.

(2) $\binom{\text{주식회사 대한관광리무진이 피고 전라북도지사가 피고보조참가인인 주식회사 전북고속과 유한회}}{\text{사 호남고속에게 내준 여객자동차운송사업계획변경 인가처분에 대하여 취소를 구한 소송에서}}$ 한정면허를 받은 시외버스운송사업자라고 하더라도 다 같이 운행계통을 정하고 여객을 운송하는 노선여객자동차운송사업을 한다는 점에서 일반면허를 받은 시외버스운송사업자와 본질적인 차이가 없으므로, 일반면허를 받은 시외버스운송사업자에 대한 사업계획변경 인가처분으로 인하여 기존에 한정면허를 받은 시외버스운송사업자의 노선 및 운행계통과 일반면허를 받은 시외버스운송사업자의 그것이 일부 중복되게 되고 기존업자의 수익감소가 예상된다면, 기존의 한정면허를 받은 시외버스운송사업자와 일반면허를 받은 시외버스운송사업자는 경업관계에 있는 것으로 봄이 상당하고, 따라서 기존의 한정면허를 받은 시외버스운송사업자는 일반면허 시외버스운송사업자에 대한 사업계획변경인가처분의 취소를 구할 법률상의 이익이 있다$\binom{\text{대판 2018. 4. 26.}}{\text{2015두53824}}$.

보기 판례 2 │ 숙박업구조변경허가처분을 받은 건물의 인근에서 여관을 경영하는 자들에게 그 처분의 무효확인 또는 취소를 구할 소익이 있는지 여부
$\binom{\text{서울특별시 송파구청장의 A에 대한 숙박업구조변경허가처분에}}{\text{대하여 경쟁업자인 원고가 그 처분의 무효확인을 구한 사건에서}}\binom{\text{구 숙박업법}}{\text{에 의할 때}}$ 이 사건 건물의 4, 5층 일부에 객실을 설비할 수 있도록 숙박업구조변경의 허가를 함으로써 그 곳으로부터 50미터 내지 700미터 정도의 거리에서 여관을 경영하는 **원고들이 받게 될 불이익은 간접적이거나 사실적·경제적인 불이익에 지나지 아니하므로** 그것만으로는 원고들에게 위 숙박업구조 변경허가처분의 무효확인 또는 취소를 구할 소익이 있다고 할 수 없다$\binom{\text{대판 1990. 8. 14.}}{\text{89누7900}}$.

보기 판례 3 │ 석탄가공업에 관한 허가의 성질
$\binom{\text{전라북도지사의 A에 대한 석탄가공업허가에 대}}{\text{하여 한일연탄(주)가 무효확인을 구한 사건에서}}$ (구)석탄수급조정에관한임시조치법 소정의 **석탄가공업에 관한 허가는** 사업경영의 권리를 설정하는 **형성적 행정행위가 아니라 질서유지와 공공복리를 위한 금지를 해제하는 명령적 행정행위**여서 그 허가를 받은 자는 영업자유를 회복하는데 불과하고 독점적 영업권을 부여받은 것이 아니기 때문에 기존허가를 받은 **원고들이 신규허가로 인하여 영업상 이익이 감소된다 하더라도 이는 원고들의 반사적 이익을 침해하는 것에 지나지 아니하므로 원고들은 신규허가처분에 대하여 행정소송을 제기할 법률상 이익이 없다**$\binom{\text{대판 1980. 7. 22.}}{\text{80누33·34}}$.

3) 사   견   법률상 이익의 성립 여부는 구체적인 상황에서 적용되는 관련규범들이 공익실현 목적 외에 기존업자의 경영상 이익의 보호도 추구하고 있는가를 구체적으로 판단하여 결정하여야 할 문제이다. 허가업의 경우에도 관련 법규정이 기존업자의 경영상 이익을 보호하는 취지의 규정을 둔 경우에는 법률상 이익이 인정될 수 있기 때문이다.

(2) 경원자소송

1) 의   의   경원자소송은 면허나 인·허가 등의 수익적 행정처분을 신청한 수인이 서로 경쟁관계에 있어서 일방에 대한 면허나 인·허가 등의 행정처분이 타방에 대한 불면허·불인가·불허가 등으로 귀결될 수밖에 없는 경우$\binom{\text{경원}}{\text{관계}}$에 불허가 등으로 인해 자기의 법률상 이익을 침해당한 자가 허가 등을 받은 자의 처분을 다투는 소송을 말한다$\binom{\text{판례}}{\text{1, 2}}$. 예컨대, 동일 대상지역에

대한 공유수면매립면허나 도로점용허가 혹은 일정지역에 있어서의 영업허가 등에 관하여 거리제
한규정이나 업소개수제한규정이 있는 경우 수인이 이를 동시에 신청한 경우에 주로 나타난다.

> 판례 1   제3자에게 경원자에 대한 수익적 행정처분의 취소를 구할 당사자 적격이 있는 경우
>
> (학교법인 조선대학교가 교육과학기술부장관을 상대로 한 법학전문대학원 설치 예비인가처분 취소청구소송에서) 인·허가 등의 수익적 행정처분을 신청한 수인이 서로 경쟁관계에 있어서 일방에 대한 허가 등의 처분이 타방에 대한 불허가 등으로 귀결될 수밖에 없는 때 허가 등의 처분을 받지 못한 자는 비록 경원자에 대하여 이루어진 허가 등 처분의 상대방이 아니라 하더라도 당해 처분의 취소를 구할 원고 적격이 있다고 할 것이고, **다만 명백한 법적 장애로 인하여 원고 자신의 신청이 인용될 가능성이 처음부터 배제되어 있는 경우에는 당해 처분의 취소를 구할 정당한 이익이 없다고 할 것이다.** 원고를 포함하여 법학전문대학원 설치인가 신청을 한 41개 대학들은 2,000명이라는 총 입학정원을 두고 그 설치인가 여부 및 개별 입학정원의 배정에 관하여 서로 경쟁관계에 있고 이 사건 각 처분이 취소될 경우 원고의 신청이 인용될 가능성도 배제할 수 없으므로, 원고가 이 사건 각 처분의 상대방이 아니라도 그 처분의 취소 등을 구할 당사자적격이 있다(대판 2009. 12. 10, 2009두8359).

> 판례 2   경원자소송에서 경원자의 소의 이익의 내용
>
> (주유소 운영사업자 선정에 관하여 경원관계에 있는 소외인과 원고 중 소외인에 대하여 사업자선정처분이, 원고에 대하여 불선정처분이 내려진 사안에서 원고가 제기한 주유소운영사업자불선정처분취소소송에서) 경원자소송에서 취소판결이 확정되는 경우 그 **판결의 직접적인 효과로 경원자에 대한 허가 등 처분이 취소되거나 그 효력이 소멸되는 것은 아니더라도** 행정청은 취소판결의 기속력에 따라 그 판결에서 확인된 위법사유를 배제한 상태에서 취소판결의 원고와 경원자의 각 신청에 관하여 처분요건의 구비 여부와 우열을 다시 심사하여야 할 의무가 있으며, 그 재심사 결과 경원자에 대한 수익적 처분이 직권취소되고 취소판결의 원고에게 수익적 처분이 이루어질 가능성을 완전히 배제할 수는 없으므로 특별한 사정이 없는 한 경원관계에서 허가 등 처분을 받지 못한 사람은 자신에 대한 거부처분의 취소를 구할 소의 이익이 있다(대판 2015. 10. 29, 2013두27517).

2) 경원자 신청의 인용가능성   경원자에게 원고적격이 인정되기 위해서 타방에 대한 수익처분이 취소되면 반드시 경원자의 신청을 인용하도록 기속될 필요는 없으나, 명백한 법적 장애로 경원자의 신청이 인용될 가능성이 처음부터 배제되어서는 안 될 것이다.

[기출사례] 제53회 사법시험(2011년) 문제·답안작성요령 ☞ PART 4 [2-21]

[기출사례] 제1회 변호사시험(2012년) 문제·답안작성요령 ☞ PART 4 [2-22]

(3) 이웃소송(인인소송)

1) 의   의   이웃소송은 이웃하는 자들 사이에서 특정인에게 주어지는 수익적 행위가 타인에게는 법률상 불이익을 초래하는 경우에 그 타인이 자기의 법률상 이익의 침해를 다투는 소송을 말한다. 이웃소송은 인인소송이라고도 한다[판례 1, 2, 3, 4, 5, 6].

판례 1 　도시계획법상의 주거지역 내의 건축제한 규정들의 사익보호성 인정 여부

(청주시장이 삼화물산(주)에 대하여 도시계획법상의 주거지역에 연탄제조를 위한 건축허가를 내주자 인근주민이 다툰 **청주시 연탄공장사건에서**) 도시계획구역 안에서의 주거지역이라는 것은 도시계획법 제17조에 의하여 "거주의 안녕과 건전한 생활환경의 보호를 위하여 필요하다"고 인정되어 지정된 지역이고, 이러한 주거지역 안에서는 도시계획법 제19조 제 1 항과 개정 전 건축법 제32조 제 1 항에 의하여 공익상 부득이 하다고 인정될 경우를 제외하고는 위와 같은 거주의 안녕과 건전한 생활환경의 보호를 해치는 모든 건축이 금지되고 있으며 이와 같이 금지되는 건축물로서 건축법은 "원동기를 사용하는 공장으로서 작업장의 바닥 면적의 합계가 50평방미터를 초과하는 것"을 그 하나로 열거하고 있다(이 사건 연탄공장이 위 제한을 초과하고 있음은 물론이다). 위와 같은 도시계획법과 건축법의 규정 취지에 비추어 볼 때 이 법률들이 주거지역 내에서의 일정한 건축을 금지하고 또는 제한하고 있는 것은 **도시계획법과 건축법이 추구하는 공공복리의 증진을 도모하고자** 하는데 그 목적이 있는 동시에 한편으로는 주거지역 내에 거주하는 사람의 "주거의 안녕과 생활 환경을 보호"하고자 하는 데도 그 목적이 있는 것으로 해석이 된다. 그러므로 주거지역 내에 거주하는 사람이 받는 위와 같은 **보호이익은 단순한 반사적 이익이나 사실상의 이익이 아니라 바로 법률에 의하여 보호되는 이익이라고 할 것이다**(대판 1975. 5. 13, 73누96·97).

판례 2 　제 3 자에게 도시계획결정처분의 취소를 구할 법률상 이익이 있다고 한 사례

(부산시 두구동 화장장사건에서) 도시계획법 제12조 제 3 항의 위임에 따라 제정된 도시계획시설기준에관한규칙 제125조 제 1 항이 화장장의 구조 및 설치에 관하여는 매장및묘지등에관한법률이 정하는 바에 의한다고 규정하고 있어, 도시계획의 내용이 화장장의 설치에 관한 것일 때에는 **도시계획법 제12조뿐만 아니라 매장및묘지등에관한법률 및 같은법시행령 역시 그 근거 법률**이 된다고 보아야 할 것이므로, 같은법시행령 제 4 조 제 2 호가 공설화장장은 20호 이상의 인가가 밀집한 지역, 학교 또는 공중이 수시 집합하는 시설 또는 장소로부터 1,000m 이상 떨어진 곳에 설치하도록 제한을 가하고, 같은법시행령 제 9 조가 국민보건상 위해를 끼칠 우려가 있는 지역, 도시계획법 제17조의 규정에 의한 주거지역, 상업지역, 공업지역 및 녹지지역 안의 풍치지구 등에의 공설화장장 설치를 금지함에 의하여 보호되는 부근 주민들의 이익은 위 도시계획결정처분의 근거 법률에 의하여 보호되는 법률상 이익이다(대판 1995. 9. 26, 94누14544).

판례 3 　원자로 시설부지 인근 주민들의 원자로시설부지사전승인처분의 취소를 구할 원고적격이 있는지 여부

(임씨 등이 과학기술처장관의 한전에 대한 부지사전승인처분의 취소를 구한 **영광원자력발전소사건에서**) **원자력법 제12조 제 2 호**(발전용 원자로 및 관계 시설의 위치·구조 및 설비가 대통령령이 정하는 기술수준에 적합하여 방사성물질 등에 의한 인체·물체·공공의 재해방지에 지장이 없을 것)**의 취지**는 원자로 등 건설사업이 방사성물질 및 그에 의하여 오염된 물질에 의한 인체·물체·공공의 재해를 발생시키지 아니하는 방법으로 시행되도록 함으로써 방사성물질 등에 의한 생명·건강상의 위해를 받지 아니할 이익을 일반적 공익으로서 보호하려는 데 그치는 것이 아니라 **방사성물질에 의하여 보다 직접적이고 중대한 피해를 입으리라고 예상되는 지역 내의 주민들의 위와 같은 이익을 직접적·구체적 이익으로서도 보호하려는 데에 있다** 할 것이므로, **위와 같은 지역 내의 주민들에게는 방사성물질 등에 의한 생명·신체의 안전침해를 이유로 부지사전승인처분의 취소를 구할 원고적격이 있다**(대판 1998. 9. 4, 97누19588).

판례 4   환경영향평가 대상지역 안과 밖의 주민이 헌법상의 환경권 또는 환경정책기본법에 근거하여 공유수면매립면허처분과 농지개량사업 시행인가처분의 무효확인을 구할 원고적격이 있는지 여부

(농림부장관의 공유수면매립면허처분 및 새만금간척종합개발사업시행인가처분을 인근주민이 다툰 새만금간척종합개발사업사건에서) 공유수면매립면허처분과 농지개량사업 시행인가처분의 근거 법규 또는 관련 법규가 되는 구 공유수면매립법, 구 농촌근대화촉진법, 구 환경보전법, 구 환경보전법 시행령, 구 환경정책기본법, 구 환경정책기본법 시행령의 각 관련 규정의 취지는, 공유수면매립과 농지개량사업시행으로 인하여 직접적이고 중대한 환경피해를 입으리라고 예상되는 **환경영향평가 대상지역 안의 주민들**이 전과 비교하여 수인한도를 넘는 환경침해를 받지 아니하고 쾌적한 환경에서 생활할 수 있는 개별적 이익까지도 이를 보호하려는 데에 있다고 할 것이므로, 위 주민들이 공유수면매립면허처분 등과 관련하여 갖고 있는 위와 같은 환경상의 이익은 주민 개개인에 대하여 개별적으로 보호되는 직접적·구체적 이익으로서 그들에 대하여는 **특단의 사정이 없는 한 환경상의 이익에 대한 침해 또는 침해우려가 있는 것으로 사실상 추정되어 공유수면매립면허처분 등의 무효확인을 구할 원고적격이 인정된다.** 한편, **환경영향평가 대상지역 밖의 주민이라 할지라도 공유수면매립면허처분 등으로 인하여 그 처분 전과 비교하여 수인한도를 넘는 환경피해를 받거나 받을 우려가 있는 경우에는, 공유수면매립면허처분 등으로 인하여 환경상 이익에 대한 침해 또는 침해우려가 있다는 것을 입증함으로써 그 처분 등의 무효확인을 구할 원고적격을 인정받을 수 있다**(대판 2006. 3. 16, 2006두330 전원합의체).

판례 5   환경소송상 제3자의 원고적격

(개발제한구역 안에서의 공장설립을 승인한 처분이 위법하다는 이유로 쟁송취소되어도 그 승인처분에 기초한 공장건축허가처분이 잔존할 경우, 인근 주민들이 여전히 공장건축허가처분의 취소를 구할 법률상 이익을 가지는지 여부가 쟁점이었던 개발제한구역행위(건축)허가취소소송에서) 행정처분의 직접 상대방이 아닌 자로서 그 처분에 의하여 자신의 환경상 이익을 침해받거나 침해받을 우려가 있다는 이유로 취소소송을 제기하는 제3자는, 자신의 환경상 이익이 그 처분의 근거 법규 또는 관련 법규에 의하여 개별적·직접적·구체적으로 보호되는 이익, 즉 법률상 보호되는 이익임을 증명하여야 원고적격이 인정된다(대판 2018. 7. 12, 2015두3485).

판례 6   장사법상 납골시설 설치장소제한과 인근주민의 원고적격의 존부

(대한예수교장로회금광교회가 파주시장으로부터 받은 납골당설치 신고 수리처분에 대하여 이웃 주민이 제기한 납골당설치신고수리처분이행통지취소소송에서) 장사법령에 따른 파주시 장사시설의 설치 및 운영조례(2010. 4. 20. 제880호로 개정되기 전의 것) 제6조 본문은 위와 같은 사설납골시설을 설치할 수 있는 장소로 20호 이상의 인가가 밀집한 지역으로부터 500m 이상 떨어진 곳 등을 규정하고 있다. 관계 법령에서 납골묘, 납골탑, 가족 또는 종중·문중 납골당 등의 **사설납골시설의 설치장소에 제한을 둔 것은, 이러한 사설납골시설을 인가가 밀집한 지역 인근에 설치하지 못하게 함으로써 주민들의 쾌적한 주거, 경관, 보건위생 등 생활환경상의 개별적 이익을 직접적·구체적으로 보호하려는 취지**라고 할 것이므로, 이러한 납골시설 설치장소로부터 500m 내에 20호 이상의 인가가 밀집한 지역에 거주하는 주민들은 납골당 설치에 대하여 환경상 이익 침해를 받거나 받을 우려가 있는 것으로 사실상 추정된다. 다만 사설납골시설 중 종교단체 및 재단법인이 설치하는 납골당에 대하여는 그와 같은 설치 장소를 제한하는 규정을 명시적으로 두고 있지는 아니하다. 그러나 종교단체나 재단법인이 설치한 납골당이라 하여 그 납골당으로서의 성질이 가족 또는 종중, 문중 납골당과 다르다고 할 수 없고, 인근 주민들이 납골당에 대하여 가지는 쾌적한 주거, 경관, 보건위생 등 생활환경상의 이익에 차이가 난다고 보이지 않는다. 그렇다면 납골당 설치장소로부터 500m 내에 20호 이상의 인가가 밀집한 지역에 거주하는 주민들에 대하여는 납골당이 누구에 의하여 설치되는지 여

부를 따질 필요 없이 납골당 설치에 대하여 환경 이익 침해 또는 침해 우려가 있는 것으로 사실상 추정되어 원고적격이 인정된다(대판 2011. 9. 8,/2009두6766).

2) 적용영역　　과거에는 건축법이나 도시계획법에 의한 규제로 인한 이익은 반사적 이익으로 관념되었으나 현재는 그 규제의 목적이 인근주민의 보호목적도 아울러 가지고 있다고 관념되어 이웃소송의 인정 가능성이 점차 확대되는 경향에 있다. 환경소송도 이웃소송의 일종으로 볼 수 있다.

[기출사례] 제57회 사법시험(2015년) 문제·답안작성요령 ☞ PART 4 [2-28]

(4) 소비자소송·단체소송　　판례상 아직까지 소비자소송(소비자집단의 이익을/추구하기 위한 소송)이나 단체소송이 용인된 경우는 찾아보기 어렵다.

[법률상 이익을 부인한 판례 모음]

| 판례 1 | 목욕탕업의 허가로 인한 영업상 이익이 법률상 이익에 해당하는가의 여부

(서울시장의 목욕탕허가처분에 대/하여 기존영업자가 다툰 사건에서) 기존 목욕장영업장 부근에 신설영업장을 허가함으로 인하여 **기존 영업장의 수입이 사실상 감소되었을지라도 그 수입의 감소는 단순한 반사적 이익의 침해에 불과하므로** 신설허가처분의 취소를 청구할 만한 소의 이익이 없다(대판 1963. 8. 22,/63누97)(현행법상 목욕장업은 허가/제가 아니고 신고제이다).

| 판례 2 | 과징금부과처분취소재결에 대한 동종업자의 법률상 이익 인정 여부

(피고인 경상북도지사가 장의자동차운송사업자인 피고보조참가인의 청도군수를 상대로 한 과징금부과처분 무효심판청구/사건에서 청도군수의 피고보조참가인에 대한 과징금부과처분을 취소한 재결을 동종운송사업자인 원고들이 다툰 사건에서) 면허받은 장의자동차운송사업구역에 위반하였음을 이유로 한 **행정청의 과징금부과처분에 의하여 동종업자의 영업이 보호되는 결과는 사업구역제도의 반사적 이익**에 불과하기 때문에 그 과징금부과처분을 취소한 재결에 대하여 처분의 상대방 아닌 제3자는 그 취소를 구할 법률상 이익이 없다(대판 1992. 12. 8,/91누13700).

| 판례 3 | 상수원보호구역 설정근거 법률인 수도법의 상수원 수급주민에 대한 사익보호성 인정 여부

(부산시 두구동/화장장사건에서) 상수원보호구역 설정의 근거가 되는 **수도법 제5조 제1항 및 동 시행령 제7조 제1항이 보호하고자 하는 것은 상수원의 확보와 수질보전일 뿐**이고, 그 상수원에서 급수를 받고 있는 부산시 지역주민들이 가지는 상수원의 오염을 막아 양질의 급수를 받을 이익은 직접적이고 구체적으로는 보호하고 있지 않음이 명백하여 위 **지역주민들이 가지는 이익은 상수원의 확보와 수질보호라는 공공의 이익이 달성됨에 따라 반사적으로 얻게 되는 이익에 불과**하므로 지역주민들에 불과한 원고들에게는 위 상수원보호구역변경처분의 취소를 구할 법률상의 이익이 없다(대판 1995. 9. 26,/94누14544).

| 판례 4 | 한의사에게 약사들의 한약조제권을 인정하는 시험의 합격처분을 다툴 법률상 이익이 있는가의 여부

(국립보건원장을 상대로 원고들이 한약조제시험을 통하여 한약조제권을 인정받/은 약사들에 대한 합격처분의 무효확인을 구한 한약조제시험무효확인소송에서) 한의사면허는 경찰금지를 해제하는 명령적 행위(강학상/허가)에 해당하고, 한약조제시험을 통하여 **약사에게 한약조제권을 인정함으로써** 한의사

들의 영업상 이익이 감소되었다고 하더라도 이러한 이익은 사실상의 이익에 불과하고 **약사법이나 의료법 등의 법률에 의하여 보호되는 이익이라고는 볼 수 없으므로**, 한의사들이 한약조제시험을 통하여 한약조제권을 인정받은 약사들에 대한 합격처분의 무효확인을 구하는 당해 소는 원고적격이 없는 자들이 제기한 소로서 부적법하다($\binom{대판 1998. 3. 10,}{97누4289}$).

판례 5 구 문화재보호법상의 도지정문화재 지정처분으로 인하여 지정처분의 상대방이 아닌 제 3 자가 지정처분의 취소 또는 해제를 구할 조리상 신청권이 인정되는지 여부

$\binom{경상남도지사의 문화재지정처분을 남}{포백씨이재공파종중이 다툰 사건에서}$ **구 문화재보호법 제55조 제 5 항의 위임에 기하여 도지정문화재의 지정 해제에 관한 사항을 정하고 있는 구 경상남도문화재보호조례 제15조는**, 도지사는 도지정문화재가 문화재로서의 가치를 상실하거나 기타 특별한 사유가 있는 때에 위원회의 심의를 거쳐 그 지정을 해제한다고 규정하고 있을 뿐이고, **같은 법과 같은 조례에서 개인이 도지사에 대하여 그 지정의 취소 또는 해제를 신청할 수 있다는 근거 규정을 별도로 두고 있지 아니하므로, 법규상으로 개인에게 그러한 신청권이 있다고 할 수 없고**, 같은 법과 같은 조례가 이와 같이 개인에게 그러한 신청권을 부여하고 있지 아니한 취지는, 도지사로 하여금 개인의 신청에 구애됨이 없이 문화재의 보존이라는 공익적인 견지에서 객관적으로 지정해제사유 해당 여부를 판정하도록 함에 있다고 할 것이므로, **어느 개인이 문화재 지정처분으로 인하여 불이익을 입거나 입을 우려가 있다고 하더라도, 그러한 개인적인 사정만을 이유로 그에게 문화재 지정처분의 취소 또는 해제를 요구할 수 있는 조리상의 신청권이 있다고도 할 수 없다**($\binom{대판 2001. 9. 28,}{99두8565}$).

판례 6 공증인가 신청 관련조항의 사익보호성 존부

$\binom{법무법인 서산의 인가공증인인가신청에 대하여 법무}{부장관이 반려처분을 하자 그 취소를 구한 사건에서}$ 지역별 공증인의 정원은 '공증사무의 적절성과 공정성 확보'라는 공증인법의 입법 목적과 지역별 면적, 인구, 공증사무의 수요, 주민들의 편의 등과 같은 객관적인 사정을 고려하여 결정하여야 하고, 공증인이 되고자 하는 사람의 주관적 이익을 우선할 수는 없다($\binom{대판 2019. 12. 13,}{2018두41907}$).

Ⅲ. 피고적격

1. 처분청(원칙)

다른 법률에 특별한 규정이 없는 한 취소소송에서는 그 처분등을 행한 행정청이 피고가 된다($\binom{행소법 제13조}{제 1 항 전단}$)($\binom{처분의 취소·변경의 경우에는 처분청, 재결의}{취소·변경의 경우에는 위원회가 피고가 된다}$). 논리상 피고는 권리주체인 국가나 지방자치단체가 되어야 할 것이나 행정소송수행의 편의상 행정소송법은 행정청을 피고로 규정하고 있다. 처분등을 행한 행정청이란 원칙적으로 소송의 대상인 행정처분등을 외부적으로 그의 명의로 행한 행정청을 의미한다. 판례의 입장이기도 하다($\binom{판}{례}$). 행정청에는 단독기관($\binom{예: 각}{부 장관}$)뿐만 아니라 합의제기관($\binom{예: 배상심의회·}{토지수용위원회}$)도 물론 포함된다($\binom{대판 1997. 3. 28,}{95누7055}$). 다만 법률이 달리 정하고 있으면, 그에 따른다($\binom{예: 노동}{위원회}$법 제27조). 국회의 기관이나 법원의 기관도 행정적인 처분을 하는 범위 안에서는 여기의 행정청에 해당한다. 지방의회도 경우($\binom{예: 지방의회의원에 대한 징계}{의결, 의장에 대한 불신임의결}$)에 따라 행정청이 된다. 그러나 조례에 대한 항고소송의 경우에는 공포권자인 지방자치단체의 장($\binom{교육조례의 경}{우에는 교육감}$)이 피고가 된다.

> **판례**　행정소송의 피고로서 처분청의 의미
>
> [1] (근로복지공단이 지방자치단체(춘천시)에 고용보험료 부과처분을 하자, 춘천시가 구 고용보험 및 산업재해보상보험의 보험료징수 등에 관한 법률 제 4 조 등에 따라 국민건강보험공단을 상대로 위 처분의 무효확인 및 취소를 구한 고용보험료부과처분무효확인및취소소송에서) 항고소송은 원칙적으로 소송의 대상인 행정처분 등을 **외부적으로 그의 명의로** 행한 행정청을 피고로 하여야 하는 것으로서, 그 행정처분을 하게 된 연유가 상급행정청이나 타행정청의 지시나 통보에 의한 것이라 하여 다르지 않고, 권한의 위임이나 위탁을 받아 수임행정청이 자신의 명의로 한 처분에 관하여도 마찬가지이다(대판 2013. 2. 28, 2012두22904).
>
> [2] (질병관리본부장을 피고로 한 예방접종으로인한장애인정거부처분취소소송에서) 대외적으로 의사를 표시할 수 있는 기관이 아닌 내부기관은 실질적인 의사가 그 기관에 의하여 결정되더라도 피고적격을 갖지 못한다(대판 2014. 5. 16, 2014두274).

2. 예　외

(1) 소속장관　　국가공무원법에 의한 처분 기타 본인의 의사에 반한 불리한 처분으로 대통령이 행한 처분에 대한 행정소송의 피고는 소속장관이 된다(국공법 제16조)(판례).

> **판례**　검사임용거부처분에 대한 취소소송의 피고적격
>
> (법무부장관의 검사임용거부처분의 취소를 구한 사건에서)(이 사건은 1991. 2. 12, 90누5825사건인 K검사임용거부사건과 동일한 원고에 의해 제기된 것이지만, 다만 피고적격이 쟁점이었다) 검찰청법 제34조에 의하면, 검사의 임명 및 보직은 법무부장관의 제청으로 대통령이 행하고, 국가공무원법 제16조에 의하면 공무원에 대한 징계, 강임, 휴직, 직위해제, 면직 기타 본인의 의사에 반한 불리한 처분 중 **대통령이 행한 처분에 대한 행정소송의 피고는 소속장관**으로 하고, 같은 법 제 3 조 제 2 항 제 2 호에 의하면 검사는 그 법의 적용을 받는 특정직 공무원에 해당하며, 행정심판법 제 3 조 제 2 항에 의하면 대통령의 처분 또는 부작위에 대하여는 다른 법률에 특별한 규정이 있는 경우를 제외하고는 행정심판을 제기할 수 없도록 규정하고 있는바, 위 규정들의 취지를 종합하여 보면, 이 사건에서와 같은 검사임용거부처분에 대한 취소소송의 피고는 **법무부장관**으로 함이 상당하다(대결 1990. 3. 14, 90두4).

(2) 수임청·수탁청　　① 행정권한의 위임·위탁이 있는 경우에는 현실적으로 처분을 한 수임청·수탁청이 피고가 된다(행소법 제2조 제 2 항)(판례 1, 2). 한편, 국가나 지방자치단체의 사무가 공법인(예: 공무원연금공단·국민연금공단·근로복지공단·한국농어촌공사·한국자산관리공사)에 위임된 경우에는 그 대표자가 아니라 공법인 그 자체가 피고가 된다(판례 3). ② 내부위임의 경우에는 2가지 경우로 구분하는 것이 판례의 입장이다. 말하자면 위임기관의 명의로 처분을 하였다면(이 경우가 일반적이다) 위임기관이 피고가 되고, 내부위임임에도 위법하게 수임기관이 자신의 명의로 처분을 한 경우에는 수임기관이 피고가 된다(판례 4). ③ 권한의 대리가 있는 경우에는 피대리관청이 여기서 말하는 행정청이 된다(판례 5, 6).

> **판례 1**　피고로서 수임행정청
>
> (보건소에서 폐렴구균 예방접종을 받은 후 다음 날 좌측안면에 마비증상이 발생한 원고가 예방접종 피해신청을 하였으나 피고인 질병관리본부장이 피해보상 기각결정을 하였고, 이에 원고가 이의신청, 행정심판을 거친 후 예방접종피해보상거부처분의 취소를 구한 사건에서) 취소소송은 다른 법률에 특별한 규정이 없는 한 처분 등을 행한 행정청을 피고로 한다(행정소송법 제13조 제 1 항). 여기서 '행정청'이란 국가 또는 공공단체의 기관으로서 국가나 공공단체의 의견을 결정하여 외부

에 표시할 수 있는 권한, 즉 처분 권한을 가진 기관을 말한다. … 감염병예방법 제71조, 제76조 제 1 항, 동법 시행령 제31조 제 3 항과 제 4 항, 제32조 제 1 항 제20호에 의하면 법령상 보상금 지급에 대한 처분권한은, 국가사무인 예방접종피해보상에 관한 보건복지부장관의 위임을 받아 보상금 지급 여부를 결정하고, 그 보상금을 지급함으로써 대외적으로 보상금 지급 여부에 관한 의사를 표시할 수 있는 피고(질병관리본부장)에게 있다고 보아야 한다(대판 2019. 4. 3, 2017두52764).

판례 2 공법인에 행정권한의 위임·위탁과 피고적격

[1] (서울주택도시공사(변경 전 명칭: 에스에이치공사)가 대한민국을 피고로 한 부당이득금반환청구소송에서) 국토계획법 제65조, 제99조 등의 문언 및 내용, 체계에 비추어 보면, 원고는「지방공기업법」에 따라 서울특별시가 전액 출자하여 설립한 공공단체(지방공사)로서, 그 설립행위 등을 통해 서울특별시로부터 서울특별시의 개발사업 시행 권한을 위임받은 행정청으로 볼 수 있다(행정절차법 제 2 조 제 1 항 나.목)(대판 2019. 8. 30, 2016두252478).

[2] (에스에이치공사(변경 전 명칭 서울특별시 도시개발공사)를 피고로 한 입주권확인청구소송에서) 구 지방자치법 제95조 제 2 항(현행 제104조 제 2 항) 및 조례(서울특별시 도시개발공사 설립 및 운영에 관한 조례)의 관계 규정과 대행계약서(위 조례에 근거하여 서울특별시장과 피고 공사 사장 사이에 체결된 서울특별시 도시개발사업 대행계약서)의 내용 등을 종합하여 보면, **피고 공사는 서울특별시장으로부터** 서울특별시가 사업시행자가 된 이 사건 택지개발사업지구 내에 거주하다가 사업시행에 필요한 가옥을 제공함으로 인하여 생활의 근거를 상실하게 되는 이주자들에게 택지개발촉진법과 구 공공용지의 취득 및 손실보상에 관한 특례법(2002. 2. 4. 법률 6656 호로 폐지되기 전의 것) 및 주택공급에 관한 규칙 등의 법령에 따라서 **위 택지개발사업의 시행으로 조성된 토지를 분양하여 주거나 분양아파트 입주권을 부여하는 내용의 이주대책 수립권한을 포함한 택지개발사업에 따른 권한을 위임 또는 위탁받았다고 할 것이므로**, 서울특별시가 사업시행자가 된 이 사건 택지개발사업과 관련하여 이주대책 대상자라고 주장하는 자들이 **피고 공사 명의로 이루어진 이주대책에 관한 처분에 대한 취소소송을 제기함에 있어 정당한 피고는 피고 공사가 된다고 할 것이다**(대판 2007. 8. 23, 2005두3776).

판례 3 고속국도 통행료 징수권 및 채납통행료 부과를 다투는 소의 피고적격

(당초 유료도로였다가 무료도로로 된 양재~판교 간 경부고속국도 구간을 8차선 도로로 확장한 후 한국도로공사가 위 구간에 대하여 종전과 같이 다시 통행료를 징수하기로 한 것에 대해 분당주민이 다툰 통행료부과처분무효확인소송에서) 고속국도법은 고속국도의 관리청을 피고 건설교통부장관으로 규정하고 있으며, 한국도로공사법 제 6 조 제 1 항은 국가는 유료도로관리권을 피고 공사에 출자할 수 있다고 규정하고 있고, 구법 제 2 조 제 3 항은 유료도로관리권이라 함은 유료도로를 유지·관리하고 유료도로를 통행하거나 이용하는 자로부터 통행료 또는 점용료 등을 징수하는 권리를 말한다고 규정하고 있는바, 위에서 본 **사실 및 관계 법령의 규정을 종합하면, 피고 공사는 국가로부터 유료도로 통행료 징수권이 포함된 유료도로관리권을 출자받아 이 사건 구간의 통행료 징수권을 행사할 권한을 적법하게 가지게 되었고, 이에 따라 피고 한국도로공사가 이 사건 처분을 한 것이지 피고 장관이 이 사건 처분을 하였다고 볼 수 없으므로 이 사건 소 중 피고 장관을 상대로 한 부분은 부적법**하고, 한편 이 사건 처분의 통지서 명의자가 피고 공사가 아닌 피고 공사의 중부지역본부장으로 되어 있지만, 피고 공사의 중부지역본부장은 한국도로공사법 제11조에 의한 피고 공사의 대리인으로서 이 사건 처분은 피고 공사의 중부지역본부장이 피고 공사를 대리하여 적법하게 행한 것이라고 할 것이다(대판 2005. 6. 24, 2003두6641).

판례 4 내부위임을 받은 데 불과한 하급행정청이 권한 없이 행한 행정처분에 대한 취소소송에 있어서의 피고적격

(서울특별시장의 주한 프랑스대사관 노동조합에 대한 노동조합설립신고서반려처분의 취소등을 구한 사건에서) 행정처분의 취소 또는 무효확인을 구하는 행정소송은

다른 법률에 특별한 규정이 없는 한 그 처분을 행한 행정청을 피고로 하여야 하며, 행정처분을 행할 적법한 권한 있는 상급행정청으로부터 내부위임을 받은데 불과한 **하급행정청이 권한 없이 행정처분을 한 경우에도 실제로 그 처분을 행한 하급행정청을 피고로 할 것이지 그 상급행정청을 피고로할 것은 아니다**(대판 1989. 11. 14, 89누4765; 대판 1994. 8. 12, 94누2763; 대판 1991. 2. 22, 90누5641).

[판례 5]   피대리관청의 피고적격

(농림축산식품부장관과 한국농어촌공사를 피고로 한 농지보전부담금 부과처분 취소소송에서) 항고소송은 다른 법률에 특별한 규정이 없는 한 원칙적으로 소송의 대상인 행정처분을 외부적으로 행한 행정청을 피고로 하여야 하고(행정소송법 제13조 제 1 항 본문), 다만 대리기관이 대리관계를 표시하고 피대리 행정청을 대리하여 행정처분을 한 때에는 피대리 행정청이 피고로 되어야 한다. 피고 농림축산식품부장관이 2016. 5. 12. 원고에 대하여 농지보전부담금 부과처분을 한다는 의사표시가 담긴 2016. 6. 20.자 납부통지서를 수납업무 대행인인 피고 한국농어촌공사가 원고에게 전달함으로써, 이 사건 농지보전부담금 부과처분은 성립요건과 효력 발생요건을 모두 갖추게 되었다. 나아가 피고 한국농어촌공사가 '피고 농림축산식품부장관의 대행자' 지위에서 위와 같은 납부통지를 하였음을 분명하게 밝힌 이상, 피고 농림축산식품부장관이 이 사건 농지보전부담금 부과처분을 외부적으로 자신의 명의로 행한 행정청으로서 항고소송의 피고가 되어야 하고, 단순한 대행자에 불과한 피고 한국농어촌공사를 피고로 삼을 수는 없다(대판 2018. 10. 25, 2018두43095).

[판례 6]   대리권을 수여받은 행정청이 대리관계를 밝힘이 없이 자신의 명의로 행정처분을 한 경우, 그 행정처분에 대한 항고소송의 피고적격

(SK건설이 근로복지공단의 산재보험 료부과처분의 취소를 구한 사건에서) 대리권을 수여받은 데 불과하여 그 자신의 명의로는 행정처분을 할 권한이 없는 행정청의 경우 대리관계를 밝힘이 없이 그 자신의 명의로 행정처분을 하였다면 그에 대하여는 **처분명의자인 당해 행정청이 항고소송의 피고가 되어야 하는 것이 원칙이지만, 비록 대리관계를 명시적으로 밝히지는 아니하였다 하더라도** 처분명의자가 피대리 행정청 산하의 행정기관으로서 실제로 피대리행정청으로부터 **대리권한을 수여받아 피대리 행정청을 대리한다는 의사로 행정처분을 하였고 처분명의자는 물론 그 상대방도 그 행정처분이 피대리행정청을 대리하여 한 것임을 알고서 이를 받아들인 예외적인 경우에는 피대리 행정청이 피고가 되어야 한다**(대결 2006. 2. 23, 2005부4).

(3) 승계행정청   처분등이 있은 뒤에 그 처분등에 관계되는 권한이 다른 행정청에 승계된 때에는 이를 승계한 행정청이 피고가 된다(행소법 제13조 제 1 항 후단). 다만 그 승계가 취소소송제기 후에 발생한 것이면, 법원은 당사자의 신청 또는 직권에 의해 피고를 경정한다. 이때 종전의 소는 취하된 것으로 보며, 새로운 피고에 대한 소송은 처음에 소를 제기한 때에 제기한 것으로 본다(행소법 제14조 제 6 항). 그 처분등에 관계되는 권한이 다른 행정청에 승계된 때'라고 함은 처분등이 있은 뒤에 행정기구의 개혁, 행정주체의 합병·분리 등에 의하여 처분청의 당해 권한이 타 행정청에 승계된 경우뿐만 아니라 처분등의 상대방인 사인의 지위나 주소의 변경 등에 의하여 변경 전의 처분등에 관한 행정청의 관할이 이전된 경우 등을 말한다(대판 2000. 11. 14, 99두5481).

(4) 국가·공공단체   처분청이나 행정심판위원회가 없게 된 때에는 그 처분등에 관한 사무가 귀속되는 국가 또는 공공단체가 피고가 된다(행소법 제13 조 제 2 항). 다만 그 승계가 취소소송제기 후

에 발생한 것이면, 법원은 당사자의 신청 또는 직권에 의해 피고를 경정한다. 이때 종전의 소는 취하된 것으로 보며, 새로운 피고에 대한 소송은 처음에 소를 제기한 때에 제기한 것으로 본다 $\binom{행소법 제14}{조 제6항}$.

[기출사례] 제55회 사법시험(2013년) 문제·답안작성요령 ☞ PART 4 [2–13]

[기출사례] 제6회 변호사시험(2017년) 문제·답안작성요령 ☞ PART 4 [2–19]

3. 피고경정

피고경정은 피고를 잘못 지정한 경우$\binom{행소법 제14}{조 제1항}$와 소의 변경의 경우$\binom{행소법 제21조}{제2항·제4항}$에 인정된다.

(1) 제도의 취지　　　행정조직이 복잡한 탓으로 피고를 잘못 지정하는 경우가 있을 수 있다. 이러한 경우, 소를 각하하고 새로운 소를 제기하게 하는 것보다 피고를 경정하는 것이 보다 효과적이라는 데에 피고경정제도의 의미가 있다.

(2) 제14조의 피고경정의 내용　　　원고가 피고를 잘못 지정한 때에는 법원은 원고의 신청에 의하여 결정으로써 피고의 경정을 허가할 수 있다$\binom{행소법 제14}{조 제1항}$. 피고경정의 허가가 있으면 새로운 피고에 대한 소송은 처음에 소를 제기한 때에 제기된 것으로 보며$\binom{행소법 제14}{조 제4항}$ 아울러 종전의 피고에 대한 소송은 취하된 것으로 본다$\binom{행소법 제14}{조 제5항}$. 피고경정의 결정시 결정의 정본을 새로운 피고에게 송달하여야 하고$\binom{행소법 제14}{조 제2항}$, 피고경정신청을 각하하는 결정에 대해서는 즉시항고할 수 있다$\binom{행소법 제14}{조 제3항}$. 피고경정은 사실심변론종결시까지만 가능하다.

(3) 소의 변경의 경우　　　성질이 다르긴 하나 소의 변경시에도 피고의 경정이 인정된다$\binom{행소법}{제21조 제2항·제4항}$.

Ⅳ. 소송참가

1. 일반론

(1) 소송참가의 의의　　　소송참가란 타인 간의 소송 계속중에 제3자가 그 소송의 결과에 따라 자기의 법률상 이익에 영향을 받게 되는 경우 자기의 이익을 위해 그 소송절차에 가입하는 것을 말한다. 이는 행정소송의 공정한 해결, 모든 이해관계자의 이익의 보호 및 충분한 소송자료의 확보를 위해 취소소송과 이해관계 있는 제3자나 다른 행정청을 소송에 참여시키는 제도이다.

[참고] 제3자가 타인 간의 소송절차에 참가하는 형태는 종전의 당사자 가운데 어느 한쪽 당사자의 승소보조자의 지위에서 참가하는 보조참가와 종전의 당사자와 동등한 당사자의 지위에서 참가하는 당사자참가가 있다. 전자는 제3자가 당사자의 일방을 승소시키기 위해 그를 보조하려고 참가하는 통상의 보조참가와 판결의 효력은 받지만 당사자적격이 없는 자가 참가하는 공동소송적 보조참가가 있으며, 후자는 제3자가 계속중인 소송당사자 쌍방에 대하여 독립한 당사자로서 참가하는 독립당사자참가와 제3자가 당사자 일방의 공동소송인으로서 참가하는 공동소송참가로 나누어진다$\binom{이상}{규}$.

(2) 소송참가의 취지(목적)　　　　참가제도의 본질적인 의의는 보조참가인이 소송에 참가한 경우 분쟁대상에 관한 판결의 효력이 보조참가인에게도 미친다는 점에 있다(제3자의/소송참가). 그리고 기판력이 있는 판결은 당사자인 원고와 피고뿐만 아니라 보조참가인에게도 미치는바, 당사자와 보조참가인 사이에서 더 이상의 분쟁은 방지된다(소송/경제). 뿐만 아니라 참가제도는 제 3 자가 자신의 법률상 이익의 보호를 위해 직접 공격·방어방법을 제출함으로써 다툴 수 있으므로 권리보호에도 기여하며(권리보/호기능), 아울러 분쟁대상에 대한 모순되는 판결을 방지함으로써 법적 안정에도 기여한다(법적 안정/의 보장).

(3) 소송참가의 종류　　　　소송참가에는 제 3 자의 소송참가와 행정청의 소송참가, 신청에 의한 참가와 직권에 의한 참가가 있다. 또한 소송참가에는 판결과 법적으로 이해관계를 갖는 자를 참가시킬 수 있는 단순참가와 판결이 참가자에게도 반드시 단일의 내용이어야 하는 경우에 반드시 참가시켜야 하는 필요적 참가(예: 소의 대상이 제3자/효 있는 행위의 경우)로 구분할 수 있다. 그러나 행정소송법은 "…참가시킬 수 있다"고 하여 단순참가의 형식만을 규정하고 있다.

(4) 소송참가의 시기　　　　소송참가는 판결선고 전까지 가능하다. 소송의 취하가 있거나 재판상 화해가 있은 후에는 참가시킬 수 없다.

2. 제 3 자의 소송참가

(1) 의　　　의　　　　법원은 소송의 결과에 따라 권리 또는 이익의 침해를 받을 제 3 자가 있는 경우에는 당사자 또는 제 3 자의 신청 또는 직권에 의하여 결정으로써 그 제 3 자를 소송에 참가시킬 수 있다(행소법 제16/조 제1항). 이를 제 3 자의 소송참가라고 한다. 제 3 자의 소송참가는 제 3 자효 있는 행정행위에서 특히 의미를 갖는다(판/례). 제 3 자의 소송참가가 인정되는 것은 취소판결의 효력이 제 3 자에게도 미치기 때문이다(행소법 제29/조 제1항). 따라서 직접적으로 제 3 자의 권리를 침해함이 없이는 판결이 불가한 경우에는 제 3 자를 반드시 소송에 참가시키도록 하여야 할 것이다. 제 3 자란 소송당사자 이외의 자를 의미한다. 국가 등의 행정주체도 이에 해당할 수 있다.

> **판례**　행정처분의 취소를 구할 법률상 자격
> (광업등록사업소장의 원고 등에 대한 광업권/설정허가취소처분의 취소를 구한 사건에서) 원고들의 광구로부터 상당한 거리를 보유한 경계선에 동종의 광업권을 갖고 있던 **피고 보조참가인이 원고들에 대한 광업권 증구허가처분으로 인하여** 동 증구허가의 대상구역에 해당하는 보안구역이 폐지됨으로 말미암아 원고들의 광구로부터의 상당한 거리를 상실하는 결과가 되어 **보안구역존치의 이익을 침해당하였다면** 위 증구허가처분에 대하여 구 광업법 제71조 소정의 이의신청을 할 적격이 있고 **위 증구허가처분취소처분의 취소를 구하는 소송에 이해관계 있는 자로서 보조참가할 수 있다**(대판 1982. 7. 27./81누271).

(2) 요　　　건　　　　제 3 자의 소송참가를 위해서는 ① 타인 간에 소송이 계속중이어야 한다. ② 제 3 자는 소송의 결과에 따라 권리 또는 이익을 침해받을 자이어야 한다. ⓐ '소송의 결

과'에 따라 권리 또는 이익의 침해를 받는다는 것은 취소판결의 결과 판결의 주문에 의하여 직접 자기의 권리 또는 이익을 침해받는 것을 말한다. 구체적으로 보면 i) 형성력 자체에 의하여 직접 자신의 권리 또는 이익을 침해받는 경우를 말하는데 그 외에도 ii) 취소판결의 기속력 때문에 이루어지는 행정청의 새로운 처분에 의해서 권리 또는 이익을 침해받는 경우도 역시 여기서 말하는 권리 또는 이익을 침해받는 경우(예: 경원관계에서 수익적 처분을 받지 못한 자(을)가 자신의 신청에 대한 거부처분에 대해 취소소송을 제기하는 경우, 수익적 처분을 받은 자(갑)는 만일 을의 거부처분취소소송이 인용된다면 자신에게 발령된 인용처분이 거부처분취소소송의 인용판결의 기속력(재처분의무)에 따른 후속조치로 직권취소될 수 있기에 갑은 을의 거부처분취소소송에 소송참가를 할 수 있다)에 해당한다고 해석된다(오진환). ⓑ '권리 또는 이익'이란 단순한 경제상의 이익이 아니라 법률상 이익을 의미한다(판례 1, 2). ⓒ 권리 또는 이익의 '침해를 받는다'는 것은 소송참가시 소송의 결과가 확정되지 않은 상태이므로 실제로 침해받았을 것을 요하는 것이 아니라 소송의 결과에 따라 침해될 개연성이 있는 것으로 족하다(주석행정소송법). ⓓ '제 3 자'란 당해 소송당사자 이외의 자를 말하는 것으로서 개인에 한하지 않고 국가 또는 공공단체도 포함되나, 행정청은 이에 해당되지 아니하므로 행정소송법 제17조의 행정청의 소송참가규정에 의한 참가만이 가능하다.

[판례 1] 보조참가의 요건
(대창운수주식회사가 광주광역시 북구청장을 피고로 제기한 고압가스제조허가신청 반려처분취소소송에 주식회사 해양도시가스가 피고보조참가인으로 참가한 사건에서) 특정 소송사건에서 당사자 일방을 보조하기 하여 보조참가를 하려면 당해 소송의 결과에 대하여 이해관계가 있어야 하고, 여기서 말하는 **이해관계라 함은 사실상·경제상 또는 감정상의 이해관계가 아니라 법률상의 이해관계를 가리킨다**(대판 2014. 8. 28, 2011두17899).

[판례 2] 학교법인의 이사 겸 이사장에 대한 임원취임승인취소처분 취소소송에 대하여 관할청인 피고를 돕기 위하여 이사장직무대행자가 학교법인의 이름으로 보조참가를 하는 경우, 이사회의 특별수권결의를 요하는지 여부 및 보조참가의 요건인 법률상 이해관계에 해당하는지 여부
(교육인적자원부장관의 학교법인 한국그리스도의교회학원 이사 겸 이사장 C에 대한 임원취임승인 취소에 대하여 C가 취소를 구한 사건에서, 그 후 동 학교법인 이사회가 이사장직무대행자로 선임한 J의 참가가 쟁점 중의 하나가 되었던 한국그리스도의교회학원 임원취임승인취소사건에서) 학교법인의 이사장직무대행자가 학교법인의 이름으로 관할청인 피고를 돕기 위하여 임원취임승인취소처분의 취소를 구하는 소송에 보조참가를 함에 있어 이사회의 특별수권결의를 거칠 필요는 없다고 할 것이고, 한편 임원취임승인취소처분이 취소되어 **원고가 학교법인의 이사 및 이사장으로서의 지위를 회복하게 되면 학교법인으로서는 결과적으로 그 의사와 관계없이 이사회의 구성원이나 대표자가 변경되는 관계에 있다고 할 것이고**, 이는 위 취소소송의 결과에 의하여 그 법률상의 지위가 결정되는 관계로서 **보조참가의 요건인 법률상 이해관계에 해당한다**(대판 2003. 5. 30, 2002두11073).

---

(3) 절   차   ① 제 3 자의 소송참가는 소송 당사자나 참가하고자 하는 제 3 자의 신청 또는 직권에 의한다(행소법 제16조 제 1 항)(참가신청). ② 당사자 또는 제 3 자로부터 참가신청이 있는 때에는 결정으로 참가허부의 재판을 하며, 직권으로 제 3 자를 소송에 참가시킬 필요가 있다고 인정할 때에는 결정으로 참가를 명한다. 법원은 제 3 자의 참가를 허가하거나 명하는 결정을 하고자 하는 때에는 미리 소송당사자 및 제 3 자의 의견을 들어야 한다(행소법 제16조 제 2 항)(참가의 허부결정). ③ 제 3 자가 참가신청을 하였으나 각하된 경우 그 제 3 자는 그에 대해 즉시항고를 할 수 있다(행소법 제16조 제 3 항)(결정에 대한 불복).

(4) 소송참가인의 지위

1) 소송참가결정 후 소송참가인의 지위　　제 3 자를 소송에 참가시키는 결정이 있으면 그 제 3 자는 참가인의 지위를 취득한다. 이때 제 3 자는 행정소송법 제16조 제 4 항에 따라 민사소송법 제67조의 규정이 준용되어 참가인은 피참가인과 사이에 필요적 공동소송에서의 공동소송인에 준하는 지위에 서게 되나, 당사자에 대하여 독자적인 청구를 하는 것이 아니므로 강학상 공동소송적 보조참가인의 지위에 있다고 보는 것이 통설이다.

[참고조문]
민사소송법 제67조(필수적 공동소송에 대한 특별규정)　① 소송목적이 공동소송인 모두에게 합일적으로 확정되어야 할 공동소송의 경우에 공동소송인 가운데 한 사람의 소송행위는 모두의 이익을 위하여서만 효력을 가진다.
② 제 1 항의 공동소송에서 공동소송인 가운데 한 사람에 대한 상대방의 소송행위는 공동소송인 모두에게 효력이 미친다.

2) 소송참가인에 대한 판결의 효력　　소송참가인으로의 지위를 취득한 제 3 자는 실제 소송에 참가하여 소송행위를 하였는지 여부를 불문하고 판결의 효력을 받는다(기속력은 행정청과 관계행정청을 향한 효력이므로 여기에서는 문제되지 않는다). 따라서 참가인이 된 제 3 자는 판결확정 후 행정소송법 제31조에 의한 재심의 소를 제기할 수 없다.

[기출사례] 제53회 사법시험(2011년) 문제·답안작성요령 ☞ PART 4 [2–51]

3. 다른 행정청의 소송참가

(1) 의　　의　　법원은 다른 행정청을 소송에 참가시킬 필요가 있다고 인정할 때에는 당사자 또는 당해 행정청의 신청 또는 직권에 의하여 결정으로써 그 행정청을 소송에 참가시킬 수 있다(행소법 제17조 제 1 항)(판례). 다른 행정청의 소송참가는 협력을 요하는 행정행위에서 특히 의미를 갖는다(예: 행정행위(a)의 발령에 다른 행정청(b)의 동의가 필요한 경우, (a)행위의 취소에 (b)를 참가시키게 될 때에 다른 행정청의 소송참가를 볼 수 있다). 다른 행정청의 참가가 인정되는 것은 취소판결의 효력이 다른 관계 행정청에게도 미치기 때문이다(행소법 제30조 제 1 항). 여기서 말하는 행정청에는 법인격을 달리하는 행정주체의 행정청(예: 피고가 지방자치단체인 경우에 있어서 국가의 행정청)도 포함한다.

┌─────┐
│ 판례 │　행정청이 민사소송법상의 보조참가를 할 수 있는지 여부
└─────┘
(건설교통부장관의 동아건설산업(주)에 대한 건설업면허취소처분의 취소를 구한 서울 성수대교붕괴사건에서) 타인 사이의 항고소송에서 소송의 결과에 관하여 이해관계가 있다고 주장하면서 **민사소송법 제71조에 의한 보조참가를 할 수 있는 제 3 자는 민사소송법상의 당사자능력 및 소송능력을 갖춘 자이어야 하므로** 그러한 당사자능력 및 소송능력이 없는 **행정청으로서는** 민사소송법상의 보조참가를 할 수는 없고 다만 **행정소송법 제17조 제 1 항에 의한 소송참가를 할 수 있을 뿐이다**(행정청에 불과한 서울특별시장의 보조참가신청은 부적법하다)(대판 2002. 9. 24.99두1519).

(2) 요　　건　　다른 행정청의 소송참가를 위해서는 ① 타인 간의 소송이 계속중이어야 하고, ② 피고행정청 이외의 다른 행정청(다른 행정청은 행소법 제30조 제 1 항의 '관계행정청'과 같은 의미로 해석함이 일반 적이다. '관계행정청'이란 소송 계속 중인 처분 등을 기초로 하여 그와 관련되는 처 분이나 부수되는 행위를 할 수 있는 행정청을 총칭한다)이 참가해야 하며, ③ 법원이 참가시킬 필요가 있다고 인정될 때 당사자나 당해 행정청의 신청 또는 직권에 의한 결정으로써 하게 된다. '참가의 필요성'이란 법원이 재량으로 결정할 문제이나 행정청의 소송참가제도의 취지를 고려할 때 관계되는 다른 행정청을 소송에 끌어들여 소송자료를 모두 제출하게 함으로써 사건의 적정한 심리와 재판을 실현하기 위하여 필요한 경우를 가리킨다고 볼 것이다(이상 규).

(3) 절　　차　　법원이 참가결정을 하고자 할 때에는 당사자 및 당해 행정청의 의견을 들어야 하나(행소법 제17 조 제 2 항) 그 의견에 기속되지는 않는다. 그리고 참가의 허부결정에 대해 불복규정이 없으므로 당사자나 참가행정청 모두 불복할 수 없다.

[참고조문]
민사소송법 제76조(참가인의 소송행위) ① 참가인은 소송에 관하여 공격·방어·이의·상소, 그 밖의 모든 소송행위를 할 수 있다. 다만, 참가할 때의 소송의 진행정도에 따라 할 수 없는 소송행위는 그러하지 아니하다.
② 참가인의 소송행위가 피참가인의 소송행위에 어긋나는 경우에는 그 참가인의 소송행위는 효력을 가지지 아니한다.

(4) 효　　과
1) 소송참가인의 지위　　행정청을 소송에 참가시키는 법원의 결정이 있으면, 그 참가하는 행정청에 대하여는 민사소송법 제76조의 규정이 준용되므로, 참가행정청은 소송수행상 보조참가인에 준하는 지위에 있다.
2) 판결의 효력　　참가인은 보조참가인에 준하는 지위에 있기 때문에 판결의 참가인에 대한 효력은 참가적 효력만 미치게 된다(행정소송법 제30조에 의해서 판결의 기속력이 관 계행정청에게 있을 수 있음은 별개의 문제이다).

4. 민사소송법에 의한 소송참가

(1) 보조참가의 허용 여부　　보조참가는 참가인 자신의 이름으로 판결을 구하는 것이 아니라 당사자의 일방을 보조하는 데 그치는 것이므로 민사소송법 제71조의 요건을 충족하는 한 행정소송에서도 허용되는 것으로 보는 것이 다수설이다(판례). 따라서 제 3 자는 그 선택에 따라 행정소송법 제16조에 의하여 판결의 형성력을 받는 참가를 하든가 민사소송법상 판결의 참가적 효력만을 받는 보조참가를 하든가 선택할 수 있다.

┌판례┐ 행정소송에서 민사소송법에 따른 보조참가의 성질
(원고 주식회사 남정수상태양광이 피고 고흥군수 의 개발행위불허가처분의 취소를 구한 사건에서) 행정소송 사건에서 참가인(피고보조참가인 한국농어촌공사)이 한 보조참가가 행정소송법 제16조가 규정한 제 3 자의 소송참가에 해당하지 않는 경우에도, 판결의 효력이 참가인에게까지 미치는 점 등 행정소송의 성질에 비추어 보면 그 참가는 민사소송법 제78조에 규정된

공동소송적 보조참가라고 볼 수 있다. 민사소송법 제78조의 공동소송적 보조참가에는 필수적 공동소송에 관한 민사소송법 제67조 제 1 항, 즉 "소송목적이 공동소송인 모두에게 합일적으로 확정되어야 할 공동소송의 경우에 공동소송인 가운데 한 사람의 소송행위는 모두의 이익을 위하여서만 효력을 가진다."고 한 규정이 준용되므로, 피참가인의 소송행위는 모두의 이익을 위하여서만 효력을 가지고, 공동소송적 보조참가인에게 불이익이 되는 것은 효력이 없으므로, 참가인이 상소를 할 경우에 피참가인이 상소취하나 상소포기를 할 수는 없다. 한편, 민사소송법상 보조참가신청에 대하여 당사자가 이의를 신청한 때에는 수소법원은 참가를 허가할 것인지 여부를 결정하여야 하지만, 당사자가 이의를 신청하지 아니한 채 변론하거나 변론준비기일에서 진술을 한 경우에는 이의를 신청할 권리를 잃게 되고($^{민사소송법\ 제73조}_{제\ 1\ 항,\ 제74조}$) 수소법원의 보조참가 허가 결정 없이도 계속 소송행위를 할 수 있다($^{대판\ 2017.\ 10.\ 12.}_{2015두36836}$).

(2) 독립당사자참가의 허용 여부   서로 이해관계가 대립하는 원고·피고·참가인 사이의 분쟁해결에 적합한 독립당사자참가는 개인의 권익보호 외에 공익실현 등을 목적으로 하는 행정소송의 취지 등에 비추어 볼 때 행정소송에서 인정하기 어렵다($^{정하}_{중}$). 판례도 행정소송에 있어서는 행정청이나 그 소속기관 이외의 자를 피고로 삼을 수 없다고 하여 독립당사자참가에 대해 부정적이다($^{대판\ 1970.\ 8.\ 31.}_{70누70·71}$).

(3) 공동소송참가의 허용 여부   행정소송법 제16조에 의한 참가인은 공동소송인에 준하는 소송상의 지위를 취득한다고 하더라도 그 참가인은 자기의 청구를 따로이 가지는 것은 아닌데 대하여, 공동소송참가인은 독자적인 청구를 가질 수 있을($^{관련청구의}_{병합\ 등}$) 뿐 아니라, 행정소송법 제16조에 의하여 참가한 제 3 자는 공동소송적 보조참가인과 흡사한 것이나, 공동소송참가인은 필요적인 공동소송인인 것이므로 양자의 소송상 지위에는 차이가 있는 것이다. 따라서 행정소송법 제16조의 참가 외에 민사소송법에 의한 공동소송참가를 인정할 필요가 있다($^{이상}_{규}$)는 긍정설이 다수설이다($^{판}_{례}$).

[판례] 민사소송법에 따른 보조참가의 가부
(1) ($^{시정명령등취소}_{청구의\ 소에서}$) 행정소송 사건에서 참가인이 한 보조참가는 행정소송법 제16조가 규정한 제 3 자의 소송참가에 해당하지 아니하더라도, 민사소송법상 보조참가의 요건을 갖춘 경우 허용되고 그 성격은 공동소송적 보조참가라고 할 것이다($^{대법원\ 2013.\ 3.\ 28.\ 선고}_{2011두13729\ 판결\ 등\ 참조}$). 민사소송법상 보조참가는 소송결과에 이해관계가 있는 자가 할 수 있는데, 여기서 이해관계란 법률상 이해관계를 말하는 것으로, 당해 소송의 판결의 기판력이나 집행력을 당연히 받는 경우 또는 당해 소송의 판결의 효력이 직접 미치지는 아니한다고 하더라도 적어도 그 판결을 전제로 하여 보조참가를 하려는 자의 법률상 지위가 결정되는 관계에 있는 경우를 의미한다($^{대결\ 2013.\ 7.\ 12.}_{2012무84}$).
(2) ($^{지엘피에프브이원\ 주식회사에\ 대한\ 도시환}_{경정비사업시행인가처분을\ 다툰\ 사건에서}$) 행정소송 사건에서 참가인이 한 보조참가가 행정소송법 제16조가 규정한 제 3 자의 소송참가에 해당하지 않는 경우에도, 판결의 효력이 참가인에게까지 미치는 점 등 행정소송의 성질에 비추어 보면 그 참가는 민사소송법 제78조에 규정된 공동소송적 보조참가이다($^{대판\ 2013.\ 3.\ 28.}_{2011두13729}$).

제5 제소기간

Ⅰ. 제소기간의 의의

제소기간이란 처분의 상대방등이 소송을 제기할 수 있는 시간적 간격을 말한다. 제소기간이 준수되었는가의 여부는 소송요건으로서 법원의 직권조사사항에 속한다. 따라서 법원은 제소기간이 지켜졌는가의 여부를 명백히 한 다음 본안판결을 하여야 한다(대판 2023. 8. 31, 2023두39939). 따라서 본안의 심리에 들어 갔다고 하여 소송요건의 흠결을 덮어 둘 수는 없다(대판 1987. 1. 20, 86누490). 제소기간은 행정행위의 불가쟁력과 관련하여 특히 의미를 가지며, 하자승계논의의 전제가 된다. 제소기간의 준수 여부는 하나의 행정처분을 기준으로 판단하여야 한다(판례 1, 2).

> 판례 1 보험급여 감액처분시 항고소송 제소기간의 기산일
>
> (근로복지공단을 피고로 한 부당 이득금 부과처분 취소소송에서) 감액처분으로도 아직 취소되지 않고 남아 있는 부분이 위법하다 하여 다투고자 하는 경우, 감액처분을 항고소송의 대상으로 할 수는 없고, 당초 징수결정 중 감액처분에 의하여 취소되지 않고 남은 부분을 항고소송의 대상으로 할 수 있을 뿐이며, 그 결과 제소기간의 준수 여부도 **감액처분이 아닌 당초 처분을 기준으로** 판단해야 한다(대판 2012. 9. 27, 2011두27247).

> 판례 2 단계적으로 발전하는 행위에 대한 제소기간 준수 여부의 판단기준
>
> (원고가 부산지방병무청장의 병역처분 취소처분의 취소를 구한 사건에서) 공익근무요원복무중단처분, 현역병입영대상편입처분 및 현역병입영통지처분은 보충역편입처분취소처분을 전제로 한 것이기는 하나 각각 단계적으로 별개의 법률효과를 발생시키는 독립된 행정처분으로서 하나의 소송물로 평가할 수 없고, 보충역편입처분취소처분의 효력을 다투는 소에 공익근무요원복무중단처분, 현역병입영대상편입처분을 다투는 소도 포함되어 있다고 볼 수는 없다고 할 것이므로, **공익근무요원복무중단처분, 현역병입영대상편입처분 및 현역병입영통지처분의 취소를 구하는 소의 제소기간의 준수여부는 각 청구취지의 추가·변경신청이 있은 때를 기준으로 개별적으로 살펴봐야 할 것이지**, 최초에 보충역편입처분취소처분의 취소를 구하는 소가 제기된 때를 기준으로 할 것은 아니다(대판 2004. 12. 10, 2003두12257)(법률신문 2005. 1. 13.).

Ⅱ. 안 날부터 90일

1. 행정심판을 거치지 않은 경우

취소소송은 처분등이 있음을 안 날부터 90일 이내에 제기하여야 한다(행소법 제20조 제1항 제1문). ① 처분등이란 적법요건에 다소 미비가 있더라도 대외적인 효력을 발생한 처분을 의미한다(대판 1967. 11. 21, 67누129). ② 처분등이 있음을 안 날이란 통지·공고 기타의 방법에 의하여 당해 처분이 있었다는 사실을 현실적으로 안 날을 의미하며(대판 1964. 9. 8, 63누196)(판례 1, 2, 3, 4), 구체적으로 그 행정처분의 위법 여부를 판단한 날을 가리키는 것은 아니다(대판 1991. 6. 28, 90누6521; 대판 2006. 4. 14, 2004두3847). 헌법재판소는 '처분 등이 위법하다는 것을 알게 된 날'을 기산점으로 삼지 않고, '처분 등이 있음을 안 날'을 제소기간의 기산점으로 정한 것은 입법형성의 한계를 벗어난 것이 아니라고 한다(헌재 2018. 6. 28, 2017헌바66).

판례 1 고시 또는 공고에 의하여 행정처분을 하는 경우, 행정처분이 있음을 안 날(고시 또는 공고의 효력발생일)

^{(귀뚜라미라는 상호로 도서대여점을 하는 원고가 청소년유해매체물로 지정·고시된 만화인 "섹시보이"를} ^{대여하였다는 이유로 청소년보호위원회가 한 과징금부과처분을 원고가 다툰 만화 섹시보이 대여사건에서)} 통상 고시 또는 공고에 의하여 행정처분을 하는 경우에는 그 처분의 상대방이 불특정다수인이고 그 처분의 효력이 불특정다수인에게 일률적으로 적용되는 것이므로, 행정처분에 이해관계를 갖는 자가 고시 또는 공고가 있었다는 사실을 현실적으로 알았는지 여부에 관계없이 **고시가 효력을 발생하는 날에 행정처분이 있음을 알았다고 보아야 한다**(대판 2001. 7. 27, 99두9490; 대판 2007. 6. 14, 2004두619).

판례 2 특정인에 대한 행정처분을 주소불명 등의 이유로 송달할 수 없어 관보 등에 공고한 경우, 상대방이 그 처분이 있음을 안 날(현실적으로 안 날)

^{(용인시장의 주민등록직권말소처} ^{분의 무효확인을 구한 사건에서)} 행정소송법 제20조 제 1 항 소정의 제소기간 기산점인 '처분이 있음을 안 날'이라 함은 당사자가 통지, 공고 기타의 방법에 의하여 당해 처분이 있었다는 사실을 현실적으로 안 날을 의미하는바, **특정인에 대한 행정처분을 주소불명 등의 이유로 송달할 수 없어 관보·공보·게시판·일간신문 등에 공고한 경우에는, 공고가 효력을 발생하는 날에 상대방이 그 행정처분이 있음을 알았다고 볼 수는 없고, 상대방이 당해 처분이 있었다는 사실을 현실적으로 안 날에 그 처분이 있음을 알았다고 보아야 한다**(대판 2006. 4. 28, 2005두14851).

판례 3 처분 당시에는 취소소송의 제기가 법제상 허용되지 않아 소송을 제기할 수 없다가 위헌결정으로 인하여 비로소 취소소송을 제기할 수 있게 된 경우 제소기간의 기산점

^{(원고 산하 조선대학교 자연과학대학 컴퓨터통계학과의 전임강사직에서 해임된 자(피고보조 참가인)가 제기한 소청심사에 대하여 교육인} ^{적자원부 교원소청심사위원회가 해임처분을 정직 3월로 변경하는 결정을 하자 원고법인이 교육인적자원부 교원소청심사위원회를 피고} ^{로 하여 제기한 교원소청심사} ^{위원회결정취소청구사건에서)} 행정소송법 제20조가 제소기간을 규정하면서 '처분 등이 있은 날' 또는 '처분 등이 있음을 안 날'을 각 제소기간의 기산점으로 삼은 것은 그때 비로소 적법한 취소소송을 제기할 객관적 또는 주관적 여지가 발생하기 때문이므로, 처분 당시에는 취소소송의 제기가 법제상 허용되지 않아 소송을 제기할 수 없다가 **위헌결정으로 인하여 비로소 취소소송을 제기할 수 있게 된 경우, 객관적으로는 '위헌결정이 있은 날', 주관적으로는 '위헌결정이 있음을 안 날' 비로소 취소소송을 제기할 수 있게 되어 이때를 제소기간의 기산점으로 삼아야 한다**(대판 2008. 2. 1, 2007두20997).

판례 4 처분서의 송달 전에 정보공개청구를 통하여 처분서를 확인한 경우 그 행정처분에 대한 취소소송의 제소기간이 진행하는지 여부(소극)

^{(부산지방보훈청장이 한 고엽제후유증전환재심} ^{신체검사무변동처분의 취소를 구한 사건에서)} 원고가 자신의 의무기록에 관한 정보공개를 청구하여 피고로부터 통보서를 교부받았다고 하여도 그 후에 처분이 이루어지는 시점에 처분이 있다고 보아야 한다(대판 2014. 9. 25, 2014두8254).

2. 행정심판을 거친 경우

행정소송법 제18조 제 1 항 단서^(다른 법률에 당해 처분에 대한 행정심판의 재결을 거치지)^(아니하면 취소소송을 제기할 수 없다는 규정이 있는 때)(판례 1)에 규정된 경우와 그 밖에 행정심판청구를 할 수 있는 경우 또는 행정청이 행정심판청구를 할 수 있다고 잘못 알린 경우에 행정심판청구가 있은 때의 제소기간은 역시 90일이며(판례 2, 3), 그 기간은 재결서의 정본을 송달받은 날부터 기산한다^(행소법 제20조)^(제 1 항 단서)^(대판 2006. 9. 8,)^(2004두947).

판례 1   제소기간을 정하는 행정소송법 제20조 제1항의 행정심판의 의미

(피고 광주광역시 교육감이 공공감사에 관한 법률 등에 따라 원고 학교법인 홍복학원이 운영하는 서진여자고등학교에 대한 특정감사를 실시한 후 그 학교의 학교장과 직원에 대하여 징계(해임)를 요구하는 처분을 하였는데, 원고가 위 처분에 대한 이의신청을 하였다가 기각되자 위 처분의 취소를 구하는 소를 제기한 서진여고교장등 징계사건에서) 취소소송의 제소기간을 제한함으로써 처분 등을 둘러싼 법률관계의 안정과 신속한 확정을 도모하려는 입법 취지에 비추어 볼 때, 여기서 말하는 '행정심판'은 행정심판법에 따른 일반행정심판과 이에 대한 특례로서 **다른 법률**에서 사안의 전문성과 특수성을 살리기 위하여 특히 필요하여 일반행정심판을 갈음하는 특별한 행정불복절차를 정한 경우의 특별행정심판($^{행정심판법}_{제4조}$)을 뜻한다고 보아야 할 것이다. 공공감사법상의 재심의신청과 이 사건 감사규정상의 이의신청에 관한 관련 규정에 비추어 보면, 이러한 법령들은 다른 법률에 해당하지 않는다($^{대판 2014. 4. 24,}_{2013두10809}$).

판례 2   행정심판청구기간 도과 후 제기한 행정심판에 대한 각하재결과 제소기간 준수 여부

($^{과징금을 납부한 자가 보건복지가족부장관을}_{피고로 제기한 부당이득반환청구사건에서}$) 행정처분이 있음을 안 날부터 90일을 넘겨 행정심판을 청구하였다가 부적법하다는 이유로 각하재결을 받은 후 재결서를 송달받은 날부터 90일 내에 원래의 처분에 대하여 취소소송을 제기한 경우, 취소소송의 제소기간을 준수한 것으로 볼 수 없다($^{대판 2011. 11. 24,}_{2011두18786}$).

판례 3   불가쟁력 발생 후 이루어진 불복고지에 따른 행정심판의 재결과 제소기간 준수 여부

($^{근로복지공단을 피고로 한 부당}_{이득금 부과처분 취소소송에서}$) 행정소송법 제20조 제1항은 '취소소송은 처분 등이 있음을 안 날부터 90일 이내에 제기하여야 하나 행정청이 행정심판청구를 할 수 있다고 잘못 알린 경우에 행정심판청구가 있은 때의 기간은 재결서의 정본을 송달받은 날부터 기산한다'고 규정하고 있는데, **위 규정의 취지는 불가쟁력이 발생하지 않아 적법하게 불복청구를 할 수 있었던 처분 상대방에 대하여 행정청이 법령상 행정심판청구가 허용되지 않음에도 행정심판청구를 할 수 있다고 잘못 알린 경우에 있어서, 그 잘못된 안내를 신뢰하여 부적법한 행정심판을 거치느라 본래의 제소기간 내에 취소소송을 제기하지 못한 자를 구제하려는 데에 있다고 할 것이다.** … 불가쟁력이 발생하여 더 이상 불복청구를 할 수 없는 처분에 대하여 행정청의 잘못된 안내가 있었다고 하여 처분 상대방의 불복청구의 권리가 새로이 생겨나거나 부활한다고 볼 수는 없기 때문이다($^{대판 2012. 9. 27,}_{2011두27247}$).

3. 불변기간

상기의 90일의 기간은 불변기간으로 한다($^{행소법 제20}_{조 제3항}$). 따라서 법원은 이 기간을 늘이거나 줄일 수 없다($^{민소법 제172}_{조 제1항}$). 다만 주소 또는 거소가 멀리 떨어진 곳에 있는 사람을 위하여 부가기간을 정할 수 있고($^{민소법 제172}_{조 제2항}$), 당사자가 책임질 수 없는 사유로 말미암아 불변기간을 지킬 수 없었던 경우에는 그 사유가 없어진 날부터 2주 내에 게을리한 소송행위를 보완할 수 있다($^{민소법 제173}_{조 제1항 본문}$). 여기서 당사자가 책임질 수 없는 사유란 당사자가 그 소송행위를 하기 위하여 일반적으로 하여야 할 주의를 다하였음에도 불구하고 그 기간을 준수할 수 없었던 사유를 말한다($^{대판 2005. 1. 13,}_{2004두9951}$). 그러나 국외에서 소송행위를 추완하는 경우에는 그 기간은 30일로 한다($^{행소법}_{제5조}$). 기간의 계산은 민사소송법 제170조에 의거하여 민법규정을 적용하게 된다($^{행소법 제8}_{조 제2항}$).

Ⅲ. 있은 날부터 1년

1. 행정심판을 거치지 않은 경우

취소소송은 처분등이 있은 날부터 1년을 경과하면 이를 제기하지 못한다$\binom{\text{행소법 제20}}{\text{조 제 2 항}}$. ① 처분등이란 적법요건에 다소 미비가 있더라도 대외적인 효력을 발생한 처분을 의미함은 이미 언급한 바 있다. ② 처분등이 있은 날이란 상대방 있는 행정행위의 경우에는 특별한 규정이 없는 한 의사표시의 일반적 법리에 따라 그 행정처분이 상대방에게 도달되어 효력을 발생한 날을 의미한다$\binom{\text{대판 1990. 7. 13,}}{\text{90누2284}}$.

2. 행정심판을 거친 경우

행소법 제18조 제 1 항 단서$\binom{\text{다른 법률에 당해처분에 대한 행정심판의 재결을 거치지}}{\text{아니하면 취소소송을 제기할 수 없다는 규정이 있는 때}}$에 규정된 경우와 그 밖에 행정심판청구를 할 수 있는 경우 또는 행정청이 행정심판청구를 할 수 있다고 잘못 알린 경우에 행정심판청구가 있은 때의 제소기간은 재결이 있은 날부터 역시 1년이다$\binom{\text{행소법 제20조}}{\text{제 2 항 본문}}$.

3. 정당한 사유가 있는 경우

정당한 사유가 있으면 상기의 두 경우 모두 1년의 기간이 경과하여도 제소할 수 있다$\binom{\text{행소법}}{\substack{\text{제20조}\\\text{제 2 항}\\\text{단서}}}$. 정당한 사유란 불확정개념으로서 그 존부는 사안에 따라 개별적·구체적으로 판단하여야 하나 민사소송법 제173조의 '당사자가 그 책임을 질 수 없는 사유'나 행정심판법 제27조 제 2 항 소정의 '천재, 지변, 사변 그 밖에 불가항력적인 사유'보다는 넓은 개념이라고 풀이되므로 제소기간경과의 원인 등 여러 사정을 종합하여 지연된 제소를 허용하는 것이 사회통념상 상당하다고 할 수 있는가에 의하여 판단하여야 한다$\binom{\text{대판 1991. 6. 28,}}{\text{90누6521}}$. 특히 "행정처분의 직접 상대방이 아닌 제 3 자는 행정처분이 있음을 곧 알 수 없는 처지이므로 행정심판법 제18조 제 3 항$\binom{\text{현행 제27}}{\text{조 제 3 항}}$ 소정의 심판청구의 제척기간 내에 처분이 있음을 알았다는 특별한 사정이 없는 한, … 정당한 사유가 있는 때에 해당한다$\binom{\text{대판 1989. 5. 9,}}{\text{88누5150}}$."

4. 안 날과 있은 날의 관계

처분이 있음을 안 날과 처분이 있은 날 중 어느 하나의 기간만이라도 경과하면, 제소기간은 종료한다$\binom{\text{대판 1964. 9. 8,}}{\text{63누196}}$.

Ⅳ. 적용범위

1. 상대방·제 3 자

제소기간의 요건은 처분의 상대방이 소송을 제기하는 경우는 물론이고, 법률상 이익이 침해된 제 3 자가 소송을 제기하는 경우에도 적용된다$\binom{\text{대판 1991. 6. 28,}}{\text{90누6521}}$.

2. 무효인 처분

무효등확인소송의 경우에는 제소기간의 제한이 없다. 그러나 "행정처분의 당연무효를 선언하는 의미에서 그 취소를 구하는 행정소송을 제기하는 경우에는 제소기간의 준수 등 취소소송의 제소요건을 갖추어야 한다는 것"이 판례의 입장이다$\binom{\text{대판 1976. 2. 24, 75누128 전원합의체; 대판}}{\text{1993. 3. 12, 92누11039; 대판 1987. 6. 9, 87누219}}$.

[기출사례] 제57회 5급공채(2013년) 문제·답안작성요령 ☞ PART 4 [2−11]
[기출사례] 제 3 회 변호사시험(2014년) 문제·답안작성요령 ☞ PART 4 [2−14]

3. 특별법의 경우

개별법률에서 제소기간에 관해 특례를 두기도 한다. 말하자면 ① 제소기간을 90일로 하는 경우$\binom{\text{예: 토상법 제}}{\text{85조 제 1 항}}$도 있고, ② 60일로 하는 경우$\binom{\text{예: 보안관찰}}{\text{법 제23조}}$도 있다. 특별법은 행정소송법에 우선하여 적용된다.

4. 소의 변경, 청구취지의 변경의 경우

판례는, ① 청구취지를 변경하여 구소가 취하되고 새로운 소가 제기된 것으로 변경되었을 때에 새로운 소에 대한 제소기간의 준수 등은 원칙적으로 소의 변경이 있은 때를 기준으로 하고$\binom{\text{대판 2019. 7. 4,}}{\text{2018두58431}}$, ② 청구취지의 추가·변경의 경우에는 변경신청이 있은 때를 기준으로 한다$\binom{\text{판례}}{\text{1, 2}}$. ③ 이송결정이 확정된 후 원고가 항고소송으로 소 변경을 한 경우, 그 항고소송에 대한 제소기간의 준수 여부는 원칙적으로 처음에 소를 제기한 때를 기준으로 판단하여야 한다는 것이 판례의 견해이다$\binom{\text{판례}}{3}$.

[판례 1] 처분에 대하여 불복의 소를 제기하였다가 청구취지를 추가하는 경우, 추가된 청구취지에 대한 제소기간 준수 여부를 판단하는 기준시점
$\binom{\text{에스케이건설 주식회사가 공정거래위원회}}{\text{의 과징금부과처분의 취소를 구한 사건에서}}$ 청구취지를 추가하는 경우, 청구취지가 추가된 때에 새로운 소를 제기한 것으로 보므로, 추가된 청구취지에 대한 제소기간 준수 등은 원칙적으로 청구취지의 추가·변경 신청이 있는 때를 기준으로 판단하여야 한다$\binom{\text{대판 2018. 11. 15, 2016두48737;}}{\text{대판 2004. 11. 25, 2004두7023}}$.

[판례 2] 처분의 변경과 제소기간
$\binom{\text{지식경제부장관을 피고로 집단에너지사업허가}}{\text{처분의 취소를 구한 파주열병합발전소 사건에서}}$ 선행처분의 주요 부분을 실질적으로 변경하는 내용으로 후행처분을 한 경우에 선행처분은 특별한 사정이 없는 한 그 효력을 상실하지만, 후행처분이 있었다고 하여 일률적으로 선행처분이 존재하지 않게 되는 것은 아니고 선행처분의 내용 중 일부만을 소폭 변경하는 정도에 불과한 경우에는 선행처분이 소멸한다고 볼 수 없다. 이와 같이 선행처분이 후행처분에 의하여 변경되지 아니한 범위 내에서 존속하고 후행처분은 선행처분의 내용 중 일부를 변경하는 범위 내에서 효력을 가지는 경우에, 선행처분의 취소를 구하는 소를 제기한 후 후행처분의 취소를 구하는 청구를 추가하여 청구를 변경하였다면 후행처분에 관한 제소기간 준수 여부는 청구변경 당시를 기준으로 판단하여야 하나, 선행처분에만 존재하는 취소사유를 이유로 후행처분의 취소를 청구할 수는 없다고 할 것이다$\binom{\text{대판 2012. 12. 13, 2010}}{\text{두20782·20799(병합)}}$.

判例 3   민사소송으로 잘못 제기하였다가 이송결정에 따라 관할법원으로 이송된 뒤 항고소송으로 소를 변경한 경우의 제소기간

(「공익사업을 위한 토지 등의 취득 및 보상에 관한 법률」에 따라 공장이주대책용지의 공급대상자로 선정된 원고는 피고(한국토지주택공사)로부터 2019. 1. 16.자로 공장이주대책용지 매매계약을 해제한다는 취지의 행정처분인 이 사건 처분을 통보받았음. 원고는 2019. 2. 26. 피고의 매매계약 해제가 부적법하다고 주장하면서, 피고를 상대로 매매계약에 따른 소유권이전등기절차의 이행을 구하는 소를 민사소송으로 제기하였음. 이 사건 소가 피고의 매매계약 해제(공장이주대책대상자 선정결정 취소) 통지의 효력을 다투는 취지로서 행정소송에 해당한다는 이유로 관할법원으로 이송하는 결정이 확정된 다음, 원고는 주위적으로 이 사건 처분의 무효확인을, 예비적으로 이 사건 처분의 취소를 구하는 항고소송으로 소 변경을 하였음) 행정소송법 제8조 제2항은 "행정소송에 관하여 이 법에 특별한 규정이 없는 사항에 대하여는 법원조직법과 민사소송법 및 민사집행법의 규정을 준용한다"라고 규정하고 있고, 민사소송법 제40조 제1항은 "이송결정이 확정된 때에는 소송은 처음부터 이송받은 법원에 계속된 것으로 본다"라고 규정하고 있다. 한편 행정소송법 제21조 제1항, 제4항, 제37조, 제42조, 제14조 제4항은 행정소송 사이의 소 변경이 있는 경우 처음 소를 제기한 때에 변경된 청구에 관한 소송이 제기된 것으로 보도록 규정하고 있다. 이러한 규정 내용 및 취지 등에 비추어 보면, 원고가 행정소송법상 항고소송으로 제기하여야 할 사건을 민사소송으로 잘못 제기한 경우에 수소법원이 그 항고소송에 대한 관할을 가지고 있지 아니하여 관할법원에 이송하는 결정을 하였고, 그 이송결정이 확정된 후 원고가 항고소송으로 소 변경을 하였다면, 그 항고소송에 대한 제소기간의 준수 여부는 원칙적으로 처음에 소를 제기한 때를 기준으로 판단하여야 한다(대판 2022. 11. 17. 2021두44425).

5. 감액처분, 증액처분의 경우

판례는, ① 감액처분으로도 아직 취소되지 않고 남아 있는 부분이 위법하다 하여 다투고자 하는 경우, 감액처분을 항고소송의 대상으로 할 수는 없고, 당초 징수결정 중 감액처분에 의하여 취소되지 않고 남은 부분을 항고소송의 대상으로 할 수 있을 뿐이며, 그 결과 제소기간의 준수 여부도 감액처분이 아닌 당초 처분을 기준으로 한다(대판 2012. 9. 27. 2011두27247). ② 증액처분의 경우, 당초 부과처분이 위법하다면 증액처분이 아니라 당초 처분을 기준으로 한다(대판 2012. 11. 29. 2010두7796). ③ 당초의 과세처분을 다투는 적법한 전심절차의 진행 중에 증액경정처분이 이루어지면 당초의 과세처분은 증액경정처분에 흡수되어 독립적인 존재가치를 상실하므로, 납세자는 특별한 사정이 없는 한 증액경정처분에 맞추어 청구의 취지나 이유를 변경한 다음, 그에 대한 결정의 통지를 받은 날부터 90일 이내에 증액경정처분의 취소를 구하는 행정소송을 제기하여야 한다(대판 2013. 2. 14. 2011두25005).

[기출사례] 제6회 변호사시험(2017년) 문제·답안작성요령 ☞ PART 4 [2-19]

[기출사례] 제8회 변호사시험(2019년) 문제·답안작성요령 ☞ PART 4 [1-11]

제6 행정심판의 전치(행정심판과 행정소송의 관계)

I. 일 반 론

1. 행정심판전치의 의의

행정심판의 전치란 사인이 행정소송의 제기에 앞서서 행정청에 대해 먼저 행정심판의 제기를

통해 처분의 시정을 구하고, 그 시정에 불복이 있을 때 소송을 제기하는 것을 말한다. 행정심판의 전치를 필수적인 절차로 하는 원칙을 행정심판전치주의라 부른다. 현행법은 행정심판의 전치를 임의적인 절차로 하고 있다. 행정심판의 전치는 행정소송과 행정심판의 제도적 결합을 의미한다.

2. 행정심판전치의 취지와 문제점

(1) 취   지   행정심판전치의 취지는 ① 행정청에 대하여는 행정권 스스로에 의한 시정의 기회를 줌으로써 행정권의 자율성 내지 자기통제를 확보하고(이것이 본질적 기능이다), ② 법원에 대하여는 행정청의 전문적인 지식을 활용하게 하고 아울러 법원의 부담을 경감해 주고 이로써 경제적이고 신속한 분쟁의 해결을 확보하고, ③ 개인에 대해서는 자신의 권리를 보호하는 데 있다(대판 1988. 2. 23, 87누704: 대판 1993. 3. 12, 92누11039).

(2) 문 제 점   행정심판의 전치제도는 ① 행정심판 자체가 행정청에 의한 심판, 즉 행정청이 자기사건에 대한 심판관이 되는 것이므로 공정한 심판에 문제가 있어 자연적 정의에 반하고, ② 실제상 행정심판결과가 국민의 권익보호와 거리가 멀다면 오히려 신속하고 적정한 분쟁해결을 기대하는 국민에게 불이익한 것으로 작용할 수 있고, ③ 심판제기기간이 짧은 경우에는 기간경과로 소송제기가 봉쇄된다는 결함도 갖는다.

3. 행정심판전치의 법적 근거

행정심판전치의 헌법적 근거는 헌법 제107조 제 3 항이다. 행정심판전치의 일반적 근거규정으로는 헌법 제107조 제 3 항에 따른 행정소송법 제18조가 있다.

4. 행정심판 해당 여부

행정심판의 전치에서 말하는 행정심판이란 행정심판법에 따른 행정심판 외에 특별법상 심판(예: 국세기본법상 이의신청·심사청구·심판청구, 국가공무원법상 소청, 국민연금법상 심사청구, 도로교통법 제94조의 이의신청)도 포함한다. 그리고 감사원법상의 심사청구도 포함된다(감사법 제46조의2).

Ⅱ. 임의적 행정심판전치(원칙)

1. 내   용

취소소송은 법령의 규정에 의하여 당해 처분에 대한 행정심판을 제기할 수 있는 경우에도 이를 거치지 아니하고 제기할 수 있다(행소법 제18조 제 1 항 본문). 말하자면 법률상 행정심판의 전치에 관해 규정하는 바가 없거나, 또는 법률상 행정심판의 전치에 관한 규정이 있어도 그것이 강제되는 경우가 아니라면 행정심판을 거쳐 소송을 제기할 것인지의 여부는 제소자가 판단할 사항이다.

2. 문 제 점

개별법률이 행정심판의 전치를 강제하는 규정을 두게 되면, 임의적 행정심판전치는 의미를 잃고, 결과적으로 구법상 필요적 행정심판전치제도로 변하게 된다. 개별법률의 제정·개정시 필요적 행정심판전치의 도입에는 신중을 기하여야 한다.

Ⅲ. 필요적 행정심판전치(예외)

1. 내　용

다른 법률에 당해 처분에 대한 행정심판의 재결을 거치지 아니하면 취소소송을 제기할 수 없다는 규정이 있는 때에는 반드시 행정심판의 재결을 거쳐야만 제소할 수 있다$\binom{행소법 제18조}{제1항 단서}\binom{판례}{1}$. ① 다른 법률이란 행정소송법 이외의 국회 제정 법률$\binom{예: 소청에 관해 규정하는 국가공무원법 제16조, 심사청구·}{심판청구를 규정하는 국세기본법 제56조 제2항, 도로교통}$$\binom{}{법 제142조}$을 말한다. 그리고 ② 규정이란 명문의 규정을 말하며, 재결을 거치는 것이 필수적이라는 점을 해석을 통해서 주장할 수는 없다$\binom{판례}{2}$.

판례 1　필요적 심판전치를 택하는 경우, 그 이유

$\binom{주세법상 의제주류판매업면허취소처분에 대한 행정소송}{에 관하여 필요적 행정심판전치주의가 적용된 사건에서}$ 조세부과처분, 도로교통법상의 처분 등과 같이 대량·반복적으로 행해지는 처분으로서 행정의 통일을 기해야 할 필요가 있거나, 행정처분의 특성상 전문적·기술적 성질을 가지는 것 등에 대해서만 예외적으로 개별법률에서 필요적 행정심판전치주의를 채택하고 있다$\binom{헌재 2016. 12. 29,}{2015헌바229}$.

판례 2　1994. 7. 27. 법률 제4770호로 개정된 행정소송법 제18조 제1항의 규정이 시행된 이후에는 공정거래위원회의 처분에 대하여 이의신청을 제기함이 없이 바로 취소소송을 제기할 수 있는지 여부

$\binom{삼성생명 부당지원}{시정명령사건에서}$ 독점규제및공정거래에관한법률은 1999. 2. 5. 법률 제5813호로 개정되기 이전은 물론 그 이후에 있어서도 같은 법 제53조에서 공정거래위원회의 처분에 대하여 불복이 있는 자는 그 처분의 고지 또는 통지를 받은 날부터 30일 이내에 공정거래위원회에 이의신청을 할 수 있다고 규정하고 있을 뿐, 달리 그에 대한 재결을 거치지 아니하면 취소소송을 제기할 수 없다는 규정을 두고 있지 아니하므로, **행정소송법 제18조 제1항 개정 조항**이 같은 법 부칙$\binom{1994.}{7. 27}$ 제1조에 의하여 1998. 3. 1.자로 **시행된 이후에는 공정거래위원회의 처분에 대하여도 이의신청을 제기함이 없이 바로 취소소송을 제기할 수 있다**$\binom{대결 1999. 12. 20,}{99무42}$.

---

2. 성질(직권조사사항)

필요적 행정심판전치가 적용되는 경우에 있어서 그 요건을 구비하였는가의 여부는 소송요건으로서 당사자의 주장의 유무에 불구하고 법원이 직권으로 조사할 사항에 속한다$\binom{대판 1982. 12. 28,}{82누7}$. 그리고 필요적 행정심판전치의 구비 여부는 사실심변론종결시를 기준으로 한다.

3. 필요적 행정심판전치의 예외(완화)

행정심판의 전치가 필요적인 경우라 하여도 이를 강행하는 것이 국민의 권익을 침해하는 결과가 되는 경우도 있는바, 이러한 경우 필요적 심판전치의 예외를 인정할 필요가 있다. 그 예외

의 경우로서 행정소송법은 ① 행정심판은 제기하되 재결을 거치지 아니하고 소송을 제기할 수 있는 경우와 ② 행정심판조차 제기하지 않고 소송을 제기할 수 있는 경우를 규정하고 있다(행소법 제18조 제2항·제3항). 두 경우 모두 원고는 법원에 대하여 사유를 소명하여야 한다(행소법 제18조 제4항).

(1) 심판제기는 하되 재결을 요하지 않는 경우 ① 행정심판청구가 있은 날로부터 60일이 지나도 재결이 없는 때(이것은 재결의 부당한 지연으로부터 생기는 불이익을 방지하기 위한 것이다. 물론 이러한 경우에 재결을 기다려서 재결서의 송달을 받고 60일 이내에 제기하여도 된다. 행소법 제20조 제1항), ② 처분의 집행 또는 절차의 속행으로 생길 중대한 손해를 예방하여야 할 긴급한 필요가 있는 때(대판 1990. 10. 26, 90누5528), ③ 법령의 규정에 의한 행정심판기관이 의결 또는 재결을 하지 못할 사유가 있는 때(예: 위원의 과반수 이상이 사퇴한 경우), ④ 그 밖의 정당한 사유가 있는 때에는 재결을 거치지 않고 소송을 제기할 수 있다(행소법 제18조 제2항).

(2) 심판제기조차 요하지 않는 경우 ① 동종사건에(판례 1, 2) 관하여 이미 행정심판의 기각결정이 있은 때(해석상 수인에 대한 동일한 처분에 관한 경우도 같다)(이것은 재심사의 의미가 없기 때문에 절차의 중복을 방지하기 위한 것이다)(판례 3), ② 서로 내용상 관련되는 처분 또는 같은 목적을 위하여 단계적으로 진행되는 처분 중 어느 하나가 이미 행정심판의 재결을 거친 때(주로 단계적 절차관계에 있는 처분의 경우 분쟁사유에 공통성을 내포하고 있으므로)(판례 4, 5), ③ 행정청이 사실심의 변론종결 후 소송의 대상인 처분을 변경하여 당해 변경된 처분에 관하여 소를 제기하는 때(새로이 전치를 하게 한다는 것은 가혹할 뿐만 아니라 소송의 지연을 위한 수단으로 악용할 수도 있기 때문이다), ④ 처분을 행한 행정청이 행정심판을 거칠 필요가 없다고 잘못 알린 때(상대방의 신뢰를 보호하기 위한 것이다)에는 심판의 제기 없이도 소송을 제기할 수 있다(행소법 제18조 제3항)(판례 6).

[판례 1] 행정소송법 제18조 제3항 제1호에서 행정심판의 제기 없이도 행정소송을 제기할 수 있는 경우로 규정하고 있는 '동종사건'의 의미
(보건사회부장관의 원고에 대한 의사면허 자격정지처분의 취소를 구한 사건에서) 동종사건'이라 함은 당해 사건은 물론 **당해 사건과 기본적인 점에서 동질성이 인정되는 사건**을 가리키는 것이다(대판 1992. 11. 24, 92누8972; 대판 1993. 9. 28, 93누9132 등 참조).

[판례 2] 구 행정소송법 제18조 제3항 제1호 소정의 '동종사건'의 의미
(안산시장의 원고에 대한 건축불허 가처분의 취소를 구한 사건에서) 서종원에 대한 건축불허가처분과 이 사건 처분은 동일한 행정청인 피고에 의하여 같은 날 같은 사유로 이루어졌다는 점에서 공통적인 면이 없지 아니하나, 한편 처분대상인 서종원의 건축허가신청과 원고의 이 사건 건축허가신청은 신청지, 신청지의 지목, 건축할 건물의 규모, 용도, 구조 등이 전혀 다르므로 두 사건은 기본적인 점에서 동질성이 인정되는 사건이라고는 할 수 없다(대판 2000. 6. 9, 98두2621).

[판례 3] 공동권리자 중 1인이 제기한 소정의 효력이 다른 공동권리자에게 미치는 영향
(공동권리자 중 1인이 소청을 경유한 경우, 타 공동권리자는 행정심판을 제기함이 없이 귀속재산에 관한 행정처분을 다툰 사건에서) 소원전치주의의 취지는 소송제기 전에 소원을 경유함으로써 행정처분의 위법임을 확정한 때에 자진하여 이를 시정케 하여 남소를 방지하려 함에 있다 할 것이므로, **공동권리자의 1인이 소청을 제기하여 행정처분청으로 하여금 그 행정처분을 시정할 기회를 갖게 한 이상, 다른 공동권리자는 소청을 경유함이 없이 행정소송을 제기할 수 있다고** 해석함이 타당하다(대판 1958. 4. 29, 4291행상6·7).

판례 4 가산금 및 중가산금 징수처분에 대한 행정소송을 제기함에 있어서 별도로 전심절차를 거쳐야 하는지 여부

(동대전세무서장의 신도물산(주)에 대한 부가 가치세등부과처분의 취소를 구한 사건에서) 국세징수법 제21조, 제22조 규정에 따른 가산금 및 중가산금 징수처분은 국세의 납세고지처분과 별개의 행정처분이라고 볼 수 있다 하더라도, 위 국세채권의 내용이 구체적으로 확정된 후에 비로소 발생되는 징수권의 행사이므로 국세의 납세고지처분에 대하여 **적법한 전심절차를 거친 이상 가산금 및 중가산금 징수처분에 대하여 따로이 전심절차를 거치지 않았다 하더라도 행정소송으로 이를 다툴 수 있다**(대판 1986. 7. 22. 85누297).

판례 5 석유판매업허가취소처분에 대한 행정심판절차를 거친 경우 위험물주유 취급소 설치허가 취소처분의 취소소송에 앞서 별도의 행정심판절차를 거쳐야 하는지 여부

(서부소방서장의 원고에 대한 위험물취급소 설치허가취소처분의 취소를 구한 사건에서) **서울특별시장이 한 주유소의 석유판매업허가의 취소처분과 소방서장이 위험물주유취급소설치허가의 취소처분은 그 처분행정청은 물론이고 그 처분에 대한 행정심판의 재결청을 각각 달리하고 있어** 서울특별시장이 한 행정처분에 대하여 행정심판절차를 거쳤다 하여 소방서장이 한 행정처분에 대하여 처분행정청으로 하여금 스스로 재고시정의 기회를 부여한 것이라고 할 수 없을 뿐 아니라 **두 행정처분 사이에 소방서장이 한 행정처분이 서울특별시장이 한** 행정처분의 필연적 결과로 이루어진 것이라는 등 **서로 일련의 상관관계가 있다고도 할 수 없으므로 서울특별시장이 한 행정처분에 대한 행정심판절차를 거쳤다 하여 소방서장이 한 위 행정처분에 대한 행정심판절차를 거칠 필요가 없다고 할 수는 없다**(대판 1989. 1. 24. 87누322).

판례 6 처분청이 아닌 재결청 소속의 행정심판 업무 담당 공무원이 행정심판을 거칠 필요가 없다고 잘못 알린 경우, 행정심판 제기 없이 그 취소소송을 제기할 수 있는지 여부

(원고가 택지초과소유부담금부과처분의 취소를 구한 사건에서) 행정소송법 제18조 제 3 항 제 4 호의 규정이 행정청이 행정심판을 거칠 필요가 없다고 잘못 알린 때에는 행정심판을 제기하지 않고도 취소소송을 제기할 수 있도록 행정심판전치주의에 대한 예외를 두고 있는 것은 행정에 대한 국민의 신뢰를 보호하려는 것이므로, **처분청이 아닌 재결청이 이와 같은 잘못된 고지를 한 경우에도 행정소송법 제18조 제 3 항 제 4 호의 규정을 유추·적용하여 행정심판을 제기함이 없이 그 취소소송을 제기할 수 있다고 할 것이고,** 이 때에 재결청의 잘못된 고지가 있었는지 여부를 판단함에 있어서는 반드시 행정조직상의 형식적인 권한 분장에 구애될 것이 아니라 담당자의 조직상의 지위와 임무, 당해 언동을 하게 된 구체적인 경위 및 그에 대한 행정심판청구인의 신뢰가능성에 비추어 실질에 의하여 판단하여야 한다(대판 1996. 8. 23. 96누4671).

4. 특별한 경우

법원은 행정청이 소송의 대상인 처분을 소가 제기된 후 변경한 때에는 원고의 신청에 의하여 결정으로써 청구의 취지 또는 원인의 변경을 허가할 수 있고(행소법 제22조 제 1 항), 이에 따라 변경되는 청구는 행정소송법 제18조 제 1 항 단서의 규정(필요적 심판전치)에 의한 요건을 갖춘 것으로 본다(행소법 제22조 제 3 항). 따라서 변경되는 처분은 심판전치의 요건을 구비한 것으로 간주된다.

5. 적용범위

① 부작위위법확인소송에는 적용되지만, 무효등확인소송에는 적용이 없다(무효등확인소송은 당초부터 법률적으로 효력이 없

는 처분에 대하여 그 무효임을 공적으로 인정받기 위한 소송에 불과하므로$\binom{행소법 제38조}{제1항·제2항}$. ② 행정심판은 항고쟁송이므로 당사자소송의 경우에는 행정심판전치의 적용이 없다$\binom{다수}{견해}$. 그러나 주위적 청구가 전심절차를 요하지 않는 당사자소송이라 하여도 병합 제기된 예비적 청구가 항고소송이라면 이에 대한 전심절차 등 제소의 적법요건을 갖추어야 한다$\binom{대판 1989. 10. 27.}{89누39}$. ③ 무효선언을 구하는 의미의 취소소송의 경우 행정심판전치의 적용이 없다는 견해$\binom{김동}{희}$가 있으나, 취소소송의 소송요건인 행정심판전치의 요건을 갖추어야 한다$\binom{대판 1990. 8. 28.}{90누1892}$. 왜냐하면 행정심판전치는 소송요건이지 본안요건은 아닐 뿐만 아니라 무효와 취소의 구별은 상대적이기 때문이다. ④ 처분의 직접 상대방이 아닌 제3자가 제소하는 경우 행정심판 청구기간의 준수가 어려우므로 원칙적으로 행정심판전치주의 적용이 없다는 견해$\binom{김남}{진}$도 있으나, 행정심판전치주의 적용 자체가 없다고 할 수는 없을 것이다$\binom{대판 1989. 5. 9.}{88누5150}$. ⑤ 재결에 대한 취소소송이나 이행재결에 따른 처분의 취소소송에서는 이미 행정청 스스로 시정할 기회를 주었으므로 다시 행정심판전치주의를 적용할 필요가 없다. ⑥ 둘 이상의 행정심판절차가 규정되어 있다면$\binom{구 국세기본법상 심}{사청구와 심판청구}$ 명문의 규정이 없는 한 하나의 절차만을 거치는 것으로 족하다$\binom{일반적}{견해}$.

6. 행정소송과 행정심판의 관련도

(1) 행정심판제기의 적법성 여부

1) 일반적인 경우　　① 적법한 심판제기가 있었으나 기각된 경우에는 심판전치의 요건이 구비된 것이다. 적법한 심판제기가 있었으나 본안심리를 하지 않고 각하된 경우에도 심판전치의 요건이 구비된 것으로 본다. ② 심판제기기간의 경과 등으로 부적법한 심판제기가 있었고 이에 대해 각하재결이 있었다면, 심판전치의 요건이 구비되지 않은 것이다. 심판제기기간의 경과 등으로 부적법한 심판제기가 있었고, 위원회가 각하하지 않고 기각재결을 한 경우에 판례$\binom{대판 2011. 11. 24.}{2011두18786}$는 심판전치의 요건이 구비되지 않은 것으로 본다. 판례의 입장은 타당하다.

2) 제3자효 있는 행위　　부적법한 심판제기가 있었고, 인용재결이 있었지만, 심판의 대상이 되는 행위가 제3자효 있는 행위인 경우, 제3자가 인용재결의 취소소송을 제기하려면 행정심판을 다시 거쳐야 하는가의 문제가 있다. 이 경우에는 행정심판을 제기함이 없이 바로 행정소송을 제기할 수 있는 경우 중의 하나인 '동종사건에 관하여 이미 행정심판의 기각재결이 있은 때$\binom{행소법 제18조}{제3항 제1호}$'를 유추적용하여 바로 행정소송의 제기가 가능하다고 본다. 왜냐하면 이 경우에는 행정청이 이미 당해 사건에 관하여 반성의 기회를 가졌기 때문이다.

(2) 사후재결의 구비　　
필요적 행정심판전치의 경우, 행정소송의 제기시에는 심판전치의 요건을 구비하지 못하였으나, 판결$\binom{사실심변}{론종결시}$이 있기 전까지 원고가 심판전치의 요건을 구비하였다면 행정심판전치의 요건은 구비한 것이 된다$\binom{헌재 2016. 12. 29.}{2015헌바229}$. 말하자면 심판전치요건의 사후구비는 하자치유의 사유가 된다$\binom{일반적}{견해}$.

(3) 사건의 동일성　　
필요적 행정심판전치의 경우에 행정심판전치의 요건이 구비되려면, 행정심판의 대상인 처분과 행정소송의 대상인 처분의 내용이 동일하여야 하는데, 그것은 청구의 취지나 청구의 이유가 기본적인 점에서 일치하면 족하다$\binom{사항적}{관련성}$. 동일한 처분인 한 청구인$\binom{원}{고}$의 지위에 승계$\binom{예: 부모공동재산에 대한 과세처분을 다투}{는 행정심판제기 후 자녀가 단독상속한 경우}$가 있어도 무관하다$\binom{인적}{관련성}$.

　　(4) 공격방어방법의 동일성　　　공격방어방법의 동일성 여부는 행정심판전치와 관련성이 없다$\binom{판례}{}$. 행정심판의 전치는 행정심판과 행정소송의 관계에서 사건을 대상으로 하는 개념이지, 그 사건의 공격방어방법을 대상으로 하는 것이 아니기 때문이다. 말하자면 사건의 동일성 여부와 공격방어방법의 동일성 여부는 별개의 문제이다.

> ［판례］　항고소송에 있어 전심절차에서 주장하지 아니한 공격방어방법을 소송절차에서 주장할 수 있는지 여부
> 항고소송에 있어서 원고는 전심절차에서 주장하지 아니한 공격방어방법을 소송절차에서 주장할 수 있고 법원은 이를 심리하여 행정처분의 적법여부를 판단할 수 있는 것이므로, **원고가 전심절차에서 주장하지 아니한 처분의 위법사유를 소송절차에서 새롭게 주장하였다고 하여 다시 그 처분에 대하여 별도의 전심절차를 거쳐야 하는 것은 아니다**$\binom{대판 1996. 6. 14,}{96누754}$.

　　［기출사례］ 제60회 5급공채(2016년) 문제·답안작성요령 ☞ PART 4 [3-13]
　　［기출사례］ 제60회 5급공채(2016년) 문제·답안작성요령 ☞ PART 4 [3-14]

제 7　권리보호의 필요(협의의 소의 이익)

Ⅰ. 의　　의

　　권리보호의 필요란 원고적격에서 말하는 법률상 이익을 실제적으로 보호할 필요성을 뜻한다. 재판은 원고의 관념적 만족만으로는 불충분하다$\binom{판례}{1}$. 취소판결의 경우, 취소로 인해 구제가 현실로 실현될 수 있어야 권리보호의 필요가 존재하게 된다. 비록 행정처분의 위법을 이유로 취소 판결을 받더라도 그 처분에 의하여 발생한 위법상태를 원상으로 회복시키는 것이 불가능한 경우에는 원칙적으로 그 취소를 구할 소의 이익이 없고$\binom{판례}{2}$, 다만 원상회복이 불가능하더라도 그 취소로 회복할 수 있는 다른 권리나 이익이 남아있는 경우에만 예외적으로 소의 이익이 인정될 수 있을 뿐이다$\binom{판례}{3}$. 권리보호의 필요는 직권조사사항이다. 권리보호의 필요는 협의의 소의 이익이라 불리기도 한다.

> ［판례 1］　원상회복이 불가능한 경우 위법한 행정처분의 취소를 구할 소의 이익이 있는지 여부
> $\binom{(서울특별시장의 원고에 대한 행정처분(철거)}{계고철거대집행)의 취소등을 구한 사건에서}$ 행정대집행법 제 2 조에 의하여 의무자에게 하명된 행위에 관하여 본조의 계고와 대집행영장에 의한 통지절차를 거쳐서 **이미 그 대집행이 사실행위로서 실행이 완료된 이후에 있어서는** 그 행위의 위법을 이유로 하는 손해배상 또는 원상회복의 청구를 하는 것은 몰라도 그 사실행위의 취소를 구하는 것은 **권리보호의 이익이 없다**$\binom{대판 1965. 5. 31, 65누25;}{대판 1987. 2. 24, 86누676}$.

[참고] 소의 이익은 다의적인 개념이다. 광의로 소의 이익은 취소소송의 대상적격·원고적격·권리보호의 필요를 포함하는 개념을 뜻하고, 협의로는 권리보호의 필요만을 뜻한다. 판례는 소의 이익을 법률상 이익이라 하기도 한다(대판 2016. 6. 10, 2013두1638).

판례 2 │ 위법한 처분을 취소하여도 원상회복이 불가능한 경우, 권리보호 필요의 유무

(전국농민회총연맹이 서울종로경찰서장을 피고로 옥외집회 금지통고처분의 취소를 구한 전노총 옥회집회금지사건에서) 위법한 행정처분의 취소를 구하는 소는 그 처분에 의하여 발생한 위법상태를 배제하여 원상으로 회복시키고, 그 처분으로 침해되거나 방해받은 법률상 이익을 보호·구제하고자 하는 소송이므로, 그 위법한 처분을 취소한다고 하더라도 원상회복이 불가능한 경우에는 그 취소를 구할 이익이 없다(대판 2018. 4. 12, 2017두67834; 대판 1995. 7. 11, 95누4568).

판례 3 │ 원상회복이 불가능한 경우임에도 소의 이익이 인정되는 경우

(유한회사 한림해운이 인천해양경찰서장을 피고로 제기한 도선사업면허변경처분취소의 소에서) 처분청의 직권취소에도 완전한 원상회복이 이루어지지 않아 무효확인 또는 취소로써 회복할 수 있는 다른 권리나 이익이 남아 있거나 또는 동일한 소송 당사자 사이에서 그 행정처분과 동일한 사유로 위법한 처분이 반복될 위험성이 있어 행정처분의 위법성 확인 내지 불분명한 법률문제에 대한 해명이 필요한 경우 행정의 적법성 확보와 그에 대한 사법통제, 국민의 권리구제의 확대 등의 측면에서 예외적으로 그 처분의 취소를 구할 소의 이익을 인정할 수 있다(대판 2020. 4. 9, 2019두49953).

Ⅱ. 근　　거

　　국민의 재판청구권을 제한하는 권리보호의 필요라는 소송요건(본안판단의 전제요건)은 법률상 규정되고 있지 않다. 그러나 권리보호의 필요의 요건은 유용성이 없는 재판청구, 과도한 재판청구는 금지되어야 한다는 소송경제의 원칙과 소송법에도 적용되는 신의성실의 원칙(소권남용의 부인)으로부터 나온다. 달리 말한다면, 권리보호의 필요는 신의성실의 원칙에 뿌리를 둔「소송법의 제도적 남용의 금지」로부터 나온다. 소의 이익의 개념은 사인의 남소방지와 이로 인한 법원·행정청의 부담완화, 그리고 원활한 행정작용을 위한 것이다. 그러나 소의 이익을 지나치게 제한적으로만 인정하면, 그것은 재판청구권에 대한 침해일 수 있다(대판 1989. 12. 26, 87누308 전원합의체).

Ⅲ. 유무의 판단기준

1. 원　　칙

　　권리보호의 필요성은 법률상 이익의 실제적인 보호필요성을 의미하는 것이지만, 법률상 이익의 실제적인 보호필요성의 유무를 판단함에 있어서는 관련 있는 중요한 이익을 널리 고려하여야 한다. 말하자면 권리보호의 필요의 유무에 대한 판단의 대상은 법률상 이익에만 한정되는 것은 아니고, 그 밖에 경제상 또는 정신상 이익도 포함된다. 권리보호의 필요는 넓게 인정하는 것이 국민의 재판청구권의 보장에 적합하다. 물론 권리보호의 필요의 유무의 판단은 이성적인 형량에 따라야 한다. 다른 본안판단의 전제요건을 모두 구비하게 되면, 일반적으로 권리보호의 필요의 요건을 구비하게 된다.

2. 권리보호의 필요가 없는 경우

① 원고가 추구하는 목적을 소송보다 간이한 방법으로 달성할 수 있는 경우[판례1], ② 원고가 추구하는 권리보호가 오로지 이론상으로만 의미 있는 경우[판례2], ③ 원고가 오로지 부당한 목적으로 소구하는 경우(예: 소권 남용의 경우, 예컨대 원고의 의도가 법원이나 상대방에게 피해나 불편을 가져오는 것이 명백한 경우)[판례3]에는 권리보호의 필요가 없다. 또한, ④ 소권의 실효가 있으면 권리보호의 필요는 없다. 소송상의 실효는 소송법을 관류하는 신의성실의 원칙으로부터 나온다. 소송상 실효는 원고가 소를 제기할 수 있음을 알고서도 상당한 기간 동안 소를 제기하지 아니하고, 또한 원고가 자신의 행동을 통해 피고 등에게 원고는 더 이상 권리를 다투지도 않고 더 이상 소송을 제기하지도 않는다는 믿음을 주었기 때문에, 누구나 더 이상은 소송의 제기가 없을 것으로 믿을 수밖에 없는 경우에 인정된다.

판례 1 　판결이유 중에 명백한 계산상 착오가 있는 경우 상고사유가 되는지 여부

(중앙토지수용위원회와 수원시를 상대로 토지수용재결처분의 취소등을 구한 사건에서) 피고 수원시가 원고들에게 지급할 금액은 원심인정의 정당보상가액에서 원고들이 수령하였음을 자인하는 이의재결시의 보상가액을 공제한 나머지 금액이라고 판시하고서도, 위 피고가 지적하는 것처럼 그 금액을 산출함에 있어서는 이의재결시의 보상가액이 아닌 수용재결 보상가액을 공제하는 잘못을 저지른 것이 명백하다. 그러나 이러한 잘못은 **명백한 계산상의 착오로서 판결경정 절차를 통하여 시정될 일이며 상고로 다툴 성질의 것이 아니다**(대판 1993. 4. 23, 92누17297).

판례 2 　현역병입영대상자로 병역처분을 받은 자가 그 취소소송중 모병에 응하여 현역병으로 자진 입대한 경우, 소의 이익이 없다고 본 사례

(대구지방병무청장의 원고에 대한 병역처분변경거부처분의 취소를 구한 사건에서) 위법한 행정처분의 취소를 구하는 소는 위법한 처분에 의하여 발생한 위법상태를 배제하여 원상으로 회복시키고, 그 처분으로 침해되거나 방해받은 권리와 이익을 보호·구제하고자 하는 소송이므로, 어떤 행정처분의 위법 여부를 다투는 것이 이론적인 의미는 있으나 재판에 의하여 해결할 만한 실제적인 효용 내지 실익이 없는 경우에는 그 취소를 구할 소의 이익이 없다. **현역병입영대상자로 병역처분을 받은 자가 그 취소소송중 모병에 응하여 현역병으로 자진 입대한 경우**, 그 처분의 위법을 다툴 실제적 효용 내지 이익이 없다는 이유로 **소의 이익이 없다**(대판 1998. 9. 8, 98두9165; 대판 2000. 5. 16, 99두7111).

판례 3 　토지를 수용당한 후 20년이 넘도록 수용재결의 실효를 주장하지 아니한 채 보상요구를 한 적도 있다가 수용보상금 중 극히 일부가 미지급되었음을 이유로 수용재결의 실효를 주장하는 것은 신의칙에 비추어 허용될 수 없다 한 사례

(경부고속도로 부지로 점유한 것을 이유로 한국도로공사 등에 부당이득금의 반환을 청구한 소송에서) 토지를 수용당한 후 20년이 넘도록 수용재결의 실효를 주장하지 아니한 채 보상요구를 한 적도 있다가 수용보상금 중 극히 일부가 미지급되었음을 이유로 수용재결의 실효를 주장하는 것은 신의칙에 비추어 허용될 수 없다(대판 1993. 5. 14, 92다51433).

Ⅳ. 효력소멸의 경우

1. 원 칙

처분등이 소멸하면 권리보호의 필요는 없게 됨이 원칙이다. 행정처분에 그 효력기간이 정하여져 있는 경우에는 그 처분의 효력 또는 집행이 정지된 바 없다면, 그 기간의 경과로 그 행정처분의 효력은 상실되는 것이므로 그 기간경과 후에는 그 처분이 외형상 잔존함으로 인하여 어떠한 법률상 이익이 침해되고 있다고 볼 만한 별다른 사정이 없는 한, 그 처분의 취소 또는 무효확인을 구할 법률상 이익이 없다는 것이 판례의 입장이기도 하다$\binom{\text{대판 1999. 2. 23.}}{98두14471}$.

2. 예 외

처분등의 집행 그 밖의 사유로 인하여 소멸된 뒤에 그 처분등의 취소를 구하거나 처분등의 취소를 구하는 도중에 처분등의 집행 그 밖의 사유로 인하여 소멸되는 경우에도 권리보호의 필요는 요구된다. 이러한 소송에 있어서 권리보호의 필요는 ① 위법한 처분이 반복될 위험성이 있는 경우$\binom{\text{판례}}{1}$, 그러나 반복의 위험은 추상적인 것이 아니라 구체적이어야 한다$\binom{\text{예: 유사한 집회를 위해 종}}{\text{전의 집회금지처분을 다투}}_{\text{는 경우}}$. ② 회복하여야 할 불가피한 이익이 있는 경우$\binom{\text{예: 가중된 제재적}}{\text{처분이 따르는 경우}}$에 존재한다$\binom{\text{판례}}{2}$.

> 판례 1 항고소송에서 원상회복 가능성의 요부
> $\binom{\text{서울지방국세청장의 조정반지정}}{\text{거부처분의 취소를 구한 사건에서}}$ 행정처분의 무효확인 또는 취소를 구하는 소에서, 비록 행정처분의 위법을 이유로 무효확인 또는 취소 판결을 받더라도 그 처분으로 발생한 위법상태를 원상으로 회복시킬 수 없는 경우에는 원칙적으로 그 무효확인 또는 취소를 구할 법률상 이익이 없다. 다만 원상회복이 불가능하더라도 그 무효확인 또는 취소로써 회복할 수 있는 다른 권리나 이익이 남아 있거나, 동일한 소송 당사자 사이에서 동일한 사유로 위법한 처분이 반복될 위험이 있어 행정처분의 위법성 확인 또는 불분명한 법률문제에 대한 해명이 필요하다고 판단되는 경우 등에는 행정의 적법성 확보와 그에 대한 사법통제, 국민의 권리구제 확대 등의 측면에서 예외적으로 처분의 취소를 구할 소의 이익을 인정할 수 있다$\binom{\text{대판 2020. 2. 27.}}{2018두67152}$.

> 판례 2 학교법인 임원취임승인의 취소처분 후 그 임원의 임기가 만료되고 구 사립학교법 제22조 제2호 소정의 임원결격사유기간마저 경과한 경우 또는 위 취소처분에 대한 취소소송 제기 후 임시이사가 교체되어 새로운 임시이사가 선임된 경우, 위 취임승인취소처분 및 당초의 임시이사선임처분의 취소를 구할 소의 이익이 있는지 여부
> $\binom{\text{교육인적자원부장관을 피고로 학교법인 경기학원을 피고보조참가인}}{\text{으로 하여 임원취임승인취소처분을 구한 경기학원임시이사사건에서}}$ 제소 당시에는 권리보호의 이익을 갖추었는데 제소 후 취소 대상 행정처분이 기간의 경과 등으로 그 효과가 소멸한 때, 동일한 소송 당사자 사이에서 동일한 사유로 위법한 처분이 반복될 위험성이 있어 행정처분의 위법성 확인 내지 불분명한 법률문제에 대한 해명이 필요하다고 판단되는 경우, 그리고 선행처분과 후행처분이 단계적인 일련의 절차로 연속하여 행하여져 후행처분이 선행처분의 적법함을 전제로 이루어짐에 따라 선행처분의 하자가 후행처분에 승계된다고 볼 수 있어 이미 소를 제기하여 다투고 있는 선행처분의 위법성을 확인하여 줄 필요가 있는 경우 등에는 행정의 적법성 확보와 그에 대한 사법통제, 국민의 권리구제의 확대 등의 측면에서 여전히 그 처분의 취소를 구할 법률상 이익이 있다$\binom{\text{대판 2007. 7. 19, 2006}}{\text{두19297 전원합의체}}$.

3. 행정소송법 제12조 제 2 문의 성질

(1) **입법상 과오설**(권리보호의 필요규정설)　　　일설은 행정소송법 제12조 제 1 문은 원고적격에 관한 조항이고, 제 2 문은 권리보호의 필요에 관한 조항이므로, 행정소송법 제12조 제 1 문과 제 2 문이 함께 규정되고 있는 것은 문제라고 한다(저자도 종전에는 이러한 입장을 지지하였다). 권리보호의 필요규정설은 제12조 제 2 문의 '법률상 이익'을 계속적 확인소송에서 말하는 '정당한 이익'으로 보게 된다(김연태). 권리보호의 필요규정설이 다수설로 보인다.

(2) **입법상 비과오설**(원고적격규정설)　　　그러나 행정소송법 제12조 제 2 문은 제 1 문과 마찬가지로 원고적격에 관한 조항으로 보아야 한다. 말하자면 제 2 문은 처분이 소멸된 경우에도 권리(법률상 이익)가 침해된 자는 취소소송의 원고적격을 갖는다는 조항으로 보아야 한다. 만약 제 2 문을 권리보호의 필요의 조항으로 본다면, 처분등이 소멸된 뒤에 취소소송을 제기할 수 있는 원고적격에 관한 조항은 행정소송법에 없는 것이 된다. 왜냐하면 취소소송은 처분의 존재를 전제로 하는 것이기 때문이다. 따라서 제 2 문은 원고적격에 관한 것이고, 권리보호의 필요는 취소소송의 경우와 마찬가지로 행정소송법에 규정이 없고, 판례와 학설에 의해 인정되는 것으로 보는 것이 합리적이다. 원고적격규정설은 제12조 제 2 문의 '법률상 이익'을 제12조 제 1 문의 '법률상 이익'의 의미와 동일한 것으로 보게 된다.

4. 판　　례

(1) 내　　용

1) 법률 또는 대통령령에 규정된 경우　　　판례는(처분등의 효과가 기간의 경과로 인하여 소멸한 경우에 있어서 권리보호의 필요의 유무에 관한 문제의 일종인) 제재적 행정처분에 있어서 제재기간 경과 후에 권리보호의 필요가 있는가의 여부와 관련하여 가중요건이 법률 또는 대통령령인 시행령으로 규정된 경우(예: 건설기술 진흥법 제31조 제 1 항 및 동법 시행령 제46조 별표)에는 법률상 이익(권리보호의 필요)이 있는 것으로 본다[판례1]. 물론 이러한 경우에도 실제상 제재처분을 받을 우려가 없다면 법률상 이익이 없다는 것이 판례의 입장이다[판례2].

[판례 1]　가중 제재처분규정이 있는 의료법에 의한 의사면허자격정지처분에서 정한 자격정지기간이 지난 후 의사면허자격정지처분의 취소를 구할 소의 이익이 있는지 여부

(원고가 보건복지부장관의 의사면허자격정지처분의 취소를 구한 사건에서) **의료법 제53조 제 1 항은** 보건복지부장관으로 하여금 일정한 요건에 해당하는 경우 의료인의 면허자격을 정지시킬 수 있도록 하는 근거 규정을 두고 있고, 한편 같은 법 제52조 제 1 항 제 3 호는 보건복지부장관은 의료인이 3회 이상 자격정지처분을 받은 때에는 그 면허를 취소할 수 있다고 규정하고 있는바, 이와 같이 의료법에서 **의료인에 대한 제재적인 행정처분으로서 면허자격정지처분과 면허취소처분이라는 2단계 조치를 규정하면서 전자의 제재처분을 보다 무거운 후자의 제재처분의 기준요건으로 규정하고 있는 이상** 자격정지처분을 받은 의사로서는 **면허자격정지처분에서 정한 기간이 도과되었다 하더라도** 그 처분을 그대로 방치하여 둠으로써 **장래 의사면허취소라는 가중된 제재처분을 받게 될 우려가 있는 것이어서** 의사로서의 업무를 행할 수 있

는 **법률상 지위에 대한 위험이나 불안을 제거하기 위하여 면허자격정지처분의 취소를 구할 이익이 있다**(대판 2005. 3. 25, 2004두14106).

판례 2   건축사 업무정지처분을 받은 후 새로운 업무정지처분을 받음이 없이 1년이 경과하여 실제로 가중된 제재처분을 받을 우려가 없게 된 경우, 업무정지처분의 취소를 구할 법률상 이익이 있는지 여부
(전라북도지사의 원고에 대한 건축사업무정지처분의 취소등을 구한 사건에서) 업무정지처분을 받은 후 새로운 업무정지처분을 받음이 없이 1년이 경과하여 실제로 가중된 제재처분을 받을 우려가 없어졌다면 위 처분에서 정한 정지기간이 경과한 이상 특별한 사정이 없는 한 그 처분의 취소를 구할 법률상 이익이 없다(대판 2000. 4. 21, 98두10080).

2) 시행규칙에 규정된 경우   ① 종래의 판례는 가중요건이 부령인 시행규칙상 처분기준으로 규정되어 있는 경우(예: 식품위생법 시행규칙 제89조 별표 23 행정처분기준, 도로교통법 시행규칙 제91조 제1항 별표 28 행정처분기준)에는 법률상 이익이 없는 것으로 보았다(판례 1). 판례의 이러한 태도는 시행규칙상 처분기준의 법형식은 부령이지만, 법적 성질은 행정규칙으로 보는 데 기인하였다(판례 2). 그러나 ② 대법원은 2006년 6월 22일 입장을 변경하여 법률상 이익이 있는 것으로 보았으나, 동 판결에서 처분기준의 법적 성질에 대해서는 입장을 밝히지 아니하였다(판례 3).

판례 1   식품위생법시행규칙 제53조(현행 제89조)에서 위반횟수에 따라 가중처분하게 되어 있는 경우 행정처분의 효력기간이 경과한 처분의 취소를 구할 법률상 이익 유무
(서울특별시 관악구청장의 원고에 대한 유흥음식점영업정지처분의 취소를 구한 사건에서) 행정명령에 불과한 식품위생법시행규칙 제53조(현행 제89조)에서 위반횟수에 따라 가중처분하게 되어 있다 하여 이러한 법률상의 이익이 있는 것이라 볼 수는 없다(대판 1993. 9. 14, 93누4755).

판례 2   식품위생법시행규칙 제53조 [별표 15](현행 제89조 [별표 23])의 법규성 유무
(서울특별시 강남구청장의 원고에 대한 대중음식점영업정지처분의 취소를 구한 사건에서) 식품위생법시행규칙 제53조(현행 제89조)에서 [별표 15](현행 [별표 23])로 식품위생법 제58조(현행 제75조)에 따른 행정처분의 기준을 정하였다고 하더라도, 이는 형식은 부령으로 되어 있으나 **그 성질은 행정기관 내부의 사무처리준칙을 정한 것에 불과한 것**으로서, 보건사회부장관이 관계행정기관 및 직원에 대하여 그 직무권한행사의 지침을 정하여 주기 위하여 발한 행정명령의 성질을 가지는 것이지 식품위생법 제58조 제1항의 규정에 의하여 보장된 재량권을 기속하는 것이라고 할 수는 없고, 대외적으로 국민이나 법원을 기속하는 힘이 있는 것은 아니다(대판 1991. 5. 14, 90누9780).

판례 3   부령이나 규칙으로 정한 처분기준에 따른 제재적 행정처분이 제재기간의 경과로 인하여 그 효과가 소멸된 경우, 그 처분의 취소를 구할 법률상 이익이 있는지 여부
(원고가 경인지방환경청장을 피고로 하여 영업정지처분의 취소를 구한 사건에서) 제재적 행정처분의 가중사유나 전제요건에 관한 규정이 법령이 아니라 규칙의 형식으로 되어 있다고 하더라도, 그러한 규칙이 법령에 근거를 두고 있는 이상 그 **법적 성질이 대외적·일반적 구속력을 갖는 법규명령인지 여부와는 상관없이, 관할 행정청이나 담당공무원**

은 이를 준수할 의무가 있으므로 이들이 그 규칙에 정해진 바에 따라 행정작용을 할 것이 당연히 예견되고, 그 결과 행정작용의 상대방인 국민으로서는 그 규칙의 영향을 받을 수밖에 없다. 따라서 그러한 규칙이 정한 바에 따라 **선행처분을 받은 상대방이 그 처분의 존재로 인하여 장래에 받을 불이익, 즉 후행처분의 위험은 구체적이고 현실적인 것이므로, 상대방에게는 선행처분의 취소소송을 통하여 그 불이익을 제거할 필요가 있다고 할 것이다**(대판 2006. 6. 22, 2003두1684).

(2) 비　판　시행규칙(부령)에 규정된 제재적 행정처분기준과 관련하여 대법원이 종전의 입장을 변경하여 법률상 이익을 긍정한 것은 타당하지만, 시행규칙(부령)에 규정된 제재적 행정처분기준이 법규명령임을 밝히지 아니한 것은 타당하지 않다. 본서는 대법원이 2006년 6월 22일 판례를 변경하기 이전부터 ① 법령의 위임을 받아 제재적 처분기준을 정하는 부령은 헌법 제95조에 따른 위임입법으로서 법규명령으로 보아야 한다는 점, ② 제재적 처분기준을 대통령령으로 정하는 경우는 법규명령으로 보면서 부령으로 정하는 경우는 행정규칙으로 보아야 할 특별한 이유는 없다는 점, ③ 제재적 처분기준은 행정내부적 사무처리기준으로서의 성격도 갖지만, 국민의 기본권제한과 관련하므로 그것을 단순히 행정내부적 사무처리기준으로만 볼 수 없다는 점 등을 지적하여 왔다. 「대판 2006. 6. 22, 2003두1684」에 대해서도 여전히 동일한 지적을 가하지 않을 수 없다. 이러한 저자의 시각에서 볼 때 동 판결의 별개의견이 합리적이다(판례).

[판례]　부령이나 규칙으로 정한 처분기준에 따른 제재적 행정처분이 제재기간의 경과로 인하여 그 효과가 소멸된 경우, 그 처분의 취소를 구할 법률상 이익이 있는지 여부
[별개의견(요지)]　(원고가 경인지방환경청장을 피고로 하여 영업정지처분의 취소를 구한 사건에서)　[대법관 이강국의 별개의견] 다수의견은, 제재적 행정처분의 기준을 정한 부령인 시행규칙의 법적 성질에 대하여는 구체적인 논급을 하지 않은 채, 시행규칙에서 선행처분을 받은 것을 가중사유나 전제요건으로 하여 장래 후행처분을 하도록 규정하고 있는 경우, 선행처분의 상대방이 그 처분의 존재로 인하여 장래에 받을 불이익은 구체적이고 현실적이라는 이유로, 선행처분에서 정한 제재기간이 경과한 후에도 그 처분의 취소를 구할 법률상 이익이 있다고 보고 있는바, 다수의견이 위와 같은 경우 선행처분의 취소를 구할 법률상 이익을 긍정하는 결론에는 찬성하지만, 그 이유에 있어서는 **부령인 제재적 처분기준의 법규성을 인정하는 이론적 기초 위에서 그 법률상 이익을 긍정하는 것이 법리적으로는 더욱 합당**하다고 생각한다. 상위법령의 위임에 따라 제재적 처분기준을 정한 부령인 시행규칙은 헌법 제95조에서 규정하고 있는 위임명령에 해당하고, 그 내용도 실질적으로 국민의 권리의무에 직접 영향을 미치는 사항에 관한 것이므로, 단순히 행정기관 내부의 사무처리준칙에 지나지 않는 것이 아니라 대외적으로 국민이나 법원을 구속하는 법규명령에 해당한다고 보아야 한다(대판 2006. 6. 22, 2003두1684).

[권리보호의 필요를 부인한 판례 모음]
① 영업정지(면허정지)의 기간이 경과한 후에 영업정지(면허정지기간)의 취소를 구한 경우(대판 1989. 11. 14, 89누4833; 대판 1993. 7. 27, 93누3899; 대판 1995. 10. 17, 94누14148).
② 환지처분 공고 후 환지예정지지정처분의 취소를 구한 경우(대판 1990. 9. 25, 88누2557; 대판 1999. 8. 20, 97누6889; 대판 1999. 10. 8, 99두6873).

③ 원자로건설허가처분 후 원자로부지사전승인처분의 취소를 구한 경우$\binom{\text{대판 1998. 9. 4,}}{\text{97누19588}}$.

④ 집회일자가 지난 후 집회신고불수리처분의 취소를 구한 경우$\binom{\text{대판 1961. 9. 28,}}{\text{4292행상50}}$.

⑤ 철거처분 완료 후 대집행계고처분의 취소를 구한 경우$\binom{\text{대판 1993. 6. 8,}}{\text{93누6164}}$.

⑥ 건축허가에 따른 건축공사완료 후 건축허가의 취소를 구한 경우$\binom{\text{대판 1992. 4. 24,91누11131;}}{\text{대판 2007. 4. 26, 2006두18409}}$와 건축허가에 따른 건축공사완료 후 준공검사를 받은 후 준공처분의 취소를 구한 경우$\binom{\text{대판 1992. 4. 28,}}{\text{91누13441;대판}}$ $\begin{smallmatrix}\text{1993. 11. 9,}\\\text{93누13988}\end{smallmatrix}$.

⑦ 공유수면점용허가취소처분취소소송중에 공유수면점용허가기간이 만료된 경우$\binom{\text{대판 1985. 5. 28,}}{\text{85누32; 대판}}$ $\begin{smallmatrix}\text{1991. 7. 23,}\\\text{90누6651}\end{smallmatrix}$, 토석채취허가취소처분취소소송중에 토석채취허가기간이 만료된 경우$\binom{\text{대판 1993. 7. 27,}}{\text{93누3899}}$와 광업권취소처분취소소송중에 존속기간이 만료된 경우$\binom{\text{대판 1995. 7. 11,}}{\text{95누4568}}$.

⑧ 치과의사국가시험 불합격처분 이후 새로 실시된 국가시험에 합격한 자가 불합격처분의 취소를 구한 경우$\binom{\text{대판 1993. 11. 9,}}{\text{93누6867}}$와 사법시험 제1차 시험 불합격처분 이후에 새로이 실시된 사법시험 제1차 시험에 합격한 자가 그 불합격 처분의 취소를 구한 경우$\binom{\text{대판 1996. 2. 23,}}{\text{95누2685}}$ 등이 있다.

⑨ 공익근무요원 소집해제신청을 거부당한 자가 계속하여 공익근무요원으로 복무한 후 복무기간 만료를 이유로 소집해제처분을 받은 후에 계속하여 소집해제신청거부처분을 다툰 경우$\binom{\text{대판 2005. 5. 13,}}{\text{2004두4369}}$.

⑩ 보충역편입처분 및 공익근무요원소집처분의 취소를 구하는 소의 계속중 병역처분변경신청에 따라 제2국민역편입처분으로 병역처분이 변경된 경우$\binom{\text{대판 2005. 12. 9,}}{\text{2004두6563}}$.

⑪ 불문경고처분 자체를 다툴 수 있었음에도 다투지 않았는데 그 후 이루어진 국가인권위원회의 징계권고결정에 대해 취소를 구할 법률상 이익이 없다$\binom{\text{대판 2022. 1. 27,}}{\text{2021두40256}}$.

[권리보호의 필요를 인정한 판례 모음]

① 서울대학교 불합격처분의 취소를 구하는 소송계속중 당해연도의 입학시기가 지난 경우$\binom{\text{당해연도의 합격}}{\substack{\text{자로 인정되면 다음연도의 입학}\\\text{시기에 입학할 수도 있으므로}}}\binom{\text{대판 1990. 8. 28,}}{\text{89누8255}}$.

② 고등학교에서 퇴학처분을 받은 자가 비록 고등학교졸업학력검정고시에 합격하였다 하여도 그 퇴학처분을 다투는 경우$\binom{\text{대판 1992. 7. 14,}}{\text{91누4737}}$.

③ 징계처분으로서 감봉처분이 있은 후 공무원의 신분이 상실된 경우에도 위법한 감봉처분의 취소가 필요한 경우$\binom{\text{대판 1977. 7. 12,}}{\text{74누147}}$와 일반사면이 있었다고 할지라도 파면처분으로 이미 상실된 공무원 지위가 회복될 수는 없는바, 파면처분의 위법을 주장하여 그 취소를 구하는 경우$\binom{\text{대판 1983. 2. 8,}}{\text{81누121}}$.

④ 행정처분의 효력기간이 경과하였다고 하더라도 그 처분을 받은 전력이 장래에 불이익하게 취급되는 것으로 법정$\binom{\text{법}}{\text{률}}$상의 가중요건으로 되어 있고, 이후 그 법정가중 요건에 따라 새로운 제재적인 행정처분이 가해지고 있는 경우$\binom{\text{대판 1990. 10. 23,}}{\text{90누3119}}$

⑤ 현역입영대상자로서 현실적으로 입영을 한 자가 입영 이후의 법률관계에 영향을 미치고 있는 현역병입영통지처분 등을 한 관할지방병무청장을 상대로 위법을 주장하여 그 취소를 구하는 경우 $\binom{\text{대판 2003. 12. 26,}}{\text{2003두1875}}$.

⑥ 제명의결 취소소송 계속중 임기가 만료되어 제명의결의 취소로 지방의회 의원으로서의 지위를 회복할 수 없는 자가 월정수당을 지급받아야 할 경우$\binom{\text{대판 2009. 1. 30,}}{\text{2007두13487}}$.

⑦ 절차상 또는 형식상 하자로 무효인 행정처분에 대하여 행정청이 적법한 절차 또는 형식을 갖추어 다시 동일한 행정처분을 한 경우, 종전의 무효인 행정처분에 대한 무효확인소송을 제기할 때$\binom{\text{대판 2010. 4. 29,}}{\text{2009두16879}}$.

제 8 소제기의 효과

Ⅰ. 주관적 효과(심리의무 · 중복제소금지)

소가 제기되면(소장이 수리되면) 법원은 이를 심리하고 판결하지 않으면 아니 될 기속을 받는다. 그것이 법원의 존재이유이기 때문이다. 한편 당사자는 법원에 계속되어 있는 사건에 대하여 다시 소를 제기하지 못한다(민소법 제259조).

Ⅱ. 객관적 효과(집행부정지원칙)

취소소송의 제기는 처분등의 효력이나 그 집행 또는 절차의 속행에 영향을 미치지 아니하는 바(행소법 제23조 제 1 항), 이를 집행부정지의 원칙이라 한다. 현행법이 집행정지 대신 집행부정지의 원칙을 택한 것은 행정행위의 공정력의 결과가 아니라 공행정의 원활하고 영속적인 수행을 위한 정책적인 고려의 결과이다. 따라서 집행정지를 시키기 위해서는 엄격한 집행정지의 요건을 갖추어 집행법원의 결정을 받아내야만 하는 불편이 있다.

제 3 항 본안요건(이유의 유무)(수소법원의 본안판단)

행정소송법 제 1 조의 행정소송의 목적(권리침해의 구제)과 행정소송법 제 4 조 제 1 호의 취소소송의 의의(행정청의 위법한 처분등을 취소 또는 변경하는 소송)를 고려할 때, 취소소송의 소송물은 "처분등이 위법하고 또한 처분등이 자기의 권리를 침해한다"는 원고의 법적 주장이라 할 것인바, 처분의 위법성과 권리침해의 문제가 본안판단의 대상이 된다. 취소소송의 소송물을 '행정행위의 위법성 그 자체, 즉 행정행위의 위법성 일반'으로 이해하는 판례와 통설은 처분의 위법성만을 본안판단의 대상으로 보고 있다(판례).

판례 주민소송에서 다툼의 대상이 된 처분의 위법성의 판단기준

(서울특별시 서초구청장의 도로점용허가처분에 대하여 서초구 주민들이 주민소송을 제기한 사건에서) 주민소송에서 다툼의 대상이 된 처분의 위법성은 행정소송법상 항고소송에서와 마찬가지로 헌법, 법률, 그 하위의 법규명령, 법의 일반원칙 등 객관적 법질

서를 구성하는 모든 법규범에 위반되는지 여부를 기준으로 판단하여야 하는 것이지, 해당 처분으로 인하여 지방자치단체의 재정에 손실이 발생하였는지만을 기준으로 판단할 것은 아니다 $\left(\begin{smallmatrix} 대판 2019. 10. 17. \\ 2018두104 \end{smallmatrix}\right)$.

Ⅰ. 위 법 성

1. 위법의 의의

원고가 승소판결을 얻기 위해서는 원고의 주장이 정당하여야 한다. 취소소송에서 원고의 주장은 행정청의 위법한 처분등으로 자신의 권리가 침해되었다는 것이므로, 원고의 주장이 정당하다는 것은 처분등이 위법함을 의미한다. 부당은 행정소송에서 문제되지 아니한다. 위법이란 외부효를 갖는 법규위반을 의미한다. 따라서 행정규칙위반은 위법이 되지 아니한다[판례 1]. 그러나 행정규칙에 따른 것이라 하여도 단순한 재량위반행위는 비합목적적인 행위로서 부당한 행위가 될 뿐, 위법한 행위가 아니다. 그러나 재량하자$\left(\begin{smallmatrix} 재량일탈·재량 \\ 결여·재량남용 \end{smallmatrix}\right)$의 경우에는 위법이 된다[판례 2]. 다만, 법규명령의 성질을 갖는 법률보충규칙위반은 위법이 된다. 행정처분의 위법 여부는 공무원의 고의나 과실 여부에 관계없이 객관적으로 판단되어야 한다.

[판례 1] 자동차운수사업법제31조등의규정에의한사업면허의취소등의처분에관한규칙의 법적 성질

$\left(\begin{smallmatrix} 서울특별시장의 서영산업(주)에 대한 차 \\ 량면허취소처분의 취소를 구한 사건에서 \end{smallmatrix}\right)$ 자동차운수사업법제31조등의한사업면허의취소등의처분에관한 규칙은 교통부장관이 관계 행정기관 및 직원에 대하여 그 직무권한행사의 지침으로 발한 **행정조직 내부에 있어서의 행정명령의 성질을 가지는 것**이고 법규명령의 성질을 가진 것으로 볼 수 없으므로, 자동차운송사업면허 취소등의 처분이 **위 규칙에 위배되어도 위법의 문제는 생기지 아니하고,** 또 위 규칙에 정한 기준에 적합한 것이라 하여 바로 그 처분이 적법한 것이라고도 할 수 없으며, 그 처분의 적법 여부는 위 규칙에 따라서가 아니라 자동차운수사업법의 규정 및 그 취지에 적합한 것인가의 여부에 따라서 판단하여야 한다$\left(\begin{smallmatrix} 대판 1987. 9. 22. \\ 87누674 \end{smallmatrix}\right)$.

[판례 2] 운전면허취소 처분이 기속행위인지 여부

$\left(\begin{smallmatrix} 충청북도지사의 원고에 대한 운전면 \\ 허취소처분의 취소를 구한 사건에서 \end{smallmatrix}\right)$ 도로교통법 제65조 제 2 호 내지 제 6 호 및 이에 따른 운전면허점수제 행정처분사무처리규강 [별표 15]$\left(\begin{smallmatrix} 1981. 5. 6. 내무 \\ 부령 제347호 \end{smallmatrix}\right)$가 정하는 운전면허행정처분의 기준을 재량행위라는 전제 아래 피고의 이 사건 운전면허취소처분은 재량권의 범위를 심히 일탈한 부당한 처분이라고 판시한 원심조치는 정당하다$\left(\begin{smallmatrix} 대판 1984. 1. 31. \\ 83누451 \end{smallmatrix}\right)$.

---

2. 위법의 심사

처분의 위법 여부의 심사는 형식적 적법요건으로서 처분이 정당한 권한행정청에 의한 것인지의 여부, 적법한 절차를 거친 것인지의 여부, 적법한 형식을 구비하였는지의 여부, 적법하게 이유제시가 된 것인지의 여부, 적법한 통지나 공고가 있었는지의 여부, 실질적 적법요건으로서

처분이 법률의 우위의 원칙과 법률의 유보의 원칙에 반하는 것인지의 여부, 행정법의 일반원칙에 적합한지의 여부, 상대방이 정당한지의 여부, 내용이 가능하고 명확한지의 여부, 재량행사가 정당한 것인지의 여부 등 행정행위의 적법요건 전반에 대한 평가를 통해 이루어진다(판례).

> [판례] 법령상 근거, 행정절차법상 처분 절차 준수 여부가 본안 사항인지 여부
> (원고들이 경상남도지사 등을 피고로 하여 진주의료원 폐업조치'의 무효확인등을 구한 진주의료원 폐업사건에서) 어떠한 처분에 법령상 근거가 있는지, 행정절차법에서 정한 처분 절차를 준수하였는지는 본안에서 당해 처분이 적법한가를 판단하는 단계에서 고려할 요소이지, 소송요건 심사단계에서 고려할 요소가 아니다(대판 2016. 8. 30. 2015두60617).

3. 위법의 승계

일반적인 견해는 선행행위와 후행행위가 하나의 효과를 목표로 하는가, 아니면 별개의 효과를 목표로 하는가의 문제로 구분하고, 전자의 경우에는 선행행위의 위법을 후행행위에서 주장할 수 있지만, 후자의 경우에는 선행행위의 위법을 후행행위에서 주장할 수 없다는 입장이다.

Ⅱ. 권리의 침해(권리의 침해를 본안요건으로 보는 것은 소수설의 입장이다. 수험자들은 참고로만 읽어두면 좋을 것이다)

1. 본안판단의 문제로서 권리침해

원고의 주장이 정당한 것이기 위해서는 처분등이 위법하여야 할 뿐만 아니라, 그 위법한 처분등으로 인해 원고의 권리가 침해되어야 한다. 위법한 처분과 권리침해는 인과적이어야 한다. 처분등이 위법하다고 하여도 원고의 개인적인 공권(법률상 이익)을 침해하는 것이 아니라면 원고의 주장은 이유 없는 것이 된다.

2. 원고적격과의 관계

취소소송은 처분등의 취소를 구할 법률상 이익이 있는 자가 제기할 수 있다(행소법 제12조 전단). 말하자면 처분등으로 인해 자기의 권리가 침해된 자만이 취소소송을 제기할 수 있다. 따라서 원고적격에서도 권리침해의 문제가 있다. 그러나 원고적격의 문제로서 권리침해는 권리침해의 주장 내지 권리침해의 가능성의 유무를 말하는 것이고, 본안의 문제로서 권리침해는 사법적 판단의 단계에서, 즉 최종구두변론의 종결 후에 원고의 권리가 침해된다는 것을 확정하는 문제가 된다.

제 4 항 소의 변경

Ⅰ. 의 의

소송의 계속 후 당사자(피고), 청구의 취지, 청구의 원인 등 전부 또는 일부를 변경하는 것을 소의 변경이라 부른다. 소의 변경 후에도 변경 전의 절차가 그대로 유지된다. 단순한 공격·방어방법의 변경은 소의 변경이 아니다. 현행 행정소송법상 소의 변경에는 소의 종류의 변경, 처분변경

등으로 인한 소의 변경, 그리고 기타의 소의 변경의 3가지 경우가 있다.

Ⅱ. 소의 종류의 변경(행소법 제21조)

1. 의 의

법원은 취소소송을 당해 처분등에 관계되는 사무가 귀속하는 국가 또는 공공단체에 대한 당사자소송 또는 취소소송 외의 항고소송으로 변경하는 것이 상당하다고 인정할 때에는 청구의 기초에 변경이 없는 한 사실심의 변론종결시까지 원고의 신청에 의하여 결정으로써 소의 변경을 허가할 수 있다(행소법 제21조 제1항). 이와 같은 소의 종류의 변경은 피고의 변경을 수반하는 경우가 있다는 점에서 민사소송법에 의한 소의 변경에 대한 특례이며, 또 교환적 변경에 한한다. 행정소송의 종류가 다양한 까닭에 소의 종류를 잘못 선택할 가능성이 있는바, 따라서 사인의 권리구제에 만전을 기하기 위해서 소의 종류의 변경은 인정될 수밖에 없다(판례). 소의 종류의 변경은 소송경제 및 효과적인 권리보호의 관점에서 정당성을 갖는다.

> [판례] 원고가 고의 또는 중대한 과실 없이 항고소송으로 제기해야 할 것을 당사자소송으로 잘못 제기한 경우, 법원이 취할 조치
> (대한민국을 피고로 보훈급여지급정지처분등무효확인을 구한 사건에서) 원고가 고의 또는 중대한 과실 없이 항고소송으로 제기해야 할 것을 당사자소송으로 잘못 제기한 경우에, 항고소송의 소송요건을 갖추지 못했음이 명백하여 항고소송으로 제기되었더라도 어차피 부적법하게 되는 경우가 아닌 이상, 법원으로서는 원고가 항고소송으로 소 변경을 하도록 석명권을 행사하여 행정청의 처분이나 부작위가 적법한지 여부를 심리·판단해야 한다(대판 2021. 12. 16, 2019두45944).

2. 요 건

(1) 소송계속 중일 것   소의 종류의 변경을 위해서는 행정소송이 적법하게 제기되어 사실심에 계속중이고 변론종결 전이어야 한다.

(2) 청구의 기초에 변경이 없을 것   청구의 기초에 변경이 없어야 한다. '청구의 기초'라는 개념은 신·구청구간의 관련성을 뜻하지만, 그 동일성이 구체적으로 무엇을 의미하는가에 관해 이익설·사실설·병용설의 다툼이 있다(이시윤). ⓐ 이익설은 청구를 특정한 권리의 주장으로 구성하기 전의 사실적인 분쟁이익자체가 공통적인 때로 보며, ⓑ 사실설은 두 견해로 나누어져, 소의 목적인 권리관계의 발생원인으로서의 근본적인 사회현상인 사실이 공통적인 경우로 보는 설(이상규)과 신·구청구의 사실자료 사이에 심리의 계속적 시행을 정당화할 정도의 공통성이 있는 경우라는 설이 있으며, ⓒ 병용설(홍준형·윤영선)은 신청구와 구청구의 재판자료의 공통만이 아니라 신·구청구의 이익관계도 서로 공통적인 경우로 본다. ⓓ 생각건대, '청구의 기초에 변경이 없는 한'이란 재판을 통해 원고가 회복하려는 법률상 이익에 변경이 없어야 함을 의미한다고 볼 것이다.

(3) 상당한 이유가 있을 것　　소의 변경이 상당한 이유가 있어야 한다. 상당성은 각 사건에서 구체적으로 판단할 것이나 소송자료의 이용가능성, 다른 구제수단의 존재여부, 소송경제, 새로운 피고에 입히는 불이익의 정도 등을 종합적으로 고려할 것이다(윤영선).

(4) 취소소송을 당사자소송 또는 취소소송 외의 항고소송으로 변경하는 것일 것　　취소소송을 당해 처분등에 관계되는 사무가 귀속하는 국가 또는 공공단체에 대한 당사자소송 또는 취소소송 외의 항고소송으로 변경하는 것이어야 한다. 사무가 귀속하는 국가 또는 지방자치단체란 처분청 또는 감독행정기관이 속하는 국가 또는 공공단체가 아니라 처분이나 재결의 효과가 귀속하는 국가 또는 공공단체를 의미한다. 따라서 지방자치단체가 행하는 국가위임사무의 경우에는 위임자인 국가가 이에 해당한다고 봄이 타당하다.

3. 절　　차

① 소의 변경을 위해서는 원고의 신청 외에 변경허가로 인해 피고를 달리하게 될 때에는 새로이 피고될 자의 의견도 들어야 한다(행소법 제21조 제2항). 의견을 듣는 방법에는 제한이 없다. 구두나 서면 어느 것도 무관할 것이다. 한편 허가결정이 있게 되면, 결정의 정본을 새로운 피고에게 송달하여야 한다(행소법 제21조 제4항, 제14조 제2항). 한편, ② 변경은 법원의 허가사항이다. 허가결정에 대하여는 즉시항고할 수 있다(행소법 제21조 제3항). 불허가결정에 대해서는 행정소송법이 특별히 정하고 있는 바가 없다.

4. 효　　과

피고의 변경이 있는 경우 새로운 피고에 대한 소송은 처음부터 소를 제기한 때에 제기된 것으로 보며(행소법 제21조 제4항, 제14조 제4항), 아울러 종전의 피고에 대한 소송은 취하된 것으로 본다(행소법 제21조 제4항, 제14조 제5항). 종전의 소와 관련하여 진행된 일련의 절차는 변경된 새로운 소에 그대로 유효하게 유지된다.

Ⅲ. 처분변경으로 인한 소의 변경(행소법 제22조)

1. 의　　의

행정청이 소송의 대상인 처분을 소가 제기된 후 변경한 때에는 원고의 신청에 의하여 법원은 결정으로써 청구의 취지 또는 원인의 변경을 허가할 수 있다(행소법 제22조 제1항). 행정소송은 행정청의 처분을 대상으로 하는 것이 보통이고, 행정청은 행정소송이 계속되고 있는 동안에도 직권 또는 행정심판의 재결에 따라(행정심판의 재결을 거치지 않고 취소소송을 제기한 때) 행정소송의 대상이 된 처분을 변경할 수 있는 것이며, 그러한 처분의 변경이 있는 경우에는 당해 소송의 대상이나 원인이 상실 내지 변경됨으로써 소송의 목적을 달성하기 어렵다(이상규). 따라서 이 제도는 소의 각하나 새로운 소의 제기라는 무용한 절차의 반복을 배제하여 간편하고도 신속하게 개인의 권익구제를 확보하기 위한 것이다.

2. 요　　건

① 당해 소송의 대상인 처분이 소의 제기 후에 행정청에 의하여 변경이 있어야 한다. 처분의

변경은 원처분에 대한 적극적인 변경이거나 일부취소를 가리지 않으며, 처분을 변경하는 행정청은 원처분청이 보통이나 감독행정청인 경우도 포함한다. ② 처분의 변경이 있음을 안 날로부터 60일 이내에 원고가 신청해야 한다$\binom{\text{행소법 제22}}{\text{조 제 2 항}}$. ③ 소의 변경의 일반적 요건으로 변경될 소가 계속되고 사실심변론종결 전이어야 한다. 다만, 변경되는 청구가 필요적 행정심판전치의 대상이 되는 행위라 할지라도 행정심판을 거칠 필요는 없다$\binom{\text{행소법 제22}}{\text{조 제 3 항}}$.

3. 절　　차

원고의 신청이 있어야 하며$\binom{\text{행소법 제22}}{\text{조 제 2 항}}$, 법원은 신청에 대해 결정으로써 청구의 취지 또는 원인의 변경을 허가할 수 있다$\binom{\text{행소법 제22}}{\text{조 제 1 항}}$.

4. 효　　과

소의 변경을 허가하는 결정이 있으면 당초의 소가 처음에 제기된 때에 변경한 내용의 신소가 제기되고, 구소는 취하된 것으로 간주된다.

Ⅳ. 적용범위

1. 행정소송법에 따른 소의 변경의 경우

소의 변경은 무효등확인소송 및 부작위법확인소송의 경우에도 준용된다$\binom{\text{행소법}}{\text{제37조}}$. 무효확인의 소를 취소소송으로 변경하는 경우에는 소송요건상의 제한이 따른다$\binom{\text{대판 1986. 9. 23,}}{\text{85누838}}$. 소의 변경은 당사자소송을 항고소송으로 변경하는 경우에도 준용된다$\binom{\text{행소법}}{\text{제42조}}$.

2. 민사소송법에 따른 소의 변경의 가부

행정소송법 제 8 조 제 2 항에 의거하여 민사소송법에 따른 소의 변경 또한 가능하다$\binom{\text{행소법}}{\text{제 8 조}}$ 제 2 항; 민소법 $\binom{\text{헌재 2023. 2. 23, 2019헌바244;}}{\text{대판 1999. 11. 26, 99두9407}}$. 민사소송법에 따른 소의 변경은 소송의 종류의 변경에 이르지 않는 소의 변경, 즉 처분의 일부취소만을 구하다가 전부취소를 구하는 것으로 청구취지를 확장하거나, 소송의 대상이 될 수 없는 중간단계의 처분등의 취소를 구하다가 소송의 대상이 될 수 있는 최종단계의 처분의 취소를 구하는 것으로 변경하는 것 등을 말한다.

3. 민사소송과 행정소송 간 소의 변경의 가부

(1) 부 정 설　　　민사소송의 소의 변경의 요건으로 신·구청구가 동종의 소송절차에 의해 심리될 수 있을 것이 요구되나 민사소송과 행정소송은 동종의 소송절차가 아니며, 민사소송법상 소의 변경은 당사자의 변경을 포함하지 않는데 무효확인소송을 부당이득반환청구소송으로 변경하는 경우 피고가 처분청에서 국가 등으로 되는 것과 같이 당사자가 변경되기에 소의 변경이 인정될 수 없다는 견해이다.

(2) 긍 정 설　　　실무상 어떤 청구가 민사소송인지 행정소송인지 구별이 분명하지 않고,

무효확인소송을 부당이득반환청구소송으로 변경하는 경우 피고가 처분청에서 행정주체로 되어 당사자가 변경되나 양자는 실질에 있어 동일하며, 당사자의 권리구제나 소송경제를 위해 민사소송과 행정소송 사이에서도 소의 변경이 가능하다고 보아야 한다는 견해이다.

(3) 판   례   판례는 행정소송으로 제기하여야 할 사건을 민사소송으로 잘못 제기한 경우 수소법원이 그 행정소송에 대한 관할도 동시에 가지고 있는 경우라면 항고소송으로 심리·판단하여야 한다고 본다(대판 1999. 11. 26, 97다42250). 그러나 구체적으로 어떠한 법률규정에 의하여 소의 변경을 할 수 있는지 여부는 설시하지 않았다.

(4) 사   견   항고소송과 민사소송 사이에서의 피고(처분청과 처분청이 소속한 행정주체)는 실질적으로 동일하여 소의 변경이 피고에게 큰 불이익을 주지 않는다는 점, 소송경제 및 원고의 권리구제를 위하여 판례의 입장처럼 수소법원이 그 행정소송(반대의 경우 민사소송)에 대한 관할도 동시에 가지고 있는 경우라면 행정소송과 민사소송 사이의 소의 변경을 인정할 수 있을 것이다.

제 5 항 **가구제**(잠정적 권리보호)

행정소송도 판결로써 확정되기까지는 상당히 오랜 시일이 걸린다. 경우에 따라서는 판결이 있기까지 기다려서는 승소하여도 권리보호의 목적을 달성할 수 없을 수도 있다. 이러한 경우에는 판결이 있기 전에 일시적인 조치를 취하여 잠정적으로 권리를 보호하여야 할 필요가 있다. 이것이 가구제의 문제이다[판례]. 가구제의 광범위한 인정은 오히려 행정목적의 실현에 역효과를 가져올 수도 있고, 소송의 남용을 가져올 수도 있다. 따라서 행정목적의 실현과 국민의 권리보호의 조화가 가구제의 중심문제가 된다. 가구제수단으로 집행정지제도와 가처분이 문제되고 있다.

[판례]   가구제 제도의 의의

(행정소송법 제23조 제1항 등 위헌소원으로 행정소송법상 집행부정지 조항 및 집행정지 요건 조항의 위헌확인을 구한 사건에서) 행정소송상 가구제(假救濟)란 본안 소송 확정 전에 계쟁 행정처분 및 공법상 권리관계의 효력이나 절차의 속행 때문에 원상회복할 수 없는 결과에 이르는 것을 방지하고자 권리를 잠정구제하는 것을 말한다. 행정법관계에서는 법령 및 성질상 특수한 효력인 공정력, 구속력, 자력집행력 등이 인정되는데, 쟁송이 진행되고 있음에도 그러한 효력의 관철을 허용할 경우 현상의 변경 등으로 당사자가 현저한 손해를 입거나 소송목적을 달성할 수 없게 되는 경우가 생길 수 있다. 따라서 본안판결의 실효성을 확보하고 국민의 권리를 효과적으로 보호하기 위하여 임시구제의 길을 열어줄 필요가 있다(헌재 2018. 1. 25, 2016헌바208).

I. **집행정지**(소극적 의미의 가구제)

1. 관   념

(1) 의   의   취소소송이 제기된 경우에 처분등이나 그 집행 또는 절차의 속행으로 인하여 생길 회복하기 어려운 손해를 예방하기 위하여 긴급한 필요가 있다고 인정할 때에는 본안

이 계속되고 있는 법원은 당사자의 신청 또는 직권에 의하여 처분등의 효력이나 그 집행 또는 절차의 속행의 전부 또는 일부의 정지를 결정할 수 있다(행소법 제23조 제2항 본문). 이것이 집행정지제도이다[판례]. 다만 처분의 효력정지는 처분등의 집행 또는 절차의 속행을 정지함으로써 목적을 달성할 수 있는 경우에는 허용되지 아니한다(행소법 제23조 제2항 단서).

> [판례] 입법정책의 문제로서 집행정지의 인정 여부
> (행정소송법 제23조 제1항 등 위헌소원으로 행정소송법상 집행부정지 조항 및 집행정지 요건 조항의 위헌확인을 구한 사건에서) 처분에 대한 항고소송의 제기 자체에 집행정지의 효력을 인정할지 아니면 별도의 집행정지결정을 거치도록 할 것인지, 어떠한 소송유형에 대하여 어느 정도 범위에서 집행정지를 인정할지 등은 기본적으로 입법정책의 문제이다. 외국의 입법례를 살펴보더라도 집행정지 이외의 가구제 수단을 인정하고 있는 대륙법계 국가들은 민사소송을 준용하여 가구제의 폭을 넓히기보다는 별도로 개별 규정을 두어 행정소송상 가처분 및 가명령 등을 제도화하고 있다(헌재 2018. 1. 25. 2016헌바208).

[참고] 입법례
독일은 집행정지의 원칙을, 일본과 프랑스는 집행부정지의 원칙을 택하고 있다. 그러나 독일은 행정소송법 제80조 제2항 각 호에서 성질상 집행정지가 부적절하거나 즉시 집행에 대한 공익이 개인의 이익보다 우월하다고 판단되는 경우 법률에 따른 집행정지의 예외를 규정하고 있고, 이 경우 관청이 직권으로 집행을 정지하거나(동조 제4항), 당사자의 신청에 의하여 집행을 정지하도록 길을 마련하고 있다(동조 제5항).

(2) 제도의 의미　행정소송법이 집행부정지원칙을 택하면서 집행정지의 길을 열어 둔 것은 원활한 행정운용의 확보와 개인(원고)의 권리보호의 확보라는 요청을 조화시키기 위한 것이다 (대결 1992. 6. 8. 92두14). 따라서 효력정지신청에도 법률상 이익이 있어야 한다[판례].

> [판례] 행정처분에 대한 효력정지신청을 구할 수 있는 요건으로서의 법률상 이익의 의미
> (신청인인 (주)대한항공이 피신청인(건설교통부장관)을 상대로, 참가인인 아시아나항공(주)에게 한 노선권배분처분의 취소를 구하는 소송 등을 제기한 KAL·ASIANA 서울·계림국제항공노선 면허사건에서) **행정처분에 대한 효력정지신청을 구함에 있어서도 이를 구할 법률상 이익이 있어야 하는바**, 이 경우 법률상 이익이라 함은 그 행정처분으로 인하여 발생하거나 확대되는 손해가 당해 처분의 근거 법률에 의하여 보호되는 직접적이고 구체적인 이익과 관련된 것을 말하는 것이고 단지 간접적이거나 사실적·경제적 이해관계를 가지는 데 불과한 경우는 여기에 포함되지 않는다(대결 2000. 10. 10. 2000무17).

(3) 성　질　집행정지결정의 성질에 관해 행정작용설과 사법작용설로 나뉜다. 행정작용설은 집행정지결정이 행정작용이지만 법률이 그 권한을 법원에 부여한 것일 뿐이라는 견해이고, 사법작용설은 본안절차와 아울러 가구제절차도 사법절차라는 견해(다수설)이다. 집행정지제도가 권리구제적인 측면에 중점을 갖는 제도임을 고려하여 본서는 사법작용으로 본다.

2. 요   건

(1) 본안이 계속중일 것   집행정지의 신청은 민사소송에서의 가처분과 달리 본안소송의 계속을 전제로 한다$\binom{판례}{1}$. 집행정지신청은 본안의 소제기 후 또는 동시에 제기되어야 한다. 본안소송의 대상과 집행정지신청의 대상은 동일하거나 밀접한 관련성을 가져야 한다. 왜냐하면 집행정지는 본안에 대한 판결이 확정되기까지의 잠정적인 권리보호제도이기 때문에 본안에 대한 다툼이 없는 한 집행정지는 의미를 가질 수 없기 때문이다. 따라서 본안소송이 취하되면 집행정지결정은 당연히 소멸한다$\binom{판례}{2}$. 한편, 본안 자체의 적법 여부는 집행정지신청의 요건이 아니지만, 본안소송의 제기 자체는 적법한 것이어야 한다$\binom{판례}{3}$. 그리고 본안소송이 무효확인소송인 경우에도 집행정지는 가능하다$\binom{행소법 제38}{조 제1항}$. 왜냐하면 무효확인소송도 항고소송의 성질을 갖고 있고, 무효인 처분이라 하더라도 무효 여부는 본안판결이 나오기 전까지는 불확실하며, 본안판결 전에는 무효인 처분과 취소가능한 처분의 구별이 어렵기 때문이다.

판례 1   집행정지의 요건으로서 본안의 계속
$\binom{서울특별시\ 중구청장의\ 원고에\ 대한\ 건물철거}{대집행계고처분의\ 효력정지를\ 구한\ 사건에서}$ 행정처분의 집행정지결정을 하려면 이에 대한 본안소송이 법원에 제기되어 계속중임을 요건으로 한다 할 것인바, 이 건 신청기록과 본안소송기록에 의하면, 원심이 이 건 신청을 기각결정한 후에 원심에서 본안소송이 쌍방불출석으로 인하여 소의 취하가 있는 것으로 간주되어 그것이 법원에 계속되어 있지 아니함을 알 수 있으니, 그렇다면 이 건 행정처분의 집행정지를 위한 이 재항고는 그 실익이 없다 할 것이어서 각하를 면치 못할 것이다 $\binom{대판\ 1980.\ 4.\ 30.}{79두10}$.

판례 2   행정사건의 본안소송의 취하가 행정처분집행정지결정에 미치는 영향
$\binom{중구보건소장의\ 원고에\ 대한\ 영업}{정지처분의\ 취소를\ 구한\ 사건에서}$ 행정처분의 집행정지결정을 하려면 이에 대한 본안소송이 법원에 제기되어 계속중임을 요건으로 할 것이고 집행정지결정을 한 후에라도 **본안소송이 취하되어 그 소송이 계속하지 아니한 것으로 되면 이에 따라 집행정지결정은 당연히 그 효력이 소멸되는 것**이고 별도의 취소 조치를 필요로 하는 것은 아니다$\binom{대판\ 1975.\ 11.\ 11.}{75누97}$.

판례 3   행정처분의 효력정지나 집행정지를 구하는 신청사건에 있어서 집행정지사건 자체에 의하여도 본안청구가 적법한 것이어야 한다는 점이 집행정지의 요건인지 여부
$\binom{한국토지개발공사의\ 원고에\ 대한\ 부정당업}{자제재처분의\ 효력정지를\ 구한\ 사건에서}$ 행정처분의 효력정지나 집행정지를 구하는 신청사건에 있어서는 행정처분 자체의 적법 여부는 궁극적으로 본안재판에서 심리를 거쳐 판단할 성질의 것이므로 원칙적으로 판단할 것이 아니고, 그 행정처분의 효력이나 집행을 정지할 것인가에 관한 행정소송법 제23조 제2항 소정의 요건의 존부만이 판단의 대상이 된다고 할 것이지만, 나아가 집행정지는 행정처분의 집행부정지원칙의 예외로서 인정되는 것이고 또 **본안에서 원고가 승소할 수 있는 가능성을 전제로 한 권리보호수단이라는 점**에 비추어 보면 집행정지사건 자체에 의하여도 신청인의 본안청구가 적법한 것이어야 한다는 것을 집행정지의 요건에 포함시켜야 할 것이다$\binom{대결\ 1995.\ 2.\ 28,\ 94두36;}{대결\ 1999.\ 11.\ 26,\ 99부3}$.

(2) 처분등이 존재할 것

1) 처분의 유형　　제 3 자효 있는 행위, 재결, 행정행위의 부관 중 부담 등은 당연히 처분등에 해당한다. 사실행위와 사법상의 행위는 처분에 해당하지 아니한다(판례).

> 판례　수도권매립지관리공사의 입찰참가자격제한이 집행정지의 대상인지의 여부
> (수도권매립지관리공사가 갑에게 입찰참가자격을 제한하는 내용의 부정당업자재재처분을 하자, 갑이 제재처분의 무효확인 또는 취소를 구하는 행정소송을 제기하면서 제재처분의 효력정지신청을 한 수도권매립지관리공사사건에서) 재항고인은 수도권매립지관리공사의 설립 및 운영 등에 관한 법률의 규정에 의하여 설립된 공공기관(법인)으로서 공공기관의 운영에 관한 법률 제 5 조 제 4 항에 의한 '기타 공공기관'에 불과하여 같은 법 제39조에 의한 입찰참가자격 제한 조치를 할 수 없을 뿐만 아니라, 재항고인의 대표자는 국가를 당사자로 하는 계약에 관한 법률 제27조 제 1 항에 의하여 입찰참가자격 제한 조치를 할 수 있는 '각 중앙관서의 장'에 해당하지 아니함이 명백하다. 따라서 재항고인은 행정소송법에 정한 행정청 또는 그 소속기관이거나, 그로부터 이 사건 제재처분의 권한을 위임받은 공공기관에 해당하지 아니하므로, 재항고인이 한 이 사건 제재처분은, 행정소송의 대상이 되는 행정처분이 아니라 단지 신청인을 재항고인이 시행하는 입찰에 참가시키지 않겠다는 뜻의 사법상의 효력을 가지는 통지행위에 불과하다 할 것이고, 따라서 재항고인이 이와 같은 통지를 하였다고 하여 신청인에게 국가를 당사자로 하는 계약에 관한 법률 제27조 제 1 항에 의한 국가에서 시행하는 모든 입찰에의 참가자격을 제한하는 효력이 발생한다고 볼 수는 없으므로, 신청인이 재항고인을 상대로 하여 제기한 이 사건 효력정지 신청은 부적법하다(대결 2010. 11. 26, 2010무137).

2) 거부처분

(가) 문제상황　　집행정지가 인정되기 위해서는 정지의 대상인 처분등이 존재하여야 한다. 그러나 거부처분의 경우에는 과연 집행정지가 인정될 수 있는지가 문제된다. 왜냐하면 집행정지제도는 소극적으로 처분이 없었던 것과 같은 상태를 만드는 것에 지나지 않고, 행정청에 대하여 어떠한 처분을 명하는 등 적극적인 상태를 만드는 것은 허용하지 않기 때문이다.

(나) 학　　설

(a) 긍 정 설　　집행정지결정으로 처분의 효력이 발생하는 것은 아니지만, 집행정지가 허용된다면 행정청에 사실상의 구속력을 갖게 될 것이라는 점을 논거로 한다.

(b) 부 정 설　　집행정지를 인정한다고 하여도 신청인의 지위는 거부처분이 없는 상태로 돌아가는 것에 불과하고, 집행정지결정의 기속력과 관련하여 행정소송법 제23조 제 6 항은 기속력에 관한 원칙규정인 제30조 제 1 항의 준용만을 규정할 뿐, 재처분의무를 규정한 제30조 제 2 항의 준용을 규정하고 있지 아니함을 논거로 한다(다수설).

(c) 제한적 긍정설　　원칙적으로 부정설의 입장이 타당하지만, 기간에 제한이 있는 허가사업을 영위하는 자가 허가기간의 만료전 갱신허가를 신청하였음에도 권한행정청이 거부처분한 경우에는 집행정지를 인정할 실익도 있으므로, 거부처분이 언제나 집행정지의 대상이 아니라고 말하기는 어려운바, 제한적으로 긍정할 필요가 있다는 견해이다.

(다) 판   례   거부처분은 그 효력이 정지되더라도 그 처분이 없었던 것과 같은 상태를 만드는 것에 지나지 아니하고 행정청에게 어떠한 처분을 명하는 등 적극적인 상태를 만들어 내는 경우를 포함하지 아니하기에 거부처분의 집행정지를 인정할 필요가 없다고 본다(판례 1, 2).

> **판례 1** 교도소장의 접견허가신청에 대한 거부처분과 효력정지의 필요성 유무
> (홍성교도소장의 접견허가거부처 분의 효력정지를 구한 사건에서) 허가신청에 대한 거부처분은 그 효력이 정지되더라도 그 처분이 없었던 것과 같은 상태를 만드는 것에 지나지 아니하는 것이고 그 이상으로 행정청에 대하여 어떠한 처분을 명하는 등 적극적인 상태를 만들어 내는 경우를 포함하지 아니하는 것이므로, **교도소장이 접견을 불허한 처분에 대하여 효력정지를 한다 하여도** 이로 인하여 위 **교도소장에게 접견의 허가를 명하는 것이 되는 것도 아니고 또 당연히 접견이 되는 것도 아니어서** 접견허가거부처분에 의하여 생길 회복할 수 없는 손해를 피하는 데 아무런 보탬도 되지 아니하니 **접견허가거부처분의 효력을 정지할 필요성이 없다**(대결 1991. 5. 2. 91두15; 대결 1992. 2. 13. 91두47).

> **판례 2** 유효기간 만료 후 허가갱신신청을 거부한 투전기업소갱신허가불허처분에 대하여 효력정지를 구할 이익이 있는지 여부
> (인천직할시 지방경찰청장의 투전기업소갱신허가불허처분에 대한 효력정지를 구한 사건에서) 사행행위등규제법 제 7 조 제 2 항의 규정에 의하면 사행행위영업허가의 효력은 유효기간 만료 후에도 재허가신청에 대한 불허가처분을 받을 때까지 당초 허가의 효력이 지속된다고 볼 수 없으므로 **허가갱신신청을 거부한 불허처분의 효력을 정지하더라도 이로 인하여 유효기간이 만료된 허가의 효력이 회복되거나 행정청에게 허가를 갱신할 의무가 생기는 것도 아니라 할 것이니** 투전기업소갱신허가불허처분의 효력을 정지하더라도 불허처분으로 입게 될 손해를 방지하는 데에 아무런 소용이 없고 따라서 **불허처분의 효력정지를 구하는 신청은 이익이 없어 부적법**하다(대판 1993. 2. 10. 92두72).

(라) 사   견   거부처분의 집행정지에 의하여 거부처분이 행해지지 아니한 상태로 복귀됨에 따라 신청인에게 어떠한 법적 이익이 있다고 인정되는 경우(예: 인허가갱신거부처분. 외국인 체류기간연장신청거부처분)가 있을 수 있고, 그러한 경우에는 예외적으로 집행정지신청의 이익이 있다고 할 것이다. 따라서 제한적 긍정설이 타당하다.

3) 처분의 소멸 등   처분의 효력이 발생하기 전이나 효력이 소멸되어 버린 경우에는 집행정지의 문제가 생기지 않는다. 그러나 무효인 처분은 집행정지의 대상이 된다(행소법 제38조 제 1 항. 제23조).

(3) 회복하기 어려운 손해를 예방하기 위한 것일 것   처분등이나 그 집행 또는 절차의 속행으로 인하여 회복하기 어려운 손해가 발생할 우려가 있어야 한다. 판례는 회복하기 어려운 손해를 특별한 사정이 없는 한 금전으로 보상할 수 없는 손해로 이해하고, 이는 금전보상이 불능인 경우뿐만 아니라 금전보상으로는 사회관념상 행정처분을 받은 당사자가 참고 견딜 수 없거나 또는 참고 견디기가 현저히 곤란한 경우의 유형·무형의 손해로 이해한다(대결 2018. 7. 12. 2018무600)(판례 1). 그리고 기업의 경우에는 사업 자체를 계속할 수 없거나 중대한 경영상 위기를 기준으로 한다(판례 2).

판례 1 현역병입영처분의 효력이 정지되지 아니한 채 본안소송이 진행된다면 특례보충역으로 방위산업체에 종사하던 신청인은 입영하여 다시 현역병으로 복무하지 않을 수 없는 경우 '회복하기 어려운 손해'에 해당되는지 여부

$\binom{\text{창원병무지청장의 원고에 대한 현역병}}{\text{입영처분의 집행정지를 구한 사건에서}}$ 현역병입영처분의 효력이 정지되지 아니한 채 본안소송이 진행된다면 **특례보충역으로 방위산업체에 종사하던 신청인은 입영하여 다시 현역병으로 복무하지 않을 수 없는 결과** 병역의무를 중복하여 이행하는 셈이 되어 불이익을 입게 되고 상당한 정신적 고통을 받게 될 것이므로 이는 사회관념상 위 가'항의 회복하기 어려운 손해'에 해당된다$\binom{\text{대결 1992. 4. 29,}}{\text{92두7}}$.

판례 2 당사자의 경제적 손실이나 기업 이미지 및 신용의 훼손으로 인한 손해가 '회복하기 어려운 손해'에 해당하기 위한 요건

$\binom{\text{신청인인 파마시아코리아(주)가 보건복지부장관}}{\text{의 고시의 효력의 집행정지를 신청한 사건에서}}$ 당사자가 행정처분 등이나 그 집행 또는 절차의 속행으로 인하여 재산상의 손해를 입거나 기업 이미지 및 신용이 훼손당하였다고 주장하는 경우에 그 손해가 금전으로 보상할 수 없어 '회복하기 어려운 손해'에 해당한다고 하기 위해서는, 그 경제적 손실이나 기업 이미지 및 신용의 훼손으로 인하여 사업자의 자금사정이나 경영 전반에 미치는 파급효과가 매우 중대하여 **사업 자체를 계속할 수 없거나 중대한 경영상의 위기를 맞게 될 것으로 보이는 등의 사정이 존재하여야 한다**$\binom{\text{대결 2003. 4. 25,}}{\text{2003무2}}$.

(4) 긴급한 필요가 있을 것 긴급한 필요란 회복곤란한 손해가 발생할 가능성이 시간적으로 절박하여 손해를 피하기 위하여 본안판결을 기다릴 여유가 없는 것을 말한다$\binom{\text{판}}{\text{례}}$.

판례 행정소송법 제23조 제2항의 '긴급한 필요'가 있는지 판단하는 방법

[1] $\binom{\text{서울특별시장이 도시환경정비구역을 지정하였다가 해당구역 및 주변지역의 역사·문화적 가치 보전이 필요하다는 이유로 정비구역}}{\text{을 해제하고 개발행위를 제한하는 내용을 고시함에 따라 사업시행예정구역에서 설립 및 사업시행인가를 받았던 사직제2구역도시환}}$$\binom{\text{경정비사업조합에 대하여 서울특별시 종로구청장이 조합설립인가를 취소하자, 사직제2구역도시환경정비사업조합이 이 해제}}{\text{고시의 무효확인과 인가취소처분의 취소를 구하는 소를 제기하고 판결 선고 시까지 각 처분의 효력 정지를 신청한 사건에서}}$ 행정소송법 제23조 제2항에서 말하는 '처분 등이나 그 집행 또는 절차의 속행으로 인하여 생길 회복하기 어려운 손해를 예방하기 위하여 긴급한 필요'가 있는지는 처분의 성질, 양태와 내용, 처분상대방이 입는 손해의 성질·내용과 정도, 원상회복·금전배상의 방법과 그 난이도 등은 물론 본안청구의 승소가능성 정도 등을 종합적으로 고려하여 구체적·개별적으로 판단하여야 한다$\binom{\text{대결 2018. 7. 12,}}{\text{2018무600}}$.

[2] $\binom{\text{행정소송법 제23조 제1항 등 위헌소원으로 행정소송법상 집행}}{\text{부정지 조항 및 집행정지 요건 조항의 위헌확인을 구한 사건에서}}$ '긴급한 필요'라 함은 손해의 발생이 시간상 임박하여 손해를 방지하기 위해서 본안판결까지 기다릴 여유가 없는 경우를 의미하는 것으로, 이는 집행정지가 본안판결의 확정시까지 존속하는 임시적 권리구제제도로서 잠정성, 긴급성, 본안소송에의 부종성의 특징을 지니는 것이라는 점에서 그 의미를 쉽게 예측할 수 있다$\binom{\text{헌재 2018. 1. 25,}}{\text{2016헌바208}}$.

(5) 공공복리에 중대한 영향이 없을 것 집행의 정지가 공공복리에 중대한 영향을 미칠 우려가 없어야 한다$\binom{\text{행소법 제23}}{\text{조 제3항}}\binom{\text{판}}{\text{례}}$.

> **판례** 행정소송법 제23조 제 3 항의 공공복리의 의미
> 행정소송법 제23조 제 3 항에서 집행정지의 요건으로 규정하고 있는 공공복리에 중대한 영향을 미칠 우려'가 없을 것이라고 할 때의 공공복리'는 그 **처분의 집행과 관련된 구체적이고도 개별적인 공익**을 말한다$\binom{\text{대결 1999. 12. 20.}}{99무42}$.

(6) **본안청구의 이유 없음이 명백하지 않을 것**　　행정처분 자체의 위법 여부는 집행정지 여부를 결정하는 데 요구되는 요건이 아님을 유의할 필요가 있다. 판례의 입장도 같다$\binom{판}{례}$. 그러나 판례는 집행정지사건 자체에 의하여도 신청인의 본안청구가 이유 없음이 명백하지 않아야 함을 집행정지의 요건에 포함시키고 있다$\binom{\text{대결 1992. 6. 8.}}{92무14}$. 학설은 ① 본안청구에 이유 없음이 명백하지 않아야 한다는 것을 집행정지의 소극적 요건으로 보는 견해$\binom{한견우}{김철용}$, ② 그것을 요건으로 보지 아니하는 견해, ③ 본안청구에 이유 있음이 명백하여야 한다는 것을 집행정지의 적극적 요건으로 보는 견해로 나뉜다. 생각건대 본안에서 처분의 취소가능성이 명백히 없다면 처분의 집행정지를 인정하는 취지에 반하므로 판례의 입장인 ①의 견해가 타당하다.

> **판례** 집행정지의 요건으로서 본안청구의 적법성의 요부
> $\binom{\text{수도권매립지관리공사가 갑에게 입찰참가자격을 제한하는 내용의 부정당업자제재처분을 하자, 갑이 제재처분의 무}}{\text{효확인 또는 취소를 구하는 행정소송을 제기하면서 제재처분의 효력정지신청을 한 수도권매립지관리공사사건에서}}$ 행정처분의 효력정지나 집행정지를 구하는 신청사건에서는 **행정처분 자체의 적법 여부는 원칙적으로 판단의 대상이 아니고**, 그 행정처분의 효력이나 집행을 정지할 것인가에 관한 **행정소송법 제23조 제 2 항 소정의 요건의 존부만이 판단의 대상**이 되는 것이다. 다만, 집행정지는 행정처분의 집행부정지원칙의 예외로서 인정되는 것이고, 또 본안에서 원고가 승소할 수 있는 가능성을 전제로 한 권리보호수단이라는 점에 비추어 보면, 집행정지사건 자체에 의하여도 신청인의 본안청구가 적법한 것이어야 한다는 것을 집행정지의 요건에 포함시킴이 상당하다$\binom{\text{대결 2010. 11. 26.}}{2010무137}$.

[기출사례] 제55회 5급공채(2011년) 문제 · 답안작성요령 ☞ PART 4 [2-35]

[기출사례] 제 2 회 변호사시험(2013년) 문제 · 답안작성요령 ☞ PART 4 [2-36]

[기출사례] 제29회 입법고시(2013년) 문제 · 답안작성요령 ☞ PART 4 [2-47]

[기출사례] 제63회 5급공채(2019년) 문제 · 답안작성요령 ☞ PART 4 [2-54]

3. 주장 · 소명책임

판례는 집행정지의 적극적 요건$\binom{\text{상기의 (1) · (2) ·}}{\text{(3) · (4)의 요건}}$에 관한 주장 · 소명책임은 원칙적으로 신청인측에 있고$\binom{\text{대결 2011. 4. 21.}}{\text{2010무111 전원합의체}}$, 집행정지의 소극적 요건$\binom{\text{상기의 (5) ·}}{\text{(6)의 요건}}$에 대한 주장 · 소명책임은 행정청에게 있다는 입장이다$\binom{\text{대결 1999. 12. 20.}}{99무42}$.

4. 절차와 불복

정지결정절차는 당사자의 신청이나 법원의 직권에 의해 개시된다(행소법 제23조 제2항). 당사자의 신청에 의한 경우에는 집행정지신청에 대한 이유에 관해 소명이 있어야 한다(행소법 제23조 제4항). 정지는 결정의 재판에 의한다(행소법 제23조 제2항 본문). 다만 처분등의 집행 또는 절차의 속행을 정지함으로써 목적을 달성할 수 있는 경우에는 처분의 효력정지는 인정되지 아니한다(행소법 제23조 제2항 단서). 관할법원은 본안이 계속된 법원이며, 상고심도 포함된다(대결 2005. 12. 12, 2005무67). 집행정지의 결정 또는 기각의 결정에 대하여는 즉시항고할 수 있다. 이 경우 집행정지의 결정에 대한 즉시항고에는 결정의 집행을 정지하는 효력이 없다(행소법 제23조 제5항).

5. 정지의 대상

(1) 효력의 정지　　효력이 정지되면 처분이 갖는 효력(예: 구속력·공정력·존속력)이 정지되어 처분이 형식상으로는 있으되 실질상으로는 없는 것과 같은 상태가 된다. 이는 별도의 집행행위가 필요없이 의사표시만으로 완성되는 처분에 대한 집행정지를 말한다(예: 영업허가취소처분·공무원에 대한 해임처분에 대한 효력을 정지하는 것). 다만, 처분의 효력정지는 처분의 집행 또는 절차의 속행을 정지함으로써 그 목적을 달성할 수 있을 때에는 허용되지 아니한다(행소법 제23조 제2항 단서)(판례). 왜냐하면 집행정지는 원상회복이 곤란한 경우에 인정되는 것이므로(예: 영업정지) 처분의 집행이나 절차의 속행이 요구되는 처분에서는 그러한 집행이나 속행이 없는 한 실제상 개인의 권익이 침해되는 것은 아니므로, 이때 처분의 효력 자체는 일단 유효한 것으로 유지해 두는 것이 행정권의 존중이라는 면에서 타당하기 때문이다.

> [판례]　산업기능요원편입취소처분에 대한 집행정지의 경우, 그 절차의 속행정지 외에 처분 자체에 대한 효력정지가 허용되는지 여부
> (서울지방병무청장의 신청인에 대한 산업기능요원편입취소처분의 효력을 판결선고시까지 집행정지를 구한 사건에서) 취소처분으로 인하여 입게 될 회복할 수 없는 손해는 그 처분에 의하여 산업기능요원 편입이 취소됨으로써 편입 이전의 신분으로 복귀하여 현역병으로 입영하게 되거나 혹은 공익근무요원으로 소집되는 부분이라고 할 것이며, 이러한 손해에 대한 예방은 **그 처분의 효력을 정지하지 아니하더라도 그 후속절차로 이루어지는 현역병 입영처분이나 공익근무요원 소집처분 절차의 속행을 정지함으로써 달성할 수가 있으므로,** 산업기능요원편입취소처분에 대한 집행정지로서는 그 후속절차의 속행정지만이 가능하고 **그 처분 자체에 대한 효력정지는 허용되지 아니한다**(대결 2000. 1. 8, 2000무35).

(2) 집행의 정지　　집행의 정지란 처분내용의 강제적인 실현의 정지를 의미한다(예: 강제퇴거명령서에 따른 강제퇴거 집행의 정지).

(3) 절차의 속행의 정지　　절차의 속행의 정지란 단계적으로 발전하는 법률관계에서 선행행위의 하자를 다투는 경우에 후행행위를 하지 못하게 함을 말한다(예: 체납처분절차에서 압류의 효력을 다투는 경우에 매각을 정지시키는 경우).

6. 효 과

(1) 형 성 력 　① 집행정지결정 중 효력정지결정은 효력 그 자체를 정지시키는 것이므로 행정처분이 없었던 원래와 같은 상태를 가져온다. 그러나 집행정지결정 중 집행의 정지결정과 절차속행의 정지결정은 처분의 효력에는 영향을 미치지 아니하지만, 처분의 현실화(집행)만을 저지하는 효과를 갖는다. 그러나 집행의 정지결정과 절차속행의 정지결정이 있게 되면 실제상으로는 행정처분이 없었던 원래와 같은 상태가 된다. 집행정지결정 전에 이미 집행된 부분에 대해서는 영향을 미치지 아니한다($\binom{대판\ 1957.\ 11.\ 4.}{4290민상623}$). ② 제 3 자효 있는 행위의 경우에는 제 3 자에게까지 효력을 미친다($\binom{행소법\ 제29}{조\ 제\ 1\ 항}$).

(2) 기 속 력 　정지결정은 당사자인 행정청과 그 밖의 관계 행정청을 기속한다($\binom{행소법\ 제23}{조\ 제\ 6\ 항,}$ 제30조 제 1 항). 따라서 처분등의 효력이나 그 집행 또는 절차의 속행의 전부 또는 일부 정지결정이 있게 되면, 정지결정에 위배된 후속행위들은 무효가 된다($\binom{판}{례}$).

> **[판례]** 집행정지결정 위배의 효과
>
> 행정처분의 집행정지결정에 위배한 행정처분은 그 하자가 중대하고 명백하여 무효이다($\binom{대판\ 1961.\ 11.\ 23.}{4294행상3}$).

(3) 시간적 효력 　집행정지결정의 효력은 정지결정의 대상인 처분의 발령시점에 소급하는 것이 아니라, 집행정지결정시점부터 발생한다. 그리고 집행정지결정의 효력은 결정주문에서 정한 시기까지 존속하며($\binom{대판\ 2020.\ 9.\ 3.}{2020두34070}$)($\binom{판}{례}$), 그 주문에 특별한 제한이 없다면 본안판결이 확정될 때까지 그 효력이 존속한다는 것이 판례의 입장이다($\binom{대판\ 1962.\ 4.\ 12.}{4294민상1541}$). 그러나 본안판결의 확정 이외의 사유로도 정지결정의 대상인 처분에 불가쟁력이 발생하면, 집행정지결정의 효력은 소멸한다.

> **[판례]** 집행정지의 시간적 효력
>
> ($\binom{화물자동차\ 운수사업법\ 위반\ 차량에\ 대한}{운행정지\ 처분\ 등의\ 취소를\ 구한\ 사건에서}$) 행정소송법 제23조에 따른 집행정지결정의 효력은 결정 주문에서 정한 종기까지 존속하고, 그 종기가 도래하면 당연히 소멸한다. 따라서 효력기간이 정해져 있는 제재적 행정처분에 대한 취소소송에서 법원이 본안소송의 판결 선고 시까지 집행정지결정을 하면, 처분에서 정해 둔 효력기간($\binom{집행정지결정\ 당시\ 이미\ 일부}{집행되었다면\ 그\ 나머지\ 기간}$)은 판결 선고 시까지 진행하지 않다가 판결이 선고되면 그때 집행정지결정의 효력이 소멸함과 동시에 처분의 효력이 당연히 부활하여 처분에서 정한 효력기간이 다시 진행한다. 이는 처분에서 효력기간의 시기($始期$)와 종기($終期$)를 정해 두었는데, 그 시기와 종기가 집행정지기간 중에 모두 경과한 경우에도 특별한 사정이 없는 한 마찬가지이다($\binom{대판\ 2022.\ 2.\ 11.}{2021두40720}$).

7. 정지결정의 취소

(1) 취소의 사유 　집행정지의 결정이 확정된 후 집행정지가 공공복리에 중대한 영향을 미치거나($\binom{대판\ 1960.\ 9.\ 5.}{4291행상36}$), 그 정지사유가 없어진 때에는 당사자의 신청 또는 직권에 의하여 결정으

로써 집행정지의 결정을 취소할 수 있다($^{행소법 제24}_{조 제1항}$).

　(2) 취소의 효과　　　정지결정이 취소되면 처분의 원래의 효과가 발생한다. 따라서 그 정지결정이 취소되면 그 정지기간은 특별한 사유가 없는 한 이때부터 다시 진행하게 된다($^{대결\ 1970.\ 11.}_{20.\ 70그4}$).

Ⅱ. 가처분(적극적 의미의 가구제)

1. 의　　의

　　가처분이란 금전 이외의 급부를 목적으로 하는 청구권의 집행을 보전하거나 다툼이 있는 법률관계에 관하여 임시의 지위를 보전하는 것을 내용으로 하는 가구제제도이다. 행정소송법에는 이에 관한 명문의 규정은 없고 다만 집행정지에 관한 규정만 있다. 그런데 집행정지제도에는 가구제로서 일정한 한계가 있다. 말하자면 집행정지는 침익적 행정처분이 발해진 것을 전제로 그 효력을 정지시키는 소극적 형성력이 있을 뿐이므로 적극적으로 수익적 처분을 행정청에 명하거나 명령한 것과 동일한 상태를 창출하는 기능이 없고 또한 처분을 행하려고만 하는 단계, 즉 처분이 행해지기 전에는 그 처분을 정지시키는 적극적 기능을 수행할 수 없으므로 가처분의 문제가 논의되고 있다.

> [참고조문]
> 민사집행법 제300조(가처분의 목적)　① 다툼의 대상에 관한 가처분은 현상이 바뀌면 당사자가 권리를 실행하지 못하거나 이를 실행하는 것이 매우 곤란할 염려가 있을 경우에 한다.
> ② 가처분은 다툼이 있는 권리관계에 대하여 임시의 지위를 정하기 위하여도 할 수 있다. 이 경우 가처분은 특히 계속하는 권리관계에 끼칠 현저한 손해를 피하거나 급박한 위험을 막기 위하여, 또는 그 밖의 필요한 이유가 있을 경우에 하여야 한다.

2. 인정가능성

(1) 학　　설

　1) 긍 정 설　　　행정소송법상 가처분제도를 배제하는 특별한 규정은 없고, 또한 "행정소송에 관하여 이 법에 특별한 규정이 없는 사항에 대하여는 법원조직법과 민사소송법 및 민사집행법의 규정을 준용한다"는 행정소송법 제8조 제2항에 의거, 민사집행법상의 가처분규정이 준용될 수 있다는 것이 긍정설의 입장이다($^{이상}_{규}$). 가처분규정을 준용하는 것은 위법한 행정작용으로부터 국민의 권익구제를 목적으로 하고 아울러 법치행정의 원리를 확보하려는 사법의 본질에 반하는 것이 아니라는 것이다.

　2) 제한적 긍정설　　　행정소송법이 처분등의 집행정지제도를 두고 있는 관계상 처분등의 집행정지제도가 미치지 않는 범위에서만 가처분제도가 인정된다고 보는 견해이다($^{김남진,}_{류지태}$).

　3) 부 정 설　　　권력분립주의원칙상 사법권에는 일정한 한계가 있다는 것을 전제로 하여 행정처분의 위법 여부에 대한 판단에 앞서서 명문의 규정 없이 행정처분에 대한 가처분을 인정하는 것은 사법권의 범위를 벗어나는 것이고, 또한 현행법은 의무이행소송이나 예방적 부작위소송을 인정하고 있지 아니하므로 가처분의 본안소송이 있을 수 없는바, 긍정설을 취하여도 실익이

없다는 것이 부정설의 입장이다(박균성,). 부정설은 행정소송법상 집행정지제도를 가처분제도에 관한 민사집행법의 특칙으로 이해한다.

(2) 판　례　판례는 민사집행법상의 보전처분은 민사판결절차에 의하여 보호받을 수 있는 권리에 관한 것이라고 보기 때문에 행정소송에 가처분을 인정하지 아니한다(판례).

〔판례〕　민사집행법상의 가처분으로써 행정행위의 금지를 구할 수 있는지 여부

(채권자가 대여금채권을 담보하기 위해 채무자의 개인택시에 대한 근저당권을 설정하면서 '여객자동차운송사업면허 불처분각서'를 받은 후, 개인택시와 더불어 면허를 처분할 우려가 있어서 면허의 처분금지가처분을 구함과 아울러 관할 행정청을 제3채무자로 하여 면허의 채무자명의 변경금지)민사집행법 제300조 제2항이 규정한 임시의 지위를 정하기 위한 가처분은 처분을 구한 민사사건에서 그 가처분의 성질상 그 **주장 자체에 의하여 다툼이 있는 권리관계에 관한 정당한 이익이 있는 자는 그 가처분의 신청을 할 수 있고**, 그 경우 그 주장 자체에 의하여 신청인과 저촉되는 지위에 있는 자를 피신청인으로 하여야 한다. 한편 민사집행법상의 가처분으로써 행정청의 어떠한 행정행위의 금지를 구하는 것은 허용될 수 없다(대결 2011. 4. 18, 2010마1576).

---

(3) 결　론　권리보호의 확대, 가처분의 잠정적 성격 등을 고려하여 행정소송상 기본적으로 가처분제도를 인정하는 것이 의미 있을 것이다. 그러나 행정소송법이 처분등의 집행정지제도를 두고 있는 관계상 제한적 긍정설이 타당하다. 물론 제한적으로 인정한다고 하여도 본안에서 인정될 수 있는 범위를 벗어날 수는 없다.

[참고] 독일의 경우 의무화소송·급부소송·확인소송이나 규범통제절차가 사후에 제기될 수 있는 경우에 개인의 청구권의 확보를 위해 개인의 신청에 따라 법원은 가명령을 발할 수 있다. 독일의 행정재판소법 제123조 제1항은 가명령을 ① 위협받는 권리의 보호를 위한 경우와 ② 잠정적인 상태의 규율을 위한 경우로 규정하고 있다. 전자는 기존상태의 변경을 통하여 신청인의 권리의 실현이 불가능해지거나 또는 매우 어렵게 될 수 있는 위험성이 존재하는 경우의 가명령을 의미하고, 후자는 영속적인 법관계에서 중요한 불이익을 방지하기 위하여 또는 다른 이유로 필요한 경우에 분쟁 있는 법관계와 관련하여 잠정적인 상태를 규율하기 위해 발해지는 가명령을 의미한다.

[기출사례] 제55회 사법시험(2013년) 문제·답안작성요령 ☞ PART 4 [2-37]

제 6 항　취소소송의 심리

Ⅰ. 심리절차상 원칙

1. 처분권주의

처분권주의란 당사자가 분쟁대상 및 소송절차의 개시(예: 제소)와 종료(예: 소송취하· 재판상 화해)에 대하여 결정할 수 있다는 원칙을 말한다(민소법 제203조; 행소법 제8조 제2항). 이 원칙은 사적 자치에 근거를 둔 법질서에 뿌리를 두고 있다. 사적 자치는 사인으로 하여금 자기의 권리 또는 개인적 공권을 사법적으로 다툴 것인지의 여부와 다투는 경우에 있어서 다투는 범위를 스스로 정하는 원리를 제공한다. 처분권주의는

사인의 권리보호에 기여한다($^{판}_{례}$).

> **[판례]** 처분권주의의 의미
>
> (1) ($^{서울특별시\ 서초구청장의\ 원고에\ 대한\ 개별}_{토지가격결정처분의\ 취소를\ 구한\ 사건에서}$) 피고($^{서울특별시}_{서초구청장}$)는 1991. 6. 29. 이 사건 토지에 대하여 1990년 개별토지가격결정을 한 사실이 없을 뿐만 아니라 원고가 1990년 개별지가결정처분의 취소를 구하고 있지도 아니하다. 그런데도 원심이 원고가 청구하지도 아니한 1990년 개별지가결정처분에 대하여 판결한 것은 민사소송법 제188조($^{현행}_{제203조}$) 소정의 처분권주의에 반하여 위법하다 할 것이므로 그 취소($^{파}_{기}$)를 면할 수 없다($^{대판\ 1993.\ 6.\ 8,}_{93누4526}$).
>
> (2) 민사소송법은 '처분권주의'라는 제목으로 "법원은 당사자가 신청하지 아니한 사항에 대하여는 판결하지 못한다."라고 정하고 있다. 민사소송에서 심판 대상은 원고의 의사에 따라 특정되고, 법원은 당사자가 신청한 사항에 대하여 신청 범위 내에서만 판단하여야 한다($^{대판\ 2020.\ 1.\ 30,}_{2015다49422}$).

2. 직권탐지주의와 변론주의

(1) 의   의   직권탐지주의는 사실관계와 관련한다. 대칭개념은 변론주의이다. 직권탐지주의와 변론주의는 '누가 판결에 중요한 사실의 탐구에 책임을 부담하는가'의 문제와 관련한다. 직권탐지주의란 법원이 판결에 중요한 사실을 당사자의 신청 여부와 관계없이 직접 조사할 수 있는 원칙을 말한다($^{판}_{례}$). 변론주의란 판결에 기초가 되는 사실과 증거의 수집을 당사자의 책임으로 하는 원칙을 말한다.

> **[판례]** 직권탐지사항으로서 법령보충규칙
>
> (甲이 국가지정문화재 주변에 위치하고 있는 토지에 대하여 관할 지방자치단체로부터 발급받은 토지이용계획확인서의 '지역·지구 등 지정 여부'란에는 '생산관리지역'과 '가축사육제한구역'만 기재되어 있었고 이에 위 토지를 매수하는 계약을 체결하였는데, 그 후 위 토지에 관한 인허가 신청 과정에서 위 토지가 '문화재보호법에 따른 현상변경허가 대상구역'에 해당하여 개발행위가 불가능하다는 것을 알게 되자 매매계약을 해제한 후 관할 지방자치단체를 상대로 토지이용계획확인서에 '현상변경허가 대상구역'이라는 내용을 기재할 의무를 위반하였음을 이유로 손해배상을 청구한 민사사건에서) 법원은 직권으로 법규($^{법령을\ 보충하는\ 행정}_{규칙으로서\ 법규명령}$)의 존재 여부를 탐지할 수 있다($^{대판\ 2020.\ 3.\ 26,}_{2019다250824}$).

(2) 입 법 례   행정소송상 소송자료의 수집에 대한 책임분배의 원칙으로서 변론주의를 택할 것인가 아니면 직권탐지주의를 택할 것인가는 입법정책적으로 정할 문제이다. 입법례로는 변론주의를 채택하면서 민사소송법상 보충적 직권증거조사를 인정하는 경우($^{일본\ 행정사건소송법\ 제24조}_{제\ 1\ 문:\ 재판소는\ 필요하다}$ $^{고\ 인정하는\ 때에는\ 직권으}_{로\ 증거조사를\ 할\ 수\ 있다}$)와 직권탐지주의를 인정하는 경우($^{독일\ 행정법원법\ 제86조\ 제\ 1\ 항\ 제\ 1\ 문:}_{법원은\ 사실관계를\ 직권으로\ 탐지한다}$)가 있다.

(3) 행정소송법 제26조의 의의   행정소송법 제26조는 직권심리라는 제목하에 "법원은 필요하다고 인정할 때에는 직권으로 증거조사를 할 수 있고, 당사자가 주장하지 아니한 사실에 대하여도 판단할 수 있다"고 규정하고 있다. 이것은 사인이 사실관계에 대한 포괄적인 파악이 용이하지 아니한 경우, 법원에 의한 포괄적인 파악을 통하여 효과적인 사인의 권리보호에 기여하는 면을 갖는다. 뿐만 아니라 법원에 의한 직권탐지는 행정작용의 적법성보장을 위한 것이므로 법치국가적인 근거도 갖는다.

⑷ 행정소송법 제26조의 성질

1) 학 설

⑺ 변론주의보충설 이 견해는 당사자가 주장하지 않은 사실은 심판의 대상이 될 수 없고, 당사자가 주장한 사실에 대해 당사자의 입증활동이 불충분하여 법원이 심증을 얻기 어려운 경우에 당사자의 증거신청에 의하지 않고 직권으로 증거조사가 가능하다고 한다. 행정소송에 공익적인 면이 있다고 할지라도 사인이 원고로서 자신의 이익을 확보하기 위해 가능한 모든 소송자료를 제출하는 것임은 민사소송에서와 같다는 것을 논거로 한다. 종전의 다수설이었다.

⑻ 직권탐지주의가미설 이 견해는 변론주의보충설에서 주장하는 직권증거조사 외에 일정한 한도 내에서 사실관계에 대한 직권탐지도 가능하다고 본다. 직권탐지주의보충설이라고도 한다.

⑼ 직권탐지주의설 이 견해는 ① 행정소송의 목적이 권리구제에만 있는 것이 아니라 행정의 적법성 통제도 그 목적으로 하고 있으며$\left(\substack{\text{행정소송의 공익소송}\\\text{으로서의 성격을 감안}}\right)\left(\substack{\text{김남진·}\\\text{김연태}}\right)$, 법문이 " … 당사자가 주장하지 아니한 사실에 대하여도 판단할 수 있다"고 규정하며$\left(\substack{\text{박균}\\\text{성}}\right)$, 처분등을 취소하는 확정판결은 당사자뿐만 아니라 제 3 자에 대하여도 그 효력이 미치는 것이므로$\left(\substack{\text{행소법 제29}\\\text{조 제 1 항}}\right)$ 변론주의에 의하여 판결내용을 당사자의 처분에 맡기는 경우에는 그 소송에 관여할 기회가 없는 제 3 자의 이익을 해칠 우려도 있게 되므로 법원은 민사소송에서처럼 당사자에게만 소송의 운명을 맡길 것이 아니라, 적극적으로 소송에 개입하여 재판의 적정·타당을 기하여야 함$\left(\substack{\text{이혁}\\\text{우}}\right)$을 논거로 한다. ② 행정소송법 제26조를 근거로 당사자가 주장하지 아니한 사실에 대해서도 심리·판단할 수 있고, 당사자의 증거신청에 의하지 않고도 직권으로 증거조사가 가능하다는 견해이다. 이 견해는 직권탐지주의가미설과 달리 직권탐지의 범위를 광범위하게 인정한다. 논자에 따라 직권탐지주의원칙설로 부르기도 한다.

2) 판 례

판례는 변론주의보충설을 취하고 있다$\left(\substack{\text{판례}\\\text{1, 2, 3}}\right)$. 판례는 아무런 제한 없이 당사자가 주장하지 아니한 사실을 판단할 수 있는 것은 아니고 일건 기록상 현출되어 있는 사항에 관해서만 판단할 수 있다고 함으로써 행정소송법 제26조 규정의 의미를 축소 해석한다고 볼 수 있다$\left(\substack{\text{박정}\\\text{훈}}\right)$.

[판례 1] 행정소송에서 법원이 직권으로 심리할 수 있는 범위

[1] $\left(\substack{\text{전주보훈지청장의 국가유공자비}\\\text{해당결정처분을 다툰 소송에서}}\right)$ 행정소송법 제26조는 "법원은 필요하다고 인정할 때에는 직권으로 증거조사를 할 수 있고, 당사자가 주장하지 아니한 사실에 대하여도 판단할 수 있다"고 하여, 행정소송에서는 **직권심리주의**가 적용되도록 하고 있으므로, 법원으로서는 기록상 현출되어 있는 사항에 관하여 **직권으로 증거조사**를 하고 이를 기초로 하여 판단할 수 있다. 다만, 행정소송에서도 당사자주의나 변론주의의 기본 구도는 여전히 유지된다고 할 것이므로, 새로운 사유를 인정하여 행정처분의 정당성 여부를 판단하는 것은 당초의 처분사유와 기본적 사실관계에 있어서 동일성이 인정되는 한도 내에서만 허용된다 할 것이다$\left(\substack{\text{대판 2013. 8. 22,}\\\text{2011두26589}}\right)$.

[2] $\left(\substack{원고들이\ 의왕시장을\ 피고로\ 하여\ 과\\ 징금부과처분의\ 취소를\ 구한\ 사건에서}\right)$ 부동산 실권리자명의 등기에 관한 법률상 명의신탁등기 과징금과 장기미등기 과징금은 위반행위의 태양, 부과 요건, 근거 조항을 달리하므로, 각 과징금 부과처분의 사유는 상호 간에 기본적 사실관계의 동일성이 있다고 할 수 없다. 그러므로 그중 어느 하나의 처분사유에 의한 과징금 부과처분에 대하여 당해 처분사유가 아닌 다른 처분사유가 존재한다는 이유로 적법하다고 판단하는 것은 특별한 사정이 없는 한 행정소송법상 직권심사주의의 한계를 넘는 것으로서 허용될 수 없다$\left(\substack{대판\ 2017.\ 5.\ 17.\\2016두53050}\right)$.

> **판례 2** 법원의 석명권 행사의 내용 및 그 한계
> $\left(\substack{창원세무서장의\ 한국중공업(주)에\ 대한\ 법\\인세등부과처분의\ 취소를\ 구한\ 사건에서}\right)$ 법원의 석명권 행사는 당사자의 주장에 모순된 점이 있거나 불완전·불명료한 점이 있을 때에 이를 지적하여 정정·보충할 수 있는 기회를 주고, 계쟁 사실에 대한 증거의 제출을 촉구하는 것을 그 내용으로 하는 것으로, **당사자가 주장하지도 아니한 법률효과에 관한 요건사실이나 독립된 공격방어방법을 시사하여 그 제출을 권유함과 같은 행위를 하는 것은 변론주의의 원칙에 위배되는 것으로 석명권 행사의 한계를 일탈하는 것이** 된다$\left(\substack{대판\ 2001.\ 1.\ 16.\\99두8107}\right)$.

> **판례 3** 행정소송에서 기록상 자료가 나타나 있다면 당사자가 주장하지 않더라도 판단할 수 있는지 여부
> $\left(\substack{원고가\ 양평군수의\ 복구설계승인신\\청불승인처분취소를\ 구한\ 사건에서}\right)$ **행정소송에서 기록상 자료가 나타나 있다면 당사자가 주장하지 않았더라도 판단할 수 있고,** 당사자가 제출한 소송자료에 의하여 법원이 처분의 적법 여부에 관한 합리적인 의심을 품을 수 있음에도 **단지 구체적 사실에 관한 주장을 하지 아니하였다는 이유만으로 당사자에게 석명을 하거나 직권으로 심리·판단하지 아니함으로써 구체적 타당성이 없는 판결을 하는 것은 행정소송법 제26조의 규정과 행정소송의 특수성에 반하므로 허용될 수 없다**$\left(\substack{대판\ 2011.\ 2.\ 10.\\2010두20980}\right)$.

3) 사 견 법원은 변론주의의 원칙하에서$\left(\substack{이\ 점에서\ 직권탐지주의\\를\ 취하는\ 독일과\ 다르다}\right)$ 행정소송법 제26조를 근거로 하여 사실자료에 대한 직권탐지도 할 수 있고$\left(\substack{이\ 점에서\ 보충적\ 직권증거조사\\만을\ 인정하는\ 일본과\ 다르다}\right)$, 행정소송법 제8조 제2항에 의하여 준용되는 민사소송법 제292조$\left(\substack{법원은\ 당사자가\ 신청한\ 증거에\ 의하여\ 심증을\ 얻을\ 수\ 없거나,\ 그\\밖에\ 필요하다고\ 인정한\ 때에는\ 직권으로\ 증거조사를\ 할\ 수\ 있다}\right)$의 보충적 직권증거조사를 넘어서서 독자적으로 직권으로 증거조사를 할 수도 있다. 요컨대 행정소송법 제26조는 소송자료에 대한 책임을 일차적으로 당사자에게 인정하면서 동시에 공익을 고려하여 직권으로 탐지할 수 있도록 하고 있는바 일본과 독일의 절충형을 취하고 있다. 직권탐지주의설을 따르게 되면, 행정소송법은 민사소송법상 변론주의를 원칙으로 하면서$\left(\substack{행소법\ 제8\\조\ 제2항}\right)$ 동시에 직권탐지주의를 또 하나의 원칙으로 한다고 볼 것이다.

3. 구두변론주의

구두변론주의란 특별한 규정이 없는 한 소송절차는 구두로 진행되어야 하고, 판결도 구두변론에 근거하여야 한다는 원칙을 말한다. 구두변론주의는 법원과 당사자 모두 사실상황과 법적 상황에 대해 구두로 변론할 것을 요구한다. 당사자는 구두변론을 포기할 수도 있다.

4. 공개주의

공개주의란 재판절차$\left(\substack{심리·\\판결}\right)$는 공개적으로 진행되어야 한다는 원칙을 말한다$\left(\substack{헌법\ 제109\\조\ 제1문}\right)$. 공개

원칙은 재판에 참가하는 자가 아닌 자도 변론의 시기와 장소를 알 수 있어야 하고, 또한 참석할 수 있어야 함을 요구한다. 공개주의는 법원에 대한 공공의 통제를 강화시킨다. 공개주의는 판결의 객관성을 강화해 준다. 그리고 법원의 독립에 기여한다. 그러나 법정이 협소하면, 출입이 제한될 수 있다. 또한 법원은 국가의 안전보장 또는 안녕질서를 방해하거나 선량한 풍속을 해할 염려가 있을 때에는 결정으로 심리를 공개하지 아니할 수 있다(헌법 제109 조 제 2 문).

5. 기　타

이 밖에도 법원이 소송절차를 직권으로 진행시키는 직권주의(민소법 제135조; 행 소법 제 8 조 제 2 항), 증거에 대한 평가는 절차의 전과정을 통하여 법관이 획득한 확신에 따른다는 자유심증주의(민소법 제202조; 행 소법 제 8 조 제 2 항)(판례), 구두변론과 입증은 진실발견과 소송경제의 관점에서 직접 법원의 면전에서 이루어져야 한다는 직접심리주의 등이 심리절차상의 원칙으로 기능한다(민소법 제204조; 행 소법 제 8 조 제 2 항).

> [판례]　행정소송상 자유심증주의의 의미
> (경기남부보훈지청장을 피고로 국가유공자및보훈보 상대상자비해당결정처분의 취소를 구한 사건에서) 행정소송법 제 8 조 제 2 항에 따라 행정소송에 준용되는 민사소송법 제202조가 선언하고 있는 자유심증주의는 형식적·법률적 증거규칙에 얽매일 필요가 없다는 것을 뜻할 뿐 법관의 자의적 판단을 허용하는 것은 아니므로, 사실의 인정은 적법한 증거조사절차를 거친 증거에 의하여 정의와 형평의 이념에 입각하여 논리와 경험의 법칙에 따라 하여야 하고, 사실인정이 사실심의 재량에 속한다고 하더라도 그 한도를 벗어나서는 아니 된다 (대판 2017. 3. 9. 2016두55933).

Ⅱ. 심리의 범위

1. 요건심리·본안심리

요건심리란 당해 소송이 법상 요구되는 제 요건을 구비한 적법한 소송인가를 심리하는 것을 말하고, 요건심리의 결과 소송제기요건이 구비되어 있지 않다고 인정되면 이를 각하하게 된다. 요건은 사실심의 변론종결시까지 구비되면 된다. 요건구비의 여부는 법원의 직권조사사항이다. 한편, 본안심리란 요건심리의 결과 소송요건이 구비된 경우, 청구를 인용할 것인가 또는 기각할 것인가를 판단하기 위해 본안에 대해 심리하는 것을 말한다(판례).

> [판례]　소송요건과 본안요건의 구분
> (원고 엘에스전선 주식회사는 2004년경부터 2010년경 사이에 피고가 실시한 원자력 발전용 케이블 구매입찰에서 다른 업체들과 물량배분 비율을 정하고, 투찰가격을 공동으로 결정하는 등 담합행위를 하였고, 이를 이유로 2014. 1. 10.경 공정거래위원회로부터「독점규제 및 공정거래에 관한 법률」에 따라 과징금 부과처분을 받았다. 피고 한국수력원자력 주식회사는 2014. 4. 15. 원고에 대하여 위와 같은 입찰담합행위를 이유로「공공기관의 운영에 관한 법률」(이하 '공공기관운영법'이라 한다) 제39조 제 2 항에 따라 2년의 입찰참가자격제한처분을 하였고, 피고는 2014. 9. 17. 다시 원고에 대하여 부정당업자 제재처분을 받았다는 이유로 피고의 내부 규정인 '공급자관리지침' 제 7 조 제 3 호, 제31조 제 1 항 제11호에 근거하여 '공급자등록 취소 및 10년의 공급자등록제한 조치'를 통보하였다(이하 '이 사건 거래제한조치'라 한다). 이에 원고가 공급자등록취소무효확인등을 청구한 사건에서) 어떠한 처분에 법령상 근거가 있는지, 행정절차법에서 정한 처분 절차를 준수하였는지는 본안에서 당해 처분이 적법한가를 판단하는 단계에서 고려할 요소이지, 소송요건 심사단계에서 고려할 요소가 아니다 (대판 2020. 5. 28. 2017두66541).

2. 사실문제 · 법률문제

법원이 법률문제에 관해 심리권을 가지고 있음은 당연하다. 법률문제란 어떠한 행정작용이 행정의 법률적합성의 원칙에 부합하는가의 문제이다. 사실의 인정문제 역시 법원의 심리대상이다. 특정사실이 법률요건에 해당하는가의 판단도 법원의 심리의 대상이 된다. 다만 판단여지의 문제가 있는 경우도 있다. 법원은 행정청의 사실 인정 여부에 구속되지 아니한다.

3. 재량문제

재량문제는 법원의 심리권 밖에 놓이는 것이 원칙이다. 그러나 재량권의 일탈이나 남용 등 재량하자는 위법사유이므로 심리의 대상이 된다$\binom{\text{행소법}}{\text{제27조}}$. 부당한 재량행사의 경우에는 각하가 아니라 기각되어야 한다는 것이 이론과 판례의 흐름이다.

Ⅲ. 심리의 방법

1. 행정심판기록제출명령

법원은 당사자의 신청이 있는 때에는 결정으로써 재결을 행한 행정청에 대하여 행정심판에 관한 기록의 제출을 명할 수 있다$\binom{\text{행소법 제25}}{\text{조 제 1 항}}$. 법원의 제출명령을 받은 행정청은 지체 없이 당해 행정심판에 관한 기록을 법원에 제출하여야 한다$\binom{\text{행소법 제25}}{\text{조 제 2 항}}$. 행정심판에 관한 기록이란 당해 사건과 관련하여 행정심판위원회에 제출된 일체의 서류를 의미한다. 한편, 당사자$\binom{\text{원}}{\text{고}}$가 행정청에 대하여 직접 서류를 열람하거나 복사를 청구할 수 있는 권리가 당사자에게 인정되고 있는 것은 아니다.

2. 주장책임

(1) 주장책임의 의의　　　분쟁의 중요한 사실관계$\binom{\text{주요}}{\text{사실}}$를 주장하지 않음으로 인하여 일방 당사자가 받는 불이익부담을 주장책임이라 부른다. 주장책임은 변론주의에서 문제되며, 그것은 소송상 쟁점의 형성을 당사자에게 맡기는 것이다. 그러나 행정소송법은 직권탐지주의를 보충적으로 인정하고 있으므로 그러한 한도 안에서 주장책임의 의미는 완화되고 있다$\binom{\text{행소법}}{\text{제26조}}$.

(2) 주장책임자　　　주장책임도 입증책임의 분배처럼 주요사실에 대한 입증책임을 지는 자가 부담한다. 즉 주장책임자도 입증책임자처럼 법률요건분류설에 따른다. 판례도 같다$\binom{\text{대판 2000. 5. 30,}}{\text{98두20162}}$.

(3) 전심절차와의 관계$\binom{\text{새로운}}{\text{주장}}$　　　취소소송절차상 원고의 주장내용은 행정심판절차상의 주장과 어느 범위만큼 일치하여야 하는지가 문제된다. 행정심판과 행정소송이 상호관련된 제도이므로 그 주장내용이 전혀 별개일 수는 없을 것이지만, 그렇다고 반드시 모든 점에서 동일하여야 하는 것은 아니다. 기본적인 점에서 동일하면 될 것이다.

(4) 불가쟁력과 주장책임　　　행정행위의 불가쟁력은 법률상 이익을 침해받은 자가 처분이나 재결의 효력을 더 이상 다툴 수 없다는 의미이지 당사자들이나 법원이 이와 모순되는 주장이나 판단을 할 수 없다는 것은 아니다$\binom{\text{판}}{\text{례}}$.

판례   행정처분이나 행정심판 재결이 불복기간의 경과로 확정된 경우, 그 확정력의 의미
$\binom{\text{부천세무서장의 증여세부과}}{\text{처분의 취소를 구한 사건에서}}$ 일반적으로 행정처분이나 행정심판 재결이 불복기간의 경과로 인하여 확정될 경우 그 **확정력**은, 그 처분으로 인하여 법률상 이익을 침해받은 자가 당해 처분이나 재결의 효력을 더 이상 다툴 수 없다는 의미일 뿐, 더 나아가 판결에 있어서와 같은 **기판력이 인정되는 것은 아니어서** 그 처분의 기초가 된 사실관계나 법률적 판단이 확정되고 **당사자들이나 법원이 이에 기속되어 모순되는 주장이나 판단을 할 수 없게 되는 것은 아니다**$\binom{\text{대판 2004. 7. 8.}}{\text{2002두11288}}$.

3. 입증책임

(1) 입증책임의 의의   입증책임이란 어떠한 사실관계에 대한 명백한 입증이 없을 때 당사자가 받게 될 불이익한 부담을 말한다. 입증책임을 증명책임이라고도 한다.

[참고]   증거를 신청하지 않아 무증명의 상태가 됨으로 인해 당사자가 받게 되는 불이익 부담인 **증거제출책임**은 입증책임의 주요 부분이 된다. 변론주의하에서는 당사자가 신청한 증거에 대해서만 증거조사를 해야 하지만$\binom{\text{직권증거조사의}}{\text{원칙적 금지}}$ 행정소송법 제26조로 인해 행정소송에서 증거제출책임은 완화되고 있다.

(2) 소송요건사실에 대한 입증책임   소송요건은 행정소송에서도 직권조사사항이지만 그 존부가 불명할 때에는 이를 결한 부적법한 소로서 취급되어 원고의 불이익으로 판단되므로 결국 이에 대한 입증책임은 원고가 부담한다$\binom{\text{법원실}}{\text{무제요}}$.

(3) 본안에 관한 입증책임   개별규정에서 적법성의 추정을 규정할 수는 있지만 행정법상 입증책임의 분배에 관한 원칙적인 규정은 없다. 따라서 이 경우 견해의 대립이 있다.

1) 학   설   학설은 입증책임과 관련하여 원고책임설·피고책임설·법률요건분류설·독자분배설로 나뉘고 있다.

(개) 원고책임설   행정행위에는 공정력이 있어서 처분의 적법성이 추정되므로 입증책임은 원고에게 있다는 견해이다.

(내) 피고책임설   법치행정의 원리상 국가행위의 적법성은 국가가 담보하여야 하므로, 행위의 적법성의 입증책임은 피고인 국가에 놓인다는 견해이다.

(대) 법률요건분류설(입증책임분배설)   특별한 규정이 없는 한 민사소송법상의 입증책임 분배의 원칙에 따라야 한다는 견해이다. 당사자는 각각 자기에게 유리한 요건사실의 존재에 대하여 입증책임을 부담한다는 입장으로서 규범설·민사소송법상 입증책임분배원칙 등으로 불린다. 이 견해에 따르면 ① 권한행사규정$\binom{\text{···한 때에는 ···}}{\text{의 처분을 한다}}$의 요건사실의 존재는 그 권한행사의 적법성$\binom{\text{필요}}{\text{성}}$을 주장하는 자가 입증해야 하므로 적극적 처분에 대해서는 그 처분을 행한 처분청이, 거부처분의 경우에는 원고가 각각 입증책임을 부담한다. 그리고 ② 권한불행사규정$\binom{\text{···한 때에는 ···의 처분}}{\text{을 하여서는 아니 된다}}$의 요건사실의 존재는 처분권한의 불행사$\binom{\text{상}}{\text{실}}$를 주장하는 자가 입증해야 하므로 적극적 처분에 대해서는 원고가, 거부처분에 대해서는 처분청이 각각 입증책임을 부담한다.

(래) 독자분배설   행정소송의 특수성을 고려한다는 전제하에 권리나 의무를 제한하는 것

은 행정청이 적법성의 입증책임을, 권리·이익의 확장은 원고가 입증책임을, 재량일탈이나 남용은 원고가 입증책임을 부담한다는 견해(박윤흔·석종현)이다. 특수성인정설로도 불린다.

2) 판　례　　판례는 법률요건분류설을 취하고 있다(판례).

> **판례** 행정소송·항고소송에 있어서 입증책임
> (원고가 피고 보건복지부장관의 과징금부과처분의 취소를 구한 사건에서) 민사소송법 규정이 준용되는 행정소송에서 증명책임은 원칙적으로 **민사소송 일반원칙**에 따라 당사자 간에 분배되고, 항고소송의 경우에는 그 특성에 따라 처분의 적법성을 주장하는 **피고에게 그 적법사유에 대한 증명책임**이 있다. 피고가 주장하는 일정한 처분의 적법성에 관하여 합리적으로 수긍할 만한 증명이 있는 경우에는 그 처분은 정당하다고 볼 수 있고, 이와 상반되는 **예외적인 사정에 대한 주장과 증명은 그 상대방인 원고에게** 그 책임이 있다(대판 2017. 7. 11, 2015두2864).

3) 사　견　　① 공정력이란 처분내용의 적법성의 추정이 아니라 정책적 견지에서 인정되는 사실상의 통용력에 불과하므로 공정력을 입증책임의 근거로 삼는 원고책임설은 타당하지 않다. ② 피고책임설은 입증이 곤란한 경우에 패소가능성을 피고에만 전담시키는 결과가 되므로 공평의 원리에 반한다. ③ 독자분배설은 법률요건분류설과 근본적으로 다른 바가 없다. 그것은 법률요건분류설을 유형적으로 바꾸어 놓은 견해에 불과하다. ④ 법률요건분류설을 원칙으로 하되, 행정소송의 특성을 고려하는 방식이 타당하다고 본다(다수설, 판례).

(4) 증명(입증)의 정도　　행정소송에서 사실의 증명은 추호의 의혹도 없어야 한다는 자연과학적 증명이 아니고, 특별한 사정이 없는 한 경험칙에 비추어 모든 증거를 종합적으로 검토하여 볼 때 어떤 사실이 있었다는 점을 시인할 수 있는 고도의 개연성을 증명하는 것이면 충분하다는 것이 판례의 태도이다(대판 2018. 4. 12, 2017두74702).

(5) 구체적 검토

1) 개인적 공권의 존재　　개인적 공권(법률상 이익)의 존재를 주장하는 원고(사인)는 법률상 그러한 개인적 공권의 성립을 가져오는 사실관계의 존재에 대한 입증책임을 부담한다(판례).

> **판례** 공무수행으로 상이를 입었다는 점과 그 상이가 '불가피한 사유 없이 본인의 과실이나 본인의 과실이 경합된 사유로 입은 것'이라는 점의 입증책임 등
> (전주보훈지청장의 국가유공자비해당결정처분을 다툰 소송에서) 국가유공자 인정 요건, 즉 공무수행으로 상이를 입었다는 점이나 그로 인한 신체장애의 정도가 법령에 정한 등급 이상에 해당한다는 점은 국가유공자 등록신청인이 증명할 책임이 있지만, 그 상이가 '불가피한 사유 없이 본인의 과실이나 본인의 과실이 경합된 사유로 입은 것'이라는 사정, 즉 지원대상자 요건에 해당한다는 사정은 국가유공자 등록신청에 대하여 지원대상자로 등록하는 처분을 하는 처분청이 증명책임을 진다고 보아야 한다(대판 2013. 8. 22, 2011두26589).

2) 처분근거의 존재　　행정청은 자신의 처분에 근거로 삼은 법령의 요건사실의 존재에 대한 입증책임을 부담한다. 즉, 행정소송에 있어서 특단의 사정이 있는 경우를 제외하면 당해 행

정처분의 적법성에 관하여는 당해 처분청이 이를 주장·입증하여야 한다(판례).

> ┌─ 판례 ─┐ 항고소송에서 주장과 증명책임의 주체
> (서울대학교 병원이 의료법 등 관계 법령에 따른 선택진료신청서 양식과 다른 양식을 통하여 환자 등으로 하여금 주진료과 의사에게 진료지원과 의사를 지정할 수 있게 포괄적으로 위임하도록 하는 방식으로 선택진료제도를 운용한 행위가 독점규제 및 공정거래에 관한 법률 제23조 제 1 항 제 4 호 등에 해당한다는 이유로 공정거래위원회가 시정명령과 함께 과징금 납부명령을 하자 서울대학교 병원이 제기한 시정명령등처분취소청구소송에서) **항고소송에 있어서 당해 행정처분의 적법성에 대한 증명책임은 원칙적으로 그 행정처분의 적법을 주장하는 처분청에 있지만,** 행정청이 주장하는 당해 행정처분의 적법성에 관하여 합리적으로 수긍할 수 있는 정도로 증명이 된 경우에는 그와 상반되는 예외적인 사정에 대한 주장과 증명은 상대방이 증명할 책임을 진다고 봄이 타당하다(대판 2013. 1. 10, 2011두7854).

3) 재량권 일탈·남용

재량권 일탈·남용에 해당하는 특별한 사정은 이를 주장하는 원고가 증명하여야 한다(판례).

> ┌─ 판례 ─┐ 재량권 일탈·남용의 주장·증명책임자
> (주민동의서 미보완을 이유로 한 폐기물처리사업계획서 반려 통보의 취소를 구한 폐기물처리사업계획신청 반려처분취소소송에서) 처분이 재량권을 일탈·남용하였다는 사정은 그 처분의 효력을 다투는 자가 주장·증명하여야 한다. 행정청이 폐기물처리사업계획서 반려 내지 부적합 통보를 하면서 그 처분서에 불확정개념으로 규정된 법령상의 허가기준 등을 충족하지 못하였다는 취지만을 간략히 기재하였다면, 반려 내지 부적합 통보에 대한 취소소송절차에서 행정청은 그 처분을 하게 된 판단 근거나 자료 등을 제시하여 구체적 불허가사유를 분명히 하여야 한다. 이러한 경우 재량행위인 폐기물처리사업계획서 반려 내지 부적합 통보의 효력을 다투는 원고로서는 행정청이 제시한 구체적인 불허가사유에 관한 판단과 근거에 재량권 일탈·남용의 위법이 있음을 밝히기 위하여 소송절차에서 추가적인 주장을 하고 자료를 제출할 필요가 있다(대판 2023. 7. 27, 2023두35661).

4) 허가요건·과세요건 등의 존부

① 허가의 경우, 허가발령의 일반적 요건을 구비하였다는 것은 원고(사인)가 입증책임을 부담한다. 그러나 허가발령을 저지하는 요건(예: 허가기준미달)은 행정청이 입증책임을 진다(대판 1986. 4. 8, 86누107). ② 과세요건을 구비하였다는 것은 과세관청이 입증책임을 부담한다(대판 2013. 3. 28, 2010두20805). 그러나 과세처분을 저지하는 요건의 입증책임은 원고가 부담한다(대판 1990. 2. 13, 89누2851). ③ 배우자간의 명의신탁이 조세 포탈, 강제집행의 면탈 또는 법령상 제한의 회피를 목적으로 한 것이라는 점은 과징금의 부과요건에 해당하는 것이므로 과징금부과관청이 이를 증명하여야 한다(대판 2012. 5. 24, 2011두15718). 수익적 행위의 직권취소의 경우, 하자나 취소해야 할 필요성에 관한 증명책임은 기존 이익과 권리를 침해하는 처분을 한 행정청에 있다(대판 2012. 3. 29, 2011두23375).

5) 무효·취소사유의 존부

판례상 행정처분의 당연무효를 주장하는 경우 행정처분의 하자가 중대하고 명백하다는 것은 원고가 주장·입증책임을 부담한다(대판 2012. 12. 13, 2010두20782·20799(병합)). 취소를 구하는 경우도 마찬가지이다(대판 2001. 1. 16, 99두8107).

6) 입증책임소재의 불명

입증책임의 분배가 명확하지 아니한 경우, 사실관계의 불확실

성은 그 사실관계로 인해 수익적인 효과를 갖는 당사자가 부담하여야 한다.

(6) 석명권의 한계   법원의 석명권(당사자의 진술에 불명, 모순, 흠결이 있거나 증명을 다하지 못한 경우에 사건의 내용을 이루는 사실관계나 법률관계를 명백히 하기 위해 당사자에 대하여 사실상 또는 법률상의 사항에 관하여 질문을 하거나 증명을 촉구하는 법원의 권능을 말한다(민소법 제136조)) 행사는 사안을 해명하기 위하여 당사자에게 그 주장의 모순된 점이나 불완전·불명료한 부분을 지적하여 이를 정정·보충할 수 있는 기회를 주고 또 그 계쟁사실에 대한 증거의 제출을 촉구하는 것을 그 내용으로 하는 것이기에 당사자가 주장하지도 않은 법률효과에 관한 요건사실이나 공격방어방법을 시사하여 그 제출을 권유하는 행위는 변론주의의 원칙에 위배되고 석명권 행사의 한계를 일탈한 것이다(대판 2000. 3. 23, 98두2768).

(7) 증거제출시한   당사자는 사실심의 변론종결시까지 주장과 증거를 제출할 수 있다(대판 1989. 6. 27, 87누448). 판례는 항고소송에 있어서 원고는 전심절차에서 주장하지 아니한 공격방어방법을 소송절차에서 주장할 수 있는 것이므로 법원은 이를 심리하여 행정처분의 적법 여부를 판단할 수 있다는 입장이다(대판 1996. 6. 14, 96누754; 대판 1999. 11. 26, 99두9407).

(8) 변론종결 후 증명을 위한 변론재개신청   당사자가 변론종결 후 주장·증명을 하기 위하여 변론재개신청을 한 경우에, 변론재개신청을 한 당사자가 변론종결 전에 그에게 책임을 지우기 어려운 사정으로 주장·증명할 기회를 제대로 갖지 못하였고 그 주장·증명의 대상이 판결의 결과를 좌우할 수 있는 사실에 해당하는 경우 등과 같이, 당사자에게 변론을 재개하여 그 주장·증명을 제출할 기회를 주지 않은 채 패소의 판결을 하는 것이 행정소송법 제8조 제2항에서 준용하도록 규정하고 있는 민사소송법이 추구하는 절차적 정의에 반하는 경우가 아니라면 법원은 당사자의 변론재개신청을 받아들일지 여부를 재량으로 결정할 수 있다(대판 2018. 7. 26, 2016두45783).

4. 처분이유의 사후변경

(1) 의   의   처분이유의 사후변경(처분사유의 추가·변경)이란 처분시에는 이유(사유)로 제시되지 않았던 사실상 또는 법률상의 근거를 사후에 행정소송절차에서 행정청이 새로이 제출하거나 법원이 직권으로 회부하여 처분의 위법성(적법성)판단에 고려하는 것을 말한다.

(예) A가 건축허가를 신청하였으나 소방기본법상 화재예방관련규정에 위반됨을 이유로 거부되자, A는 거부처분의 취소소송을 제기하였다. 그런데 소송절차에서 피고행정청이 거부처분의 사유를 소방기본법상 비상구확보규정의 위반으로 변경하는 경우가 이에 해당한다.

(2) 유사개념과 구분   ① 처분이유의 사후변경은 결정에 고려하지 않았던, 그러나 처분시에 존재하였던 사실상 그리고 법상의 상황의 고려이므로, 처분 후에 발생한 새로운 사유의 고려와는 구분되어야 한다(후자는 행정행위의 철회와 관련한다). ② 처분이유의 사후변경은 행위의 이유만의 변경이므로, 새로운 행위를 가져오는 행정행위의 사후변경과는 구분된다. ③ 처분이유의 사후변경은 행위는 그대로 두고 처분의 이유만 변경하는 것이므로 하자 있는 행위를 새로운 행정행위로 대체하는 행정행위의 전환과는 구분된다. ④ 특히 행정소송의 처분이유의 사후변경과 행정절차의 하자의 치유문제로서 이유제시의 흠결시 처분이유의 사후제시와는 구분되어야 한다. 말하자면, 처분이

유의 사후제시가 절차적 흠결을 보완하기 위한 형식적 적법성의 문제라면, 처분이유의 사후변경은 행정행위의 실질적 적법성의 문제이다. 즉 소송계속중에 그 대상이 된 처분을 실체적으로 지지하기 위하여 처분의 이유로서 잘못 제시된 사실적 근거 등을 변경하는 것을 말한다($^{류지}_{태}$).

(3) 제도적 의미

1) 소송법상 의미　　처분이유의 사후변경의 인정은 소송경제에 기여한다. 만약 처분이유의 사후변경을 인정하지 아니하고 원고승소의 판결을 한다면, 피고행정청은 다른 사유($^{사후변경에서}_{제시할 사유}$)로 새로운 처분을 할 것이기 때문이다. 기속행위의 경우에는 특히 그러하다. 따라서 법원으로서는 모든 가능한 관점하에서 심사하는 것이 법원의 권리이자 의무이다. 재량행위의 경우도 마찬가지이다. 다만, 법원의 임무는 행정청을 통제하는 것이지, 행정청을 대신하여 재량행사를 하는 것은 아니다. 따라서 재량행위에 대한 법원의 통제는 행정청이 실제로 제시한 이유에 한정된다. 그 때문에 행정청은 소송절차중에도 재량결정에 대한 사유를 제시할 수 있다.

2) 실체법상 의미　　처분이유의 제시는 행정결정의 내용상의 정당성에 대하여 상대방으로 하여금 신뢰를 갖게 하는 것인데($^{대판 2003. 12. 11,}_{2001두8827}$), 그것은 행정절차법이 요구하는 형식적인 이유제시만으로 충분한 것은 아니다. 상대방이 충분한 신뢰를 가질 수 있도록 이유를 제시하는 것은 행정절차에만 한정되는 것은 아니고 행정소송절차에도 요구된다고 보는 것이 법치국가의 요청이다.

(4) 인정 여부

1) 문제상황　　행정소송의 계속중에 처분의 근거변경을 허용할 것인가의 문제에 대해서는 현행 행정소송법은 아무런 규정을 두지 않아 이 문제는 학설과 판례에 맡겨져 있다.

2) 학　설　　① 처분이유의 사후변경은 처분의 상대방에게 예기하지 못한 불이익을 가져올 수 있으므로 인정될 수 없다는 부정설, ② 처분이유의 사후변경을 부정한다고 하여도 행정청은 다른 사유로 재처분을 할 수 있으므로 처분이유의 사후변경을 부정할 실익이 없다는 긍정설이 있으나 ③ 처분의 상대방의 보호와 소송경제의 요청을 고려할 때, 제한적인 범위 내에서 처분이유의 사후변경이 인정되어야 한다는 것이 통설적 견해이다.

3) 판　례　　판례는 당초 처분의 근거로 삼은 사유와 기본적 사실관계가 동일하다고 인정되는 한도 내에서만 다른 처분사유를 새로 추가하거나 변경할 수 있다고 한다($^{판}_{례}$). 판례는 기본적 사실관계의 동일성을 요구하는 취지를 상대방의 방어권을 보장함으로써 실질적 법치주의를 구현하고, 행정처분의 상대방에 대한 신뢰를 보호하고자 함에 그 취지가 있다고 한다($^{대판 2003. 12. 11,}_{2001두8827}$).

[판례]　**처분사유의 사후변경의 가부**

[1]　(폐기물 중간처분업체인 신대한정유산업 주식회사가 소각시설을 허가받은 내용과 달리 설치하거나 증설한 후 허가받은 처분능력의 100분의 30을 초과하여 폐기물을 과다소각하였다는 이유로 한강유역환경청장으로부터 과징금 부과처분을 받자 위 회사가 이를 취소해 달라고 제기한 소송에서 한강유역환경청장이 위 회사는 변경허가를 받지 않은 채 소각시설을 무단 증설하여 과다소각하였으므로 구 폐기물관리법 시행규칙 제29조 제1항 제2호 (마)목 등 위반에 해당한다고 주장하자 위 회사가 이는 허용되지 않는 처분사유의 추가·변경에 해당한다고 주장하였고, 대법원은 한강유역환경청장의 위 주장은 소송에서 새로운 처분사유를 추가로 주장한 것이 아니라, 처분서에 다소 불명확하게 기재하였던 '당초 처분사유'를 좀 더 구체적으로 설명한 것이라고 한 사례에서) 행정처분의 취소를 구하는 항고소송에서 처분청이 당초 처분의 근거로 삼은 사유가 아닌 별개의 사실을 들어 처

분사유로 주장함은 허용되지 아니하나, 당초 처분의 근거로 삼은 사유와 기본적 사실관계에 동일성이 있다고 인정되는 한도 내에서는 다른 사유를 추가하거나 변경할 수 있고, 여기서 기본적 사실관계의 동일성 유무는 처분사유를 법률적으로 평가하기 이전의 구체적인 사실에 착안하여 그 **기초가 되는 사회적 사실관계가 기본적인 점에서 동일한지 여부에 따라 결정**된다(대판 2020. 6. 11., 2019두49359).

[2] (원고가 부지 지상에 컨테이너를 설치하여 창고임대업을 영위한 것과 관련하여 피고(하남시장)가 '위 컨테이너가 건축법(2019. 4. 23. 법률 제16380호로 개정되기 전의 것) 제 2 조 제 1 항 제 2 호의 건축물에 해당함에도 같은 법 제11조에 따른 건축허가를 받지 아니하고 이를 건축하였다'는 이유로 원상복구 시정명령 및 계고처분을 하였는데, 원심에 이르러 건축법 제20조 제 3 항 위반을 처분사유로 추가한 사건에서) 처분청이 처분 당시에 적시한 구체적 사실을 변경하지 아니하는 범위 내에서 단지 그 처분의 근거 법령만을 추가·변경하는 것에 불과한 경우에는 새로운 처분사유의 추가라고 볼 수 없으므로 행정청이 처분 당시에 적시한 구체적 사실에 대하여 처분 후에 추가·변경한 법령을 적용하여 그 처분의 적법 여부를 판단할 수 있다. 그러나 처분의 근거 법령을 변경하는 것이 종전 처분과 동일성을 인정할 수 없는 별개의 처분을 하는 것과 다름없는 경우에는 허용될 수 없다(대판 2021. 7. 29., 2021두34756).

[기본적 사실관계가 동일하다고 한 판례 모음]

판례 '건축법상 도로에 해당하여 건축을 허용할 수 없다'는 것과 '주택을 건축하여 주민들의 통행을 막는 것은 사회공동체와 인근 주민들의 이익에 반한다'는 것이 기본적 사실관계에 동일성이 있는지 여부

[1] (갑이 '사실상의 도로'로서 인근 주민들의 통행로로 이용되고 있는 토지를 매수한 다음 2층 규모의 주택을 신축하겠다는 내용의 건축신고서를 제출하였으나, 구청장이 '위 토지가 건축법상 도로에 해당하여 건축을 허용할 수 없다'는 사유로 건축신고수리 거부처분을 하자 갑이 처분의 취소를 구하는 소송을 제기하였는데, 1심법원이 위 토지가 건축법상 도로에 해당하지 않는다는 이유로 갑의 청구를 인용하는 판결을 선고하자 구청장이 항소하여 '위 토지가 인근 주민들의 통행에 제공된 사실상의 도로인데, 주택을 건축하여 주민들의 통행을 막는 것은 사회공동체와 인근 주민들의 이익에 반하므로 갑의 주택 건축을 허용할 수 없다'는 주장을 추가한 사건에서) 당초 처분사유와 구청장이 원심에서 추가로 주장한 처분사유는 위 토지상의 사실상 도로의 법적 성질에 관한 평가를 다소 달리하는 것일 뿐, 모두 토지의 이용현황이 '도로'이므로 거기에 주택을 신축하는 것은 허용될 수 없다는 것이므로 기본적 사실관계의 동일성이 인정된다(대판 2019. 10. 31., 2017두74320).

[2] (원고들이 제주 북제주군 구좌읍장의 산림형질변경불허가처분의 취소를 구한 사건에서) 주택신축을 위한 산림형질변경허가신청에 대하여 행정청이 거부처분을 하면서 당초 거부처분의 근거로 삼은 **준농림지역에서의 행위제한이라는 사유**와 나중에 거부처분의 근거로 추가한 자연경관 및 생태계의 교란, 국토 및 자연의 유지와 환경보전 등 **중대한 공익상의 필요라는 사유는 기본적 사실관계에 있어서 동일성이 인정**된다(대판 2004. 11. 26., 2004두4482).

[3] (언론개혁시민연대가 법무부장관 등의 광복 55주년 경축사면 관련 정보공개거부처분을 다툰 사건에서) 피고가 그 정보공개거부처분의 당초 처분사유 근거로 내세운 검찰보존사무규칙 제20조는 재판확정기록의 열람·등사를 피고인이었던 자 또는 그와 같이 볼 수 있는 자(피고인이었던 법인의 대표자, 형사소송법 제28조의 규정에 의한 특별대리인 또는 그 변호인·법정대리인·배우자·직계친족·형제자매)에게만 일반적으로 허용하고, 나머지 사건 관계자들(고소인·고발인·피해자 및 참(고인 또는 증인으로 진술한 자)에 대하여는 본인의 진술이 기재되거나 본인이 제출한 서류 등에 대하여만 열람·등사를 허용하는 내용으로서, 전체적으로 보아 특정인을 식별할 수 있는 개인에 관한 정보를 본인 이외의 자에게 공개하지 아니하겠다는 취지이므로, 결국 **원고가 위 규칙 제20조에 해당하는 자가 아니라는 당초의 처분사유는 정보공개법 제 7 조 제 1 항 제 6 호의 사유와 그 기초적 사실관계를 같이 한다**(대판 2003. 12. 11., 2003두8395).

[4] (피고 대전시장이 음주운전을 한 원고에게 구 자동차운수사업법 제31조 제 1 항 제 3 호를 근거로 개인택시운송사업면허취소처분을 하였다가 추후 구체적 사실의 변경 없이 같은법 시행규칙 제15조를 추가로 제시하였고, 원심법원이 추가한 법조는 취소처분의 적법 여부의 판단에 참작할 사유가 되지 못한다고 판결하자 피고가 불복상고한 사건에서) 행정처분이 적법한가의 여부는 특별한 사정이 없는 한 처분당시

의 사유를 기준으로 판단하면 되는 것이고 **처분청이 처분당시에 적시한 구체적 사실을 변경하지 아니하는 범위 안에서 단지 그 처분의 근거법령만을 추가변경하는 것은 새로운 처분사유의 추가라고 볼 수 없으므로** 이와 같은 경우에는 처분청이 처분당시에 적시한 구체적 사실에 대하여 **처분 후에 추가변경한 법령을 적용하여 그 처분의 적법 여부를 판단하여도 무방하다**(대판 1988. 1. 19, 87누603).

[5] (부산직할시 금정구청장의 원고에 대한 액화석유/가스판매사업불허처분의 취소를 구한 사건에서) 성립에 다툼이 없는 을 제 3 호증의 기재에 의하면 동래구청장(그 후 금천구청장/에 권한이 이양됨)은 원고가 제출한 이 사건 허가신청에 대하여 관계법 및 부산시 고시 동래구 허가기준에 의거 검토한 결과 **허가기준에 맞지 않아 허가신청을 반려한다고 하였는바** 그 취지는 다른 허가기준에는 들어맞으나 소론과 같은 액화석유가스판매업 허가기준 보완시행 안에 정하여진 허가기준에 맞지 아니하여 허가신청을 반려한다는 의미라고 할 수는 없고 위에서 본 모든 허가기준에 의거하여 검토한 결과 그 허가기준(원고에 대하여는 이격거리에 관한 허가기준을/나타내는 것이라 함은 위에서 본 바와 같다)에 맞지 아니하여 반려한다는 것으로 이해되는 바이니 피고가 이 사건에서 **이격거리 기준위배를 반려사유로 주장하는 것은** 그 처분의 사유를 구체적으로 표시하는 것이지 당초의 처분사유와 **기본적 사실관계와 동일성이 없는 별개의 또는 새로운 처분사유를 추가하거나 변경하는 것이라고 할 수는 없으므로** 이와 같은 취지의 원심판단도 정당하며 이와 같은 원심의 판단이 소론의 판례(당원 1987. 7. 21./선고, 85누694 판결)에 저촉되는 것도 아니다(대판 1989. 7. 25,/88누11926).

[6] (부산진세무서장의 동성교통(주)에 대한 갑종/근로소득세부과처분의 취소를 구한 사건에서) 과세관청이 법인의 익금이 임원 또는 주주들에게 사외유출된 것으로 보아 구 법인세법시행령(1990. 12. 31. 대통령령 제/13195호로 개정되기 전의 것) 제94조의2 규정에 근거하여 **소득금액을 지급한 것으로 의제하는 소득처분을 한 후** 그에 대한 과세처분취소소송의 사실심변론종결시까지 위 소득처분과는 별도로, 당해 원천징수소득세 징수처분의 정당성을 뒷받침하기 위하여 같은 소**득금액이 대표이사나 출자자에게 현실적 소득으로 귀속되었다는 주장과** 함께 합산과세되는 종합소득의 범위 안에서 그 소득의 원천만을 달리 주장하는 것은 처분의 동일성이 유지되는 범위 내의 처분사유 변경에 해당하여 허용된다 할 것이다(대판 2000. 3. 28,/98두16682).

[7] (서울특별시 종로구청장의 원고에 대한 토지형질변/경행위허가신청반려처분의 취소를 구한 사건에서) 토지형질변경 불허가처분의 당초의 처분사유인 **국립공원에 인접한 미개발지의 합리적인 이용대책 수립시까지 그 허가를 유보한다는 사유와** 그 처분의 취소소송에서 추가하여 주장한 처분사유인 국립공원 주변의 환경·풍치·미관 등을 크게 손상시킬 우려가 있으므로 **공공목적상 원형유지의 필요가 있는 곳으로서 형질변경허가 금지 대상이라는 사유는** 기본적 사실관계에 있어서 동일성이 인정된다(대판 2001. 9. 28,/2000두8684).

[기본적 사실관계가 상이하다고 한 판례 모음]

[1] (고양시장이 주택건설사업계획승인 신청에 대하여 미디어밸리 조성을 위한 시가화예정 지역이라는 이유로 거부하였다가 취소소송에/서 패소 후, 다시 고양시장이 해당 토지 일대가 개발행위허가 제한지역으로 지정되었다는 이유로 다시 거부하는 처분을 하자 취소/를 구한 한성피씨건설 건축불허가사건에서) 미디어밸리 조성을 위한 시가화예정 지역이라는 이유와 해당 토지 일대가 개발행위허가 제한지역으로 지정되었다는 이유는 구체적인 사실관계가 달라 기본적 사실관계가 동일하다고 볼 수 없다(대판 2011. 10. 27,/2011두14401).

[2] (서초세무서장의 도우주류판매(주)에 대한 종합주/류도매업면허취소처분의 취소를 구한 사건에서) 피고는 이 사건 주류면허에 붙은 지정조건 제 6 호에 따라 원고의 **무자료 주류 판매 및 위장거래 금액이 부가가치세 과세기간별 총 주류판매액의 100분의 20 이상에 해당한다는 이유로** 피고에게 유보된 취소권을 행사하여 위 면허를 취소하였음이 분명한

바, 피고가 이 사건 소송에서 위 면허의 취소사유로 새로 내세우고 있는 위 지정조건 제 2 호 소정의 **무면허 판매업자에게 주류를 판매한 때 해당한다는 것**은 피고가 당초 위 면허취소처분의 근거로 삼은 사유와 기본적 사실관계가 다른 사유이므로 피고는 이와 같은 사유를 위 면허취소처분의 근거로 주장할 수 없다고 보아야 할 것이다$\binom{대판 1996. 9. 6,}{96누7427}$.

[3] $\binom{민주사회를위한변호사모임이 법무부장관에게 사면심의}{에 관한 국무회의안건자료의 공개를 청구한 사건에서}$ 당초의 정보공개거부처분사유인 공공기관의정보공개에관한법률 제 7 조 제 1 항 제 4 호 및 제 6 호의 사유는 새로이 추가된 **같은 항 제 5 호의 사유**와 기본적 사실관계의 동일성이 없다$\binom{대판 2003. 12. 11,}{2001두8827}$.

[4] $\binom{대구광역시 수성구청장의 주택건설사업계획}{승인신청반려처분의 취소를 구한 사건에서}$ **이 사건 토지가 제 1 종 일반주거지역으로 지정된 것**은 이 사건 처분 이후에 새로이 발생한 사정으로 **당초 처분사유**$\binom{46필지 전체를 개발하지 아니한 채 이 사건 토지만을 개발하는 것}{은 도시미관과 지역여건을 고려하지 아니한 불합리한 계획으로 지역의 균형개발을 저해한다 등}$**와 기본적 사실관계의 동일성이 있다고 보기 어려워**, 피고가 이를 이 사건 처분의 적법 여부를 판단하는 근거로 주장하는 것은 단지 당초 처분사유를 보완하는 간접사실을 부가하여 주장하는 데 불과하다고 할 수는 없고 새로운 처분사유의 주장에 해당하여 허용될 수 없다고 할 것이므로, 원심이 이 사건 토지가 제 1 종 일반주거지역으로 지정된 사실까지 이 사건 처분의 적법 여부를 판단함에 있어서 처분사유를 보완하는 사정으로 고려한 것은 일단 잘못된 것이다$\binom{대판 2005. 4. 15,}{2004두10883}$.

[5] $\binom{경상남도 김해시장을 피고로 한 건축물대장}{기재신청서반려처분취소청구소송에서}$ 원고의 건축신고와 관련된 **행정심판이 계속중**이므로 그 건축신고건이 종결되지 않은 상황에서 이 사건 신청을 처리할 수 없다는 당초의 이 사건 **처분사유**와 원고가 이 사건 건축물을 건축하면서 사전 허가없이 국토의 이용 및 계획에 관한 법률상의 허가사항인 토지의 형질변경행위를 하였다거나 이 사건 토지가 경상남도의 화포천유역종합치수계획에 의하여 화포천유역의 침수방지를 위한 저류지부지에 포함되어 **하천구역으로 지정·고시될 예정**이어서 이 사건 신청을 받아들일 수 없다는 취지로 피고가 이 사건 소송에서 **새로이 추가한 처분사유**들 사이에 그 각 기본적인 사실관계의 동일성이 인정되지 않는다$\binom{대판 2009. 2. 12,}{2007두17359}$.

[6] $\binom{에스케이텔레콤 주식회사 등이 미래창조과학부장}{관을 피고로 한 정보공개거부처분취소소송에서}$ 피고가 원고의 정보공개청구에 대하여 별다른 이유를 제시하지 않은 채 이동통신요금과 관련한 총괄원가액수만을 공개한 것은, 이 사건 원가 관련 정보에 대하여 비공개결정을 하면서 비공개이유를 명시하지 않은 경우에 해당하여 위법하다고 판단하면서, 피고가 이 사건 소송에서 비로소 이 사건 원가 관련 정보가 법인의 영업상 비밀에 해당한다는 비공개사유를 주장하는 것은, 그 기본적 사실관계가 동일하다고 볼 수 없는 사유를 추가하는 것이어서 허용될 수 없다$\binom{대판 2018. 4. 12,}{2014두5477}$.

[7] $\binom{원고가 부지 지상에 컨테이너를 설치하여 창고임대업을 영위한 것과 관련하여 피고(하남시장)가 '위 컨테이너가 건축법(2019. 4.}{23. 법률 제16380호로 개정되기 전의 것) 제 2 조 제 1 항 제 2 호의 건축물에 해당함에도 같은 법 제11조에 따른 건축허가를 받지 아니하고 이를 건축하였다'는 이유로 원상복구 시정명령 및 계고처분을 하였는데, 원심에 이르러 건축법 제20조 제 3 항 위반을 처분사유로 추가한 사건에서}$ 원고가 부지 지상에 컨테이너를 설치하여 창고임대업을 영위한 것과 관련하여 피고가 '위 컨테이너가 건축법$\binom{2019. 4. 23. 법률 제16380}{호로 개정되기 전의 것}$ 제 2 조 제 1 항 제 2 호의 건축물에 해당함에도 같은 법 제11조에 따른 건축허가를 받지 아니하고 이를 건축하였다'는 이유로 원상복구 시정명령 및 계고처분을 하였는데, 원심에 이르러 건축법 제20조 제 3 항 위반을 처분사유로 추가하는 것은 당초의 처분사유와 기본적 사실관계가 동일하지 않아 허용되지 않는다$\binom{대판 2021. 7. 29,}{2021두34756}$.

4) 사　　견　　분쟁의 일회적 해결이라는 요청 및 원고의 방어권보장과 신뢰보호의 요청의 조화라는 관점에서 제한적 긍정설이 타당하다.

(5) 인정범위

1) 객관적 범위

(가) 기본적 사실관계의 동일성　　① 판례는 기본적 사실관계의 동일성 유무는 처분사유를 법률적으로 평가하기 이전의 구체적인 사실에 착안하여 그 기초가 되는 사회적 사실관계가 기본적인 점에서 동일한지의 여부에 따라 결정해야 한다고 한다($\frac{대판 2004. 11. 26,}{2004두4482}$). 구체적으로 보면 그 판단은 시간적·장소적 근접성, 행위 태양·결과 등의 제반사정을 종합적으로 고려해야 한다($\frac{법원}{실무}$ $\frac{제요,}{석호철}$). ② 판례는 처분 당시의 사실을 변경하지 않은 채 처분의 근거법령만을 추가·변경한다거나($\frac{대판 1987. 12. 8,}{87누632}$), 당초의 처분사유를 구체화하는 경우($\frac{대판 1989. 7. 25,}{88누11926}$)처럼 사유의 내용이 공통되거나 취지가 유사한 경우에는 기본적 사실관계의 동일성을 인정하고 있다.

(나) 소송물의 동일성　　처분이유에 의해 특정되는 처분의 위법성 일반이 소송물임을 고려할 때, 소송물의 동일성을 해하지 아니하는 범위 안에서 처분이유의 사후변경은 인정될 수 있다고 본다. 만일 분쟁대상이 변경된다면 이는 처분사유의 추가·변경이 아니라 분쟁대상의 변경이기 때문이다.

2) 시간적 범위

(가) 허용시점　　처분이유의 추가변경은 사실심 변론종결시까지만 허용된다($\frac{대판 1999. 8. 20,}{98두17045}$).

(나) 처분사유의 추가·변경과 위법성판단기준시　　위법성판단의 기준시점을 판결시로 보면, 판결시까지 존재하는 이유($\frac{사}{유}$)는 사후변경($\frac{추가·}{변경}$)이 가능하지만, 처분시로 보면, 처분이유의 사후변경은 처분시에 존재하던 이유에 한정되고 처분시 이후의 사정은 사후변경할 수 있는 이유에 해당하지 않는다. 위법성판단의 기준시점을 처분시로 보는 일반적 견해와 판례에 의할 때, 처분시 이후의 사정은 사후변경할 수 있는 이유에 해당하지 않는다.

3) 한　　계　　① 다툼 있는 행위가 재량행위인 경우에도 처분이유의 사후변경은 인정된다는 견해와 재량행위에서 처분사유의 추가·변경은 재량행위에 있어서 고려사항의 변경을 뜻하는 것이고, 고려사항의 변경은 새로운 처분에 해당한다는 것을 이유로 재량행위에서 처분사유의 추가·변경에 부정적인 견해도 있다. 생각건대 재량행위에서 처분사유의 추가·변경도 분쟁대상인 행정행위가 본질적으로 변경되지 않음을 전제로 하는 것이므로 긍정설이 타당하다. 한편 ② 원고의 권리방어가 침해되지 않아야 한다. 처분이유의 사후변경은 행정행위의 적법성의 확보를 위한 것이지, 원고의 권리를 침해하기 위한 것은 아니기 때문이다.

(6) 처분이유의 사후변경이 인정되지 않는 경우　　기본적 사실관계의 동일성이 인정되지 않아서 처분이유의 사후변경이 인정되지 않는다면 당초의 처분사유만을 근거로 심리하고 그러한 처분사유가 존재하지 않는다면 원고의 청구를 인용하여야 한다.

Ⅳ. 위법성판단의 기준시

1. 학 설

취소소송의 대상이 되는 처분의 위법성판단의 기준시점과 관련하여 학설은 나뉘고 있다. 처분시기준설이 통설이다.

(1) 판결시기준설　　　　항고소송은 구체적인 행정처분이 법규에 대하여 적합한가의 여부를 판단의 대상으로 하는 것이므로, 그 법규는 판결시의 법규이어야 한다는 견해이다. 판결시기준설은 판결을 처분의 사후심사가 아니라 처분에 계속적으로 효력을 부여할 것인가의 문제로 본다.

(2) 처분시기준설　　　　법원의 기능상 법원은 객관적 입장에서 처분등의 위법 여부를 사후심사할 수 있을 뿐이라는 견해로 처분시 이후의 사정고려는 법원에 의한 행정권의 1차적 판단권의 침해를 의미하게 된다는 것이다. 이 견해는 취소소송이 처분의 적법성의 사후심사제도임을 전제로 한다.

(3) 절 충 설　　　　일설은 원칙적으로 처분시기준설을 취하면서, 예외적으로 계속효 있는 행위(예: 영업허가의 취소,
　　교통표지판의 설치)의 경우에는 판결시설을 취한다. 말하자면 법원은 최종사실심의 구두변론종결시까지의 사실상태와 법적 상태를 고려하여야 한다는 입장이다. 왜냐하면 계속효 있는 행위는 관계자에게 계속적으로 의미를 가지며, 행정청은 행정의 법률적합성의 원칙에 따라 자신의 처분을 계속적으로 자신의 통제하에 두어야 하기 때문이라는 것이다. 그리고 적극적 침익적 처분의 경우 처분시를 기준으로 하고, 거부처분의 경우 판결시를 기준으로 하는 견해도 절충설로 볼 수 있을 것이다.

2. 판 례

판례는 처분시기준설을 취한다[판
례].

> ┌─────┐
> │ 판례 │　처분의 위법 여부의 판단기준시
> └─────┘
> (주식회사 구미이엔지가 서울특별시 구로구청장
의 영업정지처분에 대하여 취소를 구한 사건에서) 행정소송에서 행정처분의 위법 여부는 행정처분이 있을 때의 법령과 사실상태를 기준으로 하여 판단하여야 하고, 처분 후 법령의 개폐나 사실상태의 변동에 의하여 영향을 받지 않는다(대판 2022. 4. 28.
2021두61932).

3. 사 견

행정소송의 본질의 중점을 행정법규의 정당한 적용과 실현에 둔다면 판결시가 기준이 될 것이고, 개인의 권익구제에 둔다면 처분시가 기준이 될 것이다. 판결시기준설은 판결의 지체 여하에 따라서 판결의 내용도 달라질 수 있다는 문제점을 갖는다. 본서는 행정소송의 본질은 개인의 권익구제에 중점을 두고 있다고 보는바, 처분시기준설이 타당하다. 법령에 특별히 정하는 바가 있으면, 당연히 그에 의하여야 한다. 다만, 부작위위법확인소송 및 사정판결과 당사자소송의 경우에는 판결시가 기준이 된다.

4. 판단자료의 범위

법원은 행정처분 당시 행정청이 알고 있었던 자료뿐만 아니라 사실심 변론종결 당시까지 제출된 모든 자료를 종합하여 처분 당시 존재하였던 객관적 사실을 확정하고 그 사실에 기초하여 처분의 위법 여부를 판단할 수 있다$\binom{\text{대판 2019. 7. 25.}}{2017두55077}$.

제 7 항 취소소송의 판결

제 1 판결의 종류

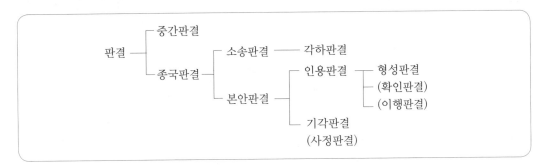

Ⅰ. 각하판결

1. 의   의

각하판결이란 소송요건$\binom{\text{본안판단의}}{\text{전제요건}}$의 결여로 인하여 본안의 심리를 거부하는 판결을 말한다. 각하판결은 취소청구의 대상인 처분의 위법성에 관한 판단은 아니므로 원고는 결여된 요건을 보완하여 다시 소를 제기할 수 있다. 법원은 새로운 소에 대해 판단하여야 한다. 불비된 요건의 보완이 불가한 것이라면 기판력이 생긴다.

2. 성   질

본안판단의 전제요건의 구비 여부는 직권조사사항이다. 이에 관해서는 당사자의 주장에 구속되지 아니한다. 본안판단의 전제요건은 구두변론의 종결시점까지 구비되어야 한다. 이 시점까지는 결여된 요건이 치유$\binom{\text{보}}{\text{완}}$될 수 있다. 이 시점까지 본안판단의 전제요건에 미비가 있으면 소송판결$\binom{\text{각하}}{\text{판결}}$이 내려진다.

Ⅱ. 기각판결과 사정판결

1. 의의와 종류

기각판결이란 원고의 청구를 배척하는 판결을 말한다. 기각판결에도 원고의 청구에 합리적인 이유가 없기 때문에 배척하는 경우$\binom{대판\ 1955.\ 9.\ 23.}{4288행상64}$와 원고의 청구에 이유가 있으나 배척하는 경우$\binom{예:\ 사}{정판결}$의 2종류가 있다. 어떠한 기각판결이 있어도 행정법관계에는 아무런 변동이 생기지 않는다. 일반적인 기각판결의 사유인 '청구에 합리적인 이유가 없다'는 것은 원고가 다투는 행정행위의 적법요건$\binom{예:\ 주체·형식·}{절차·내용의\ 요건}$에 하자가 없다는 것을 의미한다.

2. 사정판결

(1) 의 의 원고의 청구가 이유 있다고 인정하는 경우에도, 즉 처분등이 위법한 경우에 처분등을 취소하는 것이 현저히 공공복리에 적합하지 아니하다고 인정하는 때에는 법원은 원고의 청구를 기각할 수 있다$\binom{행소법\ 제28조}{제1항\ 본문}$. 이에 따라 원고의 청구를 기각하는 판결을 사정판결이라 한다. 사정판결은 법원의 재량에 놓인다. 그러나 사정판결은 공공복리의 유지를 위해 극히 예외적으로 인정된 제도인 만큼 그 적용은 극히 엄격한 요건 아래 제한적으로 하여야 한다$\binom{대판\ 2000.\ 2.\ 11,\ 99두7210;}{대판\ 1991.\ 5.\ 28,\ 90누1359}$.

(2) 성 격 사정판결은 공익과 사익이 충돌할 때 이익형량의 원칙에 입각하여 공익보호가 보다 중대하다고 판단되는 경우에 공익을 사익에 우선시키는 제도이다. 행정소송법상 대표적인 공익조항이다. 사정판결은 공익을 이유로 정당한 사익을 침해하는 것이므로, 사정판결은 불가피한 한계적인 경우에만 허용되어야 하고, 아울러 원고에 가해지는 침해에 대한 구제책이 확보되어야만 한다. 사정판결은 행정의 법률적합성의 원칙의 예외현상이다.

(3) 필 요 성 사정판결이 필요한 근거로 대체로 위법한 처분등에 수반하여 형성되는 법률관계·사실관계 등 기성사실을 존중할 필요를 든다. 즉 처분이 행해지면 그것을 전제로 하여 법률관계·사실관계가 누적되기 때문에 판결시에 처분을 취소하여 이를 모두 뒤집는다는 것은 물리적으로는 가능할지라도 사회경제적으로는 불합리하거나 불가능한 경우가 있으므로 이러한 경우에는 기성사실을 복멸하여서까지 원고의 구제와 법치행정의 요청을 만족시킬 것이 아니라 기성사실의 존중의 요청을 우선시키되 원고의 구제는 별도로 손해를 배상하는 등으로 대처하려는 것이 이 제도의 취지이다$\binom{박형}{하}$.

(4) 요 건

1) 원고의 청구가 이유 있을 것 원고의 청구는 행정청의 처분이 위법하다는 것이므로 원고의 청구가 이유 있다는 것은 행정청의 처분이 위법한 경우를 말한다.

2) 처분등을 취소하는 것이 현저히 공공복리에 적합하지 아니할 것 '공공복리'란 급부행정 분야만을 말하는 것은 아니며 질서행정 분야까지 포함하는 넓은 개념이다$\binom{판}{례}$. 그리고 공익성판단의 기준시점은 처분의 위법성 판단의 기준시점과 구별된다. 따라서 처분의 위법성 판단 기

준시점은 처분시설이 다수설과 판례의 입장이지만, 사정판결에서 공익성 판단은 변론종결시를 기준으로 한다$\left(\substack{\text{대판 1970. 3. 24,}\\\text{69누29}}\right)$.

[판례] 사정판결을 하기 위한 요건인 '현저히 공공복리에 적합하지 아니한가' 여부의 판단 방법 및 사정판결제도의 위헌 여부

$\left(\substack{\text{학교법인 조선대학교가 교육과학기술부장관을 상대로}\\\text{한 법학전문대학원 설치 예비인가처분 취소청구소송에서}}\right)$ 행정처분이 위법한 때에는 이를 취소함이 원칙이고 그 위법한 처분을 취소 · 변경함이 도리어 현저히 공공의 복리에 적합하지 않은 경우에 극히 예외적으로 위법한 행정처분의 취소를 허용하지 않는다는 사정판결을 할 수 있으므로 **사정판결의 적용은 극히 엄격한 요건 아래 제한적으로 하여야 하고, 그 요건인 현저히 공공복리에 적합하지 아니한가의 여부를 판단함에 있어서는 위법 · 부당한 행정처분을 취소 · 변경하여야 할 필요와 그 취소 · 변경으로 인하여 발생할 수 있는 공공복리에 반하는 사태 등을 비교 · 교량하여 그 적용 여부를 판단하여야 한다.** 아울러 사정판결을 할 경우 미리 원고가 입게 될 손해의 정도와 구제방법, 그 밖의 사정을 조사하여야 하고, 원고는 피고인 행정청이 속하는 국가 또는 공공단체를 상대로 손해배상 등 적당한 구제방법의 청구를 당해 취소소송 등이 계속된 법원에 청구할 수 있는 점$\left(\substack{\text{행정소송법 제28조}\\\text{제 2 항, 제 3 항}}\right)$ 등에 비추어 보면, **사정판결제도가 위법한 처분으로 법률상 이익을 침해당한 자의 기본권을 침해하고, 법치행정에 반하는 위헌적인 제도라고 할 것은 아니다**$\left(\substack{\text{대판 2009. 12. 10,}\\\text{2009두8359}}\right)$.

---

3) 당사자의 주장(항변) 없이도 사정판결이 가능한지 여부

(가) 학 설 ① 행정소송법 제26조를 근거로 당사자의 주장이나 피고의 항변이 없더라도 법원의 직권탐지기능에 따라 가능하다는 긍정설, ② 행정소송법 제26조를 근거로 당사자의 명백한 주장이 없는 경우에도 기록에 나타난 여러 사정을 기초로 직권으로 사정판결할 수 있다는 제한적 긍정설, ③ 행정소송법이 제26조를 규정하고 있다고 하더라도 민사소송법상의 변론주의가 전적으로 배제되는 것이 아니므로$\left(\substack{\text{행소법 제 8}\\\text{조 제 2 항}}\right)$ 당사자의 주장 · 항변 없이는 직권으로 사정판결이 불가능하다는 부정설$\left(\substack{\text{다수}\\\text{설}}\right)$이 대립된다.

(나) 판 례 판례는 행정소송법 제26조를 근거로 당사자의 명백한 주장이 없는 경우에도 기록에 나타난 여러 사정을 기초로 직권으로 사정판결할 수 있다고 본다$\left(\substack{\text{판}\\\text{례}}\right)$.

[판례] 행정소송에 있어서 법원이 직권으로 사정판결을 할 수 있는지 여부

$\left(\substack{\text{최씨가 창원시장을 상대로 환지예}\\\text{정지지정처분취소를 구한 사건에서}}\right)$ **행정소송법 제28조 제 1 항 전단은** 원고의 청구가 이유 있다고 인정하는 경우에도 처분등을 취소하는 것이 현저히 공공복리에 적합하지 아니하다고 인정하는 때에는 법원은 원고의 청구를 기각할 수 있다고 규정하고 있고 한편 **같은 법 제26조는** 법원은 필요하다고 인정할 때에는 직권으로 증거조사를 할 수 있고 당사자가 주장하지 아니한 사실에 대하여도 판단할 수 있다고 규정하고 있으므로 행정소송에 있어서 **법원이 행정소송법 제28조 소정의 사정판결을 할 필요가 있다고 인정하는 때에는 당사자의 명백한 주장이 없는 경우에도 일건 기록에 나타난 사실을 기초로 하여 직권으로 사정판결을 할 수 있다고 풀이함이 상당하다 할 것이다**$\left(\substack{\text{대판 1992. 2. 14, 90누9032;}\\\text{대판 2006. 9. 22, 2005두2506}}\right)$.

(다) 사 견   행정소송법 제26조의 직권심리주의는 실체적 적법성보장을 위해 인정되는 것이므로 제26조를 근거로 직권으로 사정판결을 할 수 있다는 견해는 부당하며, 부정하는 견해가 타당하다.

(5) 원고의 보호   ① 법원이 사정판결을 하기 위해서는 원고가 그로 인하여 입게 될 손해의 정도와 배상방법, 그 밖의 사정을 미리 조사하여야 한다(행소법 제28 조 제 2 항)(사정 조사). ② 사정판결을 함에 있어 미리 원고가 그로 인하여 입게 될 손해의 정도와 배상방법, 그 밖의 사정을 조사한 법원은 사정판결을 행할 것임을 사전에 원고에게 알려 주어야 할 것이고(판 례), 이에 따라 원고는 피고인 행정청이 속하는 국가 또는 공공단체를 상대로 손해배상, 재해시설의 설치 그 밖에 적당한 구제방법의 청구를 당해 취소소송등이 계속된 법원에 병합하여 제기할 수 있다(행소법 제28 조 제 3 항)(원고의 보호). ③ 사정판결시 법원은 그 판결의 주문에서 그 처분등이 위법함을 명시하여야 한다(행소법 제28조 제 1 항 단서). 이는 후행의 손해배상청구소송 등에 있어서 행위의 위법성의 입증에 대한 분쟁을 미연에 방지하는 의미를 갖는다(위법성의 명시). ④ 소송비용은 피고가 부담하여야 한다. 사정판결은 청구에 이유가 있음에도 불구하고 원고를 패소시키는 것이기 때문이다(소송 비용). ⑤ 원고가 사정판결에 불복하면 물론 상고할 수 있다(불 복).

> **판례**   사정판결의 요건을 갖추었다고 판단되는 경우, 법원이 취할 조치
> (케이에스케이펀드 주식회사 외 1인이 용인시장을 상 대로 제기한 기반시설부담금부과처분취소소송에서) 사정판결은 처분이 위법하나 공익상 필요 등을 고려하여 취소하지 아니하는 것일 뿐 처분이 적법하다고 인정하는 것은 아니므로, 사정판결의 요건을 갖추었다고 판단되는 경우 법원으로서는 행정소송법 제28조 제 2 항에 따라 원고가 입게 될 손해의 정도와 배상방법, 그 밖의 사정에 관하여 심리하여야 하고, 이 경우 원고는 행정소송법 제28조 제 3 항에 따라 손해배상, 제해시설의 설치 그 밖에 적당한 구제방법의 청구를 **병합하여 제기할 수 있으므로, 당사자가 이를 간과하였음이 분명하다면 적절하게 석명권을 행사하여 그에 관한 의견을 진술할 수 있는 기회를 주어야** 한다(대판 2016. 7. 14, 2015두4167).

(6) 적용범위   사정판결은 취소소송에 있어서만 허용될 뿐 무효등확인소송과 부작위위법확인소송에는 준용되고 있지 않다. 취소소송상 인정되는 사정판결이 무효등확인소송에 유추적용되는가에 관해 견해는 갈린다. ① 부정설은 준용한다는 규정이 없고, 사정판결은 법치주의의 예외로 인정되는 것이므로 가능한 한 범위를 최소화할 필요가 있으며, 취소판결이 처분의 효력을 부정하는 것과는 달리 사정판결은 효력이 부정되지는 않지만 처분의 위법성을 확인하는 것인데 처분이 무효인 경우 사정판결로 유지될 처분의 효력이 존재하지 않는다는 점을 논거로 한다(김동희, 박균성, 홍준형). ② 긍정설은 무효와 취소는 하자의 정도의 차이에 불과하며, 무효인 처분에 근거한 기성사실(위법한 처분등에 수반하여 형성되는 새로운 법률관계 및 사실관계)이라도 이를 백지화하는 것이 공공복리를 해치는 경우가 있음은 그 하자가 취소사유에 그치는 처분과 다를 바 없다는 점을 근거로 한다. ③ 판례는 "당연무효의 처분은 존치시킬 효력이 있는 행정행위가 없기 때문에 사정판결을 할 수 없다"고 하여 부

정적이다($\substack{대판 1996. 3. 22. \\ 95누5509}$). ④ 부정설이 논리적이지만, 사정판결이 무제한 인정되는 것은 아니라는 점을 전제할 때, 실제적인 이유에서 긍정설이 보다 설득력을 갖는다.

Ⅲ. 인용판결

1. 의 의

인용판결이란 원고의 청구가 이유 있음을 인정하여 처분등의 취소·변경을 행하는 판결을 의미한다. 성질상 취소소송에서 인용판결은 형성판결이 된다. 판결의 주문은 그 내용이 특정되어야 하고, 그 주문 자체에 의하여 특정할 수 있어야 한다($\substack{대판 1986. 4. 8. \\ 82누242}$).

2. 종 류

인용판결은 청구의 대상에 따라 처분($\substack{거부처 \\ 분포함}$)의 취소판결과 변경판결, 재결의 취소판결과 변경판결이 있고, 아울러 무효선언으로서의 취소판결이 있다($\substack{대판 1974. 8. 30. \\ 74누168}$).

3. 취소와 변경의 의미

(1) 학 설   취소에는 전부취소 외에 일부취소도 포함하는가의 문제가 있다. 이것은 변경의 의미와 관련하여 검토되고 있다. ① 일설은 행정소송법은 행정심판법과 달리 의무이행소송을 명문화하지 않고 단지 부작위위법확인소송만을 규정한 관계로 행정소송법상 변경이란 일부취소만을 의미한다고 본다. ② 일설은 권력분립원칙을 기능적으로 이해하고 행정소송법상 변경이란 적극적 의미의 변경으로서 적극적 형성판결 내지 이행판결을 의미하는 것이라 한다.

(2) 사 견   행정소송법은 행정심판법과는 달리 이행소송을 명문으로 도입하고 있지 않으나, 행정소송법상 항고소송의 종류에 관한 규정($\substack{행소법 \\ 제4조}$)을 예시규정으로 새기면 무명항고소송으로서 이행소송을 인정 못할 바 아니다. 행정소송법의 입법과정은 ①을 따른 것이지만, 해석상 ②로 새기는 것이 바람직하다.

[기출사례] 제35회 입법고시(2019년) 문제·답안작성요령 ☞ PART 4 [1-8]

4. 일부위법과 취소

청구의 일부분에만 위법이 있는 경우, 일부취소를 할 것인가, 아니면 전부취소를 할 것인가는 문제이다. 이에 관한 판례를 보기로 한다.

(1) 일부취소를 인정한 판례   이러한 판결은 금전 관련사건에서 빈번히 나타난다. 외형상 하나의 행정처분이라고 하더라도 가분성이 있거나 그 처분대상의 일부가 특정될 수 있다면 그 일부만의 취소가 가능하다($\substack{판례 \\ 1, 2}$).

> **판례 1** 금전 부과처분 취소소송에서 일부취소의 가부
> (케이에스케이펀드 주식회사 외 1인이 용인시장을 상 대로 제기한 기반시설부담금부과처분취소소송에서) 일반적으로 금전 부과처분 취소소송에서 부과금액 산출과정의 잘못 때문에 부과처분이 위법한 것으로 판단되더라도 사실심 변론종결 시까지 제출된 자료에 의하여 적법하게 부과될 정당한 부과금액이 산출되는 때에는 부과처분 전부를 취소할 것이 아니라 정당한 부과금액을 초과하는 부분만 취소하여야 하지만, 처분청이 처분 시를 기준으로 정당한 부과금액이 얼마인지 주장·증명하지 않고 있는 경우에도 법원이 적극적으로 직권증거조사를 하거나 처분청에게 증명을 촉구하는 등의 방법으로 정당한 부과금액을 산출할 의무까지 부담하는 것은 아니다(대판 2016. 7. 14, 2015두4167).

> **판례 2** 개발부담금부과처분 취소소송에 있어서 취소의 범위
> (대전광역시 대덕구청장의 개발부담 금 부과처분의 취소를 구한 사건에서) 개발부담금부과처분 취소소송에 있어 당사자가 제출한 자료에 의하여 적법하게 부과될 정당한 부과금액을 산출할 수 없을 경우에는 부과처분 전부를 취소할 수밖에 없으나, 그렇지 않은 경우에는 그 **정당한 금액을 초과하는 부분만 취소**하여야 한다(대판 2004. 7. 22, 2002두11233).

(2) 일부취소를 부정한 판례　　　영업정지처분등이 재량권남용에 해당한다고 판단될 때에는 위법한 처분으로서 그 처분의 취소를 명할 수 있을 따름이고, 재량권의 범위 내에서 어느 정도가 적정한 영업정지기간인가를 가리는 일은 사법심사의 범위를 벗어난다(판례 1, 2).

> **판례 1** 영업정지기간중 일부 정지기간의 취소가능성
> (부산시 중구청장의 원고에 대한 영업정지처분을 다툰 사건에서) **행정청이 영업정지처분을 함에 있어서 그 정지기간을 어느 정도로 정할 것인지는 행정청의 재량권에 속하는 사항인 것이며** 다만 그것이 공익의 원칙이나 평등의 원칙 또는 비례의 원칙 등에 위반하여 재량권의 한계를 벗어난 재량권 남용에 해당하는 경우에만 위법한 처분으로서 사법심사의 대상이 되는 것이다. 그러므로 법원으로서는 **영업정지처분이 재량권 남용이라고 판단될 때에는 위법한 처분으로서 그 처분의 취소를 명할 수 있을 따름**이고 재량권의 한계 내에서 어느 정도가 적정한 영업정지기간인지를 가리는 일은 사법심사의 범위를 벗어나는 것이며 그 권한 밖의 일이라고 하겠으니, 이 사건 영업정지처분 중 적정한 영업정지기간을 초과하는 부분만 취소하지 아니하고 전부를 취소한 것은 이유의 모순이라는 논지도 받아들일 수 없다(대판 1982. 6. 22, 81누375).

> **판례 2** 재량행위인 과징금 납부명령에 대한 일부취소판결의 가부
> (공정거래위원회가 원고 엘엔티렉서스 주식회사 등에게 부당한 공동행위를 이유로 시정명령 및 과징금납부명령을 하였다가 일부 원고에게 과징금부과의 일부를 취소하는 처분을 하자 원고들이 감액된 부분에 대한 취소 등을 구한 사건에서) 처분을 할 것인지 여부와 처분의 정도에 관하여 재량이 인정되는 과징금 납부명령에 대하여 그 명령이 재량권을 일탈하였을 경우 법원으로서는 재량권의 일탈 여부만 판단할 수 있을 뿐이지 재량권의 범위 내에서 어느 정도가 적정한 것인지에 관하여는 판단할 수 없어 그 전부를 취소할 수밖에 없고, 법원이 적정하다고 인정되는 부분을 초과한 부분만 취소할 수는 없다(대판 2017. 1. 12, 2015두2352).

제2 판결의 효력

Ⅰ. 자 박 력

법원이 판결을 선고하면 선고법원 자신도 판결의 내용을 취소·변경할 수 없게 된다. 이를 판결의 자박력 또는 불가변력이라 부른다. 자박력은 선고법원과 관련된 효력이다.

Ⅱ. 확 정 력

1. 형식적 확정력

확정력에는 형식적 확정력과 실질적 확정력이 있다. 상소의 포기, 모든 심급을 거친 경우 혹은 상소제기기간의 경과 등으로 인해 판결에 불복하는 자가 더 이상 판결을 상소로써 다툴 수 없게 되는바, 이 경우에 판결이 갖는 구속력을 형식적 확정력이라 한다. 이것은 불가쟁력이라고도 한다. 형식적 확정력은 당사자와 이해관계자, 즉 법원의 판결에 불복할 수 있는 자에게 향한 효력이다.

2. 실질적 확정력(기판력)

(1) 의   의   판결이 확정되면 그 후의 절차(예:후소)에서 동일한 사항(동일한 소송물)이 문제되는 경우에도 당사자와 이들의 승계인은 기존 판결에 반하는 주장을 할 수 없을 뿐만 아니라 법원도 그것에 반하는 판단을 할 수 없는 구속을 받는바, 이러한 구속력을 실질적 확정력이라 부른다. 기판력이라 부르기도 한다. 실질적 확정력에 관해 명문의 규정이 없다. 따라서 실질적 확정력은 학설과 판례가 정리할 문제이다. 소송의 실제상 기판력이 문제되는 경우는 ① 기판력이 발생한 소송물과 동일한 소송물을 대상으로 후소를 제기하거나, ② 전소에서 확정된 법적 효과와 상반되는 효과를 주장하는 후소를 제기하거나, ③ 기판력이 발생한 소송물이 후소의 선결문제로 된 경우 이다.

(2) 취   지   실질적 확정력은 법적 안정성의 표현(소송절차의 반복의 방지와 재판 사이의 모순방지)이고 법치국가원칙의 표현이다. 왜냐하면 실질적 확정력 없이 법적 평화는 유지될 수 없기 때문이다. 요컨대 소송절차의 무용한 반복을 방지하고, 아울러 선후 모순된 재판의 출현을 방지함으로써 법적 안정성을 도모하고자 함이 기판력제도의 취지이다(판례).

> [판례] 기판력의 의의
>
> (1) (무고죄인이 위자료를 구하는 손해배상 소송을 제기하였으나 확정판결의 기판력에 저촉된다는 이유로 기각된 후 절차를 거쳐 확정판결의 기판력을 규정하고 있는 민사소송법 제216조 제 1 항이 헌법에 위반된다고 주장하면서 제기한 민사소송법 제216조 제 1 항 위헌소원사건에서) (당사자 간) 이 사건 법률조항은 확정된 종국판결의 주문 내용에 대하여 기판력을 인정하여, 동일한 사항이 후에 다시 문제되는 경우 당사자가 그에 반하여 다투거나 법원이 그에 모순·저촉되는 판단을 하지 못하도록 함으로써 헌법상 법치국가원리의 한 구성요소인 법적 안정성, 즉 사회질서의 유지와 분쟁의 일회적인 해결 및 동일한 분쟁의 반복 금지에 의한 소송경제를 달성하고자 하는 것이다. (당사자와 법원 간) 이러한 기판력은 **전소와 후소의 소송물이 동일한 경우, 전소와 후소의 소송물**

이 동일하지는 않지만 전소의 소송물이 후소의 선결문제로 되어 있는 경우, 또는 후소 청구가 전소 판결과 모순된 반대관계에 서는 경우에 당사자와 법원을 구속하여 확정판결의 주문 내용에 저촉되는 다툼이나 판단을 금하는 것이다(헌재 2012. 2. 23, 2011헌바356).

(2) (가등기말소를 구한 민사소송에서) 확정판결의 기판력은 확정판결의 주문에 포함된 법률적 판단과 동일한 사항이 소송상 문제가 되었을 때 당사자는 이에 저촉되는 주장을 할 수 없고 법원도 이에 저촉되는 판단을 할 수 없는 기속력을 의미하고, 확정판결의 내용대로 실체적 권리관계를 변경하는 실체법적 효력을 갖는 것은 아니다(대판 2020. 5. 14, 2019다261381).

(3) 법적 근거　　행정소송법상 실질적 확정력에 관해 명시적으로 규정하는 바가 없다. 다만, 행정소송법 제8조 제2항에 따라 민사소송법 제216조와 제218조가 준용된다.

(4) 내　　용　　판결의 기판력이 발생하면, 당사자는 동일한 소송물을 대상으로 다시 소를 제기할 수 없다(반복금지효). 뿐만 아니라 후소에서 당사자는 기판력을 발생하고 있는 전소의 확정판결의 내용에 반하는 주장을 할 수 없고, 법원은 전소판결에 반하는 판단을 할 수 없다(모순금지효).

(5) 효력범위

1) 주관적 효력범위　　실질적 확정력은 당사자 또는 당사자와 동일시할 수 있는 승계인(기판력의 발생시점 이후에 당사자로부터 소송물인 권리·의무를 승계한 자, 민소법 제218조 제1항 참조)뿐만 아니라 보조참가인(행정소송에서 제3자의 소송참가는 공동소송적 보조참가이다)에게도 미친다. 취소소송의 피고는 처분청이므로 행정청을 피고로 하는 취소소송에 있어서의 기판력은 당연히 당해 처분의 효력이 귀속하는 국가 또는 공공단체에 미친다(대판 1998. 7. 24, 98다10854). 제3자는 후술의 형성력의 문제가 된다.

2) 객관적 효력범위　　실질적 확정력은 판결주문에 나타난 판단에만 미치고(민소법 제216조 제1항), 판결이유에서 제시된 그 전제가 되는 법률관계에는 미치지 않는다(대판 2000. 2. 25, 99다55472; 대판 1987. 6. 9, 86다카2756). 판결이유는 다만 판결주문의 해석에 고려된다. 판례에 따르면 취소판결의 기판력은 소송물로 된 행정처분의 위법성존부에 관한 그 자체에만 미치는 것이므로 전소와 후소가 그 소송물을 달리하는 경우에는 전소확정판결의 기판력이 후소에 미치지 아니한다(대판 2016. 3. 24, 2015두48235). 그리고 확정판결의 주문에 포함된 법률적 판단과 동일한 사항이 소송상 문제가 되었을 때 당사자는 이에 저촉되는 주장을 할 수 없고 법원도 이에 저촉되는 판단을 할 수 없다. 후소의 소송물이 전소의 소송물과 동일하지 않더라도 전소의 소송물에 관한 판단이 후소의 선결문제가 되거나 모순관계에 있을 때에는 후소에서 전소 확정판결의 판단과 다른 주장을 하는 것도 허용되지 않는다(대판 2021. 9. 30, 2021두38635).

> [참고판례] 행정소송의 수소법원은 가정법원이 내린 판단을 존중해야 하는지 여부
>
> (한국 국적의 배우자와 이혼한 베트남 여성이 결혼이민(F-6 다.목) 체류자격 연장을 신청하였다가 거부된 사안에서, 혼인파탄에 관한 주된 귀책사유가 누구에게 있는지가 다투어진 체류기간연장등불허가처분취소소송에서) 행정소송의 수소법원이 관련 확정판결의 사실인정에 구속되는 것은 아니지만, 관련 확정판결에서 인정한 사실은 행정소송에서도 유력한 증거자료가 되므로, 행정소송에서 제출된 다른 증거들에 비추어 관련 확정판결의 사실판단을 채용하기 어렵다고 인정되는 특별한 사정이 없는 한, 이와 반대되는 사실은 인정할 수 없다(대판 2019. 7. 4, 2018두66869).

3) 시간적 효력범위 　　실질적 확정력은 사실심의 변론종결시를 기준으로 하여 효력을 발생한다($\binom{대판 1992. 2. 25.}{91누6108}$). 확정판결은 변론종결시까지 제출된 자료를 기초로 하여 이루어지는 것이기 때문이다.

　(6) 실질적 확정력의 주장 　　당사자가 확정판결의 존재를 사실심변론종결시까지 주장하지 아니하였다 하더라도 상고심에서 새로이 이를 주장·입증할 수 있다($\binom{행소법 제 8 조; 민소법}{제434조, 제432조 참조}$)($\binom{대판 1989.}{10. 10.}{89누1308}$).

　(7) 실질적 확정력(기판력)과 국가배상청구소송 　　취소소송의 기판력이 후소인 국가배상청구소송에서 어떠한 영향을 미치는가에 관해 견해가 나뉘고 있다.

　1) 기판력 긍정설 　　취소소송에서의 위법과 국가배상청구소송에서의 위법이 동일하다는 견해는 후소인 국가배상청구소송에 기판력이 미친다고 한다.

　2) 기판력 부정설 　　취소소송에서의 위법성과 국가배상청구소송의 위법성의 개념을 상이하게 보는 입장은 기판력을 부정한다.

　3) 제한적 긍정설 　　일설은 청구인용판결의 기판력은 국가배상청구소송에 미치지만 청구기각판결의 기판력은 국가배상청구소송에 미치지 않는다고 한다. 즉 국가배상청구소송에서 위법성의 범위가 취소소송의 경우보다 넓기 때문에 취소소송에서 처분이 위법하지 않다고 하여 기각판결을 내렸다고 하여도 후소인 국가배상청구소송에서 위법판단이 불가한 것은 아니라 한다.

　4) 사　　견 　　취소소송에서의 위법과 국가배상청구소송에서의 위법이 동일하다고 볼 것이므로 위법판단의 대상이 동일한 경우, 취소소송의 기판력은 국가배상책임에 영향을 미친다고 본다. 왜냐하면 취소소송은 위법성 일반을 소송물로 하였기 때문이다. 그러나 취소소송의 소송물을 위법성일반이 아니라 처분등이 위법하고 또한 그러한 처분등이 자기의 권리를 침해한다는 당사자의 법적 주장이라고 본다면, 취소소송의 기판력은 인용판결의 경우 영향을 미치지만 기각판결의 경우에는 국가배상청구소송에 영향을 미치지 않을 수 있다.

　[기출사례] 제29회 입법고시(2013년) 문제·답안작성요령 ☞ PART 4 [2-38]
　[기출사례] 제57회 5급공채(일반행정)(2013년) 문제·답안작성요령 ☞ PART 4 [2-39]
　[기출사례] 제 4 회 변호사시험(2015년) 문제·답안작성요령 ☞ PART 4 [2-40]

　(8) 실질적 확정력(기판력)과 처분청의 직권취소 　　실질적 확정력은 전소의 판결이 갖는 후소의 관할법원에 대한 구속력의 문제이기 때문에 행정행위의 직권취소와는 직접 관련성이 없다. 따라서 원고의 청구가 기각되는 경우에 처분청은 직권취소를 할 수도 있다. 다만, 후술하는 기속력의 제한을 받음은 별개의 문제이다.

　[기출사례] 제34회 입법고시(2018년) 문제·답안작성요령 ☞ PART 4 [2-42]

3. 형식적 확정력과 실질적 확정력의 관계

형식적 확정력은 실질적 확정력의 전제요건이 된다. 그리고 실질적 확정력은 형식적 확정력 있는 판결을 내용상으로 보장한다.

Ⅲ. 형성력

1. 의 의

취소소송에서 청구인용판결은 형성판결의 성질을 갖는다. 형성력에 관한 명시적 규정은 없다. 그러나 행정소송법 제29조 제 1 항에 비추어 당연히 인정된다. 취소판결이 확정되면 행정청에 의한 특별한 의사표시 내지 절차 없이 당연히 행정상 법률관계의 발생·변경·소멸을, 즉 형성의 효과를 가져온다. 이를 형성력이라 한다.

2. 근 거

행정소송법은 취소판결의 형성력에 관해 명시적으로 규정하는 바가 없다. 그러나 행정의 법률적합성의 원칙과 행정소송법 제29조 제 1 항의 규정내용에 비추어 취소판결의 형성력을 인정할 수 있다.

3. 효 과

(1) 형 성 효   행정처분을 취소한다는 확정판결이 있으면 그 취소판결의 형성력에 의하여 당해 행정처분의 취소나 취소통지 등의 별도의 절차를 요하지 아니하고 당연히 취소의 효과가 발생한다(판례).

> **판례** 행정처분취소 확정판결의 형성력 발생에 행정처분 취소통지 등을 요하는지 여부
> (중앙토지수용위원회의 원고에 대한 토지수용재결처분의 취소를 구한 사건에서) **행정처분을 취소한다는 확정판결이 있으면** 그 취소판결의 형성력에 의하여 당해 행정처분의 취소나 취소통지 등의 별도의 절차를 요하지 아니하고 **당연히 취소의 효과가 발생한다고 할 것**이고 별도로 취소의 절차를 취할 필요는 없을 것이다. 따라서 이 사건 보상대상 토지에 관한 종전의 1987. 4. 1.자 이의재결이 위법하다 하여 이를 취소하는 확정판결이 있었음에도 동 재결의 취소절차를 취하지 아니하고 한 이 사건 이의재결이 위법하다는 논지는 이유 없다(대판 1991. 10. 11, 90누5443).

(2) 취소의 소급효   취소판결의 형성력은 소급한다(판례). 따라서 취소판결 후에 취소된 처분을 대상으로 하는 처분(예: 경정처분)은 당연히 무효이다.

> **판례** 과세처분 취소판결의 소급효
> (원고가 대한민국에 대하여 부당이득금반환청구를 한 사건에서) 과세처분을 취소하는 판결이 확정되면 그 과세처분은 처분시에 소급하여 소멸하므로 그 뒤에 과세관청에서 그 과세처분을 경정하는 경정처분을 하였다면 이는 존재하지

않는 과세처분을 경정한 것으로서 그 하자가 중대하고 명백한 당연무효의 처분이다(대판 1989. 5. 9, 88다카16096; 대판 1993. 5. 14,91도627).

(3) 제 3 자효

1) 의 의 행정소송법 제29조 제 1 항은 "처분등을 취소하는 확정판결은 제 3 자에 대하여도 효력이 있다"라고 규정하여 형성력은 제 3 자에 대해서도 발생한다. 처분등을 취소하는 확정판결이 제 3 자에 대하여도 효력이 있다는 것은 취소판결의 존재와 그 판결에 의해 형성되는 법률관계를 제 3 자도 용인하여야 함을 의미한다[판례]. 이렇듯 형성력이 제 3 자에게도 미치는 까닭에 소송에 참가하지 않았던 제 3 자의 보호를 위한 제 3 자의 소송참가, 제 3 자의 재심청구 등의 제도가 인정되는 것이다.

> [판례] **취소판결의 제 3 자효의 의미**
> (환지처분의 취소판결로 소유권을 잃게 된 원고가 인천직할시에 손해배상을 청구한 사건에서) 행정처분을 취소하는 확정판결이 제 3 자에 대하여도 효력이 있다고 하더라도 일반적으로 판결의 효력은 주문에 포함한 것에 한하여 미치는 것이니 **그 취소판결 자체의 효력으로써 그 행정처분을 기초로 하여 새로 형성된 제 3 자의 권리까지 당연히 그 행정처분 전의 상태로 환원되는 것이라고는 할 수 없고, 단지 취소판결의 존재와 취소판결에 의하여 형성되는 법률관계를 소송당사자가 아니었던 제 3 자라 할지라도 이를 용인하지 않으면 아니 된다는 것을 의미**하는 것에 불과하다 할 것이며, 따라서 취소판결의 확정으로 인하여 당해 행정처분을 기초로 새로 **형성된 제 3 자의 권리관계에 변동을 초래하는 경우가 있다 하더라도 이는 취소판결 자체의 형성력에 기한 것이 아니라 취소판결의 위와 같은 의미에서의 제 3 자에 대한 효력의 반사적 효과로서** 그 취소판결이 제 3 자의 권리관계에 대하여 그 변동을 초래할 수 있는 새로운 법률요건이 되는 까닭이라 할 것이다. 그러므로 이 사건에 있어서 위 환지계획변경처분을 취소하는 판결이 확정됨으로써 이 사건 토지들에 대한 원고들 명의의 소유권이전등기가 그 원인없는 것으로 환원되는 결과가 초래되었다 하더라도 동 소유권이전등기는 위 취소판결 자체의 효력에 의하여 당연히 말소되는 것이 아니라 소외 이석구가 위 취소판결의 존재를 법률요건으로 주장하여 원고들에게 그 말소를 구하는 소송을 제기하여 승소의 확정판결을 얻어야 비로소 말소될 수 있는 것이다(대판 1986. 8. 19. 83다카2022).

2) 취 지 제 3 자에게도 취소판결의 효력을 갖도록 규정한 것은 승소한 자의 권리를 확실히 보호하기 위함이다.

(예) 강제징수절차와 관련하여 압류물품이 매각된 경우에 압류취소판결이 있음에도 그 판결의 효력이 매수인에게 미치지 않는다면 승소의 의미는 반감될 것이다.

3) 제 3 자의 범위

㈎ 제 3 자의 의의 제 3 자란 소송참가인만을 의미하는 것도 아니고, 일반인을 의미하는 것도 아니다. 그 판결과 직접 법적 이해관계를 맺는 자를 의미한다.

(나) 구체적 검토　　　제3자의 범위와 관련하여 문제가 되는 경우를 살펴보면, ① 당해 처분의 취소에 직접적인 이해관계가 있는 제3자(예: 경원자소송에서 불허가 등을 받은 자가 제기한 소송에서 허가등의 처분을 받았던 자, 공매처분취소소송에서 경락인)는 판결의 효력을 받는 제3자임이 명백하다. ② 하지만 일반처분이 판결에 의해 취소된 경우 동일한 처분을 받았던 제3자가 타인(원고)이 제기한 취소소송의 인용판결의 효력을 적극적으로 향수할 수 있는지가 문제되는데, ⓐ 소송에 참가하여 재판상 청문권을 행사할 기회를 갖지 않은 제3자에게 형성력을 미치는 것은 재판받을 권리를 침해하는 것이므로 소송에 참가한 제3자에게만 형성력이 미친다는 상대적 효력설과 ⓑ 행정법관계의 획일적인 규율의 요청, 법률상태 변동의 명확화 요청 등을 근거로 소송에 참가하지 않은 일반 제3자에게도 형성력이 미친다는 절대적 효력설(김동희, 김철용, 박윤흔·정형근)이 대립하며, 후자가 일반적인 견해이다.

　　4) 제3자효의 확장　　　제3자에 대한 효력은 집행정지의 결정이나 집행정지의 취소의 결정의 경우에 준용된다(행소법 제38조 제1항, 제29조 제2항). 또한 무효등확인소송·부작위법확인소송의 경우에도 준용된다(행소법 제38조 제1항·제2항, 제29조 제2항). 종래 판례는 행정처분의 무효확인판결은 비록 형식상은 확인판결이라 하여도 그 확인판결의 효력은 그 취소판결의 경우와 같이 소송의 당사자는 물론 제3자에게도 미친다고 하였다(판례).

> **판례**　행정처분의 무효확인판결의 대세적 효력
>
> (귀속재산의 소유권에 관한 민사소송에서) 행정상의 법률관계는 이를 획일적으로 규율할 필요가 있을 뿐 아니라 행정처분 무효 확인소송은 제소기간의 도과 등으로 인하여 행정처분 취소의 소를 제기할 수 없게 되었을 때라도 중대하고 명백한 하자 있는 행정처분이 무효임을 확정하여 그 외견적 효력을 제거하여 줌으로써 행정처분 취소의 소를 제기한 것과 같은 구제의 길을 터주려는데 그 취지가 있는 것이고 행정청의 공권력의 행사에 불복하여 그 처분의 효력을 다투는 점에서 행정처분 취소의 소와 기본적으로 동질의 소송유형에 속하여 그에 준하는 성질을 가지는 것이라 할 것이므로 **행정처분의 무효확인 판결이 비록 형식상은 확인판결이라 하여도 그 무효확인 판결의 효력은 그 취소판결과 같이 소송의 당사자는 물론 제3자에게도 미치는 것이라고 함이 상당**하며 이는 당원의 판례(1980. 8. 26, 79다1866 참조)이기도 하다(대판 1982. 7. 27, 82다173).

Ⅳ. 기 속 력

1. 의　　의

　　처분등을 취소하는 확정판결은 그 사건에 관하여 당사자인 행정청과 그 밖의 관계행정청을 기속하는바(행소법 제30조 제1항), 이를 기속력이라 한다. 기속력은 당사자인 행정청과 관계 행정청에 대하여 판결의 취지에 따라야 할 실체법상의 의무를 발생시키는 효력이다. 기속력을 구속력으로 부르는 경우도 있다. 자박력·확정력·형성력과 달리 기속력은 민사소송에서는 찾아 볼 수 없다.

2. 성 질

(1) 학 설

1) 기판력설   기속력이 기판력과 동일하다는 견해로서 행정소송법상 기속력에 관한 규정은 판결 자체의 효력으로서 당연한 것으로 보는 입장이다.

2) 특수효력설   기속력은 취소판결의 실효성을 확보하기 위해 행정소송법이 취소판결에 특히 인정한 특유한 효력이라는 견해이다. 즉 판결 그 자체의 효력이 아니라 취소판결의 효과의 실질적인 보장을 위해 행정소송법이 특별히 인정한 효력이라는 견해이다. 말하자면 취소판결로 행정행위의 취소는 가능하여도 동일한 행정행위의 발령은 막을 수 없기 때문에 기속력이 인정된다는 것이다.

(2) 판 례   판례는 상이하다는 입장을 취하는 것으로 보인다(판례).

> **판례**   행정소송법 제30조 제1항의 기속력과 같은 법 제8조 제2항에 의하여 행정소송에 준용되는 민사소송법 제216조, 제218조가 규정하는 '기판력'의 의미
> (피고 서울특별시장이 원고들인 신미운수(주)·주호교통(주)가 소외인들에게 수차례 원고들의 차량을 임대하여 여객자동차 운수사업을 경영하게 하여 명의이용금지를 위반하였다는 이유로 택시감차명령을 하자 이의 취소들을 구한 신미운수·주호교통 택시감차명령사건에서)
> **행정소송법 제30조 제1항**은 "처분 등을 취소하는 확정판결은 그 사건에 관하여 당사자인 행정청과 그 밖의 관계행정청을 기속한다."라고 규정하고 있다. 이러한 취소 확정판결의 '**기속력**'은 취소 청구가 인용된 판결에서 인정되는 것으로서 당사자인 행정청과 그 밖의 관계행정청에게 **확정판결의 취지에 따라 행동하여야 할 의무를 지우는 작용**을 하는 것이다. 이에 비하여 행정소송법 제8조 제2항에 의하여 행정소송에 준용되는 **민사소송법 제216조, 제218조**가 규정하고 있는 '**기판력**'이란 기판력 있는 전소 판결의 소송물과 동일한 후소를 허용하지 않음과 동시에, 후소의 소송물이 전소의 소송물과 동일하지는 않다고 하더라도 전소의 소송물에 관한 판단이 후소의 선결문제가 되거나 모순관계에 있을 때에는 후소에서 전소 판결의 판단과 다른 주장을 하는 것을 허용하지 않는 작용을 하는 것이다(대판 2016. 3. 24, 2015두48235).

(3) 사 견   기속력은 취소판결에서의 효력이지만 기판력은 모든 본안판결에서 효력이라는 점, 기속력은 당사자인 행정청과 그 밖의 관계 행정청에 미치지만 기판력은 당사자와 후소의 법원에 미친다는 점, 기속력은 일종의 실체법적 효력이지만 기판력은 소송법상 효력이라는 점에서 양자는 상이하므로, 특수효력설이 타당하다.

	기 판 력	기 속 력
성 질	소송법적 효력	실체법적 구속력
적용판결	인용판결과 기각판결에 발생	인용판결에 발생
인적 범위	당사자와 후소법원을 구속	관계 행정청을 구속
객관적 범위	주문	주문 및 그 전제인 요건사실

3. 내 용

(1) 소극적인 관점에서의 기속력(반복금지효)

반복금지효란 당사자인 행정청은 물론이고 그 밖의 관계 행정청($\substack{\text{예: 재결취소소} \\ \text{송에서 원처분청}}$)도 확정판결에 저촉되는 처분을 할 수 없음을 의미한다. 즉, 동일한 사실관계 아래서 동일 당사자에 대하여 동일한 내용의 처분을 반복하여서는 안 된다는 부작위의무를 말한다.

[기출사례] 제 9 회 변호사시험(2020년) 문제 · 답안작성요령 ☞ PART 4 [2-46]

(2) 적극적인 관점에서의 기속력(재처분의무)

1) 의 의 재처분의무란 행정청이 판결의 취지에 따른 처분을 하여야 함을 의미한다. 이를 재처분의무 또는 적극적 처분의무라 부르기도 한다. 재처분의무는 행정청에 대하여 판결의 취지에 따라 신청에 대한 새로운 처분을 하여야 할 의무를 부과함으로써 신청인에게 실질적인 권리구제를 확보해 주기 위한 것이다. 재처분의무의 불이행시에는 뒤에서 보는 바와 같이 그 의무이행을 위한 간접강제가 이루어질 수 있다. 행정소송법상 재처분의무는 2가지 방향에서 문제된다.

2) 거부처분취소소송의 인용판결에 따른 재처분의무 행정소송법 제30조 제 2 항은 당사자의 신청을 거부하는 처분을 법원이 판결로 취소하는 경우 행정청에게 판결의 취지에 따라 신청에 대한 처분을 하여야 하는 재처분의무를 지우고 있다. 따라서 거부처분을 취소하는 판결이 확정되면 행정청은 재처분을 반드시 해야 할 의무($\substack{\text{작위} \\ \text{의무}}$)와 재처분을 하는 경우 판결의 취지에 따라야 할 의무($\substack{\text{판결의 취지에 위반되는 재처분} \\ \text{을 해서는 안 되는 부작위의무}}$)를 부담한다. 계획재량 영역에서의 취소판결의 경우, 기속력과 계획재량의 한계 일탈 여부는 별개의 문제이다($\substack{\text{판} \\ \text{례}}$).

> **판례** 계획재량 영역에서의 취소판결 기속력 범위
>
> (원고가 학교시설로 도시계획시설이 결정되어 있는 부지를 취득한 후 그 지상에 가설건축물 건축허가를 받고 옥외골프연습장을 축조하여 이를 운영하여 오고 있던 중, 피고(서울특별시장)에게 위 부지에 관하여 도시계획시설(학교)결정을 폐지하고 가설건축물의 건축용도를 유지하는 내용의 지구단위계획안을 입안 제안한 것에 대하여 피고가 이를 거부하는 처분을 하자, 원고는 피고를 상대로 한 항고소송(도시관리계획결정 무효확인 등 청구의 소)을 제기하여 위 거부처분의 취소판결을 확정받았다. 이후 피고가 새로운 재량고려사유를 들어 도시계획시설(학교)결정을 폐지하고, 위 부지를 특별계획구역으로 지정하는 내용의 도시관리계획결정을 하였는바, 이에 원고가 제기한 도시관리계획결정 무효확인 등 청구의 소에서) 취소 확정판결의 기속력의 범위에 관한 법리 및 도시관리계획의 입안 · 결정에 관하여 행정청에게 부여된 재량을 고려하면, 주민 등의 도시관리계획 입안 제안을 거부한 처분을 이익형량에 하자가 있어 위법하다고 판단하여 취소하는 판결이 확정되었더라도 행정청에게 그 입안 제안을 그대로 수용하는 내용의 도시관리계획을 수립할 의무가 있다고는 볼 수 없고, 행정청이 다시 새로운 이익형량을 하여 적극적으로 도시관리계획을 수립하였다면 취소판결의 기속력에 따른 재처분의무를 이행한 것이라고 보아야 한다. 다만 취소판결의 기속력 위배 여부와 계획재량의 한계 일탈 여부는 별개의 문제이므로, 행정청이 적극적으로 수립한 도시관리계획의 내용이 취소판결의 기속력에 위배되지는 않는다고 하더라도 계획재량의 한계를 일탈한 것인지의 여부는 별도로 심리 · 판단하여야 한다($\substack{\text{대판 2020. 6. 25,} \\ \text{2019두56135}}$).

3) 절차의 하자를 이유로 처분을 취소하는 판결에 따른 재처분의무

(가) 재처분 의무의 부과   신청에 따른 처분이 절차의 위법을 이유로 취소되는 경우에도 행정청에 재처분의무가 부과된다($\binom{\text{행소법 제30}}{\text{조 제 3 항}}$). 이러한 경우는 주로 신청이 받아들여짐으로써 불이익을 받는 제 3 자에 의한 소제기에서 취소판결이 주어지는 경우에 해당한다($\binom{\text{예컨대, A의 신청에 따라 B구}}{\text{청장이 유해화학공장을 허가}}$한 경우, A의 이웃인 C가 B구청장의 허가절차에 위법이 있음을 이유로 허가취소청구소송을 제기한 데 대하여 법원이 이를 인용한 경우). 인용처분이 내용상 위법을 이유로 취소된 경우, 행정청은 그 판결의 취지에 기속되므로 다시 인용처분을 할 수는 없는 것이고, 따라서 이 경우 재처분의무를 규정한다는 것은 상정될 수 없다. 다만 당해 인용처분이 절차상의 위법사유로 인해 취소된 경우 적법한 절차에 따라 처분을 하여도 다시 원래의 신청이 인용될 소지가 있으므로 신청인($\binom{\text{처분의}}{\text{상대방}}$)에 있어서는 재처분의 이익이 있는 것이다($\binom{\text{김동}}{\text{희}}$). 결국 행정소송법 제30조 제 3 항은 당연한 것을 규정한 주의규정에 불과하다($\binom{\text{사법연}}{\text{수원}}$).

(나) 재처분의 내용   재처분의 내용은 원고의 신청이 아니라 판결의 취지에 따른다. 따라서 원래의 처분이 받아들여질 수도 있다.

(다) 절차상 하자 아닌 사유에 근거한 거부처분   절차상의 하자가 아닌 사유를 들어 거부처분을 하는 것은 기속력에 반하는 것이 아니다. 행정소송법 제30조 제 3 항은 다만 절차상 위법사유에 한하여 기속력이 미치기 때문이다.

(3) 결과제거의무   취소소송의 경우, 인용판결이 있게 되면, 행정청은 위법처분으로 인해 야기된 상태를 제거하여야 할 의무를 부담하며, 이에 대응하여 원고는 결과제거청구권을 갖는다. 이러한 시각에서 행정소송법 제30조 제 1 항을 공법상의 결과제거청구권의 근거로 보기도 한다($\binom{\text{판}}{\text{례}}$).

> **[판례]**   행정처분을 취소하는 판결이 확정된 경우, 취소판결의 기속력에 따른 행정청의 의무
> ($\binom{\text{피고 인천해양경찰서장이 경쟁사인 세종해운 주식회사에 내준 도선사업면}}{\text{허변경처분에 대하여 원고인 유한회사 한림해운이 취소를 구한 사건에서}}$) 어떤 행정처분을 위법하다고 판단하여 취소하는 판결이 확정되면 행정청은 취소판결의 기속력에 따라 그 판결에서 확인된 위법사유를 배제한 상태에서 다시 처분을 하거나 그 밖에 **위법한 결과를 제거하는 조치**를 할 의무가 있다 ($\binom{\text{대판 2020. 4. 9.}}{\text{2019두49953}}$).

(4) 관련처분의 경우   취소청구가 인용되면 행정청은 판결의 기속력에 의거하여 취소되는 처분과 동일한 위법사유를 갖는 다른 행위를 반드시 취소하여야 하는가? 생각건대 이러한 경우에까지 기속력을 확대적용하기는 곤란하다고 본다. 소송은 개별적인 제도이지 입법처럼 일반·추상적인 것은 아니기 때문이다. 이러한 경우에 원고는 관련청구소송제도를 이용하면 될 것이다.

4. 효력범위

(1) 주관적 범위   기속력은 그 사건($\binom{\text{취소}}{\text{처분}}$)에 관하여 당사자인 행정청과 그 밖의 관계 행정청을 기속한다($\binom{\text{인적 효}}{\text{력범위}}$)($\binom{\text{판}}{\text{례}}$). 여기서 그 밖의 관계 행정청이란 피고인 행정청과 같은 행정주체에 속하는 행정청인지 또는 동일한 사무계통을 이루는 상·하관계에 있는 행정청인지의 여부에 관

계없이 당해 판결에 의하여 취소된 처분등에 관계되는 어떠한 처분권한을 가지는 행정청, 즉 취소된 처분등을 기초로 하여 그와 관련되는 처분이나 부수되는 행위를 할 수 있는 행정청을 총칭하는 것이다($^{이상}_{규}$).

> [판례] 취소판결의 기속력
> ($^{서울특별시 서초구청장의 도로점용허가처분에 대}_{하여 서초구 주민들이 주민소송을 제기한 사건에서}$) 어떤 행정처분을 위법하다고 판단하여 취소하는 판결이 확정되면 행정청은 취소판결의 기속력에 따라 그 판결에서 확인된 위법사유를 배제한 상태에서 다시 처분을 하거나 그 밖에 위법한 결과를 제거하는 조치를 할 의무가 있다($^{대판 2019. 10. 17,}_{2018두104}$).

(2) 객관적 범위   판결의 기속력은 판결주문 및 이유에서 판단된 처분 등의 구체적 위법사유에만 미친다($^{판}_{례}$).

> [판례] 취소소송에서 처분등을 취소하는 확정판결의 기속력의 범위 및 거부처분에 대한 취소판결이 확정된 경우 행정청이 사실심 변론종결 이전의 사유를 내세워 다시 거부처분을 할 수 있는지 여부
> ($^{윤씨가 중앙토지수용위원회를 상대로 손}_{실보상재결처분의 취소를 구한 사건에서}$) 행정소송법 제30조 제 1 항에 의하여 인정되는 취소소송에서 처분등을 취소하는 **확정판결의 기속력은** 주로 판결의 실효성 확보를 위하여 인정되는 효력으로서 **판결의 주문뿐만 아니라 그 전제가 되는 처분 등의 구체적 위법사유에 관한 이유 중의 판단에 대하여도 인정되고**, 같은 조 제 2 항의 규정상 특히 거부처분에 대한 취소판결이 확정된 경우에는 그 처분을 행한 행정청은 판결의 취지에 따라 다시 처분을 하여야 할 의무를 부담하게 되므로, **취소소송에서 소송의 대상이 된 거부처분을 실체법상의 위법사유에 기하여 취소하는 판결이 확정된 경우에는 당해 거부처분을 한 행정청은 원칙적으로 신청을 인용하는 처분을 하여야 하고, 사실심 변론종결 이전의 사유를 내세워 다시 거부처분을 하는 것은 확정판결의 기속력에 저촉되어 허용되지 아니한다** ($^{대판 2001. 3. 23,}_{99두5238}$).

1) 절차나 형식의 위법이 있는 경우   이 경우 판결의 기속력은 판결에 적시된 개개의 위법사유에 미치기 때문에 확정판결 후 행정청이 판결에 적시된 절차나 형식의 위법사유를 보완한 경우에는 다시 동일한 내용의 처분을 하더라도 기속력에 위반되지 않는다($^{이 문제를 기속력의 시간적 범위}_{의 문제로 보는 견해도 있고 객관}$적 범위의 문제로 보는 견해)($^{판}_{례}$)도 있다. 후자가 일반적이다.

> [판례] 과세처분 취소소송의 확정판결에 적시된 위법사유를 보완하여 새로이 행한 과세처분이 동 판결의 기속력에 저촉되는지 여부
> ($^{이리세무서장의 동우산업(주)에 대한 법}_{인세등부과처분의 취소를 구한 사건에서}$) 과세처분시 납세고지서에 과세표준, 세율, 세액의 산출근거 등이 누락되어 있어 이러한 절차 내지 형식의 위법을 이유로 과세처분을 취소하는 판결이 확정된 경우에 그 확정판결의 기판력은 확정판결에 적시된 절차 내지 형식의 위법사유에 한하여 미친다고 할

것이므로 **과세처분권자가 그 확정판결에 적시된 위법사유를 보완하여 행한 새로운 과세처분은 확정판결에 의하여 취소된 종전의 과세처분과는 별개의 처분으로서 확정판결의 기판력에 저촉되는 것은 아니다**⁽대판 1986. 11. 11, 85누231;⁾⁽이 판례에서는 기판력이라는 용어가 기속력의 의미로 사용되고 있다. 개념의 명⁾
⁽대판 1987. 2. 24, 85누229⁾⁽료성을 위해 기판력이 아니라 기속력이라는 용어가 사용되었으면 좋았을 것이다⁾.

2) 내용상 위법이 있는 경우

⑦ **범   위**   이 경우는 처분사유의 추가·변경과의 관계로 인해 판결주문 및 이유에서 판단된 위법사유와 기본적 사실관계가 동일한 사유를 말한다⁽당초사유인 A사유와 B사유가 기본적 사실관계의 동⁾⁽일성이 있는 사유이어서 취소소송 계속 중 당초사유⁾
에 B사유를 추가·변경할 수 있었음에도 행정청이 이를 하지 않아 행정청이 패소하였다면, 확정판결 후에는 B사유로는 행정청이 재처분을 할 수
없도록 해야 한다 ─ B사유를 추가·변경하지 않아 패소한 것은 행정청의 귀책사유이기에 ─ . 따라서 B사유로의 재처분을 막으려면 B사유에 기
속력이 미치게 하면 된다. 결국 기속력의 범위는 A사유⁾⁽판례⁾
와 B사유로 처분사유의 추가·변경의 범위와 같게 된다⁾⁽1, 2, 3, 4⁾.

㈏ **기본적 사실관계의 동일성 판단**   판례는 기본적 사실관계의 동일성 유무는 처분사유를 법률적으로 평가하기 이전의 구체적인 사실에 착안하여 그 기초인 사회적 사실관계가 기본적인 점에서 동일한지 여부에 따라 결정된다고 한다⁽대판 2011. 10. 27,⁾⁽2011두14401⁾. 구체적인 판단은 시간적·장소적 근접성, 행위 태양·결과 등의 제반사정을 종합적으로 고려해야 한다⁽법원실무제⁾⁽요, 석호철⁾. 즉, 처분청이 처분 당시에 적시한 구체적 사실을 변경하지 아니하는 범위 내에서 단지 그 처분의 근거법령만 을 추가·변경하거나 당초의 처분사유를 구체적으로 표시하는 것에 불과한 경우처럼 처분사유의 내용이 공통되거나 취지가 유사한 경우에는 기본적 사실관계의 동일성을 인정하고 있다⁽대판 2007. 2. 8,⁾⁽2006두4899⁾.

[판례 1] 심사의 기준시점을 재처분시를 기준으로 처분이 행정소송법 제30조 제 2 항에 규정된 재처분에 해당하는지의 여부
⁽안산케이블㈜가 방송위원회의 종합유선방송⁾⁽사업승인거부처분의 취소를 구한 사건에서⁾ 방송위원회가 중계유선방송사업자에게 한 종합유선방송사업 승인거부처분이 **심사의 기준시점을 경원자와 달리하여 평가한 것이 위법이라는 사유로 취소하는 확정판결의 취지에 따라 재처분 무렵을 기준으로 재심사한 결과에 따라 이루어진 재승인거부처분도 행정소송법 제30조 제 2 항에 규정된 재처분에 해당**한다⁽대판 2005. 1. 14,⁾⁽2003두13045⁾.

[판례 2] 종전 확정판결의 행정소송 과정에서 한 주장 중 처분사유가 되지 아니하여 판결의 판단대상에서 제외된 부분을 행정청이 그 후 새로이 행한 처분의 적법성과 관련하여 새로운 소송에서 다시 주장하는 것이 위 확정판결의 기판력에 저촉되는지 여부
⁽한국농진주식회사가 광업등록사무소장을 상대⁾⁽로 광업권원각하처분의 취소를 구한 사건에서⁾ 기히 원고의 승소로 확정된 판결은 원고 출원의 광구 내에서의 불석채굴이 공익을 해한다는 이유로 한 피고의 불허가처분에 대하여 그것이 공익을 해한다고는 보기 어렵다는 이유로 이를 취소한 내용으로서 이 소송과정에서 **피고가 원고 출원의 위 불석광은 광업권이 기히 설정된 고령토광과 동일광상에 부존하고 있어 불허가대상이라는 주장도 하였으나 이 주장 부분은 처분사유로 볼 수 없다는 점이 확정되어 판결의 판단대상에서 제외되었다면, 피고가 그 후 새로이 행한 처분의 적법성과 관련하여 다시 위 주장을 하더라도 위 확정판결의 기판력에 저촉된다고 할 수 없다**⁽대판 1991. 8. 9,⁾⁽90누7326⁾.

판례 3 　징계처분의 취소를 구하는 소에서 징계사유가 될 수 없다고 판결한 사유와 동일한 사유를 내세워 다시 징계처분할 수 있는지 여부

(서울특별시장을 상대로 견책
처분의 취소를 구한 사건에서) 징계처분의 취소를 구하는 소에서 **징계사유가 될 수 없다고 판결한 사유와 동일한 사유를 내세워 행정청이 다시 징계처분을 한 것**은 확정판결에 저촉되는 행정처분을 한 것으로서, 위 취소판결의 기속력이나 확정판결의 기판력에 저촉되어 허용될 수 없다(대판 1992. 7. 14, 92누2912).

판례 4 　재임용거부처분취소판결의 기속력

(임용기간의 만료로 재임용을 거부당하였다가 재임용거부처분의 승소판결을 받
은 원고의 재직기간 계산에 관한 재직기간합산불승인처분 취소청구소송에서) 기간을 정하여 임용된 국·공립대학의 교원은 특별한 사정이 없는 한 그 임용기간의 만료로 교원으로서의 신분관계가 종료되는 것이고, 임용기간이 만료된 교원의 재임용이 거부되었다가 **그 재임용거부처분이 법원의 판결에 의하여 취소되었다고 하더라도 임용권자는 다시 재임용 심의를 하여 재임용 여부를 결정할 의무를 부담할 뿐,** 위와 같은 취소 판결로 인하여 당연히 그 교원이 재임용거부처분 당시로 소급하여 신분관계를 회복한다고 볼 수는 없다(대판 2009. 3. 26, 2009두416).

　　(3) 시간적 범위　　기속력은 처분 당시를 기준으로 그때까지 존재하던 처분사유에 한하고 그 이후에 생긴 사유에는 미치지 않는다(처분시설). 처분시에는 위법한 거부처분(요건을 구비하였기에 수익적 처분을 발령하여야 함에도 거부한 경우)이었으나 그 후 법령이나 사실상태가 변경되어 거부처분이 적법한 상태가 된 경우, 법원이 거부처분을 취소하여 당사자의 청구를 인용하였다고 할지라도(기속력의 시간적 범위는 처분시에 한정되기에) 처분청은 변경된 법령 및 사실상태를 근거로 하여 다시 거부처분을 할 수 있다는 것이 일반적 견해이며, 판례의 입장이다(판례 1). 즉, 이 경우 처분청의 새로운 거부처분도 행정소송법 제30조 제 2 항의 재처분이다. 한편, 판례는 기본적 사실관계가 다르면, 처분당시에 있었던 사유로 재처분하여도 기속력 위반이 아니라 한다(판례 2).

판례 1 　거부처분 취소의 확정판결을 받은 행정청이 사실심 변론종결 이후 발생한 새로운 사유를 내세워 다시 거부처분을 한 경우도 행정소송법 제30조 제 2 항에 규정된 재처분에 해당하는지　여부

(한성피씨건설 건축
불허가사건에서) 행정소송법 제30조 제 2 항의 규정에 의하면, 행정청의 거부처분을 취소하는 판결이 확정된 경우에는 그 처분을 행한 행정청이 판결의 취지에 따라 이전의 신청에 대하여 재처분을 할 의무가 있다. 행정처분의 적법 여부는 그 행정처분이 행하여진 때의 법령과 사실을 기준으로 하여 판단하는 것이므로 **확정판결의 당사자인 처분 행정청은 종전 처분 후에 발생한 새로운 사유를 내세워 다시 거부처분을 할 수 있고,** 그러한 처분도 위 조항에 규정된 재처분에 해당한다(대판 2011. 10. 27, 2011두14401).

판례 2 　종전 처분의 처분사유와 기본적 사실관계가 다른, 그러나 처분 시에 존재하였던 사유에 따른 처분의 기속력 위반 여부

(피고 서울특별시장이 원고들인 신미운수(주)·주호교통(주)가 소외인들에게 수차례 원고들의 차량을 임대하여 여객자동차 운수사업을 경
영하게 하여 명의이용금지를 위반하였다는 이유로 택시감차명령을 하자 이의 취소들을 구한 신미운수·주호교통 택시감차명령사건에서) 새로운 처분의 처분사유가 종전 처분의 처분사유와 기본적 사실관계에서 동일하지 않은 다른 사유에 해당하는 이상, 해당 처분사유가 종전 처분 당시 이미 존재하고 있었고 당사자가 이를 알고 있었다 하더라도 이를 내세워 새로이 처분을 하는 것은 확정판결의 기속력에 저촉되지 않는다(대판 2016. 3. 24, 2015두48235).

5. 기속력의 위반

① 기속력의 내용 중 반복금지효에 위반하여 동일한 내용의 처분을 한 경우 이러한 처분은 위법한 행위로서 하자가 중대하고 명백하여 무효이다($^{판례}_{1}$). ② 거부처분의 취소판결이 확정되어 행정청에게 재처분의무가 발생한 경우 ⓐ 행정청이 재처분을 해야 할 의무($^{작위}_{의무}$)에 반하여 불이행하고 있다면 사인은 간접강제를 신청할 수 있고($^{행소법 \, 제34}_{조 \, 제1항}$), ⓑ 재처분을 하기는 하였으나 판결의 취지에 따르지 않아 해당 재처분이 무효인 경우($^{판결의 \, 취지에 \, 위반되는 \, 재처분을 \, 해서}_{는 \, 안되는 \, 부작위의무에 \, 위반한 \, 경우}$)($^{판례}_{2}$)에도 사인은 간접강제를 신청할 수 있다($^{대결 \, 2002. \, 12. \, 11,}_{2002무22}$)($^{자세한 \, 사항은 \, 간}_{접강제부분 \, 참조}$).

판례 1   반복금지의무에 위반되는 처분의 위법성의 정도

($^{서울특별시 \, 성동구청장을 \, 상대로 \, 토지형질변경}_{허가신청불허가처분의 \, 취소를 \, 구한 \, 사건에서}$) **피고가 원고의 토지형질변경허가신청에 대한 이 사건 불허가처분의 근거로 1988. 7. 1.자 서울특별시 예규 제499호의 토지형질변경행위 사무취급요령이 규정하는 규제대상에 해당함을 들고 있으나 이는 결국 도시계획법 제4조 제1항, 같은법시행령 제5조의2에** 터잡은 토지의 형질변경등행위허가기준등에관한규칙($^{건설부령}_{제328호}$) 제4조 제1항 제1호 및 제2호에 **정한 허가기준에 적합하지 않다는 것에 불과한 것이어서 피고가 위 신청에 대한 1차 거부처분의 취소소송에서 이미 주장한 내용과 동일하여 1차 거부처분의 취소를 명한 확정판결의 사실심 변론종결 이후에 생긴 새로운 사유로 볼 수 없으므로 이 사건 불허가처분은 위 확정판결에 저촉되는 것으로서 무효라고 판단하고 있는바,** 기록에 의하여 살펴보면 위와 같은 원심판단은 정당하고 소론과 같은 위법이 없으므로 논지는 이유 없다($^{대판 \, 1990. \, 12. \, 11,}_{90누3560}$).

판례 2   주택건설사업 승인신청 거부처분의 취소를 명하는 판결이 확정되었음에도 행정청이 그에 따른 재처분을 하지 않은 채 위 취소소송 계속중에 도시계획법령이 개정되었다는 이유를 들어 다시 거부처분을 한 사안에서, 새로운 거부처분이 확정된 종전 거부처분 취소판결의 기속력에 저촉되어 당연무효라고 한 사례

($^{재항고인이 \, 부산광역시 \, 해운대구청장}_{을 \, 상대로 \, 간접강제를 \, 구한 \, 사건에서}$) 주택건설사업 승인신청 거부처분의 취소를 명하는 판결이 확정되었음에도 행정청이 그에 따른 재처분을 하지 않은 채 위 취소소송 계속중에 도시계획법령이 개정되었다는 이유를 들어 다시 거부처분을 한 사안에서, **개정된 도시계획법령에 그 시행 당시 이미 개발행위허가를 신청중인 경우에는 종전 규정에 따른다는 경과규정을 두고 있으므로 위 사업승인신청에 대하여는 종전 규정에 따른 재처분을 하여야 함에도 불구하고 개정 법령을 적용하여 새로운 거부처분을 한 것은 확정된 종전 거부처분 취소판결의 기속력에 저촉되어 당연무효이다**($^{대결 \, 2002. \, 12. \, 11,}_{2002무22}$).

[기출사례] 제54회 사법시험(2012년) 문제·답안작성요령 ☞ PART 4 [2-43]

[기출사례] 제56회 5급공채(2012년) 문제·답안작성요령 ☞ PART 4 [2-45]

[기출사례] 제29회 입법고시(2013년) 문제·답안작성요령 ☞ PART 4 [2-47]

[기출사례] 제2회 변호사시험(2013년) 문제·답안작성요령 ☞ PART 4 [2-48]

[기출사례] 제30회 입법고시(2014년) 문제·답안작성요령 ☞ PART 4 [2-49]

[기출사례] 제58회 5급공채(2014년) 문제·답안작성요령 ☞ PART 4 [2-50]

V. 집행력(간접강제)

1. 의   의

집행력이란 이행판결에서 명령된 이행의무를 강제집행절차로써 실현할 수 있는 효력을 의미한다. 따라서 형성판결인 취소판결에는 성질상 강제집행할 수 있는 효력, 즉 집행력이 인정되지 않는다. 만약 무명항고소송의 일종으로서 이행소송을 긍정한다면, 집행력이 인정될 수 있을 것이다. 행정소송법은 다만 거부처분취소판결의 확정시에 행정청에 부과되는 재처분의무의 이행을 확보하기 위해 다음의 간접강제제도를 도입하고 있다.

2. 간접강제

(1) 의   의   간접강제란 거부처분취소판결이나 부작위위법확인판결이 확정되었음에도 행정청이 행정소송법 제30조 제 2 항의 판결의 취지에 따른 처분을 하지 않는 경우 법원이 행정청에게 일정한 배상을 명령하는 제도를 말한다($\binom{\text{행소법 제34조 제 1}}{\text{항, 제38조 제 2 항}}$).

(2) 적용범위$\binom{\text{특히 무효등확}}{\text{인판결의 경우}}$ 행정소송법은 거부처분취소판결에 따른 재처분의무에 대한 간접강제를 규정하고, 이를 부작위위법확인판결의 경우에 준용하고 있다($\binom{\text{행소법 제38}}{\text{조 제 2 항}}$). 문제는 거부처분에 대한 무효확인판결에 재처분의무를 규정하고 있음에도($\binom{\text{행소법 제38조 제 1}}{\text{항, 제30조 제 2 항}}$), 무효등확인판결에는 간접강제의 준용규정이 없어 무효등확인판결에도 간접강제가 허용되는가가 문제된다.

1) 학   설   재처분의무는 인정되나 간접강제는 준용규정이 없음을 이유로 부정하는 견해와 행정소송법 제34조 제 1 항이 '거부처분취소판결이 있는 경우'라고 하지 않고 '행정청이 제30조 제 2 항의 처분을 하지 않은 때'라고 규정함을 근거로 긍정하는 견해가 대립된다.

2) 판   례   판례는 소극적인 입장을 취한다($\binom{\text{판}}{\text{례}}$).

[**판례**] 거부처분에 대한 무효확인판결이 간접강제의 대상이 되는가의 여부

$\binom{\text{거제시장이 제 3 자의 액화석유가스충전업허가지위승계신고를 수리하자,}}{\text{원고가 신고수리무효확인의 확정판결을 받고 간접강제를 신청한 사건에서}}$ **행정소송법 제38조 제 1 항**이 무효확인 판결에 관하여 취소판결에 관한 규정을 준용함에 있어서 같은 법 제30조 제 2 항을 준용한다고 규정하면서도 **같은 법 제34조는 이를 준용한다는 규정을 두지 않고 있으므로,** 행정처분에 대하여 무효확인판결이 내려진 경우에는 그 행정처분이 거부처분인 경우에도 행정청에 판결의 취지에 따른 **재처분의무가 인정될 뿐 그에 대하여 간접강제까지 허용되는 것은 아니라고 할 것이다**($\binom{\text{대결 1998. 12. 24,}}{\text{98무37}}$).

---

3) 사   견   거부처분 무효확인판결도 재처분의무가 있으며($\binom{\text{행소법 제38조 제 1}}{\text{항, 제30조 제 2 항}}$), 그 의무의 불이행을 강제할 필요성은 취소판결의 경우와 다를 바 없으므로 긍정함이 타당하다.

(3) 적용요건

1) 거부처분취소판결 등이 확정되었을 것   거부처분취소판결이나 부작위위법확인판결이 확정되거나, 신청에 따른 처분이 절차의 위법을 이유로 취소가 확정되어야 한다.

2) 행정청이 아무런 처분을 하지 않았을 것　　거부처분취소판결 등이 확정되었음에도 행정청이 아무런 처분을 하지 않았어야 한다. 판례는 재처분이 확정판결의 취지에 어긋나 기속력에 반하는 당연무효의 것이라면 간접강제신청이 가능하다는 태도이다(판례).

〔판례〕　거부처분취소판결의 간접강제신청에 필요한 요건

(재항고인이 부산광역시 해운대구청장을 상대로 간접강제를 구한 사건에서) 거부처분에 대한 **취소의 확정판결이 있음에도 행정청이 아무런 재처분을 하지 아니하거나, 재처분을 하였다 하더라도 그것이 종전 거부처분에 대한 취소의 확정판결의 기속력에 반하는 등으로 당연무효라면** 이는 아무런 재처분을 하지 아니한 때와 마찬가지라 할 것이므로 이러한 경우에는 행정소송법 제30조 제 2 항, 제34조 제 1 항 등에 의한 **간접강제신청에 필요한 요건을 갖춘 것**으로 보아야 한다(대결 2002. 12. 11., 2002무22).

---

(4) 배상금의 법적 성격　　간접강제결정에 따른 배상금의 법적 성격과 관련하여, 결정에서 정한 예고기간이 경과한 후에 행정청이 재처분을 한 경우, 행정청에게 배상금지급의무가 인정되는가가 문제된다. 판례는 부정적이다(판례).

〔판례〕　행정소송법 제34조에 정한 간접강제결정에 기한 배상금의 성질

(재임용거부처분취소소송에서 승소한 교원인 원고가 신청한 간접강제결정에서 정한 의무이행기한이 경과한 후 배상금의 추심이 허용되는지의 여부를 쟁점으로 한 사건에서) 행정소송법 제34조 소정의 간접강제결정에 기한 배상금은 확정판결의 취지에 따른 재처분의 지연에 대한 제재나 손해배상이 아니고 재처분의 이행에 관한 심리적 강제수단에 불과한 것으로 보아야 하므로, 간접강제결정에서 정한 의무이행기한이 경과한 후에라도 확정판결의 취지에 따른 재처분이 행하여지면 배상금을 추심함으로써 심리적 강제를 꾀한다는 당초의 목적이 소멸하여 처분상대방이 더 이상 배상금을 추심하는 것이 허용되지 않는다(대판 2010. 12. 23., 2009다37725).

---

(5) 간접강제의 절차　　① 간접강제는 당사자가 제 1 심 수소법원에 신청하여야 한다. 심리의 결과 간접강제의 신청이 이유 있다고 인정되면 간접강제결정을 하게 된다. 결정의 내용은 "상당한 기간을 정하고 행정청이 그 기간 내에 이행하지 아니하는 때에는 그 연장기간에 따라 일정한 배상을 할 것을 명하거나 즉시 손해배상할 것을 명하는 것"이 된다. ② 간접강제 결정이 있음에도 배상금결정으로 정한 기간 내에 재처분을 하지 않으면, 간접강제결정 자체가 채무명의가 되어 여기에 집행문을 부여받아 일반적인 금전채권의 집행방법으로 배상금을 추심하게 된다(사법연수원). ③ 간접강제신청에 대한 인용결정 및 기각결정에 대하여는 즉시항고가 가능하다(민집법 제261조 제 2 항).

[참고예문]　피신청인(서울시 광진구청장)은 결정정본을 받은 날로부터 30일 이내에 신청인이 90년 12월 29일자에 낸 광장동 381의 5 등 5필지 토지에 대한 형질변경신청에 대하여 허가처분을 하고, 만약 동 기간 내(30일)에 이를 이행하지 않을 때에는 이 기간만료의 다음 날로부터 이행완시까지 1일 500만원의 비율에 의한 돈을 지급하라(서울고법 1996. 10. 15, 96부904).

3. 입법론

간접강제제도는 우회적인 제도이므로 궁극적으로는 의무이행소송을 도입하여 국민의 권리보호에 만전을 기하여야 할 것이다.

[기출사례] 제55회 5급공채(2011년) 문제·답안작성요령 ☞ PART 4 [2-44]

[기출사례] 제56회 5급공채(2012년) 문제·답안작성요령 ☞ PART 4 [2-45]

[기출사례] 제29회 입법고시(2013년) 문제·답안작성요령 ☞ PART 4 [2-47]

[기출사례] 제2회 변호사시험(2013년) 문제·답안작성요령 ☞ PART 4 [2-48]

[기출사례] 제58회 5급공채(2014년) 문제·답안작성요령 ☞ PART 4 [2-50]

[기출사례] 제66회 5급공채(행정)(2022년) 문제·답안작성요령 ☞PART 4 [2-50a]

제3 위헌판결의 공고

1. 통보와 관보게재

행정소송에 대한 대법원의 판결에 의하여 명령·규칙이 헌법 또는 법률에 위반된다는 것이 확정된 경우에는 대법원은 지체 없이 그 사유를 행정안전부장관에게 통보하여야 하고($^{행소법 제6}_{조 제1항}$), 통보를 받은 행정안전부장관은 지체 없이 이를 관보에 게재하여야 한다($^{행소법 제6}_{조 제2항}$).

2. 제도의 취지

위헌·위법의 확정은 명령의 폐지가 아니라 적용거부인 것이므로, 일선행정기관에서는 여전히 위헌·위법의 명령규칙을 적용할 가능성이 있기 때문에 이를 공고할 필요가 있다. 또한 이것은 위헌판결이 소극적 의미의 입법이면서 법원으로서 기능하는 것을 고려하여 더 이상 위헌의 명령으로 인해 국민이 침해를 받는 것을 방지하고자 함에 그 뜻이 있다.

제8항 종국판결 이외의 취소소송의 종료사유

취소소송은 법원의 종국판결에 의하여 종료되는 것이 원칙이나 그 밖의 사유로도 종료될 수 있다. 즉 소의 취하, 청구의 포기·인낙, 재판상의 화해($^{재판상 화해에는 소송계속 전에 하는 제소전 화해와 소송계}_{속 후에 하는 소송상 화해 2가지가 포함된다. 제소전 화해도}$ 법관 앞에서 하는 화해이므로 소송상 화해와 동일한 효력이 인정되기에 행정소송상 구별 실익은 크지 않다) 등의 사유를 들 수 있다.

1. 소의 취하

소의 취하란 원고가 청구의 전부 또는 일부를 철회하는 취지의 법원에 대한 일방적 의사표시이다. 행정소송에서도 처분권주의에 따라 소의 취하로 취소소송이 종료되는 것은 당연하다. 처분권주의의 원칙에 비추어 행정소송실무상 소의 취하는 당연히 허용되고 있다. 한편, 종국판결이 있은 뒤에 소를 취하한 사람은 같은 소를 제기할 수 없으나($^{행소법 제8조 제2항;}_{민소법 제267조 제2항}$). 판례는 예외를 인정한다($^{판}_{례}$).

판례　행정소송에 준용되는 민사소송법 제267조 제 2 항(본안에 대한 종국판결이 있은 뒤에 소를 취하한 사람은 같은 소를 제기하지 못한다)의 의의

(甲 등이 운영하는 병원에서 부당한 방법으로 보험자 등에게 요양급여비용을 부담하게 하였다는 이유로 보건복지부장관이 甲 등에 대하여 40일의 요양기관 업무정지 처분을 하자, 甲 등이 위 업무정지 처분의 취소를 구하는 소송을 제기하였다가 패소한 뒤 항소하였는데, 보건복지부장관이 항소심 계속 중 위 업무정지 처분을 과징금 부과처분으로 직권 변경하자, 甲 등이 과징금 부과처분의 취소를 구하는 소송을 제기한 후 업무정지 처분의 취소를 구하는 소를 취하한 과징금부과처분취소소송에서) 민사소송법 제267조 제 2 항은 "본안에 대한 종국판결이 있은 뒤에 소를 취하한 사람은 같은 소를 제기하지 못한다."라고 규정하고 있다. 이는 임의의 소취하로 그때까지 국가의 노력을 헛수고로 돌아가게 한 사람에 대한 제재의 취지에서 그가 다시 동일한 분쟁을 문제 삼아 소송제도를 남용하는 부당한 사태의 발생을 방지하고자 하는 규정이다. 따라서 후소가 전소의 소송물을 전제로 하거나 선결적 법률관계에 해당하는 것일 때에는 비록 소송물은 다르지만 위 제도의 취지와 목적에 비추어 전소와 '같은 소'로 보아 판결을 구할 수 없다고 풀이함이 상당하다. 그러나 여기에서 '같은 소'는 반드시 기판력의 범위나 중복제소금지의 경우와 같이 풀이할 것은 아니므로, 재소의 이익이 다른 경우에는 '같은 소'라 할 수 없다. 또한 본안에 대한 종국판결이 있은 후 소를 취하한 사람이라 하더라도 민사소송법 제267조 제 2 항의 취지에 반하지 아니하고 소를 제기할 필요가 있는 정당한 사정이 있다면 다시 소를 제기할 수 있다(대판 2023. 3. 16, 2022두58599).

2. 청구의 포기·인낙

(1) 의　의　　청구의 포기란 변론 또는 준비절차에서 원고가 자신의 소송상의 청구가 이유 없음을 자인하는 법원에 대한 일방적 의사표시이며, 청구의 인낙이란 피고가 원고의 소송상 청구가 이유 있음을 자인하는 법원에 대한 일방적 의사표시이다. 청구의 포기나 인낙은 조서에 진술을 기재하면 당해 소송의 종료의 효과가 발생한다(판례). 조서가 성립되면 포기조서는 청구기각의, 인낙조서는 청구인용의 확정판결과 동일한 효력이 있다(민소법 제220조).

판례　청구인낙의 의의

(채무부존재확인을 구한 민사사건에서) 청구의 인낙은 피고가 원고의 주장을 승인하는 소위 관념의 표시에 불과한 소송상 행위로서 이를 조서에 기재한 때에는 확정판결과 동일한 효력이 발생되어 그로써 소송을 종료시키는 효력이 있을 뿐이고, 실체법상 채권·채무의 발생 또는 소멸의 원인이 되는 법률행위라 볼 수 없다(대판 2022. 3. 31, 2020다271919).

(2) 항고소송에서 허용 여부

1) 학　설

(가) 긍 정 설　　① 행정소송사건심리에서도 민사소송과 마찬가지로 변론주의 및 처분권주의가 지배하며 행정소송법 제26조(직권심리)는 예외적으로 적용되고, ② 행정소송법 제 8 조 제 2 항에 따라 민사소송법상 청구의 포기 및 인낙의 규정이 준용될 수 있고, ③ 청구의 포기·인낙은 법원의 최종판결을 기다리지 않고 일찍이 소송절차에서 탈퇴하는 경우에 해당하기에 이를 인정

하더라도 법치행정에 반하지 않고 오히려 소송경제에 유용하다는 점을 근거로 한다($^{류지}_{태}$).

(내) 부 정 설 ① 취소소송에서 행정청이나 개인은 소송의 대상인 처분을 임의로 취소·변경할 수 없는 것이어서 청구의 포기·인낙에 민사소송의 확정판결과 동일한 효력을 인정하기 어렵고, ② 민사소송의 처분권주의와 달리 행정소송에서 처분권주의란 본안에 관한 처분의 자유를 포함하지 않으며, 따라서 원고가 청구를 포기한다고 하여도 당해 처분의 적법성이 확정되는 것이 아니며 또한 피고가 인낙할 권한을 갖지도 않는다고 보아야 하고, ③ 행정청은 하자있는 처분을 직권취소할 수 있으나 처분의 직권취소와 취소청구의 인낙은 법률효과가 다른 것이므로 직권취소가 가능하다고 하여 청구의 인낙이 가능한 것은 아니라는 점을 근거로 한다($^{사법연수원, 홍준형,}_{김남진·김연태}$).

2) 판 례 행정소송의 실무상 청구의 인낙의 허용에는 부정적이나, 청구의 포기의 허용에는 긍정적이다.

3) 사 견 법률에 의한 행정의 원칙과 행정소송의 특수성을 해하지 않는 범위 안에서 제한적으로 청구의 포기·인낙을 인정하는 것은 필요하다고 본다($^{제한적}_{긍정설}$).

3. 재판상 화해

(1) 의 의 재판상 화해란 당사자 쌍방이 소송계속중($^{소송계속}_{전도 포함}$) 소송의 대상인 법률관계에 관한 주장을 서로 양보하여 소송을 종료시키기로 하는 합의를 말한다. 당사자 쌍방의 화해의 진술이 있는 때에는 그 내용을 조서에 기재하면 화해조서는 확정판결과 같은 효력이 있다($^{민소법}_{제220조}$).

(2) 항고소송에서 허용 여부

1) 학 설

(가) 부 정 설 종래 다수설로 ① 항고소송의 심리에 법원이 필요한 경우 직권탐지주의가 적용되며($^{행소법}_{제26조}$), ② 항고소송의 대상인 행정처분은 고권적 내지 일방적 행위이기 때문에 사인과의 합의에 의해 발급되거나 취소·변경될 수 없고, ③ 행정소송의 확정판결은 제3자에 대해서도 효력이 있는바($^{행소법 제29}_{조 제1항}$), 당사자 간의 합의만으로 대세적 효력을 인정하면 제3자에게 불측의 손해를 입힐 수 있으며, ④ 이를 허용하면 행정의 법률적합성 원칙이 잠탈될 가능성이 있음을 근거로 한다($^{사법연수원,}_{이상규}$).

(내) 긍 정 설 ① 행정소송법에 특별한 규정이 없어 분쟁의 신속한 해결을 위해 민사소송법상 화해가 준용될 수 있고, ② 당사자의 처분권에 관해 원고의 처분권은 계쟁처분이 원고의 권리·이익에 속하는 한 이를 인정할 수 있고, 처분청은 직권취소·변경 등의 권한과 재량권을 소송행위의 형식으로 행사하는 것이므로 행정청의 처분권도 인정할 수 있다. 그리고 ③ 공법상 권리관계라도 재량행위처럼 소송의 대상을 처분할 수 있는 경우에는 화해가 가능하며, ④ 행정의 법률적합성은 행정소송에서 재판상 화해의 요건과 방식을 제한하는 것은 모르되 화해 자체를 부정하는 이유가 될 수 없음을 근거로 한다($^{박정훈,}_{류지태}$). ⑤ 대법원은 귀속재산처리사건에 관해 화해를 인정한 예($^{대판 1955. 9. 2.}_{4287행상59}$)가 있다.

2) 판　　례　　실무상 항고소송에서 화해를 시도하는 예를 발견할 수 없다고 하며, 당사자소송인 토지수용보상금증액청구사건에서는 화해권고결정을 적극 활용하고 있는 것으로 보인다.

3) 사　　견　　긍정설이 법률에 의한 행정의 원칙과 행정소송의 특수성을 해하지 않는 범위 안에서 재판상 화해를 인정하는 입장이라고 볼 때, 긍정설이 타당하다.

제 9 항　상고와 재심

1. 상　　고

(1) 의　　의　　행정소송법상 명문규정의 유무를 불문하고 행정법원 및 고등법원의 판결에 대하여 고등법원 및 대법원에 항소·상고할 수 있음은 헌법상 당연하다(헌법 제27조, 제101조 제 2 항, 제107조)(판례).

> **판례 1**　　전부 승소한 원심판결에 대한 불복 상고의 가부
> (공정거래위원회가 원고 엘앤티렉서스 주식회사 등에게 부당한 공동행위를 이유로 시정명령 및 과징금납부명령을 하였다가 일부 원고에게 과징금부과의 일부를 취소하는 처분을 하자 원고들이 감액된 부분에 대한 취소 등을 구한 사건에서) 상소는 자기에게 불이익한 재판에 대하여 자기에게 유리하도록 그 취소·변경을 구하는 것이므로 전부 승소한 원심판결에 대한 불복 상고는 상고를 제기할 이익이 없어 허용될 수 없고, 한편 재판이 상소인에게 불이익한지 여부는 원칙적으로 재판의 주문을 표준으로 판단하여야 하며, 상소인의 주장이 받아들여져 승소하였다면 그 판결 이유에 불만이 있더라도 상소의 이익이 없다(대판 2017. 1. 12, 2015두2352).
>
> **판례 2**　　제 2 심의 환송의무의 범위
> (개발제한구역 안에서의 공장설립을 승인한 처분이 위법하다는 이유로 쟁송취소되어도 그 승인처분에 기초한 공장건축허가처분이 잔존할 경우, 인근 주민들이 여전히 공장건축허가처분의 취소를 구할 법률상 이익을 가지는지 여부가 쟁점이었던 개발제한구역행위(건축)허가취소소송에서) 행정소송법 제 8 조 제 2 항, 민사소송법 제418조에 따르면, 소가 부적법하다고 각하한 제 1 심판결을 취소하는 경우에도 제 1 심에서 본안판결을 할 수 있을 정도로 심리가 되어 있다면 항소법원은 스스로 본안판결을 할 수 있다(대판 2018. 7. 12, 2015두3485).

(2) 심리불속행제도　　심리불속행제란 상고이유에 관한 주장에 일정한 사유를 포함하지 아니한다고 인정할 때에는 더 나아가 심리를 하지 아니하고 판결로 상고를 기각하는 제도를 말한다(상고심절차에 관한 특례법 제 4 조). 상고심사제라 불리기도 한다. 과거의 상고허가제에 유사하다. 심리불속행제도는 행정소송 외에 민사소송과 가사소송에도 적용된다(상고심절차에 관한 특례법 제 2 조). 헌법재판소는 상고심절차에 관한 특례법 제 4 조의 심리불속행제도를 합헌으로 보았다(헌재 2002. 6. 27, 2002헌마18).

2. 재　　심

(1) 재심의 의의　　재심제도는 확정된 종국판결에 재심사유에 해당하는 중대한 하자가 있는 경우 그 판결의 취소와 이미 종결되었던 사건의 재심판을 구하는 비상의 불복신청방법으로서 그와 같은 중대한 하자가 있는 예외적인 경우에 한하여 법적 안정성을 후퇴시키고 구체적 정의를 실현하기 위하여 마련된 것이다. 따라서 재심은 판결에 대한 불복방법의 하나인 점에서는 상소와 마찬가지라고 할 수 있지만, 상소와는 달리 재심은 확정판결에 대한 불복방법이고 확정판

결에 대한 법적 안정성의 요청은 미확정판결에 대한 그것보다 훨씬 크기 때문에 상소보다 더 예외적으로 인정되어야 한다(헌재 2023. 6. 29, 2020헌바519).

(2) 재심의 유형　확정된 종국판결에 일정사유(민소법 제451조 제1항)가 있어서 판결법원에 이의 재심사를 구하는 것을 재심이라 하는데, 이에는 당사자가 제기하는 일반적인 재심(행소법 제8조 제2항; 민소법 제451조 이하)과 제3자가 제기하는 재심으로 구분할 수 있다. 재심법원이 사실심이면 새로운 공격방어방법의 제출도 가능하다(대결 2000. 12. 12, 2000즈3).

(3) 제3자에 의한 재심

1) 취지(의의)　행정소송법 제31조는 제3자의 재심청구를 규정하고 있다. 소송당사자 외의 제3자는 불측의 손해를 입지 않기 위해 소송참가를 할 수도 있으나 본인에게 귀책사유 없이 소송에 참가하지 못하는 경우도 있을 수 있으므로 그런 경우 제3자의 불이익을 구제하기 위한 방법이 재심청구제도이다.

2) 재심청구의 요건

㈎ 재심의 전제조건　재심은 처분등을 취소하는 종국판결의 확정을 전제로 한다.

㈏ 당 사 자　재심청구의 원고는 처분등을 취소하는 판결에 의해 권리 또는 이익의 침해를 받은 제3자이다. 여기서 '권리 또는 이익의 침해를 받은 제3자'란 행정소송법 제16조 제1항에서 소송참가를 할 수 있는 '소송의 결과에 따라 권리 또는 이익의 침해를 받을 제3자'와 같은 의미라는 것이 다수견해이다(사법연수원). ⓐ '처분 등을 취소하는 판결'에 의하여 권리 또는 이익의 침해를 받는다는 것은 취소판결의 주문에 의하여 직접 자기의 권리 또는 이익을 침해받는 것을 말한다. ⓑ '권리 또는 이익'이란 단순한 경제상의 이익이 아니라 법률상 이익을 의미한다. ⓒ 권리 또는 이익의 '침해를 받는다'는 것은 실제로 침해받았을 것을 요하는 것이 아니라 소송의 결과에 따라 침해될 개연성이 있는 것으로 족하다. ⓓ '제3자'란 당해 소송당사자 이외의 자를 말하는 것으로서 개인에 한하지 않고 국가 또는 공공단체도 포함된다.

㈐ 재심사유　① 자기에게 책임 없는 사유로 소송에 참가하지 못한 경우이며, ② 판결의 결과에 영향을 미칠 공격 또는 방어방법을 제출하지 못하였을 것을 요한다.

㈑ 재심청구기간　확정판결이 있음을 안 날로부터 30일 이내, 판결이 확정된 날로부터 1년 이내에 제기하여야 한다.

[기출사례] 제53회 사법시험(2011년) 문제·답안작성요령 ☞ PART 4 [2-51]

3. 판결에 대한 헌법소원

(1) 원칙적 부인　"원행정처분에 대하여 법원에 행정소송을 제기하여 패소판결을 받고 그 판결이 확정된 경우에는 당사자는 그 판결의 기판력에 의한 기속을 받게 되므로 별도의 절차에 의하여 위 판결의 기판력이 제거되지 아니하는 한, 행정처분의 위법성을 주장하는 것은 확정판결의 기판력에 어긋나므로 행정처분은 헌법소원심판의 대상이 되지 아니한다고 할 것이며, 뿐

만 아니라 원행정처분에 대한 헌법소원심판청구를 허용하는 것은, '명령·규칙 또는 처분이 헌법이나 법률에 위반되는 여부가 재판의 전제가 된 경우에는 대법원은 이를 최종적으로 심사할 권한을 가진다'고 규정한 헌법 제107조 제2항이나, 원칙적으로 헌법소원심판의 대상에서 법원의 재판을 제외하고 있는 헌법재판소법 제68조 제1항의 취지에도 어긋난다"$\binom{\text{헌재 1998. 5. 28, 91헌마98, 93헌마}}{\text{253(병합); 헌재 2012. 5. 31, 2011}}$ $\binom{\text{헌마}}{385}$고 하여 헌법재판소는 판결에 대한 헌법소원을 원칙적으로 부인한다.

  (2) 예외적 인정   "위헌으로 선언된 법령을 적용하여 국민의 기본권을 침해하는 판결은 예외적으로 헌법소원심판의 대상이 되어 취소될 수 있으며, 이러한 경우에만 예외적으로 그 판결의 대상인 원행정처분의 취소를 구하는 헌법소원심판의 청구가 가능하다"$\binom{\text{판례}}{1}$고 하여 헌법재판소는 판결에 대한 헌법소원을 예외적으로 인정한다$\binom{\text{판례}}{2}$.

> [판례 1] 법원의 재판 대상이 되어 그에 관한 판결이 확정된 원행정처분에 대한 헌법소원이 가능한지 여부
>
> $\binom{\text{집행명령에 관하여 규정하고 있는 부가가}}{\text{치세법 제36조 등의 위헌소원사건에서}}$ 법원의 재판 대상이 되어 그에 관한 판결이 확정된 원행정처분은, **원행정처분에 관한 재판이 헌법재판소가 위헌으로 결정한 법령을 적용하여 국민의 기본권을 침해함으로써 예외적으로 헌법소원심판의 대상이 되어 그 재판 자체까지 취소되는 경우에 한하여 헌법소원심판의 대상이 될 수 있을 뿐**이고, 그 이외의 경우에 원행정처분의 취소를 구하는 헌법소원심판청구는 허용되지 아니한다$\binom{\text{헌재 1998. 6. 25, 95헌바24;}}{\text{헌재 2001. 6. 28, 98헌마485}}$.
>
> [판례 2] 행정처분의 취소를 구하는 행정소송을 제기하였으나 청구기각의 판결이 확정되어 법원의 소송절차에 의하여서는 더 이상 다툴 수 없게 된 경우에 당해 행정처분 자체의 위헌성 또는 그 근거법규의 위헌성을 주장하면서 그 취소를 구하는 헌법소원심판을 청구하는 것이 허용되는지 여부
>
> $\binom{\text{양도소득세등부과처분취소와 관}}{\text{련하여 제기된 헌법소원사건에서}}$ 행정처분의 취소를 구하는 행정소송이 확정된 경우에 그 원행정처분의 취소를 구하는 헌법소원심판 청구를 받아들여 이를 취소하는 것은, 원행정처분을 심판의 대상으로 삼았던 법원의 재판이 예외적으로 헌법소원심판의 대상이 되어 그 재판 자체가 취소되는 경우에 한하여 국민의 기본권을 신속하고 효율적으로 구제하기 위하여 가능한 것이고, 이와는 달리 법원의 재판이 취소되지 아니하는 경우에는 **확정판결의 기판력으로 인하여 원행정처분은 헌법소원심판의 대상이 되지 아니하며,** 뿐만 아니라 원행정처분에 대한 헌법소원심판청구를 허용하는 것은 "명령·규칙 또는 처분이 헌법이나 법률에 위반되는 여부가 재판의 전제가 된 경우에는 대법원은 이를 최종적으로 심사할 권한을 가진다"고 규정한 헌법 제107조 제2항이나, 원칙적으로 헌법소원심판의 대상에서 법원의 재판을 제외하고 있는 헌법재판소법 제68조 제1항의 취지에도 어긋난다$\binom{\text{헌재 2001. 2. 22,}}{\text{99헌마409}}$.

제10항 소송비용

1. 소송비용부담의 주체

행정소송의 비용은 민사소송법상의 일반원칙에 따라 패소자가 부담하고, 일부패소의 경우에

는 각 당사자가 분담하는 것이 원칙이다$\binom{\text{민소법 제98조, 제101조;}}{\text{행소법 제8조 제2항}}$. 그러나 취소청구가 행정소송법 제28조의 규정$\binom{\text{사정}}{\text{판결}}$에 의하여 기각되거나 행정청이 처분등을 취소 또는 변경함으로 인하여 청구가 각하 또는 기각된 경우에는 소송비용은 피고의 부담이 된다$\binom{\text{행소법}}{\text{제32조}}$. 왜냐하면 이러한 경우는 실질적으로 보아 원고의 승소에 해당하기 때문이다. 한편 소를 취하한 경우에는 취하한 자가 부담하고, 재판상 화해의 경우에는 합의가 없는 한 반반씩 부담하여야 한다.

2. 소송비용에 대한 재판의 효력

소송비용에 대한 재판이 확정된 때에는 피고 또는 참가인이었던 행정청이 소속하는 국가 또는 공공단체에 그 효력이 미친다$\binom{\text{행소법}}{\text{제33조}}$. 소송비용에 관한 재판은 독립하여 상소의 대상이 되지 아니한다$\binom{\text{민소법}}{\text{제391조}}\binom{\text{판}}{\text{례}}$.

> [판례] 민사소송법 제361조의 규정취지 및 동 규정의 헌법 제21조 제1항과 제27조 제1항 위반 여부
> 민사소송법 제361조$\binom{\text{현행}}{\text{제391조}}$가 소송비용의 재판에 대하여 독립하여 상소할 수 없다고 규정한 것은 본안의 재판에 대하여 불만이 없는 사람에게 부수적 재판인 비용부담의 재판에 관하여 따로 불복을 신청할 수 있게 하면 그 비용부담의 적정 여부를 가리기 위하여 다시 본안재판의 적정 여부까지 가려 보아야 하는 본말을 전도하는 현상이 생기게 되므로 본안재판에 대한 불복과 함께 하는 것이 아니면 허용하지 아니한다는 취지이고, 그 규정이 헌법 제23조 제1항과 제27조 제1항에 위반되는 것이 아니다$\binom{\text{대결 1991. 12. 30,}}{\text{91마726}}$.

제 2 절 무효등확인소송

제1항 관 념

1. 의 의

무효등확인소송이란 행정청의 처분등의 효력 유무 또는 존재 여부를 확인하는 소송을 말한다$\binom{\text{행소법 제4}}{\text{조 제2호}}$. 행정처분의 무효확인소송이 허용되는 이유는 무효 등의 행위라도 외형상 행정처분이 존재하고 그 처분의 성질상 유효한 효력이 지속하는 것으로 오인될 가능성이 있는바, 재판에 의하여 그 효력의 부정을 선언할 필요가 있다고 함에 있다$\binom{\text{대판 1969. 12. 9,}}{\text{66누71}}$. 무효행위와 취소할 수 있는 행위의 구분이 절대적으로 명확한 것은 아니어서 무효행위를 유효한 행위로 보고 강제가 가해질 수도 있는 것이므로, 이러한 위험으로부터 사인을 보호할 필요가 있다는 데에 무효등확인소송이 인정되는 이유가 있다. 한편, 무효등확인소송의 소송물은 처분 등의 유효·무효, 존재·부존재이다$\binom{\text{판}}{\text{례}}$.

판례) 무효등확인소송의 소송물
(의정부세무서장의 증여세등부과
처분의 무효확인을 구한 사건에서) 과세처분무효확인소송의 경우 소송물은 권리 또는 법률관계의 존부 확
인을 구하는 것이며, 이는 청구취지만으로 소송물의 동일성이 특정된다고 할 것이고 따라서 당사
자가 청구원인에서 무효사유로 내세운 개개의 주장은 공격방어방법에 불과하다 (대판 1992. 2. 25, 91누6108).

2. 종 류

① 무효등확인소송에는 처분등의 유효확인소송, 처분등의 무효확인소송, 처분등의 존재확인
소송, 처분등의 부존재확인소송, 그리고 처분등의 실효확인소송 등이 있다. ② 판례는 무효인 처
분의 무효확인을 취소소송의 형식으로도 제기할 수 있다고 하고, 아울러 무효등확인소송에는 취
소를 구하는 취지까지 포함된 것으로 새긴다 (대판 2023. 6. 29, 2020두46073).

3. 법률관계존부확인소송 등

① 처분등은 법률관계의 발생·변경·소멸을 가져오는 것이지, 그 자체가 법률관계는 아니
다. 따라서 처분등의 존부확인소송은 법률관계존부확인소송과 구별되어야 한다. 현행법상 항고
소송으로서 법률관계존부확인소송은 명시적으로 인정되고 있지 않다. 법률관계존부확인소송의
일종인 작위의무확인소송 역시 현행법상 명문으로 인정되고 있지 않다. 판례도 부인한다
(대판 1990. 11. 23, 90누578; 대판 1990. 11. 23, 90누3553). 판례는 예방적 부작위소송도 부인한다 (판례). 그러나 이러한 소송들은 무명
항고소송의 하나로 인정될 수도 있을 것이다. ② 행정소송법상 무효등확인소송은 추상적 규범통
제수단이 아니기 때문에, 법령무효확인의 소도 인정되지 아니한다.

판례) 행정청의 부작위를 구하는 청구의 적부
(전주시근린생활 시설사건에서) 건축건물의 준공처분을 하여서는 아니된다는 내용의 부작위를 구하는 청구는 행정
소송에서 허용되지 아니하는 것이므로 부적법하다 (대판 1987. 3. 24, 86누182).

4. 성 질

① 무효등확인소송은 주관적 소송으로서 처분등의 효력 유무 또는 존재 여부를 확인하는 확
인의 소이며, 이 소송에 의한 판결은 형성판결이 아니고 확인판결에 속한다. 종래에는 무효등확
인소송이 당사자소송인가 항고소송인가에 관해 견해의 대립이 있었으나, 현행법은 이를 항고소
송의 일종으로 규정하고 있다. 이것은 현행법이 무효등확인소송도 공권력발동과 관련된 소송으
로 보고 있음을 의미한다. 그러나 ② 기능상으로 본다면 무효확인판결의 효력은 취소판결의 경우
와 같이 제 3 자에게도 미치는 까닭에 형성판결과 유사한 기능을 갖게 되는바, 이에 무효등확인
소송을 준항고소송으로 볼 여지는 있다.

5. 행정소송 상호간의 관계

(1) 무효등확인소송과 취소소송의 관계   취소소송에서 양자의 관계를 기술하였다.

(2) 무효등확인소송과 부작위위법확인소송의 관계   취소소송과 부작위위법확인소송의 관계에서 기술한 내용과 같다.

(3) 무효등확인소송과 당사자소송의 관계   무효인 처분에는 공정력이 인정되지 아니하므로 무효등확인소송과 당사자소송 사이는 배척관계가 아니다. 예컨대 무효인 공무원파면처분의 경우, 항고소송으로서 파면처분무효확인소송이 가능할 뿐만 아니라 당사자소송으로서 그 파면처분이 무효임을 전제로 한 공무원지위확인소송도 가능하다. 그리고 무효인 과세처분의 경우, 항고소송으로서 과세처분무효확인소송이 가능하고, 당사자소송으로서 조세채무부존재확인소송도 가능하다$\binom{병렬적}{관계설}\binom{다수}{설}$. 물론 항고소송으로 해결이 가능한 경우에는 항고소송만이 가능하고, 당사자소송의 제기는 불가하다$\binom{당사자소송}{의 보충성}$는 반대견해도 있다$\binom{무효확인소}{송우선설}$.

제 2 항   본안판단의 전제요건(소송요건)

1. 관   념

(1) 의   의   「소 없으면 재판 없다」는 원칙은 무효등확인소송의 경우에도 당연히 적용된다. 무효등확인소송을 제기하여 법원으로부터 본안에 관한 승소판결을 받기 위해서는 본안판단의 전제요건$\binom{소송}{요건}$과 본안요건을 갖추어야 한다. 본안판단의 전제요건으로는 무효라고 주장하는 처분등이 존재하고(제 2), 관할법원에(제 3), 원고가 피고를 상대로(제 4), 소장을 제출하여야 하고(제 5), 원고는 처분등의 무효등의 확인을 구할 이익$\binom{권리보호}{의 필요}$이 있어야 하며(제 6), 아울러 당사자 사이의 소송대상에 대하여 기판력 있는 판결이 없어야 하고 또한 중복제소도 아니어야 한다(제 7). 본안판단의 전제요건의 결여의 효과는 취소소송의 경우와 같다. 이하에서는 관할법원·피고적격·소송참가·본안요건·소의 변경 등에 관한 논급을 약한다. 구체적인 내용은 취소소송 부분을 참조하라.

(2) 취소소송과 차이점   취소소송과 비교할 때, 무효등확인소송의 경우에는 제소기간의 적용이 없고, 또한 행정심판전치의 문제가 없다는 점이 다르다. 다만 입법례에 따라서는 무효등확인소송의 경우에 제한적이지만 기간상 제약을 가하는 입법례$\binom{독일 연방공무}{원법 제172조}$도 있다.

2. 처분등

무효등확인소송도 취소소송의 경우와 같이 처분등을 대상으로 한다. 무효확인소송의 대상인 처분은 외관상으로는 존재하여야 한다. 한편 재결무효등확인소송의 경우에는 재결 자체에 고유한 위법이 있음을 이유로 하는 경우에 한한다$\binom{행소법 제38조}{제 1 항, 제19조}$. 법규범의 무효확인이나 문서의 진위 등의 사실관계의 확인은 무효등확인소송의 대상이 아니다$\binom{대판 1991. 12. 24.}{91누1974}$. 다만 집행행위를 요하지 아니하고 그 자체로서 사인의 권리를 침해하는 법규명령이나 조례는 처분(또는 처분에 준하는 작용)으로서 무효확인의 대상이 된다. 무효등확인소송의 대상은 법률관계가 아니라 처분등임을 유념하여야 한다.

3. 원고적격

무효등확인소송은 처분등의 효력 유무 또는 존재 여부의 확인을 구할 법률상 이익이 있는 자가 제기할 수 있다(행소법 제35조)(판례 1). 무효등확인소송은 주관적 소송이다. 법률상 이익이 있는 자의 의미는 취소소송의 경우와 같다(판례 2, 3). 공동소송도 인정된다(행소법 제15조, 제38조 제 1 항).

판례 1 폐기물소각시설 입지지역 주변 주민에 대한 원고적격 인정 여부
(폐기물처리시설 설치기관(안성시장)이 주변영향지역으로 지정·고시하지 아니한 경우, 폐기물소각시설의 부지경계선으로부터 300m 밖에 거주하는 주민이 폐기물소각시설의 입지지역을 결정·고시한 처분인 쓰레기소각장입지지역결정고시의 취소를 구한 사건에서) 폐기물소각시설의 부지경계선으로부터 300m 밖에 거주하는 주민들도 위와 같은 소각시설 설치사업으로 인하여 사업 시행 전과 비교하여 수인한도를 넘는 환경피해를 받거나 받을 우려가 있음에도 **폐기물처리시설 설치기관이 주변영향지역으로 지정·고시하지 않는 경우 같은 법 제17조 제 3 항 제 2 호 단서 규정에 따라 당해 폐기물처리시설의 설치·운영으로 인하여 환경상 이익에 대한 침해 또는 침해우려가 있다는 것을 입증함으로써 그 처분의 무효확인을 구할 원고적격을 인정받을 수 있다**(대판 2005. 3. 11, 2003두13489).

판례 2 제 3 자의 원고적격
(재단법인 갑 수녀원이 매립목적을 택지조성에서 조선시설용지로 변경하는 내용의 공유수면매립목적 변경 승인처분으로 인하여 법률상 보호되는 환경상 이익을 침해받았다면서 경상남도지사를 피고로 한 수정지구공유수면매립목적변경승인처분무효확인소송에서) 행정처분의 직접 상대방이 아닌 제 3 자라 하더라도 당해 행정처분으로 인하여 법률상 보호되는 이익을 침해당한 경우에는 그 처분의 무효확인을 구하는 행정소송을 제기하여 그 당부의 판단을 받을 자격이 있다. 여기에서 말하는 법률상 보호되는 이익은 당해 처분의 근거 법규 및 관련 법규에 의하여 보호되는 개별적·직접적·구체적인 이익을 말하고, 간접적이거나 사실적·경제적인 이익까지 포함되는 것은 아니다(대판 2012. 6. 28, 2010두2005).

판례 3 해임무효확인소송에서 임기만료와 원고적격 존부
(감사원이 한국방송공사에 대한 감사를 실시한 결과 사장에게 부실 경영 등 문책사유가 있다는 이유로 한국방송공사 이사회에 사장에 대한 해임제청을 요구하였고, 이사회가 대통령에게 사장직 해임을 제청함에 따라 대통령이 사장을 해임하자 이의 무효확인을 구한 KBS사장해임사건에서) 원고가 이 사건 소송 계속 중 그 임기가 만료되어 이 사건 해임처분의 무효확인 또는 취소로 사장으로서의 지위를 회복할 수 없다고 하더라도, 그 무효확인 또는 취소로 인하여 최소한 이 사건 해임처분시부터 임기만료일까지의 기간에 대하여 보수의 지급을 구할 수 있는 등 여전히 이 사건 해임처분의 무효확인 또는 취소를 구할 법률상 이익이 있다(대판 2012. 2. 23, 2011두5001).

[평석] 판례는 법률상 이익의 개념을 원고적격의 개념요소 또는 권리보호의 필요(협의의 소의 이익)의 의미로 사용하나, 이 사건에서는 원고적격의 개념요소로 보고 있다고 해석할 수도 있을 것이다. 판례가 공무담임권 외에 보수청구권도 해임으로 침해될 수 있는 권리로 본 것은 긍정적이지만, 해임으로 침해될 수 있는 권리(법률상 이익)에는 공무담임권과 보수청구권 외에 명예권(인격권)도 있다고 볼 것이다.

4. 권리보호의 필요

(1) 의   의   행정처분의 무효확인 또는 취소를 구하는 소에서, 비록 행정처분의 위법을 이유로 무효확인 또는 취소 판결을 받더라도 그 처분에 의하여 발생한 위법상태를 원상으로 회복시키는 것이 불가능한 경우에는 원칙적으로 그 무효확인 또는 취소를 구할 소의 이익이 없고, 다만 원상회복이 불가능하더라도 그 무효확인 또는 취소로 회복할 수 있는 다른 권리나 이익이 남아있는 경우에만 예외적으로 소의 이익이 인정될 수 있을 뿐이다$\binom{대판\ 2016.\ 8.\ 30,}{2015두60617}$. 즉 무효확인소송의 경우에도 권리보호의 필요가 있어야 한다$\binom{판례}{1,\ 2,\ 3}$. 부존재확인을 구하는 경우도 마찬가지이다$\binom{대판\ 1990.\ 10.\ 30,}{90누3218}$. 권리보호의 필요의 유무의 판단에는 법적 이익의 유무만을 고려할 것이 아니고, 그것 외에도 이성적인 판단을 통해 사실상황으로부터 정당화되는 경제적·문화적·종교적 성질의 이익 등도 고려의 대상이 되어야 한다.

판례 1   진주의료원 사건에서 권리보호의 필요의 유무

(경상남도지사가 경상남도에서 설치·운영하는 진주의료원을 폐업하겠다는 결정을 발표하고 그에 따라 폐업을 위한 일련의 조치가 이루어지고 진주의료원을 해산한다는 내용의 조례를 공포하고 진주의료원의 청산절차가 마쳐진 후 원고들이 폐업처분무효확인을 구한 진주의료원사건에서) 이 사건 폐업결정 후 진주의료원을 해산한다는 내용의 이 사건 조례가 제정·시행되었고, 이 사건 조례가 무효라고 볼 사정도 없으므로, 진주의료원을 폐업 전의 상태로 되돌리는 원상회복은 불가능하다고 판단된다. 따라서 법원이 피고 경상남도지사의 이 사건 폐업결정을 취소하더라도 그것은 단지 이 사건 폐업결정이 위법함을 확인하는 의미밖에 없고, 그것만으로는 원고들이 희망하는 진주의료원 재개원이라는 목적을 달성할 수 없으며, 뒤에서 살펴보는 바와 같이 원고들의 국가배상청구도 이유 없다고 판단되므로, 결국 원고들에게 이 사건 폐업결정의 취소로 회복할 수 있는 다른 권리나 이익이 남아있다고 보기도 어렵다. 따라서 피고 경상남도지사의 이 사건 폐업결정은 법적으로 권한 없는 자에 의하여 이루어진 것으로서 법하다고 하더라도, 그 취소를 구할 소의 이익을 인정하기는 어렵다$\binom{대판\ 2016.\ 8.\ 30,}{2015두60617}$.

판례 2   환지확정처분의 일부에 대한 무효확인소송과 권리보호의 필요(협의의 소의 이익)

(환지처분취소소송에서) 행정처분에 관한 무효확인 판결을 받는다고 할지라도 그 권리가 회복될 가능성이 전혀 없다면 그러한 원고의 확인의 소는 그 확인의 이익이 없다. 구 토지구획정리사업법 제61조에 의한 환지처분은 사업시행자가 환지계획구역의 전부에 대하여 구획정리사업에 관한 공사를 완료한 후 환지계획에 따라 환지교부 등을 하는 처분으로서, 일단 공고되어 효력을 발생하게 된 이후에는 환지 전체의 절차를 처음부터 다시 밟지 않는 한 그 일부만을 따로 떼어 환지처분을 변경할 길이 없으므로, 그 환지확정처분의 일부에 대하여 취소나 무효확인을 구할 법률상 이익은 없다$\binom{대판\ 2013.\ 2.\ 28,}{2010두2289}$.

판례 3   직위해제처분 무효확인소송 계속 중 정년초과시 권리보호의 필요의 존부

(고용노동부장관을 피고로 한 직위해제처분취소소송에서) 국가공무원법상 직위해제처분의 무효확인 또는 취소소송 계속 중 정년을 초과하여 직위해제처분의 무효확인 또는 취소로 공무원 신분을 회복할 수는 없다고 할지라도, 그 무효확인 또는 취소로 직위해제일부터 직권면직일까지 기간에 대한 감액된 봉급 등의 지급을 구할 수 있는 경우에는 직위해제처분의 무효확인 또는 취소를 구할 법률상 이익이 있다$\binom{대판\ 2014.\ 5.\ 16,}{2012두26180}$.

(2) 확인의 이익과 확인소송의 보충성

우리 행정소송법 제35조가 "무효등확인소송은 처분등의 효력 유무 또는 존재 여부의 확인을 구할 법률상 이익이 있는 자가 제기할 수 있다"라고 규정하여 여기서「확인을 구할 법률상 이익」의 의미와 관련하여 무효등확인소송에서도 민사소송에서의 '확인의 이익'이 요구되는지, 그리고 무효등확인소송이 보충적으로 적용되는 것인지가 문제된다.

1) 학 설

(개) 긍정설(즉시확정 이익설) 이 견해는 취소소송의 경우와 달리 행정소송법 제35조는 원고적격에 관한 규정일 뿐만 아니라 권리보호필요성(협의의 소익)에 관한 의미도 가지고 있는 것이며, 따라서 민사소송에서의 확인의 이익과 같이 무효등확인소송의 경우에도「즉시확정의 이익」이 필요하며, 또한 무효를 전제로 하는 현재의 법률관계에 관한 소송으로 구제되지 않을 때에만 무효확인소송이 보충적으로 인정된다고 보고 있다(김남진·김연태, 정하중). 이는 독일과 일본의 입법례를 따른 입장으로 무효확인소송을 확인의 소의 성질을 갖는 것으로 이해한다면 가능하다는 점을 논거로 한다.

(내) 부정설(법적이익 보호설) 이 견해는 무효등확인소송의 원고적격에 있어서 요구되는 '법률상 이익'의 개념을 취소소송에서의 법률상 이익과 동일하게 본다. 그 논거로는 ① 무효등확인소송도 본질적으로 취소소송과 같이 처분을 다투는 항고소송이며, ② 우리의 무효등확인소송은 일본과 달리 보충성의 원칙 규정이 없으며, ③ 무효등확인소송에서는 취소판결의 기속력을 준용하므로 민사소송과 달리 무효판결 자체로도 판결의 실효성 확보가 가능하므로 민사소송에서와 같이 분쟁의 궁극적 해결을 위한 확인의 이익 여부를 논할 이유가 없다는 점을 들고 있다.

2) 판 례

① 종전의 판례는 무효확인의 소에 있어서 법률상 이익은 원고의 권리 또는 법률상 지위에 현존하는 불안·위험이 있고, 그 불안·위험을 제거함에는 확인판결을 받는 것이 '가장 유효적절한 수단일 때' 인정된다고 하여 무효확인소송에서도 확인소송의 일반적 요건인「즉시확정의 이익」이 요구된다고 하였다(판례1). 이러한 판례의 입장에서는 다른 효과적이고 직접적인 소송이 인정되는 경우에는 무효확인소송을 허용하지 아니하였다(무효확인소송의 보충성을 필요로 한다고 보았다). ② 그러나 그 후 대법원은 행정소송은 민사소송과는 목적·취지 및 기능 등을 달리하며, 무효확인소송에도 확정판결의 기속력규정(행소법 제38조, 제30조)을 준용하기에 무효확인판결만으로도 실효성확보가 가능하다는 등의 이유로 무효확인소송의 보충성이 요구되지 않는다고 판례를 변경하였다(판례2).

[판례 1] 행정소송법 제35조 소정의 '확인의 이익'의 의미 및 확인소송의 보충성

(학교법인 영동교육재단의 분규로 감독청의 수차례에 걸친 이사진의 개편 후 마지막으로 임시이사진의 결의에 따라 정식이사를 선임하고 퇴임한 경우 임시이사였던 원고가 일련의 처분들에 대한 무효확인을 구한 사건에서) **행정처분무효확인소송에 관한 행정소송법 제35조 소정의 '확인을 구할 법률상 이익'은 그 대상인 현재의 권리 또는 법률관계에 관하여 당사자 사이에 분쟁이 있고 그로 인하여 원고의 권리 또는 법률상의 지위에 불안, 위험이 있어 판결로써 그 법률관계의 존부를 확정하는 것이 불안, 위험을 제거하는데 필요하고도 적절한 경우에 인정된다 할 것**이므로 이러한 법리에 비추어 원심의 위와 같은 판단은 정당하고 거기에 소론이 지적하는 바와 같은 법리오해나 이유모순의 위법이 있다고 할 수 없다. 피고의 1984.

8. 6.자 이 사건 학교법인의 **임원취임승인의 취소처분** 및 그 이후의 **임시이사선임처분**이 무효로 귀착된다면 그 무효인 처분에 뒤따른 모든 일련의 처분은 그에 관한 법적 원인을 상실하여 아울러 무효로 되는 것이므로 그 확인을 구할 실익이 있다는 것이나, 소론과 같이 일련의 위 처분들이 모두 당연무효라면 그를 이유로 하여 이 사건 **최종 이사선임결의의 효력을 다투는 민사소송을 제기하면 될 것이지 굳이 독립한 행정소송으로 위 처분들의 무효확인을 구할 실익이 있다고 할 수 없다**$\binom{\text{대판 1992. 7. 28, 92누4352; 대판 2007. 2. 8,}}{\text{2005두7273; 대판 1992. 3. 13, 91누5105}}$.

[판례 2]　무효확인소송의 보충성의 요부
$\binom{\text{한국토지공사로부터 토지를 매수하여 그 위에 건물을 신축한 이후 수원시장의 하수도원인자부담금 부과처분에 따라 이를 납부한 원고가}}{\text{그 처분의 무효를 주장하여 부당이득반환청구소송을 제기하고 아울러 그 처분에 대하여 무효확인을 구하는 예비적 청구를 한 사건에서}}$
행정소송은 행정청의 위법한 처분등을 취소·변경하거나 그 효력 유무 또는 존재 여부를 확인함으로써 국민의 권리 또는 이익의 침해를 구제하고 공법상의 권리관계 또는 법 적용에 관한 다툼을 적정하게 해결함을 목적으로 하므로, 대등한 주체 사이의 사법상 생활관계에 관한 분쟁을 심판대상으로 하는 민사소송과는 목적, 취지 및 기능 등을 달리한다. 또한 행정소송법 제4조에서는 무**효확인소송을 항고소송의 일종으로 규정하고 있고, 행정소송법 제38조 제1항에서는 처분등을 취소하는 확정판결의 기속력 및 행정청의 재처분 의무에 관한 행정소송법 제30조를 무효확인소송에도 준용하고 있으므로 무효확인판결 자체만으로도 실효성을 확보할 수 있다. 그리고 무효확인소송의 보충성을 규정하고 있는 외국의 일부 입법례와는 달리 우리나라 행정소송법에는 명문의 규정이 없어 이로 인한 명시적 제한이 존재하지 않는다.** 이와 같은 사정을 비롯하여 행정에 대한 사법통제, 권익구제의 확대와 같은 행정소송의 기능 등을 종합하여 보면, **행정처분의 근거 법률에 의하여 보호되는 직접적이고 구체적인 이익이 있는 경우에는 행정소송법 제35조에 규정된 '무효확인을 구할 법률상 이익'이 있다고 보아야 하고, 이와 별도로 무효확인소송의 보충성이 요구되는 것은 아니므로 행정처분의 무효를 전제로 한 이행소송 등과 같은 직접적인 구제수단이 있는지 여부를 따질 필요가 없다고 해**석함이 상당하다$\binom{\text{대판 2008. 3. 20, 2007}}{\text{두6342 전원합의체}}$.

3) 사　　견　　종래의 판례의 입장을 긍정적으로 평가하는 견해도 있었으나, 저자는 행정소송법상 특별한 제한규정이 없음에도 판례가 이렇게 제한적으로 새기는 것에 대하여 부정적인 입장을 취하여 왔다. 왜냐하면 행정행위의 하자가 무효사유인지 아니면 취소사유인지의 구분이 용이한 것도 아니고, 행정행위의 무효와 부존재는 예외적인 현상이기 때문에 보충성을 배제한다고 하여 남소의 가능성이 큰 것도 아니며, 또한 원고가 무효등확인소송을 남용한다면 법원은 권리보호의 필요의 요건의 해석을 통해 제한을 가할 수 있다고 보았기 때문이다. 판례가 무효등확인소송에 보충성이 요구된다고 한 종전의 입장을 폐기한 것은 바람직하다.

5. 소제기의 효과

취소소송의 경우와 같다. 무효등확인소송의 경우에도 집행부정지원칙이 적용되나, 특별한 사정이 있는 경우에는 법원이 결정으로써 집행정지를 결정할 수 있고 또한 정지결정을 취소할 수도 있다$\binom{\text{행소법 제38조 제1항,}}{\text{제23조, 제24조}}$.

[기출사례] 제57회 사법시험(2015년) 문제 · 답안작성요령 ☞ PART 4 [2-52]

[기출사례] 제57회 5급공채(2013년) 문제 · 답안작성요령 ☞ PART 4 [2-53]

제 3 항 소송의 심리

1. 심리의 범위 등

심리의 범위 · 방법 등이 취소소송의 경우와 특별히 다른 것은 없다. 행정심판기록제출명령제도(행소법 제25조) · 직권탐지주의(행소법 제26조) 등이 준용되고 있다(행소법 제38조 제 1 항). 위법성판단의 기준시점도 취소소송의 경우(처분시설)와 같다.

2. 입증책임

(1) 학 설 ① 법률요건분류설(입증책임분배설)은 취소소송의 경우와 같다는 견해로(김동희 · 류지태) 무효등확인소송도 항고소송의 일종으로 처분의 위법성을 다투는 것은 취소소송과 같고, 위법의 중대 · 명백성은 법해석 내지 경험칙에 의해 판단될 사항이기 때문에 입증책임의 문제와 직접관련이 없음을 논거로 한다. ② 원고책임부담설은 하자가 중대하고 명백하다면 원고가 부담하여야 한다는 견해로(박윤흔 · 정하중) 취소소송과 무효등확인소송은 요건사실의 존재 · 부존재의 주장내용에 차이가 있으며, 무효등확인소송에서 주장되는 중대 · 명백한 흠은 특별한 예외적인 것이며, 무효등확인소송은 제소기간의 제한 없이 언제든 제기할 수 있어 그 사이에 증거가 없어질 수 있으므로 취소소송과 동일하게 볼 수 없다는 점을 논거로 한다.

(2) 판 례 판례는 원고책임부담설을 취한다(판례 1, 2).

> **판례 1** 행정처분의 당연무효의 입증책임자
> (서초세무서장 등을 피고로 한 조세부과처분 무효확인청구소송에서) 민사소송법이 준용되는 행정소송에서 증명책임은 원칙적으로 민사소송의 일반원칙에 따라 당사자 간에 분배되고, 항고소송은 그 특성에 따라 해당 처분의 적법성을 주장하는 피고에게 적법사유에 대한 증명책임이 있으나, 예외적으로 앞서 본 바와 같이 행정처분의 당연 무효를 주장하여 무효 확인을 구하는 행정소송에서는 원고에게 행정처분이 무효인 사유를 주장 · 증명할 책임이 있고, 이는 무효 확인을 구하는 뜻에서 행정처분의 취소를 구하는 소송에 있어서도 마찬가지이다(대판 2023. 6. 29. 2020두46073).

> **판례 2** 행정처분 무효확인소송에서 법원은 취소사유의 유무도 심리하여야 하는지 여부
> (서초세무서장 등을 피고로 조세부과처분무효확인을 구한 사건에서) 행정처분의 무효 확인을 구하는 소에는 특단의 사정이 없는 한 취소를 구하는 취지도 포함되어 있다고 보아야 하므로, 해당 행정처분의 취소를 구할 수 있는 경우라면 무효사유가 증명되지 아니한 때에 법원으로서는 취소사유에 해당하는 위법이 있는지 여부까지 심리하여야 한다(대판 2023. 6. 29. 2020두46073).

(3) 사 견 무효등확인소송에서의 입증책임을 취소소송의 경우와 달리 볼 특별한 이유는 없다. 법률요건분류설이 타당하다.

제4항 판 결

1. 판결의 종류

취소소송의 경우와 같다. 일부무효확인도 가능하다(판례). 다만 무효등확인소송에는 사정판결을 준용한다는 규정이 없다. 준용 여부와 관련하여 견해가 나뉘고 있다. 판례는 부정설을 취한다(대판 1970. 6. 30, 70누60;) (대판 1985. 5. 26, 84누380). 무효를 유효로 변경하는 것은 논리적으로는 타당성을 갖지 아니한다. 그러나 사정판결이 무제한 인정되는 것은 아니므로 실제적인 이유에서 긍정설이 보다 설득력을 갖는다.

> **판례** 행정처분의 일부무효판결
> (피고 서울특별시 동작구청장이 2006년경 원고에 대하여 건물 철거를 명하는 시정명령을 하였으나, 2008년~2010년 기간 중 그 시정명령의 이행을 요구하지 않다가, 2011년경 비로소 시정명령의 이행 기회를 제공한 후 2008년~2011년의 4년분 이행강제금을 한꺼번에 부과하자 원고가 이행강제금부과처분무효확인 등을 구한 사건에서) 외형상 하나의 행정처분이라 하더라도 가분성이 있거나 그 처분대상의 일부가 특정될 수 있다면 일부만의 무효확인도 가능하고 그 일부에 대한 무효확인은 해당 무효확인 부분에 관하여 효력이 생긴다. …. 이 사건 처분의 처분서인 이행강제금 부과고지서에는, 2008년, 2009년, 2010년, 2011년별로 각 해당연도의 이행강제금이 특정되어 있고, 이를 단순 합산한 금액이 이 사건 처분에 의하여 부과된 사실을 알 수 있으므로, 이 사건 처분은 외형상 하나의 처분이라 하더라도 각 연도별로 가분되어 특정될 수 있으므로, 각 연도별로 일부를 무효확인할 수 있다고 보아야 한다. 또한 원심판결이 주문에서 금액을 기재하지 않은 채 연도별로 무효 부분을 특정하였더라도, 그 내용은 충분히 특정가능하고 그 집행에 어떠한 의문이 있다고 보이지도 않는다(대판 2016. 7. 14,) (2015두46598).

2. 판결의 효력

기본적으로 취소소송의 경우와 같다. 제3자효를 갖는다(행소법 제38조) (대판 1982. 7. 27,) (제1항, 제29조) (82다173). 이 때문에 제3자의 보호를 위해 제3자의 소송참가(행소법 제38조) (제1항, 제16조), 제3자에 의한 재심청구(행소법 제31조,) (제38조 제1항)가 역시 인정된다. 기속력도 갖는다(행소법 제38조) (제1항, 제30조). 한편, 무효등확인판결은 형성판결과 달리 법관계의 변동을 가져오지 아니한다. 말하자면 무효등확인판결은 성질상 형성력을 갖지 아니하고, 간접강제도 문제되지 아니한다. 또한 무효등확인판결은 집행가능한 급부(이행)명령을 내용으로 갖지 아니한다. 물론, 소송비용부분은 집행대상이 된다. 무효등확인판결의 기판력은 다만 처분등의 효력 유무와 존부에만 미칠 뿐이다.

3. 위헌판결의 공고

무효등확인소송에 대한 대법원판결에 의하여 명령·규칙이 헌법 또는 법률에 위반된다는 것이 확정된 경우에는 대법원은 지체 없이 그 사유를 행정안전부장관에게 통보하여야 하고(행소법 제6조 제1항), 통보를 받은 행정안전부장관은 지체 없이 이를 관보에 게재하여야 한다(행소법 제6조 제2항).

제 5 항 선결문제

1. 의 의

행정소송법은 처분등의 효력 유무 또는 존재 여부가 본안이 아니라 민사소송에서 본안판단의 전제로서 문제가 될 때, 이를 선결문제라 하고(행소법 제11조 제1항), 당해 민사소송의 수소법원이 이를 심리·판단하는 경우에 행정청의 소송참가(행소법 제17조), 행정심판기록의 제출명령(행소법 제25조), 직권심리(행소법 제26조), 소송비용에 관한 재판의 효력(행소법 제33조) 등이 준용됨을 규정하고 있다(행소법 제11조 제1항). 행정소송법은 선결문제의 개념을 민사소송에 관해서만 규정하고, 형사소송이나 당사자소송의 경우에는 규정하는 바가 없다. 행정소송법에 규정이 없는 사항은 학설과 판례가 정할 문제가 된다.

2. 규정의 취지

행정소송법이 선결문제에 관한 규정을 둔 것은 본안이 민사에 관한 것이라도 선결문제가 행정사건인 경우에는 선결문제의 해결을 항고소송에 준하여 다루도록 하기 위한 것이다. 다만 현행법은 처분등의 효력 유무 또는 존재 여부가 민사소송의 선결문제로 된 경우에 관해 규정할 뿐이다. 이와 관련하여 처분등의 위법 여부가 선결문제로 되는 경우에 법원이 이를 직접심리할 수 있는가는 문제이다. 견해가 갈리나 이러한 경우에도 행정소송법 제11조가 유추적용된다고 볼 것이다. 형사소송의 선결문제로 된 경우도 마찬가지이다.

3. 적용규정

민사소송법의 수소법원이 선결문제를 심리·판단함에는 행정소송법 제17조(행정청의 소송참가), 제25조(행정심판기록의 제출명령), 제26조(직권심리), 제33조(소송비용에 관한 재판의 효력) 등이 적용된다(행소법 제11조 제1항). 그리고 이때 당해 수소법원은 그 처분등을 행한 행정청에게 그 선결문제로 된 사실을 통지하여야 한다(행소법 제11조 제2항).

제 3 절 부작위위법확인소송

제 1 항 관 념

1. 의 의

부작위위법확인소송이란 행정청이 당사자의 신청에 대해 상당한 기간 내에 일정한 처분을 해야 할 법률상의 의무가 있음에도 불구하고 이를 행하지 않는 경우, 그 부작위가 위법함의 확인을 구하는 소송을 말한다(행소법 제4조 제3호). 부작위위법확인이 아닌 작위의무확인청구는 현행법제상 인정되고 있지 아니하다(판례).

판례 | 작위의무확인소송으로서 항고소송의 대상이 되지 아니한다고 한 사례

(원고가 국가보훈처장에 대하여 마천룡·마천목 등 애국지사들에 대한 건국훈장·표창 등 서훈결정처분을 취소하고 다시 격상하여 재처분할 의무의 이행을 구하고, 국가보훈처장이 발행한 독립운동사 제5권, 제7권, 제10권 등이 독립투쟁 등에 관한 사실들을 잘못 게재하고 있으므로 이를 시정하여 관보 등에 그 뜻을 표명한 후 재발간할 의무와 대한국민회 등 독립운동단체소속의 독립운동자들에게 건국공로포상 및 국가유공자예우 등에 관한 법률 소정의 보상급여의무가 있다는 확인을 구하는 독립운동사 시정신청사건에서) 국가보훈처장 발행 서적의 독립투쟁에 관한 내용을 시정하여 관보에 그 뜻을 표명하여야 할 의무 및 독립운동단체 소속의 독립운동자들에게 **법률 소정의 보상급여의무의 확인을 구하는 청구는 작위의무확인소송으로서 항고소송의 대상이 되지 아니한다**(대판 1989. 1. 24. 88누3116; 대판 1990. 11. 23, 90누578; 대판 1990. 11. 23, 90누3553).

2. 성　　질

부작위위법확인소송은 주관적 소송으로서 부작위위법의 확인을 구하는 확인의 소이며, 그 판결은 확인판결에 속한다. 부작위위법확인소송은 일정한 의무의 이행을 내용으로 하는 것은 아니다. 부작위위법확인소송은 이미 발동된 공권력작용을 다투는 것이 아니라 아무런 공권력발동이 없음을 다투는 것이라는 관점에서 취소소송이나 무효등확인소송과 다르긴 하나, 부작위위법확인소송도 공권력발동에 관한 소송이므로 취소소송이나 무효등확인소송과 마찬가지로 항고소송에 속한다(행소법 제4조 참조). 한편, 일반적 견해는 부작위위법확인소송의 소송물을 부작위의 위법성으로 본다.

3. 제도적 의미

부작위위법확인의 소는 행정청이 국민의 법규상 또는 조리상의 권리에 기한 신청에 대하여 상당한 기간 내에 일정한 처분, 즉 그 신청을 인용하는 적극적 처분 또는 각하하거나 기각하는 등의 소극적 처분을 하여야 할 법률상의 응답의무가 있음에도 불구하고 이를 하지 아니하는 경우, 판결(사실심의 구 두변론종결)시를 기준으로 그 부작위의 위법을 확인함으로써 행정청의 응답을 신속하게 하여 부작위 내지 무응답이라고 하는 소극적인 위법상태를 제거하는 것을 목적으로 하는 것이고, 나아가 당해 판결의 구속력에 의하여 행정청에게 처분등을 하게 하고, 다시 당해 처분등에 대하여 불복이 있는 때에는 그 처분등을 다투게 함으로써 최종적으로 국민의 권리(법률상 이익)를 보호하려는 제도이다(대판 1990. 9. 25, 89누4758; 대판 1992. 6. 9, 91누11278).

4. 한　　계

(1) 4단계론　　행정청의 위법한 거부처분이나 부작위에 대한 법원의 판결은 논리적 관점에서 볼 때 그 통제의 강도에 따라 4단계로 나누어 볼 수 있다. 제1단계는 행정청의 거부처분이나 부작위가 위법함을 확인하는 판결이다(위법확인판결). 제2단계는 거부처분을 취소하거나 부작위가 위법함을 확인하고 아울러 작위의무(처분의무)가 있음을 확인하는 판결이다(작위의무확인판결). 제3단계는 거부처분을 취소하거나 부작위가 위법함을 확인하고 아울러 일정한 처분을 할 것을 명하는 판결이다(의무이행판결). 제4단계는 거부처분을 취소하거나 부작위가 위법함을 확인하고, 아울러 법원이 스스로 일정한 처분을 하는 판결을 말한다(형성판결).

(2) 부작위위법확인소송의 한계　　현행 부작위위법확인소송은 행정청의 처분의무가 법원에 의해 선고되는 것이 아니라 법령에서 직접 규정되고 있으므로 제 2 단계의 변형으로 볼 수 있다. 부작위위법확인소송은 권리보호가 우회적이고 간접적이다. 의무이행소송의 도입을 통해 국민의 권리보호에 만전을 기하는 것이 필요하다.

제 2 항　본안판단의 전제요건(소송요건)

1. 관　념

(1) 의　의　　「소 없으면 재판 없다」는 원칙은 부작위위법확인소송의 경우에도 당연히 적용된다. 부작위위법확인소송을 제기하여 법원으로부터 본안에 관한 승소판결을 받기 위해서는 본안판단의 전제요건($^{소송}_{요건}$)과 본안요건을 갖추어야 한다. 본안판단의 전제요건으로는 부작위가 존재하고(제 2), 관할법원에(제 3), 원고가 피고를 상대로(제 4), 경우에 따라서는 일정한 기간 내에(제 5), 소장을 제출하여야 하고(제 6), 경우에 따라서는 행정심판전치를 거쳐야 하고(제 7), 원고에게는 부작위위법의 확인을 구할 이익($^{권리보호}_{의 필요}$)이 있어야 하며(제 8), 아울러 당사자 사이의 소송대상에 대하여 기판력 있는 판결이 없어야 하고 또한 중복제소도 아니어야 한다(제 9). 본안판단의 전제요건의 결여의 효과는 취소소송의 경우와 같다.

(2) 취소소송 등과 차이점　　부작위위법확인소송의 소송요건은 취소소송의 소송요건과 기본적으로 다를 바가 없다. 그러나 부작위위법확인소송은 무효등확인소송의 경우와 달리 제소기간의 적용가능성이 있고, 행정심판전치의 적용가능성도 있다. 이하에서는 관할법원·피고적격·소송참가·본안요건·소의 변경·심리방법·불복 등에 관한 논급을 약한다. 구체적인 내용은 취소소송 부분을 참조하라.

2. 부작위의 존재

(1) 부작위의 의의　　부작위란 행정청이 당사자의 신청에 대하여 상당한 기간 내에 일정한 처분을 하여야 할 법률상 의무가 있음에도 불구하고 이를 하지 아니하는 것을 말한다($^{행소법}_{제 2 조}$ $^{제 1 항}_{제 2 호}$).

(2) 부작위의 성립요건

1) 당사자의 신청이 있을 것

㈎ 신청의 내용　　① 신청의 내용이 질서행정상의 것이거나 복리행정상의 것이거나를 가리지 않는다. ② 신청의 내용이 되는 처분은 행정소송법 제 2 조 제 1 항 제 1 호에서 의미하는 처분을 말한다($^{판례}_{1}$). 재결도 포함된다. 그러나 비권력적 사실행위의 요구 또는 사경제적 계약의 체결요구 등은 이에 해당하지 아니한다($^{판례}_{2}$).

판례 1   부작위위법확인소송의 대상인 '부작위'의 의의

(광주지방검찰청 검사를 피고로 한 부작위위법확인소송에서) 부작위위법확인소송의 대상인 부작위'란 행정청이 당사자의 신청에 대하여 상당한 기간 내에 일정한 처분을 하여야 할 법률상 의무가 있음에도 불구하고 이를 하지 아니하는 것'을 말한다(제2조 제1항 제1호, 제2호). 여기에서 '처분'이란 행정소송법상 항고소송의 대상이 되는 처분을 의미하는 것으로서, 행정소송법 제2조의 **처분의 개념 정의에는 해당한다고 하더라도** 그 처분의 근거 법률에서 행정소송 이외의 다른 절차에 의하여 불복할 것을 예정하고 있는 처분은 항고소송의 대상이 될 수 없다. 검사의 불기소결정에 대해서는 검찰청법에 의한 항고와 재항고, 형사소송법에 의한 재정신청에 의해서만 불복할 수 있는 것이므로, 이에 대해서는 행정소송법상 항고소송을 제기할 수 없다(대판 2018. 9. 28, 2017두47465).

판례 2   검사가 압수 해제된 것으로 간주된 압수물의 환부신청에 대하여 아무런 결정·통지도 하지 아니한 경우, 부작위위법확인소송의 대상이 되는지 여부

(서울지방검찰청 남부지청 검사의 압수물품에 대한 원고의 환부신청에 대하여 한 피고의 부작위가 위법함을 확인하는 서울남부지검 압수물사건에서) 형사본안사건에서 무죄가 선고되어 확정되었다면 형사소송법 제332조 규정에 따라 검사가 압수물을 제출자나 소유자 기타 권리자에게 환부하여야 할 의무가 당연히 발생한 것이고, 권리자의 환부신청에 대한 검사의 환부결정 등 어떤 처분에 의하여 비로소 환부의무가 발생하는 것은 아니므로 **압수가 해제된 것으로 간주된 압수물에 대하여 피압수자나 기타 권리자가 민사소송으로 그 반환을 구함은 별론으로 하고 검사가 피압수자의 압수물 환부신청에 대하여 아무런 결정이나 통지도 하지 아니하고 있다고 하더라도 그와 같은 부작위는 현행 행정소송법상의 부작위위법확인소송의 대상이 되지 아니한다**(대판 1995. 3. 10, 94누14018).

(내) 신청의 적법성   신청은 반드시 적법한 것일 필요는 없다고 본다. 부적법한 신청이면 그에 상응하게 응답하여야 할 의무가 행정청에 있다고 보아야 할 것이기 때문이다.

(대) 신청권의 존부

(a) 판   례   대법원은 당사자에게 처분을 구할 수 있는 신청권은 있어야 한다는 입장이다(판례 1). 또한 판례는 신청권의 존부의 문제를 대상적격의 문제로 보는 동시에 원고적격의 문제로 보기도 한다(판례 2, 3). 그리하여 신청권에 의하지 아니한 신청을 행정청이 받아들이지 아니한 것을 위법한 부작위로 보지 아니한다.

판례 1   제자리 환지처분을 받은 토지소유자가 사업시행자를 상대로 종전토지 위의 건축물 등에 대한 이전 또는 철거를 요구하면서 제기한 부작위위법 확인소송의 적부

(원고가 서울특별시장을 상대로 대지인 도등등부작위위법확인을 구한 사건에서) 행정청이 국민으로부터 어떤 신청을 받고서도 그 신청에 따르는 내용의 행위를 하지 아니한 것이 **항고소송의 대상이 되는 위법한 부작위가 된다고 하기 위하여는 국민이 행정청에 대하여 그 신청에 따른 행정행위를 해 줄 것을 요구할 수 있는 법규상 또는 조리상의 권리가 있어야 하며,** 이러한 권리에 의하지 아니한 신청을 행정청이 받아들이지 아니하였다고 해서 이 때문에 신청인의 권리나 법적 이익에 어떤 영향을 준다고 할 수 없는 것이므로 위법한 부작위라고 할 수 없는 것인바, **토지구획정리사업법 제40조 제1항은 사업시행자에게 필요한 경우 건축물**

등을 이전하거나 제거할 수 있는 권능을 부여한 규정에 지나지 아니할 뿐, 사업시행자에게 그러한 의무가 있음을 규정한 것은 아니므로 이 규정을 들어 제자리 환지처분을 받은 **토지소유자에게 사업시행자로 하여금 종전토지 위의 건축물 등에 대한 이전 또는 철거를 이행하도록 요구할 수 있는 신청권이 있다고 볼 수 없고**, 따라서 사업시행자가 토지소유자의 위와 같은 신청을 받아들이지 아니하였다고 하여 항고소송의 대상인 위법한 부작위에 해당한다고 할 수 없는 것이므로 그 부작위위법확인의 소는 부적법하다($\substack{대판 1990. 5. 25, \\ 89누5768}$).

[판례 2] 국민이 행정청에 대하여 제 3 자에 대한 건축허가와 준공검사의 취소 및 제 3 자 소유의 건축물에 대한 철거명령을 요구할 수 있는 법규상 또는 조리상 권리가 있는지 여부

($\substack{삼광학학 공동주택 허 \\ 가취소신청사건에서}$) **구 건축법**($\substack{1999. 2. 8. 법률 제5895 \\ 호로 개정되기 전의 것}$) **및 기타 관계 법령에** 국민이 행정청에 대하여 제 3 자에 대한 **건축허가의 취소나 준공검사의 취소 또는 제 3 자 소유의 건축물에 대한 철거 등의 조치를 요구할 수 있다는 취지의 규정이 없고**, 같은 법 제69조 제 1 항 및 제70조 제 1 항은 각 조항 소정의 사유가 있는 경우에 시장·군수·구청장에게 건축허가 등을 취소하거나 건축물의 철거 등 필요한 조치를 명할 수 있는 권한 내지 권능을 부여한 것에 불과할 뿐, 시장·군수·구청장에게 그러한 의무가 있음을 규정한 것은 아니므로 위 조항들도 그 근거 규정이 될 수 없으며, 그 밖에 **조리상 이러한 권리가 인정된다고 볼 수도 없다**($\substack{대판 1999. 12. 7, \\ 97누17568}$).

[판례 3] 행정소송법 제 4 조 제 3 호 소정의 '부작위위법확인의 소'의 취지 및 요건

($\substack{주미대사 이홍구의 직을 계속 보유하게 하여서는 아니 된다는 원고 이신범의 요구 \\ 에 외교통상부장관이 무대응을 하자 이에 이신범이 제기한 부작위위법확인의 소에서}$) 행정소송법 제 4 조 제 3 호가 부작위위법확인의 소는 처분의 신청을 한 자로서 부작위가 위법하다는 확인을 구할 법률상의 이익이 있는 자만이 제기할 수 있는 것이므로, 당사자가 행정청에 대하여 어떠한 행정처분을 하여 줄 것을 요청할 수 있는 법규상 또는 조리상의 권리를 갖고 있지 아니하거나 부작위의 위법확인을 구할 법률상의 이익이 없는 경우에는 항고소송의 대상이 되는 **위법한 부작위가 있다고 볼 수 없거나 원고적격이 없어** 그 부작위위법확인의 소는 부적법하다($\substack{대판 2000. 2. 25, \\ 99두11455}$).

(b) 학 설 학설은 신청권을 대상적격의 문제로 보는 견해, 원고적격의 문제로 보는 견해와 본안문제로 보는 견해로 나뉜다. ① 신청권을 판례와 같이 대상적격의 문제로 보는 견해는 대법원은 신청권 존부의 판단을 구체적 사건에서 신청인이 누구인가를 고려하지 않고 추상적으로 판단하므로, 이를 대상적격의 문제로 보는 것이 옳다는 견해($\substack{김남진· \\ 김연태}$), 법문상 신청에 대하여 행정청은 일정한 처분을 하여야 할 의무'가 발생하여야 한다는 점에서, 신청은 신청권이 있는 경우에 한정된다는 견해($\substack{김동희· \\ 박균성}$) 등이 있다. ② 신청권을 원고적격의 문제로 보는 견해는 행정소송법상 부작위의 개념에 신청권의 개념이 포함되지 않으므로 신청권의 존부는 원고적격의 문제로 보아야 한다는 것을 논거로 든다($\substack{류지 \\ 태}$). ③ 신청권을 본안문제로 보는 견해는 부작위의 존재를 인정하기 위해서는 단순히 원고의 신청만으로 족하고, 처분의무는 원고의 주장사실로 인정되며, 신청권 또는 처분의무의 존재 여부는 본안에 가서 판단하여야 한다는 견해이다($\substack{이상규· \\ 홍준형}$).

(c) 사 견 행정소송법은 부작위의 개념에 신청권의 존부에 관해 언급하는 바가 없다. 그럼에도 신청권의 존부를 부작위개념의 요소로 보는 것은 부작위의 개념을 해석상 제한하는

것으로서 사인의 권리보호의 확대의 이념에 반하는 것이 된다. 신청권의 존부의 문제는 원고적격의 문제로 보는 것이 타당하다.

㈐ 신청의 존재　　신청권의 존부를 불문하고 일정한 처분을 신청한 것으로 신청은 존재한다고 볼 것이다.

2) 상당한 기간이 경과할 것　　① 상당한 기간이 경과하도록 아무런 처분이 없을 때 부작위는 위법한 것이 된다(판례). 상당한 기간이란 어떠한 처분을 함에 있어 통상 요구되는 기간을 의미한다(절차법 제19조 제1항 참조). 상당한 기간의 판단에는 처분의 성질·내용 등이 고려되어야 할 것이나 업무의 폭주, 인력의 미비 같은 사정은 고려될 성질의 것이 아니다. ② 개별법령에서 처분의 기간을 정하여 두고 있는 경우에는 그 법정기간의 경과가 바로 부작위의 위법을 가져오는지가 문제된다. 그 규정이 강행규정이라면 위법으로 보아야 할 것이다. 그러나 ③ 행정절차법에 따라 공표된 처리기간을 준수하지 아니하였다고 하여 바로 상당한 기간이 경과하였다고 보기는 어렵다. 행정절차법상 처리기간은 주의적인 규정으로 이해되기 때문이다.

> **판례**　상당한 기간 경과의 예
>
> [1] (시내버스 한정면허를 받은 여객자동차 운송사업자인 코레일네트웍스 주식회사의 보조금 지급신청에 대한 피고 경기도지사의 회신이 항고소송의 대상이 되는지 여부가 쟁점인 손실보전금등지급거부처분취소소송에서) 원고는 2017. 3. 7. 피고 광명시장에게 '수도권 대중교통 통합 환승요금할인'을 시행한 데에 따른 보조금 지급을 신청하였다. … 피고 광명시장은 구「경기도 여객자동차 운수사업 관리 조례」 제15조가 정한 보조금 지급 사무 권한자로서 위 보조금의 지급을 구하는 원고의 신청에 대하여 상당한 기간 내에 그 신청을 인용하는 적극적 처분을 하거나 각하 또는 기각하는 등의 소극적 처분을 하여야 할 법률상의 응답의무가 있다. 피고 광명시장이 원심 변론종결일인 2021. 4. 7.까지 원고의 신청에 응답하지 아니한 부작위는 그 자체로 위법하다(대판 2023. 2. 23. 2021두44548).
>
> [2] (피고 광주광역시장이 인사위원회의 심의를 거쳐 원고를 3급 승진대상자로 결정한 사실을 대내외에 공표한 후에 오랜 기간 동안 아무런 조치도 취하지 아니하자 원고가 제기한 부작위위법확인의 소에서) 피고는 인사위원회의 심의를 거쳐 원고가 3급 승진대상자로 결정된 사실을 대내외에 공표한 후 원고의 2005. 9. 30.자 소청심사를 통한 승진임용신청에 대하여 이 사건 사실심 변론종결시까지도 아무런 조치를 취하지 않고 있는 사실을 알 수 있는바(원심판결: 광주고법 2008. 6. 5. 선고 2008누531 판결), … 피고의 이와 같은 부작위는 그 자체로 위법하다(대판 2009. 7. 23. 2008두10560).

3) 행정청에 일정한 처분을 할 법률상 의무가 있을 것　　부작위는 행정청이 어떠한 처분을 하여야 할 법률상 의무가 있음에도 행정청이 처분을 하지 않는 경우에 성립하게 된다. 어떠한 처분이란 행정소송법 제2조 제1항 제1호 소정의 처분을 말하는 것이고(대판 1993. 4. 23. 92누17099), 법률상 의무에는 명문의 규정에 의해 인정되는 경우뿐만 아니라 법령의 해석상 인정되는 경우도 포함한다(판례1). 행정입법은 여기서 말하는 처분에 해당하지 아니한다(판례2).

[판례 1] 다수의 검사 임용신청자 중 일부만을 검사로 임용하는 결정을 함에 있어 그 임용 여부의 응답을 해 줄 의무가 있는지 여부

(K검사임용거부사건에서) 검사의 임용 여부는 임용권자의 자유재량에 속하는 사항이나, 임용권자가 동일한 검사신규임용의 기회에 원고를 비롯한 다수의 검사 지원자들로부터 임용신청을 받아 전형을 거쳐 자체에서 정한 임용기준에 따라 이들 중 일부만을 선정하여 검사로 임용하는 경우에 있어서 **법령상 검사임용신청 및 그 처리의 제도에 관한 명문규정이 없다고 하여도 조리상 임용권자는 임용신청자들에게 전형의 결과인 임용 여부의 응답을 해 줄 의무가 있다**고 보아야 하고, 원고로서는 그 임용신청에 대하여 임용 여부의 응답을 받을 권리가 있다고 할 것이며, 응답할 것인지 여부조차도 임용권자의 편의재량사항이라고는 할 수 없다(대판 1991. 2. 12, 90누5825).

[판례 2] 보건복지부장관이 의료법과 대통령령의 위임에 따라 치과전문의자격시험제도를 실시할 수 있도록 시행규칙을 개정하거나 필요한 조항을 신설하는 등 제도적 조치를 마련하지 아니하는 부작위에 대한 헌법소원심판청구의 보충성

(보건복지부장관은 의료법에 따라 시행규칙의 개정 등 치과전문의 자격시험을 실시함에 필요한 제도적 조치를 마련하여야 함에도 이를 마련하지 않고 있어 청구인들의 헌법상 보장된 행복추구권, 평등권, 직업의 자유, 학문의 자유, 재산권 및 보건권을 침해받고 있다며 헌법소원을 제기한 치과전문의자격시험 불실시사건에서) 입법부작위에 대한 행정소송의 적법 여부에 관하여 대법원은 "**행정소송은 구체적 사건에 대한 법률상 분쟁을 법에 의하여 해결함으로써 법적 안정을 기하자는 것이므로 부작위위법확인소송의 대상이 될 수 있는 것은 구체적 권리의무에 관한 분쟁이어야 하고, 추상적인 법령에 관하여 제정의 여부 등은 그 자체로서 국민의 구체적인 권리의무에 직접적 변동을 초래하는 것이 아니어서 행정소송의 대상이 될 수 없다**"고 판시하고 있으므로, 피청구인 보건복지부장관에 대한 청구 중 위 시행규칙에 대한 입법부작위 부분은 **다른 구제절차가 없는 경우에 해당한다**(헌재 1998. 7. 16, 96헌마246).

4) 행정청이 아무런 처분도 하지 않았을 것   행정청이 아무런 처분도 하지 않았어야 한다(판례). 행정청이 인용처분을 하거나 거부처분을 하였다면 부작위의 문제는 생기지 않는다. 거부처분이 있었다면 취소소송을 제기하여야 한다. 다만 법령이 일정기간 동안 아무런 처분이 없는 경우에 거부처분을 한 것으로 간주하는 소위 간주거부의 경우에는 행정청이 아무런 처분을 하지 않았다고 하여도 거부처분취소소송을 제기하여야 하며, 부작위위법확인소송을 제기하지 못한다. 한편, 검사임용거부사건(대판 1991. 2. 12, 90누5825)에서 보는 바와 같이 묵시적 거부의 경우에는 거부처분취소소송의 제기도 가능하고 부작위위법확인소송의 제기도 가능하다고 볼 것이다.

[판례] 공사중지명령 이후, 그 원인사유의 소멸을 이유로 한 공사중지명령철회의 신청에 대하여 아무런 응답을 하지 않고 있는 경우, 행정청의 부작위의 위법 여부

(행정청이 행한 공사중지명령의 상대방이 그 명령 이후에 그 원인사유가 소멸하였음을 들어 행정청에 대하여 공사중지명령의 철회를 신청하였으나 행정청이 이에 대하여 아무런 응답을 하지 않고 있는 경우, 그러한 행정청의 부작위의 위법 여부를 다툰 사건에서) **행정청이 행한 공사중지명령의 상대방은 그 명령 이후에 그 원인사유가 소멸하였음을 들어 행정청에게 공사중지명령의 철회를 요구할 수 있는 조리상의 신청권이 있다 할 것이고, 상대방으로부터 그 신청을 받은 행정청으로서는 상당한 기간 내에 그 신청을 인용하는 적극적 처분을 하거나 각하 또는 기각하는 등의 소극적 처분을 하여야 할 법률상의 응답의무가 있다고 할 것이며, 행정청이 상대방의**

신청에 대하여 아무런 적극적 또는 소극적 처분을 하지 않고 있는 이상 행정청의 부작위는 그 자체로 위법하다고 할 것이고, 구체적으로 그 신청이 인용될 수 있는지 여부는 소극적 처분에 대한 항고소송의 본안에서 판단하여야 할 사항이라고 할 것이다($^{대판\ 2005.\ 4.\ 14,}_{2003두7590}$).

[기출사례] 제60회 5급공채(2016년) 문제·답안작성요령 ☞ PART 4 [2-27]
[기출사례] 제62회 5급공채(2018년) 문제·답안작성요령 ☞ PART 4 [2-3]

3. 원고적격

(1) 의   의   부작위위법확인소송은 처분의 신청을 한 자로서 부작위의 위법의 확인을 구할 법률상의 이익이 있는 자만이 제기할 수 있다($^{행소법}_{제36조}$).

(2) 신청권의 존부   신청권을 원고적격의 문제로 보는 본서는 부작위위법확인소송에서 원고적격이 인정되려면 처분을 신청한 것으로는 부족하고 신청권이 필요하다고 본다. 그러나 신청권을 본안요건으로 보는 견해에 따르면 부작위위법확인소송에서는 '현실적으로 처분을 신청한 자'이면 신청권 유무를 불문하고 원고적격을 가진다고 본다($^{홍준}_{형}$).

(3) 제 3 자   부작위의 직접 상대방이 아닌 제 3 자라 하여도 당해 행정처분의 부작위위법확인을 구할 법률상의 이익이 있는 경우에는 역시 원고적격이 인정된다($^{판}_{례}$).

> [판례] 취소소송이나 부작위위법확인소송에 있어서의 원고적격
> ($^{새마을\ 골목상인번영회가\ 대구직할시\ 동구청장에}_{게\ 가건물철거대집행계고처분을\ 요구한\ 사건에서}$) 원고의 주장 자체에 의하더라도 이 사건 건축관계의 당사자도 아닌 원고가 그 구성원들의 시장영업에 장애가 있다는 사실을 들어 그 인근에 있는 건물의 빈터에 설치된 위법 가설건물을 피고가 방치한 것이 위법인지의 여부를 확인하여 달라는 것이어서 그것만으로는 피고의 위 방치행위로 인하여 원고가 직접적이고 구체적인 불이익을 받았다고 볼 수 없을 뿐만 아니라 위 가설건물에 대한 철거 등 시정명령의 근거법률인 건축법 제 5 조, 제 7 조의3, 제42조 등의 규정에 의하더라도 원고의 구성원들에게 돌아가는 영업상의 이익을 위 규정들에 의하여 보호되는 법률상의 이익이라고는 할 수 없는 것이다. 같은 취지의 원심판결은 정당하다($^{대판\ 1989.\ 5.\ 23,}_{88누8135}$).

4. 제소기간

(1) 부작위위법확인소송의 제소기간

1) 문 제 점   ① 행정심판을 거쳐 부작위위법확인소송을 제기하게 되면, 이 경우에는 재결처분이 존재하는바 제소기간에 관한 행정소송법 제20조가 적용된다. 그러나 ② 임의적 행정심판전치의 원칙에 따라 행정심판을 거치지 아니하고 부작위위법확인소송을 제기하는 경우에는 처분등이 없기 때문에 처분등을 기준으로 하는 행정소송법 제20조를 적용할 수 없다. 따라서 ②는 학설과 판례가 정할 사항이다.

2) 학　　설　　① 부작위개념의 성립요소의 하나인 신청 후 상당기간이 경과하면 그 때에 처분이 있는 것으로 보고 행정소송법 제20조 제 2 항에 따라 그 때부터 1년 내에 제소해야 한다는 견해와 ② 행정소송법상 명문의 규정이 없기 때문에 제소기간에 제한이 없다는 견해(다수설)가 대립된다.

3) 판　　례　　판례는 부작위상태가 계속되는 한 부작위위법의 확인을 구할 이익이 있다고 보아야 하므로 제소기간의 제한을 받지 않는다고 본다(판례).

> **판례**　부작위위법확인소송의 제소기간
> (피고 광주광역시장이 인사위원회의 심의를 거쳐 원고를 3급 승진대상자로 결정한 사실을 대내외에 공표한 후에 오랜 기간 동안 아무런 조치도 취하지 아니하자 원고가 제기한 부작위위법확인의 소에서) **부작위위법확인의 소는 부작위상태가 계속되는 한** 그 위법의 확인을 구할 이익이 있다고 보아야 하므로 **원칙적으로 제소기간의 제한을 받지 않으나**, 행정소송법 제38조 제 2 항이 제소기간을 규정한 같은 법 제20조를 부작위위법확인소송에 준용하고 있는 점에 비추어 보면, 행정심판 등 전심절차를 거친 경우에는 행정소송법 제20조가 정한 제소기간 내에 부작위위법확인의 소를 제기하여야 할 것이다(대판 2009. 7. 23. 2008두10560).

4) 사　　견　　행정소송법 제20조는 '처분등이 있음을 안 날(1항)' 또는 '처분등이 있은 날부터(2항)'로 규정하고 있어 부작위위법확인소송에서는 준용되기 어렵고, 부작위상태가 계속되는 한 위법임을 확인할 부작위의 종료시점을 정하기도 어려우며, ①설이 말하는 상당한 기간이라는 개념 자체가 불확정적인 것이라는 점, 행정심판법상 부작위에 대한 의무이행심판의 경우에는 심판청구기간에 제한이 없다는 점(행심법 제27조 제 7 항) 등을 고려하면, 제소기간 제한이 없다는 견해가 타당하다.

(2) 소의 변경과 제소기간　　판례는 "부작위위법확인소송의 계속 중 소극적 처분이 있게 되면 부작위위법확인의 소는 소의 이익을 잃어 부적법하게 되고 이 경우 소극적 처분에 대한 취소소송을 제기하여야 하는 등 부작위위법확인의 소는 취소소송의 보충적 성격을 지니고 있으며, 부작위위법확인소송의 이러한 보충적 성격에 비추어 동일한 신청에 대한 거부처분의 취소를 구하는 취소소송에는 특단의 사정이 없는 한 그 신청에 대한 부작위위법의 확인을 구하는 취지도 포함되어 있다고 볼 수 있다. 이러한 사정을 종합하여 보면, 당사자가 동일한 신청에 대하여 부작위위법확인의 소를 제기하였으나 그 후 소극적 처분이 있다고 보아 처분취소소송으로 소를 교환적으로 변경한 후 여기에 부작위위법확인의 소를 추가적으로 병합한 경우 최초의 부작위위법확인의 소가 적법한 제소기간 내에 제기된 이상 그 후 처분취소소송으로의 교환적 변경과 처분취소소송에의 추가적 변경 등의 과정을 거쳤다고 하더라도 여전히 제소기간을 준수한 것으로 봄이 상당하다"고 한다(대판 2009. 7. 23. 2008두10560).

5. 권리보호의 필요

취소소송의 경우와 같다(판례 1. 2.).

[판례 1] 부작위위법확인의 소의 제도적 취지 및 당사자의 신청이 있은 이후 당사자에게 생긴 사정의 변화로 인하여 부작위가 위법하다는 확인을 받는다고 하더라도 종국적으로 침해되거나 방해받은 권리와 이익을 보호·구제받는 것이 불가능하게 된 경우, 그 부작위가 위법하다는 확인을 구할 이익이 있는지 여부

(원고가 서울특별시장을 상대로 조례) 이 사건 소는 서초구청 교통행정과 소속 지방지도원으로서 버스전용 (제정부작위위법확인을 구한 사건에서) 차로 통행위반 단속업무에 종사하던 원고가 사실상 노무에 종사하는 공무원이라고 주장하면서 **지방공무원법 제58조 제2항에서 노동운동이 허용되는 사실상의 노무에 종사하는 공무원의 범위를 조례로 정하도록 규정하고 있음에도 피고가 조례를 통하여 '사실상 노무에 종사하는 공무원'의 구체적 범위를 규정하지 않고 있는 것은 위법한 부작위에 해당한다**는 이유로 그 확인을 구하는 것인데, 원고는 이 사건 소가 상고심에 계속중이던 2000. 6. 30. **이미 정년퇴직하였음을 알 수 있는바**, 그렇다면 설령 피고가 위 조례를 제정하지 아니한 것이 위법한 부작위에 해당한다고 하더라도 그 확인으로 인하여 원고가 종국적으로 구제를 받는 것이 불가능하게 되었다 할 것이므로 결국 **위 조례를 제정하지 아니한 부작위가 위법하다는 확인을 구할 소의 이익은 상실되었다 할 것이어서 이 사건 소는 부적법하다**(대판 2002. 6. 28, 2000두4750).

[판례 2] 부작위위법확인소송의 변론종결시까지 행정청의 처분으로 부작위 상태가 해소된 경우 소의 이익 유무

(서울교육대학장의 원고에 대한 교원임용의무불이행의 위법) 소제기의 전후를 통하여 판결시까지 행정청이 그 신 (확인등을 구한 서울교육대학장 교원임용의무불이행사건에서) 청에 대하여 적극 또는 소극의 처분을 함으로써 부작위상태가 해소된 때에는 소의 이익을 상실하게 되어 당해 소는 각하를 면할 수가 없다(대판 1990. 9. 25, 89누4758).

[평석] 이 판결에서는 소제기 전후를 불문하고 판결시까지 부작위상태가 해소된 때에는 소의 이익을 상실한다고 표현하지만, 여기서 말하는 소의 이익은 이중의 의미를 갖는다. 왜냐하면 소제기 후에 부작위상태가 해소된 때의 소의 이익의 상실은 협의의 소의 이익(권리보호의 필요)의 상실을 뜻하지만, 소제기 전에 부작위상태가 해소된 때의 소의 이익의 상실은 부작위위법확인소송의 제소요건인 대상적격(부작위의 존재)의 결여를 뜻하기 때문이다. 요컨대 이 판결에서 소의 이익의 개념은 협의의 소의 이익과 대상적격을 포함하는 넓은 개념이라 하겠다.

6. 소제기의 효과

주관적 효과는 취소소송의 경우와 동일하나, 객관적 효과(집행정지)의 문제는 생기지 않는다. 부작위에 대한 집행정지는 성질상 인정할 수가 없기 때문이다. 또한 가처분도 기본적으로 피해의 방지가 아니라 이익의 확보를 구하는 부작위위법확인소송의 성질에 비추어 인정하기 어렵다. 그러나 행정소송절차가 지나치게 상당한 기간 동안 지속할 수도 있다는 점, 그리고 성질상 가구제가 필요한 영역도 있다는 점(예: 외국인의 비자신청시 지나친 기간 동안 무응답의 경우)을 고려할 때, 재고의 여지가 있다.

7. 부작위위법확인소송에서 거부처분취소소송(무효등확인소송)으로 소의 변경

(1) 문 제 점   거부처분이 있었음에도 소의 종류를 잘못 선택하여 부작위위법확인소송을 제기한 경우에는 행정소송법 제37조(제21조)에 따라 거부처분취소소송으로의 소의 변경이 가능

하다. 그러나 부작위에 대하여 부작위위법확인소송을 제기한 후 행정청이 거부처분을 한 경우 논리적으로 보면 행정소송법 제22조의 처분변경으로 인한 소의 변경이 적용되어야 하지만 준용규정이 없어 문제가 된다.

(2) 학　설　　① 행정소송법 제37조$\binom{\text{제21}}{\text{조}}$의 취지는 행정소송의 다양성으로 인해 행정소송 간에 소송의 종류를 잘못 선택할 가능성 때문에 소의 변경을 인정한 것이므로 부작위위법확인소송 계속중에 거부처분이 발령된 경우에는 적용되지 않으며, 행정소송법 제22조는 부작위위법확인소송에 준용되지 않기에 이러한 경우는 소의 변경이 허용되지 않는다는 부정설과 ② 행정소송법이 제22조를 부작위위법확인소송에 준용하지 않는 것은 입법의 불비이므로 부작위위법확인소송 계속중에 거부처분이 발령된 경우에도 행정소송법 제37조$\binom{\text{제21}}{\text{조}}$를 적용하여 소종류의 변경이 가능하다고 해야 하며, 만일 소의 변경을 부정하면 당사자는 새로이 거부처분취소소송을 제기해야 하기에 이를 긍정함이 타당하다는 긍정설$\binom{\text{다수}}{\text{설}}$이 대립된다.

(3) 사　견　　부작위위법확인소송과 거부처분취소소송은 양 청구가 모두 일정한 처분을 얻으려는 것을 목적으로 하고 있어 청구의 기초에 변경이 없으므로 행정소송법 제37조$\binom{\text{제21}}{\text{조}}$를 적용하여 소의 변경이 가능하다고 보아야 한다.

제 3 항　소송의 심리

1. 심리의 범위

행정소송법은 의무이행소송을 인정하지 않고 부작위위법확인소송을 인정하며, 동법은 제 4 조 제 3 호에서 부작위위법확인소송을 '행정청의 부작위가 위법하다는 것을 확인하는 소송'이라고 정의하고 있어 부작위위법확인소송에 있어서 법원은 행정청의 부작위의 위법성만을 심리해야 하는지 아니면 당사자가 신청한 처분의 실체적인 내용도 심리할 수 있는지가 문제된다.

(1) 학　설

1) 절차적 심리설　　부작위위법확인소송의 수소법원은 부작위의 위법 여부만을 심사하여야 하며 만약 실체적인 내용을 심리한다면 그것은 의무이행소송을 인정하는 결과가 되어 정당하지 않다는 견해이다$\binom{\text{다수}}{\text{설}}$. 부작위위법확인소송은 작위의무확인소송 내지는 의무이행소송과는 달리 단지 행정청의 부작위가 위법한 것임을 확인하는 소송으로서 그 소송물은 부작위의 위법성임을 근거로 한다.

2) 실체적 심리설　　법원은 단순히 행정청의 방치행위의 적부에 관한 절차적 심리에만 그치지 아니하고, 신청의 실체적 내용이 이유 있는 것인지도 심리하여, 그에 대한 적정한 처리방향에 관한 법률적 판단을 하여야 한다는 견해이다. 이 견해는 실체적 심리가 이루어진다면 인용판결에 대한 실질적 기속력이 인정될 것이고 그에 따라 무용한 소송의 반복을 피할 수 있고 당사자의 권리구제에도 실효적임을 근거로 한다.

(2) 판   례   판례는 부작위위법확인소송을 행정청의 부작위 내지 무응답이라고 하는 소극적인 위법상태를 제거하는 것을 목적으로 하는 소송으로 보고 있어 절차적 심리설의 입장이다(판례).

> 판례   부작위위법확인소송의 변론종결시까지 행정청의 처분으로 부작위 상태가 해소된 경우 소의 이익 유무

(서울교육대학장 교원임 용의무불이행사건에서) **부작위위법확인의 소는** 행정청이 국민의 법규상 또는 조리상의 권리에 기한 신청에 대하여 상당한 기간 내에 그 신청을 인용하는 적극적 처분 또는 각하하거나 기각하는 등의 소극적 처분을 하여야 할 법률상의 응답의무가 있음에도 불구하고 이를 하지 아니하는 경우, **판결**(사실심의 구 변론 종결)**시를 기준으로 그 부작위의 위법을 확인함으로써 행정청의 응답을 신속하게 하여 부작위 내지 무응답이라고 하는 소극적인 위법상태를 제거하는 것을 목적으로 하는 것**이고, 나아가 당해 판결의 구속력에 의하여 행정청에게 처분등을 하게 하고 다시 당해 처분등에 대하여 불복이 있는 때에는 그 처분등을 다투게 함으로써 최종적으로는 국민의 권리이익을 보호하려는 제도이므로, 소제기의 전후를 통하여 판결시까지 행정청이 그 신청에 대하여 적극 또는 소극의 처분을 함으로써 부작위상태가 해소된 때에는 소의 이익을 상실하게 되어 당해 소는 각하를 면할 수가 없는 것이다(대판 1990. 9. 25. 89누4758; 대판 1992. 7. 28. 91누7361).

(3) 사   견   부작위위법확인소송의 소송물이 부작위의 위법성이라는 점과 행정소송법상 부작위위법확인소송의 개념(행정청의 부작위가 위법하 다는 것을 확인하는 소송)(행소법 제4 조 제3호)에 비추어 절차적 심리설이 일단 타당하다. 그러나 무명항고소송(예: 의무 이행소송)이 인정되어야 한다는 본서의 입장에서는 그러한 소송이 인정되기까지 정책적인 관점에서 본안심리의 경우 신청의 내용도 심리하는 것이 필요하다고 본다. 그래야만 판결의 취지에 따르는 재처분의무의 이행이 보다 큰 의미를 가질 것이기 때문이다.

2. 위법성판단의 기준시

취소소송이나 무효등확인소송과는 달리 부작위위법확인소송의 경우에는 위법성판단의 기준시점을 판결시(사실심의 구두 변론종결시)로 보는 것이 타당하다. 부작위위법확인소송은 이미 이루어진 처분을 다투는 것이 아니고 다투는 시기에 행정청에 법상의 의무가 있음을 다투는 것이기 때문이다.

제 4 항   판   결

1. 판결의 종류

기본적으로 취소소송의 경우와 같다. 다만 취소소송의 경우와 달리 부작위위법확인소송에서는 사정판결의 문제가 생기지 않는다.

2. 판결의 효력

형성력이 생기지 않는 점만 제외하면, 취소소송의 경우와 다를 바가 없다. 말하자면 제3자효(행소법 제38조 제2항, 제29조) · 기속력(행소법 제38조 제2항, 제30조) · 간접강제(행소법 제38조 제2항, 제34조) 등이 준용된다.

3. 위헌판결의 공고

명령·규칙의 위헌판결시 공고제도(행소법/제6조)도 부작위위법확인소송에 적용된다.

제 4 절   무명항고소송

1. 의   의

(1) 개   념   행정소송법 제 4 조에서 항고소송으로 규정되고 있는 취소소송·무효등확인소송·부작위위법확인소송의 3종류를 법정항고소송이라 부른다. 그리고 행정소송법에서 규정된 이 3가지의 항고소송 이외의 항고소송을 무명항고소송이라 부른다. 법정외 항고소송이라고도 한다.

(2) 유   형   무명항고소송의 유형에 관한 통일적인 견해는 없다. 일설은 무명항고소송을 다음과 같이 구분하기도 한다.

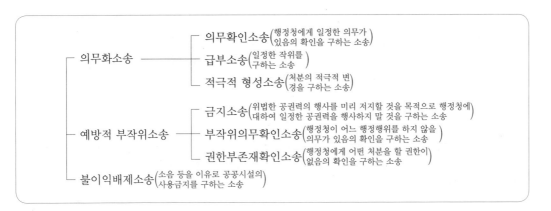

2. 인정가능성

(1) 학   설

1) 긍 정 설   국민생존권의 강화, 행정의 복잡·다양성으로 인해 전통적인 법정항고소송만으로는 행정구제가 미흡하고 행정구제제도의 실질화를 위해 무명항고소송이 인정되어야 한다는 견해이다.

2) 부 정 설   부작위위법확인소송이 인정되고 있는 점 등을 고려하여 무명항고소송을 부인하는 견해이다.

(2) 판   례   ① 대법원은 무명항고소송인 의무이행소송(판례/1, 2)을 부인하고, 적극적 형성판결(판례/3)을 부인하며, 작위의무확인소송(대판 1990. 11. 23, 90누3553;/대판 1989. 1. 24, 88누3314)을 부인하고, 예방적 부작위소송

$\binom{대판 1987. 3. 24,}{86누182}$)도 인정하지 아니한다$\binom{판례}{4}$. ② 헌법재판소는 행정소송법 제 4 조에서 항고소송의 유형으로 '의무이행소송'을 도입하고 있지 않은 것이 부진정입법부작위로서 헌법재판소법 제68조 제 2 항의 헌법소원심판의 대상이 되는 법률에 대한 헌법소원심판청구에 해당하지 않는다고 한다$\binom{판례}{5}$.

판례 1 행정소송법상 의무이행소송이 허용되는지 여부

$\binom{전라남도지사의 완도군 수산업협동조합 정자 어촌계에}{대한 어업권말소등록의 무효확인등을 구한 사건에서}$) 도지사의 어업권소멸등록에 대하여 어업권면허를 받은 자가 이 회복등록절차이행의 청구를 하는 것은 행정청에 대하여 행정상의 처분의 이행을 구하는 것으로 되니 이와 같은 이행청구는 특별한 규정이 없는 한 행정소송의 대상이 될 수 없다. … 행정소송법 제 4 조에서는 행정심판법상의 의무이행심판청구에 대응하여 부작위위법확인소송만을 규정하고 있으므로 행정심판법 제 3 조가 행정청에 대하여 처분의 급부를 구할 수 있는 근거가 되지 못한다. 행정청의 부작위에 대하여 의무이행소송이 현행법상 허용되지 아니하고 수산업법 등에서도 이를 인정하는 특별한 규정을 찾아볼 수 없다$\binom{대판 1989. 9. 12,}{87누868}$).

판례 2 검사에 대한 압수물 환부이행청구소송이 허용되는지 여부

$\binom{서울남부지검 압}{수물사건에서}$) 검사에게 압수물 환부를 이행하라는 청구는 행정청의 부작위에 대하여 일정한 처분을 하도록 하는 의무이행소송으로 현행 행정소송법상 허용되지 아니한다$\binom{대판 1995. 3. 10,}{94누14018}$).

판례 3 행정소송법상 이행판결이나 형성판결을 구하는 소송이 허용되는지 여부

$\binom{진해시장의 공동어업권면허면적조정신청서반려처분}{의 취소를 구한 진해시 의창수산업협동조합사건에서}$) 현행 행정소송법상 행정청으로 하여금 일정한 행정처분을 하도록 명하는 이행판결을 구하는 소송이나 법원으로 하여금 행정청이 일정한 행정처분을 행한 것과 같은 효과가 있는 행정처분을 직접 행하도록 하는 형성판결을 구하는 소송은 허용되지 아니한다$\binom{대판 1997. 9. 30,}{97누3200}$).

판례 4 무명항고소송의 인정 여부

$\binom{주식회사 고려노벨화약이 특수법인 총포, 화약안전기}{술협회를 피고로 하여 채무부존재확인을 구한 사건에서}$) 현행 행정소송법에서는 장래에 행정청이 일정한 내용의 처분을 할 것 또는 하지 못하도록 할 것을 구하는 소송$\binom{의무이행소송, 의무확인소}{송 또는 예방적 금지소송}$은 허용되지 않는다$\binom{대판 2021. 12. 30,}{2018다241458}$).

판례 5 행정소송법 제 4 조에서 '의무이행소송'을 도입하고 있지 않은 것을 헌법소원심판으로 다툴 수 있는지 여부

$\binom{국가유공자 등 예우 및 지원에 관한 법}{률 제 6 조 제 3 항 등 위헌소원사건에서}$) 의무이행소송의 성격은 취소소송이나 확인의 소인 부작위위법확인소송과는 본질적으로 다르고, 소송요건, 본안 요건, 판결의 효력, 집행 방법 등에 있어서도 본질적으로 구별되는 별도의 소송유형이라는 점, 행정청의 1차적 판단권이 존중되어야 한다는 권력분립적 요청, 법치행정의 요청 및 국민의 효율적인 권리구제의 요청, 사법권의 정치화·행정화를 막고 부담을 경감하여야 한다는 사법자제적 요청, 국가 주도의 발전과정과 행정권의 역할에 대한 고려, 행정기관과 법원의 수용태세 등을 고려하여 현행 행정소송법에 도입되지 않은 입법경위 등을 종합하면, 행정소송법 제 4 조가 의무이행소송을 항고소송의 하나로 규정하지 아니한 것은 의무이행소송에 대한 입법행위가 없는 경우$\binom{입법권의}{불행사}$에 해당하는 것이지, 항고소송의 유형을 불완전·불충분하게 규율하여 입법행위에 결함이 있는 경우$\binom{입법권 행}{사의 결함}$라고 보기 어렵다. 따라서 이 사

건 헌법소원심판청구 중 행정소송법 제 4 조에 대한 청구 부분은 실질적으로 입법이 전혀 존재하
지 않는 의무이행소송이라는 새로운 유형의 항고소송을 창설하여 달라는 것으로 헌법재판소법 제
68조 제 2 항에 의한 헌법소원에서 허용되지 않는 진정입법부작위에 대한 헌법소원심판청구이므
로 부적법하다(헌재 2008. 10. 30, 2006헌바80).

(3) 사　　견　　　국민의 권익구제의 폭을 넓힌다는 점, 그리고 동 규정은 예시규정이라
는 점, 소송형식의 인정은 학문과 판례에 의해서도 발전될 수 있다는 점 등을 고려할 때, 긍정설
이 타당하다.

3. 입 법 례

(1) 의무화소송

1) 의　　의　　　의무화소송이란 사인이 국가에 대해 일정한 행정행위를 청구하였음에도
국가에 의해 거부되었거나 방치된 경우, 거부되었거나 발령되지 않은 행정행위의 발령을 위해 권
한 있는 행정청에 대하여 행정행위의 발령의무를 부과할 것을 구하는 소송을 말한다. 이것이 바
로 독일의 의무화소송이다(VwGO 제 42조 후단). 의무화소송은 항고소송의 일종이다. 급부소송(이행 소송)의 한 종
류이기도 하다.

2) 종　　류

(가) 거부처분에 대한 소송　　　거부처분에 대한 소송은 발령이 거부된 행정행위의 발령을
위한 판결을 구하는 소송을 말한다. 실행소송이라고도 한다.

(나) 부작위에 대한 소송　　　의무화소송의 한 종류로서 부작위에 대한 소송이 있다. 부작
위에 대한 소송은 부작위된 행정행위의 발령을 위한 판결을 구하는 소송을 말한다.

3) 판　　결　　　법원은 의무화소송에서 본안의 성숙도에 따라 피고에 대하여 특정의 행정
행위를 발령하도록 판결할 수도 있고, 재량권이나 판단여지가 주어지는 경우에는 법원의 법적 견
해를 준수하면서 원고의 신청에 대하여 처분을 하도록 판결할 수도 있다.

4) 인정 여부

(가) 소 극 설　　　소극설은 ① 권력분립의 원리상 법원이 행정청에 의무를 부과할 수 없고,
② 법원은 행정청의 1차적인 판단을 사후에 심사하는 기관이고, ③ 현행법상 의무화소송을 인정
한다면 부작위위법확인소송은 의미를 잃게 되며, ④ 행정소송법 제 4 조의 변경은 일부취소를 의
미하기 때문이라는 것이다.

(나) 적 극 설　　　적극설은 ① 권력분립원리는 기능분립으로 이해되어야 하며, ② 행정심판
전치주의의 적용이 있는 경우에 이미 행정권의 1차적 판단권은 행사된 것이고, ③ 행정소송법
제 4 조는 예시적 규정에 불과하다는 것을 논거로 한다.

(다) 사　　견　　　적극설의 논거 외에 효과적인 권리보호수단의 확보는 헌법상 명령이라는

점, 행정소송의 종류에는 정원이 있어서는 아니 된다는 점, 서구국가에서도 의무화소송은 오래 전부터 인정되고 있다는 점 등을 고려할 때 적극설이 보다 설득력이 있고, 타당하다.

[기출사례] 제29회 입법고시(2013년) 문제·답안작성요령 ☞ PART 4 [2-47]
[기출사례] 제58회 5급공채(2014년) 문제·답안작성요령 ☞ PART 4 [2-50]

(2) 일반적 급부소송

1) 의　의　일반적 급부소송이란 단순공행정작용(예: 사실행위·행정법상 의사표시)의 실행이나 부작위를 구하는 소송이다(예: 일반적 급부소송절차에서 공법상 계약의 체결 또는 미체결에 대한 행정청의 결정이 심사될 수 있다). 행정행위의 발령을 구하는 의무화소송과 일반적 급부소송을 합하여 넓은 의미의 급부소송(공법상 작위·부작위·수인의 청구권을 다투는 소송)이라 부른다. 일반적 급부소송과 의무화소송은 소송대상을 달리한다. 일반적 급부소송은 단순공행정작용의 거부(부작위) 또는 단순공행정작용의 실행으로 권리가 침해된 자만이 제기할 수 있다.

2) 종　류　일반적 급부소송은 실행소송으로서의 일반적 급부소송과 부작위소송으로서의 일반적 급부소송으로 구분된다. 전자는 수익적인 단순공행정작용을 구하는 소송이다(예: 금전지급을 구하는 소송, 피해의 방지나 위법한 침해의 폐지를 구하는 소송). 제거소송 또는 방어소송으로서의 일반적 급부소송은 무엇보다 결과제거청구권의 실현에 기여한다(예: 운전면허증압류처분취소 후 운전면허증의 반환을 구하는 소송). 후자는 장래의 침해행위의 부작위를 구하는 소송이다.

3) 인정 여부　행정소송법은 항고소송의 한 종류로서 일반적 급부소송을 규정하는 바가 없다. 이와 관련하여 무명항고소송의 일종으로서 일반적 급부소송의 인정 여부가 문제된다. 법률관계의 명료화를 위해 입법적으로 해결하는 것이 바람직하다. 다만 현재로서는 성질이 허용하는 범위 안에서 당사자소송을 활용하여 일반적 급부소송의 의미를 확보하는 것이 필요하다.

(3) 직무집행명령

1) 의　의　영·미의 직무집행명령이란 사인의 제기에 의해 재판소가 공행정기관에 대하여 자기(공행정기관)의 의무를 이행할 것을 발하는 명령으로서, 행정기관이 자신에 부과된 제정법상 공의무를 이행하지 않는 경우에 이의 이행(예: 공직회복·과오납 조세반환·문서제공)을 강요하는 효과적인 수단이다. 직무집행명령은 위법한 부작위에 대한 구제제도이다.

2) 한계 등　직무집행명령은 제정법에 의해 부과되지 않은 의무이행을 강제할 수 없고, 사적인 의무의 이행을 강제할 수 없으며, 다른 효과적인 구제수단이 존재할 때는 활용될 수 없다. 한편 직무집행명령의 판결은 "즉시 또는 일정기간 내에 법상의 권한인 행위 또는 의무인 행위를 하여야 한다"는 형식을 취하고, 이러한 법원의 명령의 위배는 법정모욕죄를 구성하며 벌금형이나 구금형이 부과된다.

3) 도입가능성　현행 행정소송법은 직무집행명령을 모른다. 직무집행명령을 무명항고소송의 일종으로서 인정할 수 있을 것인가는 앞으로의 연구과제라 하겠다. 적극적이고 긍정적인 검토가 필요할 것이다.

(4) 예방적 소송

1) 의 의 개인의 권리를 효과적으로 보호한다는 것은 법치국가의 기본적인 요청이다. 미래에 있게 될 행정권의 작위·부작위에 대한 침해를 미리 예방적으로 대응하는 권리보호수단을 확보한다는 것은 효과적인 권리보호에 기여한다. 말하자면 수인할 수 없는 침해를 가져오거나 돌이킬 수 없는 침해를 가져오는 침해를 사전에 방지하는 것은 법치국가에서 방치할 수 없는 요구이다. 종래 독일의 이론은 불확실한 사실을 미리 판단한다는 것은 적절하지 아니하며, 또한 가구제가 인정된다는 이유로 예방적 권리보호수단에 대하여 부정적이었다. 그러나 오늘날 독일의 이론은 예외적인 경우(예: 수인할 수 없거나, 가구제로서는 불충분한 경우)에 한정적으로 예방적 권리보호수단을 긍정하는 경향이다. 예방적 권리보호를 위한 소송에는 예방적 부작위소송과 예방적 확인소송이 있다.

2) 예방적 부작위소송 예방적 부작위소송이란 장래에 있을 특정의 위협적인 사실행위 또는 행정행위의 발동을 방지하는 것을 구하는 소송이다(예: 전과자 A는 경찰의 예방적 감시활동에 공포를 느낀다. 예방적 감시활동은 행정행위가 아니다. 이 경우 전과자 A는 사실행위인 예방적 감시활동의 부작위를 구하기 위해 예방적 부작위소송을 제기할 수 있다). 그 밖에 국회제정법률에 하위하는 법규범의 발령의 저지를 대상으로 하는 것도 가능하다. 예방적 부작위소송에도 원고는 방어권 내지 부작위청구권을 가져야 한다. 그리고 권리보호의 필요도 요구된다(예: 위협적인 행정행위의 위반이 벌칙과 결부되어 있는 경우, 처분의 상대방은 사후적인 권리보호로는 수인할 수 없다고 판단되는 경우에는 권리보호의 필요가 존재하는 것으로 본다).

3) 예방적 확인소송 예방적 확인소송이란 「A행정청은 장래에 어떠한 처분을 발령하거나 부작위할 권한이 없다」는 확인을 구하는 소송이다. 예방적 확인소송에는 현재의 법률관계의 존재가 필요하다. 여기서 법률관계란 구체적인 법률관계를 말한다. 예방적 확인소송에도 권리보호의 필요가 요구된다. 예방적 확인소송의 한 경우로서 「행정청은 장래에 특정의 행정행위를 발령하여야 하는 의무를 부담한다」는 법률관계의 확인을 구하는 소송형태가 주장되기도 한다. 한편, 우리의 경우는 행정청이 장래가 아니라 현재에 일정한 행위를 하여야 할 의무가 있다는 확인을 구하는 소송(작위의무확인소송)도 인정되지 아니한다.

4) 여 론 대법원은 예방적 부작위소송이나 예방적 확인소송을 인정하지 아니한다. 일설은 예방적 부작위소송이나 예방적 확인소송을 무명항고소송이 아니라 당사자소송으로 실현하는 것은 무리가 없다고 한다. 생각건대 이러한 예방적 소송형태가 인정되어야 한다는 점에는 의문이 없다. 심도 있는 연구가 우선되어야 할 것이다.

[기출사례] 제55회 사법시험(2013년) 문제·답안작성요령 ☞ PART 4 [2-37]

[기출사례] 제63회 5급공채(2019년) 문제·답안작성요령 ☞ PART 4 [2-54]

[기출사례] 제39회 입법고시(2023년) 문제·답안작성요령 ☞ PART 4 [1-10a]

제3장 당사자소송

I. 관   념

1. 의   의

(1) 개   념   당사자소송이란 행정청의 처분등을 원인으로 하는 법률관계에 관한 소송, 그 밖에 공법상의 법률관계에 관한 소송으로서 그 법률관계의 한쪽 당사자를 피고로 하는 소송을 말한다(행소법 제3조 제2호). ① 항고소송은 공행정주체가 우월한 지위에서 갖는 공권력의 행사·불행사와 관련된 분쟁의 해결을 위한 절차인 데 반해, 당사자소송은 그러한 공권력행사·불행사의 결과로서 생긴 법률관계에 관한 소송, 그 밖에 대등한 당사자 간의 공법상의 권리·의무에 관한 소송이다. ② 당사자소송은 공법상의 법률관계(공권·공의무)를 소송의 대상으로 하는 점에서 사법상의 법률관계(사권·사의무)를 소송의 대상으로 하는 민사소송과 다르다.

(2) 성   질   행정소송법 제3조 제2호가 규정하는 당사자소송의 개념은 포괄적이다. 여기에는 확인의 소(예: 공법상 지위의 확인을 구하는 소송), 이행의 소(예: 공법상 금전지급 청구를 구하는 소송), 그리고 형성의 소(예: 공법상 지위의 창설을 구하는 소송) 모두 포함될 수 있다

2. 종   류

(1) 실질적 당사자소송   실질적 당사자소송은 대등당사자 사이의 공법상의 권리관계에 관한 소송으로서 통상의 당사자소송이 이에 해당한다. 당사자소송에서는 공권력행사·불행사 그 자체가 소송물이 아니며, 다만 그러한 행사로 인해 형성되는 공법상 법률관계(권리 관계) 그 자체가 소송물인 것이다.

 1) 처분등을 원인으로 하는 법률관계에 관한 소송   이의 예로 과세처분의 무효를 전제로 이미 납부한 세금의 반환을 구하는 소송(부당이득반 환청구소송), 직무상 불법행위로 인한 손해배상청구소송 등을 볼 수 있다. 이러한 소송은 처분 그 자체가 아니라 처분으로 인하여 발생된 법률관계의 당사자를 보호하기 위한 것이다. 그러나 판례는 이러한 소송을 민사사건으로 다루어 왔다. 그런데 대법원은 2013년 3월 부가가치세 환급세액 지급청구사건에서 전원합의체판결로 "납세의무자에 대한 국가의 부가가치세 환급세액 지급의무에 대응하는 국가에 대한 납세의무자의 부가가치세 환급세액 지급청구는 민사소송이 아니라 당사자소송의 절차에 따라야 한다"라고 하여 일종의 부당이득이라 할 부가가치세 환급세액의 지급청구와 관련하여 태도를 변경하였다(판례).

판례 부가세 환급청구소송이 당사자소송인지 여부

$\binom{\text{아시아신탁 주식회사가 대한민국을 피고}}{\text{로 하여 부가세 환급을 청구한 사건에서}}$ 부가가치세법령의 내용, 형식 및 입법 취지 등에 비추어 보면, 납세의무자에 대한 국가의 부가가치세 환급세액 지급의무는 그 납세의무자로부터 어느 과세기간에 과다하게 거래징수된 세액 상당을 국가가 실제로 납부받았는지 여부와 관계없이 부가가치세법령의 규정에 의하여 직접 발생하는 것으로서, 그 법적 성질은 정의와 공평의 관념에서 수익자와 손실자 사이의 재산상태 조정을 위해 인정되는 부당이득 반환의무가 아니라 부가가치세법령에 의하여 그 존부나 범위가 구체적으로 확정되고 조세 정책적 관점에서 특별히 인정되는 공법상 의무라고 봄이 타당하다. 그렇다면 납세의무자에 대한 국가의 부가가치세 환급세액 지급의무에 대응하는 국가에 대한 납세의무자의 부가가치세 환급세액 지급청구는 민사소송이 아니라 행정소송법 제3조 제2호에 규정된 당사자소송의 절차에 따라야 한다$\binom{\text{대판 2013. 3. 21, 2011}}{\text{다95564 전원합의체}}$.

2) 기타 공법상 법률관계에 관한 소송 ① 공법상 계약의 불이행시에 제기하는 소송$\binom{\text{예:}}{\text{토지}}$ $\genfrac{}{}{0pt}{}{\text{수용시 협의성립 후 미지급보상금지급청}}{\text{구소송. 판례는 이를 민사소송으로 다룬다}}\binom{\text{판례}}{\text{1}}$, ② 공법상 금전지급청구를 위한 소송$\binom{\text{예: 공무원보수미}}{\text{지급시 지급청구}}\binom{\text{판례 2,}}{\text{3, 4, 5}}$, ③ 공법상 지위·신분의 확인을 구하는 소송$\binom{\text{예: 국가유공자의}}{\text{확인을 구하는 소송}}\binom{\text{판례}}{\text{6}}$, ④ 공법상 결과제거청구소송$\binom{\text{판례}}{\text{7}}$, ⑤ 공법상 의사표시를 구하는 소송$\binom{\text{의사표시를 할 의무의}}{\text{존부를 다투는 소송}}\binom{\text{판례}}{\text{8}}$ 등이 이 경우에 해당한다.

판례 1 토지구획정리 사업에 의한 수용조처로서 원고 소유의 토지를 수용하여 도로를 개설하여 사용한 행위에 대한 보상의 청구

$\binom{\text{원고가 제주시장을 상대로 환지처분으}}{\text{로 인한 손실의 보상을 청구한 사건에서}}$ 피고가 토지구획정리 사업에 의한 수용조처로서 원고 소유의 본건 토지를 수용하여 도로를 개설하여 사용한 행위가 공법상의 적법한 행위라고 본다 하더라도 위에서 본 토지구획정리 시행규칙 제6조에 의한 보상을 피고가 거부할 때에는 원고로서는 그 보상금 청구를 민사소송으로서 청구할 수 있다고 봄이 상당할 것이다$\binom{\text{대판 1969. 5. 19,}}{\text{67다2038}}$.

판례 2 명예퇴직한 법관이 미지급 명예퇴직수당액의 지급을 구하는 소송

$\binom{\text{원고인 명예퇴직한 법관이 미지급 명예퇴직수당액의 지급을 청구하였으나 법원행정처장이 차액을 지급할 수}}{\text{없다는 내용의 통지를 하자 이에 명예퇴직수당지급거부처분취소소송을 제기한 법관 명예퇴직수당 사건에서}}$ **명예퇴직한 법관이 미지급 명예퇴직수당액에 대하여 가지는 권리**는 명예퇴직수당 지급대상자 결정 절차를 거쳐 명예퇴직수당규칙에 의하여 확정된 **공법상 법률관계에 관한 권리**로서, 그 지급을 구하는 소송은 행정소송법의 당사자소송에 해당하며, 그 법률관계의 당사자인 국가를 상대로 제기하여야 한다 $\binom{\text{대판 2016. 5. 24,}}{\text{2013두14863}}$.

판례 3 퇴직연금지급거부의 의사표시가 행정처분인지 여부 및 이 경우 미지급 퇴직연금의 지급을 구하는 소송의 성격

$\binom{\text{원고들이 공무원연금관리공단의 퇴직연금}}{\text{지급청구거부처분의 취소를 구한 사건에서}}$ 공무원연금관리공단의 인정에 의하여 퇴직연금을 지급받아 오던 중 공무원연금법령의 개정 등으로 **퇴직연금 중 일부 금액의 지급이 정지된 경우에는 당연히 개정된 법령에 따라 퇴직연금이 확정되는 것이지** 구 공무원연금법$\binom{\text{2000. 12. 30. 법률 제6328}}{\text{호로 개정되기 전의 것}}$ 제26조 제1항에 정해진 **공무원연금관리공단의 퇴직연금 결정과 통지에 의하여 비로소 그 금액이 확정되는 것이 아니므로, 공무원연금관리공단이 퇴직연금 중 일부 금액에 대하여 지급거부의 의사표시를 하였다고 하더라도 그 의사표시는 퇴직연금청구권을 형성·확정하는 행정처분이 아니라** 공법상의 법률관계의

한쪽 당사자로서 그 지급의무의 존부 및 범위에 관하여 나름대로의 사실상·법률상 의견을 밝힌 것에 불과하다고 할 것이어서, **이를 행정처분이라고 볼 수는 없고, 그리고 이러한 미지급 퇴직연금에 대한 지급청구권은 공법상 권리로서 그 지급을 구하는 소송은 공법상의 법률관계에 관한 소송인 공법상 당사자소송에 해당**한다$\binom{\text{대판 2004. 12. 24,}}{\text{2003두15195}}$.

판례 4 지방자치단체가 제기하는 보조금 반환청구소송의 성질

$\binom{\text{지방자치단체가 교부하는 보조금에 관하여 '보조금의 예산 및 관리에 관한 법률'을 적용할 수 있는지 여부 등}}{\text{을 쟁점으로 하여 홍성군수가 주식회사 홍주미트에 보조금의 반환을 청구한 홍성군 홍주미트 보조금사건에서}}$ 피고의 원고$\binom{\text{홍성}}{\text{군}}$에 대한 보조금 반환의무는 행정처분인 이 사건 보조금 지급결정에 부가된 부관상 의무이고, 이러한 부관상 의무는 피고가 원고에게 부담하는 공법상 의무이다. 따라서 원고의 피고에 대한 이 사건 청구는 **공법상 권리관계의 일방 당사자를 상대로 하여 공법상의 의무이행을 구하는 청구로서 행정소송법 제 3 조 제 2 호에서 규정한 당사자소송의 대상**임이 분명하다. 그럼에도 제 1 심과 원심은 이 사건 소가 대전지방법원 홍성지원에 제기됨으로써 전속관할을 위반하였음을 간과한 채 본안판단으로 나아갔으니, 이러한 제 1 심과 원심의 판단에는 행정소송법상 당사자소송에 관한 법리를 오해하여 전속관할에 관한 규정을 위반한 위법도 있다$\binom{\text{대판 2011. 6. 9,}}{\text{2011다2951}}$.

판례 5 도서관법상 납본보상금을 받을 권리의 발생과 실현방식

$\binom{\text{납본보상금에 관한 도서관법 제20}}{\text{조 제 1 항 등 위헌소원심판에서}}$ 도서관법상 납본보상금을 받을 권리는 관련 법령의 규정에 의하여 직접 발생하는 것이 아니라 이를 받으려는 사람이 국립중앙도서관장에게 납본보상금을 신청하여 국립중앙도서관장이 납본보상금을 결정함으로써 구체적인 권리가 발생한다. 여기에서 국립중앙도서관장의 납본보상금 결정의 의미는 단순히 납본보상금 수령 대상자를 확인하고 결정하는 것에 그치는 것이 아니라, 시가를 기준으로 보상하는 것이 합리적이지 않은 경우에는 보상금액을 달리 산정할 수 있어서 그 구체적인 납본보상금의 액수를 결정하는 것까지 포함하므로, 국립중앙도서관장의 납본보상금 결정은 항고소송의 대상이 되는 처분에 해당한다고 볼 수 있다. 따라서 도서관법상 납본보상금을 받으려고 하는 사람은 우선 관련 법령에 따라 국립중앙도서관장에게 보상금 지급을 신청하여 국립중앙도서관장이 이를 거부하거나 신청금액 중 일부 금액만 인정하는 결정을 하는 경우에는 그 결정을 대상으로 항고소송을 제기하는 등으로 구체적인 권리를 인정받은 다음 비로소 당사자소송으로 그 납본보상금의 지급을 구하여야 한다. 그럼에도 불구하고 이러한 절차를 거치지 않아 구체적인 권리가 발생하지 않은 상태에서 곧바로 대한민국을 상대로 한 당사자소송으로 납본보상금의 지급을 구하는 것은 허용되지 않는다$\binom{\text{헌재 2021. 7. 15,}}{\text{2019헌바126}}$.

판례 6 지방소방공무원의 초과근무수당 지급을 구하는 청구에 관한 소송의 형식

$\binom{\text{피고 서울특별시 소속 전·현직 소방공무원들인 원고}}{\text{들이 초과근무수당의 지급을 구한 임금청구소송에서}}$ 지방공무원법 제44조 제 4 항, 제45조 제 1 항이 지방공무원의 보수에 관하여 이른바 근무조건 법정주의를 채택하고 있고, 지방공무원 수당 등에 관한 규정 제15조 내지 제17조가 초과근무수당의 지급대상, 시간당 지급액수, 근무시간의 한도, 근무시간의 산정방식에 관하여 구체적이고 직접적인 규정을 두고 있는 등 관계 법령의 내용, 형식 및 체제 등을 종합하여 보면, **지방소방공무원의 초과근무수당 지급청구권은 법령의 규정에 의하여 직접 그 존부나 범위가 정하여지고 법령에 규정된 수당의 지급요건에 해당하는 경우에는 곧바로 발생한다고 할 것**이므로, 지방소방공무원이 자신이 소속된 지방자치단체를 상대로 **초과근무수당의 지급을 구하는 청구에 관한 소송은 행정소송법 제 3 조 제 2 호에 규정된 당사자소송의 절차에 따라야 한다**$\binom{\text{대판 2013. 3. 28,}}{\text{2012다102629}}$.

[판례 7] 도시 및 주거환경정비법상 주택재건축정비사업조합을 상대로 관리처분계획안에 대한 조합 총회결의의 효력을 다투는 소송의 성질

(약대주공아파트주택재건축정비사업조합의 일부 조합원이 동조합을 피신청인으로 하여 「관리처분계획안에대한총회결의효력정지가처분」을 구한 사건에서) 도시 및 주거환경정비법상 **행정주체인 주택재건축정비사업조합을 상대로 관리처분계획안에 대한 조합 총회결의의 효력을 다투는 소송**은 행정처분에 이르는 절차적 요건의 존부나 효력 유무에 관한 소송으로서 그 소송결과에 따라 행정처분의 위법 여부에 직접 영향을 미치는 공법상 법률관계에 관한 것이므로, 이는 **행정소송법상의 당사자소송에 해당한다**(대결 2015. 8. 21, 2015무26).

[판례 8] 「국토의 계획 및 이용에 관한 법률」 제130조 제 3 항에 따라 사업시행자가 해당 토지의 소유자 등을 상대로 동의의 의사표시를 구하는 소의 성질

(군산-새만금 송전선로 건설사업 시행자인 원고(한국전력공사)가 피고들에 대하여 그들 소유 토지를 임시통로 및 재료적치장으로 일시 사용하는 데 대한 동의의 의사표시를 구한 사건에서) 토지 소유자 등이 사업시행자의 일시 사용에 대하여 정당한 사유 없이 동의를 거부하는 경우, 사업시행자는 해당 토지의 소유자 등을 상대로 동의의 의사표시를 구하는 소를 제기할 수 있다. 이와 같은 토지의 일시 사용에 대한 동의의 의사표시를 할 의무는 국토계획법에서 특별히 인정한 공법상의 의무이므로, 그 의무의 존부를 다투는 소송은 '공법상의 법률관계에 관한 소송으로서 그 법률관계의 한쪽 당사자를 피고로 하는 소송', 즉 행정소송법 제 3 조 제 2 호에서 규정한 당사자소송이라고 보아야 한다(대판 2019. 9. 9, 2016다262550).

[당사자소송 판례 모음]

판례는 지방전문직공무원(서울대공전술연구소 연구원)채용계약 해지의 의사표시(대판 1993. 9. 14, 92누4611), 서울특별시립무용단원의 위촉과 해촉(대판 1995. 12. 22, 95누4636), 공중보건의사전문직공무원채용계약의 해지(대판 1996. 5. 31, 95누10617), 광주광역시립합창단원 재위촉거부(대판 2001. 12. 11, 2001두7794), 납세의무자에 대한 국가의 부가가치세 환급세액 지급의무에 대응하는 국가에 대한 납세의무자의 부가가치세 환급세액 지급청구(대판 2013. 3. 21, 2011다95564 전원합의체) 등도 당사자소송의 대상으로 보았다.

(2) 형식적 당사자소송

1) 의 의 형식적 당사자소송이란 실질적으로 행정청의 처분등을 다투는 것이나 형식적으로는 처분등의 효력을 다투지도 않고, 또한 처분청을 피고로 하지도 않고, 그 대신 처분등으로 인해 형성된 법률관계를 다투기 위해 관련 법률관계의 일방당사자를 피고로 하여 제기하는 소송을 말한다. 말하자면 소송의 내용은 처분등에 불복하여 다투는 것이지만, 소송형식은 당사자소송인 것이 형식적 당사자소송이다.

2) 인정근거 당사자가 다투고자 하는 것이 처분이나 재결 그 자체가 아니라 처분이나 재결에 근거하여 이루어진 법관계인 경우에는 처분이나 재결의 주체를 소송당사자로 할 것이 아니라 실질적인 이해관계자를 소송당사자로 하는 것이 소송의 진행이나 분쟁의 해결에 보다 적합하다는 점이 형식적 당사자소송을 인정하는 논거가 된다. 달리 말하면 형식적 당사자소송은 분쟁의 대상이 되는 사항이 처분청의 관여가 별다른 의미가 없는 재산상의 문제인 경우에는 이해당사

자로 하여금 해결하도록 하는 것이 합리적이라는 데에 근거한다.

3) 실정법상 예 형식적 당사자소송의 예로 「토상법」 제85조 제 1 항의 규정에 따라 제기하고자 하는 행정소송이 보상금의 증감에 관한 소송인 경우 당해 소송을 제기하는 자가 토지소유자 또는 관계인일 때에는 사업시행자를, 사업시행자일 때에는 토지소유자 또는 관계인을 각각 피고로 한다(토상법 제85
조 제 2 항)」는 '토상법'상 보상금증감소송의 경우를 볼 수 있다. 말하자면 '토상법'은 보상금증감소송의 경우에 처분청인 토지수용위원회를 피고로 하지 아니하고, 대등한 당사자인 토지소유자 또는 관계인과 사업시행자를 당사자로 하고 있는바, 형식적 관점에서 보상금증감소송은 당사자소송에 속한다. 그러나 보상금증감소송은 처분청(위원
회)의 처분(재
결)을 다투는 의미도 갖는 것이므로 항고소송의 성질도 갖는다. 따라서 전체로서 보상금증감소송을 형식적 당사자소송이라 부를 수 있다. 형식적 당사자소송의 예는 특허법(제191조 제 1
호·제 2 호)·실용신안법(제33
조)·디자인보호법(제171
조)에서도 볼 수 있다.

4) 일반적 인정가능성

(가) 학 설 형식적 당사자소송이 우리의 법제상 명문의 규정이 없는 경우에도 일반적으로 인정될 수 있는가의 여부와 관련하여 학설은 나뉘고 있다.

(a) 긍 정 설 긍정설은 ① 행정소송법 제 3 조 제 2 호의 규정(행정청의 처분등을 원인으로 하는 법률관
계에 관한 소송 …으로서 그 법률관
계의 한 쪽 당사자
를 피고로 하는 소송)에 형식적 당사자소송이 포함된다는 점, ② 행정소송법 제25조(① 법원은 당사자의 신청이
있는 때에는 결정으로써 재결
을 행한 행정청에 대하여 행정심판에 관한 기록의 제출을 명할 수 있다. ② 제 1 항의 규정에 의
한 제출명령을 받은 행정청은 지체 없이 당해 행정심판에 관한 기록을 법원에 제출하여야 한다)와 제44조 제 1 항(준용
규정)은 형식적 당사자소송의 인정을 전제로 한 것이라고 보아야 한다는 점, ③ 공정력 있는 처분을 그대로 둔 채 당해 처분을 원인으로 하는 법률관계를 다투는 소송을 행정소송법 제 3 조 제 2 호에 따라 일반적으로 인정하더라도 그것이 곧 공정력에 반하는 것이 아니라는 점, ④ 일본의 행정사건소송법 제 4 조는 형식적 당사자소송을 "… 당사자 간의 법률관계를 확인하며 또는 형성하는 처분 또는 재결에 관한 소송으로서 법령의 규정에 의하여 그 법률관계의 당사자의 일방을 피고로 하는 것 …"이라 하여, 형식적 당사자소송은 별도의 법령의 규정이 있는 경우에 인정되지만, 우리의 행정소송법은 별도의 법령의 규정을 요한다는 규정을 두고 있지 않다는 점 등을 논거로 든다(조정환·
이상
규, 박
균성).

(b) 부 정 설 ① 형식적 당사자소송을 인정하는 명문규정 없이는 행정소송법의 규정만을 근거로 일반적으로는 인정될 수 없으며, ② 재결·처분의 효력(공정력 및 구성
요건적 효력)은 그대로 두고 그 결과로서 발생한 당사자의 권리·의무만을 형식적 당사자소송의 판결로서 변경시키기 곤란하다는 점 등을 든다(김동희, 김남진,
류지태, 정하중).

(나) 사 견 생각건대 명문의 개별 규정이 없는 경우에는 원고적격·피고적격·제소기간 등의 소송요건도 불분명한 점을 고려할 때 부정설이 타당하다.

5) 성 질 형식적 당사자소송의 성질도 문제이다. ① 긍정설은 형식적 당사자소송이 실질적으로 행정청의 처분등을 다투는 것이므로 항고소송의 일종이라 하고(항고
소송설), ② 부정설은

행정청의 처분등에 대한 불복이 아니라 처분등의 결과로서 생긴 법률관계를 다투는 것이므로 당사자소송이라 한다(당사자소송설). ③ 판례는 당사자소송으로 본다는 점은 이미 언급한 바 있다.

3. 성   질

당사자소송은 개인의 권익구제를 직접적인 목적으로 하는 주관적 소송이다. 당사자소송의 1심은 시심적 소송에 해당한다. 그리고 당사자소송은 소송물의 내용에 따라 이행의 소, 확인의 소로 구분될 수 있다. 근년에 당사자소송의 활용이 요청되고 있다(판례). 이하에서는 취소소송과 논리구조가 동일한 관할법원·소제기의 효과·소송의 심리 등에 관한 논급을 약한다. 구체적인 내용은 취소소송 부분을 참조하라.

> [판례] 이주자의 이주대책대상자 선정신청에 대한 사업시행자의 확인·결정 및 사업시행자의 이주대책에 관한 처분의 법적 성질과 이에 대한 쟁송방법
> (구로구 독산동 일원 등에 대한 택지개발사업시, 이주대책의 일환으로 임대인에게 아파트분양권을 부여하자 사실상 소유주가 이를 다툰 광명시 하안동아파트 철거민 특별분양사건에서) 현행 행정소송법은 항고소송과 당사자소송의 형태를 모두 규정하고 있으므로, 이제는 **공법상의 권리관계의 분쟁에 있어서는 그 권리구제의 방법에 관하여 항고소송만에 의하도록 예정한** 산업재해보상보험업무및심사에관한법률 제3조와 같은 **규정이 있는 경우를 제외하고는, 소의 이익이 없는 등 특별한 사정이 없는 한 항고소송 외에 당사자소송도 허용하여야 할 것이고**, 불필요하게 국민의 권리구제방법을 제한할 것은 아니다. … 확인판결만 얻어도 권리구제가 실현될 수 있을 이 사건에서 공공용지의취득및손실보상에관한특례법에 의한 이주대상자의 지위의 권리성을 부정하고 단순히 절차적인 신청권만 갖는 데 불과하다고 하여 항고소송 외에는 허용할 수 없다고 하는 것은, 이주자의 보상받을 이익을 제약하고 권리행사를 까다롭게 하며 권리구제방법의 선택을 곤혹스럽게 하여 사실상 이주자의 권익을 제약하고 약화(弱化)시키는 것이어서, 당사자의 권리구제의 절차와 방법을 넓게 인정하여 권익보호에 만전을 기하려고 하는 현재의 추세에 역행하는 것이라고 아니할 수 없다(대판 1994. 5. 24, 92다35783)(소수의견).

Ⅱ. 당사자 및 참가인

1. 당사자의 의의

당사자소송의 당사자에는 국가·공공단체·사인이 있다. 즉 당사자소송은 국가와 공공단체, 국가와 사인, 공공단체와 사인, 공공단체와 공공단체, 사인과 사인(국가적 공권을 위탁받은 사인) 사이에서 볼 수 있다. 그리고 국가가 당사자인 경우에는 법무부장관이 국가를 대표한다(국가를 당사자로 하는 소송에 관한 법률 제2조).

2. 원고적격

행정소송법상으로 당사자소송의 원고적격에 관하여 규정하는 바는 없다. 그런데 당사자소송은 민사소송에 유사한 것이므로 당사자소송에도 민사소송의 경우와 같이 권리보호의 이익이 있는 자가 원고가 된다(행소법 제8조 제2항)(대판 1961. 9. 28, 4294행상50)(판례). 공동소송이 인정되는 것도 취소소송의 경우와 같다(행소법 제15조, 제44조 제1항).

판례 당사자소송으로서의 법률관계 확인청구소송(해지의사표시의 무효확인청구소송)과 확인의 이익의 요부

(전임계약직공무원(나급)인 원고가 서울특별시장의 재계약거부처분 및 감봉처분의 취소를 구한 사건에서) **과거의 법률관계라 할지라도 현재의 권리 또는 법률상 지위에 영향을 미치고 있고 현재의 권리 또는 법률상 지위에 대한 위험이나 불안을 제거하기 위하여 그 법률관계에 관한 확인판결을 받는 것이 유효 적절한 수단이라고 인정될 때에는 그 법률관계의 확인소송은 즉시확정의 이익이 있다고 보아야 할 것이나,** 계약직공무원에 대한 채용계약이 해지된 경우에는 공무원 등으로 임용되는 데에 있어서 법령상의 아무런 제약사유가 되지 않을 뿐만 아니라, 계약기간 만료 전에 채용계약이 해지된 전력이 있는 사람이 공무원 등으로 임용되는 데에 있어서 그러한 전력이 없는 사람보다 사실상 불이익한 장애사유로 작용한다고 하더라도 그것만으로는 법률상의 이익이 침해되었다고 볼 수는 없으므로 그 무효확인을 구할 이익이 없다(대판 2008. 6. 12, 2006두16328).

3. 피고적격

(1) 권리주체 항고소송의 경우와 달리 행정청이 피고가 아니다(대판 1991. 1. 25, 90누3041). 국가·공공단체 그 밖의 권리주체가 당사자소송의 피고가 된다(행소법 제39조)(판례 1, 2).

판례 1 당사자소송에서 피고적격이 인정되는 권리주체의 범위

(군산·새만금 송전선로 건설사업 시행자인 원고(한국전력공사)가 피고들에 대하여 그들 소유 토지를 임시통로 및 재료적치장으로 일시 사용하는 데 대한 동의의 의사표시를 구한 사건에서) 행정소송법 제39조는, "당사자소송은 국가·공공단체 그 밖의 권리주체를 피고로 한다."라고 규정하고 있다. 이것은 당사자소송의 경우 항고소송과 달리 '행정청'이 아닌 '권리주체'에게 피고적격이 있음을 규정하는 것일 뿐, 피고적격이 인정되는 권리주체를 행정주체로 한정한다는 취지가 아니므로, 이 규정을 들어 사인을 피고로 하는 당사자소송을 제기할 수 없다고 볼 것은 아니다(대판 2019. 9. 9, 2016다262550).

판례 2 납세의무부존재확인의 소의 성격 및 피고적격

(서울특별시 서대문구의 원고에 대한 취득세등부과처분의 취소를 구한 사건에서) 납세의무부존재확인의 소는 공법상의 법률관계 그 자체를 다투는 소송으로서 당사자소송이라 할 것이므로 행정소송법 제 3 조 제 2 호, 제39조에 의하여 그 법률관계의 한쪽 당사자인 국가·공공단체 그 밖의 권리주체가 피고적격을 가진다(대판 2000. 9. 8, 99두2765; 대판 2001. 12. 11, 2001두7794).

(2) 대 표 국가를 당사자 또는 참가인으로 하는 소송(이하 "국가소송"이라 한다)에서는 법무부장관이 국가를 대표한다(국가를 당사자로 하는 소송에 관한 법률 제 2 조). 법무부장관은 법무부의 직원, 각급 검찰청의 검사(이하 "검사"라 한다) 또는 「공익법무관에 관한 법률」에서 정한 공익법무관(이하 "공익법무관"이라 한다)을 지정하여 국가소송을 수행하게 할 수 있다(동법 제 3 조 제 1 항). 법무부장관은 변호사를 소송대리인으로 선임하여 국가소송을 수행하게 할 수 있다(동법 제 3 조 제 4 항). 지방자치단체를 당사자로 하는 소송의 경우에는 지방자치단체의 장이 해당 지방자치단체를 대표한다(지자법 제114조).

(3) 피고경정 피고경정도 인정된다. 즉 원고가 피고를 잘못 지정한 때에는 법원은 원고의 신청에 의하여 결정으로써 피고의 경정을 허가할 수 있다(행소법 제14조 제 1 항). 취소소송에서 국가배상

청구소송으로 소변경의 경우, 다수설에 따라 국가배상소송을 당사자소송으로 보면, 행정소송법 제21조의 소변경으로서 허용되고, 피고경정도 가능하다. 그러나 판례처럼 민사소송으로 보면 민사소송법 제262조 제 1 항 본문에 의한 소변경으로서 인정된다. 판례는 형평상 피고경정까지 인정하고 있는데, 판례의 태도는 정당하다.

4. 소송참가

취소소송의 경우와 같다($_{제17조, 제44조}^{행소법 제16조,}$). 말하자면 당사자소송에 있어서도 제 3 자의 소송참가($_{조, 제44조}^{행소법 제16}$)와 행정청의 소송참가($_{조, 제44조}^{행소법 제17}$)가 인정되고 있다.

Ⅲ. 소송의 제기

1. 요　　건

취소소송의 경우와 비교할 때, ① 행정심판의 전치, ② 제소기간의 요건이 없다는 점이 다르다. 그러나 ① 개별법에서 행정절차를 규정하는 경우에는 그러한 절차를 거쳐야 하며, ② 당사자소송에 관하여 법령에 제소기간이 정하여져 있는 때에는 그에 따라야 할 것이다. 그리고 그 기간은 불변기간이다($_{제41조}^{행소법}$). 만약 기간의 정함이 없다고 하면 권리가 소멸되지 않는 한 소권이 존재한다고 볼 것이다. ③ 소의 대상이 취소소송의 경우와 다름은 물론이다. ④ 권리보호의 필요도 요구된다($_{례}^{판}$).

> **판례** 당사자소송(공법상 지위 확인소송)에서 권리보호의 필요(소의 이익)
> ($_{구\ 조례의\ 효력이\ 문제된\ 어린이집\ 원장\ 지위확인\ 사건에서}^{공립어린이집\ 원장의\ 정년을\ 규정한\ 피고\ 부산광역시\ 부산진}$) 관할 지방자치단체로부터 위탁을 받아 공립어린이집을 운영하는 공립어린이집 원장이, 구 영유아보육법($_{호로\ 개정되기\ 전의\ 것}^{2018.\ 12.\ 11.\ 법률\ 제15892}$) 제24조 제 2 항에 근거하여 그 정년을 만 60세로 정한 조례 규정에 따라 원장의 지위를 더 이상 유지할 수 없게 되자, 관할 지방자치단체를 상대로 하여 위탁운영기간이 만료하는 때까지 각 해당 공립어린이집 원장 지위에 있다는 확인을 구하는 행정소송을 제기한 후 소송계속 중 그 공립어린이집의 위탁운영기간까지 만료된 경우에는, 설령 원장 지위에 관한 원고들의 주장이 받아들여진다고 하여도 공립어린이집 원장으로서의 지위를 회복하는 것은 불가능하고, 특별한 사정이 없는 한 그에 관한 행정소송은 소의 이익이 없어 부적법하다($_{2016두49501}^{대판\ 2019.\ 2.\ 14,}$).

2. 소의 변경, 관련청구의 이송·병합, 가처분

(1) 소의 변경　　법원은 당사자소송을 당해 처분등에 관계되는 사무가 귀속하는 국가 또는 공공단체에 대한 항고소송으로 변경하는 것이 상당하다고 인정할 때에는 청구의 기초에 변경이 없는 한, 사실심의 변론종결시까지 원고의 신청에 의하여 결정으로써 소의 변경을 허가할 수 있다($_{제21조\ 제\ 1\ 항}^{행소법\ 제42조,}$)($_{2019두45944}^{대판\ 2021.\ 12.\ 16,}$). 처분변경으로 인한 소의 변경도 인정되고 있다($_{제\ 1\ 항,\ 제22조}^{행소법\ 제44조}$). 한편, 당사자소송으로 제기하여야 할 것을 항고소송으로 잘못 제기한 경우도 문제된다($_{례}^{판}$).

[판례] 원고가 고의 또는 중대한 과실 없이 당사자소송으로 제기하여야 할 것을 항고소송으로 잘못 제기한 경우 법원이 취할 조치

(법관 명예퇴직 수당 사건에서) 공법상의 법률관계에 관한 당사자소송에서는 그 법률관계의 한쪽 당사자를 피고로 하여 소송을 제기하여야 한다(행정소송법 제3조 제2호, 제39조). 다만 원고가 고의 또는 중대한 과실 없이 당사자소송으로 제기하여야 할 것을 항고소송으로 잘못 제기한 경우에, 당사자소송으로서의 소송요건을 결하고 있음이 명백하여 당사자소송으로 제기되었더라도 어차피 **부적법하게 되는 경우가 아닌 이상**, 법원으로서는 **원고가 당사자소송으로 소 변경을 하도록** 하여 심리·판단하여야 한다(대판 2016. 5. 24, 2013두14863).

[공법상 당사자소송에서 민사소송으로의 소 변경이 가능한지 여부]
대판 2023. 6. 29, 2022두44262(원고 구미 사곡지구 도시개발사업조합이 구미시를 피고로 청산금일부부존재확인을 구한 사건)의 판결 이유 중 일부를 아래에 옮긴다.

1) 공법상 당사자소송의 소 변경에 관하여 행정소송법은, 공법상 당사자소송을 항고소송으로 변경하는 경우(행정소송법 제42조, 제21조) 또는 처분변경으로 인하여 소를 변경하는 경우(행정소송법 제44조 제1항, 제22조)에 관하여만 규정하고 있을 뿐, 공법상 당사자소송을 민사소송으로 변경할 수 있는지에 관하여 명문의 규정을 두고 있지 않다.
2) 그러나 공법상 당사자소송에서 민사소송으로의 소 변경이 금지된다고 볼 수 없다. 그 이유는 다음과 같다.
가) 행정소송법 제8조 제2항은 행정소송에 관하여 민사소송법을 준용하도록 하고 있으므로, 행정소송의 성질에 비추어 적절하지 않다고 인정되는 경우가 아닌 이상 공법상 당사자소송의 경우도 민사소송법 제262조에 따라 그 청구의 기초가 바뀌지 아니하는 한도 안에서 변론을 종결할 때까지 청구의 취지를 변경할 수 있다.
나) 한편 대법원은 여러 차례에 걸쳐 행정소송법상 항고소송으로 제기하여야 할 사건을 민사소송으로 잘못 제기한 경우 수소법원으로서는 원고로 하여금 항고소송으로 소 변경을 하도록 석명권을 행사하여 행정소송법이 정하는 절차에 따라 심리·판단하여야 한다고 판시하여 왔다(대법원 2020. 1. 16. 선고 2019다264700 판결 등 참조). 이처럼 민사소송에서 항고소송으로의 소 변경이 허용되는 이상, 공법상 당사자소송과 민사소송이 서로 다른 소송절차에 해당한다는 이유만으로 청구기초의 동일성이 없다고 해석하여 양자 간의 소 변경을 허용하지 않을 이유가 없다.
다) 일반 국민으로서는 공법상 당사자소송의 대상과 민사소송의 대상을 구분하는 것이 쉽지 않고 소송 진행 도중의 사정변경 등으로 인해 공법상 당사자소송으로 제기된 소를 민사소송으로 변경할 필요가 발생하는 경우도 있다. 소 변경 필요성이 인정됨에도, 단지 소 변경에 따라 소송절차가 달라진다는 이유만으로 이미 제기한 소를 취하하고 새로 민사상의 소를 제기하도록 하는 것은 당사자의 권리 구제나 소송경제의 측면에서도 바람직하지 않다.
3) 따라서 공법상 당사자소송에 대하여도 그 청구의 기초가 바뀌지 아니하는 한도 안에서 민사소송으로 소 변경이 가능하다고 해석하는 것이 타당하다.

　(2) 관련청구의 이송·병합　　당사자소송과 관련청구소송이 각각 다른 법원에 계속되고 있는 경우에는 법원은 당사자의 신청 또는 직권에 의하여 이를 당사자소송이 계속된 법원으로 이송할 수 있고(행소법 제44조 제2항, 제10조 제1항), 또한 당사자소송에는 사실심의 변론종결시까지 관련청구소송을 병합하거나 피고 외의 자를 상대로 한 관련청구소송을 당사자소송이 계속된 법원에 병합하여 제기할 수 있다(행소법 제44조 제2항, 제10조 제1항)(판례).

> 판례 | 본래의 당사자소송이 부적법하여 각하되는 경우, 행정소송법 제44조, 제10조에 따라 병합된 관련청구소송도 소송요건 흠결로 부적합하여 각하되어야 하는지 여부
> (택지개발사업지구 내 비닐하우스에서 화훼소매업을 하던 갑과 을이 재결절차를 거치지 않고 사업시행자인 한국토지주택공사를 상대로 주된 청구인 영업손실보상금 청구에 생활대책대상자 선정 관련청구소송을 병합하여 제기한 사건에서) 행정소송법 제44조, 제10조에 의한 관련청구소송 병합은 본래의 당사자소송이 적법할 것을 요건으로 하는 것이어서 본래의 당사자소송이 부적법하여 각하되면 그에 병합된 관련청구소송도 소송요건을 흠결하여 부적합하므로 각하되어야 한다. 따라서 영업손실보상금청구의 소가 재결절차를 거치지 않아 부적법하여 각하되는 이상, 이에 병합된 생활대책대상자 선정 관련청구소송 역시 소송요건을 흠결하여 부적법하므로 각하되어야 한다(대판 2011. 9. 29.,\ 2009두10963).

(3) 가 처 분　　당사자소송의 경우 항고소송에서의 집행정지규정이 적용되지 않으므로 (행소법 제44조 제 1 항) 민사집행법상의 가처분규정이 적용된다(판례). 따라서 행정처분과 관련 없는 공법상 금전채권에 대한 가처분 등이 이론상으로는 가능하다.

> 판례 | 당사자소송에서 가처분의 적용 가부
> (군산-새만금 송전선로 건설사업 시행자인 원고(한국전력공사)가 피고들에 대하여 그들 소유 토지를 임시통로 및 재료적치장으로 일시 사용하는 데 대한 동의의 의사표시를 구한 사건에서) 당사자소송에 대하여는 행정소송법 제 8 조 제 2 항에 따라 민사집행법상 가처분에 관한 규정이 준용되므로, 사업시행자는 민사집행법 제300조 제 2 항에 따라 현저한 손해를 피하기 위해 필요한 경우 '임시의 지위를 정하기 위한 가처분'을 통하여 공익사업을 신속하고 원활하게 수행할 수 있다(대판 2019. 9. 9.,\ 2016다262550).

Ⅳ. 판　　결

1. 판결의 종류와 효력

판결의 종류는 기본적으로 취소소송의 경우와 같다. 말하자면 이 경우에도 각하판결·기각판결·인용판결의 구분이 가능하다. 그리고 소송물의 내용에 따라 확인판결·이행판결의 구분 또한 가능하다. 다만 사정판결의 제도가 없음은 취소소송의 경우와 다르다. 한편 당사자소송의 확정판결도 자박력·확정력·기속력을 갖는다. 확정판결은 당사자인 행정청과 관계 행정청을 기속한다(행소법 제44조 제 1 항, 제30조 제 1 항). 그러나 취소판결에서 인정되는 효력 중 취소판결의 제 3 자효(행소법 제29조), 재처분의무(행소법 제30조 제 2 항·제 3 항), 간접강제(행소법 제34조) 등은 당사자소송에는 적용이 없다.

2. 위헌판결의 공고와 불복

취소소송의 경우와 같다. 다만 제 3 자에 의한 재심청구의 문제는 없다.

3. 가집행선고

국가를 상대로 하는 당사자소송의 경우에는 가집행선고(법원이 종국판결확정 전에 집행을 허용하는 재판을 선고하는 것)를 할 수 없다(행소법 제43조). 이 조항은 종전의 소송촉진등에관한특례법 제 6 조 단서의 "국가를 상대로 하는 재산권의

청구에 관하여는 가집행의 선고를 할 수 없다"는 것과 보조를 맞추기 위한 것으로 이해되었다. 그런데 헌법재판소는 소송촉진등에관한특례법 제 6 조 제 1 항 중 단서부분이 헌법에 위반된다고 심판하였다[판례 1]. 이제는 국가가 민사상 당사자인 경우에는 가집행선고가 가능하다[판례 2]. 1990년 1월 소송촉진 등에 관한 특례법의 개정으로 동법 제 6 조는 삭제되었다.

[판례 1] 소송촉진등에관한특례법 제 6 조 제 1 항 중 단서(다만, 국가를 상대로 하는 재산권의 청구에 관하여는 가집행의 선고를 할 수 없다)의 위헌 여부

(소송촉진 등에 관한 특례법 제 6 조 제 1 항(재산권의 청구에 관한 판결에는 상당한 이유가 없는 한 당사자의 신청 유무를 불문하고 가집행할 수 있음을 선고하여야 한다. 다만, 국가를 상대로 하는 재산권의 청구에 관하여는 가집행의 선고를 할 수 없다)의 위헌심판사건에서) 소송촉진 등에 관한 특례법 제 6 조 제 1 항 중 단서 부분은 재산권과 신속한 재판을 받을 권리의 보장에 있어서 합리적 이유 없이 소송당사자를 차별하여 국가를 우대하고 있는 것이므로 헌법 제 11조 제 1 항에 위반된다(헌재 1989. 1. 25,/88헌가7).

[판례 2] 공법상 당사자소송에서 재산권의 청구를 인용하는 판결을 하는 경우, 가집행선고를 할 수 있는지 여부

(중앙토지수용위원회의 원고(서울특별시)에 대한 환매대금이의재결처분의 취소를 구한 사건에서) 행정소송법 제 8 조 제 2 항에 의하면 행정소송에도 민사소송법의 규정이 일반적으로 준용되므로 법원으로서는 공법상 당사자소송에서 재산권의 청구를 인용하는 판결을 하는 경우 가집행선고를 할 수 있다(대판 2000. 11. 28,/99두3416).

[기출문제] 제41회 법원행정고등고시(2023년) 주관식

행정소송에서 가집행선고에 관하여 설명하시오.

제 4 장 객관적 소송(민중소송과 기관소송)

Ⅰ. 민중소송

1. 관 념

(1) 의 의 민중소송이란 국가 또는 공공단체의 기관이 법률에 위반되는 행위를 한 때에 직접 자기의 법률상 이익과 관계없이 그 시정을 구하기 위하여 제기하는 소송을 말한다($\binom{행소}{법}$ $\binom{제3조}{제3호}$). 민중소송은 행정법규의 그릇된 적용을 시정하기 위해 일반국민이나 주민이 제기하는 소송이다.

(2) 성 질

1) 객관적 소송 민중소송은 당사자 사이의 구체적인 권리·의무에 관한 분쟁의 해결을 위한 것이 아니라, 행정감독적 견지에서 행정법규의 정당한 적용을 확보하거나 선거 등의 공정의 확보를 위한 소송으로서 객관적 소송에 속한다.

2) 법정주의 민중소송은 법률이 규정하고 있는 경우에 한하여 제기할 수 있다($\binom{행소법}{제45조}$$\binom{판}{례}$).

[판례] 행정청이 한 여론조사의 무효확인을 구하는 소송의 적부

($\binom{여론조사의 무효확}{인을 구한 소송에서}$) 행정소송법 제45조는 민중소송 및 기관소송은 법률이 정한 경우에 법률이 정한 자에 한하여 제기할 수 있다고 규정하고 있고, 이 사건과 같이 **행정청이 주민의 여론을 조사한 행위에 대하여는 법상 소로서 그 시정을 구할 수 있는 아무런 규정이 없으며,** 소론이 드는 행정소송법 제46조는 법률에서 민중소송을 허용하고 있는 경우에 그 재판절차를 규정한 것에 불과하므로, 원심이 같은 이유로 이 사건 소를 각하한 것은 정당하고 그 과정에 법률의 해석을 잘못한 위법이 없으므로, 이를 다투는 논지는 받아들일 수 없다($\binom{대판\ 1996.\ 1.\ 23.}{95누12736}$).

---

2. 민중소송의 예

민중소송의 예로 ① 공직선거법상 선거소송$\binom{판례}{1,\ 2}$, ② 공직선거법상 당선소송$\binom{판례}{3}$, ③ 국민투표법상 국민투표무효소송, ④ 지방자치법상 주민소송($\binom{지자법}{제22조}$), ⑤ 주민투표법상 주민투표소송($\binom{동법\ 제25}{조\ 제2항}$)을 볼 수 있다. ⑥ 공공기관의 정보공개에 관한 법률 제 5 조에 따른 일반적 정보공개청구권을 다투는 소송도 민중소송으로 보는 견해도 있으나, 본서는 역시 주관적 소송으로 본다.

판례 1 공직선거법상 선거소송이 행정소송법상 민중소송에 해당하는지 여부

(대전광역시동구선거관리위원회 위원장을 피고로 한 국회의원선거무효소송에서) 공직선거법 제222조와 제224조에서 규정하고 있는 선거소송은 집합적 행위로서의 선거에 관한 쟁송으로서 선거라는 일련의 과정에서 선거에 관한 규정을 위반한 사실이 있고, 그로써 선거의 결과에 영향을 미쳤다고 인정하는 때에 선거의 전부나 일부를 무효로 하는 소송이다. 이는 선거를 적법하게 시행하고 그 결과를 적정하게 결정하도록 함을 목적으로 하므로, 행정소송법 제3조 제3호에서 규정한 민중소송 즉 국가 또는 공공단체의 기관이 법률을 위반한 행위를 한 때에 직접 자기의 법률상 이익과 관계없이 그 시정을 구하기 위하여 제기하는 소송에 해당한다(대판 2016. 11. 24, 2016수64).

판례 2 선거무효사유

(전국적인 선거부정행위가 있음을 이유로 2020. 4. 15. 실시된 제21대 국회의원 선거 중 인천 연수구 을 지역구 국회의원 선거의 무효 등을 구한 국회의원선거무효소송에서) 선거무효사유가 되는 '**선거에 관한 규정에 위반된 사실**'은, 기본적으로 선거관리의 주체인 선거관리위원회가 선거사무의 관리집행에 관한 규정에 위반한 경우와 후보자 등 제3자에 의한 선거과정상의 위법행위에 대하여 적절한 시정조치를 취함이 없이 묵인·방치하는 등 그 책임으로 돌릴 만한 선거사무의 관리집행상 하자가 있는 경우를 말하지만, 그 밖에도 후보자 등 제3자에 의한 선거과정상의 위법행위로 인하여 선거인들이 자유로운 판단에 의하여 투표를 할 수 없게 됨으로써 선거의 기본이념인 선거의 자유와 공정이 현저히 저해되었다고 인정되는 경우를 포함한다. '**선거의 결과에 영향을 미쳤다고 인정하는 때**'는 선거에 관한 규정의 위반이 없었더라면 선거의 결과, 즉 후보자의 당락에 관하여 현실로 있었던 것과 다른 결과가 발생하였을지도 모른다고 인정되는 때를 말한다(대판 2022. 7. 28, 2020수30).

판례 3 당선무효소송의 의의

(2020. 4. 15. 자 제21대 국회의원 선거 중 비례대표전국선거구국회의원 선거의 무효를 주장한 선거무효의 소에서) 당선무효소송은 선거가 하자 없이 적법·유효하게 실시된 것을 전제로, 선거관리위원회의 개개인에 대한 당선인 결정 자체가 위법하다고 하는 경우에 그 효력을 다투는 소송이다(대판 2021. 12. 30, 2020수5011).

[참고조문]

공직선거법 제222조(선거소송) ① 대통령선거 및 국회의원선거에 있어서 선거의 효력에 관하여 이의가 있는 선거인·정당(후보자를 추천한 정당에 한한다) 또는 후보자는 선거일부터 30일 이내에 당해 선거구선거관리위원회위원장을 피고로 하여 대법원에 소를 제기할 수 있다.

제223조(당선소송) ① 대통령선거 및 국회의원선거에 있어서 당선의 효력에 이의가 있는 정당(후보자를 추천한 정당에 한한다) 또는 후보자는 당선인결정일부터 30일 이내에 제52조(등록무효) 제1항·제3항 또는 제192조(피선거권 상실로 인한 당선무효) 제1항부터 제3항까지의 사유에 해당함을 이유로 하는 때에는 당선인을, 제187조(대통령당선인의 결정·공고·통지) 제1항·제2항, 제188조(지역구국회의원당선인의 결정·공고·통지) 제1항 내지 제4항, 제189조(비례대표국회의원의석의 배분과 당선인의 결정·공고·통지) 또는 제194조(당선인의 재결정과 비례대표국회의원의석 및 비례대표지방의회의석의 재배분) 제4항의 규정에 의한 결정의 위법을 이유로 하는 때에는 대통령선거에 있어서는 그 당선인을 결정한 중앙선거관리위원회위원장 또는 국회의장을, 국회의원선거에 있어서는 당해 선거구선거관리위원회위원장을 각각 피고로 하여 대법원에 소를 제기할 수 있다.

국민투표법 제92조(국민투표무효의 소송) 국민투표의 효력에 관하여 이의가 있는 투표인은 투표인 10만인 이상의 찬성을 얻어 중앙선거관리위원회위원장을 피고로 하여 투표일로부터 20일 이내에 대법원에 제소할 수 있다.

3. 적용법규

민중소송에 적용될 법규는 민중소송을 규정하는 각 개별법규가 정하는 것이 일반적이다(공선법 제 227조, 제 228조 참조). 각 개별법규가 특별히 정함이 없는 경우에는 ① 처분등의 취소를 구하는 소송에는 그 성질에 반하지 않는 한 취소소송에 관한 규정을 준용하고, ② 처분등의 효력 유무 또는 존재 여부나 부작위위법의 확인을 구하는 소송에는 그 성질에 반하지 아니하는 한 각각 무효등확인소송 또는 부작위위법확인소송에 관한 규정을 준용하며, ③ 상기 ①과 ②의 경우에 해당하지 않는 소송에는 그 성질에 반하지 아니하는 한 당사자소송에 관한 규정을 준용한다(행소법 제46조).

Ⅱ. 기관소송

1. 관   념

(1) 의   의   기관소송이란 국가 또는 공공단체의 기관 상호간에 있어서의 권한의 존부 또는 그 행사에 관한 다툼이 있을 때에 이에 대하여 제기하는 소송을 말한다(행소법 제 3 조 제 4 호).

(2) 권한쟁의심판과의 구별   ① 형식에 있어 기관소송은 행정소송이나 권한쟁의심판은 헌법재판이고, ② 대상에 있어 기관소송은 공법상의 법인 내부에서의 법적 분쟁을 대상으로 하는 데 반해, 권한쟁의심판은 공법상의 법인 상호간의 외부적인 분쟁을 대상으로 한다. 그러나 헌법재판소법 제62조는 헌법재판소의 관할사항이 되는 소송(예: 국가기관 상호간, 국가기관과 지방자치단체 및 지방자치단체 상호간의 기관쟁의)을 열거하고 있어 국가기관 상호간의 분쟁은 권한쟁의심판의 대상이다.

(3) 인정필요성   현행법상 국가행정의 경우 권한쟁의는 상급행정청이, 최종적으로는 국무회의가 정하도록 되어 있으나(헌법 제89조 제 10호·제11호), 행정주체 내에 이러한 분쟁을 해결할 수 있는 적당한 기관이 없거나 제 3 자에 의한 공정한 해결을 할 필요가 있는 경우가 있고, 이러한 경우 법원에 제소하여 해결하는 제도가 기관소송이다.

2. 성   질

(1) 동일한 법주체 내부기관 간의 소송만을 말하는 것인지 여부   ① 기관소송은 동일한 법주체 내부의 기관 간의 소송으로 보아야 한다는 견해(한정설)(다수설)와 ② 기관소송을 동일한 법주체 내부의 기관 간의 소송에 한정할 필요가 없이 쌍방당사자가 법주체가 아닌 기관인 행정소송으로 보아야 한다는 견해(비한정설)(한견우, 박윤흔, 백윤기)가 대립된다. ③ 행정소송법의 법문상 기관소송은 동일한 법주체 내부의 기관 간의 분쟁을 의미하지, 법주체 사이의 분쟁을 의미하는 것은 아니다. 따라서 한정설이 타당하다.

> [참고] 법주체를 달리하는 기관 사이에는 항고소송(예: 서울특별시 강남구청장의 정보공개신청을 서울특별시장이 거부할 때, 강남구청장이 제기하는 정보공개거부처분취소소송)이 가능한 점을 고려할 때, 법주체를 달리하는 기관 사이의 소송을 제한 없이 기관소송으로 보는 비한정설을 따르게 되면, 기관소송의 개념은 혼란스러워지게 될 것이다.

(2) 객관적 소송　　기관소송을 제기할 수 있는 권리는 기본권이 아니며, 단지 넓은 의미에서 주관적 성격을 띠는 객관적 권리이다. 따라서 기관소송은 객관적 소송의 한 종류이다.

(3) 제소권자　　기관소송은 법률이 정한 경우에 법률에 정한 자에 한하여 제기할 수 있다($\binom{행소법}{제45조}$). 행정소송법이 법률에 정한 자만이 기관소송을 제기할 수 있다고 한 것은 기관소송이 객관적 소송이라는 인식을 기초로 하고 있다.

(4) 법정주의　　기관소송은 법률이 정한 경우에 제기할 수 있다($\binom{행소법}{제45조}$).

3. 기관소송의 예

(1) 지방자치법상 기관소송

1) 지방의회재의결에 대해 단체장이 제소하는 경우($\binom{지자법 \ 제120}{조 \ 제 3 항}$)　　지방자치법 제120조 제 3 항에 따라 단체장이 대법원에 제기하는 소송은 기관소송이라는 견해가 지배적이다.

2) 감독청의 재의요구명령에 따라 지방의회의결에 대해 단체장이 제소하는 경우($\binom{지자법}{제192}$ $\binom{조 제}{4항}$)　　지방자치법 제192조 제 4 항에 따라 단체장이 위법하게 재의결된 사항에 대해 대법원에 제기하는 소는 지방자치법 제192조 제 4 항의 제소요건과 동법 제120조 제 3 항의 요건이 동일하다는 점을 근거로 기관소송으로 보는 견해가 다수설이다.

3) 감독청의 제소지시에 따라 단체장이 제소하는 경우($\binom{지자법 \ 제192조}{제 5 항 \cdot 제 6 항}$)　　① 감독청의 제소를 단체장이 대신하는 것이라 하여 특수한 소송으로 이해하는 견해와 ② 기관소송으로 보는 견해가 대립된다. ③ 감독청의 제소지시는 후견적인 것에 불과한 것이고, 동 소송의 원고는 지방자치단체장이며, 동 소송은 지방자치법 제120조 제 3 항 및 제192조 제 4 항의 소송과 제소요건이 동일하므로 제120조 제 3 항의 소송을 기관소송으로 보는 한 제192조 제 4 항 및 제 5 항·제 6 항도 기관소송으로 보는 견해가 타당하다($\binom{다수}{견해}$).

4) 감독청이 직접 제소하는 경우($\binom{지자법 \ 제192조}{제 5 항 \cdot 제 7 항}$)　　① 감독청이 제소하는 경우든 단체장이 제소하는 경우든 행정주체 내부의 분쟁을 해결하기 위한 것이라면 소송의 당사자가 바뀐다고 하더라도 소송의 성질은 동일하다는 점을 근거로 기관소송으로 보는 견해와 ② 기관소송은 동일한 법주체 내부의 기관 간의 소송이므로 감독관청이 지방의회를 상대로 제기하는 소송은 일종의 항고소송이라고 보는 견해, ③ ($\binom{조례안 재의}{결의 경우}$) 감독청의 조례에 대한 대법원 제소제도의 본질을 조례에 대한 추상적 규범통제로 보아 동 소송을 특수한 규범통제소송으로 보는 견해가 있으나, ④ 지방자치법이 인정한 특수한 소송으로 보는 견해가 타당하다($\binom{류지}{태}$).

5) 감독청의 시정명령, 취소·정지에 대한 단체장의 불복소송($\binom{지자법 \ 제188}{조 \ 제 6 항}$)　　① 지방자치법 제188조 제 6 항의 불복소송을 기관소송으로 보는 견해($\binom{한견}{우}$)와 ② 기관소송을 동일한 법주체 내부의 기관 상호간의 쟁송으로 제한적으로 이해한다면 지방자치법 제188조 제 6 항의 불복소송은 기관소송이 아니라 항고소송이라는 견해가 대립된다. ③ 기관소송은 기본적으로 동일한 법주체의 문제이고, 지방자치단체도 자치사무와 관련해서는 주관적 이익이 있으며($\binom{원고}{적격}$), 감독청의 자치사

무에 대한 시정명령과 취소·정지는 항고소송의 대상인 처분이므로 항고소송이라는 견해가 타당하다.

6) 감독청의 직무이행명령에 대한 단체장의 불복소송(지자법 제189조 제 6 항)　① 기관 간의 소송임을 근거로 기관소송으로 보는 견해(한견우박균성), ② 감독청의 명령에 불복하는 소송임을 근거로 항고소송으로 보는 견해(신봉기)가 있으나, ③ 직무이행명령은 행정내부적인 행위이기에 이에 불복하는 소송은 항고소송이 아니며, 동일한 법주체 내부의 소송(기관소송)도 아니기에 특수소송설이 타당하다.

(2) 지방교육자치에 관한 법률 제28조 제 3 항에 의거하여 교육감이 시·도의회 또는 교육위원회를 상대로 대법원에 제기하는 소송　기관소송이라는 견해가 지배적이다.

4. 적용법규

행정소송법은 기관소송에 대해 성질에 반하지 않는 한 취소소송, 무효등확인소송, 당사자소송에 관한 행정소송법의 규정을 준용하도록 규정하고 있다(동법 제46조).

PART 3

행정법각론
(특별행정법)

Administrative LAW

행정조직법 行政組織法

[참고] 행정법의 이론체계상 행정조직법일반이론($^{일반행정}_{조직법론}$)은 행정법총론($^{일반}_{행정법}$)의 한 부분으로 기술하는 것이 바람직하다. 그러나 제 2 판부터는 행정법각론($^{특별}_{행정법}$)의 한 부분으로 기술한다. 그 이유는 다만 모든 국내 행정법이론서가 행정조직법일반이론($^{일반행정}_{조직법론}$)을 행정법각론($^{특별}_{행정법}$)에서 다루고 있고, 독자들이 이러한 일반적인 경향에 익숙해 있음을 고려하였기 때문이다.

제 1 절   행정조직법의 관념

Ⅰ. 행정주체

1. 행정주체의 개념

주권은 국민에게 있고 모든 권력은 국민으로부터 나오기 때문에 민주헌법국가에서 근원적인 행정의 주체는 국민이다. 이러한 의미의 행정주체를 국법상 행정주체의 개념이라 부른다. 그런데 행정현실의 면에서 볼 때 국민 모두가 행정의 주체로서 행정을 담당할 수 없음은 자명하다. 이 때문에 나타나는 것이 행정조직법상 행정주체의 개념이다. 행정조직법상 행정주체란 행정사무를 수행하고 또한 행정사무수행을 위해 필요한 권리·의무를 가진 독자적인 임무의 수행자로서 공법에 근거한 권리의 주체를 뜻한다.

2. 행정주체의 종류

행정의 주체로 ① 시원적인 행정주체인 국가, ② 전래적인 권력을 갖는 공법인으로서 독립의 행정주체인 지방자치단체가 기본적인 형태이다. 기타의 행정주체로 ③ 공법상 법인인 공법상 사단·공법상 영조물·공법상 재단과 ④ 국가적 공권을 위탁받은 수탁사인($^{공무수}_{탁사인}$)을 들 수 있다.

Ⅱ. 행정조직법

1. 행정조직법의 개념

일반적으로 행정조직법이란 행정주체의 조직에 관한 법을 총칭하는 개념으로 이해된다.

(1) 직접국가행정조직법이란 직접국가행정($^{국가가\ 자신의\ 고유한\ 기}_{관을\ 통해\ 수행하는\ 행정}$)을 수행하는 국가기관의 조직에 관한 법을 말한다.

(2) 중앙행정조직법이란 직접국가행정 중에서 중앙행정($^{전국적으로\ 권한을\ 갖는}_{기관이\ 수행하는\ 행정}$)을 수행하는 국가기관의 조직에 관한 법을 말한다.

(3) 지방행정조직법이란 직접국가행정 중에서 지방행정($^{일정지역에서만\ 권한을\ 갖는\ 일정기관이}_{중앙행정기관의\ 감독하에\ 수행하는\ 과정}$)을 수행하는 국가기관의 조직에 관한 법을 말한다.

(4) 보통지방행정조직법이란 보통지방행정조직($^{당해\ 관할구역\ 내에서\ 널리\ 일반}_{국가행정사무를\ 수행하는\ 기관}$)에 관한 법을 말한다.

(5) 특별지방행정조직법이란 특별지방행정조직($^{특정의\ 중앙행정기관에\ 소속하면서\ 특정지역에서\ 그\ 특}_{정중앙행정기관의\ 권한에\ 속하는\ 사무를\ 수행하는\ 기관}$)에 관한 법을 말한다.

(6) 간접국가행정조직법이란 간접국가행정($^{법적으로\ 독립된\ 법인에}_{의해\ 수행되는\ 국가행정}$)을 수행하는 법인의 조직에 관한 법을 말한다.

(7) 지방자치행정조직법이란 지방자치사무를 수행하는 지방자치단체의 조직에 관한 법을 말한다.

(8) 보통지방자치단체조직법이란 보통지방자치단체($^{일정\ 구역\ 안에서\ 널리\ 자치사}_{무를\ 수행하는\ 지방자치단체}$)의 조직에 관한 법을 말한다.

(9) 특별지방자치단체조직법이란 특별지방자치단체($^{일정\ 구역\ 안에서\ 특정한\ 목적}_{을\ 위해\ 설립된\ 지방자치단체}$)의 조직에 관한 법

을 말한다.

2. 행정조직법의 헌법상 원칙

(1) 행정조직법과 법치주의원리

1) 행정조직법정주의 우리 헌법은 여러 조문에서 행정조직을 법률로써 정하도록 하여 (헌법 제96조, 제100조, 제90조 제 3 항, 제91조 제 3 항, 제92조 제 2 항, 제93조 제 2 항) 행정조직법정주의를 택하고 있다. 헌법의 이러한 태도는 ① 행정조직은 그 자체가 국민의 권리·의무에 직접 관계가 없다고 하여도 행정조직의 존재목적은 행정권의 행사에 있고, 따라서 행정기관의 설치 여부·권한 등은 바로 국민생활에 지대한 영향을 미치고, ② 행정기관의 설치·운영은 일반국민에게 상당한 경제적 부담을 가하게 되는바, 결국 행정조직의 문제는 국가의 형성유지에 중요한 사항이 되고, 따라서 이를 국회에 유보시킬 필요가 있다고 본 것에 기인한다(중요사항 유보설). 한편, 개념상 정부조직에 관한 기본적인 사항을 법률로 정하지 아니하는 형식을 행정조직비법정주의라 부른다.

2) 의미의 약화 헌법에 따른 국가행정조직의 기본법인 정부조직법은 조직상 구체적인 사항의 상당부분을 대통령령으로 정하도록 규정함으로 인해, 실제상 행정조직법정주의의 의미는 상당히 완화되고 있다(판례). 물론 논자에 따라서는 정부조직법의 이러한 태도가 행정의 기동성·탄력성·능률성의 확보를 위해 필요하다고 주장할 수도 있을 것이다. 그럼에도 문제는 있다. 행정조직법정주의는 행정조직법의 영역에서 법치주의원리의 반영·실현을 뜻한다.

[**판례**] 행정조직법 관계에서 포괄위임금지원칙의 의미
(정부가 한국거래소에 일정한 업무를 위탁하는 것은 사인인 한국거래소에게 의무를 부과하는 것이고, 그 결과 한국거래소 직원인 청구인도 공직자에 준하는 여러 의무를 부담하게 되므로, 금융위원회 및 증권선물위원회의 한국거래소에 대한 권한 내지 업무의 위탁에 관해서는 입법자가 법률로써 직접 규정해야 함에도 불구하고 자본시장과 금융투자업에 관한 법률조항들은 이를 대통령령에 위임하고 있어 법률유보원칙 내지 헌법 제96조에 위반된다고 주장한 헌법소원심판 사건에서) 헌법 제75조는 법률이 대통령령에 위임할 경우에는 법률에 미리 대통령령으로 규정될 내용 및 범위의 기본사항을 구체적으로 규정하여 둠으로써 행정권에 의한 자의적인 법률의 해석과 집행을 방지하고 의회입법과 법치주의의 원칙을 달성하고자 하는 것이다. 이러한 취지에 비추어 볼 때, 행정조직의 설치와 직무범위 등에 관한 사항을 형식적 법률에서 정하지 않고 법규명령에 위임하더라도 헌법 제75조에서 정한 위임의 한계는 준수해야 한다. 다만 국민의 권리와 의무에 관한 사항에 대한 위임과 행정조직에 관한 사항의 위임은 그 성질이 동일하다고 보기 어려우므로 위임에서 필요로 하는 구체성과 예측가능성에 대한 판단에 있어 국민의 기본권이 문제되는 경우와 그 기준까지 동일하다고 보기는 어려울 것이다(헌재 2022. 9. 29. 2018헌바356).

---

(2) 행정조직법과 민주주의원리

1) 민주적 정부형태 현행헌법은 권력분립원리를 전제로 대통령제정부형태를 채택하여 행정의 최고책임자인 대통령을 국민이 직접 선출케 하는 민주적 정부형태를 취하고 있다(헌법 제67조). 민주적 정부형태는 행정조직법의 영역에서 헌법원리의 하나인 민주주의원리의 반영·실현을 의미한다.

2) 지방자치   현행헌법은 분권주의에 입각하여 지방자치제를 보장하고 있다. 헌법상의 보장에도 불구하고 실시가 중단되었던 지방자치제가 지난 1991년부터 부분적으로, 그리고 1995년부터 전면적으로 실시되기 시작하였다. 지방자치제도는 민주주의원리와 분권의 원리의 반영·실현을 의미한다.

(3) 행정조직법과 사회복지주의원리   현행헌법은 사회복지국가를 지향하고 있다. 이것은 행정조직법도 사회복지국가의 실현에 봉사하는 것이어야 함을 의미한다. 정부조직법상 보건복지부·고용노동부·국가보훈부 등은 바로 사회복지국가이념의 실현을 위한 기관이다. 생활수준의 향상과 더불어 사회복지국가원리는 보다 강조되며, 사회복지국가원리의 강조는 필히 사회복지에 관련된 행정조직의 확대·강화를 가져온다.

제 2 절   행정기관

Ⅰ. 행정기관의 관념

1. 행정기관의 의의

행정기관이란 행정주체를 위하여 현실적으로 행정을 담당하는 행정주체의 내부조직을 의미한다. 행정주체는 법인이므로 현실적으로 행정을 실현가능하게 하는 행정기구를 필요로 하며 그 행정기구의 작용은 바로 행정주체의 작용으로 귀속된다. 모든 행정기관의 체계적인 전체가 행정조직이고, 또한 행정조직은 행정기관을 본질적인 구성부분으로 갖는다.

2. 행정기관의 법인격성

행정기관에는 인격성이 인정될 수 없다. 왜냐하면 행정기관은 권한을 갖는 것이지 주관적인 권리를 갖는 것은 아니기 때문이다. 행정기관은 조직규범에 의해 행정주체의 임무를 담당하는 현실적인 주체로서, 행정기관이 행하는 행위는 자신을 위한 것이 아니라 바로 행정주체를 위한 것이기 때문에 행정기관은 권리능력을 갖는 것이 아니다(판례). 한편, 실정법은 행정청을 법률관계의 일방당사자로 규정하는 경우가 있는데(예: 행소법 제13조 제1항·행심법 제17조 제1항), 이러한 경우에는 예외적으로 인격을 갖는다고 말할 수도 있다. 그러나 엄밀히 말한다면, 이 경우에도 행정청은 인격을 갖는다고 할 수는 없다. 왜냐하면 행정청의 소송행위 내지 심판행위의 법적 효과의 귀속주체는 당해 행정청이 아니라 국가나 지방자치단체이기 때문이다.

> **판례** 서울국제우체국장이 관세법상의 납세의무자가 될 수 있는가의 여부 및 이에 대한 관세
> 부과처분의 효력
> (군산세관 이리출장소장의 서울국제우체국) **서울국제우체국장은 우편사업을 담당하는 국가의 일개 기관에 불과**
> (장에 대한 관세부과처분을 다툰 사건에서)
> **할 뿐**으로서 법률상 담세능력이 있다거나 책임재산을 가질 수 있다고 볼 수 없어 **관세법상의 납세**
> **의무자가 될 수 없으므로** 위 우체국장에 대한 **이 사건 관세부과처분은 관세의 납세의무자가 될 수 없**
> **는 자를 그 납세의무자로 한 위법한 처분**으로서 그 하자가 중대하고도 명백하여 당연무효라고 할
> 것이다(대판 1987. 4. 28.)
>   (86누93).

3. 행정기관 간의 관계(내부법)

한 행정주체 내의 상이한 행정기관 사이의 관계 및 행정주체와 그 기관 사이의 관계도 법령
(내부)
(법)상 규율되어야 한다. 예컨대 행정주체의 어떠한 사무를 어떠한 기관이 맡을 것이며, 개별 기
관의 구성원을 어떻게 임명할 것인가 등이 법령으로 규율되어야 한다. 내부법과 외부법은 언제나
명백하게 구분되고 분리되는 것이 아니라, 상호 중복되기도 한다. 내부법은 형식적 의미의 법률,
법규명령 그리고 자치법규의 형식으로 존재하며, 동시에 그것은 외부법과 마찬가지로 법원이 된
다. 내부법은 이러한 성문법규 외에도 행정규칙과 업무규칙으로 존재한다. 뿐만 아니라 외부법과
내부법의 양면성을 갖는 경우도 있다. 외부법적인 효과로 인하여 권한규정을 침해하는 행정행위
는 주체면에서 위법한 것이 된다.

Ⅱ. 행정기관의 구성방식과 종류

1. 행정기관의 구성방식

행정기관은 ① 1인의 우두머리 공무원이 결정을 내리고 책임을 지는 독임제와 기관구성자가
다수인이며 그 다수인의 등가치적인 의사의 합의(다수)에 의해 결정을 내리고 구성원 전원이 그
(결)
결정에 책임을 지는 합의제, ② 일정한 자격·능력을 갖춘 자를 기관구성자로 선임하는 전문직제
와 자격·능력에 무관하게 기관구성자를 선임하는 명예직제, ③ 기관구성자의 선임이 일정기관
의 일방적인 임명행위로 이루어지는 임명제와 기관구성자의 선임이 국민 또는 그 대표, 주민 또
는 그 대표의 선거에 의해 이루어지는 선거제로 구분된다.

2. 행정기관의 종류

행정기관에는 행정관청(의사)(행정청이란 법상 주어진 권한의 범위 내에서 행정주체의 행정에 관한)·의결기관(참여)
               (기관)(의사를 결정하고 이를 외부에 대하여 표시하는 권한을 가진 행정기관)   (기관)
(표시권한은 없이 다만 의)·보조기관(행정청의 의사결정을 보조하거나 행정)·보좌기관(장관이 특히 지시하는 사항에 관해 장관)
(사결정권한만을 갖는 기관)   (청의 명을 받아 사무에 종사하는 기관)   (과 차관을 직접 보좌하는 차관보, 정책의)
기획이나 계획의 입안·연구조사를 통하)·집행기관(행정청의 명을 받아 행정청이 발한 의사를 집)·감독기관(감사)(행정기관의 업)
여 행정청이나 보조기관을 보좌하는 기관)   (행하여 행정상 필요한 상태를 실현하는 기관)   (기관)(무나 회계를 감
독하고 조사)·현업기관(공기업)(공익사업을 경영하)·부속기관(행정기관의 지원을)등이 있다.
하는 기관)   (기관)(고 관리하는 기관)   (목적으로 하는 기관)

제 3 절 행정관청

제1항 행정관청의 관념

Ⅰ. 행정관청의 개념

1. 조직법상 의미의 행정관청

(1) 포괄적 행정관청개념   행정관청이란 직 또는 직무를 중심개념으로 하여 구성된다. 조직상 최소의 단일체로서 1인의 공무원이 담당하는 공행정의 일정한 범위를 직(Amt)이라 하고, 다수의 직(職)으로 구성되는 조직상의 단일체가 포괄적 행정관청개념에 해당한다. 포괄적 의미의 행정관청을 넓은 의미의 행정관청이라 부르기도 한다.

(2) 전통적 행정관청개념   행정관청이란 전통적으로 의사기관을 의미한다. 포괄적 행정관청개념에서 그 관청의 우두머리가 전통적 의미의 행정관청에 해당된다. 이 책에서 행정관청($^{행정}_{청}$)이란 기본적으로 전통적 행정관청개념을 의미한다. 전통적인 입장은 ① 국가행정기관 중 의사기관을 행정관청 또는 행정청으로, ② 지방자치단체의 의사기관을 행정청으로 부르며, ③ 양자를 합하여 행정청으로 부르기도 한다.

2. 기능상 의미의 행정관청

기능상 의미의 행정관청이란 외부관계에서 공법상으로 구체적인 행정상 처분을 행할 수 있는 모든 기관을 의미한다. 외부적 권한은 먼저 조직상 의미의 행정관청이 가진다. 그 밖의 여러 기관($^{예: 국회사무총}_{장·법원행정처장}$)도 행정행위를 발하거나 기타의 공법상의 개별처분을 외부에 행하는 한 기능상 의미의 행정관청에 해당한다. 행정절차법상 행정청의 개념($^{절차법 제2}_{조 제1호}$)과 행정쟁송법상 행정청($^{예: 행}_{심법}$ $^{제1조, 행}_{소법 제1조}$)의 개념은 기능상 의미의 행정관청개념에 해당한다.

Ⅱ. 행정관청의 법적 지위와 기능

1. 법적 지위

행정관청은 그 자체가 고유한 권리능력자는 아니고($^{대판 1989. 4. 25.}_{87후131}$), 행정주체를 위하여 고권을 갖는 행정기관일 뿐이다. 그렇지만 행정관청은 자기의 책임과 자기의 이름으로 주어진 권한을 독자적으로 행사하고 임무를 수행한다. 따라서 행정관청에 있어서는 권한이 중요한 문제가 된다.

2. 기   능

행정관청은 외부적으로 권한을 갖고서 다른 법주체와 구체적인 법관계를 형성한다. 행정행위의 발령은 행정관청의 기능 중 가장 대표적인 것이다. 행정관청의 권한행사의 효과는 행정관청 구성자의 변화와 무관하게 독립적이다. 행정관청은 행정소송($^{항고}_{소송}$)에서 피고가 된다.

Ⅲ. 행정관청의 종류

행정관청은 ① 기관구성자의 수에 따라 단독관청$\binom{예: 행정}{각부의 장}$과 합의제관청$\binom{예: 감사원·중앙}{토지수용위원회}$, ② 권한이 미치는 지역적 관할범위에 따라 중앙관청$\binom{예: 국}{세청장}$과 지방관청$\binom{예: 서울지}{방국세청장}$, ③ 권한이 미치는 사물적 관할범위에 따라 보통관청$\binom{예: 법무}{부장관}$과 특별관청$\binom{예: 세}{무서장}$, ④ 감독권을 기준으로 상급관청$\binom{예: 세무}{서장에}$ $\binom{대한 지방}{국세청장}$과 하급관청$\binom{예: 지방국세청장}{에 대한 세무서장}$으로 구분되며, ⑤ 정부조직법상 규정되고 있는 중앙행정관청에는 부·처·청의 장과 위원회 등의 합의제행정기관이 있다$\binom{정조법 제 2 조}{제 2 항, 제 5 조}$.

제 2 항 행정관청의 권한

Ⅰ. 권한의 관념

1. 권한의 의의

권한이란 조직의 단일체가 갖는 사무의 범위 내지 그 사무수행에 필요한 각종의 권능과 의무의 총체를 말한다. 직무권한이라는 용어가 사용되기도 한다. 특정기관에 특정의 권한이 주어져 있다고 하여도 그 기관의 소관사무수행에 필요하다고 여겨지는 모든 수단이 수권되어 있는 것은 아니다. 개인의 권리침해를 위해서는 조직법상 권한 외에 개인의 권리에 대한 침해를 가능하게 하는 수권규범이 필요하다. 하여간 행정관청의 권한이란 행정관청이 국가를 위하여, 그리고 국가의 행위로써 유효하게 사무를 처리할 수 있는 능력 또는 사무의 범위로 정의된다.

2. 권한의 성질

권한은 그 권한이 부여된 특정의 행정관청만이 행사할 수 있고, 다른 행정관청은 행사할 수 없다. 권한행사는 그 권한이 부여된 특정행정관청의 의무이기도 하다. 주어진 권한이 재량적인 것이라 하여도 재량행사 자체는 있어야 한다는 의미에서 재량권의 행사 역시 의무적이다.

Ⅱ. 권한의 획정과 충돌

1. 권한의 획정

행정관청 간의 권한획정은 본질적으로 2가지 목적을 갖는다. 첫째, 그것은 ① 행정의 중복·모순, 그리고 책임의 불분명을 피하고, ② 행정의 전문화를 도모하고, ③ 외부적 영향으로부터의 차단을 통해 행정임무의 최상의 수행을 보장하는 데에 의미를 갖는다. 둘째, 그것은 명백한 권한의 획정을 통해 사인의 권리보호에 기여하고자 함에 의미를 갖는다. 이러한 목적의 충분한 달성을 위해서 권한을 정하는 규정들은 반드시 명백하여야 한다.

2. 권한의 충돌

(1) 의   의   행정관청은 자신의 권한범위 내에서만 행위할 수 있을 뿐, 다른 행정관

청의 권한을 행사할 수 없다. 이와 관련하여 적극적·소극적 권한충돌이 문제된다. 적극적 권한충돌이란 하나의 사무수행에 다수의 관청이 권한을 갖는다고 하는 경우를 말하고, 소극적 권한충돌이란 어떠한 관청도 권한을 갖지 않는다고 하는 경우를 말한다.

(2) 해결방법　① 동일한 행정주체 내부에서 행정청의 관할이 분명하지 아니한 경우에는 해당 행정청을 공통으로 감독하는 상급 행정청이 그 관할을 결정하며, 공통으로 감독하는 상급 행정청이 없는 경우에는 각 상급 행정청이 협의하여 그 관할을 결정한다(절차법 제6조 제2항). 예외적인 경우에는 기관쟁송으로 해결할 수 있다(예: 지자법 제120조). 한편 ② 상이한 행정주체소속의 행정관청 간의 충돌의 경우에는 공통의 감독청(절차법 제6조 제2항 제1문), 만약 공통의 감독청이 없다면 각각의 감독청 간의 협의로 해결할 수도 있고(절차법 제6조 제2항 제2문), 경우에 따라서는 단지 사법적으로 헌법재판소에 의해 해결될 수도 있다(헌재법 제62조 제1항 제2호·제3호).

Ⅲ. 권한의 행사

1. 권한행사의 방식

행정관청은 자기에게 주어진 권한을 자기 스스로 법이 정한 바에 따라 행사하는 것이 원칙이다. 그러나 예외적으로는 업무처리의 효율성이나 기관구성자의 사고 등을 이유로 다른 기관으로 하여금 권한을 행사하게 하는 경우도 있다. 이를 권한의 대행이라 한다. 이에는 권한의 위임과 권한의 대리가 있다.

2. 하자 있는 권한행사

만약 행정관청이 자기에게 주어지지 않은 권한을 행사하면, 무권한의 행위로서 행정행위의 경우에는 무효 또는 취소가, 법규명령의 경우에는 무효가 된다. 행정행위에 있어서 권한을 초과한 행위나 권한소멸 후의 행위는 무권한의 행위이긴 하나, 경우에 따라서 표현대리의 법리(민법 제126조, 제129조)를 유추하여 유효한 행위로 보아야 할 때도 있다. 무권한의 행위로 권익을 침해당한 자는 국가를 상대로 행정쟁송을 제기하거나 손해배상을 청구할 수 있다.

[참고]　행정기본법은 행정청의 **성실의무**(행정청은 법령등에 따른 의무를 성실히 수행하여야 한다)와 **권한남용금지**(행정청은 행정권한을 남용하거나 그 권한의 범위를 넘어서는 아니 된다)를 규정하고 있다(기본법 제11조).

제3항　권한의 대리와 위임(권한행사의 예외적 방식)

Ⅰ. 권한의 대리

1. 관　념

(1) 개념·종류　권한의 대리란 일정한 사유에 의거하여 행정관청이 자신의 권한의 전

부 또는 일부를 타기관으로 하여금 행사하게 하는 경우로서, 이때 대리관청은 피대리관청을 위한 것임을 표시하면서 대리관청 자신의 이름으로 행위하되 그 효과는 직접 피대리관청에 귀속하게 하는 제도를 말한다. 권한의 대행($\frac{헌법}{제71조}$) 또는 직무대행($\frac{정조법 제7조}{제2항, 제22조}$)이라 불리기도 한다. 권한의 대리는 대리권의 발생원인에 따라 임의대리와 법정대리로 나누어진다.

(2) 유사개념과 구별

1) 대　　표　　대표자의 행위는 바로 대표되는 기관의 행위이지 대리행위가 아니다. 대통령이 국가를 대표하는 경우, 대통령의 행위는 바로 국가행위가 된다. '국가를 당사자로 하는 소송에 관한 법률'에 의거하여 국가를 대표하는 법무부장관도 역시 여기서 말하는 대표에 해당한다 ($\frac{동법}{제2조}$).

2) 권한의 위임·이양　　권한의 위임은 권한의 법률상 이전이 아니라 다만 위임입법에 따라 실질적으로 이전되는 것이고, 권한의 이양은 권한이 법률상 이전되는 것임에 반해, 대리의 경우에는 실질적으로나 법률상으로도 권한의 이전이 없다. 권한의 위임·이양은 법적 근거를 요하나, 권한의 대리 중 수권대리는 반드시 법적 근거를 요하는 것이 아니다.

3) 사무의 대결·위임전결　　사무의 대결은 행정관청구성자의 일시부재시에 행정조직 내부적으로 사실상 이루어지는 권한의 대리행사이나, 대리는 법적 제도이다. 대결은 후열을 받으나, 대리는 이것을 모른다. 위임전결은 대리와 유사하나 행정기관구성자의 부재와 관계없이 이루어지는 권한행사이다.

2. 임의대리

(1) 의　　의　　임의대리란 행정관청이 스스로의 의사에 기해 타기관에게 대리권을 부여($\frac{수권}{행위}$)함으로써 이루어지는 대리를 말한다. 위임대리 또는 수권대리라고도 한다. 수권행위는 상대방의 동의를 요하지 않는 일방적 행위이다.

(2) 법적 근거　　대리는 권한의 일시적 대리행사의 문제로서 권한의 이전을 가져오는 것은 아니므로, 권한의 위임과는 달리 반드시 법적 근거를 요하는 것은 아니다. 명문의 규정 유무를 불문하고 임의대리는 원칙적으로 가능하다($\frac{다수}{설}$). 법률에 의한 행정의 원리와 관련하여 권한의 대리도 법이 정한 권한분배에 변경을 가져오는 것이므로 법의 명시적 근거를 요한다는 반론도 있다($\frac{소수}{설}$).

(3) 대리권의 범위와 제한　　대리권의 범위는 수권행위에서 정해진다. 그러나 법령에서 특별히 정한 바가 없는 한 다음의 제한이 따른다. ① 법령이 특정의 행위를 반드시 특정기관만이 하도록 규정하거나 성질상 그러한 행위($\frac{예: 총리}{령·부령}$)는 수권의 대상이 될 수 없다. 대리는 일반적 권한에 관해서만 가능하다. ② 대리는 권한의 일부에 한하는 것이지 권한의 전부를 대리시킬 수는 없다. 권한의 전부의 대리는 그 권한을 당해 행정청에 준 취지에 반하고, 아울러 실제상 당해 관청의 일시적 폐지를 의미하기 때문이다.

(4) 대리행위의 효과　　대리관청의 행위는 피대리관청이 직접 행한 것과 다를 바 없다. 항고소송상 피고적격도 피대리관청에 있다. 권한초과의 경우에는 민법규정($\frac{제126}{조}$)이 유추적용될

수 있다.

(5) 대리관청과 피대리관청의 지위　　　임의대리에서 대리관청은 피대리관청의 권한을 피대리관청을 위한 것임을 표시하면서 자기 이름으로 행사하게 되며, 이때 대리관청의 행위는 바로 피대리관청의 행위로 된다. 그리고 피대리관청은 대리관청을 선임, 지휘·감독권을 행사할 수 있으나 대리권수권의 위법성이나 부당성에 대해 책임을 지고, 또한 대리관청의 행위에 대해 감독상의 책임을 부담한다.

(6) 종　　료　　　임의대리는 수권행위의 철회나 수권행위에서 정한 기한의 경과, 조건의 성취 등으로 종료된다.

(7) 복 대 리　　　임의대리에서 대리관청이 대리권을 다시 다른 기관으로 하여금 행사하게 할 수 있는가의 문제가 있다. 이것이 복대리의 문제이다. 생각건대 임의대리에서는 신뢰관계가 기초가 되므로 복대리는 원칙적으로 부인된다$\binom{\text{일반적}}{\text{견해}}$.

3. 법정대리

(1) 의　　의　　　법정대리란 법정사실이 발생하는 경우에 직접 법령의 규정에 의거하여 이루어지는 대리를 말한다. 법정대리에는 수권행위의 문제가 없다.

(2) 근　　거　　　법정대리에 관한 근거로 헌법 제71조, 정부조직법 제 7 조 제 2 항, 제12조 제 2 항, 제22조, 지방자치법 제124조 제 5 항 등이 있다.

(3) 종　　류　　　법정대리는 대리권발생원인과 관련된 개념이나, 대리관청의 결정방법과 관련하여 다시 협의의 법정대리와 지정대리로 구분할 수 있다. 논자에 따라서는 지정대리를 법정대리와 구분하여 다루기도 한다. 협의의 법정대리란 법정사실이 발생하면 법상 당연히 특정한 자에게 대리권이 부여되어 대리관계가 성립되는 경우를 말한다$\binom{\text{예: 정조법}}{\text{제 7 조 제 2 항}}$. 지정대리란 법정사실의 발생시에 일정한 자가 다른 일정한 자를 대리관청으로 지정함으로써 대리관계가 발생하는 경우를 말한다$\binom{\text{예: 정조법}}{\text{제22조}}$. 협의의 법정대리와 지정대리 사이에는 대리관청의 결정방법에 차이가 있으나, 양자 모두 대리권 자체가 법령에서 직접 규정되고 있으므로 법정대리에 속한다. 양자 간에 성질상 특별한 차이는 없다.

(4) 대리권의 범위와 효과　　　협의의 법정대리인가, 지정대리인가를 불문하고 양자 모두 대리권은 피대리관청의 권한의 전부에 미친다. 그리고 대리관청의 행위는 당연히 피대리관청의 행위로서 효과를 발생한다. 따라서 항고소송상 피고적격도 피대리관청에 있다.

(5) 대리관청과 피대리관청의 지위　　　대리관청은 피대리관청의 권한을 자기의 책임하에 행사한다. 그러나 피대리관청은 대리관청의 선임·감독·지휘에 대해 책임을 지지 아니한다. 왜냐하면 대리관계가 피대리관청의 의사가 아니라 법령에 의해 강제된 것이기 때문이다.

(6) 기　　타　　　법정대리의 발생원인이 소멸되면 당연히 대리관계는 소멸된다. 그리고 법정대리에서는 복대리가 가능하다.

(7) 권한의 서리

1) 의   의   행정관청의 구성자가 사망·해임 등의 사유로 궐위된 경우에 새로운 관청 구성자가 정식으로 임명되기 전에 일시 대리관청을 두어 그로 하여금 당해 관청의 권한을 행사하게 하는 경우를 서리라 한다.

2) 인정 여부   권한의 서리는 특히 국무총리서리제도와 관련하여 위헌성이 논의되고 있다. 학설은 위헌설·합헌설·예외적 합헌설로 나뉘고 있으나, 예외적 합헌설이 타당하다.

㈎ 위 헌 설   국무총리의 임명에는 국회의 사전동의가 필요하다는 점, 정부조직법 제22조는 일정한 경우에 국무총리의 직무대행에 관해 규정하고 있어 서리의 임용이 불필요하다는 점 등을 논거로 한다.

㈏ 합 헌 설   헌법상 국무총리제도는 대통령제와 부합하지 아니함을 전제로 국무총리서리제도는 이런 모순에서 생겨난 헌법관례라는 견해이다.

㈐ 예외적 합헌설   원칙적으로 국무총리서리제도는 위헌이지만, 예외적으로 교전상황 등으로 인해 국회구성이나 국회소집이 불가능하여 국회의 사전동의가 곤란한 경우에는 합헌이라는 견해이다.

3) 성   질   권한의 대리는 행정기관 간의 문제이나, 권한의 서리는 기관구성자의 궐위시의 문제이므로 양자 간에 다소 성질상 차이가 있다. 그러나 대리든 서리든 양자 모두 행정사무의 대행인 점에서는 본질적인 차이가 없다. 따라서 서리를 법정대리의 하나인 지정대리로 보아도 무방하다(일반적 견해).

4) 지   위   서리는 자기의 책임하에 자기의 이름으로 당해 기관의 전 권한을 행사한다. 당해 기관의 구성자가 정식으로 임명되거나 서리의 지정행위가 철회되면 그 때부터 서리관계는 종료한다.

Ⅱ. 권한의 위임

1. 관   념

(1) 개   념   행정관청이 자기에게 주어진 권한을 스스로 행사하지 않고 법에 근거하여 타자에게 사무처리권한의 일부를 실질적으로 이전하여 그 자의 이름과 권한과 책임으로 특정의 사무를 처리하게 하는 것을 넓은 의미에서 권한의 위임이라고 한다(판례). '실질적으로'란 모법상으로는 위임행정청의 권한이지만, 위임의 법리에 따른 위임입법에 의해 그 권한이 이전됨을 의미한다. 지휘·감독관계에 있는 자 사이의 이전과 대등관계에 있는 자 사이의 이전을 구분하여, 전자의 경우를 좁은 의미의 위임이라 하고, 후자의 경우를 위탁이라고 한다. 양자 간에 성질상 차이가 없다. 위임과 위탁을 합하여 임탁이라고도 한다. 행정사무 중 특히 등기·소송에 관한 사무의 처리를 위탁하는 것을 촉탁이라 부른다(등기법 제22조).

> **판례**　수임 행정청의 지위
>
> $\left(\begin{smallmatrix}\text{시내버스 한정면허를 받은 여객자동차 운송사업자인 코레일네트웍스 주식회사의 보조금 지급신청에 대한 피}\\\text{고 경기도지사의 회신이 항고소송의 대상이 되는지 여부가 쟁점인 손실보전금등지급거부처분취소소송에서}\end{smallmatrix}\right)$ 행정권한의 위임
> 이 있는 경우, 그 사무권한은 수임청에게 이전되고 수임청은 스스로의 책임 아래 그 사무권한을
> 행사하여야 한다. 또한 시·군 및 자치구나 그 장이 위임받아 처리하는 시·도의 사무에 관하여는
> 시·도지사의 지도·감독을 받는다$\left(\begin{smallmatrix}\text{대판 2023. 2. 23.}\\\text{2021두44548}\end{smallmatrix}\right)$.

(2) 유사개념과 구분

1) 권한의 이양과 구분　　권한의 이양은 권한 자체가 법률상 이전되는 것이나, 권한의 위임은 권한 자체가 모법상으로는 위임자에 유보되고 입법에 의해 권한행사의 권한·의무와 책임이 수임자에게 이전되는 것을 말한다. 권한의 이양의 경우에는 수권규범의 변경이 있으나, 권한의 위임의 경우에는 수권규범의 변경 없이 위임근거규정을 통해 이루어진다.

2) 권한의 대리　　권한의 대리는 권한의 이전이 아니고 단지 피대리관청을 위한 권한의 대리행사일 뿐이나, 권한의 위임은 권한의 이전의 문제이다. 따라서 권한의 위임의 경우에는 법적 근거가 중요한 문제이다.

3) 권한의 내부위임

⑺ **의**　　**의**　　권한의 내부위임이란 행정조직 내부에서 수임자가 위임자의 권한을 위임자의 명의와 책임으로 사실상 행사하는 것을 말한다[판례]. 권한의 내부위임은 행정청의 권한이 과다함으로써 발생할 수 있는 행정의 신속성과 능률성의 저해를 방지하기 위한 것이다.

> **판례**　행정권한의 위임과 권한의 내부위임의 차이점
>
> $\left(\begin{smallmatrix}\text{중원군수의 원고에 대한 석유판매}\\\text{업허가취소처분을 다툰 사건에서}\end{smallmatrix}\right)$ 행정권한의 위임은 위임관청이 법률에 따라 하는 특정권한에 대한 법정귀속의 변경임에 대하여 내부위임은 행정관청의 내부적인 사무처리의 편의를 도모하기 위하여 그 보조기관 또는 하급행정관청으로 하여금 그 권한을 사실상 행하게 하는데 그치는 것이므로 **권한위임의 경우에는 수임자가 자기의 명의로 권한을 행사할 수 있으나 내부위임의 경우에는 수임자는 위임관청의 명의로 이를 할 수 있을 뿐이다**$\left(\begin{smallmatrix}\text{대판 1989. 3. 14.}\\\text{88누10985}\end{smallmatrix}\right)$.

⑻ **종**　　**류**　　내부위임에는 위임전결과 대결이 있다. 위임전결이란 행정청이 내부적으로 행정청의 보조기관 등에게 일정한 경미한 사항의 결정권을 위임하여 보조기관 등이 사실상 그 권한을 행사하는 것을 의미한다. 위임전결은 행정사무를 간편하고 신속하게 처리하기 위한 것이다$\left(\begin{smallmatrix}\text{행운정 제10}\\\text{조 제 2 항}\end{smallmatrix}\right)$. 한편 대결이란 기관구성자의 일시부재시에 보조기관이 사실상 권한을 대리하는 것을 말하는데, 대통령령인 행정업무의 운영 및 혁신에 관한 규정에 따르면 내용이 중요한 문서에 대해서는 결재권자에게 사후에 보고토록 하고 있다$\left(\begin{smallmatrix}\text{행운정 제10}\\\text{조 제 3 항}\end{smallmatrix}\right)$. 이를 후열이라고도 한다.

⑼ **권한의 위임과의 구별**　　① 권한의 위임은 법정권한의 실질적 변경을 의미하므로 법률의 근거를 요하나, 권한의 내부위임은 권한의 대외적 변경이 없으므로 법률의 근거를 요하지

아니한다[판례1]. ② 권한행사방식에 있어서 권한의 위임은 수임기관이 자신의 이름으로 권한을 행사하나, 내부위임은 수임기관이 위임기관의 명의로 권한을 행사한다. ③ 행정소송과 관련해서 권한의 위임의 경우에는 수임기관이 행정쟁송의 피고가 되나 내부위임의 경우에는 위임자가 행정쟁송의 피고가 된다[판례2]. 그러나 내부위임의 경우에도 수임기관이 자신의 명의로 처분을 하였다면, 대외적인 행위를 한 자는 수임기관이 되기 때문에 수임기관이 피고가 된다[판례3].

> [판례 1] **행정권한의 내부위임에 법적 근거를 요하는가의 여부**
> (장승포시장의 건축허가처분에 대하여 무효확인을 구한 사건에서) **행정권한의 위임**은 행정관청이 법률에 따라 특정한 권한을 다른 행정관청에 이전하여 수임관청의 권한으로 행사하도록 하는 것이어서 권한의 법적인 귀속을 변경하는 것이므로 **법률이 위임을 허용하고 있는 경우에 한하여 인정된다** 할 것이고, 이에 반하여 **행정권한의 내부위임은 법률이 위임을 허용하고 있지 아니한 경우에도 행정관청의 내부적인 사무처리의 편의를 도모하기 위하여 그의 보조기관 또는 하급행정관청으로 하여금 그의 권한을 사실상 행사하게 하는 것**이므로, 권한위임의 경우에는 수임관청이 자기의 이름으로 그 권한행사를 할 수 있지만 내부위임의 경우에는 수임관청은 위임관청의 이름으로만 그 권한을 행사할 수 있을 뿐 자기의 이름으로는 그 권한을 행사할 수 없다(대판 1995. 11. 28, 94누6475).

> [판례 2] **권한의 내부위임의 경우 항고소송의 피고적격**
> (동대문구청장의 원고에 대한 파면처분등의 무효확인을 구한 사건에서) 행정관청이 특정한 권한을 법률에 따라 다른 행정관청에 이관한 경우와 달리 내부적인 사무처리의 편의를 도모하기 위하여 그의 보조기관 또는 하급행정관청으로 하여금 그의 권한을 사실상 행하도록 하는 **내부위임의 경우에는 수임관청이 그 위임된 바에 따라 위임관청의 이름으로 권한을 행사하였다면 그 처분청은 위임관청이므로 그 처분의 취소나 무효확인을 구하는 소송의 피고는 위임관청으로 삼아야 한다.** 구청장이 서울특별시장의 이름으로 한 직위해제 및 파면의 처분청은 서울특별시장이므로 구청장을 피고로 한 소를 각하한 원심의 판단은 정당하다(대판 1991. 10. 8, 91누520).

> [판례 3] **내부위임이나 대리권을 수여받은 행정청이 자신의 명의로 행정처분을 한 경우 항고소송의 피고적격 인정 여부**
> (대구직할시 달서구청장의 (주)보성주택에 대한 농지조성비등부과처분을 다툰 사건에서) 항고소송은 원칙적으로 소송의 대상인 행정처분 등을 외부적으로 그의 명의로 행한 행정청을 피고로 하여야 하는 것으로서, 그 행정처분을 하게 된 연유가 상급행정청이나 타행정청의 지시나 통보에 의한 것이라 하여 다르지 않으며, 권한의 위임이나 위탁을 받아 수임행정청이 정당한 권한에 기하여 수임행정청 명의로 한 처분에 대하여는 말할 것도 없고, **내부위임이나 대리권을 수여받은 데 불과하여 원행정청 명의나 대리관계를 밝히지 아니하고는 그의 명의로 처분 등을 할 권한이 없는 행정청이 권한 없이 그의 명의로 한 처분에 대하여도 처분명의자인 행정청이 피고가 되어야 한다**(대판 1994. 6. 14, 94누1197).

(라) **권한행사방식 위반의 효과**　① 권한의 내부위임의 경우 수임자의 명의로 행정처분을 하였다면, 일반적으로 그 하자는 중대하고 명백하다고 볼 것이므로 그 처분은 원칙적으로 무효로 볼 것이다(대판 1993. 5. 27, 93누6621). 한편 ② 권한의 내부위임에 있어 전결권자가 아닌 자가 행정처분을

한 경우 무권한의 처분으로서 무효의 처분은 아니라고 한 판례가 있다(판례). 무효행위인지 또는 취소할 수 있는 행위인지는 별론으로 하고, 권한의 내부위임에 있어서 전결권자도 법적 관점에서는 권한 행정청이 아니므로 국민과의 관계에서 전결권자의 행위와 전결권자가 아닌 자의 행위 사이에 특별한 차이는 없다.

> [판례] 전결권자가 아닌 자가 행한 처분이 당연무효인지 여부
>
> (태안군사무전결처리규칙에 의한 전결권자인 부군수가 아닌 재무과장이 태안군수의 이름으로 행한 공유재산대부신청반려처분의 무효확인을 구한 사건에서) 전결과 같은 행정권한의 내부위임은 법령상 처분권자인 행정관청이 내부적인 사무처리의 편의를 도모하기 위하여 그의 보조기관 또는 하급 행정관청으로 하여금 그의 권한을 사실상 행사하게 하는 것으로서 법률이 위임을 허용하지 않는 경우에도 인정되는 것이므로, **설사 행정관청 내부의 사무처리규정에 불과한 전결규정에 위반하여 원래의 전결권자 아닌 보조기관 등이 처분권자인 행정관청의 이름으로 행정처분을 하였다고 하더라도 그 처분이 권한 없는 자에 의하여 행하여진 무효의 처분이라고는 할 수 없다**(대판 1998. 2. 27. 97누1105).

[기출사례] 제56회 사법시험(2014년) 문제·답안작성요령 ☞ PART 4 [3-1]

4) 권한의 대행

(가) 의   의   성문법에서 권한의 대행이라는 용어가 다양하게 사용되지만, 그 의미는 동일하지 않다. ① 헌법 제71조(대통령이 궐위되거나 사고로 인하여 직무를 수행할 수 없을 때에는 국무총리, 법률이 정한 국무위원의 순서로 그 권한을 대행한다)에서 말하는 대행은 법정대리의 일종이다. ② 국세징수법 제103조 제 1 항(관할 세무서장은 다음 각 호의 업무에 전문지식이 필요하거나 그 밖에 직접 공매등을 하기에 적당하지 아니하다고 인정되는 경우 대통령령으로 정하는 바에 따라 한국자산관리공사에 공매등을 대행하게 할 수 있다. 이 경우 공매등은 관할 세무서장이 한 것으로 본다.) 중 공매의 대행은 판례상 권한의 위임으로 판시되고 있다(대판 1996. 9. 6, 95누12026; 대판 1997. 2. 28, 96누1757). ③ 여권법 제21조 제 1 항(외교부장관은 여권 등의 발급, 재발급과 기재사항변경에 관한 사무의 일부를 대통령령으로 정하는 바에 따라 지방자치단체의 장에게 대행(代行)하게 할 수 있다)의 대행과 자동차관리법 제20조 제 1 항(시·도지사는 필요하다고 인정하면 국토교통부령으로 정하는 바에 따라 제19조에 따른 등록번호판의 제작·발급 및 봉인 업무를 대행하는 자(이하 "등록번호판발급대행자"라 한다)를 지정할 수 있다.)의 대행은 대행하는 자(기관)의 이름이 아니라 피대행기관, 즉 대행을 맡긴 기관(여권법 제21조의 외교부장관, 자동차관리법 제20조의 시·도지사)의 이름으로 하는바, 이 점에서 위임과 다르다. ③의 권한의 대행은 행정사무의 지원을 위한 것으로서 또 하나의 권한행사방식이다.

(나) 대행기관과 피대행기관의 지위   권한을 대행하는 자는 대행을 맡긴 기관의 집행기관의 성질을 갖는다. 따라서 대행기관의 위법행위는 피대행기관의 위법이 되고, 따라서 피대행기관이 배상법상 책임을 진다. 피대행기관이 행정소송상 피고가 된다.

5) 민사상 위임   위임받은 사항을 수임자가 자기의 명의·책임으로 수행하는 것은 같으나 민사상 위임이 계약에 의한 것이고 사법상의 제도인 반면, 권한의 위임은 법률의 규정 내지 일방적 행위 등에 의한 것이고 공법상의 제도이다.

2. 법적 근거

(1) 법적 근거의 필요성   권한의 위임이 위임자의 권한을 법률상 수임자에게 이전하는 것을 뜻하는 것은 아니라고 할지라도 권한의 위임은 법률에서 정한 권한분배가 대외적으로 변경

됨을 가져오고, 이로 인해 법적 지위가 상이한 수임자로 하여금 새로운 책임과 의무를 부담시키므로 권한의 위임과 재위임은 법적 근거를 요한다$\binom{일반적}{견해}$. 판례의 입장도 같다$\binom{판}{례}$.

[판례] 행정권한의 위임에 법적 근거를 요하는가의 여부

$\binom{건축허가의 무효확인}{등을 구한 사건에서}$ **행정권한의 위임은** 행정관청이 법률에 따라 특정한 권한을 다른 행정관청에 이전하여 수임관청의 권한으로 행사하도록 하는 것이어서 **권한의 법적인 귀속을 변경하는 것이므로 법률이 위임을 허용하고 있는 경우에 한하여 인정**된다 할 것이고, 이에 반하여 행정권한의 내부위임은 법률이 위임을 허용하고 있지 아니한 경우에도 행정관청의 내부적인 사무처리의 편의를 도모하기 위하여 그의 보조기관 또는 하급행정관청으로 하여금 그의 권한을 사실상 행사하게 하는 것이므로, 권한위임의 경우에는 수임관청이 자기의 이름으로 그 권한행사를 할 수 있지만 내부위임의 경우에는 수임관청은 위임관청의 이름으로만 그 권한을 행사할 수 있을 뿐 자기의 이름으로는 그 권한을 행사할 수 없다$\binom{대판 1995. 11. 28, 94누6475;}{대판 1992. 4. 24, 91누5792}$.

---

(2) 법적 근거의 내용

1) 일반적 근거와 개별적 근거   ① 권한의 위임에 관한 일반적 근거법으로는 정부조직법 제 6 조와 이에 근거한 대통령령인 행정권한의 위임 및 위탁에 관한 규정, 지방자치법 제115조, 제117조 등이 있다. ② 각 단행법이 개별적으로 권한의 위임을 규정하는 경우도 적지 않다$\binom{예: 식품법 제91조,}{공위법 제18조}$.

2) 개별법령에 근거규정이 없는 경우의 위임가능성   개별 법령에 특별한 규정이 없는 경우에 정부조직법 제 6 조와 행정권한의 위임 및 위탁에 관한 규정, 지방자치법 제117조 등에 근거하여 권한을 위임할 수 있을 것인가의 문제가 있다. 이에 관해서는 ① 정부조직법 제 6 조와 행정권한의 위임 및 위탁에 관한 규정 등은 행정관청의 권한은 위임이 가능하다는 일반원칙을 선언한 것에 불과하여 권한의 위임의 근거규정으로 볼 수 없다는 소극설$\binom{박균}{성}$과 ② 행정조직에 관한 것은 국민의 권리 또는 의무에 직접적으로 관련이 없어 포괄적인 위임도 가능하며, 동 법령에 따라 중앙행정기관의 권한이 지방에 이전될 수 있는 장점을 근거로 하는 적극설$\binom{김남진,}{류지태}$이 있다. ③ 판례는 정부조직법 제 6 조 등을 권한의 위임 및 재위임의 근거조항으로 본다$\binom{적극}{설}$. 즉 동조를 위임과 재위임의 일반적 근거규정으로 본다$\binom{판례}{1}$. ④ 정부조직법 제 6 조 등이 권한의 위임의 일반적인 근거가 된다고 하면, 그것은 권한을 법령으로 명확히 정하라는 행정조직법정주의에 상치되는 결과를 가져오고, 아울러 시민의 입장에서는 권한의 소재를 판단하는 데에 많은 어려움을 갖게 된다. 따라서 소극설이 타당하다. 지방자치단체의 경우에도 동일한 논리가 적용된다고 본다$\binom{판례}{2}$.

[판례 1] 권한의 위임에 관한 개별규정이 없는 경우, 정부조직법 등의 일반적 규정이 권한위임의 법적 근거가 될 수 있는가의 여부

(서울특별시 난지도 관리사업소가 발주한 난지도 주변 휀스설치공사에 관하여 조달청과 공사도급계약을 체결하고도 이를 소외 화성휀스실 업주식회사에 일괄 하도급주었다는 이유로 서울시 영등포구청장으로부터 4개월 동안 영업의 정지처분을 받은 (주)덕명건설이 건설업영업

정지처분무효확인을 구한
난지도 휀스공사사건에서) **구 건설업법 관련규정에 의하면** 건설부장관의 권한에 속하는 같은 법 제50조 제2항 제3호 소정의 **영업정지 등 처분권한**은 서울특별시장·직할시장 또는 도지사에게 위임되었을 뿐 시·도지사가 이를 구청장·시장·군수에게 재위임할 수 있는 근거규정은 없으나, 정부조직법 제5조(현행법 제6조) 제1항과 이에 기한 행정권한의위임및위탁에관한규정 제4조에 재위임에 관한 일반적인 근거규정이 있으므로 시·도지사는 그 재위임에 관한 일반적인 규정에 따라 위임받은 위 처분권한을 구청장 등에게 **재위임할 수 있다**(대판 1995. 7. 11, 94 누4615 전원합의체).

[판례 2] 교육감의 학교법인 임원취임의 승인취소권을 조례가 아닌 규칙에 의하여 교육장에게 권한위임할 수 있는지 여부

(대전광역시 동부교육장이 원고들에게 한 학교법인 명신학원 각 임원취임승인취소처분 및
A 등을 학교법인 명신학원의 임시이사로 선임한 처분의 취소를 구한 명신학원사건에서) **사립학교법 제4조 제1항, 제20조의2 제1항에 규정된 교육감의 학교법인 임원취임의 승인취소권은** 교육감이 지방자치단체의 교육·학예에 관한 사무의 특별집행기관으로서 가지는 권한이고 정부조직법상의 국가행정기관의 일부로서 가지는 권한이라고 할 수 없으므로 국가행정기관의 사무나 지방자치단체의 기관위임사무 등에 관한 권한위임의 근거규정인 정부조직법 제5조 제1항, 행정권한의위임및위탁에관한규정 제4조에 의하여 교육장에게 권한위임을 할 수 없고, 구 지방교육자치에관한법률(1995. 7. 26. 법률 제4951호로 개정되기 전의 것) 제36조 제1항, 제44조에 의하여 **조례에 의하여서만 교육장에게 권한위임이 가능하다 할 것이므로,** 행정권한의위임및위탁에관한규정 제4조에 근거하여 교육감의 학교법인 임원취임의 승인취소권을 교육장에게 위임함을 규정한 **대전직할시교육감소관행정권한의위임에관한규칙 제6조 제4호는 조례로 정하여야 할 사항을 규칙으로 정한 것이어서 무효이다**(대판 1997. 6. 19, 95 누8669 전원합의체).

3. 범위와 재위임

(1) 일부위임 　　권한의 위임은 권한의 일부의 위임을 의미하는 것이지 권한의 전부의 위임을 의미하는 것은 아니다. 왜냐하면 권한의 전부의 위임은 사실상 위임행정청의 권한 자체의 폐지를 뜻하는 것이 되기 때문이다.

(2) 재위임 　　권한의 위임을 받은 자는 특히 필요한 때, 법령이 정하는 바에 의하여 위임받은 사무의 일부를 보조기관 또는 하급행정기관 등에 재위임할 수 있다는 것이 실정법의 태도이고(정조법 제6조 제1항 후단), 판례의 입장이다(판례). 한편 지방자치법은 "지방자치단체의 장이 위임받거나 위탁받은 사무의 일부를 제1항부터 제3항까지의 규정에 따라 다시 위임하거나 위탁하려면 미리 그 사무를 위임하거나 위탁한 기관의 장의 승인을 받아야 한다"고 하여 재위임에 제한을 가하고 있다(지자법 제117 조 제4항). 따라서 기관위임사무의 경우, 수임자는 위임자의 승인을 얻어 규칙으로 재위임을 할 수 있다(임탁정 제4조).

[판례] 정부조직법 제5조 제1항에 의한 권한의 재위임의 적법 여부

(유사석유제품판매금지위반을 이유로 청양군수가 원
고에게 한 석유판매사업정지처분을 다툰 사건에서) **정부조직법 제5조 제1항은 법문상 권한의 위임 및 재위임의 근거규정임이 명백**하고 같은 법이 국가행정기관의 설치, 조직, 직무범위의 대상을 정하는데 그 목적이 있다는 이유만으로 권한위임, 재위임에 관한 위 규정마저 권한위임 등에 관한 대강을 정

한 것에 불과할 뿐 권한위임의 근거규정이 아니라고 할 수는 없으므로 **충청남도지사가 자기의 수임권한을 위임기관인 동력자원부장관의 승인을 얻은 후 충청남도의 사무를 시, 군 위임규칙에 따라 군수에게 재위임하였다면 이는 위 조항후문 및 행정권한의위임및위탁에관한규정 제 4 조에 근거를 둔 것으로서 적법한 권한의 재위임에 해당하는 것이다**(대판 1990. 2. 27, 89누5287; 대판 1995. 7. 11, 94누4615 전원합의체).

4. 효 과

(1) 수임기관의 지위　　권한을 위임받은 기관은 자기의 명의·책임·권한으로 사무를 수행하며(임탁정 제8조 참조), 행정쟁송법상으로는 수임청이 피청구인 또는 피고가 된다. 수임사무의 처리에 관해 위임기관은 수임기관에 대하여 사전승인을 얻거나 협의를 할 것을 요구할 수 없다(임탁정 제 7 조). 만약 수임기관이 보조기관이면 위임받은 사항에 관해 보조기관은 행정청의 지위에 서게 된다(정조법 제6조 제 2 항).

(2) 위임기관의 권한　　위임기관은 위임한 권한을 스스로 행사할 수 없다(대판 1982. 3. 9, 80누334). 그러나 위임기관은 수임기관의 수임사무의 처리에 대하여 지휘·감독하고 그 처리가 위법 또는 부당하다고 인정할 때에는 이를 취소하거나 중지시킬 수 있다(임탁정 제6조, 제14조). 다만 보조기관이나 하급기관이 아닌 다른 기관에 위임하는 경우에는 위임청의 지휘·감독권이 없다고 보는 것이 타당하다는 견해도 있다. 판례는 위임 행정청이「수임 행정청이 발급한 처분의 상대방」에 대한 통지행위를 처분으로 보지 아니한다(판례).

> **판례** 위임 행정청이 한 통지의 성질
> (시내버스 한정면허를 받은 여객자동차 운송사업자인 코레일네트웍스 주식회사의 보조금 지급신청에 대한 피고 경기도지사의 회신이 항고소송의 대상이 되는지 여부가 쟁점인 손실보전금등지급거부처분취소소송에서) 원고는 피고들에게 위 조례에 근거한 보조금 지급을 신청하였다고 볼 수 있다. 그런데 앞에서 본 바와 같이 이 사건에서 위 조례에 따른 보조금 지급사무는 피고 광명시장에게 위임되었으므로 원고가 피고들에 대하여 한 위 신청에 대한 응답은 그 사무처리를 위임받은 피고 광명시장이 하여야 하고, 피고 경기도지사는 원고의 보조금 지급신청에 대한 처분권한자가 아니다. 또한 앞에서 본 이 사건 통보 내용을 비롯한 여러 가지 사정을 종합하면, 이 사건 통보는 피고 경기도지사가 원고의 보조금 신청에 대한 최종적인 결정을 통보하는 것이라기보다는 피고 광명시장의 사무에 대한 지도·감독권자로서 원고에 대하여는 보조금 지급신청에 대한 의견을 표명함과 아울러 피고 광명시장에 대하여는 피고 경기도지사의 의견에 따라 원고의 보조금 신청을 받아들일지 여부를 심사하여 원고에게 통지할 것을 촉구하는 내용으로 봄이 타당하다. 따라서 피고 경기도지사의 이 사건 통보는 원고의 권리·의무에 직접적인 영향을 주는 것이라고 할 수 없어 항고소송의 대상이 되는 처분으로 볼 수 없으므로, 주위적 피고 경기도지사에 대한 소는 부적법하여 각하되어야 한다(대판 2023. 2. 23, 2021두44548).

(3) 비용부담　　국가기관 사이에서나 국가와 지방자치단체 사이에 있어서도 위임기관은 수임기관에 필요한 인력 및 예산을 이관하여야 한다(임탁정 제3조 제 2 항). 국가가 스스로 행하여야 할 사무를 지방자치단체나 그 기관에 위임하여 수행하는 경우, 그 경비는 국가가 전부를 그 지방자치단체에 교부하여야 한다(지자법 제158조; 지정법 제21조 제 2 항, 제28조 참조).

5. 형식(수임기관의 유형)

(1) 보조기관에 위임   위임의 가장 대표적인 경우이다. 법무부장관이 법무부차관에게 권한을 위임하는 경우가 이의 예에 해당한다. 이때 법무부차관은 위임의 범위 안에서 행정관청의 지위에 선다(정조법 제6조 제2항).

(2) 하급행정기관에 위임   예컨대 상급행정청인 국세청장이 하급행정청인 세무서장에게 권한을 위임하는 경우가 이에 해당한다. 하급행정기관 역시 위임사무에 밝다. 위임의 범위 안에서 하급행정기관은 행정관청의 지위에 선다.

(3) 다른 행정기관에 위임   이것은 지휘·감독관계가 없는 행정기관 사이의 위임을 의미한다. 이를 위탁이라고도 한다(정조법 제6조). 예컨대 법무부장관이 국방부장관에게 위탁하거나, 국방부장관이 세무서장에 위임하는 경우가 이에 해당한다.

(4) 지방자치단체에 위임   예컨대 국토교통부장관이 권한을 지방자치단체에 위임하는 경우가 이에 해당한다. 이러한 위임을 단체위임이라 하고, 그 사무를 단체위임사무라 부른다. 단체위임사무를 처리하는 수임지방자치단체의 행위의 효과는 위임한 행정주체에 귀속한다.

(5) 지방자치단체의 기관에 위임   예컨대 지방에서 시행하는 국가행정사무를 지방자치단체의 장에게 위임하거나(지자법 제115조.), 지방자치단체의 장이 사무의 일부를 관할구역 내에 있는 지방자치단체의 장에게 위임하는 경우(지자법 제117조 제2항)가 이에 해당한다. 이러한 위임을 기관위임이라 하고, 그 사무를 기관위임사무라 한다. 일반적으로 기관위임(Organleihe)이란 동일한 행정주체 내부에서 다른 행정기관에 위임하는 경우가 아니라, 다른 행정주체의 행정기관에 위임하는 경우를 말한다.

(6) 비행정기관에 위임(민간위탁)   이 밖에도 권한의 위임은 비행정기관인 공공단체, 법인, 민간단체, 개인에게 이루어질 수도 있다. 다만 이들에게는 조사·검사·관리업무 등 국민이나 주민의 권리·의무와 직접 관계되지 아니하는 사항만이 위임될 수 있다(정조법 제6조 제3항; 지자법 제117조 제3항).

6. 종   료

권한의 위임은 법령 또는 위임관청의 의사표시에 의한 위임의 해제, 위임근거의 소멸, 조건의 성취, 기한의 경과 등으로 종료된다. 위임의 종료로 위임된 권한은 당연히 위임기관에 회복 된다.

7. 문 제 점

위임행정은 행정의 효율성과 경제에 기여한다. 특히 기관위임의 경우, 위임자는 자신의 행정관청이나 행정기구를 설치하고 유지하는 비용을 절약할 수 있다. 그리고 이미 설치되어 있는 기관의 전문지식과 현장성을 활용할 수도 있다. 그러나 위임행정은 행정조직법정주의를 침해할 가능성이 농후하다는 점, 위임행정은 책임만 이전되고 법률상의 권한은 이전되지 않기 때문에 수임자는 위임행정에 대하여 자기의 고유사무에 대하는 만큼의 책임감을 느끼지 않는다는 점, 국민의 입장에서는 어느 기관이 권한기관인지 알기 어렵기 때문에 불편을 겪게 된다는 점 등을 이유로 권한의 위임에 대한 비판적 시각도 있다.

제 4 항 행정관청 간의 관계

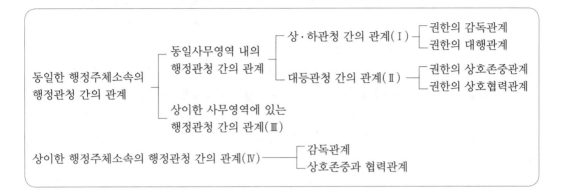

Ⅰ. 상·하관청 간의 관계

1. 권한의 감독관계

(1) 감독의 의의   행정조직은 행정의 통일적인 수행을 위해 상명하복을 주된 특징으로 하는 여러 상·하 기관의 계층적 통일체이다. 하급관청의 권한행사가 합법성·합목적성을 확보할 수 있도록 하기 위해 상급관청이 하급관청에 대하여 행하는 여러 종류의 지도적 내지 통제적 작용을 권한의 감독이라 한다.

(2) 감독권의 근거   상급관청이 하급관청에 대해 일반적으로 감독권을 갖는다는 감독권 자체에 대한 법적 근거는 필요하다. 현행법상 근거로는 정부조직법 제11조, 행정업무의 운영 및 혁신에 관한 규정, 지방자치법 제185조, 제188조 등이 있다.

(3) 감독의 종류   행정에 대한 감독은 ① 감독의 주체에 따른 행정감독·입법감독·사법감독, ② 감독의 성질에 따른 예방적 감독·교정적 감독, 그리고 ③ 감독의 내용에 따라 행정작용의 적법성의 통제만을 위한 법규감독, 적법성의 통제뿐만 아니라 행정작용의 합목적성의 통제까지 포함하는 전문감독, 근무규칙준수에 대한 감독인 근무감독으로 나눌 수 있다.

(4) 감독의 방법

1) 감 시 권   감시권이란 하급관청이 행하는 권한행사의 상황을 파악하기 위하여 상급관청이 하급관청의 사무를 감사하거나, 하급관청으로 하여금 사무처리의 내용을 정기적으로 또는 수시로 보고하게 하는 권한을 말한다. 감시권의 행사는 사전예방적인 것이 일반적이나 사후교정적인 경우도 있다. 감시권은 특별한 법적 근거를 요하는 것이 아니다.

2) 훈 령 권

(개) 의   의   ① 훈령이란 상급관청이 하급관청의 권한행사를 지휘하기 위하여 발하는 명령을 말한다. 훈령을 발할 수 있는 권한이 훈령권이다. 훈령권은 지휘권이라고도 한다. 훈령은 예방적 수단으로도 교정적 수단으로도 활용되나 전자의 경우가 일반적이다. ② 한편 훈령은 상·

하관청 간의 문제이므로 상급공무원이 부하공무원에게 발하는 공무원 간의 문제인 직무명령^(국공법 제 57조; 지공법 제49조)과는 구별된다. 훈령은 하급관청의 소관사무와 관련되지만, 직무명령은 공무원 개인의 직무와 관련을 맺는다. 따라서 훈령은 상·하관청 사이의 문제이므로 상급관청이나 하급관청의 기관구성자의 변경에 불구하고 효력을 가지나 직무명령은 특정의 상·하 공무원 간의 문제이므로 그 특정 상·하 공무원의 지위상실 등으로 인하여 효력이 소멸된다. 그러나 ③ 훈령은 하급행정청에 발하는 명령이므로 하급행정청에 소속된 공무원을 구속하게 되어 당연히 직무명령으로서의 성질도 갖게 되나 직무명령은 훈령으로서의 성질을 당연히 갖는 것은 아니다. 직무명령은 직무수행에 필요하다고 인정되는 한 공무원의 생활 등도 규율대상으로 할 수 있어 항상 권한행사와 관련되는 것은 아니기 때문이다.

  (나) 근 거 훈령권이 법령상 명문으로 규정되는 경우도 있으나^(예: 정조법 제11조 제1항, 제18조 제1항, 제26조 제3항, 지자법 제118조), 그렇다고 반드시 명문의 근거가 있어야만 훈령권이 인정되는 것은 아니다. 훈령권은 감독권의 당연한 작용의 하나이다.

  (다) 종 류 행정업무의 운영 및 혁신에 관한 규정은 하급기관에 대하여 일정한 사항을 지시하는 형식^(즉·광의의 훈령)을 협의의 훈령·지시·예규·일일명령의 4가지로 구분하여 규정하고 있다^(행운정 제4조 제2호). 법적 성질에 있어서 이들 간에 차이가 없고, 효력상 우열도 없다.

  (라) 법적 성질 훈령은 행정조직 내부에서의 작용으로 하급관청을 구속할 뿐^(내부적 직접적 구속력) 일반국민을 구속하는 것은 아니라는 것^(외부적 간접적 구속력)이 통설·판례의 입장이다. 말하자면 통설과 판례는 훈령을 행정규칙과 같은 것으로 본다. 통설에 따르면 훈령위반은 위법이 아니며, 훈령위반자에게는 징계책임이 부과될 수 있을 뿐이다. 그러나 훈령위반의 행정행위가 평등원칙에 위반되거나 행정의 자기구속의 원칙에 위반되는 경우에는 훈령위반의 위법은 아니지만 행정법의 일반원칙의 위반으로 위법이 될 수 있다. 즉 훈령이 평등원칙 또는 행정의 자기구속의 원칙을 매개로 하여 간접적·대외적 효력을 갖는 경우도 있다. 일반적 견해의 입장이기도 하다.

  (마) 요 건 훈령이 유효한 행위로서 하급관청을 구속하기 위해서는 다음의 요건을 갖추어야 한다. ① 훈령의 주체는 훈령권 있는 상급관청이어야 한다. ② 훈령사항은 하급관청의 권한에 속하는 사항으로서 ③ 직무상 하급관청의 독립적인 권한에 속하는 사항이 아니어야 한다. 이상과 같은 형식적 요건 외에도 ④ 실질적 요건으로서 훈령사항은 적법하고 공익에 적합하여야 한다.

  (바) 효 과 상기의 요건에 부합하는 훈령이 발해지면 하급관청은 훈령에 구속되고 훈령에 복종해야 한다. 만약 복종하지 않으면 징계의 문제가 따른다. 그러나 불복종시 상급관청이 하급관청의 권한을 대집행할 수는 없다. 왜냐하면 훈령은 권한행사의 지휘만을 내용으로 하는 것일 뿐이기 때문이다.

  (사) 심 사 학설은 실질적 요건 심사 긍정설^(법치국가원리상 위법을 강제할 수 없다는 점을 논거로 하는 견해)·실질적 요건 심사 부정설^(행정의 계층적 조직의 원리상 반드시 따라야 한다는 견해)·절충설^(통설)로 나뉜다. 절충설은 형식적 요건은 당연히 심사가 가

능하므로 요건미비시에 복종을 거부할 수 있지만, 실질적 요건의 경우는 훈령의 내용이 범죄를 구성하거나 위법성이 중대명백한 경우 그리고 중대명백한 경우에 이르지 않더라도 위법성이 명백한 경우에는 복종을 거부할 수 있지만, 위법성이 그 정도에 이르지 않은 경우, 법령해석상의 견해 차이에 불과한 경우, 부당한 경우에는 복종하여야 한다는 입장이다. 절충설이 타당하다.

(아) 경　　합　　　내용이 서로 모순되는 둘 이상의 훈령이 경합하는 경우, 하급관청이 따라야 할 훈령은 다음의 기준에 따라야 한다. ① 훈령행정청이 모두 주관상급청이 아니라면 주관쟁의의 방법에 따라야 하고, ② 훈령행정청 중에 주관상급관청이 있으면 주관상급관청의 훈령에 따라야 하며, ③ 훈령행정청이 모두 주관상급관청이라면 직근상급관청의 훈령에 따라야 한다(^{일반적}_{견해}).

3) 인 가 권　　　하급관청이 특정한 권한을 행사함에 있어서 미리 상급관청의 승인을 받아야 하는 경우가 있는데, 이때 상급관청이 갖는 권한이 인가권이다. 인가권의 행사는 예방감독적인 수단의 하나이다. 여기서 인가는 조직법상의 문제이며, 행정행위로서의 인가와 다르다. 인가권은 ① 법령에서 명시적으로 규정될 수도 있고, ② 상급관청이 필요하다고 판단할 때 하급관청에 인가받을 것을 지시하는 경우도 있다. 전자의 경우, 인가는 행위의 유효요건이 된다. 요구되는 인가를 거치지 않고 한 행위는 경우에 따라서 무효가 된다.

4) 취소권·정지권　　　하급관청의 위법·부당한 행위를 취소하거나 정지하는 상급관청의 권한을 취소권·정지권이라 한다. 취소나 정지는 상급관청의 직권에 의할 수도 있고, 당사자의 신청에 의할 수도 있다. 취소권·정지권은 성질상 교정적 감독수단의 하나이다. 취소는 영속적으로 효과를 제거하는 경우이며, 정지는 일시적으로 효과를 무력화시키는 것을 말한다.

5) 주관쟁의결정권　　　하급관청 사이에 권한의 분쟁이 있는 경우, 상급관청은 그 분쟁을 해결하고 결정하는 권한을 갖는바, 이를 주관쟁의결정권이라고 한다. 권한분쟁의 해결 또한 예방적 감독수단의 하나이다. 주관쟁의에는 서로 권한이 있다는 적극적 권한쟁의와 서로 권한이 없다는 소극적 권한쟁의가 있다. 행정관청 간의 권한쟁의는 행정조직 내부의 문제로서 법률상 쟁송이 아니므로 법원에 제소할 수도 없고, 헌법재판소법 제62조 제 1 항에도 해당하지 않으므로 권한쟁의심판의 대상도 아니다.

2. 권한의 대행관계

권한의 대행관계란 하급관청이 상급관청의 권한을 대신 행사하는 관계를 말한다. 대행관계에는 권한의 위임관계와 권한의 대리관계가 있다. 권한의 대행관계는 반드시 상·하관청 간의 문제만은 아니다.

Ⅱ. 대등관청 간의 관계

1. 권한의 상호존중관계(주관쟁의)

대등관청 간에 있어서 행정관청은 다른 관청의 권한을 존중하고 침범하지 못한다. 관청의 권한은 관청 스스로가 정하는 사항이 아니라 법령상 정해지는 것이기 때문이다. 다른 행정청의 행위는 구성요건적 효력을 갖는다. 관청 사이에 권한에 관해 분쟁이 있는 경우, 이를 해결하고 결정하는 절차를 주관쟁의라 부른다.

2. 권한의 상호협력관계

(1) 협 의 어떠한 사항이 둘 이상의 행정관청의 권한에 관련되면, 그 사항은 관련 있는 관청 간의 협의에 따라 결정되고 처리된다. 관련의 형태로는 ① 어떠한 사항이 둘 이상의 행정관청의 공동관할에 속하는 경우와 ② 어떠한 사항이 특정관청$\binom{주관}{관청}$의 관할에 속하나 다른 관청$\binom{관계}{관청}$이 관계를 갖는 경우$\binom{예: 토용법 제}{24조 제5항}$가 있을 수 있다. ①의 경우는 관련관청이 대등하게 협의하고 공동의 명의로 표시될 것이며, ②의 경우는 주관관청과 관계관청이 협의를 하되 주관관청의 명의로 표시될 것이다. 협의가 없이 이루어지면 ①의 경우는 언제나 무효가 될 것이고, ②의 경우는 반드시 무효가 되는 것은 아니다.

(2) 사무의 위탁$\binom{촉}{탁}$ 사무의 위탁이란 권한의 위임의 한 종류로서 대등관청 간에 이루어지는 권한의 위임을 말한다. 사무의 위탁은 법령의 근거를 요한다. 위탁을 받은 관청은 위탁을 거부할 수 없다.

(3) 행정응원 행정응원은 협의로는 천재지변 기타 비상시에 다른 행정청의 청구나 자발적으로 이루어지는 행정응원을 말한다. 이에는 소방응원$\binom{소방법}{제11조}$·경찰응원$\binom{경응법}{제1조}$ 등이 있다. 광의의 행정응원에는 협의의 행정응원 외에 평시응원이 있다. 평시응원이란 직무수행의 필요상 한 관청이 다른 관청에 대해 인적·물적 협력을 요구하는 바가 있을 때에 이루어지는 행정응원을 말한다. 행정응원은 행정상 공조라 부르기도 한다. 행정응원에 관한 일반법으로 행정절차법이 있으나$\binom{동법}{제8조}$, 개별법령에서도 행정응원에 관한 규정이 나타난다$\binom{예: 경응법 제1조,}{소방법 제11조}$.

Ⅲ. 상이한 사무영역에 있는 행정관청 간의 관계

동일행정주체의 행정관청 간의 관계 중 상이한 사무영역에 있는 행정관청 간에는 특별한 규정이 없는 한 상하관계가 문제되지 아니한다. 예컨대 법무부장관과 세무서장 간에는 상하관계가 놓이지 않는다. 계층적 조직은 동일한 사무영역 내에서만 타당한 것이기 때문이다. 여기서는 권한의 상호존중관계와 권한의 상호협력관계가 적용된다.

Ⅳ. 상이한 행정주체소속의 행정관청 간의 관계

1. 감독관계

상이한 행정주체소속의 행정관청 간에는 상하관계가 나타나지 않는다. 왜냐하면 두 기관은 법인격을 달리하는 행정주체에 속하기 때문이다. 그러나 간접국가행정이나 지방자치행정 모두 국가행정의 한 부분을 구성한다고 볼 수 있으므로, 이 모든 행정은 전체로서 조화를 이루어야 한다. 이 때문에 법령은 국가에 직무감독권을 부여하기도 한다. 이러한 범위 안에서 감독관계가 성립된다. 특기할 것은 이 경우에 감독의 상대방은 행정청이나 공무원이 아니라 법인격자로서의 행정주체인 지방자치단체나 기타의 공법상 법인 그 자체라는 점이다.

2. 상호존중과 협력관계

상이한 행정주체소속의 행정기관 간일지라도 이러한 관계에는 권한의 상호존중관계와 권한의 상호협력관계가 또한 적용된다.

제 5 항   행정각부와 합의제행정기관

Ⅰ. 행정각부

1. 행정각부의 의의

행정각부란 행정권의 수반인 대통령과 그의 명을 받는 국무총리의 통할하에 정부의 권한에 속하는 사무를 부문별로 처리하기 위하여 설치되는 중앙행정기관을 말한다. 행정임무의 다양성·전문성 등으로 모든 행정을 행정수반인 대통령이 처리하는 것은 불가능하다. 이 때문에 행정수반의 통제하에 행정임무를 분업적으로 처리하고자 도입된 것이 바로 행정각부의 제도인 것이다. 행정각부는 헌법에 의해 설치가 예정되고 있는 기관이다($\binom{헌법}{제96조}$).

2. 행정각부의 수

행정각부의 수는 헌법상 명시되고 있지 않다. 다만 행정각부의 장은 국무위원 중에서 임명되어야 하고($\binom{정조법 제26}{조 제 2 항}$), 국무회의는 15인 이상 30인 이하의 국무위원으로 구성되므로($\binom{헌법 제88}{조 제 2 항}$), 행정각부는 이러한 범위 내에서 설치가 가능하다.

3. 행정각부의 조직

행정각부에 장관 1명과 차관 1명($\binom{기획재정부·과학기술정보통신부·외교부·문화체육관광부·산}{업통상자원부·보건복지부·국토교통부에는 차관 2명을 둔다}$)을 두되, 장관은 국무위원으로 보하고, 차관은 정무직으로 한다($\binom{정조법 제26}{조 제 2 항}$). 장관이란 용어는 정부조직법이 지은 이름이다. 헌법은 행정각부의 장이라 부르고 있을 뿐이다. 하부조직은 각 행정각부의 직제가 규정하고 있다.

4. 행정각부의 장(장관)

(1) 장관의 지위   행정각부의 장관은 국무위원 중에서 국무총리의 제청으로 대통령이 임명한다. 따라서 장관은 국무위원의 신분과 행정각부의 장의 신분을 동시에 갖는다. 국무위원으로서 장관은 국무회의의 구성원이 된다. 이러한 지위에서 그는 대통령이나 국무총리와 신분상 차이가 없다. 이러한 지위에서 그는 국무회의에서 심의할 안을 제출하고, 심의에 참여하고 표결에 참여한다. 행정각부의 장으로서 그는 자신이 장으로 되어 있는 행정각부의 소관사무에 관해 스스

로 의사결정을 행하고, 그것을 외부에 표시할 수 있는 지위에 서는 중앙행정관청이 된다. 장관에 사고가 있을 때에는 차관이 그 직무를 대행한다(정조법 제7 조 제2항).

(2) 장관의 권한　　　중앙행정관청으로서 행정각부의 장관은 소관사무통할권, 소속공무원 지휘·감독권(정조법 제7 조 제1항), 소속공무원임면(제청)권(국공법 제32조), 인·허가 등의 각종 행정처분권, 부령을 발하는 권한(헌법 제95조), 예산의 편성·집행권 등을 가지며, 아울러 국가의 중앙행정관청으로서 지방 행정의 장에 대해 지휘·감독권을 갖는다(정조법 제26 조 제3항). 여기서 지방행정의 장이란 특별지방행정기 관의 장뿐만 아니라 국가행정사무를 위임받아 처리하는 지위에 서는 지방자치단체의 장도 포함 한다. 국무위원으로서 행정각부의 장은 법률안이나 대통령령안 기타 의안을 국무회의에 제출할 권한을 갖는다.

5. 행정각부의 종류

대통령의 통할하에 기획재정부·교육부·과학기술정보통신부·외교부·통일부·법무부·국방 부·행정안전부·국가보훈부·문화체육관광부·농림축산식품부·산업통상자원부·보건복지부·환경 부·고용노동부·여성가족부·국토교통부·해양수산부·중소벤처기업부 등 19개의 행정각부를 둔다 (정조법 제26 조 제1항).

6. 소속행정기관

(1) 행정관청　　　행정각부장관에 소속하면서 그의 소관사무의 일부를 독립적으로 관장하는 행정관청으로 청(예: 국세청·관세청·조달청·통계청, 재외동포청, 검찰청, 병무청·방위사업청, 경찰청·소방청, 문화재청, 농촌진흥청·산림청, 특허청, 질병관리청, 기상청, 행정중심복합도시건설청, 새만금개발청, 해양경찰청)이 있다. 각부장관은 소속청에 대하여는 중요정책수립에 관하여 그 청의 장을 직접 지휘할 수 있다(정조법 제7 조 제4항).

(2) 기　　　타　　　장관소속의 기관으로 행정관청 외에 각종의 시험연구기관(예: 각종 연구소)·교육 기관(예: 공무 원교육원) 등이 있다.

Ⅱ. 합의제행정기관

1. 합의제행정기관의 의의

합의제행정기관(합의제 행정청)이란 기관구성자가 다수인으로 구성되며, 그 다수인의 등가치적인 의 사의 합치(다수 결)에 의하여 결정을 내리고, 그 구성원이 그 결정에 책임을 지는 행정기관을 의미한 다. 합의제행정기관은 1인이 결정을 내리고 책임을 지는 독임제행정기관에 대비되는 개념이다. 합의제행정기관은 독임제에 비하여 신중·공정의 확보에 장점을 가지나, 의사결정의 장기화, 책 임소재의 불분명이라는 단점도 갖는다.

2. 합의제행정기관의 설치근거

합의제행정기관의 설치근거는 정부조직법 제5조(행정기관에는 그 소관사무의 일부를 독립하여 수행할 필요가 있는 때에는 법률로 정하는 바에 따라 행정위원회 등 합의제행 정기관을 둘 수 있다)이다. 부속기관은 대통령령에 의해 설치될 수 있음(정조법 제4조)에 비해 합의제행정기관의 설치를 법률로 하도록 한 것은 중앙행정관청의 설치를 법률로 한다는 정부조직법 제 2 조 제 1 항과 보조를 맞춘 것으로 이해되고, 동시에 행정조직법률주의에 따른 것으로 이해된다.

3. 합의제행정기관의 지위

정부조직법상 합의제행정기관은 ① 합의제기관인 점, ② 의사기관으로서의 행정기관인 점, ③ 소관사무의 일부를 처리한다는 점, ④ 직무를 독립하여 수행한다는 점을 특징으로 한다.

4. 합의제행정기관과 위원회

행정의 실제상 위원회라는 명칭을 가진 기관은 그 종류·내용이 다양하다. 그것은 합의제행정 기관$\binom{\text{예: 국무총리소속의 공정거래위원회, 인사혁신처소속의 소청심사위원회, 국무총리소속의 조세심판원, 법무부소속의 본부배상심의}}{\text{회, 국방부소속의 특별배상심의회, 고용노동부소속의 중앙노동위원회[판례], 국토교통부소속의 중앙토지수용위원회, 해양수산부소}}$$\binom{\text{속의 선원}}{\text{노동위원회}}$·의결기관$\binom{\text{예: 징계위원회·}}{\text{도시계획위원회}}$·자문기관으로 구분할 수 있다. 의결기관으로서의 위원회는 의 결권만을 가질 뿐 정해진 의사를 대외적으로 표시할 권한을 갖지 못한 기관을 말한다. 자문기관 은 다만 행정청에 대하여 자문만을 행하는 기관일 뿐이다. 자문기관은 의사결정권도 없고, 대외 적으로 의사를 표시할 권한도 갖지 못한다. 행정의 실제상 각종 위원회의 대부분은 자문기관으로 서의 위원회이다.

판례 노동위원회의 법적 성격 및 위원회가 행하는 조치의 법적 성격
$\binom{\text{중앙노동위원회위원장의 노동쟁의중재재심결정처분에}}{\text{대하여 원고인 경일교통(주) 등이 취소를 구한 사건에서}}$ **노동위원회**는 노동관계에 있어서 판정·조정업무의 신 속·공정한 수행을 위하여 설치된 독립성을 가진 **합의체 행정기관**이므로 같은 **위원회가 행하는 절차 및 조치는 행정작용으로서의 성격**을 가지므로 사법상의 절차 및 조치와는 구별된다$\binom{\text{대판 1997.}}{\text{6. 27, 95누17380}}$.

[참고] 국무총리 소속 행정청의 법적 성격
[1] 헌법상 행정권한은 ① 대통령·국무총리·행정각부의 장$\binom{\text{장}}{\text{관}}$ 사이에는 수직적으로 분산되어 있고, ② 행정각부의 장$\binom{\text{장}}{\text{관}}$ 사이에는 사항별로 수평적으로 분산이 예정되어 있다. ②는 정부조직법에서 구체적으 로 규정되고 있다.

대통령 ▼	헌법 제66조 ④행정권은 대통령을 수반으로 하는 정부에 속한다
국무총리 ▼	헌법 제86조 ②국무총리는 대통령을 보좌하며, 행정에 관하여 대통령의 명을 받아 행정각부를 통할한다
행정각부	헌법 제96조 행정각부의 설치·조직과 직무범위는 법률로 정한다.

또한 행정권과 관련하여 국무회의$\binom{\text{헌법 제88}}{\text{조, 제89조}}$, 국가원로자문회의$\binom{\text{헌법}}{\text{제90조}}$, 국가안전보장회의$\binom{\text{헌법}}{\text{제91조}}$, 민주 평화통일자문회의$\binom{\text{헌법}}{\text{제92조}}$, 국민경제자문회의$\binom{\text{헌법}}{\text{제93조}}$, 감사원$\binom{\text{헌법 제97조}}{\text{~제100조}}$ 등도 규정되어 있다.
[2] 국무총리는 행정각부를 통할하는 사무를 관장한다. 김철수 교수는 "행정각부의 통할적 사무란 행정 각부의 사무의 조정업무$\binom{\text{기획}}{\text{조정}}$ 및 성질상 어느 한 부에 관장시키는 것이 불합리한 성질의 사무$\binom{\text{법제관리}}{\text{사무, 행정}}$ $\binom{\text{관리}}{\text{사무}}$ 등을 말한다."고 하였다$\binom{\text{동 교수, 헌법학신론,}}{\text{박영사, 2010, 1393쪽}}$. 저자는 이를 범행정각부 사무라 하고, 이에 대비하여

행정각부 각각의 소관사무를 행정각부 사무로 부르고 있다(자세한 것은 졸고, "행정각부 사무와 범행정각부 사무 : 행정
각부법정주의의 원리에 따른 행정법제 관리·운용이 이루어
져야", 법제처, 법제
2021.9월호, 9쪽 이하 참조).

[3] 국무총리의 소관 사무는 국무총리가 보조기관 등의 도움을 받아 스스로 처리하는 것이 원칙이다. 그러나 국무총리의 소관 사무가 광범위하면 보조기관으로 하여금 자기의 이름과 권한과 책임하에 수행하게 할 수도 있다. 이러한 경우에는 보조기관에게 행정청의 성격을 부여하는 입법이 필요하다. 법제처나 인사혁신처는 정부조직법에서 이러한 원리에 따라 설치된 행정청이다.

[4] 범행정각부사무와 행정각부사무 사이에는 우열이 없으므로 법률에 근거하여 행정청의 성격이 부여되는 국무총리 소속 중앙행정기관의 장이 범행정각부사무를 처리하는 경우, 그 장의 지위는 적어도 행정각부의 장의 지위와 동등하게 설정하는 것이 합당하다.

[5] 국가행정사무는 헌법이 정하는 바에 따라 합당하게 국무총리와 행정각부의 장에게 배분되어야 한다. 현행 정부조직법상 국무총리 소속 행정청의 조직과 소관 사무는 헌법 정하는 바에 따라 합당하게 조직되고 배분된 것이라고 말하기 어렵다.

제 4 절   간접국가행정조직법

제 1 항   의   의

국가의 행정은 반드시 국가의 고유기관에 의해서만 수행되어야 하는 것은 아니다. 국가로부터 독립한 법인격 있는 단체를 통해 수행되는 국가행정을 간접국가행정이라 하고, 이러한 행정을 행하는 법인의 조직에 관한 법을 간접국가행정조직법이라 부른다(판례). 간접국가행정조직법이란 일반적으로 지방자치단체를 제외한 자치단체 중에서 그 사무가 국가행정인 자치단체의 조직에 관한 법을 뜻한다. 간접국가행정조직은 공법상 사단·공법상 재단·공법상 영조물법인·기타로 구분할 수 있다.

> 판례   사단법인 부산항부두관리협회의 법적 성격
> (부산직할시 동구청장의 사단법인 부산항부두관리) **사단법인 부산항부두관리협회가** 부산항만 내의 관유시설 및
> 협회에 대한 사업소세부과처분을 다툰 사건에서
> 국유물의 보관, 관리 및 경비, 부두 내 질서유지와 청소 및 부산항부두발전과 근대화를 위한 시책
> 의 건의 등 **본래 국가 또는 공공단체가 행할 행정적인 업무에 속하는 일을 감독관청의 감독 아래 대**
> **행케 하기 위하여 설립된 것이라면 이는 비영리법인으로서 이른바 행정보완적 기능을 가진 공익법인**
> 이다(대판 1988. 9. 27,
> 86누827).

제 2 항 공법상 사단(공공조합)

Ⅰ. 관 념

1. 의 의

공법상 사단이란 특정의 공행정목적을 위하여 일정한 자로 구성되는 공법상 법인을 말한다. 일정한 자란 공통의 직업(예: 상공업) 또는 공통의 신분(예: 예비역군인) 등을 가진 자를 의미한다. 공법상 사단은 공행정목적을 위한 공법상의 단체이므로 사법상의 조합이나 사단법인과는 구분된다. 공법상 사단을 공공조합(예: 토지구획정리조합·토지개량조합·도시재개발조합) 또는 공사단이라고도 한다. 공법상 사단은 구성원의 교체에 관계없이 존속한다. 공법상 사단의 구성원이 반드시 사인이어야 하는 것도 아니다. 다른 공법상 사단·재단·영조물법인도 사단의 구성원이 될 수 있다. 공법상 사단의 성립 및 조직은 공법에서 규율된다. 국가나 지방자치단체도 공법상 사단의 일종이다. 국가나 지방자치단체가 아닌 공법상 사단도 행정권을 행사하는 한, 그러한 범위 안에서 행정주체가 된다(판례). 공법상 사단은 자기책임으로 사무를 수행한다.

> [판례] 대한변호사회와 회장의 지위
> (원고가 선고유예 판결의 확정으로 변호사등록이 취소되었다가 선고유예기간이 경과한 후 대한변호사협회에 변호사 등록신청을 하였는데, 협회장 을이 등록심사위원회에 원고에 대한 변호사등록 거부 안건을 회부하여 소정의 심사과정을 거쳐 대한변호사협회가 원고의 변호사등록을 마쳤고, 이에 원고가 대한변호사협회 및 협회장 을을 상대로 변호사 등록거부사유가 없음에도 위법하게 등록심사위원회에 회부되어 변호사등록이 2개월간 지연되었음을 이유로 손해배상을 구한 사건에서) 대한변호사협회는 변호사와 지방변호사회의 지도·감독에 관한 사무를 처리하기 위하여 변호사법에 의하여 설립된 공법인으로서, 변호사등록은 피고 협회가 변호사법에 의하여 국가로부터 위탁받아 수행하는 공행정사무에 해당한다. 따라서 피고 2는 피고 협회의 장으로서 국가로부터 위탁받은 공행정사무인 '변호사등록에 관한 사무'를 수행하는 범위 내에서는 국가배상법 제 2 조에서 정한 공무원에 해당한다(대판 2021. 1. 28. 2019다260197).

2. 인정취지

국가행정사무 중 직업이나 신분 등과 관련하여 일부의 국민들만이 상호 이해관계를 갖는 사무는 국가가 직접 관장하기보다 그들 이해관계자들로 하여금 단체를 만들게 하고, 그 단체로 하여금 사무를 수행하게 하는 것이 보다 효율적이라는 데에 공법상 사단의 존재의미가 있다.

Ⅱ. 종 류

1. 구성원자격의 강제성 여부에 따른 구분

구성원자격의 강제성 여부와 관련하여 강제사단(강제조합)과 임의사단(임의조합)의 구분이 이루어진다. 강제사단이란 사단의 설립과 사단에의 가입이 강제되는 경우의 사단을 말하고, 임의사단이란 사단의 설립과 사단에의 가입이 사단구성원의 임의적인 의사에 따르는 사단을 말한다.

2. 구성원의 자격요건에 따른 구분

구성원의 자격요건과 관련하여 지역적 사단·인적 사단·물적 사단·조합사단으로 구분할 수 있다. 지역적 사단$\binom{예: 지방}{자치단체}$이나 조합사단$\binom{예: 지방자}{치단체조합}$은 지방자치행정조직의 문제가 되는바, 통상 간접국가행정의 문제로는 인적 사단과 물적 사단이 중심적인 것이 된다. 인적 사단은 구성원자격이 일정한 직업 또는 일정한 인적 단체의 성격과 관련하여 주어지는 사단을 말하고$\binom{예: 의사회·치과}{의사회·변호사회}$, 물적 사단은 구성원자격이 일정의 물건 또는 물적인 권리를 가진 자에게 주어지는 사단을 말한다$\binom{예: 상공회의소·}{각종 협동조합}$.

Ⅲ. 구 성 원

1. 구성원의 지위

공법상 사단은 구성원을 갖는다. 그런데 공법상 사단은 구성원을 갖는다는 것만으로는 부족하고, 구성원이 법령의 범위 안에서 사단의 사무의 형성에 영향력을 가져야 한다. 중요하고 본질적인 결정은 전체로서 구성원에 의하거나 아니면 구성원에 의해 선출된 대표기관에 유보되어야 한다. 일상적인 사무는 구성원이 선출한 대표에 의해 수행된다. 장의 선출 등 임원의 선출이 주무부장관의 승인을 받게 하는 경우가 많다.

2. 강제가입

공법상 사단의 설립과 공법상 사단에의 가입이 강제되는 경우가 많다. 여기서 강제가입이 헌법상 보장되는 결사의 자유의 침해가 아닌가의 문제가 있다. 그러나 공법상 사단의 목적이 불가피한 공적 사무의 수행에 있고, 그 사무가 모든 구성원에 의해 수행되어야 하는 것이라면, 그러한 범위 안에서의 가입의 강제는 결사의 자유에 대한 침해가 아니다.

Ⅳ. 사무의 범위

공법상 사단의 사무는 성질상 공법상 사단의 설립을 통해 추구하고자 하는 목적을 통해 정해진다. 공법상 사단의 사무는 공적 목적을 위한 것이어야 한다. 사무의 전권한성을 가지는 지방자치단체를 제외한 공법상 사단의 사무는 일반적으로 열기주의에 따른다. 구체적인 사무는 공법상 사단마다 다르다.

Ⅴ. 법관계의 특징

공법상 사단은 공법상 제도이다. 공법상 사단의 내부조직은 공법관계이며 공법상 사단과 구성원의 관계도 공법관계이다. 공법상 사단은 자신의 사무수행을 위하여 국가로부터 각종의 공권$\binom{예: 회비미납자에}{대한 강제징수권}$이나 특권$\binom{예: 보조}{금 지급}$이 부여되기도 한다. 법령상 권한이 주어지면, 공법상 사단은 행정행위를 발할 수도 있다$\binom{판례}{1, 2, 3}$.

> **판례 1** 토지구획정리조합의 법령에 의한 권력적 행위가 취소소송의 대상이 되는지의 여부
>
> (대구시 제 5 토지구획 정리조합 등의 원고에 / 대한 환지예정지지정처분을 다툰 사건에서) 피고 **대구시 제 5 토지구획 정리조합**(피고정/리조합)은 조선시가지 계획령 제 3 조 제 2 항에 의하여 1961. 4. 11.자 내무부장관에 의하여 대구도시계획사업 제 2 토지구획정리 시행인가를 받은 행정관청이 아닌 시가지계획 토지구획정리사업의 집행임이 을 제 4 호증의 기재에 비추어 알 수 있으며 위 조합은 **조선시가지계획령의 정하는 바에 따라 시가지계획을 위한 도로계획 이에 수반하는 환지정 또는 구획정리사업을 위한 부담금의 징수 등의 권한이 있으며** 이와 같은 권한은 사법상의 권한이 아니고 토지구획정리의 범위 안에서 위와 같은 행위의 상대방을 구속하는 강제성이 있으므로(특히 위 시가지계/획령 제47조 참조) **이와 같은 행위는 통치권자의 권력행사에 속하는 행위로서 행정처분에 준하는 것으로 볼 것이며 또 정리조합은 위와 같은 공권력인 행위의 주체로서 행위하는 범위 내에서는 준행정관청의 성격을 가진다고 볼 수 있을 것임으로** 위 조합의 위법처분의 취소를 주장하는 사람은 위 조합을 상대로 일반행정소송의 정하는 바에 따라 행정소송을 제기할 수 있다(대판 1965. 6. 22,/64누106).

> **판례 2** 농지개량조합의 직원에 대한 징계처분이 취소소송의 대상이 되는지의 여부
>
> (당진군농지개량조합장의 그 소속직원인/원고에 대한 파면처분을 다툰 사건에서) **농지개량조합과 그 직원과의 관계는 사법상의 근로계약관계가 아닌 공법상의 특별권력관계이고,** 그 조합의 직원에 대한 징계처분의 취소를 구하는 소송은 행정소송사항에 속한다(대판 1995. 6. 9,/94누10870).

> **판례 3** 한국토지신탁 내부의 근무관계의 법적 성격
>
> 정부투자기관(한국토/지공사)의 출자로 설립된 회사(한국토/지신탁) 내부의 근무관계(인사상의 차/별 및 해고)에 관한 사항은, 이를 규율하는 특별한 공법적 규정이 존재하지 않는 한, 원칙적으로 사법관계에 속하므로 헌법소원의 대상이 되는 공권력 작용이라고 볼 수 없다(헌재 2002. 3. 28,/2001헌마464).

제 3 항 공법상 재단

공법상 재단이란 공법에 의해 설립된 재단을 의미한다(예: 한국연구재단·/한국과학창의재단)[판/례]. 공법상 재단은 공적 목적에 기여하는 법상 독립의 재단이다. 공법상 재단의 설립과 조직은 공법에 따른다. 재단은 필수적으로 권리능력을 갖는다. 재단재산은 행정재산과 별도로 관리된다. 재단의 수익은 오로지 재단목적을 위해서만 활용된다. 재단은 설립자의 의사의 고려하에 계속적으로 재단목적을 실현하기 위해 자신의 기관에 의해 관리된다. 공재단에는 공공조합의 경우에 보는 구성원이 없고, 영조물법인의 경우에 보는 이용자가 없으며 수혜자만 있을 뿐이다. 따라서 공법상 재단을 자치단체라 부르기는 곤란한 점이 있다.

> **판례** 특수법인 총포, 화약안전기술협회의 법적 성격(공법상 재단)
>
> (주식회사 고려노벨화약이 특수법인 총포, 화약안전기/술협회를 피고로 하여 채무부존재확인을 구한 사건에서) 총포·도검·화약류 등의 안전관리에 관한 법률(총포화/약법)의 규정 내용과 피고가 수행하는 업무, 총포화약류로 인한 위험과 재해를 미리 방지함으로써 공공의

안전을 유지하고자 하는 총포화약법의 입법 취지($_{제1조}$)를 고려하면, 피고는 총포화약류의 안전관리와 기술지원 등에 관한 국가사무를 수행하기 위하여 법률에 따라 설립된 '공법상 재단법인'이라고 보아야 한다($_{대판\ 2021.\ 12.\ 30.}^{2018다241458}$).

제 4 항 공법상 영조물법인

Ⅰ. 의 의

공법상 영조물법인이란 공행정목적을 영속적으로 수행하기 위하여 설립되는 인적·물적 결합체인 공법상 영조물로서 권리능력 있는 행정의 단일체를 말한다($_{한국방송공사}^{예: 서울대학교·}$). 공법상 영조물법인, 즉 권리능력 있는 영조물은 자신에게 부여된 사무를 자기책임으로 수행할 수 있는 권리와 의무를 가진다. 행정사무를 수행하는 한, 영조물법인은 행정주체이다($_{례}^{판}$). 영조물법인은 독립의 행정주체이지만, 공법상 사단과 달리 구성원이 없고, 다만 이용자만 있을 뿐이다. 영조물법인에 관련하는 인적 요소로는 영조물의 사무를 수행하는 영조물의 직원과 영조물의 외부에서 영조물의 급부를 향유하는 이용자가 있을 뿐이다. 영조물의 존속과 형성의 상당부분은 타자, 즉 영조물법인 외부에 있는 영조물주체($_{방자치단체}^{국가\ 또는\ 지}$)에 종속된다.

[판례] 공법인의 기본권주체 해당 여부

($_{5조\ 제2항\ 위헌확인심판사건에서}^{방송광고판매대행\ 등에\ 관한\ 법률\ 제}$) 공법인이나 이에 준하는 지위를 가진 자라 하더라도 공무를 수행하거나 고권적 행위를 하는 경우가 아닌 사경제 주체로서 활동하는 경우나 조직법상 국가로부터 독립한 고유 업무를 수행하는 경우, 그리고 다른 공권력 주체와의 관계에서 지배복종관계가 성립되어 일반 사인처럼 그 지배하에 있는 경우 등에는 기본권 주체가 될 수 있다. 이러한 경우에는 이들이 기본권을 보호해야 하는 국가적 기능을 담당하고 있다고 볼 수 없기 때문이다($_{2012헌마271}^{헌재\ 2013.\ 9.\ 26.}$).

Ⅱ. 법관계의 특징

영조물법인은 법률에 의해 직접 설립된다. 영조물법인은 공법상 조직이다($_{1}^{판례}$). 영조물법인의 조직상 중요한 사항은 법률에서 규정된다. 영조물조직의 내부구조는 공법관계이다. 영조물과 영조물수행자의 관계도 공법관계이다. 판례는 사법관계로 본다($_{2,\ 3}^{판례}$). 영조물법인도 공적 임무를 수행하기 위한 것인 까닭에 국가적 공권이 부여되기도 하고($_{강제징수}^{예: 시청료}$), 국가의 보호와 국가의 특별한 감독하에 놓이기도 한다. 한편 국가의 영조물법인에 대해서는 공공기관의 운영에 관한 법률이, 지방자치단체의 영조물법인에 대해서는 지방공기업법이 일반적으로 적용된다.

판례 1 지방세의 면제에 있어서 공법인과 민법상 사단법인을 달리 취급하는 것이 합리적 이유 있는 차별인지의 여부

$\binom{\text{지방세법 제290조 제 1 항 제15호 내지 제17호 및 법 제184조 제 1 호 중 "대통령령}{\text{으로 정하는 비영리사업자"라는 부분의 헌법위반 여부를 다툰 헌법소원사건에서}}$ 서울대학교병원, 국립대학교병원, 지 방공사병원은 공법인, 민법상 비영리법인은 사법인인 점에서 법률적 성격에 본질적인 차이가 있고, 양자 사이에는 설립목적, 경영원칙, 목적사업, 운영형태, 재정지원 및 감독 등의 점에서도 규율을 달리하고 있으므로, 지방세의 면제 여부에 관하여 이들 공법인과 민법상의 비영리법인을 달리 취 급하는 것은 양자의 본질적 차이에 따른 것이므로 합리적인 이유가 있다$\binom{\text{헌재 2001. 1. 18, 98헌바}}{\text{75・89, 99헌바89(병합)}}$.

판례 2 한국조폐공사 직원의 근무관계의 법적 성격

$\binom{\text{한국조폐공사의 소속직원에 대}}{\text{한 파면처분을 다툰 사건에서}}$ 원심판결에 의하면 원심은 피고공사는 한국조폐공사법 제 1 조, 제18조, 제20조 등을 종합하면 공법인이라 할 것이고, 동법 제17조는 피고공사의 임원과 직원의 신분에 관하여는 공무원에 준한다고 규정되어 있으므로 피고공사와 그 직원과의 관계는 사법상의 근로계 약관계가 아닌 공법상의 특별권력관계이므로 이건 소송은 행정소송절차에 의하여야 한다는 취지 로 판단하여 이건 소를 각하하였다. 그러나 피고공사가 공법인이며, 위 법 제17조에 피고공사의 임 원과 직원의 신분에 관하여는 공무원에 준한다는 규정이 있다고 하여 바로 피고공사 직원의 근무관계 가 공법관계이며 그 임면이 행정행위라는 결론이 나오는 것은 아니고 법률의 규정에 따라서 공법관계 인지 또는 사법관계인지가 결정된다 할 것인바 피고공사법의 제 2 장 임원과 직원에 관한 전 규정에 의하면 피고공사 직원의 근무관계는 사법관계에 속함이 분명하고 따라서 그 직원의 파면행위도 사 법상의 행위라고 보아야 한다$\binom{\text{대판 1978. 4. 25,}}{\text{78다414}}$.

판례 3 한국방송공사의 직원채용의 법률관계의 성질

$\binom{\text{전역과 동시에 피청구인인 한국방송공사에 입사하기 위하여 피청구인이 주관하는 예비사원 채용시험에 미리 응시하려 하였으나, 피청구}}{\text{인이 2005. 9. 16. 행한 '2006년도 예비사원 채용공고'에서 "병역필 또는 면제받은 분. 단, 2005. 12. 31. 이전 전역 예정자는 응시 가능합니}}$
$\binom{\text{다"라는 응시자격의 제한으로 인해 군복무중이라 응시자격이 없었던 청구인이 그 공고 내용이자}}{\text{신의 직업선택의 자유와 평등권 등을 침해한다며 2005. 9. 8. 제기한 헌법소원심판청구사건에서}}$ 피청구인은 방송법에 따라 정부가 자본금을 전액 출자하여 설립한 법인으로$\binom{\text{제43조 제 2}}{\text{항, 제 5 항}}$, 공정하고 건전한 방송문화를 정착시 키는 등 공익적 목적을 실현하기 위한$\binom{\text{제43조 제 1}}{\text{항, 제44조}}$ 공법인이다. 공법인의 행위는 일반적으로 헌법소 원의 대상이 될 수 있으나, 그 중 대외적 구속력을 갖지 않는 단순한 내부적 행위나 사법적(私法的)인 성질을 지니는 것은 헌법소원의 대상이 되는 공권력의 행사에 해당한다 할 수 없다. 그러한 취지에서 헌법재판소는 공법인인 한국토지공사의 출자로 설립된 한국토지신탁의 내부 근무관계에 관한 사 항은 이를 규율하는 특별한 공법적 규정이 존재하지 않으므로 사법관계에 속하고 따라서 이를 헌 법소원의 대상이 되는 공권력의 행사에 해당되지 않는다고 판시한 바 있다$\binom{\text{헌재 2002. 3. 28,}}{\text{2001헌마464}}$. 방송법은 "한국방송공사 직원은 정관이 정하는 바에 따라 사장이 임면한다"고 규정하는 외에는$\binom{\text{제52}}{\text{조}}$ 직원 의 채용관계에 관하여 달리 특별한 규정을 두고 있지 않으므로, 피청구인의 이 사건 공고 내지 직 원 채용은 피청구인의 정관과 내부 인사규정 및 그 시행세칙에 근거하여 이루어질 수밖에 없다. 그렇다면 피청구인의 직원 채용관계는 특별한 공법적 규제 없이 피청구인의 자율에 맡겨진 셈이 되므로 이는 사법적인 관계에 해당한다고 봄이 상당하다. 또한 직원 채용관계가 사법적인 것이라 면, 그러한 채용에 필수적으로 따르는 사전절차로서 채용시험의 응시자격을 정한 이 사건 공고 또한 사법적인 성격을 지닌다고 할 것이다. 그렇다면 이 사건 공고는 헌법소원으로 다툴 수 있는 '공권력 의 행사'에 해당하지 않는다$\binom{\text{헌재 2006. 11. 30,}}{\text{2005헌마855}}$.

[참고] 동결정례의 반대견해는 한국방송공사직원의 채용관계를 사법관계로 보았다. 그러나 "오늘날 국가기능의 확대 내지 민간화 추세에 따라 국가기관은 아니면서 그 기능의 일부를 대신하거나 공익적 업무를 수행하는 공공기관 내지 공법인이 늘어나고 있음은 주지의 사실이다. 이런 연유로 국민의 기본권은 주로 국가에 의해 침해될 수 있다는 전통적 이론도 새로운 관점에서 재조명해 볼 필요성이 대두되었다. 미국, 독일 등 선진 각국에서는 이미 산업사회의 발달과 더불어 사적 집단이나 세력에 의한 기본권 침해가 증대될 수 있다는 측면을 중시하여 이른바 '국가행위이론(state action doctrine)'이나 '기본권의 대사인적 효력 이론' 등을 들어서 헌법상 기본권이 사인 상호간의 법률관계에도 적용될 수 있는 방안을 모색하고 있는 추세이다"라는 전제하에 피청구인의 예비사원채용공고가 공권력 행사에 준하는 것으로 보아 헌법소원의 대상으로 삼아야 한다고 하였다. 결정례의 반대견해가 설득력이 있다고 본다.

Ⅲ. 영조물의 이용

영조물의 이용은 임의적인 것이 원칙이다. 그러나 법령에서 영조물의 이용이 강제되는 경우도 있다. 공법상 사단에의 강제가입과 마찬가지로 영조물의 강제이용도 동일한 취지에서 합헌적이다.

지방자치법 地方自治法

제1장   일 반 론

제1절   지방자치의 관념

Ⅰ. 자치행정의 의의

1. 정치적 의미의 자치행정

정치적 의미의 자치행정이란 직업공무원이 아닌 시민이 행정에 참여함을 기본적인 특징으로 하는 자치행정을 의미한다. 행정에 참여하는 시민에게는 보수가 주어지지 않는 것이 일반적이다. 시민 참여의 목적은 행정결정과정에 시민의 직접적인 참여를 통해 국가와 사회 간의 거리감을 좁히고자 하는 데 있다. 정치적 의미의 자치행정은 정치적 원리로서의 자치행정을 의미하고, 또한 그것은 주민자치를 의미한다.

2. 법적 의미의 자치행정

법적 의미의 자치행정이란 국가로부터 독립되어 스스로 책임을 부담하는 단체에 의한 공적 임무의 수행을 주요 특징으로 하는 자치행정을 말한다. 법적 의미의 자치행정은 ① 고유의 사무를 가지고, ② 자기책임으로 그 임무를 수행하고, ③ 공법적으로 구성되고, ④ 내용상 행정적 기능을 갖고, ⑤ 궁극적으로는 국가의 감독하에 놓이는 단체에 의한 행정을 의미한다. 법적 의미의 자치행정은 단체자치라 불린다.

주민자치와 단체자치의 비교

사 항	주민자치	단체자치
발 달	영국·미국	독일·프랑스
내재하는 원리	민주주의	지방분권
자치권의 성질	자연권으로서 주민의 권리(고유권)	실정권으로서 단체의 권리(전래권)
자치기관의 성격	국가의 지방행정청	독립기관으로서 자치기관
자치의 중점	주민의 참여	국가로부터 독립
지방정부형태	기관통합주의	기관대립주의
국가의 감독형식	입법적·사법적 감독이 중심	행정적 감독이 중심

3. 본서에서의 의의

국내학자들은 대체로 우리의 지방자치를 주민자치와 단체자치가 결합된 형태라고 설명한다. 그러나 엄밀히 말한다면, 헌법 제117조 및 제118조와 관련하여 우리의 제도는 대륙법계의 전통에 근거하여 단체자치에 입각하고 있으되, 내용상으로는 주민자치의 요소(예: 주민소환)를 가미하고 있다고 표현하는 것이 정확하다.

Ⅱ. 지방자치의 본질

1. 성 질

(1) 학 설(고유권설·신고유권설에 의할 때, 자치입법권의 범위가 자치위임설의 경우보다 넓다)

1) 고유권설　　고유권설은 지방자치권이 지방자치단체의 고유한 권리라는 견해이다. 독립설이라고도 한다. 고유권설은 자치권이 지방자치단체의 자연권에 속한다는 것을 근거로 하거나 지방자치단체는 국가 이전부터 생성된 단체라는 것을 근거로 한다.

2) 신고유권설　　신고유권설이란 개인이 자연권으로서 기본권을 향유하는 것과 유사하게 지방자치단체도 기본권유사의 고유한 권리를 갖는다는 견해이다. 신고유권설은 고유권설이 갖는 비논리성을 극복하면서 지방자치단체의 폭넓은 자치권의 확보를 위한 논리이다. 신고유권설은 국민주권이 아니라 주민주권론까지 주장되고 있는 일본의 지배적 견해이다. 주민주권론의 근거는 일본헌법 제95조(하나의 지방공공단체만에 적용되는 특별법은, … 그 지방공공단체의 주민투표에 있어서 그 과반수의 동의를 얻지 아니하면 국회는 이것을 제정할 수 없다)인 것으로 보인다.

3) 자치위임설　　자치위임설이란 지방자치권은 국가로부터 나온다는 견해이다. 자치위임설은 국가권력의 단일성에 근거한다. 즉, 국가영역 내에서 국가로부터 나오지 아니하는 고권은 있을 수 없다는 논리에 근거한다. 전래설이라고도 한다. 자치위임설이 통설이다.

(2) 사   견   고유권설은 민주주의헌법국가에서의 논리로 부적합하고, 지방자치단체
가 개인의 기본권에 유사한 자치권을 갖는다는 신고유권설은 단순한 가설에 불과하다. 근대국가
이론과 민주주의국가 관념에 따를 때, 지방자치단체와 국가 간의 법관계는 헌법에 의해 근거가
주어진다고 이해되고, 헌법제정을 통해 국가를 건설하면서 지방자치를 국가제도로 편입하였다고
이해되므로 자치위임설이 타당하다.

2. 간접국가행정으로서의 지방자치행정

지방자치행정을 국가행정과 대비시키는 것이 이론의 일반적인 입장이긴 하나, 양자가 대립
개념은 아니다. 지방자치행정은 간접국가행정으로 분류할 수도 있다. 왜냐하면 지방자치행정사
무도 궁극적으로는 모두 국가사무이기 때문이다. 지방자치행정을 간접국가행정으로 분류할 것인
가, 국가행정에 대비시킬 것인가는 동일한 대상을 보는 시각의 차이에 기인한다. 즉 전자는 지방
자치단체의 국가에의 종속을, 후자는 행정주체의 고유한 존재의미를 강조한 것에 불과하다. 생각
건대, 국가행정과 지방자치행정 간의 관계는 양 영역의 엄격한 구분으로 특징지을 것이 아니라
상호보완 내지 통합의 관계로 특징지어야 할 것이다.

제 2 절   지방자치의 보장과 제한

Ⅰ. 지방자치제도의 헌법적 보장

1. 제도보장

헌법은 지방자치행정을 기본권이 아닌 객관적인 제도로서 보장한다. 지방자치제도의 제도보
장은 ① 포괄적인 사무의 보장, ② 고유책임성의 보장, ③ 자치권의 보장을 내용으로 한다.

(1) 포괄적인 사무의 보장   헌법은 지방자치단체의 사무로 '주민의 복리에 관한 사무',
'재산의 관리', '법령의 범위 안에서의 자치법규제정' 등을 보장하고 있다. 헌법 규정상 보장되는
지방자치단체의 사무는 매우 포괄적이다. 이를 지방자치단체의 관할사무의 전권한성, 보편성 또
는 일반성으로 특징지을 수 있다. 관할사무의 포괄성으로부터 권한의 추정이 나온다. 즉 법률로
다른 기관에 주어진 것이 아닌 한, 지방자치단체는 그 지역 내의 모든 사무에 권한을 갖는 것으
로 추정된다 볼 것이다[판례].

> 판례   기업체 생산실적 사실증명에 관한 사무가 자치사무인지의 여부
> (한국전력(주)가 대한민국에 손해배상을 청구한 사건에서) **국가 또는 상급지방자치단체가 지방자치단체에 대하여 그 사무를 위임하려면
> 반드시 법률 또는 법률의 위임을 받은 명령의 근거가 있어야** 하고, 이러한 법령에 의한 위임사무를
> 제외하고는 지방자치단체는 널리 지방주민의 공공의 이익을 위한 사무를 그 고유사무로서 행할

수 있는 것인바 **기업체의 생산실적사실증명에 관한 사무는 달리 법령상의 위임근거를 찾아볼 수 없으므로 이는 지방자치단체가 그 주민의 복지를 위한 고유사무처리에 수반하여 하는 사실증명업무라 할 것이다**($\substack{\text{대판 1973. 10. 23,} \\ \text{73다1212}}$).

(2) 고유책임성의 보장   자치행정은 자신의 사무를 자신의 고유의 책임으로 수행하여야 한다는 데 그 뜻이 있다. 고유책임은 자기책임으로 표현되기도 한다. 고유책임이란 자치사무 수행에 있어서 다른 행정주체로부터 합목적성에 관하여 명령·지시를 받지 않는 것을 의미한다. 바꾸어 말하면, 고유책임성이란 자치임무의 수행 여부, 시기, 방법 등의 선택·결정이 당해 지방자치단체의 자유의사에 놓임을 뜻한다. 이것은 자치사무에 대한 국가의 감독은 적법성의 감독에 한정되어야 함을 의미한다($\substack{\text{판} \\ \text{례}}$).

┌─────┐
│ 판례 │ 지방자치단체 자치사무의 자율성 보장
└─────┘
[1] ($\substack{\text{청구인 남양주시가 피청구인 경기도의 자료(감사자료) 요구에 대하여 헌법 및 지방자치법에 의하} \\ \text{여 부여된 청구인의 지방자치권을 침해한다고 주장하며 2021. 5. 6. 청구한 권한쟁의심판 사건에서}}$) 헌법상 제도적으로 보장된 자치권 가운데에는 자치사무의 수행에 있어 다른 행정주체로부터 합목적성에 관하여 명령·지시를 받지 않는 권한도 포함된다($\substack{\text{헌재 2022. 8. 31,} \\ \text{2021헌라1}}$).
[2] ($\substack{\text{동일한} \\ \text{사건에서}}$) 자치사무는 지방자치단체가 주민의 복리를 위하여 처리하는 사무이며 법령의 범위 안에서 그 처리 여부와 방법을 자기책임 아래 결정할 수 있는 사무로서 지방자치권의 최소한의 본질적 사항이므로 지방자치단체의 자치권을 보장한다고 한다면 최소한 이 같은 자치사무의 자율성만은 침해해서는 안 된다($\substack{\text{헌재 2022. 8. 31,} \\ \text{2021헌라1}}$).

(3) 자치권의 보장   자치행정권, 즉 자치권의 보장은 지방자치행정의 제도보장과 분리하여 생각할 수 없다. 자치권이 국가로부터 전래된 것이기는 하지만, 자치권은 자치임무의 효율적인 수행의 전제가 되기 때문이다. 자치권은 발동대상이 일반적이고($\substack{\text{자치권의} \\ \text{일반성}}$), 그 발동의 형식이나 과정이 국가로부터 독립적이다.

2. 권리주체성의 보장

헌법은 행정조직의 한 부분으로서 지방자치단체가 권리주체일 것을 예정하고 있다. 왜냐하면 헌법상 지방자치단체는 당해 지역에서 '주민의 복리에 관한 사무를 처리하고 재산을 관리'하는 것을 임무로 하는바, 이것은 지방자치단체가 헌법상 독자적인 행위주체임을 전제로 하는 것이며, 따라서 이것은 지방자치단체가 법적으로 권리능력을 가질 것을 전제로 하는 것으로 볼 것이기 때문이다. 지방자치단체가 권리능력을 가짐으로 해서 법적 행위에서 활동능력을 갖게 되고, 또한 국가와의 관계에서 법기술상 독자성의 보장이 가능하게 되는 것이다. 이에 지방자치법은 지방자치단체를 법인으로 하고 있다($\substack{\text{지자법 제3} \\ \text{조 제1항}}$).

3. 주관적인 법적 지위의 보장

헌법이 지방자치제도를 기본권으로 보장하는 것은 아니다. 일반적으로 말한다면 지방자치단체는 국가의 한 부분일 뿐이다. 그렇다고 그것이 단순히 객관적인 제도의 보장에 머무르는 것은 아니다. 제도보장으로서 지방자치제도의 보장은 순수한 주관적인 권리와 객관적인 법적 보장 사이에 위치한다고 본다. 지방자치제도의 보장은 객관적인 제도로서의 보장과 아울러 지방자치단체에 주관적인 법적 지위까지 보장하는 것을 내용으로 한다고 보겠다. 따라서 개별지방자치단체는 어느 정도 주관적인 지위에서 제도보장의무자에게 보장내용의 준수를 요구할 수 있게 된다.

Ⅱ. 지방자치권의 제한

1. 자치권의 제한의 기준

자치행정권의 제한은 법률로써만 가능하다. 헌법과 법률에 따른 법률의 위임이 있으면, 법규명령도 자치권의 제한수단이 될 수 있다. 경우에 따라서는 법령에서 침해방식이 명시될 수도 있다. 자치권을 제한하는 법령은 헌법에 적합한 것이어야 하는바, 그것은 주민의 복지와 관련성을 가져야만 한다(공익요건). 자치행정권을 제한하는 법규범은 법치국가원리에 근거하는 넓은 의미의 비례원칙(적합성의 원칙, 필요성의 원칙. 좁은 의미의 비례원칙)을 준수하여야 한다.

2. 자치권의 제한의 단계

지방자치제도의 헌법적 보장이라는 면과 관련하여 입법에 의한 자치행정권의 제한은 지엽적인 영역의 제한, 중간영역의 제한, 핵심영역의 제한의 3단계로 구분하여 살펴볼 수 있다. 즉 ① 지엽적인 영역(예: 지방자치단체가 국가로부터 받은 보조금을 지급하는 방식)에서 입법자의 제한 내지 침해는 자유이다. ② 중간영역(예: 지방자치단체의 구역변경)에서 입법자는 공익상 정당한 사유가 있고, 또한 시간적으로나 사항적으로 불가피한 경우에는 제한할 수 있다. 그러나 ③ 입법자는 자치행정권의 핵심영역(예: 지방자치단체의 장의 선거제)을 침해할 수 없다(절대적 한계)(판례). 핵심영역의 보장이 특정 지방자치단체의 절대적 보호를 의미하는 것은 아니다.

> **판례** 자치권의 제한의 한계
>
> (행정자치부장관이 청구인인 서울특별시에 대하여 정부합동감사를 실시하자 '합동감사대상으로 지정된 사무 중 일정 사무는 자치사무인데, 그에 관한 법령위반가능성에 대한 합리적인 의심조차 없는 상황에서 구 지방자치법 제158조 단서에 위반하여 사전적·포괄적으로 합동감사를 실시하는 것은 헌법과 지방자치법이 청구인에게 부여한 자치행정권, 자치재정권 등 지방자치권을 침해하였다'고 주장하면서 제기한 권한쟁의심판청구에서) 헌법상의 자치권의 범위는 법령에 의하여 형성되고 제한되며, 다만 지방자치단체의 자치권은 헌법상 보장을 받고 있으므로 비록 법령에 의하여 이를 제한하는 것이 가능하다고 하더라도 그 제한이 불합리하여 자치권의 본질을 훼손하는 정도에 이른다면 이는 헌법에 위반된다고 보아야 할 것이다(헌재 2009. 5. 28. 2006헌라6).

3. 제한의 한계로서 핵심영역

(1) 의 의 자치행정을 공동화(空洞化)로 이끌고, 자치단체가 활발한 활동을 할 수 없게 하고, 따라서 지방자치단체를 다만 외관상·형태상으로만 존재하는 것으로 만드는 침해를

본질적 침해라 한다(판례).

판례 자치권 제한의 한계

(구 농업협동조합법 제8조 위헌소원 사건에서) 헌법상 지방자치단체의 자치권의 범위는 법령에 의하여 형성되고 제한되나, 지방자치단체의 자치권은 헌법상 보장되고 있으므로 비록 법령에 의하여 이를 제한하는 것이 가능하다고 하더라도 그 제한이 불합리하여 자치권의 본질을 훼손하는 정도에 이른다면 이는 헌법에 위반된다(헌재 2021. 3. 25, 2018헌바348).

(2) 판단기준

1) 종래의 방법론 독일의 경우, 핵심영역에 대한 침해 여부에 대한 판단방법으로 종래에는 공제법(입법에 의한 침해 후에 지방자치단체에 남은 사무가 중요하다면, 그 침해는 핵심영역의 침해가 아니라는 견해)과 역사적 방법(전통적으로 있어온 지방자치의 형상에 대한 침해는 핵심영역의 침해라는 견해)이 활용되었다. 이러한 방법은 지방자치를 「주민의 복지를 증진시키고 지역의 역사를 보존함을 목적으로 지역공동체의 주민의 힘으로 자기 고장의 고유한 공적 사무를 자기책임으로 수행하는 것」으로 이해하는 경우에는 의미가 있었다.

2) 사 견 국가 간의 경쟁이 치열해지고 주민의 삶의 질의 향상에 대한 요구가 크게 증대하고 있는 오늘날에는 국가사무와 지방자치단체의 사무가 명백히 구분되는 것이 아니라 혼재하기도 한다는 점에서 종래의 방법은 더 이상 적합하지 않다. 그것은 미래지향적으로, 그리고 시대에 적합하게 해석·해결되어야 한다. 그것은 역사와 현실을 인식하면서 비례원칙 등 여러 관점을 고려하면서 판단되어야 한다. 헌법재판소의 입장은 달라 보인다(판례). 하여간 핵심영역의 판단에 지역성의 요소가 배제될 수 없으나 종래와 같이 특별히 강조되어서도 아니 될 것이다.

판례 헌법상 지방자치권의 침해 여부에 대한 심사 기준

(특별시의 관할구역 안에 있는 구의 재산세를 '특별시 및 구세'로 하여 특별시와 자치구가 100분의 50씩 공동과세하도록 하는 구 지방세법 제6조의2와 특별시분 재산세 전액을 관할구역 안의 자치구에 교부하도록 하는 같은 법 제6조의3을 국회가 제정한 행위가 헌법상 보장된 청구인(서울시 강남구)들의 지방자치권을 침해하는지 여부를 쟁점으로 한 강남구 등과 국회 간의 권한쟁의사건에서) 법령에 의하여 지방자치단체의 지방자치권을 제한하는 것이 가능하다고 하더라도, 지방자치단체의 존재 자체를 부인하거나 각종 권한을 말살하는 것과 같이 그 제한이 불합리하여 지방자치권의 본질적인 내용을 침해하여서는 아니된다. 따라서 국회의 입법에 의하여 지방자치권이 침해되었는지 여부를 심사함에 있어서는 **지방자치권의 본질적 내용이 침해되었는지 여부만을 심사하면 족하고**, 기본권침해를 심사하는 데 적용되는 **과잉금지원칙이나 평등원칙 등을 적용할 것은 아니다**(헌재 2010. 10. 28, 2007헌라4).

제 3 절 지방자치단체의 관념

Ⅰ. 지방자치단체의 의의

1. 지방자치단체의 개념

지방자치법은 지방자치단체의 정의에 관련하는 약간의 규정을 가지고 있을 뿐, 지방자치단체의 개념 그 자체를 정의하는 규정을 갖고 있지는 아니한다. 지방자치단체는 주민에 의하여 선출된 기관으로 하여금 주민의 복지를 실현하기 위하여 조직된 지역적인 공법상 법인($^{\text{지자법 제3}}_{\text{조 제1항}}$)으로서의 사단이다. 지방자치단체는 주민·구역·자치권의 3요소로 구성된다. 행을 바꾸어 구역에 관해 보기로 한다($^{\text{주민·자치권 부}}_{\text{분은 후술한다}}$).

2. 지방자치단체의 구역

구역이란 '지방자치단체가 자치권한을 행사할 수 있는 장소적 범위'를 뜻하며, 헌법 제118조 제 2 항은 '지방자치단체의 조직과 운영에 관한 사항'을 법률로 정하도록 하고 있는바, 이에는 지방자치단체의 관할구역이 포함된다($^{\text{헌재 2020. 7. 16,}}_{\text{2015헌라3}}$). 지방자치단체의 구역은 종전과 같이 하고, 구역을 바꿀 때에는 법률로 정한다($^{\text{지자법 제5조}}_{\text{제1항 본문}}$). 다만 매립지나 지적공부에 등록이 누락된 토지의 경우에는 지방자치단체중앙분쟁조정위원회의 심의·의결 등 일정한 절차를 거쳐 행정안전부장관이 결정한다($^{\text{지자법 제5)}}_{\text{조 제4항}}$)$\binom{\text{판}}{\text{례}}$. 자치권이 미치는 관할구역의 범위에는 육지는 물론 바다도 포함되므로, 공유수면에 대해서도 지방자치단체의 자치권한이 존재한다고 보아야 한다($^{\text{헌재 2021. 2. 25,}}_{\text{2015헌라7}}$).

> 판례 개정 지방자치법 제 4 조 제 3 항의 의미
> ($^{\text{평택시 포승읍 신영리 일원 앞 공유수면 매립지에 관한 충청남도 등과}}_{\text{행정안전부장관 등 간의 권한쟁의로서 **평택·당진항 매립지 사건에서**}}$) 개정 지방자치법 제 4 조 제 3 항($^{\text{현행법 제5)}}_{\text{조 제4항}}$)은, 매립지의 관할에 대하여는 앞으로 같은 조 제 1 항이 처음부터 배제되고, 행정안전부장관의 결정에 의하여 비로소 관할 지방자치단체가 정해지며, 그 전까지 해당 매립지는 어느 지방자치단체에도 속하지 않는다는 의미로 해석함이 타당하다($^{\text{헌재 2020. 7. 16,}}_{\text{2015헌라3}}$).

[평석] 이 결정은 행정안전부장관이 매립지가 속할 지방자치단체를 결정하도록 한 2009. 4. 1. 법률 제9577호로 개정된 지방자치법이 적용된 최초의 결정이다. 신생 매립지의 경우, 매립 전 공유수면에 대한 관할권을 가진 지방자치단체는 그 후 새로이 형성된 매립지에 대해서까지 어떠한 권한을 보유하고 있다고 볼 수 없으므로, 그 지방자치단체의 자치권한이 침해되거나 침해될 현저한 위험이 있다고 보기 어려워, 이와 관련된 권한쟁의심판이 부적법하다는 점을 확인하였다.

Ⅱ. 지방자치단체의 능력

지방자치단체는 공법상 사단이자 법인으로서($^{\text{지자법 제3}}_{\text{조 제1항}}$) 권리·의무의 주체로서의 능력인 권리능력, 자신의 권한 범위 내에서 자신의 기관($^{\text{지방자치단체의 장}}_{\text{또는 그 대리인}}$)을 통하여 의사를 주고받을 수 있는

능력인 행위능력을 갖는다. 지방자치단체는 권리능력이 있으므로 소송상 일방당사자가 될 수 있는 능력인 당사자능력을 갖는다. 지방자치단체는 자신에게 귀속되는 작위 또는 부작위의 효과에 대하여 책임을 부담하는 능력인 책임능력(불법행위능력)을 갖는다. 그러나 지방자치단체는 형법에 따른 범죄능력, 형사법상 책임능력을 갖지는 아니한다. 다만, 질서위반과 관련하여 양벌규정이 있는 경우에는 과태료부과의 대상이 될 수 있다. 그리고 지방자치단체는 공무원을 임용·보유할 수 있는 능력인 임용능력을 갖는다.

Ⅲ. 지방자치단체와 기본권

1. 지방자치단체의 기본권주체성

법인으로서 지방자치단체는 기본권의 주체인가? 이것은 헌법체계적인 문제이자 동시에 실체적이고 내용적인 문제이다. 자치사무인가 위임사무인가를 불문하고, 공법적인 것인가 사법적인 것인가를 불문하고 공적 사무를 수행하는 한, 지방자치단체의 기본권주체성은 부인되어야 한다(판례 1, 2). 이러한 영역에서 지방자치단체에 기본권 또는 기본권 유사의 권리가 침해될 여지는 없다. 왜냐하면 지방자치단체는 행정주체로서 기본권실현에 의무를 지는 것, 즉 기본권에 구속되는 것이기 때문이다. 지방자치단체에는 자치행정권이 보장되는 것이지 기본권이 보장되는 것이 아니다. 다만, 지방자치단체에는 당사자능력·소송능력이 인정되므로(즉, 절차에 참가할 수 있는바), 헌법상 재판청구권은 지방자치단체에도 적용된다. 즉 절차적 권리와 관련하여서는 지방자치단체가 예외적으로 기본권 내지 기본권유사의 권리를 갖는다고 볼 것이다.

[판례 1] 지방자치단체의 기본권주체 해당 여부
(방송광고판매대행 등에 관한 법률 제5조 제2항 위헌확인심판사건에서) 기본권 보장 규정인 헌법 제2장은 그 제목을 '국민의 권리와 의무'로 하고 있고, 제10조 내지 제39조는 "모든 국민은 … 권리를 가진다"고 규정하고 있으므로 공권력의 행사자인 국가, 지방자치단체나 그 기관 또는 국가조직의 일부나 공법인은 국민의 기본권을 보호 내지 실현해야 할 '책임'과 '의무'를 지는 주체로서 헌법소원을 청구할 수 없다(헌재 2013. 9. 26, 2012헌마271).

[판례 2] 지방자치단체의 의회의 기본권주체성 인정 여부
(지방자치단체의행정기구와정원기준등에관한규정 제14조 등이 지방자치법 제15조, 제82조 및 제83조에서 보장된 지방의회의 자치입법권을 제한하고, 주민의 참정권을 침해하는 것으로서 헌법에 위반된다는 이유로 제기된 헌법소원사건에서) 기본권의 보장에 관한 각 헌법규정의 해석상 국민(또는 국민과 유사한 지위에 있는 외국인과 사법인)만이 기본권의 주체라 할 것이고, **국가나 국가기관 또는 국가조직의 일부나 공법인은 기본권의 '수범자'이지 기본권의 주체로서 그 '소지자'가 아니고** 오히려 국민의 기본권을 보호 내지 실현해야 할 책임과 의무를 지니고 있는 지위에 있을 뿐이므로, **공법인인 지방자치단체의 의결기관인 청구인 의회는 기본권의 주체가 될 수 없고 따라서 헌법소원을 제기할 수 있는 적격이 없다**(헌재 1998. 3. 26, 96헌마345).

2. 지방자치단체의 기본권구속

지방자치단체는 사법적(私法的)으로 행위하여도 기본권에 구속된다. 헌법 제10조에서 규정하는 국가의 기본권보장의무는 지방자치단체의 작용에서도 당연히 적용되며, 또한 행정주체의 행위의 근거가 되는 법의 형식을 가리지 아니하고 적용된다. 만약 행정주체의 사법작용에 기본권이 적용되지 아니한다면, 행정주체의 사법에로의 도피가 가능해질 것이다.

Ⅳ. 지방자치단체의 명칭

권리·의무의 주체로서, 단일의 기능체로서 지방자치단체는 자신의 동일성을 나타내는 이름을 필요로 한다. 지방자치단체의 명칭은 다른 지방자치단체에 대한 관계에서 자신의 인격성 내지 동일성을 나타낼 뿐만 아니라, 자신의 실체적·정신적인 가치, 주민을 통합하는 효과를 내포한다. 지방자치단체의 명칭은 종전과 같이 하고, 명칭을 바꿀 때에는 법률로써 정한다$\binom{\text{지자법 제5}}{\text{조 제1항}}$. 지방자치단체의 명칭을 변경할 때에는 관계 지방의회의 의견을 들어야 한다$\binom{\text{지자법 제5조}}{\text{제3항 제3호}}$. 다만, 주민투표법 제8조에 따라 주민투표를 한 경우에는 그러하지 아니하다$\binom{\text{지자법 제5조}}{\text{제3항 단서}}$. 한편, 제주특별자치도의 행정시의 명칭은 도조례로 정한다. 이 경우 도지사는 그 결과를 행정안전부장관에게 보고하여야 한다$\binom{\text{제국법 제10}}{\text{조 제4항}}$.

Ⅴ. 지방자치단체의 종류

1. 보통지방자치단체

(1) 의의·종류　　보통지방자치단체란 그 조직과 수행사무가 일반적이고 보편적인 지방자치단체를 말한다. 현행법상 보통지방자치단체는 광역($\frac{\text{상}}{\text{급}}$)지방자치단체와 기초($\frac{\text{하}}{\text{급}}$)지방자치단체로 구분된다. 광역지방자치단체로는 특별시·광역시, 특별자치시, 도, 특별자치도가 있고, 기초지방자치단체로는 시·군 및 구가 있다$\binom{\text{지자법 제2}}{\text{조 제1항}}$.

(2) 직할·관할　　광역지방자치단체인 특별시, 광역시, 특별자치시, 도, 특별자치도는 정부의 직할로 두고, 시는 도 또는 특별자치도의 관할 구역 안에, 군은 광역시·도 또는 특별자치도의 관할 구역 안에 두며, 자치구는 특별시와 광역시, 특별자치시의 관할 구역 안에 둔다. 다만, 특별자치도의 경우에는 법률이 정하는 바에 따라 관할 구역 안에 시 또는 군을 두지 아니할 수 있다$\binom{\text{지자법 제3}}{\text{조 제2항}}$. 여기서 '직할' 또는 '관할구역'에 둔다는 것은 통제하에 둔다는 의미가 아니고 그 구역 내에 위치한다는 뜻이다.

(3) 관　　계　　광역지방자치단체나 기초지방자치단체는 모두 독립의 법인이므로$\binom{\text{지자}}{\text{법}}$ $\binom{\text{제3조}}{\text{제1항}}$, 이들 사이에는 법령에서 정함이 없는 한 상하관계·감독관계가 존재하지 아니한다. 지방자치법은 이들 상호간에 관한 규정으로, 직무대행자지정권$\binom{\text{지자법}}{\text{제110조}}$, 분쟁조정권$\binom{\text{지자법 제165}}{\text{조 제1항}}$, 사무위탁권$\binom{\text{지자법}}{\text{제168조}}$, 위임사무처리감독권$\binom{\text{지자법}}{\text{제185조}}$, 지방자치단체조합설립승인권$\binom{\text{지자법}}{\text{제176조}}$, 자치사무감사권$\binom{\text{지자법}}{\text{제190조}}$, 지방의회의결재의요구권$\binom{\text{지자법 제192}}{\text{조 제1항}}$ 등을 두고 있다.

2. 특별지방자치단체

특별지방자치단체란 지방자치의 영역에서 특정한 목적을 수행하기 위하여 필요한 경우에 설치되는 특별한 조직의 지방자치단체를 말한다. 지방자치법 제 2 조 제 3 항은 "제 1 항의 지방자치단체 외에 특정한 목적을 수행하기 위하여 필요하면 따로 특별지방자치단체를 설치할 수 있다. 이 경우 특별지방자치단체의 설치 등에 관하여는 제12장에서 정하는 바에 따른다"고 규정하고 있다. 지방자치법 제176조 이하에서 규정되고 있는 지방자치단체조합도 일종의 특별지방자치단체로 볼 수 있다.

제 4 절 지방자치단체의 주민

제 1 항 주민의 의의

Ⅰ. 주민의 관념

1. 주민의 개념

(1) 지방자치단체의 구성요소로서 주민　　주민이란 지방자치단체의 구역 안에 주소를 가진 자를 말한다($^{지자법}_{제16조}$). 다른 법률에 특별한 규정이 없으면 주민등록법에 따른 주민등록지를 공법관계에서의 주소로 한다($^{주민법 제23}_{조 제 1 항}$). 지방자치단체의 주민이 되는 것은 공법관계의 문제이므로 지방자치단체의 구역 안에 주소를 가진 자란 지방자치단체의 구역 안에 주민등록법에 따른 주민등록지를 가진 자를 말한다. 시·군·구는 시·도의 구역 안에 있으므로 시·군·구의 주민은 관할을 같이하는 시·도의 주민이 된다. 한편, 외국인의 경우에는 출입국관리법상 외국인등록제도가 마련되어 있다($^{출입국관리법 제31조(외국인등록)}$ ① 외국인이 입국한 날부터 90일을 초과하여 대한민국에 체류하려면 대통령령이 정하는 바에 따라 입국한 날부터 90일 이내에 그의 체류지를 관할하는 지방출입국·외국인관서의 장에게 외국인등록을 하여야 한다. … 제88조의2(외국인등록증 등과 주민등록증 등의 관계) ② 이 법에 따른 외국인등록과 체류지 변경신고는 주민등록과 전입신고를 갈음한다). 출입국관리법에 따라 등록을 한 외국인은 그 등록지에서 주민의 지위를 갖는다.

(2) 지방자치법상 주민 개념의 다의성　　지방자치법상 사용되고 있는 주민의 개념은 다의적이다($^{판}_{례}$).

┌─ 판례 ─┐ 지방자치법상 주민의 개념

(1) (원고 한국토지주택공사가 혁신도시 택지개발사업을 시행하고 택지개발지구 일부에 아파트를 건축하는 과정에서 피고 진주시장에게 급수공사를 신청하였는데 피고가 지방자치법 제138조, 제139조, 「진주시 수도 급수조례」 제14조에 근거하여 시설분담금을 부과하자 위 시설분담금의 무효확인을 구한 사건에서) 지방자치법은 여러 조항에서 권리·의무의 주체이자 법적 규율의 상대방으로서 '주민'이라는 용어를 사용하고 있다. 지방자치법에 '주민'의 개념을 구체적으로 정의하는 규정이 없는데, 그 입법목적, 요건과 효과를 달리하는 다양한 제도들이 포함되어 있는 점을 고려하면, 지방자치법이 단일한 주민 개념을 전제하고 있는 것으로 보기 어렵다. 자연인이든 법인이든 누군가가 지방자치법상 주민에 해당하는지 여부는 개별 제도별로 제도의 목적과 특성, 지방자치법뿐만 아니라 관계 법령에 산재해 있는 관련 규정들의 문언, 내용과 체계 등을 고려하여 개별적으로

판단할 수밖에 없다(대판 2021. 4. 29.,/2016두45240).

(2) (주식회사 호반건설이 울산광역시 상수도사업본부 중부사업소장의 상수도시설분/담금부과처분에 대하여 무효확인을 구한 호반건설 상수도시설분담금 사건에서) 구 지방자치법(2021. 1. 12. 법률 제17893/호로 전부 개정되기 전의 것. 이/하 같다) 제138조에 따른 분담금 납부의무자인 '주민'은 구 지방세법(2020. 12. 29. 법률 제17769/호로 개정되기 전의 것)에서 정한 균등분 주민세의 납부의무자인 '주민'과 기본적으로 동일한 의미이므로, 법인이 해당 지방자치단체의 구역 안에 주된 사무소 또는 본점을 두고 있지 않더라도 '사업소'를 두고 있다면 구 지방자치법 제138조에 따른 분담금 납부의무자인 '주민'에 해당한다(대판 2022. 4. 14.,/2020두58427).

2. 신고와 등록

① 시장·군수 또는 구청장은 30일 이상 거주할 목적으로 그 관할 구역에 주소나 거소(거주/지)를 가진 사람(주민)을 주민등록법의 규정에 따라 등록하여야 한다(판/례). 다만, 외국인은 예외로 한다(주민/법/제6조/제1항). 등록은 주민의 권리행사의 요건이다. ② 주민의 등록 또는 그 등록사항의 정정 또는 말소는 주민의 신고에 따라 한다(주민법 제8/조 본문). ③ 주민은 다음 각 호(1. 성명, 2. 성별, 3. 생년월일, 4. 세대주와의 관계, 5. 합/숙하는 곳은 관리책임자, 6.「가족관계의 등록 등에 관한 법/률」제10조 제1항에 따른 등록기준지, 7. 주소, 8. 가족관계등록이 되어 있지 아니한 자 또는 가족관계등록의 여부가 분명하지 아니한 자는 그/사유, 9. 대한민국의 국적을 가지지 아니한 자는 그 국적명이나 국적의 유무, 10. 거주지를 이동하는 경우에는 전입 전의 주소 또는 전입지와 해/당연/월일)의 사항을 해당 거주지를 관할하는 시장·군수 또는 구청장에게 신고하여야 한다(주민법 제10/조 제1항). ④ 제10조에 따른 신고는 세대주가 신고사유가 발생한 날부터 14일 이내에 하여야 한다(주민법 제11조/제1항 본문). ⑤ 주민등록지를 공법 관계에서의 주소로 하는 경우에 신고의무자가 신거주지에 전입신고를 하면 신거주지에서의 주민등록이 전입신고일에 된 것으로 본다(주민법 제23/조 제2항).

> **판례** 주민등록 전입신고의 요건으로서 30일 이상의 거주의 의미
> (무허가건물을 철거하고 아파트 등을 건립한다는 개발계획이 발표되자 거주자들에게 주어지는 이주대책대상자로서의 혜택 등을 받기 위/하여 세입자를 내보낸 후 주민등록 전입신고를 하였으나 관할 구청장이 위장전입자라고 판단하여 그 주민등록사항을 직권으로 말소한 처/분을 다툰/사건에서) 전입신고의 요건인 거주지를 이동한 때'라 함은 30일 이상 **생활의 근거로서 거주할 목적으로 거주지를 실질적으로 옮기는 것을 의미**하므로, 30일 이상 생활의 근거로서 거주할 목적으로 거주지를 실질적으로 옮기지 아니하였음에도 거주지를 이동하였다는 이유로 전입신고를 하였다면 이는 주민등록법 제17조의2 제2항 소정의 신고의무자가 신고한 내용이 사실과 다른 때'에 해당한다 할 것이어서 이러한 경우 시장 등은 주민등록법 제17조의2 각 항에서 규정한 절차에 따라 그 등록사항을 직권으로 말소할 수 있다(대판 2005. 3. 25.,/2004두11329).

Ⅱ. 공민·명예시민

① 지방자치단체의 선거에서 선거권을 가진 주민을 유권자인 주민이라고 부르기도 한다. 유권자인 주민은 참정권의 주체로서의 주민 또는 공민이라고 하며, 공민된 자격을 공민권이라 부르기도 한다. ② 명예시민은 당해 자치구역의 주민일 것을 요하지 아니한다. 외국인도 명예시민이 될 수 있다. 다만 외국인에 대한 명예시민권의 부여에 대하여는 국가적인 기준을 마련하는 것이 바람직하다. 명예시민권은 재산적 가치 있는 권리가 아니고, 상속대상도 아니다. 일반적으로 명예시민권은 당해 지방자치단체에 공로가 있는 자에게 주어진다.

제 2 항   주민의 권리

I. 정책 결정 · 집행 과정에 참여권

1. 의   의

주민은 법령으로 정하는 바에 따라 주민생활에 영향을 미치는 지방자치단체의 정책의 결정 및 집행 과정에 참여할 권리를 가진다($\binom{\text{지자법 제17}}{\text{조 제 1 항}}$). 주민에게 정책 결정 · 집행 과정 참여권을 보장하는 것은 지방자치단체가 주민들의 요구를 보다 효과적으로 반영하고 실행하는 데 기여한다.

2. 법적 성질

지방자치법 제17조 제 1 항이 규정하는 주민의 정책 결정 · 집행 과정 참여권은 법령으로 정하는 바에 따라 그 내용이 정해진다. 말하자면 주민의 정책 결정 · 집행 과정 참여권은 개인적 공권이지만, 구체적인 내용은 법령에 의해 정해지는바, 지방자치법 제17조 제 1 항이 규정하는 주민의 정책 결정 · 집행 과정 참여권 그 자체는 추상적 권리에 해당한다.

3. 대   상

주민의 정책 결정 · 집행 과정 참여권은 주민생활에 영향을 미치는 지방자치단체의 정책을 대상으로 한다. 주민생활에 영향을 미치지 않는 지방자치단체의 정책은 주민의 정책 결정 · 집행 과정 참여권의 대상이 아니다. 주민에게 권리를 부여하거나 의무를 발생시키는 내용의 정책은 주민생활에 영향을 미치는 지방자치단체의 정책에 해당한다. 그렇다고 이것만이 주민생활에 영향을 미치는 지방자치단체의 정책이라 말할 수는 없다.

II. 공적 재산 · 공공시설이용권

1. 이용권의 의의

주민은 법령으로 정하는 바에 따라 소속지방자치단체의 재산과 공공시설을 이용할 권리($\binom{\text{예:}}{\text{공립}}$ 도서관·공회당등의 이용권)를 가지는바($\binom{\text{지자법 제17}}{\text{조 제 2 항}}$), 이를 공적 재산 · 공공시설이용권이라 한다.

2. 이용권의 성질

정당한 이유 없이 공공시설의 이용이 거부되면 이의 시정을 구할 수 있는 청구권을 개인이 갖는다고 보아야 하므로 공공시설이용권은 개인적 공권으로 보아야 한다.

3. 이용권의 대상

(1) 재산과 공공시설   지방자치법상 "재산"이란 현금 외의 모든 재산적 가치가 있는 물건 및 권리를 말하고($\binom{\text{지자법 제159}}{\text{조 제 1 항}}$), 공공시설이란 지방자치단체가 주민의 복지를 증진하기 위하여 설치하는 시설을 말한다($\binom{\text{지자법 제161}}{\text{조 제 1 항}}$).

(2) 양자의 구별 여부　　① 일설은 재산의 개념과 물적 시설의 개념을 구별한다(류지태). ② 생각건대 여기서 말하는 재산은 주민의 이용을 전제로 하는 것이므로 (공적)재산과 공공시설을 동의어로 보아도 무방하다. 이 때문에 주민의 이용에 제공되는 것이라면 공물·영조물·공기업 또는 그 물적 시설이 모두 공공시설에 해당한다. 공공시설의 소유권자가 누구인가의 여부는 문제되지 아니한다. 요컨대 여기서 말하는 공공시설은 단순한 물적 개념이 아니라 기능적 개념으로 이해된다.

4. 이용권의 주체

(1) 주민과 비주민　　공공시설이용권은 주민의 권리이다. 따라서 합리적인 이유가 있으면, 비주민에게는 당해 지방자치단체의 재산이나 공공시설의 이용이 제한될 수도 있다. 그리고 주민에는 자연인뿐만 아니라 법인도 포함된다.

(2) 토지소유자　　지방자치단체의 주민은 아니지만, 그 지방자치단체의 구역 내에 토지나 영업소를 가지고 있는 자는 그 토지나 영업소와 관련되는 범위 안에서 당해 지방자치단체의 주민에 유사한 공공시설이용권을 갖는다.

(3) 행사참가자　　당해 지방자치단체의 주민이 아닌 자가 당해 지방자치단체의 행사에 참가하게 되면, 참가를 초청받은 것으로 이해되는 범위 안에서는 당해 지방자치단체의 주민과 동일한 권리를 갖는다고 본다.

5. 이용권의 내용

내용은 법령(예: 법률·명령·조례·규칙·관습법)이나 공용지정행위에 의해 정해진다. 이용관계의 한 내용으로서 공적 재산·공공시설이용에 이용수수료의 납부가 반드시 요구되는 것은 아니나(예: 지방도의 무료이용), 요구되는 경우도 있다(예: 터널 통행료). 이용관계의 법적 성질은 한마디로 단언할 수 없다.

6. 이용권의 한계

이용권의 한계는 법령(예: 법률·명령·조례·규칙·관습법)이나 공용지정행위에 의해 정해진다. 그러나 행정규칙으로 주민의 공공시설이용권을 제한할 수는 없다. 한편, 공공시설의 수용능력에 의해 공공시설이용권은 사실상 제한도 받는다.

7. 이용자의 보호

공적 재산·공공시설이용과 관련하여 관리주체가 이용자에게 위법한 처분을 발하게 되면(예: 운동장 사용허가신청에 대한 허가거부처분), 경우에 따라 행정소송으로 다툴 수 있다. 뿐만 아니라 공적 재산·공공시설의 설치·관리상의 하자로 인해 이용자에게 손해가 발생하면 이용자는 국가 또는 지방자치단체에 대하여 국가배상을 청구할 수도 있다.

Ⅲ. 균등하게 행정의 혜택을 받을 권리

1. 의　　의

주민은 소속 지방자치단체로부터 균등하게 행정의 혜택을 받을 권리를 가진다($^{지자법 제17}_{조 제2항}$). 주민이 소속 지방자치단체로부터 균등하게 행정의 혜택을 받을 권리를 갖는다는 것은 지방자치단체가 주민을 위한 주민의 단체라는 점과 주민은 소속 지방자치단체의 구성원이라는 점 등에서 당연하다.

2. 법적 성질

지방자치법 제17조 제2항이 규정하는 주민의 균등하게 행정의 혜택을 받을 권리는 법령으로 정하는 바에 따라 그 내용이 정해진다. 말하자면 주민의 균등하게 행정의 혜택을 받을 권리는 개인적 공권이지만, 구체적인 내용은 법령에 의해 정해지는바, 지방자치법 제17조 제2항이 규정하는 주민의 균등하게 행정의 혜택을 받을 권리는 그 자체는 추상적 권리에 해당한다. 대법원도 지방자치법 제17조 제1항($^{현행법}_{제2항}$)은 주민이 지방자치단체로부터 행정적 혜택을 균등하게 받을 수 있다는 권리를 추상적·선언적으로 규정한 것이므로 이 규정에 의하여 주민이 지방자치단체에 대하여 구체적이고 특정한 권리가 발생하는 것이 아니라고 하였다($^{대판 2008. 6.}_{12, 2007추42}$).

3. 내　　용

주민의 균등하게 행정의 혜택을 받을 권리는 균등하게 혜택을 받을 권리와 행정의 혜택을 받을 권리로 구성된다. ① 균등하게 혜택을 받을 권리란 합리적인 사유가 없는 한, 행정의 혜택은 모든 주민에게 평등한 것이어야 한다($^{헌법}_{제11조}$). ② 행정의 혜택을 받을 권리란 지방자치법 제17조 제2항 전단이 규정하는 공적 재산·공공시설의 이용을 제외한 그 밖의 일체의 행정서비스의 혜택을 받을 수 있는 권리를 의미한다.

Ⅳ. 선거권·피선거권

1. 선 거 권

국민인 주민은 법령으로 정하는 바에 따라 그 지방자치단체에서 실시하는 지방의회의원과 지방자치단체의 장의 선거($^{지방}_{선거}$)에 참여할 권리를 가진다($^{지자법 제17}_{조 제3항}$). 즉, 18세 이상으로서$^{[판]}_{[례]}$ 공직선거법 제37조 제1항에 따른 선거인명부작성기준일 현재 다음 각 호($^{1. 「주민등록법」 제6조 제1항 제1호 또}_{는 제2호에 해당하는 사람으로서 해당 지}$
방자치단체의 관할 구역에 주민등록이 되어 있는 사람. 2. 「주민등록법」 제6조 제1항 제3호에 해당하는 사람으로서 주민등록표에 3개월 이상
계속하여 올라 있고 해당 지방자치단체의 관할구역에 주민등록이 되어 있는 사람. 3. 「출입국관리법」 제10조에 따른 영주의 체류자격 취득일 후
후 3년이 경과한 외국인으로서 같은 법 제34조에 따라
해당 지방자치단체의 외국인등록대장에 올라 있는 사람)의 어느 하나에 해당하는 사람은 그 구역에서 선거하는 지방자치단체의 의회의원 및 장의 선거권이 있다($^{공선법 제15}_{조 제2항}$).

(선거권행사 연령을 20세 이상으로 제한한 (구)공직선거및선거부정방지법 제15조 제 1 항이 헌법 제11조 제 1 항의 평등권을 침해하고 제41조 제 1 항의 보통·평등선거의 원칙에 반하는 위헌의 조항이라고 주장하면서 제기된 헌법소원사건에서) **선거권과 공무담임권의 연령을 어떻게 규정할 것인가는 입법자가 입법목적 달성을 위한 선택의 문제이고 입법자가 선택한 수단이 현저하게 불합리하고 불공정한 것이 아닌 한 재량에 속하는 것이다. … 선거권 연령을 공무담임권의 연령인 18세와 달리 20세로 규정한 것은 청구인들이 주장하는 사정을 감안하더라도 입법부에 주어진 합리적인 재량의 범위를 벗어난 것으로 볼 수 없다**(헌재 2001. 6. 28, 2000헌마111).

2. 피선거권

선거일 현재 계속하여 60일 이상(공무로 외국에 파견되어 선거일 전 60일 후에 귀국한 자는 선거인명부작성기준일부터 계속하여 선거일까지) 해당 지방자치단체의 관할구역에 주민등록이 되어 있는 주민으로서 18세 이상의 국민은 그 지방의회의원 및 지방자치단체의 장의 피선거권이 있다. 이 경우 60일의 기간은 그 지방자치단체의 설치·폐지·분할·합병 또는 구역변경(제28조 각호의 어느 하나에 따른 구역변경을 포함한다)에 의하여 중단되지 아니한다(공선법 제16조 제 3 항). 제 3 항 전단의 경우에 지방자치단체의 사무소 소재지가 다른 지방자치단체의 관할구역에 있어 해당 지방자치단체의 장의 주민등록이 다른 지방자치단체의 관할구역에 있게 된 때에는 해당 지방자치단체의 관할구역에 주민등록이 되어 있는 것으로 본다(공선법 제16조 제 4 항).

Ⅴ. 주민투표권

1. 의의와 성질

지방자치단체의 장은 주민에게 과도한 부담을 주거나 중대한 영향을 미치는 지방자치단체의 주요 결정사항 등에 대하여 주민투표에 부칠 수 있는바(지자법 제18조 제 1 항), 이에 따라 주민은 주민투표에 참여할 수 있는 권리를 갖는다. 한편, 헌법재판소는 주민투표권을 헌법이 아니라 법률이 보장하는 참정권으로 본다[판례 1]. 지방자치법은 "주민투표의 대상·발의자·발의요건, 그 밖에 투표절차 등에 관한 사항은 따로 법률로 정한다"고 규정하고 있고(지자법 제18조 제 2 항), 그 법률로 주민투표법이 제정되어 있다. 주민투표법의 제정 전에 헌법재판소는 국회에 입법의무가 있는 것은 아니라고 하였다[판례 2].

(정부가 경주, 군산, 영덕, 포항의 주민투표를 거쳐 찬성률이 가장 높은 경주시(부지 후보지: 양북면 봉길리)를 중·저준위 방사성 폐기물 처분시설(이하 '처분시설'이라 한다)의 설치후보지로 선정하자 경주시 양북면 봉길리와 인접한 지역인 울산 북구 주민들이 평등권, 청문권, 직업선택의 자유, 알권리, 환경권, 주민투표권 및 행복추구권 등의 침해를 이유로 제기한 헌법소원심판청구사건에서) 지방자치단체장이 유치신청을 한 지역에 대하여만 주민투표를 허용하고 또 그 결과에 따라 처분시설의 부지 선정절차를 진행하도록 하고 있는바, 소속 지방자치단체의 장이 유치신청을 하지 않는 등 이 사건 선정공고에서 정한 절차에 참가하지 않는 지방자치단체의 소속 주민의 경우에는 처분시설 부지선정 절차에 대해 주민투표권을 행사할 수 없게 되는 측면이 있기는 하나, 주민투표법 제 8 조에 따른 국가정책에 대한 주민투표는 주민의 의견을 묻는 의견수렴으로서의 성격을 갖는 것이고, 주민투표권의 일반적 성격을 보더라도 이는 법률이 보장하는 참정권이라고 할 수 있을지언정 헌법이 보장하는 참정권이라고 할 수는 없으

므로$\binom{\text{헌재 2001. 6. 28, 2000헌마735;}}{\text{헌재 2005. 10. 4, 2005헌마848}}$, 설령 이 사건 선정공고로 인하여 청구인의 주민투표권이 박탈되는 측면이 있다 하더라도 이는 기본권으로서 참정권의 침해에 해당하지 않는다$\binom{\text{헌재 2008. 12. 26, 2005}}{\text{헌마1158 전원재판부}}$.

[판례 2] 주민투표절차 형성에 관한 국회의 헌법상 입법의무의 인정 여부

$\binom{\text{인천 부평구 미군부대이}}{\text{전 구민투표조례사건에서}}$ 헌법 제117조 및 제118조가 보장하고 있는 본질적인 내용은 자치단체의 보장, 자치기능의 보장 및 자치사무의 보장으로 어디까지나 지방자치단체의 자치권으로 **헌법**은 지역 주민들이 자신들이 선출한 자치단체의 장과 지방의회를 통하여 자치사무를 처리할 수 있는 **대의제 또는 대표제 지방자치를 보장하고 있을 뿐이지 주민투표에 대하여는 어떠한 규정도 두고 있지 않다.** … **지방자치법 제13조의2가 주민투표의 법률적 근거를 마련하면서, 주민투표에 관련된 구체적 절차 와 사항에 관하여는 따로 법률로 정하도록 하였다고 하더라도 주민투표에 관련된 구체적인 절차와 사 항에 대하여 입법하여야 할 헌법상 의무가 국회에게 발생하였다고 할 수는 없다**$\binom{\text{헌재 2001. 6. 28,}}{\text{2000헌마735}}$.

2. 주민투표권자

19세 이상의 주민 중 제6조 제1항에 따른 투표인명부 작성기준일 현재 다음 각 호$\binom{\text{1. 그 지방자}}{\text{치단체의 관}}$ 할구역에 주민등록이 되어 있는 사람. 2. 출입국관리 관계 법령에 따라 대한민국에 계속 거주할 수 있는 자격(체류자격변경허가 또는 체류기간연장허가를 통하여 계속 거주할 수 있는 경우를 포함한다)을 갖춘 외국인으로서 지방자치단체의 조례로 정한 사람)의 어느 하 나에 해당하는 사람에게는 주민투표권이 있다. 다만, 「공직선거법」 제18조에 따라 선거권이 없 는 사람에게는 주민투표권이 없다$\binom{\text{주민투표법}}{\text{제5조 제1항}}$. 주민투표권자의 연령은 투표일 현재를 기준으로 산정한다$\binom{\text{주민투표법}}{\text{제5조 제2항}}$.

3. 주민투표의 대상

주민에게 과도한 부담을 주거나 중대한 영향을 미치는 지방자치단체의 주요결정사항으로서 그 지방자치단체의 조례로 정하는 사항은 주민투표에 부칠 수 있다$\binom{\text{주민투표법}}{\text{제7조 제1항}}\binom{\text{판}}{\text{례}}$. 제1항의 규정 에 불구하고 다음 각 호$\binom{\text{1. 법령에 위반되거나 재판중인 사항. 2. 국가 또는 다른 지방자치단체의 권한 또는 사무에 속하는 사항. 3. 지}}{\text{방자치단체가 수행하는 다음 각 목(가. 예산 편성·의결 및 집행, 나. 회계·계약 및 재산관리)의 어느 하나에}}$ 해당하는 사무의 처리에 관한 사항. 3의2. 지방세·사용료·수수료·분담금 등 각종 공과금의 부과 또는 감면에 관한 사항. 4. 행정기구의 설치·변 경에 관한 사항과 공무원의 인사·정원 등 신분과 보수에 관한 사항. 5. 다른 법률에 의하여 주민대표가 직접 의사결정주체로서 참여할 수 있는 공 공시설의 설치에 관한 사항. 다만, 제9조 제5항의 규정에 의하여 지방의회가 주민투표의 실시를 청구하는 경우에는 그러하지 아 니하다. 6. 동일한 사항(그 사항과 취지가 동일한 경우를 포함한다)에 대하여 주민투표가 실시된 후 2년이 경과되지 아니한 사항)의 사항 은 이를 주민투표에 부칠 수 없다$\binom{\text{주민투표법}}{\text{제7조 제2항}}$.

[판례] 주민투표사항을 한정하는 지방자치법 제13조의2(현행 제18조) 규정의 취지

$\binom{\text{인천광역시 부평구의회가 의결한 인천광역시부평구미군부대이전에관한구민투표조례안에 대하여 인}}{\text{천광역시 부평구청장이 조례안재의결무효확인을 구한 인천광역시부평구미군부대이전조례안사건에서}}$ 지방자치법 제13조의2 의 규정에 의하면, 지방자치단체의 장은 어떠한 사항이나 모두 주민투표에 붙일 수 있는 것은 아 니고, 지방자치단체의 폐치·분합 또는 주민에게 과도한 부담을 주거나 중대한 영향을 미치는 지 방자치단체의 주요 결정사항 등에 한하여 주민투표를 붙일 수 있도록 하여 그 대상을 한정하고 있음을 알 수 있는바, 위 규정의 취지는 **지방자치단체의 장이 권한을 가지고 결정할 수 있는 사항에 대하여 주민투표에 붙여 주민의 의사를 물어 행정에 반영하려는 데에 있다**$\binom{\text{대판 2002. 4. 26,}}{\text{2002추23}}$.

4. 주민투표의 실시요건

① 지방자치단체의 장은 주민 또는 지방의회의 청구에 의한 경우는 주민투표를 실시하여야 하고, 주민의 의견을 듣기 위하여 필요하다고 판단하는 경우 주민투표를 실시할 수 있다(주민투표법 제9조 제1항). ② 18세 이상 주민 중 제5조 제1항 각 호의 어느 하나에 해당하는 사람(같은 항 각 호 외의 부분 단서에 따라 주민투표권이 없는 자는 제외한다. 이하 "주민투표청구권자"라 한다)은 주민투표청구권자 총수의 20분의 1 이상 5분의 1 이하의 범위에서 지방자치단체의 조례로 정하는 수 이상의 서명으로 그 지방자치단체의 장에게 주민투표의 실시를 청구할 수 있다(주민투표법 제9조 제2항). ③ 지방의회는 재적의원 과반수의 출석과 출석의원 3분의 2 이상의 찬성으로 그 지방자치단체의 장에게 주민투표의 실시를 청구할 수 있다(주민투표법 제9조 제5항). ④ 지방자치단체의 장은 직권에 의하여 주민투표를 실시하고자 하는 때에는 그 지방의회 재적의원 과반수의 출석과 출석의원 과반수의 동의를 얻어야 한다(주민투표법 제9조 제6항).

5. 주민투표의 결과

지방자치단체의 장 및 지방의회는 주민투표 결과 확정된 내용대로 행정·재정상의 필요한 조치를 하여야 한다(주민투표법 제24조 제5항). 지방자치단체의 장 및 지방의회는 주민투표 결과 확정된 사항에 대하여 2년 이내에는 이를 변경하거나 새로운 결정을 할 수 없다. 다만, 제1항 단서의 규정에 의하여 찬성과 반대 양자를 모두 수용하지 아니하거나, 양자택일의 대상이 되는 사항 모두를 선택하지 아니하기로 확정된 때에는 그러하지 아니하다(주민투표법 제24조 제6항).

6. 주민투표쟁송

① 주민투표의 효력에 관하여 이의가 있는 주민투표권자는 주민투표권자 총수의 100분의 1 이상의 서명으로 제24조 제3항에 따라 주민투표 결과가 공표된 날부터 14일 이내에 관할 선거관리위원회 위원장을 피소청인으로 하여 시·군·구에 있어서는 시·도 선거관리위원회에, 시·도의 경우에는 중앙선거관리위원회에 소청할 수 있다(주민투표법 제25조 제1항). ② 소청에 대한 결정에 관하여 불복이 있는 소청인은 관할 선거관리위원회 위원장을 피고로 하여 그 결정서를 받은 날(결정서를 받지 못한 때에는 결정기간이 종료된 날을 말한다)부터 10일 이내에 시·도의 경우에는 대법원에, 시·군·구의 경우에는 관할 고등법원에 소를 제기할 수 있다(주민투표법 제25조 제2항).

7. 국가정책에 관한 주민투표

중앙행정기관의 장은 지방자치단체를 폐지하거나 설치하거나 나누거나 합치는 경우 또는 지방자치단체의 구역을 변경하거나 주요시설을 설치하는 등 국가정책의 수립에 관하여 주민의 의견을 듣기 위하여 필요하다고 인정하는 때에는 주민투표의 실시구역을 정하여 관계 지방자치단체의 장에게 주민투표의 실시를 요구할 수 있다. 이 경우 중앙행정기관의 장은 미리 행정안전부장관과 협의하여야 한다(주민투표법 제8조 제1항). 지방자치단체의 장은 제1항의 규정에 의하여 주민투표의 실시를 요구받은 때에는 지체 없이 이를 공표하여야 하며, 공표일부터 30일 이내에 그 지방의회의 의견을 들어야 한다($^{주민투표법}_{제8조 제2항}$). 헌법재판소는 "주민투표법 제8조에 따른 국가정책에 대한 주민투표는 주민의 의견을 묻는 의견수렴으로서의 성격을 갖는 것으로 본다"($^{헌재 2008. 12. 26, 2005}_{헌마1158 전원재판부}$). 국가정책에 관한 주민투표에 대한 주민투표소송은 배제되는데($^{주민투표법}_{제8조 제4항}$), 헌법재판소는 이를 합헌으로 본다($^{헌재 2009. 3. 26, 2006}_{헌마99 전원재판부}$).

Ⅵ. 조례제정 · 개정 · 폐지청구권

1. 관 념

(1) 의 의 주민은 지방자치단체의 조례를 제정하거나 개정하거나 폐지할 것을 청구할 수 있다($^{지자법 제19}_{조 제1항}$). 이에 따라 주민은 조례제정 · 개폐를 청구할 수 있는 권리를 갖는바, 이를 조례제정 · 개정 · 폐지청구권이라 한다. 조례제정 · 개정 · 폐지청구권은 조례를 제정하거나 개정하거나 폐지할 것을 청구할 수 있는 권리일 뿐, 주민이 직접 조례를 제정하거나 개정하거나 폐지할 수 있는 권리가 아니다. 따라서 직접적인 주민참여제도로 보기 어려운 면도 있다.

(2) 성 질 헌법재판소는 조례제정 · 개정 · 폐지청구권을 헌법상 보장되는 기본권이라거나 헌법 제37조 제1항의 '헌법에 열거되지 아니한 권리'로 보지 아니하고 법률에 의하여 보장되는 권리로 본다($^{헌재 2014. 4. 24,}_{2012헌마287}$).

(3) 주민조례발안에 관한 법률 조례의 제정 · 개정 또는 폐지 청구의 청구권자 · 청구대상 · 청구요건 및 절차 등에 관한 사항은 따로 법률로 정한다($^{지자법 제19}_{조 제2항}$). 지방자치법 제19조에 따른 주민의 조례 제정과 개정 · 폐지 청구에 필요한 사항을 규정함으로써 주민의 직접참여를 보장하고 지방자치행정의 민주성과 책임성을 제고함을 목적으로 주민조례발안에 관한 법률이 제정되었다.

2. 청구의 대상

(1) 규정내용 지방의회의 조례제정권이 미치는 모든 조례규정사항이 조례제정 · 개폐의 청구대상이 된다. 여기에서 조례규정사항이란 자치사무와 단체위임사무에 속하는 사항을 말한다. 그러나 ① 법령을 위반하는 사항($^{판}_{례}$), ② 지방세 · 사용료 · 수수료 · 부담금의 부과 · 징수 또는 감면에 관한 사항, ③ 행정기구를 설치하거나 변경하는 것에 관한 사항이나 공공시설의 설치를 반대하는 사항은 청구대상에서 제외한다($^{주조법}_{제4조}$).

[판례] 법령을 위반하는 사항에 관한 주민의 조례제정청구를 지방자치단체의 장이 각하하도록 한 구 지방자치법 제13조의3(주조법 제12조) 제1항 제1호 및 제6항의 제도적 보장 위반 여부(청구인인 서울특별시 은평구 주민들은 은평구청장에게 '서울특별시 은평구 학교급식지원에 관한 조례' 제정청구를 하였는데, 은평구청장은 지방자치법 제13조의3 제1항 제1호 및 제6항에 근거하여 2006. 1. 17. "지방자치단체의 조례는 법령이나 상급 지방자치단체의 조례에 위반하여 제정될 수 없는바, '서울특별시 학교급식지원에 관한 조례'가 제정되지 않은 상태에 있어 서울특별시 조례 제정 추이 등을 지켜보면서 제정하도록 하는 것이 타당할 것으로 판단된다"는 이유로 조례제정청구를 각하하였고, 청구인은 각하처분에 불복하여 행정심판을 청구하였으나 2006. 7. 21. 기각되었다. 이에 청구인은 은평구청장을 상대로 위 각하처분의 취소를 구하는 소를 제기하고, 그 소송계속중 각하처분의 근거가 된 지방자치법 제13조의3 제1항 제1호 및 제6항이 권력분립 · 국민주권의 원리, 명확성원칙 등에 반하여 헌법

에 위반된다고 주장하며 법원에 위헌법률심판제청신청을 하였으나 법원이 위 신청을 기각하자, 2007. 8. 1. 청구인이 법률조항들의 위헌확인을 구한 헌법소원심판청구사건에서) 헌법 제117조 제 1 항의 취지에 따라 조례는 법령의 범위 안에서 제정되어야 하며, 이것은 주민이 자치입법에 직접 관여하는 경우에도 마찬가지이고, 이 사건 법률조항들은 이러한 내용을 확인한 것에 불과하다. 한편, 상위법에 위반한 조례안이 일정한 절차를 거쳐 조례로 제정될 수 있도록 하고, 이에 대한 사후적 사법심사를 통해 무효화시키는 것은 지방행정의 낭비 및 회복하기 어려운 법질서의 혼란을 가져올 수 있으므로 이를 방지하기 위하여 이 사건 법률조항들과 같은 사전차단장치를 둔 것이 입법자의 자의적인 법형성권의 행사로서 지방자치제도의 본질적 내용을 침해한다고 볼 수 없다(헌재 2009. 7. 30, 2007 헌바75 전원재판부).

(2) 문 제 점 　　청구제외대상은 건전한 지방재정의 확보, 행정기구의 설치·변경의 신중성, 혐오시설의 확보 등을 고려한 것으로 보인다. 그러나 지방자치법이 주민의 생활과 직결된 여러 사항을 일률적으로 조례제정개폐청구의 대상에서 제외한 것은 문제가 있다.

3. 청구의 주체와 상대방

(1) 청구의 주체 　　조례제정·개정·폐지청구(주민조례청구)는 18세 이상인 주민(1. 해당 지방자치단체의 관할 구역에 주민등록이 되어 있는 사람, 2. 「출입국관리법」 제10조에 따른 영주할 수 있는 체류자격 취득일 후 3년이 지난 외국인으로서 같은 법 제34조에 따라 해당 지방자치단체의 외국인등록대장에 올라 있는 사람)의 일정 수 이상의 자가 공동으로 행한다. 주민 1인이 주민조례청구를 할 수는 없다(주조법 제2조, 제5조).

(2) 청구의 상대방 　　주민조례청구의 상대방은 해당 지방자치단체의 의회이다(주조법 제2조). 2022년 시행 전부개정법률 전의 구법 하에서는 해당 지방자치단체의 장이 주민조례청구의 상대방이었다(구 지자법 제15조 제 1 항).

4. 청구의 절차

주민조례청구의 절차는 주민조례청구를 하려는 사람들의 대표자 선정, 대표자가 증명서 신청과 발급(주조법 제6조), 청구인명부의 작성(주조법 제9조), 청구인명부의 제출(주조법 제10조), 이의신청과 심사·결정(주조법 제11조), 청구의 수리 및 각하(주조법 제12조)의 절차로 구성된다.

5. 조례안의 발의와 심사

(1) 조례안의 발의 　　지방의회의 의장은 「지방자치법」 제76조 제 1 항에도 불구하고 제 1 항에 따라 주민조례청구를 수리한 날부터 30일 이내에 지방의회의 의장 명의로 주민청구조례안을 발의하여야 한다(주조법 제12조 제 3 항).

(2) 조례안의 심사 절차

(개) 의결기한 　　지방의회는 제12조 제 1 항에 따라 주민청구조례안이 수리된 날부터 1년 이내에 주민청구조례안을 의결하여야 한다. 다만, 필요한 경우에는 본회의 의결로 1년 이내의 범위에서 한 차례만 그 기간을 연장할 수 있다(주조법 제13조 제 1 항).

(내) 대표자의 의견청취 　　지방의회는 심사 안건으로 부쳐진 주민청구조례안을 의결하기 전에 대표자를 회의에 참석시켜 그 청구취지(대표자와의 질의·답변을 포함한다)를 들을 수 있다(주조법 제13조 제 2 항)(판례).

판례 지방의회 본회의 또는 위원회의 안건 심의 중 주민의 방청인으로의 발언권을 허용한 조례의 적법 여부

(완주군의회가 의결한 완주군의회 회의규칙 중 개정규칙안(본회의 등에서 방청인의 발언에 관한 조항이 문제되었다)에 대한 재의결에 대하여 완주군수가 재의결의 무효를 주장한 완주군 방청인발언 의회회의규칙사건에서) **지방자치법상의 의회대표제하에서** 의회의원과 주민은 엄연히 다른 지위를 지니는 것으로서 의원과는 달리 정치적·법적으로 아무런 책임을 지지 아니하는 **주민이 본회의 또는 위원회의 안건 심의중 안건에 관하여 발언한다는 것은 선거제도를 통한 대표제원리에 정면으로 위반되는 것으로서 허용될 수 없고**, 다만 간접민주제를 보완하기 위하여 의회대표제의 본질을 해하지 않고 의회의 기능수행을 저해하지 아니하는 범위 내에서 주민이 의회의 기능수행에 참여하는 것 — 예컨대 공청회에서 발언하거나 본회의, 위원회에서 참고인, 증인, 청원인의 자격으로 발언하는 것 — 은 허용된다(대판 1993. 2. 26, 92추109).

(다) 폐기의 제한   「지방자치법」제79조 단서에도 불구하고 주민청구조례안은 제12조 제1항에 따라 주민청구조례안을 수리한 당시의 지방의회의 의원의 임기가 끝나더라도 다음 지방의회의 의원의 임기까지는 의결되지 못한 것 때문에 폐기되지 아니한다(주조법 제13조 제3항).

[기출사례] 제11회 변호사시험(2022년) 문제·답안작성요령 ☞PART 4 [3-2b]

Ⅶ. 규칙 제정·개정·폐지 의견제출권

1. 의   의

주민은 제29조에 따른 규칙(권리·의무와 직접 관련되는 사항으로 한정한다)의 제정, 개정 또는 폐지와 관련된 의견을 해당 지방자치단체의 장에게 제출할 수 있다(지자법 제20조 제1항). 이를 주민의 규칙 제정·개정·폐지 의견제출권이라 한다. 의견 제출의 방법 및 절차는 해당 지방자치단체의 조례로 정한다(지자법 제20조 제4항).

2. 제외 사항

법령이나 조례를 위반하거나 법령이나 조례에서 위임한 범위를 벗어나는 사항은 제1항에 따른 의견 제출 대상에서 제외한다(지자법 제20조 제2항).

3. 결과 통보

지방자치단체의 장은 제1항에 따라 제출된 의견에 대하여 의견이 제출된 날부터 30일 이내에 검토 결과를 그 의견을 제출한 주민에게 통보하여야 한다(지자법 제20조 제3항). 의견의 검토와 결과 통보의 방법 및 절차는 해당 지방자치단체의 조례로 정한다(지자법 제20조 제4항).

Ⅷ. 감사청구권

1. 관   념

(1) 의   의   지방자치단체의 18세 이상의 일정 주민들은 시·도에서는 주무부장관에게, 시·군 및 자치구에서는 시·도지사에게 그 지방자치단체와 그 장의 권한에 속하는 사무의 처

리가 법령에 위반되거나 공익을 현저히 해친다고 인정되면 감사를 청구할 수 있는바$\binom{\text{지자법 제21}}{\text{조 제 1 항}}$, 주민이 갖는 이러한 권리를 주민감사청구권이라 한다.

(2) 기　　능　　주민감사청구제도는 주민에 의한 자치행정의 감시기능과 주민의 참여를 통한 주민의 권익보호기능을 갖는다. 감사청구권제도는 완화된 주민참여제도의 일종이다$\binom{\text{판}}{\text{례}}$.

[판례] **주민감사청구제도의 취지**

$\binom{\text{주민감사청구에 대한 감사기관의 위법한 각하결정에도 불구하고 주민소송이 지방자치법 제17조 제 1 항}}{\text{에서 정한 '주민감사청구 전치 요건'을 충족한 것으로 볼 수 있는지 여부가 쟁점이 된 손해배상소송에서}}$ 주민감사청구는 1999. 8. 31. 법률 제6002호로 개정된 지방자치법에서 지방자치에 대한 주민의 직접참여를 확대하기 위하여 도입된 제도이고, 주민소송은 2005. 1. 27. 법률 제7362호로 개정된 지방자치법에서 주민참여를 확대하여 지방행정의 책임성을 높이려는 목적에서 도입된 제도이다$\binom{\text{대판 2020. 6. 25.,}}{\text{2018두67251}}$.

---

2. 청구의 대상

주민감사청구의 대상은 그 지방자치단체와 그 장의 권한에 속하는 사무로서 그 처리가 법령에 위반되거나 공익을 현저히 해친다고 인정되는 사항이다$\binom{\text{지자법 제21조}}{\text{제 1 항 본문}}$. 지방자치단체의 사무와 그 장의 권한에 속하는 사무는 자치사무·단체위임사무$\binom{\text{지방자치단}}{\text{체의 사무}}$를 포함하며 기관위임사무$\binom{\text{지방자}}{\text{치단체}}$$\binom{\text{의 장}}{\text{의 사무}}$도 포함한다. 다만 ① 수사나 재판에 관여하게 되는 사항, ② 개인의 사생활을 침해할 우려가 있는 사항, ③ 다른 기관에서 감사했거나 감사중인 사항$\binom{\text{다른 기관에서 감사한 사항이라도 새로운 사항이 발견}}{\text{되거나 중요사항이 감사에서 누락된 경우와 제22조}}$ $\binom{\text{제 1 항에 따라 주민소송의}}{\text{대상이되는 경우는 제외한다}}$, ④ 동일한 사항에 대하여 제22조 제 2 항 각호의 어느 하나에 해당하는 소송이 계속중이거나 그 판결이 확정된 사항은 감사청구의 대상에서 제외된다$\binom{\text{지자법 제21}}{\text{조 제 2 항}}$.

3. 청구의 주체

시·도는 300명, 제198조에 따른 50만 이상 대도시는 200명, 그 밖의 시·군 및 자치구는 150명을 넘지 아니하는 범위에서 그 지방자치단체의 조례로 정하는 18세 이상의 주민이 청구의 주체가 된다$\binom{\text{지자법 제21조}}{\text{제 1 항 본문}}$. 한편, 18세 미만의 자는 감사청구의 절차에 참여할 수 없다. 그러나 조례제정개폐청구권을 갖는 외국인은 감사청구권도 갖는다.

4. 청구의 상대방

감사청구의 상대방은 해당 지방자치단체의 장이 아니라 감독청이다. 즉, 시·도에서는 주무부장관, 시·군 및 자치구에서는 시·도지사가 주민감사청구의 상대방이 된다$\binom{\text{지자법 제21}}{\text{조 제 1 항}}$.

5. 청구의 기한

주민감사청구는 사무처리가 있었던 날이나 끝난 날부터 3년이 지나면 제기할 수 없다$\binom{\text{지자법 제21}}{\text{조 제 3 항}}$. 주민감사의 청구에 기간상 제한을 둔 것은 지방자치단체의 행정의 안정성을 도모하기 위한 것이다.

6. 감사의 절차

(1) 감사의 실시　　　주무부장관이나 시·도지사는 감사청구를 수리한 날부터 60일 이내에 감사청구된 사항에 대하여 감사를 끝내야 하며, 감사결과를 청구인의 대표자와 해당 지방자치단체의 장에게 서면으로 알리고 공표하여야 한다(지자법 제21조, 제9항 본문). 다만, 그 기간에 감사를 끝내기가 어려운 정당한 사유가 있으면 그 기간을 연장할 수 있다. 이 경우 이를 미리 청구인의 대표자와 해당 지방자치단체의 장에게 알리고 공표하여야 한다(지자법 제21조, 제9항 단서).

(2) 중복감사의 방지　　　주무부장관이나 시·도지사는 주민이 감사를 청구한 사항이 다른 기관에서 이미 감사한 사항이거나 감사 중인 사항이면 그 기관에서 실시한 감사결과 또는 감사 중인 사실과 감사가 끝난 후 그 결과를 알리겠다는 사실을 청구인의 대표자와 해당 기관에 지체 없이 알려야 한다(지자법 제21조 제10항).

(3) 의견진술　　　주무부장관이나 시·도지사는 주민 감사청구를 처리(각하를 포함한다)할 때 청구인의 대표자에게 반드시 증거 제출 및 의견 진술의 기회를 주어야 한다(지자법 제21조 제11항).

7. 감사결과의 이행

주무부장관이나 시·도지사는 제9항에 따른 감사결과에 따라 기간을 정하여 해당 지방자치단체의 장에게 필요한 조치를 요구할 수 있다. 이 경우 그 지방자치단체의 장은 이를 성실히 이행하여야 하고 그 조치결과를 지방의회와 주무부장관 또는 시·도지사에게 보고하여야 한다(지자법 제21조 제12항). 주무부장관이나 시·도지사는 제12항에 따른 조치요구내용과 지방자치단체의 장의 조치결과를 청구인의 대표자에게 서면으로 알리고, 공표하여야 한다(지자법 제21조 제13항).

Ⅸ. 주민소송권

1. 관　념

(1) 주민소송의 의의　　　지방자치법 제21조 제1항에 따라 공금의 지출에 관한 사항[판례1], 재산의 취득·관리·처분에 관한 사항[판례2] 등을 감사청구한 주민은 그 감사청구한 사항과 관련이 있는 위법한 행위나 업무를 게을리 한 사실에 대하여 해당 지방자치단체의 장을 상대방으로 하여 소송을 제기할 수 있는바(지자법 제22조 제1항), 주민이 갖는 이러한 권리를 주민소송권이라 한다[판례3]. 판례는 주민감사청구절차에서 감사기관의 위법한 결정을 항고소송으로 다툴 수 없다는 견해를 취한다[판례4].

[판례1]　구 지방자치법 제13조의5(현행법 제22조) 제1항의 "공금의 지출에 관한 사항"의 의미
(성남시장을 피고로 한 손해배상청구소송에서) 구 지방자치법 제13조의5 제1항에 규정된 주민소송의 대상으로서 "공금의 지출에 관한 사항"이라 함은 지출원인행위 즉, 지방자치단체의 지출의 원인이 되는 계약 그 밖의 행위로서 당해 행위에 의하여 지방자치단체가 지출의무를 부담하는 예산집행의 최초 행위와 그에

따른 지급명령 및 지출 등에 한정되고, 특별한 사정이 없는 한 이러한 지출원인행위 등에 선행하여 그러한 지출원인행위를 수반하게 하는 당해 지방자치단체의 장 및 직원, 지방의회 의원의 결정 등과 같은 행위는 포함되지 않는다(대판 2011. 12. 22. 2009두14309).

[판례 2] 재산의 '관리·처분'의 의의

(1) (지방자치법 제17조 제1항 위헌소원 사건에서) 지방자치법은 '관리·처분'의 의미에 관한 별도의 규정을 두고 있지 아니하나, '공유재산 및 물품 관리법'의 관련 규정(제2조 제4호, 제2조 제6호)을 통해 심판대상조항 중 '관리·처분'의 의미를 파악할 수 있다(헌재 2021. 11. 25. 2019헌바450).

(2) (피고 서울특별시 서초구청장이 피고 보조참가인 대한예수교장로회 사랑의 교회에 참나리길 지하 부분에 대한 도로점용허가를 하였고, 이에 대하여 원고들이 도로점용허가처분무효확인등을 구한 사랑의 교회 도로점용허가 사건에서) 위 도로점용허가로 인해 형성된 사용관계의 실질을 전체적으로 보아 도로부지의 지하 부분에 대한 사용가치를 실현시켜 그 부분에 대하여 특정한 사인에게 **점용료와 대가관계에 있는 사용수익권을 설정**하여 주는 것이라고 봄이 상당하다. 그러므로 이 사건 도로점용허가는 실질적으로 위 도로 지하 부분의 사용가치를 제3자로 하여금 활용하도록 하는 **임대 유사한 행위**로서, 이는 앞서 본 법리에 비추어 볼 때, 지방자치단체의 재산인 도로부지의 재산적 가치에 영향을 미치는 지방자치법 제17조 제1항의 '재산의 관리·처분에 관한 사항'에 해당한다고 할 것이다(대판 2016. 5. 27. 2014두8490).

[판례 3] 주민소송제도의 취지

(주민감사청구에 대한 감사기관의 위법한 각하결정에도 불구하고 주민소송이 지방자치법 제17조 제1항에서 정한 '주민감사청구 전치 요건'을 충족한 것으로 볼 수 있는지 여부가 쟁점이 된 손해배상소송에서) 지방자치법 제17조 제1항에 따른 주민소송은 주민들이 해당 지방자치단체의 장을 상대방으로 하여 감사청구한 사항과 관련이 있는 해당 지방자치단체의 조치나 부작위의 당부를 다투어 위법한 조치나 부작위를 시정하거나 또는 이와 관련하여 해당 지방자치단체에 손해를 야기한 행위자들을 상대로 손해배상청구 등을 할 것을 요구하는 소송이지, 감사기관이 한 감사결과의 당부를 다투는 소송이 아니다(대판 2020. 6. 25. 2018두67251).

[판례 4] 주민감사청구절차에서 감사기관의 위법한 결정을 항고소송으로 다툴 수 없는 이유

(주민감사청구에 대한 감사기관의 위법한 각하결정에도 불구하고 주민소송이 지방자치법 제17조 제1항에서 정한 '주민감사청구 전치 요건'을 충족한 것으로 볼 수 있는지 여부가 쟁점이 된 손해배상소송에서) 감사기관의 위법한 각하결정에 대하여 별도의 항고소송으로 다투도록 할 경우에는, 그 항고소송에서 해당 각하결정을 취소하거나 무효임을 확인하는 판결이 확정된 다음, 감사기관이 취소·무효확인판결의 기속력(행정소송법 제30조 제1항, 제2항, 제38조 제1항 참조)에 따라 감사청구사항의 실체에 관하여 본안판단을 하는 내용의 감사결과를 통보한 후에야 비로소 지방자치법 제17조 제1항 제2호에 근거하여 주민소송을 제기할 수 있게 되는데, 그러한 항고소송은 주민들에게는 간접적이고 우회적인 분쟁해결절차에 불과하고 직접적인 분쟁해결절차인 주민소송의 제기를 장기간 지연시키는 문제가 있다(대판 2020. 6. 25. 2018두67251).

(2) 주민소송의 기능 　주민소송제도는 주민의 직접참여를 통해 지방행정의 투명성·공정성·적법성을 보장하는 기능을 갖는다(대판 2016. 5. 27. 2014두8490)(판례).

[판례] 주민소송에서 취소판결의 효과와 관련 처분의 소멸 여부

(서울특별시 서초구청장의 도로점용허가처분에 대하여 서초구 주민들이 주민소송을 제기한 사건에서) 주민소송상 취소판결의 직접적인 효과로 이 사건 건축허가가 취소되거나 그 효력이 소멸되는 것은 아니지만, 이 사건 도로점용허가가 유효하게 존재함을 전제로 이루어진 이 사건 건축허가는 그 법적·사실적 기초를 일부 상실하게 되므로, 피고는 수익적 행정행위의 직권취소 제한에 관한 법리를 준수하는 범위 내에서 일정한 요건 하에 직권으로

그 일부를 취소하거나 변경하는 등의 조치를 할 의무가 있다. 따라서 이 사건 주민소송에서 원고들이 이 사건 건축허가의 효력을 직접 다툴 수 없다고 하더라도, 원고들이 이 사건 도로점용허가의 취소를 구할 소의 이익을 부정하는 근거는 될 수 없다(대판 2019. 10. 17,/2018두104).

2. 소의 대상

지방자치법 제21조 제 1 항에 따라 감사청구한 사항 중 "공금의 지출에 관한 사항, 재산의 취득·관리·처분에 관한 사항, 해당 지방자치단체를 당사자로 하는 매매·임차·도급 계약이나 그 밖의 계약의 체결·이행에 관한 사항 또는 지방세·사용료·수수료·과태료 등 공금의 부과·징수를 게을리한 사항"과 관련이 있는 위법한 행위나 업무를 게을리 한 사실이 주민소송의 대상이 된다(지자법 제22/조 제 1 항).

3. 당사자와 이해관계자

(1) 당 사 자

1) 원　　고　　지방자치법 제21조 제 1 항에 따라 공금의 지출에 관한 사항 등을 감사청구한 주민이 원고가 된다(지자법 제22/조 제 1 항)(판/례). 주민소송의 대상이 되는 사항에 대하여 감사청구한 주민이면 누구나 제소할 수 있다. 1인에 의한 제소도 가능하다. 그러나 제 2 항 각 호의 소송이 진행 중이면 다른 주민은 같은 사항에 대하여 별도의 소송을 제기할 수 없다(지자법 제22/조 제 5 항).

> [판례]　주민소송제기에 '주민감사청구 전치 요건'을 규정한 취지
> (주민감사청구에 대한 감사기관의 위법한 각하결정에도 불구하고 주민소송이 지방자치법 제17조 제 1 항/에서 정한 '주민감사청구 전치 요건'을 충족한 것으로 볼 수 있는지 여부가 쟁점이 된 손해배상소송에서) 지방자치법 제17조 제 1 항이 주민감사를 청구한 주민에 한하여 주민소송을 제기할 수 있도록 '주민감사청구 전치 요건'을 규정한 것은 감사기관에게 스스로 전문지식을 활용하여 간이·신속하게 문제를 1차적으로 시정할 수 있는 기회를 부여하고 이를 통해 법원의 부담도 경감하려는 데에 그 입법 취지가 있다 (대판 2020. 6. 25,/2018두67251).

2) 소송절차의 중단과 수계　　소송의 계속중에 소송을 제기한 주민이 사망하거나 제16조에 따른 주민의 자격을 잃으면 소송절차는 중단된다. 소송대리인이 있는 경우에도 또한 같다 (지자법 제22/조 제 6 항). 감사청구에 연서한 다른 주민은 제 6 항에 따른 사유가 발생한 사실을 안 날부터 6개월 이내에 소송절차를 수계할 수 있다. 이 기간에 수계절차가 이루어지지 아니할 경우 그 소송절차는 종료된다(지자법 제22/조 제 7 항). 법원은 제 6 항에 따라 소송이 중단되면 감사청구에 연서한 다른 주민에게 소송절차를 중단한 사유와 소송절차 수계방법을 지체 없이 알려야 한다(지자법 제22조/제 8 항 제 1 문).

3) 피　　고　　해당 지방자치단체의 장(해당 사항의 사무처리에 관한 권한을 소속 기관의 장/에게 위임한 경우에는 그 소속 기관의 장을 말한다)이 피고가 된다(지자법 제22/조 제 1 항). 비위를 저지른 공무원이나 지방의회의원이 피고가 아니다.

(2) 이해관계자

1) 소송고지 해당 지방자치단체의 장은 제 2 항 제 1 호부터 제 3 호까지의 규정에 따른 소송이 제기된 경우 그 소송 결과에 따라 권리나 이익의 침해를 받을 제 3 자가 있으면 그 제 3 자에 대하여, 제 2 항 제 4 호에 따른 소송이 제기된 경우 그 직원, 지방의회의원 또는 상대방에 대하여 소송고지를 하여 줄 것을 법원에 신청하여야 한다$\binom{\text{지자법 제22}}{\text{조 제10항}}$.

2) 소송참가 국가, 상급 지방자치단체 및 감사청구에 연서한 다른 주민과 제10항에 따라 소송고지를 받은 자는 법원에서 계속 중인 소송에 참가할 수 있다$\binom{\text{지자법 제22}}{\text{조 제13항}}$.

4. 제소사유

주민소송의 대상이 되는 감사청구사항에 대하여 ① 주무부장관이나 시·도지사가 감사청구를 수리한 날부터 60일$\binom{\text{제21조 제 9 항 단서에 따라 감사기간이 연}}{\text{장된 경우에는 연장기간이 끝난 날을 말한다}}$이 지나도 감사를 끝내지 아니한 경우, ② 제21조 제 9 항 및 제10항에 따른 감사결과 또는 같은 조 제12항에 따른 조치 요구에 불복하는 경우, ③ 제21조 제12항에 따른 주무부장관이나 시·도지사의 조치요구를 지방자치단체의 장이 이행하지 아니한 경우, ④ 제21조 제12항에 따른 지방자치단체의 장의 이행 조치에 불복하는 경우에 주민소송을 제기할 수 있다$\binom{\text{지자법 제22}}{\text{조 제 1 항}}$.

5. 주민소송의 종류

지방자치법 제22조 제 2 항은 주민소송을 4가지 종류로 구분하여 규정하고 있다.

(1) 제 1 호 소송

1) 의 의 제 1 호 소송은 '해당 행위를 계속하면 회복하기 곤란한 손해를 발생시킬 우려가 있는 경우에는 그 행위의 전부나 일부를 중지할 것을 요구하는 소송'이다. 즉 이 소송은 부작위를 구하는 소극적 이행소송으로서 행정기관에 대하여 일종의 소극적인 직무집행을 명할 것을 목적으로 하는 소송이다$\binom{\text{김용찬·선정}}{\text{원·변성완}}$.

2) 대 상 제 1 호 소송의 대상이 되는 행위는 공권력 행사 외에도 비권력적인 행위나 사실행위도 포함된다. 예를 들어 공금지출의 중지를 구하거나, 계약체결의 중지를 구하거나 계약이행의 중지를 구하는 등의 소송이 있다$\binom{\text{김용찬·선정}}{\text{원·변성완}}$.

3) 요 건 요건은 ① 해당 행위가 행해지기 이전이거나 현재 행해지고 있을 것, ② 해당 행위를 계속할 경우 지방자치단체에 회복하기 곤란한 손해를 발생시킬 우려가 있을 것, ③ 해당 행위를 중지할 경우에도 생명이나 신체에 중대한 위해가 생길 우려나 그 밖에 공공복리를 현저하게 저해할 우려가 없을 것$\binom{\text{지자법 제22}}{\text{조 제 3 항}}$이다.

4) 효 과 이 소송에서 원고승소판결이 확정되면 지방자치단체는 중지소송의 대상이 된 재무회계행위를 해서는 안 되는 부작위의무가 확정된다. 다만 중지의 대상이 된 행위의 상대방에게는 판결의 효력이 미치지 않는다$\binom{\text{김용찬·선정}}{\text{원·변성완}}$.

(2) 제 2 호 소송

1) 의　　의　　제 2 호 소송은 '행정처분인 해당 행위의 취소 또는 변경을 요구하거나 그 행위의 효력 유무 또는 존재 여부의 확인을 요구하는 소송'이다. 재무회계행위 중 행정처분의 성질을 갖는 행위를 취소하거나 무효 등임을 확인하는 소송이다.

2) 제소기간　　행정소송법과는 달리 취소소송 외에 무효등확인소송도 제소기간의 제한이 있다(지자법 제22 조 제 4 항).

3) 위법성 심사방식　　행정처분의 취소를 요구하는 주민소송에서 위법성 심사는 특별한 사정이 없는 한 취소소송에서의 위법성 심사와 같은 방식이 적용된다(판례).

> **판례**　행정처분의 취소를 요구하는 주민소송에서 위법성 심사 방식
>
> (1) (서울특별시 서초구청장의 도로점용허가처분에 대하여 서초구 주민들이 주민소송을 제기한 사건에서) 행정소송법 제46조 제 1 항은 민중소송으로서 처분의 취소를 구하는 소송에는 그 성질에 반하지 아니하는 한 취소소송에 관한 규정을 준용하도록 규정하고 있다. 따라서 주민소송의 대상, 제소기간, 원고적격 등에 관하여 지방자치법에서 달리 규정하지 않는 한 주민소송과 취소소송을 다르게 취급할 것은 아니므로, 행정처분의 취소를 요구하는 주민소송에서 위법성 심사는 특별한 사정이 없는 한 취소소송에서의 위법성 심사와 같은 방식으로 이루어져야 한다(대판 2019. 10. 17, 2018두104).
>
> (2) (서울특별시 서초구청장의 도로점용허가처분에 대하여 서초구 주민들이 주민소송을 제기한 사건에서) 주민소송에서 다툼의 대상이 된 처분의 위법성은 행정소송법상 항고소송에서와 마찬가지로 헌법, 법률, 그 하위의 법규명령, 법의 일반원칙 등 객관적 법질서를 구성하는 모든 법규범에 위반되는지 여부를 기준으로 판단하여야 하는 것이지, 해당 처분으로 인하여 지방자치단체의 재정에 손실이 발생하였는지만을 기준으로 판단할 것은 아니다(대판 2019. 10. 17, 2018두104).

4) 효　　과　　"주민소송상 취소판결의 직접적인 효과로 이 사건 건축허가가 취소되거나 그 효력이 소멸되는 것은 아니지만, 이 사건 도로점용허가가 유효하게 존재함을 전제로 이루어진 이 사건 건축허가는 그 법적·사실적 기초를 일부 상실하게 되므로, 피고는 수익적 행정행위의 직권취소 제한에 관한 법리를 준수하는 범위 내에서 일정한 요건 하에 직권으로 그 일부를 취소하거나 변경하는 등의 조치를 할 의무가 있다. 따라서 이 사건 주민소송에서 원고들이 이 사건 건축허가의 효력을 직접 다툴 수 없다고 하더라도, 원고들이 이 사건 도로점용허가의 취소를 구할 소의 이익을 부정하는 근거는 될 수 없다(대판 2019. 10. 17, 2018두104). "

[기출사례] 제10회 변호사시험(2021년) 문제·답안작성요령 ☞ PART 4 [3-2a]

(3) 제 3 호 소송

1) 의　　의　　제 3 호 소송은 '게을리한 사실의 위법 확인을 요구하는 소송'이다. 제 3 호 소송은 재무회계행위 중 게을리한 사실이라는 부작위를 대상으로 한다는 점에서 적극적 행위인 공금의 지출, 재산의 취득·관리·처분, 계약의 체결·이행을 대상으로 하는 제 1 호나 제 2 호 소

송과는 성격을 달리한다.

2) 부작위위법확인소송과의 관계   부작위위법확인소송은 그 대상은 처분의 부작위에 한정하고 있지만, 제 3 호 소송은 공법상의 행위뿐만 아니라 사법상의 행위 나아가 행정내부적인 행위나 사실행위도 포함된다(김용찬·선정 원·변성완).

(4) 제 4 호 소송

1) 의   의   제 4 호 본문 소송과 단서 소송 2가지가 있다. 본문 소송은 '해당 지방자치단체의 장 및 직원, 지방의회의원, 해당 행위와 관련이 있는 상대방에게 손해배상청구 또는 부당이득반환청구를 할 것을 요구하는 소송(이행청구소송)'을 말하며, 단서 소송은 '지방자치단체의 직원이 「회계관계직원 등의 책임에 관한 법률」 제 4 조에 따른 변상책임을 져야 하는 경우에는 변상명령을 할 것을 요구하는 소송(변상명령요구소송)'을 말한다.

2) 제 4 호 본문 소송

⑺ 종   류   제 4 호 본문 소송은 전단소송(해당 지방자치단체의 장 및 직원, 지방의회의원을 상대로 하는 소송)과 후단소송(해당 행위와 관련이 있는 상대방에게 하는 소송)(제1단계 소송)으로 나눌 수 있다. ① 전단소송은 예컨대 지방자치단체의 직원 등이 위법한 급여의 지급이나 보조금의 교부, 공유지의 매각 등을 통해 지방자치단체에 손해를 발생시킨 경우 해당 직원 등에게 손해배상을 요구하는 소송을 말한다. ② 후단소송이란 예컨대 위법하게 보조금을 수령한 자에게 손해배상청구 또는 부당이득반환청구할 것을 요구하는 소송을 말한다(김용찬·선정 원·변성완).

⑷ 효   과   이 소송에서 원고승소 판결이 확정되면 그 판결이 확정된 날부터 60일 이내를 기한으로 하여 지방자치단체의 장은 당사자에게 그 판결에 따라 결정된 손해배상금이나 부당이득반환금의 지급을 청구하여야 한다(지자법 제23조 제 1 항). 만일 지불청구를 받은 자가 손해배상금이나 부당이득반환금을 지급하지 아니하면 지방자치단체는 손해배상·부당이득반환의 청구를 목적으로 하는 소송(제 2 단계 소송)을 제기하여야 한다(지자법 제23조 제 2 항).

3) 제 4 호 단서 소송

⑺ 변상명령의 발령   지방자치단체의 장은 제22조 제 2 항 제 4 호 단서에 따른 소송에 대하여 변상할 것을 명하는 판결이 확정되면 그 판결이 확정된 날부터 60일 이내를 기한으로 하여 당사자에게 그 판결에 따라 결정된 금액을 변상할 것을 명령하여야 한다(지자법 제24조 제 1 항).

⑷ 변상금의 징수   제 1 항에 따라 변상할 것을 명령받은 자가 같은 항의 기한 내에 변상금을 지불하지 아니하면 지방세 체납처분의 예에 따라 징수할 수 있다(지자법 제24조 제 2 항).

㈐ 변상명령에의 불복   제 1 항에 따라 변상할 것을 명령받은 자는 이에 불복하는 경우 행정소송을 제기할 수 있다. 다만, 행정심판법에 따른 행정심판청구는 제기할 수 없다(지자법 제24조 제 3 항).

6. 제소기간

제 1 호 소송은 해당 60일이 끝난 날(제16조 제 3 항 단서에 따라 감사기간이 연장된 경우에는 연장기간이 끝난 날을 말한다)부터, 제 2 호 소송은 해당 감사결과나 조치요구내용에 대한 통지를 받은 날부터, 제 3 호 소송은 해당 조치를 요구할 때에 지정한 처리기간이 끝난 날부터, 제4호 소송은 해당 이행 조치결과에 대한 통지를 받은 날부터 각각 90일 이내에 제기하여야 한다$\binom{\text{지자법 제22}}{\text{조 제4항}}$.

7. 관할법원

제2항에 따른 소송은 해당 지방자치단체의 사무소 소재지를 관할하는 행정법원$\binom{\text{행정법원이 설치}}{\text{되지 아니한 지}}$
역에서는 행정법원의 권한에 속하는 사건을 관할하는 지방법원본원을 말한다$\big)$의 관할로 한다$\binom{\text{지자법 제22}}{\text{조 제9항}}$.

8. 소의 취하 등

제2항에 따른 소송에서 당사자는 법원의 허가를 받지 아니하고는 소의 취하, 소송의 화해 또는 청구의 포기를 할 수 없다$\binom{\text{지자법 제22}}{\text{조 제14항}}$. 이 경우 법원은 허가하기 전에 감사청구에 연서한 다른 주민에게 이를 알려야 하며, 알린 때부터 1개월 이내에 허가 여부를 결정하여야 한다. 이 경우 통지방법 등에 관하여는 제8항 후단을 준용한다$\binom{\text{지자법 제22}}{\text{조 제15항}}$.

9. 실비의 보상

소송을 제기한 주민은 승소$\binom{\text{일부 승소를}}{\text{포함한다}}$한 경우 그 지방자치단체에 대하여 변호사 보수 등의 소송비용, 감사청구절차의 진행 등을 위하여 사용된 여비, 그 밖에 실제로 든 비용을 보상할 것을 청구할 수 있다. 이 경우 지방자치단체는 청구된 금액의 범위에서 그 소송을 진행하는 데에 객관적으로 사용된 것으로 인정되는 금액을 지급하여야 한다$\binom{\text{지자법 제22}}{\text{조 제17항}}$.

[기출사례] 제60회 5급공채(2016년) 문제·답안작성요령 ☞ PART 4 [2-27]
[기출사례] 제61회 5급공채(일반행정)(2017년) 문제·답안작성요령 ☞ PART 4 [3-2]

Ⅹ. 주민소환권

1. 의 의

주민은 그 지방자치단체의 장 및 지방의회의원$\binom{\text{비례대표지방의회}}{\text{의원을 제외한다}}$을 소환할 권리를 가지는바$\binom{\text{지자법 제25}}{\text{조 제1항}}$, 이를 주민소환권이라 한다. 주민소환제도는 지방자치에 관한 주민의 직접참여의 확대와 지방행정의 민주성과 책임성의 제고를 목적으로 한다$\binom{\text{주소법}}{\text{제1조}}\binom{\text{판례}}{1}$. 주민소환의 청구사유에는 제한이 없다. 이 때문에 주민소환제도는 정치적 절차의 성격을 갖는다$\binom{\text{판례}}{2}$.

[판례 1] 주민소환제의 의의와 목적
$\binom{\text{하남시장이 주민의 여론을 충분히 수렴하지도 않은 채 독선적으로 광역장사시설을 유치하려 한}}{\text{다는 등의 이유로 제기한 주민소환에 관한 법률 제1조 등 위헌확인을 구한 헌법소원사건에서}}$ 주민소환은 주민의 의사에 의하여 공직자를 공직에서 해임시키는 것으로서 직접민주제 원리에 충실한 제도이다. 주민소환은 주민이 지방의원·지방자치단체장 기타 지방자치단체의 공무원을 임기중에 주민의 청원과 투표로써 해임하는 제도이고, 이는 주민에 의한 지방행정 통제의 가장 강력한 수단으로서 주민의 참정기회를 확대하고 주민대표의 정책이나 행정처리가 주민의사에 반하지 않도록 주민대표자기관이나 행정기관을 통제하여 주민에 대한 책임성을 확보하는 데 그 목적이 있다$\binom{\text{헌재 2009. 3. 26,}}{\text{2007헌마843}}$.

판례 2 　주민소환의 성격

$\left(\begin{array}{l}\text{하남시장이 주민의 여론을 충분히 수렴하지도 않은 채 독선적으로 광역장사시설을 유치하려 한}\\\text{다는 등의 이유로 제기한 주민소환에 관한 법률 제1조 등 위헌확인을 구한 헌법소원사건에서}\end{array}\right)$ 주민소환제를 규범적인 차원에서 정치적인 절차로 설계할 것인지, 아니면 사법적인 절차로 할 것인지는 현실적인 차원에서 입법자가 여러 가지 사정을 고려하여 정책적으로 결정할 사항이라 할 것이다. 그런데 주민소환법에 주민소환의 청구사유를 두지 않은 것은 입법자가 주민소환을 기본적으로 정치적인 절차로 설정한 것으로 볼 수 있고, 외국의 입법례도 청구사유에 제한을 두지 않는 경우가 많다는 점을 고려할 때 우리의 주민소환제는 기본적으로 정치적인 절차로서의 성격이 강한 것으로 평가될 수 있다 할 것이다$\left(\begin{array}{l}\text{헌재 2009. 3. 26.}\\\text{2007헌마843}\end{array}\right)$.

2. 주민소환투표권자와 청구권자, 대상자

(1) 주민소환투표권자 　　주민소환투표인명부 작성기준일 현재 ① 19세 이상의 주민으로서 당해 지방자치단체 관할구역에 주민등록이 되어 있는 자$\left(\begin{array}{l}\text{「공직선거법」 제18조의 규정에 의}\\\text{하여 선거권이 없는 자를 제외한다}\end{array}\right)$와 ② 19세 이상의 외국인으로서 「출입국관리법」 제10조의 규정에 따른 영주의 체류자격 취득일 후 3년이 경과한 자 중 같은 법 제34조의 규정에 따라 당해 지방자치단체 관할구역의 외국인등록대장에 등재된 자는 주민소환투표권이 있다$\left(\begin{array}{l}\text{주소법 제3}\\\text{조 제 1 항}\end{array}\right)$.

(2) 주민소환투표의 청구권자의 수 　　① 특별시장·광역시장·도지사$\left(\begin{array}{l}\text{이하 "시·도}\\\text{지사"라 한다}\end{array}\right)$는 당해 지방자치단체의 주민소환투표청구권자 총수의 100분의 10 이상, ② 시장·군수·자치구의 구청장은 당해 지방자치단체의 주민소환투표청구권자 총수의 100분의 15 이상, ③ 지역선거구시·도의회의원$\left(\begin{array}{l}\text{이하 "지역구시·}\\\text{도의원"이라 한다}\end{array}\right)$ 및 지역선거구자치구·시·군의회의원$\left(\begin{array}{l}\text{이하 "지역구자치구·}\\\text{시·군의원"이라 한다}\end{array}\right)$은 당해 지방의회의원의 선거구 안의 주민소환투표청구권자 총수의 100분의 20 이상 주민의 서명으로 그 소환사유를 서면에 구체적으로 명시하여 관할선거관리위원회에 주민소환투표의 실시를 청구할 수 있다$\left(\begin{array}{l}\text{주소법 제7}\\\text{조 제 1 항}\end{array}\right)$. 이 밖에 관할구역 안의 지방자치단체의 수에 따라 지방자치단체별로 서명권자의 수에 제한이 따른다$\left(\begin{array}{l}\text{주소법 제7}\\\text{조 제 2 항}\end{array}\right)$.

(3) 주민소환투표의 대상자 　　지방자치법은 그 지방자치단체의 장 및 지방의회의원$\left(\begin{array}{l}\text{비례}\\\text{대표}\\\text{지방의회의원}\\\text{은 제외한다}\end{array}\right)$을, 지방교육자치에 관한 법률은 교육감을 주민소환의 대상자로 규정하고 있다$\left(\begin{array}{l}\text{지육법}\\\text{제24조의2}\end{array}\right)$.

3. 주민소환투표의 청구제한기간

주민소환에 관한 법률 제 7 조 제 1 항 내지 제 3 항의 규정에 불구하고 ① 선출직 지방공직자의 임기개시일부터 1년이 경과하지 아니한 때, ② 선출직 지방공직자의 임기만료일부터 1년 미만일 때, ③ 해당선출직 지방공직자에 대한 주민소환투표를 실시한 날부터 1년 이내인 때에는 주민소환투표의 실시를 청구할 수 없다$\left(\begin{array}{l}\text{주소법}\\\text{제 8 조}\end{array}\right)$.

4. 주민소환투표의 발의절차와 권한정지

(1) 주민소환투표대상자에 대한 소명기회의 보장   관할선거관리위원회는 제 7 조 제 1 항 내지 제 3 항의 규정에 의한 주민소환투표청구가 적법하다고 인정하는 때에는 지체 없이 주민소환투표대상자에게 서면으로 소명할 것을 요청하여야 한다(주소법 제14조 제 1 항). 제 1 항의 규정에 의하여 소명요청을 받은 주민소환투표대상자는 그 요청을 받은 날부터 20일 이내에 500자 이내의 소명요지와 소명서(필요한 자료를 기재한 소명자료를 포함한다)를 관할선거관리위원회에 제출하여야 한다. 이 경우 소명서 또는 소명요지를 제출하지 아니한 때에는 소명이 없는 것으로 본다(주소법 제14조 제 2 항).

(2) 주민소환투표의 발의   관할선거관리위원회는 제 7 조 제 1 항 내지 제 3 항의 규정에 의한 주민소환투표청구가 적법하다고 인정하는 경우에는 지체 없이 그 요지를 공표하고, 소환청구인대표자 및 해당선출직 지방공직자에게 그 사실을 통지하여야 한다(주소법 제12조 제 1 항). 관할선거관리위원회는 제 1 항의 규정에 따른 통지를 받은 선출직 지방공직자(이하 "주민소환투표대상자"라 한다)에 대한 주민소환투표를 발의하고자 하는 때에는 제14조 제 2 항의 규정에 의한 주민소환투표대상자의 소명요지 또는 소명서 제출기간이 경과한 날부터 7일 이내에 주민소환투표일과 주민소환투표안(소환청구서 요지를 포함한다)을 공고하여 주민소환투표를 발의하여야 한다(주소법 제12조 제 2 항). 제12조 제 2 항의 규정에 의하여 주민소환투표일과 주민소환투표안을 공고하는 때에는 제14조 제 2 항의 규정에 의한 소명요지를 함께 공고하여야 한다(주소법 제14조 제 3 항).

(3) 권한행사의 정지 및 권한대행   주민소환투표대상자는 관할선거관리위원회가 제12조 제 2 항의 규정에 의하여 주민소환투표안을 공고한 때부터 제22조 제 3 항의 규정에 의하여 주민소환투표결과를 공표할 때까지 그 권한행사가 정지된다(주소법 제21조 제 1 항). 제 1 항의 규정에 의하여 지방자치단체의 장의 권한이 정지된 경우에는 부지사·부시장·부군수·부구청장(이하 "부단체장"이라 한다)이 「지방자치법」 제111조 제 4 항의 규정을 준용하여 그 권한을 대행하고, 부단체장이 권한을 대행할 수 없는 경우에는 「지방자치법」 제124조 제 4 항의 규정을 준용하여 그 권한을 대행한다(주소법 제21조 제 2 항). 제 1 항의 규정에 따라 권한행사가 정지된 지방의회의원은 그 정지기간 동안 「공직선거법」 제111조의 규정에 의한 의정활동보고를 할 수 없다. 다만, 인터넷에 의정활동보고서를 게재할 수는 있다(주소법 제21조 제 3 항).

5. 주민소환투표의 실시

(1) 주민소환투표의 형식   주민소환투표는 찬성 또는 반대를 선택하는 형식으로 실시한다(주소법 제15조 제 1 항). 지방자치단체의 동일 관할구역에 2인 이상의 주민소환투표대상자가 있을 때에는 관할선거관리위원회는 하나의 투표용지에 그 대상자별로 제 1 항의 규정에 의한 형식으로 주민소환투표를 실시할 수 있다(주소법 제15조 제 2 항).

(2) 주민소환투표의 실시구역과 투표시간   ① 지방자치단체의 장에 대한 주민소환투표는 당해 지방자치단체 관할구역 전체를 대상으로 한다(주소법 제16조 제 1 항). 지역구지방의회의원에 대한 주민소환투표는 당해 지방의회의원의 지역선거구를 대상으로 한다(주소법 제16조 제 2 항). ② 주민소환투표의 투표시간은 오전 6시부터 저녁 8시까지로 한다(주소법 제27조 제 2 항).

6. 주민소환투표운동

(1) 주민소환투표운동의 의의　　　이 법에서 '주민소환투표운동'이라 함은 주민소환투표에 부쳐지거나 부쳐질 사항에 관하여 찬성 또는 반대하는 행위를 말한다. 다만, ① 주민소환투표에 부쳐지거나 부쳐질 사항에 관한 단순한 의견개진 및 의사표시와 ② 주민소환투표운동에 관한 준비행위는 주민소환투표운동으로 보지 아니한다(주소법 제17조).

(2) 주민소환투표운동의 기간　　　주민소환투표운동은 제12조 제 2 항의 규정에 의한 주민소환투표 공고일의 다음날부터 투표일 전일까지(이하 "주민소환투표 운동기간"이라 한다) 할 수 있다(주소법 제18 조 제 1 항). 제 1 항의 규정에 불구하고, 제13조 제 2 항의 규정에 의하여 주민소환투표가 실시될 경우의 주민투표운동기간은 주민소환투표일 전 25일부터 투표일 전일까지로 한다(주소법 제18 조 제 2 항).

7. 주민소환투표결과의 확정과 효력

(1) 정족수·공표·통지　　　주민소환은 제 3 조의 규정에 의한 주민소환투표권자(이하 "주민 소환투표권 자"라 한다) 총수의 3분의 1 이상의 투표와 유효투표 총수 과반수의 찬성으로 확정된다(주소법 제22 조 제 1 항). 전체 주민소환투표자의 수가 주민소환투표권자 총수의 3분의 1에 미달하는 때에는 개표를 하지 아니한다(주소법 제22 조 제 2 항). 관할선거관리위원회는 개표가 끝난 때에는 지체 없이 그 결과를 공표한 후 소환청구인대표자, 주민소환투표대상자, 관계 중앙행정기관의 장, 당해 지방자치단체의 장(지방자치단체 의 장이 주민소환투표대상자인 경우에는 제21조 제 2 항의 규정에 의하여 권한을 대행하는 당해 지방자치단체의 부단체장 등을 말한다) 및 당해 지방의회의 의장(지방의회의원이 주민소환투표대상자인 경 우에 한하며, 지방의회의 의장이 주민소환 투표대상자인 경우에는 당해 지방의회의 부의장을 말한다)에게 통지하여야 한다. 제 2 항의 규정에 의하여 개표를 하지 아니한 때에도 또한 같다(주소법 제22 조 제 3 항).

(2) 주민소환투표의 효력(공직상실)　　　제22조 제 1 항의 규정에 의하여 주민소환이 확정된 때에는 주민소환투표대상자는 그 결과가 공표된 시점부터 그 직을 상실한다(주소법 제23 조 제 1 항). 제 1 항의 규정에 의하여 그 직을 상실한 자는 그로 인하여 실시하는 이 법 또는 「공직선거법」에 의한 해당보궐선거에 후보자로 등록할 수 없다(주소법 제23 조 제 2 항).

8. 주민소환투표쟁송(소청과 소송)

(1) 주민소환투표소청　　　주민소환투표의 효력에 관하여 이의가 있는 해당 주민소환투표대상자 또는 주민소환투표권자(주민소환투표권자 총수의 100분 의 1 이상의 서명을 받아야 한다)는 제22조 제 3 항의 규정에 의하여 주민소환투표결과가 공표된 날부터 14일 이내에 관할선거관리위원회 위원장을 피소청인으로 하여 지역구시·도의원, 지역구자치구·시·군의원 또는 시장·군수·자치구의 구청장을 대상으로 한 주민소환투표에 있어서는 특별시·광역시·도선거관리위원회에, 시·도지사를 대상으로 한 주민소환투표에 있어서는 중앙선거관리위원회에 소청할 수 있다(주소법 제24 조 제 1 항).

(2) 주민소환투표소송　　　제 1 항의 규정에 따른 소청에 대한 결정에 관하여 불복이 있는 소청인은 관할선거관리위원회 위원장을 피고로 하여 그 결정서를 받은 날(결정서를 받지 못한 때에는 「공직 선거법」 제220조 제 1 항의 규정 에 의한 결정기간이 종료된 날을 말한다)부터 10일 이내에 지역구시·도의원, 지역구자치구·시·군의원 또는 시장·군수·

자치구의 구청장을 대상으로 한 주민소환투표에 있어서는 그 선거구를 관할하는 고등법원에, 시·도지사를 대상으로 한 주민소환투표에 있어서는 대법원에 소를 제기할 수 있다$\binom{주소법 제24}{조 제 2 항}$.

9. 주민소환투표관리경비

주민소환투표사무의 관리에 필요한 ① 주민소환투표의 준비·관리 및 실시에 필요한 비용, ② 주민소환투표공보의 발행, 토론회 등의 개최 및 불법 주민소환투표운동의 단속에 필요한 경비, ③ 주민소환투표에 관한 소청 및 소송과 관련된 경비, ④ 주민소환투표결과에 대한 자료의 정리, 그 밖에 주민소환투표사무의 관리를 위한 관할선거관리위원회의 운영 및 사무처리에 필요한 경비는 당해 지방자치단체가 부담하되, 소환청구인대표자 및 주민소환투표대상자가 주민소환투표운동을 위하여 지출한 비용은 각자 부담한다$\binom{주소법 제26}{조 제 1 항}$.

XI. 청 원 권

1. 의의·행사

주민은 지방의회에 청원을 할 수 있다$\binom{지자법 제85}{조 제 1 항}$. 청원권은 개인의 주관적인 이익이나 객관적인 공익을 위해서도 행사될 수 있는 권리이다. 다수주민의 공동의 청원은 주민공동결정제도에 접근하는 효과를 가져올 수도 있다. 청원은 지방의회의원의 소개를 받아$\binom{헌재 1999. 11. 25. 97헌마54: 청원}{에 지방의회의원의 소개를 얻도록}$ $\binom{한 것은 공공복리를 위한}{것으로서 위헌이 아니다}$ 청원서제출로 행한다$\binom{지자법 제85}{조 제 1 항}$.

2. 통보의 성질

"적법한 청원에 대하여 국가기관이 이를 수리, 심사하여 그 결과를 청원인에게 통보하였다면 이로써 당해 국가기관은 헌법 및 청원법상의 의무이행을 다한 것이고, 그 통보 자체에 의하여 청구인의 권리의무나 법률관계가 직접 무슨 영향을 받는 것도 아니므로 비록 그 통보내용이 청원인이 기대하는 바에는 미치지 못한다고 하더라도 그러한 통보조치가 헌법소원의 대상이 되는 구체적인 공권력의 행사 내지 불행사라고 볼 수는 없다"는 것이 헌법재판소의 입장이다$\binom{헌재 2000. 10. 25.}{99헌마458}$.

XII. 기　　타

기술한 것 외에도 주민은 ① 지방자치단체의 위법·부당한 처분에 대하여 행정심판법에 의거하여 행정심판을 제기할 수 있는 행정심판청구권, ② 국가배상법에 따른 손해배상청구권, ③ '토상법'에 따른 손실보상청구권 등을 가지며, 그 밖에도 ④ 지방의회방청권과 지방의회의사록의 열람권, ⑤ 공공기관의 정보공개에 관한 법률에 따라 지방자치단체에 대하여 정보공개를 청구할 수 있는 정보공개청구권$\binom{공개법 제 2}{조 제 3 호}$도 갖는다. ⑥ 구 지방자치법 제153조는 지방자치단체의 조례 또는 그 장의 명령이나 처분이 헌법이나 법률에 위반된다고 인정할 때에, 주민 100인 이상의 연서로써 그 취소 등을 직접 청구할 수 있도록 하여 주민의 소청권을 인정하였으나, 현행 지방자치법은 이러한 제도를 채택하지 아니하였다. 소청제도의 폐지는 주민의 지위향상과 역행되는 것으로 입법론적으로 재고가 요청된다. 한편, ⑦ 주민발안·주민결정 등 주민의 직접적인 참여방식의 마련도 검토되어야 한다.

제 3 항   주민의 의무

1. 주민의 부담

주민은 법령으로 정하는 바에 따라 소속 지방자치단체의 비용을 분담하여야 하는 의무를 진다($\binom{지자법}{제27조}$). 말하자면 주민은 공과금의 납부의무를 진다. 공과금에는 지방세·사용료·수수료·분담금 등이 있다. 이 밖에 주민은 노력·물품제공의무를 부담하기도 한다($\binom{예: 농어업재해}{대책법 제 7 조}$).

[참고조문]
농어업재해대책법 제 7 조(응급조치)   ① 지방자치단체의 장은 재해가 발생하거나 발생할 우려가 있어 응급조치가 필요하면 해당 지역의 주민을 응급조치에 종사하게 할 수 있으며, 그 지역의 토지·가옥·시설·물자를 사용 또는 수용하거나 제거할 수 있다.

2. 이용강제

독일에서는 주민이 일정한 시설을 이용하도록 강제되는 것을 이용강제라 부르는데, 우리의 경우에도 주민이 일정한 시설을 이용하도록 강제되는 것($\binom{예 : 공설상하수도 이용 또는 사설 화장장이 없는 지역에서}{공설화장장의 이용 등. 후자의 경우에 관해서는 장사 등에 관}$)한 법률 제 7 조 제 2 항)을 이용강제라 부를 수 있을 것이다.

[참고]   이용제공강제
독일의 경우, 지방자치단체구역 내의 주민의 토지는 공적 필요를 위해($\binom{예컨대, 상하수도 등 주민}{건강을 위한 시설의 설치}$) 공적 사용에 제공하도록 강제될 수 있다고 하고, 이를 이용제공의 강제 또는 연결강제라 부른다. 그러나 우리의 경우에는 민법 제218조에서 이에 관한 사항을 볼 수 있다($\binom{판}{례}$).

[**판례**]   **수도시설($\binom{급수}{시설}$)의 설치를 위한 타인의 토지의 사용가능성**
(갑이 자신의 토지 위에 신축한 건물의 급수공사를 위하여 관할 지방자치단체에 급수공사 시행을 신청하였는데, 지방자치단체가 수도급수 조례 등에 근거하여 급수공사 시 경유하여야 하는 을 소유 토지의 사용승낙서 제출을 요구하며 신청을 반려하자, 갑이 민법 제218 조의 수도 등 시설권을 근거로 을을 상대로 '을 소유 토지 중 수도 등 시설공사($\binom{민법 제218}{조 제 1 항 본}$에 필요한 토지 사용을 승낙한다'는 진술을 구하는 소를 제기한 민사사건에서) 수도 등 시설권은 법정의 요건(문 : 토지 소유자는 타인의 토지를 통과하지 아니하면 필요한 수도, 소수관, 까스관, 전선 등을 시설할 수 없거나 과다한 비용을 요하는 경우에는 타인의 토지를 통과하여 이를 시설할 수 있다)을 갖추면 당연히 인정되는 것이고, 그 시설권에 근거하여 수도 등 시설공사를 시행하기 위해 따로 수도 등이 통과하는 토지 소유자의 동의나 승낙을 받아야 하는 것이 아니다. 따라서 이러한 토지 소유자의 동의나 승낙은 민법 제218조에 기초한 수도 등 시설권의 성립이나 효력 등에 어떠한 영향을 미치는 법률행위나 준법률행위라고 볼 수 없다. … 원고로서는, 피고가 토지사용승낙서의 작성을 거절하는 경우라도 위와 같은 진술을 소로써 구할 것이 아니라, 원고에게 이 사건 도로 중 이 사건 사용부분에 대하여 민법 제218조의 수도 등 시설권이 있다는 확인을 구하는 소 등을 제기하여 승소판결을 받은 다음, 이를 이 사건 사용부분에 대한 원고의 사용권한을 증명하는 자료로 제출하여 성남시에 이 사건 급수공사의 시행을 신청하면 된다($\binom{대판 2016. 12. 15,}{2015다247325}$).

제4항 주민의 참여

1. 의 미

지방자치의 위기문제와 관련하여 지방자치에 주민의 참여가 주요 문제로서 논의되고 있다. 주민참여는 ① 공동체의 운영에 대하여 주민이 책임을 부담하고, ② 지방자치단체에 대한 주민의 관심을 제고시키고, ③ 행정의 관료적인 경직성과 독립성의 경향에 예방적으로 작용하고, ④ 지방자치단체의 정치적 의사형성의 연원으로서 기능한다는 데에 의미가 있다.

2. 참여방법

지방자치법상 직접적인 참여방법으로 지방자치단체 정책의 결정·집행 과정에 참여할 권리$\left(\begin{smallmatrix}\text{지자법 제17}\\\text{조 제1항}\end{smallmatrix}\right)$, 지방선거에 참여$\left(\begin{smallmatrix}\text{지자법 제17}\\\text{조 제3항}\end{smallmatrix}\right)$, 주민투표참여$\left(\begin{smallmatrix}\text{지자법 제18}\\\text{조 제1항}\end{smallmatrix}\right)$, 주민소송$\left(\begin{smallmatrix}\text{지자법 제22}\\\text{조 제1항}\end{smallmatrix}\right)$, 주민소환$\left(\begin{smallmatrix}\text{지자법}\\\text{제25조}\end{smallmatrix}\right)$, 간접적인 참여방법으로 조례의 제정과 개폐청구$\left(\begin{smallmatrix}\text{지자법 제19}\\\text{조 제1항}\end{smallmatrix}\right)$, 규칙의 제정·개정·폐지 관련 의견제출$\left(\begin{smallmatrix}\text{지자법 제20}\\\text{조 제1항}\end{smallmatrix}\right)$, 주민의 감사청구$\left(\begin{smallmatrix}\text{지자법 제21}\\\text{조 제1항}\end{smallmatrix}\right)$ 등이 있다. 한편, "지방자치단체의 장은 대통령령으로 정하는 바에 따라 지방예산 편성 등 예산과정$\left(\begin{smallmatrix}\ulcorner\text{지방자치법}\lrcorner\text{ 제47조에 따른 지방의회의}\\\text{의결사항은 제외한다. 이하 이 조에서 같다}\end{smallmatrix}\right)$에 주민이 참여할 수 있는 제도$\left(\begin{smallmatrix}\text{이하 이 조에서 "주민}\\\text{참여예산제도"라 한다}\end{smallmatrix}\right)$를 마련하여 시행하여야 한다$\left(\begin{smallmatrix}\text{지정법 제39}\\\text{조 제1항}\end{smallmatrix}\right)$"고 규정하여 지방예산 편성 과정에 주민참여를 규정하고 있다. 이것을 주민참여예산제라 부르기도 한다.

(예) 선거사무의 보조자로서 참여하거나 전문가로서 각종 위원회에 참여하는 경우. 명예직활동에 참여하는 주민에게도 ① 업무상 지득한 비밀을 지켜야 할 의무가 있고, ② 자기와 이해관계 있는 사무로부터는 물러나야 하는 제척제도가 적용된다고 보며, 아울러 ③ 그는 공무수행과 관련하는 한, 국가배상법상$\left(\begin{smallmatrix}\text{책임}\\\text{법상}\end{smallmatrix}\right)$ 공무원에 해당한다고 본다.

제2장 지방자치단체의 조직

헌법은 지방자치단체의 종류·조직·권한을 법률로 정하도록 규정하고 있다. 이에 근거한 지방자치법은 의결기관으로서의 지방의회와 집행기관으로서의 지방자치단체의 장에게 독자적 권한을 부여하는 한편, 지방의회는 행정사무감사와 조사권 등에 의하여 지방자치단체의 장의 사무집행을 감시·통제할 수 있게 하고 지방자치단체의 장은 지방의회의 의결에 대한 재의 요구권 등으로 의회의 의결권 행사에 제동을 가할 수 있게 함으로써 상호 견제와 균형을 유지하도록 하고 있다(대판 2023. 7. 13.
2022추5156). 지방자치법은 ① 의결기관으로 지방의회(지자법
제37조), ② 집행기관으로 특별시장·광역시장·특별자치시장·도지사와 시장·군수·구청장을 두고 있으며(지자법
제106조), ③ 지방교육자치에 관한 법률은 시·도의 교육·학예에 관한 사무의 집행기관으로 교육감을 두고 있다(지육법
제18조). ④ 이러한 기관 외에 개별법률에 의해 지방자치단체에 각종의 기관이 설치되고 있다(예: 지방공무원법
제7조 제1항의 인사위원회와 지방공무원법 제13조의 지방소청심사위원회, 행정심판법 제7조의 행정심판위원회, 공익사업을 위한 토지 등의 취득 및 보상에 관한 법률 제49조의 지방토지수용위원회). 이하에서는 ①·②를 살피기로 한다.

[참고] 지방자치단체의 조직형태와 관련된 판례 모음

A. 현행제도가 기관대립형이라 한 판례

[1] 지방자치법은 지방자치단체의 의사를 내부적으로 결정하는 최고의결기관으로 지방의회를, 외부에 대하여 지방자치단체의 대표로서 지방자치단체의 의사를 표명하고 그 사무를 통할하는 집행기관으로 단체장을 독립한 기관으로 두고, 의회와 단체장에게 독자적인 권한을 부여하여 상호 견제와 균형을 이루도록 하고 있다(대판 2012. 11. 29.
2011추87).

[2] 지방자치법은 의결기관으로서의 의회의 권한과 집행기관으로서의 단체장의 권한을 분리하여 배분하는 한편, 의회는 행정사무감사와 조사권 등에 의하여 단체장의 사무집행을 감시 통제할 수 있게 하고 단체장은 의회의 의결에 대한 재의요구권 등으로 의회의 의결권행사에 제동을 가할 수 있게 함으로써 상호 견제와 균형을 유지하도록 하고 있다(대판 1992. 7. 28.
92추31).

B. 상호견제 범위의 일반적 원칙에 관한 판례

[1] 법률에 특별한 규정이 없는 한 조례로써 그 견제의 범위를 넘어서 상대방의 고유권한을 침해하는 규정을 제정할 수 없다(대판 2009. 4. 9.
2007추103).

[2] 지방의회는 집행기관의 고유 권한에 속하는 사항의 행사에 관하여는 견제의 범위 내에서 소극적·사후적으로 개입할 수 있을 뿐 사전에 적극적으로 개입하는 것은 허용되지 아니한다(대판 2005. 8. 19.
2005추48).

[3] 집행기관을 비판·감시·견제하기 위한 의결권·승인권·동의권 등의 권한도 법상 의결기관인 지방의회에 있는 것이지 의원 개인에게 있는 것이 아니다(대판 2001. 12. 11.
2001추64).

제 1 절   지방의회

I. 일 반 론

1. 지방의회의 의의

구성원을 갖는 모든 조직체는 자신의 의사를 형성하는 기관을 필요로 한다. 헌법과 지방자치법은 지방자치단체에서 이러한 기관을 '지방의회'라 부르고 있다(헌법 제118조, 지자법 제37조 이하). 이 때문에 지방의회는 주민의 대표기관을 뜻하게 된다. 지방의회로 특별시의회·광역시의회·도의회, 구의회·시의회·군의회가 있다. 한편, 지방의회는 스스로 권리능력을 갖지 아니한다. 권리능력은 지방자치단체가 갖는 것이고, 지방의회는 지방자치단체의 한 구성부분일 뿐이다(지자법 제37조). 그러나 지방자치단체 내부에서 지방의회는 다른 기관과의 관계에서 조직법상의 권리를 가질 수 있다.

2. 지방의회의 지위

(1) 주민대표기관으로서의 지위   지방의회는 주민에 의해 선출된 의원으로 구성되므로 주민대표기관이다. 대표기관이란 지방의회가 주민의 정치적 대표기관이자, 지방의회의 행위는 법적으로 주민의 행위와 동일시된다는 의미에서 법적 대표기관임을 의미한다.

(2) 의결기관으로서의 지위   지방의회는 당해 자치구역 내의 최상위의결기관으로서, 기본적으로 모든 자치사무에 관한 의사결정권한을 가진다. 지방의회는 의결기관으로서 다음 사항을 의결한다(지자법 제47조 제1항). 물론 지방자치단체는 아래의 사항 외에 조례로 정하는 바에 따라 지방의회에서 의결되어야 할 사항을 따로 정할 수 있다(지자법 제47조 제2항).

① 조례의 제정·개정 및 폐지

② 예산의 심의·확정

③ 결산의 승인

④ 법령에 규정된 것을 제외한 사용료·수수료·분담금·지방세 또는 가입금의 부과와 징수 [판례 2]

⑤ 기금의 설치·운용

⑥ 대통령령으로 정하는 중요재산의 취득·처분[판례 1]

⑦ 대통령령으로 정하는 공공시설의 설치·처분

⑧ 법령과 조례에 규정된 것을 제외한 예산 외 의무부담이나 권리의 포기

⑨ 청원의 수리와 처리

⑩ 외국 지방자치단체와의 교류협력에 관한 사항

⑪ 그 밖에 법령에 의하여 그 권한에 속하는 사항

> 판례 1   중요재산의 취득과 처분에 관하여는 지방의회의 의결을 받도록 규정하면서 공유재산의
> 관리행위에 관하여는 별도의 규정을 두고 있지 아니한 지방자치법과 지방재정법 등의 규정 취지
> (단양군의회가 재의결한 단양군공유재산관리조례중개정조례안에 대하여
> 단양군수가 재의결의 무효를 주장한 단양군 공유재산조례안사건에서) 지방자치법과 지방재정법 등의 국가 법령에
> 서 위와 같이 중요재산의 취득과 처분에 관하여 지방의회의 의결을 받도록 규정하면서 공유재산
> 의 관리행위에 관하여는 별도의 규정을 두고 있지 아니하더라도 이는 **공유재산의 관리행위를 지방**
> **의회의 의결사항으로 하는 것을 일률적으로 배제하고자 하는 취지는 아니고 각각의 지방자치단체에서**
> **그에 관하여 조례로써 별도로 정할 것을 용인하고 있는 것이라고 보아야 한다**(대판 2000. 11. 24,／2000추29).

> 판례 2   공공시설의 사용료 징수에 관한 사항을 조례로 정하도록 위임한 지방자치법 제130조
> 제 1 항 및 그에 따른 사용료징수조례가 무효인 규정인지의 여부
> (태원예능(주)가 피신청인(서울특별시)는 제 3 채무자(한국보증보험주)로부터 보험금 채권을 추심하거나 양도 기타 일체의 처분을 하여서
> 는 안 되며, 제 3 채무자는 피신청인에게 위 채권을 지급하여서는 안 된다는 재판을 구한 보험금추심금지가처분신청사건인 마이클잭슨
> 내한공연사건에서) **지방자치법 제130조 제 1 항에서 조례로 정하도록 한 '사용료의 징수에 관한 사항'에는 사용**
> **료의 요율에 관한 사항도 포함되어 있으므로 사용료의 요율을 정하고 있는 '서울특별시립체육시설에**
> **대한사용료징수조례' 제 5 조를 법률의 위임근거 없이 제정된 무효의 규정이라고 볼 수 없고,** 자치단
> 체가 관리하는 공공시설의 사용료의 요율을 법률로 정하지 아니하고 주민들의 대의기관인 지방의
> 회의 자치입법인 조례로 정하도록 위임하였다고 하여 그 위임에 관한 지방자치법 제130조
> 제 1 항의 규정을 무효라고 볼 수도 없다(대결 1997. 7. 9,／97마1110).

(3) 집행기관의 통제기관으로서의 지위　　　　지방의회는 지방자치단체 내부에서 집행기
관의 행정을 통제하는 기관으로서의 지위를 갖는다. 집행기관의 통제를 통해 지방의회는 자신의
의결사항을 집행기관이 잘 집행하고 있는가를 확인하고, 주민의 대표기관으로서의 책임을 다할
수 있다.

(4) 행정기관으로서의 지위

1) 행정기관설　　　　지방의회가 국회와 유사한 방법으로 구성된다고 하여도 법적 의미에서
지방의회는 국회와 같은 소위 헌법상 의미의 의회는 아니다. 왜냐하면 ① 전체로서 지방자치단체
는 집행부의 한 구성부분인데, 지방의회는 바로 이러한 지방자치단체의 한 구성부분인 것이고,
또한 ② 지방의회에 주어지는 실질적인 입법기능은 시원적인 입법권이 아니라 명시적으로 법령
에 의한 자치권의 승인에 근거하는 것이기 때문이다.

2) 입법기관설　　　　① 지방의회가 주민의 직접선거에 의해 선출·구성되는 기관, 즉 민주
적 정당성을 갖는 주민대표기관이라는 점, 그리고 ② 그 기능이 국회와 유사하다는 점을 들어 지
방의회를 입법기관으로 보는 견해도 있다.

3) 사　　견　　　　행정기관설이 논리적으로 타당하다. 행정기관설을 주장하는 것이 지방의
회의 입법기능을 부인하는 것을 의미하는 것은 아니다(후술／참조).

(5) 자치입법기관으로서의 지위　　　　학자에 따라서는 지방의회의 법적 지위의 한 종류로
서 자치입법기관성을 들기도 한다. 자치입법기관이란 조례의 제정 및 개폐에 대한 의결권이 지방

의회에 있다는 의미로 이해되고 있다. 동시에 이 견해는 지방의회의 입법기관성을 부인하고 행정기관으로서의 지위만을 인정하는 견해는 찬성하기 어렵다고 비판하고 있다(이러한 지적은 저자에 대한 비판으로 보인다). 이러한 비판에 대해서는 ① 지방의회를 행정기관의 일종으로 본다는 것이 지방의회가 조례제정기관임을 부인하는 것은 아니라는 점, ② 지방의회법인 규칙·교육규칙의 제정권자인 지방자치단체의 장과 교육감도 자치입법기관의 지위를 가지므로, 지방의회의 지위의 하나로 자치입법기관을 들기에는 다소 문제점이 있다는 점, ③ 자치입법기관성은 지방최상위의결기관으로서의 지위에서 찾을 수 있다는 점을 지적해 둔다.

Ⅱ. 지방의회의 구성과 운영

1. 지방의회의 조직

(1) 의장의 직무상 지위

1) 회의의 주재자로서 의장　　지방의회의 의장은 의사를 정리하며, 회의장 내의 질서를 유지한다(지자법 제58조). 지방의회의 의장은 지방의회의 회의를 소집하고 회의를 운영한다(회의의 주재자). 의장은 상이한 정치적 견해 앞에서 중립성을 유지하여야 한다. 법률에 근거가 없는 한, 의장은 위법한 의안임을 이유로 심의를 배척할 권한을 갖지 아니한다.

2) 지방의회의 대표자로서 의장　　지방의회의 의장은 지방의회의 외부에 대하여 지방의회를 대표한다(지방의회의 대표자)(지자법 제58조). 이러한 지위에서 의장은 지방의회의 의결을 집행기관의 장에게 송부한다.

3) 행정청으로서 의장　　의장은 소속지방의회의 일반사무에 대한 책임을 진다. 따라서 의장은 의회의 사무를 감독한다(지자법 제58조). 동시에 의장은 지방의회소속의 공무원에 대하여 지휘감독권을 갖는다. 이러한 사무를 수행하는 범위 안에서 의장은 행정청의 성격을 갖는다. 따라서 의장의 처분이 행정소송법상 처분에 해당하는 한, 그것은 행정쟁송의 대상이 될 수 있다.

(2) 의장의 신분상 지위　　① 지방의회는 의원 중에서 시·도의 경우 의장 1명과 부의장 2명을, 시·군 및 자치구의 경우 의장과 부의장 각 1명을 무기명투표로 선거하여야 한다(지자법 제57조 제1항). 의장선거행위는 처분성을 갖는다(판례 1). 의장과 부의장의 임기는 2년으로 한다(지자법 제57조 제3항). ② 의장이나 부의장이 법령을 위반하거나 정당한 사유 없이 직무를 수행하지 아니하면 지방의회는 불신임을 의결할 수 있다(지자법 제62조 제1항). 불신임의결은 재적의원 4분의 1 이상의 발의와 재적의원 과반수의 찬성으로 한다(지자법 제62조 제2항). 불신임의결이 있으면 의장이나 부의장은 그 직에서 해임된다(지자법 제62조 제3항). 불신임의결은 처분성을 갖는다(판례 2).

[판례 1]　지방의회의 의장선임결의가 행정처분에 해당하는지의 여부
(주위적으로 김제군의회가 1993. 4. 28.자 임시회의에서 윤창호를 피고의회 의장으로 선임한다는 결의는 무효임을 확인한다는 판결을 구하고, 예비적으로 그 결의를 취소한다는 판결을 구한 김제군 의회의장 선임사건에서) **지방의회의 의장**
은 지방자치법 제43조, 제44조의 규정에 의하여 의회를 대표하고 의사를 정리하며, 회의장 내의 질

서를 유지하고 의회의 사무를 감독할 뿐만 아니라 위원회에 출석하여 발언할 수 있는 등의 **직무권한을 가지는 것이므로, 지방의회의 의사를 결정·공표하여 그 당선자에게 이와 같은 의장으로서의 직무권한을 부여하는 지방의회의 의장선거는 행정처분의 일종으로서 항고소송의 대상이 된다**(대판 1995. 1. 12, 94누2602).

> **판례 2** 지방의회 의장에 대한 불신임결의가 행정처분에 해당하는지의 여부
> (광주직할시 서구의회 의장불신임 의결에 대한 효력정지를 신청한 광주직할시 서구의회의장 불신임사건에서) 지방의회를 대표하고 의사를 정리하며 회의장 내의 질서를 유지하고 의회의 사무를 감독하며 위원회에 출석하여 발언할 수 있는 등의 직무권한을 가지는 **지방의회 의장에 대한 불신임의결은 의장으로서의 권한을 박탈하는 행정처분의 일종으로서 항고소송의 대상이 된다**(대결 1994. 10. 11, 94두23).

　(3) 의장의 권한　　　지방의회의장은 지방의회대표권(지자법 제58조), 임시회소집공고권(지자법 제54조 제 3 항), 회의장 내 질서유지권(지자법 제58조, 제94조), 의회사무감독권(지자법 제58조, 제103조 제 2 항), 위원회출석발언권(지자법 제82조), 의결된 조례안의 지방자치단체장에의 이송권(지자법 제32조 제 1 항), 확정된 조례의 예외적인 공포권(지자법 제32조 제 6 항), 폐회 중 의원의 사직허가권(지자법 제89조) 등을 갖는다.

　(4) 위 원 회　　　① 지방의회는 조례로 정하는 바에 따라 위원회를 둘 수 있다(지자법 제64조 제 1 항). 위원회의 위원은 본회의에서 선임한다(지자법 제64조 제 3 항). 위원회에는 위원장을 둔다(지자법 제68조 제 1 항 참조). ② 위원회의 종류는 소관 의안과 청원 등을 심사·처리하는 상임위원회와 특정한 안건을 심사·처리하는 특별위원회 2가지로 한다(지자법 제64조 제 2 항). 지방의회의원의 윤리강령과 윤리실천규범 준수 여부 및 징계에 관한 사항을 심사하기 위하여 윤리특별위원회를 둔다(지자법 제65조 제 1 항).

　(5) 교섭단체　　　지방의회에 교섭단체를 둘 수 있다. 이 경우 조례로 정하는 수 이상의 소속의원을 가진 정당은 하나의 교섭단체가 된다(지자법 제63조의2 제 1 항). 제 1 항 후단에도 불구하고 다른 교섭단체에 속하지 아니하는 의원 중 조례로 정하는 수 이상의 의원은 따로 교섭단체를 구성할 수 있다(지자법 제63조의2 제 2 항). 교섭단체는 지방의회의 원활한 운영을 위하여 소속의원의 의사를 수렴·집약하여 의견을 조정하는 교섭창구의 역할을 하는 조직이다.

2. 지방의회의 회의

　(1) 회의의 원칙　　　지방의회의 회의에는 ① 회의의 공개원칙(지자법 제75조 본문), ② 회기계속의 원칙(지자법 제79조 본문), ③ 일사부재의의 원칙(지자법 제80조)이 적용된다.

　(2) 의　　결

　1) 의결의 의의　　　의결은 의사결정절차에서의 결과이다. 의결은 종료기능을 갖는다. 심의가 종결되면 의결이 이루어져야 한다. 의결정족수가 미달하면, 의결은 이루어질 수 없다. 심의가 종결된 후 의결이 이루어져야 하는 시간적인 제한을 규정하는 명문의 규정은 보이지 아니한다. 그러나 성질상 다음에 이루어지는 회의 내지 회기에서 당연히 의결절차가 있어야 할 것이다.

　2) 의결의 법적 성질　　　지방의회의 의결은 조례 또는 기타의 의결의 형태로 나타난다. 일

반적으로 지방의회의 의결 그 자체는 외부적으로 직접 법적 효력을 발생하지 아니한다. 그것은 행정행위가 아니라 의사형성기관으로서의 지방의회의 내부의 법적 행위 내지 의사행위이다. 지방의회의 의결은 지방의회의 의장 또는 집행기관의 장의 집행을 통하여 행정행위, 법률행위 또는 법정립행위 또는 사실행위 등으로 전환된다. 따라서 지방의회의결 그 자체가 주민의 권리를 침해하는 경우는 예상하기 어렵다.

3) 의결방법(표결방법)　　본회의에서 표결할 때에는 조례 또는 회의규칙으로 정하는 표결방식에 의한 기록표결로 가부$\binom{可}{否}$를 결정한다. 다만, 다음 각 호$\binom{\text{1. 제57조에 따른 의장·부의장 선거, 2. 제60}}{\text{조에 따른 임시의장 선출, 3. 제62조에 따른 의}}$ 장·부의장 불신임 의결, 4. 제92조에 따른 자격상실 의결, 5. 제100조에 따른 징계 의결, 6. 제32조, 제120조 또는 제121조, 제192조에 따른 재의 요구에 관한 의결, 7. 그 밖에 지방의회에서 하는 각종 선거 및 인사에 관한 사항$\big)$의 어느 하나에 해당하는 경우에는 무기명투표로 표결한다$\binom{\text{지자법}}{\text{제74조}}$.

4) 의결의 변경과 폐지　　의결은 지방의회의 독자적인 의결, 집행기관의 장의 이의에 따른 지방의회의 의결, 감독청 또는 법원에 의해 소급적으로 폐지될 수 있다. 지방의회 자신에 의한 변경이나 폐지는 의사일정이 종료된 후 새로이 소집되는 회의에서 가능하다. 이미 집행된 의결의 경우, 그 집행이 변경될 수는 있을 때에는 변경의결이 가능하다. 종래의 판례도 같은 입장이다$\binom{판}{례}$.

> ┌ 판례 ┐　지방의회의결의 철회 내지 취소의 가부
> $\binom{\text{(김해군이 소속 직원의 변태지출에}}{\text{대하여 손해배상을 청구한 사건에서)}}$ 면의회가 1959년도 결산안을 승인한 바 있으나 그 후 면민의 불평과 원성에 의하여 결산안 승인을 철회하고 다시 사무감사를 실시하여 피고들의 부정지출을 적발하여 그 피해변상과 원상회복을 명한 사실을 인정하고 있는 것임이 명백한바 면의회의 결의라 하여 적법한 절차에 의하여 철회 내지 취소할 수 없는 것은 아니라 할 것이다$\binom{\text{대판 1963. 11. 28.}}{\text{63다362}}$.

(3) 제척제도

1) 제척제도의 의의　　지방의회의 의장이나 의원은 본인·배우자·직계존비속 또는 형제자매와 직접 이해관계가 있는 안건에 관하여는 그 의사에 참여할 수 없다. 다만, 의회의 동의가 있는 때에는 의회에 출석하여 발언할 수 있다$\binom{\text{지자법}}{\text{제82조}}$. 이것이 이른바 지방의회의원의 제척제도이다.

2) 제척제도의 취지　　지방자치법상 제척제도는 ① 공정한 의회심의의 확보를 목적으로 한다. 말하자면 지방자치법상 제척제도는 대표위임의 법리에 의거하여 지방의회의원이 자유의사로 심의에 참여함으로써 생겨날 수 있는 공익과 사익의 충돌을 방지하기 위한 것으로 이해된다. ② 제척제도는 지방의회에 대한 주민의 신뢰확보를 목적으로 한다. 요컨대 지방의회의원의 제척제도는 지방의회에 대한 좋지 않은 외관 또는 그릇된 외관의 형성을 방지함으로써 맑고 깨끗한 지방자치를 도모하기 위한 제도이다.

3) 제척제도의 적용범위　　제척제도의 적용범위는 인적 범위와 사항적 범위로 나누어 살펴볼 필요가 있다. ① 인적 범위를 보면, 지방자치법은 '본인·배우자·직계존비속 또는 형제자매'의 이해관계 있는 안건에 한정하고 있다. 배우자의 직계존속과 배우자의 형제자매가 배제된 것과 이

들이 중심적인 역할을 하는 법인이 배제된 것은 잘못이다. 입법적 보완이 필요하다. ② 사항적인 범위를 보면, 지방자치법이 말하는 '이해관계'란 넓게 이해되어야 한다(^판_례). 지방의회의원의 지위에 관련된 이해관계뿐만 아니라, 그 밖에 의원 개인의 재산상의 이해관계도 포함된다. 다만, 안건이 일정의 직업단체나 주민단체의 공동의 이익에 관련된 탓으로 지방의회의원이 관련을 맺는 경우는 여기서 말하는 직접적인 이해관계에 해당하지 않는다(^{예: 일정 사업자에 대하여 도로사용료의 증액·감액을 결}_{정하여야 하는 경우, 의원이 당해업종의 종사자인 경우}).

> **[판례]** 교육위원이 교육감선거에서 자신에게 투표한 것이 교육위원의 제척사유로서의 '직접 이해관계 있는 경우'에 해당하는가의 여부
> (^{서울특별시 교육위원회의 소속위원들이 교육}_{감선출결의의 효력정지를 신청한 사건에서}) 교육감선출투표권을 가지고 있는 교육위원이 교육감으로 피선될 자격도 아울러 가지고 있어서 그 자신에 대하여 투표를 하였다고 하더라도 이를 가리켜 교육위원이 그와 직접적인 이해관계에 있는 안건의 의사에 참여한 것으로서 그 교육감선출을 무효라고 할 수 없다(^{대결 1997. 5. 8,}_{96두47}).

4) 제척의 효과 제척사유를 갖는 지방의회의원은 의사에 참여할 수 없다. 제척사유 있는 지방의회의원이 의사에 참가하면, 그 의사는 위법한 것이 된다. ① 이러한 경우에 재의의 요구제도가 활용될 수 있다(^{지자법 제120}_{조, 제192조}). ② 문제는 제척사유 있는 의원이 의사에 참여하여 이루어진 결정이 무효인가 또는 취소할 수 있는 것인가의 여부이다. 입법례를 볼 때, 무효로 하는 경우(^{예: 독일 메클렌부}_{르그－포르폼메른})도 있고, 이해관계 있는 의원의 투표참가가 결정적인 때에는 무효로 하는 경우(^{예:}^{독일}_{바이}_{에른})도 있다. 생각건대 제척제도의 취지가 심의·의결의 공정뿐만 아니라 지방의회에 대한 주민의 신뢰확보에도 있다는 점을 고려하면, 그 효과는 무효로 보는 것이 타당하다.

Ⅲ. 지방의회의 권한

지방의회의 권한은 형식적인 관점에서 보면 ① 의결권, ② 승인권, ③ 통제권 등이 있고, 실질적인 관점에서 보면 ① 입법(^{조례}_{제정})에 관한 권한, ② 재정에 관한 권한, ③ 대집행기관통제에 관한 권한, ④ 일반사무에 관한 의결권한, ⑤ 지방의회 내부에 관한 권한 등이 있다. 이하에서 실질적인 기준에 따라 살펴보기로 한다.

1. 입법에 관한 권한(조례제정권)

지방의회는 조례제정권을 갖는다. 조례제정권은 지방의회의 권한 중 기본적인 것이고 또한 다루어야 할 쟁점이 적지 않은바, Ⅳ.에서 자세히 살피기로 한다.

2. 재정에 관한 권한

지방의회는 재정과 관련하여 ① 예산의 심의·확정, ② 결산의 승인, ③ 법령에 규정된 것을 제외한 사용료·수수료·분담금·지방세 또는 가입금의 부과와 징수, ④ 기금의 설치·운용, ⑤

대통령령으로 정하는 중요재산의 취득·처분$\binom{\text{대판 1978. 10. 10.}}{\text{78다1024}}$, ⑥ 대통령령으로 정하는 공공시설의 설치·처분, ⑦ 법령과 조례에 규정된 것을 제외한 예산 외 의무부담이나 권리의 포기 등에 관해 의결권을 갖는다$\binom{\text{지자법 제47조 제 1 항}}{\text{제2호 내지 제8호}}$.

3. 집행기관통제권

(1) 개   관   지방의회가 갖는 각종의 권한 모두가 집행기관에 대한 통제기능을 갖는다. 그러나 그 성질상 행정통제 그 자체에 중점이 있다고 생각되는 제도로 ① 행정사무의 감사와 조사$\binom{\text{지자법}}{\text{제49조}}$, ② 행정사무처리상황의 보고와 질문·응답$\binom{\text{지자법}}{\text{제51조}}$, ③ 서류제출요구$\binom{\text{지자법}}{\text{제48조}}$, ④ 결산의 승인$\binom{\text{지자법 제150}}{\text{조 제 1 항}}$, ⑤ 인사청문$\binom{\text{지자법 제}}{\text{47조의2}}$의 제도가 있다.

(2) 행정사무감사와 조사

1) 의   의   ① 지방의회는 매년 1회 그 지방자치단체의 사무에 대하여 시·도에 있어서는 14일의 범위에서, 시·군 및 자치구에 있어서는 9일의 범위에서 감사를 실시하고, ② 지방자치단체의 사무 중 특정 사안에 관하여 본회의 의결로 본회의나 위원회에서 조사하게 할 수 있는바$\binom{\text{지자법 제49}}{\text{조 제 1 항}}$, ①을 행정사무감사라 부르고, ②를 행정사무조사라 부른다. 행정사무조사·감사권은 지방의회 자체의 권한이지 의회를 구성하는 의원 개개인의 권한은 아니다$\binom{\text{판}}{\text{례}}$.

> **판례** 구의회의원에게 본회의 또는 위원회활동과 무관하게 동장의 권한을 통제할 수 있는 권능을 부여하는 조례안의 적법 여부
> $\binom{\text{광주직할시 서구의회가 재의결한 광주직할시 서구 동정자문위원회조례 중}}{\text{개정조례안에 대하여 광주직할시 서구청장이 무효확인을 구한 사건에서}}$ **의회의 의결권과 집행기관에 대한 행정감사 및 조사권**은 의결기관인 **의회 자체의 권한이고 의회를 구성하는 의원 개개인의 권한이 아닌바**, 의원은 의회의 본회의 및 위원회의 의결과 안건의 심사 처리에 있어서 발의권, 질문권, 토론권 및 표결권을 가지며 의회가 행하는 지방자치단체사무에 대한 행정감사 및 조사에서 직접 감사 및 조사를 담당하여 시행하는 권능이 있으나, 이는 의회의 구성원으로서 의회의 권한행사를 담당하는 권능이지 의원 개인의 자격으로 가지는 권능이 아니므로 **의원은 의회의 본회의 및 위원회의 활동과 아무런 관련없이 의원 개인의 자격에서 집행기관의 사무집행에 간섭할 권한이 없으며**, 이러한 권한은 법이 규정하는 의회의 권한 밖의 일로서 집행기관과의 권한한계를 침해하는 것이어서 허용될 수 없다$\binom{\text{대판 1992. 7. 28.}}{\text{92추31}}$.

2) 단체·기관위임사무의 감사

㈎ 현행법의 태도   지방자치단체 및 그 장이 위임받아 처리하는 국가사무와 시·도의 사무에 대하여 국회와 시·도의회가 직접 감사하기로 한 사무 외에는 그 감사를 각각 해당 시·도의회와 시·군 및 자치구의회가 행할 수 있다$\binom{\text{지자법 제49조}}{\text{제 3 항 제 1 문}}$.

㈏ 취   지   비록 사무의 단체·기관위임이 있었다고 하여도 국가사무는 국회가, 시·도의 사무는 시·도의회가 감사하는 것이 논리적이다. 그럼에도 현행법이 수임지방자치단체의 의회가 단체·기관위임사무에 대해 감사할 수 있는 가능성을 열어 두고 있는 것은 감사의 중복$\binom{\text{예:}}{\text{국회}}$

^{감사·자체감사·})으로 인한 혼란과 낭비를 제거하기 위한 것이다.
_{감사원감사}

(다) 성 질 시·도의회나 시·군 및 자치구의회에 의한 단체·기관위임사무의 감사는 국회나 시·도의회의 위임에 의한 것이 아니다. 그것은 국회나 시·도의회가 직접 감사할 것을 정하지 않는 한, 지방자치법 제49조 제3항으로부터 직접 나온다. 따라서 시·도의회나 시·군 및 자치구의회의 단체·기관위임사무에 대한 감사는 법률의 규정에 따른 사무의 성질을 갖는 셈이다.

(라) 자료의 요구 국회나 시·도의회가 감사하기로 한 사무가 아니어서 시·도의회나 시·군 및 구의회가 단체·기관위임사무에 대하여 감사한 경우, 국회와 시·도의회는 그 감사결과에 대하여 그 지방의회에 필요한 자료를 요구할 수 있다(^{지자법 제49}_{조 제3항}). 그것은 원래 국회나 시·도의회의 사무이기 때문이다.

(마) 감사의 방법 감사의 방법은 통상의 행정 사무감사·조사의 경우와 같다(^{지자법}_{제49조}).

3) 행정사무 감사 또는 조사 보고에 대한 처리 지방의회는 본회의의 의결로 감사 또는 조사 결과를 처리한다(^{지자법 제50}_{조 제1항}). 지방의회는 감사 또는 조사 결과 해당 지방자치단체나 기관의 시정을 필요로 하는 사유가 있을 때에는 그 시정을 요구하고, 그 지방자치단체나 기관에서 처리함이 타당하다고 인정되는 사항은 그 지방자치단체나 기관으로 이송한다(^{지자법 제50}_{조 제2항}). 지방자치단체나 기관은 제2항에 따라 시정 요구를 받거나 이송받은 사항을 지체 없이 처리하고 그 결과를 지방의회에 보고하여야 한다(^{지자법 제50}_{조 제3항}).

4. 일반사무에 관한 의결권한

지방의회는 ① 대통령령으로 정하는 공공시설의 설치·처분, ② 청원의 수리와 처리, ③ 그 밖의 법령에 따라 그 권한에 속하는 사항, ④ 그 밖에 조례로 정하는 바에 따라 지방의회에서 의결되어야 할 사항에 대하여 의결권을 갖는다(^{지자법 제47조 제1항 제7호·}_{제9호·제11호, 제2항}). 그리고 지방의회는 결산과 관련하여 검사위원을 선임한다(^{지자법 제150}_{조 제1항}).

5. 지방의회내부에 관한 권한

지방의회는 자신의 조직·활동 및 내부사항에 대해서 자주적으로 이를 정할 수 있는 자율권을 가진다. 지방의회의 자율권으로 ① 내부운영의 자율권(^{의회규칙}_{제정권})(^{지자법}_{제52조}), ② 내부경찰권(^{지자법}_{제94}_{조, 제}^{97조}), ③ 내부조직권(^{지자법 제57조 제1항, 제62조, 제62조 제1항·제3}_{항, 제64조 제1항·제3항, 제102조 내지 제104조})과 ④ 지방의회의원의 신분에 관한 심사권을 갖는다. 여기에는 자격심사(^{지자법 제91조}_{제1항·제2항})·징계(^{지자법}_{제98조})(^판_례)와 사직허가(^{지자법}_{제89조})가 있다.

[판례] 지방의회의 의원징계의결이 행정처분에 해당하는지의 여부
(^{대전직할시 대덕구의회의 소속}_{의원의 제명을 다툰 사건에서}) 지방자치법 제78조 내지 제81조의 규정에 의거한 지방의회의 의원징계의결은 그로 인해 의원의 권리에 직접 법률효과를 미치는 행정처분의 일종으로서 행정소송의 대상이 된다(^{대판 1993. 11. 26,}_{93누7341}).

Ⅳ. 조례제정권

1. 조례의 관념

(1) 조례의 의의   자치에 관한 규정 중 지방의회의 의결을 거쳐 제정하는 법형식을 조례라 한다. 조례는 지방자치단체가 자기책임으로 임무를 수행하기 위한 전형적인 도구이다. 조례는 주민에 대하여 발하는 일반·추상적인 규율이지만, 규율내용의 일반성이 필수적인 특징이라고 볼 수는 없다. 조례는 구체적인 사항을 규정할 수도 있다. 지방자치단체의 사무에 관한 조례와 규칙 중 조례가 보다 상위규범이다(대판 1995. 7. 11, 94
누4615 전원합의체).

(2) 조례의 성질   조례는 기본적으로 불특정다수인에 대해 구속력을 갖는 법규이다. 따라서 조례는 형식적 의미의 법률은 아니지만 실질적 의미의 법률에 해당한다. 조례의 구속력은 당해 지방자치단체의 모든 주민과 지방자치단체 그리고 감독청과 법원에도 미친다. 외부적 구속효를 갖지 않는 조례도 있다. 조례는 일정구역에서만 효력을 갖는다는 의미에서 지역법이고 지방자치단체 스스로의 의사에 기한, 그리고 지방자치단체의 고유의 법이라는 의미에서 자주법이다.

(3) 조례와 국가입법으로서 법규명령의 차이   조례와 법규명령(대통령령·총
리령·부령 등)은 모두 행정주체에 의한 입법이지만 형성대상에 대한 권한의 귀속에 차이가 있다. 법규명령발령권은 권한상 국가의 영역에 귀속하는 것이나, 조례제정권은 지방자치단체의 권한에 속하며 자기 책임으로 행사된다. 즉 조례제정은 자치를 의미하나, 법규명령의 제정은 타율적인 법정립을 의미한다. 따라서 양자는 법정립권능의 성질 여하에 따라 기본적인 차이가 난다. 이 때문에 법규명령은 발령시마다 특별한 법률상의 근거를 요하지만(헌법 제75
조, 제95조), 조례는 일반적인 수권(포괄적인
수권)으로도 이루어진다. 조례도 개별적인 수권을 요한다는 반대견해가 있으나(이광
윤), 이는 조례의 자율성과 자치성에 대한 특성을 오해한 것으로 보인다는 지적(김남
진)이 타당하다. 그리고 법률로 조례에 위임하는 경우에도 구체적으로 범위를 정하여야 하는 것은 아니다. 이것은 조례제정기관인 지방의회가 민주적으로 선출·구성되는 기관인 까닭이다.

(4) 조례의 근거   지방자치단체가 자치입법권을 가진다는 것은 바로 헌법에서 명문으로 그 근거를 두고 있다(헌법 제117
조 제1항). 조례에 관한 규정인 지방자치법 제28조는 헌법 제117조의 제1항의 구체화일 뿐이다. 헌법이 지방적인 의미를 갖는 법규범의 정립권한을 지방자치단체에 부여한 것은 규범의 정립자와 규범의 수범자 간의 간격을 줄임으로써 사회적인 힘을 활성화하고, 지역적인 특성의 고려하에 탄력적인 규율을 가능하게 하고, 국가입법기관의 부담을 경감하게 하려는 데 있다.

2. 조례의 적법요건

(1) 주체·절차요건   조례의결의 주체는 지방의회이다(지자법 제28조, 제47
조 제1항 제1호). 지방의회에서 의결할 의안은 지방자치단체의 장이나 조례로 정하는 수 이상의 지방의회의원의 찬성으로 발의한다(지자법 제76
조 제1항). 위원회는 그 직무에 속하는 사항에 관하여 의안을 제출할 수 있다(지자법 제76
조 제2항). 지

방의회는 새로운 재정부담이 따르는 조례나 안건을 의결하려면 미리 지방자치단체의 장의 의견을 들어야 한다$\binom{지자법}{제148조}$.

(2) 형식·이송·공포요건　　조례는 성문의 법원으로서 일정한 문서형식을 요한다. 조례안이 지방의회에서 의결되면 의장은 의결된 날부터 5일 이내에 그 지방자치단체의 장에게 이송하여야 하고$\binom{지자법\ 제32}{조\ 제1항}$, 지방자치단체의 장은 제1항의 조례안을 이송받으면 20일 이내에 공포하여야 한다$\binom{지자법\ 제32}{조\ 제2항}$. 지방자치단체의 장은 이송받은 조례안에 대하여 이의가 있으면 제2항의 기간에 이유를 붙여 지방의회로 환부$\binom{還}{付}$하고, 재의$\binom{再}{議}$를 요구할 수 있다. 이 경우 지방자치단체의 장은 조례안의 일부에 대하여 또는 조례안을 수정하여 재의를 요구할 수 없다$\binom{지자법\ 제32}{조\ 제3항}$.

(3) 승인요건　　기본적으로 조례는 감독청의 승인을 요하지 아니한다. 그것은 자치입법이기 때문이다. 경우에 따라서는 법률로써 조례안이나 조례를 국회에 제출하게 할 수도 있을 것이다. 일반적으로 감독청의 승인제도는 합목적성이 아니라 합법성의 통제에 목적이 있다. 만약 예외적으로 법률상 감독청의 승인을 요하게 하는 경우가 있다면, 이러한 예외적 승인은 효력요건이 된다. 지방자치법은 감독청의 승인이 아니라 감독청에 보고하는 제도를 채택하고 있다$\binom{지자법}{제35조}$.

(4) 내용요건

1) 조례제정사항인 사무　　지방자치법 제28조 전단은 "지방자치단체는 법령의 범위에서 $\left[\begin{smallmatrix}판례\\1\end{smallmatrix}\right]$ 그 사무에 관하여 조례를 제정할 수 있다"고 규정하고, 동법 제13조 제1항은 "지방자치단체는 관할 구역의 자치사무와 법령에 따라 지방자치단체에 속하는 사무를 처리한다"고 규정하므로 결국 조례로 제정할 수 있는 사항은 자치사무와 단체위임사무에 한정되며, 기관위임사무는 조례의 제정대상이 아니다$\left[\begin{smallmatrix}판례\\2\end{smallmatrix}\right]$. 그러나 개별법률에서 기관위임사무를 조례로 규율하도록 규정한다면, 그것은 바람직한 것은 아니지만 위헌이라고 보기는 어렵다$\left[\begin{smallmatrix}판례\\3\end{smallmatrix}\right]$.

［판례 1］ 　법령의 의의

$\binom{\text{시간외근무수당의 지급기준·지급방법 등에 관하여 필요한 사항은 행정자치부장관이 정하는 범위 안에서 지방자치단체의 장이 정하도}}{\text{록 규정하고 있는 지방공무원수당등에관한규정 제15조 제4항이 헌법 제117조 제1항에 위반되는지를 쟁점으로 한 강남구청과 대통령간의 권한쟁의에서}}$ 헌법 제117조 제1항에서 규정하고 있는 '법령'에 법률 이외에 헌법 제75조 및 제95조 등에 의거한 '대통령령', '총리령' 및 '부령'과 같은 법규명령이 포함되는 것은 물론이지만, 헌법재판소의 "법령의 직접적인 위임에 따라 수임행정기관이 그 법령을 시행하는 데 필요한 구체적 사항을 정한 것이면, 그 제정형식은 비록 법규명령이 아닌 고시, 훈령, 예규 등과 같은 행정규칙이더라도, 그것이 상위법령의 위임한계를 벗어나지 아니하는 한, 상위법령과 결합하여 대외적인 구속력을 갖는 법규명령으로서 기능하게 된다고 보아야 한다"고 판시한 바에 따라, **헌법 제117조 제1항에서 규정하는 '법령'에는 법규명령으로서 기능하는 행정규칙이 포함된다**$\binom{\text{헌재 2002. 10. 31,}}{\text{2001헌라1 전원재판부}}$.

［판례 2］ 　기관위임사무를 규정한 조례의 적법 여부

$\binom{\text{부산광역시장이 부산광역시를 피고로 하여, 납품도매업차량에 대한 주정차위반행정처분이 자동유예될 수 있도록 시장이 구청장등과 협의}}{\text{하도록 한 사항 등을 정하는 부산광역시 납품도매업 지원에 관한 조례안 재의결의 무효확인을 구한 부산광역시 납품도매업 지원에 관한 조례안 사건에서}}$ 도로교통법상 주정차 위반행위에 대한 과태료 부과 관련 사무는 국가사무의 성격을 가진다고 보아야 한다. 주정차 위반행위에 대한 과태료 부과·징수에 관한 사무는 전국적으로 통일적

인 규율이 요구되는 국가사무에 해당하므로, 이와 관련한 지방자치단체의 장의 사무는 국가행정 기관의 지위에서 하는 기관위임사무이다. 이 사건 조례안 제9조 제1항은 기관위임사무인 주정 차 위반행위에 대한 과태료 부과처분에 관한 사항을 법령의 위임 없이 조례로 정한 경우에 해당 하므로 조례제정권의 한계를 벗어난 것으로서 위법하다$\binom{\text{대판 2022. 4. 28,}}{\text{2021추5036}}$.

판례 3 **기관위임사무에 관하여 예외적으로 조례로 정할 수 있는 경우**
(서울특별시의회가 재의결한 서울특별시도시공원조례중개정조례 안에 대하여 서울특별시장이 재의결효력확인을 구한 사건에서) 구 지방자치법 제15조, 제9조에 의하면, 지방자 치단체가 자치조례를 제정할 수 있는 사항은 지방자치단체의 고유사무인 자치사무와 개별법령에 의하여 지방자치단체에 위임된 단체위임사무에 한하는 것이고, 국가사무가 지방자치단체의 장에 게 위임된 기관위임사무는 원칙적으로 자치조례의 제정범위에 속하지 않는다 할 것이고, 다만 **기 관위임사무에 있어서도 그에 관한 개별법령에서 일정한 사항을 조례로 정하도록 위임하고 있는 경우** 에는 위임받은 사항에 관하여 개별법령의 취지에 부합하는 범위 내에서 이른바 위임조례를 정할 수 있다$\binom{\text{대판 2000. 5. 30, 99추85; 대판 2000. 11. 24,}}{\text{2000추29; 대판 1999. 9. 17, 99추30}}$.

[기출사례] 제6회 변호사시험(2017년) 문제·답안작성요령 ☞ PART 4 [3-7]

2) 법률유보의 원칙의 적용

(가) 지방자치법 제28조 단서의 위헌 여부

(a) 문제상황 지방자치단체는 법령의 범위 안에서 자치에 관한 규정을 제정할 수 있다 $\binom{\text{헌법 제117}}{\text{조 제1항}}$. 헌법이 말하는 '법령의 범위안에서'라는 표현의 의미·내용은 명백하지 않다$\binom{\text{판례}}{1, 2}$. 한 편, 지방자치단체의 자치입법은 행정의 한 부분이므로 조례도 당연히 행정기본법 제8조가 규정 하는 법치행정의 원칙$\binom{\text{행정작용은 법률에 위반되어서는 아니 되며, 국민의 권리를 제한하거나 의무를 부과하}}{\text{는 경우와 그 밖에 국민생활에 중요한 영향을 미치는 경우에는 법률에 근거하여야 한다}}$, 즉 동 조문 전단이 규정하는 법률의 우위의 원칙과 동 조문 후단이 정하는 법률의 유보의 원칙의 적용을 받 는다. 따라서 조례가 법률의 우위의 원칙에 반할 수 없음은 명백하지만, 조례에 법률의 유보가 어느 범위까지 미치는가는 명백하지 않다. 그런데 지방자치법 제28조 단서는 "주민의 권리 제한 또는 의무 부과에 관한 사항이나 벌칙을 정할 때에는 법률의 위임이 있어야 한다"고 규정하고 있 는바, 이 조항의 합헌성 여부와 관련하여 견해가 나뉘고 있다.

판례 1 **지방자치법 제28조 제1항 본문 중 '법령의 범위에서'의 의미**
(경상남도지사가 '경상남도 업무협약 체결 및 관리에 관한 조례안' 중 도의회가 지방자치법 제48조, 제49조에 따라 자료를 요구할 경우 도 지사는 업무협약에 비밀조항을 둔 경우라도 이를 거부할 수 없도록 규정한 제6조 제1항이 법률유보원칙등에 위반된다며 재의를 요구 하였으나 도의회가 원안대로 재의결함으로써 이를 확정하자 경상남도지 사가 조례안재의결무효확인을 구한 경상남도 업무협약 비밀조항 사건에서) '법령의 범위에서'란 '법령에 위반되지 않는 범위 내에서'를 가리키므로 지방자치단체가 제정한 조례가 법령에 위반되는 경우에는 효력이 없 다$\binom{\text{대판 2023. 7. 13,}}{\text{2022추5149}}$.

판례 2 **지방의회에 유급보좌인력을 두는 것이 적법한지 여부**
(피고(부산광역시 의회)가 2012. 3. 5.에 한 '2012년도 부산광역시 일반회계예산 중 상임(특별)위원회 운영 기간제근로자(이하 '이 사건 근로자') 등 보수'에 관하여 한 재의결이 지방재정법 등에 반하여 효력이 없는지 여부를 행정안전부장관이 다툰 예산안재의결무효확인

^{의 소}_{에서}) 지방재정법 제36조 제 1 항은 "지방자치단체는 법령 및 조례로 정하는 범위에서 합리적인 기준에 따라 그 경비를 산정하여 예산에 계상하여야 한다."고 규정하고 있다. 여기서 '법령 및 조례로 정하는 범위에서'란 예산안이 예산편성 기준 등에 관하여 직접 규율하는 법령이나 조례에 반해서는 안 될 뿐만 아니라 당해 세출예산의 집행목적이 법령이나 조례에 반해서도 안 된다는 것을 의미한다고 봄이 상당하므로, 지방의회가 의결한 예산의 집행목적이 법령이나 조례에 반하는 경우 당해 예산안 의결은 효력이 없다(^{대판 2013. 1. 16,}_{2012추84}).

(b) 학 설 학설은 합헌설·위헌설·절충설로 나뉘고 있다. 합헌설은 동 조항은 법률유보원칙의 적용이라는 입장이고(^{김동}_희), 위헌설은 동 조항이 헌법이 부여하는 지방자치단체의 자치입법권(^{조례}_{제정권})을 지나치게 제약하고 있다는 입장(^{박윤}_흔) 또는 헌법이 지방자치단체에 포괄적인 입법권을 부여한 취지에 반한다는 입장(^{김남}_진)이고, 절충설은 법령에 의한 규율이 없는 경우에는 법령의 위임이 없이도 직접 규율을 할 수 있다고 보아 동 조항을 헌법합치적으로 새기는 입장이다(^{류지}_태).

(c) 판 례 대법원은 합헌설을 취한다[^{판례}_{1, 2}]. 헌법재판소도 같은 입장이다[^{판례}₃].

판례 1 지방자치법 제15조(현행법 제22조) 단서의 위헌 여부

(_{전라북도 의회가 재의결한 전라북도공동주택입주자보호를위}_{한조례안에 대하여 전라북도지사가 무효확인을 구한 사건에서}) **지방자치법 제15조는 원칙적으로 헌법 제117조 제 1 항의 규정과 같이 지방자치단체의 자치입법권을 보장하면서, 그 단서에서 국민의 권리제한·의무부과에 관한 사항을 규정하는 조례의 중대성에 비추어 입법정책적 고려에서 법률의 위임을 요구한다고 규정하고 있는바, 이는 기본권 제한에 대하여 법률유보원칙을 선언한 헌법 제37조 제 2 항의 취지에 부합**하므로 조례제정에 있어서 위와 같은 경우에 법률의 위임근거를 요구하는 것이 위헌성이 있다고 할 수 없다(^{대판 1995. 5. 12, 94추28;}_{대판 1997. 4. 25, 96추251}).

판례 2 법률의 위임 없이 보육시설 종사자의 정년을 조례로 규정할 수 있는지의 여부

(_{법률의 위임 없이 보육시설 종사자의 정년을 규정한 '서울특별시 중구 영유}_{아 보육조례 일부개정조례안'에 대한 재의결의 무효확인을 구한 사건에서}) 영유아보육법이 보육시설 종사자의 정년에 관한 규정을 두거나 이를 지방자치단체의 조례에 위임한다는 규정을 두고 있지 않음에도 보육시설 종사자의 정년을 규정한 '서울특별시 중구 영유아 보육조례 일부개정조례안' 제17조 제 3 항은, 법률의 위임 없이 헌법이 보장하는 직업을 선택하여 수행할 권리의 제한에 관한 사항을 정한 것이어서 그 효력을 인정할 수 없으므로, 위 조례안에 대한 재의결은 무효이다(^{대판 2009. 5. 28,}_{2007추134}).

판례 3 담배자동판매기의 설치제한 및 철거를 규정한 조례의 제정을 위한 법률의 위임의 요부

(_{부천시 담배자동판매기설치금지조례와 강남구 담배자동판매기설치금지조례 중 담배자판기의 설치를 제한하고 설치된 자판기를 철거하도록}_{한 부분은 위임입법의 한계를 벗어난 무효의 규정으로서 청구인들의 헌법상 보장된 직업선택의 자유 등 기본권을 침해하고 있다고 하여, 헌}_{법소원을 제기한 부천시 담배}_{자판기 설치제한조례사건에서}) 이 사건 조례들은 담배소매업을 영위하는 주민들에게 자판기 설치를 제한하는 것을 내용으로 하고 있으므로 **주민의 직업선택의 자유 특히 직업수행의 자유를 제한하는 것이 되어** 지방자치법 제15조 단서 소정의 **주민의 권리의무에 관한 사항을 규율하는 조례**라고 할 수 있으므로 지방자치단체가 이러한 조례를 제정함에 있어서는 법률의 위임을 필요로 한다(^{헌재 1995. 4. 20, 92}_{헌마264·279 (병합)}).

(d) 사 견 지방자치단체는 자치행정주체이므로 지방자치단체의 행정을 직접국가행정과 동일시할 수는 없다. 지방자치단체는 주민에 의해 선출된 자로 구성된 지방의회를 통해 고유한 민주적인 정당성을 갖기 때문이다. 그럼에도 헌법 제10조 및 제37조가 정하는 기본권질서 등 국가의 기본질서를 형성하는 국회의 질서기능은 포기될 수 없다. 따라서 주민의 자유와 재산을 침해하거나 침해를 가능하게 하는 자치입법은 법률상 근거를 요한다고 보아야 한다. 요컨대 지방자치법 제28조 단서는 합헌으로 이해되어야 한다. 물론 수익적 사항에 관한 조례제정에는 법률의 개별적 위임이 필요하지 아니하다(판례).

[판례] 지방자치단체가 세 자녀 이상 세대 양육비 등 지원에 관한 조례안을 제정함에 있어서 법률의 개별적 위임이 필요한지 여부

(정선군수가 정선군의회의 정선군세자녀이상세대양육비등지원에관한조례안의 재의결무효확인청구사건에서) 지방자치법 제15조에 의하면 지방자치단체는 그 내용이 주민의 권리의 제한 또는 의무의 부과에 관한 사항이거나 벌칙에 관한 사항이 아닌 한 법률의 위임이 없더라도 그의 사무에 관하여 조례를 제정할 수 있는바, 지방자치단체의 세 자녀 이상 세대 양육비 등 지원에 관한 조례안은 저출산 문제의 국가적·사회적 심각성을 십분 감안하여 향후 지방자치단체의 출산을 적극 장려토록 하여 인구정책을 보다 전향적으로 실효성 있게 추진하고자 세 자녀 이상 세대 중 세 번째 이후 자녀에게 양육비 등을 지원할 수 있도록 하는 것으로서, **위와 같은 사무는 지방자치단체 고유의 자치사무 중 주민의 복지증진에 관한 사무를 규정한 지방자치법 제9조 제2항 제2호 (라)목에서 예시하고 있는 아동·청소년 및 부녀의 보호와 복지증진에 해당되는 사무이고, 또한 위 조례안에는 주민의 편의 및 복리증진에 관한 내용을 담고 있어 그 제정에 있어서 반드시 법률의 개별적 위임이 따로 필요한 것은 아니다**(대판 2006. 10. 12, 2006추38).

(나) 포괄적 위임 지방자치법 제28조 단서는 "주민의 권리 제한 또는 의무 부과에 관한 사항이나 벌칙을 정할 때에는 법률의 위임이 있어야 한다"고 규정하지만, 그 위임은 반드시 구체적인 위임만을 뜻하는 것은 아니고, 포괄적(개괄적)인 위임도 가능하다(참고조문). 다수설과 판례도 같은 입장이다(판례 1, 2, 3, 4). 구체적 수권이 있어야 한다는 견해(이광윤)도 있다.

[참고조문]
하수도법 제61조(원인자부담금 등) ② 공공하수도관리청은 대통령령으로 정하는 타공사 또는 공공하수도의 신설·증설 등을 수반하는 개발행위(이하 "타행위"라 한다)로 인하여 필요하게 된 공공하수도에 관한 공사에 소요되는 비용의 전부 또는 일부를 타공사 또는 타행위의 비용을 부담하여야 할 자에게 부담시키거나 필요한 공사를 시행하게 할 수 있다.
③ 제1항 및 제2항의 규정에 따른 원인자부담금의 산정기준·징수방법 그 밖의 필요한 사항은 해당 지방자치단체의 조례로 정한다.

[판례 1] 도시교통정비촉진법 제19조의10 제3항(교통수요관리에 관하여 법에 정한 사항을 제외하고는 조례로 정하도록 규정)이 조례에 의한 차고지확보제도의 위임근거가 되는지 여부
(수원시의회가 재의결한 수원시자동차차고지확보등에관한조례안에 대하여 경기도지사가 무효확인을 구한 수원시 차고지조례안사건에서) 도시교통정비촉진법 제19조의10 제3항에서

교통수요관리에 관하여 법에 정한 사항을 제외하고는 조례로 정하도록 규정하고 있고, … 같은 법 제19조의10 제 3 항의 규정은 **비록 포괄적이고 일반적인 것이기는 하지만** 차고지확보제도를 규정한 조례안의 법률적 위임근거가 된다(대판 1997. 4. 25,/96추251).

[판례 2] 조례에 대한 포괄적 위임의 가부

(부천시 담배자판기 설/치제한조례사건에서) 조례의 제정권자인 **지방의회**는 선거를 통해서 그 **지역적인 민주적 정당성**을 지니고 있는 주민의 대표기관이고 헌법이 지방자치단체에 포괄적인 자치권을 보장하고 있는 취지로 볼 때, **조례에 대한 법률의 위임은 법규명령에 대한 법률의 위임과 같이 반드시 구체적으로 범위를 정하여 할 필요가 없으며 포괄적인 것으로 족하다**(헌재 1995. 4. 20, 92/헌마264·279(병합)).

[판례 3] 조례의 규정사항이 자치사무와 단체위임사무인 경우 일반적인 위임입법한계의 적용 여부

(단양군 공유재산/조례안사건에서) 조례가 규정하고 있는 사항이 그 근거 법령 등에 비추어 볼 때 자치사무나 단체위임사무에 관한 것이라면 이는 자치조례로서 (구)지방자치법 제15조가 규정하고 있는 '**법령의 범위 안**'이라는 사항적 한계가 적용될 뿐, 위임조례와 같이 국가법에 적용되는 **일반적인 위임입법의 한계가 적용될 여지는 없다**(대판 2000. 11. 24,/2000추29).

[판례 4] 헌법 제75조의 포괄적 위임입법금지가 조례에 대한 위임에도 적용되는지의 여부

조례에 대한 법률의 위임은 법규명령에 대한 법률의 위임과 같이 반드시 구체적으로 범위를 정하여 할 필요가 없고, 법률이 주민의 권리의무에 관한 사항에 관하여 구체적으로 범위를 정하지 않은 채 조례로 정하도록 포괄적으로 위임한 경우나 법률규정이 예정하고 있는 사항을 구체화·명확화한 것으로 볼 수 있는 경우에는 지방자치단체는 법령에 위반되지 않는 범위 내에서 각 지역의 실정에 맞게 주민의 권리의무에 관한 사항을 조례로 제정할 수 있다(대판 2022. 4. 28,/2021추5036).

(다) 벌칙(과태료)　　　지방자치의 영역에서 행정벌의 근거로 지방자치법은 "지방자치단체는 조례를 위반한 행위에 대하여 조례로써 1천만원 이하의 과태료를 정할 수 있다"고 규정하고 있다(지자법/제34조). 1994년 3월 개정 전의 지방자치법 제20조는 "시·도는 당해 지방자치단체의 조례로써 3월 이하의 징역 또는 금고, 10만원 이하의 벌금, 구류, 과료 또는 50만원 이하의 과태료의 벌칙을 정할 수 있다"고 규정하였는데, 이를 둘러싸고 위헌논의가 있었다(본서는 합헌의/입장이었다).

[기출사례] 제11회 변호사시험(2022년) 문제·답안작성요령 ☞PART 4 [3-3a]

3) 법률우위의 원칙의 적용

(가) 의　　　의　　　헌법 제117조 제 1 항은 "법령의 범위 안에서 자치에 관한 규정을 제정할 수 있다"라고 하며, 지방자치법 제28조 본문은 "지방자치단체는 법령의 범위에서 그 사무에 관하여 조례를 제정할 수 있다"고 하므로 법률의 우위의 원칙은 조례에도 당연히 적용된다(판례/1). 법률에서 정함이 없는 사항에 대해서는 조례로 정할 수 있다는 법률선점이론도 법률의 우위의 원칙을 위반할 수는 없다. 법률의 우위의 원칙에 반하는 조례는 무효이다(판례/2).

[판례 1] 특정 사항에 관하여 법령이 이미 존재할 경우, 그 법령에서 정하지 아니한 사항을 규정한 조례의 적법 요건

(단양군 공유재산
조례안사건에서) 지방자치법 제15조에서 말하는 '법령의 범위 안'이라는 의미는 '법령에 위반되지 아니하는 범위 안'이라는 의미로 풀이되는 것으로서, **특정 사항에 관하여 국가 법령이 이미 존재할 경우에도 그 규정의 취지가 반드시 전국에 걸쳐 일률적인 규율을 하려는 것이 아니라 각 지방자치단체가 그 지방의 실정에 맞게 별도로 규율하는 것을 용인하고 있다고 해석될 때에는** 조례가 국가 법령에서 정하지 아니하는 사항을 규정하고 있다고 하더라도 이를 들어 법령에 위반되는 것이라고 할 수가 없다(대판 2000. 11. 24, 2000추29).

[판례 2] 정부업무평가기본법상 지방자치단체의 장의 권한사항인 자체평가업무에 지방의회가 사전에 적극적으로 개입하는 내용의 조례를 제정하는 것이 허용되는지 여부

(원고인 제주특별자치도지사가 피고인 제주특별자치도
의회를 상대로 조례안재의결무효확인을 구한 소송에서) 지방자치법은 지방의회와 지방자치단체의 장에게 독자적 권한을 부여하고 상호견제와 균형을 이루도록 하고 있으므로, 지방의회는 법률에 특별한 규정이 없는 한 견제의 범위를 넘어서 상대방의 고유권한을 침해하는 내용의 조례를 제정할 수 없다. 정부업무평가기본법 제18조에서 지방자치단체의 장의 권한으로 정하고 있는 자체평가업무에 관한 사항에 대하여 지방의회가 견제의 범위 내에서 소극적·사후적으로 개입한 정도가 아니라 **사전에 적극적으로 개입하는 내용을 지방자치단체의 조례로** 정하는 것은 허용되지 않는다(대판 2007. 2. 9, 2006추45).

[참고] 법률선점이론이란 법률로 규율하는 영역에 대하여 조례가 다시 동일한 목적으로 규율하는 것은 법률이 이미 선점한 영역을 침해하는 것이므로 법률에서 특별한 위임이 없는 한 허용되지 않는다는 이론을 말한다. 국법선점이론이라고도 한다. 법률선점이론은 일본에서 폭넓게 논의되어 온 이론이다. 법률선점이론은 주민주권론의 근거가 되는 일본국헌법 제95조(하나의 지방공공단체만에 적용되는 특별법은, … 그 지방 공공단체의 주민투표에 있어서 그 과반수의 동의를 얻지 아니하면 국회는 이것을 제정할 수 없다)를 바탕으로 하는 것으로 보인다(杉原 泰雄, 地方自治の憲法的基礎, 지방자치법연구, 한국지방자치법학회, 제 2 권 제 2 호(2002. 12), 39쪽 이하 참조). 일본국 헌법 제95조로 인해 일본에서는 조례로 국민의 자유와 권리를 제한할 수 있는 가능성이 열린다. 일본국헌법 제95조와 같은 헌법조문을 갖지 아니하는 우리나라에서 일본식의 법률선점이론이 그대로 적용되기는 어렵다. 우리의 경우에는 헌법 제37조 제 2 항으로 인해 법률의 근거 없이 조례만으로 주민의 자유와 권리를 제한할 수는 없다. 일설이 "법률선점이론은 법치행정의 원칙(행정의 법률적합성의 원칙)에서 당연히 도출되는 이론"이라 하나(김홍대, 지방자치입법론, 172쪽) 동의하기 어렵다.

(나) 법률우위의 원칙의 위반 여부의 판단기준

(a) 조례규정사항과 관련된 법령의 규정이 없는 경우(양자의 입법목적이 다른 경우도 포함)   조례규정사항과 관련된 법령의 규정이 없거나 조례와 법령의 입법목적이 다른 경우는 일반적으로 지방자치법 제28조 단서의 법률유보의 원칙에 반하지 않는 한 조례로서 규정할 수 있다. 다만, 행정법의 일반원칙에 위반됨은 없어야 한다.

(b) 조례규정사항과 관련된 법령의 규정이 있는 경우

(i) 조례내용이 법령의 규정보다 더 침익적인 경우   헌법 제117조 제 1 항과 지방자치법 제28조 본문에 비추어 법령의 규정보다 더욱 침익적인 조례는 법률우위원칙에 위반되어 위법하며 무효이다(판례 1).

(ii) 조례내용이 법령의 규정보다 더 수익적인 경우$\binom{\text{수익도 침익도 아}}{\text{닌 경우도 포함}}$ 조례의 내용이 수익적 $\binom{\text{또는 수익도 침}}{\text{익도 아닌 경우}}$이라고 할지라도 ① 성문의 법령에 위반되어서는 아니 된다는 것이 일반적인 입장이다. 다만, ② 판례와 일반적 견해는 국가법령의 취지가 지방자치단체의 실정에 맞도록 별도 규율을 용인하려는 것이라면 국가법령보다 더 수익적인 조례 또는 법령과 다른 별도 규율내용을 담은 조례의 적법성을 인정하고 있다. 이 경우도 지방자치법 제137조, 지방재정법 제 3 조 등의 건전재정운영의 원칙과 행정법의 일반원칙에 위반되어서는 아니 된다$\binom{\text{판례}}{\text{2, 3}}$.

판례 1 차고지확보의무를 부과한 조례가 자동차 등록기준 및 차고지 확보기준에 관한 상위법령의 제한범위를 초과하여 위법하다고 한 사례

(차고지확보 대상을 자가용자동차 중 승차정원 16인 미만의 승합자동차와 적재정량 2.5t 미만의 화물자동차까지로 정하여 자동차운수사업법령이 정한 기준보다 확대하고, 차고지확보 입증서류의 미제출을 자동차등록 거부사유로 정하여 자동차관리법령이 정한 자동차 등록기준보다 더 높은 수준의 기준을 부가하고 있는 차고지확보제도에 관한 수원시의 조례안의 재의결의 적법 여부가 문제된 사안에서) 자동차관리법 및 자동차등록령은 그 법 제 5 조에서 자동차등록원부에 등록한 후가 아니면 자동차$\binom{\text{이륜자동}}{\text{차 제외}}$를 운행할 수 없도록 규정한 다음 그 법 제 9 조, 제11조 제 2 항, 제12조 제 6 항과 그 영 제17조에서 자동차등록$\binom{\text{신규·변}}{\text{경·이전}}$의 거부사유를 열거하면서 차고지를 확보하지 아니한 것$\binom{\text{차고지확보 입증}}{\text{서류의 미제출}}$을 그 거부사유로 들고 있지 아니하고 달리 조례로 별도의 등록거부사유를 정할 수 있도록 위임하고 있지도 아니하므로, **하위법령인 조례로서 위 법령이 정한 자동차 등록기준보다 더 높은 수준의 기준**$\binom{\text{차고지}}{\text{확보}}$**을 부과하고 있는 이 사건 조례안 제 4 조, 제 5 조는 자동차관리법령에 위반된다고 할 것이다**$\binom{\text{대판 1997. 4. 25,}}{\text{96추251}}$.

판례 2 조례에서 정한 보호대상자에 대하여 생활보호법상 생계비에 준하여 생계비를 지원할 수 있도록 규정한 조례의 적법 여부

(2년 이상 당해 지방자치단체의 관내에 거주하는 자로서 법률상 부양의무자가 있으나 부양의무를 이행할 수 없는 자로 인정되어 사실상 생활에 어려움이 있는 자활보호대상자 중 65세 이상의 노쇠자·18세 미만의 아동·임산부·폐질 또는 심신장애로 인하여 근로능력이 없는 자를 보호대상자로 결정하여 그들에게 생활보호법 소정의 생계비 수준에 준하여 구 예산의 범위 내에서 생계비를 지원하도록 규정한 광주광역시의회의 조례안에 대한 재의결의 적법 여부가 문제된 사건에서) 조례안의 내용은 생활유지의 능력이 없거나 생활이 어려운 자에게 보호를 행하여 이들의 최저생활을 보장하고 자활을 조성함으로써 구민의 사회복지의 향상에 기여함을 목적으로 하는 것으로서 **생활보호법과 그 목적 및 취지를 같이 하는 것이나, 보호대상자 선정의 기준 및 방법, 보호의 내용을 생활보호법의 그것과는 다르게 규정함**과 동시에 생활보호법 소정의 자활보호대상자 중에서 사실상 생계유지가 어려운 자에게 생활보호법과는 별도로 생계비를 지원하는 것을 그 내용으로 하는 것이라는 점에서 생활보호법과는 다른 점이 있고, 당해 조례안에 의하여 생활보호법 소정의 자활보호대상자 중 일부에 대하여 생계비를 지원한다고 하여 생활보호법이 의도하는 목적과 효과를 저해할 우려는 없다고 보여지며, 비록 **생활보호법이 자활보호대상자에게는 생계비를 지원하지 아니하도록 규정하고 있다고 할지라도 그 규정에 의한 자활보호대상자에게는 전국에 걸쳐 일률적으로 동일한 내용의 보호만을 실시하여야 한다는 취지로는 보이지 아니하고, 각 지방자치단체가 그 지방의 실정에 맞게 별도의 생활보호를 실시하는 것을 용인하는 취지라고 보아야 할 것**이라는 이유로, 당해 조례안의 내용이 생활보호법의 규정과 모순·저촉되는 것이라고 할 수 없다$\binom{\text{대판 1997. 4. 25, 96추244;}}{\text{대판 2007. 12. 13, 2006추52}}$.

판례 3 조례로 정하고자 하는 특정사항에 관하여 이미 법령이 존재하는 경우, 조례의 적법 요건(법률의 우위의 원칙과 조례)

$\binom{\text{정선군수가 정선군의회의 정선군세자녀이상세대양육}}{\text{비등지원에관한조례안의 재의결무효확인청구사건에서}}$ 지방자치단체는 법령에 위반되지 아니하는 범위 내에서

그 사무에 관하여 조례를 제정할 수 있는 것이고, **조례가 규율하는 특정사항에 관하여 그것을 규율하는 국가의 법령이 이미 존재하는 경우에도 조례가 법령과 별도의 목적에 기하여 규율함을 의도하는 것으로서 그 적용에 의하여 법령의 규정이 의도하는 목적과 효과를 전혀 저해하는 바가 없는 때, 또는 양자가 동일한 목적에서 출발한 것이라고 할지라도 국가의 법령이 반드시 그 규정에 의하여 전국에 걸쳐 일률적으로 동일한 내용을 규율하려는 취지가 아니고 각 지방자치단체가 그 지방의 실정에 맞게 별도로 규율하는 것을 용인하는 취지라고 해석되는 때에는 그 조례가 국가의 법령에 위반되는 것은 아니다**(대판 2006. 10. 12, 2006추38).

[참고] 추가조례와 초과조례
추가조례와 초과조례는 일본에서 발전된 개념인데, 오늘날에는 우리나라에서도 일반적으로 사용되고 있다. 추가조례와 초과조례는 조례의 규율대상에 관해 법령상 규정이 있는 경우와 관련한다.
1. 추가조례
(1) 의   의   조례와 법령의 입법목적은 동일하지만, 법령이 정하지 아니한 사항을 정하는 조례를 추가조례라 한다.
(2) 요건을 강화하는 추가조례의 제정가능성   ① 주민의 권익을 침해하는 조례의 경우, 요건의 강화가 주민의 권익침해를 보다 어렵게 하는 것으로 이해하면, 요건의 강화는 주민에게 수익적이므로, 법령의 취지가 지방자치단체의 실정에 맞도록 별도 규율을 용인하려는 것이라면 지방자치단체는 그러한 조례를 정할 수 있다.
② 주민에게 수익을 가져오는 조례의 경우, 요건의 강화가 주민에게 수익 부여를 보다 어렵게 하는 것으로 이해하면, 요건의 강화는 주민에게 침익적이므로 지방자치법 제28조 단서에 반하지 아니하는 범위 안에서 지방자치단체는 그러한 조례를 정할 수 있다.
(3) 요건을 약화하는 추가조례의 제정가능성   ① 주민의 권익을 침해하는 조례의 경우, 요건의 약화가 주민의 권익침해를 보다 쉽게 하는 것으로 이해하면, 요건의 약화는 주민에게 침익적이므로, 지방자치법 제28조 단서에 반하지 않는 범위 안에서 지방자치단체는 그러한 조례를 정할 수 있다.
② 주민에게 수익을 가져오는 조례의 경우, 요건의 약화가 주민에게 수익 부여를 보다 쉽게 하는 것으로 이해하면, 요건의 약화는 주민에게 수익적이므로, 법령의 취지가 지방자치단체의 실정에 맞도록 별도 규율을 용인하려는 것이라면 지방자치단체는 그러한 조례를 정할 수 있다.
2. 초과조례
(1) 의   의   조례와 법령이 동일한 사항을 규율하고 입법목적도 동일한 경우에 법령이 정하는 요건을 강화하는 기준을 정하는 조례를 말한다.
(2) 요건을 강화하는 초과조례의 제정가능성   ① 주민의 권익을 침해하는 조례의 경우, 요건의 강화가 주민의 권익침해를 보다 어렵게 하는 것으로 이해하면, 요건의 강화는 주민에게 수익적이므로, 법령의 취지가 지방자치단체의 실정에 맞도록 별도 규율을 용인하려는 것이라면 지방자치단체는 그러한 조례를 정할 수 있다.
② 주민에게 수익을 가져오는 조례의 경우, 요건의 강화가 주민에게 수익 부여를 보다 어렵게 하는 것으로 이해하면, 기준의 강화는 주민에게 침익적이므로 지방자치법 제28조 단서에 반하는바 지방자치단체는 그러한 조례를 정할 수 없다.
(3) 요건을 약화하는 초과조례의 제정가능성   ① 주민의 권익을 침해하는 조례의 경우, 요건의 약화가 주민의 권익침해를 보다 쉽게 하는 것으로 이해하면, 요건의 약화는 주민에게 침익적이므로, 지방자

치법 제28조 단서에 반하는바 지방자치단체는 그러한 조례를 정할 수 없다.

② 주민에게 수익을 가져오는 조례의 경우, 요건의 약화가 주민에게 수익부여를 보다 쉽게 하는 것으로 이해하면, 기준의 약화는 주민에게 수익적이므로, 법령의 취지가 지방자치단체의 실정에 맞도록 별도 규율을 용인하려는 것이라면 지방자치단체는 그러한 조례를 정할 수 있다.

[기출사례] 제33회 입법고시(2017년) 문제·답안작성요령 ☞ PART 4 [3-5]

⒟ 관련판례의 검토

(a) 단체장과 지방의회 간에 새로운 통제수단의 신설　　조례로 지방자치단체의 장과 의회 간에 새로운 통제수단을 신설하는 것은 한계가 있다. 즉, 지방의회는 단체장에 대하여 법률에 규정이 없는 견제장치를 조례로 만들 수 없고(판례 1, 2, 3), 단체장의 사무집행권을 본질적으로 침해하거나(판례 4), 지방자치단체의 장의 고유권한사항에 대하여 사전에 적극적으로 개입하는 조례도 만들 수 없다(5, 6, 7, 8, 9, 10 판례). 또한 지방의회의 통제권을 박탈하는 조례도 허용되지 않는다(판례 11).

> **판례 1**　지방의회가 집행기관에 대하여 법령에 규정이 없는 새로운 견제장치를 설정할 수 있는지의 여부
>
> [1] (원고인 전라북도 교육감이 피고인 전라북도의회가 의결한 '전라북도교육청 행정기구 설치 조례' 일부 개정조례안의 의결무효를 구한 조례안재의결무효확인소송에서) 지방자치법상 지방자치단체의 집행기관과 지방의회는 서로 분립되어 각기 그 고유 권한을 행사하되 상호 견제의 범위 내에서 상대방의 권한 행사에 대한 관여가 허용된다. 지방의회는 집행기관의 **고유 권한에 속하는 사항의 행사에 관하여 사전에 적극적으로 개입하는 것**은 허용되지 않으나, **견제의 범위 내에서 소극적·사후적으로 개입하는 것은 허용된다**(대판 2021. 9. 16, 2020추5138).
>
> [2] (지방의회가 선임한 검사위원이 결산에 대한 검사 결과, 필요한 경우 결산검사의견서에 추징, 환수, 변상 및 책임공무원에 대한 징계 등의 시정조치에 관한 의견을 담을 수 있고, 그 의견에 대하여 시장이 시정조치 결과나 시정조치 계획을 의회에 알리도록 하는 내용의 개정조례안의 위법을 다툰 개정조례안재의결무효확인청구소송에서) 지방의회는 조례의 제정 및 개폐, 예산의 심의·확정, 결산의 승인, 기타 구 지방자치법 제35조에 규정된 사항에 대한 의결권을 가지는 외에 구 지방자치법 제36조 등의 규정에 의하여 지방자치단체사무에 관한 행정사무감사 및 조사권 등을 가진다. 지방의회는 이와 같이 법령에 의하여 주어진 권한의 범위 내에서 집행기관을 견제할 수 있는 것이고, **법령에 규정이 없는 새로운 견제장치를 만드는 것은 집행기관의 고유권한을 침해하는 것이 되어 허용될 수 없다**(대판 2009. 4. 9, 2007추103).

> **판례 2**　당해 주민을 상대로 한 모든 행정기관의 행정처분에 대한 행정심판청구 지원 등을 내용으로 한 조례안의 효력
>
> (하남시장이 하남시의회가 하남시민의 행정심판청구를 지원하기 위해 재의결한 행정심판청구지원조례안재의결에 대하여 무효확인을 구한 하남시행정심판청구지원조례안사건에서) 당해 지방자치단체의 주민을 상대로 한 모든 행정기관의 행정처분에 대한 행정심판청구를 지원하는 것을 내용으로 하는 조례안은 지방자치단체의 사무에 관한 조례제정권의 한계를 벗어난 것일 뿐 아니라, 가사 그 조례안이 당해 지방자치단체의 행정처분에 대한 행정심판청구만을 지원한다는 의미로 이해한다고 하더라도, **그 지원여부를 결정하기 위한 전제로서 당해 행정처분의 정당성여부를 지방의회에서 판단하도록 규정하고 있다면** 이는 결국 지방의회가 스스로 행정처분의 정당성 판단을 함으로써 자치단체의 장을 견제하려는 것으로서 **이는 법률에 규정이 없는 새로운 견제장치를 만드는 것이 되어** 지방자치

단체의 장의 고유권한을 침해하는 것이 되어 효력이 없다(대판 1997. 3. 28. 96추60).

판례 3   결산검사의견서에 추징, 환수, 변상 및 책임공무원에 대한 징계 등의 시정조치에 관한 사항을 조례로 정할 수 있는 여부

(지방의회가 선임한 검사위원이 결산에 대한 검사 결과, 필요한 경우 결산검사의견서에 추징, 환수, 변상 및 책임공무원에 대한 징계 등의 시정조치에 관한 의견을 담을 수 있고, 그 의견에 대하여 시장이 시정조치 결과나 시정조치 계획을 의회에 알리도록 하는 내용의 개정조례안의 위법을 다툰 개정조례안재의결무효확인청구소송에서) 지방의회가 선임한 검사위원이 결산에 대한 검사 결과, 필요한 경우 결산검사의견서에 추징, 환수, 변상 및 책임공무원에 대한 징계 등의 시정조치에 관한 의견을 담을 수 있고, 그 의견에 대하여 시장이 시정조치 결과나 시정조치 계획을 의회에 알리도록 하는 내용의 개정조례안은, 사실상 지방의회가 단체장에 대하여 직접 추징 등이나 책임공무원에 대한 징계 등을 요구하는 것으로서 지방의회가 법령에 의하여 주어진 권한의 범위를 넘어서 집행기관에 대하여 새로운 견제장치를 만드는 것에 해당하여 위법하다(대판 2009. 4. 9. 2007추103).

판례 4   지방자치단체의 자치사무에 관한 조례 제정의 한계

(인천시장으로 하여금 가스사업자에 대하여 가스공급계획에 의한 가스공급시설의 미설치 승인시 일정 규모 이상의 가스공급시설을 추가 설치할 수 있도록 가스공급계획을 변경하도록 하고, 가스공급시설 설치지역의 우선순위도 민원을 제기한 지역의 주민의 수만으로 결정하도록 규정한 조례안재의결에 대하여 무효확인을 구한 인천시 도시가스조례안사건에서) 지방자치단체가 그 자치사무에 관하여 조례로 제정할 수 있다고 하더라도 상위 법령에 위배할 수는 없고(지방자치법 제15조), 특별한 규정이 없는 한 지방자치법이 규정하고 있는 지방자치단체의 집행기관과 지방의회의 고유권한에 관하여는 조례로 이를 침해할 수 없고, 나아가 지방의회가 지방자치단체장의 고유권한이 아닌 사항에 대하여도 그 **사무집행에 관한 집행권을 본질적으로 침해하는 것**은 지방자치법의 관련 규정에 위반되어 허용될 수 없다고 할 것이다 (대판 2001. 11. 27. 2001추57).

판례 5   지방의회가 합의제 행정기관의 설치에 관한 조례안을 발의하여 이를 의결, 재의결하는 것이 허용되는지 여부

(제주특별자치도 연구위원회 설치 및 운영에 관한 조례안재의결무효확인소송에서) 지방자치법령은 지방자치단체의 장으로 하여금 지방자치단체의 대표자로서 당해 지방자치단체의 사무와 법령에 의하여 위임된 사무를 관리·집행하는 데 필요한 행정기구를 설치할 고유권한과 이를 위한 조례안의 제안권을 가지도록 하는 반면 지방의회로 하여금 지방자치단체장의 행정기구 설치권한을 견제하도록 하기 위하여 지방자치단체의 장이 조례안으로써 제안한 행정기구를 축소·통폐합할 권한을 가지도록 하고 있다. 이에 더하여, 지방자치법 제116조에 그 설치의 근거가 마련된 합의제 행정기관은 지방자치단체의 장이 통할하여 관리·집행하는 지방자치단체의 사무를 일부 분담하여 수행하는 기관으로서 그 사무를 독립하여 수행한다 할지라도 이는 어디까지나 집행기관에 속하는 것이지 지방의회에 속한다거나 집행기관이나 지방의회 어디에도 속하지 않는 독립된 제3의 기관에 해당하지 않는 점, 행정기구규정 제3조 제1항의 규정에 비추어 **지방자치단체의 장은 집행기관에 속하는 행정기관 전반에 대하여 조직편성권을 가진다**고 해석되는 점을 종합해 보면, **지방자치단체의 장은 합의제 행정기관을 설치할 고유의 권한을 가지며 이러한 고유권한에는 그 설치를 위한 조례안의 제안권이 포함된다**고 봄이 상당하므로, 지방의회가 합의제 행정기관의 설치에 관한 조례안을 발의하여 이를 그대로 의결, 재의결하는 것은 지방자치단체장의 고유권한에 속하는 사항의 행사에 관하여 지방의회가 사전에 적극적으로 개입하는 것으로서 위 관련 법령에 위반되어 허용되지 아니한다(대판 2009. 9. 24. 2009추53).

판례 6　구청장이 주민자치위원회 위원을 위촉함에 있어 동장과 당해 지역 구의원 개인과의 사전 협의 절차가 필요한 것으로 한 조례안의 규정이 법령에 위반되는지 여부

(인천광역시 동구의회가 재의결한 인천광역시동구주민자치센터및운영조례안에 대하여 인천광역시 동구청장이 재의결의 효력을 다툰 인천광역시 동구 주민자치센터조례안사건에서) 지방자치법상 지방자치단체의 집행기관과 지방의회는 서로 분립되어 제각각 그 고유권한을 행사하되 상호견제의 범위 내에서 상대방의 권한 행사에 대한 관여가 허용되는 것이므로, **집행기관의 고유권한에 속하는 인사권의 행사에 있어서도 지방의회는 견제의 범위 내에서 소극적·사후적으로 개입할 수 있을 뿐 사전에 적극적으로 개입하는 것은 허용되지 아니하고,** 또 집행기관을 비판·감시·견제하기 위한 의결권·승인권·동의권 등의 권한도 지방자치법상 의결기관인 지방의회에 있는 것이지 의원 개인에게 있는 것이 아니므로, 지방의회가 재의결한 조례안에서 **구청장이 주민자치위원회 위원을 위촉함에 있어 동장과 당해 지역 구의원 개인과의 사전 협의 절차가 필요한 것으로 규정함으로써 지방의회 의원 개인이 구청장의 고유권한인 인사권 행사에 사전 관여할 수 있도록 규정하고 있는 것 또한 지방자치법상 허용되지 아니하는 것이다**(대판 2000. 11. 10, 2000추36).

판례 7　지방공무원의 파견에 관한 지방자치단체의 장의 임용권 행사에 대하여 적극적으로 관여하는 경우, 그 조례 규정이 법령에 위반되는지 여부

(광주광역시의회가 재의결한 재단법인광주비엔날레지원조례개정조례안에 대하여 광주광역시장이 재의결무효확인을 구한 광주비엔날레 지원조례안사건에서) 조례안에서 지방자치단체의 장이 재단법인 광주비엔날레의 업무수행을 지원하기 위하여 소속 지방공무원을 위 재단법인에 파견함에 있어 그 파견기관과 인원을 정하여 지방의회의 동의를 얻도록 하고, 이미 위 재단법인에 파견된 소속 지방공무원에 대하여는 조례안이 조례로서 시행된 후 최초로 개회되는 지방의회에서 동의를 얻도록 규정하고 있는 경우, 그 조례안 규정은 **지방자치단체의 장의 고유권한에 속하는 소속 지방공무원에 대한 임용권 행사에 대하여 지방의회가 동의 절차를 통하여 단순한 견제의 범위를 넘어 적극적으로 관여하는 것을 허용하고 있으므로 법령에 위반된다**(대판 2001. 2. 23, 2000추67).

판례 8　상위법령에 의하여 기관구성원의 임명·위촉권한이 지방자치단체의 장에게 전속적으로 부여된 경우, 조례로써 지방자치단체의 장의 임명·위촉권을 제약할 수 있는지 여부

(전라북도지사가 도지사 임명 출연기관장 등에 대한 도의회의 인사검증을 내용으로 하는 '전라북도 출연기관 등의 장에 대한 인사검증 조례안'에 대하여 상위 법령에 반하여 자신의 인사권한 행사를 침해한다는 이유를 들어 재의결을 요구하였으나 전라북도의회가 원안대로 재의결하자 전라북도지사가 전라북도의회를 피고로 조례안재의결무효확인을 구한 전북 출연기관장 인사검증 조례안 사건에서) 상위 법령에서 지방자치단체의 장에게 기관구성원 임명·위촉권한을 부여하면서도 임명·위촉권의 행사에 대한 지방의회의 동의를 받도록 하는 등의 견제나 제약을 규정하고 있거나 **그러한 제약을 조례 등에서 할 수 있다고 규정하고 있지 아니하는 한,** 당해 법령에 의한 임명·위촉권은 지방자치단체의 장에게 전속적으로 부여된 것이라고 보아야 한다. 따라서 **하위 법규인 조례로써는 지방자치단체장의 임명·위촉권을 제약할 수 없고,** 지방의회의 지방자치단체 사무에 대한 비판, 감시, 통제를 위한 행정사무감사 및 조사권 행사의 일환으로 위와 같은 제약을 규정하는 조례를 제정할 수도 없다(대판 2017. 12. 13, 2014추644).

판례 9　지방공기업 대표에 대한 지방자치단체의 장의 임명권행사에 앞서 지방의회의 인사청문회를 거치도록 한 조례안의 적법 여부

(전라북도지사가 전라북도의회를 상대로 제기한 전라북도공기업사장 등의임명에관한인사청문회조례안에 대한 재의결무효확인소송에서) 지방자치단체의 장으로 하여금 지방자치단체가 설립한 지방공기업 등의 대표에 대한 임명권의 행사에 앞서 지방의회의 인사청문회를 거치도록 한 조례안은 **지방자치단체의 장의 임명권에 대한 견제나 제약에 해당**하므로 법령에 위반된다(대판 2004. 7. 22, 2003추44).

판례 10 상위법령에 따라 기관구성원의 임명·위촉권한이 지방자치단체장에게 전속적으로 부여된 경우, 조례로 지방자치단체장의 임명·위촉권한을 제약할 수 있는지 여부

(광주광역시 지방공기업 사장 등에 대한 인사점) (증공청회 운영조례안재의결무효확인의 소에서) 상위법령에서 지방자치단체장에게 기관구성원 임명·위촉권한을 부여하면서도 임명·위촉권의 행사에 지방의회의 동의를 받도록 하는 등의 견제나 제약을 규정하고 있거나 그러한 제약을 조례 등에서 할 수 있다고 규정하고 있지 않는 한 당해 법령에 의한 임명·위촉권은 지방자치단체의 장에게 전속적으로 부여된 것이라고 보아야 한다. 따라서 하위법규인 조례로는 지방자치단체장의 임명·위촉권을 제약할 수 없고, 지방의회의 지방자치단체 사무에 대한 비판, 감시, 통제를 위한 행정사무감사 및 조사권 행사의 일환으로 위와 같은 제약을 규정하는 조례를 제정할 수도 없다(대판 2013. 9. 27, 2012추169).

판례 11 지방의회의 행정 감시·통제기능을 제한·박탈하거나 제3의 기관 또는 집행기관 소속의 특정 행정기관에게 일임하는 조례의 효력

(충청북도의회가 재의결한 옴부즈만조례안에 대하여 내무부 장관이 재의결효확인을 구한 **충북 옴부즈만조례안사건에서**) **집행기관의 사무집행에 관한 감시·통제기능은 지방의회의 고유 권한**이므로 이러한 지방의회의 권한을 제한·박탈하거나 제3의 기관 또는 집행기관 소속의 어느 특정 행정기관에 일임하는 내용의 조례를 제정한다면 이는 지방의회의 권한을 본질적으로 침해하거나 그 권한을 스스로 저버리는 내용의 것으로서 지방자치법령에 위반될 것이다(대판 1997. 4. 11, 96추138).

(b) 기타 법률우위원칙에 반한다고 본 경우   조례는 법률우위의 원칙상 지방자치법과 지방재정법, 지방공무원법을 포함하여 다른 개별법령에도 위반되어서는 아니 된다(판례 1, 2, 3, 4).

판례 1 지방자치법령상의 지방공무원의 총정원을 늘리는 것을 내용으로 하는 조례가 내무부장관의 사전승인 없이 제정된 경우, 그 조례의 효력

(충북 옴부즈만조 례안사건에서) 지방자치단체에 두는 지방공무원의 정수를 정하는 내용의 조례는 **지방자치법 제103조 제1항, 지방자치단체의행정기구와정원기준등에관한규정 제14조 제1항과 제21조 제1항, 지방자치단체의행정기구와정원기준등에관한규정시행규칙 제3조 제1항 [별표 1]의 규정에 의한 지방공무원의 총정원의 범위 내에서 정원관리기관별로 지방공무원의 정수를 정하는 것일 경우에 한하여 유효**하고, 내무부장관의 사전승인을 얻지 아니하고 총정원을 늘리는 것을 내용으로 하는 조례는 위 법령에 위반되어 무효이다(대판 1997. 4. 11, 96추138).

판례 2 지방자치단체가 소속 공무원의 대학생 자녀에게 학비를 지급하기 위하여 만든 장학기금출연조례안의 적법 여부

(인천광역시 소속공무원의 대학생자녀에 대한 장학금을 지원하도록 한 조례안의 재의결 에 대해 내무부장관이 무효확인을 구한 인천광역시 공무원자녀 장학기금조례사건에서) 이 사건 조례안 제2조는 학비의 지급대상을 소속 공무원의 대학에 취학중인 자녀를 그 대상으로 하고 있는바, 비록 그 학비를 보수(殊)로서 공무원에게 직접 지급하는 것은 아니라고 하더라도 그 자녀의 학비를 위 장학기금에서 대신 지급하여 줌으로써 공무원이 지출하여야 할 학비를 지출하지 않게 하여 그 실질에 있어서는 법령에서 규정하지 아니한 명목의 금전을 소속 공무원에게 변형된 보수로서 지급하는 것에 다름 아니고, 이는 결과적으로 위 관계 법령의 규정을 위반하는 것이라고 하지 않을 수 없다(대판 1996. 10. 25, 96추107).

> **판례 3** 지방의회의원에게 유급보좌관을 둘 수 있도록 한 조례안이 법률우위의 원칙에 반하는 지의 여부
>
> $\binom{\text{서울특별시의회가 재의결한 서울특별시의회사무처설치조례중개}}{\text{정조례안에 대하여 서울특별시장이 무효확인을 구한 사건에서}}$ **지방자치법** 제32조는 우리 나라의 지방재정 상태와 지방의회의 의원정수 및 지방의회의 조직$\binom{\text{대의}}{\text{회제}}$을 고려하여 **지방의회의원을 명예직으로 한다고** 규정하고 있는바, **지방의회의원에 대하여 유급 보좌관을 두는 것은 지방의회의원을 명예직으로 한다고 한 위 규정에 위반**되고, 나아가 **조례로써 지방의회의원에 유급보좌관을 둘 경우에는 지방의회의원에 대하여 같은 법이 예정하고 있지 않는 전혀 새로운 항목의 비용을 변칙적으로 지출하는 것이고,** 이는 결국 법령의 범위 안에서 그 사무에 관하여 조례를 제정하도록 한 같은 법 제15조의 규정에 위반된다$\binom{\text{대판 1996. 12. 10.}}{\text{96추121}}$.

> **판례 4** 지방자치단체 장의 예산안 편성권을 본질적으로 제약하는 조례의 적법 여부
>
> $\binom{\text{서울특별시 의회가 교육경비 보조금의 상한(보통세의 1000분의 6 이내)만 규정하고 있던 종전 조례와 달리 하한(보통세의 1000분의 4 이상)}}{\text{을 새롭게 추가한 '서울특별시 교육경비 보조에 관한 조례 일부개정조례안'에 대한 재의결에 대하여 서울시장이 무효확인을 구한 서울특별시 교육경비 보}}$ $\binom{\text{조금 사건에서}}{}$ 예산과 관련하여 구 지방자치법 제127조 제 1 항은 지방자치단체의 장에게 예산안 편성권을 부여하고, 제39조 제 2 호는 지방의회로 하여금 예산안에 대한 심의를 통하여 사후에 감시·통제할 수 있도록 하고 있으므로, 법령상 지방자치단체의 장에게 예산안 편성 권한행사를 함에 있어 의회의 사전 의결 또는 사후 승인을 받도록 하는 등 그 권한행사를 견제·제한하는 규정을 두거나 그러한 내용의 조례를 제정할 수 있다고 규정하고 있지 아니하는 한 하위법규인 조례로써는 지방자치단체의 장의 예산안 편성권을 본질적으로 제약하는 내용을 규정할 수 없다$\binom{\text{대판 2022. 6. 30.}}{\text{2022추5040}}$.

[기출사례] 제 4 회 변호사시험(2015년) 문제·답안작성요령 ☞ PART 4 [3-4]

 ㈃ 광역·기초지방자치단체의 조례의 관계 시·군 및 자치구의 조례나 규칙은 시·도의 조례나 규칙에 위반하여서는 아니 된다$\binom{\text{지자법}}{\text{제30조}}$. 본조는 시·도의 조례나 규칙이 시·군 및 자치구의 조례나 규칙의 상위의 입법형식이라는 것을 의미한다. 시·도의 조례나 규칙에 반하는 시·군 및 자치구의 조례나 규칙은 무효가 된다.

 ㈄ 상위법령의 규율 제한 법령에서 조례로 정하도록 위임한 사항은 그 법령의 하위 법령에서 그 위임의 내용과 범위를 제한하거나 직접 규정할 수 없다$\binom{\text{지자법 제28}}{\text{조 제 2 항}}$. 예를 들어 법률에서 조례로 정하도록 위임한 사항을 조례에서 규정하였으나, 대통령령에서 그 조례의 내용과 상충되는 규정을 둔 경우, 종래 같으면 시행령은 조례의 상위법이므로 그 조례는 효력을 갖지 못한다. 이것은 조례의 자주성·자율성에 비추어 문제가 된다. 이러한 문제를 해소하기 위하여 2022. 1. 13. 시행 지방자치법 전부개정법률에 제28조 제 2 항이 신설되었다.

 ㈅ 법률우위의 원칙의 배제 법률에서 「조례로 국가의 법령이 정하는 내용보다 더 침익적인 규율을 할 수 있다」고 규정하는 것은 가능하다$\binom{\text{예: 대기환경보전}}{\text{법 제16조 제 3 항}}$. 이러한 조례는 법률의 우위의 원칙에 반하는 것이 아니다.

 4) 명확성의 원칙의 적용 조례의 내용은 충분히 명확해야 한다. 조례의 내용은 이행하여야 할 의무자가 다른 도움 없이 그 규범내용을 인식할 수 없으면 그 조례는 명확성을 갖는 것

이 아니다.

[기출사례] 제58회 사법시험(2016년) 문제·답안작성요령 ☞ PART 4 [3-3]
[기출사례] 제58회 5급공채(2014년) 문제·답안작성요령 ☞ PART 4 [3-6]
[기출사례] 제59회 5급공채(2015년) 문제·답안작성요령 ☞ PART 4 [3-8]

3. 조례의 효력

(1) 효력불소급의 원칙　　　조례는 특별한 규정이 없으면 공포한 날부터 20일이 지나면 효력을 발생한다($^{지자법 제32}_{조 제8항}$). 과거에 완결된 사실관계에 대한 조례의 효력의 소급발생, 즉 진정소급은 법률의 경우와 마찬가지로 금지된다. 다만 법치국가원리($^{법적 안정}_{성의 원칙}$)에 비추어 주민의 신뢰보호에 문제를 야기시키지 않는 경우($^{예: 수익적인 사항을}_{내용으로 하는 경우}$)에는 효력을 소급적으로 발생하게 할 수도 있다. 한편 완결되지 아니한 사실관계에의 소급인 부진정소급은 원칙적으로 허용된다. 그것은 개인의 법적 안정에 침해를 가져오는 것이 아니기 때문이다.

(2) 구 속 력　　　조례는 법규범으로서, 관계되는 모든 개인·국가행정기관·법원 그리고 관련 지방자치단체까지도 구속한다. 다만 법률 또는 조례에서 명시적으로 정하고 있는 경우에는 구속으로부터 자유로운 예외가 있을 수 있다. 조례의 적용을 회피하기 위한 공법상 계약은 법률상 또는 조례상 근거 없이는 불가능하다.

(3) 효력의 소멸　　　일반적으로 조례는 기간의 제한 없이 효력을 갖는다. 그러나 ① 효력의 존속기간에 관한 규정이 있는 경우에는 그 기간의 경과로, ② 조례의 내용에 반하는 상위법의 제정·개정으로, ③ 조례의 사후적인 폐지행위로, ④ 내용이 충돌되는 새로운 조례의 제정으로, ⑤ 지방자치단체의 구역변경으로, ⑥ 근거법령의 폐지 등으로 인해 조례의 효력은 소멸된다.

4. 조례의 하자

(1) 위법한 조례의 효력

1) 무　　효　　　조례의 적법요건의 일부나 전부가 준수되지 아니하면, 그 조례는 흠($^{하}_{자}$)이 있는 것이 된다[$^{판례}_{1}$]. 하자 있는 조례는 무효이다[$^{판례}_{2}$]. 행정행위에서는 위법하며 무효가 아닌 경우도 있으나, 법규범에서는 그러하지 아니하다. 위법한 조례는 행정소송을 통해 무효로 확인될 수 있다.

[판례 1]　조례가 위임의 한계를 준수하였는지를 판단하는 방법
($^{한국토지주택공사가 수원시장을 피고로 원인}_{자부담금부과처분무효확인을 구한 사건에서}$) 특정 사안과 관련하여 법령에서 조례에 위임을 한 경우 조례가 위임의 한계를 준수하고 있는지 여부를 판단할 때는 해당 법령 규정의 입법 목적과 규정 내용, 규정의 체계, 다른 규정과의 관계 등을 종합적으로 살펴야 하고, 수권 규정에서 사용하고 있는 용어의 의미를 넘어 그 범위를 확장하거나 축소하여 위임 내용을 구체화하는 단계를 벗어나 새로운 입법을 하였는지 여부 등도 아울러 고려하여야 한다($^{대판 2021. 4. 8,}_{2015두38788}$).

판례 2   위법한 조례의 효력

[1] (조례안재의결무효확인을 구한 부산광역시 공 / 공기관 인사검증 운영에 관한 조례안 사건에서) 지방자치법 제28조 제 1 항 단서, 행정규제기본법 제 4 조 제 3 항에 의하면 지방자치단체가 조례를 제정할 때 그 내용이 주민의 권리 제한 또는 의무 부과에 관한 사항이나 벌칙인 경우에는 법률의 위임이 있어야 하므로, 법률의 위임 없이 주민의 권리 제한 또는 의무 부과에 관한 사항을 정한 조례는 그 효력이 없다(대판 2023. 3. 9, / 2022추5118).

[2] (경상남도지사는 업무협약에 비밀유지조항을 둔 경우라도 경상남도의회에서 지방자치법에 따라 자료요구가 있는 경우 이를 거부할 / 수 없도록 규정한 경상남도 업무협약 체결 및 관리에 관한 조례안 제 6 조 제 1 항에 대한 재의결의 무효확인을 구한 경상남도 업무 / 협약 체결 및 관리에 / 관한 조례안 사건에서) 지방자치법 제28조 제 1 항 본문은 "지방자치단체는 법령의 범위에서 그 사무에 관하여 조례를 제정할 수 있다."라고 규정하는바, 여기서 말하는 '법령의 범위에서'란 '법령에 위반되지 않는 범위 내에서'를 가리키므로 지방자치단체가 제정한 조례가 법령에 위반되는 경우에는 효력이 없다(대판 2023. 7. 13, / 2022추5149).

---

2) 무효주장의 제한   법적 안정성의 견지에서 절차요건이나 형식요건에 위반한 조례는 일정기간 경과 후에는 다툴 수 없게 하는 제도의 도입도 검토할 필요가 있다.

(2) 위법조례에 근거한 처분   하자 있는 조례에 근거하여 이루어진 처분은 위법하다. 그 효과는 중대명백설에 따라 판단할 것이다. 무효로 선언되기까지 그 하자가 명백하다고 보기 어려우므로, 하자 있는 조례에 근거하여 이루어진 처분은 일반적으로 취소의 대상이 된다. 판례의 입장도 같다(판례 1, 2).

판례 1   기관위임사무를 지방자치단체의 조례에 의하여 재위임한 경우, 그러한 조례에 근거한 처분이 당연무효인지의 여부

(난지도 휄스공 / 사사건에서) 조례제정권의 범위를 벗어나 **국가사무를 대상으로 한 무효인 서울특별시행정권한위임조례의 규정에 근거하여 구청장이 건설업영업정지처분을 한 경우, 그 처분은 결과적으로 적법한 위임 없이 권한 없는 자에 의하여 행하여진 것과 마찬가지가 되어 그 하자가 중대하나,** 지방자치단체의 사무에 관한 조례와 규칙은 조례가 보다 상위규범이라고 할 수 있고, 또한 헌법 제107조 제 2 항의 "규칙"에는 지방자치단체의 조례와 규칙이 모두 포함되는 등 이른바 규칙의 개념이 경우에 따라 상이하게 해석되는 점 등에 비추어 보면 위 **처분의 위임 과정의 하자가 객관적으로 명백한 것이라고 할 수 없으므로 이로 인한 하자는 결국 당연무효사유는 아니라고 봄이 상당하다**(대판 1995. 7. 11, 94 / 누4615 전원합의체).

판례 2   상위법령에 반하는 조례에 근거한 행정처분의 효과

(서울시를 피고로 한 공법상 / 부당이득금반환청구사건에서) 일반적으로 조례가 법률 등 상위법령에 위배된다는 사정은 그 조례의 규정을 위법하여 무효라고 선언한 대법원의 판결이 선고되지 아니한 상태에서는 그 **조례 규정의 위법 여부가 해석상 다툼의 여지가 없을 정도로 명백하였다고 인정되지 아니하는 이상** 객관적으로 명백한 것이라 할 수 없으므로, 이러한 조례에 근거한 행정처분의 하자는 **취소사유에 해당할 뿐 무효사유**가 된다고 볼 수는 없다(대판 2009. 10. 29, / 2007두26285).

---

(3) 조례안의 일부무효   재의결의 내용 전부가 아니라 그 일부만이 위법한 경우에도

의결 전부의 효력을 부인할 수밖에 없다는 것이 판례의 입장이다(판례). 그러나 의결 중 일부만의 효력배제가 조례의 전체적인 의미를 변질시키는 것이 아닌 한 일부무효를 인정하는 것이 새로운 조례제정을 위한 지방의회절차의 무용한 반복을 피할 수 있다는 점에서, 그리고 만약 법원에 의한 일부만의 효력배제가 조례의 전체적인 의미를 변질시켰다고 당해 지방의회가 판단하는 경우에는 조례의 개정을 통해 지방의회의사를 바로잡을 수 있다는 점에서 볼 때, 일부무효를 부인하는 판례의 태도는 정당하지 않다.

> **판례** 조례인 일부 무효의 효과
> (경상남도지사는 업무협약에 비밀유지조항을 둔 경우라도 경상남도의회에서 지방자치법에 따라 자료요구가 있는 경우 이를 거부할 수 없도록 규정한 경상남도 업무협약 체결 및 관리에 관한 조례안 제6조 제1항에 대한 재의결의 무효확인을 구한 경상남도 업무협약 체결 및 관리에 관한 조례안 사건에서) 이 사건 조례안 제6조 제1항이 위법하여 이 사건 조례안의 일부가 그 효력이 없는 이상 이 사건 조례안에 대한 재의결은 그 효력이 전부 부인되어야 할 것이다(대판 2023. 7. 13. 2022추5149).

5. 조례(안)의 통제

(1) 지방자치단체의 장에 의한 통제

1) 행정적 방법(재의 요구)

(개) 재의요구 지방자치단체의 장은 이송받은 조례안에 대하여 이의가 있으면 20일 이내에 이유를 붙여 지방의회로 환부하고, 재의를 요구할 수 있다. 이 경우 지방자치단체의 장은 조례안의 일부에 대하여 또는 조례안을 수정하여 재의를 요구할 수 없다(지자법 제32조 제3항). 이 경우 이의제기는 사유에 제한이 없다. 재의요구의 철회도 가능하다(판례).

> **판례** 서울특별시교육감의 재의요구의 철회가 가능한지 여부
> (교육부장관(청구인)의 재의요구에도 불구하고 서울특별시교육감(피청구인)이 재의요구를 철회한 행위등이 교육부장관의 권한을 침해하는 것이라는 이유로 다툰 서울특별시 학생인권 조례안 사건에서) '지방교육자치에 관한 법률' 제28조 제1항은 교육감에게 시·도의회 등의 의결에 대한 재의요구 권한이 있다는 점만 규정하고 있고 재의요구를 철회할 권한이 있다는 점에 대하여는 명시적인 규정을 두고 있지 않음은 청구인의 주장과 같다. 그러나 조례안에 대한 교육감의 재의요구 권한은 조례안의 완성에 대한 조건부의 정지적인 권한에 지나지 않으므로, 시·도의회의 재의결 전에는 언제든지 재의요구를 철회할 수 있다고 보아야 한다. 이런 법리에 따라 대통령이 1956. 10. 15. 귀속재산처리특별회계법(1956. 11. 1. 법률 제404호로 공포됨)에 대한 재의요구를 철회하고, 1964. 12. 31. 탄핵심판법(1964. 12. 31. 법률 제1683호로 공포됨)에 대한 재의요구를 철회한 전례도 있다. 이 사건에서도 서울특별시교육감은 청구인의 요청에 따라 재의요구를 한 것이 아니고, 자신의 독자적인 권한으로 재의요구를 한 것이므로 이를 철회할 권한이 있다고 보아야 한다(헌재 2013. 9. 26. 2012헌라1).

(나) 조례공포의 거부 지방자치단체의 장의 조례공포의 거부도 통제방법일 수 있다. 그러나 확정조례가 지방자치단체의 장에게 이송된 후 5일 이내에 지방자치단체의 장이 공포하지 아니하면 지방의회의 의장이 이를 공포하기 때문에(지자법 제32조 제6항) 통제수단으로서의 기능은 미약하다.

2) 사법적 방법

㈎ 지방자치법 제32조와 제120조의 관계   제32조의 경우에는 소의 제기에 관한 규정이 없으므로, 지방자치단체의 장은 재의결된 조례를 제120조에 근거하여 대법원에 소를 제기할 수 있는가의 문제가 발생한다. 제120조가 재의를 요구할 수 있는 의결에 제한을 가하고 있지 아니한바, 그 의결에 조례가 배제된다고 할 특별한 이유는 없고, 제120조 제 2 항의 재의결요건과 제32조 제 4 항의 재의결요건이 동일한 점을 고려할 때, 대법원에 소를 제기할 수 있다고 볼 것이다. 판례의 입장도 같다(판례).

> [판례] 지방자치단체장의 재의요구에 불구하고 지방의회가 조례안을 재의결하였을 경우, 지방자치단체장이 지방자치법 제98조 제 3 항에 따라 대법원에 제소할 수 있는지 여부
> (안양시의회가 재의결한 안양시건축조례중개정조례안에 대하여 안양시장이 재의결의 무효확인을 구한 사건에서) **구 지방자치법 제19조 제 3 항**은 지방의회의 의결사항 중 하나인 조례안에 대하여 지방자치단체의 장에게 재의요구권을 폭넓게 인정한 것으로서 **지방자치단체의 장의 재의요구권을 일반적으로 인정한 구 지방자치법 제98조 제 1 항에 대한 특별규정이라고 할 것이므로**, 지방자치단체의 장의 재의요구에도 불구하고 조례안이 원안대로 재의결되었을 때에는 **지방자치단체의 장은 지방자치법 제98조 제 3 항에 따라 그 재의결에 법령위반이 있음을 내세워 대법원에 제소할 수 있는 것이다**(대판 1999. 4. 27, 99추23).

㈏ 지방자치법 제120조 제 3 항의 단체장의 제소·집행정지신청   지방자치단체의 장은 제 2 항에 따라 재의결된 사항이 법령에 위반된다고 인정되면 대법원에 소를 제기할 수 있다. 이 경우 필요하다고 인정되면 그 의결의 집행을 정지하게 하는 집행정지결정을 신청할 수 있다(지자법 제120조 제 3 항). 재의요구사유와는 달리 소제기의 사유는 법령위반에 한정된다. 지방자치법 제120조 제 3 항에 따라 단체장이 대법원에 제기하는 소송은 기관소송이라는 견해가 지배적이다.

㈐ 지방자치법 제192조 제 4 항의 단체장의 제소·집행정지신청   지방자치단체의 장은 재의결된 사항이 법령에 위반된다고 판단되면 재의결된 날부터 20일 이내에 대법원에 소를 제기할 수 있다. 이 경우 필요하다고 인정되면 그 의결의 집행을 정지하게 하는 집행정지결정을 신청할 수 있다(지자법 제192조 제 4 항). 지방자치법 제192조 제 4 항에 따라 단체장이 위법한 재의결된 사항에 대해 대법원에 제기하는 소는 지방자치법 제192조 제 4 항의 제소요건과 동법 제120조 제 3 항의 요건이 동일함을 근거로 기관소송이라는 견해가 다수설이다.

(2) 감독청에 의한 통제

1) 재의 요구 지시와 해당 지방자치단체장의 제소

㈎ 주무부장관, 시·도지사의 재의 요구 지시

(a) 의   의   지방의회의 의결이 법령에 위반되거나 공익을 현저히 해친다고 판단되면 시·도에 대해서는 주무부장관이, 시·군 및 자치구에 대해서는 시·도지사가 해당 지방자치단체의 장에게 재의를 요구하게 할 수 있다(지자법 제192조 제 1 항 제 1 문). 주무부장관이나 시·도지사의 재의 요구

지시의 대상에는 제한이 없어 조례안의 의결도 그 대상이 된다.

(b) 특　　징　　지방자치법에서 인정되고 있는 재의요구의 유형으로는 지방자치법 제 32조 제 3 항, 제120조 제 1 항, 제121조 제 1 항 및 제192조 제 1 항이 있다. 그러나 제192조 제 1 항의 경우는 다른 유형들과는 달리 자율적인 지방의회에 대한 통제수단이 아니라 감독청의 재의요구명령에 따라 재의요구를 한다는 점에서 국가 등($^{감독}_{청}$)의 지방의회에 대한 통제수단으로 기능한다.

(c) 처 분 성　　이러한 재의 요구 지시($^{특히 재의요구지시의 대}_{상이 자치사무인 경우}$)는 행정소송법상 처분개념에 해 당하므로 해당 지방자치단체의 장은 재의 요구 지시에 대하여 항고소송을 제기할 수도 있다고 볼 것이다.

(d) 재의요구　　재의 요구 지시를 받은 지방자치단체의 장은 의결사항을 이송받은 날부 터 20일 이내에 지방의회에 이유를 붙여 재의를 요구하여야 한다($^{지자법 제192}_{조 제 1 항}$).

(나) 시·도지사가 재의 요구를 하지 않는 경우　　시·군 및 자치구의회의 의결이 법령에 위반된다고 판단됨에도 불구하고 시·도지사가 제 1 항에 따라 재의를 요구하게 하지 아니한 경 우 주무부장관이 직접 시장·군수 및 자치구의 구청장에게 재의를 요구하게 할 수 있고, 재의 요 구 지시를 받은 시장·군수 및 자치구의 구청장은 의결사항을 이송받은 날부터 20일 이내에 지방 의회에 이유를 붙여 재의를 요구하여야 한다($^{지자법 제192}_{조 제 2 항}$).

(다) 해당 지방자치단체장이 주무부장관, 시·도지사의 재의 요구에 불응하는 경우

(a) 의　　의　　제 1 항 또는 제 2 항에 따라 지방의회의 의결이 법령에 위반된다고 판단 되어 주무부장관이나 시·도지사로부터 재의 요구 지시를 받은 해당 지방자치단체의 장이 재의를 요구하지 아니하는 경우($^{법령에 위반되는 지방의회의 의결사항이 조례안인 경우로서 재}_{의 요구 지시를 받기 전에 그 조례안을 공포한 경우를 포함한다}$)에는 주무부장관이나 시·도 지사는 제 1 항 또는 제 2 항에 따른 기간이 지난 날부터 7일 이내에 대법원에 직접 제소 및 집행 정지 결정을 신청할 수 있다($^{지자법 제192}_{조 제 8 항}$).

(b) 특　　징　　조례안이 공포된 경우의 소송은 통상의 기관소송이 아니라 특수한 규범 소송으로 볼 것이다($^{괄호부분은 일종의 추상적}_{규범통제의 성격을 가진다}$). 이 소송에서 원고는 감독청이며 피고는 지방자치법 제 192조 제 6 항과의 관계상 지방의회이며, 괄호부분의 경우에는 지방자치단체의 대표자인 지방자 치단체의 장이 된다. 판례는 지방의회를 피고로 본다($^{대판 2013. 5. 23,}_{2012추176}$).

[참고] 대판 2013. 5. 23. 2012추176는 서울특별시의회가 서울시 및 산하기관의 퇴직공무원으로 구성 된 사단법인 서울시 시우회와 서울시의회 전·현직의원으로 구성된 사단법인 서울시 의정회가 추진하는 사업에 대하여 사업비를 보조할 수 있도록 하는 내용의 '서울특별시 시우회 등 육성 및 지원 조례안'을 의결하고 서울특별시장에게 이송하였고, 원고 안전행정부장관이 주무부장관의 권한으로 서울시장에게 이 사건 조례안의 재의를 요구하였으나, 서울시장은 원고의 재의요구지시를 따르지 않고 이 사건 조례 안을 그대로 공포하였다. 이에 원고가 서울특별시의회를 피고로 하여 조례안의결무효확인의 소송을 제 기한 사건이다

[참고] 재의결 확정과 해당 지방자치단체장의 제소　　　제 1 항 또는 제 2 항의 요구에 대하여 재의한 결과 재적의원 과반수의 출석과 출석의원 3분의 2 이상의 찬성으로 전과 같은 의결을 하면 그 의결사항은 확정된다(지자법 제192 조 제 3 항). 지방자치단체의 장은 제 3 항에 따라 재의결된 사항이 법령에 위반된다고 판단되면 재의결된 날부터 20일 이내에 대법원에 소를 제기할 수 있다. 이 경우 필요하다고 인정되면 그 의결의 집행을 정지하게 하는 집행정지결정을 신청할 수 있다(지자법 제192 조 제 4 항).

[기출사례] 제 7 회 변호사시험(2018년) 문제·답안작성요령 ☞ PART 4 [3-9]

2) 해당 지방자치단체장이 위법한 재의결에 대하여 제소하지 않는 경우

⑺ 대응책으로서 주무부장관, 시·도지사의 제소 지시와 제소　　　주무부장관이나 시·도지사는 재의결된 사항이 법령에 위반된다고 판단됨에도 불구하고 해당 지방자치단체의 장이 소를 제기하지 아니하면 시·도에 대해서는 주무부장관이, 시·군 및 자치구에 대해서는 시·도지사(제 2 항에 따라 주무부장관이 직접 재의 요구 지시를 한 경우에는 주무부장관을 말한다. 이하 이 조에서 같다)가 그 지방자치단체의 장에게 제소를 지시하거나 직접 제소 및 집행정지결정을 신청할 수 있다(지자법 제192 조 제 5 항).

⑻ 제소 지시와 제소의 기한　　　① 제 5 항에 따른 제소의 지시는 제 4 항의 기간이 지난 날부터 7일 이내에 하고, 해당 지방자치단체의 장은 제소 지시를 받은 날부터 7일 이내에 제소하여야 한다(지자법 제192 조 제 6 항). ② 주무부장관이나 시·도지사는 제 6 항의 기간이 지난 날부터 7일 이내에 제 5 항에 따른 직접 제소 및 집행정지결정을 신청할 수 있다(지자법 제192 조 제 7 항).

⑼ 소송의 성질　　　① 감독청이 제소하는 경우든 단체장이 제소하는 경우든 행정주체 내부의 분쟁을 해결하기 위한 것이라면 소송의 당사자가 바뀐다고 하더라도 소송의 성질은 동일하며, 지방자치법 제192조 제 4 항과 제 5 항에 의한 소송의 성질을 별개로 보는 것은 소송당사자에게 혼란을 가중시킬 우려가 있다는 점을 근거로 기관소송으로 보는 견해와 ② 기관소송은 동일한 법주체 내부의 기관 간의 소송이므로 감독관청이 지방의회를 상대로 제기하는 소송은 일종의 항고소송이라고 보는 견해, ③ 감독청의 조례에 대한 대법원 제소제도의 본질을 조례에 대한 추상적 규범통제로 보아 동 소송을 특수한 규범통제소송으로 보는 견해가 있으나, ④ 지방자치법이 인정한 특수한 소송으로 볼 것이다.

[기출사례] 제67회 5급공채(2023년) 문제·답안작성요령 ☞ PART 4 [3-8a]

(3) 법원에 의한 통제　　　① 주민은 특정조례에 근거하여 발해진 처분을 행정소송상 취소나 무효 등을 주장함으로써 간접적으로 조례의 효과를 다툴 수가 있다(구체적 규범통제). ② 조례 그 자체가 개별·구체적으로 주민의 법률상 이익을 침해한다면, 그러한 조례는 항고소송의 대상이 되는 처분으로서 무효확인소송의 대상이 되며, 피고는 지방자치단체의 장 또는 교육감이 된다(판례). ③ 행정소송법 제 3 조 제 4 호 및 동법 제46조가 정한 바에 의거하여 경우에 따라서는 기관소송에 의한 통제도 가능하다. ④ 현행 법제상 민중소송은 인정되지 않는다. 구법상의 주민소청제도는 폐지되었다.

> **판례** 조례가 항고소송의 대상인 처분이 되기 위한 요건 및 조례무효확인소송의 피고적격자
>
> ^{(두밀분교 폐지}
> ^(조례사건에서) **조례가 집행행위의 개입 없이도 그 자체로서 직접 국민의 구체적인 권리의무나 법적 이익에 영향을 미치는 등의 법률상 효과를 발생하는 경우 그 조례는** 항고소송의 대상이 되는 **행정처분에 해당**하고, 이러한 조례에 대한 무효확인소송을 제기함에 있어서 행정소송법 제38조 제1항, 제13조에 의하여 **피고적격이 있는 처분 등을 행한 행정청은**, 행정주체인 지방자치단체 또는 지방자치단체의 내부적 의결기관으로서 지방자치단체의 의사를 외부에 표시할 권한이 없는 지방의회가 아니라, 구 지방자치법(^{1994. 3. 16. 법률 제4741}_{호로 개정되기 전의 것}) 제19조 제2항, 제92조에 의하여 **지방자치단체의 집행기관으로서 조례로서의 효력을 발생시키는 공포권이 있는 지방자치단체의 장이다**(^{대판 1996. 9. 20.}_{95누8003}).

(4) 헌법소원　　경우에 따라 주민은 기본권을 직접 침해하는 조례에 대하여 헌법소원의 제기를 통해 다툴 수도 있다(^{헌법 제111조 제1항}_{제5호; 헌재법 제68조})(^판_례). 한편 헌법재판소법상으로 헌법소원은 기본권이 침해된 자에게만 인정되므로(^{헌재법}_{제68조}), 지방자치단체의 집행기관이 헌법소원을 제기할 수는 없다.

> **판례** 조례제정행위의 헌법소원 대상성 인정 여부
>
> (^{대학 등 소정의 학교에 재적중인 학생이 과외교습을 하는 등의 예외적 경우를 제외하고는 누구든지 과외교습을 하여서는 아니 된다고}_{규정하고 있는 학원의설립·운영에관한법률 제8조 등이 청구인의 평등권, 직업선택의 자유 등을 침해하는 것이라고 하여 제기된 헌법}_{소원사}_{건에서}) 헌법재판소법 제68조 제1항에서 말하는 "공권력"에는 입법작용이 포함되며, 지방자치단체에서 제정하는 조례도 불특정다수인에 대해 구속력을 가지는 법규이므로 조례제정행위도 입법작용의 일종으로서 헌법소원의 대상이 된다(^{헌재 1994. 12. 29.}_{92헌마216}).

(5) 주민에 의한 통제　　조례에 대하여 주민이 직접 통제를 가하는 방법은 없다. 구 지방자치법에서 인정되었던 소청제도도 인정되지 아니한다. 지방자치법 제19조에 따른 조례의 제정개폐청구제도는 간접적이긴 하지만 주민에 의한 통제수단의 성격을 갖는다.

[기출사례] 제58회 사법시험(2016년) 문제·답안작성요령 ☞ PART 4 [3-3]

[기출사례] 제58회 5급공채(2014년) 문제·답안작성요령 ☞ PART 4 [3-6]

[기출사례] 제59회 5급공채(2015년) 문제·답안작성요령 ☞ PART 4 [3-8]

Ⅴ. 지방의회의원

1. 지방의회의원의 지위

(1) 지방의회구성원으로서의 지위　　지방의회의원은 주민의 대표기관인 지방의회의 구성원으로서의 지위를 가진다. 지방의회의원 역시 넓은 의미의 공무원으로서, 헌법 제7조의 공무원에 해당한다. 따라서 지방의회의원도 주민과 국민전체의 봉사자이다.

(2) 주민대표자로서의 지위　　지방의회의원은 자치구역주민의 대표자이다. 여기서 대표자란 지방의회의원이 정치적으로 주민의 의사를 대표하는 기관이라는 의미이지, 반드시 주민의 정

확한 의사만을 대표하여야 한다는 것은 아니다. 지방의회가 비록 선거에 의해 구성되었다고 하여도 지방의회의원은 주민의 위임에 구속되는 것은 아니다. 지방의회의원은 공공의 이익을 우선하여 양심에 따라 그 직무를 성실히 수행하여야 한다($^{지자법 제44}_{조 제 1 항}$).

(3) 명예직으로서의 지위의 문제 　구 지방자치법 제32조 제 1 항에서 지방의회의원의 직은 명예직으로 규정되어 있었으나, 2003년 7월의 개정 지방자치법에서 명예직이라는 표현은 삭제되었다. 구법이 지방의회의원의 직을 명예직으로 하였던 것은 지방의회의원의 봉사와 명예, 업무의 비전문성 등을 고려하였던 것으로 생각된다. 동 개정법률에서 명예직의 표현을 삭제한 것은 오늘날의 행정의 전문성, 의원의 품위유지와 직무에의 전념 등을 고려한 것으로 생각된다. 한편, 판례는 구법하에서 지방의회의원의 직이 명예직인바, 지방의회의원에 유급보좌관을 둘 수 없다고 하였다($^{대판 1996. 12. 10.}_{96추121}$). 근년의 판례도 현행 지방자치법하에서는 유급보좌인력을 둘 수 없다고 하면서 "지방의회의원에 대하여 유급 보좌 인력을 두는 것은 지방의회의원의 신분·지위 및 그 처우에 관한 현행 법령상의 제도에 중대한 변경을 초래하는 것으로서 국회의 법률로 규정하여야 할 입법사항이다"라는 입장을 취한다($^{대판 2017. 3. 30.}_{2016추5087}$).

2. 지방의회의원신분의 발생과 소멸

(1) 신분의 발생 　지방의회의원은 주민이 보통·평등·직접·비밀선거에 따라 선출한다($^{지자법}_{제38조}$). 지방의회의원의 임기는 총선거에 의한 전임의원의 임기만료일의 다음 날부터 개시된다($^{공선법 제14조}_{제 2 항 본문}$). 다만, 의원의 임기가 개시된 후에 실시하는 선거와 지방의회의원의 증원선거에 의한 의원의 임기는 당선이 결정된 때부터 개시되며 전임자 또는 같은 종류의 의원의 잔임기간으로 한다($^{공선법 제14조}_{제 2 항 단서}$).

(2) 신분의 소멸 　지방의회의원은 임기($^{4}_{년}$)의 만료($^{지자법}_{제39조}$), 지방의회의 의결($^{폐회중인 경우}_{는 의장이 허가}$)이 요구되는 사직($^{지자법}_{제89조}$)($^{대판 1997. 11. 14.}_{97누14705}$), 퇴직사유의 발생($^{지자법}_{제90조}$)($^{퇴직사유는 의원이 겸할 수 없는 직에 취임할 때,}_{피선거권이 없게 될 때(지방자치단체의 구역변경}$이나 없어지거나 합한 것 외의 사유로 그 지방자치단체의 구역 밖으로 주민등록을 이전하였을 때를 포함한다), 징계에 따라 제명된 때이다$)$, 재적의원 3분의 2 이상의 찬성이 요구되는 자격상실의결($^{지자법 제91}_{조, 제92조}$), 재적의원 3분의 2 이상의 찬성이 요구되는 제명($^{지자법 제100조 제}_{1 항 제 4 호·제 2 항}$)($^{판}_{례}$), 의원의 사망, 선거무효판결, 당선무효판결, 지방의회의 임의적 해산 등으로 자격을 상실한다.

[판례] 　지방의회 의원제명의결의 처분성
($^{대전직할시 대덕구의회의 소속 K의원에 대한 제명처}_{분의 취소를 구한 대전 대덕구의회 K의원제명사건에서}$) 지방자치법 제78조 내지 제81조의 규정에 의거한 지방의회의 의원징계의결은 그로 인해 의원의 권리에 직접 법률효과를 미치는 행정처분의 일종으로서 행정소송의 대상이 된다($^{대판 1993. 11. 26.}_{93누7341}$).

---

3. 지방의회의원의 권리와 의무

(1) 권　　리

1) 직무상 권리 　지방의회의원이 주민의 대표자로서 그 직무를 충실히 수행할 수 있도

록 하기 위해 지방자치법은 의원에게 발의권$\binom{지자법 제76조}{제1항·제3항}$, 질문권$\binom{지자법 제51조}{제1항·제2항}$, 질의권·토론권·표결권을 인정한다. 그러나 지방의회의 장이나 의원은 본인·배우자·직계존비속 또는 형제자매와 직접 이해관계가 있는 안건에 관하여는 그 의사에 참여할 수 없다$\binom{지자법 제}{82조 본문}$. 다만 의회의 동의가 있으면 의회에 출석하여 발언할 수 있다$\binom{지자법 제}{82조 단서}$. 이 밖에 지방의회의원은 지방의회의장과 부의장의 선거권$\binom{지자법 제57}{조 제1항}$, 지방의회의 임시회의 소집요구권$\binom{지자법 제54}{조 제3항}$ 등의 권리를 갖는다.

2) 재산상 권리

㉮ 의정활동비 등 지방의회의원에게 ① 의정자료를 수집하고 연구하거나 이를 위한 보조활동에 사용되는 비용을 보전하기 위하여 매월 지급하는 의정활동비, ② 지방의회의원의 직무활동에 대하여 지급하는 월정수당$\binom{판}{례}$, ③ 본회의 의결, 위원회 의결 또는 지방의회의 의장의 명에 따라 공무로 여행할 때 지급하는 여비를 지급한다$\binom{지자법 제40}{조 제1항}$.

[**판례**] **월정수당의 성질**

$\binom{인천광역시 서구의회를 피고로 한 본회의개}{의및본회의제명의결처분취소청구사건에서}$ 지방자치법$\binom{2007. 5. 11. 법률 제8423호}{로 전부 개정되기 전의 것}$ 제32조 제1항$\binom{현행 지방자치법 제}{33조 제1항 참조}$은 지방의회 의원에게 지급하는 비용으로 의정활동비$\binom{제1}{호}$와 여비$\binom{제2}{호}$ 외에 월정수당$\binom{제3}{호}$을 규정하고 있는바, 이 규정의 입법연혁과 함께 특히 월정수당$\binom{제3}{호}$은 지방의회 의원의 직무활동에 대하여 매월 지급되는 것으로서, 지방의회 의원이 전문성을 가지고 의정활동에 전념할 수 있도록 하는 기틀을 마련하고자 하는 데에 그 입법취지가 있다는 점을 고려해 보면, 지방의회 의원에게 지급되는 비용 중 적어도 월정수당$\binom{제3}{호}$은 지방의회 의원의 직무활동에 대한 대가로 지급되는 보수의 일종으로 봄이 상당하다$\binom{대판 2009. 1. 30.}{2007두13487}$.

㉯ 상해·사망 등의 보상금 지방의회의원이 직무로 인하여 신체에 상해를 입거나 사망한 경우와 그 상해나 직무로 인한 질병으로 사망한 경우에는 보상금을 지급할 수 있다$\binom{지자법 제42}{조 제1항}$.

㉰ 특권의 문제 지방의회는 국회가 아니다. 지방의회는 정치적 기관이라기보다 행정적 기관이다. 이 때문에 지방의회의원에게는 면책특권이나 불체포특권이 인정되지 아니한다.

(2) 의 무

1) 겸직금지와 영리행위 등의 금지 ① 지방의회의원은 국회의원, 다른 지방의회의 의원의 직 등을 겸할 수 없다$\binom{지자법 제43}{조 제1항}$. 겸직금지의 의무는 공평무사한 임무수행과 의원직무에의 전념을 확보하기 위한 것이다. ② 지방의회의원은 해당 지방자치단체, 제43조 제5항 각 호의 어느 하나에 해당하는 기관·단체 및 그 기관·단체가 설립·운영하는 시설과 영리를 목적으로 하는 거래를 하여서는 아니 된다$\binom{지자법 제44}{조 제4항}$. 지방의회의원은 소관 상임위원회의 직무와 관련된 영리행위를 할 수 없으며, 그 범위는 해당 지방자치단체의 조례로 정한다$\binom{지자법 제44}{조 제5항}$.

2) 공직자로서의 의무 ① 지방의회의원은 공공의 이익을 우선하여 양심에 따라 그 직무를 성실히 수행하여야 한다$\binom{지자법 제44}{조 제1항}$. ② 지방의회의원은 청렴의 의무를 지며, 의원으로서의 품위를 유지하여야 한다$\binom{지자법 제44}{조 제2항}$. ③ 지방의회의원은 지위를 남용하여 재산상의 권리·이익 또

는 직위를 취득하거나 다른 사람을 위하여 그 취득을 알선해서는 아니 된다($^{지자법 제44}_{조 제 3 항}$).

　　3) 회의체구성원으로서의 의무　　회의체인 지방의회의 구성원으로서 지방의회의원은 ① 본회의와 위원회에 출석하여야 하고($^{지자법}_{제72조}$), ② 회의에 있어서는 의사에 관한 법령, 회의규칙을 준수하여 회의장의 질서를 어지럽히면 안 되고($^{지자법 제94}_{조 제 1 항}$), ③ 또한 질서의 유지를 위한 의장의 명령에 복종하고($^{지자법 제94}_{조 제 2 항}$), 본회의 또는 위원회에서 타인을 모욕하거나 타인의 사생활에 대한 발언을 하여서는 아니 된다($^{지자법 제95}_{조 제 1 항}$).

제 2 절　집행기관

Ⅰ. 지방자치단체의 장의 지위

　　지방자치단체의 장으로서 특별시에는 특별시장, 광역시에는 광역시장, 특별자치시에 특별자치시장, 도와 특별자치도에는 도지사를 두고, 시에는 시장, 군에는 군수, 자치구에는 구청장을 둔다($^{지자법}_{제106조}$).

1. 지방자치단체의 대표기관

　　(1) 대표기관의 의의　　지방자치단체의 장은 법적으로 당해 지방자치단체를 대표한다($^{지자법}_{제114조}$)($^{판}_{례}$). 대표는 대리가 아니다. 지방자치단체의 장이 법적으로 당해 지방자치단체를 대표한다는 것은 지방자치단체의 장이 공·사법상의 법률관계에서 지방자치단체를 위해 구속적인 의사표시를 할 수 있는 권능을 가짐을 의미한다.

> [판례]　도 교육감이 도를 대표하여 도를 상대로 제기한 소유권확인소송의 적법 여부
> ($^{경상남도가 경상남도를 상대로 제}_{기한 소유권확인에 관한 소송에서}$) **지방자치단체로서의 도는 1개의 법인이 존재할 뿐이고,** 다만 **사무의 영역에 따라 도지사와 교육감이 별개의 집행 및 대표기관으로 병존할** 뿐이므로 도 교육감이 도를 대표하여 도지사가 대표하는 도를 상대로 제기한 소유권 확인의 소는 자기가 자기를 상대로 제기한 것으로 권리보호의 이익이 없어 부적법하다($^{대판 2001. 5. 8.}_{99다69341}$).

　　(2) 대표권의 제한　　지방자치단체의 장의 대표권은 포괄적이다. 지방자치단체의 대표권은 법률행위가 아니라 법률($^{지방자}_{치법}$)에서 직접 주어진 것이므로 지방의회는 법령의 근거 없이 의결로써 장의 대표권을 제한할 수 없다. 지방자치단체의 장은 법률상의 제한($^{예: 지방의회}_{의 사전동의}$)을 준수하여야 한다. 지방자치단체와 계약을 체결하는 사인을 보호하여야 하는 필요성 때문에 사법영역에서 이러한 제한의 위반은 원칙적으로 외부적으로 아무런 영향을 미치지 아니한다. 사인이 사전에 이를 알았다면 사정은 다르다. 한편, 공법영역에서 이러한 제한의 위반은 중대한 절차상의 하자를 구성하게 된다. 따라서 이로 인한 행정행위는 위법한 것이 된다.

(3) 무권한의 행위 　　　지방자치단체의 장이 무권한으로 발령하는 행정행위는 무효이다. 왜냐하면 그러한 행위는 하자가 중대할 뿐만 아니라 명백하기 때문이다. 사법영역에서 무권한으로 체결하는 계약도 효력을 발생하지 아니한다. 사법영역에서 권한을 초과하여 계약을 체결한 경우에는 원칙적으로 효력을 발생한다.

2. 독임제 행정청

(1) 행 정 청 　　　지방자치단체의 장은 그 지방자치단체의 사무와 법령에 따라 그 지방자치단체의 장에게 위임된 사무를 관리하고 집행한다$\binom{\text{지자법}}{\text{제116조}}$. 바꾸어 말하면 지방자치단체의 장은 일상의 행정임무를 수행하는 행정청이다. 지방자치단체의 장은 지방자치단체의 사무를 총괄한다$\binom{\text{지자법 제114}}{\text{조 제 2 문}}$. 이 때문에 그는 해당 지방자치단체의 행정의 지도자이다. 이러한 지위에서 지방자치단체의 장은 소속 직원$\binom{\text{지방의회의 사무}}{\text{직원은 제외한다}}$을 지휘·감독하고 법령과 조례·규칙으로 정하는 바에 따라 그 임면·교육훈련·복무·징계 등에 관한 사항을 처리한다$\binom{\text{지자법}}{\text{제118조}}$.

(2) 독 임 제 　　　집행기관의 장은 합의제 행정청이 아니라 독임제 행정청이다. 지방자치단체의 장은 독임제기관이므로 합의제기관에 비하여 행정임무의 수행에 있어서 보다 많은 능률과 책임이 요구된다.

3. 자치권의 행사기관

지방자치단체의 장은 주민의 대표자로서 자치권을 행사한다. 자치권의 행사주체에는 주민·지방의회·지방자치단체의 장이 있다. 자치권의 한 행사주체로서 지방자치단체의 장은 위법 또는 월권의 지방의회의결 또는 예산상 집행할 수 없는 경비가 포함되어 있는 의결에 대하여, 지방의회에 재의를 요구할 수 있다$\binom{\text{지자법 제120}}{\text{조, 제121조}}$. 이러한 지방자치단체의 장의 이의권은 공동체내부에서 적법성의 통제와 권력 간의 균형에 기여한다.

4. 국가행정기관

지방자치단체의 장은 지방자치단체의 기관이지 국가기관은 아니다. 그러나 예외적으로 법령에 의거하여 자치구역에서 국가사무를 수행하는 경우도 있다. 이때 국가위임사무를 수행하는 한에 있어서, 지방자치단체의 장은 국가행정기관의 지위에 놓인다$\binom{\text{판}}{\text{례}}$.

[판례] 　지방자치단체가 국가사무를 위임받아 수행하는 경우 국가배상책임의 주체
$\binom{\text{공유수면매립면허와 관련하여 경기}}{\text{도에 손해배상을 청구한 사건에서}}$ 지방자치단체의 장의 직무상 위법행위에 대한 손해배상책임은 다른 사정이 없는 이상 자치단체의 집행기관으로서의 직무에 대하여는 자치단체가 책임을 지나, **국가로부터 자치단체에 시행하는 국가행정사무를 위임받아 행하는, 국가의 보통지방행정기관으로서의 직무에 대하여는 국가가 그 책임을 진다.** 따라서 경기도지사가 행하는 공유수면매립에 관한 사무는 국가행정기관으로서의 사무라고 할 것이니 경기도는 그 직무상의 위법행위에 대한 책임이 없다$\binom{\text{대판 1982. 11. 24,}}{\text{80다2303}}$.

Ⅱ. 지방자치단체의 장의 신분

1. 신분의 발생·소멸

(1) 장의 선거   지방자치단체의 장은 주민이 보통·평등·직접·비밀선거에 따라 선출한다$\binom{지자법}{제107조}$. 선거일 현재 계속하여 60일 이상$\binom{공무로\ 외국에\ 파견되어\ 선거일전\ 60일\ 후에\ 귀국한}{자는\ 선거인명부작성기준일부터\ 계속하여\ 선거일까지}$ 해당 지방자치단체의 관할구역에 주민등록이 되어 있는 주민으로서 18세 이상의 국민은 그 지방자치단체의 장의 피선거권이 있다$\binom{공선법\ 제16조}{제3항\ 제1문}$. 지방자치단체의 장의 계속 재임은 3기에 한한다$\binom{지자법}{제108조}$.

(2) 신분의 상실   지방자치단체의 장은 ① 4년의 임기의 만료로 그 지위를 상실할 뿐만 아니라$\binom{지자법}{제108조}$, ② 지방자치단체의 장이 겸임할 수 없는 직에 취임할 때, 피선거권이 없게 될 때$\binom{이\ 경우\ 지방자치단체의\ 구역이\ 변경되거나\ 없어지거나\ 합한\ 것\ 외의\ 다른\ 사}{유로\ 그\ 지방자치단체의\ 구역\ 밖으로\ 주민등록을\ 이전하였을\ 때를\ 포함한다}$, 제110조$\binom{지방자치단체의\ 폐치·분}{합과\ 지방자치단체의\ 장}$에 따라 지방자치단체의 장의 직을 상실할 때에 그 직에서 퇴직되며$\binom{지자법}{제112조}$, ③ 지방자치단체의 장은 사임할 수도 있다$\binom{지자법}{제111조}$.

(3) 체포·구금의 통지   체포 또는 구금된 지방자치단체의 장이 있으면 관계 수사기관의 장은 지체 없이 영장의 사본을 첨부하여 해당 지방자치단체에 알려야 한다$\binom{지자법\ 제113조}{제1항\ 제1문}$. 지방자치단체의 장이 형사사건으로 공소가 제기되어 그 판결이 확정되면 각급 법원장은 지체 없이 해당 지방자치단체에 알려야 한다$\binom{지자법\ 제113조}{제2항\ 제1문}$. 두 경우 모두 통지받은 지방자치단체는 그 사실을 즉시 행정안전부장관에게 보고하여야 한다$\binom{지자법\ 제113조\ 제1항}{제2문·제2항\ 제2문}$.

2. 장의 의무

지방자치단체의 장은 주민의 대표자로서 그 직무범위가 넓을 뿐만 아니라 그 임무가 주민의 일반적인 복지증진에 있으므로 대표자로서의 품위를 유지해야 하며, 아울러 직무에 전념해야 하는바, ① 지방자치단체의 장은 재임 중 그 지방자치단체와 영리를 목적으로 하는 거래를 하거나 그 지방자치단체와 관계 있는 영리사업에 종사할 수 없고$\binom{지자법\ 제109}{조\ 제2항}$, ② 대통령, 국회의원, 헌법재판소재판관 등 일정한 직을 겸임할 수 없고$\binom{지자법\ 제109}{조\ 제1항}$, ③ 퇴직할 때에는 그 소관 사무의 일체를 후임자에게 인계하여야 한다$\binom{지자법}{제119조}$.

3. 직무의 대행과 대리 등

(1) 대   행

1) 폐치·분합과 대행   지방자치단체를 폐지하거나 설치하거나 나누거나 합쳐 새로 지방자치단체의 장을 선거하여야 하는 경우에는 그 지방자치단체의 장이 선거될 때까지 시·도지사는 행정안전부장관이, 시장·군수 및 자치구의 구청장은 시·도지사가 각각 그 직무를 대행할 자를 지정하여야 한다. 다만, 둘 이상의 동격의 지방자치단체를 통·폐합하여 새로운 지방자치단체를 설치하는 경우에는 종전의 지방자치단체의 장 중에서 해당 지방자치단체의 장이 직무를 대행할 자를 지정한다$\binom{지자법}{제110조}$.

2) 궐위 등과 대행　　지방자치단체의 장이 ① 궐위된 경우, ② 공소 제기된 후 구금상태에 있는 경우, ③ 의료법에 따른 의료기관에 60일 이상 계속하여 입원한 경우에는 부단체장$\binom{\text{부지}}{\text{사 · 부}}$$\binom{}{\text{시장 · 부군}}$$\binom{}{\text{수 · 부구청장}}$이 그 권한을 대행한다$\binom{\text{지자법 제124}}{\text{조 제 1 항}}$.

3) 입후보와 대행　　지방자치단체의 장이 그 직을 가지고 그 지방자치단체의 장 선거에 입후보하면 예비후보자 또는 후보자로 등록한 날부터 선거일까지 부단체장이 그 지방자치단체의 장의 권한을 대행한다$\binom{\text{지자법 제124}}{\text{조 제 2 항}}$.

4) 출장 등과 대리　　지방자치단체의 장이 출장 · 휴가 등 일시적 사유로 직무를 수행할 수 없으면 부단체장이 그 직무를 대리한다$\binom{\text{지자법 제124}}{\text{조 제 3 항}}$.

5) 대행자의 순서　　부지사나 부시장이 2명 이상인 시 · 도에서는 대통령령으로 정하는 순서에 따라 그 권한을 대행하거나 직무를 대리한다$\binom{\text{지자법 제124}}{\text{조 제 4 항}}$. 권한을 대행하거나 직무를 대리할 부단체장이 부득이한 사유로 직무를 수행할 수 없으면 그 지방자치단체의 규칙에 정하여진 직제 순서에 따른 공무원이 그 권한을 대행하거나 직무를 대리한다$\binom{\text{지자법 제124}}{\text{조 제 5 항}}$.

(2) 임　　탁　　지방자치단체의 장은 조례나 규칙이 정하는 바에 따라 그 권한에 속하는 사무의 일부를 ① 보조기관, 소속행정기관 또는 하부행정기관$\binom{\text{지자법 제117}}{\text{조 제 1 항}}$, ② 관할 지방자치단체나 공공단체 또는 그 기관$\binom{\text{사무소 · 출장}}{\text{소를 포함한다}}$$\binom{\text{지자법 제117}}{\text{조 제 2 항}}$에 위임 · 위탁할 수 있고$\binom{\text{판}}{\text{례}}$, ③ 조사 · 검사 · 검정 · 관리업무 등 주민의 권리 · 의무와 직접 관련되지 아니하는 사무를 법인 · 단체 또는 그 기관이나 개인에게 위탁할 수 있다$\binom{\text{지자법 제117}}{\text{조 제 3 항}}$. 위임 또는 위탁은 행정청이 법령에 근거하여 자신의 권한의 일부를 다른 기관에 이전하고, 위임받은 자$\binom{\text{수임}}{\text{자}}$가 그것을 자기의 책임과 권한으로 수행하는 것을 말하는 것으로, 단순한 사실상의 위임인 내부위임과는 다르다.

──────────

[판례]　자치사무의 위임방식이 대통령령에 정함이 있는 경우, 조례에 의한 위임의 가부

$\binom{\text{강서구보건소장을 피고로 약사법위반법}}{\text{소행정처분무효확인을 청구한 사건에서}}$ 구 지방자치법 제104조 제 1 항은 지방자치단체의 장은 조례나 규칙으로 정하는 바에 따라 그 권한에 속하는 사무의 일부를 보조기관, 소속 행정기관 또는 하부행정기관에 위임할 있다고 규정하고 있고, 이에 근거하여 서울특별시 강서구 사무위임 조례 제 5 조 제 1 항 [별표] 제10호 (차)목, (타)목은 구청장의 약국개설자에 대한 업무정지 및 이를 갈음하는 과징금의 부과 등의 사무를 보건소장에게 위임한다고 규정하고 있다. 한편, 구 약사법 제84조 제 1 항은 시장 등의 구 약사법에 따른 권한의 일부를 보건소장에게 대통령령으로 정하는 바에 따라 위임할 수 있다고 규정하고 있으나, 그 조항의 문언과 취지, 구 지방자치법과 구 약사법의 관계 등에 비추어 보면, 구 약사법 규정이 그 법에 따른 시장 등의 권한의 위임에 관하여 구 지방자치법의 적용 배제하고 반드시 대통령령으로 정하는 바에 따라야 한다는 취지로 볼 수 없다$\binom{\text{대판 2014. 10. 27.}}{\text{2012두15920}}$.

Ⅲ. 지방자치단체의 장의 권한

1. 지방자치단체의 대표권

지방자치단체의 장은 정치적으로나 법적으로 당해 지방자치단체를 대표하는 권한을 가진다$\binom{\text{지자법 제114}}{\text{조 제 1 문}}$. 그는 이러한 권한을 기초로 하여 대외적으로 지방자치단체를 위해 각종의 법률관계를 형성한다.

2. 행정에 관한 권한

(1) 사무총괄·관리·집행권   지방자치단체의 장은 당해 지방자치단체의 사무를 총괄한다$\binom{\text{지자법 제114}}{\text{조 제 2 문}}$. 총괄한다는 것은 당해 지방자치단체의 전체사무$\binom{\text{교육·학예·}}{\text{체육사무 제외}}$의 기본방향을 정하고 동시에 전체사무의 통일성과 일체성을 유지하는 것을 말한다.

(2) 하부기관에 대한 감독권   ① 지방자치단체의 장은 하부행정기관에 대해 지도·감독권을 갖는다. 자치구가 아닌 구를 가진 시의 시장은 구청장을, 시장 또는 군수는 읍장·면장을, 시장$\binom{\text{구가 없는}}{\text{시의 시장}}$이나 구청장$\binom{\text{자치구의 구}}{\text{청장 포함}}$은 동장을 지휘·감독한다$\binom{\text{지자법}}{\text{제133조}}$. ② 시·도지사는 국가의 단체위임사무·기관위임사무의 처리와 관련하여 주무부장관에 앞서 1차로 시·군 및 자치구나 그 장을 지휘·감독한다$\binom{\text{지자법 제185}}{\text{조 제 1 항}}$. 그리고 시·도지사는 시·도의 단체위임사무·기관위임사무의 처리와 관련하여 시·군 및 자치구나 그 장을 지휘·감독한다$\binom{\text{지자법 제185}}{\text{조 제 2 항}}$.

3. 소속직원에 대한 권한

지방자치단체의 장은 소속 직원을 지휘·감독하고, 소속 직원$\binom{\text{지방의회의 사무}}{\text{직원은 제외한다}}$의 임면권을 갖는다$\binom{\text{지자법}}{\text{제118조}}$. 이 권한의 행사는 법령과 조례·규칙에서 정한 바에 따라 이루어진다. 시·도지사는 부시장·부지사의 임명에 추천권을 갖는다$\binom{\text{지자법 제123}}{\text{조 제 3 항}}$. 한편 집행기관의 인사권에 대한 지방의회의 개입이 반드시 배제되어야 한다고 볼 필요는 없다$\binom{\text{판례}}{1,\,2}$.

$\boxed{\text{판례 1}}$ 행정불만처리조정위원회 위원의 일부를 지방의회 의장이 위촉하도록 규정한 조례안의 적법 여부

$\binom{\text{전라북도의회가 재의결한 전라북도행정불만처리조례안에 대하여 전라북도}}{\text{지사가 재의결무효확인을 구한 사건인 전라북도 행정불만처리조례사건에서}}$ **지방의회가 집행기관의 인사권에 관하여 소극적 사후적으로 개입하는 것은 그것이 견제의 범위 안에 드는 경우에는 허용되나, 집행기관의 인사권을 독자적으로 행사하거나 동등한 지위에서 합의하여 행사할 수는 없으며,** 사전에 적극적으로 개입하는 것도 원칙적으로 허용되지 아니하므로 **조례안에 규정된 행정불만처리조정위원회 위원의 위촉, 해촉에 지방의회의 동의를 받도록 한 것은** 사후에 소극적으로 개입하는 것으로서 지방의회의 집행기관에 대한 견제권의 범위에 드는 적법한 규정이라고 보아야 될 것이나, 그 **일부를 지방의회 의장이 위촉하도록 한 것은 지방의회가 집행기관의 인사권에 사전에 적극적으로 개입하는 것으로서 지방자치법이 정한 의결기관과 집행기관 사이의 권한분리 및 배분의 취지에 배치되는 위법한 규정이며,** 또 집행기관의 인사권에 의장 개인의 자격으로는 관여할 수 있는 권한이 없고 조례로써

이를 허용할 수도 없으며, 따라서 의장 개인이 위원의 일부를 위촉하도록 한 조례안의 규정은 그 점에서도 위법하다$\binom{\text{대판 1994. 4. 26,}}{\text{93추175}}$.

판례 2 옴부즈만의 위촉·해촉시에 지방의회의 동의를 얻도록 규정한 조례안의 적법 여부

$\binom{\text{충북 옴부즈만조}}{\text{례안사건에서}}$ 집행기관의 구성원의 전부 또는 일부를 지방의회가 임면하도록 하는 것은 지방의회가 집행기관의 인사권에 사전에 적극적으로 개입하는 것이어서 원칙적으로 허용되지 않지만, **지방자치단체의 집행기관의 구성원을 집행기관의 장이 임면하되 다만 그 임면에 지방의회의 동의를 얻도록 하는 것은 지방의회가 집행기관의 인사권에 소극적으로 개입하는 것으로서 지방자치법이 정하고 있는 지방의회의 집행기관에 대한 견제권의 범위 안에 드는 적법한 것이므로**, 지방의회가 조례로써 옴부즈맨의 위촉$\binom{\text{임}}{\text{몡}}$·해촉시에 지방의회의 동의를 얻도록 정하였다고 해서 집행기관의 인사권을 침해한 것이라 할 수 없다$\binom{\text{대판 1997. 4. 11,}}{\text{96추138}}$.

4. 재정에 관한 권한

지방자치단체의 장은 재정과 관련하여 예산편성$\binom{\text{지자법 제142}}{\text{조 제 1 항}}$, 지방채발행$\binom{\text{지자법 제139조 제 1}}{\text{항; 지정법 제11조}}$ 등의 권한을 갖는다.

5. 지방의회에 관한 권한

(1) 의회출석·진술권 지방자치단체의 장은 지방의회나 그 위원회에 출석하여 행정사무의 처리상황을 보고하거나 의견을 진술하고 질문에 응답할 수 있다$\binom{\text{지자법 제51}}{\text{조 제1항}}$.

(2) 재의요구권

1) 조례의 재의요구 지방자치단체의 장은 이송받은 조례안에 대하여 이의가 있으면 이송을 받은 때로부터 20일 이내에 이유를 붙여 지방의회로 환부하고 재의를 요구할 수 있다. 이 경우 지방자치단체의 장은 조례안의 일부에 대하여 또는 조례안을 수정하여 재의를 요구할 수 없다$\binom{\text{지자법 제32}}{\text{조 제 3 항}}$.

2) 법령위반등 의결의 재의요구 등 지방자치단체의 장은 지방의회의 의결이 월권이나 법령에 위반되거나 공익을 현저히 해친다고 인정되면 그 의결사항을 이송받은 날부터 20일 이내에 이유를 붙여 재의를 요구할 수 있다$\binom{\text{지자법 제120}}{\text{조 제1항}}$. 판례는 재의요구를 철회할 수 있다고 한다$\binom{\text{판}}{\text{례}}$.

판례 서울특별시교육감의 재의요구의 철회가 가능한지 여부

$\binom{\text{교육부장관(청구인)의 재의요구에도 불구하고 서울특별시교육감(피청구인)이 재의요구를 철회한 행}}{\text{위등이 교육부장관의 권한을 침해하는 것이라는 이유로 다툰 서울특별시 학생인권 조례안 사건에서}}$ '지방교육자치에 관한 법률' 제28조 제 1 항은 교육감에게 시·도의회 등의 의결에 대한 재의요구 권한이 있다는 점만 규정하고 있고 재의요구를 철회할 권한이 있다는 점에 대하여는 명시적인 규정을 두고 있지 않음은 청구인의 주장과 같다. 그러나 조례안에 대한 교육감의 재의요구 권한은 조례안의 완성에 대한 조건부의 정지적인 권한에 지나지 않으므로, 시·도의회의 재의결 전에는 언제든지 재의요구를 철회할 수 있다고 보아야 한다. 이런 법리에 따라 대통령이 1956. 10. 15. 귀속재산처리특별회계법$\binom{\text{1956. 11. 1. 법률}}{\text{제404호로 공포됨}}$에 대한 재의요구를 철회하고, 1964. 12. 31. 탄핵심판법$\binom{\text{1964. 12. 31. 법률}}{\text{제1683호로 공포됨}}$에 대한

재의요구를 철회한 전례도 있다. 이 사건에서도 서울특별시교육감은 청구인의 요청에 따라 재의요구를 한 것이 아니고, 자신의 독자적인 권한으로 재의요구를 한 것이므로 이를 철회할 권한이 있다고 보아야 한다($_{2012헌라1}^{헌재 2013. 9. 26,}$).

3) 예산상 집행불가능한 의결의 재의요구 등　① 지방자치단체의 장은 지방의회의 의결이 예산상 집행할 수 없는 경비를 포함하고 있다고 인정되면 그 의결사항을 이송받은 날부터 20일 이내에 이유를 붙여 재의를 요구할 수 있고($_{조 제 1 항}^{지자법 제121}$), ② 지방의회가 법령에 의하여 지방자치단체에서 의무적으로 부담하여야 할 경비 또는 비상재해로 인한 시설의 응급복구를 위하여 필요한 경비를 줄이는 의결을 할 때에는 ①의 경우와 동일하게 재의를 요구할 수 있다($_{조 제 2 항}^{지자법 제121}$).

4) 감독청의 요구에 따른 재의요구　지방의회의 의결이 법령에 위반되거나 공익을 현저히 해친다고 판단되면 시·도에 대하여는 주무부장관이, 시·군 및 자치구에 대하여는 시·도지사가 재의를 요구하게 할 수 있고, 재의요구를 받은 지방자치단체의 장은 지방의회에 이유를 붙여 재의를 요구하여야 한다($_{조 제 1 항}^{지자법 제192}$).

(3) 조례안공포권·조례안거부권　① 지방의회에서 의결된 조례안이 이송되어 오면, 지방자치단체의 장은 20일 이내에 조례를 공포하여야 한다($_{조 제 2 항}^{지자법 제32}$). ② 지방자치단체의 장은 이송받은 조례안에 대하여 이의가 있으면 이송받은 때로부터 20일 이내에 이유를 붙여 지방의회로 환부하고, 재의를 요구할 수 있다($_{조 제 3 항}^{지자법 제32}$). 환부하지 아니하고 환부기간이 경과하면 그 조례안은 조례로서 확정된다($_{조 제 5 항}^{지자법 제32}$). 조례안을 지방의회에 환부하기 위해서는 그 이유를 붙여야 한다($_{조 제 3 항}^{지자법 제32}$). 그 이유로 집행불능·월권·위법·공익침해 등을 들 수 있다. 환부된 조례안을 재의에 부쳐 지방의회가 재적의원 과반수의 출석과 출석의원 3분의 2 이상의 찬성으로 전과 같은 의결을 하면 그 조례안은 조례로서 확정된다($_{조 제 4 항}^{지자법 제32}$).

(4) 선결처분권

1) 의　　의　지방자치단체의 장은 지방의회가 성립되지 아니한 때와 지방의회의 의결사항 중 주민의 생명과 재산보호를 위하여 긴급하게 필요한 사항으로서 지방의회를 소집할 시간적인 여유가 없거나 지방의회에서 의결이 지체되어 의결되지 아니한 때에는 선결처분을 할 수 있다($_{조 제 1 항}^{지자법 제122}$). 선결처분권은 지방자치단체의 장의 임무수행에 지방의회의 협력이 요구되는 영역에서 그것이 기대될 수 없는 경우에 지방자치단체의 장이 갖는 일종의 긴급권이다.

2) 요　　건　선결처분은 먼저 ① 지방의회가 성립되지 아니한 경우에 가능하다. 지방의회가 성립되지 아니한 때로 지방자치법은 의원이 구속되는 등의 사유로 제73조($_{족수}^{의결정}$)에 따른 의결정족수에 미달하게 된 때를 말한다고 규정하고 있다($_{제 1 항 제 1 문}^{지자법 제122조}$). 그러나 의원의 사직 등으로 인하여 재적의원이 의원정수의 반에 미달하는 경우에도 지방의회가 성립되지 아니하는 경우로 볼 것이다. ② 지방의회가 성립되었다고 하여도 다음의 요인을 모두 구비하는 경우에 장은 선결처분을 할 수 있다($_{제 1 항 제 2 문}^{지자법 제122조}$). 즉 ⓐ 처분대상은 주민의 생명과 재산보호에 관한 사항이어야

하며, ⓑ 그 보호의 요구가 시간적으로 보아 긴급한 것이어야 하고, ⓒ 지방의회를 소집할 시간적 여유가 없거나 지방의회에서 의결이 지체되어 의결되지 아니한 경우이어야 한다.

3) 통　제　　지방자치단체의 장이 선결처분을 하면, 지체 없이 지방의회에 보고하고 승인을 얻어야 한다$\binom{\text{지자법 제122}}{\text{조 제 2 항}}$. 만약 지방의회에서 승인을 얻지 못한 때에는 그 선결처분은 그때부터 효력을 상실한다$\binom{\text{지자법 제122}}{\text{조 제 3 항}}$. 그리고 지방자치단체의 장은 선결처분의 보고와 의회의 승인 여부 및 승인거부시 선결처분의 효력상실을 지체 없이 공고하여야 한다$\binom{\text{지자법 제122}}{\text{조 제 4 항}}$.

4) 유사제도　　선결처분의 특수한 형태로 예산상 선결처분제도, 즉 예산불성립시의 예산집행제도인 준예산제도$\binom{\text{지자법}}{\text{제146조}}$가 있다. 예산상 선결처분제도는 처분의 내용이 미리 고정되어 있다는 점에서 원래의 선결처분과 다르다.

(5) 기　타　　그 밖에 지방자치단체의 장은 조례안 제안권$\binom{\text{지자령 제28조}}{\text{제 1 항 제 1 호}}\binom{\text{판}}{\text{례}}$, 지방의회임시회소집요구권$\binom{\text{지자법 제54}}{\text{조 제 2 항}}$, 지방자치단체의 장이 지방의회에 부의할 안건의 공고권$\binom{\text{지자법}}{\text{제55조}}$, 지방의회에서 의결할 의안의 발의권$\binom{\text{지자법 제76}}{\text{조 제 1 항}}$을 갖는다.

┌─────┐
│ **판례** │ 시·도교육청의 직속기관을 포함한 행정기구의 설치에 관한 자치입법권의 배분
└─────┘

$\binom{\text{원고인 전라북도 교육감이 피고인 전라북도의회가 의결한 '전라북도교육청 행정기}}{\text{구 설치 조례' 일부 개정조례안의 의결무효를 구한 조례안재의결무효확인소송에서}}$ 지방자치법, 지방교육자치에 관한 법률의 관련 규정 내용을 종합하면, 시·도교육청의 직속기관을 포함한 기구의 설치는 기본적으로 법령의 범위 안에서 조례로써 결정할 사항이다. 교육감은 시·도의 교육·학예에 관한 사무를 집행하는 데 필요한 때에는 법령 또는 조례가 정하는 바에 따라 기구를 직접 설치할 권한과 이를 위한 조례안의 제안권을 가지며, 설치된 기구 전반에 대하여 조직편성권을 가질 뿐이다. 지방의회는 교육감의 지방교육행정기구 설치권한과 조직편성권을 견제하기 위하여 조례로써 직접 교육행정기관을 설치·폐지하거나 교육감이 조례안으로써 제안한 기구의 축소, 통폐합, 정원 감축의 권한을 가진다$\binom{\text{대판 2021. 9. 16.,}}{\text{2020추5138}}$.

6. 규칙제정권

(1) 의　의　　규칙이란 지방자치단체의 장이 지방자치법 등이 정하는 바에 따라 정립하는 법형식을 말한다. 규칙은 자치입법의 한 형식이므로 위임입법으로서의 고시와 구별된다.

(2) 종　류　　규칙에는 지방자치단체의 장이 법령 또는 조례가 위임한 범위 안에서 그 권한에 속하는 사무에 관하여 발하는 위임규칙과 법령의 위임없이 법령이나 조례를 시행하기 위하여 직권으로 제정하는 직권규칙이 있다. 다만 교육과 학예에 관하여 교육감이 발하는 규칙은 교육규칙이라 부르며, 이에 관해서는 지방교육자치에 관한 법률에서 규정하고 있다.

(3) 성　질　　자주법의 한 형식인 규칙이 법규로서 외부적 효력을 가지는 것은 조례의 경우와 같다. 그러나 내부조직에 관한 사항을 규정한 규칙 등에서 보는 바와 같이 규칙이 언제나 외부적 효과를 갖는다고 볼 수는 없다.

(4) 근   거   규칙은 법령 또는 조례의 위임이 있는 사항에 관해서만 규정할 수 있다는 견해도 있다(류지태). 그러나 지방자치단체의 장은 명문의 규정이 없어도 비침익적 사항에 관하여 직권규칙을 제정할 수 있다고 볼 때, 규칙은 반드시 법령이나 조례의 위임이 있어야만 하는 것은 아니다(김동희, 김남진·김연태). 다만 위임규칙의 경우에는 위임입법의 법리가 적용된다고 보며, 따라서 법령이나 조례의 위임은 개별·구체적인 위임이어야 한다.

(5) 규칙제정사항과 한계

1) 규칙제정사항   규칙을 제정할 수 있는 사항은 교육·학예에 관한 사항을 제외한, 법령과 조례가 위임한 범위 내에서 지방자치단체의 장의 권한에 속하는 모든 사항이다. 자치사무·단체위임사무·기관위임사무임을 묻지 않는다. 특히 기관위임사무의 경우에는 조례가 아니라 규칙으로 정하여야 한다(판례).

> **판례** 시·도지사가 국가위임사무를 재위임하는 방법
> (중앙토지수용위원회의 원고에 대한 토지수용재결의 무효확인을 구한 사건에서) 도시재개발법에 의한 사업시행변경인가, 관리처분계획인가 및 각 고시에 관한 사무는 국가사무로서 지방자치단체의 장에게 위임된 이른바 기관위임사무에 해당하므로, **시·도지사가 지방자치단체의 조례에 의하여 이를 구청장 등에게 재위임할 수는 없고, 정부조직법 제 5 조 제 1 항 및 이에 기한 행정권한의위임및위탁에관한규정 제 4 조에 의하여 위임기관의 장의 승인을 얻은 후 지방자치단체의 장이 제정한 규칙이 정하는 바에 따라 재위임하는 것만이 가능하다**(대판 1995. 11. 14, 94누13572).

2) 법률우위의 원칙   규칙은 '법령 또는 조례의 범위 안에서' 제정할 수 있으므로 상위의 법령이나 조례의 내용에 반할 수 없다(지자법 제29조). 지방자치단체의 사무에 관한 조례와 규칙은 조례가 상위규범이다(대판 1995. 8. 22, 94누5694 전원합의체). 한편 지방자치법은 시·군 및 자치구의 규칙은 시·도의 조례나 규칙에 위반하여서는 아니됨을 규정하고 있다(지자법 제30조).

3) 법률유보의 원칙   위임규칙의 경우에는 법령이나 조례의 개별·구체적인 위임이 있어야 한다. 포괄적 위임이 가능한 조례와는 이 점에서 구별된다. 특히 주민의 권리제한·의무부과에 관한 사항을 정하기 위해서는 법령의 개별·구체적인 위임이 있어야 한다. 또한 규칙으로는 벌칙을 정할 수 있도록 위임하고 있지 않으므로 개별적인 법령의 근거가 없는 한 규칙으로 벌칙을 정할 수 없다(지자법 제34조 참조).

(6) 효력발생   규칙은 특별한 규정이 없으면 공포한 날부터 20일이 지나면 효력을 발생한다(지자법 제32조 제 8 항).

(7) 보고·승인   규칙을 제정하거나 개정하거나 폐지할 경우 공포예정일 15일 전에 시·도지사는 행정안전부장관에게, 시장·군수 및 자치구의 구청장은 시·도지사에게 그 전문을 첨부하여 각각 보고하여야 하며, 보고를 받은 행정안전부장관은 이를 관계 중앙행정기관의 장에게 통보하여야 한다(지자법 제35조).

(8) 지방자치단체의 신설, 격의 변경시 규칙의 시행 지방자치단체를 나누거나 합하여 새로운 지방자치단체가 설치되거나 지방자치단체의 격이 변경되면 그 지방자치단체의 장은 필요한 사항에 관하여 새로운 규칙이 제정·시행될 때까지 종래 그 지역에 시행되던 규칙을 계속 시행할 수 있다$\binom{\text{지자법}}{\text{제31조}}$.

7. 주민투표회부권

지방자치단체의 장은 주민에게 과도한 부담을 주거나 중대한 영향을 미치는 지방자치단체의 주요결정사항 등에 대하여 주민투표에 부칠 수 있다$\binom{\text{지자법 제18}}{\text{조 제1항}}$. 주민투표의 대상·발의자·발의요건, 그 밖의 투표절차 등에 관한 사항은 따로 법률로 정한다$\binom{\text{지자법 제18}}{\text{조 제2항}}$.

Ⅳ. 보조기관 등

1. 보조기관

행정청인 집행기관의 장의 의사결정을 직접 보조하는 기관을 보조기관이라 한다. 지방자치법은 보조기관으로서 특별시·광역시 및 특별자치시$\binom{2012.\,7.\,1.}{\text{시행}}$에 부시장, 도와 특별자치도에 부지사, 시에 부시장, 군에 부군수, 자치구에 부구청장을 두고 있고$\binom{\text{지자법 제123조}}{\text{제1항·제2항}}$, 그 밖의 보조기관에 관해서는 대통령령으로 정하는 기준에 따라 그 지방자치단체의 조례로 정한다$\binom{\text{지자법 제125}}{\text{조 제2항}}$.

2. 행정기구

지방자치단체는 그 사무를 분장하기 위하여 필요한 행정기구를 둔다$\binom{\text{지자법 제125}}{\text{조 제1항}}$. 행정기구의 설치는 대통령령으로 정하는 기준에 따라 그 지방자치단체의 조례로 정한다$\binom{\text{지자법 제125}}{\text{조 제2항}}\binom{\text{판}}{\text{례}}$.

> [판례] 지방의회의원이 지방자치단체의 장이 조례안으로서 제안한 행정기구를 종류 및 업무 가 다른 행정기구로 전환하는 수정안을 발의하여 지방의회가 의결 및 재의결하는 것이 허용되는지 여부
>
> $\binom{\text{지방의회의원이 지방자치단체의 장이 조례안으로서 제안한 행정기구를 종류 및 업무가 다른 행정기구로 전환하는 수정안을 발의하여 지방}}{\text{의회가 의결 및 재의결하는 것이 허용되는지 여부를 다툰 광주광역시북구행정기구설치조례일부개정조례안에대한수정안재의결무효확인청}}$ $\binom{\text{구사건}}{\text{에서}}$ 지방자치법령은 지방자치단체의 장으로 하여금 지방자치단체의 대표자로서 당해 지방자치단체의 사무와 법령에 의하여 위임된 사무를 관리·집행하는 데 필요한 행정기구를 설치할 고유한 권한과 이를 위한 조례안의 제안권을 가지도록 하는 반면 지방의회로 하여금 지방자치단체의 장의 행정기구의 설치권한을 견제하도록 하기 위하여 지방자치단체의 장이 조례안으로서 제안한 행정기구의 축소, 통폐합의 권한을 가지는 것으로 하고 있으므로, 지방의회의원이 지방자치단체의 장이 조례안으로서 제안한 행정기구를 종류 및 업무가 다른 행정기구로 전환하는 수정안을 발의하여 지방의회가 의결 및 재의결하는 것은 **지방자치단체의 장의 고유 권한에 속하는 사항의 행사에 관하여 사전에 적극적으로 개입하는 것으로서 허용되지 아니한다**$\binom{\text{대판 2005. 8. 19,}}{\text{2005추48}}$.

3. 소속행정기관

소속행정기관으로 직속기관$\binom{\text{지자법}}{\text{제126조}}$·사업소$\binom{\text{지자법}}{\text{제127조}}$·출장소$\binom{\text{지자법}}{\text{제128조}}$·합의제행정기관$\binom{\text{지자법}}{\text{제129조}}$·

자문기관($^{지자법}_{제130조}$) 등이 있다.

(1) 직속기관　　　소방·교육훈련·보건진료·시험연구·중소기업지도를 위해 설치하는 기관.

(2) 사 업 소　　　특정업무를 효율적으로 수행하기 위해 설치하는 기관($^{예: 한강관}_{리사업소}$).

(3) 출 장 소　　　원격지주민의 편의와 특정지역의 개발촉진을 위해 설치하는 기관.

(4) 합의제행정기관　　　소관사무의 일부를 독립하여 수행할 필요가 있는 경우에 설치하는 기관($^{판}_{례}$).

> **판례**　지방자치법령상 조례에 의하여 설치할 수 있는 합의제행정기관의 의미
> ($^{인천광역시 동구 주민자}_{치센터조례안사건에서}$) 지방자치법 제107조와 같은법시행령 제41조 및 제42조의 규정에 따르니, 지방자치단체는 그 소관 사무의 범위 내에서 필요한 경우에는 심의 등을 목적으로 자문기관을 조례로 설치할 수 있는 외에, 그 소관 사무의 일부를 독립하여 수행할 필요가 있을 경우에는 합의제 행정기관을 조례가 정하는 바에 의하여 설치할 수 있는바, 그러한 **합의제 행정기관에는 그 의사와 판단을 결정하여 외부에 표시하는 권한을 가지는 합의제 행정관청뿐만 아니라 행정주체 내부에서 행정에 관한 의사 또는 판단을 결정할 수 있는 권한만을 가지는 의결기관도 포함**된다($^{대판 2000. 11. 10,}_{2000추36}$).

(5) 자문기관　　　지방자치단체는 그 소관 사무의 범위에서 법령이나 그 지방자치단체의 조례로 정하는 바에 따라 심의회·위원회 등의 자문기관을 설치·운영할 수 있다($^{지자법 제130}_{조 제1항}$). 제1항에 따라 설치되는 자문기관은 해당 지방자치단체의 조례로 정하는 바에 따라 성격과 기능이 유사한 다른 자문기관의 기능을 포함하여 운영할 수 있다($^{지자법 제130}_{조 제4항}$).

[기출사례] 제67회 5급공채(2023년) 문제·답안작성요령 ☞ PART 4 [3-8a]

4. 하부행정기관

(1) 의　　　의　　　하부행정기관이란 지방자치단체의 장에 소속하면서, 지방자치단체의 장의 지휘·감독을 받으나, 어느 정도 독립성을 갖고 소속지방자치단체의 사무를 지역적으로 분담·처리하는 기관을 의미한다. 스스로 사무를 처리하는 점에서 내부적으로 보조만 하는 보조기관과 구별되고, 그 처리사무가 일반적인 것인 점에서 처리사무가 전문적인 것인 소방기관·교육훈련기관·보건진료기관·시험연구기관 등의 직속기관과 구분된다.

(2) 하부행정기관의 장

1) 임　　　명　　　자치구가 아닌 구에 구청장, 읍에 읍장, 면에 면장, 동에 동장을 둔다. 이 경우 면·동은 지방자치법 제7조 제3항 및 제4항에 따른 행정면·행정동을 말한다($^{지자법}_{제131조}$). ① 자치구가 아닌 구의 구청장은 일반직 지방공무원으로 보하되 시장이 임명한다($^{지자법 제132}_{조 제1항}$). ② 읍장·면장·동장은 일반직 지방공무원으로 보하되, 시장·군수·자치구의 구청장이 임명한다($^{지자법 제132}_{조 제2항}$).

2) 권　한　자치구가 아닌 구의 구청장은 시장의, 읍장·면장은 시장이나 군수의, 동장은 시장$\binom{\text{구가 없는 시의}}{\text{시장을 말한다}}$ 또는 구청장$\binom{\text{자치구의 구청}}{\text{장을 포함한다}}$의 지휘·감독을 받아 소관 국가사무와 지방자치단체의 사무를 맡아 처리하고 소속 직원을 지휘·감독한다$\binom{\text{지자법}}{\text{제133조}}\binom{\text{대판 1976. 5. 11.}}{\text{76다581}}$. 한편, 위임된 사무는 수임자 자신의 이름과 권한으로 처리한다$\binom{\text{판례}}{1}$. 이 경우 위임관청의 위임사무에 대한 감독권한은 수임기관의 위법한 처분뿐만 아니라 부당한 처분에도 미친다$\binom{\text{판례}}{2}$. 하부행정기관은 자신에게 위임된 사무를 법령의 근거 없이 민간에게 권한을 재위탁할 수는 없다$\binom{\text{판례}}{3}$. 하부행정기관의 사무처리에 대한 감독과 관련하여 동장의 권한행사를 당해 지역구의 구의회의원의 통제하에 두는 것이 허용되는가가 문제되는데, 이는 지방자치법이 정한 의결기관과 집행기관 사이의 권한분리 및 배분의 취지에 반한다는 것이 판례이다$\binom{\text{판례}}{4}$.

⌊ **판례 1** ⌋　지방자치단체의 장의 하부행정기관에 대한 위임이 권한의 위임에 해당하는지의 여부

$\binom{\text{남제주군수의 무허가 건축물에 대한}}{\text{대집행계고처분을 다툰 사건에서}}$ **구 지방자치법 제95조 제 1 항에 따른 권한의 위임은** 내부적으로 집행사무만을 위임한 것이라기보다는 이른바 **외부적 권한 위임에 해당**한다고 볼 것인데, 기록에 의하면, 남제주군수는 남제주군사무위임조례 제 2 조 제 2 항의 규정에 따라 무허가 건축물에 대한 철거대집행사무를 하부 행정기관인 읍·면에 위임하고 있으므로, 피고에게는 관할구역 내의 무허가 건축물인 이 사건 건물에 대하여 그 철거대집행을 위한 이 사건 계고처분을 할 권한이 있다$\binom{\text{대판 1997. 2. 14.}}{\text{96누15428}}$.

⌊ **판례 2** ⌋　군수가 읍·면장에게 위임한 사무에 관한 읍·면장의 부당한 처분에 대하여 군수의 취소·중지권을 배제한 조례안의 효력

$\binom{\text{무주군의회가 재의결한 무주군사무위임읍·면위임조례중개정조례안에 대하}}{\text{여 무주군수가 재의결의 무효확인을 구한 무주군 사무위임조례안사건에서}}$ 지방자치법은 행정의 통일적 수행을 기하기 위하여 군수에게 읍·면장에 대한 일반적 지휘·감독권을 부여함으로써 군수와 읍·면장은 상급행정관청과 하급행정관청의 관계에 있어 상명하복의 기관계층체를 구성하는 것이고, 지방자치법이 상급지방자치단체의 장에게 하급지방자치단체의 장의 위임사무 처리에 대한 지휘·감독권을 규정하면서 하급지방자치단체의 장의 자치사무 이외의 사무처리에 관한 위법하거나 현저히 부당한 명령·처분에 대하여 취소·정지권을 부여하고 있는 점에 비추어 볼 때, **동일한 지방자치단체 내에서 상급행정관청이 하급행정관청에 사무를 위임한 경우에도 위임관청으로서의 수임관청에 대한 지휘·감독권의 범위는 그 사무처리에 관한 처분의 합법성뿐만 아니라 합목적성의 확보에까지 미친다.** 하급 행정관청으로서 군수의 일반적 지휘·감독을 받는 읍·면장의 위임사무 처리에 관한 **위법한 처분에 대하여만 군수에게 취소·정지권을 부여하고 부당한 처분에 대하여는 이를 배제한 조례안은, 지방자치법에 위배되어 허용되지 않으므로 그 효력이 없다**$\binom{\text{대판 1996. 12. 23.}}{\text{96추114}}$.

⌊ **판례 3** ⌋　동장의 수임권한의 재위임 또는 재위탁시 법령상 근거의 요부

$\binom{\text{인천광역시 동구 주민자}}{\text{치센터조례안사건에서}}$ 동장이 주민자치센터의 운영을 다시 민간에 위탁하는 것은 그 수임사무의 재위탁에 해당하는 것이므로 그에 관하여는 **별도의 법령상 근거가 필요하다**고 할 것인데, 구 지방자치법 제95조 제 3 항은 소정 사무의 민간위탁은 지방자치단체의 장이 할 수 있는 것으로 규정하고 있을 뿐 동장과 같은 하부행정기관이 할 수 있는 것으로는 규정하고 있지 아니하고, **행정권한의위임및위탁**

에관한규정 제 4 조 역시 동장이 자치사무에 관한 수임권한을 재위임 또는 재위탁할 수 있는 근거가 될 수 없음은 그 규정 내용상 분명하며, 달리 동장이 그 수임권한을 재위임 또는 재위탁할 수 있도록 규정하고 있는 근거 법령이 없으므로, 지방의회가 재의결한 조례안에서 동장이 주민자치센터의 운영을 다시 민간에 위탁할 수 있는 것으로 규정하고 있는 것은 결국 법령상의 근거 없이 동장이 그 수임사무를 재위탁할 수 있는 것으로 규정하고 있는 것이어서 법령에 위반된 규정이다($\binom{\text{대판 2000. 11. 10,}}{\text{2000추36}}$).

판례 4   구의회의원에게 본회의 또는 위원회활동과 무관하게 동장의 권한을 통제할 수 있는 권능을 부여하는 조례안의 적법 여부

($\binom{\text{광주직할시 서구의회가 재의결한 광주직할시서구동정자문위원회조례중개정조례안에 대하여 광}}{\text{주직할시 서구청장이 재의결의 무효확인을 구한 광주직할시 서구 동정자문위원회조례안사건에서}}$) 광주직할시서구동정자문위원회조례중개정조례안 중 **동정자치위원회를 구성하는 위원의 위촉과 해촉에 관한 권한을 동장에게 부여하면서 그 위촉과 해촉에 있어서** 당해 지역 구의원과 협의하도록 한 규정은 지방자치단체의 하부집행기관인 동장에게 인사와 관련된 사무권한의 행사에 있어서 당해 지역구의원과 협의하도록 의무를 부과하는 한편 구의원에게는 협의의 권능을 부여한 것이나, 이는 **구의회의 본회의 또는 위원회의 활동과 관련 없이 구의원 개인에게 하부집행기관의 사무집행에 관여하도록 함으로써 하부집행기관의 권능을 제약한 것에** 다름 아니므로, 이러한 규정은 법이 정한 의결기관과 집행기관 사이의 권한분리 및 배분의 취지에 위반되는 위법한 규정이라고 볼 수밖에 없다($\binom{\text{대판 1992. 7. 28,}}{\text{92추31}}$).

(3) 하부행정기구   지방자치단체는 조례로 정하는 바에 따라 자치구가 아닌 구와 읍·면·동에 그 소관행정사무를 분장하기 위하여 필요한 행정기구를 둘 수 있다. 이 경우 면·동은 제 7 조 제 3 항 및 제 4 항에 따른 행정면·행정동을 말한다($\binom{\text{지자법}}{\text{제134조}}$). 한편, 제주특별자치도의 행정시에 소관 행정사무를 분장하기 위하여 필요한 행정기구를 도조례가 정하는 바에 따라 두되, 직급은 대통령령이 정하는 기준에 따라 도조례로 정한다($\binom{\text{제국법}}{\text{제15조}}$).

(4) 특   례

1) 의   의   특별자치시와 관할 구역 안에 시 또는 군을 두지 아니하는 특별자치도의 하부행정기관에 관한 사항은 따로 법률로 정한다($\binom{\text{지자법 제 3}}{\text{조 제 3 항}}$).

2) 제주특별자치도의 경우

(가) 시   장   제주특별자치도의 행정시에 시장을 둔다($\binom{\text{제국법 제11}}{\text{조 제 1 항}}$). 행정시의 시장($\binom{\text{이하}}{\text{"행정시}}$ $\binom{\text{장"이라}}{\text{한다}}$)은 일반직 지방공무원으로 보하되, 도지사가 임명한다($\binom{\text{제국법 제11조}}{\text{제 2 항 본문}}$). 행정시장은 도지사의 지휘·감독을 받아 소관 국가사무 및 지방자치단체의 사무를 맡아 처리하고 소속직원을 지휘·감독한다($\binom{\text{제국법 제11}}{\text{조 제 5 항}}$).

(나) 부 시 장   행정시에 부시장을 둔다($\binom{\text{제국법 제14}}{\text{조 제 1 항}}$). 행정시의 부시장은 일반직지방공무원으로 보하되, 도지사가 임명한다($\binom{\text{제국법 제14}}{\text{조 제 2 항}}$). 행정시의 부시장은 행정시장을 보좌하여 사무를 총괄하고, 소속직원을 지휘·감독한다($\binom{\text{제국법 제14}}{\text{조 제 3 항}}$).

제3장 지방자치단체의 사무

	자치사무	단체위임사무	기관위임사무
사무의 성격	자신의 사무	국가·광역단체의 사무	국가·광역단체의 사무
사무의 범위	포괄적	개별적	비교적 포괄적+개별적
자치법규형식	조례·규칙	조례·규칙	규칙
사무의 비용	지방자치단체부담	위임자 부담의 원칙	위임자 부담의 원칙
손해배상	지방자치단체부담	위임자 부담(국가배상법 제2조 제1항, 제5조 제1항) 지방자치단체 부담(동법 제6조 제1항)	위임자 부담(국가배상법 제2조 제1항, 제5조 제1항) 지방자치단체 부담(동법 제6조 제1항)
사무처리기준	법령에만 구속	법령과 위임자지시에 구속	법령과 위임자지시에 구속
지방의회관여	가능	가능	불가능(예외: 지방자치법 제49조 제3항 제1문)
사무감독	적법성 감독	적법성감독+합목적성감독	적법성감독+합목적성감독
감독처분에 대한 소송	가능	불가능	불가능(예외: 직무이행명령)
양벌규정에 의한 처벌	가능	불가능	불가능

제1절 자치사무

제1항 자치사무의 관념

Ⅰ. 자치사무의 의의

1. 자치사무의 개념

지방자치단체는 관할 구역의 자치사무와 법령에 따라 지방자치단체에 속하는 사무를 처리한다(지자법 제13조 제1항). 지방자치단체의 사무는 「자치사무」와 「법령에 의하여 지방자치단체에 속하는 사무」로 구성된다. 자치사무란 주민의 복리에 관한 사무로서 헌법과 법률이 지방자치단체의 사무로 정한 사무를 말한다. 자치사무는 고유사무로 불리기도 한다. 자치사무는 지방자치단체에 존재의미를 부여한다. 자치사무의 목록은 정확하게 구속적으로 나열될 수는 없다.

[참고] 용례상 지방자치단체의 사무로서 위임사무란 단체위임사무를 말한다. 한편, 현실적으로는 소속 공무원에 의해 처리되고 있다고 하여도 기관위임사무는 지방자치단체의 기관에 위임된 것이지, 지방자치단체 자체에 위임된 것은 아니므로 지방자치단체의 사무라고 말하기 어렵다. 그러나 경우에 따라서는 단체위임사무와 기관위임사무를 합하여 위임사무라 부르기도 한다.

2. 자치사무와 기관위임사무의 구분기준

(1) 실 정 법 　 지방자치법 제13조$\left(\substack{\text{지방자치단체}\\\text{의 사무 범위}}\right)$ 제 2 항은 지방자치단체의 사무를 예시하고 만 있을 뿐, 개별구체적인 경우에 어떠한 사무가 자치사무인지의 여부를 용이하게 판단할 수 있게 하는 일반적 기준을 정하는 조항은 찾아볼 수 없다.

(2) 학 설 　 개별법에서 대통령, 국무총리, 각 중앙부처의 장 등 중앙행정기관의 장의 권한으로 규정하고 있는 사무는 국가사무이고, 개별법령에서 「지방자치단체장이 행한다」고 규정한 경우, 개별법령의 취지와 내용을 구체적으로 판단하여 해당사무가 주무부장관의 통제하에 적극적 기준에 의하여 처리되어야 할 사무는 국가의 기관위임사무로, 해당사무가 지방자치법 제13조 제 2 항 소정의 지방자치단체의 사무로 예시되어 있는 사무 중에 포함되어 있거나 그렇지 아니하더라도 특히 지역적 특성에 따라 자율적으로 처리되는 것이 바람직한 사무는 자치사무로 보는 견해$\left(\substack{\text{김남진 ·}\\\text{김연태}}\right)$가 있다.

(3) 판 례 　 대법원은 "법령상 지방자치단체의 장이 처리하도록 규정하고 있는 사무가 자치사무인지 기관위임사무에 해당하는지를 판단함에는 그에 관한 법령의 규정 형식과 취지를 우선 고려하여야 할 것이지만, 그 밖에도 그 사무의 성질이 전국적으로 통일적인 처리가 요구되는 사무인지 여부나 그에 관한 경비부담과 최종적인 책임귀속의 주체 등도 아울러 고려하여야 한다$\left(\substack{\text{대판 2022. 4. 28.}\\\text{2021추5036}}\right)$"는 것을 기본적인 입장으로 하고 있다$\left[\substack{\text{판례}\\\text{1, 2}}\right]$. 이러한 시각에서 대법원은 골재채취법이 골재채취업의 등록관청으로 시장·군수 또는 구청장으로 규정하였고$\left(\substack{\text{당시 골재채취법}\\\text{제14조 제 1 항}}\right)$, 골재채취허가사무의 관장기관으로 시장·군수 또는 구청장으로 규정하였음에도$\left(\substack{\text{당시 골재채취법}\\\text{제22조 제 1 항}}\right)$ 불구하고, 골재채취업등록 및 골재채취허가사무는 전국적으로 통일적 처리가 요구되는 중앙행정기관인 건설교통부장관의 고유 업무인 국가사무로서 지방자치단체의 장에게 위임된 기관위임사무에 해당한다고 하였다$\left(\substack{\text{대판 2004. 6. 11.}\\\text{2004추34}}\right)$. 그리고 판례는 지방자치법 제13조$\left(\substack{\text{지방자치단체}\\\text{의 사무 범위}}\right)$를 활용하기도 한다$\left[\substack{\text{판례}\\\text{3}}\right]$.

판례 1 호적사무가 자치사무인지의 여부
$\left(\substack{\text{호적의 위조제적부로 피해를 입은 자가 대한민국을 상대로}\\\text{손해배상을 청구한 광주직할시 북구 위조제적부사건에서}}\right)$ 구 호적법에 의하면 호적에 관한 사무는 시·읍·면의 장이 이를 관장하되$\left(\substack{\text{제2}\\\text{조}}\right)$, 이는 시·읍·면의 사무소의 소재지를 관할하는 가정법원장 또는 가정법원장의 명을 받은 가정법원지원장이 감독한다$\left(\substack{\text{제4}\\\text{조}}\right)$고 규정되어 있고, 구 호적법$\left(\substack{\text{1990. 12. 31. 법 제4298}\\\text{호로 개정되기 전의 것}}\right)$에 의하면 호적법의 규정에 의하여 납부하는 수수료 및 과태료를 서울특별시·직할시·시·읍·면의 수입으로 하고$\left(\substack{\text{제6조}\\\text{제1항}}\right)$, 시·읍·면의 장이 관장하는 호적사무에 요하는 비용은 당해 시·읍·면의

부담으로 한다$\binom{제7}{조}$라고 규정되어 있으며, **지방자치법 제9조 제1항**은 지방자치단체는 그 관할구역의 자치사무와 법령에 의하여 지방자치단체에 속하는 사무를 처리한다고 규정하고, **같은 조 제2항은 각호에서 제1항의 규정에 의한 지방자치단체의 사무를 열거하면서 제1호 차목으로 호적 및 주민등록관리를 예시**하되, 그 단서에서 법률에 이와 다른 규정이 있는 경우에는 그러하지 아니하다고 규정하고 있는바, **이와 같은 호적법 및 지방자치법의 제규정에 비추어 보면 호적사무는 국가의 사무로서 국가의 기관위임에 의하여 수행되는 사무가 아니고 지방자치법 제9조가 정하는 지방자치단체의 사무라고 할 것이고**, 단지 일반행정사무와는 달리 사법적 성질이 강하여 법원의 감독을 받게 하는데 지나지 아니한다고 할 것이다$\binom{대판\ 1995.\ 3.\ 28,\ 94다45654;}{대판\ 2003.\ 4.\ 22,\ 2002두10483}$.

판례 2 부랑인선도시설 및 정신질환자요양시설에 대한 지방자치단체장의 지도·감독사무가 보건복지부장관 등으로부터 기관위임된 국가사무인지의 여부

$\binom{부랑인선도시설에서\ 인권유린을\ 당한\ 원고들이\ 경찰과\ 공무원들의\ 부랑인선도}{시설에\ 대한\ 묵인과\ 비호\ 등의\ 불법행위를\ 이유로\ 손해배상을\ 청구한\ 사건에서}$ 부랑인선도시설 및 정신질환자요양시설의 지도·감독사무에 관한 **법규의 규정 형식과 취지가** 보건사회부장관 또는 보건복지부장관이 위 각 시설에 대한 지도·감독권한을 **시장·군수·구청장에게 위임 또는 재위임하고 있는 것으로 보이는 점**, 위 각 시설에 대한 지도·감독사무가 **성질상 전국적으로 통일적인 처리가 요구되는 것인 점**, 위 각 시설에 대한 대부분의 시설운영비 등의 보조금을 국가가 부담하고 있는 점, 장관이 정기적인 보고를 받는 방법으로 최종적인 책임을 지고 있는 것으로 보이는 점 등을 종합하여, 부랑인선도시설 및 정신질환자요양시설에 대한 지방자치단체장의 지도·감독사무를 **보건복지부장관 등으로부터 기관위임된 국가사무이다**$\binom{대판\ 2006.\ 7.\ 28,}{2004다759}$.

판례 3 지역주민에게 통행료를 지원하는 내용의 사무가 자치사무에 해당하는지의 여부

$\binom{원고인\ 인천광역시장이\ 인천광역시를\ 피고로\ 한\ 인천광역시}{공항고속도로\ 통행료지원\ 조례안재의결무효확인\ 청구소송에서}$ 이 사건 조례안은 인천국제공항고속도로를 이용하는 지역주민에게 통행료를 지원하는 것을 주요 내용으로 하고 있는바, 위와 같이 지역주민에게 통행료를 지원하는 내용의 이 사건 사무는 지방자치법 제9조 제2항 제2호 (가)목에 정한 주민복지에 관한 사업에 해당하여 지방자치단체의 고유의 자치사무라고 할 것이므로, 위 사무가 국가사무임을 전제로 하는 원고의 주장은 이유 없다$\binom{대판\ 2008.\ 6.\ 12,}{2007추42}$.

(4) 사 견

1) 학설·판례 비판 ① 지방자치단체의 장의 기본적인 지위는 자치사무를 수행하는 지방자치단체의 대표이지 국가의 지방행정기관은 아니라는 점, ② 입법자는 국가의 권한과 지방자치단체의 권한을 배분하는 기관이지, 국가에 배분한 권한을 다시 지방자치단체에 위임하는 기관은 아니라는 점에서 볼 때, 개별법령에서 「지방자치단체장이 행한다」는 규정의 경우, 그 사무는 지방자치단체장이 대표하는 해당 지방자치단체의 사무로 보아야 한다. 상기 학설과 판례의 견해에 동의하기 어렵다.

2) 해석론 ① 입법자가 법률에서 지방자치단체의 장의 사무로서 규정하였다면, 지방자치단체의 사무로 보아야 한다. 왜냐하면 지방자치단체의 장은 기본적으로 소속 지방자치단체를 대표하고, 그 사무를 총괄하기 때문에$\binom{지자법}{제114조}$ 입법자가 지방자치단체의 장의 사무로 규정한

것은 바로 그 장이 소속된 지방자치단체에 부여한 것으로 보아야 할 것이기 때문이다. 따라서 개별 법률에서 상호 관련 있는 사무 중 일부는 국가기관, 일부는 지방자치단체의 장을 사무의 관장 주체로 하고 있다면, 전자는 국가사무, 후자는 자치사무로 보아야 한다. 만약 이러한 해석으로 그 법률상 사무의 수행이 어렵다면, 지방자치단체의 장이 관장하는 사무를 국가기관이 관장하는 사무로 그 법률을 개정하면서, 동시에 그러한 사무의 권한을 대통령령 등으로 지방자치단체나 그 장에게 위임할 수 있도록 규정하여야 할 것이다. ② 법령상 권한의 주체에 대한 규정이 없거나 무의미한 경우에는 지방자치법 제13조($\binom{지방자치단체}{의 \, 사무 \, 범위}$) 내지 제15조($\binom{국가사무의}{처리 \, 제한}$) 외에 사무의 성질이 전국적으로 통일적인 처리가 요구되는 사무인지 여부, 경비부담의 주체와 최종적인 책임귀속의 주체 등을 고려하면서 판단하여야 할 것이다.

　　3) 입 법 론　　해석상의 논란을 최소화하기 위하여 자치사무의 개념규정을 세밀히 설정하는 것도 필요하다.

　　[기출사례] 제 7 회 변호사시험(2018년) 문제 · 답안작성요령 ☞ PART 4 [3-9]
　　[기출사례] 제63회 5급공채(2019년) 문제 · 답안작성요령 ☞ PART 4 [3-11]

3. 자치사무의 종류

　　① 자치사무는 의무적 자치사무와 임의적 자치사무로 구분된다. 전자는 필요사무, 후자는 수의사무라고도 한다. 의무적 자치사무는 통상 법령으로 정해진다($\binom{예: 초등학교의 \, 설립과 \, 유지, \, 청소년 \, 보호,}{소방, \, 묘지와 \, 화장장의 \, 설치, \, 상 · 하수도 \, 설치와 \, 유지}$). 그것은 지방자치단체 본연의 사무의 최소한이다. 임의적 자치사무는 법령상 정함이 없어도 지방자치단체가 자기책임으로 시행 여부를 결정할 수 있는 사무를 말한다($\binom{예: 예술주간 · 체육주간 \, 설정,}{주택개량, \, 지역경제촉진, \, 교부지원, \, 박물관 · 도서관 · 영화관 \, 설립, \, 스포츠시설 \, 설치}$), ② 자치사무는 수단의 법적 성질과 관련하여 고권행정사무($\binom{공법적으로 \, 이}{루어지는 \, 사무}$)와 비고권행정사무($\binom{지방자치단체가 \, 사법상의 \, 주체로서, \, 사}{법에 \, 근거하여 \, 활동하는 \, 사무인 \, 국고사무}$)로 구분된다.

Ⅱ. 자치사무의 특징

1. 자치사무의 법적 근거

　　임의적인 자치사무의 법적 근거로는 당해 지방자치단체의 자치법규로도 충분하다. 의무적인 자치사무는 법률이나 법규명령에 의하여 부과됨이 일반적이다.

2. 판단의 자유의 범위

　　임의적인 자치사무의 경우에 지방자치단체는 독자적인 책임으로 결정을 행한다. 말하자면 지방자치단체는 법률상 특별한 제한이 없는 한, 임무수행의 여부, 방법 등을 독자적으로 결정하게 된다. 그러나 의무적인 자치사무는 그 사무수행의 여부에 대한 결정의 자유가 지방자치단체에 없다. 즉 소위 결정재량이 부인된다. 다만 그 수행방법만이 지방자치단체의 자유이다.

3. 비용부담의 주체

지방자치단체는 그 자치사무의 수행에 필요한 경비를 지출할 의무를 진다(지자법 제158조 본문; 지정법 제20조). 지방자치단체의 공공사무에 관하여 필요한 경비는 당해 지방자치단체가 그 전액을 부담한다(지정법 제17조). 이 때문에 지방자치단체의 비용부담의 한계는 지방자치단체가 수행할 수 있는 자치사무의 한계가 된다. 따라서 지방자치단체의 충분한 재정력의 확보는 충분한 복지사무수행의 전제요건이 된다.

4. 손해배상의 주체

지방자치단체는 자치사무의 수행과 관련하여 발생하는 불법행위로 인한 손해에 대해서는 사무의 귀속주체로 배상할 책임을 진다(국배법 제2조, 제5조). 단체위임사무나 기관위임사무의 경우에는 비용부담자로서 배상책임을 부담하기도 한다(국배법 제6조 제1항).

5. 지방의회의 관여

자치사무는 당해 지방자치단체 자신의 사무이므로, 지방의회는 당연히 자치사무에 관여한다. 지방의회는 자치사무와 관련하여 그 지방자치단체의 사무를 감사하거나 그 사무 중 특정 사안에 관하여 본회의의 의결로 조사할 수 있다(지자법 제49조 제1항). 지방의회는 지방자치단체의 장이나 관계 공무원의 출석·답변을 요구할 수도 있다(지자법 제51조 제2항). 뿐만 아니라 지방의회는 조례로 자치사무를 규율할 수 있다(지자법 제28조).

6. 자치사무의 감독

자치사무는 국가의 적법성통제, 즉 법규감독하에 놓이며, 합목적성의 통제의 대상은 아니다. 지방자치법은 자치사무에 대한 감독으로서의 시정명령은 "자치사무에 관한 명령이나 처분에 대하여는 법령을 위반하는 것에 한한다"고 명시적으로 규정하고 있다(지자법 제188조 제5항). 한편, 감독수단의 하나로서 행정안전부장관이나 시·도지사는 지방자치단체의 자치사무에 관하여 보고를 받거나 서류·장부 또는 회계를 감사할 수 있다(지자법 제190조 제1항 제1문). 이 경우 감사는 법령위반사항에 대하여만 실시한다(지자법 제190조 제1항 제2문). 자치사무에 대한 감독처분이 행정쟁송법상 처분에 해당하는 경우에는 취소소송의 대상이 된다.

Ⅲ. 자치사무의 민간위탁

[참고] 민간영역화와 민간위탁

(1) 의   의   근년에 이르러 국가나 지방자치단체에 의한 공공사무(국가사무＋지방자치단체사무)의 수행에 많은 변화가 일어나고 있다. 예컨대, 공공사무가 민간사무로 전환되기도 하고, 공공사무를 민간으로 하여금 수행하게 하기도 하고, 공공사무를 사법의 형식으로 수행하기도 한다. 이와 같이 공공사무가 민간의 협력을 통해 수행되는 경우가 증대하는 경향을 이 책에서는 민간영역화(民間領域化, Privatisierung) 또는 민영화(民領化)라 부르기로 한다. 민영화의 개념에 관해 통일된 견해는 없다.

(2) 형   태   민영화의 형태로 조직의 민영화(공행정이 사법의 조직 형식을 활용하는 경우), 사무의 민영화(일정한 사무를 사인 에게 이양하는 경우), 재산의 민영화(행정주체의 공법상 재산적 가치가 있는 것(예: 토지)을 사인에게 매각하는 경우), 행위형식의 민영화(공행정이 행정사무를 수행하기 위하여 사인을 사용하는 경우), 기능적 민 영화(공적사무의 수행에 필요한 실제행위를 사인에 게 이전하는 경우. 경영의 민주화라고도 한다), 재정조달민영화(공공사업의 실현을 위해 민 간의 자금을 조달하는 경우), 절차민영화(행정절차의 한 단계나 전 단계를 민간에 게 넘기는 경우), 사회적 민영화(공적인 사무를 이윤추구가 아니라 공동 체의 복지를 추구하는 조직에 넘기는 것), 인적 민영화(공법상 근무관계에 공법적 신분을 가 진 자(공무원)의 투입을 줄이는 경우) 등을 볼 수 있다. 다음에 보는 민간위탁은 기능적 민영화에 해당한다.

1. 민간위탁의 의의

지방자치단체가 수행하는 사무를 민간에 위탁하여 수행하도록 하는 것을 민간위탁이라 부른다. 민간위탁은 민간영역화의 한 형태로서 기능적 민영화 또는 경영의 민영화라 부를 수 있다. 대통령령인 행정권한의 위임 및 위탁에 관한 규정은 "'민간위탁'이란 법률에 규정된 행정기관의 사무 중 일부를 지방자치단체가 아닌 법인·단체 또는 그 기관이나 개인에게 맡겨 그의 명의로 그의 책임 아래 행사하도록 하는 것을 말한다"고 규정하고 있다(임탁정 제 2 조 제 3 호).

2. 민간위탁의 배경

민간위탁은 지방자치단체가 보다 많은 형성의 자유를 갖는 것과 지방자치단체의 재정적·정치적 부담으로부터 완화를 배경으로 갖는다. 민간위탁은 행정비용의 절감, 행정서비스의 향상, 행정의 민주화, 사업의 전문화에 기여한다(대판 2011. 2. 10, 2010추11). 법리적 관점에서 지방자치단체의 민간위탁을 부인할 이유는 없다. 왜냐하면 자치행정의 보장이 지방자치단체 스스로에 의한 행정사무 수행의 의무를 뜻하는 것은 아니기 때문이다.

3. 민간위탁의 법적 근거

공적 사무를 사인에게 위탁함에는 법적 근거를 요한다. 왜냐하면 임무수행 주체의 법인격이 변동되기 때문이다. 일반법적 근거로 지방자치법 제117조 제 3 항이 있다. 동 조항은 "지방자치단체의 장은 조례나 규칙으로 정하는 바에 따라 그 권한에 속하는 사무 중 조사·검사·검정·관리업무 등 주민의 권리·의무와 직접 관련되지 아니하는 사무를 법인·단체 또는 그 기관이나 개인에게 위탁할 수 있다"고 규정하고 있다. 그 밖에 개별법률로 위임할 수도 있다. 개별법률상의 근거가 있다면, 주민의 권리·의무와 직접 관련되는 사무도 경우에 따라서는 위탁할 수 있다.

4. 민간위탁의 법관계

(1) 사   인   행정사무를 수탁받은 사인은 수탁받은 사무를 자기의 이름과 책임으로 처리한다(임탁정 제 2 조 제 3 호 참조). 수탁자는 사무처리를 위법·부당하게 처리해서는 아니 되고, 사무처리를 지연해서도 아니 되고, 수수료를 부당하게 징수해서도 아니 된다(임탁정 제12조 제 3 항 참조).

(2) 지방자치단체   위탁지방자치단체는 수탁사인에 대하여 지휘·감독하며, 그 사무처리가 위법·부당하다고 인정할 때에는 그 처리를 취소·정지시킬 수 있고, 필요하다고 인정할 때에는 필요한 지시를 하거나 또는 필요한 조치를 명령할 수 있으며 또한 필요한 사항에 관하여 보고를 요구할 수 있다(임탁정 제 14조 참조).

5. 조례에 의한 민간위탁의 제한

판례는 지방자치단체 사무의 민간위탁에 관하여 지방의회의 사전 동의를 받도록 하는 것이 위법하지 않다고 한다(판례). 그러나 판례가 개별 조례에서 민간위탁을 할 수 있음을 일반적으로 규정하면서 다시 개별적인 사무의 민간위탁의 경우마다 지방의회의 동의를 받도록 하는 것은 행정능률의 확보라는 관점에서 보면 바람직하지 않다.

[판례] 지방자치단체 사무의 민간위탁과 지방의회의 사전 동의

(서울특별시 중구 사무의 민간위탁에 관한 조례안 제 4 조 제 3 항 등이 지방자치단체 사무의 민간위탁에 관하여 지방의회의 사전 동의를 받도록 한 것과 지방자치단체장이 동일 수탁자에게 위탁사무를 재위탁하거나 기간연장 등 기존 위탁계약의 중요한 사항을 변경하고자 할 때 지방의회의 동의를 받도록 한 것을 다툰 서울특별시 중구 민간위탁조례사건에서) 이 사건 조례안이 지방자치단체 사무의 민간위탁에 관하여 지방의회의 사전 동의를 받도록 한 것은 지방자치단체장의 민간위탁에 대한 일방적인 독주를 제어하여 민간위탁의 남용을 방지하고 그 효율성과 공정성을 담보하기 위한 장치에 불과하고, 민간위탁의 권한을 지방자치단체장으로부터 박탈하려는 것이 아니므로, 지방자치단체장의 집행권한을 본질적으로 침해하는 것으로 볼 수 없다. 또한 지방자치단체장이 동일 수탁자에게 위탁사무를 재위탁하거나 기간연장 등 기존 위탁계약의 중요한 사항을 변경하고자 할 때 지방의회의 동의를 받도록 한 목적은 민간위탁에 관한 지방의회의 적절한 견제기능이 최초의 민간위탁 시뿐만 아니라 그 이후에도 지속적으로 이루어질 수 있도록 하는 데 있으므로, 이에 관한 이 사건 조례안 역시 지방자치단체장의 집행권한을 본질적으로 침해하는 것으로 볼 수 없다(대판 2011. 2. 10, 2010추11).

제 2 항   자치사무의 내용

1. 일 반 론

(1) 사무의 예시   지방자치법은 "지방자치단체는 관할 구역의 자치사무와 법령에 따라 지방자치단체에 속하는 사무를 처리한다(지자법 제13조 제 1 항),""제 1 항에 따른 지방자치단체의 사무를 예시하면 다음 각 호와 같다(지자법 제13조 제 2 항 본문). 다만, 법률에 이와 다른 규정이 있으면 그러하지 아니하다(지자법 제13조 제 2 항 단서)"고 규정하고 있다. 그런데 지방자치법 제13조 제 2 항에서 말하는 "제 1 항에 따른 지방자치단체의 사무"란 자치사무를 뜻하는 것으로 이해된다. 왜냐하면 제 1 항에서 말하는 "법령에 따라 지방자치단체에 속하는 사무"는 개별법령에서 정해질 사항이기 때문이다.

(2) 사무의 경합   지방자치법 제13조 제 2 항에 규정되어 있다고 하여 반드시 지방자치단체에 의해 수행되어야 하는 사무로 이해될 수는 없다. 사무에 따라서는 국가에 의해서도 수행될 수 있고, 또한 수행되어야 할 경우도 있다(예: 중소기업의 육성). 지방자치법 제13조 제 2 항에서 규정되고 있는 사무라도 개별 법령에서 국가의 사무로 규정하고 있다면, 그것은 지방자치단체의 사무가 아니라 당연히 국가의 사무이다. 지방자치법 제13조 제 2 항은 지방자치단체의 사무의 윤곽을 정하는 규정이다.

(3) 현대적 사무　　　새로운 시대는 새로운 사무를 요구한다. 지방자치단체의 행정작용에 대한 현대적인 요구는 사회국가적·문화적·생태적·경제적 사항과 관련한다. 지방자치단체는 주민의 사회적·문화적·생태적·경제적 복지를 위해 필요한 각종의 시설·기구·제도 등을 마련하도록 요구받고 있다. 국제적 관련도 요구된다$\binom{\text{예: 외국도시}}{\text{와 자매결연}}$. 이러한 것은 주민의 재정부담능력과 관련하여 지방자치단체의 급부력에서 한계를 갖게 된다.

(4) 권한의 추정　　　지방자치법 제13조 제 2 항에서도 예시되어 있지 아니하고 다른 법률에도 특별한 규정이 없는 경우, 그 사무의 귀속주체가 누구인가가 문제된다. 구체적인 경우에 특정사무가 지방자치단체의 사무인지 또는 국가사무인지의 구분이 명확하지 아니한 경우에는, 헌법과 지방자치법의 합목적적인 해석을 전제로 하여, 지방자치단체의 사무의 포괄성의 원칙이 적용되어 지방자치단체의 사무로 추정되어야 한다.

2. 자치사무의 예시

(1) 지방자치단체의 조직 등　　　지방자치단체는 관할구역 안 행정구역의 명칭·위치 및 구역의 조정 등 지방자치단체의 구역, 조직, 행정관리 등에 관한 사무를 처리한다$\binom{\text{지자법 제13조}}{\text{제 2 항 제 1 호}}\binom{\text{각목}}{\text{생략}}$.

(2) 주민의 복지증진　　　지방자치단체는 사회복지시설의 설치·운영 및 관리 등 주민의 복지증진에 관한 사무를 처리한다$\binom{\text{지자법 제13조}}{\text{제 2 항 제 2 호}}\binom{\text{각목}}{\text{생략}}$.

(3) 산업의 진흥　　　지방자치단체는 소류지·보 등 농업용수시설의 설치 및 관리 등 농림·상공업 등 산업진흥에 관한 사무를 처리한다$\binom{\text{지자법 제13조}}{\text{제 2 항 제 3 호}}\binom{\text{각목}}{\text{생략}}$.

(4) 지역개발, 생활환경시설의 설치·관리　　　지방자치단체는 지방 토목·건설사업의 시행 등 지역개발과 주민의 생활환경시설의 설치·관리에 관한 사무를 처리한다$\binom{\text{지자법 제13조}}{\text{제 2 항 제 4 호}}\binom{\text{각목}}{\text{생략}}$.

(5) 교육·체육·문화·예술　　　지방자치단체는 유아원·유치원·초등학교·중학교·고등학교 및 이에 준하는 각종 학교의 설치·운영·지도 등 교육·체육·문화·예술의 진흥에 관한 사무를 처리한다$\binom{\text{지자법 제13조}}{\text{제 2 항 제 5 호}}\binom{\text{각목}}{\text{생략}}$.

(6) 지역민방위 및 지방소방　　　지방자치단체는 지역 및 직장 민방위조직$\binom{\text{의용소방대}}{\text{를 포함한다}}$의 편성과 운영 및 지도·감독 등 지역민방위 및 지방소방에 관한 사무를 처리한다$\binom{\text{지자법 제13조}}{\text{제 2 항 제 6 호}}\binom{\text{각목}}{\text{생략}}$.

제 2 절　단체위임사무

Ⅰ. 단체위임사무의 관념

1. 단체위임사무의 의의

법률은 일정한 사무를 국가사무 또는 광역지방자치단체의 사무로 정한 후, 대통령령이나 부령 등이 정하는 바에 따라 그 사무를 광역지방자치단체나 기초지방자치단체에 위임하여 수행할 수 있음을 규정하기도 한다. 이러한 법령에 따라 광역지방자치단체나 기초지방자치단체가 처리하는 사무를 위임사무라 한다. 위임사무는 기관위임사무와 구분하여 단체위임사무라 불리기도 한다. 사무처리의 권한이 모법상으로는 위임자의 권한이지만, 위임의 법리에 의하여 그 권한이 수임자에게 이전된다는 점에서 단체위임사무나 기관위임사무는 동일하나, 수임자가 단체위임사무는 지방자치단체$\binom{\text{집행기관}+}{\text{지방의회}}$이지만 기관위임사무는 지방자치단체의 기관$\binom{\text{집행}}{\text{기관}}$이라는 점에서 다르다. 일반적으로 위임사무란 단체위임사무를 뜻한다. 단체위임사무는 성질상 위임자인 국가 또는 광역지방자치단체의 사무이다. 현행 지방자치법에서 위임사무는 「법령에 따라 지방자치단체에 속하는 사무$\binom{\text{지자법 제13}}{\text{조 제 1 항}}$」, 「지방자치단체가 위임받아 처리하는 국가사무$\binom{\text{지자법 제185}}{\text{조 제 1 항}}$」 또는 「시 · 군 및 자치구 …가 위임받아 처리하는 시 · 도의 사무$\binom{\text{지자법 제185}}{\text{조 제 2 항}}$」로 표현되고 있다. 자치사무와 단체위임사무의 구분은 용이한 것이 아니다. 단체위임사무의 예를 찾아보기는 어렵다.

　　[참고]　단체위임사무의 예로서 구 지방세법 제53조 제 1 항$\binom{\text{군은 그 시, 군 내의 도세를 징수하여 도에 납입할 의무}}{\text{를 진다. 다만, 필요할 때에는 도지사는 납세의무자 또는}}$특별징수의무자에게 직접 납세고지서 또는 납입통지서를 교부할 수 있다)에 따른 도세징수사무가 언급되기도 하였다. 생각건대 ① 구 지방세법 제53조 제 1 항이 도세징수사무의 위임가능성을 규정한 것이라면, 그리하여 대통령령이나 조례가 정하는 바에 따라 도세징수사무의 위임이 구체적으로 이루어진다면 수임의 주체가 시 · 군이므로 도세징수사무를 단체위임사무로 볼 수 있다. 그러나 ② 구 지방세법 제53조 제 1 항이 도세징수사무를 시 · 군의 사무로 구체적으로 규정한 것이라면, 동조의 제목에서 도세징수의 '위임'이라는 용어가 사용됨에도 불구하고 도세징수사무를 자치사무로 보아야 한다. 왜냐하면 동 조문은 국가와 지방자치단체 사이의 권한배분을 규정한 것이지, 권한배분을 전제로 다시 구체적으로 위임을 규정하는 조문으로 보기는 어렵기 때문이다. 말하자면 권한배분을 잘 규정하면, 권한배분을 하고 다시 구체적으로 위임을 규정할 필요는 없기 때문이다.

2. 단체위임사무의 배경

단체위임사무는 국가나 광역지방자치단체의 사무를 경제적으로 처리하기 위한 것이다. 단체위임사무는 효율성 · 실용성을 근거로 나온다. 또한 단체위임사무는 합목적성의 근거$\binom{\text{예: 시민}}{\text{근접행정}}$ 등에서 나온다. 한편, 국가사무를 지방자치단체에 위임할 것인가의 여부는 지방자치단체의 규모와 경제를 고려하여 판단되어야 한다.

Ⅱ. 단체위임사무의 특징

1. 법적 근거

단체위임사무에서 수임지방자치단체는 수행의무만을 질 뿐이고 당해 사무에 대한 권한은 위임자인 국가나 광역지방자치단체에 있다. 이 때문에 단체위임사무의 위임에는 개별법령상의 법적 근거를 요한다. 광역지방자치단체 사무의 단체위임의 가능성은 지방자치법 제117조 제 2 항에서 규정되고 있다.

2. 판단의 자유

단체위임사무에 있어서 국가는 지방자치단체에 대하여 일정 사무를 부여함과 아울러 그 사무의 수행을 개별적이고도 전문적인 지시에 따라 행하도록 하는 권한을 유보해 둘 수도 있다$\binom{\text{지시의}}{\text{유보}}$.

3. 사무수행의 명의인

단체위임사무는 수임지방자치단체가 국가나 광역지방자치단체의 감독하에 자신의 이름과 책임으로 수행한다. 말하자면 단체위임사무는 위임자인 국가의 이름으로 하는 것도 아니고, 국가의 대리인으로서 하는 것도 아니다.

4. 비용부담의 주체

위임되는 사무의 수행에 비용이 소요된다면, 사무의 위임에는 반드시 비용부담이 따라야 한다. 아니면 사후에 반드시 비용이 보상되어야 한다. 국가사무나 지방자치단체사무를 위임할 때에는 이를 위임한 국가나 지방자치단체에서 그 경비를 부담하여야 한다$\binom{\text{지자법 제158}}{\text{조 단서}}$. 지방재정법도 단체위임사무의 집행에 소요되는 경비는 광역지방자치단체가 부담하여야 한다고 규정하고 있다$\binom{\text{지정법}}{\text{제28조}}$.

5. 손해배상의 주체

지방자치단체는 단체위임사무의 수행과 관련하여 발생하는 불법행위로 인한 손해에 대해서 국가배상법이 정하는 바에 따라 비용부담자로서 배상책임을 부담하기도 한다$\binom{\text{국배법 제 6}}{\text{조 제 1 항}}$. 물론 위임자는 국가배상법 제 2 조가 정하는 바에 따라 사무의 귀속주체로서 책임을 부담한다.

6. 지방의회의 관여

지방의회는 단체위임사무에 관여한다. 자치사무와 마찬가지로 단체위임사무와 관련하여서도 행정사무감사 및 조사$\binom{\text{지자법 제49}}{\text{조 제 1 항}}$, 지방자치단체의 장이나 관계 공무원의 출석요구$\binom{\text{지자법 제51}}{\text{조 제 2 항}}$ 등이 적용된다. 왜냐하면 단체위임사무는 자치사무가 아니지만 역시 당해 지방자치단체의 사무이기 때문이다. 한편, 단체위임사무는 본래 위임자의 사무이지, 수임지방자치단체의 사무는 아니므로 단체위임사무는 성질상 수임지방자치단체의 자치사무에 대한 입법형식인 조례의 규정사항이 아니다. 그러나 현행 지방자치법 제28조는 자치사무인가 또는 위임사무인가를 구분함이 없이 지방자치단체의 사무에 관하여 조례를 제정할 수 있다고 규정하기 때문에, 단체위임사무에 대해서도 조례가 활용될 수밖에 없다.

7. 단체위임사무의 감독

단체위임사무에 대해서는 국가나 광역지방자치단체가 광범위한 감독권을 갖는다$\binom{\text{지자법 제185}}{\text{조, 제188조}}$. 단체위임사무는 내용상 국가 또는 광역지방자치단체의 사무이기 때문이다. 단체위임사무에 있어서 국가나 광역지방자치단체는 광역지방자치단체 또는 기초지방자치단체에 대하여 합목적성의 통제까지 행할 수 있다$\binom{\text{지자법 제185조 제 1 항·}}{\text{제 2 항, 제188조 제 1 항}}$. 이때 국가나 광역지방자치단체의 합목적성의 통제에 대해 수임지방자치단체는 다툴 수 없다. 왜냐하면 내용상의 지도는 원래 국가 또는 광역지방자치단체의 사무영역에 속하는 것이지, 수임지방자치단체의 이해와 직결된 것이 아니기 때문이다.

Ⅲ. 위임에서 배제되는 국가사무

1. 국가사무의 범위

헌법은 주민의 복리에 관한 사무를 지방자치단체의 사무로 규정하고 있는데 이것은 한편으로, 주민의 복리사무 이외의 사무는 국가사무임을 전제로 한다. 전체로서 국가의 모든 구성원의 요청을 보장하고 국가의 문화발전과 경제를 보장하는 것은 국가의 임무의 본질에 해당한다. 따라서 국토를 방위하고, 국가를 대표하고, 대외무역$\binom{\text{관세제도}}{\text{포함}}$을 보장하는 것, 그리고 문화의 영역에서 한 지역을 능가하는 의미를 갖는 대학이나 전 국가 내에 보편적이어야 하는 학교제도의 일반원리는 당연히 국가의 임무이다. 사법제도 또한 그러하다.

2. 지방자치단체에 의한 처리가 제한되는 국가사무

국가의 사무라고 하여 반드시 국가기관에 의해 수행되어야 하는 것은 아니다. 그것은 다른 기관$\binom{\text{주로 지방}}{\text{자치단체}}$에 위임하여 수행될 수도 있다. 그러나 국가사무 중 보다 기본적인 것, 전국적인 것, 광역적인 것 등은 국가가 수행하는 것이 국가의 존재목적에 부합한다. 이러한 취지에서 지방자치법은 다른 법률에 특별한 규정이 없는 한, 지방자치단체가 다음의 국가사무를 처리할 수 없도록 규정하고 있다$\binom{\text{지자법}}{\text{제15조}}$.

① 외교, 국방, 사법, 국세 등 국가의 존립에 필요한 사무

② 물가정책, 금융정책, 수출입정책 등 전국적으로 통일적 처리를 할 필요가 있는 사무

③ 농산물·임산물·축산물·수산물 및 양곡의 수급조절과 수출입 등 전국적 규모의 사무

④ 국가종합경제개발계획, 국가하천, 국유림, 국토종합개발계획, 지정항만, 고속국도·일반국도, 국립공원 등 전국적 규모나 이와 비슷한 규모의 사무

⑤ 근로기준, 측량단위 등 전국적으로 기준을 통일하고 조정하여야 할 필요가 있는 사무

⑥ 우편, 철도 등 전국적 규모나 이와 비슷한 규모의 사무

⑦ 고도의 기술이 필요한 검사·시험·연구, 항공관리, 기상행정, 원자력개발 등 지방자치단체의 기술과 재정능력으로 감당하기 어려운 사무

제 3 절 기관위임사무

I. 기관위임사무의 관념

1. 기관위임사무의 의의

법률은 일정한 사무를 국가사무 또는 광역지방자치단체의 사무로 정한 후, 대통령령이나 부령 등이 정하는 바에 따라 그 사무를 광역지방자치단체의 장이나 기초지방자치단체의 장에 위임하여 수행할 수 있음을 규정하기도 한다. 이러한 법령에 따라 광역지방자치단체의 장이나 기초지방자치단체의 장이 처리하는 사무를 위임사무라 한다. 용례상 지방자치법에서 기관위임사무는 「지방자치단체…장이 위임받아 처리하는 국가사무$\binom{\text{지자법 제185}}{\text{조 제 1 항}}$」 또는 「시·군 및 자치구…장이 위임받아 처리하는 시·도의 사무$\binom{\text{지자법 제185}}{\text{조 제 2 항}}$」로 표현되고 있다. 단체위임사무와 달리 기관위임사무는 많이 볼 수 있다$\binom{\text{예: 공직선거법에 따른 국회}}{\text{의원선거준비사무, 경찰사무}}\binom{\text{판례}}{\text{1. 2}}$. 일반적으로 기관위임이란 동일한 행정주체 내부에서 다른 행정기관에 위임하는 경우가 아니라, 다른 행정주체의 행정기관에 위임하는 경우를 말한다.

> 판례 1 지방자치단체의 장이 처리하는 사무가 기관위임사무에 해당하는지의 판단기준
> $\binom{\text{울진군의회가 재의결한 울진군발전소주변지역지원사업시행에관한조례안에 대하}}{\text{여 울진군수가 재의결의 무효확인을 구한 울진군 발전소주변 지원조례사건에서}}$ 법령상 지방자치단체의 장이 처리하도록 규정하고 있는 사무가 기관위임사무에 해당하는지 여부를 판단함에 있어서는 그에 관한 **법령의 규정 형식과 취지를 우선 고려**하여야 할 것이지만 **그 외에도 그 사무의 성질이 전국적으로 통일적인 처리가 요구되는 사무인지 여부나 그에 관한 경비부담과 최종적인 책임귀속의 주체 등도 아울러 고려**하여 판단하여야 한다$\binom{\text{대판 1999. 9. 17,}}{\text{99추30}}$.

> 판례 2 시, 도경찰국 순경이 경찰국직원들을 출근시키기 위하여 통근버스를 운행하는 경우 자배법상의 운행자에 해당하는지의 여부
> $\binom{\text{통근버스로 출근중 사고를 당한 경}}{\text{찰관이 손해배상을 청구한 사건에서}}$ 도경찰국 순경이 경찰국직원들을 출근시키기 위하여 그 소속 통근버스를 운행한 것도 경찰업무에 포함되고 경찰업무는 국가의 위임사무이므로 이와 같은 경우 국가는 위 자동차의 보유자로서 자기를 위하여 자동차를 운행하는 자이다$\binom{\text{대판 1972. 2. 22,}}{\text{71다2535}}$.

2. 기관위임사무의 성격과 문제점

기관위임사무는 국가의 경비절약, 지방에서 국가사무의 지방민에 의한 수행의 목적으로 생겨난 것으로 이해된다. 현재 이루어지고 있는 국가사무의 위임은 거의 모두가 기관위임이다. 기관위임사무는 지방자치의 본래의 취지와는 거리가 멀다. 기관위임사무가 많다는 것은 자치사무의 효율적인 시행에 부정적인 영향을 미칠 수 있다. 따라서 기관위임사무는 가능한 한 지방자치단체의 사무로 이양되든지 아니면 위임주체가 위임을 철회하는 것이 필요하다.

Ⅱ. 기관위임사무의 특징

1. 법적 근거

기관위임사무에서 수임청은 수행의무만을 질 뿐이고, 당해 사무에 대한 권한은 위임자인 국가나 광역지방자치단체에 있다. 이 때문에 기관위임사무의 위임에는 법적 근거를 요한다. 국가사무의 기관위임의 일반적인 법적 근거로 지방자치법 제115조가 있고, 광역지방자치단체 사무의 기관위임의 가능성은 지방자치법 제117조 제 2 항에서 규정되고 있다.

2. 판단의 자유

개별법률상의 근거규정이 있으면, 그에 따라야 한다. 기관위임사무에 있어서 위임자는 수임청에 대하여 일정 사무를 부여함과 아울러 그 사무의 수행을 개별적이고도 전문적인 지시에 따라 행하도록 하는 권한을 유보해 둘 수도 있다($\binom{지시의}{유보}$).

3. 사무수행의 명의인

기관위임사무는 국가나 광역지방자치단체의 감독하에 수임자 자신의 이름과 책임으로 수행하게 된다. 말하자면 기관위임사무는 위임자인 국가의 이름으로 하는 것도 아니고, 국가의 대리인으로서 하는 것도 아니다.

4. 비용부담의 주체

위임되는 사무의 수행에 비용이 소요된다면, 비용부담도 따라야 한다. 아니면 사후에 반드시 비용이 보상되어야 한다. 기관위임사무의 집행에 소요되는 경비는 광역지방자치단체가 부담하여야 한다고 규정하고 있다($\binom{지정법}{제28조}$).

5. 손해배상의 주체

지방자치단체는 기관위임사무의 수행과 관련하여 발생하는 불법행위로 인한 손해에 대해서 국가배상법이 정하는 바에 따라 비용부담자로서 배상책임을 부담하기도 한다($\binom{국배법 제 6}{조 제 1 항}$)($\binom{판}{례}$). 물론 위임자는 국가배상법 제 2 조가 정하는 바에 따라 사무의 귀속주체로서 책임을 부담한다.

┌─────┐
│ 판례 │ 지방자치단체의 장이 기관위임사무의 처리와 관련하여 손해를 야기한 경우, 지방자치
└─────┘
단체가 비용부담자로서의 책임이 있는지의 여부

(천안시 진성운수
감차처분사건에서) 국가배상법 제 6 조 제 1 항 소정의 '공무원의 봉급·급여 기타의 비용'이란 공무원
의 인건비만을 가리키는 것이 아니라 당해사무에 필요한 일체의 경비를 의미한다고 할 것이고,
적어도 대외적으로 그러한 경비를 지출하는 자는 경비의 실질적·궁극적 부담자가 아니더라도 그
러한 경비를 부담하는 자에 포함된다. … **지방자치단체의 장이 기관위임된 국가행정사무를 처리하
는 경우 그에 소요되는 경비의 실질적·궁극적 부담자는 국가라고 하더라도 당해 지방자치단체는 국
가로부터 내부적으로 교부된 금원으로 그 사무에 필요한 경비를 대외적으로 지출하는 자이므로**, 이
러한 경우 지방자치단체는 국가배상법 제 6 조 제 1 항 소정의 비용부담자로서 공무원의 불법행위
로 인한 같은 법에 의한 손해를 배상할 책임이 있다(대판 1994. 12. 9.
94다38137).

6. 지방의회의 관여

기관위임사무에 대하여 지방의회의 관여는 배제된다. 기관위임사무는 지방자치단체의 사무
가 아니기 때문이다. 다만 지방자치법 제49조 제 3 항이 정하는 바에 따라 지방의회가 감사할 수
있음은 물론이다. 한편, 지방자치법 제29조는 자치사무·단체위임사무·기관위임사무의 구별 없
이 지방자치단체의 장은 법령이나 조례가 위임한 범위에서 그 권한에 속하는 사무에 대하여 규칙
을 제정할 수 있다고 규정하고 있기 때문에, 기관위임사무에 대하여 규칙이 활용된다. 조례는 활
용될 수 없다(판례
1). 다만, 법령이 기관위임사무를 조례로 규정하도록 한다면, 조례로 규정할 수
있다(판례
2).

┌────────┐
│ 판례 1 │ 기관위임사무가 조례제정권의 범위에 속하는지의 여부
└────────┘
(울진군 발전소주변
지원조례사건에서) 헌법 제117조 제 1 항과 구 지방자치법 제15조에 의하면 지방자치단체는 법령의
범위 안에서 그 사무에 관하여 자치조례를 제정할 수 있으나 이 때 사무란 지방자치법 제 9 조
제 1 항에서 말하는 지방자치단체의 자치사무와 법령에 의하여 지방자치단체에 속하게 된 단체위
임사무를 가리키므로 지**방자치단체가 자치조례를 제정할 수 있는 것은 원칙적으로 이러한 자치사무
와 단체위임사무에 한하므로, 국가사무가 지방자치단체의 장에게 위임된 기관위임사무와 같이 지방
자치단체의 장이 국가기관의 지위에서 수행하는 사무일 뿐 지방자치단체 자체의 사무라고 할 수 없는
것은 원칙적으로 자치조례의 제정범위에 속하지 않는다**(대판 1999. 9. 17,
99추30).

┌────────┐
│ 판례 2 │ 기관위임사무에 관하여 예외적으로 조례로 정할 수 있는 경우
└────────┘
(울진군 발전소주변
지원조례사건에서) 기관위임사무에 있어서도 그에 관한 개별 법령에서 일정한 사항을 조례로 정하도록
위임하고 있는 경우에는 지방자치단체의 자치조례 제정권과 무관하게 이른바 위임조례를 정할 수
있다고 하겠으나 이 때에도 그 내용은 개별 법령이 위임하고 있는 사항에 관한 것으로서 개별 법
령의 취지에 부합하는 것이라야만 하고, 그 범위를 벗어난 경우에는 위임조례로서의 효력도 인정
할 수 없다(대판 1999. 9. 17,
99추30).

[기출사례] 제 6 회 변호사시험(2017년) 문제·답안작성요령 ☞ PART 4 [3-7]

7. 기관위임사무의 감독

기관위임사무에 대해서는 국가나 광역지방자치단체가 광범위한 감독권을 갖는다$\binom{\text{지자법 제185}}{\text{조, 제188조}}$. 기관위임사무는 위임자인 국가 또는 광역지방자치단체의 사무이다. 따라서 사무수행과 관련하여 국가나 광역지방자치단체는 수임청에 대하여 지시권을 갖는다. 기관위임사무에 있어서 국가나 광역지방자치단체는 수임청에 대하여 합목적성까지 통제할 수 있다$\binom{\text{지자법 제185조 제 1 항·}}{\text{제 2 항, 제188조 제 1 항}}$. 기관위임 사무에 대한 감독처분은 행정행위가 아니다. 수임청은 감독처분에 대해 소송을 제기할 수 없다 $\binom{\text{지자법 제188조}}{\text{제 1 항 단서 참조}}\binom{\text{판}}{\text{례}}$. 왜냐하면 수임청은 위임자의 지위에서 위임자의 사무를 수행하는 것으로서, 감독청인 위임자와의 관계에서 상하관계에 놓이고, 감독청의 지시는 내부효만을 가질 뿐 직접적인 외부효를 갖지 않고, 따라서 수임자의 고유한 권리는 침해되는 바가 없기 때문이다.

> 판례 | 기관위임사무에 대한 시정명령의 취소를 구하는 소송의 가부
> (교육부장관이 '2011년 교원능력개발평가제 시행 기본계획'을 수립한 후 각 시·도에 교원능력개발평가제 추진계획을 제출하게 하자 전라북도교육감이 '2011년 교원능력개발평가제 추진계획'을 제출하였으나 교육부장관이 추진계획이 교원 등의 연수에 관한 규정 등에 위반된다는 이유로 시정명령과 교원능력개발평가 추진계획에 대한 직무이행명령을 하였고, 이에 전북교육감이 교육부장관의 취소처분등을 다툰 사건에서) 교원능력개발평가 사무와 관련된 법령의 규정 내용과 취지, 그 사무의 내용 및 성격 등을 앞서 본 법리에 비추어 보면, 교원능력개발평가는 국가사무로서 각 시·도 교육감에게 위임된 기관위임사무라고 봄이 타당하다. 이 사건 시정명령은 기관위임사무에 관하여 행하여진 것이라 할 것이어서, 자치사무에 관한 명령이나 처분을 취소 또는 정지하는 것에 해당하지 아니한다. 이 사건 시정명령은 지방자치법 제169조 제 2 항 소정의 소를 제기할 수 있는 대상에 해당하지 아니하므로, 이 사건 소 중 이 사건 시정명령에 대한 취소청구 부분은 지방자치법 제169조의 규정에 비추어 허용되지 아니한다 할 것이다. 이 부분 소는 부적법하다$\binom{\text{대판 2013. 5. 23.}}{\text{2011추56}}$.

제4장 지방자치단체의 협력과 통제

제1절 지방자치단체의 협력과 분쟁조정

Ⅰ. 지방자치단체 상호간의 협력

1. 협력의무와 협력방식

(1) 협력의무   지방자치단체는 다른 지방자치단체로부터 사무의 공동처리에 관한 요청이나 사무처리에 관한 협의·조정 또는 지원의 요청을 받으면 법령의 범위에서 협력하여야 한다($\binom{\text{지자법}}{\text{제147조}}$). 사무의 공동처리는 지방자치단체의 행정력·재정력·효율성의 증대를 위한 것이다.

(2) 협력방식   이해의 편의상 지방자치단체 간의 협력방식을 도해한다.

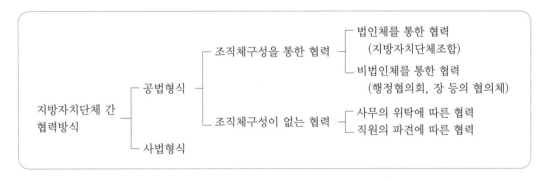

2. 사무의 위탁

지방자치단체나 그 장은 소관 사무의 일부를 다른 지방자치단체나 그 장에게 위탁하여 처리하게 할 수 있다($\binom{\text{지자법 제168조}}{\text{조 제1항}}$). 사무의 위탁은 소관사무의 일부에 대해서만 가능하다. 왜냐하면 소관사무의 전부의 위탁은 당해 지방자치단체의 존재의미를 부정하는 것이 되기 때문이다.

3. 행정협의회

지방자치단체는 2개 이상의 지방자치단체에 관련된 사무의 일부를 공동으로 처리하기 위하여 관계 지방자치단체 간의 행정협의회를 구성할 수 있다($\binom{\text{지자법 제169조}}{\text{제1항 제1문}}$). 행정협의회는 동급의 지방자치단체 간에 그 구성이 예정되고 있다($\binom{\text{지자법 제169조}}{\text{제1항 제2문 참조}}$). 협의회는 관계 지방자치단체의 독자적인 판단에 따라 구성될 수도 있고, 행정안전부장관이나 시·도지사가 공익상 필요하다고 보아 관계 지방자치단체에 대하여 그 설립을 권고함에 따라 구성될 수도 있다$\binom{\text{지자법 제169}}{\text{조 제 3 항}}$.

4. 장 등의 협의체

지방자치단체의 장이나 지방의회의 의장은 상호간의 교류와 협력을 증진하고, 공동의 문제를 협의하기 위하여 ① 시·도지사, ② 시·도의회의 의장, ③ 시장·군수·자치구의 구청장, ④ 시·군·자치구의회의 의장의 구분에 따라 전국적인 협의체를 설립할 수 있다$\binom{\text{지자법 제182}}{\text{조 제 1 항}}$. 제 1 항 각호의 전국적 협의체가 모두 참가하는 지방자치단체 연합체를 설립할 수 있다$\binom{\text{지자법 제182}}{\text{조 제 2 항}}$.

5. 지방자치단체조합

지방자치단체조합이란 2개 이상의 지방자치단체가 하나 또는 둘 이상의 사무를 공동으로 처리하기 위해 설립한 공법인으로서의 특별지방자치단체를 말한다$\binom{\text{지자법 제176조}}{\text{제 1 항·제 2 항}}$. 지방자치단체조합은 지방자치단체사무의 일부의 공동처리를 위한 것이지, 모든 사무의 공동처리를 위한 것은 아니다. 모든 사무의 공동처리를 위한 지방자치단체조합은 지방자치단체의 합병을 뜻하는 것이기 때문이다. 시·도가 구성원인 조합은 행정안전부장관의, 시·군 및 자치구가 구성원인 조합은 1차로 시·도지사, 2차로 행정안전부장관의 지도·감독을 받는다$\binom{\text{지자법 제180조}}{\text{제 1 항 본문}}$.

6. 특별지방자치단체

2개 이상의 지방자치단체가 공동으로 특정한 목적을 위하여 광역적으로 사무를 처리할 필요가 있을 때에는 특별지방자치단체를 설치할 수 있다. 이 경우 특별지방자치단체를 구성하는 지방자치단체$\binom{\text{이하 "구성 지방}}{\text{자치단체"라 한다}}$는 상호 협의에 따른 규약을 정하여 구성 지방자치단체의 지방의회 의결을 거쳐 행정안전부장관의 승인을 받아야 한다$\binom{\text{지자법 제199}}{\text{조 제 1 항}}$. 이 조항은 지역균형 발전의 흐름에 맞추어 초광역권 협력체계$\binom{\text{메가}}{\text{시티}}$를 용이하게 구축할 수 있도록 하는 법적 근거의 성질을 갖는다.

7. 기　　타

이 밖에도 사법상 형식에 따른 협력$\binom{\text{예: 여러 지방자치단체가 원활한 교통을 위해 공동의}}{\text{출자자가 되어 주식회사인 운수회사를 설립하는 경우}}$, 공·사법형식의 결합에 따른 협력$\binom{\text{예: 설립은 공법적으로 하되, 그}}{\text{경영은 사법적으로 하는 경우}}$도 예상할 수 있다.

Ⅱ. 지방자치단체 상호간 등의 분쟁조정 등

1. 분쟁조정

(1) 분쟁조정권자　　지방자치단체 상호간이나 지방자치단체의 장 상호간 사무를 처리할 때 의견이 달라 다툼$\binom{\text{분}}{\text{쟁}}$이 생기면 다른 법률에 특별한 규정이 없으면 행정안전부장관이나 시·도지사가 이를 조정할 수 있다$\binom{\text{지자법 제165}}{\text{조 제 1 항}}$. 분쟁조정제도는 신속하고도 효과적인 분쟁해결을 목적으로 한다.

(2) 분쟁조정절차　　분쟁조정은 당사자의 신청에 의한다$\binom{\text{지자법 제165조}}{\text{제 1 항 본문}}$. 그러나 그 분쟁이 공익을 현저히 저해하여 조속한 조정이 필요하다고 인정되면 당사자의 신청이 없어도 직권으로

조정할 수 있다($^{지자법 제165}_{조제1항단서}$). 이 경우, 행정안전부장관이나 시·도지사가 분쟁을 조정하는 경우에는 그 취지를 미리 당사자에게 알려야 한다($^{지자법 제165}_{조 제 2 항}$). 행정안전부장관이나 시·도지사가 분쟁을 조정하고자 할 때에는 관계 중앙행정기관의 장과의 협의를 거쳐 제169조에 따른 지방자치단체중앙분쟁조정위원회 또는 지방자치단체지방분쟁조정위원회의 의결에 따라 조정하여야 한다($^{지자법}_{제165조 제3항}$). 그리고 분쟁조정권자가 조정에 대하여 결정을 하면 서면으로 지체 없이 관계 지방자치단체의 장에게 통보하여야 한다($^{지자법 제165조}_{제4항 제1문}$).

(3) 이해의 조절　　분쟁조정권자는 조정결정에 따른 시설의 설치 또는 역무의 제공으로 이익을 받거나 그 원인을 일으켰다고 인정되는 지방자치단체에 대하여는 그 시설비나 운영비 등의 전부 또는 일부를 행정안전부장관이 정하는 기준에 따라 부담하게 할 수 있다($^{지자법 제165}_{조 제 6 항}$).

(4) 조정사항의 이행　　조정결정의 통보를 받은 지방자치단체의 장은 그 조정결정사항을 이행하여야 한다($^{지자법 제165조}_{제 4 항 제 2 문}$). 그런데 조정결정사항 중 예산이 수반되는 사항의 경우에는 관계 지방자치단체는 이에 필요한 예산을 우선적으로 편성하여야 한다.

(5) 분쟁조정위원회　　지방자치단체 상호간의 분쟁조정($^{지자법 제165}_{조 제 1 항}$)과 행정협의회의 협의사항의 조정($^{지자법 제173}_{조 제 1 항}$)에 필요한 사항을 심의·의결하기 위하여 행정안전부에 지방자치단체중앙분쟁조정위원회와 시·도에 지방자치단체지방분쟁조정위원회를 둔다($^{지자법 제166}_{조 제 1 항}$).

2. 권한쟁의심판

(1) 의　　의　　지방자치단체 상호간에 권한의 유무 또는 범위에 관하여 다툼이 있을 때에는 해당 국가기관 또는 지방자치단체는 헌법재판소에 권한쟁의심판을 청구할 수 있다($^{헌재법}_{제61조 제 1 항}$). 제 1 항의 심판청구는 피청구인의 처분 또는 부작위($^{不作}_{爲}$)가 헌법 또는 법률에 의하여 부여받은 청구인의 권한을 침해하였거나 침해할 현저한 위험이 있는 경우에만 할 수 있다($^{헌재법 제61}_{조 제 2 항}$).

(2) 종　　류　　지방자치단체 상호간의 권한쟁의심판에는 ① 특별시·광역시·특별자치시·도 또는 특별자치도 상호간의 권한쟁의심판, ② 시·군 또는 자치구 상호간의 권한쟁의심판, ③ 특별시·광역시·특별자치시·도 또는 특별자치도와 시·군 또는 자치구 간의 권한쟁의심판이 있다($^{헌재법 제62조}_{제 1 항 제 3 호}$).

(3) 교육·학예 사무　　권한쟁의가 「지방교육자치에 관한 법률」 제 2 조에 따른 교육·학예에 관한 지방자치단체의 사무에 관한 것인 경우에는 교육감이 제 1 항 제 2 호 및 제 3 호의 당사자가 된다($^{헌재법 제62}_{조 제 2 항}$).

Ⅲ. 지방자치단체와 국가 간의 협력

1. 국가에 의한 협력

중앙행정기관의 장이나 시·도지사는 지방자치단체의 사무에 관하여 조언 또는 권고하거나 지도할 수 있다($^{지자법 제184조}_{제 1 항 제 1 문}$). 그리고 국가($^{또는}_{시·도}$)는 지방자치단체가 그 지방자치단체의 사무를 처리하는 데에 필요하다고 인정하면 재정지원 또는 기술지원을 할 수 있다$\binom{지자법 제184}{조 제 2 항}$. 국가의 지방자치단체에 대한 재정지원, 그리고 국가가 정보나 자료, 전문지식이나 기술을 지방자치단체에 공급하는 것은 지방자치제도의 실질적 보장 내지 내실화를 위한 것이다.

2. 지방자치단체에 의한 협력

(1) 협력의 주체·방식 지방자치단체에 의한 협력은 실제상 지방자치단체의 장에 의한 협력이다. 그것은 지방자치단체의 장이 지방의회와의 협력하에 국가의사결정과정에 참여하는 형식이 된다. 지방자치단체의 장으로 구성되는 협의체$\binom{지방자치단체}{의 장 협의회}$가 국가와 협력문제를 논의하는 것도 협력방식의 하나이다.

(2) 협력의 의미 이러한 협력체는 내부적으로는 구성원 간의 행정경험을 교환하고, 이로써 유사한 자치행정사항에 대하여는 가능한 한 자치행정의 단일화를 도모할 뿐만 아니라 외부적으로는 국가에 대한 구성원들의 공동의 이익을 대변할 수 있다. 이러한 협력은 부분적인 공공이익을 국가적으로 통합한다는 의미와 국가적인 의사결정과정상 효율·효과의 증대수단이 된다는 데 그 의미가 있다.

(3) 협력의 한계 국회나 정부에 대한 비구속적인 조언에 머무르는 것인 한, 지방자치단체의 장의 협의회의 협력은 법상 문제되지 아니한다. 문제는 동 협의회가 구속적인 조언을 할 수 있는가이다. 생각건대 국회의원은 직접 국민으로부터 선출되는 까닭에, 동 협의회의 구속적인 조언 또는 동 협의회와 국가의 공동결정권은 인정할 수가 없다. 절차상의 권리 내지 협력권으로서 다음의 것들은 인정이 가능하다.

① 국회에서의 청문권$\binom{입법안 사전열람}{및 의견제시}$

② 정부계획수립과정에 참여

③ 국무회의 출석·발언

④ 행정 각부에 의견전달

⑤ 행정입법공포 전 사전열람 및 의견제시 등

(4) 국가와 지방자치단체 간 협력 국가와 지방자치단체 간의 협력을 도모하고 지방자치 발전과 지역 간 균형발전에 관련되는 중요 정책을 심의하기 위하여 중앙지방협력회의를 둔다$\binom{지자법 제186}{조 제 1 항}$. 중앙행정기관의 장과 지방자치단체의 장이 사무를 처리할 때 의견을 달리하는 경우 이를 협의·조정하기 위하여 국무총리 소속으로 행정협의조정위원회를 둔다$\binom{지자법 제187}{조 제 1 항}$.

3. 권한쟁의심판

(1) 의 의 국가기관과 지방자치단체 간에 권한의 유무 또는 범위에 관하여 다툼이 있을 때에는 해당 국가기관 또는 지방자치단체는 헌법재판소에 권한쟁의심판을 청구할 수 있다$\binom{헌재}{법}{제61조}{제 1 항}$. 제 1 항의 심판청구는 피청구인의 처분 또는 부작위$\binom{不作}{爲}$가 헌법 또는 법률에 의하여 부여받은 청구인의 권한을 침해하였거나 침해할 현저한 위험이 있는 경우에만 할 수 있다$\binom{헌재법 제61}{조 제 2 항}$.

(2) 종   류   국가기관과 지방자치단체 간의 권한쟁의심판에는 ① 정부와 특별시·광역시·특별자치시·도 또는 특별자치도 간의 권한쟁의심판과 ② 정부와 시·군 또는 지방자치단체인 구(이하 "자치구"라 한다) 간의 권한쟁의심판이 있다(헌재법 제62조 제1항 제2호).

(3) 교육·학예 사무   권한쟁의가 「지방교육자치에 관한 법률」 제2조에 따른 교육·학예에 관한 지방자치단체의 사무에 관한 것인 경우에는 교육감이 제1항 제2호 및 제3호의 당사자가 된다(헌재법 제62조 제2항).

제 2 절   지방자치단체의 통제

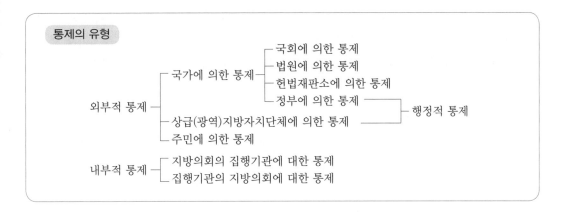

I. 내부적 통제의 유형

1. 통제의 의의

지방자치단체의 자신에 의한 내부적 감독은 이중의 목표를 갖는다. 즉, 하나는 지방자치단체의 이익을 최적상태로 실현하는 것이고, 또 하나는 지방자치단체에 의한 법률에 의한 행정의 원리를 확보하는 것이다. 전자는 정치적 합목적성의 문제이고, 후자는 법치국가원리의 실현의 문제이다.

2. 지방의회의 통제수단

집행기관에 대한 지방의회의 감독수단을 넓게 말한다면, 조례제정권을 포함하여 지방의회가 갖는 모든 권한이 집행기관에 대하여 감독의 성질을 갖는다고 할 수 있다. 그러나 통제 그 자체에 중심을 둔 것으로는 지방자치단체의 집행기관의 사무처리에 대한 지방의회의 행정사무감사와 조사(지자법 제49조), 지방자치단체의 장이나 관계공무원의 출석·답변요구(지자법 제51조 제2항), 지방의회의 회계검사, 즉 결산의 승인제도(지자법 제150조) 등을 들 수 있다.

3. 집행기관의 통제수단

지방의회에 대한 집행기관의 감독수단으로는 조례에 대한 재의요구$\binom{\text{지자법 제32}}{\text{조 제3항}}$, 법령에 위반된 의결 등에 대한 재의요구$\binom{\text{지자법 제120}}{\text{조 제1항}}$, 예산상 집행불가능한 의결에 대한 재의요구$\binom{\text{지자법 제121}}{\text{조 제1항}}$, 감독청의 요구에 따른 법령위반의 지방의회의결 등에 대한 재의요구$\binom{\text{지자법 제192}}{\text{조 제1항}}$, 선결처분권$\binom{\text{지자법}}{\text{제122}}{\text{조 제}}{\text{1항}}$ 등이 있다. 지방의회임시회소집요구제도$\binom{\text{지자법 제54}}{\text{조 제3항}}$ 및 의안의 발의제도$\binom{\text{지자법 제76}}{\text{조 제1항}}$ 등도 지방의회에 대한 통제수단으로서의 성격을 갖는다.

Ⅱ. 외부적 통제의 유형

1. 국회에 의한 통제

국회에 의한 통제 중 기본적인 것은 법률의 제정·개정을 통해 지방자치단체의 권한행사에 국가의사를 반영시키는 것이다. 입법적 통제는 기본적으로 지방자치단체의 의사형성의 전제를 제공한다는 의미에서 사전적 통제수단으로서의 의미를 갖는다. 입법적 통제는 통제이자 법률에 의한 지방자치단체의 권한의 보장의 성질도 갖는다. 그 밖에 예산을 통한 통제, 국정감사나 국정조사를 통한 통제도 가능하다.

2. 법원에 의한 통제

(1) 행정소송　　법원에 의한 감독은 재판을 통하여 지방자치단체의 권한행사의 적법성 여부를 가리는 것을 말한다. 법원에 의한 감독은 성질상 사법적 통제로서 기본적으로 사후적 통제의 성질을 가진다. 법원에 의한 통제로서 행정소송에는 항고소송·당사자소송·기관소송·민중소송이 있다.

(2) 기관소송

1) 필 요 성　　현행법상 국가행정의 경우 권한쟁의는 상급행정청이, 최종적으로는 국무회의가 정하도록 되어 있으나$\binom{\text{헌법 제89조 제}}{\text{10호·제11호}}$, 행정주체 내에 이러한 분쟁을 해결할 수 있는 적당한 기관이 없거나 제3자에 의한 공정한 해결을 할 필요가 있는 경우가 있고, 이러한 경우 법원에 제소하여 해결하는 제도가 기관소송이다.

2) 실정법상 의의　　기관소송이란 국가 또는 공공단체의 기관 상호간에 있어서의 권한의 존부 또는 그 행사에 관한 다툼이 있을 때에 이에 대하여 제기하는 소송을 말한다$\binom{\text{행소법 제3}}{\text{조 제4호}}$.

3) 권한쟁의심판과의 구별　　① 형식에서 기관소송은 행정소송이나 권한쟁의심판은 헌법재판이고, ② 대상에 있어 기관소송은 공법상의 법인 내부에서의 법적 분쟁을 대상으로 하는데 반해$\binom{\text{학설}}{\text{대립}}$, 권한쟁의심판은 공법상의 법인 상호간의 외부적인 분쟁을 대상으로 한다. 그러나 헌법재판소법 제62조는 헌법재판소의 관할사항이 되는 소송$\binom{\text{예: 국가기관 상호간, 국가기관과 지방자치}}{\text{단체 및 지방자치단체 상호간의 권한쟁의}}$을 열거하고 있어 국가기관 상호간의 분쟁은 권한쟁의심판의 대상이다.

4) 기관소송의 예　　기관소송의 대표적인 예로는 지방자치법 제120조 제3항$\binom{\text{제192조}}{\text{제4항}}$에 따른 지방의회와 지방자치단체의 장 사이의 기관소송을 들 수 있다. 다만, 기관소송을 동일한 법

주체 내부의 기관 간의 소송에 한정할 필요가 없다는 견해도 있다.

5) 성　　질　　기관소송은 헌법소송이 아니다. 행정소송법상 기관소송은 행정소송의 일종으로서 객관적 소송으로 규정되고 있다.

3. 헌법재판소에 의한 통제

(1) 권한쟁의심판　　헌법재판소는 권한쟁의심판을 통해 지방자치단체의 감독에 관여한다. 국가기관과 지방자치단체 간 및 지방자치단체 상호간에 권한의 유무 또는 범위에 관하여 다툼이 있을 때에는 해당 국가기관 또는 지방자치단체는 헌법재판소에 권한쟁의심판을 청구할 수 있다(헌재법 제61조 제1항). 기관소송에서는 지방자치단체의 기관이 당사자이지만, 권한쟁의심판에서는 지방자치단체 자체가 당사자가 된다. 헌법재판소의 권한쟁의심판의 결정은 모든 국가기관과 지방자치단체를 기속한다(헌재법 제67조 제1항).

(2) 헌법소원　　헌법재판소는 헌법소원심판을 통해 지방자치단체의 감독에 관여한다. 지방자치단체의 공권력의 행사 또는 불행사로 인하여 헌법상 보장된 기본권을 침해받은 자는 법원의 재판을 제외하고는 헌법재판소에 헌법소원심판을 청구할 수 있다(헌재법 제68조 제1항 본문). 한편, 지방자치단체가 헌법소원을 제기할 수 있다면, 그것 역시 지방자치단체에 대한 헌법재판소의 감독의 성질을 가질 것이다. 현행법상 지방자치단체가 헌법소원을 제기하는 것은 인정되지 아니한다.

4. 정부에 의한 통제

(1) 의　　의　　정부에 의한 통제란 국가행정권에 의한 지방자치단체의 통제를 의미한다. 국가행정권은 법이 정한 바에 따라 지방자치단체에 대하여 감독과 협력을 행한다. 감독으로는 합법성의 감독과 합목적성의 감독이 있다. 정부에 의한 통제는 행정적 통제라고도 한다(제3절 이하에서 상론한다).

(2) 성　　질　　국가나 상급지방자치단체의 감독은 지방자치단체의 임무수행에 관해 권고하고, 또한 그 임무를 위법으로부터 보호하고 아울러 지방자치기관의 결정능력과 자기책임성을 강화시켜 주는 데 그 의의를 갖는다. 달리 말한다면 지방자치단체에 대한 감독은 기본적으로 ① 지방자치단체가 헌법과 법률에 적합한 행정을 행할 것을 보장하고, ② 지방자치단체 자신의 권리를 보호하고, ③ 지방자치단체의 의무의 이행을 확실하게 하기 위함에 그 의미가 있다. 한편 지방자치단체에 대한 국가나 광역지방자치단체의 감독은 자치사무에 대해서는 적법성의 감독을, 위임사무에 대해서는 적법성의 감독과 타당성(합목적성)의 감독을 내용으로 한다.

5. 광역지방자치단체에 의한 통제

이것은 정부에 의한 통제에 준하여 생각하면 된다.

6. 주민에 의한 통제

주민에 의한 통제는 지방자치행정에 주민의 참여를 통한 통제를 의미한다. 이러한 것은 지방자치와 주민의 참여의 문제로서 논의된다.

제3절 자치사무에 대한 감독(행정적 통제 Ⅰ)

Ⅰ. 일 반 론

1. 관 념

(1) 의 의 　지방자치단체 자신의 고유한 책임으로 수행되는 자치행정에 대한 국가나 광역지방자치단체의 감독은 적법성의 감독에 한정된다. 적법성의 감독은 지방자치단체가 법률을 준수하고 법률에 합당하게 행정을 하고 있는가의 여부를 감독하는 것이다. 적법성의 감독은 법규감독, 일반감독 또는 지방자치단체감독 등으로 불린다.

(2) 필 요 성 　지방자치행정에 국가나 광역지방자치단체의 적법성의 통제가 요구되는 것은 다음에 그 이유가 있다. 즉 국가행정과 자치행정 또는 광역지방자치단체의 자치행정과 기초지방자치단체의 자치행정은 조직상 분리되어 있으나 기능상으로는 단일체를 구성하고 있는바, 국가나 광역지방자치단체는 지방자치행정 내부에서 행정임무가 적법하게 수행되고 행정의 법률적합성의 원칙이 유지되어야 하는 데 대한 책임을 부담해야 하기 때문이다. 요컨대 모든 자치단체의 사무는 국가의 목표·목적에 부합하여야만 하기 때문이다.

2. 법적 근거·성격

적법성의 감독에 대한 일반적인 법적 근거로 지방자치법 제188조, 제190조, 제191조 등이 있다. 그리고 적법성의 감독은 지방자치단체의 행위의 적법성의 심사이며, 타당성의 심사는 아니다. 지방자치단체의 자치사무에 대한 감독이 적법성의 감독에 한정되는 것은 지방자치단체가 고유의 의사에 따라 자신의 임무를 수행하는 고권주체이기 때문이다.

3. 감 독 청

광역지방자치단체에 대한 감독의 주체는 국가이고, 기초지방자치단체에 대한 감독의 주체는 광역지방자치단체이다(지자법 제188조 제1항, 제192조 제1항). 국가가 감독기관인 경우를 보다 구체적으로 보면, 지방자치단체에 대한 일반적 감독청은 행정안전부장관이고(정조법 제34조 제1항), 교육감에 대한 감독청은 교육부장관이며(지육법 제28조), 행정각부의 장관은 소관사무에 관하여 감독청이 되고(정조법 제26조 제3항), 감사원은 모든 회계감사와 직무감찰을 행한다(감사법 제22조, 제24조).

4. 감독범위

(1) 공법작용과 사법작용 　감독청이 사법에 근거하여 행한 작용까지 감독을 행할 수 있는가는 문제이다. 생각건대 사법규정을 준수할 것을 권고하는 것은 적법성 보장이라는 면과 관련하여 별문제가 없다. 그러나 감독청이 사법상의 의무를 강제할 수 있는가에 대해서는 의문이 있다. 독일의 일반적 견해는 지방자치단체의 의무의 이행이 공익, 즉 주민공동의 이익과 무관한

것이라면 강제수단에 의한 법규감독은 배제된다고 본다.

(2) 감독의 내용　　　적법성 여부의 감독, 즉 공법규정준수 여부를 감독한다고 할 때, ① 법상 의무의 이행 여부, ② 법상 권한의 남용 여부, ③ 법상 절차규정 준수 여부, ④ 재량남용 여부, ⑤ 불확정개념의 해석과 적용의 적정 여부 등이 감독의 주된 내용이 된다.

Ⅱ. 사전적 수단

1. 조언·권고·지원

중앙행정기관의 장이나 시·도지사는 지방자치단체의 사무에 관하여 조언 또는 권고하거나 지도할 수 있고, 이를 위하여 필요하면 지방자치단체에 대하여 자료의 제출을 요구할 수 있다$\left(\substack{\text{지자법}\\\text{제184조}}\right)$.

2. 보고제도(정보권)와 감사

(1) 의　　　의　　　임무수행에 필요한 것인 한, 감독청은 관련 지방자치단체에게 개개의 사무에 관해 자신에게 보고토록 할 수 있다. 말하자면 행정안전부장관이나 시·도지사는 지방자치단체의 자치사무에 관하여 보고를 받거나$\left(\substack{\text{보고}\\\text{징수}\\\text{의}\\\text{보고}}\right)\left(\substack{\text{예: 지자법 제190조의 보고. 제35조의 조례·규칙의 제정·개폐의 보고.}\\\text{제149조 제 2 항의 의결된 예산의 보고, 제150조 제 2 항의 결산의 승인}}\right)$, 서류·장부 또는 회계를 감사할 수 있다$\left(\substack{\text{사무}\\\text{감사}}\right)\left(\substack{\text{예: 지자법 제}\\\text{190조의 감사}}\right)$. 이것은 사후적 수단의 성격도 갖는다. 다만 서류·장부 또는 회계에 대한 감사는 특정사항에 대한 법령위반사항에 대하여만 실시한다$\left(\substack{\text{지자법 제190조}\\\text{제 1 항 제 2 문}}\right)\left(\substack{\text{판례}\\\text{1, 2}}\right)$.

[판례 1]　서울특별시와 정부 간의 권한쟁의에 관한 결정례(헌재 2009. 5. 28, 2006헌라6 전원재판부)
[사건의 개요]　행정안전부장관이 청구인인 서울특별시에 대하여 정부합동감사를 실시하자 "합동감사대상으로 지정된 사무 중 일정 사무는 자치사무인데, 그에 관한 법령위반가능성에 대한 합리적인 의심조차 없는 상황에서 구 지방자치법 제158조$\left(\substack{\text{현행법}\\\text{제171조}}\right)$ 단서에 위반하여 사전적·포괄적으로 합동감사를 실시하는 것은 헌법과 지방자치법이 청구인에게 부여한 자치행정권, 자치재정권 등 지방자치권을 침해하였다"고 주장하면서 제기한 쟁의심판청구사건이다.

[판시사항 1]　**중앙행정기관의 지방자치단체의 자치사무에 대한 감사를 법령위반사항으로 한정하는 구 지방자치법 제158조(현행법 제190조) 단서규정이 사전적·일반적인 포괄감사권인지 여부**
지방자치제실시를 유보하던 개정전 헌법부칙 제10조를 삭제한 현행 헌법 및 이에 따라 자치사무에 관한 감사규정은 존치하되 '위법성감사'라는 단서를 추가하여 자치사무에 대한 감사를 축소한 구 지방자치법 제158조 신설경위, 자치사무에 관한 한 중앙행정기관과 지방자치단체의 관계가 상하의 감독관계에서 상호보완적 지도·지원의 관계로 변화된 지방자치법의 취지, 중앙행정기관의 감독권 발동은 지방자치단체의 구체적 법 위반을 전제로 하여 작동되도록 제한되어 있는 점, 그리고 국가감독권 행사로서 지방자치단체의 자치사무에 대한 감사원의 사전적·포괄적 합목적성 감사가 인정되므로 국가의 중복감사의 필요성이 없는 점 등을 종합하여 보면, 중앙행정기관의 지방자치단체의 자치사무에 대한 구 지방자치법 제158조 단서규정의 감사권은 사전적·일반적인

포괄감사권이 아니라 그 대상과 범위가 한정적인 제한된 감사권이라 해석함이 마땅하다.

[판시사항 2] 구 지방자치법 제158조(현행법 제190조) 단서규정이 중앙행정기관의 지방자치단체의 자치사무에 대한 감사개시요건을 규정한 것인지 여부

중앙행정기관이 구 지방자치법 제158조 단서규정상의 감사에 착수하기 위해서는 자치사무에 관하여 특정한 법령위반 행위가 확인되었거나 위법행위가 있었으리라는 합리적 의심이 가능한 경우이어야 하고, 또한 그 감사대상을 특정해야 한다. 따라서 전반기 또는 후반기 감사와 같은 포괄적·사전적 일반감사나 위법사항을 특정하지 않고 개시하는 감사 또는 법령위반사항을 적발하기 위한 감사는 모두 허용될 수 없다.

[판시사항 3] 법령위반 여부를 밝히지 아니한 감사의 지방자치권 침해 여부

행정안전부장관 등이 감사실시를 통보한 사무는 서울특별시의 거의 모든 자치사무를 감사대상으로 하고 있어 사실상 피감사대상이 특정되지 아니하였고 행정안전부장관 등은 합동감사실시계획을 보하면서 구체적으로 어떠한 자치사무가 어떤 법령에 위반되는지 여부를 밝히지 아니하였는바, 그렇다면 행정안전부장관 등의 합동감사는 구 지방자치법 제158조 단서규정상의 감사개시요건을 전혀 충족하지 못하였다 할 것이므로 헌법 및 지방자치법에 의하여 부여된 서울특별시의 지방자치권을 침해한 것이다.

> ┌─────────┐
> │ 판례 2 │ 지방자치법 제190조의 감사요건으로서 감사대상의 특정
> └─────────┘
> (경기도가 남양주시에 대하여 실시한 감사가 남양주시의 지방자치권을 침해하였는지 여부에 관한 남양주시와 경기도 간의 권한쟁의 사건에서) 감사대상의 특정은 지방자치단체의 자치사무에 대한 감사의 개시요건이다. 중앙행정기관 및 광역지방자치단체의 지방자치단체의 자치사무에 대한 감사권을 사전적·일반적인 포괄감사권이 아닌 그 대상과 범위가 한정된 감사권으로 보는 이상, 자치사무에 대한 감사에 착수하기 위해서는 감사대상이 특정되어야 함은 당연하다(헌재 2023. 3. 23, 2020헌라5).

(2) 절차 등의 특례　　① 주무부장관, 행정안전부장관 또는 시·도지사는 이미 감사원 감사 등이 실시된 사안에 대하여는 새로운 사실이 발견되거나 중요한 사항이 누락된 경우 등 대통령령으로 정하는 경우를 제외하고는 감사대상에서 제외하고 종전의 감사결과를 활용하여야 한다(지자법 제191조 제 1 항). ② 주무부장관과 행정안전부장관은 다음 각 호(1. 제188조에 따른 주무부장관의 위임사무 감사, 2. 제193조에 따른 행정안전부장관의 자치사무 감사)의 어느 하나에 해당하는 감사를 실시하고자 하는 때에는 지방자치단체의 수감부담을 줄이고 감사의 효율성을 높이기 위하여 같은 기간 동안 함께 감사를 실시할 수 있다(지자법 제191조 제 2 항). ③ 행정안전부장관은 지방자치법 제190조에 따라 서울특별시의 자치사무에 관한 감사를 하려는 경우에는 국무총리의 조정을 거쳐야 한다(서울특별시 행정특례에 관한 법률 제 4 조 제 2 항).

3. 승인유보제도

(1) 의　　의　　승인유보제도란 지방자치단체의 어떠한 행위에 감독청의 승인·동의·확인 등을 요구하는 것을 말한다(예: 지방자치법 제176조 제 1 항에 따른 지방자치단체조합의 설립시 국가나 광역지방자치단체의 승인). 승인유보제도는 협력을 통한 통제의 의미를 갖는다. 승인의 시기는 승인을 요하는 사항의 성질에 따라 당해 행위에 선행할

수도 있고$\binom{\text{사전적}}{\text{협력}}$, 후행할 수도 있다$\binom{\text{사후적}}{\text{협력}}$. 승인유보는 원칙적으로 예방적 통제수단이다.

(2) 법적 근거와 절차법   승인의 법적 근거는 일반적 형식으로 규정되는 것이 아니고, 개별규정으로 주어진다. 현행 지방자치법상 감독청의 승인을 요하는 사항으로는 지방자치단체조합 설립의 승인$\binom{\text{지자법 제176}}{\text{조 제 1 항}}$ 등이 있다. 한편, 지방자치단체의 자치사무와 관련하여 발령되는 감독청의 승인행위는 형성적인 행정행위이므로, 그 절차에는 개별법률상 특별규정이 없는 한, 행정절차법이 적용된다.

(3) 승인심사의 범위   승인유보의 경우에 감독청의 심사범위는 승인을 요하는 행위의 적법성에 한정되는가 아니면 적법성뿐만 아니라 합목적성에까지 미치는가에 대하여 통일된 견해는 독일의 경우에도 없어 보인다. 일반적인 견해는 적법성의 심사에 한정되는 경우도 있고, 합목적성까지 심사할 수 있는 경우도 있다고 하여 승인유보의 심사범위를 유형적으로 검토한다. 일반적 견해가 타당하다. 국가와 지방자치단체가 공동결정의 의미를 갖는 경우$\binom{\text{예: 지방자치단체의}}{\text{기채에 대한 승인}}$에는 후자에 해당한다고 본다.

(4) 승인의 재량성   감독청의 승인행위는 의무에 합당한 재량에 따라 이루어져야 한다. 그것은 법으로부터 자유로운 행위가 아니기 때문이다. 승인을 요하는 행위에 대하여 감독청이 승인을 거부하거나 승인을 방치하면, 그 승인을 요하는 행위는 원래의 효과를 발할 수 없다. 이 경우 관련 지방자치단체는 승인의 거부에 대하여 승인발령청구권을 갖는가의 문제가 있다. 독일의 지배적인 견해는 승인발령청구권을 부인하고, 승인청에 대하여 승인발령과 관련하여 재량여지·판단여지를 보장한다.

(5) 승인행위의 존속력   감독청의 승인행위가 일단 효력을 발생하면, 그 승인행위는 형성적 행위로서 법적 안정성과 신뢰보호의 원칙에 따라 원칙적으로 철회나 취소의 대상이 될 수 없다. 즉 수익적 행정행위의 취소·철회에 대한 일반원리가 여기에도 적용된다.

(6) 승인 없는 행위의 효과   사전적 승인을 요하는 행위에 있어서 지방자치단체가 감독청의 승인을 받음이 없이 그 행위를 한 경우에 법적 효과는 그 행위의 성질에 따라 상이하다. 예컨대, 지방채발행과 같은 사법상의 법률행위에 있어서는 반드시 무효가 된다고 볼 수는 없다. 왜냐하면 승인의 요구가 절대적인 금지를 뜻하는 것은 아니기 때문이다. 그러나 지방자치단체조합의 설립과 같은 공법상의 행위는 무효가 된다고 본다. 이 경우 승인은 필수적인 절차이기 때문이다.

Ⅲ. 사후적 수단

1. 이의제도(지방의회에 대한 감독)

(1) 의   의   이의제도란 지방의회의 의결에 대하여 감독청이 이의를 제기하고, 그 시정을 요구하는 제도를 말한다. 이의를 제기할 수 있는 감독청의 권한이 이의권이다. 감독청의 이의권은 지방의회의 의결에 대한 것이지, 지방자치단체의 장에 대한 것이 아니다. 이의제도는 자

치사무 외에 단체위임사무에도 적용된다. 왜냐하면 단체위임사무도 지방의회의 의결의 대상이기 때문이다. 지방자치법상 이의제도는 다음에서 보는 바와 같이 다단계의 구조로 규정되고 있다.

(2) 재의 요구의 지시

1) 주무부장관, 시·도지사의 재의 요구 지시$\binom{\text{제1항 재}}{\text{의 요구 지시}}$ 지방의회의 의결이 법령에 위반되거나 공익을 현저히 해친다고 판단되면 시·도에 대해서는 주무부장관이, 시·군 및 자치구에 대해서는 시·도지사가 해당 지방자치단체의 장에게 재의를 요구하게 할 수 있고, 재의 요구 지시를 받은 지방자치단체의 장은 의결사항을 이송받은 날부터 20일 이내에 지방의회에 이유를 붙여 재의를 요구하여야 한다$\binom{\text{지자법 제192}}{\text{조 제1항}}$.

2) 시·도지사의 재의 요구 지시권 불행사 시, 주무부장관의 재의 요구 지시$\binom{\text{제2항 재의}}{\text{요구 지시}}$ 시·군 및 자치구의회의 의결이 법령에 위반된다고 판단됨에도 불구하고 시·도지사가 제1항에 따라 재의를 요구하게 하지 아니한 경우 주무부장관이 직접 시장·군수 및 자치구의 구청장에게 재의를 요구하게 할 수 있고, 재의 요구 지시를 받은 시장·군수 및 자치구의 구청장은 의결사항을 이송받은 날부터 20일 이내에 지방의회에 이유를 붙여 재의를 요구하여야 한다$\binom{\text{지자법 제192}}{\text{조 제2항}}$.

3) 교육감의 재의 요구 권한과 교육부장관의 재의 요구 권한의 관계 판례는 교육·학예에 관한 시·도의회의 의결사항에 대한 교육감의 재의요구 권한과 감독청의 재의요구 요청 권한은 중복하여 행사될 수 있는 별개의 독립된 권한으로 이해한다$\binom{\text{판}}{\text{례}}$.

> **판례** 서울특별시교육감의 재의요구권과 교육부장관의 재의요구 요청권의 관계
>
> [1] $\binom{\text{교육부장관(청구인)의 재의요구에도 불구하고 서울특별시교육감(피청구인)이 재의요구를 철회한 행}}{\text{위등이 교육부장관의 권한을 침해하는 것이라는 이유로 다툰 서울특별시 학생인권 조례안 사건에서}}$ 교육감의 재의요구 권한은 교육·학예에 관한 지방자치단체의 장인 교육감과 지방의회 사이의 상호 견제와 균형을 위한 것이며, 청구인의 재의요구 요청 권한은 국가와 지방자치단체 사이의 권한 통제 또는 국가의 지도·감독을 위한 것으로, 교육·학예에 관한 시·도의회의 의결사항에 대한 교육감의 재의요구 권한과 청구인의 재의요구 요청 권한은 중복하여 행사될 수 있는 별개의 독립된 권한이다 $\binom{\text{헌재 2013. 9. 26,}}{\text{2012헌라1}}$.
>
> [2] $\binom{\text{교육부장관이 서울특별시의회를 피고로 한 서울특}}{\text{별시학생인권제정조례안의결무효확인청구의소에서}}$ 지방교육자치에 관한 법률 등의 관련 규정의 내용, 형식, 체제 및 취지와 헌법이 지방자치를 보장하는 취지 등을 함께 종합하여 보면, 교육·학예에 관한 시·도의회의 의결사항에 대한 교육감의 재의요구권한과 원고의 재의요구요청권한은 별개의 독립된 권한이다$\binom{\text{대판 2013. 11. 28,}}{\text{2012추15}}$.

4) 재의 요구 지시의 내용 재의요구의 주체는 지방자치단체의 장이고, 재의요구의 상대방은 지방의회이다. 재의요구에는 이유를 붙여야 한다. 재의 요구 지시의 대상은 지방의회의 의결이다. 의결의 종류에는 특별한 제한이 없다. 조례안의 의결도 당연히 포함된다. 다만 대내·대외적으로 구속력이 없는 의결은 성질상 재의요구의 대상과 거리가 멀다. 재의요구는 재량적인 것이 아니라, 의무적인 것이다. 재의 요구 지시 제도가 지방자치제의 보장에 반한다는 시각이 있

을 수 있으나, 재의결권이 지방의회에 있는 것이므로 재의 요구 지시 제도는 적어도 지방자치제도의 핵심영역의 침해는 아니다.

(3) 재의결과 제소

1) 재 의 결　　제 1 항 또는 제 2 항의 요구에 대하여 재의한 결과 재적의원 과반수의 출석과 출석의원 3분의 2 이상의 찬성으로 전과 같은 의결을 하면 그 의결사항은 확정된다(지자법 제192 조 제 3 항). 재의의 의결에는 일반정족수가 아니라 재적의원 과반수의 출석과 출석의원 3분의 2 이상의 찬성이 요구되는 특별정족수가 적용된다. 법문상 명시적인 규정은 없으나, 재의요구에 대한 재의결은 의무적이며, 아울러 지방의회는 재의요구를 받은 즉시 재의결에 붙여야 한다.

2) 제　　소　　지방자치단체의 장은 제 3 항에 따라 재의결된 사항이 법령에 위반된다고 판단되면 재의결된 날부터 20일 이내에 대법원에 소를 제기할 수 있다. 이 경우 필요하다고 인정되면 그 의결의 집행을 정지하게 하는 집행정지결정을 신청할 수 있다(지자법 제192 조 제 4 항). 이 경우의 소송은 일종의 기관소송으로 볼 것이다. 한편 지방자치법은 법령위반만을 제소사유로 하고 있다. 그러나 공공복리의 실현이 행정의 목적이고, 행정작용의 공공복지관련성이 행정법의 일반원칙임을 고려한다면, "공익을 현저히 해친다"는 것은 바로 위법을 의미한다고 볼 것이고, 따라서 지방자치법이 제소사유로 법령위반만을 제한하고 있는 것은 문제가 있어 보인다. 그러나 입법취지를 고려한다면 "공익을 현저히 해친다"는 것은 위법에 이르지 않은 부당을 의미하는 것으로 이해될 필요가 있다.

(4) 재의 요구 지시에 따르지 않는 경우

1) 의　　의　　제 1 항 또는 제 2 항에 따라 지방의회의 의결이 법령에 위반된다고 판단되어 주무부장관이나 시·도지사로부터 재의 요구 지시를 받은 해당 지방자치단체의 장이 재의를 요구하지 아니하는 경우(법령에 위반되는 지방의회의 의결사항이 조례안인 경우로서 재의 요구 지시를 받기 전에 그 조례안을 공포한 경우를 포함한다)에는 주무부장관이나 시·도지사는 제 1 항 또는 제 2 항에 따른 기간이 지난 날부터 7일 이내에 대법원에 직접 제소 및 집행정지 결정을 신청할 수 있다(지자법 제192 조 제 8 항)(판례).

[판례]　조례안재의결 무효확인소송에서 심리대상의 범위

(교육부장관이 전라북도 교육감에게, 전라북도 의회가 의결한 학생인권조례안에 대하여 재의요구를 하도록 요청하였으나 전라북도 교육감이 이를 거절하고 학생인권조례를 공포하자, 조례안의결무효확인소송을 제기한 사건에서) 조례안재의결 무효확인소송에서의 심리대상은 지방자치단체의 장이 지방의회에 재의를 요구할 당시 이의사항으로 지적하여 재의결에서 심의의 대상이 된 것에 국한된다. 이러한 법리는 주무부장관이 지방자치법 제172조 제 7 항에 따라 지방의회의 의결에 대하여 직접 제소함에 따른 조례안의결 무효확인소송에도 마찬가지로 적용되므로, 조례안의결 무효확인소송의 심리대상은 주무부장관이 재의요구 요청에서 이의사항으로 지적한 것에 한정된다(대판 2015. 5. 14, 2013추98).

---

2) 소송의 성질　　이러한 경우의 소송은 통상의 기관소송이 아니라 특수한 규범소송으로 볼 것이다. 여기서 '법령에 위반되는 지방의회의 의결사항이 조례안인 경우로서 재의요구지시를

받기 전에 당해 조례안을 공포한 경우'에 대한 소송은 일종의 추상적 규범통제의 성격을 띤다고 볼 것이다. 지방자치법 제192조 제8항에 따른 소송에서 원고는 주무부장관 또는 시·도지사가 될 것이고, 피고는 재의요구지시를 받기 전에 당해 조례안을 공포한 경우에는 당해 지방자치단체의 대표자인 당해 지방자치단체의 장(재의 요구 지시에 불응한 지방자치단체의 장)이고(판례는 지방의회를 피고로 본다. 대판 2013. 5. 23, 2012추176), 해당 조례안을 공포하기 전에는 지방자치법 제192조 제7항(주무부장관 또는 시·도지사는 제6항의 기간이 지난 날부터 7일 이내에 직접 제소할 수 있다)과의 균형상 재의 요구 지시에 불응한 지방자치단체의 장과 대비되는 지방의회이다.

(5) 재의결된 사항의 법령 위반에도 제소하는 않는 경우

1) 의　　의　　주무부장관이나 시·도지사는 재의결된 사항이 법령에 위반된다고 판단됨에도 불구하고 해당 지방자치단체의 장이 소를 제기하지 아니하면 시·도에 대해서는 주무부장관이, 시·군 및 자치구에 대해서는 시·도지사(제2항에 따라 주무부장관이 직접 재의 요구 지시를 한 경우에는 주무부장관을 말한다. 이하 이 조에서 같다)가 그 지방자치단체의 장에게 제소를 지시하거나 직접 제소 및 집행정지결정을 신청할 수 있다(지자법 제192조 제5항).

2) 제소 지시의 기한 등　　제5항에 따른 제소의 지시는 제4항의 기간이 지난 날부터 7일 이내에 하고, 해당 지방자치단체의 장은 제소 지시를 받은 날부터 7일 이내에 제소하여야 한다(지자법 제192조 제6항). 판례는 단체장이 제소지시를 받고 제소를 하였다가 감독청의 동의 없이 이를 취하한 경우에는 소취하의 효력 발생을 안 날로부터 7일 이내에 제소하여야 한다는 입장이다(대판 2002. 5. 31, 2001추88). 주무부장관이나 시·도지사는 제6항의 기간이 지난 날부터 7일 이내에 제5항에 따른 직접 제소 및 집행정지결정을 신청할 수 있다(지자법 제192조 제7항).

3) 소송의 성질　　① 제소지시의 사유는 법령위반에 한한다. ② 감독청의 제소지시에 따라 해당 지방자치단체의 장이 제소하는 경우, 그 소송의 성질이 문제된다. 비록 감독청의 제소지시에 의한 것이라 할지라도 지방자치단체의 장이 지방의회의 위법한 의결을 시정하기 위한 작용은 자치사무의 일종이라 할 것이므로 그러한 소송은 기관소송의 성질을 갖는다. 동시에 이러한 소송은 법질서의 유지라는 국가사무를 지방자치단체의 장이 감독청을 대신하여 수행하는 면도 가지므로 일종의 특수한 소송의 성질도 갖는다. ③ 감독청이 직접 제소하는 경우, 그 소송은 일종의 특수한 규범소송의 성질을 갖는다.

> **판례**　　행정자치부장관에게 지방자치법 제172조 제4항, 제6항에 따라 군의회를 상대로 조례안재의결무효확인의 소를 제기할 원고적격이 인정되는지(소극)
>
> **[사건개요]** (피고(강화군의회)가 강화군 도서 주민 정주생활지원금 지원 조례안을 의결하여 강화군수에게 이송하였고, 강화군수는 이 조례안에 대한 인천광역시장의 재의요구 지시에 따라 피고에게 재의를 요구하였으나, 피고는 이 조례안을 원안대로 재의결하였고, 원고(행정자치부장관)가 강화군수에게 재의결된 이 조례안에 대한 제소를 지시하였으나 강화군수가 이에 응하지 아니하자, 원고가 제기한 조례안재의결무효확인소송에서) 지방자치법령의 문언과 체계, 제·개정 연혁, 지방자치단체의 조례에 대한 사후통제 가능성 등을 종합적으로 고려하여 보면, 피고의 이 사건 조례안 재의결에 대하여는 인천광역시장이 강화군수에게 제소를 지시하거나 직접 제소할 수 있을 뿐, 원고가 강화군수에게 제소를 지시하거나 직접 제소할 수는 없다고 할 것이므로, 이 사건 소는 법률상 근거가 없는 소로서 부적법하다(대판 2016. 9. 22, 2014추521 전원합의체).
>
> **[소수의견]** 지방자치법의 문언상 주무부장관도 군의회의 재의결에 대한 제소권을 갖는다고 볼 수

있고, 주무부장관에게 제소권한을 인정하지 아니하면 위법한 조례가 시행되는 것을 용인할 수밖에 없게 되므로 주무부장관에게는 군의회를 상대로 재의결무효확인의 소를 제기할 원고적격이 인정된다고 보아야 한다.

　(6) 감독청의 특례　　　　지방자치법 제192조 제 1 항 또는 제 2 항에 따른 지방의회의 의결이나 제 3 항에 따라 재의결된 사항이 둘 이상의 부처와 관련되거나 주무부장관이 불분명하면 행정안전부장관이 재의 요구 또는 제소를 지시하거나 직접 제소 및 집행정지 결정을 신청할 수 있다(지자법 제192조 제 9 항). "이는 주무부처가 중복되거나 주무부장관이 불분명한 경우에 행정안전부장관이 소송상의 필요에 따라 재량으로 주무부장관의 권한을 대신 행사할 수 있다는 것일 뿐이고, 언제나 주무부장관의 권한행사를 배제하고 오로지 행정안전부장관만이 그러한 권한을 전속적으로 행사하도록 하려는 취지가 아니다"라는 것이 판례의 견해이다(판례).

> **판례**　지방자치법 제172조 제 8 항(현행법 제192조 제 9 항)의 규정 취지
> (전자파 취약계층보호 조례안 사건에서) 지방자치법 제172조 제 8 항은 주무부처가 중복되거나 주무부장관이 불분명한 경우에 행정안전부장관이 소송상의 필요에 따라 재량으로 주무부장관의 권한을 대신 행사할 수 있다는 것일 뿐이고, 언제나 주무부장관의 권한행사를 배제하고 오로지 행정안전부장관만이 그러한 권한을 전속적으로 행사하도록 하려는 취지가 아니다(대판 2017. 12. 5. 2016추5162).

　(7) 이의제도의 한계　　　　현행 지방자치법상 이의제도는 지방의회의 적극적인 의사결정 작용인 의결만을 대상으로 할 뿐, 의사결정의 부작위(예: 의무조례의 미제정)를 대상으로 하지 아니한다. 여기에 현행 이의제도의 한계가 놓인다. 지방의회의 의사결정의 부작위도 경우에 따라서는 위법하게 주민권리를 침해할 수도 있으므로, 이에 대한 보완책의 마련이 필요하다.

2. 시정제도

　(1) 의　　　의　　　　시정제도란 지방자치단체의 장의 위법·부당한 명령이나 처분에 대하여 감독청이 그 시정을 요구하고, 해당 지방자치단체가 시정요구에 응하지 아니하면 감독청이 직접 시정하는 제도를 말한다. 감독청이 시정을 요구하는 것을 시정명령이라 하고, 시정하는 방식은 지방자치단체의장의 명령 또는 처분을 취소하거나 정지하는 것이다. 감독청의 시정명령은 사후적 수단이다. 사후적 수단은 위법 또는 부당한 지방자치단체의 행위가 있어야만 사용될 수 있다. 시정명령은 지방자치단체의 장에 대한 것이지, 지방의회의 의결에 대한 것이 아니다.

　(2) 시정명령

　1) 의　　　의　　　　지방자치단체의 사무에 관한 지방자치단체의 장(제103조 제 2 항에 따른 사무의 경우에는 지방의회의 의장을 말한다. 이하 이 조에서 같다)의 명령이나 처분이 법령에 위반되거나 현저히 부당하여 공익을 해친다고 인정되면 시·도에 대해서는 주무부장관이, 시·군 및 자치구에 대해서는 시·도지사가 기간을 정하여 서면으로 시정할

것을 명하고, 그 기간에 이행하지 아니하면 이를 취소하거나 정지할 수 있다(지자법 제188) (판례). 본 조항은 시정명령과 취소·정지에 관한 일반적 근거조항이다.

[판례] 구 지방자치법 제157조(현행 제188조) 제1항에서 정한 지방자치단체장의 명령·처분의 취소 요건인 '법령위반'에 '재량권의 일탈·남용'이 포함되는지 여부

(원고인 울산광역시 북구청장이 전국공무원노동조합의 불법 총파업에 참가한 소속 지방공무원들에 대하여 징계의결을 요구하지 않은 채 승진임용하는 처분을 한 것이 재량권의 범위를 현저히 일탈한 것으로서 위법한 처분인지 여부 및 피고인 울산광역시장이 지방자치법 제157조 제1항에 따라 위 승진임용처분을 취소한 것이 적법한지 여부를 쟁점으로 한 승진임용직권취소처분취소청구사건에서) 지방자치법 제157조 제1항 전문은 "지방자치단체의 사무에 관한 그 장의 명령이나 처분이 법령에 위반되거나 현저히 부당하여 공익을 해한다고 인정될 때에는 시·도에 대하여는 주무부장관이, 시·군 및 자치구에 대하여는 시·도지사가 기간을 정하여 서면으로 시정을 명하고 그 기간 내에 이행하지 아니할 때에는 이를 취소하거나 정지할 수 있다"고 규정하고 있고, 같은 항 후문은 "이 경우 자치사무에 관한 명령이나 처분에 있어서는 법령에 위반하는 것에 한한다"고 규정하고 있는바, 지방자치법 제157조 제1항 전문 및 후문에서 규정하고 있는 지방자치단체의 사무에 관한 그 장의 명령이나 처분이 법령에 위반되는 경우라 함은 명령이나 처분이 현저히 부당하여 공익을 해하는 경우, 즉 합목적성을 현저히 결하는 경우와 대비되는 개념으로, 시·군·구의 장의 사무의 집행이 명시적인 법령의 규정을 구체적으로 위반한 경우뿐만 아니라 그러한 사무의 집행이 재량권을 일탈·남용하여 위법하게 되는 경우를 포함한다고 할 것이므로, 시·군·구의 장의 자치사무의 일종인 당해 지방자치단체 소속 공무원에 대한 승진처분이 재량권을 일탈·남용하여 위법하게 된 경우 시·도지사는 지방자치법 제157조 제1항 후문에 따라 그에 대한 시정명령이나 취소 또는 정지를 할 수 있다(대판 2007. 3. 22, 2005추62 전원합의체).

---

2) 성 질 자치사무에 대한 감독청의 시정명령 등은 외부관계에서의 행위로서 행정소송법상 처분개념에 해당한다. 지방자치법 제188조 제6항이 취소·정지에 대하여 출소할 수 있음을 규정한 것도 자치사무에 대한 시정명령 등이 행정소송법상 처분개념에 해당한다는 것을 전제로 한 것이다. 판례는 부정적인 견해를 취한다(판례). 한편, 단체위임사무에 대한 시정명령 등은 내부적 행위로 볼 것이다.

[판례] 지방자치법 제169조 제1항(현행 제188조 제2항)에 따른 시정명령을 다툴 수 있는지 여부

(원고(서울특별시 강남구청장)가 피고(서울특별시장)로부터 국제교류복합지구(코엑스~잠실종합운동장 일대) 지구단위계획 결정(변경) 및 지형도면 고시에 관한 사항을 통보받고도 그 내용을 국토이용정보체계에 등재하여 일반 국민이 볼 수 있도록 조치하지 않고 보류한 행위가 법령에 위반된다는 이유로 지방자치법 제169조 제1항에 근거하여 피고가 행한 시정명령의 취소를 구한 강남구 국제교류복합지구(코엑스~잠실종합운동장 일대) 사건에서) 지방자치법 제169조 제2항은 '시·군 및 자치구의 자치사무에 관한 지방자치단체의 장의 명령이나 처분에 대하여 시·도지사가 행한 취소 또는 정지'에 대하여 해당 지방자치단체의 장이 대법원에 소를 제기할 수 있다고 규정하고 있을 뿐 '시·도지사가 지방자치법 제169조 제1항에 따라 시·군 및 자치구에 대하여 행한 시정명령'에 대하여도 대법원에 소를 제기할 수 있다고 규정하고 있지 않으므로, 이러한 시정명령의 취소를 구하는 소송은 허용되지 않는다고 보아야 한다(대판 2017. 10. 12, 2016추5148).

---

3) 대 상 시정명령은 지방자치단체의 사무인 자치사무와 단체위임사무를 대상으로

하며, 기관위임사무는 그 대상이 아니다.

　　4) 행사요건　　① 단체장의 명령$\binom{\text{법규정}}{\text{립행위}}\binom{\text{단체장이 제정한}}{\text{규칙이 포함된다}}$이나 처분$\binom{\text{개별구체}}{\text{적 행위}}$이 위법$\binom{\text{단체위임사무}}{\text{의 경우 부당도}}$$\binom{\text{포함}}{\text{된다}}$한 경우, ② 감독청은 적합한 이행기간을 정해야 하며, ③ 서면으로 시정명령한다. 그럼에도 감독청의 시정명령을 정해진 기간 내에 이행하지 않는 경우에는 이를 취소·정지할 수 있다.

　　(3) 취소·정지　　감독청의 시정명령을 정해진 기간에 이행하지 아니하면, 감독청은 시정명령의 대상이었던 명령이나 처분을 취소하거나 정지할 수 있다$\binom{\text{지자법 제188}}{\text{조 제 1 항}}\binom{\text{판례}}{1}$. 이것이 감독청의 취소·정지권이다. 그러나 감독청의 취소·정지권의 사유도 자치사무에 관한 명령이나 처분에 대해서는 법령에 위반하는 것에 한한다$\binom{\text{지자법 제188}}{\text{조 제 5 항}}$. 판례는 자치사무에 관한 명령이나 처분에 대한 취소 또는 정지의 적용대상이 항고소송의 대상이 되는 행정처분에 한정되는 것은 아니라고 한다$\binom{\text{판례}}{2}$. 단체위임사무의 경우에는 법령위반 외에 현저히 부당하여 공익을 해하는 명령이나 처분도 감독청의 취소·정지의 사유가 된다.

［판례 1］　　울산광역시장이 구 지방자치법 제157조 제 1 항에 따라 울산광역시 북구청장의 승진임용처분을 취소한 것이 적법한지 여부

$\binom{\text{원고인 울산광역시 북구청장이 전국공무원노동조합의 불법 총파업에 참가한 소속 지방공무원들에 대하여 징계의결을 요구하지 않은 채 승}}{\text{진임용하는 처분을 한 것이 재량권의 범위를 현저히 일탈한 것으로서 위법한 처분인지 여부 및 피고인 울산광역시장이 지방자치법 제157조}}$$\binom{\text{제 1 항에 따라 위 승진임용처분을 취소한 것이 적법한지여}}{\text{부를 쟁점으로 한 승진임용직권취소처분취소청구사건에서}}$ 지방공무원법에서 정한 공무원의 집단행위금지의무 등에 위반하여 전국공무원노동조합의 불법 총파업에 참가한 지방자치단체 소속 공무원들의 행위는 임용권자의 징계의결요구 의무가 인정될 정도의 징계사유에 해당함이 명백하므로, 임용권자인 하급 지방자치단체장으로서는 위 공무원들에 대하여 지체 없이 관할 인사위원회에 징계의결의 요구를 하여야 함에도 불구하고 상급 지방자치단체장의 여러 차례에 걸친 징계의결요구 지시를 이행하지 않고 오히려 그들을 승진임용시키기에 이른 경우, 하급 지방자치단체장의 위 승진처분은 법률이 임용권자에게 부여한 승진임용에 관한 재량권의 범위를 현저하게 일탈한 것으로서 위법한 처분이라 할 것이다. 따라서 상급 지방자치단체장이 하급 지방자치단체장에게 기간을 정하여 그 시정을 명하였음에도 이를 이행하지 아니하자 지방자치법 제157조 제 1 항에 따라 위 승진처분을 취소한 것은 적법하고, 그 취소권 행사에 재량권 일탈·남용의 위법이 있다고 할 수 없다$\binom{\text{대판 2007. 3. 22,}}{\text{2005추62 전원합의체}}$.

［판례 2］　　지방자치법 제169조 제 1 항에 따른 자치사무에 관한 명령이나 처분에 대한 취소 또는 정지의 적용대상이 항고소송의 대상이 되는 행정처분인지 여부

$\binom{\text{서울특별시 인사위원회위원장이 시간선택제임기제공무원 40명을 '정책지원요원'으로 임용하여 지방의회 사무처에 소속시킨 후 상임위원}}{\text{회별 입법지원요원(입법조사관)에 대한 업무지원 업무를 담당하도록 한다는 내용의 채용공고를 하자, 행정자치부장관이 위 채용공고가}}$$\binom{\text{법령에 위반된다며 지방자치단체장에게 채용공고를 취소하라는 내용의 시정명령을 하였으나 이에 응하지 않자 채용공고}}{\text{를 직권으로 취소한 데 대하여 서울특별시가 직권취소처분의 취소를 구한 서울특별시 정책지원요원 채용공고 사건에서}}$ 행정소송법상 항고소송은 행정청이 행하는 구체적 사실에 관한 법집행으로서의 공권력의 행사 또는 그 거부와 그 밖에 이에 준하는 행정작용을 대상으로 하여 그 위법상태를 배제함으로써 국민의 권익을 구제함을 목적으로 하는 것과 달리, 지방자치법 제169조 제 1 항은 지방자치단체의 자치행정 사무처리가 법령 및 공익의 범위 내에서 행해지도록 감독하기 위한 규정이므로 그 적용대상을 항고소송의 대상이 되는 행정처분으로 제한할 이유가 없다. 이 사건 **채용공고**$\binom{\text{지방자치법 제 9 조 제 2 항 제 1 호}}{\text{㈑목에 정한 지방자치단체의 사무에}}$$\binom{\text{속 하}}{\text{는 바}}$**는 지방자치법 제169조 제 1 항의 직권취소의 대상이 될 수 있는 지방자치단체의 사무에 관한 '처분'에 해당한다고 봄이 타당하며,** 이를 다투는 원고의 주장은 받아들일 수 없다$\binom{\text{대판 2017. 3. 30,}}{\text{2016추5087}}$.

　　(4) 지방자치단체의 장의 제소　　　지방자치단체의 장은 자치사무에 관한 명령이나 처분의 취소 또는 정지에 대하여 이의가 있으면 그 취소처분 또는 정지처분을 통보받은 날로부터 15일 이내에 대법원에 소를 제기할 수 있다$\binom{지자법 제188}{조 제6항}$. 원고는 지방자치단체의 대표기관인 지방자치단체의 장이다. 피고는 감독청이다. 본 조항에 따른 소송을 기관소송으로 보는 견해$\binom{한견}{우}$가 있으나, 기관소송은 기본적으로 동일한 법주체의 문제이고, 지방자치단체도 자치사무와 관련해서는 주관적 이익이 있으며$\binom{자치}{권}$, 감독청의 자치사무에 대한 취소처분·정지처분은 항고소송의 대상인 처분이므로 항고소송이라는 견해가 타당하다. 한편, 제188조 제6항의 소송은 헌법재판소의 권한쟁의심판의 대상으로 하여야 하므로 입법론상 삭제되어야 한다는 주장도 있으나$\binom{류지}{태}$, 제188조 제6항의 소송의 대상은 헌법재판소의 권한쟁의의 대상으로 할 만한 헌법적 사항은 아니므로 현행과 같이 행정소송의 일종으로 규정하는 것이 타당하다.

　　(5) 시·도지사가 시정명령을 하지 않는 경우

　　1) 의　　의　　주무부장관은 지방자치단체의 사무에 관한 시장·군수 및 자치구의 구청장의 명령이나 처분이 법령에 위반되거나 현저히 부당하여 공익을 해침에도 불구하고 시·도지사가 제1항에 따른 시정명령을 하지 아니하면 시·도지사에게 기간을 정하여 시정명령을 하도록 명할 수 있다$\binom{지자법 제188}{조 제2항}$.

　　2) 취소·정지　　① 주무부장관은 시·도지사가 제2항에 따른 기간에 시정명령을 하지 아니하면 제2항에 따른 기간이 지난 날부터 7일 이내에 직접 시장·군수 및 자치구의 구청장에게 기간을 정하여 서면으로 시정할 것을 명하고, 그 기간에 이행하지 아니하면 주무부장관이 시장·군수 및 자치구의 구청장의 명령이나 처분을 취소하거나 정지할 수 있다$\binom{지자법 제188}{조 제3항}$. ② 자치사무에 관한 명령이나 처분에 대한 주무부장관의 시정명령, 취소 또는 정지는 법령을 위반한 것에 한정된다$\binom{지자법 제188}{조 제5항}$.

　　3) 제　　소　　지방자치단체의 장은 자치사무에 관한 명령이나 처분의 취소 또는 정지에 대하여 이의가 있으면 그 취소처분 또는 정지처분을 통보받은 날부터 15일 이내에 대법원에 소를 제기할 수 있다$\binom{지자법 제188}{조 제6항}$.

　　(6) 시장·군수 및 자치구 구청장이 시·도지사의 시정명령을 불이행함에도 시·도지사가 취소·정지를 하지 않는 경우

　　1) 의　　의　　주무부장관은 시·도지사가 시장·군수 및 자치구의 구청장에게 제1항에 따라 시정명령을 하였으나 이를 이행하지 아니한 데 따른 취소·정지를 하지 아니하는 경우에는 시·도지사에게 기간을 정하여 시장·군수 및 자치구의 구청장의 명령이나 처분을 취소하거나 정지할 것을 명하고, 그 기간에 이행하지 아니하면 주무부장관이 이를 직접 취소하거나 정지할 수 있다$\binom{지자법 제188}{조 제4항}$.

　　2) 사　　유　　자치사무에 관한 명령이나 처분에 대한 주무부장관 또는 시·도지사의 취소 또는 정지는 법령을 위반한 것에 한정한다$\binom{지자법 제188}{조 제5항}$. 단체위임사무의 경우에는 법령위반 외

에 현저히 부당하여 공익을 해하는 명령이나 처분도 감독청의 취소·정지의 사유가 된다.

　　3) 효　　과　　　주무부장관에 의한 취소·정지가 이루어지면, 그것만으로 명령이나 처분은 취소되거나 정지된다. 지방자치단체가 별도로 취소처분이나 정지처분을 하여야 취소나 정지의 효력이 발생하는 것은 아니다. 말하자면, 주무부장관의 취소·정지는 형성적 행정행위에 해당한다.

　　4) 제　　소　　　지방자치단체의 장은 자치사무에 관한 명령이나 처분의 취소 또는 정지에 대하여 이의가 있으면 그 취소처분 또는 정지처분을 통보받은 날부터 15일 이내에 대법원에 소를 제기할 수 있다($^{지자법\ 제188}_{조\ 제6항}$).

　　(7) 사인의 권리보호　　　자치사무에 관한 피감독청($^{지방자치}_{단체의\ 장}$)의 명령이나 처분에 대한 감독청의 취소 또는 정지로 인하여 사인의 법률상 이익이 위법하게 침해당하면, 그 사인은 감독청과 피감독청 중에서 누구를 피고로 하여 다툴 수 있는가의 문제가 있다. 독일의 지배적인 견해는 피감독청을 피고로 본다. 왜냐하면 대집행의 방식으로 감독청에 의해 수행된 처분은 외부관계에서 지방자치단체에 귀속되기 때문이라는 것이다.

　　(8) 시정명령제도의 한계　　　현행 지방자치법상 시정명령제도는 지방자치단체의 장의 적극적인 의사결정작용인 명령이나 처분만을 대상으로 할 뿐, 의사결정의 부작위($^{예:\ 의무규}_{칙의\ 미제정}$)를 대상으로 하지 아니한다. 여기에 현행 시정명령제도는 한계를 갖는다. 지방자치단체의 장의 의사결정의 부작위도 경우에 따라서는 위법하게 주민의 권리를 침해할 수도 있으므로, 이에 대한 보완책의 마련이 필요하다.

　　[기출사례] 제66회 5급공채(행정)(2022년) 문제·답안작성요령 ☞PART 4 [3-11a]

제 4 절 단체위임사무에 대한 감독(행정적 통제 Ⅱ)

Ⅰ. 일 반 론

1. 관　　　념

　　단체위임사무에 대한 감독에는 적법성의 감독 외에 타당성의 감독이 있다. 자치사무에는 적법성의 감독이 가해지지만, 단체위임사무에는 적법성의 감독($^{예:\ 판단여지의\ 하자,\ 불확정}_{개념,\ 비례원칙위반의\ 통제}$)뿐만 아니라 타당성의 감독($^{예:\ 다수의\ 동등하게\ 적법한\ 선택\ 중에서\ 여론·비용\ 등을\ 고려하}_{여\ 전문감독청의\ 최상의\ 합목적적인\ 지시에\ 따르도록\ 하는\ 명령}$)도 가해진다($^{법률로\ 적법성의\ 감독}_{만을\ 규정할\ 수도\ 있다}$). 지방자치단체의 단체위임사무에 대한 감독에 타당성의 감독이 포함되는 것은 그 사무가 원래 위임자의 사무이기 때문이다. 적법성의 감독의 의미는 자치사무에서 언급한 바와 같다. 타당성의 감독과 적법성의 감독을 합하여 전문감독(Fachaufsicht)이라고도 한다. 타당성의 감독은 직무상의 감독과 다르다. 직무상의 감독은 자연인인 공무원에 대한 근무상의 감독이다.

2. 법적 근거

단체위임사무의 감독에 관한 일반적인 법적 근거로 지방자치법 제185조, 제188조, 제192조가 있다. 이러한 조항들은 '법령위반'이라는 용어로서 적법성 감독을, '현저히 부당하여 공익을 해친다'는 표현으로서 타당성 감독을 표현하고 있다.

3. 감 독 청

지방자치단체나 그 장이 위임받아 처리하는 국가사무에 관하여 시·도에서는 주무부장관의, 시·군 및 자치구에서는 1차로 시·도지사의, 2차로 주무부장관의 지도·감독을 받는다$\binom{\text{지자법}}{\text{제185}}$$\binom{}{\text{조 제}}$$\binom{}{\text{1항}}$. 제 2 차 감독의 원인은 제 1 차 감독기관이 의무에 반하여 활동하지 아니하거나, 위법하게 활동하는 경우이다. 한편, 시·군 및 자치구나 그 장이 위임받아 처리하는 시·도의 사무에 관하여 시·도지사의 지도·감독을 받는다$\binom{\text{지자법 제185}}{\text{조 제 2 항}}$. 감사원은 모든 회계감사와 직무감찰을 행한다$\binom{\text{감사법 제22}}{\text{조, 제24조}}$.

4. 감독범위

감독청은 공법에 근거한 작용에 대하여 감독할 수 있다. 그리고 자치사무의 경우와 달리 단체위임사무의 경우에는 감독청이 사법에 근거하여 행한 작용까지 감독을 할 수 있다. 왜냐하면 단체위임사무는 위임자의 사무이기 때문이다.

Ⅱ. 사전적 수단

1. 조언·권고·지도

단체위임사무의 경우에도 중앙행정기관의 장이나 시·도지사는 지방자치단체의 사무에 관하여 조언 또는 권고하거나 지도할 수 있고$\binom{\text{지자법 제184조}}{\text{제 1 항 제 1 문}}$, 이를 위하여 필요하면 지방자치단체에 대하여 자료의 제출을 요구할 수 있다$\binom{\text{지자법 제184조}}{\text{제 1 항 제 2 문}}$.

2. 보고제도

지방자치법은 단체위임사무와 관련하여 보고징수에 관한 규정을 두고 있지 않다. 그러나 단체위임사무의 경우에는 후술하는 기관위임사무에 대한 감독원리를 유추하여 감독청은 지휘·감독의 수단으로서 관련 지방자치단체로부터 개개의 사무에 관하여 보고를 받을 수 있다고 보겠다$\binom{\text{임탁정 제6}}{\text{조 참조}}$.

3. 감   사

지방자치법은 단체위임사무와 관련하여 감사에 관한 규정을 두고 있지 않다. 그러나 단체위임사무의 경우에는 위임에 관한 일반규정 및 감독에 관한 일반규정인 지방자치법 제185조에 근거하여 사무수행에 필요한 범위 안에서 감독청$\binom{\text{행정안전부장관}}{\text{또는 시·도지사}}$은 관련 지방자치단체의 사무에 관하여 서류·장부 또는 회계를 감사할 수 있다고 볼 것이다.

Ⅲ. 사후적 수단

1. 이의제도(지방의회에 대한 감독)

(1) 의   의   단체위임사무에 관한 지방의회의 의결이 법령에 위반되거나 공익을 현저히 해한다고 판단되는 경우에도(자치사무에 관한 지방의회의 의결이 법령에 위반되거나 공익을 현저히 해한다고 판단되는 경우와 마찬가지로) 지방자치법상 감독청의 재의요구의 명령, 당해 지방자치단체의 장의 재의요구, 재의결, 당해 지방자치단체의 장의 제소, 감독청의 제소지시와 직접제소의 내용이 그대로 적용된다(이에 관하여 자세한 것은 자치사무의 부분을 보라).

(2) 문 제 점   지방자치법상 이의제도는 지방의회의 적극적인 의사결정작용인 의결만을 대상으로 할 뿐, 의사결정의 부작위(예: 의무조례의 미제정)는 대상으로 하지 아니하므로, 자치사무의 경우와 같이 단체위임사무의 경우에도 이의제도는 한계를 갖는다. 지방의회의 의사결정의 부작위도 경우에 따라서는 위법하게 주민권리를 침해할 수도 있으므로, 이에 대한 보완책의 마련이 역시 필요하다.

2. 시정명령(지방자치단체장에 대한 감독)

(1) 의   의   시정명령이란 지방자치단체의 장의 위법·부당한 명령이나 처분에 대하여 감독청이 그 시정을 요구하는 제도를 말한다. 그 의미와 내용은 자치사무에 대한 감독에서 논급한 바와 같다. 이러한 시정명령제도는 자치사무 외에 단체위임사무에도 적용된다. 왜냐하면 단체위임사무도 지방자치단체의 사무에 속하기 때문이다. 그러나 단체위임사무에 대한 시정명령의 사유에 법령위반 외에 부당이 포함된다는 점, 시정명령은 감독청의 자신의 권한에 속하는 사항에 관한 것이므로 내부적 행위의 성격을 가지는바 행정소송법상 행정처분의 일종으로 보기 어렵다는 점, 시정명령의 불이행시에 가해지는 취소·정지처분에 대하여 대법원에 출소가 허용되지 아니한다는 점에서 자치사무에 대한 시정명령과 차이점을 갖는다.

(2) 문 제 점   지방자치법상 시정명령제도는 지방자치단체의 장의 적극적인 의사결정작용인 명령이나 처분만을 대상으로 할 뿐, 의사결정의 부작위(예: 의무규칙의 미제정)는 대상으로 하지 아니한다. 그러나 감독청은 위임에 관한 일반규정에 근거하여 부작위된 행위의 이행을 명할 수 있다고 볼 것이다.

제 5 절 기관위임사무에 대한 감독(행정적 통제 Ⅲ)

Ⅰ. 일 반 론

1. 관념·법적 근거

기관위임사무에 대한 감독에도 단체위임사무와 마찬가지로 적법성의 감독 외에 타당성의 감독이 있다. 적법성의 감독과 타당성의 감독을 합하여 전문감독(Fachaufsicht)이라 부르기도 한다.

적법성의 감독과 타당성의 감독의 의미내용은 단체위임사무의 경우와 같다. 한편, 지방기관위임 사무의 감독에 관한 법적 근거로 지방자치법 제185조, 제189조가 있다.

2. 감독청·감독의 범위

지방자치단체의 장이 위임받아 처리하는 국가사무에 관하여는 시·도에서는 주무부장관의, 시·군 및 자치구에서는 1차로 시·도지사의, 2차로 주무부장관의 지도·감독을 받는다(지자법 제185 조 제1항). 제2차 감독의 원인과 방법은 단체위임사무의 경우와 같다. 한편, 시·군 및 자치구나 그 장이 위 임받아 처리하는 시·도의 사무에 관하여는 시·도지사의 지도·감독을 받는다(지자법 제185 조 제2항). 그리고 감사원은 모든 회계감사와 직무감찰을 행한다(감사법 제22 조, 제24조). 감독의 범위는 단체위임사무의 경우와 동일하다.

Ⅱ. 사전적 수단

1. 조언·권고·지도

단체위임사무의 경우와 달리 지방자치법상 명문의 규정이 없지만, 위임에 관한 일반규정에 의하여 기관위임사무의 경우에도 중앙행정기관의 장 또는 시·도지사는 조언 또는 권고하거나 지 도할 수 있다고 볼 것이다(임탁정 제6 조 참조)(김연 태). 다만 지도의 경우에는 지방자치법 제185조에서 근거를 찾을 수 있다.

2. 보고제도

지방자치법은 기관위임사무와 관련하여 보고징수에 관한 규정을 두고 있지 않다. 그러나 기 관위임사무의 경우에도 위임에 관한 일반규정에 의해 감독청은 관련 지방자치단체로부터 개개의 사무에 관하여 보고를 받을 수 있다고 볼 것이다(임탁정 제6 조 참조).

3. 감   사

지방자치법은 기관위임사무와 관련하여 감사에 관한 규정을 두고 있지 않다. 그러나 기관위 임사무에도 위임에 관한 일반규정 및 감사에 관한 일반규정에 근거하여 사무수행에 필요한 범위 안에서 감독청은 관련 지방자치단체의 사무에 관하여 수임사무처리상황, 서류·장부 또는 회계 를 감사할 수 있다고 볼 것이다(임탁정 제9 조 참조).

Ⅲ. 사후적 수단

1. 시정명령

지방자치법이 규정하는 지방의회에 대한 감독수단인 이의제도와 지방자치단체의 장에 대한 감독수단인 시정명령제도는 자치사무와 단체위임사무에 적용될 뿐, 기관위임사무에는 적용되지 아니한다. 기관위임사무는 위임에 관한 일반규정에 의하여 감독청의 시정명령이나 취소·정지의 대상이 된다(임탁정 제6조; 지자법 제167조). 한편, 일설은 기관위임사무에 대해서는 지방자치법 제185조에 근거하여 지도·감독권의 일환으로서 시정명령을 활용할 수 있다(김연태)고 한다. 그 지적은 타당하지만, 제185조에 따른 시정명령은 제188조에 따른 시정명령과 성질을 달리한다. 따라서 제185조에 따른 시정명령은 제188조에 따른 시정명령과 달리 출소의 대상이 되지 아니한다(지자법 제188 조 제 2 항)(판례).

판례 │ 기관위임사무에 대한 시정명령의 취소를 구하는 소송이 허용되는지 여부
(교육부장관이 학교생활기록부 기재와 관련하여 경기도 교육감에게 시정명령을 발하였으나 이를 따르지 아니하자 교육부장관이 직권취소처분을 하였고, 이에 경기도 교육감이 제기한 시정명령및직권취소처분취소청구소송에서) 「지방교육자치에 관한 법률」 제 3 조에 의하여 준용되는 지방자치법 제169조 제 2 항은 자치사무에 관한 명령이나 처분의 취소 또는 정지에 대하여서만 소를 제기할 수 있다고 규정하고, 주무부장관이 지방자치법 제169조 제 1 항에 따라 시·도에 대하여 행한 시정명령에 관하여도 대법원에 소를 제기할 수 있다는 규정을 두고 있지 않으므로, 이러한 시정명령의 취소를 구하는 소송은 허용되지 않는다고 보아야 한다. 따라서 학교생활기록부에 학교폭력 가해학생 조치사항의 기록을 보류하라는 원고의 2012. 8. 9.자 지시가 법령에 위배된다는 이유로 피고가 2012. 8. 23. 지방자치법 제169조 제 1 항에 따라 행한 시정명령에 대하여 취소를 구하는 원고의 이 부분 소는 앞에서 본 법리에 비추어 허용되지 않는 것이어서 부적법하다(대판 2014. 2. 27, 2012추183).

2. 직무이행명령

(1) 의　　의　　　지방자치법은 기관위임사무에 대한 감독수단으로 직무이행명령제도를 규정하고 있다. 직무이행명령이란 지방자치단체의 장이 기관위임사무의 집행 등을 게을리 하는 경우에 감독청이 그 이행을 명하여 부작위를 시정하는 제도를 말한다. 이행을 명령할 수 있는 감독청의 권한이 직무이행명령권이다(판례). 감독청의 직무이행명령권은 지방자치단체의 장에 대한 것이지, 지방의회에 대한 것이 아니다. 직무이행명령은 기관위임사무에만 적용될 뿐이고(단체위임사무를 대상으로 한다는 견해도 있다), 자치사무나 단체위임사무에는 적용되지 아니한다. 지방자치법상 직무이행명령제도는 다단계로 구성되어 있다.

판례 │ 직무이행명령제도의 취지
(교육부장관(피고)이 경기도교육감(원고)에게 전국교직원노동조합(전교조) 시국선언 참여 교사에 대하여 징계의결을 요구하도록 직무이행명령을 발하자, 경기도교육감이 제기한 징계의결요구 등의 직무이행명령 취소소송에서) 직무이행명령 및 이에 대한 이의소송 제도의 취지는 국가위임사무의 관리·집행에서 주무부장관과 해당 지방자치단체의 장 사이의 지위와 권한, 상호 관계 등을 고려하여, 지방자치단체의 장이 해당 국가위임사무에 관한 사실관계의 인식이나 법령의 해석·적용에서 주무부장관과 견해를 달리하여 해당 사무의 관리·집행을 하지 아니할 때, 주무부장관에게는 그 사무집행의 실효성을 확보하기 위하여 지방자치단체의 장에 대한 직무이행명령과 그 불이행에 따른 후속 조치를 할 권한을 부여하는 한편, 해당 지방자치단체의 장에게는 직무이행명령에 대한 이의의 소를 제기할 수 있도록 함으로써, 국가위임사무의 관리·집행에 관한 양 기관 사이의 분쟁을 대법원의 재판을 통하여 합리적으로 해결함으로써 그 사무집행의 적법성과 실효성을 보장하려는 데 있다(대판 2013. 6. 27, 2009추206).

(2) 직무이행명령

1) 명령의 주체와 상대방　　　지방자치단체의 장이 법령의 규정에 따라 그 의무에$\binom{판}{례}$ 속하는 국가위임사무나 시·도위임사무의 관리와 집행을 명백히 게을리하고 있다고 인정되면 시·도에 대하여는 주무부장관이, 시·군 및 자치구에 대하여는 시·도지사가 기간을 정하여 서면으로 이행할 사항을 명령할 수 있다$\binom{지자법 제189}{조 제 1 항}$.

> **판례**　직무이행명령의 요건 중 '법령의 규정에 따라 지방자치단체의 장에게 특정 국가위임사무를 관리·집행할 의무가 있는지' 여부의 판단대상
> $\binom{교육부장관(피고)이 \ 경기도교육감(원고)에게 \ 전국교직원노동조합(전교조) \ 시국선언 \ 참여 \ 교사에 \ 대하여 \ 징계의}{결을 \ 요구하도록 \ 직무이행명령을 \ 발하자, \ 경기도교육감이 \ 제기한 \ 징계의결요구 \ 등의 \ 직무이행명령 \ 취소소송에서}$　직무이행명령의 요건 중 '법령의 규정에 따라 지방자치단체의 장에게 특정 국가위임사무를 관리·집행할 의무가 있는지' 여부의 판단대상은 문언대로 그 법령상 의무의 존부이지, 지방자치단체의 장이 그 사무의 관리·집행을 하지 아니한 데 합리적 이유가 있는지 여부가 아니다. 그 법령상 의무의 존부는 원칙적으로 직무이행명령 당시의 사실관계에 관련 법령을 해석·적용하여 판단하되, 직무이행명령 이후의 정황도 고려할 수 있다$\binom{대판 \ 2013. \ 6. \ 27,}{2009추206}$.

2) 명령의 대상　　　직무이행명령의 대상은 법령의 규정에 의하여 장의 업무에 속하는 국가위임사무 또는 시·도위임사무, 즉 장의 기관위임사무이다$\binom{판}{례}$. 그 사무의 내용에는 일반·추상적인 법규정립행위$\binom{예: 규}{칙발령}$뿐만 아니라 개별·구체적인 행위$\binom{예: 행}{정행위}$도 포함되며, 사실행위도 포함된다.

> **판례**　지방자치법 제170조(현행 제189조)의 '지방자치단체의 장에 대한 직무이행명령'의 대상사무
> $\binom{교육부장관(피고)이 \ 경기도교육감(원고)에게 \ 전국교직원노동조합(전교조) \ 시국선언 \ 참여 \ 교사에 \ 대하여 \ 징계의}{결을 \ 요구하도록 \ 직무이행명령을 \ 발하자, \ 경기도교육감이 \ 제기한 \ 징계의결요구 \ 등의 \ 직무이행명령 \ 취소소송에서}$　지방교육자치에 관한 법률 제3조, 지방자치법 제170조 제1항에 따르면, 교육부장관이 교육감에 대하여 할 수 있는 직무이행명령의 대상사무는 '국가위임사무의 관리와 집행'이다. 그 규정의 문언과 함께 직무이행명령 제도의 취지, 즉 교육감이나 지방자치단체의 장 등, 기관에 위임된 국가사무의 통일적 실현을 강제하고자 하는 점 등을 고려하면, 여기서 국가위임사무란 교육감 등에 위임된 국가사무, 즉 기관위임 국가사무를 뜻한다고 보는 것이 타당하다$\binom{대판 \ 2013. \ 6. \ 27,}{2009추206}$.

3) 행사 요건　　　① 지방자치단체의 장의 고의적인 의무불이행 상태가 있어야 하며$\binom{재정 \ 능}{력이나}$ $\binom{인력의 \ 부족으로 \ 불이행}{되는 \ 경우는 \ 제외된다}$, ② 의무이행을 위한 적합한 이행기간이 설정되어야 하고, ③ 서면의 형식으로 하여야 한다.

(3) 대집행 등　　　주무부장관이나 시·도지사는 해당 지방자치단체의 장이 직무이행명령에서 정한 기간에 이를 이행하지 아니하면 그 지방자치단체의 비용부담으로 대집행하거나 행정상·재정상 필요한 조치를 할 수 있다$\binom{지자법 제189}{조 제 2 항 본문}$. 이 경우 행정대집행에 관하여는 행정대집행법을 준용한다$\binom{지자법 제189}{조 제 2 항 단서}$. 불이행의 사유는 문제되지 아니한다. 법문의 표현상 대집행과 행정상·

재정상 필요한 조치는 선택관계에 있는 것으로 보이지만, 대집행과 행정상·재정상 필요한 조치는 병합적으로 동시에 이루어질 수도 있다.

(4) 지방자치단체의 장의 제소   지방자치단체의 장은 감독청의 직무이행명령에 이의가 있으면 이행명령서를 접수한 날부터 15일 이내에 대법원에 소를 제기할 수 있다($^{지자법 제189조}_{제6항 본문}$). 이 경우 지방자치단체의 장은 이행명령의 집행을 정지하게 하는 집행정지결정을 신청할 수 있다($^{지자법 제189조}_{제6항 단서}$). 본 조항에 따른 소송을 기관소송으로 보는 견해가 있으나 이는 별개의 행정주체의 기관 간의 문제이며 또한 항고소송으로 보는 견해가 있으나 감독청의 직무이행명령은 행정행위가 아니라 행정내부적인 행위이다. 따라서 이 소송은 지방자치법이 특별히 규정하는 특수한 소송으로 이해되어야 할 것이다. 그러나 해당 소송을 기관소송으로 보거나($^{한견우·}_{박균성}$), 감독청의 명령에 불복하는 항고소송으로 보는 견해($^{신봉}_{기}$)도 있다. 제189조 제6항의 소송은 헌법재판소의 권한쟁의 심판의 대상으로 하여야 하므로 입법론상 삭제되어야 한다는 주장도 있으나($^{류지}_{태}$), 제189조 제6항의 소송의 대상은 헌법재판소의 권한쟁의의 대상으로 할 만한 헌법적 사항은 아니므로 제189조 제6항의 소송을 헌법재판소의 권한쟁의심판의 대상으로 하여야 한다는 주장에 동의하기 어렵다.

[기출사례] 제63회 5급공채(2019년) 문제·답안작성요령 ☞ PART 4 [3–11]

(5) 시·도지사가 이행명령을 하지 않는 경우

1) 의   의   주무부장관은 시장·군수 및 자치구의 구청장이 법령에 따라 그 의무에 속하는 국가위임사무의 관리와 집행을 명백히 게을리하고 있다고 인정됨에도 불구하고 시·도지사가 제1항에 따른 이행명령을 하지 아니하는 경우 시·도지사에게 기간을 정하여 이행명령을 하도록 명할 수 있다($^{지자법 제189}_{조 제3항}$). 주무부장관은 시·도지사가 제3항에 따른 기간에 이행명령을 하지 아니하면 제3항에 따른 기간이 지난 날부터 7일 이내에 직접 시장·군수 및 자치구의 구청장에게 기간을 정하여 이행명령을 하고, 그 기간에 이행하지 아니하면 주무부장관이 직접 대집행 등을 할 수 있다($^{지자법 제189}_{조 제4항}$).

2) 제   소   지방자치단체의 장은 제1항 또는 제4항에 따른 이행명령에 이의가 있으면 이행명령서를 접수한 날부터 15일 이내에 대법원에 소를 제기할 수 있다. 이 경우 지방자치단체의 장은 이행명령의 집행을 정지하게 하는 집행정지결정을 신청할 수 있다.

(6) 시·도지사의 시정명령을 시장·군수 및 자치구 구청장이 불이행함에도 시·도지사가 대집행 등을 하지 않는 경우   주무부장관은 시·도지사가 시장·군수 및 자치구의 구청장에게 제1항에 따라 이행명령을 하였으나 이를 이행하지 아니한 데 따른 대집행등을 하지 아니하는 경우에는 시·도지사에게 기간을 정하여 대집행등을 하도록 명하고, 그 기간에 대집행 등을 하지 아니하면 주무부장관이 직접 대집행등을 할 수 있다($^{지자법 제189}_{조 제5항}$).

공무원법 公務員法

공무원법이란 행정을 행하는 인적 요소인 공무원의 법관계를 규율하는 법규의 총괄개념이다. 공무원법은 공무원을 대상으로 한다. 공무원법은 국가조직 또는 지방자치단체조직의 내부관계를 중심으로 한다. 그러나 공무원법은 행정조직법이 아니다. 왜냐하면 공무원은 공무원법을 통해 국가나 지방자치단체의 기관이 아니라 기관의 구성자로서 나타나고, 외부적으로는 그 기관에 의해 대표되기 때문이다. 아래에서 공무원법의 내용으로 공무원법관계의 변동과 공무원법관계의 내용을 보기로 한다.

제1장 공무원법관계의 변동

제1절 공무원법관계의 발생

Ⅰ. 임명의 관념

1. 임명의 의의

(1) 임용과 임명　　　임용이란 ① 넓게는 신규채용·승진임용·전직·전보·겸임·파견·강임·휴직·직위해제·정직·복직·면직·해임 및 파견을 의미하고, ② 좁게는 신규채용·승진임용·강임·전직·전보를 의미하며, ③ 가장 좁게는 공무원관계를 처음으로 발생시키는 신규채용행위로서의 임명행위를 뜻하기도 한다. 한편 임명이란 좁게는 공무원신분의 신규설정행위를 뜻하나, 넓게는 면직을 포함하는 의미로 사용되기도 한다. ④ 본서에서는 임용은 넓은 의미로, 임명은 좁은 의미로 사용하기로 한다. 따라서 임용이란 공무원법관계의 발생·변경·소멸의 원인이 되는 모든 행위를 지칭하며, 임명이란 공무원법관계 발생원인의 하나를 뜻하는 것이 된다.

(2) 보직과 임명　　　보직의 개념은 임명과 구분되어야 한다. 임명은 공무원신분의 설정행위이나, 보직은 공무원의 신분을 가진 자에게 일정한 직위를 부여하여 일정한 직무를 담당하도록 명하는 행위를 말한다. 임명과 보직은 논리상 동시에 이루어지는 경우도 있고 그러하지 않은 경우도 있다. 전자는 임관과 직위부여가 결합되어 있는 경우이고$\binom{예: 법제처장에}{임하는 경우}$, 후자는 임관$\binom{예: 서기}{관에 임하}$$\binom{는 행}{위, 임명}$과 직위부여$\binom{예: ○○과장에 보}{하는 행위, 보직}$가 분리된 경우이다$\binom{예: 서기관 임명 후 ○○}{과장에 보직하는 경우}$. 후자의 경우는 보직행위가 없는 한 구체적인 공무담임의 내용은 성립하지 않는다. 따라서 후자와 관련하여 임용권자 또는 임용제청권자는 법령에서 따로 정하는 경우를 제외하고는 소속공무원의 직급과 직위를 고려하여 그 직급에 상응하는 직위를 부여하여야 한다$\binom{국공법 제32조의5;}{지공법 제30조의5}$.

2. 임명행위의 성질

(1) 공무원신분취득의 형태　　　헌법상 공무원신분을 취득하는 방식에 따라 공무원을 구분하면, ① 선거에 의해 취임하는 공무원$\binom{예: 대통령·지방}{자치단체의 장}$, ② 국회에서 선출하는 공무원$\binom{예: 중앙선거}{관리위원회위}$$\binom{원}{3인}$, ③ 대법원장이 지명하는 공무원$\binom{예: 중앙선거관리}{위원회위원 3인}$, ④ 국회의 동의를 받아 임명되는 공무원$\binom{예: 국}{무총}$$\binom{리·감}{사원장}$, ⑤ 대통령이 임명하는 공무원이 있다. ⑤의 경우도 대통령이 임명하는 공무원$\binom{중앙선거관리위}{원회위원 3인·}$$\binom{헌법재판소}{재판관 3인}$, 국회가 선출한 자를 대통령이 임명하는 공무원$\binom{헌법재판소}{재판관 3인}$, 대법원장이 지명한 자를 대통령이 임명하는 공무원$\binom{헌법재판소}{재판관 3인}$, 국무총리의 제청으로 대통령이 임명하는 공무원$\binom{예:}{장관}$ 등으로 구

분된다. 그리고 대통령은 헌법 제78조에 헌법과 법률이 정하는 바에 의하여 그 밖의 공무원도 임명한다.

(2) 임명행위 1(협력을 요하는 행정행위)

1) 성   질   일반적인 공무원임명행위의 성질을 둘러싸고 공법상 계약설·단독적 행정행위설·쌍방적 행정행위설이 논급되어 왔다. 생각건대 임용주체의 의사와 공무원이 되고자 하는 자의 의사가치가 반드시 대등하다고 보기는 어렵다는 점$\binom{\text{공법상 계약설}}{\text{에 대한 비판}}$, 공무원이 되고자 하는 자의 의사는 필수적인 것인바 도외시될 수 없다는 점$\binom{\text{단독적 행정행위}}{\text{설에 대한 비판}}$에서 쌍방적 행정행위설이 타당하다$\binom{\text{대판 1962. 11. 8,}}{\text{62누163}}\binom{\text{김동희, 류지}}{\text{태, 박균성}}$. 그러나 쌍방적이란 용어는 계약을 연상시키는바, 협력을 요하는 행위라고 부르는 것이 바람직하다. 보직행위는 물론 국가의 일방적인 행위이다.

2) 협력의 결여   임명행위 중 협력을 요하는 임명행위에 있어서 공무원이 되고자 하는 상대방의 신청이나 동의가 결여되었다면, 그러한 임명행위는 무효가 된다. 그리고 임명행위 중 상대방의 협력을 요하는 임명행위를 행정행위로 보는 한, 공무원임명행위에 대한 법적 분쟁은 항고소송의 대상이 된다.

3) 임용의 거부   판례는 국·공립대학교 교원의 임용과 관련하여 경우에 따라 신규임용 거부도 항고소송의 대상이 되고$\binom{\text{판례}}{1}$, 재임용거부 취지의 임용기간만료통지도 항고소송의 대상이 된다$\binom{\text{판례}}{2}$는 입장이다.

[판례 1] **국립학교 교원의 신규 임용 거부처분의 항고소송 대상성**

$\binom{\text{충남대학교 총장의 교원신규채용업}}{\text{무중단처분의 취소를 구한 사건에서}}$ **유일한 면접심사 대상자로 선정된 임용지원자에 대한 교원신규채용업무를 중단하는 조치는** 교원신규채용절차의 진행을 유보하였다가 다시 속개하기 위한 중간처분 또는 사무처리절차상 하나의 행위에 불과한 것이라고는 볼 수 없고, 유일한 면접심사 대상자로서 **임용에 관한 법률상 이익을 가지는 임용지원자에 대한 신규임용을 사실상 거부하는 종국적인 조치에 해당하는 것이며,** 임용지원자에게 직접 고지되지 않았다고 하더라도 임용지원자가 이를 알게 됨으로써 효력이 발생한 것으로 보아야 할 것이므로, 이는 임용지원자의 권리 내지 법률상 이익에 직접 관계되는 것으로서 항고소송의 대상이 되는 처분등에 해당한다$\binom{\text{대판 2004. 6. 11,}}{\text{2001두7053}}$.

[판례 2] **국립대학교 교원의 재임용 거부처분의 항고소송 대상성**

$\binom{\text{김민수교수 재임}}{\text{용거부사건에서}}$ **기간제로 임용되어 임용기간이 만료된 국·공립대학의 조교수는** 교원으로서의 능력과 자질에 관하여 합리적인 기준에 의한 **공정한 심사를 받아 위 기준에 부합되면 특별한 사정이 없는 한 재임용되리라는 기대를 가지고 재임용 여부에 관하여 합리적인 기준에 의한 공정한 심사를 요구할 법규상 또는 조리상 신청권을 가진다고 할 것이니,** 임용권자가 임용기간이 만료된 조교수에 대하여 재임용을 거부하는 취지로 한 임용기간만료의 통지는 위와 같은 대학교원의 법률관계에 영향을 주는 것으로서 행정소송의 대상이 되는 처분에 해당한다$\binom{\text{대판 2004. 4. 22, 2000}}{\text{두7735 전원합의체}}$.

---

(3) 임명행위 2(공법상 계약)   국가공무원법과 지방공무원법에서 계약직 공무원에 관한

규정이 삭제되었지만, 공법상 계약을 통해 공무원을 임용하는 방법이 배제된다고 보기 어렵다. 공법상 계약을 통해 이루어지는 임명행위에 대한 법적 분쟁은 당사자소송의 대상이 된다(판례).

> [판례] 공중보건의사 채용계약의 법적 성질과 채용계약 해지에 대한 쟁송방법
> (공중보건의사 전문직공무원 채용계약해지사건에서) 관계 법령의 규정내용에 미루어 보면 현행 실정법이 전문직공무원인 공중보건의사의 채용계약 해지의 의사표시는 일반공무원에 대한 징계처분과는 달라서 항고소송의 대상이 되는 처분 등의 성격을 가진 것으로 인정되지 아니하고, 일정한 사유가 있을 때에 **관할 도지사가 채용계약 관계의 한쪽 당사자로서 대등한 지위에서 행하는 의사표시로 취급하고 있는 것**으로 이해되므로, 공중보건의사 채용계약 해지의 의사표시에 대하여는 대등한 당사자 간의 소송형식인 **공법상의 당사자소송으로 그 의사표시의 무효확인을 청구할 수 있는 것**이지, 이를 항고소송의 대상이 되는 행정처분이라는 전제하에서 그 취소를 구하는 항고소송을 제기할 수는 없다(대판 1996. 5. 31, 95누10617).

(4) 임용청구권   특정행위청구권으로서 개인적 공권인 임용청구권은 인정되지 아니한다. 다만 적법한 재량행사를 구할 권리(무하자재량 행사청구권)는 인정될 수 있다[판례1]. 그러나 이것도 행정소송상 관철하기는 어렵다. 왜냐하면 공무원의 임용을 위한 판단은 대체로 사법통제가 곤란한 판단여지에 해당하기 때문이다. 한편, 임용에 관한 확약이 존재하는 경우에는 예외적으로 임명청구권이 존재할 수도 있다[판례2].

> [판례 1] 기간제로 임용되어 임용기간이 만료된 국·공립대학의 교원이 재임용 여부에 관하여 심사를 요구할 신청권을 갖는지 여부
> (재임용심사에서 탈락한 국립대학 교원이 '대학교원 기간임용제 탈락자 구제를 위한 특별법'에 따라 교원소청심사특별위원회에 재심사를 청구하여 재임용거부처분취소결정을 받고 복직한 다음 재임용거부로 입은 손해에 대하여 국가배상청구를 한 사건에서) 구 교육공무원법(2005. 1. 27. 법률 제7353호로 개정되기 전의 것)에 의하여 기간제로 임용되어 임용기간이 만료된 국·공립대학의 교원도 교원으로서의 능력과 자질에 관하여 합리적인 기준에 의한 공정한 심사를 받아 기준에 부합하면 특별한 사정이 없는 한 재임용되리라는 기대를 가지고 재임용 여부에 관하여 심사를 요구할 법규상 또는 조리상 신청권을 가진다(대판 2011. 1. 27, 2009다30946).

> [판례 2] 승진임용청구권이 인정된 사례
> (피고 광주광역시장이 인사위원회의 심의를 거쳐 원고를 3급 승진대상자로 결정한 사실을 대내외에 공표한 후에 오랜 기간 동안 아무런 조치도 취하지 아니하자 원고가 제기한 부작위위법확인의 소에서) 지방공무원법 제8조, 제38조 제1항, 지방공무원임용령 제38조의3의 각 규정을 종합하면, 2급 내지 4급 공무원의 승진임용은 임용권자가 행정실적, 능력, 경력, 전공분야, 인품 및 적성 등을 고려하여 하되, 인사위원회의 사전심의를 거치도록 하고 있는바, 4급 공무원이 당해 지방자치단체 인사위원회의 심의를 거쳐 3급 승진대상자로 결정되고 임용권자가 그 사실을 대내외에 공표까지 하였다면, 그 공무원은 승진임용에 관한 법률상 이익을 가진 자로서 임용권자에 대하여 3급 승진임용을 신청할 조리상의 권리가 있다(대판 2009. 7. 23, 2008두10560).

Ⅱ. 임용요건과 채용시험

1. 임용요건

(1) 능력요건　　결격사유를 규정하는 국가공무원법 제33조$\binom{\text{지공법}}{\text{제31조}}$의 각호의 어느 하나에 해당하는 자는 공무원으로 임용될 수 없다. 그리고 그 결격사유는 공무원의 당연퇴직사유이기도 하다$\binom{\text{국공법 제69조;}}{\text{지공법 제61조}}\binom{\text{판}}{\text{례}}$. 이러한 것은 공무에 대한 국민의 신뢰확보를 위한 것이다$\binom{\text{대판 1997. 7. 8.}}{\text{96누4275}}$.

[판례]　당연퇴직된 자에게 행한 복직처분의 효력
$\binom{\text{임용결격사유가 있음에도 복직처분을 받은 자가 대한}}{\text{민국을 상대로 경찰공무원신분확인을 구한 사건에서}}$ 경찰공무원이 재직중 자격정지 이상의 형의 선고유예를 받음으로써 경찰공무원법 제 7 조 제 2 항 제 5 호에 정하는 **임용결격사유에 해당하게 되면**, 같은 법 제21조의 규정에 의하여 임용권자의 별도의 행위$\binom{\text{공무원의 신분을}}{\text{상실시키는 행위}}$를 기다리지 아니하고 그 **선고유예 판결의 확정일에 당연히 경찰공무원의 신분을 상실**$\binom{\text{당연}}{\text{퇴직}}$**하게 되는 것**이고, 나중에 선고유예기간$\binom{2}{\text{년}}$ 이 경과하였다고 하더라도 이미 발생한 당연퇴직의 효력이 소멸되어 경찰공무원의 신분이 회복되는 것은 아니며, 한편 직위해제처분은 형사사건으로 기소되는 등 국가공무원법 제73조의2 제 1 항 각호에 정하는 귀책사유가 있을 때 당해 공무원에게 직위를 부여하지 아니하는 처분이고, 복직처분은 직위해제사유가 소멸되었을 때 직위해제된 공무원에게 국가공무원법 제73조의2 제 2 항의 규정에 의하여 다시 직위를 부여하는 처분일 뿐, 이들 처분들이 공무원의 신분을 박탈하거나 설정하는 처분은 아닌 것이므로, **임용권자가 임용결격사유의 발생 사실을 알지 못하고 직위 해제되어 있던 중 임용결격사유가 발생하여 당연퇴직된 자에게 복직처분을 하였다고 하더라도 이 때문에 그 자가 공무원의 신분을 회복하는 것은 아니다**$\binom{\text{대판 1997. 7. 8.}}{\text{96누4275}}$.

---

(2) 성적요건(자격요건)　　공무원의 임용은 시험성적·근무성적, 그 밖의 능력의 실증에 따라 행한다$\binom{\text{국공법 제}}{\text{26조 본문}}$. 신규채용의 경우, 공무원은 공개경쟁 채용시험으로 채용한다$\binom{\text{국공법 제28조}}{\text{제 1 항; 지공법 제27}}{\text{조 제 1 항}}$. 경우에 따라서는 경력경쟁채용시험에 의할 수 있다$\binom{\text{국공법 제28}}{\text{조 제 2 항}}$.

(3) 요건결여의 효과　　이상의 요건이 결여된 자에 대한 임용의 효과는 능력요건과 성적요건을 구분하여 살펴볼 필요가 있다. ① 능력요건이 결여된 자에 대한 임용은 무효가 된다$\binom{\text{다수}}{\text{설}}\binom{\text{판}}{\text{례}}$. 취소사유로 보는 견해도 있다$\binom{\text{김연태,}}{\text{김중권}}$. 국가의 과실은 문제되지 아니한다. 재직중에 능력요건을 결여하게 되면, 그 공무원은 당연히 퇴직하게 된다$\binom{\text{국공법}}{\text{제69조}}\binom{\text{대판 1997. 7. 8.}}{\text{96누4275}}$. ② 성적요건이 결여된 자에 대한 임용은 취소할 수 있는 행위가 된다. ③ 다만 임용요건이 결여된 공무원이 행한 행위는 국민의 신뢰와 법적 안정성을 고려하여 사실상 공무원의 이론에 의하여 유효한 것으로 보아야 할 경우도 있다. 그리고 그러한 자가 현실적으로 공무를 수행하였다면, 그러한 자가 받은 보수를 부당이득으로 볼 수는 없다.

[판례]　임용결격사유 있는 자에 대한 임용행위의 효과
$\binom{\text{원고가 하사관 임용 전 저지른 범죄로 집행유예의 확정판결을 받은 사실이 밝혀진 것을 이유로 명예전}}{\text{역을 한 원고에 대하여 원고의 하사관 임용을 무효로 한 행위가 위법한지 여부를 쟁점으로 한 사건에서}}$ 구 군인사법 제10조

제2항 제5호는 금고 이상의 형을 받고 집행유예 중에 있거나 그 집행유예기간이 종료된 날부터 2년이 지나지 않은 자가 장교·준사관 및 하사관으로 임용될 수 없도록 정하고 있다. 임용 당시 구 군인사법 제10조 제2항 제5호에 따른 임용결격사유가 있는데도 장교·준사관 또는 하사관으로 임용된 경우 그러한 임용행위는 당연무효가 된다(대판 2019. 2. 14, 2017두62587; 대판 2003. 5. 16, 2001다61012; 헌재 2016. 7. 28, 2014헌바437).

[기출사례] 제57회 5급공채(2013년) 문제·답안작성요령 ☞ PART 4 [2-9]
[기출사례] 제62회 5급공채(2018년) 문제·답안작성요령 ☞ PART 4 [3-12]

2. 채용시험

(1) 임용시험제와 자격시험제　　　공무원법상 공무원의 채용시험은 임용시험제를 의미하고 자격시험제를 뜻하는 것은 아니다. 과거 고등고시 행정과나 보통고시와 같이 자격시험제를 채택한 경우도 있었으나, 현재는 최신의 전문지식의 중요성에 중점을 두어 임용시험제를 택하고 있다. 양 제도는 서로 상반되는 장단점을 갖는다.

(2) 공개경쟁채용시험과 평등원칙　　　공개경쟁에 따른 채용시험은 같은 자격을 가진 모든 국민에게 평등하게 공개하여야 하며, 시험의 시기와 장소는 응시자의 편의를 고려하여 결정한다(국공법 제35조; 지공법 제33조). 다만, 국가유공자의 가족이나 장애자에 대하여 어느 정도 달리 다루는 것은 헌법상 평등원칙의 위반은 아니다(판례). 남녀의 실질적 평등의 실현을 위해 최소한의 할당제를 적용하는 것도 헌법상 평등원칙의 위반은 아니다.

> [판례] 가산점제도의 법적 근거와 위헌성
> 가산점제도에 의한 공직취임권의 제한은 헌법 제32조 제6항에 헌법적 근거를 두고 있는 능력주의의 예외로서, … 비례의 원칙 내지 과잉금지의 원칙에 위반된 것으로도 볼 수 없다(헌재 2001. 2. 22, 2000헌마25).

Ⅲ. 임명의 형식과 효력발생

1. 임명의 형식

공무원의 임명(임용)은 임용장이나 임용통지서의 교부에 의함이 일반적이다. 임용장이나 임용통지서의 교부가 임용의 유효요건은 아니다. 임용의 의사가 상대방에게 도달되면 되는 것이다(대판 1962. 11. 15, 62누165). 따라서 임용장 또는 임용통지서는 임용행위를 확인하고 증명하는 의미를 갖는 데 불과하다. 다만 공무원임용령은 임용장이나 임용통지서의 교부를 임용의 유효요건으로 예정하고 있는 것으로 보인다(공임령 제6조 제1항; 지임령 제5조 제1항). 임용행위를 형식(임용장의 방식과 임용장의 교부)을 요하는 행위로 이해하면, 상대방과 일반 공공의 법적 안정의 확보에는 유익할 것이다. 그러나 임용장과 관련된 문제점(예: 기재상의 잘못, 임용장 교부의 지체)이 발생할 수 있다는 점도 고려할 필요가 있다.

2. 임용의 효력발생

도달주의의 원칙에 따라 공무원의 임용의 의사표시는 당연히 공무원에게 도달하여야 효력을 발생한다. 공무원임용령은 공무원임용의 효력발생시기와 관련하여 "공무원은 임용장이나 임용통지서에 적힌 날짜에 임용된 것으로 보며, 임용일자를 소급해서는 아니 된다"고 규정하고 있다$\binom{\text{공임령 제6조 제1항;}}{\text{지임령 제5조 제1항 참조}}$. 그런데 임용장이나 임용통지서가 기재된 일자보다 늦게 도달된 경우의 효력발생은 공무원임용령상 분명하지 않다. 그러나 지방공무원 임용령은 "특수한 사정으로 말미암아 임용장에 적힌 날짜까지 임용장을 받지 못하였을 때에는 임용장을 실제 받은 날에 임용된 것으로 본다"고 규정한다$\binom{\text{지임령 제5조}}{\text{제1항 단서}}$.

3. 채용 비위 관련자의 합격 등 취소

시험실시기관의 장 또는 임용권자는 누구든지 공무원 채용과 관련하여 대통령령등으로 정하는 비위를 저질러 유죄판결이 확정된 경우에는 그 비위 행위로 인하여 채용시험에 합격하거나 임용된 사람에 대하여 대통령령등으로 정하는 바에 따라 합격 또는 임용을 취소할 수 있다. 이 경우 취소 처분을 하기 전에 미리 그 내용과 사유를 당사자에게 통지하고 소명할 기회를 주어야 한다$\binom{\text{국공법 제45}}{\text{조의3 제1항}}$.

제 2 절 공무원법관계의 변경

I. 다른 직위에로의 변경

1. 상위직급에로의 변경(승진)

승진이란 하위직급에서 바로 상위직급으로 임용되는 것을 말한다. 직급에 따라 승진의 의미 내용에 다소 차이가 있다. 1급 공무원으로의 승진은 바로 하급 공무원 중에서, 2급 및 3급 공무원으로의 승진은 같은 직군 내의 바로 하급 공무원 중에서 각각 임용하거나 임용제청하며, 고위공무원단 직위로의 승진임용은 대통령령으로 정하는 자격·경력 등을 갖춘 자 중에서 임용하거나 임용제청한다$\binom{\text{국공법 제40조의2 제1항;}}{\text{지공법 제39조 제1항}}$. 승진임용처분은 재량행위이다$\binom{\text{판례}}{1}$. 한편 개인적 공권으로서 일반적인 승진청구권은 존재하지 아니한다. 그러나 확약 등의 경우에는 사정이 다르다$\binom{\text{판례}}{2}$. 승진은 자격·능력·전문적 지식 등에 따라 판단될 성질의 것이며, 그 판단은 임명권자의 평가적인 인식행위로서 제한된 범위 내에서만 사법심사의 대상이 될 수 있을 것이다.

판례 1   공무원 승진임용의 성질

(4급 승진임용에 관하여 부당한 영향을 미치는 행위를 하였다고 하여 지방공무원법 위반으로 강릉시장이 기소된 형사사건에서) 지방공무원의 승진임용에 관해서는 임용권자에게 일반 국민에 대한 행정처분이나 공무원에 대한 징계처분에서와는 비교할 수 없을 정도의 광범위한 재량이 부여되어 있다. 따라서 승진임용자의 자격을 정한 관련 법령 규정에 위배되지 아니하고 사회통념상 합리성을 갖춘 사유에 따른 것이라는 일응의 주장·증명이 있다면 쉽사리 위법하다고 판단하여서는 아니 된다(대판 2022. 2. 11, 2021도13197).

판례 2   4급 공무원이 당해 지방자치단체 인사위원회의 심의를 거쳐 3급 승진대상자로 결정되고 임용권자가 그 사실을 대내외에 공표한 경우, 그 공무원에게 승진임용 신청권이 있는지 여부

(지방부이사관으로 승진임용하라'는 결정을 구하는 소청을 한 후, 제기한 부작위위법확인의 소에서) 지방공무원법 제8조, 제38조 제1항, 지방공무원임용령 제38조의3의 각 규정을 종합하면, 2급 내지 4급 공무원의 승진임용은 임용권자가 행정실적·능력·경력·전공분야·인품 및 적성 등을 고려하여 하되 인사위원회의 사전심의를 거치도록 하고 있는바, 4급 공무원이 당해 지방자치단체 인사위원회의 심의를 거쳐 3급 승진대상자로 결정되고 임용권자가 그 사실을 대내외에 공표까지 하였다면, 그 공무원은 승진임용에 관한 법률상 이익을 가진 자로서 임용권자에 대하여 3급 승진임용 신청을 할 조리상의 권리가 있다(대판 2008. 4. 10, 2007두18611).

2. 동위직급 내의 변경(전직·전보·복직)

(1) 전   직   전직이란 직렬을 달리하는 임명을 말한다(국공법 제5조 제5호; 지공법 제5조 제5호)(예: 행정사무관을 외무사무관으로 임용하는 경우). 그러나 전직은 직위분류제의 원칙에 예외가 되므로 공무원을 전직 임용하려는 때에는 전직시험을 거쳐야 한다. 다만 일정한 경우에는 시험의 전부 또는 일부를 면제할 수 있다(국공법 제28조의3; 지공법 제29조의2). 전직과 구별할 것으로 전입이 있다.

[참고] 전입·전출

(1) 의   의   전입에는 국가공무원법상 전입과 지방공무원법상 전입이 있다. 전자는 국회, 법원, 헌법재판소, 선거관리위원회 및 행정부 상호간에 다른 기관 소속 공무원을 받아들이는 것을 말하고(국공법 제28조의2), 후자는 다른 지방자치단체 소속 공무원을 받아들이는 것을 말한다(지공법 제29조의3). 전입에 대응하는 개념으로서 공무원을 내보는 것을 전출이라 한다.
(2) **국가공무원의 전입**   국회, 법원, 헌법재판소, 선거관리위원회 및 행정부 상호간에 다른 기관 소속 공무원을 전입하려는 때에는 시험을 거쳐 임용하여야 한다. 이 경우 임용 자격 요건 또는 승진소요최저연수·시험과목이 같을 때에는 대통령령등으로 정하는 바에 따라 그 시험의 일부나 전부를 면제할 수 있다(국공법 제28조의2).
(3) **지방공무원의 전입**   지방자치단체의 장은 다른 지방자치단체의 장의 동의를 받아 그 소속 공무원을 전입하도록 할 수 있다(지공법 제29조의3). 명시적 규정은 없지만, 전입에는 반드시 해당 공무원 본인의 동의가 있어야 한다는 것이 판례의 입장이다(판례).

판례   공무원의 동의 없는 지방공무원법 제29조의3의 규정에 의한 전출명령의 위법 여부

(원고가 자신의 동의 없이 이루어진 전출 명령에 불응한 것에 대하여 이루어진 징계처분을 다툰 인사발령취소등청구소송에서) 지방공무원법 제29조의3은 지방자치단체의 장은 다른 지방자치단체의 장의 동의를 얻어 그 소속공무원을 전입할 수 있다고 규정하고 있는바, 위

규정에 의하여 동의를 한 지방자치단체의 장이 소속 공무원을 전출하는 것은 임명권자를 달리하는 지방자치단체로의 이동인 점에 비추어 반드시 당해 공무원 본인의 동의를 전제로 하는 것이고, 위 법규정도 본인의 동의를 배제하는 취지의 규정은 아니어서 위헌·무효의 규정은 아니다. 당해 공무원의 동의 없는 지방공무원법 제29조의3의 규정에 의한 전출명령은 위법하여 취소되어야 한다($\binom{대판\ 2001.\ 12.\ 11,}{99두1823}$).

(2) 전　　보　　　전보란 같은 직급 내에서의 보직 변경 또는 고위공무원단 직위 간의 보직 변경($\binom{국가공무원법\ 제\ 4\ 조\ 제\ 2\ 항에\ 따라\ 같은\ 조\ 제\ 1\ 항의\ 계급\ 구분을\ 적용하지\ 아니하는}{공무원은\ 고위공무원단\ 직위와\ 대통령령으로\ 정하는\ 직위\ 간의\ 보직\ 변경을\ 포함한다}$)을 말한다($\binom{국공법\ 제\ 5\ 조\ 제\ 6\ 호;}{지공법\ 제\ 5\ 조\ 제\ 6\ 호}$)($\binom{예:}{세무\ 1\ 과장\ 서기관\ 갑을\ 세무\ 2\ 과장으로\ 보하는\ 경우}$).

(3) 복　　직　　　복직이란 휴직·직위해제 및 정직중에 있는 공무원을 직위에 복귀시키는 것을 말한다($\binom{공임령\ 제\ 2\ 조\ 제\ 2\ 호;}{지임령\ 제\ 2\ 조\ 제\ 2\ 호}$).

3. 하위직급에로의 변경(강임)

(1) 강　　임　　　① 강임이란 같은 직렬 내에서 하위 직급에 임명하거나 하위 직급이 없어 다른 직렬의 하위 직급으로 임명하거나 고위공무원단에 속하는 일반직공무원($\binom{제\ 4\ 조\ 제\ 2\ 항에\ 따라\ 같은\ 조\ 제\ 1\ 항의\ 계급\ 구분을\ 적용하지\ 아니하는\ 공무원은\ 제외한다}{}$)을 고위공무원단 직위가 아닌 하위 직위에 임명하는 것을 말한다($\binom{국공법\ 제\ 5\ 조\ 제\ 4\ 호;\ 지공법\ 제\ 5\ 조\ 제\ 4\ 호}{}$). ② 임용권자는 직제 또는 정원의 변경이나 예산의 감소 등으로 직위가 폐직되거나 하위의 직위로 변경되어 과원이 된 경우 또는 본인이 동의한 경우에는 소속 공무원을 강임할 수 있다($\binom{국공법\ 제73조의4\ 제\ 1\ 항;}{지공법\ 제65조의4\ 제\ 1\ 항}$). 제 1 항에 따라 강임된 공무원은 상위 직급 또는 고위공무원단 직위에 결원이 생기면 우선 임용된다($\binom{국공법\ 제73조의4\ 제\ 2\ 항\ 본문;}{지공법\ 제65조의4\ 제\ 2\ 항\ 본문}$).

(2) 강　　등　　　① 강등은 징계처분의 하나로서 1계급 아래로 직급을 내리는 것($\binom{고위공무원단에\ 속하는\ 공무원은\ 3급으로\ 임용하고,\ 연구관\ 및\ 지도관은\ 연구사\ 및\ 지도사로\ 한다}{}$)을 말한다($\binom{국공법\ 제80조\ 제\ 1\ 항;\ 지공법\ 제71조\ 제\ 1\ 항\ 본문}{}$). 「고등교육법」 제14조에 해당하는 교원 및 조교에 대하여는 강등을 적용하지 아니한다($\binom{지공법\ 제71조\ 제\ 1\ 항\ 단서}{}$). ② 공무원신분은 보유하나 3개월간 직무에 종사하지 못하며 그 기간 중 보수는 전액을 감한다($\binom{국공법\ 제80조\ 제\ 1\ 항;\ 지공법\ 제71조\ 제\ 1\ 항\ 본문}{}$).

4. 이중직위의 부여 등(겸임·파견근무)

(1) 겸　　임　　　직위와 직무 내용이 유사하고 담당 직무 수행에 지장이 없다고 인정하면 대통령령등으로 정하는 바에 따라 경력직공무원 상호간에 겸임하게 하거나 경력직공무원과 대통령령으로 정하는 관련 교육·연구기관, 그 밖의 기관·단체의 임직원과 서로 겸임하게 할 수 있다($\binom{국공법\ 제32조의3;}{지공법\ 제30조의3}$).

(2) 파견근무　　　국가기관의 장은 국가적 사업의 수행 또는 그 업무 수행과 관련된 행정지원이나 연수, 그 밖에 능력 개발 등을 위하여 필요하면 소속 공무원을 다른 국가기관·공공단체·정부투자기관·국내외의 교육기관·연구기관, 그 밖의 기관에 일정 기간 파견근무하게 할 수 있으며, 국가적 사업의 공동 수행 또는 전문성이 특히 요구되는 특수 업무의 효율적 수행 등

을 위하여 필요하면 국가기관 외의 기관·단체의 임직원을 파견받아 근무하게 할 수 있다$\binom{\text{국공법 제}}{\text{32조의4}}$ $\binom{\text{제 1 항; 지공법}}{\text{제30조의4 제 1 항}}$. 파견권자는 파견 사유가 소멸하거나 파견 목적이 달성될 가망이 없으면 그 공무원을 지체 없이 원래의 소속 기관에 복귀시켜야 한다$\binom{\text{국공법 제32조의4 제 2 항;}}{\text{지공법 제30조의4 제 2 항}}$.

Ⅱ. 무직위에로의 변경

1. 휴 직

(1) 의 의 휴직이란 공무원의 신분은 보유하게 하나 직무에는 종사하지 못하게 하는 것을 말한다$\binom{\text{국공법 제73조 제 1 항;}}{\text{지공법 제65조 제 1 항}}$. 휴직에는 공무원 의사 여하에 불구하고 임용권자가 행하는 직권휴직$\binom{\text{국공법 제71조 제 1 항;}}{\text{지공법 제63조 제 1 항}}$과 공무원 본인의 원에 의하여 임용권자가 행하는 의원휴직$\binom{\text{국공법 제71조}}{\text{제 2 항 본문; 지공}}$ $\binom{\text{법 제63}}{\text{조 제 2 항}}$이 있다.

(2) 효 력 휴직중인 공무원은 공무원의 신분은 보유하나 직무에 종사하지 못한다$\binom{\text{국공법 제73조 제 1 항;}}{\text{지공법 제65조 제 1 항}}$. 휴직 기간중 그 사유가 없어지면 30일 이내에 임용권자 또는 임용제청권자에게 신고하여야 하며, 임용권자는 지체 없이 복직을 명하여야 한다$\binom{\text{국공법 제73조 제 2 항;}}{\text{지공법 제65조 제 2 항}}$. 휴직 기간이 끝난 공무원이 30일 이내에 복귀 신고를 하면 당연히 복직된다$\binom{\text{국공법 제73조 제 3 항;}}{\text{지공법 제65조 제 3 항}}$.

2. 직위해제

(1) 의 의 직위해제란 공무원 본인에게 직위를 계속 보유하게 할 수 없는 일정한 귀책사유가 있어서 그 공무원에게 직위를 부여하지 아니하는 것을 말한다$\binom{\text{국공법 제73조의3 제 1 항; 지}}{\text{공법 제65조의3 제 1 항 참조}}$ $\binom{\text{판}}{\text{례}}$. 직위해제는 휴직과 달리 본인에게 귀책사유가 있을 때에 행하는 것이므로 제재적인 성격을 갖는다. 직위해제처분을 하는 경우에 처분권자 또는 처분제청권자는 처분의 사유를 기재한 설명서를 교부하여야 한다$\binom{\text{국공법 제75조 본문;}}{\text{지공법 제67조 제 1 항}}$.

[판례] 직위해제의 성질

[1] $\binom{\text{국토교통부장관은 원고에 대하여 중징계의결 요구와 동시에 직위해제처분을 하였으나, 경징계(감봉 2개월)가 의결되자 재심사 청}}{\text{구를 하였음에도 기각 결정이 내려졌고 그에 따라 경징계처분을 하자, 원고가 경징계의결이 이루어진 시점에 직위해제처분의 효력}}$ 이 상실됨에도 경징계처분을 할 때까지 직위해제처분을 유지한 것이 위법하다고 주장하면서 그 기간 동안의 급여 등의 차액을 구한 **국토교통부 공무원 보수지급 청구 사건에서**) 국가공무원법 제73조의3 제 1 항에서 정한 직위해제는 당해 공무원이 장래에 계속 직무를 담당하게 될 경우 예상되는 업무상의 장애 등을 예방하기 위하여 일시적으로 당해 공무원에게 직위를 부여하지 아니함으로써 직무에 종사하지 못하도록 하는 잠정적인 조치로서, 임용권자가 일방적으로 보직을 박탈시키는 것을 의미한다$\binom{\text{대판 2022. 10. 14.,}}{\text{2022두45623}}$.

[2] $\binom{\text{국토교통부 공무원 보}}{\text{수지급 청구 사건에서}}$ 직위해제는 공무원의 비위행위에 대한 징벌적 제재인 징계와 법적성질이 다르지만, 해당 공무원에게 보수·승진·승급 등 다양한 측면에서 직·간접적으로 불리한 효력을 발생시키는 침익적 처분이라는 점에서 그것이 부당하게 장기화될 경우에는 결과적으로 해임과 유사한 수준의 불이익을 초래할 가능성까지 내재되어 있으므로, 직위해제의 요건 및 효력 상실·소멸 시점 등은 문언에 따라 엄격하게 해석하여야 하고, 특히 헌법 제 7 조 제 2 항 및 국가공무원법 제68조에 따른 공무원에 대한 신분보장의 관점은 물론 헌법상 비례원칙에 비추어 보더라도 직위해제처분의 대상자에게 불리한 방향으로 유추·확장해석을 하여서는 아니 된다$\binom{\text{대판 2022. 10. 14.,}}{\text{2022두45623}}$.

(2) 사　유　　　직위해제의 사유가 있는 공무원으로는 ① 직무수행능력이 부족하거나 근무성적이 극히 나쁜 자, ② 파면·해임·강등 또는 정직에 해당하는 징계 의결이 요구 중인 자(판례), ③ 형사 사건으로 기소된 자(약식명령이 청구된 자는 제외한다), ④ 고위공무원단에 속하는 일반직공무원으로서 국가공무원법 제70조의2 제 1 항 제 2 호 내지 제 5 호의 사유로 적격심사를 요구받은 자, ⑤ 금품 비위, 성범죄 등 대통령령으로 정하는 비위행위로 인하여 감사원 및 검찰·경찰 등 수사기관에서 조사나 수사 중인 자로서 비위의 정도가 중대하고 이로 인하여 정상적인 업무수행을 기대하기 현저히 어려운 자 등이다(국공법 제73조의3 제 1 항; 지공법 제65조의3 제 1 항). 직위해제 여부는 의무에 합당한 재량으로 결정하여야 한다. 한편 ①과 ②, ①과 ③ 또는 ①과 ⑤의 사유가 경합하면 ②, ③ 또는 ⑤의 직위해제처분을 하여야 한다(국공법 제73조의3 제 5 항; 지공법 제65조의3 제 5 항).

[판례]　국가공무원법 제73조의3 제 1 항 제 3 호에 따른 직위해제의 요건
(국토교통부 공무원 보수지급 청구 사건에서) 국가공무원법 제73조의3 제 1 항 제 3 호는 파면·해임·강등 또는 정직에 해당하는 징계의결(이하 '중징계의결'이라 한다)이 요구 중인 자에 대하여 직위해제처분을 할 수 있음을 규정하였다. 이는 중징계의결 요구를 받은 공무원이 계속 직위를 보유하고 직무를 수행한다면 공무집행의 공정성과 그에 대한 국민의 신뢰를 저해할 구체적인 위험이 생길 우려가 있으므로 이를 사전에 방지하고자 하는 데 목적이 있다. 이러한 직위해제제도의 목적 및 취지와 함께 그로 인한 불이익의 정도 등 침익적 처분의 성질을 종합하여 보면, 단순히 '중징계의결 요구'가 있었다는 형식적 이유만으로 직위해제처분을 하는 것이 정당화될 수는 없고, 직위해제처분의 대상자가 중징계처분을 받을 고도의 개연성이 인정되는 경우임을 전제로 하여, 대상자의 직위·보직·업무의 성격상 그가 계속 직무를 수행함으로 인하여 공정한 공무집행에 구체적인 위험을 초래하는지 여부 등에 관한 제반 사정을 면밀히 고려하여 그 요건의 충족 여부 등을 판단하여야 한다(대판 2022. 10. 14, 2022두45623).

(3) 부가처분　　　위의 ①의 사유로 직위해제처분을 하는 경우에 임용권자는 직위해제된 자에게 3개월의 범위에서 대기를 명하고(국공법 제73조의3 제 3 항; 지공법 제65조의3 제 3 항), 아울러 대기 명령을 받은 자에게 능력 회복이나 근무성적의 향상을 위한 교육훈련 또는 특별한 연구과제의 부여 등 필요한 조치를 하여야 한다(국공법 제73조의3 제 4 항; 지공법 제65조의3 제 4 항).

(4) 효　　과　　　직위가 해제되면 직무에 종사하지 못한다. 출근의무도 없다. 부가처분을 받은 자는 부가처분을 이행하여야 한다. 직위해제된 사람에게는 다음 각 호(1. 「국가공무원법」 제73조의3 제 1 항 제 2 호, 「교육공무원법」 제44조의2 제 1 항 제 1 호 또는 「군무원인사법」 제29조 제 1 항 제 1 호에 따라 직위해제된 사람: 봉급의 80퍼센트. 2. 「국가공무원법」 제73조의3 제 1 항 제 5 호에 따라 직위해제된 사람: 봉급의 70퍼센트. 다만, 직위해제일부터 3개월이 지나도 직위를 부여받지 못한 경우에는 그 3개월이 지난 후의 기간 중에는 봉급의 40퍼센트를 지급한다. 3. 「국가공무원법」 제73조의3 제 1 항 제 3 호·제 4 호·제 6 호, 「교육공무원법」 제44조의2 제 1 항 제 2 호부터 제 4 호까지 또는 「군무원인사법」 제29조 제 1 항 제 2 호부터 제 4 호까지의 규정에 따라 직위해제된 사람: 봉급의 50퍼센트. 다만, 직위해제일부터 3개월이 지나도 직위를 부여받지 못한 경우에는 그 3개월이 지난 후의 기간 중에는 봉급의 30퍼센트를 지급한다)의 구분에 따라 봉급(외무공무원의 경우에는 직위해제 직전의 봉급을 말한다. 이하 이 조에서 같다)의 일부를 지급한다(공보수 제29조).

(5) 직위해제처분의 존속기간　　　판례는 '중징계의결이 요구 중인 자'는 국가공무원법 제82조 제 1 항 및 공무원 징계령 제12조에 따른 징계의결이 이루어질 때까지로 한정된다는 견해를 취한다(판례).

판례 │ 직위해제 처분의 종기

(국토교통부 공무원 보수지급 청구 사건에서) 국가공무원법 제73조의3 제 2 항은 직위해제처분을 한 경우에도 그 사유가 소멸되면 지체 없이 직위를 부여하여야 함을 명시하였다. 이는 같은 조 제 1 항 제 3 호의 요건 중 하나인 '중징계의결이 요구 중인 자'의 의미 및 '중징계의결 요구'의 종기에 관한 해석과 관계된다. 국가공무원법은 '징계의결 요구(제78조), 징계의결(제82조 제 1 항), 징계의결 통보(공무원 징계령 제18조), 징계처분(제78조 및 공무원 징계령 제19조) 또는 심사·재심사 청구(제82조 제 2 항 및 공무원 징계령 제24조)' 등 징계절차와 그 각 단계를 명확히 구분하여 규정하는 한편, '재징계의결 요구(제78조의3)'는 징계처분이 무효·취소된 경우에 한하는 것으로 명시함으로써 '심사·재심사 청구'가 이에 포함되지 않는다는 점이 문언상 분명하다. 이러한 관련 규정의 문언 내용·체계에 비추어 보면, '중징계의결이 요구 중인 자'는 국가공무원법 제82조 제 1 항 및 공무원 징계령 제12조에 따른 징계의결이 이루어질 때까지로 한정된다고 봄이 타당하다(대판 2022. 10. 14, 2022두45623).

(6) 사후조치　　직위해제중 해제사유가 소멸되면 임용권자는 지체없이 직위를 부여하여야 한다(국공법 제73조의3 제 2 항; 지공법 제65조의3 제 2 항). 만약 위의 ①의 사유로 직위해제된 자가 대기명령을 받은 기간중 능력 또는 근무성적의 향상을 기대하기 어렵다고 인정되면 징계위원회(지방공무원의 경우는 인사위원회)의 동의를 받아 임용권자는 직권으로 면직시킬 수 있다(국공법 제70조 제 1 항 제 5 호·제 2 항; 지공법 제62조 제 2 항).

(7) 직위해제처분과 직권면직의 관계

(개) 처분의 성질과 일사부재리　　종전 판례는 해임처분과 직위해제사유 변경처분은 각 별개의 처분으로서 해임처분이 직위해제사유 변경처분의 유효 여부에 따라서 영향을 받는 것이 아니라 하고, 아울러 직위해제처분은 공무원에 대하여 불이익한 처분이긴 하나 징계처분과 같은 성질의 처분이라고는 볼 수 없으므로 동일한 사유에 대한 직위해제처분이 있은 후 다시 해임처분이 있었다 하여 일사부재리의 법리에 어긋난다고 할 수 없다는 견해를 취하였다(대판 1984. 2. 28, 83누489).

(내) 직위해제처분의 하자의 직권면직처분 승계 여부　　판례는 직위해제처분의 하자가 직권면직처분에 승계되는지 여부와 관련하여 부정적인 입장을 취한다(대판 1970. 1. 27, 68누10). 직위해제처분과 직권면직처분이 목적을 달리하는 제도라고 볼 때, 판례의 태도는 정당하다.

(8) 제소 관련 문제

(개) 직위해제처분 소멸 후 그 직위해제처분에 대한 제소가능성　　판례는 "직위해제처분이 효력을 상실한다는 것은 직위해제처분이 소급적으로 소멸하여 처음부터 직위해제처분이 없었던 것과 같은 상태로 되는 것이 아니라 사후적으로 그 효력이 소멸한다는 의미이다. 따라서 직위해제처분에 기하여 발생한 효과는 당해 직위해제처분이 실효되더라도 소급하여 소멸하는 것이 아니므로, 인사규정 등에서 직위해제처분에 따른 효과로 승진·승급에 제한을 가하는 등의 법률상 불이익을 규정하고 있는 경우에는 직위해제처분을 받은 근로자는 이러한 법률상 불이익을 제거하기 위하여 그 실효된 직위해제처분에 대한 구제를 신청할 이익이 있다"는 견해를 취한다(대판 2010. 7. 29, 2007두18406).

(내) 새로운 직위해제처분 후 종전처분에 대한 제소가능성　　판례는 "행정청이 공무원에

대하여 새로운 직위해제사유에 기한 직위해제처분을 한 경우 그 이전에 한 직위해제처분은 이를 묵시적으로 철회하였다고 봄이 상당하므로, 그 이전 처분의 취소를 구하는 부분은 존재하지 않는 행정처분을 대상으로 한 것으로서 그 소의 이익이 없어 부적법하다"는 견해를 취한다 $\left(\begin{smallmatrix}\text{대판 2003. 10. 10,}\\\text{2003두5945}\end{smallmatrix}\right)$. 판례는 직위해제처분을 한 후, 그 직위해제사유와 동일한 사유를 이유로 파면처분을 하였다면 뒤에 하여진 파면처분에 의하여 그 전에 하였던 직위해제처분은 그 효력을 상실한다고 본다 $\left(\begin{smallmatrix}\text{대판 1985. 3. 26, 84누677;}\\\text{헌재 2005.12.22, 2003헌바76}\end{smallmatrix}\right)$.

[기출사례] 제39회 입법고시(2023년) 문제·답안작성요령 ☞ PART 4 [3-14a]

3. 정   직

정직은 공무원의 신분을 유지하되 일정기간 동안 직무에는 종사하지 못하는 것을 말한다. 정직기간은 1개월 이상 3개월 이하의 기간으로 하고 보수의 전액을 감한다 $\left(\begin{smallmatrix}\text{국공법 제80조 제3항;}\\\text{지공법 제71조 제3항}\end{smallmatrix}\right)$. 정직은 징계처분의 하나인 점에서 휴직이나 직위해제와 성질을 달리한다.

제 3 절   공무원법관계의 소멸

공무원법관계의 소멸이란 공무원의 신분이 해소되어 공무원으로서의 법적 지위에서 완전히 벗어나는 것을 말한다. 공무원관계는 법정주의원칙에 따라 법이 정하거나 허용하는 일정전제요건과 형식에 따라서만 종료될 수 있다. 이러한 법정주의에 의해 공무원관계의 자의적인 종료는 방지될 수 있다. 공무원관계의 소멸을 가져오는 원인에는 당연퇴직과 면직의 경우가 있다.

I. 당연퇴직

1. 의   의

당연퇴직이란 임용권자의 의사와 관계없이 법이 정한 일정한 사유의 발생으로 당연히 공무원관계가 소멸되는 것을 말한다. 공무원관계법에서 공무원의 임용결격사유 및 당연퇴직에 관한 규정을 두고 있는 것은 임용결격사유에 해당하는 자를 공무원의 직무로부터 배제함으로써 그 직무수행에 대한 국민의 신뢰, 공무원직에 대한 신용 등을 유지하고 그 직무의 정상적인 운영을 확보하기 위한 것뿐만 아니라, 공무원범죄를 사전에 예방하고 공직사회의 질서를 유지하고자 함에 그 목적이 있다 $\left(\begin{smallmatrix}\text{판례}\\1\end{smallmatrix}\right)$. 퇴직발령통지서의 발부는 퇴직의 유효요건이 아니며 사실상의 확인행위에 불과할 뿐이다 $\left(\begin{smallmatrix}\text{판례}\\2\end{smallmatrix}\right)$.

판례 1 ┃ 임용결격사유에 의한 당연퇴직의 효력 발생의 방법

(지방공무원법 제31조 제 5
호 등의 위헌소원사건에서) 당연퇴직제도는 지방공무원법뿐 아니라, 국가공무원법, 경찰공무원법 등 다수의 공무원관계법령에서 다양하게 규정하고 있는바, 그 효과는 **지방공무원법 등 관계법령에 규정된 임용결격사유가 발생하는 것 자체에 의하여 법률상 당연히 퇴직하는 것**이지, 공무원관계를 소멸시키기 위한 별도의 행정처분을 요하는 것이 아니다(헌재 2002. 8. 29, 2001헌마788, 2002헌
마173(병합); 대판 1996. 5. 14, 95누7307).

판례 2 ┃ 당연퇴직의 인사발령 통지의 처분성

(서울특별시 강동구청장의 원고에 대한
퇴직처분의 무효확인등을 구한 사건에서) 지방공무원법 제61조의 규정에 의하면 공무원에게 같은 법 제31조 소정의 결격사유가 있을 때에는 당연히 퇴직한다고 되어 있으므로 이러한 당연퇴직의 경우에는 결격사유가 있어 법률상 당연퇴직되는 것이지 공무원관계를 소멸시키기 위한 별도의 행정처분을 요하지 아니한다 할 것이며 위와 같은 사유의 발생으로 **당연퇴직의 인사발령이 있었다 하여도 이는 퇴직사실을 알리는 이른바 관념의 통지에 불과**하여 행정소송의 대상이 되지 아니한다(대판 1992. 1. 21,
91누2687; 대판
1983. 2. 8, 81누263; 대판
1994. 12. 27, 91누9244).

2. 사   유

당연퇴직의 사유로는 ① 국가공무원법 제33조의 결격사유의 어느 하나에 해당할 때(국공법 제
69조; 지공
법 제
61조)(판례
1), ② 사망·임기만료·정년에(판례
2) 달한 때, 참고로, 파면처분취소청구소송 혹은 무효확인소송 계속중에 공무원이 정년에 이르면, 경우에 따라 권리보호의 필요(협의의 소
의 이익)가 부인되기도 한다(판례
3, 4). 그리고 공무원의 정년제를 임기제로 변경하는 것은 정당한 이유가 있는 한 적법하다 (판례
5). ③ 국적상실이 있다. 물론 외국인이 임용될 수 있는 직(국공법 제26조의3,
지공법 제25조의2)에 임용된 자의 경우에는 그러하지 아니하다고 볼 것이다.

판례 1 ┃ 경합범 관계에서 하나의 벌금형이 선고된 경우, 당연퇴직사유인지 여부

(재직 중 범죄로 인한 500만원의 벌금형이 군무원 당연퇴
직사유 해당 여부를 쟁점으로 한 군무원지위확인소송에서) 공무원 당연퇴직의 법적 성질과 공무원 지위에 미치는 효과, 이 사건 각 조항을 합헌적으로 엄격하게 해석하여야 할 필요성 등을 종합적으로 고려할 때, 횡령죄 등과 그 밖의 범죄가 형법 제37조 전단의 경합범 관계에 있어 하나의 벌금형이 선고되어 확정된 경우는 이 사건 각 조항에서 정한 당연퇴직사유에 해당한다고 할 수 없다. 이러한 경우 이 사건 각 조항이 추구하는 입법 목적인 공무원의 청렴성 확보는 징계절차 등에 의하여야 할 것이다(대판 2016. 12. 29,
2014두43806).

판례 2 ┃ 농촌지도사의 정년을 58세로 규정한 법률의 위헌 여부

(국가공무원법 제74조 제 1 항
제 1 호 등의 위헌소원사건에서) 국가공무원법상의 공무원정년제도는 공무원에게 정년까지 계속 근무를 보장함으로써 그 신분을 보장하는 한편 공무원에 대한 **계획적인 교체를 통하여 조직의 능률을 유지·향상시킴으로써 직업공무원제를 보완**하는 기능을 수행하고 있는 것이므로 이 사건 심판대상조항은 공무원의 신분보장과 직업공무원제도를 규정한 헌법 제 7 조에 위반되지 아니한다(헌재
1997. 3. 27,
96헌
바86).

[판례 3]   정년이 경과하여 권리보호의 필요가 없다는 판례
(국회의장의 원고에 대한 면직처
분의 무효확인을 구한 사건에서) 원고에 대한 면직처분의 무효확인을 구한 사건에서 원고들은 상고심 계속중에 **이미 국가공무원법 소정의 정년이 지났으므로 면직처분이 무효로 확인된다 하더라도 공무원의 신분을 다시 회복할 수 없기 때문에**, 비록 면직으로 인한 퇴직기간을 재직기간으로 인정받지 못함으로써 퇴직급여, 승진소요연수의 계산 및 호봉승급에 과거의 불이익이 남아 있긴 하나 이러한 불이익이 현재는 계속되고 있지 아니하고, 면직처분으로 인한 급료청구소송 또는 명예침해 등을 이유로 한 손해배상청구소송에서 위 처분의 무효를 주장하여 과거에 입은 권익의 침해를 구제받을 수 있는 이상, 소로써 **면직처분의 무효확인을 받는 것이 원고들의 권리 또는 법률상 지위에 현존하는 불안, 위험을 제거하는 데 필요하고도 적절한 것이라 할 수 없으므로 확인의 이익이 없다** (대판 1993. 1. 15, 91누5747; 대판 1991. 6. 28, 90누9346; 대판 1984. 6. 12, 82다카139).

[판례 4]   정년이 경과하여도 권리보호의 필요가 있다는 판례
(국회의장의 원고들에 대한 면직처
분의 무효확인을 구한 사건에서) 국회해직공무원인 원고가 복직은 되었으나 원고와 피고(국회의장) 사이에 원고의 면직처분의 무효 여부에 관하여 다툼이 있고 **원고가 면직으로 인한 퇴직기간을 재직기간으로 인정받지 못하고 있어 퇴직급여**(공무원연금법 제46조 이하), **승진소요연수의 계산**(국회인사규칙 제31조) **및 호봉승급** (공무원보수규정 제13조, 제15조 제 6 호) **등에 있어서 현재에도 계속하여 불이익한 대우를 받고 있다면** 그 법률상의 지위의 불안, 위험을 제거할 필요가 있고 다른 소송수단(국가배상소송이나 민사소송)으로는 위와 같은 원고들의 권리 또는 법률상의 지위의 불안, 위험을 제거하기에 미흡하여 면직처분무효확인의 소가 필요하고도 적절한 것이므로 **면직처분무효확인의 소는 확인의 이익이 있다고 할 것이다** (대판 1991. 6. 28, 90누9346).

[판례 5]   정년제이던 동장의 신분보장에 관하여 근무상한기간제를 추가한 규칙의 위헌 여부
(동장지위의 확인
을 구한 사건에서) 동장임용등에관한규칙 제11조가 종전의 **정년제에다가 근무상한기간제를 추가로 규정함으로써** 종전의 규칙에 따라 임용되어 근무중인 기존 동장들이 정년까지 근무할 수 있으리라고 예상하고 있던 **기대와 신뢰를 침해받게 되었다고 하더라도, 그것은 입법재량의 범위 내에 있는 것**으로서 직업공무원제도의 본질적 내용을 침해하거나 비례의 원칙(과잉금지의 원칙) 또는 신뢰보호의 원칙에 위반되거나 헌법 제10조(인간으로서의 존엄과 가치 및 행복추구권), 제11조 제 1 항(평등과 차별금지), 제15조(직업선택의 자유), 제23조(재산권의 보장), 제32조(근로의 권리), 제34조(인간다운 생활을 할 권리)의 규정들에 위배된다고 할 수 없다 (대판 1997. 3. 14, 95누17625).

3. 효   과

퇴직사유가 발생하면 공무원법관계는 당연히 소멸되고(판례), 퇴직된 자는 더 이상 공무원이 아니다. 따라서 그 자가 행한 행위는 무권한의 행위가 된다. 그러나 이러한 경우에도 외부적으로 국민에 대한 관계에서 국민의 신뢰보호와 법적 안정성을 위해 사실상의 공무원이론에 의거, 그러한 행위는 유효한 행위로 볼 수 있을 때도 있다. 그러나 내부관계에서 사실상의 공무원이론을 원용하여 공무원의 권리를 주장할 수는 없다.

[판례]   당연퇴직의 성질
(재직 중 범죄로 인한 500만원의 벌금형이 군무원 당연퇴
직사유 해당 여부를 쟁점으로 한 군무원지위확인소송에서) 공무원 당연퇴직제도는 결격사유가 발생하는 것 자체

에 의해 임용권자의 의사표시 없이 결격사유에 해당하게 된 시점에 법률상 당연히 퇴직하는 것이고, 공무원관계를 소멸시키기 위한 별도의 행정처분을 요하지 아니하므로, 당연퇴직사유의 존재는 객관적으로 명확하여야 한다(대판 2016. 12. 29., 2014두43806).

[기출사례] 제39회 입법고시(2023년) 문제·답안작성요령 ☞ PART 4 [3-14a]

Ⅱ. 면   직

1. 의   의

면직이란 특별한 행위로 공무원법관계를 소멸시키는 것을 말한다. 특별한 행위에 의한다는 점에서 법정사유로 인한 당연퇴직과 다르다. 면직에는 공무원 자신의 원에 의한 의원면직과 그러하지 않은 강제면직이 있다. 면직처분을 행할 때에는 그 처분권자 또는 처분제청권자는 처분의 사유를 기재한 설명서를 교부하여야 한다. 다만 본인의 원에 따른 경우에는 그러하지 않다(국공법 제75조; 지공법 제67조 제1항).

2. 의원면직

(1) 의의와 성질 ① 의원면직이란 공무원 자신의 사직의 의사표시에 의거하여 임용권자가 공무원관계를 종료시키는 처분을 말한다. ② 의원면직(처분)은 상대방의 신청을 요하는 행정행위(협력을 요하는 행정행위, 쌍방적 행정행위)이다.

(2) 사직의 의사표시 ① 사직의 의사표시(통상적으로 사직원의 제출을 통해 이루어진다)는 행정요건적 사인의 공법행위에 해당한다. ② 사직의 의사표시는 정상적인 의사작용에 의한 것이어야 한다. 사직원의 제출이 의사결정의 자유를 박탈할 정도의 강박에 의한 것이라면 무효가 된다(판례 1). ③ 판례는 사직의 의사표시에 민법 제107조(비진의 의사표시)가 적용되지 아니한다는 입장이다(판례 2). ④ 사직의 의사표시는 행정절차법 제17조 제8항에 의하여 사직원이 수리되기 전까지 철회될 수 있다(판례 3).

[판례 1] 사직서의 제출이 강박에 의한 경우 사직의 의사결정의 효력

(익산시장의 원고에 대한 의원면직처분의 취소를 구한 사건에서) 사직서의 제출이 감사기관이나 상급관청 등의 강박에 의한 경우에는 그 정도가 의사결정의 자유를 박탈할 정도에 이른 것이라면 그 의사표시가 무효로 될 것이고 그렇지 않고 **의사결정의 자유를 제한하는 정도에 그친 경우라면** 그 성질에 반하지 아니하는 한 의사표시에 관한 **민법 제110조의 규정을 준용하여 그 효력을 따져보아야 할 것이나**, 감사담당 직원이 당해 공무원에 대한 비리를 조사하는 과정에서 사직하지 아니하면 징계파면이 될 것이고 또한 그렇게 되면 퇴직금 지급상의 불이익을 당하게 될 것이라는 등의 강경한 태도를 취하였다고 할지라도 그 취지가 단지 비리에 따른 **객관적 상황을 고지하면서 사직을 권고·종용한 것에 지나지 않고 위 공무원이** 그 비리로 인하여 징계파면이 될 경우 퇴직금 지급상의 불이익을 당하게 될 것 등 **여러 사정을 고려하여 사직서를 제출한 경우라면** 그 의사결정이 의원면직처분의 효력에 영향을 미칠 **하자가 있었다고는 볼 수 없다**(대판 1997. 12. 12, 97누13962; 대판 1975. 6. 24, 75누46).

> 판례 2 사직의 의사표시에 비진의표시에 관한 규정(민법 제107조) 적용의 가부
> (인천광역시 중구청장의 원고에 대한 면직처분의 무효확인등을 구한 사건에서) 비록 사직원 제출자의 내심의 의사가 사직할 뜻이 아니었다 하더라도 그 의사가 외부에 객관적으로 표시된 이상 그 의사는 표시된 대로 효력을 발하는 것이며, **민법 제107조 제 1 항 단서의 비진의의사표시의 무효에 관한 규정은 그 성질상 사인의 공법행위에 적용되지 아니하므로** 원고의 사직원을 받아들여 의원면직처분한 것을 당연무효라고 할 수 없다 (대판 2001. 8. 24, 99두9971).

> 판례 3 사직의 의사표시의 철회·취소의 시기
> (인천광역시 중구청장의 원고에 대한 면직처분의 무효확인등을 구한 사건에서) 사직의사의 철회 및 취소의 점에 대하여 **공무원이 한 사직 의사표시의 철회나 취소는 그에 터잡은 의원면직처분이 있을 때까지 할 수 있는 것이고**(대판 1993. 7. 27, 92누16942), 일단 면직처분이 있고 난 이후에는 철회나 취소할 여지가 없다(대판 2001. 8. 24, 99두9971).

(3) 사직의 자유와 수리의무　　① 직업선택의 자유와 관련하여 원칙적으로 공무원은 사임의 자유를 가진다. ② 공무담임은 권리이고 자유이지 의무만은 아닌 것이므로 임용권자에게는 수리의무가 있다. ③ 다만 사임의 의사표시가 있어도 임용권자가 수리할 때까지는 사임의 의사표시를 한 자는 여전히 공무원이다. 따라서 그 자는 여전히 공무원으로서 각종의 의무를 부담하며, 이에 위반하면 책임이 추궁될 수 있다. ④ 수리는 상당한 기간 내에 이루어져야 한다. 상당한 기간은 업무수행의 공백방지 등을 고려하면서 판단되어야 한다.

(4) 명예퇴직제　　의원면직의 특별한 경우로 명예퇴직제가 있다. 명예퇴직이란 20년 이상 근속한 자가 정년 전에 스스로 퇴직하는 것을 말하며, 이 경우에는 예산의 범위에서 명예퇴직수당이 지급될 수 있다(국공법 제74조의2; 지공법 제66조의2)(판례).

> 판례 명예퇴직수당 지급대상자 취소결정이 가능한 시한
> (명예퇴직수당 지급대상자로 결정된 원고 집배원이 의원면직 후 수사기관에서 수사가 진행 중이라는 잠정적 이유로 명예퇴직수당 지급대상자 결정 취소처분을 받자 명예퇴직수당지급대상자취소처분의 취소등을 구한 사건에서) 국가공무원법 제74조의2 제 1 항, 제 3 항, 제 5 항, 국가공무원 명예퇴직수당 등 지급 규정 제 3 조 제 3 항, 제 9 조의 문언, 체계와 취지 등을 종합하면, 감사기관과 수사기관에서 비위 조사나 수사 중임을 사유로 한 명예퇴직수당 지급대상자 취소 결정은 특별한 사정이 없는 한 아직 면직의 효력이 발생하지 않아서 공무원의 신분을 잃지 않은 상태의 명예퇴직수당 지급대상자가 그 처분 대상임을 전제한다고 봄이 타당하다(대판 2019. 7. 25, 2016두54862).

(5) 사직(퇴직)의 제한　　임용권자 또는 임용제청권자는 공무원이 퇴직을 희망하는 경우에는 제78조 제 1 항에 따른 징계사유가 있는지 및 제 2 항 각 호의 어느 하나에 해당하는지 여부를 감사원과 검찰·경찰 등 조사 및 수사기관의 장에게 확인하여야 한다(국공법 제78조의4 제 1 항; 지공법 제69조의4 제 1 항). 제 1 항에 따른 확인 결과 퇴직을 희망하는 공무원이 파면, 해임, 강등 또는 정직에 해당하는 징계사유가 있거나 다음 각 호(1. 비위와 관련하여 형사사건으로 기소된 때, 2. 징계위원회에 파면·해임·강등 또는 정직에 해당하는 징계 의결이 요구 중인 때, 3. 조사 및 수사기관에서 비위와 관련하여 조사 또는 수사 중인 때, 4.

각급 행정기관의 감사부서 등에서 비위와 관련하여 내부 감사 또는 조사 중인 때)의 어느 하나에 해당하는 경우(제1호·제3호 및 제4호의 경우에는 해당 공무원이 파면·해임·강등 또는 정직의 징계에 해당한다고 판단되는 경우에 한정한다) 제78조 제4항에 따른 소속 장관 등은 지체 없이 징계의결등을 요구하여야 하고, 퇴직을 허용하여서는 아니 된다(국공법 제78조의4 제2항: 지공법 제69조의4 제2항).

[기출사례] 제66회 5급공채(행정)(2022년) 문제·답안작성요령 ☞PART 4 [3-12a]

3. 강제면직

(1) 의 의 강제면직이란 공무원 본인의 의사에 관계없이 임용권자가 일방적으로 공무원관계를 소멸시키는 처분이다. 일방적 면직이라고도 한다. 이에도 징계면직과 직권면직이 있다. 한편, 용례상 본서에서 말하는 강제면직을 직권면직으로, 직권면직을 협의의 직권면직으로 부르기도 한다.

(2) 징계면직 징계면직이란 공무원이 공무원법상 요구되는 의무를 위반할 때, 그에 대하여 가해지는 제재로서의 징계처분에 의한 파면과 해임을 의미한다.

(3) 직권면직 임용권자는 공무원이 다음 각 호(1. 삭제, 2. 삭제, 3. 직제와 정원의 개폐 또는 예산의 감소 등에 따라 폐직 또는 과원이 되었을 때, 4. 휴직 기간이 끝나거나 휴직 사유가 소멸된 후에도 직무에 복귀하지 아니하거나 직무를 감당할 수 없을 때[판례], 5. 제73조의3 제3항에 따라 대기 명령을 받은 자가 그 기간에 능력 또는 근무성적의 향상을 기대하기 어렵다고 인정된 때, 6. 전직시험에서 세 번 이상 불합격한 자로서 직무수행 능력이 부족하다고 인정된 때, 7. 징병검사·입영 또는 소집의 명령을 받고 정당한 사유 없이 이를 기피하거나 군복무를 위하여 휴직중에 있는 자가 군복무 중 군무를 이탈하였을 때, 8. 해당 직급에서 직무를 수행하는데 필요한 자격증의 효력이 없어지거나 면허가 취소되어 담당 직무를 수행할 수 없게 된 때, 9. 고위공무원단에 속하는 공무원이 제70조의2에 따른 적격심사 결과 부적격결정을 받은 때)의 어느 하나에 해당하면 직권으로 면직시킬 수 있다(국공법 제70조 제1항; 지공법 제62조 제1항). 임용권자는 제1항 제3호부터 제8호까지의 규정에 따라 면직시킬 경우에는 미리 관할 징계위원회의 의견을 들어야 한다. 다만, 제1항 제5호에 따라 면직시킬 경우에는 징계위원회의 동의를 받아야 한다(국공법 제70조 제2항; 지공법 제62조 제2항).

> **[판례]** 직권면직사유로서 '직무를 감당할 수 없을 때'의 의미
>
> (소방공무원인 갑이 가족여행 중 교통사고로 하반신마비의 신체장애를 입어 지체장애 1급 판정을 받자 관할 행정청이 지방공무원법 제62조 제1항 제2호에서 정한 '직무를 감당할 수 없을 때'에 해당한다고 보고 갑에게 직권면직 처분을 하자 직권면직처분의 취소를 구한 사건에서) 재직 중 장애를 입은 지방공무원이 그 장애로 인하여 위 규정에서 정한 '직무를 감당할 수 없을 때'에 해당하는지 여부는, 장애의 유형과 정도에 비추어, 장애를 입을 당시 담당하고 있던 기존 업무를 감당할 수 있는지 여부만을 기준으로 판단할 것이 아니라, 그 공무원이 수행할 수 있는 다른 업무가 존재하는지 여부 및 소속 공무원의 수와 업무 분장에 비추어 다른 업무로의 조정이 용이한지 여부 등을 포함한 제반 사정을 종합적으로 고려하여 합리적으로 판단하여야 한다(대판 2016. 4. 12, 2015두45113).

4. 면직효력의 발생

판례는 면직의 효력발생도 임용의 경우와 마찬가지로 면직발령장 또는 면직통지서에 기재된 일자에 면직의 효과가 발생하여 그 날 영시(00 : 00)부터 공무원의 신분을 상실하는 것으로 본다(대판 1985. 12. 24, 85누531).

제 2 장 공무원법관계의 내용

제 1 절 공무원의 권리

Ⅰ. 신분상 권리

1. 신분보유권

공무원은 법이 정한 사유와 절차에 따르지 않는 한 공무원의 신분을 박탈당하지 아니할 신분보유권을 갖는다. 공무원의 신분보유권은 "공무원의 신분은 법률이 정하는 바에 의하여 보장된다"는 헌법 제 7 조 제 2 항, "공무원은 형의 선고, 징계처분 또는 이 법에서 정하는 사유에 따르지 아니하고는 본인의 의사에 반하여 … 면직을 당하지 아니한다"는 국가공무원법 제68조 본문과 지방공무원법 제60조 본문에 의거하여 명문으로 보장되고 있다. 다만, 1급 공무원과 제23조($\frac{직위의}{정급}$)에 따라 배정된 직무등급이 가장 높은 등급의 직위에 임용된 고위공무원단에 속하는 공무원은 그러하지 아니하다($\frac{국공법 제 3 조, 제29조 제 3 항, 제68조 단서;}{지공법 제 3 조, 제28조 제 3 항, 제60조 단서}$). 그러나 법관·검사 등은 일반공무원보다 더 강력하게 신분이 보장되기도 한다.

2. 직위보유권

공무원은 임용되면 법령에서 따로 정하는 경우를 제외하고는 자신에게 적합한 일정한 직위를 부여받을 권리와 자기에게 부여된 직위가 법이 정한 이유와 절차에 의하지 아니하고는 박탈당하지 않을 권리, 즉 직위보유권을 갖는다($\frac{국공법 제32조의5 제 1 항;}{지공법 제30조의5 제 1 항}$). 여기서 말하는 직위보유권이 특정 공무원이 원하는 특정한 직위를 보유할 수 있는 권한을 뜻하는 것은 아니다. 한편, 공무원은 직위보유권을 갖는 관계로 당연히 직무를 집행할 권리와 의무를 갖는다. 직무집행권은 직위보유권의 한 내용이 된다. 일설은 직무집행권을 직무수행권이라 부르고, 이를 직위보유권과 구별하여 다루기도 한다.

3. 고충심사청구권(고충심사처리제도)

(1) 고충처리제도의 의의   고충처리제도란 공무원이 인사·조직·처우 등 각종 직무조건과 그 밖에 신상문제에 대하여 인사 상담이나 고충 심사를 일정기관에 청구하여 그 청구를 받은 기관으로 하여금 심사하게 하고, 그 심사결과에 따라 고충의 해소 등의 처리를 도모하는 제도를 말한다($\frac{국공법 제76조의2;}{지공법 제67조의2}$).

(2) 고충처리제도의 성격　　고충처리제도는 공무원이 갖는 불만이나 어려움을 해소함으로써 근무의욕을 드높이고, 이로써 직무에 보다 충실을 기하게 하고자 하는 제도이다. 행정상 쟁송 또는 국가배상청구의 방법에 비해 보다 포괄적이고 광범위한 행정구제수단이다. 공무원의 고충심사제도는 공무원에게 근로 3권의 제약에 대한 대상적 의미를 갖는다고 말하기도 한다(김남진). 판례는 고충심사결정이 행정상 쟁송의 대상이 되는 처분이 아니라 한다(판례).

> **판례**　고충심사결정의 처분성 인정 여부
> (충주시장의 원고에 대한 해임처분의 취소와 고충심사결정의 취소를 구한 사건에서) **고충심사결정 자체에 의하여는 어떠한 법률관계의 변동이나 이익의 침해가 직접적으로 생기는 것은 아니므로 고충심사의 결정은 행정상 쟁송의 대상이 되는 행정처분이라고 할 수 없다**(대판 1987. 12. 8, 87누657·658).

(3) 법적 근거　　공무원의 고충처리에 관한 관련 법률규정으로는 국가공무원법 제76조의2, 동법 제76조의3, 경찰공무원법 제25조, 소방공무원법 제27조, 교육공무원법 제49조가 있다. 또한 이러한 법률규정에 의거, 공무원의 인사상담 및 고충심사에 관한 고충심사위원회의 구성과 심사절차 등을 규정하기 위해 공무원고충처리규정이 제정되어 있다. 지방공무원의 경우는 지방공무원법 제67조의2에 규정되어 있다.

(4) 고충심사청구권자와 청구대상　　공무원이면 누구나 각종 직무조건 그 밖에 신상문제에 대하여 인사상담이나 고충의 심사를 청구할 수 있으며(국공법 제76조의2 제1항; 지공법 제67조의2 제1항), 청구대상은 위법·부당한 처분에 한정되지 않는다.

4. 소청권·행정소송제기권

(1) 소　　청

1) 행정공무원 등　　행정기관 소속 공무원의 징계처분, 그 밖에 그 의사에 반하는 불리한 처분이나 부작위에 대한 소청을 심사·결정하게 하기 위하여 인사혁신처에 소청심사위원회를 둔다(국공법 제9조 제1항). 국회, 법원, 헌법재판소 및 선거관리위원회 소속 공무원의 소청에 관한 사항을 심사·결정하게 하기 위하여 국회사무처, 법원행정처, 헌법재판소사무처 및 중앙선거관리위원회사무처에 각각 해당 소청심사위원회를 둔다(국공법 제9조 제2항).

2) 교　　원　　각급학교 교원의 징계처분과 그 밖에 그 의사에 반하는 불리한 처분(교육공무원법 제11조의4 제4항 및 「사립학교법」 제53조의2 제6항에 따른 교원에 대한 재임용 거부처분을 포함한다)에 대한 소청심사를 하기 위하여 교육부에 교원소청심사위원회를 둔다(교원의 지위 향상 및 교육활동 보호를 위한 특별법 제7조 제1항).

	고충처리제도	소청심사제도
행정소송과의 관계	전심절차가 아니다	행정소송의 전심절차이다
심사의 대상	근무조건·처우 등 일상의 모든 신상문제가 대상이다	주로 신분상 불이익처분이 대상이다
관할행정청	복수기관(중앙인사기관의 장·임용권자 등)이 관장한다	소청심사위원회가 전담한다
결정의 효력(기속력)	법적 기속력을 갖지 아니한다	법적 기속력을 갖는다

(2) 행정소송

1) 행정공무원 등　　국가공무원법 제75조에 따른 처분, 그 밖에 본인의 의사에 반한 불리한 처분이나 부작위에 관한 행정소송은 소청심사위원회의 심사·결정을 거치지 아니하면 제기할 수 없다(국공법 제16/조 제 1 항)(필요적/심판전치). 제 1 항에 따른 행정소송을 제기할 때에는 대통령의 처분 또는 부작위의 경우에는 소속 장관(대통령령으로 정하는/기관의 장을 포함한다)을, 중앙선거관리위원회위원장의 처분 또는 부작위의 경우에는 중앙선거관리위원회사무총장을 각각 피고로 한다(국공법 제16/조 제 2 항).

2) 교　　　원　　교원의 지위 향상 및 교육활동 보호를 위한 특별법 제10조 제 1 항에 따른 심사위원회의 결정에 대하여 교원, 「사립학교법」 제 2 조에 따른 학교법인 또는 사립학교 경영자 등 당사자는 그 결정서를 송달받은 날부터 90일 이내에 「행정소송법」으로 정하는 바에 따라 소송을 제기할 수 있다(교원의 지위 향상 및 교육활동 보/호를 위한 특별법 제10조 제 4 항).

5. 직장협의회설립·운영권

국가기관, 지방자치단체 및 그 하부기관에 근무하는 공무원은 직장협의회를 설립할 수 있다(공무원직장협의회의 설립·운/영에 관한 법률 제 2 조 제 1 항). 협의회는 기관 단위로 설립하되, 하나의 기관에는 하나의 협의회만을 설립할 수 있다(동법 제 2 조/제 2 항). 협의회를 설립한 경우 그 대표자는 소속 기관의 장에게 설립사실을 통보하여야 한다(동법 제 2 조/제 3 항). 협의회는 공무원의 근무환경 개선·업무능률 향상 및 고충처리 등을 목적으로 한다(동법/제 1 조).

6. 노동조합설립·운영권

(1) 노동조합의 설립　　국가공무원법 제 2 조 및 지방공무원법 제 2 조에서 규정하고 있는 공무원(국가공무원법 제66조 제 1 항 단서 및 지방공무원법 제58조 제 1 항 단서에 따른 사실상 노무에 종사/하는 공무원과 교원의 노동조합 설립 및 운영 등에 관한 법률의 적용을 받는 교원인 공무원 제외)은 노동조합을 설립할 수 있다(공노법 제5/조, 제 2 조).

(2) 노동조합의 설립단위　　공무원이 노동조합을 설립하려는 경우에는 국회·법원·헌법재판소·선거관리위원회·행정부·특별시·광역시·특별자치시·도·특별자치도·시·군·구(자치구를/말한다) 및 특별시·광역시·특별자치시·도·특별자치도의 교육청을 최소 단위로 한다(공노법 제5/조 제 1 항).

(3) 가입범위　　노동조합에 가입할 수 있는 공무원의 범위는 다음 각 호(1. 일반직공무원, 2. 특/정직공무원 중 외무영사직렬·외교정보기술직렬 외무공무원, 소방공무원 및 교육공무원(다만, 교원은 제외한다), 3. 별정직공무원, 4. 제 1 호부터 제 3 호까지의 어느 하나에 해당하는 공무원이었던 사람으로서 노동조합 규약으로 정하는 사람)와 같다(공노법 제6/조 제 1 항)(판/례).

> 판례 소방공무원을 노동조합 가입대상에서 제외한 공무원의 노동조합 설립 및 운영 등에 관한 법률 제6조(가입범위) 제1항 제2호의 위헌 여부
>
> (노동조합에 가입할 수 있는 특정직공무원의 범위를 "6급 이하의 일반직공무원에 상당하는 외무행정·외교정보관리직 공무원"으로 한정하여 소방공무원을 노동조합 가입대상에서 제외한 공무원의 노동조합 설립 및 운영 등에 관한 법률 제6조(가입범위) 제1항 제2호에 대한 소방공무원의 헌법소원사건에서) 소방공무원은 화재를 예방·경계하거나 진압하고, 화재, 재난·재해 그 밖의 위급한 상황에서의 구조·구급활동 등을 통하여 국민의 생명·신체 및 재산을 보호하는 업무를 수행하며, 소방행정의 기능은 현대사회가 복잡 다양화하고 각종 사고가 빈발함에 따라 그 역할이 확대되어 오늘날 소방행정은 재난관리의 중심적인 업무를 수행하는바, 현시점에서 노동기본권을 보장함으로 말미암아 예상되는 사회적 폐해가 너무 크다. 또한 소방공무원은 특정직 공무원으로서 '소방공무원법'에 의하여 신분보장이나 대우등 근로조건의 면에서 일반직공무원에 비하여 두텁게 보호받고 있다. 따라서 심판대상조항이 헌법 제33조 제2항의 입법형성권의 한계를 일탈하여 소방공무원인 청구인의 단결권을 제한한다고 볼 수 없다(헌재 2008. 12. 26, 2006헌마462).

(4) 교섭 및 체결권　노동조합의 대표자는 그 노동조합에 관한 사항 또는 조합원의 보수·복지 그 밖의 근무조건에 관하여 국회사무총장·법원행정처장·헌법재판소사무처장·중앙선거관리위원회사무총장·인사혁신처장(행정부를 대표한다)·특별시장·광역시장·특별자치시장·도지사·특별자치도지사·시장·군수·구청장(자치구의 구청장을 말한다) 또는 특별시·광역시·특별자치시·도·특별자치도의 교육감 중 어느 하나에 해당하는 사람(이하 "정부교섭 대표"라 한다)과 각각 교섭하고 단체협약을 체결할 권한을 가진다(공노법 제8조 제1항 본문). 다만, 법령 등에 따라 국가나 지방자치단체가 그 권한으로 행하는 정책결정에 관한 사항, 임용권의 행사 등 그 기관의 관리·운영에 관한 사항으로서 근무조건과 직접 관련되지 아니하는 사항은 교섭의 대상이 될 수 없다(공노법 제8조 제1항 단서).

(5) 정치활동과 쟁의행위의 금지　① 노동조합과 그 조합원은 정치활동을 하여서는 아니 된다(공노법 제4조). ② 노동조합과 그 조합원은 파업, 태업 그 밖에 업무의 정상적인 운영을 방해하는 일체의 행위를 하여서는 아니 된다(공노법 제11조).

(6) 직장협의회와의 관계　공무원의 노동조합 설립 및 운영 등에 관한 법률의 규정은 공무원이 공무원직장협의회의 설립·운영에 관한 법률에 따라 직장협의회를 설립·운영하는 것을 방해하지 아니한다(공노법 제17 조 제1항).

Ⅱ. 재산상 권리

1. 보수청구권

(1) 보수의 의의　공무원은 국가나 지방자치단체에 대하여 보수를 청구할 권리를 가진다(판례). 보수란 봉급과 그 밖의 각종 수당을 합산한 금액을 말한다. 다만, 연봉제 적용대상 공무원은 연봉과 그 밖의 각종 수당을 합산한 금액을 말한다(공보수 제4조 제1호; 지보수 제3조 제1호 본문).

[참고] 수당이란 직무여건 및 생활여건 등에 따라 지급되는 부가급여를 말한다. 현재 수당으로 상여수

당·가계보전수당·특수지근무수당·특수근무수당·초과근무수당 등이 있다(공무원수당 등
에 관한 규정). 특기할 것으로 명예퇴직수당이 있다. 명예퇴직수당이란 공무원으로 20년 이상 근속한 자가 정년 전에 스스로 퇴직하는 경우에 지급되는 수당을 말한다(국공법 제74조의2 제 1 항;
지공법 제66조의2 제 1 항).

판례 공무원의 보수청구권의 성립요건과 성질

[1] (공무원연금공단의 퇴직금환수처분
에 대하여 취소를 구한 사건에서) 공무원이 국가를 상대로 그 실질이 보수에 해당하는 금원의 지급을 구하려면 공무원의 '근무조건 법정주의'에 따라 국가공무원법령 등 공무원의 보수에 관한 법률에 그 지급근거가 되는 **명시적 규정이 존재하여야** 하고, 나아가 **해당 보수 항목이 국가예산에도 계상되어 있어야만 한다**(대판 2018. 2. 28,
2017두64606).

[2] (유치원 또는 초·중·고등학교의 수석교사인 청구인들은 교육공무원임용령 제 9 조의8 제 2 항 등으로 인해 교장(이하 원장을 포함한다)·교감(이하 원감을 포함한다)(이하 합하여 '교장 등'이라 한다), 장학관·교육연구관(이하 합하여 '장학관 등'이라 한다)과 달리 성과상여금 등을 지급받지 못하거나 일반교사와 동일하게 지급받으므로 기본권이 침해
된다고 주장하면서 제기한 교육공무원임용령 제 9 조의8 제 2 항 등 위헌확인심판사건에서) 공무원의 보수청구권은 법령에 의해 그 구체적 내용이 형성되면 재산적 가치가 있는 공법상의 권리가 되어 재산권의 내용에 포함되지만, 법령에 의하여 구체적 내용이 형성되기 전의 권리, 즉 공무원이 국가 등에 대하여 어느 수준의 보수를 청구할 수 있는 권리는 단순한 기대이익에 불과하여 재산권의 내용에 포함되지 않는다(헌재 2019. 4. 11,
2017헌마602).

---

(2) 보수의 성격　　보수는 공무원의 노동력에 대한 반대급부의 성격과 공무원의 생활보장을 위한 생활자료의 성격을 모두 갖는다. 왜냐하면 보수의 결정에 표준생계비(생활자료
의 의미) 등을 고려하고 아울러 책임의 곤란성(반대급부
의 의미) 등도 고려하여야 하기 때문이다. 또한 공무원에게는 청렴의무·영리업무 및 겸직금지의무 등이 부과되는데, 이것은 보수가 생활자료임을 나타내는 간접적인 근거이다.

(3) 보수청구권의 성질　　① 공무원의 보수청구권은 법률 및 법률의 위임을 받은 하위법령에 의해 그 구체적 내용이 형성되면 재산적 가치가 있는 권리가 되어 재산권의 내용에 포함된다(헌재 2022. 3. 31,
2020헌마211). ② 보수에 관한 분쟁해결은 민사소송에 의할 것인가 아니면 행정소송에 의할 것인가의 문제가 있다. 논리적으로 본다면 보수청구권은 공무원법관계에서 발생하는 것이므로 공법상의 권리가 되어 행정상 쟁송인 당사자소송에 의하여야 한다[판
례].

판례 공무원법상 발생하는 퇴직연금 청구권의 지급거부에 대한 쟁송방법

(공무원연금관리공단의 연금지급청구
서 반려처분의 취소를 구한 사건에서) 구 공무원연금법 소정의 퇴직연금 등의 급여는 급여를 받을 권리를 가진 자가 당해 공무원이 소속하였던 기관장의 확인을 얻어 신청하는 바에 따라 공무원연금관리공단이 그 지급결정을 함으로써 그 구체적인 권리가 발생하는 것이므로, **공무원연금관리공단의 급여에 관한 결정은 국민의 권리에 직접 영향을 미치는 것이어서 행정처분에 해당할 것이지만,** 공무원연금관리공단의 인정에 의하여 퇴직연금을 지급받아 오던 중 구 공무원연금법령의 개정 등으로 퇴직연금 중 일부 금액의 지급이 정지된 경우에는 당연히 개정된 법령에 따라 퇴직연금이 확정되는 것이지 같은 법 제26조 제 1 항에 정해진 **공무원연금관리공단의 퇴직연금 결정과 통지에 의하여 비로소 그 금액이 확정되는 것이 아니므로, 공무원연금관리공단이 퇴직연금 중 일부 금액에 대하여 지급**

거부의 의사표시를 하였다고 하더라도 그 의사표시는 퇴직연금 청구권을 형성·확정하는 행정처분이 아니라 공법상의 법률관계의 한쪽 당사자로서 그 지급의무의 존부 및 범위에 관하여 나름대로의 사실상·법률상 의견을 밝힌 것일 뿐이어서, **이를 행정처분이라고 볼 수는 없고**, 이 경우 미지급퇴직연금에 대한 지급청구권은 공법상 권리로서 그의 지급을 구하는 소송은 공법상의 법률관계에 관한 소송인 공법상 당사자소송에 해당한다$\binom{\text{대판 2004. 7. 8,}}{\text{2004두244}}$.

  (4) 보수청구권의 압류와 시효   보수는 생활자료의 성격도 갖는 것이므로 임의로 포기할 수 없고, 압류에도 제한이 따른다. 보수청구권의 압류는 원칙적으로 보수금액의 2분의 1을 초과하지 못한다$\binom{\text{국징법 제42}}{\text{조 제1항}}$. 판례는 보수청구권의 소멸시효기간을 민법 제163조 제1호에 의거하여 3년으로 본다$\binom{\text{대판 1976. 2. 24,}}{\text{75누800}}$.

2. 실비변상청구권

  공무원은 보수 외에 대통령령등으로 정하는 바에 따라 직무 수행에 필요한 실비 변상을 받을 수 있다$\binom{\text{국공법 제48조 제1항;}}{\text{지공법 제46조 제1항}}$. 그리고 공무원이 소속 기관장의 허가를 받아 본래의 업무 수행에 지장이 없는 범위에서 담당 직무 외의 특수한 연구과제를 위탁받아 처리하면 그 보상을 지급받을 수 있다$\binom{\text{국공법 제48조 제2항;}}{\text{지공법 제46조 제2항}}$.

3. 연금청구권

  (1) 의   의   공무원이 질병·부상·폐질·퇴직·사망 또는 재해를 입으면 본인이나 유족에게 법률로 정하는 바에 따라 적절한 급여를 지급한다$\binom{\text{국공법 제77조 제1항;}}{\text{지공법 제68조 제1항}}$. 이 법률들이 규정하는 내용 중 공무원 및 그 유족의 생활안정과 복리향상을 위한 공무원연금제도 부분을 구체화하기 위해 공무원연금법 및 동법 시행령 등이 제정되어 있다. 공무원연금제도는 공무원의 퇴직, 장해 또는 사망에 대하여 적절한 급여를 지급하고 후생복지를 지원함으로써 공무원 또는 그 유족의 생활안정과 복지 향상에 이바지함을 목적으로 한다$\binom{\text{연금법}}{\text{제1조}}$. 공무원연금제도는 사회보장제도의 하나이다$\binom{\text{판례}}{1}$. 공무원연금제도를 구체화하기 위해 공무원연금법 및 동법시행령 등이 제정되어 있다. 연금은 적법하게 임용된 공무원에게만 주어진다$\binom{\text{판례}}{2, 3}$. 공무원연금법은 공무원의 퇴직·사망 및 비공무상 장해에 대하여 지급하는 급여로 퇴직급여·퇴직유족급여·비공무상 장해급여·퇴직수당을 규정하고 있다$\binom{\text{연금법}}{\text{제28조}}\binom{\text{판례}}{4}$.

 판례 1   **공무원연금제도의 성질**
$\binom{\text{재혼으로 인한 유족연금수급권 상실을 규정한 공무원연금법 제}}{\text{59조 제1항 제2호의 위헌 여부를 다툰 위헌법률심판 사건에서}}$ 공무원연금제도는 공무원의 퇴직 또는 사망, 공무로 인한 부상·질병·폐질에 대하여 적절한 급여를 실시함으로써 공무원 및 그 유족의 생활안정과 복리향상에 기여하기 위해 마련된 사회보장제도로서 보험원리에 의하여 운용되는 사회보험의 하나이다$\binom{\text{헌재 2022. 8. 31,}}{\text{2019헌가31}}$.

판례 2 임용결격자가 공무원으로 임용되어 사실상 근무하여 온 경우, 공무원연금법에서 정한 퇴직급여를 청구할 수 있는지 여부

$\left(\substack{\text{대한민국을 피고로 부당이득금} \\ \text{의 반환을 구한 민사사건에서}}\right)$ 공무원연금법에서 정한 퇴직급여는 적법한 공무원으로서의 신분을 취득하여 근무하다가 퇴직하는 경우에 지급되는 것이다. **임용 당시 공무원 임용결격사유가 있었다면,** 비록 국가의 과실에 의하여 임용결격자임을 밝혀내지 못하였다 하더라도 **임용행위는 당연무효로 보아야 하고,** 당연무효인 임용행위에 의하여 **공무원의 신분을 취득할 수는 없다.** 따라서 임용결격자가 공무원으로 임용되어 **사실상 근무하여 왔다 하더라도** 적법한 공무원으로서의 신분을 취득하지 못한 자로서는 공무원연금법에서 정한 퇴직급여를 청구할 수 없다$\left(\substack{\text{대판 2017. 5. 11,} \\ \text{2012다200486}}\right)$.

[**평석**] 다수설은 판례와 마찬가지로 임용결격자임을 간과한 임용행위를 당연무효로 보지만, 일설$\left(\substack{\text{김연태,} \\ \text{김중권}}\right)$은 하자가 명백하지 않으므로 취소사유로 본다. 국가공무원법상 임용결격사유의 존부 그 자체는 명백한 것이므로 다수설이 타당하다고 본다.

판례 3 임용행위의 하자로 임용행위가 취소되어 소급적으로 지위를 상실한 경우, 공무원연금법에서 정한 퇴직급여를 청구할 수 있는지 여부

$\left(\substack{\text{대한민국을 피고로 부당이득금} \\ \text{의 반환을 구한 민사사건에서}}\right)$ 임용결격자가 공무원으로 임용되어 사실상 근무하여 왔다 하더라도 적법한 공무원으로서의 신분을 취득하지 못한 자로서는 **공무원연금법에서 정한 퇴직급여를 청구할 수 없다는 법리는 임용행위의 하자로 임용행위가 취소되어 소급적으로 지위를 상실한 경우에도** 마찬가지로 적용된다$\left(\substack{\text{대판 2017. 5. 11,} \\ \text{2012다200486}}\right)$.

판례 4 공무원연금법상 급여의 보호내용의 성격에 따른 구별

$\left(\substack{\text{공무원연금법 제64조 제} \\ \text{3 항 위헌소원사건에서}}\right)$ 공무원연금법상의 급여를 그 보호내용의 성격에 따라 구분해 보면, ① 퇴직이나 사망 등에 의한 소득상실시 그 소득을 보장해주는 **소득보장적 성격의 퇴직급여와 유족급여,** ② 민간의 법정퇴직금에 해당하는 근로보상적 성격의 퇴직수당, ③ 근로재해에 대해 보상을 해주는 **재해보상적 성격의 공무상 요양급여**$\left(\substack{\text{공무상 요양비 · 공} \\ \text{무상 요양 일시금}}\right)$, 장해급여 및 유족보상금, ④ **일반재해에 대해 위로하는** 차원에서 지급하는 부조적 성격의 재해부조금과 사망조위금 등으로 나누어진다$\left(\substack{\text{헌재} \\ \text{2002.} \\ \text{7. 18, 2000} \\ \text{헌바57}}\right)$.

(2) 성 질

1) 학 설 연금청구권의 성질에 관해서는 봉급연불설·사회보장설·은혜설로 견해가 나뉜다. 봉급연불설이란 연금은 지급이 연기된 봉급이라는 견해이고, 사회보장설이란 연금은 퇴직공무원이나 공무원의 유족에 대한 사회보장이라는 견해이고, 은혜설이란 연금은 은혜적으로 지급되는 것이라는 견해이다.

2) 사 견 생각건대 공무원이 기여금을 납부한다는 점$\left(\substack{\text{봉급연불} \\ \text{적 성적}}\right)$, 그리고 퇴직뿐만 아니라 질병이나 부상의 경우에도 연금이 주어진다는 점$\left(\substack{\text{사회보장} \\ \text{적 성격}}\right)$을 고려하면 연금은 양면적인 성격을 갖는다고 보겠다$\left(\substack{\text{판} \\ \text{례}}\right)$. 연금의 성질은 연금의 증감과 관련을 맺는다$\left(\substack{\text{예: 은혜설에 따른다면, 연금} \\ \text{의 사후감액이 용이할 것이다}}\right)$.

(공무원이 재직 중 사유로 금고 이상의 형을 받은 경우 퇴직급여 및 퇴직수당의 일부를 감액하여 지급함에 있어, 그 이후 형의 선고의 효력을 상실하게 하는 특별사면 및 복권을 받은 경우를 달리 취급하는 규정을 두지 아니한 구 공무원연금법 제64조 제1항 제1호의 위헌확인을 구한 헌법소원 사건에서) 공무원연금법상의 각종 급여는 기본적으로 모두 사회보장적 급여로서의 성격을 가짐과 동시에 공로보상 내지 후불임금으로서의 성격도 함께 가진다고 할 것이고, 특히 공무원연금법상 퇴직급여수급권은 경제적 가치 있는 권리로서 헌법 제23조에 의하여 보장되는 재산권으로서의 성격을 갖는다(헌재 2020. 4. 23., 2018헌바402).

(3) 권리의 보호, 소멸시효

1) 양도·압류·담보제공의 금지　① 급여를 받을 권리는 양도, 압류하거나 담보로 제공할 수 없다(판례). 다만, 연금인 급여를 받을 권리는 대통령령으로 정하는 금융회사에 담보로 제공할 수 있고, 「국세징수법」, 「지방세징수법」, 그 밖의 법률에 따른 체납처분의 대상으로 할 수 있다(연금법 제39조 제1항). ② 수급권자에게 지급된 급여 중 「민사집행법」 제195조 제3호에서 정하는 금액 이하는 압류할 수 없다(연금법 제39조 제2항).

(민사소송법 제579조 제4호 위헌확인, 공무원연금법 제32조 위헌소원사건에서) **공무원연금법상의 각종 급여**는 기본적으로 사법상의 급여와는 달리 퇴직공무원 및 그 유족의 생활안정과 복리향상을 위한 **사회보장적 급여로서의 성질을 가지므로**, 본질상 일신전속성이 강하여 권리자로부터 분리되기 어렵고, 사적 거래의 대상으로 삼기에 적합하지 아니할 뿐만 아니라, **압류를 금지할 필요성이 훨씬 크며**, 공무원연금법상 각종 급여의 액수는 공무원의 보수월액을 기준으로 산정되는데, 공무원연금법이 제정될 당시부터 공무원의 보수수준은 일반기업의 급료에 비하여 상대적으로 낮은 편이고, 더구나 이 사건 법률조항은 수급권자가 법상의 급여를 받기 전에 그 급여수급권에 대하여만 압류를 금지하는 것일 뿐 법상의 급여를 받은 이후까지 압류를 금지하는 것은 아니므로, 이 사건 법률조항에서 공무원연금법상의 각종 급여수급권 전액에 대하여 압류를 금지한 것이 기본권 제한의 입법적 한계를 넘어서 재산권의 본질적 내용을 침해한 것이거나 헌법상의 경제질서에 위반된다고 볼 수는 없다(헌재 2000. 3. 30, 98헌마401, 99헌바53, 2000헌바9(병합)).

2) 소멸시효　① 공무원연금법에 따른 급여를 받을 권리는 급여의 사유가 발생한 날부터 5년간 행사하지 아니하면 시효로 인하여 소멸한다(연금법 제88조 제1항). ② 잘못 납부한 기여금을 반환받을 권리는 퇴직급여 또는 퇴직유족급여의 지급 결정일부터 5년간 행사하지 아니하면 시효로 인하여 소멸한다(연금법 제88조 제2항).

(4) 권리보호

1) 심사의 청구　급여에 관한 결정, 기여금의 징수, 그 밖에 이 법에 따른 급여에 관하여 이의가 있는 사람은 대통령령으로 정하는 바에 따라 「공무원 재해보상법」 제52조에 따른 공무원재해보상연금위원회에 심사를 청구할 수 있다(연금법 제87조 제1항). 제1항의 심사 청구는 급여에 관한

결정 등이 있었던 날부터 180일, 그 사실을 안 날부터 90일 이내에 하여야 한다. 다만, 정당한 사유가 있어 그 기간에 심사 청구를 할 수 없었던 것을 증명한 경우는 예외로 한다(연금법 제87조 제 2 항).

2) 행정소송 ① 급여에 관한 결정, 기여금의 징수, 그 밖에 이 법에 따른 급여에 관하여는 「행정심판법」에 따른 행정심판을 청구할 수 없다(연금법 제87조 제 3 항). ② 급여에 관한 결정 등에 불복하면, 행정소송을 제기할 수 있다(대판 2004. 12. 24, 2003두15195)(판례).

> [판례] 공무원연금법령상 급여의 청구방법
> (공무원연금공단을 피고로 한 공무원재직기간합산불승인처분의 취소를 구한 사건에서) 공무원연금법령상 급여를 받으려고 하는 자는 우선 관계 법령에 따라 피고(공무원연금공단)에게 급여지급을 신청하여 피고가 이를 거부하거나 일부 금액만 인정하는 급여지급결정을 하는 경우 그 결정을 대상으로 항고소송을 제기하는 등으로 구체적 권리를 인정받아야 할 것이고, 구체적인 권리가 발생하지 않은 상태에서 곧바로 피고를 상대로 한 당사자소송으로 그 권리의 확인이나 급여의 지급을 소구하는 것은 허용되지 아니한다(대판 2017. 2. 9, 2014두43264).

4. 재해보상금청구권

(1) 의 의 국가공무원법(제77조 제 1 항)과 지방공무원법(제68조 제 1 항)은 공무원이 질병·부상·폐질·퇴직·사망 또는 재해를 입으면 본인이나 유족에게 법률에서 정하는 바에 따라 적절한 급여를 지급하도록 규정하고 있다. 이 법률들이 규정하는 내용 중 공무원 재해보상제도 부분을 구체화하기 위해 공무원 재해보상법 및 동법 시행령 등이 제정되어 있다. 공무원재해보상제도는 공무원의 공무로 인한 부상·질병·장해·사망에 대하여 적합한 보상을 하고, 공무상 재해를 입은 공무원의 재활 및 직무복귀를 지원하며, 재해예방을 위한 사업을 시행함으로써 공무원이 직무에 전념할 수 있는 여건을 조성하고, 공무원 및 그 유족의 복지 향상에 이바지함을 목적으로 한다(공무원 재해보상법 제 1 조).

(2) 급여의 종류 공무원 재해보상법에 따른 급여는 다음 각 호(1. 요양급여, 2. 재활급여(가. 재활운동비, 나. 심리상담비), 3. 장해급여(가. 장해연금, 나. 장해일시금), 4. 간병급여, 5. 재해유족급여(가. 장해유족연금, 나. 순직유족급여(1) 순직유족연금, 2) 순직유족보상금), 다. 위험직무순직유족급여(1) 위험직무순직유족연금, 2) 위험직무순직유족보상금), 6. 부조급여(가. 재난부조금, 나. 사망조위금)와 같다(공무원 재해보상법 제 8 조). 괄호 부분 내용 중 1.~5.는 재해보상급여로서 6.과 대비된다.

(3) 급여의 청구 및 결정 제 8 조에 따른 급여를 받으려는 사람은 인사혁신처장에게 급여를 청구하여야 한다(공무원 재해보상법 제 9 조 제 1 항). 인사혁신처장은 제 1 항에 따른 급여의 청구를 받으면 급여의 요건을 확인한 후 급여를 결정하고 지급한다. 이 경우 제 2 항 각 호의 급여를 결정할 때에는 제 6 조 제 2 항에 해당하는 경우를 제외하고는 심의회의 심의를 거쳐야 한다(공무원 재해보상법 제 9 조 제 3 항). 제 1 항부터 제 3 항까지의 규정에도 불구하고 지방자치단체 공무원의 재난부조금 및 사망조위금은 해당 지방자치단체의 장에게 청구하고, 지방자치단체의 장의 결정으로 지방자치단체가 지급한다(공무원 재해보상법 제 9 조 제 4 항).

제 2 절 공무원의 의무

Ⅰ. 관 념

1. 의 의

국민 전체의 봉사자로서 공무원은 국리민복의 증진이라는 기본적인 자신의 임무수행과 관련하여 각종의 의무를 진다. 공무원의 의무는 자기 목적적인 것이 아니다. 그것은 국가임무수행의 보장이란 목적을 위한 수단이다. "공무원은 공직자인 동시에 국민의 한 사람이므로 '국민 전체에 대한 봉사자'와 '기본권을 향유하는 주체'라는 이중적 지위를 가진다. 따라서 공무원이라 하여 기본권이 무시·경시되어서는 안 되지만, 공무원의 신분과 지위의 특수성에 비추어 공무원에 대해서는 일반 국민보다 강화된 기본권 제한이 가능하다$\binom{\text{헌재 2020. 3. 26.;}}{\text{2018헌바90}}$."

2. 법적 근거

공무원이 부담하는 의무는 공무원이 특별권력관계에 놓이기 때문에 법적 근거 없이도 당연히 인정된다는 논리는 타당하지 않다. 공무원에게 부과되는 의무도 반드시 법적 근거를 요한다. 왜냐하면 공무원관계도 공법상의 법관계이고, 그 법관계는 법치주의원칙 내에서만 존재하는 것이기 때문이다.

Ⅱ. 공무원법상 의무

1. 선서의 의무

공무원은 취임할 때에 소속 기관장 앞에서 대통령령등으로 정하는 바에 따라 선서하여야 한다. 다만, 불가피한 사유가 있으면 취임 후에 선서하게 할 수 있다$\binom{\text{국공법 제55조;}}{\text{지공법 제47조}}$.

2. 품위유지의 의무

공무원은 직무의 내외를 불문하고 그 품위가 손상되는 행위를 하여서는 아니 된다$\binom{\text{국공법 제}}{\text{63조; 지공}}$$\binom{}{\text{법 제55조}}$. 품위손상행위란 국가의 권위·위신·체면·신용 등에 영향을 미칠 수 있는 공무원의 불량하거나 불건전한 행위를 말한다$\binom{\text{예: 축첩·도박·마}}{\text{약이나 알코올 중독}}$$\binom{\text{판례}}{1}$. 품위유지의무는 직무집행중뿐만 아니라 직무집행과 관계없이도 존재하며, 만약 이에 위반하면 역시 징계사유가 된다$\binom{\text{국공법 제78조;}}{\text{지공법 제69조}}$$\binom{\text{판례}}{2}$.

[판례 1] **국가공무원법 제63조의 품위의 의미**

[1] $\binom{\text{세월호 사고 당시 진도 연안 해상교통관제센터 센터장으로 근무하던 원고가 서}}{\text{해해양경비안전본부장을 피고로 자신에 대한 정직처분의 취소를 구한 사건에서}}$ '품위'는 공직의 체면, 위신, 신용을 유지하고, 주권자인 국민의 수임을 받은 국민 전체의 봉사자로서의 직책을 다함에 손색이 없는 몸가짐을 뜻하는 것으로서, 직무의 내외를 불문하고, 국민의 수임자로서의 직책을 맡아 수행해 나가기에 손색이 없는 인품을 말한다$\binom{\text{대판 2017. 11. 9,}}{\text{2017두47472}}$.

[2] $\binom{\text{원고들이 국가인권위원회위원장의 정직처분등}}{\text{의 취소를 구한 인권위 1인 시위 징계사건에서}}$ 공무원이 외부에 자신의 상사 등을 비판하는 의견을 발표하는 행위는 그것이 비록 행정조직의 개선과 발전에 도움이 되고, 궁극적으로 행정청의 권한행사의 적정화에 기여하는 면이 있다고 할지라도, 국민들에게는 그 내용의 진위나 당부와는 상관없이 그 자체로 행정청 내부의 갈등으로 비춰져, 행정에 대한 국민의 신뢰를 실추시키는 요인으로 작용할 수 있는 것이고, 특히 그 발표 내용 중에 진위에 의심이 가는 부분이 있거나 그 표현이 개인적인 감정에 휩쓸려 지나치게 단정적이고 과장된 부분이 있는 경우에는 그 자체로 국민들로 하여금 공무원 본인은 물론 행정조직 전체의 공정성, 중립성, 신중성 등에 대하여 의문을 갖게 하여 행정에 대한 국민의 신뢰를 실추시킬 위험성이 더욱 크다고 할 것이므로, 그러한 발표행위는 공무원으로서의 체면이나 위신을 손상시키는 행위에 해당한다 할 것이다$\binom{\text{대판 2017. 4. 13.}}{\text{2014두8469}}$.

[판례 2] 기자회견을 통한 허위의 사실의 공표가 징계사유에 해당하는지 여부

$\binom{\text{감사원장의 원고에 대한 파면}}{\text{처분의 취소를 구한 사건에서}}$ 감사원 공무원이 허위의 사실을 기자회견을 통하여 공표한 것이 **감사원의 명예를 실추시키고 공무원으로서 품위를 손상한 행위**로서 국가공무원법이 정하는 징계사유에 해당된다$\binom{\text{대판 1998. 2. 27. 97누18172;}}{\text{대판 2002. 9. 27. 2000두2969}}$.

3. 청렴의 의무

공무원은 직무와 관련하여 직접적이든 간접적이든 사례·증여 또는 향응을 주거나 받을 수 없고$\binom{\text{국공법 제61조 제 1 항;}}{\text{지공법 제53조 제 1 항}}$, 또한 공무원은 직무상의 관계가 있든 없든 그 소속 상관에게 증여하거나 소속공무원으로부터 증여를 받아서는 아니 된다$\binom{\text{국공법 제61조 제 2 항;}}{\text{지공법 제53조 제 2 항}}$. 청렴의무도 넓게는 품위유지의무의 내용이 되나 현행 공무원법은 이를 별도로 규정하고 있다. 청렴의무 위반은 징계사유가 될 뿐만 아니라 경우에 따라서는 형법상 뇌물에 관한 죄를 구성할 수도 있다$\binom{\text{형법 제129조}}{\text{내지 제135조}}$.

4. 비밀엄수의 의무

(1) 의의·취지　　공무원은 재직 중은 물론 퇴직 후에도 직무상 지득한 비밀을 엄수하여야 한다$\binom{\text{국공법 제60조;}}{\text{지공법 제52조}}$. 공무원의 비밀엄수의무는 공무원이 직무상 지득한 비밀을 엄수함으로써 행정상 비밀을 보호하고 이로써 행정상 질서를 확보함을 목적으로 한다. 따라서 공무원의 비밀엄수의무로 인해 보호되는 이익은 특정한 개인의 이익이 아니라 국민 전체의 이익이다. 공무원의 비밀엄수의무가 특정 정파의 정치적 이익의 보호를 위한 도구로 전락되어서는 아니 된다.

(2) 직무상 비밀　　① 직무상 비밀사항이란 폐쇄된 또는 일정한 범위의 사람에게만 알려진 사실로서 그에 대한 인식이 공무수행에 요구되는 사항을 말한다. ② 직무상 비밀사항에는 「법률이 직무상 비밀로 정한 사항」$\binom{\text{예: 군사기밀 보}}{\text{호법 제 2 조}}$과 「법률이 비밀로 정한 것은 아니지만 비밀인 사항」이 있다. ③ 후자$\binom{\text{법령이 비밀로 정한 것}}{\text{은 아니지만 비밀인 사항}}$와 관련하여 직무상 비밀사항의 판단기준으로 행정기관이 비밀로 취급하는 사항은 모두 비밀이라는 형식설과 객관적·실질적으로 보호할 가치 있는 것인가의 여부를 기준으로 비밀성을 판단하는 실질설로 나뉜다. 국민의 알 권리의 보장 및 정보공개의 원칙에 비추어 실질설이 타당하다. 판례도 실질설을 취하고 있다$\binom{\text{판}}{\text{례}}$.

> [판례] 국가공무원법상 '직무상 비밀'의 의미와 판단기준
> (감사자료누설 등을 이유로 한 감사원장의 원고에 대한 파면처분의 취소를 구한 감사관 이문옥사건에서) 국가공무원법상 직무상 비밀이라 함은 국가 공무의 민주적·능률적 운영을 확보하여야 한다는 이념에 비추어 볼 때 당해 사실이 일반에 알려질 경우 그러한 행정의 목적을 해할 우려가 있는지 여부를 기준으로 판단하여야 하며, 구체적으로는 **행정기관이 비밀이라고 형식적으로 정한 것에 따를 것이 아니라 실질적으로 비밀로서 보호할 가치가 있는지, 즉 그것이 통상의 지식과 경험을 가진 다수인에게 알려지지 아니한 비밀성을 가졌는지**, 또한 정부나 국민의 이익 또는 **행정목적 달성을 위하여 비밀로서 보호할 필요성이 있는지 등이 객관적으로 검토되어야 한다**(대판 1996. 10. 11, 94누7171).

(3) 비밀의 엄수

1) 엄수의 의미　　비밀을 엄수하여야 한다는 것은 비밀을 누설하지 말아야 함을 의미한다. 다만 공무원 또는 공무원이었던 자가 그 직무에 관하여 알게 된 사실에 관하여 증인이나 감정인으로서 심문을 받을 경우에는 소속기관의 장의 승인을 받은 사항에 관해서만 진술할 수 있다(형소법 제147조, 제177조; 민소법 제306조).

2) 엄수의 시한　　재직 중은 물론 퇴직 후에도 비밀을 엄수하여야 한다.

3) 국회에서 증언의 경우　　국회로부터 공무원 또는 공무원이었던 사람이 증언의 요구를 받거나, 국가기관이 서류등의 제출을 요구받은 경우에 증언할 사실이나 제출할 서류등의 내용이 직무상 비밀에 속한다는 이유로 증언이나 서류등의 제출을 거부할 수 없다(국회에서의 증언·감정 등에 관한 법률 제4조 제1항 본문). 다만, 군사·외교·대북관계의 국가기밀에 관한 사항으로서 그 발표로 말미암아 국가안위에 중대한 영향을 미칠 수 있음이 명백하다고 주무부장관(대통령 및 국무총리의 소속 기관에서는 해당 관서의 장)의 증언 등의 요구를 받은 날부터 5일 이내에 소명하는 경우에는 그러하지 아니하다(동법 제4조 제1항 단서). 국회가 제1항 단서의 소명을 수락하지 아니할 경우에는 본회의의 의결로, 폐회중에는 해당 위원회의 의결로 국회가 요구한 증언 또는 서류등의 제출이 국가의 중대한 이익을 해친다는 취지의 국무총리의 성명을 요구할 수 있다(동법 제4조 제2항). 국무총리가 제2항의 성명 요구를 받은 날부터 7일 이내에 그 성명을 발표하지 아니하는 경우에는 증언이나 서류등의 제출을 거부할 수 없다(동법 제4조 제3항).

(4) 의무의 위반
비밀엄수의무를 위반하면 징계처분을 받을 뿐만 아니라 형사처벌을 받게 된다(형법 제126조, 제127조). 다만 퇴직 후에 누설하면 징계처분은 성질상 불가하다. 물론 공공기관의 정보공개에 관한 법률에 따른 비밀의 공개는 비밀엄수의무의 위반에 해당하지 아니한다. 또한 실질적으로는 비밀사항이 아니어도 행정기관이 비밀로 정한 사항을 누설하면, 누설한 공무원은 형사처벌을 받지 아니하지만, 직무명령위반으로 징계처분을 받을 수는 있다.

(5) 제도의 한계

(가) 내부고발 제도에 따른 한계　　부패방지 및 국민권익위원회의 설치와 운영에 관한 법률 제56조(공직자는 그 직무를 행함에 있어 다른 공직자가 부패행위를 한 사실을 알게 되었거나 부패행위를 강요 또는 제의받은 경우에는 지체 없이 이를 수사기관·감사원 또는 위원회에 신고하여야 한다)와 고위공직자범죄

수사처 설치 및 운영에 관한 법률 제46조 제 1 항(누구든지 고위공직자범죄등에 대하여 알게 된 때에는 이에 대한 정보를 수사처에 제공할 수 있으며, 이를 이유로 불이익한 조치를 받지 아니한다)에 따른 내부고발은 공무원의 비밀 엄수 의무 위반에 해당하지 아니한다.

(내) 공공기관의 정보공개에 관한 법률상 정보공개 제도에 따른 한계   공공기관이 보유·관리하는 정보는 국민의 알권리 보장 등을 위하여 공공기관의 정보공개에 관한 법률에서 정하는 바에 따라 적극적으로 공개하여야 한다(공개법 제3조). 정보의 공개에 관하여는 다른 법률에 특별한 규정이 있는 경우를 제외하고는 공공기관의 정보공개에 관한 법률에서 정하는 바에 따른다(공개법 제4조 제1항). 국가공무원법 제60조와 공공기관의 정보공개에 관한 법률 제 4 조 제 1 항은 규정목적을 달리하므로, 국가공무원법 제60조는 공공기관의 정보공개에 관한 법률 제 4 조 제 1 항의 다른 법률의 특별한 규정에 해당하는 것이 아닌바, 공공기관의 정보공개에 관한 법률에 따른 비밀의 공개는 공무원의 비밀 엄수 의무 위반에 해당하지 아니한다.

5. 법령준수의 의무

모든 공무원은 법령을 준수하여야 한다(국공법 제56조; 지공법 제48조). 법령준수의무는 법치국가에서 공무원이 부담하는 기본적인 의무 중의 하나이다. 법령이란 행정법의 법원이 되는 모든 법을 말한다. 법규명령 외에 행정규칙도 포함된다. 공무원의 법령위반행위는 그 행위의 무효·취소, 손해배상, 공무원 개인의 책임의 문제를 야기한다.

6. 성실의무

모든 공무원은 성실히 직무를 수행하여야 한다(국공법 제56조; 지공법 제48조). 공무원에게 부과된 가장 기본적인 의무이다. 성실이란 자신의 임무수행에 있어서 자신의 인격과 양심에 입각하여 최선을 다하여야 함을 뜻한다(판례 1). 그렇다고 성실의무가 공무원에게 무한정의 희생·헌신·충성을 요구하는 것은 아니다. 성실의무위반 여부의 판단이 용이한 것은 아니다. 그럼에도 그것은 정치적·윤리적 의무에 불과한 것이 아니라 법적 의무임에 틀림없다. 성실의무는 때와 장소를 가리지 않는다(판례 2).

> [판례 1] **국가공무원법상 성실의무의 내용**
> (세월호 사고 당시 진도 연안 해상교통관제센터 센터장으로 근무하던 원고가 서해해양경비안전본부장을 피고로 자신에 대한 정직처분의 취소를 구한 사건에서) 성실의무는 공무원의 가장 기본적이고 중요한 의무로서 최대한으로 공공의 이익을 도모하고 그 불이익을 방지하기 위하여 전인격과 양심을 바쳐서 성실히 직무를 수행하여야 하는 것을 그 내용으로 한다(대판 2017. 11. 9. 2017두47472).

> [판례 2] **국가공무원법상 성실의무의 범위**
> (원고가 파면처분의 취소를 구한 사건에서) 국가공무원법상 **공무원의 성실의무는 경우에 따라 근무시간 외에 근무지 밖에까지 미칠 수도 있다.** 전국기관차협의회가 주도하는 집회 및 철도파업은 정당한 단체행동의 범위 내에 있는 것으로 보기 어렵고, 또한 그 집회가 적법한 절차를 거쳐 개최되었고 근무시간 외에 사업장 밖에서 개최되었다고 하더라도 철도의 정상적인 운행을 수행하여야 할 철도기관사로서의 성실의

무는 철도의 정상운행에 지장을 초래할 가능성이 높은 집회에 참석하지 아니할 의무에까지도 미친다고 보아, 철도기관사에 대하여 그 집회에 참석하지 못하도록 한 지방철도청장의 명령은 정당한 직무상 명령이다(대판 1997. 2. 11, 96누2125).

7. 친절·공정의 의무

공무원은 국민 전체의 봉사자로서 친절하고 공정하게 직무를 수행하여야 한다(국공법 제59조; 지공법 제51조). 친절의무는 공무원이 국민에 군림하는 자가 아니라 봉사하는 자라는 지위에서 나오는 것이며, 공정의무는 공무원이 특정국민이 아니라 모든 국민을 위한다는 지위에서 나온다. 이것 역시 법적의무이다.

8. 복종의 의무

(1) 의 의 공무원은 직무를 수행할 때 소속상관의 직무상 명령에 복종하여야 한다(국공법 제57조; 지공법 제49조). 이는 계층적 조직체로서 행정조직의 원리상 필수적이다. 상명하복의 원칙 없이는 조직의 유지가 곤란하기 때문이다.

(2) 소속상관 소속상관이란 당해 공무원의 직무에 관해 지휘·감독할 수 있는 권한을 가진 기관을 말한다. 달리 말한다면 신분상 소속상관이 아니라 직무상 소속상관을 뜻한다. 소속상관은 언제나 1인만을 의미하는 것은 아니다. 소속상관은 행정관청일 수도 있고, 보조기관일 수도 있다.

(3) 직무상 명령

1) 의 의 직무상의 명령(직무명령)이란 상급공무원이 부하공무원에 대해 직무상 발하는 명령을 총칭하는 개념이다. 그 내용은 개별·구체적일 수도 있고, 일반·추상적일 수도 있다(여기서 일반·추상적이란 내용이 일반·추상적이라는 것이지, 그렇다고 그것이 법규범을 뜻하는 것은 아니다). 직무상 명령은 개념상 훈령과 구별을 요한다. 그러나 하급관청에 대한 훈령은 하급기관의 구성자인 공무원에게도 미치므로 훈령은 직무명령의 성질을 갖기도 한다. 기능상 훈령이 직무상 명령과 유사한 면을 갖는 경우도 있으나, 개념상으로는 상하공무원 간의 개념인 직무상 명령과 상하관청 간의 개념인 훈령은 구별되어야 할 것이다.

2) 성 질 직무상 명령은 하급공무원을 구속할 뿐 일반국민을 구속하는 것은 아니다. 말하자면 직무상 명령은 법규가 아니다. 직무상 명령위반은 위법이 아니고 징계사유가 될 뿐이다.

3) 명령사항(요건) 직무상 명령의 대상이 될 수 있는 사항은 ① 상급공무원의 권한에 속하고, ② 부하공무원의 권한에 속하는 직무에 관련 있는 사항이다(대판 2000. 11. 10, 2000추36)(판례). ③ 부하공무원에게 직무상 독립이 인정되는 사항이 아니어야 한다. 이상과 같은 형식적 요건 외에도 ④ 실질적 요건으로서 법령과 공익에 적합하여야 한다.

| 판례 | 검사에게 복종의무를 발생시키는 직무상 명령의 범위 |

(대구고검장 심
재류사건에서) 상급자가 하급자에게 발하는 직무상의 명령이 유효하게 성립하기 위하여는 상급자가 하급자의 직무범위 내에 속하는 사항에 대하여 발하는 명령이어야 하는 것인바, **검찰총장이 검사에 대한 비리혐의를 내사하는 과정에서 해당 검사에게 참고인과 대질신문을 받도록 담당부서에 출석할 것을 지시한 경우**, 검찰총장의 위 출석명령은 "검찰총장은 대검찰청의 사무를 맡아 처리하고 검찰사무를 통할하며 검찰청의 공무원을 지휘·감독한다"고 규정한 검찰청법 제12조 제 2 항을 근거로 하고 있으나, 위 규정은 검찰총장이 직무상의 명령을 발할 수 있는 일반적인 근거규정에 불과하고, 구체적으로 그러한 직무상의 명령이 유효하게 성립하기 위해서는 하급자인 그 검사의 직무범위 내에 속하는 사항을 대상으로 하여야 할 것인데, 그 검사가 대질신문을 받기 위하여 대검찰청에 출석하는 행위는 검찰청법 제 4 조 제 1 항에서 규정하고 있는 **검사의 고유한 직무인 검찰사무에 속하지 아니할 뿐만 아니라**, 또한 그 검사가 소속 검찰청의 구성원으로서 맡아 처리하는 이른바 **검찰행정사무에 속한다고 볼 수도 없는 것이고**, 따라서 **위 출석명령은 그 검사의 직무범위 내에 속하지 아니하는 사항을 대상으로 한 것이므로** 그 검사에게 복종의무를 발생시키는 직무상의 명령이라고 볼 수는 없다(대판 2001. 8. 24, 2000두7704).

4) 형   식   법령상 특별한 규정이 없는 한 직무상 명령의 형식에는 제한이 없다. 구술이나 서면으로 하면 된다.

5) 경   합   둘 이상의 상관으로부터 내용이 모순되는 직무명령이 있는 경우에 직무상 명령의 경합의 문제가 생긴다. 상관 사이에 우열이 없다면 당해 사무에 주된 권한을 가진 상관의 직무명령에 따라야 하고 우열이 있다면 직근상관의 직무명령에 따라야 할 것이다.

	직무상 명령	훈 령
규율관계자	상하급 공무원 간의 규율	상하급 관청 간의 규율
신분변동	상하공무원의 신분의 변동시 효력상실	상급관청이 폐지하지 않는 한 기관구성자의 변동에 관계없이 효력을 지속

(4) 복   종

1) 의   의   적법한 직무상 명령이 있으면 공무원은 그 명령에 복종하여야 하는데, 여기서 '복종하여야 한다'는 것은 소속상관의 명령을 이행하여야 함을 의미한다. 말하자면 직무상 명령을 받은 공무원은 그 명령의 내용에 따라 작위의무·부작위의무·수인의무를 이행하여야 한다.

2) 복종의무의 한계(위법·부당한 직무상 명령에 대한 심사권)

㈎ 학   설   ① 직무명령의 형식적 요건은 그 구비 여부가 외관상 명백하므로 부하공무원은 이를 심사할 수 있고 그 요건이 결여된 경우 복종을 거부할 수 있다. ② 그러나 실질적 요건이 결여된 경우 복종하여야 하는지가 문제된다. ⓐ 부하공무원에게 실질적 심사권과 복종 여부 결정권을 인정하면 법령해석의 불통일을 초래하고, 계층적 조직체계에 따른 행정목적의 통일적 수행을 저해한다는 점을 근거로 하는 실질적 요건심사 부정설, ⓑ 공무원은 복종의무 외에도 법

령준수의무를 지고 있어 직무명령이 위법한 경우에는 법령준수의무가 보다 중요한 의미를 가진다는 점을 근거로 하는 실질적 요건심사 긍정설, ⓒ 행정의 법률적합성원칙과 행정조직체의 통일적 운영의 이념을 고려하여 절충적으로 보는 견해$\binom{절충}{설}$가 대립된다.

(나) 판　례　　판례는 절충설의 입장을 취하는 것으로 보인다$\binom{판}{례}$.

<u>판례</u>　상관의 불법한 명령에 관한 복종의무

$\binom{고문행위에 대한 특정범죄가중처벌}{등에관한법률위반의 형사사건에서}$ 설령 대공수사단 직원은 상관의 명령에 절대복종하여야 한다는 것이 불문율로 되어 있다 할지라도 국민의 기본권인 신체의 자유를 침해하는 고문행위 등이 금지되어 있는 우리의 국법질서에 비추어 볼 때 그와 같은 불문율이 있다는 것만으로는 **고문치사와 같이 중대하고도 명백한 위법명령에 따른 행위가 정당한 행위에 해당하거나 강요된 행위로서 적법행위에 대한 기대가능성이 없는 경우에 해당하게 되는 것이라고는 볼 수 없다**$\binom{대판 1988. 2. 23,}{87도2358}$.

(다) 사　견　　위법한 직무명령에 대해 복종을 거부하여 행정의 법률적합성$\binom{법령준}{수의무}$을 준수한 공무원에게 징계책임을 지운다는 것은 인정하기 어렵다. 따라서 실질적 요건도 심사가 가능하다고 보아야 한다. 다만, 행정조직의 계층적 질서유지와의 조화를 위해 일정한 제한을 두는 절충설이 타당하다. 이에 따르면 ① 직무명령의 내용이 범죄를 구성하거나 위법성이 중대명백한 경우 그리고 중대명백한 경우에 이르지 않더라도 위법성이 명백한 경우에는 공무원은 복종을 거부할 수 있고, ② 위법성이 그 정도에 이르지 않은 경우, 법령해석상의 견해 차이에 불과한 경우, 부당한 경우에는 복종을 거부할 수 없다고 본다. 한편, 직무상 독립이 보장되는 공무원$\binom{예: 법관·감}{사위원·교수}$의 경우에는 그 직무의 성질상 복종의무는 문제되지 아니한다.

3) 의견진술　　국가공무원법과 달리 지방공무원법은 공무원의 복종의무와 관련하여 "다만, 이에 대한 의견을 진술할 수 있다"고 규정하고 있는바$\binom{지공법 제}{49조 단서}$, 상기의 요건에 비추어 직무상 명령이 위법·부당하다고 판단되면 직무상 명령을 받은 공무원은 상관에게 자기의 의견을 진술할 수 있다. 이러한 것은 명문의 규정이 없는 국가공무원법의 경우에도 마찬가지라 하겠다.

4) 불복종　　① 적법한 직무상 명령, 단순위법한 직무상 명령 또는 단순히 내용상 부당한 명령에 대해서는 복종하여야 하며, 만약 이에 불복종하면 징계가 가해질 수 있다. 왜냐하면 공무원법상 공무원의 의무위반은 징계사유로 규정되어 있기 때문이다$\binom{국공법 제78조 제 1 항 제 2 호;}{지공법 제69조 제 1 항 제 2 호}$. 그러나 ② 당연무효의 직무상 명령에 대해서는 복종을 거부하여야 하며, 만약 이에 복종하면 그 명령을 한 상관은 물론이고 그 명령을 집행한 공무원도 책임을 면할 수 없다.

[기출사례] 제39회 입법고시(2023년) 문제 · 답안작성요령 ☞ PART 4 [3-14a]

9. 직장 이탈 금지의 의무

공무원은 소속 상관의 허가 또는 정당한 사유가 없으면 직장을 이탈하지 못한다$\binom{국공법 제58조 제 1}{항; 지공법 제50조}$

제$\binom{제}{1항}\binom{판례}{1, 2}$. 물론 이러한 의무는 소속상관의 허가가 있거나 또는 정당한 이유가 있으면, 문제되지 아니한다.

[판례 1]   연가신청의 허가 전에 행한 근무지 이탈행위의 징계사유 해당 여부

$\binom{원고가\ 파면처분의\ 취}{소를\ 구한\ 사건에서}$ 공무원이 그 **법정 연가일수의 범위 내에서 연가를 신청하였다고 할지라도** 그에 대한 소속행정기관의 장의 **허가가 있기 이전에 근무지를 이탈한 행위는** 특단의 사정이 없는 한 국가공무원법 제58조에 위반되는 행위로서 **징계사유가 된다 할 것이다**$\binom{대판\ 1996.\ 6.\ 14,\ 96누2521;\ 대}{판\ 1987.\ 12.\ 8,\ 87누657·658}$.

[판례 2]   검찰청의 장이 출장 등의 사유로 근무지를 떠날 때에는 검찰총장의 승인을 얻어야 한다고 규정한 검찰근무규칙 제13조 제 1 항 위반행위가 직무상의 의무위반으로 징계사유에 해당하는지 여부

$\binom{심재륜대구고검장에\ 대한\ 면직}{처분의\ 취소를\ 구한\ 사건에서}$ 검찰청법 제11조의 위임에 기한 **검찰근무규칙 제13조 제 1 항은,** 검찰청의 장이 출장 등의 사유로 근무지를 떠날 때에는 미리 바로 윗 검찰청의 장 및 검찰총장의 승인을 얻어야 한다고 규정하고 있는바, **이는 검찰조직 내부에서 검찰청의 장의 근무수칙을 정한 이른바 행정규칙으로서 검찰청의 장에 대하여 일반적인 구속력을 가지므로, 그 위반행위는 직무상의 의무위반으로 검사징계법 제 2 조 제 2 호의 징계사유에 해당한다.** 원고는 1999. 1. 27. 오후 근무지를 떠남에 있어 미리 검찰총장에게 그 사유를 보고하여 승인을 얻지 아니하고, 스스로 자신의 출장신청을 승인한 다음, 바로 근무지를 떠났음을 알 수 있으므로, 이러한 원고의 행위는 징계사유에 해당한다고 할 것이다$\binom{대판\ 2001.\ 8.\ 24,}{2000두7704}$.

---

10. 영리 업무 금지의 의무 및 겸직 금지의 의무

공무원은 공무 외에 영리를 목적으로 하는 업무에 종사하지 못하며, 소속 기관장의 허가 없이 다른 직무를 겸할 수 없다$\binom{국공법\ 제64조\ 제\ 1항;}{지공법\ 제56조\ 제\ 1항}$. 영리를 목적으로 하는 업무의 한계는 대통령령등으로 정한다$\binom{국공법\ 제64조\ 제\ 2항;}{지공법\ 제56조\ 제\ 2항}$.

11. 영예의 제한

공무원이 외국 정부로부터 영예나 증여를 받을 경우에는 대통령의 허가를 받아야 한다$\binom{국공법\ 제}{62조;\ 지공법\ 제54조}$.

12. 정치 운동의 금지의 의무

국민 전체의 봉사자로서 공무원은 정치적 중립성을 지켜야 하는바$\binom{헌법\ 제7\ 조}{제\ 2항}$, 이 때문에 공무원에게는 정치운동이 금지된다. 예외적으로 정치운동이 허용되는 공무원$\binom{정치적}{공무원}$도 있다. 정치운동금지의무의 내용으로 정당결성 등 금지$\binom{국공법\ 제65}{조\ 제\ 1항}$, 선거운동의 금지$\binom{국공법\ 제65}{조\ 제\ 2항}$, 다른 공무원에 대한 운동금지$\binom{국공법\ 제65조\ 제\ 3항;}{지공법\ 제57조\ 제\ 3항}$가 있다. 공무원 역시 기본권의 주체임을 고려할 때, 공무원의 정치운동을 광범위한 영역에서 포괄적으로 제한하는 것은 헌법적 관점에서 문제가 있다$\binom{류지}{태}$. 공무원이 이러한 정치운동금지의무에 위반하면 다른 법률에 특별한 규정이 없는 한 3년 이하의 징역 또는 3년 이하의 자격정지에 처한다$\binom{국공법\ 제84조;}{지공법\ 제82조}$.

13. 집단행위의 금지의 의무

(1) 의   의   공무원은 국민 전체의 이익을 위한 봉사자이므로 자신의 개인적 이익을 위한 집단행동은 금지된다. 공무원인 근로자는 법률이 정하는 자에 한하여 단결권·단체교섭권 및 단체행동권을 가진다($^{헌법 제33}_{조 제 2 항}$). 공무원은 노동운동이나 그 밖에 공무 외의 일을 위한 집단행위($^{판례}_{1, 2, 3}$)를 하여서는 아니 된다($^{국공법 제66조 제 1 항;}_{지공법 제58조 제 1 항}$). 다만 사실상 노무에 종사하는 공무원은 예외이다 ($^{국공법 제66조 제 1 항 단서;}_{지공법 제58조 제 1 항 단서}$). 아울러 대통령령으로 정하는 특수경력직공무원에게도 이러한 의무는 없다 ($^{국공법 제 3 조 제 2 항;}_{지공법 제 3 조 제 2 항}$). 그러나 공무원이 한편으로는 국민 전체의 봉사자이긴 하나 다른 한편으로는 근로자이기도 한바, 일부공무원 이외의 모든 공무원에게 집단행위를 포괄적이고도 전면적으로 금한다는 것은 헌법적 관점에서 다소 문제가 있다($^{류지}_{태}$). 본 조항 위반시 다른 법률에 특별히 규정된 경우 외에는 1년 이하의 징역 또는 1천만원 이하의 벌금에 처한다($^{국공법 제84조의2;}_{지공법 제83조}$).

판례 1 국가공무원법 제66조 제 1 항에서 금지하는 공무원의 집단행위의 의미

[1] ($^{원고들이 국가인권위원회위원장의 정직처분등}_{의 취소를 구한 인권위 1인 시위 징계사건에서}$) 국가공무원법 제66조 제 1 항이 '공무 외의 일을 위한 집단행위'라고 다소 포괄적이고 광범위하게 규정하고 있다 하더라도, 이는 공무가 아닌 어떤 일을 위하여 공무원들이 하는 모든 집단행위를 의미하는 것이 아니라, 언론·출판·집회·결사의 자유를 보장하고 있는 헌법 제21조 제 1 항, 공무원에게 요구되는 헌법상의 의무 및 이를 구체화한 국가공무원법의 취지, 국가공무원법상의 성실의무 및 직무전념의무 등을 종합적으로 고려하여 '공익에 반하는 목적을 위한 행위로서 직무전념의무를 해태하는 등의 영향을 가져오는 집단적 행위'라고 해석된다($^{대판 2017. 4. 13,}_{2014두8469}$).

[2] ($^{원고들이 국가인권위원회위원장의 정직처분등}_{의 취소를 구한 인권위 1인 시위 징계사건에서}$) 공무원들의 어느 행위가 국가공무원법 제66조 제 1 항에 규정된 '집단행위'에 해당하려면, 그 행위가 반드시 같은 시간, 장소에서 행하여져야 하는 것은 아니지만, 공익에 반하는 어떤 목적을 위한 다수인의 행위로서 집단성이라는 표지를 갖추어야만 한다고 해석함이 타당하다. 따라서 여럿이 같은 시간에 한 장소에 모여 집단의 위세를 과시하는 방법으로 의사를 표현하거나 여럿이 단체를 결성하여 그 단체 명의로 의사를 표현하는 경우, 실제 여럿이 모이는 형태로 의사표현을 하는 것은 아니지만 발표문에 서명날인을 하는 등의 수단으로 여럿이 가담한 행위임을 표명하는 경우 또는 일제 휴가나 집단적인 조퇴, 초과근무 거부 등과 같이 정부활동의 능률을 저해하기 위한 집단적 태업 행위로 볼 수 있는 경우에 속하거나 이에 준할 정도로 행위의 집단성이 인정되어야 국가공무원법 제66조 제 1 항에 해당한다고 볼 수 있다 ($^{대판 2017. 4. 13,}_{2014두8469}$).

판례 2 장관 주재의 정례조회에의 집단퇴장행위가 '공무 외의 집단적 행위'에 해당하는지 여부

($^{건설부장관의 원고에 대한 정직}_{처분의 취소를 구한 사건에서}$) 국가공무원법 제66조 제 1 항이 금지하고 있는 "공무 외의 집단적 행위"라 함은 공무원으로서 직무에 관한 기강을 저해하거나 기타 그 본분에 배치되는 등 공무의 본질을 해치는 특정목적을 위한 다수인의 행위로써 단체의 결성단계에는 이르지 아니한 상태에서의 행위를 말한다. 장관 주재의 정례조회에서의 집단퇴장행위는 **공무원으로서 직무에 관한 기강을 저해하거나 기타 그 본분에 배치되는 등 공무의 본질을 해치는 다수인의 행위라 할 것이므로**, 비록 그 것이 건설행정기구의 개편안에 관한 불만의 의사표시에서 비롯되었다 하더라도, 위 "가"항의 "공

무 외의 집단적 행위"에 해당한다$\left(\substack{\text{대판 1992. 3. 27.}\\\text{91누9145}}\right)$.

판례 3   공무원의 집단행위를 금지한 국가공무원법 제66조 제1항의 위헌 여부

$\left(\substack{\text{학교법인 덕봉학원의 원고에 대한 해임}\\\text{결정에 대한 효력정지가처분신청에서}}\right)$ 국가공무원법 제66조 제1항이 헌법 제11조의 평등권조항, 헌법 제21조의 언론·출판·집회·결사의 자유 조항, 헌법 제31조 제4항의 교육의 자주성 등의 보장 조항, 헌법 제33조의 근로자의 단결권 등 조항이나 헌법 제37조 제2항의 국민의 자유와 권리의 제한조항에 위배된 **위헌규정이라고는 할 수 없다**고 함이 당원의 견해이다$\left(\substack{\text{대판 1990. 12. 26. 90다8916; 대}\\\text{판 1990. 4. 10. 90도332; 대판}}\right.$
1990. 6. 26. 90도957; 헌재
2008. 12. 26. 2005헌마971 $\Big)$.

(2) 공무원노동조합원의 경우   2006년부터 시행된 공무원의 노동조합 설립 및 운영 등에 관한 법률에 근거하여 설립된 노동조합의 공무원은 국가공무원법 제66조 제1항과 지방공무원법 제58조 제1항의 본문$\left(\substack{\text{집단행위}\\\text{의 금지}}\right)$을 적용하지 아니한다$\left(\substack{\text{공노법 제3}\\\text{조 제1항}}\right)$. 공무원의 노동조합에 관해서는 공무원의 권리 부분의 Ⅰ. 신분상 권리 중 「6. 노동조합설립·운영권」 부분을 보라.

(3) 교원의 경우   교원의 노동조합 설립 및 운영 등에 관한 법률에 근거하여 일정한 교원은 특별시·광역시·도·특별자치도 단위 또는 전국 단위로만 노동조합을 설립할 수 있다$\left(\substack{\text{동법 제4조}\\\text{제1항}}\right)$. 그러나 교원의 노동조합은 일체의 정치활동을 하여서는 아니 된다$\left(\substack{\text{동법}\\\text{제3조}}\right)$. 그리고 노동조합과 그 조합원은 파업, 태업 또는 그 밖에 업무의 정상적인 운영을 방해하는 일체의 쟁의행위를 하여서는 아니 된다$\left(\substack{\text{동법}\\\text{제8조}}\right)$.

14. 종교중립의 의무

공무원은 종교에 따른 차별없이 직무를 수행하여야 한다$\left(\substack{\text{국공법 제59조의2 제1항;}\\\text{지공법 제51조의2 제1항}}\right)$. 공무원은 소속 상관이 제1항에 위배되는 직무상 명령을 한 경우에는 이에 따르지 아니할 수 있다$\left(\substack{\text{국공법 제59조의2}\\\text{제2항; 지공법 제}}\right.$
$\substack{\text{51조의2}\\\text{제2항}}\Big)$.

Ⅲ. 기타 법률상 의무

1. 공직자윤리법상 의무

공직자윤리법은 ① 공직자의 재산등록의무$\left(\substack{\text{윤리법 제3}\\\text{조. 제4조}}\right)$, 공직선거후보자 등의 재산공개의무$\left(\substack{\text{윤리법 제10조의2 제1항 본}\\\text{문. 제10조의2 제2항 본문}}\right)$, ② 선물신고의무$\left(\substack{\text{윤리법 제15}\\\text{조. 제16조}}\right)$, ③ 취업금지의무$\left(\substack{\text{윤리법 제17}\\\text{조. 제19조}}\right)$를 규정하고 있다.

2. 공직자의 이해충돌 방지법상 의무

공직자의 이해충돌 방지법은 사적이해관계자의 신고 및 회피·기피 신청$\left(\substack{\text{동법}\\\text{제5조}}\right)$, 공공기관 직무 관련 부동산 보유·매수 신고$\left(\substack{\text{동법}\\\text{제6조}}\right)$, 고위공직자의 민간 부문 업무활동 내역 제출 및 공개$\left(\substack{\text{동법}\\\text{제8조}}\right)$, 직무관련자와의 거래 신고$\left(\substack{\text{동법}\\\text{제9조}}\right)$, 직무 관련 외부활동의 제한$\left(\substack{\text{동법}\\\text{제10조}}\right)$, 가족 채용 제한$\left(\substack{\text{동법}\\\text{제11조}}\right)$, 수의계약 체결 제한$\left(\substack{\text{동법}\\\text{제12조}}\right)$, 공공기관 물품 등의 사적 사용·수익 금지$\left(\substack{\text{동법}\\\text{제13조}}\right)$, 퇴직자 사적 접촉 신고$\left(\substack{\text{동법}\\\text{제15조}}\right)$, 공무수행사인의 공무수행과 관련된 행위제한 등$\left(\substack{\text{동법}\\\text{제16조}}\right)$을 규정하고 있다.

3. 공직자병역사항신고법(약칭)상 병역사항 신고 의무

대통령, 국무총리, 국무위원, 국회의원, 국가정보원의 원장·차장 등 국가의 정무직공무원 등 일정한 공직자는 공직자 등의 병역사항 신고 및 공개에 관한 법률 제3조에 따른 신고대상자의 병역사항을 신고하여야 한다($\frac{동법}{제2조}$).

4. 부패방지 및 국민권익위원회의 설치와 운영에 관한 법률상 의무

공직자는 법령을 준수하고 친절하고 공정하게 집무하여야 하며 일체의 부패행위와 품위를 손상하는 행위를 하여서는 아니 된다($\frac{동법}{제7조}$). 제7조의 규정에 의하여 공직자가 준수하여야 할 행동강령은 대통령령·국회규칙·대법원규칙·헌법재판소규칙·중앙선거관리위원회규칙 또는 공직유관단체의 내부규정으로 정한다($\frac{동법 \ 제8조}{제1항}$). 이에 따라 공무원 행동강령($\frac{대통}{령령}$)·법관 및 법원공무원행동강령($\frac{대법원}{규칙}$)·선거관리위원회 공무원행동강령($\frac{선거관리위}{원회규칙}$)·헌법재판소 공무원 행동강령이 제정되었다. 공직자가「공직자 행동강령」을 위반한 때에는 징계처분을 할 수 있다($\frac{동법 \ 제8조}{제3항}$).

제3절 공무원의 책임

Ⅰ. 일 반 론

1. 의의와 종류

공무원의 책임이란 공무원이 공무원으로서 부담하는 의무에 위반하여 위헌·위법의 행위를 하거나 부당한 행위를 하는 등의 과오를 범한 경우에, 그에 대하여 불이익한 법적 제재를 받게 되는 지위를 말한다. 따라서 공무원이 일반국민의 지위에서 행한 행위에 대하여 부담하는 책임은 공무원의 책임과는 무관하다. 공무원의 책임문제는 책임이 인정되는 법적 근거와 관련하여 헌법상 책임·행정법상 책임·형사법상 책임 그리고 민사법상 책임으로 나누어 볼 수 있다. 행정법의 영역에서 공무원의 책임문제는 행정법상의 책임문제가 논의의 중심이 된다.

2. 헌법상 책임

(1) 종 류   공무원의 책임을 추궁하는 방식 중 헌법적 차원의 것으로는 ① 선거($\frac{헌법}{제41조}$)를 통한 책임추궁($^{예: 국}_{회의원}$), ② 헌법 제65조의 탄핵에 의한 책임추궁($^{예: 대통령·국무총리·국무}_{위원·행정각부의 장·법관 등}$), ③ 헌법 제63조의 해임건의에 의한 추궁($^{예: 국무총리·}_{국무위원}$), ④ 헌법 제26조의 파면의 청원을 통한 책임추궁 등의 경우가 있다.

(2) 성 질   선거·탄핵·해임건의에 의한 책임추궁은 주로 정무직 또는 특정직공무원에 대한 것이고, 청원권행사를 통한 책임추궁의 경우에는 대상자는 제한이 없으나 그 효과가 비강제적이다. 헌법상 책임추궁의 문제는 헌법학의 연구과제이다.

3. 형사법상 책임

형사법상 공무원의 책임이란 공무원의 행정법상의 의무위반행위가 동시에 형법 등의 형사법에 위반하는 범죄가 되어, 공무원이 이 범죄에 대하여 부담하는 책임을 말한다. 광의로 형사법상 책임에는 형사법에 위반한 경우뿐만 아니라 행정형벌이 따르는 행정법규에 위반한 경우에 부담하는 책임까지 포함한다.

4. 민사법상 책임

공무원의 민사법상 책임문제는 공무원이 공법상의 직무집행과 관련하여 일반국민에게 손해를 가한 경우, 국민에 대하여 직접 민사법상 책임을 지는가의 문제이다. 생각건대 국가배상법상 국가의 책임을 위험책임설적 자기책임으로 보고, 또한 피해자가 배상청구권을 국가나 가해 공무원에게 선택적으로 행사할 수 없다고 보는 본서의 입장에서는 공무원의 민사상 책임문제는 생기지 않는다고 본다. 그러나, 판례는 현재 공무원에게 경과실이 있는 경우에는 공무원 개인에게 배상청구가 불가능하지만, 공무원에게 고의나 중대한 과실이 있는 경우에는 공무원 개인에게도 배상청구가 가능하다는 입장을 취한다$\left(\begin{smallmatrix}대판 1996. 2. 15, \\ 95다38677\end{smallmatrix}\right)$.

Ⅱ. 행정법상 책임

행정법상 나타나는 공무원의 책임문제는 징계책임·변상책임 그리고 행정범으로서의 책임의 3가지 경우가 있다. 학자들은 통상 징계책임과 변상책임을 합하여 공무원법상의 책임이라 부른다.

1. 징계책임

(1) 징계벌의 의의　　　징계란 공무원이 공무원으로서 부담하는 의무를 위반하였을 때, 공무원관계의 질서유지를 위해 공무원법에 따라 그 공무원에게 파면 등의 법적 제재, 즉 벌을 가하는 것을 말한다. 의무위반에 대하여 가해지는 처벌이 징계벌이고, 처벌을 받게 되는 지위를 징계책임이라고 한다.

(2) 징계벌의 성질

1) 징계벌과 형벌의 차이　　　징계벌도 고통 내지 불이익의 부과라는 점에서는 형벌과 다를 바가 없다. 그러나 그 목적과 불이익의 구체적인 내용에 있어서는 차이가 있다. 즉 ① 형벌은 국가와 일반사회공공의 질서유지를 목적으로 하나, 징계벌은 행정조직 내부에서 공무원관계의 질서유지를 목적으로 하는바, ② 형벌은 일반국민을 대상으로 하나, 징계벌은 공무원을 대상으로 하며, ③ 따라서 형벌은 공무원의 퇴직 여하에 관계가 없으나, 징계벌은 퇴직 후에는 문제되지 아니한다. ④ 그리고 처벌의 내용도 징계벌은 형벌과는 달리 공무원이라는 신분상 갖는 이익의 박탈 내지 제한과 관련한다.

2) 징계벌과 형벌의 병과　　　양자는 목적·내용 등에 있어서 상이하므로, 하나의 행위$\left(\begin{smallmatrix}예: 뇌 \\ 물수수\end{smallmatrix}\right)$에 대하여 양자를 병과할 수 있다. 즉 양자의 병과는 일사부재리의 원칙$\left(\begin{smallmatrix}헌법 제13 \\ 조 제1항\end{smallmatrix}\right)$에 반하는 것

이 아니다$\binom{\text{판}}{\text{례}}$. 형사재판의 결과 금고 이상의 형을 받으면 당연퇴직$\binom{\text{국공법}}{\text{제69조}}$이 되는바$\binom{\text{제33조 제5호는 「형법」제}}{\text{129조부터 제132조까지,}}$ $\binom{\text{「성폭력범죄의 처벌 등에 관한 특례법」제2조, 「아동·청소년의 성보호에 관한 법률」제2조 제2호 및 직무와 관련하}}{\text{여 「형법」제355조 또는 제356조에 규정된 죄를 범한 사람으로서 금고 이상의 형의 선고유예를 받은 경우만 해당한다}}$, 징계벌은 무의미하다. 그러나 벌금형이나 면소 또는 무죄판결을 받는 경우에는 따로이 징계절차를 개시할 수도 있다.

> [판례] 형사사건의 유죄확정 전에 행하는 징계처분의 적법성
> $\binom{\text{(서울특별시장의 원고에 대한 파}}{\text{면처분의 취소를 구한 사건에서)}}$ 공무원에게 징계사유가 인정되는 이상 관련된 **형사사건이 아직 유죄로 확정되지 아니하였다고 하더라도 징계처분을 할 수 있다**$\binom{\text{대판 2001. 11. 9,}}{\text{2001두4184}}$.

3) 징계와 일사부재리　　동일한 징계원인으로 거듭 징계될 수 없다는 의미에서 일사부재리의 원칙은 징계벌에도 적용된다. 다만 징계처분과 직위해제는 그 성질이 상이하므로 직위해제의 사유로 징계처분을 할 수도 있다$\binom{\text{판}}{\text{례}}$.

> [판례] 직위해체처분 후에 동일 사유로 행하는 감봉처분의 효력
> $\binom{\text{(서울특별시 교육위원회 교육감의 원고에}}{\text{대한 감봉처분의 취소를 구한 사건에서}}$ **직위해제처분이** 공무원에 대한 불이익한 처분이긴 하나 **징계처분과 같은 성질의 처분이라 할 수 없으므로 동일한 사유로 직위해제 처분을 하고 다시 감봉처분을 하였다 하여 일사부재리원칙에 위배된다 할 수 없다**$\binom{\text{대판 1983. 10. 25,}}{\text{83누184}}$.

(3) 징계벌과 법치주의

1) 학　　설　　징계벌도 법률의 근거를 요하는가에 대해 견해는 나뉜다. ① 부정설은 헌법 또는 법률의 특별한 요구가 없는 한 징계벌은 법률로써 정할 필요가 없다고 하며, 그 논거로서 공무원은 국가 또는 지방자치단체에 대하여 특별권력관계에 있는 것이고, 징계벌은 다만 공무원의 신분을 박탈함으로써 특별권력관계를 해체하는 것 이상의 것이 될 수 없기 때문이라 한다. ② 긍정설은 징계는 공무원의 의사에 반하여 그에게 불이익을 주는 처분이며 국민으로서 향유하는 공무담임권을 부당하게 침해할 우려가 있다는 취지에서 징계벌에도 일반적으로 법치주의가 적용된다고 한다. ③ 법치주의를 배제하는 의미의 특별권력관계를 인정할 수 없으므로 긍정설이 타당하다.

2) 실 정 법　　징계벌에 관한 실정법상 근거로는 일반직공무원에 관한 것으로 국가공무원법과 공무원 징계령, 지방공무원법과 지방공무원 징계 및 소청 규정이 있고, 특정직공무원에 관한 것으로 교육공무원 징계령·법관징계법·검사징계법 등이 있다.

(4) 징계의 원인

1) 국가공무원법의 경우　　① 국가공무원법 및 국가공무원법에 따른 명령을 위반한 경우, 직무상의 의무$\binom{\text{다른 법령에서 공무원의 신분으로}}{\text{인하여 부과된 의무를 포함한다}}$를 위반하거나 직무를 태만히 한 때, 직무의 내외를 불문하고 그 체면 또는 위신을 손상하는 행위를 한 때$\binom{\text{국공법 제78조 제1항;}}{\text{지공법 제69조 제1항}}$ 징계의 원인이 된다. ⓐ 이러한 행위에 반드시 고의나 과실이 있을 것을 요하는 것은 아니다. 그렇다고 공무원의 무과실 책임을 의미하는 것도 아니다. 징계사유가 만약 불가항력에 기인하는 것이라면 공무원의 책임은

면제될 수밖에 없다. ⓑ 경우에 따라서는 임용 전의 행위도 징계원인이 될 수 있다$\binom{대판\ 1990.\ 5.\ 22,}{89누7368}$.
② 공무원$\binom{특수경력직공무원\ 및}{지방공무원을\ 포함한다}$이었던 사람이 다시 공무원으로 임용된 경우에 재임용 전에 적용된 법령에 따른 징계 사유는 그 사유가 발생한 날부터 이 법에 따른 징계 사유가 발생한 것으로 본다$\binom{국공법\ 제78조\ 제\ 2\ 항;}{지공법\ 제69조\ 제2\ 항}$.

2) 특별법의 경우 개별법률이 특정직공무원의 징계원인에 관해 따로 특별히 규정하기도 한다$\binom{예:\ 법관징계법\ 제\ 2\ 조,\ 검사징계법\ 제\ 2\ 조,\ 교육공무원법\ 제51조\ 제\ 1\ 항,\ 군인}{사법\ 제56조,\ 군무원인사법\ 제37조,\ 외무공무원법\ 제28조,\ 경찰공무원법\ 제27조}$.

(5) 징계의 종류

1) 유 형 징계의 종류는 법률에 따라 상이하나, 국가공무원법과 지방공무원법은 일반직공무원에 대한 징계로 파면·해임·강등·정직·감봉·견책의 여섯 가지를 규정하고 있다$\binom{국공법\ 제79조;}{지공법\ 제70조}$. 파면과 해임이 공무원관계의 배제를 내용으로 하는 배제징계이고, 강등·정직·감봉·견책은 교정징계이다. 실무상 행하여지는 단순한 경고$\binom{권}{고}$는 여기서 말하는 징계에 해당하지 아니한다$\binom{판례}{1}$. 그러나 불문경고조치는 비록 법률상의 징계처분은 아니나 처분성이 있다는 판례가 있다$\binom{판례}{2}$. 징계종류의 선택은 의무에 합당한 재량에 따라 이루어져야 한다$\binom{판례}{3,\ 4}$.

[판례 1] 서면에 의한 경고가 행정소송의 대상이 되는 처분에 해당하는지의 여부

$\binom{문화부장관의\ 원고에\ 대한\ 경고}{처분의\ 취소를\ 구한\ 사건에서}$ **공무원이 소속장관으로부터** 받은 '직상급자와 다투고 폭언하는 행위 등에 대하여 엄중 경고하니 차후 이러한 사례가 없도록 각별히 유념하기 바람'이라는 내용의 **서면에 의한 경고**가 공무원의 신분에 영향을 미치는 국가공무원법상의 **징계의 종류에 해당하지 아니하고**, 근무충실에 관한 **권고행위 내지 지도행위로서** 그 때문에 공무원으로서의 신분에 **불이익을 초래하는 법률상의 효과가 발생하는 것도 아니므로**, 경고가 국가공무원법상의 징계처분이나 행정소송의 대상이 되는 행정처분이라고 할 수 없어 그 **취소를 구할 법률상의 이익이 없다**$\binom{대판\ 1991.\ 11.\ 12,}{91누2700}$.

[판례 2] 불문경고조치가 항고소송의 대상이 되는 처분에 해당하는지의 여부

$\binom{함양군\ 불문경}{고사건에서}$ 행정규칙인 관련 규칙이나 예규 및 지침 등에 의하면, 이 사건 처분$\binom{'불문경}{고조치'}$이 비록 **법률상의 징계처분은 아니라** 하더라도, 이 사건 처분을 받지 아니하였다면 차후 다른 징계처분이나 경고를 받게 될 경우 **징계감경사유로 사용될 수 있었던 표창공적의 사용가능성을 소멸시키는 효과와** 1년 동안 인사기록카드에 등재됨으로써 그 동안은 장관표창이나 도지사표창 대상자에서 제외시키는 **효과 등이 있음을 알 수 있다.** 따라서 '불문경고조치'는 항고소송의 대상이 되는 행정처분에 해당한다$\binom{대판\ 2002.\ 7.\ 26,}{2001두3532}$.

[판례 3] 공무원징계처분의 성질(재량행위)

$\binom{상급자의\ 직무이전명령에\ 따르지\ 않았다는\ 점\ 등을}{사유로\ 한\ 검사\ 징계처분의\ 취소를\ 구하는\ 사건에서}$ 징계사유에 해당하는 행위가 있더라도, 징계권자가 그에 대하여 징계처분을 할 것인지, 징계처분을 하면 어떠한 종류의 징계를 할 것인지는 징계권자의 재량에 맡겨져 있다$\binom{대판\ 2017.\ 10.\ 31,}{2014두45734}$.

[판례 4] 1만원 수수행위를 이유로 해임처분한 것이 재량권의 일탈·남용에 해당하는지 여부

$\binom{교통법규\ 위반\ 운전자로부터\ 1만원을\ 받아\ 해임처분}{된\ 경찰공무원이\ 제기한\ 해임처분취소청구소송에서}$ 경찰공무원이 그 단속의 대상이 되는 신호위반자에게 먼

저 적극적으로 돈을 요구하고 다른 사람이 볼 수 없도록 돈을 접어 건네주도록 전달방법을 구체적으로 알려주었으며 동승자에게 신고시 범칙금 처분을 받게 된다는 등 비위신고를 막기 위한 말까지 하고 금품을 수수한 경우, 비록 그 받은 돈이 1만원에 불과하더라도 위 금품수수행위를 징계사유로 하여 당해 경찰공무원을 해임처분한 것은 징계재량권의 일탈·남용이 아니다(대판 2006. 12. 21, 2006두16274).

2) 파 면 파면이란 공무원의 신분을 박탈하여 공무원관계를 배제하는 징계처분이다. 파면의 처분을 받은 자는 파면처분을 받은 때로부터 5년을 경과하여야만 다시 공무원에 임용될 수 있다(국공법 제33조 제 7 호; 지공법 제31조 제 7 호). 그리고 파면의 경우에는 퇴직급여·퇴직수당의 감액이 따른다(연금법 제65조 제 1 항).

3) 해 임 해임이란 역시 공무원신분을 박탈하여 공무원관계를 배제하는 징계처분이나, 해임의 처분을 받은 자는 5년이 아니라 3년간 공무원에 임용될 수 없고(국공법 제33조 제 8 호; 지공법 제31조 제 8 호), 퇴직급여금의 감액도 없다.

4) 강 등 강등은 1계급 아래로 직급을 내리는(고위공무원단에 속하는 공무원은 3급으로 임용하고, 연구관 및 지도관은 연구사 및 지도사로 한다) 징계처분이다. 공무원신분은 보유하나 3개월간 직무에 종사하지 못하며 그 기간 중 보수의 전액을 감한다(국공법 제80조 제 1 항). 그리고 그 기간 중에는 보수에 있어 승급이 제한된다(국공법 제80조 제 6 항).

5) 정 직 정직이란 공무원의 신분을 보유하되 일정기간 직무에 종사하지 못하게 하는 징계처분이다. 정직기간은 1개월 이상 3개월 이하이며, 이 기간 중에 보수는 전액이 감해진다(국공법 제80조 제 3 항; 지공법 제71조 제 3 항).

6) 감 봉 감봉이란 1개월 이상 3개월 이하의 기간 보수의 3분의 1을 감하는 징계처분이다(국공법 제80조 제 4 항; 지공법 제71조 제 4 항).

7) 견 책 견책이란 전과에 대하여 훈계하고 회개하게 하는 징계처분이다(국공법 제80조 제 5 항; 지공법 제71조 제 5 항).

(6) 징계절차

1) 징계의결의 요구

(개) 요구권자 제 1 항의 징계 의결 요구는 5급 이상 공무원 및 고위공무원단에 속하는 일반직공무원은 소속 장관이, 6급 이하의 공무원은 소속 기관의 장 또는 소속 상급기관의 장이 한다. 다만, 국무총리·인사혁신처장 및 대통령등으로 정하는 각급 기관의 장은 다른 기관 소속 공무원이 징계 사유가 있다고 인정하면 관계 공무원에 대하여 관할 징계위원회에 직접 징계를 요구할 수 있다(국공법 제78조 제 4 항).

(내) 요구의 기속성 공무원에게 징계사유가 발생하면, 반드시 징계 의결을 요구하여야 하고 그 징계 의결의 결과에 따라 징계처분을 하여야 한다(국공법 제78조 제 1 항; 지공법 제69조 제 1 항). 징계 의결의 요구는 기속적이다(대판 2007. 7. 12, 2006도1390).

(대) 징계 및 징계부가금 부과 사유의 시효 징계의결등의 요구는 징계 등 사유가 발생한 날부터 다음 각 호(1. 징계 등 사유가 다음 각 목(가.「성매매알선 등 행위의 처벌에 관한 법률」제 4 조에 따른 금지행위, 나.「성폭력범죄의 처벌 등에 관한 특례법」제 2 조에 따른 성폭력범죄, 다.「아동·청소년의 성보호에 관한 법률」제 2 조

제 2 호에 따른 아동·청소년대상 성범죄, 라.「양성평등기본법」제 3 조 제 2 호에 따른 성희롱)의 어느 하나에 해당하는 경우: 10년. 2. 징계 등 사유가 제78조의2 제 1 항 각 호의 어느 하나에 해당하는 경우: 5년. 3. 그 밖의 징계 등 사유에 해당하는 경우: 3년)의 구분에 따른 기간이 지나면 하지 못한다(국공법 제83조의2 제 1 항; 지공법 제73조의2 제 1 항)(판례 1). 특별 규정도 있다(예: 교육공무원법 제52조(징계 사유의 시효에 관한 특례) 교육공무원에 대한 징계사유가 다음 각 호의 어느 하나에 해당하는 경우에는「국가공무원법」제83조의2 제 1 항에도 불구하고 징계사유가 발생한 날부터 10년 이내에 징계의결을 요구할 수 있다. (각호 생략)). 징계시효의 기산점은 원칙적으로 징계사유가 발생한 때이고, 징계권자가 징계사유의 존재를 알게 되었을 때가 아니다(대판 2021. 12. 16, 2021두48083). 징계사유가 계속적으로 행하여진 일련의 행위인 경우에는 최종의 행위를 기준으로 하여야 할 것이다. 판례의 입장이기도 하다(판례 2). 임용 전에 징계사유가 발생한 경우, 징계시효의 기산점은 공무원으로 임용된 때이다(대판 1990. 5. 22, 89누7368).

> **판례 1** 징계시효제도의 의의
> (제2작전사령관의 징계처분의 취소를 구한 사건에서) 군인사법이 징계시효 제도를 둔 취지는 군인에게 징계사유에 해당하는 비위가 있더라도 그에 따른 징계절차를 진행하지 않았거나 못한 경우 그 사실상태가 일정 기간 계속되면 그 적법·타당성 등을 묻지 아니하고 그 상태를 존중함으로써 군인 직무의 안정성을 보장하려는 데 있다(대판 2021. 12. 16, 2021두48083).

> **판례 2** 계속적으로 행하여진 비위사실의 징계시효의 기산점
> (부산지방법원장의 원고에 대한 정직처분의 취소를 구한 사건에서) 원고의 비위가 모두 소송사건에 관련하여 **계속적으로 행하여진 일련의 행위라면** 설사 그 중에 본건 징계의결시 2년이 경과한 것이 있다 할지라도 **그 징계시효의 기산점은 위 일련의 행위 중 최종의 것을 기준**하여야 한다(대판 1986. 1. 21, 85누841).

[기출사례] 제60회 5급공채(2016년) 문제·답안작성요령 ☞ PART 4 [3-13]

2) 징계위원회의 심의·의결 징계사건의 심의에서 징계위원회(지방공무원의 경우는 인사위원회)는 징계혐의자를 출석시킴이 원칙이다(판례 1, 2). 그러나 본인이 출석을 원치 아니하거나, 해외체재, 여행 기타의 사유가 있는 경우에는 출석 없이 징계의결할 수 있다(공징령 제10조; 지징정 제 4 조). 징계위원회는 징계혐의자에게 충분한 진술 기회를 부여하여야 하며, 진술 기회를 주지 아니한 결정은 무효이다(국공법 제81조 제 3 항, 제13조 제 2 항; 공징령 제11조 제 2 항).

> **판례 1** 적법한 출석통지 없이 한 징계심의절차의 적법성
> (문교부장관의 원고에 대한 파면처분의 취소를 구한 사건에서) 교육공무원법의 위임에 의하여 제정된 교육공무원징계령 제 8 조 소정의 징계혐의자에 대한 출석통지는 징계혐의자로 하여금 징계심의 개최일을 알게 하고 동시에 자기에게 이익되는 사실을 진술하거나 증거자료를 제출할 기회를 부여하기 위한 조치에서 나온 **강행규정이므로 적법한 출석통지 없이 한 징계심의 절차는 위법하다**(대판 1987. 7. 21, 86누623).

> **판례 2** 징계심의대상자가 선임한 변호사가 징계위원회에 출석하여 징계심의대상자를 위하여 필요한 의견을 진술하는 것이 행정절차법에 의해 보호되는 절차적 권리인지 여부
> (선행소송에서 육군3사관학교 생도에 대한 퇴학처분이 '처분서 미교부'의 절차상 하자만을 이유로 취소판결이 선고·확정된 후, 피고(육군3사관학교장)가 취소판결의 취지에 따라 다시 퇴학처분을 하였는데, 재징계절차에서 징계위원회 심의에 원고의 대리인 참여 요청을 거부한 것이 절차적 하자로 다투어진 육군3사 생도 퇴학처분 사건에서) 행정절차법 제12조 제 1 항 제 3 호, 제 2 항, 제11조 제 4 항 본문에 따르면, 당사자 등은 변호사를 대리인으로 선임할 수 있고, 대리인으로 선임된 변호사는 당사자 등을

위하여 행정절차에 관한 모든 행위를 할 수 있다고 규정되어 있다. 위와 같은 행정절차법령의 규정과 취지, 헌법상 법치국가원리와 적법절차원칙에 비추어 징계와 같은 불이익처분절차에서 징계심의대상자에게 변호사를 통한 방어권의 행사를 보장하는 것이 필요하고, 징계심의대상자가 선임한 변호사가 징계위원회에 출석하여 징계심의대상자를 위하여 필요한 의견을 진술하는 것은 방어권 행사의 본질적 내용에 해당하므로, 행정청은 특별한 사정이 없는 한 이를 거부할 수 없다고 할 것이다(대판 2018. 3. 13,/2016두33339).

3) 징계권자의 징계　　공무원의 징계는 징계위원회의 의결을 거쳐 징계위원회가 설치된 소속 기관의 장이 하되, 국무총리 소속으로 설치된 징계위원회(국회·법원·헌법재판소·선거관리위원회에 있어서는 해당 중앙인사관장기관에 설치된 상급 징계위원회를 말한다)에서 한 징계의결 등에 대하여는 중앙행정기관의 장이 한다. 다만, 파면과 해임은 징계위원회의 의결을 거쳐 각 임용권자 또는 임용권을 위임한 상급 감독기관의 장이 한다(국공법 제82조 제 1 항).

4) 재심사청구　　징계의결등을 요구한 기관의 장은 징계위원회의 의결이 가볍다고 인정하면 그 처분을 하기 전에 다음 각 호(1. 국무총리 소속으로 설치된 징계위원회의 의결: 해당 징계위원회에 재심사를 청구, 2. 중앙행정기관에 설치된 징계위원회(중앙행정기관의 소속기관에 설치된 징계위원회는 제외한다)의 의결: 국무총리 소속으로 설치된 징계위원회에 심사를 청구, 3. 제 1 호 및 제 2 호 외의 징계위원회의 의결: 직근 상급기관에 설치된 징계위원회에 심사를 청구)의 구분에 따라 심사나 재심사를 청구할 수 있다. 이 경우 소속 공무원을 대리인으로 지정할 수 있다(국공법 제82조 제 2 항).

5) 하자 있는 징계　　징계행위에 명백하고 중대한 하자가 있다면 징계행위는 무효의 행위가 된다. 국가공무원의 경우에 피징계자에 진술 기회를 주지 아니한 결정은 무효가 된다(국공법 제81조 제 3 항, 제 13조 제 2 항). 단순위법의 하자는 취소의 사유가 된다(판례).

> 〔판례〕　**징계처분의 무효와 취소의 구별기준**
> (국방부조달본부장의 원고에 대한 해임처분의 무효확인을 구한 사건에서) 징계권자가 징계처분을 함에 있어서 사실관계를 오인한 하자가 있는 경우에 그 하자가 **중대하더라도 외형상 객관적으로 명백하지 않다면** 그 징계처분은 취소할 수 있음에 불과하고 **당연무효라고 볼 수 없는바,** 징계원인인 사실관계의 오인이 잘못된 징계자료에 기인한 경우에 그 징계자료가 외형상 상태성을 결여하고 객관적으로 그러나 단순위법의 하자가 있는 경우에는 취소할 수 있는 행위가 될 것이다(대판 1990. 11. 27,/90누5580).

6) 징계부가금(판례)　　제78조에 따라 공무원의 징계 의결을 요구하는 경우 그 징계 사유가 금품 및 향응 수수, 공금의 횡령·유용인 경우에는 해당 징계 외에 금품 및 향응 수수액, 공금의 횡령액·유용액의 5배 내의 징계부가금 부과 의결을 징계위원회에 요구하여야 한다(국공법 제78조의2 제 1 항). 제 1 항에 따라 징계부가금 부과처분을 받은 사람이 납부기간 내에 그 부가금을 납부하지 아니한 때에는 처분권자(대통령이 처분권자인 경우에는 처분 제청권자)는 국세 체납처분의 예에 따라 징수할 수 있다(국공법 제78조의2 제 4 항 본문).

> 〔판례〕　**징계부가금이 이중처벌금지원칙에 위반되는지 여부**
> (공무원의 징계 사유가 공금의 횡령인 경우 공금 횡령액의 5배 내의 징계부가금을 부과하도록 한 지방공무원법 제69조의2 제 1 항의 위헌확인을 구한 징계부가금 사건에서) 행정법은 의무를 명하거나 금지를

설정함으로써 일정한 행정목적을 달성하려고 하는데, 그 실효성을 확보하기 위해서는 의무의 위반이 있을 때에 행정형벌, 과태료, 영업허가의 취소·정지, 과징금 등과 같은 불이익을 가함으로써 의무위반 당사자나 다른 의무자로 하여금 더 이상 위반을 하지 않도록 유도하는 것이 필요하다. 이와 같이 '제재를 통한 억지'는 행정규제의 본원적인 기능이라 볼 수 있는 것이고, 따라서 어떤 행정제재의 기능이 오로지 제재와 억지에 있다고 하여 이를 헌법 제13조 제 1 항에서 말하는 '처벌'에 해당한다고 할 수 없다. 징계부가금은 공무원 관계의 질서유지를 위하여 공금의 횡령이라는 공무원의 의무 위반 행위에 대하여 지방자치단체가 사용자의 지위에서 행정 절차를 통해 부과하는 행정적 제재이다. 비록 징계부가금이 제재적 성격을 지니고 있더라도 이를 두고 헌법 제13조 제 1 항에서 금지하는 국가형벌권 행사로서의 '처벌'에 해당한다고 볼 수 없다(헌재 2015. 2. 26, 2012헌바435).

(7) 징계처분(불이익처분) 등에 대한 불복(소청과 행정소송)

1) 소 청

㈎ 소청의 의의　　소청이란 공무원의 징계처분 그 밖에 그 의사에 반한 불리한 처분(예: 의원면직·전보·복직청구·강임·휴직·면직처분)에 대한 불복신청을 말한다(국공법 제9조 제1항; 지공법 제13조). 소청심사는 항고쟁송으로서 행정심판의 일종이다. 소청은 공무원 개인의 권익보호와 행정질서의 확립을 목적으로 한다(판례). 제75조에 따른 처분사유 설명서를 받은 공무원이 그 처분에 불복할 때에는 그 설명서를 받은 날부터, 공무원이 제75조에서 정한 처분 외에 본인의 의사에 반한 불리한 처분을 받았을 때에는 그 처분이 있은 것을 안 날부터 각각 30일 이내에 소청심사위원회에 이에 대한 심사를 청구할 수 있다. 이 경우 변호사를 대리인으로 선임할 수 있다(국공법 제76조 제 1 항; 지공법 제67조 제 1 항·제 3 항).

| 판례 | 처분사유설명서 교부의 취지 |

(구 국가공무원법 제73조의2 제 1 항 제 4 호 제73조의2(직위의 해제) 제 1 항(임용권자는 다음 각 호의 1에 해당하는 자에 대하여는 직위를 부여하지 아니할 수 있다) 제 4 호[형사사건으로 기소된 자(약식명령이 청구된 자는 제외한다)]에 대한 위헌소원사건에서) 국가공무원법은 이 사건 법률조항의 직위해제처분을 행함에 있어서 구체적이고도 명확한 사실의 적시가 요구되는 처분사유고지서를 반드시 교부하도록 하여 해당 공무원에게 방어의 준비 및 불복의 기회를 보장하고 임용권자의 판단에 신중함과 합리성을 담보하게 하고 있고, 직위해제처분을 받은 공무원은 사후적으로 소청이나 행정소송을 통하여 충분한 의견진술 및 자료제출의 기회를 보장받고 있다(헌재 2006. 5. 25, 2004헌바12).

㈏ 소청심사위원회　　소청사항의 심사는 합의제기관인 소청심사위원회가 행한다. 소청심사위원회는 행정기관 소속 공무원과 관련하여 인사혁신처에, 국회·법원·헌법재판소 및 선거관리위원회 소속 공무원과 관련하여 각각 국회사무처·법원행정처·헌법재판소사무처 및 중앙선거관리위원회사무처에 둔다(국공법 제9조 제1항·제2항). 인사혁신처에 설치된 위원회는 상설기관이다. 소청심사위원에게는 제척(국공법 제14조 제 3 항, 지공법 제19조 제 3 항), 기피(국공법 제14조 제 4 항, 지공법 제19조 제 4 항), 회피(국공법 제14조 제 5 항, 지공법 제19조 제 5 항)의 제도가 적용된다. 제14조 제 3 항부터 제 5 항까지의 규정에 따른 소청심사위원회 위원의 제척·기피 또는 회

피 등으로 심사·결정에 참여할 수 있는 위원 수가 3명 미만이 된 경우에는 3명이 될 때까지 국회
사무총장, 법원행정처장, 헌법재판소사무처장, 중앙선거관리위원회사무총장 또는 인사혁신처장
은 임시위원을 임명하여 해당 사건의 심사·결정에 참여하도록 하여야 한다$\binom{\text{국공법 제14조의2 제 1 항,}}{\text{지공법 제19조의2 제 1 항}}$.

(다) 절　차　　소청심사위원회의 심사결정은 일정한 절차를 거쳐야 한다$\binom{\text{국공법 제12조 내지}}{\text{제14조 제 2 항 및 소}}$
$\binom{\text{청절차}}{\text{규정}}$. 소청인의 진술권은 보장된다. 진술 기회를 주지 아니한 결정은 무효이다$\binom{\text{국공법 제13조;}}{\text{지공법 제18조}}$. 위
원회의 결정은 그 이유를 구체적으로 밝힌 결정서로 하여야 한다$\binom{\text{국공법 제14조 제 9 항;}}{\text{지공법 제19조 제 9 항}}$. 소청심사위원
회는 원칙적으로 소청심사청구를 접수한 날로부터 60일 이내에 이에 대한 결정을 하여야 한다
$\binom{\text{국공법 제76조 제 5 항;}}{\text{지공법 제67조 제 7 항}}$.

(라) 결　정　　소청심사위원회의 결정은 처분행정청을 기속한다$\binom{\text{국공법 제15조;}}{\text{지공법 제20조}}$. 소청심사
위원회의 취소명령 또는 변경명령 결정은 그에 따른 징계나 그 밖의 처분이 있을 때까지는 종전
에 행한 징계처분 또는 제78조의2에 따른 징계부가금$\binom{\text{이하 "징계부가}}{\text{금"이라 한다}}$ 부과처분에 영향을 미치지 아
니한다$\binom{\text{국공법 제14}}{\text{조 제 7 항}}\binom{\text{판}}{\text{례}}$.

┌─────┐
│ 판례 │　교원소청심사위원회의 소청심사결정 중 임용기간이 만료된 교원에 대한 재임용거부처
└─────┘
분을 취소하는 결정의 효력
(사립대학교에 계약제 강의전담 교원(전임강사)으로 임용된 자가 재임용 심사 업적평가에서 하위 20%에 해당하는 평가를 받아 재임용
이 거부되자 교육인적자원부 교원소청심사위원회에 재임용 불가 처분 취소를 구하는 소청심사를 하였고, 이에 위 위원회가 재임용 불가
처분의 취소결정을 하였으나, 피고가 원고들에 대한 재임용절차를 거치지 아니하고 있어, 원고들이 임금지급 등을 청구한 사건에서) '교원지위향상을 위한 특별법' 제 7 조 제 1 항,
제10조 제 2 항에 의하면, 교원소청심사위원회는 각급학교 교원에 대한 징계처분과 그 밖에 그 의
사에 반하는 불리한 처분$\binom{\text{임용기간이 만료된 교원에 대한}}{\text{재임용거부처분을 포함한다}}$에 대한 소청을 심사하고 그 소청심사결정은 처
분권자를 기속한다. 이와 같은 교원소청심사위원회의 소청심사결정 중 임용기간이 만료된 교원
에 대한 재임용거부처분을 취소하는 결정은 재임용거부처분을 취소함으로써 학교법인 등에게 해
당 교원에 대한 재임용심사를 다시 하도록 하는 절차적 의무를 부과하는 데 그칠 뿐 학교법인 등
에게 반드시 해당 교원을 재임용하여야 하는 의무를 부과하거나 혹은 그 교원이 바로 재임용되는
것과 같은 법적 효과까지 인정되는 것은 아니다$\binom{\text{대판 2010. 9. 9.}}{\text{2008다6953}}$.

(마) 소청인의 보호　　소청심사위원회가 징계처분 또는 징계부가금 부과처분$\binom{\text{이하 "징계처분}}{\text{등"이라 한다}}$
을 받은 자의 청구에 따라 소청을 심사할 경우에는 원징계처분보다 무거운 징계 또는 원징계부가
금 부과처분보다 무거운 징계부가금을 부과하는 결정을 하지 못한다$\binom{\text{국공법 제14조 제 8 항;}}{\text{지공법 제19조 제 8 항}}$. 이를 불이
익변경금지의 원칙이라 한다. 이 원칙은 소청인에게 소청의 권리를 보장하기 위한 것이다. 그리
고 소청이 있는 경우, 일정요건하에서 후임자의 보충발령이 금지된다$\binom{\text{국공법}}{\text{제76조}}$.

2) 행정소송

(가) 원처분주의　　소청심사위원회의 결정에 불복이 있으면 행정소송을 제기할 수 있다.
만약 소청심사위원회의 결정에 고유한 위법이 있다면, 위원회의 결정을 소의 대상으로 할 수 있
지만, 그 결정에 고유의 위법이 없다면 원처분주의의 원칙에 따라 원징계처분을 소의 대상으로
하여야 한다$\binom{\text{행소법 제}}{\text{19조 단서}}$.

(나) 필요적 심판전치 제75조(공무원에 대하여 징계처분을 할 때나 강임·휴직·직위해제 또는 면직처분을 할 때에는 그 처분권자 또는 처분제청권자는 처분사유를 적은 설명서를 교부하여야 한다. 다만, 본인의 원에 따른 강임·휴직 또는 면직처분은 그러하지 아니하다)에 따른 처분, 그 밖에 본인의 의사에 반한 불리한 처분이나 부작위에 관한 행정소송은 소청심사위원회의 심사·결정을 거치지 아니하면 제기할 수 없다(국공법 제16조 제1항; 지공법 제20조의2).

(다) 피   고 제1항에 따른 행정소송을 제기할 때에는 대통령의 처분 또는 부작위의 경우에는 소속 장관(대통령령으로 정하는 기관의 장을 포함한다)을, 중앙선거관리위원회위원장의 처분 또는 부작위의 경우에는 중앙선거관리위원회사무총장을 각각 피고로 한다(국공법 제16조 제2항)(판례).

[판례] 국공립학교 교원과 사립학교 교원의 징계소송의 상이성

(학교법인 세방학원이 교원소청심사위원회의 해임처분취소결정에 대하여 취소를 구한 사건에서) **국·공립학교 교원**에 대한 징계처분의 경우에는 원 징계처분 자체가 행정처분이므로 그에 대하여 위원회에 소청심사를 청구하고 위원회의 결정이 있은 후 그에 불복하는 행정소송이 제기되더라도 그 심판대상은 교육감 등에 의한 원 징계처분이 되는 것이 원칙이다. 다만 위원회의 심사절차에 위법사유가 있다는 등 고유의 위법이 있는 경우에 한하여 위원회의 결정이 소송에서의 심판대상이 된다. 따라서 그 행정소송의 피고도 위와 같은 예외적 경우가 아닌 한 원처분을 한 처분청이 되는 것이지 위원회가 되는 것이 아니다. 또한 법원에서도 위원회 결정의 당부가 아니라 원처분의 위법 여부가 판단대상이 되는 것이므로 위원회 결정의 결론과 상관없이 원처분에 적법한 처분사유가 있는지, 그 징계양정이 적정한지가 판단대상이 되고(다만 위원회에서 원처분의 징계양정을 변경한 경우에는 그 내용에 따라 원처분이 변경된 것으로 간주되어 그 변경된 처분이 심판대상이 된다), 거기에 위법사유가 있다고 인정되면 위원회의 결정이 아니라 원 징계처분을 취소하게 되고, 그에 따라 후속절차도 원 징계처분을 한 처분청이 판결의 기속력에 따라 징계를 하지 않거나 재징계를 하게 되는 구조로 운영된다. 반면, **사립학교 교원**에 대한 징계처분의 경우에는 학교법인 등의 징계처분은 행정처분성이 없는 것이고 그에 대한 소청심사청구에 따라 위원회가 한 결정이 행정처분이고 교원이나 학교법인 등은 그 결정에 대하여 행정소송으로 다투는 구조가 되므로, 행정소송에서의 심판대상은 학교법인 등의 원 징계처분이 아니라 위원회의 결정이 되고, 따라서 피고도 행정청인 위원회가 되는 것이며, 법원이 위원회의 결정을 취소한 판결이 확정된다고 하더라도 위원회가 다시 그 소청심사청구사건을 재심사하게 될 뿐 학교법인 등이 곧바로 위 판결의 취지에 따라 재징계 등을 하여야 할 의무를 부담하는 것은 아니다(대판 2013. 7. 25. 2012두12297).

---

3) 재징계의결 요구 처분권자(대통령이 처분권자인 경우에는 처분 제청권자)는 다음 각 호에 해당하는 사유(1. 법령의 적용, 증거 및 사실 조사에 명백한 흠이 있는 경우, 2. 징계위원회의 구성 또는 징계의결 등, 그 밖에 절차상의 흠이 있는 경우, 3. 징계양정 및 징계부가금이 과다(過多)한 경우)로 소청심사위원회 또는 법원에서 징계처분등의 무효 또는 취소(취소명령 포함)의 결정이나 판결을 받은 경우에는 다시 징계의결 또는 징계부가금 부과의결(이하 "징계의결등"이라 한다)을 요구하여야 한다. 다만, 제3호의 사유로 무효 또는 취소(취소명령 포함)의 결정이나 판결을 받은 감봉·견책처분에 대하여는 징계의결을 요구하지 아니할 수 있다(국공법 제78조의3 제1항).

[기출사례] 제57회 5급공채(2013년) 문제·답안작성요령 ☞ PART 4 [2-9]

[기출사례] 제60회 5급공채(2016년) 문제·답안작성요령 ☞ PART 4 [3-14]

2. 변상책임

(1) 변상책임의 의의   변상책임이란 공무원이 의무위반행위로 인해 국가나 지방자치단체에 재산상 손해를 발생케 한 경우, 그에 대하여 공무원이 부담하는 재산상의 책임을 말한다. 변상책임에는 회계관계직원 등의 변상책임과 국가배상법상 변상책임의 경우가 있다.

(2) 회계관계직원 등의 변상책임

1) 일 반 법   ① 국가회계법은 회계관계직원의 책임에 관하여 '다른 법률로 정하는 바에 따른다'고 규정하고 있고$\binom{\text{국가회계}}{\text{법 제28조}}$, ② 물품관리법도 물품관리공무원·물품출납공무원과 물품출납을 보관하는 자·물품을 사용하는 공무원 등의 변상책임을 '따로 법률로 정한다'고 규정하고 있으며$\binom{\text{물품법}}{\text{제45조}}$, ③ 군수품관리법도 물품관리법과 유사한 규정을 두고 있다$\binom{\text{동법 제28}}{\text{조, 제29조}}$. ④ 이상의 법률에 의거 제정된 법률이 '회계관계직원 등의 책임에 관한 법률$\binom{\text{회책}}{\text{법}}$'이다. 따라서 동법은 회계관계직원 등의 변상책임에 관하여 일반법의 지위에 선다고 할 수 있다. ⑤ 한편 회계관계직원 등의 책임에 관한 법률도 회계관계직원 등의 책임에 관해 특별한 규정을 두고 있다.

2) 책임의 유형   변상책임의 유형으로는 ① 회계관계직원 등이 고의 또는 중대한 과실로 법령이나 그 밖의 관계 규정 및 예산에 정해진 바에 위반하여 국가, 지방자치단체, 그 밖에 감사원의 감사를 받는 단체 등의 재산에 손해를 끼친 때에 지는 변상책임$\binom{\text{회책법 제4}}{\text{조 제1항}}$, ② 현금 또는 물품을 출납·보관하는 자가 선량한 관리자로서의 주의를 게을리하여 그가 보관하는 현금 또는 물품이 망실되거나 훼손된 경우에 지는 변상책임$\binom{\text{회책법 제4}}{\text{조 제2항}}$이 있다.

(3) 국가배상법에 의한 변상책임   국가배상법상 변상책임은 ① 공무원의 직무상 불법행위로 타인에게 손해를 가한 경우, 국가나 지방자치단체가 공무원에 대위하여 책임을 지는바, 이때 공무원에게 고의나 중대한 과실이 있을 때 당해 공무원이 국가나 지방자치단체의 구상권에 응해 부담하는 변상책임$\binom{\text{국배법 제2}}{\text{조 제2항}}$과 ② 영조물의 설치·관리상의 하자로 타인에게 손해를 가한 경우에 공무원에게 그 원인에 대해 책임을 물을 수 있을 때, 타인에게 손해를 배상한 국가나 지방자치단체에 대해 당해 공무원이 부담하는 변상책임$\binom{\text{국배법 제5}}{\text{조 제2항}}$의 경우가 있다.

경찰법(경찰행정법) 警察行政法

제1장 일 반 론

제1절 경찰·경찰법의 개념

Ⅰ. 경찰의 개념

1. 실질적 의미의 경찰

실질적 의미의 경찰은 국가활동의 내용상의 성질을 기준으로 한 개념이다. 실질적 의미의 경찰이란 "공공의 안녕과 질서를 위협하는 위험으로부터 개인이나 공중을 보호하거나, 공공의 안녕과 질서에 대한 장해의 제거를 목적으로 하는 모든 국가적 활동"을 말한다. 실질적 의미의 경찰은 ① 소극적인 작용(이 점에서 적극적 목적의 복리작용과 구분된다), ② 사회목적적인 작용(이 점에서 국가목적적인 작용인 군정·재정작용과 구분된다), ③ 권력적인 작용(이 점에서 비권력적인 복리작용과 기본적으로 구분된다)의 성질을 갖는다. 실질적 의미의 경찰은 제도적 의미의 경찰에 의해서만 수행되는 것은 아니고, 그 밖의 다른 행정기관에 의해서도 수행된다.

2. 형식적 의미의 경찰

형식적 의미의 경찰개념은 실질적인 성질 여하를 불문하고 제도적 의미의 경찰이 수행하는 모든 사무를 의미한다. 형식적 의미의 경찰은 입법자가 경찰에 부여한 모든 사무를 의미하는바,

그 내용이 무엇인가를 가리지 않는다. 정부조직법은 '치안에 관한 사무'를 경찰청의 사무로 규정하고 있다(정조법 제34조 제5항). 동 조항에 따른 경찰법과 경찰관 직무집행법이 정하는 국가경찰사무는 다음과 같다.

경찰의 임무	근거법률
1. 국민의 생명·신체 및 재산의 보호	경찰법 제3조 제1호, 경직법 제2조 제1호.
2. 범죄의 예방·진압 및 수사	경찰법 제3조 제2호, 경직법 제2조 제2호.
3. 범죄피해자 보호	경찰법 제3조 제3호, 경직법 제2조 제2의2호.
4. 경비·요인경호 및 대간첩·대테러 작전 수행	경찰법 제3조 제4호, 경직법 제2조 제3호.
5. 공공안녕에 대한 위험의 예방과 대응을 위한 정보의 수집·작성 및 배포	경찰법 제3조 제5호, 경직법 제2조 제4호.
6. 교통의 단속과 위해의 방지	경찰법 제3조 제6호, 경직법 제2조 제5호.
7. 외국 정부기관 및 국제기구와의 국제협력	경찰법 제3조 제7호, 경직법 제2조 제6호.
8. 그 밖에 공공의 안녕과 질서유지	경찰법 제3조 제8호, 경직법 제2조 제7호.

3. 제도적 의미의 경찰

제도적 의미(조직적 의미)의 경찰개념은 경찰행정기관의 조직과 관련한다. 즉, 경찰이라 불리는 일련의 경찰기관이 제도적 의미의 경찰이다. 정부조직법(제34조 제5항)은 치안에 관한 사무를 관장하기 위하여 행정안전부장관소속으로 경찰청을 둔다고 하였는바, 경찰청과 그 소속기관(예: 지방경찰청, 경찰서)의 총체가 바로 제도적 의미의 국가경찰이다.

Ⅱ. 경찰법의 관념

1. 경찰법의 개념

경찰법의 개념은 경찰개념에 좌우된다. 경찰개념은 위험방지를 목적으로 하는 국가활동으로 이해되는바, 경찰법은 위험방지법, 다시 말해서 위험방지에 타당한 원칙과 법규범으로 정의된다. 경찰법이 필요한 이유는 헌법에서 찾을 수 있다. 헌법상 기본권은 국민 개개인에게 자신의 삶을 자신이 원하는 바대로 영위할 수 있는 권리를 부여한다. 그러나 무제한의 기본권행사는 타인의 기본권과의 관계에서 충돌을 가져온다. 이러한 충돌을 방지하기 위해서는 국가가 개인의 생활에 구체적으로 개입하지 않을 수 없는바, 이러한 작용의 하나가 바로 경찰이다(헌법 제37조 제2항).

2. 경찰법의 종류(특별경찰법·일반경찰법)

특별경찰법이란 특별법상으로 규정된 실질적 경찰관련법(협의의 행정경찰법)을 말한다. 그 예로서 건축법상의 경찰규정, 식품위생법상의 경찰규정, 산림보호법상의 경찰규정, 집회 및 시위에 관한 법률상의 경찰규정 등을 들 수 있다. 특별경찰법이 없는 경우에 적용되는 것이 일반경찰법(보안경찰에 관한 법)이다. 경찰법과 경찰관 직무집행법이 일반경찰법의 기본적인 법이다. 경찰법상 일반원칙도 일반경찰법에 속한다.

제 2 절   경찰조직법

Ⅰ. 경찰기관의 종류

1. 국가경찰의 경찰행정관청

경찰행정관청이란 위험방지임무에 관한 국가의사를 결정하고 이를 외부에 표시할 수 있는 권한을 가진 기관을 의미한다.

(1) 일반경찰행정관청

1) 중앙경찰관청   치안에 관한 사무를 관장하기 위하여 행정안전부장관 소속으로 설치되는 경찰청의 장(경찰청장)이 중앙경찰관청이다(정조법 제34조 제5항; 경찰법 제12조). 경찰청장은 치안총감으로 보한다(경찰법 제14조 제1항). 경찰청장은 국가경찰위원회의 동의를 받아 행정안전부장관의 제청으로 국무총리를 거쳐 대통령이 임명한다(경찰법 제14조 제2항). 이 경우 국회의 인사청문을 거쳐야 한다(경찰법 제14조 제2항 제2문). 해양에서의 경찰사무를 위해 해양수산부장관과 그 소속인 해양경찰청장이 중앙경찰관청의 지위를 갖는다(정조법 제43조 제2항).

2) 지방경찰관청   ① 상급 지방경찰관청으로 시·도경찰청장이 있다. 경찰의 사무를 지역적으로 분담하여 수행하게 하기 위하여 특별시·광역시·특별자치시·도·특별자치도(이하 "시·도"라 한다)에 시·도경찰청을 둔다(경찰법 제13조 본문 전단). 시·도경찰청에 시·도경찰청장을 두며, 시·도경찰청장은 치안정감·치안감 또는 경무관으로 보한다(경찰법 제28조 제1항). ② 하급 지방경찰관청으로는 경찰서장이 있다. 시·도경찰청장 소속으로 경찰서를 둔다(경찰법 제13조 본문 후단). 경찰서에 경찰서장을 두며, 경찰서장은 경무관, 총경 또는 경정으로 보한다(경찰법 제30조 제1항).

(2) 특별경찰행정관청

1) 특별경찰행정관청의 의의   특별경찰행정관청이란 특정의 전문영역에서 경찰상의 권한을 가진 행정기관으로서 조직상 일반경찰행정청에 속하지 아니하는 행정청을 의미한다. 말하자면 특별경찰법(협의의 행정경찰법)상의 경찰기관을 말한다. 특별경찰행정관청을 협의의 행정경찰관청이라 부르기도 한다. 특별경찰행정청은 일반적으로 각 주무부장관, 외청의 장, 지방자치단체의 장, 특별행정기관의 장으로 이루어진다.

2) 일반경찰행정청과 특별경찰행정청의 관계   특별경찰행정청의 권한영역 내에서는 기본적으로 일반경찰행정청이 활동할 수는 없다. 말하자면 특별경찰행정청의 권한이 우선한다. 특별경찰행정청에 권한이 없는 경우에 비로소 일반경찰행정청이 관련법령에 따라 활동하게 된다.

2. 국가경찰의 의결기관(국가경찰위원회)

국가경찰과 자치경찰의 조직 및 운영에 관한 법률 제10조 제1항 각 호의 사항을 심의·의결하기 위하여 행정안전부에 국가경찰위원회를 둔다(경찰법 제7조 제1항). 국가경찰위원회는 행정조직법상 의미에서의 행정관청이 아니라 의결기관에 해당한다. 경찰위원회는 대외적으로 의사를 표시하는 기관은 아니기 때문이다.

> [참고조문] 국가경찰과 자치경찰의 조직 및 운영에 관한 법률 제10조(국가경찰위원회의 심의·의결 사항 등)
> ① 다음 각 호의 사항은 국가경찰위원회의 심의·의결을 거쳐야 한다.
> 1. 국가경찰사무에 관한 인사, 예산, 장비, 통신 등에 관한 주요정책 및 경찰 업무 발전에 관한 사항
> 2. 국가경찰사무에 관한 인권보호와 관련되는 경찰의 운영·개선에 관한 사항$\binom{제3호}{이하 생략}$

3. 국가경찰의 경찰집행기관

경찰집행기관이란 경찰행정관청이 명한 사항을 현장에서 현실적으로 직접 수행하는 경찰기관을 말한다. 이를 집행경찰이라 부를 수도 있다. 경찰집행기관은 그 임무의 내용의 상이에 따라 ① 제복을 착용하고 무기를 휴대하는 것을 특징으로 하면서 일반경비에 임하는 경비경찰$\binom{경공법}{제26조}$, ② 긴급한 상황에 대처하는 기동경찰$\binom{경응법}{제4조}$, ③ 해양경비사무를 집행하는 경찰공무원$\binom{해양경찰청과 그 소속기}{관 직제 제30조 제4항}$. ④ 간첩침투거부 등을 위한 의무경찰$\binom{의무경찰대 설치 및 운}{영에 관한 법률 제1조}$, ⑤ 특별경찰행정관청에 소속하면서 그 관청의 소관사무를 집행하는 공무원, ⑥ 군인·군무원의 범죄예방 등에 관한 사무를 집행하는 헌병(군사경찰)인 병$\binom{군사법원법 제}{46조 제1호}$, ⑦ 비상사태시 출병하는 군인$\binom{헌법 제77조;}{계엄법 제1조}$ 등으로 구분할 수 있다.

4. 소 방 서

소방사무는 경찰사무$\binom{위험방}{지사무}$의 한 부분이지만, 소방기관은 일반경찰기관으로부터 분리되어 있다. 소방사무는 국가와 지방자치단체의 공통사무로 보인다$\binom{소방법}{제2조의2}$. 소방행정청에는 중앙행정기관으로 소방청장$\binom{정조법 제34조}{제7항, 제8항}$, 지방행정기관으로 시·도지사$\binom{특별시장·광역시장·특별자치시}{장·도지사 또는 특별자치도지사}$와 소방대장$\binom{소방본부장 또는 소방서장 등 화재, 재난·재해, 그 밖의 위급}{한 상황이 발생한 현장에서 소방대를 지휘하는 사람을 말한다}$이 있다$\binom{소방법}{제3조}$. 소방업무를 수행하는 소방본부장 또는 소방서장은 그 소재지를 관할하는 시·도지사의 지휘와 감독을 받는다$\binom{소방법 제3}{조 제2항}$. 제2항에도 불구하고 소방청장은 화재 예방 및 대형 재난 등 필요한 경우 시·도 소방본부장 및 소방서장을 지휘·감독할 수 있다$\binom{소방법 제3}{조 제3항}$.

5. 자치경찰기관

(1) 시·도자치경찰위원회   시·도자치경찰위원회는 특별시장·광역시장·특별자치시장·도지사·특별자치도지사$\binom{이하 "시·도}{지사"라 한다}$ 소속$\binom{경찰법 제18}{조 제1항}$이라는 점, 소관사무가 대부분 자치경찰사무에 관한 것$\binom{경찰법}{제24조}$이라는 점에 비추어, 시·도자치경찰위원회는 자치경찰기관의 성격을 갖는다. 국가경찰과 자치경찰의 조직 및 운영에 관한 법률 제25조에 비추어 시·도자치경찰위원회는 기본적으로 의결기관의 성격을 갖지만, 순수한 의결기관은 아니다.

(2) 자치경찰행정청   ① 시·도경찰청장은 … 자치경찰사무에 대해서는 시·도자치경찰위원회의 지휘·감독을 받아 관할구역의 소관 사무를 관장하고 소속 공무원 및 소속 경찰기관의 장을 지휘·감독한다$\binom{경찰법 제28}{조 제3항}$. ② 시·도경찰청장은 국가경찰사무를 수행하는 범위에서 국가의 경찰행정청의 지위도 갖지만, 자치경찰사무를 수행하는 범위에서 자치경찰행정청의 지위도 갖는

다. 따라서 국가경찰과 자치경찰의 조직 및 운영에 관한 법률상 시·도경찰청장의 지위는 이중적이다. ③ 시·도경찰청장의 지위가 이중적이라는 것은 자치경찰제가 온전한 것이 아님을 의미한다. 그것은 과도기적이다. 지방자치단체 소속기관인 자치경찰기관이 자치경찰사무를 전담하는 것이 온전한 자치경찰제라 할 것이다.

(3) 제주특별자치도의 경우　　현재로서 지방자치단체에 소속하는 경찰$\binom{\text{자치}}{\text{경찰}}$은 제주특별자치도 설치 및 국제자유도시 조성을 위한 특별법$\binom{\text{약칭: 제}}{\text{주특별법}}$에 근거하여 제주특별자치도에서 설치되고 있다. 제주특별법 제90조가 정하는 자치경찰사무를 처리하기 위하여 제주특별자치도지사 소속으로 자치경찰단을 둔다$\binom{\text{제주특별자치도 설치 및 국제자유도시 조성}}{\text{을 위한 특별법, 약칭: 제국법 제88조 제 1 항}}$. 자치경찰단장은 자치경찰행정청의 성격을 갖는다.

Ⅱ. 청원경찰·경비

1. 청원경찰

(1) 의　　의　　국가의 예산상의 한계 등을 이유로 국가경찰이 갖는 한계를 극복하기 위하여 국가의 감독과 사업주 등의 부담하에 운영되는 경찰제도가 청원경찰제도이다. 청원경찰법은 청원경찰을 "다음 각 호$\binom{\text{1. 국가기관 또는 공공단체와 그 관리하에 있는 중요 시설 또는 사업장, 2. 국내}}{\text{주재 외국기관, 3. 그 밖에 행정안전부령으로 정하는 중요 시설, 사업장 또는 장소}}$의 어느 하나에 해당하는 기관의 장 또는 시설·사업장 등의 경영자가 경비$\binom{\text{이하 "청원경찰}}{\text{경비"라 한다}}$를 부담할 것을 조건으로 경찰의 배치를 신청하는 경우 그 기관·시설 또는 사업장 등의 경비를 담당하게 하기 위하여 배치하는 경찰"로 정의하고 있다$\binom{\text{청원경찰}}{\text{법 제 2 조}}$.

(2) 직　　무　　청원경찰은 청원주와 배치된 기관·시설 또는 사업장 등의 구역을 관할하는 경찰서장의 감독을 받아 그 경비구역만의 경비를 목적으로 필요한 범위에서 경찰관 직무집행법에 따른 경찰관의 직무를 수행한다$\binom{\text{청원경찰}}{\text{법 제 3 조}}$.

2. 지　　위

(1) 근 로 자　　청원경찰은 사용자인 청원주$\binom{\text{청원경찰의 배치}}{\text{결정을 받은 자}}$와의 고용계약에 의한 근로자로서 공무원 신분이 아니다$\binom{\text{청원경찰법 제 5 조 제 1 항, 청원}}{\text{경찰법 시행령 제 7 조, 제18조}}$. 청원경찰 업무에 종사하는 사람은 「형법」이나 그 밖의 법령에 따른 벌칙을 적용할 때에는 공무원으로 본다$\binom{\text{청원경찰법 제}}{\text{10조 제 2 항}}$, 청원경찰의 신분은 형법이나 그 밖의 법령에 따른 벌칙의 적용과 청원경찰법 및 이 법 시행령에서 특히 규정하는 경우를 제외하고는 공무원으로 보지 않는다$\binom{\text{청원경찰법 시}}{\text{행령 제18조}}$.

(2) 불법행위의 경우　　국가기관·지방자치단체에 근무하는 청원경찰은 직무상 불법행위에 따른 배상책임에 있어 공무원으로 간주되지만, 국가기관 또는 지방자치단체 외의 곳에서 근무하는 청원경찰의 경우 불법행위에 대한 배상책임에 관하여는 민법의 규정이 적용된다$\binom{\text{청원경}}{\text{찰법 제}}$
$\binom{\text{10조}}{\text{의2}}$.

3. 경   비

경비업법은 시설경비업무$\binom{경비를 필요로 하는 시설 및 장소에서의 도난·화재}{그 밖의 혼잡 등으로 인한 위험발생을 방지하는 업무}$ · 호송경비업무$\binom{운반중에 있는 현금·}{유가증권·귀금속·}$ 상품 그 밖의 물건에 대하여 도난· $)$ · 신변보호업무$\binom{사람의 생명이나 신체에 대한 위해의 발}{생을 방지하고 그 신변을 보호하는 업무}$ · 기계경비업무$\binom{경비대상시설에 설}{치한 기기에 의하}$ 화재 등 위험발생을 방지하는 업무 여 감지·송신된 정보를 그 경비대상시설 외의 장소에 설치한 관제 $)$ · 특수경비업무$\binom{공항(항공기를 포함한다) 등 대통령령이 정하는 국가}{중요시설의 경비 및 도난·화재 그 밖의 위험발생을 방}$ 시설의 기기로 수신하여 도난·화재 등 위험발생을 방지하는 업무 지하는 업무 $)$의 전부 또는 일부를 도급받아 행하는 영업을 경비업이라 부른다$\binom{경비업법 제 2}{조 제 1 호}$. 용역경비 역시 청원경찰의 경우와 마찬가지로 국가부담의 완화를 도모하는 제도이다. 경비업은 법인만이 할 수 있고$\binom{경비업법}{제 3 조}$, 또한 허가를 요하는 사업이다$\binom{경비업법}{제 4 조}$.

제 2 장 경찰작용법

제 1 절 경찰작용의 법적 근거

Ⅰ. 법률유보의 원칙과 경찰

1. 법률유보의 의의

경찰처분은 관련자의 권리에 명령적으로나 침익적으로 작용하므로, 법률유보의 원칙에 따라 법률상의 근거를 요한다(헌법 제37조 제2항; 기본법 제8조 후단). 법률의 구체적인 위임이 있으면 법규명령도 근거가 될 수 있다. 비상계엄이나 긴급명령이 발동되면, 그러한 명령도 법적 근거가 된다. 관습법이 침익적인 경찰작용의 발동의 근거가 될 수는 없다.

2. 법률유보의 방식

경찰작용의 법적 근거의 방식에는 법기술상 ① 특별경찰법상 조항에 의한 특별수권의 방식, ② 일반경찰법상 특별조항에 의한 특별수권의 방식, ③ 일반경찰법상 일반조항(개괄조항)에 의한 일반수권의 방식이 단계적으로 존재한다. 우리의 법제상 ①과 ②가 인정되고 있음은 의문이 없다. ① 특별경찰법상 특별수권은 식품위생법·공중위생관리법 등 여러 법률에서 찾을 수 있고, ② 일반경찰법상 특별수권은 경찰관 직무집행법 제3조 이하에서 찾을 수 있기 때문이다. 문제는 ③의 경우이다.

Ⅱ. 특별경찰법상 특별수권

1. 특별수권의 의의

위험방지의 목적에 기여하는 법규는 일반경찰법 외에 특별법으로 규정되기도 한다. 이것이 특별법상 특별수권의 문제이다. 특별법에 따른 위험방지는 반드시 제도적 의미의 경찰에 의해서 수행되는 작용만을 의미하는 것은 아니다. 그것은 관련주무부장관 등에 의해 수행되기도 한다.

2. 일반경찰법과 특별경찰법

특별경찰법이 적용되는 한에 있어서는 일반경찰법의 적용은 배제된다. 경찰작용의 실제상 특별법에 따른 경찰작용의 범위는 매우 넓고 경시될 수 없다.

3. 특별수권의 유형

특별경찰법상 모든 경찰작용을 상세히 개관하기는 어렵다. 물론 그러한 특별법은 오로지 위험방지만을 목적으로 하는 것은 아니고, 그 밖에 여러 목적도 추구하는 것임을 상기할 필요가 있다. 특별경찰법상 특별수권은 건강$\binom{\text{의료법·약사법·감염}}{\text{병예방법·식품위생법}}$, 환경보호$\binom{\text{산림기본법·야생생물 보}}{\text{호 및 관리에 관한 법률}}$, 교통안전·교통질서$\binom{\text{도로교통법·선}}{\text{박법·항공법}}$, 건축상 안전$\binom{\text{건축}}{\text{법}}$, 영업상 안전$\binom{\text{직업안정법·}}{\text{식품위생법}}$, 무기·폭발물$\binom{\text{총포·도검·화약류 등}}{\text{의 안전관리에 관한 법률}}$, 집회(시위·노동쟁의)$\binom{\text{집회 및 시위}}{\text{에 관한 법률}}$, 외국인$\binom{\text{출입국}}{\text{관리법}}$, 재난보호$\binom{\text{민방위기본법·소방기본법·수상에서의 수색·구}}{\text{조 등에 관한 법률·재해구호법·자연재해대책법}}$ 등과 관련하여 나타난다.

Ⅲ. 일반경찰법상 특별수권(경찰상 표준처분)

1. 표준처분의 의의

일반경찰법인 경찰관 직무집행법은 공적 안전과 질서의 유지를 위하여 빈번히 이루어지는, 특히 개인의 자유영역에 대하여 침해를 가져오는 특별구성요건을 갖고 있다. 이를 소위 표준처분 또는 표준적 직무행위라 부른다. 표준처분은 개인의 자유에 대한 전형적·유형적 침해를 의미한다.

2. 표준처분의 성질

(1) 행정행위 표준처분은 행정행위로서의 성질을 갖는다. 그 처분은 관계자에게 작위·부작위·수인의 의무를 부과한다. 그리고 그 처분은 그 처분의 사실상 집행과 구분되어야 한다. 처분의 사실상의 집행은 사실행위일 뿐이다$\binom{\text{예: 수색처분은 관계자에게 수색행위시 수인의 의무가}}{\text{주어지는 행정행위이고 수색의 집행은 사실행위이다}}$. 표준처분이 오로지 사실행위일 뿐이라는 견해는 잘못된 것이다.

(2) 재량행위 경찰관 직무집행법상 표준처분조항들은 재량규정$\binom{\cdots \text{할 수}}{\text{있다}}$이다. 합리적이고 효율적인 경찰권행사를 위해 불가피하다. 다만, 재량권 행사에는 일탈이나 남용이 없어야 한다$\binom{\text{판}}{\text{례}}$.

> **판례** 경찰관 직무집행법상 경찰 권한의 성질(재량과 재량수축)
> $\binom{\text{다수의 성폭력범죄로 여러 차례 처벌을 받은 뒤 위치추적 전자장치를 부착하고 보호관찰을 받고 있던 甲이 乙을 강간하였고(이하 '직전}}{\text{범행'이라고 한다), 그로부터 13일 후 丙을 강간하려다 살해하였는데, 丙의 유족들이 경찰관과 보호관찰관의 위법한 직무수행을 이유로}}$ $\binom{}{\text{국가를 상대로 손해배}}$ $\binom{}{\text{상을 구한 사건에서}}$ 경찰은 범죄의 예방, 진압 및 수사와 함께 국민의 생명, 신체 및 재산의 보호 기타 공공의 안녕과 질서유지를 직무로 하고 직무의 원활한 수행을 위하여 경찰관 직무집행법, 형사소송법 등 관계 법령에 의하여 여러 가지 권한이 부여되어 있다. 구체적인 직무를 수행하는 경찰관으로서는 여러 상황에 대응하여 자신에게 부여된 여러 가지 권한을 적절하게 행사하여 필요한 조치를 취할 수 있고, 그러한 권한은 일반적으로 경찰관의 전문적 판단에 기한 합리적인 재량에 위임되어 있는 것이다. 그러나 구체적인 사정에서 경찰관이 권한을 행사하여 필요한 조치를 하지 아니하는 것이 현저하게 불합리하다고 인정되는 경우 그러한 권한의 불행사는 직무상의 의무를 위반한 것으로 위법하다$\binom{\text{대판 2022. 7. 14,}}{\text{2017다290538}}$.

(3) 영장주의의 예외   경찰관 직무집행법상 표준처분조항들은 영장주의의 예외를 규정하는 조항이다. 말하자면 표준처분을 함에는 영장이 필요하지 않다.

3. 표준처분의 유형

경찰관 직무집행법상 인정되고 있는 표준처분으로는 불심검문, 보호조치, 위험발생의 방지, 범죄의 예방과 제지, 위험방지를 위한 출입, 확인을 위한 출석요구 등이 있다($\binom{\text{경직법 제 3 조 내}}{\text{지 제 8 조, 제 10 조}}$)($\binom{\text{행정법이}}{\text{론에서는}}$ 이러한 수단들을 경찰상 즉시강제·행정조사의 문제로 다루고 있다).

(1) 불심검문

1) 의   의   경찰관 직무집행법 제 3 조는 불심검문이라는 제목하에 제 1 항에서 질문, 제 2 항에서 동행요구, 제 3 항에서 흉기소지 여부 조사, 제 4 항 내지 제 7 항은 제 1 항 내지 제 3 항과 관련하여 절차 등에 관한 사항을 규정하고 있는바, 경찰관 직무집행법 제 3 조의 불심검문이란 질문과 동행요구 및 흉기소지 여부 조사를 내용으로 하는 개념이다.

2) 질   문

(가) 의   의   경찰관은 다음 각 호($\binom{\text{1. 수상한 행동이나 그 밖의 주위 사정을 합리적으로 판단하여 볼 때 어떠한}}{\text{죄를 범하였거나 범하려 하고 있다고 의심할 만한 상당한 이유가 있는 사람,}}$ 2. 이미 행하여진 범죄나 행하여지려고 하는 범죄행위에 관한 사실을 안다고 인정되는 사람)의 어느 하나에 해당하는 사람을 정지시켜 질문할 수 있다($\binom{\text{경직}}{\text{법}}$ $\binom{\text{제 3 조}}{\text{제 1 항}}$). 경찰관 직무집행법은 이를 질문이라 부른다.

(나) 법적 성질   정지는 경찰관 앞에서 장소적 이동을 하지 아니하는 것을 말한다. 질문을 위해 정지는 불가피하게 요구된다. 질문을 위한 정지는 동시에 피질문자에게 행동의 자유의 일시정지를 가져올 수 있다. 그러나 이러한 일시정지는 침해의 경미성으로 인해 헌법 제12조가 보장하는 기본권인 신체의 자유의 침해에 해당하지 아니한다. 한편, 질문을 위한 정지의 성질은 하명에 해당하지만, 이에 불응하는 경우에 대한 강제수단은 보이지 아니한다. 따라서 질문을 위해 정지를 요구하였으나, 이에 불응하여도 강제적으로 정지시킬 수는 없다. 질문은 무엇인가를 알기 위해서 묻는 행위이다. 따라서 질문은 성질상 경찰상 조사의 성질을 갖는다.

(다) 증표의 제시 등   경찰관은 제 1 항에 따라 질문을 할 경우 자신의 신분을 표시하는 증표를 제시하면서 소속과 성명을 밝히고 질문의 목적과 이유를 설명하여야 한다($\binom{\text{경직법 제 3}}{\text{조 제 4 항}}$). 이것은 경찰관의 권한남용을 방지하기 위한 것이다. 이 조항에 반하는 경찰관의 직무집행행위는 당연히 위법한 직무집행행위가 된다.

(라) 신체구속·답변강요의 금지   제 1 항부터 제 3 항까지의 규정에 따라 질문을 받은 사람은 형사소송에 관한 법률에 따르지 아니하고는 신체를 구속당하지 아니하며, 그 의사에 반하여 답변을 강요당하지 아니한다($\binom{\text{경직법 제 3}}{\text{조 제 7 항}}$). 질문 자체에는 영장주의가 적용되지 아니하지만, 신체구속에는 당연히 영장주의가 적용된다. 경찰관 직무집행법상 질문은 상대방의 임의적인 협력($\binom{\text{답}}{\text{변}}$)을 전제로 하는 제도의 성격도 갖는다.

3) 흉기소지 여부의 조사   경찰관은 제 1 항 각 호($\binom{\text{1. 수상한 행동이나 그 밖의 주위 사정을 합리적으로 판}}{\text{단하여 볼 때 어떠한 죄를 범하였거나 범하려 하고 있다}}$

고 의심할 만한 상당한 이유가 있는 사람, 2. 이미 행하여진 범죄나 행하여지려고 하는 범죄행위에 관한 사실을 안다고 인정되는 사람)의 어느 하나에 해당하는 사람에게 질문을 할 때에 그 사람이 흉기를 가지고 있는지를 조사할 수 있다(경직법 제3 조 제3항). 흉기소지 여부 조사는 당해인의 신체나 소지품에 대한 검색을 전제로 한다. 신체의 조사 역시 자유의 제한이므로, 신체의 조사에는 헌법에 따라 법률상의 근거가 필요하다. 본조가 바로 그 근거조항이다(판례).

판례 불심검문의 적법 요건 및 그 내용
(검문 중이던 경찰관들이, 자전거를 이용한 날치기 사건 범인과 흡사한 인상착의의 피고인이 자전거를 타고 다가오는 것을 발견하고 정지를 요구하였으나 멈추지 않아, 앞을 가로막고 소속과 성명을 고지한 후 검문에 협조해 달라는 취지로 말하였음에도 불응하고 그대로 전진하자, 따라가서 재차 앞을 막고 검문에 응하라고 요구하였는데, 이에 피고인이 경찰관들)의 멱살을 잡아 밀치거나 욕설을 하는 등 항의하여 공무집행방해 등으로 기소된 사건에서) **경찰관직무집행법**(이하 '법'이라 한다)의 목적, 법 제 1 조 제 1 항, 제 2 항, 제 3 조 제 1 항, 제 2 항, 제 3 항, 제 7 항의 규정 내용 및 체계 등을 종합하면, 경찰관은 법 제 3 조 제 1 항에 규정된 대상자에게 질문을 하기 위하여 범행의 경중, 범행과의 관련성, 상황의 긴박성, 혐의의 정도, 질문의 필요성 등에 비추어 목적 달성에 필요한 최소한의 범위 내에서 사회통념상 용인될 수 있는 상당한 방법으로 대상자를 정지시킬 수 있고 질문에 수반하여 흉기의 소지 여부도 조사할 수 있다(대판 2012. 9. 13, 2010도6203).

---

4) 동행요구

(개) 의   의   경찰관은 제 1 항에 따라 같은 항 각 호의 사람을 정지시킨 장소에서 질문을 하는 것이 그 사람에게 불리하거나 교통에 방해가 된다고 인정될 때에는 질문을 하기 위하여 가까운 경찰서·지구대·파출소 또는 출장소(지방해양경찰관서를 포함하며, 이하 "경찰관서"라 한다)로 동행할 것을 요구할 수 있다(경직법 제3조 제2항 본문). 이를 동행요구라 부른다. 본 조항의 동행요구에 따른 동행을 임의동행이라 부른다. 본조의 임의동행은 위험방지의 목적을 위한 경찰행정법상 제도이고, 수사목적의 임의동행은 형사소송법상 제도로서 양자는 목적을 달리한다.

(내) 성질(비강제성)   이 경우 동행을 요구받은 사람은 그 요구를 거절할 수 있다(경직법 제3조 제2항 단서). 동행요구는 당해인의 협력을 전제로 하는 비강제적인 수단이다. 임의동행인지 강제동행인지의 여부에 대한 판단은 동행한 자의 의사를 존중하면서 객관적으로 이루어져야 한다. 임의성의 판단은 평균인을 기준으로 할 것이다. 경찰의 강제나 심리적 압박에 의해 동행을 승낙하고 동행하였다면, 그러한 동행은 임의동행이 아니라 강제연행으로서 불법행위가 된다. 경찰관이 동행요구를 거부하는 자를 강제로 동행하게 한다면, 그것은 불법행위에 해당하며, 국가는 국가배상법에 따른 배상책임을 부담하여야 한다.

(대) 친지에 고지 등   경찰관은 제 2 항에 따라 동행한 사람의 가족이나 친지 등에게 동행한 경찰관의 신분, 동행 장소, 동행 목적과 이유를 알리거나 본인으로 하여금 즉시 연락할 수 있는 기회를 주어야 하며, 변호인의 도움을 받을 권리가 있음을 알려야 한다(경직법 제3조 제5항). 이 조항은 동행을 한 자의 인신보호를 위한 것으로서 경찰관의 직무상 의무를 규정하고 있다. 이 조항은 예외 없이 적용되어야 한다. 경찰관이 만약 이 조항이 규정하는 직무상 의무를 불이행하면, 국가배상법상 배상책임의 문제를 가져온다.

(2) 보호조치

1) 의   의   경찰관은 수상한 행동이나 그 밖의 주위 사정을 합리적으로 판단해 볼 때 다음 각 호^(1. 정신착란을 일으키거나 술에 취하여 자신 또는 다른 사람의 생명·신체·재산에 위해를 끼칠 우려가 있는 사람, 2. 자살을 시 도하는 사람, 3. 미아, 병자, 부상자 등으로서 적당한 보호자가 없으며 응급구호가 필요하다고 인정되는 사람. 다만, 본인이 구 호를 거절하는 경)의 어느 하나에 해당하는 것이 명백하고 응급구호가 필요하다고 믿을 만한 상당한 이유가 있는 사람^(이하 "구호대 상자"라 한다)을 발견하였을 때에는 보건의료기관이나 공공구호기관에 긴급구호를 요청하거나 경찰관서에 보호하는 등 적절한 조치를 할 수 있다^{(경직법 제4) (판)(조 제1항)(례)}. 경찰관 직무집행법 은 이를 보호조치라 부르고 있다. 보호조치의 발동을 위해서는 구체적인 위험의 존재가 필요하 다. 보호조치에는 강제보호와 임의보호가 있다. 본 조항에 따른 보호조치는 위험방지를 목적으로 하는 것이며, 범죄수사의 목적으로 위해 활용될 수는 없다.

> **[판례]   경찰관직무집행법 제 4 조 제 1 항의 술에 취한 상태의 의미**
> ^{(화물차 운전자인 피고인이 경찰의 음주단속에 불응하고 도주하였다가 다른 차량에 막혀 더 이상 진행하지 못하게 되자 운전석에서 내려 다시 도주하려다 경찰관에게 검거되어 지구대로 보호조치된 후 음주측정요구를 거부하였다고 하여 도로교통법 위반(음주측정거부)으로 기소된 사건에서)} 이 사건 조항의 '술에 취한 상태'란 피구호자가 술에 만취하여 정상적인 판단능력이나 의 사능력을 상실할 정도에 이른 것을 말하고, 이 사건 조항에 따른 보호조치를 필요로 하는 피구호 자에 해당하는지는 구체적인 상황을 고려하여 경찰관 평균인을 기준으로 판단하되, 그 판단은 보 호조치의 취지와 목적에 비추어 현저하게 불합리하여서는 아니 되며, 피구호자의 가족 등에게 피 구호자를 인계할 수 있다면 특별한 사정이 없는 한 경찰관서에서 피구호자를 보호하는 것은 허용 되지 않는다^{(대판 2012. 12. 13.)(2012도11162)}.

2) 성   질   경찰상 유치는 헌법 제12조의 의미의 개인의 자유에 대한 침해를 뜻하므 로 특별히 중대한 근거^{(형식적 의)(미의 법률)}에 의해서만 허용된다. 본조가 바로 근거규정이다. 보호조치^{(감금)(유치.)(보호)(유치)}는 헌법상 보장되는 자유의 제한이므로, 보호조치에 관한 경찰관 직무집행법의 규정은 제한 적으로 해석되어야 한다. 보호조치가 생명이나 신체 등의 보호를 위한 것임은 물론이다. 그렇다 고 보호조치가 적극적으로 국민의 복리증진을 위한 수단이라고 볼 수는 없다. 한편, 보호조치는 당해인에게 수인의무를 가져오므로 법적 행위이고 순수한 사실행위는 아니다. 강제보호조치는 대인적 즉시강제의 성질을 가지며^{(판)(례)}, 임의보호조치는 비권력적 사실행위의 성질을 갖는다.

> **[판례]   경찰관직무집행법 제 4 조 제 1 항의 성질**
> ^{(화물차 운전자인 피고인이 경찰의 음주단속에 불응하고 도주하였다가 다른 차량에 막혀 더 이상 진행하지 못하게 되자 운전석에서 내려 다시 도주하려다 경찰관에게 검거되어 지구대로 보호조치된 후 음주측정요구를 거부하였다고 하여 도로교통법 위반(음주측정거부)으로 기소된 사건에서)} 경찰관직무집행법 제 4 조 제 1 항 제 1 호에서 규정하는 술에 취한 상태로 인하여 자기 또 는 타인의 생명·신체와 재산에 위해를 미칠 우려가 있는 피구호자에 대한 보호조치는 경찰 행정 상 즉시강제에 해당하므로, 그 조치가 불가피한 최소한도 내에서만 행사되도록 발동·행사 요건 을 신중하고 엄격하게 해석하여야 한다^{(대판 2012. 12. 13.)(2012도11162)}.

3) 보호기간　　　보건의료기관이나 공공구호기관에서의 보호기간에는 제한이 없으나, 구호대상자를 경찰관서에서 보호하는 기간은 24시간을 초과할 수 없다($\substack{경직법 제4 \\ 조 제7항}$). 경찰관서에서의 보호에 기간상 제한을 둔 것은 혹시 있을 수도 있는 경찰권의 남용을 방지하고 경찰의 임무를 경감시키기 위한 것이다. 만약 경찰관이 구속영장을 받음이 없이 24시간을 초과하여 경찰서 보호실에 유치하는 것은 영장주의에 위배되는 위법한 구금이다.

4) 임시영치　　　경찰관은 제1항의 조치를 하는 경우에 구호대상자가 휴대하고 있는 무기·흉기 등 위험을 일으킬 수 있는 것으로 인정되는 물건을 경찰관서에 임시로 영치하여 놓을 수 있다($\substack{경직법 제4 \\ 조 제3항}$). 흉기란 위험을 야기할 수 있는 것으로 인정되는 일체의 물건으로서 무기를 제외한 것을 말한다. 임시영치는 영장 없이 이루어지는 강제처분의 성격을 갖는다. 임시영치는 대물적 즉시강제의 성격을 갖는다. 제3항에 따라 물건을 경찰관서에 임시로 영치하는 기간은 10일을 초과할 수 없다($\substack{경직법 제4 \\ 조 제7항}$).

5) 통제(사후조치)

㈎ 가족 등에 통지　　　경찰관은 제1항의 조치를 하였을 때에는 지체 없이 구호대상자의 가족, 친지 또는 그 밖의 연고자에게 그 사실을 알려야 하며, 연고자가 발견되지 아니할 때에는 구호대상자를 적당한 공공보건의료기관이나 공공구호기관에 즉시 인계하여야 한다($\substack{경직법 제4 \\ 조 제4항}$).

㈏ 경찰서장 등에 통지　　　경찰관은 제4항에 따라 구호대상자를 공공보건의료기관이나 공공구호기관에 인계하였을 때에는 즉시 그 사실을 소속 경찰서장이나 해양경찰서의 장에게 보고하여야 한다($\substack{경직법 제4 \\ 조 제5항}$). 경찰서장 등에 대한 통지는 보호대상자의 소재파악을 용이하게 하고 강제수용시설에 무단으로 보호되는 것을 방지하는 데 기여할 것이다.

㈐ 감독행정청 등에 보고　　　제5항에 따라 보고를 받은 소속 경찰서장이나 해양경찰서의 장은 대통령령으로 정하는 바에 따라 구호대상자를 인계한 사실을 지체 없이 해당 공공보건의료기관 또는 공공구호기관의 장 및 그 감독행정청에 통보하여야 한다($\substack{경직법 제4 \\ 조 제6항}$). 감독행정청이란 공중보건의료기관·공공구호기관의 관할 행정청($\substack{예: 시장·군 \\ 수·구청장}$)을 말한다.

(3) 위험발생의 방지

1) 의　의　　　경찰관은 사람의 생명 또는 신체에 위해를 끼치거나 재산에 중대한 손해를 끼칠 우려가 있는 천재, 사변, 인공구조물의 파손이나 붕괴, 교통사고, 위험물의 폭발, 위험한 동물 등의 출현, 극도의 혼잡, 그 밖의 위험한 사태가 있을 때에는 다음 각 호($\substack{1. 그 장소에 모인 사람, 사 \\ 물의 관리자, 그 밖의 관계}$ 인에게 필요한 경고를 하는 것, 2. 매우 긴급한 경우에는 위해를 입을 우려가 있는 사람을 필요한 한도에서 억류하거나 피난시키는 것, 3. 그 장소에 있는 사람, 사물의 관리자, 그 밖의 관계인에게 위해를 방지하기 위하여 필요하다고 인정되는 조치를 하게 하거나 직접 그 조치를 하는 것)의 조치를 할 수 있다($\substack{경직법 제5 \\ 조 제1항}$). 경찰관 직무집행법은 이를 위험발생의 방지라 부르고 있다.

2) 조치의 요건　　　위험발생의 방지를 위한 조치는 사람의 생명이나 신체에 위해를 끼치거나 재산에 중대한 손해를 끼칠 우려가 있는 위험한 사태가 있을 때에 가능하다. 위험한 사태의 예로 경찰관 직무집행법은 천재, 사변, 공작물의 손괴, 교통사고, 위험물의 폭발, 광견·분마류 등의 출현, 극단한 혼잡 등을 들고 있다. 천재는 자연의 재해($\substack{예: 화산폭 \\ 발, 대홍수}$), 사변은 사회적 변란($\substack{예: 전쟁, \\ 내란, 폭동}$)을

뜻한다.

3) 조치의 내용 ① 그 장소에 모인 사람, 사물(事物)의 관리자, 그 밖의 관계인에게 필요한 경고를 하는 것, ② 매우 긴급한 경우에는 위해를 입을 우려가 있는 사람을 필요한 한도에서 억류하거나 피난시키는 것, ③ 그 장소에 있는 사람, 사물의 관리자, 그 밖의 관계인에게 위해를 방지하기 위하여 필요하다고 인정되는 조치를 하게 하거나 직접 그 조치를 하는 것을 할 수 있다$\binom{\text{경직법 제 5}}{\text{조 제 1 항}}$.

(4) 범죄의 예방과 제지

1) 의   의 경찰관은 범죄행위가 목전(目前)에 행하여지려고 하고 있다고 인정될 때에는 이를 예방하기 위하여 관계인에게 필요한 경고를 하고, 그 행위로 인하여 사람의 생명·신체에 위해를 끼치거나 재산에 중대한 손해를 끼칠 우려가 있는 긴급한 경우에는 그 행위를 제지할 수 있다$\binom{\text{경직법}}{\text{제 6 조}}\binom{\text{판}}{\text{례}}$.

〔 **판례** 〕 경찰관 직무집행법 제 6 조에 따른 경찰관의 제지 조치가 적법한 직무집행으로 평가되기 위한 요건 및 경찰관의 제지 조치가 적법한지 판단하는 기준

$\binom{\text{피고인이 특수공무집행방해}}{\text{죄로 기소된 형사사건에서}}$ 경찰관 직무집행법 제 6 조에 따른 경찰관의 제지 조치가 적법한 직무집행으로 평가되기 위해서는, 형사처벌의 대상이 되는 행위가 눈앞에서 막 이루어지려고 하는 것이 객관적으로 인정될 수 있는 상황이고, 그 행위를 당장 제지하지 않으면 곧 인명·신체에 위해를 미치거나 재산에 중대한 손해를 끼칠 우려가 있는 상황이어서, 직접 제지하는 방법 외에는 위와 같은 결과를 막을 수 없는 절박한 사태이어야 한다. 다만 경찰관의 제지 조치가 적법한지는 **제지 조치 당시의 구체적 상황을 기초로 판단**하여야 하고 사후적으로 순수한 객관적 기준에서 판단할 것은 아니다$\binom{\text{대판 2018. 12. 13.}}{\text{2016도19417}}$.

2) 성   질 범죄행위의 예방 그 자체도 위험방지작용으로서의 경찰작용에 해당한다. 본 조항에 따라 경찰관이 경고를 발하거나 그 행위를 제지할 수 있는 범죄행위의 종류에는 제한이 없다. 말하자면 경찰관은 본 조항에 근거하여 모든 종류의 범죄행위에 대하여 경고를 발하거나 그 행위를 제지할 수 있다. 한편, 경고는 비권력적 사실행위로서 경찰지도의 성격을 갖지만, 범죄의 제지는 대인적 즉시강제의 성질을 갖는다$\binom{\text{판}}{\text{례}}$.

〔 **판례** 〕 경찰관 직무집행법 제 6 조 중 '제지'의 성질

$\binom{\text{세월호 진상규명 등을 촉구하는 기자회견을 한 후 청와대에 서명지 박스를 전달하기 위한 행진을 시도하였으}}{\text{나 관할 경찰서장인 갑 등이 해산명령과 통행차단 조치를 하였고, 이에 원고들이 손해배상을 구한 사건에서}}$ 경찰관 직무집행법 제 6 조 중 경찰관의 제지에 관한 부분은 범죄의 예방을 위한 경찰행정상 즉시강제, 즉 눈앞의 급박한 경찰상 장해를 제거하여야 할 필요가 있고 의무를 명할 시간적 여유가 없거나 의무를 명하는 방법으로는 그 목적을 달성하기 어려운 상황에서 의무불이행을 전제로 하지 아니하고 경찰이 직접 실력을 행사하여 경찰상 필요한 상태를 실현하는 권력적 사실행위에 관한 근거조항이다. 경찰행정상 즉시강제는 그 본질상 행정 목적 달성을 위하여 불가피한 한도 내에서 예외적으로 허

용되는 것이므로, 위 조항에 의한 경찰관의 제지 조치 역시 그러한 조치가 불가피한 최소한도 내에서만 행사되도록 그 발동·행사 요건을 신중하고 엄격하게 해석하여야 하고, 그러한 해석·적용의 범위 내에서만 우리 헌법상 신체의 자유 등 기본권 보장 조항과 그 정신 및 해석 원칙에 합치될 수 있다(대판 2021. 11. 11,
2018다288631).

3) 방법(경고·제지) ① 경고란 범죄행위로 나아가지 말 것을 통고·권고하는 것이다. 경고의 방법에는 특별한 제한이 없다. 구두로 할 수도 있고 경적이나 확성기사용을 통해 할 수도 있다. 경고는 사실행위이고 행정행위는 아니다. ② 제지란 경찰관이 신체상의 힘 또는 경찰장구를 이용하여 범죄행위를 실행에 옮기지 못하도록 하는 것을 말한다(판
례). 제지를 위한 경찰장구의 사용은 경찰관 직무집행법 제10조의2에 따라야 한다.

판례 경찰관 직무집행법 제 6 조의 성질

(피고인이 특수공무집행방해
죄로 기소된 형사사건에서) 경찰관 직무집행법 제 6 조 중 경찰관의 제지에 관한 부분은 범죄 예방을 위한 경찰 행정상 즉시강제, 즉 눈앞의 급박한 경찰상 장해를 제거할 필요가 있고 의무를 명할 시간적 여유가 없거나 의무를 명하는 방법으로는 그 목적을 달성하기 어려운 상황에서 의무불이행을 전제로 하지 않고 경찰이 직접 실력을 행사하여 경찰상 필요한 상태를 실현하는 권력적 사실행위에 관한 근거조항이다(대판 2018. 12. 13,
2016도19417).

(5) 위험방지를 위한 출입

1) 의 의 경찰관은 경찰관 직무집행법 제 5 조가 정하는 위험발생의 방지, 제 6 조가 정하는 범죄의 예방과 제지를 위하여 다른 사람의 토지·건물·배 또는 차에 출입하거나(경직
법 제 7
조 제 1 항) 일반적인 위험방지를 위하여 흥행장, 여관, 음식점, 역 그 밖에 많은 사람이 출입하는 장소에 출입할 수 있다(경직법 제 7
조 제 2 항). 경찰관 직무집행법은 양자를 합하여 위험방지를 위한 출입이라 부르고 있다. 한편, 경찰관 직무집행법 제 7 조에 의한 출입 외에 개별 법률의 규정에 따른 출입도 있다(예: 총포·도검·화약류 등의
안전관리에 관한 법률 제44조). 한편, 경찰관 직무집행법 제 7 조에 의한 출입은 경찰상 즉시강제의 의미도 갖는다.

2) 성 질 헌법 제16조는 주거의 자유를 보장한다. 주거권은 기본권으로서 보호된다. 본조에 의거하여 이루어지는 주거자의 동의 없는 가택출입·검색은 현재의 사람의 생명·신체·자유·물건의 안전 등에 대한 위험방지목적으로만 가능하다. 이와 관련하여 주거의 개념을 명확히 하는 것이 필요하다. 주거개념은 넓게 해석되어야 한다. 그것은 좁은 의미의 주거(예: 침실
과 거실)뿐만 아니라 그 밖의 부속공간(예: 마루·
창고·정원)까지도 포함한다. 그리고 헌법상 주거개념에는 그 밖에도 천막(텐
트), 호텔의 객실, 학생의 기숙사도 포함된다. 근로자·경영자의 업무공간 역시 포함된다. 따라서 사법상 법인도 주거권의 주체가 될 수 있다.

3) 출입의 유형

⑦ 긴급출입$\binom{제7조 제1항}{에 따른 출입}$ 경찰관은 제 5 조 제 1 항·제 2 항 및 제 6 조에 따른 위험한 사태가 발생하여 사람의 생명·신체 또는 재산에 대한 위해가 임박한 때에 그 위해를 방지하거나 피해자를 구조하기 위하여 부득이하다고 인정하면 합리적으로 판단하여 필요한 한도에서 다른 사람의 토지·건물·배 또는 차에 출입할 수 있다$\binom{경직법 제7}{조 제1항}$. 이러한 출입을 긴급출입 또는 일반출입이라 부른다. 이 경우의 출입은 대가택 즉시강제의 성질을 갖는다.

⑷ 예방출입$\binom{제7조 제2항}{에 따른 출입}$ 흥행장(興行場), 여관, 음식점, 역, 그 밖에 많은 사람이 출입하는 장소의 관리자나 그에 준하는 관계인은 경찰관이 범죄나 사람의 생명·신체·재산에 대한 위해를 예방하기 위하여 해당 장소의 영업시간이나 해당 장소가 일반인에게 공개된 시간에 그 장소에 출입하겠다고 요구하면 정당한 이유 없이 그 요구를 거절할 수 없다$\binom{경직법 제7}{조 제2항}$. 이러한 출입을 예방출입이라 부른다. 이 경우의 출입은 경찰조사의 성질을 갖는다.

[기출사례] 제58회 사법시험(2016년) 문제·답안작성요령 ☞ PART 4 [3-16]

(6) 사실의 확인 등

1) 사실의 조회   경찰관서의 장은 직무 수행에 필요하다고 인정되는 상당한 이유가 있을 때에는 국가기관이나 공사 단체 등에 직무 수행에 관련된 사실을 조회할 수 있다. 다만, 긴급한 경우에는 소속 경찰관으로 하여금 현장에 나가 해당 기관 또는 단체의 장의 협조를 받아 그 사실을 확인하게 할 수 있다$\binom{경직법 제8}{조 제1항}$. 본 조항은 경찰의 직무를 효과적으로 수행하는 데 필요한 자료를 확보하기 위한 규정이다. 본 조항에 의한 사실조회는 형사소송법상 조회$\binom{제199조(수사와 필요한}{조사) ② 수사에 관하여}$는 공무소 기타 공사단체에 조회하여$\binom{}{}$나 출석요구$\binom{형사소송법 제200조(피의자의 출석요구) 검사 또는 사법경찰관은 수}{사에 필요한 때에는 피의자의 출석을 요구하여 진술을 들을 수 있다}$와 성질을 달리한다$\binom{판}{례}$.

> **판례** 경찰관 직무집행법상 사실조회행위(사실의 확인)조항의 성질
> $\binom{국민건강보험공단의 서울용산경찰서장에 대한}{요양급여내역 제공행위 위헌확인 사건에서}$ 이 사건 사실조회행위의 근거조항인 이 사건 사실조회조항은 수사기관에 공사단체 등에 대한 사실조회의 권한을 부여하고 있을 뿐이고, 국민건강보험공단은 수사기관의 사실조회에 응하거나 협조하여야 할 의무를 부담하지 않는다. 따라서 이 사건 사실조회조항과 이 사건 사실조회행위만으로는 청구인들의 법적 지위에 어떠한 영향을 미친다고 보기 어렵고, 국민건강보험공단의 자발적인 협조가 있어야만 비로소 청구인들의 개인정보자기결정권이 제한된다$\binom{헌재 2018. 8. 30,}{2014헌마368}$.

2) 출석요구

⑦ 의   의   경찰관은 다음 각 호$\binom{1. 미아를 인수할 보호자 확인, 2. 유실물을 인수할 권리자 확인, 3. 사고로}{인한 사상자 확인, 4. 행정처분을 위한 교통사고 조사에 필요한 사실 확인}$의 직무를 수행하기 위하여 필요하면 관계인에게 출석하여야 하는 사유·일시 및 장소를 명확히 적은 출석 요구서를 보내 경찰관서에 출석할 것을 요구할 수 있다$\binom{경직법 제8}{조 제2항}$.

(나) 성   질   법문상 출석요구가 출석의무를 부과하는 행정행위인지, 아니면 단순히 사인의 협력을 구하는 사실행위인지의 여부는 불분명하다. 그러나 출석요구에 불응한다고 하여 이를 강제할 수 있는 수단이 없는바, 출석요구는 출석의무를 부과하는 행정행위로 보기는 어렵다. 따라서 출석요구는 경찰법상 사실행위로 볼 것이다. 한편, 개념상 예방경찰상 동일인확인은 형사소송상 동일인확인($\frac{인정}{심문}$)과 구분된다. 사실의 확인을 위해 질문과 증명서제출을 요구할 수도 있을 것이다.

(7) 경찰장비의 사용 등

1) 의   의   경찰관은 직무수행 중 경찰장비를 사용할 수 있다. 다만, 사람의 생명이나 신체에 위해를 끼칠 수 있는 경찰장비($\frac{이하 이 조에서 "위해}{성 경찰장비"라 한다}$)를 사용할 때에는 필요한 안전교육과 안전검사를 받은 후 사용하여야 한다($\frac{경직법 제10}{조 제1항}$). 제1항 본문에서 "경찰장비"란 무기, 경찰장구, 최루제와 그 발사장치, 살수차, 감식기구, 해안 감시기구, 통신기기, 차량·선박·항공기 등 경찰이 직무를 수행할 때 필요한 장치와 기구를 말한다($\frac{경직법 제10}{조 제2항}$).

2) 성   질   경찰장비의 사용은 경찰상 즉시강제의 성질을 갖는다. 또 한편으로 경찰장비의 사용은 경찰관 직무집행법 제3조 내지 제7조 등에서 규정하는 경찰상 즉시강제 내지 조사수단의 도입시에 활용되는 힘($\frac{실}{력}$)의 한 종류로서의 성질도 갖는다.

3) 내   용   경찰장비의 사용에는 경찰장구의 사용($\frac{경직법}{제10조의2}$), 분사기 등의 사용($\frac{경직법}{제10조의3}$), 무기의 사용($\frac{경직법}{제10조의4}$) 등이 있다.

Ⅳ. 일반경찰법상 일반수권(일반조항)

1. 일반조항의 의의

위험의 예방·진압이 필요한 경우이지만, 그 위험의 예방·진압을 위한 법적 근거가 특별경찰법에 없을 뿐만 아니라 일반경찰법에도 특별한 규정으로 존재하지 않는 경우, 최종적으로 그 위험의 예방·진압을 위한 법적 근거로서 적용되는 일반경찰법상 개괄적인 조항을 일반조항, 또는 개괄조항이라 부른다. 여기서 일반조항이란 권한조항($\frac{예컨대, 체포를 가능하게 하는}{형사소송법 제200조의2 제1항}$)을 의미하는 것이지, 직무조항($\frac{예: 검찰청의 직무범위를 규정하는 정부조직법 제32조 제3항 및 그에}{따른 검찰청법 제4조. 이 조항으로부터는 체포권한이 나오지 아니한다}$)을 의미하는 것은 아니다.

2. 일반조항의 필요성

개별적인 경찰상의 위험극복을 위해 특별법률이 증가하고 있으나, 입법보다 앞서가는 기술의 진보, 사회의 변화, 위험발생상황의 다양성 때문에 경찰상의 일반조항이 완전히 포기될 수는 없다. 따라서 입법의 공백을 메우기 위해서는 경찰의 영역에서 일반조항에 따른 일반수권제도가 필요하다. 인권침해를 우려하여 필요성 자체를 부정하는 견해도 있다.

3. 일반조항의 보충성

① 만약 일반조항을 둔다면, 일반조항은 성질상 특별조항이 없는 경우에 보충적으로 적용되

어야 한다. 특별조항은 제도적 의미의 경찰관련 법령에 있을 수도 있고, 비경찰관련 법령에 있을 수도 있다. 그리고 ② 일반조항은 다만 공공의 안녕이나 공적 질서를 위협하는 위험의 극복을 위해서만 경찰작용의 근거로서 활용되는 것이지, 그 밖의 모든 위험의 극복에 근거가 되는 것은 아니다.

4. 현행법상 인정가능성

(1) 학　　설　　① 경찰권 발동 근거로서의 법률은 법치주의 원칙상 개별적인 규정이어야 하고 포괄적·일반적 수권법은 허용되지 않기 때문에 우리 실정법상 일반조항은 인정할 수 없다는 견해(일반조항의 허용성을 부정하는 견해)(한견우), ② 현행 헌법하에서 일반조항은 인정될 수 있고 또한 인정되어야 하지만, 아직까지 우리 입법은 이를 수용하고 있지 않다는 견해(허용성은 긍정하나 현재 존재하지 않는다는 견해(입법필요설)), ③ 일반조항의 허용성과 존재를 모두 긍정하는 견해가 대립된다. 그리고 ③설에는 ⓐ 경찰관 직무집행법 제 2 조 제 7 호가 근거라는 입장(일반조항은 개별적인 규정이 없는 때에 한하여 보충적으로 적용되는 것이며, 일반조항으로 인한 경찰권 발동의 남용은 조리상의 한계 내지 법원칙에 의하여 충분히 통제될 수 있으므로, 경찰법 및 경찰관 직무집행법상의 "공공의 안녕과 질서유지"에 관한 규정(경찰관 직무집행법 제 2 조 제 7 호 등)을 일반적 수권조항으로 본다(김남진, 석종현, 강구철, 류지태))과 ⓑ 경찰관 직무집행법 제 2 조, 제 5 조, 제 6 조를 결합하여 인정하는 입장(제 2 조 제 7 호가 일반조항임을 인정하고, 제 5 조를 제 2 의 일반조항(개인적 법익보호), 제 6 조를 제 3 의 일반적 수권조항(국가적·사회적 법익보호)으로 보는 견해이다(박정훈))이 있다(박정훈).

(2) 판　　례　　학설은 청원경찰의 직무집행과 관련된 사건에서 판례가 경찰관 직무집행법 제 2 조 제 7 호를 일반조항으로 보았다고 평가한다(판례).

판례 청원경찰의 직무집행의 성질

(원고에 대한 특수공무집행방해, 상해, 특수강도, 특수강도미수, 절도, 보호감호가 문제된 형사소송절차에서) **청원경찰법 제 3 조는 청원경찰은** 청원주와 배치된 기관, 시설 또는 사업장 등의 구역을 관할하는 경찰서장의 감독을 받아 그 경비구역 내에 한하여 **경찰관 직무집행법에 의한 직무를 행한다고 정하고 있으므로…** 경상남도 양산군 도시과 단속계 요원으로 근무하고 있는 청원경찰인 공소외 김○○ 및 이○○가 원심판시와 같이 1984. 12. 29. 경상남도 양산군 장안면 임랑리 115에 있는 피고인의 집에서 피고인의 형 공소 외 박○○가 **허가 없이 창고를 주택으로 개축하는 것을 단속한 것은 그들의 정당한 공무집행에 속한다고 할 것이므로** 이를 폭력으로 방해한 피고인의 판시 소위를 공무집행방해죄로 다스린 원심조치는 정당하고 이에 소론과 같은 위법이 있다고 할 수 없다(대판 1986. 1. 28, 85도2448, 85감도356).

---

(3) 사　　견　　개념상 경찰의 임무규정(직무규정)과 권한규정은 구분되어야 한다. 경찰관 직무집행법 제 2 조는 경찰관의 임무를 정하는 규범일 뿐이지 경찰의 임무수행에 필요한 사인에 대한 침해까지 가능하게 하는 규정은 아니다. 일반조항의 필요성에 비추어 볼 때, 입법필요설이 타당하다(김연태·정하중). 물론 비침해적인 단순한 위험방지영역(예: 차선·계몽교육에 의한 교통감시를 통하여 공적 안전에 대한 위험의 예방)의 경우에는 법적 근거로서 임무규정만으로도 족하다. 만약 긍정설을 따른다면, 명시적인 근거규정이 없다고 하여도 공공의 안녕과 질서에 대한 위험이 야기될 때, 경찰은 침해적인 행위를 할 수 있게 된다.

[참고] 경찰관 직무집행법 제 2 조 제 7 호를 일반경찰법상의 일반조항으로 보는 견해에 따른다면 경찰 관 직무집행법 제 2 조 제 7 호의 요건, 즉 ① 공공의 안녕(법질서와 국가 및 국가시설 그리 고 개인적 법익에 대한 불가침)과 관련될 것, ② 공 공의 질서(법규범을 제외한 공동체 를 위한 불문규범의 총체)와 관련될 것, ③ 공공의 안녕이나 공공의 질서에 대한 위해(공공의 안녕과 질 서에 대한 침해의 가능성(위험) 또는 그 가능성의 실현(장해))가 존재할 것을 충족한다면 권력적 작용으로 경찰권이 발동될 수 있다.

[기출사례] 제57회 5급공채(일반행정)(2013년) 문제·답안작성요령 ☞ PART 4 [3-15]

제 2 절   경찰권의 한계

Ⅰ. 관   념

1. 의   의

법치행정의 원칙상 경찰권은 법령이 정하는 범위 내에서 합목적적으로 행사될 때, 적법·타 당한 것이 된다. 만약 그 범위를 벗어나면 위법하거나 부당한 것이 된다. 이와 같이 경찰권의 행 사가 적법·타당한 것으로서 효과를 발생할 수 있는 경찰권행사 범위의 한계를 경찰권의 한계라 한다.

2. 유   형

경찰권의 한계는 경찰의 법적 성질에서 나오는 한계와 행정의 법원칙으로부터 나오는 한계 로 나누어 볼 수 있다. 경찰의 본질에서 나오는 한계란 경찰법의 해석상 도출되는 한계를 말하 고, 행정의 법원칙으로부터 나오는 한계란 행정기본법이 정하는 행정의 법 원칙으로부터 나오는 한계를 말한다.

Ⅱ. 경찰의 본질에서 나오는 한계

1. 위험방지 목적의 한계(경찰소극의 원칙)

경찰법은 공공의 안녕과 질서유지를 경찰의 임무로 규정하고 있다(경찰법 제3 조 제8호). 이것은 경찰권 은 적극적인 복리의 증진이 아니라 소극적인 질서의 유지를 위해서만 발동될 수 있다는 것을 의 미한다. 위험방지 목적의 한계는 경찰법에서 나오는 실정법상 한계이다.

2. 공공 목적의 한계

(1) 의   의   경찰법은 공공의 안녕과 질서유지를 경찰의 임무로 규정하고 있다. 이것 은 경찰권은 공공의 안녕과 질서의 유지를 위해서만 발동될 수 있는 것이며, 사적 이익만을 위해 발동될 수는 없다는 것을 의미한다. 공공 목적의 한계는 경찰법에서 나오는 실정법상 한계이다.

(2) 사생활불간섭의 한계   사생활불간섭의 한계란 경찰권은 공공의 안녕과 질서에 관계가 없는 개인의 사생활영역에는 개입할 수 없다는 것을 말한다. 사생활은 헌법상으로 보호되는 영역이다(헌법 제17조). 사생활의 보호가 헌법상 보호되는 기본권이라 하여도 특정인의 사생활을 방치하는 것이 공공의 안녕과 질서에 중대한 위험을 가져올 수 있다면 경찰이 개입하지 않을 수 없다(예 : AIDS환자나 법정감염병 감염자의 강제격리 및 치료).

(3) 사주소불간섭의 한계   사주소불간섭의 한계란 경찰권은 사인의 주소 내에서 일어나는 행위에 대해서는 침해(관여)할 수 없다는 것을 말한다. 사주소의 개념은 사회통념에 따라 정해질 수밖에 없다. 주택뿐만 아니라 연구실·사무실 등도 사주소에 해당한다. 그러나 사주소불간섭에도 한계가 있다. 말하자면 사주소 내의 행위가 공공의 안녕이나 질서에 직접 중대한 장해를 가져오는 경우(예 : 지나친 소음· 악취·음향의 발생)에는 경찰의 개입이 가능하게 된다. 그리고 사주소라도 공개된 사주소의 경우(예 : 흥행장· 여관·음식점)는 사주소로 보기가 곤란하고 경찰권발동의 대상이 된다(경직법 제 7 조 제 2 항).

(4) 민사관계불관여의 한계   민사관계불관여의 한계란 경찰권은 민사상의 법률관계 내지 권리관계에 개입할 수 없다는 것을 말한다. 민사관계는 직접 공공의 안녕이나 질서에 위해를 가하는 것은 아니기 때문이다. 민사상의 행위가 특정인의 이해관계를 능가하여 사회공공에 직접 위해를 가하게 되는 경우에는(예 : 암표 매매행위) 공공의 안녕과 질서에 장해를 야기하는 것이므로 경찰의 개입이 가능하다. 한편, 민사상의 거래에 경찰상허가를 요하게 하는 경우도 있다(예 : 총포·도검·화약류 등의 안전관리에 관한 법률 제21조(양도·양수 등의 제한) ① 화약류를 양도하거나 양수하려는 자는 행정안전부령으로 정하는 바에 따라 그 주소지 또는 화약류의 사용장소를 관할하는 경찰서장의 허가를 받아야 한다. 다만, 다음 각 호의 어느 하나에 해당하는 경우에는 그러하지 아니하다. 1. 제조업자가 제조할 목적으로 화약류를 양수하거나 제 조한 화약류를 양도하는 경우. 이하 생략).

3. 경찰책임에 따른 한계

경찰책임에 따른 한계란 경찰권은 관련경찰법령이 정하는「경찰상 위험의 발생 또는 위험의 제거에 책임이 있는 자」에게 발동되어야 한다는 것을 말한다. 경찰책임에 따른 한계는 경찰권발동의 상대방이 누구인가에 관련된 문제이다. 침익적인 경찰작용에서 책임의 문제는 법률의 근거가 필요한 것이므로, 경찰책임은 실정법의 문제이다.

Ⅲ. 행정의 법원칙으로부터 나오는 한계

1. 의   의

행정에 관하여 다른 법률에 특별한 규정이 있는 경우를 제외하고는 행정기본법에서 정하는 바에 따른다(기본법 제 1 조). 따라서 경찰행정의 영역에서도 특별한 규정이 없으면, 행정기본법이 적용된다. 따라서 경찰권의 행사에도 행정기본법이 규정하는 평등의 원칙(기본법 제 9 조), 비례의 원칙(기본법 제10조), 성실의무와 권한남용금지의 원칙(기본법 제11조), 신뢰보호의 원칙(기본법 제12조), 부당결부금지의 원칙(기본법 제13조)에 따른 한계가 준수되어야 한다.

2. 평등의 원칙에 따른 한계

행정청은 합리적 이유 없이 국민을 차별하여서는 아니 된다($^{기본법}_{제9조}$). 경찰권의 행사에 있어서 성별·종교·사회적 신분 등을 이유로 차별이 있어서는 아니 된다. 이것은 헌법상 평등원칙의 경찰행정영역에서의 표현이기도 하다.

3. 비례의 원칙에 따른 한계

행정작용은 다음 각 호($^{1.\ 행정목적을\ 달성하는\ 데\ 유효하고\ 적절할\ 것\ 2.\ 행정목적을\ 달성하는\ 데\ 필요한\ 최소한도에\ 그}_{칠\ 것,\ 3.\ 행정작용으로\ 인한\ 국민의\ 이익\ 침해가\ 그\ 행정작용이\ 의도하는\ 공익보다\ 크지\ 아니할\ 것}$)의 원칙에 따라야 한다($^{기본법}_{제10조}$). 비례의 원칙에 따른 한계란 경찰권 발동의 목적과 그 목적을 위해 도입되는 경찰상 수단이 비례관계를 벗어나면, 그러한 경찰권의 발동은 비례원칙의 한계를 벗어난 것이 된다.

4. 성실의무 및 권한남용금지의 원칙에 따른 한계

행정청은 법령등에 따른 의무를 성실히 수행하여야 한다($^{기본법\ 제11}_{조\ 제1항}$). 행정청은 행정권한을 남용하거나 그 권한의 범위를 넘어서는 아니 된다($^{기본법\ 제11}_{조\ 제2항}$). 이를 벗어난 경찰권의 행사는 성실의무 및 권한남용금지의 원칙에 따른 한계를 벗어난 것이 된다.

5. 신뢰보호의원칙에 따른 한계

행정청은 공익 또는 제3자의 이익을 현저히 해칠 우려가 있는 경우를 제외하고는 행정에 대한 국민의 정당하고 합리적인 신뢰를 보호하여야 한다($^{기본법\ 제12}_{조\ 제1항}$). 행정청은 권한 행사의 기회가 있음에도 불구하고 장기간 권한을 행사하지 아니하여 국민이 그 권한이 행사되지 아니할 것으로 믿을 만한 정당한 사유가 있는 경우에는 그 권한을 행사해서는 아니 된다. 다만, 공익 또는 제3자의 이익을 현저히 해칠 우려가 있는 경우는 예외로 한다($^{기본법\ 제12}_{조\ 제2항}$). 이를 벗어난 경찰권의 행사는 신뢰보호의 원칙에 따른 한계를 벗어난 것이 된다.

6. 부당결부금지의 원칙

행정청은 행정작용을 할 때 상대방에게 해당 행정작용과 실질적인 관련이 없는 의무를 부과해서는 아니 된다($^{기본법}_{제13조}$). 이를 벗어난 경찰권의 행사는 부당결부금지의 원칙에 따른 한계를 벗어난 것이 된다.

Ⅳ. 경찰권의 적극적 한계

일설은 경찰권의 한계로 경찰권이 소극적으로 발동되지 말아야 하는 한계($^{소극적}_{한계}$) 외에 적극적으로 발동되어야 할 한계($^{적극적}_{한계}$)도 논급한다. 그리고 후자와 관련하여 ① 경찰재량권의 영으로의 수축과 ② 개입청구권을 그 내용으로 든다.

[기출사례] 제57회 5급공채(일반행정)(2013년) 문제·답안작성요령 ☞ PART 4 [3-15]

제 3 절   경찰책임(경찰작용의 상대방)

Ⅰ. 일 반 론

1. 경찰책임의 관념

(1) 경찰책임의 의의

1) 실질적 경찰책임　　　공공의 안녕이나 질서를 침해하지 말아야 하는, 그리고 장해가 발생한 경우에는 장해의 근원과 결과를 제거해야 할 의무를 실질적 의미의 경찰의무라 부른다. 그것은 국가권력에 복종하는 주체가 성문·불문의 모든 경찰법규를 준수·유지해야 하는 의무라고 할 수도 있다. 경찰의무라는 말은 오늘날에 있어서는 경찰책임으로 표현된다.

2) 형식적 경찰책임　　　실질적 경찰책임$\binom{의}{무}$을 위반$\binom{불이}{행}$한 자가 공공의 안녕과 질서의 회복을 위한 경찰행정청의 명령에 복종하여야 하는 책임$\binom{의}{무}$을 형식적 경찰책임이라 부른다.

(2) 경찰책임과 고의·과실　　　경찰책임은 책임자의 고의·과실과 무관하다. 그것은 위법행위에 대한 처벌이 아니다. 그것은 오로지 공공의 안녕이나 질서의 장해나 그에 대한 위험을 제거하는 데 봉사하는 것일 뿐이다. 요컨대 경찰은 원인규명을 위한 과거지향적인 것이 아니다. 그것은 기본적으로 법익보호를 위한 목적을 가진 효과지향적인 것이다.

(3) 경찰책임과 소멸시효　　　경찰책임은 원칙적으로 소멸시효와 무관하다. 경찰상 책임을 야기하는 행위나 상태가 존속하는 한, 그 기간이 어느 정도이든 불문하고, 그러한 행위나 상태를 야기한 자는 경찰책임을 부담한다. 만약 개별법령에서 달리 정하는 바가 있다면, 예외가 될 것이다. 만약 소멸시효를 인정한다면, 원래 위험을 야기한 자에게 비장해자로서 경찰책임을 물을 수도 있을 것이다.

2. 경찰책임의 주체

(1) 자 연 인　　　① 경찰의 목적과 관련하여 볼 때, 경찰법상 자연인인 개인의 책임은 그가 행위능력·불법행위능력을 갖는가를 가리지 않는다. 제한능력자의 경우에는 제한능력자 자신 외에도 그들의 법정대리인이 또한 부가적인 책임을 진다. ② 자연인은 당연히 실질적 경찰책임 외에 형식적 경찰책임을 진다. 한편, ③ 경찰책임은 국적과 무관하다. 외국인이나 무국적자도 경찰책임을 부담한다. 다만 면책특권을 가진 외국인은 우리나라의 경찰권 밖에 놓인다.

(2) 사법상 법인　　　사법상의 사단법인$\binom{예: \text{상법상의 법인}}{과 \text{민법상의 법인}}$뿐만 아니라 사법상 권리능력 없는 사단도 경찰책임의 주체가 된다. 피용자의 경찰책임과 병행하여 사용자 또한 부가적인 책임을 진다. 사법상 법인도 실질적 경찰책임뿐만 아니라 형식적 경찰책임을 진다.

(3) 공법상 법인

1) 실질적 경찰책임　　　독일의 과거의 지배적인 견해는 고권주체는 위험제공자가 될 수 없다고 하였으나, 오늘날에 있어서는 고권주체도 경찰책임자 내지 위험제공자가 될 수 있다고 본

다. 이러한 주장은 모든 국가기관은 헌법과 법에 구속된다는 것을 논거로 한다. 이러한 견해의 특징은 고권주체가 공법상 권능의 수행자라는 관점에서 고권주체의 의무에 수정이 가해질 수 있다는 점이다. 따라서 사인에게는 금지되어 있는 일정행위도 법률규정에 의해 공법적으로 행위하는 고권주체의 경우에는 가능하다는 것이다(예: 도로교통법 제29조(긴급자동차의 우선 통행) ① 긴급자동차는 제13조 제3항에도 불구하고 긴급하고 부득이한 경우에는 도로의 중앙이나 좌측 부분을 통행할 수 있다. ② 긴급자동차는 이 법이나 이 법에 따른 명령에 따라 정지하여야 하는 경우에도 불구하고 긴급하고 부득이한 경우에는 정지하지 아니할 수 있다). 요컨대 실체법상 경찰책임의 유무결정을 위해서는 한편으로 위험방지목적과 또 한편으로 고권주체의 임무수행목적 사이의 형량을 필요로 한다고 볼 것이다.

2) 형식적 경찰책임　　경찰행정청이 공적인 활동과 관련하여 경찰상 위해를 발생시킨 행정기관에 대해 경찰권을 발동할 수 있는지(경찰행정청의 명령에 복종하여야 하는지)의 문제이다.

㈎ 공법작용의 경우

(a) 부정설　　자신의 권한영역 내에서의 활동과 결합되어 나오는 위험은 스스로에 의해 극복되어야 하며, 만일 경찰행정청의 명령에 다른 국가기관이 복종해야 한다면 다른 행정주체 내지 동일행정주체 내의 다른 기관에 대한 경찰행정청의 우위를 뜻하게 되는 문제를 가져온다는 견해이다.

(b) 긍정설(제한적 긍정설)　　국가기관의 활동이 그 가치에 있어 모두 동일한 것이 아니므로 경우에 따라서는 비교형량에 의해 경찰행정기관에 의한 목적수행이 우선시되는 경우가 인정될 수 있기에 이때에는 다른 행정기관에 대한 경찰권행사가 인정된다고 본다. 즉, 다른 국가기관에 의해서 행해지는 적법한 임무수행을 방해하지 않는 범위 안에서는 위해방지를 위한 경찰행정기관의 다른 국가기관에 대한 경찰권행사는 허용되는 것으로 보는 견해이다.

(c) 사견　　부정설이 보다 논리적이다. 왜냐하면 공법상 여러 기능이 가치에 있어서 상이하다는 긍정설의 입장을 인정한다고 하여도 그것을 측정하기는 곤란하기 때문이다.

㈏ 사법작용의 경우　　① 행정사법작용의 경우에는 공법작용의 경우와 마찬가지로 형식적 경찰책임은 부인되어야 한다. 왜냐하면 사법수단의 도입에도 불구하고 행정사법작용은 특별한 공법상 목적에 이바지하는 것이기 때문이다. 반면, 공법작용에서 형식적 경찰책임을 인정하는 견해(류지태)는 정당한 행정목적 수행이 직접적으로 영향을 받지 않는 방법으로 행정사법의 영역에도 형식적 경찰책임이 원칙적으로 인정된다고 한다. ② 공법인이 오로지 좁은 의미의 국고작용을 통해 경찰상 위험을 야기시키는 경우에는 사인이 위험을 야기시키는 경우와 같이 경찰행정청의 개입이 가능하다(예: 우체국의 신축 후 도로상에 남은 건축자재를 방치하여 교통에 장애를 주는 경우에 우체국은 방치한 물건에 대하여 책임을 져야 한다). 한편, ③ 국고작용 외에 형식적 경찰책임이 예외적으로 인정되어야 하는 경우도 있다(예: 공공기관소속의 차량이 주차위반을 한 때에도 경찰은 견인할 수 있다).

[기출사례] 제57회 5급공채(일반행정)(2013년) 문제·답안작성요령 ☞ PART 4 [3-15]

3. 경찰책임의 유형

경찰책임의 유형은 행위책임·상태책임 그리고 이들의 병합의 3가지로 구분할 수 있다.

Ⅱ. 행위책임

1. 의 의

행위책임이란 자연인이나 법인이 자신의 행위($^{자신을\ 위해\ 행위}_{하는\ 타인의\ 행위}$)를 통해서 경찰법상 의미의 공공의 안녕이나 질서에 대한 위험을 야기시킴으로써 발생되는 경찰책임을 말한다. 행위책임은 위험이나 장해를 직접 야기하는 사람의 행위($^{예:\ 지하철의\ 선로}_{위에\ 누운\ 행위}$)와 관련된 개념이다. 행위책임은 고의나 과실과 무관하다. 행위자가 성년인가 미성년인가는 가리지 않는다. 행위장해는 작위뿐만 아니라 부작위에 의해서도 나타날 수 있다. 작위에 의한 장해의 경우에 행위자의 행위의사는 요구되지 아니한다($^{예:\ 만취자도\ 행위}_{장해자일\ 수\ 있다}$). 한편, 경찰법상 부작위란 단순히 아무런 행위도 하지 않는다는 것이 아니라, 법상 요구되는 행위를 준수·실천하지 않음을 의미한다. 부작위는 추상적으로가 아니라 구체적인 경우에 문제된다.

2. 인과관계

(1) 논의의 필요성   행위와 위험 사이에 인과관계가 있어야 한다. 구체적인 경우에 있어서 과연 행위자가 위험을 야기시키고 있는가의 판단은 용이하지 않다. 원인제공의 판단에 책임조건($^{고의·}_{과실}$)이나 책임능력은 문제되지 아니한다. 그것은 오로지 객관적인 상태에 의존한다. 그것은 경찰법 독자의 입장에서 판단할 사항이다.

(2) 판단기준   ① 고의범에 대한 처벌을 원칙으로 하는 형법과는 달리 경찰법에서는 행위자의 고의·과실을 문제삼지 아니하므로 형법의 등가설을 적용하기는 곤란하다. ② 민법상의 상당인과관계론은 경찰책임개념과 무관한 책임($^{고의·}_{과실}$)이라는 주관적인 요소를 고려하고 있으며, 경찰상 위험에는 비유형적인 그리고 일반적으로 예측하기 곤란한 위험도 있기 때문에 경찰법의 인과관계론으로 활용할 수 없다. 따라서 ③ 경찰법 고유의 인과관계론이 필요하게 되는데 우리의 지배적인 입장은 원칙적으로 위험에 대하여 직접적으로 원인을 야기하는 행위만이 원인제공적이고, 그러한 행위를 한 자만이 경찰상 책임을 부담한다($^{직접원인}_{제공이론}$)는 견해이다. 직접성의 유무는 모든 상황을 고려하여 판단해야 한다. 예외적으로 간접적인 원인제공자라고 하여도, 객관적으로 볼 때 직접적으로 위험을 가져온 것으로 판단되는 목적적 원인제공자($^{예:\ 상업광고목적의\ 진열장을\ 설치}_{하자\ 그\ 진열장의\ 주위에\ 많은\ 사람}$ $_{들이\ 모여들어\ 교통에}^{}$ $_{방해를\ 가져오는\ 경우}^{}$) 등의 경우에는 경찰상 책임을 부담한다.

3. 행위책임의 주체

(1) 행위자의 책임   행위책임은 원칙적으로 경찰상의 위해를 야기한 행위자가 진다.

(2) 타인의 행위에 대한 책임

1) 의 의   특정인이 타인에 대한 감독의무가 있는 경우에 피감독자의 행위에 대하여 감독자가 책임을 부담하는가의 문제($^{예:\ 미성년자\ 등\ 제한능력자의\ 행위에\ 대한\ 친권자나\ 후견인의\ 책임문제}_{또는\ 근로자가\ 직무수행상\ 위험을\ 야기한\ 행위에\ 대한\ 사용자의\ 책임문제}$)가 있다. 감독자의 책임은 피감독자가 감독자의 지시에 종속하는 경우에만 인정된다. 한편 사법상의 일반

불법행위의 경우와 달리 경찰법상 감독자의 책임에는 감경면책의 적용이 없다. 감독자가 감독책임을 다하였다고 하여 경찰상 책임이 경감되는 것이 아니다. 그들의 지배영역에서 발생하는 위험에 대해서는 그들이 책임을 져야 하는 것이 경찰의 목적실현상 불가피하다.

2) 책임의 성격　　　제한능력자의 법정대리인이나 감독자의 책임은 원인제공자로서의 책임이 아니라, 원인제공자($^{제한능력자 \cdot}_{근로자}$)의 책임과 병행하는 책임이다. 왜냐하면 제한능력자나 피용자도 경찰상의 의무를 지고 있기 때문이다. 따라서 누구에게 구체적인 처분을 할 것인가는 의무에 합당한 재량에 따라 정할 사항이다.

Ⅲ. 상태책임

1. 의　　의

상태책임이란 물건으로 인해 위험이나 장해를 야기시킴으로써 발생되는 경찰책임을 말한다. 상태책임은 물건의 속성($^{예: 공간에서}_{물건의 위치}$)에 의한 것으로서, 질서를 교란하는 물건의 사실상의 지배자와 관련한다. 소유자는 부가적인 책임을 진다. 소유권자가 사실상 지배권자일 수도 있다. 그 밖에 임차인·수취인 등도 사실상의 지배자이다. 많은 경우 상태책임은 행위책임과 함께 나타난다.

2. 인과관계

상태와 위험 사이에는 인과관계가 있어야 한다. 상태책임의 전제요건으로서의 위험이란 ① 경찰위반상태에 놓인 물건이 위험·장해를 야기시키거나($^{예: 차도}_{상 주차}$) 또는 ② 그 물건 자체가 위험한 경우($^{예: 사인이 폭발물}_{을 보관하는 경우}$)를 의미한다. ②의 경우에는 인과관계가 특별히 문제되지 아니한다. 그러나 ①의 경우에는 그 물건의 상태와 위험발생의 개연성 사이에 인과관계가 있어야 할 것이다. 이 경우의 인과관계 역시 직접원인제공이론($^{경찰상 위험은 물건으로부터 직}_{접 나오는 것이어야 한다는 이론}$)에 따라 책임성이 판단되어야 한다.

3. 상태책임의 주체

① 소유권자나 기타 정당한 권리자($^{임차권}_{자 등}$)들은 상태책임자의 주체이다. 소유권자의 상태책임은 양도의 경우에 종료한다. 양도가 있게 되면 새로운 양수인은 시원적으로 경찰의무를 진다. 포기의 경우에도 종료한다. 그런데 포기의 경우에는 행위책임에 변함이 없는 경우에 한하여 상태책임이 사후적으로 소멸될 수도 있다($^{예: 승용차의 소유자가 사고 후에 폐차처리비용의 절약을 위해 소}_{유권을 포기하여도 운전자로서 그는 여전히 경찰상의 책임이 있다}$). ② 정당한 권리자의 의사에 관계없이 사실상 지배권을 행사하는 자가 있는 경우에는 이들 또한 책임자가 된다. 이 경우에 소유권자나 기타 정당한 권리자들은 부가적인 책임을 부담하지만, 자신의 처분권이 법률상 또는 사실상 미치지 않는 범위에서는 상태책임이 없다($^{예: 도난, 국가에}_{의한 압류의 경우}$). 사실상 지배권을 행사하는 자의 책임은 그 지배권의 근거 여하에 관계없다. 그 지배권을 부당하게 가져도 책임이 있다. 사실상의 지배권의 종료로 상태책임은 소멸한다.

4. 책임의 범위

(1) 원   칙   소유권자의 상태책임의 범위는 기본적으로 무제한적이다. 그러나 현실 적으로 개입이 불가능한 것까지 책임의 내용이 될 수는 없다. 소유권자는 원인에 관계없이(자신의 행위에 의하든, 자연현상이든, 다른 상위의 힘 의 행사에 의한 것이든, 우연이든간에) 자신의 물건의 상태로 인한 위험에 대해 책임을 져야 한다.

(2) 정당한 재산권의 행사   물건을 통해 발생하는 위험이 재산권으로 보장되는 물건의 통상의 이용을 통해 나오는 것인 한 직접적인 원인제공은 없다. 왜냐하면 통상의 이용은 위험의 한계를 넘는 것이 아니기 때문이다(예: 도로의 교차로를 옮긴 경우, 옮긴 장소 부근의 사소유지에 나무가 있어서 교차로의 시 야가 침해받고, 그로 인해 교통상의 위험이 야기된다고 하여도 그 나무로 인해 위험이 야기 된다고 할 수 없다. 이것은 소유자 에 의한 위험의 발생이 아닌 것이다).

(3) 제 3 자에 의한 장해   위험을 야기하는 상태는 제 3 자에 의해서도 생겨날 수 있다. 예컨대 제 3 자가 타인의 자동차를 위법하게 사용하고 도로상에 버린 경우, 즉 제 3 자가 더 이상 사실상 지배권을 행사하지 아니하는 경우, 자동차소유권자는 제 3 자에 의해 생긴 위험에 그 제 3 자와 아울러 책임을 져야 한다.

(4) 자연재해   위험상태의 발생이 재산권자의 위험영역 외부에 놓이는 예외적인 경우 로서 자연재해에 의한 경우(예: 대폭풍우로 유조 탱크가 파괴된 경우)에도 소유권자는 상태책임을 져야 한다.

Ⅳ. 책임자의 경합

1. 의   의

동일한 위험이 다수의 장해자에 의해 생겨나는 경우도 적지 않다. 이러한 경우 경찰행정청 은 모든 장해자에게 필요한 처분을 할 것인가 아니면 선택재량의 관점에서 제한된 범위의 장해자 에게만 처분을 할 것인가의 문제가 있다. 이러한 것은 위험이 행위장해자뿐만 아니라 동시에 상 태장해자에 의해 야기된 경우에 특히 문제된다. 이것이 바로 책임자의 경합의 문제이다.

2. 원   칙

기본적으로 경찰상의 처분은 위험이나 장해를 가장 신속하고도 효과적으로 제거할 수 있는 위치에 있는 자에게 행해져야 한다. 원칙적으로 말한다면 시간적으로나 장소적으로 위험에 가장 근접해 있는 자가 처분의 상대방이 될 것이지만, 종국적으로 그것은 비례원칙을 고려하여 의무에 합당한 재량으로 정할 문제이다.

3. 상환청구

경찰행정청에 의해 특정한 행위가 요구된 장해자는 특정한 행위가 요구되지 않은 다른 장해 자에게 비용의 일부의 상환을 요구할 수 있을 것인가의 문제가 있다(독일의 판례는 이를 부인하지만, 다수의 학설은 상환청구권의 인정에 긍정적이다). ⓐ 민법상 연대책임자 사이의 책임의 분담에 관한 규정과 법리를 유추적용하여 비용상환청구가 가능하다는 견해(긍정 설), ⓑ 각 행위자에게 부과된 의무내용이 동일하지 않은 경우(형식적으로 보면 경찰책 임의 경합상태인 것 같

$\left(\substack{지만\ 실질은\ 특정인\\ 만\ 경찰책임자인\ 경우}\right)$에는 다른 경찰책임자에게 비용상환청구권이 인정되지 않지만, 각 행위자 등에게 부과되어 있는 의무내용들이 서로 동일한 경우에는 민법상의 연대채무자간의 내부구상권은 유추적용될 수 있다는 견해$\left(\substack{절충\\설}\right)$가 있으나, ⓒ 다수의 장해자가 있는 경우, 경찰처분의 상대방인 장해자는 경찰의 하자 없는 재량행사에 따라 위험방지를 위한 광범위한 책임 있는 자로 판단되었기 때문에 다른 장해자에게 상환청구를 할 수 없다고 본다$\left(\substack{부정\\설}\right)$. 그러나 경찰의 재량행사에 하자가 있었거나 경찰처분의 대상으로 정해진 것이 오로지 우연에 의한 것이라면 사정이 다르다.

Ⅴ. 경찰책임의 법적 승계

1. 의　　의

경찰책임자가 사망하거나 물건을 양도한 경우, 경찰책임이 상속인이나 양수인에게 승계되는지의 문제를 경찰책임의 법적 승계의 문제라 한다. 승계가 인정된다면 승계인에게 새로운 행정행위를 발함이 없이 피승계인에게 발해진 행정행위를 근거로 하여 승계인에게 집행할 수 있는 것이 되고, 승계가 부정된다면 피승계인에게 발한 행정행위는 승계인에게 효과가 없고, 승계인에게 새로운 명령을 발하여 집행하여야 한다는 의미이다.

2. 행위책임의 승계

(1) 학　　설

1) 승계부정설　　행위책임의 경우에는 법적 승계가 인정되지 않는다는 견해이다. 왜냐하면 경찰상 행위책임은 특정인의 행위에 대한 법적 평가와 관련된 것이기 때문이다. 다만 법문이 명시적으로 규정한다면, 예외적인 경우가 인정될 수 있을 것이다$\left(\substack{다수\\견해}\right)$.

2) 제한적 승계긍정설　　제한적 승계긍정설에도 상이한 견해가 있다. 즉, ① 원칙상 행위책임의 경우 승계가 인정되지 않지만, 상속은 포괄적인 승계이므로 행위책임도 원칙상 상속인에게는 승계된다고 하는 견해도 있고$\left(\substack{박균\\성}\right)$, ② 행위책임이 승계되려면 경찰하명에 의해 요구되는 행위가 대체가능한 경우$\left(\substack{무단폐기한\ 오염물질제거의무는\ 대체가능하지만,\ 예방접종의\\수인의무,\ 소음의\ 중단의무\ 등은\ 대체가능성이\ 없다고\ 본다}\right)$라야 하며, 법률유보의 원칙상 승계의 법적 근거도 필요하다고 보는 견해도 있다.

3) 승계가능성과 법적 근거가 모두 필요하다는 설　　경찰책임이 승계되려면 그러한 의무의 승계가능성$\left(\substack{이전가\\능성}\right)$과 법적 근거$\left(\substack{승계\\요건}\right)$가 모두 구비되어야 한다는 견해이다. '승계가능성'이란 법적 지위가 주체간에 이전될 수 있는 속성을 가지고 있어야 한다는 것을 말하는데, 일신전속적인지$\left(\substack{분리가능성\\이\ 있는지}\right)$ 여부를 기준으로 한다고 한다. 그리고 국민에게 의무를 부담시키는 경우에 법률유보가 필요하듯이 의무를 승계하는 경우에도 승계인에게는 침익적이기 때문에 행정의 법률적합성의 원칙에 비추어 법적 근거$\left(\substack{승계\\규범}\right)$가 필요하다고 본다.

(2) 사　　견　　공공의 안녕과 질서를 깨뜨리는 행위를 하지 말아야 할 실질적 경찰책임은 특정인의 행위 그 자체에 관련된 것이므로 타인에게 승계될 성질의 것이 아니다. 뿐만 아니

라 공공의 안녕과 질서를 깨뜨린 행위자에 대하여 공공의 안녕과 질서의 회복을 위해 그러한 행위로부터 벗어나게 하기 위한 행정청의 명령에 복종하여야 할 형식적 경찰책임도 그 자에게 국한될 수밖에 없다. 경찰상 행위책임은 특정인의 행위에 대한 법적 평가와 관련된 것으로서 행위자 자신의 고유한 행위에 따른 책임이므로, 행위책임은 위험을 야기한 자에게만 문제되고 그 자의 사망으로 책임문제는 끝난다고 보아야 한다. 법문이 행위책임의 승계를 명시적으로 인정한다면, 그것은 예외적인 경우가 된다. 요컨대 승계부정설이 타당하다. 한편, 제한적 승계긍정설이 말하는 포괄승계나 대체가능한 경우는 모두 행위로 인한 책임의 승계가 아니라 물건의 상태로 인한 책임의 승계가 인정되는 경우로 볼 것이다. 승계가능성과 법적 근거가 모두 필요하다는 견해는 결과에 있어 승계부정설과 별다른 차이가 없어 보인다.

3. 상태책임의 승계

(1) 학   설

1) 승계긍정설   상태책임은 물건의 상태와 관련된 책임이기 때문에 승계가 원칙적으로 허용된다는 것이 지배적 견해이다. 이 견해는 상태책임과 관련된 행정행위는 사람의 개성과 무관한 물적 행위라는 점과 절차상 경제적임을 논거로 한다. 따라서 승계인에게 새로운 행정행위를 발함이 없이 피승계인에게 이미 발하여진 행정행위를 근거로 하여 집행을 할 수 있다고 한다.

2) 신규책임설   물건의 취득과 함께 새로운 소유자는 경찰상의 위해가 그 물건의 취득 전 또는 취득 후에 발생하였는지를 불문하고 경찰상 상태책임을 진다는 견해이다. 이 견해에 의하면 양수인($^{새로운}_{소유자}$)은 소유자로서 스스로 상태책임을 지는 것이며, 경찰의무의 승계는 전혀 문제되지 않는다는 견해이다($^{박균}_{성}$). 따라서 승계문제는 소유권을 이전하기 전에 구소유자의 상태책임이 이미 경찰처분에 의해 구체화된 경우에 발생된다고 한다. 이러한 처분은 물적 성격을 가지고, 의무가 대체가능한 행위의 이행을 내용으로 하는 경우에 의무가 승계된다고 한다.

3) 개별검토설   상태책임을 포괄승계·구체적 책임과 특정승계·추상적 책임으로 나누고 전자의 경우 승계된다는 견해이다($^{김남}_{진}$).

4) 승계가능성과 법적 근거가 모두 필요하다는 설   경찰책임이 승계되려면 그러한 의무의 승계가능성($^{이전가}_{능성}$)과 법적 근거($^{승계}_{요건}$)가 모두 구비되어야 한다는 견해이다. '승계가능성'이란 법적 지위가 주체간에 이전될 수 있는 속성을 가지고 있어야 한다는 것을 말하는데, 일신전속적인지($^{분리가능성}_{이 있는지}$) 여부를 기준으로 한다고 한다. 그리고 국민에게 의무를 부담시키는 경우에 법률유보가 필요하듯이 의무를 승계하는 경우에도 승계인에게는 침익적이기 때문에 행정의 법률적합성의 원칙에 비추어 법적 근거($^{승계}_{규범}$)가 필요하다고 본다.

(2) 사   견   상태책임의 승계의 논의는 추상적인 상태책임의 승계문제가 아니라 구체화된 상태책임의 승계문제에 대한 논의라는 점을 전제로 할 때, 승계긍정설과 신규책임설은 체계상 차이는 있으나 실제상 별다른 차이가 있어 보이지 아니한다. 개별검토설은 포괄승계의 경우

에만 승계를 인정한다는 점에서 인정범위가 제한적이다. 승계긍정설의 설명방식이 명료하다. 그리고 상태책임의 승계는 행정행위를 통해 구체화된 상태책임의 경우뿐만 아니라 법률에서 구체화되어 있는 상태책임의 경우에도 동일하다(예: 물환경보전법 제15조 제 2 항에 의한 오염의 방지·제거의무와 같이 법률에서 구체화되어 있는 상태책임도 승계된다. 개별검토설에 의하면 이를 추상적 책임이라 하여 동 규정에 의한 상태책임의 발생과 책임의 승계를 부정하나 이는 타당하지 않다). 상태책임은 물건의 상태와 관련된 것이므로 반드시 승계규범이 필요하다고 보기 어렵다.

[참고] 독일의 과거의 지배적 견해는 행위책임이나 상태책임은 공법적인 의무로서 승계되는 것이 아니라고 보았다. 그러나 근자의 독일의 이론과 판례는 특히 행정행위를 통해 구체화된 상태책임과 관련하여 승계를 인정하는 경향에 있다. 말하자면 건물소유자에게 발한 철거처분은 기본적으로 그 건물의 승계인(상속인이든/양수인이든)에게도 효력이 있다고 본다.

Ⅵ. 경찰상 긴급상태(제 3 자의 경찰책임)

1. 관　　념

(1) 의　　의　　　공공의 안녕이나 질서에 대한 구체적인 위험이 있는 경우, 경찰행정청은 그 위험의 극복을 위해 ① 자신이 직접 수단을 도입하거나, 아니면 ② 장해자에게 의무를 부과함이 일반적이다. 그러나 적지 않은 경우에는 이 2가지 방법으로도 위험의 극복이 실현되지 아니하는 경우도 있다. 공공의 안녕이나 질서에 대한 위험의 극복을 위해 경찰상 의미에서 장해자가 아닌 자(경찰상 위험의 원인/제공과 무관한 자)에게 예외적으로 경찰의 개입이 이루어지는 상태(예: 경범죄 처벌법 제 3 조/제 1 항 제29호 참조)를 경찰상 긴급상태라 부른다.

(2) 특　　징　　　경찰상 긴급상태에 있어서는 ① 경찰이 중대한 위험을 방관할 수 없다는 점과, ② 위험에 무관계한 자에게 책임을 지운다는 점이 고려되어야 할 핵심적 요소가 된다. 따라서 장해자의 경우에 비해 비장해자에 대한 경찰의 개입은 엄격한 전제요건에 구속되어야 하고, 개입범위도 보다 제한적이어야 하며, 또한 경찰의 개입으로 인해 비장해자에게 손실이 발생하면 이것 또한 보상되어야 한다.

(3) 법적 근거　　　우리의 경찰법상으로 경찰상 긴급상태에 대한 일반규정은 보이지 않는다. 다만 몇몇의 단행법률에서 나타나고 있을 뿐이다(예: 경직법 제 5 조 제 1 항 제 3 호, 소/방법 제24조, 자연재해대책법 제11조). ① 경찰관 직무집행법 제 2 조 제 7 호를 일반조항(일반적/수권조항)으로 보면서 경찰책임이 없는 제 3 자에 대한 경찰권도 동 조항을 근거로 가능하다는 견해, ② 경찰관 직무집행법 제 2 조 제 7 호는 일반조항이 아니므로 제 3 자에 대한 경찰권 발동의 근거조항도 될 수 없다는 견해, ③ 경찰관 직무집행법 제 2 조 제 7 호는 일반조항이 아니므로 동 조항은 경찰책임 없는 제 3 자에 대한 경찰권 발동조항이 될 수 없어 이러한 입법이 필요하지만 현재로서는 경찰관 직무집행법 제 5 조 제 1 항, 경범죄 처벌법 제 3 조 제 1 항 제29호(다음 각 호의 어느 하나에 해당하는 사람은 10만원 이하의 벌금, 구류 또는 과료의 형으로 처벌한다. 29. (공무원 원조불응) 눈·비·바람·해일·지진등으로 인한 재해, 화재·교통사고·범죄, 그 밖의 급작스러운 사고가 발생하였을 때에 현장에 있으면서도 정당한 이유없이 관계 공무원 또는 이를 돕는 사람의 현장출입에 관한 지시에 따르지 아니하거나 공무원이 도움을 요청하여도 도움을 주지 아니한 사람) 등이 제한된 범위에서 제 3 자에게 경찰권을 발동하는 근거가 된다는 견해가 대립하며, ③설이 타당하다.

2. 요 건

(1) **위험의 급박·실현**   위험이 이미 실현되었거나 또는 위험의 현실화가 목전에 급박하여야, 즉 시간적으로 근접하여야 한다. 그리고 비례원칙에 의거, 극복하려는 위험이 중대해야 하고 손해발생의 개연성의 강도가 강하여야 한다.

(2) **장해자에 대한 처분이 무의미할 것**   위험 내지 장해의 방지가 장해자에 대한 처분을 통해서는 실현이 불가능 또는 무의미하여야 한다. 무의미란 장해자에 대하여 적시에 처분할 수 없거나 그 처분에 아무런 효과가 없음을 의미한다. 실현불가 내지 무의미 여부의 판단은 경찰작용의 시점에서 경찰행정청의 관점에서 이성적으로 판단되어야 한다. 장해자에 대하여 경찰처분이 주어졌더라면 위험이 극복될 수 있었다는 판단이 사후에 가능하더라도 그것이 경찰상 긴급상태의 처분의 적법성에 문제를 가져오지 않는다.

(3) **경찰 자신이나 위임에 의해서 해결이 불가능할 것**   경찰상 긴급상태의 개념상 경찰 스스로 또는 경찰의 위임에 의거하여 제 3 자가 적시에 위험을 방지할 수 있는 상태에 있지 않아야 한다. 만약 경찰이나 위임받은 제 3 자가 그러한 상태에 있다면, 그러한 자가 위험을 방지하여야 한다. 이러한 처분에 비용이 발생한다는 것이 비장해자에 대한 처분을 정당화시켜 주는 요소는 되지 못한다.

(4) **비장해자에 수인가능성이 있을 것**   비장해자에 대한 경찰상의 처분이 비장해자 자신에 중대한 위험이나 침해를 가져올 수 있는 경우에는 경찰상 긴급상태의 성립이 인정될 수 없다(예: 심장병 환자에게 신체적으로 힘이 드는 일에 참여할 것을 요구하는 행위를 할 수는 없다). 이것은 비례원칙에서 나오는 수인가능성의 사고의 결과이다.

3. 처 분

(1) **처분의 방식**   경찰상 긴급상태의 예외적인 성격에 비추어 비장해자에 대한 처분은 행정행위에 의해서만 가능하다(농재법 제 7 조 제 2 항 참조). 특별한 위기상황에서는 법령의 위임이 있는 경우에 비장해자에 대해 경찰상 법규명령이 가능할 수도 있다(헌법 제76조 제 2 항 참조).

(2) **처분의 유형**   비장해자에 대한 처분은 2가지의 경우로 구분할 수 있다. 하나는 자신의 이익침해에 수인하도록 의무지우는 것이고, 또 하나는 특정의 행위(예: 육체적 조력 또는 의약품·식품 등의 물건의 제공) 또는 부작위(예: 불량우유제조업자에 원유공급중단)를 부과하는 것이다.

(3) **다수의 제 3 자 중에서 선택**   발생된 장해를 제거하거나 구체적인 위험의 발생을 방지할 수 있는 제 3 자가 다수인이 있는 경우, 그 선택은 의무에 합당한 재량에 따를 수밖에 없다. 이러한 선택에서는 불공평한 차별을 방지하기 위해 경찰의 상식과 정의관념이 중요하다. 일반적으로는 위험에 물적으로나 장소상 가장 근접되어 있는 자가 해당될 것이다. 선택받은 자의 급부력, 그 자가 받은 불이익의 정도 등도 고려되어야 한다. 선택된 자는 누구도 자기 외의 타인을 추천함으로써 경찰에 협력을 거부할 수 없다.

(4) **최소침해·폐지**   ① 내용상으로 보아 무관계한 자에 대한 처분은 다른 방법으로는

위험방지가 불가능하여야 하고 또한 과잉금지의 원칙상 물적이나 시간적으로 무조건 최소한의 범위에 그쳐야 한다. ② 시간의 경과 등으로 비장해자에 대한 처분요건이 없어지면, 경찰행정청은 즉시 비장해자에 대한 처분을 폐지하여야 한다.

4. 결과제거와 보상

① 경찰행정청은 결과제거의 관점에서 비장해자에 대한 처분의 직접적인, 그리고 사실상의 결과를 제거하여야 한다. 결과제거청구권은 침익적인 행정작용과 관련하는 것이지만, 그것이 제3자효 있는 행정행위의 경우에도 수익자에게 행정행위의 위법한 집행의 제거를 의무지우는 것은 아니다. ② 비장해자는 방지하는 위험에 대해 원칙적으로 책임을 질 자가 아니므로, 위험방지의 부담을 계속 질 필요는 없다. 때문에 그는 자신에게 책임을 부과한 행정청에 대하여 그 책임의 이행으로 인해 생긴 불이익의 보전을 청구할 수 있다(농재법 제7조 제3항 참조). ③ 경찰책임을 부담한 제3자는 경우에 따라서는 경찰에 대하여 결과제거청구권과 손실보상청구권을 동시에 행사할 수도 있다.

제4절 경찰작용의 행위형식

Ⅰ. 사실행위

1. 의   의

경찰작용의 행위형식 중에는 사실행위가 중요한 위치를 차지한다. 경찰작용의 중심이 위험의 예방이기 때문에 위험에 대한 감시를 내용으로 하는 사실작용이 중심에 놓인다. 사실행위는 법효과를 의도하는 것이 아니라 사실상의 작용이라는 데에 특징이 있다(예: 도로상에서 차량의 정지, 무주동물의 사살, 수색, 도주자에 대한 총기의 발사, 행패자에 대한 곤봉사용, 각종 경고, 교통교육 등 각종 교육).

2. 공적 경고

공법상 사실행위로서 경고는 특별한 행위형식으로 볼 수 있을 정도로 독자성을 얻고 있다. 독일연방행정재판소는 '경고를 국가권위의 활용과 목적성을 개념요소'로 하여 파악한다. 따라서 이러한 징표가 있으면, 기본권침해에 놓이는 것이 된다. 이 때문에 경찰영역에서 경고에는 법률의 근거를 필요로 하며, 단순한 직무규정(임무규정)으로는 충분하지 않다고 하게 된다.

3. 법적 문제

① 사실행위가 사인의 권리를 침해하게 되는 경우에는 법적 근거를 요한다. ② 위법한 사실행위로 손해를 입은 사인은 국가를 상대로 손해배상을 청구할 수 있다.

Ⅱ. **경찰상 법규명령**(경찰명령)

1. 의 의

위험방지임무는 행정행위라는 수단 외에 법규명령으로서도 수행된다$\binom{예: 식품위생법 제44}{조. 동시행규칙 제57조.}$. 이러한 명령을 경찰명령이라 부르기도 한다. 경찰명령은 위험방지명령이라고도 한다. 한편 경찰명령의 규율대상은 경찰의 개념상 불특정 다수의 사건, 불특정 다수인에게 행해진 경찰상의 위험방지를 목적으로 하는 명령과 금지이다. 따라서 경찰명령은 경찰처분과 달리 규율의 추상성을 특징으로 갖는다. 요컨대 경찰명령은 그 명칭이 아니라 규율내용의 일반추상성이 중요하다.

2. 성 질

경찰명령은 ① 규율대상이 불특정 다수사건인 점에서 개별사건을 규율하는 행정행위와 구분된다. 규율의 상대방이 불특정 다수인 점에서 그 대상이 특정 가능한 일반처분과 구분된다. 또한 ② 제정주체가 행정청인 점에서 국회제정의 법률과 구분된다. 그러나 경찰명령은 성질상 실질적 의미의 법률에 해당한다. ③ 효력범위가 외부에 미친다는 점에서 외부적 효과가 없는 행정규칙과 구분된다.

3. 법적 문제

경찰명령의 법적 문제, 즉 경찰명령의 법적 근거$\binom{법률의}{유보}$, 적법요건과 하자, 효력범위 등은 일반행정법에서 논급한 법규명령의 경우와 같다.

Ⅲ. **경찰상 행정행위로서 하명**(경찰상 하명)(경찰처분)

1. 의 의

경찰처분이란 특정인이나 특정다수인에 대해 발해지는 작위·부작위·수인·급부를 명하는 처분을 말한다$\binom{예: 경직법 제5조 제1항 제3호에 의한 위험시설제거}{명령, 집시법 제20조 제1항에 의한 위법집회해산하명}$. 경찰처분은 경찰하명 또는 질서하명으로 불리기도 한다. 침익적인 경찰처분은 발령에 법적 근거가 요구된다.

국내학자들의 용어사용과 이론구성에는 다소 차이가 있다. ① 경찰법규명령과 경찰명령처분을 합하여 경찰명령$\binom{하}{명}$이라는 입장, ② 법규에 의한 하명과 경찰처분에 의한 하명을 합하여 경찰하명이라는 입장, ③ 법규하명과 행정행위인 협의의 경찰하명을 합하여 경찰하명으로 부르는 입장 등이 그것이다. 동시에 이러한 견해들은 행정입법인 경찰명령과 행정행위인 경찰처분을 구분하여 다루고 있지 않은데, 이것은 논리적으로 철저한 것이 아니다. 왜냐하면 이러한 학자들도 일반행정법$\binom{행정법}{총론}$의 행정의 행위형식론에서는 행정상 입법과 행정행위를 구분하여 설명하고 있기 때문이다.

2. 경찰상 일반처분

(1) 의의와 종류 　　경찰상 일반처분은 공법영역에서 외부적으로 직접적인 효과를 갖는 개별경우의 규율을 위한 경찰의 고권처분의 하나이다. 일반처분은 일반적인 표지(標識)에 따라

특정 또는 특정할 수 있는 인적 범위의 다수의 사람들에게 향한 것이거나 물건의 공적 성격 또는 일반에 의한 이용과 관련한다(예: 교통표지나 도 로상 경찰의 지시). 한편 동일한 경찰처분이 다수인에게 향한 것이라도 모든 상대방에게 개별적으로 통지되거나 개개인의 특징에 따라 상대방이 정해지는 경우에는 모든 상대방에게 각각의 처분이 발해진 것과 다름이 없다. 이러한 처분을 집합처분이라 부르기도 한다. 일반처분과 집합처분 사이에 법상 아무런 차이도 없다. 다만 개념상 일반처분은 상대방이 '일반적 표지'에 따라 정해진다는 것뿐이다.

(2) 법적 성질   일반처분은 행정행위이다. 일반처분은 외부적인 형식, 내용상 관련된 인적 범위의 특정성에 의해 일반추상성의 법규명령과 구분된다. 법규명령은 형식성이 요구되고 추상적 위험이 존재할 때 발해지나, 일반처분은 형식상 자유롭고 구체적인 위험이 존재할 때 발해진다.

3. 법적 문제

경찰처분의 법적 문제, 즉 경찰처분의 법적 근거(법률의 유보), 적법요건, 효력과 소멸, 하자와 철회, 권리보호 등은 일반행정법에서 논급한 하명의 경우와 같다.

Ⅳ. 경찰상 행정행위로서 허가(경찰상 허가)

1. 의   의

헌법상 모든 국민은 신체나 직업상 행동의 자유를 가지나, 그것에 제한이 없는 것은 아니다. 일정한 방식의 행위는 제 3 자의 권리에 대해 위험한 것으로 보아, 입법자에 의해 원칙적으로 금지되며, 다만 어떠한 전제요건이 갖추어지면 그 금지를 해제시켜 주는 경우가 있다(예: 운 전면허). 이러한 경우의 예방적인 금지의 해제가 경찰허가이다. 바꾸어 말하면 경찰허가란 법규상 예방적 통제의 목적으로 규정된 잠정적 금지를 개별적인 경우에 해제하는 경찰상 행정행위를 말한다. 법규허가는 없다.

2. 법적 근거

금지는 개인의 자유를 제한하는 것이므로 기본권에 대한 침해가 된다. 따라서 그러한 침해는 헌법에 따라 법률의 근거를 요한다. 그런데 그러한 법률은 동시에 허가에 관해서도 규정한다(예: 건축법에 따른 건축허가, 식품위생법에 따른 영업허가, 도로교통법에 따른 운전면허).

3. 법적 문제

경찰허가의 법적 문제, 즉 경찰허가의 법적 성질, 종류, 적법요건, 효과, 권리보호 등은 일반행정법에서 논급한 허가의 경우와 같다.

Ⅴ. 행정법상 계약

사회적 법치국가에서 행정작용은 집행부의 고권적인 의사표시의 형식, 즉 일방적인 행정행위의 형식으로 수행된다. 그러나 행정청이 통상 의도하는 바가 주어진 수단 중에서 보다 약한 강도의 수단에 직접 근거하여서도 동일한 효과를 갖는 것으로서 실현될 수 있을 때에는 고강도의 명령적인 권력이 요구되는 것은 아니다. 개개 사건의 특수성에 상응하여 모든 관계자의 이익을 위해 개별적인 관계 여하에 따라 직접, 그리고 구속적으로 정해지는 행정법상 합의의 형식으로 경찰행정청이 자유재량의 영역에서 의무에 합당하게 집행하는 규율은 합목적적일 수 있다.

제 5 절   경찰작용의 실효성확보

Ⅰ. 경 찰 벌

1. 의   의

경찰벌이란 경찰작용의 상대방이 경찰법상의 의무를 위반한 경우에 국가가 그 상대방에 과하는 경찰법상의 제재로서의 처벌을 말한다. 경찰벌은 행정벌의 일종이다. 경찰벌은 간접적으로 경찰법상의 의무의 이행을 확보하는 수단이 된다. ① 경찰벌과 형사벌은 형식적 관점에서 볼 때 처벌이 주어진다는 점에서 같으나, 경찰벌은 행정벌의 일종일 뿐이다. ② 경찰벌은 일반행정법관계에서 의무위반에 과해지는 제재이나 징계벌은 특별행정법관계에서 내부질서문란자에 과해지는 제재인 점에서 다르다. 그리고 ③ 경찰벌은 경찰상 과거의 의무위반에 대한 제재이나, 강제금은 장래에 의무의 이행을 위한 수단인 점에서 양자는 다르다.

2. 법적 근거

경찰벌은 국민의 자유와 재산에 침해를 가져오는 것이므로 법적 근거를 요한다($\binom{\text{헌법 제37}}{\text{조 제 2 항}}$). 법률의 수권이 있는 경우에는 법규명령으로 정할 수도 있다. 지방자치단체도 조례로써 일정한 범위 안에서 벌칙을 정할 수 있다($\binom{\text{지방자치단체는 조례를 위반한 행위에 대하여 조례로써}}{\text{1천만원 이하의 과태료를 정할 수 있다. 지자법 제34조}}$). 경찰벌에 관한 총칙적 규정은 없다.

3. 법적 문제

경찰벌의 법적 문제, 즉 경찰벌의 종류($\binom{\text{경찰형벌·}}{\text{경찰질서벌}}$), 특수성, 처벌절차 등은 일반행정법에서 논급한 행정벌의 경우와 같다($\binom{\text{일반행정법상 행정벌의 이론은 경}}{\text{찰벌에서 발전된 것임을 기억하라}}$).

Ⅱ. 경찰상 강제집행

1. 의 의

경찰에 의해 발해진 처분을 경찰의무자가 준수하지 않는 경우에는 경찰이 자신의 처분을 강제적으로 실현할 수 있는 가능성을 가져야 한다. 이것이 경찰상 강제의 문제이다. 경찰상 강제집행도 행정상 강제집행의 일종이므로 일반행정법론에서 살펴본 행정상 강제집행에 관한 사항은 경찰상 강제집행의 경우에도 그대로 적용된다.

2. 법적 근거

경찰상 강제의 적용은 기본권의 침해를 뜻하므로 그것은 법률의 유보하에 놓인다. 대집행에는 행정대집행법이 일반법이다. 직접강제는 개별법령에서 나타나고 있고$\binom{\text{예: 경직법 제 5 조,}}{\text{도교법 제72조 제 2 항}}$, 강제금은 예외적인 현상으로 건축법에서 나타나고 있다.

3. 법적 문제

경찰상 강제집행의 법적 문제, 즉 경찰상 강제집행의 종류인 대집행·강제금·직접강제의 법리는 일반행정법에서 논급한 행정상 강제집행의 경우와 같다$\binom{\text{일반행정법상 행정상 강제집행의 이론은 경}}{\text{찰상 강제집행에서 발전된 것임을 기억하라}}$.

Ⅲ. 경찰상 즉시강제·강제조사

1. 일 반 론

(1) 의의·근거·한계 ① 경찰작용의 실효성 확보수단으로 경찰상 즉시강제와 경찰상 조사제도가 활용되고 있다. 여기서 말하는 즉시강제와 조사제도의 의미와 내용은 일반행정법에서 본 바와 같다. ② 경찰상 즉시강제와 경찰상 조사작용$\binom{\text{특히 강제조}}{\text{사의 경우}}$은 침익적 강제수단이므로 당연히 법적 근거를 요한다. 실정법상 근거로는 일반법이라 할 수 있는 경찰관 직무집행법 외에, 특별법인 마약류 관리에 관한 법률$\binom{\text{예: 제41}}{\text{조,제42조}}$, 소방기본법$\binom{\text{예: 제25}}{\text{조,제30조}}$, 식품위생법$\binom{\text{예: 제72}}{\text{조,제79조}}$ 등이 있다. ③ 일반행정법상 즉시강제나 행정조사의 한계$\binom{\text{실체법상의 한계와}}{\text{절차법상의 한계}}$는 경찰상 즉시강제나 경찰조사의 경우에도 마찬가지로 적용 된다.

(2) 수 단 경찰관 직무집행법상으로는 불심검문$\binom{\text{제3}}{\text{조}}$, 보호조치$\binom{\text{제4}}{\text{조}}$, 위험발생의 방지$\binom{\text{제5}}{\text{조}}$, 위험방지를 위한 출입$\binom{\text{제7}}{\text{조}}$, 사실의 확인$\binom{\text{제8}}{\text{조}}$ 등을 볼 수 있다. 본서는 이러한 수단을 경찰작용의 법적 근거의 문제로 구성하였다. 특별법상 수단으로 강제처분$\binom{\text{소방법}}{\text{제25조}}$, 위험시설 등에 대한 긴급조치$\binom{\text{소방법}}{\text{제27조}}$, 출입·조사·질문$\binom{\text{소방법}}{\text{제30조}}$ 등이 있다.

[기출사례] 제58회 사법시험(2016년) 문제·답안작성요령 ☞ PART 4 [3-16]

(3) 실력행사의 방법 상기의 수단이 도입되는 경우에 사용할 수 있는 실력의 행사방법은 법상 예정되어 있는 것에 한한다. 그 종류에는 ① 단순한 신체상의 힘$\binom{\text{예: 체력, 즉 공무}}{\text{원의 육체적인 힘}}$, ② 체력의

보조수단$\binom{\text{예: 경찰견 · 경찰마 · 경}}{\text{찰차 · 폭약 · 수갑 · 포승}}$, ③ 무기$\binom{\text{예: 칼 · 방독면 ·}}{\text{최루가스 · 총기}}$ 등으로 나눌 수 있다$\binom{\text{경찰관 직무집행법은 최루탄을}}{\text{무기와 구분하여 규정하고 있다}}$.

[참고] 국내이론서들은 경찰관 직무집행법상의 대인적 강제수단으로 본문의 내용 외에도 장구사용, 최루탄의 사용, 무기사용 등을 열거하고 있음이 일반적이다. 이와 관련하여 특기할 것은 동법상 장구 · 최루탄 · 무기사용도 경찰상 대인적 강제수단의 한 유형으로 규정된 것이라 볼 수 있으나, 또 한편으로 장구 · 최루탄 · 무기사용은 동법 제 3 조 내지 제 7 조 등에서 규정하는 경찰상 즉시강제 내지 조사수단의 도입시에 활용되는 힘($\frac{\text{실}}{\text{력}}$)의 한 종류로서의 성질도 갖는다고 볼 것이다.

이러한 힘$\binom{\text{공무원의 체력, 체력의}}{\text{보조수단, 무기의 3가지}}$의 행사에도 당연히 비례원칙이 적용된다. 예컨대 경찰관 직무집행법 제 5 조에 의거하여 경찰이 위험의 발생의 방지를 위해 필요한 조치를 취하는 경우에 경찰은 제 1 차적으로 자신의 체력에 의하여야 하고, 제 2 차적으로 동법 제10조의2와 제10조의3이 허용하는 경우에는 장구 또는 분사기 등을 사용할 수 있고, 제 3 차적으로 동법 제10조의4가 허용되는 경우에는 무기를 사용할 수도 있다.

2. 장구의 사용

경찰관은 다음 각 호$\binom{\text{1. 현행범이나 사형 · 무기 또는 장기 3년 이상의 징역이나 금고에 해당하는 죄를 범한 범인의 체포}}{\text{또는 도주 방지, 2. 자신이나 다른 사람의 생명 · 신체의 방어 및 보호, 3. 공무집행에 대한 항거 제지}}$의 직무를 수행하기 위하여 필요하다고 인정되는 상당한 이유가 있을 때에는 그 사태를 합리적으로 판단하여 필요한 한도에서 경찰장구를 사용할 수 있다$\binom{\text{경직법 제10조}}{\text{의2 제 1 항}}$. 제 1 항에서 "경찰장구"란 경찰관이 휴대하여 범인 검거와 범죄 진압 등의 직무 수행에 사용하는 수갑, 포승, 경찰봉, 방패 등을 말한다$\binom{\text{경직법 제10조}}{\text{의2 제 2 항}}$.

3. 분사기 등의 사용

경찰관은 다음 각 호$\binom{\text{1. 범인의 체포 또는 범인의 도주 방지, 2. 불법집회 · 시위로 인한 자신이나 다른}}{\text{사람의 생명 · 신체와 재산 및 공공시설 안전에 대한 현저한 위해의 발생 억제}}$의 직무를 수행하기 위하여 부득이한 경우에는 현장책임자가 판단하여 필요한 최소한의 범위에서 분사기$\binom{\text{「총포 · 도}}{\text{검 · 화약}}$류 등의 안전관리에 관한 법률」에 따른 분사기를 말하며, 그에 사용하는 최루 등의 작용제를 포함한다. 이하 같다) 또는 최루탄을 사용할 수 있다$\binom{\text{경직법}}{\text{제10조의3}}$.

4. 무기의 사용

(1) 사용가능한 경우 　　경찰관은 범인의 체포, 범인의 도주 방지, 자신이나 다른 사람의 생명 · 신체의 방어 및 보호, 공무집행에 대한 항거의 제지를 위하여 필요하다고 인정되는 상당한 이유가 있을 때에는 그 사태를 합리적으로 판단하여 필요한 한도에서 무기를 사용할 수 있다$\binom{\text{경직 제}}{\text{10조의4 제 1 항 본문}}$.

(2) 위해를 줄 수 있는 경우 　　무기의 사용은 사람에게 위해를 가하지 않도록 사용하여야 함이 원칙이다. 그러나 다음의 경우는 불가피하다고 보아 위해를 가하는 것을 허용하고 있다$\binom{\text{경직법 제10}}{\text{조의4 단서}}$.

　1. 「형법」에 규정된 정당방위와 긴급피난에 해당할 때
　2. 다음 각 목의 어느 하나에 해당하는 때에 그 행위를 방지하거나 그 행위자를 체포하기 위하여 무기를

사용하지 아니하고는 다른 수단이 없다고 인정되는 상당한 이유가 있을 때
   가. 사형·무기 또는 장기 3년 이상의 징역이나 금고에 해당하는 죄를 범하거나 범하였다고 의심할
       만한 충분한 이유가 있는 사람이 경찰관의 직무집행에 항거하거나 도주하려고 할 때
   나. 체포·구속영장과 압수·수색영장을 집행하는 과정에서 경찰관의 직무집행에 항거하거나 도주하
       려고 할 때
   다. 제3자가 가목 또는 나목에 해당하는 사람을 도주시키려고 경찰관에게 항거할 때
   라. 범인이나 소요를 일으킨 사람이 무기·흉기 등 위험한 물건을 지니고 경찰관으로부터 3회 이상
       물건을 버리라는 명령이나 항복하라는 명령을 받고도 따르지 아니하면서 계속 항거할 때
 3. 대간첩 작전 수행 과정에서 무장간첩이 항복하라는 경찰관의 명령을 받고도 따르지 아니할 때

한편, 이상의 경우를 제외하고는 사람에게 위해를 주어서는 아니 된다.

(3) 총기의 사용

1) 총기사용의 성격　　실력행사방법으로서 무기사용 중에서도 총기사용은 그 자체가 목적이 아니다. 총기사용은 정당한 고권적인 처분과 명령상의 특정목적의 실현을 위한 도구일 뿐이다. 즉 그것은 오로지 목적을 위한 수단이며, 특정한 고권적인 목적 없는 총기사용은 예상할 수 없다. 이것은 결국 총기사용에 비례원칙이 반드시 적용되어야 함을 의미한다. 일반적으로 말한다면, 총기의 사용은 경찰책임자$\binom{경찰의}{무자}$의 공격이나 도주시에 가능할 것이다. 무기사용은 권력적 사실행위로서 수인하명과 순수사실행위가 결합된 합성적 행위로서 쟁송법상 처분성에 해당하며, 동시에 즉시강제에 해당한다$\binom{다수}{설}$. 이와 달리 직접강제로 보는 견해도 있다$\binom{정하}{중}$.

2) 법적 근거와 긴급성　　총기사용은 개개인의 신체의 온전성에 관련되는 국가권력의 작용인 까닭에 헌법 제10조$\binom{인간의 존}{엄과 가치}$, 헌법 제12조$\binom{신체의}{자유}$에 의거, 법률의 근거하에서만 사용이 가능하다. 현행법상 그 근거로 경찰관 직무집행법 제10조의4를 볼 수 있다$\binom{대판 1991. 9. 10, 91다19913;}{대판 1993. 7. 27, 93다9163}$.

3) 총기사용과 생명박탈　　생명박탈을 의도하거나 생명박탈의 위험성을 전제로 사람에 대한 총기사용이 가능한가의 문제가 있다. 판례는 그 가능성을 인정한다$\binom{판}{례}$.

　판례　　경찰관직무집행법상 총기사용의 허용범위와 한계
$\binom{경찰관의 총기사용으로 사망한 원고가}{대한민국에 손해배상을 청구한 사건에서}$ 위 김○○는 위 망인이 체포를 면탈하기 위하여 항거하며 도주할 당시 그 항거의 내용, 정도에 비추어 **아무런 무기나 흉기를 휴대하고 있지 아니한 위 김△△을 계속적으로 추격하든지 다시 한번 공포를 발사하는 등으로 위 망인을 충분히 제압할 여지가 있었다고 보여지므로, 위 김○○가 그러한 방법을 택하지 않고 도망가는 위 망인의 몸쪽을 향하여 만연이 실탄을 발사한 행위는 경찰관직무집행법 제11조 소정의 총기사용의 허용범위를 벗어난 위법행위라고 아니할 수 없다 할 것인바, 같은 취지의 원심판단은 정당하고 거기에 소론과 같은 법리오해의 위법이 없다**$\binom{대판 1994. 11. 8.,}{94다25896}$.

Ⅳ. 기타 수단

앞에서 살펴본 수단 외에도 경찰작용의 실효성 확보수단으로 ① 과징금 등 각종 금전상의 제재수단, ② 제재적 행정처분으로서 경찰허가의 취소·철회, ③ 공급거부, ④ 공표, ⑤ 각종의 행위제한 등이 있다.

제 6 절 국가책임과 비용상환

Ⅰ. 손실보상(적법한 행위)

① 헌법 제23조 제 3 항은 경찰행정영역에서도 당연히 적용된다. 말하자면 국가 또는 지방자치단체가 경찰행정목적을 위해 재산권을 수용·사용 또는 제한을 하는 경우, 국가 또는 지방자치단체는 손실보상의 법리에 따라 손실보상책임을 진다. 이에 관해서는 PART 1. 제 7 장 제 2 절에서 살펴본 바 있다. 한편, ② 경찰관 직무집행법은 손실보상에 관한 특별한 규정($^{제11조}_{의2}$)을 두고 있다. 이하에서는 ②에 관해 보기로 한다.

1. 경찰관 직무집행법 제11조의2의 손실보상책임의 의의

경찰관 직무집행법 제11조의2 제 1 항은 경찰관의 적법한 직무집행으로 인하여 손실을 입은 자에 대한 정당한 보상을 규정하고 있다. 동 조항은 손실을 입은 자를 손실발생의 원인에 대하여 책임이 없는 자($^{경직법 제11조의}_{2 제 1 항 제 1 호}$)와 책임이 있는 자($^{경직법 제11조의}_{2 제 1 항 제 2 호}$)로 구분하여 규정하고 있다.

[참고조문]
경찰관 직무집행법 제11조의2(손실보상) ① 국가는 경찰관의 적법한 직무집행으로 인하여 다음 각 호의 어느 하나에 해당하는 손실을 입은 자에 대하여 정당한 보상을 하여야 한다.
  1. 손실발생의 원인에 대하여 책임이 없는 자가 생명·신체 또는 재산상의 손실을 입은 경우(손실발생의 원인에 대하여 책임이 없는 자가 경찰관의 직무집행에 자발적으로 협조하거나 물건을 제공하여 생명·신체 또는 재산상의 손실을 입은 경우를 포함한다)
  2. 손실발생의 원인에 대하여 책임이 있는 자가 자신의 책임에 상응하는 정도를 초과하는 생명·신체 또는 재산상의 손실을 입은 경우

2. 경찰관 직무집행법 제11조의2 제 1 항 제 1 호의 손실보상

(1) 손실보상 대상자   동 조항은 손실발생의 원인에 대하여 책임이 없는 자를 대상으로 한다. 책임이 없는 자도 ① 손실발생의 원인에 대하여 책임이 없으나, 경찰책임을 지는 자($^{예: 도로}_{에 위험}$한 동물이 출현하자 경찰관이 도로교통법 제 5 조 제 1 항 제 3 호에 근거하여 지나가는 차량의 주인인 갑과 을에게 차량으로 방어막을 만들어줄 것을 명하였고, 갑과 을이 그 명령을 따랐으나, 차량이 파손된 경우), ② 손실발생의 원인에 대하여 책임도 없고, 경찰책임을 지지 않는 자($^{경찰관이 흉악범에게 발사한 총격의 파}_{편에 의해 제 3 자의 건물이 파손된 경우}$), ③ 경찰의 보조자($^{경찰의}_{동 의하}$

에 경찰의 직무수행에 자발적으로 협력하는 자. 경찰_{관 직무집행법 제11조의2 제1항 제1호 괄호 부분})의 세 가지로 구분할 수 있다.

(2) 손실보상 내용　　　경찰관이 경찰관 직무집행법이 규정하는 직무를 적법하게 수행하는 중 피해자가 입은 생명·신체 또는 재산상의 손실이 손실보상의 내용이 된다. 2018. 12. 7. 국회에서 의결된 개정 경찰관 직무집행법에서 생명·신체상 손실도 손실보상의 대상으로 포함되었다.

3. 경찰관 직무집행법 제11조의2 제1항 제2호의 손실보상

(1) 손실보상 대상자　　　경찰관이 경찰관 직무집행법이 규정하는 직무를 적법하게 수행하는 중 손실발생의 원인에 대하여 책임이 있는 자(달리 말하면 장해야/기자로서 경찰책임자)에게 재산상 손실이 생긴 경우일지라도(예: 경찰관이 도로상에서 난동을 부리는 자를 제압하는 과정에/서 그 난동을 부리는 자의 옷이 찢어지거나 상해를 입은 경우), 그 자가 자신의 책임에 상응하는 정도를 초과하는 손실을 입은 경우에는 그 자도 손실보상의 대상자가 된다.

(2) 손실보상 내용　　　손실발생의 원인에 대하여 책임이 있는 자가 자신의 책임에 상응하는 정도를 초과하는 생명·신체 또는 재산상의 손실을 입은 경우에는 그 초과하는 생명·신체 또는 재산상 손실이 보상의 대상이 된다. 2018. 12. 7. 국회에서 의결된 개정 경찰관 직무집행법에서 생명·신체상 손실도 손실보상의 대상으로 포함되었다.

[기출사례] 제58회 사법시험(2016년) 문제·답안작성요령 ☞ PART 4 [3-16]

Ⅱ. 손해배상(위법한 행위)

경찰공무원이 직무상 불법행위로 개인에게 손해를 가하면 국가는 배상책임을 부담하여야 한다. 피해자가 장해자인가 비장해자인가를 가릴 필요가 없다. 공무원 자신의 책임은 면제되지 아니한다. 법원은 재량행사에 개입할 수 없고, 재량하자의 경우에만 개입이 가능하다. 특히 부작위에 의한 직무상 의무위반의 문제와 관련하여 경찰상 재량의 한계가 문제된다.

Ⅲ. 결과제거청구권

위법한 행정작용의 결과의 제거를 구하는 청구권을 결과제거청구권이라 부른다. 행정심판과 행정소송만으로 위법한 행정행위에 대한 구제가 충분한 것은 아니다. 즉 위법한 행정행위의 취소만으로 행정행위 상대방의 권리보호에 충분한 것은 아니다. 왜냐하면 ① 행정행위가 이미 집행된 경우에는 행정행위의 폐지로 사실상의 결과가 자연히 없어지는 것은 아니기 때문이다(예: 이용이 금지/된 건물의 사실상의 사용폐쇄조치는 금지처분의 취소만으로 사용/할 수 있는 상태에 놓이는 것은 아니기 때문이다). 그리고 ② 행정행위가 아니라 순수 사실작용인 처분에 의해 자신의 권리가 침해된 경우에는 행정심판이나 행정소송으로 해결될 수 없다. 이러한 경우에도 관계자는 침해의 제거를 요구할 수 있는 가능성을 가져야 한다. 여기에서 결과제거청구권은 그 의미를 갖는다.

Ⅳ. 경찰행정청의 비용상환청구권

1. 장해자에 대한 상환청구권

(1) 행정대집행의 경우　　　대집행의 경우에는 행정대집행법이 정하는 바에 따라 비용상환을 청구할 수 있다. 대집행에 따른 경찰행정청의 상환청구권은 대집행이 적법한 경우에만 인정된다. 대집행의 전제가 된 경찰상의 행위가 적법한 것인가는 묻지 아니한다.

(2) 직접강제·즉시강제의 경우　　　직접강제나 즉시강제의 경우에 경찰이 비용상환을 청구할 수 있다는 규정을 찾아 보기는 어렵다. 법령에 규정이 없는 한, 비용상환의 청구는 인정되기 어렵다.

(3) 사인의 집회의 경우　　　사인이나 사적 단체의 의한 대규모집회에 경찰력을 투입함으로써 발생하는 비용을 누가 부담하는가의 문제도 있다. 이에 대해서는 경찰권의 주체가 부담하여야 한다는 입법례($^{\text{예: 독일의 Baden-}}_{\text{Württemberg}}$)도 있고, 평시에 통상적으로 투입되는 경찰력을 초과하여 투입된 경찰력으로 인한 비용은 집회의 주체가 부담토록 할 수 있다는 입법례($^{\text{예: 독일의}}_{\text{Bayern}}$)도 있다.

2. 비장해자에 대한 상환청구권

비장해자는 원칙적으로 경찰행위로 인해 발생한 비용을 상환할 의무가 없다. 비장해자의 자신의 이익을 위해 경찰상의 처분이 가해졌더라도 마찬가지이다. 다만, 비장해자가 경찰상 처분으로 인해 부당이득을 하게 되는 경우에는 공법상 사무관리의 법리에 의해 상환의무를 부담한다. 특별규정이 있다면, 그에 따라야 한다.

3. 수수료와 비용예납문제

위험방지처분을 야기시킬 가능성이 있는 자에게 위험야기를 억제하기 위한 수단으로서 수수료($^{\text{비}}_{\text{용}}$)를 미리 예납하게 하는 방안도 검토할 필요가 있다($^{\text{예: 위험물수송경호나 도난의 정보를 위한 기구의}}_{\text{그릇된 작동으로 인한 경찰출동의 경우의 보상문제}}$).

공적 시설법 公的 施設法

(1) 공물법·영조물법·공기업법을 포괄하는 상위개념으로 공적 시설법이라는 용어를 사용하기로 한다. 이것은 다만 저자의 편의를 위한 것이다.

(2) 일설은 공물·$\left(\substack{영조\\물}\right)$·공기업을 합하여 공급행정이라 부른다. 다수 학자들은 공물법·영조물법·공기업법·사회보장법·조성행정법을 합하여 급부행정법이라 부른다. 그리고는 한결같이 Wolff/Bachof의 소론에 의거하여 급부행정의 기본원리로 사회국가원칙·보충성의 원칙·법률적합성의 원칙·평등의 원칙·비례원칙$\left(\substack{과잉금지\\의 원칙}\right)$·부당결부금지의 원칙·신뢰보호의 원칙을 논급하고 있다. 동시에 급부행정법 외에 경제행정법 등도 특별행정법$\left(\substack{행정법각론·특\\별행정작용법}\right)$의 구성부분으로서 기술하고 있다.

(3) 그러나 다수 견해의 태도는 방법론상 타당하지 않다. 왜냐하면 질서행정에 대비되는 급부행정의 개념은 특정한 행정영역을 능가하는 개념으로서 경제행정의 상당부분 등도 포함하는 개념이므로, 특별행정법$\left(\substack{행정법각론·특\\별행정작용법}\right)$을 질서행정법·급부행정법으로 구성하든지 아니면 행정영역별로 구성하는 것$\left(\substack{본서의\\입장}\right)$이 합리적이기 때문이다. 요컨대 공물법·영조물법·공기업법·사회보장법·조성행정법을 합하여 급부행정법이라 부르는 것도 급부행정(법)개념을 남용하는 것으로서 바람직한 것은 아니다.

제1장 공물법

제1절 일반론

Ⅰ. 공물의 개념

1. 공물개념의 정의

① 전통적 견해는 공물을 「행정주체가 직접 행정목적($^{공공}_{목적}$)에 제공한 개개의 유체물」로 정의한다($^{김동}_{희}$). ② 최근의 유력설은 공물을 「관습법을 포함하여 법령이나 행정주체에 의해 직접 공적 목적에 제공된 유체물과 무체물 및 물건의 집합체($^{시설,}_{집합물}$)」로 정의한다($^{김남진,}_{류지태}$). ③ 생각건대 공물에는 개개의 유체물 외에도 무체물($^{예:}_{대기}$)과 집합물($^{예: 강·}_{바다}$)이 있다는 점, 관습법에 의해서도 공물성립이 가능하다는 점에서 유력설이 타당하다.

2. 공물개념의 분석

① 공물은 물건이다. 다만 민법 제98조의 물건개념이 공물에 그대로 적용되지는 아니한다. ② 공물은 공공목적($^{공용 또는}_{공공용}$)을 위한 것이다. ③ 공물은 직접 공적 목적을 위한 것이다. 재산상의 가치나 수익을 통해 간접적으로 공행정 목적에 기여하는 물건인 재정재산($^{일반}_{재산}$)은 공물이 아니다. ④ 공물은 법률·관습법 또는 행정청의 지정행위에 의한 공용지정이 있어야 한다. 공용지정이 없는 한 사인의 물건이 공적 목적에 기여하고 있다고 하여도 사법의 적용을 받는다면 그것은 공물이 아니다($^{예: 사인}_{의미술관}$). ⑤ 공물개념과 공물의 소유권의 귀속과는 무관하다($^{사인소유의 물건도 공용지}_{정이 있으면 공물이 된다}$).

3. 공물개념의 본질

공물개념의 본질은 사법의 적용을 받는 물건이라도 일정관점과 일정범위에서 공공복지의 목적으로 인해 공법상 제약을 받는다는 것, 즉 공법의 적용을 받는다는 점이다. 그리고 공법의 적용을 받는 범위 내에서 그 물건에 결합되어 있는 소유자·점유자 등의 민법에 따른 권리는 배제되고 공법상 특별법이 적용된다는 점이다.

Ⅱ. 공물의 종류

1. 종류의 다양성

공물은 소유권자를 기준으로 국유공물·공유공물·사유공물, 공물의 관리주체와 공물의 소유권자의 동일성 여부를 기준으로 자유공물·타유공물, 그리고 자연공물·인공공물 등으로 구분된다.

국유공물이란 소유권자가 국가인 경우(예: 국유의 도로·항만)를 말하고, 공유공물이란 소유권자가 지방자치단체인 경우(예: 지방자치단체 소유의 사무용 건물)를 말하고, 사유공물이란 소유권자가 사인인 경우(예: 공도로로 지정된사인소유의 토지)를 말한다. 그리고 자유공물이란 양자가 동일한 공물(예: 국가소유의 사무용 건물)을 말하고, 타유공물이란 양자가 상이한 공물(예: 국가가 사무용 건물로 임차한 사인소유의 건물)을 말한다. 또한 자연공물이란 자연의 상태 그대로가 공물로 된 경우(예: 하천·해변)를 말하고, 인공공물이란 인위적인 가공을 가함으로써 비로소 공물이 되는 경우(예: 정부의청사·군함)를 말한다.

2. 국유재산법상 구분

국유재산법은 국유재산을 그 용도에 따라 행정재산과 일반재산으로 구분한다(국재법 제6조 제1항). 행정재산은 공용재산(국가가 직접 사무용·사업용 또는 공무원의 주거용(직무 수행을 위하여 필요한 경우로서 대통령령으로 정하는 경우로 한정한다)으로 사용하거나 대통령령으로 정하는 기한까지 사용하기로 결정한 재산)·공공용재산(국가가 직접 공공용으로 사용하거나 대통령령으로 정하는 기한까지 사용하기로 결정한 재산)·기업용재산(정부기업이 직접 사무용·사업용 또는 그 기업에 종사하는 직원의 주거용(직무 수행을 위하여 필요한 경우로서 대통령령으로 정하는 경우로 한정한다)으로 사용하거나 대통령령으로 정하는 기한까지 사용하기로 결정한 재산)·보존용재산(법령이나 그 밖의 필요에 따라 국가가 보존하는 재산)으로 구분된다(국재법 제6조 제1항). 이를 바탕으로 공공용물·공용물·공적 보존물의 구분이 이루어지기도 한다. 공공용물이란 직접 일반공중의 사용을 위하여 제공되어 있는 공물(예: 도로)을 말하고, 공용물이란 국가나 지방자치단체의 사용을 위하여 제공된 물건(예: 정부종합청사)을 말하며, 공적 보존물이란 문화보전 등의 공적 목적을 위하여 보전에 중점이 놓이는 공물(예: 국보인 숭례문)을 말한다.

3. 예정공물

장래에 어떠한 물건들을 공적 목적에 제공할 것임을 정하는 의사표시를 공물의 예정이라 하고, 그 물건을 예정공물이라 부른다. 공용지정은 있었으나, 현실적으로 완전한 공용제공이 이루어지지 아니한 물건도 예정공물에 해당한다고 본다. 예정공물은 공물에 준하여 취급되기도 한다(구 하천법 제11조의 하천예정지; 구 도로법 제7조의 도로예정지)(판례).

> [판례] 예정공물의 성질 및 시효취득의 인정 여부
> (소유권이전등기에 관한 민사소송에서) 이 사건 토지에 관하여 도로구역의 결정, 고시 등의 **공물지정행위는 있었지만 아직 도로의 형태를 갖추지 못하여 완전한 공공용물이 성립되었다고는 할 수 없으므로 일종의 예정공물이라고 볼 수 있는데**, 국유재산법 제4조 제2항 및 같은 법시행령 제2조 제1항·제2항에 의하여 국가가 1년 이내에 사용하기로 결정한 재산도 행정재산으로 간주하고 있는 점, 도시계획법 제82조가 도시계획구역 안의 국유지로서 도로의 시설에 필요한 토지에 대하여는 도시계획으로 정하여진 목적 이외의 목적으로 매각 또는 양도할 수 없도록 규제하고 있는 점, 위 토지를 포함한 일단의 토지에 관하여 도로확장공사를 실시할 계획이 수립되어 아직 위 토지에까지 공사가 진행되지는 아니하였지만 도로확장공사가 진행중인 점 등에 비추어 보면 이와 같은 경우에는 **예정공물인 토지도 일종의 행정재산인 공공용물에 준하여 취급하는 것이 타당하다고 할 것이므로** 구 국유재산법(1994. 1. 5. 법률 제4698호로 개정되기 전의 것) 제5조 제2항이 준용되어 **시효취득의 대상이 될 수 없다**(대판 1994. 5. 10. 93다23442).

[참고] 하천예정지로 지정된 후 그 하천에 관한 사업이 3년 이내에 착수되지 아니하여 대부분 지정의 효력을 잃고 있었고, 하천예정지의 지정으로 인한 손실을 제대로 보상하지 않은 채 행위제한만 이루어지고 있어 국민의 사유재산권을 침해하고 불편을 가중시키고 있었던바, 불필요한 규제를 완화하고 국민의 불편을 해소하려는 취지에서 2015. 8. 11. 개정 하천법에서 하천예정지 지정 규정이 삭제되었다.

제 2 절   공법적 지위의 변동

Ⅰ. 공물의 성립

1. 공용지정(의사적 요소)

(1) 공용지정의 의의   공용지정이란 권한을 가진 기관이 어떠한 물건이 특정한 공적 목적에 봉사한다는 것과 그 때문에 특별한 공법상의 이용질서하에 놓인다는 것을 선언하는 법적 행위를 말한다. 공용지정은 물건에 대한 공법적 성격의 부여, 즉 물건의 공법적 지위의 내용과 범위를 정하는 법적인 행위이다. 공용개시 또는 공용개시행위라고도 한다. 공용지정으로 인해 공물은 특별한 공법상의 지배질서와 이용질서하에 놓이게 된다. 사인의 재산에 공용지정이 있으면, 사인인 재산권자는 다만 공용지정의 목적을 침해하지 아니하는 범위 안에서만 재산권을 행사할 수 있다.

(2) 공용지정의 필요 여부

1) 공 용 물   ① 공공용물($^{특히 인}_{공공물}$)이나 공적 보존물의 성립에는 공용지정이 필요하지만, 공용물은 행정주체가 자기의 사용에 제공하는 물건이므로 그 성립에 공용지정이 필요하지 않다는 견해도 있다. 그러나 ② 공물은 사유의 물건일지라도 공법상 제약을 받는다는 점, 즉 사법적 용에 제한을 받는다는 점을 특징으로 갖는데, 이러한 법적 구속 내지 법적 효력은 논리상 단순히 사실적인 것($^{예: 단순한 사}_{실상의 제공}$)으로부터 생겨날 수는 없는 것이고, 법적인 것을 근거로 하여 생겨날 수 있다고 보아야 할 것이므로($^{존재로서의 사실과 당}_{위로서의 규범의 구별}$) 공용물의 경우에도 명시적이거나 묵시적인 공용지정이 필요하다고 보아야 한다. 왜냐하면 공물에 가해지는 공법적 제약은 공용지정이 없이 단순한 사실상태로부터 생겨날 수 없기 때문이다. 다만, 묵시적인 공용지정이 가능하기 위해서는 동일한 작용이 반복적이어서 그 물건이 이제는 공적 목적에 제공되고 있는 것이라는 의사를 인식할 수 있어야 한다.

2) 자연공물   ① 공공용물의 경우에도 자연공물과 인공공물을 구분하여 자연공물은 자연적 상태로 당연히 공물의 성질을 취득하므로 공용지정이 불필요하다는 견해도 있다($^{판}_{례}$). 그러나 ② 자연공물의 경우에도 공용물의 경우와 동일한 논리에서 명시적 또는 묵시적인 공용지정이 필요하다. 이 경우, 법규·관습법도 의사적 요소를 구성한다.

(3) 공용지정의 형식

1) 법규에 의한 공용지정   공법적인 지위를 설정하는 법규에는 형식적 의미의 법률(예: 하천법 제 2 조 제 3 호 가목·나목·다목)(판례), 법규명령(예: 하천법 제 2 조 제 3 호 라목), 자치법규(예: 지방자치단체가 자치법규의 발령을 통해 공공시설이나 영조물의 이용을 가능하게 하는 경우) 그리고 관습법(예: 해변의 공공사용)이 있다.

2) (물적) 행정행위에 의한 공용지정   행정행위에 의한 공용지정은 무엇보다도 도로의 공용지정 등에서 볼 수 있다(도로법 제13조 이하; 문보법 제27조 제 1 항; 하천법 제 2 조 제 1 호, 제 7 조 제 6 항)(판례). 이 경우에 사유토지에 대한 공용지정은 사유재산에 행정법상 목적에의 제공이라는 부담을 가한다. 이 때문에 이 경우의 공용지정은 물적 행정행위라고도 한다. 독일의 경우, 물적 행정행위는 일반처분의 한 형태로 간주되고 있다(VwVfG 제35조 제 2 문). 공용지정은 직접적으로 인적인 법적 관계를 규율하는 것이 아니고, 오히려 법적으로 중요한 물건의 성질에 관해 그 근거를 제공한다.

(4) 공용지정과 권원

공용지정은 소유권자에 대한 불법의 침해행위는 아니다. 다만 공용지정을 위해 공용지정의 권한을 가진 행정청 등은 처분권(권원)을 가져야 한다. 말하자면 공물관리주체는 사법상 계약(예: 지상권·임차권설정계약)을 통해, 또는 사소유권자의 동의·기부 등을 통해 물건에 대한 지배권을 확보하든가, 아니면 공법상 계약이나 기타 공법적인 근거에 의해 물건에 대한 지배권을 확보하여야 한다.

(5) 하자 있는 공용지정처분

1) 문제상황　　공용지정처분 그 자체는 물적 행정행위로서 하나의 행정행위이다. 따라서 공용지정처분도 행정행위의 적법요건을 갖추어야 한다. 적법요건에 흠이 있는 공용지정처분은 당연히 하자 있는 것이 된다. 공용지정의 하자와 관련하여 특히 문제되는 것은 권원 없이 이루어진 공용지정처분의 경우이다.

2) 효　　과　　① 전통적인 견해는 권원 없이 이루어진 공용지정처분은 무효행위라고 본다. 만약 무효라고 본다면, 권원 없이 이루어진 공용지정처분은 원상회복의 문제, 손해배상청구의 문제, 그리고 부당이득반환의 문제 등을 가져온다. 그러나 ② 공용지정처분의 경우에 행정행위의 무효와 취소의 구별기준인 중대명백설을 적용하지 말아야 할 특별한 사정은 보이지 아니한다. 따라서 권원 없는 공용지정도 하자가 중대하고 명백하면 무효이지만, 그러하지 아니한 위법의 경우에는 취소할 수 있는 행위에 불과하다.

3) 권리보호　　① 권원 없는 공용지정처분을 행정쟁송절차에서 다툴 수 있음은 물론이다. 공용지정처분을 취소·변경하는 것이 현저히 공공복리에 적합하지 아니한 경우에는 사정재결이나 사정판결이 적용될 수는 있다. ② 권원 있는 공용지정의 경우, 사정에 따라서는 손실보상이 요구될 수 있다.

2. 제공(형태적 요소)

공용지정은 물건을 공물로 만드는 것과 공용지정의 법적 효과를 발하게 하는 것만으로는 충분하지 않다. 여기에다 물건의 이용가능성의 사실상 확보라는 사실적인 면도 요구된다. 이것은 물건의 설치(예: 수영장의 건립, 도로나 조명시설의 설치와 같은 물건의 사실상의 축조)와 그 물건의 실제 이용에의 제공이 필요하다. 이용에의 제공은 명시적으로 이루어질 수도 있고(예: 도로개통식 또는 새로운 시설완공에 대한 언론보도), 묵시적으로 이루어질 수도 있다(예: 행정관청의 청사 이전과 그에 따른 새 청사에 접속된 도로이용). 설치나 제공은 행정행위가 아니고 사실행위일 뿐이다(통설). 형태적 요소는 자연공물이 아니라 인공공물에서 주로 문제된다.

Ⅱ. 공물의 소멸

1. 공용폐지

(1) 의　　의　　공물의 소멸(공법적 특별 지위의 종료)도 법적인 행위, 즉 공용폐지를 필요로 한다(도로법 제21조). 공용폐지의 법형식은 원칙적으로 공용지정의 법형식에 상응한다(예: 일반처분에 의한 공용지정의 공물에 있어서 공용폐지는 역시 일반처분으로 이루어진다). 그리고 공용폐지에 대한 입증책임은 이를 주장하는 자가 부담한다(판례).

> 판례 **공용폐지에 관한 입증책임의 분담**
> $\binom{\text{소유권등기에 관}}{\text{한 민사소송에서}}$ 본래의 행정재산이 공용폐지되어 취득시효의 대상이 된다는 입증책임은 **시효취득을 주장하는 자가 부담한다**$\binom{\text{대판 1997. 8. 22,}}{\text{96다10737}}$.

(2) 요 건 공용폐지는 공물주체의 임의로 이루어져서는 아니 된다. 공용폐지가 있기 위해서는 공물의 공적 목적이 상실되었거나$\binom{\text{예: 도로의 경우라면}}{\text{도로의 의미의 상실}}\binom{\text{판}}{\text{례}}$ 공용폐지를 위한 중대한 공익상의 근거$\binom{\text{예: 도로의 경우라면 교통상의}}{\text{안전 또는 도시건축상의 질서}}$가 있어야 한다.

> 판례 **자연공물인 바다의 일부가 매립에 의해 토지로 변경된 경우 공용폐지의 가부**
> $\binom{\text{충청남도 등을 피고로 소유권}}{\text{이전등기를 구한 민사사건에서}}$ 공유수면으로서 자연공물인 바다의 일부가 매립에 의하여 토지로 변경된 경우에 다른 공물과 마찬가지로 공용폐지가 가능하다$\binom{\text{대판 2009. 12. 10,}}{\text{2006다87538}}$.

(3) 절차·법형식 공용폐지는 원칙적으로 공용지정과 같은 방식으로 이루어져야 한다$\binom{\text{판}}{\text{례}}$. 명시적인 경우 관계자로 하여금 이의를 제기할 수 있도록 하기 위하여 공고 내지 통지되어야 한다.

> 판례 **묵시적 공용폐지의 가부와 존부 판단 기준**
> $\binom{\text{충청남도 등을 피고로 소유권}}{\text{이전등기를 구한 민사사건에서}}$ 공용폐지의 의사표시는 명시적 의사표시뿐만 아니라 묵시적 의사표시도 무방하다. 공물의 공용폐지에 관하여 **국가의 묵시적인 의사표시가 있다고 인정되려면 공물이 사실상 본래의 용도에 사용되고 있지 않다거나 행정주체가 점유를 상실하였다는 정도의 사정만으로는 부족하고, 주위의 사정을 종합하여 객관적으로 공용폐지 의사의 존재가 추단될 수 있어야** 한다 $\binom{\text{대판 2009. 12. 10,}}{\text{2006다87538}}$.

(4) 효 과 공용폐지로써 공용지정으로 인한 모든 효과$\binom{\text{예: 공용에 제공의무·도로}}{\text{유지의무·사용제공의무}}$는 해제된다. 만약 공물이 국유라면 공용폐지로 인해 그것은 일반재산으로 돌아가고, 시효취득의 대상이 된다. 사유재산이라면 사법상의 권리를 완전히 향유하게 된다.

(5) 권리보호 공용폐지 역시 공법적인 행위의 하나이다. 공용폐지처분으로 권리가 침해된 자는 경우에 따라서 취소소송을 제기할 수 있다.

(6) 부분폐지 공용폐지로 재산에 가해지던 공법상의 역무는 종료한다. 부분폐지도 가능하다$\binom{\text{예: 도로의 공용지정을 도보}}{\text{자 전용구역으로 하는경우}}$. 부분폐지와 공용변경$\binom{\text{공물의 공법적 지위의 내용과 범위를 변경하는 것을 말한다. 공용변경}}{\text{인 등급변경에는 상위급으로 변경하는 상위변경과 하위급으로 내리는 하}}$ $\binom{\text{위변경}}{\text{이 있다}}$은 다르다$\binom{\text{부분공용폐지도 공용변경의}}{\text{일종으로 보는 견해도 있다}}$. 공용변경은 공동사용을 직접 건드리지는 않는다. 그러나 부분폐지는 이용종류·이용목적·이용범위 등과 관련하여 공동사용을 사후적으로 제한한다. 부분폐지행위는 행정행위임이 일반적일 것이다.

2. 형태적 요소의 소멸

공용폐지로 인해 공물로서의 지위를 상실하는 것은 분명하다. 문제는 형태적 요소의 소멸만으로도 공물의 지위를 상실하는가의 여부이다.

(1) 자연공물　　① 지배적 견해는 자연적 상태의 영구확정적 멸실로 자연공물은 당연히 공물로서의 성질을 상실한다는 입장이다. ② 판례는 자연공물이라 할지라도 형태적 요소의 멸실 외에 의사적 요소인 공용폐지가 있어야 공물로서의 성질이 소멸된다는 입장이다(판례 1, 2). ③ 생각건대 공물의 성립에 의사적 요소(공용폐지)와 형태적 요소(제공)가 필요하므로, 이 중에서 하나만 소멸하여도 당연히 공물로서의 성질을 상실한다고 보는 것이 합리적이다. 물론 여기서 형태적 요소의 소멸이란 사회통념상으로 보아 회복이 불가능한 완전소멸을 말한다.

> ［판례 1］　공유수면의 일부가 사실상 매립되어 대지화된 경우, 법률상 공유수면의 성질을 보유하고 있는지의 여부
> (구리시장을 피고로 한 변상금부과처분취소소송에서) 공유수면은 소위 자연공물로서 그 자체가 직접 공공의 사용에 제공되는 것이므로 공유수면의 일부가 사실상 매립되어 대지화되었다고 하더라도 국가가 공유수면으로서의 공용폐지를 하지 아니하는 이상 법률상으로는 여전히 공유수면으로서의 성질을 보유하고 있다 (대판 2013. 6. 13, 2012두2764).

> ［판례 2］　행정재산이 본래의 용도에 사용되지 않는 사실만으로 묵시적 공용폐지의사를 인정할 수 있는지의 여부
> (원고가 대한민국을 상대로 한 토지소유권이전등기사건에서) **행정재산은 공용폐지가 되지 아니하는 한 사법상 거래의 대상이 될 수 없으므로 시효취득의 대상이 되지 아니하고, … 공용폐지의 의사표시는 명시적 의사표시뿐 아니라 묵시적 의사표시이어도 무방하나 적법한 의사표시이어야 하고, 행정재산이 본래의 용도에 제공되지 않는 상태에 놓여 있다는 사실만으로 관리청의 이에 대한 공용폐지의 의사표시가 있었다고 볼 수 없다** (대판 1996. 5. 28, 95다52383; 대판 2009. 12. 10, 2006다87538).

(2) 인공공물　　① 학설은 인공공물이 사회관념상 회복이 불가능할 정도로 형태적 요소를 상실하면 공물로서의 성질을 상실한다는 견해와 형태적 요소의 소멸은 다만 공용폐지의 원인이 될 뿐이라는 견해의 대립이 있다. ② 판례는 형태적 요소가 상실되고 묵시적 공용폐지가 인정될 수 있는 경우라면 공물로서의 성질을 상실한다는 입장이다(판례). 요컨대 판례는 공용폐지를 필요로 하는 입장이다. ③ 생각건대 인공공물의 경우에도 자연공물의 경우와 같다고 볼 것이다.

> ［판례］　행정재산이 본래의 용도로 사용되지 않는 것을 공용폐지의 의사표시로 볼 수 있는지 여부
> (국유의 행정재산인 구거에 대하여 시효취득을 원인으로 소유권이전등기를 구한 사건에서) 행정재산이 기능을 상실하여 본래의 용도에 제공되지 않는 상태에 있다 하더라도 관계 법령에 의하여 용도폐지가 되지 아니한 이상 당연히 취득시효의 대상이

되는 잡종재산이 되는 것은 아니고, **공용폐지의 의사표시는 묵시적인 방법으로도 가능하나 행정재산이 본래의 용도에 제공되지 않는 상태에 있다는 사정만으로는 묵시적인 공용폐지의 의사표시가 있다고 볼 수 없으며**, 또한 공용폐지의 의사표시는 적법한 것이어야 하는바, **행정재산은 공용폐지가 되지 아니한 상태에서는 사법상 거래의 대상이 될 수 없으므로** 관재당국이 착오로 행정재산을 다른 재산과 교환하였다 하여 그러한 사정만으로 적법한 공용폐지의 의사표시가 있다고 볼 수도 없다 $\binom{\text{대판 1998. 11. 10.}}{\text{98다42974}}$).

(3) 공 용 물　　① 다수설은 공용물은 그 성립에 있어서 공용개시행위를 필요로 하지 아니하므로 그 소멸에 있어서도 별도의 공용폐지행위를 필요로 하지 아니한다는 입장이다. ② 판례는 공용폐지행위가 필요하다는 입장이다$\binom{\text{판}}{\text{례}}$. ③ 생각건대 공용물의 경우에도 자연공물의 경우와 달리 볼 이유는 없다.

[판례]　행정재산이 본래의 용도로 사용되지 않는 것을 공용폐지의 묵시적 의사표시로 볼 수 있는지 여부

$\binom{\text{여주교육청사부지에 대하여 시효취득을 원}}{\text{인으로 소유권이전등기를 구한 사건에서}}$ 행정재산$\binom{\text{교육청}}{\text{사부지}}$에 대한 공용폐지의 의사표시는 명시적이든 묵시적이든 상관이 없으나 적법한 의사표시가 있어야 하고, **행정재산이 사실상 본래의 용도에 사용되지 않고 있다는 사실만으로 용도폐지의 의사표시가 있었다고 볼 수는 없으므로** 행정청이 행정재산에 속하는 1필지 토지 중 일부를 그 필지에 속하는 토지인줄 모르고 본래의 용도에 사용하지 않는다는 사실만으로 묵시적으로나마 그 부분에 대한 용도폐지의 의사표시가 있었다고 할 수 없다 $\binom{\text{대판 1997. 3. 14.}}{\text{96다43508}}$).

---

(4) 공적 보존물(보존공물)　　① 학설은 형태적 요소의 소멸로 공물로서의 성질을 상실한다는 견해와 형태적 요소의 소멸은 다만 공용폐지의 사유가 될 뿐이라는 견해로 나뉜다. 말하자면 공적 보존물의 지정해제를 전자는 공적 보존물의 소멸의 확인으로 보고, 후자는 공적 보존물의 소멸사유로 본다. ② 생각건대 공용물의 경우에도 자연공물의 경우와 달리 볼 이유는 없다.

[기출사례] 제56회 5급공채(2012년) 문제·답안작성요령 ☞ PART 4 [3-20]

제 3 절   공물의 법적 특질

Ⅰ. 공물권의 성질(공물법제)

1. 문제상황

공물은 공적 목적에 봉사하는 것이므로, 그 목적달성을 위하여 공물에는 공법적 규율이 가해지고 있다. 여기서 공법적 규율이란 공물에는 오로지 공법만 적용된다는 것인지, 아니면 사법이 원칙적으로 적용되지만, 공적 목적의 수행을 위한 범위 안에서만 공법이 적용되는가의 문제가 있다. 이와 관련하여 종래에 공소유권설과 사소유권설의 대립이 있었다.

2. 학   설

(1) 사소유권설   사소유권설(사소유권제)이란 공물이 반드시 공소유권의 대상이어야 하는 것은 아니고 사소유권의 대상일 수 있으며, 후자의 경우에는 공용지정을 통해 정해지는 범위 안에서 사소유권의 행사가 제한을 받는다는 원리(법제)를 말한다. 오늘날 사소유권설에 이의를 제기하는 입장을 찾아보기는 어렵다. 사소유권설은 사소유권제라고도 한다.

(2) 공소유권설   과거에는 공법상의 물건에 대한 지배권은 공법에 속하는 것이므로 공물은 공법의 적용을 받는 공소유권의 대상이 된다고 하였다. 즉, 공물권은 완전성과 포괄성에 있어서 사유재산권에 비교할 만한 권리로서 공소유권으로 이해되기도 하였다. 이를 공소유권설이라 부른다. 이 견해에 따르게 되면 공물에 대하여는 사법의 적용을 부인하게 되고, 따라서 공물에는 사권의 성립도 부인하게 된다. 공소유권설은 공소유권제라 불리기도 한다. 요컨대 공소유권설이란 공물은 반드시 공소유권의 대상이어야 한다는 원리(법제)를 말한다.

3. 결론(법적 지위의 이중구조)

공물을 공소유권의 대상으로 할 것인가는 입법정책의 문제로서 입법자가 선택할 문제이다. 현행법상 하천은 공소유권의 대상이고(하천법 제7조), 도로는 사소유권의 대상이 될 수도 있다(도로법 제4조). 공물은 단일의 재산법질서에 놓이는 한편, 다른 면으로 공적 목적을 위한 공용지정으로 인하여 사유재산에 주어진 물적인 권리에 대하여 일정한 제한이 가해짐을 특징으로 한다. 공물은 사소유권의 대상이 되는 물건이지만 공적 목적으로 인해 공법상의 특별한 지배를 받고 있을 뿐이다. 요컨대 사소유권설이 합리적이다.

Ⅱ. 사법적용의 한계

1. 처분등의 제한(융통성의 제한)

사물은 처분이 자유로우나, 공물은 처분이 가능한 경우도 있고 처분이 제한되는 경우도 있다(판례). 제한의 형태로 처분이 금지되는 경우(예: 국재법 제27조 제1항 본문)(절대적 융통제한), 제한된 범위 안에서 사용·수익의 허가가 가능한 경우$\binom{국재법}{제30조}\binom{상대적}{용통제한}$, 처분에 신고가 요구되는 경우$\binom{예: 문보법 제40조}{제 1 항 제 2 호}\binom{용통신}{고주의}$, 일정한 공적 제한을 전제로 한 소유권 이전이나 저당권의 설정이 가능한 경우$\binom{예: 도로법}{제 4 조}\binom{일부용}{통제한}$가 있다$\binom{판}{례}$.

> [판례] 국유 토지의 양도 제한
>
> $\binom{하천구역편입에 따른 손실보}{상금 청구에 관한 사건에서}$ 하천구역으로 편입되어 국유로 된 토지는 사인 사이의 거래의 객체가 될 수 없으므로 종전 소유자가 이 사건 제2토지를 소외인에게 매도하였다고 하더라도 그와 같은 매매는 원시적으로 불능인 급부를 목적으로 하는 계약으로서 원칙적으로 무효이다$\binom{대판 2016. 8. 24,}{2014두15580}$.

2. 사용·수익의 제한

공물은 당해 공물의 목적과 달리 사용 또는 수익할 수 없음이 원칙이다$\binom{도로법 제4}{조 참조}\binom{판}{례}$. 그러나 그 목적을 침해하지 않는 한에 있어서는 사용이나 수익을 인정할 수 있다$\binom{예: 초등학교 운동장을 선거유세장}{으로 활용 또는 초등학교시설 일부}$ $\binom{를 매점으로}{임대하는 경우}$. 이와 관련하여 국유재산법$\binom{제30조}{제 1 항}$도 일정한 범위에서만 행정재산의 사용허가를 할 수 있도록 한다.

> [판례] 구 도로법 제 5 조(사권의 제한)의 취지
>
> $\binom{원고가 대한민국에 대지인}{도 등을 청구한 사건에서}$ 본조의 **사권행사 금지의 취지는 도로부지 사용과 저촉하는 사용, 수익 등 사권행사를 금지하는 취지에 불과하고** 동 부지에 대한 소유권의 이전 및 저당권의 설정은 허용되는 바이므로 도로부지 사용과 저촉되지 않는 소유권 침해로 인한 손해배상청구권의 행사까지도 제한되는 것이라고 해석할 수 없다$\binom{대판 1970. 4. 28,}{70다237}$.

3. 취득시효

(1) 국·공유 공물과 시효취득   행정재산은 민법 제245조에도 불구하고 시효취득의 대상이 되지 아니한다$\binom{국재법 제 7 조 제 2 항;}{공재법 제 6 조 제 2 항}$. 일반재산의 경우는 그러하지 아니하다$\binom{판례}{1, 2, 3}$. 따라서 국유재산·공유재산 중 일반재산이 아닌 재산인 공물은 공용폐지가 없는 한 시효취득의 대상이 될 수 없다. 공용폐지에는 명시적 공용폐지 외에 묵시적 공용폐지도 포함된다. 판례도 같은 입장이다. 한편, 판례는 "원래 잡종재산$\binom{현행법상}{일반재산}$이던 것이 행정재산으로 된 경우 잡종재산일 당시에 취득시효가 완성되었다고 하더라도 행정재산으로 된 이상 이를 원인으로 하는 소유권이전등기를 청구할 수 없다"고 한다$\binom{대판 1997. 11. 14,}{96다10782}$.

[참고] 구 국유재산법·지방재정법상 시효취득

구 국유재산법 제 5 조 제 2 항은 "국유재산은 민법 제245조의 규정에 불구하고 시효취득의 대상이 되지 아니한다"고 규정하였는데, 헌법재판소는 한 사건에서 국유재산법 제 5 조 제 2 항이 잡종재산에 적용하는 경우에는 헌법 제11조 제 1 항, 제23조 제 1 항 및 제37조 제 2 항에 위반된다고 하였고$\binom{판례}{1}$, 공유사물의 경우$\binom{구 지방}{재정법}$에도 동일한 내용의 헌법재판소 결정례가 있으며$\binom{판례}{2}$, 그 후 국유재산법과 지방재정법은 개정되었다.

> 판례 1   국유재산 중 잡종재산에 대하여도 시효취득을 부정하는 구 국유재산법 제5조 제2항의 위헌 여부

(국유재산법 제5조 제2항(국유재산은 민법 제245조의 규정에 불구하고 시효취득의 대상이 되지 아니한다)의 위헌심판사건에서) 국유잡종재산은 사경제적 거래의 대상으로서 사적 자치의 원칙이 지배되고 있으므로 시효제도의 적용에 있어서도 동일하게 보아야 하고, **국유잡종재산에 대한 시효취득을 부인하는 동 규정은 합리적 근거 없이 국가만을 우대하는 불평등한 규정**으로서 헌법상의 평등의 원칙과 사유재산권 보장의 이념 및 과잉금지의 원칙에 반한다(헌재 1991. 5. 13, 89헌가97).

> 판례 2   공유재산 중 잡종재산에 대하여도 시효취득을 부정하는 구 지방재정법 제74조 제2항의 위헌 여부

(지방재정법 제74조 제2항(공유재산은 민법 제245조의 규정에 불구하고 시효취득의 대상이 되지 아니한다)에 대한 위헌심판사건에서) 지방재정법 제74조 제2항이 같은 법 제72조 제2항에 정한 공유재산 중 잡종재산에 대하여까지 시효취득의 대상이 되지 아니한다고 규정한 것은, 사권을 규율하는 법률관계에 있어서는 그 권리주체가 누구냐에 따라 차별대우가 있어서는 아니되며 **비록 지방자치단체라 할지라도 사경제적 작용으로 인한 민사관계에 있어서는 사인과 대등하게 다루어져야 한다는 헌법의 기본원리에 반하고**, 공유재산의 사유화로 인한 잠식을 방지하고 그 효율적인 보존을 위한 적정한 수단도 되지 아니하여 법률에 의한 기본권 제한에 있어서 비례의 원칙 또는 과잉금지의 원칙에 위배된다(헌재 1992. 10. 1, 92헌가6·7(병합)).

> 판례 3   공유재산에 대한 취득시효의 요건

(서울특별시를 피고로 한 민사사건에서) 구 지방재정법 제74조 제2항은 "공유재산은 민법 제245조의 규정에 불구하고 시효취득의 대상이 되지 아니한다. 다만, 잡종재산의 경우에는 그러하지 아니하다"라고 규정하고 있으므로, **구 지방재정법상 공유재산에 대한 취득시효가 완성되기 위하여는 그 공유재산이 취득시효 기간 동안 계속하여 시효취득의 대상이 될 수 있는 잡종재산이어야 하고**, 이러한 점에 대한 증명책임은 시효취득을 주장하는 자에게 있다(대판 2009. 12. 10, 2006다19177).

    (2) 사유공물과 시효취득   사유공물은 시효취득의 대상이 될 수 있다. 그러나 공적 목적에 제공하여야 하는 공법상 제한은 여전히 존속한다.

4. 강제집행

    논리상 공물로서 제공되어 있는 한 공물은 민사소송법에 의한 강제집행의 대상이 될 수 없다. 공물을 압류하는 것은 공물의 목적에 반하기 때문이다. 다만 압류가 있다고 하여도 공물의 목적 실현에 장애를 가져오지 아니하는 경우라면 압류의 대상이 될 수도 있다. 그러나 국가에 대한 강제집행은 국고금의 압류에 의해야 하기 때문에(민집법 제192조), 국유의 공물에 대한 강제집행은 문제될 여지가 없다. 다만 사유공물이 압류된 경우에는 강제집행이 가능하다. 다만 강제집행의 결과 취득자는 역시 공공목적을 위한 공적 이용에 제공하여야 하는 제한을 받는다.

5. 기   타

① 경우에 따라서 공물주체$\binom{공물의}{관리청}$는 행정처분으로써 공물의 범위를 결정하기도 한다$\binom{예: 도로}{법 제25조}$$_{에 따른 도로}$$_{구역의 결정}$). 공물의 범위결정은 공물에 가해지는 공법상 제한의 범위를 말한다. ② 공물에도 민법상 상린관계가 적용되는 것이 원칙이다. 상린관계는 인접하는 토지의 이용의 조절을 위한 것이기 때문이다. 그러나 경우에 따라서 실정법은 그 적용을 제한하기도 한다$\binom{예: 도로법 제40}{조의 접도구역}$). ③ 공물도 부동산이라면 등기하여야 물권의 변동이 생긴다. ④ 공물의 설치·관리상의 하자로 인한 국가나 지방자치단체의 배상책임은 민법이 아니라 국가배상법에 의한다$\binom{국배법}{제 5 조}$).

제 4 절 공물의 관리

I. 공물의 관리권

1. 관리권의 의의

공물이 공적 목적에 바쳐진 공물로서의 임무를 충실히 다할 수 있기 위해서는 여러 종류의 행위를 필요로 한다. 이러한 행위를 공물의 관리라 하고, 공물$\binom{관}{리}$주체가 공물관리를 위하여 행사할 수 있는 지배권을 공물의 관리권이라 한다.

2. 관리권의 성질

(1) 학   설   공물의 관리권의 성질과 관련하여 ① 소유권설과 ② 공법상 물권적 지배권설로 나뉘고 있다. 소유권설은 공물관리권은 소유권 그 자체의 작용에 불과하다는 견해이고, 공법상 물권적 지배권설은 공물관리권은 공물주체의 공법적 권한에 속하는 물권적 지배권이라는 견해이다. 공법상 물권적 지배권설이 일반적인 견해이다.

(2) 판   례   판례는 "도로법 제80조의2의 규정$\binom{현행법}{제72조}$에 의한 변상금 부과권한은 적정한 도로관리를 위하여 도로의 관리청에게 부여된 권한이라 할 것이지 도로부지의 소유권에 기한 권한이라고 할 수 없으므로, 도로의 관리청은 도로부지에 대한 소유권을 취득하였는지 여부와는 관계없이 도로를 무단점용하는 자에 대하여 변상금을 부과할 수 있다"고 하여 공법상 물권적 지배권설을 취하고 있다$\binom{대판 2005. 11. 25.}{2003두7194}$).

(3) 사   견   공물관리권은 공물의 소유권의 한 권능이 아니다. 관리권은 공법상 인정되는 특별한 종류의 물권적 지배권의 한 종류이다. 자유공물의 경우에는 자신의 재산권에 대한 자율적인 제한을 내용으로 하고, 타유공물의 경우에는 타인소유의 재산에 대해 일종의 제한물권의 성질을 갖는다.

3. 관리권의 근거

공물관리권은 공용지정의 근거되는 법규에서 규정됨이 일반적이다$\binom{예: 도로법 제23}{조, 하천법 제8조}$. 수익적인 행위 내지 단순관리행위에 관한 사항은 법률의 근거가 없어도 관리주체가 독자적으로 공물규칙을 제정할 수 있으나, 침익적인 사항에 관해서는 반드시 법률의 근거가 있어야 한다$\binom{헌법 제37}{조 제2항}\binom{판}{례}$.

> 판례   도로관리청이 도로의 기능 발휘에 장애가 되는 시설물을 정당한 사유 없이 설치하는 것을 제지할 수 있는지 여부(적극)
> $\binom{특수공무집행방해치상·공무집행}{방해의 죄로 기소된 형사사건에서}$ **구 도로법 제45조**에 따르면 누구든지 정당한 사유 없이 도로에 장애물을 쌓거나 교통에 지장을 끼치는 행위를 하여서는 안 되며, 그러한 행위를 하는 사람에 대하여는 **구 도로법 제83조**에 따라 도로관리청이 필요한 처분을 하거나 조치를 명할 수 있다. 따라서 **도로를 설치하고 그 존립을 유지하여 이를 일반 교통에 제공함으로써 도로의 본래 목적을 발휘하도록 하기 위한 포괄적 관리권**을 가지는 도로관리청으로서는 도로의 기능 발휘에 장애가 되는 시설물을 정당한 사유 없이 설치하는 것을 제지할 수 있다$\binom{대판 2014. 2. 27.,}{2013도5356}$.

4. 관리권의 형식

관리권은 법령의 형식$\binom{예: 공물}{관리규칙}$으로 발동되는 경우도 있고, 법령에 근거한 개별구체적인 형식$\binom{예: 행정행위·공법상 계약·}{사실행위 또는 사법작용}$으로 발동될 수도 있다.

5. 관리권의 주체

공물의 관리는 공물의 관리권을 가진 행정주체의 기관이 행하는 것이 원칙이다. 경우에 따라서는 공물의 관리권자가 다른 기관에 관리를 위임하여 행하게 하는 경우도 있다$\binom{예: 도로법 제31조}{제2항에 의거하여 국도의 수선·유지에 관한 관리를 도지사에게 위임하는 경우}$.

6. 관리권의 내용

(1) 공물의 범위결정   공물주체는 공물관리권에 근거하여 공물의 범위를 결정할 수 있다$\binom{예: 도로법 제25조에 의한 도로구역 결정, 하천법 제2조 제2호·제10조에}{의한 하천구역결정, 자연공원법 제4조 내지 제6조에 의한 공원구역 결정}$.

(2) 공물의 관리·공용부담특권   ① 공물주체는 공물의 관리자로서 공물의 유지·수선·보수 등의 임무를 수행한다$\binom{예: 도로법 제31조 이하의 도로의 공사와}{유지 등, 도로법 제36조의 도로대장의 작성}$. ② 공물의 유지·보존의 특별한 방법으로서 공물의 사용을 일시 제한하거나 금지시키거나$\binom{예: 도로법}{제75조}$, 일정한 행위를 금지시키기도 한다$\binom{예: 하천법}{제46조}$. ③ 한편 공물주체는 공용부담특권을 갖기도 한다$\binom{예: 도로법 제81}{조 제1항}$.

(3) 공적 사용에 제공   공물은 공적 사용에 제공되는 데에 그 목적이 있는 것이므로, 사용관계에 관한 원칙을 정하고 아울러 특정인에게 사용 또는 점용하게 하는 작용이 공물관리권의 중심적인 내용이 된다$\binom{도로법 제}{61조 참조}$.

[기출사례] 제58회 사법시험(2016년) 문제·답안작성요령 ☞ PART 4 [3–17]

Ⅱ. 공물관리의 비용

1. 비용부담의 주체

공물의 관리비용은 관리주체가 부담하는 것이 원칙이다. 공물의 관리가 관리주체 자신의 임무이기 때문이다. 그러나 실정법으로는 이러한 원칙에 대하여 다음의 예외가 나타난다. ① 일정한 경우에는 국가가 관리하는 공물의 관리비용을 지방자치단체나 사인이 부담하는 경우가 있다$\binom{\text{예: 국고가 부담하는 도로에 관한 비용의 일부를 지방자치}}{\text{단체가 부담하게 하는 경우로 도로법 제87조 제 1 항 참조}}$. ② 지방자치단체가 관리하는 공물의 경우에도 그 비용을 다른 지방자치단체 또는 사인으로 하여금 부담하게 하는 경우도 있다$\binom{\text{예: 도로법 제}}{\text{85조 제 2 항}}$.

2. 손해배상

공물의 설치·관리상의 하자로 인해 손해가 발생하면 사무의 귀속주체인 국가나 지방자치단체는 손해배상책임을 부담하여야 한다$\binom{\text{국배법 제 5}}{\text{조 제 1 항}}\binom{\text{판례}}{1}$. 다만 비용부담자와 관리자가 상이한 경우에 공물의 설치·관리상의 하자로 인해 손해배상책임이 문제되는 경우에는 양자 모두 배상책임이 있다$\binom{\text{국배법 제 6}}{\text{조 제 1 항}}\binom{\text{판례}}{2}$.

> **판례 1**　경찰서장이 지방자치단체장으로부터 권한을 위탁받아 설치·관리하는 신호기의 하자로 인한 국가배상법 제 5 조 소정의 배상책임의 귀속주체
> $\binom{\text{도로 상황에 상응한 우측 화살표 신호가 아닌 직진 신호가 들어오도록 설치되어 있던 교차로에서}}{\text{발생한 사고로 원고가 시흥시에 손해배상을 청구한 보행자신호기·차량신호기 동시 녹색사건에서}}$ 도로교통법 제 3 조 제 1 항에 의하여 **특별시장·광역시장 또는 시장·군수의 권한으로 규정되어 있는 도로에서의 신호기 및 안전표지의 설치·관리에 관한 권한**은 같은법시행령 제71조의2 제 1 항 제 1 호에 의하여 **지방경찰청장 또는 경찰서장에게 위탁되었으나**, 이와 같은 권한의 위탁은 **이른바 기관위임으로서** 경찰서장 등은 권한을 위임한 시장 등이 속한 지방자치단체의 산하 행정기관의 지위에서 그 사무를 처리하는 것이므로, 경찰서장 등이 설치·관리하는 신호기의 하자로 인한 **국가배상법 제 5 조 소정의 배상책임**은 **그 사무의 귀속 주체인 시장 등이 속한 지방자치단체가 부담한다**$\binom{\text{대판 2000. 1. 14,}}{\text{99다24201}}$.

> **판례 2**　시가 국도의 관리상 비용부담자로서의 책임을 지는 경우 국가배상법 제 6 조 제 2 항의 규정을 들어 구상권자인 공동불법행위자에게 대항할 수 있는지 여부
> $\binom{\text{서귀포시 국}}{\text{도사건에서}}$ 시가 국도의 관리상 비용부담자로서 책임을 지는 것은 국가배상법이 정한 자신의 고유한 배상책임이므로 도로의 하자로 인한 손해에 대하여 시는 부진정연대채무자인 공동불법행위자와의 내부관계에서 배상책임을 분담하는 관계에 있으며 **국가배상법 제 6 조 제 2 항의 규정**은 도로의 관리주체인 국가와 그 비용을 부담하는 경제주체인 시 상호간에 내부적으로 구상의 범위를 정하는 데 적용될 뿐 이를 들어 **구상권자인 공동불법행위자에게 대항할 수 없다**$\binom{\text{대판 1993. 1. 26,}}{\text{92다2684}}$.

3. 손실보상

공물의 설치·관리를 위해 적법하게 사인의 재산권을 침해한 경우에는 손실보상이 이루어져야 한다$\binom{\text{예: 도로법 제98조 제 2 항, 제}}{\text{99조, 하천법 제76조, 제77조}}$.

Ⅲ. 공물의 관리와 경찰

1. 의　　의

① 공물의 관리작용$\binom{관리}{권}$과 공물에 대한 경찰작용$\binom{경찰}{권}$은 구분되어야 한다. 공물의 관리권은 공물 자체의 관리$\binom{예: 도로보수를}{위한 통행금지}$를 위한 권한을 말하나, 공물에 대한 경찰권은 공물과 관련된 장해가 일반사회질서에 위해를 가하게 되는 경우에 이의 방지를 위해 발동되는 권한$\binom{예: 화재진화를}{위한 통행금지}$을 말한다. ② 공물관리권은 공물 본래의 목적달성을 위한 것이나, 공물경찰은 위험방지를 위한 것이다.

2. 법적 근거와 범위

① 공물의 관리권의 근거와 범위는 당해 공물에 관한 법규에서 나오는 것이나, 경찰권은 일반경찰법에서 근거를 갖는다. ② 한편 공물관리권에 의해서는 독점적 사용권의 부여가 가능하나, 공물경찰권으로서는 일시적 허가만이 가능하다.

3. 강　　제

의무위반이나 의무의 불이행이 있는 경우에 ① 공물관리의 경우에는 사용의 배제, 민사상의 강제가 가능할 뿐이고, 명문의 규정이 없는 한 행정상 강제가 불가능하나, ② 공물경찰의 경우에는 행정상 강제가 가능하다.

4. 경　　합

공물에 하자가 생긴 경우에 그 하자가 사회일반의 공적 안전에 위해를 가져올 수 있는 경우에는 공물의 관리권과 경찰권이 동시에 발동될 수도 있다$\binom{도로법 제77조(차량의 운행제한 및 운행허가)와 도}{로교통법 제 6 조(통행의 금지 및 제한)를 비교하라}$. 그럼에도 개념상 양자는 구분되어야 할 것이다.

5. 실례(도로법과 도로교통법)

도로법은 상태법이고 도로교통법은 질서법이다. 도로관리청은 공용지정을 통해 어떠한 전제하에, 그리고 어떠한 범위 안에서 도로를 개인에 사용시킬 것인가를 정한다. 이러한 것을 근거로 도로교통법과 도로교통청은 위험을 방지하고 교통의 안전과 원활을 보장하기 위하여 교통에 대한 경찰상의 요구와 교통참가자를 규율한다. 따라서 공용지정이나 공용폐지의 내용은 도로법의 문제이다. 보행구역 결정유무는 도로교통법상의 처분의 대상이 아니다. 다만 질서법상 명령되는 한에 있어서는 교통법상 교통금지나 교통의 제한은 가능하다.

제 5 절 공물의 사용관계

공물(특히 공, 공용물)은 공공의 사용에 제공되는 것이 근본 목적이다. 공물의 사용은 공법상 사용과 사법상 사용으로 구분된다. 공법상 사용은 다시 ① 자유사용, ② 허가사용, ③ 특허사용, ④ 관습법상 사용으로 구분된다. 학자에 따라서는 ①을 보통사용(공물의 통상의 용도에 통상적으로 사용하는 것), 나머지를 특별사용(공물의 본래의 목적범위를 넘어서 보통 이상의 정도로 사용하는 것)이라 부르기도 한다.

Ⅰ. 자유사용

1. 의 의

공물의 자유사용이란 공물주체의 특별한 행위 없이 모든 사인이 자유롭게 공물을 사용하는 것(예: 도로상 통행·호숫가의 산책)을 말한다. 자유사용에 놓이는 공물은 공용지정시에 일반공중의 이용에 놓이는 것을 적시하기 때문에, 일반시민의 사용을 위해 사후에 새로운 행위(예: 사용허가)를 요하지 아니한다. 자유사용은 일반사용 또는 보통사용이라 부르기도 한다. 소유권자는 자유사용에 따른 물건의 이용에 대하여 수인하여야 한다.

2. 성 질

공물의 자유사용관계에서 사인이 갖는 이익, 즉 관리주체가 공물을 설치·운영함으로써 사인이 받는 이익이 반사적 이익인가 아니면 개인적 공권인가의 문제가 있다. ① 일설은 이러한 이익이 반사적 이익일 뿐이라고 한다. 그러나 ② 사인이 행정주체에 대하여 특정공물의 신설 또는 유지를 주장할 수 있는 권리는 없으나, 이미 제공된 공물의 이용을 관리청이 합리적인 이유 없이 거부하거나 정당한 자유사용을 방해하지 말 것을 구할 수 있는 권리는 갖는다고 보아야 한다. 말하자면 행복추구권과 신체의 자유(행동의 자유) 등에 근거하여 기존의 자유사용에 참여할 수 있는 청구권을 가지고, 이러한 범위 내에서 주관적이고 공법적인 지위를 갖는다. 따라서 자유사용의 경우에도 사인이 개인적 공권을 갖는 경우가 있다. 공물의 자유사용이 공권으로서의 성질을 갖는다고 하여도 그것은 일반적으로 공물을 방해받지 않고 그 공용목적에 따라 자유롭게 사용할 수 있는 소극적 권리로서 자유사용의 침해를 배제하는 데 그친다고 보아야 할 것이다. ③ 그러나 판례는 도로를 자유로이 이용하는 것은 법률상 이익이 아니라고 하여 부정적인 견해를 보인다(김성수)(판례).

> **판례** 도로의 폐지가 일반국민의 법률상 이익을 침해하는지 여부
> (공주시장의 국유도로의 공용폐지처분에 대하여 인접주민인 원고가 무효확인등을 구한 공주시 금강빌라 도로용도폐지사건에서) **일반적으로 도로는 국가나 지방자치단체가 직접** 공중의 통행에 제공하는 것으로서 일반국민은 이를 자유로이 이용할 수 있는 것이기는 하나, 그렇다고 하여 **그 이용관계로부터 당연히 그 도로에 관하여 특정한 권리나 법령에 의하여 보호되는 이익이 개인에게 부여되는 것이라고까지는 말할 수 없으므로**, 일반적인 시민생활에 있어 도로를 이용만 하는 사람은 그 용도폐지를 다툴 법률상의 이익이 있다고 말할 수 없다(대판 1992. 9. 22, 91누13212).

3. 범위(한계)

공물의 자유사용의 범위와 한계는 공물에 따라 상이하다. 구체적인 것은 공물의 관리규칙에서 규정된다. 적어도 타인의 자유사용에 침해를 가해서는 아니 된다. 뿐만 아니라 자신의 사용이 방해를 받으면, 경우에 따라서 방해배제의 청구 또는 손해배상의 청구도 가능할 것이다. 한편, 관리규칙에서 허용된 사용이라고 하여도 그것이 공적 안전과 질서에 위해를 가져올 수 있는 경우라면 경찰권에 의해 그 사용이 제한받을 수 있다. 관리규칙에서 명백히 규정된 바 없다면 최종적으로는 사회통념 또는 관습에 따라 판단하여야 한다. 개발사업 등으로 인해 자유사용이 제한받을 수도 있다(판례).

> [판례] 적법한 개발행위로 인한 공공용물에 대한 일반사용의 제한이 특별한 손해에 해당하는지 여부
>
> (대천해수욕장에 대한 관광지조성계획으로 피해를 입었다고 주장하는 어선어업자들이 보령시를 상대로 손해배상을 청구한 사건에서) 일반 공중의 이용에 제공되는 공공용물에 대하여 특허 또는 허가를 받지 않고 하는 일반사용은 다른 개인의 자유이용과 국가 또는 지방자치단체 등의 공공목적을 위한 개발 또는 관리·보존행위를 방해하지 않는 범위 내에서만 허용된다 할 것이므로, **공공용물에 관하여 적법한 개발행위 등이 이루어짐으로 말미암아 이에 대한 일정범위의 사람들의 일반사용이 종전에 비하여 제한받게 되었다 하더라도** 특별한 사정이 없는 한 그로 인한 불이익은 손실보상의 대상이 되는 **특별한 손실에 해당한다고 할 수 없다**(대판 2002. 2. 26, 99다35300).

4. 사 용 료

사용대가(사용료)의 징수 여부는 자유사용의 결정적인 개념요소가 아니다. 만약 사용료징수가 이루어지고 아울러 미납시에 강제징수가 예정되어 있다면, 사용료징수권은 공법상 권리의 성격을 가진다.

[참고] 행정기본법은 사용료 법정주의를 규정하고 있다.
행정기본법 제35조(수수료 및 사용료) ① 행정청은 특정인을 위한 행정서비스를 제공받는 자에게 법령으로 정하는 바에 따라 수수료를 받을 수 있다.
② 행정청은 공공시설 및 재산 등의 이용 또는 사용에 대하여 사전에 공개된 금액이나 기준에 따라 사용료를 받을 수 있다.
③ 제 1 항 및 제 2 항에도 불구하고 지방자치단체의 경우에는 「지방자치법」에 따른다.

5. 인접주민의 강화된 이용권(특별이용)

(1) 의 의   도로에 인접한 토지나 영업장의 소유자인 도로의 인접주민은 그 인접한 도로를 그 토지 또는 그 영업을 위해 적정하게 이용할 수 있는 권리인 강화된 이용권을 갖는다(판례). 인접주민이 갖는 강화된 이용권은 개인적 공권으로 이해된다(대판 1992. 9. 22, 91누13212). 강화된 이용권에 따른 이용은 일반사용(예: 사람의 통행)을 능가하는 특별이용에 해당한다.

> 【판례】 인접주민이 공물에 대한 고양된 일반사용권을 가지는지 여부의 판단 방법
> (사인들 간의 점포명도·임대차보 증금반환에 관한 민사소송에서) 공물의 인접주민은 다른 일반인보다 인접공물의 일반사용에 있어 특별한 이해관계를 가지는 경우가 있고, 그러한 의미에서 다른 사람에게 인정되지 아니하는 이른바 고양된 일반사용권이 보장될 수 있으며, 이러한 고양된 일반사용권이 침해된 경우 다른 개인과의 관계에서 민법상으로도 보호될 수 있으나, 그 권리도 공물의 일반사용의 범위 안에서 인정되는 것이므로, 특정인에게 어느 범위에서 이른바 고양된 일반사용권으로서의 권리가 인정될 수 있는지의 여부는 당해 공물의 목적과 효용, 일반사용관계, 고양된 일반사용권을 주장하는 사람의 법률상의 지위와 당해 공물의 사용관계의 인접성, 특수성 등을 종합적으로 고려하여 판단하여야 한다. 따라서 구체적으로 공물을 사용하지 않고 있는 이상 그 공물의 인접주민이라는 사정만으로는 공물에 대한 고양된 일반사용권이 인정될 수 없다(대판 2006. 12. 22, 2004다68311·68328).

(2) 근　　거　　개별 법률에 규정이 없다고 하여도 강화된 이용권은 재산권보장을 규정하는 헌법 제23조 제1항으로부터 나온다. 재산권의 내용규정이자 제한규정인 도로법은 허가를 요하지 아니하는 인접주민의 강화된 사용을 보장하여야 한다.

(3) 요　　건　　인접주민의 강화된 이용권은 ① 인접주민의 토지가 도로의 존재와 도로의 이용에 종속적일 때, ② 자유사용(공동사용)을 영속적으로 배제하지 아니하는 범위 안에서 인정된다. ①은 인접주민의 이용의 전제이자 특징이다.

(4) 내　　용　　강화된 이용권은 지역관습과 공동체가 수용할 만한 범위 안에서 필요한 범위까지 보장된다. 그 내용은 헌법합치적으로 해석하여야 한다(예: 상점의 짐 싣고 내리기, 건축자재물을 쌓아두기 등은 강화된 이용권에 속한다고 본다). 인접주민에게는 필수적인 외부와의 접속을 가능하게 하여야 하는바, 토지의 도로에로의 접속권은 강화된 이용권의 내용에 속하며, 도로의 존속을 구할 수 있는 권리(공물존속보장청구권)도 강화된 이용권에 포함된다(판례). 그러나 특정 도로의 공용지정에 대한 변경의 방지를 구하는 청구권을 인접주민의 강화된 권리의 내용으로 보기는 어렵다.

> 【판례】 특별한 사정으로 인하여 도로용도폐지가 법률상 이익을 침해하는 경우
> (공주시 금강빌라 도 로용도폐지사건에서) 공공용재산이라고 하여도 당해 공공용재산의 성질상 특정개인의 생활에 개별성이 강한 직접적이고 구체적인 이익을 부여하고 있어서 그에게 그로 인한 이익을 가지게 하는 것이 법률적인 관점으로도 이유가 있다고 인정되는 특별한 사정이 있는 경우에는 그와 같은 이익은 법률상 보호되어야 할 것이고, 따라서 **도로의 용도폐지처분에 관하여 이러한 직접적인 이해관계를 가지는 사람이 그와 같은 이익을 현실적으로 침해당한 경우에는 그 취소를 구할 법률상의 이익이 있다고 보아야 할 것이다**(대판 1992. 9. 22, 91누13212).

(5) 수　　인　　인접주민은 도로의 개선을 위한 작업으로부터 나오는 방해는 보상 없이 수인하여야 한다. 인접주민은 자유사용(공동사용)의 유지·보호·촉진을 위한 처분으로부터 나오는 방해를 수인하여야 한다.

(6) 침   해   인접주민의 강화된 이용권에 대한 침해는 법률에 근거하여서만 가능하고, 이에 대한 보상이 따라야 한다. 이러한 침해는 수용은 아니지만, 보상이 따를 때에만 비례원칙에 적합한 것이 된다.

[기출사례] 제10회 변호사시험(2021년) 문제·답안작성요령 ☞ PART 4 [3-18a]

6. 공 용 물

앞에서 지적한 사항은 대체로 공공용물의 경우이고, 공용물의 경우는 사정이 다르다. 공용물의 경우에는 자유사용이 예외적으로만 인정된다. 이의 예로 학자들은 학교부지의 일부를 통로로 사용하는 경우를 든다.

Ⅱ. 허가사용

1. 의   의

공물(특히 공 공용물)의 허가사용이란 사인이 행정청의 사전허가를 받은 후에 공물을 사용하는 것을 말한다. 공물은 원칙적으로 사인이 자유롭게 사용할 수 있어야 한다. 그러나 자유로운 사용이 공물의 목적달성이나 공물의 유지·보전에 문제를 야기할 수 있는 경우도 생겨날 수 있다. 이러한 경우에는 공물의 자유사용을 일단 금지하고 나서 사후에 사인으로 하여금 선별적으로 허가를 받아 사용하게 하는 것이 합리적이다. 여기에 허가사용의 의미가 나타난다. 말하자면 허가사용이란 자유사용이 갖는 문제를 시정·보완하기 위한 것이라고 할 수 있다. 허가사용은 주로 일시적 사용을 의미하는 것으로 이해된다.

2. 유   형

(1) 공물관리권에 의한 허가사용   당해 공물의 목적달성을 위해 금지하였던 바를 사인의 신청을 전제로 공물관리청이 해제하여 사인으로 하여금 공물을 사용하게 하는 경우(예: 국공립 도서관의 대출허가에 따른 도서이용)를 공물관리청의 공물관리권에 따른 허가사용이라 한다.

(2) 공물경찰권에 의한 허가사용   경찰상 과해진 금지를 해제함으로써 사인이 공물을 사용하게 되는 경우(예: 위험방지목적의 도로통행금지처분의 예외적 해제, 도로교통법 제28조 제2항)를 경찰행정청에 의한 허가사용이라 한다. 이러한 경우는 본래 의미의 공물의 사용관계가 아님을 유념하여야 한다.

3. 성   질

① 일설은 공물의 허가사용도 자유사용과 마찬가지로 보통사용인 이상 사용자의 지위를 권리로 볼 수 없다고 한다(반사적 이익설). 그러나 ② 허가요건을 갖추었음에도 불구하고 합리적인 사유 없이 허가를 거부하는 것은 평등의 원칙의 침해로서 사인이 다툴 수 있으므로, 경우에 따라서는 사인도 허가사용과 관련하여 개인적 공권을 갖는다고 보아야 한다(공권 설).

4. 사 용 료

허가사용의 경우에 사용료$\binom{\text{허가}}{\text{료}}$가 징수되기도 하나, 사용료징수를 허가사용의 본질적 요소라고 보기는 곤란하다. 실정법이 사용료의 징수를 규정하면서$\binom{\text{예: 도로법 제66조,}}{\text{하천법 제37조}}$ 동시에 강제징수의 가능성을 규정하는 한$\binom{\text{예: 도로법 제69조,}}{\text{하천법 제67조}}$, 그것은 공권의 성질을 갖는 것으로 이해된다.

5. 종   료

허가사용은 공물의 소멸, 사용자의 사용포기, 허가된 사업의 종료, 종기의 도래나 조건의 성취, 허가의 취소나 철회 등으로 인하여 소멸한다.

6. 공 용 물

앞에서 지적한 사항은 대체로 공공용물의 경우이고, 공용물의 경우는 사정이 다르다. 말하자면 공용물의 경우에는 허가사용이 예외적이다.

Ⅲ. 특허사용

1. 의   의

(1) 개   념   공물의 특허사용이란 공물주체의 특허를 받아 사인이 공물을 사용하는 것$\binom{\text{예: 도로법 제61조의 도로점용허가, 하천법 제33조의 유수·토지의 점용}}{\text{허가, 공유수면 관리 및 매립에 관한 법률 제 8 조의 공유수면의 점용허가}}$을 말한다$\binom{\text{판}}{\text{례}}$. 특허사용은 당해 공물의 일반적인 목적·범위를 능가하여 공물을 사용하는 것인바, 공물의 사용의 방식에 있어서 예외적인 경우가 된다. 이러한 예외적인 사용은 공물의 통상의 사용$\binom{\text{자유}}{\text{사용}}$을 방해하지 아니하는 범위 내에서 인정된다. 특허사용은 영속적인 사용을 내용으로 한다.

> [판례] 항만법상의 비관리청의 항만시설무상사용권의 법적 성질
> $\binom{\text{한국가스공사의 송도앞바다 항만공사와 관련하여 한국가스공사가 대한민국과 인천지방해양수산청}}{\text{인천항건설사무소장을 상대로 총사업비재산정통보처분의 취소를 구한 송도앞바다항만공사사건에서}}$ 비관리청이 행한 항만시설은 비관리청의 의사와 아무런 상관없이 항만법의 규정$\binom{\text{제17조 제 1}}{\text{항·제 3 항}}$에 의하여 당연히 국가 또는 지방자치단체에 귀속하는 대신, 비관리청은 항만법에 의하여 총사업비의 범위 안에서 당해 항만시설에 대하여 무상사용권을 취득할 수 있으므로, 이에 따라 비관리청이 당해 항만시설을 무상사용하는 것은 일반인에게 허용되지 아니하는 특별한 사용으로서, 이른바 공물의 특허사용에 해당한다$\binom{\text{대판 2001. 8. 24,}}{\text{2001두2485}}$.

(2) 자유사용 및 허가사용과의 구별

1) 자유사용과 구별   공물의 자유사용이 모든 사인이 자유롭게 공물을 사용하는 관계임에 반하여, 특별사용의 일종인 공물의 특허사용은 공물의 원래의 목적을 넘어서 사용하는 관계이다.

2) 허가사용과 구별　　허가사용은 경찰상 위험의 방지 등이 허가 여부의 주요기준이 되며 사용기간이 비교적 단기인 점에 반하여, 특허사용은 적극적인 복리목적의 실현이 특허 여부의 주요기준이 되며 사용기간도 비교적 장기간인 점에서 차이점이 있다. 또한 허가사용은 허가받는 자의 자유의 회복이라는 점에서 형성적인 성격이 있으나, 특허사용과 같이 특허받는 자에게 구체적인 권리를 설정하는 것이 아니라는 점, 즉 형성의 내용에 있어서 차이가 있다. 그리고 허가사용이 원칙적으로 경찰상 위험의 방지를 위한 금지의 해제라는 점에서 기속행위의 성격을 갖는 반면, 특허사용은 공물의 예외적인 이용을 허용하는 설권행위라는 점, 특허 여부에 공익실현이 주요기준이 된다는 점에서 원칙적으로 재량행위인 점에서 차이가 있다.

2. 성　　질

① 특허사용의 원인행위, 즉 특허행위는 공법상 계약인가 아니면 협력을 요하는 행정행위($^{쌍방적}_{행정행위}$)인가? 일반적으로 특허는 협력($^{예: 상대}_{방의 신청}$)을 요하는 행위로 이해되고 있다. 점용을 '허가'한다는 실정법상의 표현은 특허가 행정행위임을 나타낸다는 근거가 된다. ② 특허사용은 권리로서의 사용을 의미한다. 특허처분은 특정인에게 일반인에게는 허용하지 않는 특별한 사용권을 부여하는 형성적 행위($^{설권}_{행위}$)로 이해된다. ③ 판례와 지배적인 견해는 특허처분을 재량행위로 이해하고 있다. 특허사용이 사인에게 어느 정도 공물사용으로 인한 독점적 이익을 보호하는 점, 그리고 특허 여부에 공익적 판단이 주요기준이 된다는 점에서 이를 재량행위로 보는 것이 타당하다. 따라서 부관이 가능하다[$^{판례}_{1}$]. ④ 일반사용과 병존이 가능하다[$^{판례}_{2, 3}$].

[판례 1]　하천부지 점용허가의 법적 성격과 부관의 가부

($^{논산군수의 원고에 대한 하천부지점용허}_{가일부취소처분의 취소를 구한 사건에서}$) **하천부지 점용허가 여부는 관리청의 자유재량에 속하고, 재량행위에 있어서는 법령상의 근거가 없다고 하더라도 부관을 붙일 것인가의 여부는 당해 행정청의 재량에 속한다고 할 것이고,** 또한 같은 법 제25조 단서가 하천의 오염방지에 필요한 부관을 붙이도록 규정하고 있으므로 **하천부지 점용허가의 성질의 면으로 보나 법규정으로 보나 부관을 붙일 수 있음은 명백하다**($^{대판 1991. 10. 11,}_{90누8688}$).

[판례 2]　구 도로법 제40조의 도로점용의 의미 및 도로의 특별사용과 자유사용의 병존 여부

($^{서울특별시 중구청장의 원고에 대한 도로점용료부과처분의}_{취소를 구한 주택공사 을지로2가 지하통로 무단점용사건에서}$) 도로법 제40조($^{현행법}_{제38조}$)에 규정된 도로의 점용이라 함은 일반공중의 교통에 공용되는 도로에 대하여 이러한 일반사용과는 별도로 도로의 특정부분을 유형적·고정적으로 특정한 목적을 위하여 사용하는 **이른바 특별사용을 뜻하는 것**이므로 허가 없이 도로를 점용하는 행위의 내용이 위와 같은 특별사용에 해당할 경우에 한하여 같은 법 제80조의2의 규정에 따라 도로점용료 상당의 부당이득금을 징수할 수 있는 것인바, **도로의 특별사용은 반드시 독점적·배타적인 것이 아니라 그 사용목적에 따라서는 도로의 일반사용과 병존이 가능한 경우도 있**고 이러한 경우에는 도로점용부분이 동시에 일반공중의 교통에 공용되고 있다고 하여 도로점용이 아니라고 할 수 없다($^{대판 1992. 9. 8, 91누8173;}_{대판 1993. 5. 11, 92누13325}$).

[참고] 도로법 제61조의 특별사용에는 특허사용$\binom{\text{예: 도로에}}{\text{전신주 설치}}$과 허가사용$\binom{\text{예: 건축자재의 일시적 적}}{\text{치를 위한 점용허가의 경우}}$의 2가지가 있는데, 상기 판례는 특허사용에 관한 것이다. 도로법 제61조의 특별사용을 특허사용으로 이해하는 견해도 있는데, 그것은 아마도 판례상 문제된 사건이 거의 특허와 관련된 것이라는 점에 기인하는 것이 아닌가 생각된다. 도로법 제61조에 관해 자세한 내용은 졸저, 신행정법연습의 해설을 참조하라.

[판례 3] 도로의 점용을 특별사용으로 볼 것인지 여부의 판단기준

$\binom{\text{주식회사 에스케이산업이 서울특별시 강남구청장을}}{\text{상대로 도로점용료부과처분취소를 구한 사건에서}}$ **구 도로법 제40조, 제43조, 제80조의2에 규정된 도로의 점용이라 함은,** 일반공중의 교통에 공용되는 도로에 대하여 이러한 일반사용과는 별도로 도로의 특정부분을 유형적, 고정적으로 사용하는 **이른바 특별사용을 뜻하는 것이고, 그와 같은 도로의 특별사용은 반드시 독점적, 배타적인 것이 아니라 그 사용목적에 따라서는 도로의 일반사용과 병존이 가능한 경우도 있고,** 이러한 경우에는 도로점용부분이 동시에 일반공중의 교통에 공용되고 있다고 하여 도로점용이 아니라고 말할 수 없는 것이며, 한편 **당해 도로의 점용을 위와 같은 특별사용으로 볼 것인지 아니면 일반사용으로 볼 것인지는 그 도로점용의 주된 용도와 기능이 무엇인지에 따라 가려져야 할 것이다**$\binom{\text{대판 1995. 2. 14,}}{\text{94누5830}}$.

[기출사례] 제 5 회 변호사시험(2016년) 문제 · 답안작성요령 ☞ PART 4 [2-17]

3. 특허사용자의 권리

① 특허사용권은 공법에 의해 성립·취득하는 권리이므로 공권이다. ② 특허사용권은 공권인 까닭에 공익상 제한이 따른다$\binom{\text{예: 도로법 제97조,}}{\text{하천법 제70조}}$. ③ 특허사용권이 침해되면 그것은 공권인 까닭에 행정쟁송의 방법으로 다툴 수 있다$\binom{\text{판례}}{1, 2}$. ④ 특허사용권이 공권이기는 하나 재산권적인 색채가 강한 것이어서 이전성을 가진다$\binom{\text{예: 도로법 제106조,}}{\text{하천법 제 5 조}}$. 특허사용권은 채권적인 성질을 갖기도 하고 물권적 성질을 갖기도 한다. ⑤ 특허사용권은 공물폐지시까지만 의미를 가지며, 그 후에는 권리로서 의미를 갖는다고 보기 어렵다. ⑥ 특허사용권을 침해하는 사인이 있는 경우에는, 그 자에 대하여 민사법상 구제수단$\binom{\text{예: 침해행위의 배제·예}}{\text{방, 원상회복, 손해배상}}$을 행사할 수 있다$\binom{\text{대판 1994. 9. 9,}}{\text{94다4592}}$. ⑦ 특허사용권은 목적달성에 필요한 범위에 한정된다. 왜냐하면 공물은 원래 일반공중의 사용에 제공된 것이고 그들의 사용을 고려하여야 하기 때문이다.

[판례 1] 항만법상의 비관리청의 항만시설무상사용권의 법적 성격

$\binom{\text{원고(한국가스공사)가 피고(대한민국)에 대하여 총사업비재}}{\text{산정통보처분의 취소를 구한 송도앞바다 항만공사사건에서}}$ 비관리청이 당해 항만시설을 무상사용할 수 있는 기간은 총사업비에 의하여 결정되므로, 관리청이 적법한 기준에 미달하게 총사업비를 산정하였다면, 그 금액과 적법한 기준에 의한 총사업비의 차액에 따른 기간만큼 무상사용기간이 단축되므로, 그 차액에 해당하는 기간에 관하여는 비관리청이 무상사용할 수 없게 된다는 법적 불안·위험이 현존한다고 보아야 하고, 따라서 이를 제거하기 위하여 국가를 상대로 공법상의 당사자소송으로 권리범위의 확인을 구할 필요나 이익이 있으며, 이러한 방법이 가장 유효·적절한 수단이다$\binom{\text{대판 2001. 8. 24,}}{\text{2001두2485}}$.

판례 2 비관리청의 항만시설무상사용권의 기준이 되는 총사업비(항만법상 비관리청은 총사업비만큼 항만시설을 무상 사용함)의 산정이 잘못된 경우, 당사자소송으로 권리범위의 확인을 구할 이익이 있는지의 여부

(포항종합제철(주)가 대한민국을 상대로 포항신항만시설무상사용권의 확인을 구한 포항 신항만공사사건에서) 구 항만법령에 의하면 비관리청이 설치한 항만시설은 비관리청의 의사와 관계없이 법의 규정에 의하여 당연히 국가 또는 지방자치단체에 귀속하고 그 대신 비관리청은 20년의 범위 안에서 사용료의 총액이 총사업비에 달할 때까지 당해 항만시설에 대한 무상사용권을 취득하며 그 무상사용기간은 총사업비에 의하여 결정되므로, **지방청장이 법령에 의한 기준에 미달하게 총사업비를 부당 산정하였다면, 그 금액과 적법한 기준에 의한 총사업비와의 차액에 따른 기간만큼 무상사용기간이 단축되어 그 차액에 해당하는 기간에 관하여는 비관리청이 무상사용할 수 없게 된다는 법적 불안·위험이 현존한다고 보아야 하고, 따라서 이를 제거하기 위하여 공법상 당사자소송으로써 권리범위의 확인을 구할 필요나 이익이 있으며, 그러한 확인의 소를 제기하는 방법이 가장 유효·적절한 수단이다**(대판 2001. 9. 4, 99두10148).

[기출사례] 제61회 5급공채(일반행정)(2017년) 문제·답안작성요령 ☞ PART 4 [3-18]

4. 특허사용자의 의무

① 특허사용은 사용자에게 권리를 설정하는 것이므로 사용자로부터 대가(사용료· 점용료·)를 징수함이 일반적이다. 다수설은 사용료는 공물의 특별한 사용으로부터 받는 이익에 대한 대가이므로 징수에 관한 근거규정(예: 도로법 제66조, 하천법 제37조)이 없이도 징수가 가능하다고 한다(박윤흔, 박균성, 류지태 등). 반대견해도 있다(김철용). 물론 특허사용이 오로지 공익을 위한 사용인 경우에는 사용료나 점용료가 감면될 수 있다(예: 도로법 제68조, 하천법 제37조 참조). 사용료나 점용료납부는 공법상 의무이므로 행정상 강제징수의 대상이 된다(예: 도로법 제69조, 하천법 제67조). ② 공물의 특허사용으로 인하여 제3자나 공익에 대하여 침해를 가져오는 경우에는 공물관리청은 특허사용자에게 손해배상 또는 위험방지·제거의 시설을 할 의무를 부과할 수도 있다(예: 도로법 제33조, 제35조). ③ 공물관리청은 원상회복의무를 부과할 수도 있다(예: 도로법 제73조).

5. 종   료

공물의 특허사용은 공물의 소멸, 공물사용권의 포기, 특허기간의 경과, 해제조건의 성취, 특허행위의 철회 등의 사유로 소멸한다.

Ⅳ. 관습법상 사용

1. 의   의

공물의 관습법상 사용이란 공물의 사용권이 관습법으로 인정된 경우의 사용(예: 관개용수로로서의 하천사용)을 의미한다. 수산업법상 입어자의 입어권이나 하천의 용수권(판례)이 이에 해당한다(수산법 제2조 제9호).

> <u>판례</u> 농민들의 용수권의 성질
> (민사사건으로 용수권방해배제를 / 구한 용두천관개용수사건에서) 농지소유자들이 수백년 전부터 공유(公有)하천에 보를 설치하여 그 연안 의 논에 관개를 하여 왔고 원고도 그 논 중 일부를 경작하면서 위 보로부터 인수(引水)를 하여 왔 다면, 공유하천으로부터 용수를 함에 있어서 하천법에 의하여 하천관리청으로부터 허가를 얻어 야 한다고 하더라도 그 **허가를 필요로 하는 법규시행 이전부터 원고가 위 보에 의하여 용수할 수 있 는 권리를 관습에 의하여 취득하였음이 뚜렷하므로** 원고는 하천법에 관한 법규에 불구하고 그 기득 권이 있는 것이다(대판 1972. 3. 31,/72다78).

2. 성립요건

관습법상 사용권이 인정되기 위해서는 ① 사인이 당해 공물을 장기간 분쟁 없이 사용하였어 야 하고, ② 사용에 대한 법적 확신이 있어야 하고, ③ 사용자가 제한된 범위 내이어야 하며, 즉 자유사용에 제공된 것이 아니어야 하고, ④ 그 사용의 정도가 특별한 것이어야 한다.

3. 내   용

관습법상 사용권의 내용은 근거가 되는 관습법에서 정해진다. 성문법에서 그 내용이 제한될 수 있다(수산법 제/39조 참조). 관습법상 사용권도 역시 공법상의 사용권의 성질을 갖는다. 관습법상 사용권의 성질은 특허사용의 경우에 준해서 판단하면 된다. 그것은 공권이며 재산권의 성질도 갖는다.

Ⅴ. 행정재산의 목적외 사용

1. 의   의

행정재산의 목적외 사용이란 계약을 통하여 공물을 사용하는 것(예: 시청사에/광고물 설치)을 말한다. 계약이 란 대체로 임대차를 의미한다. 행정재산의 목적외 사용은 주로 공물주체가 재정상의 수입을 위하 여 특정인에게 특별한 사용을 허용하는 경우에 나타난다.

2. 가 능 성

특히 공공용물을 둘러싸고, 그것이 사법상 사용의 대상이 될 수 있을 것인가에 관해서는 의 문이 없지 않다. 공공용물의 공적 목적성에 비추어 공물의 사법상의 사용을 부정적으로 볼 수도 있다. 그러나 특별규정이 없는 한 그리고 공적 목적에 방해가 없는 한 사법상 사용을 인정하는 것이 타당하다.

3. 국유재산법 제30조의 사용허가의 성질

(1) 학   설

1) 행정처분설 다수 견해는 국유재산법 제30조(① 중앙관서의 장은 다음 각 호의 범위에서만 행정재산의/사용허가를 할 수 있다. 1. 공용·공공용·기업용 재산: 그 용도나 목적에 장애가 되지 아니하는 범위.)나 공유재산 및 물품 관리법 제20조(① 지방자치단체의 장은 행정재산에 대하/여 그 목적 또는 용도에 장애가 되지 아니
2. 보존용재산: 보존목적의 수행에 필요한 범위

하는 범위에서 사용 또는 수익을 허가할 수 있다)에 의한 행정재산의 사용허가를 사법계약으로 보지 아니하고 행정처분으로 본다(김남진, 박균) (성, 류지태). 이 견해는 ① 동 법률이 사용료의 징수를 조세체납절차에 의하도록 규정하고 있다는 점(국재법 제73)(조 제 2 항), ② 사용허가에 관한 규정(국재법)(제30조)과 사용허가의 취소·철회에 관한 규정(국재법)(제36조)을 각각 독립시켜 놓고 있어서 공법적 규율이 강화되고 있다는 점, 그리고 ③ 발생원인이 처분의 형식인 점 등을 논거로 한다.

2) 사법상 계약설　　소수견해는 사법상 계약으로 본다. ① 국유재산법 제30조 제 1 항에 의한 사용이 「원래의 목적외의 사용」이라는 점, ② 중앙관서의 장과 사인 사이에 우열관계 내지 상하관계가 존재한다고 보기 어렵다는 점, ③ 조세체납절차에 의한 강제징수가 가능하다는 것이 반드시 법관계를 공법관계로 보아야 한다는 것은 아니라는 점, ④ 국유재산법상 사용허가는 승낙으로, 사용허가의 취소·철회는 계약의 해제 등으로 볼 수 있다는 점, ⑤ 사용수익의 내용이나 효과가 사적 이익에 관한 것이라는 점 등을 논거로 사법상 계약설을 지지한다.

3) 이원적 법률관계설　　행정재산의 사용·수익관계는 그 실질에 있어서는 사법상의 임대차와 같다고 할 것이므로 특수한 공법적 규율이 있는 사항을 제외하고는 행정재산의 목적외 사용의 법률관계는 사법관계라고 할 것이라는 견해(박윤)(흔)이다.

(2) 판　　례　　판례는 행정처분설을 취하고 있으며, 그 법적 성격을 강학상 특허로 본다(판례)(1, 2).

판례 1　행정재산의 사용·수익허가의 성질
(원고가 대한민국을 상대로)(한 채무부존재확인소송에서) 국유재산 등의 관리청이 하는 행정재산의 사용·수익에 대한 허가는 순전히 사경제주체로서 행하는 사법상의 행위가 아니라 관리청이 공권력을 가진 우월적 지위에서 행하는 행정처분으로서 특정인에게 행정재산을 사용할 수 있는 권리를 설정하여 주는 **강학상 특허에 해당**한다(대판 2006. 3. 9, 2004다31074;)(대판 1998. 2. 27, 97누1105).

판례 2　국유재산 관리청의 사용료 부과의 법적 성질
(서울지방철도청장의 원고에 대한 국유재산)(사용료부과처분의 취소를 구한 사건에서) **국유재산의 관리청이 행정재산의 사용·수익을 허가한 다음 그 사용·수익하는 자에 대하여 하는 사용료부과는 순전히 사경제주체로서 행하는 사법상의 이행청구라 할 수 없고, 이는 관리청이 공권력을 가진 우월적 지위에서 행한 것으로서 항고소송의 대상이 되는 행정처분이라 할 것이다**(대판 1996. 2. 13,)(95누11023).

---

(3) 사　　견

1) 행정처분설　　① 국유재산법은 국가 외의 자의 행정재산의 사용·수익은 사용허가라 하고(국재법 제2)(조 제 7 호), 국가 외의 자의 일반재산의 사용·수익은 대부계약이라 하여(국재법 제2)(조 제 8 호) 양자를 구분하고 있다. ② 동법 제 2 조 제 7 호는 사용허가를 "행정재산을 국가 외의 자가 일정 기간 유상이나 무상으로 사용·수익할 수 있도록 「허용하는 것」을 말한다"고 하여 사용허가를 관리청의 일방적인 의사표시로 규정하고 있고, ③ 동법 제36조가 관리청의 사용허가의 취소와 철회를 규정

하여 관리청의 우월한 지위를 인정하고 있으며, ④ 동법 제73조 제 2 항이 사용료의 체납시에 국세징수법에 따른 강제징수를 규정하고 있음에 비추어 행정재산의 사용허가는 행정처분으로 볼 것이다.

[참고] 구 국유재산법 제24조의 행정재산의 사용허가의 성질을 둘러싸고 본서는 종래 사법상 계약설을 취하였다. 그러나 구법에 비해 개정 국유재산법$\binom{2009.\ 7.\ 31.}{전부개정법률}$에서는 사용허가의 정의규정과 사용허가의 방법에 관한 규정 등이 추가되었고 아울러 조문체계에도 손질이 가해졌다. 새로운 변화를 반영하여 국유재산법 제30조의 공용재산 등의 사용허가의 성질을 행정처분으로 이해하는 행정처분설로 견해를 변경 한다.

4. 사용허가의 과정

사용허가의 원칙적 방법은 입찰이다$\binom{국재법 제31}{조 제 1 항}$. 행정재산의 사용허가에 관하여 국유재산법에 규정한 것을 제외하고는「국가를 당사자로 하는 계약에 관한 법률」의 규정을 준용한다$\binom{국재법 제31}{조 제 3 항}$. 국가를 당사자로 하는 계약에 관한 법률상 사용허가의 절차는 ① 입찰공고, ② 입찰, ③ 낙찰자 결정, ④ 계약서 작성의 순으로 이루어진다. 입찰공고는 사용허가의 절차요건이며, 입찰은 사인의 공법행위로서 신청에 해당하고, 낙찰자 결정은 관리청이 행하는 처분이며, 계약서의 작성은 낙찰자 결정시에 정해진 사항 등을 확인하고 문서화하는 법적 절차로서 낙찰자 결정의 이행행위에 해당한다.

5. 사용허가의 기간

① 행정재산의 사용허가기간은 5년 이내로 한다. 다만, 제34조 제 1 항 제 1 호의 경우에는 사용료의 총액이 기부를 받은 재산의 가액에 이르는 기간 이내로 한다$\binom{국재법 제35}{조 제 1 항}$. 제 1 항의 허가기간이 끝난 재산에 대하여 대통령령으로 정하는 경우를 제외하고는 5년을 초과하지 아니하는 범위에서 종전의 사용허가를 갱신할 수 있다. 다만, 수의의 방법으로 사용허가를 할 수 있는 경우가 아니면 1회만 갱신할 수 있다$\binom{국재법 제35}{조 제 2 항}$.

6. 사 용 료

행정재산을 사용허가한 때에는 대통령령으로 정하는 요율$\binom{料}{率}$과 산출방법에 따라 매년 사용료를 징수한다. 다만, 연간 사용료가 대통령령으로 정하는 금액 이하인 경우에는 사용허가기간의 사용료를 일시에 통합 징수할 수 있다$\binom{국재법 제32}{조 제 1 항}$. 경우에 따라 사용료의 조정$\binom{국재법 제33}{조 제 1 항}$, 감면$\binom{국재법 제34}{조 제 1 항}$이 가능하다.

7. 사용허가의 취소 · 철회

(1) 사 유 ① 중앙관서의 장은 행정재산의 사용허가를 받은 자가 다음 각 호$\binom{1.\ 거짓}{진술을}$ 하거나 부실한 증명서류를 제시하거나 그 밖에 부정한 방법으로 사용허가를 받은 경우, 2. 사용허가 받은 재산을 제30조 제 2 항을 위반하여 다른 사람에게 사용 · 수익하게 한 경우, 3. 해당 재산의 보존을 게을리하였거나 그 사용목적을 위배한 경우, 4. 납부기한까지 사용료를 납부하지

아니하거나 제32조 제2항 후단에 따른 보증금 예치나 이행보증조치를 하지 아니한 경우, 5. 중앙관서의 장의 승인 없이 사용허가를 받은 재산의 원래 상태를 변경한 경우)의 어느 하나에 해당하면 그 허가를 취소하거나 철회할 수 있다(국재법 제36조 제1항). ② 중앙관서의 장은 사용허가한 행정재산을 국가나 지방자치단체가 직접 공용이나 공공용으로 사용하기 위하여 필요하게 된 경우에는 그 허가를 철회할 수 있다(국재법 제36조 제2항).

(2) 손실보상 제2항의 경우에 그 철회로 인하여 해당 사용허가를 받은 자에게 손실이 발생하면 그 재산을 사용할 기관은 대통령령으로 정하는 바에 따라 보상한다(국재법 제36조 제3항).

[기출사례] 제64회 5급공채(2020년) 문제·답안작성요령 ☞ PART 4 [3-19]

Ⅵ. 기 타

논리적으로 본다면 ① 공물은 행정행위 대신에 공법상 계약에 의해서도 사용이 가능하다. 그러나 실제상 얼마나 빈번히 활용될 수 있을 것인지는 의문이다. ② 위에서 언급한 것은 기본적으로 사인에 의한 공물의 사용의 경우이며, 이 밖에 공물은 영조물이나 공기업에 의해 사용되기도 한다.

제 2 장   영조물법

제 1 절   일 반 론

Ⅰ. 영조물의 관념

1. 영조물의 개념

영조물개념은 이중적이다. ① 하나는 조직기술상 의미에서 공법상의 영조물이고, ② 다른 하나는 공동사용이 아니라 특별한 이용질서에 근거하여 사용되는 공행정주체의 수중에 놓인 물건의 의미이다. 전자의 의미가 보다 중요하다. 하여튼 영조물의 개념은 예나 지금이나 국가조직 내지 행정조직상 의미를 갖는다. 영조물이란 「공행정조직의 일부분으로서 특별한 공적 목적에 계속적으로 봉사하기 위한 인적·물적 결합체」로 이해되고 있다.

2. 공기업과 구분

(1) 유 사 점   공기업이나 영조물은 ① 모두 국가나 공공단체에 의해 설치·경영·관리·유지된다는 점, ② 그 작용이 비권력적인 행정작용이라는 점, ③ 공적 목적을 위한 것이라는 점에서 유사성을 갖   는다.

(2) 차 이 점   ① 영조물은 영리추구가 아니라 공익실현을 직접적인 목적으로 하나, 공기업은 공익실현 외에 영리추구도 주요 목표로 한다(목적상 차이). ② 영조물은 계속적으로 서비스를 제공하는 것이나, 공기업은 계속적인 경우 외에 일시적으로 사업을 수행하는 경우도 있다(사업의 계속성의 차이). ③ 영조물은 종합시설이 관심의 주된 대상이 되나, 공기업은 기업 그 자체가 관심의 중심에 놓인다(관심방향의 차이). 따라서 도서관·박물관·병원 등은 영조물로 관념하게 된다. ④ 영조물은 이용이라는 면에 초점을 둔 정적인 개념이나, 공기업이란 기업활동이라는 동적인 개념이라 할 수 있다(개념의 동태성과 정태성). ⑤ 그렇다고 영조물과 공기업이 언제나 명백히 구분될 수 있는 것은 아니다(구분의 상대성). 영조물이 그 이용에 이용료를 실비 이상으로 징수하는 경우에는 공기업의 성질도 가질 수 있기 때문이다.

3. 영조물의 종류

① 영조물은 관리주체를 기준으로 국가의 영조물(예: 국립대학교·국립도서관·국립병원)과 지방자치단체의 영조물(예: 시립대학교·시립도서관·시립병원)과 특수법인영조물(예: 서울대학교병원, 적십자병원 등), ② 영조물이용의 강제성 여부를 기준으로 임의

사용영조물(예: 국립도서
관·국립병원)과 강제사용영조물(예: 국공립
초등학교)(강제이용을 위해서는
법률의 근거를 요한다), ③ 영조물을 이용할 수 있는 인적 범위를 기준으로 공용영조물(공무원만이 이용
가능한 영조물)과 공공용영조물(일반사인도 이용
가능한 영조물), ④ 영조물의 법인격의 유무를 기준으로 법인영조물과 비법인영조물로 구분된다.

Ⅱ. 영조물주체의 고권(영조물권력)

1. 영조물과 법률의 유보

영조물목적의 실현과 보장에 필요한 처분을 할 수 있도록 하는 힘을 영조물권력이라 한다. 침익적 행위로서 명령은 수권의 근거를 필요로 한다(판
례). 공동체에 중요한 사항은 입법자가 스스로 정하여야 한다는 것이다(중요사항
유보설). 따라서 재학관계나 수형자관계는 형식적 의미의 법률로 정하여야 한다. 중요사항이 아닌 경우에는 영조물권력에 근거하여 행정규칙(영조물
이용규칙)으로 정할 수 있다(예: 국립대학의
강당의 이용방법).

> 판례 　국립대학 학칙의 성질(자치법규)
> (부산대학교 총장을 피고로 학칙개
정처분무효확인을 구한 사건에서) 국립대학이 법령과 학칙이 정하는 절차에 따라 법령의 범위 내에서 제정 또는 개정한 학칙은 대학의 자치규범으로서 당연히 구속력을 갖는다(대판 2015. 6. 24,
2013두26408).

2. 영조물권력의 내용

영조물주체의 영조물권력은 기본적으로 법률에서 근거를 갖는 것인데, 그 내용으로 영조물주체는 ① 영조물이용에 관한 조건을 설정하고(이용조건
제정권), 이용료를 징수하며(이용대가
징수권), 이용규칙위반자에게 제재를 가하는 권한(명령·
징계권)을 가질 뿐만 아니라, ② 법령과 자치법규가 정하는 바에 따라 영조물을 설치·유지·관리하고(유지·관
리의무), 일반공중 등 이용자에게 이용에 제공하여야 할 의무(이용제
공의무)를 진다. 그것도 평등하게 제공할 의무를 진다(평등제
공의무). ③ 이러한 권한과 의무는 영조물의 설치근거에서 규정됨이 일반적이다.

제 2 절　영조물의 이용관계

Ⅰ. 이용관계의 의의와 성질

1. 의　　의

영조물은 일반공중이나 특정인들의 이용을 위해 존재한다. 영조물의 이용을 둘러싸고 영조물주체와 영조물이용자 간에 법관계가 나타난다. 이것을 영조물의 이용관계라 부른다(판
례). 영조물주체와 영조물을 구성하는 인적 요소와의 관계는 여기서 말하는 이용관계에 해당하지 아니한다.

$\left(\substack{\text{서울대학교 기성회 등을 상대로 기} \\ \text{성회비의 반환을 청구한 사건에서}}\right)$ 국가가 설립·경영하는 대학인 국립대학$\left(\substack{\text{고등교육법} \\ \text{제 2 조, 제 3 조}}\right)$은 대학교육이라는 특정한 국가목적에 제공된 인적·물적 종합시설로서 공법상의 영조물에 해당한다. 이러한 국립대학과 학생 사이의 재학관계는 국립대학이 학생에게 강의, 실습, 실험 등 교육활동을 실시하는 방법으로 대학의 목적에 부합하는 역무를 제공하고 교육시설 등을 이용하게 하는 한편, 학생은 국립대학에 그와 같은 역무제공에 대한 대가를 지급하는 등의 의무를 부담하는 **영조물 이용관계**에 해당한다$\left(\substack{\text{대판 2015. 6. 25, 2014} \\ \text{다5531 전원합의체}}\right)$.

2. 성   질

종래에는 영조물의 이용관계를 특별권력관계의 한 종류로 인식하여 왔다. 특별권력관계에서의 행위에는 법률의 유보의 적용이 없고, 사법심사의 대상도 되지 아니한다고 하였다. 그러나 오늘날에 있어서는 소위 종전의 특별권력관계에도 법치주의는 적용된다고 하는 것이 일반적이다. 이용관계는 공법적인 경우뿐만 아니라 사법적인 경우도 있고, 경우에 따라서는 공·사법의 혼합적인 경우도 있다.

3. 공법적 기속

이용관계가 공법관계인 경우에는 공법적 규율이 가해지는 것은 당연하다. 그런데 이용관계가 사법관계로 형성되는 경우에도 영조물은 공적 목적을 위한 것이므로 여러 방향에서 공적 기속이 가해진다. 개별법령에서 명문의 규정을 두고 있으면 그것에 따라야 하고, 두고 있지 않다고 하여도 행정사법의 원리가 적용된다.

Ⅱ. 이용관계의 성립과 종료

1. 이용관계의 성립

(1) 성립사유   ① 임의사용 영조물의 이용관계$\left(\substack{\text{예: 국립병} \\ \text{원의 이용}}\right)$는 영조물주체와 이용자 간의 합의$\left(\substack{\text{공법상 계약 또} \\ \text{는 사법상 계약}}\right)$에 의해 성립하는 것이 일반적이다. ② 강제사용 영조물의 이용관계$\left(\substack{\text{예: 국·공립초등} \\ \text{학교 입학, 전염병}}\right.$ $\left.\substack{\text{자의 강} \\ \text{제입원}}\right)$는 행정권의 일방적인 행위인 행정행위에 의해 성립한다. ②의 경우에는 이용이 강제되는 경우도 있는바, 이를 이용강제라고 부르기도 한다.

(2) 이용허가청구권   앞의 ②의 경우에 허가 또는 허가의 거부는 영조물주체의 자의에 놓이는 것이 아니다. 영조물은 공적 목적을 위한 공적 시설이고, 모든 사인은 헌법 제11조에 따라서 평등한 이용허가청구권을 갖는다. 이용허가청구권은 무제한적인 것이 아니다. 각 영조물의 본질에 비추어 합리적인 범위 안에서 제한이 따를 수 있다$\left(\substack{\text{예: 피부병환자의 수영장출입금지, 공립고} \\ \text{등학교 입학에 중학교 졸업 등의 자격요구}}\right)$. 용량·능력의 한계가 또한 제한의 사유일 수 있다$\left(\substack{\text{예: 수용인원초과의 경} \\ \text{우에 수영장의 입장거부}}\right)$. 한편, 공적 급부에의 배분참여청구권으로서 이용허가청구권은 영조물이 급부를 사법형식으로 실현하는 경우에도 공법상 청구권으로서 존재한다.

2. 이용관계의 종료

이용목적의 달성($\binom{\text{예: 국·공립학교졸업, 완치}}{\text{로 인한 국·공립병원의 퇴원}}$), 이용관계로부터 임의탈퇴($\binom{\text{예: 국·공립학교재학중 자퇴,}}{\text{진료중 사설병원으로 변경치료}}$), 영조물주체로부터의 배제($\binom{\text{예: 국·공립학교재학중 퇴학, 국·공립도서관이}}{\text{용시 이용규칙 위반으로 인한 도서관 이용금지}}$), 영조물의 폐지($\binom{\text{예: 폐교·국·공립병원의 폐}}{\text{쇄, 국·공립도서관의 폐관}}$) 등으로 인해 영조물의 이용관계는 종료한다.

Ⅲ. 이용관계의 종류

1. 문제상황

영조물의 이용권은 물건에 대한 물적인 권리가 아니라, 공법 또는 사법상의 이용관계의 기준에 따른 것이다. 공법에 속하는 이용관계는 계약에 근거하는 것이 아니고, 행정행위($\binom{\text{특히 이}}{\text{용허가}}$)에 근거하는 것이 일반적이다. 여기서는 이용자에게 물적인 권리 또는 물권이 생기지 않고 행정법의 영역에서 채무관계상의 특별구속이 생길 뿐이다.

2. 통상의 이용

① 통상의 이용이란 자유로운 이용이거나 또는 공법상 이용의무에 근거하는 이용이다. 이용권은 특별한 법규에 근거하여 나타날 수도 있다($\binom{\text{예: 지방자치}}{\text{단체의 시설}}$). 법상 특정의 이용청구권이 없는 경우라면, 물건을 그 영조물의 목적에 따라 사용하는 자는 영조물주체에 대하여 다만 이용허가에 대한 무하자재량행사청구권을 갖는다. ② 통상이용은 모든 자가 이용할 수 있다는 의미에서 공개적인 이용의 경우($\binom{\text{예: 교통시}}{\text{설·극장·병원}}$)와 특정의 물적 또는 인적 특징을 통해 특별한 자에게만 이용되는 제한이용의 경우($\binom{\text{예: 학교·}}{\text{유치원}}$)가 있다.

3. 특별이용

영조물의 특별이용은 영조물의 목적상 이용토록 정해진 인적 범위에 속하지 않는 사람들이 사용하거나, 영조물을 공적 목표와 상이하게 사용하는 경우($\binom{\text{예: 운하에서 선}}{\text{박용 비품의 판매}}$)를 말한다. 영조물목적에 맞는 이용의 경우에도 특별이용은 가능하다($\binom{\text{예: 공영수영장에서}}{\text{수영협회의 독점이용}}$). 자유사용공물의 특별이용의 경우와 달리 영조물사용공물의 특별이용의 경우에는 이용관계의 근거나 내용에 대한 법적인 근거가 통상 요구되지 아니한다. 영조물목적 외의 목적으로 특별이용을 하려는 자는 허가청구권도 무하자재량결정청구권도 갖지 않는다는 것이 독일의 학설의 입장이다.

Ⅳ. 이용자의 법적 지위

1. 이용자의 권리

(1) 영조물이용권

1) 의   의   영조물이용자의 권리에는 무엇보다도 영조물이용권이 중심에 놓인다. 영조물이용권이란 영조물의 이용자가 법령이나 자치법규가 정하는 바에 따라 영조물주체에 대하여

영조물의 이용을 청구할 수 있는 권리를 말한다. 영조물이용권의 구체적인 내용은 영조물이용규칙에서 정한 바에 따른다.

2) 성   질   ① 영조물이용권이 공권인가 아니면 사권인가는 문제이다. 이것은 이용관계를 근거지어 주는 법형식이 공법적인가 아니면 사법적인가에 따라 판단되어야 한다. 만약 공권이라고 한다면, 이용권은 개인적 공권으로서의 이용권이 된다. 공권의 성립요건을 갖추지 못하는 이용자의 이익은 반사적 이익일 뿐이다. 한편, ② 영조물이용권은 영조물주체에 대하여 채권적인 성질을 갖는다.

(2) 부수적인 권리

1) 손해배상청구권   영조물이용자는 영조물의 설치·관리상의 하자로 인하여 손해를 입은 경우에 국가배상법에 따라 국가나 지방자치단체에 손해배상을 청구할 수 있다(국배법 제5조 제1항). 국가배상법상 영조물이란 표현을 공물을 뜻하는 것으로 이해할 때, 영조물의 물적 요소 역시 공물에 해당한다.

2) 행정쟁송제기권   영조물이용자는 영조물주체의 위법한 처분에 대해서는 행정쟁송법이 정하는 바에 따라 다툴 수 있다. 더 이상 영조물의 이용관계를 사법심사가 배제되는 특별권력관계로 관념하여서는 안 된다.

2. 이용자의 의무

이용자는 이용규칙이 정하는 바를 준수하여야 할 의무를 진다. 이용규칙은 이용의 방법과 시기(시간), 이용료의 납부, 이용상의 의무 등을 규정함이 일반적이다. 질서유지의무 또한 포함된다.

제3장 공기업법

제1절 일반론

I. 공기업의 관념

1. 공기업의 개념

(1) 형식적 공기업개념   공행정주체와 사인 중에서 누가 설립한 기업인가의 기준에 따른 공기업개념이 형식적 공기업개념이다. 형식적 공기업개념은 기업의 소유자와 관련된 개념일 뿐, 실질적인 기준($^{예: 기업}_{의 목적}$)과는 무관한 개념이다. ① 행정주체와 사인이 공동으로 설립한 기업은 공·사혼합기업으로 불린다. 이 경우 공행정주체의 결정권이 과반수 이상인 때에는 개념상 공기업은 아니나 공기업과 같이 취급되어야 한다. ② 설립에 관여한 자가 모두 행정주체인 경우($^{예: 여}_{러 지방}$ $^{자치단체가 공동}_{으로 설립한 경우}$)에 그 기업은 당연히 공기업이다. ③ 공행정주체가 기업적인 활동을 하지 않고 오로지 주식만을 보유하고 있는 경우에는 그것이 재정재산일 뿐이다.

(2) 실질적 공기업개념   공기업개념을 실질적으로 정의하면, 공기업이란 「① 사회공공의 이익의 증진이라는 공적 목적을 수행하는 공행정주체의 조직으로서($^{이 점에서 특히}_{기업과 구분된다}$), ② 비경제행정에 대하여 사실상 또는 법적으로 독립성을 가지고($^{이 점에서 단순한 물적 개념}_{으로서의 공물과 구분된다}$), ③ 경제적인 활동방식과 계산으로($^{이 점에서 영조}_{물과 구분된다}$), ④ 경제상의 가치창조를 통해 실질적인 경제상의 수요의 충족을 위해 경제의 영역에서 생산·분배·용역활동을 하는 조직체($^{이 점에서 문화·예술목}_{적의 영조물과 구분된다}$)」를 말한다.

(3) 제도적 공기업개념   이것은 실정법에 의해 제도화된 공기업개념을 말한다. 지방공기업법은 지방직영기업·지방공사·지방공단을 지방공기업으로 하고, 이 중에서 지방직영기업의 사업대상으로는 '수도사업($^{간이상수도사}_{업을 제외한다}$)·공업용수도사업·궤도사업($^{도시철도사업}_{을 포함한다}$)·자동차운송사업·지방도로사업($^{유료도로사업}_{만 해당한다}$)·하수도사업·주택사업·토지개발사업' 등을 들고 있다($^{지방공기업법}_{제2조 제1항}$).

(4) 공기업개념의 광·협   우리의 학자들은 일반적으로 공기업개념을 광의·협의·최협의의 3가지로 구분함이 일반적이다. ① 광의란 주체를 표준으로 하여 공기업을 「국가 또는 공공단체가 경영하는 모든 사업」을, ② 협의란 주체와 목적을 표준으로 「급부주체가 직접 국민에 대한 생활배려를 위하여 인적·물적 종합시설을 갖추어 경영하는 비권력적 사업」을, ③ 최협의란 주체·목적·수익성을 표준으로 하여 「국가 또는 공공단체가 직접 사회공공의 이익을 위하여 경영하는 기업」을 의미한다. 일설은 ④ 공기업을 「국가·지방자치단체 및 그에 의하여 설립된 법인

이 사회공공의 이익을 위하여 직접 경영하거나 경영에 참가하는 기업」으로 정의하기도 한다. 특허기업은 공기업과는 성격이 상이하다는 점 등을 고려하면 상기의 4가지 견해 중에서는 ④의 견해가 비교적 논리적이고 합리적이다. 본서에서 공기업이란 실질적 의미로 사용하기로 한다. 실질적 의미의 공기업개념은 ④의 의미와 비교적 유사하다.

2. 공기업의 종류

공기업은 ① 경영주체에 따라 국영기업$\binom{\text{예:}}{\text{우편}}$·공영기업$\binom{\text{지방직영기업, 지방공}}{\text{기업법 제2조 제1항}}$·법인체공기업$\binom{\text{법인의}}{\text{형식으}}$로 설치되는 공기업. 특수법인기업$)$, ② 시장지위$\binom{\text{독점권의}}{\text{유무}}$에 따라 독점공기업·비독점공기업, ③ 경제활동의 내용에 따라 에너지관련공기업·금융관련공기업, ④ 추구하는 목적·목표에 따라 질서목적의 공기업·촉진목적의 공기업, 보장임무의 공기업, ⑤ 경제상의 성과에 따라 이윤추구공기업·결손공기업·비용정도수익공기업, ⑥ 법형식과 법적 조직에 따라 직영기업$\binom{\text{조직상으로도 독}}{\text{립성 없는 기업}}$·권리주체성 없는 독립기업$\binom{\text{조직상으로는 독}}{\text{립성 있는 기업}}$·법상 독립성 있는 기업$\binom{\text{법인체}}{\text{기업}}$, ⑦ 법적 근거에 따라 공법상 기업과 사법상 기업으로 구분이 가능하다.

3. 공기업의 목적

개별공기업의 목적은 설치의 근거되는 법에서 나타난다. 공기업의 목적을 개관한다면 공기업은 ① 영리목적, ② 독점의 통제목적, ③ 행정의 지원목적, ④ 경제촉진 또는 경제조장목적, ⑤ 긴급사태대비목적, ⑥ 사회정책·소비자보호 등을 목적으로 한다.

4. 공기업법의 법형식

공기업을 조직형식과 법형식에 따라 구분하면 이에는 공법상 조직형식의 공기업과 사법상 조직형식의 공기업이 있다. 양자 간에는 조직규범의 법적 성질도 상이할 뿐만 아니라 행정에 대한 관계도 상이하다. 공기업의 조직형식과 관련하여 행정권은 공·사법 중 선택의 자유, 즉 공법에 따라 기업을 설립할 것인가 아니면 사법에 따라 기업을 설립할 것인가에서 선택의 자유를 갖는다$\binom{\text{조직형식}}{\text{의 자유}}$. 그러나 이러한 선택의 자유가 공법상 제약으로부터 자유를 의미하는 것은 아니다. 말하자면 임무수행을 위해 사법형식을 선택한다고 하여도 그것이 사적 자치의 자유와 가능성을 보장하는 것은 아니다. 거기에는 공법규정$\binom{\text{기본}}{\text{권}}$의 적용도 있게 된다.

> [참고] 공기업과 소속직원의 법관계에 대한 판례
> $\binom{\text{서울특별시 지하철공사 사장의 원고에}}{\text{대한 징계처분의 취소를 구한 사건에서}}$ **서울특별시지하철공사의 임원과 직원의 근무관계의 성질은** 지방공기업법의 모든 규정을 살펴보아도 **공법상의 특별권력 관계라고는 볼 수 없고 사법관계에 속할 뿐만 아니라,** 위 **지하철공사의 사장이** 그 이사회의 결의를 거쳐 제정된 인사규정에 의거하여 소속직원에 대한 징계처분을 한 경우 위 사장은 행정소송법 제13조 제1항 본문과 제2조 제2항 소정의 **행정청에 해당되지 않으**므로 공권력발동 주체로서 위 징계처분을 행한 것으로 볼 수 없고, 따라서 사장의 직원에 대한 **징계절차에 대한 불복절차는 민사소송에 의할 것이지** 행정소송에 의할 수는 없다$\binom{\text{대판 1989. 9. 12,}}{\text{89누2103}}$.

5. 공기업법의 법원

헌법은 공기업에 관해 아무런 직접적인 규정도 두고 있지 않다$\left(\substack{\text{예: 철도나 우편에 관} \\ \text{해 규정하는 바가 없다.}}\right)$. 그러나 헌법은 모든 국민이 인간다운 생활을 할 권리를 가진다$\left(\substack{\text{헌법} \\ \text{제34조}}\right)$고 규정하고 있는바, 이를 위해 국가는 공기업을 설치·운영할 수도 있다. 또한 헌법은 경제조항에서 국가의 개입을 예정해 두고 있는바$\left(\substack{\text{예: 헌법 제119} \\ \text{조 제 2 항}}\right)$, 이것 또한 공기업의 설치·운영을 예정하고 있는 것이다. 현재로서 공기업 전반에 미치는 일반법은 없다. 특별법은 적지 않다$\left(\substack{\text{예: 한국은행} \\ \text{법·우편법}}\right)$.

Ⅱ. 공기업의 보호·감독

공기업은 공익을 위한 것이므로 계속적으로 경영되어야 한다. 이 때문에 법령은 여러 방면에서 공기업보호를 위한 규정을 두고 있다. 뿐만 아니라 보호에 상응하는 경영의 확보를 위해 여러 감독작용이 가해지기도 한다.

1. 공기업의 보호

(1) 독점권의 보장　　공기업의 보호를 위해 공기업에 독점권이 인정되기도 한다. 우편법은 명문으로 우편사업이 국가의 독점사업임을 규정하고 있다$\left(\substack{\text{우편법 제 2} \\ \text{조 제 2 항}}\right)$.

(2) 공용부담특권　　공기업이 원활하게 사업을 수행할 수 있도록 하기 위하여 공기업에 타인토지에의 출입·장애물제거·수용·사용 등 여러 종류의 공용부담특권이 인정되기도 한다$\left(\substack{\text{예: 우편법} \\ \text{제 5 조}}\right)$.

(3) 경제상 보호　　① 공기업은 이윤추구가 아니라 공익실현을 주목적으로 하는바, 과세의 대상에서 제외되기도 하고, 감면되기도 하며$\left(\substack{\text{조세특례제한법} \\ \text{제 5 조 이하 등}}\right)$, ② 보조금이 교부되기도 하고$\left(\substack{\text{보조법 제 2} \\ \text{조 제 1 호}}\right)$, ③ 국유재산의 무상대부$\left(\substack{\text{국재법 제47} \\ \text{조. 제34조}}\right)$, ④ 이용료의 강제징수$\left(\substack{\text{우편법} \\ \text{제24조}}\right)$, ⑤ 손해배상의 제한$\left(\substack{\text{우편법} \\ \text{제38조}}\right)$ 등이 따르기도 한다.

(4) 형사상 보호　　공기업목적의 효과적인 수행을 위해 관련법령은 이용자나 기업자 또는 일반국민이 공기업법상 의무를 위반하거나 또는 공기업의 안전한 경영에 대하여 침해를 가한 경우에 형벌을 부과할 것을 예정해 둔다$\left(\substack{\text{예: 우편법 제} \\ \text{46조, 제47조}}\right)$. 이러한 형벌을 공기업벌이라 부른다. 그것은 행정벌의 일종이다.

2. 공기업의 감독$_{(통제)}$

(1) 의　　의　　공기업이 공행정의 한 부분인 한 행정통제의 전 체계는 기업활동에도 적용된다. 국영기업이나 공영기업의 경우에는 특히 그러하다. 문제는 법인체 공기업의 경우이다. 후자의 경우에는 공기업의 기업성으로 인해 기업의 자율성을 존중하고$\left(\substack{\text{공공기관의 운영에} \\ \text{관한 법률 제 3 조}}\right)$ 그에 대한 감독은 최소한에 머물러야 한다. 통제는 내용상 2가지 중요한 것을 갖는다. 하나는 재정통제$\left(\substack{\text{경제상} \\ \text{의 통제}}\right)$이고 또 하나는 공적 임무수행통제이다. 이러한 통제들은 감독청이나 감사원에 의해 이루어지게 된다.

(2) 감독청에 의한 감독   ① 직영공기업이나 법인형식의 공기업이거나를 막론하고 감독청에 의한 통제를 받는다. 국영공기업의 경우는 소속장관 또는 외청의 장이 감독청이 되고, 지방공기업의 경우는 지방자치단체의 장이 감독기관이 된다. 법인체 공기업의 경우에는 주무부장관이 감독청이 되며, 감독권에는 일반적인 감독권$\binom{감시}{권}\binom{예: 한국토지주택}{공사법 제23조}$과 개별적인 감독권$\binom{예: 기관의}{임면·인가}$이 있다.

한편, ② 공공기관의 운영에 관한 법률 제48조 제 8 항은 "기획재정부장관은 제 7 항에 따른 경영실적 평가 결과 경영실적이 부진한 공기업·준정부기관에 대하여 운영위원회의 심의·의결을 거쳐 제25조 및 제26조의 규정에 따른 기관장·상임이사의 임명권자에게 그 해임을 건의하거나 요구할 수 있다"고 규정하는바, 이것 역시 감독청에 의한 감독수단의 하나로 볼 것이다.

(3) 감사원에 의한 감독   헌법 제97조는 국가의 세입·세출의 결산, 국가 및 법률이 정한 단체의 회계검사와 행정기관 및 공무원의 직무에 관한 감찰을 감사원의 직무로 규정하고 있는바, 감사원은 일정 공기업에 대해서도 감사권을 가진다$\binom{감사법 제22}{조, 제23조}$. 감사원은 감사의 결과 시정을 요하는 사항에 대하여는 시정·주의 등을 요구할 수 있다$\binom{감사법}{제33조}$.

(4) 기   타   이 밖에도 ① 국정감사·국정조사·대정부질문, 예산심의와 결산, 공기업관련법령의 개폐 등을 통한 국회에 의한 감독, ② 재판에 의한 법원의 감독도 넓은 의미에서 공기업의 감독수단이다.

제 2 절　공기업의 이용관계

Ⅰ. 이용관계의 관념

1. 이용관계의 의의

공기업의 이용은 이용하는 자와 공기업자 사이에 권리·의무관계를 가져온다. 말하자면 공기업으로부터 재화나 서비스를 공급받거나 설비를 이용하는 법률관계를 가져오는바, 이를 공기업의 이용관계라 부른다. 공기업의 이용관계는 공기업자측이 이용자에게 급부를 제공하는 것이 주목적이므로 공기업의 이용관계는 급부관계라 할 수도 있다.

2. 이용관계의 종류

공기업의 이용관계는 급부의 제공이 일시적인 것인가 아니면 계속적인 것인가에 따라 일시적 이용관계$\binom{예: 우편발송·}{국민주택분양}$와 계속적 이용관계$\binom{예: 도시가스·}{물의 공급}$로 구분이 가능하다. 법적 검토에서 특히 중요성을 갖는 것은 계속적 이용관계의 경우이다.

Ⅱ. 이용관계의 성질

1. 성질판단의 필요

공·사법의 이원적 체계를 가지고 있는 우리의 법제상 공기업의 이용을 둘러싸고 분쟁이 발생한 경우에 관할법원의 판단을 위해서 그 성질이 공법적인가 또는 사법적인가의 구분이 필요하게 된다. 공기업이용관계에서 적용할 법규가 미비한 경우에도 이용관계의 성질이 문제된다. 왜냐하면 그 성질이 정해져야 미비된 법규의 보충방법이 판단될 수 있기 때문이다.

2. 판단의 기준

(1) 학　　설　　① 논리적으로 본다면, 공기업은 공공의 복지를 위한 것이라는 점에서 이용관계를 공법관계로 보는 견해$\binom{공법관}{계설}$, 공기업작용은 비권력작용이라는 입장에서 사법관계로 보는 견해$\binom{사법관}{계설}$, 양자의 성질을 모두 가진다는 견해$\binom{사회법}{관계설}$ 등이 있을 수 있다. ② 현재의 학설은 공기업의 이용관계는 그것이 계속적이든 일시적이든 간에 원칙적으로 사법관계라고 하면서 다만 법령에 공법관계임을 유추할 수 있는 규정이 있거나 이용관계의 공익성이 특별히 강조되는 경우에는 공법관계로 볼 수 있다고 한다.

(2) 판　　례　　판례는 종전의 국유철도이용과 관련하여 "국가의 철도운행사업은 국가가 공권력의 행사로서 하는 것이 아니고 사경제적 작용이라 할 것이므로, 이로 인한 사고에 공무원이 관여하였다고 하더라도 국가배상법을 적용할 것이 아니고 일반 민법의 규정에 따라야 한다"는 입장이었다$\binom{대판\ 1997.\ 7.\ 22.\ 95다6991;}{대판\ 1999.\ 6.\ 22.\ 99다7008}$.

(3) 사　　견　　일반적인 학설의 입장에서 분석적으로 살펴본다면, ① 명문의 규정이 있다면 문제가 없다. ② 관련법규가 행정쟁송이나 행정상 강제징수$\binom{예:\ 수도법\ 제68조,}{우편법\ 제24조}$에 관한 규정을 두고 있는 이용관계는 공법관계로 볼 수 있다. ③ 아무런 규정도 두고 있지 아니하는 경우에는 공급되는 급부의 내용이 공공적 성격·윤리적 성격을 강하게 띠는 경우에는 공법적인 것으로 보고, 그러하지 않은 경우는 사법적인 것으로 보는 것이 타당하다.

Ⅲ. 이용관계의 성립과 종료

1. 이용관계의 성립

(1) 합의이용　　공기업의 이용관계는 법률이나 공기업규칙이 정하는 바에 따라 합의로써 성립하는 것$\binom{합의}{이용}$이 일반적이다. 합의에는 명시적인 합의$\binom{예:\ 우편물}{발송계약}$도 있고 묵시적인 합의$\binom{예:\ 우}{체통에}$우편$\binom{}{투입}$도 있다.

(2) 이용강제　　공기업의 이용관계에는 적지 않은 경우에 이용자에게 이용이 강제되어 성립되는 경우도 있다$\binom{공기업의}{강제이용}$. 이용강제의 유형에는 ① 계약이 강제되는 계약강제$\binom{예:\ 감염법}{제41조}$, ② 사실상 독점을 포함하여 독점기업에서 보는 바와 같이 계약이 간접적으로 강제되는 간접계약강

제$\binom{\text{예:}}{\text{수도}}$, ③ 행정강제권에 의하여 이용이 강제되는 경우$\binom{\text{예: 감염법}}{\text{제42조}}$가 있다. ①과 ③은 영조물의 이용강제의 성격이 더 강하다.

2. 이용관계의 종료

공기업의 이용관계는 이용목적의 완료$\binom{\text{예: 우편}}{\text{물의 배달}}$, 이용관계에서 임의탈퇴$\binom{\text{예: 이용자의 수}}{\text{도공급중단신청}}$, 공기업측의 이용관계에서 일방적 배제$\binom{\text{예: 불법건물에 대}}{\text{한 수도공급중단}}$, 공기업의 폐지$\binom{\text{예: 가스}}{\text{회사폐지}}$ 등에 의해 종료된다.

3. 이용관계의 특색

공기업의 이용이 강제되든 아니되든 간에 계약내용은 법률이나 공기업 규칙상 정형화·획일화되어 있음이 일반적이다. 이러한 계약을 부합계약이라 부른다. 이러한 범위 안에서 계약의 자유의 원칙은 어느 정도 제한을 받는다.

Ⅳ. 이용관계의 내용

1. 이용자의 권리

(1) 기본적인 권리로서 공기업이용권   ① 공기업의 이용관계가 성립하면, 이용자는 법령·조례·규칙·정관 등이 정하는 바에 따라 공기업을 이용할 권리를 가진다. 말하자면 이용자는 공기업으로부터 서비스를 공급받거나 시설을 이용할 수 있는 권리를 가진다. 이를 공기업이용권이라 부른다. 공기업이용권이 이용자의 권리의 핵심을 이룬다. 공기업이용권은 사법상 채권의 성질을 갖는다. ② 그런데 합리적인 사유가 없는 한 공기업이용권은 모든 이용자에게 평등한 것이어야 한다. 이것은 공기업의 이용관계가 사법관계라고 하여도 마찬가지이다$\binom{\text{행정사법}}{\text{의 적용}}$. ③ 이용자의 공기업이용권에 상응하여 공기업자는 이용제공의무를 진다$\binom{\text{예: 수도법}}{\text{제39조}}$.

(2) 부수적인 권리

1) 손해배상청구권   ① 공기업의 이용자가 공무원인 공기업 구성원의 직무상 불법행위로 인하여 손해를 받거나 또는 공기업의 물적 요소$\binom{\text{공}}{\text{물}}$의 설치·관리상의 하자로 인하여 손해를 받은 경우에는 국가배상법에 따라 국가나 지방자치단체에 손해배상을 청구할 수 있다$\binom{\text{국배}}{\text{법}}{\text{제2조,}}{\text{제5조}}$. ② 이용자가 공무원이 아닌 공기업의 구성원의 불법행위로 인하여 손해를 받거나 국가배상법 제 5 조의 적용이 없는 시설 등으로 손해를 받은 경우에는 국가나 지방자치단체에 대하여 민법에 따라 손해배상을 청구할 수 있다$\binom{\text{민법 제750조, 제}}{\text{756조, 제758조}}$. ③ 그러나 법률에 따라서는 손해배상책임을 부인·제한하기도 한다$\binom{\text{우편법 제}}{\text{38조 이하}}$.

2) 행정쟁송권   공법상 계약에 따른 이용관계에서 법적 분쟁이 생기거나 공법적인 이용관계에서 기업자측의 위법한 처분이 있는 경우에 이용자는 기업자를 상대로 행정심판이나 행정소송을 제기할 수도 있다. 통상은 공기업이용관계가 사법적인 까닭에 공기업에 대한 소송은 민사소송으로 다루어질 것이다.

2. 공기업자의 권리

(1) 이용조건제정권　　공기업자는 이용자의 이용시간·이용방법·이용료·이용장소 등의 이용조건을 정하거나 변경할 권리를 가진다. 이것을 이용조건제정권이라 한다. 공기업의 이용조건은 법령이나 조례(예: 수도법 제38조)에서 정해질 수도 있고, 법령이나 조례의 범위 안에서 공기업규칙의 형식으로 정해질 수도 있다.

(2) 이용료징수권　　① 공기업자는 공기업을 이용한 자로부터 이용의 대가를 징수할 수 있다. ② 공기업의 이용이 이용자의 자발적인 의사에 의한 경우에는 이용료징수에 반드시 법적 근거를 가져야 하는 것은 아니다. 그러나 이용이 강제되는 경우에는 법적 근거가 필요하다. ③ 이용료의 부과·징수에 관하여 행정쟁송을 인정하고 있는 경우(예: 지자법 제157조 제5항) 또는 행정상 강제징수를 예정하고 있는 경우(예: 우편법 제24조)에 이용료징수는 공법적 성질을 가지나, 그러하지 않은 경우의 이용료징수는 사법적 성질을 가진다. 후자의 경우에 분쟁이 있으면 민사소송법의 적용을 받게 된다.

(3) 기　　타　　① 공기업법상 의무의 위반이 있는 경우에는 행정벌이 가해질 수도 있다. 물론 이러한 처벌은 법적 근거를 요한다. ② 공기업자는 이용자에 대하여 명령·징계권을 갖는다고 하는 견해도 있고, 영조물과 공기업을 구분하는 입장에서 공기업자가 이용자를 배제할 수 있다는 의미에서 제재권을 공기업주체의 권리로 드는 견해도 있다. 후자의 견해가 타당하다. 이러한 제재권을 이용관계의 해지·정지로 부르기도 한다.

제 3 절　특허기업

Ⅰ. 특허기업의 관념

1. 특허기업의 개념

(1) 두 가지의 개념　　특허기업의 개념은 실정법상의 개념이 아니고 학문상 개념이다. 학문상 특허기업이 통일적으로 정의되고 있는 것은 아니다. 협의로 특허기업이란 국가나 지방자치단체가 공익사업을 목적으로 하는 기업을 사인에게 특허하는 경우에 그 특허받은 기업을 의미한다(예: 자동차운수사업). 협의의 특허기업을 특허처분기업이라고도 한다. 광의로 특허기업이란 협의의 특허기업 외에 독립의 법인인 공기업(특수법인기업)을 포함하는 개념이다.

(2) 본서에서의 개념　　본서에서는 오늘날의 다수설과 마찬가지로 특허기업을 협의의 개념으로 사용한다. 왜냐하면 특수법인기업과 특허처분기업은 경영주체가 다르고, 적용되는 법원리가 동일하지 아니하고, 성질이 상이하므로 다르게 검토하는 것이 정당하기 때문이다. 따라서 본서에서 말하는 특허기업은 사인이 경영하는 기업인 점에서 정부나 지방자치단체의 조직의 한 부분인 직영기업으로서의 공기업과 구분되며, 또한 그 자체가 독립의 법인격을 갖는 특수법인기

업과도 구분된다. 물론 이 모든 기업이 공적 목적($^{공익}_{사업}$)을 위한 것이라는 점에서 다를 바 없다.

2. 특허기업의 특허

(1) 특허의 의의   특허기업의 특허란 국가나 지방자치단체가 특정 공익사업의 경영권을 사인에게 부여하는 형성적 행정행위를 말한다. 특허기업의 특허는 행정주체가 사인을 상대방으로 하여 행하는 행정행위이다. 특허기업의 특허는 특정 공익사업의 경영권을 대상으로 한다. 특허는 국가나 지방자치단체가 행할 공익사업($^{예: 자동차운수사}_{업·도시가스사업}$)을 사인으로 하여금 수행하게 하는 데 의미를 갖는다. 여기서 공익사업이란 반드시 독점사업을 뜻하는 것은 아니다($^{예: 주}_{택사업}$). 경영권보장의 측면에서 어느 정도 독점권이 주어지는 것이 일반적이다.

(2) 특허의 성질

1) 형성적 행정행위   특허기업의 특허는 형성적 행정행위이다. 형성대상과 관련하여 포괄적 법률관계설정설·독점적 경영권설정설·허가설 등으로 나뉘고 있다. ① 포괄적 법률관계설정설은 특허기업특허($^{공적 목적의}_{사기업의 특허}$)란 특정한 공기업경영에 관한 각종의 권리·의무를 포괄적으로 설정하는 행위라는 견해이고($^{김성}_{수}$), ② 독점적 경영권설정설은 특허기업특허란 특정인에게 공기업경영에 관한 독점권을 부여하는 설권행위라는 견해이고($^{박윤흔·}_{류지태}$), ③ 허가설은 특허기업특허는 영업금지의 해제라는 견해이다. ④ 특허기업특허제도의 핵심이 공익을 위해 일정사업을 독점적으로 경영하게 한다는 점에 있는 것임을 고려할 때, 독점적 경영권설정설이 타당하다.

2) 협력을 요하는 행위   특허기업의 특허는 상대방의 신청을 전제로 하는 행정행위($^{협력}_{을 요}$ $^{하는 행정행위.}_{쌍방적 행정행위}$)이다.

3) 재량행위   특허기업의 특허는 일반적으로 재량행위이다. 물론 엄밀히는 관련법규의 의미·내용의 해석문제가 된다. 일반적으로 특허를 규정하는 관련법규는 행정청에 재량을 부여한다.

4) 경영의무   특허기업자는 기업경영권을 갖지만 동시에 특허기업경영의무도 부담 한다.

(3) 법규특허와 특허처분   학설상으로 특허라는 용어는 통일적으로 사용되고 있지 아니하다. 학자에 따라서는 특허를 법률에 의한 특허($^{법규}_{특허}$)와 행정행위에 의한 특허($^{특허}_{처분}$)로 구분한다. 법규특허와 특허처분은 적용법규를 달리하므로 양자를 구분하여 다루는 것이 합리적이다. 법규특허는 관련법규에서 구체적인 사항이 규율되는 것이 일반적이지만, 특허처분의 경우는 특허명령서에서 구체적인 사항이 규율되는 것이 일반적이다.

3. 특허기업과 허가기업

(1) 유 사 점   특허기업의 특허($^{예: 여객자동차 운수사업}_{법에 따른 버스사업면허}$)나 허가기업의 허가($^{예: 식품위생법에 따}_{른 단란주점영업허가}$)는 ① 모두 법률행위적 행정행위이고, ② 신청을 전제로 하는 행위이고, ③ 수익적인 행위이고, ④ 특허나 허가 없이 경영하면 제재가 가해지기도 하고, ⑤ 국가에 의한 감독·통제가 따르고, ⑥ 명칭이 혼용되기도 한다는 점에서 유사한 점을 갖는다.

(2) 차 이 점

1) 제도의 목적$\left(\substack{\text{소극목적} \cdot \\ \text{적극목적}}\right)$ 목적상 허가기업의 허가는 주로 소극적인 경찰상의 목적에서 일정한 행위를 금지하였다가 해제하는 것이나, 특허기업의 특허는 적극적으로 복리목적$\left(\substack{\text{공익} \\ \text{실현}}\right)$을 위하여 이루어진다. 말하자면 허가는 공적 안전과 질서를 위한 소극적인 것이라면, 특허는 공공복리의 효율적이고도 적극적인 실현과 관련된 적극적 개념이다. 허가기업의 허가는 경찰상 영업허가라 불리기도 한다.

2) 대상사업$\left(\substack{\text{사익사업} \cdot \\ \text{공익사업}}\right)$ 허가기업의 허가는 대체로 각자의 생활영역에서 각자가 해결하여야 할 업종$\left(\substack{\text{예: 식} \\ \text{품구매}}\right)$인 사익사업을 대상으로 하나, 특허기업의 특허는 국민생활상 이용이 필수적으로 요구되어 공급이나 제공이 광역적·통일적으로 이루어져야 하는 업종$\left(\substack{\text{예: 전기·도} \\ \text{시가스·운수}}\right)$인 공익사업을 대상으로 한다. 물론 양자의 구분이 명백하게 이루어질 수 있는 것은 아니다. 대체로 공공성이 큰 것이 특허기업의 특허의 대상이 되겠으나, 종국적으로는 국가의 입법정책 여하에 따라서 판단될 성질의 문제이다.

3) 행위의 성질$\left(\substack{\text{명령적 행위} \cdot \\ \text{형성적 행위}}\right)$ 허가기업의 허가는 금지를 해제하여 원래의 자유를 회복해주는 명령적 행위이나 특허기업의 특허는 권리를 부여하는 형성적 행위라는 점에서 차이가 있다는 것이 종래의 통설적 견해였다. 그러나 허가로 인해 사인은 적법한 행위를 할 수 있게 된다는 의미에서 허가기업의 허가도 형성적 행위의 성질도 갖는다$\left(\substack{\text{병존설} \cdot \\ \text{양면성설}}\right)$.

4) 이익의 성질$\left(\substack{\text{반사적 이익} \cdot \\ \text{법률상 이익}}\right)$ ① 허가나 특허 모두 기본권의 회복이라는 점에서 갖는 이익은 당연히 법률상 이익이다$\left(\substack{\text{소극적 관점에서} \\ \text{의 이익의 성질}}\right)\left(\substack{\text{판} \\ \text{례}}\right)$. 그러나 ② 제3자와의 관계에서 허가는 허가를 받은 자에게 독점적인 경영권을 법적으로 보장하는 것이 아니지만, 특허는 특허를 받은 자에게 독점적인 경영권을 법적으로 보장한다는 점에서 다르다. 따라서 허가로 인한 경영상의 이익은 반사적 이익이지만, 특허로 인한 경영상의 이익은 법률상 이익이다$\left(\substack{\text{적극적 관점에서} \\ \text{의 이익의 성질}}\right)$.

[판례] **어업허가의 법률상 이익의 인정 여부**

$\left(\substack{\text{공유수면매립사업의 시행으로 허가어업에 피해를 받았음을} \\ \text{주장하는 원고들이 당진군에 손해배상을 청구한 사건에서}}\right)$ **어업허가는 일정한 종류의 어업을 일반적으로 금지하였다가 일정한 경우 이를 해제하여 주는 것**으로서 어업면허에 의하여 취득하게 되는 어업권과는 그 성질이 다른 것이기는 하나, 어업허가를 받은 자가 그 허가에 따라 해당 어업을 함으로써 재산적인 이익을 얻는 면에서 보면 어업허가를 받은 자의 **해당 어업을 할 수 있는 지위는 재산권으로 보호받을 가치가 있다**$\left(\substack{\text{대판 1999. 11. 23.} \\ \text{98다11529}}\right)$.

---

5) 행위의 재량성$\left(\substack{\text{기속행위} \cdot \\ \text{재량행위}}\right)$ 허가기업의 허가나 허가의 취소는 기속재량행위이나 특허기업의 특허나 그 거부는 자유재량에 속한다는 것이 일반적인 견해와 판례의 태도이다$\left(\substack{\text{판} \\ \text{례}}\right)$. 그러나 기속재량행위와 자유재량행위의 구분은 별의미가 없고, 기속행위와 재량행위의 구분은 관련 법규에 따라야 한다. 만약 법문상 분명하지 아니하면 기본권의 최대한 보장과 행정의 공익성을 기속행위와 재량행위의 구별기준으로 삼아야 한다. 이러한 입장에서 보면, 명시적 규정이 없는

한, 허가의 취소는 재량행위가 된다$\binom{기본권}{기준설}$.

> **판례** 자동차운송사업면허처분이 행정청의 자유재량에 속하는지 여부
> **자동차운송사업면허는 특정인에게 권리를 설정하는 행위로서** 법령에 특별히 규정된 바가 없으면 행정청의 재량에 속하는 것이고, 그 면허를 위한 기준 역시 법령에 특별히 규정된 바가 없으면 **행정청의 자유재량에 속하는 것이다**$\binom{대판\ 1992.\ 4.\ 28.}{91누10220}$.

6) 행위의 요건$\binom{공익성\cdot}{판단여지}$ 양자 간에 엄격한 차이가 있다고 할 수는 없으나, 허가기업의 허가의 경우에는 허가의 요건으로 일정자격이나 일정기준에 부합하는 물적 시설이 요구되기도 하며, 특허기업의 특허의 경우에는 목적의 공익성과 사업능력 등이 요구되기도 한다. 그리고 특허의 경우에는 목적의 공익성 및 사업능력의 판단과 관련하여 행정청에 판단여지가 인정될 경우가 비교적 많다.

7) 보호·특전과 감독   허가기업의 경우에는 경찰상 위해를 가져오지 아니하는 한 국가의 개입도 없고, 동시에 국가에 의한 보호나 특권의 부여도 없음이 일반적이다. 그러나 특허기업의 경우에는 그것이 공익의 실현과 밀접한 관련을 가지므로 아래와 같은 국가의 감독과 보호 및 특전이 부여되기도 한다.

Ⅱ. 특허기업의 이용관계

1. 이용관계의 의의

특허기업을 둘러싸고 생각될 수 있는 법관계는 ① 국가나 지방자치단체와 특허기업자 간의 관계, ② 특허기업자와 이용자 간의 관계, ③ 국가나 지방자치단체와 이용자 간의 관계의 3종류가 있다. 여기서 말하는 이용관계란 ②의 경우를 말한다.

2. 이용관계의 성질

특허기업자와 특허기업을 이용하는 자 사이의 법률관계$\binom{예: 도시가스공}{급회사와\ 수급자}$, 즉 특허기업의 이용관계는 과거에 특별권력관계로 본 견해도 있었으나 사법상의 관계이다. 특허기업자는 국가나 지방자치단체로부터 감독을 받기는 하나 그럼에도 사법상의 기업$\binom{사기}{업}$일 뿐이기 때문이다. 다만 법령에 의거, 특허기업자에게 강제징수권 등이 인정되는 경우에는 그러한 한도 내에서 공법적 성질을 띠게 된다.

3. 특허기업자의 권리

(1) 기본적인 권리로서 기업경영권   특허기업자는 특허기업의 특허에 의해 특허기업을 경영할 수 있는 권리를 갖는다. 이를 기업경영권이라 한다. 기업경영권이 독점권까지 포함하는가는 일률적으로 말할 수 없다. 그것은 관련법 규정의 해석의 문제이다. 기업경영권은 사실상

의 이익이 아니다. 그것은 국가에 대한 공권으로서의 기업경영권이므로 기업자는 기업경영권을 침해하는 국가나 지방자치단체의 위법행위에 대해서는 행정상 쟁송으로 다툴 수 있다. 그러나 특허기업자와 제3자 간의 관계는 사법이 적용되는 관계이다.

(2) 부수적인 권리(특권)

1) 공용부담권　　특허기업을 경영하는 사인도 예외적으로는 타인의 재산 또는 토지를 사용하는 등의 권리를 갖기도 한다($\binom{예: 전기사업법}{제87조 이하}$). 특허기업이 이러한 권리, 즉 공용부담권을 갖는 것은 그러한 기업이 수행하는 임무가 사익을 위한 것이 아니라 공익을 위한 것이기 때문이다.

2) 공물사용권　　특허기업자는 특허기업의 경영을 위하여 필요한 경우에는 공물을 사용하지 않을 수 없는 경우도 있는바, 이러한 경우에는 관련법령에 근거하여 공물을 사용할 수 있는 권리($\binom{공물사}{용권}$)를 갖기도 한다($\binom{예: 전기사}{업법 제92조}$).

3) 경제상 보호　　특허기업자는 국가로부터 보조금을 받을 수 있고, 필요한 때에는 정부의 보증을 받아 자금을 차입할 수도 있고, 법률이 정함에 따라서는 세금의 감면혜택을 받을 수도 있고, 국유재산을 무상으로 대부받을 수도 있다.

4) 행정벌에 의한 보호　　특허기업자의 경영을 보호하기 위해 일정한 경우에 벌칙규정을 두기도 한다.

4. 특허기업자의 의무

(1) 기본적인 의무로서 기업경영의무　　특허기업의 특허를 받은 자는 특허받은 기업을 일정한 기간 내에 개시하여야 할 기업개시의무($\binom{전기사업법 제9조}{제1항; 운수법 제7조}$), 개시된 사업을 국가의 허가가 없는 한 휴지·폐지 없이 계속하여야 할 기업계속의무($\binom{운수법}{제16조}$)를 진다.

(2) 부수적인 의무

1) 이용제공의무　　특허기업자는 이용을 원하는 자에게 재화나 서비스를 공급하여야 할 의무를 지고, 정당한 이유 없이 거절하지 못한다($\binom{가스법 제19조; 전}{기사업법 제14조}$). 그리고 특허기업자는 이용자에 대하여 차별 없이 공급하여야 한다($\binom{가스법 제20조}{제3항 제4호}$). 경우에 따라서는 이용료를 저렴하게 할 의무가 특허기업자에게 부과되기도 한다.

2) 각종 감독을 받을 의무　　특허기업자는 기업경영과 관련하여 관할행정청으로부터 각종의 감시·감독을 받고 이에 응하여야 할 의무를 부담한다. 물론 이러한 의무는 특허기업자에게는 침익적인 것이므로 법령의 근거를 요한다. 그 구체적인 내용으로는 ① 기업의 현황파악을 위한 감시작용($\binom{예: 자료의 보고·제}{출. 가스법 제41조}$), ② 기업활동내용의 감독($\binom{예: 가스공급제한명령. 가스법}{제24조; 전기사업법 제23조}$), ③ 기업종료에 관한 감독($\binom{예: 기업의 양수·양도 또는 합}{병의 인가. 전기사업법 제10조}$) 등을 들 수 있다.

3) 기　　타　　① 특허기업자는 법률 또는 특허명령서에서 정하는 바에 따라 독점적 이익을 누리는 대가로 특허료를 납부하여야 할 의무를 부담하기도 하며($\binom{가스법 제}{44조 참조}$), ② 경우에 따라서는 국가 등의 매수청구에 응하여야 할 의무가 특허기업자에게 부과될 수도 있고, ③ 최저의 저렴

한 가격으로 공급하도록 부담이 가해지기도 한다$\binom{\text{가스법 제20조 제 3}}{\text{항 제 1 호 참조}}$.

Ⅲ. 특허기업의 이전·위탁·종료

1. 특허기업의 이전

특허기업은 공익의 실현을 목적으로 하는 것이므로 특허기업의 이전에는 제한이 따르는 것이 일반적이다. 여기서 이전이란 기업경영권을 타인에게 이전하는 것을 말한다$\binom{\text{예: 양도·}}{\text{합병·상속}}$. 양도나 합병에는 주무관청의 인가가 요구되거나$\binom{\text{전기사업법 제}}{\text{10조 제 1 항}}$ 신고가 요구되기도 한다$\binom{\text{운수법 제14}}{\text{조 제 1 항}}$. 상속$\binom{\text{승}}{\text{계}}$의 경우에는 신고가 요구되기도 한다$\binom{\text{가스법 제 7 조 제 3 항;}}{\text{운수법 제15조 제 1 항}}$.

2. 특허기업의 위탁(위임)

특허기업의 위탁이란 특허기업자가 기업경영권을 가지면서, 다만 운영·관리권만을 타인에게 위임·위탁하는 것을 말한다. 특허기업의 특허는 기업자의 개성과 사업의 공익성 등을 고려하여 이루어지는 것이므로, 특허기업의 위탁은 법령의 규정$\binom{\text{예: 운수법}}{\text{제13조}}$이 없는 한 원칙적으로 인정되지 않는다. 일설은 특허기업의 위탁을 다시 임의위탁과 강제관리로 구분하기도 한다. 여기서 강제관리란 법원의 결정에 의하여 또는 특허기업자의 의무위반에 대한 감독수단으로서 감독청이 특허기업자의 의사에 불구하고 타인으로 하여금 그 사업을 관리하게 하는 경우를 의미한다.

3. 특허기업의 종료

특허기업은 공익의 실현을 목적으로 하는 까닭에 임의로 폐지할 수 없다. 공익의 실현은 통상 계속적으로 이루어져야 하는 것이기 때문이다. 그러나 특허의 철회, 특허의 실효나 특허기간의 경과, 특허기업자의 사업폐지가 있는 경우에 특허기업은 종료하게 된다. 특히 특허기업자에 의한 사업의 폐지의 경우에는 신고$\binom{\text{가스법}}{\text{제 8 조}}$나 감독청의 허가가 요구되기도 한다$\binom{\text{운수법 제16}}{\text{조 제 1 항}}$.

기타 其他

제 1 장 공용부담법

제 1 절 일 반 론

Ⅰ. 공용부담의 관념

1. 공용부담의 개념

공용부담은 실정법상의 용어가 아니고 학문상의 용어이다. 공용부담이란 공익사업 등의 복리작용을 위하여, 또는 물건의 효용을 확보하기 위하여 행정주체가 법규에 근거하여 강제적으로 사인에게 가하는 인적 · 물적 부담을 말한다.

2. 공용부담의 법적 근거

① 공공필요에 의한 재산권의 수용 · 사용 또는 제한 및 그에 대한 보상은 법률로써 하되, 정당한 보상을 지급하여야 한다(헌법 제23조 제3항). 따라서 공용부담은 개인의 재산권에 대한 침해를 가져오는 것이므로 반드시 법률에 근거가 있어야 한다. ② 공용부담과 관련 있는 법률은 많다(예: 국토의 계획 및 이용에 관한 법률 · 공익사업을 위한 토지 등의 취득 및 보상에 관한 법률 · 도로법 · 하천법 · 산림법).

Ⅱ. 공용부담의 종류

공용부담은 내용에 따라 인적 공용부담과 물적 공용부담으로 구분되고 있다.

1. 인적 공용부담

인적 공용부담이란 특정인에게 작위·부작위·급부의 의무를 부과하는 부담을 말한다. 인적 공용부담은 대인적 성질을 가지는 것인바, 원칙적으로 이전이 곤란하다. 인적 공용부담에는 ① 부담금, ② 노역·물품, ③ 부역·현품, ④ 시설부담, ⑤ 부작위부담이 있다. 인적 공용부담은 인적 부담이라고도 한다.

2. 물적 공용부담

물적 공용부담이란 특정의 재산권에 대하여 일정한 제한이나 침해를 가하는 부담을 말한다. 물적 공용부담은 재산권에 부착하며, 재산권의 이전과 더불어 타인에게 이전된다. 물적 공용부담에는 ① 공용제한(공용사
용 포함), ② 공용수용, ③ 공용환지·공용환권 등이 언급되고 있다. 물적 공용부담은 물적 부담이라고도 한다.

[참고] 이 밖에도 공용부담은 ① 공용부담의 목적에 따라 도로부담·하천부담·우편부담·철도부담 등으로 구분되며, ② 권리자에 따라 국가에 의한 부담·공공단체에 의한 부담·사인에 의한 부담으로 구분된다. ③ 학자에 따라서는 공용부담의 발생원인에 따라 강제부담과 임의부담으로 나누기도 한다. 특별한 경우가 아닌 한 본서에서 공용부담이란 강제부담을 의미한다.

제 2 절   인적 공용부담

인적 공용부담은 ① 의무자를 기준으로 하여 모든 국민에게 균등하게 과하는 부담(예: 국세조사시 통
계자료 제공의무)인 일반부담, 특별한 수익자·이해관계자에게 과하는 부담인 특별부담, 우연히 그 사업의 수요를 충족시킬 수 있는 지위에 있는 자에 과하는 부담인 우발부담으로 구분되고, ② 부과방법에 따라 개개인에 개별적으로 과하는 부담인 개별부담, 연합체에 공동으로 과하는 부담인 연합부담으로 구분된다. 이 밖에 ③ 내용에 따라 부담금, 노역·물품, 부역·현품, 시설부담 및 부작위부담으로 구분된다.

Ⅰ. 부 담 금

1. 부담금의 관념

(1) 부담금의 개념

1) 전통적 개념　　전통적으로 부담금이란 국가나 지방자치단체 등의 행정주체가 특정의 공익사업과 관련이 있는 사인에게 그 사업에 필요한 경비의 전부 또는 일부를 부담하게 하는 경

우, 이로 인해 사인이 공법상 납부의무를 부담하는 금전으로 이해되었다. 분담금이라 부르기도 한다. 이러한 전통적인 공용부담제도는 일면에서는 공익상의 수요충족의 관점에서, 또 다른 면에서는 공익과 사익의 조화를 통한 부담의 합리적 조정이라는 관점에서 인정되는 것이다.

    2) 실정법상 개념   부담금관리 기본법은 부담금을 '중앙행정기관의 장, 지방자치단체의 장, 행정권한을 위탁받은 공공단체 또는 법인의 장 등 법률에 의하여 금전적 부담의 부과권한을 부여받은 자가 분담금, 부과금, 예치금, 기여금, 그 밖의 명칭에도 불구하고 재화 또는 용역의 제공과 관계없이 특정 공익사업과 관련하여 법률이 정하는 바에 따라 부과하는 조세 외의 금전지급의무($\frac{부담법}{제 2 조}$)'로 정의하고 있다($\frac{판}{례}$).

> **판례**   **부담금관리 기본법상 개별 부담금의 성격**
> ($\frac{개발부담금의 징수 확보를 보장하기 위하여 국세와 지방세를 제외한 그 밖의 채권에 대한 개발부담금의 우선징}{수권을 규정한 개발이익환수에 관한 법률 제22조 제 2 항에 대한 위헌소원, 즉 개발부담금 우선징수 사건에서}$) '부담금관리 기본법'에서 개발이익환수법에 따른 개발부담금을 동법에서 말하는 부담금 중 하나로 열거하고 있으나, 어떤 공과금이 조세인지 아니면 부담금인지는 단순히 법률에서 그것을 무엇으로 성격 규정하고 있느냐를 기준으로 할 것이 아니라, 그 실질적인 내용을 결정적인 기준으로 삼아야 한다 ($\frac{헌재 2016. 6. 30, 2013헌}{바191, 2014헌바473(병합)}$).

    (2) 부담금·조세·수수료의 구별   부담금은 공법상 금전채무인 점에서 조세나 수수료와 다를 바 없다. 그러나 부담금은 특정의 공익사업과 이해관계 있는 자에게 그 사업비용의 전부나 일부의 충당을 위해 부과되는 것이지만, ① 조세는 특정사업과 관계없이 재정상의 수입목적을 위해 일반인에게 부과되는 것인 점에서 부담금과 조세는 차이가 있고, ② 수수료는 행정주체가 제공한 서비스의 대가인 점에서 사업비용의 부담인 분담금($\frac{부}{담금}$)과 차이를 갖는다($\frac{헌재 2004. 7. 15,}{2002헌바42}$).

	부 담 금	조 세	수 수 료
부과목적	특정공익사업의 소요경비충당	일반재정수입	서비스대가
부과대상자	특정공익사업의 이해관계자	국민·주민	서비스받은 자
부과기준	특정사업비 또는 특정사업이해관계	담세력	서비스제공비용

2. 법률의 유보

    (1) 부담금설치의 근거   임의부담을 인적 공용부담의 한 종류로 드는 경우도 있으나, 부담을 강제적인 것으로 이해하는 한 부담금은 행정주체의 일방적인 행위에 의해 강제적으로 부과되는 것만을 뜻한다. 강제적인 부담금은 사인에게 재산상의 침해를 가하는 것이므로 부담금의 설치에는 법률의 근거를 요한다. 부담금관리 기본법은 "부담금은 별표에 규정된 법률에 따르지 아니하고는 설치할 수 없다($\frac{부담법}{제 3 조}$)"고 하여 부담금의 설치에 법률의 근거가 필요함을 명시하고 있다($\frac{판}{례}$).

$\binom{\text{주식회사 고려노벨화약이 특수법인 총포, 화약안전기}}{\text{술협회를 피고로 하여 채무부존재확인을 구한 사건에서}}$ 어떤 공과금이 부담금에 해당하는지 여부는 그 명칭이 아니라 실질적인 내용을 기준으로 판단하여야 한다. 부담금부과에 관한 명확한 법률 규정이 존재 한다면 반드시 별도로 「부담금관리 기본법」 별표에 그 부담금이 포함되어야만 그 부담금 부과가 유효하게 되는 것은 아니다$\binom{\text{대판 2021. 12. 30,}}{\text{2018다241458}}$.

(2) 부과와 강제징수의 근거 부담금의 부과와 강제징수는 재산권의 침해를 가져오므 로, 부과와 강제징수를 위해서는 법률의 근거를 필요로 한다. 부담금은 공법상 금전채무인 까닭 에 불이행시에는 행정상 강제징수제도에 의하여 징수하게 된다. 부담금 부과의 근거법은 동시에 강제징수의 근거를 규정하여야 한다. 말하자면 부담금 부과의 근거가 되는 법률에는 부담금의 부 과 및 징수주체·설치목적·부과요건·산정기준·산정방법·부과요율 등$\binom{\text{부과요}}{\text{건등}}$이 구체적이고 명확 하게 규정되어야 한다$\binom{\text{부담법 제4}}{\text{조 본문}}$.

3. 부담금부과의 한도

(1) 비례원칙 부담금은 설치목적을 달성하기 위하여 필요한 최소한의 범위에서 공정 성 및 투명성이 확보되도록 부과되어야 한다$\binom{\text{부담법 제5}}{\text{조 제1문}}$. 즉, ① 수익자부담금의 경우에는 특별한 수익을 한도로, ② 원인자부담금의 경우는 원인자로 인하여 필요로 하게 된 공사비 등을 한도로 하여 공정성 및 투명성이 확보되도록 부과되어야 한다.

(2) 이중부과의 금지 부담금은 특별한 사유가 없으면 하나의 부과대상에 이중으로 부 과되어서는 아니 된다$\binom{\text{부담법 제5}}{\text{조 제2문}}$.

4. 부담금의 종류

부담금은 특정 공익사업과 관련된 개념으로서 종래 수익자부담금, 원인자부담금으로 구분되 었는데, 근년에는 특정 공익사업과는 거리가 비교적 먼 개념인 특별부담금도 도입되고 있다. 아 래에서 차례로 보기로 한다.

(1) 수익자부담금 수익자부담금이란 특정의 공익사업의 시행으로 인하여 특별한 이 익을 받는 자가 그 이익의 범위 내에서 사업의 경비를 부담토록 하기 위하여 부과되는 부담금을 말한다$\binom{\text{예: 도로법 제92조 제1항, 항만법 제68조; 한강수계 상수원수질}}{\text{개선 및 주민지원 등에 관한 법률 제19조 제1항의 물이용부담금}}$.

(2) 원인자부담금 원인자부담금이란 특정의 공익사업을 하도록 하는 원인을 제공한 자가 납부하여야 하는 부담금을 말한다$\binom{\text{예: 도로법 제91조 제1항,}}{\text{하천법 제29조 제2항}}\binom{\text{판}}{\text{례}}$. 원인자부담금은 원인자의 행위로 인해 필요하게 된 공사의 비용을 초과할 수는 없다.

$\binom{\text{울산광역시 상수도사업본부 중부사업소장의 상수도시}}{\text{설분담금부과처분에 대하여 무효확인을 구한 사건에서}}$ 수도법 제71조 및 동법 시행령 제65조에서 정한 '원인자

부담금'은 주택단지 등의 시설이 설치됨에 따라 상수도시설의 신설·증설 등이 필요한 경우에 그 원인을 제공한 자를 상대로 새로운 급수지역 내에서 설치하는 상수도시설의 공사비용을 부담시키는 것이다(대판 2022. 4. 14, 2020두58427).

[참고] 과거에는 특정의 공익사업을 손괴하는 사업이나 행위를 한 자가 그 사업이나 행위로 인해 필요하게 된 공익사업의 경비충당을 위해 납부하여야 하는 부담금을 손궤자부담금(손궤자 부담금)이라 하였다(예: 구 법 제67조). 손괴자부담금(손궤자 부담금)도 원인자부담금의 한 종류에 해당한다고 볼 것이다(예: 수도법 제71조 제 1 항 후단은 손궤자부담금을 원인자부담금으로 규정하고 있다). 한편, 근년의 판례는 공익사업과의 관계가 어떤 것인지에 따라 부담금을 수익자부담금, 원인자부담금, 손상자부담금으로 구분하기도 한다(헌재 2020. 8. 28, 2018헌바425).

(3) 특별부담금　　특별부담금은 특별한 과제를 위한 재정에 충당하기 위하여 특정집단에게 과업과의 관계 등을 기준으로 부과되고 공적 기관에 의한 반대급부가 보장되지 않는 금전급부의무를 말한다(판례 1). 특별부담금은 특정과제의 수행을 위하여 별도로 지출·관리된다. 헌법재판소는 특별부담금을 그 부과목적과 기능에 따라 ① 순수하게 재정조달의 목적만 가지는 재정조달목적 부담금(판례 2)과 ② 재정조달 목적뿐만 아니라 부담금의 부과 자체로써 국민의 행위를 특정한 방향으로 유도하거나 특정한 공법적 의무의 이행 또는 공공출연으로부터의 특별한 이익과 관련된 집단 간의 형평성 문제를 조정하여 특정한 사회·경제정책을 실현하기 위한 정책실현목적 부담금(예: 구 장애인 고용촉진 등에 관한 법률상 장애인 고용부담금)으로 구분한다. 그리고 전자의 경우에는 공적 과제가 부담금 수입의 지출 단계에서 비로소 실현되나, 후자의 경우에는 공적 과제의 전부 혹은 일부가 부담금의 부과 단계에서 이미 실현된다고 한다. 정책실현목적 부담금도 유도적 부담금과 조정적 부담금으로 구분한다(판례 3).

[판례 1]　영화상영관 입장권에 대한 부과금의 성질(부담금)
(영화발전기금의 재원 마련을 위하여 영화 관람객의 부과금 납부와 이에 대한 영화상영관 경영자의 징수 및 납부를 강제하고 있는 영화 및 비디오물의 진흥에 관한 법률 제25조의2 제 1 항, 제 2 항 등이 부담금의 헌법적 허용한계를 벗어나서 관람객이나 영화상영관 경영자의 재산권을 침해하고 평등의 원칙에 반하며, 영화상영관 경영자에 대해서는 직업수행의 자유마저 침해한다고 주장하면서 그 위헌확인을 구한 헌법소원심판청구사건인 **영화상영관 입장권사건에서**) 이 사건 부과금은 문화체육관광부 산하에 있는 법인인 영화진흥위원회(제4조, 제5조)가 영화예술의 질적 향상과 한국영화 및 영화·비디오물산업의 진흥·발전이라는 특정 공적 과제의 수행을 위하여(제23조 제 1 항) 영화상영관을 이용하는 관람객이라는 특정 부류의 사람들에게만 그 시설 이용의 대가가 아닌 금전을 강제적·일률적으로 부과하며, 이렇게 재원이 마련된 영화발전기금은(제24조 제 3 호) 영화 및 비디오 산업의 진흥이라는 제한된 용도로만 지출되고(제25조) 영화진흥위원회가 독립된 회계로 관리 운용한다는 점에서(제23조 제 2 항) 그 이념과 기능이 조세와는 구별되므로 부담금에 해당한다(헌재 2008. 11. 27, 2007헌마860 전원재판부).

[판례 2]　광역교통시설부담금의 법적 성격
(대도시권 광역교통관리에 관한 특별법 제11조의3 제 1 항 제 1 호 등 위헌소원사건에서) 광역교통시설부담금을 부과하는 취지는 대도시권의 도시개발사업 등으로 급증하는 교통수요에 대비하여 원인제공자 내지 수익자에게 교통시설 설치비의 일부를 부담시킴으로써 대도시권의 교통난을 완화하기 위한 광역교통시설의 건설 및 개량에 소요되는 재

원을 확보하고자 함에 있다. 광역교통시설부담금은 광역교통시설의 개선이라는 특정한 공익적 과제의 필요에 충당하기 위하여 교통에 부담을 유발하는 사업을 하는 일부 사람들에게만 강제적으로 부과·징수되므로 성질상으로도 부담금에 해당한다. 특히 부과대상과 사용용도 사이의 관계를 기준으로 보면 원인자부담금에 해당하며, 기능적 측면에서는 교통시설의 개선에 필요한 재원 확보를 목적으로 하는 **재정조달목적 부담금**에 해당한다($\binom{\text{헌재 2013. 10. 24.}}{\text{2012헌바368}}$).

[참고조문] 대도시권 광역교통 관리에 관한 특별법 제11조(광역교통시설 부담금의 부과 대상) ① 광역교통시행계획이 수립·고시된 대도시권에서 다음 각 호의 어느 하나에 해당하는 사업을 시행하는 자는 광역교통시설 등의 건설 및 개량을 위한 광역교통시설 부담금을 내야 한다.
1. 택지개발촉진법에 따른 택지개발사업

[판례 3] 정책실현목적 부담금의 종류
($\binom{\text{환경부장관은 경유를 연료로 사용하는 자동차의 소유자로부터 환경개선부담금을 부}}{\text{과·징수한다는 환경개선비용 부담법 제 9 조 제 1 항의 위헌 여부를 다툰 헌법소원에서}}$) 정책실현목적 부담금은 부담금이라는 경제적 부담을 지우는 것 자체가 국민의 행위를 일정한 정책적 방향으로 유도하는 수단이 되는 경우($\binom{\text{유도적}}{\text{부담금}}$) 또는 특정한 공법적 의무를 이행하지 않은 사람과 그것을 이행한 사람 사이 혹은 공공의 출연($\binom{\text{出}}{\text{捐}}$)으로부터 특별한 이익을 얻은 사람과 그 외의 사람 사이에 발생하는 형평성 문제를 조정하는 수단이 되는 경우($\binom{\text{조정적}}{\text{부담금}}$)로 구별할 수 있다($\binom{\text{헌재 2022. 6. 30.}}{\text{2019헌바440}}$).

5. 부담금에 대한 통제

(1) 부담금의 신설과 심사   중앙행정기관의 장은 소관사무와 관련하여 부담금을 신설 또는 변경($\binom{\text{부담금의 부과대상을 확대·축소하는 경우와 부담}}{\text{금의 부과요율을 인상·인하하는 경우를 포함한다}}$)하려는 경우에는 해당 법령안을 입법예고하거나 해당 중앙행정기관의 장이 정하기 전에 기획재정부장관에게 부담금 신설 또는 변경의 타당성에 관한 심사를 요청하여야 한다($\binom{\text{부담법 제 6}}{\text{조 제 1 항}}$).

(2) 부담금운용종합보고서의 국회제출   부담금의 소관 중앙행정기관의 장은 매년 전년도 부담금의 부과실적 및 사용명세, 제 8 조에 따른 부담금운용 평가 결과의 이행 실적 등이 포함된 부담금운용보고서를 작성하여 기획재정부장관에게 제출하여야 한다($\binom{\text{부담법 제 7}}{\text{조 제 1 항}}$). 기획재정부장관은 제 1 항에 따라 부담금운용보고서를 받으면 이를 기초로 부담금운용종합보고서를 작성하여 매년 5월 31일까지 국회에 제출하여야 한다($\binom{\text{부담법 제 7}}{\text{조 제 2 항}}$).

Ⅱ. 노역·물품

1. 노역·물품의 의의

노역 또는 물품부담이란 특정 공익사업을 위해 특정의 사인이 노동력 또는 물품을 납부하여야 하는 인적 부담을 말한다. 노동력의 납부의무를 노역부담이라 하고, 물품의 납부의무를 물품부담이라 부른다. 노역·물품부담은 금전으로 대납이 되지 않는 점에서 부역·현품과 구별된다.

2. 법률의 유보

노역·물품부담 역시 사인의 신체·재산에 침해를 가하는 것이므로 법률의 근거를 요한다. 뿐만 아니라 노역·물품부담은 금전으로 대납이 가능하지 아니하기 때문에, 특히 불가피한 예외적인 경우(예: 천재지변의 경우)가 아니면 인정될 수 없다고 보아야 한다. 노역이나 물품에 관한 일반법은 없다. 다만 단행법에서 가끔 나타난다(예: 도로법 제83조, 수상에서의 수색·구조 등에 관한 법률 제16조 제3항).

3. 노역·물품의 종류

(1) 노역부담   노역부담이란 천재지변 등의 긴급한 경우에 법률에 근거하여 사인에게 노력의 제공을 명하는 인적 부담을 말한다. 노역부담은 특정한 공익사업을 위한 것이 아니다. 그것은 긴급한 경우에 나타나는 인적 부담이다(예: 도로법 제83조, 수상에서의 수색·구조 등에 관한 법률 제16조). 한편, 노역은 비대체적인 작위의무이므로, 의무의 불이행시에 대집행의 방법이 적용될 수 없다. 그것은 행정벌이나 강제금 등의 방법으로 강제되어야 한다. 노역부담으로 인해 특별한 희생을 입은 자가 있다면, 희생보상의 법리에 의거 보상이 주어져야 한다.

(2) 물품부담   현재로서 적절한 예를 찾아보기는 어렵다. 수상에서의 수색·구조 등에 관한 법률 제29조 제1항을 물품의 예로 들기도 한다.

[참고조문]
수상에서의 수색·구조 등에 관한 법률 제29조(수난구호를 위한 종사명령 등) ① 구조본부의 장 및 소방관서의 장은 수난구호를 위하여 부득이하다고 인정할 때에는 필요한 범위에서 사람 또는 단체를 수난구호업무에 종사하게 하거나 선박, 자동차, 항공기, 다른 사람의 토지·건물 또는 그 밖의 물건 등을 일시적으로 사용할 수 있다. 다만, 노약자, 정신적 장애인, 신체장애인, 그 밖에 대통령령으로 정하는 사람에 대하여는 제외한다.

그러나 그것은 적절한 예로 보기가 어렵다. 왜냐하면 개념상 물품은 복리행정목적의 공익사업을 위한 제도인 데 반해, 수상에서의 수색·구조 등에 관한 법률 제29조 제1항은 기본적으로 위험방지를 위한 경찰작용이기 때문이다. 그렇다고 수상에서의 수색·구조 등에 관한 법률 제29조 제1항이 공익사업적인 측면과 전혀 무관하다고 보기는 어려울 것이다.

Ⅲ. 부역·현품

1. 부역·현품의 의의

부역·현품이란 노역·물품 또는 금전 중에서 선택적으로 납부할 의무를 부담하는 인적 공용부담을 말한다. 노역과 금전 중에서 선택적 납부의무가 부역이고, 물품과 금전 중에서 선택적 납부의무가 현품이다.

2. 법률의 유보

부역·현품은 사인의 신체·재산에 대한 침해를 가져오는 것이므로 법률의 근거를 요한다. 부역·현품에 관한 일반법은 없다. 실물경제의 유물이라 할 수 있는 부역·현품은 오늘날의 화폐경제시대에는 적합하지 않다. 현행법상 그 예를 찾기 어렵다.

3. 부역·현품의 부과·징수

만약 실정법이 부역·현품을 규정한다면, 그 법률에서 부과·징수에 관해서도 규정하게 될 것이다(예: 과거의 농촌근대화촉진법 제39조 제 1 항, 제 3 항. 그리고 구 지자법(1988. 4. 6. 전면개정 이전의 것) 제130조).

Ⅳ. 시설부담

1. 시설부담의 의의

시설부담이란 공익사업의 한 내용으로서 일정한 시설을 완성하게 하는 의무를 부과하는 인적 부담을 말한다(예: 사인으로 하여금 하천부속물에 관한 공사를 시키는 경우). ① 시설부담도 노력의 제공이 포함되는 점에서 부역·노역의 경우와 같다. 그러나 부역·노역은 노력 그 자체의 제공을 목적으로 하는 데 반하여, 시설부담은 시설의 공사 그 자체를 목적으로 하는 점에서 차이를 갖는다. 따라서 부역·현품의 경우에 노력의 사용은 부담을 부과한 자의 판단에 따를 것이나, 시설부담의 경우에는 부담자의 판단에 따르게 된다. ② 한편 시설부담자와 특허기업자 사이의 구분도 문제된다.

(예) 도로축조의 경우 특허기업자는 자신의 사업으로서 도로를 축조하는 것이나 시설부담자는 다른 사업주체(예: 국가나 지방자치단체)를 위해 도로를 축조하는 것이 된다(사업의 대행).

2. 법률의 유보

시설부담 역시 관련사인의 자유와 재산을 침해하는 국가작용이므로, 반드시 법률의 근거를 요한다. 이에 관한 일반법은 없다. 다만 단행법률에서 이에 관한 조항을 발견할 수 있다(예: 하천법 제39조).

3. 시설부담의 종류

시설부담은 내용에 따라 도로부담·하천부담·철도부담 등으로 구분될 수 있다.

4. 강제집행·손실보상

(1) 강제집행　　시설부담 중에서도 대체성이 있는 경우에는 의무자의 불이행의 경우에 대집행이 가능하다. 그러나 대체성이 없는 경우에는 행정벌이나 강제금(집행벌)으로써 이행을 확보할 수밖에 없다.

(2) 손실보상　　시설부담은 공공의 복지를 위해 사인에게 가해지는 침해이기도 하다. 만약 그 침해가 관계자에게 특별한 희생을 가져오면 그 손실은 보상되어야 한다.

Ⅴ. 부작위부담

1. 부작위부담의 의의

부작위부담이란 사인에게 부작위의무($\substack{\text{즉, 일정한 행위를}\\\text{하지 아니할 의무}}$)를 부과하는 인적 부담을 말한다($\substack{\text{예: 도로}\\\text{법 제81조}}$ 에 따른 토지소유 자등의 수인부담). 부작위부담은 특정한 공익사업을 위한 것인 점에서 경찰상 금지 또는 재정상 금지 와 그 목적을 달리한다.

2. 부작위부담의 종류

부작위부담에는 ① 독점사업($\substack{\text{예:}\\\text{우편}}$)의 독점권확보를 위하여 사인에게 그러한 사업을 금하는 경 우($\substack{\text{예: 우편법 제}\\\text{2조 제 2 항}}$)와 ② 사업 그 자체의 보호를 위하여 일정한 행위($\substack{\text{예: 우편물의}\\\text{개봉이나 파손}}$)를 금하는 경우($\substack{\text{예: 우편법}\\\text{제48조}}$) 가 있다.

3. 강제 · 보상

부작위부담의 불이행의 경우에는 벌칙이 가해짐이 일반적이다($\substack{\text{예: 도로법 제}\\\text{115조 제 2 호}}$). 한편 부작위부담 은 사인에게 특별한 희생을 가져오는 것이 아니므로 손실보상의 문제는 생기지 않는다.

제 3 절 공용제한(물적 공용부담 Ⅰ)

Ⅰ. 공용제한의 관념

1. 공용제한의 의의

공용제한이란 공적 시설이나 공적 사업을 위하여 국가 또는 지방자치단체 등이 사인의 재산 권의 행사에 제한을 가하는 행정작용을 말한다. 공용제한은 헌법상 '제한'이라는 말로 표현되고 있다($\substack{\text{헌법 제23}\\\text{조 제 3 항}}$).

(1) 공용제한의 주체   공용제한은 복리행정상의 목적을 위한 작용으로서 국가나 지방 자치단체 등의 행정주체가 행하는 작용이다. 그러나 사인도 국가나 지방자치단체로부터 공익사 업의 수행을 위탁받은 경우에는 공용제한의 주체가 될 수 있다.

(2) 공용제한의 성질   공용제한은 사인의 노력을 대상으로 하는 것이 아니라 재산권에 가해지는 제한인 점에서 물적 공용부담에 속한다. 물적 공용부담에는 공용제한 외에도 공용사 용·공용수용이 있다. 모두가 공적 목적을 위해 사인의 재산권에 가해지는 강제적인 행정작용이 라는 점은 동일하나, 사용은 일시사용을, 수용은 재산권의 강제적인 이전을 내용으로 하며, 제한 은 오로지 사인의 재산권을 일정기간 또는 일정범위 안에서 제한하는 것을 내용으로 할 뿐이다. 그러나 공용사용은 공용제한의 일종으로 다루기도 한다. 본서도 이러한 입장을 따른다.

(3) 공용제한의 대상   공용제한의 대상이 되는 재산권에는 동산·부동산·무체재산권 등이 있으나, 중심적인 것은 부동산의 경우이다. 부동산 중 특히 토지에 대한 공용제한을 공용지역이라 부르기도 한다.

2. 법률의 유보

공용제한이 공적인 목적을 위해 인정되는 것이지만, 그것은 동시에 사인의 기본권의 침해를 가져온다. 이 때문에 공용제한에는 법률상의 근거가 요구된다(헌법 제37 조 제2항). 그러나 공용제한에 관한 일반법은 없다. 개개의 단행법률에서 공용제한에 관한 규정을 발견할 수 있을 뿐이다(예: 토용법 제76 조, 도로법 제4조). 한편 공용제한은 간혹 관련사인에게 특별한 재산상의 침해를 가져오게 된다. 이러한 경우에 관련사인에게는 손실보상의 법리에 따라 피해가 보상되어야 할 것이다. 공용제한을 규정하는 법률들은 동시에 보상규정을 두고 있음이 일반적이다(예: 도로 법 제99조). 위법한 공용제한은 다툴 수 있다(판 례).

[판례] 문화재보호구역 내에 있는 토지소유자의 보호구역 지정 해제 청구권의 존부와 이에 대한 거부의 쟁송가능성

(경기도지사의 문화재보호구역지정해 제거부처분의 취소를 구한 사건에서) 문화재보호법은 문화재를 보존하여 이를 활용함으로써 국민의 문화적 생활의 향상을 도모함과 아울러 인류문화의 발전에 기여함을 목적으로 하면서도, 문화재보호구역의 지정에 따른 재산권행사의 제한을 줄이기 위하여, **행정청에게 보호구역을 지정한 경우에 일정한 기간마다 적정성 여부를 검토할 의무를 부과하고**, 그 검토사항 등에 관한 사항은 문화관광부령으로 정하도록 위임하였으며, 검토 결과 **보호구역의 지정이 적정하지 아니하거나 기타 특별한 사유가 있는 때에는 보호구역의 지정을 해제하거나 그 범위를 조정하여야 한다고 규정하고 있는 점**, 같은 법 제8조 제3항의 위임에 의한 같은법시행규칙 제3조의2 제1항은 그 적정성 여부의 검토에 있어서 당해 문화재의 보존 가치 외에도 보호구역의 지정이 재산권 행사에 미치는 영향 등을 고려하도록 규정하고 있는 점 등과 헌법상 개인의 재산권 보장의 취지에 비추어 보면, **문화재보호구역 내에 있는 토지소유자 등으로서는 위 보호구역의 지정해제를 요구할 수 있는 법규상 또는 조리상의 신청권이 있다고 할 것이고**, 이러한 신청에 대한 거부행위는 항고소송의 대상이 되는 행정처분에 해당한다(대판 2004. 4. 27, 2003두8821).

---

3. 개발제한구역

(1) 의   의   국토교통부장관은 도시의 무질서한 확산을 방지하고 도시 주변의 자연환경을 보전하여 도시민의 건전한 생활환경을 확보하기 위하여 도시의 개발을 제한할 필요가 있거나 국방부장관의 요청으로 보안상 도시의 개발을 제한할 필요가 있다고 인정되면 개발제한구역의 지정 및 해제를 도시·군관리계획으로 결정할 수 있는바(개제법 제3 조 제1항), 그 제한구역을 바로 개발제한구역(Green Belt)이라 부른다. 종래에는 개발제한구역이 도시계획법에서 규정되었으나, 현재는 국토의 계획 및 이용에 관한 법률 제38조 제2항(개발제한구역의 지정 또는 변경에 필요한 사항은 따로 법률로 정한다)에 근거하여 제정된 개발제한구역의 지정 및 관리에 관한 특별조치법에서 규정되고 있다.

(2) 법적 성질   개발제한구역에서는 건축물의 건축 및 용도변경, 공작물의 설치, 토지의 형질변경, 죽목(竹木)의 벌채, 토지의 분할, 물건을 쌓아놓는 행위 또는 「국토의 계획 및 이용에 관한 법률」제 2 조 제11호에 따른 도시·군계획사업(이하 "도시·군계획사업"이라 한다)의 시행을 할 수 없다(개제법 제12조 제 1 항 본문)(판례). 말하자면 개발제한구역 안에서는 재산권의 행사에 제한이 가해지는바, 개발제한구역 제도는 대표적인 공용제한의 예에 해당한다.

> [판례] 개발제한구역 내에 묘지공원과 화장장 시설을 설치하는 내용의 도시계획시설결정이 개발제한구역의 지정목적에 어긋나 위법한지 여부
> (원지동 추모 공원사건에서) 개발제한구역은 도시의 무질서한 확산을 방지하고 도시 주변의 자연환경을 보전하여 도시민의 건전한 생활환경을 확보하기 위하여 도시의 개발을 제한할 필요에 의하여 지정되는 것이어서 원칙적으로 개발제한구역에서의 개발행위는 제한되는 것이기는 하지만 위와 같은 개발제한구역의 지정목적에 위배되지 않는다면 허용될 수 있는 것인바, 도시계획시설인 묘지공원과 화장장 시설의 설치가 위와 같은 개발제한구역의 지정목적에 위배된다고 보이지 않으므로, 시장이 이미 개발제한구역으로 지정되어 있는 부지에 묘지공원과 화장장 시설들을 설치하기로 하는 내용의 도시계획시설결정을 하였다 하더라도 이를 두고 위법하다고 할 수 없다(대판 2007. 4. 12, 2005두1893).

(3) 손실보상

1) 문 제 점   공용제한과 그에 대한 보상을 법률로써 하되, 정당한 보상을 지급하여야 한다(헌법 제23 조 제 3 항). 그런데 과거에 개발제한구역에 관해 규정하였던 구 도시계획법은 개발제한구역지정으로 인한 손실에 대하여 아무런 보상규정도 두고 있지 않았다. 여기서 개발제한구역의 지정으로 인한 손실의 보상문제를 둘러싸고 논란이 있었다. 문제는 개발제한구역지정으로 인한 손실이 특별한 희생에 해당하는가의 여부이었다. 현행 개발제한구역의 지정 및 관리에 관한 특별조치법 하에서도 동일한 문제가 있다.

2) 학   설   종래에 일설은 개발제한구역지정으로 인한 손실이 특별한 희생에 해당하는바, 개발제한구역지정으로 피해를 받는 자에게 보상이 주어져야 한다고 주장(긍정설)하였다. 특별한 희생이 아니라는 견해(부정설)도 있었다.

3) 판   례

(가) 대 법 원   대법원은 개발제한구역지정으로 인한 피해에 대해 손실보상을 인정하지 아니한다는 입장을 취하였다(판례). 대법원은 경계이론의 관점에서 헌법 제23조 제 1 항·제 2 항에 해당하는 것으로 보아 보상을 부정한 것으로 보인다.

> [판례] 개발제한구역 지정에 관한 구 도시계획법 제21조의 위헌 여부
> (대한민국을 피고로 한 손실보상금청구사건에서) 도시계획법 제21조 제 1 항·제 2 항의 규정에 의한 개발제한구역 안에 있는 토지의 소유자는 재산상의 권리행사에 많은 제한을 받게 되고, 그 한도 내에서 일반토지소유자에

비하여 불이익을 받게 되었음은 명백하지만 '도시의 무질서한 확산을 방지하고 도시주변의 자연 환경을 보전하여 건전한 생활환경을 확보하기 위하여, 또는 국방부장관의 요청이 있어 보안상 도시의 개발을 제한할 필요가 있다고 인정되는 때'에 한하여 가하여지는 위와 같은 제한은 공공복리에 적합한 합리적인 제한이라 볼 것이고, 그 제한으로 인한 **토지소유자의 불이익은 공공의 복리를 위하여 감수하지 아니하면 안 될 정도의 것이라고 인정되**므로 이에 대하여 손실보상의 규정을 하지 아니하였다 하여 도시계획법 제21조 제 1 항·제 2 항의 규정을 헌법 제23조 제 3 항이나 제37조 제 2 항에 위배되는 것이라고 할 수 없다(대판 1996. 6. 28, 94다54511; 대결 1990. 5. 8, 89부2).

　　(나) 헌법재판소　　　헌법재판소는 그린벨트제도 그 자체는 헌법적으로 하자가 없는 것으로서 이를 그대로 유지해야 할 필요성과 당위성이 있고, 다만 개발제한구역 지정으로 말미암아 일부 토지소유자(예: 나대지나 오염된 도시근교 농지의 소유자)에게 사회적 제약의 범위를 넘는 가혹한 부담이 발생하는 예외적인 경우에 대하여 보상규정을 두지 않은 것에는 위헌성이 있고 보상의 기준과 방법은 입법자가 정할 사항이라고 하였다(판례). 헌법재판소의 태도는 분리이론을 따른 견해이다.

> **판례**　　개발제한구역제도의 위헌성 판단기준 및 보상입법의 의미
> (인천서구 Greenbelt 무허가 건축물 강제철거사건에서)　개발제한구역 지정으로 인하여 토지를 종래의 목적으로도 사용할 수 없거나 또는 더 이상 법적으로 허용된 토지이용의 방법이 없기 때문에 실질적으로 토지의 사용·수익의 길이 없는 경우에는 토지소유자가 수인해야 하는 사회적 제약의 한계를 넘는 것으로 보아야 한다. 도시계획법 제21조에 규정된 **개발제한구역제도 그 자체는 원칙적으로 합헌인 규정**인데, 다만 개발제한구역의 지정으로 말미암아 일부 토지소유자에게 **사회적 제약의 범위를 넘는 가혹한 부담이 발생하는 예외적인 경우에 대하여 보상규정을 두지 않은 것에 위헌성이 있는 것이고, 보상의 구체적 기준과 방법은 헌법재판소가 결정할 성질의 것이 아니라 광범위한 입법형성권을 가진 입법자가 입법정책적으로 정할 사항이므로**, 입법자가 보상입법을 마련함으로써 위헌적인 상태를 제거할 때까지 위 조항을 형식적으로 존속케 하기 위하여 헌법불합치결정을 하는 것인바, 입법자는 되도록 빠른 시일 내에 보상입법을 하여 위헌적 상태를 제거할 의무가 있고, 행정청은 보상입법이 마련되기 전에는 새로 개발제한구역을 지정하여서는 아니 되며, **토지소유자는 보상입법을 기다려 그에 따른 권리행사를 할 수 있을 뿐 개발제한구역의 지정이나 그에 따른 토지재산권의 제한 그 자체의 효력을 다투거나 위 조항에 위반하여 행한 자신들의 행위의 정당성을 주장할 수는 없다**(헌재 1998. 12. 24, 89헌마214).

　　4) 사　　　견
　　(가) 특별한 희생　　　경계이론의 관점에서 볼 때, 모든 개발제한구역이 아니라 특별한 희생이 가해지고 있는 개발제한구역에 대해서는 손실보상이 주어져야 할 것이다. 문제는 특별한 희생이 가해지는 개발제한구역과 특별한 희생이 가해지지 않는 개발제한구역의 구별문제이다.
　　(나) 법적 근거　　　헌법재판소는 "개발제한구역의 지정으로 말미암아 일부 토지소유자에게 사회적 제약의 범위를 넘는 가혹한 부담이 발생하는 예외적인 경우에 대하여 보상규정을 두지 않

은 것에 위헌성이 있는 것이고, 보상의 구체적 기준과 방법은 헌법재판소가 결정할 성질의 것이 아니라 광범위한 입법형성권을 가진 입법자가 입법정책적으로 정할 사항"이라 하여, 국회에 보상입법의무를 부과하는 입장을 취하였다. 그러나 특별한 희생이 가해지는 개발제한구역의 소유자는 간접효력규정설($^{유추적}_{용설}$)에 따라 바로 손실보상을 청구할 수 있다고 보아야 한다.

(4) 입법적 보완

1) 도시계획법의 개정　　기술한 헌법재판소결정에 영향을 받아 도시계획법이 전면적으로 개정되었으나, 도시계획법은 2002년 말에 폐지되었고, 그 규율내용은 국토의 계획 및 이용에 관한 법률에서 규정되고 있다. 동법은 ① 도시·군계획시설의 공중 및 지하 설치기준과 보상($^{토용법}_{제46조}$), ② 도시·군계획시설부지의 매수청구($^{토용법}_{제47조}$), ③ 도시·군계획시설결정의 실효($^{토용법}_{제48조}$) 등에 관한 규정을 두고 있다.

2) 개발제한구역의 지정 및 관리에 관한 특별조치법의 제정　　기술한 헌법재판소의 판결 취지에 따르기 위하여 개발제한구역의 지정 및 관리에 관한 특별조치법이 제정되었다. 동법은 ① 존속 중인 건축물 등에 대한 특례($^{개제법}_{제13조}$), ② 취락지구에 대한 특례($^{개제법}_{제15조}$), ③ 주민지원사업($^{개제법}_{제16조제1항}$), ④ 토지매수의 청구($^{개제법 제17}_{조 제 1 항}$) 등에 관한 규정을 두고 있다.

[기출사례] 제27회 입법고시(2011년) 문제·답안작성요령 ☞ PART 4 [1-61]

Ⅱ. 공용제한의 종류

공용제한은 ① 내용을 기준으로 하여 작위의 공용제한($^{예: 도로법}_{제35조}$)·부작위의 공용제한($^{예: 도로법 제40조 제3항}$)·수인의 공용제한($^{예: 도로법}_{제81조}$)으로 구분할 수 있고, ② 행태를 기준으로 하여 공물제한·부담제한·사용제한으로 구분할 수 있다.

1. 공물제한

(1) 의　　의　　사인소유의 물건이 특정의 공적 목적에 제공된 경우에 사인의 공물에 대한 소유권은 공적 목적달성을 위해 필요한 범위 내에서 공법상 일정한 제한을 받지 않을 수 없는바, 공물에 대한 이러한 공법상의 제한을 공물제한이라 한다. 여기서 공물제한은 특히 사유공물에서 많이 문제된다.

(2) 종　　류　　공물제한의 예로는 ① 사유공물에서 공물제한의 경우로 사권행사의 제한($^{도로법}_{제4조}$), ② 공적 보존물에 대한 공물제한의 경우로는 수출·반출금지의 제한($^{문보법}_{제39조}$) 등에서 볼 수 있다.

2. 부담제한

(1) 의　　의　　부담제한이란 공물제한과 달리 직접 공적 목적에 제공되어 있는 것이 아닌 물건과 관련하여 재산권의 주체에게 공법상의 작위·부작위·수인의 의무를 부과하는 것을

의미한다. 말하자면 일정물건이 사인의 완전한 지배권하에 놓이지만 다만 공적 사업의 관리 또는 보호의 필요상 행정주체는 그 물건에 대하여 일정한 제한을 가하기도 하는바, 이 경우의 제한이 바로 부담제한이다.

(2) 종   류

1) 내용에 따른 구분

㈎ 작위부담　　(예) 접도구역에서 도로의 구조나 교통의 안전에 대한 위험을 예방하기 위하여 토지·나무·시설이나 건축물 그 밖의 공작물이 시야에 장애를 주는 경우에는 그 장애물을 제거할 의무$\binom{\text{도로법 제40조 제4}}{\text{항 제1호 이하}}$.

㈏ 부작위부담　　(예) 접도구역에서 토지의 형질을 변경하는 행위의 금지와 건축물이나 그 밖의 공작물을 신축·개축 또는 증축하는 행위의 금지$\binom{\text{도로법 제40}}{\text{조 제3항}}$.

㈐ 수인부담　　(예) 문화유산에 대한 조사시에 수인할 의무$\binom{\text{문보법 제44조}}{\text{제4항·제5항}}$, 국가가 철도건설사업의 시행을 위하여 타인의 토지에 출입하거나 타인의 토지를 재료적치장·통로 또는 임시도로로 일시사용하는 경우에 수인할 의무$\binom{\text{철도의 건설 및 철도시설 유지관}}{\text{리에 관한 법률 제10조 제1항}}\binom{\text{수인부담은 후술하는 사용제한의}}{\text{경우와 중복되는 경우도 많다}}$.

2) 목적에 따른 구분

㈎ 계획제한　　(예) 국토의 계획 및 이용에 관한 법률 제79조 내지 제81조에 의한 도시계획제한.

㈏ 사업제한　　(예) 공익사업의 성공적인 수행을 위해 타인의 재산권에 가하는 제한으로서 사업시행에 장해가 될 건축 등의 제한·금지$\binom{\text{도로법 제40}}{\text{조 제3항}}$, 작위의무의 부과$\binom{\text{도로법 제40}}{\text{조 제4항}}$, 토지출입 등의 재산권침해행위시 수인의무의 부과$\binom{\text{토상법}}{\text{제11조}}$.

(3) 강제와 보상　　① 부담제한으로 인해 사인이 입는 피해는 일반적으로 재산권의 사회적 구속하에 들어오는 것으로서 특별한 희생으로 보기가 어려우므로, 손실보상이 주어지기 곤란하다. 그러나 그 침해가 특별한 희생을 가져온다면, 손실보상이 이루어져야 한다. ② 의무불이행이나 위반의 경우에는 행정벌과 강제집행이 가해질 수 있다.

3. 사용제한(공용사용)

(1) 공용사용의 개념　　공용사용이란 공익사업$\binom{\text{토상법 제2조 제2}}{\text{호, 제4조 참조}}$을 위하여 공적 시설의 관리·경영을 보호·육성하기 위하여 토지소유권을 포함하여 사인의 재산권을 강제적으로 사용하는 것을 말한다. 공용사용은 공적 목적을 위하여 공법에 의거하여 인정되는 공법상의 사용이다. 따라서 공적 목적을 위한 것이라도 사법상에 의한 경우는 공용사용에 해당하지 않는다. 공용사용은 공용제한을 수반하므로, 공용제한의 성질을 갖는다.

(2) 법률의 유보　　공용사용도 사인의 기본권$\binom{\text{재산}}{\text{권}}$의 침해를 가져오는 것이므로 법률의 근거를 요한다$\binom{\text{헌법 제23조 제3항,}}{\text{제37조 제2항}}$. 공익사업을 위한 토지등의 공용사용에 관한 일반법으로 공익사업을 위한 토지 등의 취득 및 보상에 관한 법률을 볼 수 있다$\binom{\text{토상법 제1}}{\text{조 참조}}$. 그 밖의 개개의 단행법에

서도 공용사용에 관한 규정을 발견할 수 있다(예: 도로법 제81조, 제83 조, 하천법 제75조 제 1 항).

(3) 공용사용의 종류　　　공용사용은 일반적 사용과 예외적 사용으로 구분할 수 있다. ① 일반적 사용에는 일시적 사용과 계속적 사용으로 구분된다. ② 예외적 사용에는 천재지변시 사용(천재·지변 그 밖의 사변으로 인하여 공공의 안전을 유지하기 위한 공익사업을 긴급히 시행할 필요가 있는 때, 토상법 제38조)과 긴급사용(제28조에 따른 재결신청을 받은 토지수용위원회는 그 재결 을 기다려서는 재해를 방지하기 곤란하거나 그 밖에 공공의 이익에 현저한 지장을 줄 우려가 있 다고 인정하는 때, 토상법 제39조)으로 구분된다.

(4) 절차·강제·보상　　　① 공용사용의 절차는 관련법률이 정하는 바에 의한다. 공익사 업을 위한 토지의 공용사용에 관해서는 공익사업을 위한 토지 등의 취득 및 보상에 관한 법률에 서 규정하고 있다. 이에 관해서는 「제 4 절 공용수용」에서 살피기로 한다. ② 사용제한으로 사인 에 특별한 침해가 가해진다면, 그 침해에 대한 손실보상이 이루어져야 한다(예: 도로법 제99조, 하천법 제76조 참조). 한편 ③ 의무불이행이나 의무위반이 있는 경우에는 행정벌 또는 행정상 강제가 가해질 수도 있다(예: 도 로법 제114조 제 1 호 참조).

제 4 절　공용수용(물적 공용부담 Ⅱ)

Ⅰ. 공용수용의 관념

1. 공용수용의 개념

공용수용이란 국가 또는 지방자치단체 등(공용수용 의 주체)이 특정의 공익사업을 위하여(공용수용 의 목적) 법령 이 정하는 바에 따라(공용수용 의 절차) 사인의 재산권(공용수용 의 목적물)을 강제적으로 취득하고(공용수용 의 수단) 아울러 피수 용자에게는 손실보상(공용수용 의 보상)이 주어지는 물적 공용부담을 의미한다. 사업의 공익성·공공성은 종래에는 사권보호의 견지에서 제한적으로 인정되었으나, 최근에 복리행정의 확대에 따라 완화 되는 경향이다.

2. 공용수용의 법적 근거

공용수용은 기본권(재산 권)에 대한 중대한 침해인 까닭에 법률의 근거를 요한다. ① 헌법 제23 조 제 3 항은 "공공필요에 의한 재산권의 수용·사용 또는 제한 및 그에 대한 보상은 법률로써 하 되, 정당한 보상을 지급하여야 한다"고 규정하여 공용수용에 법적 근거가 필요함을 규정하고 있 고, 이에 의거하여 ② 여러 종류의 법률이 제정되어 있다. 토지등의 수용·사용에 관한 일반법으 로 공익사업을 위한 토지 등의 취득 및 보상에 관한 법률이 있고(토상법 제 1 조 참조), 그 밖에 개별법률로 도로법·도시 및 주거환경정비법·하천법 등을 볼 수 있다.

Ⅱ. 공용수용의 당사자

1. 공용수용의 주체(수용권자)

(1) 수용권자

1) 의   의 공용수용에 있어서 공용수용의 주체($^{공익사업}_{의 주체}$)가 누구인가는 문제이다. 이와 관련하여 국가수용권설과 사업시행자수용권설($^{기업자수}_{용권설}$) 등의 대립이 있다. 이러한 견해의 대립은 국가 이외에 사인도 공익사업을 위해 수용을 할 수 있으나, 수용절차는 국가에 의해 주도되고 있는 데 기인하는 것이다. 요컨대 공용수용의 주체의 문제는 특히 사업시행자가 국가가 아닌 경우($^{공공단체 ·}_{사인}$)와 관련하여 제기된다는 점을 유념할 필요가 있다.

2) 학   설

(가) 국가수용권설 이 견해는 자기의 행위로 수용의 효과를 발생시킬 수 있는 능력을 가진 주체는 국가뿐이기 때문에 국가만이 수용권자라는 입장이다. 말하자면 이 견해는 공용수용권의 본질을 수용의 효과를 발생시킬 수 있는 힘으로 보면서, 사인인 사업시행자는 국가에 대하여 다만 자기의 사업을 위하여 토지등을 수용해 줄 것을 청구할 수 있는 권리($^{수용청}_{구권}$)만을 갖는다는 입장이다.

(나) 사업시행자수용권설 이 견해는 공공단체 또는 사인인 사업시행자도 자기의 이익을 위해 토지를 수용할 수 있고 그 효과도 자기에게 귀속하는 것이므로 사업시행자 자신이 수용권자라는 견해로, 이 견해가 다수설이다.

(다) 국가위탁권설 이 견해는 수용권은 국가에 귀속하는 국가적 공권이며, 국가는 사업인정($^{수용권}_{설정}$)을 통하여 이를 사업시행자에게 위탁한 것이라는 입장이다.

3) 사   견 생각건대 공용수용은 공익사업을 위해 사인의 재산권을 '강제'로 '취득한다'는 데에 그 의미가 있는 것임을 고려하면, 그리고 수용의 강제성은 수용의 효과를 위한 원인행위에 불과하다는 점을 고려할 때, 사업시행자수용권설($^{기업자}_{수용설}$)이 합리적이다.

(2) 사업시행자

1) 사업시행자의 의의 공익사업을 위한 토지 등의 취득 및 보상에 관한 법률은 사업시행자를 동법 제4조에 해당하는 사업인 공익사업을 수행하는 자로 정의하고 있다($^{토상법 제2}_{조 제3호}$). 국가·공법인·사인 모두 사업시행자가 될 수 있다($^{판}_{례}$). 동법에 따라 이행한 절차와 그 밖의 행위는 사업시행자·토지소유자 및 관계인의 승계인에게도 그 효력이 미친다($^{토상법 제5}_{조 제2항}$).

[**판례**] 공용수용의 주체로서 민간인

($^{'관광단지를 개발함에 있어 조성계획상의 조성 대상 토지면적 중 사유지의 3분의 2 이상을 취득한 경우 민간개발}_{자에게 토지 등을 수용할 수 있도록 한 관광진흥법 제54조 제4항 중 제61조 제1항 등을 다툰 위헌소원사건에서}$) 헌법 제23조 제3항은 정당한 보상을 전제로 하여 재산권의 수용 등에 관한 가능성을 규정하고 있지만, 수용의 주체를 한정하지 않고 있으므로, 위 조항의 핵심은 그 수용의 주체가 국가인지 민간개발자인지에 달려 있다고 볼 수 없다. 또한, 관광단지의 지정은 시장 등의 신청에 의하여 시·도지사가

사전에 문화체육관광부장관 및 관계 행정기관의 장과 협의하여 정하도록 되어 있어 민간개발자가 수용의 주체가 된다 하더라도 궁극적으로 수용에 요구되는 공공의 필요성 등에 대한 최종적인 판단권한은 공적 기관에 유보되어 있음을 알 수 있다. 나아가 민간개발자에게 관광단지의 개발권한을 부여한 이상 사업이 효과적으로 진행되게 하기 위해서 다른 공적인 사업시행자와 마찬가지로 토지 수용권을 인정하는 것이 관광진흥법의 입법취지에 부합한다. 따라서 관광단지 조성사업에 있어 일정 비율의 토지취득을 요건으로 하여 민간개발자를 수용의 주체로 규정한 것 자체를 두고 헌법에 위반된다고 볼 수 없다(헌재 2013. 2. 28, 2011헌바250; 헌재 2011. 11. 24, 2010헌가95; 헌재 2011. 6. 30, 2008헌바166).

2) 사업시행자의 지위　　이 법에 따른 사업시행자의 권리·의무는 그 사업을 승계한 자에게 이전한다(토상법 제5조 제1항). 사업시행자, 토지소유자 또는 관계인은 사업인정의 신청, 재결의 신청, 의견서의 제출 등의 행위를 할 때 변호사나 그 밖의 자를 대리인으로 할 수 있다(토상법 제7조).

2. 공용수용의 상대방(피수용자)과 관계인

(1) 피수용자

1) 의　　의　　공용수용의 상대방은 수용되는 재산권의 소유자 및 기타의 권리자를 의미한다. 공법인이거나 사법인이거나를 불문하고 피수용자가 될 수 있다. 경우에 따라서는 국가도 피수용자가 될 수 있다(예: 지방자치단체가 국가의 일반재산을 수용하여 공익사업을 경영하고자 하는 경우). 공익사업을 위한 토지 등의 취득 및 보상에 관한 법률상 토지소유자라 함은 공익사업에 필요한 토지의 소유자를 말한다(토상법 제2조 제4호).

2) 피수용자의 지위　　공익사업을 위한 토지 등의 취득 및 보상에 관한 법률에 따라 이행한 절차와 그 밖의 행위는 사업시행자, 토지소유자 및 관계인의 승계인에게도 그 효력이 미친다(토상법 제5조 제2항). 물론 피수용자는 손실보상청구권 및 그 밖의 각종의 권리(예: 재결신청권·수용청구권·환매권)를 가진다. 그리고 사업시행자와 마찬가지로 대리인을 선임할 수 있다(토상법 제7조).

(2) 관 계 인

1) 관계인의 의의　　공익사업을 위한 토지 등의 취득 및 보상에 관한 법률상 '관계인'이라 함은 사업시행자가 취득하거나 사용할 토지에 관하여 지상권·지역권·전세권·저당권·사용대차 또는 임대차에 따른 권리 또는 그 밖에 토지에 관한 소유권 외의 권리를 가진 자나 그 토지에 있는 물건에 관하여 소유권이나 그 밖의 권리를 가진 자를 말한다(토상법 제2조 제5호 본문). 다만, 제22조에 따른 사업인정의 고시가 된 후에 권리를 취득한 자는 기존의 권리를 승계한 자를 제외하고는 관계인에 포함되지 아니한다(토상법 제2조 제5호 단서). 그러나 이에 관해서는 관계인의 범위가 명확하지 않다는 지적이 있다.

2) 관계인의 지위　　공익사업을 위한 토지 등의 취득 및 보상에 관한 법률에 따라 이행한 절차 그 밖의 행위는 사업시행자, 토지소유자 및 관계인의 승계인에게도 그 효력이 미친다(토상법 제5조 제2항). 그리고 사업시행자와 마찬가지로 대리인을 선임할 수 있다(토상법 제7조).

Ⅲ. 공용수용의 목적물

1. 목적물의 종류

공용수용의 기본적인 목적물은 토지수용의 경우에는 토지소유권이다$\binom{\text{토상법 제 3 조.}}{\text{제19조 제 1 항}}$. 사업시행자가 다음 각 호$\binom{\text{1. 토지 및 이에 관한 소유권 외의 권리. 2. 토지와 함께 공익사업을 위하여 필요한 입목(立木). 건물, 그 밖에 토지에}}{\text{정착된 물건 및 이에 관한 소유권 외의 권리. 3. 광업권·어업권·양식업권 또는 물의 사용에 관한 권리. 4. 토지에 속한 흙·돌·모래 또는 자갈에 관한 권리}}$에 해당하는 토지·물건 및 권리를 취득하거나 사용하는 경우에는 공익사업을 위한 토지 등의 취득 및 보상에 관한 법률을 적용한다$\binom{\text{토상법}}{\text{제 3 조}}$.

2. 목적물의 제한

공물이 공용수용의 대상이 될 수 있는지가 문제되는데 ① ⓐ 부정설은 공물은 행정목적에 제공되어 있는 것으로서 공물을 수용에 의하여 다른 행정목적에 제공하는 것은 공물 본래의 행정목적에 배치되는 것이므로 공물을 다른 행정목적에 제공하기 위해서는 공용폐지행위가 선행되어야 한다고 본다. ⓑ 그러나 긍정설은 토상법 제19조 제 2 항을 현재 공공목적에 제공되고 있는 토지는 가능한 현재의 용도를 유지하기 위하여 수용의 목적물로 할 수 없는 것이 원칙이나, 보다 더 중요한 공익사업에 제공할 필요가 있는 경우에는 공물로서의 토지도 예외적으로 수용의 목적물이 될 수 있는 것으로 규정하고 있는 것으로 해석한다. 이러한 관점에서 공물도 일정한 경우에는 그 공용폐지행위가 선행되지 않고도 공용수용의 목적물이 될 수 있는 것으로 보게 되는 것이다. ② 판례는 긍정설의 입장이다$\left[\begin{smallmatrix}\text{판례}\\\text{1, 2}\end{smallmatrix}\right]$. ③ 특정의 행정재산이 특별히 더 큰 공익사업에 필요하다면 기존의 공익사업에 대한 명시적 또는 묵시적 공용폐지를 거쳐야 수용의 대상이 될 수 있다$\binom{\text{부정}}{\text{설}}$.

판례 1 　구 토지수용법 제 5 조(수용의 제한)의 취지
$\binom{\text{토지수용법 제 5 조}}{\text{위헌소원사건에서}}$ 구 토지수용법 제 5 조는 이른바 공익 또는 수용권의 충돌 문제를 해결하기 위한 것으로서, 수용적격사업이 경합하여 충돌하는 공익의 조정을 목적으로 한 규정이다. 즉, 현재 공익사업에 이용되고 있는 토지는 가능하면 그 용도를 유지하도록 하기 위하여 수용의 목적물이 될 수 없도록 하는 것이 그 공익사업의 목적을 달성하기 위하여 합리적이라는 이유로, **보다 더 중요한 공익사업을 위하여 특별한 필요가 있는 경우에 한하여 예외적으로 수용의 목적물이 될 수 있다고 규정한 것이고**, 토지 등을 수용할 수 있는 요건 또는 그 한계를 정한 것이 아니다$\binom{\text{헌재 2000. 10. 25.}}{\text{2000헌바32}}$.

판례 2 　문화재로 지정된 토지의 수용 여부
$\binom{\text{전주이씨장의공파종중이 중앙토지수용위원회를 상대로 구 문화재보호법 제54조의2 제 1 항}}{\text{에 의하여 지방문화재로 지정된 토지가 수용대상으로 되는지 여부 등을 다툰 사건에서}}$ 구 토지수용법은 제 5 조의 규정$\binom{\text{토지를 수용 또는 사용할 수 있는 사업에 이용되고 있는 토지는}}{\text{특별한 필요가 있는 경우가 아니면 이를 수용 또는 사용할 수 없다}}$에 의한 제한 이외에는 수용의 대상이 되는 토지에 관하여 아무런 제한을 하지 아니하고 있을 뿐만 아니라, 토지수용법 제 5 조, 문화재보호법 제20조 제 4 호, 제58조 제 1 항, 부칙 제 3 조 제 2 항 등의 규정을 종합하면 구 문화재보호법 제54조의2 제 1 항에 의하여 **지방문화재로 지정된 토지가 수용의 대상이 될 수 없다고 볼 수는 없다**$\binom{\text{대판 1996. 4. 26.}}{\text{95누13241}}$.

3. 목적물의 범위

공용수용은 공익사업을 위하여 타인의 특정한 재산권을 법률의 힘에 의하여 강제적으로 취득하는 것이므로 목적물의 범위는 원칙적으로 사업을 위하여 필요한 최소한도에 그쳐야 한다. 말하자면 수용의 경우에도 비례원칙은 적용된다($\binom{대판 1987. 9. 8.}{87누395}$).

4. 목적물의 확장

공용수용의 목적물은 공익사업에 필요한 범위 내에 한정되는 것이 원칙이지만, 경우에 따라서는 수용의 목적물이 확장되는 경우도 있다. 목적물의 확장의 경우로 잔여지에 대한 수용을 요구하는 전부수용($\binom{잔지}{수용}$)($\binom{토상법}{제74조}$), 공용사용 대신에 수용을 요구하는 완전수용($\binom{토상법}{제72조}$), 입목 등의 이전 대신에 수용을 요구하는 이전수용($\binom{토상법 제75조}{제1항 단서}$)을 볼 수 있다.

Ⅳ. 사업의 준비('토상법'의 경우)

1. 출입의 허가와 공고

(1) 출입의 허가   사업시행자는 공익사업을 준비하기 위하여 타인이 점유하는 토지에 출입하여 측량하거나 조사할 수 있다($\binom{토상법 제9}{조 제1항}$). 사업시행자($\binom{특별자치도, 시·군 또는 자치구가}{사업시행자인 경우는 제외한다}$)는 제1항에 따라 측량이나 조사를 하려면 사업의 종류와 출입할 토지의 구역 및 기간을 정하여 특별자치도지사, 시장·군수 또는 구청장($\binom{자치구의 구청}{장을 말한다}$)의 허가를 받아야 한다($\binom{토상법 제9조}{제2항 본문}$). 다만, 사업시행자가 국가일 때에는 그 사업을 시행할 관계 중앙행정기관의 장이 특별자치도지사, 시장·군수 또는 구청장에게 통지하고, 사업시행자가 특별시·광역시 또는 도일 때에는 특별시장·광역시장 또는 도지사가 시장·군수 또는 구청장에게 통지하여야 한다($\binom{토상법 제9조}{제2항 단서}$).

(2) 허가의 공고   특별자치도지사, 시장·군수 또는 구청장은 다음 각 호($\binom{1. 제2항 본문에 따}{라 허가를 한 경우,}$ 2. 제2항 단서에 따라 통지를 받은 경우, 3. 특별자치도, 시·군 또는 구(자치구인 구를 말한다. 이하 같다)가 사업시행자인 경우로서 제1항에 따라 타인이 점유하는 토지에 출입하여 측량 또는 조사를 하려는 경우)의 어느 하나에 해당할 때에는 사업시행자, 사업의 종류와 출입할 토지의 구역 및 기간을 공고하고 이를 토지점유자에게 통지하여야 한다($\binom{토상법 제9조}{제3항}$).

2. 장해물의 제거

(1) 출입의 통지   제9조 제2항에 따라 타인이 점유하는 토지에 출입하려는 자는 출입하려는 날의 5일 전까지 그 일시 및 장소를 특별자치도지사, 시장·군수 또는 구청장에게 통지하여야 한다($\binom{토상법 제10}{조 제1항}$). 특별자치도지사, 시장·군수 또는 구청장은 제1항에 따른 통지를 받은 경우 또는 특별자치도, 시·군 또는 구가 사업시행자인 경우에 특별자치도지사, 시장·군수 또는 구청장이 타인이 점유하는 토지에 출입하려는 경우에는 지체 없이 이를 공고하고 그 토지점유자에게 통지하여야 한다($\binom{토상법 제10}{조 제2항}$). 토지점유자는 정당한 사유 없이 사업시행자가 제10조에 따라 통지하고 출입·측량 또는 조사하는 행위를 방해하지 못한다($\binom{토상법}{제11조}$). 해가 뜨기 전이나 해가 진 후에는

토지점유자의 승낙없이 그 주거나 경계표·담 등으로 둘러싸인 토지에 출입할 수 없다$\binom{\text{토상법 제10}}{\text{조 제3항}}$.

　　(2) 장해물 제거 등　　　사업시행자는 제 9 조에 따라 타인이 점유하는 토지에 출입하여 측량 또는 조사를 할 때 장해물을 제거하거나 토지를 파는 행위$\binom{\text{장해물의}}{\text{제거 등}}$를 하여야 할 부득이한 사유가 있는 경우에는 그 소유자 및 점유자의 동의를 받아야 한다. 다만, 그 소유자 및 점유자의 동의를 받지 못하였을 때에는 사업시행자$\binom{\text{특별자치도, 시·군 또는 구가}}{\text{사업시행자인 경우는 제외한다}}$는 특별자치도지사, 시장·군수 또는 구청장의 허가를 받아 장해물 제거 등을 할 수 있으며, 특별자치도, 시·군 또는 구가 사업시행자인 경우에 특별자치도지사, 시장·군수 또는 구청장은 허가없이 장해물 제거 등을 할 수 있다$\binom{\text{토상법 제12}}{\text{조 제1항}}$. 특별자치도지사, 시장·군수 또는 구청장은 제 1 항 단서에 따라 허가를 하거나 장해물 제거 등을 하려면 미리 그 소유자 및 점유자의 의견을 들어야 한다$\binom{\text{토상법 제12}}{\text{조 제2항}}$. 제 1 항에 따라 장해물 제거 등을 하려는 자는 장해물 제거등을 하려는 날의 3일 전까지 그 소유자 및 점유자에게 통지하여야 한다$\binom{\text{토상법 제12}}{\text{조 제3항}}$.

　　(3) 증표 등의 휴대　　　제 9 조 제 2 항 본문에 따라 특별자치도지사, 시장·군수 또는 구청장의 허가를 받고 타인이 점유하는 토지에 출입하려는 사람과 제12조에 따라 장해물의 제거 등을 하려는 사람$\binom{\text{특별자치도, 시·군 또는 구가}}{\text{사업시행자인 경우를 제외한다}}$은 그 신분을 표시하는 증표와 특별자치도지사, 시장·군수 또는 구청장의 허가증을 지녀야 한다$\binom{\text{토상법 제13}}{\text{조 제1항}}$. 제 9 조 제 2 항 단서에 따라 특별자치도지사, 시장·군수 또는 구청장에게 통지하고 타인이 점유하는 토지에 출입하려는 사람과 사업시행자가 특별자치도, 시·군 또는 구인 경우로서 제 9 조 제 3 항 제 3 호 또는 제12조 제 1 항 단서에 따라 타인이 점유하는 토지에 출입하거나 장해물 제거 등을 하려는 사람은 그 신분을 표시하는 증표를 지녀야 한다$\binom{\text{토상법 제13}}{\text{조 제2항}}$. 제 1 항과 제 2 항에 따른 증표 및 허가증은 토지 또는 장해물의 소유자 및 점유자 그 밖의 이해관계인에게 이를 보여 주어야 한다$\binom{\text{토상법 제13}}{\text{조 제3항}}$.

3. 손실의 보상

　　① 사업시행자는 공익사업을 위한 토지 등의 취득 및 보상에 관한 법률 제 9 조$\binom{\text{사업의 준비를 위}}{\text{한 출입의 허가 등}}$ 제 1 항에 따라 타인이 점유하는 토지에 출입하여 측량·조사함으로써 발생하는 손실을 보상하여야 한다$\binom{\text{토상법 제9}}{\text{조 제4항}}$. 제 4 항에 따른 손실의 보상은 손실이 있음을 안 날부터 1년이 지났거나 손실이 발생한 날부터 3년이 지난 후에는 청구할 수 없다$\binom{\text{토상법 제9}}{\text{조 제5항}}$. 제 4 항에 따른 손실의 보상은 사업시행자와 손실을 입은 자가 협의하여 결정한다$\binom{\text{토상법 제9}}{\text{조 제6항}}$. 제 6 항에 따른 협의가 성립되지 아니하면 사업시행자나 손실을 입은 자는 대통령령으로 정하는 바에 따라 제51조에 따른 관할 토지수용위원회에 재결을 신청할 수 있다$\binom{\text{토상법 제9}}{\text{조 제7항}}$. ② 사업시행자는 공익사업을 위한 토지 등의 취득 및 보상에 관한 법률 제12조$\binom{\text{장해물}}{\text{제거 등}}$ 제 1 항에 따라 장해물 제거 등을 함으로써 발생하는 손실을 보상하여야 한다$\binom{\text{토상법 제12}}{\text{조 제4항}}$. 제 4 항에 따른 손실보상에 관하여는 제 9 조 제 5 항부터 제 7 항까지의 규정을 준용한다$\binom{\text{토상법 제12}}{\text{조 제5항}}$.

Ⅴ. 공용수용의 절차

[참고 1] 공익사업을 위한 토지 등의 취득 및 보상에 관한 법률은 사인의 재산권을 강제취득하는 공용수용절차의 핵심절차인 사업인정 이전에 사업시행자가 토지소유자·관계인 사이의 협의를 통해 토지등을 취득하거나 사용할 수 있음을 규정하고 있다$\binom{\text{토상법 제}}{\text{14조 이하}}\binom{\text{판례}}{\text{1, 2}}$. 이 법률은 임의적 협의절차와 관련하여 토지조서와 물건조서를 작성하여 서명 또는 날인$\binom{\text{토상법 제14}}{\text{조 제 1 항}}$, 공익사업의 개요, 토지조서 및 물건조서의 내용과 보상의 시기·방법 및 절차 등이 포함된 보상계획의 공고·통지와 열람$\binom{\text{토상법}}{\text{제15조}}$, 협의$\binom{\text{토상법}}{\text{제16조}}$, 계약의 체결$\binom{\text{토상법}}{\text{제17조}}$을 규정하고 있다. 토지조서와 물건조서의 작성과 보상계획의 공고·통지와 열람은 사업인정 이후의 절차에도 준용되고 있다.

[판례 1] 토상법상 사업시행자가 공익사업의 수행을 위하여 취득 또는 사용이 필요한 토지 등의 취득 또는 사용할 수 있는 두 가지 방법

첫째로, 사업시행자는 사업인정 전이나 그 후에 토지조서 및 물건조서의 작성, 보상계획의 열람 등 일정한 절차를 거친 후 토지 등에 대한 보상에 관하여 토지소유자 및 관계인과 협의한 다음 그 협의가 성립되었을 때 계약을 체결할 수 있다$\binom{\text{제14조 내지 제17조, 제26조,}}{\text{이하 '협의취득'이라 한다}}$. 이때의 보상합의는 공공기관이 **사경제주체로서 행하는 사법상 계약**의 실질을 가지는 것으로서, 당사자 간의 합의로 토지보상법이 정한 손실보상 기준에 의하지 아니한 손실보상금을 정할 수 있고, 이처럼 법이 정하는 기준에 따르지 아니하고 손실보상액에 관한 합의를 하였다고 하더라도 그 합의가 착오 등을 이유로 적법하게 취소되지 않는 한 유효하므로, 사업시행자는 그 합의에서 정한 바에 따라 토지 등을 취득 또는 사용할 수 있다.

둘째로, 사업시행자는 **위와 같은 협의가 성립되지 아니하거나 협의를 할 수 없을 때**에는 사업인정고시가 된 날부터 1년 이내에 대통령령으로 정하는 바에 따라 관할 토지수용위원회에 재결을 신청할 수 있고$\binom{\text{제28조}}{\text{제 1 항}}$, 이때 토지수용위원회는 '1. 수용하거나 사용할 토지의 구역 및 사용방법, 2. 손실보상, 3. 수용 또는 사용의 개시일과 기간' 등에 관하여 재결하며$\binom{\text{제50조}}{\text{제 1 항}}$, 사업시행자가 수용 또는 사용의 개시일까지 관할 토지수용위원회가 재결한 보상금을 지급하거나 공탁하지 아니하여 재결이 효력을 상실하지 않는 이상$\binom{\text{제42조}}{\text{제 1 항}}$, 사업시행자는 수용이나 사용의 개시일에 토지나 물건의 소유권 또는 사용권을 취득한다$\binom{\text{제45조 제 1 항, 제 2 항, 이하}}{\text{'수용재결취득'이라 한다}}\binom{\text{대판 2017. 4. 13.}}{\text{2016두64241}}$.

[판례 2] 토지수용위원회의 수용재결이 있은 후 토지소유자 등과 사업시행자가 다시 협의하여 토지 등의 취득이나 사용 및 그에 대한 보상에 관하여 임의로 계약을 체결할 수 있는지 여부

$\binom{\text{원고들이 중앙토지수용위원회를 피고로}}{\text{하여 수용재결무효확인을 구한 사건에서}}$ 토지보상법은 사업시행자로 하여금 우선 협의취득 절차를 거치도록 하고, 그 협의가 성립되지 않거나 협의를 할 수 없을 때에 수용재결취득 절차를 밟도록 예정하고 있기는 하다. 그렇지만 ① 일단 토지수용위원회가 수용재결을 하였더라도 사업시행자로서는 수용 또는 사용의 개시일까지 토지수용위원회가 재결한 보상금을 지급 또는 공탁하지 아니함으로써 그 재결의 효력을 상실시킬 수 있는 점, ② 토지소유자 등은 수용재결에 대하여 이의를 신청하거나 행정소송을 제기하여 보상금의 적정 여부를 다툴 수 있는데, 그 절차에서 사업시행자와 보상금액에 관하여 임의로 합의할 수 있는 점, ③ 공익사업의 효율적인 수행을 통하여 공공복리를 증진시키고, 재산권을 적정하게 보호하려는 토지보상법의 입법 목적$\binom{\text{제 1}}{\text{조}}$에 비추어 보더라도 수용재결이 있은 후에 사법상 계약의 실질을 가지는 협의취득 절차를 금지해야 할 별다른 필요성을

찾기 어려운 점 등을 종합해 보면, 토지수용위원회의 수용재결이 있은 후라고 하더라도 토지소유자 등과 사업시행자가 다시 협의하여 토지 등의 취득이나 사용 및 그에 대한 보상에 관하여 임의로 계약을 체결할 수 있다고 보아야 한다(대판 2017. 4. 13.
2016두64241).

[참고 2] 공용수용은 방식에 있어서 법률수용과 행정수용의 2가지로 구별된다. 법률수용이란 법률에 의거하여 직접 수용이 이루어지고 별다른 절차를 요하지 않는 경우의 수용을 말하며, 행정수용이란 법률이 정하는 일련의 절차에 따라 이루어지는 수용을 말한다. 법률수용은 급박한 경우 등에 예외적으로 나타나고 행정수용이 일반적인 현상이다. 행정수용이 피수용자의 권리보호에 보다 더 효과적이다. 이하에서 공익사업을 위한 토지 등의 취득 및 보상에 관한 법률이 정하는 행정수용의 보통절차에 관해 보기로 한다.

1. 사업의 인정

(1) 사업인정의 의의　　사업시행자는 '토상법' 제19조에 따라 토지등을 수용하거나 사용하려면 대통령령으로 정하는 바에 따라 국토교통부장관의 사업인정을 받아야 한다(토상법 제20
조 제1항). 여기서 사업인정이란 공익사업을 토지등을 수용하거나 사용할 사업으로 결정하는 것을 말하며(토상법 제2
조 제7호), 사업인정의 권한은 국토교통부장관에게 있다.

(2) 사업인정의 성질

1) 형성행위　　① 소수설인 확인행위설은 사업인정을 특정사업이 공익사업을 위한 토지 등의 취득 및 보상에 관한 법률에 규정된 공익사업에 해당됨을 공권적으로 확인하는 행위라고 한다. 이 견해는 사업시행자의 수용권은 사업인정에 의하여 발생하는 것이 아니라 사업인정 후의 협의 또는 토지수용위원회의 재결에 의하여 발생한다고 한다. ② 다수설인 형성행위설은 사업인정은 일정한 절차를 거칠 것을 조건으로 하여 사업시행자에게 수용권을 발생시키므로 형성적 행정행위에 해당된다고 한다(김남진, 박균
성, 류지태). 판례의 입장이기도 하다(판
례). 형성행위설이 타당하다.

> **판례** 토지보상법상 사업인정의 성질과 효과
> (울산광역시를 상대로 영업휴
업보상등을 구한 사건에서) 공익사업을 위한 토지 등의 취득 및 보상에 관한 법률」(토지보
상법) 제20조 제1항, 제22조 제3항은 사업시행자가 토지 등을 수용하거나 사용하려면 국토교통부장관의 사업인정을 받아야 하고, 사업인정은 고시한 날부터 효력이 발생한다고 규정하고 있다. 이러한 사업인정은 수용권을 설정해 주는 행정처분으로서, 이에 따라 수용할 목적물의 범위가 확정되고, 수용권자가 목적물에 대한 현재 및 장래의 권리자에게 대항할 수 있는 공법상 권한이 생긴다(대판 2019. 12. 12.
2019두47629).

2) 재량행위　　학설은 ① 사업시행자가 사업인정에 필요한 요건을 충족하고 있는 한, 행정청은 사업인정을 하여야 하는바, 사업인정은 기속행위의 성질을 가진다는 견해인 기속행위설(김남
진)과 ② 당해 사업이 비록 공익사업을 위한 토지 등의 취득 및 보상에 관한 법률 제4조에 열

거된 사업에 해당한다고 하더라도, 과연 그 사업이 공용수용을 할 만한 공익성이 있는지의 여부를 구체적으로 판단하여야 할 것이므로 인정관청의 자유재량에 속하는 행위라는 견해인 재량행위설(박균성)로 나뉘고 있다. ③ 생각건대 토지수용은 수용자(특히 사인)의 기본권의 최대한 보장의 관점이 아니라, 공익의 실현이라는 점에 중점을 두고 판단되어야 한다(기본권 기준설). 따라서 사업인정은 재량행위로 보아야 한다(판례).

> **판례** 행정주체가 공익사업을 위한 토지 등의 취득 및 보상에 관한 법률의 규정에 의한 사업인정처분을 함에 있어서의 결정 기준
> (건설교통부장관의 사업인정 처분의 취소를 구한 사건에서) 공익사업을 위한 토지 등의 취득 및 보상에 관한 법률의 규정에 의한 사업인정처분이라 함은 공익사업을 토지 등을 수용 또는 사용할 사업으로 결정하는 것으로서(같은법 제2조 제7호) 단순한 확인행위가 아니라 형성행위이므로, 당해 사업이 외형상 토지 등을 수용 또는 사용할 수 있는 사업에 해당된다 하더라도 행정주체로서는 그 사업이 공용수용을 할 만한 공익성이 있는지의 여부와 공익성이 있는 경우에도 그 사업의 내용과 방법에 대하여 사업인정처분에 관련된 자들의 이익을 공익과 사익 간에서는 물론, 공익 상호간 및 사익 상호간에도 정당하게 비교·교량하여야 하고, 그 비교·교량은 비례의 원칙에 적합하도록 하여야 한다(대판 2005. 4. 29, 2004두14670).

(3) 사업인정의 요건

1) 공익사업 해당 사업인정은 공익사업을 토지등을 수용하거나 사용할 사업으로 결정하는 것을 말하므로, 사업의 공익성의 존부는 사업인정의 요건이 된다. 사업의 공익성이 있다고 하기 위해서는 ① 외형상 해당 사업이 공익사업을 위한 토지등의 취득 및 보상에 관한 법률 제4조가 정하는 공익사업에 해당하여야 하고, ② 내용상 해당 사업이 공용수용을 할 만한 공익성이 있어야 한다. 공익성 유무의 판단에는 비례원칙 등이 적용된다(대판 2019. 2. 28, 2017두71031).

2) 사업수행 의사와 능력 사업인정은 공익사업이 현실적으로 이루어질 것을 전제로 하는바, 해당 공익사업을 수행할 의사와 능력이 없는 사업시행자에게 사업인정은 허용될 수 없다. 따라서 사업시행자에게 해당 사업을 수행할 의사와 능력이 있어야 한다는 것도 사업인정의 요건의 하나가 된다(판례).

> **판례** 사업인정의 요건으로서 공익사업의 수행 의사와 능력
> (주식회사 삼표산업이 풍납토성 보존을 위한 사업인정의 취소를 구한 풍납토성 사건에서) 공익사업을 수행하여 공익을 실현할 의사나 능력이 없는 자에게 타인의 재산권을 공권력적·강제적으로 박탈할 수 있는 수용권을 설정하여 줄 수는 없으므로, 사업시행자에게 해당 공익사업을 수행할 의사와 능력이 있어야 한다는 것도 사업인정의 한 요건이라고 보아야 한다(대판 2019. 2. 28, 2017두71031; 대판 2011. 1. 27, 2009두1051).

(4) 사업인정의 절차

1) 의견청취 국토교통부장관은 사업인정을 하려면 관계 중앙행정기관의 장 및 특별시

장·광역시장·도지사·특별자치도지사$\binom{\text{이하 "시·도}}{\text{지사"라 한다}}$ 및 제49조에 따른 중앙토지수용위원회와 협의하여야 하며, 대통령령으로 정하는 바에 따라 미리 사업인정에 이해관계가 있는 자의 의견을 들어야 한다$\binom{\text{토상법 제21}}{\text{조 제 1 항}}$.

　　2) **통지와 고시**　　　국토교통부장관은 제20조에 따른 사업인정을 하였을 때에는 지체 없이 그 뜻을 사업시행자, 토지소유자 및 관계인, 관계 시·도지사에게 통지하고 사업시행자의 성명이나 명칭·사업의 종류·사업지역 및 수용하거나 사용할 토지의 세목을 관보에 고시하여야 한다$\binom{\text{토상법 제22}}{\text{조 제 1 항}}$. 제 1 항에 따라 사업인정의 사실을 통지받은 시·도지사$\binom{\text{특별자치도지사}}{\text{는 제외한다}}$는 관계 시장·군수 및 구청장에게 이를 통지하여야 한다$\binom{\text{토상법 제22}}{\text{조 제 2 항}}$.

　　(5) **사업인정의 효과**　　　사업인정은 제22조 제 1 항에 따라 고시한 날부터 효력이 발생한다$\binom{\text{토상법 제22}}{\text{조 제 3 항}}$. 사업인정의 고시로 수용의 목적물은 확정된다. 이것이 사업인정의 기본적인 효과이다. 부수적인 효과로 관계인의 범위제한$\binom{\text{토상법 제 2 조}}{\text{제 5 호 단서}}$, 형질변경 등의 제한$\binom{\text{토상법}}{\text{제25조}}$, 토지등에 대한 조사권발생$\binom{\text{토상법}}{\text{제27조}}$ 등이 따른다.

　　(6) **사업인정의 후속절차**　　　제20조에 따른 사업인정을 받은 사업시행자는 토지조서 및 물건조서의 작성, 보상계획의 공고·통지 및 열람, 보상액의 산정과 토지소유자 및 관계인과의 협의 절차를 거쳐야 한다$\binom{\text{토상법 제26조}}{\text{제 1 항 본문}}$. 이 경우 제14조부터 제16조까지 및 제68조를 준용한다$\binom{\text{토상법 제26조}}{\text{제 1 항 단서}}$. 자세한 것은 후술한다.

　　(7) **사업인정의 실효**

　　1) 재결신청의 해태로 인한 실효　　　사업시행자가 제22조 제 1 항에 따른 사업인정의 고시$\binom{\text{이하 "사업인정}}{\text{고시"라 한다}}$가 된 날부터 1년 이내에 제28조 제 1 항에 따른 재결신청을 하지 아니한 경우에는 사업인정고시가 된 날부터 1년이 되는 날의 다음 날에 사업인정은 그 효력을 상실한다$\binom{\text{토상법 제23}}{\text{조 제 1 항}}$. 사업시행자는 제 1 항에 따라 사업인정이 실효됨으로 인하여 토지소유자나 관계인이 입은 손실을 보상하여야 한다$\binom{\text{토상법 제23}}{\text{조 제 2 항}}$. 제 2 항에 따른 손실보상에 관하여는 제 9 조 제 5 항부터 제 7 항까지의 규정을 준용한다$\binom{\text{토상법 제23}}{\text{조 제 3 항}}$.

　　2) 사업의 폐지·변경에 의한 실효

　　㈎ **통지·고시·보고**　　　사업인정고시가 된 후 사업의 전부 또는 일부를 폐지하거나 변경함으로 인하여 토지등의 전부 또는 일부를 수용하거나 사용할 필요가 없게 되었을 때에는 사업시행자는 지체 없이 사업지역을 관할하는 시·도지사에게 신고하고, 토지소유자 및 관계인에게 이를 통지하여야 한다$\binom{\text{토상법 제24}}{\text{조 제 1 항}}$. 사업시행자는 제 1 항에 따라 사업의 전부 또는 일부를 폐지·변경함으로 인하여 토지소유자 또는 관계인이 입은 손실을 보상하여야 한다$\binom{\text{토상법 제24}}{\text{조 제 7 항}}$. 제 7 항에 따른 손실보상에 관하여는 제 9 조 제 5 항부터 제 7 항까지의 규정을 준용한다$\binom{\text{토상법 제24}}{\text{조 제 7 항}}$.

　　㈏ **반환·원상회복**　　　사업시행자는 토지나 물건의 사용기간이 끝났을 때나 사업의 폐지·변경 또는 그 밖의 사유로 사용할 필요가 없게 되었을 때에는 지체 없이 그 토지나 물건을 그 토지나 물건의 소유자 또는 그 승계인에게 반환하여야 한다$\binom{\text{토상법 제48}}{\text{조 제 1 항}}$. 제 1 항의 경우에 사업

시행자는 토지소유자가 원상회복을 청구하면 미리 그 손실을 보상한 경우를 제외하고는 그 토지를 원상으로 회복하여야 한다(토상법 제48조 제 2 항).

(8) 사업인정에 대한 불복(권리보호) ① 사업인정으로 법률상 이익이 침해된 자는 행정상 쟁송을 제기할 수 있다. ② 하자 있는 사업인정의 경우, 그 사업인정이 무효행위인지 또는 취소할 수 있는 행위인지 여부의 판단은 하자의 중대명백설에 따른다. ③ 사업인정처분 자체의 위법은 사업인정단계에서 다투어야 하고 이미 그 쟁송기간이 도과한 수용재결단계에서는 사업인정처분이 당연무효라고 볼 만한 특단의 사정이 없는 한 그 위법을 이유로 재결의 취소를 구할 수는 없다.

2. 토지조서·물건조서, 보상계획 및 보상액의 산정

(1) 토지조서·물건조서의 작성 사업시행자는 … 토지조서와 물건조서를 작성하여 서명 또는 날인을 하고 토지소유자와 관계인의 서명 또는 날인을 받아야 한다(토상법 제26조 제 1 항 제 2 문, 제14조 제 1 항 본문). 다만, 다음 각 호(1. 토지소유자 및 관계인이 정당한 사유 없이 서명 또는 날인을 거부하는 경우, 2. 토지소유자 및 관계인을 알 수 없거나 그 주소·거소를 알 수 없는 등의 사유로 서명 또는 날인을 받을 수 없는 경우)의 어느 하나에 해당하는 경우에는 그러하지 아니하며, 이 경우 사업시행자는 해당 토지조서와 물건조서에 그 사유를 적어야 한다(토상법 제26조 제 1 항 제 2 문, 제14조 제 1 항).

(2) 보상계획의 공고와 열람 사업시행자는 … 토지조서와 물건조서를 작성하였을 때에는 공익사업의 개요, 토지조서 및 물건조서의 내용과 보상의 시기·방법 및 절차 등이 포함된 보상계획을 전국을 보급지역으로 하는 일간신문에 공고하고, 토지소유자 및 관계인에게 각각 통지하여야 하며, 제 2 항 단서에 따라 열람을 의뢰하는 사업시행자를 제외하고는 특별자치도지사, 시장·군수 또는 구청장에게도 통지하여야 한다(토상법 제26조 제 1 항 제 2 문, 제15조 제 1 항 본문). 사업시행자는 제 1 항에 따른 공고나 통지를 하였을 때에는 그 내용을 14일 이상 일반인이 열람할 수 있도록 하여야 한다(토상법 제26조 제 1 항 제 2 문, 제15조 제 2 항 본문). 이의가 있는 토지소유자 또는 관계인은 열람기간 이내에 사업시행자에게 서면으로 이의를 제기할 수 있다(토상법 제26조 제 1 항 제 2 문, 제15조 제 3 항 본문).

(3) 보상액의 산정 사업시행자는 토지등에 대한 보상액을 산정하려는 경우에는 감정평가업자 3인(제 2 항에 따라 시·도지사와 토지소유자가 모두 감정평가업자를 추천하지 아니하거나 시·도지사 또는 토지소유자 어느 한쪽이 감정평가업자를 추천하지 아니하는 경우에는 2인)을 선정하여 토지등의 평가를 의뢰하여야 한다(토상법 제26조 제 1 항 제 2 문, 제68조 제 1 항 본문). 다만, 사업시행자가 국토교통부령으로 정하는 기준에 따라 직접 보상액을 산정할 수 있을 때에는 그러하지 아니하다(토상법 제26조 제 1 항 제 2 문, 제68조 제 1 항 단서).

3. 협   의

(1) 협의의 의의 사업시행자는 토지등에 대한 보상에 관하여 토지소유자 및 관계인과 성실하게 협의하여야 하며, 협의의 절차 및 방법 등 협의에 필요한 사항은 대통령령으로 정한다(토상법 제26조 제 1 항 제 2 문, 제16조). 협의절차를 거치지 않고 재결을 신청할 수는 없다(판례). 협의의 내용은 수용위원회의 재결사항 전반에 미친다.

[판례]　등기부상 주소가 실제와 달라 보상협의절차를 거치지 못하고 한 수용재결의 하자의
효과
(중앙토지수용위원회의 원고에 대한 토지수용재결처분의 무효확인을 구한 사건에서) **기업자가 과실 없이 토지소유자의 등기부상 주소와 실제 주소가 다른 사실을 알지 못하거나 과실로 이를 알지 못하여** 등기부상 주소로 보상협의에 관한 통지를 한 결과 **보상협의절차를 거치지 못하였다 하더라도** 그러한 사유만으로는 **수용재결이 당연무효이거나 부존재하는 것으로 볼 수 없다**(대판 1994. 4. 15, 93누18594).

(2) 협의의 성질　　통설은 협의의 법적 성질을 공법상 계약으로 본다. 협의는 일방적인 행위가 아니고 쌍방행위이며, 협의는 공익을 목적으로 하는 까닭에 전체로서 협의는 공법상 계약이라 할 것이므로 통설은 타당하다. 그러나 실무상으로는 사법상 계약으로 다루어지고 있는 것으로 보인다.

(3) 협의 성립의 확인　　① 사업시행자와 토지소유자 및 관계인 간에 제26조에 따른 절차를 거쳐 협의가 성립되었을 때에는 사업시행자는 제28조 제 1 항에 따른 재결 신청기간 이내에 해당 토지소유자 및 관계인의 동의를 받아 대통령령으로 정하는 바에 따라 관할 토지수용위원회에 협의성립의 확인을 신청할 수 있다(토상법 제29조 제 1 항)(판례). ② 사업시행자가 협의가 성립된 토지의 소재지 · 지번 · 지목 및 면적 등 대통령령으로 정하는 사항에 대하여 공증인법에 따른 공증을 받아 제 1 항에 따른 협의 성립의 확인을 신청하였을 때에는 관할 토지수용위원회가 이를 수리함으로써 협의 성립이 확인된 것으로 본다(토상법 제29조 제 3 항). ③ 제 1 항 및 제 3 항에 따른 확인은 이 법에 따른 재결로 보며, 사업시행자 · 토지소유자 및 관계인은 그 확인된 협의의 성립이나 내용을 다툴 수 없다(토상법 제29조 제 4 항).

[판례]　토지보상법상 협의 성립 확인제도의 취지
(사업시행자가 토지보상법 제29조 제 3 항에 따라 협의성립 확인 신청을 함에 있어 사업대상지인 토지의 진정한 소유자인 원고의 동의를 받지 아니한 채 등기명의자의 동의만을 받아 신청을 하고 피고가 이를 수리하자 원고가 중앙토지수용위원회의 수리처분의 취소를 구한 협의성립확인신청수리처분취소사건에서) **토지보상법상 협의 성립 확인제도는 수용과 손실보상을 신속하게 실현시키기 위하여 도입되었다.** … 사업시행자의 원활한 공익사업 수행, 토지수용위원회의 업무 간소화, 토지소유자 등의 간편하고 신속한 이익실현을 도모하고 있다(대판 2018. 12. 13, 2016두51719).

[기출사례] 제59회 5급공채(2015년) 문제 · 답안작성요령 ☞ PART 4 [3-21]

4. 재　결

(1) 재결의 의의　　재결이란 수용에 관한 협의가 성립되지 아니한 경우에 행하는 공용수용의 최종처분절차 중의 하나로서, 보상금의 지급을 조건으로 하여 당사자 사이에서 수용과 보상의 권리 · 의무를 발생시키는 형성적 행정행위이다.

(2) 재결의 신청　　제26조에 따른 협의가 성립되지 아니하거나 협의를 할 수 없을 때

$\left(\substack{\text{제26조 제 2 항 단서에 따른 협}\\\text{의 요구가 없을 때를 포함한다}}\right)$에는 사업시행자는 사업인정고시가 된 날부터 1년 이내에 대통령령으로 정하는 바에 따라 관할 토지수용위원회에 재결을 신청할 수 있다$\left(\substack{\text{토상법 제28}\\\text{조 제 1 항}}\right)$. 재결의 신청은 사업시행자만이 할 수 있고, 토지소유자 및 관계인은 할 수 없다.

(3) 재결신청의 청구　　사업인정고시가 된 후 협의가 성립되지 아니하였을 때에는 토지소유자와 관계인은 대통령령으로 정하는 바에 따라 서면으로 사업시행자에게 재결을 신청할 것을 청구할 수 있다$\left(\substack{\text{토상법 제30}\\\text{조 제 1 항}}\right)\left(\substack{\text{판례}\\1}\right)$. 사업시행자는 제 1 항에 따른 청구를 받았을 때에는 그 청구를 받은 날부터 60일 이내에 대통령령으로 정하는 바에 따라 관할 토지수용위원회에 재결을 신청하여야 한다$\left(\substack{\text{토상법 제30조}\\\text{제 2 항 제 1 문}}\right)$. 이 경우 수수료에 관하여는 제28조 제 2 항을 준용한다$\left(\substack{\text{토상법 제30조}\\\text{제 2 항 제 2 문}}\right)$. 사업시행자가 제 2 항에 따른 기간을 넘겨서 재결을 신청하였을 때에는 그 지연된 기간에 대하여 「소송촉진 등에 관한 특례법」 제 3 조에 따른 법정이율을 적용하여 산정한 금액$\left(\substack{\text{법정}\\\text{이자}}\right)$을 관할 토지수용위원회에서 재결한 보상금에 가산하여 지급하여야 한다$\left(\substack{\text{토상법 제30}\\\text{조 제 3 항}}\right)\left(\substack{\text{지연가}\\\text{산금}}\right)$. 지연가산금에 대한 소송은 수용보상금의 증액에 관한 소$\left(\substack{\text{보상금증}\\\text{감소송}}\right)$에 의하여야 한다는 것이 판례의 입장이다$\left(\substack{\text{판례}\\2}\right)$. 또한 종래의 판례는 사업시행자가 토지소유자 등의 재결신청의 청구를 거부한다고 하여 이를 이유로 민사소송의 방법으로 그 절차이행을 구할 수는 없다는 입장이다$\left(\substack{\text{대판 1997. 11. 14.}\\\text{97다13016}}\right)$.

판례 1 　구 토지수용법상 토지소유자 및 관계인에 대한 재결신청권의 부여 이유

$\left(\substack{\text{중앙토지수용위원회의 원고에 대한 토지}\\\text{수용재결처분의 취소를 구한 사건에서}}\right)$ 토지수용법이 제25조의3의 각항으로 토지소유자 및 관계인에게 재결신청의 청구권을 부여한 이유는, 사업시행자는 사업인정의 고시 후 1년 이내에는 언제든지 재결을 신청할 수 있는 반면에 토지소유자 및 관계인은 재결신청권이 없으므로, **수용을 둘러싼 법률관계의 조속한 확정을 바라는 토지소유자 및 관계인의 이익을 보호하고 수용 당사자 간의 공평을 기하기 위한 것**이라 할 것이다$\left(\substack{\text{대판 2000. 10. 27, 98두18381;}\\\text{대판 1997. 10. 24, 97다31175}}\right)$.

판례 2 　구 토지수용법상 지연가산금에 관한 불복방법

$\left(\substack{\text{지연가산금 등을}\\\text{둘러싼 소송에서}}\right)$ 토지수용법 제25조의3 제 3 항이 정한 지연가산금은 수용보상금에 대한 법정 지연손해금의 성격을 갖는 것이므로 이에 대한 불복은 수용보상금에 대한 불복절차에 의함이 상당할 뿐 아니라, 토지수용법시행령 제16조의3은 "법 제25조의3 제 3 항의 규정에 의하여 가산하여 지급할 금액은 관할토지수용위원회가 재결서에 기재하여야 하며, 기업자는 수용시기까지 보상금과 함께 이를 지급하여야 한다"라고 하여 지연가산금은 수용보상금과 함께 수용재결로 정하도록 규정하고 있으므로, **지연가산금에 대한 불복은 수용보상금의 증액에 관한 소에 의하여야 한다**$\left(\substack{\text{대판 1997. 10. 24.}\\\text{97다31175}}\right)$.

---

(4) 재결기관(토지수용위원회)

1) 설　　치　　토지등의 수용과 사용에 관한 재결을 하기 위하여 국토교통부에 중앙토지수용위원회를 두고, 특별시·광역시·도·특별자치도$\left(\substack{\text{시·}\\\text{도}}\right)$에 지방토지수용위원회를 둔다$\left(\substack{\text{토상법}\\\text{제49조}}\right)$. 토지수용위원회는 합의제행정관청에 해당한다. 제49조에 따른 중앙토지수용위원회$\left(\substack{\text{이하 "중앙토지수}\\\text{용위원회"라 한다}}\right)$는 다음 각 호$\left(\substack{\text{1. 국가 또는 시·도가 사업시행자인 사업, 2. 수용하거}\\\text{나 사용할 토지가 둘 이상의 시·도에 걸쳐 있는 사업}}\right)$의 사업의 재결에 관한 사항을 관장한다$\left(\substack{\text{토상법}\\\text{제51}}\right.$

조(제1항). 제49조에 따른 지방토지수용위원회(이하 "지방토지수 용위원회"라 한다)는 제1항 각 호 외의 사업의 재결에 관한 사항을 관장한다(토상법 제51 조 제2항).

2) 재결사항　　토지수용위원회의 재결사항은 다음 각 호(1. 수용하거나 사용할 토지의 구역 및 사용방 법, 2. 손실보상, 3. 수용 또는 사용의 개시일 과 기간, 4. 그 밖에 이 법 및 다른 법률에서 규정한 사항)와 같다(토상법 제50 조 제1항)(판례 1, 2). 토지수용위원회는 사업시행자, 토지소유자 또는 관계인이 신청한 범위에서 재결하여야 한다. 다만, 제1항 제2호의 손실보상의 경우에는 증액재결을 할 수 있다(토상법 제50 조 제2항).

판례 1　　재결서에 사용대상 토지에 관해서도 '수용'한다고만 기재되어 있는 경우 사용대상 토지에 관해 사용재결이 있었다고 볼 수 있는지 여부

(경기도지방토지수용위원회를 피고로 수용재결취소등을 구한 사건에서) 공익사업을 위한 토지 등의 취득 및 보상에 관한 법률(이하 '토지보상 법'이라고 한다) 제34조 제1항에 따르면 토지수용위원회의 재결은 서면으로 하여야 하고, 같은 법 제50조 제1항에 따르면 토지수용위원회의 재결사항은 수용하거나 사용할 토지의 구역 및 사용방법(제1호), 손실보상(제2호), 수용 또는 사용의 개시일과 기간(제3호), 그 밖에 토지보상법 및 다른 법률에서 규정한 사항(제4호)인데, 이와 같이 토지보상법령이 재결을 서면으로 하도록 하고, '사용할 토지의 구역, 사용의 방법과 기간'을 재결사항의 하나로 규정한 취지는, 재결에 의하여 설정되는 사용권의 내용을 구체적으로 특정함으로써 재결 내용의 명확성을 확보하고 재결로 인하여 제한받는 권리의 구체적인 내용이나 범위 등에 관한 다툼을 방지하기 위한 것이다. 따라서 관할 토지수용위원회가 토지에 관하여 사용재결을 하는 경우에는 그 재결서에 사용할 토지의 위치와 면적, 권리자, 손실보상액, 사용 개시일 외에도 사용방법, 사용기간을 구체적으로 특정하여야 한다(대판 2019. 6. 13. 2018두42641).

[평석]　사용대상 토지에 관하여 토지보상법에 따라 사업시행자에게 사용권을 부여함으로써 송전선의 선하부지로 사용할 수 있도록 하기 위한 절차가 진행되어 왔더라도, 재결서에는 수용대상 토지 외에 사용대상 토지에 관해서도 '수용'한다고만 기재되어 있는 경우, 재결에 의하여 피고에게 설정하여 주고자 하는 사용권이 피고의 주장과 같은 '구분지상권'이라거나 사용권이 설정될 토지의 구역 및 사용방법, 사용기간 등을 특정할 수 있는 내용이 전혀 기재되어 있지 않아서 재결서만으로는 토지소유자인 원고가 이 사건 토지 중 어느 부분에 어떠한 내용의 사용제한을 언제까지 받아야 하는지를 특정할 수 없고, 재결로 인하여 토지소유자인 원고가 제한받는 권리의 구체적인 내용이나 범위 등을 알 수 없어 이에 관한 다툼을 방지하기도 어려우므로 재결 중 사용대상 토지에 관한 부분은 토지보상법 제50조 제1항이 규정하는 사용재결의 기재사항에 관한 요건을 갖추지 못한 흠이 있다고 보아야 한다고 판단하여 원심을 파기환송한 사례이다.

판례 2　　토지수용위원회가 그 사업인정이 취소되지 아니한 사업의 시행을 불가능하게 하는 내용의 재결을 행할 수 있는지 여부

(중앙토지수용위원회를 피고로 한 토 지수용이의재결처분취소청구소송에서) 구 토지수용법은 수용·사용의 일차 단계인 사업인정에 속하는 부분은 사업의 공익성 판단으로 사업인정기관에 일임하고 그 이후의 구체적인 수용·사용의 결정은 토지수용위원회에 맡기고 있는바, 이와 같은 토지수용절차의 2분화 및 사업인정의 성격과 토지수용위원회의 재결사항을 열거하고 있는 같은 법 제29조 제2항의 규정 내용에 비추어 볼 때, 토지수용위원회는 행정쟁송에 의하여 사업인정이 취소되지 않는 한 그 기능상 **사업인정 자체를 무의미하게 하는, 즉 사업의 시행이 불가능하게 되는 것과 같은 재결을 행할 수는 없다**(대판 2007. 1. 11. 2004두8538).

(5) 재결절차

1) 공고와 열람   제49조에 따른 중앙토지수용위원회 또는 지방토지수용위원회$\left(\substack{\text{토지수용} \\ \text{위원회}}\right)$는 제28조$\left(\substack{\text{재결의} \\ \text{신청}}\right)$ 제 1 항에 따라 재결신청서를 접수하였을 때에는 대통령령으로 정하는 바에 따라 지체 없이 이를 공고하고 공고한 날부터 14일 이상 관계 서류의 사본을 일반인이 열람할 수 있도록 하여야 한다$\left(\substack{\text{토상법 제31} \\ \text{조 제 1 항}}\right)$. 토지수용위원회가 제 1 항에 따른 공고를 하였을 때에는 관계 서류의 열람기간 중에 토지소유자 또는 관계인은 의견을 제시할 수 있다$\left(\substack{\text{토상법 제31} \\ \text{조 제 2 항}}\right)$.

2) 심 리   토지수용위원회는 제31조 제 1 항에 따른 열람기간이 지났을 때에는 지체 없이 해당 신청에 대한 조사 및 심리를 하여야 한다$\left(\substack{\text{토상법 제32} \\ \text{조 제 1 항}}\right)$. 토지수용위원회는 심리를 할 때 필요하다고 인정하면 사업시행자, 토지소유자 및 관계인을 출석시켜 그 의견을 진술하게 할 수 있다$\left(\substack{\text{토상법 제32} \\ \text{조 제 2 항}}\right)$.

3) 재 결   토지수용위원회의 재결은 서면으로 한다$\left(\substack{\text{토상법 제34} \\ \text{조 제 1 항}}\right)$. 제 1 항에 따른 재결서에는 주문 및 그 이유와 재결일을 적고, 위원장 및 회의에 참석한 위원이 기명날인한 후 그 정본을 사업시행자, 토지소유자 및 관계인에게 송달하여야 한다$\left(\substack{\text{토상법 제34} \\ \text{조 제 2 항}}\right)$. 재결에 계산상 또는 기재상의 잘못이나 그 밖에 이와 비슷한 잘못이 있는 것이 명백할 때에는 토지수용위원회는 직권으로 또는 당사자의 신청에 의하여 경정재결을 할 수 있다$\left(\substack{\text{토상법 제36} \\ \text{조 제 1 항}}\right)$. 한편, 판례는 토지수용위원회는 행정쟁송에 의하여 사업인정이 취소되지 않는 한, 사업인정 자체를 무의미하게 하는 재결, 즉 사업의 시행을 불가능하게 하는 효과를 가져오는 재결을 행할 수는 없다고 한 바 있었고$\left[\substack{\text{판례} \\ 1}\right]$, 근년에는 "…여전히 그 사업인정에 기하여 수용권을 행사하는 것은 수용권의 공익 목적에 반하는 수용권의 남용에 해당하여 허용되지 않는다"고 하였다$\left[\substack{\text{판례} \\ 2}\right]$.

[판례 1] 토지수용위원회가 사업의 시행이 불가능하게 되는 것과 같은 재결을 행할 수 있는지 여부

$\left(\substack{\text{중앙토지수용위원회의 원고에 대한 토지} \\ \text{수용재결처분의 취소를 구한 사건에서}}\right)$ 토지수용법은 수용·사용의 일차단계인 사업인정에 속하는 부분은 사업의 공익성 판단으로 사업인정기관$\left(\substack{\text{건설교} \\ \text{통부장관}}\right)$에 일임하고, 그 이후의 구체적인 수용·사용의 결정은 토지수용위원회에 맡기고 있는바, 이와 같은 토지수용절차의 2분화 및 사업인정의 성격과 토지수용위원회의 재결사항을 열거하고 있는 같은 법 제29조 제 2 항의 규정내용에 비추어 볼 때, 토지수용위원회는 행정쟁송에 의하여 사업인정이 취소되지 않는 한 그 기능상 사업인정 자체를 무의미하게 하는, 즉 사업의 시행이 불가능하게 되는 것과 같은 재결을 행할 수는 없다$\left(\substack{\text{대판 1994. 11. 11.} \\ 93누19375}\right)$.

[판례 2] 사업인정의 요건으로서 공익성

$\left(\substack{\text{자신의 토지가 골프연습장부지로 수용당한 원} \\ \text{고가 제기한 토지수용재결처분취소소송에서}}\right)$ 공용수용은 헌법상의 재산권 보장의 요청상 불가피한 최소한에 그쳐야 한다는 헌법 제23조의 근본취지에 비추어 볼 때, 사업시행자가 사업인정을 받은 후 그 사업이 공용수용을 할 만한 공익성을 상실하거나 사업인정에 관련된 자들의 이익이 현저히 비례의 원칙에 어긋나게 된 경우 또는 사업시행자가 해당 공익사업을 수행할 의사나 능력을 상실하였음에도 여전히 그 사업인정에 기하여 수용권을 행사하는 것은 수용권의 공익 목적에 반하는 수용

권의 남용에 해당하여 허용되지 않는다($^{대판\ 2011.\ 1.\ 27.}_{2009두1051}$).

[평석]　[판례 1]은 대법원이 사업인정을 적법한 것으로 본 경우의 판례이고, [판례 2]는 대법원이 사업인정을 위법한 것으로 본 경우의 판례로 보인다. 양자를 종합하면, 토지수용위원회는 사업인정이 적법한 경우에는 사업인정을 무의미하게 하는 재결을 할 수 없지만, 사업인정이 공익성을 결하여 위법한 경우에는 수용재결을 거부할 수 있다는 것이 판례의 입장이라 하겠다. [판례 2]의 경우, 사업인정은 적법한 처분이지만 후발적인 사유로 인해 수용권의 "행사"가 위법하다는 것이므로, [판례 2]는 사업인정을 위법한 것으로 본 경우라고 말하기 어렵다는 주장도 있을 수 있다. 그러나 공익성을 사업인정의 요건으로 본다면, [판례 2]에서는 공익성이 사업인정 시에는 구비된 것으로 추정되었으나, 사후적으로 결여되었다는 것이 밝혀진 것으로 이해될 수 있으므로, [판례 2]는 사업인정이 위법한 경우라고 볼 수도 있다.

　　4) 재결의 효과　　사업시행자는 보상금지급을 조건으로 소유권을 원시취득한다. 피수용자는 수용목적물의 이전의무와 손실보상청구권, 그리고 환매권을 갖게 된다.

　　5) 재결의 실효　　사업시행자가 수용 또는 사용의 개시일까지 관할 토지수용위원회가 재결한 보상금을 지급하거나 공탁하지 아니하였을 때에는 해당 토지수용위원회의 재결은 효력을 상실한다($^{토상법\ 제42}_{조\ 제1항}$). 사업시행자는 제 1 항에 따라 재결의 효력이 상실됨으로 인하여 토지소유자 또는 관계인이 입은 손실을 보상하여야 한다($^{토상법\ 제42}_{조\ 제2항}$).

　　(6) 화해의 권고　　토지수용위원회는 그 재결이 있기 전에는 그 위원 3명으로 구성되는 소위원회로 하여금 사업시행자, 토지소유자 및 관계인에게 화해를 권고하게 할 수 있다($^{토상법}_{제33조}$ $^{제1항}_{제1문}$). 제 1 항에 따른 화해가 성립되었을 때에는 해당 토지수용위원회는 화해조서를 작성하여 화해에 참여한 위원·사업시행자, 토지소유자 및 관계인이 서명 또는 날인을 하도록 하여야 한다($^{토상법\ 제33}_{조\ 제2항}$). 제 2 항에 따라 화해조서에 서명 또는 날인이 된 경우에는 당사자 간에 화해조서와 동일한 내용의 합의가 성립된 것으로 본다($^{토상법\ 제33}_{조\ 제3항}$). 화해의 권고는 임의적인 절차이다($^{대판\ 1986.\ 6.\ 24.}_{84누554}$).

Ⅵ. 재결에 대한 불복

1. 이의신청과 재결

　　(1) 이의의 신청　　① 중앙토지수용위원회의 제34조에 따른 재결($^{원처분인}_{수용재결}$)에 대하여 이의가 있는 자는 중앙토지수용위원회에 이의를 신청할 수 있다($^{토상법\ 제83}_{조\ 제1항}$). ② 지방토지수용위원회의 제34조에 따른 재결($^{원처분인}_{수용재결}$)에 대하여 이의가 있는 자는 해당 지방토지수용위원회를 거쳐 중앙토지수용위원회에 이의를 신청할 수 있다($^{토상법\ 제83}_{조\ 제2항}$). ③ 제 1 항 및 제 2 항에 따른 이의의 신청은 재결서의 정본을 받은 날부터 30일 이내에 하여야 한다($^{토상법\ 제83}_{조\ 제3항}$). 한편 이의절차에는 행정심판법이 준용된다($^{대판\ 1992.\ 6.\ 9.}_{92누565}$).

　　(2) 이의신청에 대한 재결

　　1) 재결의 종류　　중앙토지수용위원회는 제83조에 따른 이의신청을 받은 경우 제34조에

따른 재결이 위법하거나 부당하다고 인정할 때에는 그 재결의 전부 또는 일부를 취소하거나 보상액을 변경할 수 있다(토상법 제84조 제1항).

2) 재결의 효력 ① 재결서를 받은 날부터 60일(이의신청의 경우에는 30일) 이내에 소송이 제기되지 아니하거나 그 밖의 사유로 이의신청에 대한 재결이 확정된 때에는 민사소송법상의 확정판결이 있은 것으로 보며, 재결서 정본은 집행력 있는 판결의 정본과 동일한 효력을 가진다(토상법 제86조 제1항). ② 제83조에 따른 이의의 신청이나 제85조에 따른 행정소송의 제기는 사업의 진행 및 토지의 수용 또는 사용을 정지시키지 아니한다(토상법 제88조).

2. 행정소송

공용수용과 관련된 행정소송에는 재결이나 이의신청에 따른 재결을 다투는 항고소송과 보상금증감을 청구하는 당사자소송이 있다.

(1) 행정소송의 제기

1) 제소기간 사업시행자, 토지소유자 또는 관계인은 제34조에 따른 재결(원처분인 수용재결)에 불복할 때에는 재결서를 받은 날부터 90일 이내에, 이의신청을 거쳤을 때에는 이의신청에 대한 재결서를 받은 날부터 60일 이내에 각각 행정소송을 제기할 수 있다(토상법 제85조 제1항 제1문). 이러한 소송에는 행정심판법 제27조(행정심판 제기기간), 행정소송법 제20조(제소기간)의 규정은 적용되지 아니한다는 것이 판례의 입장이다[판례1]. 구 토지수용법상 1개월의 제소기간은 국민의 재판청구권에 대한 침해가 아니다[판례2].

[판례 1] **토지수용에 대한 불복절차와 행정소송법의 적용 여부**
(중앙토지수용위원회의 원고에 대한 토지수용재결처분의 취소를 구한 사건에서) 토지수용법 제73조 내지 제75조의2의 각 규정을 종합하면 관할토지수용위원회의 원재결에 대하여 불복이 있을 때에는 그 **재결서의 정본이 송달된 날로부터 1월 이내에 중앙토지수용위원회에 이의를 신청하여야 하고, 중앙토지수용위원회의 이의신청에 대한 재결에도 불복이 있으면 그 재결서의 정본이 송달된 날로부터 1월 이내에 비로소 그 이의재결의 취소를 구하는 행정소송을 제기하여야 하며** 이 경우에는 구 행정심판법 제18조, 행정소송법 제20조의 규정은 적용될 수 없다(대판 1989. 3. 28, 88누5198).

[판례 2] **토지수용에 있어 1개월의 제소기간을 규정한 구 토지수용법의 위헌 여부**
(토지수용법 제75조의2 제1항(이의신청의 재결에 대하여 불복이 있을 때에는 재결서가 송달된 날로부터 1월 이내에 행정소송을 제기할 수 있다…) 등 위헌소원사건에서) 토지수용에 관한 법률관계를 신속하게 확정하는 것이 공익사업을 신속·원활하게 수행하기 위하여 매우 요긴하다. 또한 토지수용절차는 사업시행자가 토지수용에 따른 보상문제 등에 관하여 미리 소유자 등과 충분한 협의를 거치고, 그 뒤에 수용재결, 이의신청, 이의재결 등의 사전구제절차를 거치도록 되어 있어 이미 오랜 시간에 걸쳐 보상 등이 적정한지에 관하여 서로 다투어 온 당사자로서는 재결의 의미와 이에 대하여 불복할 것인지 여부에 관하여 생각할 충분한 시간이 주어진 바이므로 중앙토지수용위원회의 재결에 대하여 행정소송을 제기할 것인지 여부의 결정이나 제소에 따른 준비에 많은 시간이 필요한 경우가 아닌 점에 비추어 볼 때 위 **제소기간 1개월은 결코 그 기간이 지나치게 짧아 국민의 재판청구권 행사를 불가능하게 하거나 현저히 곤란하게 한다고 말할 수 없다**(헌재 1996. 8. 29, 93헌바63, 95헌바8(병합)).

2) 소의 대상　　행정소송법 제19조가 정하는 원처분주의에 따라 원처분인 신청에 대한 재결이 소의 대상이 되어야 한다.

3) 피고적격·관할법원　　신청에 대한 재결에 대하여 제소한 경우에는 해당 토지수용위원회를, 이의신청에 따른 재결에 대하여 제소한 경우에도 해당 토지수용위원회를 피고로 한다. 행정법원($\frac{1심}{법원}$)이 관할법원이 된다.

4) 공탁금　　사업시행자는 행정소송을 제기하기 전에 제84조에 따라 늘어난 보상금을 공탁하여야 하며, 보상금을 받을 자는 공탁된 보상금을 소송이 종결될 때까지 수령할 수 없다($\frac{토상}{법}$ 제85조 제1항 제2문).

(2) 보상금증감소송　　제85조 제1항에 따라 제기하려는 행정소송이 보상금의 증감에 관한 소송인 경우 그 소송을 제기하는 자가 토지소유자 또는 관계인인 때에는 사업시행자를, 사업시행자인 때에는 토지소유자 또는 관계인을 각각 피고로 한다($\frac{토상법 제85}{조 제2항}$). 이처럼 수용재결이나 이의재결 중 보상금에 대한 재결에 불복이 있는 경우 보상금의 증액 또는 감액을 청구하는 소송을 보상금증감소송이라 한다. 공익사업을 위한 토지 등의 취득 및 보상에 관한 법률상 보상금증감소송은 형식적 당사자소송에 해당한다.

[기출사례] 제59회 5급공채(2015년) 문제·답안작성요령 ☞ PART 4 [3-21]

Ⅶ. 공용수용의 효과

1. 수용효과의 발생

사업시행자는 제38조($\frac{천재·지변시의}{토지의 사용}$) 또는 제39조($\frac{시급한 토지 사}{용에 대한 허가}$)에 따른 사용의 경우를 제외하고는 수용 또는 사용의 개시일($\frac{토지수용위원회가 재결로써 결정한 수}{용 또는 사용을 시작하는 날을 말한다}$)까지 관할 토지수용위원회가 재결한 보상금을 지급하여야 한다($\frac{토상법 제40}{조 제1항}$). 사업인정고시가 된 후 권리의 변동이 있을 때에는 그 권리를 승계한 자가 제1항에 따른 보상금 또는 제2항에 따른 공탁금을 받는다($\frac{토상법 제40}{조 제3항}$). 사업인정고시는 손실보상의무 발생요건이 아니다($\frac{판}{례}$). 사업시행자가 수용 또는 사용의 개시일까지 관할 토지수용위원회가 재결한 보상금을 지급하거나 공탁하지 아니하였을 때에는 해당 토지수용위원회의 재결은 효력을 상실한다($\frac{토상법 제42}{조 제1항}$)($\frac{대판 1987. 3. 10,}{84누158}$).

〔판례〕 **사업인정고시가 손실보상의무 발생요건인지 여부**

(전통시장 공영주차장 설치사업의 시행자인 갑 지방자치단체가 공익사업을 위한 토지 등의 취득 및 보상에 관한 법률(이하 '토지보상법'이라 한다)에 따른 사업인정 절차를 거치지 않고 위 사업부지의 소유자들로부터 토지와 건물을 매수하여 협의취득하였고, 위 토지상의 건물을 임차하여 영업한 을 등이 갑 지방자치단체에 영업손실 보상금을 지급해달라고 요청하였으나, 갑 지방자치단체가 아무런 보상 없이 위 사업을 시행하자, 을 등이 갑 지방자치단체를 상대로 영업손실 보상액 상당의 손해배상금과 정신적 손해에 대한 위자료 지급을 구한 손해배상청구 소송에서) 사업인정고시는 수용재결절차로 나아가 강제적인 방식으로 토지소유자나 관계인의 권리를 취득·보상하기 위한 절차적 요건에 지나지 않고 영업손실보상의 요건이 아니다. 토지보상법령도 반드시 사업인정이나 수용이 전제되어야 영업손실 보상의무가 발생한다고 규정하고 있지 않다. 따라서 피고가 시행하는 사업이 토지보상법상 공익사업에 해당하고 원고들의 영업이 해당 공익사업

으로 폐업하거나 휴업하게 된 것이어서 **토지보상법령에서 정한 영업손실 보상대상에 해당하면, 사업인정고시가 없더라도** 피고는 원고들에게 영업손실을 보상할 의무가 있다(대판 2021. 11. 11., 2018다204022).

2. 손실의 보상

(1) 일반원칙

1) 헌법상 원칙(정당한 보상)   재산권의 수용·사용 또는 제한에는 정당한 보상을 지급하여야 한다(헌법 제23조 제3항). 정당한 보상의 의미에 관해서는 완전보상설과 상당보상설로 견해가 나뉜다. 완전보상설이 다수설이나 본서는 상당보상설을 취한다.

2) '토상법'상 원칙   '토상법'은 손실보상에 관한 일반원칙으로 사업시행자보상의 원칙(토상법 제61조), 사전보상의 원칙(토상법 제62조 본문), 현금보상(금전보상)의 원칙과 대토보상(토상법 제63조 제1항)의 예외와 채권보상(토상법 제63조 제6항·제7항)의 예외, 개인별 보상의 원칙(토상법 제64조 본문), 일괄보상의 원칙(토상법 제65조) 및 사업시행 이익과의 상계금지의 원칙(토상법 제66조)(판례)을 규정하고 있다.

> **[판례]** 사업시행이익에 대한 상계의 가능성
> (중앙토지수용위원회의 원고에 대한 토지수용이의재결처분의 취소를 구한 사건에서) 잔여지가 토지수용의 목적사업인 도시계획사업에 의하여 설치되는 너비 10m의 도로에 접하게 되는 이익을 누리게 되었더라도 그 이익을 수용 자체의 법률효과에 의한 가격감소의 손실(이른바 수용손실)과 상계할 수는 없는 것이므로 그와 같은 이익을 참작하여 잔여지 손실보상액을 산정할 것은 아니다(대판 2000. 2. 25., 99두6439).

(2) 보상액산정의 기준시점(시가보상의 원칙)   보상액의 산정은 협의에 의한 경우에는 협의성립 당시의 가격을, 재결에 의한 경우에는 수용 또는 사용의 재결 당시의 가격을 기준으로 한다(토상법 제67조 제1항). 동법은 이 조항에 의해 보상액산정의 기준이 되는 시점을 가격시점이라 부른다(토상법 제2조 제6호). 한편, 보상액을 산정할 경우에 해당 공익사업으로 인하여 토지등의 가격이 변동되었을 때에는 이를 고려하지 아니한다(토상법 제67조 제2항)(판례).

> **[판례]** 토상법 제67조 제2항이 헌법 제23조 제3항의 정당보상원리에 위반되는지 여부
> (서울시 은평 뉴타운 도시개발구역으로 지정·고시된 지역의 토지소유자가 에스에이치(SH)공사에 수용당한 후 손실보상금 추가지급청구소송을 거친 후 항소하였고, 그 소송 계속 중 '공익사업을 위한 토지 등의 취득 및 보상에 관한 법률' 제67조 제2항 등이 헌법에 위반된다며 위헌법률심판 제청신청을 하였으나 기각되자 제기한 헌법소원심판사건에서) 공익사업법 제67조 제2항은 보상액을 산정함에 있어 당해 공익사업으로 인한 개발이익을 배제하는 조항인데, 공익사업의 시행으로 지가가 상승하여 발생하는 개발이익은 사업시행자의 투자에 의한 것으로서 피수용자인 토지소유자의 노력이나 자본에 의하여 발생하는 것이 아니므로, 이러한 개발이익은 형평의 관념에 비추어 볼 때 토지소유자에게 당연히 귀속되어야 할 성질의 것이 아니고, 또한 개발이익은 공공사업의 시행에 의하여 비로소 발생하는 것이므로, 그것이 피수용 토지가 수용 당시 갖는 객관적 가치에 포함된다고 볼 수도 없다. 따라서 개발이익은 그 성질상 완전보상의 범위에 포함되는 피수용자의 손실이라고 볼 수 없으므로, 이러

한 개발이익을 배제하고 손실보상액을 산정한다 하여 헌법이 규정한 정당보상의 원리에 어긋나는 것이라고 할 수 없다(헌재 2009. 9. 24, 2008
헌바112 전원재판부).

(3) 손실보상의 종류·내용

1) 토지에 대한 보상　　토상법은 토지에 대한 보상으로 수용보상(공시
지가)(토상법
제70조)·사용보상(토상법
제71조), 사용토지의 매수·수용의 청구(토상법
제72조) 및 잔여지의 보상·수용청구(토상법 제73
조, 제74조)를 규정하고 있다.

2) 건축물 등 물건에 대한 보상　　토상법은 건축물 등 물건에 대한 보상으로 ① 건축물·입목·공작물과 그 밖에 토지에 정착한 물건에 대한 이전비 보상과 가격보상(토상법 제75
조 제1항), 잔여 건축물의 손실에 대한 보상(토상법 제75조의2
제1항·제2항), ② 농작물에 대한 손실의 보상(토상법 제75
조 제2항), ③ 토지에 속한 흙·돌·모래 또는 자갈(흙·돌·모래 또는 자갈이 당해 토지와 별도로
취득 또는 사용의 대상이 되는 경우에 한한다)에 대한 보상(토상법 제75
조 제3항), ④ 분묘이장에 대한 보상(토상법 제75
조 제4항)을 규정하고 있다.

3) 권리의 보상　　토상법은 광업권·어업권·양식업권 및 물(용수시설을
포함한다) 등의 사용에 관한 권리에 대한 보상을 규정하고 있다(토상법 제76
조 제1항).

4) 영업손실 등에 대한 보상　　토상법은 ① 영업손실에 대한 보상(토상법 제77
조 제1항)(판
례), ② 농업의 손실에 대한 보상(토상법 제77
조 제2항), ③ 휴직 또는 실직에 대한 보상(토상법 제77
조 제3항)을 규정하고 있다.

> ┌─────┐
> │ **판례** │　간접손실로서 영업손실의 특성
> └─────┘
> (한국철도시설공단을 상대
로 보상금을 구한 사건에서) 공익사업시행지구 밖 영업손실보상의 특성과 헌법이 정한 '정당한 보상의 원칙'에 비추어 보면, 공익사업시행지구 밖 영업손실보상의 요건인 '공익사업의 시행으로 인한 그 밖의 부득이한 사유로 일정 기간 동안 휴업이 불가피한 경우'란 공익사업의 시행 또는 시행 당시 발생한 사유로 휴업이 불가피한 경우만을 의미하는 것이 아니라 공익사업의 시행 결과, 즉 그 공익사업의 시행으로 설치되는 시설의 형태·구조·사용 등에 기인하여 휴업이 불가피한 경우도 포함된다고 해석함이 타당하다(대판 2019. 11. 28,
2018두227).

5) 이주대책

⑺ 이주대책의 의의　　토상법상 이주대책이란 공익사업의 시행으로 인하여 주거용 건축물을 제공함에 따라 생활의 근거를 상실하게 되는 자(이하 "이주대책
대상자"라 한다)를 다른 지역으로 이주시키는 방법을 총칭하는 개념이다. 공익사업을 위한 토지 등의 취득 및 보상에 관한 법률이 규정하고 있는 이주대책은 공공사업의 시행에 따라 필요한 토지 등을 제공함으로 인하여 생활의 근거를 상실하게 되는 이주대책대상자들에게 종전의 생활상태를 원상으로 회복시키면서 동시에 인간다운 생활을 보장하여 주기 위하여 마련된 제도이다(대판 2016. 9. 28,
2016다20244). 개발사업에서의 이주대책은 이주자들에 대한 생활보호차원의 시혜적 조치에 불과하여 헌법 제23조 제3항에서 규정하고 있는 정당한

보상에 포함된다고 볼 수 없으므로, 이주대책의 실시여부는 입법정책적 재량의 영역에 속한다$\binom{\text{헌재 2023. 9. 26, 2023}}{\text{헌마785, 786(병합)}}$.

(내) **이주대책의 수립**　　① 이주대책은 사업시행자가 수립하여야 하고$\binom{\text{토상법 제78}}{\text{조 제 1 항}}$, 이주대 책의 수립은 의무적이다$\binom{\text{토상법 제78}}{\text{조 제 1 항}}$. 사업시행자는 제 1 항에 따라 이주대책을 수립하려면 미리 관 할 지방자치단체의 장과 협의하여야 한다$\binom{\text{토상법 제78}}{\text{조 제 2 항}}$. 사업시행자는 이주대책기준을 정하여 이주 대책대상자 중에서 이주대책을 수립·실시하여야 할 자를 선정하여 그들에게 공급할 택지 또는 주택의 내용이나 수량을 정할 수 있고 이를 정하는 데 재량을 가진다$\binom{\text{대판 2010. 3. 25,}}{\text{2009두23709}}$. ② 이주대책 의 수립은 공익사업의 시행으로 인하여 주거용 건축물을 제공함에 따라 생활의 근거를 상실하게 되는 자$\binom{\text{이주대책}}{\text{대상자}}$를 대상으로 한다$\binom{\text{토상법 제78}}{\text{조 제 1 항}}$.

(대) **이주대책의 내용**

(a) **개　　관**　　이주대책의 내용으로는 주택의 특별공급, 건축용지의 분양, 개발제한구 역에서의 건축허가, 이주정착금의 지급, 주거이전비의 지급 등을 볼 수 있다. 이주대책의 내용에는 이주정착지$\binom{\text{이주대책의 실시로 건설하}}{\text{는 주택단지를 포함한다}}$에 대한 도로, 급수시설, 배수시설, 그 밖의 공공시설 등 통상적인 수준의 생활기본시설이 포함되어야 하며, 이에 필요한 비용은 사업시행자가 부담한다$\binom{\text{토상법 제78조}}{\text{제 4 항 본문}}$.

(b) **주거이전비와 이사비**　　토상법상 주거이전비는 공익사업 시행지구 안에 거주하는 세입자들의 조기 이주를 장려하고 사업추진을 원활하게 하려는 정책적인 목적과 주거이전으로 특별한 어려움을 겪게 될 세입자들에게 사회보장적인 차원에서 지급하는 금원이다$\binom{\text{대판 2017. 10. 31,}}{\text{2017두40068}}$ $\begin{bmatrix}\text{판례}\\\text{1, 2}\end{bmatrix}$. 따라서 적법하게 시행된 공익사업으로 인하여 이주하게 된 주거용 건축물 세입자의 주거 이전비 보상청구권은 공법상의 권리라는 것이 판례의 입장이다$\binom{\text{대판 2008. 5. 29,}}{\text{2007다8129}}$.

[판례 1]　**주거이전비 보상제도의 취지**
$\binom{\text{공익사업을 위한 토지 등의 취득 및 보상에}}{\text{관한 법률 제78조 제 9 항 위헌소원 사건에서}}$ 주거이전비 보상제도는 주택재개발사업의 시행으로 일정한 건 물이 이전·철거되어 생활의 근거를 상실한 주거세입자의 주거이전을 위한 비용지출을 보전하고, 상대적으로 낙후된 지역에서 거주하는 주거세입자들이 주택재개발사업으로 인해 자칫 이전보다 더욱 열악한 환경의 주거지로 이주하게 될 위험을 방지하여, 이들이 종전과 같은 생활 상태를 재 건할 수 있도록 하는 것에 그 취지가 있다$\binom{\text{헌재 2021. 12. 23,}}{\text{2019헌바137}}$.

[판례 2]　**토상법상 이사비 보상대상자**
$\binom{\text{왕십리뉴타운제 1 구역주택재개발정비사업}}{\text{조합을 피고로 한 손실보상금청구소송에서}}$ 토지보상법 제78조 제 5 항, 토지보상법 시행규칙 제55조 제 2 항 의 각 규정 및 공익사업의 추진을 원활하게 함과 아울러 주거를 이전하게 되는 거주자들을 보호하 려는 이사비 제도의 취지에 비추어 보면, 이사비 보상대상자는 공익사업시행지구에 편입되는 주 거용 건축물의 거주자로서 공익사업의 시행으로 인하여 이주하게 되는 자로 보는 것이 타당하다. 이러한 취지는 도시정비법에 따른 정비사업의 경우에도 마찬가지라고 할 것이다$\binom{\text{대판 2016. 12. 15,}}{\text{2016두49754}}$.

(라) 이주대책대상자의 권리

(a) **특별공급신청권**　　판례는, 이주대책은 공공사업에 협력한 자에게 특별공급의 기회를 요구할 수 있는 법적인 이익을 부여하고 있는 것으로 그들에게는 특별공급신청권이 인정된다($^{대판 2003. 7. 25,}_{2001다57778}$)고 한다.

(b) **아파트수분양권**　　판례는, 사업시행자가 신청을 받아 이주대책대상자로 확인·결정하여야만 신청인이 비로소 아파트수분양권을 취득하게 된다($^{대판 2011. 5. 26, 2010다102991;}_{대판 2003. 7. 25, 2001다57778}$)고 한다.

(마) 행정소송

(a) **이주대책**　　① 권한을 위임 또는 위탁받아 이주대책에 관한 처분을 한 경우, 취소소송에서 피고는 권한을 위임받은 자이다($^{대판 2007. 8. 23,}_{2005두3776}$). ② 판례는 이주대책대상자로 선정된 자는 비록 아직 이주택지에 대한 분양예정통보 및 분양공고에 따른 택지분양신청을 하지는 않았다고 하더라도 분양예정통보 및 분양공고상의 공급조건에 강행법규 위반의 점이 있어 분양계약의 체결에 응하지 못하고 있다면 법적 불안정을 해소하기 위하여 위 공급조건의 무효확인을 구할 법적이익이 있다($^{대판 2003. 7. 25,}_{2001다57778}$)고 한다.

(b) **주거이전비**　　판례는, 주거이전비 등은 공익사업을 위한 토지 등의 취득 및 보상에 관한 법률 제78조와 관계 법령에서 정하는 요건을 충족하면 당연히 발생하고 그에 관한 보상청구소송은 행정소송법 제 3 조 제 2 호에서 정하는 당사자소송으로 해야 한다고 하며($^{대판 2022. 6. 30, 2021다}_{310088, 310095}$), 다만, 세입자의 주거이전비 보상에 관하여 재결이 이루어진 다음 세입자가 보상금의 증감 부분을 다투는 경우에는 같은 법 제85조 제 2 항에 규정된 행정소송($^{보상금증감}_{청구소송}$)에 따라, 보상금의 증감 이외의 부분을 다투는 경우에는 같은 조 제 1 항에 규정된 행정소송($^{항고}_{소송}$)에 따라 권리구제를 받을 수 있다($^{대판 2008. 5. 29,}_{2007다8129}$)고 한다.

[기출사례] 제35회 입법고시(2019년)

〈제 3 문〉「공익사업을 위한 토지 등의 취득 및 보상에 관한 법률」상 이주대책대상자의 이주대책상의 권리취득시기와 그에 따른 권리구제 수단에 관하여 논하시오.

6) **기타 토지에 관한 비용보상**　　이 밖에도 토상법은 공사비보상($^{토상법 제79}_{조 제 1 항}$), 기타 공익사업의 시행으로 인하여 발생하는 손실의 보상 등에 관해 규정하고 있다($^{토상법 제79}_{조 제 2 항}$).

3. 대물적 효과

(1) 권리의 취득

1) 내　　용　　사업시행자는 수용의 개시일에 토지나 물건의 소유권을 취득하며, 그 토지나 물건에 관한 다른 권리는 이와 동시에 소멸한다($^{토상법 제45}_{조 제 1 항}$). 사업시행자는 사용의 개시일에 토지나 물건의 사용권을 취득하며, 그 토지나 물건에 관한 다른 권리는 사용 기간 중에는 행사하지 못한다($^{토상법 제45}_{조 제 2 항}$). 토지수용위원회의 재결로 인정된 권리는 제 1 항 및 제 2 항에도 불구하고

소멸되거나 그 행사가 정지되지 아니한다(토상법 제45조 제 3 항). 수용 또는 사용의 개시일과 기간은 토지수용위원회의 재결사항이다(토상법 제50조 제 1 항 제 3 호).

  2) 성   질   사업시행자의 권리취득은 원시취득이다(대판 2018. 12. 13, 2016두51719). 그러나 협의매수에 의한 토지수용의 경우, 관할토지수용위원회의 협의성립의 확인을 받지 아니한 것이면 원시취득이 아니라 승계취득이 된다(판례 1).

  민법상의 하자담보책임이 문제되지 아니한다. 그리고 그것은 법률행위에 의한 것이 아니라 법률의 규정에 의한 것이 된다. 따라서 등기 없이도 수용 또는 사용의 시기에 권리의 취득이 이루어진다(민법 제187조 본문). 그러나 협의취득시 관할토지수용위원회의 확인을 받지 아니한 경우, 사업시행자가 토지소유권을 취득하기 위해서는 소유권이전등기를 마쳐야 한다(판례 2). 다만 처분을 위해서는 등기가 필요하다(민법 제187조 단서).

  판례 1   토지수용위원회로부터 확인받지 아니한 기업자와 토지 소유자의 수용협의의 효력

(수원농지개량조합이 서울특별시를 상대로 손해배상 등을 청구한 사건에서) 토지수용에 있어서 기업자와 토지소유자의 협의성립에 대한 관할 **토지수용위원회의 확인을 받지 아니한 것이면 그 토지를 원시적으로 취득한 것으로는 볼 수 없고** 원래의 소유자로부터 승계취득을 한 것이라고 해석할 수밖에 없다(대판 1978. 11. 14, 78다1528).

  판례 2   협의취득시 토지수용위원회의 협의확인을 받지 않은 경우 토지소유권의 취득방법

(소유권이전등기말소 등을 을 다툰 민사사건에서) 기업자와 토지소유자 사이에 토지수용법 제25조가 정하는 협의가 성립하였으나 기업자가 같은 법 제25조의2가 정하는 바에 따라 협의성립에 관하여 **관할토지수용위원회의 확인을 받지 아니한 경우에** 기업자가 토지소유권을 취득하기 위하여는 법률행위로 인한 **부동산물권변동의 일반원칙에 따라 소유권이전등기를 마쳐야 하고,** 소유권이전등기를 마치지 아니하고도 토지소유권을 원시취득하는 것은 아니다(대판 1997. 7. 8, 96다53826).

---

  (2) 위험부담   토지수용위원회의 재결이 있은 후 수용하거나 사용할 토지나 물건이 토지소유자 또는 관계인의 고의나 과실 없이 멸실되거나 훼손된 경우 그로 인한 손실은 사업시행자가 부담한다(토상법 제46조). 위험부담의 이전의 시점이 수용이나 사용의 시기가 아니라 재결시인 점을 유념할 필요가 있다.

  (3) 토지·물건의 인도 등

  1) 인도·이전의무   토지소유자 및 관계인과 그 밖에 토지소유자나 관계인에 포함되지 아니하는 자로서 수용하거나 사용할 토지나 그 토지에 있는 물건에 관한 권리를 가진 자는 수용 또는 사용의 개시일까지 그 토지나 물건을 사업시행자에게 인도하거나 이전하여야 한다(토상법 제43조). 사업시행자는 인도나 이전으로 권리를 취득하는 것이 아니고 기술한 바와 같이 수용 또는 사용일에 취득하는 것이다.

  2) 대 집 행   사업시행자가 보상금을 지급·공탁하였음에도 목적물의 인도·이전의무자가 의무를 이행하지 않으면 형평이 깨뜨려지게 된다. 따라서 공익사업을 위한 토지 등의 취득 및

보상에 관한 법률 또는 이 법에 따른 처분으로 인한 의무를 이행하여야 할 자가 그 정해진 기간 이내에 의무를 이행하지 아니하거나 완료하기 어려운 경우 또는 그로 하여금 그 의무를 이행하게 하는 것이 현저히 공익을 해친다고 인정되는 사유가 있는 경우에는 사업시행자는 시·도지사나 시장·군수 또는 구청장에게 행정대집행법에서 정하는 바에 따라 대집행을 신청할 수 있다(토상법 제89조 제1항 제1문). 사업시행자가 국가나 지방자치단체인 경우에는 제1항에도 불구하고 행정대집행법에서 정하는 바에 따라 직접 대집행을 할 수 있다(토상법 제89조 제2항)(판례).

[판례] 비대체적 작위의무에 대한 행정대집행법의 적용가부
(수용된 토지 등의 인도의무 위반시 형사처벌을 규정하는 공익사업을 위한 토지 등의 취득 및 보상에 관한 법률 제95조의2 제2호의 위헌 여부를 다툰 위헌소원 사건에서) 토지보상법 제89조는 토지보상법상 의무 이행에 관한 대집행이 허용되는 것으로 규정하고 있으나, 행정 대집행은 토지 및 건물명도 등과 같은 비대체적 작위 의무에는 적용하기 어렵다. 즉, 토지 및 건물의 명도의무는 그것을 강제적으로 실현할 때 직접적인 실력행사가 필요한 것이지 대체적 작위의무라고 볼 수 없으므로 특별한 사정이 없는 한 행정대집행법에 의한 대집행의 대상이 될 수 없다(헌재 2020. 5. 27. 2017헌바464; 대판 2005. 8. 19. 2004다2809).

(4) 인도·이전의 대행 특별자치도지사, 시장·군수 또는 구청장은 다음 각 호(1. 토지나 물건을 인도하거나 이전하여야 할 자가 고의나 과실 없이 그 의무를 이행할 수 없을 때, 2. 사업시행자가 과실 없이 토지나 물건을 인도하거나 이전하여야 할 의무가 있는 자를 알 수 없을 때)의 어느 하나에 해당할 때에는 사업시행자의 청구에 의하여 토지나 물건의 인도 또는 이전을 대행하여야 한다(토상법 제44조 제1항). 제1항에 따라 특별자치도지사, 시장·군수 또는 구청장이 토지나 물건의 인도 또는 이전을 대행하는 경우 그로 인한 비용은 그 의무자가 부담한다(토상법 제44조 제2항).

Ⅷ. 환 매 권

1. 환매권의 관념

(1) 환매권의 의의 환매권이란 공용수용의 목적물이 사업의 폐지 등의 사유로 불필요하게 된 경우에 그 목적물의 피수용자가 일정한 대가를 지급하고 그 목적물의 소유권을 다시 취득할 수 있는 권리를 말한다. 사업시행자의 매각의 의사를 요건으로 하는 선매권의 경우와 달리 환매권은 사업시행자의 매각의 의사표시를 요건으로 하지 아니한다.

(2) 환매권의 인정배경

1) 학 설 ① 일설은 피수용자의 감정을 존중하는 데 환매권제도의 뜻이 있다고 한다(박윤흔). 말하자면 자기의 의사에 반하여 권리를 침해당한 피수용자가 보상금을 받았다고 하여도 그 자의 감정은 보상되는 것이 아니므로, 수용의 필요성이 없게 된 경우에는 수용물을 피수용자에게 돌려 주는 것이 당연하다는 것이다. 한편, ② 재산권의 존속보장을 근거로 드는 견해도 있다(김남진, 박균성). 후자가 타당하다.

2) 판 례 ① 헌법재판소는 재산권보장을 환매권의 근거로 본다(판례1). ② 대법원은 환매제도를 원소유자의 보호와 공평의 원칙, 재산권의 존속보장에 근거를 둔 제도로 이해한다(판례2).

판례 1 환매권이 헌법상 보장되는 재산권의 내용에 포함되는 권리인지 여부

(공공용지의취득및손실보상에관한특례 법 제 9 조 제 1 항 위헌제청사건에서) 공용수용의 요건을 갖추어 수용절차가 종료되었다고 하더라도 그 후에 수용의 목적인 공공사업이 수행되지 아니하거나 또는 수용된 재산이 당해 공공사업에 필요 없게 되거나 이용되지 아니하게 되었다면 수용의 헌법상 정당성과 공공사업자에 의한 재산권 취득의 근거가 장래를 향하여 소멸한다고 보아야 한다. 따라서 토지수용법 제71조 소정의 **환매권**은 헌법상의 재산권보장규정으로부터 도출되는 것으로서 **헌법이 보장하는 재산권의 내용에 포함되는 권리**이며, 피수용자가 손실보상을 받고 소유권의 박탈을 수인할 의무는 그 재산권의 목적물이 공공사업에 이용되는 것을 전제로 하기 때문에 **위 헌법상 권리는 피수용자가 수용 당시 이미 정당한 손실보상을 받았다는 사실로 말미암아 부인되지 않는다**(헌재 1994. 2. 24, 92헌가15 내지 17, 20 내지 24; 헌재 1996. 4. 25, 95헌바9; 헌재 2005. 5. 26, 2004헌가10; 헌재 2006. 11. 30, 2005헌가20).

판례 2 환매권을 인정하는 취지

(1) (제주국제자유도시개발센터를 피고로 소유권이전등기를 구한 민사사건에서) 공익상의 필요가 소멸한 때에는 원소유자의 의사에 따라 그 토지 등의 소유권을 회복시켜 주는 것이 공평의 원칙에 부합한다는 데에 있다(대판 2021. 4. 29, 2020다280890).

(2) (공익사업을 위한 토지 등의 취득 및 보상에 관 한 법률 제91조 제 1 항 등 위헌소원 사건에서) 환매권의 취지는 토지수용 등의 원인이 된 공익사업의 폐지·변경 등으로 공공필요성이 소멸된 경우에 소유권을 박탈당했던 원소유자에 대하여 재산권의 존속을 보장할 기회를 부여하는 것이다(헌재 2023. 8. 31, 2020헌바178).

　　(3) 환매권의 법적 근거　　환매권은 반드시 개별 법령상의 근거가 있어야만 인정되는가, 아니면 개별규정이 없어도 헌법상 재산권보장규정에 근거하여 인정될 수 있는가의 문제가 있다. 독일의 경우는 개별 법령상 명문의 규정이 없어도 기본법상 재산권보장규정(동법 제14조 제 3 항 제 1 문)에 의해 환매권이 인정될 수 있다고 한다. 그러나 우리나라의 경우, 판례는 개별법령상 명문의 규정 없이는 환매권을 인정하지 않는 입장을 취한다(판례). 현행 실정법상으로는 공익사업을 위한 토지 등의 취득 및 보상에 관한 법률 외에 택지개발촉진법 등에서도 환매에 관한 규정을 볼 수 있다.

판례 환지처분에 의해 공공용지로서 지방자치단체에 귀속되게 된 토지에 대해 환매권의 규정을 적용할 수 있는지 여부

(도시계획의 변경결정의 위법을 이유로 손 해배상을 광주직할시에 청구한 사건에서) 토지수용법이나 공공용지의취득및손실보상에관한특례법 등에서 규정하고 있는 바와 같은 **환매권**은 공공의 목적을 위하여 수용 또는 협의취득된 토지의 원소유자 또는 그 포괄승계인에게 **재산권보장과 관련하여 공평의 원칙상 인정하고 있는 권리로서 민법상의 환매권과는 달리 법률의 규정에 의하여서만 인정되고 있으며**, 그 행사요건, 기간 및 방법 등이 세밀하게 규정되어 있는 점에 비추어 **다른 경우에까지 이를 유추적용할 수 없고**, 환지처분에 의하여 공공용지로서 지방자치단체에 귀속되게 된 토지에 관하여는 토지구획정리사업법상 환매권을 인정하고 있는 규정이 없고, 이를 공공용지의취득및손실보상에관한특례법상의 협의취득이라고도 볼 수 없으므로 같은 특례법상의 환매권에 관한 규정을 적용할 수 없다(대판 1993. 6. 29, 91다43480; 헌재 2006. 11. 30, 2005헌가20).

(4) 환매권의 법적 성질

1) 공권성 여부

(가) 학   설   ① 일설은 공익사업을 위한 토지 등의 취득 및 보상에 관한 법률$\binom{구\,토지}{수용법}$상으로 볼 때 환매는 개인이 행정청에 대하여 청구를 하고 이에 따라 행정청이 수용을 해제하는 것이 아니고, 개인이 전적으로 그의 이익을 위하여 일방적으로 이미 불용으로 되거나 또는 이용되지 않고 있는 수용의 목적물을 다시 취득할 수 있는 권리이기 때문에 환매권은 사권이라 한다$\binom{박윤}{흔}$. ② 일설은 공법과 사법의 구별기준으로 주체설$\binom{귀속}{설}$을 지지하는 입장에서 환매권이 사업시행자라고 하는 '공권력의 주체에 대한 권리'라는 의미에서 공권으로 본다$\binom{김남진,}{류지태}$.

(나) 판   례   판례는 기본적으로 사권설의 입장을 취한다$\binom{판례}{1,\,2}$.

[판례 1] 환매권의 법적 성질 및 존속기간

$\binom{토지소유권이전등기를}{다툰\,민사사건에서}$ 징발재산정리에관한특별조치법 제20조 소정의 **환매권은 일종의 형성권으로서 그 존속기간은 제척기간으로 보아야 할 것이며**, 위 환매권은 재판상이든 재판 외이든 그 기간 내에 행사하면 이로써 매매의 효력이 생기고, 위 매매는 같은 조 제1항에 적힌 환매권자와 국가 간의 사법상의 매매라 할 것이다$\binom{대판\,1992.\,4.\,24,}{92다4673}$.

[판례 2] 환매권의 부인이 공권력의 행사인지 여부

$\binom{환매거부\,위헌확인}{등에\,관한\,사건에서}$ 이 사건의 경우 피청구인이 설사 청구인들의 환매권 행사를 부인하는 어떤 의사표시를 하였다 하더라도, 이는 환매권의 발생 여부 또는 그 행사의 가부에 관한 사법관계의 다툼을 둘러싸고 사전에 피청구인의 의견을 밝히고, 그 다툼의 연장인 **민사소송절차에서 상대방의 주장을 부인하는 것에 불과하므로**, 그것을 가리켜 **헌법소원심판의 대상이 되는 공권력의 행사라고 볼 수는 없다**$\binom{헌재\,1994.\,2.\,24,\,92헌마283;}{헌재\,2006.\,11.\,30,\,2005헌가20}$.

(다) 사   견   생각건대 공법적 원인에 기하여 야기된 법적 상태를 원상으로 회복하는 수단 역시 공법적인 것으로 새기는 것이 논리적이라고 본다. 따라서 본서는 공권설을 취한다. 다만 귀속설의 입장에서 환매권을 공권으로 보는 견해는 귀속설이 정당할 때에 타당할 것이다. 그런데 현재로서 귀속설은 문제가 있어 보인다.

2) 형 성 권   환매는 환매기간 내에 환매의 요건이 발생하면 환매권자가 수령한 보상금의 상당금액을 사업시행자에게 지급하고 일방적으로 의사표시를 함으로써 사업시행자의 의사에 관계없이 성립되는 것이므로, 환매권은 형성권의 일종이다$\binom{판}{례}$.

[판례] 사업시행자가 환매대금 증액청구권을 내세워 선이행 또는 동시이행의 항변을 할 수 있는지 여부

$\binom{환매권을\,행사한\,사인에\,대하여\,피고인\,인천광역시가\,시가\,상당액을\,환매대금으로\,지급받기\,전까지는}{원고에게\,환매된\,토지에\,대한\,이전등기절차를\,이행할\,수\,없다고\,하여\,다툰\,소유권이전등기관련사건에서}$ 공익사업을 위한 토지 등의 취득 및 보상에 관한 법률 제91조에 의한 환매는 **환매기간 내에 환매의 요건이 발생하면 환매권자가 지급받은 보상금에 상당한 금액을 사업시행자에게 미리 지급하고 일방적으로 의사표시를**

함으로써 **사업시행자의 의사와 관계없이 환매가 성립**하고, 토지 등의 가격이 취득 당시에 비하여 현저히 변경되었더라도 같은 법 제91조 제 4 항에 의하여 당사자 간에 금액에 관하여 협의가 성립하거나 사업시행자 또는 환매권자가 그 금액의 증감을 법원에 청구하여 법원에서 그 금액이 확정되지 않는 한, 그 가격이 **현저히 등귀한 경우이거나 하락한 경우이거나를 묻지 않고 환매권을 행사하기 위하여는 지급받은 보상금 상당액을 미리 지급하여야 하고 또한 이로써 족한 것이며**, 사업시행자는 소로써 법원에 환매대금의 증액을 청구할 수 있을 뿐 환매권 행사로 인한 소유권이전등기청구소송에서 환매대금 증액청구권을 내세워 증액된 환매대금과 보상금 상당액의 차액을 지급할 것을 선이행 또는 동시이행의 항변으로 주장할 수 없다$\binom{대판\ 2006.\ 12.\ 21,}{2006다49277}$.

2. 환매의 요건

(1) 환매권자   환매권자는 취득일 당시의 토지소유자 또는 포괄승계인$\binom{자연인의\ 상속인\ 또는}{합병\ 후의\ 새로운\ 법인}$이다$\binom{토상법\ 제91}{조\ 제\ 1\ 항}$. 따라서 지상권자 등 다른 권리자는 환매권자가 아니다.

(2) 환매의 목적물   ① 환매의 목적물은 토지소유권이다$\binom{토상법\ 제91}{조\ 제\ 1\ 항}$. 따라서 토지 이외의 물건$\binom{예:\ 건물\cdot}{입목\cdot토석}$이나 토지소유권 이외의 권리는 환매의 대상이 되지 아니한다$\binom{판}{례}$. ② 수용된 토지의 일부도 환매의 목적물이 될 수 있다$\binom{토상법\ 제91}{조\ 제\ 1\ 항}$.

[판례]   건물에 대한 환매권부인의 합헌성

$\binom{공익사업을위한토지등의취득및보상에관}{한법률\ 제91조\ 제\ 1\ 항\ 위헌제청사건에서)}$ 동법률$\binom{2002.\ 2.\ 4.\ 법률\ 제}{6656호로\ 제정된\ 것}$ **제91조 제 1 항 중 토지' 부분**$\binom{제청법원은\ 동법}{률\ 제91조\ 제\ 1\ 항}$$\binom{의\ 위헌\ 여부를\ 제청하면서\ 환매권의\ 대상을\ 토지'}{에\ 한정하고\ 건물'을\ 포함하지\ 않고\ 있는\ 것을\ 다툰다}$**으로 인한 기본권 제한의 정도와 피해는 미비하고 이 사건 조항이 공익에 비하여 사익을 과도하게 침해하는 것은 아니다. 입법자가 건물에 대한 환매권을 부인한 것은 헌법적 한계 내에 있는 입법재량권의 행사이므로 재산권을 침해하는 것이라 볼 수 없다**$\binom{헌재\ 2005.\ 5.\ 26,}{2004헌가10}$.

---

(3) 환매권의 발생요건   환매권은 공익사업의 폐지·변경 또는 그 밖의 사유로 취득한 토지의 전부 또는 일부가 필요 없게 된 경우에 발생한다$\binom{토상법\ 제91}{조\ 제\ 1\ 항}$. 필요성의 판단은 객관적으로 이루어져야 한다$\binom{판}{례}$.

[판례]   환매요건으로서 '당해사업'과 '필요 없게 된 때'의 의미

$\binom{환매권\ 상실로\ 인한\ 손해}{배상을\ 구한\ 사건에서}$ 구 「공익사업을 위한 토지 등의 취득 및 보상에 관한 법률」 제91조 제 1 항…의 '당해 사업'이란 토지의 협의취득 또는 수용의 목적이 된 구체적인 특정 공익사업을 가리키는 것이고, 취득한 토지의 전부 또는 일부가 '필요 없게 된 때'란 사업시행자가 취득한 토지의 전부 또는 일부가 그 취득 목적사업을 위하여 사용할 필요 자체가 없어진 경우를 말하며, 협의취득 또는 수용된 토지가 필요 없게 되었는지 여부는 사업시행자의 주관적인 의사를 표준으로 할 것이 아니라 당해 사업의 목적과 내용, 협의취득의 경위와 범위, 당해 토지와 사업의 관계, 용도 등 제반 사정에 비추어 객관적·합리적으로 판단하여야 한다$\binom{대판\ 2019.\ 10.\ 31,}{2018다233242}$.

(4) 환매권의 행사기간　　　환매는 ①. 사업의 폐지·변경으로 취득한 토지의 전부 또는 일부가 필요 없게 된 경우에는 관계 법률에 따라 사업이 폐지·변경된 날 또는 제24조에 따른 사업의 폐지·변경 고시가 있는 날, ② 그 밖의 사유로 취득한 토지의 전부 또는 일부가 필요 없게 된 경우에는 사업완료일부터 10년 이내에 하여야 한다(토상법 제91조 제1항). 이러한 기간은 제척기간이다. 환매권행사가 이루어진 이상, 환매권행사기간이 경과하여도 환매가격결정을 위한 절차는 진행될 수 있다(판례2).

[판례 1] '공익사업을 위한 토지 등의 취득 및 보상에 관한 법률' 제91조 제1항에 정한 환매권 행사기간의 의미

(환매권행사를 통해 소유권이전등기를 구한 사건에서) '공익사업을 위한 토지 등의 취득 및 보상에 관한 법률' 제91조 제1항에서 환매권의 행사요건으로 정한 "당해 토지의 전부 또는 일부가 필요 없게 된 때로부터 1년 또는 그 취득일로부터 10년 이내에 그 토지를 환매할 수 있다"라는 규정의 의미는 취득일로부터 10년 이내에 그 토지가 필요 없게 된 경우에는 **그때로부터 1년 이내**에 환매권을 행사할 수 있으며, 또 필요 없게 된 때로부터 **1년이 지났더라도 취득일로부터 10년이 지나지 않았다면** 환매권자는 적법하게 환매권을 행사할 수 있다는 의미로 해석함이 옳다(대판 2010. 9. 30, 2010다30782).

[판례 2] 환매 대상 토지가 수용된 경우, 환매가격 결정을 위한 협의 및 재결절차에 나아갈 수 있는지 여부

(중앙토지수용위원회의 원고에 대한 이의신청재결의 취소를 구한 사건에서) 환매권의 행사와 환매가격 결정을 위한 절차는 그 성질을 달리하는 것이므로 토지수용법 제72조 제2항에 의하여 환매권의 행사기간이 통지를 받은 날로부터 6개월로 정하여져 있다고 하여 환매가격결정을 위한 협의 및 재결신청도 그 기간 내에 하여야 한다고 볼 것은 아니고, … 환매권자로서는 환매가 성립되었음을 전제로 사업시행자에 대하여 대상청구를 할 수 있으므로 여전히 환매가격결정을 위한 협의 및 재결절차에 나아갈 수 있다(대판 2000. 11. 28, 99두3416).

---

(5) 환매의 가격　　　환매가격은 그 토지에 대하여 지급받은 보상금에 상당한 금액이다(토상법 제91조 제1항). 그러나 토지의 가격이 취득일 당시에 비하여 현저히 변동된 경우 사업시행자와 환매권자는 환매금액에 대하여 서로 협의하되, 협의가 성립되지 아니하면 그 금액의 증감을 법원에 청구할 수 있다(토상법 제91조 제4항). 한편, 보상금 상당액의 지급은 환매의 요건이지 환매권의 성립요건은 아니다(대판 1992. 6. 23, 92다7832). 그리고 보상액 상당액의 지급은 선이행의무이므로 환매기간 내에 환매대금 상당을 지급하거나 공탁하지 아니한 경우에는 환매로 인한 소유권이전등기 청구를 할 수 없다(대판 2012. 8. 30, 2011다74109). 환매대금의 선이행의무는 위헌이 아니다(헌재 2006. 11. 30, 2005헌가20). 환매권은 정당보상의 원칙과 관계가 없다(판례).

[판례] 환매권과 정당한 보상 및 원상회복과의 관계

(공익사업을 위한 토지 등의 취득 및 보상에 관한 법률 제91조(환매권) 제4항등에 대한 위헌소원에서) 환매권은 '장래를 향하여' 소멸하였음을 근거로 하므로, 피수용자가 수용 당시 정당한 손실보상을 받아야 한다는 원칙과는 관계가 없고, 반드시 환매권자의 법적 지위를 공용수용이 없었던 상태로 회복시켜 주는 것을 그 내용으로 한다고 보기도 어렵다.

그러므로 환매권은 환매권자가 이미 성립된 협의 또는 수용을 해제하고 수용이 없었던 상태로 원상회복을 구할 수 있는 권리가 아니라, 환매권자가 해당 토지의 소유권을 회복하기 위하여 새로운 매매계약을 체결할 수 있는 권리로 보는 것이 타당하다(헌재 2016. 9. 29.
2014헌바400).

(6) 환매권의 대항력   환매권은 부동산등기법에서 정하는 바에 따라 공익사업에 필요한 토지의 협의취득 또는 수용의 등기가 되었을 때에는 제 3 자에게 대항할 수 있다(토상법 제91
조 제 5 항). 즉 등기되었을 때에는 환매의 목적물(토지)이 제 3 자에게 이전된 경우에도 환매권자는 제 3 자에 대하여 환매권을 행사할 수 있다(물권적
효력)(판
례).

판례   토상법 제91조 제 5 항의 "… 협의취득 또는 수용의 등기가 된 때에는 제 3 자에게 대항할 수 있다"의 의미

(화성시를 피고로 손해
배상을 구한 사건에서) 구 공익사업을 위한 토지 등의 취득 및 보상에 관한 법률 제91조 제 5 항은 '환매권은 부동산등기법이 정하는 바에 의하여 공익사업에 필요한 토지의 협의취득 또는 수용의 등기가 된 때에는 제 3 자에게 대항할 수 있다'고 정하고 있다. 이는 협의취득 또는 수용의 **목적물이 제 3 자에게 이전되더라도 협의취득 또는 수용의 등기가 되어 있으면 환매권자의 지위가 그대로 유지되어 환매권자는 환매권을 행사할 수 있고, 제 3 자에 대해서도 이를 주장할 수 있다**는 의미이다. 이 사건 각 토지에 관하여 피고 앞으로 공공용지 협의취득을 원인으로 한 소유권이전등기를 마쳤으므로, 원고들로서는 환매권이 발생한 때부터 제척기간 도과로 소멸할 때까지 사이에 언제라도 이 사건 각 토지에 관하여 환매권을 행사하고, 이로써 제 3 자에게 대항할 수 있다(대판 2017. 3. 15.
2015다238963).

---

(7) 공익사업의 변환과 환매

1) 의   의   공익사업 변환이란 국가, 지방자치단체 또는 「공공기관의 운영에 관한 법률」 제 4 조에 따른 공공기관 중 대통령령으로 정하는 공공기관이 사업인정을 받아 공익사업에 필요한 토지를 협의취득하거나 수용한 후 해당 공익사업이 제 4 조 제 1 호부터 제 5 호까지에 규정된 다른 공익사업으로 변경된 경우, 별도의 새로운 절차(협의취득
또는 수용) 없이 그 토지를 변경된 다른 공익사업에 이용하는 제도를 말한다.

2) 취   지   특정 공익사업이 다른 공익사업으로 변경된 경우에 환매권자에게 환매하도록 한 후 새로운 공익사업의 시행을 위해 다시 수용하는 것이 원칙일 것이다. 여기서 토지의 환매를 인정하여 사유화한 후 다시 같은 토지를 수용하는 번거로운 절차의 반복을 피하기 위하여 도입된 것이 바로 공익사업의 변환제도이다(판
례).

판례   공익사업변환제도의 취지

(토지의 협의취득 또는 수용 후 당해 공익사업이 다른 공익사업으로 변경되는 경우에 당해 토지의 원소유자 또는 그 포괄승계인의 환
매권을 제한하고, 환매권 행사기간을 변환 고시일부터 기산하도록 한 구 '공익사업을 위한 토지 등의 취득 및 보상에 관한 법률' 제91
조 제 6 항 전문의 위헌확인을
구한 헌법소원심판사건에서) 사업인정을 받은 당해 공익사업의 폐지·변경으로 인하여 협의취득하거나

수용한 토지가 필요 없게 된 때라도 공익사업의 변환이 허용되는 다른 공익사업으로 변경되는 경우에는 당해 토지의 원소유자 또는 그 포괄승계인에게 환매권이 발생하지 않는다는 취지의 규정인바, 공익사업 변환으로 환매권이 제한되는 경우 그 환매권 행사기간은 관보에 당해 공익사업의 변경을 고시한 날로부터 기산하게 되어 새로 변경된 공익사업을 기준으로 다시 환매권 행사의 요건을 갖추지 못하는 한 피수용자는 환매권을 행사할 수 없게 된다(대법원 2010. 9. 30. 선고 / 2010다30782 판결 참조). 이는 수용된 토지가 애초의 사업목적이 폐지·변경되었다는 사유만으로 다른 공익사업을 위한 필요가 있음에도 예외 없이 원소유자에게 당해 토지를 반환하고 나서 다시 수용절차를 거칠 경우 발생할 수 있는 행정력 낭비를 막고 소유권 취득 지연에 따른 공익사업 시행에 차질이 없도록 하여 공익사업을 원활하고 효율적으로 시행하려는 데 그 목적이 있다. 이러한 입법목적은 정당하며, 이 사건 법률조항은 이를 위하여 적절한 수단이라고 할 것이다(헌재 2012. 11. 29. / 2011헌바49).

3) 요　　건

(개) 주　　체　　　수용주체는 국가·지방자치단체 또는 「공공기관의 운영에 관한 법률」 제4조에 따른 공공기관 중 대통령령으로 정하는 공공기관이다. 문제는 공익사업변경 전·후의 사업주체가 다른 경우 공익사업변환을 인정할 것인가이다. ① ⓐ 공익사업변환과정에서 해당토지가격이 상승하여 토지의 시세차익이 발생하는 경우(변경 후 사업주체는 상승된 가격으로 변경 / 전 사업주체로부터 협의취득할 것이므로) 변경 전 사업주체에게 시세차익을 귀속시키는 것보다는 원토지소유자에게 이를 귀속시키는 것이 정당하다는 점을 근거로 부정하는 입장과 ⓑ 토상법이 사업시행자가 동일할 것을 공익사업의 변환의 요건으로 명시적으로 규정하고 있지 않고, 수용에서 중요한 것은 사업의 공익성이지 그 주체가 아니라는 점을 근거로 긍정하는 입장이 대립한다. ② 판례는 공익사업의 변경 전과 변경 후의 사업주체가 동일하지 않은 경우에도 공익사업의 변환을 인정하고 있다(판례). ③ 토상법이 공익사업변경 전·후의 사업주체가 동일할 것을 공익사업변환의 요건으로 규정하고 있지 않으며, 원토지소유자가 아니라 변경 전 사업주체에게 시세차익을 귀속시킨다는 비판이 있으나 공익을 위한 것이라면 변경 전 사업주체에게 이익을 귀속시켜도 무방할 것이다. 결국 공익실현을 위한 것이라면 비례원칙을 준수하는 한 공익사업변경 전·후의 사업주체가 동일할 필요가 없다는 견해가 타당하다.

[판례]　구 토지수용법 제71조 제7항 소정의 공익사업의 변환은 사업주체가 동일한 경우에만 인정되는지 여부

(서울특별시가 원고의 토지에 서울시경찰국 서울시교육위원회 청사를 건립하기로 하고 협의취득하였다가 토지를 대법원 및 대검찰청 소유의 토지와 교환하여 대법원 및 대검찰청 건립부지로 사용하게 되자 원고가 당초사업의 폐지를 이유로 소유권이전등기를 청구한 사건에서) 이른바 "공익사업의 변환"이 국가·지방자치단체 또는 정부투자기관이 사업인정을 받아 토지를 협의취득 또는 수용한 경우에 한하여, 그것도 사업인정을 받은 공익사업이 공익성의 정도가 높은 토지수용법 제3조 제1호 내지 제4호에 규정된 다른 공익사업으로 변경된 경우에만 허용되도록 규정하고 있는 토지수용법 제71조 제7항 등 관계법령의 규정내용이나 그 입법이유 등으로 미루어 볼 때, 같은 법 제71조 제7항 소정의 **"공익사업의 변환"이 국가·지방자치단체 또는 정부투자기관 등 기업자**(또는 사업 / 시행자)**가 동일한 경우에만 허용되는 것으로 해석되지는 않는다**(대판 1994. 1. 25. 93다 / 11760·11777·11784).

(나) **대상사업**   변환되는 새로운 사업은 공익사업을 위한 토지 등의 취득 및 보상에 관한 법률 제 4 조 제 1 호부터 제 5 호까지에 규정된 공익사업이어야 한다.

(다) **통   지**   공익사업변환이 있는 경우 국가·지방자치단체 또는 「공공기관의 운영에 관한 법률」 제 4 조에 따른 공공기관 중 대통령령으로 정하는 공공기관은 공익사업이 변경된 사실을 대통령령으로 정하는 바에 따라 환매권자에게 통지하여야 한다(토상법 제91조 제 6 항 제 2 문).

4) **효과(기산일)**   새로이 변환된 공익사업에 이용되는 토지에 대한 환매권 행사기간은 관보에 해당 공익사업의 변경을 고시한 날부터 기산한다(토상법 제91조 제 6 항 제 1 문). 결국 당해 토지에 대한 환매권 발생요건 중 취득일의 기산일이 공익사업변경을 고시한 날부터 기산되어 환매권행사가 제한되는 결과가 발생한다.

5) **위헌 여부**   본 제도는 환매권제도를 실효시키고, 토지소유자의 재산권침해문제를 야기할 수 있어 위헌가능성이 있다는 지적(류지태)이 있다. 그러나 헌법재판소는 합헌으로 본다(판례).

> 판례   구 토지수용법 제71조 제 7 항(공익사업변환제도)이 과잉제한금지원칙에 위배되는지 여부
> (구 토지수용법 제71조 제 7 항 위헌소원사건에서) 심판대상조항은 공익사업의 원활한 시행을 확보하기 위한 목적에서 신설된 것으로 우선 **그 입법목적에 있어서 정당**하고 나아가 변경사용이 허용되는 사업시행자의 범위를 국가·지방자치단체 또는 정부투자기관으로 한정하고 사업목적 또한 상대적으로 공익성이 높은 토지수용법 제 3 조 제 1 호 내지 제 4 호의 공익사업으로 한정하여 규정하고 있어서 그 입법목적 달성을 위한 **수단으로서의 적정성이 인정**될 뿐 아니라 **피해최소성의 원칙 및 법익균형의 원칙에도 부합된다** 할 것이므로 위 법률조항은 헌법 제37조 제 2 항이 규정하는 기본권 제한에 관한 **과잉금지의 원칙에 위배되지 아니한다**(헌재 1997. 6. 26, 96헌바94).

3. 환매의 절차

(1) **통지·공고**   사업시행자는 제91조 제 1 항 및 동조 제 2 항에 따라 환매할 토지가 생겼을 때에는 지체 없이 그 사실을 환매권자에게 통지하여야 한다(토상법 제92조 제 1 항 본문). 다만, 사업시행자가 과실 없이 환매권자를 알 수 없을 때에는 대통령령으로 정하는 바에 따라 공고하여야 한다(토상법 제92조 제 1 항 단서). 여기서 통지는 최고의 성질을 갖는다. 환매의 통지나 공고를 하지 아니함으로 인해 환매권을 상실시키는 것은 불법행위에 해당한다(대판 2000. 11. 14, 99다45864).

(2) **환매권의 소멸**   환매권자는 제 1 항에 따른 통지를 받은 날 또는 공고를 한 날부터 6개월이 지난 후에는 제91조 제 1 항 및 제 2 항에도 불구하고 환매권을 행사하지 못한다(토상법 제92 조 제 2 항). 그러나 환매권행사기간이 경과하여도 환매가격결정을 위한 절차는 진행될 수 있다(대판 2000. 11. 28, 99두3416).

4. 환매권에 관한 소송

환매권에 관해 분쟁이 있는 경우에 소송을 제기할 수 있음은 물론이지만, 다만 환매권에 관한 소송이 행정소송인가 아니면 민사소송인가의 문제가 있다. 환매권을 사권으로 새기면 민사소

송사항으로, 공권으로 새기면 행정소송(당사자소송)사항으로 보게 될 것이다. 판례는 민사소송으로 다룬다. 다만, 판례는 구 토지수용법 제75조의2 제 2 항에 의하여 사업시행자가 환매권자를 상대로 하는 소송을 공법상의 당사자소송으로 다루었다(판례).

> [판례]　환매권자가 사업시행자를 상대로 하는 소송의 형태
> (중앙토지수용위원회의 원고에 대한 이의신청재결의 취소를 구한 사건에서) **토지수용법 제75조의2 제 2 항에 의하여 사업시행자가 환매권자를 상대로 하는 소송은 공법상의 당사자소송**으로 사업시행자로서는 환매가격이 환매대상토지의 취득 당시 지급한 보상금 상당액보다 증액 변경될 것을 전제로 하여 환매권자에게 그 환매가격과 위 보상금 상당액의 차액의 지급을 구할 수 있다(대판 2000. 11. 28, 99두3416).

제 5 절　공용환지·공용환권

I. 공용환지

1. 의　　의

(1) 개념과 성질　공용환지란 토지의 합리적인 이용을 증진하기 위해 일정 지구 내의 토지의 구획·형질을 변경하고, 권리자의 의사와 무관하게 종전의 토지에 대한 소유권 기타의 권리를 강제적으로 교환·분합하는 물적 공용부담을 말한다(공용환지로 권리자는 종전의 토지에 관한 권리를 상실하고, 그에 상당한 토지에 대한 권리를 다른 곳에서 새로 취득하게 된다).

(2) 공용환권과 구별　공용환지란 평면적인 토지정리에 그치고 토지와 토지를 교환·분합하는 것을 말하고, 공용환권이란 토지·건물에 대한 권리를 토지 정리 후에 새로 건축된 건축물과 그 부지에 관한 권리로 변환·이행하게 하는 입체적인 환지의 방식을 말한다.

2. 도시개발법상 도시개발사업 일반론

(1) 관련 개념

1) 도시개발구역　도시개발법상 도시개발구역이란 도시개발사업을 시행하기 위하여 도시개발법 제 3 조와 제 9 조에 따라 지정·고시된 구역을 말한다(도개법 제 2 조 제 2 항 제 1 호).

2) 도시개발사업　도시개발법상 도시개발사업이란 도시개발구역에서 주거, 상업, 산업, 유통, 정보통신, 생태, 문화, 보건 및 복지 등의 기능이 있는 단지 또는 시가지를 조성하기 위하여 시행하는 사업을 말한다(도개법 제 2 조 제 2 항 제 2 호).

(2) 도시개발사업의 시행 방식

1) 수용·사용 방식과 환지 방식　도시개발사업은 시행자가 도시개발구역의 토지등을 수용 또는 사용하는 방식이나 환지 방식 또는 이를 혼용하는 방식으로 시행할 수 있다(도개법 제21조 제 1 항).

2) 시행방식의 변경 지정권자는 도시개발구역지정 이후 다음 각 호(1. 제11조 제 1 항 제 1 호부터 제 4 호까지의 시행자가)의 어느 하나에 해당하는 경우에는 도시개발사업의 시행방식을 대통령령으로 정하는 기준에 따라 제 1 항에 따른 도시개발사업의 시행방식을 수용 또는 사용방식에서 전부 환지 방식으로 변경하는 경우, 제 2 호 이하 생략)의 어느 하나에 해당하는 경우에는 도시개발사업의 시행방식을 변경할 수 있다(도개법 제21조 제 2 항).

(3) 도시개발사업의 시행 과정

1) 제 1 단계(구역 지정 및 개발계획 수립 단계) 도시개발구역으로 지정될 구역에 대한 기초조사, 주민 등의 의견 청취, 관계 행정기관과의 협의, 도시계획위원회의 심의를 거쳐 도시개발구역을 지정하고 개발계획을 수립하며 사업시행자를 지정하여 고시하는 단계이다(도개법 제 3 조·제 6 조 내지 제 9 조·제11조).

2) 제 2 단계(실시계획 수립 단계) 도시개발사업의 시행자가 개발계획을 토대로 사업을 시행할 구체적인 세부계획과 보상계획 및 이주대책 등이 포함된 실시계획을 수립하고 인가받아 고시하는 단계이다(도개법 제17조·제18조).

3) 제 3 단계(토지수용 단계 또는 공용환지단계) ① 수용 또는 사용 방식에 의한 사업 시행의 경우에는 도시개발사업의 시행자가 토지소유자 및 관계인과의 협의를 통하여(협의가 성립되지 아니하거나 협의를 할 수 없을 때에는 재결 절차를 통하여) 토지 등을 취득하거나 보상하고, 이주대책에 따라 주민들을 이주시키는 단계(도개법 제22조·제24조). ② 환지 방식에 의한 사업 시행의 경우에는 도시개발사업의 시행자가 환지 계획의 작성, 환지예정지의 지정, 환지처분 등이 이루어지는 단계이다

4) 제 4 단계(공사 단계) 사업시행에 필요한 위 절차들을 모두 마친 후 사업에 착공, 시행한 후 완공하는 단계이다(도개법 제50조·제51조). 시행자(지정권자가 시행자인 경우는 제외한다)가 도시개발사업의 공사를 끝낸 때에는 국토교통부령으로 정하는 바에 따라 공사완료 보고서를 작성하여 지정권자의 준공검사를 받아야 한다(도개법 제50조·제 1 항). 지정권자는 제50조 제 2 항에 따른 준공검사를 한 결과 도시개발사업이 실시계획대로 끝났다고 인정되면 시행자에게 준공검사 증명서를 내어주고 공사 완료 공고를 하여야 하며, 실시계획대로 끝나지 아니하였으면 지체 없이 보완 시공 등 필요한 조치를 하도록 명하여야 한다(도개법 제51조·제 1 항).

3. 도시개발법상 공용환지

(1) 환지계획

1) 의 의 환지계획이란 도시개발사업이 완료된 후에 행할 환지처분에 대한 계획을 말하는 것으로 환지처분의 내용을 결정하는 것이다.

2) 법적 성질 판례(대판 1999. 8. 20. 97누6889)는 "환지예정지 지정이나 환지처분은 그에 의하여 직접 토지소유자 등의 권리의무가 변동되므로 이를 항고소송의 대상이 되는 처분이라고 볼 수 있으나, 환지계획은 위와 같은 환지예정지 지정이나 환지처분의 근거가 될 뿐 그 자체가 직접 토지소유자 등의 법률상의 지위를 변동시키거나 또는 환지예정지 지정이나 환지처분과는 다른 고유한 법률효과를 수반하는 것이 아니어서 이를 항고소송의 대상이 되는 처분에 해당한다고 할 수가 없다"라고 하여 환지계획은 항고소송의 대상이 되지 않는다고 본다.

3) 환지계획의 작성, 인가　　① 시행자는 도시개발사업의 전부 또는 일부를 환지 방식으로 시행하려면 다음 각 호(1. 환지 설계, 2. 필지별로 된 환지 명세, 3. 필지별과 권리별로 된 청산 대상 토지 명세, 4. 제34조에 따른 체비지 또는 보류지의 명세, 5. 제32조에 따른 입체 환지를 계획하는 경우에는 입체 환지용 건축물의 명세와 제32조의3에 따른 공급 방법·규모에 관한 사항, 6. 그 밖에 국토교통부령으로 정하는 사항)의 사항이 포함된 환지 계획을 작성하여야 한다(도개법 제28조). ② 행정청이 아닌 시행자가 제28조에 따라 환지 계획을 작성한 경우에는 특별자치도지사·시장·군수 또는 구청장의 인가를 받아야 한다(도개법 제29조 제 1 항).

(2) 환지예정지의 지정

1) 의　　의　　환지예정지란 환지처분이 행해지기 전에 종전의 토지 대신 사용하거나 수익하도록 지정된 토지를 말한다. 도시개발사업은 상당한 시간이 걸리는 것이므로 도시개발사업이 완료되기 전이라도 환지처분이 있은 것과 같은 상태를 만들어 줄 필요가 있기 때문에 사업완료 전에 환지처분이 있는 것과 같이 새로운 토지에 대한 권리를 미리 행사할 수 있게 하는 것이 환지예정지지정제도의 취지이다.

2) 법적 성질　　환지예정지 지정은 공권력행사로서 항고소송의 대상인 처분이다(대판 1962. 5. 17, 62누10). 그러나 환지처분이 공고되어 효력을 발생하면 환지예정지 지정처분은 효력이 소멸되기 때문에 환지처분이 공고된 후 환지예정지 지정처분을 다투는 것은 협의의 소익이 없다는 것이 판례의 입장이다(대판 1999. 10. 8, 99두6873).

3) 효　　과　　환지예정지가 지정되면 종전의 토지의 소유자와 임차권자등은 환지예정지 지정의 효력발생일부터 환지처분이 공고되는 날까지 환지예정지나 해당 부분에 대하여 종전과 같은 내용의 권리를 행사할 수 있으며 종전의 토지는 사용하거나 수익할 수 없다(도개법 제36조 제 1 항). 다만, 환지예정지가 지정된다고 소유권의 변동이 생기는 것은 아니므로 종전의 토지소유자는 그 토지를 처분할 수 있다(대판 1963. 5. 15, 63누21).

(3) 환지처분

1) 의　　의　　환지처분이란 공사가 완료된 환지계획구역의 토지를 사업시행자가 환지계획에 따라 환지교부 등을 하는 처분을 말한다.

2) 법적 성질　　환지처분으로 직접 토지소유자 등의 권리·의무가 변동되므로 이는 항고소송의 대상이 되는 처분이다(헌재 2012. 5. 31, 2010헌바49; 대판 1999. 8. 20, 97누6889). 또한 환지처분은 종전의 토지소유자에게 종전의 토지에 갈음하여 환지계획에 정해진 토지를 할당하여 종국적으로 귀속시키는 형성적 행정행위의 성질을 가진다.

3) 환지계획과의 관계　　환지계획과는 별도의 내용을 가진 환지처분은 있을 수 없는 것이므로 환지계획에 의하지 아니하고 환지계획에도 없는 사항을 내용으로 하는 환지처분은 무효이다(대판 1993. 5. 27, 92다14878).

4) 효　　과　　환지계획에서 정하여진 환지는 그 환지처분이 공고된 날의 다음 날부터 종전의 토지로 보며, 환지계획에서 환지를 정하지 아니한 종전의 토지에 있던 권리는 그 환지처분이 공고된 날이 끝나는 때에 소멸한다(도개법 제42조 제 1 항). 그리고 환지를 정하거나 그 대상에서 제외한

경우 그 과부족분(過不足分)은 종전의 토지 및 환지의 위치·지목·면적·토질·수리·이용 상황·환경, 그 밖의 사항을 종합적으로 고려하여 금전으로 청산하여야 한다(도개법 제41 조 제1항).

5) 일부변경　　판례는 "토지구획정리사업법에 따른 환지처분은 사업시행자가 환지계획 구역의 전부 또는 그 구역 내의 일부 공구에 대하여 공사를 완료한 후 환지계획에 따라 환지교부 등을 하는 처분으로서 일단 공고되어 효력을 발생하게 된 이후에는 환지 전체의 절차를 처음부터 다시 밟지 않는 한 그 일부만을 따로 떼어 환지처분을 변경할 수는 없다"고 한다(대판 1993. 5. 27. 92다14878).

Ⅱ. 공용환권

1. 의　　의

공용환권이란 토지의 합리적인 이용을 증진하기 위해 일정 지구 내의 토지의 구획·형질을 변경하고, 권리자의 의사와 무관하게 종전의 토지·건축물에 대한 권리를 토지정리 후의 새로운 건축물 및 토지에 대한 권리로 강제로 변환시키는 것을 말한다. 공용환권으로 권리자는 종전의 토지와 건축물에 관한 권리를 상실하고, 그에 상당한 새로운 토지와 건축물에 대한 권리를 새로 취득하게 된다. 공용환권은 물적 공용부담의 한 종류이다. 도시 및 주거환경정비법에서 그 예를 볼 수 있다. 도시 및 주거환경정비법은 환권을 분양으로, 환권처분의 내용이 정해지는 환권계획을 관리처분계획으로 부르고 있다.

2. 도시 및 주거환경정비법상 정비사업 일반론

(1) 관련 개념

1) 정비구역　　정비구역이란 정비사업을 계획적으로 시행하기 위하여 도시 및 주거환경 정비법 제16조에 따라 지정·고시된 구역을 말한다(도주법 제 2조 제1호).

2) 정비사업　　정비사업이란 이 법에서 정한 절차에 따라 도시기능을 회복하기 위하여 정비구역에서 정비기반시설을 정비하거나 주택 등 건축물을 개량 또는 건설하는 다음 각 목(주거환경 개선사 업·재개발사 업·재건축사업)의 사업을 말한다(도주법 제 2조 제2호).

(2) 정비사업의 시행방법

정비사업은 다음 각 호(1. 제24조에 따른 사업시행자가 정비구역에서 정비기반시설 및 공동이용시설을 새로 설치하거나 확대 하고 토지등소유자가 스스로 주택을 보전·정비하거나 개량하는 방법, 2. 제24조에 따른 사업시행자 가 제63조에 따라 정비구역의 전부 또는 일부를 수용하여 주택을 건설한 후 토지등소유자에게 우선 공급하거나 대지를 토지등소유자 또는 토지 등소유자 외의 자에게 공급하는 방법, 3. 제24조에 따른 사업시행자가 제69조 제2항에 따라 환지로 공급하는 방법, 4. 제24조에 따른 사업시행 자가 정비구역에서 제74조에 따라 인가받은 관리처분계획에 따라 주택 및 부대시설·복리시설을 건설하여 공급하는 방법)의 어느 하나에 해당하는 방법 또는 이를 혼용하는 방 법으로 한다(도주법 제23 조 제1항).

1) 재개발사업　　재개발사업은 정비구역에서 제74조에 따라 인가받은 관리처분계획에 따 라 건축물을 건설하여 공급하거나 제69조 제2항에 따라 환지로 공급하는 방법으로 한다(도주법 제23 조 제2항).

2) 재건축사업　　재건축사업은 정비구역에서 제74조에 따라 인가받은 관리처분계획에 따라 주택, 부대시설·복리시설 및 오피스텔(「건축법」 제2조 제2항에 따른 오피스텔을 말한다. 이하 같다)을 건설하여 공급하는 방법으

로 한다. 다만, 주택단지에 있지 아니하는 건축물의 경우에는 지형여건·주변의 환경으로 보아 사업 시행상 불가피한 경우로서 정비구역으로 보는 사업에 한정한다$\binom{\text{도주법 제23}}{\text{조 제 3 항}}$.

(3) 정비사업의 시행 과정

1) 제 1 단계$\binom{\text{기본계획}}{\text{수립 단계}}$　　도시·주거환경정비기본계획의 수립$\binom{\text{도주법}}{\text{제 4 조}}$, 기본계획 수립을 위한 주민의견청취$\binom{\text{도주법}}{\text{제 6 조}}$, 기본계획의 확정·고시$\binom{\text{도주법}}{\text{제 7 조}}$ 등의 단계이다.

2) 제 2 단계$\binom{\text{정비계획 수립}}{\text{및 시행 단계}}$

⑺ 정비계획 수립　　정비계획의 입안 제안$\binom{\text{도주법}}{\text{제 4 조}}$, 정비계획 입안 제안$\binom{\text{도주법}}{\text{제14조}}$, 정비계획 입안을 위한 주민의견청취$\binom{\text{도주법}}{\text{제15조}}$, 정비계획의 결정 및 정비구역의 지정·고시$\binom{\text{도주법}}{\text{제16조}}$ 등의 단계이다.

⑷ 정비계획 시행　　① 사업시행자의 결정$\binom{\text{도주법 제24}}{\text{조~제28조}}$, 계약의 방법 및 시공자 선정 등$\binom{\text{도주법}}{\text{제29조}}$, 사업시행계획서의 작성$\binom{\text{도주법}}{\text{제52조}}$, 시행규정의 작성$\binom{\text{도주법}}{\text{제53조}}$, 사업시행계획인가$\binom{\text{도주법}}{\text{제50조}}$ 등의 단계이다. 아울러 ② 사업시행을 위한 임시거주시설·임시상가의 설치$\binom{\text{도주법}}{\text{제61조}}$, 토지 등의 수용 또는 사용$\binom{\text{도주법}}{\text{제63조}}$ 등의 단계이다.

3) 제 3 단계$\binom{\text{관리처분}}{\text{관련 단계}}$　　분양공고 및 분양신청$\binom{\text{도주법}}{\text{제72조}}$, 관리처분계획의 인가$\binom{\text{도주법}}{\text{제74조}}$ 등의 단계이다.

4) 제 4 단계$\binom{\text{공사}}{\text{단계}}$　　사업시행에 필요한 위 절차들을 모두 마친 후 사업에 착공, 시행한 후 완공하는 단계이다. 즉, 정비사업의 준공인가$\binom{\text{도주법}}{\text{제83조}}$, 준공인가 등에 따른 정비구역의 해제$\binom{\text{도주법}}{\text{제84조}}$, 이전고시$\binom{\text{도주법}}{\text{제86조}}$ 등의 단계이다.

3. 도시 및 주거환경정비법상 조합의 설립

정비사업의 시행자는 정비사업의 유형에 따라 다양하다$\binom{\text{도주법 제24}}{\text{조~제28조}}$. 여기서는 재건축사업의 시행자로서 재건축조합에 관해 보기로 한다.

(1) 조합설립의 절차

도시 및 주거환경정비법은 정비사업으로 주거환경개선사업·재개발사업·재건축사업에 관해 규정하고 있다. 이하에서는 재건축사업$\binom{\text{정비기반시설은 양호하나 노후·불량건축물에 해당하는 공}}{\text{동주택이 밀집한 지역에서 주거환경을 개선하기 위한 사업}}\binom{\text{도주법 제 2 조}}{\text{제 2 호 다목}}$을 중심으로 보기로 한다.

1) 추진위원회의 구성

⑺ 의　　의　　도시 및 주거환경정비법상 재건축사업은 조합이 시행하거나 조합이 조합원의 과반수의 동의를 받아 시장·군수등, 토지주택공사등, 건설업자 또는 등록사업자와 공동으로 시행할 수 있다$\binom{\text{도주법 제25}}{\text{조 제 2 항}}$. 조합을 설립하려는 경우에는 제16조에 따른 정비구역 지정·고시 후 다음 각 호$\binom{\text{1. 추진위원회 위원장(이하 "추진위원장"이라 한다)을 포함한 5명 이상의 추}}{\text{진위원회 위원(이하 "추진위원"이라 한다). 2. 제34조 제 1 항에 따른 운영규정}}$의 사항에 대하여 토지등소유자 과반수의 동의를 받아 조합설립을 위한 추진위원회를 구성하여 국토교통부령으로 정하는 방법과 절차에 따라 시장·군수등의 승인을 받아야 한다$\binom{\text{도주법 제31}}{\text{조 제 1 항}}$.

(나) **조합설립 추진위원회 구성승인의 법적 성질**　　① 추진위원회 구성승인은 조합의 설립을 위한 주체인 추진위원회의 구성행위를 보충하여 그 효력을 부여하는 처분이다(대판 2012. 12. 27, 2011두11112·11129(병합)). ② 판례는 추진위원회 구성승인처분을 다투는 소송계속 중에 조합설립인가처분이 이루어진 경우에는 직접 조합설립인가처분을 다툼으로써 정비사업의 진행을 저지하여야 할 것이고, 이와는 별도로 추진위원회 구성승인처분에 대하여 취소 또는 무효확인을 구할 법률상의 이익은 없다고 본다(대판 2012. 12. 27, 2011두11112·11129(병합)).

　　2) 조합의 설립　　재건축사업의 추진위원회(제31조 제 4 항에 따라 추진위원회를 구성하지 아니하는 경우에는 토지등소유자를 말한다)가 조합을 설립하려는 때에는 주택단지의 공동주택의 각 동(복리시설의 경우에는 주택단지의 복리시설 전체를 하나의 동으로 본다)별 구분소유자의 과반수 동의(공동주택의 각 동별 구분소유자가 5 이하인 경우는 제외한다)와 주택단지의 전체 구분소유자의 4분의 3 이상 및 토지면적의 4분의 3 이상의 토지소유자의 동의를 받아 제 2 항 각 호의 사항을 첨부하여 시장·군수등의 인가를 받아야 한다(도주법 제35조 제 3 항).

　　(가) **조합설립결의의 하자**　　판례는 "조합설립결의는 조합설립인가처분이라는 행정처분을 하는 데 필요한 요건 중 하나에 불과한 것이어서, 조합설립결의에 하자가 있다면 그 하자를 이유로 직접 항고소송의 방법으로 조합설립인가처분의 취소 또는 무효확인을 구하여야 하고, 이와는 별도로 조합설립결의 부분만을 따로 떼어내어 그 효력 유무를 다투는 확인의 소를 제기하는 것은 원고의 권리 또는 법률상의 지위에 현존하는 불안·위험을 제거하는 데에 가장 유효·적절한 수단이라 할 수 없어 특별한 사정이 없는 한 확인의 이익은 인정되지 아니한다"고 하여 조합설립인가가 있은 후에는 조합설립결의를 다툴 수 없다고 보았다(대판 2009. 9. 24. 2008다60568).

　　(나) **조합설립인가의 법적 성질**

　　(a) **문 제 점**　　조합은 정비사업을 시행하는 목적 범위 내에서 법령이 정하는 바에 따라 일정한 행정작용을 행하는 행정주체로서의 지위를 갖는다. 이러한 행정주체로서의 조합을 설립하는 조합설립행위에 대한 행정기관의 인가처분의 법적 성질이 무엇인지가 문제된다.

　　(b) **학　　설**　　ⓐ 인가설은 조합설립행위는 기본행위로, 조합 설립인가는 이를 보충하는 행위(인가)로 보는 견해이며, ⓑ 특허설은 조합설립행위는 조합 설립인가(특허)를 받기 위한 요건으로 보는 견해로, 조합설립인가는 행정주체인 도시 및 주거환경정비법(도시정비법)상의 정비사업조합을 만드는 행위(형성적 행위)로 보는 견해이다.

　　(c) **판　　례**　　① 판례(대판 2000. 9. 5. 99두1854)는 종전에 "재건축조합설립인가는 불량·노후한 주택의 소유자들이 재건축을 위하여 한 재건축조합설립행위를 보충하여 그 법률상 효력을 완성시키는 보충행위"라고 하여 인가설을 취하였다. 그러나 ② 도시재개발법, 주택건설촉진법, 각종 임시법 등이 도시 및 주거환경정비법(도시정비법)으로 정비되면서 "재건축조합은 관할 행정청의 감독 아래 정비구역 안에서 도시정비법상의 '주택재건축사업'을 시행하는 목적 범위 내에서 법령이 정하는 바에 따라 일정한 행정작용을 행하는 행정주체로서의 지위를 갖는다. 행정청이 도시정비법 등 관련 법령에 근거하여 행하는 조합설립인가처분은 단순히 사인들의 조합설립행위에 대한 보충행

위로서의 성질을 갖는 것에 그치는 것이 아니라 법령상 요건을 갖출 경우 도시정비법상 주택재건축사업을 시행할 수 있는 권한을 갖는 행정주체($^{공법}_{인}$)로서의 지위를 부여하는 일종의 설권적 처분의 성격을 갖는다고 보아야 한다"고 하였다($^{대판 2009. 9. 24, 2008다60568;}_{대판 2013. 6. 13, 2011두19994}$). 따라서 판례는 인가설에서 특허설로 입장을 바꾼 것으로 보인다.

(d) 사   견   도시정비법상 조합설립인가처분은 조합이 정비사업을 시행할 수 있는 권한을 갖는 행정주체로서의 지위를 부여하는 능력설정행위이므로 학문상 특허로 보는 것이 타당하다.

(다) 조합의 법적 지위   도시 및 주거환경정비법에 따른 주택재건축정비사업조합은 관할 행정청의 감독 아래 도시정비법상의 주택재건축사업을 시행하는 공법인($^{도주법}_{제38조}$)으로서, 그 목적 범위 내에서 법령이 정하는 바에 따라 일정한 행정작용을 행하는 행정주체의 지위를 갖는다($^{대판}_{2022.}$ $^{7. 14, 2022}_{다206391}$).

3) 조합설립추진위원회 구성승인처분과 조합설립인가처분의 관계   판례는 "구성승인처분은 조합의 설립을 위한 주체인 추진위원회의 구성행위를 보충하여 그 효력을 부여하는 처분으로서 조합설립이라는 종국적 목적을 달성하기 위한 중간단계의 처분에 해당하지만, 그 법률요건이나 효과가 조합설립인가처분의 그것과는 다른 독립적인 처분이기 때문에, 추진위원회 구성승인처분에 대한 취소 또는 무효확인 판결의 확정만으로는 이미 조합설립인가를 받은 조합에 의한 정비사업의 진행을 저지할 수 없다. 따라서 추진위원회 구성승인처분을 다투는 소송 계속 중에 조합설립인가처분이 이루어진 경우에는, 추진위원회 구성승인처분에 위법이 존재하여 조합설립인가 신청행위가 무효라는 점 등을 들어 직접 조합설립인가처분을 다툼으로써 정비사업의 진행을 저지하여야 하고, 이와는 별도로 추진위원회 구성승인처분에 대하여 취소 또는 무효확인을 구할 법률상의 이익은 없다"고 한다($^{대판 2013. 1. 31,}_{2011두11112 · 11129}$).

[기출사례] 제56회 사법시험(2014년) 문제 · 답안작성요령 ☞ PART 4 [3-22]

[기출사례] 제61회 5급공채(일반행정)(2017년) 문제 · 답안작성요령 ☞ PART 4 [3-24]

(2) 사업시행인가

1) 사업시행인가의 절차   사업시행자($^{제25조 제 1 항 및 제 2 항에 따른 공동시행의 경우를 포}_{함하되, 사업시행자가 시장 · 군수등인 경우는 제외한다}$)는 정비사업을 시행하려는 경우에는 제52조에 따른 사업시행계획서($^{이하 "사업시행}_{계획서"라 한다}$)에 정관등과 그 밖에 국토교통부령으로 정하는 서류를 첨부하여 시장 · 군수등에게 제출하고 사업시행계획인가를 받아야 하고, 인가받은 사항을 변경하거나 정비사업을 중지 또는 폐지하려는 경우에도 또한 같다. 다만, 대통령령으로 정하는 경미한 사항을 변경하려는 때에는 시장 · 군수등에게 신고하여야 한다($^{도주법 제50}_{조 제 1 항}$).

2) 사업시행인가의 법적 성질   판례($^{대판 2008. 1. 10,}_{2007두16691}$)는 "조합이 사업시행계획을 재건축결의에서 결정된 내용과 달리 작성한 경우 이러한 하자는 기본행위인 사업시행계획 작성행위의 하자라고 할 것이고, 이에 대한 보충행위인 행정청의 인가처분이 그 근거 조항인 도시정비법 제28

조($^{사업시}_{행인가}$)의 적법요건을 갖추고 있는 이상은 그 인가처분 자체에 하자가 있는 것이라 할 수 없다" 고 하여 사업시행인가에서 인가를 강학상 인가로 본다.

(3) 관리처분계획(환권계획)

1) 관리처분계획의 의의　관리처분계획이란 토지나 건물의 소유자 등이 가지는 종전의 토지 및 건물에 대한 권리를 정비사업으로 새로 조성되는 토지 및 건물에 대한 권리로 변환시켜 배분하는 계획을 말한다.

2) 관리처분계획의 절차　① 제74조에 따른 관리처분계획의 수립 및 변경($^{제74조 제1항 각}_{호 외의 부분 단서}$ $^{에 따른 경미한}_{변경은 제외한다}$)사항은 총회의 의결을 거쳐야 한다($^{도주법 제45조}_{제1항 제10호}$). ② 사업시행자는 제72조에 따른 분양 신청기간이 종료된 때에는 분양신청의 현황을 기초로 다음 각 호($^{1. 분양설계, 2. 분양대상자의 주소 및 성명,}_{3. 분양대상자별 분양예정인 대지 또는 건축물}$ $^{의 추산액(임대관리 위탁주택에 관한}_{내용을 포함한다), 제4호 이하 생략}$)의 사항이 포함된 관리처분계획을 수립하여 시장·군수등의 인가를 받아야 하며, 관리처분계획을 변경·중지 또는 폐지하려는 경우에도 또한 같다. 다만, 대통령령으로 정하는 경미한 사항을 변경하려는 경우에는 시장·군수등에게 신고하여야 한다($^{도주법 제74}_{조 제1항}$). ③ 시장·군수등은 사업시행자의 관리처분계획인가의 신청이 있은 날부터 30일 이내에 인가 여부를 결정하여 사업시행자에게 통보하여야 한다($^{도주법 제78조}_{제2항 본문}$).

3) 관리처분계획의 법적 성질

(가) 행정계획으로서 관리처분계획　① 관리처분계획은 조합이 조합에 귀속되었던 권리와 의무를 조합원 개개인에게 배분하기 위해 수립·작성한 구속력 있는 행정계획이며($^{판}_{례}$), 행정청의 인가를 통하여 본래의 효력을 발생하게 된다. ② 판례도 구속적 행정계획으로 본다($^{대판 1996. 2. 15,}_{94다31235}$).

┌─────┐
│ **판례** │　도시 및 주거환경정비법상 관리처분계획의 재량성
└─────┘
($^{개별 조합원이 재건축조합에 대하여 사적 약정의 내용대로 관리처분계획 수립을}_{강제할 수 있는 민사상 권리를 가지는지 여부를 쟁점으로 한 손해배상사건에서}$) 재건축조합이 행정주체의 지위에서 수립하는 관리처분계획은 행정계획의 일종으로서 이에 관하여는 재건축조합에 상당한 재량이 인정되므로, 재건축조합은 종전의 토지 또는 건축물의 면적·이용상황·환경 그 밖의 사항을 종합적으로 고려하여 대지 또는 건축물이 균형 있게 분양신청자에게 배분되고 합리적으로 이용되도록 그 재량을 행사해야 한다($^{대판 2022. 7. 14,}_{2022다206391}$).

[참고 판례] 도시 및 주거환경정비법상 주택재개발정비사업조합의 법적 지위
($^{'행정심판법 제49조 제1항, 제2항의 적용을 받는 행정청에 도시 및 주거환경정비}_{법상 주택재개발정비사업조합을 포함하는 한 위헌'이라는 결정을 구한 헌법소원에서}$) 재개발조합은 노후·불량한 건축물이 밀집한 지역에서 주거환경을 개선하여 도시의 기능을 정비하고 주거생활의 질을 높여야 할 **국가의 의무를 국가를 대신하여 실현하는 기능**을 수행하고 있다. 그리고 도시정비법은 이 사건에서 문제된 청산금부과를 비롯하여 관리처분계획 등 적극적 질서형성이 필요한 일부 영역에 관하여는 재개발조합에게 **시장·군수 등의 감독하에 행정처분을 할 권한**도 부여하고 있다. 위와 같은 재개발조합의 공공성과 도시정비법에서 위 조합에 행정처분을 할 수 있는 권한을 부여한 취지 등을 종합하여 볼 때, 재개발조합이 **공법인의 지위**에서 행정처분의 주체가 되는 경우에 있어서는, 위 조합은 재개발사업에 관한 국가의 기능을 대신하여 수행하는 공권력 행사자 내지 기본권 수범자의 지위에 있다고 할 것이다($^{헌재 2022. 7. 21, 2019헌}_{바543, 2020헌바199(병합)}$).

(나) 처분으로서 관리처분계획   ① 관리처분계획에 후속하는 집행행위는 관리처분계획에서 확정된 권리관계의 내용에 위반할 수 없다는 점에서 관리처분계획은 종국적인 행정작용이며 국민의 권리·의무에 영향을 미치는 행위라는 점에서 항고소송의 대상인 처분이다. ② 판례의 입장도 같다. 즉 판례는 "관리처분계획은 사업시행자가 작성하는 포괄적 행정계획으로서 사업시행의 결과 설치되는 대지를 포함한 각종 시설물의 권리귀속에 관한 사항과 그 비용 분담에 관한 사항을 정하는 행정처분이므로($\binom{대판\ 2007.\ 9.\ 6,}{2005두11951}$), 관리처분계획의 내용에 관하여 다툼이 있는 경우에는 … 항고소송에 의하여 관리처분계획 또는 그 내용인 분양거부처분등의 취소를 구할 수 있다($\binom{대판\ 1996.\ 2.\ 15,}{94다31235}$)"고 한다. 다만, 이전고시($\binom{환권}{처분}$)가 효력을 발생하면 대다수 조합원 등의 권리가 획일적·일률적으로 귀속되기 때문에 이전고시가 그 효력을 발생하게 된 이후에는 조합원 등이 관리처분계획의 취소 또는 무효확인을 구할 법률상 이익이 없다($\binom{대판\ 2012.\ 3.\ 22,\ 2011}{두6400\ 전원합의체}$)"고 한다.

4)「관리처분계획에 대한 조합총회의결」에 대한 소송

(가) 당사자소송   판례는 과거 관리처분계획안에 대한 총회의결 무효확인소송을 민사소송으로 보았으나 "행정주체인 재건축조합을 상대로 관리처분계획안에 대한 조합 총회결의의 효력 등을 다투는 소송은 행정처분에 이르는 절차적 요건의 존부나 효력 유무에 관한 소송으로서 그 소송결과에 따라 행정처분의 위법여부에 직접 영향을 미치는 공법상 법률관계에 관한 것이므로, 이는 행정소송법상의 당사자소송에 해당한다"로 입장을 변경하여 공법관계로 보면서 법률관계에 관한 소송이므로 공법상 당사자소송으로 본다($\binom{대판\ 2009.\ 9.\ 17,\ 2007}{다2428\ 전원합의체}$).

(나) 인가·고시 후 총회결의에 대한 소송   판례는 "도시 및 주거환경정비법상 주택재건축정비사업조합이 수립한 관리처분계획에 대하여 관할 행정청의 인가·고시까지 있게 되면 관리처분계획은 행정처분으로서 효력이 발생하게 되므로, 총회결의의 하자를 이유로 하여 행정처분의 효력을 다투는 항고소송의 방법으로 관리처분계획의 취소 또는 무효확인을 구하여야 하고, 그와 별도로 행정처분에 이르는 절차적 요건 중 하나에 불과한 총회의결의 부분만을 따로 떼어내어 효력 유무를 다투는 확인의 소를 제기하는 것은 특별한 사정이 없는 한 허용되지 않는다"고 보았다($\binom{대판\ 2009.\ 9.\ 17,\ 2007}{다2428\ 전원합의체}$).

5) 관리처분계획인가의 법적 성질   ① 학설은 관리처분계획인가의 법적 성질에 관해 강학상 인가라는 견해, 강학상 허가 또는 특허라는 견해, 인가는 관리처분계획의 사전절차에 불과하며 독립된 처분이 아니라는 견해가 대립된다. ② 판례는 "도시재개발법 제34조에 의한 행정청의 인가는 주택개량재개발조합의 관리처분계획에 대한 법률상의 효력을 완성시키는 보충행위"라고 하여 관리처분계획인가를 강학상 인가라고 본다($\binom{대판\ 2001.\ 12.\ 11,}{2001두7541}$). ③ 생각건대, 관리처분계획의 인가는 관리처분계획의 효력을 완성시키는 보충행위로 강학상 인가에 해당한다고 볼 것이다. 따라서 기본행위인 관리처분계획의 무효를 이유로 행정청의 인가처분의 취소 또는 무효확인을 구할 법률상 이익은 인정되지 않는다($\binom{대판\ 2001.\ 12.\ 11,}{2001두7541}$).

⑷ 관리처분(환권처분)

1) 의　　의　　관리처분(환권처분)이란 환권계획에 따라 권리를 변환하는 형성적 행정행위를 말한다. 환권처분은 관리처분계획에 따른다. 즉, 정비사업의 시행으로 조성된 대지 및 건축물은 관리처분계획에 따라 처분 또는 관리하여야 한다(도주법 제79조 제1항). 사업시행자는 정비사업의 시행으로 건설된 건축물을 제74조에 따라 인가받은 관리처분계획에 따라 토지등 소유자에게 공급하여야 한다(도주법 제79조 제2항). 환권처분은 이전고시 및 청산의 절차를 거친다.

2) 이전고시

㈎ 의　　의　　사업시행자는 제83조 제3항 및 제4항에 따른 고시가 있은 때에는 지체 없이 대지확정측량을 하고 토지의 분할절차를 거쳐 관리처분계획에서 정한 사항을 분양받을 자에게 통지하고 대지 또는 건축물의 소유권을 이전하여야 한다. 다만, 정비사업의 효율적인 추진을 위하여 필요한 경우에는 해당 정비사업에 관한 공사가 전부 완료되기 전이라도 완공된 부분은 준공인가를 받아 대지 또는 건축물별로 분양받을 자에게 소유권을 이전할 수 있다(도주법 제86조 제1항).

㈏ 법적 성질　　"도시 및 주거환경정비법에 따른 이전고시는 준공인가의 고시로 사업시행이 완료된 이후에 관리처분계획에서 정한 바에 따라 종전의 토지 또는 건축물에 대하여 정비사업으로 조성된 대지 또는 건축물의 위치 및 범위 등을 정하여 소유권을 분양받을 자에게 이전하고 가격의 차액에 상당하는 금액을 청산하거나 대지 또는 건축물을 정하지 않고 금전적으로 청산하는 공법상 처분이다(대판 2016. 12. 29, 2013다73551)."

3) 효　　과

㈎ 새로운 대지 또는 건축물 소유권의 취득　　사업시행자는 제1항에 따라 대지 및 건축물의 소유권을 이전하려는 때에는 그 내용을 해당 지방자치단체의 공보에 고시한 후 시장·군수등에게 보고하여야 한다. 이 경우 대지 또는 건축물을 분양받을 자는 고시가 있은 날의 다음 날에 그 대지 또는 건축물의 소유권을 취득한다(도주법 제86조 제2항). 이로써 공용환권이 이루어진다.

㈏ 종전의 토지 또는 건축물에 설정된 권리의 이전　　대지 또는 건축물을 분양받을 자에게 제86조 제2항에 따라 소유권을 이전한 경우 종전의 토지 또는 건축물에 설정된 지상권·전세권·저당권·임차권·가등기담보권·가압류 등 등기된 권리 및 「주택임대차보호법」 제3조 제1항의 요건을 갖춘 임차권은 소유권을 이전받은 대지 또는 건축물에 설정된 것으로 본다(도주법 제87조 제1항).

4) 이전고시 효력 발생 후 쟁송 가능성

㈎ 일부 변경의 가부　　"대지 또는 건축물의 소유권 이전에 관한 고시의 효력이 발생하면 조합원 등이 관리처분계획에 따라 분양받을 대지 또는 건축물에 관한 권리의 귀속이 확정되고 조합원 등은 이를 토대로 다시 새로운 법률관계를 형성하게 되는데, 이전고시의 효력 발생으로 대다수 조합원 등에 대하여 권리귀속 관계가 획일적·일률적으로 처리되는 이상 그 후 일부 내용만을 분리하여 변경할 수 없고, 그렇다고 하여 전체 이전고시를 모두 무효화시켜 처음부터 다시 관리처분계획을 수립하여 이전고시 절차를 거치도록 하는 것도 정비사업의 공익적·단체법적 성

격에 배치되어 허용될 수 없다$\binom{대판\ 2019.\ 4.\ 23,}{2018두55326}$)." 분양처분에 위법이 있다면, 손해배상을 구하는 것은 가능하다$\binom{대판\ 1991.\ 10.\ 8,}{90누10032}$).

　　(나) 수용재결 등의 취소의 가부　　"정비사업의 공익적·단체법적 성격과 이전고시에 따라 이미 형성된 법률관계를 유지하여 법적 안정성을 보호할 필요성이 현저한 점 등을 고려할 때, 이전고시의 효력이 발생한 이후에는 조합원 등이 해당 정비사업을 위하여 이루어진 수용재결이나 이의재결의 취소 또는 무효확인을 구할 법률상 이익이 없다고 해석함이 타당하다$\binom{대판\ 2019.\ 4.\ 23,}{2018두55326}$)."

　　5) 청산$\binom{청산금의}{징수·지급}$　　대지 또는 건축물을 분양받은 자가 종전에 소유하고 있던 토지 또는 건축물의 가격과 분양받은 대지 또는 건축물의 가격 사이에 차이가 있는 경우 사업시행자는 제86조 제 2 항에 따른 이전고시가 있은 후에 그 차액에 상당하는 금액$\binom{이하\ "청산}{금"이라\ 한다}$을 분양받은 자로부터 징수하거나 분양받은 자에게 지급하여야 한다$\binom{도주법\ 제89}{조\ 제 1 항}$.

[참고] 주택재건축사업과 주택재개발사업의 차이

$\binom{도시\ 및\ 주거환경정비법}{제38조\ 위헌소원에서}$ 주택재건축사업은 정비기반시설이 양호한 지역에서 주거환경 개선을 위하여 시행하는 사업인 반면, 주택재개발사업은 정비기반시설이 열악한 지역을 대상으로 한다는 점에서 차이가 있다. 이런 차이로 인해 주택재개발사업의 경우 공공성이 주택재건축사업의 경우보다 더 강하다고 볼 수 있고, 그에 따라 공적 개입의 정도도 더 강화된다. 주택재건축사업은 사업에 동의한 자로 구성된 조합의 결성을 통해 진행되며 대상지역이 불량주거지가 아니고, 토지 등 소유자가 대체로 주택재건축사업에 자발적으로 합의한다는 점에서, 주택재개발사업과 비교하여 그 공공성·강제성의 정도에 차이가 있다. 따라서 주택재건축사업과 주택재개발사업은 사업시행에 관한 협의가 이루어지지 않을 경우 해결방법에 있어서도 차이를 나타낼 수밖에 없다$\binom{헌재\ 2018.\ 7.\ 26,}{2016헌바83}$.

[기출사례] 제66회 5급공채(행정)(2022년) 문제·답안작성요령 ☞PART 4 [3-22b]

제 2 장 토지행정법

제 1 절 일 반 론

Ⅰ. 토지행정법의 관념

1. 토지행정법의 의의

삶의 근원인 토지는 한정되어 있으나, 인구는 증대하고 아울러 토지에 대한 수요도 증대하는 것이 현재의 상황이고 보면, 건전한 토지질서의 유지·확보는 국가적인 과업일 수밖에 없다. 사실 토지질서의 혼란은 국민의 삶의 기반에 중대한 타격을 가할 수도 있는 것이므로, 토지에 대한 국가의 개입은 중요한 일이 된다. 이러한 연유로 "국가는 국민 모두의 생산 및 생활의 기반이 되는 국토의 효율적이고 균형 있는 이용·개발과 보전을 위하여 법률이 정하는 바에 의하여 그에 관한 필요한 제한과 의무를 과할 수 있다"($\binom{\text{헌법}}{\text{제122조}}$). 여기에 토지에 대한 공법적 규율의 필요성이 나타나는바, 토지의 소유·이용·개발·거래 등에 관한 공법적 규율의 총괄개념을 토지행정법으로 정의해 두기로 한다.

2. 토지공개념

(1) 의   의   1970년대 중반, 특히는 1980년대 후반부터 토지의 공공성에 대한 강조가 국민들과 정부에 의해 공동의 관심사로 떠오르게 되었다. 이러한 경향을 단적으로 나타내는 것으로서 소위 토지공개념이라는 용어는 만인의 입에 오르내리게 되었다. 토지공개념의 의미는 논자에 따라 상이하게 파악·사용하는 것으로 보인다. 토지공개념이라는 용어는 학문상으로나 실정법상으로도 정립된 것이 아니다. 그것은 행정실무와 언론에서 널리 사용하고 있을 뿐이다. 일부의 학자는 토지공개념에 의한 토지소유권의 제한을 ① 사회주의체제로의 접근을 의미하는 참으로 위험한 발상, 또는 ② 다분히 초기사회주의적 이데올로기에 의해서 오염된 초헌법적 사고의 결과로 보기도 한다. 그러나 ③ 일반적으로는 토지공개념을 토지가 가지는 다른 재화와는 다른 의미와 성격에 기초하여 토지의 공적 성격을 강조하고 토지의 이용 및 거래의 사적 자치가 초래하는 사회적 문제를 극복하기 위하여 토지재산권이 광범위한 구속을 받는다는 것을 총체적으로 표현하는 의미로 새기는 것으로 보인다. 말하자면 토지가 갖는 공공성·사회적 기속성을 종전과는 차원을 달리하여 보다 강조하고자 하는 의미로 토지공개념이라는 용어를 사용하는 것이 현재의 일반적인 경향이라 하겠다.

(2) 법적 근거   학자에 따라서는 소위 토지공개념의 헌법적 근거로서 ① 일반적 근거로 헌법 제23조 제 2 항과 동조 제 1 항 제 2 문을 제시하고, ② 이를 구체화한 개별적 근거로 헌법 제120조 제 2 항, 제121조, 제122조를 들고, ③ 관련조항으로 사회복지국가원리와 사회적 시장경제질서에 관한 헌법조항을 든다. 한편, 이를 구현하는 법률로는 국토의 계획 및 이용에 관한 법률 등이 있다.

Ⅱ. 토지행정작용의 주요내용

1. 토지의 소유에 관한 사항

토지의 소유와 관련하여서는 토지소유상한제도와 토지수용제도가 있다. ① 농지는 원칙적으로 자기의 농업경영에 이용하거나 이용할 자가 아니면 이를 소유하지 못한다($\frac{농지법}{제 6 조}$). 한편 ② 특정의 공익사업을 위해서는 사인의 토지재산권을 강제적으로 수용할 수도 있다. 그 밖에 ③ 농지취득자격증명제도($\frac{농지법}{제 8 조}$)도 토지의 소유에 관한 공법적 제약의 일종이다.

2. 토지의 이용에 관한 사항

토지의 이용과 관련하여서는 ① 용도지역제와 ② 토지이용강제제도를 볼 수 있다. ① 전자는 토지를 그 성질에 따른 적정한 용도에 이용토록 하고, 그에 부합하지 않은 이용을 규제하여 합리적이고 능률적인 토지이용을 확보하려는 제도이다($\frac{토용법 제}{36조 이하}$). 한편 ② 후자는 토지를 용도에 적합하게 이용하도록 하는 적극적인 방식이다. 이러한 방식에는 대리경작제($\frac{농지법}{제20조}$)·산림사업대행제도($\frac{산림자원의 조성 및 관}{리에 관한 법률 제23조}$) 등이 있다.

3. 토지의 수익에 관한 사항

토지의 수익과 관련하여서는 개발이익의 환수제도로서 개발부담금제도가 있다. 개발이익환수에 관한 법률은 개발사업의 시행이나 토지이용계획의 변경, 그 밖에 사회적·경제적 요인에 따라 정상지가상승분을 초과하여 개발사업을 시행하는 자나 토지소유자에게 귀속되는 토지가액의 증가분을 '개발이익'이라 하고($\frac{환수법 제 2}{조 제 1 호}$), 개발이익 중 동법에 의하여 국가가 부과·징수하는 금액을 '개발부담금'으로 정의하고 있다($\frac{환수법 제 2}{조 제 4 호}$). 농지의 임대차·사용대차의 제한($\frac{농지법}{제23조}$)도 토지의 수익에 관련된 공법상 제약에 해당한다.

4. 토지의 처분에 관한 사항

토지의 처분과 관련하여서는 토지거래계약허가제($\frac{부신법 제}{10조 이하}$), 선매협의제($\frac{부신법}{제15조}$) 등이 있다. 농지처분의무제($\frac{농지법}{제10조}$) 역시 토지의 처분에 관련된 공법상 제약에 해당한다.

제 2 절   국토의 계획

Ⅰ. 국토계획

1. 국토계획의 의의

국토기본법은 국토를 이용·개발 및 보전할 때 미래의 경제적·사회적 변동에 대응하여 국토가 지향하여야 할 발전 방향을 설정하고 이를 달성하기 위한 계획을 '국토계획'으로 정의하면서$\binom{\text{국토법 제}6}{\text{조 제}1\text{항}}$, 국토계획을 국토종합계획, 도종합계획, 시·군종합계획, 지역계획, 부문별계획으로 구분하고 있다$\binom{\text{국토법 제}6}{\text{조 제}2\text{항}}$.

2. 국토계획의 상호관계

국토종합계획은 도종합계획 및 시군종합계획의 기본이 되며, 부문별계획과 지역계획은 국토종합계획과 조화를 이루어야 한다$\binom{\text{국토법 제}7}{\text{조 제}1\text{항}}$. 도종합계획은 해당 도의 관할 구역에서 수립되는 시·군종합계획의 기본이 된다$\binom{\text{국토법 제}7}{\text{조 제}2\text{항}}$. 국토기본법에 따른 국토종합계획은 다른 법령에 따라 수립되는 국토에 관한 계획에 우선하며 그 기본이 된다$\binom{\text{국토법 제}8}{\text{조 본문}}$. 다만, 군사에 관한 계획에 대하여는 그러하지 아니하다$\binom{\text{국토법 제}8}{\text{조 단서}}$.

Ⅱ. 도시·군계획

1. 도시·군계획

도시·군계획이란 특별시·광역시·특별자치시·특별자치도·시 또는 군$\binom{\text{광역시의 관할구역 안}}{\text{에 있는 군을 제외한다}}$의 관할 구역에 대하여 수립하는 공간구조와 발전방향에 대한 계획을 말한다$\binom{\text{토용법 제}2}{\text{조 제}2\text{호}}$. 도시·군계획의 일종으로 광역도시계획이 있다$\binom{\text{토용법 제}2\text{조 제}1}{\text{호, 제}10\text{조 이하}}$. 도시·군계획은 도시·군기본계획과 도시·군관리계획으로 구분된다$\binom{\text{토용법 제}2}{\text{조 제}2\text{호}}$.

2. 도시·군기본계획

도시·군기본계획이란 특별시·광역시·특별자치시·특별자치도·시 또는 군의 관할 구역에 대하여 기본적인 공간구조와 장기발전방향을 제시하는 종합계획으로서 도시·군관리계획수립의 지침이 되는 계획을 말한다$\binom{\text{토용법 제}2}{\text{조 제}3\text{호}}$. 특별시장·광역시장·특별자치시장·특별자치도지사·시장 또는 군수는 관할 구역에 대하여 도시·군기본계획을 수립하여야 한다$\binom{\text{토용법 제}18\text{조}}{\text{제}1\text{항 본문}}$. 특별시장·광역시장·특별자치시장·특별자치도지사·시장 또는 군수는 도시·군기본계획을 수립하거나 변경하려면 미리 그 특별시·광역시·특별자치시·특별자치도·시 또는 군 의회의 의견을 들어야 한다$\binom{\text{토용법 제}21}{\text{조 제}1\text{항}}$.

3. 도시 · 군관리계획

(1) 의   의   도시 · 군관리계획이란 특별시 · 광역시 · 특별자치시 · 특별자치도 · 시 또는 군의 개발 · 정비 및 보전을 위하여 수립하는 토지 이용, 교통, 환경, 경관, 안전, 산업, 정보통신, 보건, 복지, 안보, 문화 등에 관한 다음 각 목(가. 용도지역 · 용도지구의 지정 또는 변경에 관한 계획, 나. 개발제한구역, 도시자연공원구역, 시가화조정구역, 수산자원보호구역의 지정 또는 변경에 관한 계획, 다. 기반시설의 설치 · 정비 또는 개량에 관한 계획, 라. 도시개발사업이나 정비사업에 관한 계획, 마. 지구단위계획구역의 지정 또는 변경에 관한 계획과 지구단위계획, 바. 입지규제최소구역의 지정 또는 변경에 관한 계획과 입지규제최소구역계획)의 계획을 말한다(토용법 제2 조 제 4 호).

(2) 도시 · 군관리계획의 법적 성질   ① 도시 · 군관리계획의 입안자는 형성의 자유를 갖는다. ② 도시 · 군관리계획은 구속효를 갖는 행정계획에 해당한다. ③ 도시 · 군관리계획은 처분성을 갖는바(대판 1982. 3. 9, 80누105; 대판 1992. 8. 14, 91누11582), 행정상 쟁송의 대상이 된다.

(3) 입안의 제안   주민(이해관계자를 포함한다)은 다음 각 호(1. 기반시설의 설치 · 정비 또는 개량에 관한 사항, 2. 지구단위계획구역의 지정 및 변경과 지구단위계획의 수립 및 변경에 관한 사항, 3. 개발진흥기구 중 공업기능 또는 유통물류기능 등을 집중적으로 개발 · 정비하기 위한 개발진흥기구로서 대통령령이 정하는 개발진흥기구의 지정 및 변경에 관한 사항, 4. 제37조에 따라 지정된 용도지구 중 해당 용도지구에 따른 건축물이나 그 밖의 시설의 용도 · 종류 및 규모 등의 제한을 지구단위계획으로 대체하기 위한 용도지구의 지정 및 변경에 관한 사항)의 사항에 대하여 제24조에 따라 도시 · 군관리계획을 입안할 수 있는 자에게 도시 · 군관리계획의 입안을 제안할 수 있다. 이 경우 제안서에는 도시 · 군관리계획도서와 계획설명서를 첨부하여야 한다(토용법 제26 조 제 1 항). 입안의 제안거부처분은 취소소송의 대상이 된다(판 례).

┌─────┐
│ 판례 │ 도시계획입안신청의 내용 및 제안거부의 처분성 인정 여부
└─────┘
(광주광역시 북구청장의 도시계획시설변경입 안의 제안거부처분의 취소를 구한 사건에서) **구 도시계획법은** 도시계획의 수립 및 집행에 관하여 필요한 사항을 규정함으로써 공공의 안녕질서를 보장하고 공공복리를 증진하며 주민의 삶의 질을 향상하게 함을 목적으로 하면서도 도시계획시설결정으로 인한 개인의 재산권행사의 제한을 줄이기 위하여, 도시계획시설부지의 매수청구권, 도시계획시설결정의 실효에 관한 규정과 아울러 도시계획 입안권자인 특별시장 · 광역시장 · 시장 또는 군수로 하여금 5년마다 관할 도시계획구역 안의 도시계획에 대하여 그 타당성 여부를 전반적으로 재검토하여 정비하여야 할 의무를 지우고, **도시계획입안제안과 관련하여서는 주민이 입안권자에게** 1. 도시계획시설의 설치 · 정비 또는 개량에 관한 사항 2. 지구단위계획구역의 지정 및 변경과 지구단위계획의 수립 및 변경에 관한 사항'에 관하여 도시계획도서와 계획설명서를 첨부'하여 **도시계획의 입안을 제안할 수 있고, 위 입안제안을 받은 입안권자는 그 처리결과를 제안자에게 통보하도록 규정하고 있는 점 등과 헌법상 개인의 재산권 보장의 취지에 비추어 보면,** 도시계획구역 내 토지등을 소유하고 있는 **주민으로서는 입안권자에게 도시계획입안을 요구할 수 있는 법규상 또는 조리상의 신청권이 있다고 할 것이고,** 이러한 신청에 대한 거부행위는 항고소송의 대상이 되는 행정처분에 해당한다(대판 2004. 4. 28, 2003두1806).

(4) 도시 · 군관리계획의 효력

1) 외부적 구속효   도시 · 군관리계획은 개발행위허가의 제한요소가 되기도 하는바, 외부적 구속효를 갖는다(토용법 제58조 제 1 항 제 2 호, 제 3 호 등). 기술한 바와 같이 도시 · 군관리계획은 처분성을 갖는바, 행정상 쟁송의 대상이 된다.

2) 효력의 발생시점　　도시·군관리계획 결정의 효력은 제32조 제4항에 따라 지형도면을 고시한 날부터 발생한다$\binom{\text{토용법 제31}}{\text{조 제 1 항}}$. 도시·군관리계획 결정 당시 이미 사업이나 공사에 착수한 자$\binom{\text{이 법 또는 다른 법률에 따라 허가·인가·승인 등을 받아야 하는 경우에}}{\text{는 그 허가·인가·승인 등을 받아 사업이나 공사에 착수한 자를 말한다}}$는 그 도시·군관리계획 결정과 관계없이 그 사업이나 공사를 계속할 수 있다. 다만, 시가화조정구역이나 수산자원보호구역의 지정에 관한 도시·군관리계획 결정이 있는 경우에는 대통령령으로 정하는 바에 따라 특별시장·광역시장·특별자치시장·특별자치도지사·시장 또는 군수에게 신고하고 그 사업이나 공사를 계속할 수 있다$\binom{\text{토용법 제31}}{\text{조 제 2 항}}$.

3) 지형도면의 작성·고시

(가) 의　의　　지형도면이란 도시·군관리계획$\binom{\text{지구단위계획구역의 지정·변경과 지구단위계획의}}{\text{수립·변경에 관한 도시·군관리계획은 제외한다}}$에 관한 사항을 자세히 밝힌 도면을 말한다$\binom{\text{토용법 제32}}{\text{조 제 2 항}}$.

(나) 법적 성질　　지형도면의 작성·고시는 행정청이 공법의 영역에서 법적 효과를 발생시키는 일방적 행위에 해당하는바$\binom{\text{대판 2020. 12. 24.}}{\text{2020두46769}}$, 행정기본법이나 행정심판법 또는 행정소송법상 처분에 해당한다.

(다) 지형도면과 도시·군관리계획의 관계　　① 지형도면은 도시·군관리계획$\binom{\text{지구단위계획구}}{\text{역의 지정·변}}$ $\binom{\text{경과 지구단위계획의 수립·변경에}}{\text{관한 도시·군관리계획은 제외한다}}$에 관한 사항을 자세히 밝힌 도면$\binom{\text{토용법 제32}}{\text{조 제 2 항}}$이라는 점에서 지형도면은 도시·군관리계획을 바탕으로 한다. ② 지형도면은 도시·군관리계획의 구체적, 개별적인 범위를 확정하는 의미를 갖는다$\binom{\text{대판 1999. 2. 9.}}{\text{98두13195}}$. ③ 도시·군관리계획에 포함되지 아니한 사항은 지형도면에 포함될 수 없다. 포함되었다고 하여도 효력을 갖지 못한다. ④ 지형도면에 포함되지 아니한 사항은 도시·군관리계획의 내용으로 실현되기 어렵다$\binom{\text{대판 1979. 10. 10.}}{\text{78누476}}$. 다만, 도시·군관리계획의 내용으로 명백히 추론될 수 있는 사항이 지형도면에 포함되지 아니한 경우에는 사정이 다를 수 있을 것이다.

[기출사례] 제38회 입법고시(2022년) 문제·답안작성요령 ☞ PART 4 [3-22a]

4. 지구단위계획

지구단위계획이란 도시·군계획 수립 대상지역의 일부에 대하여 토지 이용을 합리화하고 그 기능을 증진시키며 미관을 개선하고 양호한 환경을 확보하며, 그 지역을 체계적·계획적으로 관리하기 위하여 수립하는 도시·군관리계획을 말한다$\binom{\text{토용법 제 2}}{\text{조 제 5 호}}$. 지구단위계획구역 및 지구단위계획은 도시·군관리계획으로 결정한다$\binom{\text{토용법}}{\text{제50조}}$.

5. 용도지역·용도지구·용도구역

(1) 용도지역　　국토의 계획 및 이용에 관한 법률에서 용도지역이라 함은 토지의 이용 및 건축물의 용도·건폐율$\binom{\text{건축법 제55조의}}{\text{건폐율을 말한다}}$·용적률$\binom{\text{건축법 제56조의}}{\text{용적률을 말한다}}$·높이 등을 제한함으로써 토지를 경제적·효율적으로 이용하고 공공복리의 증진을 도모하기 위하여 서로 중복되지 아니하게 도시·

군관리계획으로 결정하는 지역을 말한다$\binom{\text{토용법 제 2}}{\text{조 제15호}}\binom{\text{판}}{\text{례}}$. 용도지역은 도시지역·관리지역·농림지역·자연환경보전지역으로 구분한다$\binom{\text{토용법}}{\text{제 6 조}}$.

> **판례** 　국토의 계획 및 이용에 관한 법률('국토계획법')이 정한 용도지역 안에서의 건축허가의 성질
> $\binom{\text{영광군수가 발령한 건축허가신청반려}}{\text{처분에 대하여 취소를 구한 사건에서}}$ 국토계획법이 정한 용도지역 안에서의 건축허가는 건축법 제11조 제 1 항에 의한 건축허가와 국토계획법 제56조 제 1 항의 개발행위허가의 성질을 아울러 갖는 것으로 보아야 한다$\binom{\text{대판 2017. 3. 15.}}{\text{2016두55490}}$.

(2) 용도지구　　　국토의 계획 및 이용에 관한 법률에서 용도지구라 함은 토지의 이용 및 건축물의 용도·건폐율·용적률·높이 등에 대한 용도지역의 제한을 강화하거나 완화하여 적용함으로써 용도지역의 기능을 증진시키고 미관·경관·안전 등을 도모하기 위하여 도시·군관리계획으로 결정하는 지역을 말한다$\binom{\text{토용법 제 2}}{\text{조 제16호}}$. 용도지구는 경관지구·미관지구·고도지구·방화지구·방재지구·보존지구·시설보호지구·취락지구·개발진흥지구·특정용도제한지구 등으로 구분된다$\binom{\text{토용법 제37}}{\text{조 제 1 항}}$.

(3) 용도구역　　　국토의 계획 및 이용에 관한 법률에서 용도구역이라 함은 토지의 이용 및 건축물의 용도·건폐율·용적률·높이 등에 대한 용도지역 및 용도지구의 제한을 강화하거나 완화하여 따로 정함으로써 시가지의 무질서한 확산방지, 계획적이고 단계적인 토지이용의 도모, 토지이용의 종합적 조정·관리 등을 위하여 도시·군관리계획으로 결정하는 지역을 말한다$\binom{\text{토용}}{\text{법 제 2}}\binom{\text{조 제}}{\text{17호}}$. 용도구역에는 개발제한구역$\binom{\text{토용법 제38조;}}{\text{개제법 제 3 조}}$·도시자연공원구역$\binom{\text{토용법}}{\text{제38조의2}}$·시가화조정구역$\binom{\text{토용법}}{\text{제39}}\binom{\text{조}}{\text{제 1 항}}$·수산자원보호구역$\binom{\text{토용법}}{\text{제40조}}$·입지규제최소구역$\binom{\text{토용법}}{\text{제40조의2}}$ 등이 있다.

제 3 절　국토의 이용질서

I. 개발행위

1. 개발행위의 허가

다음 각 호$\binom{\text{1. 건축물의 건축 또는 공작물의 설치, 2. 토지의 형질 변경(경작을 위한 경우로서 대통령령으로 정하는 토지의 형질 변경}}{\text{은 제외한다), 3. 토석의 채취, 4. 토지 분할(건축물이 있는 대지의 분할은 제외한다), 5. 녹지지역·관리지역 또는 자연환}}$
$\binom{}{\text{경보전지역에 물건을 1}}$의 어느 하나에 해당하는 행위로서 대통령령으로 정하는 행위$\binom{\text{이하 "개발행}}{\text{위"라 한다}}$를 하려는 자는 특별시장·광역시장·특별자치시장·특별자치도지사·시장 또는 군수의 허가$\binom{\text{이하 "개발행}}{\text{위허가"라 한다}}$를 받아야 한다. 다만, 도시·군계획사업에 의한 행위는 그러하지 아니하다$\binom{\text{토용법 제56}}{\text{조 제 1 항}}$.

2. 개발행위의 실효성확보

개발행위의 실효성확보를 위한 수단으로 이행보증금의 예치(토용법 제60조 제1항 본문), 원상회복명령(토용법 제60조 제3항), 개발밀도관리구역(토용법 제2조 제18호), 기반시설부담구역(토용법 제2조 제19호, 제67조 제1항) 등의 제도가 있다.

3. 개발부담금(개발이익의 환수)

(1) 개발부담금의 의의   개발사업의 시행 또는 토지이용계획의 변경 그 밖에 사회·경제적 요인에 따라 정상지가상승분을 초과하여 개발사업을 시행하는 자(사업시행자)나 토지 소유자에게 귀속되는 토지 가액의 증가분을 개발이익이라 하고, 개발이익 중에서 개발이익환수에 관한 법률에 의해 국가가 부과·징수하는 금액을 개발부담금이라 한다(환수법 제2조 제1호·제4호)(판례). 개발부담금도 통상의 부담금과 마찬가지로 공법상 금전납부의무의 일종이다. 그러나 개발부담금은 목적에 있어서 통상의 부담금(일정한 공익사업과 이해관계가 있는 자가 그 사업에 필요한 비용의 전부나 일부를 납부하는 경우의 금전급부)과 다르다. 개발부담금은 조세에 접근하는 성질도 갖는다.

> **판례** 개발부담금 제도의 취지
> (원정건설 주식회사가 충청남도 홍성군수를 피고로 제소한 개발부담금환급거부처분취소소송에서) 개발부담금 제도는 사업시행자가 개발사업을 시행한 결과 개발대상 토지의 지가가 상승하여 정상지가상승분을 초과하는 개발이익이 생긴 경우에 이를 일부 환수함으로써 경제정의를 실현하고 토지에 대한 투기를 방지하여 토지의 효율적인 이용의 촉진을 도모하기 위한 제도이다(대판 2016. 1. 28, 2013두2938).

(2) 개발부담금 등의 부과·징수에 대한 불복(행정심판)   개발부담금 등의 부과·징수에 대하여 이의가 있는 자는 공익사업을 위한 토지 등의 취득 및 보상에 관한 법률에 따른 중앙토지수용위원회에 행정심판을 청구할 수 있다(환수법 제26조 제1항). 제1항에 따른 행정심판청구에 대하여는 행정심판법 제6조에도 불구하고 공익사업을 위한 토지등의 취득 및 보상에 관한 법률에 따른 중앙토지수용위원회가 심리·의결하여 재결한다(환수법 제26조 제2항).

Ⅱ. 부동산 거래와 주택 임대차 계약의 신고

1. 부동산 거래의 신고

거래당사자는 다음 각 호(1. 부동산의 매매계약, 2. 「택지개발촉진법」, 「주택법」 등 대통령령으로 정하는 법률에 따른 부동산에 대한 공급계약, 3. 다음 각 목(가. 제2호에 따른 계약을 통하여 부동산을 공급받는 자로 선정된 지위, 나. 「도시 및 주거환경정비법」 제74조에 따른 관리처분계획의 인가 및 「빈집 및 소규모주택 정비에 관한 특례법」 제29조에 따른 사업시행계획인가로 취득한 입주자로 선정된 지위)의 어느 하나에 해당하는 지위의 매매계약)의 어느 하나에 해당하는 계약을 체결한 경우 그 실제 거래가격 등 대통령령으로 정하는 사항을 거래계약의 체결일부터 30일 이내에 그 권리의 대상인 부동산등(권리에 관한 계약의 경우에는 그 권리의 대상인 부동산을 말한다)의 소재지를 관할하는 시장(구가 설치되지 아니한 시의 시장 및 특별자치시장과 특별자치도 행정시의 시장을 말한다)·군수 또는 구청장(이하 "신고관청"이라 한다)에게 공동으로 신고하여야 한다. 다만, 거래당사자 중 일방이 국가, 지방자치단체, 대통령령으로 정하는 자의 경우(이하 "국가등"이라 한다)에는 국가등이 신고를 하여야 한다(부신법 제3조 제1항)

2. 주택 임대차 계약의 신고

(1) 의　　의　　　임대차계약당사자는 주택(「주택임대차보호법」 제 2 조에 따른 주택을 말하며, 주택을 취득할 수 있는 권리를 포함한다. 이하 같다)에 대하여 대통령령으로 정하는 금액을 초과하는 임대차 계약을 체결한 경우 그 보증금 또는 차임 등 국토교통부령으로 정하는 사항을 임대차 계약의 체결일부터 30일 이내에 주택 소재지를 관할하는 신고관청에 공동으로 신고하여야 한다. 다만, 임대차계약당사자 중 일방이 국가등인 경우에는 국가 등이 신고하여야 한다(부신법 제 6 조 의2 제 1 항).

(2) 대상금액　　　법 제 6 조의2 제 1 항 본문에서 "대통령령으로 정하는 금액을 초과하는 임대차 계약"이란 보증금이 6천만원을 초과하거나 월 차임이 30만원을 초과하는 주택 임대차 계약(계약을 갱신하는 경우로서 보증금 및 차임의 증 감 없이 임대차 기간만 연장하는 계약은 제외한다)을 말한다(부신법 시행령 제 4 조의3 제 1 항).

(3) 대상지역　　　제 1 항에 따른 주택 임대차 계약의 신고는 임차가구 현황 등을 고려하여 대통령령으로 정하는 지역에 적용한다(부신법 제 6 조 의2 제 2 항). 법 제 6 조의2 제 2 항에서 "대통령령으로 정하는 지역"이란 특별자치시·특별자치도·시·군(광역시 및 경기도의 관할구 역에 있는 군으로 한정한다)·구(자치구를 말한다)를 말한다(부신 법 시 행령 제 4 조 의3 제 2 항).

3. 외국인 등의 부동산 취득 등에 관한 특례

(1) 상호주의　　　국토교통부장관은 대한민국국민, 대한민국의 법령에 따라 설립된 법인 또는 단체나 대한민국정부에 대하여 자국(自國) 안의 토지의 취득 또는 양도를 금지하거나 제한하는 국가의 개인·법인·단체 또는 정부에 대하여 대통령령으로 정하는 바에 따라 대한민국 안의 토지의 취득 또는 양도를 금지하거나 제한할 수 있다. 다만, 헌법과 법률에 따라 체결된 조약의 이행에 필요한 경우에는 그러하지 아니하다(부신법 제 7 조).

(2) 외국인등의 부동산 취득·보유 신고　　　외국인등이 대한민국 안의 부동산등을 취득하는 계약(제 3 조 제 1 항 각 호에 따른 계약은 제외한다)을 체결하였을 때에는 계약체결일부터 60일 이내에 대통령령으로 정하는 바에 따라 신고관청에 신고하여야 한다(부신법 제 8 조 제 1 항). 외국인등이 상속·경매, 그 밖에 대통령령으로 정하는 계약 외의 원인으로 대한민국 안의 부동산등을 취득한 때에는 부동산등을 취득한 날부터 6개월 이내에 대통령령으로 정하는 바에 따라 신고관청에 신고하여야 한다(부신법 제 8 조 제 2 항).

Ⅲ. 토지거래계약허가제

1. 토지거래계약허가제의 관념

(1) 토지거래계약허가구역　　　국토교통부장관 또는 시·도지사는 국토의 이용 및 관리에 관한 계획의 원활한 수립과 집행, 합리적인 토지 이용 등을 위하여 토지의 투기적인 거래가 성행하거나 지가(地價)가 급격히 상승하는 지역과 그러한 우려가 있는 지역으로서 대통령령으로 정하는 지역에 대해서는 다음 각 호(1. 허가구역이 둘 이상의 시·도의 관할 구역에 걸쳐 있는 경우: 국토교통부장관이 지정, 2. 허가구 역이 동일한 시·도 안의 일부지역인 경우: 시·도지사가 지정. 다만, 국가가 시행하는 개발사업 등 에 따라 투기적인 거래가 성행하거나 지가가 급격히 상승하는 지역과 그러한 우려 가 있는 지역 등 대통령령으로 정하는 경우에는 국토교통부장관이 지정할 수 있다)의 구분에 따라 5년 이내의 기간을 정하여

제11조 제 1 항에 따른 토지거래계약에 관한 허가구역(이하 "허가구역"이라 한다)으로 지정할 수 있다(부신법 제10조 제 1 항 본문). 이 경우 국토교통부장관 또는 시·도지사는 대통령령으로 정하는 바에 따라 허가대상자(외국인등을 포함한다. 이하 이 조에서 같다), 허가대상 용도와 지목 등을 특정하여 허가구역을 지정할 수 있다(부신법 제10조 제 1 항 단서).

> [판례] 　국토의 계획 및 이용에 관한 법률상 토지거래허가구역의 지정의 처분성
> (한국산업인력공단을 피고로 하여 시험문제의 정답 여부 를 다툰 공인중개사시험불합격처분취소청구소송에서) 　항고소송의 대상이 되는 행정처분이란 특정 사항에 대하여 법규에 의한 권리의 설정 또는 의무의 부담을 명하거나 기타 법률상 효과를 발생하게 하는 등 국민의 권리의무에 직접 관계가 있는 행위를 가리키는 것인바, 구 국토의 계획 및 이용에 관한 법률(현) 부동산 거래 신고 등에 관한 법률)의 규정에 의하면, 같은 법에 따라 토지거래계약에 관한 허가구역으로 지정되는 경우, 허가구역 안에 있는 토지에 대하여 소유권이전 등을 목적으로 하는 거래계약을 체결하고자 하는 당사자는 공동으로 행정관청으로부터 허가를 받아야 하는 등 일정한 제한을 받게 되고, 허가를 받지 아니하고 체결한 토지거래계약은 그 효력이 발생하지 아니하며, 토지거래계약허가를 받은 자는 5년의 범위 이내에서 대통령령이 정하는 기간 동안 그 토지를 허가받은 목적대로 이용하여야 하는 의무도 부담하며, 같은 법에 따른 토지이용의무를 이행하지 아니하는 경우 이행강제금을 부과당하게 되는 등 토지거래계약에 관한 허가구역의 지정은 개인의 권리 내지 법률상의 이익을 구체적으로 규제하는 효과를 가져오게 하는 행정청의 처분에 해당하고, 따라서 이에 대하여는 원칙적으로 항고소송을 제기할 수 있다(대판 2006. 12. 22, 2006두12883).

　　(2) 토지거래계약허가제의 의의 　　허가구역에 있는 토지에 관한 소유권·지상권(소유권·지상권의 취득을 목적으로 하는 권리를 포함한다)을 이전하거나 설정(대가를 받고 이전 또는 설정하는 경우에 한한다)하는 계약(예약을 포함한다. 이하 "토지거래계약"이라 한다)을 체결하고자 하는 당사자는 공동으로 대통령령으로 정하는 바에 따라 시장·군수 또는 구청장의 허가를 받아야 한다(부신법 제11조 제 1 항 본문). 허가받은 사항을 변경하고자 하는 때에도 또한 같다(부신법 제11조 제 1 항 단서). 이러한 제도를 토지거래계약허가제라 부른다. 거래계약허가대상토지인지의 여부는 매매계약체결일을 기준으로 하여야 한다(판례).

> [판례] 　거래신고대상토지인지 거래허가대상토지인지의 여부를 판단하는 기준시점
> (토지소유권이전등기 를 다툰 민사사건에서) 　어느 토지가 거래신고대상토지인지 거래허가대상토지인지의 여부는 매매계약체결일을 기준으로 하여야 하는 것이다(대판 1994. 5. 24, 93다53450; 대판 1993. 4. 13, 93다1411).

　　(3) 토지거래계약허가제의 합헌성 　　토지거래계약허가제는 앞서 본 바 있는 소위 토지공개념을 구현하는 한 형태로서 나타난 것임은 물론이다. 그런데 토지거래허가제는 사유재산제도를 부정하는 헌법위반의 제도가 아닌가에 관해 논란이 있었다. 이와 관련하여 헌법재판소는 토지거래계약허가제가 헌법에 위배되지 아니한다고 선언하였다(판례1, 2).

판례 1　토지거래허가제의 위헌 여부

$\binom{\text{국토이용관리법 제21조의3}}{\text{제 1 항 등의 위헌심판사건에서}}$ 국토이용관리법 제21조의3 제 1 항의 토지거래허가제는 사유재산제도의 부정이 아니라 그 제한의 한 형태이고 **토지의 투기적 거래의 억제를 위하여 그 처분을 제한함은 부득이한 것**이므로 재산권의 본질적인 침해가 아니며, 헌법상의 경제조항에도 위배되지 아니하고 현재의 상황에서 이러한 제한수단의 선택이 헌법상의 비례의 원칙이나 과잉금지의 원칙에 위배된다고 할 수도 없다$\binom{\text{헌재 1989. 12. 22, 88헌가13;}}{\text{헌재 1997. 6. 26, 92헌가5}}$.

판례 2　토지거래계약허가제의 취지

$\binom{\text{원고인 대한생명보험 주식회사가 피고인 용인시 기흥구청}}{\text{장의 개발행위허가신청불허가처분의 취소를 구한 사건에서}}$ 토지거래계약허가제도는 토지의 투기적인 거래가 성행하거나 지가가 급격히 상승하는 지역 및 그러한 우려가 있는 지역에서 투기적인 거래를 방지하기 위한 것으로서, 관할관청은 토지거래계약을 체결하려는 자의 토지이용목적이 위와 같은 입법취지를 고려한 국토의 계획 및 이용에 관한 법률에서 정한 허가기준에 적합한 경우에 토지거래계약을 할 수 있도록 허가를 하는 것일 뿐 허가 시 토지 개발행위를 위한 허가 등 다른 법령에 정해진 허가를 당연히 전제로 하는 것은 아니므로, 토지거래계약허가를 받은 자가 그 토지에 관하여 토지의 형질변경 등 개발행위를 하면서 필요한 허가를 받는 것은 토지거래계약허가와 별개의 문제이다$\binom{\text{대판 2011. 6. 30,}}{\text{2011두1665}}$.

2. 토지거래계약허가제의 적용배제

(1) 용도별 면적 이하의 토지 등　　제 1 항에도 불구하고 다음 각 호$\binom{\text{1. 경제 및 지가의 동향과}}{\text{거래단위면적 등을 종합적으}}$로 고려하여 대통령령으로 정하는 용도별 면적 이하의 토지에 대한 토지거래계약을 체결하려는 경우, 2. 토지거래계약을 체결하려는 당사자 또는 그 계약의 대상이 되는 토지가 제10조 제 3 항에 따라 공고된 사항에 해당하지 아니하는 경우$)$의 어느 하나에 해당하는 경우에는 제 1 항에 따른 허가가 필요하지 아니하다$\binom{\text{부신법 제11}}{\text{조 제 2 항}}$.

(2) 특별법에 따른 적용배제　　공익사업을 위한 토지 등의 취득 및 보상에 관한 법률에 따른 토지의 수용, 민사집행법에 따른 경매, 그 밖에 대통령령으로 정하는 경우에는 제11조$\binom{\text{토지거래}}{\text{계약에 관}}$한허가$)$를 적용하지 아니한다$\binom{\text{부신법}}{\text{제14조}}\binom{\text{판}}{\text{례}}$.

판례　토지거래허가제도가 경매절차에도 적용되는지 여부

지목이 농지로 된 토지라도 도시계획구역 내에 들어 있는 토지를 경매하는 경우에는 농지매매증명이 필요 없는 것이고 토지거래허가는 경매절차에는 적용되지 아니한다$\binom{\text{대결 1990. 11. 6,}}{\text{90마769}}$.

3. 토지거래계약허가제의 성질

(1) 학　　설　　토지거래허가제에 있어서 허가란 ① 토지거래를 원칙적으로 금지하였다가 사후에 이를 해제하는 것을 의미하는가$\binom{\text{허}}{\text{가}}$, 아니면 ② 사인 간의 토지거래를 국가가 후견적으로 돕는 것을 의미하는가$\binom{\text{인}}{\text{가}}$, 또는 ③ 양자의 성질을 모두 갖는가 문제이다. 학설은 ①에 해당한다는 견해$\binom{\text{토지거래는 인간의 자연적 자유에 속하는 것인데, 허가구역에서의 토지거래는 토지거래질서를 위태롭게 할 우려가 있으므로}}{\text{이를 일반적으로 금지하고 허가기준에 합치하는 경우에 한하여 그 금지를 해제하여 토지거래에 자연적 자유를 회복하여 주}}$는 것이라$\binom{\text{박균}}{\text{성}}$와 ②에 해당한다는 견해$\binom{\text{토지거래허가제에서의 허가는 실질적으로 사법상의 법률행}}{\text{위의 효력을 완성시켜 주는 인가의 성질을 가진다고 한다}}\binom{\text{김성수,}}{\text{류지태}}$, 그리고 ①

과 ②의 성질을 동시에 가진다는 견해로 나뉘고 있다.

(2) 판   례   대법원은 인가로 본다(판례).

판례] 토지거래허가제에 있어 '허가'의 법적 성질

(토지소유권이전등기를/다툰 민사사건에서) 같은 법 제21조의3 제 1 항 소정의 허가가 규제지역 내의 모든 국민에게 전반적으로 토지거래의 자유를 금지하고 일정한 요건을 갖춘 경우에만 금지를 해제하여 계약체결의 자유를 회복시켜 주는 성질의 것이라고 보는 것은 위 법의 입법취지를 넘어선 지나친 해석이라고 할 것이고, 규제지역 내에서도 토지거래의 자유가 인정되나 다만 위 허가를 허가 전의 유동적 무효 상태에 있는 **법률행위의 효력을 완성시켜 주는 인가적 성질을 띤 것이라고 보는 것이 타당하다**(대판 1991. 12. 24,/90다12243).

---

(3) 사   견   생각건대 토지거래계약허가제는 투기억제라는 면에서 나타난 것으로서 무허가거래계약의 경우에 처벌이 따른다는 점에서 허가의 성질을 가지며, 또한 토지거래허가제가 국가가 사인의 거래를 지도·조정하는 면을 갖고서 무허가거래계약의 경우에 효력이 부인된다(무효)는 점에서 인가의 성질도 갖는다. 요컨대 토지거래계약허가제의 허가는 학문상 허가와 인가의 양면성을 갖는다고 볼 것이다. 또한 여기서 허가는 기속행위로 볼 것이다. 판례의 입장도 같다(판례).

판례] 인근 주민들의 혐오시설설치 반대가 토지거래계약 불허가 사유가 되는지 여부

(경주시장의 한라환경산업(주)에 대한 토지거/래계약불허가처분의 취소를 구한 사건에서) **토지거래계약 허가권자는** 그 허가신청이 **국토이용관리법 제21조의4 제 1 항 각호 소정의 불허가 사유에 해당하지 아니하는 한 허가를 하여야 하는 것인데**, 인근 주민들이 당해 폐기물 처리장 설치를 반대한다는 사유는 국토이용관리법 제21조의4 규정에 의한 불허가 사유로 규정되어 있지 아니하므로 그와 같은 사유만으로는 토지거래허가를 거부할 사유가 될 수 없다(대판 1997. 6. 27,/96누9362).

---

4. 토지거래계약의 허가

(1) 허가의 신청   제11조 제 1 항에 따른 허가를 받으려는 자는 그 허가신청서에 계약 내용과 그 토지의 이용 계획, 취득자금 조달계획 등을 적어 시장·군수 또는 구청장에게 제출하여야 한다. 이 경우 토지이용계획, 취득자금 조달계획 등에 포함되어야 할 사항은 국토교통부령으로 정한다(부신법 제11조/제 3 항 본문).

(2) 허가처분   시장·군수 또는 구청장은 제 3 항에 따른 허가신청서를 받으면 「민원 처리에 관한 법률」에 따른 처리기간에 허가 또는 불허가의 처분을 하고, 그 신청인에게 허가증을 발급하거나 불허가처분 사유를 서면으로 알려야 한다(부신법 제11조/제 4 항 본문).

(3) 허가의 효과   ① 토지거래계약허가를 받은 당사자는 적법하게 토지거래를 할 수 있다(판례). ② 농지에 대하여 제11조에 따라 토지거래계약 허가를 받은 경우에는 농지법 제 8 조에

따른 농지취득자격증명을 받은 것으로 본다$\binom{\text{부신법 제20조}}{\text{제 1 항 본문}}$. ③ 제11조 제 4 항 및 제 5 항에 따라 허가증을 발급받은 경우에는 「부동산등기 특별조치법」 제 3 조에 따른 검인을 받은 것으로 본다$\binom{\text{부신법 제20}}{\text{조 제 2 항}}$.

> [판례] 허가받은 목적의 의미
> $\binom{\text{서울특별시 강서구청장을 피고로 한}}{\text{이행강제금부과처분무효확인소송에서}}$ 구 국토의 계획 및 이용에 관한 법률 제124조 제 1 항은 토지거래계약 허가를 받은 자는 그 토지를 허가받은 목적대로 이용하여야 한다고 규정하고 있다. 이 경우 그 허가받은 목적이 무엇인지는 원칙적으로 토지거래계약허가증의 기재에 의하여야 하므로, 토지거래계약허가증에 허가받은 자가 그 토지를 직접 이용해야 한다는 내용의 기재가 없다면 특별한 사정이 없는 한, 허가받은 자가 그 토지를 직접 이용하지 않고 임대하였다고 하더라도 이를 두고 허가받은 목적대로 이용하지 않았다고 볼 수 없다$\binom{\text{대판 2013. 9. 12.}}{\text{2012두6087}}$.

5. 이해당사자의 보호

(1) 행정쟁송   제11조$\binom{\text{토지거래계약}}{\text{에 관한 허가}}$에 따른 처분에 이의가 있는 자는 그 처분을 받은 날부터 1개월 이내에 시장·군수 또는 구청장에게 이의를 신청할 수 있다$\binom{\text{부신법 제13}}{\text{조 제 1 항}}$. 제 1 항에 따른 이의신청을 받은 시장·군수 또는 구청장은 「국토의 계획 및 이용에 관한 법률」 제113조 제 2 항에 따른 시·군·구도시계획위원회의 심의를 거쳐 그 결과를 이의신청인에게 알려야 한다$\binom{\text{부신법 제13}}{\text{조 제 2 항}}$. 물론 행정심판법에 따른 행정심판이나 행정소송법에 따른 행정소송을 제기할 수도 있다.

(2) 매수청구   제11조 제 1 항에 따른 허가신청에 대하여 불허가처분을 받은 자는 그 통지를 받은 날부터 1개월 이내에 시장·군수 또는 구청장에게 해당 토지에 관한 권리의 매수를 청구할 수 있다$\binom{\text{부신법 제16}}{\text{조 제 1 항}}$.

6. 무허가거래에 대한 제재

토지거래계약허가구역에서의 토지거래는 ① 계약체결의 준비단계로 당사자 간의 사전협의 → ② 시장·군수·구청장에 공동으로 허가신청 → ③ 허가취득 → ④ 계약체결 → ⑤ 등기의 순으로 이루어지는 것이 적법하다. 그러나 실제의 거래관행은 ① 계약체결 → ② 시장·군수·구청장에 공동으로 허가신청 → ③ 허가취득 → ④ 별도의 계약체결 없이 등기의 순으로 이루어지기도 하는바, 여기에 토지거래계약허가위반이 발생한다. 이에 대한 제재수단으로 다음을 볼 수 있다.

(1) 민사상 제재(유동적 무효)   제11조 제 1 항에 따른 허가를 받지 아니하고 체결한 토지거래계약은 그 효력이 발생하지 아니한다$\binom{\text{부신법 제11}}{\text{조 제 6 항}}$. 판례는 여기서 무효를 유동적 무효의 법리로 해명하면서, '허가를 받지 아니하고 체결한 계약'을 다만 처음부터 허가를 배제하거나 잠탈하는 경우로 새기고 있다$\left[\substack{\text{판례} \\ 1, 2, 3}\right]$.

판례 1 허가를 받지 않은 토지거래허가구역 내의 토지에 대한 매매계약의 효력

(매매계약금반환을 다툰 민사사건에서) 구 국토이용관리법상의 규제지역 내의 토지에 대하여 관할도지사의 **허가를 받기 전에 체결한 매매계약은 처음부터 위 허가를 배제하거나 잠탈하는 내용의 계약일 경우에는 확정적으로 무효로서 유효화될 여지가 없으나** 이와 달리 허가받을 것을 전제로 한 **계약일 경우에는 허가를 받을 때까지는 법률상의 미완성의 법률행위로서 소유권 등 권리의 이전에 관한 계약의 효력이 전혀 발생하지 않음**은 위의 확정적 무효의 경우와 다를 바 없지만, 일단 허가를 받으면 그 계약은 소급하여 유효한 계약이 되고 이와 달리 불허가가 된 때에는 무효로 확정되므로 허가를 받기까지는 **유동적 무효의 상태에 있다고 보아야 하며**, 이러한 유동적 무효 상태에 있는 계약을 체결한 당사자는 쌍방이 그 계약이 효력이 있는 것으로 완성될 수 있도록 서로 협력할 의무가 있다(대판 1995. 4. 28, 93다26397; 대판 1993. 8. 14, 91다41316).

판례 2 허가의 배제와 잠탈의 의미

(명의도용 토지 거래사건에서) 국토의 계획 및 이용에 관한 법률(이하 "법"이라 한다)상 토지거래계약 허가구역 내의 토지에 관하여 허가를 배제하거나 잠탈하는 내용으로 매매계약이 체결된 경우에는 법 제118조 제 6 항에 따라 그 계약은 체결된 때부터 확정적으로 무효라고 할 것이다. 그리고 **이러한 허가의 배제·잠탈행위에는 토지거래허가가 필요한 계약을 허가가 필요하지 않은 것에 해당하도록 계약서를 허위로 작성하는 행위뿐만 아니라, 정상적으로는 토지거래허가를 받을 수 없는 계약을 허가를 받을 수 있도록 계약서를 허위로 작성하는 행위도 포함된다고 할 것이다.** 법상 거주요건을 갖추지 못한 반소원고가 허가요건을 갖춘 소외 1 명의를 도용하여 매매계약을 체결한 행위는 이 사건 각 토지에 관하여 매매계약을 체결하면서 처음부터 토지거래허가를 잠탈한 경우에 해당하는 것으로 봄이 상당하고, 따라서 이 사건 매매계약은 처음 체결된 때부터 확정적으로 무효라고 할 것이다(대판 2010. 6. 10, 2009다96328).

판례 3 토지거래허가를 받지 않고 토지거래계약을 체결한 후 허가구역 지정이 해제되거나 허가구역 지정기간이 만료되었음에도 재지정을 하지 않은 경우, 그 계약의 효력

(소유권이전등기를 구한 민사소송에서) 토지거래허가구역 지정기간중에 허가구역 안의 토지에 대하여 토지거래허가를 받지 아니하고 토지거래계약을 체결한 후 허가구역 지정이 해제되거나 허가구역 지정기간이 만료되었음에도 재지정을 하지 아니한 때에는 그 토지거래계약이 허가구역 지정이 해제되기 전에 확정적으로 무효로 된 경우를 제외하고는, 더 이상 관할 행정청으로부터 토지거래허가를 받을 필요가 없이 확정적으로 유효로 되어 거래 당사자는 그 계약에 기하여 바로 토지의 소유권 등 권리의 이전 또는 설정에 관한 이행청구를 할 수 있고, 상대방도 반대급부의 청구를 할 수 있다고 보아야 할 것이지, 여전히 그 계약이 유동적 무효상태에 있다고 볼 것은 아니다(대판 2010. 3. 25, 2009다41465).

(2) 형사상 제재(벌칙)　　　　제11조 제 1 항에 따른 허가 또는 변경허가를 받지 아니하고 토지거래계약을 체결하거나, 속임수나 그 밖의 부정한 방법으로 토지거래계약 허가를 받은 자는 2년 이하의 징역 또는 계약 체결 당시의 개별공시지가에 따른 해당 토지가격의 100분의 30에 해당하는 금액 이하의 벌금에 처한다(부신법 제26조 제 2 항). 판례는 여기서 말하는 '허가를 받지 아니하고 체결한 토지거래계약'을 역시 처음부터 허가를 배제하거나 잠탈하는 경우로 새기고 있다(판례).

> 판례 '허가 없이 토지등의 거래계약을 체결하는 행위'의 의미
>
> (김포시 하성면 가금리 토지 위장 매매사건에서) 구 국토의 계획 및 이용에 관한 법률(2009. 2. 6. 법률 제9442 호로 개정되기 전의 것) 위반죄로 처벌되는 '**토 지거래허가 없이 토지 등의 거래계약을 체결하는 행위**'라 함은 처음부터 위 법 소정의 **토지거래허가를 배제하거나 잠탈하는 내용의 계약을 체결하는 행위**를 가리키고, 허가받을 것을 전제로 한 거래계약을 체결하는 것은 여기에 해당하지 아니한다. **토지거래허가요건을 갖추지 못하였음에도 허가요건을 갖춘 타인 명의로 매매계약을 체결한 경우**, 위 행위는 이 매매계약에 관하여 토지거래허가를 잠탈하고자 하는 것으로서, 위 법에서 처벌대상으로 삼고 있는 '**토지거래허가 없이 토지의 거래계약을 체결한 경우**'에 해당한다(대판 2010. 5. 27, 2010도1116).

7. 선   매

시장·군수 또는 구청장은 제11조 제 1 항에 따른 토지거래계약에 관한 허가신청이 있는 경우 다음 각 호(1. 공익사업용 토지, 2. 제11조 제 1 항에 따른 토지거래계약허가 를 받아 취득한 토지를 그 이용목적대로 이용하고 있지 아니한 토지)의 어느 하나에 해당하는 토지에 대하여 국가, 지방자치단체, 한국토지주택공사, 그 밖에 대통령령으로 정하는 공공기관 또는 공공단체가 그 매수를 원하는 경우에는 이들 중에서 해당 토지를 매수할 자(이하 "선매자(先 買者)"라 한다)를 지정하여 그 토지를 협의 매수하게 할 수 있다(부신법 제15 조 제 1 항).

Ⅳ. 부동산 가격의 공시

1. 지가의 공시

(1) 표준지공시지가

1) 표준지공시지가의 의의   국토교통부장관은 토지이용상황이나 주변 환경, 그 밖의 자연적·사회적 조건이 일반적으로 유사하다고 인정되는 일단의 토지 중에서 선정한 표준지에 대하여 매년 공시기준일 현재의 단위면적당 적정가격을 조사·평가하고, 제24조에 따른 중앙부동산가격공시위원회의의 심의를 거쳐 이를 공시하여야 하는바(부공법 제 3 조 제 1 항), 그 단위면적당 적정가격을 "표준지공시지가"라 부른다.

2) 표준지공시지가제의 도입배경(기능)   공시지가제는 토지가격의 평가에 관해 종래에 존재하던 여러 종류의 평가기준, 즉 구 국토이용관리법상 기준지가(용도: 토지수용 시 보상기준 등)·구 소득세법상 기준시가(용도: 양도소득세 등의 부과기준)·구 지방세법상 과세시가표준액(용도: 재산세 등의 부과기준)·구 감정평가에 관한 법률상 토지감정시가(용도: 금융기관 의 담보재산평가)를 일원화하기 위한 것이었다. 말하자면 ① 공시지가제는 하나의 토지 위에 여러 종류의 지가평가제도가 있음으로 인하여 야기되는 문제점을 제거하고, 아울러 토지에 대한 각종 과세를 현실화하기 위한 것이었다. 그러나 이러한 취지가 잘 반영되고 있는지는 의문이다. 한편 ② 공시지가제는 토지시장에 관한 정보를 제공하는 의미도 갖는다.

3) 표준지공시지가의 성질

㈎ 학   설   표준지공시지가(결 정)의 법적 성질과 관련하여 학설로 ① 입법행위설(표준지공 시지가

는 개별공시지가의 산정기준이 되는 일반추상적 규율이라는 견해), ② **행정계획설**(표준지공시지가는 일반적인 토지거래의 지표가 되고 행정주체나 감정평가자의 감정평가시에 기준이 되는 계획의 일종이라는 견해)(류지/태), ③ **사 실행위설**(지가정보를 제공하는 의사작용을 요소/로 하는 사실행위에 불과하다는 견해), ④ **행정행위설**(국민의 구체적인 권리·의무 내지 법률상 이익에 영향을 미/치며 이의신청의 대상이 된다는 점에서 행정행위라는 견해), ⑤ **개별검토설**(표준지공시지가가 개별공시지가의 성질을 갖는 경우에는 행정행위이고, 표준지공시지가가 토지거래의 지표에 불과한 경우/에는 처분성을 인정할 수 없으나, 개별공시지가의 기준이 되거나 토지수용시 보상액산정의 기준이 되는 경우 등에는 처분/성이 인정된다는 견해)(김동/희)이 논급되고 있다.

　　(나) 판　　례　　판례는 표준지공시지가가 처분에 해당한다는 입장을 취한다(판/례).

　　판례　　표준지공시지가에 대한 불복방법

(대전직할시 동구청장의 원고에 대한 개별/토지가격결정처분의 취소를 구한 사건에서) 구 지가공시및토지등의평가에관한법률 제 4 조 제 1 항에 의하여 표준지로 선정되어 공시지가가 공시된 토지의 공시지가에 대하여 불복을 하기 위하여는 같은 법 제 8 조 제 1 항 소정의 **이의절차를 거쳐 처분청인 건설부장관을 피고로 하여 위 공시지가 결정의 취 소를 구하는 행정소송을 제기하여야 한다**(대판 1994. 3. 8, 93누10828; 대판 1997. 2. 28,/96누10225; 대판 1998. 3. 24, 96누6851).

　　(다) 사　　견　　생각건대 현행 행정소송법상 처분개념은 항고소송의 본질에 비추어 국민의 권리·의무를 직접 구체적으로 발생시키는 공권력 행사에 한정될 수밖에 없다는 저자의 입장에서는, 표준지공시지가 그 자체를 처분으로 보지 아니한다. 왜냐하면 표준지공시지가는 그 자체로서 국민의 권리의무를 발생시키는 것은 아니기 때문이다. 표준지공시지가의 공시는 일종의 행정입법으로 볼 것이다. 다만, 표준지공시지가가 개별공시지가의 성질을 함께 갖는 경우에는 개별공시지가의 문제로 보면 된다.

　　4) 표준지공시지가의 공시　　국토교통부장관은 매년 공시기준일 현재의 표준지공시지가를 공시하여야 한다(부공법 제3/조 제1항). 제 3 조에 따른 공시에는 다음 각 호(1. 표준지의 지번, 2. 표준지의 단위면적당/가격, 3. 표준지의 면적 및 형상, 4. 표준지/및 주변토지의 이용상황, 5. 그 밖/에 대통령령으로 정하는 사항)의 사항이 포함되어야 한다(부공법/제 5 조).

　　5) 표준지공시지가의 효력　　표준지공시지가는 토지시장에 지가정보를 제공하고 일반적인 토지거래의 지표가 되며, 국가·지방자치단체 등이 그 업무와 관련하여 지가를 산정하거나 감정평가법인등이 개별적으로 토지를 감정평가하는 경우에 기준이 된다(부공법/제 9 조).

　　6) 표준지공시지가에 대한 불복(권리보호)

　　(가) 이의신청　　표준지공시지가에 이의가 있는 자는 그 공시일부터 30일 이내에 서면(전자/문서를 포함한다./이하 같다)으로 국토교통부장관에게 이의를 신청할 수 있다(부공법 제7/조 제1항). 국토교통부장관은 제 1 항에 따른 이의신청 기간이 만료된 날부터 30일 이내에 이의신청을 심사하여 그 결과를 신청인에게 서면으로 통지하여야 한다. 이 경우 국토교통부장관은 이의신청의 내용이 타당하다고 인정될 때에는 제 3 조에 따라 해당 표준지공시지가를 조정하여 다시 공시하여야 한다(부공법 제7/조 제2항).

　　(나) 행정소송

　　(a) 제소가능성　　판례와 같이 표준지공시지가의 처분성을 인정하는 입장에서 보면, 표준지공시지가는 당연히 항고소송의 대상이 된다. 따라서 이의신청의 재결에 대하여 불복하는 자

는 행정소송을 제기할 수 있다. 이 경우에도 원처분중심주의가 적용된다(행소법 제 19조 단서). 표준지공시지 가에 대한 불복방법을 개별토지가격에 대한 불복방법과 달리 규정하는 것이 헌법상 평등원칙, 재 판권보장의 원칙에 반하는 것이 아니다(판례).

> [판례] 표준지공시지가와 개별토지가격에 대한 불복방법을 달리 하는 것으로 해석하는 것의 위헌 여부
> (안산세무서장의 원고에 대한 토지초과 이득세부과처분의 취소를 구한 사건에서) 개별토지가격에 대한 불복방법과는 달리 표준지의 공시지가에 대한 불복방법을 구 지가공시및토지의평가등에관한법률 제 8 조 제 1 항 소정의 절차를 거쳐 처분청을 상 대로 다툴 수 있을 뿐 그러한 절차를 밟지 아니한 채 조세소송에서 그 공시지가결정의 위법성을 다 툴 수 없도록 제한하고 있는 것은 **표준지의 공시지가와 개별토지가격은 그 목적·대상·결정기관·결 정절차·금액 등 여러 가지면에서 서로 다른 성질의 것이라는 점**을 고려한 것이므로, 이러한 차이점에 근거하여 표준지의 공시지가에 대한 불복방법을 개별토지가격에 대한 불복방법과 달리 인정한다고 하여 그것이 헌법상 평등의 원칙, 재판권 보장의 원칙에 위반된다고 볼 수는 없다(대판 1997. 9. 26., 96누7649).

(b) 이의신청과 행정소송의 관계   판례는 이의신청절차를 행정소송의 제기에 있어서 필요적 전치절차로 본다(판례). 그러나 명시적인 규정이 없음에도 필요적 전치절차로 보는 것은 행 정소송법 제18조 단서에 비추어 문제가 있다.

> [판례] 표준지로 선정된 토지의 공시지가의 위법성을 조세소송에서 다툴 수 있는지 여부
> (토지초과이득세부과처분 의 취소를 구한 사건에서) 표준지로 선정된 토지의 공시지가에 불복하기 위하여는 구 지가공시및토지등 의평가에관한법률(1995. 12. 29. 법률 제5108 호로 개정되기 전의 것) 제 8 조 제 1 항 소정의 **이의절차를 거쳐** 처분청인 건설부장 관을 상대로 그 공시지가 결정의 취소를 구하는 **행정소송을 제기하여야 하는 것**이지 그러한 절차 를 밟지 아니한 채 **그 표준지에 대한 조세부과처분의 취소를 구하는 소송에서 그 공시지가의 위법성 을 다툴 수는 없다**(대판 1997. 2. 28., 96누10225).

(다) 하자의 승계   판례는 표준지공시지가를 조세부과처분의 취소를 구하는 소송에서 다 툴 수 없다고 하고(대판 1997. 2. 28., 96누10225), 이의신청절차를 거치지 아니하고 개별토지가격결정을 다투는 절차에서 표준지공시지가를 다툴 수는 없다는 입장이다(판례 1). 즉 판례는 표준지공시지가와 과세 처분 사이의 하자승계는 개별공시지가의 경우와는 달리 부정하고 있다. 그러나 판례는 수용보상 금의 증액을 구하는 소송에서 비교표준지공시지가의 위법을 다툴 수 있다고 한다(판례 2).

> [판례 1] 개별토지가격 결정을 다투는 소송에서 그 개별토지가격 산정의 기초가 된 표준지공시 지가의 위법성을 다툴 수 있는지 여부
> (1) (대전직할시 중구청장의 원고에 대한 개별 토지가격결정처분의 취소를 구한 사건에서) 표준지로 선정된 토지의 공시지가에 대하여 불복하기 위하여 는 구 지가공시및토지등의평가에관한법률 제 8 조 제 1 항 소정의 이의절차를 거쳐 처분청을 상대

로 그 공시지가결정의 취소를 구하는 행정소송을 제기하여야 하는 것이지, 그러한 절차를 밟지 아니한 채 개별토지가격 결정을 다투는 소송에서 **그 개별토지가격 산정의 기초가 된 표준지공시지가의 위법성을 다툴 수는 없다**$\binom{\text{대판 1996. 12. 6,}}{96누1832}$.

(2) $\binom{\text{주식회사 엔에스피가 성남시 분당구청장의 재}}{\text{산세부과처분에 대하여 취소를 구한 사건에서}}$ 표준지로 선정된 토지의 표준지공시지가를 다투기 위해서는 처분청인 국토교통부장관에게 이의를 신청하거나 국토교통부장관을 상대로 공시지가결정의 취소를 구하는 행정심판이나 행정소송을 제기해야 한다. 그러한 절차를 밟지 않은 채 토지 등에 관한 재산세 등 부과처분의 취소를 구하는 소송에서 표준지공시지가결정의 위법성을 다투는 것은 원칙적으로 허용되지 않는다$\binom{\text{대판 2022. 5. 13,}}{2018두50147}$.

판례 2   표준지공시지가결정을 다투는 방식(수용보상금의 증액을 구하는 소송에서 선행처분으로서 그 수용대상 토지 가격 산정의 기초가 된 비교표준지공시지가결정의 위법을 독립한 사유로 주장할 수 있는지 여부)

$\binom{\text{화성시를 피고로 한 토}}{\text{지보상금청구소송에서}}$ 표준지공시지가결정이 위법한 경우에는 그 자체를 행정소송의 대상이 되는 행정처분으로 보아 그 위법 여부를 다툴 수 있음은 물론, 수용보상금의 증액을 구하는 소송에서도 선행처분으로서 그 수용대상 토지 가격 산정의 기초가 된 비교표준지공시지가결정의 위법을 독립한 사유로 주장할 수 있다$\binom{\text{대판 2008. 8. 21,}}{2007두13845}$.

[기출사례] 제40회 법원행정고등고시(2022년) 문제 · 답안작성요령 ☞PART 4 [3-24b]

[기출사례] 제67회 5급공채(2023년) 문제 · 답안작성요령 ☞ PART 4 [1-60a]

(2) 개별공시지가

1) 개별공시지가의 의의   시장 · 군수 또는 구청장은 국세 · 지방세 등 각종 세금의 부과, 그 밖의 다른 법령에서 정하는 목적을 위한 지가산정에 사용되도록 하기 위하여 제25조에 따른 시 · 군 · 구부동산가격공시위원회의 심의를 거쳐 매년 공시지가의 공시기준일 현재 관할 구역 안의 개별토지의 단위면적당 가격$\binom{\text{이하 "개별공시}}{\text{지가"라 한다}}$을 결정 · 공시하고, 이를 관계 행정기관 등에 제공하여야 하는바, 그 개별토지의 단위면적당 가격을 개별공시지가라 부른다.

2) 개별공시지가의 법적 성질

⑺ **학   설**   개별공시지가$\binom{\text{결}}{\text{정}}$의 법적 성질과 관련하여 ① 입법행위설$\binom{\text{개별공시지가는 개발부}}{\text{담금 등의 부과의 기준}}$인 일반추상적 규율이라는 견해$)$, ② 행정계획설$\binom{\text{개별공시지가는 개발부담금 등의 부과처분}}{\text{의 기준이 되는 계획의 일종이라는 견해}}$, ③ 사실행위설$\binom{\text{개별공시지가는 그 자체가 아무}}{\text{런 법적 효과도 갖지 아니하는}}$사실행위$)$라는 견해$)$, ④ 행정행위설$\binom{\text{개별공시지가는 구체적 사실}}{\text{에 대한 법집행위라는 견해}}$이 논급되고 있다.

⑻ **판   례**   판례는 개별공시지가의 결정을 행정소송의 대상이 되는 행정처분으로 본다$\binom{\text{판}}{\text{례}}$.

판례   개별공시지가의 결정이 행정소송의 대상이 되는 행정처분인지 여부

$\binom{\text{서울특별시 서초구청장의 원고에 대한 개별}}{\text{토지가격결정처분의 취소를 구한 사건에서}}$ … 개발이익환수에관한법률 및 각 그 시행령이 각 그 소정의 … 개발부담금을 산정함에 있어서 기초가 되는 각 토지의 가액을 시장, 군수, 구청장이 지가공시및

토지등의평가에관한법률 및 같은법시행령에 의하여 정하는 개별공시지가를 기준으로 하여 산정한 금액에 의하도록 규정하고 있고, 시장, 군수, 구청장은 같은 법 제10조 제1항 제6호, 같은법시행령 제12조 제1호·제2호의 규정에 의하여 각개 토지의 지가를 산정할 의무가 있다고 할 것이므로 시장, 군수, 구청장이 산정하여 한 개별토지가액의 결정은 … **개발부담금 산정 등의 기준이 되어 국민의 권리·의무 내지 법률상 이익에 직접적으로 관계된다고 할 것이고**, 따라서 이는 행정소송법 제2조 제1항 제1호 소정의 행정청이 행하는 구체적 사실에 관한 법집행으로서의 공권력 행사이어서 행정소송의 대상이 되는 행정처분으로 보아야 할 것이다(대판 1993. 1. 15, 92누12407; 대판 1993. 6. 11, 92누16706).

(다) 사　　견　　생각건대 개별공시지가는 개발부담금 등의 부과의 전제가 되는 법적인 것이지만, 개별공시지가의 결정·고시 그 자체는 사인의 권리·의무를 발생시키는 구체적 사실입법에 대한 법집행행위로 보기 어려운바, 행정소송법상 처분개념으로 보기 곤란하다. 개별공시지가의 공시는 일종의 행정입법으로 볼 것이다.

3) 개별공시지가의 기준일　　개별공시지가의 기준일은 공시지가의 공시기준일로 한다(부공법 제10조 제1항 본문). 그러나 시장·군수 또는 구청장은 공시기준일 이후에 분할·합병 등이 발생한 토지에 대하여는 대통령령으로 정하는 날을 기준으로 하여 개별공시지가를 결정·공시하여야 한다(부공법 제10조 제3항).

4) 개별공시지가의 정정　　시장·군수 또는 구청장은 개별공시지가에 틀린 계산, 오기, 표준지 선정의 착오, 그 밖에 대통령령으로 정하는 명백한 오류가 있음을 발견한 때에는 지체 없이 이를 정정하여야 한다(부공법 제12조).

5) 개별공시지가의 효력　　개별공시지가는 국세·지방세 등 각종 세금의 부과, 그 밖의 다른 법령에서 정하는 목적을 위한 지가산정에 사용된다(부공법 제10조 제1항 본문).

6) 개별공시지가에 대한 불복(권리보호)

(가) 이의신청　　개별공시지가에 이의가 있는 자는 그 결정·공시일부터 30일 이내에 서면으로 시장·군수 또는 구청장에게 이의를 신청할 수 있다(부공법 제11조 제1항). 시장·군수 또는 구청장은 제1항에 따라 이의신청 기간이 만료된 날부터 30일 이내에 이의신청을 심사하여 그 결과를 신청인에게 서면으로 통지하여야 한다. 이 경우 시장·군수 또는 구청장은 이의신청의 내용이 타당하다고 인정될 때에는 제10조에 따라 해당 개별공시지가를 조정하여 다시 결정·공시하여야 한다(부공법 제11조 제2항).

(나) 행정소송

(a) 제소가능성　　개별공시지가의 처분성을 인정하는 입장에서 보면, 개별공시지가는 당연히 항고소송의 대상이 된다. 판례도 개별공시지가의 결정에 위법이 있는 경우 그 자체를 행정처분으로 보아 행정소송으로 다툴 수 있다고 한다(대판 1996. 6. 25, 93누17935). 따라서 이의신청의 재결에 대하여 불복하는 자는 행정소송을 제기할 수 있다(판례). 이 경우에도 원처분중심주의가 적용됨은 물론이다(행소법 제19조 단서).

부동산 가격공시 및 감정평가에 관한 법률상 개별공시지가에 대하여 이의가 있는 자의 쟁송방법

(원고가 용인시 기흥구청장의 개별공시지가결정처분의 취소를 구한 사건에서) 부동산 가격공시 및 감정평가에 관한 법률 제12조, 행정소송법 제20조 제 1 항, 행정심판법 제 3 조 제 1 항의 규정 내용 및 취지와 아울러 부동산 가격공시 및 감정평가에 관한 법률에 행정심판의 제기를 배제하는 명시적인 규정이 없고 부동산 가격공시 및 감정평가에 관한 법률에 따른 이의신청과 행정심판은 그 절차 및 담당 기관에 차이가 있는 점을 종합하면, 부동산 가격공시 및 감정평가에 관한 법률이 이의신청에 관하여 규정하고 있다고 하여 이를 행정심판법 제 3 조 제 1 항에서 행정심판의 제기를 배제하는 '다른 법률에 특별한 규정이 있는 경우'에 해당한다고 볼 수 없으므로, **개별공시지가에 대하여 이의가 있는 자는 곧바로 행정소송을 제기하거나** 부동산 가격공시 및 감정평가에 관한 법률에 따른 **이의신청과 행정심판법에 따른 행정심판청구 중 어느 하나만을 거쳐 행정소송을 제기할 수 있을 뿐 아니라, 이의신청을 하여 그 결과 통지를 받은 후 다시 행정심판을 거쳐 행정소송을 제기할 수도 있다고 보아야 하고,** 이 경우 행정소송의 제소기간은 그 행정심판 재결서 정본을 송달받은 날부터 기산한다(대판 2010. 1. 28, 2008두19987).

(b) 하자의 승계   판례는 개별공시지가를 다투는 소송에서 표준지공시지가의 위법을 다툴 수 없다는 입장이다[판례 1]. 그러나, 판례는 수인성의 원칙을 근거로 하여, 개별공시지가의 결정상 위법은 이를 기초로 한 조세소송에서 다툴 수 있다는 입장이다[판례 2].

표준지공시지가결정의 하자가 개별공시지가결정에 승계되는가의 여부

(광명시장의 원고에 대한 개별공시지가결정처분의 취소를 구한 사건에서) 표준지로 선정된 토지의 공시지가에 대하여 불복하기 위하여는 지가공시및토지등의평가에관한법률 제 8 조 제 1 항 소정의 이의절차를 거쳐 처분청을 상대로 그 공시지가결정의 취소를 구하는 행정소송을 제기하여야 하는 것이지, 그러한 절차를 밟지 아니한 채 **개별토지가격결정을 다투는 소송에서 그 개별토지가격 산정의 기초가 된 표준지공시지가의 위법성을 다툴 수는 없다**(대판 1995. 3. 28, 94누12920).

선행행위와 후행행위가 별개의 법률효과를 목적으로 함에도 예외적으로 하자가 승계되기 위한 요건과 개별공시지가에 기한 과세처분을 다투는 소송에서 개별공시지가의 위법을 주장할 수 있는가의 여부

[1] (이천세무서장의 원고에 대한 양도소득세등부과처분의 취소를 구한 사건에서) 두 개 이상의 행정처분이 연속적으로 행하여지는 경우 선행처분과 후행처분이 서로 결합하여 1개의 법률효과를 완성하는 때에는 선행처분에 하자가 있으면 그 하자는 후행처분에 승계되므로 선행처분에 불가쟁력이 생겨 그 효력을 다툴 수 없게 된 경우에도 선행처분의 하자를 이유로 후행처분의 효력을 다툴 수 있는 반면 **선행처분과 후행처분이 서로 독립하여 별개의 법률효과를 목적으로 하는 때에는** 선행처분에 불가쟁력이 생겨 그 효력을 다툴 수 없게 된 경우에는 선행처분의 하자가 중대하고 명백하여 **당연무효인 경우를** 제외하고는 선행처분의 하자를 이유로 후행처분의 효력을 다툴 수 없는 것이 원칙이나 선행처분과 후행처분이 서로 독립하여 별개의 효과를 목적으로 하는 경우에도 선행처분의 불가쟁력이나 구속력이 그로 인하여 불이익을 입게 되는 자에게 수인한도를 넘는 가혹함을 가져오며, 그 결과가 당사자에게 예측가능한 것이 아

닌 경우에는 국민의 재판받을 권리를 보장하고 있는 헌법의 이념에 비추어 **선행처분의 후행처분에 대한 구속력은 인정될 수 없다**$\binom{\text{대판 1994. 1. 25,}}{93누8542}$.

[2] $\binom{\text{이천세무서장의 원고에 대한 양도소득}}{\text{세등부과처분의 취소를 구한 사건에서}}$ **개별공시지가결정은 이를 기초로 한 과세처분 등과는 별개의 독립된 처분으로서 서로 독립하여 별개의 법률효과를 목적으로 하는 것이나**, 개별공시지가는 이를 토지소유자나 이해관계인에게 개별적으로 고지하도록 되어 있는 것이 아니어서 토지소유자 등이 개별공시지가결정 내용을 알고 있었다고 전제하기도 곤란할 뿐만 아니라 **결정된 개별공시지가가 자신에게 유리하게 작용될 것인지 또는 불이익하게 작용될 것인지 여부를 쉽사리 예견할 수 있는 것도 아니며**, 더욱이 장차 어떠한 과세처분 등 구체적인 불이익이 현실적으로 나타나게 되었을 경우에 비로소 권리구제의 길을 찾는 것이 우리 국민의 권리의식임을 감안하여 볼 때 토지소유자 등으로 하여금 결정된 개별공시지가를 기초로 하여 장차 과세처분 등이 이루어질 것에 대비하여 **항상 토지의 가격을 주시하고 개별공시지가결정이 잘못된 경우 정해진 시정절차를 통하여 이를 시정하도록 요구하는 것은 부당하게 높은 주의의무를 지우는 것이라고 아니할 수 없고, 위법한 개별공시지가결정에 대하여 그 정해진 시정절차를 통하여 시정하도록 요구하지 아니하였다는 이유로 위법한 개별공시지가를 기초로 한 과세처분 등 후행 행정처분에서 개별공시지가결정의 위법을 주장할 수 없도록 하는 것은 수인한도를 넘는 불이익을 강요하는 것으로서 국민의 재산권과 재판받을 권리를 보장한 헌법의 이념에도 부합하는 것이 아니라고 할 것이므로, 개별공시지가결정에 위법이 있는 경우에는 그 자체를 행정소송의 대상이 되는 행정처분으로 보아 그 위법 여부를 다툴 수 있음은 물론 이를 기초로 한 과세처분 등 행정처분의 취소를 구하는 행정소송에서도 선행처분인 개별공시지가결정의 위법을 독립된 위법사유로 주장할 수 있다고 해석함이 타당**하다$\binom{\text{대판 1994. 1. 25, 93누8542;}}{\text{대판 1996. 6. 25, 93누17935}}$.

[참고]　상기 판결은 행정행위의 「구속력$\binom{\text{규준}}{\text{력}}$」이론」을 수용한 것이라는 견해와 「수인성의 원칙」의 적용에 불과하다는 견해가 대립하고 있다. 후자는 본서가 주장하는 견해이다.

2. 주택가격의 공시

(1) 단독주택

1) 표준주택가격

(가) **표준주택가격의 공시**　　국토교통부장관은 용도지역, 건물구조 등이 일반적으로 유사하다고 인정되는 일단의 단독주택 중에서 선정한 표준주택에 대하여 매년 공시기준일 현재의 적정가격$\binom{\text{이하 "표준주택}}{\text{가격"이라 한다}}$을 조사·산정하고, 제24조에 따른 중앙부동산가격공시위원회의 심의를 거쳐 이를 공시하여야 한다$\binom{\text{부공법 제16}}{\text{조 제 1 항}}$.

(나) **표준주택가격에 대한 불복(권리보호)**　　① 표준주택가격에 이의가 있는 자는 이의신청을 할 수 있다. 그 절차는 표준지공시지가에 이의를 제기하는 경우와 같다$\binom{\text{부공법 제16}}{\text{조 제 7 항}}$. ② 표준지공시지가의 경우와 마찬가지로 행정소송을 제기할 수도 있다.

2) 개별주택가격

(가) **개별주택가격의 공시**

시장·군수 또는 구청장은 제25조에 따른 시·군·구부동산가격공시위원회의 심의를 거쳐 매년 표준주택가격의 공시기준일 현재 관할구역 안의 개별주택의 가격$\binom{\text{이하 "개별주택}}{\text{가격"이라 한다}}$을 결정·공시하고, 이를 관계 행정기관 등에 제공하여야 한다$\binom{\text{부공법 제17}}{\text{조 제1항}}$.

(내) **개별주택가격에 대한 불복(권리보호)**　① 개별주택가격에 이의가 있는 자는 이의신청을 할 수 있다. 그 절차는 개별공시지가에 이의를 제기하는 경우와 같다$\binom{\text{부공법 제17}}{\text{조 제8항}}$. ② 표준지공시지가의 경우와 마찬가지로 행정소송을 제기할 수도 있다.

(2) 공동주택

1) 공동주택가격의 공시　국토교통부장관은 공동주택에 대하여 매년 공시기준일 현재의 적정가격$\binom{\text{이하 "공동주택}}{\text{가격"이라 한다}}$을 조사·산정하여 제24조에 따른 중앙부동산가격공시위원회의 심의를 거쳐 공시하고, 이를 관계 행정기관 등에 제공하여야 한다. 다만, 대통령령으로 정하는 바에 따라 국세청장이 국토교통부장관과 협의하여 공동주택가격을 별도로 결정·고시하는 경우를 제외한다$\binom{\text{부공법 제18}}{\text{조 제1항}}$.

2) 공동주택가격에 대한 불복(권리보호)　① 공동주택가격에 이의가 있는 자는 이의신청을 할 수 있다. 그 절차는 표준지공시지가에 이의를 제기하는 경우와 같다$\binom{\text{부공법 제18}}{\text{조 제8항}}$. ② 표준지공시지가의 경우와 마찬가지로 행정소송을 제기할 수도 있다.

(3) **주택가격 공시의 효력**　표준주택가격은 국가·지방자치단체 등이 그 업무와 관련하여 개별주택가격을 산정하는 경우에 그 기준이 된다$\binom{\text{부공법 제19}}{\text{조 제1항}}$. 개별주택가격 및 공동주택가격은 주택시장의 가격정보를 제공하고, 국가·지방자치단체 등이 과세 등의 업무와 관련하여 주택의 가격을 산정하는 경우에 그 기준으로 활용될 수 있다$\binom{\text{부공법 제19}}{\text{조 제2항}}$.

V. 건축물의 건축과 관리

1. 일 반 론

(1) **건축의 자유와 규제**　모든 국민은 행복추구권의 한 내용으로서 건축의 자유를 갖는다. 그러나 무분별한 건축은 공동체의 안전에 위험을 가져올 수 있다. 이 때문에 건축물의 대지·구조·설비 기준 및 용도 등을 정하여 건축물의 안전을 확보하고 아울러 건축물의 기능·환경 및 미관을 향상시킴으로써 공공복리의 증진에 이바지하는 것을 목적으로 건축법이 제정되어 있다$\binom{\text{건축법}}{\text{제1조}}$.

(2) **건축물의 의의**　건축법은 건축물을 "토지에 정착(定着)하는 공작물 중 지붕과 기둥 또는 벽이 있는 것과 이에 딸린 시설물, 지하나 고가(高架)의 공작물에 설치하는 사무소·공연장·점포·차고·창고, 그 밖에 대통령령으로 정하는 것"으로 정의하고 있고$\binom{\text{건축법 제2조}}{\text{제1항 제2호}}$, 건축을 "건축물을 신축·증축·개축·재축(再築)하거나 건축물을 이전하는 것"으로 규정하고 있다$\binom{\text{건축법}}{\text{제2조}}_{\substack{\text{제1항}\\\text{제8호}}}$.

2. 건축물의 건축

(1) 건축허가

1) 의　　의　　건축물을 건축하거나 대수선하려는 자는 특별자치시장·특별자치도지사 또는 시장·군수·구청장의 허가를 받아야 한다. 다만, 21층 이상의 건축물 등 대통령령으로 정하는 용도 및 규모의 건축물을 특별시나 광역시에 건축하려면 특별시장이나 광역시장의 허가를 받아야 한다(건축법 제11조 제 1 항).

2) 사전결정신청　　제11조에 따른 건축허가 대상 건축물을 건축하려는 자는 건축허가를 신청하기 전에 허가권자에게 그 건축물의 건축에 관한 다음 각 호(1. 해당 대지에 건축하는 것이 이 법이나 관계 법령에서 허용되는지 여부, 2. 이 법 또는 관계 법령에 따른 건축기준 및 건축제한, 그 완화에 관한 사항 등을 고려하여 해당 대지에 건축 가능한 건축물의 규모, 3. 건축허가를 받기 위하여 신청자가 고려하여야 할 사항)의 사항에 대한 사전결정을 신청할 수 있다(건축법 제10조 제 1 항). 사전결정은 예비결정의 성질을 갖는다.

3) 법적 성질　　건축허가는 학문상 허가의 전형적인 예에 해당한다. 일반건축물의 건축허가는 기속행위로 이해되고 있다. 판례는 기본적으로 기속행위로 보면서 예외적으로 재량행위로 보기도 한다. 건축법은 위락시설이나 숙박시설에 해당하는 건축물의 건축허가를 명시적으로 재량행위로 규정하고 있다(건축법 제11조 제 4 항 제 1 호).

4) 건축허가의 의제　　건축법 제11조 제 5 항은, 건축법 제11조 제 1 항에 따른 건축허가를 받으면 「도로법」 제61조에 따른 도로의 점용허가 등 허가를 받거나 신고를 한 것으로 본다. 건축법 제11조 제 5 항은 대표적인 인·허가의제조항에 해당한다.

(2) 건축신고

1) 의　　의　　제11조에 해당하는 허가 대상 건축물이라 하더라도 바닥면적의 합계가 85제곱미터 이내의 증축·개축 또는 재축 등의 경우에는 미리 특별자치시장·특별자치도지사 또는 시장·군수·구청장에게 국토교통부령으로 정하는 바에 따라 신고를 하면 건축허가를 받은 것으로 본다(건축법 제14조 제 1 항).

2) 법적 성질　　종래 판례는 건축신고를 수리를 요하지 않는 신고로 보았다(대판 1968. 4. 30. 68누12; 대판 2004. 9. 3. 2004도3908). 그러나 대법원 2011. 1. 20. 2010두14954 전원합의체 판결에서 다수의견은 인·허가의제 효과를 수반하는 건축신고는 일반적인 건축신고와는 달리, 특별한 사정이 없는 한 행정청이 그 실체적 요건에 관한 심사를 한 후 수리하여야 하는 이른바 '수리를 요하는 신고'로 보았고, 소수의견은 여전히 수리를 요하지 않는 신고로 보았다.

(3) 건축물의 사용승인

1) 의　　의　　건축주가 제11조·제14조 또는 제20조 제 1 항에 따라 허가를 받았거나 신고를 한 건축물의 건축공사를 완료(하나의 대지에 둘 이상의 건축물을 건축하는 경우 동(棟)별 공사를 완료한 경우를 포함한다)한 후 그 건축물을 사용하려면 제25조 제 6 항에 따라 공사감리자가 작성한 감리완료보고서(같은 조 제 1 항에 따른 공사감리자를 지정한 경우만 해당된다)와 국토교통부령으로 정하는 공사완료도서를 첨부하여 허가권자에게 사용승인을 신청하여야 한다(건축법 제22조 제 1 항).

2) 효　　과　　건축주는 제 2 항에 따라 사용승인을 받은 후가 아니면 건축물을 사용하

거나 사용하게 할 수 없다. 다만, 다음 각 호(1. 허가권자가 제 2 항에 따른 기간 내에 사용승인서를 교부하지 아니한 경
우, 2. 사용승인서를 교부받기 전에 공사가 완료된 부분이 건폐율, 용적률, 설
비, 피난·방화 등 국토교통부령으로 정하는 기준에 적합한 경우로서 기간
을 정하여 대통령령으로 정하는 바에 따라 임시로 사용의 승인을 한 경우)의 어느 하나에 해당하는 경우에는 그러하지 아니하다(건축법 제22
조 제 3 항).

3. 건축물의 유지와 관리

(1) 건축물대장   특별자치시장·특별자치도지사 또는 시장·군수·구청장은 건축물의 소유·이용 및 유지·관리 상태를 확인하거나 건축정책의 기초 자료로 활용하기 위하여 다음 각 호(1. 제22조 제 2 항에 따라 사용승인서를 내준 경우, 2. 제11조에 따른 건축허가 대상 건축물(제14조에 따른 신고 대상
건축물을 포함한다) 외의 건축물의 공사를 끝낸 후 기재를 요청한 경우, 3. 삭제, 4. 그 밖에 대통령령으로 정하는 경우)의 어느 하나에 해당하면 건축물대장에 건축물과 그 대지의 현황 및 국토교통부령으로 정하는 건축물의 구조내력에 관한 정보를 적어서 보관하여야 한다(건축법 제38
조 제 1 항).

[기출사례] 제37회 입법고시(2021년) 문제·답안작성요령 ☞ PART 4 [3-24a]

(2) 건축물 해체의 허가·신고   관리자가 건축물을 해체하려는 경우에는 특별자치시장·특별자치도지사 또는 시장·군수·구청장의 허가를 받아야 한다. 다만, 다음 각 호(1. 「건축법」
제 2 조 제 1 항
제 7 호에 따른 주요구조부의 해체를 수반하지 아니하
고 건축물의 일부를 해체하는 경우. 제 2 호 이하 생략)의 어느 하나에 해당하는 경우 대통령령으로 정하는 바에 따라 신고를 하면 허가를 받은 것으로 본다(건축물관리법
제30조 제 1 항).

4. 위반 건축물 등에 대한 조치

(1) 허가의 취소와 시정명령   허가권자는 이 법 또는 이 법에 따른 명령이나 처분에 위반되는 대지나 건축물에 대하여 이 법에 따른 허가 또는 승인을 취소하거나 그 건축물의 건축주·공사시공자·현장관리인·소유자·관리자 또는 점유자(이하 "건축주
등"이라 한다)에게 공사의 중지를 명하거나 상당한 기간을 정하여 그 건축물의 철거·개축·증축·수선·용도변경·사용금지·사용제한, 그 밖에 필요한 조치를 명할 수 있다(건축법 제79
조 제 1 항).

(2) 영업의 제한(관허사업
의 제한)   허가권자는 제 1 항에 따라 허가나 승인이 취소된 건축물 또는 제 1 항에 따른 시정명령을 받고 이행하지 아니한 건축물에 대하여는 다른 법령에 따른 영업이나 그 밖의 행위를 허가·면허·인가·등록·지정 등을 하지 아니하도록 요청할 수 있다. 다만, 허가권자가 기간을 정하여 그 사용 또는 영업, 그 밖의 행위를 허용한 주택과 대통령령으로 정하는 경우에는 그러하지 아니하다(건축법 제79
조 제 2 항). 제 2 항에 따른 요청을 받은 자는 특별한 이유가 없으면 요청에 따라야 한다(건축법 제79
조 제 3 항).

(3) 이행강제금

1) 의   의   허가권자는 제79조 제 1 항에 따라 시정명령을 받은 후 시정기간 내에 시정명령을 이행하지 아니한 건축주등에 대하여는 그 시정명령의 이행에 필요한 상당한 이행기한을 정하여 그 기한까지 시정명령을 이행하지 아니하면 건축법 제80조 제 1 항이 정하는 이행강제금을 부과한다(건축법 제80조
제 1 항 본문). 허가권자는 영리목적을 위한 위반이나 상습적 위반 등 대통령령으로

정하는 경우에 제1항에 따른 금액을 100분의 100의 범위에서 가중할 수 있다$\left(\begin{smallmatrix}건축법 제80\\조 제2항\end{smallmatrix}\right)$.

2) 요　　건　　　허가권자는 제1항 및 제2항에 따른 이행강제금을 부과하기 전에 제1항 및 제2항에 따른 이행강제금을 부과·징수한다는 뜻을 미리 문서로써 계고(戒告)하여야 한다$\left(\begin{smallmatrix}건축법\\제80\\조\\제3항\end{smallmatrix}\right)$. 허가권자는 제1항에 따른 이행강제금을 부과하는 경우 금액, 부과 사유, 납부기한, 수납기관, 이의제기 방법 및 이의제기 기관 등을 구체적으로 밝힌 문서로 하여야 한다$\left(\begin{smallmatrix}건축법 제80\\조 제4항\end{smallmatrix}\right)$.

3) 반복부과　　　허가권자는 최초의 시정명령이 있었던 날을 기준으로 하여 1년에 2회 이내의 범위에서 해당 지방자치단체의 조례로 정하는 횟수만큼 그 시정명령이 이행될 때까지 반복하여 제1항 및 제2항에 따른 이행강제금을 부과·징수할 수 있다. 다만, 제1항 각 호 외의 부분 단서에 해당하면 총 부과 횟수가 5회를 넘지 아니하는 범위에서 해당 지방자치단체의 조례로 부과 횟수를 따로 정할 수 있다$\left(\begin{smallmatrix}건축법 제80\\조 제5항\end{smallmatrix}\right)$.

4) 강제징수　　　허가권자는 제79조 제1항에 따라 시정명령을 받은 자가 이를 이행하면 새로운 이행강제금의 부과를 즉시 중지하되, 이미 부과된 이행강제금은 징수하여야 한다$\left(\begin{smallmatrix}건축법 제80\\조 제6항\end{smallmatrix}\right)$. 허가권자는 제4항에 따라 이행강제금 부과처분을 받은 자가 이행강제금을 납부기한까지 내지 아니하면 지방세외수입금의 징수 등에 관한 법률에 따라 징수한다$\left(\begin{smallmatrix}건축법 제80\\조 제7항\end{smallmatrix}\right)$.

제 3 장 기 타

제 1 절 경제행정법

1. 경제행정법의 의의

경제행정법은 경제법과 행정법의 복합개념이다. 경제행정법이란 "경제생활에 참여하는 자와 공행정 간의 관계 및 경제의 감시·지도·촉진 등을 위한 공행정기관의 설치 및 그 활동을 규율하는 규범의 전체"를 말한다. 경제행정법은 국가전체경제의 방향과 사회적 정의를 지향한다. 이러한 개념방식에 따르면, 경제행정법은 특별행정법의 한 부분이다. 다만 세법이나 노동법은 일반적으로 독립된 법영역으로 다루어지고 있다.

2. 경제행정의 임무

경제에 대한 국가의 개입작용으로서 경제행정임무는 크게 보아 소극적인 목적의 경제의 감시(경제의 감독)임무와 적극적인 목적의 경제의 지도(경제의 조종)임무 그리고 경제의 촉진(경제의 지원)임무로 나눌 수 있다.

(1) 경제의 감독 경제와 관련된 행정의 고전적인 임무는 ① 경찰상 위험방지를 목적으로 사인의 경제활동에 대한 경찰상 감독과 ② 전체 국민경제의 이익의 관점에서 혼란 없는 경제기능의 수행을 위한 배려로서의 경제의 감독이다. 경제의 감독이란 사인의 경제상의 행위, 즉 사인이 경제행정상의 규정을 따르고 있는가의 여부를 감독하는 것을 말하며 그것은 무엇보다 공익상 그 경영이 문제되고 또한 공공복지에 일정한 책임을 지는 일련의 기업에 대해 보다 중요한 의미를 갖는다(기업 감독).

(2) 경제의 지도

1) 광의의 경제지도 넓은 의미에서 경제의 지도란 경제정책상·사회정책상 희망하는 상태나 경제생활의 과정을 가져오거나 유지하기 위해서 경제과정상 영향을 미치는 일체의 국가적인 처분을 의미한다. 그것은 개별경제작용에 합목적적인 영향을 가하여 특정경제정책목적을 최선으로 형성·실현하기 위해 이루어지는 경제과정에 대한 종합계획적인 국가적인 규율의 전체를 의미한다. 이러한 의미의 경제지도는 국가의 사회형성임무로부터 나오는 국가적인 임무인 점에서 경제상의 공적 안전과 질서를 위한 위험방지작용인 경제감독과 구분된다. 광의의 경제지도는 협의의 경제지도와 경제촉진으로 나눌 수 있다.

2) 협의의 경제지도　　　좁은 의미로 경제의 지도란 넓은 의미의 경제지도개념 중에서 급부의 보장과 관련된 경제촉진을 제외한 것을 말한다. 좁은 의미의 경제지도에는 자유시장에서 수요·공급의 원리 대신에 행정상의 생산·분배구조의 도입을 통해 가격규제, 물자나 시장질서의 통제 등의 형식으로 경제에 대해 가해지는 국가의 직접적인 간섭작용과 간접적인 간섭작용이 포함된다. 경제지도에는 부과적인 처분이 중심이 되고, 후술하는 경제촉진은 수익적인 처분이 중심적인 수단이 된다.

　　(3) 경제의 촉진　　　경제의 촉진이란 국가나 지방자치단체에 의해 직접·간접으로, 그리고 총괄적으로나 부분적으로 이루어지는 경제구조개선, 경제상·기술상의 변천에 적응, 생산성의 진보, 기업의 발전, 일자리·교육자리의 증대, 특정기업의 존속보장 등을 위해 자연재해나 그 밖의 외적 영향으로 인한 경제상의 손실을 보전해 주는 등의 특정경제활동의 촉진을 위한 작용을 말한다. 개념상 경제감독이 공공의 안녕과 질서에 관련된 것이고, 경제지도가 전체경제의 바른 방향과 관련된 것이나, 경제촉진은 급부의 보장과 관련된 개념이다.

3. 보 조 금

(1) 보조금의 관념

1) 보조금의 개념　　　보조금이란 경제촉진을 목적으로 반대급부 없이 주어지는 금전을 말한다. 금전의 지급이 일시적인 것인가 아니면 계속적인 것인가를 가리지 않는다. 보조금은 장려금이라 불리기도 한다.

2) 보조금의 성질　　　보조금은 공공적 성질을 갖는다. 따라서 보조금은 성질상 양도나 강제집행의 대상이 될 수 없다(판례).

> ┌─────┐
> │ **판례** │ 보조금교부채권이 압류금지채권인지 여부
> └─────┘
> (채권압류및추심
> 명령사건에서) 사립학교법 제43조 제 1 항, 보조금의 예산 및 관리에 관한 법률 제22조 제 1 항 등에 의하여 국가 또는 지방자치단체로부터 교육의 진흥상 필요하다고 인정되어 사립학교 교육의 지원을 위하여 교부되고 그 목적 이외의 사용이 금지되는 보조금은, 그 금원의 목적 내지 성질상 국가나 지방자치단체와 학교법인 사이에서만 수수, 결제되어야 하므로 그 **보조금교부채권은 성질상 양도가 금지된 것으로 보아야 하고 따라서 강제집행의 대상이 될 수 없다**(대결 1996. 12. 24, 96마1302).

　　3) 보조금제도의 한계　　　보조금의 지원이 경제의 촉진수단이라 하여도 그것이 무제한으로 활용될 수는 없다. 그것은 ① 국가와 관련하여서는 재원상의 한계, 통계상의 어려움, 외국과의 마찰(예: 덤핑과 보호무역) 등, ② 기업과 관련하여서는 관료적인 통제로부터의 회피, 업무상 기밀의 유지, 기업의 독자성 확보의 요구 등과 충돌하는 가능성을 가져오는바, 여기에 보조금지원의 한계가 있다.

　　(2) 보조금의 법적 근거

1) 예산과 행정규칙　　　보조금의 지원은 명문의 규정이 있으면 그에 따른다. 명문의 규정

이 없다고 하여도 보조금지원은 급부행정의 한 부분으로서 예산상 근거만으로도 가능하다. 말하자면 통상의 경우, 보조금지원은 법적 근거 없이 국회에서 통과된 예산과 행정규칙만을 근거로 이루어질 수도 있다. 예산만으로도 가능하다는 것은 민주주의원리나 법치주의원리는 의회가 정부에 수권함에 있어 언제나 법률형식만으로 하여야 한다는 것을 요구하는 것은 아니기 때문이다.

[참고] 국가의 보조금 교부는 개별 법률에서 규정되고 있다(예: 운수법 제50조). 국가가 보조하는 보조금의 관리에 관한 일반법으로 보조금 관리에 관한 법률이 있다. 지방자치단체가 보조하는 것은 원칙적으로 금지되고 있다(지정법 제17조 제1항).

2) 행정의 자기구속의 원칙　　만약 보조금지원행정청이 유사한 경우에 행정규칙에 따라 이미 보조금을 지원하였다면 다른 특별한 사유가 없는 한 그 후행의 신청의 경우에도 보조금지원을 하여야 한다. 왜냐하면 평등원칙에 근거하여 행정청에 구속력이 발생하기 때문이다.

(3) 보조금청구권

1) 청구권의 존부　　개인적 공권으로서 보조금청구권의 존재 여부는 근거법을 기초로 하여 판단되어야 한다. 교부지원의 성격을 갖는 일련의 법률들이 그 법에서 정한 요건을 갖추고 보조금지원을 신청하는 자에게 반드시 교부지원토록 규정하고 있다면, 그러한 경우에는 사인에게 보조금청구권이 인정된다(구속적 교부지원).

2) 무하자재량행사청구권　　법률의 규정이 행정청에 재량을 부여하고 있거나 또는 교부지원이 단순히 예산에만 근거하고 있는 경우에는 행정청은 의무에 합당한 재량에 따라야 하고, 이 때 그 재량행사는 국민전체경제·지역경제의 상황 그리고 경제발전 경향 등의 고려하에 이루어져야 한다. 보조금신청자는 특정행위청구권이 아니라 다만 무하자재량행사청구권만을 갖는다.

3) 청구권의 일회성　　보조금지원은 성질상 시간적으로 한정된다. 그것은 그때그때의 예산이나 경제정책에 의존된다. 따라서 교부지원의 계속적인 존속에 대한 법적인 청구권은 원칙적으로 인정되지 아니한다.

(4) 보조금지원의 법형식　　① 보조금의 법적 근거의 유무를 불문하고 국가의 보조금의 교부신청·교부결정·사용 등에는 일반적으로 보조금 관리에 관한 법률이 적용된다(보조법 제1조, 제3조)[판례1]. ② 동법에 따른 보조금의 교부관계의 법적 성질에 관해서는 견해가 갈린다. 공법상 증여계약으로 보는 견해도 있고, 협력을 요하는 행정행위(쌍방적 행정행위)로 보는 견해도 있다. 생각건대 행정청이 보조금의 교부 여부를 결정한다는 규정(보조법 제17조), 그리고 일정한 경우에는 행정청이 보조금교부의 결정을 취소할 수 있다는 규정(보조법 제30조)을 고려할 때, 동법상 교부관계의 법적 성질은 협력을 요하는 행정행위로 볼 것이다[판례2]. ③ 보조금지급결정(제1단계)과 보조금지급관계(제2단계)의 2단계로 설명하는 견해(2단계론)도 법관계의 분석에 유용하다. 제1단계의 법형식은 처분이고, 제2단계의 법형식은 공법상 계약 또는 사실행위로 볼 수 있다.

> **판례 1**　국가와 지방자치단체의 보조금지원에 관한 근거법령
> (홍성군 홍주미트 보조금사건에서) 구 보조금의 예산 및 관리에 관한 법률(이하 '보조금 법'이라 한다) 제 2 조 제 1 호는 "위 법에 규정된 보조금이라 함은 국가 외의 자가 행하는 사무 또는 사업에 대하여 국가가 이를 조성하거나 재정 상의 원조를 하기 위하여 교부하는 보조금(지방자치단체에 대한 것과 기타 법인 또는 개인 의 시설자금이나 운영자금에 대한 것에 한한다)·부담금(국제조약에 의 한 부담금은 제외 한다) 기타 상당한 반대급부를 받지 아니하고 교부하는 급부금으로서 대통령령으로 정하는 것을 말한다"고 규정하고 있으므로, 위 법의 적용을 받는 보조금은 국가가 교부하는 보조금에 한정된 다. 따라서 지방자치단체인 원고가 피고에게 교부하는 보조금에 관하여는 위 법의 적용이 없고, 지방재정법 및 지방재정법 시행령 그리고 홍성군 보조금관리조례가 적용될 뿐이다(대판 2011. 6. 9., 2011다2951).

> **판례 2**　보조금의 예산 및 관리에 관한 법률 제33조에서 '반환하여야 할 보조금에 대하여는 국 세징수의 예에 따라 이를 징수할 수 있다'고 규정한 것이 민사집행법에 의한 강제집행과 국세체납처 분에 의한 강제징수 중에서 선택할 수 있도록 허용한 규정인지 여부
> (피고가 강제집행면탈죄 로 기소된 형사사건에서) 구 「보조금의 예산 및 관리에 관한 법률」(이하 '구 보 조금관리법') 제30조 제 1 항, 제31조 제 1 항에 의한 보조금의 교부결정취소 및 보조금 반환명령은 행정처분이고 그 처분이 있어야 반환 의무가 발생하는 것이므로, 반환받을 보조금에 대한 징수권은 **공법상의 권리**로서 사법상의 채권과 는 그 성질을 달리한다. 따라서 구 보조금관리법 제33조가 '반환하여야 할 보조금에 대하여는 국세 징수의 예에 따라 이를 징수할 수 있다'고 규정한 것은 보조금의 반환에 대하여는 국세체납처분의 예에 따라 강제징수할 수 있도록 한 것뿐이고, 이를 민사집행법에 의한 강제집행과 국세체납처분 에 의한 강제징수 중에서 선택할 수 있도록 허용한 규정이라고 볼 것은 아니다(대판 2012. 4. 26., 2010도5693).

　(5) 보조금의 반환청구　　경제촉진수단으로서 보조금지원의 효과(실현 성)의 확보를 위해 보조금은 목적에 위반하여 사용하는 경우에는 반환이 요구된다. 이와 관련하여 「보조금 관리에 관한 법률」은 이에 관해 명시적으로 규정하고 있다. 즉, 중앙관서의 장은 보조사업자가 다음 각 호(1. 보조금을 다른 용도에 사용한 경우, 2. 법령, 보조금 교부 결정의 내용 또는 법령에 따른 중앙관 서의 장의 처분을 위반한 경우, 3. 거짓 신청이나 그 밖의 부정한 방법으로 보조금을 교부받은 경우)의 어느 하나에 해당하는 경우에는 보조금 교부 결정의 전부 또는 일부를 취소할 수 있다(보조법 제30 조 제 1 항). 중앙관서의 장은 보조 금의 교부 결정을 취소한 경우에 그 취소된 부분의 보조사업에 대하여 이미 보조금이 교부되었을 때에는 기한을 정하여 그 취소한 부분에 해당하는 보조금과 이로 인하여 발생한 이자의 반환을 명하여야 한다(보조법 제31 조 제 1 항). 중앙관서의 장 또는 지방자치단체의 장인 보조사업자는 이 법 제33조 의3 제 1 항에서 정하는 바에 따라 강제징수할 수 있다.

　(6) 권리보호

　1) 행정소송　　보조금지원행정청과 보조금수령자 간의 소송은 그 교부지원이 공법상 형 식에 의한 것이면 행정소송, 사법상 형식에 의한 것이면 민사소송의 대상이 될 것이다.

　2) 제 3 자의 보호　　보조금지원제도는 통상 경쟁관계에 있는 비지원자에 대해서도 영향 (수령자에게는 경쟁상 우위, 미수령 자에게는 시장에서의 기회의 약화)을 미친다. 즉 그것은 제 3 자효를 갖는다. 이러한 제 3 자는 경우에 따라 경쟁상의 기회균등이라는 의미에서의 평등원칙, 직업선택의 자유와 관련하여 경쟁자에게 주어지

는 보조금지급의 위법을 다투거나 아니면 자신에게도 보조금이 주어질 것을 요구할 수 있다. 그러나 이러한 주장을 위해서는 물론 적어도 제3자를 보호하는 규범이 있어야 한다($^{보호규}_{범론}$).

(7) 기 타

1) 보조금지원의 정치적 통제   보조금지원에 대해서는 이미 언급한 바 있는 보조금수령자나 그 밖의 이해관계자의 소송제기를 통한 통제($^{사법적}_{통제}$) 외에 대정부질문·국정조사·국정감사 등에 따른 국회를 통한 정치적 통제가 또한 가능하다. 법원에 의한 통제가 적법성의 통제라면 국회에 의한 정치적 통제는 주로 합목적성의 확보를 위한 통제이다.

2) 실질적 보조금교부로서 국가의 구매행위   국가는 계속적으로 상당한 금액의 물자를 구입한다($^{조달}_{행정}$). 기업에 따라서는 정부의 대단위구매가 보조금의 교부보다 더 큰 의미를 갖는다($^{예: 방위산}_{업체의 경우}$). 따라서 국가에 의한 대량구매는 특정기업·특정경제분야의 발전, 기술상의 진보, 국민경제잠재력의 강화에 중요한 역할을 한다.

제2절 재무행정법

재무행정에 관한 공법체계가 재무행정법 또는 재정법이다. 재무행정법은 특별행정법의 한 부분이다. 재무행정법 역시 행정법의 한 부분인 까닭에 일반행정법의 내용은 거의 그대로 재무행정법에도 적용된다.

1. 재정상 행위형식

(1) 재정상 행정입법(재정명령)   재정행정기관이 재정목적을 위해 발하는 일반·추상적인 명령을 재정상 행정입법 또는 재정명령이라 부른다. 일부의 견해는 재정상 법규하명과 재정처분으로서의 하명을 포괄하는 개념으로 사용하고 이를 재정하명이라 부르는 견해도 있는데, 양자는 효력범위나 쟁송방법 등에 차이가 있으므로 구분하는 것이 합리적이다. 재정상 행정입법에는 법규명령으로서의 재정명령과 행정규칙으로서의 재정명령이 포함된다. 목적이 재정을 위한 것이라는 점만을 제외한다면 일반행정법에서 행정입법에 관하여 논급한 여러 원리들이 재정명령의 경우에도 그대로 적용된다.

(2) 재정상 행정행위(재정처분)   재정상 행정행위란 재정행정기관이 재정상의 목적을 위해 발하는 행정행위를 말한다. 재정처분이라고도 한다. 여기서 말하는 행정행위는 일반행정법에서 말하는 실체법상 행정행위개념을 의미한다. 따라서 재정처분도 일반행정법상의 원리에 따라 여러 가지로 구분이 가능하다. 기술한 재정상 행정입법과 재정상 행정행위는 성질상 재정권력작용에 해당한다.

(3) 재정관리작용

1) 성 질　　국가나 지방자치단체의 수입·지출이나 재산을 관리하는 작용인 재정관리작용은 그 성격이 사법상의 재산관리작용과 본질적으로 다른 것은 아니다. 다만 재정관리작용의 관리주체가 공행정주체이고 관리목표가 공적 목적을 위한 것인 까닭에 합리적이고 공정한 관리를 위하여 법령이 특별한 감독 내지 제한을 가하는 경우가 있는 것이 특징적이다. 본질적으로 재정관리작용은 비권력적인 작용이다.

2) 종 류　　재정관리작용에는 ① 수입·지출의 관리와 ② 재산의 관리가 있다. 일설은 ①만을 회계라 하며, 일설은 ①과 ②를 합하여 회계라 부르기도 한다. 본서는 후자의 입장을 따른다. 수입·지출의 관리란 국가나 지방자치단체의 예산을 중심으로 한 것이고, 재산의 관리란 채권·동산·부동산의 관리를 중심으로 하는 개념이다.

2. 재정상 실효성 확보수단

(1) 재 정 벌

1) 의의와 종류　　재정벌이란 국가나 지방자치단체가 부과한 재정상의 의무를 위반한 경우에 대해 과해지는 제재로서의 벌을 말한다. 재정벌은 재정형벌과 재정질서벌로 구분된다. 재정형벌이 일반적이다. 일반행정법상 행정벌에 관한 원리는 재정벌에도 그대로 적용된다. 재정벌을 가져오는 범죄를 재정범이라 부른다. 재정범에는 포탈범과 재정질서범의 구분이 이루어지기도 한다. 전자는 조세의 포탈이나 전매권의 침해 등을 통하여 국가나 지방자치단체에 대해 현실적으로 재산상의 손해를 가하는 행위를 말하고, 후자는 허위신고 등을 통해 재산상의 손해를 발생하게 할 우려가 있는 행위를 말한다.

2) 내용상 특수성　　① 재정벌은 국가나 지방자치단체의 수입의 확보를 제 1 의 목적으로 한다. 따라서 금전벌이 부과되는 것이 일반적이다. ② 범죄의 성립·처벌과 관련하여 고의·과실의 불요, 감독자나 법정대리인의 처벌 등 형법총칙의 적용을 배제하는 규정을 두는 경우가 적지 아니하다.

3) 과형절차상 특수성　　재정범의 특수성을 고려하여 재정범의 처벌절차는 특별한 규정에 의해 규율되고 있다. 내국세의 경우에는 조세범 처벌절차법, 관세의 경우에는 관세법이 적용된다. 이러한 법률이 규정하는 특별절차의 핵심은 그 절차가 조사·통고처분·고발로 이루어진다는 점에 있다.

(개) 조 사　　세무공무원과 세관공무원은 특별사법경찰관리$\binom{형소법}{제197조}$로서 조세 또는 관세에 관한 범칙사건을 적발하는 데 필요한 조사권을 가진다$\binom{조처법 \ 제 8 조; \ 관세법 \ 제}{290조, \ 제291조, \ 제294조}$. 조사는 강제조사와 임의조사로 구분되는데, 강제조사의 경우는 원칙적으로 법관의 영장을 요한다$\binom{조처법 \ 제 9 조;}{관세법 \ 제296조}$.

(내) 통고처분

(a) 의 의　　지방국세청장 또는 세무서장은 조세범칙행위의 확증을 얻었을 때에는 대통령령으로 정하는 바에 따라 그 대상이 되는 자에게 그 이유를 구체적으로 밝히고 다음 각 호

$\binom{\text{1. 벌금에 해당하는 금액(이하 "벌금상당액"이라 한다), 2.}}{\text{몰수 또는 몰취에 해당하는 물품, 3. 추징금에 해당하는 금액}}$에 해당하는 금액이나 물품을 납부할 것을 통고하여야 한다. 다만, 몰수 또는 몰취에 해당하는 물품에 대해서는 그 물품을 납부하겠다는 의사표시$\binom{\text{이하}}{\text{"납부}}$ $\binom{\text{신청"이}}{\text{라 한다}}$를 하도록 통고할 수 있다$\binom{\text{조처법 제15조 제 1 항;}}{\text{관세법 제311조}}$.

(b) 취 지 통고처분은 간편하고 신속한 처리, 범칙자의 명예와 신용의 보호 등을 위한 제도로 이해되고 있다.

(c) 효 과 통고처분을 이행할 것인가의 여부의 결정은 범칙자의 자유로운 판단에 따른다. 만약 통고내용을 이행하였다면, 그것은 확정판결과 같은 효력을 가지며, 일사부재리의 원칙에 의해 소추되지 아니한다$\binom{\text{조처법 제15조 제 3 항;}}{\text{관세법 제317조}}\binom{\text{판}}{\text{례}}$.

판례 통고처분의 이행과 형사소추의 가부

$\binom{\text{(조세범처벌법)}}{\text{위반사건에서}}$ 피고인이 주세령(폐) 위반사건에 관하여 통고처분을 받고 당해 통고처분을 이행하였다면 이에 대한 검사의 공소는 조세범처벌절차법 제11조 제 1 항에 위반하여 제기된 위법이 있는 것이므로 형사소송법 제327조 제 2 호에 의하여 기각되어야 한다$\binom{\text{대판 1956. 1. 31,}}{\text{4288비상1}}$.

(d) 불 응 만약 범칙자가 통고처분에 응하지 않는다면, 통고처분은 효력을 상실하며 당해 관청은 고발하여야 한다$\binom{\text{조처법 제17조 제 1 항 제 2 호}}{\text{등 참조; 관세법 제316조}}$. 통고처분은 행정소송의 대상이 되지 아니한다$\binom{\text{판}}{\text{례}}$.

판례 도로교통법상 통고처분의 취소를 구하는 행정소송이 가능한지 여부

$\binom{\text{(강남경찰서장의 원고에 대한 범칙금}}{\text{부과처분의 취소를 구한 사건에서}}$ 도로교통법 제118조에서 규정하는 경찰서장의 **통고처분은 행정소송의 대상이 되는 행정처분이 아니므로 그 처분의 취소를 구하는 소송은 부적법하고**, 도로교통법상의 통고처분을 받은 자가 그 처분에 대하여 이의가 있는 경우에는 통고처분에 따른 범칙금의 납부를 이행하지 아니함으로써 경찰서장의 즉결심판청구에 의하여 법원의 심판을 받을 수 있게 될 뿐이다$\binom{\text{대판 1995. 6. 29,}}{\text{95누4674}}$.

(다) 고 발 조세범과 관세범에 대해서는 원칙적으로 국세청장·지방국세청장·세무서장·관세청장·세관장의 고발이 없으면 검사는 공소를 제기하지 못한다$\binom{\text{대판 1971. 11. 30,}}{\text{71도1736}}$. 조세범처벌법상의 범칙행위는 국세청장, 지방국세청장, 세무서장 또는 세무에 종사하는 공무원의 고발을 기다려 논하게 되어 있으므로 고발 없이 공소가 제기된 경우에는 공소제기절차가 법률규정에 위반한 것이니 공소를 기각하여야 한다$\binom{\text{대판 1971. 11. 30,}}{\text{71도1736}}$.

(2) 재정상 강제집행

1) 의 의 재정상 강제집행이란 재정상 의무의 불이행이 있는 경우에 권한을 가진 행정기관이 의무자의 신체나 재산에 실력을 가하여 의무의 이행을 강제하거나 의무가 이행된 것과 같은 상태를 실현하는 작용을 말한다.

2) 종   류   재정상 강제집행의 수단으로 일반적으로 활용되는 것은 강제징수이다. 강제징수는 다시 국세징수법상 강제징수와 관세법상 강제징수로 구분하여 살펴볼 수 있다.

(3) 재정상 즉시강제

1) 의   의   재정상의 목적으로 이루어지는 행정상 즉시강제를 재정상 즉시강제라 부른다. 말하자면 재정상 즉시강제란 조세 또는 관세의 포탈을 방지하기 위하여 급박한 필요가 있거나, 미리 의무를 명하여서는 목적을 달성할 수 없는 경우에 직접 사인의 신체 또는 재산에 실력을 가하여 재정목적을 달성하는 권력적 행위를 말한다.

2) 종   류   재정상 즉시강제 역시 대인적 강제·대물적 강제·대가택강제로 구분할 수 있다. ① 대인적 강제의 예로 범칙혐의자나 참고인의 심문·수색($^{조처법 \; 제8조, \; 제9조;}_{관세법 \; 제291조}$), ② 대물적 강제의 예로 물건의 압수·수색 또는 영치($^{조처법 \; 제8조, \; 제9조;}_{관세법 \; 제296조}$), ③ 대가택강제의 예로 가옥·창고의 임검·수색($^{국징법 \; 제26조;}_{관세법 \; 제300조}$) 등을 볼 수 있다.

3) 영장주의

(개) 사전영장   세무공무원이 제8조에 따라 압수 또는 수색을 할 때에는 근무지 관할 검사에게 신청하여 검사의 청구를 받은 관할 지방법원판사가 발부한 압수·수색영장이 있어야 한다($^{조처법 \; 제9조}_{제1항 \; 본문}$).

(나) 사후영장   다음 각 호($^{1. \; 조세범칙행위가 \; 진행 \; 중인 \; 경우, \; 2. \; 조세범칙행위 \; 혐의자가 \; 도주하거나 \; 증}_{거를 \; 인멸할 \; 우려가 \; 있어 \; 압수·수색영장을 \; 발부받을 \; 시간적 \; 여유가 \; 없는 \; 경우}$)의 어느 하나에 해당하는 경우에는 해당 조세범칙행위 혐의자 및 그 밖에 대통령령으로 정하는 자에게 그 사유를 알리고 영장 없이 압수 또는 수색할 수 있다($^{조처법 \; 제9조}_{제1항 \; 단서}$). 제1항 단서에 따라 영장 없이 압수 또는 수색한 경우에는 압수 또는 수색한 때부터 48시간 이내에 관할 지방법원판사에게 압수·수색영장을 청구하여야 한다($^{조처법 \; 제9}_{조 \; 제2항}$).

(다) 반환·보관   세무공무원은 압수·수색영장을 발부받지 못한 경우에는 즉시 압수한 물건을 압수당한 자에게 반환하여야 한다($^{조처법 \; 제9}_{조 \; 제3항}$). 세무공무원은 압수한 물건의 운반 또는 보관이 곤란한 경우에는 압수한 물건을 소유자, 소지자 또는 관공서($^{이하 \; "소유자}_{등"이라 \; 한다}$)로 하여금 보관하게 할 수 있다. 이 경우 소유자등으로부터 보관증을 받고 봉인(封印)이나 그 밖의 방법으로 압수한 물건임을 명백히 하여야 한다($^{조처법 \; 제9}_{조 \; 제4항}$).

4) 재정상 조사   재정상 조사란 재정목적을 위하여 이루어지는 행정조사를 말한다. 재정상 조사에는 권력적 조사 외에 비권력적 조사도 포함된다($^{재정상 \; 조사의 \; 예로는 \; 상기의 \; 재정벌 \; 및 \; 재정}_{상 \; 즉시강제에서 \; 언급한 \; '조사'부분을 \; 보라}$).

5) 기타의 수단   일반행정법에서 살펴본 바 있는 금전상 제재($^{예: \; 과징금·가산}_{세·부당이득세}$), 제재적 행정처분($^{예: \; 인가·허가 \; 등}_{의거부·정지·취소}$), 공표 등은 역시 재무행정상의 실효성확보수단으로서 의미를 갖는다.

3. 국유재산

(1) 국유재산의 종류(행정재산+일반재산)

1) 행정재산($^{공용재산+공공용재산+}_{기업용재산+보존용재산}$)   국유재산은 그 용도에 따라 행정재산과 일반재산으로 구분한다($^{국재법 \; 제6}_{조 \; 제1항}$). 행정재산의 종류는 다음 각 호와 같다($^{국재법 \; 제6}_{조 \; 제2항}$).

1. 공용재산: 국가가 직접 사무용·사업용 또는 공무원의 주거용으로 사용하거나 대통령령으로 정하는 기한까지 사용하기로 결정한 재산

2. 공공용재산: 국가가 직접 공공용으로 사용하거나 대통령령으로 정하는 기한까지 사용하기로 결정한 재산

3. 기업용재산: 정부기업이 직접 사무용·사업용 또는 그 기업에 종사하는 직원의 주거용으로 사용하거나 대통령령으로 정하는 기한까지 사용하기로 결정한 재산

4. 보존용재산: 법령이나 그 밖의 필요에 따라 국가가 보존하는 재산

2) 일반재산　　행정재산 외의 모든 국유재산을 말한다(국재법 제6조 제3항). 일반재산은 국유의 재산이지만 사물의 성질을 갖는다.

(2) 국유재산의 관리·처분

1) 행정재산

(개) 처분의 제한　　행정재산은 처분하지 못한다. 다만, 다음 각 호(1. 공유 또는 사유재산과 교환하여 그 교환받은 재산을 행정재산으로 관리하려는 경우, 2. 대통령령으로 정하는 행정재산을 직접 공용이나 공공용으로 사용하려는 지방자치단체에 양여하는 경우)의 어느 하나에 해당하는 경우에는 교환하거나 양여할 수 있다(국재법 제27조 제1항).

(내) 사용허가

(a) 허가의 범위　　중앙관서의 장은 다음 각호(1. 공용·공공용·기업용재산: 그 용도나 목적에 장애가 되지 아니하는 범위, 2. 보존용재산: 보존목적의 수행에 필요한 범위)의 범위에서만 행정재산의 사용허가를 할 수 있다(국재법 제30조 제1항)(판례). 행정재산을 사용허가하려는 경우에는 그 뜻을 공고하여 일반경쟁에 부쳐야 한다. 다만, 사용허가의 목적·성질·규모 등을 고려하여 필요하다고 인정되면 대통령령으로 정하는 바에 따라 참가자의 자격을 제한하거나 참가자를 지명하여 경쟁에 부치거나 수의(隨意)의 방법으로 할 수 있다(국재법 제31조 제1항).

[**판례**]　**국립의료원 부설주차장 위탁관리용역운영계약의 성질**

(원고가 대한민국을 상대로 한 채무부존재확인소송에서) 원고는 피고(대한민국) 산하의 국립의료원 부설주차장에 관한 이 사건 위탁관리용역운영계약에 대하여 관리청이 순전히 사경제주체로서 행한 사법상 계약임을 전제로, 가산금에 관한 별도의 약정이 없는 이상 원고에게 가산금을 지급할 의무가 없다고 주장하여 그 부존재의 확인을 구한다는 것이다. 그러나 기록에 의하면, 위 운영계약의 실질은 행정재산인 위 부설주차장에 대한 국유재산법 제24조 제1항에 의한 사용·수익 허가로서 이루어진 것임을 알 수 있으므로, 이는 위 국립의료원이 원고의 신청에 의하여 공권력을 가진 우월적 지위에서 행한 행정처분으로서 특정인에게 행정재산을 사용할 수 있는 권리를 설정하여 주는 강학상 특허에 해당한다 할 것이고 순전히 사경제주체로서 원고와 대등한 위치에서 행한 사법상의 계약으로 보기 어렵다고 할 것이다(대판 2006. 3. 9, 2004다31074).

[참고]　**국유재산법·공유재산 및 물품 관리법상 관리위탁계약의 특수성**

[1] 국유재산법(제29조(관리위탁) ① 중앙관서의 장은 행정재산을 효율적으로 관리하기 위하여 필요하면 국가기관 외의 자에게 그 재산의 관리를 위탁(이하 "관리위탁"이라 한다)할 수 있다) 또는 공유재산 및 물품 관리법(제27조(행정재산의 관리위탁) ① 지방자치단체의 장은 행정재산의 효율적인 관리를 위하여 필요하다고 인정하면 대통령령으로 정하는 바에 따라 지방자치단체 외의 자에게 그 재산의 관리를 위탁(이하 "관리위탁"이라 한다)할 수 있다)에

따른 관리위탁계약은 행정행위의 성질을 갖는 것$\binom{예: 공유재산}{의 사용허가}$도 내용으로 할 수 있다$\binom{졸저, 민간위탁의 법리}{와 행정실무. 박영사.}$ $\binom{2015}{참조}$ $\binom{예컨대, 사용에 허가(행정행위)를 요하는 공공시설임에도 불구하고 관리위탁계약을 체결하면, 사용허가를 받은 것으로 간주된다.}{\ 공법상 계약과 행정행위는 상이한 행정의 행위형식임에도 불구하고 이러한 사정으로 인해 국유재산법이나 공유재산 및 물품 관리}$ 법상 관리위탁계약은 통상의 계약이 아니라, 행정행위 까지 아우르는 넓은 의미의 계약이라 불러야 할 것이다.

[2] 대법원도 공법상 계약에 근거한 의사표시라고 하여 항상 그것이 대등한 당사자 지위에서 행해지는 것은 아니며, 개별 행정작용마다 관련법령이 당해 행정주체와 사인간의 관계를 어떻게 규정하고 있는지를 행위형식이나 외관이 아니라 당해 행위의 실질을 기준으로 개별적으로 검토하여야 한다는 입장이다 $\binom{대판 2016. 11. 24,}{2016두45028 참조}$.

(b) 사 용 료　　　행정재산을 사용허가한 때에는 대통령령으로 정하는 요율과 산출방법에 따라 매년 사용료를 징수한다$\binom{국재법 제32조}{제1항 본문}$$\binom{판}{례}$. 사용료가 면제되는 경우도 있다$\binom{국재법}{제34조}$.

┌─ 판례 ─┐　행정재산의 사용료의 지급을 민사소송으로 구할 수 있는지 여부

[1] $\binom{인천광역시가 대부계약을 통해 피고에게 대부하였}{던 공유재산인 건물의 명도를 구한 민사사건에서}$ 국유재산인 행정재산의 사용·수익허가를 받은 자가 적법한 사용료 부과처분를 받고도 이를 체납하는 경우에는 관리청은 국유재산법 제73조 제2항에 의하여 국세징수법 제23조와 같은 법의 체납처분에 관한 규정에 따라 사용료와 연체료를 징수할 수 있으므로 민사소송의 방법으로 그 이행을 구하는 것은 허용되지 아니한다.

[2] 공유 일반재산의 대부료와 연체료를 납부기한까지 내지 아니한 경우에도 공유재산 및 물품 관리법 제97조 제2항에 의하여 지방세 체납처분의 예에 따라 이를 징수할 수 있다. 이와 같이 공유 일반재산의 대부료의 징수에 관하여도 지방세 체납처분의 예에 따른 간이하고 경제적인 특별한 구제절차가 마련되어 있으므로, 특별한 사정이 없는 한 민사소송으로 공유 일반재산의 대부료의 지급을 구하는 것은 허용되지 아니한다$\binom{대판 2017. 4. 13,}{2013다207941}$.

(c) 사용허가기간　　　행정재산의 사용허가기간은 원칙적으로 5년 이내로 한다$\binom{국재법 제35}{조 제1항}$. 제1항의 허가기간이 끝난 재산에 대하여 대통령령으로 정하는 경우를 제외하고는 5년을 초과하지 아니하는 범위에서 종전의 사용허가를 갱신할 수 있다. 다만, 수의의 방법으로 사용허가를 할 수 있는 경우가 아니면 1회만 갱신할 수 있다$\binom{국재법 제35}{조 제2항}$.

(d) 사용허가의 취소와 철회　　　중앙관서의 장은 행정재산의 사용허가를 받은 자가 다음 각 호$\binom{1. 거짓 진술을 하거나 부실한 증명서류를 제시하거나 그 밖에 부정한 방법으로 사용허가를 받은 경우, 2. 사용허가받은 재산을 제30조}{제2항을 위반하여 다른 사람에게 사용·수익하게 한 경우, 3. 해당 재산의 보존을 게을리하였거나 그 사용목적을 위배한 경우, 4. 납부}$ 기한까지 사용료를 납부하지 아니하거나 제32조 제2항 후단에 따른 보증금 예치나 이행보증조치를 하지 아니한 경우, 5. 중앙관서의 장의 승인 없이 사용허가를 받은 재산의 원래 상태를 변경한 경우의 어느 하나에 해당하면 그 허가를 취소하거나 철회할 수 있다$\binom{국재법 제36}{조 제1항}$. 중앙관서의 장은 사용허가한 행정재산을 국가나 지방자치단체가 직접 공용이나 공공용으로 사용하기 위하여 필요하게 된 경우에는 그 허가를 철회할 수 있다$\binom{국재법 제36}{조 제2항}$. 사용허가의 취소와 철회는 행정소송법상 처분에 해당한다$\binom{판}{례}$.

┌─ 판례 ─┐　행정재산에 대한 사용·수익허가취소가 항고소송의 대상인 행정처분인지 여부

$\binom{부산광역시 농산물도매시장관리사업소장의 원고에}{대한 점포사용허가취소처분의 취소를 구한 사건에서}$ 국·공유재산의 관리청이 행정재산의 사용·수익을 허가한 다음 그 사용·수익하는 자에 대하여 하는 **사용·수익허가취소는 순전히 사경제주체로서 행하는**

사법상의 행위라 할 수 없고, 이는 관리청이 공권력을 가진 우월적 지위에서 행한 것으로서 **항고소송의 대상이 되는 행정처분이다**(대판 1997. 4. 11,/96누17325).

2) 일반재산

(가) 관리 · 처분　　일반재산은 대부 또는 처분할 수 있다(국재법 제41조 제 1 항). 일반재산의 처분은 행정소송법상 처분에 해당하지 아니한다. 국가가 일반재산에 관하여 체결하는 대부계약은 사법상 계약이다(판례 1, 2). 중앙관서의 장 등은 국가의 활용계획이 없는 건물이나 그 밖의 시설물이 다음 각 호(1. 구조상 공중의 안전에 미치는 위험이 중대한 경우, 2. 재산가액에 비하여 유지 · 보수 비용이 과다한 경우, 3. 위치, 형태, 용도, 노후화 등의 사유로 철거가 불가피하다고 중앙관서의 장등이 인정하는 경우)의 어느 하나에 해당하는 경우에는 철거할 수 있다(국재법 제41조 제 2 항).

보기 1　**국유재산법상 일반재산 대부행위의 성질**

(국유림의 경영 및 관리에 관한 법률상 준보전국유림을 대부받은 자가 산림청장의 허가를 받지 않고 그 권리를 양도한 경우, 그 양도계약의 효력 등을 쟁점으로 한 민사사건에서) 국유재산법상 일반재산에 관한 관리 · 처분의 권한을 위임받은 기관의 일반재산 대부 행위는 국가나 지방자치단체가 사경제 주체로서 상대방과 대등한 위치에서 행하는 사법상 계약이므로 그 권리관계는 사법의 규정이 적용됨이 원칙이다. 다만 계약당사자의 일방이 국가나 지방자치단체이고 그 목적물이 국유재산이라는 공적 특성이 있어서 국유재산법 등 특별법의 규제를 받을 수 있다(대판 2022. 10. 14,/2020다289163).

보기 2　**국유 일반재산 사용료의 지급을 민사소송으로 구할 수 있는지 여부**

(인천광역시가 대부계약을 통해 피고에게 대부하였던 공유재산인 건물의 명도를 구한 민사사건에서) 국유재산법 제42조 제 1 항, 제73조 제 2 항 제 2 호에 따르면, 국유 일반재산의 관리 · 처분에 관한 사무를 위탁받은 자는 국유 일반재산의 대부료 등이 납부기한까지 납부되지 아니한 경우에는 국세징수법 제23조와 같은 법의 체납처분에 관한 규정을 준용하여 대부료 등을 징수할 수 있다. 이와 같이 국유 일반재산의 대부료 등의 징수에 관하여는 국세징수법 규정을 준용한 간이하고 경제적인 특별구제절차가 마련되어 있으므로, 특별한 사정이 없는 한 민사소송의 방법으로 대부료 등의 지급을 구하는 것은 허용되지 아니한다(대판 2017. 4. 13,/2013다207941).

(나) 계약의 방법　　일반재산을 처분하는 계약을 체결할 경우에는 그 뜻을 공고하여 일반경쟁에 부쳐야 한다. 다만, 계약의 목적 · 성질 · 규모 등을 고려하여 필요하다고 인정되면 대통령령으로 정하는 바에 따라 참가자의 자격을 제한하거나 참가자를 지명하여 경쟁에 부치거나 수의계약으로 할 수 있으며, 증권인 경우에는 대통령령으로 정하는 방법에 따를 수 있다(국재법 제43조 제 1 항).

(3) 국유재산의 보호

1) 무단사용의 금지　　누구든지 국유재산법 또는 다른 법률에서 정하는 절차와 방법에 따르지 아니하고는 국유재산을 사용하거나 수익하지 못한다(국재법 제 7조 제 1 항).

2) 변상금의 징수

(가) 의　　의　　중앙관서의 장등은 무단점유자에 대하여 대통령령으로 정하는 바에 따라 그 재산에 대한 사용료나 대부료의 100분의 120에 상당하는 변상금을 징수한다(판례). 다만, 다음

SECTION 06 기　　타

(1. 등기사항증명서나 그 밖의 공부상의 명의인을 정당한 소유자로 믿고 적절한 대가를 지급하고 권리를 취득한 자(취득자의 상속인이나 승계인을 포함한다)의 재산이 취득 후에 국유재산으로 밝혀져 국가에 귀속된 경우, 2. 국가나 지방자치단체가 재해대책 등 불가피한 사유로 일정 기간 국유재산을 점유하게 하거나 사용·수익하게 한 경우)의 어느 하나에 해당하는 경우에는 변상금을 징수하지 아니한다(국재법 제72조 제1항). 관리청에 귀책사유가 있는 경우까지 구체적 타당성을 고려하지 않고 징벌적 의미에서 사용료의 20%를 추가적으로 부가시키는 것은 부당하다는 비판도 있다.

> **판례**　변상금 부과의 성질과 무단점유자의 의의
> (주간에는 서울광장에서 대형 천막이 설치된 자전거를 세워놓고 1인 시위를 하고, 야간에는 서울특별시청사 부지에 텐트를 설치한 후 취침한 원고에 대하여 서울특별시장이 무단점유를 이유로 변상금 부과처분을 하자 이를 다툰 시유재산변상금부과처분취소청구소송에서) 금전적 제재(변상금 부과처분)는 무단점유를 예방·근절하여 공공의 목적에 제공되는 공유재산의 적정한 보호와 관리를 꾀하고, 지방자치단체가 공유재산을 통해 추구하는 행정목적을 달성하는 한편, 사용료 또는 대부료에 해당하는 부당이득을 환수하고 그에 덧붙여 징벌적으로 추가 금액을 징수하여 지방재정을 확충하고자 함에 그 입법취지가 있다(헌재 2017. 7. 27, 2016헌바374 참조). … 공유재산 및 물품관리법 관련 규정의 내용과 변상금 제도의 입법취지에 비추어 보면, 사용·수익허가 없이 행정재산을 유형적·고정적으로 특정한 목적을 위하여 사용·수익하거나 점유하는 경우 공유재산법 제81조 제1항에서 정한 변상금 부과대상인 '무단점유'에 해당한다고 봄이 타당하고, 반드시 그 사용이 독점적·배타적일 필요는 없으며, 점유 부분이 동시에 일반 공중의 이용에 제공되고 있다고 하여 점유가 아니라고 할 수는 없다(대판 2019. 9. 9, 2018두48298).

　　(나) 부과처분의 성질　　① 판례는 변상금부과처분이 행정소송의 대상이 된다고 한다[판례1, 2]. ② 판례는 사법상의 계약으로 본조를 대신할 수는 없다고 한다. 즉 행정처분과 사법상의 계약 사이에서 관리청은 선택의 자유를 갖지 않는다는 것이다[판례3].

> **판례 1**　국유재산의 무단점유자에 대한 변상금부과처분이 행정처분인지 여부
> (한국공항공단과 사단법인 관우회 사이의 변상금사건에서) 국유재산법 제51조 제1항에 의한 **변상금 부과처분은** 국유재산을 무단으로 사용하는 자에 대하여 그 **관리청이 부과하는 행정처분이고,** 구 국유재산법(1999. 12. 31. 법률 제6072호로 개정되기 전의 것) 제51조 제2항, 제25조 제3항 및 현행 국유재산법 제51조 제3항에 의하면, 국유재산의 무단사용자가 국유재산법 제51조에 의한 변상금을 체납한 경우에는 관리청은 관할 세무서장 또는 지방자치단체장에게 위임하여 **국세징수법의 체납처분에 관한 규정에 의하여 징수할 수 있도록 되어 있으므로,** 국유재산법 제51조 제1항에 의한 변상금 부과처분을 근거로 한 변상금의 청구를 **민사소송의 방법에 의할 수는 없다**(대판 1992. 4. 14, 91다42197; 대판 2000. 11. 24, 2000다28568).

> **판례 2**　공유재산 및 물품 관리법 제81조 제1항에 따른 변상금부과의 법적 성격(행정처분)
> (인천광역시 시설관리공단을 피고로 한 부당이득금반환청구소송에서) 공유재산 및 물품 관리법은 제81조 제1항에서 공유재산 등의 관리청은 사용·수익허가나 대부계약 없이 공유재산 등을 무단으로 사용·수익·점유한 자 또는 사용·수익허가나 대부계약의 기간이 끝난 후 다시 사용·수익허가를 받거나 대부계약을 체결하지 아니한 채 공유재산 등을 계속하여 사용·수익·점유한 자에 대하여 대통령령이 정하는 바에 따라 공유재산 등의 사용료 또는 대부료의 100분의 120에 해당하는 변상금을 징수할 수 있다고 규정하고 있는데, 이러한 변상금의 부과는 관리청이 공유재산 중 일반재산과 관련하여 사경제 주체로서 상

대방과 대등한 위치에서 사법상의 계약인 대부계약을 체결한 후 그 이행을 구하는 것과 달리 관리청이 공권력의 주체로서 상대방의 의사를 묻지 않고 일방적으로 행하는 행정처분에 해당한다$\binom{\text{대판 2013. 1. 24,}}{\text{2012다79828}}$.

판례 3 **국유재산의 무단점유로 인한 변상금을 사법상의 계약에 의해 제3자로부터 징수하는 것이 가능한지의 여부**

$\binom{\text{서울특별시 동작구청장의 사당 제2구역 제2지구 주택개량재개}}{\text{발조합에 대한 변상금부과처분의 무효확인등을 구한 사건에서}}$ 국유재산의 무단점유로 인한 **변상금징수권은 공법상의 권리채무를 내용으로 하는 것**으로서 사법상의 채권과는 그 성질을 달리하는 것이므로 위 **변상금징수권의 성립과 행사는 국유재산법의 규정에 의하여서만 가능한 것**이고 제3자와의 사법상의 계약에 의하여 그로 하여금 변상금채무를 부담하게 하여 이로부터 변상금징수권의 종국적 만족을 실현하는 것은 허용될 수 없다$\binom{\text{대판 1989. 11. 24,}}{\text{89누787}}$.

[기출사례] 제58회 사법시험(2016년) 문제·답안작성요령 ☞ PART 4 [3-17]

3) 시효취득의 금지

㈎ 구 국유재산법 과거의 국유재산법은 "국유재산은 민법 제245조의 규정에 불구하고 시효취득의 대상이 되지 아니한다"고 규정하였다$\binom{\text{구 국재법}}{\text{제5조 제2항}}$. 구법은 국유재산의 공공성을 중시하는 입장이었다.

㈏ 위헌선언 그런데 헌법재판소는 동 조항을 국유재산 중 잡종재산$\binom{\text{현행법상}}{\text{일반재산}}$에 적용하는 것은 헌법위반이라고 하였다$\binom{\text{판례}}{1}$. 헌법재판소는 동일한 내용의 지방재정법 제74조 제2항에 대해서도 동일한 내용의 판결을 하였다$\binom{\text{판례}}{2}$.

판례 1 **국유잡종재산에도 시효제도의 적용이 있는지 여부**

$\binom{\text{국유재산법 제5조 제2항(국유재산은 민법 제245조의 규정에}}{\text{불구하고 시효취득의 대상이 되지 아니한다)의 위헌심판사건에서}}$ 국유잡종재산은 사경제적 거래의 대상으로서 사적 자치의 원칙이 지배되고 있으므로 시효제도의 적용에 있어서도 동일하게 보아야 하고, 국유잡종재산에 대한 시효취득을 부인하는 동 규정은 합리적 근거 없이 국가만을 우대하는 불평등한 규정으로서 헌법상의 평등의 원칙과 사유재산권 보장의 이념 및 과잉금지의 원칙에 반한다$\binom{\text{헌재}}{\text{1991.}}$
$\binom{\text{5. 13, 89}}{\text{헌가97}}$.

판례 2 **잡종재산의 시효취득을 배제하는 지방재정법의 위헌성**

$\binom{\text{지방재정법 제74조 제2항(공유재산은 민법 제245조의 규정에 불구}}{\text{하고 시효취득의 대상이 되지 아니한다)에 대한 위헌심판사건에서}}$ 지방재정법 제74조 제2항이 같은 법 제72조 제2항에 정한 공유재산 중 잡종재산에 대하여까지 시효취득의 대상이 되지 아니한다고 규정한 것은, 사권을 규율하는 법률관계에 있어서는 그 권리주체가 누구냐에 따라 차별대우가 있어서는 아니되며 비록 지방자치단체라 할지라도 사경제적 작용으로 인한 민사관계에 있어서는 사인과 대등하게 다루어져야 한다는 헌법의 기본원리에 반하고, 공유재산의 사유화로 인한 잠식을 방지하고 그 효율적인 보존을 위한 적정한 수단도 되지 아니하여 법률에 의한 기본권 제한에 있어서 비례의 원칙 또는 과잉금지의 원칙에 위배된다$\binom{\text{헌재 1992. 10. 1,}}{\text{92헌가6·7(병합)}}$.

⒟ **현행법의 태도**　　현행법은 "행정재산은 「민법」 제245조에도 불구하고 시효취득의 대상이 되지 아니한다"고 규정하고 있다($^{국재법 제7}_{조 제2항}$). 따라서 일반재산은 시효취득의 대상이 된다.

⒠ **현행법의 문제점**　　현행법은 국유의 부동산은 전체 국민의 복리를 위하여 특히 보호하여야 할 기본적인 국가재산이므로 국유재산의 사유화로 인한 잠식을 방지하고 국유재산관리의 효율성을 도모하기 위하여 취득시효제도를 배제하여야 한다는 헌법재판소의 소수의견을 어떻게 확보할 것인가의 과제를 안고 있다.

[기출사례] 제56회 5급공채(2012년) 문제·답안작성요령 ☞ PART 4 [3-20]

4) **불법시설물의 철거**　　정당한 사유 없이 국유재산을 점유하거나 이에 시설물을 설치한 경우에는 중앙관서의 장등은 「행정대집행법」을 준용하여 철거하거나 그 밖에 필요한 조치를 할 수 있다($^{국재법}_{제74조}$). 본조는 행정대집행의 근거규정이 된다($^{판}_{례}$). 대체적 작위의무가 아닌 의무의 이행을 위해서는 행정대집행법이 적용될 수 없다.

판례 공유재산에 불법시설물을 설치한 경우, 민사소송으로 철거를 구할 수 있는지 여부
($^{인천광역시가 대부계약을 통해 피고에게 대부하였}_{던 공유재산인 건물의 명도를 구한 민사사건에서}$) 공유재산 및 물품 관리법 제83조 제1항은, '지방자치단체장은 정당한 사유 없이 공유재산을 점유하거나 공유재산에 시설물을 설치한 경우에는 원상복구 또는 시설물의 철거 등을 명하거나 이에 필요한 조치를 할 수 있다.'고 규정하고, 제2항은, '제1항에 따른 명령을 받은 자가 그 명령을 이행하지 아니할 때에는 「행정대집행법」에 따라 원상복구 또는 시설물의 철거 등을 하고 그 비용을 징수할 수 있다.'고 규정하고 있다. 위 규정에 따라 지방자치단체장은 행정대집행의 방법으로 공유재산에 설치한 시설물을 철거할 수 있고, 이러한 행정대집행의 절차가 인정되는 경우에는 민사소송의 방법으로 시설물의 철거를 구하는 것은 허용되지 아니한다($^{대판 2017. 4. 13.}_{2013다207941}$).

---

4. 조세행정상 권리보호

위법하거나 부당한 조세의 부과·징수처분으로 인하여 개인의 권리나 이익이 침해당하였다면, 이를 구제하는 수단이 마련되어야 하는 것은 법치국가·법치행정의 원리상 당연하다. 이러한 것은 조세행정의 경우에만 문제되는 것은 아니다. 그것은 널리 행정작용 전반에 관련하는 문제로서 일반행정법의 문제이기도 하다. 그러나 조세행정은 특히 전문성·기술성·대량성을 주요 특징으로 하므로, 그 분쟁의 효율적인 해결을 위해 현행법체계는 다음의 특칙을 인정하고 있다.

(1) 행정상 쟁송(행정심판과 행정소송)

1) **의　　의**　　조세의 부과·징수에 관한 분쟁은 1차적으로 행정심판에 의하고, 이에 불복하는 경우에는 행정소송의 제기를 통해 다툴 수 있다. 조세심판에 관한 법원으로는 국세기본법·관세법·지방세법 등이 있다.

2) **불복고지**　　① 이의신청·심사청구 또는 심판청구의 재결청은 결정서에 그 결정서를

받은 날로부터 90일 이내에 이의신청인은 심사청구 또는 심판청구를, 심사청구인 또는 심판청구인은 행정소송제기를 할 수 있다는 내용을 적어야 한다(국세법 제60조 제1항). ② 이의신청·심사청구 또는 심판청구의 재결청은 그 신청 또는 청구에 대한 결정기간이 지나도 결정을 하지 못하였을 때에는 이의신청인은 심사청구 또는 심판청구를, 심사청구인 또는 심판청구인은 행정소송제기를 결정의 통지를 받기 전이라도 그 결정기간이 지난 날로부터 할 수 있다는 내용을 서면으로 지체 없이 신청인 또는 청구인에게 통지하여야 한다(국세법 제60조 제2항).

3) 행정심판　　국세에 대한 행정심판은 이의신청·심사청구·심판청구로 구성되어 있다. 관세의 경우도 유사하다(관세법 제119조 이하 참조). 국세기본법의 주요 규정내용만을 보기로 한다.

㈎ 이의신청　　① 이의신청은 대통령령으로 정하는 바에 따라 불복의 사유를 갖추어 해당 처분을 하였거나 하였어야 할 세무서장에게 하거나 세무서장을 거쳐 관할 지방국세청장에게 하여야 한다(국세법 제66조 제1항 본문). 이의신청은 임의적인 절차이다(국세법 제55조 제3항). ② 이의신청은 처분이 있음을 안 날(처분의 통지를 받은 때에는 그 받은 날)부터 90일 이내에 제기하여야 한다(국세법 제66조 제6항, 제61조 제1항). ③ 제6항에서 준용하는 제65조 제1항의 결정은 이의신청을 받은 날부터 30일 이내에 하여야 한다. 다만, 이의신청인이 제8항에 따라 송부받은 의견서에 대하여 이 항 본문에 따른 결정기간 내에 항변하는 경우에는 이의신청을 받은 날부터 60일 이내에 하여야 한다(국세법 제66조 제7항). ④ 이의신청에 대한 결정에 불복하는 자는 심사청구를 할 수 있다(국세법 제61조 제2항).

㈏ 심사청구　　① 심사청구는 해당 처분이 있음을 안 날(처분의 통지를 받은 때에는 그 받은 날)부터 90일 이내에 제기하여야 한다(국세법 제61조 제1항). 그리고 이의신청을 거친 후 심사청구를 하려면 이의신청에 대한 결정의 통지를 받은 날부터 90일 이내에 제기하여야 한다. 다만, 제66조 제7항에 따른 결정기간 내에 결정의 통지를 받지 못한 경우에는 결정의 통지를 받기 전이라도 그 결정기간이 지난 날부터 심사청구를 할 수 있다(국세법 제61조 제2항). ② 심사청구는 대통령령으로 정하는 바에 따라 불복의 사유를 갖추어 해당 처분을 하였거나 하였어야 할 세무서장을 거쳐 국세청장에게 하여야 한다(국세법 제62조 제1항)(대판 1985. 5. 28, 83누435: 세무서장을 경유하지 아니하고, 바로 국세청장에게 요청한 심사청구도 적법하다). ③ 국세청장은 국세심사위원회의 심의를 거쳐 결정하여야 한다(국세법 제64조 제1항 본문). 다만, 심사청구기간이 지난 후에 제기된 심사청구 등 대통령령으로 정하는 사유에 해당하는 경우에는 그러하지 아니하다(국세법 제64조 제1항 단서). 그리고 ④ 그 결정은 심사청구를 받은 날부터 90일 이내에 하여야 한다(국세법 제65조 제2항).

㈐ 심판청구　　① 심판청구는 해당 처분이 있음을 안 날(처분의 통지를 받은 때에는 그 받은 날)부터 90일 이내에 제기하여야 한다(국세법 제68조 제1항). 이의신청을 거친 후 심판청구를 하는 경우의 청구기간에 관하여는 제61조 제2항(심사청구의 기간)을 준용한다(국세법 제68조 제2항). ② 심판청구는 대통령령으로 정하는 바에 따라 불복의 사유 등이 기재된 심판청구서를 그 처분을 하였거나 하였어야 할 세무서장이나 조세심판원장에게 제출하여야 한다(국세법 제69조 제1항). ③ 조세심판원장은 원칙적으로 조세심판관회의의 심리를 거쳐 결정한다(국세법 제78조 제1항 본문). 그리고 ④ 조세심판에는 불고불리의 원칙과 불이익변경금지의 원칙이 적용된다(국세법 제79조). 그리고 ⑤ 그 결정은 관계 행정청을 기속하며, 심판청구에 대한 결정이 있으면 해당

행정청은 결정의 취지에 따라 즉시 필요한 처분을 하여야 한다(국세법 제80조 제 2 항).

4) 행정소송

(가) 필요적 심판전치　　제55조에 규정된 위법한 처분에 대한 행정소송은 「행정소송법」 제18조 제 1 항 본문, 제 2 항 및 제 3 항에도 불구하고 이 법에 따른 심사청구 또는 심판청구와 그에 대한 결정을 거치지 아니하면 제기할 수 없다. 다만, 심사청구 또는 심판청구에 대한 제65조 제 1 항 제 3 호 단서(제81조에서 준용하는 경우를 포함한다)의 재조사 결정에 따른 처분청의 처분에 대한 행정소송은 그러하지 아니하다(국세법 제56조 제 2 항).

(나) 제소기간

(a) 필요적 심판전치를 거친 경우　　제 2 항 본문에 따른 행정소송은 「행정소송법」 제20조에도 불구하고 심사청구 또는 심판청구에 대한 결정의 통지를 받은 날부터 90일 이내에 제기하여야 한다. 다만, 제65조 제 2 항 또는 제81조에 따른 결정기간에 결정의 통지를 받지 못한 경우에는 결정의 통지를 받기 전이라도 그 결정기간이 지난 날부터 행정소송을 제기할 수 있다(국세법 제56조 제 3 항).

(b) 재조사결정에 따른 처분에 대한 행정소송의 경우　　제 2 항 단서에 따른 행정소송은 「행정소송법」 제20조에도 불구하고 다음 각 호(1. 이 법에 따른 심사청구 또는 심판청구를 거치지 아니하고 제기하는 경우: 재조사 후 행한 처분청의 결과 통지를 받은 날부터 90일 이내. 다만, 제65조 제 5 항(제81조에서 준용하는 경우를 포함한다)에 따른 처분기간(제65조 제 5 항 후단에 따라 조사를 연기하거나 조사기간을 연장하거나 조사를 중지한 경우에는 해당 기간을 포함한다. 이하 이 호에서 같다)에 처분청의 처분 결과 통지를 받지 못하는 경우에는 그 처분기간이 지난 날부터 행정소송을 제기할 수 있다. 2. 이 법에 따른 심사청구 또는 심판청구를 거쳐 제기하는 경우: 재조사 후 행한 처분청의 처분에 대하여 제기한 심사청구 또는 심판청구에 대한 결정의 통지를 받은 날부터 90일 이내. 다만, 제65조 제 2 항(제81조에서 준용하는 경우를 포함한다)에 따른 결정기간에 결정의 통지를 받지 못하는 경우에는 그 결정기간이 지난 날부터 행정소송을 제기할 수 있다)의 기간 내에 제기하여야 한다(국세법 제56조 제 4 항).

(다) 소의 대상　　판례는 과세처분에 대하여 경정처분이 있는 경우, 증액처분의 경우는 증액경정처분이 소의 대상이라 하고, 감액처분의 경우에는 감액 후 존속하는 처분이 소의 대상이라 한다(대판 1987. 12. 22, 85누599).

[제소방식요약]
국세부과처분에 대한 제소방식에는 ① 국세청장에의 심사청구 또는 조세심판원장에의 심판청구를 거친 후 제소, ② 세무서장 또는 지방국세청장에의 이의신청을 거친 후 다시 국세청장에의 심사청구 또는 조세심판원장에의 심판청구를 거쳐 제소, ③ 감사원에의 심사청구를 거쳐 제소의 경우가 있고, 지방세부과처분에 대해서는 ① 제소, ② 이의신청을 거친 후 제소, ③ 이의신청과 심사청구를 거쳐 제소, ④ 감사원에의 감사청구를 거쳐 제소의 경우가 있다.

(2) 과오납의 반환청구

1) 의   의　　과오납이란 법률상 납부할 원인이 없음에도 불구하고 일정액의 조세를 납부한 것을 말한다. 과오납된 조세(과오납금)는 일종의 부당이득의 성질을 가진다. 따라서 과오납금은 납부자에게 반환되어야 한다. 과오납은 과세처분이 무효인 경우, 위법한 과세처분이 사후에 취소된 경우, 납세자가 착오로 초과납부한 경우 등에서 나타난다.

2) 처   리　　세무서장은 납세의무자가 국세 및 또는 체납처분비로서 납부한 금액 중

잘못 납부하거나 초과하여 납부한 금액이 있거나 세법에 따라 환급하여야 할 환급세액이 있을 때에는 즉시 그 잘못 납부한 금액, 초과하여 납부한 금액 또는 환급세액을 국세환급금으로 결정하고(국세법 제51조 제1항 본문), 국세 및 체납처분비에 충당하고 잔여금은 납세자에게 환부하여야 한다(국세법 제51조 제2항·제6항).

[기출사례] 제56회 사법시험(2014년) 문제·답안작성요령 ☞ PART 4 [3-25]

제 3 절 환경행정법

1. 환경정책상 기본원칙

환경정책상의 목적을 달성하기 위하여 환경정책에는 다음의 3가지 원칙, 즉 ① 사전배려의 원칙(사전대비의 원칙), ② 원인제공자 책임의 원칙, ③ 협력의 원칙이 적용될 필요가 있다. 일부 견해는 환경정책상 기본원칙으로 본문에서 논급하는 3원칙 외에 존속보장의 원칙과 공동부담의 원칙을 제시한다. 그러나 존속보장의 원칙은 사전배려의 원칙에 내재하는 것이며, 공동부담의 원칙은 원인제공자책임의 원칙의 한 내용이라 볼 것이다.

(1) 사전대비의 원칙(사전배려의 원칙)

1) 의 의　　사전대비의 원칙(사전배려의 원칙)은 오늘날 환경정책에 있어서 실질상·내용상의 지도원칙이 된다. 사전에 적절한 수단을 도입하여 가능한 환경침해의 위험을 미리 예방함으로써 환경에 대한 잠재적인 침해를 최대한으로, 원천적으로 방지하여 환경의 이용에 잘못이 없도록 하는 것은 환경정책의 기본이다.

2) 법적 근거　　환경정책기본법은 사전배려의 원칙을 명시적으로 밝히고 있다(환기법 제8조). 사전배려의 원칙은 단순히 환경정책상의 요구에 그치는 것이 아니라 많은 환경법률에서 명시적으로 규정되기도 한다(예: 환경관련 시설 승인제도).

3) 내 용　　사전배려의 원칙은 환경의 질의 개선을 목적으로 한다. 사전배려의 원칙이란 가능한 환경침해를 사전에 예방하고, 이로써 피해나 위험한 상황이 발생하지 아니하도록 하는 것을 목표로 하는 것이기 때문에 사전배려의 원칙은 현재의 환경의 존속을 보장하는 것을 내용으로 한다고 볼 수 있다. 따라서 사전대비의 원칙에는 존속보호의 원칙이 내재한다.

(2) 원인제공자책임의 원칙(원인자책임의 원칙)

1) 의 의　　원인제공자책임의 원칙은 환경관련목적을 직접적인 내용으로 하는 것이 아니라 환경개선비용부담을 내용으로 한다. 따라서 이 원칙은 비용귀속의 원칙으로 이해될 수 있다. 이 원칙은 환경침해를 방지·제거·회복하기 위한 비용(환경부담금)은 그 원인을 제공한 자가 부담하여야 함을 의미한다.

2) 법적 근거　　환경정책기본법은 원인제공자책임의 원칙을 명시적으로 밝히고 있다$\left(\substack{환기법 \\ 제7조}\right)$. 환경개선비용 부담법에 따라 시설물의 소유자·점유자 또는 자동차의 소유자에게 부과하는 환경개선부담금$\left(\substack{동법 \\ 제9조}\right)$도 이러한 원칙에 따른 것이다.

3) 내　　용　　국가도 원인제공자일 수 있다. 이 원칙은 자기로 인한 오염의 범위 내에서 책임을 부담함을 내용으로 한다. 원인제공자가 확정될 수 없는 경우에는 공동체구성원의 공동의 부담으로 해결될 수밖에 없다. 이를 공동부담의 원칙이라 부른다. 결국 공동부담의 원칙은 원인제공자책임의 원칙의 한 내용이 된다. 공동부담의 원칙과 원인제공자책임의 원칙을 대립개념으로 이해하는 견해도 있다.

4) 본　　질　　사전대비의 원칙은 환경의 질의 유지·개선을 직접 목표하지만, 원인제공자책임의 원칙은 누가 환경침해에 책임이 있으며, 누가 침해의 제거·감소에 책임을 지는가의 문제를 내용으로 한다. 그렇다고 하여 원인제공자책임의 원칙을 단순히 환경침해의 제거·감소에 대한 비용부담의 문제로만 보아서는 아니 된다. 오히려 원인제공자책임의 원칙은 환경침해의 극복의무에 관한 법적 규율이 명령·금지·부담이라는 법적 행위형식을 통하여 실체적 책임과 관련한다는 점이 강조되어야 한다. 원인제공자책임의 원칙을 원인자책임의 원칙이라고도 한다.

(3) 협력의 원칙(협동의 원칙)

1) 의　　의　　국가만이 단독으로 환경목적을 달성한다는 것은 불가능한 일이다. 이 때문에 협력의 원칙이 나타난다. 협력의 원칙은 법령에 반하지 않는 한 환경정책의 영역에서 국가와 사회는 공동으로 협력하여야 함을 의미한다. 무엇보다도 협력의 원칙은 환경정책적인 의사형성절차·의사결정절차에 있어서 사회의 여러 전문집단의 사전적인 참여를 통하여 환경문제의 해소를 위한 협력이 이루어져야 함을 의미한다.

2) 법적 근거　　이 원칙을 규정하는 실정법으로는 국가기관 사이의 협력과 국가와 지방자치단체 간의 협력 외에 공행정주체와 국민$\left(\substack{주 \\ 민}\right)$, 그리고 전문가 간의 협력을 규정하는 환경정책기본법$\left(\substack{환기법 제25조, \\ 제26조, 제27조}\right)$ 등을 볼 수 있다.

3) 내　　용　　국가와 사회와의 관계에서 관계자의 협력은 환경에 의미 있는 결정을 개선시키게 되고 국가의 부담을 완화시키게 된다. 환경정책상의 의사형성절차나 결정절차상 사회의 사전적인 참여는 환경문제 해결에 기여한다. 협력의 원칙은 사회와의 대립이 아니라 사회와의 협력을 통해 환경목적을 보다 용이하게 달성함을 목적으로 한다. 그렇다고 협력의 원칙만으로 모든 문제가 해결되는 것은 아니다.

2. 환경행정법과 헌법

(1) 헌법상 결단
제5공화국헌법 이래 환경에 관한 사항이 헌법에서 규정되고 있다. 현행헌법 제35조는 "① 모든 국민은 건강하고 쾌적한 환경에서 생활할 권리를 가지며, 국가와 국민은 환경보전을 위하여 노력하여야 한다$\left[\substack{판 \\ 례}\right]$. ② 환경권의 내용과 행사에 관하여는 법률로 정한

다. ③ 국가는 주택개발정책 등을 통하여 모든 국민이 쾌적한 주거생활을 할 수 있도록 노력하여
야 한다”고 규정하고 있다. 말하자면 헌법은 ① 환경권의 기본권성, ② 국가와 국민의 환경보전
의무, ③ 환경권법률주의, ④ 쾌적한 주거생활에 대한 국가의 의무를 규정하고 있다.

> **[참고]** 독일은 1994년에 비로소 기본법개정을 통해 환경보호에 관한 명시적 규정을 두었다. 동법 제
> 20a조는 “국가는 미래세대에 대한 책임을 부담하면서 헌법적 질서의 범위 내에서 입법을 통해 그리고
> 법률과 권리의 기준에 따른 집행권과 사법권을 통해 자연적인 생활기반을 보호한다”고 규정하고 있다.
> 동 규정은 환경보호에 관한 일반적인 기본권을 규정하고 있는 것이 아니라, 국가의 목표를 정한 규정으
> 로 이해되고 있다. 기본권으로서의 환경권은 기본법 제 2 조에서 도출되고 있다.

[판례]　헌법 제35조 제 1 항에 따른 국가의 환경의무의 성질

(A그룹에서 생산한 자동차의 소유자들인 청구인들이, 청구인들 소유 자동차 엔진에 실제 도로주행시에는 배출가스 저감장치의 성능이 크게
약화되는 임의설정(defeat device)이 적용되어 있으므로, 피청구인 환경부장관은 대기환경보전법 제50조 제 7 항에 따라 A 주식회사 등에게
청구인들 소유 자동차들에 대한 자동차교체명령을 하여야 할 헌법상 작위의무가 있음에도 이를 이행하지 아니
하고 있는바, 이러한 부작위가 청구인들의 환경권, 재산권을 침해한다고 주장하며 청구한 헌법소원심판에서) 헌법 제35조 제 1 항
은 “모든 국민은 건강하고 쾌적한 환경에서 생활할 권리를 가지며, 국가와 국민은 환경보전을 위
하여 노력하여야 한다.”라고 규정하여, 국민의 환경권을 보장함과 아울러 국가와 국민에게 환경
보전을 위하여 노력할 의무를 부과하고 있다. 이 헌법조항은 환경정책에 관한 국가적 규제와 조
정을 뒷받침하는 헌법적 근거가 되고($\binom{헌재\ 2007.\ 12.\ 27.}{2006헌바25}$), 따라서 이 규정으로부터 대기오염으로 인한
국민건강 및 환경에 대한 위해를 방지하여야 할 국가의 추상적인 의무는 도출될 수 있다. 그러나
이와 같은 국가의 추상적인 의무로부터 청구인들이 주장하는 바와 같이 피청구인이 A 주식회사
등에게 자동차교체명령을 하여야 할 구체적이고 특정한 작위의무가 도출된다고는 볼 수 없다
($\binom{헌재\ 2018.\ 3.\ 29.}{2016헌마795}$).

---

　　(2) 환경행정과 기본권　　기본권은 환경보호행정과 관련하여 3가지의 면에서 관련성
을 갖는다. 즉, ① 국가가 환경보호를 위한 처분을 하는 경우($\binom{예:\ 일정\ 약품의\ 판매를\ 금지하는\ 법률을}{제정함으로써\ 영업의\ 자유를\ 침해하는\ 경우}$), 환
경권은 개인의 방어권으로서 기능하며, ② 국가가 환경에 부담이 되는 처분을 하는 경우($\binom{예:\ 지방}{자치단체}$
$\binom{가\ 설치한\ 정수시설에서}{심한\ 악취가\ 나는\ 경우}$)에도 환경권은 개인의 방어권으로서 기능한다. 그리고 ③ 환경권으로부터 국
가가 환경보호를 위한 처분을 하여야 할 보호의무가 나온다($예:\ 국가가\ 환경침해물질을\ 보관하는\ 경우,\ 국가는\ 그$
$로부터생겨나는\ 위험으로부터\ 개인을\ 보호하여야\ 할$
$\binom{의무}{를\ 진다}$)($\binom{판}{례}$).

[판례]　환경권의 성격

(동물장묘업의 지역적 등록제한사유를 규정하고 있는 구 동물보호법 제33조 제 3 항 제 5 호가 그 제한사유를 불완전·불충분하게 규정
하여 동물장묘시설이 난립할 수 있게 되어 청구인들의 환경권, 행복추구권을 침해한다고 주장하면서 제기한 헌법소원심판 사건에서) 헌법
제35조 제 1 항이 규정하는 환경권을 행사함에 있어 국민은 국가로부터 건강하고 쾌적한 환경을
향유할 수 있는 자유를 **침해당하지 않을 권리**를 행사할 수 있고, 일정한 경우 국가에 대하여 **건강
하고 쾌적한 환경에서 생활할 수 있도록 요구할 수 있는 권리**가 인정되기도 하는바, 환경권은 그 자
체 **종합적 기본권**으로서의 성격을 지닌다($\binom{헌재\ 2020.\ 3.\ 26.}{2017헌마1281}$).

3. 환경행정법상 행위형식

(1) 침해행위　　환경행정의 목적달성을 위해 개인의 자유와 권리에 대한 침해수단이 도입된다($^{환기법}_{제30조}$). 침해수단의 도입에는 법적 근거를 요한다. 환경법은 환경의무자인 사인에게 작위의무($^{예: 일정시설의 운영명}_{령·이전명령·개선명령}$)·부작위의무($^{예: 조업}_{정지명령}$)·수인의무($^{예: 배출시설}_{검사시 수인}$)를 부과하기도 하고, 각종 자료의 신고·통지·보고의무를 부과하기도 할 뿐만 아니라 허가유보부 금지($^{예방적 금지·}_{억제적 금지·}$)와 행정감시제도가 활용되기도 한다. 그러한 의무는 환경계획의 수립에 전제가 된다.

(2) 급부행위　　환경행정의 영역에서 급부행정은 환경보호·육성의 견지에서 공적 시설($^{예: 하수종}_{말처리장}$)을 설치하거나 공적인 보조($^{예: 환경개선을}_{위한 보조금지급}$)·조언·지도·보상이 주어지는 경우에 볼 수 있다. 경우에 따라서는 조세상 혜택이 부여될 수도 있다.

(3) 계획행위

1) 의　의　　환경행정작용상 계획수단은 매우 중요한 역할을 수행한다. 원하는 환경의 보호·육성의 효과를 가능한 한 최대한으로 확실히 달성하기 위하여 무엇보다도 사전배려의 원칙에 의거, 예견가능한 수단과 목적을 결합시킬 수밖에 없기 때문이다. 말하자면 환경계획은 복잡하고 다양한 환경저해요인 및 관계자의 이익을 종합적으로 고려하게 되는바, 예방적 환경정책의 수단의 성격을 갖는다. 환경계획은 환경종합계획($^{예: 환경정책기본법상}_{국가환경종합계획}$)과 부분별 전문계획($^{예: 자연환}_{경보전법상}$ $^{자연환경보}_{전기본계획}$)으로 구분하여 이루어진다.

2) 환경기준　　환경기준이란 국민의 건강을 보호하고 쾌적한 환경을 조성하기 위하여 국가가 달성하고 유지하는 것이 바람직한 환경상의 조건 또는 질적인 수준을 말한다($^{환기법 제3}_{조 제8호}$). 국가는 생태계 또는 인간의 건강에 미치는 영향 등을 고려하여 환경기준을 설정하여야 하며, 환경여건의 변화에 따라 그 적정성이 유지되도록 하여야 한다($^{환기법 제12}_{조 제1항}$). 환경기준은 대통령령으로 정한다($^{환기법 제12}_{조 제2항}$). 특별시·광역시·도·특별자치도($^{이하 "시·}_{도"라 한다}$)는 해당 지역의 환경적 특수성을 고려하여 필요하다고 인정할 때에는 해당 시·도의 조례로 제1항에 따른 환경기준보다 확대·강화된 별도의 환경기준($^{이하 "지역환경}_{기준"이라 한다}$)을 설정 또는 변경할 수 있다($^{환기법 제12}_{조 제3항}$).

4. 환경영향평가

(1) 의　의　　환경에 영향을 미치는 계획 또는 사업을 수립·시행할 때에 해당 계획과 사업이 환경에 미치는 영향을 미리 예측·평가하고 환경보전방안 등을 마련하도록 하여 친환경적이고 지속가능한 발전과 건강하고 쾌적한 국민생활을 도모함을 목적으로 환경영향평가법이 제정되어 있다. 이 법률은 전략환경영향평가, 환경영향평가 및 소규모 환경영향평가를 규정하고 있다.

(2) 전략환경영향평가

1) 의　의　　전략환경영향평가란 환경에 영향을 미치는 상위계획을 수립할 때에 환경보전계획과의 부합 여부 확인 및 대안의 설정·분석 등을 통하여 환경적 측면에서 해당 계획의 적정성 및 입지의 타당성 등을 검토하여 국토의 지속가능한 발전을 도모하는 것을 말한다($^{환경영향평가법}_{제2조 제1호}$).

2) 대 상 다음 각 호(1. 도시의 개발에 관한 계획, 2. 산업입지 및 산업단지의 조성에 관한 계획, 3. 에너지 개발에 관한 계획, 4. 항만의 건설에 관한 계획, 5. 도로의 건설에 관한 계획, 6. 수자원의 개발에 관한 계획, 7. 철도(도시철도를 포함한다)의 건설에 관한 계획, 8. 공항의 건설에 관한 계획, 9. 하천의 이용 및 개발에 관한 계획, 10. 개간 및 공유수면의 매립에 관한 계획, 11. 관광단지의 개발에 관한 계획, 12. 산지의 개발에 관한 계획, 13. 특정 지역의 개발에 관한 계획, 14. 체육시설의 설치에 관한 계획, 15. 폐기물 처리시설의 설치에 관한 계획, 16. 국방·군사 시설의 설치에 관한 계획, 17. 토석·모래·자갈·광물 등의 채취에 관한 계획, 18. 환경에 영향을 미치는 시설로서 대통령령으로 정하는 시설의 설치에 관한 계획)의 어느 하나에 해당하는 계획을 수립하려는 행정기관의 장은 전략환경영향평가를 실시하여야 한다(환경영향평가법 제9조 제1항).

3) 주민 등의 의견 수렴 개발기본계획을 수립하려는 행정기관의 장은 개발기본계획에 대한 전략환경영향평가서 초안을 공고·공람하고 설명회를 개최하여 해당 평가 대상지역 주민의 의견을 들어야 한다. 다만, 대통령령으로 정하는 범위의 주민이 공청회의 개최를 요구하면 공청회를 개최하여야 한다(환경영향평가법 제13조 제1항). 개발기본계획을 수립하려는 행정기관의 장은 개발기본계획이 생태계의 보전가치가 큰 지역으로서 대통령령으로 정하는 지역을 포함하는 경우에는 관계 전문가 등 평가 대상지역의 주민이 아닌 자의 의견도 들어야 한다(환경영향평가법 제13조 제2항). 개발기본계획을 수립하려는 행정기관의 장은 다른 법령에 따른 의견 수렴 절차에서 전략환경영향평가서 초안에 대한 의견을 수렴한 경우에는 제13조에 따른 의견 수렴 절차를 거치지 아니할 수 있다(환경영향평가법 제14조).

(3) 환경영향평가

1) 의 의 환경영향평가란 환경에 영향을 미치는 실시계획·시행계획 등의 허가·인가·승인·면허 또는 결정 등(이하 "승인등"이라 한다)을 할 때에 해당 사업이 환경에 미치는 영향을 미리 조사·예측·평가하여 해로운 환경영향을 피하거나 제거 또는 감소시킬 수 있는 방안을 마련하는 것을 말한다(환경영향평가법 제2조 제2호).

2) 대 상 다음 각 호(1. 도시의 개발사업, 2. 산업입지 및 산업단지의 조성사업, 3. 에너지 개발사업, 4. 항만의 건설사업, 5. 도로의 건설사업, 6. 수자원의 개발사업, 7. 철도(도시철도를 포함한다)의 건설사업, 8. 공항의 건설사업, 9. 하천의 이용 및 개발 사업, 10. 개간 및 공유수면의 매립사업, 11. 관광단지의 개발사업, 12. 산지의 개발사업, 13. 특정 지역의 개발사업, 14. 체육시설의 설치사업, 15. 폐기물 처리시설의 설치사업, 16. 국방·군사 시설의 설치사업, 17. 토석·모래·자갈·광물 등의 채취사업, 18. 환경에 영향을 미치는 시설로서 대통령령으로 정하는 시설의 설치사업)의 어느 하나에 해당하는 사업(이하 "환경영향평가 대상사업"이라 한다)을 하려는 자(이하 이 장에서 "사업자"라 한다)는 환경영향평가를 실시하여야 한다(환경영향평가법 제22조 제1항).

3) 주민 등의 의견 수렴 사업자는 제24조에 따라 결정된 환경영향평가항목등에 따라 환경영향평가서 초안을 작성하여 주민 등의 의견을 수렴하여야 한다(환경영향평가법 제25조 제1항). 사업자는 제1항 및 제3항에 따른 주민 등의 의견 수렴 결과와 반영 여부를 대통령령으로 정하는 방법에 따라 공개하여야 한다(환경영향평가법 제25조 제4항).

(4) 소규모 환경영향평가

1) 의 의 소규모 환경영향평가란 환경보전이 필요한 지역이나 난개발(亂開發)이 우려되어 계획적 개발이 필요한 지역에서 개발사업을 시행할 때에 입지의 타당성과 환경에 미치는 영향을 미리 조사·예측·평가하여 환경보전방안을 마련하는 것을 말한다(환경영향평가법 제2조 제3호).

2) 대 상 다음 각 호(1. 보전이 필요한 지역과 난개발이 우려되어 환경보전을 고려한 계획적 개발이 필요한 지역으로서 대통령령으로 정하는 지역(이하 "보전용도지역"이라 한다)에서 시행되는 개발사업, 2. 환경영향평가 대상사업의 종류 및 범위에 해당하지 아니하는 개발사업으로서 대통령령으로 정하는 개발사업) 모두에 해당하는 개발사업(이하 "소규모 환경영향평가 대상사업"이라 한다)을 하려는 자(이하 이 장에서 "사업자"라 한다)는 소규모 환경영향평가를 실시하여야 한다(환경영향평가법 제43조 제1항). 제1항에도 불구하고 다음 각 호(1.「재난 및 안전관리 기본법」제37조에 따른 응급조치를 위한 사업, 2. 국방부장관이 군사상 고도의 기밀보호가 필요하거나 군사작전의 긴급한 수행을 위하여 필요하다고 인정하여 환경부장관과 협의한 개발사업, 3. 국가정보원장이 국가안보를 위하여 고도의

기밀보호가 필요하다고 인정하여
환경부장관과 협의한 개발사업)의 어느 하나에 해당하는 개발사업은 소규모 환경영향평가 대상에서 제외
한다(환경영향평가법
제43조 제 2 항).

(5) 환경영향평가의 하자

1) 환경영향평가의 하자와 사업계획승인처분의 관계　　환경영향평가는 환경영향평가대
상이 되는 사업의 실시를 위한 사업계획승인처분의 절차로서의 성격을 가진다. 따라서 환경영향
평가의 하자는 내용(실체)상 하자든 형식상 하자든 사업계획승인처분의 절차상 하자로서의 성질을
갖는다(박균성).

2) 환경영향평가의 하자의 종류

(개) 환경영향평가 자체를 결한 경우　　법령상 환경영향평가가 행해져야 함에도 불구하
고 환경영향평가가 행해지지 않고 대상사업계획승인처분이 내려진 경우 사업승인은 위법하며 중
대, 명백한 하자로 무효이다(판례).

　[판례]　구 환경영향평가법상 환경영향평가를 실시하여야 할 사업에 대하여 환경영향평가를 거
치지 아니하였음에도 승인 등 처분을 한 경우, 그 처분의 하자가 행정처분의 당연무효사유에 해당하
는지 여부
(한은수외 243인이 국방부장관을 상대로 국방군사시)　**환경영향평가를 거쳐야 할 대상사업에 대하여 환경영향평가**
(설사업실시계획승인처분무효확인을 구한 사건에서)
를 거치지 아니하였음에도 불구하고 승인 등 처분이 이루어진다면, 사전에 환경영향평가를 함에 있
어 평가대상지역 주민들의 의견을 수렴하고 그 결과를 토대로 하여 환경부장관과의 협의내용을
사업계획에 미리 반영시키는 것 자체가 원천적으로 봉쇄되는바, 이렇게 되면 환경파괴를 미연에
방지하고 쾌적한 환경을 유지 · 조성하기 위하여 **환경영향평가제도를 둔 입법 취지를 달성할 수 없**
게 되는 결과를 초래할 뿐만 아니라 환경영향평가대상지역 안의 주민들의 직접적이고 개별적인 이익
을 근본적으로 침해하게 되므로, 이러한 행정처분의 하자는 법규의 중요한 부분을 위반한 **중대한**
것이고 객관적으로도 명백한 것이라고 하지 않을 수 없어, 이와 같은 행정처분은 당연무효이다
(대판 2006. 6. 30,
2005두14363).

(내) 환경영향평가의 형식상 하자(주민의 의견수렴절차나 환경부장관)　　① 주민의 의견수렴절차나
(과의 협의절차에 하자가 있는 경우)
환경부장관과의 협의절차 등이 전혀 행하여지지 않은 경우 사업계획승인처분은 절차상 위법이
있는 처분이다(박균성·). ② 형식에 경미한 하자가 있는 경우에는 환경영향평가는 위법하지 않고
(함태성)
따라서 사업승인처분은 취소사유가 되지 않지만, 형식상 하자가 중요한 경우에는 환경영향평가
의 위법이 인정되어 사업계획승인처분은 독립한 취소사유가 된다(박균성). ③ 판례는 "환경영향평가
법령에서 정한 환경영향평가를 거쳐야 할 대상사업에 대하여 그러한 환경영향평가를 거치지 아
니하였음에도 승인 등 처분을 하였다면 그 처분은 위법하다"고 한다(대판 2015. 12. 10,
2011두32515).

(다) 환경영향평가의 내용(실체)상 하자(환경영향평가서가 부실하게 작성된 경우 또는 그 부실)　　판례는
(이 환경부장관과의 협의과정에서 보완되지 않은 경우)
부실의 정도가 환경영향평가를 하지 아니한 정도의 경우와 그러하지 아니한 경우로 구분하여 해
결한다(판례).

> **판례** 환경영향평가를 거쳐야 할 대상사업에서 환경영향평가를 거치지 아니하거나 부실하게
> 거치고 이루어진 승인 처분의 위법 여부
> (국토해양부장관과 서울지방국토관리청장을 피)
> (고로 한 하천공사시행계획취소청구소송에서) 환경영향평가법령에서 정한 환경영향평가를 거쳐야 할 대상사
> 업에 대하여 그러한 환경영향평가 절차를 거쳤다면, 비록 그 환경영향평가의 내용이 다소 부실하
> 다 하더라도, 그 부실의 정도가 환경영향평가 제도를 둔 입법 취지를 달성할 수 없을 정도이어서
> 환경영향평가를 하지 아니한 것과 다를 바 없는 정도의 것이 아닌 이상, 그 부실은 해당 승인 등
> 처분에 재량권 일탈·남용의 위법이 있는지 여부를 판단하는 하나의 요소로 됨에 그칠 뿐, 그 부
> 실로 인하여 당연히 해당 승인 등 처분이 위법하게 되는 것이 아니다(대판 2015. 12. 10,/2011두32515).

[기출사례] 제57회 사법시험(2015년) 문제·답안작성요령 ☞ PART 4 [3-26]

5. 환경공과금

환경의 유지·개선을 위한 공과금의 부과가 환경행정의 행위형식의 하나로 도입되기도 한다
(예: 하수도료/의 부과·징수). 환경공과금의 부과는 침해행위의 일종이지만, 그 자체가 갖는 의미를 고려하여 별도
로 다루는 것도 방법론상 가능하다. 환경관련 공과금 중에서 보다 특별한 의미를 갖는 것은 환경
개선부담금(판례/1, 2)이다. 환경개선을 위한 대책을 종합적·체계적으로 추진하고 이에 따른 투자재원
을 합리적으로 조달하여 환경개선을 촉진함으로써 국가의 지속적인 발전의 기반이 되는 쾌적한
환경의 조성에 이바지함을 목적으로「환경개선비용 부담법」이 제정되어 있다.

> **판례 1** 해양환경개선부담금의 입법목적
> (해양오염방지법에 의하여 해양수산부장관에게 등록을 하고 폐기물해양배출업을 하는 자들이 해양환경개선부담금을 부과받자 해양환
> 경개선부담금의 근거조항 중 하나인 해양오염방지법 제46조의3 제 1 항이 청구인들의 재산권 및 평등권을 침해하여 위헌이라고 주장하
> 면서 제기한 헌법소원심판청구사건에서) 해양환경개선부담금은 수산자원 보호를 위한 해양환경개선 등에 필요한 재원을
> 확보하기 위하여 설치된 수산발전기금의 재원을 안정적으로 확보하기 위하여 설립되었고 우리나
> 라가 원칙적으로 해양투기 금지라는 해양 폐기물 관리정책을 추진하면서 육상처리비용보다 해양
> 배출이 저렴하다는 경제적 이유로 급격히 증가하고 있는 해양배출을 억제하기 위해 부담금이라는
> 금전적 부담의 부과를 통하여 간접적으로 국민의 행위를 일정한 정책적 방향으로 유도하기 위한
> 것으로 그 입법목적의 정당성은 인정된다(헌재 2007. 12. 27,/2006헌바25).

> **판례 2** 환경개선부담금의 법적 성격(부담금)
> (환경부장관은 경유를 연료로 사용하는 자동차의 소유자로부터 환경개선부담금을 부과··/징수한다는 환경개선비용 부담법 제 9 조 제 1 항의 위헌 여부를 다툰 헌법소원에서) 환경개선부담금은 부담금의 부과
> 를 통해 대기오염물질 배출을 억제하고 환경개선을 위한 투자재원을 합리적으로 조달한다는 특정
> 한 공적 과제의 수행을 목적으로 하고, '경유차 소유자'라는 특정 부류의 집단에만 특정한 반대급
> 부 없이 강제적·일률적으로 부과된다. 또한, 징수된 환경개선부담금은 '환경개선특별회계'로 편
> 입되어, 별도로 관리·운영되고(법 제19조, 환경정책기/본법 제46조 제146호), 법이 정하는 제한된 용도로만 지출된다(법 제/11조). 이러한 점을 종합적으로 고려할 때, 환경개선부담금은 조세와는 그 목적과 기능이 구별되므로,
> '조세'가 아닌 '부담금'이라고 볼 수 있다(헌재 2022. 6. 30,/2019헌바440).

6. 권리보호

(1) 일 반 론　　환경행정의 영역에서도 국가의 침해로부터 개인의 권리를 보호하는 것은 중요한 문제이다. 개인의 권리보호는 먼저 적합한 절차의 확보를 통해 보호되어야 한다. 특히 환경에 침해를 가져오는 환경관련정책이나 처분을 함에 있어서는 청문회·공청회가 활용되어야 한다. 주민의 참여는 합리적인 결정에 유익하다. 그리고 주민들의 효과적인 참여를 위해 관련 행정기관은 환경관련정보를 있는 그대로 주민들에게 공개하여야 한다.

(2) 손해전보

1) 행정상 손해배상　　환경행정의 영역에서 공무원의 위법한 직무집행행위로 인하여 사인이 손해를 입거나, 영조물의 설치·관리상의 하자로 인해 손해를 입으면, 국가배상법이 정하는 바에 따라 손해배상을 청구할 수 있다. 다만, 사인 간의 피해분쟁과 관련하여서는 특별절차로서 환경분쟁조정절차가 있다.

2) 행정상 손실보상　　국가나 지방자치단체가 환경행정의 영역에서 적법한 행위로 인하여 사인의 재산권에 특별한 희생을 가한다면 손실보상을 청구할 수 있다. 특별법에 근거하여 특별한 지원이 주어지는 경우도 있다.

[참고조문]
폐기물처리시설 설치촉진 및 주변지역지원 등에 관한 법률 제18조(이주대책)　① 폐기물처리시설 설치기관은 대통령령으로 정하는 규모 이상의 폐기물처리시설을 설치하는 경우에는 해당 시설의 부지 및 그 직접 영향권 안에 있는 주민에 대하여 이주대책을 수립·시행할 수 있다.
발전소주변지역 지원에 관한 법률 제1조(목적)　이 법은 발전소의 주변지역에 대한 지원사업을 효율적으로 추진하고 전력사업에 대한 국민의 이해를 증진하여 전원 개발을 촉진하고 발전소의 원활한 운영을 도모하며 지역발전에 기여함을 목적으로 한다.

(3) 행정쟁송

1) 행정심판과 행정소송　　환경행정상의 처분으로 인해 자신의 법률상 이익이 침해된 자는 개별법률에 특별한 규정이 없는 한, 행정심판법과 행정소송법이 정하는 바에 따라 행정심판과 행정소송을 제기할 수 있다[판례]. 환경행정상 처분은 제3자효를 갖는 경우가 적지 아니하므로, 제3자에 의한 행정심판과 행정소송의 제기는 환경행정의 영역에서 특히 의미를 갖는다.

　　　판례　　환경소송에서 권리보호
[1] **원고적격 인정여부**（국토해양부장관과 서울지방국토관리청장을 피고로 한 하천공사시행계획취소청구소송에서）행정처분의 직접 상대방이 아닌 사람으로서 그 처분에 의하여 자신의 환경상 이익이 침해받거나 침해받을 우려가 있다는 이유로 취소소송을 제기하는 제3자는, 자신의 환경상 이익이 그 **처분의 근거 법규 또는 관련 법규**에 의하여 개별적·직접적·구체적으로 보호되는 이익, 즉 법률상 보호되는 이익임을 증명하여야 원고적격이 인정된다.
[2] **영향권 내의 주민**　　사업으로 인하여 환경상 침해를 받으리라고 예상되는 그 영향권 내의

주민들은 해당 처분으로 인하여 직접적이고 중대한 환경피해를 입으리라고 예상할 수 있고, 이와 같은 환경상의 이익은 주민 개개인에 대하여 개별적으로 보호되는 직접적·구체적 이익으로서 그들에 대하여는 **특단의 사정이 없는 한 환경상 이익에 대한 침해 또는 침해 우려가 있는 것으로 사실상 추정**되어 법률상 보호되는 이익으로 인정될 수 있으므로 원고적격이 인정된다.

[3] **영향권 밖의 주민**　　그 영향권 밖의 주민들은 해당 처분으로 인하여 그 처분 전과 비교하여 수인한도를 넘는 환경 피해를 받거나 받을 우려가 있다는 **자신의 환경상 이익에 대한 침해 또는 침해 우려가 있음을 증명하여야만** 법률상 보호되는 이익으로 인정되어 원고적격이 인정된다(대판 2015. 12. 10, 2011두32515).

[기출사례] 제36회 입법고시(2020년) 문제·답안작성요령 ☞ PART 4 [3-27]
[기출사례] 제41회 법원행정고등고시(2023년) 문제·답안작성요령 ☞ PART 4 [3-28]

2) 단체소송　　환경은 공동체구성원 모두의 삶의 터전인 까닭에 직접적으로 자기의 법률상 이익이 침해되지 아니한 경우라고 하더라도 소속 공동체를 위하여 행정쟁송을 제기할 수 있는 길이 모색되어야 할 것이다. 말하자면 시민소송이나 단체소송의 도입이 필요하다.

(4) 행정개입청구권(환경규제조치발령청구권)

1) 의　　의　　물환경보전법 등 환경법에서 정하는 사업자가 당해 법률에서 금지하는 행위를 하거나 요구되는 행위를 하지 아니하는 경우, 권한행정청은 관련법률이 정하는 바에 따라 필요한 조치(예: 개선명령·조업정지명령·시설이전명령)를 할 수 있다. 그런데 권한행정청이 필요한 조치를 취하지 아니하면, 이로 인해 피해를 입게 되는 인근주민 등이 필요한 조치를 취할 것을 청구할 수 있는가의 문제가 발생한다. 이것이 소위 행정개입청구권으로서 환경규제조치발령청구권의 문제이다.

2) 인정 여부　　관련법령이 규제조치의 발령을 행정청의 의무로 규정하고 동시에 사익보호도 고려하고 있다면, 사인은 행정개입청구권을 갖는다. 다만 행정청의 의무로 된 행위가 기속행위라면 주민은 특정행위(특정한 조치)의 발령청구권을 갖는다. 재량행위에 있어서 재량이 영으로 수축되는 경우라면 기속행위의 경우와 동일한 것이 된다.

3) 권리의 실현　　권한행정청이 주민의 신청을 받아 거부한다면 취소소송의 제기를 통해 다툴 수 있고, 주민의 신청에 대하여 상당한 부작위로 일관한다면 부작위위법확인소송을 제기할 수도 있다. 물론 항고소송의 제기와 별도로 의무이행심판을 제기할 수도 있다.

7. 환경분쟁조정

(1) 의　　의　　국가 및 지방자치단체는 환경오염 또는 환경훼손으로 인한 분쟁이나 그 밖에 환경 관련 분쟁이 발생한 경우에 그 분쟁이 신속하고 공정하게 해결되도록 필요한 시책을 마련하여야 한다(환기법 제42조). 국가 및 지방자치단체는 환경오염 또는 환경훼손으로 인한 피해를 원활히 구제하기 위하여 필요한 시책을 마련하여야 한다(환기법 제43조). 이에 의거 환경분쟁의 알선·조정 및 재정절차 등을 규정함으로써 환경분쟁을 신속·공정하고 효율적으로 해결하여 환경을 보전하고

국민의 건강 및 재산상의 피해를 구제함을 목적으로 환경분쟁 조정법이 제정되어 있다.

(2) 환경분쟁조정위원회　　환경분쟁 조정법 제 5 조에 따른 사무를 관장하기 위하여 환경부에 중앙환경분쟁조정위원회(이하 "중앙조정위원회"라 한다)를 설치하고, 특별시·광역시·도 또는 특별자치도(이하 "시·도"라 한다)에 지방환경분쟁조정위원회(이하 "지방조정위원회"라 한다)를 설치한다(분쟁법 제4조). 중앙조정위원회 및 지방조정위원회(이하 "위원회"라 한다)의 소관 사무는 다음 각 호(1. 환경분쟁(이하 "분쟁"이라 한다)의 조정. 다만, 다음 각 목의 어느 하나에 해당하는 분쟁의 조정은 해당 목에서 정하는 경우만 해당한다. 가. 「건축법」 제 2 조 제 1 항 제 8 호의 건축으로 인한 일조 방해 및 조망 저해와 관련된 분쟁: 그 건축으로 인한 다른 분쟁과 복합되어 있는 경우, 나. 지하수 수위 또는 이동경로의 변화와 관련된 분쟁: 공사 또는 작업(「지하수법」에 따른 지하수의 개발·이용을 위한 공사 또는 작업은 제외한다)으로 인한 경우, 2. 환경피해와 관련되는 민원의 조사, 분석 및 상담, 3. 분쟁의 예방 및 해결을 위한 제도와 정책의 연구 및 건의, 4. 환경피해의 예방 및 구제와 관련된 교육, 홍보 및 지원, 5. 그 밖에 법령에 따라 위원회의 소관으로 규정된 사항)와 같다(분쟁법 제 5 조). 중앙조정위원회는 위원장 1명을 포함한 30명 이내의 위원으로 구성하며, 그 중 상임위원은 3명 이내로 한다(분쟁법 제 7 조 제 1 항). 지방조정위원회는 위원장 1명을 포함한 20명 이내의 위원으로 구성하되, 위원 중 상임위원은 1명을 둘 수 있다(분쟁법 제 7 조 제 2 항).

(3) 분쟁조정

1) 알선·조정과 재정　　① 조정을 신청하려는 자는 제 6 조에 따른 관할 위원회에 알선·조정 또는 재정 신청서를 제출하여야 한다(분쟁법 제16 조 제 1 항). ② 위원회에 의한 알선은 3명 이내의 위원(이하 "알선위원"이라 한다)이 한다(분쟁법 제27 조 제 1 항). ③ 조정은 3명의 위원으로 구성되는 위원회(이하 "조정위원회"라 한다)에서 한다(분쟁법 제31 조 제 1 항). ④ 재정은 5명의 위원으로 구성되는 위원회(이하 "재정위원회"라 한다)에서 한다. 다만, 대통령령으로 정하는 경미한 사건의 재정은 3명의 위원으로 구성되는 재정위원회에서 할 수 있다(분쟁법 제36 조 제 1 항). ⑤ 재정위원회가 재정을 한 경우에 재정문서의 정본이 당사자에게 송달된 날부터 60일 이내에 당사자 양쪽 또는 어느 한쪽으로부터 그 재정의 대상인 환경피해를 원인으로 하는 소송이 제기되지 아니하거나 그 소송이 철회된 경우 또는 제 1 항에 따른 신청이 되지 아니한 경우에는 재정문서는 재판상 화해와 동일한 효력이 있다. 다만, 당사자가 임의로 처분할 수 없는 사항에 관한 것은 그러하지 아니하다(분쟁법 제42 조 제 3 항).

2) 재정과 소송과의 관계　　재정이 신청된 사건에 대한 소송이 진행 중일 때에는 수소법원은 재정이 있을 때까지 소송절차를 중지할 수 있다(분쟁법 제45 조 제 1 항). 재정위원회는 제 1 항에 따른 소송절차의 중지가 없는 경우에는 해당 사건의 재정절차를 중지하여야 한다. 다만, 제 4 항에 따라 원인재정을 하는 경우는 제외한다(분쟁법 제45 조 제 2 항). 재정위원회는 재정이 신청된 사건과 같은 원인으로 다수인이 관련되는 같은 종류의 사건 또는 유사한 사건에 대한 소송이 진행 중인 경우에는 결정으로 재정절차를 중지할 수 있다(분쟁법 제45 조 제 3 항).

3) 무과실 배상책임　　환경오염 또는 환경훼손으로 피해가 발생한 경우에는 해당 환경오염 또는 환경훼손의 원인자가 그 피해를 배상하여야 한다(환기법 제44 조 제 1 항). 환경오염 또는 환경훼손의 원인자가 둘 이상인 경우에 어느 원인자에 의하여 제 1 항에 따른 피해가 발생한 것인지를 알 수 없을 때에는 각 원인자가 연대하여 배상하여야 한다(환기법 제44 조 제 2 항).

※ 색명조 표기부분은 사건색인에 있는 판례임

저자약력

서울대학교 법과대학 졸업

서울대학교 대학원 졸업(법학박사)

독일 Universität Tübingen, Universität Wuppertal, Freie Universität Berlin, 미국 University of California at Berkeley 등
 에서 행정법연구

한국공법학회 회장(현 고문)

한국지방자치법학회 회장(현 명예회장)

국가행정법제위원회 위원장(현) · 행정법제혁신자문위원회위원장 · 지방자치단체중앙분쟁조정위원회위원장 · 주식백지신탁심
 사위원회위원장 · 행정자치부정책자문위원회위원장 · 서울특별시민간위탁운영평가위원회위원장 · 지방분권촉진위원회위원 ·
 민주화운동관련자명예회복및보상심의위원회위원 · 헌법재판소공직자윤리위원회위원 · 행정소송법개정위원회위원 · 국무총
 리행정심판위원회위원 · 중앙분쟁조정위원회위원 · 중앙토지평가위원회위원 · 경찰혁신위원회위원 · 전국시장군수구청장협의
 회자문교수 · 서울특별시강남구법률자문교수 등

사법시험 · 행정고시 · 입법고시 · 외무고시 · 지방고등고시 등 시험위원

이화여자대학교 법과대학 교수

연세대학교 법학전문대학원 · 법과대학 교수

저　　서

헌법과 정치(법문사, 1986)

행정법원리(박영사, 1990)

판례행정법(길안사, 1994)

사례행정법(신조사, 1996)

행정법연습(신조사, 초판 1999, 제 8 판 2008)

신행정법연습(신조사, 초판 2009, 제 2 판 2011)

행정법원론(상)(박영사, 초판 1992, 제32판 2024)

행정법원론(하)(박영사, 초판 1993, 제32판 2024)

경찰행정법(박영사, 초판 2007, 제 3 판 2013)

신지방자치법(박영사, 초판 2009, 제 5 판 2022)

신행정법특강(박영사, 초판 2002, 제23판 2024)

신행정법입문(박영사, 초판 2008, 제17판 2024)

신판례행정법입문(박영사, 2018)

신경찰행정법입문(박영사, 초판 2019, 제 3 판 2023)

기본 행정법(박영사, 초판 2013, 제12판 2024)

기본 경찰행정법(박영사, 2013)

기본 CASE 행정법(박영사(공저), 2016)

최신행정법판례특강(박영사, 초판 2011, 제 2 판 2012)

로스쿨 객관식 행정법특강(박영사(공저), 2012)

민간위탁의 법리와 행정실무(박영사, 2015)

공직자 주식백지신탁법(박영사, 2018)

행정기본법 해설(박영사, 초판 2021, 제 2 판 2022)

제23판
신행정법특강

초판발행 2002년 3월 20일
제23판발행 2024년 1월 15일

지은이 홍정선
펴낸이 안종만·안상준

편 집 이승현
기획/마케팅 조성호
표지디자인 이은지
제 작 고철민·조영환

펴낸곳 (주) **박영사**
서울특별시 금천구 가산디지털2로 53, 210호(가산동, 한라시그마밸리)
등록 1959. 3. 11. 제300-1959-1호(倫)

전 화 02)733-6771
f a x 02)736-4818
e-mail pys@pybook.co.kr
homepage www.pybook.co.kr
I S B N 979-11-303-4591-8 93360

정 가 72,000원